纪念中国经济特区成立四十周年

国家社科基金重大项目"中国经济特区发展史（1978—2018）"阶段性成果

深圳

经济特区年谱

(1978~2018)

【上册】

CHRONICLE OF
SHENZHEN SPECIAL ECONOMIC ZONE
(1978-2018)

主　编　陶一桃

副主编　王保卫

社会科学文献出版社
SOCIAL SCIENCES ACADEMIC PRESS (CHINA)

体例说明

（一）本年谱按年月日顺序纪事，部分条目根据叙事的需要采用纪事本末的写法。具体时间考订不清的写旬，旬考订不清的写月。用旬、月表述的条目，一般放在该旬、月的起始，有的则视情况酌定。

（二）反映在一段时间内的会议和其他活动的条目，起止时间用"～"连接。

（三）同一时间有多条内容的，在第 1 条开头写明时间，从第 2 条起用"△"号表示。

（四）同一条目中包括不同月日多次活动的，开头用第 1 次的时间，其余各次的时间在行文中出现。

（五）对于正文中出现的人物和事件，如需进一步解释，则在脚注中进行补充说明。

（六）文中重要人物的谈话一般不加引号，如加引号则说明此人当时的谈话被准确记录下来，本年谱对其引用不做变更。

目录
CONTENTS

序 ……………………………………………… 陶一桃 ／ 1

卷起千堆雪

    ——"丛书"总序 …………………………… 苏东斌 ／ 4

第一版序　把改革写在岁月里 …………………… 陶一桃 ／ 28

第二版序　制度变迁中的经济发展方式的转变 …… 陶一桃 ／ 34

第三版序　为了忘却的纪念 ……………………… 陶一桃 ／ 41

关于经济特区与中国道路的思考 ………………… 陶一桃 ／ 49

上　册

1978 年 ……………………………………………… 1

1979 年 ……………………………………………… 6

1980 年 ……………………………………………… 16

1981 年 ……………………………………………… 23

1982 年 ……………………………………………… 32

1983 年 ……………………………………………… 43

1984 年 ……………………………………………… 65

1985 年 ……………………………………………… 103

1986 年 ……………………………………………… 141

1987 年 ……………………………………………… 174

1988 年 ……………………………………………… 202

1989 年 ……………………………………………… 233

1990 年 ……………………………………………… 254

1991 年 ……………………………………………… 277

1992 年 …………………………………………………… 301

1993 年 …………………………………………………… 342

1994 年 …………………………………………………… 366

1995 年 …………………………………………………… 397

1996 年 …………………………………………………… 422

1997 年 …………………………………………………… 454

1998 年 …………………………………………………… 499

1999 年 …………………………………………………… 529

下　册

2000 年 …………………………………………………… 551

2001 年 …………………………………………………… 590

2002 年 …………………………………………………… 622

2003 年 …………………………………………………… 658

2004 年 …………………………………………………… 689

2005 年 …………………………………………………… 722

2006 年 …………………………………………………… 747

2007 年 …………………………………………………… 779

2008 年 …………………………………………………… 824

2009 年 …………………………………………………… 884

2010 年 …………………………………………………… 945

2011 年 …………………………………………………… 996

2012 年 …………………………………………………… 1033

2013 年 …………………………………………………… 1059

2014 年 …………………………………………………… 1087

2015 年 …………………………………………………… 1125

2016 年 …………………………………………………… 1175

2017 年 …………………………………………………… 1205

2018 年 …………………………………………………… 1252

后　记 ………………………………………… 陶一桃／1263

序

时光荏苒，光阴似箭。我们似乎还没有来得及细细完善这部几经再版的《年谱》，中国改革开放 40 年的脚步就已经悄然到来。我们是怀着对历史的敬畏，对时代的责任感，对前辈的敬仰和几乎与生俱来的学术情怀与学者的使命感，来完成《深圳经济特区年谱》第四版第三次修订稿的。可以说几乎每一次修订，都是一次历史的锻造与灵魂的洗礼。跟随着一座城市的脚步，我们踏着时代的旋律，震撼于改革的力量，感叹着发展的魅力，感受着奇迹的辉煌，分享着富强的荣耀。一座城市的年谱，让我们看到了中国社会制度变迁的历史轨迹，看到了中国特色社会主义形成的历程，更看到了探寻中国道路的动人故事与历史篇章。

《深圳经济特区年谱》的第一版，是随着改革开放 30 年的钟声面世的。十年的时间里，《年谱》先后经历过两次修订，本次修订是第三次修订。《深圳经济特区年谱》的第一版记录的是 1978～2007 年 19 年来发生于深圳的大事；第二版（第一次修订）记录的是 1978～2010 年 32 年来发生于深圳的大事；第三版（第二次修订）记录的是 1978～2015 年 37 年来发生于深圳的大事；第四版（第三次修订）记录的是 1978 年 3 月至 2018 年 3 月 40 年来发生于深圳的大事。本次修订我们除了增加了三年的历史资料外，还对以往《年谱》的内容进行了再次筛选，保留了更具代表性和时代意义的内容，避免了流水账式的简单。同时按照历史与逻辑相统一的原则，整体规范了事件的排序，尤其对于同一天内发生的若干事件，我们按照具体事件意义的轻重及影响力，尤其是在中国改革开放进程中的历史地位，而不是简单的时间序列进行排列。这样既客观记录了深圳的昨天，又充分体现、反映了改革开放先行先试之都的深圳在中国制度变迁进程中的独特的历史地位与功能。

作为中国经济特区最典型、最成功的代表，深圳经济特区的地位是不可替代的。它不仅是真正意义上的中国改革开放的发源地，而且在相当长的历史时期内以自身的改革开放实践，引领着中国改革开放的方向，并不断创造出足以影响亿万人观念的崭新的思想与理念。从中国制度变迁的路径选择和中国道路的实践来看，经济特区不只是一座城市的概念，深圳作为一座率先改革开放起而崛起的城市，无疑应该写进中国改革开放的史册之中。

时至今日，当人们谈到中国经济特区时，几乎就是指深圳。经历40年的改革开放，深圳在相当意义上已经成为中国经济特区的代名词，成为中国经济特区的一个辉煌的象征。作为计划经济向市场经济转型的"试验田"，深圳历史性地承担着改革、探索、示范的使命；作为对外开放的"窗口"，深圳坚定地承担着摸索、试错、寻找路径的使命；作为中国改革开放的"排头兵"，深圳又几乎与生俱来地承担着先行先试、敢闯冒险，创造、产生可推广、可复制的经验的使命。所以不仅在中国改革开放进程中的许多惊天动地的做法与经验是从深圳产生并推广至全国的，而且许多改革与深化改革的实践也是由深圳率先去"干了再说"的。在中国改革开放相当长的历史时期里，为全国提供可复制的经验和可效仿的制度变迁路径，是深圳经济特区特有的功能与使命。在中国社会迈向深化改革新时代的今天，在率先实现"四个全面"和"五位一体"的进程中，深圳作为最成功、最典型的经济特区，作为拥有自贸区和湾区双重身份与地位的经济特区，依然处于至关重要的率先制度创新的显著地位。

尽管40年后的今天，深圳特区并不是中国市场经济最发达的唯一地区，但率先走向社会主义市场经济的经历和身处对外开放窗口的区位优势，使今天的深圳依然具有对外开放最便捷的"窗口"地位。如果说改革开放之初，以示范效应在全国确立市场经济体系是深圳经济特区重要的功能与作用，那么改革开放40年后的今天，以不断的制度创新推动中国社会改革的深化，则成为深圳经济特区重要的历史担当。经济特区这种内在功能的演变，正是中国社会从以突破传统体制为目标的强制性制度变迁，向以收获潜在利益为动机的诱致性变迁演变的标志。中国社会并没有从改革的时代走向发展的时代，以改革谋发展依然是中国社会保持前行动力的内在动因。但改革还没有真正完成，道路依然曲折漫长，经济特区作为中国社会实现现代化的一条行之有效的"捷径"，其使命仍在继续，其担当任重而道远。

深圳经济特区作为最早实践社会主义市场经济的地方，她不仅拥有40年改革开放的物质财富积累，还拥有40年改革创新的精神财富积累，更有在向国际惯例学习的过程中良好的社会规制和法律环境的积淀，这一切无疑都将成为深圳经济特区完成新的历史使命的得天独厚的物质与政治资本。当然，经济特区要完成新时期的新的历史使命，还需要继续具备、保持某些特殊的品质，如坚持改革的勇气、深化改革的魄力、实现改革的智慧、实施改革的艺术等等。毫无疑问，最重要的还是拥有承担改革风险的大无畏精神和勇气。

　　尽管深圳几乎成为中国经济特区的代名词，但是它并不是中国经济特区的全部。随着中国社会改革的深入，新的特区，尤其是作为经验特区的拓展形式的自由贸易试验区、湾区的建立与形成，不仅证明了选择创办经济特区的方式来完成中国社会的制度变迁并进而确立、发展、完善社会主义市场经济体系是正确的，而且说明经济特区是中国实现现代化的一条有效路径，其本身就构成了中国道路的重要内涵。因此，我们既要把经济特区作为一座城市或一个行政区域的增长极来研究，也应该把经济特区作为一种制度安排来研究；我们既要研究经济特区的特殊性，又要研究经济特区的一般性。我们只有既走进特区，又超越某一具体的特区来研究特区，才能真正理解经济特区在中国改革开放和制度变迁中的地位与作用。这或许就是为什么习近平总书记在海南建省30周年讲话中强调："兴办经济特区，是我们的党和国家为推进改革开放和社会主义现代化建设的重大决策。"经济特区还要办下去。

　　一个民族能够向后看多远，就能够向前走多远。

陶一桃

2018 年 5 月 4 日于深圳·荔园

卷起千堆雪

——"丛书"总序

苏东斌

这一套"政治经济学博士点建设丛书"是深圳大学政治经济学学科组为了学科建设而创作的学术专著。它直接的目的是为了开阔博士研究生的文化视野。

陶一桃教授主编的这本书原是丛书的第四部,现应读者要求又修订再版。

(一)

对于中国今天的改革开放大业来讲,编写这套丛书的根本目的更在于为推进现代化建设提供理论支持。

在如何对待现代化的问题上,它在引证中强调了以下两点。

其一,早在1874年,清末有识之士,曾经担任清廷驻外使节的郭嵩焘就提出了他的疑惑:"西洋立国,有本有末,其本在朝廷政教,其末在商贾。造船、制器,相辅以益其强,又末中之一节也……舍富强之本图,而怀欲速之心以急责于海上,将谓造船、制器用其一旦之功,遂可转弱为强,其余皆可不问,恐无此理。"

而另一位有识之士薛福成在《出使四国记》中引证了新加坡、英占香港开辟商埠后经济繁荣的事实后,发表了一段十分精彩的议论:"夫商为中国四民之殿,而西人则恃商为创国造家、开物成务之命脉,迭著神奇之效者,何也?盖有商则士可行其学,而学益精;农可通其植,而植益胜;工可售其所作,而作益勤。是握四民之纲者,商也,此其理为从前四海之内所未知,六经之内所未讲。而外洋创此规模,实有可操之券,不能执中国崇本抑末之旧说以难之。……盖在太古民物未繁,原可闭关独治,老死不相往来;若居今日地球万国相通之世,虽圣人复生,岂能不以讲求商务为汲汲哉!"薛福成在这里为资本主义在中国鸣锣,要求让商人从"四民之殿"的地位上升到"握四民之纲"的地位,这确实是"从前四海之内所未知,六经之内所未讲"的新道理。

他更深刻地论述："今之议者，或惊骇他人之强盛而推之过当；或以堂堂中国何至效法西人，意在摈绝而贬之过严：余以为皆所见之不广也。"他说，西方的科学、文化、技术和经验，是人类文明的积累，"乃天地间公共之道，非西人所得而私也"。既然欧洲在历史上接受过东方文明的影响，"中国又何尝不可因之？"讳疾忌医和因噎废食都是不对的。他说：只要中国人善于学习、敢于竞争，"又安知数千年后，华人不因西人之学，再辟造化之灵机，俾西人色然而惊、罜然而企也？"①

其二，1965年日本前首相吉田茂在他的《激荡的百年史》中更加精辟地分析了科学技术与制度因素的深层关系。他指出：外国文明的输入很容易破坏本土社会、文化和精神的统一。在德川末期，一些思想家们曾预想用"西方的艺术、东方的道德"或者是用"西方的学识、日本的精神"作为对付这种破坏的公式。

但是，这样的公式与实行近代化是相背离的。

为什么这么说呢？受倡导的文明原本是一个统一体，很难只采用它的科学文明技术。如果要采用西方先进的军舰和武器，就必须修建配合它的造船厂和兵工厂，进一步地为了使造船厂和兵工厂的机能得到有效的发挥，就必须让构成它基础的经济活动能够得到顺利进展。

过去的儒教伦理将追求利润视为不道德的行为，这就产生了矛盾，因此，想要拥有军舰就必须影响到该国的文化。

然而，就算业已输入西方国家的科学文明技术，要吸纳其政治观点、思想方法等形成其文明基础的东西，仍然不是一件简单的事情。就是这样一些所谓的价值体系，如果没有经过漫长的历史过程，用自己的力量努力地创造它，那么，努力改革的东西就不能够成为人们一种真实的道德基础。

因此，在一种不得已的情况下，采用外国文明的国家便会面临一种困境，这种困境是深刻且令人进退维谷的。

在那个时代有个学者曾经说："孔孟的道德已经衰落了，西方的理论还未进入，这就像太阳已经落山，而月亮犹未升起时的情况。"

而当时恰恰是美国军队在日本国土上连续推进非军事化和民主化的时候。

日本人不仅要关心每天的生活，还要努力思考日本今后的发展。占领军们开始指示日本政府必须要进行一种彻底的改革，这样的变化不知道是福是祸。

在第二次世界大战后驻军日本的军队，在历史上也是罕见的。美军不仅占据着胜利者的地位，而且还以改革者的身份推进日本的"非军事化"改革。

---

① 钟叔河：《中国本身拥有力量》，江苏教育出版社，2005，第162～163页。

美国将二战爆发的原因归结为日本和德国的军国主义，因此他们认为，只有对日本进行改革，瓦解日本军国主义存在的社会结构，削弱日本的军事能力，才能构建世界和平。抱着这样的目的，他们在进驻日本之前就制定了详细的措施，当军队进驻日本后，就开始按照计划在日本推进军事化和民主化。

美国的军队在1945年8月末驻军日本后，就开始实施了以下的措施。在非军事化方面，首先在9月11日逮捕了东条英机等数名主要战犯，接下来解除了日本军队的武装，废除了日本的军事机构，一些国家主义的团体也被解散（1946年1月）；在民主化方面，进一步整肃了一些不受欢迎的公职人员，思想警察和政治警察也被废除了（1945年10月），赋予妇女参政权（1945年12月），组织工会（1945年12月），等等。

在战后一两年之内美国军队又采取了土地改革、教育改革、解散财阀和制定宪法等措施。这些巨大的变化简直可以称为"不流血的革命"①。

这两段话所表达的是，制度是何等重要！

（二）

但是，制度经济学一再提醒人们：不仅制度规则是由人来制定的，而制度执行更要依赖于人来完成。而作为经济人，又都是在追求实现自身利益最大化的。所以，任何意义上的人性假定，都离不开具体人的具体行为。

而在中国这样一个浸透着儒家礼仪和缺乏公民意识的国度里，在一个长期"以父家长为中心的家族制和宗法组织"的国家，用王亚南先生的话说，这种情况"在专制—官僚的政体实现以后更加强化了，但在这以前，却显然存在着这样一个可供官僚政治利用的传统。国与家是相通的，君权与父权是相互为用的"②。"家不可一日无主，国不可一日无君"；在人们的意识深处两者是相提并论的。遵循这样的传统，国人对家庭的忠诚很自然地就转化为对国家的认同。"在家庭生活中灌输的孝道和顺从，是培养一个人以后忠于统治者并顺从国家现政权的训练基地。"③"皇权主义最深厚的根基，正是这种家长制。"④

在这种环境下，国家一旦放弃了对人权的尊重和对产权的保护，大众也就自己丧失了自主意识。于是从上层的人治社会到下层的无法无天，便使制度因素更加虚拟化了。

---

① 〔日〕吉田茂：《激荡的百年史》，陕西师范大学出版社，2005。
② 王亚南：《中国官僚政治研究》，中国社会科学出版社，1981，第41页。
③ 〔美〕费正清：《美国与中国》，世界知识出版社，1999，第22页。
④ 王亚南：《中国官僚政治研究》，中国社会科学出版社，1981，第130页。

于是，我们评价历史，也就不能仅仅依据个人的主观动机，甚至也不能仅仅依据他的动机所实现的程度，而只能依据大众的基本实践结果。对于所谓的"好人好事"是如此，对于所谓的"坏人坏事"亦是如此。

正如苏联的改革，对政治人物来讲，是失败了。因为改革的领袖戈尔巴乔夫几乎丧失了一切特权（无论别人如何分析，也无论戈尔巴乔夫本人如何解释，这一后果绝不是他本人所希望呈现的）；而对政治事件来讲，却有另外的结果。因为它开启了苏联从计划经济向市场经济，从集权政治向民主政治，从一元帝国向多元联合的全面转型的新时代。若按马克思主义经典作家的核心价值观念——自由——来判断，"无论如何，俄罗斯人民要比在苏联时代获得的自由要多得多"[1]。对于计划经济时代的苏联，执政 8 年的俄罗斯总统普京曾这样判断："苏维埃政权没有使国家繁荣，社会昌盛，人民自由。用意识形态的方式搞经济导致我国远远落后于发达国家。无论承认这一点有多么痛苦，但是我们将近 70 年都在一条死胡同里发展，这条道路偏离了人类文明的康庄大道。"[2]

也只能在这个意义上，人们才常说：作品的主题远远大于作家的思想。于是，如果我们再追问，人和制度到底是一种什么关系？答案便一目了然了，那就是，制度绝对是人制造的，而人又绝对不能随心所欲。

当我们赞同任何动物、生物乃至物品的本质都是预先被设计好了的，而人却只能通过自我选择来创造自己的本质的时候；当我们确信人生不是别的，乃是自我设计和自我实现的过程，放弃了选择，也就是放弃了自由的时候；当我们承认"上帝死了"的时候，自己才有了称得上"人"的尊严感。可以说，作为哲学家、思想家的萨特，至今还在影响着我们。

（三）

涉及本书的具体内容，我作如下概述。

以深圳为典型的中国经济特区走过了 30 年曲折而辉煌的历程，是中国改革开放史上浓墨重彩的一笔。此时，我拟从理论的视角来观察它的昨天、今天和明天，以期归纳出某些带有规律性的东西来。

1. 中国现代化的特殊道路

要了解中国经济特区创办的大背景，先看两个事实：1978 年，时任广东省委书

---

[1] 资料转引自《普京：世纪之交的俄罗斯》，《北京日报》2008 年 1 月 21 日。
[2] 资料转引自《普京：世纪之交的俄罗斯》，《北京日报》2008 年 1 月 21 日。

记的吴南生心痛地说："解放初期，我的家乡汕头还是一个商业繁荣的地方，和香港的差距并不大。30 年过去，香港成为亚洲'四小龙'之一，而眼前的汕头却是满目凄凉。比我们小孩子时候还穷啊。""广东搞了 30 年搞成这个样子，说人家是反动统治，但人家比我们搞得好，这是个压力。"①

面对"文革"后处于"崩溃边缘"的中国经济，邓小平则多次表示，"我们太穷了、太落后了，老实说，对不起人民"，并高度警觉地指出："外国人议论中国人究竟能够忍耐多久，我们要注意这个话。"②

1979 年主政广东的习仲勋直言："广东要是个'独立国'的话，现在会超过香港。"并郑重其事地提出："希望中央给点权，让广东能够充分利用自己的有利条件先行一步。"③

邓小平十分赞同关于广东的这个富有新意的设想，当他听说"先走一步"的地方名称还未确定时，就对请求中央下拨一点"三通一平"基建款的习仲勋说："就叫特区嘛，陕甘宁就是特区，你不是当过秘书长吗？中央没有钱，你们杀出一条血路……"④ 也正在此时，他在酝酿着一个大决策："要让一部分地方先富裕起来，搞平均主义不行，这是个大政策。"⑤

可以说从 1979 年中央 50 号文件出台，到 1980 年 8 月 26 日全国人大做出决定，中国经济特区也就正式诞生了。对此，邓小平曾明确地指出："办经济特区是我倡议的，中央决定的。"⑥

中国经济特区的创立可以作为"中国道路"的一个标志。第一，苏联模式不行了，计划经济走不通。邓小平说"如果不改革开放……只能是死路一条"⑦。第二，平均主义不行了，均衡发展走不通。据于光远回忆，早在 1978 年年底召开的一次中央工作会议上，邓小平就提出了一个新鲜的观点："让一部分城市先富起来。"他当时一口气列举了十来个城市，第一个就是深圳。在这里，邓小平提到的是"深圳"，而不是人们常说的"宝安"。⑧ 第三，寻找突破口，创办经济特区。以便在现有僵化

---

① 中共广东省委研究室编《广东改革开放决策者访谈录》，广东人民出版社，2008，第 213 页、第 93 页。
② 《邓小平年谱：1975～1997》（上），中央文献出版社，第 380、381 页。
③ 《习仲勋主政广东》，中共党史出版社，2007，第 242 页。
④ 中共广东省委研究室编《广东改革开放决策者访谈录》，广东人民出版社，2008，第 217 页、第 221 页。
⑤ 《邓小平年谱：1975～1997》（下），中央文献出版社，第 964 页。
⑥ 《邓小平年谱：1975～1997》（下），中央文献出版社，第 954 页。
⑦ 《邓小平文选》第 3 卷，人民出版社，1993，第 370～371 页。
⑧ 参见吴晓波《激荡三十年》，中国经济出版社，2008，第 155 页。

的体制之外能够实行强制性的渐进式的制度变迁。

从此，中国的现代化就走上了一条既不同于传统体制下的苏联模式，又不同于自由资本主义时代的西方模式的特殊道路。

2. 中国经济特区的成功因素

中国经济特区的伟大成就当然举世瞩目，但对于成功的因素，相当一部分人却认为主要是特殊政策的产物。

对此，必须做具体分析。我认为，主要有三大决定性因素。

第一，有一把"尚方宝剑"。

我们之所以把这30年称为"改革"而不是"革命"，就是因为这并不是一场自下而上的"造反"，而是自上而下的"授权"。1980年谷牧代表中央对时任广东省委第一书记的任仲夷讲：你们是"独立王国"，"半独立王国"，你就是"国王"，搞特区的地方，你要亲自抓。① 1985年时任国务院总理赵紫阳对时任深圳市委书记的李灏讲：特区有"改革权"——允许突破一些不合时宜的束缚生产力发展的规章制度。紧急问题可以在向省委报告的同时，直接向中央请示②。时任国务院副总理的万里也讲："你们要闯出一条新路，犯了错误也不要紧，国务院负责。你们先走一步，犯错误对全国来说也是有意义的，可以吸取教训。"③ 总之，中央授予的"改革权"就是一把"尚方宝剑"，与此相适应的才是特殊政策和灵活措施。

第二，有一块得天独厚的"好地方"④。

深圳毗邻港澳、华侨众多、水域辽阔。试想，如果深圳所面对的不是香港，改革初期怎么会吸引那么多外资?! 如果没有那么长的海岸线和深水码头，盐田港会高居世界第四大集装箱港口的地位?! 不仅如此，我分析是便于借鉴市场经济体制的地区（毗邻港澳台）。同时，对于全国来说，它们毕竟是块小地方，当时的中央认为，万一搞错了，对大局影响不会太大。

第三，有一批敢于"大闹天宫"的闯将。

再好的制度、再好的环境，事情也总是由人干出来，而人又是具有丰富的个体特性、千差万别的。对于特区，从"敢于大胆地使用中央授权，敢于真正先走一

---

① 中共广东省委研究室编《广东改革开放决策者访谈录》，广东人民出版社，2008，第18页。
② 中共广东省委研究室编《广东改革开放决策者访谈录》，广东人民出版社，2008，第343页。
③ 中共广东省委研究室编《广东改革开放决策者访谈录》，广东人民出版社，2008，第12页。
④ （叶剑英语），参见中共广东省委研究室编《广东改革开放决策者访谈录》，广东人民出版社，2008，第9页。

步"的任仲夷①，到"我愿到家乡去搞实验，要杀头先杀我"的吴南生②，从"没有钱就是当掉我裤子也要办一所深圳大学"的梁湘③，到恳请不做副省长兼深圳市市长，果断地留在蛇口搞改革开放大实验并声言"大不了再回秦城监狱去"的袁庚④。就是这样一大批既敢于冒险，又敢于承担的改革家们，在特区进行着创造性的工作，他们创造性地运用着中央赋予的特殊政策和灵活措施。

正是这"天时""地利""人和"三大因素，才使特区终于在体制外发生了渐进式的强制性的制度变迁。

3. 中国经济特区的历史贡献

从历史的深度来观察，以深圳为典型的中国经济特区从理论与实践的结合上为中国社会的发展，概括地说，做出了四大历史性贡献。

第一，贡献了一个"新体制"。

中国改革的目标是要建立市场经济体制，1992年邓小平斩钉截铁地判断："深圳就是社会主义市场经济。"⑤ 特区对"中国改革"的贡献就是探索到一种从计划经济走向市场经济的转型模式，为社会经济发展提供了制度变迁这一基础性保障。

第二，贡献了一条"新道路"。

深圳由一个边陲小镇跃为人口近1300万的现代化大都市，成为全国最富裕的地区之一。珠海也由一个"一条街道，一间粮站，一间工厂，一家饭店的落后小渔村"变成联合国授予的宜居城市。邓小平在1984年第一次视察深圳渔民村时就赞许式地预言：全国农村要达到这个水平恐怕要100年。⑥ 特区对"中国发展"的贡献就是寻找到一条从一般小城镇走向区域性现代化中心城市的发展道路。通过非均衡发展能够比较迅速地实现从普遍贫困达到共同富裕的最终目的。

第三，贡献了一种"新精神"。

邓小平多次总结"深圳的重要经验就是敢闯"⑦。他号召："第一要大胆去干，第二发现干得不对的地方要及时纠正，总结经验，不是首先考虑犯不犯错误。"⑧ 当

---

① 中共广东省委研究室编《广东改革开放决策者访谈录》，广东人民出版社，2008，第13页。
② 中共广东省委研究室编《广东改革开放决策者访谈录》，广东人民出版社，2008，第217页。
③ 马国川：《罗征启：大学里不能没有故事》，《经济观察报》2009年3月9日。
④ 中共广东省委研究室编《广东改革开放决策者访谈录》，广东人民出版社，2008，第19页。
⑤ 《邓小平年谱（下）》，中央文献出版社，2004，第1347页。
⑥ 中共广东省委研究室编《广东改革开放决策者访谈录》，广东人民出版社，2008，第174页。
⑦ 《邓小平文选》第3卷，人民出版社，1993，第372页。
⑧ 《邓小平文选》第3卷，人民出版社，1993，第379页。

年袁庚在蛇口那句响彻全国的口号"时间就是金钱，效率就是生命"则是这种精神的集中体现。特区对"中国精神"的贡献就是使人在状态上形成了一种勇于创新、善于创新的品格。它突出反映为思想上的解放和科技上的创新。

第四，验证了一个"大理论"。

新加坡资政李光耀1992年说："中国不能没有深圳，因为它是中国改革试验田，深圳经验如果成功了，说明邓小平的中国特色的社会主义路子是走得通的。"① 这就透彻地点出了中国经济特区的功能、地位和作用。中国经济特区的创办，是邓小平一个伟大的理论发明，是开启中国社会全方位转型的关键之举，是最具有"中国特色"的伟大的创造性实践。中国经济特区的发展是邓小平理论充分而光辉的实践，特区的历史步伐又极大地丰富了邓小平理论的科学内涵，正是这种内在联系又构成了中国经济特区在理论上的巨大贡献。

4. 中国经济特区的基本经验

特区的成功的确折射出鲜明的"中国特色"魅力，其中一个重要的标志就是"举国体制"所具有的空前的动员与集中能力。如高交会、文博会，一声令下，千军万马，其效率之高都是左右难以比拟的。但是，我们决不应该把这种转型中的过渡状态和超常规特殊项目的获得当作运行的常态和应有的特色去对待。中国经济特区30年辉煌成就说明了中国特色的发展道路的正确性。但是，我们必须同时看到，这条具有鲜明"中国特色"的道路在本质上所体现的仍然是符合国际社会的普遍价值，符合市场经济的基本原则，而这一切又都是对人类社会发展的一般规律的发现与揭示。用时任领导人的话来总结：深圳是按国际规则打篮球。②

概括起来，其基本经验有两条。

其一，从现实状态来分析，是选择、引进并坚持了改革的市场经济取向。

早在1980年年底，当特区条例公布之后，广东就明确提出：特区要以引进外资为主，以实行市场经济为主。③ 而当时全国还都把搞市场经济等同于洪水猛兽，等同于搞资本主义复辟。一位著名的理论家竟这样对任仲夷讲：戴你资本主义帽子嘛，不好，说你是社会主义，全国若都这样，那还行吗?!④ 在他们眼里，特区就是旧中国的租界，除了五星红旗还飘着外，已经没有什么社会主义味道了。据回忆，1982

① 中共广东省委研究室编《广东改革开放决策者访谈录》，广东人民出版社，2008，第376页。
② 中共广东省委研究室编《广东改革开放决策者访谈录》，广东人民出版社，2008，第375页。
③ 中共广东省委研究室编《广东改革开放决策者访谈录》，广东人民出版社，2008，第228页。
④ 中共广东省委研究室编《广东改革开放决策者访谈录》，广东人民出版社，2008，第22页。

年，真可谓秋风萧瑟、寒流滚滚，深圳也由门庭若市变成门可罗雀。也正在这关键时刻，邓小平在广州说了一句很重要的话："如果你们认为好，就坚持下去。"任仲夷强调指出：小平没有说上面认为好，只说你们认为好。这就给了省委极大的信任和支持。①

尤其在1992年之前，虽然就总体而言，从1978年开启的中国改革开放大业的基本面，已经踏上了不可逆转之路。就当时的形势而言，却同时笼罩着巨大的阴影。当"两种改革观"成了大议论，当"反和平演变"成了主基调时，改革开放出现了杂音，一些人对中国的前途表示了悲观。然而，邓小平就是邓小平，作为中国改革开放的总设计师，作为新中国第二代领导集体的核心人物，这个在中国政治舞台上曾经历传奇式"三起三落"的"钢铁"巨人，他不甘心，也不允许阴影弥漫，逆浪冲垮潮流。他有胆略、有智慧地去力排众议，去扭转乾坤。于是，才有了那幕激动人心的"春天的故事"。

在这里，他做出了如下两个坚定的判断。

第一，经济判断："市场经济不等于资本主义，社会主义也有市场。"

第二，政治判断："中国要警惕右，但主要是防止'左'。"并严厉地批判："反对改革的人就不要反对了，去睡觉好了。"（公开发表时是："谁反对改革开放，人民就把他打倒。"）② 这位88岁老人的"南方谈话"是可圈可点的。可以说正是"南方谈话"的拨乱反正，力挽狂澜，才使中国改革开放的巨轮又重新沿着正确的航线行稳致远。他在1992年6月12日审阅十四大报告第四稿时，毫不犹豫地说："我赞成社会主义市场经济这一提法。"③ 此言一出，可谓黄钟大吕。

经济学家哈耶克说："价格是信号，它引导我们利用根本不认识的人的力量和天赋去满足那些一无所知的人们的需求。""我相信比起按照某种想象的理想刻意分配收入的做法，通过竞争的市场更能接近实现公正的理想。"④ 而市场竞争的压力就是内生技术变迁导致创新的决定性动力。其实，市场经济说到底也就是经济学鼻祖亚当·斯密所揭示的在那只"看不见的手"的指引下实现社会利益的基本制度。它是人类社会近300年历史智慧的结晶，是无数理论大师殚精极思的伟大成果。

对于中国来说，邓小平理论的重要内容之一就是社会主义市场经济。市场经济成就了经济特区，市场经济挽救了中国。

---

① 中共广东省委研究室编《广东改革开放决策者访谈录》，广东人民出版社，2008，第24页。
② 田炳信主笔《历史不止一只耳朵（广东改革开放口述实录1）》，广州出版社，2004，第82页。
③ 《邓小平年谱：1975~1997》（下），中央文献出版社，2004，第137页。
④ 〔英〕艾伯斯坦：《哈耶克传》，中国社会科学出版社，2003，第370页。

历史就是这样，30 年前搞市场经济还是罪大恶极，而今天我们市场经济国家的地位已经得到部分国的承认。真可谓天翻地覆，换了人间！

其二，从深层动力来总结，就是尊重与拓展对人的解放。

邓小平说："过去只讲在社会主义条件下发展生产力，没有讲，还要通过改革开放解放生产力，不完全。"[①] 可以说，再一次解放人，解放中国人民就是邓小平理论的深层含义。

首先，改革调动了市场经济主体——个人的积极性。社会最终主体并不是国家、城市和单位。亚当·斯密的《国富论》的经典性论点就是，促进公共利益的最好的方式是个人对他们自身利益的追求。应该说，经济学的基石就是价格理论，而价格理论的精髓也就是需求定律，它背后的全部奥秘就是制约人类行为的最基本准则——价格（即"我这样做，到底值不值?"）。这就是说经济人的假设是人们具有对每一种可能性都衡量其代价和收益的理性。斯密比喻："他所盘算的也只是他自己的利益。在这场合，像在其他许多场合一样，他受着一只看不见的手的指导，去尽力达到一个并非他本意想要达到的目的。也并不是因为事非出于本意就对社会有害。他追求自己的利益，往往使他能比在真正出于本意的情况下更有效地促进社会的利益。"[②]

这种对利益追求的前提也就是特区人因被解放所享有更大的自由。如深圳，这个外来人口几乎占总人口 95% 的移民城市构成了生产力最基本的要素——人的自由流动；大力引进香港以及海外资金构成了生产力最强大的要素——资本的自由流动。从 20 世纪 90 年代兴起的农民工进城，让农民成为特区建设大军的主体、服务大军的主体。

其次，改革又调动了中国市场经济的另一个主体——地方政府的积极性，这也是改革具有中国魅力的重要因素。地方政府由计划经济体制下的"被安排""去执行"，转变为市场经济环境中的因竞争而创新。邓小平的"让一部分地区先富起来"就成了地区竞争的总动员令。田纪云说："中国人民一旦得到了追求财富的自由，将表现出伟大的创造力。"[③] 可以说，区域竞争（包括省际、市际、县际）构成了中国经济特殊的强大内在动力，中国的奇迹在这里可以得到相当程度的解释。被赋予了庄严的使命感再加上转变个人命运的强烈欲望，使特区政府更加充满了活力。中国经济特区一反"要使资本主义绝种、小生产也绝种"的传统计划经济法则，对于

[①] 《邓小平文选》（第三卷），人民出版社，1993，第 370 页。
[②] 亚当·斯密：《国富论》（下卷），商务印书馆，1974，第 27 页。
[③] 田纪云：《改革开放的伟大实践——纪念改革开放三十周年》，新华出版社，2009。

股票证券，对于土地经营，对于深度资本市场，按着邓小平"坚决地试"的指令，坚定不移地开展起来。于是，才有了波澜壮阔的一系列"财产性收入"的历史突破。可以说，在当时的体制下，有一分自由，就能释放五分潜力，就能形成十分发展。

然而，创新的主体并不是政府，而是企业。在良好的特区创业环境下，终于孕育出腾讯、华为、中兴、比亚迪、巨人、格力等创新型企业及其背后的企业家。创新型企业已经形成为特区的中流砥柱，90%的产值属IT产业的高新技术产业使特区成为国内高科技重镇，可以说，企业家是市场经济的灵魂，企业家阶层形成是特区自由发展的坚强基石。

对人的解放不仅在于政治，更在于经济，其根本内容就是对个人的产权的确认。从经济学意义上讲，对人的解放基础就是科斯在1959年的论文中所表述的：清楚的资产权利界定是市场交易的关键条件。经济学家周其仁也指出：经由重新界定产权，中国大幅度降低了全盘公有计划模式的制度运行成本，从而解放了庞大人力资源的生产力与创造力，得以在全球市场上形成了综合成本竞争优势。他又说，正是改革开放大幅度降低了中国经济的制度成本，才使这个有着悠久文明历史的最大的发展中国家，成为增长最快的经济体，并以自己的增长改变了全球经济格局。[①] 一句话，只有市场经济制度才能通过价格（所有权的交换条件）来保护财产所有、保护自由创业、保护自由竞争，从而解放了生产力，解放了人。

值得强调的是，"以自由看待发展"，是印度裔诺贝尔经济学奖获得者阿玛蒂亚·森在20世纪末提出的一种新的发展观念：自由不仅是发展的首要目的，而且也是促进发展的首要条件。在这里，发展的标准不仅主要不是以GDP指标，而是以自由的程度看待发展的水平，更主要的还是把发展过程视为拓展自由的过程。

从这个角度来观察，中国经济特区比其他地区实际上享有更大的自由空间。可见，以自由看待发展，以发展去拓展自由就是中国经济特区以及中国社会近30年取得巨大进步的深层奥秘所在。

我判断，正是这两点构成了邓小平理论与现代化人类的核心价值观念的高度共识与圆满结合，才终于发生举世瞩目的"中国奇迹"。

5. 中国经济特区的双重新使命

从概念上讲，特区本来就是"实行特殊优惠的经济政策的地区"的简称，一旦这种政策取消了，特区在概念上自然就没有可能存在了。而从20多年的实践上看，

---

① 周其仁：《中国经济增长的基础》，《北京大学学报》2010年第1期。

特区已经圆满地完成了当初所设定的"窗口""试验田""排头兵"的使命，1992年之后当全国都走上了市场经济之路，特区也就没有必要存在了。所以，我也一直持有特区终结论的观点。正是在这个意义上，我才能理解，时任国务院总理的朱镕基说的"现在特区已经不'特'了，已经没有什么特别优惠的政策了，全中国都是一样的。我们并不按地区来优惠，而是按产业来优惠"① 这句话的含义了。而所谓"特区就是特别能改革，特别能开放，特别能创新的地区"，或者说"以特别之为，立特区之位"的说法在一定程度上只是政治家鼓舞士气的宣传。

那么，特区还有什么新鲜使命？进入 21 世纪，中央要求特区"增创新优势，更上一层楼"并宣告中国经济特区将贯穿于中国改革开放的全过程，贯穿于中国现代化建设的全过程。② 这两个"全过程"就清楚地表明，特区又被赋予了双重新使命：从"改革"的意义上讲，是要加快完成向市场经济的转型，继续当好改革开放的先锋队；从"发展"的意义上讲，是要加快实现发展方式的转变，早日建成现代化国际性大城市，构筑中国区域经济的新版图。正如胡锦涛在 2009 年 12 月视察珠海时所要求的那样："努力当好推动科学发展、促进社会和谐的排头兵。"③

也就是说，对于中国经济特区来讲，改革的任务并没有完成，改革的时代也并没有结束。决不能认为特区的主要任务，不再是深化改革，而只是大力发展了。更不能得出中国社会已经从"改革开放时代"，进入了"科学发展时代"这一结论。

因为只有深化改革、扩大开放，确实建立起社会主义市场经济，才能实现发展方式的彻底转变，才能使中国社会沿着科学发展之路继续前行。"改革"与"发展"两者的关系不是前后关系，而是因果关系，它们决不处在两个时代。市场经济不仅是科学发展的强大动力，而且是科学发展的制度保证。因为只有彻底解放了人，才能形成自主创新的良好环境，才能最终解放生产力。

中国社会过去 30 年的高速发展靠的就是改革开放，今后的科学发展靠的还是改革开放，改革开放仍然是第一法宝。总之，要当好科学发展的排头兵，必须首先继续当好改革开放的排头兵。离开了改革开放，发展不仅不能"科学"，而且更不能"持续"。

既然还有这样的使命、责任，那么就自然还是要给予特区相应的权力。今天，特区到底还有什么"特"的权力呢？

时任广东省委书记汪洋有句著名的话："允许改革失败，不允许不改革。"他提

---

① 《朱镕基答记者问》，人民出版社，2009，第 397 页。
② 《江泽民在特区成立二十周年大会上讲话》，《深圳特区报》2000 年 8 月 27 日。
③ 《广东，改革再出发》，《南方周末》2010 年 2 月 25 日。

出，特区还要"锐意进取、先行先试"。这就不是在默许，而是在明示：特区还有继续"先行先试"的改革权。① 我理解，这就是今天特区的基本含义了。

这种特殊的权力（包括立法权）一旦结合30年所形成的财富积累，体制改革，尤其是创新精神三大优势，是完全有条件完成这一新使命的。

今天的特区所面临的主要矛盾，可以归纳为：在政府的主导与市场的基础性资源配置之间的失衡问题。

比如，加快转变经济发展方式，不仅要靠大项目、大活动的获得，政府资本的巨额投入来支撑，更要靠提高对资源配置质量与效率来实现；而加快产业结构的优化升级，不仅要靠政府的产业政策，产业规划去引导，更要靠企业，尤其是中小企业的创新活动来完成。

显然，解决这一矛盾，需要的就绝不仅仅是"勇气"和"信心"。还必须在重点领域和关键环节有突破性的举措，即靠改革的深度和开放的广度去平衡。

第一，只有深化改革政府及国有资本的投入方向，才能建立起巩固的市场经济基础，对此特区还有极大的空间。

太阳底下，果无新事。可是，近年来，政府和国企凭借充足资金大力涉足经贸、旅游等一般竞争性行业，个别企业也涉足房地产业。

2005年，中央发布了"非公经济36条"，确立了平等准入、公平待遇的原则。明确允许非公有资本进入法律法规未禁入的行业和领域。允许外资进入的行业和领域，也允许国内非公有资本进入。

目前我国私营控股投资在电力、热力的生产和供应业中只占13.6%，在金融业中只占9.6%，在信息传输、计算机服务和软件业只占7.8%，在交通运输、仓储、邮政业的占7.5%，水利、环境和公共设施管理业中占6.6%②。

有学者指出，国企改革应向第二次定位目标推进。坚持国有企业是一种特殊的企业。

我一直认为，市场经济的运行是不能建立在计划经济基础之上的。③ 市场经济的基础是多元化的产权结构。

本来，自十五大以来，非公有经济的发展已经成为我国的基本经济制度的重要内容之一，是公有经济的有益补充。可是在实际操作上，由于对公有制的崇拜、对私有制的歧视，甚至仇视，所以才出现大量的"玻璃门"和"弹簧门"现象。所

---

① 岳宗：《汪洋：做点"特"事擦亮特区牌子》，《南方日报》2009年10月10日。
② 资料转引陈宪《给李书福们更多"准生证"》，《文汇报》2010年4月7日。
③ 苏东斌：《市场经济体制对所有制结构的三大要求》，《经济研究》1998年第12期。

以，必须明确划分政府投资的边界，调整国有经济布局和结构，在制度设计上扫清民间资本"平等准入""非禁即入"的体制性障碍。应当规定除了涉及国家安全必须实行垄断经营的领域，其他领域都要向民间资本开放。同时，严格限制垄断链条向竞争性服务行业延伸。这样，不仅不能扩建资产运营的"政府公司"，而且还要加快对垄断企业的股份制改造，同时更要加快国有资本从竞争性行业退出的步伐。

据国际著名学者"休克疗法"之父杰弗里·萨克斯判断：资源管理是中国的最大挑战。他说，大体上他相信，一个混合经济意味着有市场体系，也会有政府的位置。政府的作用就是帮助穷人，建设基础设施，促进技术创新，保护环境。如果有一个运行良好的混合经济体系，就可以实现最好的结果；如果滑向非此即彼的两个极端，即要么只有自由市场，要么只有政府那就无法运行。[1]

第二，只有深化改革收入分配制度，才能形成可持续发展的内在动力。对此，特区应当有大动作。

特区中的城市一个鲜明特征是一眼就能看出谁是"城里人"，谁是"外来工"。中国城市化率只有45%（2007年），中国收入差距最突出的表现就是城乡差距，2009年为3.33倍[2]。只有加快城市化进程，早日把这批30多年来实际上成为特区建设大军主体、特区服务大军主体的占实际人口相当大的农民工转化为产业工人的同时也转化为市民，以便使工业化和城市化同步（深圳的户籍人口不及常住人口的1/3），才能出现一个作为整体的特区消费群体，而这正是特区政府义不容辞的责任与最大的政绩。

我国在1978年到1980年间，消费对经济增长贡献率为66.2%，投资仅占36%，那个时候，出口还是负增长3.3%；2001~2005年间，消费对经济增长的贡献率下降到41.2%，投资上升到51.1%，出口上升到7.7%。在这次应对金融危机的2009年，我国经济增长"保八"也主要是靠投资拉动的贡献。

消费对我国经济增长贡献率持续下降，其中的收入分配制度不合理、绝大多数低收入群体的消费能力有限是最主要的原因。近几年，总体上看收入分配差距仍在不断扩大：一是劳动者报酬占比不断下降，从1996年的53.4%下降到2007年的39.7%；二是在政府、企业、居民收入分配结构上，居民收入占比不断下降，从1995年的67.2%下降到2005年的59.4%。[3]

国际上房地产的利润率一般在5%上下，我国的工业也大体如此，而我国个别

① 田晓玲：《文汇学人访谈录之三十》，《文汇报》2010年3月21日。
② 倪建伟、梅东海、祝雅辉：《应全面调整国民收入分配格局》，《经济参考报》2010年3月3日。
③ 迟福林：《收入分配改革：关键时期的关键改革》，《学习时报》2010年3月15日。

房地产企业利润率却高达 30%，高于行业平均水平①。

可以肯定地说，目前我国的基尼系数较高，已经超过国际公认 0.4 的最高警戒线。

只有拆除垄断壁垒，实行平等准入，才能使价格下降，而且必然会降低"特许租金"。据介绍，从 1980 年到 2009 年我国 GDP 和财政收入分别增加了 74 倍与 59 倍，而农村和城镇居民收入仅增加了 27 倍和 36 倍。② 财政收入占 GDP 比重由 53.4% 下降至 39.7%。③ 只有大幅度降低行政管理费用，使其变为转移支付、社保经费等，把政府财政转为公共财政才能在治本的方向上改革分配结构。也只有这样，才能转变高度依赖国际市场、高投资、低消费的发展方式。

我认为，尤其要防止利用公共权力、公共资源为个人获利，特别防止利用某种垄断优势去扭曲市场，使公权与利益走向部门化、集团化、个人化。因为在转型时期已经在一定程度上形成了一个特殊利益阶层。它的特点是：他们并不迷恋计划经济时代的一切，因为那意味着他们将失去 30 年来所积累的财富，同时，他们更不希望改革的深化与开放的扩大，因为那意味着他们将失去现有各种特权。在胶着的环境中，主张"维持现状"构成了他们的特有的基本情绪。④ 我们应当看到，有的中国经济特区经济总量可比肩某些省份，放在世界上看，甚至还可与某些国家相当，但社会福利却被公共财政所忽略，连沙特阿拉伯、阿根廷、南非三国都实行了全民的免费教育和免费医疗。

值得警觉的是，有人明示：在中国改革开放 30 年后的今天，全国最富的地方在广东，最穷的地方也在广东。这是广东之耻，是先富地区之耻。⑤

在邓小平的晚年有一种忧虑："富裕起来之后财富怎样分配，这都是大问题。""分配不公，会导致两极分化，到一定时候，问题就会出来了。""过去我们讲先发展起来，现在看，发展起来以后的问题，不比不发展时少。"⑥ 实践证明，邓小平这个英明预见，仍然是我们解决分配问题的指导思想。在这里，不仅需要"道德"和"良心"，也不仅需要良好的"制度"与"政策"，更需要的还是正确的以人为本的理念。

---

① 参见《深圳特区报》2010 年 3 月 4 日。
② 参见《经济观察报》2010 年 3 月 8 日。
③ 倪建伟、梅东海、祝雅辉：《应全面调整国民收入分配格局》，《经济参考报》2010 年 3 月 3 日。
④ 苏东斌：《人与制度》，中国经济出版社，2006，第 12 页。
⑤ 广东省委书记汪洋在 2010 年 3 月 29 日在广东河源就"扶贫开发规划到户，责任到人"的专题调研时强调，见《深圳特区报》2010 年 3 月 31 日。
⑥ 《邓小平年谱：1975～1997》（下），中央文献出版社，2004，第 1364 页。

这个理念的核心内容并不是经济的增长而是社会的和谐，而和谐的基础与前提就是社会公正，公正才能创造和谐。① 国家并不是一家追求盈利的增长主义的公司，国家的本质就是主持正义。两千年前儒家经典《大学》就提出："国不以利为利，以义为利也。"同样，大思想家柏拉图也在《理想国》中指出：理想的国家是正义的，国家的正义来自统治者——哲学家的正义，哲学家的正义来自至善。至善、神圣、圆满。拥有至善就拥有最真实的快乐，所以，正义就是幸福的。这些都可谓伟大的智慧。

第三，只有深化改革政府的调控方式，才能创造更加公平的竞争环境。对此，特区应表现更出色。

比如，由于特区人口的急剧膨胀和极为有限的土地资源，所以，住房供需的矛盾是特别尖锐的，这种准公共产品，不能完全由市场去决定（新加坡政府投资的保障性住房占85%，而香港也另有天地）。

据介绍，拥有700万人口，人均年收入接近3万美元的香港，有123万人生活在贫困线以下，收入还不到工资中位数的一半，许多香港人月生活费仅有数百美元，在这个屡屡创下全球最高租金纪录的拥挤城市根本不够用。贫困在香港普遍存在，但基本上不太为人所知。这是因为政府补贴住房容纳了四成居民，即四成居民住政府补贴住房。所以，建设廉价房就是特区政府必须把"居者有其屋"政策作为保证民生的极为重要内容。这不仅是一个民生重大问题，而且是城市转型成功的一个标志。

据介绍，房价的一半几乎是地价，地方政府的土地收入2006年占财政收入的50.92%，有些地区竟达到70%②。所以，如果银根不调，开发商就会持有过度充裕的房地产开发资金；如果土地财政不变，地方政府就不会丧失卖地的规划；如果重要的生产要素仍由政府行政低价标出，导致价格信号严重扭曲，那么市场运行的重要内容就等于还没有打破计划经济的牢笼；如果仍以产值增长速度作为各级官员政绩优劣的主要指标，那么也就很难走出政府投资冲动的怪圈。

从世界范围看，美国和英国在过去50年中，劳动收入占GDP比重在65%到80%之间波动。过去60年间，大部分OECD国家的劳动收入占GDP比重在65%到80%之间。目前，中国劳动收入占GDP的份额在40%左右，并有进一步下降趋势。从国内外比较来看，在政府、企业和个人三者之间的宏观分配关系中，居民个人所占份额偏低，这是造成劳动者报酬在GDP中比重偏低的重要原因。正因如此，居民

① 资料引自苏东斌《公正创造和谐》，《广东社会科学》2005年第3期。
② 参见《深圳特区报》2010年3月8日。

整体收入水平偏低，这不利于消费增长，制约了从投资驱动型增长向消费驱动型增长模式的转变。①

对于一个急骤膨胀起来的大城市来说，教育是一个大弱项。在特区创办初期，邓小平就针对缺乏专业人才的现状明确地指示：深圳要办一所大学。这所大学由华侨、外国实业家，用西方科学和管理的办法来办。教员请外国学者来当，请外籍华人来当校长。②

显然，教育是文化的基础，30年的改革开放，经济特区以及其他富裕地区呈现的是一种由穷光蛋猛升到暴发户状态。与此相适应，人欲膨胀的群体性世俗化潮流，又使本来就缺乏崇尚彼岸世界的宗教情愫去缓冲的心灵更难以升华。于是，相当一批人已经陷入了群体性的精神颓废中去了。虽然贫穷时代和富裕时代的同一个人想问题也许会是两样的。但是，我想，在教育、文艺等领域应该反对过度物质主义的世俗化倾向。在现实的人生舞台上，不能只有嬉笑与调侃，从而缺乏悲壮与崇高。也许这比单纯发展文化产业要更重要也更庄严得多。

（四）

据介绍，2010年3月28日在深圳召开的IT领袖峰会上，深圳市政府所做的关于"打造互联网特区"的承诺受到极大欢迎（主要指在维护国家安全和遵守国家宪法的前提下，政府努力创造良好的发展环境）。

互联网之所以如此特殊，在于它不仅急剧减少了买家与卖家之间的各种交易费用，令人目眩地降低了整个经济体的运行成本，而且正从基础上重构传统商业、社会乃至政治运行的方式。而究其根本，互联网最强大的功能，则是海量信息的零成本制造与传播。它天然地与垄断与封闭思维格格不入。它不仅仅是一种技术，更是一种价值，一种文化。

可以说，互联网是中国最能体现市场经济特征的产业。它发展到哪里，市场经济秩序就扩展到哪里。

仅仅十多年的时间，中国本土就出现了腾讯、阿里巴巴、百度等互联网巨头。这当然有四亿中国网民的莫大功劳，然而主要原因是政府干预少。在纯粹的市场化环境中，兴起了很多很多的互联网公司。下一个腾讯与阿里巴巴，或许已在潜滋暗长。③

---

① 资料引自《调节收入分配，建设全球城市》，《文汇报》2010年4月7日。
② 资料参见《广东改革开放访谈录》，梁灵光回忆，广东人民出版社，2009，第172页。
③ 资料引自戴志勇《互联网文化弥足珍贵》，《南方周末》2010年4月1日。

因此，学者评论，我们可以说，互联网需要的不是特区，而是管制的放松和管制权力的明晰。[①]

可以说，互联网给今天世界所带来的自由，就是它诞生与发展的根本意义。

今天，特区政府乃至许多地方政府都逐渐认识到，香港是当今世界最繁荣的地区之一，它充分展示了中西文化交融的魅力。所以，我认为，学习香港，就是学习市场经济；借鉴香港，就是借鉴法治社会。从相当的意义上说，"把香港请进来"（如把廉政公署、政府预算约束、现代大学制度等"请进来"），既符合改革开放的根本方向，又能寻找到构建现代城市的简捷路径。

当然，香港与内地的全方位合作也不是内地的单方需求。比如，在珠三角地区创建最具发展空间和增长潜力的世界级新经济区域，就可以实现以跨界基础设施、现代服务业和先进制造业、国际化营商环境、优质生活圈、重点合作区等为合作重点的项目，就可以为香港的发展创造新天地。[②]

显然，城市化、工业化、信息化、全球化的确构成了建设国际性现代化大城市的重要内容。但是，在这里，要建设国际性现代化大城市不是简单的物质繁荣问题。特区发展到今天，已经由经济体制转型走向社会全面转型的新阶段，其重要标志是具有一个以个人权利、自由平等为内容的现代核心价值观的形成，以及与此相适应的市场经济，民主政治的基本制度的确立。今天，我们所提倡的科学发展观，其首要含义也并不是如何发展，而是为谁发展。以人为本的宗旨，要求以个人为主体的现代核心价值观的实现。而在如何发展中，首要含义也不是什么技术上的升级，而是现代基本制度下的成型，这也就是现代性对现代化的根本制约。

可见，改革开放不仅是实践科学发展观的必由之路，而且是它的前提条件甚至就是它的内容本身。中国改革开放的总设计师邓小平晚年有句十分清醒而准确的判断——"我们所有的改革最终能不能成功，还是取决于政治体制改革"[③]，比如，经历30年的改革，国有企业在相当一部分扭亏为盈之后，又重新回到更加困难的改革起点上去了。所以对于国企改革的重新定位，就不仅是局限于国企微观层面，更对政治体制改革提出了更高的要求。[④]

当年马克思在总结巴黎公社经验时说，"以随时可以罢免的勤务员来代替骑在

① 资料引自李翔《不是特区，是放松管制》，《经济观察报》2010年4月5日。
② 参见《人民日报》2010年4月8日。
③ 《邓小平文选》（第三卷），人民出版社，1993，第164页。
④ 资料引自贺绍奇《大国企的点金术与成长困境》，《经济观察报》2010年3月29日。

人民头上作威作福的老爷们"，这也就是"选举权的已被应用于它的真正目的"①。
"这些市政官员对选民负责随时可以罢免"②。可见，这是一条多么重要的民主政治
的内容啊！

所以，今天我们就是要用协商民主去引发而不是取代选举民主，用党内民主去
带动而不是削弱社会民主，用下层民主去推动而不是阻滞上层民主。只有这样，才
能从根本上瓦解已经形成的各种"经济利益集团"，在抗衡官僚与资本结合的反腐
败问题上完成制度上的构建。也只有这样，才能把传统的威权政府演进为现代的服
务政府，这也正是政治体制改革的核心内容，更是转变发展方式的基本条件。

这就是说，只有深化并加快超越经济体制改革的全面的社会改革，深圳才能真
正建成一座国际性的现代化大城市。

当代世界著名的思想家科尔奈在建言中国的改革时讲了如下这段话：

> "可持续性"的意思可以分为狭义和广义。就算从狭义的、纯粹经济学的
> 角度来说，这个标准也意味着经济增长可能受到一些限制，例如大城市变得更
> 加拥挤，工业与机械化交通的快速发展造成的环境破坏等。

> 更重要的是，我们要考虑到广义的政治条件。当前的体制确保了当前的宏
> 观经济形势，以及当前的消费与投资比例，但这能维持多久？

> 必须提醒读者特别注意，我并不建议中国遵循什么"斯堪的纳维亚模式"、
> "北美模式"或"印度模式"，就像我并不建议瑞典、美国或印度遵循什么"中
> 国模式"一样。

> 我们无法通过简单的成本收益分析计算出一种数学上最优的发展路径。事
> 实上，快乐与痛苦、获取与牺牲都可能以许多不同的方式，在不同的社会阶层、
> 地区及不同代人之间分配。

> 并不只是物质上的福利能这样分配，与个人自由相关的快乐、因自由权利
> 受限而产生的痛苦，都可以进行这样的分配。我无意提供一种能解决所有潜在
> 分配问题的药方，我只是想提醒大家注意我们所面临的选择困境。

> 政府官员进行的经济调节和市场调节应该取什么比例，这并没有放之四海
> 而皆准的标准。在银行、教育、医疗、安全等不同的领域，合理的比例也各自
> 不同。通常而言，在一些领域政府必须发挥主要作用，另一些领域则须由市场
> 主导。

---

① 《马克思恩格斯选集》第 3 卷，第 96 页。
② 《马克思恩格斯选集》第 3 卷，第 13 页。

　　最重要的一点是，当我们在政府和市场之间进行分工时，必须清醒、精明地设定相关的比例和形式。市场不是一部永不出错的神奇机器，但它也不是一个密不可穿的丛林、弱肉强食的杀戮场。政府不是一部由清廉无私的公务员操作、运转起来纤毫不差、永远客观公正的机器，但它也并不是一部完全受贪权的腐败官员掌控的机器。

　　市场和政府这两种机制都远不够完美，甚至即使这二者的作用结合起来，也不一定能消除各自的缺陷。事实上也许是相反的情况：这两种机制的结合也许反而会破坏它们独自运转时可能具有的一些优点。

　　中国如此快速的发展必然伴随的一个危险是，经济体中可能出现种种失衡和潜在的"赤字"，并在未来造成大问题。40 年前我写过一本书《突进还是和谐增长》，当时也被翻译成中文，不过恐怕早已在书店里买不到了。该书总结了苏联和东欧的经验，表示要反对"对增长率的迷信"。

　　苏联和东欧那些负责经济事务的政治家为了推动 GDP 尽可能快地增长，忽视了其他重要的发展任务，例如住房、环保、城市交通等。我在书中还用了一个比喻：就像是一个人穿了件时髦的新夹克，但下身却是破破烂烂、仅足以蔽体的裤子，脚上连鞋都没穿。也许这本书应该在今天的中国再版。

　　对许多国家的历史进行研究就会发现，经济发展水平与政治体制之间并没有自动的、决定性的联系，经济增长率高低和政治发展水平高低之间，更没有简单的因果关系。

　　斯大林实行第一个"五年计划"时，是苏联经济产量增长最快的时期，但当时却发生了令人震骇的政治压迫。当希特勒和纳粹党上台时，德国是最富的、发展水平最高的工业化国家之一，在那之后德国经济增长率也迅速加快。而且回头来看，宪政国家和议会民主制是在一些欧洲国家的早期发展起来的，当时它们的发展水平远不如今天。

　　私人所有制、自由企业和市场调节的扩展，为政治改革提供了有利的环境，但这并不能自动保障政治改革的成功。[1]

我以为，我们应当从他的这些深刻的体会中得到正确的启示。

毫无疑问，一条中国现代化之路一定要显示出民族特色与反映出历史阶段性来，我们强调"中国特色"就是要说明它的民族性、地区性、国家性；我们指出

---

① 　资料转引《财经》2010 年 3 月 29 日（总 260 期），记者马国川。

"初级阶段"，又是要表示它的时代性、后进性和渐进性。没有了这两点，当然也就没有了中国现代化每一个过程的出发点和落脚点。但是，无论这种特色"特"到什么程度，也不管这种"发展阶段"，进入了哪一时期，现代化道路一定有它的"本色"和"同质"。所谓"中国特色"只能"特"在形式上，而不是"特"在内容上，只能"特"在发展道路上，而绝不是"特"在发展目标上。我们在说明"中国特色"时，应强调创造性吸收"人类一般文明"，而在确认"初级阶段"时，则更强调体现时代性的"国际惯例"。我们决不能以"中国特色"来拒绝由"本色"所带来的规范要求，更不能用"初级阶段"去否定本来应当实现的各种现代化进程。

这样，我们在强调"中国特色"的同时，必须清醒认识到，努力吸收人类所创造的一切物质文明、精神文明、政治文明的果实与营养，这不仅彰显了我们的胸怀，更表现了我们的聪明与智慧。因为从实践的意义上讲，更多的东西是"利与弊"，而不是"是与非"。许多东西并非都一定要兵戎相见，更多的则可以融会贯通。我们决不赞同当年"师夷长技以制夷"的狭隘民族主义观念，决不赞同"中学为体，西学为用"的现代化蓝本，而是要在经济全球化、区域化中积极参与国际分工。开放也一定包括心态的开放与平和。所以，经济、政治、文化之间既不能可能视同秦越，也不应当以李代桃。

即使对于作为旗帜的"中国特色"，也必须领会精神实质，而不是去咬文嚼字。

第一，"中国特色"只说明"有所不同"，并没有正面回答"究竟是什么"。因为权威的解释是既不同于传统的苏联模式，又不同于西方模式。

第二，"中国特色"字面上，并没有体现价值判断，不说明这种特色究竟是好是坏。

第三，可以说，无论是中国的革命之路，还是中国的建设之路，都始终充满了"特色"。

任何特色只有与先进性相结合才能具有真正的竞争优势。

可见，作为旗帜的"中国特色"，其精神实质与基本内容仍然应当是民主、繁荣、自由、幸福等。

经历了30年的改革开放，中国确实出现了天翻地覆的奇迹；尤其是体验着当前世界经济危机的洗礼，中国的国际地位绝不再是无足轻重的了。于是，探讨"中国模式"的声音在海内外刹那间不绝于耳。不仅有超越1989年"只有中国才能拯救社会主义"的国内言辞，更有天真地认为"只有中国才能挽救世界经济"的国际论调，对此，我们应高度警惕。原因有以下三点。

第一，从总体上看，中国还处在改革之中，最艰难的改革（如国企改革、政治体制改革等）并没有完成。

第二，从过程上看，中国正处在变化之中，无论从体制改革还是到制度变迁，都没有形成一种定型的"模式"。

第三，从现状上看，"中国问题"有的还很严峻（如环境问题，居民消费力问题，地区、城乡发展不平衡问题，法制建设问题等）。

可见，虽然我们有辉煌成就，有独特的因素与过程，但同时也有重大的教训，要真正实现"社会主义市场经济"的伟大目标，还有许多问题需要进行强制性的制度安排。所以，我们决不能盲目地陶醉于"盛世"中，必须对自己在国际社会中的地位与作用有一个清醒而准确的估计与评价，千万不要被有些人吹捧得晕乎乎的。所以，应该慎言"中国模式"。①

总而言之，要解决政府的主导与市场的基础性资源配置之间的失衡这一先发展起来的经济特区的主要矛盾，决不能简单地靠举办大活动，争夺大项目，规划大手笔。而只能靠深化改革、扩大开放去完成。

第一，在经济体制上，首先深化改革分配制度，变政府财政为公共财政。

第二，在政治体制上，首先深化改革政府职能制度，变威权政府为服务政府。

第三，在文化体制上，首先深化改革教育制度，变"应试八股"教育为现代大学制度。

而在这里，有的尚需大力深化，有的则才刚刚破题，有的甚至还没有真正触及。可见，未来中国经济特区能够胜利完成双重新使命还是任重道远。

我赞同这样的估计：第一，大趋势不会变，现代化的方向不可逆转；第二，仍有两种前途，搞得好，把改革进行到底，就会建立起现代市场经济，法治市场经济，搞得不好，就会形成权贵资本主义、官僚资本主义、国家资本主义，那是非常可怕的。

中国再也不能与新科技革命失之交臂，再也不能与人类现代文明进程失之交臂，我们改革的任务还远远没有完成，现在绝不能说，中国的改革尤其是特区的改革已经结束了，剩下的任务就是科学发展了。在今天的中国，那种"离开了改革还能发展"的观点是根本错误的。

如果我们再问，建成一座国际性的现代化大城市到底干什么？现在，许多原始的苦难已不再成为苦难，于是什么是幸福这个原始的词语反而变得更加模糊起来了。

---

① 原载《建议活页》2009年第1期，苏东斌文。

这就迫使我们追根溯源去寻找存在于生活中的那个最基本的价值。那就是，只有在这样的能够较大限度地集中社会资源、合理进行配置的大城市里才可能让每一个人（不管是男人，还是女人，不管是强者，还是弱者）都会拥有同一个梦想，都能共享同一个世界。其实，幸福的目标只有一个，就是让生活变得更加美好。这才是我们所追求的科学精神和人道意义。①

据胡耀邦之子胡德平回忆：20 世纪 80 年代，是我国改革开放的奠基期，又是世界由圆变平的转轨期。记得 1985 年夏季的某一天，父亲胡耀邦偶然看到马克思在 1858 年 10 月 8 日致恩格斯的一封信，他不由得出声细读："资产阶级社会的真实任务是建立世界市场……因为地球是圆的，……在极为广阔的领域内资产阶级还在走上坡路。"读罢，他专注的目光在翻开的书页上又来回扫过几次，好似默读，又像思索，最后他收回目光，抬起头，敲敲书，说了一句话："看看，还在走上坡路噢！"② 邓小平曾说，中国的改革"从世界的角度来讲，也是一个大试验"③，中国经济特区已经加快了中国的历史，并相当地吸引着世界。

"曾因酒醉鞭名马，生怕情多累美人"，深圳它既不是一个独立的新加坡，又不是港人治港的香港，毕竟是一座年轻的内地城市。这样，有些事可以为、能够为（如地方政府资源配置）；有些事则不可为、不能为（如政治体制改革大格局）。今天，它不可能垄断中国的改革开放权，它不可能永远做"经验批发商"（仅国务院批准的新特区就又有 6 个），如花美眷最怕那似水流年，再辉煌的过去，都可能潜伏着变数与危机，所以，特区的人们只应以忧患的意识去畅想着自己的今天和明天。波兰思想家米奇尼克有两句话可以警示我们："我们不是为了一个美好的明天而奋斗，而是为了一个美好的今天而奋斗；我们不是为了一个完善的社会而奋斗，而是为了一个不完善的社会而奋斗。"

当年，马克思主义者的佩里·安德森在研究哈耶克和弗里德曼的学说时，特别着重"历史可能性"时刻。因为在人的行为面前，他能够得出这样的结论：无论多么神圣或者多么为人所熟知的体制，都不是原则上不可触动的："制度的格局比人们认为的要更柔弱和可塑。"这不禁叫人记起波普尔的反历史决定论的坚定主张。因为他的全部出发点都是历史是人创造的，社会的发展不会如同物理学那样，存在一种任何时间、任何地点，既没有时代制约，又没有国情限制的一般规律性。

---

① 参见王安忆《什么样的生活更幸福》，《文汇报》2010 年 4 月 11 日。
② 胡德平：《保持历史的记忆力》，《经济观察报》2010 年 3 月 19 日。
③ 邓小平：《建设有中国特色的社会主义（增订本）》，人民出版社，1987，第 113 页。

当然，人也决不会永远专横而自负下去。因为正如洛克所说："人们享有公民自由的资格与他们对自己的禀性施以道德约束的愿望成正比，与他们把热爱正义置于个人贪婪之上成正比。"① 这也就是，大江东去，浪淘尽，千古风流人物。……卷起千堆雪。

2010 年 6 月改写

---

① 哈耶克：《致命的自负》第二章开头引语，中国社会科学出版社，2000。

第一版序　把改革写在岁月里

陶一桃

这里记录的是一座年轻而充满创造力的城市——深圳的不同寻常的令世人瞩目的成长历程。在中国历史上，恐怕还没有哪一座城市能像她那样，以其自身的产生预示着一个时代的开始和另一个时代的结束；也没有哪座城市能像她那样，以其自身的发展体现、引领着整个国家的制度变迁的方向，并创造着一种崭新的富有绩效的社会发展模式；更没有哪座城市能像她那样，以其自身的不断变革书写着社会转型的奇迹，并在创造财富的同时创造着创新的观念、精神和理念。

这里记录的不只是一座城市的发展岁月，还是一个国家改革路径与模式的深刻的探索轨迹，以及一个民族寻求富裕的奋斗历程。从这个意义上，可以说深圳是一座虽然年轻却拥有历史，虽然新兴但仍然拥有积淀的城市。她以年轻的 28 年记载着中国改革开放的 30 年，而这 30 年不仅是对以往近半个世纪传统体制的反思与批判，更是对未来中国发展目标与方向的确定；她以新兴的 28 个岁月为转型的中国提供了许多有价值的思想，然而那些富有冲击力和挑战精神的思想与观念，摧毁的不仅仅是羁绊改革的精神枷锁，更是在传统体制下一直被视为绝对真理的那些"神圣"的东西。今天的深圳给予人们的不只是高楼大厦，霓虹闪烁，绿树花园，富裕后的尊贵享受，更有比大厦更能震撼心灵的改革精神，比霓虹更加耀眼夺目的创业情怀，比绿树花园更具凝聚力和感染力的宽容的城市文化，比富裕后的尊贵更加珍贵的良好的社会法治环境与制度环境。

深圳经济特区作为特殊政策的产物是一个划时代的标志，她标志着中国社会由计划经济向市场经济转型的开始，标志着国门的开放，标志着思想的解放与观念的更新。可以说，30 年前开始的改革开放，是从在中国这样一个计划经济的汪洋大海中，创立市场经济的绿洲开始的。深圳凭借着地位优势（毗邻香港）首先成了这块绿洲。建立特区这种制度安排，不仅打破了传统体制的一般均衡状态，而且还使非均衡的社会变革成为最佳的制度变迁的路径选择。如果说，幅员辽阔、人口众多是中国社会改革开放的大背景，那么普遍存在的区域之间、城乡之间的经济发展水平的不平衡，则是中国社会制度变迁的最严重的社会资源约束。建立特区作为一种自上而下的正式制度安排，不仅大大减少了在传统意识形态占主导地位的情况下制度变迁的阻力，降低了传统体制占支配地位的情形下制度创新的成本，而且还成功地规避了改革的风险，从而使制度变迁的绩效在短期内就能迅速显现出来，并卓有成效地示范全国。30 年后的今天，当我们从制度安排的角度来研究特区，当我们把非均衡增长引入我们的研究视野，特区就不仅仅是特殊政策，而是适合中国国情的、具有中国特色的制度变迁的模式与路径。也只有在这个意义上我们才可以说，特区还要"特"下去，对经济特区的肯定，应该理解为对中国社会制度变迁模式和路径的认同与肯定。

早在 1984 年邓小平同志就说："深圳经济特区是窗口，是技术的窗口、管理的窗口、知识的窗口，也是对外政策的窗口。"① 应该说，在中国社会计划经济向市场经济的转型中，深圳很好地完成了它成立初衷所赋予的历史使命——改革开放的示范地区、市场经济的试验田、对外开放的排头兵。深圳是一个奇迹，是一个制度创新的奇迹。作为中国制度变迁的试验田，深圳的发展集中反映了中国由计划经济向市场经济转型的制度绩效。而令人瞩目的经济增长速度，正是这种制度绩效的突出体现。因此可以说，在过去的近 30 年的发展历程中，深圳经济增长的高速度，在相当程度上是一种转型社会特有的"矢放效应"的结果。所谓转型社会的"矢放效应"是指由于制度变迁，改变了原来体制内部的无效率或低效率的资源配置状况，从而带来了经济增长的高速度和财富规模的迅速提升。与此同时，经济起步国家原体制内存有的社会经济多领域亟待发展的空间，开放政策对国内外资本、技术等资源约束的卓有成效的解决，以及由此带来的更加广阔的国内外市场和亿万人民渴望尽快摆脱贫穷的迫切愿望，这些都使惊人的经济增长速度不仅成为需要，更成为可能。

经济特区作为特殊政策的产物，它的主要功能就是在计划经济的体制中完成市场经济的实践，并在全国范围内推动市场经济体系的确立。然而，经济特区作为制度变迁的模式与路径，它不仅要以自身的实践促进市场经济体系的形成，而且还要以自身的发展来完善市场经济体制，推动中国社会的改革开放向纵深发展。1992 年邓小平同志就说："到本世纪末，上海浦东和深圳要回答一个问题，姓社不姓资。两个地方都要做好标兵……要用实践来回答。……实践这个标准最硬，……实践不

---

① 中共中央文献研究室编《邓小平年谱》，中央文献出版社，2004，第 84 页。

会做假。"① 在审阅十四大报告第四稿时邓小平同志又说："我赞成使用社会主义市场经济体系这个提法，实际上我们是在这样做，深圳就是社会主义市场经济。"②

制度是镶嵌在制度环境之中的，没有完善的制度环境，就不会产生有效的制度安排。同时，原本有效的制度安排，在无制度环境的支持下，也会丧失制度的原有功能。如没有保护产权的制度安排就不会有公平有效的市场交换，没有诚信体系的确立，就不会有良好的市场经济秩序，没有完善的市场运行规则，就不会有经济的增长和社会的繁荣。因此，从完善市场经济体系的角度，经济特区的制度变迁效应丝毫不亚于成立之初的制度创新效应。历经近30年的改革开放实践的积累，深圳在市场经济体系营建上已具有了相当的经验、能力和实力。尽管28年后的今天，深圳并不是中国市场经济最发达的唯一地区，但率先走向市场经济的经历和毗邻香港的区域优势，使深圳能够学习、借鉴香港成熟、完善的市场经济体系，从而完善自身，示范全国。尤其应该指出的是，深圳所处的地缘优势，使今天的深圳依然具有对外开放最便捷的窗口的地位。28年前人们希望通过这一窗口了解世界、走向世界。今天这个窗口在把中国引入经济全球化的同时，也把国际惯例和市场经济通行的规则带入了中国人民的生活之中。以开放促改革，已经成为今天的深圳经济特区制度创新的坚定的选择。从这个意义上说，经济特区从初创到今天，其制度变迁的功能已发生了改变。如果说初创之时主要是以示范效应在全国确立市场经济体系，那么今天则是要以制度创新的方式"以开放促改革"，即推动改革的深化。经济特区这种内在功能的变化，正是中国社会从以突破传统体制为目标的强制性制度变迁，向以收获潜在利益为动机的诱致性变迁演变的标志。尽管市场经济已经在全国范围内实现，但经济改革还没有真正完成，改革的道路依然很漫长，经济特区，这一具有中国特色的制度变迁模式还应该一如既往地在制度创新中发挥示范作用。

尽管中国社会的改革开放是从经济领域中展开的，但改革从来都是社会的改革，它必然涉及政治、经济、制度、法律等方方面面。甚至可以说，没有政治文明和制度文明的保障，真正的市场经济体系就无法确立。因此，深圳作为经济特区，还应该在以提高政府执政能力为宗旨的政治文明和制度文明建设上，走在全国的前列。

中国社会的改革是以社会制度转型为特征的。因此，政府职能的转变必然构成了制度变迁的重要内容。纵观中国社会由计划经济向市场经济转型的历程，正是"全能"政府逐渐走向"守夜人"政府的历程，也正是"权威"政府逐步走向公仆

---

① 中共中央文献研究室编《邓小平年谱》，中央文献出版社，2004，第1340页。
② 中共中央文献研究室编《邓小平年谱》，中央文献出版社，2004，第1347页。

政府的历程。政府是自上而下的制度变迁的发轫者，也是强制性制度变迁的倡导者，同时还是制度这一公共物品的最大的、最有效的供给者。政府的文明程度决定了制度的文明程度，从而决定了一个社会政治的生活文明程度和开明程度。正如穆勒所说："虽然国家不能决定一个制度如何工作，但是它却有权力决定什么样的制度将存在。"明智的政府可以在强制性制度变迁中，有效地降低社会的变革成本，而政府的低效率、理性的有界性和认识上的局限性，则会增加社会变革的成本支付，甚至会使社会失去最佳决策或机会的选择，从而丧失收获社会变革的最大收益的可能性。没有政治文明和制度文明保障的市场经济，是短命的市场经济。在政府的权力还需要政府的权力来剥夺的体制里，政府的文明决定了社会规制的文化，而文明的社会规制是自由民主的市场经济发展的保证。

经历近 30 年的发展与积累，深圳这座城市已经步入了稳步增长的成熟时期。尽管在过去的多年里，深圳一直保持着 15% 以上的增长速度，人均 GDP 也从 2006 年的 5664.39 美元上升到 8691 美元，并日渐接近世界银行确定的从发展中状态进入发达状况的标准——人均 GDP1 万美元，但是，在未来的发展过程中那种耀眼的增长速度，有可能并且应该成为曾经辉煌的历史。第一，一个国家或地区的经济增长速度是客观的而非主观的，因此，政府可以预期，但不能违背经济增长规律从而制定经济增长速度。如果说曾经的高速度是改革的需要（当然也是改革的结果），那么如今的适度增长则是持续发展的需要。第二，经济增长速度是衡量社会发展的重要指标，它体现了一方政府的执政绩效。但是，它绝不能成为一方政府的政绩考核的唯一目标。一旦经济增长速度成为衡量政府政绩的唯一指标，增长本身就会从内容变成形式，变为上升的数据。第三，任何社会的经济增长都是要支付代价的，衡量社会发展水平的更合理的指标不是 GDP，而是 NEW（社会净福利指数）。NEW 是从 GDP 中减去为获得 GDP 社会所不得不付出的污染等一系列代价。当一个国家或地区已陷入以更多的资源消耗换取财富的增长时，最终是社会财富总量的减少，而非增加。第四，衡量社会的发展水平和文明程度不仅包含经济增长速度（这是重要的指标），而且还不可或缺地必然包含制度文明、社会福利感等非经济因素。对于一个成熟的社会来说，当经济发展到一定水平后，当社会财富积累到一定程度时，对非经济因素的关注，直接关系到财富创造的意义和使用的社会价值。

就深圳而言，由于她是一个一直在经济高速增长的轨道上运行的城市，与此同时，自然资源的先天不足和劳动力要素价格优势的逐渐消失，实事求是的、体现适度增长理念的发展速度，必将是其保持持久繁荣的理性选择。随着经济总量的扩大，一个稍小一点的增长百分比，也能带来社会经济的较大的绝对增长量。对国民而言，生活质量的提升远比增长速度本身更重要。因为，生活质量和福利感的提升，意味着社会剩余在国民中的更大范围的分享。未来的深圳，应该充分利用资本和高科技的比较优势，以高附加值的产业发展为主导，以金融服务业为支撑，逐渐步入有钱有闲的成熟、稳健、富裕的社会。

近年来，深圳市政府提出这样的理念：向改革创新要发展的动力，向改革创新要发展的优势，向改革创新要发展的资源，向改革创新要发展的空间。我以为，这是一个战略性的思考，这一思考本身不仅明示了深圳这座以改革创新起家的新兴城市的生命力之所在，而且还以一种巨大的极富感染力和感召力的精神力量，鼓舞着正在探寻发展路径的深圳人，并将深圳从改革开放之初的，在推动中国市场经济实践中所发挥的窗口、试验田、示范区的作用，与时俱进地提升到了一个自我超越的更高的层面，那就是从"试验田"意义上的特区，走向了"精神"层面上的特区，使曾经培育、支撑了这座城市的魂——"敢闯"、"创新"，继续培育、支撑着这座城市，并成为这座城市生生不息的永远的精神。

深圳既有改革创新的土壤，又有改革创新的传统，缺少的不是改革创新的能力，而是保持改革创新精神的意识。深圳最初的吸引力并不是她的高楼大厦、现代化街道和丰厚的收入，而是改革开放的氛围，较之内地传统体制宽松的机制和传统体制依然占据支配和主导地位的内地所无法提供的创新机会。正因为如此，最初闯深圳的人既不是做着发财梦的淘金者，更不是做着黄粱美梦的机会主义者，而是期望寻找发展空间，借以施展在内地传统体制中被压抑着的个性和创造力的第一个"吃螃蟹"的人和"叛逆者"。正是那些在当时不怕丢掉公职的"吃螃蟹"的人和"叛逆者"，造就了深圳这座城市几乎"与生俱来"的改革创新的土壤。另一方面，靠改革创新起家，靠改革创新发展，靠改革创新而闻名中外本身则证明：改革创新不仅仅是深圳的传统，而且还是深圳重要的政治资本。邓小平同志在南方谈话中说："深圳的经验就是敢闯。"保持当年的敢闯精神，守护往日的创业情怀和创新意识，是深圳能够继续前进的保证。我以为，能够导致深圳人丧失改革创新意识的主要原因不是富足、安逸的生活，而是对待富足、安逸生活的态度；不是已取得的举世瞩目的成就，而是对成就的评价；更不是她在全国曾经"优越"的地位的变化，而是对待这种变化的心态。今天的深圳人应该把富足、安逸当做继续改革创新的物质基础，而不应该把它们看成改革创新后的理所当然的享受。深圳既不可能以从前的成就来继续证明今天的辉煌，更不应该被曾经辉煌的历史捆住现在的思想和脚步。过去的"成就"使深圳成为中国市场经济的"标兵"，但深圳绝不可能原地踏步还能永远成为邓小平同志当年所期待的改革开放的"标兵"。尽管特殊政策取消了，但深圳还在，取消的只是特殊政策本身，改革创新的精神不应该随着特殊政策的取消而一同丧失。取消特殊政策本身并不可怕，因为这是历史的必然，然而，丧失改革创新的意识，则会成为深圳致命的伤痛，因为，这意味着我们自己把自己给打倒了。

如果我们从制度变迁的角度来分析28年来深圳的发展变化，无论是当初享誉中外的"深圳速度"，还是今天体现崭新发展理念的"效益深圳""和谐深圳"，都是制度变迁的结果。作为社会运行规则的制度的类型和质量，直接影响一个社会的经济增长，以及社会成员对经济增长的满意程度。所以，制度的文明是社会和谐的保证。同时，社会发展不仅要向资源使用要效益，而且还应该向制度安排要效益。制度作为一种资源，它具有"制度资本"的特质——保障社会秩序和效率，降低交易成本和风险。从制度的形成来看，一方面，人（政府）是制度的供给者，有什么样理念的人（政府），就有什么样的制度，制度的文明与绩效，取决于人（政府）的文明程度及素养；另一方面，观念不能直接改变社会，但观念可以改变人，而人则能改变社会。改革创新的理念只有通过人的制度创新，才能转变成为造福于社会的制度绩效。

深圳经济特区作为具有中国特色的制度创新模式与路径，其成就远远大于一座城市的成长，其功绩远远高于一个区域的繁荣，其意义远远超越经济增长本身。经济特区是一种发展道路的选择，更是一种精神的象征。她预示的不仅仅是一座城市的兴起，而是一个民族的崛起。

2008 年 8 月于彩田村

第二版序　制度变迁中的经济发展方式的转变

陶一桃

《深圳经济特区年谱》的第一版，是迎着改革开放 30 年的钟声面世的。它的出版不仅受到社会各界的普遍关注，同时也获得了广泛的赞扬与肯定。今天，时逢深圳经济特区创办 30 周年，《深圳经济特区年谱》在这一特殊历史时刻再版，既完成了对深圳经济特区 30 年辉煌而艰辛曲折的历程的完整记载，又实现了学术研究的又一次进步与提升。岁月承载历史，也折射心路，相信《深圳经济特区年谱》在给人记忆与回忆的同时，更给人感慨与思考。

以市场经济体制确立为主线的中国社会的制度变迁，构成了经济特区成长、发展的艰辛而灿烂的历程。以深圳为典型的中国经济特区历经曲折却成绩斐然的改革开放的实践，不仅揭示出了一条实现有中国特色现代化的独特路径、主要特征以及未来发展态势，同时也以其路径选择的正确和发展的辉煌，与时俱进地促进了马克思主义的中国化、时代化。

我所说的"中国道路"就是指在中国选择创办经济特区这条道路上来完成体制转型，实现经济发展。更确切地说就是在一个已有 30 年计划经济的历史，同时传统意识形态又毋庸置疑地占据主导地位的计划经济的大国里，以创办经济特区作为冲破传统体制为目标的制度变迁的突破口，旨在全国范围内逐步完成计划经济向市场经济的转型，使中国社会在一段时间里全面走上市场经济的道路，真正成为一个经济繁荣、制度昌明的法治的社会主义市场经济国家。

中国现代化道路问题，不仅为学者们所普遍关注，更是几代政治家和有志之士为之终身奋斗的理想所在。我们曾有过"师夷之长以制夷"的真诚与无奈，更有过"超英赶美"的狂热与尴尬，但目标与实现目标道路的南辕北辙，让穷怕了的中国人不得不反思已选择道路的正确性。有的学者比较了 19 世纪和 20 世纪主要国家现代化特点后指出，19 世纪资本主义现代化道路，是私有产权和市场竞争相结合，经历数百年自然形成的。私有制、市场导向、逐渐变革是这一模式的基本特征。20 世纪 40 年代一些走上社会主义道路的落后国家，以激进的政治革命为先导、自上而下地强行开启工业化进程，企图在纯粹公有制基础上通过国家计划和激进改革的苏联模式，快速实现现代化。这一模式在取得短暂的成功后便遭遇危机。[①] 学者们普遍认为，中国直到 20 世纪 80 年代，才找到一条被实践证明是正确的现代化道路。这就是邓小平所规划的以改革开放为宗旨创办经济特区，走一条中国特色的社会主义现代化道路。[②]

回顾历史，30 年前开始的改革开放，是从在中国这样一个计划经济的汪洋大海中创立市场经济的绿洲开始的。深圳作为计划经济最为薄弱的地方，凭借着地位优势（毗邻港澳）首先成了这块绿洲。当中国改革开放的总设计师，中国制度变迁的思考者、发轫者邓小平同志第三次复出时，他所面临的最严峻的挑战与考验就是，如何在一个社会经济已经走到"崩溃边缘"的大国里全面实现现代化。近半个世纪的盲目而狂热的社会主义实践和当时中国社会经济发展的现状都已经清楚地证明，计划经济不行，盲目的赶超发展战略也不行，小农经济的平均主义更不行。在一个落后的由计划经济的平均主义维系着的普遍贫困的大国里，摆脱贫困的唯一出路就是打破体制内部造成普遍贫困的制度机制，走一条非均衡的发展道路，这条非均衡的发展道路就是邓小平所说的："只能让一部分人先富起来，让一部分地区先富起来。"

创办经济特区作为强制性制度安排，打破了传统体制下导致普遍贫穷的一般均衡状态，使非均衡发展的社会变革成为中国社会最佳的制度变迁的路径选择，从而也使中国这个历经了近半个世纪计划经济的大国，能在一个较短的时间里开始由普遍贫困的"计划"，走向"部分人先富"的"市场"。创办经济特区作为一种自上而下的正式制度安排，不仅大大减少了制度变迁的阻力，降低了制度创新的成本，而且还成功地规避了改革有可能带来的更大的风险，从而使制度变迁的绩效在短时间内就能迅速显现出来，并卓有成效地示范全国。

"中国道路"应该是一条体现中国特色的实现现代化之路。"中国特色"所表明的是国别性、民族性、历史性与国际性，而不是对现代化本质内涵与固有价值判断的否定。所以"中国特色"只能特在实现目标的道路上，特在达到目标的路径选择上，而不是目标本身。"中国特色"是对人类价值认同的过程，而绝不是对国际惯

[①] 罗荣渠：《20 世纪回顾与 21 世纪前瞻——从世界现代化进程视角透视》，《战略与管理》1996 年第 3 期。

[②] 张艳国：《毛泽东邓小平现代化思想比较研究论析》，《武汉大学学报》（哲学社会科学版）2004 年第 3 期。

例的否定。深圳经济特区已不是作为一座城市而是作为一个民族迈向现代化的模式，写进中国改革开放的编年史中。

从更广泛的意义上说，尤其是针对计划经济时期传统体制和发展方式来讲，创办经济特区是走向科学发展的关键抉择，它开启了中国社会科学发展的道路。深圳经济特区的成长与发展，正是在教训与挫折中不断调整发展战略，优化产业结构，转变发展方式，探索由经济增长型社会逐步走向全面发展的福利型社会的过程。科学发展的理念已经把"发展观"从增长方式的转变拓展到了社会发展，从经济领域扩展到了社会生活的各个领域。深圳以其自身发展的历程，诠释着中国道路的路径与内涵。

由计划经济向市场经济的转型，正是中国社会由超赶战略向非均衡发展战略的转型。相对于计划经济时期的"盲目发展观"而言，创办经济特区无疑开启了中国社会通往科学发展的正确道路；针对一些地区、一些人片面理解"发展是硬道理"的正确判断，以牺牲环境和削弱公民福利为代价谋取发展的"片面发展观"而言，科学发展观的提出无疑确定了可持续增长的发展道路。科学发展观不仅仅是对"人定胜天"这一极左思想的否定，对"不惜一切谋发展"的盲目发展观的彻底矫正，更重要的是确立了"发展是硬道理"的这一体现人类生存、生活重要动力与目的的正确发展理念。科学发展观的本质是发展，而不是不发展，科学发展观绝不是针对"发展是硬道理"这一正确判断而言的，它强调的是社会发展方式、方法、模式、路径选择的科学性与正确性，而绝不是要不要发展的争论。可以坚定地说，只有确立了科学发展的理念，才有中国经济特区的产生，才有亿万人民对普遍富裕的追求，才有中国经济 30 年的辉煌。

深圳经济特区发展的历程，正是在教训和挫折中不断调整发展战略，优化产业结构，转变发展方式，探索由经济增长型社会逐步走向全面发展的福利型社会的过程。深圳经济特区的起步是从"三来一补"开始的。选择这样的发展方式是由当时的要素禀赋所决定的。改革开放初期的深圳，只是一个计划经济比较薄弱的名不见经传的小渔村。那个时期的深圳所拥有的相对优势的生产要素就是低廉的劳动力和土地，而缺乏的则是资金、技术和管理。时逢香港经济的产业更新换代与结构调整，以加工业为主体的劳动密集型产业在开放政策的引导下，及时而又恰如其分地落户于急需制造业的深圳，并在转移产业的同时把资金、技术、管理和现代企业制度一并渐进转移到了成长中的深圳。承继市场经济发达地区和国家的产业更新链条，深圳不仅降低了经济发展的起步成本，同时也大大降低了向市场经济学习的成本，确定了外向型经济的基本特征。同时，"输入"的加工制造业，还以其派生需求催生了第三产业的兴起与发展。到了 1993 年，深圳对外贸易的 87% 来自三资企业的净出口和"三来一补"的征费收入；第三产业占深圳 GDP 的 46%，吸收劳动力占深圳从业人员的 32.2%。[①]

当深圳经济踏上高速增长的轨道时，自身自然资源先天不足的约束很快显现出来，并引起决策者们的切实关注。自然资源的先天不足，意味着任何以过多的自然资源要素消耗、使用为增长方式的选择，都会在稀缺规律的作用下，使人们不得不为财富的创造和社会的发展支付较高的价格，而经济增长的代价也会由于财富创造成本的高昂而一同提高。更重要的是，深圳作为率先赶上市场经济的新兴城市，既不能重复传统工业的发展模式与道路，更有责任去探索、尝试一种全新的经济增长方式与财富创造途径，并以此示范全国。

从以"三来一补"为主体到以高新技术产业为支柱，深圳适时选择了一条可持续发展的道路。以制度变迁中的政府决策的主导力量（专项资金设立和政策优惠等），解决了初期高投入的资金缺口问题，减轻了高新技术企业独担风险的压力；以改革者的特有的宽阔的胸怀营造了高新技术产业落户、成长、发展、创新的制度环境，吸引了一大批国内外著名高新企业落户深圳；以变革者的远见卓识为高新技术产业的后续发展提供了扎实的智力保证，一些著名大学和各类科研机构在深圳生根筑巢。到 2000 年，深圳计算机磁头产量居世界第三位，微电子计算机产量占全国的 25%，程控交换机产量占全国的 50%，基因干扰素占全国的 60%，同时还是全国最大的打印机、硬盘驱动器、无绳电话的生产基地，并已形成了电子信息、生物技术—新材料、光机电一体化和激光五大高新技术支柱产业。[②]

可以说，在相当长的时间里，模仿一直是高新技术产值增长的主要途径。然而对于一个国家来说，真正的国际竞争力不可能长期来自模仿所带来的快捷与急功近利。产业自身的创造力，即原始创新能力、集成创新能力、引进消化吸收再创新能力，才是企业永久生命力和国家持久竞争力的根本源泉。于是，自主创新作为一种充分体现可持续发展理念的战略思考，被现实地提了出来。

如果说从以劳动密集型为特征的"三来一补"加工制造业的形成，到以资本、技术密集型为特征的高新技术产业的发展和自主创新理念的形成，还是在经济领域中，以经济增长方式的转变来实现社会经济的发展的话，那么科学发展理念的提出则把"发展观"从增长方式的转变拓展到了社会发展，从经济领域扩展到了社会生

---

① 参阅陶一桃、鲁志国主编《中国经济特区史论》，社会科学文献出版社，2008，第 99 页。
② 参阅陶一桃、鲁志国主编《中国经济特区史论》，社会科学文献出版社，2008，第 99 页。

活的各个领域。可以说，经历了成功的辉煌与财富的积累，以科学发展的认知与和谐发展的理念来解决、矫正发展中存在的问题，已经成为深圳这座城市为了前进的思考与反思。

今天，三十而立的深圳已经步入稳步增长的成熟时期。在过去的多年里，深圳经济一直保持着 15% 以上的增长速度，经济总量从始建之初的 1.96 亿元上升到 2009 年的 8201.23 亿元；人均 GDP 也从 1979 年的 606 元上升到 2009 年的 9.3 万元。[①] 可以说，深圳是沿着一条高速增长的轨道，把财富和富裕带给奋斗着的人们。我们知道，GDP 是社会发展的物质基础，但绝不可能是社会发展的最终目标。没有伴随着社会福祉提升的 GDP 和人均 GDP 的增长，只能是一个缺乏灵魂和人文关怀的单纯物质的增长。应该说，今天的深圳在包括公共教育、公共医疗、失业和贫困救济在内的社会保障体制的确立与完善方面已经取得了成就，它正向着福利社会的美好目标踏实、稳步地迈进着。尼采说："在哲学家中，没有比理智的诚实更为稀罕的了。"[②] 人类社会的前进不仅需求勤奋与热情，更需要思考与理性。

转变经济发展方式要求我们的社会必须在制度安排上把以往对廉价劳动力的"浩劫性"使用，变为有目的的"增值性"使用。转变经济发展方式还要求我们的政府，不仅要以科学的理念和开阔的眼界制定正确的产业政策，更要努力创造、提供有利于产业发展的良好的制度环境。转变经济发展方式不仅需要政府的"大项目""大手笔""大活动"，同时更需要政府对小企业、小项目的重视，对社会资本，尤其是民间资本的关注，对民间企业的积极性与创造力的保护。转变经济发展方式的目标不在于转变本身，而在于转变给社会和人们生活带来的变化。

如果说，劳动密集型经济让深圳收获了由低成本带来的抢占市场的价格优势的竞争力，那么全球金融危机则将劳动密集型经济所固有的产品资本、技术附加值低，缺乏核心竞争力这一源于经济增长方式本身的问题进一步凸显了出来。同时，转变经济发展方式作为竞争和发展的要求，成为人们的共识。

转变经济发展方式要求我们的社会必须改变以往对劳动力简单使用与低价消费的做法，在制度安排上把对廉价劳动力的"浩劫性"使用，变为有目的的增值性使用，即以技术培训和福利完善的方式，增加劳动力自身的经济价值，从而增加产品的附加值。

大多经济落后的发展中国家所面临的并不是自然禀赋意义上的资源缺乏问题，

[①] 1979～2008 年的 GDP、人均 GDP 数据来自《深圳统计年鉴（2008）》，2009 年的 GDP、人均 GDP 数据来自深圳统计网站，http://www.sztj.com/pub/sztjpublic/tjsj/tjyb/default.html。

[②] 尼采：《权力意志——重估一切价值的尝试》，商务印书馆，1991，第 590 页。

而是要素结构意义上的资源约束问题。所谓要素结构意义上的资源约束,是指"要素禀赋结构低下",即在一个国家或地区的经济发展中,缺少如资本、技术、教育、管理、法制等较高级的要素,而没有受过教育或受教育程度不高的一般劳动力则较为丰富。因此经济结构低下的根本原因不在结构,而在于"要素禀赋结构"的低下。结构低下是"要素禀赋结构"低下的结果或现实表现。任何经济都不能只凭愿望人为地改变经济结构,因为"改变要素的质量和结构,才是提升产业结构的现实的、逻辑的前提"。[①]

人力资本的非物质性决定它的生存、生长是需要制度环境的。它在为社会创造财富,也向社会提出对自身具有保障性的制度要求;它在促进着社会经济的增长,也在完成着自身经济价值的提升,并且这种源于经济发展和制度绩效的人的经济价值的提升,又会以激励的方式促进更有利于人力资本生存的社会制度环境的生成。良好的社会制度环境不仅有利于人力资本的形成与再创造,而且更有助于提高人力资本投资的报酬率。相应于人的经济价值提升的制度变迁,呼唤新的经济模型和增长方式。从这个意义上说,经济发展方式转变的真正动力不是主观愿望,而是构成经济社会内在机制与动因的人的经济价值的提升。

转变经济发展方式要求我们的政府不仅要以科学的理念和开阔的眼界制定正确的产业政策,而且更要努力创造、提供有利于产业发展的良好的制度环境。政府的产业政策在一定意义上能够决定一个地区或一座城市产业发展的方向、产业结构的状况,甚至创造财富的方法和人们的生活方式。正确有效的产业政策将会在优化资源配置、培养核心竞争力、保障可持续发展和提高人民生活品质方面起到积极的作用。如,深圳市政府出台了新的产业政策,决定投105亿元资金用以发展生物、新能源、互联网三大新兴产业,力争到2015年形成6500亿元的产业规模。笔者以为这一产业政策的引导,将使深圳有可能获得全新的发展空间、可持续的发展能力和相当长时期内的区域竞争的优势。但是,在转变经济发展方式的进程中,主要靠的还不是政府产业政策的引导,而是良好的公平竞争环境的提供。如,几年前深圳确定的九大产业集聚园区目前"二生七空壳"的现实,正是以经验和教训的方式告诉我们:最终决定产业生死存亡的不是美好的愿望、不是人为的规划,更不是发展的热情,而是市场。正如我们不能以发展替代改革一样,我们绝不能以政府替代市场。面对市场规律,任何政府权力的强势,都不再是对市场失灵的矫正,而是对市场规律的破坏。而那些有利于产业发展的制度环境,由于具有减少交易费用、降低经济

---

① 樊纲:《中国经济特区研究》,中国经济出版社,2009,第19~20页。

发展成本的制度效益，对我们的社会更具有进步意义。在这里，我们应该高度赞扬深圳市政府关于建立"互联网特区"的庄严承诺。尽管我们尚无法准确描述"互联网特区"的具体内容，但仅这一理念的提出就意味着政府已经把公平竞争、自由宽松的市场秩序的营造，作为自己的最基本、最主要的职能。政府不能一厢情愿地主导社会经济，而应该在尊重市场的同时创造制度环境、完成公共物品的供给，营建社会福利机制。

转变经济发展方式不仅需要政府的"大项目""大手笔""大活动"，同时更需要政府对小企业、小项目的重视，对社会资本，尤其是民间资本的关注，对民间企业的积极性与创造力的保护。正如熊彼特所言，企业家对利润的追逐和实现个人理想王国的努力，是社会创新与创造力的生生不息的源泉。在深圳，腾讯、华为的崛起，就是对这种创新和创造力的最富有说服力的诠释。

转变经济发展方式的过程，也是政府逐步完成自身职能转变的过程。中国社会制度变迁的目标决定，我们的政府必须逐渐由威权政府走向服务型政府，由投资型政府转变成提供公共产品和服务的管理型政府。既要防止政策对市场的扭曲，又要从制度层面上遏止权力对市场的寻租。在政府的权力还必须用政府的权力来剥夺的体制中，政府的文明程度和远见卓识对制度变迁的绩效而言，是至关重要的。

转变经济发展方式的目标不在于转变本身，而在于转变给社会和人们的生活带来的变化。正如上海世博会所提出的"城市，让生活更美好"的理念一样，转变经济发展方式的目的，就是让城市的发展使人们的生活更加美好。让人们在创造财富中获得权利，在增长财富中获得尊重，在贡献社会中分享社会剩余，在正常的社会机制中感受做人的尊严。

2010 年 5 月

第三版序　为了忘却的纪念

陶一桃

这是《深圳经济特区年谱》的第三次修订再版了，这次再版的主要目的是纪念中国经济特区成立 35 周年。但是，当我提笔作序时，欣慰的心绪里饱含了沉重而又无法挥去的深切的悲伤与无限的怀念。因为，说到这部年谱，无论是我本人还是深圳大学理论经济学团队的每一位老师，以及从这里走出去的一届又一届的博士研究生与硕士研究生们，都会情不自禁地想起一位曾经给我们带来无尽奋斗热情与力量的德高学厚的导师、师长，那就是著名经济学家，深圳大学理论经济学重要奠基人苏东斌教授。

撰写《深圳经济特区年谱》的想法是苏东斌教授最早提出来的。苏教授认为深圳这座城市的成长与发展，是中国改革开放的一个奇迹。她在创造着无数中国社会制度变革的"第一"的同时，在相当程度上，引领着中国改革开放的方向，并验证着中国道路的正确性。因此，非常有必要以纪事的方式为这座城市的发展留下她不平凡的历程，于是《深圳经济特区年谱》便在苏东斌教授的策划下诞生了。同时，为了让学生们了解深圳，从而了解中国改革开放的历史，开阔学生们尤其是博士研究生们的视野，苏东斌教授又决定将《深圳经济特区年谱》列入深圳大学"政治经济学博士点建设丛书"系列之中。

其实，在很多时候，就是一个人的一个想法或一群人的一种努力，使人们能够在创造中收获一份坚持并传承一种精神。从这个意义上说，创造深圳的历史与书写、记述深圳这座城市的历史一样，都具有同样美好的境界。

或许在决定编纂《深圳经济特区年谱》的时候，苏东斌教授并没有想到这部年谱还会一而再、再而三地修订再版。坦率地说，走到今天，我一直感觉是时代推着我和我们前行，而不是当初我们就预料到了一种使命。但无论如何都要感激苏东斌教授的这一富有远见卓识的决定，这一决定让我们自觉地去担负起这一义不容辞的使命，并坚信，我们的坚持与承担不仅仅是对一位学者发自心底的尊重与无限深沉的怀念，更是一种历史担当与学者的良知和探索精神的传承。所以，每一次的修订，不仅仅是年谱本身时代的延伸，也是我们自身使命感的体现与研究探索的继续。我们在记录着自身所生存生活着的城市的过去，也把我们对这座城市的思考与情感写进岁月的年轮里。

《深圳经济特区年谱》的第一版记录的是 1978～2007 年 19 年来发生于深圳的大事；年谱的第二版记录的是 1978～2010 年 32 年来发生于深圳的大事；年谱的第三版则记录的是 1978～2015 年 37 年来发生于深圳的大事。从时间的逻辑来看，年谱的修订再版似乎有些乱，但其中自有内在的逻辑，并有四点要特别加以说明。

首先，为什么年谱的起点选择 1978 年 3 月。我们知道 1979 年 3 月，中央和广东省决定把宝安县改为深圳市，受广东和惠阳地区双重领导，同年 11 月，中共广东省委又决定将深圳改为地区一级的省辖市；1980 年 8 月 26 日，第五届全国人大常委会第十五次会议通过了国务院提出的《广东省经济特区条例》，批准深圳设置经济特区；1981 年 3 月，深圳升格为副省级市。

标志着中国改革开放起始的党的十一届三中全会是在 1978 年 12 月 18 日至 22 日召开的，但关于创办经济特区的设想则萌发于党的十一届三中全会之前。而发生于 1978 年 3 月的由国家各部委及广东省相关部门组成的联合工作组对宝安建立出口商品基地的调研，对深圳经济特区的成立则是根本性的具有历史意义的一步。

早在 1978 年 3 月，为吸取国外的先进经验，以推动中国的现代化建设，国务院曾先后组织多批团组分别考察了港澳地区和西方一些国家。其中，港澳经济考察组回到北京后向中央建议，把靠近港澳的广东宝安、珠海两县改为省辖市，建设成为具有相当水平的对外生产基地、加工基地和吸引港澳游客的游览区。这一设想得到了党中央和国务院主要领导人的支持。

1978 年 11 月 10 日至 12 月 15 日，中央召开工作会议。习仲勋同志在中南组分组会议发言提出，如果中央允许我们吸收港澳、华侨资金，从香港引进一批先进设备和技术，购进电力，进口部分饲料，就可以把国有农场、畜牧场、淡水养殖场等武装起来，作为示范，培养人才，取得经验。还希望中央允许广东在香港设立办事处，加强调查研究，与港澳厂商建立直接的联系。凡是来料加工、补偿贸易等方面的经济业务，授权广东决断处理，以减少不必要的层次和手续。福建的同志也提出，要利用侨乡优势，吸收外资、侨资，放手大搞出口贸易，为发展福建经济创出一条路子，建议中央在具体政策上给予支持，外贸分成多给地方一点，开放福州、厦门等港口。这些意见和建议，引起了中央的重视。邓小平在闭幕式上作了题为《解放思想，实事求是，团结一致向前看》的讲话，指出："要学会用经济方法管理经济。

自己不懂就要向懂行的人学习，向外国的先进管理方法学习。不仅新引进的企业要按人家的先进方法去办，原有企业的改造也要采用先进的方法。在全国统一方案拿出来以前，可先从局部做起，从一个地区、一个行业做起，逐步推开。中央各部门要允许和鼓励他们进行这种试验。试验中间会出现各种矛盾，我们要及时发现和克服这些矛盾。"

1979年1月31日，国务院决定在蛇口创办工业区，由香港招商局集资并组织实施。3月，广东宝安县经中央同意改为深圳市。1979年3月3日，吴南生在广东省委常委会议上正式提出在汕头划出一块地方搞试验的设想。他举出三条理由：第一，在全省来说，除广州之外，汕头是对外贸易最多的地方，每年有1亿美元的外汇收入，搞对外经济活动比较有经验。第二，潮汕地区海外的华侨、华人是全国最多的，约占我国海外华人的三分之一。其中许多是在外有影响的人物，我们可以动员他们回来投资。第三，汕头地处粤东，偏于一隅，万一办不成，失败了，也不会影响太大。4月3日，习仲勋赴京参加中央工作会议，4月8日，习仲勋在中南组发言说，广东邻近香港，华侨众多，应充分利用这个有利条件，积极开展对外经济技术交流。这方面，希望中央给点权，让广东先走一步，放手干。会上，福建省也提出在厦门建立出口加工区的要求。

中央工作会议讨论了广东省和福建省的要求，决定对广东、福建两省实行特殊政策、灵活措施，并在广东的深圳、珠海、汕头、福建的厦门等地试办出口特区，作为华侨和港澳商人的投资场所。会后，谷牧向邓小平汇报，谷牧说：广东有这样的思想，先走一步，划一个地方出来，搞改革开放，然后全面推开。邓小平很赞成。谷牧说："但是名字定不下来。"邓小平说："还是叫特区好，陕甘宁开始就叫特区嘛！"当谈到解决配套建设资金时，邓小平说："中央没有钱，可以给政策，你们自己去搞，杀出一条血路来！"

7月15日，中共中央、国务院转了广东、福建的两个报告：《关于发挥广东优越条件，扩大对外贸易，加快经济发展的报告》和《关于利用侨资、外资，发展对外贸易，加速福建社会主义建设的请示报告》。中央决定，在粤闽两省实行特殊政策和灵活措施，给地方以更多的自主权，使之发挥优越条件，抓紧当前有利的国际形势，先走一步，把经济尽快搞上去。

创办深圳、珠海、汕头、厦门四个特区，本来是中央对广东、福建两省实行特殊政策、灵活措施的一项内容，随着实践的发展，逐步单列出来，由国家进出口管理委员会归口管理。1979年9月下旬，受中共中央、国务院委托，兼任国家进出口管理委员会主任的副总理谷牧前往这四个地方实地考察筹办工作。

1979年12月12日，广东省委就筹办"出口特区"的工作，向中央专题报告。该报告提出："中央批转广东省委的报告中说要办'出口特区'，我们同各方面的同志和朋友多次交换意见，都觉得改称'经济特区'较好。特区固然要以办工厂企业为主，但也要搞楼宇住宅和其他经济事业。比如深圳特区，拟规划工业区、科学技术研究区、住宅区，以及商业、行政和文化区……因此，把'出口特区'改为'经济特区'，其含义会更确切些。"

1980年3月24日至30日，谷牧在广州主持召开广东、福建两省会议，检查两省对中央指示的贯彻情况，进一步研究特区建设问题，这次会议采纳了广东提出的建议，将"出口特区"这个名称，改为具有更丰富内涵的"经济特区"。

1980年5月16日，中共中央和国务院批准《广东、福建两省会议纪要》，"出口特区"被正式改名为"经济特区"。同年8月26日，五届全国人大常委会第十五次会议审议批准在深圳、珠海、汕头、厦门设置经济特区，并通过了《广东省经济特区条例》，这标志着中国的经济特区正式诞生了。深圳和珠海、汕头、厦门一起为中国首批经济特区，面积327.5平方公里。

海南经济特区的创办。在海南建立特区是我国经济体制改革和特区建设的又一伟大实践。1980年6月和1983年4月，中共中央、国务院批转《海南岛问题座谈会纪要》和《加快海南岛开发建设问题讨论纪要》，确定对海南实行以对外开放促进岛内开发的方针，决定加快海南岛的开发建设，在政策上放宽，给予较多的自主权。

1988年4月13日，七届全国人大一次会议通过设立海南省和建立海南经济特区的决议。26日，中共海南省委和海南省人民政府正式挂牌。5月，国务院颁发《关于鼓励投资开发海南岛的规定》，紧接着又批转了《关于海南岛进一步对外开放加快经济开发建设的座谈会纪要》，对海南经济特区实行更加灵活开放的政策，授予海南省人民政府更大的自主权。海南建省并成为继深圳、珠海、汕头、厦门特区建立后全国最大的经济特区。

为什么没在其他省市办特区？虽然有了中央的文件，但并没有消除党内的不同意见。按照传统的观念，社会主义应当是以公有制为主体，实行计划经济。然而，经济特区是以吸引外资为主，实行市场调节。由此产生了一个观念上的难题，那就是"经济特区究竟姓'社'还是姓'资'？"

1981年12月22日，在中央召开的省、自治区、直辖市党委第一书记座谈会上，陈云要求，经济特区现在第一位的任务是认真总结经验，既要看到特区的有利方面，也要估计到特区带来的副作用。当时不少省区市都向中央要求试办经济特区，陈云坚决不同意。他明确指出，特区"现在只能有这几个，不能增多"。可以看出，陈云对试办特区态度比较谨慎，他不反对试办经济特区，但要求注意特区带来的负面影响。坚决不主张扩大特区的范围，特别不赞成在中国的经济心脏——江浙地区办经济特区。陈云讲这个话，打消了其他地区办特区的想法。

1979 年 4 月中央工作会议上议论办出口特区时，还有上海崇明岛。从地理条件看，崇明岛与大陆自然隔离，最适宜于办特区，但最后确定时没有它。不过，20 世纪 90 年代初，邓小平为 80 年代没有在上海设立经济特区不止一次地表示遗憾。1991 年 1 月 28 日，邓小平说："浦东开发至少晚了五年。浦东如果像深圳经济特区那样，早几年开发就好了。"2 月 13 日，他又说："如果当时就确定在上海也设经济特区，现在就不是这个样子。"1992 年 2 月 17 日，邓小平再次表示："浦东开发晚了。"

浦东新区的开发开放。1990 年 3 月 28 日至 4 月 7 日，时任国务院副总理的姚依林带队，对浦东进行专题调研，并迅速形成《关于上海浦东开发几个问题的汇报提纲》。仅 11 天后的 4 月 18 日，时任国务院总理李鹏即在上海大众汽车投产仪式上宣布：中国政府决定开发开放浦东。随后，上海市委、市政府按照中央的战略部署，制定了"开发浦东、振兴上海、服务全国、面向世界"的开发方针。

2005 年，国务院正式批准浦东进行国家综合配套改革试点，市委、市政府明确了"一个作用、三个区"（在树立和落实科学发展观、构建社会主义和谐社会、实施建设"四个中心"国家战略中发挥示范带动作用，努力成为改革开放先行先试区、自主创新示范引领区、现代服务业核心集聚区）的功能定位，标志着浦东改革开放进入了新阶段。16 年精心谋划，16 年坚实步骤，在党中央、国务院坚强领导下，在中央各部委、全国各省区市大力支持下，浦东开发开放取得举世瞩目的成就，初步建立了外向型、多功能、现代化新城区框架，浦东已成为"中国改革开放的窗口"和"上海现代化建设的缩影"。

2009 年 4 月，国务院批复同意将原南汇区行政区域划入浦东新区。新浦东雄踞东海之滨、杭州湾畔，内连扬子江，外眺太平洋，面积 1210 平方公里，占全市面积五分之一左右。常住人口 412 万。经济总量占全市四分之一以上。浦东开发作为国家战略，整体功能不断得到显著的提升，特别是上海建设国际金融中心、国际航运中心的核心要素如陆家嘴金融城、外高桥港区、洋山深水港和浦东空港都聚集于此。浦东还荟萃了先进制造业、临港工业、高新技术产业、生产性服务业等现代产业要素。2010 年上海世博会 5.28 平方公里场馆区有四分之三位于浦东，浦东作为其主场馆的所在地，在城市建设、城市管理、人文精神提升等方面具有前所未有的机遇和广阔的发展空间。

从深圳经济特区成立的回忆中，我们可以深刻地感受到：特区的成立尽管不过是一纸命令或决定的结果，甚至它的宣布只是瞬间的一刻。但是为了这一天的到来，我们的社会，尤其是作为中国自上而下的强制性社会制度变迁的发轫者——国家领导集体们是如何在改革中犹豫，在犹豫中坚定，在变革中妥协，在妥协中坚守的智慧与勇气。那些石破天惊的思想和惊心动魄的创举都无法忘却地构成了深圳经济特区成立的历史。

1980年8月26日可以成为深圳经济特区伟大而正式的生日，但是深圳经济特区的发展史仅仅从1980年8月26日说起，我们将会丢掉许多不能不说的故事和历史。深圳经济特区乃至中国改革开放也将会由于此失去更加触动人的心灵的厚重的和无可替代的历史感。

第二，为什么从体例上来看，从第一版到第三版都是从1978年开始，而没有采取历史衔接的方式，从上一版的终止年份接下来直接往下续写。其中的一个重要原因就是为了使年谱更加全面、准确，从而尽量无遗漏地记载在这块改革开放的热土上所发生的所有有意义的事情。年谱的重要价值在于史料的全面、准确，而当我们着手年谱的编撰工作时，有关深圳经济特区的史料收集整理及档案管理信息系统并不太完善，同时，我们团队获得史料的渠道与手段也比较有限。年谱第一版编辑时，一张张查阅当年的报纸是最重要的途径。应该说，《蛇口消息报》《深圳商报》《深圳特区报》等给了我们许多宝贵的信息与史料。然而，对于深圳前几十年的许多事件，我们又多是从香港媒体中获得的。年谱第二版修订时，网络时代所带来的信息存储查阅的便利，使我们不仅能够比较有效、准确地书写新篇章，同时也在信息时代的帮助下，发现了以往编撰的某些事件的遗漏。于是，编撰记载新的历史事件与补充完善曾经的历史成为我们的双重使命。年谱的第三版的编撰也是基于这一双重使命的考量，而且随着人们对深圳经济特区历史研究的深入以及研究学者的增加，我们又的确发现了一些发生在那当年信息量不畅达的"小渔村"里的我们至今才知道的故事。这样的看似有些笨拙的编撰方式到什么时候，到哪一版会发生改变我不知道，但给深圳一个完整的历史，给历史一个完整的深圳，则是我们所一直遵循的宗旨。20个世纪90年代末期，苏东斌教授就曾断言："货币瓦解公社，网络崩溃集权。"不到十年的时间，历史证明了苏东斌教授的预言。我并不迷信任何人，当然也包括苏东斌教授（否则，他会嘲笑我的）。但我相信思想与观念的力量。我们社会的每一次进步都是观念战胜观念的结果。

第三，其实，如果认真分析起来，年谱的每次出版时间也是有一定的寓意的。

第一版编撰的时间划分是 1978~2007 年，出版时间则是 2008 年，如果从深圳经济特区筹划的 1978 年算起，到年谱出版的 2008 年，正好是 30 载。年谱第二版是真正意义上的为纪念深圳经济特区成立 30 周年而献上的礼物。尽管年谱的起始时间是 1978 年，但从 1980 年 8 月 26 日国务院正式批到 2010 年 8 月 26 日，深圳这座年轻的城市已真正步入了而立之年，并作为中国东南沿海的一颗明珠，闪耀着让世人瞩目的光芒。

年谱的第三版是为深圳经济特区成立 35 周年而作的，同时也是想以这种方式纪念、告慰她的最初的创意者苏东斌教授。今年的 5 月 20 日，苏东斌教授离开我们整整三年了。从前，苏东斌教授总会是年谱的第一位读者和批评者，作为主编的我也因此而轻松了很多。如今，失去了一位好朋友、好学长的教诲、指导与商榷，在内心空落的同时也让自己更加坚强而充满责任感。写到这里，我不禁想起唐代诗人孟浩然的《与诸子登岘山》："人事有代谢，往来成古今。江山留胜迹，我辈复登临。水落鱼梁浅，天寒梦泽深。羊公碑尚在，读罢泪沾襟。"历史是人写的，但不是所有人都能被写进历史。但不论怎样，那些创造出思想与观念的人，则会被历史所记录、记载并记住的。

历史是人创造的，忘记了创造历史的人，也就没有了历史。苏东斌教授曾在他的《当代中国经济思想史段录》一书中的序言里说道："经济学界应该善待自己的英雄，因为正是他们，才创造了经济'思想'这个重要的产品，从而在深层次上影响或改变着这个世界。"同样在这本书的序言里，苏东斌教授还写道："'从长远看，我们都会死去'，但是，只要作为经济学家，也就只能投身于时代，关注现实，从而创造出一个真实的思想来。在这里，也就更加体会到俄罗斯伟大作家索尔仁尼琴的'一句真话要比整个世界的分量还重'的深邃性。真实就是一切学术的生命。"可以说，说真话，为"真实"——这一代表学术生命的品格而探寻、求索，是苏东斌教授留给我们的重要的思想财富之一。

最后，我还要深深感谢中国经济出版社副社长左秀英女士和张淑玲女士。不仅仅由于左秀英副社长是"深圳大学政治经济学博士点建设丛书"的总策划，张淑玲女士是这一丛书的责任编辑，更重要的还在于她们对苏东斌教授深邃思想的认同，对苏东斌教授学术造诣及品格的尊重以及源于敬重的深厚友谊。感谢左秀英副社长和张淑玲女士对深圳大学理论经济学博士点建设的支持；感谢她们多年来为我们学科建设所付出的智慧与辛劳；感谢她们给予我们的支持、理解与帮助；更感谢她们的职业精神与专业素养。这份友谊将会随着我们研究的持续而一直传递下去。共同的目标让我们相识，这个目标将会引导着我们为追求学术，探寻真理而共同快乐并负有使命感地努力着。

我想用苏东斌教授最喜欢的米奇尼克的话结束我的话："我们是为一个美好的今天，而不是美好的明天而奋斗。"

创造历史，而不是追逐权势，这是多么美好的追求。

2015 年 5 月 20 日　于桑泰丹华府

关于经济特区与中国道路的思考

陶一桃

5 年前，也就是在中国经济特区成立 30 周年的时候，英国帕斯出版社出版了我主编的《中国经济特区史论》，在这本书中，我曾写过这样一段话：在中国改革开放史上，恐怕还没有哪座城市能像深圳那样，以其自身的产生，预示着一个国家的一个时代的结束和另一个时代的开始；也没有哪座城市能像深圳那样，以其自身的发展体现、引领着整个国家制度变迁的方向，并创造着一种崭新的，富有制度绩效的社会发展方式；更没有哪座城市能像深圳那样，以其自身的不断变革书写着社会转型的奇迹，并在制造财富的同时创造着新的观念、精神和理念。在深圳经济特区成立 35 周年之际，我认为用这段话来表达深圳这座新兴的现代化城市在中国改革开放史上的作用与地位，依然还是很恰当的。在编撰《深圳经济特区年谱》的同时，非常想把 10 余年来我个人关于经济特区与中国道路的理论及其相关研究梳理出来，与有兴趣的研究者们分享、磋商。

（一）关于经济特区与中国道路的思考

中国经济特区的创立是"中国道路"的一个标志。它意味着：苏联模式不行，计划经济走不通；小农的平均主义不行，均衡发展走不通；大规模的改革不行，原有体制内走不通。于是寻找突破口——创办经济特区，在僵化的体制之外实行自上而下的强制性的渐进式的制度变迁，从此中国现代化走上了一条既不同于传统体制下的苏联模式，又不同于资本主义时代的西方模式的独特的发展道路。（2009 年）

经济特区作为特殊政策的产物，在中国近代史上是一个承载着理性与狂热、思考与盲目的划时代的标志。它标志着中国社会由计划经济向市场经济转型的开始，标志着禁锢了 30 年的国门的真正开放，标志着思想解放与观念更新的到来，标志着一个经济已经走到濒临崩溃边缘的大国，真正开始走上科学发展的道路。（2010 年）

从改革开放之初的社会政治背景来看，经济特区无疑是中国社会实现计划经济向市场经济转变，从而全方位启动社会转型的必由之路；从现代化道路的探索来看，经济特区无疑是彻底摆脱理想与现实的冲突，从而迈上旨在实现共同富裕的中国特色社会主义道路的必由之路；从中国制度变迁的道路选择来看，经济特区无疑是在传统的意识形态曾占据主导地位的社会主义国家里，打破传统体制的僵化与意识形态的教条，从而自上而下地完成转型社会制度变迁的必由之路；从发展的战略上来看，经济特区已无疑是在一个极"左"思想曾牢牢束缚人们头脑的国度里，真正摒弃"人定胜天""为发展而发展"的盲目发展观，从而走上科学发展的必由之路。（2010年）

以市场经济体制确立为主线的中国社会的制度变迁，构成了经济特区成长、发展的艰辛而灿烂的历程。以深圳为典型的中国经济特区历经曲折却成绩斐然的改革开放的实践，不仅揭示出了一条实现中国特色现代化的独特路径、主要特征以及未来发展态势，同时也以其路径选择的正确和发展的辉煌，与时俱进地促进了马克思主义的中国化、时代化。（2010年）

创办经济特区作为强制性制度安排，打破了传统体制下导致普遍贫穷的一般均衡状态，使非均衡发展的社会变革成为中国社会最佳的制度变迁的路径选择，从而也使中国这个历经了近半个世纪计划经济的大国，能在一个较短的时间里开始由普遍贫困的"计划"，走向"部分人先富"的"市场"。（2010年）

创办经济特区作为一种自上而下的正式制度安排，不仅大大减少了传统意识形态占主导地位的情况下制度变迁的阻力，降低了制度创新的成本，而且还成功地规避了改革有可能带来的更大的风险，从而使制度变迁的绩效在短时间内就能迅速显现出来，并卓有成效地示范全国。（2009年）

由计划经济向市场经济的转型，正是中国社会由赶超战略向非均衡发展战略的转型。无论从观念革命还是战略选择来说，这一转型本身无疑是科学发展的重要举措，甚至可以说，创办经济特区，就是实践科学发展观的关键抉择和重要内容。科学发展观不仅仅是对"人定胜天"这一极左思想的否定，对"不惜一切谋发展"的不科学发展观的彻底矫正，更重要的是确立了"发展是硬道理"的这一体现人类生存、生活重要动力与目的的正确发展理念。科学发展观的本质是发展，而不是不发展，科学发展观绝不是针对"发展是硬道理"这一正确判断而言的，它强调的是社会发展方式、方法、模式、路径选择的科学性与正确性，而绝不是要不要发展的争论。可以肯定地说，只有确立了科学发展的理念，才有中国经济特区的产生，才有亿万人民对普遍富裕的追求，才有中国经济30年的辉煌。（2010年）

如果说，在深圳经济特区已创建的相当时间里，劳动密集型经济让深圳收获了由低成本带来的劳动力市场的价格优势的竞争力，那么全球金融危机则不仅将劳动密集型经济所固有的产品资本、技术附加值低，缺乏核心竞争力这一源于经济增长方式本身的问题进一步凸显了出来，同时也把转变经济增长方式作为实现科学发展的必然的战略选择郑重地提了出来。（2011年）

尽管30年后的今天，特区并不是中国市场经济最发达的唯一地区，但率先走向市场经济的经历和身处对外交流窗口的区位优势，如毗邻香港，使特区能够学习、借鉴成熟、完善的市场经济体系，从而完善自身，示范全国。尤其应该指出的是，深圳所处的地缘优势，使今天的深圳依然具有对外开放最便捷的窗口的地位。28年前人们希望通过这一窗口了解世界、走向世界。今天这个窗口在把中国引入经济全球化的同时，也把国际惯例和市场经济通行的规则带入了中国人民的生活之中。以开放促改革，已经成为今天的深圳特区制度创新的坚定的选择。从这个意义上说，经济特区从初创到今天，其制度变迁的功能已发生了改变。如果说初创之时主要是以示范效应在全国确立市场经济体系，那么今天则更是要以制度创新的方式"以开放促改革"，即推动改革的深化。经济特区这种内在功能的变化，正是中国社会从以突破传统体制为目标的强制性制度变迁，向以收获潜在利益为动机的诱致性变迁演变的标志，尽管市场经济已经在全国范围内实现，但经济改革还没有真正完成，改革的道路依然很漫长，经济特区——这一具有中国特色的制度变迁路径应该一如既往地在制度创新中发挥示范作用。（2010年）

市场经济体系在中国已经普遍确立的今天，中国经济特区的新使命到底还有没有？如果有，又是什么？我以为，从严格意义上说，经济特区是特殊政策的产物，当特区政策不复存在时，经济特区也就不存在了。同时，邓小平同志创办经济特区的初衷就是要使经济特区成为中国制度变迁的突破口，市场经济的试验田。30年后的今天，经济特区已经很好地完成了这一最初使命，星星之火，早已燎原。但是，由此我们就说经济特区可以光荣地走进历史博物馆了，又未免太短视或缺乏历史责任感了。如果说还存在经济特区的新使命，那么这个使命，就是要把这场关乎中国命运的改革开放大业推向深入，进行到底。从这个意义上说，中国经济特区将贯穿于中国改革开放的全过程。经济特区作为最早实践市场经济的地方，她不仅拥有30年改革开放的物质财富积累，还拥有30年改革创新的精神财富积累，更有在向国际惯例学习的过程中积累下来的良好的社会规制和法律环境的积淀，这一切都将成为经济特区完成新的历史使命的得天独厚的物质与政治资本。但是，经济特区要完成新的历史使命，还需要具备某些特殊的品质，如特区领导者坚持改革的勇气、深化改革的魄力、实现改革的智慧、实施改革的艺术等。当然，毫无疑问，最重要的还是要拥有承担改革风险的大无畏精神。（2010年）

　　"先行先试"是转型中国赋予经济特区的"先天"品格，是强制性制度变迁赋予经济特区的政策"特权"，是非均衡发展战略赋予经济特区的伴随风险和成本的"优先"变革权，更是经济特区政治生命力依然不朽的原因所在。30年前，深圳经济特区凭借着"先行先试"的政策"特权"，在全国率先开启了市场经济的伟大而艰苦的实践。在"先行先试"的旗帜下，深圳经济特区不仅曾把价值规律、市场竞争、劳动力商品、股票利息等最基本的市场经济概念与实践"输送"到了全国，同时也曾把"时间就是金钱，效率就是生命"这样石破天惊的口号叫响神州。30年后的今天，随着中国改革开放伟大事业的深入，人们对中国社会更深刻的制度变迁的期待，赋予了"先行先试"以更加深刻的内涵、更加深层次的意义和更加深远的使命。这一新的深远的使命就是继续以"敢为天下先"的勇气、智慧与胆略，全方位探索适应市场经济体制的社会运行规制、社会制度环境和法律保障机制，在政治体制改革、行政运行模式、实现科学发展的体制创新、转变经济发展方式及保持可持续发展的路径选择、探索福利社会的制度安排等方面继续走在全国的前面，成为完善市场经济体系，推动中国社会全方位健康发展的排头兵。（2010年）

　　"先行先试"既是一个创新的过程，又是一个向先进学习的过程。"先行先试"不仅是经济体制机制的"先行先试"，还必然包括政治体制、行政管理机制、文化和意识形态等社会诸方面更深层次制度变迁的"先行先试"，这是特区的品质，更是特区新的使命。（2014年）

　　"中国道路"就是指在中国选择创办经济特区这条道路来完成体制转型，实现经济发展。更确切地说就是在一个已有四十多年计划经济的历史，同时传统意识形态又毋庸置疑地占据经济地位的计划经济的大国里，以创办经济特区作为冲破传统体制为目标的制度变迁的突破口，旨在全国范围内逐步完成计划经济向市场经济的转型，使中国社会在一段时间里全面走上市场经济的道路，真正成为一个经济繁荣、制度昌明的法治的社会主义市场经济的国家。（2010年）

　　"中国道路"应该是一条体现中国特色的实现现代化之路。"中国特色"所表明的是国别性、民族性、历史性与国际性，而不是对现代化本质内涵与固有价值判断的否定。所以"中国特色"只能特在实现目标的道路上，特在达到目标的路径选择上，而不是目标本身。"中国特色"是对人类价值认同的过程，而绝不是对国际惯例的否定。（2010年）

　　我认为，如果说深圳曾经非常明确、清晰自己在中国改革开放中的历史使命的话，那么，今天的深圳在一定程度上既丧失了当初率先改革开放的那份源于骨子里的自信，又丧失了几乎与生俱来的那份敢闯敢干的勇气与胆识，在中国深化改革的今天，我们的深圳，在使命感方面多少有些迷失了自我。特区作为一种政策可以消失，但特区作为一种精神，作为中国制度变迁的路径选择和中国道路的伟大实现时不会也不应该消失。因此，深圳应该充分认识、珍惜并利用好中国改革开放35年来所积累的政治资本和既得天独厚，又不可能被取代的毗邻香港的政治地缘优势，增强战略意识，提高站在国家整体发展的战略高度来谋划自身定位与发展的能力，让深圳继续成为中国深化改革的先行者，成为中国南部一座独具制度品格魅力的现代化的国际都市。同时我认为，继续成为中国深化改革的先行者，这一点对深圳尤为重要，丢掉了这一点就丢掉了深圳的历史和深圳这座城市最大的，也最有价值的政治资产。在这方面制度大于技术，甚至思想高于行动。我想借用哈耶克的话来进一步表明我的意思："那就是，从长远而言，是观念，因而也是传播观念的人主宰着历史的发展进程。"中国改革开放近35年的实践也证明了哈耶克的另一句话："观念的转变和人类意志的力量，塑造了今天的世界。"深圳不可能也没有必要永远成为中国改革开放的经验"批发商"，但深圳完全有可能，并应该成为中国最具有改革勇气和创新精神的城市。这也正是深圳这座城市曾经拥有，并永远也不能、不应该失去或丢掉的品格。（2015年）

今天的深圳应该在国家整体战略部署下，充分利用好自身的要素禀赋，独具特色的可持续发展，尤其要利用好前海因素与湾区因素。（2014年）

如果说建立自贸区是国家整体战略部署，那么前海对深圳来说则是在国家整体战略中继续秉承先行先试和敢闯品格的宝贵的，而且必须用好的"试验田"；是进一步发挥窗口作用的具有不可取代的政治地缘优势的"开放高地"；是国家"一带一路"战略中，同样具有区位优势，并更加需要深圳继续发挥创新精神与敢为天下先勇气的金融业对外开放试验的"示范窗口"；是国家实施确保香港繁荣稳定这一政治－经济战略目标进程中继续发挥深圳特有的桥梁作用的"有利抓手"与"坚实阵地"。（2014年）

服务国家战略，辐射带动周边是国家对中国目前四大自贸区的共同功能要求。依托港澳，服务内地，面向世界，成为粤港澳深度合作的示范区，21世纪海上丝绸之路的重要枢纽和全国新一轮改革开放先行地，是广州自贸区的目标定位。而深圳前海所独具的四个唯一性，即：唯一深港合作区、唯一金融业对外试验示范窗口、唯一社会主义法治示范区、唯一专门探索服务业发展新路子的国家新区。和叠加实现或身兼三职的特殊身份——同时实现国家一带一路倡议和深港合作、自贸区战略，使前海在国家整体发展战略中无疑具有功能上的独特性，作用上的关键性和政治地缘与区位上的不可取代性。同时，在中央解放思想，创新发展，先行先试，为深化改革探索新路子的总的指导思想下，在前海有很多制度创新都可以去做，甚至还可以像当年那样先干了再说。可以说，敢闯干敢，干了再说，是深圳这座城市固有的品格，这35年来，深圳基本就是这样走过来的。（2015年）

香港国际化大都市和国际金融中心及世界最自由的市场经济地区的地位是客观事实。因此，毗邻香港，过去是，今天依然是深圳发展的地缘优势，而其他地区则鞭长莫及，有心无力，唯有深圳。在今天，在确保香港繁荣稳定方面，深圳可以凭借前海，以制度创新的方式和勇于担当的探索精神和使命感，为国家做更多更具有实质性意义的事。我认为，独特的地位决定独特的功能，不同的眼界决定不同的发展的未来。（2014年）

湾区经济作为重要的滨海经济形态，是当今国际经济版图中最为突出的闪光点，是世界一流滨海城市显著的标志。湾区经济以开放性、创新性、宜居性和国际化为重要的基本特征，具有高效的资源配置能力、强大的集聚外溢功能和发达的国际交往网络。不仅对本国，而且对世界经济也在发挥着引领创新、聚集辐射的核心功能，已经成为带动全球经济发展的重要增长极和引领技术变革的领头羊。（2014年）

深圳既具有打造湾区经济的得天独厚的地理资源，如狭长的滨海城市和丰富绵长的海岸线，同时又具有构成湾区经济内涵，如30多年的技术创新的实践和高科技与互联网的产业积累。因此，我以为，利用好湾区经济，是深化、优化深圳产业布局，充分利用好深圳已有发展成果积淀，和天然要素禀赋，同时又赋予城市可持续发展的经济动力与文化特质的战略性思考。从最根本上说，湾区经济是一种生活方式，当你走进旧金山湾区经济带时，你就会深深感受到这一点。（2014年）

前海与湾区经济从概念上来说是深圳可持续发展的两个引擎，但实质上，二者应该是相互促进、相得益彰的，是共同繁荣的同一经济体的两个既具有功能上的差异性，又具有许多共性的不可分割的两个增长点，在落实国家整体战略中打造湾区经济，在打造湾区经济中强化、支撑、丰富前海的发展。深圳将会在一个战略（国家一带一路整体战略），两极发展（前海、湾区两个经济增长极）中收获更多的机会、经验和财富。（2014年）

我们城市的富裕、繁荣是为了谁的问题。这个问题乍听起来似乎有些幼稚，因为几乎所有人，尤其是官员都会毫无疑问地回答，城市的发展、富裕、繁荣是让这座城市的人民生活得更加美好。但如果真正做到这一点，我们，尤其是我们的政府就必须真正摈弃唯GDP的观念，并矫正以业绩决定发展理念和方向的思维惯性，因为有时政绩的衡量标准与百姓的福祉诉求是不相一致的，甚至很有可能是相矛盾冲突的。（2014年）

　　我非常赞同"幸福深圳"的提法。那就是我们不能以发展替代改革，因为中国的改革还远远没有完成；我们要切实学会借鉴香港体制优势，因为向香港学习一直是我们还没有完成的课题；我们要真正理解依法治国的意义，因为"法治"不仅仅是政府以法律来治理社会，而且首先是政府的行为要在法律的约束之下。从根本上说，建设制度比建设城市更重要，更重要一百倍，因为前者是后者健康且繁荣的保障。（2015 年）

　　让深圳真正成为一个人的生命与做人的尊严能够得到平等尊重的城市，而无论你是土豪还是百姓。

　　让深圳真正成为一个能够从社会机制上带来人人机会均等的城市，而无论你是官员还是平民。

　　让深圳真正成为一个社会公共福利能够合理普惠享有的城市，而无论你是深圳户口还是外来建设者。

　　让深圳真正成为一个创造者们能够宜居的城市，而无论你住的是豪宅还是经济适用房。

　　让深圳真正成为一个让它的居住者能够把心放下来并趋于从容的城市，而无论你是成年人还是孩子，你是工薪族还是颐享天年的老人。（2015 年）

（二）关于转型社会制度变迁的观点

　　从制度变迁的路径来看，中国社会的制度变迁是从经济领域开始的，但从根本上说则是从观念更新于意识形态的革命开始的。从一般意义上讲，意识形态可以被定义为关于世界的一套信仰或信念。但是从制度经济学的角度来分析，意识形态又可以被视为减少提供其他制度安排的服务费用的最重要的制度安排。在传统体制下，被教条化了的，以极左的面目出现的马克思主义，曾是中国社会一定时期占主导地位的意识形态，并且一直以"世界观"和"方法论"的方式，简化着从政府到民众的思考与决策过程（事实上是无须思考与决策，而只看是否符合）。因此，邓小平同志关于"社会主义也可以搞市场经济"及"社会主义和市场经济不存在根本矛盾"的论断，不仅从意识形态上纠正了传统体制下人们所形成的极左的价值判断，从方法论上否定了人们早已熟悉并习惯了的阶级分析方法，而且更重要的是把革命家、政治家们与"阶级""主义"相联系的，并充分体现其政治信仰的有关决定社会性质的制度，即资本主义制度、社会主义制度，与作为社会运行规则的资源意义上的制度区别开来，从而使中国社会的制度变迁沿着一个正确的理念——是否有利于社会生产力的发展，而不是是否符合教条而有效率地展开。（2010 年）

制度作为人类相互交往的规则，其本身并不是目的。制度只是人类追求自由、繁荣、和平一类基本价值观的手段。然而，由于传统体制下，人们不仅虔诚地只追求目标的崇高性，而且还忠实地坚持实现目标手段的阶级属性（把计划视为社会主义的，把市场视为资本主义的），从而为手段本身的阶级属性所困，失去了实现崇高目标的快捷而有效的途径。在极"左"思想的影响下，甚至放弃了目标本身，盲目地为实现目标手段的所谓正确性而奋战，在忠诚和非理性的执着中又错误地将实现目标的手段作为了目标本身。正因为如此，制度经济学的基本常识，如制度的社会资源性和经济价值，一直没有成为我们社会的共识。（2010 年）

从逻辑上说，先有制度创新，才有有利于自主创新的环境，然后才有自主创新的制度绩效。然而，在强制性制度变迁中，政府不仅是改革和某些创新理念的发起者和倡导者，同时又是制度这一公共产品的提供者，因此，政府制度选择与实施能力，对经济发展的影响是尤为突出的。政府在制度安排中的偏好，也将决定经济人在包括自主创新在内的选择行为上的偏好，所以从根本上说，先有创新型的政府，才会有创新型的社会，政府的认识能力在相当程度上决定社会创新的成本。（2010 年）

人力资本的非物质性决定它的生存、生长是需要生活制度环境的。它在为社会创造财富，也向社会提出着对自身具有保障性的制度要求；它在促进着社会救济的增长，也在完成着自身经济价值的提升，并且这种源于经济发展和制度绩效的人的经济价值的提升，又会以激励的方式促进更有利于人力资本形成的社会制度环境的生成。良好的社会制度环境不仅有利于人力资本的形成与再创造，而且更有助于提高人力资本投资的报酬率。同时，相应于人的经济价值提高的制度变迁，呼唤新的经济模型和增长方式。从这个意义上说，经济增长方式转变的真正力量不是主观愿望，而是构成经济社会内在机制与动因的人的经济价值的提升。如果我们不改变以往对劳动力简单使用与低价消费的做法，不在制度安排上把对廉价劳动力的"浩劫性"使用，变为有目的的"增值性"使用，即以技术培训和福利完善的方式，增加劳动力自身的经济价值，从而增加产品的附加值，劳动力价格低廉会以更加低廉的方式进行劳动力的再生产，最终摧毁的不仅仅是一国产品的国际竞争力，还有人力资本的效能和一个民族的人口素质与发展的潜能。当人的经济价值提高时，我们的社会就会处于一些新的、更好的机会领域。（2010 年）

中国社会的改革是从经济改革入手的，这无疑是一条最佳路径，但同时也使社会大环境不配套，以及缺乏有效的制度环境支撑等"先天不足"的问题很快凸现出来，并构成经济改革进一步深入的制度与体制"瓶颈"。因为制度总是镶嵌在制度环境之中的，没有制度环境支援的制度变迁是无法真正实现的。同理，没有与经济改革相适应的政治体制改革，经济改革也不会真正成功。现今许多社会问题和矛盾的存在在相当大程度上与政治体制改革滞后密切相关。（2010年）

从实现制度变迁的逻辑上看，伴随着计划经济向市场经济的转型，与之相适应的新的社会运行机制的营建就已经被客观地提出来了。对于转型社会而言，全新的社会运行机制的营建过程，既是政府官员的权力和既得利益被削弱、剥夺，甚至丧失的过程，又是服务型政府的形成、培育的过程。在政府的权力还必须用政府的权力来剥夺的体制中，政府的文明程度和远见卓识对社会绩效而言是至关重要的。因为，尽管政治规则会导致相适应的经济规则，但是，一种新的制度如果用与之背道而驰的老的组织来执行，显然会适得其反。（2010年）

纵观中国社会改革开放的历程，尽管经济改革成为改革的有效的突破口，但经济改革所面临的阻力又绝不单纯是经济体制本身的问题。如果说包括政治体制在内的社会制度框架的重建与完善，是完善市场经济体制的必由之路的话，那么包括政治体制在内的社会制度框架的缺失，则是造成社会发展不协调的根本原因。因此，完善市场经济体系已不是市场经济本身的繁荣所能完成的，而深化改革也不是单靠经济改革就能实现的。从非均衡开始的改革开放——以建立特区为制度变迁的模式，要想走向新的均衡，良好的社会规制的形成，政治文明和制度文明的建设就是必然的选择。（2010年）

有什么样的政府，就会有什么样的制度安排，政府的文明是制度文明的前提与保障。改造政府，转变政府的职能，提高政府官员的认知能力和执政能力，是营建和谐社会的内在逻辑要求。（2010年）

中国社会的制度变迁，是沿着一条实用主义路线进行的。尽管如此，它也不会向诱致性制度变迁那样，仅仅由于潜在获利机会的存在而自然发生。因为强制性制度变迁往往会改变利益在原有社会集团之间的分配，甚至会带来一部分人的利益丧失（尤其是作为改革主体和实施者的政府官员自身利益的丧失）和一部分人的利益获取。所以，从原则上，对于一个正处于发展之中的市场经济来讲，一个保护性政府可以在培育和支援内在制度上做出巨大贡献。在限制转型过程中高得不成比例的信息成本和交易成本方面，政府能大有作为。可以说，在大规模的制度转型中，政府的职能和作用"具有规模经济"的效应。然而，政府政策的失效，也会降低或阻碍制度变迁的效益和进程，从而增加着社会改革的成本。从一般意义上说，维持一种无效的制度安排和国家不能采取行动来消除制度不均衡，都属于政策失效。（2010年）

中国社会的制度变迁过程，就是对官僚和官员削弱权力的过程，而权力的丧失即是既得利益的丧失。正因为此，并不是所有人都支持这一制度变迁的，而且从某种意义上说，百姓比官员对制度变迁更具有热情。因为，在制度变迁中，权力和利益的再分配走向，决定了不同阶层对制度变迁本身的热衷程度。（2010 年）

从根本上说，在自上而下的强制性制度变迁中，政府，尤其是中央政府是这场制度变迁的发轫者、领导者或者说最直接的倡导者，同时又是这场制度变迁中首当其冲的"被改革者"。一方面没有中央政府的决策和授意，就不可能有改革开放的实践，如特区的产生就是中央赋予地方政府特殊政策的结果与产物；另一方面，政府又处于政府的权力还要由政府的权力来剥夺的自我改革之中。由计划向市场的转型的关键是政府职能的转变，即由全能政府转变为"守夜人"政府；由权威政府转变为服务型政府；由投资政府转变为提供公共产品与服务的公共财政政府，而不是政府财政政府。中国近 35 年改革开放的实践证明：对于转型国家而言，政府在强制性制度变迁中的作用无疑是巨大的，甚至可以说，没有政府自上而下的强大政治力量的推动，既无法完成由计划经济向市场经济的转型，更不可能有今天市场经济的普遍确立和社会经济的繁荣。尤其中央政府和强大的"举国体制"，会在资源稀缺或有限的情况下，高效地集中资源干大事，并以决策的高效性引领社会经济的发展方向。但是，以强制性制度变迁确立市场经济体制和在市场经济体制基本确立以后完善市场经济，两种情形下政府的职能与作用是不同的，前者或许更需要政府通过比较强势的干预，推进市场经济的形成，从而加速完成由计划向市场的转变，而后者则要求政府在尊重市场规律和机制的前提下，矫正市场失灵，服务于市场而非驾驭、主导市场。强大的国家与发达的市场作为结果，无疑是令人向往的，但作为实现的过程，它要求处理好国家与市场，或者说政府与市场的关系。（2010 年）

向先进制度学习，既可以消除制度变迁的时滞，降低制度变迁的成本，减少制度变迁中的包括服从心理和情感在内的无形损耗，同时还可以使政府在制度的变迁中走向成熟、理性并富有责任感和服务社会与民众的职业人价值取向。（2010 年）

（三）关于借鉴香港体制优势及"前海问题"的观点

如果说 30 年前创办深圳经济特区，是为了以非均衡发展的方式在全国范围内逐步完成由计划经济向市场经济的转型，那么今天在市场经济已取得长足发展的深圳，创办以深港直接合作为先导的前海经济合作区，从根本上说则是要以制度创新的方式进一步完善市场经济体系，学习、培育、创造符合市场经济成长的制度环境，从而真正推动包括政治体制在内的中国社会制度变迁大踏步地向前迈进。如果说 30 年前创办经济特区之时，香港是中国对外开放的窗口，那么今天，在中国走向世界、世界走进中国的全球化大背景下，创办以深港直接合作为先导的前海经济合作区，就不仅只是开拓了一个更加广阔的对外开放的平台，而且是在缔造一个具有国际视野和竞争力的现代化的世界级都会区。（2010 年）

前海合作区绝不是一个单纯的经济实体，更不是一个简单的产业集聚群，而应该是一个鼓励创新的宽松、包容、效率的制度环境，企业家们实现个人理想王国的自由的天堂，滋养公民意识与精神的高雅而温暖的土壤，体现全球化、经济一体化的美丽而文明的港湾。所以，邓小平所说的"再造几个香港"绝不是再建几座摩天大楼，更不是简单复制商业社会的繁华，而是要让作为香港社会持续繁荣保障的成熟的市场经济体系，良好的社会运行规则，有利于社会发展与进步的文明的制度环境，成为更加广泛的社会共识与更加普遍的社会运行体制与机制，为推进粤港及至全中国市场经济体系的完善产生并发挥深刻的绩效。（2014 年）

借鉴香港体制优势，发挥香港国际经济中心的优势和作用，深化粤港紧密合作，构建我国对外开放的新格局，是创建前海深港合作区的目的所在。（2014 年）

应该肯定地说，与香港资金、物质、商品、技术、人才等经济要素的往来，推动了祖国内地，尤其是深粤区域改革开放的进程，不仅加快了计划经济向市场经济转型的步伐，而且带来了足以改变社会运行体制的竞争的繁荣，和建筑于共同价值理念之上的共同的发展。当然，与此同时，香港的体制和制度资源在很大程度上只是作为经济增长的外生变量影响着我们的生活和选择，而没有作为社会发展的内生要素改变我们的行为方式、思维方法和决策程序与模式。"一国两制"下的深港直接合作区的创建，把借鉴香港体制优势的理念，变成谋取更大发展的要素引入和为共同繁荣的现实选择。所以，我们绝不能简单地把市场经济理解为技术、科学、工具、手段，从根本上说市场经济是制度、体制、文化与文明。（2014 年）

香港社会向我们展示的是被实践检验、证明过了的，不断被人的试错教训所修正、完善过了的一套优质的政府机构框架及行政运作程序。香港在管理社会的功能及效率上、在政府的决策理念及程序上、在官员的服务意识及法制观念上、在政治生活的民主及平等的价值取向上，都非常值得以改革开放起家的深圳市政府的学习与借鉴。（2014 年）

香港的体制优势，是一种有价值的资源。向先进制度学习，有助于克服、避免转型社会的政府由于自身的局限性而导致无知、保守和低效率。（2014 年）

"先行先试"，探索现代服务业创新发展的制度变迁的路径，从而带动整个社会运行体制机制的制度创新，并以制度创新的绩效示范全国，推动中国社会改革开放的伟大事业向纵深迈进，是前海深港合作区新的历史使命。（2014 年）

"前海"的深港合作从根本上说是市场经济发展的自然结合，是共同选择的必

然结果。正如当年的"包产到户"一样，虽然它的存在是由中央政府批准的，但它的创造力来自于基层。（2014 年）

充分发挥政府政策制定的主导作用，为前海现代服务业的集聚发展创造良好的政策、制度环境和法律环境，是前海深港合作区域稳步成长的基本保障。（2014 年）

我们必须清醒地认识到，在市场经济中，政府毕竟是配角，而真正的主角应该是而且只能是公司（企业）。尽管市场失灵为政府提供了可能，但市场的作用是政府无法替代的。只有树立了这样的理念，"前海"才可能成为一闪耀理性光芒和经济辉煌的崇尚自由与公平竞争的真正的市场，从而走进香港。从某种意义上说，建立前海就是再造一个香港。（2014 年）

（四）关于"从沿海开放到沿边开放"发展战略的观点

回顾 30 多年来中国改革开放的历程，经济特区的兴起与发展不仅是地缘政治的需要，更是国家区域经济发展战略的体现。随着中国社会对外开放以经济特区、沿海开放、沿江开放、沿边开放等形式的渐次推进，中国区域经济发展的新版图日渐清晰明朗，全方位、广覆盖、多层次的开放格局也在从沿海开放到沿边开放的战略布置下逐渐形成，并带来了中国社会区域经济发展的新版图和经济整体协调发展的崭新局面。（2012 年）

从沿海开放到沿边开放是在中国大地上确立、完善市场经济体系的战略大思路，是中国社会实现协调发展的大举措，是全方位开放路径的积极探索，是科学发展的伟大实践，是全面实现现代化的整体部署。它不仅以战略的眼光规划着中国社会全面发展的宏伟蓝图，同时也将促进产业结构区域间的合理布局，不同区域间由要素禀赋等构成的比较优势的形成与有效发挥；扩大中国经济增长的对外辐射力，从而开拓更加广阔的国际市场；减弱世界经济危机对以外向型经济为主的经济增长模式的正面冲击，建立具有日益增长空间的稳定而又可持续的内生的经济发展实力；形成全国范围内的逐渐趋于平衡发展的共同繁荣的以区域间协调互补为特征的经济共同体。所以它对中国未来的发展将产生深刻而持久的影响，它的战略意义是深远而巨大的。（2012 年）

国家综合配套改革试验区的设立是在经济社会发展的新阶段，在科学发展观的引领下，为促进地方经济社会发展而推行的具有给地方政府发展自主权的全新举措。从某种意义上可以说，它们是继深圳等"老特区"之后的"新特区"。综合配套改革试验区作为"新特区"，它有着不同于"老特区"的一些特点。这些特点的形成既源于国家发展战略的转变，更体现了中国改革开放进程所带来的变化，同时也充分展现了完善市场经济的客观需要和社会制度变迁的内在要求。从建立的背景和目的来看，老特区是在计划经济背景下创办的，它可谓计划经济汪洋大海中的一块令人瞩目的绿洲。它创办的目的就是完成由计划经济向市场经济的转型，为由普遍贫穷走向共同富裕探索一条切实可行的发展道路。新特区是在市场经济体制已经基本确立的背景下设立的，以制度创新的方式完善市场经济体系是新特区的主要目的。建立特区的任务和发展手段来看，老特区的主要任务是解决对内改革和对外开放的问题，引进外资是其发展的重要手段。新特区是要综合解决经济发展中的体制矛盾，制度创新是其发展的重要手段。从特区的区域和模式的选择来看，老特区的选择主要着眼于沿海的计划经济相对薄弱的城市或地区，一方面以较轻的计划经济的负担和较少的传统意识形态束缚赢得较低成本支付的优先发展，另一方面凭借沿海的区域优势，引进外资，以出口替代迅速打开关闭了近半个世纪的国门，为中国社会的开放打开一扇窗户，架起一座通往市场经济和国际社会的谋求民族发展、富裕和尊严的桥梁。新特区则是着眼于从国家区域发展总体战略出发，探索新的历史条件和发展进程中区域协调发展的新模式，从而实践并验证中国道路的可行性与正确性。喀什、霍尔果兹、图们江等新兴特区的建立证明，特区已经是中国社会实现现代化的一条捷径。（2012 年）

（五）其他相关学术观点

改革的目的是解放生产力，正如人类社会发展的最终目的是解放人自身一样。人自身解放的标志不仅仅是富裕（当然，没有富裕就谈不上解放），还必然包括与富裕同时拥有的文明、权利与尊严；生产力解放的标志不仅仅是获得自由流动的权力，还要有市场规律与政府的远见卓识下的交换的公平实现、权益的合理保护、机会的事实均等和选择权利的平等给予。（2008 年）

中国社会改革是在较低的人均收入水平上展开的，由于尚未形成庞大的中产阶级，所以市场经济的结果势必迅速造成显著的贫富差距上的两极分化。因此，经济增长中的贫困现象和经济繁荣中的低福利问题，"过早"地成为政府必须用制度安排来解决的社会问题。当然应该肯定地说，政府必须把社会福利制度作为实现普遍富裕的保障措施，而不是作为普遍富裕的结果来实现。因为，对任何社会来说，创造财富的同时制造着贫穷，实现繁荣的同时降低着部分人的幸福感，比普遍贫穷更为可怕。无论如何我们的社会都不能单纯地把社会福利看作经济发展的奢侈品，她本身就构成了发展的重要内容和实质性自由的组成部分。（2010 年）

对一个民族的经济增长而言，比资源更重要的是政府的政策。由于政府提供的是经济社会赖以建立的社会秩序的构架，所以从理论上说，没有政府提供的社会秩序的稳定性，人类的理性行为也不可能发生。因此，政府对一个社会经济增长的重要性，是怎样强调也不会过分的，尤其对于处在社会转型时期的国家。改革开放的历史功绩不仅仅使中国人都普遍富裕起来了，而且更重要的是随着改革开放的深入所引发的一系列的制度变迁，使一个文明、效率的社会管理的制度框架在中国社会逐渐形成并日臻完善。深刻的制度变迁比财富增长本身对中国社会的影响更深远。（2008年）

没有解放思想就不可能有改革开放，而改革开放又把解放思想从观念变成实践。30年后的今天进一步解放思想的口号尤其在经济特区被再度提了出来，这是改革社会的一种自我醒悟，他告诉人们："改革"远没有完成，"开放"还必须深入，社会经济发展中所出现的问题，仅靠经济增长本身是不可能真正解决的。经济发展会带来社会一时的繁荣，然而繁荣本身并不会自动带来社会的文明。经济的繁荣、制度的文明、社会的昌盛必将共同构成中国社会制度变迁的最终目标。（2008年）

进一步解放思想意味着彻底摆脱传统意识形态的束缚，这对今天的中国社会来说，并不是一件已经完成了的事情，而是一件尚未根本解决的问题。尽管历经30年的改革开放的实践，市场经济体系已基本确立。但与计划经济相适应的传统的意识形态，并没有随着市场经济体系的确立而一同彻底消除。尤其当摆脱传统意识形态的过程与权力的剥夺及既得利益的丧失相伴随时，人们不仅会本能地以对传统意识形态的留恋来维护个人的既得利益，而且还会以对传统意识形态的坚守来捍卫手中的权利。30年前，由于不解放思想，不打破计划经济体制，任何人都无法收获制度创新的好处，所以官员较之今天更容易成为传统意识形态的批判者和社会改革的推动者，然而，30年后的今天，当进一步改革的个人收益小于社会收益时，僵化、保守便成了既得利益者们，尤其是某些官员们的必然的选择。约束经济发展的不仅仅是资源，还有比资源更严重的人的思想和观念。无论是30年前的改革之初，还是30年后社会得以长足发展的今天，观念更新，从而解放思想都是中国社会真正实现改革开放的前提与保障。观念不能直接改变社会，但观念能够改变人，而人则能够改变社会。（2008年）

进一步解放思想意味着政治体制改革和制度文明必须被提到中国社会制度变迁的日程上来。国与国之间的竞争说到底是制度的竞争。如果说没有文明的政府将不会有文明的制度，那么没有制度的文明也将不会有社会的文明。制度不仅约束人，制度也能改变人；有什么样的制度安排，就会有什么样的人的选择行为。因此，竞争并不是简单的经济指标的对比和赶超，任何经济指标都不是结果的原因而是原因的结果，指标的背后是社会规制，财富不会自发地为财富创造价值，经济主体永远是制度约束下的人。所以进一步解放思想要求我们，打开国门引进的不能仅仅局限于先进的技术，也不能仅仅局限于资金和设备，还应该包括理念、思想和规则。中国特色绝不应该是对国际惯例的否定，而应该是对独特发展路径的一种表述。对人类价值观的接受和认同，是社会真正走向富裕与文明的理性选择。（2008 年）

进一步解放思想意味着政府要真正转变职能，成为一个为社会提供公共物品和制度环境的服务型政府。中国社会进行的是自上而下的强制性制度变迁，这种制度变迁的特点就是需要一个强有力的政府。所以，政府的认知能力和认知能力的提升，政府的观念和观念的开放，政府的行为和行为的文明，对转型社会来说不仅关系百姓的福利感，更决定社会发展的政策制定与选择。进一步解放思想，要求政府首先应该是一个学习型的政府和服务型政府。在向人类文明学习的过程中，政府不仅应该是这种学习的倡导者，而且还应该是一个坚定的实践者。学习型的政府是社会福祉和进步的前提与象征。而服务型政府则要求政府要把包括制度在内的公共物品和公共政策的供给，把社会公平和消除贫穷，把财富增长的同时预防两极分化的发生作为工作重心。政府指责并不是参与市场，而是以制度和法规来规范市场，对任何社会而言，政府对私有财产权力和竞争次序的保障与维护，比单纯的管理更有意义。（2008 年）

中国的改革开放是从解放生产力开始的。生产力的解放就是人性的解放，就是人的创造力的释放与解放。30 多年来，在由普遍贫穷走向共同富裕的历程中，从传统的计划经济的牢笼里解放出来的中国人，一旦得到了追求财富的自由与自立，就表现出了令世人惊叹的伟大的创造力，给了农民以自由发展的权利，就有了乡镇企业和农民工，有了"中国奇迹"的创造；给了企业以自由发展的权利，就有了企业家，有了中国经济的高速增长；给了知识分子以自由的权利，就有了思想家，有了开放而包容的思想碰撞；给了公众以自由的话语权利，就有了公民意识，有了监督、责任、担当和义务等法治社会的品格。可以说，人的创造力的释放与解放在创造经济奇迹的同时，必然把人的发展写在了社会发展的旗帜上。（2008 年）

人不仅是创造财富的力量，同时更是享受自己有理由珍视的那种生活的力量。正如我们如果仅仅把 GDP 作为衡量社会发展的尺度，我们将失去发展的真正目的一样，如果我们仅仅把人当作"生产力"来对待，那么我们就是用别的主体替代了真正的主体，正确发展观的确立，是一个用观念战胜观念的过程，也是政府认识提升的过程。（2013）

人自身解放的标志不仅仅是富裕（当然，没有富裕就谈不上解放），还必然包括与富裕同时拥有的权利与尊严；生产力解放的标志不仅仅是获得自由流动的权力，还要有在市场规律与政府的远见卓识下的交换的公平实现、对合法权益的有效保护、机会的事实平等和选择权利的平等给予。没有选择的公平与自由，就没有发展的幸福与尊严。（2014 年）

当人的经济价值提升时，我们的社会就会处于一些新的、更好的机会领域。人的发展既是社会发展的内容与目的，又是社会发展的结果与收获，同时又是促进人类社会真正走向文明与自由的前提与保障。（2012 年）

自 2008 年全球金融危机以来，许多地方政府似乎悟出一个道理，必须把眼光盯住 "大项目" "大手笔" "大动作" 上来，热衷于以政府投资为主导的超常规发展与跨越式前进，并希望借此摆脱金融危机的困扰，推动经济的高速增长，保持辉煌的业绩。但是，还有一个理论问题值得注意，那就是要正确认识凯恩斯主义的作用和影响。凯恩斯主义是社会经济衰退时的权宜之计，而非长久之策。由政府投资解决有效需求不足问题，从而拉动社会总需求是凯恩斯主义的政策目标。但是中国目前面临的不是与经济衰退相伴随的典型意义上的有效需求不足，而是由收入分配不均、贫富差距悬殊带来的 "结构性" 有效需求不足，在这种情况下，政府大量的生产性投资不仅会 "挤出" 社会资本，而且还会由于投资大都集中于国企或垄断企业而更加不利于解决 "结构性" 有效需求不足的问题。凯恩斯主义不等于宏观调控，宏观调控不等于政府直接生产性投资。以政府直接生产性投资的方式短期 "救市" 行，但长期则不可持续。（2012 年）

在共同富裕问题上，不能再回到计划经济时期的乌托邦狂想，只能坚定不移地走市场经济的道路。经济特区发展的实践证明，邓小平决策是正确的。因为面对传统体制的约束，只有打破传统体制下导致普遍贫穷的一般均衡状态，使非均衡发展的社会变革成为中国社会唯一的制度变迁的路径选择，才可能在较短的时间里使中国社会由普遍贫穷的 "计划" 走向 "部分人" "部分地区" 先富的市场。可以说，邓小平提出了 "部分人" "部分地区" 先富思想，也就同时为我们找到了摆脱普遍贫穷，实现共同富裕这一目标的道路，那就是走市场经济之路。（2010 年）

不可否认，改革开放 30 多年后的今天，贫富悬殊、收入差距扩大的确是一个不容忽视并亟待解决的社会问题。但我认为面对今天中国社会的贫富悬殊和收入差距问题，我们应该首先弄清楚真实的状况并深入思考造成贫富悬殊、收入差距扩大的原因到底是什么？我认为今天我们所面临的贫富差距问题无论在性质上还是程度上都与 30 年前根本不同。30 年前的中国直到 1978 年还有着 2.5 亿绝对贫困人口，面临的是缺吃少穿的困境和理想与现实冲突的尴尬。30 年后的今天，我们的国内生产总值由世界第六位上升到第二位，人均国内生产总值超过 4000 美元，总体达到了小康水平。所以贫富差距所表现的不是单纯或简单的财富总量的问题，而是社会机制的问题。（2010 年）

市场经济是竞争经济，无论从其过程还是结果来看，必然会导致一部分人、一部分地区先富起来。同时，我们承认市场经济，就自然承认按要素分配和个人的财产性收入这些市场经济的基本规则，而按要素分配和个人的财产性收入的存在，必然会导致社会成员的贫富差距。这种由按要素分配和个人财产性收入带来的贫富差距，不是对市场规律的践踏，而是市场机制的结果。诸如华为、腾讯这样业绩辉煌的民营企业，它们在创造财富的同时也在以就业、税收以及产品改变着人们的生活方式并贡献着社会。在这里，从根本上说不存在剥削与被剥削的关系，而是市场经济的理性分配。（2013 年）

现阶段中国社会贫富差距的存在，不是市场经济的结果，而是改革不到位、市场经济体制不健全，从而市场经济体系还没有真正完全建立起来的必然。所以解决的办法只能是坚持改革开放，坚定走市场经济的道路。对体制问题的真正触动，是了解贫富差距问题的关键所在。如以法律和制度安排的方式消除制造收入分配不合理的垄断与特权，把由权力带来的垄断的高额利润还给社会，抑制、根除特权对社会财富的体制性掠夺，让市场机制真正成为社会经济生活的准则。人们敬重的是凭借个人创新和企业家才能而获得的财富，憎恶的是那些借助特权和垄断地位而无端端的成功。先有社会规制的公平才可能有结果的公平。当我们一味壮大国有经济时，当政府的生产性投资的作用过于强大时，贫富差距的问题是无法真正解决的，共同富裕的目标也将会由于制度和体制的约束而沦为空想。彻底摆脱计划经济的意识形态，真正转变政府职能，完善公共服务体系，建立惠及全民的社会保障体系，使包括农民在内的全体公民都能公平地享有公民社会的所有权利，是缩小贫富差距的制度保障。（2013 年）

中国过去 30 多年的快速发展靠的就是改革开放，未来的发展进步也要靠改革开放。我们必须清醒地认识到，改革是一个全方位、全社会的改革，现代化是一个完整的过程，而不是单一的经济发展的过程。改革是中国社会发展的原动力，对一个转型社会而言，没有改革的引领和与之相伴随的深刻的社会制度变革的推动，发展将会被传统体制的力量所羁绊。发展既是改革的结果，又是深化改革的基础，但发展无论如何都不能替代改革。（2013 年）

上述我的关于特区及相关问题的学术观点，均发表于我的不同时期的学术论文中。对我个人来说，这一梳理的更重要意义在于分享与自我提升。

在谈到不同国家实现现代化道路的问题时，我一直认为：追求富裕与富强几乎是世界各国人民共同愿望与追求的目标。尽管人类追求的目标很多是相同的，实现或达到目标的路径与途径则是多样的，并不存在一个放之四海而皆准的发展路径与模式。各国发展的经验是可以借鉴分享的，但适合自己的才是最好、最有用，进而最有绩效的。

西方经济史研究发现，一个社会中各种不同的政治经济制度安排的变动和确立都是由那个时代占统治地位的社会思想诱发和塑造的。然而占统治地位的社会思想可能并不是正确的思想，即未必导致更高的收入增长速度和更合乎人们理想的收入分配。我们的社会不会因为缺少奇迹而枯萎，却会因为缺少创造奇迹的思想而失去生命力。

2015 年 5 月 12 日

1978 年

3 月 15 ~ 24 日　国家计委、外贸部、中国人民银行和国家进出口总公司及其驻香港五丰行等单位和省外贸厅组成联合工作组，对建立宝安外贸基地进行调查研究。24 日，宝安县委领导方苞①、李新亭②、叶振忠③陪同调研座谈，讨论有关建立宝安县出口商品基地问题，并制定生产和出口的年度计划以及三个五年规划，研究落实这些计划的政策、措施，最后形成会议纪要上报省政府和国务院审批。4 月 10 日至5 月 6 日，考察组抵香港、澳门调查研究。回到广州后，考察组向习仲勋④、刘田夫⑤等广东省党政领导汇报考察情况，并建议把宝安、珠海两县改为直辖市（相当于地级市）。

4 月 27 日　外贸部副部长贾石到九龙海关检查工作，听取海关工作的汇报。

5 月初　国家计委副主任李人俊到宝安调研时听取了关于外贸基地建设规划的汇报并传达中共中央副主席、国务院副总理李先念⑥的一段批示："无论如何要把宝安和深圳建设好，不建设好就是死了也不甘心。"

---

① 方苞，深圳经济特区初期创建者之一，1974 年，任惠阳地委副书记兼宝安县委书记；1979 年 1 月，宝安县改为深圳市，任市委副书记，1984 年调任珠海市委书记；随后又先后担任广东省委常委、政法委书记、省人大常委会副主任等职。

② 李新亭，深圳经济特区的初期创建者之一，时任宝安县委副书记，特区成立后任深圳市城市建设委员会主任及深圳市运输局、深圳市经济发展局等职务。

③ 叶振忠，时任广东省宝安县县委、县革委会领导。

④ 习仲勋（1913 ~ 2002），时任广东省第一书记。

⑤ 刘田夫（1907 ~ 2002），时任广东省副省长，1981 年任广东省省长，1983 年任中顾委委员。

⑥ 李先念（1909 ~ 1992），时任中共第十一届中央政治局常委、中央委员会副主席。1983 年 6 月在第六届全国人民代表大会上当选为中华人民共和国主席，1988 年 4 月当选为第七届全国政协主席。

1

5月2日　国务院副总理谷牧①带领中国经济代表团访问法国、联邦德国、瑞士、丹麦、比利时西欧五国。谷牧率领的代表团由20多人组成，其中包括水电部部长钱正英、农业部副部长张根生、国家建设委员会副主任彭敏和办公厅主任李灏、北京市副市长叶林、北京市委书记严明、广东省副省长王全国、广西壮族自治区区委书记朱广权以及山东省革委会副主任兼省计划委员会主任杨波等。代表团历时一个多月，对法国、联邦德国、瑞士、丹麦、比利时的15个城市进行考察，会见了许多政界人士和企业家，参观了许多工厂、农场、城市设施、港口码头、市场、学校、科研单位和居民区，收集了大量的信息资料。这次访问对加快中国改革开放的步伐起到重要的推动作用。

5月17日　宝安县委发出通知，要求在全县深入开展新时期总任务的宣传、学习活动，动员全县人民为实现新时期总任务而奋斗。

5月22日　遵照中共中央关于全部摘掉"右派分子"帽子的决定，宝安县委成立摘掉"右派分子"帽子工作领导小组，开始进行错划"右派"的改正工作。

6月初　国家计委副主任段云到广东考察工作。在广州，听取了方苞、李新亭有关外贸出口基地规划和建设情况的汇报，同意从宝安县对港供水收入总额中返还1/4的人民币，即每年约400万元，用于外贸基地建设，发展18个千亩（万株规模）荔枝园，建（万头规模）养猪场和若干个（5万只、10万只、20万只规模）养鸡场。

6月20日　习仲勋主持召开广东省委常委会议，研究关于迅速开展对外加工装配业务和宝安、珠海两县的建设问题，决定由省革委会副主任李建安主持召集省有关单位研究提出方案。23日，李建安等向省委上报《搞好宝安珠海边防县建设和外贸出口的意见》，省委基本上采纳这一实施方案。

7月初　广东省委书记习仲勋视察宝安。他在方苞陪同下花了近10天时间深入边境农村和边防哨所，与10多位农村支部书记座谈，就如何搞好生产、发展经济、改善群众生活和制止非法外流等问题进行调研，支持和鼓励宝安干部破除过去"左"的思想形成的旧的条条框框。他强调，制止群众性外流的根本措施是发展经济，提高群众生活水平，首先要抓好对外经济贸易，发展种养业和多种经营，大力组织砂石和土特产、农副业产品出口，发展社队企业，引进香港同胞和外商投资办厂，搞来料加工。他强调大力抓好外贸出口基地建设，抓好各项规划落实、资金落实，原则上同意调整粮食种植面积。

---

① 谷牧（1914~2009），时任国务院副总理，为中国经济特区建设做出重要贡献。

8 月 广东省委派省计委副主任张勋甫率工作组到宝安、珠海调查，修订两县外贸出口商品生产基地计划。工作组在县委的配合下整理出《关于宝安、珠海两县外贸基地和市政规划设想》的报告，并于 10 月 23 日向国务院上报。报告提出要在 3～5 年内把宝安、珠海两县建设成为相当水平的工农业结合的出口商品生产基地，成为吸引港澳游客的旅游区，成为新型的边防城市。这一规划设想成为随后中央、省委决策的重要依据。

8 月 9 日 广东省 781 台工程办公室成立，在县委的直接领导和省广播局的指导下，具体负责在梧桐山兴建电视转播台的工程任务。

8 月 20 日 中共宝安县革委会发出通知，要求各级党组织加强对反偷渡斗争的领导，采取措施制止偷渡外逃。11 月 17 日，宝安县委成立反外逃领导小组，李定任组长，各公社（镇、场）成立相应机构。这些措施实施后，偷渡外逃问题曾有所好转，但未能从根本上解决。县委领导认识到，只有顺应群众开放改革的要求，利用宝安靠近香港这一特点，采取 20 世纪 60 年代初行之有效的边境经济政策，改革不适应边境经济发展的管理体制来发展经济，改善人民群众生活，才是解决这一问题的根本办法。

9 月 8 日 宝安县委、县革委会决定调整充实县计划生育领导小组，刘正义任组长。9 月 11 日，深圳地区机关干部、党员大会召开，传达中央、国务院领导关于计划生育工作的重要讲话，提出要在 3 年内让深圳和全县人口自然增长率下降 1 个千分点。

10 月初 习仲勋分别约张勋甫、吴健民谈话，表明广东省委同意将宝安、珠海两县改为省辖市这个建议，指示两人分别着手筹组两市的领导班子。

10 月 3 日 外贸部部长李强出国访问，途经深圳时指示九龙海关，旅检工作应简化手续，加速验收。

10 月 5 日 为了贯彻中共中央〔1978〕37 号文件精神，宝安县委提出 18 条减轻农民负担的意见。

10 月 9 日 交通部党组给党中央、国务院写了一个请示报告。报告建议：充分利用该部驻香港企业招商局加强内地在港澳地区的经济力量，发展远洋航运事业，建设一批投资少、见效快的中小型现代化企业。报告还提出香港招商局今后的工作方针应是：立足港澳、背靠国内、面向海外、多种经营、买卖结合、工商结合。10 月 12 日，中央批准了这个报告。

10 月 10 日 宝安县革委会创建文教办公室和县科学技术委员会。

　　10 月 12 日　党和国家领导人华国锋①、叶剑英②、邓小平③、李先念等批准交通部党组《关于充分利用香港招商局问题的请示》，同意利用香港招商局自己的资金和管理经验，在宝安开发工业区，直接参加国家的"四化"建设。1979 年 1 月 31 日，该请示得到国务院正式批准。8 月，蛇口工业区破土动工，拉开了中国利用外资建设工业区和兴办经济特区的帷幕。

　　10 月 17 日　宝安县委农村工作部、工交政治部、财贸政治部成立。

　　10 月 24 日　宝安县委成立县旅游区工程建设领导小组，统一领导全县旅游区建设的规划、基建工程等事宜。

　　11 月 6 日　宝安县委制定有关农副产品的购留比例和农贸市场、经营管理等几项政策措施，下发各地执行。

　　11 月 17 日　宝安县委决定成立外贸基地服务公司。

　　11 月 22 日　广东省革委会副主任刘田夫与招商局常务副董事长袁庚等在省革委会小会议室商谈在广东省沿海邻近香港边境地区筹建招商局工业区问题。12 月 18 日，交通部部长叶飞、副部长曾生，招商局总经理金石与广东省革委会副主任刘田夫在省委招待所进一步商谈筹建工业区问题。

　　12 月 13 日　中央工作会议闭幕，邓小平发表了《解放思想，实事求是，团结一致向前看》的重要讲话。在讲话中，邓小平提出了"让一部分城市先富起来"的理论，他一口气列出了十多个城市，第一个"城市"（因为当时还没有"深圳市"）就是深圳，这是"深圳"第一次为外界所知。

　　12 月 18~22 日　党的十一届三中全会在北京举行。会议决定全党工作的重点转移到社会主义现代化建设上来。十一届三中全会的召开，标志着党从根本上冲破了长期"左"倾思想的严重束缚，结束了 1976 年 10 月以来党的工作在徘徊中前进的局面，将党领导的社会主义事业引向健康发展的道路。十一届三中全会是新中国成立以来我党历史上具有深远意义的伟大转折。27 日，宝安县委召开常委会议，学习三中全会公报，宝安县委书记方苞提出要以十一届三中全会精神为武器，对明年全党工作重点转移到四个现代化建设上进行一次思想大发动，从年终分配入手，总结经验，进一步搞好冬种和备耕工作，开展反外逃斗争，为 1979 年搞好四个现代化

---

①　华国锋（1921~2008），时任中共中央委员会主席、中央军委主席、国务院总理。
②　叶剑英（1897~1986），时任全国人民代表大会常务委员会委员长。
③　邓小平（1904~1997），时任中国人民政治协商会议全国委员会主席，历任中央政治局常委、中央顾问委员会主任、中央军事委员会主席等重要领导职务，1989 年辞去中共中央军委主席职务后，实现了中央领导集体的顺利过渡。他曾于 1984 年和 1992 年先后两次视察深圳经济特区。

建设创造安定的社会秩序。

12 月 18 日　交通部部长叶飞、副部长曾生，广东省革委会副主任刘田夫，国家经委副主任郭洪涛等人探讨在广东省靠近香港的边境地区设厂的问题。

12 月 21～24 日　招商局金石、张振声、朱士秀、张鸣、许康乐等 6 人实地察看蛇口公社、大鹏湾公社和沙头角盐田地区。24 日，金石、张振声等向省革委会副主任刘田夫汇报情况，认为蛇口具备开发的有利条件。

12 月 22 日　根据中央和广东省委关于宝安撤县改市的指示，县革委会向惠阳地区革委会和广东省革委会呈报《关于宝安县改为深圳市建制的报告》，提出宝安撤县设市的若干可行性方案。

12 月 23 日　宝安县委决定，对于"文化大革命"期间发生的所谓"反共救国军第四大队"特务集团案（包括原县委书记李富林、副书记林寿贤、县长吉凤亭在内，受株连 47 人，其中 13 人坐牢，14 人被批斗，16 人受审查）、"蓝衣社"特务组织案以及因此而受到迫害和株连的人员给予彻底平反，恢复名誉。

1979年

1月5~10日　招商局张振声、梁源坤和广东省委陆荧、杨青山、彭鹏商谈并起草《关于我驻香港招商局在广东宝安建立工业区的报告》。5日、6日，刘田夫、曾定石、王全国先后审阅并签字。10日，文件由招商局送交通部部长叶飞签后呈国务院并报中央。该报告说：为了更好地贯彻党中央的批示，招商局要求在广东宝安蛇口公社建立工业区，这样可以利用国内较廉价的土地和劳动力，又便于利用国外的资金和先进技术，对实现中国交通航运现代化和促进宝安边防城市工业建设以及对广东省的建设都将起到积极作用。李先念副主席批示："同意，就照此办理。"他在听取了招商局领导彭德清①、袁庚②汇报后指示，现在就是要把香港外汇和内地建设结合起来，不仅要结合广东，而且要和福建、上海等连起来考虑；给地也可以，就给这个半岛吧。随后，谷牧副总理又召集国务院有关领导研究落实李先念的批示。国务院同意招商局在蛇口地区办厂，经济上闹点"特殊化"，享受香港待遇，进出口自由。土地、行政、主权都是国家的，广东负责行政管理，企业管理由招商局按香港办法办，工人工资发放原则既参照香港又照顾国内。

1月8~25日　习仲勋召集广东省委常委扩大会议。会议明确提出：要利用广东毗邻港澳的有利条件，利用外资，引进先进技术设备，搞补偿贸易，搞加工装配，搞合作经营。会后，广东省委领导人分头到下面调查研究。调研的结论是：一定要根据广东的特点，充分发挥优势，要求中央给广东放权，让广东在改革开放中先行

---

① 彭德清（1911~1999），人民解放军著名将领，时任交通部部长，后担任招商局董事长。
② 袁庚（1917~2016），1978年起任招商局副董事长，1992年底离休。

一步。此后,习仲勋和吴南生①向当时在广东的叶剑英副主席汇报了省委的意见,叶剑英听了十分赞成,并让广东省委尽快向中央汇报。

1 月 13 日 广东省革委会向国务院报告,为在三五年内把宝安地区建成具有相当水平的工农业结合的商品生产基地,成为吸引港澳游客的游览区,发展对外贸易,巩固祖国南大门,将宝安县改为深圳市,属省辖市建制。其管辖范围即宝安县行政区域,总面积 2020 平方公里,总人口数 358267 人。

1 月 23 日 广东省委决定,为加强对宝安地区生产建设的领导,建立出口基地,发展对外贸易,将宝安县改为深圳市,由省和惠阳地区双重领导,按地区一级配备干部,成立深圳市委,任命张勋甫为书记,方苞为副书记。

1 月 31 日 中共中央、国务院决定,在深圳蛇口举办工业区,由香港招商局(香港招商局于 1872 年成立,中国第一家近代民族工商企业,旗下有招商、平安等著名企业)集资并负责组织实施。

△ 李先念、谷牧同志接见彭德清、袁庚同志,并听取了关于招商局建立广东宝安工业区问题的汇报,其中有关李先念、谷牧同志的插话和指示,纪要如下。

李先念同志首先询问了招商局的有关情况,袁庚同志将招商局的历史及现状做了汇报。

当袁庚同志汇报到要把香港的有利条件(资金、技术)和国内的有利条件(土地、劳动力)结合起来时,李先念同志说:现在就是要把香港外汇和内地结合起来用,不仅要结合广东,而且要和福建、上海等连起来考虑。

当袁庚同志汇报到要求在蛇口划出一块地作为招商局工业用地时,李先念同志说:给你一块地也可以,就给你这个半岛吧!②袁庚同志汇报时,谈到该报告(指《关于我驻香港招商局在广东宝安建立工业区的报告》)中关于免税进出口问题是根据国务院颁布的《开展对外加工装配业务试行办法》第 4 条规定而提出来的,现在只要中央点个头,在该报告上面签个字,(这块地皮的)价值就大大提高了。这时,李先念同志说:"好,我批。"于是就批示:"拟同意。请谷牧同志召集有关同志议一下,就照此办理。先念,1979 年 1 月 31 日。"

李先念同志说:交通部就是要同香港结合起来,搞好国内外的结合,可以创造外汇,要把远洋船队管理好,要为外贸服务,要耐心些,他们对你们意见就少了。我想不给你们钱买船、建港,你们自己去解决,生死存亡你们自己管,你们自己去

---

① 吴南生(1922～2018),时任广东省委书记,负责筹办广东省三个经济特区工作,兼任特区管委会主任。

② 指深圳南头以南的半岛。

奋斗。长江二三千吨的船要买一百几十条开到国内来嘛。

李先念同志又说：交通部生意还可以做大一些，国内外结合起来。国内投资是一个方面，更主要的是利用外资。800多万吨船，十多年经验，说明路子是对了。1000万吨船（包括沿海）没花一点钱，卖国卖到哪里去了？1976年损失了，什么都不敢做，凡是有赤字出现都和"四人帮"有关，损失可不少！

2月2日 谷牧同志召集有关单位负责人开会，研究如何落实李先念同志在广东省革委会和交通部报送国务院《关于我驻香港招商局在广东宝安建立工业区的报告》上所做的批示。简报如下。

参加会议的有：计委段云、顾明同志，建委彭敏同志，外贸部刘希文同志，中国人民银行乔培新、卜明同志及财政部王丙乾同志，交通部彭德清、袁庚、江波同志。

谷牧同志说：现在主要议一议交通部香港招商局的问题。香港招商局原来设想在香港设厂，受条件限制，他们已和广东省委商量好，要在我靠近香港一边蛇口地区开设工厂，在这里设厂当然要得到特殊待遇，除地方行政按国内一套办外，经济上要闹点"特殊化"，就是要享受香港的待遇，进出自由。他们的分红办法是给广东省三成，给资本家三成，招商局得四成，就是我们合起来占七成。

袁庚简略地介绍了前天向李先念同志和谷牧同志的汇报情况。他从香港招商局107年的历史对比，以及香港英资财团、华人财团的发展来说明我们已经错过了时机。

袁庚同志说：我们第一期上马的有五六个厂，如拆船厂、钢丝绳厂、集装箱厂、油漆厂、无线电导航装配厂及玻璃钢厂等。目前用地300亩，在960多万平方公里国土上，这是微不足道的。

王丙乾同志说：其他没有什么意见。关于纳税问题，你们说有竞争性，又说按香港办法管理，是否可以考虑，不按内地办法而按香港的办法收税，在香港你们怎么纳税，你们也怎么向国家纳税。

刘希文同志说：第一，对这样办无意见。第二，目前看来，你们的产品只是为了满足交通远洋船的需要，还涉及不到外贸的问题，以后你们出口多了，就涉及外贸管理问题，这个问题以后再说。关于海关进出口税问题可以给予优惠，但具体怎么办，我要回去和海关商量一下。

段云同志说：我们本来早就想把珠海和宝安两个县开放。

谷牧同志说：广东不仅两个县可以搞，广东、福建很多地方都可以搞。

段云同志说：我看说用香港的办法管不妥当，我的意见是要比内地放宽一些就是了。

谷牧同志说：那个地方①就是要搞特殊化嘛。按文件办事。

顾明同志说：①这个地方主要应以出口为主，外销还外债，国家不给钱；②在内地销售要按内地进口办法，要纳税；③参考几个国家的自由贸易区，要搞出一个法律来，这样就可以统一了；④要按经济规律办事，要搞独立核算，要少干预为好。工资福利不能过高，也要有一套办法。一般在自由贸易区有所得税，所以要纳所得税。这样，地方就不能拿 30%，外汇工资广东不能全捞去。

谷牧同志最后说：总共就 300 亩这样一块地方。交通部先走一步试一下，现在就这样（按照）"照此办理"② 的批示。起来你③回去和习仲勋、刘田夫同志商量，继续搞，不要说按香港的办法办，实际上也不能按内地办法办。

2 月 14 日　国务院批复关于宝安县外贸基地和市政建设规划设想，要求在三五年内把宝安县建设成为具有相当水平的工农业结合的出口商品基地、吸引港澳游客的游览区和新型的边防城市。

2 月 15 日　国家交通部派出 34 人的工作组到蛇口实地勘察，认真研究工业区第一期工程的各个项目。

2 月 23 ~ 26 日　深圳市委召开四级干部会议，传达贯彻中央工作会议、党的十一届三中全会以及广东省委会议精神。深圳市委书记张勋甫主持会议并讲话，市委副书记方苞传达上述三个会议精神。

3 月 3 日　吴南生在广东省委常委会议上说：现在国家的经济已到了崩溃的边缘了，我们应该怎么办？我提议广东先走一步。在汕头划出一块地方搞试验，用各种优惠的政策来吸引外资，把国外先进的东西吸引到这块地方来。因为，第一，在全省来说，除广州之外，汕头是对外贸易最多的地方，每年有一亿美元的外汇收入，搞对外经济活动比较有经验。第二，潮汕地区海外的华侨、华人是全国最多的，约占中国海外华人的三分之一。其中许多是在海外有影响的人物，我们可以动员他们回来投资。第三，汕头地处粤东，偏于一隅，万一办不成，失败了，也不会影响太大。

3 月 5 日　国务院批复同意广东省宝安县改设为深圳市，以宝安县的行政区域为深圳市行政区域。同日，深圳市公安局、人民法院、人民检察院也正式建立。

3 月 6 日　深圳市委下发《关于发展边防经济的若干规定》（共 13 条），鼓励社员养猪，办集体鸡场、鸭场，开展边境小额贸易，边沿社队农产品在完成征购任务

---

①　指蛇口。

②　指李先念副主席。

③　指袁庚同志。

后可由外贸公司组织直接出口，大力发展农村商品基地，开展补偿贸易等。

△　深圳市委召开各公社书记、边防部队、武装部、边防检查站、海关等负责人会议，形成《关于整顿边防治安秩序会议纪要》，对当前出现的偷渡外逃风和非法赴港探亲、购物风等影响社会治安的问题进行了认真的研究，并提出刹住这两股歪风的五项具体措施。

3月17日　招商局与深圳市委张勋甫、贾华等领导举行座谈。商讨蛇口工业区具体建设问题。

3月21日　国务院正式批准广东省宝安县改为深圳市。

3月27日　广东省华侨农村管理局与香港港华电子有限公司合资成立光明电子厂，经过数十年的发展，这个厂就是现在中国著名家电企业——康佳集团的前身。

4月1日　招商局在蛇口正式成立蛇口工业区指挥部。

4月2日　中共惠阳地委转发广东省委决定：任命贾华为深圳市委副书记，李新亭、刘正义、叶明华、李定、陈仁为深圳市委常委兼市革委会副主任，郝敏、叶澄海为深圳市委常委。

4月3日　国务院副总理陈慕华由外交部副部长张灿明陪同视察深圳市。

4月5~28日　中共中央在北京召开各省、市、自治区党委第一书记及主管经济工作的负责人和中央党政军负责人参加的中央工作会议。在中央召开的专门讨论经济建设的工作会议上，第一次提出试办出口特区，广东省委主要领导同志向邓小平同志汇报时提出：希望中央允许在毗邻港澳的深圳和珠海以及属于重要侨乡的汕头举办出口加工区。邓小平同志十分赞同这一设想。他郑重地说："还是办特区好，过去陕甘宁就叫特区嘛！中央没有钱，可以给些政策，你们自己去搞，杀出一条血路来。"

4月8日　中央在北京听取广东省委的汇报。广东省委第一书记习仲勋说：现在中央权力过于集中，地方感到办事难，没有权，很难办。"广东邻近港澳，华侨众多，应充分利用这个有利条件，积极开展对外经济技术交流。这方面，希望中央给点权，让广东先走一步，放手干。"中共中央主席华国锋问广东要些什么权，习仲勋说：广东作为一个省，等于人家一个或几个国，得多给点自主权，类似联邦制。否则，广东就很难搞好。华国锋回答说：不要搞联邦了，给广东放点权吧！

4月24日　深圳市委发出《关于制止偷渡外逃和整顿社会秩序的通知》，提出开展一次群众性反外逃的统一行动，坚决打击刑事犯罪分子的破坏活动；加强对青少年的教育管理，充分发挥公安政法部门的专政职能作用；在常委领导下各方配合共同把社会治安搞好等具体措施。

5 月 1 日 深圳市委向广东省委请示报告，为充分发挥深圳市优势，为国家争取更多的外汇，提出：加速发展农业，提供更多农副产品出口；允许外商独资或合资在深圳市建房设厂；积极发展旅游业，开辟和扩大旅游区，引进外资兴建旅游宾馆，简化出入境手续，与香港互通旅游车；开设外币商店，代销外国厂商产品；等。

5 月 5 日 中共广东省委具体提出《关于试办深圳、珠海、汕头出口特区的初步设想（初稿）》。这不仅是第一份关于兴办特区的设想方案，同时也是"特区"一词第一次在正式的文件中出现。这份只有 1500 字的文件共有关于特区的地点范围、投资原则、外商投资、土地、劳动力等十二条设想。

5 月 6 日 来自惠阳等地的数万群众因贫困和饥荒非法入境香港。

5 月 11 日～6 月 5 日 中共中央政治局委员、国务院副总理谷牧同志带领国务院进出口领导小组办公室（甘子玉）、国家计委（段云）、外贸部（贾石）、财政部（谢明）、建委和物资部等部门负责同志组成的工作组，前往广东、福建两省做调查。在广东 18 天，同习仲勋、杨尚昆、刘田夫、吴南生、王全国、曾定石、梁湘等同志座谈讨论，先后看了广州、深圳、珠海、佛山、中山、新会、汕头等地，了解情况，还约见了时任港澳工委书记的王匡同志到广州交换了意见，为筹备经济特区做准备工作。当时，叶剑英元帅也在广东，谷牧同志专门去做了汇报，听取他的指示。

5 月 14 日 国务院副总理谷牧率领工作组视察深圳市。他对广东省委、深圳市委领导说："中央决定先走一步，搞快一点，你们完全有这个条件。港澳离你们这么近，港澳居民绝大部分是广东人。广东同志要出一把力，从香港引进技术，搞来料加工，利用我们廉价的劳动力，很有前途。利用港澳条件，加快我们的建设步伐，要很快赶上上海的工业水平，赶上世界的先进水平。光靠旅游、来料加工赚外汇还不行，还要到港澳市场、国际市场上去闯。我们搞特区，是在中央、广东省委领导下，变不了资本主义。划深圳、珠海为特区，在国家大政方针下，坚持社会主义，开放这两个点是稳妥的，一定要把深圳、珠海这两个开放点搞好。"

5 月 21 日 深圳市委向惠阳地区报告，成立深圳市委纪律检查委员会，书记由方苞兼任，曾玲为第一副书记，欧阳杏、张玉为副书记，惠阳地委 9 月 10 日批复同意。

6 月 中共广东省委提出办出口特区的设想：特区内允许华侨、港澳同胞、部分外国厂商投资设厂，或合资兴办企业、旅游业；外商须遵守中国的所有法律，在经济上实行开放政策。

6 月 6 日 深圳市革委会下发《关于城镇建设管理暂行规定的通知》。提出：城镇建设必须按统一规划进行；在市区内的基建项目须计委批准；临时用地不准搞永久性建筑；市区建筑未经批准不得乱拆扩建；等。

6月23日 中共中央主席华国锋出席五届全国人大二次会议广东省代表团讨论时说："党中央、国务院下决心，想给广东搞点特殊政策，和别的省不同一些，自主权大一些。同志们提出，中央也同意，在深圳、珠海搞特区，搞成特区就可能发展快一些，因为广东同别的省不一样，它有特殊的有利条件：广东是祖国的南大门，面对着港澳。实现四个现代化，广东能够发展得快一点。我们派谷牧同志去那里，专门做调查研究，听取省领导和各方面意见，他回来后给中央写了报告。"

6月23~24日 广东省委第一书记习仲勋来深圳检查工作。

6月28日 深圳市革委会颁发《关于加强边防管理的布告》，加强边防口岸的治安管理。

7月2日 深圳蛇口工业区炸山填海，打通五湾、六湾之间的通道。蛇口工业区的这一声炮响具有历史意义，被誉为中国改革开放的第一声"开山炮"。

7月15日 中共中央以中发〔1979〕50号文件的形式批复，同意在广东深圳、珠海先试办出口特区，待取得经验再在广东的汕头、福建的厦门设置。文件提出，广东靠近港澳，华侨多，资源比较丰富，具有加快经济发展的许多有利条件。中央确定，在广东对外经济活动中实行特殊政策和灵活措施，给地方以更多自主权，使之发挥优越条件，并决定在深圳、珠海、汕头、厦门设置"出口特区"。

7月17日 广东省革命委员会办公厅召开了一次工作会议，就"香港招商局蛇口工业区建设急需解决的几个问题"进行讨论。

会议主持人为广东省革委会办公厅副主任陆荧、关相生同志。参加者有香港招商局，广东省外办、省公安局、省劳动局、省交通局、省电力局、省革委会办公厅，广州市建委等单位的同志。

会议首先由香港招商局总经理金石同志介绍了蛇口工业区的建设情况，随后与会者对工业区建设中急需解决的几个问题进行了讨论，最后做出了如下决定。

第一，关于招商局工作人员来往蛇口工业区和招商局聘请的外籍人士入境手续问题。

招商局工作人员中的港澳同胞，从香港经水路进入蛇口工业区的，暂凭招商局制订的出入蛇口工业区证明放行；经深圳到工业区的，按港澳同胞回乡手续办理。

凡是招商局聘请及介绍来蛇口工业区的外国人员，无论从水路或陆路来，均应办理入境签证，但手续可以从简。办法是：由招商局负责申请，并将入境人员（因业务需要要求多次入境者）的护照和申请表送省公安局办理签证；可以一次办理三个月多次往返的有效签证；临时邀请入境或入境后当天回港的外籍商人，由招商局提出申请，经深圳市革委会审批；在公安部门没有正式批准在深圳市设立签证机构以前，委托深圳外事处临时负责办理入出境手续签证。为方便管理，省边防检查站决定派出两人常驻蛇口工业区，负责检查证件。

第二，蛇口工业区的用电问题。

工业区的"三通一平"工作正在紧张进行。目前的生活用电问题，应先行解决。深圳至蛇口的高压输电线路，由广东省电力局抓紧施工，争取今年年底架通，明年三月保证工业区的用电。

因我省电力不足，需用外汇向香港中华电力公司买电。蛇口电厂投产后，也还需要从香港进口油料。为此，蛇口工业区的电费，双方同意以外汇支付，或由招商局代购进口油料。

有关用电计划和电价等具体问题，由招商局派人与省电力局商谈解决。

第三，关于蛇口工业区 38 公里公路改线和支援司机问题。

蛇口工业区内 38 公里公路改线问题，广东省交通局同意承建，招商局要尽快提出委托书，以便及早设计和施工。

根据招商局的要求，省交通局同意抽调四名汽车司机支援工业区建设（其中一人留招商局驻广州办事处）。补员问题，省劳动局同意交通局在本系统符合招工条件的知青中招收四人。具体手续，由省交通局与劳动局联系办理。

第四，蛇口工业区所需劳动力问题。

蛇口工业区所需工人，由招商局将用人计划和具体要求，提前一个半月送省劳动局。具体手续，由招商局派人与省劳动局研究办理。

7 月 19 日 中共中央、国务院根据邓小平同志的提议，下达文件《中共中央、国务院批转广东省委、福建省委关于对外经济活动实行特殊政策和灵活措施的两个报告》，允许广东、福建两省实行特殊政策和灵活措施，并决定在深圳、珠海、汕头、厦门设置"经济特区"。

8 月 深圳蛇口工业区 600 米长的顺港式码头正式破土动工。

△ 由香港嘉年集团与深圳合资筹建的东湖宾馆正式动工，该宾馆于 1982 年正式开业。

8 月 2 日 下午 1 时 30 分，当年第 8 号特大强台风在深圳沿海地区登陆，风速每秒 55 米，中心风力在 12 级以上，暴雨造成山洪暴发，潮水上涨，市内地区受淹，人畜伤亡，这是深圳自新中国成立以来从未遇过的特大台风，全市损失超过 2000 万元人民币。

8月21日 深圳市委下发《关于继续抓好反外逃工作的指示》，要求各区、各公社常委负责人带队下去，调查外逃的原因，检查工作的漏洞，做好思想工作，安排好群众的生活，稳定群众情绪，加强堵截工作。

9月5日 招商局与香港宏德机器铁工厂签订在蛇口工业区合资经营中宏制氧有限公司。该公司是进入蛇口工业区的第一家外资企业。

9月6日 谷牧副总理在日本东京记者招待会上，在回答日本记者提出的问题时说："中国决定在接近港澳地区的深圳市和珠海市设立两个特区，欢迎港澳同胞以及外国朋友到这些地方合资也好，独自经营也好，开办各种企业事业。对这两个特区的经营管理，我们将采取比内陆地区较为开放一些的办法。"

9月20~22日 国务院副总理谷牧一行再次来到广东，在听取习仲勋等向他汇报后，与广东省委领导习仲勋、杨尚昆、刘田夫、王全国、吴南生等省委负责人座谈时说："特区怎么搞？一个搞立法，一个搞几个样板。通过实践，不断总结经验，不断充实。合资经营也好，独资经营也好，这里能赚钱，有吸引力，对港澳也能起稳定作用。一个港澳，加上广东经济很繁荣，有什么不好？……你们特区要有点儿孙悟空精神，受条条框框束缚不行，要改，要搞活，步子要大一些，城市规划要抓紧搞。"

9月27日 深圳市爱国卫生运动委员会成立。贾华任主任，李新亭、杨克、谭刚、吴玉棠、叶丹任副主任。

10月13日 深圳市革委会下发《关于制止在对外经济活动中违章活动的通知》，针对在开展对外经济活动中有些人向客商乱要东西，有的在合同中附带进口大批生活资料，有的来料加工单位随便将次品、废品分给职工等问题，市革委会规定：严禁机关、企业、部队人员向边沿社员托港方购买电视机、手表等物品；在与港方签订合同中，生活资料不得列入合同内；等。

10月17日 关于深圳市建制问题，深圳市委向广东省委请示。年初，国务院决定将宝安县改为深圳市后，全市建立6个区，分管21个公社，2个镇，只建立6个区委，没有行政机构。全市35万人，农业人口27万人，占总人口的77.1%。经过半年的实践，要在三五年内实现中央、省委"三个建成"的要求。深圳市从现有建制调整为一市一县建制，在市的范围内，恢复宝安县建制，撤销6个区。11月7日深圳市五金矿产进出口支公司和省建材进出口公司与香港凯旋贸易公司在深圳签署合作经营"乌石古石场"的协议，投资4644万港元。

11月26日 中共广东省委、省革委会决定，将深圳市由原省地双重领导的体制改为地区一级的省辖市，直属省领导。

12 月 8 日 深圳市委召开常委扩大会议，向全市人民明确提出：中央决定在深圳市试办出口特区，发挥深圳市优势，扩大对外贸易，推动经济发展。为完成中央、广东省委给深圳市的任务，必须克服目前存在的两大困难：一是偷渡风严重，群众思想动荡，基层干部工作缺乏信心；二是深圳市经济建设大发展的物质基础薄弱，城镇建设力不从心。要解决这两大困难，各级党委要树立创业思想，艰苦奋斗，解决矛盾，尽快发送农民、工人生活资料，做好工作，完成今年任务，为明年工作打好基础。

12 月 10 日 广东省第五届人民代表大会第二次会议开幕。代表大会响应邓小平同志的号召，决定在深圳市、珠海市、汕头市划出一定区域设置经济特区，并原则通过了经济特区条例，这个条例将在通过其他法律程序以后正式颁布施行。

12 月 11～13 日 中共中央政治局委员、国务院副总理王震视察深圳特区。

12 月 12 日 招商局与第一家外国公司——瑞士大昌洋行有限公司合资的中瑞机械工程有限公司在深圳成立。

12 月 14 日 深圳市革委会下发《关于坚决制止违章建筑的通知》，指出有些单位和个人，未经城建部门批准，不按城市建设规划的要求，随意占用土地，随意兴建各种建筑设施，乱拆、乱建，占用道路、绿化等公共用地，甚至无视国家政策法令，私自购买土地，非法建造住宅或其他建筑设施，破坏城市建设统一规划。市革委会重申，市内一切单位和个人必须严格按照国家基本建设程序办理，一切违章建筑，一律停止施工，听候处理。今后对凡违章建筑的单位和个人将追究责任和严肃处理。

12 月 17 日 国务院第一次召开筹建特区的专题汇报会——京西会议。会议由谷牧同志主持，吴南生是主要汇报人。吴南生在北京向党中央和国务院汇报题为《关于广东建立经济特区几个问题》的汇报提纲。他提出：马列主义的基本观点，从来都不认为社会主义经济和资本主义经济是绝缘的；按照马克思原来的设想，社会主义经济基础应是在资本主义经济充分发展的基础上建立起来的，它将批判资本主义的不合理因素，同时继承它的合理因素，并利用资本主义所创造的物质财富来建设和发展社会主义经济基础。

12 月 21 日 为了做好蛇口工业区的经营管理工作，便于对外签订合同，广东省副省长曾定石、深圳市委书记张勋甫、招商局代表金石签署了《关于经营蛇口工业区的内部协议》，明确工业区定名为"招商局蛇口工业区"，规定了工业区的范围，经营管理办法，土地和土地使用费，以及税收、职工、工资、外汇管理、电力供应、供水、粮食供应等问题。

1980年

1月5日　外贸部部长李强赴深圳检查工作。

1月8日　在深圳市房地产管理局下属成立了房地产公司，9月成立了住宅公司。

1月14日　由香港招商局和丹麦宝隆洋行合资组建的中国国际海运集装箱股份有限公司（简称"中集集团"）在深圳正式成立。这是中国最早的集装箱专业生产厂和最早的中外合资企业之一。

1月28日　中共中央政治局委员、全国人大常委会副委员长彭真视察深圳特区。

2月9日　深圳市革委会下发《关于深圳市市区范围内使用土地规定的通知》，规定从现在起严格控制一切基建用地，任何单位和个人不得擅自批准用地，所有基建项目由市城建部门统一规划安排用地，报经市革委会审查批准，下达文件后方能使用。

2月26日~3月3日　深圳市召开1979年年度群英大会，市委副书记贾华致开幕词，市委书记张勋甫作题为《为加速深圳市三个建成而奋斗》的报告，市委副书记方苞致闭幕词。到会代表1257人。大会对368个先进集体和663名先进个人进行了表扬。

3月14日　华美钢铁有限公司在深圳蛇口工业区成立。

3月24日　中共中央在广州召开广东、福建两省会议，正式将"出口特区"定名为"经济特区"。谷牧同志主持会议，习仲勋、杨尚昆、刘田夫、马兴元、郭超等同志参加。会议纪要摘录如下。

试办经济特区，在经济上、意识形态上，有一个谁战胜谁的问题，而我们又缺乏经验，因此，必须采取既积极又慎重的方针。根据目前两省的财力物力可能，广东应首先集中力量把深圳特区建设好，其次是珠海。深圳特区建设同意省所划定的范围，一定要做好总体规划，分片、分期进行建设。汕头、厦门两个特区，可先进行规划，做好准备，逐步实施。福建省提出搞琅岐岛特区，要慎重对待，先做可行性研究。

经济特区的建设，要充分利用现有基础，先上那些投资少、周转快、收效大的项目。在发展加工出口工业的同时，有条件的，要逐步发展住宅、旅游等事业。在建设步骤上，先搞好水、电、道路、通信等基础设施，为吸引侨商、外商投资创造条件。投资项目要尽可能符合经济特区发展规划的要求。整个建设要认真搞好总体规划，做到心中有数，打主动仗。

经济特区的管理，在坚持四项基本原则和不损害主权的条件下，可以采取与内地不同的体制和政策。特区主要是实行市场调节。为了吸引侨商、外商投资，所得税、土地使用费和工资可略低于港澳。所得税率初步定为 15%。土地使用年限应根据不同情况灵活掌握。原则同意广东省起草的《经济特区暂行条例》，待进一步修改后报国务院批准实施。

经济特区主要是吸收侨资、外资进行建设，中央各部门、各地区，除经批准可在特区经营少数中外合资企业以外，一般不准在特区办企业，广东省要从严把关。一些单位去深圳、珠海占地，打乱了建设部署，应立即制止。

有些部门和地方，经过批准，可派少数人员驻深圳进行对港澳及国外商情的调查和联系业务。由进出口管理委员会尽快制定具体办法。

△　深圳市革委会发布《关于打击投机倒把、走私套汇和炒买炒卖进口物品违法活动的布告》，提出坚决打击投机倒把、走私活动；取缔黑市炒买炒卖进口物资和取缔外黑市活动，违者将由工商行政管理机关处理。

4 月 12 日　澳大利亚新南威尔士州州长兰恩一行 10 人，在省外贸局局长冯学彦陪同下，访问深圳，参观了蛇口工业区。

4 月 14 日　吴南生向广东省人大常委会汇报《关于我省设置经济特区和制定特区条例的问题》。

4 月 15 日　深圳市工商局对全市 379 家工业企业开始进行为期半年的全面普查，基本查清了全市工业企业的基本情况，为特区的经济建设提供了准确依据。

4 月 16 日　谷牧同志在广州主持召开了第一次特区工作会议，具体研究广东省如何实行特殊政策和灵活措施，在这个会议上，谷牧同志肯定了经济特区这个名称。

4月23日　深圳市革委会颁布《深圳市食品卫生管理条例》，有总则、食品卫生要求、食品卫生管理、奖励和奖惩4章19条。

4月27日　中共中央副主席、全国人大常委会委员长叶剑英同志在广东省副省长王宁、叶选平陪同下视察深圳并为蛇口工业区题词——"香港招商局蛇口工业区"。叶副主席由深圳市委负责同志陪同来到新开辟的蛇口工业区。负责建设这个工业区的香港招商局负责人详细介绍了工业区的开发经过，汇报了这个吸引外资、从事以外销为主的工业区的第一期工程进展情况。工地上的工程技术人员和工人群众从四面八方赶来欢迎叶副主席。叶副主席亲切地向大家招手致意，高兴地说："你们办得很好，希望大家继续努力。"

5月5日　经广东省特区管理委员会批准，深圳特区第一家外商独资企业新南新印染厂在葵涌兴建。1982年12月该厂工会成立，成为特区"三资企业"组建工会的突破口。深圳市委副书记周鼎、市委常委刘波到厂祝贺。

5月6日　深圳市委下发《关于成立深圳市建设规划委员会的通知》。市委书记张勋甫兼任主任，贾华、曹喜之、李新亭任副主任，叶澄海、杨克、廖汉标、张伟、谭刚、赵文元为委员。

5月16日　3月底关于经济特区会议的主要内容，形成《特区工作会议纪要》，中央以中发〔1980〕41号文件批转全国。该纪要指出，试办经济特区，在经济上、意识形态上，有一个谁战胜谁的问题，而我们又缺乏经验，因此，必须采取既积极又慎重的方法。广东应集中力量把深圳特区建设好。同意省所划定的深圳特区范围，一定要做好总体规划，分步进行建设。先上投资少、周转快、收效大的项目。在建设步骤上，先搞好水电、道路、通信等基础设施，为吸引侨商、外商投资创造条件。特区的管理，采取与内地不同的体制与政策，特区主要是实行市场调节，为了吸引侨商、外商投资，所得税、土地使用费、工资可略低于港澳。

5月20日　由广东省建委牵头，组织工程技术人员和各方面专家一百余人，研究制定深圳经济特区总体规划。

5月21日　深圳市委做出《关于改革工资系统经济体制和管理方法的决定》，决定包括：规定市经委和下属各局的范围；改变对下属企业多头领导的状态；各局既管人、财、物，又管产、供、销，企业实行财政包干，超计划利润实行企业、主管局、市财政6：2：2分成；招工由计划部门下达给经委，劳动局统一招工，各主管局择优录用；物资分配由计委下达给经委，经委再分配给主管局；劳动工资管理由主管局审批报劳动局备案；等等。

△　中国第一家中外合资企业——康佳集团成立。

5 月 22 日 深圳工业大厦动工兴建。

5 月 30 日 深圳市革委会下发以《坚决贯彻执行〈关于处理偷渡外逃问题的若干规定〉的通知》，转发了省委的规定，要求全市各公社、大队、有关单位和公安机关严格执行省委的规定。

6 月 6 ~ 12 日 深圳市委召开全市各区委、各公社党委书记会议。市委书记张勋甫在总结会上分析了当前农村形势，论述了如何使农村尽快富裕起来的问题。会议认为，自去年贯彻中央 50 号文件以来，全市上下开始出现人心稳定、人心思富的可喜局面，主动外逃和逃出人数比往年明显减少。有了一批先富起来的典型。进一步落实了生产责任制，农民的生产积极性更高了。

6 月 7 日 为加强对沙头角、盐田地区的领导，发挥该区的特点和优势，加速经济发展，深圳市委决定成立沙头角区，邓彦章任区委书记。

6 月 12 日 广东省委决定：吴南生同志兼任深圳市委第一书记、革委会主任；张勋甫任市委常务书记；秦文俊任市委书记；黄施民任市委书记、革委会副主任；方苞、罗昌仁任市委书记；贾华任市委书记、革委会副主任，免去其革委会主任职务；司马鲁任市委常委、省经济特区发展公司总经理；舒成友任市革委会副主任；丁励松任市委常委兼秘书长。

7 月 5 日 深圳市革委会下发《关于暂停私人建房的通知》。

8 月 江泽民同志①来到深圳，随后又到珠海，对深圳、珠海经济特区的筹建进行全面考察和指导，并为特区条例说明做充分的准备。下旬，江泽民同志受国务院委托，在五届全国人大常委会第十五次会议上，做关于在广东、福建两省设置经济特区和《广东省经济特区条例》的说明。

8 月 5 日 深圳市革委会颁布《深圳市卫生管理条例》，提出城市公共卫生、公共场所卫生、饮食卫生、食品卫生、服务行业卫生管理以及奖惩办法等具体规定。

8 月 10 日 深圳市革委会发布《关于加强城乡市场管理的布告》，为了保护正当集市贸易，取缔非法活动，沟通商品交流，活跃城乡经济，促进生产发展，方便群众生活，制定了 9 项具体规定，并颁布执行。

8 月 11 日 广东省博物馆文物工作队与深圳市文化局组成调查组，调查了各基建工地，发现了新石器时代遗址 7 处，青铜器时代遗址 3 处，并发掘了小梅沙、赤湾村、鹤地山等 3 处遗址，清理了战国、东晋、南朝、隋、唐、宋、元、明、清等

---

① 江泽民（1926 ~ ），时任国家进出口管理委员会、国家外国投资管理委员会副主任兼秘书长、党组成员。

时期墓葬 21 处，共得石、玉、陶瓷、铁、铜、银等各种质料的文物 397 件，其中小梅沙遗址出土的彩陶圆盆极为精美，为广东所罕见。此次调查成果将深圳的三代历史追溯到五六千年前。

8 月 25～26 日　深圳市委常委、市政府领导听取了城市总体规划、各项专业规划以及罗湖小区的规划汇报，并进行了审查，提出了意见，最后通过了总体规划。

8 月 26 日　叶剑英委员长亲自主持了五届全国人大常委会第十五次会议，时任国家进出口委员会副主任的江泽民同志受国务院委托，在会上做了有关建立特区和制定《广东省经济特区条例》的说明。全会通过决议，决定在深圳、珠海、汕头、厦门设置经济特区。《广东省经济特区条例》获得批准，具有深远历史意义的中国经济特区正式宣告成立。

9 月 30 日　深圳市委下发《关于进一步学习、贯彻〈关于党内政治生活的若干准则〉的意见》，要求全市各级党组织进行一次认真的对照检查，推广好的经验，对存在的问题采取有力措施加以解决，切实把特区党风、党纪整顿好。各级干部要带头执行准则，市委成立贯彻准则领导小组，张勋甫任组长，方苞、曾玲任副组长。

10 月 4 日　深圳市革委会下发《关于清理整顿市区私人住房与建房问题的通知》，提出对市区的私人住宅进行登记；市区住宅户住地产权归国家所有，不准买卖，交纳土地使用费；如城市建设需要，国家有权征用其住宅等规定。

11 月 6 日　中共深圳市委政法委员会成立，由郝敏任主任，王九明、赖熙、伍耀鹏任副主任，徐伟、邬强、陈植兴为成员。

11 月 17 日　广东省人民政府复函同意深圳市革命委员会驻广州办事处成立，编制为 25 人。

11 月 23～24 日　广东省委第一书记任仲夷、省委书记梁灵光在深圳特区检查工作。

11 月 28 日　深圳市革委会下发《深圳市农村实行特殊政策，灵活措施有关问题的暂行规定》。提出兴办农工商联合企业，利用本地资源，办畜牧业、养殖业、种植业、工副业、商业、运输业、建筑业、建材业、加工业、旅游业。

12 月 8～10 日　谷牧和江泽民在广东省委第一书记任仲夷等陪同下，视察深圳特区，听取了深圳市委的工作汇报，其中"罗湖风波"是汇报的重点问题之一。这是深圳经济特区正式成立后，中央高层领导第一次来深圳视察。

12 月 13 日　胡耀邦同志[①]接见袁庚。胡耀邦同志首先询问了有关香港的情况，

---

① 胡耀邦（1915～1989），时任中共中央总书记。

袁庚将香港现状做了一般性介绍，胡耀邦同志对照着港九地图从 1842 年《南京条约》、1856 年《北京条约》，一直谈到 1898 年英帝国强行租借九龙半岛及其 235 个离岛的历史位置。胡耀邦问香港这一小点点地方怎么能容纳下 600 万人，袁庚说有人开玩笑说把香港人全从房子赶出来，马路是站不下的。胡耀邦问面积多少，袁庚答：为了方便记忆，约为全国总面积的万分之一。胡耀邦问港英对一九九七年有何反应，袁庚答他们到处试探我方态度，十分关心我方表态。在九龙出租土地的契约，只写租期为 15 年，因为他们认为按照租借 99 年，是到 1997 年 6 月 30 日到期的。在袁庚谈到招商局历史从李鸿章①到现在已 108 年时，胡耀邦同志翻阅招商局（香港）起义（招商局起义发生于 1949 年新中国成立前夕）30 周年纪念专刊，询问了目前企业的规模。当汇报到蛇口工业区发展情况，谈到蛇口工业区不搞来料加工，不搞补偿贸易，不搞污染工厂，不欢迎陈旧设备，不引进影响外贸出口的工厂时，胡耀邦问来料加工有什么不好，袁庚做了扼要的阐述。胡耀邦问哪些国家、企业在蛇口投资，袁庚详细做了介绍。当谈到入境签证，海关、边防、特区人员进出境宜简化手续时，胡耀邦同志说"具体问题我不了解，谷牧同志十六日回京我会将你的意见转告他，你可找他解决"。胡耀邦同志问"船王"包玉刚②究竟有多少船，袁庚答"约 2000 万吨"。胡耀邦又问多少条船是属于他自己的，袁庚答：包玉刚的船队和我们国家船队情况不相同的，包玉刚的船队实际上是银行的，主要是汇丰银行，其次是日本兴业银行。袁庚汇报了近 20 年来由于西方航运大国船员工资高（以日美两航运大国为例，其船员工资几乎占管理费的 51%，而我们约为 13%），因此许多航运发达国家船东不愿意直接经营船队，改为挂方便旗或支持香港船东出面经营，这样可以廉价雇用第三世界的船员，包玉刚就是雇用韩国、中国台湾、菲律宾、中国香港等国家与地区船员，然后又将船租给支持他的、与银行有关系的船东。这样银行、租方、船东都有利，这是近 20 年来香港方便旗船队发展的历史条件，同样将来我们有可能在世界航运事业上赶上西方，最有利的条件是我们有工资低、素质好的大量船员。苏联之所以能压低运价，把世界公会船冲得不亦乐乎，也就是因为他们船员工资低，国家支持的缘故。袁庚又汇报了和包玉刚合营船公司可能上当的问题。胡耀邦同志都在纸上记了下来。当袁庚谈到建设蛇口工业区的五点体会（即内外结合、要有相应权利、要能筹措资金来源、要按经济规律办事、要从艰苦的基础工程做起）时，胡耀邦同志问，"你究竟要多大权力，是否把你的要求问题写个报

---

① 李鸿章（1823~1901），清政府北洋大臣，洋务运动重要人物，招商局创始人。

② 包玉刚（1918~1991），历任香港环球航运集团主席兼总裁，香港汇丰银行董事、董事会副主席，九龙仓及隆丰两大集团主席等职。

告给我?" 当谈到体制改革,某些企业合并时,胡耀邦同志说:他们不听中央的话,这些事让赵紫阳同志①去解决吧。当袁庚谈到读了胡耀邦在纪委的讲话即党风是党的生死存亡问题中谈到的党内不良作风,因而深感不安时,胡耀邦同志说:问题不少,要慢慢来。

12月24日 胡耀邦主持召开广东、福建实行特殊政策、灵活措施座谈会。赵紫阳、万里、姚依林、谷牧、杨尚昆等中央领导出席会议。会议指出:在调整时期,中央拿不出很多钱来支援福建、广东,而且还要两省对国家多做点贡献,因此,两省实行特殊政策、灵活措施的步子要稍慢一点,在以后的前进过程中,也可能因为出点什么问题而收缩一下,调整一下,但中央在广东、福建的特殊政策、灵活措施的方针不会动摇;广东、福建的特区是经济特区,不是政治特区;广东、福建的各级党委要拨乱反正,大胆细心,善于诱导,勤于总结经验;要做到既实行对外开放,又坚持四项基本原则,既要发展经济,又要保持良好的社会风气;做搞好经济的模范,做抵制资产阶级思想和各种腐朽的社会风气侵蚀的模范,把特区工作搞好。

12月28日 深圳市委常委讨论同意成立市编制委员会,由张勋甫任主任,黄施民、欧阳杏、李守芬任副主任,由市人事局承办有关机构编制的日常工作。

---

① 赵紫阳(1919~2005),时任国务院总理,后曾担任中共中央总书记。

1981年

1月初　新中国第一家中外合作酒店——竹园酒店在深圳开业。

1月7日　深圳市革委会下发《关于外来人员的政策处理及管理意见》，提出凡有合法边防证件经批准的人员，因工作需要，期满可以续约；凡有偷窃、诈骗、伪造证件、走私套汇、偷渡、引渡等违法行为的人员一律清出特区，触犯刑法的还要依法处理；没有合法证件，违反合约，工程质量低劣，不能完成任务的，包工头临时凑起来的，超过合约人数的人员，清理出特区等规定。

1月18日　广东省经济特区发展公司、深圳市畜牧局与泰国正大国际投资公司、美国大陆谷物公司签订兴建饲料厂和经营畜牧饲养业协议书，协议投资2100万港元，经营年限30年。

1月18～20日　全国人大常委会副委员长杨尚昆视察深圳特区。

1月20日　深圳市第一栋高层建筑电子大厦（楼高20层）破土动工。

1月21日　中共中央办公厅转发的《广东、福建实行特殊政策、灵活措施座谈会纪要》提出：广东、福建的特区是经济特区，不是政治特区，广东、福建的各级党委要拨乱反正，大胆细心，善于诱导，勤于总结经验。

1月29日　深圳市建筑工程施工进行重大改革，把由行政分配任务、预算加签证的老办法改为工程招标承包制。

2月2日　中央党校范若愚副校长等考察了深圳特区后，向胡耀邦报告，建议在抓特区经济建设的同时，认真抓好特区的思想文化建设，如建立电台、电视台、创办报纸，建立高等学校，设置科学院特区分院，加强文艺团体、党校建设等。

2月20日　中央决定由广东省常委、广东省副省长、广州市委第二书记梁湘担任第三任深圳市委第一书记兼深圳市市长，免去其广州市委第二书记职务，免去吴南生中共深圳市委第一书记职务。梁湘还当选中共十一大代表，第五届、六届、七届全国人大代表。

△ 中国首家生产美国百事可乐饮料的中美合资企业——深圳饮乐汽水厂签约。美方投资700万美元，我方合作资金折合美元后为160万美元，合作期15年。7月破土动工建厂，12月设备安装调试运行。产品有百事可乐、美年达等五个品种，产品80%外销。

△ 深圳市委决定成立对外宣传小组，以加强就对外宣传工作的领导。市委书记、市革委会副主任黄施民任组长。市委常委、市革委会副主任、外事办主任叶明华，市委宣传部部长李伟彦，九龙海关副关长孙广冶任副组长。

3月6日 广东省委决定派具有丰富城市建设经验的梁湘①担任深圳市委第一书记。

3月21日 深圳市革委会下发《关于加强沙头角镇市政建设和城镇管理的决定》。决定认为，沙头角镇地处前沿，两种社会制度共存，双方居民互相来往，我们一定要把沙头角镇建设成为一个讲文明、讲礼貌、讲卫生、讲秩序、讲道德，心灵美、语言美、行为美、环境美的社会主义城镇，既具有丰富的物质基础和美好的经济生活，又具有社会主义精神文明，使它充分显示社会主义的优越性。决定成立镇的市政建设领导小组，统管镇的建设、管理、环卫等工作。镇内的建设，要按统一规划进行。

3月24日 深圳市委、市革委会下发《关于坚决打击走私活动的意见》，提出了在党委领导下工青妇商学兵齐动手，把走私风刹下去，开展几次突击性的查私活动，惩办一批走私集团的惯犯，严格边防各种进出口管理制度等具体措施。

4月14日 国务院副总理万里考察深圳特区。他听取了深圳市委第一书记梁湘的汇报后说：建设一个城市，首先要把总体规划搞好，总体规划批准了就是法律。深圳应当搞得更漂亮一些，要建设一个真正现代化的、科学的新城市。办特区，允许你们创新，允许你们犯错误。办特区的目的，就是要用特殊的政策、特殊的办法，促进经济的发展。铁道兵政委吕正操、交通部部长彭德清、铁道部副部长邓存伦、

---

① 梁湘（1919~1998），广东开平人，毕业于北京师范大学，是第五届至第七届全国人大代表。1936年仅17岁加入中国共产党。曾任中共中央党校教务处副主任、中共辽宁省西安县工委书记、西安县县长、中共沈阳市区委书记；1955年1月至1964年8月任广东省广州市副市长；1964年8月至1972年11月任中共韶关地委副书记；1972年11月至1977年6月任中共广东省广州市第三届委员会书记处书记（副书记）；1977年6月至1981年2月任中共广东省委常委、中共广州市委第二书记。

国家经委副主任郭洪涛、广东省委第一书记任仲夷等陪同考察。

4 月 22 日　深圳特区招商局蛇口工业区码头对外国籍船舶开放。各主管部门要在工业区设立海关、边防、卫生检疫、港务监督等机构。

4 月 27 日　深圳市委颁布《深圳市出港、出国工作人员守则》，提出出港、出国人员要严守党和国家机密，严守革命纪律，严守党纪国法，不准走私、套汇、漏税、投机倒把、贪污受贿、弄虚作假，严禁上夜总会、赌场、烟馆、妓院等，不准携带黄色、反动书刊、报纸、录像、录音带进口等，违者，视情节轻重给予教育和纪律处分，直至追究刑事责任。

5 月 4 日　深圳市委向广东省委提交《关于深圳经济特区范围和管理的请示报告》，提出"深圳特区的范围，拟以行政区域为基础，按山脉走向，群众的历史习惯，方便管理和能不划进就不划进的原则"，确定为：东起大鹏湾背仔角，往西南延伸至蛇口、南头公社—甲村止的海岸边界线以北，北沿梧桐山、羊台山脉大岭古、打鼓嶂、嶂顶、九尾顶、髻山、大洋头以及沙湾检查站，独树村、白芒大队以南的狭长地带，总面积 327.5 平方公里。

5 月 10 日　吴南生向中央汇报工作，其摘要如下。筹办特区一开始，就抓了特区条例的起草工作。这个条例经过省委多次讨论，提交广东省第四届人大和省人大常委审议修改后上报国务院，最后经全国人大常委会批准，于 1980 年 8 月正式公布，从而完成了设置特区的立法手续。按照条例的规定，成立了广东省经济特区管理委员会，在省委、省政府的直接领导下，负责筹划经济特区的各项工作。实践证明，中央关于办特区的决策是完全正确的。办特区是利用外资和技术，促进中国社会主义现代化建设的一种手段。特区是在党和政府的直接领导和管理下，以引进外资为主的多种经济成分并存的特殊经济区域。我们办特区的要求，绝不只是像世界一些国家和地区的出口加工区那样，单纯为了解决就业和外汇收入的问题，而是要利用特区的特殊条件，观察了解现代资本主义经济的发展，从中吸取对我们有益的东西；试验各种改革，尤其是经济体制方面的改革。鉴于特区要面向国际市场，以引进外资为主，以实行市场经济为主，因此，特区的一切政策措施，一定要在"特"字上做文章。根据前一段实践体会，要把特区办好，必须解决以下问题。

第一，特区进口的各种生产资料和生活资料，除烟、酒和高级化妆品按最低税率征税进口外，其余一律免征关税，以便使特区市场的物价与港澳大体持平。上述进口物资仅限于特区范围内使用，凡是运往内地，须按海关现行规定办理。

第二，简化出入境手续，给港澳同胞、华侨、外籍人士来往特区提供尽可能多的方便。港澳同胞、华侨进出特区，可凭特区通行证或港澳身份证，验证放行，免予登记；外籍人士到特区旅行或办理业务停留七天以内的，可免办入境签证手续，需经常来往的可办理一次签证、多次有效的手续。罗湖、拱北口岸要延长关闸时间，逐步做到每天24小时都能开放通行。同时，建议与港英、澳葡谈判：在罗湖、拱北实行我方与对方联检，让旅客一道手续过关；对在特区购有住宅、投资办企业的港澳同胞、华侨和外籍人，允许乘私家车出入。

第三，特区货币的使用和流通，从长远着想，发行使用专用的特区货币，可能是个好的选择，但这是需要认真做一番探讨才能定夺的。从深圳、珠海特区的现实来考虑，应该允许在一些经批准的单位和商店直接使用港币。为了方便群众，又能多吸收港币，可按照沙头角的办法，允许特区在指定范围内使用港币。鉴于特区有外币使用和流通，建议把中国银行深圳、珠海支行升格为分行，成立外汇管理分局，以便更好地领导特区的金融市场。香港南洋商业银行和有的外资银行，例如汇丰银行、法国巴黎银行等，要求在深圳、珠海特区设立分行，我们希望能尽快予以审查同意。

第四，要尽快建立特区与内地的分界线，这是形成特区和加强特区管理的一项重要措施。总的要求是前面要宽，后面要严；后面把不住，前面放不开，特区也就无法特起来。三个特区都要在分界线上设立明显的分界标志，并在通道口设立检查站，以便加强特区与内地之间人员、车辆、货物的检查和监管。深圳特区与内地之间有1条铁路，6条公路，11条主要人行道。我们的意见是：在铁道、公路的通道口由公安部队和海关分别设立检查站；在主要人行道口，由公安部队设立哨卡；在整条分界线上由公安部队负责巡逻。为了加强深圳、珠海的边防警备，建议中央军委尽快批准成立深圳、珠海警备区。

中央多次指示，特区既要对外开放，又要坚持四项基本原则，加强党的政治思想工作，增强特区干部群众抗腐蚀的免疫力。要明确规定：在特区工作的干部凡是有上述违法乱纪行为的，必须按照国家的法律加重惩处。

5月27日~6月1日 国务院在北京召开广东、福建两省经济特区会议。会议的"纪要"提出：一定要把经济特区建设好，特区的规划和建设一定要因地制宜；深圳特区要建成兼营工、商、农、住宅、旅游等多种行业的综合性特区。

6月初 深圳职工住房制度改革，改低租金制为按成本租金收租。

6月5日 深圳市革委会下发《关于农村经济政策若干具体问题的规定》，提出既要把经济搞活，又要加强管理；农村实行各种形式的责任制，要对其加强领导，不能放任不管；要妥善安排农村基层干部，解决好他们的报酬问题；发展农村的多种经营，鼓励社员搞家庭副业，发展果树、甘蔗、养猪、养蚝生产，发展农工商企业。

6 月 6 日 广东省委第一书记任仲夷在省委常委专门研究特区和对外经济总量的会议上说："我省办经济特区，时间不长，但收到明显成果。深圳建设开始较早，先走一步，大有希望。"如何办好经济特区？第一，需要进一步宣传办好特区的重要意义；第二，特区一定要"特"；第三，特区建设一定要脚踏实地，从实际出发；第四，特区要进一步解放思想；第五，加强对特区的管理。

6 月 10 日 深圳市革委会颁布《深圳市机构编制管理暂行规定》，对市编委的任务，职权范围，编制管理，编制设置、合并、撤销应履行的审批手续等都做出了具体规定。

△ 深圳市委发出《关于端正党风、反对"三特"的若干规定》，明确提出建设好深圳特区必须有好的党风，要维护党规、党法。切实解决目前一些党组织和党员存在的搞特权，搞特殊化，不守党纪的特殊党员的不正之风。

6 月 15 日 深圳市革委会下发《关于城市管理工作的若干规定》，提出加强厕所粪便管理、建筑施工秩序管理、摊贩管理 3 项 9 条具体规定。

6 月 20 日 深圳市文联成立，归市委宣传部领导。市文联主席由黄施民兼任，设一专职副主席主持文联日常工作。文联下设作家、摄影、美术、音乐、戏剧等协会。

7 月 1 日 深圳市革委会颁布《关于违反工商企业登记管理规定的处理试行办法》，提出对违反工商企业登记规定者，按其情节轻重实行批评教育，罚款处理，给予警告、责令停业整顿、吊销牌照三种不同的处理办法。

7 月 16 日 为适应深圳特区对外经济活动的需要，加强外汇管理，经中国银行总行及广州分行、国家外汇管理总局及广东分局、市革委会同意，中国银行深圳支行改为深圳分行，对外挂分行和外汇管理分局两块牌子，局级建制。

7 月 19 日 中共中央、国务院批转《广东、福建两省和经济特区工作会议纪要》，提出"一定要把经济特区建设好"。特区的规划和建设一定要因地制宜。深圳特区要建成兼营工商、农牧、住宅、旅游等多种行业的综合性特区。海关对特区进口的货物，要给予特殊的总关税优惠。要简化出入境手续，方便人员来往。同时，中央同意深圳市从七类工资区提高到十类工资区[①]。特区市场以人民币为主，外币限制在指定的范围内使用。特区建设资金主要吸收外资。特区机场、海港、铁路、电讯等企业，可以引进外资实行中外合营，自负盈亏。要建立健全特区立法，可以拟订特区单行法规。特区管理机构，应按精简、高效的原则设置，并赋予充分权力。

---

① 全国当时共有十一类工资区，是根据物价水平区分的。

深圳成立特区人民政府，归省政府直接领导；恢复宝安县建制，归深圳市管辖。

7月30日　深圳市革委会制定《深圳市政府若干工作制度（草案）》，提出了坚持民主集中制原则，实行集体领导与个人分工负责制，文件报送和审批制度，请示报告制度，改进作风4项22条具体规定。

8月4~11日　深圳市委召开常委扩大会议，由梁湘、方苞传达党的十一届六中全会和广东省委四届四次全会精神。梁湘最后做了会议总结。

8月13日　蛇口工业区微波通信站建成。

8月14日　深圳特区发展公司①与香港联城企业公司签订协议，合作开发后海湾，建设文锦渡工业区，合作年限30年。

8月14~16日　国务院总理赵紫阳第一次视察深圳特区。他在视察蛇口工业区时同意把蛇口经验变为"蛇口模式"。在听取市委领导汇报时说：深圳建设要采取开发公司的方式，也就是"蛇口模式"。"官""商"要分开，也就是政企分开，要独立经营，照章纳税，对企业内部的事务，政府不要管，政府管立法、监督、检查以及城市管理治安、教育、卫生等，这是特区体制中的一个根本问题。市政府把城市、特区管理好，一定要用很大的工夫，下很大的力量训练人才。特区要有好的社会风貌。特区要跳出现行管理体制的框框，要办新的事业，要有一代新人，一代新风，新的基础，新的一套，特区干部要有特别高的觉悟，特别好的风气，特别好的道德，特别好的纪律，特别高的工作效率。国务院副秘书长陈楚，外交部副部长韩念龙，国家进出口管理委员会副主任周建南，国家计委副主任房维中，广东省委第一书记任仲夷，省委书记王全国、吴南生陪同视察。

8月21日　中共广东省委书记集体办公会议做出《关于深圳特区领导班子配备等问题的会议纪要》。主要内容为：①深圳经济特区的政治待遇和广州市相同，领导干部逐步按广州市的规格配备。②深圳经济特区常委和政府的领导班子，应严格按照革命化、年轻化、知识化、专业化的要求配备，务求今年内落实。③关于特区常委、政府的机构设置和编制问题，按精简、高效原则，由省委组织部、省编委研究确定，实行党政分工，官商分开。政府机构设置不应要求与省政府对口。实行新的工作制度。

△　经广东省委研究决定：成立深圳经济特区发展公司，在条件成熟时由它代行广东省经济特区发展公司的职权。

---

①　该公司是当时深圳市最大的国有企业集团，国家120家试点企业之一，深圳市6家创百亿集团试点企业之一，深圳市首批30户、广东省首批70户、国家首批1000户重点扶持的企业集团。

8 月 24 日 广东省委、省政府《关于深圳特区范围内私人建造住宅问题》的批复，明确指出，属国家所有的特区范围内的土地必须有计划地开发利用，由特区政府统一管理。对目前深圳特区出现私占土地，私自买卖土地以及破坏城市规划私盖、乱建等现象，要坚决制止。

8 月 24～28 日 深圳市委召开三级干部会议，由梁湘传达在北京召开的广东、福建两省和经济特区工作会议精神，中共中央、国务院关于特区工作的文件，中央主要领导人视察深圳特区时所做的指示。会议通过了市委《关于深圳特区建设的意见》和《关于恢复宝安县建制的几项政策措施》。

8 月 27 日 深圳市革委会《关于加强交通管理、改革交通管理机构的决定》做出凡特区范围内的交通管理业务，如司机考核发证、机动车辆验车发牌、年检审、事故查处、路面秩序管理、交通设施等由市公安局交通大队负责，特区外的交通管理业务由公路交通安全监理所负责等 6 项具体规定。

8 月 29 日 深圳市委发出《关于成立罗湖区一级常委和人民政府的通知》，决定罗湖区、南头区、沙头角区三个区合并，立即筹备成立罗湖区常委及政府机构；区委、区政府决策人要少；规定了区委、区政府的主要任务等。

9 月 11 日 广东省博物馆与深圳市博物馆的考古人员，在南头、福永、沙井等地挖掘清理新石器时代晚期至明清各个历史时期的墓葬达 40 座，宋代砖瓦室 1 座，出土文物 395 件。

9 月 29～30 日 国务院副总理薄一波视察深圳特区。在听取了广东省、深圳市领导人汇报工作后，他说：我们一定要把深圳搞好，我很赞成任仲夷同志的意见，省委、省政府把深圳当成一个大城市来看待，甚至比大城市还要重要。深圳这个地方的政策，不仅影响内地，更重要的是影响香港。我们要充分认识办特区的意义，要有高度的自觉性。合资经营，合作经营，独资经营，我看都可以搞，不要怕。你们搞了旅游业、房地产业还不够，还要搞一些规模较大的工业，真正形成经济特区，没有工业不行。中央对经济特区的政策不会变。

10 月 15 日 深圳市委召开三级干部会议。广东省委书记王德受省委委托，在会上做了关于深圳市的规格待遇，关于调整深圳市委、市政府领导班子的报告，宣布了市委、市政府新领导成员名单，并一一介绍与会者见面，最后，对深圳市的工作提出了希望。新班子共三套人马：中共深圳市委，深圳市人民政府，深圳经济特区发展公司。

10 月 19 日 深圳市第一届运动会在市人民体育场开幕。

10 月 20 日 中共广东省委发布《关于任命中共深圳市经济特区委员会，广东省深圳市经济特区人民政府领导班子成员的通知》。中共深圳市经济特区委员会常务委员会由梁湘、周鼎、周溪舞、方苞、罗昌仁、刘波、林江等七位同志组成，梁湘同志任书记、周鼎同志任副书记、方苞同志兼市政法委员会主任、刘波同志兼任市纪律检查委员会书记、邹尔康同志任市委秘书长。广东省深圳市经济特区人民政府的安排：市长为梁湘；副市长为周鼎、周溪舞、罗昌仁；秘书长为甄锡培；副秘书长为李新亭、李定、舒成友。

10月30日 薄一波副总理视察深圳特区。

11月9日 深圳市经济特区人民政府颁布《关于开展商业、饮食业、服务业、交通运输业全面登记工作的布告》。

11月中旬 江泽民同志在第五届全国人大常委会第二十一次会议上，向委员们做了《关于授权广东省、福建省人民代表大会及其常务委员会，制定所属经济特区的各项单行经济法规的议案的说明》。会议审议后认为：这项建议有利于经济特区的建设顺利进行，能够使特区的经济管理充分适应工作需要，更加有效地发挥经济特区的作用，决定授权广东省、福建省人民代表大会及其常务委员会，根据有关法律、法令、政策规定的原则，按照各该省经济特区的具体情况和实际需要，制定经济特区的各项单行经济法规，并报全国人大常委会和国务院备案。

11月17日 广东省第五届人大常委会通过《广东省经济特区企业登记管理暂行规定》、《深圳经济特区土地管理暂行规定》、《广东省经济特区入境出境人员管理暂行规定》和《广东省经济特区企业劳动工资管理暂行规定》等四部地方性法规。

11月20日 十点十五分，香港至蛇口首班飞翔船到达蛇口。

11月23日 广东深圳经济特区发展公司同香港合和中国发展（深圳）有限公司合作开发新市合同正式签约。深圳经济特区发展公司总经理孙凯风、香港合和实业有限公司董事总经理胡应湘，代表双方在合同上签字。

12月 深圳市邮电局副局长、局党组成员吴宝泰，因滥用职权、挪用邮电建筑材料、违章占地、乱建私宅和私卖建材并非法收取港币、侵吞公款等严重错误，受到撤销党内外一切职务处分。

△ 深圳市人民政府颁布《深圳市区管理试行条例（草案）》。

12月8日 蛇口工业区第1期企业管理干部培训班开学，学员都是公开招聘的。这是国内人事制度的一次重要突破。

12月12日 深圳市委发布《关于恢复宝安县建制的几项政策措施》：①关于生产方针和农业布局；②关于县城地点和干部、职工待遇；③关于财政管理体制；④关于对外经济活动；⑤其他问题。

12 月 15 ~ 23 日 中央召开各省、自治区、直辖市党委第一书记座谈会，主要讨论经济工作问题，部署 1982 年的工作。会议结束后，中央专门把广东、福建两省的主要领导同志找回来，专门座谈讨论开展打击经济领域里包括走私贩私在内的违法犯罪活动问题。会上，胡耀邦同志和中央书记处的其他同志以及中央军委、中央纪委等有关部门的负责同志都做了讲话和发言。会议指出：这次只请广东、福建两省同志来开会，一是因为这两省地处沿海、毗邻港澳、面对台湾，是境外向内地走私贩私的主要通道；二是因为两省在经济上实行特殊政策和灵活措施，都在试办经济特区，都有一些方针政策性问题需要明确决定，并不是说其他省份没有类似的严重问题需要解决。开的虽然是两省会议，但讨论和解决的却是涉及全党全军和全国范围的重大问题。

12 月 21 日 深圳市革委会向省政府呈送的《关于深圳市经济特区人民政府名称问题的请示报告》，省政府函复，经国务院批准同意定名为"深圳市人民政府"。

12 月 24 日 广东省人大常委会致函广东省人民政府，《深圳经济特区行政管理暂行规定》已经省第五届人大常委会（1981 年 11 月 17 日）第十三次会议通过批准，由省人民政府公布施行，该规定第 2 条确定"深圳经济特区范围为 327.5 平方公里，在此范围内按照本暂行规定进行管理"。

12 月 27 日 广东省省长刘田夫在深圳特区检查工作，并在深圳市委常委会上做了重要讲话，对深圳特区建设成绩给予充分肯定，总结了深圳特区几年来的经验并对今后发展方向做了指示。

12 月 29 日 深圳特区发展公司与香港新奇世界旅行社签约，合作改造旧城区。

12 月 30 ~ 31 日 香港总督麦理浩应深圳市市长梁湘邀请访问深圳特区。这是香港回归之前，香港总督首次造访深圳。

1982年

1月5~9日　深圳市委召开市直机关、县（区）、公社（办事处）三级干部会议，总结1981年工作，部署1982年任务。梁湘代表市委做工作报告，周鼎做了会议总结。

1月6日　香港总督麦理浩致函梁湘市长，感谢对他一行到深圳经济特区访问时的热情款待，信中还表达了加强港深两地合作的意愿。

1月6~8日　中国人民银行副行长尚明带领调查组前来深圳特区研究是否发行特区货币问题。

1月14日　美籍著名物理学家、诺贝尔奖获得者杨振宁博士访问深圳特区。他表示，深圳经济特区发展很快，前途远大。

1月16~18日　全国人大常委会副委员长李井泉视察深圳经济特区。

△　中国社会科学院副院长许涤新在深圳经济特区考察，并向县以上干部做了关于经济特区问题的报告。

1月17日　深圳市委召开县以上干部会议，由周鼎传达胡耀邦、邓小平、谷牧关于深圳经济特区党风问题的指示。

1月20日　深圳市委、市政府颁布《深圳市干部守则》，提出特区干部要努力学习，勇于创新，搞好团结，遵守纪律，廉洁奉公，提高效率等。

△　全国政协副主席陆定一视察深圳特区。

1月22日　深圳市委召开县以上干部会议，由梁湘传达《中共中央紧急通知》，邹尔康传达任仲夷讲话。

1月25日　应中国摄影家协会邀请，深圳市摄影作品展览第一次在首都北海公园展出。展出的作品生动地反映了"特区人民"建设深圳特区"开荒牛"的形象和特区大规模经济建设蓬勃发展的风貌。引起首都文艺界的重视并得到好评。

1 月 26 日 香港宝鼎公司与深圳市房地产公司签约,独资经营商住大厦,协议投资 6800 万港元。

1 月 29 日 深圳市政府批准深圳特区发展公司与香港深城投资公司合作改建旧城区的合同,协议投资 1.5 亿港元,合作年限 30 年。

1 月 29 日~2 月 1 日 中共中央纪律委员会副书记王从吾来深圳特区检查工作。

2 月 1 日~4 日 中宣部副部长、著名作家周扬①在深圳特区参观访问。

2 月 1 日~6 日 深圳市委召开县以上干部会议,由梁湘和周溪舞传达中央领导在 1981 年 12 月于北京召开的各省、自治区、直辖市第一书记座谈会上的讲话和广东省委召开的地、市委书记会议的精神,以及省委领导关于反对走私问题的指示。会议还讨论了《深圳特区社会经济发展规划大纲(草稿)》,梁湘做了大会总结。

2 月 3 日 深圳市政府向省政府呈送《关于引进外资银行的请示报告》。

2 月 4 日 中共中央政治局委员王震由叶选平副省长陪同来深圳经济特区视察。

△ 深圳经济特区管理线建设指挥部正式成立,并开始进行管理线的建设工作。

2 月 5 日 全国人大常委会副委员长廖承志由梁威林副省长陪同到深圳经济特区视察。

2 月 7~9 日 中共中央总书记胡耀邦两次视察深圳经济特区。

2 月 8 日 全国人大常委会副委员长赛福鼎·艾则孜到深圳经济特区视察。

2 月 12 日 英国驻华大使馆商务参赞柯杰儒与英国驻香港商务专员汤逊来深圳经济特区参观访问。

△ 深圳市基础工程工作组成立,分成四部一室,包括工程部负责招标、施工、工程质量;审计部管预算、合同;材料部负责建筑材料;财务部负责建筑经费;办公室管行政事务。基建工程工作组自成立到 1986 年 12 月撤销,为深圳市的城市建设做出了重大贡献。

2 月 19 日 深圳市委召开市直各部、委、办、局负责人会议,梁湘同志传达中央 1982 年 2 月 11 日至 13 日在北京召开的广东、福建两省常委会议的会议精神。

2 月 20 日 日本驻华大使鹿取泰卫夫妇与日本驻广州总领事高桥迪夫妇来深圳经济特区参观访问。

2 月 25 日 深圳特区发展公司与香港东鹏公司签订合约,合作经营东方明珠科

---

① 周扬(1908~1989),文艺理论家、文学翻译家、文艺活动家、中科院院士。

学城，协议投资 2 亿港元。

2 月 26 日　第一艘外籍远洋轮船菲律宾"维沙亚斯"号靠泊蛇口港。

2 月 28 日　深圳市委办公厅编辑的《深圳特区简讯》第 1 期正式出版。这是一份向省委、中央领导和有关部门反映深圳特区建设情况的不定期内部刊物。

3 月　新中国第一家国际性金融机构——香港南洋商业银行深圳分行开业。

3 月 1 日　九龙海关开始发放《来往深圳特区人员登记手册》。持有此手册者，海关给予优先办理进出关手续。

△　深圳市委在深圳戏院召开全市开展文明礼貌月动员大会，市委常委林江在会上做了动员报告。

3 月 11 日　广东省委书记吴南生来深圳特区检查工作。

△　以钟士元为首的香港行政、立法两局非官方议员团一行 14 人前来深圳特区访问。梁湘市长、甄锡培秘书长会见了客人。

3 月 11~17 日　深圳市委召开县以上干部会议，部署开展打击走私、贪污受贿等经济犯罪活动和整顿党风等工作。

3 月 20~24 日　以深圳市政府秘书长甄锡培为团长的深圳市政府代表团赴港，与香港政治顾问麦若彬为首的香港政府代表团举行会谈，商计增辟边境通道，兴建皇岗—落马洲大桥、文锦渡新桥和沙头角桥，设立大小梅沙至香港旅游专用口岸以及治理深圳河等问题，并签署了一份协议，成立了四个工作小组开展工作。

3 月 24~25 日　南斯拉夫驻华大使奥斯托依奇夫妇来深圳经济特区访问，周溪舞副市长会见了客人。

3 月 28 日~4 月 3 日　国务院副总理谷牧视察深圳时说：两年多的时间，国家没给多少钱，深圳平地起家，搞成现在这个局面很不容易。深圳特区已初具规模，开始有一些吸引力了，从小的来料加工，到现在大的投资也来了。搞特区有一点门道了，取得一些经验了。实践证明，中央试办特区的决策是正确的。

4 月 1~8 日　深圳市政府召开评审《深圳经济特区社会经济发展规划大纲》会议，应邀参加会议的有北京、上海、南京、杭州、厦门、沈阳、广东等省市的高等院校和研究所的经济、计划、城镇、规划、法律、外贸、化工、地质、农业、环保、交通运输、社会科学等方面的专家、教授及工程技术人员共 73 人。刘俊杰副省长到会并讲话。

4 月 15~16 日　深圳市委召开县以上干部会议，由梁湘同志传达谷牧副总理视察深圳经济特区时所做的指示。会议还总结了第一季度的工作，部署了第二季度的任务。

4 月 15～22 日　国务院顾问曾生到深圳经济特区参观访问。

4 月 20 日　广东省政协副主席左洪涛带领省政协部分港澳委员 27 人前来深圳经济特区考察。梁湘市长和周鼎、周溪舞副市长会见了客人，听取了他们对经济特区建设的意见。

4 月 22～24 日　联邦德国驻香港总领事狄德礼来深圳经济特区参观访问。

4 月 26 日　经中国人民银行总行批准，同意 8 家外资银行即香港上海汇丰银行、英国渣打银行、法国东方汇理银行、拓展国际（亚洲）有限公司、莱斯国际银行、法国国家巴黎银行、万国宝通银行、新鸿基财务公司，在深圳经济特区设立代表机构。

4 月 30 日　《深圳—香港关于增辟两地之间通道的协议》签字仪式在市政府大楼贵宾厅举行。深圳市政府秘书长甄锡培和香港政治顾问麦若彬分别在协议上签字。梁湘市长、周鼎副市长出席了签字仪式。

5 月 1 日　深圳市文联主办的《特区文艺》创刊，面向国内外发行。

5 月 12 日　深圳市委发出《深圳市党政机关和处级以上企事业单位机构设置人员编制序列表的通知》。通知提出，各单位从 6 月 1 日起要按该序列表上的机构名称挂牌子，雇用印章和行文。

△　深圳市政府向广东省政府、省特区管委会、省民政厅报送《关于恢复宝安县建制，成立罗湖区的财产、工矿企业管理意见》。

5 月 18～20 日　深圳市政府召开全市工业交通工作会议，讨论深圳市近期工业发展规划纲要。梁湘、周鼎到会并讲话。

5 月 24 日　深圳市委机关报《深圳特区报》经过一年试刊后正式创刊，第一期正式出版。

5 月 31 日～6 月 5 日　国务院总理赵紫阳访问日本。访问期间，赵紫阳接受了《大公报》和《文汇报》记者的访问。在谈到关于中国对外政策和建设特区问题时，赵紫阳说：中国的对外开放政策没有变化。特区要搞下去，特区对我们国家来说是一个试验，近期不一定要增加什么特区，但原来已开辟的深圳、珠海、汕头、厦门等特区要继续办下去。关于特区的立法是会逐步完善的。当然，通过实践，有一些法例需要补充，国外有些人认为，特区的法律太简单，这个问题恐怕要有一个过程，因为特区是一个新的课题。既然中国决定了要搞特区这个方针，而且这个方针是坚定不移的，那么从不完善，就会逐步做到完善，至于需要立一些什么法，要完善些什么东西，还是要靠实践。

在谈到有关港澳同胞和华侨投资问题时，赵紫阳说：香港是贸易中心、金融中心，同时也是中国引进先进技术的桥梁。无论在对现有企业的技术改造方面，或者是通过合营及直接投资等方式，在国内进行基础设施的建设，港澳同胞是有许多事情可以做的。在香港的外国资金、华侨资金也可以来中国参加开发资源、开发能源等建设。中国在政治上是稳定的，我们保证投资者（得到）必要的利润。

6月1日 深圳市政府决定，在大鹏湾兴建深水港，建万吨级泊位 1 个，5000吨泊位 2 个。

△ 深圳市政府颁布《深圳经济特区近期工业发展纲要（1982~1985）》。

6月2日 国务院批准《广东省深圳经济特区二线设防和管理方案的意见》。特区二级设防的原则是全线设防，严密控制，综合管理。

6月6~14日 由深圳经济学会、省社会科学院、省社科联联合召开的"广东省经济特区学术讨论会"① 在深圳举行，到会的有内地和香港经济学家 134 人，议题主要是探讨我国试办经济特区的一些理论和实际问题，研讨如何更好地贯彻执行中央关于举办经济特区的方针政策，总结经验，加快特区经济建设，为我国四个现代化做出更大贡献。会议收到 73 篇论文和调查报告，会议期间，国务委员陈慕华与专家们研讨了特区的建设问题。

6月14日 经国务院批准，南山开发股份有限公司成立，袁庚任董事长兼总经理。南山公司是由深圳特区发展公司、招商局轮船公司、南海石油公司、中国建设财务（香港）公司、华润公司、黄振辉投资有限公司联合组成的有法人资格的经济实体。

6月15日 中共深圳市委刊物《特区党的生活》创刊，市委书记梁湘撰写了《发刊词》。

6月23日 我国著名经济学家于光远向县以上干部做《关于经济特区建设问题的报告》。

6月28日 中国第一家外币购物商场——蛇口购物中心开业。

7月5日 深圳市政府向省政府呈送《关于引进外资开发深圳火车站及罗湖口

---

① 这次学术讨论会的主要内容是：探讨中国试办经济特区的一些理论和实际问题，探讨如何更好地贯彻执行党中央、国务院关于建设经济特区的方针政策，总结经验，加快经济特区建设，为中国社会主义建设做出更多贡献。这次学术讨论会，由广东省社会科学院、广东省哲学社会科学学会联合会、深圳市经济学会联合主办。举行这样规模的经济特区学术讨论会，当时在中国是第一次。为了筹备和开好这次学术讨论会，不少学术界人士和经济理论工作者，深入到经济特区的工厂、企业和农村进行调查研究，从不同角度探讨经济特区建设的有关问题，撰写了大量的调查报告和学术论文。提交给大会的论文和调查报告共73篇。参加这次学术讨论会的代表有120余人，他们来自北京、上海、四川、福建、广东和香港等地。这些论文所涉及的范围大致分五方面。内容如关于经济特区的意义、性质、模式、结构、发展前景、外国设置特区的经验等。

岸的请示报告》。

7 月 8 日 应深圳市政府邀请,首都钢铁公司副经理尹智龙一行 5 人到深圳市介绍企业管理、经济责任制等经济体制改革的新鲜经验。梁湘市长参加了为期两天的经验报告会。

7 月 22 日 朝鲜民主主义人民共和国驻中华人民共和国特命全权大使全明洙偕夫人和使馆官员一行 4 人来深圳参观访问。市委书记梁湘、副书记周鼎会见了朝鲜客人。

7 月 23 日 以副行长铃木茂为首的拓殖银行代表团一行 8 人,从香港到深圳访问。梁湘市长会见了代表团并介绍了特区发展前景。铃木茂先生表示:作为外国第一家获准在深圳开设办事处的日本银行,他感到荣幸,并表示拓银将尽自己的力量支持特区的现代化建设。

7 月 26 日 深圳特区发展公司、深圳市工商联筹委会联合召开香港部分工商界知名人士座谈会,讨论深圳特区社会经济发展规划并听取他们对特区建设的意见。梁湘市长出席了座谈会并在会上做了讲话。

△ 经广东省人民政府批准,深圳市师范学校和教师进修学校合并成立深圳市教师进修学院。

7 月 30 日~8 月 1 日 中国银行行长卜明来深圳特区检查工作。

8 月 1~2 日 深圳特区举行民兵阅兵活动,庆祝中国人民解放军建军五十周年,参加检阅活动的民兵、机关干部、职工共 1 万多人。

△ 深圳市委、市政府领导人梁湘、周鼎、周溪舞、方苞等组成慰问团对驻深部队进行慰问活动。1 日上午举行了庆祝大会,省军区司令员郝盛旺、市委书记梁湘在会上讲话。

8 月 5~6 日 联合国副秘书长比季龙夫妇来深圳经济特区参观访问。市委书记梁湘会见了客人。邹尔康秘书长向客人介绍了特区的建设情况。

8 月 9~12 日 深圳市委召开三级干部会议,总结上半年工作,部署下半年任务。梁湘代表市委做了题为《肯定成绩,明确方向,乘胜前进》的工作报告。

8 月 10 日 以香港中华总商会会长倪少杰为团长,刘世仁、司徒辉为副团长的参观团一行 23 人来深圳特区参观访问。梁湘市长,周鼎、周溪舞副市长会见了客人。邹尔康秘书长向客人介绍了深圳特区的现状和前景。

8 月 18 日 广东省委第一书记任仲夷,省长刘田夫,省委书记、广州市市长梁灵光,深圳市市长梁湘在深圳迎宾馆会见了香港合和(中国)实业有限公司总经理胡应湘及夫人郭秀萍、副总经理何炳章一行。任仲夷对胡应湘投巨资参加特区建设表示赞赏。胡应湘先生表示，对国家的开放政策坚信不疑，对投资特区建设充满信心。

8月20日 香港总督尤德爵士一行访问深圳，梁湘市长会见了客人。

△ 占地面积250平方米，深圳当时最大的超级市场——友谊公司超级市场正式开业。

8月21日 深圳市委、市政府颁布《关于对高中级技术干部给予优惠待遇问题的几项规定》，规定凡具备中级以上职称的专业技术干部，可享受有关政治、生活方面的优惠待遇，对住房、煤气供应、家属户口迁入特区、医疗等都做出具体规定。

△ 深圳市委发出《关于搞好党风的十条规定》，提出要同中央保持政治上一致，实行集体领导与个人分工负责相结合的原则；加强调查研究，认真总结经验；努力学习，提高理论和管理水平；树立雷厉风行，办事讲效率的作风。

8月22～29日 联邦德国社会民主党理事会主席团成员埃贡·巴尔、议员赫尔曼·舍尔访问深圳特区，市委书记梁湘会见了客人。邹尔康秘书长向客人介绍了特区经济建设情况。

9月1日 深港双方同意：凡与深圳有经济合作关系的港商私家车可从文锦渡进出。

9月9日 中共广东省委批准叶澄海任中共深圳市委常委。

9月14日 深圳特区重大建设工程之一——八卦岭工业区破土动工。工业区占地总面积1.2平方公里，总投资2.8亿元，总建筑面积2000万平方米，共118栋标准厂房，整个工程约在三年内完成。

9月14～16日 深圳市政府邀请香港有关经济、城市规划设计方面的专家、学者32人参加评议《深圳经济特区社会经济发展规划大纲》会议。

9月25日 深圳市委、市政府向广东省委、省政府并中央、国务院呈送《深圳经济特区试办情况的初步总结》。这个报告是对办特区以来的主要情况、取得的初步成效、几点体会和有待解决的几个问题进行的初步总结。

10月1日 深圳罗湖口岸实施除持来往港澳通行证及中国普通护照者外，所有旅客均可在延长关闸时间内出境的新措施。

10月5日～9日 深圳市委召开三级干部会议，传达贯彻广东省委三级干部会议及十二大精神。梁湘同志做了会议总结。

10月6～7日 来自12个国家的联合国"利用生态平衡学术座谈会"的12名生态专家，来深圳经济特区访问。

10月8日 香港汇丰银行驻深圳代表处经有关部门批准在深圳开业。

10 月 11 ~ 18 日 以深圳市政府秘书长甄锡培为团长的深圳市政府代表团一行 7 人前往香港，同以麦若彬为首的香港政府代表团举行深港工作小组会议。

10 月 15 日 由深圳特区发展公司与香港志强发展公司合作经营的香蜜湖度假村举行首期工程主楼平顶及植树典礼。市政府领导梁湘、周鼎、周溪舞出席了仪式。香蜜湖度假村是综合性的旅游项目，总投资为 2.2 亿港元。

10 月 26 日 深圳市政府颁布《深圳市城市道路交通管理暂行规则》，共 7 章 83 条，同日颁布《深圳市环境保护管理暂行条例》，共 9 章 38 条。

△ 由沙河华侨企业公司与香港永明发展企业公司合作经营的深圳湾大酒店举行奠基典礼，国务院侨办副主任林修德，市委书记梁湘、副书记周鼎等出席了仪式。深圳湾大酒店是一个综合性的旅游项目，总投资 9000 万美元，总建筑面积 3 万平方米。

10 月 27 ~ 28 日 美国前司法部长西维莱蒂一行 12 人来深圳特区参观访问。

10 月 28 日 深圳特区发展公司与香港华表投资公司合作经营的"洪湖娱乐度假服务中心"举行签字仪式，后者出资 2 亿港元，合作年限 30 年。

10 月 30 日 陈云同志在广东省委《关于试办经济特区的初步总结》上，做了如下批示："特区要办，必须不断总结经验，力求使特区办好。"

11 月 1 日 深圳市政府向省政府呈送《关于治理深圳河涉及边界问题的请示报告》。

11 月 3 ~ 4 日 深圳市举行建市以来的第一次中国共产党深圳市代表会议。出席大会的代表 150 人，市委书记梁湘代表市委向大会致开幕词，会议选举出席省第五次党代会代表 14 名（其中候补代表 1 名），通过了《关于学习、贯彻十二大会议精神的决议》。

11 月 4 ~ 7 日 罗马尼亚驻华大使杜米特列斯库夫妇一行 4 人前来深圳特区访问。市委书记梁湘会见了客人。市政府秘书长甄锡培向客人介绍了特区经济建设情况。

11 月 5 日 国务院、中央军委决定：调中国人民解放军基建工程兵 2 万人到深圳执行基建任务后改编为深圳市属施工企业。为加强领导，做好这项工作，市委市政府决定成立基建工程兵调遣、改编工作领导小组。周鼎任组长，徐馨来（基建工程兵参谋长）、罗昌仁任副组长。

11 月 6 日 由香港贸易发展局主席简悦强率领的香港贸易代表团一行 28 人访问深圳特区。梁湘市长会见了客人并向客人介绍了特区经济建设情况和广阔前景。

11 月 13 日 以美国商务部长助理威廉·莫里斯为团长的美国煤业代表团一行

21 人访问深圳经济特区。周溪舞副市长会见了客人。

11 月 16 日　深圳市政府颁布《深圳市市容卫生管理暂行办法》，有市容整洁、环境卫生、食品卫生、防治污染、管理监督、奖惩共 6 章 37 条。

△　广东省高教局调查组一行，在深圳实地调研后，撰写的《关于创办深圳大学的建议》的汇报提纲交到深圳市委，建议中明确提出"不要办深圳经济学院，要办综合性大学，名字就叫'深圳大学'"的建议，并提出了创办理由和具体实施内容。

11 月 18 日　深圳市委召开市直各部、委、办和公检法领导会议，由梁湘同志传达谷牧同志向中央书记处汇报广东、福建两省和试办经济特区情况的汇报提纲和北京之行的有关情况。

11 月 19 日　石岩河大桥举行通车典礼。这座大桥全长 64.6 米，桥面宽 10.5 米，主跨 4 孔，每孔 13 米，负荷 100 吨。

11 月 20 日　深圳市政府颁发《关于取缔黑社会组织的通知》，针对近几年来从香港潜入深圳的进行走私贩私、引渡出港、行凶抢劫等违法犯罪的黑社会组织，要坚决予以取缔，绝不容许其在深圳特区存在和蔓延。

11 月 23 日　以香港厂商会会长黄鉴为团长的香港厂商联合会参观团一行 29 人，来深圳特区参观访问，周鼎、周溪舞会见了客人。

11 月 24 日　深圳市委、市政府做出《关于深圳市农业发展的几个问题的决定》，对指导思想、主要指标、具体措施都做了明确的规定。

12 月 1 ~ 2 日　全国人大常委会副委员长彭冲率领的人大代表团一行在深圳经济特区视察工作。代表团在深圳期间，视察了罗湖桥头、蛇口工业区、西丽水库度假村、小梅沙海滨旅游中心、沙头角镇等。深圳市委常委向彭冲副委员长汇报了两年多来，深圳经济特区的建设情况以及特区的管理工作。彭冲副委员长对深圳特区在较短的时间内取得这样显著的成绩表示称赞。他说，中央对于试办经济特区，是下了决心的，对外开放政策是坚定不移的。办经济特区，要大胆创新。他还强调，要尽快搞好特区的立法工作，使各项工作有法可依；在抓好经济建设的同时，要注意抓紧进行精神文明的建设。

12 月 1 ~ 4 日　深圳市政府召开全市计划工作会议，总结 1982 年计划执行情况，安排 1983 年计划。

12 月 2 ~ 8 日　中共中央总书记胡耀邦视察了福建。胡耀邦在察看厦门经济特区基础设施工程以后指出：中央对福建、广东采取特殊政策、灵活措施，搞四个特区，这个方针是不变的。最近陈云又指出，特区要办，必须不断总结经验，力求使特区办好，再次肯定了对外开放的政策，对此不能有任何动摇。胡耀邦强调说，坚持开放政策，打击经济犯罪，是两个不同的概念，不能认为经济犯罪是开放政策带来的，二者没有必然的因果关系。胡耀邦还要求福建做好华侨工作。他说，这是一支很大的力量，要让他们为祖国四化建设做贡献。胡耀邦称赞福建近几年发生了很大变化，特别是这两年有很大的起色。

12 月 3 日　深圳市政府向中央、国务院，广东省委、省政府、省特区管委会呈送《深圳经济特区社会经济发展规划大纲》的送审报告。该大纲是一份经济发展战略报告，包括深圳市各行各业的发展目标、方向和计划，共分 12 章。

△　中央书记处于 11 月 16 日和 20 日召开的两次讨论特区工作的会议精神，以中发〔1982〕50 号文件发出。中央在批语中指出："举办经济特区，是我国在新的历史时期贯彻实行对外开放政策的重要措施。中央书记处和国务院分工由谷牧同志具体负责。"

12 月 7 ~ 9 日　深圳市青年联合会举行成立大会。会议通过《深圳市青年联合会章程》，产生了市青联领导机构，简灼南为市青联主席，江照辉、罗有礼（香港）为副主席。

12 月 9 日　国务院总理赵紫阳、国务委员谷牧分别会见了香港合和实业有限公司总经理胡应湘、副总经理何炳章，香港新世界发展有限公司董事长兼总经理郑裕彤。双方就加强香港同内地的经济技术合作进行了交谈。

△　挪威驻华大使内森访问了深圳特区，周鼎副市长会见了大使一行。

12 月 12 日　深圳市委召开县以上单位负责人会议。市委秘书长邹尔康传达中发〔1982〕50 号文件。市委副书记周鼎主持会议并做了讲话。

12 月 17 日　深圳市政府下发《关于制止特区内农村乱建房屋的紧急通知》，指出特区内农村乱占土地、滥建房屋的现象十分严重，极大地妨碍了特区建设的顺利进行，提出接此通知后一律暂行缓建，待整顿后按市规划局要求再进行施工建设等四项具体措施。

12 月 18 ~ 19 日　中共中央政治局委员胡乔木视察深圳特区，在听取市委汇报后，对特区的经济性质、特区的作用、特区精神文明建设、特区企业党群工作和特区货币等问题发表了重要意见。

12 月 23 日　我国第一座核电站将在大亚湾兴建，总装机容量为 180 万千瓦。

12 月 24 日　广东省省长刘田夫在省人代会谈到经济特区建设时说：经济特区建设已初步打开了局面。原来的荒僻边陲县镇，已经建成初具规模的现代城市。特别是深圳的蛇口，从一片荒芜的海滩，初步建设成为一个欣欣向荣的港口工业区，在国内外博得好评。经济特区积极引进外资和先进技术设备，开辟了筹集资金的多种渠道，加快了建设步伐。深圳经济特区截至 1982 年 8 月底，引进外资 728 项，已投入使用的外资二亿四千多万美元；合计完成基本建设投资七亿三千多万元，其中利用外资和特区积累各占 1/3 以上，内地有关部门投资和银行贷款占 60%，省投资占 12%。深圳、珠海两地，已由以农业为主，逐步向兼营工业、农业、商业、住宅、旅游等综合性经济结构发展。有的技术开始向内地转移。经济特区加快了生产发展。深圳市 1982 年工农业总产值和财政收入，分别比上年增长 32.4% 和 25%；珠海市工农业总产值比上年增长 8.2%，财政收入增长 30% 以上。深圳经济特区的经济体制和机构改革先走一步。随着特区经济的发展，人民生活显著改善，分配收入大幅度增加，社会秩序日趋稳定，精神文明建设不断发展，呈现一派日新月异的兴旺景象。深圳、珠海与港澳毗邻地区，不少外流人员自动回归。

1983年

1月1日　深圳市工商局外资科从今日起开始办理深圳经济特区外资企业和常驻代表机构的登记管理工作。

1月3日　广东省委第一书记任仲夷在省人大五届五次会议上对港澳代表团谈话时说，大家可以放心的是，我们党中央、国务院实行的对外开放、对内搞活的政策，是坚定不移的，在广东实行特殊政策、灵活措施也是坚定不移的。试办经济特区阻力很大，但有党中央的正确领导，有党的政策，我们的特区一定能越办越好。

1月4日　广东省政府通知，经国务院（1982年12月21日）批准，恢复宝安县建制。宝安县辖大鹏、葵涌、坪山、龙岗、坪地、横岗、松岗、公明等16个公社和光明华侨畜牧场，县政府设在西乡。宝安县归深圳市管辖。

1月5～10日　深圳市委召开三级干部会议，梁湘同志代表市委做报告，总结1982年工作，部署1983年任务。他要求今年全市人民认真贯彻中央试办特区的一系列方针、政策，努力创造更好的投资环境，实行更优惠政策，引进更多外资，广泛开展对内联合，集中力量发展工业，在新的一年里要有新的气象、新的成就、新的贡献，给特区事业增添新的光彩。周鼎同志做了会议总结。

1月8日　《南方日报》发表题为《深圳道路建设规模大速度快》的报道，同时发表了一篇《这里为什么没有"胡子"马路》的评论。评论说，中央批准我省试办经济特区，要求特区引进外资，引进和创造加快四化建设的经验。我们应从深圳马路建设中吸取什么经验呢？我们认为主要有三条：一是深圳的同志们有革命的胆略和革命的干劲，他们敢于冲破框框，走自己的道路；他们对四化建设有紧迫感，办事讲求效率。二是有一个有权威的"司令部"，上通市长，下达工程队，克服了部门之间的扯皮现象。三是分段承包,有奖有罚,打破了"大锅饭"。这几条,对内地城市建设都是有指导意义的。

1月12日 《南方日报》在第一版头条位置发表题为《高速建设的深圳国际商业大厦》的报道,并发表评论文章《改革出速度》。深圳特区建设为什么能够高速度地进行?评论说:关键在于进行了大胆的改革。建筑这座大厦,实行了工程承包制,这就大大地提高了建筑公司领导者的积极性。他们为了使公司能够多得奖,不受罚,夜以继日地苦干,贡献自己的全部智慧。在职工队伍内部,也实行了承包制,劳动数量多质量高的班组和个人多得奖,反之,少得奖或不得奖。评论着重指出:这个建筑公司非常强调对职工的思想政治工作。他们向职工提出了"怎样为中国工人阶级争气"的问题,并深入地开展了讨论,使职工们懂得出色地完成任务的重大政治意义。他们做思想工作,不是向职工进行空洞的说教,而是围绕着面临的重大任务,来提高职工的觉悟。这也是一种改革。评论最后说:改革出速度。这就是国际商业大厦建设那么快的关键所在。这在整个深圳是很有代表性的。

1月14日 深圳市委召开市委常委会议,会议认真讨论了广东省高等教育局调查组提出的《关于创办深圳大学的报告》,讨论后决定,筹办深圳大学,并成立深圳大学筹备委员会,深圳市市长、市委书记梁湘任主任委员,市委副书记、副市长周鼎,市委常委林江,广东省高教局副局长黄其江、李修宏任副主任委员。办校方针是"为特区建设服务,为特区培养各类专业人才"。学校规划为在校生4000人,校园占地1500亩,校址在粤海门深圳湾畔,共设置16个专业,包括:工业管理、商业管理、金融、旅游、外贸、会计、计划统计、电子、石化、食品、建筑、法律、外语、工艺美术等。1983年9月份开始招收首届学生。校舍暂用原宝安县委办公用房,师资请省高教局负责解决。筹办深大报告由林江负责起草并速报省委和国务院审批。

1月18~21日 中共中央政治局委员、中央党校校长王震同志在梁威林副省长陪同下,到深圳经济特区视察,并亲切会见参加宝安县勤劳致富表彰大会的"万元户"代表。他勉励大家继续努力,开创经济特区建设新局面。市委书记梁湘等向王震汇报了特区工作和建设情况。

1月22日 中共深圳市委、深圳市政府向广东省委省政府提交《关于创办深圳大学的报告》,指出了创办深圳大学的必要性及办学宗旨,并汇报了计划1983年开始招生的设想。

1月26日 蛇口工业区第一个群众性学术团体蛇口工业区企业管理协会成立,袁庚任名誉会长,工业区办公室主任熊秉权任会长。其宗旨是:学习推广国内外先进企业管理经验，研究探索经济改革方案，研究办好企业、改善经营管理、提高经济效益的途径和政策，为办好工业区当参谋。

△ 香港怡和有限公司主席纽璧坚和他率领的代表团一行 31 人到深圳特区访问，梁湘市长会见了客人。纽璧坚表示，怡和集团支持中国现代化建设，愿与深圳特区进行广泛合作。

1 月 27 ~ 29 日 深圳市委召开全市打击经济领域犯罪活动先进集体、先进工作者表彰大会。周鼎、方苞和中纪委工作组成员廖寿煌分别在会上讲话。梁湘为获奖者颁奖。

1 月 31 日 为加强对全市改革的领导，在全国总的部署下，根据深圳特区的实际，全面、系统、坚决、有序地开展改革工作，市委决定成立深圳市改革领导小组，梁湘任组长，刘波、邹尔康任副组长；下设办公室，卢祖法任办公室主任，邱钧尧、刘林任副主任。

2 月 1 ~ 6 日 全国政协副主席王昆来到深圳特区，检察指导特区建设工作。

2 月 6 ~ 7 日 中共中央政治局委员、中国人民解放军总参谋长杨得志同志视察深圳特区。

2 月 7 ~ 9 日 中共中央总书记胡耀邦在中央书记处候补书记郝建秀，在共青团中央第一书记王兆国、国家计委副主任甘子玉，在水电部副部长李鹏，在中央办公厅副主任周杰，在广东省委和广州军区负责人任仲夷、尤太忠、刘田夫、林若、吴南生等陪同下视察深圳特区建设工作。这是胡耀邦同志第一次视察深圳特区。深圳市市长梁湘向胡耀邦全面汇报了特区工作，胡耀邦肯定了特区成绩及梁湘在特区的工作：搞得不错，干部是努力的，敢于创新，是很有成绩的，经济开创了新局面，比较出色地完成了中央意图，我们在深圳创造一个经济特区的典型，搞得蒸蒸日上。胡耀邦给特区题词："特事特办，立场不变；新事新办，方法全新。"有领导问胡耀邦总书记，我们深圳现在算不算市场经济，胡耀邦回答：在这里可以讲，在北京不能讲。

2 月 9 ~ 10 日 全国政协副主席吕正操同志视察深圳经济特区建设工作。

2 月 12 日 深圳市委在新兴餐厅为清洁工举行春节宴会，全市 400 多名清洁工人出席。市委书记梁湘代表市委向全市清洁工人表示慰问并致意。他说：你们工作很辛苦，也很光荣，希望你们不仅做清洁员，还要做宣传员、监督员，为把深圳建成卫生、清洁、文明的现代化边境城市做贡献。

2 月 14 日 深圳市怡景花园高级别墅区交付使用。该别墅区位于黄贝岭东湖风景区内，山清水秀，景色宜人，是理想的居住之地，占地 28 万平方米，第一期工程有 50 栋别墅竣工交付使用，供投资客商、港澳同胞、海外侨胞购买。

2 月 16 ~ 17 日 中共中央政治局委员、人大常委会副委员长杨尚昆、廖承志，在广东省委书记、广东省特区管理委员会主任吴南生，广东省委常委杨应彬、宋志英陪同视察了深圳特区。杨尚昆、廖承志同志赞扬特区办得好，希望不断总结经验，把特区办得更好。在深圳市委书记、市长梁湘及其他负责人陪同下，杨尚昆、廖承志同志视察了香蜜湖度假村、蛇口工业区、西丽水库度假村、渔民新村、沙头角镇等地。在西丽水库度假村，他们听取了深圳市旅游局负责人介绍的该旅游胜地从无到有、从小到大的发展过程，并称赞这个旅游区有雄心壮志。看到这里山清水秀和优美如画的环境，杨尚昆同志高兴地提议将西沥水库改为"西丽湖"。廖承志挥毫书写了"西丽湖"三个大字。

2 月 18 日 深圳市委召开县以上党员干部会议，由梁湘传达胡耀邦同志视察深圳特区时所做的工作指示。

2 月 21 日 由深圳特区投资兴建、广东省口腔医院经营管理的深圳牙科医疗中心正式开业。该院拥有美国、日本、法国、瑞士等国 20 世纪 80 年代的先进医疗设备。为方便患者，中心实行 24 小时服务。

2 月 23 日 为适应特区建设的需要，把深圳中学办成有特色的、有良好校风的示范学校，深圳市政府向广东省政府呈送《关于把深圳中学升格为省重点中学的请示报告》。

2 月 24 日 中共广东省委第一书记任仲夷在中共广东省第五次代表大会上作题为《改革，前进，开创新局面》的报告。报告指出：广东要继续实行对外更加开放的政策，充分利用地方外汇和外资、侨资，进一步扩大对外经济活动，以加快广东省的经济建设。要从各方面创造良好的投资和合作条件，大力促进合资（合作）经营、来料加工装配和旅游业的发展，尤其是不需要还本付息的合作经营方式，适合我们目前的财力状况和管理水平，应当大力发展。凡是已经签订合同、经过批准的项目，都应尽快建设，不要拖延；本省有权审批的老企业技术改造项目，应优先安排。他提出要着重抓好如下八个方面的工作：①精简机构，解决机构臃肿、互相扯皮、干部老化、工作效率不高的问题。②广泛推行责任制，革除吃"大锅饭"的严重弊端。③有领导地下放权力，进一步解决权力过分集中、控制过死的问题。④坚持以国营经济为主导，同时发展国营、集体、个体等多种经济形式，进一步解决国营一家独揽、渠道单一的问题。⑤沟通城乡、地区之间的联系，打破地区封锁、城乡分割和条块分割。⑥实行政企分开，解决以政代企、以企代政、滥用行政手段干预经济的问题。⑦贯彻物质利益原则，更好地实行国家、集体、个人三者兼顾和解决平均主义的问题。⑧增强服务精神，解决官僚主义和官商作风。

2 月 26 日 广东省人民政府正式向国务院提交《关于增设深圳大学的请示报告》。

3 月 1 日 拓银国际（亚洲）有限公司①深圳代表办事处在深圳市开幕。日本北海道拓殖银行副行长川口嘉一先生专程从日本赶到深圳主持开幕仪式。拓银国际（亚洲）有限公司执行董事兼总经理富田阳太郎、副总经理城户励二从香港前来参加。

△ 中日合资企业深圳水泥企业有限公司在深圳正式签约。

△ 下午 5 时 13 分，深圳市区遭遇冰雹袭击，持续 7 分钟的冰雹最大直径为 2.3 厘米，重约 1 克。

3 月 3 日 新西兰外长兼海外贸易部部长澳伦·欧内斯特·库珀一行 21 人访问深圳经济特区。周溪舞副市长会见了客人。

3 月 7 日 深圳市政府批准特区建设公司与香港利亚国际公司合作经营深圳大鹏水泥建材公司，协议规定利亚公司投资 1.2 亿港元，合作年限 20 年。

3 月 8 日 广东省政府批复同意创办深圳大学。1983 年秋季部分专业招生，至 1990 年在校生达到 4000 人。建校总投资 5000 万元，全部由深圳市负担。专业设置根据特区建设需要来确定。招生面向本省，兼顾全国。毕业后分配基本面向深圳特区，兼顾其他特区和非特区需要。学校由省、市双重领导，党政工作以市为主。成立深圳大学筹委会，梁湘任主任，周鼎、林江、黄其江任副主任。创办深圳大学的报告，广东省政府已转国务院审批。

3 月 9 ~ 13 日 全国政协副主席刘澜涛视察深圳经济特区建设工作。

3 月 10 日 深圳粤剧团将著名剧作家吴祖光的话剧《风雪夜归人》改编为现代粤剧，为市首届人代会代表演出，受到热烈欢迎。该剧由新凤霞任艺术指导，张奇虹任导演，冯刚毅、郑秋怡担任男女主角。

3 月 10 ~ 11 日 深圳市第一届人民代表大会在市政府大楼隆重举行。深圳市市长梁湘代表市人民政府向大会做了政府工作报告。梁湘市长在报告中，介绍了深圳市自举办经济特区以来的主要情况和取得的初步成效。梁湘说：改革是关系到深圳特区前途命运的大事，要全面而系统地、坚决而有秩序地进行一系列改革，并且应当走在全国的前面。梁湘提出：特区改革的指导思想是从有利于贯彻落实党的对外

---

① 拓银国际（亚洲）有限公司深圳代表办事处是日本北海道拓殖银行的附属金融机构，是日本银行在中国经济特区设置的第一家代表机构，也是深圳经济特区引进外资、侨资银行的第三家。

开放政策，更好地引进外资和先进技术设备，有利于特区的兴旺发达，有利于人民的富裕幸福，有利于特区为国家的四化建设多做贡献的要求出发，坚持实事求是精神，勇于实践，敢于创新，在前段初步改革的基础上，做到全面而系统地、坚决而有秩序地进行改革。特区改革应该着重抓好以下几个方面。①为了更多更好地引进外资建设特区，必须对现行的金融货币制度进行改革。通过改革，使资金的进出、外汇管理、货币制度、金融活动等能更好地适应引进外资。②特区企业要普遍实行合同工制，企业根据需要可以自行招聘、解雇职工。工资和奖金要体现按劳分配原则，实行基本工资、职务工资、浮动工资相结合的工资制度，使工资随着经济效益、职工的表现自由浮动。③切实使企业成为真正独立的经济实体，在保证执行国家政策法令和按规定上交税、利的前提下，企业具有能够根据国际市场的变化来安排本企业产、供、销的自主权，使企业在各方面都具有极大的主动性、灵活性，以充分发挥企业的积极性和创造性。国营企业要逐步实行"利改税"。④特区的物价体系一定要适应市场经济。特区的物价要在保证关系国计民生的一些主要商品，如粮、棉、油等价格稳定的前提下，使其他商品的价格逐步根据市场的供求情况进行调节。⑤外贸体制要有利于促进特区产品进入国际市场。在统一政策和统一对外的前提下，实行工贸结合、农贸结合等多渠道进出口，把外贸工作搞活。⑥进一步改革出入境制度，使客商进出特区更简便。⑦进一步搞好机构改革，使特区的上层建筑更适应特区的经济基础。⑧认真搞好政企的合理分工。11日，全体代表经过充分酝酿讨论和预选，最后以无记名投票方式，选出了深圳市出席广东省第六届代表大会的代表28名。大会一致通过了关于进一步宣传学习、贯彻执行《中华人民共和国宪法》的决议和关于"政府工作报告"的决议。

3月12日　深圳市政府批转卫生局《关于实行深圳市公民义务献血实施办法》的通知，要求全市各部门、各单位认真贯彻执行全市公民义务献血制度。

3月12~16日　国务委员康世恩视察深圳经济特区建设工作。

3月13日　由《南方日报》编辑部和《作品》编辑部联合举办的广东省文艺评论工作座谈会在深圳华侨大厦举行。深圳文艺界代表韦丘等参加了座谈会。座谈会上，广东省青年文艺评论工作者谢望新就当前文艺创作中有争议的一些问题做了系统的探讨性的发言。韦丘介绍了深圳特区文艺创作的情况，他认为：为了进一步繁荣深圳特区的文艺创作，必须把特区文艺评论工作开展起来。

3月14日　由深圳特区发展公司与香港合和中国发展（深圳）有限公司合作兴建火车站和口岸联检大楼合同签字仪式在市政府贵宾厅举行。交通部顾问潘琪，广东省委书记、广州市委第一书记、广州市市长梁灵光，广东省委书记吴南生，广州市副市长欧初、梁尚立,深圳市市长梁湘及副市长周鼎、周溪舞、罗昌仁等出席了签字仪式。正在深圳视察工作的国务委员康世恩也出席了签字仪式。

3 月 14～16 日 深圳市首次先进生产（工作）者和先进集体代表大会在深圳戏院举行。出席大会的代表共有 750 名。

3 月 17～18 日 全国政协副主席程子华视察深圳经济特区建设工作。

3 月 25 日 根据深圳市政府决定,市计委发出文件,决定兴建深圳科学馆、博物馆、电视台、图书馆、大剧院、深圳大学、体育中心、新闻中心八大文化设施,以加强特区的精神文明建设。

3 月 25～28 日 深圳市委召开全市改革工作会议,梁湘做了《坚持"新事新办,特事特办"搞好特区的改革》的报告。

3 月 27 日 深圳市委副书记、副市长周鼎在桂庙新村主持召开专门会议,讨论深圳大学校址和有关基建问题。市委常委林江、广东省高教局副局长黄其江等领导出席。

3 月 28 日 大鹏湾华侨永远墓园工程竣工。园内按香港华人永远墓地规格兴建,是一个园林式墓园。首期已建好 5300 个穴位。

△ 深圳荔枝公园动工兴建。公园位于市政府东北面,总面积 452.7 亩,分为经营管理、酒家服务、荔枝品尝、划船、钓鱼、苗圃等十个功能区,湖水面积占总面积的 1/3。

3 月 30 日 深圳市政府向省政府报送《关于拟建深圳经济特区电信发展公司与外商合资经营电信的报告》,提出,现在通信设施十分落后和不足,严重影响了外商投资设厂的信心。

3 月 30 日～4 月 2 日 全国人大常委会副委员长朱学范视察深圳经济特区建设工作。

4 月 2～3 日 朝鲜外交部副部长田仁彻率领朝鲜外交部友好参观团一行 6 人访问深圳特区。

4 月 6 日 深圳电讯综合大楼[①]封顶。

4 月 6～13 日 国务院副总理谷牧同志先后视察了珠海、深圳、汕头三个经济特区后在广东省委常委会议上谈到特区问题时说,国家没给多少钱,又在认识不怎么一致的情况下,短短几年内打开这样的局面,很不简单。前几年还怀疑特区能不

---

① 电讯综合大楼由国家邮电部、广东省人民政府、广东省邮电局和深圳市人民政府联合投资建造,总投资额为 1870 万元;建筑面积 14000 平方米,主楼共有 9 层,电讯综合大楼安装引进的万门程控自动电话交换机和用户电报程控交换机各 1 台。

能站得住脚，现在看，可以站住了。谷牧副总理指出，特区的发展，要从理论上、时机上，从有利于社会高度发展上来考虑。脑子里要有十步八步棋。要认真总结经验，不断前进，大胆创新，大胆试验，走出一条新路子来。只要政策对头，管理得法，工作努力，特区一定办得更好。

4月8~9日 由芙蓉石油开发公司社长小岛庆三率领的日本十多家大企业负责人组成的日本第三次高级经营者访华团一行18人，参观访问了深圳特区。市委秘书长邹尔康会见了日本客人并介绍了特区经济建设情况。

4月9~17日 国务委员黄华视察深圳经济特区建设工作。

4月11~17日 国务院秘书长杜星垣视察深圳经济特区。

4月12日 深圳华润联合有限公司首次参加广交会。

4月16~18日 著名数学家、中国科学院主席团成员华罗庚教授到深圳特区讲学、参观。市委书记梁湘到住所看望了华罗庚教授。

4月18~19日 广东省委第一书记任仲夷来深圳特区检查工作。

4月19~20日 中央顾问委员会副主任薄一波同志视察深圳特区。

4月20~22日 由意大利天主教民主党议员阿尔弗雷尔·德博依为团长的英、法、意、联邦德国、荷等6国21个党派组成的西欧联盟议会总务委员会代表团一行13人来深圳特区访问。周溪舞副市长会见了客人。

4月22~24日 以朝鲜劳动党中央政治局委员、平壤市党委责任书记徐允锡为团长，朝鲜劳动党政治局候补委员、南浦市委责任书记李根模为副团长的朝鲜劳动党友好参观团一行20人，由中共中央对外联络部顾问张致祥、广东省委书记谢非陪同来深圳特区访问。市委书记梁湘等会见了朝鲜客人。

4月23日 首届深圳书市在深圳展览馆开幕。这次书市，规模盛大，展销的图书包括香港70多家出版社出版发行的中外文书刊共15大类1万余种。部分自然科学和应用技术类图书是美、英、日等国1982年内最新出版的图书。同时还选了逾千种台湾省的出版物在书市展销。

4月25日 根据中央、广东省委整党的部署，深圳市委决定以中国银行深圳分行、市电子工业公司、市机械厂为全市整党试点单位。市委已派出干部到上述3个单位开展整党试点工作。

4月26~28日 应中共中央邀请，加蓬民主党总书记邦戈的常任总代表莱昂·澳热率领的加蓬民主党代表团一行20人来深圳特区参观访问。市委书记梁湘会见了客人。

4月28日 深圳市政府向省政府呈送《关于兴建深圳市民用机场的请示报告》。

报告阐述了建民用机场的必要性，提出了机场选址方案、机场规模及资金来源等。

4 月 28 ~ 29 日　以深圳市政府秘书长甄锡培为首的深圳代表团和以政治顾问麦若彬为首的香港代表团在深圳举行会谈，小结"深港协议"半年来的执行情况。双方彼此对合作的进展表示满意。

5 月 2 日　中国银行深圳分行、香港招商局、香港上海汇丰银行、香港美丽华酒店企业公司达成协议，合资在蛇口工业区兴建并经营南海酒店。总投资为 8000 万港元，占地面积 3.5 万平方米，其中有 2 万平方米是移山填海造地。楼高 9 层，背山面海，年内动工，拟于 1985 年年初建成营业。

5 月 5 ~ 7 日　中共中央政治局委员宋任穷同志视察深圳特区。

5 月 10 日　经国务院批准，国家教育部正式下发文件通知，同意增设深圳大学等五所高等院校。

5 月 10 ~ 12 日　深圳市政府举行全年内联企业工作会议。这次会议，是深圳兴办特区以来的第一次大型内联工作会议。来自全市工交、基建、财贸战线及以上内联企业的负责人，市政府有关委、办、局（公司）以及中央各部和有关省市驻深圳单位的代表，共同研究了如何进一步搞好特区内联工作。会议认为：深圳试办经济特区以来，在中央各部门和各省、市、自治区的大力支持下，内联工作取得了显著的成绩。与会代表普遍认为：特区以内地的资金、技术为后盾，发展内联事业，是加速特区经济繁荣的一条重要途径。

5 月 13 ~ 16 日　由印度共产党总书记南布迪里巴德率领的印度共产党（马克思主义）中央代表团，在中联部顾问张香山、广东省委常委杨应彬等同志陪同下对深圳市进行参观访问，受到深圳市委书记梁湘等同志的热情接待。

5 月 14 日　深圳市政府卜发《深圳经济特区近期内联企（事）若干政策的暂行规定》，有总则、土地使用费、税收、内地人员户口和办理边境证、产品原材料进出口和销售、利润保障、资金筹集、附则 8 章 25 条规定。

5 月 16 日　深圳市政府批准中国海洋石油公司与美国贝克海洋公司成立中国南海贝克钻井有限公司，协议投资 1.4 亿港元，合资年限 5 年。

5 月 17 日　法国东方汇理银行深圳代表办事处在深圳开业，深圳市市长梁湘、副市长周溪舞参加了开业仪式并剪彩。

5 月 17 ~ 20 日　新华社香港分社主要领导访问深圳经济特区。

5 月 20 日　法国国家巴黎银行深圳代表办事处在深圳开业。深圳市市长梁湘、副市长周溪舞参加了开业仪式并剪彩。

5 月 22 日　应英国英格兰贸易发展局邀请，周鼎副市长率领深圳经济特区考察小组一行 5 人离深赴英访问。

△　国务委员张劲夫视察深圳经济特区。

5 月 25 日　光大实业公司董事长王光英①访问深圳特区。王光英董事长说：我是为支援深圳经济特区建设而来的，香港的繁荣和深圳特区的发展有着密切的联系，我对香港和深圳特区的前途充满信心。

△　深圳第一座高层商业楼宇——国际商业大厦正式落成。

5 月 27 日　深圳市委、市政府向县以上单位下发《批转市清理私人建房领导小组〈关于清理和处理深圳市国家职工、干部私人建房问题报告〉的通知》。

5 月 29 ~ 30 日　罗马尼亚司法部部长格奥尔基·基伏列斯库率领的罗马尼亚司法部代表团一行 7 人，由司法部部长邹瑜陪同到深圳特区参观访问。周溪舞副市长会见了客人。

5 月 30 日　深圳市政府公布《深圳市第一批文物保护单位》，分别是：①东江济南纵队指挥部（1938 年）；②南头城南门和北城墙（明代）；③鹏城南门、东门（明代至清代）；④赤湾左炮台（明代至鸦片战争）；⑤大梅沙古遗址（原始社会至周、汉代）；⑥宋少帝墓（1279 年南宋末代皇帝）；⑦刘起龙墓（清嘉庆、道光年间历史人物）。

6 月 6 日　深圳市全国六届人大代表出席了在北京开幕的六届全国人大一次会议。他们分别是梁湘、黎克强、吴柏森和曾鹏。

6 月 7 日　为促进特区文化事业的发展，适应对内对外宣传，深圳市委、市政府向广东省委呈送《关于深圳市成立（海天）出版社的报告》，出版社将出版政治、经济、科学、技术、管理、文化艺术等方面的书籍。

6 月 10 ~ 11 日　深圳市委召开县以上党委领导干部会议，由市委常委刘波传达省纪检工作会议精神，市委常委周溪舞做了会议总结。

6 月 11 ~ 13 日　朝鲜贸易部部长李成禄一行 7 人访问深圳特区，周溪舞副市长会见了客人。

6 月 13 日　深圳首先提出发行股票，市政府批准三和有限公司成立，筹划、发行深圳三和股份公司股票，准备到天津上市向公众发行。某国务委员以特区只能利用外国资金，不能发行股票到内地筹集资金，扼杀了此项改革，拖到 1987 年深圳发展银行正式发行股票，深圳发行股票因此延迟了 4 年。

---

①　王光英（1919 ~　），中国光大（集团）有限公司、光大实业公司董事长兼总经理、名誉董事长。后曾担任第八届、第九届全国人民代表大会常务委员会副委员长。

△　在京参加全国六届人大会议的梁湘市长在接受新华社记者采访时说，从今年下半年到明年上半年，深圳特区要完成六项工作：为工业大发展打下良好基础；改变特区交通、电力不畅通状况；完成 20 平方公里城区建设，为客商创造良好的投资环境；基本形成特区管理态势；改革要取得明显成效；筹建八大文化设施。

6 月 15 日　邓小平同志在听取谷牧副总理汇报特区工作情况时指出：特区要坚决办下去，不能动摇；特区的发展要与香港互为依托，两家联合起来打进国际市场。

6 月 20 日　周溪舞副市长率领深圳特区贸易考察组一行 6 人出访法国、意大利和英国。

6 月 27 日　香港渣打银行深圳代表办事处正式开业。

6 月 28 日　深圳市委召开纪念建党 64 周年大会，1500 人参加。市委领导人出席了大会，林江代表市委做了题为《增强党性锻炼，办好经济特区》的报告，方苞宣读了市委表彰 99 个先进党支部、397 名优秀党员的决定。

6 月 30 日　深圳市委在西丽湖度假村召开老党员座谈会，有 27 名抗战时期的老同志出席。市委书记梁湘、副书记周鼎出席并与老同志座谈。

7 月 1 日　深圳市蛇口律师事务所①正式开业。

7 月 4 日　应梁湘市长邀请，香港工商界、教育界、文艺界、新闻界、卫生界 55 位知名人士访问深圳特区。

7 月 5 ~ 7 日　以日中经济协会理事长井上猛为团长的日本 22 家大型企业代表团一行 27 人参观访问深圳经济特区，探讨对特区投资的可能性。梁湘会见并宴请了客人。

7 月 5 ~ 8 日　教育部副部长黄辛白同志和中国人民大学副校长谢韬同志一行 6 人，由广东省高教局副局长黄其江同志陪同，来深圳参观考察，重点是就深圳大学的筹备工作进行检查部署。

7 月 6 日　深圳市政府颁布关于"深圳经济特区居民证""深圳经济特区暂住证"的暂行规定。有常住户口、外来人员、外驻单位、外资企业、领证手续、清理范围、罚则、附则等内容条款。

7 月 10 日　下午 3 时，深圳友谊商场发生持刀抢劫重大案件，友谊商场售货员曾健、飞鹏、谢仰彬，香港黑社会骨干分子殷清强，市药材公司试用工江保成，宝

①　蛇口律师事务所是律师执行职务的工作机构，受国家司法行政机关的组织领导和业务监督，接受国家机关、企业事业单位、社会团体、外资企业、中外合资企业的聘请，担任法律顾问，为聘请单位就业务上的法律问题提供意见，审查或草拟法律事务文书。如直接参与经济合同的谈判、协议、合同章程的审查、草拟等事项，代理参加诉讼、调解或者仲裁活动，维护聘请单位的合法权益。

安县农民彭子军等人，内外勾结，手持刀和匕首闯进友谊商场四楼收款室，以暴力胁迫三名收款员，并将他们捆绑，抢去外汇券28100多元、人民币6500多元。在公共场所光天化日之下蒙面抢劫，在深圳市系首次发生，在全国也实属罕见。当天下午，广东省委第一书记任仲夷来深圳检查工作。在深期间，他专门就友谊商场的经营管理，整顿城市交通、卫生，努力办好新园招待所、西丽湖度假村，办好深圳电视台，教育群众多看内地电视，特区重点发展工业等问题讲了重要意见。

7 月 12～13 日　以杨亨燮议长为团长的朝鲜最高人民会议代表团，在全国人大常委会委员符浩、广东省人大常委会副主任曾定石等陪同下访问深圳特区。

7 月 14 日　深圳特区发展公司与香港合和中国发展（深圳）有限公司合作改造深圳火车站和口岸联检大楼举行开工典礼，该项协议规定外方投资 3 亿港元，合作年限 25 年。该工程包括一座新火车站、一幢联检大楼、一座人行天桥、罗湖口岸水平履带电动电梯等项目。

7 月 15 日　以市长梁湘为团长、副市长罗昌仁为副团长的深圳市考察团一行 13 人应日本兼松江商株式会社长村漱利直和中国香港合和公司总经理胡应湘邀请，取道香港赴日本访问、考察。在港期间，代表团受到香港各界热烈欢迎。

△　深圳—珠海航海线正式开航，周鼎副市长主持剪彩仪式。

7 月 24 日　经批准，"宝安县联合投资公司"成立。这家公司不同的地方在于，它采用认购股份发行股票的方式筹集资金，从事房地产、农工商、林牧渔业等开发性经营。公司一成立，就已接受 17.1 万股入股，入股金额高达 171 万元。1991 年，宝安县联合投资公司改制后成为深圳宝安实业有限公司。在改革开放的历史上，深圳宝安实业有限公司被认定为国内第一家公开发行股票的企业。随后的 8 月 14 日，深圳银湖旅游中心也发行了股票，认购近 2.22 万股，共计人民币 22.2 万元。

8 月 5 日　广东省委组织部通知，经省委批准决定：邹尔康任深圳市委常委；甄锡培任深圳市副市长。

8 月 8 日　深圳亚洲大酒店破土动工。

8 月 16 日　深圳特区组建远洋船队，市航务公司"南鲲"号首航伦敦。

△　美国花旗银行深圳代表办事处开业，这是在深圳经济特区开设代办处的第一家美资银行。

8 月 19 日　深圳市委下发《坚决贯彻执行党中央关于严厉打击刑事犯罪活动指示的实施方案》，市委要求各单位认真执行"坚决打击，一网打尽"的方针，对严重危害社会的刑事犯罪分子要依法从重、从快、从严惩办。

8 月 20 日　深圳市政府批准深圳粤华企业公司与新加坡南亚私人有限公司、新加坡万年夹板有限公司合作成立笋岗仓库企业有限公司，经营仓储、运输业务。协议规定，新加坡企业投资 3.2 亿元，合作年限 20 年。

8 月 22 日　英籍华人社团联合会主席文良先生及其夫人、公子，旅英华侨兰胜先生，新界商业总会秘书长凌宏仁先生访问深圳特区。梁湘、周鼎、邹尔康等领导会见了客人。

8 月 23 日　深圳市委、市政府在深圳戏院举行大会，给 242 名离休老干部颁发离休荣誉证，市领导梁湘、周鼎、周溪舞、方苞、刘波、邹尔康、甄锡培等出席了大会。

△　深圳市人民政府发布《关于一定要保证深圳大学按期开学的紧急通知》，要求全市各有关单位和部门抓紧时间，确保深圳大学正常开学。

8 月 25 日　西班牙共产党中央执委、书记处书记西蒙·桑切斯·蒙特罗和弗朗西斯科·罗梅罗·马林偕夫人访问深圳特区。市委书记梁湘、秘书长邹尔康等会见了客人。

△　沙头角中英街由深港双方合作开始维修路面，费用亦由双方各负担一半，预计 10 月 5 日完工。

8 月 26 日　深圳市政府颁布《深圳市实行劳动合同制暂行办法》，共 18 条。本办法颁布后，深圳市所有国营企业、事业单位、国家机关、团体以及县以上集体所有制新增的工人一律实行劳动合同制。

8 月 28 日　广东省委第一书记任仲夷在深圳特区检查指导工作。

△　著名科学家、两院院士、清华大学副校长张维教授等在清华大学校长高景德、中国人民大学副校长黄达和深圳大学筹委会副主任黄其江等陪同下到达深圳，受到深圳市委和市政府的热烈欢迎。深圳市委书记、市长梁湘，市委常委、市委秘书长邹尔康，副市长、市政府秘书长甄锡培和省委宣传部部长林江等，向张维等著名学者介绍了深圳特区的建设成就，并就深圳大学的建设问题和张维等座谈交换了意见。深圳大学由张维担任首任校长。深圳大学党委书记、第一副校长由清华大学党委副书记罗征启担任，副校长由经济学家方生担任。

8 月 29 日　中共中央政治局候补委员、国务委员陈慕华视察深圳特区建设工作。

8 月 30 日　深圳市中级人民法院依法判处走私、索贿犯林城死刑，立即执行。林城是深圳市打击严重经济犯罪活动中被处以极刑的第一个犯罪分子。

8 月 31 日　新华社报道深圳经济特区在实行对外开放中锐意改革，促进经济迅速发展，夺得全国 10 个第一。

9月1日　深圳联检大楼正式破土动工。深圳联检大楼坐落在与香港一河之隔的罗湖桥头，是我国陆路最大的旅客口岸。楼高60.35米，12层，总投资1.6亿港元。

△　孟加拉人民共和国编制与改革部长穆哈巴特·简·乔杜里少将夫妇一行4人，由外交部部长助理刘述卿夫妇陪同，访问深圳特区。甄锡培副市长会见了客人。

9月4日　经深圳市中级人民法院裁决，友谊商场抢劫案依法宣判，持刀抢劫犯曾健、谢仰彬、殷清强、彭子军被判处死刑，立即执行，江保成判处死缓（因未满18周岁）。

9月8日　深业贸易有限公司在香港开业。它是深圳特区第一家驻外贸易业务机构。新华社香港分社主要领导，香港各界以及20多个国家驻港领事、商务专员，1000多家华资、外资银行代表，日本日铁株式会社的特派代表共700余人出席开业酒会。梁湘市长、甄锡培副市长、邹尔康秘书长专程赴港参加开业典礼。

9月8～9日　强度为9级，阵风为12级的9号台风袭击深圳，造成全市5人死亡，10余人受伤，经济损失严重。

9月12日　广东省人大常委会主任罗天率领人大视察组到深圳特区视察。专门就《深圳经济特区行政管理暂行规定》《深圳经济特区商品房管理规定》两个单行法规的修改事宜与市立法部门和各界人士举行座谈。

9月13日　深圳市政府下发《关于基建工程兵2万人集体转业改编为深圳市施工企业的通知》，指出，基建工程兵2万人集体转业，任务艰巨，工作量大，各有关部门要加强领导，通力协作，紧密配合，认真做好改编动员和思想政治工作，保证完成改编任务。

9月15日　深圳市委和基建工程兵领导为2万基建兵举行了隆重的换牌仪式。2万解放军正式脱下军装，集体转业到深圳参加特区的现代化建设。

9月20日　深圳市委召开全市思想政治工作会议，市委副书记周鼎做了题为《深圳市思想战线工作的形势和任务》的工作报告；市委书记梁湘做了题为《切实加强思想政治工作，努力开创特区建设新局面》的总结报告；广东省委宣传部部长林江到会并讲话。

9月23日　全国政协常委、著名经济学家千家驹教授来深圳，在参加深圳思想政治工作会议上，做了题为《如何提高经济效益问题》的报告。应深圳市经济学会的聘请，千家驹教授同意担任深圳市经济学会名誉会长。

9月25日　经国务院和广东省人民政府批准，深圳经济特区招商局蛇口工业区码头正式成为国家对外开放口岸。新建的客运码头和联检大楼启用。凡持有合法证件的旅客可直接从蛇口码头进出过境。

△ 深圳市首届中秋山歌（民歌）歌会分别在深圳戏院和香蜜湖度假村举行。同时，成立了深圳市山歌（民歌）歌社。

9 月 26 日 深圳红十字会正式成立。会长是甄锡培，副会长分别是贾世荣、蔡自强、陈晋添、刘杰、赖熙。深圳红十字会总投资 110 万元，总建筑面积 3000 平方米，门诊部已在上步路动工。

9 月 27 日 深圳大学成立暨首届开学典礼大会在深圳戏院隆重举行。来自北京、广州的党政机关、教育界和香港教育界、工商界、新闻界的嘉宾，深圳市党政机关、团体的代表和深圳大学全体师生员工 1000 多人参加了大会。出席开学典礼的有全国人大常委会委员、清华大学名誉校长刘达，北京大学校长张龙翔，中国人民大学副校长谢韬，华南工学院院长刘振群，香港中文大学工商管理学院院长闵建蜀，中国社会科学院顾问、汕头大学名誉校长许涤新等兄弟院校代表；广东省委和省政府负责人刘田夫、吴南生、杨应彬、彭士禄、王屏山、杨康华；香港教育界、新闻界、工商界的知名人士杜祖贻、陈源锴、陈达明、霍震寰等。大会由深圳大学首任党委书记、第一副校长罗征启主持。深圳市委副书记周鼎宣读了国务院和省委关于深圳大学校长、党委书记、副校长的任命通知。张维校长在一片掌声中首先致辞。他代表深圳大学全体师生员工对参加这个盛会的各位领导和来宾表示热烈欢迎并介绍了深圳大学的教学方针、培养人才目标等。深圳市委书记、市长梁湘，广东省副省长王屏山，分别在会上发表了热情洋溢的讲话。广东省高教局顾问林川、省委宣传部副部长杜联坚、清华大学党委书记林克分别代表教育部、广东省委宣传部和清华大学宣读了贺信。最后，梁梅同学代表首届新生在会上讲话。她说，为了无愧于时代的要求，无愧于特区人民和祖国人民的殷切期望，我们决心攀登科学文化高峰，做品学兼优的大学生。

9 月 28 日 著名经济学家、中顾委委员、社会科学院顾问于光远教授来深圳大学做专场学术报告。

10 月 1 日 深圳市从事对外经济法律事务的专业性机构深圳市对外经济律师事务所正式成立。

10 月 2 日 南斯拉夫内务部长多兰茨率领内务部代表团一行 4 人，由公安部部长李广祥陪同到深圳特区参观访问，市委书记梁湘会见了客人。

10 月 6 日 应梁湘市长、周鼎副市长的邀请，旅欧华侨同乡会会长陈锦昌，英国华人社团联合会副秘书长廖贵元一行 9 人，到深圳特区参观访问，梁湘、周鼎在香蜜湖会见了客人。

10月12日 深圳直升机场正式投入使用。

10月15日 深圳国际科教食品、医疗器械、电脑展览会在国商大厦开幕，来自美国、英国、联邦德国、日本、瑞士、加拿大和中国港澳地区的160名客商和内地各省份来宾2000多人出席了开幕式。

△ 应日本北海道拓殖银行的邀请，由周鼎副市长率领的深圳特区赴日访问团一行10人，启程途经中国香港访问日本。

10月17日 为筹募深圳市儿童福利基金，著名粤剧表演艺术家红线女以及广州粤剧团一行80人在深圳举行两天义演。

10月21日 意大利共产党中央委员、中央党校工作部部长克迪奥·韦尔迪尼率领的意共党校代表团一行5人到深圳参观访问。市委常委周溪舞会见了客人。

10月22日 中国海达钻井有限公司在珠江口外盆地开钻。市政府表示将全力为海上钻探服务，欢迎海员们到深圳度假旅游。

△ 深圳市政府颁布《深圳市工业区管理条例》，分总则、管理机构等4章18条。

10月25日 以匈牙利外贸部部长韦什·波德为团长的匈牙利贸易代表团一行9人到深圳特区参观访问。甄锡培会见了客人。

10月26日 深圳市政府批准特区发展公司与香港汉贸工程及拓展有限公司合资建造发展中心大厦。协议规定香港公司投资1.5亿港元，合作年限25年。

10月27日 深圳市委组织部通知，经广东省委批准：沈士义任深圳市委常委。

10月29日 深圳市委宣传部和市经济学会联合召开理论讨论会，深入探讨特区经济的性质问题。这是深圳市第一次举办的专题理论讨论会。

△ 由美国北伊利诺斯大学新闻学教授唐纳德·布洛德博士为团长、美国各地七家中小报纸的发行人和编辑组成的美国新闻工作者访华团一行16人在深圳访问参观。

10月30日 由奥地利副总理兼工商部部长诺贝特·施特格尔博士率领的奥地利政府代表团一行24人从广州乘火车抵深圳参观访问。甄锡培副市长会见了客人。

10月 深圳市"万丰彩星玩具厂"成立。这家由农民自行组织、村集体和农民个人合资兴办的企业是全国第一家农村股份制公司。从此，"万丰模式"在深圳村镇被广泛推广效仿，农村股份制蓬勃兴起，为中国农村经济的发展探索出了一条成功的道路。1991年1月28日，国家计委、国务院发展研究中心、中国乡镇企业协会、中国企业评价协会的诸多知名专家学者，在人民大会堂广东厅举行"万丰模式研讨会"，邓小平同志兴致勃勃地接见了与会成员。

10 月 31 日　三洋株式会社在深圳设立的日本第一家独资企业三洋电机（蛇口）有限公司成立。

11 月 3 日　联邦德国著名经济学家古托夫斯基教授偕夫人一行 4 人到深圳特区考察，周鼎副市长、邹尔康秘书长会见了客人。

11 月 7 日　深圳蛇口工业区旅游公司和香港海通有限公司等 5 家公司联合经营的海上世界股份有限公司签约。

11 月 10 日　中国海洋直升机专业公司在深圳市隆重开业。来自美国、英国、日本、法国、新加坡和中国香港等国家和地区的 40 家石油公司、飞机操作公司的代表及全国各界人士、深圳市有关部门负责人共 400 多人出席了开幕仪式。中顾委副主任薄一波、国务委员谷牧发来贺电。副省长李建安为典礼剪彩，梁湘市长做了讲话。

△　由联合国跨国中心、亚洲及太平洋经济社会委员会、中国国际贸易促进委员会首次合办的"经济特区讲习班"正式结业。来自 12 个国家的 30 多位代表参加了本次学习。

11 月 11 日　由深圳市电讯公司与英国大东电报局公共有限公司合资经营的深大电话有限公司举行合同签字仪式。公司注册资本 2000 万元，合作年限 20 年。

11 月 12 日　深圳市八大文化设施之一——深圳市图书馆动工兴建。

△　深圳市委召开处级以上干部会议，传达广东省委召开的市、地委书记会议精神。

11 月 15 日　深圳市法学学会正式成立。深圳市委常委、市政法委员会主任方苞当选为会长，王常营、闻贵清、周焕东当选为副会长。会上通过了《深圳市法学学会章程》；选举产生了该会第一届理事会；举行了学术讲座。

△　广东省人大六届常委会四次会议通过《深圳经济特区商品房产管理规定》，有总则、房产预售、房产权转移等共 8 章 52 条，1984 年 1 月 23 日由省人民政府颁发施行。同时通过了关于授权省人民政府批准《深圳经济特区调整土地使用费收费标准》的通知。

11 月 16 日　国务院副秘书长吴庆彤来深圳特区检查工作。

11 月 17 日　法国兴业银行深圳代表办事处正式开业。兴业银行国际部总经理布迪先生专程前来主持开业仪式。梁湘市长剪彩，甄锡培副市长讲话。

11 月 18 日　深圳市政府颁布《深圳市实行社会劳动保险暂行规定》，有使用范围，社会保险费提取标准和办法等共 13 条。

△　深圳市政府召开深圳市 2 万基建工程兵改编大会。梁湘市长、罗昌仁副市

长讲话。

△ 深圳市委决定，蛇口工业区成立市辖行政区，按现有四个市辖区的办法设置机构。

11月23日 广东省人民政府发出通知，发布《广东省人民代表大会常务委员会关于授权省人民政府批准深圳经济特区调整土地使用费的决定》的文件。

11月24日 团省委召开的首届特区团的工作研讨会在深圳举行。

11月25日 中共中央书记处书记、国务委员谷牧同志在深圳特区视察。谷牧等听取了深圳市委书记梁湘等关于特区建设的工作汇报，先后参观了罗湖小区的高层建筑群，正在施工的火车站改建工程，在蛇口工业区参观了日本在中国投资的第一家独资企业——三洋电机（蛇口）有限公司等项目。他指出，特区建设成绩很大，但困难也很多，要引进一些技术密集、知识密集的企业。作为世界先进技术、先进管理办法的窗口，任务还很艰巨，要下决心用10年时间认真办好特区，真正办出个样子来。

11月28日 深大电话有限公司举行成立典礼。邮电部副部长朱峰、广东省副省长匡吉、深圳市市长梁湘、英国大东电报有限公司董事局主席夏普共同剪彩。我国邮电系统第一台二千门全数字程序控制集装箱可移动式交换机验收合格，正式交付使用，同日举行了开通移交仪式。

△ 由深圳特区发展公司与香港联城企业公司合作开发文锦渡联城开发区首期工程举行奠基典礼。

11月29日 应梁湘市长邀请，香港中华总商会等社团及知名工商界人士梁秉达、胡应湘、叶若彬、刘雨亭、刘森波、何寿康、霍震寰、郭炳湘等28人访问深圳经济特区。

11月30日 国务院副总理田纪云，由省政府秘书长李祥麟陪同视察深圳经济特区。他在参观了市容、工厂、农村、口岸、旅游点和蛇口工业区后说："眼见为实，深圳特区建设发展之快出乎意料，已经初具规模，可以说，它显示了我国现代化建设的高速度、高质量、高效益。"他还说，特区要在引进先进技术、培养人才和积累资金三个方面争取更大成绩，为社会主义现代化建设做出贡献。他称赞特区基础工程建设搞得不错，发展很快，一日千里，不是年年变，而是月月变，日日变，对外已产生了吸引力。

12月1日 《深圳特区报》由周刊正式改为日报。

△ 越南黄文欢同志在中联部二局局长黄群陪同下抵深圳参观访问，梁湘市长到火车站迎接并宴请了客人。黄文欢同志说，深圳的建设成就给他留下了深刻的印

象，并写诗赞道："深圳特区，日新月异，开放政策，卓有效力。"

△ 中国民航服务公司今起对深圳市 2000 多平方公里的土地、190 多公里海岸进行大相幅、多光谱遥感拍摄，拍下了 700 多张大相幅多光谱照片，对深圳土地资源和海岸带资源进行了详细调查，为深圳市的经济建设和农业生产提供科学依据。

12 月 3 日 由智利生产发展委员会主席塞尔希奥·佩雷斯少将为团长的智利贸易代表团一行 11 人到深圳特区参观访问，甄锡培副市长会见了客人。

12 月 5 日 应新加坡经济发展局邀请，梁湘市长率领深圳经济特区访问团赴新加坡访问。

△ 广深铁路电气化工程筹备进展加快，深圳北站开始施工扩建。

△ 深圳特区第一家钢筋加工厂——深韶钢筋公司投产。

△ 日本三和银行深圳代表处开业。

12 月 6 日 深圳纪念广东人民抗日游击队东江纵队成立 40 周年活动从今天起拉开序幕。市委、市政府邀请东江纵队领导和部分老战士参加庆典。叶剑英、徐向前、聂荣臻元帅为纪念东江纵队成立 40 周年题字、题词。王震发来贺信。廖承志生前为《东江纵队历史》一书写了序言。

12 月 7 日 深圳—广州海运客运航线正式通航。

12 月 8 日 广东省政府、深圳市政府决定，在南头兴建大型综合石油城，总面积 3 平方公里，总投资 4000 万元，由南海石油深圳联合服务总公司负责开发。

△ 新华实业总公司在深圳成立。

12 月 9 日 福建省委第一书记项南、省长胡平在广东省委书记吴南生陪同下来深圳特区参观考察。

△ 深圳市政府梁湘市长发出唁电哀悼何贤先生，副市长甄锡培赴港参加向遗体告别等活动。

△ 由福建省委第一书记项南、省长胡平率领的福建省代表团，在广东省委书记吴南生和深圳市委副书记周鼎等同志陪同下，对深圳经济特区进行了参观考察。

12 月 10～15 日 中国建筑工程总公司第四次董事会在深圳召开，会议研究了向内地推广深圳建筑行业的先进技术和管理办法，推动建筑行业改革等问题。

12 月 12 日 蛇口工业区工资改革方案出台，实行基本工资加岗位、职务工资，加浮动工资的工资改革方案。

12 月 14 日 中国南山开发股份有限公司与新加坡海洋联合服务私人有限公司在深圳蛇口工业区签署了联合组成赤湾石油基地股份有限公司，合资经营赤湾石油后勤基地的协议。协议投资 2000 万元，合作年限 17 年，由 10 名董事组成董事会，中方 7 名、新加坡 3 名，袁庚任董事长，聘请新加坡专家担任总经理。周鼎副市长出席了签字仪式。

△ 以副市长甄锡培为团长的深圳代表团一行 8 人应香港政治顾问麦若彬的邀请前往香港就深港增辟边境通道协议执行情况进行小结性会谈，原则上确定沙头角、文锦渡新桥、落马洲大桥、罗湖新行人天桥、梅沙—香港旅游轮渡码头等口岸的开放时间。

12 月 15 日 经国务院、国家计委、铁道部批准，中国铁路运输系统第一个新型的经济实体——广深铁路公司①在深圳市成立。副省长刘俊杰，广州市副市长赖竹岩，深圳市副市长周鼎，广州铁路局局长、广深公司总经理杨其华出席了成立典礼。

△ 全国政协副主席陈再道视察深圳经济特区。

△ 中国建筑深圳设计公司成立。

12 月 16 日 以美国佛蒙特州州长理查德·斯内林为团长的美国州长代表团到达深圳参观访问。斯内林先生说：祝贺深圳特区有一个宏伟的规划，这个规划在全世界所有出口加工区中是最宏伟的。他还说：美国《纽约时报》等各大报刊都报道过深圳特区的建设情况，朋友们也说到中国访问一定要到深圳参观。我相信，深圳特区本身就可以大大促进美中两国的贸易发展。

△ 深圳市委、市政府召开全市计划生育工作会议，市委常委方苞做了工作报告，12 个单位和个人在会上介绍了经验。

△ 深圳市委召开全市组织工作会议，传达贯彻省组织工作会议精神，市委副书记周鼎、市委常委刘波出席会议并讲话。

12 月中旬 由南方医科大学和香港深联企业有限公司合资兴办的南方医院深圳医疗研究中心，最近经深圳市政府批准正式建立。

△ 中国建筑深圳设计公司②成立。

12 月 18 日 深圳国际商场、香江酒楼同时正式开业。国际商场是特区发展公司经营的大型商场，以经营进口、出口高中档商品为主，营业面积 2200 平方米。香

---

① 广深铁路公司是一个实行独立经营，自负盈亏，具有法人资格的经济实体。其主要任务是经营广州至深圳的铁路货运和客运业务，负责筹集资金进行广深铁路电气化复线改造以及有关铁路方面的对外服务。

② 该公司是中国建筑工程总公司下属的四个建筑设计公司之一，它的主要任务是承担深圳地区高层楼宇、工业建筑、民用住宅、宾馆商场、旅游等建筑项目的设计、规划、审核和建筑工程新工艺、新材料、新设备的试验和试制。同时为特区培训担负工程设计和施工的专门人才，提供有关咨询和技术服务等。

江酒楼是特区发展公司与香港翡翠城发展公司、江苏省镇江饮食公司三方合资经营的企业，总投资 2000 万港元，营业面积 3600 平方米。

12 月 20 日 上海时装展销会在深圳开幕。

12 月 21 日 深圳市食品饮料工业公司与比利时工程企业有限公司合资兴办深圳矿泉水厂。

△ 应深圳大学和深圳市经济学会的邀请，著名经济学家、中国人民大学教授吴大琨一行 5 位知名学者来深圳讲学。

12 月 22 日 新西兰副议长约翰·勒克斯顿偕夫人及新西兰议会外资事务特委会主席一行开始对深圳进行友好访问。周溪舞副市长会见了客人。

△ "深圳摄影作品展"在香港展览中心开幕。展出优秀作品 250 幅。这是特区成立后摄影艺术作品第一次在香港展出。甄锡培副市长专程赴港参加开幕式剪彩，3000 多名香港知名人士出席了开幕酒会。

△ 以法共中央委员、法共马克思主义研究院领导成员雅克·尚巴滋为团长的法共马克思主义研究院代表团一行 3 人到深圳特区参观访问。市委常委邹尔康在雅园宾馆会见了代表团全体成员。

12 月 23 日 深圳市科技馆动工兴建。总建筑面积 1.2 万平方米，总投资 900 万元，主楼高 9 层，是一座八角楼，是深圳八大文化设施之一。

12 月 26 日 法共中央委员、法国《人道报》总编辑勒内·安德里厄夫妇，《人道报》驻北京记者罗朗·巴鲁埃一行 3 人抵达深圳访问。

12 月 27 日 深圳市重点建筑工程——深圳金融中心动工。金融中心位于深南大道与红岭路交叉口的东南角。由中国人民银行深圳分行、中国人民建设银行深圳分行、市财政局、市税务局和市饮食服务公司合资兴建。总建筑面积 115000 平方米，楼体高 105 米，共 30 层，是一项多功能的综合性建筑。

△ 深圳市委召开县科级以上干部会议，由梁湘市长做访问新加坡的报告。他说，这次到新加坡访问考察，感受很深，收获很大，他们的一些经验很值得我们借鉴。我们一定要继续努力，进一步改善深圳投资环境，实行更加优惠的政策，吸引外商来投资置业，引进一批技术、知识密集型的先进工业。

12 月 29 日 深圳市委下发《关于市辖区的性质、任务、机构设置和工作分工问题的若干规定》。内容主要有：①经国务院、广东省政府批准，深圳市成立罗湖、上步、南头、沙头角四个行政区。②四个行政区属县级建制，成立区委，目前属市委派出机构，行使地方一级常委职能；行政管理设立办事处，是市政府派出机构，为今后作为特区政府过渡，现在起行使一级政权机构职能。③特区的中心任务是努力把七区建设成为政治稳定、经济稳定、社会稳定的良好投资环境。目前四个区基本上还是农村，当前和今后的重要工作是组织好农村变为城市，农民转为工人，使整个特区从组织、结构到人的思想作风、工作生活习惯等尽快适应现代化城市建设。④市、区分工，对财政、工业、商业、税务、卫生、劳动、市政建设等都做出了规定。

△ 梁湘市长在市政府贵宾厅会见了香港知名企业家、妙丽集团主席、省六届政协委员刘天就先生。邹尔康秘书长会见时在座。

12月30日 深圳革命烈士陵园动工兴建。该园位于婆岭山上，毗邻银湖旅游中心。

12月31日 新华社年终稿报道深圳特区建设成就：深圳特区建设速度罕见，现代化城市雏形已经形成，从罗湖到上步24平方公里的新城区出现在人们面前；办特区以来基建总投资达19亿元，竣工总面积350万平方米；工业生产日新月异，已建成200多家工厂，多是引进外资和先进技术设备建设起来的。

△ 广东省核电站服务公司正式成立。

△ 金城大厦三期工程一共6幢26层楼宇全部封顶，工期比原计划分别提前了一个半月、4个月和7个月。

12月底 中共中央书记处书记、国务委员谷牧在福建省就特区及对外经济活动进行调查研究时反复强调：对外开放，对内搞活经济，这是党的十一届三中全会确定的方针、政策；当前迫切的任务是要认真总结经验，坚定不移地把特区和对外经济活动搞好。

1984年

1月1日　深圳市委书记梁湘在《深圳特区报》发表题为《谦虚谨慎乘胜前进》的新年祝词。他回顾了1983年特区所取得的成就。要求全市人民在新的一年里创造新的成就，做出新的贡献，为特区建设事业增添新的光彩。

△　中国工商银行深圳分行正式成立，并开始承办原来由中国人民银行深圳分行办理的工商信贷和储蓄业务。

△　根据《中华人民共和国律师暂行条例》的规定，经深圳市人民政府、广东省司法厅批准，原深圳市法律顾问处改名为深圳市律师事务所，并开始承办各项律师业务。

△　深圳电视台试播成功，首播时间从早上六点三十分到九点三十五分，梁湘市长在电视台向全市人民发表新年祝词。

△　由新加坡万年夹板有限公司与深圳粤华企业公司合作经营的5000吨冷库正式启用。这座大型冷库主库建筑面积19880平方米，占地面积2.2万平方米。

1月3日　由深圳市委宣传部和市文化局联合举办的新年文艺联欢晚会在香江酒楼举行。市委秘书长邹尔康发表即兴讲话，市长梁湘、副市长周溪舞等出席了晚会。

1月4日　中央音乐学院演出团在深圳成功举行首场音乐会。

△　深圳大学决定，从1984年起增设中国思想文化和土木建筑两个系，并开始正式招收学生。

1月5日　深圳市政府颁布《深圳市社会文化管理条例》。提出了对深圳市音乐茶座、音乐舞厅、文艺演出等文化娱乐活动的具体管理办法以及对黄色书画、淫秽物品的处理规定。

1月6日 由广东省文史研究馆书画家文史工作者组成的参观团来深圳特区参观访问。

1月7~8日 香港中文大学经济硕士访问团一行30人到深圳参观访问,市委副秘书长卢祖法接见了代表团成员并向他们介绍了深圳特区经济建设和发展情况。

1月8日 由中央顾问委员会常委王首道和湖南省委书记、省长刘正率领的湖南省代表团考察访问深圳经济特区。

1月9日 中央书记处书记胡启立在广东省委书记林若陪同下视察了深圳特区。在听取市委书记梁湘汇报后,他说:中央是很关心深圳特区建设的,是下决心把这件事办好的。希望你们振奋精神,继续前进,把特区办好。

△ 长52米,宽11.5米,4孔,高13米的钢筋混凝土结构,连接深圳、香港的文锦渡新桥开始动工兴建。

1月10日 深圳市委召开三级干部会议,市委书记梁湘做了题为《1983年工作总结和1984年任务》的报告。市委副书记周鼎做了会议总结。

△ 为了适应深圳经济特区城市建设迅速发展的需要,一座日供水量12万吨的现代化水厂正式动工兴建,预计6月底投产第一组日供水量6万吨的系列设备,整体设备将于1985年4月全部投产。

△ 梁湘市长会见香港陈氏教育机构有限公司陈丽玲女士、香港成人教育协会主席李汝大先生一行。

1月11日 广东省人大常委会批准《深圳经济特区技术引进暂行规定》以及《深圳经济特区涉外经济合同规定》。并于1984年2月8日起实施。

1月13日 深圳市第一间精神病防治机构——康宁医院开业。医院总投资150万元,建筑面积4367平方米。

1月14日 深圳湾大酒店主体工程正式完工,工程建筑面积2.8万平方米,预计4月份酒店的游乐场内15个项目将开业运营。

1月15日 深圳笋岗跨线立交桥正式通车,桥长88米,桥面宽31米,高12米,3孔。这是深圳特区第一座立体交叉桥,今后途经深圳来往香港、广州、惠阳之间的车辆不必再经深南大道绕行市区了。

△ 新华社播发消息,介绍了"深圳经济特区部署今年新任务,进一步开创特区建设的新局面"的消息。

△ 芬兰政府经济贸易混合代表团一行18人抵达深圳特区访问,并参观了蛇口工业区等地考察合作事宜。

1 月 15 ~ 17 日 应深圳大学邀请，来自香港和澳门地区各界教育工作者组成的香港教联会代表团和澳门中华教育会代表团共 25 人，到深圳特区参观访问，深圳大学校领导会见了代表团全体成员并会谈。

1 月 16 日 深圳发展中心大厦举行动工典礼。深圳市副市长周溪舞，深圳特区发展公司总经理、深汉企业有限公司董事长孙凯风，深圳特区发展公司副总经理高林，深汉企业有限公司副董事长、香港利贸有限公司董事长陈元堪为动工典礼剪彩。

△ 经电子工业部和深圳市政府批准，电子工业部驻深圳经济特区办事处正式成立。

△ 深圳市政府决定，成立深圳市群众文化工作委员会，它的任务是统一制定全市文化场所的建设，协调、安排重大群众文化活动，解决各文化部门之间在开展群众文化活动中存在的问题。委员会主任由周溪舞副市长兼任，副主任是李定、李伟彦。

1 月 16 ~ 20 日 由全国城市雕塑规划组副组长王克庆，雕塑家傅天仇、潘鹤、李祯祥，壁画家李化吉等同志组成的考察组在深圳考察了解城市雕塑建设规划情况。市委书记梁湘会见了考察组全体同志，并向考察组听取了关于城市规划的意见和建议。

1 月 17 日 澳大利亚新南威尔士州工业发展及分散经营部部长率领的新南威尔士州代表团一行 14 人抵达深圳特区参观访问。

1 月 18 日 广东省政府批准《深圳经济特区企业登记管理实施细则》，共 18 条款，由市政府颁布，于 1984 年 2 月 9 日起实施。

△ 深圳市第一座现代化五千吨冷库开业。

△ 下午 3 时，罗湖区建筑公司和一冶一公司工棚宿舍发生火灾，火势凶猛，浓烟冲天，持续了一个多小时才被扑灭。烧毁了一冶一公司的机械库、汽车库、几十间宿舍，损失在 100 万元以上。这也是深圳市近几年来最为严重的火灾。市长梁湘，副市长周鼎、罗昌仁、甄锡培，市公安局局长闻贵清都赶到现场了解灾情，指挥救火。

△ 日本驻香港总领事藤井宏昭以私人身份访问深圳特区，探讨投资事宜。特区发展公司在香蜜湖举行宴会欢迎。梁湘市长出席宴会并讲话，对他去年访日时得到藤井先生等日本朋友的热情接待表示感谢，并向日本朋友介绍了特区的发展情况。

△ 香港电视广播有限公司即无线电视台新闻及公共事务总监及记者一行到深圳访问，市委秘书长邹尔康会见了客人。

1 月 19 日 中共河南省委第一书记刘杰来深圳特区考察工作。

1月20日 深圳市电力微小通讯大楼破土动工,该大楼建筑面积6500平方米,共12层。

△ 深圳召开军政座谈会,市委书记梁湘、副书记周鼎等与驻深部队,市、县、区武装部,边防支队,边检站,公安部队,广州军区驻深办事处等领导座谈,回顾去年工作所取得的成绩并展望新一年的工作,周鼎在座谈会上讲话。

1月20~21日 深圳市政府召开深圳特区城市规划设计工作会议。深圳市委副书记周鼎强调要树立城市规划权威,维护城市规划的严肃性,保证城市总体规划真正得到实施,城市规划一经政府批准就具有法律效力。副市长罗昌仁出席并讲话,来自各县和22个村的负责同志300多人出席了会议。

1月20~22日 深圳市电子工业发展协调委员会成立大会召开,副市长周鼎及有关部门负责人出席了会议并讲话。

1月21日 深圳市当时最高的建筑楼宇海丰苑大厦经深圳市建筑验收委员会全面验收,被评为优良工程并交付使用。大厦建筑面积30641平方米,高96米,共34层高。

△ 美国麻省理工学院副教授西蒙参观深圳特区。

1月21~22日 深圳市首次民兵先进代表大会召开,民兵建设社会主义精神文明先进单位代表和先进个人100多人出席会议,市委书记、市长梁湘到会祝贺并发表讲话。

1月22日 为做好春节客运工作和食品供应,梁湘市长、甄锡培副市长到深圳火车站、食品公司检查工作。要求各项服务措施都应该安排到位,满足市场供应的需要。

△ 中华人民共和国深圳食品卫生检验所正式成立并开始对进口食品进行卫生监督检验,并办理对外出证业务。

1月22~24日 日本《读卖新闻》常驻北京记者荒井利明在深圳特区采访。

1月23日 坐落在罗湖区解放路的深圳书店正式开业,该书店为深圳市新华书店和香港三联书店合作经营,以经销香港及台湾省出版的工具书和科技书为主,兼营其他教育书籍。

△ 属深圳旧城改造首期工程的所有店铺、民房拆迁工作全面展开改建工程,预计工程将于1984年春节后开始动工。

1月23~24日 芬兰共和国《帮助》杂志社记者罗托宁等人应全国新闻工作者协会邀请,到深圳特区参观访问。

1月23~25日 以卢旺达扎伊尔河—尼罗河区域开发局局长詹姆斯·加萨纳为

团长的卢旺达农技人员代表团一行到深圳参观访问，深圳特区副秘书长卢祖法在泮溪酒家会见并宴请了客人一行。

1月24日 深圳市委决定成立市委整党指导小组，组长为梁湘，副组长为周鼎、刘波、邹尔康，组员包括闻贵清和林祖基。下设办公室，由张中林任主任，梁仲桓、古世英任副主任。

1月24~26日 中央政治局常委、中央顾问委员会主任邓小平和中央政治局委员王震、杨尚昆等中央领导同志在中共中央顾问委员会委员刘田夫，中共广东省委书记、广东省省长梁灵光等陪同下考察深圳特区。24日上午10时05分，邓小平在广东省委书记林若、省长梁灵光、广州军区政委王猛的陪同下乘坐专列来到深圳。邓小平说：办特区是我的主张，是不是能够成功，我要来看一看。中午12时06分，专列抵达深圳。下午3时半，在深圳新园六栋二楼会议室，深圳市委书记梁湘向邓小平、王震、杨尚昆汇报了深圳特区近几年的建设和发展情况。邓小平听完汇报说：我这次来，主要是看，只看不说。要讲呢，我回北京再讲。邓小平同志说：建设经济特区是中央提倡的，要来看看建设得怎么样。邓小平等在深圳特区期间，登上20层高的国际商业大厦，眺望正在建设中的新城区市容，对特区的建设发展速度表示满意。他们还访问了渔民村，到党支部书记吴柏森家里做客，了解当地的生产情况和群众生活情况。在蛇口工业区，邓小平等首先视察了微波通信站，而后到合资经营的华益铝材厂和海上旅游中心参观。邓小平同志应邀为中国首座海上旅游中心题名，挥毫写下"海上世界"四个字。在视察期间，梁湘在汽车上指着空地说：几个月内将盖起一座大学来，秋天学生在这里上课。邓小平听了十分满意，回北京就对人讲这是"深圳速度"。26日，邓小平等从蛇口港乘坐海军炮艇前往珠海特区。

1月25~26日 由深圳工业发展服务公司、深圳特区发展公司联合召开的在深中外银行代表迎春座谈会举行，感谢银行界对深圳特区建设过程中的大力支持和良好合作，并听取他们对进一步加强经济特区建设的意见和建议。出席的中外银行包括美国花旗银行、法国巴黎银行、法国兴业银行、法国东方汇理银行、英国渣打银行、日本拓殖银行、南洋商业银行、中国香港汇丰银行以及内地银行的代表等。

1月26日 深圳市第一间新婚影楼"飞鹏影楼"正式开业。

1月27~28日 以朝鲜民主主义人民共和国广播委员会副委员长李凤熙为团长的朝鲜广播电视代表团从广州抵达深圳特区参观访问，市委秘书长邹尔康会见并宴请了朝鲜客人一行，并向客人介绍了深圳特区发展建设情况和广播电视的发展情况。

1月28日 深圳中旅社与香港思豪洋行有限公司签订协议书，合作经营"深圳华侨大厦企业公司"，深圳方面提供土地7350平方米，港方计划投资3200万美元，合作年限 15 年。

　　△　广东省副省长刘俊杰向国内外石油界人士保证，广东省各级人民政府和各部门将全力支持中国南海石油的勘探开发事业。

　　△　应刘田夫同志的邀请，我国著名画家朱屺瞻先生书画作品展览在深圳展览馆隆重开幕，深圳市委书记、市长梁湘为开幕式剪彩并向出席开幕式的 93 岁高龄的朱屺瞻先生表示热烈祝贺。

　　1 月 29 日　在"深圳技术经济与管理现代化研讨会"上，水电部副部长、广东核电站建设总指挥、高级工程师彭士禄说，大亚湾核电站 3 月动工兴建，计划用 6 ~ 7 年时间建成投产。这是我国第一家大型核电站，总装机 180 万千瓦，每年发电 100 亿度，其中 70 亿度卖给香港，20 亿度供应广州，10 亿度留给深圳。广东核电站是资金、技术、知识高度密集型企业，总投资 38 亿多美元，主要设备用贷款从法国引进，20 年后还清全部贷款。

　　△　深圳市委、市政府在泮溪酒家召开迎春座谈会，亲切慰问长年辛勤地为深圳特区建设服务的深圳市服务行业的先进代表。市委书记、市长梁湘，市委副书记周鼎，市委常委方苞、邹尔康、沈士义，副市长甄锡培出席了座谈会，座谈会由深圳市委副秘书长李定主持。

　　1 月 30 日　深圳市委、市政府在新园招待所举行迎春座谈会，市领导与地、市级以上离休干部及 1942 年以前参加革命的老同志欢聚一堂，互致节日问候，共迎新春。座谈会由市委副书记、副市长周鼎主持，市委书记、市长梁湘在座谈会上讲话，市委常委罗昌仁、刘波、邹尔康、沈士义，副市长甄锡培等出席座谈会。

　　2 月 1 日　已经回到广州的邓小平，在广东省和深圳特区领导的请求下，特别为深圳特区题词："深圳的发展和经验证明，我们建立经济特区的政策是正确的。"并在最后的落款上，特意把时间写为"1984 年 1 月 26 日"，以表明他还未离开深圳时已经对特区建设有了他的评价。

　　2 月 2 日　深圳市委领导梁湘、周鼎等到海关、火车站、建筑工地、公共汽车站、商场、电视台、医院等单位，慰问春节期间坚守工作岗位的工作人员并祝贺春节。

　　△　《深圳青年报》（周报）正式创刊。办报宗旨为"培养新人，树立新风"，市委书记梁湘在创刊号上发表了祝词。

　　2 月 3 ~ 5 日　参加纪念中法建交二十周年活动的法国国际电台记者莉迪·尼凯斯（女），到深圳特区采访。

　　2 月 4 日　新华社香港分社第二社长李菊生，副社长曹维廉、李储文、罗克明、祁烽、叶锋、陈达明、李启新，秘书长杨奇专程来深圳与市委、市政府举行团拜活动。梁湘等市领导热情接待了新华社香港分社的客人。

2 月 6 日　全国政协副主席陶峙岳视察深圳特区。

2 月 7 日　广东省第六届人大常委会第五次会议通过批准了《深圳经济特区涉外经济合同规定》，正式由广东省人民政府颁布。

△　经广东省委批准，梁湘同志兼任省武装警察总队深圳指挥所第一政委。

2 月 7 ~ 8 日　经广东省第六届人大常委会第五次会议讨论通过，广东省人民政府公布《深圳经济特区涉外经济合同规定》《深圳经济特区技术引进暂行规定》。

2 月 8 ~ 10 日　中共天津市委第一书记何伟达一行来深圳考察访问。

2 月 9 日　经广东省人民政府批准，深圳市人民政府颁布《深圳经济特区企业登记管理施行细则》于今日正式开始实施。

2 月 10 日　深圳市绿化委员会成立。罗昌仁任主任，李广镇、徐锡泉、李兆垣任副主任。

2 月 10 ~ 13 日　新西兰友好人士路易·艾黎到深圳特区参观访问。

2 月 11 日　朝鲜民主主义人民共和国政务院副总理兼外交部长金永南一行访问深圳。深圳市人民政府在泮溪酒家举行宴会欢迎金永南等朝鲜贵宾，深圳市市长梁湘主持宴会，热烈欢迎朝鲜贵宾来深圳经济特区参观访问。甄锡培副市长陪同浏览市容。

△　邮电部部长钟夫翔来深圳特区检查工作。

△　日本驻华大使馆公使赖水博基及参赞、一秘 3 人到深圳特区参观访问。

2 月 12 日　深圳市水质净化厂一期污水处理工程竣工并投入使用。每天可处理污水 2.5 万吨，对防止环境污染，保持生态平衡将发挥重大作用。

2 月 13 日　沙头角文化旅游中心与香港永联成（沙头角）发展有限公司签订协议，合作经营沙头角"碧海乐园"，协议投资 2000 万美元，合作年限 18 年。

2 月 16 日　特区发展公司聘请日本北海道拓殖银行及其附属机构香港拓银国际（亚洲）有限公司为该公司财务顾问。

2 月 17 日　深圳市委召开常委扩大会议，审核《深圳经济特区城市绿化规划方案》。会上，梁湘市长强调指出："绿化是现代化城市建设的一项重要内容，要全党动员，全民动手。要开发一片，绿化一片，把深圳建设成一座绿草如茵，林木葱郁，空气清新，环境优美的花园城市。"

2 月 18 日　应梁湘市长的邀请，140 多名香港知名人士、企业家、外商，国务院有关部门、广东省、深圳市驻港机构负责人到深圳参加春节座谈会。

△ 罗马尼亚驻华大使安杰洛·米库烈斯库夫妇到深圳特区作公务旅行。

△ 朝鲜民主主义人民共和国保卫部部长金英龙一行9人，访问深圳特区。

2月19日 为开发南海石油提供后勤服务的蛇口五湾石油基地正式开业，赤湾石油基地股份有限公司同时成立。

2月20日 深圳市八大文化设施重点工程之一——深圳体育中心动工兴建。

2月22日 中国国际贸易促进委员会对外经济贸易仲裁委员会深圳办事处正式成立。

△ 梁湘市长到爱华电子公司检查工作。他对负责人说，普及电脑知识，推广电脑应用，深圳特区要带个好头。

2月23日 为加强对汽车客运市场的管理，严格执行价格政策、法令，市政府颁布了《深圳市客运汽车运价管理规定》。

2月24日 邓小平同志回京后找来几位中央负责同志谈话。他说：这次我到深圳一看，给我的印象是一片兴旺发达。深圳的建设速度相当快，盖房子几天就是一层，一幢大楼没有多少天就盖起来了。那里的施工队伍还是内地去的，效率高的一个原因是搞了承包制，赏罚分明。深圳的蛇口工业区更快，原因是给了他们一点权力，500万美元以下的开支可以自己做主。他们的口号是"时间就是金钱，效率就是生命"。听说深圳治安比过去好了，跑到香港去的人开始回来，原因之一是就业多，收入增加了，物质条件也好多了，可见精神文明说到底是从物质文明来的嘛！"我们建立经济特区，实行开放政策，有个指导思想要明确，就是不是收，而是放。"特区是个窗口，是技术的窗口，管理的窗口，知识的窗口，也是对外政策的窗口。

2月27日 作为深圳八大文化设施之一的深圳大剧院正式动工兴建。这是市重点建设工程，是一项大型文化建设项目，总建筑面积1.6万平方米，总投资1800万元。

2月28日 深圳市委召开文明礼貌月动员大会，梁湘市长讲话时说，应以大力建设城乡文明单位为主题，把特区的精神文明建设好。

△ 国务委员兼外交部部长吴学谦来深圳特区视察工作。梁湘市长向他汇报了深圳特区的发展情况。

3月1日 罗湖火车站联检大楼动工。中央、省、市领导对火车站改造工程十分重视，提出一年建成联检大楼的要求。大楼高10层，建筑面积6.2万平方米，年通过出入境人员能力提高到2000万人次。

△ 南头"石油城"全面动工兴建。首期工程包括道路、宾馆、别墅、医疗中

心等项目，工程总投资为 3 亿美元。

△ 周鼎副市长离深赴京参加国务院港澳办公室召开的港澳工作会议和由中共中央书记处书记、国务委员谷牧主持召开的广东、福建两省及四个特区领导座谈会。

3 月 3 日 深圳市政府批准《深圳新南新印染厂有限公司股权转让申请书》和《中冠印染有限公司承购股权申请书》，同意将新南新全部股权转让给中冠，同意中冠印染有限公司在深圳继续经营该印染厂。

3 月 4 日 新华通讯社香港分社"三八"妇女参观团到深圳参观。

△ 由伊朗商业部副部长霍斯罗塔基率领的伊朗伊斯兰共和国政府经济贸易代表团一行 14 人到达深圳特区参观访问。

3 月 6 日 以常务董事山内宏为团长的日本北海道拓殖银行代表团一行 17 人访问深圳经济特区。

△ 蒙古人民共和国外贸部副部长巴布率领的蒙古政府贸易代表团一行 6 人访问深圳特区。

3 月 9 日 深圳华强三洋电子公司正式成立。

△ 省委组织部通知，闻贵清同志任中共深圳市委常委、市政法委员会主任；李广镇同志任深圳市副市长。

3 月 10 日 《人民日报》在一篇署名文章中指出：胡耀邦总书记不久前接见日本记者时指出："我们在深圳创造了一个经济特区的典型，搞得蒸蒸日上。"

△ 由美国乐思化学有限公司和我国电子工业部工艺研究所、深圳特区发展公司合资兴办的华美电镀技术有限公司签署合同，总投资为 295 万美元。

△ 文化部部长朱穆之在深圳特区检查工作。

3 月 11 日 深圳市食品饮料工业公司、中国轻工北京工程咨询公司与联邦德国慕尼黑宝兰纳酿造有限公司签订协议，合资经营"深圳宝兰啤酒有限公司"。

3 月 12 日 深圳市石油化学工业公司和大光进展（香港）有限公司、美国尼度投资公司签署合资经营液化石油气工业有限公司和石油服务有限公司两项协议。前一项总投资 4500 万美元，后一项总投资 2500 万美元。

△ 中国核学会、深圳市科技发展中心、深圳市科学技术协会联合主办的原子核科学技术应用展览在深圳展览馆开幕。市长梁湘、中国核学会常务副会长姜圣阶为展览会剪彩。秘书长邹尔康致辞。

3 月 14 日 日本三和银行深圳代表处举行开业典礼。梁湘市长和日本驻广州总领事高桥迪出席并剪彩，三和银行常务董事井上彦和甄锡培副市长分别讲话。

3 月 15 日 由日本三和银行和深业贸易有限公司联合举办的深圳经济特区投资

促进会在香港文华酒店举行。到会的有日本驻港总领事藤井宏昭和三和银行香港分行总经理吉水信二等 300 多人。深圳市副市长甄锡培、深圳市经济学会会长卢祖法、深业贸易有限公司总经理张树治参加了本次会议。日本驻港总领事藤井宏昭先生在会上表示：中国兴办特区是非常合时宜的事，深圳邻近香港，对促进香港的安定繁荣起着重要的作用。他相信随着日中关系的日益发展，日本对深圳的投资一定会迅速增加。

△ 新华社报道了深圳国际贸易中心大厦施工单位创造了三天建成一层楼的中国建筑史上的新纪录。从此"三天一层楼"成为享誉中外的"深圳速度"的象征。

3 月 16 日 由美国威斯康星州第一国家银行副董事长比布勒率领的美国中西部地区银行贸易界人士访华团一行 24 人到达深圳特区参观访问。

△ 深圳市委召开处级以上干部会议。梁湘书记部署上半年工作，强调要学习邓小平视察深圳特区的题词，正确认识特区建设的新形势，以"把经济特区办得更快些、更好些"为指导思想，把特区各项工作提高到一个新水平。

3 月 18 日 深圳市政府批准深圳市副食品总公司与香港甘泉、龙发两家有限公司经营华大实业公司，总投资 5000 万元。

3 月 19 日 由西藏自治区党委第一书记阴法唐同志率领的西藏自治区参观团参观访问深圳特区。梁湘、周鼎等市委领导会见了参观团全体成员。

△ 广东省委第一书记任仲夷在深圳先后视察了深圳大学，特区报社、电视台，一些旅游点和商场，并同市委领导进行了交谈。他认为，特区干部用人要特别严格，采取招聘办法，对干部管得要严。干部们要廉洁奉公，出淤泥而不染。对办好深大，特区报、电视台，反对精神污染等问题提出了重要的意见。

△ 日本经济协会专务总理事诸口昭一率领日本政府投资环境调查团一行 29 人访问深圳特区。

3 月 20 日 以新加坡工商总会会长林继民为团长、副会长陈共存为副团长的新加坡经济考察团一行 32 人到深圳特区考察。梁湘等市领导会见并宴请了客人。

△ 由罗马尼亚共产党中央政治局执委会委员、工会中央理事会主席尼古拉·康斯坦丁率领的罗马尼亚总工会代表团访问深圳特区。

3 月 21 日 巴基斯坦驻华大使马蒂及商务一秘到深圳特区访问。

△ 周鼎副市长随同中国海洋石油平台技术贸易考察组赴美国、新加坡考察工作。

3 月 23 日 深圳市各界人士在银湖旅游中心为国画大师刘海粟 90 大寿举行庆祝会。新华社香港分社主要领导、梁湘等市领导以及专程从南京、广州、香港等地赶来的海内外著名画家 20 多人出席了祝寿会。

3 月 24 日 罗昌仁副市长随同广东省经济开发考察团赴美国考察。

3 月 25 日 深圳市首次调干考试在广州、惠州两地同时进行，截至 4 月 20 日，共计 200 多名干部获准调入深圳特区。

3 月 26 日 《经济日报》第 2 版以三分之二的版面报道了深圳特区的发展，刊登了邓小平同志的题词手稿：把经济特区办得更快些更好些。

3 月 26 ~ 27 日 古巴共和国外交部亚太司司长安娜·杨莉娅和法律司司长奥尔加访问深圳。

3 月 28 ~ 29 日 由加拿大参议院议长莫里埃·里尔、众议院议长劳埃德·弗朗西斯率领的加拿大议会代表团一行 28 人，访问深圳特区。

3 月 29 日 《人民日报》发表广东省副省长、深圳市市长梁湘的文章《建设经济特区的决策是完全正确的》。摘要如下：深圳经济特区建设以来，已经初步显示出它的强大生命力。实践使我们深深体会到，设置经济特区是中国实行对外开放政策的一大创举，既符合中国国情，又符合发展对外经济合作和技术交流的需要。在世界上，虽然有不少形式有些相类似的出口加工区、自由贸易区等，但其性质和任务是不相同的。这就决定了我们的经济特区，必须采取既不同于资本主义制度下的特区，又有别于内地的管理体制和政策措施，以适应特区事业发展的需要。在实践中努力探索，大胆改革。几年来着重进行了几方面的尝试：①冲破经济管理的一些老框框，探索用经济手段管理经济的新路子。②改革现行管理体制，探索行政机构、人事管理制度改革的新路子。③克服吃"大锅饭"的平均主义做法，探索新工资形式。④外引与内联相结合，创社会主义经济特区发展的新路。⑤把加强社会主义精神文明建设作为长期战略措施来抓。今年年初小平同志视察后写了"深圳的发展和经验证明，我们建立特区的政策是正确的"的题词，充分肯定了建立经济特区的政策，这对我们的鼓舞极大。

△ 日本福冈市市长进藤一马一行 5 人到深圳特区参观访问。

△ 市政府批准市外贸总公司、东方贸易公司与国务院经贸部、省外贸局联合经营"深圳外贸中心"。

3 月 30 日 《中国日报》出版《深圳经济特区特刊》，共对开 16 版，全面报道深圳经济特区蒸蒸日上的形势、成就和主要经验，说明中国举办经济特区政策的正确性。特刊头版以显著位置刊登邓小平同志视察深圳经济特区的题词、深圳市梁湘市长的署名文章。

3 月 31 日 经广东省政府批准，深圳师范专科学校成立。这是继深圳大学后在深圳开办的又一所高等院校。师专设中文、数学、英文、物理、政史、生化六个系科，在校生 600 人的规模，今年秋季开始招生。

△　位于深南中路福田香蜜湖对面的深圳高尔夫俱乐部第一期工程正式动工兴建。

4 月 1 日　深圳蛇口工业区内部结算中心成立。

△　北方大厦正式破土动工，总投资 2500 万元人民币，地面以上为 25 层建筑。

△　深圳华侨饲料有限公司年产 94500 吨的大型饲料厂动工兴建，一期工程投资 600 万元。

4 月 2 日　下午 1 时 15 分，总装机容量为 180 万千瓦，总投资 30 亿美元的中国第一座大型核电站——大亚湾核电站项目正式破土动工。第一套机组预计将于 1989 年正式投产，到时年发电量为 100 亿度。

△　我国涉外仲裁机构在地方设立的第一家办事处——中国国际贸易促进委员会对外经济贸易仲裁委员会在深圳办事处正式成立。

△　《经济日报》头版发表的社论《让沿海地区先富起来》指出，只有让沿海地区首先发展起来，运用它们的资金和技术去带动、帮助内地的开发，内地才能较快地富裕起来。

4 月 5 日　深圳大学电脑中心和香港汇丰银行在香港签署协议，引进深圳市第一台大型电脑，全系统在年底安装完毕投入使用。这台美国产的 IBM3020 大型电脑，将成为我国性能最好、功能最强的大型电脑之一，使深圳电脑化水平进入全国先进行列。

4 月 5～8 日　天津歌舞剧院演出人员抵达深圳演出，分别在深圳和蛇口举行音乐会。

4 月 6 日　深圳市副市长甄锡培在泮溪酒家会见并宴请斯里兰卡财政部长罗尼·德·梅尔一行。

△　以墨西哥参议员、革命制度党全国执行委员会组织书记西尔维亚·埃尔南德斯·德加林多夫人为首的墨西哥女参、众议员代表团一行 13 人到达深圳参观。

4 月 7 日　比利时副首相兼司法大臣、机场改革大臣让·高乐率领的比利时司法代表团一行 10 人访问深圳。

4 月 7～12 日　国务院副总理李鹏考察深圳特区。9 日，李鹏在深圳市新园宾馆会见了香港中华电力公司董事长嘉道理勋爵一行。双方探讨了广东核电站兴建的有关问题。他特别强调，小平同志最近讲过，深圳要办好两件事：一是建设核电站，二是办好深圳大学。

4月9日 国务院副总理李鹏在新园宾馆会见并宴请香港中华电子公司董事长嘉道理勋爵一行。宾主就大亚湾核电站兴建的有关问题进行了亲切会谈。

△ 经广东省委批准，闻贵清同志任中共深圳市委常委、市委政法委员会主任；李广镇同志任深圳市副市长。

4月10日 《中国青年报》发表通讯《深圳的青年开拓者》，讴歌了建设深圳经济特区的青年队伍。

△ 广东省人民政府决定，全省每个市和地区，都可以根据当地的实际情况，选择几个企业作为试点，学习和推广深圳经济特区在人事制度和劳动工资制度方面的改革经验。

4月10～18日 深圳市委邀请中央社会主义学院副院长、深圳市经济学会名誉会长千家驹，中国世界经济学会副会长、北京师范大学经济系主任陶大镛教授，中国世界经济学会副会长、中国人民大学经济系教授吴大琨，复旦大学经济系教授洪文达，暨南大学特区港澳经济研究所副所长陈肇斌等著名经济学家前来深圳参加座谈，讨论经济特区的一些理论问题。

4月11日 深圳市邮电局决定，年内兴建16个邮电网点，其中有上步分局，竹边、园岭、上步路、文锦路、怡景路5个支局，红岭路等10个邮电所，连同原有的6个邮电点，全市将形成以电信大楼为中心的联结罗湖、上步20平方公里的新城区的邮电网点。

△ 由美国国防大学校长查理德·劳伦斯中将率领的美国国防大学访华团一行24人访问了深圳特区。市领导甄锡培等会见了客人并回答了客人提出的有关特区政策等问题。

△ 蛇口工业区总指挥袁庚谈工业区的设想：坚决贯彻中央对外开放政策，五年内把蛇口建成文明美丽，文化水平、生活水平都很高的新型海港城市。

△ 由深圳市食品饮料工业公司、中国轻工业北京工程咨询公司和联邦德国慕尼黑宝兰纳酿造有限公司合资经营的"深圳宝兰啤酒有限公司"协议书在东湖宾馆签字，周鼎、周溪舞副市长等领导出席了签字仪式。

4月12日 应国家科委的邀请，新西兰科技部长席勒一行访问深圳。邹尔康等领导会见了客人。

△ 深圳特区发展公司与香港深诚投资有限公司联合兴建的深圳华城工程正式动工，总投资超过17亿港元，预计6～7年建成。市领导梁湘、周鼎、邹尔康和香港地区400多人出席仪式，梁湘市长为仪式剪彩。

△ 深圳市政府决定，今年拨款800万元建设11项医疗卫生设施，其中有10

项已经动工兴建，包括市眼科医院、妇儿医院、中医院住院部等。

4月12～13日 美国《新闻周刊》记者迈克纳米、美国有线电视网电视摄影组一行3人到深圳特区采访。

4月13日 深圳市委召开处级以上领导干部会议，梁湘、邹尔康传达了中央召开的沿海部分城市座谈会精神，贯彻了中央决定开放14个沿海地区的精神。

4月14日 以澳大利亚昆士兰州马凯市市长艾伯特·艾博特为团长的马凯市代表团一行7人访问深圳。

△ 中国南海雷蒙华昌工程有限公司正式成立，在香江酒楼举行签字仪式，市领导梁湘、周溪舞、邹尔康等出席仪式，该公司总投资为4000万～6000万美元，由中外双方各半。

△ 英国保守党议员阿特金斯爵士由香港助理政治顾问考克斯陪同到深圳参观访问。

4月15日 由深圳经济特区发展公司与中国村镇百业信息报社和北京科技协作中心联合举办的"中华国际技术咨询中心"在深圳成立。

4月17日 梁湘市长、罗昌仁副市长视察了深圳大学工地，听取了深圳市八大文化设施工程负责人的汇报。

4月18日 深圳市又一大型现代化商场——寰球商业中心举行开业典礼。甄锡培副市长为开业剪彩。

4月19日 日中经济协会专务理事诸口昭一率领日本政府投资环境调查团一行39人访问深圳特区。梁湘等市领导会见并宴请了日本客人。

△ 参加深圳经济特区理论研讨会的著名经济学家千家驹、陶大镛、吴大琨、洪文达、陈肇斌等为深圳市千余名机关干部和经济学者举行学术报告会，梁湘市长出席报告会并讲话。

4月20日 由罗马尼亚共产党中央政治执委会委员、工会中央理事会主席尼古拉·康斯坦丁率领的罗马尼亚总工会代表团一行访问深圳。康斯坦丁高度评价深圳特区几年来实行开放政策取得的成就。他说：你们党中央采取了强有力的政策才有今天的经济发展，相信深圳正在进行的建设，是对外开放的一个模范。他还赞扬深圳特区在经济上实行开放的同时有效地保持社会主义精神文明，表示要加强罗中两国工会组织的交往，并促进经济贸易的合作。

△ 全国政协常委、中国民主同盟中央委员会副主席兼执行局主任高天，民盟中央副秘书长詹永泰，在民盟广东省委秘书长韩毅之的陪同下到深圳视察盟务。

△ 应深圳大学特区经济研究所的邀请，中国社会科学院、北京大学、中国人

民大学、复旦大学、厦门大学、福建师范大学、中山大学、暨南大学、华南师范大学、广东社会科学院等单位的 20 多位经济学家到深圳特区，就特区经济体制改革等6 个专题进行调查研究。梁湘等市领导会见了与会的专家。

4 月 21 日 由华大实业有限公司负责经营的深圳辐照加工中心成立，总投资额为 5000 万港元。

4 月 23 日 中共中央书记处书记、国务委员谷牧在北京为老干部举办的报告会上介绍了中国的对外开放政策和特区建设方针。他说：特区的"特"，主要是指它实行特殊的经济政策和特殊的经济管理体制。谷牧将其主要内容概括为四点：①特区的经济发展主要靠吸收和利用外资，产品主要是出口。特区的经济是在全国的社会主义经济领导下，以中外合资、合作经营企业和外商独资企业为主，多种经济并存的综合体。②特区的经济活动，要充分发挥市场调节的作用。③对前来特区投资的外商，在税收、出入境等方面给予特殊的优惠和方便。④经济特区实行不同于内地的管理体制，有更大的自主权。他指出，兴办特区是为了发挥其地理优势以及劳动力和土地方面的优势，实行优惠政策，吸引外商进行投资，开展多种形式的对外经济合作，引进先进技术，吸收科学的管理经验发展生产，增加出口收汇；还可以通过具体的经济活动实践，观察研究国际经济情况，掌握国际市场的各种信息，培养建设人才。

△ 深圳首届电脑产品及应用成果展览会在中航深圳工贸中心大楼开幕，梁湘等市领导出席开幕仪式并讲话。

4 月 24 日 由宝安县城建设发展总公司与香港现代喷砖工业公司合资经营的深圳市首家喷涂工程专业公司——深圳市现代联营喷涂装修公司开张营业。

4 月 25 日 深圳市政府召开文化工作会议，市政府副秘书长李定就如何开展深圳市群众文化工作问题做了发言。

4 月 27 日 深圳市总工会邀请深港员工举行座谈会，庆祝"五一"国际劳动节。梁湘市长和港九工联会会长杨光等出席。

4 月 28 日 由加拿大参议院议长莫里斯·里尔和众议院议长劳埃德·弗朗西斯率领的加拿大议会代表团一行 28 人访问深圳。梁湘市长会见了加拿大客人。

△ 深圳市委颁布《深圳市机构改革方案》。

△ 暨南大学副校长李天庆同志调任深圳大学担任副校长一职。

△ 深圳市电脑学会正式成立。

4 月 30 日 马达加斯加革命先锋党中央政治局委员拉克托尼艾纳·朱斯坦率领的革命先锋党代表团访问深圳特区。

5月1日　深圳市委书记梁湘等市委领导前往国贸大厦工地，向创造出"三天一层楼"新纪录的中建三局一公司的工程技术人员和工人表示慰问，祝贺他们的大面积滑模施工技术获得成功。

5月2日　由深圳市委常委刘波率领的招聘组一行45人分赴北京、上海、西安、成都、南京、武汉等市招聘各类专业技术人员。

5月3日　深圳市成立工业发展委员会①。

△　深圳市政府发出通知，重申特区进口的优惠物资，未经批准，严禁内销。各单位要认真执行。

△　梁湘市长会见并宴请台湾同胞、上海爱国建设公司董事吴元龙先生。吴先生这次来深圳是与有关单位洽谈投资建厂事宜。

5月4~7日　中共四川省委书记杨汝岱一行到深圳特区参观访问。

△　深圳布吉河大桥正式通车。

5月5日　我国乒坛精英在国家体委副主任徐寅生率领下访问深圳特区。晚上他们在香蜜湖进行了一场表演赛。梁湘市长出席并对他们到深圳参观表示欢迎。

△　日本民社党委员长佐佐木良率领的民社党代表团一行9人来深圳参观访问。

5月8日　深圳特区发展公司与香港合和发展（深圳）有限公司合作兴建的深圳火车站二期工程协议在新园宾馆签字，梁湘等市领导成员出席了签字仪式。合和公司总经理胡应湘、特区发展公司副总经理高林在协议书上签字。

△　由外交部组织的我驻外使节第一批参观团一行40人到深圳特区参观访问。市委领导梁湘、周溪舞、邹尔康等与使节们座谈，向他们介绍了特区的发展情况及远景规划。

5月9日　美国麻省理工学院校友参观团一行53人到深圳特区参观访问。参观团成员均是20世纪50年代末麻省理工学院毕业生，分布在17个国家工作。他们来访的目的是想了解特区开放政策，探讨日后开展经济技术合作事宜。梁湘等市领导会见并宴请了客人。

5月12日　作为日本九大商团之一的日本兼松江商株式会社深圳办事处开业。

5月16日　由朝鲜劳动党中央委员会机关刊物《勤劳者》杂志总编辑金用学为团长的访华团一行4人访问深圳。

△　广东省六届人大常委会委员叶卧波、人大代表廖敬祥到深圳市进行视察。

---

① 工业发展委员会是深圳市政府领导全市工业的权威机构，它的主要任务和职责是拟订全市的工业政策，负责引进外资的洽谈和合同的审批，协助组织部门任免所属专业公司及企业的负责人。

5 月 17 日　在深圳河人民桥段 400 米河堤上，深圳特区第一个工业品小商品市场开业，总建筑面积为 1358 平方米，设有 118 个门店，其中国营、集体的为 76 个，个体经营的为 42 个，由市工商局兴建和管理。

5 月 18 ～ 20 日　由朝鲜文艺部副部长金俊汉率领的朝鲜文化工作者参观团一行 10 人访问深圳特区。

5 月 19 日　梁湘市长在雅园宾馆会见并宴请参加中日两国经济知识交流会第四次年会的两国经济专家。日方代表团团长是前外相大来佐武郎，成员 20 人；我方代表团成员有中国社会科学院院长马洪，国务院副秘书长李灏等 29 人。

5 月 20 日　国务委员谷牧在深圳会见参加中日经济知识交流会第四次年会的日方代表时说：这次年会的议题是中日经济合作和特区经济建设。

△　由深圳市旅游总公司、省信托投资公司、市建设银行、市农业银行合资兴建的西丽大厦动工兴建。这是深圳特区又一座高级旅游宾馆，总投资为 1300 万元，高 23 层。

5 月 21 日　中日经济知识交流会第四次年会在深圳召开。国务委员谷牧和日本内外政策研究会会长大来佐武郎以年会顾问身份出席会议。出席这次年会的日方正式成员有大来佐武郎、向坂正男、井上猛、佐伯喜一等人。中方正式成员有谷牧、马洪、薛暮桥、李灏、廖季立、李景昭、魏玉明。参加会议的还有中日双方临时成员 20 余人。深圳市市长梁湘和蛇口工业区总指挥袁庚列席了会议。中国社会科学院院长马洪致开幕辞。他说：这次年会着重讨论两个问题，一个是中国经济特区的建设，另一个是中日经济合作体制和国际形势。实行对外开放是中国的既定国策。建设经济特区既是实行对外开放，加强国际经济技术合作的一个重要步骤，也是中国进行社会主义现代化建设，走中国式社会主义道路的一种探索。几年来，经济特区的建设取得了一定的成就，证明这是一条搞好对外开放的行之有效的措施。最近，中国政府决定进一步开放沿海 14 个城市，这一方面表明中国实行对外开放的决心，另一方面则为中国与其他国家的经济技术合作提供了更加广阔的场所。双方参加这次年会的人员比以往历次都多，并且有一些年轻有为的学者参加，这不仅给会议增添了新生力量，而且对两国学术界未来更密切地交往也有重大意义。

5 月 23 日　以南斯拉夫共产主义者联盟中央委员会主席团主席德拉戈斯拉夫·马尔科维奇为首的南共联盟代表团，在中共中央总书记胡耀邦和中共广东省委第一书记任仲夷、广东省委书记梁灵光等陪同下到达深圳访问。在迎宾馆，梁湘等市领导向客人介绍了深圳特区的发展情况，中午设宴欢迎南共代表团一行。

5 月 23 ～ 24 日　中共中央总书记胡耀邦同志在送走南共代表团后考察深圳特

区，并为特区题词："特事特办，新事新办，立场不变，方法全新。"胡耀邦在深圳期间，视察了香蜜湖、怡景花园、八卦岭工业区、蛇口工业区、赤湾港，并登上了国商大厦顶层俯瞰了特区新貌。

5月24日　瑞典驻华大使贝里奎斯特一行6人访问了深圳特区。

5月26日　中共中央书记处书记、国务委员谷牧和中央书记处候补书记郝建秀，在深圳主持召开了特区工作会议。国务院副秘书长李灏、吴庆彤，国务院特区办公室主任何椿霖，中国人民银行副行长刘鸿儒和广东、福建两省省委及四个特区负责同志参加了会议。

△　深圳市第一座玻璃幕墙的现代化建筑——碧涛中心在蛇口工业区建成。

△　以罗马尼亚社会主义共和国内务部长乔治·霍莫什迪安率领的罗马尼亚内务部代表团一行8人访问深圳。

5月28日　出席广东省社会主义精神文明建设先进单位、先进工作者表彰大会的深圳代表团一行37人在团长李伟彦率领下赴广州参加大会。

5月29日　日本福冈市市长进藤一马一行5人到达深圳经济特区参观访问。

△　日本第一大商社——三菱商事株式会社在深圳特区设立代表处。

5月30日　英国大东电报局公共公司主席夏普及该公司全体董事和高级职员25人来深圳特区访问，梁湘市长、周鼎副市长、邹尔康秘书长在东湖宾馆会见了客人。

△　深圳现代科教仪器展销中心在深圳市注册成立，这家公司就是现在地产业龙头——万科集团的前身。

5月31日　省委组织部和省人事局在深圳市召开全省企业干部、人事改革现场会。

6月1日　著名的日本三井物产株式会社深圳事务所开业。梁湘市长出席开业仪式并剪彩。

6月3日　以喀麦隆驻华大使莫里埃为团长的友好代表团一行4人访问深圳。

6月4日　国务院委托深圳特区在西丽湖度假村兴办"经济开发研讨会"。参加研讨会的有来自8个省区、14个沿海开放城市、4个特区和海南岛的负责人及中央有关部门负责人104人。中共中央书记处书记、国务委员谷牧同志在开幕式上讲话。

△　深圳粤剧团赴京首场演出成功。4日晚，在护国寺人民剧场演出现代粤剧《风雪夜归人》，受到首都观众欢迎。中宣部副部长郁文，文化部副部长周巍峙、吕志先，全国侨联副主席连贯，著名剧作家吴雪、吴祖光，著名演员新凤霞出席并观看演出。

6月5日　广东省人民政府口岸办公室负责人宣布，国务院批准深圳赤湾码头正式对外开放，并批准同意赤湾码头与蛇口工业区码头建立统一的对外开放口岸机构。

△　全国政协副主席吕正操视察深圳特区。

△　马来西亚外交部部长坦·斯里·加扎利·沙菲一行 20 人访问深圳。

△　哥伦比亚前总统胡里奥·塞隆尔·加托利·沙菲率领的代表团一行 8 人访问深圳特区。

6 月 6 日　深圳市工会第一次代表大会在市总工会礼堂开幕。梁湘、周溪舞、刘波、邹尔康、沈士义、甄锡培、李广镇等市领导出席了大会，刘波代表市委致辞，市总工会主席张汉明做报告。出席大会的代表共 246 人，特邀代表 11 人。

6 月 7 日　深圳市政府召开有关部门负责人会议，部署颁发"深圳特区居民证""深圳特区暂住证"工作。两证由市公安局签发，具有证明常住居民和暂住居民身份的法律效力。

△　劳动人事部部长赵守一到深圳特区检查工作。

6 月 9 日　国务委员谷牧听取了广州、湛江两市工作汇报时说，从对外开放来讲，广东是全国的排头兵，沿海 14 个开放城市看着特区，特区看着深圳。他还说，深圳的体制改革，他多次讲过，要给特区更大自主权，才能在国家的统一方针政策下独立自主地解决深圳这块地方的问题。这件事讲了几年，基本上没有什么进展，一方面是上面条条框框不少，干扰不少。另一方面，深圳那一套管理办法基本上是内地的管理办法。"婆婆多"的体制问题、效率问题，外商更关心。现在外商不来投资，徘徊观望，很重要的原因就是担心我们的体制不适应要求，担心办事效率不高。

△　以日本劝业银行行长羽仓信也、常务董事村上芳辉为正副教务长的日本劝业银行代表团访问深圳特区，梁湘市长等领导会见了代表团全体成员。

6 月 12 日　深圳市委书记梁湘在《红旗》杂志第 7 期发表长篇文章《努力把深圳经济特区办得更好》，全面论述深圳特区几年来的经验和体会。

△　全国人大常委会副委员长胡厥文，全国政协副主席胡子昂、刘靖基视察深圳特区。三位平均年龄 86 岁的老人，不顾酷暑和长途旅行的劳累，参观和浏览了深圳特区的市容以及蛇口工业区、西丽湖、国商大厦等地，并听取了邹尔康秘书长的汇报。92 岁的胡老（胡厥文）挥毫写下了"天秀与人功并茂""山川秀丽、胜绝南方"两幅条幅送给新园宾馆。

△　日本兵库丰田汽车有限公司在香港的子公司佳机有限公司与深圳联城（文锦渡）合作发展有限公司在深圳合作兴办的中日佳联汽车维修中心董事会宣布成立。

　　△　交通部批准成立蛇口会计师事务所。

　　6月13日　经广东省委批准，李传芳同志任深圳市副市长。

　　△　澳大利亚副总理兼贸易部部长莱昂内尔·鲍恩率领代表团一行12人抵达深圳特区参观访问，同时参加了澳电器设备厂开业典礼。梁湘市长出席了仪式并会见了客人。

　　6月14日　由中国文联主席周扬率领的全国作家访问团抵达深圳访问。市委书记梁湘在银湖旅游中心宴请了这批老作家，并对他们的到来表示欢迎。

　　△　电子工业部深圳分部改组为中国电子技术进出口公司深圳工贸中心并举行成立招待会，梁湘市长、电子工业部副部长魏鸣一为公司成立剪彩。美国、英国、日本、荷兰、联邦德国等国及中国香港地区的银行家、企业家、政府官员、工商界、新闻界人士出席了招待会。

　　6月15日　中共湖南省委第一书记毛致用率领湖南省参观考察团考察深圳特区。

　　△　以朝鲜平壤市人民委员会副委员长崔云峰为团长的平壤市友好代表团一行6人到深圳访问。

　　6月16日　深圳市文联邀请全国作家访问团举行座谈会，共商特区文化建设大计。梁湘市长主持了座谈会。文联主席周扬，作协副主席艾青、冯至、冯牧等出席了会议。

　　6月21日　罗马尼亚商业会长安娜·穆尚率领的罗马尼亚商业代表团一行6人访问深圳特区。

　　6月22日　东湖宾馆园林设计被国家城乡建设环境保护部评为优秀项目。全国7名园林专家前来宾馆复查。

　　△　来自海外的以宋希濂、李默庵为首的黄埔军校历届校友参观团成员蔡文治、李仙洲、沈策、文强、郑庭笈等，到深圳特区参观访问。市政府在银湖旅游中心设宴招待，梁湘市长发表讲话。

　　6月22~23日　邓小平分别会见香港工商界访京团和香港知名人士钟士元，首次提出香港实行"一国两制"五十年不变的回归后政策。

　　6月24日　美籍学者、美国加州圣克拉拉大学教授陈树柏应邀访问深圳特区，商谈在深圳创办"中国实验大学"事宜。他提出在中国办实验大学的建议，得到邓小平同志的支持并拟在深圳市办学。

　　6月25日　缅甸联邦社会主义共和国副总理兼计划和财政部长吴吞丁一行访问深圳。甄锡培副市长到车站迎接并在泮溪酒家会见宴请缅甸客人。

△ 比利时国务秘书德道内阿、驻华大使罗杰·德诺睦一行 5 人访问深圳特区。

△ 地质矿产部部长孙大光在深圳特区检查工作。

6 月 28 日 深圳市委做出《关于开展向利汉清同志学习的决定》，要求全市人民广泛、深入开展向献身特区建设的优秀共产党员、高级工程师利汉清同志学习。

7 月初 广东省第六届人民代表大会常务委员会第四次会议授权广东省人民政府批准《深圳特区调整土地使用费收费标准》以及对土地使用费的优惠减免办法。

7 月 2 日 由外交部组织的我驻外使节第二批参观团一行 42 人参观深圳特区。

7 月 5 日 深圳市作家协会成立。在随后不到一个月的时间里，深圳市音乐家协会、美术家协会、舞蹈家协会以及书法家协会先后成立。

7 月 6 日 梁湘市长在新园宾馆会见了香港工业总会主席唐翔千先生。

7 月 7 日 由中日民间人士会议日本委员会代表、日中协会副会长向坊隆先生率领的中日民间人士会议第二次会议日方部分代表一行 19 人访问深圳。

7 月 9 日 全国政协副主席、香港光大集团公司董事长王光英参观深圳特区。梁湘市长在新园宾馆会见了王光英一行。

△ 日本前外相宫泽喜一访问深圳特区。邹尔康秘书长向客人介绍了特区经济建设情况。

7 月 12 日 应梁湘市长的邀请，香港 120 多位各界知名人士到泮溪酒家品尝南山荔枝。梁湘市长会见了各位知名人士，并对他们长期投资特区表示感谢。

7 月 16 日 经国务院批准，中国人民银行深圳市分行定名为中国人民银行深圳特区分行，行使中央银行职能，不再兼办工商信贷和储蓄业务。罗显荣出任首任行长，梁清瑞、肖少联任副行长。

7 月 17 日 深圳体育馆正式开工。

7 月 19 日 广东省委书记林若在深圳特区检查工作。

7 月 20 日 深圳罗湖变电站正式投入运行。

△ 西班牙众议院第一副议长莱奥波尔多·托雷率领代表团访问深圳特区。

△ 华南地区首家大型专业化金属加工企业振华冶金建材公司金属加工总厂在深圳动工兴建。

7 月 21 日 西丽湖度假村第二期工程竣工，市委领导梁湘、周鼎等和中外人士 700 多人参加了竣工典礼。

7 月 23 日 深圳市委召开知识分子工作会议，专门研究深圳市进一步落实知识分子政策问题，以调动广大知识分子的积极性、创造性，为特区两个文明建设服务。市委常委刘波做了报告。

　△　深圳市委书记、深圳市市长梁湘，市委常委、市委秘书长邹尔康会见并宴请了由中央执委、副总统比什韦沃·拉姆萨罗普率领的圭亚那人民全国大会党代表团一行。

7月26日　广深珠高速公路深圳段正式签订工程协议，深圳特区发展公司副总经理高林、香港合和有限公司总经理胡应湘分别在协议书上签字。深圳段高速公路全长30公里，总投资4.5亿港元，合作年限30年，梁湘市长出席了签字仪式。

7月26~28日　中共中央政治局委员张廷发视察深圳特区。

7月27日　"孺子牛"大型铜雕在深圳市政府大楼前揭幕。这尊象征"开荒牛"精神的《孺子牛》铜雕，是著名雕塑家潘鹤先生的作品，铜雕重4吨，长5.6米，高2米，基座高1.2米，围以庄重的花岗岩麻光石片，是全国为数不多的大型铜雕之一，并获得当年第六届全国美术展金奖。雕像象征奋力开拓的特区建设者，成为代表改革、开拓、创新的深圳精神的一个标志形象。

　△　南油深圳开发服务总公司与巴拿马基隆登集团有限公司在雅园宾馆就合作兴建妈湾10个5万吨级泊位深水码头达成协议并举行签字仪式。总投资为30亿美元，合作年限25年，这10个泊位建成后，年吞吐能力为1000万吨。这对促进航运、深圳特区发展、南油开发将起到重要作用。

7月28日　曾任深圳市委常委、政法委员会主任的郝敏，因贪污、受贿罪被市中级人民法院判处有期徒刑11年。

　△　深圳博雅艺术公司举行揭幕开业仪式，梁湘市长出席了开业典礼，邹尔康秘书长致贺词。博雅画廊是特区第一个与香港博雅合作经营的文化企业，1981年7月营业以来，以积极传播中外文化而饮誉中外。画廊将三年的赢利250多万港元再投资，扩大为博雅艺术公司。

　△　中国银行深圳国际信托咨询公司[①]正式成立。

7月29日　应吴学谦外长的邀请，泰国外交部部长西提·沙卫南拉利和夫人一行20人访问深圳，梁湘市长在新园宾馆向客人介绍了特区经济建设情况和优惠政策。

7月30日　中共中央政治局常委、国家主席李先念为光明日报出版社出版的介绍深圳特区招商局蛇口工业区的经验一书题写《希望之窗》书名。

　△　由香港中国深圳大酒店有限公司和深圳联华企业公司合作经营的中国深圳大酒店在东湖宾馆举行签约仪式，港商投资2.4亿港元。酒店高32层，是一间综合

---

①　中行深圳国际信托咨询公司是深圳市银行界第一个具有独立法人资格的全资附属企业。

性现代化大酒店。

8月1日 深圳市特区管理线开始试行管理，对进出特区的人员、车辆、货物等开始进行查验放行。管理线全长 86 公里，是 1982 年 6 月经国务院批准兴建的大型项目。

△ 经广东省人民政府批准，深圳特区国家机关和事业单位进行工资改革，实行基本工资、职务工资、年龄工资分解的新工资制度。

8月2日 深圳市纪委主办的"郝敏、张奎炳罪证展览"公开展出，该展览以大量翔实物证材料揭露了郝敏一伙贪污、受贿、走私的罪行。

△ 深圳市委召开三级干部会议，传达贯彻全国特区工作会议精神，总结上半年工作，部署下半年任务。梁湘书记做报告，部署新任务，树立新作风，开创新局面。

8月4日 "深圳市美术摄影作品展览"在深圳展览馆开幕，这是建市 4 年来美术摄影创作的一次检阅。

8月5日 由朝鲜劳动党中央政治局候补委员、平安南道责任书记桂应泰同志率领的朝鲜劳动党友好参观团一行 13 人访问深圳，市委副书记周鼎前往车站迎接并宴请了朝鲜客人。

8月6日 经广东省委、省政府批准，成立中共蛇口区委员会、蛇口区管理局，在深圳市委领导下，行使一级地方党组织和政权组织的职能。蛇口区成为特区内第五个行政区。

△ 广东省委第一书记任仲夷在深圳特区检查工作。他特别强调了深圳特区在推广普通话工作上的重要性，强调不能让广州话、客家话成为深圳语言，要大力推广普通话。

8月7日 广东省省长梁灵光在深圳特区检查工作。

8月8日 深圳经济特区发展公司、中国光大集团有限公司和中国南海石油联合服务总公司三方联合经营的中外合作企业——南海石油深圳开发服务总公司在深圳举行协议书签字仪式。深圳经济特区发展公司总经理孙凯风、中国光大集团有限公司副总经理魏文烈、中国南海石油联合服务总公司总经理陈李中，分别代表三方在协议书上签字。省领导任仲夷、梁灵光，新华社香港分社主要领导人，市政府梁湘、周鼎、邹尔康等领导出席了开业典礼。

8月13日 深圳市政府召开全市处级以上干部会议，专题研究在全市范围内推广普通话问题。

△ 中国共产党宝安县第四次代表大会召开。梁湘到会祝贺并做重要讲话。大

会号召全县人民在"主要为特区服务，同时为出口服务"的方针指导下，把宝安县经济建设搞得更好。

8月14日 经国务院批准，深圳梅沙开辟为对港澳地区的专用旅游口岸，梅沙—沙田海上客运航线正式通航。深圳、香港分别在梅沙、沙田两地码头举行通航典礼。

△ 佛得角非洲独立党政治局委员、国民议会议长阿比利奥·杜尔犁率团访问深圳特区。梁湘等领导会见了客人。

8月21日 深圳市政府召开第二次全市工业会议。由周溪舞主持，工业委员会副主任曲华做了题为《迎接新任务，开创新局面》的报告。

8月22日 由广东省外贸总公司和蛇口工业区管委会合资兴办的蛇口工业区进出口贸易公司①正式开业。

8月24日 深圳市交通指挥部发布《深圳市市容卫生十不准禁令》，整顿市容环境卫生。

科威特国民议会代表团在议长穆罕默德·优素福·阿德萨尼率领下，到深圳特区参观访问，周鼎等市领导会见并宴请了客人。

△ 中国（深圳）烟草贸易中心正式成立。

8月28日 由宝安县与港商合作经营的新安旅游中心动工兴建。

8月29日 深圳特区一个以反映引进外资及技术为主要内容的杂志《引进》（季刊）正式创刊。

8月30日 广深铁路公司为配合广深双线电气化建设需要，投资1亿元，在广州天河兴建的一个新型火车站正式开工。

△ 邹尔康秘书长率团访问日本，探讨深圳特区与日本中小企业开展合作的可能性。

8月31日 新华社报道深圳经济特区在实行对外开放中锐意改革，促进经济迅速发展，夺得全国10个第一。其中包括：蛇口工业区、赤湾港、核电站、高层建筑数量、"三天一层楼"建设速度、经营模式、深圳湾大酒店以及干部聘任制等。

△ 以日中经济协会专务理事诸口昭一为团长的日本中坚企业投资环境调查团一行29人到深圳特区考察，调查深圳特区吸收外资的方针、政策、投资环境，举办

---

① 该公司是深圳市首家享有省级外贸专业公司经营权限的综合性外贸公司，是具有法人资格的独立经济实体。这家公司充分利用蛇口工业区邻近香港、联系快捷等有利条件，发挥外贸部门在国际市场渠道多、信息灵等优势，为深圳市，特别是为蛇口工业区的企业进口原材料和引进设备，疏通产品销售渠道服务，同时代办全国各地的进出口业务。

合资企业的可能性，周鼎等领导会见了客人。

8 月底 深圳大学新校舍首期工程基本完成。

9 月初 《发展中的中国深圳经济特区》一书在香港发行。该书由深圳特区经济理论研究中心编辑，书中刊登了党和国家领导人胡耀邦、邓小平、赵紫阳等视察深圳经济特区的图片，刊登了邓小平同志对深圳经济特区的题词，编辑了深圳自然地理环境、服务机构等 10 多项内容，用大量的图片全面反映了深圳特区建设和发展新面貌。

9 月 1 日 为了加强党政领导机关与人民群众之间的联系，市委、市政府从 9 月开始建立领导干部接待和处理群众与投资者来访制度，每周六上午由市委常委、副市长、副秘书长等领导干部轮流值班，接待群众来访。

△ 教育部中教司司长杜平、初教司司长负责人纪志坚，广东省副省长王屏山、省教育厅党组书记杨子江，深圳市副市长周鼎、李广镇、李传芳等领导出席新建的上步中学开学典礼。

△ 深圳市在不到一年的时间里新建起的 12 所面积共 13 万平方米的中小学校今天同时举行落成暨新学年开学典礼，副市长周鼎、李广镇、李传芳和各有关部门负责人分别参加各学校开学典礼。

9 月 2 日 深圳市首届"共建花园城市"抽奖活动在深圳戏院开奖。市领导沈士义出席了颁奖仪式。

△ 我国驻外使节第三批参观团一行 71 人在我外交部副部长姚广率领下访问深圳特区，周鼎副市长在银湖中心与大使们进行了会谈。

△ 《深圳特区报》头版头条刊登《"深圳速度"又谱新篇》——记述了深圳大学首期工程，建筑面积 6.8 万平方米，7 个月建成，包括教学楼、电教中心、实验工厂、宿舍及其他附属建筑共 20 座楼体已全部完工。

9 月 3 日 深圳市首届高等院校干部专修班在深圳戏院举行开学典礼。周鼎副市长在典礼上做了讲话。

△ 由人民美术出版社与深圳市罗湖区合作举办的朝花书画社正式开业，来自内地各省区、市及香港文化、艺术出版界 300 人应邀出席了开业仪式，这是深圳特区首家内联文化企业。

9 月 4 日 当时我国最高的深圳国际贸易中心大厦完成主体工程建设，举行封顶仪式。周鼎、刘波等领导及国内外、港澳来宾 300 多人参加了仪式。国贸大厦高 53 层，160 米，建筑面积 10 万平方米，占地面积 2 万平方米。

△ 广东省第六届人大常委会第九次会议审议通过省人民政府提交的《深圳经

济特区与内地之间人员往来管理规定（草案）》，并决定将这个法规草案上报全国人大常委会审批。

9月5日 《人民日报》刊登专版，共6篇文章，其中，有全面介绍特区成就的《大鹏在展翅起飞》；有反映蛇口工业区新姿的《蛇口今貌》。此外，还有从不同侧面反映开放和改革成就的《罗湖，崛起的新城》《半年建起十所大中小学》《宾至如归的东湖宾馆》《文锦渡一日》《出口电脑诞生记》。报道深圳特区在引进外资和先进技术设备，引进科学的管理经验，实行经济体制改革等方面所取得的成就。该报道也是为庆祝中华人民共和国成立35周年，由人民日报社在全国组织的32个专版之一。

△ 为进一步搞好引进工作，广泛听取客商意见，深业贸易有限公司在香港召开座谈会，邀请在深圳投资举办企业的港商代表前来座谈，征求他们对特区建设和引进工作的意见。香港知名人士王光英、邱德根、刘天就等40多人参加了座谈会，深圳市委秘书长邹尔康、副市长李广镇等专程赴会，听取了大家的意见并讲了话。

9月6日 14个沿海城市第二次"经济开发研讨会"在深圳举行。

△ 深圳市政府公布《深圳市第二批重点文物保护单位》，包括东江纵队司令部旧址等。

△ 广深铁路电气化工程进入全线开工，双线工程计划1986年年底完成。总投资6.6亿元，全部资金由广深公司自筹解决。

9月7日 由深圳航运总公司、香港郑道荣公司及天龙公司、广东爆破工程公司合资经营的深圳国际海湾工程企业有限公司正式开业。广东省政府副秘书长吕白、深圳市副市长李传芳及中外来宾300余人出席典礼。

△ 深圳特区驻港机构深业贸易有限公司在香港举行盛大酒会庆祝深业公司成立一周年，梁湘、周鼎等领导赴港祝贺。

9月8日 《深圳特区报》头版头条刊发梁湘市长在庆祝深业公司成立一周年酒会上的讲话《欢迎更多外资和先进技术进特区》的全文。梁湘市长在香港邀请与深圳有经济业务来往的美、英、日、法、新、联邦德国等国家的外商30多人举行座谈会，对各国客商的真诚合作表示感谢。

△ 深圳市翻译工作者协会成立，并在深圳大学旧址召开成立大会。深圳市委宣传部部长、市文联主席李伟彦出席会议并表示祝贺。

9月9日 应中国科学技术协会邀请，美国佐治亚州先进技术开发中心访华团一行14人，由美国佐治亚理工学院副校长斯台尔森博士率领抵达深圳特区参观访问，深圳市政府副市长周溪舞在泮溪酒家会见并宴请了美国客人一行。

9 月 10 日　由中国经济学团体联合会、深圳大学、对外经贸大学和中国世界经济研究会联合举办的全国对外经济贸易培训班在深圳大学举行开学典礼，国务委员、对外经济贸易部部长陈慕华发来贺词，深圳市委秘书长邹尔康出席并讲话。

9 月 11 日　经广东省委批准，乔胜利、张政锦同志任深圳市委常委。

9 月 12 日　深圳市文学艺术工作者第二次代表大会开幕。梁湘到会并讲话。

9 月 14 日　中国有色金属工业深圳联合公司正式成立。

△　日本政府经济企划厅事务次谷村昭一率领的日本经济专家代表团一行 9 人在国家计委副主任陈先陪同下到深圳特区访问，周鼎副市长会见了客人。

△　由日商投资 1400 万港元的吉泽（香港）有限公司深圳加工厂建成投产。

9 月 15 日　意大利参议院议长弗郎希斯科·科西加一行访问深圳特区。省人大、市政府在泮溪酒家联合宴请了意大利客人。

△　联邦德国艾伯特基金会代表团一行 4 人抵达深圳特区进行参观访问，深圳市副市长周溪舞会见并宴请了德国客人。

△　市委常委刘波随中共友好参观团赴朝鲜参观访问。

△　四川省委书记聂荣贵率领四川省委参观团参观深圳特区。

9 月 17 日　以日本自民党众议员、日中协会理事长、中日民间人士会议日本委员会负责人野田毅为团长，日本著名建筑设计家黑川纪章为副团长的中国经济特区调查团一行 21 人访问深圳。深圳市副市长周溪舞在银湖旅游中心设宴招待了日本客人一行。

△　深圳市建筑设备材料进出口公司与香港中华企业有限公司签约，投资 1 亿港元开发上步区矿泉水资源。

△　日本丸红株式会社香港有限公司驻深圳办事处举行开幕酒会。丸红株式会社是日本四大综合商社之一，深圳市市长梁湘应邀为酒会主礼，市委秘书长邹尔康和日本客人及来自美国、荷兰、法国等的 250 多人出席酒会。

△　贵州省委第一书记池必卿率领贵州省委参观团参观深圳特区。

9 月 19 日　深圳市第一家医药生产制品企业——新光联合制药厂举行开业典礼，广东省经委、省卫生厅和来自全国 27 个省市及港澳地区的 150 多个单位代表前来祝贺。

△　市委转发省委组织部通知：乔胜利、张政锦同志任深圳市委常委，免去沈士义同志深圳市委常委的职务。

9 月 20 日　金陵大厦和金陵宾馆同时举行开工典礼，新华社香港分社主要领导、梁湘市长、江苏省副省长张绪武、光大集团董事长王光英、中国银行港澳总管理处主任蒋桂文等参加了开工仪式。这项工程包括 29 层的高级宾馆 1 座，30 层的商住大厦 2 座。总建筑面积为 5.8 万平方米，投资总额为 2 亿港元。

9 月 21 日 深圳大学举行新校舍首期工程落成暨建校一周年大会。梁湘书记在大会上讲话说：今年 2 月小平同志视察粤海门时，这里还是一处荒滩野岭。他关心深圳大学建设，问我 9 月份能否建好深圳大学首期工程。我说，一定能按时完成任务。现在，我们的心愿实现了。广东省委宣传部部长林江、省高教局局长李修宏代表省委、省政府宣读了贺信。香港教联会会长邓统元在会上表示了祝贺。张维校长在会上讲话。深圳大学一期工程包括教学楼、实验工厂、电教中心、师生宿舍等一批建筑，总面积 6 万多平方米，速度之快，在我国高校建筑史上是罕见的。

9 月 22 日 深圳市举行首次干部、职工高中毕业统考。

△ 《深圳特区报》头版头条刊登中共广东省委和省人民政府的贺信，祝贺深圳大学新校舍落成暨建校一周年。

9 月 23 日 梁湘市长接受一位日本记者采访时，回答了日本记者提出的日本人民对深圳特区关心的问题，如为什么要办特区，特区的特殊政策有保障吗，等等。梁湘市长都做了回答。

△ 坦桑尼亚总理萨利姆·艾哈德及夫人由我国司法部部长邹瑜陪同来到深圳特区访问，梁湘市长等到车站迎接并宴请了嘉宾。

9 月 23～25 日 美国费城华侨国庆观礼团一行从香港进入深圳参观访问，深圳市副市长李广镇会见并宴请了华侨团成员。

9 月 24 日 巴基斯坦陆军代表团一行 6 人在深圳特区参观访问。

9 月 24～25 日 由澳中友协组织的澳大利亚著名人士访华团一行 10 人访问深圳。

9 月 25 日 深圳市儿童福利会成立暨市儿童福利中心开幕，市领导李传芳出席了开幕式并任儿童福利会首任会长。

△ 深圳经济特区重点建设项目之一——中国友谊贸易中心举行奠基暨首期工程动工仪式，深圳市委副书记周鼎、中国友谊贸易中心董事长白文庆为工程奠基并剪彩。项目投资总额为 8500 多万元，占地面积 2.27 万平方米，建筑面积 8 万平方米。

9 月 26 日 挪威共产党（马列）主席保尔·斯泰根率领的挪威共产党代表团到深圳特区参观访问。梁湘市长会见并宴请了代表团全体成员。

9 月 26～27 日 加拿大华侨国庆观礼团一行 29 人抵达深圳参观访问，市长梁湘会见了访问团全体成员。

9 月 27 日 深圳蛇口成功接收卫星电视。

△ 梁湘市长就中英两国政府草签关于香港问题联合声明接受记者采访时说：一国两制为深港两地多方面合作开辟了更加广阔的前景。两地取长补短，也有利于香港和深圳两地的建设。

9 月 28 日 广州至深圳公路改造工程已全面竣工，江南大桥举行通车典礼。广东省、广州市、惠阳地区、深圳市负责同志任仲夷、梁灵光、李建安、石安海、周溪舞、邓华轩出席典礼。

△ 深圳熊谷组有限公司成立，这是深业公司与日本熊谷组株式会社合资企业，主营码头、隧道、桥梁、公路等土木工程。梁湘市长出席了开幕酒会。

9 月 29 日 为庆祝中华人民共和国成立 35 周年，市政府在香江酒楼举行盛大招待会。市政府副市长周溪舞、邹尔康、闻贵清、甄锡培、李广镇、李传芳等市领导出席，市委副书记周鼎主持会议，市委书记梁湘在会上讲话。

9 月 30 日 深圳市政府在香蜜湖举行庆祝中华人民共和国成立 35 周年焰火晚会。市领导出席，烟花燃放持续了 40 分钟。

10 月 1 日 深圳"大鹏展翅"、蛇口工业区"双龙戏珠"两台彩车在北京参加庆祝中华人民共和国成立 35 周年游行活动，接受党和国家领导人的检阅。

10 月 2 日 梁湘市长、周鼎副市长等领导会见了省侨办邀请回国参加国庆 35 周年庆祝活动的美、英、加、泰等国的华侨观光团。

10 月 4 日 应对外友协邀请来华访问的科特迪瓦共和国掌玺与司法部长、民主党政治局执委拉泽尼·库利巴利一行 5 人抵达深圳特区参观访问。

△ 意大利共产党中央机关报团结报社长和夫人一行在人民日报社长秦川、南方日报社长丁希凌陪同下，访问深圳特区，梁湘、邹尔康等领导接见了客人。

△ 罗马尼亚共产党中央报刊代表团在罗共中央机关报《火花报》副总编辑率领下来深圳特区参观访问，邹尔康会见了客人并向客人介绍了特区经济建设情况。

10 月 6 日 深圳市委召开处级以上干部会议，部署全市改革工作。梁湘发表讲话。

10 月 9 ~ 10 日 以《新柏林画报》主编诺达尔姆为团长的德意志民主共和国记者团，应全国记者协会邀请在深圳经济特区进行参观访问。

10 月 10 日 北京市党政代表团考察访问深圳特区。

10 月 11 日 深圳市摄制的大型彩色纪录片《日新月异的深圳经济特区》，经文化部审定，同意向国内外发行，并在深圳举行首映式。

10 月 12 日 引进美国专利的中美合资经营的深圳洗盘机厂动工兴建，总投资

3000万美元。

△　全国人大常委会副委员长荣毅仁视察深圳特区。

10月13日　以广东省副省长、深圳市市长梁湘为团长，深圳经济特区高级顾问刘波为副团长的深圳经济特区考察团一行7人赴美访问。考察团于14日抵达旧金山，参观了雪佛龙石油研究中心、油码头和炼油厂、硅谷、斯坦福大学校园、美国国际电话电报公司、广播器材公司、微电脑控制公司、奎茂工程发展研究公司等单位。17日抵达得克萨斯州的达拉斯市。深圳市市长梁湘被授予得克萨斯州荣誉公民和达拉斯市荣誉市民称号。

10月14日　应邀访华的由国民院议长安德烈·戈蒂埃率领的瑞士联邦议会代表团一行，在全国人大常委钱敏、广东省人大常委会副主任曾昭科等陪同下访问深圳。

10月15日　深圳市中国银行开始在罗湖口岸原外币兑换点设立办事处，受理集团和个人人民币与港币存储新业务。

△　应澳大利亚贸易部邀请，由周鼎副市长、邹尔康秘书长率领的访问团一行7人访问澳大利亚。

△　由深圳特区发展公司和香港合和公司合办的罗湖人车站高级宾馆（高达五十二层）动工兴建。

10月中旬　深圳市第一家专门开拓远洋贸易的合资企业——深新国际贸易有限公司成立。

10月16日　日本公明党竹入义胜委员长率领的日本公明党代表团访问深圳特区。周溪舞副市长会见了客人。

10月17日　深圳市博物馆文物工作者发掘清理了西乡、蔗园山、岗面山的东晋、南朝、明朝墓葬17座，出土文物近百件。

10月18日　中国实验大学筹备委员会办公室在深圳成立。它的任务是负责校舍建设，资金管理，招聘教师，进口教学仪器、设备并配合引进工业项目。

10月20日　经深圳市政府批准，由市航运总公司与香港华金国际有限公司（瑞士阿基洛集团）合组大鹏湾国际海港企业有限公司，协议首期工程投资4500万美元。全部建成后年吞吐量为2000万吨，成为我国南方最大的现代化港口。

△　以刘和景副总编辑为团长、吉祯燮为副团长的《民主朝鲜》报代表团一行6人访问深圳。

10月20~22日　由金光镇中将率领的朝鲜人民军友好参观团一行14人，在中国国防部外事局张秉玉副局长的陪同下对深圳进行友好访问。

10 月 23 日　海关总署在西丽湖度假村举行九龙海关起义 35 周年纪念大会并颁发九龙海关起义人员证书。海关总署副署长高祚、广东省委书记吴南生、深圳市副市长周溪舞到会祝贺。

10 月 24 日　中华人民共和国蛇口边防检查站正式成立。

△　中共吉林省委第一书记强晓初率领吉林省委参观团访问深圳特区。

10 月 25 日　深圳市重点建设工程——市区立交工程方案已经确定，总投资 4500 万元，工期一年半，届时将有效缓解交通阻塞现象。

△　南洋大厦全面封顶。

△　全国商业信贷工作会议结束。会议确定：对经济特区、海南岛和 14 个沿海城市的开发区实行特殊的信贷政策。这些政策主要包括：（1）放宽贷款条件，只要符合政策，有经济效益，还款有保证，不论其自筹资金多少，都可以得到贷款。（2）不论是国营、集体或个体经营的各种商业、服务业，还是外商独资和中外合资的商业服务业，以及商业、粮食部门外引内联的来料加工、补偿贸易，等等，都可以给予贷款。（3）打破流动资金贷款和固定资金贷款的使用界限，除保证商业企业流动资金贷款需要外，可发放开发性贷款和商品性基础设施贷款。（4）对这些地区国内建造、地区联营或与外商合资的宾馆、饭店、旅游等生活服务设施，银行可以试办投资。会议强调，当前银行要协助有关部门尽快把经济特区和 14 个城市开发区的生活服务项目搞上去，以适应这些地区对外开放和经济发展的需要。

10 月 27 日　深圳市大中学生第一次代表大会在市总工会礼堂举行。出席代表共 290 人。大会宣告深圳市学联成立，选举深圳大学朱联飞同学为第一届学联主席。

10 月 31 日　以法国社会党全国副书记吉·阿鲁什为团长的法国社会党代表团一行 11 人访问深圳，周溪舞副市长会见并宴请法国客人一行。

11 月初　人民日报出版社出版《今日深圳》一书介绍深圳。

11 月 1 日　由中国有色金属工业总公司广州分公司、深圳有色金属工业公司联合经营的大型企业——中国有色金属工业深圳联合公司正式开业，周溪舞副市长出席开业仪式。

△　即日起，深圳电视台启用三十频道试播自办节目。

△　深圳市政府宣布，在深圳特区范围内，粮油敞开供应，取消一切票证。

△　英国 IDE 集团与深圳工业发展服务公司达成协议，在深圳兴建具有国际先进水平的展览贸易中心，双方投资 1600 万美元。

△　由深圳、南京、香港三方合作的香港深南贸易有限公司在香港华润大厦五十楼贵宾厅举行盛大开业酒会，副市长甄锡培、南京市副市长徐英锐、新华社香港

分社领导等嘉宾出席酒会。

△　美联石油供应有限公司在深圳成立。

11月　《深圳经济特区发展、成功之路》出版。该书重点介绍了深圳经济特区体制改革及建设发展经验。

11月2日　深圳市最大的公路建设项目——北环货运公路工程开工。该路从上步路、泥岗路交叉处起往西至南头联检站止，与广深公路接通，全长20.5公里，宽15米，投资约3000万元人民币，计划明年4月底建成通车。

11月3日　深圳市委书记梁湘在《人民日报》发表《深圳特区经济体制改革的探索》，论述了特区经济体制改革中改革计划经济体制，充分发挥市场调节作用，改革经营管理体制，使企业成为相对独立的商品生产者，改革分配体制，实行各尽所能，多劳多得，责、权、利相结合，以物质利益为基础的分配体制。

△　经国务院批准，沙头角辟为深圳特区口岸。凡到深圳特区持有合法有效证件的人员和车辆均可从沙头角进出境。

11月4日　位于罗湖区人民南路、由罗湖管理区与香港永联成企业有限公司经营，并由外资银行投资2.5亿港元建设的深圳渣打联合国际大酒店动工兴建。

11月5日　英国劳合国际银行深圳代表处开业。它是世界十大银行之一。英国劳合国际银行行长林西·亚历山大爵士、李广镇副市长出席开幕仪式并为仪式剪彩。

△　应李先念主席的邀请前来中国进行友好访问的缅甸联邦社会主义共和国总统吴山友和夫人一行，在我国轻工业部部长杨波和夫人以及外交部副部长刘述卿的陪同下访问深圳，梁湘市长赴车站迎接贵宾并宴请缅甸客人一行。

△　光明日报社在雅园宾馆举办民族音乐专场音乐会，庆祝深圳记者站暨驻深办事处成立，新华社香港分社社长许家屯、《光明日报》总编辑杜导正以及梁湘市长等出席了开幕酒会。

△　《世界经济导报》刊发中共中央书记处书记、国务委员谷牧的讲话：对外开放政策是我们党总结了国内建设的经验教训，分析了国际政治经济形势，经过深思熟虑后提出来的。它不是权宜之计，而是一项基本国策。中国社会主义建设是在国际经济发展的大较量、大竞争中进行的，发展速度是个尖锐问题。而我们资金还比较缺乏，技术还比较落后，现代化的管理经验还不足，所以，我们在坚持自力更生的基础上，还必须扩大视野，从国内扩大到国外，引进资金、技术、信息、人才、经验。以天下之长，补我之短，努力缩短中国与世界先进国家在经济和技术方面的差距。我们利用外资应该进一步放开步子。那些反映社会化大生产的客观规律，反映生产力发展要求的部分，是人类创造的共同财富，不是资本主义特有的。我们应

当移植到社会主义制度下，促进生产力的发展。现在世界上经济发达的国家，找不到一个是闭关自守的。我们实行对外开放政策也顺乎世界经济的潮流，符合历史的必然。

11 月 6 日 由加纳临时全国保卫委员会特别顾问科乔·齐卡塔率领的加纳政府代表团访问深圳。

△ 中国开放城市投资洽谈会在香港开幕。深圳经济特区代表团团长梁湘在香港新世界酒店举行投资介绍会。

△ 由深圳博雅艺术公司和中华书局香港分局联合主办的第二届深圳书市——日本、中国艺术书展在深圳市开幕，中共广东省委宣传部部长林江出席开幕式。

11 月 7 日 由外交部组织的外国驻华使节参观团一行 71 人，在外交部副部长韩叙夫妇等陪同下，抵达深圳特区参观访问。外国使节参观团的成员包括亚洲、非洲、欧洲、美洲地区 40 个国家的驻华大使、参赞和临时代办等以及联合国粮农组织、教科文组织和世界粮食计划署的驻华代表等。甄锡培副市长等领导去车站迎接并宴请了嘉宾。

11 月 7～8 日 由广东省民政厅、深圳市民政局组织的居住在香港的军烈属参观团到深圳特区参观游览，副市长甄锡培会见了参观团一行。

11 月 8 日 世界著名电器公司——荷兰飞利浦公司决定向深圳转让激光电视技术，帮助深圳建立一座年产 9 万台激光电视机、390 万张激光电视唱片的工厂。该公司与深圳先科技术开发公司在香港签订了技术转让协定，梁湘市长等领导出席了签字仪式。

11 月 10 日 中共中央书记处研究室主任杜润生到深圳特区检查工作。

11 月 11 日 全国政协委员赴广东深圳视察团一行 120 多人，在副团长杨放之、方荣欣、陈舜礼、李立率领下，由广东省政协副主席左洪涛陪同访问深圳特区。

11 月 12 日 全国政协副主席、全国科协主席、著名科学家周培源教授视察深圳特区。

△ 世界上最大的生产 ABS 树脂的公司——美国博华纳化学公司与深圳海湾石油化学公司在香港签署协议，投资 5500 万美元，兴建一座年产 6 万吨 ABS 树脂的大型工程塑料厂。

11 月 13～15 日 国务委员兼国务院港澳办公室主任姬鹏飞视察深圳经济特区。他称赞深圳特区正在为祖国四个现代化建设发挥"四个窗口的作用"[①]。

---

① 即技术窗口、知识窗口、管理窗口和对外政策窗口的作用。

11月13~16日　由国家民委副主任苏和率领的全国少数民族参观团一行310多人访问深圳特区。梁湘市长等领导会见了代表团成员。

11月14日　由深圳先科技术开发公司和深圳航空公司筹备组邀请的加拿大"戴士—7型"客机在深圳做了5天20架次飞行表演。市委、市政府领导观看了表演，下午，国务委员姬鹏飞参观了机场和飞机。

　△　深圳市海湾石油化学公司与美国能安企业有限公司在香港签署协议，合资经营"深美石油有限公司"，双方投资5000万美元，兴建一座年处理150万吨原油的炼油厂生产石油化工产品。

11月15日　国务院发布《中华人民共和国国务院关于经济特区和沿海十四个港口城市减征、免征企业所得税和工商统一税的暂行规定》①。

11月16日　《红旗》杂志第20期发表题为《城市改革的先锋》的署名文章，推荐《前进中的深圳》一书②。

　△　外交部组织的第二批驻华使节参观团一行74人在副外长钱其琛陪同下到深圳特区参观访问，甄锡培副市长向使节们介绍了特区的发展情况。

　△　梁湘市长、周溪舞副市长代表深圳市政府在香港美丽华大酒店举行执行会，庆祝我国开放城市投资洽谈会深圳分团取得圆满成功，梁湘市长在会上做了讲话。

11月17日　《特区人》在深圳公演，广东省委第一书记任仲夷、市委书记梁湘等观看了演出。

　△　历时8天的中国城市投资洽谈会结束，深圳特区分团和客商签署合同、协议、意向书共25项，协议金额近2亿美元。

　△　深圳市委召开处级以上干部会议，传达贯彻广东省委常委扩大会议精神。梁湘书记就当前工作及明年要抓的几项重点工作做了部署。

　△　广东省委第一书记任仲夷来深圳视察工作。

11月20日　我驻外使节第三批参观团一行80人在外交部副部长温业湛率领下到深圳特区访问，市委领导会见了参观团成员。

---

①　该《暂行规定》对客商在经济特区、沿海14个港口城市的经济技术开发区、沿海14个港口城市的老市区和汕头、珠海、厦门市区内开办的中外合资经营、中外合作经营、客商独立经营企业，给予减征、免征所得税和工商统一税优惠做了具体规定。有关所得税的减征、免征自1984年度起施行，有关工商统一税的减征、免征自1984年12月1日起施行。

②　《前进中的深圳》是由中共深圳市委负责同志梁湘等撰写，红旗出版社出版。本书刊登了邓小平同志、胡耀邦同志视察深圳时的题词和邓小平、胡耀邦、赵紫阳同志视察深圳时的彩色照片，尤其是胡耀邦同志题了书名，谷牧同志写了序。本书对经济特区的几个主要问题，例如：经济特区的性质及其特点，我们的特区与资本主义国家的"出口加工区""自由贸易区"的本质区别，经济特区的地位和作用、前景等，其都从理论与实践的结合上进行了比较深入的探讨。

△ 由深圳市成人教育办公室和成人教育协会联合主办的深圳市首届成人教育成果展览在"教师之家"举行隆重开幕式。

△ 中顾委主任邓小平在人民大会堂会见挪威王国首相科勒·维洛克和夫人时指出:"中国改革的路子走对了,改革的步伐不会停顿。"

11 月 21 日 日本第五大综合商社住友株式会社深圳事务所成立并举行开业酒会。梁湘等市领导出席仪式并为开业剪彩。

11 月 22 日 广东省委第一书记任仲夷视察深圳中学并题词:"希望深圳中学全体师生员工努力学习普通话,成为特区推广普通话的模范。"

△ 应赵紫阳总理邀请来华正式访问的挪威王国首相科勒·维洛克和夫人访问深圳。梁湘市长等领导宴请了客人。

11 月 24 日 全国人大常委会副委员长王任重访问深圳。在视察华发电子有限公司时,挥笔题词:"推陈出新,日新月异,急起直追,优胜劣汰。"

△ 香蜜湖度假村"豪华剧院大酒楼"开业,梁湘等市领导出席开业仪式。

△ 东湖宾馆股东之一深圳园林公司与新的合作伙伴——美国田纳西塑胶工程(香港)有限公司签订合作经营协议,罗昌仁副市长出席签字仪式并讲话。

11 月 25 日 国务院总理赵紫阳第三次视察深圳特区,陪同人员包括国务院副秘书长李灏、商业部副部长姜习等。他在梁湘同志陪同下,参观了赤湾石油码头、中航技工贸中心电脑厂,登上新园宾馆顶层俯瞰了深圳市容。在听取了市委工作汇报后,勉励深圳特区把工作做得更好。他说:我们实行对外开放,是要通过经济特区、开放城市、沿海开放带把外引内联、把沿海与内地的发展结合起来,使全国经济振兴,人民富裕。特区、开放城市、沿海开放带应成为我们对外开放的桥头堡,要起跳板作用,即把外国的先进技术、设备、先进的管理方式引进来,加以吸收、消化、创新,向内地转移;另外,把内地的原材料产品在这里精加工,"梳妆打扮"增值出口,进入国际市场,形象地说是"两个扇面,一个枢纽",即对外对内辐射两个扇面,特区、开放城市居中起枢纽作用。

11 月 26 日 白沙岭高层住宅区动工兴建。总建筑面积 81 万平方米,拟建 18 层至 30 层的楼宇 40 栋,可供 4 万名居民居住。

△ 由政治局委员、行政书记兼政府总理办公室负责政治事务的国务部长尼亚贡博率领的津巴布韦非洲民族联盟访问团一行抵达深圳特区参观访问,邹尔康副市长会见了客人一行。

11 月 27 日 原广深旧线公路的扩建改建工程全线动工,目前已进入施工阶段,市政府投资 300 万元,计划明年 5 月建成通车。

△　中国医学科学院院长吴阶平教授一行，应市政府邀请来深圳参观访问，并与深圳 200 多名医务工作者举行座谈。

11 月 28 日　深圳—香港间直拨电话正式开通。

12 月 1 日　中国国民党革命委员会深圳小组成立。

△　美国德士古石油公司总裁章逊夫妇、副总裁桑德思一行 6 人，到深圳特区参观访问。梁湘市长设宴款待美国客人。

12 月 2 日　广东省现代经济管理高级研修班在深圳开学。梁湘市长出席了开学典礼。

12 月 3 日　日绵株式会社（香港）有限公司在深圳经济特区设立事务所。梁湘市长出席开业酒会。

12 月 4~5 日　中共中央政治局委员胡乔木、中共中央书记处书记胡启立视察深圳特区。胡乔木在渔民村视察时说：特区党的组织建设要加强，要抓好发展新党员的工作。胡启立在视察深圳大学时说，教育工作千万不要走老路，一定要走新路子。胡乔木、胡启立同志抵达深圳后，听取了市委领导的工作汇报。在市委书记、市长梁湘，市委常委邹尔康和副市长甄锡培以及蛇口工业区管委会主任袁庚等陪同下，他们分别先后视察了渔民村、中航深圳工贸中心、西丽湖度假村、深圳大学、蛇口工业区和赤湾港等地，并浏览了市容。胡乔木同志在渔民村视察时，详细询问了该村党的组织建设和发展新党员的情况。他说：党员不但要自己致富，还要帮助大家致富。村民委员会应该是全体村民民主选举出来的集体代表，要有权。胡乔木同志还在宾馆与市委有关部门的负责人就党的建设等各项工作进行了座谈。他对特区党的组织建设工作提出了希望，要求特区党的纪律要特别严格。胡启立同志在深圳大学听取了校长张维、党委书记罗征启等汇报后，对深圳大学办学多种形式、多层次和采取学分制、勤工俭学等一系列改革表示赞赏。随后，胡启立参观了深圳大学学生勤工俭学的商店和学生宿舍等。

12 月 5 日　中国人民银行发布《深圳经济特区非银行性质国营金融机构暂行管理办法》。

12 月 6 日　中央顾问委员会参观团参观深圳特区。

12 月 6~11 日　中共中央政治局委员、全国政协主席邓颖超，在广东省政协主席梁威林陪同下来深圳特区参观。邓颖超同志说：我在深圳的几天，所见所闻都是新鲜的东西，我感到非常振奋。邓颖超同志先后参观了深圳市工业产品展览、深圳水库、东湖宾馆、华利电子有限公司等，并浏览了市容和登上新园宾馆楼顶观看了特区建设新貌。新华社香港分社社长许家屯前往宾馆看望了邓颖超同志。邓颖超说：

中英关于香港问题的协议，得到香港同胞的赞同，我们一定要保持香港的稳定与繁荣。邓颖超同志还高兴地前往深圳市委书记、市长梁湘的家里做客。10日下午，邓颖超同志与深圳市委、市政府负责人进行了座谈。她说：我在市政府门口看到一条雕塑的牛，叫孺子牛，这代表了同志们的工作精神和意志，代表了同志们全心全意为人民服务的精神，给我的印象非常深刻。邓颖超同志鼓励深圳人民继续发扬创新精神，谦虚谨慎，不骄傲自满，把引进外资，引进先进技术的工作做得更好，为14个沿海开放城市带好头。

12月8日 《特区工人报》创刊，梁湘市长发表名为《特区工人的一件大事》的文章。

△ 中联国际橡胶公司正式成立。

12月9～12日 最高人民检察院检察长杨易辰考察访问深圳。

12月10日 深圳香港正式实现电话直通。梁湘市长分别与新华社香港分社、华润公司、粤海公司、深业公司等负责人通话表示祝贺。

12月12日 日本五大综合商社之一的伊藤忠商事株式会社深圳办事处开业。甄锡培副市长出席了开业酒会。

△ 中共中央纪律检查委员会常务书记王鹤寿、书记韩光到深圳特区检查工作，与梁湘等市领导举行会谈。

△ 日本丰田汽车公司在深圳举行车展。

12月13日 我国首家"钥匙公司"——中美国际工程公司在深圳成立并举行首次董事会。煤炭部部长高扬文任董事长，柏克德公司董事谭波任总经理，著名数学家华罗庚任总顾问兼咨询委员会主任。

12月13～17日 由全国政协常委、著名物理学家钱伟长率领的全国政协科学技术咨询小组一行6人访问考察深圳。

12月14～15日 以哈佛大学经济学荣誉教授艾布拉姆·伯格森博士为团长的美国经济学家考察团一行7人在深圳考察访问。

12月15日 "大鹏"号远洋货轮抵达赤湾港。梁湘市长登上"大鹏"号参观。这是深圳市继"梧桐山"号之后购进的第二艘万吨级货轮。

12月15～20日 深圳特区教育理论研讨会在银湖旅游中心召开。全国人大教科文卫委员会、中国教育学会、中央教育科学研究所负责人张承先、吴福生、张健、吕型伟、周玉良、广东省副省长王屏山和深圳大学校长张维以及香港教育工作者联谊会代表潘锡基、钟荫祥先生，北京、上海、广州、汕头、珠海、厦门等地专家、学者、教授等出席了会议。

12 月 18 日　中国内地第一家保安公司——蛇口保安公司成立。

△　全国人大常委会副委员长廖汉生视察深圳特区。

12 月 19 日　梁湘市长在贵宾厅会见了美国佐治亚州亚特兰大市经济发展委员会主席比茨一行。

12 月 20 日　中国（深圳）对外贸易中心董事会成立。

12 月 21 日　（深圳）经济技术开发公司在泮溪酒家举行开业典礼。沈阳市市长李长春、深圳市市长梁湘为仪式剪彩。

12 月 22 日　全国第一家体育基金会——中国深圳体育基金会成立大会在香蜜湖大剧院举行。

△　中国化工建设总公司深圳分公司开业。

12 月 25 日　苏联部长会议第一副主席伊·瓦·阿尔希波夫，应中国政府邀请，在访问北京、广州等地后，由中国外交部副部长钱其琛等陪同，抵达深圳经济特区参观访问。阿尔希波夫第一副主席等苏联贵宾，由甄锡培副市长等陪同在蛇口工业区及赤湾港等地参观访问。晚上，深圳市人民政府在东湖宾馆贵宾厅举行欢迎宴会。

△　深圳市人民政府颁布《深圳经济特区土地使用费调整及优惠减免办法》。

△　《蛇口通讯》试刊。

12 月 26 日　中共山西省委书记李立功到深圳特区考察。

12 月 28 日　南油深圳开发服务总公司、中建第五工程局、香港龙彪公司三家合资兴建的"龙城花园"举行签约仪式。罗昌仁副市长出席了签约仪式。

12 月底　以全国著名经济学家骆耕漠为团长和中国社会科学院世界经济研究所副主编秦柳芳为副团长的社会科学家代表团一行 23 人在深圳考察访问。

12 月 30 日　国务院副总理李鹏视察深圳经济特区。他慰问了大亚湾核电站工地的工人、工程技术人员，对工程的进展表示满意。他还视察了爱华电子企业、蛇口工业区、赤湾港、深圳大学等，并对特区建设提出新要求。

1985 年

1 月初　梁湘成为《半月谈》杂志封面人物，被推举为全国十大新闻人物之一。

1 月 1 日　国务院副总理李鹏率领国务院有关部委负责人和专家以及广东省政府、深圳市负责人视察了大亚湾广东核电站工地，慰问了工地工人和技术人员，对一年来工地进展表示满意。李鹏副总理等领导还在深圳召开的审查会议上，审查了广东核电投资公司和香港核电投资公司合资经营的广东核电有限公司的合同协议文本。

△　深圳市重点工程——深圳金融中心大厦破土动工，概算总投资为 1.0072 亿元，建筑面积为 11.67 万平方米。

△　深圳经济特区工业产品展销服务中心举行开业典礼。

1 月 4 日　国务院副总理李鹏在叶选平陪同下，来到深圳大学视察工作，并为深圳大学题词："希望把深圳大学办成一座真正的新兴的大学。"

1 月 5～8 日　中共中央纪律检查委员会副书记李坚在深圳检查工作。

1 月 6～7 日　科威特石油兼财政大臣、科威特石油公司董事长阿里·哈里法一行访问深圳特区，梁湘市长会见了科威特客人。

1 月 7 日　中共上海市委第一书记陈国杰到深圳特区考察。

△　深圳华联纺织有限公司和香港敦谊有限公司合资经营的华联中心有限公司在东湖宾馆举行酒会，庆祝公司成立。双方计划投资 1.2 亿港元，兴建一座 37 层的华联中心大厦，经营新世界（华联）酒店。

△　由中国土畜产进出口总公司主办的中国首次大型的对外花卉展销会在深圳市工人文化宫正式举行。

1月8日　深圳市政府召开基建工作会议，确定1985年的基建目标。

△　国家计委副主任王德瑛在全国基建领导干部研究班上指出，深圳基建体制改革走在前头，各地各部门要结合实际推广深圳的经验。

1月8～14日　深圳市政府转发市推普办公室、人事局、劳动局《关于深圳市干部、职工定级、晋升以及在新招、调进中需考普通话的意见》的通知，规定从1986年1月1日起，不会讲普通话者不予定级、晋升和签订合同。

1月9日　深圳市邮电局与法国萨吉姆公司签订协议，引进一套具有世界先进水平的用户电报交换系统，市政府有关领导和萨吉姆公司负责人出席了成立仪式。

1月10日　深圳市委召开三级干部会议，市委书记梁湘做了题为《把深圳特区建设提高到新的水平》的报告，总结了去年的工作，部署了今年的工作任务。

△　深圳市工业发展委员会举行聘请美国著名科学家、佐治亚理工学院院长帕蒂特博士为名誉高级顾问的仪式，梁湘市长向帕蒂特博士颁发了聘书。

1月10～16日　全国经济特区、14个沿海开放城市工会工作座谈会在深圳召开。全国总工会书记处书记陈秉权、全国总工会工人研究会副理事长齐平、深圳市委书记梁湘出席会议。

1月11日　深圳农业经济研讨会在宝安新县城隆重开幕。来自国家农牧渔业部、计委、经委、科委、中国农科院等部门的领导和负责人、专家、学者、教授等100多人参加了此次会议，李广镇副市长代表市委市政府致开幕词。

1月12日　深圳仓库区第一个成龙配套工程笋岗—清水河仓库区铁路专用线破土动工，总投资3500万元，铁路长28.9公里。

1月13日　由深圳市文联、市作协主办的广州、香港、深圳作家新春文学创作座谈会在深圳举行。

△　著名雕塑家潘鹤副教授创作的深圳市大型铜雕《孺子牛》获得全国优秀美术作品金牌奖。

1月14日　国际先进技术设备展览会在深圳市八卦岭工业区揭幕。

△　周溪舞副市长接受香港《明报》和《东方日报》记者采访时透露，深圳国际机场正在加紧选址工作，争取今年第一季度确定下来，为下一步工作打好基础。

1月15日　深圳市个体劳动者协会成立，并通过了协会章程。

1月15～18日　国家安全部部长凌云在深圳特区检查工作。

1月16日　深圳火车站联检大楼封顶仪式举行，梁湘、罗昌仁、邹尔康、李传芳等领导和香港合和实业有限公司总经理胡应湘先生到会祝贺并登上顶楼。

△ 《今日深圳》发行①。

△ 中华自行车公司正式在深圳市投产，生产的新型 CHIMO 牌自行车，质量达到国际先进水平。

△ 深圳市企业管理协会正式成立，以适应体制改革、对外开放以及特区经济发展的需要。

1 月 17 日 深圳农业科学研究中心举行落成典礼，农牧渔业部部长何康、深圳市梁湘市长主持了剪彩仪式。

1 月 18 日 由深圳市轻工业公司与香港大寰自行车有限公司合资经营的中华自行车公司正式投产，公司投资 4000 万港元，引进美、日、英、法、意等国家的先进技术和设备。

△ 深圳企业管理协会成立。

1 月 20 日 商业部部长刘毅在深圳特区检查工作。

1 月 22 日 芬兰议会议长埃尔基·皮斯蒂宁率领芬兰议会代表团到深圳特区参观访问，梁湘市长会见了芬兰贵宾。

△ 著名作家、诗人，深圳市文联副主席兼作家协会会长谭学良（笔名谭日超）同志追悼会在深圳殡仪馆举行，邹尔康副市长主持追悼会。

△ 深圳租赁有限公司在国商大厦北座开业，该公司从国外引进先进技术、设备和器材，为特区内外企业的技术改造服务。

1 月 23 日 深圳市委转发市整党工作指导小组《关于整党工作的部署意见》。

△ 商业部部长刘毅带领参加"全国城市商业改革交流会"的代表 200 多人到达深圳参观考察，梁湘等市领导在市府大楼会见了全体代表，邹尔康副市长向代表们介绍了深圳特区发展建设情况。

1 月 24 日 深圳市工业、商业、基建、外贸、交通等系统的 53 位经理、厂长，在深圳和广州参加了由国家组织的国营企业经理、厂长的统一考试。这是深圳市经理、厂长第一次参加国家的统考。

△ 深圳市开创了企业化建港的先河。

---

① 这本书卷首印着邓小平、胡耀邦、赵紫阳视察深圳时的彩色照片，以及邓小平、胡耀邦的题词；收录了梁湘等数十位作者的文章 55 篇，并配有黑白照片 34 幅。这些文章和照片真实生动地记录了深圳经济特区突飞猛进的前进步伐，热情洋溢地歌颂了党的十一届三中全会路线和党的对外开放政策。该书由《深圳特区报》编辑、人民日报出版社出版，由深圳特区报印刷厂印刷，深圳新华书店发行。这是反映深圳经济特区面貌的一本书。

1月25日 41层高的航空大厦①在深南中路福田路口隆重举行奠基典礼。航空工业部部长莫文祥，副部长王其恭、崔光炜，深圳市副市长周鼎、罗昌仁为大厦剪彩和奠基，中央、各省市有关部门，深圳市各大公司代表共300多人参加了奠基仪式。

△ 经国务院和文化部批准，全国唯一享有对外发行权的制片企业——深圳公司成立，并举行盛大的成立酒会。电影界知名人士和深圳市政府领导出席了成立酒会。

△ 深圳市委、市政府在香蜜湖度假村举行招待联欢会，欢迎我国电影界表演艺术家夏衍、陈荒煤、司徒慧敏等以及新华社香港分社社长许家屯、文化部及广东省委宣传部领导，梁湘市长等出席了联欢晚会。

1月28日 中国财务会计咨询公司蛇口会计师事务所②举行开业典礼。

△ 国家体委主任李梦华在深圳特区检查工作。

1月28~31日 中共中央政治局委员、国务院副总理万里视察深圳特区。他对省、市领导说：深圳的发展证明，只要政策对头，让人们放开手脚干，社会主义优越性是可以显示出来的。深圳基本上是市场经济，要发扬创新精神，既不要受内地不适应商品经济发展的体制和框框的束缚，也不要照搬香港和外国的做法，你们要及时了解分析情况，研究新问题，总结新经验。创新不要怕风险。善于从经验教训中找出科学规律。万里副总理特别关心城市建设和规划工作。他强调，城市建设一定要在科学规划下严格管理，没有规划，管理不严就建不成现代化城市。对深圳大学，万里副总理寄予厚望。他认为，不应把深大办成第二个清华、第二个人大，要走出一条新路子，要在外语上下功夫，为全国培养第一流的经济管理人才。

1月29日 深圳市社会福利基金会成立。梁湘任名誉理事长。

1月30日 国务委员兼外交部部长吴学谦在深圳特区视察。

△ 中共广东省委书记林若在深圳特区检查工作。

△ 日本九大综合商社之一兼松江商株式会社的深圳办事处举行开业典礼，甄锡培副市长出席仪式并对开业表示祝贺。

1月底 反映深圳市基本建设成就的大型电视连续纪录片《时间就是金钱》由

---

① 由国家航空工业部牵头，国内24个单位、国外多家企业投资兴建。这座大厦地面以上有41层，高138米，建筑面积为4.3万平方米，其高度仅次于52层的火车站宾馆和50层的国贸大厦，为深圳当时的第三高楼，是一个国际性的科技交流服务场所。

② 该所是中国财务会计咨询公司的第一个分支机构，任务是接受国内外经济机构、国际经济组织、企业、社会团体以及其他单位或个人的委托，提供财务、会计和税务等方面的咨询服务等。

北京音像出版社正式发行。

2月1日 深圳市工商局会同市纪委等有关部门对全市党政机关和党政干部经商办企业进行清理。

△ 经铁道部批准,原从广州始发至北京的特快列车今起正式延伸至深圳,这标志着深圳始发至北京的特快列车正式投入运行。

2月1~9日 中共中央顾问委员会副主任薄一波考察深圳经济特区时指出:开创深圳经济特区建设的新局面,要注重两件事,一件是经济,一件是知识,关键是人才。他强调说,党员、干部要当好深圳经济特区建设的"孺子牛",保持共产党员的纯洁性,这对整个特区的经济建设,有着重要的意义。

2月2日 深圳市首批整党单位领导骨干培训班开学。梁湘市长做了动员报告。

2月5日 全国政协副主席吕正操在深圳视察。

2月6日 中央顾问委员会第一副主任薄一波来深圳大学视察工作并题词:"尊重人才,尊重知识,人才要广,知识要新。"

△ 深圳市委召开知识分子座谈会,梁湘等市领导与20多名知识分子进行了交谈。

△ 广东省人民政府颁布《深圳经济特区涉外经济合同规定》。

△ 美国著名学者陈树柏教授受聘担任深圳市工业发展服务公司高级工业技术顾问。

△ 深圳市政府颁布《深圳经济特区行政事业单位干部职工住宅商品化试行办法》,共5章20条。

2月7日 中兴通讯公司在深圳特区正式成立。

2月8日 特区管理线上最后一项工程——大望大桥举行通车典礼,从而使整个特区管理线畅通。①

2月9日 广东核电合营有限公司在深圳举行开业典礼,中顾委副主任薄一波剪彩,李鹏副总理发来贺电。省市领导人林若、叶选平、寇庆延、匡吉等出席了庆典。

2月10日 文锦渡口岸新桥通车,全长52米,宽11.5米。

2月10~13日 全国人大常委会副委员长韩先楚在深圳特区视察。

2月11日 由梁湘书记提议,深圳市委、市政府决定深圳市中小学教师工资比

---

① 大望大桥坐落在深圳梧桐山下沙湾,它横跨深圳水库上游大望村段,通过大桥北可达沙头角镇,南可达市区。它的建成通车,把特区管理线严密、完整地连接在一起,便于沿线管理和交通运输,也为梧桐山地区人民群众提供了交通方便。

社会上相应等级行政干部高 15%。

2 月 12～16 日　全国政协副主席肖华在深圳特区视察。

2 月 13～15 日　中共中央政治局委员、中国人民解放军总参谋长杨得志在广州军区政委王猛陪同下视察深圳特区。

2 月 16 日　《中国青年报》发表社论《我们的口号是祖国富强人民富裕》。社论谈道：深圳人民和青年在荒野上为特区建设不断创造出引人注目的高效率、高速度，就是一种奋斗献身精神。这对深圳人民和青年是一个鼓舞和激励。社论鼓励深圳青年："现在深圳的生活水平较之内地要明显地高一些，但深圳的人民和青年却在一片荒野上，为特区建设不断创造引人注目的高效率、高速度，能说他们没有奋斗献身的精神吗？我们所说的奋斗献身，就是在现有的条件下，在自己的岗位上，英勇劳动，勤奋学习，决不吝惜自己的汗水和心血，一往无前地向着祖国富强、人民富裕的目标拼搏前进。这种奋斗献身的精神任何时候都需要发扬，今天的青年尤其需要发扬。"

△　深圳市政府举办迎春座谈会，梁湘等市领导出席，与全市第三产业 200 多名代表在泮溪酒家欢聚一堂，畅谈特区 5 年来的建设成就。

2 月 17 日　新华社李储文副社长率领新华社香港分社新春拜年团专程从港来深参加团拜活动。

2 月 19 日　中共中央书记处书记、国务委员谷牧带着党中央、国务院的亲切关怀，在除夕这天慰问了深圳特区人民。

2 月 20 日　梁湘等深圳市委、市政府各领导看望春节期间坚守工作岗位的职工，并向大家拜年。

2 月 21 日　国务委员谷牧视察深圳大学的建设工作并为学校题词："走改革开放的道路，为国家培养更多建设人才。"

△　全国政协副主席杨成武在深圳特区视察工作。

2 月 23 日　广东省省长梁灵光、省委书记吴南生在深圳检查工作。

2 月 24～28 日　国务委员谷牧主持召开深圳经济特区工作座谈会。他强调，深圳特区要在现有工作的基础上，再努一把力，爬一个相当困难的坡，更上一层楼，真正成为以工业为主，以出口创汇为主的外向型的综合性经济特区。

2 月 27 日　中共中央与政治局委员、总政治部主任余秋里在广州军区司令员尤太忠陪同下视察深圳特区。

3 月 1 日　经广东省口岸办公室批准，深圳香港陆路边境第三个口岸沙头角口岸正式开放。

3月3日 深圳市举行慰问教师联欢会。市委、市政府做出《关于开展庆祝第一个教师节活动的决定》，宣布深圳中小学教师的工资在改革后将比相应等级的行政干部高20%。

3月6日 深圳市委召开首批整党单位动员大会，1270多人出席。会议由周鼎副市长主持，梁湘书记做了报告。

△ 日本日商岩进株式会社深圳事务所开业。甄锡培副市长出席开业典礼。

3月8日 深圳（通过惠阳平潭机场）至北京飞机客运航线正式通航。首航班机客满，旅客只需两个半小时就可飞抵北京。

△ 深圳经济特区电力开发公司与香港合和电力（中国）有限公司投资32亿多港元，合作兴建深圳沙角火力发电厂B厂的协议在广州中国大酒店签署。深圳市副市长周溪舞与合和实业有限公司总经理胡应湘在协议书上签字。这是当时深圳与外商合作最大的工业项目。

3月8~11日 全国人大常委会副委员长叶飞在深圳特区视察。

3月9日 深圳市委召开局级以上干部会议，传达谷牧关于深圳特区工作的指示。梁湘书记做了报告。

△ 梁湘会见参加"深圳科技工业园"规划的专家。该工业园将建成科研、教学、生产紧密结合的，类似美国"硅谷"的基地。7月30日，由市政府与中国科学院合办的"深圳科技工业园"举行奠基典礼，深圳科技工业园总公司同时成立。[①]

3月9~10日 由英国大臣戴维·杨勋爵率领的英国经济贸易代表团访问深圳特区。梁湘市长会见了英国嘉宾。

3月11日 深圳特区管理线综合工程由国家验收委员会进行正式验收。用花岗岩石块凿刻的"特区界"石碑3月10日在南头联检站竖立，特区管理线沿线也已竖立界碑。[②]

△ 深圳特区东部开发区建设揭开序幕，以港口建设为中心的综合开发准备工作已全面开展，市政府批准首期开发范围西起盐田九径口，东至正角咀，面积为10平方公里。

△ 深圳市政府批准市建筑材料工业公司与香港益富石油公司合资经营"深圳市大富水泥公司"，总投资3000万元，合作年限15年。

---

① 该园区总面积3.2平方公里，以利用外资，引进国内外先进技术和人才，开拓新兴产业，开发和生产高科技产品为宗旨，将为特区的知识技术密集型企业提供人才、技术、设备、信息。

② 东起大鹏湾背仔角，西至南头安乐村海岸线，全长85公里的深圳特区管理线，包括公路联检站、海上检查站、巡逻公路、铁丝网等共计85个单项。

3月12日 中国人民保险公司深圳市分公司正式承办兴建中的广东大亚湾核电站的各项保险业务，总保险金额达30多亿美元，保险期至1991年。这是全国保险事业史上金额最高、责任最大、种类最多的一个项目。

3月13日 由经贸部组织的我国驻109个国家的近200名经济、商务参赞到深圳特区考察参观，梁湘等市领导与他们进行了座谈。

3月14日 应泰国巴提雅市市长邀请，梁湘市长率团一行6人赴泰国进行友好访问。

3月16日 香港知名人士、全国政协常委安子介、霍英东，委员马蒙一行等11人到深圳特区参观考察，周鼎副市长向他们介绍了特区的发展情况。

3月20日 深圳特区"美食林"——汇食街在原南塘市场旧址开业。

3月22日 广东省第一条高速公路——广深珠公路在深圳破土动工兴建。梁湘市长等在开幕式典礼上剪彩。

△ 深圳市中级人民法院判处以权谋私、犯有严重经济罪行的林沛均、叶棠锦、黄作贤无期徒刑，张奎炳、邹月新有期徒刑10年。

△ 广东省政府颁布《广东省经济特区国营企业成本管理试行办法》，共6章56条。

△ 法国里昂信贷银行深圳代表处开业。

3月28日 国务院批转《广东、福建继续实行特殊政策、灵活措施的会议纪要》。

3月30日 深圳市委、市政府召开全市劳动工资工作会议，甄锡培主持，刘波讲话。

4月1日 中国民主同盟深圳市支部①正式成立。民盟广东省委秘书长韩毅之出席了民盟深圳支部成立大会，并代表民盟广东省委向深圳支部的全体民盟盟员表示热烈的祝贺。第一届民盟支部主任委员由深圳大学教授罗远祥担任。

△ 一批国内外颇负盛名的学者应邀来深圳大学参加东西方文化比较协调会议。该会由深圳大学国学研究所与上海社会科学院东西方文化比较研究中心联合主办。首次会议由上海市委宣传部部长、上海社会科学院东西方文化比较研究中心主任王元化，北京大学教授、深圳大学国学研究所所长汤一介和中国社会科学院历史研究所研究员、《历史研究》主编庞朴主持。来自北京、上海、广州、西安、武汉的教授及美中学术交流委员会委员和北京大学客座教授杜维明、魏克曼在会上发表了很

---

① 中国民主同盟深圳市支部是深圳市第一个成立支部的民主党派。

有见地的讲话。

△　国务院特区办公室主任何椿霖在京接受港澳记者采访时说：发行特区货币正在研究中。

关于特区管理线，何椿霖说，在特区和非特区之间有一条界线，以保证特殊政策在特区真正兑现，而不致发生减免税商品冲击内地市场。

4 月 2 日　波兰部长会议副主席雅芬什·奥博多夫斯基一行访问深圳特区。周鼎副市长以梁湘市长的名义设宴欢迎。

△　国际商业信贷银行深圳代表处开业仪式在香江酒楼举行，李广镇副市长、特区中央银行行长罗显荣出席了开业酒会。

4 月 3 日　上海市政工程设计院深圳分部正式开业，这是深圳首家市政工程的专业设计单位。

4 月 3~5 日　由世界著名科学研究机构——美国斯坦福研究院组成的访华代表团，在团长、斯坦福研究院总裁威廉夫·密勒的率领下，对深圳特区进行参观访问并在市科技发展中心和市工业发展委员会举行专题学术报告会。

4 月 5 日　由日本兵库县议会议长伊田宏率领的日本兵库县议会代表团在广东省人大常委会副主任曾昭科陪同下到深圳特区参观访问，甄锡培副市长在东湖宾馆设宴欢迎日本客人一行。

4 月 6 日　深圳市政府决定在深圳兴建一座设计高度为 200 米的涌泉式人造喷泉。喷泉的水柱比国贸大厦还高出 45 米，预计总投资 170 万元，坐落在面积 600 余亩的洪湖水上公园一级湖中，喷泉设计高度为 150 米到 200 米，实际喷射高度为 120 米到 185 米。

4 月 8 日　深圳汽车首次出口。中国二汽深圳联合公司制造的 BS340 型汽车出口外销，标志着深圳汽车首次实现出口。

△　邹尔康副市长在银湖旅游中心会见并宴请了由苏联对外友好文化协会主席克鲁格洛娃率领的苏联对外友好协会、苏中友好协会代表团一行，并向客人介绍了深圳特区的建设和发展情况。

4 月 9 日　梁湘市长会见省政协副主席王越、郭翘然率领的广东省政协视察团一行 67 人。甄锡培副市长汇报了深圳特区的发展情况。

△　广东省现代经济管理高级研修班在深圳市委礼堂举行结业典礼，市委常委刘波到会祝贺。

4 月 10 日　深圳市市长梁湘、副市长周溪舞在市政府贵宾厅会见以美国杜邦总公司执行副总裁斯姆为首的 12 人高级代表团。梁湘说：深圳现在主要工业上要大大发展，特别是化学工业等；杜邦公司在国际上很有名，很欢迎你们来投资。斯姆说：我们化工产品跟中国合作的兴趣很浓，我们已把深圳作为跟中国合作的重要地方。

4月11日 《深圳青年报》《光明日报》的深圳记者站联合组织"知识分子为什么爱深圳"专题调查。

△ 南斯拉夫共产主义者联盟中央委员、塞尔维亚共和国主席团主席杜尚·奇克雷比奇率领南共联盟考察团抵深访问，邹尔康副市长向客人介绍了深圳特区的发展建设情况。

△ 深圳国际机场选址确定，位于距深圳市区30公里的西部黄田村西侧，这为早日动工奠定了基础。

4月11~14日 河南省委第一书记刘杰在深圳特区视察。

4月11~16日 以我国著名作家李准为团长的作家代表团一行在深圳特区参观访问，邹尔康副市长到代表团驻地与作家会面交谈。

4月12日 深圳蛇口工业区规模最大、投资最多的中、美、泰合资企业——广东浮法玻璃有限公司开业。梁湘、袁庚以及美国公司副总裁、泰国公司董事长等共同为该厂奠基挥铲填土。

△ 国务院发布《中华人民共和国经济特区外资银行、中外合资银行管理条例》，条例自公布之日起施行。

4月13日 中国最大泊位的集装箱港口——深圳妈湾港正式破土动工，首期投资1.5亿元，预计总投资13亿元。

△ 深圳市经济信息网络中心破土兴建，这个信息中心位于市政府大院东侧，将担负起深圳及国内、国际各种信息的收集、储存、加工和交换任务，并为政府各部门、市属各企业、公司提供生产经营、产品流通、货币收支统计等信息服务。

4月14日 深圳市园林公司与美国田纳西塑胶工程公司签约，合作兴建深圳东湖宾馆第二期工程。美方继续投资4500万港元。

△ 深圳华联纺织有限公司和香港积仪有限公司等5家企业在深圳签署合同，合资成立华浪服装有限公司，公司将生产"浪潮"牌系列服装。

4月16日 中国深圳国际先进通信器材展览会在海丰苑大厦开幕。

△ 应我国交通部邀请，英国运输部次官汉尼根先生率领的英国交通代表团一行10人在深圳参观访问，罗昌仁副市长会见并宴请了英国客人一行。

△ 作为深圳市八大重点文化设施之一的深圳体育馆主体工程已顺利完成，工程质量达到优良，比合同工期提前19天，比国内同类型工程缩短一年以上完成。

△ 应我国司法部邀请，美国刑法民法代表团在访问北京、广州后抵达深圳参

观访问，深圳市法学会副会长王常营等会见并宴请了代表团一行。

4月17日　深圳先科技术开发公司与荷兰飞利浦公司关于激光视唱系统技术合作合同举行签字仪式。梁湘市长、飞利浦公司常务董事卡西出席了仪式并讲话。这是荷兰在中国成立的第一家合资企业。

△　深圳博物馆教研工作者在西乡流塘村富足山发现东晋、南朝古墓群15座，占地6000多平方米。

4月18日　位于香蜜湖度假村西侧的深圳农业科学研究中心科技交流馆正式开馆，该馆不但要为国内外农业科技交流提供场所，而且要在建设农业现代化进程中起到"窗口"作用。

4月19日　国家城乡建设环境保护部部长芮杏文在深圳经济特区检查工作。

4月20日　中国共产主义青年团深圳市第一次代表大会开幕。团市委副书记廖军文做报告。

△　由香港矩建有限公司、中国建筑工程总公司第五工程局和南海石油深圳开发服务总公司共同组建的"南油矩建有限公司"正式成立，在西丽湖凌波阁举行开业典礼。

△　我国第一家生产自动化，电脑控制生产中空玻璃的合资企业——深圳光华中空玻璃厂正式投产。梁湘市长、香港光大集团王光英董事长出席并剪彩。

4月22日　深圳市市长梁湘晚上在东湖宾馆会见并宴请由民主德国人民议院副议长、国务委员会副主席、各国人民友好协会会长格拉德·戈丁率领的民主德国各国人民友好协会代表团。

4月23日　深圳市委举行报告会，邀请著名经济学家、中国社会科学院副院长刘国光做关于深圳经济特区发展战略问题的学术报告。他提出：深圳经济发展的战略目标应该是外向型的，以先进工业为主，工贸并举，工贸技结合的综合性的经济特区，具有高度的物质文明和精神文明。刘国光说，经济特区是对外开放政策的产物，只有建成外向型经济，才能真正起到四个"窗口"作用和对内对外两个扇面的枢纽作用。与沿海开放城市和开放地带比，深圳特区的外向程度应更高一层。实现外向型的难度很大，但应当努力争取实现，这是关系到特区的前途和党中央举办经济特区的决策意图能否实现的大事。

4月24日　深圳市总工会主席张汉明会见并宴请了南斯拉夫工会中央理事会主席团成员杰季奇·拉扎尔和南工会中央理事会主席团成员、塞尔维亚共和国工会主席斯托杨·斯托依利科维奇组成的南斯拉夫工会代表团一行。

4月25日　由深圳联城（文锦渡）合作发展有限公司与广东韶关市无线电四

厂、广州联城电子厂、香港联行四方合作、总投资 100 万美元的中光电子工业有限公司在深圳成立。

4 月 25～27 日　中央政治局候补委员、国务院副总理姚依林在省政府秘书长李祥麟、广东省委副秘书长关相生陪同下到深圳特区视察。梁湘市长汇报了特区经济发展情况。姚依林在视察蛇口时说：特区发展光靠国家长期"输血"来维持是不可能的，现在看来，要拔掉"针头"。

△　蛇口工业区民主选举第二届管委会领导成员，上届 7 名委员长中有 3 名落选。袁庚以最高票连任。

△　"台湾书展"首次在深圳开幕。梁湘市长出席开幕仪式。

4 月 26 日　来自泰国、印尼、菲律宾、伊朗等 12 个国家和地区的代表或观察员参加的亚太地区进口管理座谈会在深圳闭幕，周溪舞副市长出席了闭幕仪式。

4 月 27 日　中国投资银行深圳分行①成立。

△　以美国汉维公司主席艾迪逊·斯伯瑟率领的访问团一行 14 人抵深开始参观访问，周溪舞副市长在市府三楼贵宾室会见了美国客人一行。

4 月 28 日　民主德国部长会议副主席兼内政部长舒尔策在邮电部副部长朱高峰陪同下到深圳特区访问，周溪舞副市长会见了客人。

△　李广镇副市长在泮溪酒家会见并宴请了以开城市人民委员会委员长金英铨为团长的朝鲜民主主义共和国第一批友好参观团一行，并向他们介绍了深圳特区的发展建设情况。

4 月 29 日　莲塘工业区破土动工，总投资 7 亿元，总建筑面积 34 万平方米。

△　《深圳特区报》记者许光明的摄影作品《出猎》在香港沙龙影友会第 18 届国际摄影沙龙评选中获黑白照片金像奖。

4 月 30 日　深圳市委、市政府在深圳戏院召开庆祝"五一"国际劳动节和中华全国总工会成立 60 周年纪念大会。梁湘书记讲话，市委、市政府领导出席会议。

5 月　香港《广角镜》杂志在第 152 期发表香港大学亚洲研究中心陈文鸿博士的文章《深圳的问题在哪里》。这篇文章被看作"特区失败论"的第一枪。文章说：中央和深圳政府对深圳经济特区的期望，是建成能发展成为以工业为主体的综合体经济，可是，深圳事实上直至目前而言，工业仍从属于贸易，经济是以贸易为主；就这方面而言，深圳这方面的成绩还未如理想。

---

①　该银行是广东省投资银行委托深圳建设银行筹办，是政府指定向国外筹集建设资金、办理投资信贷的专业银行。

文章引人注目的是两点结论。第一，深圳特区没有做到所说的"三个为主"。资金以外资为主、产业结构以工业为主、产品以出口为主是中央给深圳定下的发展目标，但事实并非如此。1983 年进口却大于出口，引进的主要是被中国香港、日本淘汰不用的设备；引进的外资只占 30%，这 30% 中又主要是港资；1983 年深圳工业总产值为 7.2 亿元，而社会零售商品总额为 12.5 亿元，做生意赚的钱比工业挣的钱多得多。第二，特区赚了内地的钱。他写道："更妙的是，一些上海人跑到深圳买了一把折骨伞，发现竟是从上海送去香港，又转回深圳的。上海人很高兴，说是比在上海买少花了几块钱；深圳人也高兴，说赚了几块钱。香港百货公司也高兴，同样说赚了几块钱，真不知谁见鬼了！阿凡提到井里捞月亮。"同时文章对转口贸易在深圳的特殊发展进行了分析，认为深圳的经济是依赖贸易，而在贸易中又主要是对国内其他地方的转口贸易，无论是直接的或间接的，转口商品主要是进口商品或包含相当比例的进口商品。外引内联的资金之所以投资深圳，主要是因为这个庞大的贸易和由此而来的高利润。深圳五年多发展以来的表面繁荣，也主要根植在此。

5 月 2 日 梁湘市长在贵宾厅会见了从香港专程来深圳参加加德士布吉加油站开幕式的美国加德士石油董事会主席杨勤夫妇和香港加德士公司总经理贝斯特夫妇。

5 月 3 日 核工业部部长蒋心雄在深圳特区检查工作。

5 月 5 日 尼日利亚联邦共和国外交部部长易卜拉辛·甘巴里一行 6 人到深圳特区参观访问。李广镇副市长会见了客人。

△ 全国人大常委会副委员长朱学范在深圳特区视察工作。

5 月 6 日 全国政协副主席包尔汉在深圳特区视察工作。

5 月 8 日 广东省第六届人民代表大会常务委员会第十三次会议通过《广东省经济特区企业工会规定》，并公布实施。

△ 深圳市工业发展服务公司与日本租赁株式会社合办的中日深圳租赁公司开业。

5 月 10 日 深圳市劳动模范、先进集体代表大会在深圳戏院隆重开幕，市委、市政府领导梁湘等出席了大会。共选出劳模 85 名，先进集体 203 个。

△ 经国务院批准，我国第一家跨国、跨行业大型工程公司——中美国际工程公司在深圳举行开业典礼。全国政协副主席华罗庚、煤炭部部长高扬文、深圳市委领导出席了开业典礼。

5 月 10 ~ 11 日 法国城市规划、住宅及运输部部长保尔·基莱斯率领的法国铁道运输代表团访问深圳特区。

5 月 13 日 深圳市博物馆考古队发掘了大鹏咸头岭新石器时代沙丘遗址。清理了新石器时代晚期墓葬 1 座，东汉墓葬 1 座，北宋墓葬 5 座，共出土文物 200 多件。

△ 梁湘市长会见法新社驻京记者贾石先生，回答了记者提出的有关特区管理线，深圳特区与 14 个沿海城市和 3 个三角地带关系等问题。

5 月 14 日 英国前首相威尔逊率领的英国国际会议和展览中心股份有限公司一行 10 人访问深圳特区。甄锡培副市长会见了英国客人。

5 月 15 日 由国家经贸部、铁道部所属单位合资兴办的中国科技贸易开发有限公司在八卦岭工业区开业。①

△ 民主柬埔寨总理宋双访问深圳特区，邹尔康秘书长前往车站迎接并宴请客人。

△ 广东省委第一书记任仲夷从北京写信给深圳特区报社。认为《深圳特区报》"用普通话统一深圳语言"专栏办得很好，做了一件很有意义的事。

△ 阿根廷众议院议长胡安·卡洛斯·普列塞一行 3 人访问深圳特区，甄锡培副市长会见并宴请了客人。

5 月 16 日 坦桑尼亚共和国革命党总书记拉希迪·卡瓦瓦率团访问深圳特区。

△ 广东省六届人大三次会议在广州审议通过《深圳经济特区与内地之间人员往来规定》《关于授权深圳市人民政府自行决定调整深圳特区土地使用费标准的决定》。这对于健全深圳经济特区法律、推动特区各项事业发展起到了积极作用。

5 月 17 日 连接深圳—香港的罗湖双层人行天桥竣工，长 61 米，高 28.4 米，宽 9.6 米。

5 月 17 ~ 19 日 地质矿产部部长朱训在深圳检查工作。

5 月 17 ~ 20 日 中共中央办公厅主任王兆国在深圳特区检查工作。

5 月 20 日 梁湘市长等领导会见了美国通用汽车公司副总裁约翰·夫·贝克一行 6 人。

5 月 22 日 广西边防英雄全国巡回报告团到达深圳，在深圳做报告。

5 月 25 日 以中国作协副主席、著名诗人张光年为团长的中国著名作家访粤代表团到深圳特区访问。

5 月 27 日 深圳市政府转发财政部《关于深圳特区内资企业征税问题的暂行规定》，根据这个规定制定了《关于深圳特区内资企业征收所得税的暂行规定》，并召

---

① 中国科技贸易开发有限公司是一家技术与贸易、开发与研究、引进与出口相结合的多功能系列化的新型企业。它的主要业务是：开展科技贸易，引进高级产品和样机，为客户提供技术服务和办理进出口业务。该公司拥有比较雄厚的资金和各种专业人才，拥有先进的电脑机房和数量可观的配件库，在先进设备的引进和新技术的开发方面可以提供一条龙服务。

开内资企业负责人会议。

5 月 29 日 深圳市宝华商场正式开业，商场展销 1200 多种优质纺织品，周溪舞副市长剪彩。

△ 深圳市政府基本建设办公室发出通知，要求市属各单位、驻深各设计单位在今后建筑、规划、设计方面，充分考虑到供残疾人使用的各种特殊设施，深圳市是全国第一个发起该要求的城市。

5 月 31 日 新加坡华联银行深圳代表处在香江酒楼举行开业酒会。梁湘等市领导出席表示祝贺。

△ 位于罗湖区的金通大厦的高层楼宇举行动工典礼，该楼宇占地面积 6400 平方米，总投资 5500 万元。

6 月 1 日 第三届深圳书市在深圳中学礼堂开幕。梁湘等市领导出席了开幕仪式。

△ 深圳市税务学会成立，财政部、国家税务总局等领导出席成立大会。

6 月 1 ~ 2 日 以格奥尔基·波佩斯库为团长的罗马尼亚投资银行代表团一行 6 人对深圳特区进行参观访问，甄锡培副市长会见了代表团一行，并向客人介绍了深圳特区的发展和建设情况。

6 月 2 ~ 4 日 瑞典新闻代表团一行 4 人对深圳特区参观访问，广东省记协副主席、深圳特区报社社长罗妙会见并宴请了代表团全体成员。

6 月 3 ~ 6 日 中央爱卫会城市卫生专家考察组一行 9 人对深圳特区进行考察，考察组听取了深圳市当前垃圾、污水处理情况和今后设想的汇报，并参观了市垃圾处理场等场所，对深圳卫生管理工作提出了意见和建议。

6 月 4 日 中共广东省委研究决定，吴小兰同志任深圳市副市长。

6 月 4 ~ 5 日 美国、加拿大、荷兰、新加坡等 6 国驻香港官员组团访问深圳特区。

6 月 5 日 国外及港澳成人教育研讨会在深圳召开。深圳市负责人邹尔康出席了开幕式。

6 月 5 ~ 6 日 市委召开落实知识分子政策会议。市委组织部部长欧阳杏传达了中央落实知识分子政策座谈会及广东省相关会议精神。

6 月 5 ~ 7 日 深圳市委、市政府邀请国内专家学者举行学术座谈会，进一步探讨深圳特区经济、社会发展战略问题。参加座谈会的著名专家学者有宦乡、刘国光、孙尚清、周光召、侯自强、蒋一苇等和来自京、津、沪、穗以及本市的社会科学工作者和自然科学工作者。国务院特区办公室顾问张根生、广东省整党工作指导小组驻深圳联络组组长魏南金、广东省体制改革办公室主任王琢也参加了座谈会。与会者认为，经过五年多的努力，深圳特区的建设获得了很大的成绩，现在已跨入开拓阶段，这个阶段的主要任务是转向外向型经济，工作更为艰巨。

6月6~7日 牙买加副总理兼外贸部部长休·劳森·希勒率领的牙买加政府代表团访问深圳特区，李广镇副市长设宴欢迎。

6月7日 位于深圳市政府大楼西侧的作为深圳市八大重点文化设施之一的深圳市科学馆主体工程封顶。这座大楼由华南工学院设计，属花篮式结构，楼高9层，40米，建筑面积为11500平方米，由展览厅、门厅、咖啡厅、休息室、报告厅、电化教室和阶梯教室等组成。

6月10日 深圳市出席广东省职工劳模大会的代表22人前往广州参加会议。市委、市政府领导欢送代表们。

6月11日 深圳三洋电子公司爆发了持续10个小时的"三洋罢工事件"，全厂工人要求增加工资。这是全中国最早的中国外资企业罢工事件。

6月12日 日本东洋信托银行株式会社深圳代表处①在泮溪酒家举行开业庆典。

△ 为促进深圳特区与日本经济技术合作，应日本三菱集团的邀请，由邹尔康率领的深圳经济特区访问团一行7人赴日访问。

6月13日 罗湖口岸新联检系统启用。深港双方代表500多人参加了新联检大楼启用典礼。

6月14日 经深圳市政府批准，深圳市农业发展公司正式成立。

6月15日 由中国银行深圳分行筹集外资兴建的中国银行深圳分行大厦在罗湖区举行奠基暨开工典礼，周鼎副市长出席了奠基仪式。大厦占地面积为4500平方米，总投资1600万美元，计划于1987年建成并交付使用。

△ 应我国外交部邀请来我国参加中菲建交十周年庆祝活动的菲律宾总统代表小费迪南德·马科斯省长一行23人抵达深圳参观访问，李广镇副市长会见并宴请了菲客人一行。

6月17日 应美国得克萨斯州休斯敦市市长的邀请，深圳副市长甄锡培率领深圳市友好访问团出访休斯敦市。

6月18日 深圳市华侨大酒店举行开工典礼，周鼎、罗昌仁副市长出席典礼仪式并表示祝贺，酒店总投资达到3900万美元。

6月19日 具有52年历史的香港第二大银行——恒生银行深圳代表处正式开

---

① 这是深圳市首家外资信托银行代表处。甄锡培副市长出席表示祝贺。

业，周鼎副市长出席开业酒会并表示祝贺。

6月21日 位于上步区深南中路的深圳市首家中医外科杂病医院正式开业。

6月23日 梁湘市长在东湖宾馆设宴欢迎日本前外相田园直夫人田园天光一行 8 人来深圳参观访问。

△ 以罗马尼亚共产党中央候补委员、罗共青团中央第一书记尼古·齐奥塞斯库为团长的罗共青团代表团一行在团中央书记胡锦涛①陪同下到深圳特区访问。市委副书记周鼎会见并宴请了客人。

6月24日 深圳市政府公布《深圳经济特区暂住人员户口管理暂行规定》。

△ 泰国大理院（即最高法院）院长平育·提拉尼滴率团访问深圳特区。深圳市中级人民法院负责人向客人介绍了特区立法、司法建设情况。

6月27日 哥伦比亚保守党代表团一行 14 人，在该党副主席吉列尔莫·贝莱斯的率领下访问深圳特区，李传芳副市长宴请了哥伦比亚来宾。

6月28日 深圳市政府颁布《深圳经济特区医疗卫生机构管理暂行规定》。

△ 深圳市人民政府与美国国际开发合作署在银湖宾馆签署关于美国贸易和发展规划办公室向深圳国际机场可行性研究提供资助的协议，周溪舞副市长和美驻广州总领事余永润分别代表各自政府在协议上签字。

△ 文锦渡联合大厦正式启用，大厦高 16 层，建筑面积 1.1 万平方米。

6月29日 中共中央顾问委员会主任邓小平在京会见阿尔及利亚民族解放阵线党代表团时表示，深圳经济特区是一个试验，路是否走得对，还要看一看。总之，它是社会主义的新事物，搞成功是我们的愿望，不成功也是一个经验嘛！搞社会主义的中心任务是发展生产力。一切有利于发展社会主义生产力的方法包括利用外资、引进先进技术，我们都采用。这个试验是课本上没有的。路是人走出来的，要有勇气就是了。总之，胆子要大，步子要稳。

△ 《红旗》杂志社驻深圳记者站成立，杂志社主编熊复专程从北京来主持成立仪式。

△ 中国深圳航空俱乐部在南头直升机场举行了首届航空表演，1000 多人观看了精彩表演。

△ 法国共产党经济考察团一行 5 人，在法共财政监察委员会主任亨利·科斯塔的率领下，到深圳参观访问，深圳市委常委邹尔康向他们介绍了深圳特区的建设和经济发展情况。

---

① 胡锦涛（1942～），时任中共青年团中央书记处第一书记。

6月29～7月2日 匈牙利国家银行访华团一行3人对深圳特区进行考察性访问，市委常委邹尔康、吴小兰副市长分别向他们介绍了深圳特区经济发展建设情况。

6月30日 深圳市第二届运动会在人民体育场隆重开幕。参加开幕式的有县（区）、总公司和外资企业、中央和各省驻深单位共40个代表团的1068名运动员。中共广东省委常委杨应彬、省宣传部部长林江、省体委副主任杨镜开和深圳市委、市政府负责同志梁湘、周鼎、邹尔康、闻贵清、李传芳等出席了开幕式。

△ 来自深圳和香港的105名中国人民大学校友在新安酒家举行了"深港中国人民大学校友会"成立大会，深圳大学副校长方生当选为首任会长。

7月2日 深圳市第一家自动化专业洗衣厂——深圳洗衣厂正式投产。该厂设在和平路、东门、上步和宝安县县城的四个门市部也同时开业，该厂总投资500万港元，主要设备从国外引进，具有20世纪80年代先进水平。

7月3日 深圳市委、市政府在深圳戏院举行庆祝教师教龄大会，对从事教育事业20年以上的教师颁发荣誉证书，向教龄30年以上的教师加发"纪念章"。梁湘等市领导出席大会。

△ 由甄锡培副市长率领的赴美友好访问团圆满结束在休斯敦的访问后回到深圳。在休斯敦期间，深圳市政府外事办主任与休斯敦市政府礼宾部主任分别代表两市在草签协议上签字。

7月4日 应赵紫阳总理邀请来中国进行正式访问的土耳其共和国总理图尔古特·厄扎尔和夫人，由中国政府陪同团团长、轻工业部部长杨波和夫人陪同来深圳经济特区参观访问。广东省政府、深圳市政府联合举行宴会欢迎代表团一行。

7月5日 深圳市政府颁布《深圳市全民所有制单位退休基金统筹试行办法》，共11条。

△ 泰中友协主席差猜·春哈旺一行9人在京参加中泰建交10周年庆祝活动后到深圳特区访问，梁湘市长会见了客人。

△ 美国派森斯-洛克希德联合公司承包深圳国际机场可行性研究项目的合约，在深圳市银湖旅游中心正式签字。协议规定，需在合同生效之日起7个月内完成对深圳国际机场可行性研究工作，研究内容包括经济条件、客流预测、地理环境、建设费用及工期等。

7月6日 深圳市市长梁湘在同香港中华总商会的座谈会上向香港一批知名人士说：当前深圳特区的发展形势很好，开放、改革是党中央制定的基本国策，是不可逆转的历史潮流。梁湘针对外间传播媒介对深圳的一些猜测、非议强调指出：深圳特区的建设和发展决不像某些人所说的，是依靠国家"输血"、补贴来维持的，深圳五年多的建设和发展，靠的是中央的开放政策和中央给特区的自主权，是靠贯彻执行一整套特殊政策、灵活措施的结果。五年多来深圳特区实行财政包干，大规模进行城市基本建设的资金，其来源主要是靠引进外资、地方财政积累和大胆运用银行信贷三个方面解决的。据统计，过去五年这三方面来源的资金占基建总投资的87%，国家财政拨款的投资还不到6%，中央一些部和内地省区市的投资约占7%。他说：深圳开办特区以来，地方外汇收入增长很快，外汇收支总的说是平衡略有结余的，没有依赖国家补贴。梁湘对深圳特区的发展前景表示充满信心，他说：开放和改革是不可逆转的历史潮流，深圳特区是开放、改革的试验场所，是社会主义的新事物。前进的步伐是很快的。此外，引进外资的势头也很好。几年来深圳的内联企业发展很快，这些企业利用深圳特区作为"窗口"，使内地技术、资源发挥了作用，经营情况普遍良好，内联企业在深圳特区获得的利润大大超过深圳市的地方财政收入，所谓深圳光赚内地的钱，这个说法是不符合事实的。

△ 在"教师之家"举行了深圳市推广普通话协会成立大会，广东省委第一书记任仲夷特意叮嘱秘书写信祝贺，省推广普通话委员会办公室代表吴清熙参加大会并讲话。

7月8日 应李先念主席的邀请，孟加拉国总统侯赛因·穆罕默德·艾尔沙德将军和夫人一行在交通部部长钱永昌陪同下到深圳特区访问，梁湘市长到火车站迎接并宴请了客人。

△ 深圳市又一家中日合资企业——深圳美光彩色印刷有限公司进入试生产阶段，预计9月份正式投产。该公司是由中国贸易促进会，广东省贸易促进分会，深圳市对外贸易（集团）公司和日本光阳株式会社合资组建的，中日投资总额分别为240多万美元和120万元人民币。

7月9日 深圳市市长梁湘再次同香港中华总商会的代表座谈，他说：深圳是社会主义的经济特区，必须坚持社会主义方向，对于不义之财，一分钱也不赚。

△ 澳大利亚联邦议会代表团一行访问深圳特区，周鼎等市领导到车站迎接并宴请了客人。

7月10日 我国第一个"迪士尼"式的游乐中心——香蜜湖"中国娱乐城"举行试车典礼，试车的7个项目运行正常，已投资2亿港元，首期引进日本、意大利最新的游乐设备20余项，周鼎副市长出席了招待会。

7月11日 深圳市委召开中外合资企业党的工作经验交流会，深圳市已有近400家中外合资企业。

7月12~14日 深圳大学和内地的6所高校联合招收华侨、港澳、台湾考生，在深圳中学考场举行考试，实际参考人数194人。

7月15日 中共中央顾问委员会主任邓小平会见特立尼达和多巴哥总理乔治·迈克尔·钱伯斯时指出：中国的开放和改革一定会成功，我们建立经济特区的政策是正确的，你们可以看到深圳的发展是很快的，但这毕竟是一个试验，现在有一些问题没有解决，再过3年总会找出办法解决问题的。

△ 吉林省对外经济贸易委员会组织该省19家专业进出口公司在深圳市兴华宾馆举办为期7天的吉林省出口商品洽谈会，美国、加拿大、日本、新加坡、泰国、菲律宾、马来西亚和中国港澳地区的贸易界人士200多人到会洽谈。

7月16日 深圳市副市长李广镇会见并宴请了荷兰王国驻华大使斯密森东博士一行，向他们介绍了深圳特区的发展和建设情况。

△ 由圣多美和普林西比民主共和国总统夫人玛利亚·阿梅莉亚·平托·达科斯塔率领的圣普对外友协访华团，在京参加了两国建交10周年庆祝活动后，从广州抵达深圳特区参观访问，李传芳副市长会见并宴请了圣普友协访华团客人一行，并向客人介绍了深圳特区的发展情况。

7月17日 研究国内外金融科学的群众性学术团体——深圳市金融学会成立。

7月18日 特立尼达和多巴哥共和国总理乔治·迈克尔·钱伯斯一行，由陪同团团长、纺织工业部部长吴文英陪同，上午从广州乘火车抵达深圳参观访问。

△ 为开设汽车工业对外的窗口，使更多的汽车打进国际市场，中国汽车工业深圳贸易公司正式成立。

7月19日 驰名海外的深圳南山荔枝，今年首次出口销往加拿大、新加坡和英国。

7月20日 广东省委书记林若在深圳特区检查工作。

△ 目前深圳市最大的油罐区——深圳石油公司蛇口油库正式建成并交付使用。蛇口油库总储油量达3300立方米，主要储存柴油、汽油、航空煤油等。

7月21日 深、港、澳儿童夏令营上午在市政府六楼会议厅举行开营仪式。梁湘市长出席并为开营剪彩。

△ 《深圳经济特区年鉴》（1985年创刊）出版，国内外公开发行。内容以1984年为主，顾及1979年办特区以来的深圳各方面发展情况及有关史料。

7月22日 身残志坚的张海迪应深圳市政府邀请，今天下午抵达深圳，市政府专程派人到车站迎接张海迪一行。

△ 南头深港天然饮料企业公司正式投产，总投资1300多万港元，日产软包装天然饮料180吨，产品七成直接出口外销。

7 月 23 日　46 家包括日本、英国、法国、美国和中国香港地区的航运公司，派出 70 多位代表来深圳赤湾港参观访问，考察投资环境和港口设施，探讨联合开发和合作可能性问题，南山开发公司负责人向客人们介绍了赤湾港概况和远景规划。

△　《人民日报》海外版编辑部和广告部在华侨大厦召开座谈会，介绍《人民日报》海外版的编辑方针、创刊过程和发行、广告等业务，日报编委保育钧在会上发言。

7 月 24 日　深圳市委、市政府在深圳戏院举行张海迪首场报告会。梁湘等市领导出席大会并讲话。

7 月 25 日　在深圳的致公党党员举行深圳市支部成立大会，选举产生支部领导成员。深圳电子技术咨询公司副经理钟士谦当选为党支部主委。中国致公党中央委员会副主席、广东省政协副主席伍觉天等到会祝贺。

△　《工人日报》深圳记者站举行成立招待会，全国政协副主席、香港光大集团董事长王光英，梁湘市长等出席了招待会。

△　日本公明党委员长竹入义胜率领的访华团从香港入境到深圳特区访问，梁湘市长会见了日本友人。

△　日本社会党第一次活动家访问团一行 13 人在中央执委、组织局长笠原昭南率领下到深圳特区访问，周鼎副书记在银湖旅游中心会见并宴请了客人。

△　深圳—中山客运和轮渡航线正式开通，圳兴轮渡公司在赤湾港举行首航典礼。

7 月 27 日　为加强文化交流，"中国书画印石展览"在香港湾仔道华润大厦香港展览中心举行，新华社香港分社有关负责人杨奇，深圳市副市长邹尔康为展览剪彩并讲话。

7 月 30 日　国务委员谷牧同志在日本东京与日本外相安倍亚太郎联合举行的记者招待会上说：邓小平主任最近几次同外宾谈话时讲到中国经济特区问题，他对特区的评价和对特区的前途的说法是很科学的。第一，首先肯定特区的发展是有成绩的；第二，特区发展前途还要看一看，因为特区是新事物，我们还缺乏经验，需要不断总结，克服缺点和不足之处，才能把特区建设好。邓小平主任的话也是对特区工作的一种鞭策。

△　深圳科技工业园①奠基。由深圳市政府与中国科学院合办的深圳科技工业

---

①　该工业园以利用外资、引进国内外先进技术和人才、开拓新兴产业、开发和生产高技术产品为宗旨。园区内主要产业为微电子和信息工业、光电子工业、机械电子工业、新型材料、生物工程、海洋和能源工程等，产品面向国际市场，工业园是一个生产、科研和人才培训相结合的综合基地。

园总公司也同时成立，这标志着科技工业园进入了开发阶段。国务委员、国家科学技术委员会主任方毅为工业园题词，国务委员谷牧发来贺信。深圳科技工业园管理委员会举行第一次会议。管委会主任梁湘主持了会议，管委会副主任周光召、常务副主任周溪舞和其他管委会成员，以及深圳市委常委邹尔康、中国科学院秘书长顾以健等参加了这次会议。会议通过了《深圳科技工业园总公司章程》等。

　　△　新华社播发《人民日报》文章报道：深圳继续保持良好发展势头。并报道了梁湘市长在全市干部会议上讲话时披露的上半年令人欣喜的经济发展统计数据。

　　8月1日　中共中央顾问委员会主任邓小平在北戴河同前来访问的竹入义胜委员长率领的日本公明党访华代表团讨论经济特区问题时表示：我们的对外开放政策是坚定不移的，但要小心谨慎，要保持谦逊的态度。邓小平说：对于深圳经济特区，我还是两句话，第一，建立经济特区的政策是正确的；第二，深圳经济特区还是一个试验。这两句话并不矛盾。我们的整个开放政策也是试验，从世界的角度来讲，也是一个大试验。总之，中国的对外开放政策是坚定不移的，但我们在开放过程中要小心谨慎。我们取得了一些成绩，但一定要保持谦逊的态度。

　　8月2日　香港《文汇报》发表题为《特区发展更上一层楼》的社论，全面分析了深圳特区的发展及成就。

　　8月3日　深圳市委秘书长邹尔康在市政府贵宾厅会见应邀前来访问的扎伊尔通讯社社长朗杜一行，并向客人介绍了深圳特区的发展和建设情况。

　　8月5日　中国轻工业出口商品洽谈会首次在深圳银湖旅游中心开幕。来自美、英、联邦德国、瑞士、新加坡、泰国、中国港澳地区的客商近千人参加了洽谈。副市长吴小兰及有关方面负责人到会祝贺。

　　8月6日　美国休斯敦大学副校长麦克·约翰夫妇一行，应甄锡培副市长邀请到深圳特区访问，并与深圳大学商讨建立友好关系事宜，甄锡培副市长会见并宴请了客人一行。

　　8月7日　泰国国会主席、上议院议长乌吉·蒙空那温率领的泰国国会代表团到深圳特区访问，甄锡培副市长代表梁湘市长设宴欢迎客人。

　　△　南头海洋鱼类养殖试验站采用南海水产研究所生产的人工配合饵料进行中国对虾在20亩水面上的试验并达到出口标准，对我国南方大力发展对虾养殖具有重大积极意义。

　　8月8日　深圳发布新闻的专门机构——市人民政府新闻处正式成立。

　　△　位于深南中路西端的北方大厦胜利封顶，这幢大厦总投资3000多万元，共25层，高85米。

△　马兰士音响展销会及维修中心在深南路进出口贸易集团公司大楼地下中心商场同时开幕。

△　日本兵库县知事板井时忠一行 16 人抵达深圳特区参观访问，李广镇副市长前往车站迎接并宴请日本客人一行。

△　应邀来访的摩洛哥进步与社会主义党代表团一行抵深参观访问，市委秘书长邹尔康会见并宴请客人。

8 月 8 日~9 月 2 日　深圳市副市长周溪舞率领深圳特区经济贸易代表团访问匈牙利人民共和国和捷克斯洛伐克社会主义共和国，以探讨开展深圳特区与社会主义国家经济技术合作和贸易活动。

8 月 9 日　《人民日报》发表刘国光的署名文章，题目是《深圳特区的发展战略目标》。文章认为：深圳特区发展的战略目标可以概括为把深圳建成为外向型的，以先进工业为主的，工贸并举，工贸技结合，兼营金融、旅游、服务、房地产和农牧渔等业的综合性经济特区；建成为产业结构合理、科学技术先进，人民生活富裕的、具有高度物质文明和精神文明的新型城市，为内地和全国的社会主义建设做出越来越大的贡献。深圳特区现阶段的一切经济工作，都应当围绕着实现外向型经济这个根本战略任务来进行。特区经济本身就是对外开放政策的产物，而绝不是对内开放政策即打破条块分割政策的产物，深圳特区只有办成外向型的经济，才能完成它在中国对外开放政策中应当肩负的特殊使命，即起四个窗口和两个扇面的枢纽作用的使命。深圳经济的发展，只有"以工业为主"才是正确的。第一，只有以工业为主，有选择地发展先进技术工业，建立起牢固的工业基础，才有可能充分发挥引进技术知识和管理经验的窗口作用。第二，只有以工业为主，才能为特区的贸易和整个经济的发展打下坚实的物质基础，否则深圳的经济将是一种脆弱的经济。第三，深圳战略地位的优势，使它能够充分利用国内国外两种资源和两个市场，弥补自己资源、技术、人才的不足，把工业发展起来。基础差并不是发展工业的一个不可逾越的障碍。问题不在于原来的工业基础怎样，而在于具不具备发展工业的条件和采取什么样的发展对策。深圳经济的发展必须以工业为主，这并不意味着可以忽视或者轻视贸易。重工不能轻商。贸易，特别是对外贸易，对特区经济的发展有着特殊重要的意义。深圳本身缺乏资源，本地市场容量也有限。离开了国内国外的资源和市场，特区工业是发展不起来的。深圳工业生产的产品主要不是为了满足深圳本地市场的需要，而是为了出口创汇，引进先进技术和设备。深圳发展工业生产所需市场信息、技术信息等，都离不开国际市场。以工业为主，说到底，是以面向国际市场的工业为主，因此，对特区的发展模式，单提一个"以工为主"是不够的，必须高度重视发展贸易，特别是对外贸易，在"以工为主"的前提下实现工贸并举。并且，特区由于所处位置，发展贸易有着极为有利的条件，充分利用这个条件，发展进出口贸易，对于贯彻以工为主，是必要的也是可行的。文章认为，深圳要起到技术和知识窗口的作用，必须以技术密集、知识密集型产业作为最终的战略目标，把采用先进技术放到重要位置上。深圳将经历一个传统工业与新兴工业并存，劳动密集型产业向技术、知识密集型产业过渡的时期，逐步建立以先进技术为主的技术结构。

8月10日 应广州军区邀请，深圳市委书记梁湘在广州军区礼堂向400名军队的领导干部做关于特区形势的报告。他列举了大量事实说明五年的实践证明，中央做出的试办经济特区的决策是正确的。

8月11日 妈湾港扩大建设规模，美国缪卓石油公司投资2亿美元与南油深圳开发服务总公司合作，兴建4个5万吨级泊位。

△ 香港远东银行高级经理曾卓明一行17人到深圳特区考察，寻找投资合作机会。

8月12日 《人民日报》发表刘国光题为《深圳特区发展面临新的战略阶段》的文章。文章指出：在确定了深圳特区发展的战略目标之后，还应当分清战略步骤，正确划分实现战略目标的阶段，一步一步地前进，在实践中总结经验，不断改进和提高办特区的工作水平。文章认为，深圳特区的发展，可以划分为三个战略阶段：①从建立特区到目前，是草创阶段或奠基阶段；②从目前到1990年前后，是开拓阶段或成型阶段；③从1990年前后到20世纪末，是进一步提高阶段。目前，深圳正处在从第一个战略发展阶段过渡到第二个战略发展阶段的过程中。几年来深圳特区建设所取得的成就是很大的。深圳从过去一个荒凉的边陲小镇变成现在这样一个初具规模的现代化城市，建成了具有一定基础的投资环境，为开放和改革探索了道路。深圳已经取得的这些成就，不可低估。这是党中央开放政策的胜利，也是深圳全体干部和群众在国家所给予的优惠和内地所给予的支援下，辛勤劳动、努力奋战的结果。在肯定成就的同时，不能不看到，深圳经济在前一阶段的发展中，还存在着一些需要注意的问题。看不到问题是不对的，这不利于深圳经济向新的更高的阶段过渡，更好地向战略目标前进。另外，因为存在着上述问题而否定深圳建设的成就，更是错误的。文章在谈到深圳向外向型经济进一步发展的问题时，对深圳特区怎样完成新阶段的战略任务提出了三点看法。第一，深圳特区在进入第二个发展阶段以后，一切经济工作都应围绕着由内向型向外向型的转化这样一个根本战略任务。当然，特区经济的转向，其难度不能低估。我们应当尽一切努力克服转型期的暂时困难。第二，为了比较顺利地实行转向，稳步地向战略目标前进，必须适当控制特区经济的发展速度，加强宏观经济的管理。第三，为了更好更快地实现特区发展的战略目标，要进一步解决特区体制和优惠政策的问题。

△ 李灏，1926 年 12 月出生，广东省电白人，高中时在高州中学就读，后毕业于中山大学。1947 年 10 月参加革命。1953 年起，先后在国家经委、计委、建委等单位工作，曾任国务院工交小组办公室副主任，国家建委政策研究室主任，国家进出口管理委员会、国家外国投资管理委员会专职委员，对外经济贸易部政策研究室主任，国家经委秘书长。1983 年后任国务院副秘书长、国务院机关党组副书记。经国务院批准，李灏任深圳市市长，免去梁湘同志深圳市市长的职务，保留其深圳市委书记职务。中共广东省委研究决定，李灏同志任中共深圳市委副书记。

△ 应中国人民对外友好协会的邀请，以贝宁人民革命党中央政治局委员、党中央教育和扫盲委员会主席阿尔芒·蒙特罗为团长的贝宁与各国人民团结委员会代表团一行访问深圳特区，副市长甄锡培会见并宴请了贝宁客人。

8 月 14 日 深圳市第一家保龄球场——竹园宾馆保龄球场开业。

8 月 15 日 国务委员谷牧在人民大会堂会见出席"我们的台湾"学术讨论会的旅居海外的台湾专家、学者时指出：中国的对外开放是建立在独立自主、自力更生的基础之上的，是坚定不移的。在谈到深圳特区时，谷牧强调成绩是主要的，虽然在进一步发展特区建设上面临着一些新问题，但我们有信心把它解决好。

8 月 18 日 日本劳动大臣山口敏夫一行访问深圳特区。

△ "深圳经济特区美术作品展览"在北京美术馆首次展出，展出作品 128 幅。

8 月 19 日 深圳市政府颁布《深圳市交通管理处罚暂行规则》，共 7 章 24 条。

△ 由广东省对外经济发展公司主办的贸易洽谈会在深圳市开幕，200 多名中外来宾出席了开幕式。

△ 由日本兵库县丰田汽车株式会社与深圳联成（文锦渡）合作发展有限公司合资兴办的中日佳联汽车维修中心和由深圳联成（文锦渡）合作发展有限公司与有关单位合作的深圳汽车检测中心正式开业，这是日本丰田首次投资深圳的项目。

8 月 21 日 香港上海汇丰银行经中国人民银行总行批准，在深圳特区设立分行。这是外资银行在中国设立的第一家分行。

8 月 24 日 香蜜湖度假村"中国娱乐城"开始对外试营业，这项已投资 2 亿多港元的工程，从日本和意大利引进的 22 项设施已安装完毕。

8 月 24~26 日 以罗马尼亚共产党中央委员科列斯尼琴科·依良娜为团长的罗共工作者休假团一行 17 人抵深参观游览，市委秘书长邹尔康在东湖宾馆会见了罗客人一行。

8月25日 深圳市选手张国杰、江东、韦旭三人在无锡举行的全国青少年航海模型比赛中分别获得各自组别的全国冠军。

△ 全国人民代表大会常委会副委员长、全国人大华侨委员会主任委员叶飞对《人民日报》记者透露，深圳将在沙河工业区建设"深圳特区华侨城"，接受华侨投资，兴办工商企业，办旅游业，办学校，发展第三产业。

8月26日 深圳市委书记梁湘为纪念深圳经济特区成立五周年，在《深圳特区报》上发表题为《路，是人走出来的》文章，论述了深圳特区五年来走过的曲折而成功的道路。

8月26日~9月3日 深圳市委召开常委扩大会议，传达广东省委常委扩大会议精神，以海南走私汽车事件为镜子，结合深圳特区的实际，在肯定成绩的前提下，着重揭露矛盾，摆出问题，检查原因，总结经验教训，研究解决问题的措施，按中央的要求，坚持改革和开放的正确方向，把特区建设提高到一个新水平。

8月27日 日中青少年友好交流访深团一行50多人抵达深圳特区访问，中国电影《少林寺》在日本热映后，日本出现了"少林热"，为一睹影星风采，他们自费组团来华。正在外地的李连杰、于海等人乘飞机专程赶到深圳，与日本影迷见面。

8月29日 深圳市政府颁布《深圳市高层楼宇消防管理暂行规定》，共20条。

△ 朝鲜青年友好参观团一行100多人到深圳参观访问。市委书记梁湘等参加了联欢活动。

△ 由深圳航运总公司与香港中华造船厂合资兴建的东角头港首期工程客运码头竣工并交付使用。该港分三期进行建设，港区占地33万平方米，将建4000吨至万吨级泊位17个，总投资6300万元，全部工程1987年完成。

8月30日 广东省第六届人民代表大会第四次会议选举深圳市市长李灏为广东省副省长。

△ 国际商业信贷银行深圳代表处经批准升格为分行。这是被获准在我国开业的第二家外资银行。

8月31日 8月31日是抗英民族英雄林则徐诞辰200周年纪念日，深圳市委市政府在赤湾左炮台举行林则徐铜像揭幕仪式，国务院侨办主任廖晖，市委书记梁湘、袁庚等为铜像揭幕。

9月1日 "中国教育服务中心"在深圳成立，全国人大常委会委员长彭真为中心亲笔题名。

△ 由中国教育学会与深圳市教育局合办的深圳市重点中学——深圳实验学校

举行成立暨第一届新生开学典礼。

9 月 2 日 以日本社会党中央执行委员会书记长田边诚为团长的第二次访华团到深圳特区访问。市委常委邹尔康到车站迎接。

9 月 3 日 由深圳市兴华国际科技资料服务公司、香港拔革工程公司、美国 HIS 资料处理公司联合举办的航空航天技术信息研讨会在银湖旅游中心开幕。

9 月 4 日 邮电部部长杨泰芳在深圳特区检查工作。

9 月 5 日 深圳市委统战部、市委宣传部联合召开纪念抗日战争和反法西斯战争 40 周年座谈会，市委书记梁湘出席并讲话。

9 月 6 日 深圳市委、市政府在深圳戏院举行庆祝首届教师节大会。市委书记梁湘在会上讲话。

9 月 10 日 深圳市举行庆祝首届教师节大会。梁湘要求全市人民形成尊重知识、尊重教师的良好社会风气，要求特区教师要发扬开荒牛精神，为特区建设培养人才。

9 月 12 日 日本民社党副委员长永未英一率领的第六批访华团访问深圳特区。

9 月 13 日 深圳市重点工程之一的市区铁路高架桥举行开工典礼，市委领导梁湘等和广州铁路局局长杨其华、香港合和公司总经理胡应湘共同出席了开工仪式。

9 月 14 日 由美国科学促进会会长劳伦斯·伯格雷特博士率领的美国科促会代表团到深圳特区访问，周溪舞副市长会见了美国客人。

9 月 18 日 南海石油深圳开发服务总公司和新加坡森昶集团有限公司在雅园宾馆隆重举行合作建设深圳妈湾港四个泊位码头和妈湾港至深圳布吉专用铁路的合同签字仪式。这两项工程新加坡客商投资一亿六千万美元，由中新双方组成的海星港口发展有限公司经营。

△ 蛇口工业区经过 6 年的开拓，基本形成外向型经济结构。已吸收美、日、英、法、丹麦、瑞士、新加坡等国及中国香港地区的资金共 14.5 亿港元，其中 80% 用于工业项目。已投产的 40 家工业企业生产的电脑、电机、家电、磨具、集装箱等 100 多种产品已进入国际市场，产品出口率达 67%。

9 月 20 日 深圳市政府颁布《深圳市公共卫生管理条例》。

9 月 24 日 美国休斯敦—深圳友好城市协会筹委会成员鲍勃·洛克特先生访问深圳特区。李灏市长会见了美国客人。

9 月 25 日 新加坡共和国总理李光耀和夫人一行，在中国政府陪同团团长、电子工业部部长李铁映和夫人陪同下抵达深圳市访问。深圳市市长李灏、副市长甄锡培等到车站迎接。深圳市政府在香蜜湖度假村设宴欢迎贵宾。李灏市长在宴会上祝酒。他说：深圳特区建设五年来，取得了一些成绩，但我们还缺乏经验，希望贵宾们多提宝贵意见。我们希望继续增进同新加坡政府和人民之间的友谊，共同发展和繁荣。李光耀总理在宴会上说：我这次访问中国，到处都看到由于执行开放政策而发生的新变化。五年前，我访问中国时，深圳特区还没建立，这次从广州来深圳，已经看到特区建设发展很快，所以，这次访华最后选定从深圳离境，感到地点选得好。我希望以后能有机会更多地了解深圳，并祝愿深圳的建设事业取得更大成功。

9月26日　法国东方汇理银行深圳代表处升格为深圳分行。

9月27日　深圳首届美术节在深圳展览馆举行开幕典礼，邹尔康出席仪式，著名画家关山月先生在典礼上讲话。

9月28日　深圳市总工会在华丽宫酒楼举行中秋国庆茶话会，招待在深圳工作的港澳、外籍员工，共度佳节。

△　深圳市重点工程之一的深圳水库水厂二期工程建成投产。李传芳副市长出席仪式。

9月底　国务委员谷牧在接受某周刊记者采访时表示：中国实行的对外开放政策，将是向着更加开放的目标前进，这是中国对外开放工作发展的总趋势。1985年的上半年，中国采取了一些加强宏观控制的措施，于是海外出现议论和猜测：一曰"变"，二曰"收"。对此，谷牧郑重表示：这是在全国范围内实行的，并不是仅仅针对经济特区和沿海开放城市。当然，经济特区和沿海开放城市也要按照这些部署，重新审查自己的基建投资计划和利用外资计划，压缩一些彼此重复、技术比较落后、经济效益较差、还没有正式对外签约成交的项目。这是为了保证中国的经济全局持续、稳定、协调地发展所采取的具有重要战略意义的措施。谷牧承认：由于采取了这些加强宏观控制的措施，有些沿海开放城市和经济特区在资金和外汇方面遇到了一些困难，对外成交的步子可能要放慢一点。他指出：这不应该误解为收缩。当记者问及国家采取措施优先支持上海、天津、广州、大连4个城市是否如外间传闻的那样意味着其他10个开放城市要"关闭"时，谷牧说：开放沿海14个城市的政策没有任何改变，也不会改变。谷牧认为，五年来，中国吸收外资的资本投向基本上是正确的；外商直接投资项目绝大部分符合国民经济发展要求。

10月1日　为纪念人民音乐家冼星海诞生80周年，纪念抗日战争、世界反法西斯战争胜利40周年和庆祝国庆，《黄河大合唱》在深圳戏院演出，市领导出席。

△　深圳菇品有限公司成立，这是一家专门生产草菇产品的合资经营公司，产品全部销往香港地区。

10月1~2日　由深圳市青年联合会、青年摄影学会、青龙实业总公司联合举办的深圳首届青年摄影作品展览在市青少年活动中心举行，邹尔康副市长出席开幕式并参观了展览，同时宣布深圳市青年摄影学会成立。

10 月 3 日 交通部部长钱永昌在深圳特区检查工作。

10 月 5 日 经邮电部批准，深圳与全国长途自动电话联网，深圳与昆明、贵阳、成都、重庆、福州 5 城市之间长途电话即日起实现自动拨号，这是深圳首批开放的省际全自动电话。

△ 新疆维吾尔自治区驻深圳办事处和天山贸易公司在香蜜湖度假村举行酒会，庆祝自治区成立 30 周年，梁湘、李灏等领导出席。

△ 英国渣打银行深圳代表处升格为分行，这是今年以来第四家在深圳设立的外资银行分行。

△ 斯里兰卡统一国民党（执政党）代表团，在该党主席哈沙·阿贝瓦德纳的率领下抵达深圳参观访问。

△ 英国职工大会前总书记，现任上议院议员的默里勋爵偕夫人到深圳参观访问，市总工会负责人会见并宴请了英国客人一行。

△ 中国复印科学与工程学会深圳复印技术咨询服务中心成立，并同时举办为期五天的先进复印机展销及技术交流会。

10 月 6 日 西班牙审计法院院长费尔南德斯·皮尔拉博士率领的西班牙审计代表团抵深参观访问，甄锡培副市长会见并宴请了客人一行。

10 月 7 日 国务院侨务办主任廖晖到深圳特区检查工作时宣布，将在沙河工业区建设华侨城，创造良好的投资环境，以优惠的条件吸引投资者，打开海外侨胞回国投资的新局面。

10 月 8 日 深圳特区工业产品陈列馆举行开馆典礼。市领导梁湘、李灏等出席了仪式并参观了陈列馆。

△ 深圳新园大酒店经过一年试营业后，今天正式全面开业，市领导邹尔康、甄锡培、吴小兰出席仪式。

10 月 10 日 加拿大卫生社会福利部部长杰克·埃普一行 12 人到深圳特区访问。

10 月 11 日 深圳市委召开常委扩大会议，传达、学习全国党代会和十二届四中、五中全会精神。市委领导等参加了学习。

△ 荷兰王国议会议长丁克·多尔曼博士率领的荷兰议会代表团一行 8 人访问深圳特区。甄锡培副市长到火车站迎接。

△ 深圳市生物医学工程学会成立，全国人大常委会副委员长朱学范为该协会

成立题词："发挥特区窗口作用，为加速我国的生物医学工程事业闯出新路。"

10月12日 继深圳首批国内长途电话实行自动拨号之后，深圳与北京、上海、武汉、长沙、南宁5大城市也开始实行自动拨号。

△ 中日（深圳）海洋渔业有限公司正式成立。这是深圳市第一家从事深海捕捞的中外合作企业。

10月13日 土耳其共和国副总理埃尔代姆来深圳访问。他在深圳市人民政府欢迎他来访的宴会上说：土耳其正准备举办4个经济特区，深圳特区五年来的建设成就，使我们很感兴趣，我们要多吸取借鉴深圳的经验。他说：土中两国之间的友好关系和经济贸易往来正在不断发展，潜力很大，我们希望随时得到来自深圳的信息，并希望与深圳特区建立友好合作关系，我们将不断派经济技术等方面的代表团来深圳，也希望深圳派团回访，互相交流办特区的经验，共同繁荣发展。

10月15日 深圳高尔夫球场竣工。经有关单位共同验收鉴定，工程质量全部优良，符合世界大型球场标准，并已办理了移交业主的手续。这是由中国人承担施工的第一个高尔夫球场。球场边长5.6公里，占地面积136.8万平方米，其中球场面积124万平方米，共分18个洞穴、72棒，属国际大型标准球场。

10月16日 由总裁杜米特列斯库率领的罗马尼亚国家银行访华代表团一行8人抵达深圳参观访问，考察和了解深圳市金融体制和银行业务等情况。

10月18日 应中国政府邀请前来访问的美国副总统乔治·布什和夫人一行，由外交部副部长朱启祯陪同，在访问北京、成都、广州等地后抵达深圳进行访问。在火车上，深圳市负责人邹尔康以市长代表的名义，向布什副总统介绍了深圳特区的情况。广东省副省长、深圳市市长李灏和副市长甄锡培、吴小兰等，到车站热烈欢迎美国贵宾。布什一行随后驱车来到深圳饮乐汽水厂参观。参观结束后，布什副总统一行于下午3点55分分乘4架直升机前往香港，结束了对中国内地为期6天的正式访问。临行前，布什副总统在直升机场举行了中外记者招待会。他说：三年前访华时，看到了中国在"四化"建设中有了显著的进步；这次访华，又看到了人们充满活力，雄心勃勃，十分乐观。他表示希望双方在签署一项投资保护协议方面取得进展，这样，肯定会使更多的美国人到中国投资。他说：中美两国扩大合作对美国的经济也是有利的。布什副总统在回答关于对深圳的印象时说：我这次到深圳虽然时间很短，但我感到很受鼓舞。我参观了一个成功的合资企业，工厂给我的数字确实令人非常鼓舞。深圳的设施、投资环境比较好。假如能多考虑美方关心的问题，政策更灵活一些，那美国的投资肯定会更多一些。布什在记者招待会上最后说：深圳特区的实践证明它已经发展壮大，而且预料将来会有更大的发展，将会获得更多的美国投资。

10 月 18 ~ 20 日　国务委员、国防部部长张爱萍到深圳经济特区视察。

10 月 19 日　应澳大利亚达发德有限公司和费思芬有限公司的邀请，李广镇副市长率领深圳经济特区农业考察团一行 6 人出发前往澳大利亚参观访问。

△　深圳市首次交响音乐会在深圳戏院举行，市领导梁湘、周溪舞、甄锡培等观看了演出。

10 月 20 日　连接深圳市区和深圳东部的公路新干线——梧桐山公路隧道工程正式开工。隧道全长 2257.69 米，宽 7.5 米，双行车道，一期工程计划用 22 个月完工，市领导周鼎、罗昌仁、李传芳出席了开工典礼。

10 月 21 日　深圳市召开教育工作会议。梁湘、李灏等市委领导出席，李灏同志讲话。

10 月 22 日　解放军英模报告团到达深圳做巡回报告。市委领导梁湘、李灏等在银湖旅游中心会见并宴请了汇报团全体同志。

10 月 23 日　中国银行深圳分行和日本拓银国际（亚洲）有限公司在泮溪酒家举行盛大酒会，向外界正式宣布推出首期为 1 亿美元的"深圳工业发展信贷基金"。[①]

10 月 24 日　深圳市市长李灏在北京接受新华社记者采访时说：深圳对外经济技术合作取得新进展。仅 1 月份至 9 月份即与外商签订各种经济合同 801 项，协议投资达 7.87 亿美元，实际投入使用 2.4 亿美元。

10 月 25 日　香港东亚银行深圳代表处成立并举行庆祝酒会。新华社香港分社主要领导，副市长周鼎及东亚银行董事会主席李福和出席。

10 月 25 ~ 26 日　中央政治局委员、中央书记处书记乔石在深圳经济特区视察。

10 月 26 日　由美国时代杂志社组织的美国高级企业家代表团抵达深圳访问。该团成员有美国克莱斯汽车公司、罗克威尔国际公司和洛克菲勒等 37 家大企业、公司、金融机构的董事长、首席执行总裁等共 70 多人，他们在美国经济界、政界、新闻界都享有相当高的名望和地位。该代表团抵深后即前往蛇口工业区参观华益铝厂等合资、独资企业。中午，市委书记梁湘、副市长周溪舞等在银湖旅游中心会见了该代表团全体成员，并主持了市政府举行的午餐招待会。周溪舞副市长首先代表市政府和深圳人民热烈欢迎美国高级企业家代表团，接着向客人们介绍了深圳特区的建设情况和投资环境。美国时代杂志社主任编辑雷·凯文把深圳特区比喻为一颗珍

---

①　采取这种由中外资银行联合预先筹资设立专项基金支持特区发展工业的方式，在中国是第一次。

珠。他说：今天上午，代表们在参观中表现了很大的兴趣和热情，可以说是他们在这次旅途中最感兴趣的一站。我们希望深圳在发展中越来越显示出这颗珍珠的价值。招待会后，美国企业家们又兴致勃勃地参观了中航深圳工贸中心。

△ 来自全国16个省区市的中国剧作家访问团一行25人抵达深圳特区参观访问，邹尔康副市长出席了欢迎仪式并宴请了访问团全体成员。

△ 旅居美国南加州的台湾同胞旅馆业考察团一行28人抵深考察经济合作事宜。

10月28日 广东省银行深圳分行开业。

10月29日 中国比较文学学会在深圳成立。北京大学著名教授杨周翰当选为首届会长。

△ 香港记协访问团一行访问深圳特区，深圳市副市长邹尔康会见了代表团一行并回答了记者们关于特区建设的提问。

10月30日 澳大利亚总理内阁部国际问题高级顾问切索尔斯访问深圳特区。李灏市长会见了他。

△ 中深石化公司正式开业。

10月31日 香港第一大银行——香港上海汇丰银行的深圳分行①在国贸大厦隆重开业。

11月 《特区经济》正式公开发行。《特区经济》是国内唯一的主要以特区和沿海开放城市的经济为研究对象的杂志。从1983年4月起已不定期内部发行7期，受到各界欢迎。邹尔康副市长发表题为《探索与交流》的发刊词。

11月2日 深圳大学与香港兴华人才开发顾问有限公司签订协议，合办国际科技工商管理培训中心。市委领导人梁湘等出席了签字仪式。深圳大学党委书记、第一副校长罗征启，香港兴华人才开发公司代表谭兆璋在协议上签字。

△ 深圳市委书记梁湘会见了北京交通大学校长张树京、副教授张国伍一行。

11月3日 应外交学会邀请前来中国访问的欧洲委员会议会议长卡尔·阿伦斯一行抵达深圳参观访问。深圳市有关方面负责人前往车站迎接，并向贵宾们介绍了特区几年来的建设和发展情况。

11月4日 经中国人民银行总行批准，深圳经济特区证券公司②在国商大厦东座八楼宣布成立。

---

① 这是中华人民共和国成立以来获准在中国开设的第一家外资银行分行。
② 这是中国的第一家证券公司，属于非银行性质的国营金融机构，由特区中央银行直接领导和管理。深圳经济特区证券公司拥有自有资金，是实行独立核算、自负盈亏的经济实体，具有经济法人资格。

11 月 5 日 国务院特区办公室在深圳召开深圳经济特区发展外向型工业座谈会，与会的有中央 18 个部、总公司和各特区的负责人。梁湘、李灏分别做了讲话。

11 月 7 日 致公党中央主席黄鼎臣、副主席许志猛到深圳特区考察致公党工作，市委书记梁湘看望了 82 岁高龄的黄老。

11 月 9 日 机械工业部在深圳新建 13 家企业，鼎力支持深圳特区的发展。广东省副省长匡吉、深圳市市长李灏、机械部规划及经济管理委员会主任杨铿参加了联合开业典礼。

△ 市政府颁布《深圳经济特区外汇调剂办法》。深圳经济特区外汇调剂中心挂牌成立，这是全国首家外汇调剂中心。

11 月 10～11 日 中央组织部组织局局长韩灵带领全国 13 个沿海省、市代表来深圳考察中外合资企业党的工作情况。梁湘会见了全体代表并与他们座谈。

11 月 11 日 深圳市市政环卫综合处理厂在市北郊罗湖草埔乡破土动工，这是深圳市第一间垃圾处理工厂，计划于 1987 年 1 月正式投入使用。

△ 深圳特区华侨城建设指挥部成立。胡耀邦总书记题写"深圳特区华侨城"城名。

11 月 12 日 香港星岛报业有限公司顾问团一行 13 人到深圳参观访问，邹尔康副市长会见并宴请了客人一行。

11 月 13 日 "深圳市十大杰出青年"评选揭晓，他们是：唐锦生、李如辉、陈志华、陈益忠、陈春杏、陈小玲、刁远添、余新友、黄国强、梁政毅。市委领导梁湘、刘波、邹尔康出席表彰大会。

11 月 16 日 深圳市政府颁布《深圳经济特区外汇调剂暂行办法》。

11 月 18 日 加拿大皇家银行深圳代表处在东湖宾馆举行庆祝开业仪式，市领导李灏、甄锡培、李传芳等出席仪式。

11 月 19 日 全国 14 个沿海开放城市卫生改革工作会议在深圳召开。卫生部副部长顾英奇同志做了会议总结。

△ 深圳大学诗歌朗诵会在深圳大学办公楼举行，著名演员、作家黄宗英做精彩表演。

11 月 20 日 深圳市召开"四有"教育经验交流会，全面总结特区精神文明建设，讨论制定《深圳经济特区社会主义精神文明建设大纲》。

11 月 22 日 中国作家协会访粤代表团一行 22 人在中国作协副主席铁依甫江·艾力耶甫率领下到深圳特区参观。梁湘书记会见了代表团全体成员。

11月23日 赤湾石油基地股份有限公司①正式开业。中共中央政治局委员、中央书记处书记余秋里，新加坡国防与贸易工业部政务部长李显龙出席了开业仪式，中国石油工业部部长王涛和李显龙为基地开业剪彩，深圳市委书记梁湘，市长李灏，副市长周鼎、周溪舞，招商局常务副董事长、赤湾石油基地股份有限公司董事长袁庚等出席了开业典礼。参加开业典礼的还有菲利浦斯石油公司、ACT公司、珠江钻井作业公司、华南石油公司等10多家外国石油公司和30多家石油服务公司的代表，中国南海油田、渤海油田、北海油田、黄海油田、新疆油田的代表以及中外有关来宾共500多人。

11月24日 新华社社长穆青来深圳特区检查工作。

11月25日 "全国经济特区第二次会议"在深圳会堂举行。国务院29个部委的负责人、4个特区负责人，广东省省长叶选平等参加了会议。会期为10天，重点研究如何解决特区发展中面临的有关问题。

△ 由美、英、法、意、日等24国参加的经济合作与发展组织发展中心总裁法兰先生一行访问深圳特区，李灏市长在泮溪酒家会见并宴请了客人。

11月26日 深圳高尔夫俱乐部举行开业典礼，中顾委委员汪锋、泰国驻华大使奥拉春、日本前防卫厅长官、日本自民党副干事长、泰国前外长、泰中友协主席以及省人大常委会领导和梁湘、李灏等市领导出席了仪式。

11月27日 应中国政府邀请前来进行正式访问的马来西亚总理马哈蒂尔和夫人一行抵达深圳参观访问。李灏市长等领导去车站迎接。马哈蒂尔说：深圳特区建设短短几年发展很快，搞得好，令人惊奇和钦佩，深圳特区的发展潜力还很大。

△ 深圳市举行首次科学技术工作会议。梁湘书记在会上做了报告。李灏、周鼎、周溪舞、李广镇等领导以及500多名科技工作者出席了会议。

11月28日 李灏市长、邹尔康秘书长等同志到深圳大学看望师生员工，并和60多位师生座谈，听取大家对办好深圳大学的意见。

△ 深圳市人民政府颁布《关于加强深圳经济特区收费，罚款管理的暂行规定》。

△ 深圳船舶工业贸易公司正式开业，同时成为53层高的国际贸易中心大厦主楼的第一个入伙的业主，市领导周鼎、吴小兰出席开业酒会。

△ 经深圳市人民政府和中国人民银行深圳特区分行批准，蛇口财务公司9月

---

① 赤湾石油基地是中国第一个中外合资经营的石油后勤服务基地，由中国南山开发股份有限公司和新加坡海洋联合服务私人有限公司合资经营。

初注册并于今日开始正式对外营业。

12 月 2 日 蛇口至珠海汽车轮渡试航。

12 月 3 日 深圳举办首期领导干部法律讨论研修班，为期 3 个月，市直机关各部、委、办、局以上干部参加学习。

12 月 3 ~ 9 日 中央政治局委员、中央书记处书记余秋里视察深圳特区时，为招商局蛇口工业区题词"再接再厉，把蛇口建设得更好"，为蛇口太阳之光（中国）有限公司题词"努力学习科学技术"，为南海酒店题词"为国争光"。

12 月 4 日 深圳市人民政府颁布《深圳经济特区土地使用费实施办法》①。

12 月 5 日 广东大亚湾核电站大坑水库建成并举行落成典礼。

12 月 6 日 深圳市委在深圳戏院举行报告会，市委书记梁湘做了题为《深圳经济特区的建设和发展》的形势报告。梁湘在报告中用大量事实，阐述了人们普遍关心的问题。他说：特区建立五年多来，主要做了打基础的工作。建立了一个比较好的投资环境。在生产建设发展的基础上，人民群众生活水平也有了显著提高。在谈到特区能否坚持社会主义方向问题时，梁湘说，经过五年多实践，事实做了肯定的回答。现在特区建设已进入一个新的发展阶段。市委初步确定特区今后发展的方针是：依靠内地，服务四化，面向港澳，通往世界。当前要做好以下几项工作：第一，以工业为重点，加快外向型经济的发展步伐；第二，继续完善投资环境，搞好引进工作；第三，加快全面改革的步伐；第四，加强社会主义精神文明建设。

△ 深圳经济特区工业贸易集团公司、哈尔滨绝缘材料厂、香港深业福喜有限公司签订协议，合办深圳国际绝缘材料有限公司。

12 月 7 日 以中国音乐家协会名誉主席吕骥、主席李焕之为首的我国知名音乐家一行 30 人到深圳特区参观访问，市委常委邹尔康会见了全体成员

12 月 8 日 深圳市新闻工作者协会正式成立。李灏、邹尔康、李广镇出席了成立大会。

12 月 8 ~ 12 日 中共中央政治局候补委员、国务委员、中国人民银行行长陈慕华在深圳特区视察。

12 月 9 日 中央军委发布命令，建立中国人民解放军深圳警备区，梁湘为警备区党委第一书记，庄根南为司令员。

12 月 10 日 中共中央宣传部、人民解放军总政治部、中直机关党委、国家机

---

① 该办法的颁布，是为了进一步贯彻落实《深圳经济特区土地管理暂行规定》和有关法令条例，做好土地使用费征收工作。这也是深圳市进一步加强管理、改善投资环境的一项重要措施。

关党委和北京市委，在人民大会堂联合举行了深圳经济特区形势报告会，邀请深圳市委书记梁湘做报告。梁湘同志从"特区是怎样建立起来的""特区担负着什么任务""特区办得怎么样""特区起了什么作用""特区能否坚持社会主义方向""特区的前景如何"六个方面，列举了大量事实回答人们关心的问题。梁湘在回答特区能否坚持社会主义方向的问题时说：我们办的是经济特区而不是政治特区，特区和全国各地一样，同样要坚持四项基本原则，特区是在中国共产党领导下，中华人民共和国完全行使主权的地方，实行的是中国的法律法令，外商在特区投资办企业，都必须遵守中国的法律法令，在法律法令许可的范围内从事经济活动，并受法律的保护，获取合法的利润。外商在特区如违犯中国的法律、法令，就要受到查究和制裁。特区又以全国社会主义经济做后盾，坚持有所引进，有所抵制，一手抓物质文明建设，一手抓精神文明建设的方针，坚决打击严重经济犯罪活动和刑事犯罪活动，加强包括涉外企业在内单位的党的建设。事实已做出肯定的回答，特区是能够坚持社会主义方向的。

12月11日　由巴西众议院议长乌利塞斯·吉马良斯率领的巴西议会代表团，在中国人大常委会委员符浩、广东省人大常委会副主任曾昭科的陪同下抵达深圳参观访问。

12月12日　在国内外对深圳特区是是非非议论纷纷的时候，《人民日报》刊登了该报记者林里的文章《举世公认的成绩——再访深圳经济特区》。作者以职业的锐利眼光，依据具体的事实，用流畅的笔调，写出了"200多幢高楼大厦、8000多家工商企业"等内容来颂扬特区人民五年来的历程。

△　全国党刊会议代表100人到深圳特区参观，包括《人民日报》《半月谈》等中央党的刊物以及中央党校、中央人民广播电台的负责人等。李灏市长等领导看望了代表。

△　法国东方汇理银行深圳分行开业，这是法国银行获准在我国开设的第一家分行。

12月12~13日　国家科委主任宋健在深圳特区检查工作。

12月14日　深圳特区华侨城举行总体规划评审会议。华侨城总体规划由新加坡大地顾问公司、深圳工程设计咨询顾问公司、华侨城建设指挥部设计室共同设计。

12月15日　深圳市政府颁布《关于保护、管理濒危珍稀动物的通告》（附保护动物名录）。

12月16日　由中东石油国财团为主要股东的国际商业信贷银行设在中国的第一间分行——深圳分行在国贸大厦底层隆重开业。

　　△　由日本《读卖新闻》、《每日新闻》、日本电视网广播公司驻北京的分社社长组成的日本记者采访团到深圳特区采访。李灏市长接见了采访团的日本朋友。

　　△　广东省第二次经济特区学术讨论会在珠海市召开。来自广州、深圳、珠海、汕头及北京、天津、上海、福建等地的理论工作者和实际工作者参加了会议。这次学术讨论会由广东经济学会，广东社会科学院，深圳、珠海、汕头经济学会联合举办。在这次学术讨论会召开的同时，广东经济特区研究会宣告成立。

　　△　九三学社深圳支社正式成立。

　　△　由广东省委书记林若主持召开了省委常委会议，专门听取了深圳市委的工作汇报，讨论了深圳特区的工作。

　　12 月 17 日　法国兴业银行深圳代表处升格为深圳分行，兴业银行是世界第十一大银行。

　　12 月 18 日　广东省委宣传部和省委、省政府直属机关党委联合召开学习贯彻党的全国代表会议精神报告会。深圳市委书记梁湘在中央直属机关干部大会上做了题为《深圳经济特区的建设和发展》的汇报。他汇报了深圳特区五年来的建设情况和深圳特区所起的作用。梁湘还谈到广东省委常委近日听取深圳情况汇报后做的指示。他说：省委充分肯定深圳特区的成绩，并认为，办好特区，不仅仅是深圳市委的任务，也是省委的任务，特区非办好不可。梁湘说：省委要求我们坚持开放，深入改革，总结经验，继续前进，出经验，出人才，省委常委会议精神将对特区建设产生巨大的推动作用。

　　12 月 19 日　上海著名大饭店——绿杨酒家深圳分店举行开业典礼。李灏市长等领导出席了开业仪式。

　　12 月 20 日　深圳市蛇口第一高楼——金融中心大厦封顶。

　　12 月 22 日　现代化的深圳体育馆举行开馆典礼。中国共产党中央顾问委员会委员曾生、刘震，国家体委副主任徐寅生，广东省委副书记谢非，市委、市政府领导出席典礼，李灏市长讲话。

　　12 月 22～23 日　国务委员、国务院港澳办公室主任姬鹏飞结束对香港的访问，到深圳特区视察。

　　12 月 23 日　总政歌舞团到深圳特区进行慰问演出。梁湘、李灏等领导观看了首场演出。

　　△　日本著名经济学家宫崎勇应深圳市市长李灏的邀请，访问深圳特区。

　　12 月 24 日　深圳市委召开局以上干部会议，传达广东省委专门召开听取并研究深圳市工作的常委会会议精神。

12 月 25 日 国务院特区办赴蛇口调查组发布报告——《一个办得较好的外向型工业区》，指出：蛇口工业区坚持用经济办法管理，务求经济效益，坚持"三个为主"方针，建立外向型经济结构，坚持"四化"干部标准，坚持干部以身作则。

△ 从 12 月 25 日零时起，深圳电话直通美国，有权用户可以直接拨号与美国用户通话。

12 月 25 日~1 月 5 日 国务院在深圳召开全国特区工作会议，国务委员谷牧主持会议并讲话。参加这次会议的有 4 个经济特区，广东、福建两省，国务院 29 个部、委、办、局的负责干部 200 余人。会议结束时，谷牧同志做了总结讲话。谷牧同志在讲话中认为，中央对深圳经济特区的建设给予肯定评价，但他认为，深圳对一年前会议上提出的问题，没有认真解决。他再次督促市领导要从搞基建、打基础转到抓生产、上水平、求效益上来，为此要发掘"开荒牛"的精神和劲头。他要求特区工作跟上形势的发展，坚持高标准，严要求，朝着建设外向型经济奋力爬坡，围绕这个重点，认真进行改革，切实加强管理，务必使各项工作更上一层楼。

12 月 28 日 深圳又一个新的工业区——车公庙工业区动工兴建，总面积为 1.3 平方公里，由市工业开发公司负责开发。

△ 所属香港中银集团的广东银行深圳分行举行成立典礼。中国人民银行总行副行长刘鸿儒、国家外汇管理局局长唐庚尧、中国银行副董事长蒋文桂、李灏市长等出席了仪式。

12 月 29 日 当时全国最高建筑物——深圳国贸大厦正式竣工，它是"深圳速度"的代表作。

12 月 31 日 正在深圳的国务委员谷牧会见汕头经济特区顾问委员会主任、南洋商业银行董事长庄世平等一行 14 人。会见在深圳迎宾馆进行，谷牧对前往汕头参加汕头特区顾问会议的庄世平等先生说：华侨、港澳同胞支援家乡建设渠道很多，成立顾问委员会，出主意，提建议，搞咨询顾问，是一个很好的办法，在特区初创阶段尤其显得重要。谷牧同志欢迎庄世平等先生为支援家乡建设多做贡献。

1986年

　　1月1日　深圳市市长李灏在1986年首期的《红旗》杂志上发表题为《努力开创特区建设的新局面》一文。《深圳特区报》在新年第一期头版头条全文刊登了文章内容。

　　1月3日　深圳电子集团正式成立。

　　1月4日　英国标准渣打银行深圳分行在国贸大厦底层行址和香江酒楼举行开业典礼。该行是继汇丰银行深圳分行之后,英国银行在深圳设立的第二家分行。深圳市市长李灏、中国人民银行副行长刘鸿儒、国家外汇管理局局长唐庚尧、市中国人民银行行长罗显荣,以及中外来宾500多人出席了开业典礼。标准渣打银行香港地区总经理白朗先生主持了开业仪式。市人民银行行长罗显荣在讲话中赞扬标准渣打银行作为香港第二大英资银行,对香港地区经济的发展和繁荣,起了积极的推动作用。

　　△　《深圳特区新貌》一书出版。该书由市委政策研究室与红旗杂志社联合编辑,红旗出版社与香港经济导报社出版发行。该书是"中国城市改革丛书"之一,国家主席李先念为其题写书名,中共深圳市委书记梁湘为本书写序。

　　△　东纵北撤纪念亭落成剪彩仪式在葵冲区土洋乡渔涌原东江纵队司令部旧址举行。原东江纵队司令员、中顾委委员曾生同志,副市长李广镇,东纵北撤部分代表以及市、县有关负责同志近百人出席了仪式。

　　1月4~6日　广东省委书记林若在深圳特区检查工作。

　　1月4~11日　在香港举行的广东省经济贸易展览会上,深圳特区与客商签订产品出口合同和意向协议书1082项,成交总额1.73亿美元。

　　1月5日　全国经济特区工作会议在深圳结束。参加会议的有广东、福建两省和深圳、珠海、汕头、厦门4个经济特区的负责同志以及党中央和国务院有关部门的领导同志。国务委员谷牧主持会议并讲话。谷牧在会议上提出：中国的经济特区在"七五"期间要更上一层楼，朝着建立外向型经济的目标奋力前进，确实成为"技术的窗口，管理的窗口，知识的窗口，对外政策的窗口"，进一步发挥向国内外两个扇面辐射的枢纽作用，更好地为全国社会主义现代化建设服务。实践证明，中央决定兴办经济特区的政策是正确的。会议充分肯定了各个经济特区已经取得的成绩，认真总结了经验，决心把特区办得更好。会议经过充分讨论，明确了"七五"期间特区建立外向型经济的努力目标和工作重点，要求各特区继续抓好现有开发区内基础设施的完善配套，特别要抓好电力、交通运输、电信等薄弱环节，健全经济立法，进一步改善投资环境，外引内联，更多地吸引外资、引进先进技术，发展社会生产力；认真抓好企业管理，加强智力开发和人才培养，在提高经济效益上狠下功夫，增强出口创汇能力，为国家多做贡献；深入进行经济体制改革，积极探索在中国办好特区的路子，在运用经济办法和现代化信息手段管理经济方面总结出具有中国特色的经验。谷牧在讲话中要求特区工作要跟上形势的发展，坚持高标准、严要求。他说：过去几年特区取得了明显的成绩和积极的成果。现在要朝着建立外向型经济奋力"爬坡"，要控制基建规模，把工作重点切实放在抓生产、上水平、求效益上。围绕着这个工作重点，要认真进行改革，切实加强管理，使各项工作"更上一层楼"。谷牧说：中央为经济特区制定了正确的方针政策，现在国内形势很好，国际条件也很有利，关键在于我们自己。要像开荒牛那样，辛勤耕耘，埋头苦干，兢兢业业，扎扎实实地做好工作，逐步把特区建设成为具有发达的物质文明和高度社会主义精神文明的特区，使社会主义国家办特区这项试验获得成功。

1月6日　深圳市首家塑料再生厂投产。

△　我国电子工业开放、改革的试点——深圳电子集团公司在银湖旅游中心举行开业典礼。深圳电子集团公司是我国电子工业第一家大型集团公司。国务委员谷牧为深电集团剪彩。新华社香港分社主要领导、全国政协副主席王光英、中央财经领导小组顾问周南、电子工业部部长李铁映、国务院特区办主任何椿霖、广东省省长叶选平、省顾委主任梁灵光，以及市委领导梁湘、李灏等出席仪式，李铁映部长在开业典礼上讲话。

△　深圳目前最大的进出口货物中转仓库——深圳北站北货场跨线货物仓库竣工。

1月7日　我国首次主办的大型国际野外定向比赛"深圳国际野外定向86友谊赛"在深圳岗厦一带的野外举行，来自瑞典、挪威以及中国的湖南、广州、深圳的

6 位选手分别获得 6 个组别的冠军。

　　△　中共深圳市委常委、市党校校长邹尔康在东湖宾馆会见并宴请了来访的德意志民主共和国统一社会党中央"卡尔·马克思"高级党校副校长格茨·迪克曼教授一行，向他们介绍了深圳经济特区五年来的建设发展和对外开放、引进、利用外资的情况。

　　1 月 12 日　深圳市委发出《关于从石化供销贸易公司违法犯罪案件中吸取教训的通知》，要求全市各级党组织运用这个反面典型，对党员深入进行党性、党风、党纪教育，在任何情况下都必须严格地执行党和国家的政策法令。

　　1 月 13 日　全国人大常委会副委员长阿沛·阿旺晋美及夫人、全国妇联副主席阿沛·才旦卓嘎一行到深圳特区视察。梁湘书记、李灏市长汇报了深圳特区的建设情况。

　　1 月 14 日　应深圳市委宣传部、深圳团市委的邀请，全国高校思想政治教育研究会理事、北京师范学院副教授李燕杰同志专场报告会在深圳戏院举行，市委宣传部部长李伟彦主持了报告会。

　　1 月 15 日　国务院发布关于《中华人民共和国中外合资经营企业法实施条例》第 100 条的修订。国务院于 1983 年 9 月 20 日发布的《中华人民共和国中外合资经营企业法实施条例》第 100 条规定："合营企业的合营期限，根据不同行业和项目的具体情况，由合营各方协商决定。一般项目的合营期限原则上为十年至三十年。投资大、建设周期长、资金利润率低的项目，合营期限也可以在三十年以上。"新的条例则修改为："合营企业的合营期限，根据不同行业和项目的具体情况，由合营各方协商决定。一般项目的合营期限为十年至三十年。投资大、建设周期长、资金利润率低的项目，由外国合营者提供先进技术或关键技术生产尖端产品的项目，或在国际上有竞争能力的产品的项目，其合营期限可以延长到五十年。经国务院特别批准的可在五十年以上。"

　　1 月 16 日　深圳市委在市委六楼会议室召开全市处以上干部大会，部署整顿机关作风工作。深圳市委号召全市党员干部深入贯彻中央指示精神，联系特区实际，克服官僚主义，发扬艰苦奋斗精神，树立全局观念，反对骄傲自满，严肃纪律，增强党性，清除腐败现象；强调从市委、市政府机关抓起，从领导自身抓起，一级抓一级，切实把机关作风整顿好，为发展特区的大好形势而奋斗。大会由市委副书记周鼎主持，600 多名处级以上干部参加了会议。市委书记梁湘在会上做了题为《特区机关要有特别好的作风》的讲话。

　　1 月 16 ~ 20 日　广播电视部部长、全国记协主席吴冷西在深圳特区检查工作。

1月17日 深圳市政府召开有企业经理、厂长参加的全市工业工作会，提出要抓好企业整顿和管理工作，提高经济效益，大力发展外向型经济。深圳市副市长周溪舞主持会议。

△ 深圳市体委主办的《体育大观》创刊并举行庆祝晚会，在深圳视察工作的阿沛·阿旺晋美，中国记者协会主席吴冷西，深圳市委市政府负责人李灏、李广镇、李传芳等领导和各界人士5000多人观看了演出。

△ 一个由8个国家15间国际知名银行组成的银行团，向广东浮法玻璃有限公司提供6220万美元的贷款用于正在蛇口兴建的一间制造浮法玻璃的工厂，双方在蛇口南海酒店举行了签约仪式。

1月18日 深圳市目前最大的油库——蛇口油库举行开业典礼。梁湘、吴小兰等为开业剪彩。

1月18～20日 联邦德国经济顾问委员会主席施奈德教授一行到深圳特区考察访问。

1月18～22日 民主柬埔寨主席诺罗敦·西哈努克亲王偕夫人莫尼克公主在我国副外长刘述卿陪同下乘汽车抵达深圳参观访问。晚上，深圳市人民政府在雅园宾馆举行欢迎宴会，深圳市市长李灏主持宴会并致祝酒词，副市长甄锡培、吴小兰出席宴会。

1月19日 李灏市长会见了香港爱国同胞陈荣根先生和夫人区碧茵女士，赞扬他们捐赠巨款建设家乡的义举。

1月22日 由美国百事可乐集团公司董事长兼行政总裁简道尔率领的百事可乐集团公司董事会访华团到达深圳进行访问，深圳市领导梁湘、周溪舞等与访问团全体成员会面。

△ 深圳市政府颁布《深圳经济特区烟花爆竹安全管理暂行规定》。

1月23日 深圳市副市长甄锡培在东湖宾馆会见了英国外交国务大臣蒂莫西·兰顿和中国香港政治顾问布义德一行。

1月24日 在北京召开的全国语言文字工作会议上，深圳被评为全国推广普通话先进单位，深圳市政府副秘书长、深圳市推广普通话办公室主任李定出席大会并做主旨发言。

1月24～25日 深圳市政府召开1986年计划工作会议，周鼎副市长讲话。按谷牧同志提出的要求，根据深圳市的实际，确定深圳市1986年基建投资总额为16.5亿元，即保持1984年的水平。并强调严格控制固定资产规模，加快外向型经济发展。

1月25日 深圳"红旗"轿车厂专业厂房动工兴建。这是高级"红旗"牌轿车迈进国际市场的第一步。

△ 中国国民党革命委员会深圳支部成立，全国人大常委会副委员长朱学范、民革中央委员会发来贺电表示祝贺，会议一致选举周长瑚任主任委员。

△ 由广深食品联合贸易行生产的"喜上喜"牌广式腊肠荣获国家优质食品奖，这是深圳市首获最高质量奖的产品。

1月27日 深圳市委、市政府春节慰问组慰问了解放军、武警驻深圳部队，向子弟兵致以节日的问候，市委、市政府负责人梁湘、李灏、周鼎、罗昌仁、刘波、邹尔康、闻贵清、甄锡培、李广镇、李传芳、吴小兰等同志带领各部、委、局负责同志近40人分成6个组分别走访各地。

1月28日 深圳市委召开全市局以上干部会议，李灏市长传达了特区工作会议精神。

△ 深圳市委市政府领导梁湘等分头带领慰问组到59位离休干部家里拜年，祝老同志健康长寿。

1月30日 法国海关代表团在法国海关局局长戈迪埃尔率领下访问深圳特区。

1月31日 深圳市总工会在工人文化宫召开港澳、外籍员工代表会议。市委、市政府负责人梁湘、周鼎等出席会议。

2月1日 《人民日报》发表评论员文章《把生意做到海外去》，文中指出中国深圳、珠海、汕头、厦门4个经济特区，正沿着建立"外向型经济"的道路奋力爬坡，一批先进企业投石探路，初见成效。中国的经济特区应把生意做到海外去，在开拓国际市场，多出口、多创汇等方面当好探路的先行官。评论在谈到特区为什么要搞外向型时说：中国之所以要划出几块地方办经济特区，就是要借鉴国外的成功经验，开拓创新，逐步建立起一套新的经济体制，真正发挥四个"窗口"和对内对外两个"扇面"辐射的枢纽作用。这种经济体制与国际市场息息相通，能有效地引进、消化和吸收先进技术与学习国外的先进管理方法；生产按国际市场需求安排，以出口创汇为主要目的。评论指出：外向型的先进的有竞争能力的工业，是特区经济的基础。特区的工业产品源源不断地进入国际市场，特区才能有稳定的外汇和财政收入。经济特区要建立合理的产业结构，使工业、商业、旅游、金融以及其他各业协调发展，互为促进。评论强调：建立以工业为主、工贸结合的外向型经济，特区工业要以发展中小型为主，突出"精、小、轻、新"四个字，船小好掉头，方能适应国际市场变化快、批量小、交货及时的要求。特区的出口产品要在优质、高档、缺门上多下功夫。

2月2~5日 莫桑比克解放阵线党政治局委员、中央经济政策书记、人民议会常务委员会书记马塞利诺·多斯桑托斯偕夫人、女儿及萨莫拉总统之女一行7人到深圳经济特区访问。

2月3日 深圳市职称改革领导小组成立，周溪舞任组长。

2月7日 经国务院常务会议讨论审定，批准在深圳召开的《全国经济特区工作会议纪要》，以国发〔1986〕21号文件批发全国，要求各有关方面共同努力，把我国经济特区办得更快、更好。

2月13日 广东省第六届人民代表大会常务委员会第十七次会议决定：批准《深圳经济特区抵押贷款管理规定》，由省人民政府公布施行。该规定进一步加强了对深圳经济特区抵押贷款活动的管理，保障了抵押贷款当事人的合法权益。

2月14日 广东省第六届人民代表大会常务委员会第十七次会议决定：批准《广东省经济特区涉外企业会计管理规定》，由省人民政府公布施行。

2月19日 深圳市组织工作会议强调：1986年组织工作的主要任务是突出抓好"两个建设"（党的组织建设和思想建设）、"一个提高"（提高干部队伍素质），不断开拓组织人事制度改革的新路子，保证深圳特区朝着以工业为主的外向型经济发展。

2月20日 深圳市市长李灏在深圳市人民政府首次举行的深港新闻界新春茶话会上说：作为对外开放政策"窗口"的深圳经济特区，在过去五年多的建设中，已经取得了有目共睹的成就，今后的发展前景是非常光明的。李灏在回顾了深圳特区五年来取得的成就后说：我对深圳的发展前途充满信心，也可以说是信心百倍。因为，第一，我们党和政府对外开放的政策是作为基本国策写入宪法的，是坚定不移的。不久前，国务院在深圳召开了全国特区工作会议，总结特区建设的经验，研究解决特区进一步发展的重大政策问题，再一次证明中央对特区的坚决支持。第二，各地各部门对特区也是坚决支持和维护的。现在，全国28个省、市、自治区和中央10多个工业部门，几乎都在深圳设有办事机构。第三，经过五年多的努力，特区本身的投资环境不断完善，对内对外的吸引力在不断增强。李灏说：我们初步设想，再经过若干年的努力，要把深圳建设成以先进工业为主，工贸结合，旅游业和农牧渔业并举，科学技术先进，文化发达，人民生活文明富裕的综合性经济特区。

2月20~25日 深圳市委召开处级以上干部会议，总结去年工作，部署今年任务。梁湘书记在会上做报告。

2月21日 海关总署署长戴杰在深圳特区检查工作。

2月22日 广东省第六届人大常委会第十八次会议审议批准《深圳经济特区与

内地之间人员往来管理规定》于 1986 年 4 月 1 日起施行，深圳市政府于 3 月 22 日正式颁布。

2 月 23 日 深圳市委组织部开始在社会上公开招聘市审计局、标准计量局正副局长共 4 名。这是深圳市广开才路、选贤任能、大胆改革干部人事制度的新的尝试。

2 月 25 日 李灏市长在全市干部大会上做总结，要求通过这次会议，把改革推向前进，带动各项工作的发展，务求使特区建设更上一层楼。

2 月 26 日 特区经济审判研讨会在深圳结束。

2 月 26 日~3 月 7 日 以全国人大代表、广东省人大常委会副主任曾定石为组长的全国人大代表特区专题视察组在深圳视察。曾定石对深圳市委、市政府负责同志说：深圳经济特区取得的成绩是显著的，应当充分肯定。今后的任务很艰巨，还需做艰苦的努力。3 月 7 日上午，代表们在迎宾馆就这次视察活动所了解到的情况，同深圳市委、市政府负责同志交换了意见。曾定石说：来特区之前，我们曾听到对特区精神文明建设有过不同的议论，有肯定的，有怀疑的，也有否定的。我们有的代表这次是带着疑问来的。经过实地调查，我们发现特区在物质文明建设取得成绩的同时，精神文明建设也取得出乎意料的好成绩。可以说，深圳的精神文明建设不比内地差，教育文化战线的建设比内地好。深圳特区的实践正如邓小平说的那样，中央办经济特区的政策是正确的、成功的。代表们在肯定特区取得成绩的同时，还就当前存在的问题和薄弱环节，提了五点意见：一是希望市委、市政府进一步认真贯彻全国经济特区工作会议精神，逐项抓落实，统一思想，统一步调；二是切实加强宏观控制，控制基建规模，调整投资结构，保证重点项目的建设；三是坚持四项基本原则，在抓物质文明建设的同时，花大力气抓好精神文明建设；四是采取两分法总结经验，继续前进，既要总结成功的经验，又要正视矛盾，分析矛盾，解决矛盾；五是微观要搞活，不能一刀切。要像胡耀邦说的那样：特事特办，新事新办，立场不变，方法全新。当前特区面临着不少困难，如资金、外贸进出口的流通渠道、企业贷款利率等问题，都要按特区工作会议精神办。特区没有一定的特殊政策是不行的。代表们在深圳视察期间，深圳市委书记梁湘到迎宾馆看望并同代表们座谈。

2 月 28 日 塞拉利昂共和国总统约瑟夫·赛义社·莫莫在我国城乡建设环境保护部部长叶如棠陪同下到达深圳特区参观访问。李灏市长前往车站迎接并宴请客人。

2 月 28 日~3 月 3 日 全国政协副主席赵朴初在深圳特区视察。

3 月 深圳市政府印发《关于坚决压缩基建规模的会议纪要》。其后又多次召开各级施工单位和综合部门会议使全市上下认识到：特区是国家的一个部分，全国加强宏观控制，深圳的基建规模也应放在全国大局下考虑。

3月1日 深圳市委发出《关于改进作风若干问题的决定》，内容共 10 项。

3月5日 深圳特区最大的宾馆——南海酒店竣工验收并交付使用。

3月6日 深圳蛇口工业区管理委员会主任袁庚在《人民日报》上发表的一篇谈借债与还债的关系的文章指出：不要轻易借债，而是首先要花大力气研究如何用好借债，使之发挥更大的经济效益。

3月8日 中央电视台向全国播放影片《蛇口巨变》，观众反响热烈。纪录片《蛇口巨变》由珠江电影制片公司摄制。影片描述了蛇口工业区从 1979 年到 1985 年的创业过程，人们可以从影片中看到蛇口怎样从一个偏僻、荒凉的荒滩野岭变成一个具有良好投资环境的外向型海港工业区。影片记录了大量珍贵的历史镜头，包括开发初期炸山填海的壮观场面，党和国家领导人亲临蛇口视察指导的动人情景，以及蛇口彩车通过天安门广场时万众欢腾的精彩镜头。

3月10日 由深圳市纪委，市委组织部、宣传部，整党办公室联合举办的"党性教育展览"开幕。中共广东省委书记林若、副书记王宁，中纪委五室副主任张全忠，省纪委副书记罗晋琛，梁湘书记和李灏市长参观了展览。

3月12日 广东省第六届人民代表大会常务委员会第十八次会议审议批准《深圳经济特区与内地之间人员往来管理规定》。

3月12~14日 比利时马列主义共产党主席费尔南·勒菲弗尔率团访问深圳特区。

3月14日 由领队杨希、主教练邓若曾率领的中国女排到达深圳参观访问和表演。队员有郎平等主力球员。市委、市领导看望了女排队员。

3月14~16日 由芬兰共产党总书记盖克莱率领的芬兰人民民主同盟代表团一行 4 人访问深圳特区。

3月17日 深圳市委秘书长邹尔康同志代表市委宣布了深圳大学新一届领导任免名单：任命罗征启同志为深圳大学第二任校长，应启瑞、郑天伦为副校长。免去张维同志校长职务，免去李天庆、方生、杨伊白的副校长职务。这也宣告了深圳大学第二任领导班子正式成立。

△ 法国兴业银行获准在深圳设立的分行在国贸大厦音乐喷泉广场举行开业典礼。法国兴业银行亚洲大洋区副总经理加索先生首先致辞。他说：兴业银行将竭尽全力在深圳和中国开展业务，以增进法、中之间的经济和贸易关系。他对兴业银行对华业务的前景感到乐观。市中国人民银行行长罗显荣说：兴业银行深圳分行的开业，将有利于吸引法国客商来深圳投资兴办实业，促进特区与法国工商界的经济技术交流和合作。

△ 中国首家生产激光视唱系统的工厂——深圳先科激光电视有限总公司在八卦岭工业区动工兴建。

3 月 19 日 由深圳大学中文系和电脑中心研制的《红楼梦》电脑检索获得成功。

3 月 20 日 深圳市委召开贯彻《深圳经济特区社会主义精神文明建设大纲》经验交流会。邹尔康主持会议。

3 月 21 日 经国务院批准,《中华人民共和国海关总署对进出经济特区的货物、运输工具、行李物品和邮递物品的管理规定》颁布实行。

3 月 22 日 为贯彻执行省人大常委会批准的《深圳经济特区与内地之间人员往来管理规定》,认真做好管理线各项管理工作,市人民政府制定了《深圳经济特区与内地之间人员往来管理施行细则》,从 4 月 1 日起实施。

△ 航天工业部部长李绪鄂在深圳特区检查工作。

3 月 23 日 香港布政司钟逸杰爵士偕夫人一行访问深圳特区。

3 月 26 日 朝鲜民主主义人民共和国检察所所长韩相奎率领的朝鲜中央检察所代表团访问深圳特区。

3 月 26 ~ 28 日 最高人民检察院检察长杨易辰在深圳特区检查工作。

3 月 27 日 由中国广告协会电视委员会组织在深举行了全国电视广告交易会,这是我国第一次召开全国性的电视广告交易会议。

3 月 28 日 深圳市委副书记、副市长周鼎昨天在全市劳动工资工作会议上强调:要严格控制特区人口增长,以提高职工素质;解决劳动力主要靠本市内部进行余缺调剂。

3 月 31 日 以李灏市长为团长、邹尔康为副团长的深圳市政府代表团一行 5 人,应美国休斯敦市长凯思琳·惠特迈先生的邀请在美国进行友好访问。访问期间,双方正式签署深圳与休斯敦结为友好城市关系协议书。休斯敦是深圳创办经济特区以来与外国结成的第一个友好城市。

3 月底 深圳市经济学会和《特区经济》编辑部召开讨论会,就如何加强经济特区的宏观经济管理进行探讨。与会者一致指出:特区经济的迅速发展,使得特区政府宏观层次的经济管理工作,显得越来越重要。大多数同志认为:完善特区宏观经济调控机制,必须从特区经济运行的特点和趋向出发,不能一谈到宏观控制,就回到高度集中的行政干预上去,把"控制"与"限制",把间接控制与直接控制等同起来。特区要通过强化市场力量来对经济实行间接的、弹性的、分层次的控制。有的同志认为:在特区市场条件尚待完备的情况下,企业对市场机制的反应不够灵敏，市场机制作用的发挥有一定局限，因此不能不采取一定的行政手段来干预。但是，应随特区市场体系的完善，逐渐减少直接的、刚性的控制。如何建立一套科学的、适应外向型经济的、灵活有效而又与全国经济相衔接的宏观调控体系呢？与会者发表了不少建设性意见：①建立具有特区特点的宏观调控体系，必须以增强企业活力为出发点，以发展外向型经济为目标，以市场需求为依据，以信贷、价格、财政、税收等杠杆为主要手段，以经济信息为传递媒介，以法律手段为保证。②调控内容和重点，应放在影响特区经济循环的主要指标即固定资产投资，信贷资金，利用外资，进口出口上，突出对宏观规模和速度的控制，防止经济生活的过大起伏、波动。③调控方式和手段，宜采用柔性控制，主要运用市场力量，并通过杠杆调节系统、信息反馈系统、监督保证系统来实施，即使一定要采用行政手段，也应遵循市场机制作用要求，逐步促使宏观调控机制的两个层次即企业的自我抑制和市政府的自觉控制机制协调起来。与会同志指出，建立适应特区经济发展需要的宏观调控机制，必须处理好以下四个关系：一是破与立的关系，不能先破后立，只破不立，而要边破边立，有立有破；二是经济手段与行政手段的关系，鉴于旧体制的某些运行机制还没有完全废除，新的市场条件有待完善，企业对市场机制反应不够灵敏，因此不能不采用一定的行政手段，但应逐渐减少直接干预，扩大间接控制；三是灵活性与统一性的关系，强调企业经营的灵活性，但不能排斥宏观指导的统一性，要通过加强银行、税收、审计、质检、工商管理、社会公证的市场力量和社会监督来谋求企业的行为与特区发展目标的一致性；四是尊重客观规律与发挥主观能动性的关系，特区经济运行的复杂性，表明宏观管理控制的艰难性，因此，要提倡探索，鼓励创新，在改革的征途上敢于大胆开拓，而又力求稳妥前进。

4月初　广东省人大代表任仲夷、梁湘等同志在全国人大六届四次会议上，就改革、开放问题做了发言。任仲夷说：经济体制改革是一场深刻的革命，每前进一步都会遇到新矛盾、新问题和新的困难，但这是暂时的，可以在不断前进中得到解决。当然，对于各种问题特别是重要的突出的问题，我们必须十分重视，采取措施，认真解决。解决新问题，要采取新办法，要更多地依靠经济手段和法律手段，搞好经济立法，坚持在不断改革中解决问题，绝不能又搬出旧的一套办法来，从倒退中找出路。例如，解决奖金发得过多和分配过于悬殊的问题时，绝不能又搞平均主义，吃"大锅饭"；纠正不正之风，绝不能干预正常的经营活动，又把经济搞死；加强对社会文化活动的管理，不能再回到书少报少、文化活动场所少、群众文化生活极度贫乏的状态。因为那样做，不但不能从根本上解决问题，反而会导致走回头路。梁湘说，创办经济特区，本身也是一项重大的改革。中国从闭关自守转变为对外开放，不可避免会出现一系列新情况、新问题，要办好经济特区，改革的任务特别艰巨。我们的体会，一是要增强企业的活力，这是改革的中心；二是建立比较完善的社会主义商品市场；三是政企分开，政府对企业由直接控制改为间接控制。我们从单项改革开始，为基建搞设计评比，投标招标，企业内部搞层层包干负责，资金困难通过银行贷款解决。后来又进行人事、工资制度等一系列改革，逐步配套。现在看来这些改革是成功的。

4 月 1 日　深圳经济特区管理线正式实施管理。

4 月 2 日　深圳外贸培训中心成立。

4 月 3 日　全国人大代表、中共深圳市委书记梁湘 3 日应邀到中国人民大学做报告，他说：处在国内和国际两个市场、两种价格体系和两种货币制度的交接点上，能否在激烈竞争中站稳脚跟，是深圳特区成败的一个关键。"七五"期间，深圳特区经济体制改革的目标是：建立适应外向型经济发展并且有较强的吸引力、竞争力和辐射力的新型的社会主义经济体制。他说：1980 年以来，按照中央关于特区应该成为体制改革的试验场地的要求，经过五年多来的积极探索，已初步改革了计划管理体制、基本建设管理体制、企业管理体制、流通体制、财政金融体制、物价体制、劳动工资制度、干部人事制度等。其中特区基建工程搞招标承包已普遍获得了良好经济效益。企业实行劳动合同制、浮动工资制，干部实行选举聘用制等，为全国改革提供了有益的借鉴。

4 月 4 日　中共中央顾问委员会主任邓小平在人民大会堂会见南斯拉夫联邦主席团主席拉多万·弗拉伊科维奇。他说：中国实行改革、对外开放、对内搞活经济是为坚持社会主义道路服务的。

△　深圳市政府颁布《深圳市外汇缴留和外汇管理体制改革办法》。

4 月 5 日　深圳市委书记梁湘应中央党校邀请，向该校学员和干部 1000 多人介绍了深圳特区的建设情况。

4 月 6 日　南斯拉夫社会主义联邦共和国主席团主席拉多万·弗拉伊科维奇在国务委员张劲夫、广东省副省长杨立陪同下到深圳特区访问。周鼎副市长会见并宴请贵宾。

△　深圳沙鱼涌码头竣工，该码头建有 5000 吨级和 2000 吨级两个泊位。

4 月 8 日　国防科工委主任丁衡高在深圳特区检查工作。

4 月 9 日　广东省副省长、深圳市市长李灏在美国纽约举行记者招待会。李灏说：中国强调中外合资企业的产品外销与吸收外资之间没有矛盾。由于中国税收和工人工资低，对外资又执行优惠政策，中外合资企业产品成本较低，产品在国际市场上有较强的竞争能力。所以外国企业家在中国投资仍然是有利可图的。

4月10日 国务委员谷牧在京答中外记者问时说：中国的经济特区、沿海开放城市要积极发展与内地的横向经济联系，扩大出口创汇，进一步发挥"窗口"作用。

△ 中国深圳技术交易会在中航技航空大楼副楼开幕。典礼由副省长黄清渠主持。国防科工委主任丁衡高、新华社香港分社主要领导为交易会开幕剪彩。

4月12日 广东省英模报告团在深圳市体育馆做首场报告，周鼎副市长在会上讲话。

4月14日 深圳市纪检工作会议在六支队礼堂举行，市纪委书记刘小以在会上传达中纪委第七次会议和省纪检工作会议精神。梁湘书记讲话。

4月16日 深圳市国营企业连续两年无亏损，在省扭亏增盈会议上被评为先进单位，获省政府颁发的奖旗一面，奖金1万元。

4月17日 缅甸总理吴貌貌卡在我国石油工业部部长王涛陪同下到深圳访问。李灏市长到火车站迎接贵宾。

4月18日 由中外46家银行集资33亿港元的深圳沙头角厂B厂贷款签字仪式在香港合和中心大厦举行。

△ 世界银行国际金融公司项目促进代表团在世界银行国际金融公司亚洲投资局区域经理萨克·库巴斯列曼吉先生率领下到达深圳特区参观访问。

4月18~23日 全国人大常委会副委员长黄华在深圳特区视察。

4月19日 深圳市委做出《关于在全市开展向优秀共产党员柯洪谋同志[①]学习的决定》。

4月21日 对外经济贸易部部长郑拓彬在深圳特区检查工作。

4月22日 深圳市工商业联合会举行第一次会员大会，会议讨论通过了《深圳市工商业联合会组织章则》；选举产生了市工商联第一届委员会委员，并由委员会委员一致推选出工商业联合会的领导机构。

△ 日本大和证券株式会社社长土井定包一行7人到深圳特区参观访问，梁湘书记、李灏市长分别会见了客人。

4月23日 我国第一座高层工业厂房——爱华电子厂大厦主体封顶。

4月25日 我国目前最高、最大、设备先进的世界十大旋转餐厅之一——国贸

---

① 柯洪谋是深圳市建材公司副经理兼深茂水泥厂厂长，广东省和深圳市劳动模范，因车祸于1985年9月20日殉职。

中心旋转餐厅在深圳开业。它位于国贸中心大厦第 49 层。

△ 日本北海道拓殖银行深圳分行成立并举行开业典礼。李灏市长出席并讲话。

4 月 27 日 中共中央统战部部长平杰三在深圳特区检查工作。

4 月 28 日 深圳市工商业联合会在国贸大厦举行隆重的成立大会。

4 月 29 日 深圳轻工工贸进出口公司①开业。周溪舞副市长及有关方面负责人、各省驻深圳办事处和香港 60 多家公司的代表共 300 多人出席了开业典礼。

4 月 30 日 李灏市长在《人民日报》发表专文《扩大内外合作，提高特区建设水平》，论述深圳特区"七五"期间将继续大力发展对内对外的经济技术合作与交流。新华社转发了李灏市长的这篇文章。

△ 李灏市长在市政府贵宾厅会见了由法中经济发展和合作协会主席德·维里宾率领的法国高级贸易代表团一行。

△ 全国政协副主席王光英在深圳特区视察。

5 月 2 日 香港至蛇口海底电缆海上工程完工。

△ 深圳市华强三洋电子公司生产的 G408 型收录机销往日本，此事在日本引起强烈反响。日本《经济新闻》指出：从中国引进家用电器，这是前所未有的。

△ 深圳市政府颁布《深圳经济特区财政体制改革方案》。

△ 凌晨 2 时 30 分，通心岭菜市场发生严重火灾，油桶爆炸，火势迅速蔓延，直接经济损失近百万元。

5 月 3 日 深圳市政府颁布《关于严厉打击盗窃犯罪活动的通告》，要求全市人民提高警惕，认真落实防盗措施，检举揭发盗窃犯罪活动。

5 月 4 日 由深圳市博物馆和深圳市展览馆联合举办的"深圳书画展览"在深圳水库展览馆揭幕。

5 月 5 日 跨越深港界河的大型过境桥梁——深圳河大桥破土动工。这座大桥位于皇岗—落马洲段的深圳河上，是深港两地经过三年的谈判达成协议，由双方政府共同建设，将于 1988 年正式投入使用。

△ 以中央委员、对外关系书记岗奔博·菲米·瓦·开塔迪为团长的扎伊尔人民革命党运动代表团一行抵达深圳参观访问，深圳市副市长邹尔康、市委秘书长林祖基在东湖宾馆会见并宴请了扎伊尔客人。

5 月 8 日 深圳市政府颁布《深圳经济特区企业减免税问题补充规定》，于 7 月

---

① 深圳轻工工贸进出口公司是深圳市轻工业公司属下的国营专业进出口公司，是工、贸、技相结合的经济实体。它经广东省人民政府批准、省工商管理局注册登记，享有直接对外贸易经营权。该公司可在经批准进出口商品目录范围内开展对外贸易和代理省内进出口业务，承担国家出口计划和创汇任务。

1 日起实行。

5 月 8~12 日 黑龙江省省长陈雷来深圳特区考察。

5 月 9 日 应我军总后勤部邀请，以罗马尼亚军队财务部长格奥尔基·切蒂纳中将为团长的罗军财务考察团一行 4 人抵深访问，深圳警备区政治委员黄继友在泮溪酒家会见了罗马尼亚外宾。

5 月 10 日 中央财经领导小组副秘书长袁木同志在深圳市政府礼堂做学术报告。袁木同志报告的题目是《"七五"计划和经济特区》。他结合特区的战略地位、任务和作用，详细论述了中国国民经济和社会发展第七个五年计划的基本特征，提出了经济特区在"七五"期间的发展战略方针。

△ 甄锡培副市长在市府贵宾厅会见了日本爱知县一宫市莱昂斯俱乐部以狮子会会长村上敬三为团长的代表团一行。

△ 中央财经领导小组副秘书长袁木同志，在市府礼堂向深圳干部做报告，市委、市政府负责人和干部 500 多人聆听了报告。

5 月 11 日 全国第一家将清洁服务引向社会化的新型企业——日新清洁服务公司诞生。

5 月 13 日 经中央批准，梁湘同志任中共广东省顾问委员会副主任。不再担任中共深圳市委书记职务。李灏同志任中共深圳市委书记一职。

△ 国务委员谷牧在北京会见日本新闻单位经济部长访华团时，在回答日本记者提问时，特别说："深圳的一套不会搬到香港去，香港和深圳密切协作，互为依托的关系将更加发展，这对香港和深圳都有利。"

5 月 14 日 中国民用航空总局局长胡逸洲在深圳特区检查工作。

5 月 15 日 香港立法局议员参观团在首席非官方议员邓莲如率领下到深圳特区参观访问。梁湘等市领导会见并宴请了全体成员。

△ 日本东京银行、三和银行和北海道拓殖银行获准在深圳设立分行，并同时对外营业。

5 月 16 日 广东省委书记林若专程来深圳同市委、市政府负责同志举行会议，宣布中央、广东省委关于梁湘、李灏同志任职的决定。

5 月 19 日 国务院副总理李鹏在核工业部部长蒋心雄、李灏市长的陪同下，专程视察了广东大亚湾核电站工程施工现场之后，要求核电工程建设要自始至终贯彻安全第一、质量第一的方针。他说：应当采取极端认真的态度和更有力的措施，来确保核电站的安全。在施工现场，李鹏副总理为大亚湾核电站挥笔题词："安全第一，质量第一。"

△ 法国华文报《欧洲时报》社长杨永洁女士来华观光及探亲抵达深圳，市侨办及中旅社负责人宴请了杨永洁女士一行，市委书记梁湘及夫人会见客人并出席了宴会。

5 月 21 日 国务院副总理、国家教育委员会主任李鹏在梁湘、邹尔康同志的陪同下，视察深圳大学。李鹏同志视察了深圳大学学生宿舍、录像制作室、放像室、计算机和工厂电脑室，并听取了深圳大学负责人的汇报。

5 月 22 日 深圳市委召开局级以上干部会议，由广东省委常委郑国雄宣布，经中央批准，梁湘任中共广东省顾问委员会副主任。中共广东省委决定，李灏任中共深圳市委书记，免去梁湘同志的中共深圳市委书记职务。

5 月 23 日 下午，广东省政协五届五次会议在省政协会议厅召开特区、沿海开放地区部分委员座谈会。到会的 10 位政协委员就做好港澳同胞和海外侨胞的联络工作，促进开放改革发表了意见。深圳市委统战部部长谭炜说：深圳特区经过几年的建设，已初步创造了一个较好的投资环境，目前，外商、港商在深圳投资办厂，已经注册的有 1000 多家，在深圳工作的外籍员工已有 2300 多人，这是前所未有的。谭炜还说：过去几年，我们在联络港澳同胞和海外侨胞方面虽然做了许多工作，但还存在一些问题。他指出：一些在经济部门工作的同志对广泛加强同海外同胞的多方面联系重视不够，他希望各级领导和各方面的同志积极宣传，充分利用特区和沿海开放城市的优势，广泛地联系港澳同胞和海外侨胞，促进开放和改革。

△ 青年发明家、深圳中华汽车工业公司总经理唐锦生发明的 BS111 型全塑载重汽车通过国家鉴定。

△ 由沙头角区委组织的沙头角青年赴广西法卡山学习团一行 28 人离开深圳到达前线慰问学习。

5 月 23 ~ 25 日 法国总工会总书记亨利·克拉苏基率领的法国工会代表团访问深圳特区。

5 月 23 ~ 27 日 中共中央政治局委员倪志福在深圳特区视察。

5 月 24 日 中央有关部门的一些领导干部及首都经济学界专家、学者共 250 多人聚集在首都政协礼堂，参加深圳特区经济社会发展战略讨论会。与会者踊跃发言，出谋献策，为深圳特区建设事业的发展提供了许多宝贵意见，并集中地对深圳特区的地位和作用、外向型经济、产业结构、体制改革等理论、政策问题进行了有益的讨论。著名经济学家于光远、千家驹、宦乡、季崇威、蒋一苇等同志先后在会上发言。

△ 经广东省委批准，黄继友任深圳市委常委。

　　△　以巴西共产党总书记吉奥贡多·迪西斯为首的巴共代表团一行到深圳特区参观访问。李灏书记会见并宴请了巴共客人。

　　5月25日　日本著名的东京银行、三和银行、拓殖银行在深圳设立分行，今天同时对外营业。

　　5月25~28日　中共广西壮族自治区常委书记陈辉光来深圳特区考察。

　　5月25日~6月5日　联合国亚太地区发展中国家发展经验讨论会在中国进行。闭幕式在深圳举行。各国代表参观了深圳多间工厂和市容。特区的迅速发展和中国实行的开放政策给他们留下了深刻的印象。他们认为：深圳经济特区不是单纯的出口加工区，也不是一般的自由贸易区，它是一个综合性的、以工业为主各行业同时发展的经济区，它不仅吸引外资、引进技术，为内地发挥"窗口"作用，而且与内地建立了互为依存的紧密联系，把内外优势结合起来，形成了开发出口产品的能力。

　　5月26日　我国目前最高的建筑物——深圳发展中心大厦钢结构安装工程举行开工典礼。深圳发展中心大厦位于最繁华的罗湖商业区，与国贸中心、国商大厦等相邻。

　　△　深圳国际现代医药展销会在国际贸易中心医药展销厅开幕，深圳市副市长吴小兰和深圳市工业发展委员会主任孙祯为展销会剪彩。

　　5月28日　深圳市城市规划委员会在深圳迎宾馆举行成立大会。李灏书记任主任。

　　5月30日　深圳特区首届少年儿童艺术节开幕。中宣部副部长、著名诗人贺敬之，文化部少儿司司长罗英，著名作家柯岩，广东省委宣传部负责同志前来祝贺。李灏书记致辞。

　　6月1日　小梅沙海滨旅游中心大酒店落成并举行开业典礼。广东省顾委副主任杜瑞芝、省委常委郑国雄出席仪式。

　　6月1~4日　中国地理学会、广东省地理学会和深圳市地理学会，在深圳市联合举行"特区经济发展学术研讨会暨深圳市地理学会首届年会"。来自美国明尼苏达大学，香港地理学会，北京、南京、上海、成都、大连、广州、汕头、珠海和深圳市的教授、学者和地理工作者90余人出席这次研讨会。与会者共提交了涉及特区经济发展、投资环境、城市规划与城市利用、地震与地壳稳定性、地图、气候与环境保护等内容的论文20多篇。

　　6月3日　深圳国际机场可行性研究报告已完成，国际机场可行性报告研究领导小组与美国派森斯-洛克希德国际合作公司在银湖旅游中心举行报告交接仪式。

　　6月3~5日　联合国亚太地区发展中国家发展经济经验讨论会在深圳举行。李灏市长、周溪舞副市长等会见并宴请了客人。

6月4日 日本东京银行深圳分行开业。

6月5日 哥伦比亚政府经济贸易代表团一行访问深圳特区，吴小兰副市长会见了客人。

6月7日 全国政协参观团141人到深圳特区参观访问，李灏市长参加欢迎宴会。

6月9日 中共中央顾问委员会副主任王震出访泰国、新加坡后途经香港抵达深圳特区，与李灏市长举行座谈，省顾委副主任梁湘会见时在座。

6月15日 深圳市一批青年知识分子组织的思想沙龙——深圳思想俱乐部正式成立。该俱乐部有46名成员，大多是经济、哲学、文学方面的学士、硕士。邹尔康在会上称赞了这一活动。他说：深圳应该培养自己的经济学家、思想家，应该鼓励深圳人关心特区，对特区的发展更具参与感和责任感。思想俱乐部的成立，将为大家提供一个思想交流、碰撞、畅所欲言、研讨问题的场所。可以为市政府决策机构提供各方面的专题研究报告，实现它作为一个业余智囊、咨询学术团体的价值。

6月18日 美国太阳石油公司与中国石化总公司合资兴建中国太阳石油公司，在蛇口举行开业典礼。广东省副省长匡吉、周溪舞副市长为开业剪彩。总投资500万美元。

6月18~19日 秘鲁共和国部长会议主席路易斯·阿尔瓦·卡斯特罗偕夫人一行在广播电视部部长艾知生陪同下访问深圳特区。周溪舞副市长在南海酒店会见并宴请了卡斯特罗主席一行。

6月19日 中国人民解放军宝安县、罗湖区人民武装部由军队序列改为地方建制的交接工作结束。

6月21日 以副会长许世元、崔乐其、彭彼得为团长的澳门中华总商会代表团一行22人，经珠海抵达深圳参观访问。深圳市工商业联合会在国贸大厦旋转餐厅设宴欢迎客人。

△ 蛇口工业区管理委员会主任袁庚在《光明日报》撰文说：光冲破条条块块所有的"管"和"卡"并不等于完全解决了旧体制的问题，还必须同步进行一系列的体制改革。

6月25日~7月10日 中国有色金属进出口贸易洽谈会在深举行，800多名外国和港澳客商、中国有色金属进出口公司及其36个分公司的代表参加。洽谈会成交总额6000多万美元。

6月26日 深圳市召开军、警、民共建精神文明座谈会。深圳市委书记李灏说：目前深圳特区各方面的形势发展很好，一些困难已经或正在得到克服，并且出现了很多积极因素，形势正向更好的方面发展。

6月28日 深圳市委召开庆祝中国共产党成立65周年大会。市委书记李灏在会上做报告。

△ 第二届中日围棋赛在蛇口"海上世界"开幕。李灏市长等出席了开幕式。

△ 市委召开大会，隆重庆祝中国共产党成立65周年，并向先进党组织和优秀共产党员颁发了奖旗、奖章和证书。李灏在会上做了题为《共产党员要做特区建设的模范》的讲话。

△ 深圳国际流体计量、储运设备展览会开幕。

△ 中国社会科学院院长胡绳在深考察。

6月28日~7月4日 全国政协副主席雷洁琼、中国社会科学院院长胡绳分别在深圳特区视察。

6月30日 第四届深圳书市在深圳图书馆举行。李灏市长、邹尔康副市长等出席开幕式。

6月下旬 香港招商局集团在北京召开1986年度董事会会议。会议决定招商局集团在1986年继续发挥航运支柱和内外交流的窗口作用，同时要努力把蛇口建设成为一个经济繁荣、精神文明的港口工业区。会议由交通部部长兼招商局集团董事长钱永昌主持。交通部副部长兼招商局集团副董事长林祖乙、招商局集团常务副董事长袁庚等出席了会议。全体董事对招商局1979年以来的工作业绩表示满意，并给予较高的评价。会议通过的招商局若干工作问题的决议中，决定授权香港招商局常务副董事长袁庚主持董事会的日常工作。

7月1日 经中共广东省委、省政府批准，深圳市党政领导班子做了调整，同时成立市人大筹备组。调整后的市委领导班子如下。李灏任市委书记，秦文俊、周溪舞任副书记，李海东、邹尔康、闻贵清、黄继友等任常委。刘波仍任市纪委书记。调整后的市政府领导班子为：李灏任市长，周溪舞、邹尔康、李广镇、李传芳、朱悦宁、张鸿义任副市长。深圳市人大筹备组：周鼎任组长，罗昌仁、甄锡培、吴小兰任副组长。

△ 深圳电视台正式播出。深圳电视台从1984年元旦起试播，今天起正式播出。

7月4日 广东省军区常委决定：任命李灏为深圳警备区常委第一书记，免去梁湘深圳警备区常委第一书记职务。

△ 法国最大的银行巴黎国民银行深圳分行正式成立。李灏市长出席开业典礼。

7月5日　新华社香港分社和深圳市政府联合邀请港澳全国人大代表、全国政协委员在西丽湖度假村欢聚一堂，品尝南山荔枝。

7月9日　巴西邦道亚公司与中般技工贸中心、深圳航空大厦实业公司三方组成南亚实业发展公司，邦道亚公司投资 2250 万美元在深圳发展工商业、养殖业和信息业务。这是巴西在深圳特区的第一笔投资。

△　经广东省政府批准，任命邹尔康、朱悦宁、张鸿义为深圳市副市长；免去周鼎、罗昌仁、甄锡培、吴小兰的深圳市副市长职务。

7月10日　日本三和银行深圳分行开业。

7月14日　全国高等院校勤工俭学研讨会在深圳大学举行。研讨会由深圳大学和复旦大学联合主办。

7月17日　朝鲜广播电视委员会委员长朱昌骏率领代表团在我国广播电影电视部部长艾知生陪同下到深圳特区访问，邹尔康副市长会见了朝鲜客人。

7月18日　由深圳工业品集团公司与哈尔滨、沈阳、广州等城市联合组成的华深华工总公司在深圳开业。

△　深圳新光奶品公司从日本、英国、联邦德国引进具有先进技术水平的三条电脑控制的自动饮料生产线投产。

7月19日　深圳市委党校举行首届党政干部大专班毕业典礼。李灏、秦文俊、邹尔康到会祝贺。

7月20日　缅甸工业部部长吴丁瑞一行访问深圳经济特区。周溪舞副市长会见了缅甸贵宾。

7月21日　全国政协常委、著名经济学家千家驹教授在深圳市政府六楼会议厅做了题为《当前经济形势和特区工作》的报告。局级以上干部 200 多人聆听了报告。

7月24日　以罗马尼亚共产党中央政治局候补委员尼古拉·克洛依多鲁率领的代表团访问深圳特区，邹尔康副市长接见了客人。

7月25日　由香港汉荣书局和深圳大学文化科学技术服务公司联合举办的台湾图书展销会在深圳大学开幕，李灏、邹尔康、闻贵清等领导出席开幕式。

△　中国银行深圳分行、香港东亚银行、日本野村证券有限公司、美国太平洋海外投资有限公司和日本住友银行这 5 家金融机构签订协议，在深圳成立全国第一家中外合资的跨国性的非银行金融企业——中国国际财务有限公司。协议规定该公司注册资本为 1400 万美元，合资各方各占 20%。12月8日，中国国际财务有限公司正式成立。

8月1日 深圳市政府颁布《深圳市计划生育实施办法》，共19条款。

8月5日 全国特区、开放城市、开放地区理论研讨班在市委党校开学。来自上述地区的学员84人出席了开学典礼。

8月6日 深圳市委召开全市局级以上干部会议，市委书记李灏做了题为《认清形势，统一思想，振奋精神，继续前进》的报告。

8月7日 比利时王子菲利普率团访问深圳特区，李广镇副市长会见了贵宾。

8月7~10日 广州市委书记许士杰、市长朱森林和广州有关部门负责人来到深圳特区视察广州在深圳开办的企业，并召开了工作会议。

8月8日 深圳蛇口第一高楼——深圳"金融中心"落成。

8月10日 《深圳法制报》创刊并向全国发行。

8月11日 中国人民银行批复：可以试办招商银行。至此，招商银行进入成立筹备阶段。

8月15~17日 以广东省人大常委会副主任刘俊杰为团长的省邮电视察团到深圳特区视察。朱悦宁副市长陪同视察并接受了视察团提出的意见，并表示逐一落实整改。

8月17日 深圳影业公司摄制的《少年犯》荣获广播电影电视部优秀影片奖、《大众电影》第九届"百花奖"最佳故事片奖。

8月18日 深圳市环境保护委员会成立，李灏任主任，李传芳任副主任。

8月19~20日 深圳市委召开全市处级以上单位纪委书记会议，部署党风建设工作。秦文俊副书记在会上讲话。

8月22日 深圳市政府决定，成立深圳市引进外资领导小组，以加强引进外资工作的领导。周溪舞任组长。同时决定成立深圳市自学考试委员会，邹尔康任主任。

8月26日 周松瑞①因索贿受贿受到法律制裁。深圳市中级人民法院依法判处周松瑞死刑、缓期两年执行，剥夺政治权利终身。

△ 匈牙利部长会议副主席兼国家计划局局长法洛韦纪·拉约什察率领代表团在国务委员宋平陪同下到达深圳特区访问。周溪舞副市长会见并宴请了客人。

8月28日 美籍华人、美国共和党少数民族事务委员会主席、美国总统府出口委员会副主席陈香梅女士一行应邀到深圳访问。李灏市长、周溪舞副市长宴请了客人。

---

① 周松瑞在担任西丽湖度假村副总经理兼工业村筹建办主任期间，先后非法接受建筑工程人员和港商财物共计人民币92800余元、港币126000元。

9 月 1 日 为加强中央银行对专业银行的领导，中国人民银行决定扩大中国人民银行上海和深圳分行的权限。中国人民银行上海和深圳分行权力的扩充，主要表现在资金管理方面。以往的资金分配方式是，中国人民银行总行分给各专业银行即中国工商银行、中国农业银行、中国银行和中国建设银行。专业银行再将资金下分给其在全国各地的分行。上海、深圳的改革，打破了这种资金的纵向管理办法。中国人民银行制定的上海、深圳信贷资金管理新办法规定，两市现有的信贷资金和今后增加的存款，除中央国库款和向中国人民银行总行缴纳的存款准备金以外，全部留给两市中国人民银行统筹安排使用；在中国人民银行总行批准的差额计划内，对流动资金允许多存多贷，但少存必须少贷。两市专业银行的信贷计划和信贷资金同总行脱钩，改为由当地中国人民银行综合平衡和统一调度；中国人民银行总行与分行之间的资金往来是借贷关系，存贷款均计算利息。

△ 从新学年开始，深圳市正式实行九年制义务教育。

9 月 6 日 深圳蛇口工业区进行了一次群众投票，让大家对三个有争议的重大投资项目自由发表看法。这三个有争议的投资项目是：蛇口钢厂、招商宾馆和"女娲补天"铜像。这是社会主义民主在蛇口的又一次生动体现。

△ 深圳市委决定设立中共深圳市委经济工作部，统管全市经济口党组织工作和驻深经济单位党的工作。

9 月 6 ~ 7 日 以斯里兰卡议会议长森纳亚克为团长的议会代表团一行访问深圳特区。李灏市长宴请客人。

9 月 8 日 中国经济特区和沿海开放城市财政问题座谈会在西丽湖度假村召开。深圳市副市长张鸿义在会上针对目前深圳市财政工作存在的问题，提出了继续改革财政体制工作的意见。他要求市财政把贯彻"轻徭薄赋"政策和健全落实财务制度结合起来，以保证企业的休养生息、提高企业的耐力和后劲，促使企业健康发展。这次应邀参加座谈会的各地财政局长和财政研究人员近 60 位。张鸿义副市长向与会者介绍了近年来深圳市财政体制改革所取得的进展。

9 月 9 日 深圳市委、市政府召开社会主义文明建设先进集体（个人）表彰大会，李灏市长发表讲话。全市在两个文明建设中取得显著成绩的 59 个文明单位、75 个先进集体、253 名先进个人和在军民共建文明活动中取得优异成绩的 22 个单位和 12 位个人，受到表彰。

9 月 10 ~ 11 日 以捷克斯洛伐克第一副总理罗赫利切克为首的代表团一行访问深圳特区，李灏市长会见并宴请了贵宾。

9 月 10 ~ 13 日 全国经济特区、沿海开放城市物资信息联网会议在深圳召开。

来自各经济特区和 14 个开放城市物资部门领导和专业信息员，就如何搞好物资信息工作，发展横向联系，加强经营管理和搞好物资体制改革，进行了经验交流和专题探讨。代表认为，当前基建三大材料在物资部门出现积压，影响资金周转，而不少建设、施工单位又受贷款计划限制，缺乏资金，造成供需流通渠道滞塞。为了解决这个问题，应该从物资体制改革入手，一方面缩小指令性计划，扩大指导性计划和市场调节，另一方面要改革供应办法，逐步放开计划外的物资价格，发展生产资料市场，扩大物资企业的自主权，使物资企业由计划调拨型向经营服务型转变。

9 月 11 日 第八届亚洲乒乓球锦标赛组织委员会成立。李灏任主任委员，邹尔康、陈镜开等任副主任。国家体委副主任徐寅生在成立会议上讲话。

9 月 16 日 民主德国商业部部长布里克萨率领的商业代表团访问深圳特区，李广镇副市长会见了贵宾。

9 月 17 日 交通部批准深圳蛇口港为我国第一个远洋航运货物中转站。

9 月 18 日 中共中央政治局委员、中国人民解放军总参谋长杨得志，在广州军区司令员尤太忠的陪同下到深圳视察，晚上在国贸大厦参观、赏月，并为国贸大厦题词。

△ 芬兰总理索尔萨在我国司法部部长邹瑜陪同下到达深圳特区参观访问，省政府和市政府联合设宴欢迎芬兰贵宾。

△ 位于笔架山上的一座新厂——南方药厂建成投产，这是一家由军医大学南方医院和总后勤部兴办的工厂，负责人是赵新光，产品名称为"三九"冲服剂即后来的"三九胃泰"。

9 月 18~19 日 由总理索尔萨率领的芬兰政府代表团访深。

△ 中共中央政治局委员、中国人民解放军总参谋长杨得志视察深圳。

9 月 20 日 深圳光明华侨畜牧场利用本场优势，采用先进饲料配方培育肉牛成功。

△ 罗马尼亚海关代表团在海关总署署长率领下访问深圳特区。

9 月 22 日 全国战斗英雄、双目失明的史光柱成为深圳大学中文系 86 级学生。深圳大学专门为他配了一名文学老师对他进行具体辅导。

△ 深圳市副市长邹尔康在市电视台座谈会上提出：深圳市电视台要走自己的路，电视新闻节目要加强社会新闻的报道，特别要多反映群众普遍关心的社会问题，要敢于创新，创造属于自己的节目特色。他还说：新闻工作者思想还要解放一些，步子还要迈得大一些。今后社会新闻的报道要加强，要及时准确地报道群众关注的和与他们切身利益相关的社会问题。

9 月 23 日 深圳市交通局运输公司职工李长城去年 1 月与公司签订承包下属一间小商场的合约，不论盈亏，每月上交公司 4000 元和商场 3 名职工工资，所剩利润全归承包者。前 5 个月因精心经营，生意兴隆；从 6 月开始因决策失误，连续亏本，欠债 3 万余元。鉴于李长城无力继续经营，中断为期一年的合约，经济责任由个人全部承担后收回商场。这是深圳市国营小企业实行租赁承包制以来第一家破产的企业。

9 月 24 日 深圳市政府决定成立深圳市城市管理领导小组。周溪舞任组长，闻贵清、李传芳、李定任副组长。

9 月 25 日 受有关省区市驻深办事处的委托，深圳市政府办公厅主持召开全国 26 个省、市、自治区驻深办事处主任会议，旨在总结交流各办事处经验，发挥特区"窗口""扇面"辐射作用，讨论加强深圳与各省区市之间的经济技术合作，发展经贸往来等问题。李灏书记、朱悦宁副市长在会上讲话。部分省份驻深办主任介绍了经验。

9 月 28 日 广东省第六届人民代表大会常务委员会第二十二次会议通过《广东省经济特区涉外公司条例》。条例自 1987 年 1 月 1 日起执行。

9 月 29 日 中国人民银行深圳特区分行行长、国家外汇管理局深圳分局局长罗显荣在金融界举行的国庆招待会上向 100 多位中外金融、工商界人士介绍特区的经济形势。他认为：深圳六年的建设成就举世瞩目，如今又进入新的发展时期。罗显荣说：深圳办特区六年，已为投资者创造了一个良好的投资环境和稳定的经营场所。

△ 深圳市政府在六楼会议厅召开全市各单位负责人会议，动员全市人民做好亚乒赛工作。李灏市长、邹尔康副市长在会上讲话。

9 月 30 日 经深圳市政府批准，簕杜鹃为深圳市市花，荔枝树为深圳市市树。

10 月 1 日 《光明日报》以《深圳市在开放和改革中迅速发展》为题报道深圳特区兴办六年来，在物质文明和精神文明建设方面都取得了很大的成绩。

△ 我国第一家采用现代计算机技术专门从事数据处理和数据库服务的公司——大深数据处理公司正式开业，该公司是日本株式会社 DAIKEI（日本大阪计算中心）在深圳合资经营的第一家采用现代化计算机技术，专门从事数据处理和数据库服务的大规模的专业公司。

10 月 2 日 我国参加第八届亚乒赛的男女乒乓球队一行 23 人在领队郑敏之，总教练许绍发、张燮林、胡玉兰、胡炳权率领下到达深圳，深圳市委秘书长邹尔康代表亚乒赛组委会看望了全体成员。

10 月 3 日 深圳市副市长邹尔康会见美国《华盛顿邮报》公司高级记者团时

说：外来文化，包括中国香港电视对深圳的影响，积极因素多于消极因素。

10 月 4 日 首届中国城市市花展览在蛇口"海上世界"开幕，有 74 个城市的市长、副市长出席了开幕典礼。

△ 中国核学会、深圳科技发展中心、深圳市科协联合主办的"中国核技术展览"开幕。朱悦宁副市长、中国核学会秘书长吕广义为开幕式剪彩并讲话。

△ 应全国人大外事委员会的邀请，以澳大利亚联邦议会外交与国防主席克金·澳尔特·亚布拉为团长的代表团一行 11 人抵达深圳特区参观访问，张鸿义副市长在泮溪酒家会见并宴请了澳大利亚贵宾。

10 月 4~6 日 应中华全国工作者协会的邀请，罗马尼亚新闻代表团一行 3 人抵达深圳特区访问，《深圳特区报》社长罗妙会见了罗马尼亚客人。

10 月 5 日 深圳华侨城首期工程全面动工。位于沙河的华侨城总面积为 4.8 平方公里。

△ 深圳经济特区 1986 年秋季商品展销会在刚刚落成的园岭超级商场开幕。李广镇副市长在开幕典礼上讲话。副市长周溪舞、朱悦宁、张鸿义等参观了展销会。

10 月 6 日 第八届亚乒赛组委会、中国乒乓球协会和深圳市政府联合在深圳湾大酒店举行第八届亚洲乒乓球锦标赛盛大欢迎宴会。来自 29 个国家和地区的 800 多名乒乓球运动员和亚乒联官员出席了宴会。本届亚乒赛组委会主任、广东省副省长、深圳市市长李灏和亚乒联主席后藤淳致辞，国际乒联主席埃文斯、副主席荻村伊智郎等出席，亚乒联名誉秘书长李富荣、中国乒协主席徐寅生等也出席了欢迎宴会。

10 月 7 日 第八届亚洲乒乓球锦标赛在深圳隆重开幕，大赛为期 8 天。

10 月 7~9 日 中共山东省委书记梁步庭来深圳特区考察。

10 月 8~13 日 受国家建材局委托，由广东省建材局负责主办的全国第二次工业普查资料分析研讨会在深圳举行。

10 月 9 日 亚乒联第八次代表大会在深圳举行，共 25 个国家和地区的乒协代表出席，大会决定下届亚乒赛在日本的新潟市举行。

10 月 11 日 中国工商银行北京、新疆、广州等八省（区）五市分行资金融通协作网[①]在深圳宣告成立。它标志着深圳的资金市场不仅已与香港相联系，而且也

---

① 八省（区）五市工商银行资金融通协作网是一个松散型的融资联合体，成员行之间的融资活动，直接通过工商银行联行办理。协作的内容包括成员之间临时性资金余缺的互相融通、人民币资金的委托放款、外汇资金在有关政策允许下的存入与拆借。资金融通主要通过拆借形式进行。各成员行每月初向牵头行通报资金余缺情况，提出可拆出或拆入的资金计划，由牵头行负责通报各成员行，余缺双方自行办理拆借。

与内地的资金市场联系了起来。

△　国务院颁布《关于鼓励外商投资的规定》（22 条），其中第 8 条规定：经济特区已按 15% 的税率缴纳企业所得税的产品出口企业，符合前款条例的，按 10% 的税率缴纳企业所得税。

△　经深圳市委、市政府批准，深圳广播电台开始试播，试播时间每天从上午 6：25 到下午 1 时。深圳广播电台在振兴酒楼举行庆祝试播茶话会，邹尔康出席试播茶话会并讲话。

10 月 13～14 日　墨西哥前总统埃切维里亚一行访问深圳特区。张鸿义副市长会见了墨西哥贵宾。

10 月 14 日　《人民日报》以《盛会上处处见"深圳速度"》为题，报道深圳主办第八届亚洲乒乓球锦标赛的情况。报道说：第八届亚洲乒乓球锦标赛是 3 个月前确定深圳为赛址的。要接待 20 多个国家和地区的几百名运动员、官员和新闻记者，要筹足一百多万元经费，要保证食宿、交通、通信和安全，这对深圳这个年仅 6 岁的年轻城市来说，确实不容易。报道指出：深圳拥有现代化的体育馆、宾馆等设施，这是个有利条件，但更重要的条件是全社会的热情支持。在很短的时间里，一些工商企业出钱出物，港商也争相资助，经费问题顺利解决。调集专用车辆、开设赛场新闻中心电话专线、增设饮食服务等工作，都在市政府周密安排下，一呼百应。

△　我国第一所"两校一体"高等学府——深圳师专教育学院在新址举行开学典礼。

△　为期 8 天的第八届亚乒赛圆满落幕，中国队包揽 7 项冠军。

△　罗马尼亚共产党中央政治执行委员会候补委员、中央书记、国务委员会副主席彼特鲁·埃纳凯率领的罗共代表团一行，在中宣部部长朱厚泽陪同下到深圳特区访问，邹尔康副市长会见了客人。

10 月 15 日　深圳市政府在雅园宾馆设宴招待中国乒乓球队，祝贺他们在第八届亚乒赛中取得全部 7 项冠军。市长李灏代表市政府向中国乒乓球队赠送人民币 10000 元作为奖励。

△　深圳市政府颁布并实行《深圳经济特区国营企业股份化试点暂行规定》，以推动特区经济体制改革，增强企业活力，提高经济效益。开始了有计划、有步骤地组建股份有限公司，深圳股票市场进入操作阶段。该规定共 7 章 62 条。

10 月 16 日　《人民文学》第 9 期在头版位置发表文锦渡海关青年干部刘西鸿新作《你不可以改变我》。中国作协广东分会 10 月 14 日在广州举行"刘西鸿作品研讨会"。邹尔康副市长出席会议。

△ 周溪舞副市长就贯彻国务院颁布的《关于鼓励外商投资的规定》（22 条），深圳特区如何发挥优势，为外商投资实行更为优惠政策等问题对《深圳特区报》记者发表谈话。

10 月 16～18 日 由西班牙国王卡洛斯的姐姐皮拉尔公主率领的西班牙政府代表团一行访问深圳特区，李灏市长会见并宴请了客人。

10 月 17 日 深圳市委常委学习《中共中央关于社会主义精神文明建设指导方针的决议》，市委书记李灏主持会议并传达党的十二届六中全会和广东省委常委会议精神。

△ 深圳直拨日本、新加坡的国际全自动电话正式开通。

10 月 18 日 赵紫阳总理在视察珠海经济特区时强调指出，特区办工厂不能照搬内地办法，要在搞好经营管理上狠下功夫，在提高经济效益上狠下功夫，不能再搞"大锅饭"那一套。

△ 深圳出台《深圳经济特区国营企业股份化试点暂行规定》，率先探索国有企业股份制改造新路。

10 月 18～19 日 联邦德国海关代表团在海关总署署长瓦尔特·苏木茨率领下访问深圳特区。正在深圳检查工作的海关总署署长戴杰在九龙海关会见了客人。

10 月 19 日 深圳市美学学会成立，中华全国美学学会会长王朝闻担任深圳市美学学会名誉会长，胡经之被选为首任会长。

10 月 19～22 日 地质矿产部部长朱训在深圳特区检查工作。

10 月 20 日 广东省第六届人大常委会第二十二次会议通过《广东省经济特区涉外公司条例》并颁布实行。

10 月 21 日 冰岛总理赫尔曼松访问深圳特区，开始对我国为期 10 天的访问。地质矿产部部长朱训、李灏市长等到罗湖口岸迎接赫尔曼松总理并宴请客人。

△ 以总书记曼努埃尔·佩尼亚为首的委内瑞拉民主行动党代表团一行到达深圳特区访问。邹尔康副市长会见并宴请了代表团一行。

△ 由深圳 12 家模具公司组成的联合统一体——深圳市模具行业协会正式成立，李灏市长和相关部门负责人 200 多人到会祝贺。

10 月 22 日 塞拉利昂全国人民大会党副主席、共和国第二副总理阿布·巴拉尔·卡马拉一行，在中共中央委员项南的陪同下访问深圳特区。李灏书记会见并宴请了客人。

10 月 22～24 日 中共陕西省省长李庆伟在深圳特区考察。

10 月 23 日 李灏市长到深圳中华汽车公司检查工作。BS111 型汽车即日起开始正式试销。

10 月 24 日 世界野生动物国际基金会会长爱丁堡公爵菲利浦亲王访问深圳特区。李灏市长设宴欢迎。

10 月 24～29 日 中共青海省省长黄静波到深圳特区考察。

10 月 27 日 我国第一条自行研制、安装的微型计算机汽车检测线，在深圳市研制成功。

10 月底 中国工商银行深圳分行国贸办事处为深圳市渔民村企业发展公司办理了一笔七十五万四千多元的商业汇票贴现业务。这是深圳市办理的第一笔商业汇票贴现业务。

△ 深圳市工业发展委员会颁布条例，在全市工业系统国营和集体企业全面推行经理（厂长）任期目标责任制①。

11 月 1 日 朝鲜平壤新闻社代表团一行 4 人到深参观。深圳记协主席、深圳特区报社社长罗妙向朝鲜同行介绍了特区建设情况。团长、平壤新闻社第一副总编金洪一说：这次到蛇口，亲眼看到中国共产党办特区的成功，我们为你们感到骄傲。回去后一定要向朝鲜人民忠实传达中国建设特区的宝贵经验。

△ 国务院侨务办公室主任廖晖在深圳特区检查工作。

11 月 2 日 全国政协副主席王恩茂在深圳特区视察。

11 月 5 日 深圳经济特区有 56 家企业参加第 60 届中国出口商品交易会，总成交金额 6 亿元，其中出口成交额达 1 亿美元。

11 月 6 日 全国政协副主席茅以升在深圳特区视察。

11 月 9 日 中国当时最长、最现代化的公路隧道——深圳梧桐山隧道于 22 时打通。隧道全长 2260.7 米，道内通风、供电、信号、消防、通信、广播、报警、监测等都由中央控制室自动控制。

---

① 这种责任制，以经理（厂长）任期目标为核心，把责任制和奖罚制、任期制结合起来，并以合同的形式规定下来。经理（厂长）一律实行聘请任命。任期一般为 4 至 5 年，可连聘连任。其聘请程序是：经理候选人接受任期责任目标，在限期内就责任目标的完成以书面提出具体实施方案和保证措施，报主管公司批准并签订任期目标责任合同，经市公证机关公证后，存档备案，作为今后考查的依据，然后由主管公司任命。经理（厂长）享有提名副经理（副厂长）、总工程师、总会计师、总经济师，设置及任免各部门负责人等权力。如达到或提前达到任期目标，经理（厂长）有连聘连任的优先权，并按和主管公司签订的合同兑现奖励，包括晋升职务工资，发给一次性奖金等。如由于领导无力、经营不善、决策失误等主观原因连续两年未实现有关责任目标，上级主管公司可罢免其职务，在企业内部安排一般工作，两年内不得调离和担任领导职务，工资和奖金按实际工作岗位领取。如造成企业破产者，需追究法律责任。

△ 由国家城乡建设环境保护部主持评选的全国优秀设计、优质工程评选揭晓，深圳夺得 6 项奖牌，名列全国各城市之首。

11 月 11 日 《人民日报》驻深圳记者站正式成立。

△ 为纪念我国无产阶级革命家、工人运动先驱者、久经考验的共产主义战士陈郁同志诞辰 85 周年，"陈郁故居"修葺一新，正式对外开放。省顾委副主任梁湘、陈郁夫人袁傅之前往瞻仰。

△ 由南海石油深圳开发服务总公司与新加坡森昶打桩私人有限公司合作经营的深圳海星港口有限公司成立，其主要任务是负责兴建和经营妈湾港，首期工程由新加坡方面投资 5500 万美元，兴建 3.5 万吨级集装箱专用泊位和 2 万吨级多用途泊位。

11 月 12 日 以芬兰外交部新闻文化司副司长约尼·利里雅为团长的芬兰新闻代表团一行 7 人到深圳访问。

11 月中旬 招商局常务副董事长、蛇口工业区管委会主任袁庚作为中国代表团副团长到日本参加第二届中日经济讨论会。

11 月 15 日 深圳市委、市政府决定，成立深圳市工业委员会，朱悦宁任主任，曲华、李国富任副主任。

△ 美籍华人陈香梅女士和欧文·考夫曼先生以及美国、瑞典机场发展方面的专家一行 9 人，应邀从香港来深圳访问并洽谈深圳机场筹建事宜。晚上，周溪舞副市长在雅园宾馆会见并宴请陈女士一行。

11 月 16 日 以李灏市长为团长、李广镇副市长为副团长的深圳代表团，应日本深圳协力会、东京银行总行和北海道拓殖银行的邀请赴日本访问。

11 月 17 日 深圳市市长李灏在接受日本《读卖新闻》记者山田道明、原义明采访时指出：深圳的投资环境，比过去任何时候都好，到深圳投资是明智之举。他欢迎美国、西欧，特别是日本企业家更多地来深圳投资设厂。李灏在回答日本记者的提问时谈到了以下几个问题。①深圳经济特区六年来的建设，取得了举世瞩目的成就。在前进的道路上由于经验不足，也出现过这样或那样的困难和问题，但经过近一年来的调整，深圳遇到的一些困难，许多已经解决，有的正逐步解决，更加稳步地向前发展了。不仅可以吸收中小企业投资，而且对大型企业来深圳投资也具备了条件。如果说六年前外商来深圳投资设厂难以办到的话，那么，现在则不是纸上谈兵、空中楼阁了。②中国现在实行全方位开放，国务院最近颁布了《关于鼓励外商投资的规定》。这个规定的绝大部分内容，深圳经济特区已在外商投资企业中实行。今后将根据情况实行更优惠的政策，特别要看到，深圳地理位置非常优越，靠近香港和国际市场，并且实行特殊政策，在这些方面，都优于全国其他地区。所以，深圳对外国投资者是个很理想和具有相当吸引力的地方。同时，深圳又是个"窗口"，是联结内地的地方，有全国的支持，在这个意义上说，同深圳合作，也意味着同全国合作。③前几年，深圳的主要任务是建设良好的投资环境，发展第三产业，并且建立相应的工业，由于地理位置的关系和香港在这些方面具有某种优势，来深圳投资以香港的居多。今后，随着特区的发展，将重点转入工业建设，引进外资和技术，使产品打进国际市场，因此，合作的对象必然有所侧重。今后除了继续加强同香港工商业界的合作外，还将花大力气加强同日本、美国和西欧的经济合作。日本同中国是近邻，我们把同日本的合作摆在优先的地位。如果日本有更多的企业家来深圳投资设厂，使更多的特区产品销往日本，对于解决中日贸易不平衡的问题，发展两国的经济贸易将会大有好处。④有些客商担心来投资外汇汇不出去，这是不必要的忧虑。深圳经济特区实行特殊的外汇管理办法，可以融通资金，调剂外汇，外商来深圳投资所赚得的钱，可用外汇汇出去，外商无须为此而担忧。李灏还指出，前段外界有个议论，认为深圳经济萧条，这个说法不符合实际。由于前些年经济发展过猛，国家实行宏观控制，收紧银根和控制基建规模，深圳的商业活动受到一些影响，但经过了调整，整个经济比以前发展得更加健康，更稳步前进了。今年工业生产取得前所未有的成绩。最近外国大企业家频频来深圳洽谈大型项目就是生动的证明。

11 月 18 日　纺织工业部部长吴文英、副部长何正璋邀请香港著名纺织实业家在深圳银湖宾馆举行研讨会。

11 月 18～22 日　中纪委副书记韩天石在深圳特区检查工作。

11 月 21 日　广东省副省长、深圳市市长李灏前往日本外务省拜会日本外务大臣仓成。仓成大臣首先对由李灏市长率领的深圳访日代表团表示欢迎，他说：深圳特区正致力于引进外资，重点发展出口产业，代表团通过这次访日机会，将会促进日本企业界对深圳的了解。接着李灏市长应仓成大臣之请，简要介绍了深圳特区六年来的建设成就、投资环境和在前进中遇到的一些问题，以及特区作为内外"窗口"所面临的一系列改革的任务。仓成大臣认为：从事一种新的事业总会遇到一些预想不到的困难和问题，这都是不可避免的。他问李灏市长对日本有些什么希望。李灏市长坦率相告，他说：深圳目前已具备比较良好的投资环境，还计划搞一些重大的基础设施，希望能得到日本政府以及企业界、金融界的合作，同时希望日本深圳协力会能多提供智力支持。仓成大臣说：日本深圳协力会的领导成员都是我的好朋友，对他们发展日本与深圳之间的经济技术交流表示支持，并祝愿深圳经济特区得到更大发展。

11月22日 中国少年儿童先锋队深圳市第一次代表大会在体育馆举行，市委常委李海东、团省委副书记佟星等出席会议。

11月23日 国际电信联盟秘书长巴特勒及夫人到深圳访问。

△ 经友好协商，深圳罗湖口岸联检大楼由国家收购。国家拨款偿还香港合和中国发展（深圳）有限公司在建设中所投入的本金、利息和一定比例的合理利润。

△ 由中国银行深圳分行、香港东亚银行、日本住友银行、美国太平洋银行和日本野村证券有限公司五方合资成立的我国第一家跨国性非银行融资企业——中国国际财务有限公司（深圳）正式开业。

11月24～25日 以苏联作协书记、诗人伊尔戈·伊萨耶夫为团长的苏联作家代表团一行5人，在中国作协理事鲁彦周陪同下抵达深圳访问。

11月25日 波兰部长会议副主席兼计委主席曼·戈雷活一行到深圳特区访问。张鸿义副市长会见了客人。

11月26日 经国务院批准，大亚湾核电站码头对外国船舶开放。

△ 南共中央书记奈纳德·布钦率领的南斯拉夫共产党代表团访问深圳特区，秦文俊副书记会见了南共贵宾。

11月28日 深圳市委、市政府做出《关于加强科技工作的决定》，提高对科技工作的认识，加强对科技工作的领导，充分利用特区的优势，加快技术引进和消化吸收。

11月28～30日 全国第四届"力士杯"健美邀请赛在深圳市体育馆闭幕。深圳市选手冷高仑、钱跃莲夺得男子重量级、女子中量级、男女混双3项冠军。

11月29日 广东省第六届人民代表大会常务委员会第二十三次会议通过《深圳经济特区涉外公司破产条例》，定于1987年7月1日起施行。

12月1日 从当日起，东深水库流域被列为全国重点水源保护区，依法进行严格保护。

12月4日 深圳市政府就深圳市代表团访日情况举行新闻发布会，副市长、代表团副团长李广镇回答了记者的提问。

12月5日 经对外经济贸易部批准，给予深圳特区发展公司全国性外贸企业进出口权，即有权自营或接受省内外有关单位的委托，代理进出口业务，同时承担国家下达的外交计划任务。

△ 深圳石材公司生产出第一块名叫"红白花"的天然花岗石巨型饰块。石料产自特区内白芒山，按目前产量计算可供开采30年。

12 月 5 ~ 9 日　全国政协副主席周培源、茅以升在深圳特区考察。

12 月 6 日　由中国作协和深圳市联合举办的"创作之家"在西丽湖麒麟山疗养院举行揭幕仪式。中国作协书记处书记张锲主持了仪式,省顾委梁湘副主任、邹尔康副市长先后讲话。

12 月 7 日　广东省人大常委会正式公布了《深圳经济特区涉外公司破产条例》,本条例共 8 章 59 条,已于 1986 年 11 月 29 日广东省六届人代会常委会第二十三次会议通过,将于 1987 年 7 月 1 日起实行。

12 月 8 日　中国国际财务有限公司在国贸大厦 33 层正式成立,隆重的开业典礼在香蜜湖大酒楼举行,其经营宗旨是"立足深圳、面向全国、联系世界"。李灏市长等领导出席成立仪式。该公司是由中行深圳分行、香港东亚银行、日本住友银行、美国太平洋银行和日本野村证券有限公司 5 方合资成立的我国第一家跨国性非银行融资企业。

△　中行深圳国际信托咨询公司从即日起正式向本市工商企业发行大额人民币可转让定期存款证(第二期),总金额 300 万元,从 10 万元起存,大小不论。发行大额可转让定期存款证,是深圳市银行筹资业务走向票据化的开端。中行深圳国际信托咨询公司此举是对中国银行传统业务方式的挑战,对搞活金融和企业富有积极意义。

12 月 9 ~ 11 日　中共中央政治局委员、国务委员方毅,在广东省副省长黄清渠和国家科委、有色金属工业总公司负责人的陪同下首次视察深圳经济特区。深圳市委、市政府主要领导向他汇报了深圳特区几年来"两个文明"的建设情况。

12 月 10 日　蛇口工业区的正式党员当天用无记名投票的方式,直接选举工业区第二届党委会。这是蛇口工业区在民主建设进程中的又一次大胆尝试。

△　日本精工集团属下业信技术深圳有限公司举行开业典礼,李灏市长会见了精工业信集团中村副社长一行。

12 月 10 ~ 11 日　由苏联斯社社长谢·安·罗谢夫为团长的代表团访问深圳特区,李灏市长会见了苏联贵宾。

12 月 10 ~ 12 日　由意大利共产党中央书记处书记雷克林率领的意共中央访华团一行 5 人访问深圳特区。周溪舞副市长会见了意共同志。

12 月 11 ~ 14 日　安徽省省长王郁昭来深圳特区考察。

12 月 12 日　农牧渔业部部长何康在深圳特区检查工作。

△　深圳市政府发布《深圳市审批利用外资项目暂行办法》,有审批机构、审批权限和程序、预报制度等具体办法。

12 月 16 日　深圳市市长李灏在会见以野村证券株式会社常务董事吉田真幸为团长的日本企业家代表团时说：国务院公布的关于鼓励外商投资的 22 条规定里，有许多规定在深圳特区早已实行。我们还要根据深圳特区情况再具体化，着重在立法、简化手续、取消不必要收费等方面做出努力。

△　深圳市外资服务中心成立。它的业务范围是：研究如何改善特区投资环境，收集、提供国内外有关信息，为外国投资者寻找可能合作的伙伴等。

12 月 16～17 日　瓦努阿图共和国总统索科马努偕夫人、儿女一行来深圳特区进行私人访问。邹尔康副市长会见并宴请了总统一行。

12 月 17 日　晚上，深圳市市长李灏在泮溪酒家设宴，欢迎贝宁人民共和国总统马蒂厄·克雷库一行来深圳参观访问。

12 月 18 日　横跨深圳市区的铁路高架桥（右线）开始铺轨。

△　深圳罗湖宾馆正式开业。

12 月 19 日　深圳市副市长朱悦宁在记者招待会上说：科技人员个人或志同道合的几个人可兴办民间科技企业，以及有关的生产、贸易、咨询服务企业，一经批准，和其他企业一样，享受特区的优惠待遇。

12 月 20 日　深圳市八大文化设施之一——深圳图书馆举行开馆典礼。深圳图书馆是一座综合性公共图书馆，建筑面积 13400 多平方米，设有社会科学、自然科学、中文报刊、外文报刊、外文图书、台港澳资料、视听资料等阅览室、研究室21 个。

12 月 21～26 日　核工业部部长蒋心雄在深圳特区检查工作。

12 月 23 日　广东省人民政府授予 214 项优秀科技成果"科学技术进步奖"，其中，深圳市建筑科学中心的合作项目获二等奖，深圳市规划局的合作项目、深圳市罐头食品公司的研究项目分别获得三等奖。

12 月 24～26 日　国家公安部部长贾春旺在深圳特区检查工作。

12 月 26～29 日　深圳市委、市政府在迎宾馆举行深圳特区发展外向型经济工作纲要研讨会。北京、广州、香港的著名经济学家，有关方面负责人——王光英、郑拓彬、任仲夷、刘田夫、梁灵光、千家驹、季崇威、林宗棠、刘国光、梁湘、袁庚、王琢、古会良、曾牧野、陈伯坚、王纪宽、马志民、谭苇芸、金德琴、陈肇斌等出席了会议。李灏书记、秦文俊副书记分别做了深圳特区六年发展的情况介绍。

12 月 27 日　第三届全国台港及海外华文文学学术讨论会在深圳大学开幕。省顾委梁湘副主任、邹尔康副市长出席了开幕仪式。

△　由深圳彩电总公司和日本株式会社日立制作所合资兴建彩色显像管厂协议

签字仪式在银湖旅游中心举行。深圳市副市长朱悦宁及有关方面负责人参加了签字仪式。

12 月 28 日 李灏市长在市政府贵宾厅会见日本山九株式会社专务董事河野力时说:"深圳这块地方是可以有所作为的。"

12 月 29 日 中国民主促进会广东省深圳市支部成立,李瑞生为支部主任。

△ 深圳市委、市政府同意《深圳市聘请离休、退休专业技术人员的暂行规定》,要求各单位认真贯彻执行,共 6 条。

△ 深圳市政府颁布《深圳经济特区个人收入调节税施行办法》,从明年 1 月 1 日起执行。

12 月 30 日 深圳经济特区总体规划中的重点工程之一——清水河仓库区铁路专用线①暨三十栋活口仓启用。国家经贸部部长郑拓彬专程从北京前来祝贺,并与深圳市市长李灏、广东省顾委副主任梁湘、中国对外贸易开发(集团)有限公司董事长陈洁和深圳市国际信托投资总公司总经理谢强一齐为启动典礼剪彩。

△ 深圳市旅游协会正式成立。协会理事会有理事 13 人,理事会一致选举盛幻明为协会会长,副市长李广镇参加了成立大会。

12 月 31 日 在深圳市委、市政府举行的元旦文艺晚会上,李灏市长宣布,1986 年从铺摊子、打基础转到抓生产、上水平、求效益上取得了显著成就。农业总产值达到 2.2 亿元,比去年增长 17%;工业总产值预计超过 34 亿元,比去年增长 27.3%;出口总产值达 6.7 亿美元,比上年增长 19%;财政收入 7.4 亿元,比上年增长 14.1%;社会零售商品额 26.5 亿元,与上年持平。

---

① 清水河仓库区位于深圳泥岗路北面,离罗湖小区约 7 公里,占地面积为 80 万平方米,是深圳市规模最大的综合性、多功能仓储区。其第一期工程包括 30 栋现代化活口仓、5.9 公里长的铁路专用线、5 公里长的库区公路,以及一系列的配套设施工程,建筑总面积达 7 万平方米。活口仓是专门用来储放活的牲畜、家禽和水产品的鲜活商品仓库,一次最大储放容量可达 15000 头生猪和 1200 头活牛,可供中国在香港市场生猪和活牛两天的销售量,是中国目前最大的现代化活口仓库。这一工程的建成,不仅可以为外贸储运工作提供更好的服务,而且还可将原来分散在文锦渡、蔡屋围一带的活口仓库全部拆除,同时拆除横贯市区内的外运铁路复线,使深南大道畅通。这对于改善深圳市的交通和市容卫生条件,进一步完善投资环境,具有重要的意义。

1987年

1月1日　李灏市长发表新年祝词。

△　深圳市老干部活动中心落成并举行开幕仪式，中顾委委员任仲夷、副主任梁湘、李灏书记共同为中心揭幕剪彩。

△　深圳市公安局开始实行特区暂住户口管理组（员）工作暂行规则，以加强管理，维护治安秩序，保障暂住人员的合法权益。

1月5日　深圳市政府批准，成立深圳市信用银行，它是农村信用社从农业银行分离出来的区域性、股份制金融机构，受深圳特区中央银行领导和监督。

1月5~9日　四川省省长蒋民宽到深圳特区考察。

1月6~11日　中共广东省委书记林若在深圳特区检查工作。

1月8日　中共深圳市委工作会议在市府礼堂举行。这次会议主要是传达贯彻广东省委工作会议精神，结合深圳特区的实际，全面地、实事求是地回顾、分析特区过去几年的工作，肯定成绩，总结经验，找出差距，明确方向，以便把特区工作向前推进一步。

△　深圳广宇工业集团公司在银湖宾馆举行成立典礼。中顾委委员任仲夷、副主任梁湘、航天部副部长程连昌、原航天部部长张钧、副市长朱悦宁出席了典礼。

1月10日　李灏市长主持宴会，欢迎埃塞俄比亚政府代表团访问深圳。

1月12日　经深圳市政府批准，市速递公司成立。这是一家经营特快专递邮件业务的企业。

1月12~14日　在芬兰共产党主席阿尔托率领下的芬兰共产党代表团一行到深圳特区访问，秦文俊副书记会见并宴请了芬共代表团一行。

1月13～16日 《大鹏湾港湾建设计划调查的"最终报告书"》评议会在深圳举行。会议之前，交通部钱永昌部长专程来深圳，就评议会和大鹏湾港湾建设的有关问题与市政府负责同志交换了意见。与会的近百名专家经过认真评议，对日本调查团提交给会议评议的报告书做出了充分肯定，同时对建设大鹏湾港湾的必要性和重要性与深圳市政府及日本调查团取得了一致的看法。

1月17日 深圳市第一家民间科技企业大成股份有限公司成立。

1月18日 由深圳团市委组织的"真诚、友爱"活动日在全市展开。10万名团员、青年参加了公益劳动和义务活动。

1月19日 全国政协副主席吕正操在深圳特区视察。

1月20日 海关总署批准成立罗湖海关，隶属九龙海关。

1月22日 深圳市铁路高架桥西线工程竣工。验收合格后正式移交给广深铁路公司经营。

△ 第八届全国十佳运动员评选揭晓典礼在深圳市体育馆举行。当选的运动员有：李宁、阎明、李玲蔚、许海峰、关平、杨锡兰、梁艳、何英强、陈翠婷、高凤莲。周溪舞副市长代表市委、市政府会见了十佳运动员。

△ 深圳市正式开办商业票据承兑和贴现业务。

1月24日 位于深圳市解放西路的深圳中央银行大厦正式破土动工。它是中国人民银行深圳特区分行所在地。

1月27日 凌晨1时，横贯深圳市区中心地段的公路干线——深南大道全线贯通，至此，深南大道连成一线。

1月29日 深圳罗湖口岸10万港胞入境，其中有3万人到深圳旅游。

2月4日 深圳市政府颁布《深圳市人民政府关于鼓励科技人员兴办民间科技企业的暂行规定》。

2月5日 深圳市政府颁布《深圳市临时工社会劳动保险试行办法》，从3月1日起施行。

2月6～10日 历时5天的全国特区工作会议在深圳召开。国务委员谷牧主持会议。深圳、珠海、汕头、厦门4个特区，广东、福建两省和国务院有关部门的负责人参加了会议。海南行政区的负责人也参加了会议。会议提出，1987年特区工作的中心任务是：继续坚持抓生产、上水平、求效益的方针，深化改革，加强管理，在巩固、充实、完善中争取新发展，进一步增强对外资的吸引力和产品外销的竞争力。会议要求特区干部奋力开拓，努力把特区办得更好些。会议认为：改革是特区向前发展的内在动力，特区活不活、特不特，很重要的一个方面是靠自身的改革。

为此会议要求特区以发展外向型经济为中心，以搞活企业、完善特区市场体系、改进行政管理为重点，锐意改革，精心探索，努力走在全国的前头。要认真研究行政管理机构的合理设置和合理分工，按照精简、高效的要求，建立行政管理系统。要逐条落实国务院关于鼓励外商投资的有关规定，为外商投资企业的生产经营提供高效率、高质量的服务，完善特区法制，率先在全国造成吸引外资的良好"小气候"。会议认为：特区企业的管理水平、生产效率、经济效益如何，关系着特区发展的前途。随着投产、开业企业的日益增多，加强科学管理已成为当务之急。会议要求所有企业都要抓健全规章制度，抓质量监督检验，抓经济核算，抓降低成本，抓加速资金周转，抓文明生产，以最少的投入取得最佳的经济效益。为此，要大力培训人才，提高干部和职工的素质。特区在生产建设和各项工作中，要厉行增产节约、增收节支，艰苦创业，勤俭办一切事业。坚决摒弃讲排场、比豪华、挥霍浪费的现象。会议要求特区进一步搞好外引内联，发展外向型经济，大力提高出口创汇能力。要瞄准国际市场，以精、小、轻、新为主，重点扶植一批出口创汇的骨干企业，创造一批长期稳定适销的拳头产品。还应采用依托内地，扩大加工增值出口；将内地名优产品，引到特区生产出口；联合内地科技力量，开发新产品；组织专业化生产协作等多种方式，使更多工业品进入国际市场。特区的农业要着力发展高档优质的鲜活商品，改进加工、保鲜、储运技术，为外销提供充足的货源。会议要求特区继续严格控制基本建设规模。基础设施建设，要集中力量搞好已开发区域内的完善配套，一律不开发新区。项目建设要首先安排外向型的生产性项目，重点确保收效快的项目和可以对特区经济起骨干作用的项目。近期不再上高档宾馆、高层商业楼宇等非生产性项目。会议强调指出：处在对外开放第一线的经济特区，必须坚持四项基本原则，反对资产阶级自由化，大力加强社会主义精神文明建设。特区的干部，必须有特别高的党性，特别严的纪律，特别好的作风，特别高的工作效率，为办好经济特区，推进社会主义现代化建设奋力开拓。

2月7日 全国政协副主席王光英在深圳特区视察。

△ 光明华侨畜牧场职业培训中心大楼举行落成典礼。黄清渠副省长等来宾参加了仪式。

2月9日 波兰商业服务部代表团一行到深圳参观访问。

△ 国务委员谷牧在深圳会见了霍英东、安子介、倪少杰、唐翔千、胡应湘、李国宝、于元平等香港知名人士。

2月11日~16日 中共中央政治局委员习仲勋视察深圳经济特区。他勉励大家坚持四项基本原则，坚持改革、开放、搞活的方针，认真加强党的思想建设，不断总结经验，勇于开拓，把经济特区办得更好。习仲勋强调指出，在反对资产阶级自由化的斗争中，一定要旗帜鲜明，立场坚定。要严格执行中央规定的政策界限，坚决按照赵紫阳同志在春节团拜会上的讲话精神去做。要十分珍惜安定团结的政治局面，没有安定团结，就没有一切。我们总的方针是：坚持四项基本原则，坚持改革、开放、搞活。只有这样，特区的各项工作才能做得更好。在谈到党的建设时，他指出：在改革、开放、搞活中，一定要加强和改善党的领导，加强思想政治工作。特区的各级党组织，要注意加强自身建设。每个党员干部都要站在党的立场上，要过好党性关，正确对待名、权、位。要努力做到有"特别高的觉悟，特别好的风气，特别严的纪律，特别高的工作效率"。

2 月 12 日 电子工业部在深圳召开京、津、沪、粤、闽等 11 省区市电子工业大型座谈会，探讨沿海地区电子工业发展战略，重点讨论了创造适宜外商投资的"小气候"的具体措施。电子工业部部长李铁映、广东省副省长匡吉、市长李灏等参加了座谈会。

2 月 15 日 《人民日报》在第 2 版头条位置，以《深圳市长谈"压缩空气"》为题，刊登了记者对深圳市市长李灏、副市长李传芳等同志的专访。他们畅谈了一年来深圳市给过热的基本建设降温的情况。《人民日报》还为此配发了短评《深圳的启示》。

2 月 15 ~ 18 日 全国人大常委会副委员长班禅额尔德尼·确吉坚赞视察深圳经济特区。

2 月 18 日 深圳南方纺织有限公司举行开业典礼。

2 月 20 日 深圳市成立初期的商业中心地带——和平路至嘉宾路东侧，今天开始拆迁，有飞鹏商场等几十家商店、饭店全部被拆迁。

2 月 20 ~ 22 日 加蓬共和国总统哈吉·奥马尔·邦戈一行在我国卫生部部长崔月犁陪同下到深圳参观访问。李灏市长会见并宴请了邦戈总统一行。

2 月 22 日 深圳九龙海关技术处副处长、永动机工程师徐满昌经国家科委批准为国家级有突出贡献专家，他是深圳获得这一荣誉的第一人。

2 月 23 日 罗马尼亚电器工业部部长亚历山德鲁·尼左拉一行访问深圳特区。

2 月 23 ~ 25 日 国家经委主任吕东在深圳特区检查工作。

2 月 23 ~ 26 日 巴基斯坦驻华大使阿克拉姆·扎基一行到深圳特区参观访问，张鸿义副市长会见了大使一行。

2 月 25 日 浙江省省长薛家驹到深圳特区考察。

2 月 28 日 密克多尼亚联邦总统托西澳·纳卡亚马一行访问深圳特区，张鸿义副市长会见并宴请了客人。

3月1日 根据广东省委、省政府的部署，宝安县撤区建镇工作已经完成，成立了18个镇人民政府。

△ 深圳市委决定，即日起对全市区、县、局以上领导干部进行群众性民主评议。

3月1~3日 日本深圳协力会名誉会长大来佐武郎、会长崎勇、代理会长下河边淳一行到深圳出席日本深圳协力会第二届会议。

3月3日 深圳市政府颁布《深圳经济特区国营企业股份化试点登记注册暂行办法》并开始实施。

3月3~8日 国际食品工业技术展览会在深圳展览中心开幕。美国、日本、意大利等10多个国家和地区展出了几十种具有先进水平的食品加工、包装等设备。

3月4日 国务委员王丙乾在深圳特区视察。

3月6日 经国务院批准，深圳东角头码头对外国籍船舶开放。

3月6~8日 深圳市委召开工作会议，传达全国特区工作会议和全国省长会议精神，部署和进一步落实今年的工作任务，开展增产节约、增收节支运动。

3月7日 在中央绿化委员会第六次全体会议上，深圳市被评为全国绿化先进单位。

3月9日 深圳市经济社会委员会成立，它是市政府对全市国民经济和社会发展计划进行决策的审议机构。周溪舞任主任。

△ 中国深圳—联邦德国首次经贸研讨会在国贸大厦举行。李广镇副市长代表市政府到会祝贺。

3月10日 全国政协副主席费孝通、周培源、赵朴初，政协常委钱伟长、程思远、千家驹、郑洞国、贾亦斌、马大猷、刘开渠，全国人大常委曹禺，政协委员吴祖光、沈醉、黄苗子、张权、杨宪益、郁风，中华社会大学校长于陆琳，著名演员新凤霞到深圳参加雅园宾馆开业三周年纪念活动，并参观深圳市容市貌。市领导李灏、秦文俊等向他们介绍了特区发展情况。

3月11日 九龙海关颁布《鼓励外商来深圳特区投资优惠政策的具体办法和措施》，共16条。

3月11~16日 全国小提琴中国作品演奏比赛在深圳特区举行。颁奖大会于16日晚在深圳戏院举行。

3月13日 应李灏市长的邀请，美国休斯敦市市长惠特迈女士一行对深圳进行友好访问。李灏市长在雅园宾馆举行宴会欢迎客人到来。

　△　李灏市长在市政府贵宾厅会见了美国《领袖》杂志社社长兼总编辑亨利·多尔曼一行。

3 月 16 日　国家语言文字工作委员会主任刘导生在深圳特区检查工作。

3 月 18 日　中共中央统战部部长阎明复在深圳特区检查工作。

3 月 19 日　国际税务研讨会在西丽湖度假村举行。李灏市长宴请出席会议的 100 多名中外税务专家。

3 月 20 日　由文化部、中国音协、深圳市文化局、市文联、市普协等单位主办的中国民族乐器展览会在工人文化宫开幕。中国音协主席李焕之、副主席李凌，邹尔康副市长等出席了开幕式。

3 月 21 日　美国驻香港总领事安德林，驻广州总领事班立德一行到深圳特区访问，李灏市长会见了客人一行。

3 月 27 ~ 29 日　上午 9 时 35 分，中国首届特殊奥林匹克运动会在深圳体育馆开幕。

3 月 28 日　参加深圳首届高等教育自学考试的 68 名毕业生，领到了大学专科毕业文凭。李灏、邹尔康等领导为毕业生颁发证书。

3 月 30 日　李灏市长会见了正在深圳讲学的日本野村证券株式会社顾问伊藤正则先生。

3 月 31 日　招商银行在深圳蛇口注册登记，成为改革开放后中国第一家股份制商业银行。

4 月　深圳大学主编了全国第一套行政管理学专业系列教材，该教材共 25 种。

4 月 1 日　深圳革命烈士纪念碑举行揭幕典礼。原东江纵队司令员、中顾委委员曾生，市委书记李灏为纪念碑揭幕。

4 月 3 日　以党主席、议长艾哈迈德为首的摩洛哥全国自由人士联盟代表团访问深圳特区。周溪舞副书记会见了贵宾。

　△　香港政府布政司霍德访问深圳特区，李灏市长在银湖旅游中心会见了霍德。

4 月 5 日　广东省利用外资引进技术成果展览会在北京军事博物馆开幕。国务委员谷牧、省长叶选平为展览会剪彩。

4 月 6 日　深圳市委举办的处级以上领导干部坚持四项基本原则、反对自由化轮训班在市委党校开学。市委书记李灏，副书记秦文俊，市委常委李海东、邹尔康、黄继友等出席了开学典礼。

4 月 7 日　以高教部部长密希凯维兹为团长的波兰教育代表团一行到深圳特区参观访问，邹尔康副市长会见了波兰贵宾。

4月8日 我国第一家由企业集团创办的银行——招商银行在深圳蛇口开业。

4月9日 中国第一家企业创办的股份制商业银行——招商银行举行开业典礼。创办之初，董事长是袁庚，行长是王世祯。

4月10日 深圳国际工程公司成立。

△ 中共湖南省委第一书记毛致用到深圳特区考察。

△ 深圳市政府颁布《深圳市监察局暂行工作条例》，共4章14条。

4月13日 深圳市政府发出《在特区内对燃放烟花爆竹实行管理》的布告。

4月15日 全国政协副主席、全国妇联主席康克清，全国政协副主席程子清分别视察深圳特区。

4月16日 委内瑞拉众议院议长、党的国际关系书记何塞·罗德里格斯率领的委内瑞拉基督教社会党代表团访问深圳特区。秦文俊副书记会见了客人一行。

4月17日 全国政协副主席、全国妇联主席康克清在市老干部活动中心看望深圳市各界妇女代表。下午3时，77岁的康克清来到老干部活动中心，与早已等候在那里的50多名妇女代表一一亲切握手。深圳市妇联负责同志向康克清同志汇报几年来深圳特区妇女工作的情况。当她听到全市已有600多名女厂长、女经理，并涌现了一大批三八红旗手时，十分满意地点头，她希望深圳的妇女发挥自己的聪明才智，为特区的建设贡献力量。

△ 宝安县南安公司生产的"三叶牌"发动机荣获国家质量奖评审委员会颁发的优质产品金质奖。

4月18~22日 国务院沿海开发顾问兼旅游顾问吴庆瑞博士一行在国务院特区办主任何椿霖陪同下访问深圳特区。李灏市长，周溪舞、朱悦宁副市长会见了吴博士一行。

4月20日 应各急需人才单位的要求，深圳市人事局举行第二届人才交流大会。

4月21~22日 深圳市经济社会发展计划委员会①成立并举行首次全体会议。

4月22日 为了更好地向深圳市委、市政府领导及有关部门反映社情民意，充分发挥信访信息的作用，深圳市政府办公厅建立了全市信访信息网，首次信息交流会同时进行。

---

① 深圳市经济社会发展计划委员会是深圳市政府对全市国民经济和社会发展计划进行决策的审议机构，负责研究全市国民经济的发展方向和战略，审议中、长期计划和年度计划，搞好协调和综合平衡，及时总结计划执行中的经验，并就各个时期的经济政策及重大措施提出建议，报市政府批准后付诸实施。

4 月 23 日 经过几年的准备，广州—深圳—珠海高速公路首期工程举行开工典礼。中央统战部副部长李定，水电部副部长姚振炎，国务院特区办公室主任何椿霖，省人大常委会副主任刘俊杰，省顾委副主任梁湘，新华社香港分社秘书长杨奇等出席了典礼。

4 月 25 日 阿拉伯也门共和国副总理穆罕默德·赛义行·阿塔尔一行访问深圳特区，张鸿义副市长会见并宴请了也门客人。

4 月 26 日 全国首届高等院校教学法研讨会在深圳召开。134 所高校代表参加了会议。

4 月 27 日 捷克斯洛伐克社会主义共和国总理劳博米尔·什特劳加尔，在我水电部副部长钱正英陪同下来到深圳特区访问。李灏市长到车站迎接。

△ 深圳市 1986 年度职工立功创先竞赛表彰大会在深圳会堂举行。市委、市政府授予九龙海关技术处副处长、工程师徐满昌等 98 人为立功创先竞赛先进生产（工作）者，市罐头食品公司等 80 个单位为先进集体。

4 月 27 日~5 月 2 日 中共中央政治局委员、国务院副总理田纪云视察深圳特区，并同深圳人民一道欢庆"五一"国际劳动节。在深圳期间，市委、市政府向他汇报了特区建设工作。

4 月 29 日 加拿大参议院议长夏博诺访问深圳特区。李灏市长会见并宴请了客人。

4 月 30 日 在深圳市委、市政府举行的各界人士代表庆祝"五一"国际劳动节座谈会上，来自深圳市各条战线的代表畅谈特区建设的成就，表示要为特区经济的发展做出新的贡献。田纪云副总理兴致勃勃地同出席会议的代表见了面。他说：几年来，深圳特区建设取得了很大成绩。"外引内联"已在特区开花结果，特区的经验不仅辐射到东部沿海地区，而且辐射到西部地区，这是一个很大的收获。它显示出中央关于兴办特区的决策和采取的政策的正确性，显示出兴办特区的重大意义。李灏市长、周溪舞副市长分别在座谈会上讲话，座谈会由市委副书记秦文俊主持。李灏在讲话中谈到当前形势时说：国务院最近讨论特区工作会议文件时，对特区工作给予了充分的肯定。

5 月 1~3 日 中共中央政治局委员、全国人大常委会委员长彭真在广东省委书记林若、省人大常委会主任罗天、省委常委宋志英以及市长李灏的陪同下，到深圳经济特区视察工作。在考察时，彭真委员长指出：兴办特区几年的实践证明，特区的建设是成功的，我很高兴。特区有强大的后盾，只要坚持四项基本原则，坚持改革、开放、搞活，按照唯物辩证法办事，大力发展社会生产力，抓好外向型经济，特区一定会越办越好。他还登上了 53 层高的国贸中心大厦俯瞰深圳市容市貌。

5月4日 深圳市政府颁布《关于行政纪委自律的暂行规定》，共 7 章 17 条。

5月6日 深圳市委书记、市长李灏主持召开横向经济联合座谈会，副书记秦文俊、周溪舞以及各有关部门负责人出席。

△ 由中国深港双方共同投资建设的大型过境桥梁——深圳河大桥，深方承建的部分主桥正式合龙。这座桥全长 640 米，已合龙的主桥高 14 米，长 85 米，宽 12.33 米。

5月8日 深圳啤酒厂啤酒项目技术设备引进签字仪式在雅园宾馆举行。深圳啤酒厂是当时深圳市引进规模最大的轻工企业项目。深圳市市长李灏、副市长朱悦宁出席了签字仪式。深圳啤酒有限公司董事长原火、华润机械设备有限公司副总经理缪觉民、库丁贺食品工程公司总裁桂艾柏代表投资各方在协议上签字。深圳啤酒厂由香港华润集团、中国食品技术开发总公司、中国电子厨具总公司、深圳进出口贸易（集团）公司、联邦德国库丁贺食品工程公司合资兴办，总投资 3000 万美元，第一期工程完工后可年产 5 万吨欧洲型淡色啤酒。设备及生产技术将全部从联邦德国引进，这是目前国内自动化程度最高、采取整体引进的啤酒生产厂。根据协议，该厂于 1988 年年底建成投产。

△ 日本爱知县一宫市狮子会会长柴田一雄与张鸿义副市长在荔枝公园共同为"中日友谊园"揭幕。坐落在荔枝公园中心，占地 1200 平方米的中日友谊园，是一宫市狮子会于 1986 年成立 30 周年之际，赠款 300 万日元资助深圳市进行植树绿化的。

△ 深圳市石油化工行业协会正式宣告成立，石油化工行业已被列为深圳六大骨干行业之一。

△ 蛇口工业区有限公司首届董事会民主选举揭晓，熊秉权、王今贵、赵勇、陈金星、周为民、车国保、彭顺生当选为首届董事会董事。

△ 广东核电合营有限公司总经理昝云龙在记者招待会上，就国际舆论关心的核电站建设问题回答了记者的提问。

5月8～9日 墨西哥渔业部部长德西·奥赫达保利亚达一行访问深圳特区，李广镇副市长会见了客人。

5月9日 深圳市监察局宣布成立，这是中国地方政府首家成立的行政监察机构，深圳市委常委李海东任局长。

△ 蛇口工业区改组为招商局蛇口工业区有限公司，实行董事会领导下的总经理负责制，乔胜利任总经理。

　　△　深圳市委宣传部举行系列报告会的首场报告，由市委常委黄继友同志做了题为《坚持社会主义道路》的报告。

　　△　我国第一家合成云母生产厂在深圳市水贝化工工业区破土动工，该厂由中国残疾人福利基金会康华实业公司集资兴建。

　　5 月 10 日　深圳市第一家对外承包工程的联合企业——深圳国际工程有限公司成立。

　　△　经中国人民银行深圳特区分行批准，深圳市 21 个信用银行股票正式向社会发行。首期发行普通股票 165 万股，总额为 3300 万元人民币，每股面额为 20 元。1988 年，深圳市信用银行更名为"深圳发展银行"。

　　5 月 13 日　深圳市委、市政府在深圳会堂召开"双增双节"经验交流会，由李灏书记主持。广深铁路公司、市罐头食品公司、市工商局等单位在会上介绍了它们开展"双增双节"的经验。

　　5 月 14 日　由法塔赫中央委员阿布·伊亚德率领的巴勒斯坦解放组织正式代表团一行，从珠海抵达蛇口，开始对深圳特区参观访问，深圳市副市长张鸿义在银湖旅游中心会见并设晚宴招待巴勒斯坦客人。

　　5 月 16 日　世界闻名的荷兰飞利浦公司和深圳先科激光电视总公司在深圳签署一项合同：双方共投资 8000 万荷兰盾（约 4000 万美元）在深圳合资经营深圳深飞激光化学系统有限公司，股份各占一半。

　　△　由波兰外贸部部长安德烈·活依齐克为团长的波兰政府代表团一行 13 人到深圳参观访问，李灏市长在泮溪酒家会见并宴请了波兰贵宾。

　　5 月 17 日　以毛里求斯经济计划发展部部长德瓦克纳特·根加为团长的政府代表团一行到深圳特区参观访问。朱悦宁副市长会见了客人。

　　5 月 18 日　中国第一座钢结构大型建筑、全国当时最高楼宇——深圳发展中心大厦封顶。大厦高 165.3 米，地上 43 层，建筑面积 73889 平方米，总投资 8.66 亿港元。

　　△　深圳市食品公司第一家租赁企业——福临门海鲜酒家正式开业。

　　5 月 20 日　深圳市宝安县西部暴发百年未遇的特大洪灾。福永、沙井、公明、松岗、石岩五镇骤降暴雨，山洪暴发，被洪水淹没的公路路段共 20 余处，总长 15.1 公里，被冲毁的路基 3000 多立方米，先后有 5 条公路的交通中断。

　　△　中、美、泰三方合资的广东浮法玻璃厂举行点火仪式。交通部部长钱永昌，深圳市市长李灏，铁道部顾问陈璞如，招商局副董事长袁庚等出席点火仪式。浮法玻璃厂位于蛇口工业区一湾，占地面积 12 万平方米，建筑面积 5 万平方米，总投资

近 1 亿美元。

5 月 21 日　匈牙利布达佩斯《新闻晚报》总编辑保伊兹·加博尔在《北京日报》副总编辑刘虎山陪同下抵达深圳特区参观访问，《深圳特区报》社长罗妙会见并宴请了客人一行。

5 月 22 日　由市政府工业办、日本拓殖银行深圳分行、深圳工业发展基金会联合举办的深圳外向型经济研讨会今天开幕，深圳市领导李灏、朱悦宁及深圳市金融、工业、文教界人士 340 多人出席了开幕式。

5 月 22 ~ 30 日　深圳市委书记、市长李灏两次主持召开科技工作座谈会。研究如何把科技、生产、市场三者统一起来，把科技成果尽快转化成生产力的问题。

5 月 23 日　深日油墨有限公司举行开业典礼。李灏市长，周溪舞、朱悦宁副市长出席了典礼。

5 月 24 日　中央顾问委员会主席邓小平同志在北京会见了朝鲜人民民主主义共和国主席金日成将军。会见时，邓小平同志对金日成说："金主席去过深圳没有？下次有机会可以去旅行。最近深圳技术比较高的产品可以打入国际市场。开放政策的成功就要看这一条，这是真正的成功。深圳只用六七年时间，从一个小城镇变为一个现代化城市，经验是很宝贵的。"

　　△　经国家旅游局批准，深圳国际旅行社成立，深圳市旅游酒店管理公司同时开业，深圳市副市长周溪舞到会祝贺。它的主要业务是接待外国人来深圳旅游及办理外国人、华侨入境签证和组织他们赴全国各地旅游等业务。

　　△　以匈牙利国务秘书、青体局局长截克·卡伯尔为团长的匈牙利体育代表团一行 4 人抵达深圳特区访问，深圳市委常委、副市长邹尔康会见并宴请了代表团全体成员。

5 月 24 ~ 25 日　交通部部长钱永昌在深圳特区检查工作。

5 月 25 日　捷克斯洛伐克社会主义共和国计委副主席弗拉迪米尔·扬扎率领的代表团到特区参观访问。李灏市长会见了代表团全体成员。

　　△　国际实验仪器及设备展览会在深圳开幕。朱悦宁副市长为开幕式剪彩。来自美国、英国、法国、日本、瑞士、联邦德国以及中国香港地区的 13 个厂商参会，展览会展出的大部分是国内用户准备引进的 20 世纪 80 年代的先进产品。

5 月 27 日　尼泊尔首相基尔提·尼迪·比斯塔和夫人到深圳特区参观访问。李灏市长会见并宴请了尼泊尔客人。

　　△　深圳市政府主办的经济发展交流会在市信息中心举行。美国国际人民交流协会代表团 51 名经济专家、学者与深圳有关部门负责人进行了学术交流。

5 月 28～30 日　全国台风联防会议在深圳气象台举行。北京、上海、辽宁、山东、福建等 18 个省区市的 50 名气象专家出席。

5 月 29 日　芬兰中央银行行长库伯格一行到深圳特区参观访问。朱悦宁副市长会见了客人。

6 月 1 日　人事部部长赵东宛在深圳特区检查工作。

△　深圳市副市长邹尔康为即将赴新加坡进行访问演出的深圳粤剧团演出人员送行。

6 月 2 日　世界第三大商业银行——日本富士银行深圳分行开业，盛大的开业酒会在香蜜湖大酒楼举行，日本富士银行行长荒木义郎，日本驻广州总领事连见义博，深圳市市长李灏、副市长朱悦宁，深圳市中国人民银行副行长梁清瑞等中外来宾 500 多人出席了开业酒会。

△　深圳装饰艺术家协会在《现代装饰》杂志社举行成立大会。

6 月 3 日　深圳粤剧团一行 55 人启程赴新加坡进行访问演出。

△　中国共产党深圳市宝安县第五次代表大会在新安镇召开，来自全县各条战线的 239 名代表、11 名列席代表出席了会议。

6 月 3～4 日　以部长劳考托什·埃尔诺为团长的匈牙利社会主义工人党中央宣传部代表团到深圳特区参观访问。邹尔康副市长会见了客人。

6 月 4 日　科特迪瓦民主党政治局委员、国务部长阿利亚率领的科民主党高级代表团一行访问深圳特区，深圳市副市长周溪舞在银湖旅游中心会见并宴请了客人一行。

6 月 5 日　经中国人民银行同意，深圳市信用银行开始对外试营业。

△　由东北信息协会主持召开的东北经济信息发布会在深圳市南园宾馆举行，来自东北三省和内蒙古的 50 多家企业和经济部门的代表将与深圳、香港等地有关人员展开洽谈活动。这是东北三省和内蒙古地区在深圳首次举行信息发布会。

△　"全国环境优美工厂"评选活动业已揭晓，深圳市水质净化厂、三联磁带有限公司榜上有名。

△　"系统生态学"的创始人、美国麻省理工学院教授 J. W. 福利斯特来深圳访问，并在深圳大学做学术演讲。

6 月 5～6 日　由香港震雄机器厂有限公司董事蒋丽芸女士率领的香港工业总会深圳工业考察团一行 83 人在深圳进行考察参观。

6 月 6 日　以斯里兰卡教育、旅游业、青年事务部部长拉维克拉巴辛哈为团长的教育代表团到深圳特区访问。邹尔康副市长会见了客人。

△　深圳市委在深圳会堂举行坚持四项基本原则教育学习报告会，市委常委虞德海做题为《坚持中国共产党的领导》的辅导报告。

6月7日　煤炭工业部部长于洪恩在深圳特区检查工作。

6月8日　李灏市长在市政府贵宾厅会见了日本第一建筑服务株式会社社长丸桥博行一行。丸桥先生是专程来深圳主持该株式会社深圳分社开业典礼的。

△　包深稀土公司在罗湖区莲塘工业开发区举行奠基典礼。包深稀土公司由包钢、中冶深圳工贸中心、深圳盛华公司、京鹏公司合资组建，投资1300万元。

6月9日　匈牙利国家银行副行长R·帕尔科维兹博士一行3人从广州来深参观访问，副市长张鸿义在泮溪酒家宴请了客人，并向客人介绍了深圳特区的发展情况。

△　中国共产党深圳市宝安县第七届人民代表大会第一次会议在新安镇开幕，来自全县各条战线的228名代表出席，深圳市人大筹备组副组长吴小兰参加了会议并讲了话。

6月10日　深圳市政府颁布《深圳市科学技术进步奖暂行办法》，共13条。

△　我国第一家对楼宇实行系统化管理的新型企业——日本第建集团深圳分公司举行开业典礼。李灏市长、日本驻广州总领事连见义博等领导和嘉宾出席仪式。

△　南斯拉夫共产党中央主席团委员斯特凡·科罗舍茨在中联部部长朱良陪同下到深圳特区访问。李灏书记会见并宴请了客人一行。

△　由中国国际贸易促进委员会深圳分会和联邦德国举行的第二次经济贸易洽谈会在香港游艇俱乐部会议厅举行，深圳市政府副秘书长、贸促会深圳分会副会长范琳等出席了洽谈会并讲话。

6月11日　深圳市建筑科学中心刘有德、深圳市罐头食品公司林松青，经国家科委批准，获国家级有突出贡献专家称号。省政府决定给两人晋升两级鼓励性工资。

△　深圳市举办工业产品外销恳谈会，深圳25家具有生产出口产品能力的企业代表聚集在上海宾馆参加此次会议，深圳市副市长朱悦宁、市政府高级顾问李慧同志出席了恳谈会。

6月11~18日　广东省经济特区、开放城市经济贸易展览会在新加坡展出。深圳市经贸代表团还分别在新加坡凯悦酒店、文华酒店举行了两次经济贸易研讨会，向120多位新加坡工商界人士介绍深圳发展现状、投资环境和优惠政策等。

6月12日　中央顾问委员会主任邓小平会见南斯拉夫共产党中央主席委员斯特凡·科罗舍茨一行时谈到经济特区时说：经过将近7年的实践，现在看来，我们关于建立经济特区的决定不仅是正确的，而且证明是成功的。

△　深圳市人民政府工业委员会正式聘请日本国株式会社东京银行为深圳财务

顾问,李灏市长出席了聘请协议书签字仪式。朱悦宁副市长和东京银行副行长田中正太郎代表双方在协议书上签字。

6月13日 哥伦比亚议院代表团一行访问深圳特区,张鸿义副市长会见了贵宾。

△ "深圳摄影作品回顾展"在中国美术馆展出。全国政协常委童小鹏,中国摄影协会主席石少华、副主席吴印咸等出席开幕式并观看了展览。

△ 日本丰田汽车公司专务董事丰田达郎一行9人来深圳探讨经济技术合作的可能性,副市长周溪舞在市府大楼会见了日本客人。

6月14日 广西壮族自治区主席韦纯束到深圳特区考察并为深圳与广西横向经济联合企业桂兴贸易公司开业剪彩。李灏市长、秦文俊副书记等出席开业典礼。

6月15日 深圳工商银行正式开办个人储蓄旅行支票新业务,支票面额分100元、500元、1000元三种。

6月15~22日 国务委员张劲夫在深圳经济特区考察工作,在深圳期间,张劲夫同志听取了深圳市委、市政府负责同志的工作汇报,并到蛇口工业区等地参观。

6月16日 新华社报道,外向型经济的开拓发展进一步加快了"深圳速度"。经过六年多的建设,深圳已初步形成建设资金以吸引外资为主,特区产品以外销为主,经济活动以市场调节为主的经济模式,外向型工业得到迅速发展。

△ 民主德国电视委员会代表团一行2人从广州抵达深圳特区参观访问,副市长邹尔康在银湖旅游中心会见并宴请了客人一行。

6月16~23日 国务委员张劲夫到深圳特区视察。市委书记李灏,副书记秦文俊、周溪舞向他汇报了特区工作。

△ 航天工业部部长李绪鄂在深圳特区检查工作。

6月17日 广东省第六届人大常委会第二十七次会议决定,宣布宝安县第七届人民代表大会第一次会议选举县长时违反《地方组织法》,选举结果无效。

6月18日 深圳国际工程有限公司在国贸大厦举行开业典礼,中外来宾400多人出席了典礼,副市长李传芳到会祝贺并讲话。

6月20日 深圳发生震惊全国的"六二〇"事件①。

△ 国务委员兼外长吴学谦结束访问回国返京途中抵达香港,晚上到深圳。李

---

① 内地谣传英国女王生日将大赦三天,特许非法入境者为香港永久居民,广东及其邻近的海南、广西、湖南等省份,特别是粤东的潮汕、惠阳、惠东和粤西的阳江、台山等地区群众轻信谣言,从5月初开始有不明真相的群众涌向深圳特区管理线外围,到6月20日达到高峰,整个特区管理线外约有40万人,仅沙湾一带就有5万多人,企图翻越铁丝网,进入特区,外流香港。

灏书记，秦文俊副书记，周溪舞、张鸿义副市长汇报了深圳市工作情况。

△ 中国共产党宝安县第七届人民代表大会第一次全体会议继续举行，会议学习了广东省委的文件并对县长一职重新选举，最终以全体代表过半数的选票决定，廖运桃当选为县长。

6月22日 深圳市委召开思想政治工作会议，分两个阶段进行。第一阶段，市委提出《坚持党的十一届三中全会以来路线，加强和改善思想政治工作》征求稿，交与会代表议论、修改。第二阶段，根据大家意见，形成《中共深圳市委思想政治工作会议纪要》。

△ 深圳市政府决定，在全市范围内实行科学技术进步奖。

6月25日 深圳数控设备厂研制的数控电火花线切割机获国家机械工业委员会金质奖。

6月25~27日 以喀麦隆满打滨海省省长吕克·洛埃为团长的喀麦隆省长代表团一行访问深圳特区，张鸿义副市长会见了洛埃省长一行。

6月25~30日 全国建筑联合会组织一个由15省区市和中央10个部的建筑专家组成的参观团一行50人到深圳特区考察建设工程质量。

6月27日 深圳市政府成立了颁发居民身份证领导小组，闻贵清常委任组长，负责领导全市颁发居民身份证工作。

△ 深圳石油化学工业公司与英国注册的K.T国际集团公司就合作兴建的大型石油化工联合企业达成协议，双方代表在银湖旅游中心签订协议书。朱悦宁副市长出席了签字仪式。

6月29日 深圳市委在深圳迎宾馆召开各民主党派人士座谈会，通报了特区建设情况，并征求民主党派人士对市委、市政府工作的意见。座谈会由市委常委李海东主持，副市长朱悦宁、邹尔康先后发言，介绍了深圳特区上半年工业生产、出口创汇、财政收入和思想政治工作情况以及下半年工作的设想。

△ 中共中央顾问委员会主任邓小平在会见美国前总统吉米·卡特时说，中国不但要继续实行改革开放的政策，而且还要搞得更勇敢一些。

6月30日~7月2日 泰国副总理蓬·沙拉信偕夫人一行访问深圳特区，李广镇副市长会见并宴请了泰国贵宾。

7月1日 由深圳经济特区招商局蛇口工业区创办的《蛇口通讯报》交邮局全国统一发行。

7月1~3日 香港总督特别顾问钟逸杰爵士到深圳特区参观访问。李灏市长会见并宴请了钟逸杰爵士一行。

7 月 13 日 由湖南省省长熊清泉率领的湖南省经济协作代表团到深圳特区考察，并与深圳市委负责人李灏、秦文俊、周溪舞等进行会谈。

7 月 15 日 以贝宁人民革命党中央委员，贝宁人民共和国文化、青年、体育部部长乌斯曼·巴托科为团长的贝宁政府文化代表团一行对深圳特区进行友好访问，邹尔康副市长会见了客人一行。

△ 日本皇冠株式会社与深圳美芝电器公司合资在车公庙地区开发 20 万平方米的电子生产基地动工兴建，总投资 5000 万美元。

7 月 18 日 深圳市教育委员会成立。教委会主任由市委常委、副市长邹尔康兼任，副主任是杨金标、袁挥、廖槎武。

△ 深圳职工旅行社①正式成立。

7 月 20～23 日 以联邦德国西门子公司执行总裁格罗博率领的代表团到深圳特区访问。李灏市长、朱悦宁副市长会见了客人。

7 月 21 日 深圳速递公司与香港速递有限公司在竹园宾馆举行特快专递业务合作仪式。朱悦宁副市长出席仪式并讲话。

7 月 22 日 深圳市投资管理公司②正式成立。深圳市委和市政府负责同志李灏、秦文俊、周溪舞、张鸿义，著名经济学家王琢教授以及市财政、税务等部门和有关企业的代表共 400 多人应邀出席开业典礼。李灏指出：现在全国的投资体制也在酝酿改革。深圳成立投资管理公司是先走了一步，这是个新生事物，深圳市各有关部门，应该积极配合和支持投资管理公司开展工作。他希望市投资管理公司要以学习和探索的精神，细心体察实际情况，热心为企业服务。

7 月 24 日 深圳市副市长邹尔康在雅园宾馆会见了美国报刊主编代表团，并回答了客人提出的特区建设的问题。

7 月 25 日 深圳医药工业村动工兴建。占地 3 万平方米，投资 6000 万元的中药总厂、药用油厂、一次性医药用品厂、天然保健食品厂 4 栋工业厂房坐落在八卦岭工业区内。投产后工业年总产值达 1.8 亿元。

△ 李灏市长在迎宾馆接受宋庆龄基金会副主席沙洪颁发的宋庆龄基金会理事聘书。

---

① 该社是由深圳市总工会举办、经中国职工旅行总社及省旅行游览事业管理局批准的二类旅行社，旨在扩大深圳经济特区职工同港、澳、台同胞及华侨、外籍华人等职工群众之间友好往来，增进相互了解和友谊，丰富国内职工群众的业余生活，促进职工旅游事业的发展。

② 该公司是在市政府直接领导下负责管理企业市属国有资产的专门机构，是市属国有的控股公司，具有法人资格。它的成立标志着深圳市在深化城市经济管理体制改革的道路上又迈出了重要的一步。

7月27日 深圳市政府大楼前的"孺子牛"青铜雕塑荣获全国首届城市雕塑最佳奖。它是广州美院潘鹤教授1984年创作的。

△ 广东国际信托投资公司参股深圳科技工业园开发高技术产业。这次是借鉴国外科技与金融，产业资本与金融资本结合的经验，实行科技、工业、金融三位一体的试验，在我国尚属首次。副省长黄清渠、省顾委副主任梁湘等领导出席了签字仪式。

7月28日 新华社播发《人民日报》记者报道，深圳经济全面高涨，呈现良好发展势头。市区宾馆住房率从去年30%上升到今年70%。到6月底，实际利用外资1.55亿美元，协议总投资为6.37亿港元；上半年总产值达24亿元，出口工业产值达11.65亿元。

△ 我国最早的民间科技企业北京四通集团公司深圳分公司成立。朱悦宁副市长出席成立大会表示祝贺。

7月30日 在由《特区经济》杂志社召开的"深圳经济特区土地管理制度改革理论研讨会"上，与会者一致认为：土地管理制度的改革，是特区经济发展的必然要求，它为特区经济体制改革注入了新的内容，也将对全国的经济体制改革产生积极影响。与会者认真地回顾和总结了特区创办以来，在土地管理方面的经验和存在的问题。大家一致认为：特区在开创阶段，为了创造良好的投资环境，提高经济效益，在城市开发上采取"规划一片，开发建设一片，收效获益一片"，在土地管理上采取行政划拨、分片开发、收取土地使用费的办法。几年的实践证明，这种管理体制，开创了中国有偿使用土地的先例，对于城市节约用地，加快开发建设，促进经济的飞速发展，创造良好的投资环境，提高城市综合经济效益都起到了积极的作用，并收到了较为明显的效果。但随着特区经济的发展，这种管理体制的许多弊病也逐渐暴露出来，如土地的权属混乱，管理工作薄弱，单轨制的行政划拨办法扯皮多，不利于发挥土地的最大经济效益，土地开发缺乏统一管理，多头开发，分散经营，不利于形成良好的投资环境，等等。对于这些问题，如不及时解决，就不利于城市建设管理的深化提高以及城市建设资金的良性循环，也不利于形成一个良好的投资环境。所以改革势在必行。

7月31日 深圳市军民在深圳会堂集会庆祝中国人民解放军建军60周年。市委书记、市长李灏，深圳警备区司令员庄根南，深圳武警指挥所指挥长王功坚，市劳动模范陈小玲在庆祝大会上先后讲话。

8月 深圳大学研制成功《全唐诗》自动检索系统，这是我国第一个唐诗自动检索系统。

8月1日 深圳市市长李灏在银湖旅游中心宴请香港总督特别顾问钟逸杰爵士一行时说：深圳和香港是两个相毗邻的地区，也是合作伙伴，我们希望两地密切合作，共同发展，共同繁荣。香港是重要的国际贸易、金融和航运中心，深圳是一个新兴的城市，两地在许多方面各有优势。只要双方根据互利互惠的原则，充分发挥两地之间各自的优势，取长补短，互相尊重和支持，共同对付国际市场激烈的竞争，必将有助于香港和深圳特区的繁荣，也有助于加强香港与中国内地的联系。

△ 深圳市区至蛇口公共汽车线路正式通车。

8月5日 深圳市委思想政治工作会议结束。会议提出：特区的思想政治工作，今后应该把培养和发扬"特区精神"，当作一项重要的内容来抓，使之成为全市人民共同遵循的行动准则。

8月6日 "深圳市大直径冲孔灌注桩试验研究""深圳特区道路交通规则""深圳国际贸易中心设计"三个项目获国家级科学技术进步奖。

8月7日 广东大亚湾核电站主体工程举行开工典礼。国务院总理李鹏发来贺电，核工业部部长蒋心雄、广东省省长叶选平、国务院核电办主任周平、深圳市市长李灏为核电站奠基揭幕。

8月8日 蛇口工业区突然发生重大停电事故，长达2小时40分钟。事故主要是由于设备本身质量欠佳，被电流击穿，形成强大的对地电弧而引起断路器粉碎性爆炸所致。2小时40分后，故障排除，供电全部恢复。供电公司总经理丁传作引咎辞职。《蛇口通讯报》在报道这一事件时认为，他的请辞是对现行干部制度和领导观念的一次冲击。舆论说：官僚主义和不负责任造成人民多少失误和损失，包括大兴安岭一场大火，可曾听说过有哪一个人引咎辞职？丁传作没有虚晃一枪，继续做"官"，而是勇于承担责任，从这一点来说，是难能可贵的。

△ 深圳市政府发出通告：为稳定市场物价，刹住哄抬物价、掺假、缺斤短两的歪风，安定人民生活，保证特区经济建设顺利进行，从10日起，对猪肉、鸡蛋、蔬菜、白糖等主要副食品实行最高限价销售的临时措施，违者将予以惩处。

8月10日 美籍华人、美国休斯敦宇航中心能源策划处处长缪大成先生访问深圳特区，李灏市长会见了缪大成先生。

8月11日 深圳火车站东广场附近外贸商店发生火灾并迅速向两侧蔓延，嘉宾商场、上海时装店等损失最重，初步估算损失100万元左右。

8月14日 经贸部部长郑拓彬在深圳特区检查工作。

8月15日 8时5分，深圳铁路高架桥左线架梁工程顺利竣工，比原计划提前了5天。

8月17日 深圳中航企业集团经航空工业部和市政府批准，正式宣布成立。[①]

8月18日 中国海洋直升机专业公司和哈尔滨飞机制造公司签署经营"运－12"飞机合同。航空工业部副部长姜燮生、深圳市李广镇副市长出席了签字仪式。

8月20日 华加铝业有限公司铝型材厂动工兴建。该厂由中国有色金属工业总公司、加拿大铝业有限公司、日本轻金属公司合资经营。总投资2100万美元。

8月22日 深圳市政府批准深圳特区机械工业"七五"规划，到1990年，深圳特区将建成外向型、创汇型的机电产品出口新基地。机械工业总产值将达8亿元，出口创汇8000万美元。

8月23日 为期8天的首届深圳市劳务交流会结束，参加交流人数达10000多人次，其中应招的待业人员2200多人，应聘技工1300多人。

△ 深圳市委、市政府领导李灏、秦文俊、周溪舞、李广镇到宝安县西部海堤检查水利设施，听取县委、县政府负责人汇报。

8月24日 深圳市经济体制改革经验交流会举行。周溪舞副市长做了题为《加快改革步伐，深化特区改革》的讲话。周溪舞同志分析了去年以来深圳市经济体制改革的形势，并对如何加快特区经济体制改革步伐做了部署。会议形成国营企业体制改革、土地管理制度改革、住房制度改革和社会劳动保险制度改革等新的改革项目等方面的共识。通过现有集团公司、总公司转型组建成控股公司，实行所有者和经营者分离的新体制，将条条隶属的行政管理改为层层控股的经济管理；由市投资管理公司分层次控股，从而理顺企业的利益分配关系。这项改革将在市城建集团公司和市石化总公司先行试点。土地管理制度的改革要求把特区的土地所有权与使用权相分离，全面实行有偿使用，按照商品经济规律组织土地的经营活动，将其纳入商品经济运行轨道，通过竞投、招标或行政划拨的办法，让需要使用土地的单位和个人，取得约定年限的土地使用权。住房制度的改革主要是实现住房商品化。内容是：确定合理的住房标准，适当提高房租，相应增加补贴，鼓励干部职工买房，逐步实现住房商品化。这一方案修改审定后将会尽快出台。实现社会劳动保险制度化、系统化，不仅要完善合同制工、临时工的社会劳动保险制度，而且还要建立新的社会劳动保险制度。

8月25日 第六届国际商品学术会议在日本东京召开。我国首次派代表参加会

[①] 深圳中航企业集团当时共有成员56个，其中中外合资企业26个。5400多名职工中，有500多名是科技人员。该集团的主要任务是组织协调产品开发、配套及工序协作，原材料、原器件供应及开拓市场；开展进出口业务；组织信息收集和交流；承担航空工业部交办的任务以及深圳市政府或政府主管部门委托的行政工作。参加该集团的企业，仍然自主经营、独立核算、自负盈亏，法人地位不变。

议。深圳市工商管理局的洪禹平作为中国的唯一代表，在大会上宣读了题为《纺织品美学质量的定量分析》的学术论文，获得这次会议的最高奖项——特别奖。

8月27日　中央军委常委、总后勤部部长洪学智在广州军区司令员尤太忠、政委张仲先陪同下视察深圳特区。

8月28日　联合国教科文组织总干事姆博先生偕夫人一行在深圳特区参观访问。市教委主任邹尔康副市长会见并宴请了姆博先生一行。

8月29日　深圳市颁布《深圳经济特区外商投资企业劳动管理暂行规定》，旨在维护特区外商投资企业的用人自主权，保障外商投资者和职员、工人的合法权益。该规定指出：外商投资企业可根据需要，自行决定机构设置和人员编制，所需工人，特区内无法解决的，商得市劳动局同意后，可到外地招收、招聘。根据该规定，符合下列情况之一者，外商投资企业可以解除合同，辞退工人：工人经过试用或者培训不合格的；工人患病或非因工负伤、医疗期满后不能从事原工作的；工人严重违反劳动纪律，按照劳动合同规定应予辞退的；企业因生产、技术条件发生变化而出现富余人员的；企业宣告解散的。外商投资企业的工人被除名、开除、劳动教养和被判刑的，劳动合同即自行解除。符合下列情况之一者，外商投资企业不得解除劳动合同、辞退工人：工人患病或非因工负伤，在规定医疗期内的；工人因工伤、职业病经医院证明进行治疗、疗养和医疗终结，经劳动鉴定委员会确认，部分丧失劳动能力的；女工在怀孕期、产假期和哺乳期内的。符合下列情况之一者，工人可以提出辞职，解除劳动合同：经市劳动局确认，企业劳动安全、卫生条件恶劣，严重危害工人安全健康的；企业不按照劳动合同规定支付劳动报酬的；企业不履行劳动合同或者违反有关法律、法规和政策规定，侵害工人合法权益的；工人在企业不能发挥本人专业技术特长的；工人要求升学经企业同意和出国等特殊情况需要解除劳动合同的。

8月31日　国务委员张劲夫在深圳特区主持召开全国劳务出口会议。新华社香港分社主要领导、香港华润集团董事长、光大集团董事长，以及中国银行总行、经贸部、中央财政领导小组办公室、广东省的主要负责人出席了会议。

△　深圳特区电讯事业已向现代化迈进。有 6 个项目居全国领先地位，长途直拨有权用户 8442 户，超过广州、北京、上海，居全国各城市首位。

9月　深圳市工商局正式核准了一家民间科技企业，注册资本为 21000 元，共有员工 14 人，注册人叫任正非，公司名称：深圳华为技术有限公司。1988 年正式营业，业务为"代理进口香港康力公司的 HAX 交换机"。

9月2日　美国西方石油公司远东公司由广州迁至蛇口。

△ 广东浮法玻璃有限公司在南海酒店举行盛大典礼，庆祝玻璃厂建成并正式投入生产。国务委员张劲夫、新华社香港分社主要领导、李灏市长等出席了典礼。

9 月 3 日 市政府颁布《深圳经济特区关于进一步推动对内经济联合的暂行规定》，共 39 条。

9 月 4 日 深圳市委、市政府在深圳会堂召开处级以上干部大会，由市委领导宣布对犯有严重官僚主义错误，给国家造成严重损失的市石化公司常委书记、副经理董瑞，市食品贸易公司副总经理唐学遂的处分决定。

9 月 7 ~ 12 日 "87 深圳星火计划"国际机械技术设备交易会开幕。

9 月 8 日 天津石化公司、南京扬子石化公司、岳阳石化总厂、南油深圳服务总公司与香港东方永新有限公司签约，合资兴建深圳海港石化企业公司，总投资 1400 万元。

9 月 9 日 深圳市委颁布《深圳市党政机关事业单位干部任免暂行规定》、《深圳市实行领导回避制度的暂行规定》、《深圳经济特区干部调配工作暂行规定》、《深圳市机构编制管理暂行规定》和《深圳经济特区聘请顾问暂行规定》5 个暂行规定。

9 月 10 日 香港东亚银行深圳代表处经中国人民银行总行批准升格为分行。东亚银行是香港第四大银行。

9 月 11 日 国家体委主任李梦华、副主任袁伟民和第六届全运会代表团全体代表，在副省长王屏山陪同下到深圳检查深圳赛区的准备工作。邹尔康副市长向代表们汇报了组织筹备工作。

9 月 14 日 日本民主党访华团在民社党委员冢本三郎率领下访问深圳特区。李灏市长会见并宴请了客人。

9 月 14 ~ 19 日 第二届中国深圳技术商品交易会在深圳举办。这届交易会由国家科委中国技术市场管理促进中心和深圳国际科技交流服务总公司联合主办。其宗旨是沟通国内外技术商品信息，联结海内外市场，促进技术贸易的繁荣。本届技术商品交易会是一次以实用技术为主的综合性交易会。选择能迅速转为工业生产并且具有一定竞争力的新技术、新工艺、新设计以及新材料、新产品、新设备参展。

9 月 16 日 中共辽宁省委书记全树仁到深圳特区考察。

9 月 18 日 波兰人民共和国最高检察院总检察长约·热塔率领的波兰最高检察院代表团访问深圳特区。周溪舞副书记会见了波兰贵宾。

9 月 20 日 应深圳市政府的邀请，香港知名爱国人士、长江实业集团董事局主席兼总经理、和黄有限公司董事局主席、香港上海汇丰银行副董事长李嘉诚先生访问深圳特区。省政协主席吴南生，副省长、市长李灏在迎宾馆会见了李嘉诚先生一行。

9 月 23 日 第一批来祖国大陆参观采访的台湾《自立晚报》记者李永得、徐璐在深圳特区参观采访。

△ 深圳画院成立。李灏、秦文俊、周溪舞、邹尔康，全国美协成员、全国知名画家关山月等出席了成立大会。

9 月 25 日 深圳市政府举行新闻发布会，李广镇副市长在会上宣布深圳为接待台湾同胞回大陆探亲访友，在深圳参观访问提供了 6 条方便措施。

△ 国家对外经济贸易部批准阿拉伯联合酋长国奥塔巴集团在深圳独资兴建一座加工原油 300 万吨的深圳国际炼油厂，总投资 3 亿美元。

9 月 30 日 深圳市重点建设工程，铁路高架桥和路网建成举行通车典礼。李灏、周溪舞、李广镇、李传芳等领导出席了仪式。

10 月 1 日 深圳市政府设市长专线电话，接受群众对政府工作进行监督，更好地听取群众对深圳各项工作的建设性意见。

10 月 5 日 首届中国发明产品交易会在刚落成的新工业展览馆新馆开幕。李灏市长、航天工业部副部长鲍克明、中国发明者协会业务部副部长谢克宁，以及周溪舞、朱悦宁副市长为交易会开幕剪彩。

10 月 5 ~ 10 日 我国首届"人工智能应用暨电脑电子技术设备器材交流展览会"在深圳举行。

10 月 6 ~ 9 日 由中国土地学会和深圳特区经济研究中心联合召开的全国城市土地管理体制改革理论研讨会在深圳举行。国家土地管理局局长王先进，李灏市长出席会议并讲话。

10 月 7 ~ 10 日 中国住房问题国际研讨会在深圳特区举行。来自美国、哥伦比亚、马来西亚等国和北京、上海、广州等城市的 30 多位专家在会上宣读了自己的研究成果。

10 月 9 日 全国 10 个样板工程揭晓，深圳体育馆、深圳国际贸易中心大厦榜上有名。

10 月 9 ~ 11 日 东深供水二期扩建工程竣工，经国家水电部、省建委等 25 个单位联合验收，批准正式交付使用。

10 月 10 日 沙头角区委、区政府向市委、市政府呈递《关于在沙头角试办保税出口加工区的报告》和《关于沙头角保税出口加工区的管理办法（草案）》，对出口加工区的创办条件、规划、主要政策做了说明。

10 月 11 ~ 12 日 美国国会经济顾问、美国关岛国际大使、美国礼来制药厂总裁、得利田有限公司名誉董事长余丽云女士访问深圳特区。

10 月 14 日　泰中友协副会长、正大集团总裁谢国民到深圳特区访问,省政协主席吴南生,副省长、市长李灏,副市长秦文俊会见了谢国民先生一行。

10 月 16 日　以荷兰贸促会中国会长约翰·H. 韦思曼为团长的荷兰投资者访华团到深圳特区访问。李灏市长、李广镇副市长会见并宴请了客人。

△　深圳市委召开全市整党工作总结会议。市委常委李海东做整党工作总结报告。李灏市长宣布整党工作结束。

△　李灏书记在今年《红旗》杂志第 20 期发表《深圳特区在改革开放中前进》一文,全面论述深圳特区建立 7 年来所取得的成就和今后发展方向。

10 月 18 日　经国务院批准的深圳特区国营外币免税商场举行开业典礼。周溪舞、李广镇副市长为开幕剪彩。

10 月 20 日　"87 深圳中外经济技术合作洽谈会暨国际金融与投资展览会"在国贸中心开幕。广东省副省长、深圳市市长李灏,广东省副省长匡吉,新华社香港分社副社长张浚生,香港中华总商会会长霍英东等为开幕式剪彩。

10 月 21 日　李灏市长在市政府大楼贵宾厅会见了东京银行访深代表团和北海道拓殖银行深圳特区国际商谈代表团。

10 月 22 日　由中国新技术创业投资公司与深圳市政府共同投资的"深圳新技术基金会"成立。深圳市周溪舞、朱悦宁副市长出席了协议签字仪式。

△　日本三和银行深圳投资访华团在团长伊藤良佐率领下到深圳特区访问。周溪舞副市长会见并宴请了客人。

10 月 25 日　中国共产党第十三次全国代表大会在北京开幕。深圳市委书记李灏作为广东省选出的代表出席了党的十三大。

10 月 27～28 日　深圳召开首次外商投资企业思想政治工作会议。有 5 个外资企业代表在会上介绍了经验。朱悦宁副市长做了会议总结。

11 月 3 日　《特区经济》杂志社召开"学习十三大文件,深化特区改革理论工作者座谈会"。深圳市 30 多位理论工作者聚会一堂,结合深圳特区自建立以来在开放改革方面取得的巨大成就,座谈了学习十三大文件的体会。深圳市委宣传部部长杨广慧、副部长姜忠参加了座谈会。座谈会发言摘要如下:①初级阶段论的提出,是对中国国情认识的深化和对社会主义再认识的重大成果,是我们现行的路线和政策的根本依据。深圳特区应当根据初级阶段论的精神和特区的实情,继续探讨特区的发展模式。②进一步深化改革,是十三大提出的党的基本路线的一个重要内容。深圳特区作为改革的试验场,应当加快深化改革的步伐。今后改革的重点应当是进行综合的配套改革。③十三大提出进一步实行对外开放。深圳特区是中国对外开放格局中的最高层次，今后对外开放应在广度和深度上进一步拓展，努力创造大规模参加国际竞争的条件，以勇敢的姿态，进入世界经济的舞台。④十三大提出，改革现行的政治体制是建设具有中国特色的社会主义民主政治的必由之路。深圳特区政治体制改革的条件已经成熟，应当率先进行改革。⑤十三大提出改革干部人事制度的一系列原则和建立新的干部管理体制模式。特区在干部人事制度上要有更大的突破。重点在于建立一套完善的公务员制度，对干部进行分类管理和法制管理。

11 月 5 日 莫桑比克人民共和国总理马顺戈偕夫人在冶金工业部部长戚元靖陪同下，到达深圳特区参观访问。周溪舞副市长会见了客人。

11 月 6 ~ 11 日 由国家化学工业部主办的"中国橡胶工业展览"在深圳外贸大厦开幕。化工部副部长谭竹州、广东省副省长匡吉、深圳市副市长朱悦宁、我国著名经济学家千家驹等出席了开幕典礼并为大会剪彩。出席开幕式的还有中国化工建设总公司安郁综董事长兼总经理、化工部橡胶司黎扬善司长、化工部装备总公司井振远副总经理以及有关省市化工厅局和橡胶公司的负责人。美、英、日等 10 多个国家及中国港澳地区的来宾和朋友应邀出席了开幕式，并参观了展览。这次会展是中国橡胶工业最大一次对外展览。

11 月 7 日 国务委员谷牧在和外商投资企业代表对话时透露：广东在利用外资方面将有更大的自主权。十三大以后，对外开放的局面会越来越大。在谈到外资管理体制时，谷牧说：过去那几年的领导形式肯定不行了，国际上行之有效的、通行的管理办法，我们都可以用。他说，我们国家大，不敢一下子放开。海南、深圳放开看看，沿海步子可以迈得稍大一点。谷牧透露：国务院准备在利用外资方面，给广东更大的自主权，先行一步，整个广东省作为外资管理体制改革的试验区，十三大提出的进一步改革开放的要求，先在广东实行。谷牧还透露，明年春将要召开一个利用外资工作的会议，以沿海地区为主，系统总结一下这几年对外开放、利用外资、引进新技术的情况，制定今后对外开放的近期、中期、远期规划。

△ 应国务院副总理姚依林邀请，罗马尼亚国家计委主任斯物凡·伯尔得亚一行访问深圳特区。周溪舞副市长会见了客人。

△ 应国务委员兼外长吴学谦的邀请，埃塞俄比亚外长贝哈努·观耶赫一行到深圳特区访问，李广镇副市长会见了客人。

11 月 11 日 厄瓜多尔社会福利部部长阿吉莱斯·里加伊尔偕夫人一行到深圳特区访问。李广镇副市长会见了里加伊尔部长。

11 月 12 日 深圳市重点工程之一广州卷烟二厂深圳分厂建成投产，目前已生产"红双喜""西丽""羊城"等牌号香烟。年产量单班 5 万大箱，总投资 7000 万元。

11月13日 荷兰飞利浦公司总裁范德克鲁特一行应我国电子工业部邀请到深圳特区访问,李灏市长、朱悦宁副市长会见了荷兰客人。

△ 深圳市委常委扩大会议在深圳会堂举行。处级以上领导干部和各民主党派负责人1300人出席。市委书记李灏传达了党的十三大会议精神。

11月14日 深圳市土地管理改革进展顺利,第二块有偿使用土地举行了开标仪式。这次公开招标的土地位于深南东路南侧、北斗路东侧,面积46355.5平方米,这块规划的土地用于建商品房,定名为"文锦花园"。自9月29日发放招标书到截标时间为止,9家开发公司参加了投标。

11月18日 中日经贸界要员聚会深圳,举行第五次食品流通开发委员会会议。商业部副部长、中方首席代表姜习,日方代表团团长、首席委员松永义正,深圳市李广镇副市长出席了会议并讲话。

△ 以富士银行董事清回雅义为团长的日本芙蓉集团一行到深圳特区考察访问。李灏市长、李广镇副市长会见代表团全体成员。

11月18~28日 司法部部长邹瑜到深圳特区检查工作。

11月19日 深圳市政府决定,授予凌文辉同志烈士称号。凌文辉烈士是为抢救两位落水儿童而献出生命的。凌文辉烈士生前是深圳市工业学校1985级学生,牺牲时年仅17岁。

11月20日 深圳市委书记李灏,市委副书记秦文俊、周溪舞,市委常委邹尔康到深圳大学与师生对话,这是建立社会协商对话制度的一种尝试。

11月21日 在美国休斯敦举行的"1988年美国休斯敦国际友好城市长跑赛"上,代表我国参加的深圳选手汤宏伟获得个人冠军,获男子20~30岁年龄组第一名。

11月21~26日 第六届全运会体操比赛在深圳举行。"体操王子"李宁等著名运动员参加了比赛。

11月22日 中共中央政治局委员秦基伟到深圳特区视察。

△ 内蒙古自治区主席布赫到深圳特区考察。

△ 作为深圳市重点工程之一的南头供水系统建成投产供水。

11月23日 深圳博物馆在南头区大沙河西岸叠石山东北坡上发现一处距今约2000年的战国遗址。这在深圳还是首次发现。

11月24日 深圳市政府发出任命书,委派6名董事长到市属国营企业任职,实行在董事会领导下的经理负责制。这是深圳市深化企业体制改革进行的一项新的尝试。这6名董事长是:电子集团公司马福元,物资总公司张义梅,石化工业公司孙维相，城市建设开发集团公司刘更申，建设集团公司王世伦，机械工业公司胡昌永。以政府的名义派出董事长，在市属国营企业中推行董事会领导下的经理负责制对实行所有权与经营权分离，逐步完善企业内部管理机制，扩大企业自主权，增强企业自我发展和自我约束能力，保证国有资产的安全和增值，探索国营企业股份制的改革途径，都具有十分重要的意义。市政府还根据这种新的管理体制的需要，制定了《深圳市国营企业董事会工作暂行规定》和《深圳市国营企业总经理工作暂行规定》，对董事长和总经理的职责、权力做了明确的规定和划分。

△　中共中央顾问委员会副主任宋任穷视察深圳特区。

11 月 26 日　承建国贸大厦的中建三局一公司和承建深圳体育馆的华本企业公司，获得全国建筑业工程质量的最高荣誉奖——鲁班奖。

11 月 27 日　深圳市政府晚上在深圳湾大酒店举行宴会，祝贺第六届全运会体操决赛在深圳圆满结束。李灏市长、周溪舞副市长等出席了宴会。

11 月 29 日　轻工业部部长曾宪林到深圳特区检查工作。

△　公安部部长王芳到深圳特区检查工作。

11 月 30 日　中共中央政治局委员、国家体改委主任李铁映在深圳特区视察。

12 月 1 日　深圳人敲响土地拍卖的槌声：17 分钟内，有 44 家企业举牌竞买，深圳经济特区房地产公司举起 525 万元的最高价牌，获得了一块面积 8588 平方米土地的 50 年使用权。中央政治局委员李铁映，国务院外资领导小组副组长周建南，中国人民银行副行长刘鸿儒，省特区办主任丁励松，市领导李灏、李传芳、朱悦宁观看了此次拍卖。这场拍卖，将土地的所有权与使用权分离，是对传统国土管理体制的重大突破。

△　江苏省省长顾秀莲到深圳特区考察。

12 月 3 日　国务委员谷牧到深圳特区视察工作。在听取市委、市政府领导工作汇报后，做了重要指示。

12 月 6 日　蛇口工业区依照申请成立招商银行的模式，正式向中国人民银行提出要创办平安保险公司的申请。

12 月 7 日　经中国人民银行总行批准，中国第一家实行企业化独立经营、自负盈亏的区域性股份制商业银行——深圳发展银行召开股东大会。

△　深圳特区理论问题研讨班开学。来自全国 19 个省区市的理论工作者 120 多人聚集深圳，共同探讨特区深化改革开放的理论问题。

12 月 9 日　全国人大常委会副委员长彭冲在深圳特区视察。

12 月 11 日　由南油深圳服务总公司负责开发的南头妈湾港动工兴建。首期工程为 3.5 万吨级泊位 1 个，投资 1200 万美元。

12 月 12～13 日　深圳市市区顺利进行了人大代表的投票选举。全市区参选率达 88.2%，181 人光荣当选为市区第一届人民代表大会代表。

12 月中旬　深圳市委书记、市长李灏接受人民日报社和新华社记者采访时说：这次党的十三大提出进行政治体制改革，并不是主观臆想的产物，而是进一步深化经济体制改革的必然要求。深圳作为特区，不仅经济体制改革要先行一步，政治体制改革也要先行一步。李灏说：像各级党委一样，深圳市委也正面临实行党政分开的新课题。一是市委要抓大事，抓大方向，保证党中央路线、方针、政策在特区顺利执行，防止偏离方向，出现大的失误，而不是去代替政府和企业的工作。对于一些重大政策问题，将较多地采取市委、市政府领导共同讨论，做出决策。二是任人唯贤，大胆起用优秀干部。也就是抓人的工作，主要是干部工作。所起用的应该是那些为改革、开放和社会主义现代化建设做出实绩并得到群众拥护的干部。"开拓、创新、献身"，李灏把这称为特区精神。李灏说：它应该建成一个在社会主义条件下，按照国际规则打篮球的地方。他说，特区要勇敢地进入国际市场，参加国际竞争，这样，就必须建立起一种适应商品经济规律、按国际惯例办事的经济运行体制。也就是要为企业创造一个可以和外资企业平等竞争的环境。政治体制的改革就必须与此相适应才行。对企业就应该转为间接管理为主，在机构的配置上更加精干而且富有效率。政府的主要任务是抓政策立法、全局规划和重大项目的引进，提高对宏观经济活动的调节、控制能力。企业则要实行政企分开，两权分离。总之，一切将有利于把企业进一步搞活。同时，通过民主评议、推荐，组织部门还发现和提拔了一批优秀干部。这样，就使干部任免升降置于广大群众公开监督之下。

12 月 23 日　由深圳市轻工业公司与香港光大集团合资 1000 万美元的深圳光大木材工业签约。

12 月 24 日　深圳市的重点工程——盐田深水港码头动工兴建。交通部钱永昌部长说：深圳特区是中国对外开放的前沿阵地，盐田港的开发建设，使深圳特区的东西两翼都具有了进出口运输的海港，这就为进一步促进和加速深圳市物资流通与工业外贸的发展，以及深圳特区的进一步开放创造了有利条件。从长远看，对珠江三角洲和华南地区的建设也具有深远意义。

△　中共中央顾问委员会委员、著名经济学家于光远参观蛇口工业区，并题"振奋起全民族探索创新的勇气"。在深圳期间，他听取了市委、市政府有关部门的汇报，并同金融界、企业界的部分领导同志座谈，对深圳特区今年的经济发展表示高兴，并就如何进一步搞好特区的工作提出了许多建设性意见。于光远认为：深圳

对于海南来说，是一个比较的对象，深圳的许多经验是可供海南借鉴的。

12 月 24～28 日 中共中央顾问委员会副主任薄一波视察了深圳经济特区。他先后参观了广东浮法玻璃厂、科健公司、吉光电子公司、中华自行车公司、深圳工业展览馆、深圳联检大楼、国际贸易中心大厦、深圳图书馆、罗芳村和沙头角。他还为工业展览馆和吉光电子公司题了词。题词分别为："改革要再彻底些，开放须继续下去""为彩电国产化多做贡献"。26 日上午，薄一波听取了市委书记、市长李灏等同志所做的工作汇报。

12 月 25 日 深圳市政府下发 493 号文件，批准创办沙头角保税工业区，中国内地第一个保税工业区从此诞生。

△ 民政部部长崔乃夫在深圳特区检查工作。

12 月 26 日 国家民族事务委员会主任司马义·艾买提在深圳特区检查工作。

12 月 27 日 全国人大常委会副委员长叶飞在深圳特区视察。

12 月 28 日 深圳发展银行在深圳宣告成立，成为我国第一家由国家、企业和私人三方合股的股份制商业银行，其成立成为中国金融改革的里程碑。

12 月 29 日 中国第一家由国家、企业、私人三方合股的股份制商业银行——深圳发展银行在欢乐园举行开业典礼。李灏、秦文俊、周溪舞等市领导及近千名中外人士出席了开业典礼。李灏市长在开幕式上讲话。

△ 广东省第六届人大常委会第三十次会议审议通过了《深圳经济特区土地管理条例》。

1988 年

1月1日 周溪舞副市长接受新华社记者采访时指出深圳经济全面协调发展，外向型经济将提高到新水平。

1月1~4日 中共中央政治局常委、国务院代总理李鹏在深圳视察工作。他勉励深圳特区的干部和广大人民群众，在新的一年里，要努力学习和贯彻好十三大精神，艰苦奋斗，继续开拓创新，大力发展外向型经济，使特区在改革开放方面迈出更大的步伐。李鹏同志在听取工作汇报时说：深圳这几年变化很大，投资引进已经开花结果，深圳的经济已开始变为生产经营型和外向型的经济。深圳要发挥技术、管理、知识、对外政策这"四个窗口"的作用。这方面，深圳对国家的贡献很大。深圳在改革开放方面还要继续发挥"排头兵"的作用，许多已在试点的改革，如企业改革、政府职能改革及土地、住房改革等都要坚定不移地搞下去。李鹏同志还提出深圳要密切注意国际经济动向，使特区经济发展能够适应国际市场的变化。

1月3日 《深圳特区报》发表中共中央顾问委员会委员、著名经济学家于光远在接受记者采访时的谈话。于老对深圳特区去年经济的发展情况表示高兴。结合深圳的实际，他着重谈了以下几个问题。第一，深圳特区要建立科学的统计体系。于光远说，要研究深圳特区的发展，就要建立一整套能够更好地表现特区发展的统计指标，更善于运用各种指标说明各方面问题。例如 GDP 这项指标，对深圳市是有意义的，它能说明这个地区的繁荣程度，但并不能代表这个地区的利益。由于深圳这个地区不同于香港，在深圳有必要统计 GNP，即如果我们要了解这个地区的经济活动，还要考察 GNP 这项指标。但是，要建立一整套科学统计指标并不容易。于光远建议特区专门就这个问题进行研究，请国内专家做咨询，办法是可以先提出一批统计项目，然后确定新的统计方法，逐步使特区的统计工作科学化。第二，要深入地研究竞争这个问题。于光远说，关于竞争这个问题，这几年讲得很多。社会主义允许竞争，这一点是已经明确的了。但怎么竞争，竞争带来的许多问题怎么解决，我们却没有很好地研究。他举例说，我们在对外贸易中一方面允许竞争，另一方面联合对外。这就是需要研究的一个问题，对于这个问题，资本主义国家企业之间都可以联合对外，我们应该做得比他们好得多。于光远说，市场经济同计划经济的关系，也涉及竞争的问题。第三，要强调计划的适应性。于光远说，我们过去搞的那一套计划，存在一个不能很好适应对外开放的需要的问题。除了指令性计划、指导性计划外，还有一个适应性计划的问题，应该引起重视。这里所说的适应性计划表现在两个方面：一是要求计划能够预见市场可能发生的变化，因为如果计划没有预见性就会使以后的工作变得被动；二是要求计划能够适应市场的各种变化，即计划要有更高的灵活性。计划本身就要求预测，在搞好预测的同时，还要有具体措施，能够灵活适应各种情况变化，使工作更好地达到预定目的。第四，经济特区要进一步搞好内联工作。经济特区的内联工作关系到全国各个地区，应该加深树立深圳为全国服务，全国支持特区的思想。深圳经济特区的内联工作有许多很好的经验，现在的问题是怎样进一步发展，在原有的基础上提高。这就要很好地研究。例如是否可以考虑，怎样使内联工作更加系统些，更加科学些？搞好深圳的内联工作，还要树立这样一个思想：发展本地区的经济，并不等于在本地区发展经济。这就要求我们把视野放开些，要有开拓精神。第五，经济特区要重视和搞好信息工作。深圳特区建立信息市场有许多有利条件，特别是国外信息量大，来得也比较快。因此，深圳特区应该把信息市场真正搞起来，帮助全国各地，为全国服务。信息本身也是一个财富。第六，大力发展现代化的农牧渔业。

△　《深圳经济特区土地管理条例》公布施行。1981 年 11 月 17 日广东省第五届人民代表大会常务委员会第十三次会议通过的《深圳经济特区土地管理暂行规定》同时废止。

1 月 4 日　深圳市人民政府发布通告：从今日起，全面整顿清理无有效合法证件、无合法正当职业、无合法居所的"三无"人员。

△　国家体改委和城市建设环境保护部召开"深圳经济特区土地管理体制改革评议会"。专家们认为：这项改革有利于在商品经济中人们观念的更新，有利于积聚城市建设资金，有利于调整国家和企业关系，有利于控制资金流向，有利于科学合理地利用土地，有利于对外开放、吸引外资，有利于促进建筑、金融、房地产业的发展。

1月4~7日 全国人大华侨委员会工作座谈会在深圳召开。全国人大常委会副委员长、人大华侨委员会主任叶飞同志主持会议。副主任何英做了工作部署。李灏市长出席座谈会。

1月5日 中国著名经济学家蒋一苇应深圳市体改办和中国公关协会深圳办事处邀请，向深圳市几百位企业决策人和经济理论工作者做了关于股份制问题的报告。蒋一苇在报告中指出：商品经济是一种运动形式，没有社会属性，而股份制是商品经济的一种组织模式，更无所谓是社会主义的，还是资本主义的。中国要发展商品经济，国有企业股份化是必然趋势。

△ 中共安徽省委书记李贵鲜在深圳特区考察。

1月6日 孙逸仙心血管外科医院举行奠基仪式。孙中山先生的孙女孙穗芳女士专程从美国赶来参加典礼。出席仪式的有全国人大常委会副委员长、民革中央主席朱学范，全国红十字总会会长、医院董事长崔山犁，卫生部部长陈敏章，深圳市领导等。

1月10日 据深圳市统计局公布，1987年深圳工业总产值为57.6亿元，比去年净增22亿元，增长61.8%；工业品出口总产值为30.57亿元，占工业总产值的53.1%；财政收入为8.75亿元，比去年增长18%。

1月12日 据《人民日报》报道，中央主要领导人在福建视察时说，福建和广东都是中国超前改革的试验区，厦门和深圳特区都要放得更开，对这两个特区的管理不能像其他地方一样。要实行计划单列，跳出现行体制。

1月13日 深圳蛇口工业区举行了一场"青年教育专家与蛇口青年座谈会"，会上，70位蛇口青年与3位著名青年工作者展开了激辩。这三人分别是：北京师范学院德育教授李燕杰，某部调研员曲啸，中央歌舞团前舞蹈演员彭清一。

1月13~15日 中共中央政治局委员、上海市委书记兼市长江泽民率上海市考察团一行20多人到深圳特区考察。在深圳期间，李灏市长、秦文俊副市长等领导与考察团成员举行了会谈。

1月14日 蛇口"海上世界"发生火灾，损失严重。深圳市委秦文俊副书记、市公安局闻贵清局长、李传芳副市长赶到现场指挥灭火工作。

1月17日 深圳大学举行83级本科毕业典礼，178名学生获毕业证书。这是深圳培养出来的首批本科大学生。深圳市副市长邹尔康、深圳大学校长罗征启向毕业生颁发毕业证书。

1月19日 深圳市李灏市长会见新加坡联合工业集团总裁黄鸿年和该集团驻香港公司总经理李豪荣一行，并向客人介绍了深圳特区的发展情况。

1 月 23 日 著名国际问题专家宦乡应市委邀请向全市局级以上领导干部做当前国际政治经济形势报告。

△ 挪威首相格罗·哈莱姆·布伦特一行在我纺织工业部部长吴文英陪同下到达深圳特区访问。李传芳副市长接见了外宾。

△ 据新华社北京 23 日电：蛇口工业区 1987 年人均国民生产总值达 5300 美元，创国内最高水平。

1 月 24 日 国防科工委主任朱光亚一行来深圳特区检查工作。

1 月 26 日 商业部部长刘毅在深圳特区检查工作。

1 月 26 日~2 月 9 日 深圳市经济代表团在秦文俊副书记的率领下赴日本进行友好访问。

1 月 27 日 深圳市首期发行的 30 万张社会福利奖券已全部销售一空，此举显示了深圳市民热心公益事业的精神。

1 月 28 日~2 月 1 日 蛇口 3.5 万吨级泊位落成，投产后蛇口港的年通过量可达 300 多万吨。

△ 深圳市委书记、市长李灏在市人民检察院召开的市检察工作会议上讲话：深圳特区今年要加强法制建设。检察工作要在深化改革，健全法制等方面适应改革、开放的新形势，为完善特区的投资环境做出更大的贡献。

1 月 29 日 应我国城乡建设环境保护部部长叶如棠邀请，法国设备、住房、领土整治及运输部部长梅埃聂里一行 12 人到深圳特区访问。法国驻华大使贡巴尔及夫人随同到访。李灏市长会见并宴请了贵宾。

1 月 30 日 文化部部长王蒙到深圳特区检查工作。下午接受了《深圳特区报》记者的独家采访。在一个半小时的谈话中，他谈了对深圳特区文化现状、中国文化界体制改革、特区文化政策等方面的看法。他指出：深圳的变化很大，发展很快，随着生产发展、生活水平提高，人们对文化的要求也在增长。深圳图书馆建得很不错，读书气氛很浓。大剧院、博物馆、艺术中心都在建设之中，出版了报纸、杂志、书籍。深圳大学建设也十分可喜。但是，深圳毕竟是个文化基础相当薄弱的地方。文化需要长期积累。深圳的文化事业只是在起步之中。人们的观念、气氛比较开放，比较注重效率、效益，富有竞争意识与开拓精神，但真正的文明不仅限于商业，是指一个更长远更高级的概念，是民族的凝聚力、生活方式、思维方式、民族的创造性、性格与尊严，这一切都无法用商业效益来衡量。

2 月 1 日 《蛇口通讯报》在头版发表了一条只有 300 字的消息，题为《蛇口青年与曲啸李燕杰彭清一坦率对话——青年教育家遇到青年人挑战》，该文简要地介绍了在座谈会上，青年教育家与蛇口青年在如何看待"淘金者"、进口汽车，如何表达对祖国的爱等问题上互相对立的观点。

2月2日　《羊城晚报》在头版显著位置刊登了该报记者邹启明写的千字通讯《"热门话题"和它的余波——记蛇口青年的一次座谈》。这篇通讯以较多的篇幅介绍了1月13日座谈会上曲啸与蛇口青年在"淘金者"问题上的争论，委婉地批评了三位报告员口头上理解青年"直率"的同时，又对这次座谈会不满的情绪。该文最后一部分是采访谢鸿的答问录。谢鸿在答问中结合实际提出了"面对新环境中成长的新一代，如何做好思想教育工作大有文章"的课题。

2月3日　深圳市召开动员大会，推行法定计量单位。

2月5日　在深圳市委宣传部召开的宣传改革座谈会上，中顾委委员、中国对外文化交流协会会长朱穆之把一面奖状颁发给深圳市广夏文化有限公司，表彰该公司拍摄《中国之最》中的3集大型电视系列片"农村篇"。广夏文化有限公司《中国之最》摄制组自1986年1月到安徽凤阳，到1987年11月离开江苏赣榆，整整两年，始终把镜头对准农村沸腾的生活，拍摄了3集记录农村改革、政论并重的大型电视系列片和一批反映江苏南部乡镇企业崛起的专题片。

2月6日　匈牙利党中央政治局委员加什帕尔山道尔率领的工会代表团一行到深圳特区参观访问，市委常委李海东会见了匈牙利贵宾。

△　深圳市第二次科技工作会议在新落成的科学馆开幕。市委书记、市长李灏出席大会并讲话。副市长朱悦宁、广东省科委副主任蔡齐祥等向获得优秀科技成果的单位、先进集体和先进个人颁发了奖品和奖金。

2月8日　在深圳市委组织部、宣传部、统战部，市科委举行的深圳市各界人士、知识分子迎春茶话会上，市委领导指出：要进一步发挥知识分子的作用。

2月10日　深圳市水泥制品厂新厂房主体工程开工。

△　深圳市委工作会议上，中共深圳市委书记李灏做了题为《以十三大精神为指针，奋力攀登特区建设新高峰》的讲话。他号召全市人民，在十三大精神指引下，扎扎实实地做好今年的各项工作，奋力攀登特区建设的新高峰。在谈到改革问题时，李灏指出：过去的一年，我们朝着建立按照国际惯例运作的体制这个目标，继续深化改革。在经济体制改革方面，我们按照增强企业活力、改善和加强宏观控制的要求，除了继续搞好金融、财政、税收、物价、劳动工资等六个方面的配套改革之外，还进行了国营企业体制、土地管理体制、住房制度、社会劳动保险制度等方面的改革探索。

2月12日　深圳市委、市政府召开首次决策务虚会。李灏及深圳市理论界、新闻界、企业界党政机关有关人员出席。市委已决定，建立决策务虚会制度。

2月15日 习仲勋、荣毅仁、孔原、千家驹、梁湘同志在深圳过春节。市委、市政府李灏等领导看望了他们并与他们一起在新园吃团圆饭。

2月16日 全国人大常委会副委员长、中国国际信托投资公司董事长荣毅仁来到中信深圳公司、中国海洋直升机公司视察工作，并看望了在节日前夕仍在进行繁忙工作的公司职工。荣毅仁副委员长听取了中国国际信托投资公司副总经理、中信深圳公司总经理王军，中海直公司副总经理孔栋的工作汇报，对这两个公司在深圳特区开创的局面表示赞赏。他勉励大家继续发扬中信精神，为特区建设做出新贡献。

2月17日 龙年正月初一，习仲勋同志和市委、市政府领导李灏等慰问节日期间坚守岗位的职工。

△ 《深圳画报》在新年伊始正式创刊（试刊出版）。

2月18～20日 中共中央总书记赵紫阳在市委书记李灏的陪同下视察了深圳经济特区。他说：深圳的试验，说明我们党的十一届三中全会以来的路线是正确的。沿海地区要进一步开放，深圳还是带头的。他勉励深圳特区的同志满怀信心地把特区办得更好，为沿海地区进一步开放提供经验。

2月19日 广东省委书记林若在市委副书记周溪舞陪同下到罗湖口岸察看春节期间入出境旅客情况，并慰问节日期间坚守岗位的口岸各单位工作人员。

2月21日 沙头角保税工业区动工兴建。

2月25日 司法部部长邹瑜在深圳特区检察工作。

△ 为推动深圳特区改革和经济发展，国家体改委体制改革研究所40名研究人员来深圳，与深圳抽调的120多名专业人员共同组成一支调研队伍，对深圳特区经济体制改革、政治体制改革、社会经济发展战略三大问题16个课题进行一次大规模的调研活动。

2月26日 深圳电子行业协会和香港电子协会经过友好协商，决定共同组成"深港电子业协进委员会"，双方在香港举行了协议签字仪式。深港电子业协进委员会是深圳与香港同行业之间建立的第一个双边委员会，其目的是促进深港两地电子行业之间的合作，推动电子业更好地向外发展。

3月1日 深圳市政府新闻处举行港澳记者春茗座谈会。李灏市长、邹尔康副书记、朱悦宁副市长出席。李灏市长回答了记者的提问。

△ 市政府决定，在深化企业经济体制改革中，市属赛格集团、城市建设开发集团、物资总公司、石化总公司等六家大型国营企业实行股份化改革。

3月2日 深圳市市长李灏表示，欢迎港督卫奕信爵士访问深圳，这对加强深港两地合作，对深圳发展很重要，对香港的繁荣发展也很有利。

3月3日 九龙海关为贯彻中央关于沿海的经济发展战略，为"大进大出"创造良好条件，制定了16项措施，以适应和促进沿海地区参与国际市场。

△ 应李灏市长的邀请，香港总督卫奕信爵士访问深圳，李灏市长会见并宴请客人。

△ 赞比亚总统卡翁达偕夫人一行由我交通部部长钱永昌陪同，从广州抵达深圳，李灏市长会见并宴请了赞比亚总统一行。

△ 农牧渔业部部长何康在深圳特区检查工作。

3月4日 深圳"创作之家"在西丽湖举行奠基典礼。中国作协常务书记唐达成、书记张锴，市委领导李灏、邹尔康等出席了奠基仪式。

3月7日 国家电子工业部颁布统计数字表明，深圳市电子工业在全国电子工业的影响和地位迅速提高，1987年总产值在全国29个中心城市中名列第二，出口产值名列第一，实现利税总额名列第四，产品销售收入名列第五。

3月8日 全国第一个经济罪案举报中心——深圳经济罪案举报中心成立并挂牌办公。

△ 深圳市政府颁布《深圳经济特区土地登记发证实施细则》，共32条。

3月10日 深圳市政府在深圳会堂召开全市基本建设工作会议，总结1987年工作。副市长李传芳做了题为《为迎接特区建设新高潮而努力奋斗》的报告。李传芳同志在报告中全面回顾和总结了去年深圳市的基建工作。李传芳同志在分析了当前国内外形势后指出：特区建设进入了一个新的发展阶段，我们必须把握好这个机遇，加快城市基础设施建设的步伐，不断优化投资环境，增强特区对外资的吸引力。

△ 深圳市市长李灏会见了美国甘维珍公司驻中国首席代表沈佩琪女士一行。

3月11日 深圳市市长李灏会见了美国惠普电子计算机公司国际业务发展经理、美籍华人刘秀宁一行。

3月12日 深圳市委、市政府领导李灏、秦文俊、周溪舞、黄继友等和600多名机关干部和武警七支队指战员在南湾百果园参加"军民共建"劳动。

△ 李灏市长会见了美国国际商用机器公司（IBM）高级副总裁尼尔逊一行。

3月13日 应我国财政部部长王丙乾邀请，瑞典财政大臣贯尔特偕夫人一行到我国进行友好访问，他们从罗湖入境抵达深圳，李灏市长会见并宴请了瑞典客人。

3月14日 国务委员谷牧视察广东大亚湾核电站。听取了核电合营公司董事长王全国的工作汇报。他要求强化管理，与外国专家密切合作，精心施工，确保工程质量。

△ 墨西哥驻华大使福斯托·萨帕塔·洛雷多一行到深圳特区访问，邹尔康副市长会见了大使先生一行。

3 月 15 日 深圳市在海外开设的中外合资企业——京华贸易有限公司在美国洛杉矶开业。

3 月 16 日 由国家土地管理局组织的"深圳土地使用权有偿转让研讨会"在深圳召开。国家土地管理局副局长陈业在会上说：会议要向内部地区和沿海城市推广深圳特区实行土地有偿转让的做法，以加快各城市土地管理体制改革的步伐，使土地管理体制的改革在中国外向型经济的建设和发展中起到促进作用。

△ 中外合资兴建与经营的亚洲自行车厂在蛇口成立，该项目总投资 2500 万港元。

3 月 17 日 深圳市政府颁布《深圳市城镇房屋登记发证办法》。规定自该办法公布之日起，特区内的房屋所有人应到深圳市房产管理局办理所有权登记，宝安县的，则到县房产管理机关办理手续。

3 月 18 日 新华社香港分社主要领导在深圳特区考察。

△ 辽宁省省长李长春同志在深圳特区考察。

3 月 21 日 时任中国人民银行行长的陈慕华亲自批复，签发同意文件，同意深圳创办平安保险公司。

3 月 24 日 中国第一艘液化石油气船"安龙"号首航返回蛇口。

3 月 25 日 第七届全国人民代表大会第一次会议在北京开幕。深圳市有四位代表出席，分别是李灏市长、江斌（深圳天马微电子公司经理）、张福年（深圳饮乐汽水厂工人）、刘水权（宝安县福永镇农民）。

△ 应中共中央邀请，捷克共产党中央主席团委员、中央书记瓦西尔·比拉克一行在中联部部长朱良陪同下，到深圳特区访问。秦文俊副书记会见并宴请了捷克贵宾。

3 月 27 日 深圳市政府决定，由外商集资开发福田保税工业区。总开发面积为 2.5 平方公里。

3 月 28 日 深圳发展银行经批准在该行营业部发行外汇优先股票。发行这类股票在中国尚属首次。

△ 深圳市统计局发表《1987 年深圳市国民经济和社会发展统计公报》。公报表明：1987 年深圳市坚持对外开放，加快和深化改革，大力发展外向型经济，取得了显著的成绩。一个外向型经济格局已初步形成。全市国民经济持续高速增长，1987 年社会总产值达 98 亿元，GDP 达 44.5 亿元，分别比上年增长 32.1% 和

25.4%。公报从工业、农业、财政金融、固定资产投资和城市建设等10个方面回顾了深圳市各行各业所取得的成就。去年深圳市外向型经济迅速发展。1987年全市工业总产值达56.6亿元，其中工业品出口产值为30亿元，比上年增长68.8%，占工业总产值的53%；鲜活农副产品出口创汇0.98亿元，比上年增长26.2%；外贸出口总额为14.14亿元，增长幅度达94.8%。这些翔实的数字充分说明，深圳特区经过8年的建设，整体经济已逐步实现转向，与国际经济的联系迅速发展，外向型经济已初步形成。

△ 《蛇口通讯报》刊出魏海田写的一篇引起了很大争议的文章：《蛇口：陈腐说教与现代意识的一次激烈交锋》。这篇两千多字的文章分析了蛇口青年与报告员在如何看待淘金者、如何表达对祖国的爱、如何看待落后等几个热点问题上的分歧，鲜明地提出了：蛇口青年并不认为创业者和淘金者是两个截然分开的概念，更不是对立的。相反，蛇口青年认为二者是密不可分的，蛇口青年宁愿以"淘金者"自居。文章指出了三位报告员的一个矛盾：一方面，时时称自己"海纳百川、有容乃大"，甚至在讲演中还屡次反问别人"为什么容纳不了别人呢"，"特别是别人一句话，一个什么事触犯了你个人利益的时候，为什么不能胸怀宽广一点？"另一方面，又在一份"材料"中给蛇口青年扣上吓人的帽子。

△ 国内首家电子配套市场——深圳电子配套市场正式开业。

3月29日 深圳市政府在深圳会堂召开了土地、房产登记发证的动员大会。

△ 经中国人民银行总行批准，美国花旗银行在深圳设立的分行在新都酒店隆重开业。这是中美关系正常化以来，美国在中国设立的第一家分行级金融机构。至此，深圳的外资银行分行已有15家。

3月30日 世界银行行长科布纳尔偕夫人一行访问深圳特区。朱悦宁副市长会见了客人。

3月31日 深圳市全面发放中华人民共和国居民身份证。

4月3日 全国人大代表、深圳市市长李灏在广东省代表团第四组的讨论中就《政府工作报告》发表看法。

4月5日 中国共产党深圳市代表会议开幕，议程是选举出席省第六次党代会的24名代表。

4月7日 深圳发展银行作为中国第一家股票上市银行，在深圳特区证券公司营业部挂牌交易，成为"中国第一股"，编号：000001。当年多数老百姓都是伴随着炒卖深圳发展银行股票而进入股市的。

4月7～10日 以印共总书记拉吉什瓦尔·拉奥为首的印共中央代表团一行访

问深圳特区。秦文俊副书记会见了客人。

4月8日 德国统一社会党中央政治局委员、中央书记赫尔曼·阿克森率领党代表团访问深圳特区。秦文俊副书记、市委常委李海东会见代表团一行。

△ 深圳创维实业有限公司正式成立，1992 年更名为创维集团有限公司。

4月11日 魏海田再度在《蛇口通讯报》发表长文：《蛇口青年与曲啸等同志还有哪些分歧》。这篇文章是针对座谈会之后，曲啸在深圳的电视演讲中把蛇口青年当作反面材料批判而写的。文章说：蛇口青年对这种肤浅的批判和牵强附会极为反感。作者直率地说：不客气地说，蛇口这个开放之窗今天所有的一切成就都是从这些被某位青年教育专家称为"没有希望的人"手中建设出来的，都是这些自谦为"淘金者"的人们用汗水甚至鲜血浇铸的。魏海田在文章中还对另一个尖锐的现实问题进行剖析：一位青年教育专家认为应当警惕改革条件下剥削阶级思想的干扰，这无疑是对的，他又似乎认为改革能够克服这种干扰，"有很多个体户把收入的很大一部分献给了国家，办了公益事业"。这个例证在蛇口青年看来，不但不能证明改革的成果，还可能造成人们对改革信心的动摇。应当承认，一些个体户要办公益事业的动机是高尚的，但在目前情况下，人们也应当看到，一部分个体户的这种举动并不是完全出于自愿，而是对"左"倾思想心有余悸的表现，尤其是对那些看到个体户发财就不自在的人的恐惧表现。个体户是受到法律保护的，但却被近 40 年的传统观念视为异己。因此，我们认为个体户政策如真正落实，就应当承认个体户在赚钱的同时，已经为国家做出了贡献。而且要承认个体户对国家的贡献和其他人是一样的。个体户不应当永远置于受审地位，不应当认为他们只有拿出更多的钱来办公益事业，才是没有受剥削阶级意识影响的行为。个体户只有在理直气壮地将劳动所得揣入腰包后，才能使更多的人相信我们的政策的连续性和稳定性。如果把那些"左"倾阴影徘徊下的人们的战栗，也作为正常甚至高尚行为来赞扬，那么，人们就会对政策本身产生疑问。如果真要证明改革的成功，就应当从这个角度上阐述党的十一届三中全会以来政策的稳定性和连续性，而抨击那种无端占用他人劳动所得的行为。

4月12日 出席七届全国人大一次会议的深圳市市长李灏在接受记者采访时说：中国实行更加开放的政策，将推动特区的建设迈向更高的层次。李灏认为：沿海大力发展外向型经济，进一步参与国际竞争和分工，需要从各地的实际情况出发，探索行之有效的形式。他说：深圳特区在开辟国际市场中走的是一条"进料、加工、增值、出口"的路子，这实际上是"两头在外"。深圳已兴办了 1500 多家工业企业，近 3000 家"来料加工"企业。李灏认为，"来料加工"企业受国际市场因素的影响较大，是一种不大稳定的、低层次的合作关系，从深圳特区的发展目标出发，今后"来料加工"企业主要在特区外兴办。对特区内现有的"来料加工"企业，将采取措施促使其向较高层次发展，这样，这些"来料加工"企业将会发挥较大的作用。李灏说：深圳特区开拓国际市场的另一种重要形式是"原料在内，销售在外"，即利用内地的原材料、半成品在深圳经过"加工、增值"，然后进入国际市场。实践证明，这是发挥特区和内地两个方面优势的有效形式，今后依然大有可为。李灏市长说：深圳鼓励国外客商利用技术入股的方式前来合资办厂。他透露：一位外商采取这种方式同深圳合资兴办的一家生产磁头的工厂，创办仅两年多，去年出口创汇已达一千六百万美元，发展势头很好。李灏说：深圳要努力探索，在国内率先建立起按照国际惯例进行运转的新体制，为企业创造一个参与国际分工和竞争的"进出自由"的环境。他说：深圳在过去几年改革的基础上，近年来又进行了多方面的探索，如在国内率先建立了外汇调剂中心，逐步实行土地有偿使用，建立允许私人参股的特区发展银行等。他说：目前，深圳正在着手开辟保税工业区，为外商发展技术密集和资金密集型产业创造有利环境。今年内，深圳还将逐步开放生产资料市场，既设厂又开店，广招海内外供销商，使深圳成为国内外技术、产品、信息的汇集点，为企业进一步沟通国内外市场发挥"窗口"作用。

4月17日 深圳特区钟表业在零的基础上，经过几年的发展，取得可喜成绩。"天霸"表在国内外市场上已享有一定声誉。去年深圳全市钟表总产量达1.16亿只，电子表95%、石英表80%出口。

4月18日 深圳市一流大酒店——新都酒店举行开业仪式。贵州省省长王朝闻、广西壮族自治区主席韦纯束、前煤炭工业部部长高扬文、海南省筹备组副组长梁湘、深圳市市长李灏等出席了开业典礼。

4月21日 经国务院批准，深圳等全国7个城市同时试行开放部分国库券转让市场。

4月22日 《蛇口港监统计》显示，1987年蛇口港外轮进出口4738次，占全国的18.5%，居全国首位。

4月25日 《蛇口通讯报》发表曹长青的长文：《"神的文化"是对人的全面窒息》。这篇文章尖锐地批评了用一种至善尽美的、无法企及的道德模式规范千百万人的陈旧的思想工作，这种工作实际上是在宣扬"神的文化"。作者指出这种以"模样—神—超现实价值标准"来要求所有的人的文化模式，和中国传统文化中的"道"以及贞女牌坊、二十四孝同样，都是禁锢人的个性、消灭独创精神的手段。文章提出"现在迫切需要的是人的文化"，需要有怀疑、批判精神的人。恩格斯曾经阐述过向权威挑战的必要性。真正的教育专家，应该对蛇口青年敢于思考、敢于提出问题的精神给予高度评价才是。然而，李燕杰、曲啸等同志的做法恰恰相反。他们几位的演讲和报告，在大路子上也还是在宣传"神的文化"。

△ 由国家外汇管理局、法国东方汇理银行、深圳特区发展财务公司联合主办的"深圳国际金融研讨会"在深圳开幕。

4 月 26 日 深圳市委书记、市长李灏在传达七届全国人大一次会议精神时强调指出：要以改革的精神和谦虚谨慎的态度，推进深圳特区的各项工作，抓紧完善投资环境，提高办事效率，为实现沿海经济发展战略做出应有贡献。

4 月 27~29 日 南斯拉夫外交部部长布吉米尔·隆查尔和驻华大使拉甘一行到深圳特区访问。

4 月 28 日 平安保险公司召开第一届董事会，袁庚任董事长，马明哲任总经理。

△ 康明斯柴油发电机深圳装配厂正式投产，这是深圳市第一家柴油机高级机组装配企业。

4 月 29 日 由深圳特区电子开发公司和香港合和电力（中国）合作兴建的沙头角电厂 B 厂举行隆重投产典礼。中央书记处书记芮杏文受中央主要领导人委托前来参加投产仪式。全国人大常委会副委员长陈慕华、广东省委书记林若、中顾委委员任仲夷、省顾委主任梁灵光和市长李灏等出席了典礼并剪彩。谷牧、姚依林发来了贺函和贺电。

4 月 30 日 香港新鸿基有限公司董事会全体成员在总经理兼公司主席冯永祥先生带领下访问深圳特区，深圳市政府领导李灏、周溪舞、朱悦宁和有关单位负责人在市政府迎宾馆与董事会全体成员举行会谈。

△ 深圳市硬笔书法协会成立，市委常委刘波当选为会长。同日，深圳市文学学会举行成立大会，选出了第一届理事会，吕炳文任会长。

△ "88 深圳青年十杰"评选活动揭晓，这 10 人是：钟国华、卢树彬、赵露珍、蒋清平、庄永青、关冰、黄汉清、黄桂林、廖小燕、郭珈。

5 月 1 日 深圳当时最大的公园——仙湖植物园正式开放，该园占地面积达8820 亩，是一个以旅游为主、科研为辅的园林公园。

△ 日本外务大臣宇野宗佑偕夫人一行在深圳特区访问。深圳市市长李灏在国贸大厦旋转餐厅设宴欢迎日本客人一行，这是深圳特区成立以来，日本政府首位部长级官员来深圳特区访问。宇野大臣还向深圳大学校长罗征启递交了日本政府赠给学校的图书清单。

△ 深圳市委市政府决定，授予 27 位同志为深圳市劳动模范，154 位同志和 225 个单位为立功创先竞赛先进个人和先进集体。

5月2～4日 中共中央书记处书记芮杏文在深圳特区视察。在市委市政府陪同下，芮杏文考察了大亚湾核电站、深圳大学、蛇口工业区和沙头角镇等，并登上了国贸大厦俯瞰市容，他还听取了李灏、周溪舞、邹尔康等市领导的工作汇报。

5月3日 全国人大常委会副委员长赛福鼎·艾则孜在深圳特区视察。

5月3～4日 匈牙利社会主义工人党中央委员、中央党校校长罗马尼·巴尔率领的党校代表团一行 3 人访问深圳特区，这是中匈两党恢复关系后，匈牙利社会主义工人党首次组团访华。

5月4日 全国第一家私人律师事务所在深圳特区开业，打破了过去清一色"国家法律工作者"的体制。

△ 监察部部长尉健行在深圳特区检查工作。

△ 国际金融集团在深圳开启了它在中国内地的第一部自动提款机，这就是汇财 VISA 卡，每位持卡人可在深圳一天提取 4000 港元的现款。

5月6日 1988 年春季交易会圆满结束，以出口成交总额突破 50 亿美元的可喜成绩，创造了历届交易会出口成交的新纪录。深圳贸易团出口成交额比上届春交会大幅度增长，达 4.2 亿美元，居参展城市之首。于粮油食品、纺织品、广东三交易团之后，成为第四出口大户。

△ 李灏同志主持召开市委常委会议，认真讨论研究加强深圳特区的法制建设问题。会议认为：为了贯彻执行党的十三大提出的加强社会主义法制建设的方针，使特区的政治生活、经济生活、社会生活各个方面，切实做到有法可依，有法必依，执法必严，违法必究，保障改革和开放的顺利进行，促进外向型经济的发展，以更好地发挥特区四个"窗口"、两个"扇面"和改革试验场的作用，必须加快深圳特区法制建设的进程。争取经过几年的努力，在深圳特区建立起比较完备的社会主义法律体系，率先成为"法治之区"。会议讨论了加强深圳特区法制建设的具体意见。要加快立法工作的步伐。要围绕特区的发展战略目标，根据特区深化改革、扩大开放的需要，尽快制定一批具体的法规。比如，特区股票、债券发行和证券市场管理的办法，特区公司条例，特区房产条例，特区进出口管理条例，特区行政裁判规则，特区国家公务员暂行规定等，使特区的法规体系尽快完善。会议强调要加强执法监督的工作。一方面要切实保障各执法部门严格履行职责，依法行使权力，任何单位和个人不得非法干预执法机关的执法活动。另一方面，各执法机关要接受领导机关和广大人民群众的监督。各级人民检察机关和市政府监察局要完善执法监督制度与

程序，定期检查各执法部门的工作，使各项法律、法规和政府规章得以正确实施。会议强调加强干部的法律培训工作和法制宣传工作。决定举办法律知识培训班，用一至两年时间，分批轮训政府机关工作人员和派往国营企业、外商投资企业的管理人员。会议要求有关部门要充分运用各种宣传形式，大力宣传加强法制建设的重要性、紧迫性，宣传有关的法律、法规，特别是要选择一批有代表性、典型性的案例，在报刊公开发表，用生动具体的事实教育人们增强法制观念，提高遵纪守法的自觉性。

5 月 7 日 应文化部邀请，苏联文化部部长扎哈罗夫一行在深圳特区访问。邹尔康副市长会见了苏联客人。

5 月 9 日 深圳市委常委、市监察局局长李海东在市监察工作座谈会上透露：深圳市将要实行政府官员财产收支公开制度。这是市政府为保证政府清正廉洁而采取的一项新措施。

△ 经国务院批准，深圳市内伶仃岛—福田红树林保护区列为第二批国家级森林野生动物保护区。

5 月 10 日 由中建三局深圳一建公司安装施工的、目前作为全国第一高楼（165 米）的深圳发展中心大厦钢结构施工技术达到国际先进水平。这是于今天结束的深圳发展中心钢结构施工技术评议会上，全体评委一致通过的意见。市领导李传芳出席了评议会并讲话。

5 月 11 日 全国青年歌手电视大赛在北京举行。深圳青年歌手陈汝佳荣获第一名。

5 月 12 日 应经贸部邀请，荷兰外贸大臣罗伊率领的政府贸易代表团一行在深圳特区访问，李广镇副市长会见了荷兰贵宾。

△ 为方便深圳经济特区各类对外贸易企业开展进出口业务，国家经贸部驻深圳特区特派员办事处成立，该办事处将从 16 日起审批和签发部分进出口许可证。

5 月 14 日 波兰统一工人党中央委员、中央社会经济政策部部长霍马达科夫斯基一行 5 人抵达深圳特区参观访问，深圳市外事办和经济体制改革办公室负责人向波兰客人介绍了深圳特区发展和建设成就。

5 月 15 日 应深圳市政府邀请，新华社香港分社主要领导专程来深圳特区了解盐田港的规划和建设情况，李灏市长、朱悦宁副市长陪同察看现场。

5 月 16 日 深圳中施公司生产的首批 9 台干洗机销往美国，中施公司举行首批干洗机出口庆典仪式，朱悦宁副市长、美国驻广州总领事馆商务副领事傅溪梦先生出席了庆典仪式。

5月17日 阿根廷外交部部长特·卡普托一行在深圳特区访问。邹尔康副市长会见了阿根廷贵宾。

△ 由国家民委、共青团中央联合组织的中国少数民族青年参观团一行220多人到深圳特区参观访问。

5月18日 应全国人大常委会邀请，欧洲议会议长路易成一行到深圳特区访问，陪同路易成议长来访的主要成员有来自欧洲7个国家的代表。周溪舞副市长在新园大酒店会见了客人并向客人介绍了深圳特区的发展建设情况。

△ 匈牙利、芬兰、瑞士等16个国家驻华使馆的商务、经济官员一行23人抵深参观访问，邹尔康副市长代表市政府在泮溪酒家宴请了客人。

5月18~25日 应香港总督卫奕信邀请，深圳市市长李灏率市政府代表团正式访问香港。

5月19日 卫奕信总督在港督府会见了李灏市长及代表团成员一行。

5月20日 中共甘肃省委书记李子奇、省长贾子杰在深圳特区考察。

△ 为建设深圳孤残儿童福利院进行集资，中国社会福利有奖募捐委员会在深圳首次发行即开型社会福利奖券。

5月24日 为广东大亚湾核电站建设提供资金支持的第一批外国银团商业贷款协议正式签署。中国银行总行以借款人身份与一个贷款银团签署了一份16亿港元的贷款协议。这个银团由美国、法国、日本、英国、荷兰和中国香港地区的17家国际银行及财务机构组成。同日，中国银行与广东核电合营有限公司签署贷款协议书，将此项贷款转贷予广东核电合营有限公司，作为广东大亚湾核电站建设之用。

5月25日 深圳市政府以高出期望价几倍的地价，公开拍卖了两块土地的使用权，使用年限均为50年。

△ 苏共中央委员、全苏记者协会主席、《真理报》总编辑阿法纳西耶夫率领的苏联记协代表团访问深圳特区。邹尔康副市长在新园大酒店会见了代表团成员。

5月26日 由冰岛工业部部长弗里德希德·索弗松率领的政府工业代表团一行在深圳特区访问，李传芳副市长会见并宴请了冰岛客人。

5月27日 由招商局蛇口工业区下属的社会保险公司与中国工商银行深圳信托投资公司合资组成的中国第一家由企业与专业金融机构合办的保险公司——平安保险公司在蛇口工业区正式开业。总经理马明哲年仅32岁。

△ 深圳市"三来一补"产品展览会在市工业展览馆开幕，副市长李广镇、国家经贸部驻深圳特派员蒋忠奎为展览会剪彩。

5月28日 李灏市长在贵宾厅会见了香港上海汇丰银行董事长萧伟士先生一行。

6月1日 应中国政府邀请，圭亚那副总理帕里斯一行在深圳特区访问，李广镇副市长会见了圭亚那贵宾。

6月2日 深圳市李灏市长在市政府贵宾厅会见香港九龙仓集团公司董事局主席吴光正先生一行。吴光正是"世界船王"包玉刚先生的女婿。

6月5日 中国第一座现代化垃圾处理厂建成并正式点火，该厂的投产对改善特区环境有重大意义。

△ 中山医科大学深圳医疗中心举行开业典礼。

△ 以苏联部长会议第一副主席尤·德·斯柳科夫为团长的苏联政府代表团访问深圳特区。李广镇副市长会见了苏联客人。

6月7日 林业部部长高德占在深圳特区检查工作。

△ 深圳赛格集团公司宣布，赛格集团作为加拿大善美（STM）电脑公司和香港善美（远东）有限公司的四家最大股东之一，参与善美公司购买加拿大保维高（PROUIGO INC）有限公司在美国东部地区的销售网的行动，成交价1.5亿美元。此举使深圳企业首次拥有自己的国外销售网，为深圳及内地产品长期稳定地进入美国市场建立了桥头堡。

6月8日 光大实业（深圳）公司在新都酒店举行开业酒会。光大集团董事长王光英出席了开业酒会。李灏市长到会祝贺并讲话。

6月9日 经中国人民银行批准，外资银行在深圳经济特区设立分行，可以经营人民币业务。

6月10日 深圳市民普遍关注的深圳经济特区住房制度改革方案正式出台。

6月11日 李灏市长、周溪舞副市长在市政府贵宾厅会见香港实业界知名人士——香港恒基兆业有限公司主席李兆基、新鸿基主席冯永祥、天安中国投资公司总经理周安桥、恒威董事长何厚华、京伦饭店副董事长梁仲伟先生一行。

6月11~17日 国务院港澳办公室主任姬鹏飞在香港考察后到深圳特区检察工作。

6月15日 全国人大常委会副委员长习仲勋在深圳特区视察。

6月18日 深圳市首届"88龙舟大赛"在小梅沙海湾举行。

△ 中共中央政治局委员李铁映在深圳特区视察。

△ 中共中央书记处候补书记温家宝在深圳特区视察。

6月20日 国务委员、国家教委主任李铁映同志来深圳大学视察工作，陪同前来检查工作的有国家教委副主任滕藤，原教育部副部长张文松、张健，广东省副省长卢钟鹤，广东省高教局副局长周鹤鸣等。校长罗征启，副校长应启瑞、郑天伦同志向李铁映等领导汇报了深圳大学改革探索情况。

6月23日 马里共和国国营企业督导部部长恩迪亚伊一行访问深圳特区。李广镇副市长会见了马里贵宾。

6月25日 深圳市政府办公厅主办的《每日快报》创刊（试刊）。

6月26日 菲律宾参议院主席霍维托·萨隆一行应全国人大常委会的邀请，到深圳特区访问。李广镇副市长会见了萨隆主席一行。

6月27日 著名美籍华人科学家、诺贝尔奖获得者杨振宁教授接受深圳市市长李灏的聘请，担任市政府顾问。

△ 国务院侨务办公室主任廖晖在深圳特区检查工作。

△ 全国工商银行高级研修班在深圳开学。开学典礼由工商银行总行行长张肖主持，李灏市长应邀出席了典礼并讲话。

6月27日~7月1日 由联合国工业发展组织、中国经贸部、深圳市政府联合举办的"联合国工业发展组织国际工业项目洽谈会"在深圳举行。

6月28日 黑龙江省省长侯捷在深圳特区考察。

6月28日~7月8日 深圳首届荔枝节开幕。本届荔枝节商品成交总额近5.5亿元，达成经济项目协议28个，协议投资1.8亿元。

6月30日 李灏市长会见了日本东邦生命保险公司社长太田清藏夫妇一行。

△ 深港电子业协进委员会在深圳达成协议，由香港电子协会、深圳市南头区和深圳赛格集团公司共同投资3亿港元在深圳建设一个以出口产品为主的电子工业城。该工业城占地面积20万平方米，首期工程投资3000万港元。

7月1日 应李灏市长邀请，以专程来深圳参加首届荔枝节的日本兵库县川西市市长伊藤龙太郎、议长平田义二为首的川西政府、议会代表一行，由李传芳副市长陪同到南山品尝鲜荔，并与川西市市领导会谈。

7月2日 李灏市长率代表团分别访问英国、法国、意大利三国。

7月5日 上步变电站通往上步轻工小区的1万伏高压电缆发生事故，前后停电达7天之久，据有关部门估算，损失约1亿元。

7月8日 深圳特区首届荔枝节今晚闭幕。任仲夷、梁灵光等出席闭幕式并观看了焰火表演。

△ 西藏自治区驻深圳办事处成立。至此，内地各省区市在深圳经济特区都设有办事机构或联合企业。

7月12日 在我国首块公开拍卖土地上建造的东升花园154套住宅，一小时内全部售罄。

7 月 13 日 特立尼达多巴哥工业、企业、旅游部部长肯·戈登一行到深圳特区访问，朱悦宁副市长会见了戈登部长一行。

7 月 14 日 深圳市副市长周溪舞在会见著名美籍华人科学家、诺贝尔奖获得者李远哲教授时表示，预料深圳特区目前的发展速度可持续几年。

7 月 21 日 中国"深圳市出口商品展销及经济技术合作洽谈会"在英格兰西北部兰开夏郡的普雷斯顿市开幕。这是中国第一次在英国举办独立的商品展销会，也是深圳市首次进入欧洲市场举办展销会。由深圳市市长李灏率领的商品展销团不仅带来了 1300 余种工业产品，而且还带来了 60 多个可能的合资经营项目，他们将在展销会期间同兰开夏郡的工商界人士广泛接触，商谈合作的可能性。

7 月 22 日 阿拉伯也门共和国工程部部长库尔舒米一行在深圳特区访问，朱悦宁副市长会见了也门贵宾。

△ 深圳市政府公布深圳第三批重点文物保护单位，包括南头古城址（明清）、大鹏古城址（明清）、赤湾天后庙遗址（明永乐年间）、元勋旧址（明代）等共计 10 处。

7 月 23 日 深圳市委常委、市纪委书记李海东在全市纪律检查工作会议上讲话时强调：保证党政机关廉洁是深圳市当前党风建设的一项重要任务。

8 月 3 日 深圳市投资管理公司监事会成立。

8 月 6 日 《人民日报》及其海外版同时发表了七千余字的《"蛇口风波"答问录》。该文主要从四个方面进行报道：①这次座谈会是"突然发难"吗？②会上争论了哪些问题？③名片插曲和"材料"是怎么回事？④对这次座谈会的评价。

8 月 8 日 由于今天是特殊的日子（1988 年 8 月 8 日），所以，今天在深圳开业的酒店、公司，奠基的工程，开幕的展销会、洽谈会特别多，达到百家。电子科技工业大厦、罗湖大酒店、深纺工业大厦在这天奠基，深圳科技商场、青泉贸易有限公司、中农企业深圳总公司、中化（深圳）实业有限公司、湖心购物中心等在这天开业，而且时间都选在了 8 时 8 分。

△ 中国银行深圳分行正式推出 ATM 自动柜员机业务。

△ 由个体企业家杨世朝投资 80 万元人民币兴办的民间科技企业——集成科技实业有限公司也于今天成立，这是一家完全由民间资本设立的企业，开启了民间企业的时代。

8 月 8 日～9 月 14 日 《人民日报》开辟"关于'蛇口风波'的议论"专栏，37 天内收到 1531 封读者来信和稿件，专栏刊出 16 期，共发表文章 39 篇。全国各报刊纷纷发表或转载有关"蛇口风波"的文章，在全国影响巨大。

8 月 10 日　市委召开全市处级以上领导干部会议，总结上半年工作，部署下半年任务。李灏书记做了报告。会议由秦文俊副书记主持。

8 月 12 日　大亚湾核电站安全咨询委员会成立。由广东核电合营公司邀香港知名人士担任成员，他们大多是香港立法局议员。黄保欣任主席，何钟泰任副主席。周溪舞副市长出席了成立大会。

△　李灏市长在新园大酒店会见了日本互惠公司代表团一行 13 人。

8 月 16 日　深圳市记协第一届三次理事会、市新闻学会年会在深圳寰宇大酒店举行。市委副书记秦文俊、市委宣传部部长杨广慧到会讲了话。秦文俊同志说：这几年来深圳特区形象的树立，以及其知名度在国内外的不断提高，是与深圳广大新闻工作者深入实际、调查研究、做了大量宣传报道分不开的。他还指出：要加强和发挥舆论监督的作用，要加强清正廉明的教育，希望新闻界多长几只眼睛，善于观察发现问题，通过舆论监督，促进深圳的民主政治建设，以利于市委更好地贯彻执行开放改革政策，进一步办好特区。

8 月 17 日　福田新市区建设拉开序幕。总面积约为 44 平方公里，位于市区以西，北倚笔架山，南临深圳湾，西至沙河工业区，总投资 40 亿元。预计用 10 年左右时间建成一个以工业为主体的新市区，它比罗湖、上步市区 38.7 平方公里的面积还多 5.4 平方公里。

8 月 19 日　由中央、省 10 家驻深新闻单位联合主办的深圳特区经济建设、精神文明建设成就单位（双十项）评选揭晓。经济建设成就单位是：深圳特区房地产公司，国贸大厦，梧桐山隧道，免税商品供应公司，外贸粮油食品进出口公司，赛格集团公司，深圳发展银行，双轨铁路高架桥，赤湾港，光明华侨电子工业公司。精神文明建设成就单位是：成人教育局，园林总公司，以图书馆为代表的一批文体设施，"大家乐"活动，市煤气公司，清洁漂亮的公厕，蛇口工业区，广深铁路公司，武警七支队，深圳侨社。秦文俊副书记、市委秘书长林祖基在国贸大厦的颁奖仪式上为获奖单位颁奖。

8 月 20 日　中国电影节第 8 届金鸡奖、《大众电影》第 11 届百花奖颁奖大会在深圳体育馆举行。深圳市市长李灏把"市长杯"赠给吴天明，香港中华总商会会长霍英东给《红高粱》导演张艺谋赠送"企业家奖"。

△　山西省省长王森浩在深圳特区考察。

8 月 21 日　深圳举办全国首届"公关小姐""公关先生"大奖赛。

8 月 24 日　叙利亚议会议长阿卜杜拉·卡迪尔卡杜拉一行访问深圳特区。李灏市长会见并宴请了叙利亚贵宾。

8月26日 李灏市长在市政府贵宾厅会见了香港贸易发展局总干事苏泽光先生和香港天安公司总经理周安桥先生一行。

8月27~28日 深圳市委、市政府领导班子召开民主生活会，学习贯彻省厅局级以上党政领导干部会议精神，并围绕廉洁问题交心通气，开展批评与自我批评。市委常委、市纪委书记李海东传达省厅干部会议的主要精神。民主生活会由市长李灏主持，市委市政府全体领导除一人因公出差外全部出席。

8月28日 深圳笋岗仓库企业有限公司在库区内设立保税仓库，经营境外客户各类货物（包括"三来一补"货物）的保税仓储业务，这是全国第一家出口监管仓库的公共保税仓库。

8月30日 塞内加尔社会党政治局委员、国际关系书记、政府计划合作部部长吉博·卡率领的塞内加尔社会党代表团访问深圳特区。秦文俊副书记会见了代表团成员。

9月1日 中国人民银行深圳特区分行决定：从9月1日起，全面提高各项存、贷款利率。中国人民银行总行曾于本月中旬宣布全面调整存、贷款利率。由于深圳特区实行与内地不同的利率政策，因而中国人民银行深圳分行就利率调整问题相应做出了规定：企业、事业单位的存款利率同个人存款利率拉平。企业活期存款利率由现行年息1.872%调整为年息2.952%；1个月、3个月、6个月、12个月的定期存款利率分别提高到年息3.96%、5.4%、6.48%和8.64%；一年期以上各档次的存款利率，则由各银行自定并报中国人民银行备案。城乡居民储蓄存款的利率水平也有提高。活期储蓄存款由现行利息年息2.888%调整为年息2.952%；3个月、6个月整存整取储蓄存款利率分别提高到年息5.4%、6.48%；一年期及一年期以上各档次的定期储蓄存款利率，与全国调整后的利率一致。各银行优惠贷款利率由现行年息7.92%调整为年息9%。其他种类贷款档次的利率由各银行在优惠贷款利率的基础上，根据不同行业、部门、企业的经营情况、不同的贷款期限，按"择优限劣"的贷款原则，自定差别利率，并报中国人民银行备案。中国人民银行深圳分行还相应提高了对金融机构存、贷款的利率，中央银行基准贷款利率由现行的年息6.552%提高为6.84%。中国人民银行深圳分行还规定：非银行的金融机构，在中央银行批准经营的业务范围内，各种定期存款利率可以向上浮动20%，贷款利率由金融机构自行确定，并报中国人民银行备案。

9月6日 深圳市委、市政府负责人李灏、周溪舞、李海东、黄继友、林祖基、李定等和市教委、妇联、团委、计划办、基建办、财政局等部门负责人率领5个慰问组，分头到各区、县慰问教师。

9月7日 广东核电合营有限公司与中国原子能工业公司签订了核燃料——低浓铀的供应合同。

9月7~9日 深圳市委召开局级以上领导干部会议。市委常委、市纪检书记李海东传达广东省委召开的厅局级领导干部会议精神，研究解决深圳市党政机关干部保持廉洁、加强纪律的问题。市委、市政府负责人李灏、秦文俊、周溪舞、黄继友、虞德海、李广镇、李传芳、朱悦宁参加了会议。

9月8~10日 罗马尼亚共产党工作者休假团一行16人到深圳特区参观游览，市委常委虞德海会见并宴请了罗客人。

9月9日 深圳市中小学幼儿教师奖励基金会正式成立。市委秘书长、市教委主任林祖基，市政府秘书长李定等出席了成立大会。

△ 为建立和完善特区法律体系，市政府成立法律顾问室，两名香港律师、三名本市律师应聘担任法律顾问。

9月10日 深圳八大文化设施之一——深圳市博物馆竣工，百余位来宾参加了工程验收暨"博览中心"成立的庆典仪式。博物馆占地39000平方米，展厅9000平方米，共4层，高26米。

9月13~15日 深圳机场建设领导小组召开第一次会议。会议由深圳机场领导小组副组长、中国民航总局副局长管德与广州民航局局长于延恩主持。机场建设领导小组组长、深圳市副市长朱悦宁在会上讲话。

9月13~19日 广东省出口产品展销会在泰国举行。深圳参展分团携近千种工业产品参加展出，合同成交总额达2000多万美元，居全省首位。

9月14日 国务院批准深圳市实行计划单列。国务院的批复指出：深圳市是中国的经济特区，又是毗邻香港的重要沿海城市，在实行对外开放、发展外向型经济中占有重要地位。为了进一步搞活深圳特区经济，加快实现沿海经济发展战略，国务院同意深圳市在国家计划中包括财政计划实行单列，并赋予其相当于省一级的经济管理权限。国务院要求深圳市实行计划单列后，广东省人民政府要继续加强领导，国务院有关部门要积极给予支持。

△ 中共深圳市委常委扩大会议在深圳会堂闭幕。深圳市委书记李灏在总结讲话中要求深圳市党员和干部群众认真学习和坚决贯彻执行党的十三届三中全会和中央工作会议精神，上下一致，同舟共济，治理经济环境，整顿经济秩序，推进深圳建设的健康发展。

9月15日 深圳市社会科学联合会（筹）和市科学技术协会联合召开"社会主义初级阶段与深圳特区的地位、作用"研讨会。到会代表近50人。

△ 深圳市公关协会成立。它的任务是：①塑企业形象，提高企业知名度；②建立全市性高层次社交活动圈；③培训公关人员；④组织各种公关交流，开展公关业务。袁庚、李广镇、罗征启被选为名誉会长。国际公关协会主席莫木土尔专程前来祝贺。

9月16日 深圳市心理学会在深圳教育学院成立，会议选举沈其杰为首任会长。

9月17日 深圳市委副书记秦文俊在局级以上干部会议上宣布：为进一步转变党政机关职能，实现党政分开、政企分开，解决某些以党代政、政企不分的问题，使党的工作机构更好地运转，增强活力，使政府对企业由直接管理为主转变为间接管理为主，增强宏观调控职能，减少环节，提高办事效率，市委、市政府决定从现在起，对深圳市直党政工作机构做进一步调整，撤销并成立了一些机构单位。

△ 由团市委、市委宣传部、市文化局等14个单位联合主办的"深圳88青年访华艺术节"在深圳体育馆隆重开幕。市委常委、艺术节主任李海东致开幕词，市领导黄继友、虞德海、朱悦宁、张鸿义出席开幕式。

9月20日 深圳首届归侨、侨眷代表大会开幕。全国侨联副主席黄军军，省侨联副主席何珠，市委常委李海东、黄继友到会祝贺。大会选举刘斌为市侨联主席。

△ 引进英国、意大利20世纪80年代先进设备的深圳卷烟厂投产。该厂是我国卷烟出口生产基地，生产具有国际口味的优质卷烟。李灏市长称赞这家烟厂是特区内联企业的杰作典范。

9月21~24日 "88深圳国际光学产品和技术交流展览会"在深圳市科学馆举行，来自日本、美国、西德、加拿大、中国台湾地区及中国港澳和内地的多家厂商报名参加。

9月22日 新加坡总理李光耀第二次访问特区。李灏市长到火车站迎接，并在雅园宾馆宴请李光耀一行，商业部部长胡平转达了李鹏总理来自北京的问候和送行的电话。

9月23日 深圳市国土局以810万美元的地价向中国海外建筑工程有限公司出让了一块土地的使用权，并正式向该公司总经理孙文杰先生签发了中标通知书。这是深圳经济特区进行土地有偿使用以来，地价最高的一块地。

9月25日 斯里兰卡总理普雷马达萨由物资部部长柳随年陪同从广州抵达深圳特区访问。李灏市长会见并宴请了斯里兰卡总理一行。

9月28日 深圳市政府以竞投的方式，拍卖140个小汽车营运牌照。成交额为2716万元，这是中国城市公共交通运输改革的首次尝试。

　　△　应深圳市政府邀请，美国著名经济学家、诺贝尔奖获得者米尔顿·弗里德曼教授夫妇于9月28日到深圳访问，参观了外汇调剂中心、特区发展银行以及皇岗口岸建筑工地。当晚，朱悦宁副市长在贝岭居宾馆设宴款待弗里德曼教授一行，并与其就经济发展的一系列理论与实践问题进行了探讨。弗里德曼认为，政府应尽量减少对经济的行政干预，让经济活动按照经济规律运行。他不反对政府对经济进行协调，但这种协调必须符合经济规律，而且应慎重，否则就可能对经济发展起相反作用。

　　△　深圳警备区校尉军官授衔仪式在警备区礼堂举行。大会由警备区司令员庄根南大校主持，省军区政委修向辉少将宣读授衔代表并代表省军区讲话。秦文俊副书记出席。

　　△　全国人大常委会副委员长阿沛·阿旺晋美在深圳特区视察。

　　9月30日　亚洲最大的石英塔钟在新中国成立39周年前夕正式运行。同时敲响了洪亮的钟声，石英塔钟为边长8.4米的正方形结构，由上海电钟厂制造，分别镶嵌在100米高的华联大厦顶部钟楼的四面。

　　△　深圳市委、市政府在深圳会堂举行庆祝中华人民共和国成立39周年电影招待会。市委、市政府负责人秦文俊、周溪舞、虞德海、李广镇及市委秘书长林祖基等出席了招待会。当晚深圳湾大酒店也举办了盛大的游艺晚会，共度佳节良宵。

　　10月1日　富士康集团在深圳西乡建立深圳海洋精密电脑插件厂，从此开始了富士康在中国大陆的事业。

　　10月2日　经国务院批准，深圳市在国家计划中实行单列（包括财政计划），并赋予相当于省一级的经济管理权限。

　　10月3日　国际知名物理学家吴建雄和她的丈夫袁家骝博士访问深圳特区。深圳市李灏市长、秦文俊副书记在迎宾馆会见了两位客人。

　　△　中共海南省委书记许士杰在深圳特区考察。

　　10月5日　应深圳市政府邀请，由亚洲保险有限公司董事、总经理刘奇哲率领的香港潮州商会深圳访问团一行抵达深圳访问，市长李灏、副市长朱悦宁会见并宴请了香港客人一行。

　　△　捷克斯洛伐克人民监察委员会主席翁德易赫一行访问深圳特区。深圳市委书记李灏，市委常委、市监察局局长李海东会见了捷克斯洛伐克贵宾。

　　10月6日　捷克斯洛伐克外贸部部长扬·什捷尔马一行访问深圳特区。李广镇副市长会见了捷克贵宾。

　　△　《深圳特区报》头版头条刊登《半月谈》载文《深圳要彻底跳出现行体

制》，文章透露：根据中央领导同志的意见，深圳和国家有关部门正在研究移植香港的经济法规和管理体制，初步考虑深圳彻底跳出我国的现行体制，成立直接对中央负责的、真正具有立法权和行政权的特区政府，并在特区管理线正式启用的情况下，实行投资自由、资金进出自由、人员货物进出自由、基本免征关税。

10 月 7 日　深圳大学校友会最近举行成立大会，会议通过了章程并产生了理事会，会议决定把每年 9 月份的最后一个星期日定为深圳大学校友日。

△　香港天安中国投资有限公司与深圳工业区开发公司签约，合资成立深圳天安工业发展有限公司，共同开发车公庙工业区 30 万平方米的土地，总投资 1.2 亿美元，三年内将完成建筑面积 120 万平方米的工程。

10 月 8 日　重庆市人民政府驻深圳办事处暨重庆（深圳）实业开发总公司正式开业。重庆市副市长肖祖修、市人大常委会副主任潘椿率领的考察团对深圳进行参观考察。

10 月 8 ~ 14 日　深圳市委召开常委扩大会议，市委书记李灏传达了中央工作会议和十三届三中全会精神。

10 月 9 日　新华社报道深圳经济持续协调发展的消息称："今年头九个月工业产值已超过去年全年，首次出现现金净回笼的良好局面。"

10 月 12 日　"叶挺将军摄影作品展"在深圳图书馆开幕。邓颖超同志为此次展出题词。秦文俊副书记、朱悦宁副市长、叶挺将军子女及港澳亲属、各界代表 500 多人出席了开幕典礼。

△　深圳湾大酒店商场发生建市以来最大的一宗首饰失窃案。被盗金项链 29 条、金镶玉手链 3 条、金宝石戒指 147 枚等，价值港币 14.69 万元。经公安部侦查，案犯林少雄被抓获。

△　中国信托投资公司（集团）设在深圳的窗口——中信深圳公司及中信实业银行举行开业典礼。中信集团副董事长、总经理余昭隆，副董事长金德琴，副总经理王军，深圳市副市长周溪舞、张鸿义，市人大筹备组副组长吴小兰等中外来宾出席了开业仪式。

10 月 13 日　由中国北方工业公司深圳分公司和香港银华国际发展有限公司合资兴建的宝银工业大厦举行奠基典礼，大厦位于宝安工业区，建筑面积 2.2 万平方米，总投资 3000 万元。

10 月 14 日　由中国电影公司和深圳电影公司主办的深圳市首届外国电影周——日本电影周在刚落成不久的南国影联中心揭幕。中国电影公司总经理胡健、日本电影代表团团长德间康快在典礼上讲话。

10月15日 首届中国对外技术交易会在深圳开幕。经贸部副部长、本届交易会组委会主任沈觉人，国家科委副主任李绪鄂，国防科工委副主任叶正大中将，广东省副省长钟鹤，李灏市长，朱悦宁副市长及港澳、外国来宾140多人出席了开幕典礼。1000多名外商参加交易会，签约成交41个项目，总金额2000万美元。

10月15～18日 台湾"立法委员"、"中国统一联盟"名誉主席胡秋原先生访问深圳特区。李灏市长在迎宾馆会见胡先生及夫人一行。

10月15～29日 应日本第建集团董事长、深圳城市管理顾问丸桥博行先生邀请，秦文俊副书记和李传芳副市长率领深圳考察团一行赴日本访问。

10月16日 应邀来华访问的芬兰共和国总统毛诺·科伊维斯托一行抵达深圳特区参观访问，市长李灏、副市长张鸿义赴车站迎接总统一行，并设宴欢迎客人一行。

10月18日 首届国际武术散打擂台赛在深圳体育馆举行开幕仪式，英国、法国、苏联、新加坡等14个国家参赛。专程从北京来深圳的中国武术协会名誉主席李德生上将、深圳市市长李灏等出席开幕式并观看了各国武林高手的表演。

10月19日 应邀赴日本访问的深圳市城市管理考察团在顾问秦文俊、团长李传芳率领下，拜访了日本前首相中曾根先生，秦文俊向中曾根先生介绍了深圳经济特区建设和发展情况。

△ 以民主德国记协主席团成员汉斯·勃兰特为团长的民主德国记协代表团一行3人来深圳特区参观访问。深圳记协主席罗妙会见并向客人介绍了深圳特区的发展情况。

10月20日 以民主德国统一社会党中央委员、中宣部部长克劳斯·格布勒为团长的民主德国中央宣传工作考察团一行访问深圳特区。

10月21日 深圳市副市长朱悦宁在新闻发布会上宣布：市政府制定的《关于鼓励出国留学生来深圳工作的暂行规定》开始实行。规定共17条，具体规定了来深圳工作的优惠条件。

10月23～25日 国务委员邹家华视察深圳特区。他先后到大亚湾核电站、彩管厂、皇岗口岸工地、浮法玻璃厂检查工作。李灏、周溪舞等向他汇报了工作。

10月24日 天津市中西药品、医疗器械进出口贸易与合作洽谈会在深南东路医药大厦举行。来自日本、泰国、西欧、新加坡和中国港澳地区的50余家外商参会。

10月28日 中共深圳市委在迎宾馆召开党外人士座谈会，传达中共十三届三中全会精神，通报深圳市贯彻三中全会精神的情况，听取与会代表的意见和建议，共商深圳特区的建设大计。座谈会上，党外人士争相发言，畅谈自己的看法。代表们在发言中表示：中央的决策非常及时，而且切中要害。最近采取一系列果断措施后，很快就见到了效果，市场物价开始平抑，秩序在好转，人心转安，这些变化也使大家对形势发展的前景增强了信心。

△ 市政府以招投标方式公开出让一块面积为 7291 平方米土地的使用权。市财贸实业开发公司以 1800 万元的出价，投得该块用途为兴建商业住宅楼宇的土地 50 年使用权。

10 月 30 日 深圳市委书记、市长李灏到《深圳特区报》报社检查工作并与报社工作人员座谈。

11 月 1 日 深圳市八大文化设施之一——深圳博物馆建成并正式开馆。首期展出的文物分为古代、近代、今日深圳三大部分。

△ 在首届全国城市运动会上，深圳选手段生治在 62 公斤自由式摔跤项目中，为深圳夺得本届城运会上的唯一一枚金牌。

11 月 2 日 由香港纺织工业知名人士——永新企业集团董事长曹光彪牵头，组织日本十大纺织集团之一的月东纺织株式会社、日本跨国公司日锦株式会社、中国纱布进出口公司等成立的合资企业深圳 NBP 公司成立。项目总投资 3000 万美元，产品全部出口。

11 月 2~4 日 日本深圳协力会第三次会议在深圳科学馆举行。李灏市长、日本深圳协力会会长宫崎勇先生在开幕式上讲话。国务院经济技术社会发展研究中心总干事马洪，日本前外相、日本深圳协力会名誉会长大来佐武郎出席了闭幕式。

11 月 3 日 为期 3 天的全国首届公关小姐、公关先生邀请赛在深圳会堂进行总决赛。

11 月 4 日 国家副主席王震①视察了深圳特区。听取了李灏、周溪舞等同志的工作汇报。王震同志说：当前全国形势很好，但存在一些问题，主要是经济发展速度过快，建设规模过大，消费基金增长过猛，引起通货膨胀。十三届三中全会后采取了各种有力措施，已初见成效，只要认真贯彻落实党中央、国务院指示，存在的问题是可以解决的。在谈到治理经济环境、整顿经济秩序同改革开放的关系时，王震说：这两者的关系是一致的。改革开放需要良好的外部环境，如果环境很混乱，改革开放也难以顺利进行。同样，需要治理整顿的一些问题，也要通过深化改革来解决。治理整顿的目的是为了更好地深化改革，促进开放，使经济工作更健康更协

---

① 王震（1908~1993），中国人民解放军著名将领，时任中华人民共和国副主席。

调地发展。

　　△　国务院经济技术社会发展研究中心、中国经济体制改革研究会和香港中国经济出版社联合主办的"一九七九——九八八中国十年经济改革的回顾与展望"国际研讨会在深圳举行。

　　11月6日　人民日报社社长钱李仁到深圳特区检查工作。

　　11月9~12日　中国首届高尔夫球大赛在深圳高尔夫俱乐部开幕。全国体总副主席、中国高尔夫球协会主席荣高棠，中国奥委会副主席陈先，新华社香港分社主要领导，广东省委书记林若，深圳市市长李灏等出席了开幕仪式。

　　11月10日　深圳铁路新客运站举行开工典礼。李灏市长出席仪式并为开工剪彩。新站总建筑面积为8万平方米，总投资2亿元。

　　△　苏联部长会议副主席、国家科委主席托尔斯特赫率领苏联政府代表团访问深圳，张鸿义副市长会见了客人。

　　11月14~16日　美国著名学者、中国问题专家、霍普金斯大学教授鲍大可访问深圳特区。李灏市长、张鸿义副市长会见了鲍大可先生。

　　11月15日　深圳电子工业美芝制造厂举行开业典礼，周溪舞副市长为开业剪彩，张鸿义副市长代表市政府致贺词。

　　△　深圳市委、市政府做出《关于贯彻十三届三中全会精神，治理经济环境、整顿经济秩序、全面深化改革的决定》，提出了具体措施加强经济建设。

　　11月18日　市政府公开拍卖一块面积为4241平方米土地的使用权，深圳万科公司以2000万元人民币的出价获得这块用途为兴建住宅楼宇的土地50年使用权。

　　11月19日　坦桑尼亚外交部部长阿米纳·阿里一行访问深圳特区，张鸿义副市长会见了客人。

　　11月21日　国内第一座商业用核反应堆——深圳大学微型反应堆建成。该反应堆是一座实验性反应堆，设备全部由我国自行设计、制造、安装，总投资350万元。

　　11月25日　深圳市企业股份制改革工作会议结束。会议提出：推行股份制是深圳特区深化国营企业改革的主要方向。市政府任命深圳发展银行负责人王健为深圳证券交易所筹备组负责人。

　　△　泰国武装部队代理最高司令差瓦利·荣猜育上将在广州军区司令员张万年中将陪同下访问深圳特区。

　　△　新华社报道：李灏市长在回答记者提问时说，明年深圳特区将进一步提高

对外开放程度，并在关税政策、管理方法、特区币制、信仰者培训等方面做好调查与准备工作。

△　深圳妈湾港 4 号码头 5000 吨级泊位建成投产。

11 月 25～29 日　由中国税务学会主办的"88 国际税收研讨会"在深圳举行。我国 14 个沿海城市、9 个省、5 个经济特区以及美国、日本、新加坡、澳大利亚、中国香港等国家和地区的税务官员、专家、教授 70 多人出席。李灏市长在大亚湾酒店会见了各位代表。

11 月 28～12 月 3 日　中顾委常委陈丕显视察深圳特区。李灏书记向他汇报了深圳经济建设发展情况。

12 月 1 日　罗湖海关查获香港旅客陈献南走私出境巨额外币案，查获港币 29 万余元，美金 2.5 万多元及法郎、英镑、澳币、新加坡币一批。

12 月 3 日　深圳市市长李灏会见并宴请香港房屋委员会主席钟逸杰爵士和新鸿基证券有限公司证券监理处主任欧伟贤先生。李灏市长对钟逸杰爵士一行说：深圳是一个新兴的城市，发展很快，但也带来一些社会问题，要解决的事情很多。此外，深圳特区是一个改革试验场所，这些试验涉及很多内容，需要统一各方面的认识，因此还要冒一些风险。

△　中共中央在中南海怀仁堂召集出席沿海地区对外开放工作会议的各省、自治区、直辖市负责同志座谈。赵紫阳、李鹏做了重要讲话。赵紫阳说：中国沿海地区确实出现了发展外向型经济、进一步吸引外商来华投资的好形势、好机遇。目前恰逢国内治理经济环境、整顿经济秩序，我们可以找到一条既有利于沿海地区外向型经济的发展，又不影响治理、整顿，而使两者互相促进的路子。治理经济环境、整顿经济秩序要坚定不移，实施沿海地区经济发展战略也要坚定不移。赵紫阳指出：我们这次治理、整顿，与过去的历次调整不同，是在对外开放的条件下进行的。如何利用好这个条件，来减少和克服治理、整顿中的困难，全国各地是有很多文章可做的。在沿海地区发展"两头在外"的外向型经济，就是一个重要方面。特别要充分利用我们的劳力、技术、基础设施和工业能力，开展对外经济技术的合作交流，发展以进养出、"三来一补"，引进国外的资金、技术和管理经验与我们的老企业进行"嫁接"，鼓励外商来华兴办独资企业。这些方面的发展，对我们进行治理和整顿，不但没有妨害，而且大有好处。对保持经济的发展、增加有效供给、扩大出口创汇都大有好处。赵紫阳指出，沿海地区一定要抓好经济结构的调整，包括产业结构、产品结构、投资结构、信贷结构的调整。通过调整，促进外向型经济的发展。必须压一些，保一些，对不利于全国治理经济环境的方面要坚决控制，对有利于发

展外向型经济的方面要积极地搞。对那些不适销的、消耗能源和原材料多的产品，对那些效益极低和亏损的企业，要压缩，让出一部分能源、原材料、运力和资金，保效益好的外向型的生产。从一定意义上讲，治理、整顿，对沿海地区旧模式的发展是一种抑制，对外向经济的发展是一种促进。而沿海地区外向型经济发展得越好，对全国的经济越有利。赵紫阳说：在治理、整顿中，对沿海地区发展外向型经济实行网开一面的政策，同时必须加强监督，以保证法规、政策的正确贯彻执行。尤其是权力下放以后，各级地方政府更要把监督当作主要职责。李鹏总理谈到，在发展外向型经济和对外贸易中，一定要重信誉，守合同，保证如期交货，并要提高出口产品的质量和档次，及时根据国际市场的需要更新产品的款式。他还特别强调，在对外贸易中要注意协调，防止盲目多头对外。

12 月 5 日　沙头角粤海家电五金总厂开发的"厨洁"牌抽油烟机荣获我国首届国家星火科技奖。李灏市长为该产品题词："开发更多第一流的厨房用具，更好地为千家万户服务。"

12 月 7 日　全国人大常委会副委员长习仲勋到深圳视察工作。李灏书记向他汇报了深圳治理经济环境、整顿经济秩序、深化改革的情况。

12 月 8 日　《深圳商报》试刊号面世，这是一家由"企业筹办、政府扶持"的经济报纸。《深圳商报》不仅在深圳与内地发行，还将在中国港澳发行，进入国际社会。主要读者对象是中外工商界人士和中高层经济决策人士。该报办报资金以自筹为主，政府给予适当扶持。

△　太平洋国家体操锦标赛在深圳体育馆开幕。来自澳大利亚、加拿大、美国、日本和中国等 10 个国家和地区的代表出席了开幕式。经过角逐，中国队获得男团冠军，李宁获得男子个人全能冠军。

12 月 10 日　第二届深圳国际医疗器械展览会在红岭大厦中贸发展览中心开幕。

△　深圳市政府召开市场供应会议，针对目前市场出现的"无盐可卖"的怪现象提出对策。从 12 月初开始，市场上出现办特区以来从未有过的现象——无盐可卖。一些不法商贩把盐囤积起来，以高价售出！市政府要求各部、委、办、局领导干部立即行动起来，搞好购、销、调、存、运工作，并坚决打击倒买倒卖、哄抬物价等行为。

△　"中国香港房地产经营管理研讨会"在深圳大学举行。研讨会就房地产业的内涵、房地产业的运行机制、房地产业与城市建设及国民经济发展之间的关系等问题进行探讨。深圳市副市长李传芳在讲话中强调：要借鉴和移植香港的经验，促进特区房地产管理体制改革。

12 月 13 日 经中共广东省委批准，林祖基同志任中共深圳市委常委。

12 月 15～17 日 深圳市 1989 年计划会议在深圳会堂举行。李灏市长主持会议，周溪舞副市长传达了全国计划会议、经济体制改革会议精神，秦文俊副书记传达了国务院召开的沿海地区对外开放工作座谈会议精神。

12 月 16 日 "体操王子"李宁告别体坛联欢会在深圳体育馆举行。李灏市长代表政府向李宁赠送了纪念杯。李宁在 17 年的体操生涯中共获 14 次世界冠军，共获得 106 枚金牌，4 次入选"全国十佳运动员"，入选"世界十佳运动员"，为我国体操事业做出重大贡献。

△ 苏联列宁格勒市市长霍列夫一行到深圳特区参观访问，李灏市长会见了苏联客人。

12 月 17 日 最高人民法院院长任建新在深圳特区检查工作。

12 月 18 日 深圳市"1988 年最佳营运司机"表彰大会在深圳会堂举行。李灏、秦文俊、朱悦宁等市委、市政府领导出席大会并给评选出的 10 名"最佳营运司机"颁发奖状和奖金。

12 月 19 日 罗马尼亚共产党中央政治局执委、中央党校校长杜米特鲁·波佩斯库访问深圳特区。秦文俊副书记会见了罗马尼亚贵宾。

12 月 20 日 1988 年国家质量奖评选工作在北京揭晓。深圳铁路双线高架桥、梧桐山隧道两项工程获"国家优质工程银质奖"（未设金质奖），这是深圳市工程项目继深圳体育馆、国贸中心之后第二次获得国家工程质量最高荣誉奖。

12 月 24 日 中国民主同盟深圳市委成立。胡政光为主任委员、王士杰为副主任委员。

12 月 27 日 深圳先科技术开发公司与宝安县新安镇流塘经济发展公司合作兴建"黄金台科技创业村"，建筑总投资 2 亿元，产业总投资 3 亿元。

12 月 28 日 特区建设的一项重大工程深圳机场隆重奠基，近期工程总投资约 4.95 亿元人民币，将在 1990 年年底建成。中国民航总局局长胡逸洲、广东省副省长匡吉、新华社香港分社副社长郑华、深圳市市长李灏出席了仪式。深圳市副市长周溪舞、民航广州管理局局长于延恩、长江葛洲坝工程局（中标单位）副局长胡金明在会上讲话。出席典礼的还有国务院外资投资工作领导小组顾问周建南、中顾委委员任仲夷、广东核电合营公司董事长王全国以及深圳市领导秦文俊、李海东、黄继友、李广镇、李传芳、朱悦宁、张鸿义等。香港知名人士安子介、李国宝先生也出席了典礼。深圳机场位于深圳市西的珠江口东岸，宝安县黄田村西北至福永镇的海积平原上，距深圳市中心 35 公里，占地面积约 6000 亩。

△ 深圳万科企业股份有限公司即日起开始向国内外公开发行股票 2800 万股，每股人民币 1 元。万科的前身是深圳国营现代企业公司，经市政府批准进行股份化改造。这是广东省工商企业按"国际规范"发行股票的第一家企业。

12 月 31 日 深圳市生产钟表 1 亿多只，99% 出口中国香港、欧美和东南亚地区，出口量、出口额占全国第一位。

1989年

1月1日 经广东省人民政府批准,《深圳特区电价改革方案》① 开始实施。

△ 深圳特区报业开始试运作激光照排系统,5月实现了革命性、跨越式迈进:全部版面用激光照排。因此,《深圳特区报》成为全国首家全部版面采用电脑激光照排系统的报纸,率先告别"铅与火"。

1月1~3日 深圳市举行首届高级顾问会议,商讨特区发展大计。出席会议的有周建南、任仲夷、刘田夫、王全国,香港知名人士霍英东、安子介、李国宝等。这次高级顾问会议就特区2000年经济社会发展战略,进一步对外开放和扩大经济合作与贸易,政治体制改革等重大问题,为市委、市政府的决策提出了建设性的意见和建议。

1月2日 《特区经济报》报道:1988年12月16~27日在北京举行的首届中国食品博览会上,深圳市有30个产品获奖。"喜上喜"腊肠、"活力宝"饮料、沙井蚝油等15个产品获得金奖;"菊花茶"等9个产品获得银奖;可乐浓浆等6个产品获得铜奖。

1月3日 由深圳赛格集团公司与加拿大善美电子有限公司集资兴办的全国首家中外合资科研机构——善美赛格研究所公司成立。该研究所注册资金为400万港元,其中外方占70%,赛格集团占30%。

1月5日 国务院批准深圳市皇岗口岸辟为对外开放口岸。这是继文锦渡、沙

---

① 当时,中国电力价格仍沿用30多年前的定价标准,而电力所需的一切生产资料目前大部分已实行企业定价和市场自由价,使电力价格远离价值,与其他商品的比价失调日趋严重。为此,深圳市政府于1987年5月决定对电价进行改革,并成立了电价改革小组。

头角之后，中国大陆开辟的第三个陆地连接香港的公路口岸。

△　国务委员陈俊生视察深圳特区，在听取市委市政府负责人汇报时指出，深圳要在全国率先建立商品经济秩序。

1月6日　吉林省委书记何竹康到深圳特区考察。

1月8日　全国政协副主席钱伟长在深圳特区视察。

1月9日　为使残疾人事业与社会经济协调发展，深圳市残疾人联合会召开首次代表大会。大会审议通过《中国残疾人联合会章程深圳市实施细则》，审议并批准联合会首届执行理事长叶惠青同志所做的《为加快发展深圳市残疾人事业而努力奋斗》的报告。

1月12日　广州、佛山、珠海、江门、深圳5市侨务工作联络会议结束。与会者围绕侨务工作如何为经济建设服务的主题交流经验，并对新的一年怎样开展侨务经济工作进行探讨。

1月13日　全民所有制的深圳达声电子公司完成国营企业向国家、外资和职工共同拥有的股份制企业改造。

△　深圳市企业文化研究会成立。该会的宗旨是努力研究和探索有特区特色的企业文化建设新路子，对深圳市企业文化的实践及时总结经验，交流信息，推进发展；促进企业界与宣传理论界及社会各界的联系和合作，沟通特区与海内外有关学术团体的友好联系和学术交流，为特区企业文化建设的规划和发展决策提供参考。

1月14日　新疆维吾尔自治区主席铁木尔到深圳特区考察。

1月15~16日　由国会主席兼参议长卢塞纳率领的巴西议会代表团访问深圳。

1月16日　中国民主促进会①深圳市委会筹备组成立。

△　蛇口工业区四达电子有限公司与法国CGE集团属下的SAFT公司合作兴建的四达电池厂举行开工典礼，李灏市长与法国CGE集团总裁苏拉特等为该厂剪彩。CGE集团是欧洲最大的工业集团之一，SAFT生产的电化电池产量居世界首位。

1月17日　深圳市委政务咨询委员会筹委会②成立。

---

①　中国民主促进会（简称民进）是以从事教育文化出版工作的高中级知识分子为主的、具有政治联盟性质的、致力于建设中国特色社会主义事业的政党，是同中国共产党通力合作的参政党，于1945年12月30日在上海正式宣告成立。

②　它是市委、市政府重大决策的咨询机构，由各民主党派、人民团体的负责人组成。李灏任主任委员，秦文俊、周溪舞任副主任委员。1989年1月，中共深圳市委下发《关于成立市政务咨询委员会筹备委员会和市政务咨询委员会筹备委员会办公室成员组的通知》（深发〔1989〕3号），决定成立深圳市政务咨询委员会筹备委员会，市委书记李灏兼任主任委员，市委副书记秦文俊、周溪舞兼副主任委员，委员共22名。政务咨询委员会定位为深圳市人民政府的高层决策咨询机构及各民主党派、无党派人士、人民团体和人民群众参政议政和民主监督的重要组织。

1 月 18 日 深圳市廉洁纪律教育大会在深圳体育馆举行。市委书记、市长李灏，市委副书记秦文俊、周溪舞，市委、市政府其他领导李海东、闻贵清、林祖基、李广镇、李传芳、朱悦宁、张鸿义等出席会议。全市机关干部、职工共 5000 多人参加大会。会上，南头区检察院公布了一宗受贿大案侦查结果，南头区建筑公司 101 队长黄耀江等，几年来共挪用 12 万多元的巨款，行贿该区各级干部 21 名，区建筑公司经理钟志彪等人罪行严重，宣布立即逮捕。

1 月 18～19 日 苏联土壤改良水利部第一副部长波拉德·查德等一行 10 人访问深圳。

1 月 19 日 深圳市普通教育工作会议召开。大会明确 1989 年深圳市教育工作的任务和深化教育改革的内容。市委书记、市长李灏在会上提议：把 1989 年作为深圳特区"教育质量年"。

1 月 20 日 中国第一家由企业筹办、政府扶持的综合性经济报纸——《深圳商报》正式创刊。

△ 深圳市委书记、市长李灏在全市普教工作会议上提议：1989 年为深圳特区的"教育质量年"。他说，他之所以提出这一提议，目的在于引起教育界乃至全社会对教育质量的高度重视。李灏市长强调，作为百年大计，教育事业应作为特区经济和社会发展的首要任务。教育事业的发展，将在战略上决定深圳的建设和外向型经济的进程。

1 月 21 日 中国致公党①第一届深圳市委员会正式成立。

1 月 23 日 深圳市政务咨询委员会筹备委员会召开会议，原则通过关于成立政务咨询委员会的筹备工作方案，并希望争取在 1989 年三四月间正式成立深圳市政务咨询委员会。

△ 深圳市委、市政府召开科技界人士座谈会。市委书记、市长李灏在座谈会上指出：深圳要发展，更多地要依靠技术进步，要充分利用特区的优势，加速科学技术转化为生产力的过程。

1 月 24 日 深圳市中级人民法院房地产审判庭正式挂牌办公。

1 月 25 日 深圳华港运输企业公司成立。深圳华港运输企业公司是我国首家国营公路涉外运输企业。经深港政府多次协商，于 1988 年 12 月 17 日达成协议，香港政府同意内地货车进入香港境内营业。

---

① 中国致公党是以归侨、侨眷中的中上层人士和其他有海外关系的代表性人士组成的，具有政治联盟特点的，致力于建设有中国特色社会主义的政党。中国致公党由华侨社团美洲致公堂发起，于 1925 年 10 月在美国旧金山成立。

△ 深圳市委召开局级以上干部会议，部署深圳市上半年工作。市长李灏在会上指出，今年的主要任务是：加强宏观调控，抓好基础设施建设，进一步做好外引内联的工作；深化企业改革；厉行节俭，克服资金紧缺困难；积极慎重，循序渐进推进政治体制改革；抓好思想政治工作；开展廉政纪律教育，加强廉政建设。

△ 古巴外长伊西多罗·马尔米耶卡一行 6 人访问深圳特区，张鸿义副市长会见了古巴贵宾。

△ 深圳警备区成立警备司令部。

1 月 28 日 深圳赛格集团公司、中国电子器件公司和日本国株式会社日立制作所在银湖举行签字仪式，成立深圳赛格日立彩色显示器件有限公司，合资兴建深圳彩管厂。该厂总投资 1.49 亿美元，计划 1990 年建成投产，年设计生产能力为 160 万只 21 英寸 HS 高性能、平面方角彩色显像管。

△ 凌晨，南头区农牧公司仓库发生火灾，共烧毁物资仓库 3 座，面积达 4000 平方米，直接经济损失约 200 万元人民币，是一次特大型火灾。

△ 文锦渡口岸发生香港货车司机罢驶事件，数千辆货车堵塞在口岸两边，时间长达 11 个小时。

1 月 29 日 驻深圳武警部队在六支队礼堂举行授衔仪式，武警部队司令员李连秀、第一政委王芳、政委张秀夫联合签署了关于授予苏少军等教官警衔的命令。

1 月 30 日~2 月 2 日 中顾委常委王首道一行在深圳市视察工作。

2 月 1 日 深圳市罗湖管理区制定的《房屋租赁管理规定》出台生效。

△ 总投资 1200 万美元的中外合资企业"新华纺织有限公司"正式成立，该公司是目前我国纺织行业中最大的腈纶纺织企业。

2 月 3~5 日 中共中央总书记赵紫阳一行在深圳视察工作。2 月 4 日，中央主要领导人与深圳市主要领导人共度春节。市委书记李灏向中央主要领导人汇报了工作。赵紫阳说，深圳特区在 9 年的时间里，越来越证明改革开放、建立经济特区的决策是正确的、成功的；特区的发展，使中国逐步缩短了与发达国家的差距，从政治上讲，它显示了社会主义制度的优越性，对香港的繁荣、稳定也具有重大的意义。

2 月 7 日 深圳特区电子工业 1988 年工业总产值达 3.5 亿元，外销收入 2.8 亿美元。在全国（京津沪除外）26 个中心城市中，电子工业总产值、出口产值，消费类产品产值，彩电产量，收音机产量，人均劳动生产率 6 项指标均列第一。

2 月 10 日 深圳市委思想文化工作领导小组举行首次会议，主要议题是：学习赵紫阳总书记最近来深圳视察时所做的重要指示，并研究如何通过持久、广泛、深入的宣传，让特区人民明确——把特区建设成"繁荣的经济，良好的政治"的先进地区，任务光荣而又艰巨，我们要为之努力奋斗。

2月14日 综合开发研究院（中国·深圳）① 成立。这是中国第一家由国内专家、学者、企业家、社会活动家自动联合、共同创办的非官方政策研究和咨询机构。

2月14～17日 中顾委常委宋时轮在深圳市视察工作。

2月17日 团中央书记处书记李源潮到宝安检查工作。

△ 一种比"B超"和"CT"扫描系统更精确、功能更齐全的大型精密医疗设备——核磁共振成像扫描机在蛇口开始使用。

2月20日 深圳市文学艺术界联合会第三次代表大会开幕。大会选出宣惠良为第三届市文联主席。

2月23日 中央军委总政治部主任杨白冰上将在深圳特区考察。

△ 深圳首座大型立交桥皇岗路立交工程动土兴建并举行开工典礼。

2月24日 青海省省长宋瑞祥到深圳特区考察。

2月28日 全国政协副主席杨静仁在深圳特区视察。

3月1日 深圳市交通邮电工作会议召开。

△ 经深圳市委、市政府研究决定，省高教局批准，深圳行政学院成立。它与市委党校实行"两块牌子、一套班子"联合办学。

△ 深圳市物资总公司下属建材公司与美国矿产金属有限公司联营的美国新州企业有限公司在美国新泽西州正式开业。

3月7日 深圳市建设工作会议召开。

3月8日 深圳市金融工作会议结束。

△ 苏联爱沙尼亚社会主义共和国部长会议主席列依·卡列别烈一行4人访问深圳特区，张鸿义副市长会见了苏联客人。

3月9～12日 彭真同志视察深圳特区。11日下午彭真同志会见了出席党建会议的部分代表，12日上午参加了深圳仙湖植物园的"植树节"活动，并与市领导李灏、秦文俊、周溪舞等共同栽下了几棵荔枝苗。

3月10日 深圳投资中心成立。它的任务是引进外资、洽谈协议、可行性研究，达成协议后为外商注册、报建、生产、提供生活服务等。

3月11日 深圳市委召开常委会议，讨论深圳市人大筹备工作的有关问题，并对市人大筹备组进行调整，秦文俊任组长。

---

① 综合开发研究院（中国·深圳）又称"中国脑库"，是经国务院总理批准成立、在业务上接受国务院研究室指导的独立研究咨询机构。

3月14～15日　由53个台湾中小企业董事长和总经理组成的考察团在深圳进行投资考察。

3月15日　深圳劳动学会①成立。

3月17日　市运输局将市内公共小汽车的经营权交给12家企业公开竞投，市小汽车出租公司和市公共汽车公司以最佳的经营方案中标。

3月18日　深圳中康玻璃有限公司举行签字仪式。机电工业部副部长张学冬、深圳市副市长朱悦宁、美国驻广州领事马克·普拉特、美国康宁玻璃公司董事长浩顿等国内外来宾300多人出席。

3月25日　蛇口码头新扩建的3.5万吨级泊位投入使用。

3月27日　为期一周的国际产品安全研讨会在深圳图书馆结束。

3月28日　国务院总理李鹏向七届全国人大二次会议提出一项议案，建议授权深圳市人民代表大会及其常务委员会和市人民政府分别制定深圳经济特区法规和规章。国务院秘书长罗干受国务院委托，就此议案向全国人大全体会议做了说明。议案提出：为了加快深圳经济特区的建设，在深圳经济特区进一步实施对外开放政策和发展社会主义商品经济，国务院建议，授权深圳市人民代表大会及其常务委员会根据具体情况和实际需要，遵循宪法、法律和行政法规的基本原则，制定深圳经济特区法规，发布实施，并报全国人民代表大会常务委员会、国务院以及广东省人民代表大会常务委员会备案，授权深圳市人民政府制定深圳经济特区规章并组织实施。

3月29日　新西兰外长马歇尔一行7人访问深圳特区，朱悦宁副市长会见了新西兰贵宾。

3月30日　深圳市首次召开全市理论工作会议，讨论部署理论研究、理论宣传和理论教育工作。

4月2日　七届全国人大二次会议主席团第三次会议召开，由主席团万里委员长主持，原则通过七届全国人大二次会议对国务院提请审议的授权深圳市人民代表大会及其常委会和深圳市人民政府分别制定深圳经济特区法规和规章的议案的决定草案。

△　国家机电部公布：中国长城计算机深圳公司1988年以2.08亿元产值居全国计算机行业之首，产量和出口也遥遥领先。

4月3日　我国第一家彩色显像管修复再生企业——深圳三新电子有限公司成

---

①　2004年，在深圳市政府机构改革中，根据劳动保障工作发展的需要，深圳劳动学会和深圳市社会保险学会进行整合，在此基础上组建成立深圳市劳动和社会保障学会。

立，它使废损彩管起死回生，变废为宝。

4 月 4 日 七届全国人大二次会议关于授予深圳市"立法权"议案出现波折。大会主席团研究代表们的意见后，做出分两步走的决定，即先让深圳市依法选举产生市人大及其常委会，然后再由全国人大常委会对国务院的议案进行审议，做出相应决定。

4 月 2 ~ 4 日 中共青海省委书记尹克升一行在深圳市参观考察。

4 月 8 日 海南省委书记许士杰在深圳特区考察。

4 月 10 日 美国 DEC 电脑公司在深圳投资兴建的 DEC 电脑中国有限公司正式投产。

4 月 11 日 深圳市工商企业开始全面换发营业执照。动员大会在市府会议室举行。

4 月 12 日 1986 年 5 月 5 日破土动工的深圳河大桥合龙。大桥全长 780 米，主桥宽 30 米，分东桥、西桥两部分。以深圳河中央为界，北部深圳段由铁道部大桥局深圳工程公司施工，南部香港段由香港和韩国承包商施工。大桥工程是 1986 年 5 月 5 日破土动工的。14 日深港双方正式讨论通过《深圳河水污染防治规划》。

4 月 13 日 深圳市加强企业管理领导小组第一次工作会议召开。

4 月 14 日 深圳市监察工作会议召开，确定 1989 年和今后一个时期监察工作的重点：反贪污，反受贿，同腐败现象做斗争，搞好特区的廉政建设。

4 月 14 ~ 15 日 由 53 个台湾中小企业的董事长和总经理组成的考察团在深圳市进行投资考察。

4 月 15 日 第六届中国戏剧梅花奖颁奖大会在深圳体育馆举行。党和国家领导人杨尚昆、习仲勋、薄一波、宋任穷、谷牧等给本届梅花奖题词或发来贺信。

4 月 16 日 深圳定期航班首航赤湾港。通过该航班，深圳产品可直接运抵美国，至美国西海岸仅需 15 天，东海岸也只需 20 天。

4 月 18 日 深圳市旅游工作会议在小梅沙海滨旅游中心圆满结束。会议就深圳市旅游业如何进一步拓展海外市场、发展特色旅游、提高自身吸引力等问题进行了专题讨论。

4 月 19 日 深圳市市长李灏在市直属机关、县、区和企业负责人会议上指出：今后两三年特区发展的指导思想是：坚定不移地贯彻执行治理整顿、深化改革的方针，把治理整顿、深化改革、完善立法结合起来，逐步建立起特区的社会主义商品经济新秩序。

4 月 19 ~ 20 日 中共广东省委书记林若一行专程考察正在建设中的深圳市盐田港。

4月20日 为加强对全市民间科技企业的管理，并为之提供相应的服务，深圳市科技创业服务中心①正式开展工作。

4月22~24日 中国科学院院长周光召在深圳特区检查工作。

4月22日 深圳市各界人民深切悼念胡耀邦同志逝世，在市委、市政府大楼礼堂设立灵堂，市委、市府负责同志和各界人士一起参加了悼念仪式。

4月23日 为搞活资产存量，促进生产要素的合理配置，深圳市政府颁布《深圳市国营企业产权转让暂行规定》，并成立市产权转让领导小组，指导和协调企业产权的转让工作。

4月24日 深圳大剧院建成并投入使用。该剧院总投资约1亿元，占地5.7万平方米，建筑面积达3.89万平方米，是一座具有国际先进水平的现代化建筑和艺术场所。

4月24~25日 古巴共产党中央委员、古巴妇女联合会总书记多拉·卡卡尼奥率领古巴妇女代表团访问深圳。

4月25日 深圳经济特区办理新暂住证的人员达到521083人，比1988年多20万人。深圳市劳动、工商、公安等有关部门在办理暂住证的同时，整顿清理"三无"人员②。通过清理整顿，把18810名"三无"人员清理出特区，并查获盗窃、诈骗、抢劫、走私等违法犯罪人员1769名。

4月27日 中共深圳市委召开会议，就如何维护特区安定团结的政治局面，防止不法之徒制造动乱的问题进行研究。会议号召全市共产党员、干部职工和师生积极行动起来，旗帜鲜明地反对动乱，坚决维护安定团结的大局，把特区治理整顿、改革开放的事情办好。

4月29日 深圳市召开立功创先竞赛表彰大会，154个先进个人和159个先进集体受表彰。市委、市政府领导李灏、秦文俊、周溪舞、李海东、朱祖基、李广镇、朱悦宁等出席了会议。

4月30日 出席全国第三次环保工作会议的深圳市副市长李传芳在北京接受新华社记者采访时说，深圳市将耗巨资完成若干环保工程，包括与深航合作投资1亿多元治理深圳河、投资1300多万元彻底解决深圳水库排水工程等。这些工程完成

---

① 该中心是深圳市科委的下属机构，主要职能是对深圳市民间科技企业实施指导性管理，并会同工商、税务、审计、银行等部门，对民间科技企业的经营活动进行监督管理，负责民间科技企业的人事、档案管理，以及专业技术职务资格的申报、评审，还提供产品、原器件、原材料等生产资料的进出口申报等综合服务。

② "三无"人员指无合法证件、无合法工作、无合法居所人员。

后，能为外商创造更为理想的投资环境。

5 月 2 日 泰国内政部长巴曼·阿里绿汕上将和夫人一行 20 人访问深圳特区。

5 月 4 日 全国政协副主席谷牧一行在深圳市视察工作。

5 月 5 日 以保加利亚共中央政治局委员、中央书记米尔科·巴列夫为团长的保共中央代表团访问深圳特区。深圳市委书记李灏会见了保共中央代表团贵宾。

5 月 6 ~ 15 日 中国深圳珠海国际艺术节在深圳、珠海两地隆重举行，共有 8 个国家的 500 多名艺术家参加演出。全国政协副主席谷牧在出席艺术节期间，视察了深圳特区。市委、市政府负责人李灏、秦文俊、周溪舞、张鸿义、李广镇、朱悦宁等向他汇报了工作，谷牧听完汇报后指出："深圳的出路在于进一步改革、开放，参与国际市场的竞争。深圳打出去了，可以带动珠江三角洲，以及影响全国。"

5 月 6 ~ 8 日 美国爱理达公司①主席翰德生、总裁 D·DOY 一行访问深圳市，并到赛格集团进行业务洽谈。

5 月 8 ~ 9 日 深圳市口岸办在全市口岸工作会议上提出：深圳未来 10 年口岸工作的设想是原则上不增建大型口岸，而是着力于把已有口岸建设好、改造好和管理好。

5 月 9 日 深圳蓝天国际经济交流中心、中国经济体制改革研究所、中国企业管理协会联合举办大型讨论会。同时，深圳蓝天国际经济交流中心成立大会举行。

5 月 9 ~ 10 日 国家体委主任伍绍祖一行在深圳市检查工作。

5 月 10 日 《深圳特区报》报道，香港知名实业家李嘉诚先生将斥资 30 亿港元开发福田国际工业村。

5 月 12 ~ 13 日 越南外交部第一副部长丁儒廉一行访问深圳市。

5 月 12 ~ 14 日 福建省委书记陈光毅一行在深圳市参观考察。

5 月 13 ~ 14 日 斐济财政部长卡米萨一行访问深圳市。

5 月 19 日 全国部分省区市个人收入调节税工作座谈会在深圳举行。

5 月 20 日 上午，市委书记李灏主持召开市委常委会议，学习李鹏同志代表中共中央政治局常委在首都党政军干部大会上的重要讲话。与会同志表示，李鹏的讲话十分重要，各部门都要认真贯彻落实，按照党中央的精神，统一思想、做好工作，维护特区安定团结的政治局面。市委要求各级领导带头，各级党组织要发挥战斗堡垒的作用，广大党员要严守纪律，听从指挥，不能参与任何损坏安定团结的活动，

---

① 该公司在美国当时 128 家大公司中位于第 25 位，主要从事航天、电子、化工、仪表以及纤维等高科技的产品研制、生产和贸易工作。在世界 56 个国家和地区有 110000 名雇员、43 个贸易公司和 500 个工厂。

要坚守岗位，坚持工作，保证特区生产、工作、生活秩序正常运转。

△ 受3号台风的影响，深圳市发生特大洪灾，县城西乡降雨达449.4毫米，24座桥被冲毁，3万多亩稻田受淹，3万多亩鱼虾塘没顶，多间房屋倒塌，直接经济损失1亿多元。灾情发生后，市长李灏，副市长李广镇、李传芳亲临受灾现场视察灾情，指挥抗灾斗争。

5月22~23日 保加利亚国家和人民监察委员会主席格·格奥尔基耶夫一行访问深圳市。

5月23日 经国家外汇管理局批准，深圳招商银行在国内金融界首办离岸金融业务。

5月23~24日 科威特巴哈尔集团总裁默哈曼德·巴哈尔先生偕夫人一行访问深圳市。

5月27~28日 美国大陆谷物公司董事长傅力苞一行访问深圳市。

5月29日 深圳市职称改革工作①总结大会召开。深圳市职称改革工作领导小组向获得高级专业技术职称的技术人员颁发任职资格证书，其中工程技术人员占51.5%，中学教师占13.7%，卫生技术人员占11.8%，大、中专教师占9.6%，科研、新闻、农业等系列专业人员占13.4%。

△ 国家物资部部长柳随年一行在深圳市检查工作。

5月30日 中国最大的集开发、经营、进出口贸易为一体的物资行业——中国（深圳）物资工贸集团公司开业。

5月31日 深圳市召开贸易工作会议。

6月 深圳市委、市政府贯彻广东省委〔1989〕6号文件精神，集中力量做了清理党政干部违纪违法建私房和用公款超标准装修住房的工作。同时，把纠正行业不正之风和清理"三乱"②作为加强廉政建设、消除腐败现象的一项重要任务来抓。

6月1日 深圳国际展览中心开幕。市长李灏，副市长李广镇、朱悦宁，联邦德国格拉赫国际集团有限公司总裁格拉赫先生出席了开幕仪式。

6月2~7日 国家监察部部长尉健行在深圳特区检查工作。

6月2日~7月2日 "沪、苏、浙、皖产品展览暨经济合作项目洽谈会"在深圳国际展览中心举行。

6月4日 深圳市已有54家获得批准的私营企业。其中，14家是科技型私营企

---

① 经过3年的职称改革工作，深圳市有1547人获得高级专业技术职务，8482人获得中级专业技术职务，26971人获得初级专业技术职务。

② "三乱"指乱收费、乱罚款、乱摊派。

业，其余的均以普通民间股份形式出现，投资总额为 1081 万元①。

6月8日 中共深圳市委召开座谈会，深圳各民主党派人士强烈希望深圳特区保持安定团结的局面。

△ 经广东省司法厅批准，中国第一家个体性质的律师事务所——深圳市李全禄律师事务所正式成立。至此，深圳市初步形成了有国家、合作制和个体律师事务所并存，多形式、多层次的律师管理体制格局。

6月10日 九三学社②深圳市委员会（筹）成立。

△ 深圳市公产房（旧房）的售、租工作基本结束。签订售、租合同并按合同付款的市直管公产房（含市财政投资单位自管房）共计7900套，其中购房的7100套，首期回收资金7500多万元。至此，全市行政事业单位干部职工7000余户有了私人房屋。

6月11日 深圳市委召开市委常委扩大会议，学习邓小平同志6月9日重要讲话，决心从思想上、政治上、行动上与党中央保持一致。

6月13日 广东省委决定，古志德同志任中共深圳市委常委。

6月16~18日 由日本西日本银行组织的日本商界会社代表团一行18人访问深圳市，了解深圳市投资环境，洽谈经济合作事宜。

6月17日 为加强民意咨询工作，深圳市委、市政府发出《关于建立和完善社会民意咨询监督制度的通知》，并对有关事项提出明确要求。

6月20日 深圳市政府在深圳会堂召开全市控制固定资产投资动员大会。会议强调：这次压缩固定资产投资规模，是动真格的，该停的就停，该缓的就缓，事关大局，来不得半点马虎和敷衍。会上，李灏市长做了重要讲话。

△ 张鸿义副市长在迎宾馆邀请23家外资银行、金融机构负责人促膝恳谈，解难释疑。被邀请的23位金融家悉数到会。张鸿义在会上说，中国目前发生的事情，不可能对海外投资者没有影响，但这种影响是暂时的，有远见卓识的海外企业家、银行家了解到中国对外开放的基本国策不会改变，在静观一段时间后会做出明智的判断和选择。国际商业信贷银行、拓殖银行深圳分行的行长在发言中表示，北京的局势对他们的投资影响不大，他们对投资中国充满了信心。

---

① 1989年2月27日，国务院颁布了私营企业申报实施细则之后，深圳市政府迅速做出反应，已制定出实施规定。规定指出，兴办私营企业的目的，是为了充分发挥科技人员和深圳市不在职人员的积极性，促进科研与生产的直接结合，增强为大工业配套的能力。
② 九三学社是以科学技术界高、中级知识分子为主的具有政治联盟特点的政党，是接受中国共产党领导、同中国共产党通力合作的亲密友党，是进步性与广泛性相统一、致力于中国特色社会主义事业的参政党。

6月23～24日　日本兼松江商株式会社美国社长四十宫一行访问深圳市。

6月25日　深圳市委召开常委扩大会议，认真学习四中全会公报，坚决拥护全会各项决定。

△　应我国外交部的邀请，圣多美和普林西比外交部部长卡洛斯·特哥卡萨一行4人访问深圳特区，张鸿义副市长会见并宴请卡洛斯外长一行。

6月28日　深圳市第二届荔枝节在市少年宫"大家乐"开幕，市长李灏手执锣槌连敲三响并致开幕词。

△　第二届荔枝节贸易洽谈商品展销会在寰宇酒店揭幕，副市长李广镇主持，共22个省区市的代表参加商贸洽谈与展销。

6月30日　在深圳市第二届荔枝节期间，"中国名优产品暨国内外生产资料展销中心"在深圳外贸大厦展销厅开业。

7月1日　根据国家劳动部、财政部和国家物价局关于劳动合同签订和劳动争议仲裁收费及使用范围暂行办法的联合通知精神，深圳市全面开展劳动合同的签订工作。

△　为严格控制固定资产投资规模，根据上级有关文件精神以及深圳市人民政府《关于深圳市从即日起实行固定资产投资项目建设许可证制度的决定》，深圳市计划局日前开始统一审理发放建设许可证。

△　深圳市政府颁布《深圳入出境口岸区域管理规定》。

7月11日　深圳市召开"加强税收管理，整顿税收秩序"千人大会。会议要求全市各企事业单位领导和财务人员管好账目，依法纳税，警惕使用假发票上当受骗，严禁利用假发票偷税漏税，并积极主动地配合全市即将开展的全面清查发票的工作。

7月15日　国务院机构编制委员会确定宝安县为全国县级机构改革的试点县。

7月19日　为维护消费者的利益，加强市场商品质量监督管理，深圳市市场商品质量监督网①正式宣告成立。

7月20～22日　苏联渔业部部长恩·依·科特亚乐率领苏渔业代表团访问深圳市。

7月21日　深圳市召开整顿建筑市场动员大会，部署建筑市场整顿工作。

7月22日　中国国民党革命委员会②深圳市委员会成立。周长瑚当选为主任，

---

①　这个监督网将通过深圳市商品经销企业自身的力量，在购销各个环节中发挥质量监督作用，为社会提供优质商品服务，切实杜绝假、劣、冒商品，维护经营者和消费者权益。

②　中国国民党革命委员会（简称民革）于1948年1月1日在香港成立，由原中国国民党民主派及其他爱国民主人士所创建，是具有政治联盟性质的、致力于建设中国特色社会主义和祖国统一事业的政党，是中国共产党领导的多党合作和政治协商制度中的参政党。

吴德立为副主任。

7 月 24 ~ 25 日　波兰驻华大使马·灌西尼亚克一行访问深圳市。

7 月 27 日　深圳市政府颁布《深圳经济特区居屋发展纲要》①，提出住房供求"双轨三类"制。

7 月 29 日　中国农工民主党②深圳市委员会成立。

△　深圳市外贸经济信息交流会举行首届会议。

7 月 31 日　《深圳市国营企业产权转让合同公证试行办法》正式发布实行。

△　深圳市政府清理整顿公司领导小组召开动员大会并做出部署，将彻底清理党政机关办企业。

8 月　深圳市召开房地产市场整顿大会，提出七项整顿措施，并公布了《关于加强深圳经济特区房地产市场管理的试行规定》、《关于土地、房地产市场管理的若干政策意见》、《关于在深圳经济特区进行土地房屋登记发证工作的通知》、《深圳市房地产登记程序》、《协议出让土地使用权办理程序》和《一九八九年以来协议出让土地使用权情况公布》等法规。

8 月 4 日　深圳市政府在深圳会堂召开整顿房地产市场动员大会。

8 月 6 ~ 8 日　英国兰开夏企业有限公司董事总经理大卫·泰乐一行访问深圳市。

8 月 8 日　深圳市召开惩治腐败宣判处理大会。会上，市委副书记秦文俊宣布，10 月底前投案自首退清赃款者，将依法获得从宽处理。

8 月 13 日　全国首届语言文字规范化及语文教改讲习班在深圳市教育学院举办。在讲习班上，穗、深、珠、港、澳普通话联谊会宣告成立。

8 月 16 日　深圳市房地产权登记处规定：房地产转让交易活动一律要在房地产交易所交易。

8 月 17 ~ 18 日　深圳市新闻工作者协会、市新闻学会联合举行座谈会，就反对资产阶级自由化思潮，维护新闻的党性原则等问题进行讨论。参加座谈会的新闻工作者交流了情况，分析了新闻舆论存在的严重问题，总结了新闻出现舆论导向严重错误的教训。

---

①　该纲要是为了解决深圳的住房问题，市房产管理部门考察、借鉴了中国香港及新加坡住房发展经验制定出来的。1989 年 8 月 11 日，市政府批准该纲要。"双轨"即市房管局组织建房和房地产开发公司投资建房；"三类"，即福利商品房、微利商品房和市场商品房，即成本价安居房、微利价安居房和市场商品房。

②　中国农工民主党是由革命先烈邓演达等同志于 1930 年 8 月 9 日在上海创建，以医药卫生界高、中级知识分子为主，是具有政治联盟特点、致力于建设中国特色社会主义事业的政党。

8月18日　深圳市科技工业园总公司在银湖旅游中心举行新闻发布会，宣布由深圳市科技工业园总公司电脑室与台湾电脑专家朱邦复联合开发的"全汉字编码输入与字形输出技术"取得了突破性进展，从而使中国在该项技术的研究和应用上处于国际领先地位。

8月21日　深圳市工会第二次代表大会在深圳会堂开幕。

8月22日　经深圳市政府批准，深圳市信息行业协会①正式成立。

8月24日　经市人民政府批准，深圳市资产评估事务所正式挂牌营业。

8月25日　深圳市房屋建设、分配、管理咨询委员会成立。咨询委员会的主要任务是沟通领导和群众、社会各界之间的相互联系，提高房屋建设、分配、管理工作的透明度，防止在住房建设、分配、管理中的不正之风。

8月26日　深圳市普教学习工作会议结束。会议强调：全市普教系统要在统一认识的基础上，总结经验，深刻反思，把全市的教育工作者的思想行动统一到四中全会和邓小平同志讲话的精神上来，自觉坚持社会主义的办学方向，把学校办成培养社会主义事业接班人的坚强阵地。

8月27日~9月7日　以李灏为团长、李广镇为副团长的深圳赴东北考察团一行11人到达哈尔滨考察访问。黑龙江省委书记孙维本、省长邵奇惠会见了李灏一行。双方互相介绍了各自改革开放的经验。

8月28日　深圳市外商投资企业协会②成立。

8月30日　李传芳副市长被授予全国"环境保护事业优秀领导者"荣誉称号。

8月31日　为推动中文电脑文字处理系统和文字处理设备的发展，中国计算机用户协会和计算机信息报社在深圳市举办"全国文字处理技术推广会"。

9月　中国建设银行深圳市分行在国内首创保管箱业务。

9月1日　为建立和完善社会民意咨询监督制度，深圳市劳动局成立"深圳市劳动工资咨询委员会"和"深圳市劳动用工咨询监督委员会"。

9月7~9日　由众议员路易斯·索耶尔率领的巴西民主运动党代表团访问深圳市。

9月10日　个体、私营企业产品、技术（深圳）展销会在深圳市国际展览中心

---

① 该协会是经深圳市人民政府批准、以深圳市信息行业企业为主体，由与信息化建设联系密切的企事业单位、研究机构、社会团体及各省市驻深机构自愿组成的非营利性的社会组织，是自律性的、具有产业性质的经济类社团法人。

② 该协会服务的内容：为会员企业提供综合性的政策服务、成为会员企业与政府之间沟通的桥梁、维护外商投资企业的合法权益。

举行，这是我国第一个专为个体私营企业举办的展销会。

9 月 10 ~ 30 日　以市委副书记、副市长周溪舞为团长的深圳特区考察团对云南和四川两省进行考察访问，受到两省领导的热情接待，并就深圳与两省经济合作进行了探讨，洽谈了一批工贸项目，达成若干合作意向。

9 月 13 日　中共中央政治局常委、中央书记处书记李瑞环在省长叶选平、省委副书记谢非陪同下视察深圳特区。市委书记李灏、副书记秦文俊向李瑞环同志汇报工作。听完汇报后，李瑞环同志充分肯定了深圳特区对国家所做的贡献，希望深圳人民把特区的改革开放搞得更稳、更好、更快。

9 月 15 日　深圳市资金工作会议召开。

9 月 17 日　以张鸿义副市长为团长的深圳特区考察团访问了新疆和甘肃两省区，受到两省区领导的热情接待，与两省区就经济合作问题进行了探讨，并对双方认为条件成熟的项目达成了具体的协议。

9 月 18 日　深圳市党委书记吴泽伟和深圳大学校长魏佑海在开学典礼上表示：深圳大学实行党委领导下的校长负责制，将大力加强思想政治工作，从严治校、从严治教、从严治学，使深圳大学成为培养社会主义合格人才的阵地。

△　深圳市消费者委员会①正式成立。

9 月 20 日　由广东省海外联谊会、广东外商会、广东外商投资协会举办的"三资企业"金匙奖的评选中，深圳"康佳"荣登榜首。荣获一等奖的还有 5 家企业，分别是：深圳饮乐汽水厂、深圳华强三洋电子有限公司、深圳中华自行车集团有限公司、华发电子有限公司、中冠印染有限公司。

△　联邦德国驻华大使韩培德访问深圳特区。大使是专门到广东了解改革开放情况的。李灏市长会见大使时说，对外国投资者的政策不但不会改变，而且还要创造更好的投资环境。李灏市长同时对联邦德国投资者对深圳的投资表示欢迎。

9 月 20 ~ 21 日　蒙古人民共和国乌兰巴托市人民代表呼尔执委会主席桑布·蒙赫尔嘎勒一行访问深圳市。

9 月 21 日　大亚湾核电站一号反应堆厂房封顶。一号反应堆拱顶直径为 37 米，高 11 米。一号反应堆的封顶标志着一号机组由土建转入全面安装阶段，是主体工程

---

①　深圳市消费者委员会是 1989 年 9 月 8 日经深圳市人民政府批准，依法成立的财政全额拨款的事业单位。1996 年，经市政府批准换届，王穗明副市长担任本会名誉会长，深圳市工商（物价）局局长聂振光担任本会会长，深圳市工商（物价）局副局长彭曙曦担任本会常务副会长。副会长单位有深圳市质量技术监督局及进出口商品检验检疫局、深圳市贸发局、深圳市卫生局等四家职能部门，委员来自政府职能部门和社会团体。

开工后又一个里程碑。

9月21～24日　国家监察部部长尉健行一行在深圳市检查工作。

9月24日　我国第一个为中外企业的立项、报批、经营、兼并、破产清算等所有经济活动提供专门法律服务的机构——深圳特区经济贸易律师事务所"全方位法律服务部"正式成立。

9月25～27日　深圳市吴炯声、张进达、张伟基、徐满昌、陈宏明5位劳模在北京参加全国劳模会议。

9月29日　深圳市第三届运动会在宝安县体育场开幕。该届市运会有16个比赛项目，共有336枚金牌，2200名运动员参赛。

9月30日　深圳市公路建设重点工程之一——广深一级公路第一期工程竣工并举行通车典礼。市委、市政府领导李灏、秦文俊、李广镇、朱悦宁等出席了通车仪式。李灏市长为通车剪彩。朱悦宁副市长在典礼上做重要讲话。典礼结束后，李灏市长一行在松岗镇参加了广深公路松岗高架桥开工典礼。

10月3日　市委召开市委常委会议，认真学习江泽民同志国庆讲话。一致认为这个讲话是指导当前和今后一个时期全党工作的纲领性文件，要求全市党员、干部和群众认真学习领会，切实贯彻执行，用讲话精神进一步统一思想和行动。

10月3～5日　古巴共产党中央书记莱昂纳尔·索托率领古共中央代表团访问深圳市。

10月4日　深圳市委、市政府决定建立市常委、副市长约访群众制度。

10月5日　深圳市房地产协会①成立。

10月5～7日　第二届深圳市城市管理国际学术研讨会在深圳举行。李传芳副市长致开幕辞。

10月6日　为吸取国外先进经验，探索进一步对外开放的途径，中国综合开发研究院与深圳市共同举办"综合商社与跨国公司问题国际研讨会"。

10月7日　深圳市委、市政府召开惩治腐败、加强廉政建设情况通报会。

10月8～9日　蒙古人民共和国妇女代表团访问深圳市。

10月12日　中国第一家劳动用工专职监察机构——深圳市劳动监察大队成立，具体实施劳动用工监察、督导。

10月12～13日　深圳市举行局以上干部会议，认真学习江泽民同志国庆重要

---

①　该协会是由从事房地产开发经营、房地产咨询、代理、经纪、物业评估等业务的企事业单位自愿参加组成的自律性组织，是依照法律规定，经社团登记管理机关批准注册登记的具有法人资格的社会团体。

讲话。市委书记、市长李灏在会上就如何学习贯彻讲话精神、做好各项工作提出了具体要求。

10 月 13 ~ 14 日 由董事局董事长约翰逊率领的美国加德士石油公司董事局访问团访问深圳市。

10 月 15 日 深圳市一届人大十次会议审议并通过《深圳市人大常委会制定深圳经济特区法规规划》，决定加快立法步伐。

10 月 16 ~ 27 日 以张鸿义副市长为团长的深圳市经济贸易代表团在美国休斯敦市进行友好访问，并参加亚太美国商会国际会议，与会议代表就经济、贸易合作进行洽谈。

10 月 18 日 深圳市政府举行优秀"三资"企业表彰大会。

10 月 19 日 深圳丝绸时装展销中心在湖心大厦开业。

△ 深圳市经济发展局主持召开市属企业经理会议，布置 1989 年税收财务大检查工作。

10 月 20 日 深圳市委、市政府召开全市处级以上干部会议，进一步贯彻省委 6 号文件精神，部署继续抓好清理党政干部建私房及超标准装修住房的工作。

10 月 23 日 为更好地贯彻治理、整顿的方针，有效地控制固定资产投资规模，使投资结构更趋合理，确保深圳市 1989 年不突破国家核定的固定资产投资指标，市清理固定资产投资项目领导小组决定，对深圳市 1989 年固定资产投资项目进行全面检查。

10 月 24 ~ 28 日 以匈牙利妇女全国理事会主席奥什包特妮托尔玛·古迪特为团长的匈牙利妇女代表团访问深圳市。

10 月 25 ~ 27 日 由苏维埃社会主义共和国联盟检察院副总检察长阿·谢·波别日莫夫率领的苏联检察院代表团访问深圳市。

10 月 26 日 中国民主建国会①深圳市委员会成立。

△ 由苏联最高苏维埃主席团成员、苏共中央委员、苏联人民监察委员会主席瓦西里耶维奇·科尔宾为团长的苏联监察代表团访问深圳市。

△ 泰王国副总理披猜·拉达军一行以及泰国工商界人士访问深圳市。

10 月 28 日 为探索一条创建综合型、多功能、国际性集团公司的路子，中国有色金属总公司深圳联合公司举办的新型公司研讨会开幕。

---

① 中国民主建国会（简称民建）是主要由经济界人士组成的、具有政治联盟特点的、致力于建设中国特色社会主义事业的政党，是中国共产党领导的多党合作和政治协商制度中的参政党。

△　深圳纺织生产资料配套市场正式开业。

△　深圳布吉农产品中心批发市场开业，在中国内地率先探索农产品流通体制改革。

10月28～29日　萨摩亚独立国总理阿莱萨纳访深。

11月2日　"89国际现代技术展览会暨中国通用机电产品出口展览"在深圳市开幕。

11月2～3日　由第一副部长潘斯科夫率领的苏联财政部代表团访问深圳市。

11月4日　全国政协副主席卢嘉锡一行在深圳市视察工作。

11月5～6日　由经济供应部第一副部长高陶布率领的蒙古政府经贸代表团访问深圳市。

11月6～7日　由保中友协主席、保共中央委员、科学院副院长兼秘书长、科学院院士、著名经济学家伊万·伊利耶夫率领的保加利亚访华团访问深圳。

11月8日　深圳市政府副秘书长、建设局局长王炬在市土地房屋登记发证工作会议上说：从11月8日起，深圳市将全面开展发放房地产证的工作。今后不管任何单位和个人，都必须凭证营业，凭证出售、出租房地产，凭证办理房地产买卖、继承、赠与、交换、抵押等手续。没有房地产证的土地房屋，不受法律保护。

△　深圳市政府在全市清理整顿公司工作会议上强调：深圳市清理整顿公司经过一年的努力，已取得很大成绩，但离中央的要求还差得很远，还必须进一步抓紧抓好。

11月9～12日　澳大利亚北部省政府、达尔文市贸易发展特区管理局在深圳市举办"澳大利亚北部省博览会"，并开展业务洽谈。

11月10～11日　尼泊尔王国内政国务大臣塔帕偕夫人一行访问深圳市。

11月12日　中国交通职工思想政治工作研究会地方交通南方组第四次会议在深圳召开。会议中心议题是：以党的十三届五中全会文件和江泽民国庆重要讲话精神为指导，紧密联系交通系统实际，以如何领导和进行交通行业职工思想政治工作与精神文明建设为主题，进行研究探讨和交流经验。

11月14日　把深圳市文化艺术、新闻出版、电视广播三个部门实行统一管理而新建制的深圳市文化委员会宣告成立。

11月16日　深圳市召开报刊出版工作会议，传达和贯彻省报刊出版压缩整顿工作会议精神，部署下一步继续整顿的计划。

11月18～20日　苏联商业部部长康齐·杰列赫一行7人访问深圳。

11月19～20日　由苏联国家银行副行长扎哈罗夫率领的苏联国家银行代表团

访问深圳市。

11 月 20 日 深圳市副市长李广镇在深圳市农村工作汇报会上强调：当前深圳市农村工作的主要内容，就是要推广农村股份合作经济，搞好农村基层建设，改善农业生产条件。

11 月 20 ~ 21 日 全国人大常委会副委员长彭冲一行在深圳市视察工作。

11 月 21 日 深圳市委在深圳会堂召开全市处级以上党员干部会议，传达党的十三届五中全会精神，部署深圳市进一步学习贯彻五中全会精神及深圳市今年年底的工作。

△ 全国计划单列市第三届水利改革研讨会在深圳市召开。

11 月 22 日 深圳"锦绣中华"开幕典礼、中国深圳旅游洽谈会及华侨城经济洽谈会隆重举行。国务院副总理吴学谦一行及来自 20 多个国家、地区和国内的 1400 多名嘉宾参加典礼仪式。

11 月 22 ~ 23 日 全国人大常委会副委员长雷洁琼一行在深圳市视察工作。

11 月 23 日 深圳西部污水排海工程[①]首期工程竣工并试车成功。

11 月 24 日 深圳市总工会和市委组织部联合召开工会组建工作会议。

11 月 27 日 全国人大常委会副委员长彭冲视察深圳特区。市委领导李灏、秦文俊、李海东，市人大筹备组副组长罗昌仁向他汇报了工作。

11 月 28 日 深圳市财政咨询监督委员会召开第一次全体委员会议。

△ 我国最大的公路出入境口岸——皇岗口岸建成并部分开通启用。皇岗口岸于 1991 年 8 月 8 日正式全面开通。

△ 深圳市市话大厦举行落成典礼。周溪舞、朱悦宁副市长出席了典礼仪式。

11 月 30 日 深圳市整顿建材市场会议召开。

△ 《深圳特区报》报道，在北京召开的全国县城规划建设评选会上，宝安县被评为先进单位。

12 月 1 日 经市人民政府批准，深圳市中小型客车营运管理新规定公布实施。

12 月 1 ~ 2 日 以郑明如先生为团长的泰国中华总商会工商考察团访问深圳市。

12 月 3 日 我国第一个微机网络系统问世，它是由深圳市民办企业新地计算机网络技术公司自主开发的。

12 月 4 ~ 6 日 全国政协副主席程思远一行在深圳市视察工作。

---

① 该工程于 1988 年 3 月动工，包括全长 7.98 公里的管渠 1 条，泵站和水质净化厂各 1 座，每天可处理污水 5 万立方米。

12月8日　深圳市政府决定抓紧抓好深圳市社会保险制度的综合改革，其特点是建立社会保险金个人专户，实行自我保障与社会共济相结合。①

△　国家地震局局长方梓顺一行在深圳市检查工作。

12月9日　全国人大常委会副委员长习仲勋、陈慕华视察深圳特区。市委市政府负责人李灏、林祖基、李广镇、李传芳，市人大筹备组副组长罗昌仁向两位副委员长做了工作汇报。

12月10日　深圳市环境保护咨询委员会成立。委员会旨在发挥社会各界人士和人民群众的民主监督作用，对深圳市环保目标、规则、法规、政策等重大问题，进行决策前的民意民情咨询工作，动员全社会力量共同做好深圳市环境保护工作，创造一个优美、整洁、清静、舒适的生产、生活环境。

12月12日　深圳市外商投资企业劳动管理工作会议召开。

12月13~14日　云南省省长和志强一行在深圳市参观考察。

12月15日　深圳市房屋委员会②宣布正式成立。

12月15~17日　全国政协副主席吕正操一行在深圳市视察工作。

12月16日　我国唯一生产经营激光视听系统的深圳先科激光电视有限总公司，首批自行制作发行的"卡拉OK"激光视盘问世。

12月18~19日　韩国"三星物产株式会社"参股华利公司合同签字仪式举行，朱悦宁副市长等出席。

12月18~22日　全国政协副主席王任重一行在深圳市视察工作。

12月19~20日　中顾委常委杨得志一行在深圳市视察工作。

12月22日　为进一步完善企业体制改革，深圳市政府颁布《深圳市完善国营企业承包经营责任制的若干规定》，实行"两保两挂"③和净资产承包的办法，建立对国有资产负责的发包、承包分级管理体系。该规定从1990年1月1日开始实施。

12月22~26日　原中纪委书记韩光一行在深圳市视察工作。

12月23日　蛇口工业区首家企业股票"安达股票"500万股上市发行。

12月25日　深圳市积极稳妥地推进企业股份制改革，并初见成效，共发展股

---

① 社会保险机构将为参加社会保险的劳动者建立社会保险金个人专户，把社会保险金的筹集、积累和使用紧密联系起来，明确每个劳动者享受社会保险待遇、支配和使用社会保险金的权利。同时，社会保险机构还将建立社会保险共济基金，为在养老和医疗方面有特别需要的劳动者提供保障。

② 房屋委员会是市政府有关房屋政策和房屋事务的一个决策审议机构，负责统筹全市房屋事宜，研究讨论房屋建设、经营、管理方面的重大问题，制定有关方针、政策、计划和规定。

③ "两保两挂"基本内容是：承包经营者的收入与企业上缴利润挂钩，确保国有资产的收益；职工消费基金（包括工资、奖金、福利）与生产发展基金挂钩，确保国有资产的增值。

份制企业 77 家，累计发行股票 2.86 亿元。

△ 深圳市理论、经济、新闻等各界有关人士 250 多人，同沙头角区各级干部隆重集会，庆祝中国内地第一个保税区——沙头角保税工业区成立两周年，并就保税区的模式、管理机制及发展战略举行理论研讨会。

12 月 26 日 深圳市委、市政府召开全市清理干部住房工作情况通报会，并对今后的工作做出部署。

△ 苏共中央委员、国际部部长法林访问深圳特区，市委副书记秦文俊，市委常委、秘书长林祖基会见了苏联贵宾。

△ 中华人民共和国皇岗边防检查站正式成立。

12 月 28 日 深圳皇岗立交工程举行通车典礼。中纪委常务书记韩光，中顾委委员任仲夷，深圳市副市长李广镇、李传芳、张鸿义出席了仪式。

12 月 29 日 投资 1.2 亿美元的深圳现代彩管工程（MAC）正式投产。市长李灏、副市长张鸿义出席了投产仪式。

12 月 30 日 国务院将深圳市宝安县列为全国"燎原计划"示范县，并初步拟出了实施方案。"七五"计划期间为第一期工程，将建立龙岗、新安、沙井、公明、布吉等 5 个示范镇；"八五"计划期间为第二期工程，扩至全县。

1990 年

1月1日 深圳市体改委制定的《深圳市完善国营企业承包经营责任制的若干规定》① 生效实施。

△ 《深圳环保动态》创刊。李灏为该刊题了刊头。

1月1~5日 国家体改委、深圳市体改委、深圳市劳动局在深圳联合召开深圳市社会保险制度综合改革方案国际咨询会，就深圳社会保险制度综合改革方案进行了广泛深入的咨询。美国、加拿大、新加坡、法国、联邦德国等国专家出席会议。

1月3日 深圳市爱国卫生运动委员会工作总结会议召开。为争取在创国家卫生城市中榜上有名，会议提出 1990 年深圳市爱国卫生工作继续以"除四害"② 为中心，深入开展爱国卫生月活动；要进一步落实卫生责任制，搞好门前"三

---

① 这个规定的主要内容如下。一是指标约束。该规定克服了深圳市现行承包责任制中利润虚假化、虚假利润合法化的弊病，改变以实现利润为核心指标的考核方式，而采取"两保两挂"办法，即承包者的经营收入与企业上缴利润挂钩，确保国有资产收益；职工收益与生产发展基金挂钩，确保国有资产增值。这一改革从以往控制利润总额转向控制利润分配，正确处理了国家、企业、经营者、职工四者的利益关系，使利润分配趋于合理化。二是责任约束。该若干规定改变了现行承包制对承包各方缺乏明确有效的责任约束的状况，把风险抵押金作为承包经营的一个必备条件；对不能完成合同或由于主观原因造成企业损失的承包经营者，给予不同程度的处罚，如扣罚风险抵押金、撤销职务，且若干年内不得到其他企业担任同等职务等。三是管理约束。该若干规定改变了现行承包制在管理上存在的一定程度的混乱，建立起管理监督承包、发包双方经营行为的一整套规范和制度，如发包单位必须掌握和了解承包方资金运营情况，加强对承包方用人的管理，承包方的重要资金往来及重要人事任免必须定期上报备案；发现不正常情况，发包方可查询、提醒、警告，直至解除合同。同时，加强对各级发包公司的管理监督，倡导对发包方公司实行净资产承包或实行股东监督的股份制模式。

② "四害"，是指老鼠、苍蝇、蚊子和臭虫。

包"①，加强基层卫生组织建设和业务培训；要抓好老屋村和卫生死角的整治，加强食品卫生和环境卫生管理，堵死疾病传染渠道。会议还要求广大市民结合迎新春活动，全民动手打扫环境卫生。会议根据全国爱卫会的统一部署，决定推荐宝安县布吉镇南岭村为全国农村爱国卫生示范村。

1月4～8日　国务院召开全国经济体制改革工作会议。李鹏同志在会议结束时做了重要讲话。

1月8日　深圳市计划、财政工作会议召开。会议主要议题：在总结1989年深圳市经济发展情况和分析今年国内外经济形势的基础上，根据党的十三届五中全会、全国计划会议和市委常委会议精神，对深圳市1990年的国民经济和社会发展计划做出安排。会议提出深圳市1990年国民经济和社会发展的基本思路、主要计划指标和发展速度初步安排，以及围绕深圳市的治理整顿工作，要重点抓好六个方面的改革。

△　我国第一个多功能视像电话系统研制成功。ZS－Ⅵ型多功能视像电话系统由深圳盛龙公司和中穗电子实业公司研制成功。

△　投资超过1亿港元的南海油脂工业（赤湾）有限公司在赤湾港正式开业。

1月9日　深圳市残疾人联合会召开主席团会议。

1月10日　深圳在澳大利亚北部省达尔文贸易发展特区设立一家大型的纺织品深加工出口企业——S·Z澳洲集团有限公司。该公司由深业集团有限公司、瑞景实业有限公司、四川纺织进出口分公司、深圳国际信托投资总公司和澳大利亚汉洋达尔文有限公司合资组成，于1989年10月在澳注册。

1月13日　深圳深华电子公司成功研制出我国第一代无线图文传真。

1月14日　深圳市政府提出：在培育股票市场的同时，要推进债券市场的成长，证券交易所要按国际化、规范化原则抓紧筹建。

1月16日　投资2亿港元，作为深圳市目前最大的工业厂房之一的深圳亿利达工业大厦正式开幕。杨振宁、李灏等到会祝贺。

1月17日　为维护深圳股票市场交易公开、公正和有秩序地进行，中国人民银

---

① 门前"三包"，指临路（街）所有的单位、门店、住户将担负的市容环境责任"三包"。主要任务包括："一包"门前市容整洁，无乱设摊点、乱搭建、乱张贴、乱涂写、乱刻画、乱吊挂、乱堆放等行为；"二包"门前环境卫生整洁，无裸露垃圾、粪便、污水，无污迹，无渣土，无蚊蝇滋生地；"三包"门前责任区内的设施、设备和绿地整洁等。

行深圳分行对深圳市公开交易中的有关问题发出通告①。

1月18日 深圳经济特区重大项目之一、东部出口主干道——布吉检查站至横岗一级公路工程竣工通车，全长13.23公里。

1月19日 深圳、珠海两地负责人在深圳市举行新春团拜活动，共商特区建设大计。两地负责人在座谈中互相通报了深圳、珠海特区1989年的工农业生产、外商投资、外贸出口以及港口、机场、供电、供水等投资环境改善的情况。

△ 深圳市委宣传部召开区、县宣传部部长例会，部署春节期间开展反对封建陋习、提倡文明新风宣传活动。

1月20日 经国务院批准，深圳设立福田区、罗湖区和南山区建制。

△ 深圳市查处产销伪劣商品处理大会召开。大会通报两个月来查处工作取得的成绩，也指出不足之处：对经销伪劣商品的公司、门店，仅仅罚款或没收惩处，没有挖根治本，没有摧毁制造伪劣商品的地下工厂。

1月20～21日 20世纪90年代深港科技合作研讨会在深圳科学馆举行。

1月22日 中国人民银行深圳特区分行发出维护证券市场秩序的通告。

1月23～25日 日本劳动交流代表团一行7人访深，就劳动工资、保险福利等方面的情况进行交流。

1月26日 为期4天的深圳市第九届迎春花市闭幕。

1月29～30日 中共中央政治局常委、中央书记处书记李瑞环到深圳视察。李瑞环在深圳视察工作后说：治理整顿决不意味着改革开放停顿不前，更不是不要改革开放。治理整顿的最终目的是为了使改革开放搞得更好。有些治理整顿的内容本身也就是改革开放。我们既不能因为碰到一些暂时困难而否定改革开放的大方向，也不能因为坚持改革开放而不正视碰到的问题和困难。李瑞环同志还强调，当前压倒一切的是稳定，没有稳定就没有一切。

2月 深圳市政府发文《深圳市近期产业发展方向及其发展序列》，为内联企业指明产业结构调整和发展的主要方向，建立和完善以工业为主、工贸技相结合、外向型、综合性的产业结构，以及重点发展项目，以促进内联企业的健康发展。

---

① 通告规定：凡经中国人民银行批准上市转让的股票，其买卖一律通过证券交易机构进行。未经证券交易机构受理买卖的股票，证券登记过户机构一律不予过户。证券交易机构代理买卖股票，必须由客户直接在该机构的出纳柜台办理款项收付手续。交易机构的非出纳人员不得代客户收付款项。通告要求各交易机构代理买卖股票时，不得以收取客户差价形式从中牟利，一经查实交易机构或其员工侵吞客户委托买卖股票的差价，中国人民银行将责令证券机构赔偿客户损失，并对该机构处以差价金额10倍以上的罚款。交易机构如自营买卖股票，应事先向客户声明，并不得向客户收取交易手续费。禁止恶意操纵股市或散布谣言以影响股市，违反者，中国人民银行将禁止其参与股票买卖。

2月4~8日　全国经济特区工作会议在深圳召开，国务院总理李鹏、副总理田纪云及有关部门的领导，广东、福建、海南省及深圳、珠海、汕头、厦门经济特区的负责人出席会议。会议中心议题是：经济特区深入贯彻党的十三届五中全会精神，认真抓好治理整顿和深化改革，进一步发展外向型经济，充分发挥对外开放的窗口和基地作用，更好地为国家的经济发展服务。会上，深圳市委、市政府主要领导，向出席的李鹏总理和田纪云副总理等中央领导正式提出了深圳开办保税生产资料的请求[①]。

2月5日　集中国、加拿大、日本先进技术和先进管理经验于一体的大型铝材加工企业——深圳华加日铝业有限公司隆重开业，是我国目前重要的铝材企业之一。

2月6日　1989年深圳市"文明单位""文明市民"评选活动揭晓：青少年活动中心和园岭小学教师何巧玲分别荣登"文明单位""文明市民"榜首，送煤气的临时工廖兴富也顺利当选"文明市民"。

2月7日　深圳特区证券公司改变单独交易方式为柜台集中交易，拟签订委托买卖合同，并遵循价格优先、时间优先的原则。

2月8日　深圳福田保税区奠基，该区地处深圳特区南端，东起皇岗大桥，西止新洲河红树林保护区，南沿深圳河岸，北靠广深珠高速公路，占地1.67平方公里。

△　深圳福田华夏工业园开发公司开业，总投资20亿港元。

2月10日　深圳市委、市政府召开表彰大会，深圳特区报、深圳电视台、市广播电台等新闻单位进行一系列宣传报道，在全市掀起了争当文明单位和文明市民的群众性精神文明建设的热潮。

2月12日　中共中央政治局委员、国务委员李铁映视察深圳特区，指出：深圳要争取两个"金牌"，一个是经济发展的"金牌"，另一个是党风和精神文明建设的"金牌"。

2月14日　为期3天的宝安县县、镇、村三级干部会议结束。会上，县委书记李容根做了题为《搞好治理整顿继续深化改革，把我县各项工作推上新台阶》的工

---

① 1990年3月，深圳市政府向国务院递交了书面报告。同年6月，国务院批转的《一九九〇年特区工作会议纪要》批准深圳"在原海关的保税仓库制度的基础上，试办保税生产资料市场"。国务院该纪要下达后，深圳市政府立即组织人力草拟《深圳经济特区保税生产资料市场实施方案》。与此同时，市场工作领导小组办公室和九龙海关及其他有关部门组成了保税生产资料市场筹备小组，具体负责这个市场的筹建、审报和协调工作。建立保税生产资料市场的消息公布后，很快就有50多家企业申请参加这个市场的经营。筹备小组经过严格审查其资信能力，最后筛选出19家企业成为参与这个市场经营的首批企业。

作报告。李广镇副市长在闭幕会上通报了全国经济特区工作会议精神。同时按照中央有关精神，对当前农村工作提出了四点意见。

△ 深圳华加日铝业公司董事长司徒怀在东京与日本轻金属株式会社签订向日本出口 1000 吨高级铝型材合同，相当于日本进口铝材总量 3000 吨的 1/3，华加日铝业公司成为中国首家铝材大批量打进日本市场的企业，这是我国铝业发展的一项重要突破。

2 月 20 日 深圳市委工作会议在深圳会堂开幕，为期 3 天。会议议题是：学习贯彻全国经济特区工作会议精神和中央领导同志讲话精神，讨论《深圳市一九九○年工作纲要》，部署 1990 年的工作。

2 月 22 日 深圳市广东梧桐山国家森林公园成立。

2 月 23 日 深圳市金融工作会议举行。中国人民银行深圳特区分行行长罗显荣提出目标：进一步深化改革，继续坚持开放，大力推进特区金融的国际化进程，逐步建立与特区外向型经济发展相适应的金融运行机制，把深圳特区金融建成一个外向型区域性的金融中心。他强调，1990 年深圳金融界要坚持"稳中求进、紧中求活"的方针，克服困难，开拓前进。

2 月 24 日 深圳机场的重要工程——候机大楼动工，机楼占地 2 万平方米，建筑面积 3.8 万平方米，投资 1.13 亿元。建成后，每小时吞吐量可达 1600 ~ 2000 人次。

2 月 26 日 深圳市建设工作会议召开。李传芳副市长在会议上，向全体基建职工提出要求，并且提出建设系统 20 世纪 90 年代的发展战略目标初步构想是：以大力发展建筑业、房地产业为核心，以提高建设科学技术水平为动力，使深圳市建设行业的总体效益水平继续保持国内领先地位；继续加强城市基础设施建设，使深圳市的能源、交通、通信设施及供水能力基本满足城市经济发展的需求；加快土地开发和新区开发步伐，实现城市建设资金的良好循环，把深圳市建成一个规划科学、建筑新颖、设施完善、格调鲜明、环境优美的社会主义现代化城市；推行住宅商品化，大力改善城乡环境质量，使深圳市人民的总体居住水平和生活环境水平有一个较大的提高。

3 月 1 日 广东省人大常委会十二次会议通过《经济特区抵达贷款管理规定》。

3 月 3 日 第四次中日经济合作会议在深举行，李灏市长会见日本代表团成员。

3 月 4 日 全国外资企协秘书长会议在深圳举行，市长李灏、副市长朱悦宁出席了会议。

3 月 5 ~ 6 日 摩洛哥行政事务大臣阿卜杜拉·拉赫曼一行 5 人在国家人事部副

部长张志坚的陪同下，来深圳参观访问。副市长张鸿义会见了阿卜杜拉·拉赫曼一行。

3月6日 中国南方规模最大的加工进口钢板的中外合资企业——深圳深日钢材有限公司，在南油开发区月亮湾工业区正式开业。

3月10日 《深圳特区报》载：深圳经济特区兴办10年来，已有80个城市建设项目在国内外获奖。

3月11日 深圳市经济体制改革工作会议召开。会议研究的主题是：在治理整顿的条件下怎样深化改革。会议确定了深圳市1990年、1991年经济体制改革的方针和重点。

3月13日 深圳市首座深水导管架在深圳赤湾港竣工。

3月15日 以市委书记、市长李灏为团长，副市长李传芳为副团长的深圳市赴沪学习考察团抵达上海。

3月18日 位于蛇口赤湾，我国第一座开采深海石油的海上堡垒惠州21-1导管架竣工，中外来宾200多人参加竣工典礼。

3月20日 深圳市国有资产管理工作会议召开。会上确立深圳市国有资产管理的体制改革将朝着建立和完善产权体系、评价体系、监督体系、动力体系、产业结构的优化体系等方向努力。

△ 深圳市农业工作会议提出1990年的任务，即"今年，深圳市农业要面向两个市场，提高对内销市场有效供给，重点要以内涵为主提高生产能力，推广新品种新技术，提高产品质量和产量"。

3月21日 科威特向深圳机场贷款签字仪式在北京举行。

3月27日 深圳市市长李灏对记者说：作为中国改革开放的试验地，深圳将继续在10个方面[①]深化改革和扩大对外开放。李灏说，在深化改革的同时，政府将充

---

① 这10个方面分别是：（1）继续完善企业经营承包责任制，使企业建立起对投资、消费和信贷基金等方面的自我约束机制，以进一步调动企业和职工的积极性。（2）继续进行股份制的试点，培育证券市场，筹建证券交易所。（3）进一步深化产权转让改革，逐步形成产权转让市场。（4）制订和实施企业工资改革方案。（5）进行保险制度的改革试点，建立以社会保险个人专户制为核心、职工自我保障和社会共济相结合的保险制度。（6）成立外汇调剂中心，搞活外汇市场。（7）组建投资管理中心，对市属国有资产行使管理监督职能。（8）通过招标、公开拍卖，实行国有土地有偿使用。（9）进行国营企业股份制的试点。（10）试行住房商品化等。李灏说，深圳特区还相应地进行了一系列政治体制改革，主要包括：率先在全国成立了行政监察局和经济罪案举报中心；建立了市政务咨询筹备委员会和"财务""劳动用工""房屋建设、分配、管理""监察工作""城市管理""工商物价"等10多个专门咨询监督机构，为全市人民参政议政和行使民主监督权利提供了更多的渠道，推动了特区民主法制的建设。

分利用财政、税收、信贷和工资等经济杠杆，提高宏观调控能力。深圳率先在全国进行改革开放试验。

　　△　深圳市交通邮电工作会议召开。朱悦宁副市长要求交通邮电的干部职工，以"114"查询台为突破口，提高全行业的服务质量。

　　3月27~29日　广东省城镇房地产工作会议召开。会议强调：1990年、1991年将继续加强房地产市场的整顿，严格控制商品住宅价格，坚决打击房地产的黑市交易和投机倒把等行为，加强房屋租赁管理，对超标准租金实行超标收费等。会议要求认真贯彻《中华人民共和国城市规划法》，凡在城市规划区内进行住宅及其他民用设施的建设，都应纳入综合开发轨道。会议决定：1990年我省要开展住宅小区建设管理评选活动，并希望深圳能在这方面树立一两个样板。

　　3月28日　深圳交通银行试营业。1991年5月18日正式开业。

　　3月31日　深圳最大的一间生产石英座钟的企业华雅钟表有限公司（中国）正式投产。

　　4月2日　深圳市政法工作会议召开。会议主题是：工作要继续以严厉打击各种严重刑事犯罪活动和贪污、贿赂、投机倒把、走私等严重经济犯罪活动为重点，全力维护社会稳定。

　　△　南山热电厂第一台装机容量2.5万千瓦机组先后进行了11万伏送电和变电工程冲击合闸试验、带满额负荷试验和在满额负荷状态下的甩负荷试验，成功地完成了并入大电网的全部试验。

　　4月7~8日　国务委员兼国家科委主任宋健，在广东省副省长卢钟鹤陪同下视察深圳。

　　4月11日　深圳市旅游工作会议召开。张鸿义副市长在讲话中，要求大家总结经验，将深圳的旅游办出特色，办出个性来；要弘扬民族文化，走有中国特色的社会主义旅游道路；要集中财力，支持有特色的旅游景点的建设和配套，如红树林保护区、仙湖植物园、客家文化、妈祖庙、宋少帝墓等。

　　4月13日　世界首创的高科技成果——"聚珍整合系统"在深圳通过技术鉴定。

　　4月14日　中共广东省委组织部正式下文，郑良玉任中共深圳市委副书记。

　　△　世界首创的高科技成果"聚珍整合系统"在深圳开发完成。该系统是深圳科技工业园总公司电脑实验室和两仪文化科技有限公司，在台湾电脑专家朱邦复先生指导下，继"全汉字编码输入与字形输出技术"后的又一项重大突破。

　　4月15日　斐济总理卡米赛马拉夫妇一行9人，由我国水利部部长杨振怀陪同，来深圳参观访问。

4 月 22 日 由香港熊谷组有限公司副董事长于元平捐资兴建的"深圳创作之家"在西丽湖举行落成典礼。

4 月 23 日 深圳市首次公开出售 4 家国营企业（分别是深圳市心乐沙发家私厂、深圳市心乐金属制品厂、深圳市心乐床具厂和深圳市心乐木家具厂），允许国内外企业和个人购买①，鼓励兼并，优胜劣汰。

4 月 25 日 本市首例肾脏移植手术在红岭医院顺利完成。术后通过有效防止排斥反应，目前移植肾脏功能良好。

4 月 26 日 深圳市建筑业工作会议召开。李传芳副市长提出建筑业在治理整顿中，要抓好招标投标规范化、透明度和加强"三类"企业约束机制两个环节，使上下有法可依，有章可循。她希望政府工作人员和企业领导要自尊自爱，保持清廉之风，自觉做到不收礼、不吃请、不索贿。企业做到不送礼、不请吃、不行贿。李传芳强调：今后凡发现有行贿受贿等违法行为的企业，一律吊销执照，外驻企业清除出特区。

4 月 30 日 深圳市财政局会同物价、审计等部门，对特区内行政事业性收费情况进行重点审查，重点审查的单位主要是建设局、公安局、劳动局、工商局、运输局等。

5 月 3 日 2 号反应堆拱顶吊装成功，表明大亚湾核电站主体建筑基本完成，比预定计划提前 19 天。

5 月 5 日 《深圳市清理企业"三角债"②工作方案》正式出台，深圳市清理"三角债"领导小组召开有 300 多位企业领导人、财务负责人参加的会议，动员、布置各有关部门、银行、企业携手合作，开展清理工作。

5 月 12 日 由国家体改委副主任刘鸿儒带队，国家体改委和中国人民银行总行

---

① 深圳市体改委主任徐景安在新闻发布会上表示：这次深圳市向国内外公开出售企业，是为了打破传统经济体制下，国有企业生产要素被凝固、僵化的局面。它的意义在于，通过经济效益好的企业去兼并或购买经济效益差的企业，一方面实现生产要素的重新组合和流动，从而产生新的生产力；另一方面促进产业、企业和产品结构的合理化。同时，通过公开出售企业，建立淘汰不合格经营者的机制，使生产要素从经营水平低的经营者手中流向优秀经营者手中，向社会提供更多的财富。另外，通过公开出售企业，为深圳和内地、海外的经济交流和合作提供新的途径。为此，深圳的银行设立兼并基金，支持企业实行兼并。

② 当时，深圳企业之间拖欠货款已成为生产经营中的突出问题，甚至被称为制约特区经济发展的严重障碍。企业互相拖欠货款形成的巨额"三角债"，使许多企业无法购进原材料、生产中断、出口创汇无望。而且无法偿还银行贷款，导致银行资金周转困难，1989 年深圳银行的逾期贷款率已从以前的 16.7% 上升到 19.36%，款额比前年增加 4.83 亿元。虽然 1990 年市工商银行、建设银行采取一系列措施帮助企业清理拖欠款项，至 1990 年 3 月底收回拖欠款达 1.4 亿元，但仍未能扭转局面。

组织的考察组到深圳考察证券市场，为期 10 天。

△ 国有资产管理局在深圳召开国有资产管理国际研讨会，旨在探索新的国有资产管理体制和运行机制。

△ 由深圳市委宣传部主持拍摄的四集电视政论片《世纪行——四项基本原则纵横谈》在北京举行首发式，8 月 4 日开始在中央电视台播出。

5 月 13 日 深圳动植物检疫所曾荣清被国家农业部、人事部授予"全国农业劳动模范"光荣称号。

5 月 18 日 为加强深圳市同省内其他地区的横向经济联合，促进特区与省内地区经济的共同发展，深圳市颁布《关于设立深圳市经济合作发展基金的暂行规定》，在全国首创成立经济合作发展基金。

5 月 22 日 广东省人民政府任命郑良玉①任深圳市市长。

5 月 23 日 深圳市召开第四次人口普查动员大会。副市长周溪舞要求各级政府和单位领导充分重视，积极配合做好各项准备工作，确保深圳市人口普查工作的顺利完成。

△ 深圳黄木岗开始兴建全国第一个暂住人员安置区，同年 10 月，安置区开始入住。

5 月 25 日 宝钢集团在深圳投资的第一家企业——深圳大西洋电焊总厂开业。

5 月 26 日 载满中国水泥的万吨巨轮，从新建的盐田港出发，乘风破浪向东南亚驶去。这是深圳经济特区首次组织国内大批水泥出口销往国际市场。

5 月 28 日 深圳市人民政府发布《关于加强证券市场管理，取缔场外非法交易》的通告。

5 月 30 日 深圳市企业文化暨职工思想政治工作研究会理事扩大会召开。市职工思想政治工作研究会同一天正式成立。

△ 深圳啤酒有限公司与联邦德国好顺（HOLSTEN）啤酒公司举行技术转让及商标许可合同签字仪式，这是深圳市首次从国外引进啤酒商标和酿造技术。

5 月 31 日 盐田港进行首次爆破，标志着盐田港的工程建设全面铺开。

6 月 1 日 经国家新闻出版署和省新闻出版局批准，海天出版社②正式复业。

6 月 1~4 日 苏联国家劳委代表团一行 4 人来深圳访问，双方就劳动制度改革、管理体制及劳务市场等方面的问题交换了意见。

---

① 郑良玉，湖北人，1990 年 5 月任深圳市市长；1992 年 12 月 16 日任江西省副省长，后任江西省人大常委会副主任。

② 深圳海天出版社创建于 1984 年，是深圳经济特区最资深的一家出版社。

6 月 3 ~ 4 日　法国公职总局局长多米尼克·勒·凡特等一行 4 人，来深圳进行参观访问，副市长张鸿义会见了凡特先生一行。

6 月 4 日　湘粤两省诗书画联展在市博物馆开幕。同时，深圳市诗词学会正式成立。

6 月 5 ~ 7 日　中国共产党宝安县第六次代表大会在县城新安镇举行。大会确定全县建设新目标：建成一个以外向型经济为主，服务特区，科学技术比较先进，工业体系比较完整，经济繁荣，环境优美，人民生活富裕，社会全面进步的社会主义新宝安。

6 月 6 日　深圳武警防暴队举行汇报表演。市委、市政府、市人大筹备组李灏、郑良玉、周溪舞等领导同志，各区县委、市委和市政府各部、委、办、局、集团总公司，驻深部队，深圳警备区，省边防局，武警总队等单位的负责同志出席大会检阅队伍。市委书记李灏做重要讲话。

△　深圳市青少年义务社会工作者联合会在民政局注册成立，成为中国内地第一个义工团体。

6 月 8 日　深圳市房地产开发管理工作会议召开。会议反映：经过 10 年的基本建设，特区已建成了一批工业区和住宅区。但在设施配套使用功能和工程质量上大多存在一定问题①。副市长李传芳在会上说：为了给工业区和市民创造一个宁静、舒适、优美的生产生活环境，建设部门要加强规划设计管理，严格按人口规模和使用功能组织开发。最后强调：今后凡发现房地产开发单位未按规划设计组织开发，工程质量粗制滥造，要依法处罚，直至吊销营业执照。

6 月 10 日　深圳东部经济建设重点工程——葵涌径心水库建成使用，并举行落成典礼。

6 月 12 日　《深圳市教育发展战略研究报告》新闻发布会召开。《深圳市教育发展战略研究报告》经一年半时间的反复调查研讨，广泛征询各有关方面意见，七易其稿，形成深圳市 1990 年至 2000 年教育发展的战略目标和发展战略。

△　深圳高科技项目新元生物工程基地在南头破土动工，计划投资 7000 万元，年产值将达 1.5 亿元。

---

①　其主要表现为以下三点。一是原规划缺项或虽有规划但未落实，如工业区食堂、宿舍不配套，住宅区内学校、幼儿园、商场、停车场、垃圾收集点等与建设不同步或不配套。二是使用功能混乱。由于开发单位经营指导思想不端正，销售楼宇不问用途，谁肯出钱就卖给谁。用户购买后，根据自己需要，厂房改成单身宿舍，或单身宿舍变成招待所，住宅楼内开餐厅、招待所。三是有关部门过去对工程竣工只注重单体验收，忽视整体验收，规划内应建项目如道路、绿化、地下管网等未兴建就允许投入使用，因而带来后遗症。

6月13日　深圳首先在宝安县白泥坑地区采用人造湿地系统方法处理污水，在全国尚属首例。这项工程占地面积12.6亩，总投资为106万元。

6月13~16日　中共深圳市委常委扩大会议举行。会议以整风精神研究贯彻《中共中央关于加强党同人民群众联系的决定》和广东省委六届四次全体（扩大）会议精神，重点是查处干部以权谋房和治理乱收费、乱罚款、乱摊派现象。市委书记李灏在16日的市委常委扩大会议上首次提出：要再创造一个深圳效益。

6月18日　深圳证券市场权威人士在《深圳特区报》上发表文章，宣传证券市场治理整顿的意义和措施，以及市场规范的若干行为，并谈到正在进行的各项工作，包括：深圳目前正积极准备增设新的交易网点，加紧筹组登记公司和集中交易场所，研究和审查新的上市公司和股票发行方式。经有关部门决定：委托买卖价不得高于或低于上一营业日收市价的5%。

△　深圳广播电台[1]正式播出。

6月21日　中共中央总书记江泽民等一行视察深圳经济特区，勉励深圳特区要再接再厉，更坚决、更扎实地改革开放，要当好建设有中国特色的社会主义的"排头兵"。

6月22日　现代电子（深圳）实业有限公司生产的15只71.12厘米（28英寸）大屏幕彩色显像管试机效果好，是国内最大型号彩色显像管。

6月23日　深圳市人事工作会议召开。会上宣布：从现在起，除市委、市政府根据特别需要批准增设的机构、编制和国家下达专项编制外，对市直党政群各部门行政编制一律实行冻结，编制部门不再受理增设机构、增加编制的报告。[2]

6月26日　深圳市交通自动化控制系统正式投入运行，标志着深圳的交通管理

---

[1]　该台于1986年10月12日开台试播，经过3年零8个月的试播阶段，完成了以转播为主到自办节目为主的过渡。正式播出后的深圳广播电台，节目面貌全新，采用节目主持人直播的板块节目形式播出，用普通话、广州话两种语言播音，全天连续播音14个小时，成为一个融新闻性、教育性、信息性、知识性、娱乐性为一体的综合性广播电台。

[2]　深圳市人事局局长张中林在会上说：今年市政府下达的增干计划指标，除用于接收大中专毕业生、军转干部和安排夫妻两地分居以外，从市外调入干部的指标要严格按照市政府提出的三条原则执行，即保证重点（基础设施）工程和新建扩建工业项目；需要加强的监督职能部门；教育、卫生和高科技部门及有编制的缺员的部门。对其他单位，原则上不再从市外调进干部。会议还指出，对于国家不包分配的非在职的广播电视大学、地方大学毕业生，以及计划内的自费大、中专毕业生、代培生，不得按统招统分人员接收；机关、事业单位经批准从社会上招收工人（含合同制工人、临时工、季节工），必须凭人事部门批准的招工指标办理用工手续；驻深、内联单位轮换干部亦要严格控制在暂住户口指标之内。会议强调要坚持德才兼备原则，加强对任期届满的企业领导班子成员政治素质、工作能力、业务水平、工作政绩等方面的全面考核和经济审计，检查、核准任期目标完成情况。要把政治立场、思想品德作为首要条件，积极发现、培养德才兼备的优秀企业干部。

向现代化迈出了重大步伐。

△ 深圳最大的台资企业万泰磁电（深圳）有限公司投产。

6 月 27 日 深圳台商协会①正式宣告成立，这是继北京台资企业协会成立后的全国第二家台商社团组织。

△ 深圳市政府颁布《关于对股权转让和个人持有股票收益征税的暂行规定》，规定的条文开始实施。

6 月 27~30 日 国家监察部在深圳市召开中南西南地区监察机关执法监察工作经验交流会，会议为期 4 天。深圳市行政监察局副局长梁俊华在会上介绍：1989年，深圳市由市政府统一领导，行政监察局具体落实执行，在全市范围内开展了名为"政令检查"的执法监察工作，全市 1128 个单位开展了这项检查，上交自查报告 826 份，领导述职报告 899 份，对本单位贯彻执行国家、省、市政府的各项法律法令情况进行了全面的清理总结，肯定成绩，找出不足，揭露问题，在实现政令畅通等方面取得了较好的效果。

6 月 28 日 由霍英东先生捐资兴建的贝岭居网球场落成揭幕。

6 月 29 日 九三学社深圳市委成立，选举产生了第一届委员会委员，庄鸿勋任主委、陈忠任副主委。

7 月 1 日 深圳市政府颁布的《关于对股权转让和个人持有股票收益征税的暂行规定》开始实施。从此日起，卖出股票时需按有关规定交纳市场价格额的 6‰ 的印花税。

7 月 1~10 日 深圳进行第四次人口普查工作。普查结果显示，全市总人口为1667360 人，其中男性 832840 人，女性 834520 人，常住人口 631108 人。

7 月 2 日 深圳市证券市场领导小组成立，其主要职责是领导和推动全市证券市场筹建和发展。

7 月 3 日 深圳环境保护产业协会、中国环保工业协会深圳分会成立。

△ 市政府新闻处发布消息：中共中央总书记江泽民、国务院总理李鹏分别为深圳经济特区创办 10 周年题词。江泽民的题词是"继续办好深圳经济特区，努力探索有中国特色的社会主义路子"。李鹏的题词是"坚持改革开放，为把深圳特区建设成为以工业为主、工贸相结合、外向型、多功能的现代化城市而努力"。

△ 深圳青年企业家俱乐部成立。

---

① 深圳台商协会的成立旨在团结和联络在深圳投资的台胞及台湾、海外的台胞，增进相互之间的交流、了解与合作，加强与特区政府及各个部门的联系，促进台资企业的发展和特区经济的繁荣，维护台商的合法权益。

7月5日 深圳又一重点建设项目笔架山水厂建成投产。市自来水公司在该水厂现场举行隆重的通水典礼。该厂日供水能力12万立方米，可使深圳高峰期用水紧张状况得到缓和。

7月6日 我国首家武装押运机构在深开业。该公司由深圳市保安服务公司与香港私家安全服务有限公司合作成立，主要经营国内和深港之间武装装甲车押运贵重物品的业务。

7月8日 《股市动态分析》（旬刊，内部刊物）创刊，这是全国第一份专门从事股票市场分析、宣传股票知识、传递股市信息的刊物，著名经济学家蒋一苇为刊物撰写了创刊词。

△ 深圳市第三届荔枝节胜利闭幕，2万多中外客商参加商贸活动，成交额达5亿元。

7月16日 我国第一台磁共振成像实用6000高斯超导磁体，经蛇口中国科技有限公司超导科技人员3年零4个月的日夜奋战，在深圳蛇口实验成功。

7月18日 深圳机场地面重点建设项目——航站楼主体工程正式开工。

7月21日 深圳市委工作会议结束。会议的中心内容是传达、学习江泽民同志视察深圳和广东其他地方时的讲话，传达、贯彻省委工作会议和市长座谈会精神，总结1990上半年工作情况，部署下半年工作任务。

7月23日 深圳市投资管理公司召集深圳市市属企业董事会成员、企业中层干部和二级公司负责人会议，颁布深圳市市属企业董事长考评奖惩暂行办法。

7月24日 由深圳华强电子工业总公司研制的华强牌CD—850激光唱机通过省级技术鉴定，是我国第一批CD唱机样机。

△ 深圳啤酒有限公司产出"金威""好顺"世界名牌啤酒，该公司拥有目前世界上最新型的啤酒生产设备，自动化程度达85%。

7月26日 为期3天的深圳市外商投资企业党建理论研讨会闭幕。会议认为：为促进三资企业的健康发展，应加强对三资企业内的共产党员的管理与教育，积极、慎重地开展党建工作，改进工作方法及活动方式，讲求实效，有所创新。

△ 赞比亚总统谢凯一行21人，由我国铁道部部长李森茂陪同，来深圳参观访问。

7月28日 由武汉钢铁公司、深圳金属材料公司和新加坡沙拉娜有限公司合资经营的深圳振兴钢板公司举行开业典礼。

△ 深圳市政工程公司第二分公司党支部书记、经理郭宽成，市建筑工程公司第二施工队施工员李炳坤，市环卫处口岸所党支部书记、副所长徐孝琴，宝安县建委技术顾问、城建发展总公司技术室主任雷耀铭获"全国建设系统劳模"称号。

8 月 1 日　《深圳经济特区工伤保险暂行规定》正式实施。

8 月 3 日　深圳皇岗海关面积达 9000 平方米的出口卸转场地正式投入使用，缓解了文锦渡压力。

8 月 4 日　深圳市证券市场领导小组会议召开。会议集中讨论修改即将出台的《深圳证券管理暂行规定》，回顾深圳市 5 月底整顿证券市场后的形势，并分析了出现的新问题，提出一系列继续推动、完善特区证券市场的新措施。

8 月 7 日　市政府发出批转市人事局关于在全市实行政府机关工作人员年度考核制报告的通知。为摸索公务员评审鉴定经验，经市委、市政府批准，深圳市政府机关工作人员 1989 年度考核试点工作 1 月开始展开，进行这项试点的单位是：市工商局、市技术监督局、市财政局和市人事局。

8 月 8 日　深圳市市长郑良玉与副市长李传芳等带领市城管办、爱卫办、卫生局、建设局、工商局、公安局、环保局等十几个部门和罗湖区、福田区等单位的负责人，检查深圳市创建卫生城市的情况。他指出：在创建中，必须抓重点。当务之急是抓好老屋村改造，抓建筑工地整治，拆除违章建筑和清查"三无"人员。

△　深圳银海自行车公司开业，年产 50 万辆。总投资额人民币 3000 万元，由中国船舶工业总公司重庆五洲实业公司、南海石油深圳开发服务总公司和香港敏翔股份有限公司联合投资。

8 月 14 ~ 18 日　全国部分省、市人事部门外事工作会议在深圳召开。这次会议主要是交流各地人事部门的外事工作经验，研究如何进一步搞好引进国外智力和人才的问题。

8 月 15 日　深圳市统战工作会议在深圳会堂召开，为期 2 天。会议主要是学习和贯彻全国和广东省统战工作会议精神以及《中共中央关于加强统一战线工作的通知》和江泽民同志的重要讲话。

8 月 16 日　我国第一台磁共振成像实用 6000 高斯超导磁体在蛇口问世。

8 月 17 日　深圳市劳动就业工作会议①召开，这是深圳市 10 年来第一次召开劳

---

①　在该会议中，深圳市劳动局局长张文超表示：深圳市目前的劳动就业环境并不宽松，首先是治理整顿和产业结构的调整，使部分企业的劳动力面临转业或待业；其次是社会劳动力的供给量明显增加；最后是新建扩建企业对社会劳动力的需求减弱。全市需要安置就业的人数共达 6000 多人。因此，要充分发挥社会各方面的积极性，共同做好劳动就业安置工作。张文超表示：为解决深圳市当前劳动就业存在的问题，我们必须采取以下几项措施。一是利用特区优势，发展多种所有制经济，进一步拓宽就业渠道。二是加强劳动就业的统筹规划，落实安置责任制。要坚持"先特区内后特区外""先市内后市外""先调剂，后招收"的原则，层层落实就业安置责任。三是建立和健全劳动管理和服务机构，积极做好劳动就业服务工作。四是继续办好劳动服务公司，扩大就业安置。

动就业工作会议。

8月25日 深圳特区报在我国党报中首先开设"股市行情"专栏。

△ 国务院研究中心、国家统计局、工业交通统计司联合电贺深圳石化公司所属百士特塑料彩印公司全员劳动生产率居全国同行业之冠。

8月26日 第11届亚运会南端火炬，26日晚上从珠海传至深圳，蛇口5000名群众在码头举行隆重迎接仪式，随即展开"亚运之光"火炬接力活动。全市近2万人参加传递。

8月27日 全国直辖市、沿海开放城市、计划单列市个体经济管理研讨会在深圳市举行，会议为期3天。

8月28日 以缓解深圳供水紧张的重点水利工程——深圳西部供水水源开发工程①动工。

9月3日 深圳市政府召开市场工作领导小组成员和各区、县、镇及有关公司负责人会议，传达全国大中城市副食品工作会议精神，并决定采取六项措施②搞好深圳市"菜篮子"工程。

9月4日 铁道部第四勘测设计院对中国第一条准高速铁路——广州至深圳铁路进行勘测，拉开中国高速铁路建设的序幕。

△ 深圳国际金融大厦投入使用，并举行租赁签字仪式，日本三和银行等7家银行、企业签约。

9月5日 深圳市政府召开市企业承包经验交流大会，郑良玉市长部署下一阶段企业承包经营工作。

△ 为期2天的深圳市工会基层工作会议闭幕。深圳市委常委李海东在深圳市工会基层工作会议上向全市工会干部提出要求："工会的工作重点在基层，加强基层建设，增强工会活力始终是工会建设中一个最重要，也是最根本的战略任务。"

9月6日 深圳市政府召开财贸工作会议，贯彻落实省财办工作会议精神，安排深圳市市场好转措施，明确财贸企业搞好第二轮承包的方向。

9月14日 经请示国家新闻出版署同意，省新闻出版局批准，《深圳商报》定于1991年元月正式复刊。复刊后的《深圳商报》为周二刊，宗旨是：立足深圳，

① 该工程总投资1.2亿元，分2期进行。预计1992年夏正式投入运行，届时可为宝安县提供近7万亩农田的灌溉用水，并可提供7000万立方米水库水量给深圳市区及宝安县的工业和居民用水。

② 该六项措施分别为：一是扩大蔬菜种植面积，提高单位面积产量；二是改造鱼塘，发展海水养殖，增加优质水产品生产；三是大力发展良种鸡系列产品，继续发展畜牧业，满足市场需要；四是加强水果培育管理，发展优质水果生产，目前重点抓好杧果、龙眼、梅的大面积栽培工作；五是各部门要继续支持"菜篮子"工程建设；六是工商管理部门要搞活经济，支持农副业生产，保证供给。

宣传特区，辐射内外，服务经济。

9 月 16 日 深圳市人民政府发布《关于严格禁止擅自以股票、债券等形式集资的通告》。

9 月 18 日~10 月 8 日 深圳市罗湖、南山、福田三个行政区先后召开首届人大首次会议，依法选举产生了区一级的政权机构。至此，深圳特区区一级国家政权建设宣告完成，进入了建立市一级国家政权的新阶段。[①]

9 月 20 日 "严打"斗争第二阶段新闻发布会召开。深圳市公安局负责人希望各级公安机关和广大人民群众再接再厉，继续积极开展严厉打击严重刑事犯罪活动的斗争，进一步稳定深圳市的社会治安秩序。

9 月 25 日 深圳市政府召开纪念"公开信[②]"发表 10 周年暨表彰大会，对计划生育工作成绩显著的先进单位和个人进行表彰。李广镇副市长在会上做了题为《发扬成绩、再接再厉，努力把计划生育工作提高到一个新水平》的发言。

△ 深圳市福田区清理"两山"指挥部组织有关部门 300 多人对笔架山、莲花山进行大规模清理行动。

9 月 26 日 李传芳副市长带领建设、公安、工商、卫生、供电、市政、环保、市城管办等单位负责人到罗湖区召开创建整改现场办公会议，听取罗湖区创建活动的情况汇报，研究整治的主要问题。

9 月 27 日 为期 2 天的"深圳市农村工作会议"在宝安县城闭幕。

9 月 28 日 经国务院和广东省人民政府批准，被列为广东省 20 世纪 90 年代重点基建项目之一的东江—深圳供水工程第三期扩建工程，在东莞塘厦抽水站枢纽工地正式开工。工程投资 17 亿元，年增加供水 8.8 亿立方米，计划 1994 年底通水。

△ 16 家银行组成国际银团，扶持赛格日立生产彩管，8200 万美元贷款签字仪式在深圳举行。

9 月 30 日 深圳市评出首批 25 家涉外旅游星级酒店，其中五星级 1 家，四星级 3 家，三星级 8 家，二星级 13 家。

10 月 1 日 为贯彻国家工商行政管理局发出的《经济合同示范文本管理办法》，全国统一经济合同示范文本制度在深圳市推行。

---

① 自深圳创办特区以来，深圳市设罗湖、沙头角、上步、南头、蛇口 5 个管理区（局），均属市政府派出机构。随着特区建设事业的发展，1990 年 1 月，国务院正式批准深圳市设立福田区、罗湖区和南山区的建制，属于国家的一级政权。此后，各区按照市委、市政府的要求，成立建区筹备小组和选举委员会，着手做好选民登记、代表选举和召开人民代表大会的各项准备工作。

② 即《中共中央关于控制中国人口增长问题致全体共产党员共青团员的公开信》。

10月8日 中国内地首间麦当劳餐厅，在深圳解放路光华楼西华宫正式开业。副市长李广镇出席开幕式。

△ 深圳华德电子有限公司举行新闻发布会，向海内外推出在国内外首创的高科技产品——亚森 UPS 卡开关电源。

10月9日 国家人事部拟录发〔1990〕7号文正式确定深圳为推行公务员制度的试点，并原则上同意深圳实施国家公务员制度的总体方案。

10月9～13日 由中国电子器材公司与深圳国际展览中心联合主办的"90深圳中国电子产品展览会"在深圳国际展览中心召开。展览会共邀请了内地较高层次的电子工业企业近200家参展。

10月13日 "世界标准日"及深圳市标准化协会年会召开。①

10月15日 深圳广播电视大学举行建校十周年庆祝大会。电大建校十年来，已为特区培养了大专毕业生1972人，中专毕业生439人，单科和专科生、专业证书班学员3000多人。

10月19日 深圳又一项工业项目获得巨额海外融资——美国进出口银行将9995万美元，通过中国银行深圳分行带给中康玻璃有限公司，用以扶持深圳彩管玻壳项目的设备引进。

10月20日 为缓解用电紧张，规划兴建的深圳华能经济开发公司月亮湾燃机电厂二期工程开工，共投资3.95亿元，总装机容量10.7万千瓦。

10月22日 为传达全国农田水利基本建设会议、广东省水利水电工作会议精神，深圳市政府召开农林水工作会议。

△ 深圳造船工程学会成立并举行学术报告会，中央军委副主席、中国造船学会名誉理事长刘华清为学会成立题了词。

10月23日 朱悦宁副市长带领市邮电局负责人等到深大电话公司调查了解及纠正市话行业不正之风问题。

△ 新加坡总理李光耀一行43人，由我国航天工业部部长林宗棠陪同，来深圳参观访问。

10月26日 深圳市安全生产工作会议召开。会议认为：近期事故多发的原因

---

① 当时，以深圳市产品质量监督所为中心的质量监督检验网、以市计量测试研究所为中心的量值传递网和以市技术监督研究所为中心的标准化情报网已能为全市70%的标准化工作提供服务。同时，各企业也相应建立了较为完整的计量和标准化体系。截至1990年9月，全市有约30%的产品采用国际先进标准或较为先进的标准，使全市44个产品成为替代进口产品，100多项被评为国家、部、省（市）优质产品，并且有一大批产品被国外认证。

主要是思想麻痹，安全生产管理松懈。副市长、市安全生产委员会主任李传芳在会上要求，各级政府特别是乡镇一级政府的主要负责人，要以对国家对人民极端负责的态度，加强安全生产的领导。各级安全生产主管部门要进一步强化安全生产管理。如造成严重伤亡事故，要追究有关企业负责人的经济责任和刑事责任。

△　深圳市科技工作会议召开。会议主题是：在深圳特区第二个 10 年建设中，要依靠科技创造深圳效益，积极开展与内地科技成果的合作，开发高科技产品，促进深圳的经济发展。深圳市科学技术委员会主任叶华明在会上就《深圳市二〇〇〇年科学技术发展规划》做了说明。

10 月 28 日　经国务院批准，深圳妈湾码头正式对外轮开放。码头占地 10 万平方米，拥有 3.5 万吨级和 5000 吨级泊位，年吞吐量 71 吨。

10 月 29 日　作为深圳市 1991 年度重点建设项目之一的布吉立交系统和北环立交系统工程正式破土动工。

10 月 30 日　由国务院特区办委托研制、设计的《全国经济特区统计报表计算机联网》系统工作通过深圳市府办公厅和信息中心组织的全面测评。

△　深圳市召开市工业企业管理整顿经验交流会，总结企业管理整顿情况，并布置下一步工作。

11 月 1 日　位于宝安县龙华镇龙联工业区的深圳中华自行车（集团）有限公司二厂举行奠基典礼。

11 月 2 日　深圳市委副书记、市长郑良玉主持召开重点项目建设进展情况汇报会。郑良玉市长在听取汇报后指出：影响重点工程的主要因素是资金问题，我们要广开渠道，千方百计挖潜。他强调指出：搞好十大重点项目对完善特区的投资环境，促进今后 10 年的经济发展关系重大，各单位要配备事业心强的干部去抓。

11 月 5 日　深圳市政府召开全市用水工作紧急动员大会。郑良玉市长号召全市人民行动起来，同心同德，齐心协力，认真落实节水紧急措施，以渡过当前缺水难关。

11 月 6 日　在我国首次"中国乡镇百颗星"评选活动中，深圳市宝安县横岗镇获"中国乡镇之星"称号。

11 月 7 日　为贯彻广东省电话会议精神，深圳市委、市政府召开工作会议，就深圳市开展除"七害"①、反走私和"严打"统一行动做出部署。会议传达了市委、

---

①　"七害"是指：卖淫嫖娼、制作贩卖传播淫秽物品、拐卖妇女儿童、私种吸食贩运毒品、聚众赌博、利用封建迷信骗财害人和黑社会组织或带黑社会性质的违法犯罪团伙等违法犯罪活动。

市政府发出的关于开展除"七害"和"严打"统一行动的通知。

11月8日 投资3000万美元，中国内地、中国香港和日本联合经营，深圳特区规模最大的一家漂染印企业——永新印染有限公司举行正式投产典礼。

△ 由深圳机场公司、深圳特区房地产公司和香港新峰企业有限公司合作兴办的深圳机场候机楼有限公司成立，这是全国第一家由企业投资兴建和管理的机场候机楼有限公司。

11月8~11日 经济特区创办10周年理论研讨会在深圳举行。会议主题是：总结前10年特区两个文明建设的经验，探讨下一个10年特区发展的路向和要解决的主要问题。会后编辑出版了《迈向九十年代的经济特区》论文集。

11月中旬 深圳市紧急出台了几项治理措施，规定：①坚决查处非法发行的股票；②坚决取缔场外非法交易和一些人内外勾结搞包过户黑市交易，从严查处有关人员；③调整涨落停牌制度，把每日涨幅从1%调至0.5%；④对购买股票的买方也开征0.6%的印花税，买卖双方共达1.2%；⑤增加证券供给品种，尽快推出机场债券。同时，市政府发出通知，禁止党政机关干部和证券从业人员买卖股票。《深圳特区报》的股市行情栏下登出警告："政府忠告市民：股票投资风险自担，入市抉择务必慎重。"

11月12日 全国人大常委视察组抵深听取关于引进外资和治理整顿的工作汇报。

△ 深圳市委宣传部理论处和《特区经济》杂志社举行座谈会，探讨当前深圳证券市场的问题和对策。

11月14~17日 深圳市选手囊括了第五届中国高尔夫球男子业余选手公开锦标赛中3个项目的冠军。

11月15日 深圳石化公司3个精细化工项目——石墨一乳、特种油墨、涂料印染助剂列入国家"八五"技改专项规划。

11月18日 印度尼西亚总理苏哈托夫一行80人，由我国经贸部部长郑拓彬陪同，来深圳参观访问。

11月20日 深圳市证券市场领导小组决定，即日起股票日涨幅从10%调低至5%，跌幅仍为5%，对购买股票方也开征6‰的印花税，即交易一次，买卖双方各缴6‰印花税。深圳市委发文规定，党政干部、证券管理人员和从业人员不准买卖股票。

11月21日 为维护深圳市证券市场正常秩序，取缔和打击场外非法交易活动，经市人民政府批准，市工商行政管理局发布《关于维护深圳市证券交易市场秩序的通告》。

△ 深圳市工商行政管理局发布通告《坚决打击证券市场外非法交易》，并对

再次出现的场外交易进行清理。

11 月 23 日　深圳重点建设工程，全长 517.44 米的罗湖火车站铁路高架桥，在深圳经济特区建立 10 周年喜庆之际胜利落成。

11 月 24 日　深圳市委宣传部与市文委在深圳博物馆联合筹备的"深圳经济特区十年成就展览"正式展出。展览分为"开拓篇""繁荣篇""进步篇""未来篇"四部分，以丰富翔实的资料、新颖先进的基调，充分展示特区 10 年改革探索的历程。江泽民总书记、田纪云副总理等中央领导同志及社会各界参观了展览。

11 月 26 日　朝鲜民主主义人民共和国政务院总理延亨默一行 18 人，由我国冶金工业部部长戚元清陪同，来深圳参观访问。

11 月 26～28 日　深圳市隆重举行深圳经济特区建立 10 周年庆典活动，中共中央总书记江泽民等党和国家领导人，部分省、市领导和外宾 600 多人前来参加庆典活动。

庆祝深圳经济特区建立 10 周年招待会在深圳香蜜湖宴会大厅举行，中共中央总书记江泽民发表重要讲话并写下题词："继续办好深圳经济特区，努力探索有中国特色的社会主义路子。"国务院总理李鹏的题词是："坚持改革开放，为把深圳特区建设成为以工业为主、工贸相结合、外向型、多功能的现代化城市而努力。"

参加会议的江泽民总书记一并邀请中国人民银行主管证券业务的副行长刘鸿儒到达深圳，希望专门了解中国股票市场的一些问题。由于工作比较紧张，总书记在会议主席台上告诉刘鸿儒：我们在返回北京的途中（即 1990 年 11 月 29 号，在江主席专机上）再谈（股票市场的问题）。①

△　深圳证券登记公司开始试运作。

11 月 29 日　经深圳市人民政府批准，原市基础工程工作组和市口岸建设指挥部撤销，并成立组建城市建设开发处②。

12 月 1 日　深圳证券交易所经过一年筹备开始试运作，深圳的股票开始通过证

---

① 刘鸿儒后来回忆两人在飞机上的谈话时说："他（指江泽民总书记）听到了很多很多问题，然后这些问题都问我，我就如实把我了解的情况和看法向他做了汇报，那么临下飞机之前呢，我就主要表达一个意见，我说江主席咱们这样，这项改革咱们不能轻易取消，这是影响国内和国外的，我们改革还是要往前走。但是这项改革是我们没有经验，所有社会主义国家都没有做过的，咱们没有办法保证它一点儿差错没有。""这次谈话以后，江总书记回到北京专门请原机械工业部部长周建南等其他同志到深圳进行调研。在深圳期间，周建南详细听取了深圳市政府和深圳资本市场领导小组的汇报，并与投资机构、证券公司、上市公司等股票市场相关机构反复座谈。周建南回到北京后，全面详实地向党中央汇报，开办股市利大于弊，并对深圳股票市场提出了具体的改进意见。"

② 深圳特区创办初期，市政府成立了"市口岸建设指挥部"和"市基础工程工作组"，使特区管理线、口岸设施、市政工程和公共工程的建设，以统一规划、统一指挥管理的方式，创造出闻名全国的"深圳速度"。新成立的城市建设开发处是一个实行企业化管理的事业单位，在主管基本建设的副市长和市建筑工务局的直接领导下，承担特区市政公共工程、口岸建设、基础设施、土地开发等任务。

券交易所集中交易，并停止旧版股票的交易。

12月3日　中共广东省委组织部任命厉有为①为中共深圳市委副书记。

12月4日　旨在为国家公务员制度地方综合试点工作培训骨干的、本市第一期公务员制度培训班在深圳行政学院举行开学典礼，正式拉开深圳实施国家公务员制度试点工作的帷幕。

12月6日　德国西门子集团到中国投资的第一家企业——深圳海曼电光有限公司在科技工业园举行隆重的开业典礼。

12月11~14日　深圳市人民政府和综合开发研究院（中国·深圳）联合主办的"中国华南沿海地区经济合作研讨会"在深圳召开。来自北京、福建、广东、广西、海南5省区市，深圳、珠海、厦门、汕头4个经济特区，以及香港、台湾、澳门等地区的120余名代表参加了会议。

12月12日　广东省人民政府任命王众孚②为深圳市常务副市长。

△　深圳市石化（集团）公司正式成立。

12月12~15日　全国20个沿海开放城市爱卫工作经验交流会在深圳举行。

12月15~18日　中共深圳市委第一次代表大会召开。市委书记李灏向大会作题为《继续办好经济特区，努力探索有中国特色的社会主义路子》的报告。纪委会书记李海东作题为《回顾过去，思考未来，努力把深圳市纪检工作提高到一个新水平》的报告。李灏致闭幕词。大会还着重提出建设高度的社会主义精神文明和聚精会神地抓好党的建设两件大事。

---

① 厉有为，1964年毕业于吉林大学机械系，大学学历。在1983年10月后开始出任地方党政机关领导职务，先后任湖北省十堰市委副书记、十堰市市长、市委书记。1989年6月升任湖北省副省长。1990年12月，厉有为调任广东省，任中共深圳市委副书记、市人大常委会主任兼深圳市委党校校长。1992年6月任中共广东省委常委，同年11月任深圳市市长。1993年4月任中共深圳市委书记兼市长。1995年5月任中共深圳市委书记。1998年3月任第九届全国政协常委、港澳台侨委员会副主任（常务）。2003年3月任第十届全国政协常委、港澳台侨委员会副主任。中共第十四届、十五届中央候补委员，第九届、十届全国政协常委，第八届全国人大代表（广东）。1995年12月至1997年7月任香港特别行政区筹委会委员。

② 王众孚，男，汉族，1941年10月生，湖南安化人。大学文化，工程师。1960年入长沙铁道学院（现中南大学铁道校区）学习。1964年毕业后参加中国人民解放军，任工程兵技术员。1968年2月加入中国共产党。1972年后，任湖南省机械化施工公司副科长，长沙市城建局局长、建设委员会主任。1984年后，任中共长沙市委副书记、书记。1990年任中共深圳市委常委、副书记，深圳市常务副市长。1994年10月任国家工商行政管理局局长、党组副书记。1996年4月，担任局长、党组书记；2001年3月机构升格后，任国家工商总局局长、党组书记。2006年10月，党中央和国务院决定，王众孚同志不再担任国家工商行政管理总局党组书记、局长职务。1997年在中共第十五次全国代表大会上当选为中央纪律检查委员会委员；2008年3月当选为政协第十一届全国委员会常务委员，6月27日当选新一届中国消费者协会会长。

12 月 18 日　中国人民银行总行通知：全国股票公开发行、上市试点目前只在深圳和上海进行。通知还规定，未经中国人民银行总行同意，除深圳、上海之外的其他地区一律不准发行新的股票，一律不得批准股票上市交易。目前，股票只限于在股份制企业发行。股份制企业向社会公开发行股票必须报经中国人民银行总行批准；企业内部发行股票必须报经省级（包括计划单列市）中国人民银行批准，报总行备案，内部发行的股票不得上市交易。

12 月 19 日　中共深圳市第一届委员会和市纪委分别举行首次全会，选举李灏任市委书记，郑良玉、厉有为任副书记，李海东任市纪委书记。

12 月 20 日　全市七家金融机构联手发行深圳首家大型企业债券——深圳机场公司债券。

12 月 21 ~ 28 日　政协深圳市第一届委员会第一次会议召开，参加会议的各界委员共 116 人，会议选出了常务委员 22 名。周溪舞①当选为主席。刘波、邵均炎、李定、李世雄、周长瑚当选为副主席。李定任秘书长。

12 月 22 日　薄一波同志在听取深圳市负责同志汇报工作时做了讲话，全文发表在《求是》杂志 1989 年第 19 期。

　△　全国爱卫会举行新闻发布会宣布全国城市卫生检查评比结果，深圳被评为十佳卫生城市，并在全国 35 个省会城市、计划单列市检查评比中获总分第一名。李传芳副市长被评为对创建卫生城市有突出贡献的市长。

12 月 23 ~ 29 日　深圳市人大一届一次会议②在深圳会堂召开。

---

①　周溪舞（1930 ~ 2009），1974 年 1 月，调任江门市委书记、市长。1979 年 8 月，任佛山地委副书记、地区行署副专员。1981 年 8 月，奉调参加深圳经济特区的筹建工作，始任市委常委兼副市长，是早期深圳经济特区市委、市政府领导班子核心成员。1985 年后任市委副书记兼常务副市长，负责市政府的日常工作，参与领导了特区早期建设工作。兼任体制改革领导小组组长期间，大胆推进深圳经济体制改革的实践，推动了物资供应、产品价格、财政金融、外贸体制、基本建设、土地管理、劳动工资、人事制度等领域的改革，不仅为深圳的发展注入了勃勃生机和活力，也为创造全国著名的深圳经验做出了积极贡献。1990 年，担任深圳市人大筹备组组长。1990 年 12 月，在深圳市第一届人大第一次会议和政协深圳市第一届委员会第一次会议当选为首届政协主席。1995 年 5 月，离开了深圳市政协主席的领导岗位。1995 年 11 月，深圳市政府聘请其担任与中国广东核电集团有限公司的联络人。此外，周溪舞曾经担任第五、六、七届广东省人大代表，第七届广东省政协委员，第八届全国政协委员；同时，兼任深圳市海外联谊会名誉会长、外商投资企业协会名誉会长、红十字会会长等社会职务。

②　这次大会的主要议程是：①听取和审议深圳市人民政府工作报告；②听取和审议深圳市 1990 年国民经济和社会发展情况及 1991 年计划安排（草案）的报告；③听取和审议深圳市 1990 年预算执行情况和 1991 年预算（草案）的报告；④听取和审议深圳市中级人民法院工作报告；⑤听取和审议深圳市人民检察院工作报告；⑥选举产生深圳市第一届人大常委会主任、副主任、秘书长和委员；⑦选举产生深圳市市长、副市长；⑧选举产生深圳市中级人民法院院长和深圳市人民检察院检察长；⑨通过大会各项决议、决定；等等。

12月26日 深圳市市长郑良玉指出：股票市场要抓紧配套法规出台，加强管理，改善服务，尽快走上法制的轨道。

12月27日 深圳重点工程，龙岗至深圳一级公路通车。

12月28日 深圳机场候机楼比原计划提前21天完成，施工单位在候机大楼举行了隆重的封顶仪式。

1991 年

1月　深圳市开始推广使用商业条码，在中国内地开了推广使用商业条码的先河。

1月1日　深圳市经济特区内对用人单位收取暂住人员城市增容费，同时，除暂住证工本费外，任何单位不再向用人单位或暂住人员收取管理费、治安费等。

△　《深圳商报》正式复刊，是中国第一份政府机关报。市委书记李灏题词"千里之行，始于足下"。郑良玉市长的题词是"办好商报，服务经济"。

1月6日　经广东省人民政府批准，深圳市罗湖区撤销田心街道办事处，将其区域范围划归沙头角镇管辖。

1月10日　全国首届"十佳养护道班"评选揭晓，深圳市宝安县新桥道班名列榜首。

1月11日　全国城市卫生检查评比排出名次。在这次全国组团检查的35个城市中，深圳得分最高，为评定的16个全国"卫生城市"之首。深圳市在1990年全国"十佳卫生城市"中按得分高低也是名列第一。

1月13日　万里委员长在广东省委书记、省人大常委会主任林若和深圳市委副书记、市人大常委会主任厉有为等陪同下，视察了正在建设中的国家重点工程——广东省大亚湾核电站。

1月15日　深圳市经济工作会议在深圳会堂开幕。

△　为推动速记打字行业发展，深圳举办全国速记电脑打字邀请赛。

△　市委书记李灏会见国际比斯组织顾问兼行政代表赵锦辉先生。

1月16～18日　深圳经济特区企业工资改革研讨会在贝岭居宾馆举行。

1月18日 中国有色金属深圳联合公司发行的800万美元商业票据全部售罄，被认为"这是中国金融改革的一项新突破"。国家外汇管理局已批复"有色深联"财务公司证券部扩大业务范围，允许发行和代理发行外币有价证券等，成为中国第一家经营外币有价证券的单位。

1月19日 "让雷锋精神在深圳闪光"主题教育活动表彰大会暨"我为深圳发展献青春、争当特区建设青年突击手"系列活动动员大会，在深圳会堂隆重召开。

1月22日 市委副书记、市人大常委会主任厉有为在深圳湾大酒店会见并宴请访问深圳市的老挝最高人民议会主席诺哈·冯沙万率领的老挝代表团。

1月24日 国家部、委、办及各省、市驻深圳办事处工作会议召开。中心议题是：如何进一步加强深圳和全国的横向经济联合，支持特区下一个10年的经济发展。

1月29日 深圳大学反光材料研究所在北京人民大会堂广东厅举行高科技产品信息发布会。

△ 深圳市召开1990年度消防工作总结表彰大会。

1月30日~2月1日 中共深圳市委召开全市处级以上党员干部会议，传达贯彻中共中央十三届七中全会和省委六届五次全会精神。

1月31日 以省委常委刘兆伦为组长，省委委员金阳，省纪委常委、省委清房办办公室主任陈文冠为副组长的广东省委检查组，在对深圳市查处干部以权谋房情况做了为期7天的检查验收后，向深圳市主要领导通报检查情况。

△ 蒙古人民革命党中央主席奥其尔巴特抵深圳访问，市委书记李灏，市委常委、副市长林祖基到火车站迎接贵宾。

2月1日 全市100多名劳动模范和先进工作者聚会市总工会礼堂，就特区发展的第二个十年发展目标进行座谈。

2月2日 由市科委、市科协联合主办的"深圳科技之家"在市科学馆开幕。

2月3日 市委书记李灏，市委副书记、市人大常委会主任厉有为率团赴珠海市学习访问。

2月4日 深圳市一届人大常委会举行第一次会议，主要议程是审议市人大常委会议事规则和人事任免办法，决定人事任免。

△ 市委副书记、市长郑良玉和市政协主席周溪舞率团到东莞市考察。

2月5日 深圳市第一届人大常委会第一次会议结束。会议期间，与会常委审议通过了《深圳市人民代表大会常务委员会议事规则（试行）》及《深圳市人民代表大会常务委员会关于人事任免暂行办法》，听取了市人大常委会主任厉有为提请会议审议的市人大常务委员会各工作委员会正、副主任名单，听取了市人民政府市长和市人民检察院检察长提请会议审议的人事任免案。

△ 全国政协副主席王任重、中共中央顾问委员会常委王首道来深圳市视察。市委书记李灏，市委常委、副市长王众孚陪同王任重参观了深圳机场建设工地。

2月6日 深圳市金融工作会议召开。会上，提出深圳特区第二个十年金融发展新目标：进一步深化改革，扩大开放，发展金融市场，强化金融和信贷管理，完善金融宏观调控手段，大力推动深圳金融的国际化进程，把深圳建成一个外向型的区域性的金融中心，为保持"深圳速度"、创造"深圳效益"，为支持特区经济持续、稳定、协调地发展提供良好的金融环境。

2月7日 深圳市在宝安县新安镇召开1991年宣传工作迎春座谈会。市委常委、宣传部部长杨广慧在会上强调指出：特区宣传工作要以经济工作为中心，把宣传工作与经济工作水乳交融在一起，促进社会主义两个文明的建设。

2月8日 为加强深穗两地交流合作，以深圳市委书记李灏为团长的深圳市党政代表团拜访了广州市的负责同志。

2月12日 深圳市举行春节联欢晚会，市领导向在深圳过年的习仲勋等领导同志和老干部拜年，向全市人民拜年。

2月14日 国务委员、国家计委主任邹家华，国务院副秘书长王书明，广东省副省长张高丽以及国务院口岸办、特区办等有关方面负责同志，在迎宾馆听取深圳市负责同志关于深圳机场、盐田港、炼油厂建设等问题的汇报。

2月21日 深圳市"菜篮子"工程和重点项目——深圳肉类联合加工厂试产成功。

2月27日 深圳市举行"创建国家卫生城市"表彰大会，230个先进单位和582名先进个人获奖。

3月1日 香港《大公报》社长杨奇、总编辑曾德成、《文汇报》总编辑张云机一行7人来深，向深圳市委、市政府拜年。市委书记李灏、市长郑良玉、市委常委杨广慧等与客人互贺新春。

3月2日 市政协召开第三次常委会议。会议通过了调整提案委员会领导和成员名单；审议并通过了政治法律、经济科技、文教卫体、联谊4个专门委员会领导成员名单；审议并通过了《政协深圳市第一届委员会专门委员会组织通则》。

3月4日 深圳市区、县和局级单位纪委书记会议召开，会议传达广东省纪委第五次全体会议精神，总结深圳市1990年的纪检工作，并部署了1991年的工作。市纪委副书记莫华枢代表新一届纪委做《关于1990年全市纪检工作情况和1991年工作意见的报告》。市委书记李灏在会上做了讲话。

3月5日 郑良玉市长、张鸿义副市长会同深圳市口岸办、海关、武警以及市建设局、计划局、财政局等单位的负责人，在特区管理线检查工作。

△ 深圳市政府全体会议提出机关作风建设三大目标：优质服务、高效运转、清正廉洁。

3月7日 深圳市集会隆重纪念"三八"节，表彰了肖芳等118名"三八"红旗手；福田区园岭小学等53个"三八"红旗集体；余建南、曹阳等81户"文明家庭"标兵和宝安县妇联等77个先进妇女组织。

3月10~16日 中共中央政治局常委宋平视察深圳，希望深圳出经验，努力开拓创新，当好改革开放的"排头兵"。

3月11日 由香港、深圳两地联合举办的首届港深工业展览会在深圳市国际展览中心开幕。

3月12日 植树节，市党政机关、各人民团体、驻深解放军和武警部队等单位万人上山植树造林，植树面积达250多亩。李灏、郑良玉、李海东、杨广慧、梁达均、李传芳、刘波等参加了植树活动。

3月13日 国家副主席王震视察深圳特区，听取深圳市领导汇报，并亲切接见了教师和科技人员。

3月14日 深圳市交通邮电工作会议结束。此次会议是为总结前10年深圳交通邮电建设发展的成就和经验，研究和规划深圳第二个十年和"八五"交通邮电发展的目标和任务，安排1991年工作而召开的，为期3天。

△ 深圳市调查研究工作动员大会召开。深圳市委书记李灏在会上强调：要站在党和人民利益的立场上，从全局出发，运用辩证唯物主义观点，深入进行调查研究，为制定深圳市"八五"期间社会经济发展计划、制定进一步深化改革与扩大开放的计划、制定加强党的建设和社会主义精神文明建设的规划提供科学依据。

3月16日 深圳市教育工作会议结束。市委常委、副市长林祖基在总结发言时，要求全市教育工作者认清当前形势，不断总结经验，明确今后任务，努力办出一流校园、一流设备、一流师资、一流管理、一流质量的特区教育。

3月18日 马绍尔群岛共和国总统卡布抵达深圳进行访问，郑良玉市长会见并宴请了马绍尔共和国贵宾。

3月21日 深圳市政协召开第四次常委会议。

3月22日 天景花园业主委员会成立大会召开，中国第一个业主委员会宣告成立。

3 月 24 日　深圳市首次向社会公开出售小型化复式微利商品房的抽签仪式在深圳会堂举行。

3 月 25 日　总装机容量 6.5 万千瓦、总投资 2525 万美元和 6000 万元人民币的福田燃机电厂一号机组并网发电。

3 月 28 日　国家经济体制改革委员会副主任刘鸿儒参观深圳证券交易所。

△　深圳市重点工程之一——罗湖口岸交通楼正式封顶。

△　全国计划单列城市第七次经委主任联席会议在深圳市举行。会议的主题是：如何开展"质量、品种、效益年"活动及搞活大中型企业。

3 月 29 日　深圳市政府颁布《深圳市动产拍卖暂行规定》。

3 月 30 日　深圳市南山区正式成立南山区投资管理公司，率先对区属企业和区属参资企业实施"一府两线"管理模式①。

△　国家重点建设项目——深圳赛格日立彩管工程建成投产，生产出第一只 53 厘米（21 英寸）HS 高性能平面直角彩色显像管。

△　深圳市政协副主席周长瑚带领调查组，在市环保局、水利局、建设局派员协同下，到沙湾、白泥坑、观澜、石岩湖等 8 个水源污染严重的村镇，进行提案调查。

4 月　李广镇副市长在市工商局贯彻落实党的七中全会精神动员大会上，要求工商物价管理部门从深圳市实际出发，扎扎实实办几件实事：首先是办好办活各类市场，为广大市民提供方便；其次是严厉查处无证经营、生产销售伪劣冒牌商品的违章违法行为；最后是要坚决打击欺行霸市、哄抬物价、短斤缺两以及乱收费乱罚款的违法违纪行为。

4 月 1 日　深圳市税务局发布关于税务登记验证的通告。

△　中国人民银行深圳经济特区分行在全国率先推出贷款证制度。

4 月 4 日　深圳市一届人大常委会第二次会议结束。上午，第三次全体会议上，审议市人大常委会各工作委员会委员建议名单，听取市政府、市中级人民法院关于人事任命事项的报告，并进行了分组审议。下午，第四次全体会议举行，审议通过了《市人大常委会一九九一年工作要点》、《市人大常委会联系代表及代表联系人民办法》、《关于深圳市一九九〇年国民经济和社会发展计划主要指标完成情况及一九九一年国民经济和社会发展主要指标计划报告的决议》和《关于深圳市一九九〇年

---

①　"一府两线"管理模式是政府对社会的行政管理职能和政府对企业的产权管理职能分开，由两套不同的机构，运用两种不同的机制来管理。

财政决算和一九九一年财政预算报告的决议》。会议还审议了关于扶持宝安县老边山区经济建设议案（第37号）办理方案的报告，以及关于彻底解决洪湖公园严重污染问题议案（第5号）办理方案的报告。

4月5日 深圳市青少年德育工作领导小组成员开会时一致认为，1991年工作的基本思路应是：党委、政府加强领导，发动全社会参与，优化育人环境，减少青少年犯罪率。

4月6日 10万人参加周末卫生日，"清洁深圳月"开始。

4月8日 深圳市召开"三防"工作会议，部署和落实1991年防汛、防旱、防风的具体任务和措施。

△ 深圳科技园被列入国家高新技术产业开发区。

4月11日 经国务院批准，深圳证券交易所正式成立。

4月11~13日 深圳市企业工作会议召开。会议主要内容是：传达全国和广东省企业工作会议，以及全国经济体制改革工作会议精神，针对深圳市的实际情况，研究如何加强企业管理、增强企业活力、促进深圳市经济发展等重要问题，同时动员和组织全市各行各业、广大干部职工深入持久地开展"质量、品种、效益年"活动，把深圳市的企业工作推上一个新台阶。朱悦宁副市长代表市政府做了题为《深化改革，加强管理，全面提高深圳市企业经济效益》的报告。

4月14日 巴布亚新几内亚总理纳马柳访问深圳。郑良玉市长会见并宴请纳马柳。

4月15日 中共广东省委召开电话会议，省委副书记郭荣昌、张帼英通报了全省农村社会主义思想教育试点单位工作进展情况，并对下一步工作做部署。会后，李广镇副市长代表市委农村社会主义思想教育工作领导小组，向深圳市与会者通报一个月来深圳农村开展"社教"工作的情况。

4月16日 深圳市委、市政府召开第三次决策咨询会议，就深圳市深化机构改革问题进行咨询。市委常委、常务副市长王众孚出席会议并讲话，并强调指出进一步搞好机构改革应实现"三个转变"：一是转变观念，提高认识；二是转变职能，加强政府宏观调控；三是转变作风，提高素质。

△ 深圳市委副书记厉有为在深圳湾大酒店会见并宴请了叙利亚阿拉伯复兴社会党副总书记阿卜杜拉·艾哈迈尔一行，并向他们介绍了深圳10年来改革开放和各项建设的成就。

4月18日 我国内地第一赛马运动俱乐部在深圳成立。该俱乐部由深圳宏昌实业有限公司和香港梁氏公司合作共同创办。

4 月 19 日 深圳市政协召开联席会议，市政协主席周溪舞传达全国政协七届四次会议精神，副主席刘波通报今年一季度工作情况和近几月工作要点。会上还通报市政协一届常委三次会议通过的《政协深圳市第一届委员会专门委员会组织通则》，明确专门委员会的主要任务是就深圳市政治经济发展、社会精神文明建设和人民群众关心的重大问题进行视察、专题座谈、调查研究，采取多种形式参政议政。

4 月 20 日 市城管领导小组、市爱卫会和市"创建"领导小组联合召开会议。市政府与各区县负责人立下军令状：奋战一年实现"达标"，把深圳建成国家卫生城市。

4 月 22 日 全国首次国际气象卫星云图接收技术研讨会在深圳召开。

4 月 23 日 全国物资财务工作会议在深圳结束。会议着重讨论和交流如何发挥财务工作在企业经营管理中的杠杆作用，为促进物资流通，提高经济效益服务。

4 月 24 日 农业部在深圳召开农业科技开发工作研讨及科技产品交流会。

4 月 25 日 在深圳市直属机关思想政治工作研讨会上，市委书记李灏说：在新时期，思想政治工作依然是经济工作和其他一切工作的生命线，思想政治工作须和经济建设齐步走。这次研讨会深入探讨了财政、商检、税务、金融、工商、城建、公安、卫生、科技与交通系统和思想政治工作的成就以及存在的不足。

4 月 25～27 日 深圳市宝安县五届政协二次会议召开。

4 月 26～27 日 深圳市宝安县召开八届人大三次会议，到会的 198 名人大代表听取和审议政府工作报告，以及计划、预算、法院、检察院的工作报告。

△ 深圳市卫生工作会议召开。会议总结深圳市 10 年卫生事业发展的情况，讨论制定了深圳市卫生事业的"八五"目标和今后 10 年发展规划，以及实现目标规划的具体措施。

△ 少数香港货柜车司机在港方口岸闹事，深圳文锦渡、皇岗口岸一度瘫痪，经多方工作，27 日零时恢复通行，双方口岸通宵开放。

4 月 27 日 全国高等学校学生社会实践活动工作座谈会在深圳结束。会议回顾了 10 年来中国高等院校学生社会实践活动的发展过程，总结、交流开展社会实践活动的经验，并对今后如何广泛、深入、持久地开展社会实践活动进行研究和讨论。

4 月 29 日 展示全国供销社系统"七五"期间发展成就和经济实力的全国供销社名特优新产品展销会，在中贸发深圳展览中心开幕。

5 月 1 日 《深圳特区报》头版头条发表邓小平同志为即将竣工的深圳新火车站题写的站名"深圳"。

5 月 2 日 为贯彻党的十三届七中全会和省委六届五次全会精神，深圳市委决定在对特区第一个 10 年的总结和第二个 10 年规划的基础上，结合深圳市的实际情况，在全市范围内开展一次大规模的调查研究活动。下午，市领导李灏、郑良玉、李海东、杨广慧、张中林、李容根、李广镇、李传芳等听取各调研组首次全面情况汇报。

△ 新加坡副总理李显龙访问深圳，郑良玉市长设宴欢迎。

5月3日 深圳市青年隆重纪念"五四"青年节，全国青年十杰代表、香港杰出青年代表在深参加纪念活动。

5月4日 深圳市委、市政府在宝安县龙华镇召开现场会，推广该镇加强村镇规划建设管理、统一农民建房的经验。

5月6日 全国沿海省（区）市建材出口工作会议在深圳开幕。

5月7日 深圳市社会治安综合治理工作会议召开，市委书记李灏在会上做了重要讲话。

5月8日 深圳市副市长张鸿义发表题为《兴利除弊，创建有中国特色的证券市场》的文章。

△ 深圳市十大重点建设工程之一——皇岗口岸顺利通过国务院验收工作组的验收。验收纪要表明：皇岗口岸各项工程质量良好，布局合理，已具备了全面开通的条件，可以适应近期旅客和车辆出入境的需要。

△ 全国十大最佳合资企业评选揭晓，深圳中华自行车公司荣登榜首，康佳电子公司并列第一。

5月11日 深港房地产业友好交流协会签字仪式在市房管局举行。

△ 深圳市在罗湖区怡景花园寿景道 6 号别墅首次公开拍卖抵押贷款房产。

△ 深圳市建设银行铁路支行根据 1990 年广东省人大常委会通过的《广东省经济特区抵押贷款管理规定》，委托深圳市房屋交易所，依法现场公开拍卖麦某的怡景花园寿星道第 6 号别墅，以偿还其 1989 年 6 月 9 日以该房产作抵押的 200 万元人民币贷款。这是目前中国内地首次发生依法拍卖抵押贷款房产、以拍卖得款偿还银行贷款的案例。

5月12日 冈比亚总统贾瓦拉抵达深圳访问，郑良玉市长会见并宴请冈比亚贵宾。

5月15日 全国第一个股票市场管理条例《深圳市股票发行和交易管理暂行办法》经国务院委托中国银行总行批准，由深圳市人民政府正式颁布，并于 6 月 15 日起执行。

5月18日 深圳市国库券发行在全国率先完全实现市场化，1991 年首批发行的

1400 万元国库券，下午在中国人民银行深圳经济特区分行，由市财政局代表政府与深圳市中国银行、工商银行、农业银行、发展银行、交通银行签订了承购包销合同。

5 月 20 日　亚洲开发银行董事考察团 7 名董事访问深圳，郑良玉市长会见考察团全体成员。

5 月 21 日　为进一步改善特区投资环境，促进深圳外向型经济发展，经国务院批准，中国首家保税生产资料市场——深圳市保税生产资料市场正式开业。19 家企业经批准进入保税生产资料市场。①

　　△　深圳市召开国有资产管理工作会议暨企业董事长研讨班开学典礼，总结深圳市国有资产管理改革的试验成果，对深圳市今后国有资产管理的改革进一步规划和完善。

5 月 22 日　深圳市政府在宝安县城新安镇召开全市农村工作会议。会议提出的深圳市"八五"期间农业发展目标是：基本实现以企业化为主体的农业现代化，使深圳成为中国最早实现农业现代化的地区之一；外向型农业有较大的发展，使深圳成为香港重要的鲜活商品生产供给基地；农民收入有较大幅度提高，农民生活达到或接近世界上中等收入国家 20 世纪 80 年代的生活水平；农业生态形成良性循环，农村各业得到充分发展。

5 月 26 日　深圳市"社教"工作全面展开。

5 月 27 日　市长郑良玉、副市长朱悦宁在市政府贵宾厅会见法国阿尔斯通公司总裁德乔治先生率领的访问团。

5 月 28 日　国务院以国函〔1991〕32 号文②的形式正式批准设立深圳市福田和沙头角保税区。该国函 32 号文还就两个保税区的地理位置做了具体的划定，福田保税区面积为 1.35 平方公里，沙头角保税区面积为 0.2 平方公里。

5 月 29 日　中共罗湖区一届二次全委会议上审议并通过罗湖区国民经济与社会发展十年规划和"八五"计划，以及罗湖区"八五"期间社会主义精神文明建设规划。

5 月 30 日　广东省农委工作会议在深圳市宝安县闭幕。

---

①　1990 年 12 月，国务院下发由国务院特区办公室、对外经济贸易部、物资部、海关总署和国务院机电进口审查办公室等 5 个单位共同制定的《深圳经济特区保税生产资料市场管理规定》。该规定对保税生产资料市场的经营范围、经营方式、供应对象和监管办法等做了原则规定。依据该规定，深圳市政府制定了《深圳经济特区保税生产资料市场实施办法》，九龙海关制定了《九龙海关对深圳经济特区保税生产资料市场管理实施细则》。

②　国函〔1991〕32 号文明确指出："同意在深圳市设立福田、沙头角两个保税区。保税区要充分发挥毗邻香港的优势，引进资金和先进技术，发展出口工业。"

5月31日　市政府办公会议原则同意从东莞引东江水至深圳的方案。

6月1日　由少先队员们自己主持、自己选代表参加的会议——中国少年先锋队深圳市第二次代表大会，在深圳会堂隆重举行。

6月5日　深圳市总工会、市经发局决定在荔枝节期间开展全市范围内的"文明经商、优质服务"竞赛活动。在举行的全市商业、服务行业开展优质服务动员大会上，副市长李广镇向全市商业、旅游业、饮食服务业、交通运输业职工做了动员。

6月6日　深圳市取消10项行政事业性收费，其中包括：他项权利登记费，抵押登记费，查丈费（建设局收取），超标准噪音收费，饮食业及机关食堂炊事产生的油烟及烟道气收费，聘请干部手续费（直接聘请和间接聘请），人才引进收费，市内人才交流收费，电脑查询资料费（公安局收取），车辆优先通行证费。

　△　深圳市小汽车公司通过国家二级企业评审，是广东省地方交通行业通过国家级企业评审的第一家企业。

6月7日　深圳市政府制定《深圳经济特区大学中专毕业生就业合同管理暂行办法》，在国内率先实行自主择业、双向选择，毕业生和就业单位签订合同，明确各自的权利和义务的新制度。

6月8日　深圳市委宣传部召开深圳市社会科学工作联谊会议，讨论制定深圳市社会科学"八五"计划研究课题。

　△　深圳市罗湖区投资管理公司开业。罗湖区投资管理公司拥有对区属国有资产的产权管理，包括财务和产权代表的管理权，可向区属各类企业参股和做周转性投资，提供贷款担保，以及征收区属国营企业税后利润和资产占用费以及区政府授权的其他业务，实施"一府两线"的职能。

　△　李广镇副市长主持召开紧急抗旱会议，会议号召全市动员节约用水，制定措施抗旱救灾。

　△　万科股票复牌交易，取消涨落停板制度。

6月10日　深圳市正式成立深圳有色金属交易所，从事有色金属的期货交易。

6月11日　深圳市人大常委会第三次会议在市人大会堂召开。会议议程为：听取关于筹备召开市一届人大二次会议的有关问题的汇报（召开时间将由人大常委会第四次会议决定）；听取市人民政府关于提请审议整治洪湖污染方案的报告；听取关于市一届人大5号议案第二次送审报告的初审意见；听取市人民政府关于人事任命案的报告；听取市中级人民法院关于人事任免案的报告；听取市人民检察院关于人事任命案的报告。会议通过了表决决议、议案办法。

　△　深圳市罗湖区召开精神文明建设工作会议。会议传达贯彻省社会主义精神

文明建设工作会议精神，总结交流经验，研究如何贯彻《深圳市罗湖区"八五"期间社会主义精神文明建设规划》和在商品经济条件下，精神文明建设如何落到实处的问题。

△ 20 世纪 90 年代最新中文电脑软件——"超级中文系统"和"矢量汉学生成软件"，由深圳华达电脑软件公司研制开发成功，并通过了国家机电部主持的技术鉴定。副市长朱悦宁专程前往华达公司表示祝贺。

6 月 13 日 深大研制成功国内首套新型无线寻呼电脑系统。在省召开的汉字/数字双速率兼容无线寻呼电脑系统演示会上，来自全国 20 多个省市邮电系统的 80 多位技术管理负责人对该系统给予好评。

6 月 14 日 深圳市政府颁布《深圳经济特区不动产拍卖管理暂行规定》。

6 月 15 日 经国务院委托中国人民银行总行、国家体改委、国家国有资产管理局审定，授权中国人民银行总行批准深圳市政府公布的《深圳市股票发行与交易管理暂行办法》，这标志着深圳股票市场迈向法制化、规范化管理的新时期。[①]

△ 新华社香港分社社长周南、副社长秦文俊在深圳市委书记李灏、副市长朱悦宁陪同下，参观了深圳机场和皇岗口岸。

6 月 17 ~ 23 日 根据全国安全生产委员会的统一部署，深圳安全生产委员在全市范围开展"安全生产周"活动。

6 月 18 日 以张鸿义副市长为团长的深圳经贸考察团抵达澳大利亚昆士兰（州）首府布里斯班市。

6 月 19 日 深圳特区又一项改革措施出台，颁布《深圳经济特区对大学中专毕业生就业实行合同制管理的暂行办法》，对大中专毕业生就业实行合同制。

6 月 20 日 郑良玉市长在广东省委召开的全省工作会议上发言，就依靠科技进步推动经济发展的问题，结合深圳的实际，讲了四点看法和意见。

6 月 24 日 江泽民、李鹏、李先念等党和国家领导人为深圳市委宣传部拍摄的电视片《世纪行》题词。

---

① 长时间的"熊市"局面，不利于社会的稳定，也影响了企业的筹资和证券市场功能的发挥，为此，从 1991 年上半年开始，深圳市政府及有关部门利用分红扩股的机会，取消股价涨落停牌制度，放开股价；引导机构投资者入市；允许外地资金进入；改进操作手段，增设经营网点，实行交易所集中交易；适当推迟新股发行时间，以溢价发行新股的方式减轻对老股的冲击；加之 1991 年上市公司经营业绩良好，股民开始注重长线投资。从 10 月份开始，股市逐渐回暖。为防止股市再度"过热"，11 月在股价上涨较快、短期内股份指数超过 130 点的情况下，证券市场领导小组又及时决定暂停专户买卖制度，整顿了证券商异地代理买卖业务，抑制了少数个人大户及机构的投机活动。经过治理和引导，深圳证券市场逐步进入了健康发展的轨道。

6月26日 国内第一家动产拍卖行——深圳市动产拍卖行开业。

△ 深圳市福田区精神文明建设工作会议结束。

6月29日 由中国紫金山天文台发现的第2425号小行星被国际行星组织命名为"深圳星"，这是中国迄今以城市命名的第七颗小行星。

7月1日 深圳市纪念中国共产党建党七十周年暨表彰先进大会在深圳会堂隆重举行。市委书记李灏在纪念大会上做了题为《认清历史使命，当好建设有中国特色的社会主义的排头兵》的重要讲话。

7月2日 深圳第三届城市管理国际学术研讨会在深圳图书馆举行。

7月3日 深圳证券交易所正式成立。《深圳证券交易所章程》及《深圳证券交易所业务规则》经主管机关批准正式颁布实施。深圳证券交易所主办的全国第一家证券专业刊物《证券市场导报》创刊。

△ 中外合资企业经营政策研讨会在深圳举行。

7月4日 中国股票市场发展研讨会在深圳召开。

△ 广东省委副书记、代省长朱森林，结束了对深圳市为期5天的工作考察。朱森林同志对深圳特区当年重点抓的落实企业承包经营责任制、推行股份制改革、试行企业产权转让、组建完善企业集团、办好保税工业区、建立社会保险制度、建立市场运行新秩序、改进政府对经济工作的管理这8项改革措施十分重视，逐项了解，详细询问，并和深圳市委、市政府领导班子以及有关部门、企业负责同志共同探讨。他认为：深圳市提出深化改革的思路很有新意，不少问题需要认真探索，为全省提供成功的经验。特别要在推进股份制改革、组建和完善企业集团、建立社会保险制度和加强国有资产管理等方面，进行不懈的努力。他要求深圳特区要在深化改革、发展外向型经济中，继续进行大胆探索，为全省全国提供更多更好的经验。

△ 深圳市社会治安综合治理委员会①成立，并召开第一次委员会会议。

7月5日 由国家科委、广东省人民政府、深圳市人民政府共同创办的中国科技开发院的原则协议签字仪式在深圳银湖旅游中心举行。该院实行"民营官助"经营形式和企业化管理。

△ 深圳市高级顾问会议在迎宾馆举行。

△ 为进一步加强深圳市公安队伍的党风和廉政建设，深圳市公安局在深圳大

---

① 该委员会是协助市委、市政府领导全市社会治安综合治理工作的常设机构。其主要职责是：根据全市的社会治安状况，研究提出社会治安综合治理的方针、政策和重大措施，提交市委、市政府决策；负责部署每一个时期全市的社会治安综合治理工作，并督促实施；指导、协调、推动各部门、各单位落实社会治安综合治理的重大措施；总结推广治安综合治理的先进经验。

剧院召开全市公安工作会议。

7月8日 第四届荔枝节胜利闭幕,接待来宾26万人,贸易成交19亿元。

7月10日 深圳市福田、沙头角保税区获国务院正式批准。

7月11日 深圳市工作会议在深圳会堂召开。会议主要是传达省委、省政府于6月17日至22日召开的全省工作会议精神,讨论制定依靠科技进步推动社会经济发展和搞好计划生育、控制人口过快增长的措施,总结深圳市上半年的工作,安排下半年的几项主要任务。

7月14日 由广州市委副书记张汉青率领的广州市珠江三角洲考察团一行13人到深圳进行为期3天的访问。

7月17日 深圳市证券市场领导小组召开会议,做出两项决定:第一,从1991年至1992年逐步推出新股上市;第二,允许机构投资者入市。

7月19日 深圳市经发局召集市食品公司及各分公司负责人开会,要求他们积极行动起来,发挥国营主渠道作用,搞好肉品供应,稳住肉价。

7月20日 深圳市委书记李灏率深圳市赴粤东学习考察团到达河源市。考察团在实地考察后,签署了由深圳市经济合作发展基金会向河源市制药厂提供贷款385万元的协议。

7月21日 毛理求斯总理阿内罗德·贾格纳特和夫人到深圳访问。市常务副市长王众孚到火车站迎接。

7月23日 广东省外商投资和"三来一补"企业工会工作会议在深圳市总工会礼堂开幕。

7月24日 深圳深南大道拓宽工程开始。市城建开发处组织800多人,对道路两侧135米范围内的违章建筑进行强行拆除。

7月25日 深圳市1991年劳动工作会议在深圳会堂召开。会议着重下达1991年劳动用工计划指标,部署完善招工调工政策和加强劳动力管理办法,统筹安排全市就业工作。会前,市委书记李灏24日下午在听取当前的劳动工作情况汇报时对加强深圳市劳动工作管理问题谈了四点重要意见。强调指出:要加强劳动用工的管理和调配;要严格执行劳动用工的审批制度,严禁私招滥雇;要调整劳动用工结构,做好劳动力的调配,在招、调工人时,要保证素质,要确保调进来的是技术业务骨干,是思想好、技术好的劳动者;总之要控制数量,提高质量。

7月26日 深圳证券业电脑网络系统总体合同签字仪式举行,这一工程由深圳证券交易所负责组织。深圳证券业电脑化将使深圳证券交易实现同城买卖委托、实时传送、自动撮合成交、实时行情传递和无纸化过户。

△ 深圳市召开打击香烟走私、整顿香烟市场会议，贯彻国务院和广东省政府关于把打击香烟走私当作当前大力加强反走私斗争重点的指示精神，部署下半年反走私工作。

△ 全国政协副主席叶选平视察深圳。

7 月 27 日 深圳市首次动产拍卖活动在柏叶艺术剧院举行。

7 月 29 日 经过近 1 年的艰苦施工，投资 1 亿多元人民币的西部水源开发工程正式全面试运行抽水，总共取水流程 24.5 公里，提水总扬程 31 米，总装机工作容量 3500 千瓦（不包括即将竣工的石岩四级临时站）。待年内石岩四级临时站投产后，全线各水库可增水量 700 万立方米到 800 万立方米，其中石岩、立新两大水库约可增加 400 万立方米和 300 万立方米。这样，1991 年年底深圳市西部的用水紧张局面可望得到缓解。

7 月 31 日 市政协召开深圳市"八一"军政座谈会。市委常委、常务副市长王众孚在会上讲了话。

△ 九龙海关推出 10 项改革新措施，采取"放水养鱼"的灵活政策，促进企业赶超世界先进水平。

8 月 2 日 深圳市委、市政府在市人大礼堂召开全市宗教工作会议，这是深圳建市以来的第一次宗教工作会议。

△ 深圳市公安局消防处在国贸二楼召开国贸大厦"7·30"重大火灾现场会，深圳市防火责任人、副市长李传芳指出：国贸大厦此次发生的重大火灾已提醒各单位，高层楼宇的防火工作必须常抓不懈。

△ 中国残疾人联合会主席邓朴方率中国残疾人艺术团抵深，深圳市委、市政府举行欢迎酒会。深圳市负责同志李灏、郑良玉、周溪舞、李海东、王众孚、林祖基、杨广慧、李广镇出席了欢迎酒会。

8 月 3 日 中国人民银行深圳特区分行发出《关于法人股转让问题的通知》，规定 6 月 15 日以后法人在二级市场上购入的上市公司股票均可通过证券经营机构自由转让。

8 月 6 日 深圳市政府举行第 15 次决策咨询会，市委常委、副市长王众孚，市人大常委会副主任胡政光，副市长张鸿义、朱悦宁和有关部门负责人及有关专家共同探讨发展特区科技市场、促使科技成果商品化等课题。

8 月 8 日 整体设计通过能力为日通过 5 万辆车次和 15 万名旅客的深圳市皇岗口岸正式开通。

△　深圳市委在深圳会堂举行第二次党内法规教育辅导报告会。

8 月 10 日　深圳市公安交通管理局在南头大冲桥路段召开"8·9"重大交通事故现场会，分析事故原因，吸取深刻教训。

8 月 11 日　深圳大学授予日本首相海部俊树名誉教授受聘仪式在北京钓鱼台国宾馆举行。深圳大学校长魏佑海向正在我国访问的海部首相颁发名誉教授聘书和校徽，海部首相即席挥毫为深圳大学写下"教学无限"的题词。

8 月 12 日　深圳市第一次文物工作会议在信息中心举行。

8 月 13 日　深圳市宝安县委在总结坪山试点经验的基础上，决定南澳、大鹏、葵涌、坪地、坑梓、龙岗、横岗、石岩、沙井等 9 个镇首批铺开社教工作。由省、市、县组成的社教工作队 447 人，全部分赴各镇村。

8 月 13 ~ 14 日　深圳市中国共产党成立 70 周年党建理论研讨会在市委党校举行，市委副书记厉有为在会上做重要讲话。

8 月 13 ~ 15 日　深圳市政协副主席李定率领市政协第一视察团进行调查研究，探讨解决深圳市供电紧张和装电话难的问题。

8 月 14 日　深圳市召开文化娱乐场所管理工作会议，要求各职能部门密切配合，齐抓共管。

△　深圳市公路网规划评审会结束。根据评审后的规划，在今后的 15 年中，深圳市将建成以特区为中心的由 8 条出口公路和 2 条环线公路组成的半环状辐射形公路网。

△　首家全新模式集体股份制企业深圳家乐实业股份有限公司诞生。

8 月 16 日　深圳市一届人大常委会第四次会议结束。会议审议了上半年经济计划和财政预算执行情况。

8 月 17 日　深圳市纠正行业不正之风工作会议召开。

8 月 20 日　深圳市委在深圳会堂举行第三次党内法规教育辅导报告会。

8 月 21 日　国内规模最大的蛇口集装箱码头试运行。

8 月 22 ~ 24 日　全国人大常委会副委员长倪志福考察深圳。他强调要依靠工人阶级办好企业。

8 月 23 日　深圳市政府召开全市企业管理干部培训工作会议。会议的主要议题是：传达贯彻 1991 年上半年召开的全国和广东省企业干部培训工作会议的精神，总结交流深圳市企业干部岗位培训的经验，布置落实 1991 年、1992 年企业干部培训工作。常务副市长王众孚在会议上做了重要讲话。

△　由广东省七届人大常委会第二十一次会议通过修正的《广东省土地管理实

施办法》① 公布施行。

8月27日 深圳特区西部大规模建设序幕拉开。投资55亿元，拟在后海湾畔兴建商业文化中心区和富有特色的海滨城区。

8月28日 为进一步整顿深圳市劳动用工秩序，贯彻执行有关的劳动法规，端正企业用工行为，维护劳动者的合法权益，深圳市政府决定在1991年八九月份组织全市性的劳动用工执法大检查。市政府在市人大会堂召开大会，动员和部署全市开展劳动用工执法大检查工作。这次大检查以国务院《禁止使用童工规定》、《广东省经济特区劳动条例》和市委《关于加强社会治安综合治理的决定》等有关劳动法律法规为依据，检查对象是全市所有的用工单位。

△ 深圳市私人机动车驾驶员协会②成立。

8月29日 深圳市农村和基层建设工作会议结束。会议主要内容是：传达贯彻省农村工作会议精神，总结交流深圳市农村社会主义思想教育试点工作经验，部署开展农村社会主义思想教育工作，研究基层建设的有关问题。李灏、郑良玉分别就农村开展社会主义教育和加强城乡基层组织建设做了讲话。

△ 《深圳特区报》报道：深圳市软磁盘制造业已形成上亿片的生产能力，占全球总生产能力的5%。

8月30日 以探讨"全球范围的合作教育"为主题的第七届世界合作教育大会在深圳大学闭幕。

9月 在深圳房地产行业规范与市场管理研讨会上，深圳市负责同志要求有关部门继续抓好房地产管理体制的改革，深入整顿房地产市场。市建设局、国土局遵照市委、市政府的指示，制定了下一阶段房地产行业深入改革和整顿的措施。

△ 深圳市对高中阶段教育结构进行了重大改革，将原来高中阶段设置的普通高中、职业高中的二元结构调整为普通高中的高二后进行分流，学生去向有两个：一是继续读普通高三，二是读职业培训班准备就业，即"2＋1"高中。到1999年，分段高中已有"2＋2""2＋1＋X"等模式。

9月3日 市委、市政府做出决定：加强计划生育工作，严格控制人口增长。

---

① 这项立法取代了原来制定的《深圳经济特区土地管理条例》，是当时深圳特区土地管理的基本法规。该立法在原有条例基础上更全面、更具体地规范了经济特区的土地管理，对国有土地有偿使用制度在法律上进一步充实和完善，将有偿使用、转让、抵押国有土地，扩充到国有土地可以出租或用于其他经营活动。

② 该协会是私人机动车驾驶员群众组织，在市公安局和公安交通管理局及市民政局社团管理机关的指导监督下开展工作。协会的宗旨是把分散的个体车主、承包车主、驾驶员组织起来，定期开展安全活动和车辆的检查保养，消除隐患，减少交通事故。

9 月 5 日　国家科委和国家体制改革委员会研究制定《关于深化高新技术产业开发区改革，推进高新技术产业发展的决定》。该决定内容包括从 1991 年起，在国家高新技术产业开发区，坚决地、有步骤地推进综合改革；改革企业管理体制和经营机制，使高新技术企业在国家政策、计划引导下，面向市场，自主经营，平等竞争；加强对高新技术产业发展的引导和调控，形成合理产业结构，推进高新技术产业化等 9 个问题。

△　深圳市处级以上党员领导干部学习党内法规第四次辅导报告会在深圳会堂举行。辅导报告会主题为：共产党员必须模范遵守党的外事纪律。

△　深圳市首批赴梅州挂职的 31 名干部启程前往梅州。

9 月 7 日　深圳市首次经济员资格考试培训班开学，1300 多名学员参加学习。经济员资格考试是由国家人事部统一领导和组织的。

9 月 8 日　纳米比亚共和国总理哈格·根哥布一行 12 人到深圳访问。郑良玉市长会见纳米比亚贵宾。

9 月 9 日　深圳市治理"三乱"[①] 工作会议举行。[②]

9 月 10 日　市委、市人大、市政府、市政协、市纪委负责人与教师欢聚一堂，共同庆祝我国第七个教师节。

9 月 10～11 日　军政工将领到深圳参观，盛赞改革开放是强国之路。

9 月 14 日　深圳市赈灾捐赠达 4000 万元，在全国计划单列市中名列第一。

9 月 16 日　深圳市委常委、副市长林祖基和副市长李传芳以及市城管办等有关单位的领导同志组成检查团在罗湖、福田区对几个卫生死角进行检查。

△　《深圳特区报》报道：深圳大学建校 8 年来共完成可供转让的科技成果 56 项，其中国家级成果 12 项。

9 月 17 日　深圳市一届人大常委会第五次会议结束。

9 月 18 日　中共深圳市第一届委员会第二次全体（扩大）会议举行。全会的主要议题是：①审议通过《中共深圳市委关于深圳市国民经济、社会发展十年规划和第八个五年计划的建议（草案）》；②审议通过《深圳市社会主义精神文明建设"八五"规划》；③审议通过《中共深圳市委关于加强党的建设的意见》。

---

①　"三乱"指"乱收费、乱罚款、乱集资摊派"。

②　1991 年 6 月，广东省清理整顿"三乱"领导小组办公室，公布了首批取消的各市制定的行政事业性收费项目，共 134 项。深圳市有 10 项收费属取消之列，其中包括：他项权利登记费，抵押登记费，查丈费（建设局收取），超标准噪音收费，饮食业及机关食堂炊事产生的油烟及烟道气收费，聘请干部手续费（直接聘请和间接聘请），人才引进收费，市内人才交流收费，电脑查询资料费（公安局收取），车辆优先通行证费。

9月20日　深圳市城市规划委员会第五次会议圆满结束。与会的国内外专家畅述己见，为深圳在21世纪的经济腾飞描绘城市发展蓝图，最后确定和完善了今后10年特区城市发展规划，修正和通过了特区未来金融、贸易、信息、文化中心——福田中心区规划方案，特区快速干道网系统规划和深圳市轻铁交通规划等。

9月21日　中国共产党深圳市第一届委员会第二次全体（扩大）会议闭幕。会议审议通过《中共深圳市委关于制定深圳市国民经济、社会发展十年规划和第八个五年计划的建议》的决议、《深圳市社会主义精神文明建设"八五"规划》的决议和《中共深圳市委关于加强党的建设的意见》的决议。

9月24日　深圳市水利工作会议召开，市长郑良玉发表重要讲话。

△　广东省边防执勤工作座谈会在深圳边防检查站召开。

9月28日　深圳市纪委举行第二次党内法规教育经验交流会，总结前一阶段深圳市开展党内法规教育的做法和经验，并就下一阶段的工作做出部署。

△　深圳赛格日立彩管项目正式投产，工程质量优良，试产产品通过5国安全规格的确认。

10月　为适应深圳市经济迅速发展的需要，市政府决定对深圳市能源机构设置重新进行调整，成立深圳市能源总公司。

10月1日　深圳中华民俗文化村举行开业仪式，姬鹏飞、钱伟长和国务院有关部门及广东省、深圳市负责人、海外嘉宾1000多人出席开业仪式。

10月2日　20世纪90年代海峡两岸交流与合作研讨会在华侨城召开。

10月5日　《深圳特区报》头版发表消息：经省爱国卫生运动委员会考核鉴定，深圳市灭蝇达到全国先进标准。

10月7日　《深圳特区报》报道深圳推行"双轨三类"的住房供求模式，全市人均住房面积为10.9平方米，在全国城市继续领先。

10月10日　深圳市隆重集会纪念辛亥革命80周年，市党政负责同志和各界人士近千人出席纪念大会。

10月12日　深圳机场正式通航，李鹏总理为机场通航剪彩。

△　深圳市深飞激光光学系统有限公司和深圳深飞塑料金属制品有限公司经过半年的试产后，举行投产典礼。

△　邓小平同志亲自题写站名的深圳铁路新客站举行落成典礼。

10月13日　来自全国16个省、自治区及30个自治州，由23个民族128人组成的全国自治州少数民族参观团前往深圳访问。

10月14日　政协深圳市第一届委员会第二次会议举行。会议主要议程是：审议政协一届常委会工作报告，讨论提案委员会提案工作报告，讨论深圳市国民经济和社会发展十年规划和"八五"计划（纲要）报告，以及表彰市政协一届一次会议优秀提案、承办提案先进单位等。

10月15日 深圳市第一届人民代表大会第二次会议在深圳会堂开幕。会议的主要议程是：听取并审议郑良玉市长《深圳市国民经济和社会发展十年规划和第八个五年计划纲要（草案）》的报告；审查、批准《深圳市国民经济和社会发展十年规划和第八个五年计划纲要（草案）》；听取和审议市人大常委会工作报告；进行选举事项；等。

△ 李广镇副市长在听取宝安县有关部门关于当前社教工作的情况汇报以后，对社教工作提出具体要求。

10月17日 国务院总理李鹏在听取广东省负责同志汇报时说：广东改革开放与治理整顿取得很大成绩，经济发展很快，效益逐步好转，正在走上良性循环，希望广东在提高国营大中型企业的经济效益上率先做出成绩。

△ 以李广镇副市长为团长的深圳市经济代表团一行15人前往广西壮族自治区进行为期8天的考察、学习和访问。

10月18日 深圳市第一届人民代表大会第一次会议上通过《深圳市国民经济和社会发展十年规划和第八个五年计划纲要》。

△ 深圳市人才智力市场正式挂牌开业，成为全国首家常设性的人才市场。

10月20日 《深圳特区报》头版头条发表《深圳市社会主义精神文明建设"八五"规划》。

10月21日 深圳市宝安县布吉镇科学技术协会经有关部门批准成立。这是深圳市第一个乡镇建立的科学技术工作者的群众团体。

10月21~23日 由中国人民银行、国务院研究室、深圳市人民政府和中国证券协会联合举办，旨在探讨新形势下中国证券市场发展重大方针政策的"证券市场发展政策研讨会"在深圳举行。

10月24日 深圳市委宣传部、组织部在市委礼堂联合召开深圳市干部理论教育工作会议。会议的主要议题是：总结1990年以来全市干部学习马克思主义理论的基本情况和基本经验。在此基础上，研究在当前国际国内新形势下，如何进一步加强干部理论学习，努力提高干部队伍的马克思主义理论修养问题，并对1991年10月至1992年第三季度全市党员干部学习中共党史和马克思主义党的建设理论做出安排和部署。市委副书记厉有为同志在会上做了《努力提高干部队伍马克思主义理论修养》的报告。

10月28日 全国人大常委会副委员长习仲勋，全国政协常委、甘肃省政协副主席黄正清视察深圳。

10月29日～11月2日 广东省农村股份合作经济研讨会在宝安县举行。与会的70多名专家学者认为，宝安县推行农村股份合作经济的做法，较好地解决了农民产权、分配、管理等问题，为全省各地提供了借鉴。

10月31日 中国南方玻璃股份有限公司与深圳市物业发展（集团）股份有限公司向社会公众招股，这是中国股份制企业首次发行B股。

△ 深圳市统计局统计：1991年前三个季度，深圳市电子工业产值已达76.35亿元，比去年同期增长46%。深圳市电子工业产值已连续10年保持40%以上的年增长率。从1987年起，产值、出口产值及几种主要产品产量，连续居全国26个中心城市之首，成为全国最大的电子工业生产和出口基地。据深圳电子行业协会统计，深圳市电子企业已达600多家，职工8万多人。1990年的产值已占全国的1/10以上，占全市工业总产值的1/4。

11月1日 深圳市盐田港重点建设项目债券正式在深圳证券交易所挂牌上市交易。这次盐田港债券的公开集中交易，标志着深圳证券市场的二级市场开拓形成，也标志着深圳证券市场进入了股票交易与债券交易共同发展的新阶段。

11月2日 市委书记李灏率领深圳市代表团前往珠江三角洲学习考察。

11月3日 深圳市市长郑良玉和澳大利亚昆士兰州布里斯班市市长吉姆·苏尔利共同签署了两市友好合作意向书。

△ 蛇口实行新型保险制度，未来10年我国将重点推行这一保险制度。

11月4日 深圳市侨务工作会议在市人大会堂召开。

11月6日 深圳市市长郑良玉、市人大常委会主任厉有为、副市长李广镇及市有关单位负责人，就深圳市近年来缺水情况，向朱森林代省长、凌伯棠副省长做了专门汇报。朱森林代省长指示：要把增加深圳供水当作特殊任务完成。

11月8日 越南共产党总书记杜梅、部长会议主席武文杰抵达深圳访问。市委、市政府设宴招待越南贵宾。

11月10日 深圳11家新股上市认购申请表派发工作全面展开，约有60万深圳市民和外地投资者分别在291个金融网点领取了申请表。

11月11日 全国人大常委会副委员长王汉斌，全国人大常委会委员、全国人大法律委员会副主任委员宋汝棼，全国人大法律委员会副主任委员项淳一等组成的考察组到深圳考察深圳经济特区法制建设等情况。

△ 深圳市委书记李灏在晶都酒店设宴欢迎意大利布莱夏省省长卡斯坦佑·瓦

里先生率领的省政府代表团。

11 月 14 日 中共中央政治局委员、国务委员兼国家教委主任李铁映在深圳听取市委、市政府负责同志汇报工作时说，在社会主义现代化建设中，必须高度重视和大力发展职业技术教育，希望深圳探索出职业技术教育的新路子。

11 月 15 日 深圳市委书记李灏、市长郑良玉分别会见了来深圳市访问的新加坡共和国驻华大使郑东发先生。

11 月 18 日 深圳东部输水工程在莲塘老虎坳举行开工典礼。

△ 秘鲁共和国总统阿尔委托·藤森访问深圳。我国卫生部部长陈敏章、深圳市市长郑良玉会见并宴请了秘鲁贵宾。

11 月 22 日 12 省市区市政协领导人云集深圳，探讨新时期海外联谊工作。

11 月 23 日 广东省七届人大常委会第 23 次会议结束。会议审议通过《广东省行政事业性收费管理条例》，从 1992 年 1 月 1 日起施行。会议还审议通过《关于摆脱乡镇卫生院困境问题的议案》、《关于要求加快全省山区公路建设问题的议案》及《关于恢复发展盐业生产问题的议案》办理情况的报告。

11 月 25 日 深圳机场首航成功。深圳交通从此揭开新的一页。

11 月 26 日 深圳市中级人民法院成立全国首家立案处，专门负责立案工作，在全国首先实行"立审分离"。最高法院肯定并在全国各地法院推广"立审分离"制度。

11 月 28 日 广东省人大派出《广东省保护消费者合法权益条例》执行情况视察组深圳分组，从当日起，对深圳市进行为期一周的视察，重点检查了解保护消费者合法权益情况。

△ 为使分局领导班子卓有成效地带领干警开创特区公安工作新局面，深圳市委常委、市公安局局长梁达均分别同罗湖公安分局局长彭虎、南山公安分局政委刘国辉，在深圳市公安分局领导班子工作目标责任状①上签字。

△ 由深圳蓝天国际经济交流中心，深圳市体改委联合主办的"企业股份制改革经验交流会"在深圳结束。会议呼吁有关方面积极采取措施，加快股份制改革的步伐。

11 月 28～30 日 郑良玉市长、李广镇副市长召集市长助理以及计划、经发、

---

① 责任状是根据深圳市公安建设与工作的总体规划和要求，以三年为管理周期制定的。责任状明确规定了分局领导班子的责任、任务以及分局领导班子自身建设、公安队伍建设、业务建设必须达到的目标。市局将按照《深圳市公安局分局领导班子工作目标责任制实施办法》，建立检查、考核、奖惩制度，对责任状的执行进行监督。

建设、水利、农业、统计、环保、市委政研室等有关部门负责人，深入宝安县新安、福永、松岗、石岩等地，到"三来一补"、"三资"、内联企业和西海堤、西水源四级提水工程等处调查研究。[①]

11月29日 广东省委、省政府召开计划生育电话会议。副省长凌伯棠通报全省计生情况，对我省今冬明年计生工作做了动员和部署。电话会议结束后，李广镇副市长对深圳市与会代表部署了深圳市今冬明年计生工作。

△ 深圳市一届人大常委会第六次会议结束。经会议审议表决通过一批人事任免名单，通过《深圳市人大常委会关于深入开展法制宣传教育的决议》，并听取和审议了深圳市人民政府《关于深圳市今年以来开展普法教育情况汇报及制订第二个五年普法规划的说明》。

△ 深圳市社会治安综合治理经验交流会召开。

12月 深圳市调整营业性歌舞厅、卡拉OK厅等娱乐场所的营业税税率，并开征"文化发展专用资金"。

12月1日 为使广大群众更多地了解艾滋病的预防知识，深圳市第一个艾滋病咨询门诊及咨询电话正式对外服务。

12月3日 深圳市委在深圳会堂召开全市党内法规教育情况汇报会。

△ 深圳民间企业家公会成立。

△ 中共深圳市委组织部和市人事局联合召开会议强调，录用国家工作人员须经考试，才能录用。深圳市党和国家机关补充工作人员实行考试录用的方法得到国家人事部、中共中央组织部的充分肯定并决定在全国试点推行。

12月4日 深圳、梅州两市对口扶持合作领导小组第一次联席会议在深圳迎宾馆举行，双方就进一步推动两市对口扶持与合作等问题进行商讨。会议讨论通过了《深圳市、梅州市对口扶持合作领导小组联席会议工作办法》和《关于进一步加强深圳、梅州两市对口扶持与合作的意见》。

12月5日 中国人民银行和深圳市人民政府颁布《深圳市人民币特种股票管理暂行办法》。该办法从法律上对B股市场的运作予以规范。

△ 深圳市拥军优属、拥政爱民工作领导小组会议提出，要加快步伐，深入发动，扎实工作，决心在1992年使深圳市二分之一的县、区达到双拥模范县、区标准；用二三年时间把深圳建成全国双拥模范城市。

[①] "三来一补"是指：来料加工、来样加工、来件装配及补偿贸易。"三资"企业是在中国境内设立的中外合资经营企业、中外合作经营企业和外资企业三类外商投资企业。

12 月 6 日　深圳市专业作家体制改革方案出台，废除终身制，实行聘任制。

△　郑良玉市长会见并宴请捷克斯洛伐克总理恰尔法一行。

12 月 7 日　日本深圳协力会第五次会议在深圳科学馆举行，16 位日本专家为研讨深圳特区的战略转移问题献策。

12 月 9 日　由贵州省委书记刘正威、省政府常务副省长张树魁率领的贵州省代表团来深圳参观考察。

12 月 10 日　深圳市政府召开 1991 年度全市节约用水与表彰大会，再次号召全市人民行动起来，深入挖掘内部潜力，强化节水措施，以渡过当前和明、后两年的供、用水难关。

△　深圳市罗湖区沙头角镇青年联合会成立。

12 月 12 日　首次关于深圳市社会治安综合治理的学术研讨会在深圳市民政局召开。

12 月 12~19 日　深圳市首次节约用水教育宣传周活动将全面铺开。该项活动旨在强化节约用水宣传教育，缓解深圳市目前缺水的紧张局面。

12 月 13 日　深圳市工商局为把"百日优质服务竞赛活动"进一步引向深入，召开新闻发布会，希望通过新闻媒介发动全市群众对他们提意见和进行广泛有效的监督。

△　《深圳特区报》报道：1991 年深圳自行车生产量达 350 万辆，其中出口 300 万辆，成为全国自行车出口生产基地。

12 月 14 日　马耳他共和国总统艾森特·塔博恩携夫人一行到深圳访问，郑良玉市长在雅园宾馆会见并宴请了塔博恩总统一行。

12 月 15 日　中国人民银行、深圳市人民政府联合颁布《深圳市人民币特种股票管理暂行办法》及《深圳市人民币特种股票管理暂行办法实施细则》。

△　深圳市台胞台属联谊会暨第一届会员代表大会召开。

12 月 16 日　深圳经济特区企业所得税改革研讨会召开。会议就特区企业所得税改革的必要性和可能性，特区企业所得税改革的指导思想和原则以及《深圳经济特区企业所得税施行办法》等问题进行讨论。

△　北京市人民政府驻深圳办事处正式成立。

12 月 17 日　全国 60 多位专家学者和税务工作者聚首深圳，研讨深圳特区企业所得税改革。

12 月 18 日　深圳市 9 家新的股票上市公司 B 股承销协议正式签署，标志着深圳证券市场在国际化方面迈出了重要一步。

12月20日　深圳市政府召集有关职能部门负责人开会，研究整治深圳市市场充斥伪劣商品的现象。李广镇副市长代表市政府提出根除伪劣商品、治理市场的具体措施。

　　△　深圳市政府举行新闻发布会，宣布深圳市大规模全面整顿清理暂住人口统一行动正式开始。

12月21日　深圳市政府关于人口变动情况抽样调查工作会议召开。深圳市将从当日起到1992年1月底，在全市范围内进行人口变动情况的抽样调查。

12月24日　以回顾总结深圳文艺界11年来的业绩，制定今后繁荣文艺事业措施为主题的市文艺工作座谈会在深圳大剧院音乐厅举行。深圳市委书记李灏在会上做了题为《为建设有中国特色的社会主义文艺作出贡献》的讲话。

　　△　前中信实业银行深圳分行行长高森祥因收受巨额贿赂被深圳市中级人民法院判处死刑，立即执行。

12月26日　郑良玉市长率深圳市代表团赴沪参加深沪通航庆祝活动。

12月28日　中国第一条准高速铁路——广深准高速铁路在东莞石龙镇举行开工奠基典礼。

12月29日　深圳"万丰模式"研讨会在北京人民大会堂广东厅举行。原中央顾问委员会常委李德生、陈锡联出席会议并发表讲话，对万丰在改革开放中取得的成绩和创造的万丰模式作了充分肯定。中国乡镇企业协会副会长马杰三、中国企业评价协会秘书长李克穆、国务院发展研究中心农村发展部部长王西玉、国家计委政研室主任李剑阁等有关负责人也出席了研讨会，对万丰村改革的经验发表了许多精辟的见解。研讨会上，万丰村党支部书记潘强恩介绍了"万丰模式"以及改革开放以来万丰村发生的巨大变化。①

---

① 1991年，万丰村加工贸易企业发展到67家，集体总资产达3亿元。1992年12月25日，"邓小平改革开放理论与中国农村及万丰实践研讨会"再度于人民大会堂召开。

1992 年

1月　深圳市卫生局设立二级局——深圳市医疗保险局，在全国率先开展了医疗制度改革的试点工作。

△　深圳出台最低工资标准，在中国内地率先探索最低工资制度。

1月1日　深圳市政府为缓解深圳市电力紧张局面而合资兴建的大型现代化火力发电厂——妈湾电厂正式开工建设。首期投资22.4亿元人民币，电厂规划装机容量180万千瓦，是深圳市十大重点建设项目之一。

△　1992年深圳中国友好观光年开幕。

△　深圳市罗湖口岸交通楼正式开通启用。

△　《深圳经济特区会计准则》开始实施，标志着深圳经济特区企业会计制度进行重大改革。

1月2日　大亚湾核电站常规岛一号组——我国目前单机容量最大的900兆瓦汽轮发电组，一次并网成功。

1月4日　中共深圳市委理论刊物《深圳理论与实践》举行向国内外公开发行首发式。

1月6日　国务院召开全国经济体制改革工作会议，李鹏总理在会议上做了重要讲话。

△　中国市政施工企业联合会第二次会员大会在深圳结束。会议为期3天，主要探讨了在改革开放的形势下，如何进一步搞活大中型国营企业。

△　深圳特区第一条国际集装箱班轮航线宣告开通。蛇口至日本集装箱班轮航线暨"滦河"轮首航仪式在蛇口集装箱码头举行。

△　深圳市宝安县 10 万农民享受医疗保险。

1月8日　全国政协副主席洪学智视察深圳。

△　投资总额为 2.1 亿元人民币、注册资本为 1.18 亿元人民币的深圳市通达化工总公司正式开业。国家化工部部长顾秀莲、原副部长冯佰华、深圳市市长郑良玉等出席开业典礼。

1月8～11日　中共深圳市委一届三次全体（扩大）会议召开。李灏同志主持会议，并作总结讲话。会议审议和通过《深圳市一九九二年工作要点》的决议。

1月10日　全国政协副主席谷牧在深圳考察时指出，深圳特区要办得更活更好。

1月11日　市委、市政府召开动员大会，贯彻实施经国家编制委员会原则同意的《深圳市机构改革方案》。这是深圳市创办特区以来进行的第五次机构改革。改革后的政府工作部门将由原来的 44 个调整为 40 个，市委工作机构将由原来的 11 个调整为 8 个。

1月13日　深圳市纪律检查委员会召开一届三次全体（扩大）会议，市委常委、市纪委书记李海东同志代表市纪委做了《关于一九九一年纪检工作情况和一九九二年工作意见的报告》。会议表决通过《中国共产党深圳市纪律检查委员会一届三次全体（扩大）会议决议》。

1月15日　深圳市在蛇口召开的基层政权建设工作经验交流会上做出决定：1992 年内要把基层政权的机构、编制、办公用房、干部报酬、社会保险落实好，加强基层政权建设。

△　为推动深圳市展览业的进一步发展，深圳市展览行业协会与深圳特区报联合邀请 20 多位专家就深圳市展览业发展战略进行研讨。

△　深圳市社会治安基金会①成立。张振方当选为会长，林祖基、梁达均、张鸿义、李定被聘为该会名誉会长。

1月17日　军委副主席刘华清考察深圳时勉励深圳在坚持社会主义方向的前提下大胆放手搞改革开放。

1月18日　中国首家生产资料期货交易所——深圳有色金属交易所正式开业。

△　深圳市"菜篮子"工程重点项目——深圳肉类联合加工厂正式全面投产。

1月18日～2月21日　改革开放总设计师邓小平同志在广东省、深圳市负责同

---

①　社会治安基金会旨在激励见义勇为，挺身而出与违法犯罪分子做斗争的英勇行为，慰问抚恤在同违法犯罪分子做斗争中光荣牺牲或负伤的人员及其家属，奖励、褒扬在维护社会治安中做出突出贡献的有功人员和有功单位，建立完善维护社会治安物质保障机制，促进社会主义精神文明建设和治安稳定。

志陪同下，再次亲临深圳视察，并发表了极为重要的讲话①②。

1月19日　邓小平同志在了解了深圳股市情况后，指出：有人说股票是资本主义的，我们在上海、深圳先试验了一下，结果证明是成功的，看来资本主义有些东西，社会主义制度也可以拿过来用，即使错了也不要紧嘛！错了关闭就是，以后再开，哪有百分之百正确的事情。

当谈到办经济特区的问题时，邓小平同志说：对办特区，从一开始就有不同意见，担心是不是搞资本主义。深圳的建设成就，明确回答了那些有这样那样担心的人。特区姓"社"不姓"资"。从深圳的情况看，公有制是主体，外商投资只占四分之一，就是外资部分，我们还可以从税收、劳务等方面得到益处嘛！多搞点"三资"企业，不要怕。只要我们头脑清醒，就不怕。

1月20日　上午9时35分，在53层的国贸大厦旋转餐厅，邓小平同志俯瞰深

---

① 时任深圳市委书记的李灏在接受人民网记者专访时回忆道："小平同志第一次到深圳是1984年。1992年，又隔了8年，这次是我亲自接待的。这8年中，虽然没有来，但小平一直关注着深圳。在此之前，我已经通过一些内参了解到一些情况，他跟几个国家的外宾谈，他就建议他们到深圳去看一看，深圳特区的实验是很成功的。这里有个背景。首先，经过十多年的实践，他认为深圳的改革是成功的。第二个背景是，1991年国际上苏联瓦解后，国内'左'的思潮泛滥，姓'资'姓'社'的问题在一些人的头脑中挥之不去，反和平演变的呼声也很高，说什么'资本主义正从南方一个城市向北方蔓延'等。在那种情况下，我理解，他要说话，所以他主动提出要来。"关于邓小平同志南行细节也可参见李灏的《终身难忘的教诲——忆1992年陪同邓小平视察深圳》一文。

② 时任深圳市市长的郑良玉同志后来回忆道，小平同志要到深圳来看看，之前在深圳的同志中，只有他和当时任市委书记的李灏同志知道。早上9点钟，火车到站后，小平同志走了出来。当时的广东省委书记谢非同志、李灏和他上前与小平同志握手，并分别对老人家说了一句话。郑良玉对自己向小平同志说的话依然记得很清楚："我对他说，深圳人民盼望您来，已经盼了8年了。""我这句话不是随便说的，是当年自己在深圳的一种深切感受。"郑良玉回忆说，他1990年从江苏徐州市委书记的任上调到深圳，任市委副书记、市长。在深圳，他更加感受到了深圳人民对小平同志的热爱和感激之情："没有小平，就没有深圳经济特区。深圳取得的每一个成就，深圳人都会想到小平同志，人们对他有一种特殊的感情。另一方面，作为改革开放的试验田，深圳的发展也不是一帆风顺，深圳在发展中有困难、困惑，也会想到小平同志，希望他给我们教诲、撑腰，指明方向。"他说自己在火车站对邓小平说的这句话，实际上是深圳人的心声。……李灏同志和郑良玉轮流坐在老人家身边，给他汇报工作（主要是李灏同志汇报）。轮到郑汇报工作时，他谈到物质文明和精神文明建设的问题。郑良玉说："小平同志谈的两手抓、两手都要硬的话，就是那时说的，他还举了一些国家这方面的例子。"……谈到小平同志视察南方的重大影响，郑良玉说，当时，国际和国内的形势都面临一些新的问题。国际环境上，西方国家对我国进行经济制裁。谈到这里，郑良玉说，举一个简单的例子，当时妈湾电厂引进设备，外商就大大抬价，3亿多元的设备报价报到六七亿（元）。后来我们发奋图强，联合国内大企业用引进技术制造的国产设备，才解决了困难。国内环境上，由于政治风波，我们国家还要不要坚持社会主义，搞社会主义还要不要坚持改革开放的路线，在不少人的思想里头存有困惑，议论很多，各种说法都有。当时全国实行的是计划经济为主、市场调节为辅的体制，而当时深圳市委、市政府公开提出的是以市场经济为主的试验。对股票市场、股份制争议也很大，说搞股票导致两极分化，股份制是私有化的表现。小平同志的南方谈话，解决了我们前进路上遇到的问题，澄清了各种模糊认识，统一了全党和全国人民的思想，为我们指明了前进的方向。

圳市容。听了汇报后，邓小平同志和省市负责人进行了较长时间的谈话。在谈话中，邓小平同志强调要多干实事，少说空话。他说：会太多，文章太长，不行。谈到这里，老人家指着窗外的一片高楼大厦说：深圳发展这么快，是靠实干干出来的，不是靠讲话讲出来的，不是靠写文章写出来的。

上车后，邓小平同志语重心长地对李灏说：任何时候，都要和人民群众在一起。今天你们是否很紧张？我很高兴，一点儿也不紧张。我们和人民是同心的，人民是拥护和支持改革开放的。深圳本是一个边陲小镇，没有中央的改革开放政策，就没有深圳的今天，就没有这个摩天大厦的建设，也就没有深圳速度。

1月21日　上午9时50分，邓小平同志在省、市负责人陪同下，乘车来到中国民俗文化村。在驱车回迎宾馆途中，邓小平同志说：走社会主义道路，就要逐步实现共同富裕。共同富裕的构想是这样提出来的：一部分地区有条件先发展起来，一部分地区发展慢点，先发展起来的地区带动后发展的地区，最终达到共同富裕。如果富的愈来愈富，穷的愈来愈穷，两极分化就会产生，而社会主义制度就应该而且能够避免两极分化。解决的办法之一，就是先富起来的地区多交点利税，支持贫困地区的发展。

1月22日　上午9时45分，邓小平同志来到深圳仙湖植物园，亲手种了一株高山榕。邓小平同志感慨地对谢非、李灏说：这是一块宝地，有这么多的植物，要保护好。经济发展了，更不能忘记生态环境的保护，要给人民一个绿色的世界。

1月22日　下午3时10分，邓小平同志同省市负责人进行了重要的谈话。邓小平同志说：改革开放胆子要大一些，敢于试验，不能像小脚女人一样。看准了的，就大胆地试，大胆地闯。深圳的重要经验就是敢闯。没有一点闯的精神，没有一点"冒"的精神，没有一股气呀、劲呀，就走不出一条好路，走不出一条新路，就干不出新的事业。不冒风险，办什么事情都有百分之百的把握，万无一失，谁敢说这样的话？一开始就自以为是，认为百分之百正确，没那回事，我就从来没有那么认为。邓小平同志到深圳后休息不到半小时，就来到皇岗口岸，来到火车站，来到主要路段，兴致勃勃地视察了深圳的市容、市貌。

在随后的散步中，邓小平同志自豪地对李灏说：我们的决策没有错，政策没有错，要更加改革开放，要大胆地向前走！步子要迈得更快一些，更大一些！李灏对邓小平同志说：深圳的发展还有一些困难和问题，还有不同的认识。邓小平同志说：现在不是争论的时候。中央政治局决定的改革开放政策，实践证明是完全正确的。他对李灏说：大胆向前走，不回头！走回头路是没有出路的。我这个人从来不走回头路，办事就要急人前不急人后。

1 月 23 日　上午，邓小平同志结束了在深圳的考察，登上了海关快艇，启程前往珠海。在船舱中，在听完谢非、梁广大的汇报后，邓小平同志谈起农村家庭联产承包的改革和经济特区的创办，再次强调要争取时间，抓住机遇，大胆地试，大胆地闯。并提醒：要警惕右，但主要是防止"左"。保持清醒的头脑，这样就不会犯大错误，出现问题也容易纠正和改正。

1 月 20 日　由邓小平题名的深圳铁路新客站投入使用。

1 月 21 日　深圳市职称改革工作会议上指出：1991 年 11 月经国务院职改领导小组讨论通过，原则同意深圳市部分单位进行评聘分开"双轨制"改革试点，试点工作将在国务院职改领导小组办公室与深圳市职改领导小组商定好具体办法后开始。

1 月 21 ~ 25 日　国家主席杨尚昆对深圳市做了 5 天考察，指出要继续发展深圳特区，坚持改革开放政策，要更放宽些，更大胆些，比现在还要放开。

1 月 22 ~ 23 日　白俄罗斯共和国部长会议主席克比奇访问深圳。

1 月 23 日　深圳市政府召开创建国家卫生城市总结表彰大会。

1 月 24 日　深圳市一届人大常委会第七次会议结束。会议主要听取和审议市人大常委会 1992 年工作要点；听取市政府对《关于进一步加强人口管理议案》《关于尽快制定深圳市水源开发总体规划方案的议案》《关于加强城市开发区行政管理和社会服务配套设施的议案》办理情况的汇报。

　△　深圳市金融工作会议召开。

1 月 25 ~ 27 日　中共中央政治局常委乔石考察深圳，指出特区要多做一些新的探索，继续加快改革开放步伐，同时要坚持四项基本原则，保持特区社会秩序的稳定，充分显示社会主义制度的优越性。

1 月 29 日　深圳证券登记公司公布《深圳市人民币特种股票①登记暂行规定》。

1 月 30 日　为使福田保税区管理委员会能够全权处理保税区的各项行政事务，直接对市政府负责，事权高度集中统一和更好地运作，深圳市政府决定授予福田保税区管委会 10 项行政管理权限。

1 月 31 日　深圳证券交易所公布《深圳证券交易所 B 股交易清算业务规则》。

2 月 1 日　深圳市执行新的医疗卫生收费标准。除门诊挂号、住院床位、护理、三大常规检验、计划生育手术等收费标准维持不变外，其他项目收费标准进行全面整顿，原医疗卫生收费标准同时废止。

---

①　人民币特种股票（简称 B 种股票）是指以人民币标明股票面值，以外币认购和进行交易，专门供外国和中国香港、澳门、台湾地区的投资者买卖的股票。

　　△　《深圳市饮用水源保护区管理规定》颁布。

　　△　《深圳证券交易所 B 股交易、清算业务规则》施行。

　　2 月 2 日　《深圳特区报》载：深圳外商投资企业数量居全国城市之首，协议投资已突破百亿美元。

　　2 月 9 日　全国政协副主席王任重与深圳市行政监察人员座谈时强调：深圳的反腐倡廉工作应常抓不懈。

　　2 月 11 日　深圳市人民政府发布《深圳市证券市场调节基金管理暂行办法》。

　　2 月 15 日　中共深圳市委召开一届四次全体会议，推荐广东省出席党的十四大代表人选以及选举深圳市出席省党代会的代表。

　　2 月 18 日　深圳港务管理局成立大会举行。

　　2 月 19 日　中英联络小组英方首席代表高德年一行 9 人访问深圳。

　　△　深圳市人民政府决定，授予广东省边防局第七支队二十中队七班警卫符永友同志"特区忠诚卫士"荣誉称号。

　　2 月 20 日　深圳市委、市政府负责同志举行学习座谈会，决心贯彻邓小平谈话精神，努力开创改革开放的新局面，把深圳特区建设搞得更快一点。

　　2 月 20 日~3 月 6 日　《深圳市特区报》连续发表了 8 篇"猴年新春评论"，以极其鲜明的观点，清新的文风，为加快改革开放步伐擂响战鼓。

　　2 月 21~22 日　美国波音公司、英国罗·罗公司联合访深团访问深圳。

　　2 月 22 日　深圳市政府常务会议举行。会上传达全国经济体制改革工作会议和李鹏总理两次讲话的主要精神，着重讨论《深圳市一九九二年经济体制改革工作要点》。

　　△　中顾委常委刘澜涛考察深圳。

　　△　深圳宝安商业城奠基。

　　△　X 射线诊断剂量安全监测仪在深圳计量测试研究所研制成功。该技术填补了国内空白，达到国际先进水平。

　　△　广州军区授予的"深圳特区好六连"命名庆祝大会在深圳举行。

　　2 月 23 日　市委书记李灏率领深圳市政府经济代表团启程到泰国和新加坡进行为期 18 天的考察访问。

　　△　由四川省委副书记宋宝瑞率领的四川省考察团来深圳考察。

　　2 月 26 日　深圳市建设国土部门召开全面清理深圳市建设用地动员会议。

　　2 月 28 日　中共中央将邓小平在武昌、深圳、珠海、上海等地视察期间的谈话要点作为中央一九九二年第二号文件下发，要求尽快逐级传达到全体党员干部。文件全文如下：

邓小平在武昌、深圳、珠海、上海等地的谈话要点
（一九九二年一月十八日～二月二十一日）

（一）

一九八四年我来过广东。当时，农村改革搞了几年，城市改革刚开始，经济特区才起步。八年过去了，这次来看，深圳、珠海特区和其他一些地方，发展得这么快，我没有想到。看了以后，信心增加了。

革命是解放生产力，改革也是解放生产力。推翻帝国主义、封建主义、官僚资本主义的反动统治，使中国人民的生产力获得解放，这是革命，所以革命是解放生产力。社会主义基本制度确立以后，还要从根本上改变束缚生产力发展的经济体制，建立起充满生机和活力的社会主义经济体制，促进生产力的发展，这是改革，所以改革也是解放生产力。过去，只讲在社会主义条件下发展生产力，没有讲还要通过改革解放生产力，不完全。应该把解放生产力和发展生产力两个讲全了。

要坚持党的十一届三中全会以来的路线、方针、政策，关键是坚持"一个中心、两个基本点"。不坚持社会主义，不改革开放，不发展经济，不改善人民生活，只能是死路一条。基本路线要管一百年，动摇不得。只有坚持这条路线，人民才会相信你，拥护你。谁要改变三中全会以来的路线、方针、政策，老百姓不答应，谁就会被打倒。这一点，我讲过几次。如果没有改革开放的成果，"六·四"这个关我们闯不过，闯不过就乱，乱就打内战，"文化大革命"就是内战。为什么"六·四"以后我们的国家能够很稳定？就是因为我们搞了改革开放，促进了经济发展，人民生活得到了改善。所以，军队、国家政权，都要维护这条道路、这个制度、这些政策。

在这短短的十几年内，我们国家发展得这么快，使人民高兴，世界瞩目，这就足以证明三中全会以来路线、方针、政策的正确性，谁想变也变不了。说过去说过来，就是一句话，坚持这个路线、方针、政策不变。改革开放以来，我们立的章程并不少，而且是全方位的。经济、政治、科技、教育、文化、军事、外交等各个方面都有明确的方针和政策，而且有准确的表述语言。这次十三届八中全会开得好，肯定农村家庭联产承包责任制不变。一变就人心不安，人们就会说中央的政策变了。农村改革初期，安徽出了个"傻子瓜子"问题。当时许多人不舒服，说他赚了一百万，主张动他。我说不能动，一动人们就会说政策变了，得不偿失。像这一类的问题还有不少，如果处理不当，就很容易动摇我们的方针，影响改革的全局。城乡改革的基本政策，一定要长期保持稳定。当然，随着实践的发展，该完善的完善，该

修补的修补，但总的要坚定不移。即使没有新的主意也可以，就是不要变，不要使人们感到政策变了。有了这一条，中国就大有希望。

（二）

改革开放胆子要大一些，敢于试验，不能像小脚女人一样。看准了的，就大胆地试，大胆地闯。深圳的重要经验就是敢闯。没有一点闯的精神，没有一点"冒"的精神，没有一股气呀、劲呀，就走不出一条好路，走不出一条新路，就干不出新的事业。不冒点风险，办什么事情都有百分之百的把握，万无一失，谁敢说这样的话？一开始就自以为是，认为百分之百正确，没那么回事，我就从来没有那么认为。每年领导层都要总结经验，对的就坚持，不对的赶快改，新问题出来抓紧解决。恐怕再有三十年的时间，我们才会在各方面形成一整套更加成熟、更加定型的制度。在这个制度下的方针、政策，也将更加定型化。现在建设中国式的社会主义，经验一天比一天丰富。经验很多，从各省的报刊材料看，都有自己的特色。这样好嘛，就是要有创造性。

改革开放迈不开步子，不敢闯，说来说去就是怕资本主义的东西多了，走了资本主义道路。要害是姓"资"还是姓"社"的问题。判断的标准，应该主要看是否有利于发展社会主义社会的生产力，是否有利于增强社会主义国家的综合国力，是否有利于提高人民的生活水平。对办特区，从一开始就有不同意见，担心是不是搞资本主义。深圳的建设成就，明确回答了那些有这样那样担心的人。特区姓"社"不姓"资"。从深圳的情况看，公有制是主体，外商投资只占四分之一，就是外资部分，我们还可以从税收、劳务等方面得到益处嘛！多搞点"三资"企业，不要怕。只要我们头脑清醒，就不怕。我们有优势，有国营大中型企业，有乡镇企业，更重要的是政权在我们手里。有的人认为，多一分外资，就多一分资本主义，"三资"企业多了，就是资本主义的东西多了，就是发展了资本主义。这些人连基本常识都没有。我国现阶段的"三资"企业，按照现行的法规政策，外商总是要赚一些钱。但是，国家还要拿回税收，工人还要拿回工资，我们还可以学习技术和管理，还可以得到信息、打开市场。因此，"三资"企业受到我国整个政治、经济条件的制约，是社会主义经济的有益补充，归根到底是有利于社会主义的。

计划多一点还是市场多一点，不是社会主义与资本主义的本质区别。计划经济不等于社会主义，资本主义也有计划；市场经济不等于资本主义，社会主义也有市场。计划和市场都是经济手段。社会主义的本质，是解放生产力，发展生产力，消灭剥削，消除两极分化，最终达到共同富裕。就是要对大家讲这个道理。

证券、股市，这些东西究竟好不好，有没有危险，是不是资本主义独有的东西，社会主义能不能用？允许看，但要坚决地试。看对了，搞一两年对了，放开；错了，纠正，关了就是了。关，也可以快关，也可以慢关，也可以留一点尾巴。怕什么，坚持这种态度就不要紧，就不会犯大错误。总之，社会主义要赢得与资本主义相比较的优势，就必须大胆吸收和借鉴人类社会创造的一切文明成果，吸收和借鉴当今世界各国包括资本主义发达国家的一切反映现代社会化生产规律的先进经营方式、管理方法。

走社会主义道路，就是要逐步实现共同富裕。共同富裕的构想是这样提出的：一部分地区有条件先发展起来，一部分地区发展慢点，先发展起来的地区带动后发展的地区，最终达到共同富裕。如果富的愈来愈富，穷的愈来愈穷，两极分化就会产生，而社会主义制度就应该而且能够避免两极分化。解决的办法之一，就是先富起来的地区多交点利税，支持贫困地区的发展。当然，太早这样办也不行，现在不能削弱发达地区的活力，也不能鼓励吃"大锅饭"。什么时候突出地提出和解决这个问题，在什么基础上提出和解决这个问题，要研究。可以设想，在本世纪末达到小康水平的时候，就要突出地提出和解决这个问题。到那个时候，发达地区要继续发展，并通过多交利税和技术转让等方式大力支持不发达地区。不发达地区又大都是拥有丰富资源的地区，发展潜力是很大的。总之，就全国范围来说，我们一定能够逐步顺利解决沿海同内地贫富差距的问题。

对改革开放，一开始就有不同意见，这是正常的。不只是经济特区问题，更大的问题是农村改革，搞农村家庭联产承包，废除人民公社制度。开始的时候只有三分之一的省干起来，第二年超过三分之二，第三年才差不多全部跟上，这是就全国范围讲的。开始搞并不踊跃呀，好多人在看。我们的政策就是允许看。允许看，比强制好得多。我们推行三中全会以来的路线、方针、政策，不搞强迫，不搞运动，愿意干就干，干多少是多少，这样慢慢就跟上来了。不搞争论，是我的一个发明。不争论，是为了争取时间干。一争论就复杂了，把时间都争掉了，什么也干不成。不争论，大胆地试，大胆地闯。农村改革是如此，城市改革也应如此。

现在，有右的东西影响我们，也有"左"的东西影响我们，但根深蒂固的还是"左"的东西。有些理论家、政治家，拿大帽子吓唬人的，不是右，而是"左"。"左"带有革命的色彩，好像越"左"越革命。"左"的东西在我们党的历史上可怕呀！一个好好的东西，一下子被他搞掉了。右可以葬送社会主义，"左"也可以葬送社会主义。中国要警惕右，但主要是防止"左"。右的东西有，动乱就是右的！

309

"左"的东西也有。把改革开放说成是引进和发展资本主义，认为和平演变的主要危险来自经济领域，这些就是"左"。我们必须保持清醒的头脑，这样就不会犯大错误，出现问题也容易纠正和改正。

（三）

抓住时机，发展自己，关键是发展经济。现在，周边一些国家和地区经济发展比我们快，如果我们不发展或发展得太慢，老百姓一比较就有问题了。所以，能发展就不要阻挡，有条件的地方要尽可能搞快点，只要是讲效益，讲质量，搞外向型经济，就没有什么可以担心的。低速度就等于停步，甚至等于后退。要抓住机会，现在就是好机会。我就担心丧失机会。不抓呀，看到的机会就丢掉了，时间一晃就过去了。

我国的经济发展，总要力争隔几年上一个台阶。当然，不是鼓励不切实际的高速度，还是要扎扎实实，讲求效益，稳步协调地发展。比如广东，要上几个台阶，力争用二十年的时间赶上亚洲"四小龙"。比如江苏等发展比较好的地区，就应该比全国平均速度快。又比如上海，目前完全有条件搞得更快一点。上海在人才、技术和管理方面都有明显的优势，辐射面宽。回过头看，我的一个大失误就是搞四个经济特区时没有加上上海。要不然，现在长江三角洲，整个长江流域，乃至全国改革开放的局面，都会不一样。

从我们自己这些年的经验来看，经济发展隔几年上一个台阶，是能够办得到的。我们真正干起来是一九八〇年。一九八一、一九八二、一九八三这三年，改革主要在农村进行。一九八四年重点转入城市改革。经济发展比较快的是一九八四年至一九八八年。这五年，首先是农村改革带来许多新的变化，农作物大幅度增产，农民收入大幅度增加，乡镇企业异军突起。广大农民购买力增加了，不仅盖了大批新房子，而且自行车、缝纫机、收音机、手表"四大件"和一些高档消费品进入普通农民家庭。农副产品的增加，农村市场的扩大，农村剩余劳动力的转移，又强有力地推动了工业的发展。这五年，共创造工业总产值六万多亿元，平均每年增长百分之二十一点七。吃、穿、住、行、用等各方面的工业品，包括彩电、冰箱、洗衣机，都大幅度增长。钢材、水泥等生产资料也大幅度增长。农业和工业，农村和城市，就是这样相互影响、相互促进。这是一个非常生动、非常有说服力的发展过程。可以说，这个期间我国财富有了巨额增加，整个国民经济上了一个新的台阶。一九八九年开始治理整顿。治理整顿，我是赞成的，而且确实需要。经济"过热"，确实带来一些问题。比如，票子发得多了一点，物价波动大了一点，重复建设比较严重，造成了一些浪费。但是，怎样全面地来看那五年的加速发展？那五年的加速发展，也可以称作一种飞跃，但与"大跃进"不同，没有伤害整个发展的机体、机制。那五年的加速发展功劳不小，这是我的评价。治理整顿有成绩，但评价功劳，只算稳的功劳，还是那五年加速发展也算一功？或者至少算是一个方面的功？如果不是那几年跳跃一下，整个经济上了一个台阶，后来三年治理整顿不可能顺利进行。看起来我们的发展，总是要在某一个阶段，抓住时机，加速搞几年，发现问题及时加以治理，尔后继续前进。从根本上说，手头东西多了，我们在处理各种矛盾和问题时就立于主动地位。对于我们这样发展中的大国来说，经济要发展得快一点，不可能总是那么平平静静、稳稳当当。要注意经济稳定、协调地发展，但稳定和协调也是相对的，不是绝对的。发展才是硬道理。这个问题要搞清楚。如果分析不当，造成误解，就会变得谨小慎微，不敢解放思想，不敢放开手脚，结果是丧失时机，犹如逆水行舟，不进则退。

从国际经验来看，一些国家在发展过程中，都曾经有过高速发展时期，或若干高速发展阶段。日本、韩国、东南亚一些国家和地区，就是如此。现在，我们国内条件具备，国际环境有利，再加上发挥社会主义制度能够集中力量办大事的优势，在今后的现代化建设长期过程中，出现若干个发展速度比较快、效益比较好的阶段，是必要的，也是能够办到的。我们就是要有这个雄心壮志！

经济发展得快一点，必须依靠科技和教育。我说科学技术是第一生产力。近一二十年来，世界科学技术发展得多快啊！高科技领域的一个突破，带动一批产业的发展。我们自己这几年，离开科学技术能增长得这么快吗？要提倡科学，靠科学才有希望。近十几年来我国科技进步不小，希望在九十年代，进步得更快。每一行都树立一个明确的战略目标，一定要打赢。高科技领域，中国也要在世界占有一席之地。我是个外行，但我要感谢科技工作者为国家做出的贡献和争得的荣誉。大家要记住那个年代，钱学森、李四光、钱三强那一批老科学家，在那么困难的条件下，把两弹一星和好多高科技搞起来。应该说，现在的科学家更幸福，因此对他们的要求会更多。我说过，知识分子是工人阶级的一部分。老科学家、中年科学家很重要，青年科学家也很重要。希望所有出国学习的人回来。不管他们过去的政治态度怎么样，都可以回来，回来后妥善安排。这个政策不能变。告诉他们，要做出贡献，还是回国好。希望大家通力合作，为加快发展我国科技和教育事业多做实事。搞科技，越高越好，越新越好。越高越新，我们也就越高兴。不只我们高兴，人民高兴，国家高兴。对我们的国家要爱，要让我们的国家发达起来。

（四）

要坚持两手抓，一手抓改革开放，一手抓打击各种犯罪活动。这两只手都要硬。打击各种犯罪活动，扫除各种丑恶现象，手软不得。广东二十年赶上亚洲"四小龙"，不仅经济要上去，社会秩序、社会风气也要搞好，两个文明建设都要超过他们，这才是有中国特色的社会主义。新加坡的社会秩序算是好的，他们管得严，我们应当借鉴他们的经验，而且比他们管得更好。开放以后，一些腐朽的东西也跟着进来了，中国的一些地方也出现了丑恶的现象，如吸毒、嫖娼、经济犯罪等。要注意很好地抓，坚决取缔和打击，决不能任其发展。新中国成立以后，只花了三年时间，这些东西就一扫而光。吸鸦片烟、吃白面，世界上谁能消灭得了？国民党办不到，资本主义办不到。事实证明，共产党能够消灭丑恶的东西。在整个改革开放过程中都要反对腐败。对干部和共产党员来说，廉政建设要作为大事来抓。还是要靠法制，搞法制靠得住些。总之，只要我们的生产力发展，保持一定的经济增长速度，坚持两手抓，社会主义精神文明建设就可以搞上去。

在整个改革开放的过程中，必须始终注意坚持四项基本原则。十二届六中全会我提出反对资产阶级自由化还要搞二十年，现在看起来还不止二十年。资产阶级自由化泛滥，后果极其严重。特区搞建设，花了十几年时间才有这个样子，垮起来可是一夜之间啊。垮起来容易，建设就很难。在苗头出现时不注意，就会出事。

依靠无产阶级专政保卫社会主义制度，这是马克思主义的一个基本观点。马克思说过，阶级斗争学说不是他的发明，真正的发明是关于无产阶级专政的理论。历史经验证明，刚刚掌握政权的新兴阶级，一般来说，总是弱于敌对阶级的力量，因此要用专政的手段来巩固政权。对人民实行民主，对敌人实行专政，这就是人民民主专政。运用人民民主专政的力量，巩固人民的政权，是正义的事情，没有什么输理的地方。我们搞社会主义才几十年，还处在初级阶段。巩固和发展社会主义制度，还需要一个很长的历史阶段，需要我们几代人、十几代人，甚至几十代人坚持不懈地努力奋斗，决不能掉以轻心。

（五）

正确的政治路线要靠正确的组织路线来保证。中国的事情能不能办好，社会主义和改革开放能不能坚持，经济能不能快一点发展起来，国家能不能长治久安，从一定意义上说，关键在人。

帝国主义搞和平演变，把希望寄托在我们以后的几代人身上。江泽民同志他们这一代可以算是第三代，还有第四代、第五代。我们这些老一辈的人在，有分量，敌对势力知道变不了。但我们这些老人呜呼哀哉后，谁来保险？所以，要把我们的军队教育好，把我们的专政机构教育好，把共产党员教育好，把人民和青年教育好。中国要出问题，还是出在共产党内部。对这个问题要清醒，要注意培养人，要按照"革命化、年轻化、知识化、专业化"的标准，选拔德才兼备的人进班子。我们说党的基本路线要管一百年，要长治久安，就要靠这一条。真正关系到大局的是这个事。这是眼前的一个问题，并不是已经顺利解决了，希望解决得好。"文化大革命"结束，我出来后，就注意这个问题。我们发现靠我们这老一代解决不了长治久安的问题，于是我们推荐别的人，真正要找第三代。但是没有解决问题，两个人都失败了，而且不是在经济上出问题，都是在反对资产阶级自由化的问题上栽跟头。这就不能让了。我在一九八九年五月底还说过，现在就是要选人民公认是坚持改革开放路线并有政绩的人，大胆地放进新的领导机构里，使人民感到我们真心诚意搞改革开放。人民，是看实践。人民一看，还是社会主义好，还是改革开放好，我们的事业就会万古长青！

要进一步找年轻人进班子。现在中央这个班子年龄还是大了点，六十过一点的就算年轻的了。这些人过十年还可以，再过二十年，就八十多岁了，像我今天这样聊聊天还可以，做工作精力就不够了。现在中央的班子干得不错嘛！问题当然还有很多，什么时候问题都不会少。我们这些老人关键是不管事，让新上来的人放手干，看着现在的同志成熟起来。老年人自觉让位，在旁边可以帮助一下，但不要做障碍人的事。对于办得不妥当的事，也要好心好意地帮，要注意下一代接班人的培养。我坚持退下来，就是不要在老年的时候犯错误。老年人有长处，但也有很大的弱点，老年人容易固执，因此老年人也要有点自觉性。越老越不要最后犯错误，越老越要谦虚一点。现在还要继续选人，选更年轻的同志，帮助培养。不要迷信。我二十几岁就做大官了，不比你们现在懂得多，不是也照样干？要选人，人选好了，帮助培养，让更多的年轻人成长起来。他们成长起来，我们就放心了。现在还不放心啊！说到底，关键是我们共产党内部要搞好，不出事，就可以放心睡大觉。十一届三中全会确立的这条中国的发展路线，是否能够坚持得住，要靠大家努力，特别是要教育后代。

现在有一个问题，就是形式主义多。电视一打开，尽是会议。会议多，文章太长，讲话也太长，而且内容重复，新的语言并不很多。重复的话要讲，但要精简。形式主义也是官僚主义。要腾出时间来多办实事，多做少说。毛主席不开长会，文章短而精，讲话也很精练。周总理四届人大的报告，毛主席指定我负责起草，要求不得超过五千字，我完成了任务。五千字，不是也很管用吗？我建议抓一下这个问题。

学马列要精，要管用的。长篇的东西是少数搞专业的人读的，群众怎么读？要求都读大本子，那是形式主义的，办不到。我的入门老师是《共产党宣言》和《共产主义 ABC》。最近，有的外国人议论，马克思主义是打不倒的。打不倒，并不是因为大本子多，而是因为马克思主义的真理颠扑不破。实事求是是马克思主义的精髓。要提倡这个，不要提倡本本。我们改革开放的成功，不是靠本本，而是靠实践，靠实事求是。农村搞家庭联产承包，这个发明权是农民的。农村改革中的好多东西，都是基层创造出来，我们把它拿来加工提高作为全国的指导。实践是检验真理的唯一标准。我读的书并不多，就是一条，相信毛主席讲的实事求是。过去我们打仗靠这个，现在搞建设、搞改革也靠这个。我们讲了一辈子马克思主义，其实马克思主义并不玄奥。马克思主义是很朴实的东西，很朴实的道理。

（六）

我坚信，世界上赞成马克思主义的人会多起来的，因为马克思主义是科学。它运用历史唯物主义揭示了人类社会发展的规律。封建社会代替奴隶社会，资本主义代替封建主义，社会主义经历一个长过程发展后必然代替资本主义。这是社会历史发展不可逆转的总趋势，但道路是曲折的。资本主义代替封建主义的几百年间，发生过多少次王朝复辟？所以，从一定意义上说，某种暂时复辟也是难以完全避免的规律性现象。一些国家出现严重曲折，社会主义好像被削弱了，但人民经受锻炼，从中吸收教训，将促使社会主义向着更加健康的方向发展。因此，不要惊慌失措，不要认为马克思主义就消失了，没用了，失败了。哪有这回事！

世界和平与发展这两大问题，至今一个也没有解决。社会主义中国应该用实践向世界表明，中国反对霸权主义、强权政治，永不称霸。中国是维护世界和平的坚定力量。

我们要在建设有中国特色的社会主义道路上继续前进。资本主义发展几百年了，我们干社会主义才多长时间！何况我们自己还耽误了二十年。如果从建国起，用一百年时间把我国建设成中等水平的发达国家，那就很了不起！从现在起到下世纪中叶，将是很要紧的时期，我们要埋头苦干。我们肩膀上的担子重，责任大啊！

改革开放胆子要大一些，敢于试验，不能像小脚女人一样。看准了的，就大胆地试，大胆地闯。深圳的重要经验就是敢闯。没有一点闯的精神，没有一点"冒"的精神，没有一股气呀、劲呀，就走不出一条好路，走不出一条新路，就干不出新的事业。

△ 深圳市打响清理"三无"人员新战役，开始大规模地强行拆除行动。莲花山违章建筑被强行拆除。

△ 深南玻 A、B 股同时在深圳证券交易所上市，深南玻 B 的发行和上市标志着深圳股市开始步入国际化。

2 月 28～29 日 深圳市人大常委会组织常委会成员、部分市人大代表和市政府有关部门负责人，对深圳市部分大中型工业企业实施企业法情况进行检查。

2 月 29 日 深圳市委副书记、市长郑良玉在市组织工作会议总结讲话中强调："深圳过去十年的经验是敢闯。我们之所以敢闯，一靠政策，二靠人才。我们有党的改革开放政策作保证，有一支德才兼备的干部队伍去闯，才有了深圳的今天。今后我们的任务更加繁重，深圳市党的组织工作就是要培养造就一支全心全意为人民服务的勇于开拓创新的干部队伍，为深圳特区的改革开放和经济建设服务。"

3 月 1 日 新华社播发《深圳特区报》今日头版头条消息《郑良玉谈深圳进一步改革开放》。摘要如下。《深圳特区报》今天在头版头条位置刊登了该报记者就深圳进一步改革开放问题访问深圳市市长郑良玉的报道。郑良玉说，深圳扩大开放要做的事情很多，目前急需动作并且可以动作的主要有：第一是要完善一、二线管理，使深圳特区成为一个大保税区。所谓"一、二线"，即是深圳与香港新界接壤的边境线，称之为"一线"；特区与非特区之间的管理线，称之为"二线"。郑良玉指出：一线是出口线，二线是进口线，内地产品进入特区不出一线，不算出口；境外产品进入特区不出二线，不算进口，这样深圳就等于成了一个大保税区，在这个区内享受关税优惠。所以不影响内地产品到深圳特区，进深圳特区也不必办那么多手续，有什么产品尽管来。第二是扩大保税生产资料市场的经营范围，进一步密切深圳同国际市场的联系，开拓多元化的购销渠道。第三是加快保税工业区的开发建设，造成一个更加方便投资者的环境，吸引外资。保税工业区的建设目标是要向市场化、国际化方向发展，使深圳市场与国际市场逐渐衔接。第四是对深圳在海外创办的企业、跨国公司要加以总结提高，将现有 80 多家海外企业办出新水平。第五是着力发展高科技产业，为此要有计划地招商招贤。郑良玉说，招商就是要宣传特区的产业政策和发展规划，把先进技术特别是高新技术产业及其产品引进来，经过吸收消化创新之后，形成自己的技术与产品，再推向国际市场。招贤就是招人才，很多需要引进的技术在专家的脑子里，可以让外国人以技术入股；还要多派一些人才到外面去，造就一支熟悉国际惯例、国际贸易的队伍。

3 月 3 日 全国股份制企业试点工作座谈会在深圳市结束。会议历时 4 天，主要内容是：交流股份制企业试点情况及发展中的问题；讨论修改《股份制企业组建和试点工作暂行办法》和配套文件；座谈股份制经营方式对转变企业经营机制、增强企业活力，使企业具备自主经营、自负盈亏、自我发展、自我约束机制的作用。

3月4日 全国重点高校校长访深团抵达深圳市，探讨内地高校与深圳进一步合作的途径。

3月5日 深圳市农业企业化座谈会结束。市区、县、镇以及政研、计划、农业、动检等有关部门负责人在会上商讨如何进一步加快深圳市农业企业发展，以及农业骨干企业如何进一步加快集团化、专业化发展等问题。

3月6日 深圳市副市长朱悦宁在康佳电子（集团）股份公司成立大会上说，股份制是企业改革的必由之路，能有效地增强企业活力。全国人大常委会副委员长阿沛·阿旺晋美到会祝贺康佳电子（集团）股份公司成立。

△ 深圳市委召开干部大会，传达学习邓小平南方谈话精神。市委副书记、市长郑良玉对各部门、各单位提出要求：鼓实劲、办实事、讲实效。

△ 全国人大常委会副委员长阿沛·阿旺晋美视察深圳时指出，深圳一定会建设得更美。

3月6~9日 深圳市政府召开《深圳市供水水源规划报告》评审会。与会者指出，解决深圳供水危机的根本出路在于从市外引水。

3月8日 在深港联合召开的房地产市场现状及发展双边合作关系研讨会上，有关专家呼吁，特区土地须倍加珍惜，"开源节流"迫在眉睫。

△ 深圳市交通邮电工作会议结束。会议为期3天，确定了1992年工作的指导思想：大胆解放思想，勇于冲破"禁区"，进一步加快交通邮电开放改革的步伐。

3月9日 深圳市政府在深圳会堂召开全市造林绿化动员大会。

3月12日~4月3日 《深圳商报》发表了编辑部系列评论——《八论敢闯》。这组系列评论就深圳成功的重要经验——敢闯展开深入的论述，旨在探讨继续向前闯的思路。

3月13日 越南共产党代表团访问深圳。

3月16日 中国第一个超导型磁共振成像系统在深圳安科高技术有限公司研制成功。ASM-060S超导型磁共振成像系统，可以清晰地显示人体器官内部病变的早期形态特征。

3月17日 深圳市人民政府颁布《深圳市股份有限公司暂行规定》，这一法规被认为是深圳市股份经济法制化、规范化的标志。

3月18日 中国首台世界最先进的FT8机组在福田热电厂并网发电成功。

3月19日 为扩大中国对外贸易出口，适应当今国际市场变化，国家经贸部计算中心和深圳市贸易发展局在深圳举办"国际保理服务研讨会",研究在中国尤其是华南地区开展"国际保理"业务。

3 月 21 ~ 22 日　尼泊尔王国首相吉里贾·普拉萨德·柯伊拉腊访问深圳。

3 月 21 ~ 23 日　山东省委书记姜春云率团考察深圳。

3 月 23 日　为维护群众利益,加强医疗市场秩序的管理,为人民群众提供方便、安全、有效的医疗服务,深圳市制定《个体西医诊所和联合医疗机构管理办法》《中医医疗机构管理办法》《企事业医疗卫生机构管理办法》。对中西医个体诊所、企事业医疗卫生机构的申请、审批、执业条件、收费标准等做出明确规定。市卫生局将根据规定整顿、改造或撤销各医疗卫生单位的下伸医疗点。

△　深圳市委副书记、市长郑良玉在全市建设工作会议上指出:市建设行业的广大职工,肩负着光荣而艰巨的任务,在第二个 10 年的建设高潮中,要为把深圳建设成为现代化的国际性城市再立新功。李传芳副市长在会上介绍了深圳第二个 10 年建设事业的主要目标。

3 月 24 日　参加全国人大会议的汪斌等 30 多名广东代表在会议期间,联名提交一项议案,希望全国人大常委会在本届任期内讨论授予深圳市人大立法权的问题。

△　全国农村外向型工农业产品洽谈会在深圳召开。

△　《深圳商报》载:深圳将推出四项重大科研政策。四项政策是:企业的技术工作实行总工程师负责制,企业技术开发经费提取和使用暂行办法,企业奖励有贡献科技人员的暂行办法以及关于民办科技企业的若干规定。

3 月 25 日　中国乡镇企业委员会在深圳宣告成立。

3 月 26 日　《深圳特区报》以头版头条的位置发表邓小平视察深圳的长篇通讯——《东方风来满眼春——邓小平同志在深圳纪实》。《羊城晚报》以较大的篇幅摘登。3 月 30 日,《光明日报》《北京日报》全文转发了《深圳特区报》的报道后,新华社总社于当日正式向全世界播发了《东方风来满眼春——邓小平同志在深圳纪实》全文。[①] 该文在 1993 年 4 月全国改革好新闻评选中获一等奖。

△　南方航空公司深圳分公司正式开业。

△　由市投资促进中心创办的深圳企业国际合作协会正式成立,王众孚担任该协会名誉会长。

---

① 1992 年 4 月 1 日,江泽民总书记会见日本驻华记者,被问及他对发表的《东方风来满眼春——邓小平同志在深圳纪实》一文的评价时,十分肯定地回答:"……邓小平同志视察南方时的重要讲话,早已在全党和全国传达。现在发表邓小平同志视察深圳的报道,可以使全国人民更好地了解他的谈话精神,以便全面地贯彻落实。"

3月27日　深圳市贸易工作会议结束。深圳1992年商贸工作的重心是进一步深化流通体制改革，完善市场体系，办活市场，搞活企业。

3月28日　为营造"购物天堂"，深圳市政府决定对商贸企业实行"五个放开"，即经营放开、价格放开、用工放开、工资放开、政策放开。在零售商业方面，批准成立和开办的大型外资商业项目已达5家，越级市场和专业店、连锁店22家。引进外商来深圳办财贸机构尤其是零售商业，这在深圳乃至全国都是首创，对促进流通体制改革、搞活市场、繁荣商业均有一定的积极意义和推动作用。

3月29日　全国首个超细纤维生产基地——艺丰超细纤维及纺织产品的生产基地首期工程在深圳正式投产。

△　《深圳特区报》载：深圳机场跻身全国十大空港，开辟国内航线33条，遍及全国33个城市。

4月2日　前港督麦理浩勋爵访问深圳。

4月3日　深圳市第四次人口普查工作圆满完成。

4月4日　深圳市委副书记厉有为到宝安县观澜镇了解社教工作，对该镇第一阶段的社教工作给予充分肯定，并对农村下一步的社教工作提出了新的要求。

△　深圳市政府颁布《深圳市上市公司监管暂行办法》。

4月5日　中国联想集团在深圳建立的国内最大的计算机板卡生产基地举行开业典礼。中科院院长周光召、机电部副部长胡启立、深圳市市长郑良玉、副市长朱悦宁等出席了开业典礼。

4月6日　深圳科技工业园举行高层决策会议，商讨科技园未来发展战略。

△　深圳市出口商品展销暨技术经济合作洽谈会在荷兰阿姆斯特丹开幕。

4月7日　深圳市社会治安基金会首届理事会二次全体会议举行。

4月10日　深圳第三产业发展路线研讨会在香港举行。

4月11日　全国人大常委会副委员长孙起孟在深圳考察时指出，深圳市人大应有立法权。

△　全国20多家经济报刊组团到深圳市采访。

4月13日　深圳市科技工作会议召开。会议通过《深圳市委市政府关于企业鼓励技术开发人员的暂行规定》、《深圳市企业技术开发经费提取和使用的暂行办法》及《深圳市民办科技企业的暂行规定》等政策法规。深圳市科技局局长郝春民在会上做了题为《把深圳市科技发展搞得更快一点》的报告。

△　保加利亚副总理兼教育和科学部部长访问深圳。

4月14日　深圳市人事工作会议召开。1992年和1993年，深圳市将在市政府直属机关全面推行公务员制度；在国营企业打破"三铁"，建立兴业者奖、上，守业者帮、促，败业者惩、下的存优汰劣机制。为了强化存优汰劣机制，深圳市已基本拟定，在年内将逐步出台《深圳市企业领导干部业绩考核试行办法》、《深圳市企业人事管理暂行规定》、《深圳市企业从工人中聘用管理人员和技术人员的实施办法》、《深圳市企事业单位管理人员技术人员办理辞职的暂行办法》及《深圳市人才流动争议仲裁暂行规定》等法规。

△ 《深圳特区报》报道，解放军总政治部组织的，包括 38 名中将和 26 名少将，主要由各大军区、各军兵种的正副职领导组成的军队高级将领考察团，分 3 批于 2 月下旬、3 月上旬和 4 月上旬来到深圳，参观考察了深圳特区的改革开放成果。

△ 深圳市物业集团与香港新鸿基地产集团在深圳签订了合资发展深圳市架空列车系统意向书。

4 月 15 日 深圳经济发展战略研讨会在香港举行。

4 月 16 日 深圳市中级人民法院受理首宗国营企业破产案——深圳广昌彩印器材有限公司破产申请。

4 月 17 日 联合国秘书长加利在深圳访问时说，深圳的改革开放不仅对中国有借鉴作用，各国还可以从深圳这一范例出发找到发展的途径。

4 月 18 日 经深圳市政府批准，市运输局在原 5 个交管站的基础上组建的福田、罗湖、南头、沙头角、蛇口 5 个运输分局正式成立，并挂牌办公。

4 月 20 日 深圳市工商局、技术监督局、酒类专卖局、烟草专卖局、消委会、卫生防疫站、质量跟踪站、罗湖区委及区人大等单位在湖贝路联合召开"打击假冒伪劣商品现场处理大会"。

4 月 20~22 日 田纪云副总理考察深圳时强调：深圳应继续发扬敢闯敢干探索精神，把经济建设推向一个新的台阶。

4 月 20~25 日 深圳市政治协商会议第一届第三次会议召开。

4 月 21 日 为隆重纪念毛主席《在延安文艺座谈会上的讲话》发表五十周年，深圳举行了大剧院艺术节，这是全国首创的剧院艺术节。

4 月 21~26 日 深圳市一届人大三次会议召开。会议代表审议并通过《政府工作报告》、《深圳市一九九一年国民经济和社会发展计划执行情况与一九九二年计划安排（草案）的报告》、《深圳市一九九一年财政预算执行情况和一九九二年预算（草案）的报告》及《深圳市人民代表大会常务委员会工作报告》等。会议同时通过了《深圳市人民代表大会议事规则》和《深圳市人民代表大会审查和批准国民经济和社会发展计划及财政预算暂行规定》两个法规。

4月22日　福田保税区正式签订首份合同书——保税区管理委员会与加拿大德化有限公司、刘诚有限公司、凯特港有限公司、卡塔特有限公司等4家跨国公司合作兴建福田保税区管理中心大厦的合同在阳光酒店签订。

4月25日　深圳出口商品检验局发布信息，要求深圳市有关企业认真实施《中华人民共和国出口货物原产地规则》，以促进特区出口贸易健康发展。

4月25~26日　马达加斯加副总理访问深圳。

4月26~27日　安徽省委书记卢荣景一行考察深圳。

4月27日　1992年市计划生育工作会议在深圳会堂召开。李广镇副市长代表市人民政府与三区一县人民政府主管计划生育的负责人签订1992年人口计划目标责任书，一批全面完成市下达的1991年度各项计划生育指标的单位获得表彰。

4月28日　深圳市政府举行新闻发布会，颁布《深圳市水资源管理暂行规定》。这是中国第一个地方性水资源行政管理规章。

4月29日　深圳市委书记李灏在盐田港港口现场工作座谈会上指出：要充分认识港口在特区经济发展中的战略位置，抓住时机，苦干实干，加快深圳市港口和航运业的建设步伐。这次港口工作座谈会是为了研究深圳市港口建设一些重大问题而召开的。

△　新西兰副总理唐·麦金农一行访问深圳。

4月30日　深圳市委党校举行学习邓小平重要谈话报告会。

5月1日　深圳市福田区原行政村上步村庆贺赤尾、旧圩、沙埔头、玉田、埔尾5个居民委员会的诞生。这5个居民委员会的正式成立，标志着从管理体制上实现了特区农村向城市转变，农民向城市居民转变。

△　深圳市政府正式颁布《深圳市社会保险暂行规定》，在中国内地率先探索"社会共济与自我保障有机结合"的新型社会保障制度，于8月1日全面实施。

△　老挝人民民主共和国主席、老挝人民革命党中央委员会主席凯山·丰威汉抵达深圳市进行友好访问。

△　香港著名实业家李嘉诚先生首次到深圳投资组建的深圳长和实业有限公司，在深圳举行合同签订仪式。正在深圳考察的邹家华副总理会见了李嘉诚先生。

5月6日　全国计划单列城市政府机关后勤工作研讨会在深圳召开。

△　第五届全国十大最佳合资企业评选揭晓，深圳中华自行车（集团）股份有限公司和深圳康佳电子（集团）股份有限公司分别荣获第二名和第三名。

5月7日　深圳市医院将实行分级管理，即各医院通过评审，按功能、任务、设施条件、技术水平的不同而划分等级。医院分级管理是按现代医院管理的原理，遵照医疗卫生工作的科学规律和特点实行的标准化管理与目标管理。

5 月 7～8 日 "深圳审计学会成立暨首次审计理论研讨会"在深圳西丽湖度假村隆重召开。

5 月 7～12 日 郑良玉率领市政府科技合作考察团,前往成都、西安、北京和南京开展考察、洽谈活动,这是深圳第一个赴内地进行科技考察和谋求合作的政府代表团。

5 月 7～23 日 为落实邓小平南方谈话的有关精神,以市委副书记、市人大常委会主任厉有为为团长的招聘团赴美国招聘中国留学生。招聘团先后在旧金山、华盛顿、纽约、休斯敦、洛杉矶举行招待会,公开招聘留学生,有 175 名留学生表示愿意到深圳工作。这是中国内地地方政府第一次到国外招聘留学生。

5 月 8～12 日 由河南省委书记侯宗宾、省长李长春率领的河南省参观考察团考察深圳。

5 月 9 日 为尽快把深圳市建设成为一个现代化的文明城市,使深圳市精神文明建设标准化、规范化,深圳市委决定开展建设"文明点"活动。通过这些"文明点"带动全市的精神文明建设,沙头角镇、国贸大厦和水围村被确定为首批试点单位。

△ 深圳大学首届科研工作会议召开。

5 月 9～11 日 广西壮族自治区参观考察团由自治区党委书记赵富林、自治区主席成克杰率领来深圳考察。

5 月 10 日 由邹家华副总理率领的广东发展战略经济调查组来深圳考察,主要任务是贯彻落实邓小平同志视察南方的重要谈话精神,了解、学习广东包括深圳特区等几个开放地区的经验,共同研究今后怎样进一步扩大开放,深化改革;怎样实现 20 年赶上"亚洲四小龙"的战略目标。

△ 爱沙尼亚共和国总理季特·维亚西一行 8 人抵达深圳访问。

5 月 11 日 经中共中央组织部批准,由国家土地管理局和国家体改委联合举办的第三期土地使用制度改革市长研讨班在深圳开幕。全国 29 个省区市的 50 多个大中城市的近 200 多名市长、土地管理局长和体改委主任出席了会议。

5 月 12 日 中共中央总书记江泽民同志为深圳大学题写校名。

5 月 13 日 《深圳特区报》载:今年以来,内地人士纷纷到深圳考察,平均每天来深团体 15 批,高峰期每天达到 50 批。

△ 江苏省省长陈焕友率团抵达深圳考察。

5 月 15 日 为促进深圳市电子配套市场的健康发展,深圳市福田区工商分局组织力量整顿赛格电子配套市场，并对100多家符合条件、守法经营的档户发放经营许可证。

△　吉尔吉斯共和国总统阿斯卡尔·阿卡耶夫携夫人抵达深圳参观考察。

△　列入深圳市重点工程项目的"天马微电子公司三期工程"——引进日本E.H.C株式会社640×400液晶显示器生产线正式签约。这标志着我国液晶工业迈入国际先进水平。

5月16日　深圳蛇口港开辟中国第一条不经香港中转的环球集装箱远洋航线。

5月19日　市财政局在摄影大厦举行世界银行贷款农业项目协议转贷签字仪式，把首次以市政府名义贷得的、适用期10年以上的优惠贷款1000万美元投放到经济特区农副产品和食品加工园地上。

5月21日　全国流动人口计划生育工作经验交流会在深圳市召开。会议分析在扩大开放、深化改革情况下流动人口计划生育管理工作面临的形势和任务，研究落实去年颁布的《流动人口计划生育管理办法》，交流流动人口管理经验等。

△　以国务院发展研究中心主任马洪为首的一批全国著名经济学家聚会深圳科技馆，论证《南油开发区经济发展战略和规划》的准确性和可行性。

5月21～24日　由中共中央政治局委员、上海市委书记吴邦国率领的上海市考察团考察深圳。

5月22日　1992年深圳国际钟表珠宝展在深圳国际展览中心开幕。

5月23日　深圳市委、市政府召开暂住人口管理工作会议，主要议题是深圳市暂住人口管理工作。

5月23日～6月9日　以市委副书记、常务副市长王众孚为团长的深圳市经贸考察团赴加拿大和美国考察。

5月24日　全国人大常委会委员赴广东、湖南视察组抵达深圳市视察，检查深圳市贯彻全国人大关于社会治安综合治理，禁毒，打击嫖娼、卖淫，严惩拐卖妇女儿童4个决定的情况。

△　《深圳特区报》创刊10周年。江泽民总书记、杨尚昆主席、李鹏总理以及田纪云、谷牧、叶选平同志都为特区报题词。

5月25～29日　城市地产问题国际研讨会在深圳召开。

5月27日　在深圳市政府新闻吹风会上，副市长李传芳透露：深圳市在20世纪末迈向国际性城市的宏伟蓝图已经描定，福田中心区将建成对外贸易中心和金融中心、信息中心、文化中心等。作为深圳市未来中心——福田中心区被定为深圳今后10年城市开发建设的重点地区，力争5年形成规模、l0年实现蓝图。

△ 张鸿义副市长在市属国营企业投资管理工作会议上强调：加速国营企业股份制改革，将其全部变为有限责任公司。

△ 国务委员兼中国人民银行行长李贵鲜在银湖听取深圳金融体制改革工作汇报时指出，深圳要在金融体制改革方面再前进一步，向中国南方金融中心的目标迈进，为更好地发挥深圳特殊地理位置的作用，建成国际性城市创造有利条件，为在"九七"之后保持香港的繁荣稳定发挥积极作用。

△ 深圳市政协、市经发局、市科协联合召开促进生产力发展研讨会。

5 月 28 日 旨在公正、客观、科学、严谨地评价企业的咨询机构——深圳市企业评价协会①成立。

△ 深圳市 ISO9000 论坛成立，首批团体会员 92 个，观察会员 45 个。

△ 厄瓜多尔副总统帕罗迪一行抵达深圳访问。

5 月 29 日 深圳市 1992 年首批经济合作发展基金优惠贷款举行签字仪式，扶持省内经济落后地区。

5 月 30 日 为调整人口结构，提高人口素质，深圳市委、市政府决定适当增加从现有暂住人员中择优选调（招）干部、工人的人数，使常暂住人口比例逐步趋于合理。为此，市城市人口管理领导小组制定《关于深圳经济特区在暂住人员中选调（招）干部工人条件的规定》，现已正式发布执行。

△ 国务院房改办主任张中俊在全国《城镇公有住房出售管理办法》座谈会上说：深圳住房制度改革闯出了成功经验，从准成本入手，提租补贴，一步到位，收回了大笔沉淀资金，投入新的住房建设，现正向住房社会化迈进，走在全国前面。

△ 深圳市政府决定在深圳特区的东部、中部和西部兴建一批重要的交通设施，综合治理交通阻塞问题。

6 月 1 日 深圳市将从 6 月起进一步下放进口物资的审批权，今后除国家限制的 5 类进口物资外，凡拥有进出口权的企业，在经营范围内凭进口合同便可直接报关进口，无须经市经贸主管部门再审批。

6 月 2 日 深圳市 1992 年科技活动进步月开幕。

6 月 3 日 深圳市政府颁布《深圳经济特区土地使用权出让办法》。

△ 《深圳特区报》报道，深圳市 1991 年度的"三超"企业考核认定工作日

---

① 该协会的宗旨是：公正、客观、严谨、科学地评价企业，向国内外展示深圳企业的形象。协会的主要任务是根据政府的指示和意图，通过定期对企业的综合实力、生产规模、经营状况、经济效益、成长潜力、企业信誉、品牌知名度、产业发展趋势等进行跟踪评价和研究，帮助企业不断提高经营管理水平，沟通政府和企业的联系，为政府加强对企业的宏观调控和实施倾斜产业下放提供决策咨询意见。

前结束。单项达标的共 118 家，其中"三超"企业 38 家，创汇超 300 万美元的企业 120 家，创汇 1000 万美元以上的企业 37 家，全年销售收入超亿元的企业 69 家，上缴利税超 1000 万元的企业 61 家。

6 月 8 日 深圳乐意石化液体码头仓储区首期工程投产。此项工程是华南最大的石化液体码头仓储区。

△ 深圳市政府举行《深圳经济特区企业所得税计税标准暂行规定》新闻发布会。

6 月 8～12 日 国务院台湾事务办公室主任王兆国到深圳指导对台工作。

6 月 8～12 日 国务院台办主任王兆国对深圳市的对台工作进行考察和调研。

6 月 9 日 中国人民解放军总参谋长迟浩田上将率领的三总部领导和机关干部到深圳进行为期 3 天的考察。

△ 深圳邹德骏研制的"高效工夹具"，在 83 届法国国际发明展览会上，获世界杯发明大奖。

6 月 10 日 以全面展示中国"七五"期间在智能计算机研究领域的科研成果的深圳 1992 计算机高技术成果与产品展览会在深圳市科学馆开幕。

△ 深圳建设银行人民币存款突破 100 亿元，成为全市乃至全国建行计划单列市分行中首家存款超过 100 亿元的银行。

△ 深圳市精神文明建设工作会议召开。

△ 《深圳特区报》报道，1991 年中国 500 家最大的工业企业评价近日揭晓，深圳市 9 家企业榜上有名。

6 月 15 日 妈湾电厂工程的第一配套项目——坪山变电站开工建设。

△ 台湾"海基会"组团首次访问深圳。

△ 深圳弘法寺举行隆重的佛像开光、方丈迁座圣典。全国政协副主席、中国佛教协会会长赵朴初以及来自香港和内地的佛教界诸山长者、高僧大德、社会知名人士、佛教徒两千多名来宾出席庆典活动。

6 月 16 日 深圳市城市人口管理领导小组举行新闻发布会，宣布从即日起开始在全市范围内展开为期一个半月的劳动用工执法大检查。

△ 深圳市港澳经济研究会成立，王众孚任会长。

6 月 18 日 深圳市委、市政府印发《关于深圳经济特区农村城市化的暂行规定》，具体规定了特区农村城市化 30 条政策措施。

6 月 20～22 日 郑良玉市长率领深圳市友好访问团访问澳大利亚，并与该国布里斯班市结成友好城市。

6 月 22 日 《深圳经济特区土地使用权出让办法》今起实施。

6 月 23 日 深圳市首宗中外合资企业破产案，在市中级人民法院正式立案。

6 月 24 日 《深圳特区报》报道，市首届职工运动会拉开序幕，比赛范围包括29 个工种。

6 月 25 日 在国务院确定的第二个全国"土地日"，副市长李传芳就此发表了电视讲话：深圳市结合本身的实际情况，从 20 日起开展旨在强化公民土地意识的宣传活动，宣传主题是"土地与改革"，重点宣传城镇国有土地使用制度在经济体制改革中的地位与作用、改革的目标与内容等。

6 月 26 日 深圳市动产拍卖行举行的周年拍卖庆典暨新闻发布会公布：深圳市首家由法院裁定的破产企业——市广昌彩印器材有限公司的整体财产，将进行整体公开拍卖。通过法制程序公开拍卖一家依法破产的国营企业整体财产，这在深圳乃至全国均属首次。

6 月 26 日 ~ 7 月 12 日 深圳市举办第九届书市。

6 月 28 日 ~ 7 月 8 日 深圳市举办第五届荔枝节。参加荔枝节的国内外来宾近30 万人，全国有 1250 多家企业选送了 3 万多种产品参展。据统计，达成合作项目65 项，合作金额 6.5 亿元人民币、2000 万美元，贸易成交额逾 13 亿元。

6 月 29 日 中国人民银行深圳特区分行颁布施行《深圳市投资信托基金管理暂行办法》。

△ 深圳市公安局召开的实行民警巡逻体制动员大会上宣布：7 月 1 日起，深圳市罗湖、福田两闹市区的马路和大街小巷将有武装警察进行治安巡逻，以切实提高在动态环境下对全市治安的控防能力。

△ 浙江省委书记李泽民率团到深圳进行为期 4 天的参观考察。

6 月 30 日 宝安县所有农村社会养老保险工作胜利完成。全县 18 个镇近 8 万农民参保，投保率为 95.2%。

7 月 1 日 七届全国人大常委会第二十六次会议通过《关于授权深圳市人大及其常委会和深圳市政府分别制定法规和规章在深圳经济特区实施的决定》。这是我国最高权力机关对经济特区首次授予立法权，属于特别授权。

7 月 2 日 田纪云副总理视察深圳时强调，企业改革手脚要放开，"婆婆"要转业。

7 月 3 日 深圳市东方企业有限公司和深圳市矿泉水厂兼并了他们的上级公司——深圳市食品饮料工业公司，这种兼并在全国尚属首次。

7 月 6 日 深圳市一届人大常委会第十次会议在市人大常委会会议厅举行。市人大常委会主任厉有为在会上传达全国人大常委会第二十六次会议审议通过授予深圳市立法权的决定的情况和万里委员长的讲话精神。受市政府委托，副市长朱悦宁和市文化局局长陈荣光分别在会上做了《落实市科技工作会议精神，加快科技进步步伐》《深圳市社会文化市场情况》的报告。

7月7日　深圳证券交易所宣布：深圳原野股票①停牌。

7月9日　经济特区及沿海开放城市保险理论研讨会在深圳召开。

7月10日　来自全国各地的200余位科学家、企业家聚会深圳，研讨科技成果商品化的途径。国家科委副主任李效时在会上做了题为《中国科技实业家的历史使命》的报告。

7月11日　《深圳福田保税区管理暂行规定》发布实施。

△　深圳市委、市政府在深圳会堂召开特区农村城市化动员大会，宣告揭开深圳特区农村城市化的序幕。深圳市委副书记、市人大常委会主任厉有为在动员大会上做了题为《认清形势，抓住机遇，为加快特区农村城市化进程而努力》的报告。

7月13日　《深圳市聘任劳动争议仲裁员暂行办法》《深圳市劳动争议仲裁庭办案规则》经有关部门批准实施，并由省仲裁处向全省推行。

7月13~28日　以李灏为团长、王众孚为副团长的深圳市代表团前往山西、湖南考察和出席经济技术合作洽谈会。

7月14日　深圳市社会科学研究中心正式成立。新成立的社科研究中心兼挂市社会科学联合会（筹）的牌子。会上，市委副书记、市人大常委会主任厉有为做了题为《解放思想，大胆探索，开创特区社会科学研究的新局面》的报告。市委宣传部副部长倪元辂做了关于《深圳市社会科学"八五"课题规划》及《管理暂行办法》的说明。

7月16日　深圳首家由农村集体企业转变的城市股份公司——上步实业股份有限公司成立。

△　国务委员兼外交部部长钱其琛抵达深圳参观考察，并为深圳证券交易所题词："大胆试验，谨慎从事。"

△　深圳国展中心华实广告公司时装模特队陈娟红首次代表中国参加在美国洛杉矶举行的"世界超级模特大奖赛"，进入前8名并荣获"世界超级模特"称号。

---

①　深圳原野实业股份有限公司是深市最早的上市公司之一。由于存在股本投入不实、会计师事务所提供虚假验资证明、管理失控、账目混乱等严重问题，它成为中国证券市场首只停牌的股票。1992年9月5日，原野公司召开临时股东大会，决定更名为深圳世纪星源股份有限公司。1994年1月3日复牌，原野亦改名世纪星源。

7月18日 全国 15 城市体改信息交流会在深圳银湖旅游中心召开。会议的主要议题是：交流各地学习邓小平同志南方谈话后改革开放方面的新思路和采取的新措施；国营企业转换机制的做法和体会。

7月22日 深圳（莫斯科）股份有限公司成立。

7月22~24日 福建省委副书记、省长贾庆林率福建省考察团考察深圳。

7月24日 深圳市留学生安置情况汇报会召开，深圳引人注目的招聘海外中国留学生工作，已经进入实质性阶段，45 个企事业单位正在迎接第一批共 82 名应聘的海外学子。

7月26日 深圳龙华革命老区宝龙新村动工兴建。

7月27日 第二批社教工作结束。这批社教单位经全面检查验收，合格率达 100%。

7月28日 经国务院特区办、经贸部等部门联合批准，同意深圳保税市场在引进外商、扩大经营范围等方面放宽政策，同意其市场供应范围由经济特区扩大到宝安境内的"三资"企业。深圳市贸发局召开的会议上，来自全市 19 家保税行及有关单位的负责人共同商讨了如何用好用足这些政策的大计。

△ 深圳市政法委、市妇联、市委宣传部在深圳会堂召开动员大会，要求自 7 月 20 日至 8 月 20 日在全市城乡开展声势浩大的学习和宣传《中华人民共和国妇女权益保障法》活动。

△ 深圳市出让土地使用权又有重大突破，首块综合用地在香港实行国际招标。

△ 深圳三大建筑群奠基。这三大建筑群分别是 20 多个省区市和 100 多家大企业集资 4 亿元修建的总面积达 18.1 万平方米的经协大厦，深圳西部目前规模最大的高层建筑群——深南花园以及由两座 45 层的塔式大厦及 5 层的裙楼组成的侨光广场。

7月28~31日 由甘肃省委书记顾金池率领的甘肃省赴深考察团考察深圳。

7月30日 来自海峡两岸的专家学者聚会深圳科学馆，就高科技产品——高清晰度电视（HDTV）进行磋商交流。

8月1日 深圳市政府召开全面实施《深圳市社会保险暂行规定》动员大会。这项以社会共济与自我保障相结合，把养老保险、医疗保险和住房公积金等 3 个方面的内容统为一体的新型社会保险制度的重大综合改革举措开始在深圳市全面实施，标志着深圳市在深化改革方面又迈出了重要的一步。

8月3日 深圳市政府颁布《深圳经济特区商品住宅外销管理办法》和《深圳经济特区成片开发区规划地政管理规定》。

△ 由深圳南山热电有限公司和中国船舶工业总公司第703研究所联合开发，被誉为中国燃机界革命性成果的燃气轮机蒸汽回注热电联供装置，通过了由国防科工委、国家计委、国家科委军转民办公室主持的技术鉴定。

8月4日 深圳市政府第三次全体会议举行。会议主题是：以高度责任感、紧迫感真抓实干，加快深圳市改革开放和建设步伐。

8月5日 深圳市政府召开迎接国家卫生城市考核验收动员大会，号召全市人民立即行动起来，全力做好各项工作，确保创建在考核验收中一次达标，实现当年创建国家卫生城市的目标。全国爱卫会已决定在9月7日至11日对深圳市进行考核验收。

8月7日 中国首条现代化高等级铁路——广深准高速铁路建设进入全面施工阶段，计划于1994年建成通车。

8月8日 深圳市举办全国首届高新科技成果拍卖会，对高科技成果的商品化、市场化进行了有益的探索，从而揭开了新中国科技史上崭新的一页。

△ 深圳市委副书记厉有为在深圳市上步村农村城市化试点经验交流会上宣布：深圳市农村"两个转变"的准备阶段已经基本结束，农村城市化工作即将进入全面实施阶段。

△ 中国第一家海运股份企业——广东海运股份有限公司在深圳市成立。

8月8~15日 深圳又有6座大型立交系统工程破土动工，分别是：雅园立交大桥、罗芳立交桥、福田中心区深南大道段的新洲路立交桥、益田路立交桥、金田路立交桥、彩田路立交桥。总投资额约4.5亿元。

8月9~11日 深圳以发售认股抽签表的方式发行5亿元新股。8月6日，《深圳商报》在头版刊登了发售新股认购表的公告。① 8日起，有超过100万的当地及全国各地的准股民在全市302个发售网点前排起长龙，准备购买百元一张的抽签表。9日早晨，开始发售时尚能维持一定的秩序，但后因一些网点组织工作出现问题，造成秩序混乱，并发生冲突。10日上午，抽签表全部售完，傍晚，数千名没有买到抽

---

① 时任深圳资本市场领导小组专家组组长的禹国刚回忆道："1992年公告一出去，好，这些人呢准备了一麻袋一麻袋的身份证，你有多少股票可以卖给他，四面八方的人涌到深圳来。亚洲电视台当时在深圳采访我，他录到了那个市场上群众的几个镜头给我看，正好录的是我们陕西老乡。我给你对白几句话，亚洲电视台问我们陕西老乡，喂，你从哪里来呀，我们的老乡就用陕西话，我从陕西来；你来干什么，我来买股票；你有多少身份证，我有一麻袋。号称120万大军，布置在深圳的300多个发售点上，这个股票发售了才两个多小时，结果差不多的点都说没有了。而这个排队的人是怎么回事呢，排了两天两夜，一会儿大雨下来，他们如落汤鸡，再一会儿烈日又高照，他们一个个汗流浃背，男的女的不分呢，都挤着抱着。"

签表的股民在市内深南中路游行，打出反腐败和要求公正的标语，并形成对市政府和中国人民银行围攻的局面，并发生震惊全国的"8·10"风波。①

8月10日 深圳市"全国沿海开放城市改革开放成就展览会"深圳展团筹备动员会召开。

8月11日 深圳市政府负责人指出：发行股票是改革中的一件新事、好事，但我们还缺乏经验。此次发售新股认购表，市政府事先做了大量准备工作。在发售认购表的当日，市工商、监察部门派出700多人，在300个发售点执勤，大批干警也协助维持秩序。但由于事前对外地来深圳购表人数估计不足，上百万人排队购表，供应量大大不足，一些发售点出现了混乱和违纪问题。对于群众来访投诉，市政府热情予以接待和受理，并进行坚决查处，同时，对这次发售新股抽签认购表工作认真总结经验教训。但是，对于那些煽动群众闹事，破坏社会秩序的极少数坏人，要坚决予以打击。深圳市政府负责人强调：广大市民以及一切拥护改革开放的人们，都要理直气壮地保护改革开放的成果，揭露、制止极少数人的违法破坏活动；要识大体、顾大局、保护特区良好的投资环境，发展安定团结的政治局面；要团结一致，把我们的改革开放事业推向前进。②

△ 中国国际海运集装箱股份有限公司在香港赤鱲角国际机场旅客登机桥公开招标中一举中标，从而成为我国大型机场地面设备中首个在国际招标中中标的项目。

△ 《国务院关于深圳市要求扩大特区范围改变宝安县体制问题的批复》下发，同意深圳市撤销宝安县建制，将其划为深圳市的两个区。

8月15日 全国计划生育系统人事工作经验交流会在深圳市举行。会议的主要议题是：总结交流各地在加强计划生育组织机构、干部队伍建设等方面取得的经验，为实现"八五"人口计划和10年人口规划提供可靠的组织保证。彭玉副主任做了

---

① "8·10"风波后，深圳股市曾一度受重创，股价指数从8月10日的310点猛跌到8月14日的285点，跌幅为8.1%。上海股市受深圳"8·10"风波影响，上证指数从8月10日的964点暴跌到8月12日的781点，跌幅达19%。风波以后，国务院研究这个情况，紧急做出决定，成立专门的集中的证券监管机构。据《中国证券报》报道，为加强证券市场的宏观管理，建立健全证券监管工作制度，国务院即日决定，成立国务院证券委员会和中国证券监督管理委员会。证券委主任由朱镕基副总理兼任，证监会受国务院证券委员会指导、监督检查和归口管理。

② 时任深圳市委书记的李灏回忆说："这件事情造成的影响是非常不好的，我作为这里的市委书记，我感到非常内疚，因为这个事情对我来讲也是考验最大。当时差点儿酿成一个大的事件，如果当时不能平息，那几十万上百万人在那里，有可能酿成一个政治事件，好在当时也还算及时处理，平息下来了。"时任中国人民银行深圳分行行长的王喜义，也是处理"8·10"事件的主要领导之一，他回忆说："当时由人民银行管理，人民银行还有其他好多金融的事情，你又兼顾资本市场，确实是顾暇不了。但是我说这是一个烫手的山芋，我们拿在手里都是烫手的，是吗，另外金融，有那么多好多事情都要我们去做，这样管确实精力也顾暇不了。所以，有个专门的机构从事这个还好。"

题为《总结经验，深化改革，开创计划生育人事工作的新局面》的报告。

△　由深圳物业集团投资 2 亿多元兴建的国投广场奠基。

8 月 20 日　主体 88 层、高 360 米的全国最高楼——深圳国际经贸中心总体设计方案经国内外公开招标确定。

8 月 21 ~ 27 日　深圳市人大常委会和市政府联合组织检查组，检查企业法的落实和执行情况。

8 月 22 日　康佳电子股份有限公司研制开发的 2LW－180 图文传真机通过鉴定，成为我国第一家能批量生产传真机的电子企业。

8 月 23 日　深圳市成立了我国第一支正规化、24 小时全天候巡逻执勤的巡警队伍。

8 月 24 日　深圳市运输局召开交通邮电系统创建迎检动员大会，要求把创建工作做得扎扎实实，确保"窗口"单位创建达标。

8 月 25 日　深圳市建设局负责人在全市建设系统创建工作会议上宣布：凡在创建中因主观努力不够，在考核验收时丢了分的，对市属单位给予停止承接工程 3 个月的处分；对外驻单位给予吊销注册证书，不得在本市承接工程任务的处分。

△　深圳特区农村"农转非"工作会议宣布：特区 4.5 万农民即将成为城市居民，"农转非"工作将于 10 月份全部完成。

8 月 26 日　经深圳市人民政府、中国人民银行深圳经济特区分行批准，深圳市率先在宝安集团进行可转换债券及认股权证①综合试点。

△　深圳市公安局召开新闻发布会，忠告市民不要购买黑市抽签表兑换券。如发现非法伪造、倒卖新股认购抽签表和兑换券者，将依法惩处。

△　深圳在上海浦东新区设立的首家大型企业——上海宝安企业有限公司成立。

8 月 26 ~ 30 日　坦桑尼亚总统姆维尼一行访问深圳。

8 月 27 日　中国首套条形码收款机在深圳面世。市科技局在红岭宾馆主持召开的技术鉴定会认为，该产品的技术性能达到国际同类产品的中上水平。

△　深圳市营运汽车管理中心召开各出租小汽车公司经理会议，专题研究解决的士服务质量差的问题。

8 月 28 日　深圳市第二代无线通信网络系统——"天地通"在全国率先开通。

△　深圳市马克思主义研究会在市委党校召开成立大会。

---

①　可转换债券是可转换公司债券的简称，它是一种可以在特定时间、按特定条件转换为普通股票的企业债券。认股权证，又称"认股证"或"权证"，是指一种以约定的价格和时间（或在权证协议里列明的一系列期间内分别以相应价格）购买或者出售标的资产的期权。

8 月 29 日 《深圳特区报》报道，由市优秀歌舞艺员组成的深圳歌舞厅艺术团赴京汇报演出，引起轰动，艺术团受到了李瑞环、李铁映等中央领导同志的接见。

8 月 30 日 深圳举行的首次电话号码升 7 位全网升位试验成功。

9 月 1 日 深圳正式实施职工医疗保险制度，成为全国首座全面推行社会医疗保险的城市。

△ 深圳市沙头角保税区隔离设施经海关总署验收合格正式投入运营，成为继上海外高桥和天津港保税区之后的中国第 3 个正式投入运营的保税区。

△ 由经贸部组织的国际市场趋势讨论会在深圳举行。

9 月 1~3 日 由我国驻世界五大洲 24 个国家的大使、参赞、总领事组成的考察团抵达深圳参观考察。

9 月 3 日 深圳经济特区出口产品（香港）展示中心开幕。

△ 深圳市召开工业系统《全民所有制工业企业转换经营机制条例》学习班。

△ 我国第一座集高新尖技术、科技开发、商贸洽谈为一体的科技服务中心——深圳国际科技服务中心举行奠基典礼。

9 月 3~17 日 以市委书记李灏为团长、市人大常委会副主任姜贵为副团长的深圳赴新疆学习考察团一行 18 人在新疆考察访问。

9 月 5 日 我国目前最大的电视墙在深圳机场候机楼开播。该电视墙由 100 个 28 英寸电视屏幕组成，面积达 40 平方米。

9 月 8~9 日 纳米比亚总统努乔马访问深圳。

9 月 8~12 日 全国城市卫生、环境综合整治检查团和国家卫生城市考核鉴定组，分别对深圳市卫生、环境和创建国家卫生城市达标情况，做了为期 5 天的全面检查和考核验收。验收结果表明，深圳市已达到国家卫生城市检查考核标准规定的要求，建议全国爱卫会命名深圳市为"国家卫生城市"。

9 月 10 日 全国城市文明住宅小区考评专家认为：深圳住宅小区管理采用企业管理手段，实行有偿服务这种管理模式在中国具有超前性，值得借鉴、推广。

△ 为进一步加强全市的反腐保廉工作，推动和促进全市各项事业的健康发展，深圳市委常委、常务副市长王众孚在全市局级以上领导干部会议上公布《关于反腐保廉工作责任制的规定》。

△ 深圳大学举行仪式，庆祝江泽民总书记 1992 年 5 月 12 日为该校题写的校名正式启用。

9 月 14 日 首届"深圳市十大著名商标"评选揭晓，"康佳""金威""家乐""华强""特美思""三九胃泰""飞亚达""海王""笔架山""JW"这十个商标榜上有名。

△ 深圳（中国）商品展销中心在莫斯科开幕。该中心是深圳（莫斯科）股份有限公司的下属机构。

9 月 15 ~ 18 日 第 12 届中国电视剧"飞天奖"颁奖仪式在深圳举行。

9 月 18 日 由深圳粤海集团投资兴办、旨在宣传中国书法绘画艺术的画廊——粤海艺苑开业，中国当代著名书法、国画精品展览会同时开幕。这次共展出 55 位当代中国书画名家作品，其中包括齐白石、徐悲鸿、刘海粟、关山月、亚明、程十发等国画大师名作，还有康有为、梁启超、郭沫若、章士钊等知名人士的书法真迹。

9 月 19 日 经国家经贸部批准，我国的一个经援项目——密克罗尼西亚会议中心由中国国界经济技术合作公司正式承接，这是深圳承接的第一个经援项目。

9 月 19 ~ 22 日 以市委书记谭绍文为首的天津考察团考察深圳。

9 月 20 日 深圳市卫生系统 1992 年改革职称评聘办法，采取考试、考核、考评三结合的方法进行评聘。

△ 广东省委书记谢非在李灏的陪同下，到刚刚成立的深圳市皇岗实业股份有限公司考察，指出：特区农村城市化后，经济建设和精神文明建设都要上新台阶，创造出新的经验在全省推广。

△ 我国首家现代化高层汽车修理大厦——华日汽车大厦正式开业。应深圳市政府邀请，日本前首相海部俊树来深参加华日汽车企业有限公司新修理大厦落成典礼并参观深圳特区。

9 月 22 ~ 23 日 密克罗尼西亚总统贝利·奥尔特阁下一行访问深圳。

9 月 23 日 20 世纪 90 年代深圳特区横向经济联合理论研讨会在银湖旅游中心开幕。

△ 由中国人民银行深圳经济特区分行和深圳证券交易所主办、法国里昂证券有限公司协办的深圳证券市场 1992 年国际研讨会在深圳香格里拉酒店举行。这个研讨会的议题是进一步完善和发展深圳 B 股市场的问题。

9 月 24 日 为贯彻落实中共中央、国务院《关于加快发展第三产业的决定》，深圳市政府决定对深圳市第三产业的现状进行一次普查，有关这次普查的实施方案业已制订出。市第三产业普查动员大会召开。

△ 深圳市住宅局局长陈义林在 1992 年世界住房日新闻通报会上说：在社会劳动保险制度等改革方案全面实施之后，企业职工可根据各自的条件，直接到住宅局轮候排队解决住房问题。

9 月 24 ~ 26 日 国务院副总理朱镕基在广东省省长朱森林、副省长张高丽陪同下考察深圳。24 日，朱镕基表示：股票上市的信心和决心坚定不移，深圳和上海要办成全国的股票交易中心，为全国服务。

9 月 28 日 深圳社会福利中心开业。

△ 作为整个东部供水工程咽喉的梧桐山长达 1.9 公里的输水隧道全线贯通。

9 月 29 日 深圳市委常委、市纪委书记李海东在全市党风和廉政制度建设经验交流会上指出，各单位要抓紧抓好党风和廉政制度建设，党风和廉政制度执行情况的大检查要突出重点抓出实效，以迎接市委和省委检查团的检查。

10 月 批准深圳千秋业保险顾问公司成立，这是中国的第一家保险中介机构。

10 月 1~10 日 深圳市文化局举办"鹏城金秋——92 深圳市文艺汇演"。这次汇演是深圳市 12 年来最大规模的一次文艺演出活动。

10 月 2 日 深圳市动产拍卖行在全国率先举办"首届当代中国名家字画精品拍卖会"。

10 月 3 日 据国务院经济贸易办公室最近公布：深圳市 13 个高新技术项目被列入 1992 年国家级重点新产品试产计划。

10 月 5 日 深圳市政府召开千人参加的全市安全生产紧急动员大会，要求各级政府和企业负责人采取果断措施，搞好安全生产。

10 月 5~7 日 深圳市妇女第一次代表大会在深圳人大会堂隆重召开。

10 月 6 日 国家体委训练局局长李富荣率领的奥运获奖选手一行 10 人抵深圳访问。

10 月 7 日 新加坡共和国资政李光耀再次莅临深圳参观访问。

10 月 8 日 被列为深圳"八五"重点工业建设工程的深圳石化空调生产基地，在布吉镇坂田奠基兴建。首期工程占地面积 2.7 万平方米，由深圳石化集团独资兴建。

10 月 9~10 日 巴基斯坦总理谢里夫访问深圳。

10 月 10 日 由深圳市体育发展中心和深圳特区对外经济发展公司联合兴建的深圳体育馆在市体育中心奠基。

△ 深圳市委、市政府批准成立社会主义学院，由市委党校兼办，实行"一校两院"（市委党校、行政学院、社会主义学院）办学体制。

10 月 12 日 深圳机场通航一周年。一年内深圳机场已发展成为我国六大航空港之一。

△ 应吉尔吉斯共和国总统阿卡耶夫的邀请，张鸿义副市长率领深圳市经贸代表团访问该国。

10 月 13 日 为期 2 天的深圳市组织工作会议结束。会议强调：组织工作要以党的十四大精神为指针，扎扎实实抓好深圳市各级领导班子建设、干部队伍建设和基层党组织建设，为特区第二个 10 年改革和建设任务的完成、20 年赶上"亚洲四小龙"计划的实现提供坚实可靠的组织保证。

△ 深圳市中贸发展览中心举行的 20 省市个体私营产品联展会开幕。

10 月 15 日 深圳市第一届人大常委会第十二次会议通过了《深圳市人民代表大会常务委员会制定深圳经济特区法规规定（草案）》，这是全国人大常委会授予深圳"立法权"后，深圳市人大常委会通过的第一个法规文件。

△ 国内首家专业性基金管理公司——深圳投资基金管理公司在深圳成立。

10 月 16 日 深圳市公共交通管理将进行重大改革，从 11 月下旬起，先在公共汽车 10 路线、3 路福田至水库专线上实行无人售票。取得经验后，逐步在市内各路线推开，计划用 6 年时间，使深圳市的公共汽车全部实现无人售票。

10 月 20 日 深圳市第一条高速公路：梅林—观澜高速公路动工兴建。

10 月 20 ~ 23 日 中共中央政策研究室农村组、国务院政策研究室农村组和深圳市政府研究室在深圳联合召开农村股份制座谈会。

10 月 21 ~ 23 日 第二届全国进口食品卫生监督检验学术交流会在深圳召开。

10 月 23 日 深圳市委召开会议，传达、学习和贯彻党的十四大精神，市五套班子成员及有关部、委、办、局负责人参加了会议。会议强调进一步加快深圳改革开放步伐。

10 月 24 日 深圳市政府常务会议召开，决定对现行的规范性文件进行全面清理。讨论并原则通过《深圳市人民政府制定规章和拟定法规草案的程序规定》和《深圳市规范性文件备案规定》。

10 月 26 日 经中共深圳市委和上级主管部门批准，《深圳特区报》从 1993 年元旦起，将扩版为每天出 3 大张 12 版，从而成为中国内地篇幅最大的 3 家大报之一。

10 月 27 日 深圳福田保税区第一个外商投资项目"保税区管理中心大厦与加福广场"奠基。

△ 应市委书记李漱的邀请，香港港事顾问访问团一行 11 人访问深圳。

10 月 28 日 深圳"地王之王"地块公开招标，地块面积为 1.87 万平方米，以10.3 亿元价格成交，成为 1992 年深圳土地招标拍卖的高潮。

△ 深圳市委批转市委宣传部《关于组织我市党员、干部学习党的十四大文件的意见》，要求各级党组织按照该意见的安排，结合实际认真组织学习。

10 月 30 日 深圳证券交易所发出《关于申请上市推荐人资格的通知》及《关于上市推荐人工作内容和收费标准（试行）问题的通知》，建立上市推荐人制度，以规范上市工作。

△ 深圳市中级人民法院依法做出裁决，宣告国际商业银行深圳分行破产。这是我国受理的首宗外资银行分支机构在我国境内的破产案件。

△ 我国首家破产企业——深圳市广昌彩印器材有限公司公开拍卖。

11 月 1 日 广东省邮电管理局在深圳银湖旅游中心举行全省电信业务宣传协调会，就省内各地市如何配合深圳电话号码升 7 位工作进行部署。

△ 深圳市就进一步扩大区政府行政职责权限下发通知。这些权限主要包括计划管理体制、财政体制、投资项目立项审批、城市建设、城市管理、劳动人事管理、出国出港审批、文化卫生教育管理等方面。

11 月 2 日 被称为深圳特区"地中之王"的编号为 H206 - 7 的地块，在深圳市规划国土部门组织的首次土地国际招标中开标，深业集团有限公司以 1.42 亿美元的报价夺得了这块土地为期 50 年的使用权。

11 月 2 ~ 5 日 第二届中国科技之光成果博览会在深圳展出。

11 月 3 日 深圳经济特区实现农村城市化。深圳特区内福田区、罗湖区、南山区共撤销了 68 个村委会，取而代之的是 100 个城市居民委员会和 81 家城市集体经济组织，4.5 万农民全部一次性转为城市居民，"农转非"达 13851 户，特区农村完成了其历史使命，从此被纳入现代化城市的统一管理、统一建设的轨道。深圳特区农村 4.5 万农民全部一次性转为非农业人口，深圳从此成为一个没有农村的特区。①

△ 经中国人民银行批准，深圳平安保险公司由区域性公司变为全国性公司，并更名为"中国平安保险公司"。

11 月 4 日 旨在贯彻落实党的十四大精神，学习推广深圳南方制药厂转换企业

---

① 进入 20 世纪 90 年代后，深圳确立了建设现代化、多功能、国际化大都市的宏伟目标。为做好农村城市化的工作，加速特区农村都市化的进程，深圳市提出了农村城市化的工作原则，"农转非"是实行城乡一体化的重大措施。在此过程中，深圳付出了艰辛的努力。当时，在深圳特区范围内尚有 4.5 万多名农民，散居在 66 个行政村、173 个自然村中，村村盖楼、办厂、开店，农民大都不再务农并开始富裕起来。据当时的调查，深圳特区 95% 的农民都不愿意转为城市户口，而且大多数为年青的一代。究其原因，是因为他们在深圳快速发展的过程中，有三大"农民优势"：一是政策允许新婚生两胎；二是到一定年龄可分 100 平方米的宅基地；三是村办厂可分红分利。这使得农户"有人、有地、有房、有钱"，均可致富，所以大多数农民不愿意办理"农转非"手续。面对城乡一体化过程中的困难与阻力，深圳市委、市政府的领导带领工作小组走村串户，调查研究，耐心地做思想政治工作，在取得经验的基础上制定出《农村城市化 30 条》，采取"老人老办法""新人新办法"的政策，终于妥善地处理了"农转非"过程中存在的各种问题，实现了预定的目标。

经营机制经验，讨论军队医药工业发展路向的全军医药工业工作会议在深圳市举行。

△ 第二届国际水墨画展在深圳中国画廊隆重开幕。

11月5日 深圳市人大宣传工作会议结束，会议强调人大宣传工作要大胆探索，搞活报道。

11月7日 由《特区经济》杂志社、深圳市计划局、深圳市社会保险管理局、深圳中鹏石油联营公司联合举办的"进一步深化特区经济体制改革研讨会"在深圳市银湖旅游中心召开。

11月7~9日 埃及前总理穆斯塔法·哈里勒偕夫人访问深圳。

11月8日 深圳莲花二村、怡景花园被评为"全国模范文明住宅小区"，文华花园被评为"全国文明住宅小区"。

△ 第一架国际货机——卢森堡货运航空公司的一架货机首航深圳成功，标志深圳机场已开始开辟国际航班。

11月9日 反映深圳经济特区诞生与发展的6集电视片《决策——深圳经济特区纪实》在北京举行首发式。

11月10日 深圳港总体规划成果汇报暨评议会闭幕。据悉，深圳港到20世纪末，将成为我国综合交通运输网的主枢纽和我国四大深水国际中转港之一。

△ 深圳迈瑞电子有限公司研制的我国首台MEC-503脉搏血氧监护仪在深圳问世。它广泛应用于麻醉科、手术室、危重病人监护、呼吸科和小儿科等领域，能有效地降低病人手术时的死亡率。

△ 我国首家环保法律服务机构在深成立，开展环境污染损害索赔和诉讼代理服务。

11月11日 经国务院批准，深圳盐田港口岸正式对外开放。

11月12日 我国第一家管理体制改革试点医院——孙逸仙心血管医院开业典礼暨孙中山先生铜像揭幕仪式在深圳举行。

11月14日 深圳特区立法工作全面展开。市人大计划在3年间制定84部有关法规，1997年前争取在深圳特区的主要领域基本做到有法可依。

△ 全国人大常委会副委员长、全国妇联主席陈慕华考察深圳，称赞宝安农村股份制经济搞得好。

△ 中国第一张大容量数字光盘（CD-ROM）在深圳先科企业集团试制成功。

11月16~17日 智利总统艾尔文一行访问深圳。

11月17日 深圳市第一届人民代表大会第四次会议开幕。11月19日，在市一届人大四次会议第二次全体大会上深圳市委副书记厉有为当选为深圳市市长，李海东当选为市人大常委会主任。

11 月 17 ~ 20 日　深圳市一届人大四次会议召开，会议通过了《接受厉有为辞去市一届人大常委会主任职务的请求的决议》，补选厉有为为深圳市市长，选举出 20 名省人大代表，李海东当选为市人大常委会主任。

11 月 18 日　为沟通企业与政府之间联系而召开的深圳市总商会会员晚餐会，在银湖旅游中心举行。深圳市工商局、市经发局有关负责人在会上指出：市政府将进一步放宽企业经营权，企业经营的一般项目，由企业自己决定，让市场来调节。政府职能部门不再进行行政上的审批。

11 月 20 日　深圳证券交易所首家异地上市公司——武汉商场股份有限公司股票在深圳证券交易所上市。

△　由深圳市文化局和深圳艺术中心主办的"第七届全国单列市群众文化信息交流会"在深圳举行。

△　"中国大企业对外开放成果展暨中外经贸技术合作与投资洽谈会"在深圳举行。

11 月 21 ~ 24 日　中共深圳市委第一届第五次全体（扩大）会议召开。会议分析深圳所面临的新形势、新任务、新挑战，明确提出把深圳建成综合性经济特区和多功能、现代化的国际性城市，为广东力争 20 年基本实现现代化多做贡献的跨世纪战略目标和一系列政策措施。会议还就如何加快深圳改革开放和现代化建设步伐，努力实现跨世纪战略目标进行了全面部署。市委书记李灏代表市委常委做了题为《全面落实党的十四大精神，把深圳的改革开放和建设业推上新台阶》的重要报告，并获全会审议通过。为实现上述目标，在这次会议上，关于 20 年赶超"亚洲四小龙"的初步"规划"的重要文件也提交讨论，即《跨世纪的抉择——深圳赶超"四小龙"若干重大策略》。

11 月 22 日　全国人大常委会副委员长彭冲考察深圳。

11 月 23 日　国务院副总理吴学谦视察深圳。

△　深圳巴士集团开通了全国第一条无人售票线路。试行公共汽车无人售票，标志着深圳的城市公共交通向国际标准迈出了历史性的一步。

△　"深圳第四届十大杰出青年""深圳市十位最佳外来青工"评选揭晓。这项由深圳市团委、市青年联合会、市人事局、市劳动局联合开展的评选活动，在社会上引起强烈反响。

△　深圳光通发展公司生产的光纤光缆产品达到国外同类产品先进水平，被批准为替代进口产品，该公司成为我国第一个被确认为替代进口的光纤光缆生产企业。

11月25日 中共深圳纪委一届四次全体（扩大）会议召开。会议通过了《中国共产党深圳市纪律检查委员会一届四次全体（扩大）会议决议》，莫华枢做了题为《深入贯彻党的十四大精神，为促进改革开放和经济建设做出新贡献》的报告。

11月26~27日 由47位日本各大企业和政府部门负责人组成的赴广东省投资环境考察团考察深圳。

11月27日 深圳市科学技术协会第三次全市代表大会召开。深圳市科协主席古可在会上做了题为《加速科技进步，夺取深圳高速高效发展的新胜利》的工作报告。市委书记李灏在会上做了重要讲话。

△ 国债法规政策国际研讨会在深圳召开。与会者就在社会主义市场经济新体制下，中国国债政策法规体系和运行机制的发展问题，以及中国证券市场发展的现状、发展方面问题进行了广泛的探讨。

11月28日 中国电子工业深圳总公司成立，从而迈开了中国电子工业总公司将其"经营中心"南移深圳的第一步。

11月29日 深圳银湖国际学术研究交流中心奠基。

△ 深圳市政府决定，在全市范围内建立47.45万亩的农业保护区，以确保深圳鲜活产品的供应需求。

△ 全长100公里，总投资约103亿元的深圳市快速干道网建设拉开序幕。

12月 为充分发挥区级卫生行政部门的作用，调动区级卫生局的积极性，市卫生局决定简政放权，转变机关职能，对卫生行政工作实行分级管理。

12月1日 深圳证券交易所举办"一九九二首届中国—深圳证券周"活动暨庆贺深圳证券交易所运作两周年。为邀请国内外经济界、金融界和实业界的专家、学者探讨未来特区证券市场的发展路向，深圳证券交易所举办"发展深圳证券市场国际研讨会"。

△ 十一省（区）四市社会保险工作经验交流会在深圳市召开。

△ 中日合资深圳天福贸易有限公司成立，这是深圳市贸易领域的首家外资企业。

12月2日 深圳市委书记李灏会见并宴请了全国政协委员、港事顾问、稳定香港协会主席陈旧新一行6人。

12月3日 "转变职能、简政放权、改进机关作风"动员大会召开。深圳市委、市政府决定用一个半月左右的时间，在市和区两级机关开展一次提合理化建议活动。

△ 由深圳市委、市政府组织举办的深圳第二届文明市民评选活动拉开序幕。

全市 50 名候选人名单公布。

△ 中国首家中外合资保税生产资料批发行——日深生产资料有限公司成立，这是深圳特区率先引进外资进入生产要素市场。

12 月 4 日 深圳市委、市政府召开特区农村城市化居委会工作经验交流会，总结交流深圳市在特区农村城市化中搞好居委会建设的经验，以加快特区建设发展步伐。

12 月 5 日 深圳市市长厉有为签署《深圳市人民政府制定深圳经济特区规章和拟定深圳经济特区法规草案的程序规定》和《深圳市规范性文件备案规定》。

△ 中国（深圳）1992 年海外投资经济技术交流会在深举行。

△ 市政府常务会议讨论并原则通过《深圳经济特区财产拍卖条例》《深圳经济特区外来劳务工管理条例》《深圳经济特区期货经纪商管理暂行规定》3 个草案。

12 月 8 日 深圳市政府召开的解决交通难工作会议决定，深圳市从 1993 年 1 月 1 日起，实行分道分流、错时行驶等新的交通管理办法，以缓解目前交通拥挤的压力。

△ "'中国·深圳' 92 深圳与内地科技成果交流展览会"在深圳开幕。

△ 广东省民政厅发出《关于深圳市撤销宝安县，设立深圳市宝安区、龙岗区的批复》。

12 月 10 日 中华大庙会首项活动——首届商品房地产展销洽谈会在深圳国际展览中心开幕。

△ 厉有为会见韩国副总理兼企划院长官崔钰圭一行。

12 月 11 日 经国务院批准，国家民政部、省民政厅分别发文撤销宝安县建制，设立深圳市宝安区、龙岗区两个市辖区。深圳市委、市政府决定：两个新建区将于 1993 年 1 月 1 日正式成立，并挂牌办公。

△ 首届中国海峡两岸企业管理人员讨论会在深圳举行。

12 月 12 日 《深圳商报》载：深圳小梅沙海湾将兴建"海洋世界"，日前深圳特区发展公司已与美国华盛顿第一集团公司及巴西 AG 公司签订投资意向书。

△ 全国"经济特区与建设有中国特色社会主义"大型讨论会在深圳举行。

△ "商界风云人物"评选活动揭晓。3 名当选者分别是三九集团总经理赵新先、蛇口工业区总经理乔胜利、万丰股份公司董事长潘强恩。

12 月 13 日 深圳市自来水公司在深圳市国营企业中率先进行工资改革，将 1983 年沿用下来的低工资、多补贴、多奖金、平均主义严重的工资制，改为岗位技能工资制①。实施方案已在 1992 年 5 月召开的职工大会上通过,并获主管部门批准,于 1993 年 1 月起执行。

12 月 14 日 中国人民银行深圳特区分行颁布《深圳市证券业电话自动委托交易业务管理暂行办法》和《深圳上市 A 股股份登记和清算管理暂行办法》。

12 月 15 ~ 17 日 全国人大常委会副委员长廖汉生视察深圳。廖汉生与深圳市人大负责同志进行座谈,指出立法工作也要大胆探索与借鉴。

12 月 16 日 深圳市人事局做出决定:今后市内干部流动完全放开,驻深内联企业、外资企业和市属单位干部之间的调动,由各单位自行决定,不再报人事局审批。并进一步改进和完善调干制度,扩大免考范围,提高试题的科学性和实用性。从 1993 年开始在全市实行专业技术职务评聘分开,评定专业技术职务任职资格不再受指标限制,由企事业单位择优聘用。

12 月 18 日 中国平安保险(香港)有限公司在香港开业。这标志着中国平安保险公司在立足深圳、依托国内的基础上开始走向世界。

△ 首届"中华大庙会"在深圳香蜜湖隆重开幕。这是深圳经济特区成立以来最大规模的群众文化、经贸活动。

12 月 19 日 深圳市社会工作者协会②宣告成立。

△ 以俄罗斯联邦总统办公厅主任彼得罗夫为首的俄罗斯访华团一行 62 人抵达深圳访问。

△ 为纪念毛泽东诞辰一百周年,大型画册《怀念》首发式在深圳大剧院举行。

△ 美国商务部部长巴巴拉·赫克曼·富兰克林女士一行 25 人来深圳访问。

△ 在中国港澳台、东南亚地区久享盛誉的南山赤湾天后庙,举行修复奠基仪式,全国政协副主席王光英、程思远等出席了奠基仪式。

12 月 21 日 李传芳副市长及市城管办、东深局的领导及市自来水公司负责人一行来到深圳水库了解近日的供水状况,决定立即进一步采取紧急措施,以保证今年供水困难的最后阶段安全度过。

△ 广东省省长朱森林在深圳市市长厉有为的陪同下考察深圳。

---

① 岗位技能工资制的范围包括:以劳动责任、劳动技能、劳动强度、劳动条件等基本劳动要素评价为基础,以劳动贡献(劳动的数量和质量)确定劳动报酬的工资制度。岗位技能工资制的实质是将职工的劳动报酬与岗位劳动责任、劳动技能、劳动强度、劳动条件和劳动贡献紧密联系起来,建立起"岗位靠竞争,报酬靠贡献"的激励机制。

② 该协会确定的工作目标为:帮助贫困、老弱残障和其他不幸者过正常的社会生活;预防和解决部分因经济困难或生活方式不良而造成的社会问题;积极开展社会服务,实现个人与社会的和谐一致。

△　全国爱卫会召开新闻发布会，授予深圳市"国家卫生城市"称号。

△　全国三大证券机构之一的南方证券有限公司在深圳成立。该公司由六家金融机构组成，注册资本为 10 亿元。

12 月 25 日　全国政协副主席司马义·艾买提考察深圳市政协。

△　"邓小平改革开放理论与中国农村及万丰村实践研讨会"在北京人民大会堂举行，有关领导和专家学者 70 多人参加了会议。会上深圳市万丰村的经验受到好评，专家指出，万丰村的实践给我国农村的发展提供了可资借鉴的实例。

△　亚洲最大的生产彩板系列产品的高科技工业城——方大实业城在深圳华侨城举行动工奠基典礼，该工业城占地面积 25710 平方米。

12 月 26 日　《深圳经济特区房地产登记条例》和《深圳经济特区房屋租赁条例》在深圳市一届人大常委会第十三次会议上获得通过。这是市人大常委会授予深圳立法权以来制定的头两部深圳经济特区法规。从此，特区内房地产市场的运作和管理有法可依。

△　全长近两公里的盐田坳公路隧道贯通。

12 月 28 日　深圳市政府第四次全体（扩大）会议召开。会议的主要内容是：传达贯彻全国和省有关会议精神，总结深圳市 1992 年经济和社会发展情况，并根据党的十四大和市委一届五次全会精神，研究部署 1993 年工作。会议重点讨论了《深圳市贯彻〈全民所有制工业企业转换经营机制条例〉实施办法》，讨论修改《深圳市第三产业发展纲要》。厉有为市长做了题为《认真贯彻落实党的十四大精神，奋发进取，真抓实干，推动深圳建设再上新台阶》的讲话。

△　中国太平洋保险公司深圳分公司成立，国家体改委副主任刘鸿儒、深圳市副市长张鸿义出席了成立大会。

12 月 29 日　深圳市市长厉有为会见香港合和事业有限公司董事总经理胡应湘。

12 月 30 日　深圳市首次向人民警察授衔仪式在深圳会堂举行。全市共有 4155 名干警被授予各级警司和警员衔。

12 月 31 日　深圳市首届迎春花会在荔枝公园开幕。

1993年

1月 妈湾电厂施工中，成功实现"半潜驳浮箱"施工新技术，填补了国内空白，被誉为"中国第一箱"。

△ 深圳在横岗召开了我国第一家股份合作制研讨会，推广横岗经验。

1月1日 宝安区、龙岗区正式成立并举行成立挂牌仪式，原宝安县同时撤销。①

△ 深圳市电话号码于零点正式由 6 位升位 7 位，成为我国继上海、广州等之后的第四个号码升为 7 位数的城市。

△ 经批准深圳市居民从本日起可在全市银行的 45 个网点进行外汇调剂。

1月3~5日 中共中央政治局常委、国务院总理李鹏视察深圳。

1月6日 我国第一台可供市民及海内外投资者、旅游者自动查询的信息传播新型设备——"深圳市公共信息查询系统"，在国贸大厦安装使用。

1月8日 深圳市首家专为私营业主、个体工商户服务的金融机构——深圳市汇商城市信用社正式开业。

△ 深圳市监察学会②正式宣告成立。

1月9日 深圳市常务副市长王众孚在全市监察工作会议上指出：深圳市各级监察机关要在党委、市府的领导下，对监察工作进行大胆的改革和探索，认真研究

---

① 至此，深圳市辖罗湖、福田、南山、宝安、龙岗 5 个区。全市总面积 2020 平方公里，其中深圳经济特区为 327.5 平方公里。特区与非特区之间有一条 86.2 公里长的管理线隔开，沿线设有 9 个检查站。

② 深圳市监察学会是专门从事监察学研究和组织学术交流的群众学术团体，它将通过召开学术讨论会、专题座谈会等形式，进行监察理论研讨。

发展市场经济中出现的新情况和新问题，有领导地逐步推进、逐步建立和完善与市场经济相适应和相配套的特区监察体制及工作机构。

1月10日　深圳市政府决定将《深圳经济特区外来劳务工条例（草案）》和《深圳经济特区财产拍卖条例（草案）》两个法规草案登报，在全市范围内广泛征求意见。征求意见的时间，从公布之日起至1993年1月31日止。

1月12日　深圳市政协召开一届常委会十二次会议，强调根据市委一届五次全体（扩大）会议精神和市政府第四次全体（扩大）会议的内容开展参政议政。会上，市政协主席周溪舞做了《市政协一届三次会议以来的工作情况及当前工作安排的报告》。

△　深圳机场至香港海上航线开通。

△　由新欣软件公司和深圳市农业银行共同开发的中国首套证券电话委托自动交易系统，通过鉴定。

1月13日　深圳市劳动局有关负责人在新闻发布会上宣布：本市各类企业员工的调动（流动），打破行政区域、所有制性质、经济性质和隶属关系的界限，由调出（流出）、调入（流入）单位自行办理调动（流动）手续；企业只需按劳动管理关系到市、区劳动部门办理劳动手册和保险手册的登记手续。这是深圳市劳动局进一步落实企业招调工人自主权、简化办事手续的又一措施，并意味着深圳市对各类企业的市内劳动用工全面放开。

1月14日　深圳市市长厉有为在《深圳经济特区贯彻〈全民所有制工业企业转换经营机制条例〉实施办法》上签署意见，并以市政府"5号令"的形式正式颁布实施，同时颁布实施的还有《关于简化审批程序减少审批环节的若干规定》《关于简化外商投资立项审批程序的试行办法》等一系列配套办法，从而吹响了深圳特区深化经济体制改革、建立现代企业制度的号角。[①]

1月16日　李广镇副市长在全市工商、物价系统的总结表彰会上强调：应下大力气对特区现行的工商、物价管理制度进行改革。

△　市委、市政府做出关于表彰深圳市文明市民的决定，20名由广大群众投票选出的市第二届文明市民受到市委、市政府的表彰。

---

① 该实施办法以国务院颁布的《全民所有制工业企业转换经营机制条例》为依据，结合深圳实际，并参照国际惯例有所发展、突破，全面落实企业经营自主权，除将条例规定的14项权力还给企业外，还将投资开发、企业设立登记、进出口权限、劳动用工、收入分配及二级企业自主权等统统下放给企业，增强了企业自主经营、自负盈亏、自我约束、自我发展的能力。该实施办法在企业注册登记制度上在全国率先进行了重大改革，将企业设立的政府审批制改为按国际惯例运作的核准制，从而大大缩短了企业注册登记的时间，简化了程序，提高了办事效率。

△ 市委办公厅、市政府办公厅联合发出通知，机关事业单位试行每周 5 天半工作制。

1 月 17 日 《深圳特区报》载：龙岗区横岗镇推行农村三级股份合作制的经验在全国引起强烈反响。

1 月 18 日 市人大常委会公布了《深圳经济特区房地产登记条例》和《深圳经济特区房屋租赁条例》，这是全国人大授予深圳市立法权以来通过的首批法规。

1 月 20 日 中国人民银行深圳特区分行行长王喜义表示：人民银行从 1993 年起将不参与深圳证券市场的管理，有关工作将由深圳市证券管理委员会接替。

1 月 22~27 日 中共中央政治局委员、国务院副总理邹家华视察深圳。

1 月 23~28 日 中共中央政治局常委、全国政协主席李瑞环视察深圳。李瑞环在视察期间强调指出，邓小平视察南方以来的一年，全国形势发生了鼓舞人心的巨大变化。当前需要踏下心来，研究问题，扎实工作，使得来不易的大好形势继续健康发展。

1 月 24 日 国家主席杨尚昆乘专机来到深圳，听取了市领导李灏、厉有为关于深圳发展情况的汇报。杨主席祝愿深圳在新的一年里取得更大的成就。

1 月 25 日 中共中央政治局委员、广东省委书记谢非来深圳考察。

1 月 27~31 日 国际建筑师协会执行局工作会议在深圳举行。会议主要内容是：评选国际建筑师协会金奖和各大项大奖，并讨论中国申请举办 1999 年世界建筑师大会有关事宜。

2 月 1 日 深圳市政府《关于简化外商投资立项审批程序的试行办法》开始正式实施，深圳市引进外资领导小组办公室挂牌。

△ 中共中央政治局委员、国务委员兼国家教委主任李铁映视察深圳。他强调指出，深圳要在深化改革、扩大开放，特别是在教育改革、教育发展、提高师生素质方面，为全国提供更多的新鲜经验。

△ 中共中央政治局委员、国务委员兼国家教委主任李铁映在视察深圳期间会见了深圳大学校领导，听取了关于深圳大学工作的汇报，并就教育问题和办好深圳大学发表了重要讲话。

2 月 3 日 《深圳特区报》载：深圳市经济效益最好的工业企业名次排定，市属莱英达轻工（集团）公司以 1.88 亿元的利润总额高居榜首，有 40 多家企业利润突破 2000 万元。

2 月 5 日 深圳市委书记李灏接受《党建》记者采访时说：深圳面临四种新挑战，必须在改革开放上进一步下功夫。

2 月 6 ~ 19 日 以厉有为为团长的深圳市代表团出席第六次日本深圳协力会。在这次协力会上，日本经济研究方面的高层人士就深圳的发展提出了很多很好的建议。

2 月 7 日 《深圳特区报》载：深圳大洋海运有限公司兼并了母公司——天津轮船联合公司。

2 月 8 日 中国第一家跨地区的产权交易所——深圳产权交易所在工会大厦挂牌成立，标志着深圳企业产权转让正式步入市场。

2 月 11 日 一个以国际性城市为目标，立足于特区、宝安区、龙岗区"三位一体"的宏伟蓝图——宝安区、龙岗区区域总体规划，经市长办公会审定通过。这个总体规划按照"窗口"城市、口岸城市、世界性城市的要求来进行规划设计和建设布局，到 2010 年，把深圳建设成为规划科学、布局合理、设施完备、环境优美、管理先进的现代化国际性大都市。

2 月 13 日 市政府颁布《深圳经济特区有色金属期货经纪商管理暂行规定》，规定中首次通过政府法规的形式，允许全国公民可以委托期货经纪人进行有色金属期货买卖。

2 月 14 日 担负收集全市社会治安信息，处置重大治安事件和突发性事件，受理"110"报警和负责巡警指挥调度的市公安局指挥中心正式开通。

2 月 16 日 深圳特区证券公司上海业务部与深圳证券交易所正式联网，至此，上海股民可以直接买卖在深圳挂牌上市的股票。

2 月 18 日 国际性城市——深圳战略研讨会召开。

△ 深圳福田保税区通过海关总署验收，正式投入运作。

2 月 19 日 深圳公安思想政治工作会议召开。

2 月 20 日 中国第一台自行设计制造的万门程控电话交换机，在横岗邮电局交割成功，并正式投入使用，打破了中国万门程控设备被进口货一统天下的局面。

2 月 22 日 深圳市规划国土局在发动干部提合理化建议中，提出两项重大改革措施：其一，将区规划国土部门改为市局的派出机构，实行城市规划和国土的垂直管理；其二，打破该局目前机构的陈旧模式，按"一站式办公"体制重新设立机构。市规划国土局希望通过这一改革，真正实现城市规划和地政的宏观调控。

2 月 23 日 深圳市建设会议召开，深圳城市总体规划基本确定。

△ 深圳市委常委、宣传部部长杨广慧在召开的全市宣传工作会议上对新闻文化工作者提出要求：要以邓小平同志建设有中国特色社会主义的理论武装我们的思想，指导我们的工作，力争在今年的宣传工作中有新的作为。

2 月 26 ~ 28 日　中共中央政治局委员、国务院副总理田纪云视察深圳。

2 月 28 日　"如何向社会主义市场经济过渡全国理论研讨会"召开。研讨会围绕市场经济的基础建设，商品流通和金融市场体系，企业体制改革，中国市场经济与国际经济的衔接 4 个专题开展研讨。

△　国防科工委在华南地区最大的投资企业——深圳和利科技发展公司开业。

3 月　由航天系统 691 厂、深圳广宇工业（集团）公司与中兴维先通共同投资组建深圳市中兴新通讯设备有限公司，注册资金 300 万元，首创"国有控股，授权经营"的"国有民营"经营机制。

△　鹏元公司正式注册成立，成为全国最早成立的信用评级机构。

3 月 1 日　文锦渡、皇岗、沙头角 3 个口岸实行统一报关报验，提供一条龙服务。

△　老一辈经济学家马洪、蒋一苇、林凌创办的《开放导报》在深圳面世，这是我国第一家以对外开放战略与经济转型及全球化研究为特色的国家级学术理论期刊。

3 月 2 日　深圳市市长厉有为会见了以大木一夫社长为团长的日本科比亚协作公司代表团，双方就来深圳投资设厂一事进行了交流。

3 月 3 日　深圳市卫生局在市人民医院礼堂召开了市卫生工作会议。会议总结深圳市 1992 年的卫生工作，并对 1993 年的卫生工作做了部署。

3 月 4 日　市人大常委会做出决定，将经过审议和修改的《深圳经济特区有限责任公司条例（草案）》和《深圳经济特区股份有限公司条例（草案）》登报公布，在全市范围内广泛征求意见，以便进一步修订。

3 月 11 日　深圳市召开党代表大会，选举 26 名代表出席中共广东省第七次党代会。

3 月 16 日　深圳市工商物价系统部署 1993 年工作会议召开。

3 月 16 ~ 17 日　瓦努阿图共和国总理马克西姆·卡洛特·科尔曼及夫人一行访问深圳。

3 月 20 日　全国第一次证券登记业务联席会在深圳召开。

△　深圳大洋海运公司 4.1 万吨的"金安"轮首航欧洲。

3 月 22 日　《深圳市企业登记管理规则》开始实施。自此，企业办理营业执照无须政府审批，可直接到工商部门申请登记注册，企业的经营范围和经营方式也放宽到最大限度，核准时限快的可以当天完成，最迟不超过 22 个工作日。

3 月 23 日　深圳航空口岸通过验收正式对外开放。

△ 深圳市人民政府颁布《关于进一步推动深圳经济特区对内经济联合的若干规定》。

3 月 28 日 中国第一条合资修建并实行股份制经营的铁路——全长 50.2 公里的深圳平南铁路建成通车。

3 月 29 日 深圳证券交易所正式与路透社的 IDN 网络联通，为全世界传送深圳 A 股、B 股及债券等的实时报价。

3 月 30 日 深圳在北京兴建的北京大厦举行开工仪式。

4 月 1 日 深圳证券管理委员会成立并开始对外办公。

4 月 2 日 奥地利共和国总理弗朗茨·弗拉尼茨携夫人访问深圳。

△ 拥有 130 亿元自有资金的深圳中核集团成立。

4 月 3 日 九三中国社会学学会"改革开放与社会发展"研讨会在沙头角镇召开。

4 月 5 日 深圳市市长厉有为会见了德国政府新闻发言人谢菲尔先生及其夫人，谢菲尔先生说，深圳虽然是个年轻的城市，但在欧洲已经享有盛名，此次来华，深圳也给他留下了难以忘怀的印象。

△ 《深圳特区报》载：深圳市属粤西集团投资 50 亿元开发中国第五大岛——湛江东海岛。

4 月 6 日 全国企业思想政治工作与企业文化研讨会在深圳举行。中央党史研究室副主任、中国职工思想政治工作研究会副会长李传华与来自全国各地的近 60 名代表参加了会议。

△ 深圳机场起飞的一架南航 757 客机被劫往台湾。

△ 经国家新闻出版署批准，《深圳经济特区年鉴》作为期刊出版，获得国内国际刊号，公开发行。该刊由深圳市委主管。

4 月 7 日 深圳市职称改革工作会议召开。深圳市在全民所有制企事业单位全面实行技术资格与专业技术职务评聘分开。

4 月 8 日 厉有为市长在深圳市委、市政府召开的全市处级以上干部大会上做了题为《抓住机遇，迎接挑战，发挥优势，再造优势》重要讲话，首次明确地提出"发挥优势，再造优势"的战略口号与对策。会议还就开展"再造优势"等重大课题调研工作进行了动员和部署。

4 月 14 日 美国前总统理查德·尼克松一行 8 人来深圳访问。厉有为市长会见了尼克松一行。尼克松说：深圳市比我期望的还要好，深圳是一个充满希望的城市，是中国的榜样。

△　由中央统战部组织的全国部分党外著名专家学者参观团一行抵达深圳，对深圳进行为期3天的考察活动。

4月17日　深圳市委常委、宣传部部长杨广慧在"以文补文"工作会议上，号召深圳市文化界人士要解放思想、更新观念，利用商品经济发展和市场经济建设的机遇，从物质文化、行为文化、观念文化上全方位地推动深圳文化的建设。

△　中共中央政治局委员、国务院副总理李岚清在深圳考察。期间考察了深圳大学。

4月17~23日　政协深圳市第一届四次会议召开。会议审议并通过市政协主席周溪舞在第四次全体会议上的报告，选举钟斗祥为市政协副主席。

4月19日　全国人大常委会副委员长王光英来深圳视察工作。

4月19~20日　深圳市医疗保险工作会议举行。

4月19~21日　中央军委副主席张震上将对深圳进行考察，他为深圳警备司令部题词："继续发扬红军优良传统，保卫特区，支援特区建设。"

4月19~21日　扎伊尔前总理肯戈访问深圳。

4月21日　深圳市一届人大五次会议召开，中心议题是"发挥优势，再造优势"。

△　深圳市第一家外商独资贸易公司——三井物产（深圳）贸易有限公司正式开业。

4月22日　日美欧经济界人士圆桌会议成员一行48人在参加了本年度东京会议后，从文锦渡入境来深圳参观考察。

4月23日　香港贸易发展局设于深圳的办事处正式成立，为香港与华南地区的厂商提供全面的贸易推广服务。这是香港贸易发展局继北京、上海及广州后设于国内的第四个办事处。

4月24日　首家境外证券机构——香港柏毅证券公司深圳代表处成立，该公司已成为深圳、上海证券市场的B股承销商和包销商。

4月26日　深圳市第一届人大第五次会议通过《深圳经济特区股份有限公司条例》和《深圳经济特区有限责任公司条例》，于5月2日由深圳市人大正式颁布，为理顺产权关系，加快公司化步伐提供了法律依据。

△　新加坡共和国总理吴作栋偕夫人一行，来深圳进行正式友好访问。

4月28日　澳大利亚昆士兰州州长威尼·浩斯先生偕夫人一行来深圳访问。

△　刚果外交部部长邦雅曼·本库一行来深圳访问。

△　深圳市留学生联谊会正式成立。

△　被列为国家火炬计划的高科技项目——深圳士达电子有限公司生产的自动

制版数码速印机在深圳通过投产鉴定。

4 月 29 日 在金田实业股份有限公司发行 B 股承销协议仪式上，深圳市市长厉有为就深圳市企业股份制改造答记者说：国有企业将逐步改造成合资企业和有限责任公司。

△ 《深圳市国家公务员管理办法》经市人民政府第五十一次常务会议审议通过，成为中国内地第一部公务员管理的地方规章。

4 月 30 日 全国政协副主席赛福鼎·艾则孜到深圳考察。

5 月 "人 a1 型基因工程干扰素"在深投产，它是卫生部批准生产的第一个基因工程药物，是我国高技术研究发展计划（"863"计划）生物领域第一个实现产业化的项目。

5 月 1 日 深圳市首次实行出口商品配额公开招标。全市 17 家有纺织配额的出口企业中，有 11 家企业参加了投标。

5 月 4 日 中共深圳市委举行常委扩大会议，宣布省委关于厉有为、李灏同志职务任免的通知："省委决定，并经中央组织部同意，厉有为同志任中共深圳市委书记，李灏同志不再担任中共深圳市委书记职务。"

5 月 5 日 经国务院批准，深圳机场对外开放，成为中国第一个海空联运的对外航空口岸。

△ 全国人大常委会副委员长王光英来深圳视察。

5 月 8 日 广东省高级人民法院对深圳工商银行等 3 家专业银行起诉深圳原野股份有限公司、香港润涛公司的抵押贷款纠纷案件①做出终审判决，宣布：撤销一审判决，深圳原野公司清偿贷款，润涛公司负连带责任。

△ 正在我国参观访问的津巴布韦共和国总统罗伯特·加布里埃尔·穆加贝一行 30 人，乘专机从北京来深圳参观访问。

---

① 1990 年 11 月 21 日，原野公司向宝安农行出具《借款抵押承诺书》，称：因其向宝安农行申请抵押贷款 500 万美元，承诺以润涛公司所有权项下之原野公司股票 40 万股作为该笔贷款的抵押，实际抵押手续在贷款审批后办理。同日，润涛公司也出具《抵押声明书》，声明其愿意以所持的原野公司 50 万股的股票，为原野公司向宝安农行借款 500 万美元作抵押。1991 年 12 月 14 日，因原野公司未按期还款，宝安农行向其发出《催收逾期贷款通知书》，要求原野公司务必于 1991 年 12 月 17 日前向银行重新落实贷款偿还本息计划。1992 年 6 月 23 日，宝安农行向法院起诉，请求判令原野公司偿付所欠 500 万美元贷款及应付利息，并偿付逾期罚息，承担本案诉讼费；以润涛公司没有向原野公司投资，非法窃取控股地位为由，请求判令润涛公司对原野公司的全部债务承担连带责任。1992 年 4 月 7 日，深圳人行发布公告，凡已向金融机构抵押的原野公司的产业和股票，有关金融机构不得以任何方式转让、转卖和转移。1992 年 6 月 20 日，深圳人行再次发布公告，指出润涛公司入资不实，非法窃取原野公司股东地位等问题。1992 年 7 月 7 日，原野公司上市股票被停牌停止交易。二审期间，深圳市人民政府以深府〔1993〕117 号文决定对原野公司进行重整。

5月10日　由深圳市体改办、市产权交易所和蓝天国际经济交流中心共同发起的企业产权转让与兼并交流会在深圳银湖旅游中心开幕。

5月11日　深圳证券交易所公布《A股零股①交易办法》及《A股认股权证交易清算办法》。

5月12日　深交所"重大信息披露系统"正式启用，本地、异地证券商可接收交易所的重大信息。

△　深圳市劳动局发出通知，公布1993年特区企业最低工资标准。

5月14日　深圳市先科激光公司成功开发出中国第一张自行编辑和制造的只读光盘《中国药典》。该光盘贮存了600多万汉字、1357幅高清晰度中药彩色图片和582幅西药红外光谱曲线图。

△　深圳市委书记、市长厉有为会见西藏自治区考察团，向考察团介绍了深圳特区建设和发展的情况。

5月16日　深圳首条国际航线——深圳至新加坡航线正式开通。②

5月16~17日　由全国总工会主持召开，来自印度、巴基斯坦、新加坡等14个国家的50多名工会领袖参加的"经济发展和工会工作亚洲研讨会"（第二阶段）在深圳举行。

5月19~20日　巴西前总统萨尔内夫妇访问深圳。

5月20日　深圳市邮电局局长许立勇在会上透露：今后深圳市邮电部门只对通信主体网和基本业务实施专营，对终端服务及非基本业务，在宏观调控和行业管理下逐步放开，鼓励社会各方参与经营竞争。

5月21日　应国家禁毒委员会的邀请，泰国警察总部缉毒局长考维德中将一行4人，在国家禁毒有关领导陪同下抵深访问，并与市公安局有关领导就双方关心的问题进行了交谈。

5月22日　厉有为在中共广东省委第七次代表大会上接受记者采访时说，深圳要发挥优势，再造优势，加快发展，迎接挑战，为广东省20年基本实现现代化多做贡献。

△　全国首家采用国内科研成果生产基因工程药物的产业化基地——科兴生物制品公司在深投产。

5月23日　文化部在深圳市召开会议，推广深圳图书馆"自动化集成系统"。

---

① 零股是股市用语，即不到一个成交单位（1手=100股）的股票，如1股、10股。在卖出股票时，可以以零股进行委托，但买进股票时不能以零股进行委托，最小单位是1手，即100股。

② 至1993年年底，深圳至泰国的航线也已开通，空港海关简化查验手续，开始向国际惯例靠拢。

5 月 24 日　国务院转换企业经营机制检查组一行 7 人，由国家经贸委企业司司长朱焘率领，抵达本市检查工作。

5 月 25 日　深圳市一届人大常委会第十六次会议通过了《深圳经济特区财产拍卖条例》和《深圳经济特区劳务工条例》，均自 1993 年 10 月 1 日起施行。

△　由厉有为、李海东率领的深圳市政府考察团和经济代表团抵达沈阳市，参加"93 沈阳香港经贸洽谈会"，在沈阳进行 4 天的学习考察和经济洽谈活动。

△　深圳百货广场奠基。

5 月 28 日　深圳市恢复已中断 5 年的土地拍卖重新开槌，再次拍卖两块土地。其中由香港岁宝集团深圳实业有限公司以 5014 亿港元投得的一块土地，每平方米地价达到 72929 元，楼面地价 8081076 元，为深圳乃至全国最高地价。

6 月　中国深圳远望城多媒体电脑有限公司成立，是当时国内最大的多媒体电脑公司。

6 月 1 日　深圳市政府颁布《关于企业取消干部、工人身份界限实行全员劳动合同制若干问题的意见》，这是深圳市深化企业劳动、人事制度改革的一项重大措施。4 日，市委、市政府召开全市取消企业人员中干部与工人身份界限、实行全员劳动合同制动员大会。

△　深圳市举行科学技术进步奖颁奖大会。

△　深圳、上海证券交易所联合编制发布"中华股价指数"。以 1992 年 1 月 4 日为基日，收盘指数为 100，以深、沪两地证交所所有上市股票为采样股，分别以"中华股价指数""中华 A 股指数""中华 B 股指数"同时向外界发布。

6 月 2 日　为适应市场经济发展的需要，打击黑市，解决外汇紧张等问题，经国家外汇管理局批准，深圳外汇调剂价格全面放开。

6 月 3 日　我国第一家向全国资金市场开放、试行资金公开买卖的融资中心在深成立。深圳融资中心主要代理发行和交易中国人民银行融资证券及其他有价证券，办理融资拆借和提供融资信息、咨询服务，受委托办理公开市场业务等。

6 月 5~8 日　中共中央政治局委员、广东省委书记谢非在深圳考察。谢非指出，深圳要继续深化改革、扩大开放，依靠高新技术产业加快发展，在两个文明建设中当好"排头兵"。

6 月 6 日　以常务副市长王众孚为团长的广东省经济贸易代表团深圳分团一行 39 人，前往德国参加在汉堡举办的广东省高新技术项目洽谈和产品展销会。

6 月 7 日　由亚洲太平洋经济合作组织（APEC）召开的"促进扩大中小企业出口"国际研讨会在深圳举行。会议主题是"APEC 区域中小企业的出口促进与发展、区域合作、人力资源开发及市场的发展等问题"。

△ 第一届国际合作（深圳）联谊会在深圳举行，来自20多个国家和地区的700多名深圳新老朋友欢聚一堂。

△ 市委书记、市长厉有为会见香港知名人士李嘉诚先生，双方就合作的有关问题坦诚交换了意见。

△ 为期4天的全国部分中心城市工业系统党建研讨会第四次会议在深圳召开。来自中组部党建研究所和北京、上海、天津等16个中心城市的企业代表130多人参加了研讨会。

△ 上海海通证券公司深圳营业部在深圳市落户，从而使深圳股民足不出户就可买到上海股票。上海股民也可通过电话购买深圳的股票。

6月9日 深圳大型工业企业改革试点情况交流会召开。在会上，厉有为强调，只要是符合"三个有利于"原则的改革，就要让企业大胆地试，大胆地改，大胆地干。同时指出，企业当前一个重要的问题，是建立一个高效的领导体系。

△ 经广东省军区党委研究决定，中共深圳市委书记、市长厉有为自本月起兼任中共深圳警备区党委第一书记。

△ 首届国际合作（深圳）联谊会在深圳隆重举行。

△ 首届深圳青年文学颁奖大会举行。李兰妮的散文集《一份缘》、黎珍宇的小说集《女子公寓》、林坚的小说集《别人的城市》等9名作家的作品获奖。

6月10~11日 深圳市委、市人大、市政府、市纪委领导成员举行学习会，深入学习广东省第七次党代会精神，决心以实际行动为广东20年基本实现现代化做出更大的贡献。

6月12日 深圳市政府召开常务会议，采取切实措施，遏制当前的物价上涨势头，保持全年物价总水平相对稳定。

△ 《深圳特区报》载：深圳市有史以来最大的投资项目——深圳东部电厂项目通过初步可行性研究报告。

6月14日 深圳市首家技术经纪行正式获得营业执照。

6月14~16日 由美国麦·布郎·波莱特律师事务所及它所代表的8家大公司共同组成的美国投资洽谈团在深圳举行投资洽谈会。这是首次包括金融业、房地产业、高科技及建材行业在内的综合型、高层次的国外投资团体来中国举办投资洽谈会。

6月15日 旨在为企业提供ISO9000系列标准认证服务的深圳质量认证中心成立。

△ 中国内地第一个具有国际先进水平的大型液化石油气低温常压储存工程——深圳市液化石油气低温常压储存工程举行项目签字仪式。

6 月 16 日 深圳因暴雨造成"6·16"水灾。据不完全统计，全市受淹工厂、商店 3573 间，死亡 6 人，陆、空交通严重受阻，直接经济损失 7 亿元。

6 月 18 日 深圳市政府举行常务会议，讨论《深圳市宝安区、龙岗区规划、国土管理暂行办法》和《深圳市房地产管理办法（送审稿）》。会议对《深圳市宝安区、龙岗区规划、国土管理暂行办法》做了原则通过，《深圳市房地产管理办法》将再做进一步研究修改。

6 月 19 日 深圳市政府决定：土地使用权有偿有期转让一律实行招标竞投。

△ "股份制企业员工思想政治工作研讨会"在深圳市举行。

△ 经国务院批准，深圳市人才服务中心获得技术劳务输出审批权，这是国内首家获得该权利的机构。

6 月 20 ~ 22 日 马来西亚总理达图·斯里·马哈蒂尔·宾·穆罕默德偕夫人访问深圳。

△ 国际著名金融专家、德意志联邦银行行长施莱辛格来深圳访问，施莱辛格此行是应邀专程来深圳了解经济和金融改革情况的。

6 月 22 日 深圳监造的第一艘出口船"鸿明号"下水。

6 月 23 日 中共深圳市委工作会议在深圳会堂召开。会议主题是：贯彻落实省第七次党代会精神，研究和部署深圳市如何抓住机遇，发挥优势、再造优势，加快发展的具体措施。市委书记厉有为在会上做了题为《发挥优势、再造优势，努力把深圳建成多功能、现代化的国际性城市》的报告。

6 月 24 日 中国证券市场 B 股国际研讨会在深圳举行。

6 月 25 日 以科技成果交易为龙头，包括交易、中介、评估、信息服务等机构组成的综合配套技术市场体系正式形成。这标志着深圳技术市场进入了新的发展阶段。

△ 深圳市人民政府第五十六次常务会议通过《深圳经济特区房屋租赁条例实施细则》。

6 月 26 日 全国首家无形资产评估事务所在深开业。

6 月 27 日 深圳市交通大动脉——深南大道全线开通。

△ 厉有为会见日本第建集团会长、深圳市城管顾问丸桥博行和京都大学名誉教授胜田吉太郎一行。丸桥博行一行是应市政府邀请，来参加第四届"深圳城管国际学术研讨会"和深圳市第六届荔枝节活动的。

6月28日 全国第一个物业管理行业协会——深圳市物业管理协会①成立。

6月28日~7月8日 深圳市举办第六届荔枝节。主体活动由投资洽谈会、技术交易会和商品展销会组成。达成经济技术合作项目482项，合作金额人民币10.35亿元、美元7675万元、港币7150万元，贸易合同2.03亿元，商品零售额500万元。

6月29日~7月1日 珠江三角洲地区发展高新技术产业座谈会在深圳银湖旅游中心召开。会议集中研究珠江三角洲地区如何加快发展高新技术产业，带动全省经济上新台阶的问题。

6月30日 深圳市牧业管理协会成立。

△ 《深圳特区报》载：市政府颁布《深圳市企业奖励技术开发人员暂行办法》和《深圳市企业技术开发经费提取和使用暂行办法》。

△ 深圳市"七一"表彰大会在深圳电视台演播厅举行。

7月 深圳桑夏计算机与人工智能开发公司生产了世界上第一台人工智能全句翻译电子词典——快译通EC863A，它突破同类产品只能翻译单词的功能，首次实现了句子翻译。

△ 国务院副总理李岚清就深圳港务管理局《关于制约港口发展若干问题的调查报告》做出的重要批示：建议国家体改委组织一个专题改革小组到深圳调研，先在深圳做港口体制改革试点，待改革取得经验后再推广。

7月3日 市委、市政府召开文明市民座谈会，认真倾听文明市民的工作汇报和对深圳市工作的建议、意见，共同商讨深圳市两个文明建设大计。

7月4日 国家体改委经济与科技体制配套改革观察试验项目——深圳天极光电技术实业股份有限公司正式创立。

7月5日 厉有为会见了深圳市经济顾问、日本著名经济学家小林实先生和日本邮船公司专务董事河村健太郎先生一行，就深圳的港口发展和运输情况进行了探讨。

△ 深圳市有线电视总体规划和总体技术方案通过国家和省级专家论证。

7月6日 全国有线电视技术专家研讨会在深圳市召开。

7月7日 全国人大常委会副委员长王光英来深圳考察。

7月8日 全国计划单列市第九次政协工作协作会议在深圳市政协礼堂举行。

---

① 该协会是深圳市物业服务行业的自律性组织，其宗旨是：遵守国家宪法、法规，以经济建设为中心，坚持四项基本原则，适应社会主义市场经济体制的要求，不断推进物业管理健康、稳定、协调、持续发展。

△ 投资 9 亿元人民币、占地 20 万平方米的宝威摩托车工业城在宝安区沙井镇动工兴建。

7 月 10 日 深圳证券交易所公布《深圳市证券经营机构自营业务管理办法》，明确所谓"自营业务"是指证券商自行买卖在深交所挂牌交易的股票、认股权证、可转换债券和其他派生证券。

7 月 11 日 应美国休斯敦市市长兰尼尔的邀请，以厉有为市长为团长的友好访问团一行 6 人离深前往美国访问。访问期间，访问团参加了休斯敦举办的国际经济与贸易发展研讨会。

7 月 14 日 深圳市政府颁布《深圳市宝安、龙岗区规划国土管理暂行办法》。

7 月 15 日 以打击骗取出口退税犯罪活动为目的的税检联合办公室在深圳成立。

7 月 18 日 全国最大的空调器生产基地——深圳蓝波空调城全面投入生产。

7 月 19 日 由美籍华人、亚洲商联副总裁胡幼钧先生投资创办的科美医疗技术交流（深圳）有限公司成立，成为深圳市第一家外资独资医疗机构。

7 月 20 日 深圳律师制度做出重大改革，走自收自支、自负盈亏、自我发展、自我约束之路。

△ 深圳市市长、深圳赴美友好招商团团长厉有为一行，在洛杉矶会见了美国前国务卿基辛格，全国人大常委会财经常务副主任、代表团顾问李灏，中国驻洛杉矶代总领事张国强参加了会见。

7 月 22 日 为规范证券商自营买卖行为，充分发挥证券交易所自律管理职能，深圳证券交易所公布实施《深圳证券交易所证券商自营管理条例》。

△ 由广东省委副书记、省长朱森林，省委副书记黄华华和深圳市委副书记、常务副市长王众孚率领的省市"八一"拥优慰问团，在广州军区司令员李希林中将陪同下，慰问在特区的驻军部队。

7 月 23 日 香港过境货车司机在港方文锦渡罢驶，抗议深港双方口岸验放慢，历时 30 小时。

7 月 24 日 《深圳经济特区严厉打击生产、销售假冒伪劣商品违法行为条例》、《深圳经济特区房地产转让条例》和《关于加快深圳市"菜篮子工程"建设的决议》经深圳市第一届人民代表大会常务委员会第十七次会议通过。

7 月 25 日 中国首届上市公司信息披露研讨会在深圳举行。

7 月 27 日 为贯彻中央文件和全国金融工作会议精神，按照市委市政府的部署和各总行的具体要求，深圳市金融系统举行全市金融工作会议。张鸿义副市长做了题为《整顿金融秩序，深化金融改革，发展金融事业，服务特区建设》的讲话。

7月28日 深圳内联企业转换经营机制理论研讨会举行。

△ 深圳市社会治安综合治理学会正式成立。

△ 深圳市"八五"期间重点建设项目雅苑立交系统工程全面通车，整个系统共有3层，22座大型梁式桥和5座通道桥。

7月30日 深圳市与波兰波兹南市建立友好城市关系仪式在波兹南市政大厅举行。深圳市市长厉有为和波兹南市市长沃切赫·卡奇马莱克代表双方在协议书上签字。

8月1日 深圳市十大建筑之一——深圳体育场正式落成。

8月4日 为配合近期在全省范围内开展的严打斗争，深圳市社会治安综合治理委员会召集全体成员，研讨强化深圳市社会治安综合治理的对策和措施。针对当前深圳市外来人员违法犯罪现象突出，社会治安形势严峻的情况，市委常委、政法委书记、公安局局长梁达均做了《强化社会治安综合治理的对策和措施》的报告。

8月5日 深圳市清水河仓储区危险品发生重大爆炸火灾事故，造成15人死亡，141人受伤，直接经济损失达2.5亿元，是深圳建市以来最严重的一次事故。①

8月7日 《深圳证券交易所B股对敲交易②暂行办法》经市证券监管办公室批准生效，从8月10日起实行。

8月9~13日 《深圳特区报》载：在"8·5"重大爆炸事故中牺牲的王九明、杨水桐、曾志德同志，分别被公安部和广东省人民政府追授为全国公安战线一级英模和革命烈士，李鹏总理签署命令，追授王九明、杨水桐为二级警监，公安部部长陶驷驹签署命令，追授曾志德为三级警督。

8月14日 深圳市政府召开常务会议，为贯彻市人大常委会通过的《深圳经济特区有限责任公司条例》，市政府制定该条例的实施细则。

---

① 8月6日凌晨5点多钟，大火被扑灭。上午10点左右，国务院副总理邹家华等专程飞抵深圳，代表江泽民主席、李鹏总理，代表党中央、国务院向参加抢险灭火工作的所有同志和死难者家属表示慰问，对死难者表示哀悼。深圳市委书记李灏、市长厉有为结束对美国、波兰的访问，取消在香港的访问计划，提前返抵深圳，在文锦渡海关贵宾厅，听取抢险灭火总指挥王众孚的汇报。8月8日，国家劳动部、公安部等部门的专家组成事故调查组，飞抵深圳展开工作。经全面调查，确定事故的性质为"一起严重的责任事故"。调查结果认为：干杂仓库被违章改作化学危险品仓库及仓库内化学危险品存放严重违章是造成"8·5"特大爆炸火灾事故的主要原因。干杂仓库4号仓内违章混存的氧化剂与还原剂接触，发生燃烧，是导致"8·5"特大爆炸火灾事故的直接原因。

② 对敲交易是指定的买方和指定的卖方以议价的方式，对相同的证券，以相同的价格和数量，经证券商撮合而产生的交易。对敲交易一般用于B股大宗的买卖委托。运用对敲交易，大宗买卖能以同一价格成交，这符合买卖双方的利益。同时，以对敲交易来处理大宗买卖，可以减小市场的价格波动。除此以外，对敲交易对于减少交收的对手方、简化清算程序、防范交收风险等均能起较大的作用。

8 月 16 日 深圳市安全生产委员会召开会议，强调要认真汲取"8·5"爆炸事故血的教训。会议决定在全市开展安全生产大检查自查的基础上，市里进行重点抽查，严查隐患，坚决整改。

△ 中国国际信托投资公司（CITIC）300 亿欧洲日元债券发行签字仪式在深圳举行。

8 月 17 日 厉有为市长签署市人民政府第 12 号令，发布《深圳经济特区国有企业改组为股份有限公司或有限责任公司办法》。该办法自发布之日起施行。

8 月 18 日 加拿大宏利人寿保险有限公司深圳代表处成立，成为在深圳设立的第一家外国保险公司的代表机构。

8 月 19 日 为整顿金融秩序，稳定外汇市场价格，旨在坚决查处、打击各种违反外汇管理行为的外汇大检查在深圳市全面展开。

△ 清水河"8·5"爆炸现场清理完毕，整个清水河地区基本上恢复了正常的生产和生活秩序。

8 月 20 日 总容量为 180 万千瓦的妈湾电厂第一台 30 万千瓦汽轮发电机组首次并网发电成功。

△ 深圳信诺电讯股份有限公司组装成功 HJD – 04 型万门程控交换机，标志着深圳市通信工业已达到国内先进水平。

△ 渣打证券有限公司、法国里昂证券有限公司、高城证券有限公司、新鸿基投资服务有限公司和柏毅证券有限公司的代表，首次以深交所 B 股特别席位经销商的身份，进入深交所交易大厅直接为客户买卖股票。

8 月 21 日 《深圳经济特区房屋租赁条例细则》颁布。

8 月 22 日 全国政协副主席叶选平视察深圳市政协，对市政协的工作做了充分的肯定。

8 月 24 日 深圳市政协召开第十六次常委会，集中评议《市政府工作报告》的落实情况，这是市政协参政议政的一次新尝试。

△ 第六届珠江三角洲名优新产品交易会上，深圳交易团成交额达 7.7 亿元，占全部成交额的 51.8% 。

8 月 27 日 中共深圳市委邀请在深各民主党派负责人座谈，通报市委近期关于开展反腐败斗争的部署，并征求他们的意见和建议。

8 月 30 日 厉有为会见并宴请了泰国总理川·立派一行，双方就加强经济合作等问题进行了友好的交谈。

8 月 31 日 位于龙岗区大亚湾畔的广东大亚湾核电站一号机组并网发电成功。

9月 深圳市按照社会主义市场经济的要求,在全国率先成立了深圳市国有资产管理委员会,并于1993年10月成立市属企业国有资产管理办公室。①

△ 新一代微电子技术的3C/SMA电子计算机在深圳航空电脑公司诞生,只需改换模块就能使电脑升级,是我国首台模块化可升级电脑。

△ 深圳邮件自动化处理系统全面开通。

9月1日 《深圳经济特区严厉打击生产、销售假冒伪劣商品违法行为条例》正式实施。

9月1~3日 以日本筑波市副市长稻叶胜行为团长的日本筑波市政府代表团来深圳市访问,探讨缔结友好城市事宜。

9月2日 深圳市属国有企业分类定级方案正式出台。9月3日,深圳市政府常务会议通过《深圳市属国有企业分类定级实施方案》。深圳市企业转换经营机制实施两项重大改革:企业职工打破干部、工人界限,统称"企业员工";取消市属国有企业行政级别,按规模分成3类,以效益定为9级。

△ 南山区筹建的南山画院举行建院典礼,南山画院正式成立。

△ 厉有为会见应邀来访的美籍华人、美国耶鲁大学终身教授赵浩先生一行,双方就深圳投资、发展前景等问题交换了意见。

9月3日 首家中外合资银行——华商银行在深圳开业。

9月6日 厉有为市长签署市人民政府第13号令,发布《〈深圳经济特区有限责任公司条例〉实施细则》。该细则对公司的设立,对股东责任、权利和义务等做了明确的规定,于发布之日起施行。

△ 由香港贸易发展局主办的深圳首届国际时装及饰品展览会,在深圳国际展览中心开幕。

△ 《深圳特区报》载:停牌一年多的深圳原野实业股份有限公司,经过5个多月整顿,易名为"深圳世纪星源集团股份有限公司",复牌有望。

△ 深圳市首家税务代理机构——义达税务代理公司开始运作。这是深圳市按国际惯例改革税收征管体制,试行税收代理制的成果。

△ 广东省城市绿化达标考核验收组宣布,深圳市绿化达标验收合格。

---

① 形成了"市国有资产管理委员会—市投资管理公司—企业"3个层次的国有资产管理新体制,为实现政府所有权职能与经营职能分开创造了条件。为解决国有资产家底不清、管理混乱、闲置浪费和被侵占、流失等问题,市国有资产管理办公室结合清产核资和产权登记等工作,对企业占有使用的资金、资产、长期投资及其权益、有价证券、债权债务等价值总量进行了全面的清查、界定和评估,从而保证了以产权关系清晰、责任明确来防止国有资产流失和保证国有资产的增值,为优化产业结构和资源配置,提高国有资产的营运效益创造了条件。

9 月 7 日　深圳市 1993 年税收财务物价大检查动员会决定：根据国家宏观调控的总体要求，深圳市自 9 月起正式开展 1993 年税收财务物价大检查。

△　《深圳商报》载："实惠家乐"商场率先实行分期付款购物，把现代零售商运作方式引入了特区。

9 月 9 日　深圳市召开社会治安综合治理工作会议。

9 月 10 日　深圳市一届人大常委会第十八次会议通过了《深圳经济特区文化市场管理条例》。该条例自 1993 年 12 月 1 日起施行。

9 月 11 日　《深圳特区报》载：从 8 月 5 日开始，深圳市首次开展的境外人员在深就业大检查结束。目前在深工作的境外人员超过 1 万人，其中 4000 多人办理了就业证。

9 月 12 ~ 16 日　深圳在加拿大温哥华举办 "93 深圳经济特区出口商品贸易洽谈会"，成交金额为 5900 余万美元。

9 月 13 日　深圳高等职业技术学院举行首届新生开学典礼。该院是深圳市继深圳大学、深圳教育学院之后创办的又一所全日制高等学院。

9 月 15 日　深圳货运中心与日本山九株式会社共同投资 1.5 亿港元，在福田保税区兴办 "深圳深九国际物流有限公司" 合同签字仪式在深圳举行。

△　厉有为会见了由美国产业发展委员会第一副主席弗兰克·罗宾逊先生带领的 15 家大型企业高级管理人员访深团一行。

9 月 17 日　经民航总局批准，深圳航空公司正式投入运行，首航航线是深圳至北京、厦门，随后陆续开通深圳至上海、梅州、烟台、郑州、成都等 11 条航线。

△　深圳十佳产品展示会在北京举行。

9 月 18 日　深圳市政府讨论并原则通过《深圳经济特区建设工程施工招标投标条例（草案）》、《深圳经济特区消费者权益保护条例（草案）》和《深圳市退伍义务兵安置办法》。

9 月 20 日　深圳驻港经贸代表机构——深业集团有限公司成立 10 周年。

9 月 22 日　中共深圳市委常委扩大会议在深圳会堂开幕。会议的中心议题是：学习贯彻中央和省委关于开展反腐败斗争的指示精神，结合深圳实际，动员和部署深圳市反腐败工作。市委书记厉有为做了题为《积极行动起来，把深圳市反腐败斗争抓好抓出成效》的讲话，提出了深圳市贯彻落实江泽民总书记讲话和省委常委扩大会议精神的 4 点意见。

9 月 26 日　受台风影响，深圳市区普降暴雨和大暴雨，造成严重水灾。全市受灾人口 13.1 万人，被洪水围困 21 万人，紧急转移 1.3 万人，死亡 11 人，直接经济损失达 4 亿多元。厉有为和市委副书记林祖基等深夜前往"三防"指挥部了解灾情，在现场指挥抗洪抢险的救灾工作。

9 月 26～27 日 尼泊尔国王和王后一行来深圳访问。

9 月 27 日 加拿大前总理马尔罗尼和加拿大电力公司董事长保尔·德马雷一行访问深圳。

9 月 28 日 中国第一家野生动物园——深圳市野生动物园正式开业。1000 多位来宾参加了庆祝活动。深圳市野生动物园由市旅游总公司投资 1 亿元兴建，占地面积 120 多万平方米，拥有珍禽名兽 150 多种。

9 月 30 日 中国宝安集团股份有限公司宣布持有上海延中实业股份有限公司发行在外普通股超过 5%，中国内地发生首起通过二级股票市场进行控股的"宝延风波"，由此拉开了中国上市公司收购上市公司的序幕。

10 月 为进一步贯彻中纪委二次全会精神，把取得反腐败斗争的阶段性明显成果与建立长期的反腐败斗争的检查、监督机制结合起来，深圳市委、市政府批转了市纪委、市委组织部、市人事局、市监察局《关于在全市开展落实反腐保廉工作责任制情况大检查的意见》。

10 月 1 日 《深圳经济特区财产拍卖条例》颁布。这是中国第一部拍卖法规，使深圳市拍卖活动走上了法制化的轨道；要素市场进一步发育并向规范化、法制化迈进；人才市场发展迅速；科技市场向全国延伸。

△ 新加坡航空公司正式开通新加坡至深圳全货运班机，成为深圳机场国际货运班机中第一家全货运航班。

10 月 2 日 《深圳特区报》载：深圳动工兴建全国最大的农产品拍卖批发市场——福田农产品批发市场。

10 月 5 日 深圳特区建立以来最大的合资项目——盐田国际集装箱码头合资合同签字仪式在北京举行，决定在深组建和记黄埔盐田港投资有限公司，注册资本 12 亿港元，总投资超过 50 亿元人民币。

△ 《深圳特区报》载：深圳市已建成 17 个一、二类口岸。

△ 在全国人才市场首届人才技术交流大会上，深圳夺得"最佳布展奖"（第一名）和"最佳效益奖"（第一名）及优秀代表团奖。深圳招聘团共接待求职者 5.02 万人次，达成意向比例为 45%，初步决定试用 317 人。

10 月 6 日 由市社会福利有奖募捐委员会主办，试点发行的首期"深圳市自选数码福利奖券"开奖。

△ 中国第一家生产镀膜导电玻璃的深圳莱宝真空技术有限公司开业。

10 月 7～11 日 "中国大中型企业对外经济技术合作洽谈会"在深圳华侨城举行。国务院副总理邹家华、全国政协副主席王兆国、钱伟长、霍英东出席，全国 19 个省市 25 个代表团参加了洽谈会，签订合同、协议和意向 155 项，投资总额 129.26 亿美元，其中外资 86.74 亿美元。

10 月 8 日 深圳市市长厉有为会见多米尼加联邦总统克拉伦斯·塞缪雷特一行，双方就经贸合作等问题进行了交谈。

△ 深圳（国际）环境艺术进修学院成立。这是深圳市第一所民办的非学历成人教育进修学院。

10 月 9 日 深圳市第四届运动会开幕式在深圳市体育馆举行。

△ 厉有为市长签署市人民政府第 15 号令，发布《深圳经济特区企业集团暂行规定》。该规定对企业集团的组建、核心企业与其他企业的关系、财务与会计、终止与清算等事项做了明确的规定。

10 月 11 日 深圳市市长厉有为会见来访的赞比亚共和国奇卢巴总统夫妇一行 39 人，双方就经济发展等问题进行了交谈。

10 月 11～12 日 国务院副总理邹家华在深圳考察中康玻璃有限公司并召开中康公司现场会，同时视察了康佳电子股份有限公司、通广北电有限公司、信诺电信股份有限公司等。

10 月 13 日 深圳市领导厉有为、朱悦宁会见了香港中华电力公司董事长高登爵士和埃克森能源公司执行董事李瑞德。双方就合作办电等问题进行了友好交谈。

10 月 15 日 中共中央政治局委员、全国人大常委会副委员长田纪云代表党中央、国务院、全国人大常委会来深圳看望在深圳疗养的老同志习仲勋。

10 月 18 日 中共中央政治局委员、全国人人常委会副委员长田纪云听取市人大常委会的立法工作汇报。

10 月 20 日 经中央外宣办和国家新闻出版总署批准，深圳市新闻出版中心与香港星岛报业集团合办的《深港经济时报》正式签订协议。这是中华人民共和国成立以来内地与境外传媒合办的第一份报纸。

10 月 21 日 为期 5 天的第二届深圳国际机械及原料展览会在深圳国际展览中心开幕。

△ 深圳宝安区沙井镇蚝二村村民用一张白纸直选村干部，开创了中国农村村民自治的先河。

10 月 22 日 中国证监会就宝延事件公布处理意见，肯定深圳宝安集团上海公司购入延中公司股票是市场行为，持股有效。同时对宝安公司在购入延中股票过程中若干违规行为（信息披露不及时）处以 100 万元罚款。由此深圳宝安集团通过二级市场购买延中股票达 19.8%，而成为公司第一大股东，开辟了中国证券市场收购与兼并的先河，成为中国证券市场首例通过二级市场收购达到成功控制一家上市公司的案例。

10 月 28 日　国内首次优秀文稿公开竞价活动落槌，第一次把市场竞争机制引入精神产品生产领域。11 部作品各得其主，报告文学《深圳传奇》以 88 万元成交。

△　深圳市第一家合作制律师事务所——信达律师事务所成立。

10 月 30 日　深圳市政府召开常务会议，会上原则通过《深圳经济特区工伤保险条例（草案）》和《深圳经济特区集贸市场管理条例（草案）》，并提请市人大常委会审议。

△　中共深圳市委办公厅发出通知，要求进一步提高对反腐败斗争重要性和紧迫性的认识，认真落实各项反腐倡廉工作。

△　《深圳经济特区企业集团暂行规定》正式发布实施。

11 月 1 日　英国前首相希思到深圳访问。

11 月 3 日　深圳市文学艺术界联合会第四次代表大会开幕。

11 月 6 日　《深圳特区报》全文转载邓小平 1992 年 1 月 18 日至 2 月 21 日《在武昌、深圳、珠海、上海等地的谈话要点》，并刊登邓小平视察深圳时的两幅照片。

11 月 7 日　深圳市市长厉有为签署市人民政府第 17 号令，发布《深圳经济特区典当规定》，该规定自发布之日起施行。

11 月 8 日　苏三山股价异动，深交所及时举行新闻发布会，就该事件做出声明，并忠告投资者对自身投资行为做出慎重决策。

△　广东省城市教育改革座谈会在深圳市召开。

△　深圳市市长厉有为与部分在深圳投资的台商座谈，听取他们对改善深圳市投资环境的意见和建议。

11 月 9 日　深圳市政府颁布《深圳市房地产管理若干规定》。

△　国务院副总理邹家华在深圳视察。邹家华强调党员干部当前一定要认真学好《邓小平文选》第 3 卷，用建设有中国特色的社会主义理论来统一认识，指导我们的发展。

11 月 10 日　深圳市一届人大常委会第十九次会议通过《深圳市人民代表大会常务委员会关于打击公职人员携款潜逃的决定》和《深圳经济特区建设工程施工招标投标条例》。该决定自发布之日起施行，条例自 1994 年 1 月 1 日起施行。

△ 深圳市国有资产管理委员会正式开始运作，相继成立了市属企业国有资产管理办公室，作为该委员会的常设办事机构。

11 月 11 日 文化部表彰全国 30 个先进集体和 100 个文明娱乐厅，深圳市文化局文化市场管理处被授予"全国文化市场管理先进集体"称号，深圳沙都歌舞厅被授予"全国文明娱乐厅"称号。

11 月 12 日 《深圳特区报》载：经国家教委和省高教局批准，深圳大学秋季开始与英国兰开夏中央大学、美国西雅图艾德蒙学院联合办学，实行双校园、跨国度教育。

11 月 13 日 为确立社会医疗机构法律地位，同时规范其执业条件和医务活动而草拟的《深圳经济特区社会医疗机构管理条例（草案）》，获市政府常务会议原则通过，并提请市人大常委会审议。

11 月 14 日 美国前总统乔治·布什访深。

11 月 15 日 深圳东部的大动脉——盐田国际中转大港的疏港铁路正式建成通车。

△ 中共深圳市委召开常务（扩大）会议，学习座谈中共十四届三中全会公报和《人民日报》社论。

10 月 16 日 《深圳特区报》载：孙逸仙心血管医院完成一例国内外罕见的巨大心脏手术。这表明深圳市心脏外科手术已达到国际先进水平。

11 月 17 日 深圳市将对规划国土管理体制进行重大改革。其目标是改变目前规划国土分级割据管理的状况，建立集中统一的城市规划和国土一体化垄断经营管理的体系。这项改革方案已经市有关部门批准，拟于 1993 年正式实施，相应的机构调整将在年底完成。

11 月 19 日 深圳市龙岗区葵涌一港商经营的致丽工艺厂发生特大火灾。由于厂房门窗紧闭，通道受阻，正在作业的员工逃生无门，造成死亡 84 人，重伤 20 人，轻伤 25 人，直接经济损失 260 多万元。

△ 深圳大学艾德蒙学院正式开学。

11 月 21 日 《深圳特区报》载：特区农副产品交易将由原来的对手交易方式，改为拍卖方式。

11 月 21～23 日 安哥拉人民共和国人民议会议长范迪嫩一行访问深圳。

11 月 22 日 深圳市委召开学习贯彻党的十四届三中全会通过的《中共中央关于建立社会主义市场经济体制若干问题的决定》的动员大会。厉有为传达了党的十四届三中全会的精神，并就联系实际学习贯彻该决定，推动深圳快速健康发展提出了要求。

11 月 22～23 日 全国人大常委会副委员长布赫视察深圳。

11月23日 深圳市大型企业改革试点领导小组召集八大试点企业负责人，就进一步深化改革、落实改革措施等问题进行了部署。

△ 第二届世界华商大会考察团访问深圳。

11月27日 由卫生部政策与管理研究专家委员会组织的"全国社会医疗保障制度研讨会"在深圳举行，研讨城镇各类人群医疗保障改革方案。

△ 深圳大亚湾核电站一号机组首次满负荷试运行。28日，李鹏总理致电祝贺。

11月29日 一九九三年深圳中国金融制度创新高层次研讨会在深圳举行。会议中心议题是：中国金融创新的制度特征、金融制度创新与宏观调控、中国金融体制发展方向及金融经营主体的激励机制与模式。

△ 深圳市市场经济法制研究会①成立。

11月29～30日 乌拉圭东岸共和国总统路易斯·阿尔韦托·拉卡列访问深圳。

11月30日 深圳妈湾发电厂第一台30万千瓦机组投入商业运行，一号机组移交生产签字仪式举行。妈湾发电厂是深圳市政府为了从根本上解决深圳特区电力短缺而集资兴建的特区内第一座大型电厂。

12月 中国第一个境外最大的旅游投资项目——美国"锦绣中华"开幕。

12月1日 由国务院特区办和海关总署联合主办的"经济特区保税生产资料市场工作座谈会"在深圳举行。深圳、厦门、汕头、珠海、海南等5个经济特区的政府部门负责人和海关、保税市场的代表参加了会议。

12月2日 全国首家破产审判庭在深圳市中级人民法院成立，同时还成立了刑事审判庭。

12月3日 深圳市委召开常委（扩大）会议，专题讨论贯彻落实《中国教育改革和发展纲要》的意见，决定通过加强领导，增加投入等各项措施，加快深圳教育改革的步伐和发展的步伐，号召全社会重视教育，各部门都要支持教育。

12月4日 深圳市人民政府、深圳市能源总公司和合和实业有限公司、亚洲电力（东部电厂）有限公司，合作兴建和经营深圳东部火力发电厂4×66万千瓦燃煤机组的意向书签字。

△ 深圳第一个引进外资的公路建设项目——梅林至观澜高速公路，签订引进外资合约。

△ 1300多名东江纵队老战士在东江纵队成立的地点——龙岗区坪山镇，庆祝

---

① 该研究会成立的宗旨是联合深圳市法制工作者和经济工作者及其他社会科学工作者，共同探讨社会主义市场经济法制建设的理论与实际问题，为深圳市的法制建设服务，为保障社会主义市场经济体制的建立与完善，促进改革开放和现代化建设事业的发展做出贡献。

东江纵队成立 50 周年。

12 月 4~5 日 古巴全国人大主席阿拉尔孔访问深圳。

12 月 7 日 1993 年中国国际私法年会在深圳溪冲法官培训中心举行。

12 月 9~11 日 以罗马尼亚众议院议长讷斯塔塞为团长的罗马尼亚议会代表团访问深圳。

12 月 10 日 深圳市副市长朱悦宁会见了美国亚洲贸易联系会副总裁亨特·约翰斯顿先生一行，双方就如何加强经贸合作进行了探讨。

12 月 12 日 广东省"八五"规划机电一体化招标项目——塞曼双频激光精密测量系统由深圳大学精密食品系研制成功并通过省级技术鉴定。鉴定委员会专家们一致认为，该项目的主要技术指标均达到国内外先进水平。

12 月 13 日 经国务院学位委员会通过，深圳大学文化研究所所长胡经之教授，成为深大首位博士生导师。

12 月 17 日 深圳市玩具行业协会宣告成立。经过十几年发展，深圳市玩具行业成为广东省最大的玩具产地，全国重要的玩具生产、出口基地。

12 月 18 日 深圳市委常委会议原则通过深圳市工业、商贸、旅游 3 个行业发展总体规则，为深圳迈向国际性城市制定出具体步骤。

△ 深圳首家由会员单位共同投资兴办的规范化交易市场——深圳金属交易市场试业成功。

12 月 21 日 为纪念毛泽东同志诞辰 100 周年，深圳市社会科学理论界举行"毛泽东思想的继承与发展"座谈会。

12 月 23 日 深圳特区报报社新址奠基，新址将建成一栋 35 层的新闻综合大楼，占地近 3 万平方米，规划建筑面积 11.8 万平方米，预计总投资 3 亿元人民币。

12 月 24 日 深圳颁布《深圳经济特区计量条例》，这是全国第一部地方性计量法规。

12 月 28 日 广深高速公路深圳段通车。

△ 深圳期货联合交易所正式投入运营。[①]

12 月 29 日 深圳证券交易所颁布《深圳证券交易所上市公司信息披露管理暂行规定》。

12 月 30 日 深圳盐田港疏港公路——惠盐高速公路全线贯通。

---

① 新成立的期交所以企业投资联办的企业法人形式组建，并逐步向全体会员投资的形式过渡。它与深圳有色金属交易所（SME）实行"两块牌子，一套人马，分开核算"的运行和管理方式，开展农产品、能源产品的期货交易，并准备在条件成熟时，推出其他商品和金融工具的期货及期权交易。

1994 年

1 月 深圳市政府高级顾问会议召开，就深圳如何完善一、二线管理，落实特区关税政策，建成大保税区的方案——《关于完善深圳经济特区一线管理，进一步扩大开放的初步方案（征求意见稿）》展开讨论，提出完善、修改意见，为早日实现大保税区政策创造条件。

△ 深圳市委、市政府以1号文件的形式，联合颁布《关于贯彻落实〈中国教育改革和发展纲要〉的意见》。

1 月 1 日 厉有为、王众孚、林祖基等市领导，先后到市体育路、福田区南园派出所、泥岗立交桥等，慰问了节日坚持工作的环卫工人、公安干警及施工人员。

1 月 3 日 深圳金属材料交易市场成交线材和螺纹钢8860吨，总金额达3100多万元。这标志着深圳市黑色金属远期合约试运作获得成功。

1 月 6 日 深圳市邮电局向新闻界宣布：已动工4个月的深圳数字数据传输网基本竣工，即将为社会提供服务。该网首期工程有67个网络节点、一个网管中心，装机容量可达4000多个用户端口，覆盖全市5个行政区，是目前全国规模最大的数字数据传输网。

1 月 7 日 全国台联四届四次理事会在深圳市召开。会上，全国台联理事会会长张克辉做了《全国台联1993年工作和今年工作要点》的报告。

1 月 8 日 深圳儿童科学乐园动工，该乐园由市儿童福利中会筹建，占地3万多平方米，包括儿童博物馆、智力玩具博物馆、科学展示厅廊等科学宫，还有康乐宫、自然园、水晶宫和未来世界等。

1 月 8~22 日 原国家主席杨尚昆视察深圳。

1 月 9 日 深圳市经发局统计数字表明，1993 年深圳工业走规模经济之路，有 14 种产品出口，居全国第一位。

△ 深圳市青少年革命传统教育基地和市青少年度假营正式开营。基地坐落于大鹏湾畔，占地近 7 万平方米。

1 月 11 ~ 13 日 中共深圳市委工作会议召开。会议由 8 位市领导同志经过反复调查研究后，形成专题，分别在大会发言，深圳市委书记、市长厉有为就 1994 年工作部署做了总结讲话。市委副书记林祖基对深圳市社会主义精神文明建设和党的建设做了部署。市委副书记、常务副市长王众孚在部署今年经济社会发展计划时强调：为了实现把深圳建成国际性城市和率先建立社会主义市场经济体制的目标，要紧紧把握改革和发展两大主题，并阐述了经济工作的 5 个新思路。市委常委、副市长李容根指出：今年将以提高深圳人的整体素质为基本目标，加大教、卫、文、体工作的改革力度。市委常委、市纪委书记莫华枢表示：今年要深入开展反腐败斗争。市委常委、市公安局局长何景焕发言说：今年深圳市公安工作的中心内容是，从严打击、从严管理、从严治警。副市长李广镇说：推进商贸、旅游企业制度改革，是今年的重点工作之一。张鸿义副市长发言指出深圳市财税体制和金融体制改革要点，强调要把握机遇，再跃台阶。李传芳副市长发言说：今年实施"两快一高"战略：加快城市基础设施建设，加快建设领域的改革步伐，提高城市规划、建设和管理水平。深圳市副市长朱悦宁发言说：深圳市今年工交工作的侧重点仍要抓紧抓好重点项目和重大生产结构的调整，推动经济的全面发展。

1 月 14 日 龙岗区召开全区社会主义精神文明建设工作会议，为荣获"广东省文明单位"称号的南岭村和荣膺"广东省创建文明户活动积极分子"的南岭村委书记张伟基授奖。

1 月 15 日 市政府常务会议通过 3 项政府规章，即《深圳经济特区福田保税区管理规定》、《深圳经济特区无形资产评估管理办法》和《深圳市属国有企业经营者工资收入与企业类级挂钩办法》。

1 月 16 日 由深圳市天渊丽都贸发公司转让给荷兰商业银行的深圳发展中心大厦 32 层约 1735 平方米的物业交易在深圳成交，成为深圳市近年来最大的涉外房地产交易。

1 月 17 日 深圳首家合伙制律师事务所——深圳星辰律师事务所开业。

1 月 18 日 深圳市教育工作会议开幕。市领导厉有为、王众孚、周溪舞等出席。会议指出，要认真落实市委、市政府《关于贯彻落实〈中国教育改革和发展纲要〉的意见》，进一步确立和保证教育优先发展的战略地位，充分发挥特区优势，加快教育改革和发展步伐，建立与社会主义市场经济体制相适应的教育体系。

1月19日 广东省重点渔港、深圳市首座国家一类渔港——蛇口渔港工程动工兴建。

△ 《深圳特区报》载：中华英文书院在深圳市成立，该校计划总投资1亿元人民币。英文书院在我国尚属首创。

1月20日 深圳市证券监管办公室颁布《深圳市股份有限公司（内部）审批的有关规定》。

△ 深圳陆路口岸现场办公厅会议召开。会议的主题是简化口岸查验手续，理顺口岸管理体制。

1月21日 深圳市教育工作会议圆满结束。

1月22日 美国R.R.当纳利森公司，以668万美元收购了深圳石化旭日印刷公司74%的股权，成为"旭日"公司最大股东。其中包括商誉费100万美元，开创了深圳无形资产作价转让的先例。

△ 深圳市经济学会年会举行，围绕着建立社会主义市场经济体制问题，深入探索如何建立和健全现代企业制度等问题进行了探讨。

1月23日 历时3年半的东江—深圳供水三期扩建工程提前一年建成通水，深圳水库向深港两地供水能力将翻一番，增值17.43亿立方米。

△ 深港超大规模集成电路项目中方投资公司——深圳赛格高技术投资股份有限公司成立，其注册资本为2.8亿元。

1月25日 深圳市人事工作会议召开。市委副书记、常务副市长王众孚在会上对人事部门工作所取得的成绩予以肯定，并就实施国家公务员制度、完善现行工资制度和选拔使用人才等问题做了重要讲话。

1月26～28日 邓小平市场经济思想学术研讨会在深圳市举行，全国人大常委会副委员长田纪云到会并发表了重要讲话。这次研讨会的重点课题是，理论联系实际，探讨如何把中国大中型企业变成市场主体。

1月27日 《深圳证券交易所上市公司信息披露管理暂行规定（试行）》正式生效。

1月29日 为适应深圳特区建立社会主义市场经济体制实践的需要，深圳市场经济研究会①宣告成立。

---

① 该民间学术团体旨在研究中国经济特区和沿海开放城市的市场经济理论和实践问题，着重研究建立社会主义市场经济体制和运行机制的途径、方式、政策和措施，为特区政府和企业的决策提供服务。

1 月 31 日 《深圳经济特区工伤保险条例》颁布。

2 月 1 日 大亚湾核电站 1 号机组投入商业运行。

2 月 2 日 深圳市财税工作会议召开。会议就深圳市如何深化改革，再创财税工作新局面做出部署。张鸿义副市长在会上指出，今年财税工作的重心是结合实际，落实财税体制改革，努力保持财税的稳定增长和收支平衡。

2 月 3 日 深圳市金融工作会议在深圳会堂召开。会议对深圳市 1994 年金融工作提出 4 项要求——改革、发展、管理、调控，建立统一开放、有序竞争、严格管理的金融市场体系。张鸿义副市长做了题为《深化金融改革，搞好宏观调控，促进特区经济发展》的报告。

2 月 4～6 日 国务院特区办主任胡平在深圳考察。他强调特区要依靠实干，再造优势。

2 月 5 日 北环快速干道主车道全线通车，全长 20.84 公里，标准路宽 132 米，为目前深圳第一大道。

△ 南环快速干道动工，这是深圳目前投资规模最大的市政项目。

△ 中共中央政治局常委、国务院总理李鹏在深圳主持召开研究广东大亚湾核电站电价问题的总理办公会议。

2 月 6 日 广东大亚湾核电站 1 号机组投产庆祝典礼隆重举行，李鹏总理出席庆典并剪彩，800 多位中外来宾参加庆典。1 号机组是于 1 月 26 日在完成所有维修工作后，于 2 月 1 日正式投入商业运行的。

2 月 7 日 新华社播发李鹏总理签署的国务院 146 号令，发布《国务院关于职工工作时间的规定》，从 1994 年 3 月 1 日起，实行职工每日工作 8 小时、平均每周工作 44 小时的工时制度。

△ 经中国人民银行批准，由中国保险监督管理委员会核准，国内第一家专业从事保险公估及相关业务的全国性保险公估服务机构——深圳民太安保险公司正式成立，注册资本金额为 5000 万元。

2 月 8 日 大亚湾核电站 2 号机组开始并网发电实验。

2 月 10 日 市五套班子领导厉有为、王众孚、林祖基、李海东、周溪舞、莫华枢和其他有关方面负责人慰问了春节期间坚持工作的干部、工人和武警官兵。

2 月 12 日 深圳市开始全面推行专业银行资产风险管理改革。各金融机构将自主经营，自负盈亏，自求平衡，自我约束，自我发展。

2月18日　深圳港口口岸管理体制改革小组①在北京召开第一次扩大会议。

2月19日　深圳市政府常务会议原则通过《深圳经济特区城市雕塑管理规定（草案）》。

△　鉴于审理知识产权案件的专业性强、技术程度高等特点，深圳市中级人民法院成立知识产权庭，以进一步加强对知识产权的司法保护。

2月20日　中国劳动保护工业企业协会在深圳市召开第一次常务理事会。会上，协会回顾总结了自1993年6月成立以来的工作情况，并着重研讨如何把中国的劳防产品打进国际市场、发展国内市场等有关事宜。

2月21日　深圳市人大常委会召开1994年制定深圳经济特区法规计划协调会，确定1994年重点立法项目。

△　国内贸易部部长张皓若考察深圳市布吉农产品批发市场，认为深圳农产品批发市场体系已经形成，为全国的"菜篮子"建设提供了有益经验。

2月22日　国家外汇管理局在深圳召开第三届国际金融研讨会，共同研讨国际金融市场的变化趋势、中国外汇体制改革及金融市场的发展等问题。

2月23日　深圳市政府做出部署，从3月1日起，全面清理无有效合法证件、无合法正当职业、无合法居住的"三无"人员。

2月25日　深圳市科协三届二次全体委员会议召开。深圳市委、市政府决定，深圳市在全国率先设立优秀青年科技奖励基金。

△　深圳市市长厉有为在富临大酒店热烈欢迎美国前国务卿舒尔茨访深。

△　中国长城计算机集团公司与IBM公司合资组建的深圳长城国际信息产品有限公司在北京钓鱼台国宾馆宣布成立。新公司首期投资规模为1000万美元，在深圳兴建IBM个人电脑生产基地。

2月28日　深圳市委常委、副市长李容根在深圳大学全体中层干部会上传达上级决定：蔡德麟同志任深圳大学党委书记。

3月1日　深圳改革陆运口岸的检查检验管理工作程序，减少报验手续、实行统一收费，方便人员往来和货物进出。

△　深圳市第一届人大常委会第二十一次会议闭幕。会议审议通过《深圳经济

---

① 深圳港口口岸管理体制改革小组的主要职责是：领导、负责深圳港口口岸管理体制改革试点工作，提出改革试点方案；协调方案制订与实施中港口、口岸管理各有关部门的关系，对与港口口岸管理体制有关的政策问题向国务院报告和负责，并提出建议；在港口改革试点中对与发展社会主义市场经济不适应的有关港口、口岸管理的法律、法规向人大和有关部门报告、备案；指导、参与调研工作，批准改革试点工作大纲；等。

特区合伙条例》《深圳市人民代表大会授权常务委员会在代表大会闭会期间修改特区法规的议案》等议案；表决通过了一批人事任免。

△ 东江—深圳供水第三期扩建工程建成通水暨对香港供水 29 周年庆典大会，在深圳水库举行，全国政协副主席、香港特别行政区筹委会预备工作委员会副主任霍英东，水利部部长钮茂生，香港预委会副主任兼秘书长、国务院港澳办主任鲁平，香港预委会副主任、新华社香港分社社长周南和广东省、深圳市等有关领导出席。

3 月 2 日 首批港事顾问续聘仪式在深举行。安子介、霍英东等第一批港事顾问专程赶来深圳接受聘任。续聘仪式由国务院港澳办副主任陈滋英主持，新华社香港分社社长周南向首批港事顾问颁发了续聘证书。国务院港澳事务办公室主任鲁平在续聘仪式上发表讲话。

3 月 3 日 深圳市与梅州市共建"菜篮子"工程签字仪式在梅州市举行。

3 月 4 日 深圳证券交易所公布《深圳证券交易所异常情况处理办法（试行）》。

3 月 5 日 中国证监会决定暂缓执行深圳证券监管办公室有关配股流通的规定。

△ 厉有为市长在香格里拉大酒店会见了美国 IBM 电脑公司总裁刘易斯·格斯特纳先生一行。

3 月 6 日 深圳市企业制度改革试点领导小组成立。

3 月 8 日 深圳市荣获"广东省城市绿化达标金杯奖"。

3 月 10 日 罗马尼亚总统扬·伊斯埃库一行 102 人访问深圳。

3 月 11 日 深圳市委常委会讨论通过《深圳市依法治市工作方案》①，并决定成立以市委书记、市长厉有为为组长的市依法治市工作领导小组。

3 月 12 日 国家税务总局通报，1993 年度深圳市个体税收在全国大中城市中仅次于上海，名列第二。

3 月 15 日 深圳市委宣传部和市经济体制改革办公室召开通报会。1994 年深圳市经济体制改革的总体要求是：以建立现代企业制度为核心，全面推进企业公司化改造，并在切实转变政府职能，建立和完善宏观经济调控体系，培育和完善要素市场，健全社会保障制度以及建立市场经济法律体系等配套改革方面取得新的突破，促进特区国民经济持续、快速、健康发展。

3 月 17 日 深圳市首家高级人才服务中心挂牌并对外服务。

---

① 自 1993 年 11 月深圳被广东省委、省人大常委会确定为广东省"依法治市"试点城市之后，深圳市委、市人大常委会积极采取措施，率先进行"依法治市"试验。

△ 第四届港深工业展在香港开幕。深圳有 95 家企业 232 种产品参展。

3 月 18 日 深圳市委、市政府召开反腐倡廉工作会议，传达中央纪委三次全会精神和江泽民同志重要讲话，总结 1993 年深圳市反腐倡廉工作经验，表彰先进，部署 1994 年反腐倡廉工作新任务。强调深入持久有效地开展反腐败斗争，为深圳特区改革发展和稳定服务。

△ 广东省教育创新成果——蛇口育才中学人才模式介绍会在育才中学召开。

3 月 21 日 中国人民政治协商会议广东省深圳市第一届委员会第六次会议在深圳会堂开幕。

3 月 22~26 日 深圳市十一届人大六次会议召开，听取并审议了市长厉有为所做的政府工作报告，市人大常委会主任李海东所做的市人大常委会工作报告。

3 月 22 日 中国证券监督管理委员会主席刘鸿儒在深圳严厉批评某些上市公司违反证券法规盲目增资扩股，随意改变配股资金用途以及高价配股坑害股民等违规行为。

3 月 25 日 经国务院特区办和国家海关总署等部门批准，深圳保税生产资料市场向全国"三资"企业开放。自此，深圳成为国内第一个全国性的保税生产资料市场。

△ 深圳证券交易所与香港证券商联网成功，标志着香港证券商和境外投资商能以更为便捷的离场交易方式交易深圳 B 股。

3 月 28 日 深圳市南山区召开首届科技大会，国家级高新技术产业开发区——深圳京山民间科技工业村同时奠基。

3 月 29 日 深圳市地铁一号线一期工程项目建议书评审会在华侨城举行。深圳地铁 1 号线由深圳火车站至飞机场，正线全长 39.5 公里。

3 月 30 日 在"经济体制改革与现代企业制度"培训班结束座谈会上，深圳市委常委、市投资管理公司总经理李德成指出，深圳市推出五项措施，建立现代企业制度。

3 月 31 日 深圳市委召开常委扩大会议，结合深圳实际，讨论研究如何贯彻中央农村工作会议精神。同时，专题分析市场物价情况，制定进一步加强物价管理的措施。

△ 深圳市召开物价大检查动员大会，决定从 3 月底起开展全市物价大检查。

4 月 1 日 首届"深圳新闻奖"评选揭晓，共有 90 篇作品获奖，其中获一等奖的 14 篇。

4 月 3 日 深圳市福田保税区正式对外开放运作。

△ 深圳市高等职业技术学院决定招生实行"双会考"制，这在全国尚属首创。

4月4日 深圳市劳动局、市法院和市动产拍卖行联合成立工作小组，依法拍卖外资汇港酒店的部分资产，抽得部分资金，补发了被外资方拖欠的工人工资。这是深圳首次通过依法拍卖企业资产来偿付拖欠工人工资。

4月5日 根据深圳市委、市政府关于《深圳市一九九四年经济体制改革重点》的要求，市体改委除了抓好对全市改革的统一协调和参与其他部门的改革外，1994年确定了7个重点改革项目①。

4月6日 深圳市劳动工作会议在深圳会堂召开。会议传达全国、全省劳动工作会议精神，总结了1993年深圳市的劳动工作，提出了在中国率先建立新型劳动体制的3年规划，部署了深圳市1994年的工作。

4月7日 深圳艺术中心荣获"广东省特级群众艺术馆"称号。

4月8日 国务院特区办公室主任胡平考察浦东后说：今后特区的发展，要由靠优惠政策转向靠自身功能的开发。

△ 深圳市委召开常委会议，讨论并原则通过了《深圳经济特区总体规划修改纲要》。会议还决定从根本上综合整治交通秩序，强调标本兼治，整顿交通秩序同清理"三无"人员、打击盗抢机动车相结合。

△ 深圳市重点建设项目——深圳机场第二候机楼工程地质勘探开钻。

△ 地处罗湖商业中心的董明文四界拆迁工程动工，罗湖旧城改造由此发端。

△ 姬鹏飞应聘为亚太（深圳）国际学校董事局名誉主席。这是中国内地首家由政府批准成立的中外合资国际学校。

4月9~10日 深圳市人事局分别在深圳、北京、武汉、重庆、西安、沈阳6市设立数十个考场面向全国公开招考公务员。

4月10日 厉有为市长在香格里拉大酒店，会见并宴请德国柏林州州长、柏林市市长迪普根一行。

4月11日 由国家科委政策体改司、国家国有资产管理局评估中心会同深圳市科技局、深圳市投资管理公司联合主办的全国首次无形资产评估国际研讨班在深圳科学馆开幕。

---

① 这7项改革项目是：①制定《深圳市建立社会主义市场经济体制改革总体规划实施方案》；②抓好建立现代企业制度试点工作；③抓好港口及口岸管理体制改革；④制定企业无上级行政主管部门改革实施方案；⑤开展股权交易试点，扩大产权交易规模；⑥扩大保税生产资料市场的服务范围，深化福田保税区的改革；⑦推出社会经济监督体系的重大改革举措。

4月12日 深圳市委、市政府做出《关于对我市第一批 40 家党政机关所办经济实体进行划转、撤销、退股的决定》，要求各有关部门和企业认真贯彻执行。

4月13日 盐田港一期工程比原计划提前 8 个月全面竣工并通过了市政府组织的初步验收。28 日，正式通过了国家验收委员会验收，并即将交付运营。该港是我国四大国际深水中转港之一。

4月14日 深圳市委转发市"依法治市"工作领导小组办公室关于《深圳市依法治市工作方案》的通知，要求各单位认真组织贯彻实施。

△ 深圳市市长厉有为率领市经发局、体改委等部门负责人，同参加经济体制改革培训班的深圳市大中型企业负责人，就市场机制与现代企业制度的建设等问题进行座谈，倾听企业的呼声和建议。厉有为强调，建立现代企业制度是改革核心。

4月15日 《关于选择部分企业进行建立现代企业制度试点的意见》经深圳市委常委会讨论通过。

△ 国家主席江泽民为即将开园的大型文化旅游景区"世界之窗"题名。28 日，"世界之窗"试业，迎来首批 2 万多名中外游客。

△ 深圳市委常委会专题讨论率先建立社会主义市场经济体制、加快建立现代企业制度步伐的问题，讨论通过了《关于选择部分企业进行建立现代企业制度试点的意见》，决定在 20 家企业进行建立现代企业制度的试点。

4月15~16日 中共中央政治局委员、国务委员兼国家体改委主任李铁映一行视察深圳，充分肯定了深圳市在国有资产管理和建立现代企业制度方面所做的有益探索。

4月17日 新华社发表文章《深圳是怎样管好"菜篮子"的》，对深圳采取"批零差距"管好"菜篮子"价格的做法及经验进行了报道。

4月18日 由中国机电产品进出口商会和深圳市政府联合主办的 1994 年中国机电商品交易会在深圳国际展览中心开幕。

△ 国家计委批准深圳市目前最大投资项目——东部电厂立项。

4月19日 深圳市统计工作会议在华夏艺术中心举行。

△ 深圳有线电视网工程全面铺开，年内将基本覆盖特区内 3 个区，入网量可达 15 万户。

4月21日 深圳市委市政府召开全市信访工作会议。

4月22日 中共深圳市纪律检查委员会第六次全体（扩大）会议在深圳会堂召开。会议传达省纪委第三次全会精神，市委副书记林祖基就深入持久、更有成效地开展反腐败斗争做了题为《加强领导狠抓落实》的讲话。

△ 深圳市被国家建设部评为第二批国家"园林城市"和全国园林绿化先进城市。

4 月 24 日 农林部动植物检验检疫总所推出深圳港口动植物检验检疫改革 12 项新措施,并将于 5 月 1 日正式在深圳港口实施。

4 月 25 日 经国家教委考试中心批准,今年起,剑桥商务英语证书(BEC)考试在深圳大学设考点。

4 月 26 日 深圳市宣传思想工作会议在深圳会堂召开。主题是认真贯彻落实全国和全省宣传思想工作会议精神,按照"两手抓、两手都要硬"的方针,研究在新的形势下如何加强和改进深圳市的宣传思想工作。

4 月 27 日 1993 年广东省进出口额最大的 100 家企业和出口额最大的 100 家企业排名揭晓,深圳经济特区对外贸易(集团)公司等 12 家企业榜上有名。

4 月 28 日 深圳、大连两市缔结友好城市签字仪式在深圳举行。至此,大连市成为深圳在国内第一个姐妹市。

△ 华南地区最大的区域性综合批发市场——深圳市平湖批发市场奠基。

4 月 30 日 深圳市委常委会议原则通过《深圳市双拥创建工程实施方案》,提出力争今年建成全省"双拥模范城",明年达到国家"双拥模范城"标准。

△ "远东国际散打搏击拳王争霸赛"在深圳体育馆举行,中国(深圳)联队夺得 5 项冠军。

5 月 深圳市委、市政府将在全市开展 5 个专项整治行动,依法对交通秩序实施综合治理;成立市道路交通综合整治指挥部,指挥部下设由 6 个局和市政府办公厅组成的办公室。

5 月 1 日 《深圳经济特区工伤保险条例》在深圳市全面实施。

△ 深圳皇岗口岸进一步简化陆路口岸货运通道的查验环节,由过去的 4 次停车改为 2 次停车。

△ 农业部动植物检疫检查总所推出的深圳港口动植物检疫检查改革 12 项新措施在深圳港口正式实施。

△ 深圳市义务社会工作者联合召开座谈会。厉有为在会上指出:义工精神是深圳精神的完美体现。

5 月 4 日 市长厉有为会见并宴请来深访问的肯尼亚总统莫伊一行。莫伊总统表示,肯尼亚非常愿意加强与深圳的合作。

5 月 5 日 深圳市城市规划建设管理工作会议在深圳会堂召开,深圳市委书记、市长厉有为,副市长李传芳分别在会上讲话。《深圳经济特区城市总体规划(修编)

纲要》经市委常委会审议并原则通过。

　　△　深圳市委副书记、常务副市长王众孚在召开全市外资工作会议上指出：必须坚定不移地执行对外开放方针，继续实行吸引外资的优惠政策，创造更好的投资环境，保障外商和外资企业员工的合法权益，加强外商投资导向，搞好对外资企业的服务和管理。

　　△　深圳市政府举行"授荣"仪式，授予日本前首相海部俊树"深圳市荣誉市民"的称号。海部俊树成为第一位海外的深圳市荣誉市民。

　　5月6日　香港联合交易所理事会访问深圳证券交易所，这是两个交易所之间首次就加强相互合作进行的高层磋商。

　　△　深圳市市长厉有为会见香港联交所主席李亚广率领的香港联交所代表团，就加强深港证券业的合作和交流进行了商谈。

　　△　大亚湾核电站2号机组投入商业运营。

　　5月7日　深圳市"依法治市"工作领导小组召开全体会议，听取市人大关于深圳市执法状况调查报告，并初步研究了全面推进"依法治市"工作等问题。

　　△　深圳市"依法治市"领导小组召开会议，研究选好"突破口"，全面推进该项工作。厉有为指出，依法治市是特区重要实验任务。21日，深圳市依法治市工作领导小组召开会议，讨论并通过了《深圳市1994年依法治市工作要点》。30日，深圳市委召开全市依法治市动员大会，公布《深圳市依法治市工作方案》和《深圳市1994年依法治市工作要点》。

　　△　广东省政府批准设立深圳港为省级旅游度假区。

　　△　深圳南环快速大道——滨海大道填海技术通过论证。该大道长约9公里，需在深圳湾填海造地约10平方公里。

　　5月7~8日　深圳特区报社与深圳市社科中心、深圳大学、市体改委、市投资管理公司和香港韵利发展集团公司在深圳大学联合举办现代企业制度理论研讨会。

　　5月9日　深圳市政府举行第五次全体（扩大）会议，提出当前经济工作的主要任务。厉有为做了总结讲话。常务副市长王众孚在市政府第五次全体（扩大）会议上宣布：深圳市建设集团公司，受市国有资产管理委员会的委托，对公司的50亿元国有资产实行授权经营①。建设集团受权后，对集团的50亿元国有资产实行自主经营，其主要内容有：全权经营授权范围内的国有资产；组织资产收益的收缴和产

---

　　①　授权经营是深圳市国有资产管理体制的重大改革，具体地说，就是市国有资产管理委员会在严格清产核资的基础上，向试点单位颁发国有资产授权占有证书。授权证书就是持有和经营国有资产的法律凭证。

权处置；有权选择属下企业的主要经营者；属下企业照章纳税和上缴国家股股息和红利，利润按股权比例上缴给建设集团本部；建设集团成立财务结算中心，统一结算并运用集团的资金。

△ 荷兰商业银行深圳分行开业。这是荷兰商业银行在中国境内开设的第一家分行。

△ 深圳市万亩"莱园子"征地完成。

5月10日 深圳市政府在深圳科学馆召开高新技术产业工作会议，研究如何加快深圳市高新技术产业发展。

△ 常务副市长王众孚率团赴意大利招商，参加"1994意大利（广东）经贸招商洽谈会"，共签订16项在深圳兴建合作项目的合同和意向，投资总额达2亿美元；协议利用外资为1.53亿美元，签订进出口贸易合同及意向金额为1500多万美元。

5月12日 中共深圳市委转发市精神文明办公室的有关"意见"，在全市实施科学文化知识教育"四项基础教育"和"窗口"行业的文明建设等"五项文明建设工程"，塑造深圳人崭新的精神风貌。

5月12~15日 中共中央政治局委员、全国人大常委会副委员长田纪云考察深圳，要求进一步办好特区，充分发挥特区的辐射带动作用。

5月13日 深圳市政府高新技术工业村成立。

△ 深圳市文化发展战略研究领导小组举行第一次会议，强调尽快制定全市《1995~2000年文化发展规划》。

△ 中国人民银行深圳分行召集深圳市各金融机构负责人，就开始在深圳市国内金融机构中全面实行资产风险管理这一问题的具体实施进行部署。

5月14日 阿拉伯世界最具影响的区域性政治和经济合作组织——海湾合作委员会秘书长卡米西访问深圳。

5月15日 由中国专利技术开发公司和深圳市宝安水资源开发总公司合营的深圳中技源专利城有限公司成立。这是国家专利技术开发机构正式参与的国内第一个以专利产品为主的生产开发基地。

5月17~18日 俄罗斯国家杜马主席雷布金率领俄罗斯议会代表团访深。市委书记、市长厉有为在富临大酒店会见客人。雷布金主席说：深圳的成就，是别在中国胸上的经济改革精神勋章。

5月18日 深圳市市长厉有为在龙岗区调研，指出建大工业区是深圳未来发展的重头戏。

5月19日 香港粤港企业（集团）有限公司和美国柏克德集团在香港宣布合组

联营公司，参与兴建深圳黄天至荷坳高速公路。

△ 深圳航空城工程项目规划书通过了专家评审。该项目将由香港新耀投资有限公司与深圳航空城（东部）实业有限公司共同开发。工程占地88万平方米，投资概算达120亿元，主要兴建"中华商贸城"和"航空旅游娱乐城"。

△ 《深圳经济特区股份合作公司条例》颁布。

5月21日 深圳市政府常务会原则通过《深圳经济特区建设工程质量条例（草案）》，使特区工程建设质量管理从此有章可循。

5月23日 新加坡在中国开设的第一家银行——华联银行深圳分行正式开业。

△ 中俄合作发展民用核技术的合资公司在深成立。

△ 第七届全国"十佳"合资企业评选揭晓，深圳"康佳""中华""南玻"榜上有名。

5月23~24日 刚果共和国总统帕西卡尔·利苏巴偕夫人一行访问深圳。

5月26日 深圳市委、市政府召开现代企业制度试点工作会议，厉有为代表市委、市政府做了题为《重点突破，整体推进，率先建立现代企业制度》的讲话，对选择出的28家不同规模、不同行业、不同类型、不同隶属关系、不同赢利水平的企业开展试点工作做了部署。会上同时提交了12个为试点工作实施配套的细则文件并进行了讨论。从此，深圳市建立现代企业制度的试点改革工作正式拉开了序幕。①

△ 深圳市信息中心两大信息系统——公共信息系统和经济宏观决策支持系统投入使用。

△ 《深圳经济特区农副产品集市市场条例》《深圳经济特区养老保险条例》颁布。

△ 第五届深圳国际钟表展览会开幕。深圳已成为世界钟表主要生产基地。

5月27日 深圳市现代企业制度试点工作会议结束。会上，市石化（集团）有限公司等6家企业负责人发言认为，市委、市政府抓现代企业制度试点工作非常必要，深圳仍要大胆改革、超前试验，继续充当全国改革开放的试验场，率先建立社会主义市场经济新体制。

△ 深圳市第二座金刚结构大厦——地王商业大厦动工。该大厦由一栋68层的

---

① 经过充分讨论、修改，至1994年9月底，一整套改革方案正式颁布。这套方案，针对中国企业改革的难点、热点，提出了大胆的改革，在产权、人权、分配权等多个方面，在全国率先有所突破，尤其重要的是，这次改革没有照过去试点的惯例许诺种种优惠，而是强调制度创新，强调按国际惯例办事，这标志着深圳的企业制度改革已从放权让利的政策性调整阶段进入了以理顺产权关系为前提的制度创新的新阶段。

全钢结构主楼和一栋 33 层的钢筋混凝土结构的附楼组成，总投资 38 亿港元。

△ 深圳市国有企业在香港参股的第一家上市公司——深建国际集团，在香港举行易名酒会。

5 月 28 日 中国首家专业从事外汇买卖及相关金融服务的机构——深圳外汇经纪中心正式成立。

△ 深圳房地产（香港）展销会开幕。厉有为、张浚生、李嘉诚为开幕式剪彩。展销会推出一系列优惠政策和服务项目。6 月 1 日，展销会圆满结束。楼盘认购、交易金额近 10 亿元。

5 月 29 日 深港外汇中心实现买卖联机。联机之后，深圳的代客外汇买卖价格将与香港划一。

5 月 31 日 深圳市政协一届六次会议补选许扬、叶华明为深圳市政协第一届委员会副主席。

6 月 1 日 广东省委副书记、省长朱森林，省委常委、副省长张高丽在厉有为等陪同下，察看了广深高速路，要求加强合作，力争早日通车。

6 月 2 日 中国人民银行评选出全国储蓄成绩最突出的百家储蓄所，中国银行深圳分行属下有 14 家储蓄所榜上有名。

6 月 3 日 广东省举行命名大会，深圳市荣获"双拥模范城"称号，宝安区同时成为"双拥模范区"。

△ 深圳市市长厉有为在市信息中心现场办公时指出，深圳信息业要争当全国"排头兵"。

△ 泰国金万利集团将投资深圳地铁，今日签署合作意向书。

△ 深圳龙岗区发生一起因港商严重违章造成的厂房倒塌恶性事故。整个事故造成 11 人死亡，27 人受伤，其中重伤 9 人。

6 月 4 日 在深圳市政府常务会议上原则通过《深圳经济特区金属材料交易市场管理规定》。

6 月 5～8 日 深圳市副市长张鸿义率领深圳市证券市场欧美推广团赴英国伦敦进行证券推广和考察活动。

6 月 8 日 深圳市市长厉有为在市建设安全文明小区经验交流会上提出，要扎实抓好基层、基础工作，全面开展"安全文明小区"建设。

△ 深圳市 1994 年以来最大的土地出让合同——深圳交易推广土地出让合同签字。这块占地 3 万多平方米的土地，位于福田中心区南区，允许建设 178400 平方米，是深圳市大型的建筑组团之一，将融证券、期货、房地产及产权交易于一体，

成为深圳市未来的大型联合交易中心。

6月9日 代表20世纪90年代国际生物技术先进水平的深圳康泰生物制品有限公司"乙肝基因疫苗"生产车间正式投产。

6月10日 马耳他共和国总理爱德华·芬内克·阿达米及夫人一行抵深访问。市长厉有为和夫人在香格里拉大酒店宴请客人。

6月12日 深圳市对会计师审计师事务所体制实行重大改革，会计师事务所和审计师事务所将与党政机关彻底脱钩，由挂靠政府部门的事业单位改造为合伙制或有限责任制事务所，成为依法独立、公正执业的企业组织。

6月13日 全国外商投资先进企业评选揭晓，深圳有22家企业榜上有名。

6月15日 深圳市市长厉有为接受《中国教育报》记者采访时指出："经济越发展，越要给教育加温。"

6月15～16日 爱沙尼亚共和国总统伦纳德·梅里一行访深。他称赞深圳是中国改革开放成就一个最生动的例子。

6月15～21日 中共中央总书记、国家主席、中央军委主席江泽民在珠海、深圳等地考察，就经济特区的发展问题发表了"三个不变"的重要讲话，强调：中央对发展经济特区的决心不变；中央对经济特区的基本政策不变；经济特区在全国改革开放和现代化建设的地位和作用不变。要把发展经济特区贯穿于社会主义现代化建设的整个过程。

6月17日 广东省旅游景区建设会议在深圳结束。深圳湾度假旅游区被批准升级为旅游度假区，成为深圳市第一个升级旅游度假区。

6月18日 深圳市第一届人民代表大会常务委员会第二十三次会议通过《深圳经济特区土地使用权出让条例》。

△ 《深圳经济特区住宅区物业管理条例》颁布，这是我国第一个物业管理的地方性法规。

△ 深圳市常务副市长王众孚会见意大利布里西亚省省长瓦里一行3人。布里西亚省是深圳市的友好城市。

△ 深圳市委市政府做出决定，命名沙头角镇为"文明镇"，国贸大厦为"文明大厦"。

△ 深圳又一座大型文化旅游景区——世界之窗举行隆重的开园庆典。国务院副总理兼外交部部长钱其琛，全国政协副主席钱伟长，国务院副秘书长何椿霖，国务院侨办主任廖晖，国家旅游局局长刘毅，新华社香港分社社长周南，广东省省长朱森林，深圳市市长厉有为和中央有关部门、省、市负责人以及海外、港澳知名人

士、各界嘉宾及数千观众出席了开幕庆典。

6 月 19～21 日　中共中央总书记、国家主席江泽民在中央政治局委员、广东省委书记谢非，广东省省长朱森林等陪同下，视察了深圳经济特区，并代表党中央、国务院发表了关系经济特区前途命运的重要讲话。

6 月 20 日　深圳市社会福利基金会在民政局召开新一届理事大会，对原基金会进行了改组，改组后的基金会具有独立法人资格，副市长李广镇当选为理事长。

6 月 21 日　深圳市领导小组再次召开全体会议，讨论通过《深圳市一九九四年依法治市工作重点》，推出"依法治市"的近期目标：1994 年是起步年，重点抓好"一全一口两个点"①的试点工作。

6 月 22 日　大型图片展览"邓小平"在深圳博物馆隆重开幕。

△　深圳大学宣布今年招生有重大改革，将实行自费上学、自主择业。

6 月 23 日　深圳市召开局级干部学习《邓小平文选》第 3 卷汇报会。近 200 位干部聚集在会上交流了学习体会，学习了江泽民视察深圳时的重要讲话。厉有为强调，要理论联系实际，推进特区发展。

6 月 24 日　深圳东部供水系统工程全部竣工。整个工程包括老虎坳大型提水泵站、莲塘水厂、沙头角水厂、盐田水厂等。

△　深圳蛇口招商港务股份有限公司股票获准赴新加坡挂牌，成为深交所在海外第二家上市公司。

6 月 25 日　深交所修改 B 股零股交易办法，同时废止 1993 年 3 月 31 日发布的《B 股零股交易办法》。

△　深圳市召开处级以上干部大会。厉有为讲话，要求深刻领会江总书记讲话精神，提高特区整体素质。

6 月 27 日　厉有为主持召开龙岗大工业区的筹建领导小组会议，研究决定在龙岗区建立占地面积 170 多平方公里的工业区，主要用于发展高新技术工业和第三产业，这是深圳未来的主要工业基地之一。

△　市委书记、市长厉有为在香格里拉大酒店会见了日本筑波市市长木村操和议长石川千之一行，双方表示了两市结成友好城市的愿望。

6 月 28 日　深圳市召开"授荣"大会，厉有为市长给 45 位对深圳发展做出突出贡献的爱国人士、港澳同胞、爱国华侨颁发了"深圳市荣誉市民"证章和证书。

---

①　"一口"即选公检法司执法机关为突破口，组织人大代表对其执法情况进行民主评议；"两个点"即选择两个行政机关（市劳动局、市规划国土局）为依法行政试点，选择 28 家企业为实施公司法的现代企业制度试点。

这是深圳市首批荣誉市民。

△ 深圳建特区以来最大的基础设施投资项目——深圳东部电厂通过环境评价评审。该厂位于大棚半岛鹅公湾地区，规划一期工程建设安装 4 台各 66 万千瓦的大型燃煤机组，是深圳建设国际大都市的跨世纪工程，预计总投资 220 亿元。

△ 深圳市盐田港正式通行。

6 月 29 日 深圳猛龙军事乐团有限公司和香港和盛集团正式签约，双方共同投资 3 亿元建设位于深圳市龙岗、占地 2300 亩的深圳国际军事俱乐部。

△ 全国第一块全彩色户外电子屏幕——深圳商报电子版在深圳火车站广场正式开播。

6 月 30 日 深圳市委在深圳会堂召开全市依法治市动员大会。以建设现代化国际性法治城市为目标的深圳市依法治市工作，由此正式拉开序幕。大会上，市委副书记、市依法治市工作领导小组副组长王众孚、林祖基分别宣读了市委提出的《深圳市依法治市工作方案》和《深圳市 1994 年依法治市工作要点》。市委书记、市依法治市工作领导小组组长厉有为向大会做动员报告。

△ 国家教委与深圳中华集团签署协议，实施"中华育人"基础教育工程，中华集团捐资 1000 万元作为教育基金。

△ 《深圳经济特区计划生育管理办法》颁布。

7 月 深圳点子市场开业。这是一个利用全社会的"点子"资源，把"点子"推向市场的交易中心，是我国第一家策划点子与策划项目的专业交易市场。

7 月 1 日 深圳市委常委会议原则通过深圳市实行企业无行政主管部门的改革方案①。这是深圳市转变政府职能的一项重大改革，它标志着深圳市政企分开、转变政府职能的改革进入了新阶段。

7 月 1～2 日 深圳市城市规划委员会第六次会议召开，《深圳市城市总体规划（修编）纲要》交付国内外专家和城市规划委员会委员讨论。国家建设部副部长周干峙及国内外有关专家 50 余人参加了会议。

7 月 2 日 深圳证券商协会正式成立，这是中国第一个券商的行业自律性组织。

7 月 3 日 深圳市委、市政府决定对 71 家党政机关所办经济实体进行脱钩处理。至此，深圳市共清理了 37 个党政机关所办经济实体 111 家，并全部做了脱钩处理。

---

① 8 月 18 日，这一改革实施办法出台。实行企业无行政主管部门改革是深圳市重塑政府与企业的关系，转变政府职能，实行政企分开，加强廉政建设，为建立现代企业制度提供公平竞争的外部环境的一次重要实践，标志着深圳经济体制改革取得了又一次重大突破。

7 月 5 日 全国部分国际信托投资公司第七届年会在深圳市开幕。

7 月 6 日 深圳华强三洋电子公司获得"中国驰名三资企业"称号及英国 NAC-CB 颁发的 ISO9002 证书。

7 月 7 日 广深铁路总公司改革成效显著，跻身于全国 30 家优秀企业行业，荣获中国企业管理协会等颁发的"金马奖"。该公司在 1993 年创汇逾 1 亿美元，占全国铁路运输企业创汇总额的 70%。铁道部将向全国推广其经验。

△ 《深圳经济特区城市雕塑管理规划》颁布。

△ 经中国人民银行总行批准，市招商银行证券部升级为全国性公司——招银证券公司。

△ 深圳市目前最大水厂——大冲水厂扩建工程通过验收。扩建后的大冲水厂年供水量约占特区内供水量的 1/3。

7 月 7 ~ 11 日 市委书记、市长厉有为率领深圳市代表团到上海学习考察。期间，94 深圳产品展览会在上海展览中心开幕。共展出展品 12 大类 1000 多种，150 多家企业参展。

7 月 8 日 深圳市规划国土局召开全系统动员大会。

△ 深圳市作为全国经济特区的唯一代表，参加了在北京举行的第五届亚太博览会。展示的"深圳房地产与住宅建设成就"荣获特别奖。

7 月 9 日 《深圳经济特区劳动合同条例》颁布。

7 月 11 日 信息高速公路深圳路段开通。

7 月 12 日 广东省评选一级中小学，深圳有 7 所中小学荣获"广东省一级学校"称号。

7 月 13 日 深圳市政府颁布《深圳经济特区体育市场管理规定》，这是国内第一个由地方政府颁布的体育管理规章。

7 月 14 ~ 16 日 以全国人大常委会委员、原农业部部长何康同志为组长的中央调查组一行 11 人，来深圳市检查反腐败斗争工作情况，寄望深圳创出廉政建设新经验。

7 月 15 日 经深圳市政府批准，深圳大学校董会成立。深业集团等 18 家企业集团和金融机构成为该校首届董事会成员，市委副书记林祖基担任名誉董事长，市委常委、副市长李容根担任董事长。这是深圳大学深化办学体制改革的重大举措。

△ 深圳市政府常务会议原则通过了《深圳市开拓国际市场发展对外贸易规划纲要》。王众孚指出：深圳要尽快建成外贸进出口中心。会上还审议通过了《深圳市市属机关、团体、企事业单位档案移送进馆办法》。

7月17日 经7年紧张建设的广深高速公路全线试通车成功。该公路全长122.8公里，为6车道、全封闭、全立交的高速公路。

△ 全国第一个社区团委——共青团深圳市八卦岭工业区团委成立。

7月18日 深圳证券交易所第三次会员大会在深圳召开。刘鸿儒在会上指出：中国证券市场在规范化方面问题比较突出，促进市场规范化已成为当前的首要任务。

7月19日 深圳外汇经纪中心与中银集团香港外汇中心签订作业合作协议，从而使深圳市外汇经纪业务与香港接轨，达到国际操作水平。

7月20日 "世界集装箱船王"马士基集团的"马士基·阿尔基西拉斯号"集装箱首泊盐田港。盐田港首条国际航线开通。

7月22日 深圳市气象台在全国首次在电视台发布暴雨预警信号，成为全国气象灾害预警发布的里程碑。

7月25日 深圳市委召开会议贯彻省委工作会议精神，成立除"七害"领导小组，开展以扫除黄、赌、毒、黑为重点的除"七害"专项斗争。

7月26日 深圳市首家个人外汇交易营业部在工商行滨河证券部开业。

7月28日 深圳市检察院反贪局挂牌。这是深圳市反腐败斗争的又一个重大举措。厉有为强调从严打击经济犯罪，为特区的繁荣、发展、改革和稳定服务。

7月29日 中共深圳市委工作会议在深圳会堂召开。会议主题是：传达贯彻江总书记视察广东的重要指示和广东省委工作会议精神，总结上半年工作情况，部署下半年的工作任务。市委书记、市长厉有为代表市委在会上做了题为《增创新优势，更上一层楼》的报告。

△ 当时世界最大电子行业信息企业——美国国际数据集团公司（IDG）宣布，决定斥资2000万美元购入深圳裕基电子有限公司60%的股权，从而使这家以行销业为主的企业迅速成长为国内知名的信息服务企业。

7月30日 国务院证券委会同国务院有关部门及上海、深圳两市负责人在北京共商稳定和发展股票市场的方针大计。

△ 市委副书记林祖基在市迎宾馆会见由副会长彭得先生率领的澳门中华总商会代表团一行13人。

7月31日 深圳市委批准7项企业制度改革试点方案，表明深圳市建立现代企业制度试点工作已经进入了实质性操作阶段。

8月 深圳市生产力促进中心经市政府批准正式成立。它将为深圳市中小企业推广世界新技术、新工艺、先进的生产管理经验等提供服务。该中心由市经济发展局负责筹建。

8 月 2 日　中国银行深圳分行在全国率先推出"定期一本通"存款业务。

△　《深圳特区报》报道，市政府确定 30 万亩农业保护区。

8 月 3 日　厉有为市长率领深圳慰问团到清远和韶关灾区，带去了深圳人民的深情厚谊，分别向这两市捐献 420 万元和 300 万元人民币。

8 月 4~5 日　市委副书记、常务副市长王众孚率领的深圳救灾慰问团向湛江市和茂名市分别赠送了 300 万元慰问款。

8 月 5 日　深圳市电子数据交换系统（EDI）网络的基本框架已经完成。"无纸"报关渴望成为现实。

△　深圳市运输局、市规划局委托设计部门进行的《深圳市西部深港通道工程可行性研究报告》通过专家评审。深圳市拟辟深港新走廊，届时，一座长达 6.41 公里的铁路桥和一座 5.358 公里长的深圳湾公路大桥将横跨深圳湾海面，连通蛇口与元朗两地。

△　《深圳经济特区建设工程质量条例》颁布。

8 月 6 日　深圳市政府常务会议原则通过《深圳市人民政府关于加强政府法制工作的决定》，使政府法制工作在深圳市改革开放和市场经济建设中迈向了新的阶段。会上，还审议通过了《深圳市宏观经济调控信息网络系统运行管理规定》。

8 月 8 日　1994 年深圳市财政金融工作会议召开，对深圳当前面临的财政金融形势和下半年的工作任务进行了分析和部署。会上，张鸿义副市长做了题为《深圳市上半年财政金融形势和下半年任务》的报告。

8 月 9 日　深圳证券交易所颁布实施《深圳证券交易所国债期货业务暂行办法》及《国债回购交易暂行办法》。

△　市委副书记林祖基率慰问团抵肇庆，向肇庆人民捐赠救火款 480 万元。

8 月 10 日　副市长李广镇在"小梅沙海洋世界项目研讨会"上谈道，深圳将形成三大旅游中心：深圳湾旅游度假区、西丽湖旅游度假区和大鹏湾旅游度假区。

8 月 11 日　《深圳经济特区社会治安综合治理条例（修改草案）》公布。

△　深圳市第三届环委会第一次会议闭幕，市环保局副局长范俊君做了题为《深圳市饮用水源保护工作面临问题及对策》的报告。

△　全国首座大型燃机电厂——前湾燃机电厂可行性报告通过审查，总投资 60 亿元。

△　中国和新加坡签署合资合同，组建深圳飞机维修工程公司，首期兴建可容纳 2 架波音 737 客机的机库。

8 月 12 日　深圳市城市管理委员会第一次全体会议召开。

　　△　深圳市与金桥网络分中心合作建设签字仪式在市信息中心举行。金桥网络即国民经济公用数据网。深圳为全国首批启动金桥工程的 6 个城市之一。

　　8 月 13 日　继招商银行之后，深圳市工商银行、农业银行在全国同行业率先开展国际离岸金融业务。国际离岸金融市场在深圳初步形成。

　　8 月 15 日　盐田港举行一期工程利用第三批日本贷款项目竣工仪式。盐田港是深圳市首个大规模利用日贷的重点工程。贷款总额达 133 亿日元。

　　8 月 16 日　深圳市国有资产管理委员会在深圳会堂召开深圳市建设（集团）公司改制为国有资产经营公司创立大会。会上，王众孚副市长宣读了《关于对深圳经济特区房地产（集团）股份有限公司等 17 家企业颁发〈国有资产授权占用证书〉的决定》。深圳市委书记、市长厉有为在大会做了重要讲话。

　　△　深圳市首家小额钱债法庭在福田区人民法院成立，这是深圳法庭系统借鉴境外经验，为适应特区社会主义市场经济发展需要，在审判体制上进行的一项重要改革。

　　8 月 18 日　深圳市委、市政府发出关于《深圳市企业无行政主管部门改革实施办法》的通知，决定从 11 月 1 日起在全市全面实施这一重大改革。

　　8 月 18～20 日　中共中央委员、中宣部常务副部长郑必坚在深圳考察文化建设时指出：增创文化优势是特区新飞跃的一大关键因素，精神文明要上"硬件"，也要上"软件"。

　　8 月 20 日　深圳市建设（集团）公司向所属的 20 家企业颁发国有资产授权占用证书、国有资产授权经营责任书及企业国有资产经营责任书。这一举措标志着深圳市国有资产管理体制的三个层次已经出现，也意味着市建设（集团）公司与所属企业之间已由过去的上下级关系变成以资产为纽带的产权关系。

　　△　深圳市教育工作领导小组召开第一次工作会议。会议总结深圳市教育工作的开展情况，商讨如何结合实际贯彻落实好全国教育工作会议精神，不断深化深圳市教育改革。

　　△　第三届中国国际民间艺术节在深圳开幕。200 多名外国艺术家表演了精彩的节目。

　　8 月 23 日　《深圳市企业无行政主管部门改革实施办法》公布。

　　8 月 25 日　为弘扬尊师重教的优良传统，推动全社会关心和支持教育，深圳市教育发展基金会筹委会召开第一次工作会议。会议审议了基金会章程和工作方案，决定在 9 月 10 日教师节前后举行第一次"教育基金百万行"活动。

　　8 月 26 日　深圳首届企业形象展示会开幕，这是国内首次大规模、专业化展示企业形象的盛会。

△ 深圳希迪智能机器公司研究开发的"CTD 彩色报版系统"通过技术鉴定。这是我国自行研究开发的第一个遵循国际标准的彩色报纸出版系统。

8 月 28 ~ 29 日 法国参议院议长、维埃纳省议会主席勒内·莫诺里一行访问深圳。深圳市与法国维埃纳省缔结友好关系意向签字仪式在富临大酒店举行。

8 月 30 日 深圳证券卫星通信双向网正式开通,彻底解决了长期困扰深圳证券市场的异地通信难问题。

△ 日本东京海上火灾保险公司深圳代表处正式成立。

8 月 31 日 深圳市委、市政府决定在九月十日,全市围绕"尊师重教、发展教育"这个主题大力开展教育发展基金的募集活动。

9 月 1 日 中共中央政治局委员、国务院副总理李岚清考察深圳,重点考察了深圳口岸管理体制改革的进展情况。他要求深圳特区围绕一系列重要改革措施多做试点工作,为建立和完善社会主义市场经济体制提供规范化、法制化的经验。

9 月 2 日 市委、市政府向第三届"远南"残疾人运动会捐款人民币 150 万元。

9 月 5 日 深圳市筹集教育发展基金代表团前往香港筹集教育发展基金,香港实业界人士李嘉诚、胡应湘、田家炳、于元平纷纷大力支持。代表团共筹集资金 5000 余万港币。

9 月 6 日 深圳市副市长李广镇召集市有关部门负责人,研究贯彻落实国务院进一步加强物价管理工作电视电话会议的精神,并提出了抑制通货膨胀的四条措施。

9 月 7 日 国家税务总局和广东省国税局领导考察深圳市电脑化征管和"金税工程"[①],称赞深圳在实施税收电脑化征管方面走在全国前列。[②]

[①] "金税工程"是吸收国际先进经验,运用高科技手段结合我国增值税管理实际设计的高科技管理系统。该系统由一个网络、四个子系统构成。一个网络是指国家税务总局与省、地、县国家税务局四级计算机网络;四个子系统是指增值税防伪税控开票子系统、防伪税控认证子系统、增值税稽核子系统和发票协查子系统。"金税工程"实际上就是利用覆盖全国税务机关的计算机网络对增值税专用发票和企业增值税纳税状况进行严密监控的一个体系。

[②] 1994 年,我国的工商税收制度进行了重大改革。这次税制改革的核心内容是建立以增值税为主体的流转税制度。增值税从税制本身来看,它易于公平税负,便于征收管理。但新税制出台以后,由于税务机关当时还比较缺乏对纳税人使用增值税专用发票进行监控的有效手段,一些不法分子就趁此机会利用伪造、倒卖、盗窃、虚开增值税专用发票等手段进行偷、逃、骗国家税款的违法犯罪活动,有的还相当猖獗,严重干扰了国家的税收秩序和经济秩序。对此,国家除了进一步集中社会各方面力量,加强管理,开展打击伪造、倒卖、盗窃发票违法犯罪专项斗争,坚决维护新税制的正常运行外,还决定引入现代化技术手段加强对增值税的监控管理。1994 年 2 月 1 日,时任国务院副总理的朱镕基同志在听取了电子部、航天工业总公司、财政部、国家税务总局等单位的汇报后,指示要尽快实施以加强增值税管理为主要目标的"金税工程"。为了组织实施这项工程,成立了跨部门的国家税控系统建设协调领导小组,下设"金税工程"办公室,具体负责组织、协调系统建设工作。1994 年 3 月底,"金税工程"试点工作正式启动。

9 月 8 日　深圳市庆祝教师节暨贯彻全国教育工作会议精神大会召开。

9 月 9 日　深圳市建成首家消防安全工业区——福田金地工业区。

9 月 10 日　深圳市隆重举行首届"教育基金百万行"活动,此次募集活动共募得人民币 1.2 亿元。市财政局将 1000 万元财政专款划入了深圳教育账户,并表示在今后两年中还将拨出 1000 万元作为专项支持教育发展基金的积累。

　　△　深圳市人民医院通过广东省医院评审委员会的评审,成为深圳市第一家三级甲等医院。

9 月 12 日　深圳证券交易所即日起推出国债期货交易业务,首批包括 5 个系列 20 个期货品种,国债市场呈现现货、回购和期货完整格局。

　　△　深圳市委、市政府经研究,原则通过《深圳商业发展规划》,提出到 2010 年,把深圳建设成为以大型商业、物资批发中心为骨干,大型购物广场、商业零售企业为支柱,超级市场和连锁店为基础的"购物天堂"。

9 月 14 日　深港双方历经数十轮谈判,终就治理深圳河工程问题达成共识,计划分三期进行,一期拟在 1995 年开工。

　　△　《深圳市、肇庆市合作共建菜篮子基地协议》在肇庆签署。肇庆蔬菜基地是深圳市继建成的梅州、河源蔬菜基地后的第三个大型蔬菜基地。

9 月 15 日　深圳高速公路实行全线 24 小时通车。

9 月 16 日　深圳市妇女儿童发展中心基金奠基。

　　△　深圳经济合作发展基金首次向陕西延安的 2 个生产型项目提供 330 万元低息贷款。

9 月 17 日　深圳市政府常务会通过《深圳市水资源管理条例》和《深圳经济特区股份有限公司设立条件和设立程序规定》。

9 月 18 日　深圳市第一届人大常委会第二十五次会议举行第二次全体会议。会议表决通过《深圳经济特区行政监察工作规定》、《深圳经济特区社会治安综合治理条例》和《深圳经济特区环境保护条例》。

9 月 19 日　市委副书记林祖基在富临大酒店会见越共中央委员、中央思想文化部部长何登率领的越共中央思想文化部代表团一行。

　　△　"全国团干部深圳培训基地"挂牌仪式在深圳青年学院举行,团中央书记处常务书记刘鹏、深圳市委副书记林祖基为该基地揭幕。

9 月 21 日　深圳市委常委、深圳投资管理公司总经理李德成,在出席了由人大法工委、体改办、证券监管办公室、工会和投资管理总公司等 6 家单位联合举办的

"深圳市试点企业推行员工持股计划实施方案论证会"[①] 后，指出这项重大的改革措施试行成功后将在深圳再选择一家上市公司，逐步向全市推广。

9 月 22 日　在深圳市"三点一线"[②] 企业工作座谈会上，厉有为市长就"三点一线"经营模式做了重要讲话。

△　深圳国际信托投资新航公司发行 1.5 亿美元亚洲债券承销协议签字仪式在香港举行。这是深圳首次向境外发行债券。

9 月 23 日　深圳市打击严重经济犯罪公开宣判大会在市体育馆召开，依法严惩了一批严重经济犯罪分子。

9 月 26 日　国家统计局评选出全国 500 家最大工业企业，深圳华强、莱英达、三九、赛格、康佳、石化、长城、纺织工业、特力、蛇口开发 10 家企业名列其中。

9 月 26 ~ 27 日　党和国家领导人江泽民、李鹏、乔石、刘华清、胡锦涛、李岚清等先后参观了在北京展览馆举行的中国社会发展成就展广东馆深圳分馆，并给予了高度评价。

9 月 27 日　为贯彻全国金融机构监管会议和结算会议精神，深圳市将采取得力措施加强监管力度、整顿结算秩序。在市中国人民银行召开的全市金融监管和结算工作会议上，对这一问题的具体实施进行部署。

9 月 28 日　深圳市国家税务局和地方税务局同时正式挂牌成立。原深圳市税务局建制取消。

△　市政府常务副市长王众孚会见"世界总裁组织"访深团一行 340 人。该团对深圳市的企业、学校、医院、旅游等项目进行了广泛的考察。

10 月 1 日　平南铁路并入全国铁路路网，对于深圳经济建设尤其是对于改善西部地区的铁路运输状况，将产生积极作用。

△　"中国交响音乐群英会"在深圳体育馆举行。

10 月 4 日　深圳外贸投资企业经贸考察团赴长江三峡沿线进行经贸考察。

10 月 7 日　深圳特区促进深港经济发展基金会在市政协礼堂举行成立大会。

10 月 8 ~ 13 日　中共中央政治局常委、全国人大常委会委员长乔石考察深圳，强调特区的基本政策不会变，还要坚持下去，特区将在建立社会主义市场经济的过

---

① 将在深圳市试点的内部员工持股制度不同于现行股份制企业中的内部职工股制度，它指的是由企业内部员工认购本企业的股份（该股份持股员工个人不转让、不交易、不继承），委托工会作为社团法人托管运作，工会代表员工个人股进入董事会参与按股分享红利的新型股权形式。

② "三点一线"主要指深圳企业充分利用特区优势，依托内地，面向海外，以贸易、产品加工、科技成果、资本以及其他资源为纽带，将内地、深圳和海外连成一线，形成最佳组合，为企业占领市场，赢得竞争优势和利润。

程中，继续发挥改革开放的带头作用。

10月12日　全国大城市机构编制工作联席会议在深圳举行。全国19个大城市负责机构编制工作的30多位同志参加了会议。

△　青海塔尔寺密宗"艺术三绝"在深圳展出。

10月13日　由民航总局组织开展的"十万旅客话名航"活动评价结果揭晓，深圳机场以85.93的高分在全国17家大型机场中名列第一。

10月14日　市长厉有为在香格里拉大酒店会见了来访的日本经济协力会代表团。该团旨在考察珠江三角洲，寻找经济交流与合作的机会。

10月15日　中国秋交会开幕，深圳市代表团率领74家企业、以3819件（套）展品参加本届交易会。

△　全国消费类企业利税十强——深圳"华丝""光明""三九"分别居缝纫、家具、医药三业首位。

10月16日　日本松下电器株式会社开始在福田保税区投资。新近注册的松下电器机电（深圳）有限公司开业，这是松下在中国开办的第一家贸易公司。

10月17日　中南六省（区）人大常委会主任座谈会在深圳市银湖宾馆召开。这次会议的主题是，交流地方人大在立法和监督工作中，如何更好地为经济建设服务。

10月18日　深圳市有史以来第一个赴海外旅游促销团启程赴日本、韩国，进行大规模系统促销宣传活动。

△　深圳市"八五"社会科学规划课题工作会议召开，市领导要求社科界把应用研究和对策研究作为主攻方向。

△　以市委书记、市长厉有为为团长，市委常委莫华枢为副团长的深圳市赴欧洲友好经贸技术合作交流代表团，在德国首都柏林举行首场招商洽谈会。20日，代表团在纽约堡举行第二次招商会。22日，代表团在瑞士第一大城市也是其工商业中心的苏黎世举行第三次招商洽谈会。28日，代表团在法国维埃纳省未来乐园举行了欧洲之行的第四场招商会。四场招商会共接待客商400多人次，签约总数25项，总金额达66392.84万美元。招商和经贸交流活动获得圆满成功，为双方经贸合作关系的进一步发展奠定了良好的基础。

10月19日　"灿烂明天——94深港澳台大联欢"活动在深圳举行。19名港澳台青年获"同心勋章"。

△　深圳市龙岗区捐资380万元在延安地区援建的12所希望小学，举行落成典礼。这是全国"希望工程"实施以来最大规模的援建项目。

10 月下旬 根据《关于深圳市开展落实反腐败三项工作情况大检查的通知》，深圳市开展全市党风廉政建设大检查。

△ 深圳市各级文化稽查部门再次对侵犯他人版权的激光唱碟及其音像制品进行收缴，并对有关当事人进行严厉处罚。

10 月 20 日 深圳市规划国土局举行规划国土信息系统一期工程成果汇报会，继土地管理和规划体制改革后，在规划国土管理手段上率先在全国推出了包括计划、市政、管线、房地产等多项业务管理和办公自动化的综合性、空间型信息系统。

10 月 21 日 深圳选手在广东省第九届全运会高尔夫球比赛中获男子团体冠军和个人金牌、银牌。

10 月 24 日 深圳市委宣传工作会议召开。市委副书记林祖基指出要增创新优势，更上一层楼，对深圳的宣传思想工作提出了更高要求。他强调，要扎扎实实抓好工作，全面形成整体合力。

10 月 25 日 广东省政协在深圳召开工作座谈会，深圳市政协主席周溪舞在会上提出要创出特区政协工作的特色。

10 月 27 日 深圳与法国合办超大规模集成电路项目，在法国普瓦捷签署合资合同，厉有为市长出席签约仪式。

10 月 28 日 GSM 数字移动通信系统（俗称数码通）在深圳市正式开通。

△ 深圳市赴欧大型经贸合作交流团圆满结束在德、瑞、法 3 国的招商活动。此行共签约 25 项，资金总额达 6.6 亿美元。

11 月 1 日 深圳证券交易所决定实施席位管理新规则和试行编制成分股指数。

△ 《深圳市企业无行政主管部门改革实施办法》开始正式实施，这是深圳市经济体制改革的又一重大突破。

△ 尼泊尔王国太子迪潘德拉抵深访问。市长厉有为在富临大酒店会见并宴请王太子一行。

11 月 2 日 深圳市委常委、副市长李容根在全省教育工作会议分组讨论中指出：深圳要在教育建设中先行一步，以建成教育强市为目标，在五个方面加大改革力度。

11 月 2 ~ 10 日 中共中央政治局委员、书记处书记、中央纪委书记、中华全国总工会主席尉健行考察深圳，对深圳市党风廉政建设和工会工作等做了重要指示，并要求把贯彻《中华人民共和国劳动法》放到大局中来认识。

11 月 3 日 深圳皇岗口岸开始试行 24 小时通关。

△ 深圳市政府颁布《关于搞活深圳市房地产市场的若干规定》，国内各类单

位和公民均可在深圳购房。

△　治理布吉河"战役"打响，7000多名解放军、武警官兵参加了治河"战役"。

11月4日　深圳证券交易所自即日起开始计算并发布深圳股价指数和A股指数及B股指数的开市指数，开市指数用集合竞价产生的各股票的开市价计算。

△　国家体改委副主任洪虎在深圳调研时希望深圳加快港口及口岸管理体制改革。

△　国务院决定在全国选择100家大中型企业进行现代化企业改革试点，其中深圳有两家：深圳华强电子工业总公司、深圳市物资总公司。

11月9日　深圳市委一届七次全会讨论并通过关于《贯彻〈中共中央关于加强党的建设几个重大问题的决定〉的若干措施》的决议及4个配套文件，这4个文件是：《中共深圳市委关于在建立现代企业制度过程中改进和加强国有企业党的工作的意见》、《中共深圳市委关于加强农村基层党组织建设的意见》、《中共深圳市委关于加强和改进党员教育工作的意见》和《中共深圳市委关于新形势下进一步加强党校工作的意见》。

11月10日　市纪委召开第七次全体会议，审议并一致通过了《中共深圳市纪律检查委员会第七次全体会议决议》，要求健全党内监督，加强廉政建设，全面履行职能。

△　共青团中央第一书记李克强来深圳检查工作。

11月11日　中国首条特大容量信息高速公路开通，广州、香港、深圳、惠州和东莞五城市同时举行开通仪式。

11月16日　中共中央政治局常委、书记处书记胡锦涛来深圳考察，他强调特区要增创新优势、继续当好"排头兵"。

△　福田保税区直通香港专用通道试通车。

11月17日　深圳、东莞两市领导人达成协议：两地携手，共同开发企石引水工程，解决今后两地社会经济发展中日趋严重的缺水问题。

△　妈湾电厂2号机组正式投入商业运营，该电厂2台机组每年可新增发电量30亿度以上。

11月18日　深圳市委常委会原则通过《中共深圳市委、市人民政府加快"菜篮子"工程建设若干问题的决定》，决定加快"菜篮子"工程建设步伐。

△　市长厉有为会见美国沃尔玛连锁店董事沃尔顿女士。美国沃尔玛连锁店是世界最大的连锁店之一。

△　深圳市首家私营民间科技企业集团——广东云海实业集团有限公司成立。

11 月 19 日　福田保税区在香港举行 94 香港招商洽谈会，与外商签订了投资总额达 9.2 亿港元的项目合同，以及投资总额为 15 亿多港元的意向协议。

11 月 21 日　深圳市实施企业注册安全主任制，这是与国际惯例接轨的又一举措。

△　深圳市政府驻海南办事处举行挂牌仪式。这是继广州、北京、成都、西安、乌鲁木齐之后，深圳市在外地设立的第 7 个办事处。

11 月 22 日　深圳证券交易所调整国债期货业务规则，主要内容包括设立涨跌停板制度、调整交易保证金及降低佣金、手续费等。

△　罗湖区对外经济发展公司因经营失策、管理混乱、资不抵债，宣告破产。这是深圳市第一家国有一级企业宣告破产。

△　深圳市委召开全市干部大会，传达乔石、胡锦涛、尉健行三位中央领导视察深圳时的讲话精神，提出面对表扬鼓励更应谦虚谨慎，特区责任重大必须敢闯敢干。

△　第九次全国法制试点城市暨计划单列市政府法制工作经验交流会在深圳召开。

11 月 23 日　广东省创建高标准文明村镇座谈会的代表，在副省长李兰芳、省委宣传部副部长蓝江的率领下参观了宝安区西乡镇劳动村。

11 月 24 日　深圳华为技术有限公司与招商银行签订买方信贷协议，深圳率先在全国尝试买方信贷这一金融资本与产业资本相结合的新形式。

11 月 25 日　深圳市邮电局与美国电报电话公司达成合作协议，投资 1300 万美元引进"信息高速公路网"。

△　深圳市政府常务会议原则通过《深圳经济特区国有资产管理条例》。这标志着国有资产走上了法制化、规范化的轨道。

11 月 26 日　由深圳市宝安区石岩镇政府与深圳 3 家大型企业以股份制形式联合创办石岩中学的合同正式签字，标志着中国教育界又诞生了一种新办学模式——政府引入股份制机制与企业联合办学。

△　市长厉有为会见了来访的俄罗斯原子能部常务副部长康诺瓦诺夫。

11 月 27 日　广东省"第九届全运会"闭幕，深圳代表团以 65 枚金牌总数跃居全省金牌榜第四名。

△　全国第一家民间科技工业村——深圳京山民间科技工业村开始首期建设。

11 月 27 日 ~ 12 月 1 日　国务委员李贵鲜考察深圳，他寄望深圳特区大力发展证券市场，努力建设金融中心。

12月1日 深圳实施《深圳证券交易所席位管理暂行规则》及其实施细则。

△ 深圳市党委党风和廉政建设领导小组召开市检查组全体成员会议，研究部署深圳市落实反腐败三项工作大检查。

△ 经国务院批准，深圳和北京、上海、天津、广州、西安、呼和浩特将作为试点城市，在全国率先组建新的仲裁机构，以适应社会主义市场经济发展需要，与国际上通行的仲裁制度接轨。

△ 新中国成立以来首次对外国旅游者经香港组团入境72小时免办签证的重大举措正式开始在深圳实施。

△ 盐田港二期土石工程正式动工。

△ 投资2.8亿元的梅林水厂一期工程建成通水，日增供水能力30万吨。

12月2日 九三学社深圳市委召开第一次代表大会，陈惠当选为第二届九三学社深圳市委主任委员。

12月3日 香港岁宝集团向深圳市教育发展基金捐赠200万元。

12月6日 由国务院特区办主持召开的经济特区建立现代企业制度座谈会在深圳召开。深圳市委常委李德成在会上做了题为《建立现代企业制度，完善国有资产管理新体制》的发言。

△ 深圳市委副书记李子彬在举行的市委一届八次全体（扩大）会议上，代表市委明确了深圳市明年经济工作的指导思想和国民经济与社会事业发展的主要任务。

△ 中国人民银行深圳分行面向全国15名学有所成、具有一定专业的博士，开创了全国人行系统公开招聘博士的先例。

12月8日 国务院特区办主任胡平在经济特区建立现代企业制度座谈会上提出：经济特区应该发挥自身优势，大胆探索，创立"特区模式"的现代企业制度，为全国国有企业改革提供更多更好的经验。胡平称赞深圳特区的这项改革"起步早，起点高，贡献大，整体性和可操作性强，是'特区模式'现代企业制度的代表，对其他经济特区乃至全国都具有示范作用"。由于这项改革成效显著，突破性强，故荣获1994年度"深圳市改革创新特等奖"。

△ 深圳建特区以来最大的一笔贷款——中国银行深圳分行等10家银行共同发放给西部电力有限公司的3.8亿元贷款举行签字仪式。至此，深圳市金融系统1994年以银团贷款形式投向重点工程项目的13亿元资金已全部到位。

12月9日 深圳市政府常务会议决定：从1995年起，深圳将对市直行政事业单位实行新的财务管理和经费预算办法。

12月12日 市长厉有为会见由日本兼松株式会社取缔役会长小田启二和日本

住友商事株式会社常务取缔役石井光春先生率领的访深代表团一行 10 人。日本客人此行主要是向深圳市领导表达对深圳能源、基础设施建设的投资意向。

12 月 12 ~ 21 日　首届全国地方年鉴评奖活动举行，深圳经济特区年鉴荣获 4 项奖励：中国地方年鉴一等奖、框架设计一等奖、条目编写二等奖、美术装帧特等奖。

12 月 13 日　孙逸仙心血管医院近日成功地完成了一例主肺动脉搭桥术。据世界医学信息网联网检索，该手术是世界首例。

△　深圳市向韶关贷款 1300 万元。至此，深圳市向韶关市贷款共 7000 多万元，扶持 20 个建设项目。

12 月 16 日　深圳电话容量超过百万门，全市电话普及率居全国首位。

12 月 19 ~ 26 日　深圳市第一届人大常委会第二十七次会议表决通过了有关人事任免案：决定免去王众孚、朱悦宁市政府副市长职务；决定任命李子彬、李德成为市政府副市长，并审议通过《深圳经济特区出租小汽车条例》等项法规。

12 月 20 日　厉有为市长在富临大酒店会见访深的乍得总统代比和夫人一行。代比总统希望深圳能到乍得投资办实业。

△　民盟深圳市一大召开，胡政光当选为主委。

12 月 20 ~ 22 日　中共中央政治局委员、国务院副总理邹家华来深考察，充分肯定了深圳经济建设所取得的成绩，并对深圳今后的工作做了重要指示。

12 月 21 日　深圳市农村基层建设工作经验交流会在龙岗区龙岗镇爱联村举行。

12 月 22 日　国家计委召集全国 35 个大中城市的物价管理部门负责同志，在深圳探讨在社会主义市场经济条件下，怎样把城市"菜篮子"价格管好。

△　中国第一条时速 160 公里的准高速铁路——广深准高速铁路建成通车。

△　第九次全国法制试点城市暨计划单列市政府法制工作经验交流会在深圳召开。中心议题是：政府法制工作应该围绕社会主义市场经济体制的确立，切实加强行政立法和行政执法监督检查。

△　深圳市首届科技奖励大会与青年科技论文奖励大会举行，50 人受奖。其中金额高达 10 万元的一等奖由黎明电脑网络分公司总经理邓一辉夺得。

12 月 23 日　中共中央政治局委员、广东省委书记谢非在深圳调查研究时强调，要唱好企业改革这台"重头戏"。他充分肯定深圳的探索，希望深圳为全国提供更多新鲜经验。

△　全国首家钟表专业配套市场在深圳开业。

12 月 24 日　深圳市重点工程之一——广深高速公路深圳机场立交桥工程经过

150 天的紧张奋战，已基本竣工，通过初步验收，开始试通车。

12 月 25 日 深圳市政府常务会议召开，原则通过《深圳经济特区国有资产条例（送审稿）》和《深圳经济特区产品标准质量管理条例（送审稿）》。

△ 继北环大道、深南大道之后，深圳市又一条东西向的大动脉——滨海大道全长 7 公里的海堤工程已全面铺开。

12 月 26 日 深圳市第一届人民代表大会常务委员会第二十七次会议审议市人大常委会财政经济工作委员会关于视察福田红树林鸟类自然保护区的情况报告，会议强调：经济发展、城市建设和环境保护应当同步、协调地发展；在发展过程中，各级政府及其有关部门应牢固地树立法制观念，严格依法办事，依法行政，妥善地处理好建设、发展与自然保护的关系。会议就关于依法保护福田红树林鸟类自然保护区问题做出了决议。

△ 中国首台大型集装箱货车检查系统正式在深圳文锦渡海关启用。

△ 蛇口工业区庆祝成立 15 周年。

12 月 28 日 深圳市人民政府住房制度改革办公室发布《关于职工离开原产权单位已购福利商品房的补差规定》。

△ 深圳市第三次团代会召开。

12 月 29 日 总占地面积约 10 万平方米的三大医疗设施——深圳市中心医院、深圳市儿童医院及市急救中心，在福田区奠基。

12 月 29 ~ 30 日 深圳市总工会第三次代表大会召开。

12 月 30 日 深圳市"95 新年音乐会"在深圳大剧院举行。深圳市委副书记、副市长李子彬代表市委、市政府向全市人民致新年祝词。

12 月 31 日 市委书记、市长厉有为发表电视讲话，向全市人民致新年问候。

1995年

1月1日　财政部驻深监察专员办事处挂牌成立。驻深财政监察专员将就地履行中央财政监督和管理职能。

△　深圳市建设工程造价管理站编制的《深圳市建筑装饰工程综合价格》开始使用，该文件在国内最早提出"综合价格"概念，成为我国第一部摆脱传统预算定额框框、以财务成本为基础、适用于事物量计价的计价依据。

1月1～15日　原国家主席杨尚昆在深圳考察。在深圳期间，杨尚昆听取了市委书记、市长厉有为的汇报，市领导李子彬、林祖基、莫华枢、黄丽满等在座。杨尚昆考察了中国国际集装箱公司、天达空港设备公司和"世界之窗"。

1月4日　深圳市政府通过《深圳市"九五"及二〇一〇年工业主导产业发展规划纲要》，确定计算机及其软件、通信、微电子及其基础元器件、视听、机电一体化、重点轻工、能源七个重点产业为深圳市工业发展主导产业。

1月5日　深圳市国有资产管理委员会再次向深圳国际信托投资有限公司等26家企业颁发国有资产授权占用证书，并将市免税商品供应总公司改制为深圳市第一家国有独资有限责任公司，更名为深圳市国有免税商品（集团）有限公司。

1月6日　深圳市委宣传部等三部门联合发出《关于深圳证券市场新闻报道管理若干规定》，要求重要信息披露、重要法规公布必须事先由指定部门和报刊发布。

1月7日　深港政府联合主持召开治理深圳河第一期工程招标会。

1月8日　深圳市重大工业项目之一——深圳龙飞织染厂建成投产。该厂总投资为3.2亿元，是深圳市目前设备最先进的全能型纺织企业。

△　深圳证券交易所和深圳证券登记有限公司委托中国经济开发信托投资公司，

联合全国 12 家财政证券公司，组建深圳证券市场财政系统国债保管库，并举行签字仪式暨新闻发布会。同时创建了全国首支专业国债实物券调运队——深交所实物券调运队。

1月9日　深圳市举行杰出专家迎春茶话会。厉有为讲话，强调要重视人才，培养人才，聚集人才，用好人才，充分发挥专家学者的作用。据悉，深圳市现有的 140 多名杰出专家中，有 93 位在行政企事业单位担任领导职务，约占专家总数的 66.4%。

△　关山月美术馆在深圳奠基。

1月10日　深圳市成立财政系统国债代保管库，会员由北京财政证券公司等 13 家单位组成。

△　由美国 IBM 公司投资 55 万美元兴建的深圳大学 IBM CHINA 计算机辅助软件工程（CASE）实验室在深圳大学正式启用。

1月11日　深圳市市长厉有为在对位于宝安区公明镇的华发电子城进行考察后指出，深圳市大型企业要走华发扩散生产的路子，即开发经营在特区内，生产加工在特区外，使宝安、龙岗两区成为特区产业转移的基地。

△　深圳市老年基金会成立。

1月12日　深圳市中级人民法院依法裁决深圳市爱特事业公司破产，这是深圳第一家经市政府主管部门批准申请破产的国有企业。

1月13日　深圳市高新技术产业投资服务有限公司成立，这是为扶持高新技术产业，加速科技成果产业化的一项科技与金融结合、以金融促进科技发展的重要举措。

1月13~14日　1995 年深圳市计划财政工作会议召开。市计划局局长张溯、市财政局局长陈锡桃分别做了报告，并就初步拟定的 1995 年社会经济发展计划进行说明。副市长张鸿义做了题为《创财政金融新局面、促国民经济上台阶》的报告。市委副书记、副市长李子彬做了总结讲话，指出：抑制通货膨胀、保持社会稳定、加快发展速度是深圳市 1995 年的社会经济工作重点，要求全市积极贯彻市政府提出的有关措施，全面完成 1995 年的发展目标。

1月14日　全国人大常委会副委员长李锡铭视察深圳市人大常委机关并进行了座谈。

1月15日　深圳赛意法微电子有限公司超大规模集成电路工厂在深圳福田保税区奠基。该项目的建成投产将使深圳成为中国技术档次最高、品种最全、规模最大的集成电路封装和测试基地，并将促进深圳市电子工业产业升级，进一步推动中国微电子工业的发展。

1 月 18 日 深圳决定 B 股发行面向仓储、石油基地、木材加工、机场等新的行业，以吸引更多投资者投资深圳 B 股市场。

1 月 19 日 为加强国有资产管理，深圳市投资管理公司向深圳国有免税商品（集团）有限公司等 6 家市属国有企业委派（推荐）财务总监，深圳市深宝实业股份有限公司成为全国首家由国资部门委派财务总监的上市公司。

△ 由广东省计划委员会、省交通厅、深圳市运输局等有关单位的专家组成的评审委员会，原则通过了《深圳市城市交通规划》。根据该规划，深圳将成为海陆空全面发展的国际性客运中心、物流中心、信息中心。

1 月 21 日 深圳市首次颁发"改革成果创新奖"。"现代企业制度改革试点"荣获 1994 年度创新特等奖，"深圳市企业无行政主管部门改革"获一等奖。

1 月 23 日 深圳召开金融工作会议，决定当年对现有的证券经营机构进行优化组合和升级换代，促进其向规模化和专业化转型。

1 月 25 日 在深圳市工商物价工作会议上，副市长李广镇强调：严格控制物价上涨是深圳市今年经济工作的主要任务之一。

1 月 27 日 广东省人大常委会主任林若到深圳考察依法治市工作进展情况。林若要求，要努力实践，总结经验，以点带面，逐步铺开，通过依法治市促进改革开放的顺利进行。

1 月 28 日 深圳市政府常务会议审议并原则通过了《深圳市龙岗大工业区招商引资若干办法》和《深圳市龙岗区大工业区管理条例》。

2 月 7 日 全国人大常委会副委员长王丙乾在深圳视察时，勉励市人大常委会在改革中继续新的尝试，创出新的经验，做出新的贡献。

2 月 8 日 深圳市环境综合治理领导小组召开会议，讨论、研究深圳市环境综合治理实施方案和任务分解细则。

2 月 9 ~ 13 日 中共中央政治局常委、中央军委副主席刘华清一行在深圳考察，他强调改革开放要继续搞好两个文明建设。

2 月 11 日 深圳市中级人民法院对轰动全国的特大贩卖假发票犯罪团伙进行公开审判，分别对一批罪犯判处死刑、无期徒刑和有期徒刑。

2 月 14 日 深圳市政府常务会议原则通过支持外贸出口发展的若干意见。

△ 深圳市政府常务会议原则通过《完善深圳经济特区职工养老保险制度的方案（草案）》。

2 月 19 日 为适应深圳市建立社会主义市场经济体制需要的人口管理新机制，

市户籍制度改革领导小组拟定《深圳市户籍制度改革试行办法》①。

△ 《深圳商报》载：市委、市政府决定成立深圳市社会科学联合会。市社科联与市社科中心合署办公，一个机构挂两块牌子。

2月24日 深圳市第一届人大常委会第二十八次会议第二次全体会议表决通过《深圳经济特区律师条例》和《深圳经济特区注册会计师管理条例》。

2月25日 全国第一部为私营企业发展创造公平竞争环境的政府规章——《深圳经济特区私营企业发展暂行规定（送审稿)》获市政府常务会议原则通过。

2月27日 深圳证券交易所发出通知，强调加强国债期货交易风险管理，并就调高保证金、限定最高持仓额等做出新的规定。

2月28日 国家经贸委主任王忠禹在深圳就工业发展、现代企业制度试点工作及国有资产管理工作进行考察和调研。

3月1日 1995年3年期凭证式和无记名国库券发行，并首次通过深交所网络分销，标志着深圳国债现货市场开始启动。

△ 深圳市16个单位的631名工作人员，经考核顺利过渡为中国第一批国家公务员。这标志着中国人事制度的重大改革——建立公务员制度已在深圳取得了初步成果。

△ 深圳市委、市政府召开市两个综合治理工作动员大会，公布了《深圳市社会综合治理工作方案》和《深圳市环境综合治理实施方案》。厉有为同各区区长和各职能部门负责人签订了两个综合治理的责任书。

3月2日 1995年国家经济信息系统工作会议在深圳银湖召开。

△ 深圳市政府常务会议原则通过了《〈深圳经济特区文化市场管理条例〉实施细则》、《深圳市人民政府关于办理人大代表建议和政协提案的规定》及《深圳市行政赔偿工作暂行办法》。会议还通过了《深圳市行政赔偿工作暂行办法》，这是深圳市为更好贯彻实施《中华人民共和国国家赔偿法》，建立完善行政赔偿工作制度而制定的规范。

3月3日 深圳市纪委第八次全体（扩大）会议召开，市五套班子领导出席了会议。市委常委、市纪委书记莫华枢代表市纪委常委会做了题为《从严治标，着力治本，深入开展反腐败斗争》的工作报告。市委书记厉有为、副书记李子彬分别讲话。

---

① 试行办法的指导思想和主要内容是：控制人口增长、优化人口结构、提高人口素质，进一步吸引资金和延揽及稳定人才，促进深圳社会经济的全面发展。通过改革，将建立和完善以暂住户口、蓝印户口和常住户口为体系的户口管理新机制。

3 月 4 日 《深圳特区报》《深圳商报》同时刊发了长篇通讯《奉献爱心的陈观玉①》，报道深圳市第二届文明市民、全国"三八"红旗手陈观玉 30 年如一日坚持学雷锋做好事的事迹。

3 月 5 日 "南粤巾帼十杰"评选在广州揭晓。

3 月 6 日 "深圳机场航站楼扩建工程预可研评估会"在深圳举行。深圳市政府决定投资 3.5 亿元建设该项目。

  △ 深圳市副市长张鸿义在牙买加首都金斯敦市，与市长阿特金斯签署了深圳市与金斯敦市结为友好城市的协议。

3 月 6 ~ 7 日 "中英关于香港和内地跨境大型基建协调委员会"考察团一行46 人，实地考察了深圳湾水域和预选桥位。

3 月 8 日 深圳市妇女"通向北京万人行"活动举行起步仪式。这是为迎接第四次世界妇女大会 9 月份在北京召开，展示特区女性风貌的一次大型活动。

3 月 9 日 深圳证券监管办公室确定 1995 年工作重点：培养和扶持一批券商、基金公司；建立电脑预警和监控系统，防止操纵股市和内幕交易行为发生；吸引内地企业来深圳发行上市 B 股，发展 B 股可转换债券、认股权证等派生品种；试组中外合作基金，探索 B 股向境内投资者开放新途径；探索法人股流通模式，实现法人股"软着陆"。

  △ 政协原副主席、国务院副总理、国家建委主任谷牧莅临深圳大学视察。

3 月 12 日 《深圳市 2000 ~ 2010 年城市供水规划》通过了由国家建设部和水利部组织的专家评审。

3 月 13 日 深圳市政府决定开放运输市场。鼓励外商参与港口、机场、公路、铁路的投资和经营。

3 月 14 ~ 16 日 深圳市文化工作会议召开。这是深圳经济特区建立以来，在文化艺术、新闻出版、广播电视工作方面规模最大的一次会议。会议讨论了《深圳市1995 年 ~ 2010 年文化发展规划》，确定了把深圳建成一个新兴的"现代文化名城"

---

① 陈观玉（1939 ~ ），女，归侨，广东深圳人。从 20 世纪 50 年代开始到现在（1995 年），为社会、为群众做了大量的好事。义务为群众理发，一干就是 30 年；曾为 13 位"五保户"服务至过世；关心和热爱军人，支持当地驻军的建设，先后为部队送慰问金、购买图书和康乐设施等捐款 2 万多元；关心青少年的成长，不顾自己体弱多病，担任多所中、小学的校外辅导员，经常到学校，给学生做报告；支持贫困失学少年重返校园，1995 年，给河北省张北县的失学少年张素珍寄去 1000 元，资助小素珍重返校园；鼓励支持伤残青年黄合彬同命运搏斗。关注社会、关心别人，自觉地、慷慨地向社会做贡献，被群众和当地驻军誉为"中英街上活雷锋""当代沙奶奶"，曾先后荣获"全国三八红旗手"、"广东省精神文明建设标兵"、深圳市"文明市民"等 50 多种荣誉称号，1996 年被广东省政府授予"广东省学雷锋标兵"的光荣称号。

的远景目标和近期发展规划。会议还表彰了一批文化战线的先进集体和先进工作者。

3月17日 深圳市政府常务会议讨论通过了《〈深圳经济特区文化市场管理条例〉实施细则》、《深圳市行政赔偿工作暂行办法》及《深圳市人民政府关于办理人大代表建议和政协提案的规定》。

3月21~23日 来自国家、省、市有关职能部门的领导、专家共130人对拟建的深圳前湾燃机厂可行性研究报告进行审查。拟建的深圳前湾燃机厂将是全国第一座大型燃机电厂,总投资约60亿元。经过3天多的审查和实地勘察后,决定电厂定址大铲岛,可行性报告审批也获得通过。

3月21日 深圳市1995年劳动工作会议召开。会上提出深圳市劳动工作总的思想:以全面实施《中华人民共和国劳动法》为统领,继续把握好改革、发展、稳定的关系,加快建立新型劳动体制和运行机制的进程,促进经济发展和社会稳定。

3月22日 深圳市委书记、市长厉有为专程赴沙头角看望陈观玉。号召全市人民特别是广大党员和机关公务人员向陈观玉同志学习,扎扎实实开展助人为乐、奉献爱心的活动,并结合实际做好援助内地贫困地区的工作,推动特区两个文明建设。

3月27日 深圳市隆重举行陈观玉事迹报告会。中共中央宣传部副部长白克明、广东省委宣传部副部长邹启宇、深圳市五套班子领导出席了会议。厉有为发表了题为《大力弘扬奉献精神,努力提高深圳社会文明水平》的讲话。中共深圳市委、深圳市政府做出了《关于向陈观玉同志学习的决定》。

3月28日 深圳市政协第二十五次常委会议正式通过《政协深圳市委员会关于政治协商、民主监督、参政议政的实施办法》。该实施办法将政协工作的性质、任务、目标等做了具体界定,对政治协商、民主监督、参政议政的内容、形式和程序做了具体规定。

3月29日 深圳市依法治市工作领导小组召开会议,确定深圳市1995年依法治市工作将从立法、执法、监督、宣传4个方面重点推进,逐步展开。

△ 深圳市计划在1996年年底以前,基本建立起适应社会主义市场经济体制要求的,社会保障管理机构统一、保障方式多层次、服务社会化、管理法制化的社会保障体系。1995年改革的重点包括6个方面的工作:理顺社会保障管理体制,健全和完善以养老、失业、医疗、住房公积金为重点的各项社会保险制度,争取在1995上半年完成社会保障管理体制改革,建立全市统一的保险机构体系;搞好机关事业单位职工和企业养老保险制度的衔接,分别制定企业和机关事业单位的补充养老保险方案,形成多层次的养老保险体系;完善企业养老保险制度和失业保险制度;改革和完善医疗保险制度;进一步完善住房公积金制度;要制定社会保险基金管理办

法和各项制度，严格规范基金的筹集、使用、运转和管理，同时加快社会保障制度的立法。1995 年计划将出台《养老保险条例》、《失业保险条例》、《医疗保险条例》和《住房公积金条例》4 个法规。

△ 为具体落实贯彻江泽民总书记今年春节对台湾 8 点讲话精神，深圳市政府在布吉镇美利达自行车有限公司召开深圳市台商座谈会。市委书记、市长厉有为表示，要坚决消除个别地方对台商乱收费等不合理现象，要充分保护台商的合法权益。

3 月 30 日 深圳市依法治市工作领导小组召开会议，依法行政试点在政府部门全面铺开。会议提出 1995 年依法治市工作从立法、执法、监督、宣传四个方面开展。

△ 龙岗区农林水利局负责人在香港与当地环保团体地球人协会以及广东华南农业大学的有关人员共同签署了合作筹建"生态村"的协议。

3 月 31 日 全国博士后管理协调委员会办公室与深圳市高新技术园区管理办公室举行兴建博士后工作站签字仪式。

△ 全国民航优质服务工作会议在深圳召开。在全国 17 个机场中深圳机场荣获服务质量第一名。深圳航空公司在全国 16 家航空公司中服务质量名列第四。

4 月 深圳市公共汽车公司改组成国有独资有限公司，深圳市公共交通（集团）有限公司正式成立，这是国内公共交通行业建立现代企业制度的首次尝试。

4 月 4 日 深圳市南山区制定 15 年发展规划，计划将南山营造成为深圳的"硅谷"。

4 月 6 ~ 8 日 14 名湘赣卖花女"老板"在深湘两地联手打击中落网，40 名卖花女被解救。近一段时间，深圳街头"卖花女"现象引起市民及媒介的关注，公安机关为此做了大量工作。

4 月 6 日 深圳市委副书记、副市长李子彬在检查深圳市口岸工作时指出：深圳要竭尽全力，配合国务院在深圳市搞好口岸改革试点工作，促进口岸管理朝国际化方向迈进。

4 月 7 ~ 14 日 中共中央政治局委员、全国人大常委会副委员长田纪云在深考察，参观了市科技工业园、农业科技中心、龙岗区布吉镇南岭村和盐田港。

4 月 7 日 中共深圳市委召开常委会议，讨论并通过《中共深圳市委关于加强政治协商民主监督的通知》，同意《政协深圳市委员会关于政治协商民主监督参政议政的实施办法》。

4 月 10 日 深圳市国有资产管理委员会召开 1995 年度首次会议。会议决定成立深圳市国有资产产权纠纷调处委员会和投资管理公司监事会，进一步完善国有资产管理体系。会上，市国有资产管理委员会第 3 次向市城建集团等 28 家国有企业颁发国有资产授权占用书。同时决定将市投资管理公司改造为市国有资产经营公司，将深圳市物资总公司正式改造成全市第 3 家国有资产经营公司，将市城建集团和市公共汽车公司改造为国有独资公司。

△ 1995 年第一届经济形势、政策与企业战略研讨会①在深圳开幕。

△ 深圳市委决定，在全市范围内开展内容丰富多样的特区与老区、山区"心连心"活动。

4 月 12 日　为坚决遏制和刹住违法批地占地歪风的蔓延，深圳市规划国土局和监察局联手行动，推出了 6 项有力措施，确定从即日起至 1995 年 6 月底，集中力量抓好对违法批地、闲置用地、高尔夫球场等 3 项非农用地的清理工作，严厉打击在土地问题上的各类违法违纪行为。

△ 深圳市政府常务会议讨论通过《深圳经济特区建设监理条例（草案）》②和《深圳市推行新型墙体材料管理规定（送审稿）》。

4 月 13 日　深圳市第一次企业工作会议在市人大礼堂开幕，中心议题是研究深圳市企业的改革、管理和发展问题。市委书记、市长厉有为做了题为《突出重点，大胆实践，率先构建社会主义市场经济的微观基础》的重要讲话，提出了深圳企业改革中的总体要求。市委副书记、副市长李子彬就企业管理和发展问题做了题为《强化企业管理，增强发展后劲，进一步提高经济增长的质量和效益》的讲话。会议还讨论研究了《深圳市 1995 年深化企业改革的意见》《深圳市建立现代企业制度实施纲要》以及关于在全市范围内开展"企业管理年"活动方案、关于重点扶持一批大型企业集团加快发展的意见和扭亏增盈工作意见等草案。

△ 深圳市国有资产管理委员会再次向 28 家企业颁发国有资产授权占用证书，同时宣布将市城市建设开发（集团）公司、市公共汽车公司分别改制为国有资产独资有限责任公司，将市物资总公司改制为国有资产经营公司。

4 月 14 日　深圳市企业工作会议闭幕。市委书记、市长厉有为就企业改革的一些重要问题发表了题为《突出重点，大胆实践，率先构建社会主义市场经济的微观基础》的讲话。

4 月 18 日　第 41 届高尔夫球世界杯决赛组委员会在深成立，深圳市市长厉有

---

① 企业战略论坛的举办，旨在让企业家了解国家的宏观经济形势、产业政策和市场动向，以帮助企业适应外部环境的变化，及时调整企业发展战略，增强企业在国际国内市场的竞争能力。

② 监理条例是为了弥补 1985 年市政府颁发的《深圳市基建工程地盘管理办法》的不足，为完善建设监理制度，促进工程建设项目管理的科学化、专业化，提高工程建设的投资效益而制定。

为任执行主任。

△　《深圳市信息通讯产业 2010 年规划和"九五"计划》通过专家评审。

4 月 20 日　深圳市政府在深圳会堂召开动员大会，以配合全省统一行动，开展打击利用专用发票等偷税、骗税行为的专项斗争。

△　《人民日报》登载深圳市市长厉有为文章《社会主义市场经济条件下的城市建设与管理》。

4 月 21 日　深圳市社会审计体制改革领导小组宣布：深圳市将在全国率先进行会计师事务所的改制。深圳市新的注册会计师协会正式成立。

4 月 22 日　深圳市政府常务会议原则通过《深圳市人民政府关于加强"三来一补"管理的若干意见》。

4 月 25 ~ 28 日　中共深圳市第二次代表大会隆重举行。大会确定今后五年工作的指导思想和奋斗目标。会上，厉有为做了题为《为把深圳建设成为社会主义现代化的国际性城市而奋斗》的工作报告。

4 月 27 日　作为深圳市环境综合治理任务中一项重要内容的机动车停车场整顿工作已全面展开。市政府在召开动员大会上，要求各单位认真检查整改存在问题的停车场，不能以各种理由和借口给检查、整改设置障碍。

5 月 1 日　深圳市实施新的企业最低工资标准。

△　深圳皇岗口岸取消进出境车辆通道卫检申报验放环节。

△　深圳市民营企业党委正式成立，下属 2 个总支，9 个党支部，共有 117 名党员。这是全国第一个民营企业党委，它的成立开拓了非公有制经济领域党建工作的新路子。

5 月 6 日　深圳梅林至观澜高速公路暨皇岗北路建成通车。梅林检查站同时简易开通。

△　深圳机场至荷坳高速公路开工。这条高速公路是深圳市的 2 号高速公路，东接深汕高速公路，西接广深公路和深圳机场，建成后将成为特区外的一条快速通道。

5 月 9 日　深圳市中医工作会议召开。会议讨论《深圳市中医事业"九五"计划及二〇一〇年规划》。深圳市振兴中医药基金会同时宣告成立。

5 月 10 日　深圳市委书记、市长厉有为，市委副书记、副市长李容根等，先后来到梅林工业区、滨河路西段、罗雨泵站、玉龙坑垃圾填埋场等处，察看环境综合治理工作，现场办公解决问题。市领导察看了玉龙坑现场，认为该处的违章开发问题是深圳市目前最严重的一桩违法事件。厉有为、李容根等市领导听完有关部门的详细汇报后表示：违章开发造成这种令人担忧的局面，这是严重的无政府主义行为。政府各级有关部门除了要承担官僚主义、办事不力等责任外，必须立案追查主要责任者。

5月12日 深圳市副市长李广镇要求市有关部门认真贯彻落实全国农副产品收购资金管理工作电视电话会议精神，进一步落实粮食调拨资金，稳定粮油市场价格，抓紧粮食仓库建设。

5月13日 深圳市治理深圳河办公室代表深港双方政府与承建商中国深圳国际合作（集团）股份有限公司、中国水利电力第十三局工程局、交通部第四航务工程局3家组成的联营体举行治理深圳河第一期工程建造合同协议书签字仪式。至此，深圳河第一期工程的各项准备工作已全部结束。

5月16日 深圳市政府召开经济分析会，分析1995年1月至4月深圳市经济发展情况。分析会强调指出：政府机关要进一步做好服务工作，加强调查研究，要树立服务即效益的思想；要抓紧研究一些经济政策，如房地产政策、财税金融政策、劳动力政策、关税政策等，提高政策水平和运用能力，只有这样，才可能为企业营造一个较好的微观经济运作环境。

△ 深圳市口岸工作会议召开。1995年口岸管理将全面铺开以有效、高效为目标进行改革。内容包括查验方式改革、收费制度改革、管理手段电脑化等。为科学有效地完成深圳口岸管理改革全面试点工作，将按照改革的内容组成查验方式改革、收费制度改革、电脑查验网络工程等3个工作小组，分4个阶段实施改革。

△ 大鹏海关与盐田国际集装箱码头有限公司签订"开通支线船业务谅解备忘录"。这是九龙海关与被监管企业签署的第一个有关海关业务的谅解备忘录，也是九龙海关在建立现代海关制度的改革进程中探索与企业合作共管的新举措。

5月17日 政协深圳市第二届委员会第一次全体会议召开。

△ 深圳融资中心在全国率先开办了金融债券回购业务，并首先从国家开发银行发行的开发债券回购入手。

5月18日 深圳市第二届人民代表大会第一次会议在深圳会堂开幕。厉有为市长代表市人民政府做政府工作报告。会议还听取了市计划局负责人关于深圳市1994年国民经济和社会发展计划执行情况与1995年国民经济和社会发展计划（草案）的报告，听取了市财政局负责人关于深圳市1994年财政预算执行情况与1995年财政预算（草案）报告。

5月21日 为贯彻中国证监会"5·17"紧急通知精神，并针对国债期货投资者的要求，深圳证券交易所、证券监管办公室及证券登记公司等有关部门负责人共同研究有关国债期货协议平仓的办法。

5月23日 经广东省政府研究决定，李子彬任其深圳市人民政府市长，免去厉有为深圳市市长职务，继续留任其深圳市委书记一职。

5月25日 珠江三角洲经济区规划协调领导小组第三次会议在深圳市召开。这次会议着重讨论深圳市在珠江三角洲经济区的地位和作用，经济区内高速公路网与城市道路衔接等城市群规划与交通规划协调问题，以及区内高等院校布局及初中后教育等经济区教育布局与发展问题。

△ 深港联合治理深圳河首期工程在渔民村河湾处正式动工。该工程完工后，将增大排洪能力，相应降低深圳河的洪水位，改善生态环境。

5月25~29日 深圳证券交易所开设国债期货电脑协议平仓专场。

5月26日 深圳市体改办召开深圳市股份合作公司规范工作会议。这次着手规范的对象主要为特区内各区原来农村集体企业改造成的股份合作公司。

5月28日 妈湾电厂配套输变电工程重点项目220千伏龙塘变电站、龙塘至梅林220千伏高压输电线路和大朗至水贝220千伏线路接入龙塘变电站工程全面竣工，正式投入运行。

5月29日 广东省委、省政府召开电话会议，部署下一阶段的禁毒工作。会议要求各地区、各部门在禁毒斗争中坚定根本不放松，突出重点抓落实，加强领导见行动。会后，深圳市委副书记李容根，市委常委、副市长何景焕结合深圳的实际，对全市的禁毒工作提出了具体的要求。

5月30日 深圳市首家房地产交易市场开业，标志着深圳市房地产二、三级交易市场开始向专业化、规范化、集中化方向发展。

△ 深圳市高新技术园区开发工程和深圳市高新技术工业村奠基。市委常委、常务副市长李德成在奠基典礼上指出：工业村是深圳市"科技的特区"，要创立一套全新的管理和运行机制，大力培育、发展和完善村内生产资料、技术商品、人才劳动、金融和信息等市场建设，重点塑造一批跨地区、跨行业的大型高新技术企业和企业集团。

△ 中国人民银行深圳经济特区分行发布《关于关闭深圳金威城市信用社的公告》。

6月2日 深圳市重大投资工业项目——深圳富宝化纤有限公司细旦涤纶长丝项目竣工。该项目总投资3.3亿元。

6月6日 深圳市重大项目——深圳液化石油气低温常压储存工程，在大鹏湾葵涌镇地下洞地区海滨动工。该项目投资9800多万美元，是我国第一座大型、具有

20世纪90年代先进水平的低温常压储存工程，投产后年加工液化石油气可达100多万吨，将缓解深圳市及华南和香港地区的石油液化气供应紧张的状况。

6月7日 深圳市爱国主义教育基地命名挂牌仪式在华侨城锦绣中华景区举行。至此，包括锦绣中华景区在内的13个深圳市爱国主义教育基地正式命名。

△ 国务委员兼国家科委主任宋健考察了深圳市部分高科技企业，充分肯定了深圳市发展高科技的经验。

6月8日 深圳市环境综合治理领导小组召开第二次工作会议。

△ 《〈深圳经济特区文化市场管理条例〉实施细则》发布实施。

△ 深圳市政府召开常务会议，研究深圳市工业健康稳定发展措施。

6月9日 亚洲第一摩天大厦——深圳地王商业大厦落成封顶，总高度为383.95米。

6月10日 深圳全面推行生猪定点屠宰。

6月13日 深圳市政府宣布成立制止和纠正乱收费工作领导小组，部署全市清理整顿乱收费工作。

6月15日 深圳市政府常务会议原则通过《深圳经济特区规划国土监察条例（送审稿）》和《深圳经济特区暂住人员户口登记管理条例（送审稿）》。

△ 旨在探索国有大中型企业改革新路的社会主义综合商社试点在深圳工业品贸易集团展开。

6月17日 深圳皇岗卫生检疫局在推进深圳口岸管理体制改革的过程中，率先撤出口岸查验通道，方便车辆入出境。国务院副总理李岚清在获悉这一情况后，批示："做法很好，既方便进出，又能科学而严格地把关，这就是我们口岸管理改革的方向和目的。"

6月21日 深圳市规划国土局召开新闻发布会：针对当前深圳市房地产市场部分楼盘空置、资金积压的疲软状况，市规划国土局目前正采取多项搞活市场的措施，以焕发深圳市房地产业的生机。

6月22日 在整顿、规范全市当时16家城市信用社之后，深圳城市合作商业银行宣告成立，同时举行第一次股东大会。这是中国首家城市合作商业银行。

6月26日 《深圳市民行为道德规范》由市精神文明建设委员会正式颁布并付诸实施，这是深圳市社会主义精神文明建设的一项重大举措。

6月28日 深圳市第八届荔枝节开幕。

6月30日 深圳市委召开纪念中国共产党成立74周年暨先进基层组织、优秀共产党员和优秀党务工作者表彰大会。

6 月 深圳融资中心推出新的货币市场工具——金融同业本票。

7 月 1 日 深圳市政府召开常务会议，讨论并原则通过《关于进一步启动深圳市房地产市场的若干办法》。

△ 为进一步吸引高级技术人才发展深圳市高新技术产业，经市政府批准，深圳市对专业人才调入方法实行重大改革：今后高级人才将不再受调入指标限制，新建高新技术企业用人将实行按投资配额核准的新方法。

△ 深圳市市长李子彬率团访日，出席 3 日在东京召开的日本深圳协力会第八次会议。期间，深圳市与日本筑波市缔结为友好城市。

△ 深圳市罗湖桥头"香港回归祖国倒计时牌"正式运作。

7 月 3 日 中国（深圳）国际人才培训中心的人才大厦落成并投入使用，它是中国当时规模最大的涉外人才培训基地。

△ 深圳市制止和纠正乱收费检查工作全面展开。

△ 深圳招商银行在全国率先推出了"储蓄一卡通"新业务。

7 月 4 日 国内贸易部批准在深圳建立全国首家名牌商品批发市场——深圳保真名牌商品批发市场。

7 月 6 日 根据深圳市政府有关制止和纠正乱收费文件的精神，结合国家计委责成深圳物价检查所开展"一关四检"① 收费检查试点工作的要求，深圳市物价检查所开始对深圳口岸收费情况进行检查。

7 月 10 ~ 15 日 深圳市对全市 5 个区和市属 16 个部门的环境综合治理工作进行第一次考核。

7 月 12 日 全国城市合作银行组建工作座谈会在深圳举行。

7 月 13 日 深圳市政府常务会议审议并原则通过《深圳经济特区价格条例（草案)》和《深圳经济特区商品条码管理办法》。

△ 深圳市荣获"全国造林绿化十佳城市"称号。

7 月 14 日 中德合资生产智能卡协议书签字仪式在德国福伦贝克市举行。协议将在深圳组建一个年产 3000 万张各种智能卡的高新技术企业，这将是我国目前最大的智能卡公司。

7 月 15 日 国家卫生检疫局在深圳召开现场会，总结深圳市皇岗卫检局的经验，进一步贯彻落实李岚清同志的重要批示，以推动全国口岸卫检的改革。

△ "手拉手——95 深港少年交流营"开营。

---

① 分别是海关、卫生、边防、安全和动植物检查。

7月18日 "深南玻"在瑞士成功发行4500万美元B股可转换债券,这是中国企业首次经国家正式批准在境外市场发行B股可转换债券。

7月20~22日 广东省发展大企业集团工作会议暨研讨会在深圳石化集团召开。会议强调要加快组建和发展大企业集团。

7月21日 深圳市经济合作发展基金首次向湖北省红安县的一个经济合作项目提供一笔500万元的低息贷款。此举表明一向以扶持省内经济发展较缓慢地区为主的该基金开始加大对省外老区、山区的扶持。

△ 深圳市全市社会治安综合治理暨安全文明小区命名大会召开。会议授予莲花北住宅区等110个小区为市安全文明小区。

7月22日 国务院特区办主任胡平考察福田保税区。

7月24日 以"科教兴市"为主题的深圳市科学技术大会在深圳会堂开幕。深圳市委书记厉有为、市长李子彬作重要讲话。副市长郭荣俊宣读《中共深圳市委、深圳市人民政府关于贯彻〈中共中央、国务院关于加速科学技术进步的决定〉的若干措施(讨论稿)》。

7月26日 深圳市委书记厉有为在"同富裕工程"会议上,与福田、南山、宝安、罗湖、龙岗5区领导共商"同富裕工程"大计,决定用3年时间,扶持全市尚处于贫困的行政村、自然村发展经济,使全市老区、边区、经济欠发达地区脱贫致富,走共同富裕之路。

△ 深圳市第二届人大常委会第一次会议闭幕。会议表决通过了《深圳经济特区人民警察巡察条例》、《深圳经济特区企业清算条例》和《深圳经济特区国有资产管理条例》。会议表决通过了武捷思[①]为深圳市副市长的决定,表决通过了任命宋枝旺等30位同志为市政府组成机构负责人的决定等。

7月29~30日 由国家体改委、国家经贸委联合召开的深圳口岸改革试点工作会议在深圳市召开,部署贯彻《深圳口岸管理体制改革试点方案》。

7月29~31日 中共中央政治局委员、国务院副总理李岚清在深圳考察,并对深圳以后的工作做了重要指示。

7月31日 深圳市委、市政府召开军政座谈会,庆祝建军68周年。

7月 中国人民银行深圳分行对深圳外资银行内部控制制度执行情况进行了全

---

① 武捷思(1951~),广东中山人。中国人民银行金融研究所经济学博士,南开大学经济学院理论经济学博士后,高级经济师,曾任南开大学博士生导师,中国工商银行总行调研部副处长,工商银行无锡分行副行长,工商银行总行调研部处长、体改办副主任、资金计划部副主任,工商银行深圳分行常务副行长、行长。

面稽核。在我国，大规模全方位开展对商业银行内部控制制度的现场稽核与评价尚属首次。

8 月 1 日　深圳市委副书记黄丽满率深圳"心连心"活动赴湘捐款签约代表团一行 40 余人抵达长沙。此行的目的主要是对口扶持湖南浏阳、宁乡、桑植等地，援建希望小学，援助当地失学儿童。

8 月 2 日　深圳市委书记厉有为率南山区赴井冈山考察学习党政代表团赴江西井冈山考察，开展"心连心"活动。

8 月 2 日　深圳市政府二届一次全体会议召开。深圳市市长李子彬指出，新一届政府处在实现深圳第二次创业的关键时期，除了要发挥已有优势外，还要努力增创新优势，才能再上新台阶。并提出完成国民经济计划任务要努力做好的 11 项工作。

8 月 6 日　铁道部决定在深圳成立南方铁路集团，正式成立筹备组。

8 月 7 日　《深圳特区报》在头版头条发表长文《深圳的实践说明了什么——深圳市委书记厉有为访谈录》。厉有为重点谈到深圳特区创建 15 年以来取得的巨大成就，接着，厉有为话锋直指胡鞍钢，语言十分严厉地说道："现在有人否定特区，主张取消特区，说什么特区培养了特殊利益集团，是和中央争利分利的特殊利益集团，是用寻租的手段发展的。政治寻租是向中央要特殊政策；经济寻租是向京官行贿。这不仅仅是把脏水泼在特区建设者身上，而且还把中央领导诬陷在里边了。东北话叫'埋汰人'。"不久，胡鞍钢在香港《明报》发表文章，予以回应。①

8 月 8 日　深圳市委、市政府决定，进一步完善社会保险管理体制，成立市社会保障管理监督委员会，并将原市社会保险局、医疗保险局合并，组成新的市社会保险管理局。社会保险制度改革的目标是：到 20 世纪末，基本建立起适应深圳市社会主义市场经济体制和现代化国际性城市要求的，范围广泛、项目齐全、资金来源多渠道和保障方式多层次，权利与义务相对应，公平与效率相结合，管理服务社会化的具有深圳特色的社会保险体系。

　△　市经发局正式批准成立深圳金鹏企业集团，这是深圳第一家从民营企业发展起来的企业集团。

8 月 8 ~ 12 日　"95 深圳产品（大连）展销会"在大连市博览中心举行。8 月 8 日至 10 日，厉有为、李子彬率团赴大连学习考察，并于 8 日在大连举行大连港和

---

① 1995 年 7 月，胡鞍钢在福建省厦门市召开的特区研讨会上，提交了《特区还能再"特"吗》的论文，阐明他的"特区不能再'特'"观点。1995 年 10 月 14 日，中央深圳市委宣传部发出通知，要求深圳所有传媒立即停止刊登所有有关"特区不特"争论和不点名批评胡鞍钢的文章。

深圳港结为友好港签字仪式。

8月9日　深圳市委副书记李容根率领的深圳市赴四川阿坝藏族羌族自治州"心连心"代表团抵达四川。阿坝州是福田区对口扶持的地区。

8月14日　深圳市颁发首批行政执法证和行政执法监督检查窗口企业牌匾。旨在对行政执法人员加强监督管理，促进行政机关依法行政。

8月15日　为在深圳市的老区、山区、边远地区实施"同富裕工程"，使欠发达地区尽快富裕起来，走上共同富裕的道路，市委、市政府决定成立"同富裕工程"领导小组，市委书记厉有为任组长。

8月18日　中国首届华夏艺术节在深圳体育馆开幕。

△　在庆祝深圳科技工业园创建10周年而举行的"科技进步与经济发展"演讲会上，著名物理学家杨振宁博士做了题为《近代科学进入中国的回顾和前瞻》的演讲。

8月22日　1994年深圳外商投资双优企业表彰暨经验交流大会举行。深圳市有131家企业入选"全国外商投资先进企业"。副市长郭荣俊在会上高度评价了外商投资企业对深圳的贡献。

8月23日　深圳市执法监察工作会议在市政协礼堂召开。深圳市委常委、常务副市长李德成就如何进一步加大执法监察工作力度谈了三点意见。

8月28日　在"完善对外商投资联合办公实施方案"协调会上，市长李子彬强调：10月份对外商投资的联合办公制度要进行试验。

△　中国银行深圳分行在全国首先推出"活期一本通"业务。

△　深圳市社会保险管理局举行成立挂牌仪式。

8月29日　龙岗大工业区筹建领导小组办公室挂牌。

8月30日　深圳市副市长武捷思在出席"规范发展深圳证券市场座谈会"上提出深圳市政府责成有关部门制定一系列活跃、发展、规范证券市场的措施。

△　深圳举行建市以来参加人数最多、规模最大的群众性音乐会——深圳纪念中国人民抗日战争胜利50周年万人歌咏晚会。

8月31日　深圳市政府常务会议决定尽快实施深圳市的"金关工程"①，并同意拨专款作为该项工程的启动资金。该工程启动将使深圳外贸实现货物通关自动化

---

① "金关工程"是指从EDI电子自动报关入手，达到货物通关自动化，最终实现"无纸贸易"的整个过程。即建立一个EDI贸易网络，将对外贸易中的有关单位和管理部门（如海关、商检、外贸、运输、保险、银行等）需要传递和处理的各种文件（纸面单证），用国际公认的标准格式进行编制，并通过计算机通信网络实现相互间的传递与处理，从而完成全部贸易过程。

和"无纸贸易"成为现实。

9月1日 深圳市委书记厉有为在听取市现代企业制度试点情况汇报时,要求国有企业公司制的改革工作要继续抓好,应把重点转到企业的组织结构和产权结构的调整上来。

9月4日 深圳市环境综合治理工作会议召开。李子彬在讲话中强调,治理好深圳环境必须坚持"三抓":抓组织领导,认识要到位;抓工作重点,要集中人力、物力,重点解决好水、火、路和环境卫生问题;抓依法治市这个根本,特别是要严格执行城市规划,加强执法力度。

9月6日 由 EDI 服务中心主持的深圳市"金关工程"技术方案通过专家论证,为深圳市实施通关自动化和外贸无纸化作业迈出了重要一步。

9月7日 深圳市正式成立市"同富裕工程领导小组",市委书记厉有为担任组长。市委副书记、市长李子彬任副组长,积极开展"扶贫"工作。①

△ 由深圳市罗湖区沙头角镇捐资 46 万元援建的"张北县沙头角镇希望小学"在河北张北县馒头营乡正式落成并交付使用。这是由江泽民总书记年初到张北县馒头营乡郑油坊村访贫问苦而牵起的深圳张北"两地情"的结晶。

△ 深圳市政府常务会议审议并原则通过了《深圳经济特区企业技术秘密保护条例(送审稿)》和《深圳经济特区电梯及自动扶梯安全管理规定(草案)》。

9月8日 深圳市庆祝教师节表彰先进暨教育发展基金会成立大会召开。会上公布了教育基金会的一系列管理章程,并选举厉有为为第一届理事会会长。

9月9日 中秋之际,深圳联城服装有限公司为 600 名打工仔定做了一个直径1.5米、重 200 千克的大月饼,以答谢员工的辛勤劳动。这个月饼打破了直径 0.70米、重 120 千克的吉尼斯纪录。

9月11日 中共中央政治局委员、全国人大常委会副委员长田纪云视察中国平安保险公司,并参观了新落成的平安大厦。

9月11~15日 中央党建工作督查组在对深圳党建工作进行了为期 4 天的检查后认为:深圳市委贯彻党的十四届四中全会决定态度坚决,措施得力;深圳的党建工作成效显著,并在某些方面具有创造性。

△ 市第二届人大常委会第二次会议召开。会议表决通过了《深圳经济特区建设监理条例》《深圳经济特区暂住人员户口管理条例》《深圳经济特区关于限制养犬

---

① 截至 1995 年年底,罗湖、宝安、龙岗、南山四区共接受申报"同富裕工程"扶持项目 465 个,总投资预计 21.5 亿元。

的规定》《深圳经济特区无偿献血与血液管理条例》等。

9月12～16日 深圳市在深圳国际展览中心举办"三来一补"企业产品展览和招商洽谈会。

9月14日 深圳市政府常务委员会议审议通过了《深圳市人民政府关于加强机关建设的若干规定》。该规定共6条22款，要求完善择优劣汰的竞争机制；完善规章制度，提高办事效率；加强监督检查，保证政府行为公正廉洁；严格依法行政，加强机关的规范化、法制化建设等。目的是要造就忠于职守、清正干练的公务员队伍，保证深圳第二次创业的顺利进行。

△ 中央党建督查组考察龙岗区爱联村和西坑村。

△ 《深圳商报》载：继去年深圳中学、实验学校等7所中、小学被评为省一级学校之后，今年又有罗湖区北斗小学、招商局蛇口工业区育才中学、育才一小和育才二小4所学校被评为省一级学校。

△ 中共中央总书记、国家主席江泽民在北京国际贸易展览中心，参观中国居住环境建设成就展览会深圳展厅，并对深圳住宅建设成就表示肯定和赞扬。

9月15日 深圳市EDI（电子数据交换）服务中心决定选用美国DEC（数据设备公司）的计算机系统及其支持软件作为核心设备，双方在香格里拉酒店举行了合同签字仪式，标志着深圳"金关工程"步入具体实施阶段。

△ 深圳市第二届人大常委会第二次会议通过深圳市人民代表大会常务委员会关于深圳市治理乱收费工作的决议。会议还通过了《深圳经济特区建设管理条例》，这是国内第一部明确建设监理工作地位和作用的地方性法规。

△ "东深三期"配套工程的子项目——大冲输泵站正式建成通水。这标志着深圳市投资15亿元，历时近4年的东深三期配套的12项子项目全部完成，同时也标志着特区内东西水源相互联网、综合平衡的现代城市供水网络正式形成。

△ 市第二届杰出优秀青年企业家评选揭晓，邵春杰、朱保国等10人荣获"杰出青年企业家"称号；文行赤、王正德等19人荣获"优秀青年企业家"称号。

△ 深圳市人大常委会颁布《深圳经济特区公民无偿献血及血液管理条例》，这是全国地方人大制定并实施的第一部无偿献血法规。

9月16日 深圳市证券委第三次会议决定：深圳证券登记公司更名为深圳证券结算公司，并入深圳证券交易所，成为深圳证券交易所的全资附属公司。

△ 美国康柏电脑公司设于深圳的康柏电脑技术（中国）有限公司正式开业。

9月19日 深圳市"同富裕工程"领导小组办公室正式挂牌办公。

9月20日 第六届广东国际艺术节深圳会场演出活动在深圳大剧院开幕。

△ 深圳市首批参加全国商业服务企业"质量与信誉承诺"暨"星级信誉企业"评估活动的 19 家商业服务企业，被国内贸易部统一授予"全国商业信誉企业一星"牌匾。

9 月 22 日 深圳市证券监管办公室与深圳证券交易所联合发出通知，要求各地统一深圳证券市场有关数据统计方法，并宣布对擅自编制和发布错误消息误导和干扰市场者，将按有关规定处罚。

9 月 23 日 深圳市物价局、深圳证券监管办公室及深交所联合发文，宣布从国庆节后大幅调低深圳证券市场收费标准，调整项目的收费平均下降近 60%，市场整体费用与上海基本相同，交易手续费比上海证券市场低 12.5%。

9 月 25 ~ 28 日 广东省"二五"普法工作（深圳）视察组对深圳市"二五"普法工作进行检查验收。

9 月 26 日 "中英街"历史纪念馆开馆。

9 月 28 日 为庆祝中华人民共和国成立 46 周年暨深圳市经济特区建立 15 周年，深圳经济社会发展成就展览在市博物馆开幕。

9 月 30 日 深圳举行庆祝中华人民共和国成立 46 周年暨深圳市荣誉市民授荣招待会，并在大剧院举行大型文艺晚会。

10 月 1 日 深圳市巡警正式开始 24 小时全日制巡逻值勤。

10 月 3 日 由深圳市投资管理公司、宝安万丰股份公司和清华大学三方合作组建深圳黎明工业有限公司协议在深签字，组建后是一个以国家资产为主体、产权多元化的规范的有限责任公司。

10 月 5 日 深圳市政府常务会议原则通过《深圳经济特区房地产行业管理条例（草案）》。

△ 中共深圳市委、深圳市人民政府做出《关于推动科学技术进步的决定》①，确立科教兴市战略。由此，深圳市自主创新踏上快速成长之路。

10 月 6 日 深圳市委召开全市党员干部大会，传达、学习党的十四届五中全会精神。厉有为传达了中央精神，强调要与党中央保持高度一致，服从中央决策，顾全大局，确保政令畅通。

10 月 10 日 深圳市领导和部分市人大代表在市人大常委会议厅，听取深圳市工商局、深圳市证券监管办公室、深圳市体改办、深圳市国资办和市投资管理公司

---

① 按照该决定，针对困扰创新企业的跳槽人员带走技术秘密的问题，深圳市出台《企业技术秘密保护条例》。

关于实施"一法两条例"① 自查情况的汇报。

10 月 11 日 "深圳市与纽约堡市建立友好城市关系意向书"签字仪式在深圳举行。

10 月 12 日 深圳市政府在深圳会堂召开加强机关建设动员大会。会上,市长李子彬强调:市政府常务会议决定在全市开展以建设勤政为民、廉洁高效的政府为目标,以抓教育、抓机制、抓监督、抓管理、抓服务为主要内容的活动。市委常委、常务副市长李德成宣读了《深圳市人民政府关于加强机关建设的若干规定》。

△ 国内第一家城市合作商业银行——深圳城市合作商业银行在深圳成立。

10 月 13 日 深圳市税收财务物价大检查领导小组召开会议。副市长武捷思强调税收财务物价大检查的目的是打击违法乱纪,有关部门在实施过程中要尽量避免给被查单位特别是企业带来负面影响。

△ 深圳市仲裁委员会正式成立。深圳市仲裁委员会每届任期 3 年,聘有 110 名仲裁员。

10 月 18 日 集市外资办、经发局、贸发局、九龙海关等 27 个政府职能部门于一体,对外商投资实行联合办公的深圳市外商投资服务中心成立并正式挂牌办公。这是深圳努力改善投资软环境、进一步扩大开放、增创新优势的一项重要举措。

△ 为探索用商业行为拯救亏损企业而创立的全国首家专业性企业托管公司"深圳市广发源企业托管有限公司"成立。

10 月 19 日 深圳市委书记厉有为接受日本朝日电视台记者的采访,强调深圳特区在改革发展方面的重要地位不变,要继续发挥"四个作用"。

10 月 24 日 深圳机场航站楼扩建工程设计方案通过最终审定。

10 月 25 日 广东岭澳核电站设备供应工程顾问合同及贷款协议签字仪式在北京人民大会堂举行。广东岭澳核电站是目前国内最大的能源建设项目之一,利用国外信贷总金额为 23 亿美元。这次签订的 11 个合同和协议,占总投资的 50% 以上,占设备总量的 90% 以上。

△ 深圳市政府常务会议讨论并原则通过《深圳经济特区城市供水用水条例》和《深圳经济特区城市园林条例》。

10 月 26 ~ 27 日 中共中央政治局委员、广东省委书记谢非在深圳考察时指出,经济发达地区,要从经济和政治的高度来认识、解决劳动力的使用和培养问题。在

---

① 即《中华人民共和国公司法》、《深圳经济特区股份有限公司条例》和《深圳经济特区有限责任公司条例》。

农村土地收归集体所有的这些地区，发展经济不能单纯依靠外商办厂和出租房屋，应大力发展自营企业，使农民生活有一个长期稳定可靠的保障。

10 月 29 日　深圳市委书记厉有为接受俄罗斯新闻记者团的采访时说，深圳已成为计划经济体制向市场经济体制转变的"试验场"。

10 月 30 日　深圳市委召开机关作风建设会议。会上，市委办公厅负责人宣读了《中共深圳市委、市人民政府关于严禁党政机关干部利用职权和工作之便索贿受贿谋取私利的规定》、《深圳市人民政府关于加强机关建设的若干规定》和《中共深圳市委关于加强深圳市机关作风建设的通知》。

10 月 31 日　第五届深圳城市管理国际学术研讨会召开，此次研讨会的主题是城市园林绿化的规划、建设和管理。

11 月 4 日　深圳选手孙彩云在深圳体育馆举行的"国际女子撑竿跳高'太阳杯'"挑战赛上，以 4.23 米的成绩打破其 4.22 米的世界纪录。

11 月 7 日　第 41 届高尔夫球世界杯决赛在深圳观澜高尔夫球场开幕。

11 月 9 日　深圳市政府常务会议讨论通过了《深圳经济特区河道采砂管理规定》和《〈深圳经济特区体育市场管理规定〉实施细则》。

11 月 11 日　深圳足球队在甲 B 联赛中以第一名的佳绩晋升 1996 年度全国甲 A 行列。

11 月 12 日　老挝政府副总理坎培·乔布拉帕访深。

△　《中国全国注册建筑师管理委员会、美国国家建筑师注册委员会关于继续进行合作与交流信息协议》在深圳签订。按协议，中美双方将在 1998 年之前相互承认注册建筑师的专业任职资格。

11 月 14~15 日　中共深圳市委二届二次全会召开。会议传达中共十四届五中全会精神和省委七届四次全体（扩大）会议精神，并就《深圳市国民经济和社会发展"九五"计划（草案）》进行讨论；审议并通过了《中共深圳市委关于制定深圳市国民经济和社会发展"九五"计划的意见》的决议。该意见确立了深圳"九五"计划的指导思想、奋斗目标和发展战略，强调要实行"三个根本性转变"，努力把深圳建设成为高新技术产业基地和区域性金融中心、信息中心、商贸中心、运输中心及旅游胜地；其 GDP 比 1995 年翻一番，保持年均递增 13% 的速度；全市实现宽裕的小康，部分区、镇达到比较富裕的水平。

11 月 16 日　深圳市社会科学联合会第一次代表大会举行。会上，深圳市社会科学联合会正式宣告成立。

11 月 17 日　深圳市委常委会议讨论通过《深圳市税收征管体制改革方案》及

《财政体制改革方案》。

11月18日 深圳证券监管办公室和交易所联合组成深圳证券市场服务小组，分赴华东、西南、东北，广泛听取意见，切实改进工作。全方位的市场服务工程开始启动。

11月20日 深圳市城市规划专家咨询会结束。会议讨论的热点问题有：深圳城市总体规划、全市交通规划、福田中心区规划、各分区规划、城市规划管理以及西部通道、铁路西客站、红树林保护与滨海大道建设、侨城花园广场与科幻世界等。

11月21日 深圳市信息化建设委员会召开第一次会议。

11月22日 在全国村民自治示范工作经验交流会暨城乡基层先进集体和先进个人表彰会上，深圳市宝安区被授予全国首批"全国村民自治模范区"、宝安区龙华镇被授予"中国乡镇之星"、南山区蛇口街道办事处被授予"中国街道之星"；南岭村党支部书记张伟基和南园居委会主任丁肖芬分别被授予"全国优秀村委会主任"和"全国优秀居委会主任"荣誉称号。

11月24日 《深圳市户籍制度改革暂行规定》作为政府规范性文件正式出台。

11月28日 深圳市劳动模范协会成立。

△ 根据广东省委组织部的部署，深圳市将作为全省参照国家公务员制度管理工作试点单位，为广东省政府全面开展此项工作摸索经验。为此，深圳市委组织部召开了全市参照国家公务员制度管理工作会议。

11月30日 深圳商报社、市计划局、市社科中心和深业集团联合举办的"国际性城市功能和深港衔接研讨会"在香港召开。

12月1日 深圳市政府办公厅制定并印发《蓝印户口入户评分细则》，使深圳市申办蓝印户口评分核准制有了切实可行的依据。

12月2日 中国第一个行业性金融协会——全国电力金融学会在深圳银湖会议中心宣布成立。此次会议主要议题是制订电力金融学会明后两年工作计划，探讨如何发展电力行业金融机构，扩大投资规模，逐步解决因供电不足而对经济发展造成的"瓶颈"。

△ 商承祚教授生前收藏字画文物捐赠仪式暨展览开幕式在深圳市博物馆举行。这次捐赠给深圳市博物馆的，是商氏家族三代人精心收藏的203件书画文物。

12月3日 国家体改委、国家经贸委联合在深圳市召开会议，检查《深圳口岸管理体制改革试点方案》的落实情况。

△ 由国家建设部组织的全国城市物业管理优秀住宅小区考评验收总结表彰会上，深圳市莲花北住宅小区、电子科技大厦、莲花二村住宅小区等8个单位被授予

"全国城市物业管理优秀示范住宅小区（大厦）"；核电花园、新安湖花园等 3 个单位被授予"全国城市物业管理优秀住宅小区"。莲花北住宅小区以 99.2 的最高分，荣登全国 34 个优秀示范住宅小区榜首。

12 月 4 日　交通部和深圳市政府就深圳海上安全监督管理体制改革有关事项在深圳市举行签字交接仪式。这标志着深圳口岸改革根据国务院的指示在港口水监体制改革方面取得重要突破，深圳港从此结束了"一水两监"① 的局面，开始实行港务管理职能与水监职能分离、交通部与深圳市政府双重领导、以交通部为主的管理体制。

△　深圳口岸管理体制改革试点方案检查落实会议在深圳市结束，会议强调要以国家大局为重，支持深圳口岸改革。

12 月 5 日　全国质量效益型先进企业表彰大会在深圳召开。

△　古巴共和国国务委员会主席兼部长会议主席菲德尔·卡斯特罗·鲁斯访深。

12 月 5~7 日　中共中央总书记、国家主席、中央军委主席江泽民在中共中央政治局委员、广东省委书记谢非，广州军区司令员李希林，深圳市委书记厉有为、市长李子彬陪同下，对深圳进行了考察，并为深圳经济特区建立 15 周年题词："增创新优势，更上一层楼。"5 日下午，江泽民在深圳会见香港知名人士时强调指出：恢复对香港行使主权是一件大事，我们必须以按照"一国两制"方针解决香港问题的成功实践，为全面完成祖国统一大业树立典范。他希望深圳经济特区越办越好，"增创新优势，更上一层楼"，继续为全国的改革开放和社会主义现代化建设多做贡献，为香港的平稳过渡和长期繁荣稳定多做贡献。

12 月 6 日　深圳市召开农村基层组织建设工作会议。

△　国家主席江泽民在深圳与古巴国务委员会主席兼部长会议主席卡斯特罗再次会晤，并陪同参观了中华自行车（集团）股份有限公司和康佳（集团）股份有限公司。卡斯特罗称赞说：深圳的发展成就令人非常震惊，世界上没有任何一个国家能创造像深圳这样的奇迹，只有社会主义中国，才能创造如此奇迹。这说明中国人民是智慧和勤劳的人民，同时证明了建设有中国特色的社会主义道路是完全正确的，深圳的经验我们非常感兴趣，对古巴非常有用。

12 月 10 日　深圳市的"信息高速公路"中心枢纽——深圳国际信息城举行奠基典礼。

△　振兴深圳证券市场研讨会在深圳银湖旅游中心召开。研讨会旨在探讨中国

---

①　由深圳市海上安全监督局与交通部蛇口海上安全监督局共同监管。

证券市场的发展趋势，分析深圳证券市场的优势和潜力，总结深圳证券市场的经验教训，共商振兴深圳证券市场大计。中国证监会主席周道炯指出：中国证券市场已初步形成以深沪交易所为中心的全国证券交易市场体系。

12月13日 旨在展示深圳投资环境，促进房地产销售的"中国（深圳）房地产交易会"在深圳国际展览中心开幕。

12月17日 1995年"中国（深圳）房地产交易会"闭幕。

12月18日 深圳金融结算中心宣告成立。深圳市政府明确规定深圳证券管理机构职责：证券监管办公室是管理监督部门，交易所是组织者和执行部门，结算公司是中介服务机构。这是全国第一家按照与国际金融标准接轨的要求，专业从事金融电子化清算系统开发、运行与维护的金融机构。

△ 深圳市纪委召开全市纪检干部工作会议。会议提出为第二次创业提供纪律保护，为党风廉政建设探索新路子。

12月20~26日 深圳市第二届人大常委会第五次会议召开。会议通过了《深圳经济特区房地产行业管理条例》《深圳经济特区制止牟取暴利条例》《深圳经济特区教育督导条例》《深圳经济特区城市园林条例》等。

12月20日 深圳市税收征管体制改革动员大会在深圳会堂举行。深圳市税收征管体制开始改革。

△ 深圳商检局在市进出口商品检验管理工作会议上推出三项重要改革措施，以配合深圳市口岸管理体制改革试点，最大限度地简化商检手续，方便进出口。

12月21~23日 由国家科委组织的国家"863计划"著名科学家30人专程来深圳考察，并与深圳市有关部门和部分企业就如何让最新科技成果尽快形成产业化的问题进行研究和讨论。

12月22~23日 中共中央政治局委员、国务院副总理邹家华在深圳考察。他希望深圳继续完善国有企业政策，培育一批大企业集团和名牌产品。

12月23日 韩国三星集团属下的三星电管株式会社与深圳MAC公司以资产转让的形式，合资合作生产彩色显像管，一期工程总投资逾6亿美元，年产600万只彩管。有关合同在深圳签字。

12月24日 国务院特区办常务副主任葛洪升在福田保税区考察，指出要着重研究解决关于保税区定性、功能、运作、管理体制四个方面的问题，推动保税区向前发展。

12月25日 《深圳证券交易所内部信息保密管理办法》颁布执行。

12月26日 深圳市二届人大常委会五次会议审议通过《深圳经济特区房地产

行业管理条例》、《深圳经济特区制止牟取暴利条例》、《深圳经济特区教育督导条例》、《深圳经济特区供水用水条例》、《深圳经济特区城市园林条例》、《深圳市人民代表大会常务委员会关于批准一九九五年市级财政超收安排的决议》和《深圳市人民代表大会常务委员会关于批准一九九五年户籍人口机械增长计划的决议》5 项法规和 2 个决议及有关人事任免事项。

12 月 26 ~ 27 日　广东省委副书记黄华华在深圳调查研究时强调：深圳改革开放先行一步，取得不少成功经验。希望深圳注意总结经验，继续当好改革开放的"排头兵"。

12 月 27 日　深圳市宝安区观澜镇企坪公路工程开始动工，拉开深圳市"同富裕工程"全面组织实施的序幕。

12 月 29 日　深圳市口岸管理委员会成立。

1996年

1月1日　搞活证券市场被列为深圳市政府1996年5项重点工作之一。

△　《深圳市新产品税收优惠政策实施暂行办法》开始施行。

1月2日　交通部深圳水上安全监督局①正式挂牌成立。

1月4日　深圳市政府常务会议原则上通过《深圳市医疗保险制度深化改革方案》，深圳市将实行新的医疗保险制度。

1月5日　深圳市人大常委会主任李海东到市规划国土局视察，他在该局依法行政情况汇报会上指出：各级规划国土部门要进一步增强依法行政观念，强化执法力度，排除各种干扰，加强国土管理、规划管理和房地产市场管理。

△　深圳市委召开常务会议，传达、学习江泽民总书记考察汕头经济特区时发表的重要讲话。

△　深圳市委常委会决定，坚持不懈抓好农村基层组织建设工作，今年再派120个工作队驻点。

1月5日~2月15日　根据深圳市人民政府下发的《关于立即在全市开展防火安全大检查的紧急通知》，深圳市开展全市范围的防火安全大检查。

1月8日　深圳市委、市政府召开全市建设安全文明小区工作会议。市委书记厉有为强调指出：领导干部要亲力亲为，确保市委、市政府提出的"用3年时间把深圳市建成安全文明城市"的目标顺利实现。

---

①　新组建的交通部深圳水监局是交通部和深圳市人民政府根据国务院批准的《深圳口岸管理体制改革试点方案》的要求成立的，是深圳口岸改革的产物。该机构实行交通部和深圳市政府（受广东省人民政府委托）双重领导，以交通部为主的管理体制。

△　深圳中华自行车（集团）股份有限公司荣获全国环境保护先进企业称号。

1月9日　深圳市重点项目建设计划工作会议召开。市政府正式确定了 1996 年 33 个重点建设项目，总投资 43.6 亿元。

1月10日　在广东省委、省政府召开的全省第十次山区工作会议上，深圳市政府、市委组织部等 6 个单位被授予扶贫先进单位称号。市委常委、常务副市长李德成在会议上介绍了深圳市发挥辐射带动作用、坚持走共同富裕之路的做法。谢非在会上提出：学习深圳的对口扶贫经验。

△　深圳市政府召开体制改革工作会议，研究讨论 1996 年经济体制改革目标和计划。李子彬在会上强调：搞好 10 项改革，增创体制优势。

1月11日　深圳市政府常务会议原则上通过《一九九六年为市民办实事方案》，决定 1996 年为市民办 11 件实事。

△　深圳市安全生产责任人任命大会召开。

1月12日　全国邮电重点基建项目、市重点工程——深圳信息枢纽大厦在福田区益田广场奠基。

1月15日　深圳市物资集团入选全国百家建立现代企业制度试点单位，有关改革方案开始实施。

△　深圳移动电话放号创历史新高，总用户达 13.8 万，普及率名列全国前茅。

1月16日　深圳市依法治市领导小组召开第四次会议。研究部署 1996 年依法治市工作，原则上通过了《深圳市 1996 年依法治市工作要点》。

△　第七届国际中国科学史大会在深圳开幕。李子彬向著名物理学家、美籍华人杨振宁教授颁发"深圳市荣誉市民证书"。

1月18日　深圳市政府常务会议讨论通过《深圳市科学技术奖励基金管理暂行办法》，原则通过了《关于市属国有企业第二次分类定级若干问题的报告》。

△　福田中心区第一个大型建筑项目，总投资 18 亿港元，建筑面积 28 万平方米的大中华深圳国际交易广场奠基。

△　据图书总销售额与人口比例统计，1995 年深圳市人均购书额 193 元，连续 7 年居全国大中城市第一位。

1月19日　深圳市首家农村合作基金会①在宝安区西乡镇成立。

△　深圳市委召开常务会议，认真学习江泽民《领导干部一定要讲政治》的重

---

①　该农村合作基金会是在坚持资金所有权及其相应的收益权不变的前提下，由乡村集体经济组织和农户按照自愿互利、有偿使用原则而建立的社区性资金互助合作组织。

要讲话，并专题讨论了政法问题，决定全面加强政法工作，创造安定的社会环境。

1月19~20日　深圳市举行招收1996年院校毕业生双向选择大会。5万多人次进场求职，达成交流意向5173人，其中博士102人，硕士1733人。

1月20日　深圳市纪委第二次全体会议召开，莫华枢做工作报告。

1月21日　全国戏剧现代戏交流演出评选揭晓，深圳市粤剧团参演的现代粤剧《情系中英街》荣获全国优秀演出奖。

1月22日　中共深圳市纪委第二次全体会议召开。会议审议通过了《中共深圳市纪律检查委员会关于进一步加强党风廉政建设，保证深圳第二次创业目标顺利实现的决议》。

1月25日　深圳市金融工作会议召开，主要内容是传达贯彻全国金融工作会议精神，总结去年深圳金融工作，研究部署1996年金融工作主要任务和具体措施。中国人民银行深圳分行行长王喜义做了《努力创造良好的金融环境，为深圳经济的"第二次创业"做出贡献》的报告。

1月26日　深圳市1996年度全市人事工作会议召开。常务副市长李德成在会上强调，深圳市人事部门要继续深化人事制度改革，加强整体性人才资源开发工作，增创人事工作新优势。

△　全国建设工作会议结束，深圳市被授予1995年度全国环境综合整治优秀城市称号。

△　菲律宾国家银行在中国设立的第一个分支机构在深圳成立。

1月28日　中华人民共和国中央人民政府派驻香港特别行政区部队在深圳组建完毕，驻港部队将于1997年7月1日0时正式进驻香港。

1月29日　1996年度深圳市首届高级人才招聘大会开幕。

△　中共深圳市委发出通知，要求认真学习江泽民重要讲话：《领导干部一定要讲政治》。

△　中国人民解放军驻香港部队在深圳举行仪式，欢迎首批来深圳参观访问的贵宾——全国人大香港特别行政区筹委会委员、香港地区全国人大代表、全国政协委员和港事顾问。

1月30日　深圳特区发展公司1995年工作回顾和1996年工作部署会议召开。

2月1日　深圳市政府二届二次全会举行。市长李子彬在总结去年成绩和经验的基础上，明确提出1996年全市工作的指导思想、奋斗目标、基本思路和14项重点工作。

2月2日　深圳市第三届文明市民选出。市委、市政府发布关于表彰第三届文明市民的决定，周国平等 20 人当选文明市民。

△ 深圳市委常委会议讨论并原则通过了《深圳市 1996 年工作要点》，具体安排了 1996 年全市 8 个方面的 55 项工作，强调切实实行"三个转变"，更好发挥"四个作用"。会议还确定要搞好深圳机场航站楼扩建工程等 35 个重大建设项目。

△ 深圳市"同富裕工程"——龙岗区大鹏镇岭澳新村的干道新岭公路竣工启用。

2 月 3 日 《深圳商报》刊发市委副书记、市长李子彬访谈录：《让深圳精神发扬光大》。

2 月 5 ~ 15 日 原中共中央政治局常委宋平在深圳考察。他充分肯定了深圳改革开放所取得的巨大成就，并希望深圳进一步解放思想，发挥优势，深化改革，扩大开放，加快发展。

2 月 6 日 深圳市人大、市体改办召开新闻发布会，宣布深圳深化企业改革的又一重大举措——公司规范改组工作全面展开，将对 25000 多家成立于 1994 年 7 月《中华人民共和国公司法》实施以前的公司进行规范、改组、重新登记。

2 月 8 日 深圳市统计信息局公布 1995 年主要经济指标，深圳稳居全国大中城市前列。其中对外贸易连续 3 年居全国大中城市第一位。

△ 百事可乐国际集团公司决定投资 2800 万美元，与深宝实业股份有限公司再次联手，成立合资企业——深圳百事可乐饮料有限公司。

△ 国家、广东省、深圳市"九五"重点建设项目——深圳前湾燃机厂合作协议签字。

2 月 9 日 深圳市委常委会专题讨论和原则通过市教育局《关于加快深圳教育改革和发展的若干意见》的报告，决定加快深圳教育改革和发展。

△ 由深圳市液化石油气公司和煤气公司合并重组而成的国有独资企业——深圳市燃气集团正式宣告成立。该集团的成立是规范深圳市燃气市场管理的一项重大举措，全市燃气行业进入统一规划、统一建设、统一经营、统一管理的新里程。

2 月 11 日 交通部和广东省政府联合批复了深圳市运输局编制的《深圳市公路主枢纽总体布局规划》。这标志着深圳公路主枢纽成为全国首批试点建设的公路主枢纽之一。深圳公路枢纽管理控制中心已列入交通部 1996 年全国重点建设工程。

2 月 12 日 深圳市委副书记、市长李子彬在市建设（集团）1996 年工作会议上说：1996 年深圳市以建立现代企业制度为中心内容的企业体制改革，要在领导体制、分配制度、内部约束机制和减轻企业内部债务负担四个难点上有所突破，使大型企业的综合经济实力更加壮大。

△ 深圳市自 1996 年 1 月 1 日开始实施地方税收征管体制改革以来，1 月全市地方税收即达 7 亿元，比上年同期增长 5.2%，受到国家税务总局领导的高度评价。

△ 深圳市社会治安基金会做出决定，给 28 名治安勇士颁发治安奖励金。

2 月 13 日 深圳市领导率双拥慰问团分赴广州、惠州慰问陆海空驻军。

2 月 13～15 日 中共中央政治局常委、全国人大常委会委员长乔石视察深圳，强调进一步解放思想，深化改革，扩大开放，努力开创现代化建设新局面。

2 月 14 日 有 50 家中外金融机构会员参加的深圳市金融同业协会挂牌成立。

△ 深圳市科技局新闻发布会透露，1995 年全市高新技术产品总值为 212.8 亿元，比上年增长 45.6%，占全市工业总值的 21.9%。

△ 深圳市委、市政府积极投资兴教，建特区 15 年来全市预算内教育投资累计达 41 亿元。

2 月 17～18 日 除夕之夜，厉有为、李子彬、林祖基、李德成等来到市青少年活动中心"大家乐"舞台"今宵团圆宴"上，与留深过年的千余名青工共度除夕迎新春。

2 月 21 日 据报道，1995 年深圳市旅游业总收入超过 100 亿元，达到创纪录的 122.6 亿元；全年接待过夜旅游者 779.18 万人次，外汇收入总额达 8.58 亿美元，仅次于北京，居全国第二。

△ 中央电视台新闻联播节目推出题为"勇当先锋"的系列报道，介绍深圳特区和上海浦东新区改革开放经验。第一篇着重介绍了深圳率先建立社会主义市场经济体制的经验，称赞深圳已初步建立起社会主义市场经济体制框架。

2 月 26 日 今年春节期间，寒潮袭击深圳，全市各界党政部门及时采取有效措施，使全市孤寡老人和孤残儿童安全度过了寒潮。

2 月 27 日 深圳市优秀运动员孙彩云在天津举行的国际室内田径邀请赛上以 4.28 米的成绩第四次打破室内撑竿跳高世界纪录。

2 月 28 日 国家广播电影电视部在深圳召开会议，对深圳有线广播电视综合信息网的建设成就予以了充分肯定，并组织专家进行检测和验收。

△ 由中国奥委会新闻委员会与深圳商报社合办的深圳中国奥委会新闻中心揭牌仪式暨首次港澳地区记者招待会在深圳商报社举行。厉有为接受记者采访时表示深圳要更好地发挥"窗口"作用。

2 月 28～29 日 深圳有线电视综合信息网率先在全国通过部级验收。广东省委常委、省宣传部部长于幼军称赞说，深圳有线电视综合信息网作为试点在全省先走了一步。

3 月　《深圳市一九九六年经济体制改革要点》指出：1996 年深圳市经济体制改革的中心环节是深化国有企业改革，加快建立现代企业制度。

3 月 1 日　经国务院批准，中国人民银行授权国家外汇管理局进行"将外商投资企业外汇买卖纳入银行结售汇体系"的试点工作。获准成为首批 4 个试点的省、市分别是深圳、江苏、上海和大连。

△　何香凝美术馆在深圳华侨城奠基。江泽民总书记题写馆名。

3 月 2 日　中共广东省委、省政府授予深圳市沙头角镇水产公司退休职工陈观玉同志"广东省学雷锋标兵"光荣称号，陈观玉的先进事迹在全国引起强烈反响。

3 月 5 日　卫生部副部长殷大奎考察深圳市卫生防疫部门时，对深圳市实行在医院领导下的相对独立的，集防疫、妇幼保健、慢病防治于一体的运作机制的做法大加赞赏，称"这在广东有推广价值，对其地方也有借鉴意义"。

△　深圳市二届人大常委会第六次会议通过《深圳经济特区燃气管理条例》，这是国内第一个地方燃气法规。

3 月 6 日　新华社播发长篇通讯《沙头角上的"雷锋"陈观玉》。

△　深圳市政府确定《深圳市 1996 年经济体制改革重点》，10 项重大改革将同时出台。

3 月 7 日　深港经济合作研讨会在香港举行，李子彬市长与香港企业家交换了看法并回答了记者问。

3 月 10 日　深圳市常务副市长李德成在接受记者采访时透露，以增资、改造、分流、破产为主要内容的"优化资本结构"[①] 工作将是今年深圳市经济工作的重要内容。

3 月 11 日　康佳改造内地国有企业创出新路——"牡康模式"。"牡康模式"是合资经营进行企业重组的代名词，因 1993 康佳与牡丹公司合资经营获得成功而得名。深康佳借鉴"牡康模式"的成功经验，同陕西如意电器公司合资兴办陕西康佳电子有限公司。签约 51 天后即开始营运，当年合资投产即创产值 1.38 亿元，利税 400 万元，去年完成 40 万台彩电生产，利税达到 1000 万元。

3 月 12～13 日　中宣部常务副部长郑必坚在深圳调研时希望深圳的精神文明建设能为全国提供更多更好的经验。

3 月 13 日　市政府召开深圳铜鼓航道工作会议，要求加快铜鼓航道建设。

[①]　为搞活整个国有经济，充分发挥城市整体功能和综合优势，在深化国有企业改革的道路上先行一步，国务院有关部门决定将深圳、广州等 50 个大中城市作为"优化资本结构"试点城市。

△ 深圳市举行妇女就业大会，4000 多名妇女应聘。

3 月 14 日 深圳市政府常务会议召开，李子彬市长在听取市计划局、经发局、贸发局 3 个试点部门"转变职能改革实施方案"的汇报后，对深圳市政府部门转变职能的改革工作提出了 9 点具体要求。

△ 深圳市宣传工作会议召开。会议学习了全国宣传工作会议和全省宣传工作会议精神，回顾总结了深圳宣传思想工作，研究"九五"期间宣传工作的指导思想和主要任务以及 1996 年的重点工作。

△ 深圳市文史资料征集工作座谈会召开。市政协主席林祖基寄语文史工作者忠实地记录特区 15 年创业史。

3 月 15 日 深圳市中心城市设计国界咨询会议召开。来自美国、加拿大、法国、新加坡、中国香港 5 个国家和地区的 5 家国际著名设计机构代表参加了会议。

3 月 17 日 以常务副市长李德成为团长，由深圳和厦门两市 61 家集团公司、骨干企业、"三资"企业组成的商贸展销代表团一行 170 余人前往马来西亚首府吉隆坡参加 3 月 20 日至 24 日在那里举行的"96 中国深圳、厦门经济特区展销会"。展销会期间，深圳市共签订合同协议金额 8300 万美元。

3 月 18 日 深圳市五套班子参加中国科学院院士邓锡铭报告会，带头学习科技。

3 月 19 日 深圳市 1996 年交通邮电工作会议结束。会议提出：1996 年深圳市交通邮电建设将围绕区域性运输中心和信息中心的发展总目标，抓好 9 件实事，建设 10 大项目。

3 月 21 日 深圳市政府召开常委会议，听取并讨论《深圳市政府机关廉政勤政效能大检查情况汇报》和《深圳市龙岗大工业区管理规定》，决定采取优惠政策，鼓励特区内企业迁入龙岗大工业区。

△ 深圳市委、市政府发出《关于调整深圳市国有资产管理体制的通知》，决定进一步规范和明确市国资委、资产经营公司、企业三个层次的职能，强化国资委的宏观管理和监控职能，确保国有资产安全、增值。

3 月 22 日 深圳市政府举行新闻发布会，向社会各界宣布：深圳将实行"缴费自选一本通"，以从根本上解决人民群众反映强烈的缴费难问题。

△ 《深圳市国家公务员廉政准则（试行）》试点工作动员大会召开。根据中央纪委、国家监察部的部署，经市委、市政府研究决定，确定深圳市福田区、龙岗区、市工商局、市地税局为试点。廉政准则和试点工作实施方案自即日起执行。

△ 在全国税务纪检监察工作会议上，深圳市国税局监察室被授予"全国税务

纪检监察先进集体"称号。

3 月 23 日 深圳市通过广东省创建爱婴城市评审团检查评估，进入省首批爱婴市行列。

3 月 24 日 深圳华强集团公司和深圳市物资集团公司近日获国家体改委的批复，两公司被国务院列为全国 100 家建立现代企业制度试点企业。

3 月 25 日 深圳市出口退税工作会议召开，决定从 4 月 1 日起外资企业出口货物恢复使用增值税税收专用缴款书，以加强出口退税管理。

3 月 27~28 日 深圳市反腐败工作会议举行，会议提出要认真贯彻中央纪委、省纪委有关会议精神，加强领导，标本兼治，把反腐败斗争进一步引向深入。市五套班子领导出席，厉有为、李子彬分别出席。

3 月 28 日 深圳市开展首届"企业最满意的政府部门"评选活动。29 日，国内各大传媒做了详尽报道。4 月 4 日，《经济日报》评论称赞此举是"民主监督的尝试"。中央电视台记者赴深圳专题采访。香港大公报称这是"一次突破"，有利于提高政府工作效率。

3 月 29 日 深圳市农村和农业工作会议召开。会上，市委常委、组织部部长周润生宣读市委、市政府《关于加强农村工作和加快农业发展的若干意见》，副市长袁汝稳传达了中央、广东省农村和农业工作会议精神，部署了"九五"期间及今年深圳市农业发展的目标和任务。

3 月 30~31 日 李鹏总理、李岚清副总理在深圳考察工作。他们在考察时强调，特区的基本政策不变，要求深圳特区继续发扬初创时期的拼搏精神，不仅要大力发展高新技术产业，不断优化产业结构，开发名优产品，做改革开放和经济建设的模范，也要成为精神文明建设的模范。

3 月 中国建设银行深圳分行稽核审计委员会，确立了在稽核审计委员会领导下，以分行为主、支行为辅的新型稽核模式。这是我国银行业第一个以稽核审计委员会的形式构建的稽核审计机构。

4 月 1~3 日 国务院经济特区工作会议在珠海举行，国务院总理李鹏到会并做了重要讲话，强调以二次创业精神，充分利用现有优势，努力增创新优势，更上一层楼。李岚清副总理也出席了会议并作总结讲话。会议期间，深圳等 5 个特区和上海浦东新区的负责同志汇报了"八五"发展情况和"九五"的发展规划、工作方针。深圳市委书记厉有为做了题为《深圳经济特区的发展与第二次创业的工作思路》的报告。

4 月 8~12 日 深圳市政协二届二次会议召开，就深圳市社会经济建设重大问题和群众关心的热点问题参政议政，共商发展大计。

4月9～13日 深圳市二届人代会二次会议在深圳会堂隆重开幕。李子彬市长代表市政府做政府工作报告，报告分3部分："八五"时期的简要回顾和1995年的主要工作；"九五"时期的奋斗目标和发展战略；1996年的主要任务。

△ 广深铁路总公司正式改制为广深铁路股份有限公司①，成为中国内地首家铁路股份有限公司。

△ 深圳火车站东广场扩建主体工程竣工。

4月11日 首次中美高级商务研讨会——中美商务现状与未来高级研讨会在深圳举行。

△ 深圳制定全国首部制止存款业务中不正当竞争行为公约——《深圳市国内金融机构关于制止存款业务中不正当竞争行为的公约》。

4月12日 深圳证券交易所决定实施上市公司董事会秘书制度。

4月14日 深圳河治理二期工程设计合同签订。

4月14～15日 斯洛伐克共和国总统科瓦奇偕夫人一行访深。他对深圳改革开放所取得的成就给予了高度评价。李德成到机场迎接，李子彬会见了客人。

4月16日 深圳市第四届环境保护委员会全体会议召开。会上，市环保局有关领导介绍了《深圳市本届政府环境保护目标与任务（一九九六年～二〇〇〇年）（征求意见稿）》、《一九九五年深圳市城市环境综合整治定量考核工作情况汇报》以及《对国家将要采取的实行污染物排放总量控制和实施跨世纪绿色工程计划重大举措的意见和建议》。市委副书记、市长、市环境保护委员会主任李子彬出席会议并做了重要讲话。

4月17日 新华社报道：来自深圳市统计信息局的最新数据表明，深圳外向型工业又跨上了一个新台阶。在1996年第一季度深圳完成的196.69亿元工业总产值中，外商投资企业工业产值占68.9%，达132.82亿元，比上年同期增长24.2%。深圳已经成为全国外向型经济程度最高的城市。

4月18日 深圳信息化建设的重要工程——社会信息服务系统（S923工程）在全国率先开通。

4月19～23日 深圳市二届人大二次会议审议并通过了《深圳市国民经济和社会发展"九五"计划》。

---

① 广深铁路股份有限公司的组建旨在改变中国传统的铁路管理模式，使铁路改革从以让利为主的政策调整转入建立规范化的现代企业制度的实质性阶段。

△　深圳市委、市政府召开全市计划生育工作会议，传达贯彻中央第六次计划生育工作座谈会和全国计划生育工作会议精神，部署 1996 年市计划生育工作。李子彬强调要从可持续发展的战略高度上认识人口问题，坚持实行"一票否决"制。

△　深圳市水务局与广东水利水电勘察研究院签订了深圳西部供水工程的设计委托合同，该工程一期投资 16.5 亿元。

4 月 22 日　深圳友好城市澳大利亚布里斯班市派出 5 名公务员来深圳考察学习。

△　来自北京、上海、天津、广州、香港等地一些著名经济学家和海南、深圳等 5 个特区的理论工作者，在深圳参加中国经济特区 2000 年发展战略研讨会，就特区如何继续"先试先行""缩短深港差距"等问题发表了意见。著名经济学家、北京大学教授萧灼基发言指出：特区的优势是转化而不是淡化。

4 月 22~23 日　尼泊尔首相谢尔·巴哈杜尔·德乌帕在深圳参观访问，称赞"深圳对全中国及其对其他发展中国家而言，都是一个值得借鉴的模式"。

4 月 23 日　中国光彩事业①促进会深圳分会和深圳市光彩事业促进会宣告成立。大会宣读了中共中央总书记、国家主席江泽民 1996 年 4 月 16 日为光彩事业题写的"发扬中华民族传统美德促进共同富裕"的题词。

△　深圳市三防工作会议对"九五"三防工作提出要求：要全面加强三防工程建设和水土流失治理，加快建设现代化防洪排涝体系，为深圳市第二次创业提供安全保障。

△　深圳市贸易工作会议召开。市委副书记、市长李子彬在会上指出"九五"期间深圳市外贸工作的指导思想和 1996 年外贸工作的重点；副市长袁汝稳做了总结发言，他分析了当前外贸的形势，同时就有关加快出口退税等问题提出了具体的意见。贸发局副局长魏锦魁在会上做了《勇于开拓，苦练内功，增创特区经贸工作的新优势》的工作报告。

△　深圳市教育工作会议召开。市委书记厉有为在大会上发表重要讲话；市委副书记、市长李子彬做了题为《实施"科教兴市"战略，努力建设教育强市》的工作报告。为期 3 天的会议分组讨论了市委、市政府《关于加快深圳教育改革和发展的若干意见（征求意见稿）》，分组讨论和审议了《深圳市中小学校长聘任制暂行规定（讨论稿）》《深圳市中小学教师聘任制暂行规定（讨论稿）》《深圳市学校收费

---

①　中国光彩事业是由中国 10 位民营企业家于 1994 年 4 月发起的"光彩事业"，是一项为了响应国家"八七"扶贫攻坚计划，通过开发资源、兴办企业、培训人才等形式，帮助贫困地区发展经济，逐步缩小东西部地区差距，最终实现共同富裕的宏伟事业。

标准改革方案（讨论稿）》《关于规范发展校办产业的若干意见（讨论稿）》。

4月24日　深圳市全市纪检监察机关查办案件工作情况通报会议召开。会议指出，今年以来，全市纪检监察机关已立案调查各类违纪案件79宗，给予党纪政纪处分43人。

4月25日　深圳地王大厦主楼工程竣工通过验收。工程质量等级评为优良。

4月30日　深圳市委、市政府召开"严打大会战"动员大会。市委常委、副市长兼市公安局局长何景焕传达党中央和广东省委、省政府关于开展"严打"斗争的指示精神，并对深圳市开展"严打大会战"工作做了具体部署。"严打大会战"的指导思想是：结合深圳市的实际，在坚持"严打"开路的同时，坚决贯彻依法"从重从快"和"打防结合"的方针，严厉打击严重刑事犯罪活动，全面落实安全防范的各项措施，大力整治群众反映强烈的突出治安问题，坚决打消犯罪分子的嚣张气焰。

5月1日　深圳市检察院反贪污贿赂工作局与中国银行深圳分行签订《共建廉政单位协议书》，联手预防经济犯罪。

5月2日　经中国人民银行总行批准，长城证券有限责任公司在原深圳长城证券营业部和海南汇通证券合并的基础上重组成立。由券商合并重组成立新的证券公司在中国尚属首次。

△　深圳市委召开常委会议，研究有关加快国家级高新技术开发区的建设步伐等问题。

△　深圳口岸管理体制改革又有新举措：简化船舶进出口查验手续，改革收费办法，取消重复收费。

△　深圳市金蝶财务软件Windows标准版在北京举行的第七届中国软件交流会上获最高奖——优秀软件奖。

5月3日　深圳市各界青年纪念五四运动77周年。

5月4日　亚美尼亚总统列翁·捷尔·彼得罗相偕夫人一行30人抵深访问。彼得罗相总统对深圳所取得的成就表示赞赏。他说："我已经深深地喜欢上了深圳这座美丽的城市，希望它能与亚美尼亚的首都埃里温结成友好城市。"

5月5日　深圳证券中心落成。

5月6日　广东省法制宣传和人大制度研究工作座谈会在深圳召开。会议的主要议题是：总结交流近年来法制新闻宣传工作的经验，分析和研究当前法制新闻宣传工作面临的形势、任务及存在的问题，探讨在新形势下如何进一步加强和改进法制新闻宣传工作。

△ 国家开发银行深圳代表处开业，这是该行在华南地区设立的第一家机构。

△ 宝安区计划生育服务中心荣获"全国计划生育科技先进集体"。

△ 1995 年度全国田径"最佳运动员"评选揭晓，深圳选手孙彩云榜上有名。

5 月 9 日 深圳市第二届"大棚文艺奖"颁奖大会在深圳中国民俗文化村中心剧场举行。该奖是深圳市最高的常设性文艺奖项，这次共评出 1990～1995 年文学等 9 个文艺门类的优秀作品 116 件。

5 月 10 日 深圳市政府召开"深圳三局（市经发局、市计划局、市贸发局）职能转变改革试点方案"论证会，征求专家的意见。

△ 建设银行深圳分行推出指纹储蓄服务。

5 月 12 日 香港知名人士 600 多人来深圳参观驻香港部队。

△ 1995 年，南山区共筹资 2000 万元，相继修复了天后宫、南头古城东城门等 6 个重点文物保护单位。中国文物学会的领导专程来到南山，授予该区文物管理委员会和天后宫修复委员会"1995 年度文物保护先进单位"称号，该区 4 人被授予"文物保护先进个人"称号。

5 月 15 日 中国首家外向型机电仪产品专业交易市场——深圳机电仪产品交易市场正式向海内外开放。

5 月 16 日 深圳市委、市政府召开全市建设安全文明小区工作会议。市委书记厉有为要求全市各级党政负责同志要进一步统一思想，加强领导，突出重点，突破难点，开创创建工作的新局面；市委副书记、市长李子彬强调指出：抓不抓安全文明小区建设，是衡量各级领导讲不讲政治、重不重视社会治安的一个标准。他要求各级领导和各部门务必加大创建力度，取得更优异的成绩；市委副书记、市建设安全文明小区领导小组组长李容根总结了去年深圳市开展创建安全义明小区的工作，并部署 1996 年的任务。

△ 深圳市龙岗区共同富裕工程的重点项目——大鹏同富工业区动工兴建。

△ 香港友联银行深圳代表处开业。

5 月 17 日 中共深圳市委二届三次全会召开，学习江泽民总书记《领导干部一定要讲政治》的重要讲话，传达中央有关文件精神，审议并通过了《中共深圳市委会议制度》。

△ 深圳市企业博士后工作站接受中国博士后管委会的授牌，成为全国第二个企业博士后工作站。

5 月 18 日 深圳广密磁碟有限公司在华侨城工业区奠基。该项目建成后年产 3.5 英寸磁芯 4 亿片，填补中国磁芯生产的空白。

5月18～21日 厉有为率领深圳市考察学习团前往张家港市、苏州市学习考察。厉有为认为,此次考察收益很大,张家港、苏州在促进两个文明协调方面创造了很好的经验,深圳要很好地对照先进找差距,真抓实干,推动我市两个文明建设上新台阶。

5月20日 深圳市广播电视快点综合信息网(HFC)试验小区联合试点建设开始启动。李子彬称,这对充分发挥深圳特区的试验场作用具有重要意义。

5月21日 武思捷副市长在市职业培训工作会议上提出,要像抓基础教育那样抓职业培训。

5月21～22日 国家调查组考察深圳红树林保护区。

5月23日 深圳证券交易所颁布《上市公司董事会秘书管理暂行办法》,并将于1997年7月1日正式生效。

△ 中国社会科学院法学研究所所长王家福教授在深圳主讲法制讲座,深圳市五套班子领导带头参加法律学习。

5月24～27日 由各民主党派中央负责人、全国工商联领导人和无党派人士组成的"京九"铁路考察团莅深考察,高度评价深圳建立特区以来两个文明的建设。

5月25日 深圳率先试行金饰品零售价浮动的新标价方式。

△ 福田保税区海关正式开关。

5月28日 深圳市政府发出《关于设立深圳市同富裕发展基金的通知》。

△ 深圳市政府举行全市作家、艺术家座谈会。

5月29日 以残联主席邓朴方为团长的中国残疾人联合会考察深圳市残疾人工作。

5月30日 深圳市委、市政府做出《关于加快实施"同富裕工程"的决定》。

5月31日～6月3日 国务院副总理朱镕基视察深圳。朱镕基指出,中央准备采取措施,扶持优势企业发展。

5月31日 深圳市科技顾问委员会成立暨1995年度科技进步奖颁奖大会召开。会上,深圳市首批3个省级工程技术研究开发中心也宣告成立,分别是:以深圳华为公司为依托的"广东省数字通讯工程技术研究开发中心",以深圳天马微电子公司为依托的"广东液晶工程技术研究开发中心",以三九集团南方制药厂为依托的"广东省基因工程药物研究开发中心"。

6月1日 深圳市五届科技进步活动拉开序幕,65项优秀成果获奖。

6月3日 深圳市邮电局、深大电话公司、深圳市华为技术公司联合举行深圳商业信息网合作签字仪式。这标志着深圳现有信息网正从单纯语音业务向综合数字业务转变。

△ 深港高级警官在深交流会晤，双方就继续加强合作，打击涉外犯罪问题进行了探讨。

6月4日 首届"内地与港澳文化交流及发展研讨会"在深圳市举行。

△ 深圳市开始全面清理整顿医疗秩序和医药市场。

6月5日 深圳市全面出击"打黄扫非"，打击盗版行为，保护知识产权。

6月6日 深圳证券市场发展咨询委员会成立，该会属民间自律性机构。

△ 深圳市企业高级经理人才评价推荐中心成立。

6月7日 《福田保税区条例》由深圳市人大常委会公布施行，标志着保税区走上了按国际惯例运作、依法运作的规范管理轨道。

△ 深圳市常务副市长李德成与多哥首都洛美市市长阿穆苏维·阿卡布在洛美签署协议，深圳市与多哥首都洛美市正式结成友好城市。

6月8日 深圳市第一家向社会开放的科学实验室——深圳点通数据有限公司实验室开放。

6月9日 700多名香港各界代表来深参观中国人民解放军驻香港部队营地，代表们高度称赞这支威武文明的部队，对香港回归祖国充满了信心。

6月10日 深圳市龙岗大工业区首个项目"台商工业城"签署意向书。

6月11日 《道德经百家书》木雕版捐赠仪式在深圳博物馆举行。该编委会将其正式捐赠给深圳市政府。

6月13日 深圳市企业工作会议在市人大会堂开幕。会议主要内容是：分析深圳市企业工作形势，总结经验教训，部署企业深化改革、加快发展、加强管理的各项工作，加速推进"三个转变"。

△ TCL电子集团与香港陆氏公司签约，正式兼并蛇口陆氏公司。这是中国彩电行业中首例国有企业兼并外资（包括港澳台资企业）企业并使用国产品牌。

6月14日 深圳市市长李子彬会见世界最大的连锁零售公司——美国沃尔玛公司国际总裁首席行政长官鲍比·马丁先生，表示希望沃尔玛给深圳零售业注入新的活力。

6月15～16日 盐田港二期工程初步设计评审会召开，评审并通过设计方案。

6月18日 深圳发展银行香港代表处成立。

6月18～23日 《深圳市1996～2010年城市总体规划》开始在全市进行为期5天的公开征求意见。交通、生态环境、福田中心区和文化教育等规划备受关注。

6月20日 对《深港经济衔接方案》展开科学论证的深港经济衔接方案论证会

在深圳召开。

△ 农业部动植物检疫局在深圳召开现场会，正式宣布从即日起在深圳皇岗口岸实行新的动植物检疫管理办法。

6月20~21日 深港经济衔接方案论证会在深圳召开。《深港经济衔接方案》通过论证。

6月21日 中共中央政治局委员、国务院副总理李岚清在考察深圳口岸改革试点情况时强调，口岸改革是一个重大的改革实验，这个实验成功了，不仅对深圳的发展具有重要的意义，而且对我国的改革开放也具有重要意义，因此一定要努力把深圳口岸改革搞好，把它建成国际一流口岸。

△ 全国首家城市合作商业银行——深圳城市合作银行成立一周年。

6月25日 中共深圳市个体劳动者协会委员会宣告成立，这是全省第一个、全国第三个个体党委。

6月26日 深圳、济南交警结成友好支队。

△ 香港潮汕籍知名人士、全国政协常委、香港南洋行业银行名誉董事庄世平一行14人访深。

6月28日 第九届深圳荔枝节在深圳市体育馆开幕。

△ 深圳市重点工程梅林水厂二期扩建工程在深圳开幕。

6月29日 "沈—深—港经贸洽谈会"在深圳开幕。

6月30日 深圳举行"香港基本法宣传日"活动，数十万人参加了这项规模宏大、内容丰富的活动。

6月 在深圳诞生了全国第一家现金自动化处理中心。

7月1日 "香港明天会更好"巨型宣传牌在深圳罗湖桥头揭幕。

△ 个人账户与社会共济结合的新的医疗保险模式正式实施。

△ 深圳市政府发布《关于实施为到香港的外国人组团进行深圳经济特区旅游提供便利政策的补充通知》，从即日起进一步简化出入境手续。

7月2日 日本深圳协力会第九次会议在深圳举行。有关方面专家围绕深港衔接及解决合作主题展开了讨论。

△ 经国务院学习委员会第十四次会议批准，深圳大学成为本年度全国地方院校中唯一的新增硕士学位授予单位。

7月3日 陈观玉事迹大型图片展在深圳市博物馆开幕。

△ 建设银行深圳分行向深圳市华为技术有限公司提供5亿元贷款意向书和招商银行提供2.5亿元信贷合作协议签字。

7 月 4 日 深圳市二届人大常委会第九次会议开始举行。会议将审议《深圳经济特区经纪人条例》等 4 个法规草案，听取和审议有关工作报告。

△ 深圳市政府常务会议原则通过《深圳经济特区住宅区物业管理条例实施细则》和《深圳经济特区机动车排气污染防治规定》。

△ 根据深圳市纪委《关于在深圳市开展"反腐保廉，依法治市"教育工程的请示》，深圳市决定 1996 年下半年，在全市范围组织实施"反腐保廉，依法治市"教育工程。

7 月 5 日 1996 年深圳市科技人才交流会在市科学馆举行。

7 月 6 日 深圳市福田保税区挂牌运作，标志着该保税区全面进入实质运作阶段。

7 月 8 日 深圳市证券监管办公室确定下半年工作思路：一是扩大市场规模和覆盖面，二是营造"三公"市场环境，三是加强证券市场监管，四是做好"九七概念"文章。

△ 深圳市人民政府印发《深圳市一九九六年深化企业改革的意见》的通知。

△ 深圳市委、市政府做出《关于向深圳市公安交警管理局民警学习的决定》。

△ 深圳市"国际消除贫困年"活动组织委员会正式成立。

△ 深圳市最大的净菜超级市场——万方净菜超市在福田区福星路开业。

△ 第九届荔枝节圆满闭幕。

7 月 10 日 深交所 1995 年度绩优上市公司表彰大会暨上市公司与建立现代企业制度高级研讨会在深圳召开。

△ 深圳市投资管理公司产权代表工作会议开幕。

7 月 12 日 深圳市首届"企业最满意的政府部门"评选揭晓，市政府做出表彰决定，市公安交管局、市劳动局、市政府办公厅、市工商局等政府部门受到通报表彰。

△ 深圳市委、市政府发布实施《关于领导干部财产申报的暂行规定》。

△ 科特迪瓦共和国总理达尼埃尔·卡布兰·敦坎访问深圳。

7 月 12 ~ 13 日 深圳市信息化建设规划专家论证会暨专家委员会成立大会举行。《深圳市信息化建设规划纲要（1996 ~ 2010 年）》通过专家评审。

7 月 14 日 深圳市开展领导干部外语水平普查。

7 月 17 日 在国务院召开的第四次全国环境保护会议上，深圳市被评为 1992 ~ 1994 年全国环境综合整治十佳城市。

△ 深圳市罗湖区、福田区被评为全省"双拥"模范区。

7月18日　深圳市成立专门机构，首批选择12家企业开始优化国有企业资本机构试点工作。

△　深圳市委党风和廉政建设领导小组召开深圳市上半年反腐败工作情况通报会。宣布：深圳反腐败斗争取得了新进展，上半年查核大案要案线索234件，已查结170件，分别比上年同期上升14.7%和26%。

△　深圳市委党风和廉政建设领导小组聘请313名市、区人大代表为廉政监督员。

△　深圳方大装饰工程公司获ISO9001质量认证，成为全国首家装饰行业获此认证的企业。

7月19日　深圳与香港青少年朋友组成的"中国手拉手——深港青少年交流营"在深圳体育馆开营。

△　特区居民按比例就业制度开始实施。

7月21~23日　柬埔寨王国首相洪森携夫人访深。

7月21日　深圳市委、市政府召开会议，专题研究端溪酒店火灾事故有关处理善后问题，并部署今后的防火安全工作。市委书记厉有为、市长李子彬强调：一定要吸取这次火灾的教训，把预防工作放在第一位。

7月22~23日　深圳市近5000名公安干警、治安队员和民兵再次全线出击，打响"严打"斗争第三战役统一行动。

7月24日　香港九龙总商会工商代表团访深。

△　深圳市人大代表接访日，市领导、人大代表厉有为、李广镇、黄丽满、邵汉青、刘秋荣、张忠林等分别带队来到福田街道办、宝安区、南湖街道办、西丽街道办、龙岗镇政府、下沙股份公司等接待群众来访。

7月27日　新华社消息：今年上半年，深圳市外贸进出口总额为177.20亿美元，比上半年同期增长0.3%，总量指标在全国大中城市中仍居第一位。

7月29日　深圳先科企业集团和美国华纳家庭录影公司在北京举行版权合作协议签字仪式，这是中美两国企业在音像产品领域首次合作。

7月29~30日　张家港市考察团来深圳参观考察并交流、介绍了张家港两个文明建设的经验。

7月30日　深圳市领导率团慰问驻港部队官兵和武警官兵。

8月1日　深圳市政府二届四次全体会议召开。会议分析了全市经济形势，部署了今后几个月重点抓好的11项工作。

△　深圳市全面实施流动人口计划生育管理新规定。

△ 深圳市全市企业制度改革试点企业座谈会透露，开展两年的企业制度改革工作取得进展，35 家试点企业中已有 20 家完成规范改制工作。

8 月 5~7 日 深圳市委召开常务扩大会议。会议学习了江泽民关于领导干部一定要讲政治和依法治国的重要讲话，传达了中共广东省委常务扩大会议精神。与会人员听取了关于深圳市反腐保廉和依法治市的工作报告，专题讨论并部署了反腐保廉和依法治市工作。

8 月 6 日 深圳市工商局主持召开深圳市首届专业市场经验交流大会。深圳市工商局专业市场管理分局领导总结了深圳市在监督管理专业市场和促进其发展方面进行的有益尝试，并对如何适应"大市场、大流通、大经济"，进一步培育和发展专业市场提出了一些具体对策。袁汝稳副市长参加会议并发表讲话。

△ 深圳市在全国率先实行"计划生育技术服务许可证"制度。

8 月 7 日 深圳现代计算机（集团）有限公司目前在美国 DEC 亚太代理商年会上获 DIGITAL 优秀业务合作伙伴冠军杯奖。

△ 深圳市经发局召开 1996 年深圳上半年工业经济运行分析会透露，深圳市产业结构调整初见成效，"三个一批"产品产值已占全市工业总产值的 42.44%。

△ 深圳市政府颁布《关于重点扶持一批大型企业集团改革和发展的若干意见》，将特发公司等 30 家企业列入首批扶持名单。扶持措施包括推动制度创新，支持产权转让和企业兼并，增加资本投入，扩大融资筹资权限等。

8 月 8 日 深圳市生产力促进中心专家咨询委员会正式成立。委员会作为市生产力促进中心新技术推广应用、高新技术产业开拓的支持系统、参谋系统、咨询和评价系统，将对深圳市产业结构的调整、投资导向、新技术新产品的开发等提出决策咨询意见。

△ 深圳市委组织部、宣传部联合召开全市党员学理论、学党章座谈会，并发出通知，要求在全市党员中开展"双学双为"（即学理论、学党章，为基层服务、为群众排忧解难）活动。

△ 中国平安保险公司与中国农行代理保险签字仪式举行，这是国内股份制保险业务和银行首次合作。

8 月 9 日 深圳市调整引进外资工作机构，将市引进外资领导小组改为市招商委员会，撤销市投资促进中心（市外资办），成立市招商局。

8 月 12 日 沃尔玛购物广场和山姆会员商店分别在罗湖区洪湖路和香蜜湖正式开业。此举意味着美国及世界最大的连锁零售商沃尔玛（Wal-Mart）连锁公司首次正式进入中国市场。

　　△　深圳市委副书记、市长李子彬在深港产业衔接协调会上强调：搞好深港衔接是党中央、国务院赋予我们的大事，也是深圳二次创业的重要举措。各部门要拿出具体方案，纳入正常工作日程，真抓实干。

　　△　《深圳特区报》《深圳商报》同时刊发新华社记者采写的报道：《深圳"依法治市"的新探索》。

　　8月13日　深圳市政府、市国资办主持召开资产经营公司调整优化会议，就改革方案征求有关单位的意见和建议。

　　△　作为我国第一个由街道办事处组织的赴欧演出艺术团——深圳南湖街道艺术团圆满结束在意大利的演出，返深。

　　△　深圳市政府决定调整和完善市3家资产经营公司规模和运行机制：根据相近行业归并的原则，通过重组，分别形成以高新技术和基础产业为主导，以建筑、房地产产业为主导，以商贸流动为主导的3家资产规模适宜、管理体制科学、经营机制科学、经营机制灵活的市级国有资产经营公司基本发展格局。

　　8月14日　深圳中心城设计方案确定，美国李明仪建筑师事务所设计方案被评为优选方案。

　　8月15日　深圳市发出《关于对在深外商投资企业和在深外籍人员逐步实行国民待遇的通知》，从1997年1月1日起，在全国率先就电价、医疗收费、旅游门票价格等五类收费和价格对在深企业、在深外籍人员实行国民待遇。

　　8月16日　深圳市委常委会议讨论通过《深圳市市属事业单位机构改革方案》，决定以中央有关文件精神为指导，坚持政事分开、社会化和分类管理的原则，有重点、有步骤、积极稳妥地推进事业单位的机构改革，增强事业单位的生机和活力。

　　8月17日　深圳市全市首次副处级以上干部外语水平测试在市外国语学校结束，133名干部参加了测试。

　　8月18～21日　李子彬率团赴张家港市、苏州市参观考察，学习先进经验，以期促进城市发展。19日，考察团参观了张家港市的乡镇企业、中外合资企业和保税区等。21日，考察了苏州的工业园和新区建设。李子彬表示：虽然考察时间短，但收获大，启发多。我们要好好研究借鉴张家港和苏州的发展经验，进一步促进深圳的经济发展和精神文明建设。

　　8月19日　深圳大学新一届领导班子产生，姜忠任党委书记，谢维信任党委副书记、校长，王宋容任党委副书记，章必功、梁桂麟、张宝泉任副校长。

　　8月20日　国企改革与发展研讨会就如何加快深圳国企改革的步伐，继续发挥先行先试的作用，为全国提供可借鉴的经验进行探讨。

8 月 21 日 深圳市政府印发《关于对在深外商投资企业和在深外籍人员逐步实行国民待遇的通知》。

△ 深圳市直机关局处级干部学理论学党章报告会在深圳会堂举行。厉有为给与会干部上了一堂题目为"努力弘扬深圳精神，积极投身二次创业"的党课。

8 月 22 日 中国人民保险公司深圳分公司实行重大改革，一分为二，改组为中保财产保险深圳分公司和中保人寿保险深圳分公司。中保深圳产险分公司与寿险分公司于 9 月 25 日分别成立。

8 月 22 ~ 24 日 深圳市委书记厉有为率团赴梅州考察，探讨扶贫协作新路。他指出：要多层次、多形式、多渠道开展合作。

8 月 23 日 深圳市委常委会讨论部署"三五"普法工作，决定进一步加强普法工作，推进依法治市。

△ 深圳市艾滋病抗体检测实验室通过国家验收，成为国内第一家市级艾滋病抗体检测机构。

△ 中国建设银行深圳分行在全国国有商业银行中率先完成分业管理试点工作，由该行前信托公司改制而成的分行第二营业部正式开业。

8 月 26 日 新华社报道：《深圳为留学生归国人员提供广阔舞台》。

8 月 26 ~ 30 日 以李子彬为团长的深圳市赴贵州学习考察团先后考察了贵州安顺地区、黔南布依族苗族自治州、毕节地区等，并签订了有关对口扶持与经济合作协议等。

8 月 27 日 深圳市体改办宣布：按照率先建立社会主义市场经济体制的要求，深圳市三个试点部门之一的计划局转变职能改革实施方案经过市政府二届二十七次常务会议讨论后，已由李子彬市长签发。

8 月 28 日 深圳市二届人大常委会第十次会议举行，会议期间听取并审议市地税局局长吴升文和市城管办主任王发祥的述职报告。这是深圳市人大常委会成立以来，第一次对所任命的市政府组成人员进行述职评议。

△ 深圳市委常委、常务副市长李德成在市直机关局处级干部参加的"学党章、学理论"报告会上指出：当前，深圳市各级领导干部要认真学习、深刻理解党的基本路线，坚定不移地以经济建设为中心，进一步加大改革开放力度，坚持"两手都要抓、两手都要硬"的方针，促进特区两个文明建设协调发展。

△ 为适应深圳市口岸管理体制改革的要求，加强对口岸管理和驻深圳口岸查验单位党组织的领导，中共深圳市委口岸工作委员会正式成立。

△ 深圳市举行选派干部到境外进修动员会议。

8月30日 《证券交易所管理办法》发布实施，该办法强化了证监会对证交所的监督管理，加强交易所市场管理责任，并增加了对证券登记结算机构监管的内容。

△ 深圳市政府召开全市中专及中小学校长会议，强调坚决刹住学校乱收费现象。同时出台深圳市非义务教育收费标准。

8月 全国第一家残损币机械化销毁处理中心在深圳成立。

9月1日 京九铁路正式开通运营，深圳至北京开通直达旅客列车。

9月2日 深圳六家保险公司，在深圳分行的见证下签订了全国首份保险业反不正当竞争行为公约。

9月3日 深圳市委、市政府发布《关于授予元平特殊学校"深圳市奉献爱心、育残成才模范学校"称号的决定》。

△ 规划面积达170多平方公里的深圳市龙岗区大工业区破土动工。

9月4日 深圳市人民政府、宝安区人民政府均被授予"广东省计划生育工作先进单位"称号。

9月5日 深圳证券交易所第四次会员大会召开，深圳证券市场制定跨世纪发展目标，拟用15～20年时间进入国际主要证券市场行列，在证券品种、成交总量、上市公司家数、会员席位数、投资者数量及其技术水平和风险控制能力等方面达到世界发达市场水平。

△ 深圳市政府常务会议通过《关于综合治理市容环境，迎接"九七"香港回归实施方案》，决心以崭新市容市貌迎接香港回归。

△ 深圳市高新技术产业园区项目首次规划会召开，研究和探讨园区产业发展和远景规划。李德成强调要高标准高档次规划高新技术产业园区。

△ 深圳市开始全面清理整顿通信产品销售市场。

9月6日 深圳举行土地公开招标。此次招标的两幅土地分别位于景田综合区和石厦村，面积为8253.9平方米和6728.64平方米，土地用途为多层住宅。

9月9日 大亚湾核电站正式投入运营。

△ 深圳机场码头至香港国际货运航线开通。

9月10日 深圳证券结算公司推出六项方便券商与投资者的措施。

△ 《深圳市公路网规划》通过专家评审。按规划，到2000年，深圳市公路网布局规模将达1700公里。

△ 深圳市市长李子彬率有关部门负责人沿惠州东江、西枝头江考察正在规划实施的东部引水工程。

9月12～13日 深圳市委常委（扩大）会议召开，集中研究讨论深圳市国有企业改革和发展的重大问题。会议讨论通过了《深圳市公司董事会工作条例》《深圳市公司党组织工作暂行规定》等 7 个文件；制定了《深圳市对原有限责任公司和股份有限公司进行规范的意见》，对《中华人民共和国公司法》实施前成立的 23000 多家公司进行了大规模的规范工作。

9 月 12 日 中国最大的商业零售企业——上海一百集团挺进深圳，在布吉与深圳金鹏（集团）合作开设华南首家加盟连锁店"上海一百深圳金鹏商店"，签字仪式在深圳举行。

△ 深圳至莫斯科货运航线开通。

9 月 16 日 深圳市委、市政府致电慰问受 15 号台风袭击的湛江、茂名、阳江等地，并捐款相助。

△ 深圳市委、市政府批转了市委宣传部、司法局《关于在全市开展法制宣传教育的第三个五年计划》。

△ 中共广东省委组织部（粤组干〔1996〕784 号）文通知：李统书任中共深圳市委常委。

9 月 17 日 深圳市与香港亚洲电力有限公司签订合作建设和经营深圳市"九五"重点建设项目——东部电厂意向书，首期工程投资 90 亿元。这将成为全国首家使用液化天然气的大型燃机厂。

9 月 18 日 深圳市政府颁布《深圳市国有企业优化资本结构试点工作实施方案》，这标志着国有优化资本结构试点改革工作在深圳全面启动。

9 月 20 日 深圳市委常委召开会议，专题讨论整顿各类市场中介组织问题。会议要求：所有市场中介组织必须与国家机关脱钩，国家公务员一律不得在市场中介组织中兼职。会议决定成立深圳市市场中介组织整顿领导小组，负责组织协调、督促检查整顿市场中介组织的工作。

9 月 21 日 江泽民总书记考察京九铁路，上午到达深圳，察看了深圳火车站。江泽民指出，京九铁路是 20 世纪 90 年代的一个伟大工程，是中国几代人的愿望。京九线建成通车，将有力地带动中部地区特别是革命老区贫困地区的发展，同时对于加强香港和内地的经济联系与合作，促进香港的繁荣与稳定也将发挥重要作用。

△ 在英国举行的第 11 届利兹国际钢琴比赛中，深圳艺术学校学生陈萨夺得第 4 名，成为第一个在利兹国际钢琴赛获奖的中国人。

9 月 22 日 深圳市信息化建设规划通过专家评审。

9 月 23 日 中国联通深圳移动通信网开通。

△ 作为深圳口岸改革的重要内容——皇岗口岸计算机查验网络开通。

9月24日 《深圳市证券经营机构管理暂行办法》正式出台。

9月25日 全国"五个一工程"奖评选揭晓，深圳市的《琴童的遭遇》《情系中英街》两剧获奖。

9月25～26日 国内著名照明专家、建筑学教授聚集深圳，讨论并通过了深圳市灯光夜景区域性规划及总体构想。

9月26日 深圳证券交易所公布《深圳证券市场证券商入市流程与服务标准》，同时将在三周时间内，为有意加盟深圳证券市场的证券商开通深市交易。

△ 深圳市政府常务会议讨论并原则通过东门老街改造与文物保护基本方案。

△ 以全国政协副主席杨汝岱为团长的"全国政协委员赴京九铁路参观团"一行116人，抵深参观考察。

9月27日 国务院批准成立深圳盐田港保税区，首期开发0.85平方公里，以发展国际贸易、转口运输和仓储功能为主。

9月28日 深圳市龙岗大工业区开发建设拉开序幕，工业区第一份土地使用权出让合同签订，台商工业区隆重奠基。

9月30日 外经贸部发布《关于设立中外合资对外贸易公司试点暂行办法》，开始在浦东新区和深圳经济特区试点。

△ 位于深圳市红岭路和深南中路交界处的"小平同志在深圳"大型宣传画改造工程顺利完工。

10月1日 深圳市重点工程——西部电厂1号机组一次并网发电成功。

△ 深圳制定全国首部地方性保险业务员管理办法——《深圳市保险业务员展业管理暂行办法》。

10月3日 深圳市政府二届四十四次常务会议，原则通过市中心区首批土地招商开发项目，这标志着深圳市城市建设的重点开始转向中心区，中心区的建设已进入由规划设计转向具体实施的阶段。

△ 《深圳商报》推出"深圳建设社会主义市场经济体制基本框架系统综述"，介绍深圳敢闯敢试、率先建立市场经济体制的新成果、新举措等。

△ 深圳市获全国内外税系统双先进单位。

10月6日 深圳市春风高架路和滨河大道中心路段竣工通车。至此，深圳市南环线东段主车道全线通车。

10月7日 深圳市整顿市场中介组织领导小组正式成立并举行第一次工作会议。常务副市长李德成在会上强调，中介组织要在整顿的基础上提高和发展。

△ "深港人民心连心"香港访深团来深交流。14日，"深港人民心连心"深

圳访港团抵港交流。

10 月 8 日 深圳市经济体制改革办公室宣布：作为深圳市转变政府职能改革三个试点部门之一的贸发局转变职能改革实施方案已由李子彬市长签发，即将正式投入实施。

△ 《深圳港总体规划》预审会在深圳召开。

△ "深圳石化优化资本结构，组建大型综合商社，发展超百亿企业实施方案"通过论证。

△ 深圳融资中心正式向社会首先推出商业本票。

10 月 9 日 深圳市建设集团金众公司荣获 1996 年度中国建筑工程最高奖——"鲁班金像奖"。

△ 首届全国电子学学术会议在深圳大学召开。李子彬会见了前来参加会议的中科院王大珩等 5 位院士。

10 月 11 日 市统计改革方案专家论证会召开，深圳将在全国率先进行统计制度、统计方法、统计手段改革。

10 月 14 日 经中国人民银行批准，深圳华安财产保险股份有限公司开业。

10 月 15 日 吉林化工继 H 股和 ADR（美国存托凭证）于 1995 年分别在香港和美国上市后，3000 万 A 股于即日在深交所上市，总股本达 34.1 亿元的吉化是迄今为止在深交所上市的最大股本的股票，它的上市标志着深圳证券交易所已完全能够承受超级大盘股的上市。

△ 全国公安机关学济南交警表彰大会在京举行。深圳交警支队被授予"先进集体"称号并记集体一等功。

△ 深圳市在全国率先推出行政性收费由银行代理的新举措。

10 月 17 日 深圳市政府常务会议讨论并原则通过《深圳市人民政府关于加强环境保护工作的决定》和《深圳经济特区维修行业管理办法》。

10 月 17 ~ 18 日 全国双拥检查组经实地考察后，肯定深圳市"双拥"工作，认为深圳创建全国双拥模范城很有希望。

10 月 18 日 深圳市政府综合整治市容环境工作会议召开，通报深圳市近期开展综合治理市容环境行动的情况，并就下一阶段开展整治口岸环境、拆除违章建筑及实施灯光环境工程等工作做出部署。

△ 深圳农村信用社与农业银行脱钩，这是全国首家获得中国人民银行批准脱钩的农村信用社。

10 月 19 日 中共深圳市委、深圳市人民政府下发《关于整顿市场中介组织的决定》。

10月20日 深圳市委书记厉有为率团赴菲律宾参加国际改革与行政管理研讨会。

10月21日 深圳股市大幅逼空行情，深证成指上涨202.08点，创历史成指单日上涨最高纪录。

10月22日 深圳市政府在深圳会堂召开全市整顿市场中介组织动员大会，部署开展整顿工作。市委副秘书长、政研室主任在会上宣读了《中共深圳市委、深圳市人民政府关于整顿市场中介组织的决定》。李德成在会上做了重要讲话。

△ 首次全国土地管理综合统计工作会议在深圳市银湖会议厅召开。

△ 深圳市社会保险工作会议召开。

10月23~29日 深圳市二届人大常委会第十一次会议举行，审议并通过了《深圳经济特区道路交通管理处罚条例》《深圳经济特区企业欠薪保障条例》《深圳经济特区失业保险条例》等5项法规和有关人事任免事项等。任命郑通扬为深圳市人民政府副市长。

10月24日 深圳市政府常务会议讨论并原则通过了《深圳经济特区教师条例》。

10月25日 深圳市领导李子彬、李容根、李德成、李统书、武捷思带领市政府办公厅、计划、财政、规划国土、公安、城管、税务等部委办局负责人来到福田区调研，向该区负责人通报深圳市1996年以来各项工作的落实情况，同时就福田区在发展过程中遇到的热点难点问题现场办公，提出7点意见。

10月28日 深圳市二届人大常委会第十一次会议召开联组会议，审议市卫生局关于深圳市清理整顿医疗秩序和医药市场的情况报告。

△ 由中共中央办公厅、国务院办公厅信访局主办的全国信访信息工作座谈会在深圳市召开。

10月29日 《深港邮电通信衔接基本方案》出台。

△ 全国试点城市仲裁委员会联席会议在深圳召开。

10月30日 深圳市委召开常务会议，对《深圳市社会主义精神文明建设"九五"规划（送审稿）》进行专题研究。

10月31日 九龙海关完成全年征税任务，创百年老海关历史最高纪录。

11月1日 深圳市举行第17届长跑日运动。市五套班子领导及全市各界人士共12万人参加。

11月3日 深圳市委、市政府发布建设安全文明小区5条标准。

11月4日 武捷思副市长在全市税收财务物价大检查工作会议上指出：要抓住

热点问题来治理，要抓住老百姓最恨的事来治理。

11 月 5 日　全国会计师（审计师）事务所体制改革研讨会在深圳进行。国内同行认为深圳会计师事务所改制领先全国。

△　深圳市委组织部、市科技局联合发出《关于选拔、培养优秀年轻科技人才的通知》。

11 月 6 日　深圳市委、市政府召开市属事业单位机构改革动员大会，宣布"改革方案"和"实施意见"，公布撤、并单位名单。

11 月 7 日　深圳市政府常务会议原则通过《深圳经济特区水土保持条例》。

△　深圳赛意法微电子有限公司在福田保税区举行厂房落成和超大规模集成电路项目试产典礼。

△　深圳市政府常务会议讨论并原则通过了《深圳经济特区水土保持条例》。会议还研究讨论了《关于清华大学来深建点有关问题的请示》，决定成立深圳清华大学研究院。

11 月 8 日　第七届全国书市在深圳书城开幕，书市为期 10 天，有 500 余家出版社（含音像）、1500 余家发行单位参展，展销图书 10 万多种，接待读者近 100 万次，图书订货总额达 3.2 亿元。

△　深圳市召开首次街道党建工作会议。

11 月 9 ~ 10 日　中共深圳市委二届四次全体会议在深圳会堂召开。会议审议并通过关于《深圳市社会主义精神文明建设"九五"规划》的决议，明确提出深圳市"九五"期间社会主义精神文明建设的奋斗目标和主要任务，提出深圳的物质文明建设要走在全国前列，深圳的精神文明建设也要走在全国前列。

11 月 9 日　我国公路立交桥建设史上第一座小半径、大跨度预应力混凝土立交桥——金田立交 2 号桥合龙。

△　深汕高速公路东段试通车。

△　津巴布韦国民议会议长赛瑞尔·恩德贝里率领的津巴布韦议会代表团访深。

11 月 9 ~ 11 日　中共中央政治局委员、国务院副总理吴邦国考察深圳，强调要加快改革步伐，提高开放水平，在国企改革方面创造好经验。

11 月 11 日　深圳市人民政府发出关于印发《深圳市企业优化资本结构试点工作实施方案》的通知。

△　中共深圳市纪委第三次全会召开。会议讨论通过了《关于监督、保证和促进党的十四届六中全会精神全面贯彻落实的决议》，决定以六中全会精神为动力，深入、持久开展反腐败斗争。

△ 深圳市领导干部英语业余培训动员大会召开。市委副书记李容根发表了题为《实施高级人才工程，加快现代化国际性城市的建设步伐》的讲话。

△ 深圳市史志办公室编纂的《深圳市十九镇简志》由海天出版社出版。

11月11～13日 中共中央政治局常委、中共军委副主席刘华清考察深圳。强调驻香港部队要把文明威武之师形象树立在香港人民面前，并在称赞深圳的发展道路时说，在不远的将来建设一个强大的社会主义中国大有希望。

11月13日 深圳市福田区华富街道办事处与益田村的退休职工管理办公室正式成立。

11月14日 深圳市政府召开常务会议，讨论并原则通过《深圳市商贸流通体制改革方案》，决定深化深圳商贸流通体制改革，促进深圳区域性商贸中心的形成。

△ 《深圳市社会治安综合治理领导责任制考核办法》修改后重新发布。

11月14～16日 中共中央政治局委员、国务院副总理钱其琛，全国人大常委会副委员长王汉斌等领导同志来深圳考察。

11月14～18日 中共中央政治局委员、国务院副总理邹家华考察深圳，希望深圳继续发扬敢闯敢试精神，努力探索新形势下经济建设和精神文明建设的新路子，为全国提供更多更好的经验。

11月18日 深圳市正式颁布实施关于国有企业领导体制改革的5个"暂行规定"：《深圳经济特区董事会工作暂行规定》、《深圳市公司经理工作暂行规定》、《深圳市党组织工作暂行规定》、《深圳市公司监事会工作暂行规定》和《深圳市公司工会工作暂行规定》。规范企业领导体制，以形成充满活力的决策体制、经营运行机制、监督约束和激励机制。这是深圳市国有企业领导体制改革的重大突破。

11月18～19日 深圳"同富裕工程"投资洽谈会在市科学馆开幕，投资总额超过17亿元。

11月19日 深圳市政府召开常务会议，研究并原则通过了深圳特发集团、莱英达集团、能源集团等3家企业的《优化资本结构，创造百亿集团实施方案》。

11月20日 深圳市委书记厉有为在中共中央党校省市领导班研讨会上，做了题为《关于所有制若干问题的思考》的发言。[1]

△ 深圳第一劳教所荣获"部级现代文明劳教所"称号。

11月25日 由中国综合开发研究院（深圳）、深圳特区促进深港经济发展基金会和新华社《经济参考报》共同举办的深港经济衔接高层研讨会在京举行。

---

[1] 《南方都市报》2008年1月14日文章——《厉有为：回忆1997遭"围剿"》，作者：宋元晖、黄宇。

△ 深圳发明家邹德俊在第 45 届尤里斯卡国际发明博览会上荣获 3 项国际发明奖，其中强力真空吸盘挂钩荣获唯一最高奖——特别发明金奖。

11 月 25 ~ 26 日 由《经济参考报》、中国综合开发研究院（深圳）和深圳特区促进深港经济发展基金会联合发起组织的"深港经济衔接高层研讨会"在北京召开，就如何促进深港经济衔接展开了热烈讨论。国务院发展研究中心名誉主任、中国综合开发研究院理事长马洪致辞，厉有为、李子彬等参加会议并发言。

11 月 26 日 深圳市蓝印户口办理办法出台。

△ 欧洲最大的法国国际连锁集团——家乐福落户深圳。

△ 深圳市委党委、秘书长李统书的专著《特区党建的实践与思考》获全国党建读物奖。

11 月 28 日 深圳市龙岗区召开区委一届五次全会。会议讨论审议并一致通过了《深圳市龙岗区社会主义精神文明建设"九五"规划》，同时向全区干部群众发出加快精神文明建设的号召。

11 月 29 日 全国第一家信息工程质检机构——深圳市信息工程质量监督检验总站在深圳成立。

11 月 30 日 深圳市基础设施建设中的"重中之重"项目——深圳东部供水水源工程正式开工。管线全长 56.3 公里，分别从东江和西枝江取水至深圳市境内的松子坑水库，年取水量为 3.5 亿立方米。该工程全部静态投资 13.6 亿元，为期 10 个月。

△ 深圳西部电厂主要配套项目——西乡至梅林 220 千伏输电线路工程竣工。

12 月 2 日 深圳市委、市政府颁布《深圳市市属国有企业领导人员管理暂行办法》。这是深圳市对国有企业领导人员管理权限和办法实行的重大调整，是搞活国有企业的重要举措。

△ 历时 5 天的中国经济特区商品交易会在厦门结束。海南、深圳、厦门等特区签订投资项目 27 项，总投资 21952 万美元。其中深圳福田保税区签订了 10 个投资项目，总投资 15542 万美元。

12 月 3 日 国内首张组织机构智能信息卡在深圳推出。

△ 深圳市鹿丹村物业管理招标揭晓，万科物业管理公司以最高分中标。这是国内住宅物业管理首次公开向社会招标。

12 月 3 ~ 5 日 深圳举行旅游规划研讨会。来自全国各地的专家肯定了《深圳市旅游业发展"九五"计划和 2010 年远景目标纲要》，认为深圳旅游业发展规划

"有创意，有示范效应"，并提出创造中国旅游业的"深圳模式"。

12月4日 深圳市五区"优化资本结构座谈会"召开。会议强调点上突破，面上推广，全面推进优化资本机构工作。

12月4~9日 中共中央政治局委员、全国人大常委会副委员长田纪云在深圳考察。

12月5日 全国人大深圳培训中心落成，中共中央政治局委员、全国人大常委会副委员长田纪云，全国人大常委会副委员长程思远及省市领导朱森林、李子彬、李广镇等为培训中心落成剪彩。

△ 在深圳访问的美国前国务卿亨利·基辛格博士盛赞深圳取得的巨大成就，并认为其体现了中国人民卓越的奉献精神和伟大的创造力。

△ 深圳市第二届社科成果奖评选揭晓，共评出"深圳经济特区的探索之路"等优秀成果92项。

△ 广东省交通厅在深圳召开运政队伍建设现场会，决定在全省推广深圳经验。

12月6日 第二届中国（深圳）国际时装博览会开幕。

△ 由中国深圳、香港及日本的三家公司合资开办的深圳市首家中外合资旅行社——华名国际旅业有限公司举行签约仪式。这是深圳市按国际惯例开放旅游市场的一项尝试。

△ 深圳元平特殊学校校长孙振东获第二届"孺子牛金球奖"。

12月8日 "中国名优产品、食品（深圳）展销会"在深圳布吉农产品批发市场开幕。全国24个省市的近千种农副产品参展。

△ 布吉农产品批发市场被授予"农业部、内贸部定点鲜活农产品批发市场"牌匾。

△ 在马来西亚举行的高尔夫球公开赛区上，中国深圳选手张连伟一举夺魁。

△ 由深圳高斯达电子科技有限公司开发研制的医用磁共振成像系统通过国家级技术鉴定。该项技术被国家科委纳入国家火炬计划项目。

12月9日 国家建设部在深圳环卫处理厂召开国家"八五"科技攻关重大科技成果颁奖大会。深圳"垃圾焚烧炉（三号炉）改造项目"被评为国家"八五"科技攻关"优秀示范工程"。该项目采取的地热质、高水分、多变化的垃圾焚烧处理工艺填补了过去的空白。

12月10日 国家"九五"计划建设重点项目之一的中国南方玻璃有限公司超薄浮法玻璃生产线建成点火，这是全国首条超薄浮法玻璃生产线。

12月10~11日 深圳市城市规划委员会第七次会议召开，审议并原则通过了

《深圳市 1996～2010 年总体规划》和《深圳城市规划标准与准则》。

12 月 12 日 第三届股市研究学术会议在深圳举行。会议研讨的主题是"九七后证券市场的发展",并就香港回归对证券市场带来的机会与挑战以及 1997 年后沪深港证券市场的协调与发展进行了广泛的探讨。

△ 深圳市政府召开常委会议,讨论并原则通过了《深圳港总体布局规划》。

12 月 13～14 日 叙利亚共和国总理马哈茂德·祖阿比一行访深。

12 月 14 日 深圳市劳动局获得"全国劳动系统先进集体"称号。这是深圳市自建市以来政府职能部门首次获得全国先进集体称号。

12 月 15 日 总投资 1.8 亿元人民币,全长 2270.41 米的梧桐山第二隧道于上午 11 时 20 分全线贯通。工期比原计划提前了 1 个月。

12 月 16 日 《人民日报》发表题为《正确认识当前股票市场》的特约评论员文章以遏制股市投机势头。[①]

12 月 17 日 首届中国城市商会经济职能改革研讨会在深圳召开。研讨会就如何在社会主义市场经济条件下加强商会经济职能的改革和城市商会之间的交流与合作进行了探讨。主题是"加强城市商会的联系与合作,共促工商经济的繁荣与发展"。

12 月 17～22 日 中共中央政治局委员、国务委员兼国家体改委主任李铁映考察深圳,指出深圳 16 年发展取得的成绩影响很大,今后要继续坚持江总书记讲的"三个不变"和"一个增创",搞好深港衔接,发挥深圳在高科技、贸易口岸、旅游等方面不可替代的优势作用。

12 月 18 日 全国体改工作会议在深圳市召开。会议的主要议题是贯彻党的十四届六中全会和中央经济工作会议精神,总结 1996 年经济体制改革工作,部署 1997 年全国经济体制改革任务。中共中央政治局委员、国务委员兼国家体改委主任李铁映做了题为《把握大局,抓住重点,扎扎实实地把改革推向前进》的讲话。李铁映在会上指出:中国经过 18 年的改革,实现了一系列历史性的突破,带来了从物质到精神,从经济发展到思想认识方面的一系列新变化。从整体上看,中国社会主义市场经济体制的基本框架已经显现。

△ 中央军委授予广州军区某部六连"深圳特区精神文明好六连"荣誉称号,江泽民总书记为之题词。

---

① 1996 年 10 月初到 12 月 12 日,中国股市达到狂热程度。股价不断上涨,成交量连续增大,投资者盲目跟风,再加之一些机构的违规行为,市场上投机气氛渐浓。在市场失去理性的情况下,中国证监会及有关部门在不到 2 个月时间里,连续采取措施,严厉打击过度投机。

△ 总投资 47 亿港元，兴建 3 个 5 万吨级的集装箱泊位的盐田港二期工程开工。

△ 深圳石化综合商社成立。

12 月 21 日 在全国经济体制改革工作会议闭幕大会上，国家体改委党组书记、副主任张皓若做了题为《振奋精神，开拓前进，努力开创改革工作的新局面》的总结讲话。

△ 香港特别行政区第一届政府推选委员会第四次全体会议在深圳召开，会议选举产生香港特别行政区临时立法会 60 名议员。

△ 深圳市政府和清华大学合作建立"深圳清华大学研究院"举行签字仪式。

△ 京九沿线 9 个省市信息管理机构的负责人聚集深圳，共商"大京九信息网络"，并制定《京九信息网实施方案》《京九信息网开放交换信息办法》等。

12 月 23 日 "深圳特区精神文明好六连"命名大会在广州举行。党和中央领导人江泽民、张震、张万年、迟浩田题词，中央军委副主席、国防部部长迟浩田宣读了中央军委的命令并颁发奖旗。

12 月 24 日 深圳市委就健全保税区功能，加快保税区发展，发挥保税区作用召开座谈会。会上决定，在市高新技术产业园和龙岗大工业区，选择实力强、信誉好的高新技术企业，进行保税工厂试点。

12 月 25 日 国务院、中央军委授予广东省公安边防总队第六支队十三中队"沙头角模范中队"荣誉称号。

12 月 26 日 深圳市第二届人民代表大会常务委员会第十二次会议通过市人民政府《关于提请审议一九九六年深圳市本级预算内财政收入预计完成情况及超收预安排的议案》和深圳市人民代表大会常务委员会《关于延长会计师事务所、审计师事务所改制期限的决定》。

△ 深圳市政府常务会议讨论并原则通过了《深圳经济特区城市道路照明管理规定》。

△ 深圳市企业高级经理任职资格评审委员会正式成立并召开第一次会议。

12 月 27 日 深圳市委书记厉有为在全市工作会议商贸组小组讨论会上，强调：深圳商贸企业必须切实贯彻工作会议精神，统一思想认识，进一步深化体制改革，争取更快更大的发展。

△ 李子彬市长从口岸管理体制、社会保障体系、金融财税体制、商贸体制、中介组织及机关建设等 6 个方面详细阐述了各项制度的改革内容，确定 1997 年经济社会发展战略。

12 月 28 日　深圳市滨河净化水厂三期 25 吨工程建成通水。

12 月 29 日　广东省当时最长（268 公里）的高速公路——深（圳）汕（头）高速公路全线贯通，该高速公路对珠三角经济发展起到重要作用。

12 月 30 日　深圳市召开首次残疾人事业工作会议。

12 月　深圳市建设投资控股公司成立，其成为全国第一家从事资本运营和生产经营相结合的大型国有混合型控股公司。

1997 年

    1月1日   深圳市第二届人大常委会第九次会议通过《深圳经济特区经纪人管理条例》①。

    △   深圳市政府正式颁布实施《关于对在深外商投资企业和在深外籍人员逐步实现国民待遇的通知》。

    △   为进一步建立和完善社会保障体系，从今年起深圳实行最低生活保障制度。保障线标准为：经济特区内居民家庭月人均为 206 元，宝安、龙岗区居民家庭月人均为 170 元，农民家庭月人均为 120 元。凡具有深圳市户口的城乡居民，家庭月人均低于该标准的都可申请救济。

    △   "中国（深圳）旅游年"开幕。

    1月2日   深圳市高速公路西段工程完工。该工程起自深圳龙岗，与惠深（盐田）高速公路相连，止于陆丰潭西，与已建成通车的深汕高速公路东段接通，长146 公里。

    1月3日   国家农业普查办公室副主任徐志全、广东省农业普查领导小组副组长卜新民到深圳市指导、考察农业普查现场登记工作。

    △   深圳赛野实业有限公司被誉为"全国最大规模的专业模型公司"，并获得国务院发展研究中心颁发的"中华之最"证书。

---

    ①   该条例是为规范经纪人的经纪行为，保障经纪活动当事人的合法权益，维护市场经济秩序，根据有关法律、法规并结合深圳经济特区的实际而制定的。它的出台填补了深圳市在中介服务行业立法上的空白；对规范深圳市经纪行为，保障经纪人和委托人的合法利益，引导经纪市场走向规范有着重要意义。

　　△　《深圳市保险结构风险监管试行办法》出台。这是我国首次将保险风险监管引入法规。

　　△　深圳市人才大市场正式试业。

　　1月4日　市委发出关于深入开展向"深圳特区精神文明好六连""沙头角模范中队"学习活动的决定。

　　△　深圳市委、市政府提出为旅游者办10件实事。

　　1月5日　深圳市政府做出《关于加强环境保护工作的决定》，以进一步落实环境保护基本国策，实现城市生态良性循环。

　　1月6日　深圳市罗湖区委举行二届五次全体（扩大）会议。市委副书记黄丽满到会，就如何进一步搞好精神文明建设做了重要讲话。市委常委、罗湖区委书记王顺生代表区委做了题为《扎实工作，稳中求进，推动罗湖全面发展全面进步》的报告。

　　△　深圳市职业介绍中心成为国家劳动部向全社会推荐的6家国际示范职介中心之一。

　　△　深圳市平湖批发市场及铁路专线动工兴建。市政府计划投资2000万元，建设面积约3.4平方公里的仓储区和批发市场。

　　1月7日　以总结去年国际外汇市场业务、展望1997年世界金融形势为议题的国家外汇管理局第6届国际金融研讨会在深圳银湖宾馆召开。

　　1月7~8日　深圳市社会治安综合治理委员会召开全体委员会议，认真听取市公安局等10个单位治安责任人的述职报告。会议要求把社会治安综合治理当作"一把手工程"，全市各级各部门的主要负责人要亲自抓、务求实效，以良好的社会治安形势迎接"九七"香港回归和党的"十五大"的召开。

　　1月8日　全国人大华侨委侨属企业立法及侨务保护法制化问题研讨会在深圳市召开。会议旨在研究讨论如何采取有效措施，进一步加快侨务立法步伐，加强侨务法制建设。

　　1月8~9日　深圳市委市政府办公厅、市公安局、市贸发局、市工商局、市文化局、市卫生局等部门的负责同志和执法人员60多人，分成5个检查组，对罗湖、福田两区的部分桑拿药浴、歌舞厅进行突击检查。这是政府为清理扫除"黄赌毒"等社会丑恶现象，净化特区社会治安环境，遏制有害于社会风气和特区形象的违法犯罪抬头、蔓延所采取的行动。

　　1月9日　深圳市政府召开的常务会议原则上通过了《中共深圳市委、深圳市人民政府关于加强流动人口管理的若干意见》，并对进一步加强深圳市流动人口管理做了规定。

△　共青团深圳市三届三次全委（扩大）会议通过了《深圳市"九五"期间青少年思想教育纲要》，提出深圳青少年思想道德建设"六大工程"，即：灵魂工程、文明工程、爱心工程、榜样工程、敬业工程、育新工程。

1月12日　深圳机场（集团）公司在民航总局执法检查中荣获全省运输服务质量第一名。

1月14日　深圳市信息委召开会议，对1997年具体工作进行部署。1997年深圳市信息化建设将以信息化试验小区、电子商贸系统（ECS）等21项应用系统为重点，全面推动信息化在各部门的应用。

△　为期2天的广东省职工职业道德建设现场交流会在深圳市举行。深圳市福田工商分局职业道德建设经验在会上进行了重点交流。

△　国务院、中央军委授予广东省公安边防总队第六支队"沙头角模范中队"荣誉称号命名大会在人民大会堂举行。

1月15日　深圳市委、市政府举行深圳口岸单位迎春座谈会，市领导厉有为、李子彬、李德成与驻深口岸各单位负责人（驻深的海关、边检、卫检、动检、商检、港监、特检等单位）表示要进一步团结协作，合力维护深圳口岸形势的稳定安全，确保口岸畅通。

△　深圳市口岸委第三次工作会议召开。1997年深圳市仍以管理体制改革作为口岸工作的重点，并将配合有关部门实施好边检职业化改革。会议要求抓紧搞好罗湖等口岸设施的维修与改造，力争在上半年实现深圳各口岸间的电脑联网，进一步加快通关速度，从而按照国务院领导的要求全面完成改革试点的各项任务。

△　在北京举行的全国双拥模范城（县）命名大会上，深圳市荣获"全国双拥模范城"称号。

1月16日　深圳市政府常务会议原则通过《关于进一步整顿市容环境迎接香港回归的工作方案》。

△　由建设部组织的"全国城市物业管理优秀住宅小区"评选揭晓。深圳荣获优秀住宅小区示范小区的有：松坪村一区、东乐花园、发展中心、海滨广场、海丽大厦、荔景大厦、海连大厦7家。荣获城市住宅管理优秀住宅小区（大厦、工业区）的有：长乐花园、国贸中心大厦、车公庙天安工业区、恒丰工业城4家。

1月18日　"邓小平在深圳"大型图片展开幕。

△　全国最大继电器生产基地——深圳王利电机有限公司的新工厂在宝安区石岩镇动工兴建。工程总面积5.4万平方米，投资逾3亿元，投产后将具有3.6亿个

继电器的年产能力。

1 月 20 日 内部员工持股试点企业座谈会召开。深圳市内部员工持股试点工作基本达到预期目标，积累了一定经验，具备了进一步扩大试点的条件；深圳市将在修改完善有关员工持股办法的基础上，加大改革力度，扩大试点范围。

△ 深圳市人大常委会主任李广镇，副主任刘秋容、刘文达及部分人大代表开始对全市各区人大工作及推进依法治市情况进行调查研究。

△ 燃气汽车技术在深圳实验成功。国家拟将深圳列为国内首批进行燃气汽车应用推广城市的试点。

1 月 21 日 1997 年商贸旅游工作会议在华夏艺术中心召开。会上对深圳市商贸旅游方面的工作进行了总结和部署。

△ 深圳市委、市政府 1997 年为民办 10 件实事确定为：创建安全文明小区，修、改建市区道路，造人行天桥和地下隧道，建设灯光环境工程和大型宣传标语，罗湖口岸和皇岗口岸交通改造工程，解决市管网的历史遗留问题，加强市内公共交通建设，发展社区健康服务中心，加强市内公园建设及城乡绿化，继续抓好"菜篮子、米袋子工程"建设。

△ 深圳市"九五"期间出口战略和奋斗目标确立，即"九五"期间出口平均增长速度为 11%，2000 年机电出口额达 165 亿美元以上，占市外贸总额的 58.9%；年出口额超过 300 万美元的企业达 500 家以上，超过 1000 万美元的 300 家以上，超过 5000 万美元的企业超过 50 家。

1 月 22 日 深圳口岸管理体制改革试点工作会议在深圳市召开。①

△ 深圳市政协就如何做好深港科技合作邀请深圳市科技界人士座谈。

△ 深圳市统计信息局荣获"1996 年国家信息系统先进"称号。

1 月 22～24 日 深圳市检察机关召开反贪工作会议。市检察院检察长王正明在讲话中强调：1997 年市、区两级检察院要以查办"三机关一部门"②的大要案为重点，突出查办本地区群众反映强烈、影响大、震动大的案件，推动反腐败斗争深入发展，维护社会稳定，促进经济发展。

1 月 23 日 深圳市 1997 年金融工作会议在深圳会堂召开。会议确定深圳市 1997 年金融工作的主要任务是：继续执行适度从紧、紧中有活的货币政策，强化和改善金融监管，努力改进金融服务，搞好深港金融合作，加强领导班子和干部队伍

---

① 这次会议是根据国务院领导同志的指示精神，对历时 3 年多的深圳口岸改革成绩和经验进行总结，部署和推动下一步改革进程，以尽早全面完成口岸改革试点工作的各项任务。

② 指发生在党政机关、行政执法机关、司法机关和经济管理部门的犯罪案件。

建设。中国人民银行深圳特区分行行长王喜义做了题为《继续执行适度从紧、紧中有活的货币政策，防范和化解金融风险，更好地支持特区经济发展》的讲话。深圳市副市长武捷思在会上指出：严格监管是防范金融风险的重要措施，也是深圳金融业在 1996 年取得重大成绩①的重要保证。

　　△　瓦努阿图共和国总理亚吕特·塞奇·沃濠偕夫人一行访深。

　　△　全国首家中外合资旅行社——华名国际旅业有限公司成立。它由深圳市旅游（集团）公司与日本名铁观光株式会社、香港百胜旅运有限公司合资开办。

　　1 月 25 日　全国住房制度改革工作会议在深圳结束。中共中央政治局常委、国务院副总理朱镕基到会做了重要讲话。深圳市做了题为《加强物业管理，推进住房商品化》的书面发言，并获"全国住房制度改革先进城市"称号。

　　△　香港特别行政区临时立法会在深圳举行第一次会议，以无记名投票方式，选举范徐丽泰为临时立法会主席。

　　1 月 28 日　深圳市副市长郭荣俊主持召开加工贸易台账制度实施领导小组会议，对 1996 年的工作进行了总结，并就有关问题（工缴费征收增值税、有关核销问题等）进行协调解决。

　　△　深圳市人大常委会主任李广镇率市人大常委会有关部门负责人到龙岗区检查工作，听取该区 1996 年工作总结和 1997 年的工作计划。座谈会上，李广镇强调指出：要努力抓好区级机关的依法行政和公正司法工作，努力提高司法人员素质，加强个案监督。

　　1 月 29 日　深圳市委书记厉有为在深圳市领导干部反腐保廉述职大会上发表重要讲话。

　　△　深圳市委、市政府向全市人民发出总动员，号召市民"迎回归，创三优，争一流"。"三优"即"优美环境，优良秩序，优质服务"。

　　1 月 30 日　深圳市政府召开第五十七次常务会议，研究确定加快龙岗大工业区的发展步伐，讨论《关于深业（集团）公司抓住机遇、调整方向、发展境外大型控股集团实施意见》的报告，原则同意深业集团发展成为境外大型控股公司。

　　△　深圳市委、市政府召开全市政法工作会议，主要内容是传达贯彻全国、全省政法工作会议和市委工作会议精神，研究部署 1997 年深圳市的政法工作。市委书记厉有为，市委副书记、市长李子彬在会上强调指出：全市政法战线要紧紧围绕维护社会政治稳定这项首要任务，狠抓队伍建设，坚持不懈地开展"严打"斗争，以

---

①　1996 年，深圳金融业以占全国不到 5% 的贷款余额，创造了占全国银行业 1/4 左右的利润。

良好的社会政治环境迎接香港回归和党的十五大召开。

2月2~3日 原国家主席杨尚昆在深圳视察。

2月4日 深圳市3个资产经营公司之一的商贸投资控股公司正式挂牌。李子彬说：市委、市政府提出要用15年的时间把深圳建成现代化的国际性城市，商贸控股公司要围绕把深圳建成区域性的商贸中心和旅游胜地而努力。副市长郭荣俊、郑通扬就商贸控股公司如何在搞好市民"菜篮子""米袋子"等方面发挥国有商业主渠道作用，就如何搞好企业的抓大放小、兼并破产以及优化资本结构等问题提出了希望。

△ 由深圳市海业股份有限公司兴建的对虾养殖病害防治示范区，最近在全国18个同类示范区的首次综合评比中获得第一名。

2月14日 国家副主席荣毅仁视察深圳，并为布吉农产品批发市场题词：办好大市场，搞活大流通。

2月15日 市政府颁布实施《深圳市居民按比例就业暂行办法》，强调对具有常住户口和蓝印户口的居民实行按比例就业办法，重申"先市内、后市外"原则。

2月16日 国家国有资产管理局最近强调要加强和完善国有股权管理，不断提高管理水平和规范化程度，促进股份公司健康发展。国资局就加强国有股权管理提出5点要求。

2月18日 深圳市1997年民政工作会议在市民政局会议室召开。会议要求深圳市各级民政部门认真抓好1997年度重点民政工作的落实，推动深圳市民政事业的全面发展。市民政局局长廖运桃对深圳市1996年的民政工作进行全面总结，并部署1997年民政工作的计划要点。

△ "深业控股"上市国际推介会在伦敦举行。21日在香港正式发售，26日招股获超300倍认购，上市集资额为5.32亿港元。深业在香港联合交易所的上市进一步加强了深圳与国际市场的联系。

△ 按照国务院《深圳口岸管理体制改革试点方案》的要求，深圳市放开深圳地区外轮市场。

2月19日 中国改革开放总设计师邓小平同志与世长辞。

△ 深圳市二届人大常委会第十三次会议在市人大贵宾厅召开。会议审议了《深圳经济特区教师条例（修改草案）》《深圳经济特区水土保持条例（修改草案）》《深圳经济特区旅游管理条例（修改草案）》《深圳经济特区实施〈中华人民共和国固体废物污染环境防治法〉若干规定（修改草案）》《深圳经济特区职业技能鉴定条例（修改草案）》《深圳经济特区奖励和保护见义勇为人员条例（修改草案）》《深

圳市人民代表大会常务委员会监督条例（修改草案）》7个法规；听取和审议了关于修改《深圳市人民代表大会审查和批准国民经济和社会发展计划及财政预算暂行规定》的议案、市政府关于深圳市城市总体规划（草案）要点的报告、市政府关于进一步加快深圳市欠发达地区经济发展的议案办理情况报告、市政府关于清理整顿医疗秩序及医药市场的议案办理情况的报告，审议市人大常委会工作报告及1997年工作要点，并进行有关人事任免。

△ 深圳市企业按纳税情况分ABC三类进行申报纳税和接受检查的方式正式开始运作。这是税收征管向国际惯例迈进的重要举措。

2月20日 深圳市政府召开常务会，讨论并原则通过《深圳市高新技术产业园区发展规划（送审稿）》。

△ 《人民日报》头版发表了中共深圳市委文章：《走向中国特色社会主义道路》。

△ 深圳市委召开党委扩大会议，沉痛悼念邓小平同志，决心化悲痛为力量，把改革开放和现代化建设事业推向前进。全市人民以各种方式深切悼念邓小平同志，缅怀他的丰功伟绩。

2月21日 中共深圳市委常委会传达学习广东省依法治省工作领导小组会议精神，讨论并原则通过了《深圳市一九九七年依法治市工作要点》。

△ 深圳市委书记厉有为，市委副书记、市长李子彬在接受中央和本市新闻单位采访时表示：深圳全市人民一定继承邓小平同志的遗志，化悲痛为力量，紧紧团结在以江泽民同志为核心的党中央周围，高举邓小平建设有中国特色社会主义理论的旗帜，按照邓小平指引的路子和江泽民总书记对经济特区的具体部署和要求，把深化改革和两个文明建设继续抓好，争取再上一个新台阶。

2月24日 深圳港上市的H股——深圳高速公路正式向境外推介。3月9日全球发行喜获成功，募集17.63亿元。3月12日在港上市交易。

2月26日 深圳市组织工作会议在深圳会堂举行。会议传达贯彻全国、全省组织部长会议精神，总结回顾了1996年的全市组织工作，部署了1997年的组织工作任务，同时下发了《中共深圳市委关于加强各级领导班子思想政治建设的意见》。市委书记厉有为到会做重要讲话。副书记李容根做了题为《采取有力措施，加大工作力度，进一步加强领导班子思想政治建设》的讲话。

2月27日 深圳市纪检监察系统信访举报工作会议召开。会议传达贯彻了全国、广东省纪检监察信访举报工作会议精神，回顾总结了近年来深圳市纪检监察信访举报工作情况，部署了今后一段时期的信访举报工作。市纪委副书记莫壮峰在会上做了重要讲话。

2 月 28 日　深圳首家法律援助中心开始服务。

3 月 1 日　《深圳经济特区失业保险条例》正式实施。

3 月 2 日　在深圳经济特区发展（集团）公司 1997 年工作会议上，深圳市委副书记、市长李子彬在谈到今年深圳市经济工作重点时强调：要加快企业改革，搞活国有企业，进一步推进经济体制和经济增长方式的根本性转变。特发集团总裁陈宏明在会上做了题为《全面推进优化资本结构试点工作，努力加快创百亿集团实施步伐》的总结动员报告。

△　由深圳市科技局、中国技术市场管理促进中心和深圳金源实业股份有限公司联合筹建的"南方国际技术交易市场"最近得到国家科委的正式批准，并被定为国家级常设交易市场。

△　深圳开展"学雷锋，做义工，迎回归"活动，11 万青少年上街参加活动。

3 月 3 日　深圳市招商委员会成立并正式挂牌。

3 月 4 日　深圳市联合年检办公室发出公告，为减轻企业负担、方便企业，根据对外贸易经济合作部、国家工商行政管理局等 7 部门《关于对外商投资企业实行联合年检的通知》及深圳市政府〔1997〕38 号文件的规定精神，决定自 1997 年起对外商（港澳侨）投资企业的出资、生产经营、财务、外汇、进出口等方面情况进行联合年检。

△　深圳市专家春茗座谈会在银湖旅游中心举行。

△　《深圳市 1997 年经济体制改革年度计划》颁布实施。

3 月 5 日　深圳市创建"青年文明号"大会在深圳会堂隆重召开。

3 月 6 日　深圳市委武委会主任、市长李子彬同志主持召开市委人民武装委员会全体会议，并发表讲话。

△　深圳市投资管理公司召开董事局第一次会议，审议通过了该公司"九五"规划、公司章程、董事局工作规程等文件，并在深化改革、确保国有资产安全运营等方面达成了一致意见。

△　COL 讯业金网穗在深圳发行。人们可在网上享受现代高科技提供的信息服务。

3 月 7 日　中共深圳市委召开常委（扩大）会议，传达学习江泽民总书记在中央纪委第八次全会上的重要讲话及中纪委和省纪委第八次全会精神，研究深圳市贯彻落实的措施。

3 月 10 日　为繁荣建筑设计创作，提高建筑设计水平，改善城市的总体建筑环境，进一步加强深圳市的城市设计及建筑设计管理，深圳市规划国土局就建筑工程方案设计招投标管理、城市设计及建筑设计管理等特发出公告。

3月11日 深圳市委、市政府召开五区和市有关部门负责人会议研究决定：进一步加快深圳市"同富裕工程"的实施，加大由深圳市承担的省内外扶贫工作力度。

3月12日 深圳市安全工作会议在深圳会堂举行。会议要求3年内实现深圳市安全生产形势的根本好转。市委副书记、市长李子彬对深圳市今后的安全工作着重讲了几点要求；市安委会主任郭荣俊总结了1996年度深圳市的安全生产工作并部署了1997年的工作。

3月14日 《深圳市城市总体规划（1996~2010年）》通过广东省政府组织的专家评审。

3月15日 先科VCD获中国消费品牌认知调查十佳之一。

3月16日 深港西部通道项目建议书通过国家评估。

3月17日 国家部委人才交流工作座谈会暨人才交流机构联合会年会在深圳人才大厦举行。会议就如何营造选拔企业家新机制、如何使人才有效合理流动进行了研讨。会上，深圳市委组织部副部长、市企业高级经理人才评价推荐中心主任刘涛介绍了深圳市国有企业领导管理体制的改革情况。

3月18日 深圳市委常委、常务副市长李德成在全市重点建设项目工作会议上指出：从1997年起，深圳市重点项目逐渐由基础设施为主转向工业与基础设施并重，项目布局将更加合理。为适应重点项目建设的发展需要及国家对重大项目前期工作的规范要求，深圳市成立了重大项目协调领导小组。[①]

△ 深圳市国资委召开1997年度第一次全体委员会议。会议听取了市投资管理公司、建设投资控股公司、商贸投资控股公司的1997年度经营计划报告和国有资产收益预算计划的报告，审议修改了《关于建议调整充实市国有资产管理委员会委员的报告》、《深圳市国有资产管理委员会议事规则（送审稿）》、《关于对第二次分类定级中类级升降企业予以奖惩的报告》、《深圳市市属国有企业分类定级实施方案的修改意见》及《深圳市国有资产经营公司经营业绩考核办法（试行）（送审

---

① 1997年深圳市有关部门对重点建设项目的安排确定了新思路，即确保"三个重点"和抓好"五大块"。"三个重点"是指，有利于经济结构和产业结构调整、推进经济不断增长的重点工程；有利于完善城市功能、改善投资环境的重大基础设施工程；有利于加强精神文明建设、推进社会进步的重点工程。"五大块"是指福田中心区、龙岗大工业区、高新技术产业园区的开发建设、信息化建设和"同富裕工程"。在1997年安排的45个重点项目中，工业项目多达21项，投资65.4亿元，占年度投资的50.4%。

稿)》等。

3月19日 在"全国 CAD 应用工程重点推广行业及地区实施方案讨论会"上,深圳被列为全国计算机辅助设计应用工程推广重点城市。

△ 由中华全国总工会组织召开的全国工会研究室主任会议在深圳宝安区召开。中华全国总工会将宝安工会工作总结为新时期工会工作的"宝安模式",并向全国推广。

△ 深圳皇岗——香港落马洲之间的过境穿梭公共汽车开通运行,每15～20分钟对开一班。

3月20日 1997年深圳国际生产力促进研讨会在深圳市银湖开幕。研讨会由深圳市政府、国家科委、中国生产力促进中心协会联合主办,深圳市生产力促进中心、香港生产力促进局承办,主要是交流国内外生产力促进工作的经验、政府对生产力促进组织的扶持政策,探讨各地生产力组织的合作模式和途径。

3月21日 深圳市政府召开常务会议,讨论并原则通过《加快福田、沙头角保税区发展的调研报告》及《深圳市会计师、审计师事务所体制改革实施办法》。

3月24日 中共深圳市纪委在市人大会堂召开第四次全体(扩大)会议,传达、学习、贯彻江泽民同志在中央纪委第八次全会上的重要讲话和中央纪委、广东省纪委八次全会精神,审议并通过《中共深圳市纪律检查委员会第四次全体会议决议》。市委常委、市纪委书记莫华枢就深圳市如何贯彻落实提出了意见。

△ 中宣部公布创建文明村镇活动示范点,深圳的宝安区、龙岗区南岭村被列为全国创建文明村镇活动示范点。

3月25日 在深圳市南山区召开安全文明小区经验交流现场会暨命名授牌大会。会议做出向南山区学习、创建社会治安先进城的决定,并命名一批安全文明小区标兵、先进小区和达标小区,部署了今年的创建工作任务。

△ 深圳市经济合作发展基金管委会全体委员会议提出,1997年要不断探索新形势下基金运作的新机制和新办法,多形式地开展对口扶持工作。1997年,经合基金将根据现有财力,重点扶持广东省五华、大埔、紫金、丰顺四县,贵州省黔南州、毕节地区及三峡库区。此外,四川省广安县、甘肃省环县、安徽省霍山县也将由经合基金进行帮扶。深圳将扶持的项目从工业向"三高"① 农业、养殖业转移,同时鼓励、引导企业到贫困地区投资兴业,开发资源。

△ 深圳市统计工作会议在深圳会堂召开。会议确定1997年深圳市将以实现统

---

① 即"高产、高质、高效"。

计现代化为统计改革的重点，逐步实施《深圳市统计改革方案》，加强统计执法力度，为深圳市领导决策层和全社会服务。①

△　为期4天的全国总工会"宝安工会工作模式"理论与实践研讨会在宝安区开幕。会前，中共中央政治局常委、书记处书记胡锦涛和中共中央政治局委员、书记处书记、全国总工会主席尉健行分别对深圳市宝安区工会工作做了重要批示。胡锦涛在批示中指出：深圳市宝安区工会工作的经验很好。赞成认真加以总结，组织研讨，以推动在新经济组织中尤其是在中外合资企业中组建工会的步伐，促进工会在维护职工合法权益和搞好企业生产经营中发挥不可替代的作用。在推广宝安区经验时，要考虑到各地之间的差别性，注意从实际出发。尉健行指出：宝安在创建新经济组织工会的领导体制和开展工会其他工作方面的经验，都值得研究和借鉴。更重要的是针对外资、三资企业和乡镇、私营企业工会自身工作的特点，从工会地方领导体制上做了弥补、充实和加强。

△　中宣部公布创建文明村镇活动示范点，深圳宝安区、龙岗区、南岭村被列为全国创建文明村镇活动的示范点。

△　全国机电产品会议在深召开。深圳市1996年机电产品出口总值为123.1亿美元，位居全国各大中城市前列，占全市出口额近六成。

3月26日　深圳市委书记厉有为在宝安对农村城市化进程中加强精神文明建设进行调研时提出：要横下一条心，群策群力，抓住宝安区列入全国200个创建文明村镇示范点的良机，把宝安的两个文明建设推上新台阶，使它成为深圳市的"张家港"。

△　深圳市殡葬改革宣传月活动开始。为了改变深圳市殡葬管理落后、户籍人口死亡火化率低的状况，实现到2000年特区内殡葬火化率达100%，宝安、龙岗区达95%的目标，深圳市推行殡葬管理目标责任书，各区与各镇街道签订责任书。

3月27日　深圳市政府常务会议决定，调整特区内土地使用费征收标准，在特区内开征排水设施有偿使用费，并原则通过了《深圳经济特区排水设施使用费征收办法（草案）》②。

3月29日　为根治社会医疗机构的混乱状况，深圳市彻底抛弃多头行政审批的

---

① 1996年，深圳市统计信息工作实现了不少突破，如在全国率先制订统计改革方案，在统计调查、数据传输、统计网络计算机互联、统计报表无纸化等方面取得突出成绩。今年的重点是做好统计标准化、统计联网工作，建立基本单位登记中心和经济地理信息系统；推行抽样调查，实现调查方法多样化，开发统计信息资源；做好社会信息服务工作；进一步开展统计普法宣传教育，抓好统计执法检查。

② 该办法是为保障深圳经济特区排水设施的正常运行和维护，促进节约用水，根据国家有关规定而制定的。

方法，申办个体诊所实行专家公开评审。上午，市卫生局局长周俊安主持了有关问题的公开评审会。

3 月 30 日　《人民日报》在头版头条发表了长篇通讯《南岭村的新闻》，并配发了"编者按"，报道深圳市布吉镇南岭村认真抓好党的建设的先进事迹，希望各地农村的党支部，特别是富裕地区的党支部，都能对照南岭村的实践，认真研究如何在新时期抓好党的建设。

3 月 31 日　根据深圳市政府《关于成立深圳市社会公共安全产品行业管理委员会的通知》（深府办〔1996〕114 号），深圳市社会公共安全产品行业管理委员会正式成立。

4 月 1 日　深圳市投资管理公司 1997 年工作会议上提出：要通过建立和完善控股公司运行机制，加强国有资产经营管理，深化国企改革，确保该公司今年的总资产、净资产、总产值均比去年增长 10%，利润增长 6%。

△　深圳市开展"百天交通秩序整顿"活动，实施利用交通监控系统（电子眼）查处交通违规行为。

△　为期 3 天的广东省劳动计划工作会议在深圳召开。会议决定向全市推广深圳市劳动计划管理经验。深圳市劳动局局长谭国箱介绍了劳动局初步形成劳动计划调研新机制的具体做法和经验。

△　深圳商检局举行颁证会。深圳已有 1100 多家企业的产品达到美国 UL 安全标准，430 家企业的产品达到加拿大 CSA 安全标准，18 家企业分别获得出口质量许可证或出口食品卫生注册，有近 300 家企业获得 ISO9000 证书。

4 月 2 日　深圳市科技局按照《深圳市高新技术企业认定办法》及有关文件的规定标准，对已认定的高新技术企业进行年度考核。考核结果显示，深圳市原有高新技术企业中有 4 家不符合高新技术企业标准，被取消高新技术企业资格。

4 月 3 日　在近日召开的广东省卫生工作会议上，深圳市荣膺"广东省爱婴市"称号。

△　深圳市开始实施《深圳市国际船舶理货管理办法》。

△　为迎接香港回归，深圳市交通整治工程全方位启动。

4 月 4 日　在北京举行的全国口岸工作会议上，邹家华副总理指出，深圳口岸改革工作为全国提供了有借鉴意义的经验，主要是：边检管人，海关管物，其他单位配合把关；简化口岸操作程序和手段；实行"收支两条线"的财务管理体制，消除多收费和乱收费现象；把国际惯例与我国国情结合起来，选好改革着力点；放开对外服务市场，加强管理，提高服务质量。

4月7~8日 厄立特里亚总统伊萨亚斯·阿费沃基一行16人访深。

4月8日 中共深圳市委常委会专题讨论《深圳妇女发展"九五"规划》,原则予以通过。

△ 专门生产新型计算机硬磁盘的深圳海量存储设备厂投产。该厂由3家公司共同投资4250万美元建立,其中IBM投资80%。

△ 深圳市文化局、建设局和规划局联合在银湖宾馆召开深圳市重点文化设施建设项目——深圳音乐厅、深圳中心图书馆工程项目专家论证会。

4月9日 深圳市二届人大常委会第十四次会议闭幕。会议表决通过了关于修改《深圳经济特区律师条例》的决定、关于修改《深圳经济特区计量条例》的决定、关于修改《深圳经济特区暂住人员户口管理条例》的决定。会议还通过了有关人事任免案。

△ 深圳市委常委、常务副市长李德成率计划局、农业局等有关部门负责人,到宝安区实地考察。李德成强调指出:深圳可以没有农村,但决不可没有农业。深圳发展"三高"农业大有可为,并应在此基础上建设成为区域性的农产品集散中心。

△ 国内第一座以天然气为燃料的大型调峰电厂——深圳前湾燃机电厂合作协议在深圳签字。该项目总投资约27亿元,计划装机容量为105万千瓦,2000年完成第一机组并网发电。该项目已列入国家"九五"计划和深圳市"九五"建设的重点项目。

△ 深圳市开展的"整顿市容环境,迎接香港回归"活动已取得阶段性成果。在召开的整顿市容环境工作会议上,市委副书记、市长李子彬要求各区、各部门加大整治力度,提高工作效率,营造整洁优美的市容环境,迎接香港回归。

△ 由中国国家商检局与美国玩具制造商协会联合举办的1997年深圳玩具安全标准与工厂安全生产研讨会在深举行。

△ 深圳火车站东广场扩建主体工程竣工。新增公众停车场、汽车站、人行天桥。

△ 英国剑桥大学教授、1996年诺贝尔经济学奖得主詹姆士·莫里斯访问中国。深圳是他访问的第一站。

4月10日 深圳市政府常务会议原则通过《〈深圳经济特区建设工程施工招标投标条例〉实施细则(送审稿)》和《深圳市企业职工补充养老保险方案(送审稿)》。该实施细则旨在为施工企业创造一个机会均等、公平竞争的市场环境。

△ 深圳市保密工作会议召开。会议学习传达江泽民总书记关于保密工作的重

要指示和全国、全省保密工作会议精神，总结了深圳市近年来的保密工作，分析了当前保密工作面临的形势和存在的问题，明确了 1997 年一个时期保密工作的主要任务。市委常委、市委秘书长、市委保密委员会副主任李统书在会上要求深圳市有关部门要进一步提高新形势下对保密工作重要性的认识，采取切实措施，从宣传教育、保密技术、保密法制建设、泄密案件的查处、队伍建设 5 个方面加大保密工作的力度，并狠抓落实。

4 月 11 日　深圳市公安局破获特大贩毒案，缴获 4 号海洛因 15 公斤。

△　1997 年度"同富裕工程"项目确定，30 个企业对口扶持 21 个镇的欠发达地区。安排的 118 个项目总投资估算为 5332 万元。

4 月 12 日　香港特别行政区临时立法会在深圳举行第四次会议。会议通过了《香港特别行政区临时立法会议事规则》。

4 月 13 日　深圳市政府确定高新技术产业园区发展目标：建成国内一流、国际上有影响的高新技术园区。其产业规划重点是发展电子信息、生物工程、新材料、机电一体化等产业，其中电子信息产业为重点支柱产业。

4 月 14 日　"东北亚大气污染传输模型"国际研讨会在深圳市召开。研讨会就大气污染传输模型技术进行交流，以进一步摸清东北亚地区大气污染规律，为实现该地区大气污染控制奠定良好的科学技术基础。

4 月 15 日　深圳市历史上第一次由市政府召开的全市卫生工作会议在深圳会堂召开。会议明确了"九五"期间要把深圳市建成全国卫生事业的"窗口"，到 2000 年，卫生事业总体发展水平进入全国大中城市先进行列。市委副书记、市长李子彬指出，当前深圳卫生改革应重点抓好 5 个方面：继续完善医疗保障制度，全面推行职工医疗保险；改革管理体制，实施区域卫生发展规划；改革服务体制，建立卫生服务新体系；改革运行机制，提高卫生管理水平；改革补偿机制，增强卫生机构发展活力。李子彬最后指出：花大力气全面提高卫生服务水平，是全市卫生工作的重点。市卫生局局长周俊安做了题为《把握机遇，迎接挑战，推动深圳市卫生事业改革与发展》的工作报告。

△　由民盟中央和民盟深圳市委共同举办的"京九沿线区域经济发展研讨会"在深圳人民大厦开幕，与会者围绕如何加快京九沿线地区经济发展和营造京九沿线区域经济带展开了深入的讨论。

△　深圳市全面开展重大危险源普查。普查对象是油（汽）库（站）、危险建筑物、压力管道、锅炉、压力容器等"危险源"。

4 月 16 日　深圳市卫生工作会议在深圳会堂闭幕。市委副书记李容根在闭幕式上讲话，要求把卫生事业发展列入国民经济和社会发展的总体规划，深圳市卫生部门要乘全国卫生工作会议的东风，进一步扩大改革开放，完善社会主义市场经济下医疗卫生服务的管理体制和运作机制，大胆借鉴国外有益的经验，努力探索有中国特色的社会主义卫生事业发展之路。

△　全国会计管理工作会议在深圳召开。会议强调，1997年国家将在以下方面继续深化改革：继续完善会计准则体系和行业会计制度，结合企业改革要求，研究制定企业改革进程中出现的兼并、破产、拍卖等会计配套措施，促进现代企业制度的建立；修订成本核算办法，进一步加强成本核算管理；逐步推动管理会计的广泛应用等。

△　深圳大学建筑与土木学院成立。这是深圳大学进一步深化校内体制改革，全面实行学院制的开端。

4月17日　具有20世纪90年代国际先进水平的大型光盘生产基地——国投先科光盘有限公司①在先科大厦举行开业典礼。

△　深圳市委副书记李容根到龙岗区大鹏镇、葵涌镇检查农村基层组织建设工作。他指出：不管是经济较发达地区还是欠发达地区，都必须紧紧围绕经济建设这个中心开展农村基层组织建设。

△　深圳市政府常务会议讨论并原则通过了《十八家工业企业创建百亿、五十亿企业集团实施方案》。按照方案，这18家企业将加大技术改造力度和加快重点项目发展速度，发挥名牌效应，提高经济效益。

4月18日　中共中央政治局委员、国务院副总理钱其琛视察深圳市。他强调要大力发展旅游、文化事业，以进一步丰富人民的精神文化生活。

△　由江泽民总书记题写馆名的何香凝美术馆隆重开馆。该馆建筑面积4000平方米，是国家级文化设施，首次展出何香凝108幅绘画精品。中共中央政治局委员、国务院副总理兼外交部部长钱其琛为开馆仪式剪彩并讲话，广东省委书记谢非、全国人大常委会副委员长费孝通、国务委员兼国务院秘书长罗干等出席并讲话。

△　首次全国信息化工作会议在深圳召开。此次会议旨在总结中国信息化建设经验的基础上，研究讨论《国家信息化"九五"规划和二〇一〇年远景目标（纲

---

① 国投先科光盘有限公司是经国家计委和电子部批准立项设立，由国家开发投资公司和先科企业集团共同投资建立的大型光盘生产基地，注册资本近4亿元人民币，专门从事各类光盘的全工序生产、影视节目制作、出版发行、生产销售、激光放送机的生产经营与技术开发、多媒体技术开发与节目制作、信息咨询等。该公司将在今年内完成对DVD数字通用光盘的开发和生产，填补国内空白，并在近期完成对高密度存储光盘DVD－R的开发，以此作为升级发展中国光盘产业的突破口，带动系列产品的发展，适应国家信息化建设的需要。

要）》，部署当前全国信息化重点工作。国务院副总理邹家华出席会议并做讲话。会议期间，国务院副总理邹家华和与会代表参观了深圳信息化建设的成就，对深圳近几年来取得的重大进展给予了充分的肯定。

△　深圳市公安局着手整顿保安队伍，将撤销一批不符合组建条件的保（治）安队伍，清退一批素质差、能力低、不称职的队员。整顿后的保（治）安队伍必须经严格培训，统一着装上岗。

4 月 18~21 日　全国信息化工作会议在深圳召开。国务院副总理邹家华在会上要求各省市积极推进国家信息化建设，为国民经济持续、快速、健康发展和社会全面进步服务。会后，邹家华考察了深圳多家高新技术企业。

4 月 19 日　"香港回归话今昔"深港中学生作文竞赛颁奖。深港两地有 200 多所中学的 3 万多名学生参加竞赛，有 183 名中学生得奖。

△　覆盖深圳市 300 多平方公里、共 10 个消防中队的现代信息化消防指挥系统建成。

△　远东国际保龄球赛在深圳举行。

4 月 20 日　位于深圳高新技术产业园区的清华大学研究院奠基。研究院大楼占地面积 2 万余平方米，工程将于 1998 年初竣工。

4 月 20~21 日　阿拉伯埃及共和国总理卡迈勒·艾哈迈德·詹祖里访深。

4 月 20~24 日　深圳市政协二届三次会议召开。市政协副主席周长瑚作《政协工作报告》，强调围绕中心，服务大局，履行职能，开拓奋进。会议补选了周润生、邵汉青、刘家琛、吴井田、陈国权 5 名政协副主席。

4 月 21 日　中国银行深圳分行对深圳妈湾电力有限公司偿还的 1320 万美元（折合人民币 1.1 亿元）到期债务进行了人民币远期结售汇交割。这是国内第一笔人民币远期结售汇交易，标志着人民币交易朝着国际化、实现完全自由兑换方向迈出了重要的一步。

△　根据中英联合联络小组达成的协议，中国人民解放军驻香港部队首批 40 名先遣人员从深圳皇岗口岸进驻香港。这是中华人民共和国成立以来，人民解放军部队首次踏上祖国这片神圣的土地。驻港部队第二批 66 名先遣人员和第三批 90 名先遣人员分别于 5 月 19 日和 5 月 30 日抵港，为香港回归祖国作准备。

△　深圳市委发文，在全市开展向驻港部队献爱心活动。

△　深圳召开禁毒工作会议，号召全市迅速组织开展一场禁毒的人民战争，力争"九五"期间的禁毒工作取得突破性进展。

4 月 22~27 日　深圳市二届人大三次会议召开。李子彬做《政府工作报告》，强调推进以国有企业改革和发展为重点的经济体制改革，推进"三个根本转变"，发挥深圳的"四个作用"，全面实施"三个一批"的发展战略，提出迎"九七"、保稳定、抓服务、上水平、重合作、促繁荣的口号。会议补选莫华枢、刘梦虎为市二届人大常委会副主任，补选李少梅、何学文、谢惠青、王敏为市二届人大常委会委员。

△ 深圳市政府常务会议通过《深圳市人民政府关于加强"三来一补"管理的若干意见》。

4月23日 深圳市政协二届三次会议召开。政协委员邓清辉代表民革深圳市委做了《大力推进民营经济，促进国民经济全面快速发展》的发言；王庆国委员代表民盟深圳市委做了《把握京九机遇，促进二次创业》的发言；左锡鸿委员代表民进深圳市委做了《深圳市大型国有企业对二级公司管理存在问题及现实对策》的发言；刘须恕委员代表致公党深圳市委做了《大力发展高新技术产业，促进深圳市经济再上新台阶》的发言；李瑜委员代表民建深圳市委做了《关于深圳市房地产市场发展的若干政策建议》的发言；陈忠委员代表九三学社深圳市委做了《坚持可持续发展战略，确保深圳二次创业成功》的发言；叶凤翔委员代表市总商会做了《鼓励引导民营经济发展，为深圳二次创业培育新的经济增长点》的发言。

△ 由深圳市招商局举办的"（中国·深圳）国际投资洽谈会"召开。参加投资洽谈会的有来自美国、英国、日本等14个国家和地区的客商500多人，以及来自我国20多个省份的商家700多人和深圳代表300多人。

△ "九七香港回归学术研讨会"在深圳召开。会上，厉有为指出：要充分发挥深圳在保持香港繁荣稳定中的促进作用。

△ "京九文化列车"在经过14天沿线慰问演出后抵达行程的最后一站深圳，并于25日晚在深圳大剧院举行闭幕式演出。

4月24日 1997年（中国·深圳）国际投资洽谈会在华夏艺术中心闭幕。

4月25日 由中国系统科学研究会和深圳市政府联合主办的"国际系统科学与世界经济学术研讨会"在银湖召开。国家体改委副主任、中国著名系统科学专家乌杰教授做了题为《重塑世界经济秩序：转向系统范式》的报告。

4月26日 由中共中央组织部牵头组织的"孔繁森之歌"艺术团在深圳演出。

4月27日 "我们爱祖国，我们爱香港——粤港儿童大联欢"活动在深圳举行。来自广州、珠海、佛山等9个城市及香港8个社团的2000多名少年儿童参加。

△ 白俄罗斯总统亚历山大·格里耶维奇·卢卡科访深。

4月28日 深圳市委部署在5月开展优秀年轻干部推荐月活动，重点是推荐年轻优秀的企业经营管理人才。

4月29日 由全国政协提案委员会副主任委员孙轶青、中国科协副主席王连铮率领的全国政协考察组来深圳市高新技术产业园区考察。这次考察是结合正在进行的"中华人民共和国高新技术开发区法"的起草工作而进行的，委员们还将考察苏州和合肥的高新技术园区。

△ 深圳市防范和化解金融风险工作会议召开。会议传达了朱镕基副总理有关防范和化解金融风险问题的指示及中国人民银行总行和广东省政府有关会议精神，结合深圳市情况进行了总结，提出了1997年金融工作监管的政策措施。武捷思副市长在会上做了讲话，并结合深圳实际对防范和化解金融风险工作提出了几点要求。

△ 深圳市委、市政府通报表彰了1995年以来在深圳两个文明建设中做出显著贡献的先进集团和先进个人，授予马恭元等20人深圳市劳动模范称号，授予马为民等127人深圳市先进生产（工作）者称号，授予深圳机场（集团）公司等55个单位深圳市先进企业（单位）称号，授予莲花北村管理处等19个集体深圳市先进集体称号。

△ 国务院批准深圳石化综合商社、深圳三九集团和广东核电集团有限公司为全国第二批国有试点企业集团之一。

△ 深圳市市长李子彬率领市政府代表团到马来西亚、印尼进行为期6天的考察访问。

△ 新华社播发长篇通讯——《南岭村：演绎共同富裕新篇章》，介绍布吉镇南岭村人的感人事迹。

△ 中共深圳市委、市政府发出《关于向南岭村学习的决定》。

△ 《深圳经济特区行政处罚听证程序试行规定》正式公布实施。

4月30日 为推动深圳市行政执法机关依法实施行政处罚，提高依法行政水平，市人大常委会定于1997年5月至7月对深圳市《中华人民共和国行政处罚法》的执行情况进行检查。这次执法检查的重点是依法清理深圳经济特区法规、市政府规章和规范性文件的情况；依法清理整顿行政执法队伍的情况；行政处罚程序和行政处罚决定执行的情况，主要包括罚款决定与罚款收缴分离制度和禁止罚没款项以任何形式返还行政执法机关规定的执行情况。

△ 深圳市九十年代的标志性建筑——楼高383.95米的信兴广场地王商业中心隆重开业。

△ 近7000名原工程兵家属本月底完成入户审批工作。

△ 莱英达集团等10多家国有企业成为深圳市首批企业职工补充养老保险试点

单位。试点单位可根据经济效益情况决定补充养老保险费的缴纳比例，该比例原则上占本单位职工年工资总额的 10% 左右。深圳市体改办负责人称：企业职工补充养老保险制度，作为对政府承担的现有基本保险的必要补充，有利于减轻政府负担，实现由"大基本保险、小补充保险"向"小基本保险、大补充保险"过渡，进一步完善社会养老保险体系。保险金高低与企业效益和个人贡献直接挂钩，具有较强的激励作用，可增强企业凝聚力。

5 月 1 日 动植物检疫部门撤离深圳文锦渡、沙头角口岸货运通道。至此，在深圳各陆路货运口岸通道上，"一关一检"查验模式①正式确立，入出境车辆的过关手续可望进一步得到简化。

5 月 2 日 中国第一部多媒体电视由深圳创维—RGB 电子有限公司研制成功。

△ 文锦渡海关 4 月 23 日和 5 月 2 日先后查获两起特大邮品走私案，前者走私 32.1 万枚香港邮票，面值 224 万港元，后者走私面值 6.6 万港元的邮票。

5 月 3 日 香港特别行政区临时立法会在深圳举行全体会议，一读、二读了香港特别行政区《国旗及国徽条例草案》《区旗及区徽条例草案》，并就香港特别行政区行政长官办公室提出的"支持 97 至 98 年度财政预算案"动议进行了初步辩论。

△ 来自深港两地的数千名青年参加了"中国（深圳）旅游青年欢乐节"开幕式暨深港青年"五四"篝火晚会。

5 月 4 日 由中国有色金属学会、荷兰万贝银行、中南工业大学、中国有色金属工业财务公司、香港三湘金属集团有限公司、深圳中金实业股份有限公司、深圳期货联合交易所、深圳有色金属财务公司 8 家单位联合举办的第二届国有企业商品与贸易融资国际学术研讨会在深圳银湖旅游中心召开。为期 2 天的研讨会，围绕国有企业在商品和贸易项目下的境外融资等方面的问题展开了探讨。

5 月 5 日 深圳市 4 个多月来的整顿市容环境工作措施得力，市容环境质量有了很大提高。市人大常委会主任李广镇考察了整顿市容环境工作的进展情况后，对各项整治工作所取得的成效给予了充分肯定。

5 月 6 日 以进一步优化资本结构、建立有效的国有资产管理和监督体系为主题的国有资产管理专题研究班在深圳市华侨城中旅学院开学。

△ 深圳市地税局试点推行"电子报税"。

△ 深圳技术监督情报研究所通过 ISO9002 认证。这是国内技术监督情报研究

---

① 根据国务院批准的《深圳口岸管理体制改革试点方案》，深圳口岸要按照"海关管物、边检管人"原则，将"一关四检"（即海关、边检、动检、卫检）改为"一关一检"（即海关和边检），简化查验手续。

所获得 ISO9002 认证的第一家，也是国内情报文献业首次获得认证。

5 月 7 日　第 13 届直辖市、沿海开放城市、经济特区、计划单列市"统计信息网络"会在深圳召开。会议讨论了以深圳为枢纽组建全国沿海城市"黄金海岸信息走廊"的问题。

5 月 8 日　深圳市委组织部主持召开了深圳市优秀年轻科技人才培养工作会议。市委副书记李容根提出：深圳将着力培养年轻的科技带头人，深圳市的目标是到 2005 年，全市将拥有 400 名 45 岁以下的科技带头人。会议宣读了市委办公厅、市政府办公厅转发的《深圳市优秀年轻科技人才培养方案》；市委宣传部与市科技局负责人还分别宣读了《深圳市优秀年轻科技人才选拔培养实施办法（人文、社会科学类）（征求意见稿）》《自然科学类优秀年轻科技人才培养方案实施细则（试行）》。

△　为进一步改善市区交通条件，深圳将对全市的道路交通进行大规模的整治。上午，市政府常务会议讨论并原则通过了《关于迎"九七"交通整治工程方案的汇报》，该方案的实施，将有效缓解市区及口岸区的交通紧张状况。会议还原则通过了《关于对〈批转市劳动局关于企业实行全员劳动合同制若干问题处理意见的通知〉第六条修改意见的请示》和《关于提请审议〈深圳市人民政府制定深圳经济特区规章草案规定（修改稿草案）〉的报告》等文件。

△　深圳市会计师事务所体制改革工作会议召开。到 1997 年底，深圳市现有由政府职能部门、社会团体和企事业单位发起设立的全民所有制会计师事务所，将全部改制为由符合条件的注册会计师发起设立的合伙或具有法人资格的会计师事务所，有关的改制工作即将全面铺开。

△　晚 9 时 35 分，南航深圳公司一架由重庆至深圳的波音 737 飞机（航班号 3456），在抵达深圳机场时失事。35 人遇难，35 人受伤，4 人无恙。

5 月 8～10 日　科特迪瓦总统亨利·科南·贝迪埃偕夫人访深。

5 月 10 日　香港特别行政区临时立法会在深圳举行全体会议。会议通过《假日（1997 年及 1998 年）条例草案》。这是临时立法会通过的第一个立法草案。

5 月 12 日　广东省政府召开全省安全生产紧急电视电话会议，传达江泽民总书记对当前安全生产工作的三点重要指示及 11 日召开的全国安全生产工作电视电话会议精神。深圳市委副书记、市长李子彬在会后要求全市各单位、各部门务必树立"安全第一"的思想，全面落实安全生产责任制。

△　为进一步转变政府职能，改进机关作风，从即日起，深圳市将对市政府各部门的审批事项进行一次全面的调查清理。此次调查清理的范围包括政府各部门负

责的审批事项、核准事项和登记备案事项三类，调查内容为审批、核准、登记备案的内容、依据、条件和程序。

△　深圳市将大力进行药品价格整改，重点放在药品源头的价格管理、流通领域的价格形成办法以及充分发挥价格杠杆作用上，并于 1997 年 6 月 1 日起率先在全国执行新的药品价格管理办法。

△　我国传输容量最大的无中继波分复用光纤通信系统，在深圳—广州国家光纤干线上安装并试运行。

△　深圳笋岗仓库企业股份有限公司、赤湾港航股份有限公司和美国集运有限公司在深圳宝安龙华镇合建仓储项目签约。该项目占地 18 万平方米，总投资 2700 万美元。

5 月 13 日　"二十一世纪香港·深圳·珠江三角洲互补关系新态势"研讨会开幕。著名经济学家于光远①做了题为《论香港回归后深圳、珠江三角洲与香港优势互补》的主题发言。

△　全国计委系统第三产业发展培训班②开学仪式在深圳举行。

△　深圳特发公司爱心传呼台成为特区第一家荣获"全国助残先进单位"称号的单位。

5 月 13 ~ 15 日　中共中央政治局委员、国务院副总理吴邦国在深圳考察。他强调：企业在科研、设计上要舍得投入，要有自己的技术专利，在竞争激烈的国际市场上为自己的名牌争取一席之地。

5 月 14 日　深圳博士后工作站——奥沃国际科技发展有限公司分站成立。这是深圳继去年建成安科、中华、三九、华为、莱英达 5 家企业博士站后的又一家。

---

①　于光远，中国经济学家。1941 年起从事陕甘宁边区经济的研究工作，后在延安大学财经系任教。1948 ~ 1975 年在中共中央宣传部工作，是中国科学院哲学社会科学部学部委员。1964 年任国家科学委员会副主任。1975 年以后任国家计划委员会经济研究所所长、中国社会科学院副院长兼马列主义毛泽东思想研究所所长、国家科委副主任、中共中央顾问委员会委员、中国社会科学院顾问、《中国大百科全书》总编委会副主任等职。于光远长期从事经济研究工作，20 世纪 50 年代末，参与组织了有关商品经济、价值规律、社会主义再生产、经济效果、经济发展速度与比例等重要经济理论讨论会。70 年代，他参加组织了全国按劳分配理论讨论会。他积极支持新学科的创立，如生产力经济学、国土经济学、经济社会发展战略学、技术经济学等学科，并对经济效益学、教育经济学、消费经济学、环境经济学、旅游经济学等学科提出了指导性见解，还先后发起组织了与上述学科有关的学术研究会、学术团体和学术活动，创办了有关刊物。1993 年 2 月当选为海南开发促进会副理事长。1994 年应聘为深圳大学名誉教授，同年起任第三届中国旅游协会名誉顾问。
②　此次培训班由国家计委与香港服务业联盟合作开办，目的是增进全国计委系统负责制定第三产业发展规划和政策的同志对当前国际上，特别是香港服务业的发展情况及经济的了解和认识，介绍上海、深圳以及国内其他地区第三产业发展的最新动态。

△ "全国 50 家最佳星级饭店和全国百家优秀星级饭店"评选结束，深圳阳光酒店入选 50 家最佳星级饭店，深圳湾大酒店、粤海酒店和迪富宾馆入选百家优秀星级饭店。

5 月 15 日 深圳市常务副市长李德成主持召开市政府常务会议，讨论并原则通过了《深圳经济特区畜禽屠宰与检疫管理条例（送审稿）》、《〈深圳经济特区劳动合同条例〉修正案（草案送审稿）》和《深圳经济特区公共图书馆条例（草案送审稿）》3 个文件。

△ 岭澳核电站主体工程开工。预计电站 1 号机组和 2 号机组分别于 2002 年 7 月和 2003 年 3 月投产发电。

△ 帕劳共和国总统中村邦夫在国家建设部副部长毛柏如陪同下访深。

△ 深圳市召开推行 ISO14000 动员大会，号召深圳企业顺应国际环境发展的潮流，努力参与 ISO14000 认证，争取早日拥有进入国际市场的"绿卡"。

5 月 16 日 为期 2 天的全国劳动法制工作会议暨依法行政现场会在深圳银湖会堂开幕，深圳市劳动局依法行政的经验获国家劳动部的肯定，并将向全国劳动系统推广。

△ 深圳河一期工程竣工。二期工程开工典礼仪式在深圳河畔举行。

5 月 17 日 香港特别行政区临时立法会在深圳举行第七次全体会议，一读、二读了香港特区行政长官办公室提交的《一九九七年市政局（修订）条例草案》《一九九七年区域市政局（修订）条例草案》《一九九七年区议会（修订）条例草案》《一九九七年社团（修订）条例草案》《一九九七年公安（修订）条例草案》。

5 月 17~23 日 中央军委副主席张震在解放军副总参谋长隗福临、广州军区司令员陶伯钧等陪同下考察深圳。

5 月 18 日 南山（景德镇）当代名人陶馆开馆。这是南山区在实施"文化南山"战略中与景德镇合作开办的当代名人陶瓷馆。

△ 深圳"一助一"社区助残活动在市莲花北村启动。

5 月 19 日 深圳市政府第四次高级顾问会议召开。来自北京、广东及香港的 15 名高级顾问就深港经济合作等问题献计献策。

△ 深圳康佳集团兼并滁州电视机总厂。康佳投资 4000 万元购买滁州电视机总厂 65% 的股份。至此，康佳集团已在全国形成华南—华北—西北—华东地区彩电生产的新格局。

5 月 20 日 深圳市科学技术协会第四次代表大会在市政协礼堂举行。大会听取并审议通过了由市政协副主席、市科协主席古可代表市科协第三届全体委员会做的

《加大科教兴市实施力度，为实现深圳市"九五"计划和二次创业伟大目标而奋斗》的工作报告；审议通过了新修改的《深圳市科学技术协会章程》；选举出以李连和为主席的市科协第四届委员会，并授予古可科协名誉主席证书；通过了致全市科技工作者的倡议书。

5月21日　国家体改委在总结上海、深圳两个改革试点城市经验时，认为深圳建立社会主义市场经济新体制的框架初步形成，市场机制在经济领域已处于基础性地位。

5月22日　在上海举行的全国综合配套改革工作会议上，中共中央政治局委员、国家体改委主任李铁映指出，深圳的经验对全国市场经济体制基本框架的建立有很重要的指导意义。

△　深圳市第一次自强模范暨扶残先进集体、先进个人表彰大会召开。

5月23日　第八届深圳国际钟表珠宝展览在深圳开幕。市钟表协会宣布：深圳钟表产量占全球3成，1996年生产3.4亿只，出口3亿只。

△　深圳首批28位国有企业高级经理持证上岗。

5月24日　香港特别行政区临时立法会在深圳举行第八次全体会议，一致通过了任命49岁的李国能为香港特别行政区终审法院首席法官的议案。

5月27日　深圳与德国纽伦堡正式建立友好城市关系。纽伦堡成为第8个与深圳结好的国际城市。

5月28日　深圳市开始整顿私营医院、外引内联医院、企业事业单位出资兴办的医院和部队医院、门诊部。卫生行政部门希望通过整顿进一步规范深圳市医疗市场，给市民创造一个安全可靠的就医用药环境。

△　深圳市统战工作经验交流会在市政协礼堂举行。市委副书记李容根在会上做了《认清形势，抓住机遇，努力开创新形势下深圳市统战工作的新局面》的讲话。市政协副主席、市委统战部部长廖军文对深圳市1996年的统战工作进行了总结，并通报1997年上半年全市统战工作的基本情况。他还具体部署了1997年下半年在全市开展的统战工作评比活动。

△　全国图书发行计算机管理现场会在深圳人才大厦召开。现场会的召开旨在推动图书发行领域的科技进步，加快国有书店计算机管理步伐，提高图书发行工作的效率和质量。

△　深圳对口扶持的重点项目——贵阳富宝化纤股份有限公司在贵阳成立。该公司以深圳富宝化纤有限公司为主体，通过资产重组建立，这是对口扶持工作的一种新尝试。

△ 为创建全国环境模范城，5 个区和市政府 8 个局负责人分别与分管市政府领导签订了《深圳市城市环境综合整治定量考核责任书》。

△ 南山区顺利通过广东省和全国科技工作先进区（县）双验收，科技工作步入全国先进行列。

5 月 29 日 深圳市委农村基层组织建设领导小组在宝安召开市派第四批工作队情况汇报会，市委副书记李容根在会上强调：1997 年是全国农村基层组织建设三年部署的最后一年，全市各级党委、政府和有关部门要负起责任，形成合力，狠抓落实，打好攻坚战，高质量完成今年深圳市的农村基层组织建设的工作任务。

△ 深圳市法学会召开第四次会员大会，共商法学理论研究如何为深圳市社会发展服务的大计。

5 月 30 日 为期 2 天的深圳市国有资产管理机构工作会议结束。副市长郭荣俊就如何加强国有资产管理，搞好、搞活国有企业发表讲话。

5 月 31 日 香港特别行政区临时立法会在深圳举行第九次全体会议，一读、二读了香港特别行政区行政长官办公室提交的《一九九七年立法局行政管理委员会（修订）条例草案》。全体会议结束后，临时立法会内务委员会随即举行第七次会议，讨论临时立法会会议上议员的座位编排、英文版内务守则草拟本及其他事宜。此外，内务委员会还听取了国旗及国徽条例草案和区旗及区徽条例草案委员会负责人以及三个临时区域组织条例草案委员会负责人各自的工作进展情况汇报。

△ 为期 1 个月的警民联合治安大巡逻活动拉开序幕。这次万人巡逻大行动的目的是"迎回归，压发案，保稳定，保平安"。

∧ 深圳市史志办公室编著的《中国经济特区的建立与发展·深圳卷》一书由中共党史出版社出版发行。该书为中共中央党史研究室组织我国 5 个经济特区编写的丛书之一。厉有为任本卷编委会主任，黄丽满任主编。该书反映了深圳经济特区建立与发展的历史。

5 月 31 日~6 月 2 日 "鸦片战争与香港"国际研讨会在深圳举行。来自海内外的 120 多位专家学者参加了会议。研讨会共收到国内外学术论文 60 多篇。

6 月 2 日 深圳市五套班子领导认真学习江泽民 5 月 29 日在中央党校的重要讲话。7 日，市委办公厅发出通知：号召全市党员、干部认真学习江泽民在中央党校省部级干部进修班毕业典礼上的重要讲话。

△ 苏丹第一副总统祖贝尔·穆罕默德·萨利赫访深。

△ 《深圳经济特区建设工程施工招标投标条例》公布实施。

6 月 3 日 外贸部部长吴仪从广州乘"三趟快车"来到深圳，对"三趟快车"

进行了随车考察。

△ 深圳市路灯大修整治工程全面竣工。市政道路路灯亮灯率达98%以上。

△ 第三次市属企业分类定级开始，这是对《深圳市属国有企业分类定级实施方案》做了重大修改后进行的新的分类定级。修改后的方案增加了利润考核的比重。

△ 深圳举行"学理论学党章"报告会。李子彬做《改革开放与政府决策》的党课报告。市直机关单位的1400名局处级干部参加了报告会。

6月4日 深圳市罗湖区教育局决定将建设中的文锦小学和翠竹中学分别委托深圳柏丽购物广场有限公司和深圳恒明珠实业发展有限公司承办，两所学校亦改名为深圳市菁华中英文实验学校和深圳市明珠学校。学校转制后不改变国有性质，不以营利为目的，学校筹集日常办学经费自主、计划外招生自主、用人自主、支配经费自主、教改教研自主。

6月5日 深圳市政府常务会议传达学习全国和广东省土地工作会议精神及中央11号文件精神。会议分析了深圳市土地工作的现状，指出目前深圳市土地管理中存在的一些突出问题，市长李子彬就下一步的工作提出了要求。

6月7日 深圳科技进步奖颁奖大会及百家高新技术企业"迎回归、爱祖国"万人合唱大会在深圳体育馆举行。

△ 香港特别行政区临时立法会在深圳举行第十次全体会议。

△ "深黔携手扶贫帮困"活动开始启动。到8月29日，全市人民捐款已达1.08876亿元，衣物172.45万件；拟赴贵州建141所中小学，38所医院（卫生所），15500个小水窖和路桥、水、电、通信等乡村基础设施；实施"1+1助学工程"，设立教育、医疗基金，启动一些"造血"项目。

△ 深圳举办"全民健康健步走活动"，这是深圳参加广东省"全面健身活动月"的内容之一。

6月9日 深圳市社会保险管理局采取社保年检证、上门服务、目标责任制、加强审计监察等办法，大力加强社会保险工作，努力扩大企事业单位社会保险覆盖面，截至4月底，企业单位已参加养老保险达39.1万人，占应参保人数的53.4%，参加医疗保险的人数达16.7万人，取得了较好的效果。

△ 深圳接待了特区建立以来最大的外国人旅游团队——香港国旅带来的菲律宾千人团队（共1324人）。

6月11日 深圳市部署清理预算外资金。

△ "爱婴市"宣传周拉开帷幕。14日，由联合国儿童基金会世界卫生组织以

及国家卫生部有关专家和官员组成的"爱婴市"评估团到深圳进行考察。16 日，在"爱婴市"国际评估会上，评估团副团长玛丽博士通报了评估情况，并称赞道："深圳市的爱婴市行动是中国的典范，也是世界的典范。"

6 月 12 日 深圳市政府常务会议原则通过了《深圳市劳动模范先进人物有关待遇问题的意见》《深圳经济特区出租屋管理若干规定》《深圳经济特区预拌混凝土管理规定》《深圳经济特区社会团体管理规定》4 个文件。常务会议认为，为了体现党和政府对模范先进人物的关心和爱护，深圳市将进一步对被国家、省、市人民政府授予劳动模范和先进生产（工作）者称号的先进个人提高待遇。

△ 深圳市政府召开"防范和化解金融风险"座谈会，中国人民银行深圳分行、国有专业银行、市政府有关部门、各区政府和三家资产经营公司负责人出席会议，副市长武捷思代表市政府就如何化解和防范金融风险等问题做了重要讲话。

△ 新华社北京电讯：国务院证券委员会同中国人民银行、国家审计署、中国证监会有关部门在经过深入调查取证后，依法对证券市场一批违规机构及其负责人做出了严肃处理。其中深发展、沪工行行长被撤职，深发展被处以罚款，并没收其非法所得上缴国库；君安证券公司被暂停自营业务半年并被没收其非法所得。

6 月 14 日 香港特别行政区临时立法会在深圳举行的第十一次全体会议上，三读通过了 4 个条例草案，一读、二读了《一九九七年宣誓及声明（修订）条例草案》，并通过了《支持委任香港特别行政区终审法院常任法官及香港特别行政区高等法院首席法官》的议案。

△ 全国人大常委会副委员长王光英率全国人大常委会"产品质量法"执法检查组到深圳检查，认为深圳产品质量全国上乘。

6 月 15 日 深圳市公开招聘局干部，15 名应考者分别就所应聘的市招商局、市贸发局、市经发局的 3 个副局长职位接受了面试。

6 月 16 日 深圳市市直机关创先争优表彰大会召开。市委办公厅机关党委等146 个党委、李国瑞等 272 名优秀党员和陈慧坚等 152 名同志受到表彰。

6 月 18 日 深圳市劳动局职工技能训练中心的讲师为 300 多名八卦岭工业区外来务工青年做了职业道德专题讲座。这是深圳市启动"千校百万"外来务工青年培训计划的第一课。

6 月 19 日 深圳市对口招工扶贫会议召开。1997 年深圳市劳动部门计划从对口扶贫地区招收劳务工 5500 人，将主要面向深圳市对口扶持的贵州、广西、云南等地，市劳动部门成立了对口招工扶贫工作领导小组，制订了鼓励企业多吸纳贫困地区劳务工的优惠政策。

△　粤港边界管理范围线划定，即：在深圳湾和大鹏湾，以海面中线来划分管理范围；在南面海域，以大屿山西南部、索罟群岛南部、蒲台群岛南部沿岸一海里为基础来划分，个别地方水域狭窄，则取其中点；陆地上基本以河流、山谷、沟渠、道路的中线来划分管理范围。

△　深圳一致药店被评为国家中医药管理局1997年度GSP达标单位和全国文明示范药店。

6月21日　香港特别行政区临时立法会在深圳举行第十二次全体会议，三读通过了《1997年香港终审法院（修订）条例草案》、《1997年司法人员叙用委员会（修订）条例草案》、《1997年人民入境（修订）（第3号）条例草案》和《1997年宣誓及声明（修订）条例草案》4个条例草案。至此，香港特别行政区临时立法会在深圳的运作圆满结束。

△　中共中央组织部发出关于授予18名"全国优秀共产党员"称号的决定，深圳市布吉镇南岭村党支部书记兼村委会主任张伟基榜上有名。7月8日，市委组织部、农村基层办发出通知，号召全体农村干部广泛开展向张伟基同志学习的活动。

△　香港特别行政区临时立法会圆满结束在深圳6个多月的运作。此前临时立法会在深圳已先后举行了12次全体会议和50次小组会议，通过了13条法例和5项动议。

6月23日　莲花山公园开园。这是市区内面积最大的开放型公园，面积116.4公顷。

△　深圳快速路系统的东环快速路工程正式开工。

6月25日　关山月美术馆隆重举行开馆仪式。关山月部分捐赠作品展和深穗画家四院联展同时揭幕。江泽民主席为关山月美术馆题写了馆名。

△　深圳一部全面反映深港关系的大型专题片——《世纪之约》播出。

△　深圳市梧桐山第二隧道通车，总长2473米。

△　深圳免税商场、天虹商场、大江南商场和万佳百货等5商场，因商场服务质量好、信誉佳，受到国家和广东省表彰。

6月26日　俄罗斯总理维克多·斯捷潘诺维奇·切尔诺梅尔金访深。

6月28日　深圳市灯光环境工程正式启用。同时五千盏灯笼、五千条彩旗、八千条横幅、三千个高空气球和百万盆鲜花与之相辉映，营造出节日的喜庆气氛。

△　深圳第十届荔枝节在新落成的五洲宾馆开幕。

6月29日　香港回归之际，江泽民总书记率领中国政府代表团抵达深圳，从深圳到香港出席中英两国香港政权交接仪式。在深停留时，江泽民会见了深圳市领导。

6 月 30 日 香港回归祖国之夜，深圳万人空巷，街头成了鲜花、灯火、游人和欢乐的海洋。中国人民解放军驻香港部队进驻香港欢送大会在深圳市同乐军营隆重举行。刘华清出席大会，代表中共中央、中央军委发表讲话，向即将启程的驻香港部队官兵表示欢送，并检阅了驻香港部队三军仪仗队。解放军三总部、中央军委办公厅、海军、空军、广州军区、外交部、国务院港澳办、新闻办、新华社香港分社、中英联合联络小组中方代表处和广东省的负责人参加了欢送大会。洪湖公园鸣放1997 响礼花以志纪念。在皇岗口岸，万余名群众为驻香港部队送行。

7 月 1 日 凌晨 5 时 45 分，中国人民解放军驻香港部队地面部队 3000 多名官兵奉命从各集结地出发，乘坐 400 多辆车，分别从文锦渡、皇岗、沙头角口岸进驻香港。深圳 20 万群众挥舞着鲜花、彩旗冒雨夹道欢送驻港部队，场面感人至深。2日，全市举办庆香港回归大型文艺晚会，把迎回归的活动推向了高潮。

△ 经国务院批准，中华人民共和国九龙海关从今日起更名为"中华人民共和国深圳海关"。2 日举行挂牌庆典。

7 月 5 日 深圳市质量认证中心（SQCC）和挪威船级社（DNY）两家权威认证机构正式向深圳市国贸物业管理公司颁发了 ISO9002 认证证书。这是深圳物业管理行业第一家通过 ISO9002 国际国内双重认证的专业物业管理公司。

7 月 7 日 深圳港上半年集装箱吞吐量完成 47 万标准箱，比上年同期增长122.1%。至此，深圳集装箱吞吐量跃居全国沿海港口的前列。

7 月 8 日 深圳选手邢芳在第十届女子亚洲举重锦标赛中创 105.5 公斤级挺举世界纪录。

△ 荔枝节期间，深圳市举办经济技术交易会，有 500 多家企业组织 18 大类5000 多种产品参展，协议和意向成交 1.06 亿元。

7 月 10 日 深圳市政府正式修订印发《2000 年人人享有卫生保健发展规划》。

△ "旅客话民航"评价结果揭晓，深圳航空公司获得年旅客运输量 200 万人以下航空公司第一名，售票服务满意度得分最高。

△ 深圳高级人才培养工程全面启动。

△ 《人民日报》刊登中共深圳市委副书记、市长李子彬的文章：《从战略高度推动深港合作》。

△ 深圳 20 世纪 90 年代菜篮子工程重点项目——蛇口渔港总体改造工程基本完成。二期工程第四季度开工。

7 月 15 日 深圳市第二届人民代表大会常务委员会第十六次会议通过了《深圳经济特区事业单位登记管理条例》。

△ 深圳市公安局麦新荣被评为"全国特级优秀人民警察"，罗湖公安分局获"全国优秀公安局"称号。

△ 以欢庆香港回归为主题的第六届大剧院艺术节结束。艺术节有海内外 18 个优秀艺术团体来深献艺，历时 27 天共计演出 30 场，接待海内外观众 3 万余人次，获得广泛的好评。

7 月 16 日 深圳市政府召开二届六次全体（扩大）会议，强调抓住机遇，迎接挑战，深化改革，加快发展。这次会议开法颇具新意，会风清新务实。市政府 40 多部门负责人在会上轮流发言，谈各自打算。

△ 深圳市纪委、市委组织部、市委宣传部、市监察局发出通知：在全市开展以"讲学习、讲政治、讲正气"为核心的党性党风党纪教育。

△ 中国银行与康佳集团股份有限公司在北京签约：中国银行在今年内将先后向康佳集团提供多种融资 38 亿元，以支持康佳推进名牌质量工程，拓展国内国际市场。

7 月 17 日 下午 3 时 30 分，广东省和深圳市公安机关将我国台湾有关方面移交给中国红十字会的劫机犯罪嫌疑人黄树刚，从厦门乘分机押回深圳。黄树刚一案将由深圳公安机关立案侦查。

7 月 18 日 深圳重点工程项目之一的深圳西部电厂 2 号机组并网发电。至此，西部电厂两台机组主体工程基本完成。

△ 深圳市深化行政管理体制改革，撤并单位 13 个，编制 190 名，分流 141 人。

△ 深圳市"创百亿"大型集团公司——市能源集团有限公司正式挂牌运作。

7 月 19 日 深圳全面展开建设项目收费大检查。检查重点是 1996 年以来建设系统和土地管理系统的建设项目收费，以及发现有重大问题的部门。

△ 深圳市委常委会议决定，谭国箱任市委秘书长、市委办公厅主任。

7 月 21 日 全国保密技术工作会议在深圳市召开。会议就新形势下如何进一步做好保密工作，提高保密技术，加强保密工作的防范、检查、管理等有关问题进行了探讨。

△ 《深圳经济特区预拌混凝土管理规定》公布施行。

7 月 22 日 全国首条高速远程会诊系统在北京深圳之间开通。这个系统采用具有世界先进水平的远程医疗通信设备，利用高速专线电路实现点对点通信。

7 月 23 日 由深圳市委、市政府举办的"深黔携手扶贫帮困"晚会在深圳体育馆举行。据统计，两小时内，有关部门共接到热线电话 4000 多个，由单位和个人自愿捐赠的款项额高达 4068 万元。

7 月 24 日 中共广东省委组织部通知，任命李统书兼任深圳市纪律检查委员会书记。

7 月 25 日 深圳市旅游（集团）公司近日正式被国家旅游局授予特许经营中国公民自费出国旅游组团社资格，成为深圳首家获此特许经营权的旅行社。

△ 赤湾港码头二期工程竣工。投用后，可同时停靠两艘 5 万吨级的全集装箱船舶。

7 月 28~29 日 中共深圳市委工作会议召开。主要议题是：深入学习贯彻江泽民总书记在中央党校的重要讲话精神和中共中央、国务院《关于党政机关厉行节约制止奢侈浪费行为若干规定》（13 号文件）精神；要求全市人民认真学习江总书记重要讲话精神，艰苦奋斗，敢闯敢试，锐意改革，用两个文明建设的新成就，迎接党的十五大的召开。

7 月 30 日 全国人大常委会授权深圳经济特区立法 5 周年座谈会举行。

7 月 31 日 深圳市政府常务会议决定：要集中力量解决深圳市目前尚存的主要环境问题，巩固和发展历年来城市环境综合整治所取得的成果，努力把深圳市创建成为国家环境保护模范城市，以良好环境迎接党的十五大召开。会议还审议了《关于全市清理整顿市场中介组织工作的总结报告》。

△ 深圳中学高三学生韩嘉睿在阿根廷举行的第 38 届国际中学生数学奥林匹克竞赛中获得金牌。他是深圳第一位在国际学科竞赛中获得金牌的中学生。这次竞赛中国队以总分 223 分的成绩名列第一，而韩嘉睿以个人 38 分的成绩名列第一。

8 月 1 日 深圳市委、市政府决定市级机关实行人员编制与经费包干的管理办法。① 此举是深圳市财政管理改革的一个重要突破。

△ 深圳市创建国家环境保护模范城市活动全方位展开。

△ 深圳市区内今起严禁机动车鸣笛。

△ 今起各单位、居民要交排水费。工业、商业用水的排水费标准为同期自来水价格的 20%，生活、行政和其他用水为同期自来水价格的 30%。

8 月 2 日 第 10 号台风正面袭击深圳。由于提前准备充分，措施得力，损失降到最低程度。

---

① 新的人员编制与经费包干方案，主要包括以下几个内容：包干范围内的市直机关将以部门或业务相对独立机构为一个包干单位，未列入包干范围的其他机关或机关派出机构由主管部门参照此方案组织实施；实行包干后，各单位不得超编进人，包干数内有空编的不减经费，节约的经费可用于改善职工福利和办公条件；包干期限为 3 年，包干经费由财政部门直接核拨。

8月3日 深圳技巧队在广东省青少年技巧赛暨第十届全运会资格赛中,取得17枚金牌。

△ 深圳康佳彩电被世界名牌标志组织认证为国际名牌商标,并被授予国际名牌认证证书。

8月5~6日 广东省"讲科学,破迷信,除陋习,树新风"现场会在深圳龙岗举行。广东省委常委、宣传部部长于幼军在会上要求推广南岭村的4条基本经验。省委副书记黄华华要求全省农村解决三大问题。

△ 深圳市委在深圳会堂举行反腐败斗争和党风廉政建设形势报告会。广东省纪委副书记、省监察厅厅长朱树屏做了专题报告。深圳市五套班子领导参加报告会。

8月6日 "广东高新技术洽谈会"在香港华润大厦举行。深圳分团签约43个项目,协议投资额5.7亿美元,其中高新技术项目占83%。

8月7日 中国农学会工作及经验交流会在深圳召开。中心话题是加快农业科技产业化步伐。会议认为,农业产业化是农业发展的必然趋势,而科技产业化特别是高新技术产业化是整个农业产业化的基础,集教育、科技、行政等农业工作者于一体的中国农学会理应在农业科技产业化中有所作为。

△ "金威"啤酒获得国家产品质量最高权威机构——中国方圆认证委员会的产品质量认证,准许其开始使用方圆合格认证标志,时间为1997年7月8日至2002年7月8日。

8月7~13日 广东省检查组来深圳检查反腐倡廉工作。

8月8日 由深圳奥沃国际科技发展有限公司研制生产的旋转式伽马刀近日获美国联邦食品与药品管理局批准进入美国市场。

△ 我国首张DVD光盘及放送机由国投先科光盘公司在深圳研制成功。

△ 深圳市从即日起开始,每周向市民报告空气质量状况。深圳成为全国首批公布空气质量的城市之一。

△ 深圳市新材料产业发展座谈会召开,要求对于高新技术重点产业之一的新材料采取积极得力措施,促其超常规快速发展,使之成为深圳21世纪的支柱产业之一。

△ 市委、市政府发出通知:在全市开展群众性精神文明建设活动,主题是讲文明、树新风、创三优、争一流,评选第四届文明单位、文明市民、文明企业等。

8月9日 深圳市副市长郭荣俊在1997年深圳港口发展研讨会闭幕式上强调:深圳要建成国际性城市,离不开国际性的中转港口和航空港,抓住香港回归机遇,深圳应群策群力、加快港口发展步伐。

△　经国务院批准，国家计委昨天下文，同意深圳铜鼓航道项目立项。铜鼓航道是深圳西部港区的深水出海航道，长 21 公里，它是深港交通基础设施衔接的重要组成部分。

△　深圳市委、市政府发出通知：在全市开展群众精神文明建设活动。

8 月 10 日　深圳市利用电子监控系统（电子警察）等科技手段管理交通，效果良好。公安部向全国公安交管部门发出通知，要求在大城市和有条件的中小城市推广这一做法。

△　广东省重点大型企业集团考核结果揭晓，"康佳"集团以其良好的经营业绩荣登榜首，深圳石化综合商社名列第二。

△　经国家教委批准，广东香港人子弟学校在深圳公明镇开办，并于 9 月招生，包括三年制幼儿园、六年制小学、五年制中学和二年制大学预科。

8 月 10～16 日　以深圳市委书记厉有为为团长的深圳市经济合作考察团到贵州考察学习，代表深圳市委、市政府向贵州省捐赠扶贫款 1450 万元。

8 月 11 日　深圳市政府召开表彰宝安区荣获"全国文化先进区"称号大会，黄丽满出席并讲话。

△　深圳信息网一期工程通过专家评审。

△　《深圳商报》载：国家建设部批准深圳市成为"全国实行涉外设计机构资格审批准入制度"的试点城市之一。市建设局为此制定了《深圳市中外合作设计管理暂行办法》。

△　深圳市政府发出通知，要求禁止印刷、发售、购买和使用各种代币购物卡（券）。

8 月 12 日　深业融资有限公司在卢森堡证券交易所成功发行欧洲可转换债券，认购金额 5 亿多美元，超额认购 2.5 倍。

8 月 13 日　国家体改委、中宣部在北京召开经济体制改革成就座谈会。深圳市市长李子彬在会上发言，向与会者介绍了十四大以来，深圳经济特区在经济体制改革方面所取得的新成就。

△　深圳市首届退休职工运动会在市体育馆开幕。

△　由广东省精神文明建设委员会、省委宣传部组织的省职业道德先进事迹巡回报告团一行 8 人在深圳会堂向深圳人民讲述了他们全心全意为人民服务的感人事迹。

8 月 17 日　国家环境保护模范城市考核情况通报会在深圳举行。经过综合评议，国家环保模范城考核组认为：深圳创建国家环境保护模范城市工作成效显著，城市的社会、经济和环境协调发展的综合水平位居全国城市前列，基本符合国家环境保护模范城市的标准，考核组一致同意推荐深圳市为国家环境保护模范城市。

8月18日 全国最大的涉外偷抗税案告一段落。从1988年2月至1996年4月，宝日高尔夫娱乐有限公司先后在境外发展会员3343人，收入9.77亿元人民币，应纳税7062万元。从1993年起，深圳市地方税务部门屡次要求该公司申报境外发展会员的资料并申报纳税，但宝日公司一直不予回应。1997年4月10日，市地税局查封并拖走宝日公司的10辆汽车，冻结并划走账户内的1300万元作为税款，并要求宝日公司于4月25日前清缴税款，但该公司依然置之不理。8月18日，市地税局将宝日公司球场200万平方米10年的土地使用权及其附属物和附属设施进行拍卖，香港中施国际投资有限公司以2.6亿元竞买成功，拍卖所得的1.2亿元划归国库。案件的处理维护了我国税法的尊严。

△ 国家环保模范城考核组结束对深圳为期5天的考察，一致认为深圳已基本达到国家环保模范城市的标准，同意推荐深圳为国家环保模范城市。

△ 深圳市市长李子彬会见德国西门子（中国）有限公司总裁柯赫男先生，欢迎西门子公司在深圳拓展业务。同日西门子深圳分公司开业。

△ 龙岗区以2100万元将区属国有企业鹏飞公司的产权转让给利达科技有限公司，这是龙岗区首次转让国有企业。

8月19日 深圳开展百佳医院活动。

8月20~30日 深圳市委副书记黄丽满率团赴上海、青岛、大连、威海4城市学习考察。

8月21日 深圳市政府常务会议召开。会上，关于成立"深港工业科技中心"[①]的报告和关于成立"深圳国家生化工程技术开发中心"[②]的报告，同时获得原则通过，这标志着深圳高新技术发展步入快车道。会议也原则通过了由深圳市区到龙岗的海滨高速（南线）公路方案。

△ 1997年中国（深圳–香港）计算机网络与系统集成研讨会在银湖会堂举

---

① "深港工业科技中心"是由深港两地政府所设机构——深圳市高新技术产业园区领导小组办公室与香港工业科技中心合作举办的。主要通过互惠互利的原则和共享资源的方式，使深港工业科技中心发挥培育（孵化）国内外从事发展高科技公司的功能、科技转移功能、软件开发和软件服务功能。深港工业科技中心的成立，标志着深港两地政府在高科技领域的合作迈出了实质性的一步。

② 由国家生化工程技术研究中心与深圳市合作建立的"深圳国家生化工程技术开发中心"，是国家生化工程中心的第四个分中心，是致力于将国家攻关项目和"863"计划等实验室成果与国家生化中心工程化配套技术结合，使之成为生物技术产业化的转化地、集散地和创新开拓的重要基地。

行。会上，政府有关部门负责人介绍了国家信息化建设的政策和规划；有关人士介绍了深圳信息重点工程项目情况；系统集成商也根据实践中遇到的问题提出一定价值的对策和建议。会议还就深港两地计算机网络与系统集成技术的应用与发展状况进行了交流。

△ 深圳市政府召开专题会议，决定从 1998 年开始计划 3 年时间，对深圳境内的茅洲河、龙岗河、坪山河、观澜河、大沙河、莲塘河 6 大河流进行全面整治，提高城市防洪能力。

8 月 22 日 深圳市旅游局召开由旅行社总经理和业务部门经理参加的旅行社行业管理工作会议，强调要加强对旅行社质量的监督和管理。会议同时下发《深圳市出国游代办点管理试行办法》、《关于加强旅行社营业部管理的通知》以及《关于实行旅行社违规计分制度的通知》，对旅行社设立营业网点、出国游代办点，开展相关业务做出规定。

△ 深圳市政府常务会议讨论通过了深圳修建东部沿海盐田至坝岗高速公路的有关问题，通过了成立深港工业科技中心和深圳国家化工技术开发中心的报告。盐坝高速公路预计总投资 22.6 亿元，全长 28.92 公里。

△ 由深圳市博物馆编纂的《深圳古代简史》《深圳近代简史》近日由文物出版社出版。

8 月 24 日 深圳沙头角海关查获特大货币走私案，案值折合人民币 2300 余万元。这是深圳海关历年来查获的最大一宗货币走私案。

△ 全国禁毒教育巡回展在深圳揭幕。

8 月 25 日 蛇口—东南亚，定期集装箱班轮航线开通。

8 月 26 日 深圳南华发展股份有限公司通过兼并贵州黔南州两家制药企业，成为深资入黔中唯一一家通过并购来实现开发式扶贫的企业。

8 月 27 日 深圳市委、市政府公布实施《贯彻落实〈中共中央、国务院关于党政机关厉行节约制止奢侈浪费的若干规定〉的规定》。

△ 中宣部和解放军政治部联合表彰军民共建先进单位，深圳翠园中学与 54410 部队 86 分队，以及驻港部队司令部直属队与沙头下沙实业股份有限公司，分别荣获“军民共建社会主义精神文明先进单位”称号。

8 月 28 日 深圳市政府通过《深圳市门牌整顿（设置）工作实施方案》。门牌号按道路由东向西或由南向北编号，左为单数号右为双数号，同时按区间式编号方法，每区用 4 位数表示。区间式编号在国内首次采用。

8 月 29 日 深圳市委组织部副部长陈威和宝安区领导为“中共宝安区新安街道

流动党员党支部"挂牌。这是深圳市成立的第一个流动党员党支部。

8月30日 深圳创维—RGB电子有限公司研制的74厘米多媒体彩色电视机，填补了我国电视与电脑结合的空白。

9月1日 在北京召开的中国民航争创精品服务样板经验交流会上，深圳机场荣获全国"文明机场"称号。

△ 深圳市市直机关系统全体公务员捐赠的110万元扶贫款在深圳移交给了对口帮扶的贵州大方县。

△ 中共中央中宣部在北京召开精神文明建设"五个一工程"第六届颁奖大会，深圳市选送的歌曲《春天的故事》、长篇小说《花季·雨季》和广播剧《水暖香港》等获得"五个一工程"大奖。

△ 经中共深圳市委批准同意，《深圳特区报》于1998年元旦开始实行自办发行。

9月2日 我国第一部专门规范职业技能鉴定工作的地方性法规《深圳经济特区职业技能鉴定条例》今起实施。

9月2~6日 首次在亚洲举办的第24届国际艺术摄影联合代表大会在深圳举行。

9月4日 深圳市政府常务会议提出：要创建科技风险投资市场体系，在更高层次上推动高新技术成果商品化、产业化和国际化，促进深圳市高新技术产业的发展。会议还确定市科技风险投资领导小组成员名单和深圳国家科技成果推广示范基地领导小组成员名单。常务会还传达了国务院召开的全国统一企业职工养老保险制度工作会议精神，并提出深圳市贯彻落实的意见。

△ 第三届全国职工职业道德"双十佳"评出，深圳市工商管理（物价）局福田分局获得"双十佳单位"称号。

△ 在深圳市政府全力支持下，国家863计划重大项目——动物乳腺生物反应器落户深圳光明农场。

△ 深圳市二届人大常委会通过关于修改《深圳经济特区股份合作公司条例》第二十七条的决定等。

9月5日 国家环保局新闻发布会宣布，厦门、大连、珠海、深圳、威海5市荣获"国家环境保护模范城市"称号。

9月6日 刘志庚荣获第十届"全国关心国防后备力量建设新闻十佳人物"。

9月8日 "经济转轨与国有企业改革"国际研讨会在深圳五洲宾馆举行。与会者就如何建立社会主义市场经济框架、国有企业改革和发展，以及国有经济战略调整等问题进行了为期 2 天的研讨。深圳市委常委、常务副市长李德成出席会议，并做了题为《深圳经济与国有经济发展》的专题演讲，来自德国的瓦格纳博士做了题为《经济复苏及东德经济发展》的演讲。

　　△　深圳市农村小城镇综合改革工作会议在宝安区西乡镇召开。副市长袁汝稳在会上强调：小城镇综合改革势在必行，意义重大，西乡、布吉两个试点镇要抓紧完善改革方案，特别要注意抓住财政体制、土地管理、人口管理等几个重点问题寻求突破，尽早实施，为全市小城镇综合改革的全面铺开摸索出经验。

　　△　深圳召开全市庆祝教师节暨表彰先进大会，280 名个人和 50 个集体受到表彰。李子彬说，实施"名师工程"要加大力度，抓出成效。

　　9 月 9 日　深圳市政府常务会议原则通过了《深圳经济特区城市规划条例（送审稿)》，此举可望使深圳市城市规划步入法制化轨道。会议还原则通过了华强集团、鹏基公司等 5 家企业优化资本结构实施方案、市住宅局《关于解决安居工程中有关部门的请示》和《深圳经济特区生活用水二次供水管理规定》。条例（送审稿）把经济特区外的宝安、龙岗两区也列入城市规划区范围，这表明深圳市将从一个更为广阔的视野上来统筹考虑城市的长远发展规划。

　　△　"深圳市中心交通规划"通过专家评审。专家们认为，该规划采用了国际公认的专业方式进行，成果达到国内同类规划的领先水平。

　　△　深圳"同富裕工程"重点项目——罗湖区盐田路马岭水库建成。盐田一些欠发达村长期缺水的状况将一去不复返。

　　9 月 10 日　深圳市农业工作座谈会在龙岗区召开，会议提出深圳市今后农业发展的目标，即：以深港两个市场为导向，以规模化农业为基础，以企业化农业发展为重点，以科技进步为动力，加快农业现代化的步伐。围绕这一目标，袁汝稳副市长对深圳市下半年及今后农业和菜篮子建设重点做了具体部署。

　　9 月 12～18 日　中国共产党第十五次全国代表大会在北京人民大会堂隆重举行。深圳代表厉有为当选为第十五届中央委员会候补委员。

　　9 月 13 日　深圳市政府聘请梁定邦、陈炳焕、胡鸿烈、阮北耀、陈子钧、李志华、苏开鹏、李家松、陈志雄、黄松柏 10 名香港地区法律界、经济界知名人士为深圳市政府法律顾问，任期三年。

　　△　公安局刑事警察支队成立。

　　△　深圳市赛格电子配套市场党支部成立，这是深圳第一个专业市场党支部。

　　9 月 14 日　深圳市政府颁布《深圳经济特区出租屋管理若干规定》。

　　9 月 15 日　深圳市东部引水工程开始施工，该工程全长 56.3 公里。

9月19日　厉有为、陈观玉等出席了中国共产党第十五次全国代表大会。

△　农业部授予深圳布吉镇坂田村实业股份有限公司、平湖镇平湖村联发实业股份有限公司和松岗镇溪头村经济发展公司3个村办企业为"全国文明乡镇企业"单位。

△　深圳市有线电视天威数据网络多功能服务投入商业营运。

9月22日　广东岭澳核电站核岛安装合同签字仪式在深圳举行。

9月23日　深圳市委召开常委扩大会议，厉有为传达了党的十五大精神。

9月26日　深圳市政府常务会议原则通过《关于支持发展生物工程及新材料产业的若干决定》。

△　俄罗斯第一副总理丘拜斯访深。

△　由中国扶贫基金、《半月谈》杂志社主办的全国第四届"十大扶贫状元"评选揭晓，深圳的陈毅锋荣膺状元称号。多年来，他通过各种方式发放扶贫资金1273.99万元。

9月27日　为进一步加强对家庭装饰装修市场的规范管理，建设部建筑业司与中国建筑装饰协会在京召开全国家庭装饰行业管理试点工作会议，确定一批城市为家庭装饰装修管理试点城市（试点城市分别为北京、天津、上海、重庆、太原、沈阳、大连、鞍山、南京、合肥、济南、烟台、广州、深圳、武汉、郑州、成都等）。试点城市将对建立家庭装饰装修管理体制、健全居室装修管理机构、建立家庭装修交易市场、制定家庭装修交易规则和管理办法等进行探索，最终带动全国形成规范、有效的家庭装饰装修市场和过硬的装修行业队伍。

9月29日　深圳市委宣传部举行新闻发布会：深圳市将于近期在全市范围实行《深圳市国有企业内部员工持股试点暂行规定》与《深圳市国有企业经营者年薪制暂行规定》。新规定在总结深圳市国有企业内部员工持股和经营者年薪制试点经验的基础上，进一步完善了深圳市国有企业的内部动力机制。对新出台的《深圳市国有企业经营者年薪制暂行规定》，市委、市政府要求各有关单位在操作中注意三个问题：建立经营者的激励机制，应与社会经济发展水平和社会的承受能力相适应，年薪制的推广实施应伴随深圳市干部管理体制改革、监督约束机制、经营者竞争上岗机制等的完善而逐步到位；实行中，要坚持经营者年薪与其他员工工资管理分开，避免造成消费基金膨胀；加强监督约束机制，规范收入分配，取消隐性收入，劳动部门应加强监督管理。

△　《改革审批制度，实现转变政府职能的新突破》在《深圳特区报》见报，

吹响了深圳第一轮审批制度改革的号角。①

9 月 30 日 深圳金田实业（集团）股份有限公司获国家经贸委批准，在湖北天门市控股成立全国唯一的棉花产业化试点企业——湖北金天贸工农股份公司，将棉农、棉花收购公司与棉纺织企业绑在一起，进行综合开发，实现产业化发展。

△ 由深圳市政府投资 1000 多万元、占地面积 15.3 万平方米的"皇岗双拥公园"开园。

10 月 1 日 深圳新安古城 18 个景点国庆对外开放。新安古城位于南头天桥北靠深南大道，面积约 7 万平方米，是深圳修复的最具规模的历史文物旅游景点，包括牌楼、南城门、东城门、北城墙、县衙、新安监狱、海防公署、东莞会馆、按官厅、聚秀楼、聚秀街门楼、关帝庙、文天祥祠、报德祠、新安烟馆、义利押当铺、陶朱公钱庄、鸿昌博城。

10 月 3 日 《深圳市人民政府制定深圳经济特区规章和拟定深圳经济特区法规草案规定》颁布施行。

10 月 4 日 深圳市政府召开常务会议，原则通过《物业管理服务收费指导标准》，规范全市 871 个安全文明小区的收费标准。

10 月 4~14 日 深圳交响乐团应邀赴德国柏林费哈尼音乐厅和捷克布拉格斯美塔那音乐厅演出，成为进入这两个音乐厅演出的第一个中国交响乐团。

10 月 6 日 滨江新村荣获广东省"优秀住宅小区"第一名。

△ 深圳市育才中学杜旻书荣获"全国十佳少先队员"称号。

10 月 6~12 日 深圳市开展统一"灭鼠灭蟑螂周"活动。

10 月 7 日 第十三届全国城市报纸群众工作会议在深圳开幕。

10 月 8 日 《深圳市酒类产销许可证发放管理办法》正式颁布实施。

10 月 8~12 日 由深圳市对外文化交流协会主办、深圳博物馆承办的大型图片展"深港人民一家亲"在香港展出。

10 月 9 日 中国民生银行深圳分行开业。

△ 深圳市劳动争议仲裁委员会获全国先进称号。

△ 深圳联合证券有限责任公司成立。

---

① 1997 年初，深圳市体改办主任张思平以体改办的名义，向深圳市领导呈送了一封《以清理和重定审批项目为重点，实现转变政府职能改革重大突破的建议》的手写信，道出了审批制度的种种弊端，以及改革的重要性、紧迫性、必要性。市委、市政府主要领导都在该份报告上做了批示："这是目前政府转变职能要做好的首要工作，组织得力力量，在认真调研的基础上，下决心清理。"紧接着，深圳成立了由市长李子彬亲自挂帅任组长，常务副市长李德成任副组长的"市政府审批制度改革领导小组"，下设办公室，由体改办具体负责。

10 月 13 日　全国人事系统为经济建设服务工作会议在深圳举行。

△　深圳被评为广东省党管武装先进城市。

10 月 14 日　1996 年全国群众体育先进表彰会在上海举行。深圳 6 家单位荣获先进集团称号。

10 月 15 日　全国专家工作研讨会在深圳召开。这次研讨会主要是学习贯彻党的十五大精神，落实全国人事系统为经济建设服务工作会议精神，总结两年来的专家工作情况，研究探讨新形势下专家工作的新思路。

△　全国第一座按 20 世纪 90 年代国际通用卫生标准设计并建设的现代生活垃圾卫生填埋场——深圳市下坪固体废物填埋场投产运营。该垃圾场占地 149 公顷，总服务年限 30 年以上。

10 月 16 日　经香港与内地协商，并经国务院批准，香港与内地跨界大型基建协调委员会成立，并在深圳举行了第一次全体会议。这次会议确认了由原 ICC 中英双方组长于 1997 年 6 月 28 日签署的《中英关于香港与内地跨境大型基建协调委员会工作进展备忘录》，确定将在 ICC 已有的基础上开展工作。为使香港新机场于 1998 年 4 月按期投入营运，会议讨论并确认了 ICC 空管专家组与澳葡空管部门签署的《中国内地、港英、澳葡空中交通管制专家工作组关于珠江三角洲地区飞行程序和空中交通管制问题的谅解备忘录》。

10 月 17 日　福田、宝安、龙岗、南山 4 区被国家科委评为 1996 年度全国科技工作先进城区，其中福田、南山名列前两名。

10 月 18 日　在由 12 个国家机关联合举办的评选活动中，罗湖海关缉私能手陈立南荣获"中国优秀青年卫士"称号。

10 月 18～19 日　"贯彻十五大精神，推进国有企业改革与发展研讨会"在深圳市投资大厦召开。李子彬市长做了关于国企改革、深圳市经济生活中的重大问题的重要讲话。

10 月 19 日　深圳市市对区分税制财政体制改革开始启动。

10 月 20 日　国家外汇管理局深圳分局发布《关于实施"深圳市进出口企业贸易进口售付汇登记证制度"的通告》。

△　经国务院批准，深圳被列为全国边检职业化改革的 4 个试点口岸城市之一。

10 月 21 日　沙头角保税区正式设立监管海关。

△　国务院同意调整深圳市罗湖区行政区划，增设深圳市盐田区。盐田区辖从罗湖区划入的沙头角镇和盐田、梅沙两个街道，区人民政府驻盐田街道黄必围。调整后的罗湖区辖南湖等 6 个街道，区人民政府驻地不变。

10 月 21 ~ 27 日 《深圳特区报》《深圳商报》连续刊登《历史性的突破》《追求系统性和整体性》《实现最佳的角色定位》《一道世界难题的"中国解法"》《"国家干部"的历史性跨越》《走向长治久安》等文章，对深圳市行政体制改革做了系统报道。

10 月 23 日 中共深圳市委二届六次全体（扩大）会议在深圳会堂开幕。会议的主题是：深入学习贯彻党的十五大精神和省委七届七次全体（扩大）会议精神，研究提出深圳市全面贯彻落实的任务和措施。会议提出，争取再用 10 年或更多一点时间，在全国率先形成比较完善的社会主义市场经济体制和运行机制，把深圳建设成为社会主义现代化国际性城市。市委书记厉有为代表市委常委会做了题为《高举旗帜，解放思想，抓住机遇，努力把党的十五大精神落到实处》的报告。

△ 深圳成立文凭验证中心。

10 月 23 ~ 29 日 深圳市二届人大常委会会议审议通过了《深圳经济特区安全管理条例》《深圳经济特区捐赠公益事业管理条例》《深圳经济特区国有企业法定代表人任期审计条例（草案）》《深圳市人民代表大会议事规则》等 6 项条例和决定；确定了市二届人大四次会议主席团秘书长、常务主席人选及列席人员等。

10 月 24 日 深圳市纪律检查委员会二届五次全体会议召开。

△ 历时 13 天的第八届全运会闭幕，深圳选手为广东夺得 3 金 2 银 2 铜 7 面奖牌。其中邢芳以抓举 85 公斤、挺举 117.5 公斤，总成绩 202.5 公斤的成绩获金牌；肖俊峰以 9.675 分的跳马成绩夺得金牌；尹汉钊和孙彩云分别在男子 400 米接力、200 米和女子撑竿跳比赛中获得 1 金 1 银 1 铜；男子射箭选手唐华获铜牌。

10 月 26 日 武警深圳市支队被评为武警标兵支队，同时荣立集体三等功。

10 月 28 日 现代信息服务展国际研讨会暨中国信息协会年会在深圳举行。

10 月 29 日 我国第一家专业化的金融押钞公司——深圳市威豹金融押钞股份有限公司成立。

△ 全国无偿献血表彰大会在北京举行。深圳获得全国无偿献血银质奖和先进组织奖。

10 月 30 日 深圳举行优秀共产党员刁显辉事迹报告会，并做出向刁显辉学习的决定。

△ 全国首家中西医结合产科在市中医院成立。

10 月 31 日 机（场）荷（坳）高速公路东段建成通车。深圳机荷高速公路是国家主干道——同江至三亚沿海高速公路的重要组成部分，全长 44.31 公里，设计时速为 100 公里。深圳机场高速公路东段为清湖至荷坳段，长 23.31 公里，总投资

13 亿元。

11 月 1 日　由交通部和广东省人民政府联合主持的《深圳港总体布局规划》审查会在银湖旅游中心召开。这次审查是对该规划的最高评审，通过此次评审后，该规划将作为深圳港口今后发展的指导性文件，为深圳市港口建设和发展提供依据和目标。

11 月 5 日　第八届全国经济特区信访工作研讨会在深圳市举办。会议旨在交流各经济特区信访工作及机构设置情况，探讨当前经济特区信访热点、难点及处理办法，经济特区信访部门如何贯彻落实十五大精神等。

11 月 6 日　深圳书城被国家命名为"全国新华书店精神文明示范单位"，同时被深圳市新闻出版局、旅游管理局联合命名为"深圳市文化旅游景点"。深圳人均购书连续 8 年居全国第一，图书销售能力跨入全国十强。

11 月 10 日　第三届"鹏城金秋"艺术展开幕，参加文艺演出的人数达 1500 人，参加展览的美术、书法、摄影作品近 400 件。

11 月 11 日　经国务院批准，深圳市设置市辖盐田区。盐田区辖沙头角镇和盐田、梅沙 2 个街道办，辖区面积 68 平方公里，区人民政府暂驻沙头角镇。

△　皇岗海关启用车辆自动识别系统。

11 月 12 日　全国第十三次部分大中城市企业科技工作研讨会在深圳召开。

△　深圳市依法治市工作领导小组第六次会议提出，下学期开始在全市中小学组织教学《中小学法制教育读本》。

11 月 13 日　中国经济特区首家社会科学院——深圳市社会科学院宣告成立。市委书记厉有为、中国社会科学院常务副院长汝信为市社科院挂牌揭幕。

△　宝安区人民医院荣获"全国卫生文化建设先进单位"称号。

11 月 14 日　深圳市第二届人民代表大会第四次会议在市人大会堂闭幕。会议选出深圳市出席广东省第九届人民代表大会代表 19 名，并表决通过了《关于修改〈深圳市人民代表大会议事规则〉的决定》。

11 月 15 日　重点项目——西部电厂一期工程建成投产。

11 月 18 日　宝安创业立交桥、新安路线桥、塘民公路竣工通车。

△　全省殡葬工作会议在广州召开，要求推广深圳的经验。

11 月 19 日　桃源村第一期 3406 户居民入住。

11 月 20～22 日　波兰总统亚历山大·科瓦希涅偕夫人一行访深。

11 月 21 日　全国法院系统第九届学术讨论会在深圳市宝安区法院开幕。新修订的《中华人民共和国刑事诉讼法》和《中华人民共和国刑法》已分别于 1997 年 1

月 1 日和 10 月 1 日正式实施，如何在新形势下运用新修订的"两法"进行刑事审判，成为这次学术讨论会的焦点。与会代表就《中华人民共和国刑法》《中华人民共和国刑事诉讼法》的修改与执法观念的转变，如何适应新的审判方式正确认定、使用证据，第二审程序不开庭如何审理上诉案件的问题，法官在开庭审判中的地位、作用和技巧等 9 个问题进行了深入讨论。

11 月 22 日 深圳平安足球队主场以 5 比 0 战胜辽宁双星队，以 21 战 10 胜 6 平 5 负积 36 分的成绩重返甲 A。

11 月 23 日 历时 5 个月的深圳市第 5 届运动会圆满结束，有 1 人打破 2 项全国少年组游泳纪录，6 人打破 4 项省少年田径纪录，9 人打破 6 项市田径纪录。

11 月 24 日 全国首次公务员考试录用理论与实践研讨会在深圳举行。各省市人事部门的代表围绕如何适应社会主义市场经济需要，让公务员考录工作更公开更科学，进行了为期 3 天的理论研讨。

11 月 25 日 全国口岸植物检疫工作会议在深圳召开。深圳市委常委、常务副市长、口岸工委书记李德成向与会者介绍了深圳近年来的发展情况。会议将讨论修订《进出境动植物检疫法》及其实施条例的配套法规，研究解决当前口岸植物检疫工作中"非法进境水果检疫管理"等难点问题，并介绍全国植检人才库建立情况与应用等。会议还确定了全国口岸植检下一步工作发展思路和工作重点，以加快中国口岸植检和国际惯例接轨的步伐，更好地为国家经济建设服务。

11 月 26 日 深圳市口岸委第五次会议指出：深圳口岸管理体制改革取得了新进展①，下一步深圳市将继续深化改革，加强深港口岸合作，使深圳口岸向国际一流口岸的目标迈进，树立文明、高效、安全、通畅的深圳口岸形象。

△ 深圳市政府公务用车首次采购招投标成功，与市场价比节省费用 7.1%。

11 月 27 日 全国第三届社区康复学术会议在深圳召开。会议的主题是：从实际出发，推进社区康复服务及残疾预防。

11 月 28 日 广东省副省长刘维明带领省政府有关部门和驻省口岸查验单位负责人来深圳市召开口岸改革工作座谈会。会议肯定了目前深圳市口岸管理体制改革的工作，并就如何进一步完善深圳口岸管理体制改革进行协调。

---

① 1997 年深圳市口岸管理体制改革试点工作取得新的进展：口岸管理努力简化查验程序，各查验单位积极探索简化查验程序、提高通关效率的新路子；规范了口岸收费制度，确保"收支两条线"顺利实施；卫、动、商"三检"实行政事分开取得初步成果；边检人员职业化改革试点开始起步；统一管理、分头引航的新体制已经建立；港口企业建立现代企业制度进展顺利；外轮理货服务市场引入竞争机制，放而不乱；口岸计算机查验网络不断改进，日趋完善。

△　中共中央政治局委员、国务院副总理姜春云来深考察。姜春云认为：深圳应当而且完全可以像在其他领域一样，为全国深化农村经济体制改革和实现农业现代化目标，起到试验场和"排头兵"的作用，并对深圳今后农业的发展提出5点希望和要求。

12月1日　《深圳市物业管理服务收费指导标准》开始实施。

12月2日　开放实验室和深圳大学联合承办的第五届国际计算机辅助设计和图形学学术会议在深圳大学召开。

△　蛇口渔港总体改造工程一期水上工程竣工，二期工程动工。

△　深圳市达到"电话市"标准，成为广东省首批达标的电话城市，并超过邮电部规定电话城市的标准。

12月3日　香港与中国人民银行深圳分行达成协议，设立联合结算机制，港元支票的交换和兑现时间缩至2天。

12月8日　全国第三届城市生态学术讨论会在深圳市召开。会议对城市可持续发展的生态学理论、生态规划方法及生态建设手段进行全面研究，对转型期中国城市环境工程、体制、政策及建设方法等进行探讨。

12月9日　深圳公开出售27家企业，以推动"放小"工作，盘活国有资产，促进生产要素合理流动。

12月11日　为落实《市国有企业经营者年薪制暂行规定》文件精神，深圳市体改办和市劳动局联合召开市国有企业年薪制工作会议。

12月12日　国家和深圳的重点工程盐田港保税区建设拉开序幕。①

△　深圳被联合国儿童基金会和世界卫生组织评为"爱婴市"。

12月16日　刚果民主共和国总统洛朗·德西雷·卡比拉访深，赞深圳经验值得第三世界国家借鉴。

12月17日　深圳市委召开常委会，讨论并原则通过《深圳市政府审批制度改革实施方案》。这次改革指导思想是：通过改革调整好政府与市场、政府与企业、政府与社会的关系，使政府的职能真正转到加强宏观调控，制定市场规则，实施监督管理上来。审批制度改革的主要内容是：按照建立市场经济体制的要求，重新审定政府部门的审批事项；根据"三个有利于"原则，从深圳的实际出发，取消部分审批事项；对需要继续审批的事项，要进一步规范审批的内容、条件、程序、操作

---

① 盐田港保税区于1996年经国务院批准设立，位于盐田港中港区，是广东省唯一集公路、铁路和海路于一身的新型保税区。该保税区主要开展仓储、保税生产资料市场、出品加工、进出口业务及与上述主要功能相关的商品展示、改装、分类、混合、银行和保险等业务。

规程等，改进审批方式，加强对审批行为的监督。

△ 深圳市第二届人民代表大会常务委员会第十九次会议审议市人民政府《关于一九九七年深圳市本级预算内财政超收安排方案的议案》、《关于加强政府投资建设项目管理的决议》和《关于进一步加强水土保持工作和保护饮用水源提高饮用水质两项议案办理方案的决议》。

△ 深圳市首届"十大优秀青年公仆"评选揭晓，温玲、陈立南等 10 人当选。

12 月 18 日 深圳市政府常务会议讨论并原则通过《一九九八年市委、市政府为民办实事初步方案》。

12 月 19 日 "京九沿线地区经济合作与社会发展研讨会"在深圳开幕。研讨会的指导思想是：在邓小平理论的指导下，认真贯彻十五大和中央经济工作会议精神，按照党中央、国务院的统一部署，紧紧围绕经济建设这个中心，发挥各民主党派、工商联参政议政的作用，为进一步坚持和完善中国共产党领导的多党合作和政治协商制度，为实现中国社会主义现代化的宏伟目标贡献力量。

12 月 20 日 中共中央统战部部长王兆国称赞深圳的"光彩"事业走在了全国前列。

12 月 21 日 京九沿线借鉴合作与社会发展研讨会在深圳举行。

12 月 24 日 乌克兰总理普斯托沃伊坚科访深。

12 月 26 日 深圳市国投证券公司正式更名为"国信证券有限公司"。这是市属唯一的全资证券机构，资产质量和经营实力位居全国券商前列。

△ 深圳市体育发展中心按照国家"成年人体质测定标准"对全市 1800 人进行抽测，结果令人担忧：体重不正常占 39.2%，心脏功能不合格率为 45.6%，柔韧素质不合格率为 38.4%，中老年平衡能力不合格率为 73.1%。

12 月 28 日 深圳东部沿海高速公路——盐坝高速公路正式开工。盐坝高速公路全长 28.29 公里，预计总投资 19.27 亿元。

△ 深圳联合广场落成，总投资 14.85 亿元，占地面积 1.8 万平方米，总建筑面积 21.5 万平方米，64 层，高 208 米，是深圳单体面积最大建筑物。

12 月 29 日 深圳市第四届文明市民、文明单位表彰大会召开，麦新荣等 21 人获文明市民称号，市劳动局等 188 个单位获文明单位称号，周其若等 82 人获创建文明单位积极分子称号。

12 月 29～31 日 中共中央政治局常委、国务院副总理朱镕基莅深视察。他指出，国际国内积极形势变化很快，大家要保持清醒的头脑，看得远一点，及早研究来年的经济对策，提高竞争能力。

12 月 30 日 深圳出入境边防检查总站宣告成立。至此，深圳边检职业化改革工作圆满完成。这标志着全国边防检查体制改革的开始，也是深圳口岸体制向国际惯例靠拢的重大步骤。新组建的深圳出入境边防检查总站直属公安部出入境管理局垂直领导，建制副厅级，下辖罗湖、皇岗、蛇口、文锦渡、机场、盐田、沙头角及笋岗 8 个出入境边防检查站。

△ 公安部在深圳隆重举行深圳出入境边防检查总站成立大会暨职业制民警授衔仪式。深圳边检职业化改革试点工作按照国务院批准的方案顺利实施，至此深圳所有口岸出入境边防检查人员已改为职业制人民警察。公安部副部长李纪周代表公安部党委讲话时表示，深圳出入境边防检查总站的成立，标志着边防检查职业化试点的启动和全国边防检查体制改革的开始，改革后的深圳边防检查总站原有的基本任务及执行的政策、法规不变。边检由兵役制改为职业制，实行由公安部垂直领导的体制，有利于中央政令警令畅通，有利于建设高素质的边防检查队伍。

1998 年

1 月 1 日　《关于进一步扶持高新技术产业发展的若干规定》开始执行。这是深圳目前为止扶持高新技术产业发展政策中内容最全面、力度最大的一个文件。

△　深圳市在南山区推行以区为单位集中办理婚姻登记的试点工作。

△　深圳市出入境边防检查人员实行职业化改革，由现役制军人转为职业制人民警察，纳入国家公务员队伍管理。

△　深圳市全面推广无铅汽油，城区环境将得到较大改善。

1 月 6 日　根据中央机构编制委员会办公室《关于"招商局"名称问题的函》和广东省机构编制委员会办公室的通知精神，深圳市政府决定将深圳市招商局更名为深圳市外商投资局。

1 月 8 日　深圳市政府常务会议原则通过《深圳市残疾人事业"九五"计划纲要》。

1 月 9 日　深圳市委、市政府颁布《深圳全面建设比较完善的社会主义市场经济体制纲要》。

1 月 10 日　深圳市经济工作会议闭幕。会议要求各级领导干部增强使命感和责任感，推动以国企改革为核心的经济体制改革，优化经济结构，加强与香港及内地的经贸科技合作，不断提高对外开放水平，力争使深圳市经济工作在"九五"计划的关键一年中取得更大成绩。市委副书记、市长李子彬对会议做了总结，并就今年经济工作的重点做了部署。

△　经广东省委、省政府研究决定，张高丽①同志任深圳市委书记。

1月11~12日　深圳市委书记张高丽在罗湖、福田调研时要求各区干部团结、廉洁、开拓、实干，把深圳市建成一流的国际性城市。

1月12日　全国建材工作会议在深圳文锦广场召开。会议确定1998年全国建材行业的中心工作：用3年左右的时间，通过改革、改组、改造和加强管理，使大多数国有大中型亏损企业摆脱困境，力争到20世纪末大多数国有大中型骨干企业初步建立起现代企业制度；进一步调整产业结构，大力发展新型建材及制品。

1月13日　深圳市委副书记黄丽满在深圳市"扫黄打非"工作会议上强调：对于"扫黄打非"问题，有关方面要统一认识，树立长期作战思想，要有全局观念，各部门之间要协调配合，完善法制，狠抓繁荣。

△　深圳市检察机关工作会议召开，确定1998年深圳市检察工作重点：查办发生在党政领导机关、行政执法机关、司法机关和经济管理部门的贪污贿赂犯罪案件，特别是县处级以上领导干部犯罪要案，尤其要重点查办官吏腐败、司法腐败这两方面的犯罪案件；严厉打击严重刑事犯罪活动。

△　深圳市公安工作会议在市公安局礼堂召开。会议提出今后一个时期深圳市公安工作的基本思路，加快公安工作改革步伐与建立统一、科学、规范的队伍管理体制是这次会议的重要议题。

△　深圳市冬季"扫黄打非"集中行动展开。

1月15日　由国务院多个部门组成的深圳口岸管理体制改革领导小组在深圳召开会议，总结前一阶段特别是去年的改革试点情况，并部署下一步的深化措施。

1月16日　深圳市直党政机关、事业单位职工福利房分配会议召开，深圳市1998年度福利房分配办法现已出台。本批分配的对象为市财政全额拨款或差额拨款的市直党政机关、事业单位的在编职工，市住宅局将在1998年2月6日至25日受理有关分配申请。

1月18日　深圳文化中心（深圳音乐厅、深圳中心图书馆）设计方案国际竞赛揭晓，日本、加拿大设计师分获一、二等奖。

1月20日　深圳市金融工作会议召开，明确1998年金融业的指导思想和工作

---

①　张高丽（1946~），男，汉族，福建晋江人，1973年12月入党，1970年8月参加工作，厦门大学经济系计划统计专业毕业，大学学历。1984~1985年任广东省茂名市委副书记、中国石化总公司茂名石油工业公司经理；1985~1988年任广东省经济委员会主任、党组书记；1988~1992年任广东省副省长（期间：1990年4~7月在中央党校省部级干部进修班学习）；1992~1993年任广东省副省长兼省计划委员会主任、党组书记；1993~1994年任广东省委常委、副省长兼省计划委员会主任、党组书记；1994~1997年任广东省委常委、副省长。

重点，提出 1998 年全市贷款计划增长 230 亿元，保持 22% 的增长幅度，同时在加强金融监管、防范和化解金融风险上推出新举措，为深圳经济发展和结构优化提供优质的金融服务。

△ 深圳市依法行政责任制试点工作动员会在市政府会议室举行。会议宣读了《关于建立依法行政责任制若干意见》及《深圳市依法行政责任制试点工作方案》。会议宣布：深圳市依法行政责任制工作分为试点阶段和全面实施阶段，先在市工商局、规划国土局、建设局、城管办、劳动局试点。从 1999 年起市政府各行政管理职能部门将全面实施依法行政责任制。

1 月 21 日 深圳市委常委会议讨论通过 1998 年依法治市工作要点：加强经济立法，推进依法行政。

1 月 24 日 深圳市纪委举行常委扩大会议，传达、学习中央纪委二次全会精神，研究如何联系深圳实际，贯彻落实这次会议精神，进一步推进深圳市的党风廉政建设和反腐败斗争。

1 月 25 日 深圳市委、市政府发布《深圳市审批制度改革实施方案》。

1 月 27 ~ 29 日 全国人大常委会委员长乔石在深圳参观考察时强调，要继续开拓进取，大胆探索，进一步把特区建设搞上去，在物质文明建设和精神文明建设上都要努力争取新成就。

2 月 2 日 国务委员、国家科委主任宋健在深圳考察，对深圳市近年来致力发展高新技术产业所取得的成就予以充分肯定。同时指出：大力发展高新技术产业，是深圳再创新辉煌的重要途径。

2 月 5 日 国务院副总理邹家华在深圳考察高科技企业时指出：要下大力气加速高科技成果转化为生产力，努力探索高科技产业化之路。在副市长郭荣俊等人的陪同下，邹家华考察了深圳桑夏（集团）公司，对桑夏公司将科研院校的研究力量与企业生产和市场开发销售融为一体的做法给予了充分肯定。

△ 深圳市政府颁布实施《关于进一步扶持高新技术发展的若干规定》。

△ 深圳市政府常务会议原则通过《深圳市土地使用权招标、拍卖规则》、《关于进一步扶持高新技术产业发展的若干规定》和《深圳市政府投资项目审计中心组建方案》。会议还原则通过 1998 年经济体制改革年度计划，明确了以所有制结构调整等 8 个方面为重点，促进经济持续快速健康发展。

2 月 6 日 深圳市政府发布第 68 号令，正式颁布实施《深圳经济特区土地使用权招标、拍卖规定》，在全国首创了经营性用地一律以市场化方式出让的基本原则，并首次确立了深圳"招拍挂"出让土地使用权的规则和程序。

2月7日 中断45天后，深圳口岸恢复活鸡供应香港市场。

2月7~8日 中共中央政治局委员、中央书记处书记、中宣部部长丁关根一行考察深圳。丁关根勉励和期望大家：深圳对全国做出很大贡献，希望大家继续努力，要争创全国文明城市，使两个文明建设都走在全国前面。

2月10日 李子彬市长会见英国驻华大使高德年，探讨加强经济领域合作。

△ 深圳市贸易发展局被国家人事部、对外贸易经济合作部授予"全国外贸经贸系统先进集体"称号。

2月11日 《深圳特区报》在一版发布消息：《深圳市政府审批制度改革实施方案》颁布实施，并配发评论员文章《转变政府职能改革审批制度》。

△ 深圳市运输局审批制度改革动员大会指出：为贯彻落实市政府审批制度改革方案的具体要求，市运输局已成立了审批制度改革领导小组。改革领导小组要求所属各单位认真清理本部门所涉及的项目，提出明确的改革举措，形成可操作的改革方案。

2月13日 深圳市委书记张高丽会见日本驻穗总领事小原育夫时表示，将进一步改善投资环境，加大开放力度。

2月16日 中共深圳市委宣布：根据国务院国函〔1997〕97号、广东省人民政府粤府函〔1997〕254号文件通知，市委决定，成立中共深圳市盐田区委员会、纪律检查委员会，设立深圳市盐田区第一届人民代表大会筹备组，依法成立深圳市盐田区人民政府。这标志着由国务院批准设立的盐田区正式进入实质性运作阶段。新建的盐田区领导班子组成，戴北方任区委书记，吕锐锋任区政府主要负责人。

2月18日 深圳市人事工作会议在深圳会堂举行。市委副书记、市长李子彬在会上强调：要继续深化人事制度改革，形成有利于优秀人才脱颖而出的人才选拔机制。要重视开发好人才资源，把深圳市人才市场办成全国性的大市场，为不同经济成分的企业创造平等竞争的用人环境。逐步实现人才市场由"集市型"向"信息型"转变，从单一的有形市场向有形与无形并举的多元市场转变。

△ 深圳市委理论学习中心组召开纪念邓小平同志逝世一周年学习会，缅怀世纪伟人，开创跨世纪伟业。

2月19日 深圳市政府常务会议原则通过全市未来3~8年环境质量建设的目标与任务方案，以及关于放开搞活国有小企业的若干政策意见。

2月20日 深圳市政法工作会议召开。这次全市政法工作会议的主要任务是，传达贯彻全国全省政法工作会议精神，总结深圳市5年来的政法工作，研究部署今年的政法工作。市委书记张高丽在会上强调：1998年深圳市政法工作的目标是要创造一个安全、文明、祥和的社会环境，让广大人民群众和外来投资者都觉得在深圳工作和生活确实有安全感，为此，各级党委、政府和政法机关要在社会治安一年比一年好的基础上，竭尽全力保证深圳市 1998 年社会治安形势能够有更大的好转。

△ 为期 2 天的特区工业经济发展战略研讨会在深圳市举行。会议的主题是贯彻党的十五大精神，探讨特区工业经济发展基本走向，研究加快产业升级和结构调整的具体措施，以及实施"抓大放小"和"三个一批"[①] 战略的好做法、好思路。与会领导和专家围绕如何以高新技术带动产业升级、特区工业投资战略、深港合作、企业名牌战略等课题进行了深入探讨，提出了有益的意见和建议。专家们还就深圳如何从宏观、微观等层面防范金融风险提出了建设性意见。

△ 深圳市福田保税区管理局与美国商业机器（IBM）公司签订投资项目协议。IBM 公司将投资 2000 万美元，兴建其在亚洲最大的生产基地——深圳国际机器技术产品有限公司。

2 月 23 日 深圳市卫生局在市红会医院和人民医院召开全面提高医疗服务质量动员大会，拉开了该局以刁春晶整形死亡事故为契机，在整个卫生系统开展整改和提高服务质量活动的帷幕。

△ 深圳市全市领导干部警示教育大会召开。市长李子彬要求全市领导干部要从邱其海、吴桂标的堕落中汲取深刻的教训，加强世界观的改造，提高拒腐防变的能力。

2 月 24 日 深圳市委副书记黄丽满在市"扫黄打非"领导小组扩大会议上提出要求：要充分认识深圳市"扫黄打非"工作的严峻形势；要把对淫秽、反动、盗版书刊的扫除工作和音像市场管理一起抓；要调整思路，放开主渠道，抓好音像市场的繁荣。市政府副秘书长、市"扫黄打非"办公室主任江谭瑜部署了深圳市二、三月份"扫黄打非"集中行动工作方案。

△ 为搞好公安体制改革，深圳市专门成立了课题调研组，调研内容包括：调整事权划分，合理配置警力，在市公安局成立指挥部、政治部、后勤保障部三大部，建立专门的政治文化保卫支队、经济罪案侦查支队、治安警察支队、刑事警察支队、技术侦察支队、交警支队、消防支队、巡警支队 8 大支队；理顺干部管理关系，实行科、所、队长任职资格考试制度，竞争上岗；做好派出所和刑侦工作改革，建立刑警中队（或警署），落实破案责任制；等等。市委常委、副市长、市公安局局长

---

① 指深圳市委、市政府提出的形成一批支柱产业、发展一批大型企业集团、创造一批名牌产品的"三个一批"战略。

何景焕在课题组会议上，要求课题调研组要借鉴香港、上海、天津等地成功的管理和改革经验，探索出合乎深圳经济特区实际的公安体制改革之路。

2月26日 深圳市安全工作会议在深圳会堂举行。深圳市首部地方性安全法规——《深圳经济特区安全管理条例》将于1998年3月1日起施行，会议要求各级政府和生产单位要深入贯彻落实。副市长、市安委会主任郭荣俊做了题为《认真总结经验，狠抓基础工作，促进深圳市安全形势进一步好转》的报告。市政府秘书长宋枝旺在会上宣读了市政府《关于成立深圳市安全管理委员会的通知》。根据该管理条例规定，市政府决定撤销深圳市安全生产委员会，成立深圳市安全管理委员会，负责组织协调和综合管理全市的安全工作。

2月27日 在深圳市金融系统纪检监察工作会议上，市委常委、市纪委书记李统书，副市长武捷思就今后金融业纪检监察工作提出要求：党风廉政建设和反腐败斗争要常抓不懈，要从领导干部做起。

△ 深圳市人大常委会主任、市依法治市领导小组常务副组长李广镇，市人大常委会副主任、市依法治市领导小组副组长张余庆到市劳动局、市环保局调研依法行政工作。市领导强调各级领导干部要带头依法行政，按照法律授权、法律规定办事，目前重点抓好审批制度改革，建立执法责任制。

△ 深圳市国有资产管理委员会全体会议原则通过《深圳市市属企业国有产权转让分级审批暂行规定》。

2月28日 深圳华为技术有限公司设立"寒窗学子基金"，决定向国家教委提供基金2500万元。深圳民营企业家缪寿良向中国扶贫基金会捐款500万元。

3月4~5日 由深圳市政府与国家体委共同主办的第十届亚洲体育记者联盟（ASPU）大会在深圳五洲宾馆举行。来自亚洲17个国家和地区的代表及特邀嘉宾近百人出席了开幕式。

3月5日 国家计委第一个批准筹建的国家级集成电路设计中心设在深圳高新技术园区内，总投资为1亿元人民币。

△ 深圳市政府常务会议原则通过了盐田港保税区规划方案。

3月9日 深圳市副市长郭荣俊在召开的三家市级国有资产经营公司座谈会上宣布：经过一年实践，市委、市政府决定将企业管理的人事权和资产重组权交给三家市级国有资产经营公司。

△ 深圳市政府公务用车定点维修公开招标举行开标仪式，全市有30家汽车维修企业参加了投标。公开招标后，将实行定点维修，统一支付维修费。

3月10日 深圳市委副书记李容根，市委常委、组织部部长刘涛，副市长袁汝稳来到罗湖区莲塘街道办事处长岭村，察看该村与加拿大德尔塔公司合作兴建的蔬菜生产基地，市领导在调研时指出，要大力扶持发展高科技农业。

3 月 11 ~ 12 日 中共深圳市纪委第六次（扩大）会议在深圳会堂召开。

3 月 13 日 深圳市法院工作会议召开。会议传达贯彻广东省中级人民法院院长会议和全市政法工作会议精神，部署了当年的法院工作。市委副书记李容根在全市法院工作会议上强调：深圳市各级法院在履行各项审判职能时，务必坚持严肃执法、公正司法，坚决制止司法腐败现象，杜绝任何形式的"钱法交易"、"情法交易"和"色法交易"。

3 月 20 日 深圳市双拥工作领导小组召开第十次会议，研究 1998 年深圳市双拥工作计划，确定 1998 年军地互办的实事。会议指出：要尽快制定出台双拥综合性政策规定和驻军拥政爱民公约，狠抓基层建设，把双拥各项工作落到实处。

3 月 21 ~ 25 日 深圳市政协二届四次会议在市政协礼堂召开。

3 月 22 日 深圳市福田保税区海关实施新的监管模式，将过去的"报关制"改为"备案制"。

3 月 23 ~ 27 日 深圳市二届人大五次会议在深圳会堂召开。

3 月 26 日 老挝建国阵线中央主席乌敦·卡迪亚访深。

3 月 28 日 以土库曼斯坦民主党第一书记翁·穆萨耶夫为团长的土库曼斯坦民主党代表团访深。

3 月 30 日 深圳市盐田区正式挂牌。

4 月 1 日 第二次全省巡警工作会议在深圳市召开。会议为期 3 天，总结和交流了 5 年来全省巡警建设的情况和经验，研讨巡警规范化建设的新路子。

△ 国家海关总署决定，在深圳等地进行通关制度改革试点。

4 月 2 日 深圳市第二届人民代表大会第五次会议审议并决定批准市人民政府提出的 1998 年国民经济和社会发展计划；批准市计划局局长张溯受市人民政府委托所做的《关于深圳市一九九七年国民经济和社会发展计划执行情况与一九九八年计划草案的报告》；批准市人民政府提出的 1998 年市本级预算；批准市财政局局长陈锡桃受市人民政府委托所做的《深圳市一九九七年预算执行情况和一九九八年预算草案的报告》；听取和审议李子彬市长代表市人民政府所做的《政府工作报告》。

4 月 3 日 在深圳市外商投资企业协会理事会暨政策、形势通报会上，深圳市副市长郭荣俊希望在深外企利用深圳改革契机，加大在深投资力度，利用市政府最近出台的放活小企业政策，在发展自身的同时，推动深圳市国企改革。

△ 深圳市委召开常委会议，市委书记张高丽就如何贯彻落实江泽民总书记

"增创新优势，更上一层楼"的指示提出了总体思路。

4月9日 深圳市委副书记、市长李子彬召集市有关部门座谈，明确1998年深圳市招商引资工作的思路：重点吸引高新技术项目落户深圳，加大对世界排名前500位跨国集团的招商力度，提高深圳市对外开放的水平和档次。

4月10日 深圳市委书记张高丽等市领导会见香港特别行政区临时立法会主席范徐丽泰女士。

4月15日 深圳市政府召开经济形势分析会，对当前存在的问题提出对策。

4月17日 深圳市委常委扩大会议提出确保深圳市1998年地区生产总值增长14%。

△ "邓小平——女儿心中的父亲"摄影展在关山月美术馆隆重开幕。

4月20日 深圳市作家林祖基、杨黎光获鲁迅文学奖。

4月20~28日 深圳市考察团考察厦门、上海和大连。

4月28~29日 中共中央政治局委员、广东省委书记李长春到深圳开展调查研究。

5月 深圳财政1000万元再就业基金落实。深圳市财政局局长陈锡桃表示：以后年度再就业基金将视收支结存情况，按实际需要纳入年度财政预算。深圳市再就业基金重点用于国企下岗、户籍登记失业员工的基本生活保障，缴纳社会保险费和用于国企下岗、户籍登记失业员工的再就业培训补贴。陈锡桃说：再就业基金是政府专项基金，其性质属预算外资金，应该实行财政专户储存，明确使用范围，由劳动部门使用，财政、审计部门监督和管理，谁也不允许挪用。

5月2日 康佳集团开发的100Hz数字彩电和数字激光视盘机在全国各大城市面市，康佳集团成为全国第一个同时推出这两种数字化视听产品的企业。

5月4日 深圳市市长李子彬在市政府贵宾厅会见了美国前国务卿万斯先生一行。

5月5日 乔石同志在深圳参观考察，希望深圳成为发展高新技术产业的重要基地。

△ 为减轻亚洲金融风波对加工贸易业的影响，深圳市发出《关于鼓励开展短期对外加工装配业务的通知》，鼓励开展短期对外加工装配业务。

5月6日 "全球化与当代社会主义、资本主义"全国学术研讨会在深圳举行。研讨会就全球化的主要内容和基本特征、全球化与当代社会主义的关系、全球化与当代资本主义的关系、全球化与中国社会主义建设等主题进行了讨论。

△ 广东省人大常委会主任朱森林到深圳考察工作，对深圳的审批制度改革做

出高度评价，并希望时机成熟后在全省推广这项改革。①

△ 深圳市市委书记张高丽主持召开市委常委扩大会议，研究如何进一步贯彻落实江泽民总书记"增创新优势，更上一层楼"的指示，传达学习省委书记李长春考察深圳时的讲话，讨论学习借鉴上海、大连、厦门的先进经验，提出进一步增创新优势，高标准做好各项工作的要求。

5 月 8 日 深圳市建设工程交易服务中心成立。

5 月 9 日 全国五金商品交易会首次在深圳国际展览中心举行。

5 月 12 日 中共深圳市委、深圳市人民政府做出《关于向贺方军同志学习的决定》。

5 月 14 日 深圳市首期国有企业监事会成员培训班在市高级人才评荐中心开学，41 名市属国有企业监事将接受为期一个半月的培训、考评。市委常委、组织部部长刘涛在开学典礼上指出：加强企业监督管理工作是国有企业改革的一项主要任务和目标。对企业监事会成员进行集中轮训是深圳市"高级人才培养工程"的一部分。他要求企业监事加强学习，提高自身综合素质，为国有企业改革及深圳二次创业打下基础。

5 月 15 日 深圳市二届人大常委会第二十二次会议闭幕。会议表决通过了《深圳经济特区财产拍卖条例》修正案，通过了关于修改《深圳经济特区酒类管理条例》的决定，通过了《深圳市城市规划条例》等法规和决定。

5 月 16 日 "文明行——深圳人'七不'社会公德大行动"在深圳大剧院南广场举行。全市 16 所大中小学校的部分师生及市民近万人参加了活动。"七不"是：不说粗话、脏话，不搞铺张浪费，不许乱冲闯红灯，不许乱吐乱丢，不在公共场所吸烟，不许破坏植被，不许损坏公物。

5 月 19 日 深圳市委召开常委扩大会议。会议提出：深圳市各级党委、政府及社会各界要共同努力，按照党中央、国务院的统一部署，结合深圳实际，认真做好深圳市国有企业下岗职工基本生活保障和再就业工作。李子彬市长在会上就做好深圳市国有企业下岗职工基本生活保障和再就业工作提出五点要求。

△ 深圳市委组织部、市国资办召开完善和规范资产经营公司职能工作研究会。市委常委、组织部部长刘涛在会上对深圳市三家市级资产经营公司提出要求，确保

---

① 1998 年第 3 期《中国机构》杂志转载了关于深圳市审批制度改革的评论员文章；全国人大法律委员会在《法制简报》上介绍了深圳市审批制度改革的基本思路和做法，并给予了充分肯定；香港《经济日报》《大公报》等在重要位置对深圳市审批制度改革的情况进行了专题报道，并被国外其他传媒转载。

国有资产安全增值。

5月20日　全国政协港澳台侨投资工作调研组，在中共中央候补委员、全国政协常委、全国政协港澳台侨委副主任厉有为的率领下，在深圳开展为期4天的调研活动。这次专题调研着重了解在新形势下港澳台侨投资工作遇到的新情况、新问题及采取的对策。具体了解深圳市政府有关部门办好、管好港澳台侨投资企业，依法保护投资者利益，改善投资环境等方面的情况；了解港澳台侨投资企业的投资规模和市场营销情况，以及结合本地实际在投资导向、产业结构方面，在引导外资投资高新技术领域、基础产业、基础设施等方面，所遇到的新问题和采取的新对策等。

△　深圳市城市规划展示厅对外开放，此后深圳市重要的城市规划方案和建设成果将在展示厅全方位地向公众展示，公开征询社会各界意见。此举进一步深化了城市规划管理体制改革，在规划决策民主化和规划管理公开化道路上又迈出了一大步。

△　苏里南共和国总统尤勒斯·韦登博斯阁下从北京抵达深圳访问，李子彬市长在五洲宾馆深圳厅会见了客人。

5月21日　深圳市委、市政府在市人大会堂召开全市国有企业下岗职工基本生活保障和再就业工作会议。会议提出用3年时间基本解决国企户籍下岗员工的分流和再就业问题，确保每年度再就业人数大于新下岗人数，100%解决户籍下岗、失业员工的基本生活保障问题。会议提出深圳市做好国企下岗、失业员工再就业工作总的指导思想是：围绕调整所有制结构和国有企业改革，按照党中央、国务院工作会议的统一部署，贯彻"劳动者自主择业、市场调节就业、政府促进就业"的就业方针，把下岗失业员工的基本生活保障和再就业工作作为各级党和政府的头等大事来抓紧抓好，突出重点，加强调控，动员全社会的力量，共同做好这个社会系统工程，以确保和促进企业制度改革的顺利进行和社会的稳定。

△　深圳市委将深发〔1998〕8号文件——《关于贯彻落实中共中央、国务院会议精神，认真做好深圳市国有企业下岗员工及失业员工基本生活保障和再就业工作的意见》下发各区委、区政府，市直和驻深局以上单位，市属各资产经营公司和各一、二类企业。

5月22日　围绕对深圳福祥门诊部违规行为的行政处罚，深圳市卫生局召开行政处罚听证会。参加此次听证会的听证员称此次听证会是应福祥门诊部的要求而举行的，按照《中华人民共和国行政处罚法》和《深圳经济特区行政处罚听证程序试行规定》的规定，行政机关对行政违法行为做出责令停产停业、吊销许可证或执照、较大数额罚款时，就当事人的要求，应实施听证程序。

5 月 23 日 全国政协港澳台侨委主任朱训在深圳调研时说：深圳具有加速发展高新技术产业的优势。一是机制优势；二是地缘优势；三是人才优势，深圳已聚集起一支有一定规模、素质较高的科技干部队伍，初步建立起一个较为开放的人才市场；四是融资优势；五是综合配套优势，深圳已基本形成了以商品市场、资本市场、劳动力市场、生产资料市场、技术信息市场等为基本框架的配套服务体系。综合分析，深圳发展高科技产业优势明显，潜力巨大，前景广阔。

5 月 26 日 广东省企业工资福利工作会议在深圳银湖宾馆召开。深圳市就建立企业经营者年薪制、内部员工持股制度、企业欠薪保障条例三项制度的改革情况在会上做了交流，得到全省各地市劳动管理部门负责人的一致肯定。

△ 深圳市国内银行同业公会成立，同时深圳市 17 家国内商业银行行长共同签署自律公约。深圳市副市长武捷思表示：这是中国人民银行加强宏观调控和监管的窗口，标志着深圳市金融业自律机制建设逐步完善。中国人民银行深圳经济特区分行行长蒋超良指出：自律公约的签署，表明国内各家商业银行在多方面达成了共识，这预示着今后深圳市将形成以央行监管为主，社会监督、行业自律为辅的金融监管形式，必将对维护正常的金融秩序起到积极的作用。

5 月 27 日 在中共广东省第八次代表大会上，中共深圳市委书记张高丽当选为省委副书记。

5 月 28 日 深圳市政府常务会议原则通过《深圳市人民政府关于修改〈深圳经济特区户外广告管理规定〉的决定》、《深圳经济特区物业管理行业管理办法》、《深圳经济特区计算机信息系统公共安全管理条例》和《关于打击走私若干问题的通知》等文件。

△ 国内第一条高速电气化铁路——广深电气化铁路全线建成。8 月 28 日，该铁路正式开通运营，成为中国首列时速达 200 公里的列车。由广州东站到香港九龙站。

5 月 29 日 深圳市委召开市委常委（扩大）会议，传达学习省第八次党代会精神。主持会议的市委副书记、市长李子彬在会上强调：深圳市各级党组织要把深入学习贯彻省第八次党代会精神作为头等大事，并把省党代会精神与深圳实际紧密结合，真抓实干，把深圳市改革开放和社会主义现代化建设事业全面推上新台阶。李子彬在会上就如何学习贯彻好省党代会精神做出部署。

6 月 1 日 《深圳市志》编纂工作动员大会在市人大会堂举行。市长、市地方志编纂委员会主任李子彬出席会议并做了题为《加强领导，统一认识，努力开创深圳地方志工作新局面》的讲话。讲话提出了从现在起，用 3 ~ 5 年时间，力争 3 年完成编纂五大卷100余万字《深圳市志》的任务。

△ 深圳市委常委、常务副市长李德成会见了以美国前众议员迪克·克莱斯勒先生为团长的美国经济贸易促进团。双方就加强经贸合作交换了意见。

6月2日 深圳市市长李子彬在市政府贵宾厅会见了日本富士施乐株式会社社长坂本正元一行。双方就加强经济合作进行了友好的交谈。

6月6日 由中国企业家协会、深圳市企业高级经理人才评价推荐中心联合举办的"企业高级经理人才职业化市场化研讨会"在人民大会堂召开。与会专家还就"研究制定配套性政策，保证高级经理人才市场健康发展""加快高级经理人才评价标准体系和测评技术研究"等课题发表了意见和建议。

6月8日 深圳市出台《关于加快高新技术产业人才队伍建设和人才引进工作的若干规定》。深圳市还成立"市高新技术人才队伍建设领导小组"，将定期召开高新技术企业人才工作座谈会，并确定每年的6月为"高新技术产业人才服务月"。

6月9日 深圳市市长李子彬在市政府贵宾厅会见了英国渣打银行集团执行董事戴维思先生一行。戴维思为出席渣打银行在深圳举行的在华设立分行140周年庆典而到深圳的。

6月11日 深圳市政府召开常务会议，讨论并原则通过了《深圳市人民政府工作规则》和《深圳市拥军优属若干规定》。它们的实施将促进市政府各项工作及深圳市的拥军优属工作进一步实现规范化、制度化。

6月12日 深港超大规模集成电路后工序生产线在深圳赛意法微电子有限公司正式投产。全国人大常委会副委员长邹家华发来了贺信。信中说："超大的投产标志着我国微电子行业增加了一支蓬勃向上的生力军。"

6月14日 为切实做好扣押、追缴、没收物品估价管理，深圳市6月开始进行大检查。此次检查主要围绕各相关单位落实《扣押、追缴、没收物品估价管理办法》的情况进行。

6月17日 市政府与军事医学科学院签订合作协议，标志着深圳生物工程产业在基地启动。

6月24日 市政府颁布《关于扶持外贸发展的若干措施》。

6月25~26日 中共深圳市委二届八次全体（扩大）会议在深圳会堂召开。广东省委副书记、深圳市委书记张高丽代表市委常委向大会做《增创新优势，更上一层楼，把深圳经济特区建设全面推向新世纪》的报告；市委副书记、市长李子彬代表市委常委就如何贯彻好这次全会精神、做好深圳市下半年经济工作、加强城市管理做了总结讲话。

6 月 26 日 深圳市市长李子彬在五洲宾馆会见了以波兰驻穗总领事柯奇为团长的八国驻穗领事馆官员。双方就加强交往与合作进行了友好的交谈。

6 月 29 日 在纪念建党 77 周年之际，深圳市委召开表彰大会，分别有 50 个集体获"先进基层党组织"称号，100 名同志获"优秀共产党员"称号，30 名同志获"优秀党务工作者"称号。广东省委副书记、深圳市委书记张高丽在会上做了题为《弘扬党的优良传统，发挥先锋模范作用，在实现跨世纪宏伟目标中建功立业》的讲话。

6 月 29 日~7 月 2 日 深圳市二届人大常委会第二十四次会议在市人大会堂召开。会议审议通过了《深圳经济特区格式合同条例》，通过了市政府关于深圳市 1997 年市本级决算的报告以及其他议案。

6 月 30 日~7 月 5 日 广东省委副书记、深圳市委书记张高丽，市长李子彬在参加香港回归祖国一周年庆祝活动后，视察香港边界，促进深港经济合作向更深层次发展。

6 月 深圳市规划国土局出台一系列规范房地产市场的新措施，主要包括减少土地供应，盘活存量资产；清理整顿房地产中介机构和开发企业，加快问题楼盘的处理；落实初始登记备案制度，加快房地产登记发证速度等，以逐步消化市场上积压的商品房，减少楼盘空置。

6 月~7 月 深圳市科技局领导带队，会同有关高新技术企业，前往北京、上海、武汉等 6 个城市，宣传深圳市扶持高新技术的产业政策和风险投资体系，并与 65 所高等院校、科研院所建立联系，搜集了 178 个有潜力的风险投资项目，为今后的风险投资做项目储备。

7 月 1 日 旨在科学制定深圳城市总体规划，合理进行城市建设的《深圳市城市规划条例》开始施行。

7 月 3 日 深圳市召开"文化市场管理工作座谈会"，总结、研究和探讨全市音像、图书报刊等市场及歌舞厅和游戏机业等娱乐场所的管理问题。

△ 深圳市纪委召开动员会，部署深圳市对贯彻执行制止奢侈浪费八条规定情况进行专项检查工作。市委常委、市纪委书记李统书在动员会上讲话，强调抓落实、见实效。

7 月 8 日 1998 年深圳城市规划国际研讨会在五洲宾馆开幕。会议听取有关专家对各个城市在国际化城市发展过程中所遇到的共同难题、失败的教训及所采取的对策，并结合深圳过去的规划、建设的实际情况，论证深圳市的总体规划，对城市总体平面布局、交通、通信、供水、供电、教育、文化、住宅、产业等做综合性探讨。

△ 深圳市五套班子领导张高丽、李子彬、李统书、李德成、莫华枢、王炬和有关部门负责人考察东部沿海地区。广东省委副书记、深圳市委书记张高丽指出：此次考察调研，是贯彻市委二届八次全会的一项重要举措，主要是研究如何加快东部地区的发展。一定要把东部规划好，建设好，使之成为深圳市新的经济增长点，成为一道美丽的风景线。

△ 深圳市精神文明建设委员会发布《关于公布行业规范服务标准的公告》。

7月10日 广东省委副书记、深圳市委书记张高丽在市政府贵宾厅会见了日本前国务大臣、经济企划厅长官、深圳市荣誉市民、日本深圳协力会会长宫崎勇先生。宾主就加强经济合作等进行了交谈。晚上，市长李子彬会见并宴请了宫崎勇先生一行。

7月11日 深圳市首例试管婴儿在中山医科大学深圳泌尿外科医院顺利降生。

△ 西安交通大学深圳研究院正式成立。

7月11~12日 "全球政治经济的中国与欧盟"国际研讨会在深圳召开。主题是中国与欧盟的政治经济关系、经贸合作前景及深圳与欧盟的投资和贸易合作。

7月16日 深圳市市长李子彬主持召开市政府常务会议，原则上通过了《深圳市高新技术产业园区土地利用规划》《深圳市旅游发展"九五"计划和2010年远景目标纲要》《深圳市处置突发事件工作总预案》3个规章。

7月17日 香港新机场货运暂时分流往深圳的应急措施正式出台，香港特别行政区政府发布《香港航空货运使用深圳黄田机场的特别安排》，公布了具体执行事项。

△ 深圳商检局、动植物检疫局、卫生检疫局联合召开会议，传达国家出入境检验检疫局机构改革会议精神：国家出入境检验检疫局已明确将深圳和北京、上海的三检部门列为第一批机构改革试点，率先在全国实行"三检合一"体制改革。

7月20日 广东省委副书记、深圳市委书记张高丽在召开的深圳科技工业园管委会四届一次全会上表示：深圳市将坚定不移地实施"科教兴市"战略，以科技工业园为基地，进一步依托中国科学院，探索新一轮科技竞争中"院市"结合之路。

7月21~22日 首批经海上航线分流香港新机场货物抵达黄田机场。22日，深圳成功为香港新机场整机分流货物——首架分流货机从黄田转飞美国。至此，深圳市分流香港货运除福田保税区"特快过境通道"及原有的皇岗口岸通道外，增加了海上和空中货运通道。

7月22日 深圳市人民政府发布《深圳经济特区法律援助办法》。

△ 深圳市委常委、常务副市长李德成在基建项目协调会上指出：深圳市将扩

大基建投资规模，由年初确定的 464 亿元扩大到 500 亿元以上，使投资对国内生产总值的贡献率由年初的 35% 扩大到 38%。以在亚洲金融危机影响严重的情况下，确保深圳市今年地区生产总值增长 14% 的目标。1998 年财政超收投资项目计划按 5 亿元的规模安排，优先安排滨河路拓宽工程、龙岗大工业区市政工程、大沙河治理工程、机场至皇岗口岸沿线绿化和深南路路灯工程以及东环路南段建设。

△　由中国轻工业信息中心、深圳市龙岗区人民政府等共同主办的全国（深圳）轻工产品经贸洽谈会在龙岗区坪地镇泰宝轻工博览城展览馆开幕。

7 月 23 日　中共深圳市总商会民营企业首次党代会在深圳市政协礼堂召开，深圳市委副书记李容根在大会上发表讲话。

△　深圳市政府常务会议原则通过《深圳市中小学教师进修暂行规定》和《深圳经济特区行政监察申诉案件处理办法》。

7 月 26 日　深圳市委常委、市纪委书记李统书在深圳市建设工程交易服务中心①调研时强调指出，"中心"要做到优质、高效、廉洁服务，从源头上遏止建设工程中的腐败行为。

7 月 26～28 日　对外贸易经济合作部部长吴仪来深圳考察打击走私和外贸工作。她强调，要认真学习和贯彻落实党中央、国务院召开的全国打击走私工作会议精神，采取有力措施，狠狠打击走私犯罪活动。同时，要加大对对外经贸工作的支持力度，千方百计确保全年外贸出口增长目标。

7 月 27 日　深圳海关与希捷科技有限公司签署备忘录，决定在该公司设立驻厂监管保税工厂。②"希捷"由此成为深圳海关监管区内首家保税工厂。

7 月 30 日　中共深圳市委、深圳市人民政府发布《关于开展创建文明市、文明区活动的决定》。

△　深圳市委、市政府在深圳会堂召开创建文明市、文明区动员大会。广东省委副书记、深圳市委书记张高丽做了重要讲话。市委副书记、市长李子彬对全市创建文明市、文明区活动做了全面部署，并代表市政府与全市 6 个区以及市各职能部门分别签订创建责任书。

7 月 31 日　在罗马尼亚第二届迎春花园国际大学生民间艺术节上，中国深圳少

①　深圳市建设工程交易服务中心是由市政府批准成立、隶属于市建设局的事业单位。从 1998 年 4 月 15 日试运行以来，到 1998 年 7 月 1 日为止，共成交 175 个招投标项目，工程造价为 32.5 亿元。
②　在企业设立保税工厂是海关对出口创汇企业实行信任管理的一种措施。其做法是：海关派人进驻企业，简化审批手续，加工贸易企业还可免办台账制度；企业货品进出口岸，海关基本不予查验，但保留查验权。即便需要查验，也是直接到企业办理，这样极大方便了企业的进出口。

儿艺术团获得一项一等奖和两项特别奖。来自法国、荷兰和中国等 8 个国家的艺术团参加了本届艺术节。

8 月 1 日 深圳经济特区内的罗湖、福田、盐田（南山区已经实行）等区将全部实行集中办理婚姻登记办法，以解决少数婚姻登记员因文化素质低执法不够严，甚至不依法办理婚姻登记，以及街道办民政助理员因工作繁忙不能方便群众办理婚姻登记等问题，使深圳市的婚姻登记工作逐步走上法制化、规范化轨道。

8 月 4 日 深圳市委常委、常务副市长李德成，副市长郭荣俊在市经发局调研，要求该局干部职工团结协作，深入调研，狠抓加工贸易和工业生产，为完成深圳市 10% 的外贸出口增长目标和 14% 的经济增长目标做贡献。

8 月 5 日 中国南方地区首届对独联体国家出口商品交易盛会——1998 年深圳对独联体国家商品展销会在深圳举行。专门面对独联体国家客商的旅游购物专业市场——深圳欧普顿商贸中心同时开业。

8 月 7 日 张高丽主持召开市委常委会会议，此次会议研究通过了《中共深圳市委、深圳市人民政府关于进一步精简会议、文件，减少领导同志事务性活动的决定》和《深圳市执纪执法人员十不准》通告。

△ 深圳市召开卫生系统整顿医德医风动员大会。会议指出：要抓住医院领导层这个关键，一级抓一级，通过依法治医和深化改革，用 3 个月的时间使深圳市的医德医风有较大好转。针对近一段时间，深圳市医疗卫生单位接连发生医疗事故，群众对医院的服务质量、医德医风存在的问题很不满意等问题，深圳市委、市政府主要领导对深圳市卫生系统医德医风问题提出了整顿要求。

△ 国家科技部在京召开的火炬计划 10 周年经验交流会上，深圳市科技局、深圳市高新技术产业园区领导小组办公室分获"火炬先进管理奖"，刘应力、刘明伟获"火炬先进个人奖"，华为、中兴通讯、安科公司及它们的 3 个科研项目分获"优秀企业奖"和"火炬优秀项目奖"一等奖和三等奖。

8 月 8 日 为期 2 天的"广东省争创全国城市先进体育社区交流会"在深圳市福田区下沙股份公司召开。

8 月 9 日 深圳市科技局局长李连和在火炬计划 10 周年经验交流会上介绍深圳经验时说：目前深圳正按照江泽民总书记"增创新优势，更上一层楼"的要求，把高新技术产业作为第一经济增长点，使深圳成为区域性的高新技术产业开发中心、高新技术成果的交易中心、重要的高新技术产业化基地和高新技术产品出口基地。

8 月 10 日 深圳市召开市委中心组理论学习（扩大）会，学习研究国企改革新形势。国家经贸委副主任、国务院发展研究中心党组书记陈清泰同志应邀在会上做关于国有企业改革的报告。

　　△　根据深圳市政府有关文件精神，罗湖区整治市容环境联合执法大队正式成立。联合执法大队主要工作职责包括：负责整治本区"三无"人员乱摆卖、门店超线外摆、无证经营门店、乱张贴、乱搭建、乱倒垃圾和机动车污染城市道路等严重违章问题；协助区城管监察中队和各办事处整治环境综合治理的难点问题等。

　　8 月 11 日　深圳市委、市政府召开"三精简""十不准"新闻发布会，向中央、省、市新闻单位记者介绍日前颁布的《中共深圳市委、深圳市人民政府关于进一步精简会议、文件，减少领导同志事务性活动的决定》和《深圳市执纪执法人员十不准》的出台背景、目的和贯彻落实意见。

　　△　为期 2 天的民盟广东省委盟务工作交流会在深圳市召开。会议以民主党派内部政治交接为主线，交流和探讨盟领导班子建设、机关建设、后备队伍建设和参政议政等方面的问题。

　　△　中国人民银行在北京宣布：经国务院批准，深圳成为全国第二个外资银行可以经营人民币业务的城市。按照中国人民银行总行的规定，深圳的外资银行办理人民币业务范围仅限于对企业的存贷款及其他金融业务，居民的储蓄业务仍然受到禁止。同时，中国人民银行总行还对开办人民币业务的外资银行的人民币营运资金规模及人民币拆借资金规模等都做了特别的规定和要求。

　　8 月 12 日　深圳市纪委、市监察局派驻部分市直机关和市属局级事业单位的 3 个纪检监察组（政法与行政执法、计划与财贸、交通与建设 3 大块）宣告成立。市委常委、市纪委书记李统书在成立大会上指出，此举目的在于变分散管理为集中管理，以体现"集中、精干、权威、高效"的原则，强化党政监督机制，提高监管效能。

　　△　深圳市会计师事务所体制改革总结大会召开。深圳市委常委、常务副市长李德成强调：深圳市注册会计师行业的体制改革要继续深化。

　　△　为搞好"关于高科技人才的引进、培养、使用和管理的政策配套问题"的专题调研，深圳市政协副主席周润生主持召开高科技人才座谈会，调查了解深圳市引进和使用高科技人才的有关政策落实情况和存在的问题。

　　8 月 13 日　深圳市委办公厅、市政府办公厅联合发出《关于动员组织全市广大干部群众积极支援灾区人民抗洪斗争的紧急通知》。20 日，市委办公厅、市政府办公厅再次联合发出《关于加强救灾捐赠活动组织工作的通知》。同日，广东省委副书记、深圳市委书记张高丽在全省电视电话会议深圳分会场上要求深圳全力支持灾区抗洪抢险，确保各项任务顺利完成。在市委、市政府的动员下，8 月 13 日~9 月

3 日，深圳市为灾区人民捐款捐物共 1.7 亿多元。

8 月 14 日　深圳市市长李子彬主持召开市政府常务会议，讨论并原则通过《罗湖区行政综合执法实施方案》、《深圳经济特区企业员工基本养老保险条例（送审稿）》和《关于提请审议深圳市第三批荣誉市民候选人的请示》。

8 月 15 日　程思远（中国·国际）肝炎研究基金会在深圳五洲宾馆举行成立大会。该基金会旨在促进国内与国际医学界在肝炎病学方面的交流与合作，提高肝炎的预防和治疗水平。

8 月 18 日　深圳市委召开为期 1 天的理论中心组学习（扩大）会议，学习江泽民总书记在湖北视察长江抗洪抢险工作时的重要讲话，并传达贯彻《中共中央关于在全党深入学习邓小平理论的通知》和省委贯彻该通知的意见。

8 月 19 日　深圳市政府召开紧急会议，再次动员和部署全市支援灾区抗洪救灾工作，并要求像灾区军民抗洪抢险那样，奋力拼搏抓好深圳市经济工作。会议决定近日将全市所捐物资用火车运往湖南灾区。市民政局、团市委在大家乐舞台举行赈灾义演活动，共筹救灾款物 420 多万元。23 日，深圳市书画家在市博物馆举行"书画赈灾义卖"活动，共筹救灾资金 100 多万元。

△　有关部门在市政府召开专题会议，研究《深圳市进一步深化和推动投融资体制改革的方案》。方案的主要内容有：缩小政府投资的范围，拓宽融资渠道，加强对政府投资项目的监管；强化企业投资主体的地位，克服社会资本参与投融资活动的体制障碍，多渠道筹集建设资金等。

△　为贯彻落实《中共中央关于在全党深入学习邓小平理论的通知》（中发〔1998〕11 号）和江泽民总书记在学习邓小平理论工作会议上的讲话精神，中共深圳市委发出《关于贯彻落实〈中共中央关于在全党深入学习邓小平理论的通知〉》和中央学习邓小平理论工作会议精神的意见（1998 年）。

8 月 20 日　广东省有形建筑市场现场会在深圳市召开。会议主要是贯彻落实1998 年 7 月召开的全国有形建筑市场现场会精神，研究加快建立有形建筑市场，进一步抓好招投标工作，努力建立公平竞争、规范运行的建筑市场秩序，从源头上遏制建设领域腐败现象的产生，促进广东省建筑业健康发展。

△　深圳市委、市政府在南山区召开社会治安综合治理现场会。广东省委副书记、市委书记张高丽，省委副书记、省政法委书记陈绍基在会上做了重要讲话，市委副书记、市长李子彬全面部署了社会治安综合治理的各项任务。会上宣读了《中共深圳市委、深圳市人民政府关于加大综合治理力度两年内实现社会治安更大好转的决定》。

8 月 21 日　张高丽、李子彬、李广镇、林祖基等市五套班子成员到南山、宝安西部海岸沿线视察并现场办公。

△　全国信息产业发展座谈会在深圳举行。与会专家就信息产业规划与发展大计、如何加快区域性信息中心城市建设等问题进行探讨。

8 月 24 日　深圳市市长李子彬会见了美国国际数据集团公司（IDG）董事局主席麦戈文先生。会见时麦戈文表示，IDG 今年下半年将对深圳增加 6000 万元的投资，以示他对深圳高科技产业发展前途的信心。

8 月 25 日　深圳市政府常务会讨论通过了深圳市政府各部门审批制度改革方案。通过改革，市政府部门原有审批事项由 737 项减为 310 项；原有核准事项由 371 项减为 321 项。

8 月 25 ~ 28 日　深圳市二届人大常委会举行第二十五次会议。会议表决通过了《深圳经济特区控制吸烟条例》、《关于批准深圳市 1998 年财政、国土基金超收投资项目计划安排的决议》及《深圳市第三批荣誉市民名单》，通过了人事任免等事项。

8 月 26 日 ~ 9 月 10 日　以市长李子彬为团长的深圳市政府代表团访问了白俄罗斯、德国和西班牙，就城市建设、地铁建设和高新技术产业进行了专题性学习考察。

8 月 30 日　广东省委副书记、深圳市委书记张高丽会见了前来深圳考察的香港特别行政区行政长官董建华，双方就进一步推进两地经贸合作进行了友好的交谈。

8 月 31 日　深圳市卫生系统组织检查组开始对全市社会医疗机构进行全面整顿。

9 月 1 日　深圳市分别于 1996 年 12 月和 1997 年 5 月上报设立两家中外合资外贸公司的申请已获国务院批准，国家外经贸部审核合资合同细节后，即可向工商部门办理注册手续。这是国务院首次批准深圳市设立中外合资外贸公司。

△　深圳市龙岗区布吉镇 3 家娱乐城经营赌博活动，受到省公安厅严厉查处后，龙岗公安部门对有关参赌者、经营者进行了坚决处理。龙岗区委、区政府召开新闻发布会，对处理情况进行了通报。

△　广东省委副书记、深圳市委书记张高丽在五洲宾馆会见了前来访问的土库曼斯坦总统帕尔穆拉德·阿·尼亚佐夫。双方就加强合作，共同发展经济进行了友好的交谈。

9 月 2 日　广东省委办公厅、省政府办公厅发出通知，要求各级党委政府认真贯彻执行中共中央办公厅、国务院办公厅《关于增收节支制止浪费支援抗洪救灾工作的通知》，坚决落实江泽民同志在湖北视察抗洪抢险工作时的重要讲话，动员和组织广大干部群众发扬艰苦奋斗、勤俭节约的优良传统，努力增收节支，坚决制止一切铺张浪费行为，支援灾区抗洪救灾和恢复生产、重建家园。

△ 中国电子商会和深圳赛格股份有限公司在京联合举办"亚洲规模最大的综合电子市场——赛格电子市场"招商会，赛格电子市场将在赛格广场大厦裙楼进行第四次扩容，成为世界最高的钢管混凝土结构建筑，也是深圳市2000年高新科技五大实施工程之一，其目的是建成亚洲规模最大的电子产品交易市场和电子高科技展示中心，成为中国最具影响力的"世界电子之窗"。此次扩建后，该市场规划营业面积超过3万平方米，依托深圳经济特区毗邻香港及辐射内地"黄金通道"的地理优势，以电子元器件、集成电路、通信器材、电脑配件、计算机网络等产品为经营项目，并提供信息咨询、名品展示、金融服务等全方位的服务。

△ 由深圳市经济学会主办的企业发展与银行信贷洽谈会在深圳市科学馆举行。

9月3日 广东省委副书记、深圳市委书记张高丽率市创建文明市、文明区领导小组成员和有关部门、企业负责人到深圳几个重要关口和干道调研，这是市创建文明市、文明区领导小组第一次深入基层调查研究。张高丽强调：这次调研是贯彻落实市委二届八次全会精神的又一重大措施，是贯彻落实市委、市政府开展创建文明市、文明区活动决定的具体行动。各级党政领导要统一认识，从建设区域性经济中心城市，花园式、园林式城市和现代化国际性城市的高度，切实抓好创建文明市、文明区活动的各项工作，努力创建全国文明城市，把深圳的明天建设得更加美好。

△ 最高人民法院公布了《人民法院审判人员违法审判责任追究办法》，其作为在全国各级人民法院统一执行的根本性制度，对审判人员在审判、执行过程中的违法行为，应当追究的违法审判责任做出了明确规定。

9月4日 深圳市港务局召开的新闻发布会宣布，《深圳港总体布局规划》① 通过了交通部和广东省人民政府的批复。

△ "知识经济研讨会"在深圳市举行。清华大学薛澜教授、中国科协信息中心主任葛霆教授、国家科技部战略与管理研究中心副主任柳卸林副教授及深圳市科技顾问委员会副主任韩继鸿，分别就"知识经济的兴起及对中国的挑战""面对知识经济的教育""知识经济与深圳二次创业"等问题做了专题报告。

9月8日 国家环保总局常务副局长宋瑞祥在考察深圳市环保工作时指出：深圳市环保工作取得了很大成绩，但还要继续努力。他希望深圳强化市民环保意识，

---

① 根据该规划，深圳港将是广东省和珠江三角洲地区及内地对外交流的重要口岸，是中国华南地区的集装箱枢纽港和中国综合运输体系中的枢纽港之一。它以华南国际集装箱枢纽港为主要方向，以化肥、粮食及石油制品等大宗散货中转为基础，成为客货兼顾、内外贸结合、工商运并举的多功能、综合性现代化大型港口。

从城市建设、环境质量等方面全方位构建立体生态环境。

　　△　城市形象工程工作会议召开。

　　△　深圳市中心区投资 5.7 亿港元的大型地产项目——中海华庭正式开工。中海华庭是 1998 年 2 月市政府颁发土地使用权招标、拍卖规定后，签下的第一个定向招标用地项目。

　　9 月 13 日　深圳市市长李子彬在五洲宾馆会见了以香港特别行政区行政长官特设创新科技委员会主席田长霖为首的代表团一行。

　　9 月 14 日　深圳市政府以第 78 号令发布《深圳经济特区技术成果入股管理办法》。这是中国首部专门规范技术入股的规章，从而使技术入股有章可循。

　　△　深圳市龙岗区召开会议传达贯彻广东省委工作会议精神，区委书记刘志庚、区长王新建要求，全区上下要以抗洪精神增创龙岗新优势，确保该区经济增长 16% 目标的实现。会上推出包括对下半年一般贸易出口企业给予财政贴息、对一批以商引商超亿元的外商给予奖励表彰、加快平湖物流基地建设等新措施以确保经济增长。

　　9 月 15 日　深圳市委召开常委（扩大）会议，认真学习、贯彻省委工作会议精神。广东省委副书记、深圳市委书记张高丽强调：当前，贯彻省委工作会议精神最重要的就是抓好后 4 个月的工作，学习抗洪抢险的伟大精神，全面完成深圳市今年经济工作的各项指标，确保 GDP 增长 14%，争取为全省、全国多做贡献。

　　9 月 16 日　国家石化工业局局长李勇武一行到深圳，就深圳市如何进一步搞好成品油流通体制改革问题，与深圳市领导及有关部门和企业负责人交换意见。副市长郑通扬在会上表示：深圳市政府将不遗余力，坚决支持中央的这项改革。李勇武指出：按中央部署，国家计划年内实行"上下一体化，产供销一条龙，形成垄断经营"的成品油流通体制改革，这一改革近期亦将在深圳实施。郑通扬表达了市委、市政府支持中央改革的决心，并向有关政府部门和企业提出"顾全大局，保证供应，平稳过渡，继续合作"的 16 字方针。

　　△　广东省纪委副书记梁灿盛在考察深圳市建设工程交易服务中心时说：深圳建设工程交易服务中心的成立，规范了建筑市场的混乱现象，理顺了建筑市场管理体制，为工程招投标创造了一个公正、公平、公开的竞争环境。成立工程交易服务中心，也是从源头上制止工程招投标中的腐败现象、保证工程质量的重要措施。

　　9 月 18 日　深圳市委、市政府召开清理"三无"人员加强流动人口管理动员大会。市委副书记、市长李子彬在会上要求深圳市各级党委、政府和有关部门要以清理"三无"人员为突破口，把进一步加强流动人口和出租屋管理作为实现深圳市社会治安更大好转的有力措施抓紧抓好。

△ 李子彬市长主持召开深圳市政府第一百一十二次常务会议，讨论并原则通过《深圳经济特区出租屋治安管理办法》[①]。

9月22日 中共深圳市委召开工作会议。广东省委副书记、深圳市委书记张高丽在会上做了重要讲话，市委副书记李容根宣读了《中共深圳市委关于开展创建"团结、廉洁、开拓"好班子活动的决定》。

9月24日 深圳市政府召开常务会议，原则通过《深圳经济特区河道管理条例（送审稿）》和《深圳经济特区信息化建设条例（送审稿）》。深圳市将使治理河道和信息化建设工作纳入法制化轨道。

△ 广东省委副书记、深圳市委书记张高丽，市政协主席林祖基在五洲宾馆会见并宴请了罗马尼亚参议长彼得·罗曼一行。双方进行了友好的会谈。

9月28日 深圳市政府在五洲宾馆举行第三批荣誉市民授荣仪式。37名为深圳做出突出贡献的外国人士、海外华人、华侨和港澳同胞获深圳市荣誉市民证书。

△ 广东省委副书记、深圳市委书记张高丽，市长李子彬等在五洲宾馆会见了以越南驻广州总领事黎英庆为团长的12国广州领事馆总领事和夫人一行。12国驻穗领事官员参加了市政府举行的国庆招待会。

△ 深圳市获"1997年度全国科教兴市先进城市"称号。此次评选由国家科学技术部组织，有77个城市参评。

10月1日 《深圳市群众逐级上访和分级受理制度实施办法》施行。

△ 深圳市2500名年届18岁的青年学生汇聚深圳中学国旗下，在共和国生日这一天举行18岁成人宣誓仪式。

10月4日 深圳航空公司引进的新一代波音飞机——波音737-700型客机，成功完成首航。

10月6日 广东省第一家民办公助性质的高等学府——新安学院在深圳市南山区举行隆重的开学典礼。经省高等教育厅批准，学院已于1998年秋季招生，迄今共有国家计划任务大专学生200人，高等教育学历文凭大专生130多人，设有计算机应用、室内环境设计、商务英语、会计电算化等专业。

10月7日 《深圳商报》载：深圳大鹏海关查获一宗特大涉嫌走私毒品案，查

[①] 据当时不完全统计，深圳市有出租屋1400万平方米，计36万多套。由于管理不到位等原因，出租屋治安案件和刑事案件频频发生。这次出台的管理办法，除规定出租屋实行房屋租赁许可证和房屋租赁合同登记制度外，还规定对出租屋的治安管理实行责任制。出租人、委托管理人、承租人（包括同住人）均为治安责任人，必须于签订房屋租赁合同10日内到出租屋所在地公安派出机构签订治安责任书。

获毒品海洛因 17.5 公斤。这是深圳海关查获的最大一宗走私海洛因案。

10 月 8 日 为规范和活跃深圳市房地产市场，进一步加强对流动人口的管理，李子彬市长主持召开市政府常务会议，研究和讨论《关于特区内购房入户的若干规定（送审稿）》及《中共深圳市委、深圳市人民政府关于进一步加强流动人口管理的决定（讨论稿）》。制定关于进一步加强流动人口管理的决定，是为了深入贯彻落实市委二届八次全会精神，实现两年内深圳市社会治安有更大好转的目标。该决定明确了流动人口管理工作的指导思想，确定按照"市委领导、政府牵头、公安为主、各方参与、综合管理"的原则，着重抓好治安管理和劳务管理，形成"以户口管理为基础，治安管理为重点，劳务管理为根本，其他管理相配套"的工作机制，使深圳市流动人口管理工作尽快走上法制化、规范化和科学化的轨道。

10 月 9 日 深圳市基层依法治理经验交流会结束。深圳市人大常委会主任李广镇在会上要求，深圳市各级人大和政府要扩大基层民主，推进依法治市。

△ 广东省委副书记、深圳市委书记张高丽在市委常委（扩大）会议上指出，要学习伟大的抗洪精神，全面完成和超额完成 GDP 增长 14% 的目标及其他各项任务。

△ 以全国政协副主席钱伟长为领队，全国政协科教文体委员会调查组抵深，就进一步加强打击文物盗窃、走私进行为期 4 天的专题调查。

△ 牙买加总理珠西瓦尔·帕特森一行从北京抵深访问。

△ 深圳市残疾人联合会第三次代表大会举行。

10 月 10 日 全国商品流通工作座谈（南片）会议在深圳召开。

△ 深圳市政府采购立法进入最后阶段，深圳政府采购研讨会在银湖旅游中心召开，会议围绕着深圳市政府采购制度建设中的一系列焦点、难点问题展开讨论，为立法小组再一次修改《深圳经济特区政府采购条例（草案）》提供依据。

△ 中国国际海运集装箱（集团）股份有限公司与中国交通银行总行在上海银海宾馆签署了总金额为 5 亿元的集团客户授信总协议。

10 月 11 日 "广东经济技术贸易（美国）洽谈会"在洛杉矶圆满结束。据不完全统计，洽谈会期间深圳代表团签订利用外资项目 28 个，涉及金额 10.4 亿美元，均位居全省各市代表团前列。

10 月 12 日 "面向二十一世纪国际航运发展研讨会"在深圳五洲宾馆开幕。会议为期 4 天，就 21 世纪世界航运业发展前景、各国航运业如何进行有效的合作、航运业面临的机遇与问题、深圳航运业发展策略等问题进行了探讨。

△ 深圳联合国际船舶代理有限公司宣布成立。①

△ 深圳市政府召开深圳市城市形象工程设计方案会议，市领导要求在年底以前多快好省地完成6大口岸环境改造。

10月13日 深圳市政府常务会议审议通过了《深圳市征用土地与收回土地使用权条例（送审稿）》和《深圳市老住宅区整治实施规定》，为解决困扰城市建设的两大顽疾"征地收地难"问题和住宅区老化问题做好法规、政策上的准备。会议还审议通过了《深圳市龙岗次区域规划（一九九六~二○一○）》和《深圳市梧桐山风景区总体规划》。前者描绘了作为深圳市主要流通中心、旅游基地、工业发展区和能源基地的龙岗区的发展蓝图，后者定下了"市肺"梧桐山的保护和开发方案。

△ 中央纪委副秘书长彭吉龙率调研组一行，就如何从源头上预防和治理腐败到深圳进行专题调研。

10月14日 为促进企业科技进步，鼓励企业开发新产品，经发局、科技局、财政局、国税局、地税局根据深圳市《关于进一步扶持高新技术产业发展的若干规定》及《新产品税收优惠政策的实施办法》规定，依照产品技术含量、项目发展前景及国家有关政策等，对近200家企业申报的项目进行筛选，确定了1998年享受新产品优惠政策的项目。

△ 深圳市乡镇企业协会成立。

10月15日 为依法规范商品市场各类关系和行为，深圳市政府常务会议原则通过《深圳市商品市场条例（送审稿）》。

△ "烟台第二届亚太经合组织中小企业技术交流暨展览会"结束，深圳展团获得最佳组织奖和最佳装修设计奖。

10月15~16日 安哥拉共和国总统若泽·爱德华多·多斯桑托斯一行访深。

10月16日 中国首届国际防伪打假研讨会在深圳科技馆召开。

△ 深圳首个也是我国最大的室内综合旅游项目——深圳未来时代正式开业。

10月20~21日 中共中央政治局委员、上海市委书记黄菊，上海市委副书记、市长徐匡迪率领上海市代表团抵深参观考察。

10月20日 深圳市委副书记李容根召集有关部门及各区有关负责人，就如何推动非公有制经济发展进行座谈，讨论修改深圳市《关于进一步加快个体、私营经济发展的若干规定（讨论稿）》中的有关规定。

---

① 深圳港航运业的迅速发展，特别是集装箱班轮业务的大幅增长，给包括外轮代理服务在内的港口口岸环境提出了更多的要求。联合国际船舶代理有限公司是继深圳外轮代理有限公司和深圳船务代理有限公司之后，深圳市设立的第三家外轮代理机构。

10月21日 深圳市南山区人民法院对被执行财产实行竞拍制度，以求进一步提高法院执行的工作效率，根治在财产拍卖过程中滋生的腐败现象。南山法院负责人称此举在深圳乃至全省法院系统尚属首创，它对规范被执行财产的拍卖行为将起到积极的作用。

△ 深圳首次举办的"深圳国际民间艺术节"在龙城广场开幕。

10月22日 李子彬市长主持召开深圳市政府常务会议，讨论并原则通过了《关于进一步加强城市居委会建设的若干意见》。

△ 广东省纪委、省监察厅在深圳市召开全省纪检监察信访举报工作会议。

10月25日 为期2天的部分国家大型企业集团试点工作座谈会在深圳银湖开幕。国家经贸委副主任郑斯林在会上指出：抓好大型企业集团是中国经济发展阶段性的要求，要进一步深化改革，逐步增加企业的技术创新能力，开创国企改革和发展的新局面。

10月26日 全国第一家地方性邓小平文艺理论研究基地——广东省邓小平文艺理论研究基地在深圳成立。

10月27日 广东省深化科技体制改革工作会议在深圳召开。会议贯彻学习了省委、省政府《关于依靠科技进步，推动产业结构优化升级的决定》精神，总结推广深圳市依靠科技进步、推动产业结构优化升级、走出科技与经济紧密结合新路子的做法，讨论了《广东省深化科技体制改革实施方案》，研究扶持50家省重点发展的工业大企业或企业集团办好工程技术研究开发中心的实施办法，以推进全省科技体制改革。

△ 深圳市二届人大常委会第二十七次会议结束，审议通过了《深圳经济特区政府采购条例》等法规，决定任命庄心一为副市长。

10月28日 深圳市南山区检察院检察长侯黎明当选为第三届"全国十大杰出检察官"。

10月29日 李子彬市长主持召开市政府常务会议，审议通过市计划局提交的《关于预安排下达1999年重点工业贷款项目固定资产投资计划的请示》。项目中有27个属高新技术产业，主要集中在信息、生物技术、新材料等产业。投资最大的项目是三星电管有限公司的彩管项目，属续建项目，总投资超过50亿元，明年计划投资24亿元。

△ 俄罗斯国家杜马主席谢列兹尼奥夫一行抵深访问。

10月29～30日 深圳市妇女第二次代表大会召开。

10月30日 由深圳国际人才交流协会主办的深圳第一届知识经济研讨会开幕，

来自全国经济学界和企业界的代表参加了研讨。

△ 深圳文化中心建设工程设计合同在五洲宾馆签署。

11月 腾讯公司成立，马化腾任董事会主席兼公司首席执行官，全面负责本集团的策略规划、定位和管理。其出任现职前，在中国电信服务和产品供应商深圳润迅通讯发展有限公司主管互联网传呼系统的研究开发工作。马化腾1993年获深圳大学理科学士学位，主修计算机及应用。

11月1日 罗湖区行政执法检查局正式挂牌，标志着深圳行政综合执法体制改革取得重大突破。

△ 在深圳佳和百货广场向无偿献血者赠礼活动仪式上，深圳市血站负责人透露：深圳已实现医疗用血完全由无偿献血者提供。"卖血"在深圳已成为历史。

11月4日 深圳国际计算机、通信、信息化工程产品展览会在国展中心开幕。

11月5日 "三部一院"和深圳市政府5个主办单位在深圳宾馆举行中国深圳高技术交易会首次筹备会议，对交易会总体规划方案进行了讨论和修改。

11月5～9日 广东省委副书记、深圳市委书记张高丽率深圳市友好代表团，对南非、埃及和意大利三国进行友好访问。

11月8日 连接深圳、汕头、厦门三个经济特区的主要干道——汕（头）汾（水）高速公路动工建设。

11月9日 中国银行行长王雪冰考察盐田港。

11月10日 盐田区在香港举办的投资环境介绍会上，签订合同协议投资总额22亿港元。

11月12日 深圳市政府常务会议原则通过了《深圳市土石方工程管理办法》，以加强对土地开发和工程项目建设中的土石方工程的管理，制止和预防土石方作业过程中的水土流失和环境污染。会议还讨论并原则通过了《深圳市防震减灾"九五"计划及2010年长远规划》和《深圳市破坏性地震应急预案》。

11月13日 中国工程院深圳市政府合作委员会成立，并在五洲宾馆召开第一次工作会议，对今后双方合作的主要途径和项目进行了认真的商讨，中国工程院与深圳市开展高层次多方位的合作由此开始。

11月15～18日 中共中央政治局常委、全国人大常委会委员长李鹏视察深圳并就证券法的立法工作进行调研。李鹏指出：中国的证券市场是改革开放的产物，是社会主义市场经济的重要组成部分，必须用法律来规范证券市场，促进证券市场的健康发展。他要求办好深圳证券交易所，依法监管，规范发展，更好地服务于经济建设。

11 月 17 日 西北工业大学深圳研究院在车公庙工业区内正式成立。

△ 深圳市召开市委常委扩大会议。会议传达学习了《中共广东省委关于贯彻十五届三中全会〈决定〉,开创农业和农村工作新局面的意见》和《中共广东省委关于加强各级领导班子思想政治建设的决定》及其说明,传达学习了中共中央政治局委员、广东省委书记李长春在省委八届二次全会闭幕时的重要讲话,并就如何贯彻有关会议精神进行讨论。

11 月 18 日 全国民营科技企业工作座谈会在银湖旅游中心开幕。会议为期 3 天,探索新形势下,如何贯彻十五大精神,实施"科教兴国"战略,推动民营科技企业再上台阶,以及民科企业如何在带动国民经济的增长、促进产业调整方面发挥作用等问题。会议还讨论了《关于促进民营科技企业发展的若干意见(征求意见稿)》。

△ "澳门的历史与发展"大型图片展览在深圳博物馆开幕。

11 月 20 日 国家科技部批准授予的国家重大科技产业示范工程项目——工厂化高效农业示范工程广东分项深圳示范基地在龙岗区坪山镇挂牌。

11 月 21 日 全国高技术产业化协作组织深圳专家委员会在深圳正式成立。

11 月 22 日 深圳影业公司摄制的《花季·雨季》获最佳儿童片金鸡奖。

11 月 24 日 为期 6 天的广东省可持续发展市长研究班在深圳开幕。

11 月 25 日 经中国人民银行总行批准,深圳市两个外资银行近日取得了经营人民币业务的许可。

△ 全国利用外资展览在京举行。深圳展团举行大型新闻发布会,深圳市常务副市长李德成向到会的海内外 70 多个新闻单位通报了 20 年来深圳利用外资的丰硕成果,引起传媒的广泛关注。

11 月 26 ~ 27 日 中共中央政治局常委、国务院副总理李岚清视察深圳,就医疗保险制度的配套改革和职业技术教育、发展高新技术产业等问题进行了调查研究。

11 月 27 日 深圳市卫生工作会议召开。市卫生系统正积极酝酿以管理体制、人事制度、分配制度、药品采购制度为主的医疗体制改革,试点工作将在 1999 年初开始。李子彬在讲话中指出:卫生系统改革的目标是,通过改革和严格管理,建立起有责任、有激励、有约束、有竞争、有活力的运行机制,从而激发医务人员的积极性,增强医疗卫生机构的活力,提高医疗卫生质量和技术水平,保护和促进人民群众的身体健康。副市长袁汝稳就深圳市整顿医德医风和下一阶段工作做了总结和部署。

△ 创建中国优秀旅游城市验收组验收工作会议在五洲宾馆举行。

12月1日 《深圳特区报》载：深圳产品贸易中心在南非约翰内斯堡正式挂牌成立，这是深圳在国外设立的首个专门营销深圳产品的贸易中心。

12月2日 深圳市委召开常委会议，原则同意滨海大道和西部田园风光旅游区的设计构想和方案。

△ 第一个由中国证监会批准增资改制的证券公司——国通证券有限责任公司举行揭牌仪式。

12月3日 深圳市市长李子彬主持召开的市政府常务会议原则通过《深圳市公证条例》，该条例进一步规范深圳市的公证工作。会议还审议通过了《〈深圳经济特区住宅区物业管理条例〉修正案》和《深圳市人民政府关于清理〈深圳经济特区金银市场管理暂行规定〉等18项规章的报告》。

△ 深圳市社会保险管理局副局长欧水生表示：市社保局将认真贯彻"全国城镇职工医疗保险制度改革工作会议"精神，从7方面深化医疗保险制度改革。

12月4日 由全国人大内务司法委员会副主任委员李九龙率领的全国人大赴广东检查组在深圳检查调研，了解深圳市市、区两级人大执法监督和个案监督以及公检法司机关开展教育整顿情况。

△ 深圳市二届人大常委会第二十八次会议通过《深圳经济特区河道管理条例》。这是市人大常委会专门就河道管理问题制定的地方性法规，以法律手段来保护河流，清除河道上的"垃圾山"。

△ 一种先进的跨行电子转账系统——实时全额支付系统投入试运行。

12月5日 民盟深圳市委庆祝成立10周年。

12月5～8日 全国人大常委会副委员长邹家华莅深视察，希望深圳高科技成果产业化向内地辐射。

12月8日 "刘少奇光辉业绩展览"在深圳展出。

12月9日 深圳市召开外贸出口工作会议，部署1998年最后冲刺阶段和1999年的外贸出口工作。

12月12日 蒙古总统那楚克·巴嘎班迪偕夫人一行抵深访问。

12月13日 全国计划会议听取深圳市委常委、常务副市长李德成关于《大力发展高新技术产业，加快深圳产业结构调整》的专题发言，与会代表对深圳发展高新技术产业的经验给予高度评价。

△ 第六届中国人口文化奖在人民大会堂举行颁奖大会。深圳市委、市政府获得特别荣誉奖。

12月14～15日 广东省委副书记、深圳市委书记张高丽主持召开市委常委扩大会议。会议贯彻传达了中央经济工作会议精神和省委常委会议精神；与会同志回顾 1998 年的工作，并围绕做好 1999 年的工作进行了研究和讨论，李广镇、林祖基就推进依法治市工作和加强基层组织建设、政权建设等方面提出意见。张高丽指出：根据中央和省的精神要求，1999 年深圳市工作总的格局是继续贯彻市委二届八次全会提出的今后两年深圳市工作的指导思想和奋斗目标。

12 月 15 日　1998 年全国城市可持续发展能力研讨班在深圳五洲宾馆开幕，会议着重就中国环境保护与环境管理等问题进行研讨。

△　中国科协青年科学家活动基地在深圳市迎宾馆举行成立仪式。新成立的青年科学家活动基地设在罗湖科技大厦内。基地的主要活动内容包括：围绕对中国经济和社会发展有重大影响，具有广阔应用前景的科学问题和关键技术进行交流和合作，与企业进行厂会协作活动，促进青年科学家科研成果的转化，为国家经济建设服务；围绕学科的发展，特别是信息科学、生命科学、材料科学等前沿学科和交叉学科开展学术交流，促进学科和学术水平的提高；通过深圳这个"窗口"了解港、澳、台及国外技术市场，引进国际先进技术，为海外著名企业与内地的合作搭好桥。

12 月 16 日　深圳市举行隆重集会，纪念中共十一届三中全会召开 20 周年。

△　深圳西部港航项目建设办公室宣布正式成立。标志着铜鼓航道项目结束前期筹备阶段，全面进入各项工作的实施。

12 月 21 日　在深圳考察的全国人大常委会副委员长费孝通听取了市人大常委会副主任胡政光、副市长郑通扬的汇报后表示，希望深圳充分发挥物流中心的作用。

12 月 23 日　经深圳市委批准，深圳市邓小平理论研究中心正式成立，该中心挂靠在市社科院。

△　将深圳市主要水厂、水库串联起来的供水"大动脉"——深圳供水网络干线工程在龙岗区正式动工。作为东部引水工程的重要组成部分，该工程竣工后将有望解决深圳 2000 年后的缺水问题。

12 月 26 日　黄田国际机场新航站楼落成。

12 月 28 日　深圳中心区 6 大重点工程（包括市民中心、少年宫、中心图书馆、音乐厅、电视中心和深圳地铁一期工程试验段）统一举行开工典礼。广东省委副书记、市委书记张高丽指出：中心区的开工建设符合中央政策，是拉动深圳市 GDP 增长的重要手段，是建设园林式花园式城市、现代化国际性城市的重要内容，是改善投资环境和老百姓生活、工作条件的重要举措。市长李子彬说：中心区是深圳市面向 21 世纪的城市中心，是深圳市未来的行政、文化、信息、国际展览和商务中心，是深圳成为现代化国际性城市的标志。

12 月 29 ~ 31 日　深圳市委工作会议举行。会议总结了深圳市 1998 年的工作，部署了 1999 年的工作，着重就经济工作、依法治市和整顿机关作风做出了总体安排。

1999年

1月1日 深圳市宝安区举行西部海上田园风光旅游区开工典礼。该旅游区以海滨园林式的生态基塘养殖和生态旅游为主要特色，兼生产、观光、休闲、度假、自然保护等功能为一体。

1月1~4日 中共中央政治局委员、北京市委书记兼市长贾庆林率北京市考察团考察深圳，考察深圳市高新技术企业发展，城市规划建设与管理以及精神文明建设等情况。

1月2日 湖北省委书记贾志杰、省长蒋祝平率领的湖北省党政考察团到深圳考察。

1月3日 全国政协副主席叶选平视察深圳市龙岗区南岭村。①

1月5日 在桂林举行的全国旅游工作会议暨创建中共优秀旅游城市的会议上，深圳市荣获"中国优秀旅游城市"称号。

1月7日 全国信访工作会议在深圳召开，会议强调落实领导责任制，解决问题在基层。

1月8日 深圳市城市垃圾焚烧处理技术被国家科委授予1988年国家科学技术进步二等奖。

△ 比利时联合银行深圳分行开业。②

---

① 南岭村位于深圳市龙岗区布吉街道，被称为"中国第一村"，是江泽民和胡锦涛两任总书记都亲自到访之地。

② 比利时联合银行是KBC金融保险集团的重要分支，是比利时王国的第二大银行，拥有密集的银行服务网络，享有优良的金融服务质量和利润。比利时联合银行在境外开辟分行、分支机构以及代表处已历史悠久，它在欧洲各国、世界主要金融中心和世界许多国家、城市均设立了分行、分支机构，尤其在中国拓展了十分活跃的银行业务。1993年，比利时联合银行在上海设立了代表处，从此，打开了其在中国的第一个联络窗口。

△　深圳盐田港保税区正式运作。

1月9日　深圳海关走私犯罪侦查分局成立。

1月14日　中国国际高新技术成果交易会展览中心在深圳市中心区动工新建。

△　深圳市政府常务会议确定为民办10件实事，1999年重点建设项目总投资586.09亿元。

1月17日　深圳市福田区整治沙嘴村取得明显成效，广东省委副书记、深圳市委书记张高丽要求全市各区、镇、村学习推广该区经验，保稳定，创文明，促发展。

△　深圳市委召开常委会议，传达学习中纪委第三次全会、全国政法及公安厅（局）长会议和全国国有企业下岗职工基本生活保障和再就业工作会议精神，研究部署深圳市贯彻意见。

1月18日~4月29日　深圳龙岗区大鹏镇进行了"三轮两票"推选镇长试点工作，在中国内地率先创造了量化的民意表达机制。

1月19日　创建文明市、文明区工作会议召开，广东省委副书记、深圳市委书记张高丽强调要提高认识，增强紧迫感，力争深圳市率先进入全省、全国文明城市行列。

1月20日　深圳黄田国际机场航站楼正式启用。

1月22日　深圳市青年工作会议召开。

1月23~27日　中国现代名人陶瓷精品展销会在深圳宝安展出。

1月28日　国务院新闻办在北京召开记者招待会宣布，中国国际高新技术成果交易会定期在深圳举办，每年举办一次，首次"高交会"定于1999年10月举行。

2月1日　深圳口岸管理体制改革取得重大进展。深圳商检局、深圳动检局、深圳卫检局在部分口岸试行"三检合一"查验新模式。

2月3日　深圳市政法工作会议召开，强调确保稳定是各级党政领导的第一责任。

2月4日　深圳市组织工作会议提出，要抓好"三讲"①。

---

① "三讲"就是"讲学习、讲政治、讲正气"。讲学习，主要是学理论、学知识、学技术，首先是学理论；讲政治，包括政治方向、政治立场、政治纪律、政治鉴别力和政治敏锐性；讲正气，就是要继承和发扬我们党在长期革命和建设事业中形成的好传统、好作风，坚持真理、坚持原则、坚持同一切歪风邪气和各种腐败现象做斗争。"三讲"最初是1995年11月8日江泽民同志视察北京时提出的，同年11月25日《人民日报》发表了评论员文章。1996年党的十四届六中全会做出决定，对县处级以上领导干部进行一次以讲学习、讲政治、讲正气为主要内容的党性党风教育。十五大后，党中央根据十五大精神和1998年6月《关于在全党深入学习邓小平理论的通知》的要求，决定从1998年11月起，用3年时间在全国县级以上党政领导班子和领导干部中，用整风精神普遍开展"三讲"教育，大力推进好班子建设。这是自1995年提出领导干部要进行"三讲"教育的继续和深化，也是新的历史条件下加强党的自身建设的重要标志。

△ 深圳市公安工作会议提出，1999 年首要任务是实现社会治安的更大好转。

△ 深圳市政府常务会议原则通过《关于支持深圳市工业小企业发展的意见》等文件，决定加大对全市工业小企业的扶持力度。

2 月 5 日 深圳市纪委第八次全体（扩大）会议举行，市领导张高丽、李子彬做重要讲话，强调进一步加强党风廉政建设和反腐败斗争。

2 月 9 日 深圳市工业发展工作会议召开，市长李子彬就事关深圳市工业企业发展的 10 个重大问题做了重点阐述。

2 月 12 日 深圳市领导张高丽、李子彬率团分头慰问困难职工、伤残人和福利院孤儿，强调要当老百姓满意的官，做老百姓满意的事。

2 月 16 ~ 20 日 中共中央政治局常委、国务院总理朱镕基在深圳考察。在广东省委副书记、深圳市委书记张高丽，深圳市委副书记、市长李子彬陪同下，到深圳市莲花山公园俯瞰建设中的市中心区全貌，并听取了关于中心区规划的汇报。

2 月 23 日 深圳市委召开常务扩大会议提出，要抓早、抓紧、抓实经济工作，推动两个精神文明建设上新台阶。

2 月 24 日 深圳市宣传思想工作会议召开，强调要唱响主旋律，打好主动仗，扎实做好工作。

2 月 26 日 深圳市精神文明建设工作会议召开，提出要争当全国创建文明城市活动先进市。

2 月 腾讯正式推出第一个即时通信软件——"OICQ"，后改名为腾讯 QQ。

3 月 2 日 深圳市政府审批制度改革正式实施，原有审批事项 723 项，改革后保留 305 项，比原来减少 418 项。原有核准事项 368 项，保留 323 项，比原来减少 45 项。

3 月 4 日 深圳、惠州两市主要领导视察深圳东部引水工程。

△ 中共中央对外联络部部长戴秉国一行到深圳考察。

3 月 5 日 原中共中央政治局常委、全国人大常委会委员长乔石视察深圳。

△ 由甘肃省副省长李重庵率领的甘肃省政府代表团来深圳考察。

△ 深圳市人大常委会发布《关于坚决查处违法建筑的决定》。

3 月 8 日 深圳市委常委扩大会议召开，认真学习贯彻江泽民总书记在九届全国人大二次会议广东代表团发表的重要讲话精神，要求全市干部群众团结一致，真抓实干，努力争取两个文明建设走在全国前列。

△ 由福建省副省长黄小晶率领的福建省社会保险考察团和副省长判心诚率领的福建省高新技术考察团考察深圳。

　　△　江苏省副省长陈必亭率该省高新技术考察团一行 22 人到深圳考察。

　　3 月 10 日　应深圳市政府邀请，美国微软公司首席执行官比尔·盖茨访问深圳。

　　△　辽宁省副省长刘克田率代表团到深圳考察。

　　△　杭州市委书记李金明等杭州市五套领导班子率代表团到深圳考察。

　　3 月 11 日　中共深圳市委召开政协工作会议。广东省副书记、深圳市委书记张高丽要求深圳政协工作要努力走在全国前列。

　　3 月 18 日　深圳市委副书记李容根在市直机关系统党建工作会议上强调：要认真学习邓小平理论，深入开展"三讲"教育。

　　3 月 20 日　深圳聚豪会高尔夫球会开张。该球会是由被香港中旅集团收购的原宝日高尔夫球场改造而成的。

　　3 月 21 日　深圳市政协二届五次会议召开。

　　3 月 23 日　深圳市二届人大六次会议召开。深圳市市长李子彬做政府工作报告，强调要抓住机遇，知难而上，团结一致，满怀信心迈向新世纪。

　　3 月 27 日　深圳市首届经理人才暨高科技人才招聘会举行。为期 1 天的招聘会共吸引 108 个企业、8275 名应聘者参加。

　　3 月 30 日　市政府推行依法行政责任制。

　　4 月 1 日　深圳市村镇规划建设工作现场会议在龙岗区召开。

　　△　中共中央委员、中宣部常务副部长、中央文明办主任刘云山到深圳宝安考察创建文明宝安区文明村镇活动情况。

　　4 月 2 日　深圳市委发出通知《认真学习贯彻江泽民、朱镕基重要讲话》，团结一心，真抓实干，努力争取全市两个文明建设走在全国前列。

　　△　深圳市政府出台《关于依靠技术进步，推动深圳工业持续发展的若干措施》，对企业技术进步及相关的优惠政策做了明确规定。

　　4 月 5 日　深圳市委成立党风廉政建设责任制领导小组，广东省委副书记、深圳市委书记张高丽任组长，市委副书记、市长李子彬，市委副书记李容根任副组长。

　　△　也门共和国副总统曼苏尔·哈迪访问深圳，表示要进一步加强同深圳的经贸合作。

　　4 月 7 日　中共中央政治局委员、全国人大常委会副委员长田纪云考察深圳。

　　4 月 8 日　深圳市创作的舞剧《深圳故事·追求》作汇报演出，中共中央政治局委员、广东省委书记李长春参观演出，并视察深圳"灯光工程"。

　　△　中国自行设计、施工的第一座超高层现代化建筑——深圳赛格广场封顶。

4 月 14 日 深圳市整顿机关作风工作会议召开。

4 月 15 日 深圳市政府召开二届八次全体会议，提出要确保经济有效增长和社会整体稳定。

4 月 16 日 深圳市组建第二家中外合资外贸企业，中美奥康德国际贸易有限公司成立。

4 月 21 日 全国人大常委会副委员长程思远视察深圳宝安。

4 月 23 日 深圳市委、市政府召开会议，贯彻落实江泽民总书记重要讲话和省电视电话会议精神。

△ 深圳市宝安区与清华大学签署成立"深圳清华大学研究院宝安发展中心"合作协议。该中心将在宝安区科技馆落成。

4 月 26 日 深圳市宝安区召开首届中国国际高新技术成果交易会①发动会，统一布置各部门工作。

5 月 1 日 深圳大梅沙海滨公园一期工程完工并向公众开放。还沙子于市民是市委、市政府为民办实事的一项"民心工程"。

△ 深圳市又一处爱国主义教育基地——中英街历史博物馆开馆。

5 月 4 日 深圳市纪念五四运动 80 周年大会在市体育馆举行，6000 名青年欢聚一堂。广东省委副书记、深圳市委书记张高丽勉励青年在两个文明建设中继续发挥主力军作用。

5 月 5 日 1999 年深圳（春季）房地产交易会结束，有近 6 万人次参观，成交超过 5.5 亿元，创历届交易会新高。

5 月 6 日 深圳市表彰纪检、监察办案人员，广东省委副书记、深圳市委书记张高丽希望纪检监察工作者增强政治意识、大局意识和责任意识。

△ 深圳市政府再次推出扶持外贸措施，市政府常务会议讨论并原则通过了《关于扶持外贸发展，扩大出口的若干规定》。

△ 深圳市人大常委会通过并公布《深圳市经济特区国有独资有限公司条例》，自 1999 年 7 月 1 日起施行。

5 月 8 日 深圳市委召开常委扩大会议，表示坚决拥护中国政府的严正声明，强烈谴责北约轰炸中国驻南斯拉夫大使馆的暴行。

△ 深圳高校师生举行集会和示威游行，愤怒声讨北约血腥暴行，强烈谴责以

---

① 由国家对外贸易经济合作部、科学技术部、信息产业部、中国科学院和深圳市政府共同主办的首届"高交会"，以高新技术成果交易为鲜明特色，面向国际、辐射全国，其内容为三大部分：高新技术成果交易，高新技术产品展示、交易，高新技术论坛。

美国为首的北约的野蛮行径。

5月9日 深圳市各界群众冒雨集会，声讨北约血腥暴行，强烈谴责以美国为首的北约的野蛮行径。

5月11日 深圳市委召开常委扩大会议，学习贯彻中共中央政治局常委、国家副主席胡锦涛的电视讲话。会议还通过了《深圳市一九九九年经济体制改革年度计划》和《深圳市贯彻落实全国党政领导班子建设规划纲要的实施意见》。

△ 广东省"148"法律服务专线推广会在深圳宝安举行。

5月13日 深圳市举行"中国人今天说不"大型广场音乐会，抗议北约暴行，悼念死难烈士。

△ 日本爱普生集团公司与深圳宝恒集团及其子公司福安公司合作的福信工业厂建成投产。

5月14日 23个国家驻港官员访问深圳，重点了解深圳市的投资环境及首届"高交会"筹备情况。

5月17日 新华社记者在《深圳特区报》上发表连续报道：《深圳改革开放启示录》。

5月18日 深圳市委召开常委扩大会议，学习贯彻江泽民总书记重要讲话精神，部署各项工作。

△ 深圳梅龙供水工程通水，日供水量10万立方米。

5月18～20日 1999年广东经济技术贸易洽谈会在香港展览中心举行，深圳宝安共签订工业项目投资总额3726万美元。

5月19日 广东省委副书记、深圳市委书记张高丽率市委、市政府主要领导深入国有企业调研。张高丽提出：争取使深圳的国有企业改革和发展走在全省、全国前列。

△ 深圳市委颁布《关于进一步加强任命政协工作的意见》。

△ 深圳市委宣传部、市文明办公布《深圳市社会公德"七不"准则》。

5月21日 1999年深圳（公明）荔枝交易会新闻发布会在市五洲宾馆举行。

5月22日 深圳市与北京大学、香港科技大学联合，在深圳成立集产业发展、教学培训和科研培训与科研开发于一体的深港产学研基地。广东省委副书记、深圳市委书记张高丽会见北京大学、香港科技大学负责人。

5月24日 以深圳市副市长郭荣俊为团长的深圳市代表团到美国旧金山推介"高交会"。美国高科技企业、风险投资机构、海外留学人员积极参与，称"高交会"提供了极大的商机。

5 月 25 日 深圳市东西向高速交通大动脉——机荷高速公路全线通车。

5 月 25~26 日 中共中央政治局委员、广东省委书记李长春考察深圳，对国企改革做专题调研，认为深圳市在改革国有资产的管理方式和方法、政企分开、公司制度改造和攻克国有企业内部改革重点和难点等 4 个方面的经验，对全省具有普遍借鉴意义。

5 月 26 日 深圳市禁毒工作会议召开，强烈打击贩毒犯罪，遏制毒品蔓延。同时成立深圳市禁毒委员会。

△ 机荷高速公路西段正式通车。至此，全长 44.31 公里，西起黄田国际机场，东接盐田港集装箱码头的机荷高速公路全线贯通。同日，深圳市宝安区科协第二次代表大会召开，选举产生了宝安区科协第二届委员会。

5 月 27~29 日 牙买加总督霍华德·库克访问深圳。

5 月 28 日 深圳市公布 1999 年度最低工资标准，特区内每月 430 元，特区外每月 330 元。

5 月 30 日 深圳市破获"1·19"特大制毒案件，捣毁制毒地下窝点 2 个，抓获 3 名犯罪嫌疑人，缴获海洛因 2450 克、"摇头丸" 7654 粒、"冰毒" 1894 克和制毒工具一批。

6 月 1 日 深圳市委组织部在全市开展"优秀年轻干部推荐月"活动，重点推荐高科技和金融证券企业优秀年轻管理人才。

△ 深圳市举行第三届"十佳少先队员"表彰大会。

△ 深圳市委宣布对涉嫌经济犯罪的原宝安区委书记虞德海①实行"双规"的决定。

6 月 2 日 塞拉利昂总统艾哈迈德·泰詹·卡巴访问深圳，赞扬深圳处处焕发生机与活力。

6 月 3 日 深圳市市长李子彬会见以色列驻华大使南月明，双方表示要加强高新技术等领域的合作。

△ 深圳市政府商务会议提出采取 10 项措施，化解金融风险。

6 月 7 日 在 1999 年广东商品（成都）博览会上，深圳展团成交额 22 亿余元，

---

① 虞德海毕业于武汉水运工程学院。他在 1979 年深圳建设之初即调到深圳蛇口工作，成为中国第一家中外合资企业厂长，曾任蛇口工业区党委副书记；在担任深圳市南山区委书记之前，一度升任深圳市委常委、组织部部长。1998 年年初虞德海调任宝安区委书记后，他几年来的受贿、犯罪事实开始逐渐暴露。1999 年 9 月 29 日他因涉嫌受贿、巨额财产来源不明犯罪被广东省人民检察院刑事拘留，同年 10 月 11 日被逮捕。

并获大会布展特等奖和最佳组织奖。

6月8~10日 深圳市政府召开第五届高级顾问会议,新聘11位高级顾问。

6月9日 广东省委副书记、深圳市委书记张高丽会见美国哈佛大学费正清东亚研究中心主任、哈佛大学亚洲研究所主任傅高义。

6月10日 深圳市委举办澳门形势报告会,深圳市博物馆举行"澳门今昔"拍摄图片展。

6月11日 深圳市委常委会议原则通过《深圳市医疗卫生体制改革方案》。

6月12日 由深圳中国科技开发院开发研制的国内首架飞翼船"天翼一号"投入运营。中国成为继俄罗斯、德国之后第三个拥有实用飞翼船的国家。

△ 深圳沙井镇上星村第三工业宝安区智茂电子厂发生火灾,死16人,伤58人。14日,宝安区在沙井镇召开"6·12"重大火灾事故现场会。

6月15日 德国纽伦堡地区代表团到深圳参加1999年中德(深圳)经济合作研讨会,同深圳签订合作交流协议。

△ 深圳市高速公路收费实现"一卡通"。

△ 深圳市查封禁销奶制品六千袋(罐)。

6月16日 深圳市副市长庄心一代表市委、市政府在全国教育工作会议上发言,介绍深圳教育改革经验。

6月17日 深圳市政府常务会议原则通过《关于规范建设市场,加强工程质量终身责任制的决定》。

△ 深圳蛇口尝试一种全新的劳动人事管理形式——人力资源代理制。

6月18日 深圳市小企业服务中心成立,为小企业服务的五大体系中的四大体系同步启动运作。

6月18日~7月8日 1999年深圳(公明)荔枝交易会在公明举行。自6月始,全宝安区对工业、农村经济、劳动工资等7大专业统计定期报表,全面应用统计信息计算机应用系统录入、处理。

6月20日 深港签署《一九九九年深港两地旅游合作计划书》。

△ 计算机2000年问题首次测试,深圳市各大银行顺利过关。

△ 深圳商报社、市卫生局、市红十字会联合发出《留下光明在人间——关于捐献角膜的倡议》。6月13日,年轻教师向春梅在生命的最后时刻,留下遗言"献出我一切有用的器官",她捐出的角膜使两位盲人重见光明。

6月22日 全国政协主席李瑞环在北京参观中国建筑展深圳展区,称赞深圳市是中国现代化城市的代表。

△ 厦门考察团到深圳考察。

6 月 23 日 深圳市规划荣获 UIA "艾伯克隆比爵士荣誉奖提名奖",世界建筑师协会主席莎拉称赞深圳经验是其他快速发展城市的典范。

△ 新加坡国际资本控股医疗卫生考察团访问深圳。

6 月 25 日 深圳市法院宣判一批走私贩运毒品案,19 名毒犯被判处死刑。

6 月 26 日 农业银行深圳分行推出留学人员专项贷款。

6 月 28～29 日 中共中央政治局常委、国家副主席胡锦涛前往香港参加回归两周年庆祝活动,途经深圳作短暂停留。29 日上午,在李长春、张高丽、蔡东士等的陪同下,视察深圳市容,并听取了张高丽关于深圳中心区和东部建设规划情况的汇报,然后经皇岗口岸去香港。

6 月 29 日 深圳 "高交会" 组委会副主任、常务副市长李德成在北京向各国外交官介绍 "高交会",希望各国外交官介绍更多的海外工商企业界、金融界、科技界的朋友参加 "高交会"。

7 月 1 日 深圳市推出 11 条优惠政策,放宽高新技术企业注册登记政策,包括非深圳籍人员在深圳申请设立高新技术企业,不受户口限制;高新技术成果作价金额可达企业注册资本的 35% 等。

△ 《深圳经济特区国有独资有限公司条例》颁布实行。

7 月 2 日 深圳市政府常务会议通过《关于市高新技术产业园区中西片区控制性规划》,要求建设生态高新技术产业工业园区。

7 月 3 日 深圳市初级保健工作通过省级评审,成为广东省首个实现世界卫生组织提出的 "二〇〇〇年人人享有卫生保障" 目标的城市。

7 月 5 日 以议员安德烈·塞内舒为团长的法国维埃纳省议会代表团一行 10 人抵达深圳访问。

7 月 6 日 全省政协理论研讨会在深圳举行,探讨世纪之交人民政协建设和社会主义民主政治建设的理论问题。

7 月 7 日 深圳市人大常委会发布、施行《深圳市人民代表大会常务委员会关于坚决查处 "黄赌毒" 违法行为的决定》。

△ 深圳市政府召开二届九次全体(扩大)会议,总结 1999 年上半年工作,并对下半年工作做了部署。

7 月 8～13 日 以广东省委副书记、深圳市委书记张高丽为团长的深圳市友好访问团访问了秘鲁、古巴、牙买加等国。

△ 深圳市首届残疾人运动会开幕。

△　深圳市莲花北村被中央文明办、国家建设部共同确认为"全国精神文明创建活动示范点"。

7月9日　深圳市首批20名赴黔支援志愿者载誉而归。

△　由深圳市18万名少先队员捐款20万元兴建的"手拉手希望小学"在贵州省福泉市奠基。

△　深圳市被国家水利部、财政部确定为"全国水土保持生态环境建设示范城市"。

△　斯里兰卡城市发展、住房和建设部部长英迪卡·古纳瓦一行访问深圳。

7月10日　深圳市成立出版物鉴定委员会。

△　深圳市委党校聘请20位国内理论界较有影响的学术带头人为首批客座教授。

7月11~13日　深圳市市长李子彬率团赴上海考察。

7月12日　深圳市人大常委会主任李广镇在五洲宾馆会见了世界最大的拉链制造商——日本YKK集团副总裁西崎诚次郎一行。

7月13日　《深圳市节约用水二〇一〇年规划》通过国家级专家评审。

7月14日　深圳市人大常委会发布《深圳经济特区市容和环境卫生管理条例》，8月11日起开始实施。

△　深圳市市长李子彬率市政府代表团在北京市考察，学习北京市发展高新技术的新思路、新政策、新措施。

7月15日　澳大利亚外长亚历山大·唐纳访问深圳。

△　哈萨克斯坦共和国副总理兼外交部部长托卡耶夫访问深圳。

7月16日　深圳市市长李子彬访问北京大学。

△　香港银行代表团到深圳考察。

7月17日　联合国社会经济发展署总经济事务专员赖尚龙博士一行抵达深圳考察"公司＋农户"扶贫方式。

7月18日　深圳世界之窗荣获国家旅游局、共青团中央命名的首批游览景区"全国青年文明号"称号。

7月19日　广东省委副书记、深圳市委书记张高丽在五洲宾馆会见以巴西社会民主党副主席阿尔贝托·戈尔德曼为团长的巴西社会民主党代表团一行。

△　深圳市市长李子彬在五洲宾馆会见澳大利亚悉尼市副市长曾莜龙一行。

△　第五届全国职工职业道德"双十佳"单位评选在京揭晓，深圳航空公司以总分第一名的成绩荣登十佳榜首。

7 月 20 日　国家计委调研组到深圳调研"十五"规划制定问题。

7 月 21 日　深圳市 187 个外企荣获上年度"全国外商投资双优企业"称号。

△　深圳市召开镇人大换届选举工作总结大会，19 个镇的选民选举产生了第一届人大代表团 977 人。

7 月 22 日　深圳市委召开常委扩大会议，坚决拥护党中央处理和解决"法轮功"问题的重大决策。

△　深圳青岛啤酒朝日有限公司投产。该公司位于松岗镇，由青岛啤酒股份有限公司和日本朝日啤酒株式会社合资。

7 月 23 日　深圳市委发出关于认真学习贯彻《中共中央关于共产党员不准修炼"法轮大法"的通知》和有关文件精神的通知。

7 月 25 日　深圳常务副市长率深圳市政府代表团考察上海。

7 月 26 日　深圳市开展集中清查、销毁"法轮功"出版物活动。

7 月 27 日　广东省委副书记、深圳市委书记张高丽会见来访的荷兰国际集团国际金融服务部亚太地区总经理施文达一行。

7 月 28 日　深圳市委发出《关于抓紧处理和解决"法轮功"问题，在全市党员中开展一次学习教育活动的实施意见》的通知。

△　广东省高级人民法院终审判决原深圳市劳动局局长林永忠有期徒刑 10 年。

7 月 29 日　深圳市政府召开常务会议，总结市政府代表团赴上海、北京考察高新技术产业发展情况。

7 月 30 日　广东省委副书记、深圳市委书记张高丽在五洲宾馆会见来访的泰国正人集团董事长谢国民一行。

△　广东省第五届大学生运动会在深圳大学开幕。

8 月 1 日　《深圳经济特区市容和环境卫生管理条例》开始实施。

8 月 2~3 日　深圳市国企改革交流会在市人大会堂召开，与会者就国企改革和发展等问题进行了交流。

8 月 4 日　市政府常务会议原则通过了《深圳市农村电力体制改革实施方案》，确定年内实现全市城乡供电一体化管理。

8 月 5 日　深圳市引进高科技人才工作取得重大突破。以中国工程院院士牛憨笨为首的西安光机所电子学科的 16 名科研人员调入深圳大学，组建信息技术研究所。

8 月 6 日　深圳市文明委召开全体会议，号召全市人民把创建文明城市活动进一步引向深入；会议将改造后的福田 800 米绿化带命名为"深圳中心公园"，目标是建成城市生态景观和风景走廊。

8月8日 深圳市中心医院开业。医院按三级甲等医院标准建设，是市委、市政府为民办实事的重点工程。

8月10日 深圳出入境检验检疫局挂牌。标志着延续了80年的商品检疫、动植物检疫、卫生检疫"各自为检"的口岸体制结束。

8月12日 深圳市人大常委会召开《市人大常委会关于坚决查处违法建筑的决定》实施情况汇报会，要求各执行部门加大查处违法建筑力度。

△ 中国海运集团第二条"远东—欧洲"航线在深圳开通。

△ 1999年深圳现代物流国际研讨会召开，确定平湖物流基地为全国首个"物流实施基地"。

8月16日 深港产学研基地首批8个项目正式签约启动，内容涉及高科技产业多个领域。

8月17日 深圳市"同富裕工程"工作总结大会召开。"同富裕工程"实施3年来成效显著，近八成欠发达农村人均集体分配收入超过2000元，达到市委、市政府制定的脱贫目标。

△ 深圳市市长李子彬会见巴拿马第一副总统阿国罗·巴利压里诺博士一行。

△ 第十七届中国电视"金鹰奖"颁奖晚会在深圳举行。深圳市动画片《小糊涂仙》，纪录片《中国博物馆》，电视剧和歌曲《花季·雨季》、《走进新时代电视文化文艺》等5件作品获单项奖。

8月18日 深圳市二届人大常委会第三十四次会议审议了《深圳经济特区防止海域污染条例（草案）》、《深圳经济特区消防条例（草案）》等一批法规草案。

8月19日 深圳市委、市政府召开台商代表座谈会，与在深圳的20多位台资企业代表进行面对面交流、恳谈，了解台商在深圳投资情况，解决企业发展中遇到的困难和问题，致力于为企业营造更宽松的投资环境。

8月21日 中国国际高科技成果交易会展中心正式启用，第六届深圳国际家具展在此隆重开幕，来自深、港、台及珠江三角洲地区的家具制造、木工机械等行业的250个企业参展。

8月22日 深圳建市以来正面影响深圳市的强度最大的台风——"9908"号台风于下午5时20分在深圳市大鹏湾登陆，登陆最强风力达12级，深圳机场关闭1小时，30多个航班延误。台风造成全市直接经济损失约1.5亿元，但同时也缓解了旱情，各大小水库蓄水3000万立方米。

8月25日 深圳市首届"十佳廉内助"评选产生。

△ 深圳境外风险基金正式启动。

8 月 26 日 深圳市第一个创业投机机构"深圳市创新科技投资有限公司"正式宣告成立。

8 月 26～31 日 广东省经济特区和珠江三角洲改革开放工作座谈会在深圳举行。8 月 31 日深圳市委召开常委扩大会议,传达该座谈会精神,要求深圳成为建设有中国特色社会主义示范市,率先基本实现现代化。

8 月 27 日 深圳青年"赴黔支教"扶贫计划第二批志愿者启程奔赴贵州省黔南贫困山区,开展为期 1 年的中小学教育服务。

△ 由越共中央委员、越南胡志明共青团中央第一书记武重金率领的越南胡志明共青团代表访深。

8 月 28 日 知识经济论坛第五次大会在深圳举行,于光远等著名经济学家及部分深圳企业家就知识经济目标的宏观环境、微观操作及产业展望发表系列演讲。

△ 深圳光驱工程 ICCAD 技术中心落户宝安。该中心由深圳清华大学研究院宝安发展中心与 AVANTI 公司、清华大学微电子研究所合作而办。

8 月 28～29 日 深圳市宝安区劳动局联合举办首届 1999 年深圳中高级人才招聘会群英会。

8 月 30 日 深圳市政府召开农村基层组织建设工作会议,提出进一步做好村务公开、民主管理工作,推进镇级政务公开,要求年底前全面实行镇级政务公开。

8 月 31 日 第三届中国黄金及贵金属年会在深圳召开。深圳黄金珠宝行业每年为国内加工、批发黄金 60 吨,约占全国的一半,承接境外加工黄金 35 吨、白银 50 吨,加工能力居全国之首。

9 月 1 日 深圳市 5 万名 6 岁儿童进学堂。6 岁儿童入学是深圳市政府为民办的 10 件实事之一。

△ 深圳市计算机 2000 年工作大检查结束,深圳电网顺利通过联合测试。

9 月 2 日 深圳市党史工作会议召开。会议要求现阶段要继续做好民主革命时期和社会主义时期的党史资料征集、研究工作,争取 2008 年编写完成"中共深圳地方党史"。

9 月 2～3 日 厄瓜多尔总统哈米尔·马瓦德·维特访问深圳。

9 月 3 日 为期 2 天的深圳市首届舞蹈大赛结束,深圳歌舞团的《深圳故事·追求》,锦绣中华发展有限公司的《绿宝石》等作品获奖。

△ 深圳市中心区综合规划确定。

9月4日 德国、荷兰、法国、瑞士、英国、丹麦欧洲6国联合在深圳举办"商旅欧洲—神采飞扬"旅游招商会。

9月5日 中共中央党校副校长郑必坚到深圳考察。

9月6日 深圳市市级领导班子和领导干部"三讲"教育①动员大会在市人民大会堂召开,全市300多人参加了会议。广东省委副书记、深圳市委书记张高丽强调:开展以"讲学习、讲政治、讲正气"为主要内容的党性党风教育,事关全局,影响深远,是一项重要的政治任务。

9月7日 中国第一个BOT项目——沙角B电厂移交给深圳市能源公司。

9月8日 深圳市委做出了《关于向柳献共②同志学习的决定》。

9月9日 深圳首个政府特派企业监事会——市自来水(集团)公司监事会成立。

9月10日 深圳市委召开常委扩大会议,传达朱镕基对深圳的重要指示。

△ 深圳虚拟大学园在高新技术产业园区开园。首批进入园区的大学有:中国科技大学、中国工程学院、北京大学、深圳大学等22所名校。

9月11日 深圳市通过全国城市卫生综合检查团检查。检查团认为深圳市爱国卫生、环境综合整治、环境保护等多项工作领先全国。

9月12日 深圳女子举重选手邱红霞在第四届城运会中先后4次超3项世界及亚洲纪录,并以总成绩202.5公斤夺得第一枚金牌。

9月13日 在广东省精神文明建设表彰电视电话会上,深圳荣居广东省文明城市之首。

△ 在加拿大首都渥太华召开的国际地图制图协会第十九次大会上,深圳市规划国土局编制的《深圳市地图集》获得"杰出地图作品奖"。

9月13~14日 全国人大常委会副委员长彭佩云在深圳考察。

9月15日 深圳市创作的歌曲《走进新时代》、歌剧《花季·雨季》和广播剧

---

① 1995年11月8日,江泽民在北京视察工作时指出:"根据当前干部队伍的状况和存在的问题,在对干部进行教育当中,要强调讲学习,讲政治,讲正气。"11月25日,《人民日报》发表题为《讲学习讲政治讲正气》的评论员文章,指出:讲学习,主要是学理论,学知识,学技术,首先是学理论;讲政治,包括政治方向、政治立场、政治纪律、政治鉴别力、政治敏锐性;讲正气,就是要继承和发扬我们党在长期革命和建设事业中形成的好传统、好作风,坚持真理,坚持原则,坚持同一切歪风邪气和各种腐败现象做斗争。1996年,党的十四届六中全会做出决定,对县处级以上领导干部进行一次以讲学习、讲政治、讲正气为主要内容的党性党风教育。这次为期3年的教育活动,发扬了延安整风运动的精神,采取自上而下,分期分批进行,党内的批评和自我批评相结合的方式,使全党同志,尤其是领导干部受到了一次深刻的党性党风教育,达到了预期的效果。

② 1998年8月19日,福田区人民医院医生柳献共在赴湖北抗洪救灾途中因公殉职,终年43岁。

《抬头一片天》等 5 部文艺作品获得全国"五个一工程"①奖。

9 月 16 日 深圳市获中央文明委"全国创建文明城市工作先进城市"称号。

9 月 16 ~ 17 日 9910 号台风袭击深圳市。

9 月 20 日 中国科普研究所所长袁正光教授在宝安做《新世纪科技发展及对世界和中国经济提出的挑战》的科普报告。

9 月 23 日 珠海市代表团到深圳考察。

△ 深圳市政府常务会议通过修订的《关于进一步扶持高新技术产业发展的若干规定》。

9 月 25 日 世界上唯一一座迁地保存的化石森林在深圳仙湖植物园落户。这些化石树木有 400 多株,来自辽宁、内蒙古、新疆,树龄有 1.6 亿 ~ 1.7 亿年。

△ 深圳赛格日立超大屏幕彩管项目投产,填补了国内这一领域生产的空白。该项目年生产 34 英寸彩管 40 万只,占国内当时进口总量的 1/3。

△ 深圳市二届人大常委会第三十五次会议召开,通过任命宋海为副市长的决定和省人民检察院《关于提请许可对虞德海采取强制措施的报告》。

9 月 26 日 中国第一条高清晰数字电视生产线在深圳康佳集团启动。

9 月 27 日 深圳观澜至公明一级公路建成通车。

9 月 28 日 深圳滨海大道全线通车。全长约 10 公里,总投资 30 多亿元。

△ "崛起的深圳"成就展在深圳市开幕,宝安展馆以科技色彩浓厚备受注目。

△ 深圳中心公园、笔架山公园对游人正式开放。

9 月 29 日 在中央民族工作会议上,深圳市人民政府被授予"全国民族团结进步模范集体"称号。

△ 深圳市委、市政府隆重集会,热烈庆祝新中国成立 50 周年,各界代表 1000 余人参加,文艺工作者表演了大型文艺节目"祖国,深圳对你说"。此前,举办了深圳改革开放历史和建设成就展"崛起的深圳",并在电视台播放《共和国的窗口》电视片。

---

① "五个一工程"是由中共中央宣传部组织的精神文明建设评选活动,自 1992 年起每年举行一次,评选上一年度各省、自治区、直辖市和中央部分部委,以及解放军总政治部等单位组织生产、推荐申报的精神产品中 5 个方面的精品佳作。这 5 个方面是:一部好的戏剧作品,一部好的电视剧(片)作品,一部好的图书(限社会科学方面),一部好的理论文章(限社会科学方面)。并对组织这些精神产品生产成绩突出的省、自治区、直辖市党委宣传部和部队有关部门,授予组织工作奖。对获奖单位与入选作品,颁发获奖证书与奖金。1995 年度起,将一首好歌和一部好的广播剧列入评选范围,"五个一工程"奖的名称不变。

9月29日 深圳宝安区委、宝安区政府举行庆祝中华人民共和国成立50周年暨专题文艺晚会，晚会后在新城大道、甲岸西路、兴华西路举办大型音乐焰火晚会。

9月30日 深圳市委、市政府召开党政领导干部大会，传达贯彻十五届四中全会和省委八届四次全会精神。全市1300多名正处级以上干部参加会议。

△ 深圳东门老街经过3年的改造后正式开放。东门步行街一期工程占地面积为17.6万平方米。

10月1日 深圳市及全国各地离休干部，即日起在深圳市享受6项优惠待遇，主要有免票进入锦绣中华等11个主题及其他文化场所，速诊及免费乘坐公共汽车等。

△ 深圳笔架山公园开放。

△ 深圳中心公园一期改造工程竣工，并正式开园。公园占地68万平方米，新种各种灌木70万株、乔木1.2万多棵，新铺草地64万平方米。

10月4日 中共中央政治局委员、广东省委书记李长春与省委副书记、省长卢瑞华考察深圳市精神文明建设情况，察看了福永镇文化艺术中心、万福广场、松白公路、观公公路、公明广场、观澜高尔夫球会。

10月5日 首届中国国际高新技术成果交易会开幕。

10月5~7日 朱镕基总理在深圳市考察。

10月5~10日 首届中国国际高新技术成果交易会①在深圳市举行。朱镕基总理出席开幕式并致辞。交易会主要包括高新技术成果交易、高新技术产品展览、招商引资、信息交流等内容。

10月5~19日 全国政协副主席陈锦华到广东参观、考察。期间，在深圳出席了"高交会"开幕式及"高交会"展览馆开馆仪式。18日，出席在深圳麒麟山庄举行的全国政协港澳地区委员座谈会。

10月6日 中国国际高新技术成果交易会展览中心开馆。中共中央政治局候补委员、国务委员吴仪出席开馆仪式。

△ 第八届深圳大剧院艺术节开幕。

10月7日 深圳北大生物谷②在深圳高新技术产业园区奠基。

---

① 据不完全统计，首届交易会成交1459项，约64.94亿美元，其中高新技术项目成交1030项，成功实现了大规模、高水平、国际性的既定目标。"高交会"是继中国出口商品交易会（广州）、中国投资贸易洽谈会（厦门）之后又一个国家级交易会。

② 它是深港产学研基地合作协议的首批重点项目，是深圳市重点扶持的四个高科技项目之一，计划投资7亿元，占地9万平方米，设计3年内投产。

　　△　深圳清华大学研究院大楼在深圳高新技术产业园区落成。该院是由深圳市与清华大学在 1997 年共同创办的，清华大学已有 30 多项成果在深圳实现产业化。

　　△　朗讯科技（深圳）有限公司暨宽带网络研发中心在深圳成立。该中心投资 900 万美元，是当时中国最大、世界一流水平的宽带网络研究中心。

　　10 月 8 日　深圳国际商业机器技术产品有限公司在福田保税区开业。该公司是全球最大的信息技术跨国公司 IBM 在中国投资最大的生产型企业，总投资达 3 亿美元。

　　10 月 15 日　深圳市卫生体制改革工作会议召开，对全市卫生体制改革进行了部署。

　　△　深圳市考古队在南山发现新时期时代人类遗址，证明至少 6000 年前深圳已有人居住。

　　10 月 15～22 日　环境经济与政策高级培训班在深圳宝安举办。世界资源研究所所长乔纳森·莱什，世界银行副行长因·约翰逊做演讲。

　　10 月 16 日　马里总理易卜拉欣·凯塔访深。

　　10 月 17 日　深圳政府审批制度改革全部完成。政府部门审批事项由原来的 723 项减少为 305 项，核准事项由 368 项减少为 323 项。

　　10 月 18 日　深圳女企业家王一莉①荣获"世界杰出妇女"奖。

　　10 月 19 日　深圳市委、市政府领导班子和领导干部"三讲"教育会议召开。

　　10 月 21 日　深圳华侨城旅游度假区被评为全国文明风景旅游区示范点。

　　10 月 22 日　《深圳市海域开发利用总体规划（1998～2010 年)》通过专家评审。

　　10 月 25 日　为期 20 天的第八届深圳剧院艺术节圆满结束。艺术节期间，上演了 10 台共 13 场中外舞台艺术剧目，9 部 15 场外国名著影片专场，并举办澳门美术作品展。

　　10 月 27 日　由汤姆逊集团、日本 NEC、美国微软、AT&T 和法国卫星电话设备

---

　　①　王一莉是深圳绅鸿佳实业有限公司的总裁。多年来，王一莉满怀执着与激情，投身社会公益事业，致力于中国人口文化促进事业。她担任世界华人工商促进会副会长、中国人口文化促进会常务理事兼副秘书长、亚太国际人口文化教育基金会会长，还在亚太经合组织中国联席会议人力资源分会主持工作。1999 年 10 月 18 日，由世界妇女联盟组织主办的首届世界企业妇女高峰会议在美国华府隆重举行。来自 97 个国家的 1700 名代表参加了会议。会议选出了 18 位世界杰出职业妇女获奖者。王一莉女士是中国唯一获此殊荣的当代职业女性。为此，全国人大常委会副委员长彭珮云特地致函祝贺：王一莉女士在世界职业妇女环球高峰会议上荣获世界杰出职业妇女奖"是王一莉女士的光荣，也是中国妇女的光荣"。

公司 5 家大企业合资成立的汤姆盛光学主件（深圳）有限公司正式投产运行。

△ 中国客家文化节在深圳龙岗区的龙城广场开幕。

10 月 28 日 中法合资的目前中国最大的太阳能产品开发基地落户深圳。

△ 铁行渣华（中国）船务有限公司深圳分公司成立。

△ 深圳市政府商务会议通过《关于建立深圳市小企业信用担保中心工作方案》和《深圳市小企业信用担保中心章程》。会议还决定，在龙岗大工业区设立高新技术出口加工区。

10 月 29 日 国家文化部对全国公共图书馆进行评估定级，深圳图书馆、宝安区图书馆、南山区图书馆和罗湖区图书馆被评定为"一级图书馆"。

△ 第二十届福特世界超级模特大赛中国特别赛区"显著杯"总决赛在深圳结束，16 岁超女张特获冠军。

△ 深圳机场推行的"成本探底"管理模式为国有企业改革提供了成功经验，国务院民航企业调研组到深圳做专题调研。

10 月 30 日 深圳市市长李子彬会见美国沃尔玛零售连锁集团总裁首席执行官大卫·格拉斯。格拉斯表示：沃尔玛投资深圳乃至中国，不是短期行为，而是有一整套长期的策略和计划。

10 月 31 日 全国妇联副主席田淑兰到深圳调研，深圳"廉内助"活动经验将在全国推广。

△ 深圳地铁一期工程初步设计通过审查，市地铁工程进入全面实施阶段。

11 月 1 日 深圳特区报业集团挂牌成立。

△ 5000 多名干部、职工参加"深圳市第 12 届长跑日活动暨宝安区奔向新世纪，迎澳门回归，迎九运长跑运动"。

△ 中国长城计算机深圳股份有限公司与石岩镇深圳同富康实业发展公司签订兴建高科技产业基地合约。

11 月 2 日 深圳市委召开"五长"① 交流轮岗会议。根据市委决定，邱秋华到宝安任宝安区委常委、组织部部长，侯黎明到宝安任宝安区检察院检察长，原宝安区委常委、组织部部长麦旺枝到龙岗区交流，原检察长文树发到南山区交流。

△ 全球最大的航空快递公司——美国联邦快递航班深圳首航仪式在黄田国际机场举行。联邦快递每周将有 5 个航班起降深圳。

△ "中英街"联检大楼启用，人车通行环境大为改善。

---

① "五长"是宝安区纪委书记、组织部部长、法院院长、检察院检察长和公安分局局长。

11 月 3 日　中国文联副主席、党组书记高占祥到深圳考察。

△　《梧桐山风景区总体规划》获广东省政府批准，风景区总面积为 31.8 平方公里。

11 月 4 日　全国政协副主席李贵鲜考察深圳深鹏公司，指出发展农业高科技前景广阔。

11 月 6 日　深圳电视台沈璐和深圳广播电台胡晓梅获第四届全国十佳节目主持人"金话筒"奖。

11 月 7 日　深圳中兴通讯股份有限公司与南斯拉夫大型电信企业 BK 集团签订 2.25 亿美元的移动通信设备出口合同。这是国产移动通信设备首次大规模出口。

△　深圳华为技术有限公司推出世界最大容量移动交换系统。

11 月 9 日　IBM 公司①与深圳黎明网络结盟，共同发展中国电子商务市场。

11 月 11 日　首次"全球脑库论坛——二十一世纪的中国与世界"在深圳举行。来自美、德、日、加、澳等 10 多个国家和地区"脑库"的精英共商 21 世纪发展大计。中共中央政治局委员、中国社会科学院院长李铁映到会并致辞。

11 月 12 日　广东省高新区技术创新研讨会在深圳举行。

11 月 16 日　深圳市妇联荣膺"全国妇联系统先进集体"称号。

11 月 18 日　由深圳西乡镇政府和福中福服装批发市场联合开发的福中福商业服务批发市场开业。该市场商铺面积为 5.5 万平方米，是华南地区宝安区单体店规模最大的服装批发市场。

11 月 22 日　深圳市二届人大常委会第三十六次会议通过《深圳经济特区行业协会管理条例》。

△　深圳清华大学研究院电子设计自动化与网络应用技术重点开发实验室正式启动。

11 月 24 日　为期 3 天的广东省第七次市、县（区）社科联交流会在深圳市举行。

△　深圳盐田区民科企业安多福公司以商标抵押，获得首期 40 万贷款，首开商标抵押科技贷款的先河。这是深圳市扶持高科技产业的尝试之一。

11 月 26 日　为期 4 天的 1999 年中国深圳国际住宅与建筑科技展示交易会在深圳市开幕。该交易会由建设部、科技部、中科院联合主办，深圳市承办，参展企业

---

①　IBM 公司即国际商业机器公司，1911 年创立于美国，是全球最大的信息技术和业务解决方案公司，业务遍及 160 多个国家和地区。

400 多个。交易会签订协议项目 100 余项、金额 19 亿元，现场成交额 12.7 亿元。

△ 深圳市南山区被评为全国首批科普示范城区。

11 月 26~28 日 21 世纪中国农村初级卫生保健与社区卫生服务研讨会在沙井镇召开。

11 月 28 日 深圳"三检合一"① 机构改革完成。深圳市出入检验检疫局下属的 10 个分支机构同时挂牌办公。

△ 中共中央政治局委员、全国人大常委会副委员长姜春云到深圳进行立法（草案）调研，认为深圳市许多立法在全国具先行性和突破性。

11 月 29~12 月 1 日 深圳市委召开二届九次全体（扩大）会议，总结市级领导班子和领导干部"三讲"教育工作，部署局处级领导班子和领导干部的"三讲"教育和国企改革，并确定 2000 年工作目标，决定 2000 年第二季度召开第三次党代会。

12 月 1 日 中共中央政治局委员、全国人大常委会副委员长田纪云考察深圳高新技术产业。

12 月 2 日 历时 1 个月的深圳市"世纪慈善募捐"活动结束，共募捐得人民币 3000 多万元。

12 月 3 日 26 位在科技、文化、教育、卫生领域做出突出贡献的优秀人才被深圳市政府授予"深圳市优秀专家"称号。

△ 位于深圳观澜镇的市残疾人劳动就业基地——爱民工业园竣工。工业园投资 2800 万元，面积 2.26 万平方米。

12 月 5 日 由国家信息中心和中国交通运输协会合建的"亚之桥"深圳网络中心成立。至此，全国货运信息服务网正式覆盖深圳。

12 月 8 日 由深圳市政府和哈尔滨工业大学联合举办的"深圳国际院士论坛暨高新技术项目发布会"在深圳市举行。

12 月 9 日 以深圳市市长李子彬为团长的深圳市代表团赴以色列参加"以色列—中国深圳通讯业圆桌会议"。

12 月 11~15 日 江苏省委书记、省人大常委会主任陈焕友率江苏代表团一行 48 人到深圳考察。

12 月 13 日 盐田区政协成立。

---

① "三检合一"，即将口岸商检、卫检、动植检三个部门合并，统一对出入境的人员、交通工具、运输设备以及货物、邮包、行李等物品实施检疫检验和监督管理。

12 月 15～20 日 以贵州省委书记刘方仁为团长的贵州省代表团一行考察深圳。17 日，中共中央政治局委员、广东省委书记李长春到深圳，与贵州省代表团座谈，他充分肯定了深圳市在对口扶持贵州方面所付出的努力。

△ 由广东省委宣传部、省社科院和深圳市委、市政府共同举办的"深圳建设有中国特色社会主义和率先基本实现现代化示范市"研讨会在五洲宾馆举行。

△ 深圳市科技进步奖颁奖大会召开，142 项成果获得市科技进步奖。

12 月 16 日 为期 3 天的全国部分省、区、市信息化建设经验交流会在深圳召开。

12 月 17 日 广东省委副书记、深圳市委书记张高丽在深圳会见长江实业（集团）有限公司、和记黄埔有限公司董事局主席李嘉诚。李嘉诚表示：继续用"真金白银"投资深圳。

12 月 17～19 日 在全国科教兴市（县）工作会议上，深圳宝安区再获全国科教兴市先进城区宝安区称号。

12 月 18 日 斐济总理乔杜里访深。

12 月 19 日 为庆祝澳门回归，深圳市民在大剧院举行大型广场文艺活动，载歌载舞欢庆澳门回到祖国怀抱。此前，深圳市、区和各单位分别以图片展览、澳门知识竞赛、文艺晚会等形式举行迎澳门回归活动。还组织拍摄了电视专题片《走进澳门》，在全国各地电视台播放。

12 月 20 日 深圳市荣获"一九九七～一九九八年度全国科教兴市先进市"称号。

12 月 21 日 长城科技研发基地在深圳高新科技产业园区奠基。计划在 2001 年建成年产交互式多媒体计算机 100 万台。

12 月 22 日 深圳市委召开常委扩大会议，传达贯彻省委工作会议精神，总结第四季度工作，部署 2000 年第一季度工作。

△ 深圳市作家林雨纯、郭洪义创作的报告文学《"文明王国"的诗篇》获人民日报"共和国之庆"报告文学奖。

△ 中国商会（协会）在深圳召开会议，研讨商业社团组织改革发展的方向。

△ 深圳宝路华运输集团①成立。

12 月 23～26 日 原中共中央政治局常委、中央军委副主席刘华清视察深圳农

---

① 该集团以宝安区运输总公司为主体，由宝安区安捷公共汽车公司、宝安区交通服务公司等 14 家企业组成。

纪念中国经济特区成立四十周年

国家社科基金重大项目"中国经济特区发展史（1978-2018）"阶段性成果

深圳

经济特区年谱

(1978~2018)

【下册】

CHRONICLE OF
SHENZHEN SPECIAL ECONOMIC ZONE
（1978-2018）

主　编　陶一桃
副主编　王保卫

社会科学文献出版社
SOCIAL SCIENCES ACADEMIC PRESS (CHINA)

体例说明

（一）本年谱按年月日顺序纪事，部分条目根据叙事的需要采用纪事本末的写法。具体时间考订不清的写旬，旬考订不清的写月。用旬、月表述的条目，一般放在该旬、月的起始，有的则视情况酌定。

（二）反映在一段时间内的会议和其他活动的条目，起止时间用"～"连接。

（三）同一时间有多条内容的，在第 1 条开头写明时间，从第 2 条起用"△"号表示。

（四）同一条目中包括不同月日多次活动的，开头用第 1 次的时间，其余各次的时间在行文中出现。

（五）对于正文中出现的人物和事件，如需进一步解释，则在脚注中进行补充说明。

（六）文中重要人物的谈话一般不加引号，如加引号则说明此人当时的谈话被准确记录下来，本年谱对其引用不做变更。

目录
— CONTENTS —

序 …………………………………………………………… 陶一桃 / 1

卷起千堆雪
　　——"丛书"总序 …………………………………… 苏东斌 / 4

第一版序　把改革写在岁月里 ……………………… 陶一桃 / 28

第二版序　制度变迁中的经济发展方式的转变 ……… 陶一桃 / 34

第三版序　为了忘却的纪念 ………………………… 陶一桃 / 41

关于经济特区与中国道路的思考 …………………… 陶一桃 / 49

上　册

1978 年 …………………………………………………………… 1

1979 年 …………………………………………………………… 6

1980 年 …………………………………………………………… 16

1981 年 …………………………………………………………… 23

1982 年 …………………………………………………………… 32

1983 年 …………………………………………………………… 43

1984 年 …………………………………………………………… 65

1985 年 …………………………………………………………… 103

1986 年 …………………………………………………………… 141

1987 年 …………………………………………………………… 174

1988 年 …………………………………………………………… 202

1989 年 …………………………………………………………… 233

1990 年 …………………………………………………………… 254

1991 年 …………………………………………………………… 277

1992 年 ……………………………………………………………… 301

1993 年 ……………………………………………………………… 342

1994 年 ……………………………………………………………… 366

1995 年 ……………………………………………………………… 397

1996 年 ……………………………………………………………… 422

1997 年 ……………………………………………………………… 454

1998 年 ……………………………………………………………… 499

1999 年 ……………………………………………………………… 529

下　册

2000 年 ……………………………………………………………… 551

2001 年 ……………………………………………………………… 590

2002 年 ……………………………………………………………… 622

2003 年 ……………………………………………………………… 658

2004 年 ……………………………………………………………… 689

2005 年 ……………………………………………………………… 722

2006 年 ……………………………………………………………… 747

2007 年 ……………………………………………………………… 779

2008 年 ……………………………………………………………… 824

2009 年 ……………………………………………………………… 884

2010 年 ……………………………………………………………… 945

2011 年 ……………………………………………………………… 996

2012 年 …………………………………………………………… 1033

2013 年 …………………………………………………………… 1059

2014 年 …………………………………………………………… 1087

2015 年 …………………………………………………………… 1125

2016 年 …………………………………………………………… 1175

2017 年 …………………………………………………………… 1205

2018 年 …………………………………………………………… 1252

后　记 ………………………………………………… 陶一桃／1263

2000年

1月1日 深圳市首届"国际风车文化艺术展"在笔架山公园开幕。

1月2日 深圳市第三次归侨侨眷代表大会举行。胡根忠①任侨联主席。

1月3日 深圳塘朗山发现被称为"活化石"的珍稀濒危植物——仙湖苏铁的野生种群,这是世界上首次发现这种野生苏铁种群。

1月4日 深圳市局处级单位"三讲"教育正式铺开。深圳市委召开动员大会,对"三讲"教育进行全面动员和具体部署。

1月5日 深圳市计算机2000年问题工作领导小组办公室召开新闻发布会,宣布市26个防"虫"重点单位的计算机系统已顺利过渡新千年。

1月6日 深圳市政府召开常务会议,研究2000年政府投资项目计划,确保重点工程进度和质量。

△ 全国人大常委会副委员长邹家华考察深圳宝安两个文明建设情况,强调要搞好环境保护,提高人的素质。

1月7日 深圳市政府常务会议原则通过修改后的《深圳市人民政府行政复议

---

① 胡根忠(1943~),印尼归侨,福建安溪人,1960年回国,深圳市农业局副局长。任深圳市光明华侨畜牧场党委书记、场长期间,由于工作成绩显著,调任深圳市农业局局长,担任市"菜篮子"工程建设领导小组办公室主任,蛇口渔港改造工程指挥部副总指挥,宝安两万亩"三高"水产基地建设指挥部副总指挥、东部围海"三高"水产养殖基地工程领导小组组长,为落实深圳市"菜篮子"工程项目重点工程建设做了大量工作,取得了明显成绩。1988年、1991年被评为受深圳市委表彰的优秀共产党员,1991年被评为深圳市优秀经理(厂长)。1989年由国务院侨办、中华全国归侨联合会授予"全国优秀归侨侨眷企业家"称号,并荣获首届"新时期"全国侨界十大新闻人物提名奖。1997年3月成为深圳市有突出贡献的归侨侨眷二等奖获得者。1999年荣获"全国侨务工作先进个人"称号。

工作规则》。

1月8日　伊拉克共和国副总理塔里克·阿齐兹率团访问深圳。

1月9日　深圳康佳集团推出的艺术电视和彩电 DVD 二合一分别荣获拉斯维加斯国际消费电子展"创新 2000 奖"，这是中国消费电子产品首次赢得国际大奖。

1月10日　全国人大常委会副委员长邹家华在深圳视察。

1月11日　深圳市二届人大常委会第三十七次会议闭幕，通过了《关于修改〈深圳经济特区工伤保险条例〉的决定》等有关法规。

△　在民政部、解放军总政治部举办的三年一次的"全国双拥模范城"评比中，深圳市再次被评为"全国双拥模范城"。

1月12日　深圳市委常委、常务副市长李德成会见专程来深圳考察的华润集团董事长谷永江一行。

1月13日　全国人大常委会副委员长邹家华到深圳市龙岗区视察。

△　《深圳特区报》载：深圳旅游业去年年收入逾 200 亿元，约占全国总量的 5%。

△　原深圳市经济发展局能源处处长郝某因涉嫌贪污在深圳市中级人民法院出庭受审。

1月14日　深圳石岩湖高科技产业园设计方案揭晓，英国阿特金斯设计顾问公司中标。

1月15日　"广东省领导干部学法用法经验交流会"在深圳闭幕。

△　中法合作的中国太阳能产品研究生产开发基地项目，为深圳市 2000 年首个工业重点建设项目，一期工程总投资 2.3 亿元。

1月16日　深圳市委发出《关于贯彻党的十五届四中全会精神，进一步加快深圳市国有企业改革和发展的意见》，为深圳下一步的国企改革提出了指导性意见。

1月17日　"全国旅游工作会议"在深圳闭幕。中共中央政治局委员、国务院副总理钱其琛出席会议，并听取市政府负责人汇报深圳黄金海岸规划情况。

1月18日　深圳市委召开常委（扩大）会议，传达中纪委四次全会和全国组织部部长会议精神。

△　深圳洲石公路剪彩通车。该公路全长 41 公里，总投资 2.5 亿元，分洲石段和料长段。洲石段西起西乡镇鹤洲村，东至石岩村与松白公路相连接，料长段自料坑村到公明镇玉律村。

1月19日　深圳市人大常委会和市委组织部联合召开会议，部署市三届人大代表选举工作。

1 月 20 日　全国公安边防部队 2000 年工作会议在深圳召开。

1 月 21 日　外资保险公司首次获准在深圳开展业务，美国友邦保险有限公司①、美亚保险有限公司②的深圳分公司正式开业。

△　深圳市妇联召开二届三次执委会，胡利群当选为市妇联主席。

1 月 22 日　在广东省九届人大三次会议上，卢瑞华省长所做的《政府工作报告》中 5 次提到深圳，首次赋予深圳文化产业中心使命。

1 月 24 日　深圳市领导率领的深圳市拥军慰问团赴广州慰问子弟兵。

1 月 25 日　全国首个合伙试点公证处——深圳市至信公证处成立，标志着全国公证体制改革迈出了重要一步。

1 月 26 日　全国人大常委会副委员长丁石孙视察深圳。

△　为加快"863"高科技成果产业化，国家科技部命名第一批共 16 个 863 计划产业基地，深圳科兴生物制品公司、深圳雷地科技公司名列其中。

1 月 27 日　深圳市委副书记李容根和副市长卓钦锐分别带领市委、市政府春节慰问团，前往革命老区——龙岗区葵涌镇和坪山镇慰问。

△　深圳市加工贸易出口先进单位排出座次，宝安区沙井镇为"出口第一镇"，西乡镇草围村成为"出口第一村"，希捷科技公司则继续排在出口百强的第一名。

1 月 28 日　深圳市委常委、常务副市长李德成会见了英国西屋公司屏蔽门总裁卡伦劳多一行。日前，世界著名的地铁设备生产厂家英国西屋公司已与深圳地铁公司、深圳方大公司达成了合作协议。

1 月 29 日　深圳市法院系统召开总结表彰大会，1999 年全市两级法院结案率达 89%。

1 月 30 日　国家广告法实施五年来，深圳市广告业已发展成新兴信息产业，营业额达 18.04 亿元。

2 月 1 日　中国工程院徐大撤、郑超、倪嘉缵 3 位院士落户深圳。

2 月 2 日　亚洲首座四维影院在深圳欢乐谷建成，深圳市委常委、宣传部部长白天出席剪彩仪式。

2 月 3 日　深圳市委副书记、市长李子彬，市委副书记李容根等参加第六届"深圳是我家"系列活动之一——"东南西北大拜年"，向外来劳务工拜年。

---

① 美国友邦保险有限公司（简称"友邦保险"或"AIA"）是美国国际集团（AIG）的全资附属公司，自 1931 年在上海创立以来，已服务亚洲地区的广大客户七十多年之久。

② 美国美亚保险公司（AIU）为美国国际集团（AIG）的全资成员公司，不仅是美国最具规模的工商业保险机构，也是首屈一指的国际性保险公司。

△ 中国证监会副主席陈耀先率发行部负责人到深圳一批高新技术企业进行专题调研，了解企业上市改制工作的运行情况。

2月4日 深圳市领导张高丽、李子彬分别慰问了春节期间坚守工作岗位的干部、职工，并致以节日的问候。

2月6日 中共中央政治局委员、广东省委书记李长春，广东省委副书记黄丽满一行在深圳市委副书记李容根等陪同下，看望了在深圳休息的习仲勋等老同志。

2月8~14日 全国人大常委会委员长李鹏在深圳考察，要求深圳在加快经济建设的同时，继续加强精神文明建设，搞好依法治市，争取把深圳建成文明、美丽的现代城市。

2月10日 李鹏视察了广东大亚湾核电站并察看了岭澳核电站施工现场，会见了广东核电以及参加核电建设和生产服务的代表，听取了广东核电集团董事长昝云龙关于广东核电生产、建设和发展的情况汇报。[1]

2月11日 《深圳特区报》载：中国科技成果重点推广示范单位之一的深圳迪科公司日前正式与荷兰爱迪德公司结成伙伴关系，双方将共同开发技术和国内外市场。

2月13日 李鹏听取了深圳市委、市政府的工作汇报，并与深圳部分高科技企业的管理和技术负责人座谈。[2]

2月14日 国务院法制办日前正式批复广东省法制局，同意广东省政府在深圳市开展城市管理综合执法试点工作，综合执法在全市范围推开。

2月15日 深圳市第二次文物普查试点工作结束，共发现古代遗址16处和古建筑群373处。

△ 国内首只百元股票在深诞生，深圳上市公司亿安科技以104.39元报收。

2月16日 深圳市人大常委会主任李广镇、副主任张余庆一行到宝安区调研，强调镇村要全面实施政务公开。

△ 福州市委副书记、市长翁福琳率代表团来深圳考察。

2月17日 深圳市委召开全市党员领导干部大会，学习李鹏委员长视察深圳重要指示，部署做好贯彻落实工作。

△ 市教育局公布切实减轻义务教育阶段学生过重负担的八项要求和多条保障。

2月18日 在美国硅谷生活、工作多年的任建、王涛等5位科技精英正式加盟

---

① 《人民日报》（2000年2月15日第1版）对李鹏的讲话进行了报道。
② 《人民日报》（2000年2月15日第1版）对李鹏的讲话进行了报道。

深圳创维集团。

△　全球"500强"之一的阿尔卡特公司中国有限公司总裁戴伯松先生专程到深圳拜会常务副市长李德成，并就与深圳特发公司光纤合作项目进行探讨。

△　市长办公会议决定：享受最低生活保障制度的家庭，其在义务教育阶段的子女，这个学期入学全部免收杂费和代收费，1999年以来曾得到民政部门临时救济的困难家庭子女，入学也同样优惠。

2月20日　深圳龙岗区大鹏镇以"花红、海碧、草绿、城美"的特色被建设部授予"全国城镇建设先进镇"称号。

2月21日　深圳市委"三讲"教育领导小组发出通知，要求全市各级党委认真学习贯彻江泽民总书记讲话精神。

2月21～22日　江泽民抵达深圳考察。先后视察中兴通讯公司等5家高科技企业，并考察南岭村，登上莲花山公园，参观东门商业步行街。在南岭村勉励大家"致富思源，富而思进"。

2月22日　江泽民总书记在深圳会见了土耳其大国民议会议长耶尔德勒姆·阿克布卢特一行。

2月23日　深圳市委召开常委（扩大）会议，认真学习贯彻江泽民总书记重要讲话精神，把"三讲"教育进一步引向深入，省委副书记、市委书记张高丽主持会议并讲话。

2月24日　深圳市政府常务会议讨论并原则通过了《深圳市教育发展十年规划》，要求2005年基本实现教育现代化。

△　由国家财政部组织的"财政部企业破产关闭财政政策研讨会"在深圳举行，来自全国24个省、市财政部门的有关负责人进行了交流与研讨。

2月25日　深圳市政府与哈尔滨工业大学联合创办"深圳国际技术创新研究院"，该院将引入哈尔滨工业大学和俄罗斯、乌克兰8所著名院校科研成果来深圳实现产业化。

2月26日　深圳科兴生物制品公司国家"863"计划成果产业化基地在深圳北大生物谷举行揭牌仪式，这是科技部公布的16个"863"成果产业基地中首个揭牌的基地。

△　深港产学研基地第二批产业发展项目签约。

2月29日　深圳市"人民满意的公务员"评选活动结束，市政府举行表彰大会，授予严显照、吴慧燕、廖志雄、李伟文、廖国样、陈锡桃、徐作棠、朱丽莲、邬燕梅和张建安10位同志"人民满意的公务员"称号。

3月2日 深圳市委召开常委（扩大）会议，传达、学习江泽民总书记在广东视察时所做的重要讲话精神。

3月3日 深圳市党政领导干部大会在深圳会堂举行。会议认真传达、学习贯彻江泽民总书记在广东视察时的重要讲话精神，张高丽部署贯彻落实措施。

△ 深圳市第二届人民代表大会常务委员会通过《深圳经济特区环境保护条例》和《深圳经济特区授予荣誉市民称号规定》。

3月5日 由共青团深圳市委、万厦居业有限公司联合推出的"青年文明号"助万家服务集市活动在梅林一村住宅区举行。

3月6日 广东省委副书记、市委书记张高丽会见古巴驻华大使阿尔韦特·罗德里格斯·阿鲁费一行，对古巴与深圳的首个合资公司——深圳拉美国际物流有限公司的成立表示祝贺。

△ 恒生银行①深圳分行开业。

3月7日 深圳市妇联举行庆祝"三八"国际劳动妇女节90周年暨"巾帼文明示范岗"授牌大会。

3月8日 深圳市委召开全市"三讲"教育暨组织工作会议，传达贯彻全国组织部部长会议和全省"三讲"教育暨组织工作会议精神。

△ 深圳市招商委员会第二次全体成员会议召开，决定加大招商引资力度，拓展引资领域，使外资"引得进、批得快、管得好、留得住、长得大"。

3月9日 深圳市纪委举行第十次全体会议，提出要再接再厉，努力把深圳党风廉政建设和反腐败工作提高到一个新水平。

3月11日 中共北京市委常委、北京市纪委书记程世峨率北京市纪委考察团来深圳考察。

3月12日 ISO14001计算机协助机构在深圳诞生。

3月14日 新加坡科技代表团访问深圳。

△ 《深圳特区报》载：深圳市将建立主攻电子信息产业尖端核心技术、培养IT产业顶尖人才的国际性科技大学。拟建的科技大学将采用国际合作联办方式，快速从高科技产业开发和人才培养两个方面达到国际领先水平。

3月15日 深圳地铁一期工程设计方案最终确定。一期工程预计投资105.854亿元，由1号线（罗湖口岸至黄田国际机场）和4号线（皇岗口岸至观澜）的一部分组成，沿线设车站18座，全长19.47公里。地铁土建工程已相继动工，预计到

---

① 恒生银行于1933年3月3日由何善衡等人创立，现为香港第二大银行，总行位于中环德辅道中。

2004 年 6 月建成通车，并与香港九广铁路及西部铁路接轨。

△　深圳市政府决定，从 2000 年起为在博士后工作站工作的博士后每人每年发放 5 万元的工作、生活补贴。

△　深圳市中级人民法院委托龙岗区人民法院在平湖镇举行公开宣判大会，29 名犯有杀人、抢劫等各种罪行的罪犯受到法律制裁，其中罪行特别严重的 15 名罪犯被执行枪决。

△　全国政协原副主席马文瑞在深圳市有关领导的陪同下到宝安福永视察万福广场。

3 月 16 日　"1999 年度地方志工作先进单位和个人表彰大会"召开，深圳市委副书记李容根出席会议并讲话。

△　英国《国际集装箱化》杂志公布，在 1999 年世界 20 大集装箱港排名中，深圳港以 298.6 万标准箱的吞吐量从 1998 年的第 17 位跃升至第 11 位，增长率为 53%，成为 20 大集装箱港吞吐量增幅最高的港口。

△　中国社科院（深圳）研究院成立，成为深圳虚拟大学园中唯一的社会科学类高等学府。

△　1999 年度地方志工作先进单位和个人表彰大会召开。市委副书记李容根出席会议并讲话，指出：到去年底，全市 110 个承编单位共收集原始资料 8000 多万字，初步完成分志初稿 73 部共约 380 万字，占全部 94 部分志的 78%，基本实现了预期目标。会上，市政府办公厅等 41 个先进单位、谭泽斌等 41 个优秀组织者、郑建文等 151 名先进工作者受到表彰。

3 月 17 日　南山区提出未来发展目标：建设四个基地，辐射周边地区。四个基地是：以研究开发为主的高科技产业基地，以人文景观为主的旅游基地，以大商贸为主的物流基地，以培养高素质人才为主的现代教育基地。

3 月 18 日　深圳市政府确定 2000 年国企改革的重点是完善法人治理结构和建立有效的激励约束机制，三大资产经营公司将建期股（权）制的激励机制。

△　深圳市侨商会成立。

△　市建设投资控股公司改革经营者收入制度，将产权代表责任人的年度薪酬由过去的每月工资加年终奖金改为基本薪酬、年终薪酬和激励薪酬三部分，老总薪酬全面与企业业绩挂钩。

3 月 19 日　美国 3M 公司在深圳建立跨国客户中心。

3 月 20 日　在广东省"十佳公诉人"及"优秀公诉人"评选中，深圳市检察机关推荐的 7 名选手全部当选，其中 3 人被评为全省"十佳公诉人"。

3月21日 深圳市预防职务违纪违法犯罪工作委员会成立,该委员会由17人组成,市委副书记李容根任主任。

3月23日 深圳市政府常务会议决定:成立深圳研究生院筹备领导小组。

△ 《深圳特区报》载:深圳蓝点LINUX公司反向并购美国一上市企业,日前在美国OTC股票柜台交易市场上市,市值达4亿美元。

3月24日 深圳市计划生育工作会议召开。

3月25日 深圳市公安局发出通知:从2000年4月1日起放宽夫妻分居随迁条件,非农业户口迁非农业户口,由原规定"夫妻分居满3周年"改为"夫妻分居满2周年";夫妻分居市外一方为农业户口的,申请农转非入户,将原规定的申请条件"户口在深一方需工龄满10年"改为"夫妻分居满2周年"。同时还限定了自1999年4月25日起开始办理的离退休人员因投靠子女生活申请入户和新生婴儿随父入户申请的审批时限。

3月25~26日 坦桑尼亚联合共和国总理弗雷德里克·苏马耶访问深圳。

△ 芬兰外贸部长基莫·萨西一行25人访问深圳。

△ 市技术监督稽查大队执法两年,无一错案,在全国首获国际标准认证。

3月27~28日 中国人民银行总行货币政策司在深圳召开住房抵押贷款证券化国际研讨会。

3月28日 深圳市政府决定开辟"高新技术产业园二区",面积不小于30平方公里。常务副市长李德成到葵涌镇进行高新产业园二区选址考察。

△ 深圳市事业单位人事制度改革试点工作会议召开,首批试点单位为:市红会医院、市粤剧团和盐田区的2所学校。

3月29日 公安部表彰1999年度先进,深圳市公安局龙岗分局李朗派出所副所长黄联明被授予"全国特级优秀人民警察"称号,钟森通等深圳市5位民警荣膺"全国公安机关优秀人民警察"称号。

△ 深圳市科技协会召开"全委会暨科技表彰大会",为21名第三届青年科技奖获得者和市科技学术年会优秀论文奖获得者颁奖。

△ 市委召开常委会议,讨论《中共深圳市委、深圳市人民政府关于加快实施科教兴市战略推进教育现代化决定(草案)》、《深圳市教育发展十年规划(草案)》和《关于深圳经济特区成立20周年纪念活动的报告》等有关事宜。

3月30日 深圳市政府常务会议讨论并原则通过了《深圳市2000年经济体制改革年度计划》,提出深圳2000年将从12个方面深化经济体制改革,进一步增创体制创新优势。

△　深圳市政府常务会议确定地铁一期等 70 个项目为 2000 年重点建设项目，总投资 572.69 亿元。

△　陈玉堂当选宝安区人民政府区长。

△　21 世纪电子商务发展研讨会在深圳召开。深圳互联网用户超过 20 万。1999 年深圳市信息产业产值超过 1000 亿元，占全市工业总产值一半以上。

△　索赔金额高达 341 万余元的工伤索赔案，由深圳市福田区人民法院做出一审判决，因工伤失去双臂的外来女工刘涛获赔 133 万余元。这是目前为止国内工伤索赔案中法院判决金额最高的案例。

3 月 31 日　由市政环卫综合处理厂牵头攻关的"城市生活垃圾焚烧处理技术"获 1998 年国家科技进步二等奖。

△　深圳市招商银行大力扶持高科技企业，其深圳管理部 5 年累计放贷 150 亿元。

4 月 1 日　全国人大常委、北京大学光华管理学院院长、著名经济学家厉以宁教授来到深圳科技馆，以"中国加入 WTO 有关问题及相关对策"为题做演讲。

△　深圳市政府为促进留学人员来深创业，在高新技术产业园区内建立留学人员创业园。已有来自美国、加拿大、日本等国的 20 多位留学人员申请携项目入园创业。

4 月 2 日　由清华大学与深圳"泰科"通信联合研制的同步数字系列（SDH）光传输设备超大规模专用集成电路通过专家鉴定。该成果在系统功能和芯片规模上均达到国际领先水平，填补了国内空白。

4 月 3 日　第二批深圳局处级单位"三讲"教育正式铺开。

△　高新企业"孵化器"项目——"深圳数码港"正式启动。数码港投资近 10 亿元，建成后将大力扶持软件和网络高新技术企业的发展，全力"孵化"网络企业。

4 月 4 日　在"2000 年中国曹禺戏剧奖·小品小戏奖"评选中，由深圳罗湖区宣传文化部门组织创作的小品《"名记"》、《欢乐家庭》和《忘年交》分获一、二、三等奖，南山区文联组织创作的《本地人外地人》获三等奖。5 月 7 日，颁奖大会在深圳举行。

△　经国务院外经贸部批准，深圳市 3 家企业获准在境外开展加工贸易，分别是：康佳集团在印度的彩电生产线项目，中兴通讯公司在巴基斯坦的程控交换机项目和佩奇进出口公司在南非的毛毯制造项目。

4 月 5 日　深圳市领导张高丽、李子彬会见来深圳参观考察的香港长江实业集团董事局主席李嘉诚。

△　从本日起，深圳、珠海经济特区暂住人员凭两地公安机关签发的有效暂住证（卡）相互往来深圳、珠海经济特区，不需再办理《边境管理区通行证》。

△　深圳市副市长庄心一与清华大学常务副校长何建坤在深圳会谈中透露：清华大学继与深圳市政府联合组建深圳清华大学研究院后，下一步将在深圳筹建该校唯一异地办学的直属学院——深圳学院，同时还将斥资19.6亿元启动"深圳清华信息港"项目。

4月6日　深圳市政府常务会议原则通过《关于鼓励出国留学人员来深创业的若干规定》，推出一系列优惠政策。

△　深圳市领导李子彬接受法国《亚洲事务》采访。他表示：深圳已决定斥资1.5亿元作为启动资金，设立研究生院，以吸引各地的大学毕业生来深继续深造。

4月7日　《深圳城市总体规划》获国务院批准。批复指出：深圳市是华南地区重要的经济中心。

△　澳大利亚西澳洲总理理查德·考特和北部省首席部长丹尼斯·柏克访问深圳。

△　越南国会主席农德孟访问深圳。

4月8日　国家民族事务委员会在深圳设立民族人才培养基地，拟培训全国135个边境县领导干部。

△　深圳市第一处露天温泉——石岩湖露天温泉建成。

4月10日　全国政协副主席李贵鲜到深圳考察。

△　深圳市委、市政府做出《关于加快实施科教兴市战略，推进教育现代化的决定》。

4月11日　福建省委书记陈明义率领福建省党政代表团一行50人考察深圳。

△　深沪技术成果转化市场实现对接，两地3个转化机构在深圳挂牌。

4月12日　深圳市委、市政府召开全市教育工作会议，市领导张高丽、李子彬发表讲话，要求各级领导切实把教育摆在优先发展的战略地位。

△　在武警深圳医院精心医治护理下，植物人李谢丽在昏迷100多天后，自然分娩产下健康男婴。植物人顺利产子，在深圳尚属首例。

4月13日　深圳第一所监狱——广东省深圳监狱正式收押首批罪犯。

4月13～14日　特大暴雨袭击深圳，市气象台记录的24小时雨量为344毫米，打破了深圳自1952年有气象观测记录以来的最大值。全市交通大堵塞，并造成6人死亡、5人失踪。

△ 广东省人大常委会主任朱森林一行结束对深圳依法治市的调研。

4 月 13~24 日 中共中央政治局常委、中央书记处书记、中央纪委书记、中华全国总工会主席尉健行在广东省深圳等市考察。强调要加大从源头上预防和治理腐败的力度，推动反腐败斗争向纵深发展。

4 月 14 日 全国爱国卫生运动委员会公布第四次全国城市卫生检查结果，深圳市荣获"国家卫生城市"称号，这是深圳市第四次获此殊荣。

4 月 16 日 深圳市市长李子彬率团参加在北京开幕的世界经济论坛 2000 中国企业高峰会。

△ 深圳科兴生物制品公司成为我国最大的生物工程基地，其开发的生物工程干扰素已达年生产 100 万支的能力，远销我国 20 多个省市和东南亚地区。

4 月 18 日 广东省新闻宣传工作经验交流会在深圳召开。

△ 深圳市政府举行《深圳市城市总体规划（1996~2010 年）》新闻发布会，介绍深圳城市总体规划到 2010 年，深圳人口将达 430 万人，人均住宅 20 平方米，绿地 11 平方米。

4 月 20 日 深圳市政府召开二届十次全体（扩大）会议，总结回顾过去 5 年的工作，通报 2000 年第一季度经济运行情况，并对未来 5 年的工作提出初步设想。

△ 深圳市法院行政审判工作会议召开，提出抓好行政审判，促进依法治市。

△ 深圳市首届科普知识"高达灵童杯"电视大赛结束，深圳大学获得冠军，一批单位受到表彰。

4 月 20~24 日 全国体育创先检查团对深圳宝安创建体育先进区工作进行检查验收。

4 月 21 日 由国务院组织的全国劳动模范和全国先进工作者评选在北京揭晓，深圳市的任克雷、叶旭全、陈路南、靳传勇、张森、朱国干、刘炳鳞获"全国劳动模范"称号，朱丽莲、程小雯获"全国先进工作者"称号。

4 月 22 日 第四届"中国青年科技创新奖"在北京揭晓，深圳金蝶软件科技有限公司董事长徐少春获"杰出奖"。

4 月 23 日 由印尼东爪哇省议会议长比斯利·阿都鲁·加利尔率领的印尼友好经济贸易代表团来深圳访问。

4 月 24 日 江苏省泰州市委副书记、市长丁解民一行来深圳考察招商。

4 月 25 日 深圳市二届人大常委会召开会议，审议《深圳市处理违法私房若干规定（草案）》和《深圳市处理生产经营性违法建筑若干规定（草案）》，审议深圳市政府关于《进一步整治市容环境议案办理情况的报告》、《关于深圳市 2000 年政府投资项目第二批预安排计划（草案）》和《关于预拨 2000 年度本级部分财政支出的报告》，听取并审议有关人事任免案。

4 月 26 日 深圳市领导干部大会召开，省委副书记、市委书记张高丽主持会议并讲话。省委副书记、组织部部长刘凤仪受省委委托宣布：于幼军任中共深圳市委委员、常委、副书记，并被市人大常委会任命为副市长、代市长；李子彬调任国家发展计划委员会副主任、国务院西部地区开发领导小组办公室副主任，不再担任中共深圳市委副书记、常委、委员和深圳市市长。

△ 深圳市二届人大常委会第二十九次会议结束。会议决定任命于幼军为深圳市人民政府副市长、代市长，接受李子彬辞去深圳市市长职务的请求。会议任命邓基联为深圳市中级人民法院代院长，接受许亮东辞去深圳市中级人民法院院长职务的请求。会议还决定任命胡爱民为市人民政府秘书长，沈士成为市计划局局长，免去宋枝旺的市人民政府秘书长职务，张溯的市计划局局长职务。

△ 深圳市举行大会隆重庆祝"五一"劳动节，表彰在两个文明建设中做出突出贡献的劳动模范、先进工作者和先进集体。

△ 为期 12 天的第八十七届中国出口商品交易会结束，深圳交易总成交金额达 7.48 亿美元，占广东交易团总成交金额的 24.36%，居广东省第一。

△ 全国城市基层计生协会工作研讨会在深圳举行，深圳流动人口管理经验在会上受到肯定。

△ "深黔对口帮扶座谈会暨 2000 年扶持与协作签字仪式"在贵阳举行。深圳经济合作基金 2000 年计划投放 3000 万元，重点扶持贵州毕节和黔南州两地的农业龙头企业和有市场潜力的资源开发项目。

△ 我国首部《医疗纠纷处理办法》出台。

4 月 26～27 日 为期两天的"反'台独'、促统一"研讨会在深圳顺利举办。该会议对当前两岸关系局势及在一个中国原则基础上发展两岸关系、推进中国统一进程进行了热烈研讨，充分表达了两岸及港澳各界反"台独"、保和平、促统一的强烈愿望。会议发起举办单位台湾中国统一联盟、台湾海峡两岸人民服务中心、台湾中国台海关系研究发展协会、中国和平统一促进会、中华全国台湾同胞联谊会、全国政协港澳台侨委员会、海峡两岸关系协会发表"反'台独'、保和平、促统一"共同声明。

4 月 27 日 深圳市委、市政府召开全市党员领导干部大会，传达和学习贯彻尉健行同志在深圳视察时的重要讲话精神及有关文件精神，部署贯彻落实意见。总结 1998 年、1999 年度创建文明市、文明区工作的经验，表彰文明区和创建文明市、区工作先进单位和安全文明小区，部署下阶段的创建工作。会议强调，深圳要努力创建"全国文明城市"。

△ 深圳创建国际大港再添动力，远东—地中海、远东—美东航线成功首航深圳港。

4月28日 世界最大的综合建材跨国集团——法国圣戈班集团副总裁弗郎斯瓦到深圳考察。

△ 在深圳召开的"中宣部'五个一工程'文艺创作座谈会"结束，广东省和深圳市"五个一工程"组织经验和创作经验受到充分肯定。

4月30日 深圳市三届人大代表选举工作中，首次有暂住人员当选市人大代表。他们是南太电子（深圳）有限公司工会主席王喜全、深圳市白兰实业发展有限公司董事长张敏、深圳锦绣中华发展有限公司表演艺术部舞蹈演员李俊芳和龙岗区妇幼保健院聘任药师刘晓吉。

4月 深圳市恒宝通光电子有限公司与华中科技大学合作建立的全国第一家"光纤网络器件与技术研究开发中心"，在武汉华中理工大学挂牌运作。

5月2日 由团市委、市科技局等单位联合评选的2000年度"深圳市青年科技带头人"和"深圳市青年科技示范点"揭晓。

5月3日 共青团深圳市委、深圳市青联联合发出通知，决定给9名在特区建设中建功立业的青年授予"鹏城青年功勋奖章"。

5月4日 美国中医药总会会长、全美中医药研究院院长张宏贵博士来深圳考察平衡医学整体诊疗技术，决定与深圳平衡医学研究会建立长期技术合作。

5月6日 在法国巴黎举行的"第九十一届列宾国际发明展览会"上，深圳发明家邹德骏获2枚金奖。

5月7日 据市运输局统计，深圳交通提前实现"九五"目标，路网密度达63公里/百平方公里，居全国前列。深圳已形成了以铁路、公路、机场、盐田港、蛇口港等重要客货枢纽为骨干，由铁路干线、高速公路、国内外航线、城市干道等运输方式组成的现代化立体综合运输体系，年客运量超过8000万人，货运量超过4500万吨。

5月9日 深圳市中心区最大型住宅项目"黄埔雅苑"一期建设进展顺利，开始发售。这是香港长江实业与和记黄埔集团在深圳投资的首个超大型高尚住宅区。

5月9~10日 广东省委常委、深圳市代市长于幼军在宝安、龙岗区调研时要求：利用发展空间、潜力上的后发优势，为深圳的更大发展做出新贡献。

5月10日 苏联航空母舰"明斯克"号抵达深圳沙头角。在沙头角海滨将建成以"明斯克"号航母为主体，集旅游观光、科普教育、国防教育为一体的大型军事主题公园。2000年8月"明斯克"号航母军事主题公园试业，10月正式开业。①

5月11～12日　广东省委常委、深圳市代市长于幼军在盐田、福田两区调研时指出，城区工作要以经济建设为中心，以城市管理为重点，全面推进社会文明进步。

5月12日　全国第二大券商——中信证券股份有限公司正式南迁，落户深圳，并开通中信证券CITICS.com网站。

5月13日　深圳市外资局统计，欧盟15个成员国中，除芬兰、希腊外已有13个在深圳投资。

5月14日　以工党议会党团主席索利为团长的英国工党代表团访问深圳。

5月15日　深圳市政府常务会议研究了第二届"高交会"的筹备工作，并决定深圳国际会展中心由原来的9万平方米增至12万平方米。

　△　全国第一部以公益广告形式表现海峡两岸人民隔海相望，渴望统一，祈盼团圆的公益宣传片《隔海相望祈盼团圆》在深圳电视台播出。

5月15～16日　广东省委常委、深圳市代市长于幼军在罗湖、南山两区调研时要求，要时刻关心群众疾苦，维护人民切身利益，营造良好软硬件环境，发展高新技术产业。

5月16日　"广东经济技术贸易洽谈会"在香港举行，深圳市组团参加，首日签约15个项目共2亿美元。

　△　深圳市政府常务会议原则同意将原计划在深圳湾建设的会展中心，重新选址到市中心区南端。迁址后的会展中心总建筑面积为25万平方米，各类展厅面积为12万平方米，2001年下半年动工，力争2004年竣工，2005年投入使用。

5月17日　深圳市委二届十次全会召开，广东省委副书记、深圳市委书记张高丽发表讲话，要求同心同德，精心组织，确保市第三次党代会圆满成功。

　△　深圳清华大学研究院培训中心石岩基地揭牌，并同时举行"市场经济与行政管理高级研修班"开学典礼。

5月18日　深圳第一个警署——深圳市公安局布吉警署成立。布吉警署为实行公务员管理的副处级单位，行政上隶属区公安分局，接受区公安分局党委的领导，同时接受布吉镇党委、政府的领导。警署新设一室、两队，即办公室、刑警中队、治安中队，保留八个派出所、巡警二中队和正在组建的消防中队。②

---

① 2000年8月"明斯克"号航母军事主题公园试业，10月正式开业。
② 龙岗区布吉镇与深圳经济特区仅一线之隔，面积94平方公里，总人口40余万，是广东省除虎门外的第二大镇。在经济建设突飞猛进的同时，布吉镇的社会治安情况也日益复杂。

5 月 19 日 6000 多名来自深、港、台三地的青少年，身穿印有"一个中国"字样的衬衣，在深圳市体育馆参加"深港台青少年盼统一"大型主题活动。

5 月 20 日 "中国特奥世纪行"活动在深圳举行，由会长施莱佛和国际慈善大使、国际影星施瓦辛格率领的国际特殊奥林匹克委员会代表团专程来深圳参加活动。

5 月 22 日 深圳口岸出入境旅客超过 42 万人次，刷新单日出入境高峰纪录。

5 月 22~25 日 中国共产党深圳市第三次代表大会在深圳会堂隆重召开，广东省委副书记、市委书记张高丽做了题为《增创新优势，更上一层楼，率先基本实现社会主义现代化》的报告。会议通过了《中国共产党深圳市第三次代表大会关于二届市委报告的决议》和《中国共产党深圳市第三次代表大会关于市纪律检查委员会工作报告的决议》，选举产生中共深圳市第三届委员会和纪律检查委员会。新当选的中国共产党深圳市第三届委员会常务委员是：张高丽、于幼军、李德成、李统书、刘涛、王顺生、白天、曹绍业、王穗明（女）、谭国箱、李意珍、许宗衡。张高丽当选为市委书记，于幼军、李德成、李统书、刘涛当选为市委副书记，谭国箱当选为市纪委书记。

△ 广东省委副书记、深圳市委书记张高丽在中国共产党深圳市第三次代表会议上的报告中强调继续加强深港合作。

5 月 23 日 由深圳市委宣传部组织的深圳赴西部新闻采访团获得成功，该活动历时 2 个多月，跨越 10 个省区，行程 8 万多公里，参加一线采访的记者达 50 多人，发回新闻报道 350 多篇，共 40 多万字以及大量的新闻图片。

5 月 25 日 经世界卫生组织专家认定，深圳黄田国际机场成为亚洲首个"国际卫生机场"。6 月 3 日举行授牌仪式。

5 月 26 日 浙江省委副书记周国富率浙江省考察团抵达深圳考察。

△ 深圳市正式推出三项基础教育改革措施：全市小学升初中全部免试就近入学；全市 10 所完全中学实施初高中分离办学；全市中等学校毕业考试实行新方案。

5 月 29 日 青海省省长赵乐际率青海省政府考察团抵达深圳考察。

5 月 30 日 山东省副省长邵佳芳率团到深圳考察高新技术产业。

5 月 31 日 深圳市首个永久性安置区——梅山苑安置区建成，首期共建 28 栋 2653 套多层住宅，可解决深圳企事业单位 1.5 万名无房员工居住的周转安置问题。

6 月 1 日 广东省委常委、深圳市委副书记、代市长于幼军主持召开市委理论中心组学习会，再次认真学习领会江泽民总书记关于"三个代表"的重要论述，提出当好"三个代表"，把深圳两个文明建设推向新水平。

△ 深圳市二届人大常委会第四十一次会议召开，审议市三届人大一次会议主

席团成员、秘书长等建议名单草案。团市委、市教育局和市少工委举办"'致富思源,富而思进'少先队员共话特区 20 年故事会暨文艺演出",欢庆"六一"儿童节。

△ 深圳盐田港二期工程正式竣工并通过市政府组织的初步验收。

△ 深圳市交警开始实行上路查验机动车驾驶员的交通违章记分卡。

6 月 2 日 深圳市政协举行二届四十八次主席会议,审定常委会工作报告和提案工作报告。

△ 香港理工大学正式加盟"深圳虚拟大学园",这是加入虚拟大学园的第三十五所高校。

6 月 4 日 近 500 名青少年齐集大梅沙海滨公园,参加"2000 大梅沙环保夏令营",以实际行动迎接世界环境日。

6 月 5 日 深圳市客运交通行业全面推广企业 CI 建设。

△ 深圳电视台全面改版,2 套节目分别定位为综合频道和青春频道。

△ 新中国成立以来最大规模的"2000 年珠江口水域搜救和溢油应急联合演习"在深圳内伶仃岛牛俐角以北海域举行,这是香港、澳门回归后,粤港澳海上搜救的首次联合行动。

6 月 6 日 《深圳特区报》载:国务院日前已批准在深圳等 15 个城市进行试点,设立全国首批出口加工区。根据深圳市政府常务会议决定,深圳出口加工区设在龙岗大工业区内。

△ "深圳市 2000 年纠风工作会议"召开。"深圳城市初级卫生保健总结表彰暨部署'十五'初保工作大会"召开,提出到 2005 年,主要健康、卫生指标领先国内水平。

△ "第四届华南地区工业控制及自动化国际展览会"和"第二届华南国际供水处理设备及水泵阀门管道暨水利展览会"在深圳"高交会"展馆举办。

6 月 7 日 深圳市委、市政府为民办实事的重大民心工程——东部供水水源工程通水试机成功,这标志着我市东江引水工程建设取得了决定性的胜利。[①]

6 月 8 日 深圳出入境边防检查总站在皇岗口岸出入境货车检查场启用"出入境车辆自动检查系统"(简称"快捷通")通道,提高了口岸通关速度。

6 月 9 日 经过 3 年施工,深圳河第二期治理工程竣工,深圳河行洪能力进一

---

① 被称为深圳市基础设施建设"重中之重"的东江水源工程全长 105 公里,总投资 31 亿多元。该工程具有水质优、输水方式优、投资优、效益优、管理优 5 个突出特点。

步增强。

6 月 10 日　"中国城市发展研究会第四届代表大会"在深圳召开，150 余个城市的市领导与有关专家参加了会议。

△　摩尔多瓦共和国总统彼得·鲁钦斯基访问深圳。

△　缅甸国家和平与发展委员会副主席貌埃上将访问深圳。

6 月 11 ~ 15 日　中国人民政治协商会议广东省深圳市第三届委员会第一次会议在深圳市政协礼堂举行，李容根当选为市政协主席。

6 月 12 ~ 17 日　深圳市第三届人民代表大会第一次会议举行，张高丽当选市三届人大常委会主任，于幼军当选市长。

△　摩尔多瓦共和国总统彼得·鲁钦斯基及代表团圆满结束对深圳的访问，乘专机前往北京。

6 月 13 日　在国家禁毒委员会召开的先进表彰会上，深圳市有 3 人 1 个单位分别荣获全国禁毒工作先进个人和先进单位称号。

6 月 14 日　广东省委副书记、深圳市委书记张高丽，代市长于幼军会见了来访的非洲 28 国驻华使节团一行。

△　2000 年深圳房地产（香港）展销会开幕。

6 月 16 日　以深圳 18 位普通人为模特，记录"深圳人的一天"的大型雕塑在园岭公园落成。

△　深圳市三届人大主席团会议决定，将本次会议代表反映比较集中，人民群众普遍关注的 7 件议案合并为 1 项议案——《关于进一步治理我市河流污染的议案》，作为本次人代会的唯一建议办理议案交市人大常委会审议，市政府已经制定和开始实施总投资数十亿元的综合治理工程。

6 月 19 日　深圳市各区领导班子和领导干部"三讲"教育正式开始。深圳市委召开动员和培训会议，省委副书记、市委书记张高丽做动员报告，要求以"三个代表"重要思想为指导，贯彻"开门整风"精神。

△　"深圳数码港"正式揭牌，50 多个 IT（信息技术）企业首批进港，国家高新科技成果转化基地亦同时在数码港挂牌。

△　2000 年中国变频调速技术与节能研讨会在深圳举行。

△　深圳市政府颁布《关于鼓励出国留学人员来深创业的若干规定》，吸引留学人员在深圳创业。

6 月 20 日 ~ 7 月 8 日　2000 年深圳（公明）荔枝交易会顺利举办。200 多名中外专家与会。

6月22日　深圳市委、市政府召开全市社会治安综合整治行动动员大会，提出全民动员，齐抓共管，努力实现社会治安更大好转。

△　深圳市6个区法院同时举行以"两打一扫"为重点的大型刑事宣判会，47宗近百名涉案罪犯被判刑。

6月23日　广东省委常委、深圳市市长于幼军主持召开新一届市政府第一次常务会议，全面贯彻市第二次党代会、市三届人大一次会议和市政协三届一次会议精神，对报告中提出的各项工作任务进行了分解细化，任务到人，责任到人，明确进度，限时完成。

△　深圳市投资管理公司、市建材集团与中国华融、东方、信达及长城4个资产管理公司签订了债权转股权协议。至此，深圳市进入国家债转股的5个企业已全部签署协议，债转股总金额为33亿元。

6月24日　在广东省扶贫开发经验交流会上，深圳市荣获"帮扶贫困县脱贫奔康工作先进集体"称号。

6月25日　深港产学研基地与招商局蛇口工业区签订协议，成立"深圳北大港科招商创业有限公司"，共同创建孵化基地。

6月26日　深圳市委副书记、常务副市长李德成会见沃尔玛中国有限公司亚洲区兼中国区总裁李成杰先生。

6月27日　深圳市市长于幼军与香港特别行政区行政长官董建华在香港举行会谈。

6月29日　深圳市市长于幼军一行结束为期4天的香港考察返回深圳。

6月　深圳迪科公司从国家广播电影电视总局领到了全国第一张机顶盒设备入网许可证，标志着我国机顶盒产品从此走向规范化管理。

7月1日　国内第一部有关政府投资项目管理方面的专门法规——《深圳市政府投资项目管理条例》正式实施。

△　深圳市第一个社区党支部——中共梅林一村社区支部委员会正式成立。

△　深圳市社保局开始采用指纹自动识别技术发放退休养老金。

△　深圳市骨髓基因信息库在市血液中心正式启动。

7月2日　深圳盐田港二期工程通过国家验收并投入使用。

7月3日　济南市委副书记冷溶一行在深圳考察深圳文化建设情况。

7月5日　深圳市经济发展局确认并公布了7个外商投资先进技术企业。至此，全市先进技术企业达到132家。

△　民办亚太（深圳）国际学校与深圳实验学校合并，更名为"深圳实验学校

国际部"。

7 月 6 日　国内首次引进的一项新兴体育项目——大梅沙滑水索道正式建成开通。该索道建于大梅沙海滨浴场东侧邻水处，占地面积 2.2 万平方米。

7 月 7 日　外经贸部公布 1999 年中国进出口额最大的 500 个企业和中国出口额最大的 200 个企业名单，深圳分别有 63 个企业和 25 个企业入选。

△　深圳工业发展研究所在深圳大学挂牌。

7 月 9 日　深圳市福田保税区管理局与毛里求斯自由港管理局签署协议，双方将在国际和区域性经贸活动中加强交流与合作，尤其要在转口贸易、保税仓储和出口加工等方面开展合作。

7 月 10 日　为进一步推动技术交易与成果转化的发展，全国第一个国家级常设技术市场网络平台——"火星 863"网站在深圳南方国际技术交易市场投入运行。

7 月 11 日　深圳市驻欧洲招商联络处在德国纽伦堡商业大厦挂牌成立。

△　全国政协副主席、全国工商联主席经叔平在深圳考察了部分民营企业。深圳市人民代表大会常务委员会审议了《关于深圳市 1999 年本级决算的决议》，还审议了 2 个法规草案修改稿和 2 个法规修正案草案，审议了市政府《关于出口加工区政府投资项目计划提请审议的报告》及有关计划财政报告。

7 月 12 日　深圳至美国芝加哥国际货运航线正式开通，这是中国民航在深圳开通的首条国际货运航线。

△　深圳市委、市政府决定追授臧金贵为"扶贫奉献好干部"称号，并号召全市开展向臧金贵学习。臧金贵 2000 年 4 月在挂职的云南楚雄康仁县副县长的职位上，由于积劳成疾，高血压病发不幸去世。

7 月 15 日　深圳市妇儿医院感染事件首宗索赔案一审判决，妇儿医院向原告李女士赔偿医疗费、误工费和精神损失费等合计人民币 12.84 万元。

7 月 16 日　深圳市 100 多名青年团员，奔赴五华、丰顺两县与当地千余名青年共同劳动，修建 2 条广东深圳青年志愿者路，拉开了深圳共青团组织"实践'三个代表'，投身两大会战"行动的序幕。团市委将在每周双休日组织百名青年志愿者参加劳动，直至通车。

7 月 17 日　深圳市《城市地下空间发展规划纲要》出台，筹划建设地下新城，其规划范围包括特区内 327.5 平方公里，决定在市中心区地下开发建筑面积为 14 万平方米的商业空间。

7 月 17～20 日　"深圳经济特区建立 20 周年美术·书法·摄影作品展"在深圳举行。

7月18日 广东省委副书记、省政法委书记陈绍基来深圳检查工作。

7月18～20日 深圳市委、市政府领导班子举行"三讲"教育"回头看"集中学习，广东省委副书记、深圳市委书记张高丽强调"回头看"不只是看，关键是"干"。

7月19日 深圳市委副书记、常务副市长李德成率领的深圳市政府代表团结束了赴印度、法国、芬兰、德国、以色列、英国推介"高交会"之行。

7月20日 深圳蛇口海关查获一起56万条香烟走私案。

7月22日 深圳市决定申报竞逐2000年11月由国际公园协会在美国举办的国际"花园城市"评选活动。

△ 北京大学、香港科技大学、深圳市政府联合举行会议，决定在深圳建设"深圳北京大学香港科技大学医学中心"。

7月24日 广东省依法治省工作经验交流会在深圳召开。

7月26日 深圳市政府常务会议原则通过《关于创建深圳大学城的总体方案》，选址南山区，2000年完成一期工程。

7月27日 中央督查组在深圳检查国有企业改革和发展情况。

7月29日 黑龙江省党政考察团抵达深圳考察。安徽省政府考察团到深圳考察。

8月2日 广东省委常委、深圳市市长于幼军在蛇口东角头等处现场办公，指出要加快深港西部通道建设，力争2005年建成通车。

△ 深圳市政府常务会议原则通过《深圳市助学贷款管理实施细则》，规定市政府贴息50%提供国家助学贷款，资助深圳生源的所有高校特困生。

8月3日 深圳市委召开常委（扩大）会议，贯彻全省依法治省工作经验交流会精神，强调要以"三个代表"重要思想为指导，把依法治市工作提高到新的水平。

△ 深圳市工商业联合会揭牌。11日，深圳市总商会（工商联）第四次会员代表大会召开。大会确定今后五年的工作目标，并选举产生总商会新一届理事会。

8月4～8日 由科技部和中国科学院共同举办的首届"中国国际互联网站展"在深圳"高交会"展馆举行，该展览充分展示了互联网在各领域的实际应用情况。125个参展商各展所长，现场活动多达30余场，进场参观者约15万余人。

8月7日 国务院新闻办公室在北京举行"深圳：改革与发展"记者招待会，引起海内外传媒的极大关注，新华社、经济日报社、路透社、华尔街日报社等近百个中外新闻单位的130多名记者参加了会议。深圳市市长于幼军应邀在会上介绍深圳 20 年建设发展情况。他说，经过 20 年发展，深圳初步完成了现代化奠基阶段的历史任务，到 2005 年深圳将率先基本实现现代化，2010 年左右达到中等发达国家水平，2030 年左右赶上世界发达国家。

8 月 8 日 由深圳科兴生物制品有限公司投资建设的亚洲最大的生物工程产业化基地——"北大生物谷"① 在深圳破土动工。

8 月 9 日 人民日报第 1 版"要闻"，就 8 月 7 日国务院新闻办举行中外记者招待会发表《深圳介绍经济社会发展现状和前景》，介绍了深圳市改革开放以来特别是最近 5 年深圳现代化建设的情况。

△ 深圳市福田保税区管理局与毛里求斯自由港管理局签署协议，双方将在国际和区域性经贸活动中加强交流和合作，尤其要在转口贸易、保税仓储和出口加工等方面开展合作。

8 月 11 日 全国政协副主席、全国工商联主席经叔平在深考察了部分民营企业。

8 月 14 日 反映深圳经济特区改革开放和建设成就的大型图片展览"深圳二十年"在香港展览中心隆重举行。为期 3 天的展览由市政府新闻办公室和深业集团联合主办，精心挑选了 120 幅具有代表性的图片参展。中央人民政府驻香港联络办公室副主任刘山在，外交部驻香港特派员公署副特派员崔占乔，驻港部队司令员熊自仁中将、政委王玉发少将，香港华润集团董事长谷永江，香港合和实业有限公司主席胡应湘等参加了开幕式并观看了图片展览。15～19 日，"深圳二十年"展览在澳门置地会展中心隆重举行，全国政协副主席马万祺、澳门特别行政区行政长官何厚铧、中央政府驻澳门联络办主任王启人、外交部驻澳门特派员公署特派员原焘等出席开幕式并观看了展览。

8 月 15 日 中共中央委员、全国政协常委、中央"三讲"教育检查组组长卢荣景带队来深圳检查深圳区级"三讲"教育情况后认为：深圳市、区级领导班子和领导干部"三讲"教育进展顺利、健康，充分体现了起点高、要求严、工作细、剖析深和效果好的特点。

8 月 15～20 日 广东省党风廉政建设和反腐败斗争成果展览在深圳大剧院展出，前来参观的干部群众近 10 万人。深圳市领导张高丽、于幼军等与各界干部群众一道参观了展览。

---

① 北大生物谷是深圳市政府、北京大学、香港科技大学联合签署建立的深港产学研基地重点工程项目，总投资 7 亿元人民币，主要项目有基因工程干扰素、基因工程胰岛素等，其中干扰素的年产能力将达 1 亿支。

8月17~23日 深圳市三届人大常委会第一次会议召开。会议表决通过了深圳市三届人大常委会代表资格审查委员会主任委员、副主任委员和委员人选的议案，通过了市人大常委会工作机构负责人的任免，并决定任命胡爱民等31人为市政府各组成机构的领导人。新一届市政府组成机构的领导人至此依法产生。

8月18日 市公安、工商、贸发、文化等部门联合在全市范围内开展了清查、整治娱乐服务场所的统一行动，深圳市委副书记、政法委书记李统书，市委常委、副市长王顺生等率队赴各区检查指导。

△ 深圳市领导于幼军、李德成、卓钦锐等率市政府有关部门的负责人在市地铁有限公司召开现场办公会议。于幼军提出"从速全线开工，精心设计管理，严控投资预算，确保工程质量，不倒一个干部"的总要求，确保地铁一期工程2001年第一季度全线开工，争取2004年全线试通车。

△ 中国—医疗网与华西医科大学在深圳举行新闻发布会，双方宣称将联手在深圳共建生化、生物等具有领先科技水平的科技成果孵化基地。

△ 深圳金牛证券经纪有限责任公司成立。

△ 深圳蛇口太子路改造工程正式动土，这标志着由蛇口工业区耗资3000万元进行的社区环境改造和美化工程拉开序幕。

8月19日 著名经济学家、北京大学教授萧灼基在五洲宾馆为深圳市民作演讲。

8月20日 深港产学研基地和招商局蛇口工业区签订合约，将联手重组深圳市蛇口安达股份有限公司。

8月21日 由国家外经贸部、联合国开发计划署和亚太经社理事会共同主办的"信息通信技术南南合作国际经贸洽谈会"在深圳闭幕。

8月22日 深圳市常务副市长会见世界著名的地铁设备供应商——法国阿尔卡特交通自动化集团公司总裁弗艾斯蒂埃一行。

8月23日 联想控股公司和深圳赢时通公司正式宣布，联想以价值约3537万美元（约合人民币2.9亿元）的有形资产，购入5433.95万股赢时通的可转换优先股，扩股后前者占有后者40%的股权，成为其最大单一股东。这是当时国内最大的网站并购案。

△ 广东省普通高校本科录取工作结束。深圳市本科录取率名列全省前茅，参加2000年普通高考的6074人中已有2460人被本科院校录取，占全体考生数的40.5%，远远超过全省27.1%的平均水平。

8月24日 广东省委常委、深圳市市长于幼军等市领导及政府部门的负责人参加 2000 年度深圳工业百强暨深圳重点工业企业集团座谈会，与企业家们共聚一堂，共商发展大计。

8 月 25 日 深圳市政协理论研究组正式成立，并召开了第一次会议。

8 月 26 日 深圳市委、市政府在五洲宾馆举行简朴而又隆重的"纪念深圳经济特区建立 20 周年座谈会"，市领导与为经济特区建设做出重要贡献的历届老领导、老同志和各界代表人士欢聚一堂，畅谈经济特区创办、建设、发展的光辉历程，展望经济特区面向新世纪、开创新辉煌的美好前景，共商面向新世纪深圳率先基本实现社会主义现代化和建设有中国特色社会主义示范市的发展大计。

△ 国家邮政局在深圳举行"深圳经济特区建设"特种邮票首发仪式，国家邮政局、广东省政府有关领导及深圳市领导到场祝贺。这套邮票集中反映了深圳的产业发展方向，全方位展现了深圳美好的城市风貌，反映了深圳经济特区 20 年波澜壮阔的发展历程和巨大成就，具有极大的宣传、纪念和收藏价值。

△ 深圳电子商务证书认证中心正式开通启用，深圳网络交流有了"电子身份证明"，深圳市副市长郭荣俊领到了深圳首张个人"电子身份证"。

8 月 28 日 投资 47 亿元的东江—深圳供水改造工程在东莞市塘厦镇破土动工，这个建设工期为 3 年的国家重点工程，将使东深供水系统的输水由敞开式变为封闭式，年供水规模达到 24.23 亿立方米，东江沿线和深港 1000 多万居民的用水将实现量足、质优。

8 月 30 日 广东省委副书记、深圳市委书记张高丽等考察市容环境并研究具体整治措施，要求全市上下齐心协力，加快建设园林式、花园式城市。

9 月 1 日 《求是》杂志发表广东省委副书记、深圳市委书记张高丽纪念深圳经济特区成立 20 周年署名文章《探索建设有中国特色社会主义的伟大实践》。文章阐述了深圳 20 年改革开放的伟大实践，充分展示和证明了有中国特色社会主义的优越性和无限生机与活力。

△ 深圳市台商子弟学校在宝安区公明镇隆重举行挂牌仪式，国务院台办副主任王富卿、国务院交流局副局长戴肖峰以及广东省、深圳市有关负责人出席，首批近 200 名学生同日正式开学。该校是为了解决在深圳及珠江三角洲地区投资、置业的台湾同胞子女的基础教育问题而成立的，集幼儿园、小学、中学于一体，使用国家教育主管部门批准的教材。

△ 深圳市中级人民法院一审判处原南山区委副书记、区长何初本有期徒刑 7 年，其赃款人民币 10 万元、港币 38 万元被依法没收，上缴国库。

△ 深圳海关驻盐田港保税区办事处举行开关仪式，副市长宋海及深圳海关、

盐田区等单位领导出席，盐田港保税区正式投入运作。

9月3日　深圳市委政法委、市妇联、市综合治理办公室、市禁毒工作办公室和市精神文明建设办公室联合向全体市民和各家庭发出倡议：从我做起，从自家做起，远离"黄赌毒"；以"小家"促"大家"，积极开展创建"无毒村""无毒社区"的活动；发挥家庭、邻里、社会的作用，努力挽救失足者；崇尚文明、健康、科学的家庭生活，打一场围歼"黄赌毒"的人民战争。在东门商业步行街中心广场，市妇联主席胡利群主持举行签名承诺仪式，万余名群众郑重地在一匹黄缎上签下自己的名字，并庄严承诺：从我做起，从自家做起，不让"黄赌毒"进我家！市委副书记、政法委书记李统书出席并带头签下自己的名字。

9月4日　全国人大常委会副委员长蒋正华视察深圳。

△　深圳市第一所9年一贯制学校——深圳市龙岗区实验学校举行开学典礼，招收1～9年级学生。

9月5日　深圳市文明委公布经群众投票评选出的深圳市1998～1999年精神文明建设10件大事。

9月6日　深圳市第一个由社会力量支持的科技奖励基金正式设立，港商余彭年为该基金捐资1000万元，其中一部分基金用于设立"彭年科技奖"，奖励对深圳科技进步有突出贡献的科技工作者及经营管理者。于幼军和余彭年担任基金会的名誉主席。

9月7日　第二届"高交会"成果拍卖会的63项入围项目在深圳、北京两地同时预展。

9月8日　由深圳特发信息股份有限公司与法国阿尔卡特公司合资成立的深圳特发信息阿尔卡特光纤有限公司正式开业。这是世界著名的光纤生产企业阿尔卡特公司在中国建立的第一个光纤生产基地。合资企业注册资金1800万美元，总投资2800万美元，其中特发信息公司以特发集团原有的光纤资产和适当的货币资产入股，占45%；阿尔卡特公司以货币资产入股，占55%。

9月11日　在深圳经济特区成立20周年之际，由中宣部、中央文明办组织的中央新闻采访团和广东省委宣传部、省文明办组织的广东省新闻采访团抵深，开始对深圳两个文明建设情况进行全面的采访报道。

9月12日　由国务院发展研究中心，海南、深圳、厦门、珠海、汕头5个经济特区和浦东新区联合举办的"经济特区与建设有中国特色社会主义"大型理论研讨会在深圳开幕，中共中央委员、国务院发展研究中心主任王梦奎，中央编译局局长韦建桦，国务院体改办特区和开放司司长金德本，5个经济特区和浦东的有关领导以及来自全国 30 个省、市、自治区的专家学者和新闻界人士共 200 多人出席开幕式。

9 月 13 日 深圳市政府颁布《深圳市生活饮用水地表水源保护区区划》，此次划分范围涉及全市重要生活饮用水源地 32 个，划分水源保护区 27 个，总面积达 594.7 平方公里。

△ 深圳市委召开"深圳市非公有制企业工会组建工作会议"，要求全市从 2000 年开始，力争用 3 年时间，在全市绝大多数非公有制企业建立工会组织，最大限度地把非公有制企业职工组织到工会中来。

9 月 14 日 深圳市局级干部"学习'三个代表'重要思想，加快深圳现代化建设"专题理论学习班在深圳会堂开学。中共中央委员、中共中央党校常务副校长郑必坚为学员以"经济全球化与面向 21 世纪的中国共产党"为题做了首场专题辅导报告。

9 月 15 日 深圳市领导张高丽、于幼军在接受中央和省新闻采访团联合采访时表示：深圳经济特区 20 年来的实践充分证明，物质文明和精神文明完全能够协调发展、互相促进。记者招待会后，张高丽、于幼军分别接受了中央电视台新闻联播节目、"焦点访谈"栏目和中央人民广播电台记者的专访。按照市委统一部署，区直单位领导班子和领导干部"三讲"教育正式开始。

9 月 18 日 在第二十七届奥运会男子体操团体决赛中，由肖俊峰等 6 位小将组成的中国男子体操队获得冠军。肖俊峰是 1996 年 3 月从深圳市体操队输送到国家队的，是深圳市第一位奥运冠军。

△ 深圳证券交易所创业板市场的组织体系基本建立，停发新股。

9 月 20 日 北京大学、清华大学、复旦大学等几十所名校的代表们在深圳庆祝深圳虚拟大学园成立一周年，虚拟大学园"孵化器"揭幕仪式和各院校的新一届开学典礼同时举行。全国 31 所院校在深圳设立的研究院也举行了揭牌仪式。虚拟大学园成立一年来，已有 34 所全国知名院校加盟，并有 17 个国际网络成员。

9 月 20～22 日 深圳市领导张高丽、王顺生率深圳市对口扶持考察团赴梅州、河源两市进行考察学习，并代表市委、市政府无偿捐赠 1300 万元，用于当地行政村公路、水利工程设施和"保命田"建设。

9 月 21 日 根据国家旅游局和国家统计局的统一部署，为给旅游者提供准确的旅游信息，深圳市发布第一份"黄金周"旅游信息预报表。

△ 深圳国有免税商品集团有限公司与深圳国家生化工程技术开发公司签署了国内又一重大生化项目"基因工程人心纳素（ANP）"的合作开发协议。目前世界

上只有日本可提供该药品。

9月22日 深圳市关心下一代工作委员会正式成立，它将在帮助、促进深圳青少年健康成长方面发挥积极作用。市委副书记刘涛，原广东省人大常委会副主任、省关心下一代工作委员会第一副主任方苞，省委组织部有关领导及深圳市老领导李海东、刘波、黄继友出席成立大会。

△ 深圳市建立老干部工作领导干部目标管理责任制，并举行责任书签约大会。

△ 深圳市事业单位人事制度改革试点——深圳市粤剧团职位竞聘考试在凤凰剧院正式拉开序幕，除团长由主管部门考核聘任外，其他全部职位都实行竞争上岗。

9月22~24日 世界卫生组织开展"使世界清洁起来"活动，全球统一时间，深圳各界人士2万余人纷纷走上街头，整治市容市貌。

9月24日 由广东省文联和中国美协联合主办的"21世纪中国画发展与创新研讨笔会"在深圳举行，中国美协、文化部文艺局、广东省委宣传部及省文联、深圳市委等有关领导以及30多名来自全国各地的著名画家出席了笔会。

9月25日 于幼军市长在深圳市政府贵宾厅会见了法国驻广州新任总领事劳查理。

△ 深圳市政协主席李容根主持召开市政协三届三次主席会议，原则通过了有关建议案，建议深圳市把网络经济放到推动经济发展的核心位置上，建设深圳光数码城，把深圳带入超快速发展的"光经济"时代。

9月26日 广东省委副书记、深圳市委书记张高丽在迎宾馆会见了来访的国际"花园城市"评选媒体中心主任托尼·贝克先生和全球媒体顾问丹·珂比先生，介绍了深圳市多年来在建设园林式、花园式、现代化的国际性城市上的几点做法。

9月27日 广东省委副书记、深圳市委书记张高丽率市有关部门负责人到宝安、龙岗两区欠发达村调研时，提出了加大帮扶工作力度的一项重要措施，即从我做起，每位领导挂钩帮扶一个欠发达村，3年内一定要完成新一轮"同富裕工程"的目标。

△ 深圳市2000年开始设立"深圳读书月"，时间为每年11月。首届"深圳读书月"活动的筹备组委会召开工作会议，听取各界专家代表的意见和建议，市委副书记李统书担任组委会主任。组委会还成立了读书指导委员会，由中科院院士牛憨笨等14名专家学者组成。

9月28日 受中共中央政治局委员、广东省委书记李长春委托，省委副书记黄丽满在广州主持会议，专门听取关于深圳经济特区建立20周年纪念活动的情况汇报。

△ 《深圳市"十五"及2015年现代物流业发展规划》正式通过专家评审，

该规划成为国内第一部关于中心城市现代物流发展的专项规划。

△ 深圳市首个提供物流综合服务的企业——全程物流网络（深圳）有限公司①在深圳正式揭牌并开始运作。

△ 深圳投资管理公司和香港上市公司深圳国际控股有限公司合资组建深圳首个提供物流、综合服务的企业——全程物流网络有限公司。

△ 由深圳广播电台、深圳电视台举办的中国经济特区大学生辩论赛经过 7 场激烈辩论后结束，深圳市委常委、宣传部部长白天出席了颁奖仪式。厦门大学队获冠军，海南大学队获亚军，深圳大学队和华南热带农业大学队并列季军。深圳大学的孔秀等 4 位选手获"最佳辩手"称号。

△ 中国再保险公司深圳分公司成立。②

△ 107 国道宝城段改造主体工程竣工，全线通车。该改造工程由南头检查站至华宝路口，全长 4.68 公里，总投资 2.5 亿元，扩建后路宽 64 至 80 米，双向八车道，设两侧辅道及中央绿化带。

9 月 28 ~ 29 日 深圳市领导于幼军和王穗明率领由市政府办公厅、市体改办、市国资办、市经发局和各区政府以及市属国有资产经营公司负责人组成的市政府调研组，赴广州就国有企业改革与发展问题进行学习考察。

9 月 29 日 由深圳中兴通讯股份有限公司自主研发的 ZXC10 – BSS CDMA 基站系统顺利通过了我国首次对 CDMA 基站全面系统进行的全面测试，将率先获得信息产业部颁发的入网许可证。

△ 由深圳市副市长宋海等主编的《再创辉煌——深圳私营经济 20 年》在深圳举行首发式。

9 月 深圳市在全国率先试行企业网上投保。

10 月 2 日 第二届中国国际高新技术成果交易会在高交会展览中心隆重开幕。

10 月 5 日 深圳与贵阳市商业银行在深圳签订以平等互利、合作不合并为基本原则的全面合作协议，这是我国城市商业银行间的首份盟约，将拉开国内城市商业银行间大规模合纵连横的序幕。

10 月 5 ~ 19 日 在波兰举行的第十四届肖邦国际钢琴大赛上，深圳市艺术学校 18 岁学生李云迪夺得此届大赛第一名，这是中国人首次摘取这一世界最高级别钢琴

---

① 全程物流网络（深圳）有限公司由深圳市投资管理公司与香港上市公司深圳国际控股有限公司（深圳国际）合资组建。
② 这是中国再保险在国内设立的首个区域性分公司。深圳分公司将主要负责广东、广西、湖南、湖北、海南 5 省和香港、澳门地区的再保险业务。

大赛桂冠。深圳 20 岁姑娘陈萨获得第四名。

10 月 6 日　为庆祝深圳经济特区建立 20 周年而创作排演的大型歌舞纪实剧《祖国，深圳对你说》，在深圳大剧院接受省、市领导和来自北京、广州的专家的审看。

10 月 7 日　由中国建设银行、中国银行作为联合牵头行的 8 家国内外银行与中国移动（深圳）有限公司签署了金额高达 125 亿元的人民币银团贷款协议。

10 月 7~9 日　"2000 年中国有色金属高新技术市场报告会"在深圳华夏艺术中心举行。

10 月 8 日　深圳市委、市政府高度重视加工区的发展，市政府三届第十二次常务会议审议通过了《深圳出口加工区若干规定》，赋予加工区管委会市一级的经济管理权限。

10 月 9 日　由深圳市友好城市——美国休斯敦市各界人士捐赠的大型雕塑作品"深蓝"在深圳中心公园揭幕。

△　深圳尊业纳米材料有限公司与华中科技大学应用激光技术大批量制造金属纳米粉末已实现从送料、制备到收集的连续稳定运行，单机生产量可达吨级。

△　《深圳高科技与中国未来之路》正式出版。

10 月 10 日　中国—欧盟动物生物技术研讨会在南海酒店举行，来自欧盟成员国、亚洲其他国家和国内的 70 多名专家在深圳进行技术研讨。

10 月 11 日　深圳市市长于幼军会见全球第一大连锁零售商集团美国沃尔玛公司总裁兼首席执行官李·斯科特一行。

10 月 12 日　第二届中国国际高新技术成果交易会在深圳开幕，中共中央政治局委员、国务院副总理吴邦国出席开幕式并致辞。他指出："高交会"已经成为中国高新技术领域对外开放的重要窗口之一，为中外企业和科研、教育机构参与国际经济技术交流与合作、不断开拓国际市场创造了良好的契机，提供了新的、广阔的舞台。开幕式后，吴邦国在中共中央政治局委员、广东省委书记李长春及市领导张高丽、于幼军等陪同下参观了"高交会"展馆。

△　深圳市政府在五洲宾馆举行仪式，特聘前来参加第二届"高交会"的 5 名国际著名科学家①为深圳市政府科技顾问。省委常委、市长于幼军为受聘的科学家

---

①　这 5 名科技顾问分别是：1998 年诺贝尔医学生理学奖得主、美国德克萨斯大学休斯敦医学院教授、新药"伟哥"的发明者弗里德·穆拉德博士；1993 年诺贝尔化学奖得主、美国泊斯坦科学实验室副所长、PCR 技术的发明者卡瑞·缪里斯博士；1993 年诺贝尔经济学奖得主、美国国家经济研究部主任罗伯特·福戈尔教授；英国剑桥大学生物工程院院长克里思托夫·罗威教授；全国政协委员、香港理工大学校长、太平绅士潘宗光博士。

颁发证书。

△ 前来参加第二届"高交会"的英国副首相约翰·普雷斯科特在深圳市领导李德成陪同下参观"高交会"展馆。13 日，市领导张高丽、于幼军在五洲宾馆分别会见了前来参加第二届"高交会"的英国副首相约翰·普雷斯科特一行。

△ 中共广东省委、省政府和中共深圳市委、市政府在五洲宾馆举行盛大酒会，欢迎前来深圳市参加第二届"高交会"的代表和嘉宾。中共中央政治局委员、广东省委书记李长春，全国人大常委会副委员长成思危，英国副首相约翰·普雷斯科特，信息产业部部长吴基传，中国科学院院长路甬祥，外经贸部副部长张祥，科技部副部长邓楠，湖北省省长蒋祝平，广东省省长卢瑞华，广东省人大常委会主任朱森林，广东省政协主席郭荣昌等共 600 余人出席了酒会。市长于幼军主持酒会，省长卢瑞华和市委书记张高丽分别致辞。

10 月 13 日 深圳市政府与中国科学院合作协议签约仪式在五洲宾馆举行，中科院院长路甬祥、副院长严义损，深圳市委书记张高丽、市长于幼军等出席了签约仪式。

10 月 13 ~ 14 日 中央政治局常委吴邦国在深圳视察。

10 月 14 日 阿尔及利亚总统阿卜杜勒·阿齐兹·布特弗利卡一行到深圳访问。深圳市领导张高丽、于幼军分别在五洲宾馆和香格里拉大酒店会见了总统一行，并介绍了深圳社会经济发展情况。阿齐兹·布特弗利卡总统赞赏深圳时说："深圳的发展令人吃惊，你们的建设与发展是在写一首优美的'诗'，特别是你们在规划时充分考虑了美化，我看到的深圳可以说是一座'千园'（千座花园）之城。"

△ 深圳市领导张高丽、李容根会见了台湾飞瑞公司董事长叶宏清等台湾工商代表团一行。

△ 英国高科技研讨会在五洲宾馆举行，英国副首相约翰·普雷斯科特、英中贸易协会主席鲍威尔勋爵、中国科学院院长路甬祥和深圳市市长于幼军出席研讨会并致辞。来自英国贸工部、诺丁汉大学、剑桥大学、伦敦证券交易所的专家学者，分别做了精彩的演讲。

△ 全国首个股份制技术产权交易所——深圳国际高新技术产权交易所开盘，全国人大常委会副委员长成思危为其摇铃开盘。当天进场挂牌交易的项目达 90 多个，成交金额 12 亿元。

△ 深圳市"彭年科技奖"在彭年酒店举行首次颁奖仪式，于幼军代表市委、市政府向获奖的 18 位科技工作者和经营者表示祝贺，向倡议设立"彭年科技奖"并慷慨捐资的余彭年先生表示感谢和敬意。

　　△　世界证券市场峰会在深圳开幕。会议的主要目的是为中国高新技术企业走向海内外二板市场上市导航,为中国券商、西部企业走向资本市场搭桥,同时向世界证券市场推荐优秀的中国科技企业。

　　△　深圳市政府与清华大学签署合作创办清华大学深圳研究生院的协议书。[①]

　　△　深圳市政府颁布实施《深圳市创业资本投资高新技术产业暂行规定》,该规定是全国第一部地方政府颁布的创业投资规章。

　　△　深圳高新区在"高交会"展馆C馆举行签约仪式,76个高新项目被集体批准入园,涉及项目金额77.6亿元,具有自主知识产权的项目比重占77.6%。

　　△　全国人大常委会副委员长成思危视察深圳福田保税区,了解保税区的发展情况和运作方式。

　　10月14~15日　"第七届深、穗、珠、港、澳普通话交流会"活动在深圳西丽度假村举行。

　　10月15日　由乌干达第一副总理兼外交部部长埃里亚·卡泰加亚率领的出席"中非合作论坛—北京2000年部长级会议"代表团访问深圳,深圳市领导张高丽、于幼军在五洲宾馆会见并宴请代表团一行。

　　△　广东省委常委、深圳市市长于幼军会见来深圳参加"高交会"的武汉大学校长侯杰昌和长沙市市长谭仲池。

　　10月16日　广东省委副书记、深圳市委书记张高丽在五洲宾馆会见由澳大利亚悉尼大学常务副校长莱迪·甘雅教授率领的悉尼大学和天大集团联合教育代表团一行。

　　△　于幼军在五洲宾馆会见澳大利亚布里斯班市、法国维埃纳省、美国休斯敦市、德国纽伦堡地区和比利时瓦隆区代表团。除比利时瓦隆区外,上述城市和地区都已与深圳市结为友好城市。

　　△　全国首个中外合资经营、按国际商业化规范运作的高新技术企业"孵化器"——深圳创新科技园启动仪式在深圳高新区举行,首期投资8000万元,占地面积5000平方米,签约总金额174.9亿元。

　　10月17日　广东省委副书记、深圳市委书记张高丽接见深圳市第一位奥运冠军肖俊峰。

---

　　① 此前,深圳市人民政府已与北京大学签署了合作办学意向书。此举标志着深圳大学城建设正式启动。定址南山区的深圳大学城,首期开发面积约2.6平方公里,长远规划按10平方公里控制。根据总体方案,深圳大学城引进名校的标准是:国内名校仅指进入"211工程"的大学,并优先考虑国家重点建设的面向世界一流的9所重点大学;引进的国外名校仅指世界排名前100名的大学。

△ 第二届"高交会"在深圳闭幕。在"高交会"期间，有 1.5 万项高新技术成果展示和交易，共签订项目 1046 项，成交总额 85.4 亿美元，比上届"高交会"增长 31.4%。深圳代表团共成交项目 189 项，成交金额 24.22 亿美元，占此届"高交会"成交额的 28.38%。

10 月 18 日 深圳市委召开常委（扩大）会议，传达学习党的十五届五中全会精神，认真学习江泽民总书记在全会上的重要讲话和全会通过的《中共中央关于制定国民经济和社会发展第十个五年计划的建议》。

10 月 19 日 第十八届中国电视"金鹰奖"全部 97 个获奖名单揭晓。深圳市有 3 部作品[①]获奖。

△ 截至 10 月 19 日，广交会深圳团出口成交额达 13393.04 万美元。

△ 全国首份行业劳动集体合同在龙岗区坪地镇签订。

10 月 20 日 来自深圳市各区的 40 位志愿军老战士、志愿军烈属代表与市领导在银湖纪念抗美援朝 50 周年。

10 月 21 日 9 时 42 分从深圳开往北京西站的 K106 次列车载着 400 多名旅客驶出深圳火车站，这是我国铁路第三次提速中第一趟按新时刻、新速度从深圳开出的长途列车。

10 月 23 日 《人民日报》发表评论员文章，题目为《生机盎然的精神文明窗口》。文章指出："深圳是我国改革开放的窗口，也是社会主义精神文明建设的窗口。这个生机盎然的窗口，展现着有中国特色社会主义的巨大优越性和强大生命力，显示着社会主义精神文明建设的内在魅力和光明前景。"深圳经济特区成为继张家港、杭州市之后的又一个全国精神文明建设典型城市。中央各大新闻媒体如《人民日报》《光明日报》《经济日报》《工人日报》《中国青年报》《中国妇女报》等均在头版头条发表系列报道，并分别配发了社论、评论、编辑点评和编者按，宣传深圳经济特区 20 年精神文明建设的做法和经验。市委发出通知，要求全市各部门、各单位，以中央和省集中宣传深圳为契机，深入总结深圳 20 年"两个文明"建设的经验，推动各项工作再上新台阶。

△ 深圳市委理论学习中心组举行学习会，提出在全市干部群众中展开讨论"全国关注深圳，深圳怎么办？"。

△ 中俄（深圳）企业家交流会在深圳开幕。

[①] 具体获奖情况是：由市委宣传部组织策划与有关方面联合制作的《钢铁是怎样炼成的》获最佳长篇电视剧奖、最佳导演奖和特别美术奖；《拥抱未来》——中国首届高新技术成果交易会开幕式文艺晚会获优秀电视文艺奖、最佳美术奖；《祝福祖国》获优秀音乐电视奖。

10 月 24 日　第四届海商法国际研讨会在深圳五洲宾馆开幕。

10 月 25 日　吉林省委常委、长春市委书记率长春市代表团一行考察深圳。

10 月 27 日　深圳市领导张高丽、于幼军、李容根等与吉林省委书记王云坤、省长洪虎率领的考察团一行，就有关经贸合作、发展等问题进行交流和探讨。吉林—广东 2000 年经贸合作项目深圳签约仪式在五洲宾馆举行，共签约 140 个合作项目，总金额共 174.9 亿元。

△　深圳出口加工区控制性规划通过深圳市规划国土局组织的专家评审。

10 月 28 日　深圳宝安电子城开业。该电子城位于 40 区石鸿花园内，以经营电子元器件为主，为众多电子产品生产厂家提供了交易场所。

11 月 1 日　深圳市 3.63 万普查工作人员登门入户，正式开始第五次全国人口普查登记。

△　首届"深圳读书月"活动正式启动。

△　深圳市委副书记出席福田区华富社区党建工作联席会议第一次会议，称赞该区率先在全市建立社区党建工作联席会议制度，是对基层党建工作制度和活动方式进行的一次很有意义的探索。

△　深圳在全国科技工作会议上提出发展整体思路，争取 15 年内把深圳建成高科技城。

11 月 2 日　深圳市委召开部分企业负责人座谈会，征求对《中共深圳市委关于制定国民经济和社会发展第十个五年计划的建议（初稿）》的意见。

△　深圳书城巴颜喀拉网上书店正式开通，深圳书城实现了网上售书与网上图书信息服务。

△　广东省人大常委会副主任、省"三五"普法检查组组长倪志广在听取深圳有关部门的情况汇报、观看了普法纪录片及查阅了相关资料后表示：深圳做了很多前瞻性的开拓工作，很多方面走在了全省的前列，为全省提供了良好的经验。

11 月 3 日　"全国干部保健工作会议"在深圳召开，中共中央政治局候补委员、中共中央书记处书记、中组部部长曾庆红出席了会议，中共中央政治局委员、广东省委书记李长春看望了与会代表。

11 月 4 日　广东省委常委、深圳市市长于幼军会见了土耳其伊斯坦布尔省长卡其亚率领的代表团一行。

11 月 5 日　深圳市长途汽车客运公司、新锦湖汽车运输有限公司、潮阳市汽车运输有限总公司结成联盟，开始对深圳至潮阳运输专线实行联合发车。

11 月 6 日　海南洋浦开发区在深圳举行招商会，洋浦深圳科技工业园等 14 个项目在会上签约，总投资额达 22 亿元。

11 月 7 日 于幼军在深圳五洲宾馆会见泰国中华总商会主席郑明如一行。

△ 深圳龙岗区横岗、大鹏两镇通过"省生态示范镇"的考核验收，深圳市首次有了"省生态示范镇"。

11 月 7 ~ 8 日 广东省副省长游宁丰率队到深圳检查、调研。

11 月 7 ~ 10 日 国际城市与地区统计委员会第二十二届科技论文研讨会在深圳举行。

11 月 8 日 广东省委副书记、深圳市委书记张高丽等市领导与新闻战线的 500 多名记者一道，隆重庆祝新中国第一个"记者节"。

△ 多位专家围绕《深圳大学城概念规划方案》举行论证会，为建设大学城献计献策。

11 月 9 日 市委召开各民主党派、工商联负责人和无党派代表人士及部分专家座谈会，征求《中共深圳市委关于制定国民经济和社会发展第十个五年计划的建议（初稿）》的意见。《人民日报》发表深圳市市委书记张高丽的讲话《创新是深圳经济特区发展的灵魂——纪念深圳经济特区建立二十周年》。①

11 月 11 日 深圳市国防动员委员会组织举行防空袭国防动员实兵演习，这是特区成立以来首次举行这种演习。

11 月 13 日 深圳经济特区 20 周年成就展在"高交会"展馆隆重开幕，全国人大常委会委员长邹家华等领导出席了开幕式。

△ 由捷克驻华大使亚历山大·卡利赫任团长的 25 个国家驻华使节团抵达深圳，应邀出席深圳经济特区建立 20 周年庆祝活动。深圳市委、市政府召开荣誉市民座谈会。

11 月 14 日 深圳经济特区建立 20 周年庆祝大会在深圳体育馆举行。中共中央总书记、国家主席、中央军委主席江泽民出席庆祝大会并发表重要讲话。② 中共中央政治局委员、国务院副总理钱其琛，中共中央政治局候补委员、书记处书记曾庆红，全国人大常委会副委员长邹家华、吴阶平，全国政协副主席叶选平、霍英东、马万祺和习仲勋、谷牧出席庆祝大会并参加会见。香港特别行政区行政长官董建华，

---

① 《人民日报》2000 年 11 月 9 日第 9 版（理论版）发表了该讲话。摘要如下：中国的经济特区已经走过了二十年的发展历程。二十年来，深圳等经济特区肩负着中央"杀出一条血路"的郑重嘱托，解放思想，大胆探索，勇于创新，坚持"三个有利于"，在全国率先建立起社会主义市场经济体制的基本框架。作为"排头兵"、"试验田"和"窗口"，特区人以"敢闯敢试敢冒险"的气魄和创新精神，实现了经济社会的持续快速健康发展。

② 《人民日报》2000 年 11 月 15 日第 1 版全文刊载了江泽民同志的讲话。

澳门特别行政区行政长官何厚铧，中央军委委员曹刚川，中央和国家机关有关部门负责人，广东省、广州军区、有关省市及经济特区负责人，部分驻华使节，友好城市代表，海内外知名人士、专家，深圳市负责人和各界代表，共4000余人参加了庆祝大会。

△ "邓小平塑像揭幕仪式"在深圳莲花山公园山顶广场上隆重举行，中共中央总书记、国家主席、中央军委主席江泽民为塑像揭幕。

△ 第五届亚太纺织服装工业论坛在深圳举行。

△ "广信深圳公司破产税款清算案"首战告捷，国家税务总局认为，公司破产之后再进行税务检查并成功追回税款，深圳创下了全国第一案例。

11月15日 广东省委副书记、深圳市委书记张高丽主持市委常委（扩大）会议，学习江泽民总书记在深圳经济特区建立20周年庆祝大会上的讲话。他强调要认清形势，居安思危，虚心学习，迎接挑战。

△ 香港特别行政区行政长官董建华在赴深圳出席深圳特区成立20周年庆祝活动前在香港会见新闻界，他表示：深圳有深圳优势，它的高科技生产区发展得很好，而香港亦有自身优势，例如对国外的联系、对市场情形很了解等，故两地不存在竞争，两地互相配合定能创造双赢的局面。

△ 广东省委副书记、深圳市委书记张高丽在五洲宾馆会见澳门特别行政区行政长官何厚铧一行。深圳市委干部人事制度改革试点工作领导小组召开全市干部人事制度改革试点工作动员会，部署深圳局级领导干部公开选拔和处级领导干部竞争上岗试点工作。

11月15~26日 广东省委常委、深圳市市长于幼军率深圳市代表团访问葡萄牙、瑞士、瑞典3个国家。

11月16日 深圳市人大常委会党组（扩大）会议召开，提出贯彻落实江泽民总书记在深圳经济特区建立20周年庆祝大会上的讲话精神，开创人大工作新局面。

△ 深圳市纪委召开常委（扩大）会议，认真学习江泽民总书记在深圳经济特区建立20周年庆祝大会上的讲话。

11月17日 深圳市政协召开党组会议，认真学习江泽民总书记在深圳经济特区建立20周年庆祝大会上的讲话。

△ 产品认证（美国标准）深圳代理中心正式成立。

11月18日 全国团建创新现场会在深圳召开。

11月18~27日 中共中央政治局委员、书记处书记、中宣部部长、中央文明委主任丁关根一行到深圳，就精神文明建设和新闻出版、广播影视业改革等问题进行调研。

11 月 19 日　深圳市委发出通知，要求全市认真学习江泽民总书记在深圳经济特区建立 20 周年庆祝大会上的重要讲话精神，结合实际贯彻落实。

△　深圳音协合唱团在 2000 年中国合唱节比赛中夺得金奖第一名。

△　致公党深圳市委举行纪念大会，庆祝中国致公党成立 75 周年。

11 月 20 日　由联合国亚太经社会、国家建设部、中国残疾人联合会举办，深圳市政府承办的"亚太区无障碍公共交通研讨会"在深开幕。

△　中央文明办常务副主任胡振民考察深圳宝安文明创建活动，指出文明创建活动要以人为本。

11 月 21 日　深圳市委召开市老领导、老同志座谈会，征求对《中共深圳市委关于制定全市国民经济和社会发展第十个五年计划的建议（讨论稿）》的意见。电力系统国家重点实验室深圳研究室正式挂牌，标志着深圳在建设国家重点实验室方面实现了零的突破。市经发局、市贸发局表彰全市 77 个进入全国进出口"500 强"的企业。

△　深圳盐田港集团与香港康复公司签订 2.7 万余平方米土地使用权转让协议，此将用于建造系统性的老人康复合作中心。

△　电力系统国家重点实验室深圳研究室正式挂牌，这标志着深圳在建设国家重点实验室方面实现了零的突破。

11 月 21 ~ 23 日　深圳市委、市政府召开会议，对《深圳市消防发展总体规划（2001 ~ 2010）》进行专家评审论证。该规划获通过。

△　市经发局、贸发局表彰深圳 77 家进入全国进出口"500 强"的企业。

11 月 23 日　深圳市委召开促进高新科技发展工作座谈会，向部分科技、企业界人士征询加快发展高新技术产业的意见。

11 月 24 ~ 27 日　第二届国际住宅与建筑科技展览会在深圳举行。

△　"21 世纪孔子及儒学对世界文明发展的作用与影响研讨会"、"中国孔子大学筹备座谈会"和"2000 年孔子暨儒家题材中国画创作精品展"同时在深圳何香凝美术馆开幕。

11 月 25 日　中央政治局常委、国务院副总理李岚清等领导同志与近 2000 名首都观众一起观看了深圳中学生李云迪与中国交响乐团联合演奏的"肖邦作品音乐会"。

△　明斯克航母成为全国科普教育基地。

11 月 27 日　深圳市委副书记刘凤仪在深圳与各区委书记、区长进行座谈，听取关于学习贯彻江泽民总书记提出的"三个代表"重要思想的情况汇报，研究如何进一步认真学习、深入领会、努力实践"三个代表"重要思想的问题。

△ 正在施工中的盐坝高速公路连系立交桥突然倒塌。至 28 日凌晨 1 时 30 分，救出伤员 30 人，无人员死亡。

11 月 28 日 深圳市委副书记李德成会见中国国民党副主席吴伯雄、前民进党主席许信良一行。

△ 深圳市人大常委会举行首次立法听证会。

△ 当时国内最大的外资糖果企业荷兰范梅勒集团深圳公司正式投产。

11 月 29~30 日 中国资讯科技与风险投资高峰会在深圳举行。

12 月 1 日 由 16 名台湾退役老将军组成的台湾"反独促统"将军访问团访问深圳。

△ 全国人大常委会副委员长程思远到深圳福永镇视察文明创建活动。

12 月 2 日 深圳市文化局组织选送的 5 个群舞获全国第十届"群星奖"舞蹈大赛 4 个金奖、1 个银奖。

△ 深圳市高协高技术产业化促进中心成立，这是深圳市首个科技类非企业民营社会机构。

△ 东江纵队纪念馆开馆，该馆位于龙岗区坪山镇，是深圳市爱国主义教育的又一个重要基地。

△ 中国第一个特奥培训基地在深圳元平特殊教育学校挂牌。

12 月 4 日 深圳市委召开常委（扩大）会议，传达学习中央经济工作会议精神。

12 月 5 日 由中国法学会和深圳市法学会联合举办的"海峡两岸法学学术研讨会"在深圳召开。

△ 深圳市获得 2000 年度国际"花园城市"称号，成为中国首个获此殊荣的城市。

12 月 6 日 全国人大常委会原副委员长费孝通考察宝安区平湖镇。人民日报社、深圳市和中国儿童少年基金会联合举办"关注未来，救助孩子"大型募捐义演。

△ 中国深圳家庭用品及礼品展览会暨深圳经济特区建立 20 周年成就图片展在澳大利亚布里斯班市开幕。

12 月 8 日 武警总部副司令员高文远中将到深圳考察。

△ 澳门中华总商会妇委会访深团访问深圳。

△ "东南亚信息技术联盟（简称 SI - TO）国际会议"在深圳举行。

△ 深圳北站大桥通过省级成果鉴定，这是深圳市当时跨度最大、技术最新的市政工程。

△ 深圳市推出"网点即开型福利彩票"，筹集的资金主要用于兴办青少年康体设施。

12 月 9 日 新加坡内阁资政李光耀访问深圳。

12 月 12 日 广东省流动人口计划生育工作会议在深圳召开。

△ 中国第一个拥有自主知识产权的系统级中间件软件产品由深圳市阿派斯软件有限公司研制成功。

12 月 13 日 深圳海天出版社出版的《百年中国美术经典文库》获得第十二届中国图书奖。

12 月 13 ~ 14 日 深港口岸合作研讨会在深圳召开，共有 160 多名来自内地和香港的专家、学者及口岸工作者参加。

12 月 14 ~ 15 日 深圳市委、市政府召开全市国有企业改革和发展工作会议，提出要打好攻坚战，寻求新突破，开创新局面。

12 月 15 日 澳门直升机首航深圳成功。

12 月 15 ~ 29 日 第二届深圳国际水墨画双年展在深圳关山月美术馆举行。

12 月 20 日 中国平安保险公司与美国国际集团（AIG）达成协议，这是中外资保险企业的首次战略结盟。

△ 香港城市大学加盟深圳虚拟大学城。

12 月 22 ~ 25 日 首届中国国际妇女儿童用品博览会在深圳举行。

12 月 23 日 深圳市妇女发展研究会成立，由全国妇联、教育部和科学技术部发起的"女性素质工程"开始在深圳实施。

12 月 24 日 ~ 2001 年 1 月 1 日 原中央军委副主席张震考察深圳。

12 月 25 日 在美国首都华盛顿举行的 2000 年度国际"花园城市"竞赛评选揭晓，深圳从 19 个参赛国家、33 个城市中脱颖而出，一举夺得该项竞赛人口最多类别（100 万人口）城市第一名，成为中国首个获此殊荣的城市[①]。在本次竞评活动中，国际花园协会还通过决议，将 2001 年度国际"花园城市"竞赛的主办权交给深圳。

---

① 本次评选共有来自 23 个国家的 45 个城市参赛，决赛中，中国唯一的参选城市深圳与美国的芝加哥、菲尼克斯，南非的比勒陀利亚和俄罗斯的诺夫哥罗德等国际名城相遇，经过紧张的角逐，深圳终以自己的城市魅力征服了所有的评委，一举夺魁。

12 月 25 日～27 日　中共深圳市第三届委员会第二次全体（扩大）会议召开。会议审议通过了《中共深圳市委关于制定全市国民经济和社会发展第十个五年计划的建议》，提出解放思想，努力开拓，抢抓机遇，加快发展，为率先基本实现社会主义现代化而奋斗。

12 月 26 日　深圳市委三届二次全会宣布市委市政府即将做出 3 个重要决定：《关于进一步加强精神文明建设的决定》《关于加强生态环境建设和保护实施可持续发展战略的决定》《关于实施第二期同富裕工程的决定》。

12 月 27 日　广东省委常委、深圳市市长于幼军在全市经济工作会议上讲话中提出：强调继续充分利用香港国际金融、贸易的中心地位，加大深港经济合作力度，确定 2001 年将集中人力、财力、物力向几大领域重点投入。

12 月 28 日　首列国产高速列车"蓝箭"号在广深线试运营。

12 月 29～30 日　由国家计委主办的全国价格监督检查会议在深圳举行。

12 月 30 日　香港特别行政区行政长官董建华到深圳访问。

△　国民党中常委章孝严访问深圳。

△　第九届文华奖颁奖大会在北京人民大会堂举行。由深圳市委宣传部、市文化局策划组织，市歌舞团创作排演的大型现代舞剧《深圳故事·追求》，荣获"文华新剧目奖"、"文华音乐创作奖"、"文华舞台美术奖"和"文华表演奖"，成为广东省四个获奖作品中获奖项目最多的一个。文华奖是与"中宣部五个一工程奖"并列的国家级最高奖项。

△　由深圳中国国际旅行社组织的"温馨结伴行——长者港澳游"旅行团赴香港，这是广东省公安厅实行异地户口港澳试点后成立的第一个旅游团。

△　深圳市劳动局获"全国劳动保障系统集体一等功"。

12 月 31 日　据市统计信息局统计，2000 年深圳市国内生产总值达到 1655 亿元，比 1999 年增长 14.2%。如按可比口径计算，深圳 2000 年的经济总量相当于 1995 年的 2.08 倍，相当于 1990 年的 9.64 倍。在全国大城市中的排名，也首次实现跨越式提高，仅列于上海、北京、广州之后，居第四位。

2000 年　据市港务局统计，深圳港 2000 年集装箱吞吐量高速增长，达到 399.3 万标箱，同比增长 33.8%，继续保持全国内地沿海港口第二的位置，并可望跃升为世界第十大集装箱港。

2000 年　深圳港新开定期班轮航线 15 条，共有 29 家中外著名公司在深圳港开通远近洋国际集装箱班轮航线 53 条，平均每月靠泊国际班轮超过 227 艘次，国际集装箱班轮远洋航线数量和航班密度均居国内港口之首。

2000 年 深圳市在中国计生协会确定的 14 个首批"青春健康项目"试点城市中，是唯一将目标人群定位在 10~24 岁流动人口青少年的城市，活动覆盖面广、效果明显，在国内外引起了巨大反响，各地均推广深圳经验。（深圳市卫生计生委提供）

2000 年 全国第一本物业管理年鉴《深圳物业管理年鉴·1999》出版。

2000 年 深圳市技术监督稽查大队获得中国方圆标志认证委员会的质量体系认证委员会颁发的《GB/T19002 - ISO9002 质量体系认证证书》，成为全国首支通过 ISO9000 质量体系认证的行政执法队伍。

2000 年 龙岗区大鹏镇顺利通过国家卫生镇考核鉴定委员会的考评验收，成为今年全国第一个通过验收的国家卫生镇。

2000 年 深圳市交管局在全国率先启用行人翻越护栏自动监摄系统，并首批安装在深南路行人违章现象比较突出的兴华宾馆等路段。

2000 年 深圳旅游集团西丽湖度假村获得英国高宝汉德技术监督有限公司授予的 UKAS 合格证书，成为全国第一家获得 ISO9001 - 2000 版质量认证的三星级旅游度假村。

2000 年 坪地通过"国家卫生镇"考核，深圳"国家卫生镇"数量为全国第一。

2000 年 深圳市全口径财政收入达到 736.4 亿元。其中上划中央收入为 514.5 亿元，深圳市共完成财政一般预算收入 221.9 亿元，完成年度预算的 115.2%，比 1999 年增长 21.9%，剔除证券交易印花税和罚没收入因素，比上年同期增长 16.6%。

2001年

1月1日　由共青团深圳市委、深圳市文明办等单位主办的"世纪婚典"——200对新人集体婚礼在世界之窗举行。

1月3日　深圳市委副书记李统书在深圳市公安工作会议上强调：要全力维护社会政治稳定，努力创造良好法制环境。

1月4日　深圳市纪委以"深纪发〔2001〕1号"文件形式，推出纠治"红包"新举措：设立财政专户，统一登记上缴。

1月5日　广东省委副书记、深圳市委书记张高丽，广东省委常委、深圳市市长于幼军在香港举行了三次会谈。

1月5～14日　原中共中央政治局常委、全国人大常委会原委员长乔石考察深圳。

1月7日　广东省委副书记、深圳市委书记张高丽应邀拜会香港特别行政区行政长官董建华，双方表示要在更宽的领域、更深的层次、更高的水平上加强和加快深港两地合作。

1月8日　广东省委副书记、深圳市委书记张高丽应邀拜会香港长江实业集团董事局主席李嘉诚先生。

1月8～9日　深圳市政协主席李容根等一行对澳门进行访问。

1月9日　广东省委常委、深圳市市长于幼军等与哈工大校长杨士勤一行就哈工大在深圳大学城兴办深圳学院有关事宜进行商谈。

1月10日　从2001年深圳市外经贸工作会议上获悉，2000年深圳市的外贸进出口总额达638亿美元，同比增长26.5%。其中出口总额为345亿美元，连续8年位居全国大中城市首位。

△　广东省委副书记、深圳市委书记张高丽就治理河流污染工作指出，治理污河事关人民的根本利益，要统一认识，真抓实干，抓出成效。

1 月 13 日　深圳市义工代表向市民发出倡议：每人每年参与义工工作 8 小时。

1 月 14～23 日　经由深圳各口岸出入境的旅客人数超过 301 万人次，其中经罗湖口岸入出境的旅客数量就高达 231 万多人次，比上年同期增长 11%。

1 月 16 日　中共深圳市纪委第二次全体会议召开，会议要求坚持标本兼治，加大治本力度，高标准推进深圳市党风廉政建设和反腐败斗争。

△　深圳市政府与北京大学签订协议，将合作创办北京大学深圳校区。

1 月 17 日　深圳地铁一期工程 8 个土建合同及设备招标代理合同签字，标志着深圳地铁即将全线施工。

1 月 18 日　深圳市政府三届一次全体（扩大）会议召开，研究部署抓战略重点、抓关键环节、抓工作落实的具体措施，要求努力改进机关作风，切实提高政府行政效率。

1 月 19 日　墨西哥驻华大使塞西里奥一行来深圳欢乐谷参观访问。

1 月 20 日　深圳市政府有关加快国有企业改革系列政策正式出台。

1 月 22 日　全国首个建成启用的梅林一村直饮水工程，其技术规范通过国家专家组评审。

1 月 23 日　深圳市荣获国际"花园城市"称号。

1 月 24～26 日　深圳市各景点共迎来游客近 180 万人次。深圳人民喜迎新年。

1 月 28 日～2 月 1 日　全国人大常委会副委员长姜春云考察深圳。他充分肯定深圳"两个文明"建设成就，强调要深入贯彻十五届五中全会精神，努力实现深圳的跨越式发展。

1 月 31 日　深圳市委召开向宝安区人民法院学习动员大会，要求全市法院和政法机关向宝安区人民法院学习，做到在党的领导下依法、独立、公开、高效司法。

1 月 31 日～2 月 4 日　中共中央政治局常委、全国人大常委会委员长李鹏考察深圳。他称赞深圳是一座高科技城市、花园城市，"两个文明"建设取得巨大成就，希望深圳努力发展为中国特色社会主义的样板城市。

△　广东省省长卢瑞华在省人大会议上，宣布深圳地铁一期工程为广东省重点建设项目。

△　深圳市地铁公司举行目标管理责任书签订仪式，陈玉明董事长与副总经理、三总师签订了岗位目标责任书，公司领导及三总师与分管部门签订了部门岗位责

任书。

2月1日　《深圳经济特区企业员工社会养老保险条例》正式实施，该条例扩大了社会保险覆盖面，外来工可以在深圳特区养老。

2月3日　深圳某私营企业老板在深圳平安人寿保险公司投保了一份保额高达1998万元的保险，创下了国内个人寿险保额的最高纪录。

2月5日　广东省委副书记、深圳市委书记张高丽在龙岗区坪山镇江岭村调研时强调：要扎实开展"三个代表"教育，建设社会主义新农村。

2月6日　深圳傲冠电脑系统技术有限公司通过深圳市贸发局审核，取得了《中华人民共和国进出口企业资格证书》，成为深圳市改革内资企业进出口经营权审批制度后首家获得进出口资格的企业。

2月8日　全国首例人工角膜植入手术在深圳武警边防中心医院成功完成，术后患者已恢复部分视力。

△　涉嫌收受153万元巨额贿赂且有500万元港币"来源不明"，原中共深圳市宝安区委书记虞德海出庭受审。

2月10日　北大招商创业投资管理有限公司与美商中经合集团在深圳签署战略合作协议，双方就联合投资及组建基金等事宜达成合作一揽子协议。

2月11日　广东省九届人大四次会议在广州召开，卢瑞华省长在《政府工作报告》中提出：要强化深圳在全省的中心和龙头作用。

2月12日　广东省委常委、深圳市市长于幼军在深圳代表团审议《政府工作报告》时表示，"十五"期间，深圳将巩固拓展高新技术产业发展先行优势，率先基本实现国民经济和社会信息化。

2月13日　深圳市处级领导职位竞争上岗试点工作基本结束，85名优胜者从200多名竞争者中脱颖而出，走上处级领导岗位。

2月15日　广东省委副书记、深圳市委书记、市人大常委会主任张高丽参加深圳代表团小组讨论时强调，要贯彻实施依法治国和以德治国基本方略，推动深圳"两个文明"建设再上新水平。

2月16日　深圳市引进优秀人才6大政策正式实施，主要有：取消人事计划单列、取消下达人才引进指标等。

2月20日　第十四届"中国图书奖"在北京颁奖，海天出版社出版的《百年中国美术经典文库》榜上有名。

2月20~23日　深圳市三届人大常委会第五次会议召开。会议通过了《深圳市人民代表大会常务委员会任免国家机关工作人员条例》等4项法规。

2 月 22 日　土耳其新任驻华大使拉费特·阿克居纳伊访问深圳，表示将推进土耳其与深圳的经贸关系。

2 月 23 日　来自中、日、韩三国的 30 多位高层财政金融专家聚首深圳，召开三国财政研讨会。

2 月 24 日　欧洲华人华侨联合会回国访问团代表来深圳访问，代表对深圳 20 年来取得的成绩感到惊讶和高兴，特别是深圳能够成为国际花园城市，更让他们在国外为祖国感到骄傲。

2 月 25 日　深圳市教育系统的首批 36 位教师前往毕节地区和黔南州的 26 所中小学支教。

2 月 26 日　深圳市委召开全市党员领导干部会议，传达学习中央工作会议精神，研究部署贯彻落实措施。

2 月 27 日　张高丽、于幼军等深圳市领导在调研深圳市经济发展工作时强调，要抓早、抓紧、抓好 2001 年经济工作，为"十五"计划开好局、起好步。

3 月 1 日　为纪念中国共产党成立 80 周年，由深圳市委宣传部牵头组织的"踏着先辈的足迹"采访活动启动。此次采访活动历时 4 个月，穿越 27 个省、市、自治区。

△　深圳市农村"三个代表"学习教育活动开始，深圳市委召开动员大会并表彰基层组织建设先进单位和先进个人。广东省委副书记、深圳市委书记张高丽指出要全面推进农村各项事业迈上新台阶。

△　深圳在全国率先实行房地产网上交易。

3 月 2 日　深圳市领导干部会议召开。广东省委副书记、深圳市委书记张高丽强调要认清形势、居安思危、坚定信心、扎实工作，推动深圳市"两个文明"建设再上新水平。

3 月 3 日　清华大学常务副校长何建坤教授在深圳高新区宣布，该校在北京地区以外最大的产业基地——深圳清华信息港正式启动建设。

3 月 5 日　南方证券有限公司与德国商业银行在深圳正式签署有关资产管理业务的技术合作协议。

3 月 6 日　深圳市药品监督管理局正式成立。该局将全面负责深圳市药品和医疗器械生产、流通、使用的监督管理工作。

3 月 7 日　广东省委常委、深圳市市长于幼军在深圳市"高交会"领导小组会议上强调："高交会"要探索市场化运作新模式。

3 月 8 日　广东省委副书记、深圳市委书记、市人大常委会主任张高丽在北京参加九届全国人大四次会议时表示，深圳要以实际行动贯彻"十五"计划纲要。

3月9日 香港廉政公署防止贪污处助理副处长欧阳吕妙群女士率团到深圳访问。

3月11~14日 山东省委副书记、济南市委书记孙淑义率济南市党政考察团一行25人到深圳考察。

3月12日 深圳市市长于幼军率深圳市经贸科技考察团一行13人赴台湾进行为期10天的访问，主要考察、学习台湾发展制造业，尤其是高新科技产业的经验。

3月13日 张高丽在深圳召集全市6个区主要领导和有关部门负责同志，分析、研究在提高效益的前提下如何确保经济有效增长，强调要紧紧抓住发展这个主题。

3月14日 大连市委副书记、市长李永金率大连市党政代表团到深圳考察。

3月15日 由深圳市委、市政府主办的纪念中国共产党成立80周年图片展和深圳经济特区建立20周年成就展全面向社会公众开放。

3月18日 广东省委副书记、深圳市委书记张高丽在深圳市公安局现场办公，研究部署开展严打整治工作，要求集中精力解决治安和稳定的突出问题，务必确保社会治安上半年有明显好转。

△ 在深圳市第十个五年计划纲要中也提到要加快推进与珠三角地区经济一体化进程，扩大与内地经济技术合作。

3月20日 深圳市宝安、龙岗两区20个镇（街道）已全部召开了"三个代表"重要思想学习教育活动动员大会，标志着全市"三个代表"学习教育活动全面展开。

3月23日 中国第一部关于土地交易的地方性规章——《深圳市土地交易市场管理规定》颁布实施。其主要内容是：允许二、三级土地使用权进入有形市场交易，所有经营性土地都必须在土地房产交易中心挂牌交易，经营性土地供应将由多轨制变为单轨制。

△ 深圳市隆重表彰"团结、廉洁、开拓"好班子，市直机关工委等10个单位榜上有名。

△ 香港律政司立法专员严文浩率领代表团到深圳考察立法工作。

3月24~25日 吉布提共和国总统伊斯梅尔·奥马尔·盖莱访问深圳。

3月25~29日 深圳市政协三届二次会议召开，提出要为率先基本实现社会主义现代化做出新贡献。大会批准李容根辞去市政协主席职务，深圳市委决定常务副主席何景焕主持政协工作。

3 月 27 日　深圳市三届人大二次会议召开。广东省委副书记、深圳市委书记、市人大常委会主任张高丽主持会议，于幼军市长代表市政府做政府工作报告。报告阐述了"十五"时期总的指导方针和奋斗目标，指出"十五"时期将是深圳经济社会和文化全面发展、朝着基本实现现代化目标冲刺的阶段。

　△　在深圳市第三届人民代表大会第三次会议上的报告提出稳步推进深港合作，增强与政府间的沟通，积极推进和港澳台地区的经济技术合作，扩大与珠三角地区产业合作分工，在区域经济一体化中谋求更大的发展空间。

3 月 31 日　深圳市三届人大二次会议胜利闭幕。会议批准政府工作报告和"十五"计划纲要，通过关于市人大常委会工作报告和"两院"工作报告、《深圳市制定法规条例》和《深圳市人民代表大会关于修改〈深圳市人民代表大会审查和批准国民经济和社会发展计划及预算规定〉的决定》。

　△　深圳出口加工区通过国家验收封关运作，这是中国当时面积最大的出口加工区。

4 月 6 日　深圳盐坝高速公路（A 段）及盐田港段工程（一期）通过省交通厅组织的交工验收，总体评分为 95.1 分，优良率为 86.1%。

4 月 7 日　深圳市常务副市长李德成率领市政府代表团参加在美国洛杉矶举行的深圳市驻北美招商联络处揭幕仪式暨投资深圳推介会。推介会现场签约 10 个项目，涉及投资金额 5.5 亿美元。

4 月 8 日　广东省委常委、深圳市市长于幼军在五洲宾馆会见了到访的澳大利亚副总理兼运输和地区服务部长约翰·安德森及夫人一行。

4 月 9 日　下午 4 时，深圳市出现了多年未见的景象：乌云蔽日，白天恍如黑夜，旋即雷电交加，罗湖、宝安等部分地区降下罕见的冰雹，并出现倾盆大雨，风力强劲。市气象专家解释：罕见气象是大气不稳定能量使然。

4 月 10 日　为期 3 天的中国—东盟信息通信技术研讨会在深圳市举行，国务院副总理吴邦国致信表示祝贺，并希望加速实现"电子东盟"目标。中国信息产业部部长吴基传出席了开幕式并致辞。

4 月 11 日　为贯彻全国治安工作会议精神，深圳市委、市政府在深圳体育馆召开严厉打击刑事犯罪分子宣判处理大会。广东省委副书记、深圳市委书记张高丽在会上做了重要讲话。许承书等一批罪犯会后被验明正身，押赴刑场执行枪决。

4 月 12 日　深圳市委、市政府召开全市抓好两大整治，创建文明市、文明区工作会议，传达贯彻全国和全省社会治安工作会议和整顿规范市场经济秩序工作会议精神，对深圳市抓好两大整治工作，继续深入开展创建文明市、文明区活动进行部署，表彰了一批创建"园林式、花园式"城市先进单位和安全文明小区。

4月13日 广东省委副书记、深圳市委书记张高丽在深圳市政府贵宾厅会见了以美中商会主席普雷斯考特·布什为团长的美中商会代表团，双方就在深圳合作培训国际高级人才达成共识。

4月16日 盐坝高速公路A段通车，深圳东部第一条高速公路正式开通。该高速公路在省交通厅主持的验收中，以91.5的得分超过机荷高速公路，成为广东省目前质量最好的高速公路。该路段长10.38公里，设计行车时速为80公里/小时。

△ 深圳市统计局公布了深圳市第五次人口普查结果，深圳总人口达到700.84万人，人口密度为每平方公里3596人，较1990年第四次全国人口普查增长了3.36倍。据广东省人口普查公报显示，深圳人口密度居全省首位，户籍人口为121.48万人，平均家庭户规模为2.63人，男女比例为97.74∶100。

△ 联想（深圳）电子有限公司入驻深圳市高新技术产业园区。新落成的联想研发中心大厦正式启用。

4月18日 深圳市委召开深圳市统战会议。会议主题是：传达贯彻全国统战工作会议、全省统战工作会议精神，紧密结合深圳实际，总结经验，研究部署深圳市新世纪的统战工作。

△ 一艘南京籍货轮在深圳大鹏湾水域与另一艘船发生碰撞后沉没，船上13人落水，两人被救起，其余11人失踪。这是1997年以来深圳海域发生的最大海难，深圳海事局首次调派直升机搜救。

4月21日 由中共深圳市委宣传部、中国国际电视总公司和中央电视台联合摄制的电视剧《钢铁是怎样炼成的》一举获得第二十届"飞天奖"长篇电视剧特别奖、优秀导演奖、优秀照明奖、优秀美术奖、评委会特别奖、优秀摄影奖、优秀音乐奖和优秀男演员评委会特别奖8项大奖。

4月25日 深圳市党的基层组织建设工作会议召开。会议全面回顾了20年来深圳市党的基层组织建设取得的成就和经验，部署了当前和今后一个时期深圳市基层党建工作。广东省委副书记、深圳市委书记张高丽在会上强调：深圳要带头按照"三个代表"①重要思想的要求，紧密联系深圳实际，全面加强党的基层组织建设，积极开创基层工作新局面，努力率先基本实现社会主义现代化，把深圳建设成为有中国特色、中国风格、中国气派的社会主义示范地区。

---

① "三个代表"主要内容是：中国共产党始终代表中国先进生产力的发展要求、中国先进文化的前进方向、中国最广大人民的根本利益，是我们党的立党之本、执政之基、力量之源。"三个代表"于2004年中华人民共和国全国人大修改宪法时正式写入《中华人民共和国宪法》。

4 月 26 日　深圳市庆祝"五一"国际劳动节暨表彰大会隆重召开。广东省委副书记、深圳市委书记张高丽，广东省委常委、深圳市市长于幼军，市委副书记刘涛，市人大常委会副主任、市总工会主席张宝琴，市政协副主席周长瑚，市纪委副书记卢惠概出席了大会，并给受表彰的先进集体和先进个人代表颁奖。大会对获得全国"五一劳动奖状"，"五一劳动奖章"，广东省"五一劳动奖章"，全国和广东省"双爱双评"活动先进企业、优秀经理（厂长）、优秀职工，深圳市模范职工之家、先进职工之家、先进工会组织、先进工会小组、先进女职工委员会、优秀工会工作者和优秀职工之友等荣誉称号的 557 个先进集体和先进个人进行了表彰。

4 月 29 日　深圳市委、市政府召开高新技术产业带办公会议，会议做出构建深圳高新技术产业带的重大决策。全市统一规划，6 个区共同开发，拓宽特区内各区发展空间，调动市、区、镇各级积极性，促进特区内外协调发展。

△　深圳市委召开常委会听取国有企业改革有关情况的汇报。广东省委副书记、深圳市委书记张高丽强调：国有企业改革要严格按照中央的精神，正确把握方向，妥善处理好各种矛盾，确保社会稳定，确保国有资产保值增值，确保国民经济健康发展。

△　深圳市纪念五四运动 82 周年大会在深圳会堂隆重举行。会后，广东省委副书记、深圳市委书记张高丽，广东省委常委、深圳市市长于幼军等会见了深圳市第八届"十大杰出青年"。

4 月 30 日　首届中国国际插花花艺博览会在深圳开幕。全国政协人口环境资源委员会副主任、中国花卉协会会长、中国林业科学院院长江泽慧，广东省委常委、深圳市市长于幼军，天津市副市长孙海麟出席并参观展览。

△　为庆祝 21 世纪的第一个"五一"国际劳动节，支持北京申办 2008 年奥运会和迎接第九届全国运动会在广东省召开，在广东省政府的统一安排下，深圳市总工会和深圳市体育发展中心联合举行万名职工长跑签名活动。

△　《深圳经济特区居民就业促进条例》正式实施，标志着深圳市居民就业有了法律保障。

5 月 1 日　深圳（春季）房地产交易会开幕，5 日闭幕。交易会协议成交商品房 4660 套，协议成交商品房面积 38.05 万平方米，协议成交金额 24.5 亿元，共有 28.9 万人次进场参观。

5 月 5 日　智利籍船舶"安登务"号在深圳盐田港出入境边防检查站办理有关边防检查手续，这是盐田港开通南美航线后的首次靠挂盐田港口岸货船。

5 月 7 日　"五一"黄金周期间，深圳市共接待外地游客 254 万人次，同比增长 10%；旅游收入 16.42 亿元，同比增长 12%。其中，海外游客 38 万人次，同比增长 33%；旅游创汇 0.5 亿美元，同比增长 25%。

5 月 9 日 由国家民委和深圳市政府共同主办的首届中国少数民族和民族地区名优新特产品交易会（简称"民交会"）在深圳开幕。这是新中国成立以来少数民族和民族地区规模最大的一次经贸文化交易盛会。全国人大常委会副委员长王光英、全国人大常委会原副委员长费孝通、国家民委副主任牟本理、全国政协常委田曾佩、中国工商业联合会副主席谢伯阳出席开幕式，来自全国 32 个省、自治区、直辖市的 56 个民族都派展团参加。展位 1078 个，参展代表团 40 个，参展企业达 2000 多个，参展人数突破 5000 人。"民交会"历时 4 天，在总结颁奖大会上国家民委副主任牟本理宣布，首届"民交会"完成交易额 500 多亿元，其中签订正式合同 44 亿元，意向协议 400 多亿元。

5 月 10 日 首届中国少数民族和民族地区名优新特产品交易会在深圳举行。

△ 广东省委常委、深圳市市长于幼军在香港会见微软集团首席执行官史蒂夫·巴尔默新生时，希望双方加强沟通，进一步拓宽合作领域。

5 月 11 日 广东省委副书记、深圳市委书记张高丽会见了新加坡淡马锡控股有限公司总裁郭保发一行。

△ 广东省委常委、深圳市市长于幼军在香港拜会了香港特别行政区行政长官董建华先生，双方表示深港两地要进一步加强合作，取长补短，促进两地共同繁荣发展。

5 月 12 日 一个以青年创业者和留学归国创业人员为主要服务对象的青年创业银行在深圳出现，这家青年创业银行是在建设银行深圳华发支行的基础上改造而来的。

5 月 15 日 深圳市劳动局公布了深圳市 2001 年度最低工资标准，特区内最低工资标准为 3.43 元/小时，上年的 547 元/月调整为 574 元/月；特区外宝安、龙岗两区最低工资标准为 2.63 元/小时，由上年的 419 元/月调整为 440 元/月，均比上年度增长了 5%。

△ 广东省委副书记、深圳市委书记张高丽在深圳五洲宾馆会见了中国国民党常务副主席萧万长率领的台湾工商界人士访问团。

5 月 16~18 日 全国公安机关警务督察工作会议在深圳举行。公安部部长贾春旺在讲话中强调：各级公安机关警务督察部门和广大督察民警要紧紧围绕公安中心工作，全面履行督察职责，充分发挥督察职能作用，保障公安机关和民警严格、公正、文明执法，保障政令、警令畅通。

5 月 17 日 深圳市纪委召开会议，对宝安区纪委、罗湖区纪委等 31 个全市"1997～2000 年信访目标管理"先进单位和曹维兴、产耀东等 69 名先进工作者进行了表彰。

△ 中国深圳 14 岁少年唐姝玮在日内瓦领取了全球青少年精神卫生主题绘画与征文比赛获奖证书。

5 月 18 日 广东省委常委、深圳市市长于幼军等率深圳市赴西部学习考察团到黔南和毕节考察学习。

△ 深圳市经济发展局原局长兼深圳市能源办公室主任陶炎民因涉嫌贪污及玩忽职守在广州市中级人民法院受审。

5 月 19 日 广东省委副书记、深圳市委书记张高丽率团到中国革命圣地延安学习考察。

5 月 21 日 深圳市委、市政府与新疆维吾尔自治区党委、政府签约设立"深圳—新疆助学基金"，同时双方将开展较为广泛的经济合作。

△ 深圳市与甘肃省签署甘肃省—深圳市助学基金经济协作等合作协议。

5 月 23 日 广东省委常委、深圳市市长于幼军与由江西省委书记、省人大常委会主任孟建柱，省长黄智权，省政协主席朱治宏率领的江西省党政考察团在深圳市麒麟山庄会议室座谈，就推进两地经济技术合作、新形势下改革与发展等问题进行了交流，双方表示深赣经济合作前景广阔。

△ 国家文物局评选出 40 项 2000 年度中国考古重大发现，深圳市铁仔山古墓群是深圳 1670 年城市历史的有力见证，是深圳市考古工作者 2000 年 1 月至 3 月的抢救性考古发掘成果。该墓群面积约 1 万平方米，发掘面积 3585 平方米，共发现东晋至明清时期的古墓 248 座，出土文物 400 余件。在 248 座古墓中，东晋墓 5 座，南朝墓 36 座，宋墓 4 座，明清墓 203 座。这是深圳文物首次列入中国考古重大发现，该古墓群同时还进入了 2000 年度中国十大考古新发现的候选名单。

5 月 26 日 深圳市首次大规模法人股专场拍卖会在高戌达大厦成功举行。经过三个半小时的激烈竞投，91 件拍卖品无一"流标"，全部被投资者一抢而空。458 万股共成交 1366.1 万元，平均每股成交价 2.98 元。

△ 亚太经合组织（APEC）2001 年第二次高官会相关会议在深圳五洲宾馆举行。

△ 由全国政协委员、原中国三峡总公司副总经理袁国林为组长的全国政协人口资源环境委员会新能源与可再生能源调研组一行 19 人来深圳龙岗区中心城垃圾焚烧发电厂调研。

5月28日 深圳市人大成立10年来，根据《中华人民共和国立法法》的规定，第一次运用较大市立法权报请广东省人大常委会批准施行四项法规：《深圳市制定法规条例》、《深圳市司法鉴定条例》、《深圳市人民代表大会审查和批准国民经济和社会发展计划及预算规定》和《深圳市人民代表大会常务委员会任免国家机关工作人员条例》。

5月29日 深圳市委召开常委扩大会议，学习传达中央扶贫工作会议精神，总结赴西部学习考察活动情况。会议强调：要认真贯彻落实中央扶贫开发工作会议精神，虚心学习西部地区"两个文明"建设的先进经验，自觉坚持走共同富裕的道路，继续加大"对口帮扶"工作力度，积极参与西部开发，为中国实施西部大开发战略多做贡献。

5月30日 中宣部、司法部召开的第五次全国法制宣传教育工作会议在京开幕，深圳市荣获"'三五'法制宣传教育先进城市"称号。

△ 美国大正集团主席、美中贸易协会会长侯大正到深圳访问，深圳市委常委、副市长王穗明会见了侯大正一行。侯大正此次到深圳，是为商谈大正集团投资深圳市食品总公司的相关事宜。

5月31日 全国第二届环境保护市场化暨资本运营与环保产业发展高级研讨会在深圳市举行。全国人大常委会副委员长邹家华出席会议并肯定深圳的环境保护工作，强调环境污染治理要产业化、市场化。全国政协副主席王文元，全国人大环资委主任委员曲格平，全国政协经济委员会副主任委员董辅礽，国家环保总局局长解振华、副局长宋瑞祥，广东省委常委、深圳市市长于幼军，广东省副省长许德立等出席了会议。

6月1日 深圳市第四次少先队代表大会召开，大会审议通过了中国少年先锋队深圳市第三届工作委员会所做的工作报告，选举了中国少年先锋队深圳市第四届工作委员会，表彰了市第四届"十佳少先队员"、"红旗大队"和一批优秀少先队员、少先队集体。

6月2日 亚太经合组织（APEC）① 第十三届部长级会议第二次高官会在深圳开幕。会议由中国外交部副部长、APEC高官会主席王光亚主持。来自21个国家的

---

① 1989年1月，澳大利亚总理霍克访问韩国时建议召开部长级会议，讨论加强亚太经济合作问题。经与有关国家磋商，1989年11月5日至7日，澳大利亚、美国、加拿大、日本、韩国、新西兰和东盟6国在澳大利亚首都堪培拉举行亚太经济合作会议首届部长级会议。1993年6月改为现名，简称亚太经合组织或亚佩克（APEC）。1991年11月，中国以主权国家身份，中国台北和中国香港以地区经济名义正式加入亚太经合组织。

高官在为期 2 天的会议中就 APEC 贸易投资自由化进程、经济技术合作、能源建设、新经济等问题交换意见，为 10 月在上海举行的领导人非正式会议做准备。

△ 中共中央政治局委员、广东省委书记李长春深入深圳华为技术有限公司考察调研。李长春充分肯定了华为公司在发展民族信息产业方面所取得的突出成绩，勉励他们继续加快体制创新、科技创新和管理创新，并希望深圳进一步优化投资环境，加大对高新技术企业的扶持力度，培育一批能够在国际市场打头阵的"国家队"。

6 月 4 日 法国驻广州总领事劳查理、法国驻广州经济商务专员骆安东、英国驻广州商务领事谢若宝和法国阿尔斯通公司商务代表一行访问深圳。

△ 深圳市第一个由街道党委改设的街道党工委——中国共产党深圳市福田区华富街道工作委员会成立。

6 月 5 日 深圳市上万名干部群众冒着倾盆大雨，隆重举行抵制捕食国家保护野生动物万人签名大会，市领导李德成、曹绍业、刘秋容、吴井田、王正明、邱玫参加签名活动并带头签名。

6 月 6 日 广东省委副书记、深圳市委书记张高丽会见了来深圳参观的印尼三林集团董事会主席林绍良一行。

6 月 7 日 第五届中国国际电子工业（深圳）博览会在高交会展馆拉开帷幕。

6 月 8 日 广东省委副书记、深圳市委书记张高丽主持召开深圳市委常委会，就"深圳建设有中国特色社会主义示范地区实施纲要"专题调研的初步成果进行讨论研究，部署下一步调研工作。

△ 为深入了解美国经济和 IT 产业发展态势，在世界新一轮产业结构调整中把握机遇，深圳市市长于幼军率领深圳市政府代表团对美国、加拿大进行为期 15 天的考察访问，6 月 22 日下午返回深圳。

△ 占地近 10 万平方米的国家级汽车交易市场——深圳市万骏国际汽车交易博览中心隆重开业，宣告深圳汽车市场"大排档"时代结束。

6 月 10 日 深圳大剧院门前广场，悉尼奥运会金牌获得者肖俊峰将火种盒交给广东、深圳的省、市领导，中华人民共和国第九届全国运动会"走进新时代"别克杯火炬传递活动正式拉开序幕。

6 月 11 日 秘鲁共产党（红色祖国）总书记阿尔韦托·莫雷诺·罗哈斯一行来深圳访问。

△ "世纪回眸南粤沧桑——广东档案照片展"在深圳博物馆开幕。

6 月 12 日 广东省委副书记、深圳市委书记张高丽率市几套领导班子及有关部门负责人在考察中心区重点工程建设情况时强调把中心区建成21世纪深圳新标志。

6月13日 深圳市委召开常委会议,传达贯彻省委经济形势分析会议精神,分析2001年1~5月深圳市经济形势。广东省委副书记、深圳市委书记张高丽在会上强调:2001年是"十五"计划第一年,搞好深圳的经济工作,对全国、全省意义重大,我们必须居安思危,保持清醒头脑,从讲政治、讲大局的高度抓紧、抓实、抓好2001年的经济工作,坚定信心,真抓实干,确保实现2001年主要经济发展预期目标,保证"十五"计划开好头、起好步,为全国、全省多做贡献。

△ 深圳海事局组织全国海事系统首次海事论坛,来自港、澳及内地有关部门的领导参加。

6月15日 全球"脑库"论坛在深圳开幕,此次论坛的主题是"新经济与亚洲"。在两天的时间里,来自全球脑库机构、国际经济组织、著名大学的多位嘉宾,重点探讨了新经济的内涵、新经济能否成为遍布全球的潮流、中国和亚洲如何因应新经济浪潮等现实问题。

6月16~17日 中共中央政治局委员、广东省委书记李长春在深圳考察商品流通体制改革情况,先后考察深圳市沃尔玛洪湖商场、万佳百货彩田路分店、万佳配送中心、莲花北民润超市和福田农产品批发市场,并就商品流通体制改革与创新问题发表谈话。他强调加快流通体制改革与创新,标本兼治整顿规范市场秩序。

6月18日 海南省委副书记、海口市委书记蔡长松率"海南省精神文明建设考察团"到深圳市考察。广东省委副书记、深圳市委书记张高丽和市领导庄礼祥、李意珍等与考察团进行了座谈,双方交流了在加强精神文明建设方面的经验。

6月20日 中共中央政治局委员、中国社会科学院院长李铁映在深圳出席为期3天的中国社会科学院学术委员会会议,其间听取了广东省委副书记、深圳市委书记张高丽关于《深圳建设有中国特色社会主义示范地区实施纲要》专题调研情况汇报。李铁映表示:中国社会科学院将大力支持这一重大课题的调研工作。

△ 广东省同"法轮功"邪教组织斗争先进单位、先进个人表彰会在广州隆重举行。深圳市有4个先进单位和7个先进个人榜上有名。4个先进单位分别是市公安局专项工作办公室、市公安局宝安分局国内安全保卫科、市公安局福田分局国内安全保卫科、龙岗区防范和处理邪教问题办公室。另外,受全国表彰的先进单位有市公安局南山分局。

△ 广州、深圳、珠海、东莞、中山分别与百色、延安、遵义、井冈山、韶山签订框架协议,结对成为青年友好城市。

6月21日 深圳市委召开民主协商会,向各民主党派、工商联负责人和无党派人士以及部分专家征求加快深圳市高新技术产业发展的意见。

6 月 22 日　中央组织部在深圳举行全国干部人事制度改革试点工作协调会，对干部人事制度改革试点工作进行部署。

6 月 23 日　上午八时半左右，宝安区西乡镇一栋正在拆除的楼房突然倒塌。六七名工人被倒下的砖石和水泥板埋住，被挖出后急送西乡人民医院。其中 1 人伤势过重，到中午时被证实死亡，另有 2 人伤势严重。

6 月 25 日　由中共深圳市委、深圳市人民政府共同主办的"纪念中国共产党成立八十周年图片展览"向全体市民开放，展览至 7 月 15 日结束。

△　深圳市工业经济联合会[①]在石化大厦宣告成立。

6 月 26 日　深圳市政府组织召开深圳市外贸出口工作会议。会议传达了广东省委常委扩大会议、全国和省外贸工作会议、市委常委会议精神，分析了外贸出口形势，研究部署如何采取有效措施，确保深圳市 2001 年全年外贸出口任务的完成。

6 月 27 日　截至 8 点，深圳市气象台记录到的 24 小时降雨达 208.4 毫米。6 月份累计降雨量已达 922.1 毫米，打破了深圳市 50 年气象史的月降雨量 826.2 毫米的最高纪录，突破了深圳同期 6 月份 790.9 毫米的降雨量纪录。同时，6 月份的暴雨日数已达 7 天，亦成为历史上下暴雨天数最多的 1 个月。

△　深圳出台留学人员创业资金管理办法，明确规定申请程序、受理部门和拨付方式。

7 月 1 日　从 2001 年 7 月起，凡在 2001 年 6 月 30 日前已退休的深圳市企业员工，都将每月增发 90 元基本养老金，同时他们的基本医疗保险费也相应增加。

△　经深圳市交通局批准，深圳市公共汽车有限公司从 1 日正式开通中山公园至紫薇阁的 21 路公共汽车。

7 月 2 日　深圳市委召开理论学习中心组（扩大）学习会，认真学习江泽民总书记在庆祝中国共产党成立 80 周年大会上的重要讲话。广东省委副书记、深圳市委书记张高丽指出：江总书记"七一"重要讲话是全面开创建设有中国特色社会主义新局面的纲领性文件，全市各级组织和广大党员干部群众要把学习江总书记重要讲话当作当前的头等大事来抓，并把讲话精神贯彻落实到改革、发展、稳定的实际工作中去。他强调要进一步抓好深圳市的经济工作和精神文明建设，使"两个文明"协调发展。

---

① 深圳市工业经济联合会是由深圳市 15 个行业协会、研究机构及 25 个工业企业联合发起成立的非营利性中介组织，主要成员是全市各工业行业协会和重点骨干企业以及部分工业经济研究团体和科研单位。

　△　深圳足球俱乐部党支部成立。

7月3日　国家计委发文通知深圳市发展与计划局：盐田港三期工程建议书已获国务院批准，可着手编制工程可行性研究报告。预计2002年年底首个5万吨级泊位即可投入使用。

7月3~7日　深圳市委三届三次全体（扩大）会议召开。全会重点学习贯彻江泽民同志在建党80周年大会上的重要讲话。广东省委副书记、深圳市委书记张高丽在会上就学习、领会、贯彻江泽民同志重要讲话做了动员和部署，并做了题为《以建设高新技术产业带为新的起点，努力把深圳建设成为高科技城市》的报告。大会一致通过了《中国共产党深圳市第三届委员会第三次全体（扩大）会议决议》。

7月6日　广东省委常委、深圳市市长于幼军在深圳五洲宾馆会见了到访的澳大利亚西澳洲总理杰夫·盖勒普博士一行。

　△　深圳市留学生创业园龙岗孵化中心开园。

　△　深圳市人大常委会主任会议通过有关办法：对拟任命干部进行法律考试，考试成绩向市人大常委会组成人员通报，并作为任命的参考。

7月8日　由中央党校、中国社科院、北京大学和深圳市委联合主办，深圳市承办的"中国共产党与马列主义哲学创新"理论研讨会在深圳召开。与会代表有来自全国20多个省、自治区、直辖市的专家学者和新闻界的朋友共170多人。

7月9日　广东省委常委、深圳市市长于幼军会见了来深圳考察的"粤港工商界高科技投资考察团"一行。

7月10日　全国顶尖生物工程医药和天然药物专家在深圳共同探讨生物医药领域最前沿的热点问题。

7月11日　中央第四次援藏工作座谈会确定：深圳市继对西藏林芝地区多年的援助后，又将承担西藏昌都地区3000万元建设项目的任务。

7月13日　深圳市委、市政府在深圳会堂召开机构改革动员大会，对机构改革工作进行动员和全面部署。经中央和省批准，深圳市党政机关人员编制总体上按10%的比例精简，市级机关人员编制精简16.9%。

7月16日　国务院公布第五批全国重点文物保护单位，深圳市明、清时期的古建筑——大鹏所城名列其中。

　△　深圳市将建大型汽车交易市场，该市场位于南山月亮湾，规划总面积1平方公里，首期11万多平方米。

　△　深圳证券交易所代办股份转让系统正式上线运行。

7月17日　为鼓励群众检举揭发生产、销售假冒伪劣商品的违法行为，深圳市根据国家和广东省的有关规定，结合实际制定了《深圳市打假举报奖励办法》，最高奖励 10 万元。

7 月 19～22 日 深圳华侨城"2001 年旅游狂欢节"[①] 举行，4 天共接待游客约 24 万人次，比上年增长 66%。

7 月 20 日 中共深圳市委决定：张绪文任盐田区委副书记。

△ 中共广东省委做出《关于追授陈麟基同志"人民的好法官"称号的决定》。陈麟基原是深圳市中级人民法院刑事审判庭第二庭审判员、国家一级法官。2000 年 9 月 29 日因病去世，年仅 38 岁。次年 9 月 13 日，最高人民法院、中共广东省委在广州举行追授陈麟基"全国法院模范""人民的好法官"荣誉称号大会。

7 月 21 日 广东省委常委、深圳市市长于幼军会见由 12 个国家驻穗总领事、商务领事和签证领事等组成的领事官代表团，感谢领事官为促进深圳与各国合作所做的重要工作。

7 月 23 日 中共深圳市委决定：陈应春任罗湖区委副书记，刘学强任市政府副秘书长。

7 月 25 日 《中共深圳市委关于加快发展高新技术产业的决定》颁布。决定建设深圳高新技术产业带，扩大产业规模优势；突出高新技术产业发展重点，推动产业结构优化升级；完善区域技术创新体系，提高自主技术创新能力；发展创业资本市场，健全创业投资机制；加强人才队伍建设，夯实高新技术产业发展基础；培育崇尚创新的社会氛围，营造有利科技创业的综合环境。

△ 广东省副省长欧广源和广东省委常委、深圳市市长于幼军出席了在香港举行的粤港合作联席会议第四次会议，并与香港政务司司长曾荫权和财政司司长梁锦松进行了会谈。

△ 深圳市 2001 年度党政机关事业单位职工安居房分配办法出台。4300 余套安居房月底接受申请，凡于 2000 年 12 月 31 日前符合条件的分、调房人员均可申请。

7 月 26 日 深圳市委召开常委（扩大）会议，传达学习省委八届七次全会和全省经济形势分析会议精神，广东省委副书记、深圳市委书记张高丽提出贯彻落实意见，广东省委常委、深圳市市长于幼军传达会议精神。

△ 《深圳市市级党政机构改革方案实施意见》等 5 个机构改革的配套文件出

---

① 此届狂欢节是一个国际化的旅游盛会，先后有俄罗斯、巴西及非洲塞拉利昂等国外文化艺术团体参与巡游表演。

台，以保证机构改革顺利进行、分流人员得到妥善安排。深圳市本级机构改革定于9月底基本结束。

7月26~27日 中共中央办公厅调研组政治组副组长率调研组到深圳市调研，对深圳市学习贯彻江泽民总书记"七一"重要讲话的情况给予高度肯定：有创意、动作快、效果好。

7月27日 历时3天的深圳市三届人大常委会第八次会议结束，通过并批准政府追加1万名入户指标等决议和决定。

△ 为筹备创业板市场创造条件，深圳证券通信中心正式落成，标志着被称为"证券市场神经系统"的深圳证券通信系统再一次升级。

7月28日 以展现深圳国际"花园城市"风采为主题的"花园城市·深圳"特种邮资明信片由国家邮政局在深圳发行。这套邮资明信片以散片、本册及国内、国际两种邮资同时发行，在中国集邮史上尚属首次。

△ 亚洲最大的碳纳米管生产基地——深圳纳米港有限公司落户深圳高新技术产业园区。该基地每年可生产碳纳米管5~10吨，产量居世界前列。

7月29日 中国电动汽车动力电池产业化在深圳正式启动——雷天动力电池股份有限公司成立。广东省委常委、深圳市市长于幼军期望：力争把锂动力电池和电动汽车发展成为深圳市的一个大产业。

△ 深圳海关走私犯罪侦查分局侦破一宗特大走私案件，抓获了这一犯罪团伙的所有18名团伙成员。这宗走私汽车、摩托车、家用电器的案件案值达3189万元人民币，偷逃税额1408万元人民币。朱镕基总理对这一案件的成功侦破做了批示："很好，应予表彰奖励。"公安部专门给侦破此案的"一·二七"专案组记集体一等功，专案组成员也分别荣立个人一、二、三等功。

△ 《深圳特区报》载：2001年上半年，深圳港完成集装箱吞吐量214.98万标箱，逼近中国第一大港上海港的293.3万标箱，同比增长22.4%，增幅全国称冠。上半年深圳工业经济运行平稳，实现工业总产值1291.29亿元，同比增长17.7%；工业增加值355亿元，增长15.3%；加工贸易出口额143.9亿美元，增长11.1%。据市工商局信息中心统计，2001年上半年深圳市新登记外商投资企业707个，投资总额9.1亿美元，分别比上年同期增长41%和43%。深圳加工贸易运行稳中有升，上半年进出口总额为233.91亿美元，同比增长7.77%，其中出口143.34亿美元，同比增长10.7%。

8月1日 深圳高新技术产业带建设全面启动。产业带领导小组举行第一次会议，原则同意产业带实行三级管理体制，并对产业带的政策、规划、土地控制、投融资、项目落实等问题做出重要决定。

　　△　由深圳特区报业集团创办的日报《晶报》面世。

　　8 月 2 日　深圳市在廉政建设方面的几项做法——抓好纪检监察信息工作、规范产权交易市场的运作、成立纪检系统执纪委员会和推行部门财政预算等被中纪委、广东省纪委肯定，并向全国推广。

　　8 月 4 日　深圳世界之窗建成国内首个 240 度柱面数码影院。

　　8 月 6 日　中国人民武警部队司令员武双战中将在广东省武警总队总队长洪少虎少将的陪同下到深圳考察。

　　8 月 8 日　深圳市三届人大常委会召开第九次会议，审议并通过了广东省人民检察院关于提请许可对王炬采取强制措施。

　　8 月 9 日　广东省委副书记、深圳市委书记张高丽会见哈密党政代表团，表示要全面推进深圳与新疆维吾尔自治区的经济合作。

　　8 月 10 日　深圳市委召开常委会议，再次专题学习江泽民总书记"七一"重要讲话。与会领导一致认为：江总书记的"七一"讲话是中国共产党在新的世纪、新的征程的行动纲领，特别是关于"始终保持党的先进性"的重要论述，是我们今后开展党建工作的重要指南。

　　8 月 12 日　由香港工会联合会组成的 1200 多人的慰问团，访问驻港部队深圳基地，称赞部队纪律严明，秋毫无犯。

　　8 月 13 日　世界第二大继电器生产厂家——日本欧姆龙公司在深圳市投资的欧姆龙工业园在坪山镇奠基。首期投资 4000 万美元，年底建成投产。

　　8 月 14 日　凌晨，在深圳罗湖区凤凰路与文锦路上，群众见义勇为，围捕 3 个抢劫嫌疑人，23 岁的勇士陈妃金英勇献身，陈香建、朱启明光荣负伤。

　　8 月 15 日　广东省委常委、深圳市市长于幼军代表广东省委副书记、深圳市委书记张高丽看望和慰问 8 月 14 日见义勇为的勇士及其亲属，高度称赞勇士的精神，希望市民支持、参与维护好社会治安，让犯罪分子在深圳无处藏身；罗湖区政府做出决定，向英勇献身的陈妃金家属一次性发放慰问金 20 万元，同时对与歹徒搏斗负伤的朱启明、陈香建二勇士给予重奖和表彰。

　　8 月 17 日　被广东省委授予"人民好法官"称号的陈麟基同志先进事迹报告会在深圳会堂举行，广东省委副书记、深圳市委书记张高丽称赞陈麟基是深圳经济特区的光荣，号召全市政法等各条战线的干部群众向陈麟基学习，身体力行"三个代表"重要思想，把深圳"两个文明"建设推上新水平。

　　△　台湾黄埔将军大陆参观团访问深圳，广东省委副书记、深圳市委书记张高

丽会见了以连行健为团长的参观团一行。

8月18日 由深圳市发展计划局、港务局共同主持召开的盐田港三期工程可行性研究报告评审会召开。该项目将建4个集装箱专用泊位，可停靠第五代集装箱船舶，年吞吐能力160万标箱。

△ 南航深圳至成都CZ3456航班上的12位乘客，成为深圳航空市场发展史上的特别乘客。他们首次使用网上订票系统购买机票，开创了"无票乘机"的历史。

8月20日 《深圳特区报》载：深圳市有27个企业进入2000年中国出口额最大的200个企业行列，有73个企业进入中国进出口额最大的500个企业行列。

△ 深圳市纪委、市委组织部、市人事局和市监察局联合颁布《深圳市干部选拔任用工作责任制暂行规定》。

8月21日 "反对邪教，崇尚文明"大型展览在深圳开展，至9月1日结束。

8月23日 深圳市人大常委会第十次会议结束，会议任免了一批局级领导干部。张高丽要求新上任的领导不负重托，用好权力，为党和人民的事业多做贡献。

8月24日 深圳市委召开全市领导干部大会，通报班子调整、配备情况，并对各级领导班子和今后几个月的工作提出具体要求。广东省委副书记、深圳市委书记张高丽强调以机构改革为契机，加强各级领导班子建设。中共深圳市委决定：余晖鸿、翟忠泰任龙岗区委副书记；黄锦奎任宝安区委副书记。

△ 深港产学研2001论坛在深圳举行，来自微电子、新材料领域的专家学者进行了演讲。

8月25日 深圳海关正式启用全国跨关区快速通关系统，首日运行顺利。

8月26日 深圳市委常委、副市长王顺生代表深圳市人民政府与西藏自治区人民政府签署援藏工作协议书。

8月27日 深圳市首例非血缘关系无偿捐献造血干细胞（骨髓）移植手术顺利进行。经过4个小时的采集，深圳青年潘庆伟捐献的55毫升造血干细胞注入了湖南青年毛佐财的体内。这是中国造血干细胞捐献者资料库利用分子生物学方法扩容建库后全国首例非血缘关系骨髓捐献移植。潘庆伟成为深圳市首位无偿献髓者。

8月27日~9月7日 为进一步扩大对外经贸合作，开拓东欧国家市场，广东省委副书记、深圳市委书记张高丽率深圳市友好代表团应波兰共和国波兹南市政府、匈牙利共和国外交部和捷克共和国地方发展部的邀请，对上述三国进行了友好访问。

8月28日 深圳市中级人民法院一审判决了5宗走私大案，其中的3宗案件中，3名利用船舶进行海上走私的船长均被判入狱，并被处以共计6700余万元的"天价"罚款。

△ 深圳市评出 2000 年度"青年文明号"单位，市中级人民法院立案庭等 630 个单位榜上有名。

8 月 29 日 中央电视台"新闻联播"节目播发了该台记者专访广东省委副书记、深圳市委书记张高丽的情况，宣传深圳市"两个文明"建设成就和实践"三个代表"的做法。张高丽说："三个代表"重要思想是深圳事业不断发展的根本保证。

△ 尼日利亚总统奥卢塞贡·奥巴桑乔访问深圳，称赞深圳的发展是一个奇迹。

8 月 30 日 在深圳召开的深圳国有控股工业企业经济会议透露：深圳市国有及国有控股工业企业的经济效益在全省名列前茅。2001 年上半年，这批企业共实现利润 35.7 亿元，在广东 21 个地市中排名第一，占全省国有企业利润总额的 42.3%。

8 月 31 日 湖北省党政考察团到深圳访问。

9 月 1 日 第三届中国国际光电子博览会在深圳隆重开幕，80 多个国际著名光电企业参展。

△ 2001 年中国名牌产品评出，康佳、创维、长城计算机公司的产品上榜。

9 月 2 日 第二届鲁迅文学奖评选揭晓，《深圳特区报》副总编辑杨黎光采写的报告文学《生死一线》获奖。

9 月 3 日 湖北省委常委、常务副省长邓道坤率党政考察团来深圳考察，并与深圳市市长于幼军进行了座谈，双方表示要优势互补，共谋发展。

9 月 4 日 香港理工大学深圳研究院成立。①

9 月 5～10 日 深圳警方在严打整治统一行动中摧毁了一批黑恶势力犯罪团伙，打掉一批盗抢机动车犯罪分子并破获了一批重大恶性案件。

9 月 6 日 深圳市政府三届二次全休（扩大）会议召开。会议强调：要进一步搞好机构改革，加强领导班子和干部队伍建设，全力以赴确保完成全年各项任务。广东省委常委、深圳市市长于幼军代表政府组成人员庄严承诺：自觉实践"三个代表"重要思想，建设勤政、务实、高效、廉洁、人民满意的政府。

9 月 7 日 深圳市文物考古部门组织考古队在东门老街考古发掘，共出土陶器、瓷器、玻璃器具等晚清至民国时期的珍贵文物 1100 多件，为研究深圳在这段时期的历史发展演变提供了重要的实物资料。

9 月 8 日 深圳市大力扶持正版音像制品，全国最大的音像零售商场博恩凯中心店开业。

---

① 至此，包括香港大学、香港科技大学、浸会大学在内的香港几所主要大学已在深圳设立了研发中心或培训机构。

9月10日　深圳市委、市政府隆重召开2001年教师节庆祝暨表彰大会，广东省委副书记、深圳市委书记张高丽，广东省委常委、深圳市市长于幼军等市领导出席大会。

△　深圳市招生办通报：深圳市2001年参加普通高考和高职类高考的考生共1.01万人，被全国各普通高校录取9153人，录取率高达90.4%，位居全省第一。

9月12日　深圳市举办局级以上领导干部研讨班，深入学习贯彻江泽民"七一"重要讲话精神。市委请来中央党校副校长李君如做辅导报告，广东省委副书记、深圳市委书记张高丽，广东省委常委、深圳市市长于幼军等参加学习。

△　深圳市2002年部门预算编制暨全市清产核资工作会议召开。会议决定：从2002年起深圳市市级预算单位要花财政的钱，事先必须编制明确的项目预算。传统的收入按类别、支出按功能的预算编制方法彻底告别深圳市市级预算单位。

△　深圳图书馆成立"OCLC中国资源中心"，在亚太地区首个引进生命科学数据库。

9月13日　国家科技部向深圳市政府发来《关于同意加快建设深圳国家高新区（带）的复函》，同意深圳根据全市经济和高新技术产业发展的需要，加快建设深圳国家高新技术产业区（带）。这标志着规划中的深圳高新技术产业带已正式跻身"国家级"行列。

△　深圳市委组织部、市人事局召开会议，就全市机构改革中有关组织人事工作进行部署。深圳市党政机构改革工作自7月开始以来，进展平稳、有序，公开选拔、定岗定员、竞争上岗等工作陆续开展。

△　深圳市首宗"黑社会"性质罪名案①一审判决，"黑老大"李成录8罪并罚，被判处有期徒刑15年。

---

① 检察机关指控，2000年7月李成录、杨旭勇两人共同出资数十万元，在深圳设立了"深圳市永兴摩托车出租有限公司"。李成录、杨旭勇等人以摩托车营运为名，纠集了数十人加入"公司"。这家"公司"不仅违反了深圳的有关法律法规，而且没有经过任何合法审批，也根本没在工商部门注册，是一家彻头彻尾的"非法公司"。"公司"自成立之日起就大肆进行违法犯罪活动：大规模地进行摩托车非法营运，四处寻衅滋事，"公司"组织其成员以"索赔"为借口恐吓、殴打、勒索市民。不仅如此，他们甚至公然采用暴力妨碍公务、聚众冲击执法机关、聚众扰乱社会及交通秩序等手段，来向执法机关施加压力，逼迫执法机关停止干涉其非法活动。为便于作案时及时召集、组织"公司"成员到现场参与，李成录等人购置了两台对讲机用于通信联络，该"公司"成员还大量购买管制刀具及其他作案工具武装自己。"公司"成员每次作案均由李成录、杨旭勇等首要分子统一组织、统一分工、统一分赃。"公司"还负责在参与人员作案过程中的日常开销，并免除作案当日参与作案人员应上缴给"公司"的摩托车承包费。事后李成录等人还统计参与人员，对其进行"论功行赏"。公诉人认为，该"公司"有明确的组织者，骨干成员基本固定，有不成文的组织纪律，其特征已符合新《刑法》规定的"组织、领导、参加黑社会性质组织罪"。

△ 《深圳特区报》载：深圳市文物考古工作者对南山区西丽福光村屋背岭、杨屋村、公婆岭一带山丘进行考古挖掘，在不到 300 平方米范围内的 26 个浅表墓葬探访中，出土了百余件以商代为主的文物。专家判定，这是一处上至新石器、下至明代的重大文物遗存，不仅填补了深圳市文物考古工作的空白，也成为广东省继博罗横岭山之后又一全国重大考古发现。

9 月 13～16 日 第二届深圳国际珠宝展举行，协议成交额近 5 亿元。

9 月 14 日 目前国内唯一的黄金珠宝大厦在深圳沙头角保税区落成。

9 月 16 日 在科技部组织的纪念邓小平"发展高科技、实现产业化"题词 10 周年暨国家高新技术产业开发区所在市市长座谈会上，广东省委常委、深圳市市长于幼军做了典型发言，介绍深圳高科技发展总体思路，表示深圳有希望发展成为真正的高科技制造中心，成为"科技创业的宝地，知识致富的乐园"。

△ 科技部在武汉表彰国家高新区发展 10 年中的先进单位和优秀个人，深圳市获得 3 项殊荣：深圳市高新技术产业园区荣获"先进国家高新技术产业开发区"称号，深圳市政府副秘书长、市高新办主任刘应力被评为"为国家高新技术产业开发区发展做出杰出贡献的个人"，刘应力同时还被授予"拓荒牛"荣誉称号。

9 月 18 日 深圳市委召开常委（扩大）会议，研究部署深圳市第四季度的经济工作。

9 月 19 日 深圳市卫生局首次向社会公布深圳市 19 个主要医疗机构的药品治疗价格，提高药品价格透明度。

9 月 19～20 日 以福建省委常委、厦门市委书记洪永世为首的厦门市党政考察团在深圳考察。

9 月 20 日 第三届深圳市新闻工作者协会和深圳市新闻学会理事大会举行，吴松营当选市记者协会主席，黄扬略当选市新闻学会会长。

9 月 20～24 日 以"团圆"为主题的 2001 年深圳（秋季）房地产交易会开幕，80 多个房地产开发商的 100 多个楼盘参展。5 天共协议成交商品房 4902 套，协议成交面积 55.47 万平方米，协议成交金额 40.43 亿元，共有 31.8 万人次进场参观。

9 月 23 日 《深圳特区报》载：在广东省 1999～2000 年度维护稳定及社会治安综合治理检查考评中，深圳市以 94.5 分的总分蝉联全省第一。

9 月 24 日 广东省委副书记、深圳市委书记张高丽在《深圳特区报》上发表署名文章《从深圳的实践看在新的社会阶层中发展党员的正确性》。

△ 全国第八届精神文明建设"五个一工程"奖评选揭晓，深圳市组织创作的 8 部作品榜上有名，深圳市连续四届共 17 部作品获"五个一工程"奖。

△ 中国科学院副院长杨柏龄率团到深圳考察。

9月25日 深圳海关统计资料显示：深圳市生产的玩具品种达10万种，占全球玩具品种总数的70%，深圳已成为世界上玩具研制、开发、生产的重要基地之一。

△ 应中共中央对外联络部的邀请，由柬埔寨人民党中央常委、中央组织部部长、中央宣传部部长赛冲率领的柬埔寨人民党代表团访问深圳。

9月26日 北京大学深圳研究生院在高新区深港产学研基地挂牌，该研究生院设立商学院、文法学院、生物技术与医学院、信息工程学院和城市与环境学院5个学院。北大蛋白质工程及植物基因工程、环境模拟与污染控制工程等国家重点实验室也将在深圳研究生院设立分室。该院学生与北大校本部学生享有同等待遇。

△ 深圳北京大学香港科技大学医学中心成立，这是中国首个以全新模式创建的集医疗、教学、科研、产业及高新技术成果转化为一体的医疗中心。

9月28日 深圳世界之窗环球舞台①启用，这是中国首座全景式舞台。

9月29日 中共深圳市委召开常委（扩大）会议，传达学习党的十五届六中全会精神，研究贯彻落实的意见。

△ 广东省委常委、深圳市市长于幼军会见加拿大新任驻华大使柯杰，双方就共同关心的问题进行了交谈，表示要进一步加强交流，积极推动双方在经贸领域的合作。

△ 深圳市西部规模最大的旅游景区——西部海上田园旅游区②首期启动区举行开园庆典。

△ 由团市委、市文明办、市民政局和市科技局等单位联合主办的深圳市第三届大型集体婚礼在华侨城欢乐谷举行，122对新人喜结良缘。

9月30日 全省精神文明建设表彰电视电话会议召开，深圳纪委等42个先进单位、许德森等9位先进个人受到表彰。

10月1日 为期6天的第二届深圳欢乐谷国际魔术节开幕。

△ 粤港联席会议规定，从10月1日起，罗湖口岸在香港公众假期当天以及前

---

① 该环球舞台于2000年9月开始建设，总投资达8000余万元，采用科技概念包装，广场可容纳观众1万余人。拥有水幕背景、激光背景和阶梯状表演区，中心观众席可向两侧移动；伸缩花道能连接前后表演区，各种灯光、音像、电视墙、三维立体动画、爆炸烟雾、焰火综合应用构成大气磅礴、变化莫测的辉煌场面。

② 该旅游区位于深圳西部珠江入海口东岸的宝安区沙井、福永两镇，总控制面积24平方公里，首期启动区规划面积2.1平方公里，已建成1.73平方公里。该旅游区以海上风情、田园特色、生态魅力为特点。

一天延关半小时。

10 月 6 日　世界中文报业协会第二十四届年会在深圳特区报业大厦召开，来自世界 10 多个国家和地区的 60 名代表和国内部分主要媒体的嘉宾出席大会，会期 3 天，主题是：网络媒体与平面（纸张）媒体的关系。

10 月 7 日　据深圳市假日办统计，"十一"黄金周期间，全市主要旅游景点共接待入园游客 273.35 万人次。旅游总收入 19.72 亿元，比上年同期增长 15%。

10 月 8 日　深圳市龙岗区《深圳硅峰软件园规划》方案通过国家级评审。该园规划占地 1 平方公里，目标是建成一个生态型、园林式、出口主导型的软件园。

△　深圳笋岗物流园区环境发展工程开工。工程面积为 2.37 平方公里。

10 月 10 日　深圳市三届人大常委会第十一次会议召开，审议历史遗留建筑管理规定等。

△　深圳市福田区三届人大举行第五次会议，吕锐锋当选为福田区区长。

10 月 12 日　第三届"高交会"开幕。中共中央政治局候补委员、国务委员吴仪宣布开幕。

△　由国家科技部、深圳市政府、蛇口工业区三方合作的"蛇口火炬创业园"举行签约和揭碑仪式。

△　选址在南山区西丽镇朗塘的深圳大学城举行奠基仪式。大学城规划面积为 10 平方公里，计划 10 年时间分两期建成。

△　广东省委副书记、深圳市委书记张高丽会见联合国工业发展组织代表团。该组织副总干事九野世在会见时说：要把深圳环保经验向世界广为宣传。

△　2001 年"深圳轻工产品对外贸易交易会"开幕。

△　筹备了两年的深圳大学城奠基仪式举行。兴建大学城、引进国内外名牌大学、以全新的模式合作办学，是深圳为实现高等教育的跨越式发展进行的一项重大举措。

10 月 13 日　深圳超大规模集成电路项目在深圳市高新技术产业园区动工。该项目填补了深圳集成电路芯片生产的空白，投资计划 6 亿美元。

△　留学生创业大厦在深圳高新技术产业园区动工兴建。预计建筑面积约 8 万平方米，投资 3.6 亿元。

△　广东省委副书记、深圳市委书记张高丽会见捷克共和国地区发展部副部长吉瑞·多克库一行。

△　深圳国家科技成果推广示范基地矽感光电产业园举行授牌仪式。该产业园位于石岩镇，占地 25 万平方米，建筑面积 12 万平方米，总投资 11 亿港元。

　　△　深圳清华信息港在高新技术产业园北区正式奠基，标志着清华大学在北京以外建立的最大的产业化基地进入实质性建设阶段。

　　△　广东省委常委、深圳市市长于幼军会见纽伦堡、金斯顿、休斯敦等国际友好城市代表团。

　　10月13~14日　一年一度穗、深、珠、澳普通话交流营联谊活动在珠海举行。

　　10月14日　由联合国工业发展组织与中国外经贸部和深圳市政府联合组建的深圳国际能源与环境技术促进中心成立，标志着深圳在参与全球环境产业的分工与合作方面迈出了重要的一步。

　　△　中国首届中国科学院院士大论坛在深圳市五洲宾馆举行，院士们纵论世界科技发展的热点及趋势。

　　10月15日　中科院与广东省、深圳市合办的第一个院士活动基地——深圳中科院院士活动基地在五洲宾馆挂牌。

　　10月15~21日　广东省第二届群众音乐舞蹈花会在深圳市宝安区举行。花会是由省文化系统举办的每3年一届的大型群众文艺活动，此届花会有80个优秀节目，分6台晚会在宝安区展演。

　　10月16日　在深圳市罗湖区第三届人民代表大会第五次会议上，陈应春当选为罗湖区区长。

　　△　联合国国际文化交流促进会和国际移民基金会代表团一行访问深圳。

　　△　深圳市盐田区科技创业中心成立。

　　△　深圳职业技术学院和成都电子科技大学、北京科银京成公司签约，成立深圳职业技术学院产学研开放实验室。

　　10月17日　历时6天的深圳市三届人大常委会第十一次会议结束。会议审议通过了《深圳市人民代表大会常务委员会听证条例》、《深圳经济特区处理历史遗留生产经营性违法建筑若干规定》和《〈深圳经济特区建设工程施工招标投标条例〉修正案（草案修改稿）》等一批法规条例。

　　△　第三届"高交会"圆满闭幕。此届"高交会"共有1.5万项高新技术成果参加了展示和交易，共签订项目1349项，成交总额140.18亿美元，比上届"高交会"增长22.16%，其中高新技术成交1242项，成交金额91.07亿美元（出口成交24.45亿美元）。

　　10月19日　深圳海关与深圳出入境检验检疫局签署协议，建立合作伙伴关系，携手共促经贸发展。

　　10月21日　广深特快列车实行"公交化"，在客流高峰期平均每15分钟开行1

对列车，旅客可在车上购票。

△ 深圳市政府与南开大学签署协议，在深圳大学城内联合创办南开大学深圳金融学院。

△ 深圳市人事局向 37 位来深圳创业的出国留学人员发放首批前期费用补贴 368 万元，最高的每人达 12 万元。

10 月 23 日 为建立与 WTO 运行规则相衔接的政府运行机制，深圳市政府发布《深圳市审批登记制度若干规定》，政府审批（核准）事项在现有基础上减少 277 项。

△ 国际玩具及礼品展在深圳开幕。

10 月 24 日 纵贯深圳东部大鹏湾海岸线的重要通道——盐坝高速公路 B 段开工，全长 8.77 公里，计划 2003 年完成。

10 月 24 ~ 26 日 国务院港澳办副主任陈佐洱率中编办、公安部、财政部等有关部门负责人一行 11 人考察深圳口岸工作，并就延长通关时间、提高通关效率与香港特别行政区政府负责人进行了磋商。

10 月 24 ~ 31 日 深圳市公安部门开展"追逃"专项行动，共抓获嫌疑犯 759 人，破获刑事案件一批。

10 月 26 日 广东省委常委、深圳市市长于幼军会见沃尔玛公司执行副总裁庄孟哲一行。

△ 第 90 届"广交会"期间，深圳交易团成交 8.97 亿美元。

10 月 28 日 世界贸易组织候任总干事素帕猜博士及夫人访问深圳。

△ 第二届"深圳读书月"启动。

△ 甘肃省党政考察团访问深圳，与深圳市签订了 11 项经济技术合作项目。

△ 扬州市考察团一行 38 人到深圳考察，并进行招商推介。

△ 深圳威尼斯皇冠假日酒店（THE VENICE HOTEL SHENZHEN）开业，开创了中国主题酒店先河（华侨城集团提供）。该酒店是中国首座以威尼斯文化为主题的国际品牌五星级商务度假酒店。酒店由华侨城集团公司投资兴建，聘请洲际酒店集团（Intercontinental Hotels Group）进行管理，使用国际连锁的五星级品牌皇冠假日（Crowne Plaza）。2002 年通过国家旅游局的五星级酒店评审，2003 年 3 月 21 日正式挂牌，成为深圳第 10 家五星级涉外旅游饭店。

10 月 29 ~ 30 日 深圳市委、市政府组团赴西藏昌都学习、考察，并参加了昌都地区人民医院"深圳门诊大楼"和"深圳路"的开工奠基仪式。

10 月 30 日 在河北廊坊召开的全国创建文明小城镇工作会上，深圳市横岗镇、沙井镇被中宣部等 5 个部门联合授予"全国创建文明小城镇示范点"牌匾。

△　第十届深圳大剧院艺术节开幕。艺术节为期 1 个月。

△　深圳公安边防官兵在西乡海域捣毁一个特大走私柴油窝点，该窝点在地下铺设了长达 2 公里的输油管。

11 月 1 日　位于华侨城以南的深圳湾填海区开发正式启动。

△　深圳市首个街道团工委——福田区沙头街道团工委成立。

11 月 2 日　深圳市政府印发《关于贯彻实施九个法定化的工作意见》①，对"九个法定化"的内容及实施工作做了具体部署。

△　深圳市矿产资源管理秩序治理整顿工作会议在宝安区召开，会议宣布：特区内不再批办新石场，特区外 10 年内不新批石场。

11 月 3 日　深圳公路口岸通关改革在沙头角海关启动，通关货物可提前 3 天报关，集中审单，现场验核。

△　全国国土资源信息化会议在深圳召开，提出以信息化带动国土资源事业现代化。

11 月 6 日　深圳市村级"三个代表"学习教育全面铺开。

11 月 7 日　深圳经济特区发展集团公司原总裁陈宏明②被依法判处受贿罪，判处有期徒刑 6 年，并处没收财产人民币 10 万元；犯挪用特定款物罪，判处有期徒刑 2 年。决定执行有期徒刑 7 年，并处没收财产人民币 10 万元。

△　在广东省统计局进行的"全省农村经济强镇"评比中，深圳市布吉镇综合经济实力居全省第一。

△　龙岗区龙田、沙田污水处理厂落成，成为全国首例通过招投标方式成功运用管理市场化模式的污水处理厂。

11 月 7~11 日　中共中央政治局常委、国务院副总理李岚清考察深圳。他充分肯定深圳发生的巨大变化，称赞深圳是我们国家的骄傲，希望深圳继续开拓奋进，

---

①　深府〔2001〕150 号《关于贯彻实施九个法定化的工作意见》强调：用三至五年时间，全面完成"政府机构组织、职能、编制法定化""行政程序法定化""行政执法责任法定化""政府内部管理法定化"等九个方面的法定化工作，并通过市人大立法来固定和规范。

②　陈宏明于 1991 年任深圳市劳动局副局长，1993 年 3 月被任命为局长，1994 年 11 月又调任深圳大型企业集团——深圳经济特区发展集团公司总裁，为该集团的发展做出过重大贡献，并因此获得了全国"五一劳动奖章"。据查，陈宏明在担任劳动局局长期间，利用职务之便从其下属公司引存资金，帮助深圳达誉贸易公司获取银行贷款，事后收受达誉公司贿赂的 10 万港元、人民币 4 万元。1994 年 3 月至 10 月，陈宏明还利用其担任深圳市劳动局长职务的便利，违反国家财经管理制度，先后五次挪用其下属劳动服务公司管理的用于救济的失业保险金共计 2000 万元人民币。审判机关认为：陈宏明在深圳市纪委对其调查期间，如实供述了自己受贿的犯罪事实，并退清赃款，可视为自首。

努力建设成为有中国特色社会主义的明星城市。

11 月 8 日 深圳市龙岗区第二届人民代表大会第五次会议选举余晖鸿为龙岗区区长。

△ 在香港会展中心召开的第十二届世界生产力大会上，深圳市副市长郭荣俊发表演讲，指出：深圳将继续把电子信息产业作为产业发展的战略重点，加快建设高科技城市。

11 月 10 日 泰格·伍兹观澜湖挑战赛在深圳观澜湖高尔夫球场开赛。

△ 深圳市学联第四次代表大会在市政协礼堂召开。

11 月 12 日 深圳海关决定：从当日起，福田保税区、沙头角保税区、盐田保税区延长通关时间。

11 月 13 日 大连市政府考察团一行 14 人到深圳访问。

11 月 14 ~ 15 日 卢旺达总统保罗·卡加梅一行 65 人到深圳访问。

11 月 16 日 深圳首个"生命银行"——协和干细胞库正式启动。深圳首例脐血造血干细胞在深圳市第二人民医院顺利采集。

△ 第六届深圳国际汽车、摩托车展览会暨首届国际改装车专业展在深圳开幕。国内外 200 余个厂商参展。

△ 深圳市委召开常委（扩大）会议，传达学习省委八届八次全会精神，就如何贯彻党的十五届六中全会和省委全会精神、加强和改进作风建设进行研究。

11 月 17 日 湖南省委书记杨正午率党政代表团来深圳考察。

△ 全国中小学教师代表在深圳南山实验学校现场观摩，探讨信息技术教育。

11 月 18 日 首届改装与四驱国际研讨会在深圳举行。

11 月 18 ~ 22 日 第八届中国电影表演艺术学会奖颁奖系列活动在深圳举行。

11 月 20 日 深圳市委副书记、常务副市长李德成会见了国家开发银行副行长一行。

11 月 21 日 在深圳市宝安区召开的第二届人民代表大会第五次会议上，黄锦奎当选为宝安区区长。

11 月 22 日 赤道几内亚共和国总统特奥多罗·奥比昂·恩圭马·姆巴索戈一行 33 人访问深圳。

△ 深圳大学和华为公司签署协议，共同建立网络技术实验室。

11 月 22 ~ 29 日 应辽宁省政府的邀请，深圳市委宣传部组织深圳各主要新闻媒介赴辽宁省采访。

11 月 23 日 为促进深圳、东莞海外侨胞的联系与合作，世界深东社团联会在香港成立。

　△　深圳威新软件科技园二期工程启动。

11月26日　深圳盐田港集团有限公司与香港和记黄埔盐田港港口投资发展有限公司在深圳签订了盐田港三期集装箱码头的合资合同。总投资60亿港元，2003年投入生产。

　△　在第七届中国戏剧节上，深圳粤剧团《驼哥的旗》获优秀剧目等8项大奖。

　△　深圳市颁布实施《深圳市妇女发展规划（2001—2010）》和《深圳市儿童发展规划（2002—2010）》。

11月27日　深圳市教育局举办的中小学校服规范管理整体方案意见征询会上达成的共识：深圳将以全市统一的"学生服"取代各学校的校服，学生着装将不再有校际区别，而只有季节之间、男女之间、中学与小学之间的区别，全市学生服装统一款式、统一颜色、统一面料。

11月28~30日　中国民营经济论坛在深圳举行论坛，就面对21世纪，特别是中国加入WTO后的挑战，中国民营企业如何为中国市场经济的发展做出更大的贡献等进行了交流和探讨。

11月30日　中共深圳市委下发《关于加强和改进党的作风建设的实施意见》。

12月1日　深圳市设立市、区两级城市管理行政执法局，分别作为市、区两级政府城市管理方面集中行使行政处罚权的工作机构，与市、区两级城管办合署办公。

　△　粤港联席会议规定：从当日起，深圳罗湖口岸和皇岗旅检通道全年365天关闸时间延长到24时，皇岗货检从晚上10点到12点增开通道。

12月2日　在东江纵队成立58周年的纪念日，位于深圳龙岗区坪山镇的市级爱国主义教育基地——东江纵队纪念馆正式开馆。

　△　《深圳特区报》载：国家对外贸易经济合作部组织评选的2000~2001年度中国最大的500个外商投资企业揭晓，深圳市62个企业榜上有名。

12月3日　全国人大常委会副委员长许嘉璐一行来到深圳市社保局考察深圳市社会养老保险工作。

12月4~6日　广东省流通业改革与发展工作会议在深圳召开。广东省委常委、深圳市市长于幼军在会上指出：现代流通业正成为深圳市支柱产业。

12月6日　深圳湾填海区3块总面积为23.78万平方米的土地，以22.35亿元在深圳会堂成功拍卖，由泰华房地产（中国）有限公司和深圳百仕达实业有限公司竞得。

12 月 7 日 经中共中央批准，中共广东省委决定，黄丽满同志任深圳市委书记，张高丽调任山东省委副书记、代省长。

△ 为促进粤港两地经济发展，加强两地旅游业界的交流，"香港游高峰研讨会"在深圳举行。参会人员 50 多人。

12 月 8 日 岭澳核电站开始承担核安全责任，成为"有核"电站，其运行全权委托广东核电合营公司。

12 月 9 日 广东省第六届宣传文化精品奖暨第四届精神文明建设"五个一工程"① 奖揭晓，深圳市共获得 46 个奖项。

12 月 10 日 国家"畅通工程"检查考核小组到深圳考核，认为深圳道路及交通管理水平居全国前列。

12 月 12 日 深圳市纪律检查委员会召开新闻发布会，通报王炬等人违法乱纪案件的查处情况。经调查，自 1993 年以来，王炬先后涉嫌受贿 140 多万元、收受礼金 10 万多元。党内给予开除党籍和公职处分，并移交司法机关处理。

12 月 13 日 辽宁省代表团 6000 多人抵达深圳招商。

12 月 14 日 深圳"高交会"展馆举行"辽宁（广东）商品展销暨经济合作洽谈会"。代表团由辽宁省委副书记、省长率领，成员包括辽宁省几套班子领导和 14 个省辖市的党政领导，1400 多个企业带来了名特优产品和众多合作项目。在 4 天的洽谈会期间，国内经贸合作成交 303.67 亿元，对外合作成交 16.89 亿美元。

△ 深圳市表彰双十佳"廉洁文明家庭"，马新建等 20 户家庭受到表彰。

12 月 15 日 中国大陆最大的台资企业富士康企业成立党委。这是深圳第一个台资企成立党委。

12 月 17 日 中国入世谈判第二代表、现全国人大常委会委员佟志广等在深圳举行的"WTO 规则国际（深圳）研讨会"畅谈落实 WTO 规则。

12 月 18~21 日 深圳市三届人大常委会举行第十二次会议。审议关于罢免王炬市人大常委会副主任职务的方案，审议一系列法规草案和经济报告。会议接受张高丽辞去市人大常委会主任职务的请示并确认黄丽满等 7 人的市人大代表资格。

12 月 20 日 全国行政监察研讨会在深圳举行。

12 月 20 日~2002 年 1 月 8 日 原中共中央政治局常委、全国人大常委会原委

---

① 由中共中央宣传部组织的精神文明建设"五个一工程"评选活动，自 1992 年起每年进行一次，评选上一年度各省、自治区、直辖市和中央部分部委，以及解放军总政治部等单位组织生产、推荐申报的精神产品中五个方面的精品佳作。这五个方面是：一部好的戏剧作品，一部好的电视剧（片）作品，一部好的图书（限社会科学方面），一部好的理论文章（限社会科学方面）。

员长乔石在深圳考察。

12月21日 全国第十一届"群星奖"揭晓。深圳的小品《早茶》、《兵哥哥回来了》、《逃宴》和小粤剧《一件羊皮褂》等5个作品获金奖。

△ 原深圳市宝安区委书记虞德海因受贿153万元和500万港元财产来源不明，一审被判无期徒刑。

12月22日 香港新闻界高层人士访问团访问深圳，在参观了深圳虚拟大学园后，访问团成员表示深圳的发展尤其是高新技术产业的发展给人深刻印象。

12月24日 广东省委副书记、深圳市委书记黄丽满主持召开座谈会，专题研究进一步做好弱势群体工作。

12月26日 深圳市政府颁布第106号政府令，率先为个人信用立法。《深圳市个人信用征信及信用评级管理办法》于2002年1月1日生效。

12月27日 深圳市规划委员会召开2001年第二次会议，研讨了《深圳市总体规划检讨与对策研究》，通报了《深圳2030城市发展策略》工作纲要，审议批准了《深圳市轨道交通十年规划》。按照规划，到2010年，深圳市将投资320亿元，建设轨道线路长120公里，地铁一号线将向西延至深圳机场。

△ 为期两天的全国打击光盘走私工作座谈会在深圳召开。

12月28日 2001年年初至当日，深圳港集装箱吞吐量累计达500.72万标箱，跻身全球集装箱港口十强。

△ 《人民日报》头版头条发表"十五开篇"——《深圳兴建高新技术产业带》。

△ 深圳市水务（集团）有限公司正式宣告成立，成为全国首个实行供、排水一体化经营的企业。

12月 深圳市人民政正式颁布《深圳市个人信用征信及信用评级管理办法》，并于2002年1月1日起正式施行，这标志着深圳成为全国第一个为个人信用立法的城市。

2001年深圳市政府在法律法规未有明确规定的情况下，迎难而上，坚决查处三九医药大股东违规占用上市公司26亿巨额资金案。三九医药案件的查处在中国资本市场产生了巨大的轰动和震慑效应，外国媒体对中国证券监管当局的决心也给予充分肯定，由此打响了全国范围清理大股东及实际控制人违规占用上市公司资金战役的第一枪（中国证券监督管理委员会深圳监管局提供），推动了《公司法》修订等相关法制建设。

2001年 中国第一个SHOPPING MALL——深圳华强北铜锣湾开业。

2001 年　全国首个手机投注彩票在深圳诞生。

2001 年　全国首部"精神文明建设志"——《深圳市精神文明建设志》在深圳初具雏形。

2001 年　《深圳市档案事业发展"十五"计划》出台，在全国率先基本实现档案工作现代化。

2001 年　深圳市共完成一般预算财政收入 262.49 亿元，比年度预算增加 3.44 亿元，比 2000 年增长 18.29%，可比口径（剔除证券交易印花税因素）增长 30.87%。

2002年

1月1日　自当日起，深圳市国税局管辖的所有查账征收增值税的小规模纳税人，均可采用电话申报纳税方式。

△　经国务院批准，自当日起，由中国国际旅行社组织接待的外国旅游团队可直接到公安部授权的口岸办理团体旅游签证，深圳的罗湖和蛇口口岸名列其中。

△　当日是深圳口岸通关时间延长后的第一个新年元旦，过关人流络绎不绝。罗湖口岸全天过境的旅客超过23万人次，比上年同期增长7.4%，仅过境的旅行团就超过240个。

△　2001年从深圳罗湖口岸出入境人数创历史新高，达8885.16万人次，在全国228个有人员通行的口岸中位居榜首，占全国出入境人员总和近五成。

△　深圳副市长李德成主持召开"2002年度重大项目银企协调会"，以国家开发银行为牵头行、中行和工行作为参与行的银团成员与深圳市正式签署"深圳地铁一期工程项目银团贷款备忘录"，对提供32亿元人民币长期贷款的有关原则达成了共识，一期工程30%自筹资金得到落实。

△　全国第一部针对个人信用的立法——《深圳市个人信用征信及评级业务管理办法》正式实施。

1月4日　深圳取消了赴港商务签注指标配额，实行按需审批，开始逐步放宽赴港商务签注，并已经开始受理企业申请备案，2000年已经在市公安局出入境管理处开户备案的企业，报备人员的办证时限至2000年1月30日止。

1月5日　2001年度中国最有价值品牌研究报告正式出台，康佳品牌价值已增长到98.15亿元，位居中国最有价值品牌第九名，这是自1996年以来康佳品牌价值连续 6 年位居前 10 名。从销售收入净增加值看，康佳品牌是近 7 年来中国发展最快、品牌扩张最充分的几大品牌之一。

　　△　2000 年度中国私营企业纳税百强排行榜排定座次，深圳华为技术有限公司和深圳安圣电气有限公司以 2000 年全年纳税 9.91 亿元和 2.03 亿元高居状元、榜眼位。

　　△　2001 年度全省优秀城乡规划设计评选活动中，深圳共有 8 个设计项目榜上有名，其中获一等奖的有两个项目。

　　1 月 6 日　2001 年广东省物业管理示范住宅小区评选中，深圳获奖小区（大厦、工业区）数量最多，达 13 个。

　　1 月 7 日　在北京举行的全国建设工作会议上，由国家建设部组织评选的首届"中国人居环境奖"揭晓，深圳等 5 个城市获 2001 年"中国人居环境奖"（综合类）。

　　△　2001 年深圳市外贸出口全年累计达 374.53 亿美元，比上年增长 8.36%，外贸出口总额连续第九年在全国大中城市中位居首位。

　　1 月 8 日　深圳联通正式开通 CDMA 网络。

　　△　中国造血干细胞捐献者资料库启动后，首例异地造血干细胞移植手术顺利进行，深圳姑娘黄慧滤出 55 毫升造血干细胞（骨髓）送到广州，顺利植入广西壮族高中生程金波的体内，挽救他的生命。

　　△　深圳市人大常委会举行签约仪式，为 19 名兼职委员配备了法律助理，旨在提高兼职委员的立法和司法监督水平。

　　△　中国人保深圳市分公司推出"车辆互碰事故记录卡"快速处理服务项目，车辆发生碰撞后，只要单车损失金额不超过 3000 元，司机就可以在 5 分钟内"私了"，保险公司 48 小时内理赔。

　　△　2001 年深圳高新技术产品出口首次突破 100 亿美元，占全市出口总额的 28.87%，比上年增长 29.71%。

　　1 月 9 日　蒙古总理恩赫巴亚尔偕夫人一行 84 人在中国驻蒙古大使黄家的陪同下抵深访问。深圳市委副书记、常务副市长李德成在五洲宾馆会见了恩赫巴亚尔总理一行。

　　△　华为技术有限公司 TELLIN 智能网项目被评为 2001 年度国家科技进步奖一等奖，该项目处于世界领先水平。

　　1 月 10 日　深圳市纪委、市监察局召开新闻发布会，就纠治"红包"工作进行再部署。市纪委新闻发言人表示：各级纪检监察机关要加大监督检查力度，采取有力措施，继续加大纠治"红包"工作的力度，防止送收"红包"现象反弹。

　　△　在五洲宾馆举行的深圳能源集团产权多元化改制意向书签字仪式上，深圳

市投资管理公司分别与华能国际电力股份公司、华润电力控股公司、法国电力公司等9家国际知名电力、能源企业签订了股权转让意向书，将其持有的深圳能源集团49%的股份转让给上述9家公司。此举标志着深圳能源集团产权多元化迈开了新的步伐。副市长郭荣俊出席了签字仪式。

1月11日 广东省委副书记、深圳市委书记黄丽满等市几套班子领导与梅州市委书记谢强华、市长魏潘尧率领的梅州市代表团在五洲宾馆举行深梅对口扶持工作座谈会。两市领导一起总结、交流两地合作和对口帮扶工作情况，展望未来两地共同发展前景。黄丽满在座谈会上指出：坚持走共同富裕道路，切实做好帮扶工作是深圳义不容辞的责任，深圳要按照中央和省的要求，认真学习和发扬贫困地区艰苦奋斗的精神，满腔热情地支持、帮助包括梅州在内的深圳对口扶持地区和深圳市欠发达地区发展。

△ 由中国国际工程咨询公司组织的《蛇口港区集装箱码头二期工程可行性研究报告》评估会以及由深圳市交通局、市发展计划局共同组织召开的《蛇口港区集装箱码头三期工程预可行性研究报告》《赤湾港区十二、十三号泊位工程预可行性研究报告》预审会同时在深圳举行，这标志着投资近75亿元、新增280万标箱能力的集装箱码头建设工程即将在西部港区拉开序幕。这3个工程同时列入国家交通部"十五"重点交通运输建设项目和深圳市"十五"重大建设项目。

△ 2001年深圳市进出口总值首次突破800亿美元大关，比上年增长2%。

1月12日 广东省委常委、深圳市市长于幼军等市政府领导专题研究深圳会展中心的设计及建设问题。于幼军强调：深圳会展中心是深圳市21世纪的标志性建筑，务必建成为深圳添光彩、让全体市民满意的建筑精品。

1月13日 深圳市公安局召开新闻发布会，通报和介绍英雄民警杜天宋①的事迹，号召全市民警学习杜天宋的英勇事迹。经广东省公安厅批准，民警杜天宋荣立一等功、李欢荣立二等功。

△ 2001年皇岗口岸车流居全国口岸第一。

1月15日 深圳市委副书记、常务副市长李德成会见了来深圳访问的IBM个人电脑事业部及打印机事业部总裁Robert Moffat一行5人，双方进行了愉快的座谈。

△ 全国人大常委张明远、张海天、林永年率领的全国人大代表（总参系统）视察团一行30人抵达深圳，考察九届全国人大四次会议有关决议、决定的执行情况

---

① 杜天宋同志是深圳龙岗公安分局同乐派出所民警、共产党员。2002年1月11日，在执行设伏任务时，他为了保护人民生命财产的安全，面对持刀抢劫中巴乘客的歹徒，毫不畏惧，挺身而出，在身负重伤的情况下，以惊人的毅力与战友合力击毙车匪一名，击伤两名。

以及国防建设有关法律法规的执行情况。

1 月 16 日 为纪念邓小平同志南方谈话发表 10 周年，深圳市委宣传部、市文化局在深圳大剧院联合举办专题音乐会，市领导庄礼祥、王顺生、白天、谭国箱、刘秋容、张宝琴、许扬、王正明，以及部分在深圳工作过的老同志和各界群众代表一起欣赏了音乐会。

△ 深圳市公开选拔副局级干部的资格审查工作结束。此次公选共有 370 人报名，经审查，符合报名条件的有 211 人，其中海外和香港地区 6 人，博士 40 人，民营、"三资"、股份制企业及其他 3 个机构 48 人。

△ 山东省威海市委书记孙守璞一行访问深圳。深圳市委副书记庄礼祥会见了孙守璞一行。深圳市副市长卓钦锐与威海市考察团进行座谈，并陪同考察团参观了华侨城生态广场。

△ 韩国三星电子通信部总裁李基泰专程来深圳拜会深圳市委副书记、常务副市长李德成，就韩国三星电子有限公司与中国科健股份有限公司合作投资的 CDMA 项目第一阶段的进展情况进行具体的商谈。

△ 在广东省委组织部、省人事厅、省人才研究会联合举办的"广东省新世纪人才论坛"上，深圳市提交的研究成果获"人才研究成果特等奖"。

1 月 17 日 深圳市为 31 位市政府特殊津贴专家颁发证书和津贴，为 15 名在站企业博士后每人发放 5 万元的补助经费，并为来深圳创业的 25 位出国留学人员每人发放 8 万 ~12 万元不等的前期费用补贴。市委副书记、常务副市长李德成要求：想一切可以想的办法，创造一切可以创造的条件，关心、爱护在深圳市工作的专家、各类人才，并为他们排忧解难。

1 月 18 日 深圳市政府审议通过了最新的《关于引进国内人才来深工作的若干规定》，深圳市引进人才又有新规定：在深圳工作的非深圳户籍人才，只要拥有市政府特别颁发的《深圳市人才居住证》，就可以在深圳市享受到更多便利，只要是人才，夫妻双方可同时调入，等等。该《规定》和《深圳市人才居住证》从 3 月 1 日开始实施。

1 月 20 日 广东省委副书记、深圳市委书记黄丽满和市委常委、副市长王顺生前往市人民医院留医部亲切看望、慰问了在与歹徒搏斗中光荣负伤的龙岗公安分局罗岗派出所民警朱晓华。①

---

① 朱晓华同志是深圳龙岗公安分局罗岗派出所民警、共产党员。2002 年 1 月 19 日，他在参与围捕一抢劫团伙主犯时，面对持枪歹徒，为了保护战友，奋不顾身，用自己的身体挡住枪口，在被子弹击中左胸后，仍勇敢地抱住歹徒，与战友一起将其制服。

1月21日 2002年市领导与企业家新春联欢晚会暨深圳市第二届优秀企业、优秀企业家表彰大会在五洲宾馆五洲厅隆重举行。市领导黄丽满、李德成、白天、李意珍、陈锡桃、郭荣俊、何景焕、许扬,老领导厉有为、李广镇等出席联欢会并为优秀企业家、优秀企业代表颁奖。

△ 自当日起,深圳市委、市政府组织万名社会治安力量,开展为期18天的全市治安大巡逻,狠狠打击"两抢、双盗"不法分子犯罪活动,确保深圳春节前后社会治安良好,让广大市民过上一个欢乐祥和的新春佳节。

△ 深圳市政府成立"深圳市人民政府WTO法律专家咨询委员会",并专门举行"聘请WTO法律专家咨询委员仪式暨中国入世与清理深圳法规、规章专家咨询会",首批聘请国务院法制办公室副主任、中国入世谈判团副团长李适时等来自国务院法制办、外经贸部及全国各高校、香港WTO研究中心的18名著名WTO法律专家担任深圳市咨询委员。

1月21~22日 由中央文献研究室邓小平研究组、广东省邓小平理论研究中心、广东省委党校、广东省委党史研究室、深圳市邓小平理论研究中心、深圳市社会科学院和深圳市委党校联合主办的"纪念邓小平南方谈话发表十周年"理论研讨会在深圳召开。中央文献研究室常务副主任冷溶,中央党史研究室副主任石仲泉,广东省委副书记、深圳市委书记黄丽满,全国人大财经委原副主任、深圳市原市委书记李灏,广东省委宣传部副部长胡国华、张江,深圳市委副书记庄礼祥,深圳市委常委、宣传部部长白天以及来自全国各地的专家、学者100多人出席了研讨会。

1月22日 深圳市委、市政府召开全市政法暨社会治安综合治理工作会议。广东省委副书记、深圳市委书记黄丽满强调:要坚持以邓小平理论和"三个代表"重要思想为指导,建设一支人民信任、人民爱戴、人民放心的特别能战斗的特区政法队伍,全力做好政法和社会治安综合治理工作,全力维护社会政治稳定,保障和促进改革开放与现代化建设的顺利进行。

△ 为期2天的"纪念邓小平南方谈话发表十周年"理论研讨会在深圳闭幕。

1月24日 深圳市2002年迎春茶话会在市迎宾馆举行,100多位各界代表欢聚一堂,回顾过去一年的奋斗历程,共商发展大计。

△ 深圳海关公布了2001年打击走私通信器材的情况:该关共查获走私通信器材10.15万余台,破获案件1350宗,比上年增长近20倍。

△ 在北京召开的全国纪检监察系统先进集体、先进工作者表彰大会上,中共深圳市纪委被中央纪委、人事部、监察部授予"全国纪检监察系统先进集体"荣誉称号。这既是对深圳市纪委工作的认可,更是对深圳市党风廉政建设和反腐败工作

的充分肯定。

1月25日 埃及总统穆罕默德·胡斯尼·穆巴拉克和夫人一行乘专机抵达深圳访问，受到广东省委常委、深圳市市长于幼军和夫人的热烈欢迎，并进行了亲切友好的交谈。

△ 深圳市委常委、副市长王穗明会见法国格拉夫林市市长林格特先生所率领的法国敦刻尔克经贸考察团一行。

1月26日 中国人民大学正式签约加盟深圳虚拟大学园，成为深圳虚拟大学园的第四十一个成员院校，该校也是继社科院之后入驻虚拟大学园的第二所文科院校。深圳市委副书记、常务副市长李德成，副市长郭荣俊，老领导邵汉青和中国人民大学校长纪宝成、副校长袁卫等出席了在五洲宾馆举行的签约仪式。

△ 深圳市统计局公布的最新数字显示，2001 年深圳实现国内生产总值1908.15 亿元，比上年增长 13.2%，国内生产总值在全国大中城市中排名第四，仅次于北京、上海和广州。去年深圳第一、二、三产业分别完成增加值 18.03 亿元、1003.15 亿元和 886.97 亿元，分别增长 6.3%、14% 和 12.5%。

1月28日 首批 2 万台"三星－科健"复合品牌 CDMA 手机在科健生产线组织生产，并于 2002 年 1 月底投放市场。

1月29日 深圳市经贸局公布 2001 年度深圳工商业百强企业，华为、万佳分列 80 个工业企业和 20 个商贸企业之首。2001 年度工业百强企业共实现工业产值2260.9 亿元，增长 21.8%，增速比全市平均水平高 4.4 个百分点。

△ 深圳市委、市政府在深圳会堂隆重举行学习表彰朱晓华、杜天宋、章飞云①同志先进事迹大会，号召全市人民向 3 位英雄学习，弘扬正气，为深圳的发展创造更好的社会治安环境。

1月31日 世界港口集装箱吞吐量十强最新排名公布，深圳港 2001 年以 507 万标箱吞吐量位居第八。

2月初 深圳市成立全国首个社会保险仲裁办公室。

2月1日 2001 年度国家科技进步奖在京揭晓，深圳华为技术有限公司 TELLIN 智能网系统荣获一等奖，华为公司的 SBS2500 光同步传输系统，深圳市交管局交通科学技术研究所和深圳市格林威交通科技有限公司共同研发的智能化交通违章管理

---

① 章飞云同志年仅 22 岁，是市公安局边防分局宝安大队西乡工作站一级士官。2002 年 1 月 20 日，章飞云同志在单独执行押解涉嫌走私成品油渔船的任务中，抵御金钱诱惑，拒收走私分子的贿赂人民币5000 元，后被恼羞成怒的走私分子凶残袭击，在头、手等多处受伤并被推下海的情况下，仍英勇顽强地抓紧缆绳和船舷被拖了 3 海里，为最终抓获走私分子赢得了宝贵的时间。

系统，清华大学和深圳市桑达信息技术有限公司合作完成的高速网络路由器 SED －08B 等 3 个项目分别获得二等奖。

△　深圳市政府侨办（侨联）主办了深港澳侨界迎春会，来自深圳、香港、澳门三地 32 个侨社团及侨界人士 300 多人欢聚一堂，喜迎马年新春佳节。市人大常委会副主任刘秋容、市政协副主席许扬等出席了大会。

2 月 3 日　广东省委常委、深圳市市长于幼军在五洲宾馆会见了以三星 SDI 株式会社社长金淳泽为团长，应邀来深圳考察投资环境的韩国企业家代表团。

2 月 4 日　《深圳市利用外国政府贷款管理办法》经市政府常务会议讨论通过，并通过第五期市政府公报对外公布实施。该办法规定：经市、区人民政府授权的市区财政局、市属事业单位和在深圳市登记注册的工商企业都可申请外国政府贷款。

2 月 4 ~ 17 日　原中共中央政治局委员、全国人大常委会委员长万里在深圳考察。他充分肯定了深圳在改革开放新时期所取得的成绩，并希望深圳在新的一年里再接再厉，各项工作再上一层楼。

2 月 5 日　深圳海关 2002 年改革方案正式通过，改革的重点是对加工贸易监管模式进行全面调整，对出口额超过 1000 万美元的 364 个企业年底前全部实现联网监管。

2 月 7 日　经深圳市委批准，市委宣传部、市社会科学联合会通过评选，苏东斌的《选择经济》、董立坤的《国际私法论》等著作获深圳市优秀学术著作奖一等奖，莫世祥、彭立勋、乐正等获优秀学术论文奖，黄佳耿等获优秀科普著作奖，薛亮等获优秀工具书奖，景海峰等获荣誉著作奖和荣誉论文奖，吕玉印等获新人著作奖和新人论文奖。

2 月 11 日　今天是农历除夕，广东省委副书记、深圳市委书记黄丽满，广东省委常委、深圳市市长于幼军等市领导，分组带队慰问了春节期间值班的一线职工，感谢他们辛勤的劳动，并通过他们，向全市坚守岗位的干部职工及其家人表示慰问和祝福。

△　中央电视台春节联欢晚会设立深圳分会场，首次将晚会从演播室搬到了广场。晚上 8 点，北京主会场——央视一号演播厅与深圳分会场——世界之窗环球舞台同时上演开场歌舞《和春天一起来》。深圳分会场以其宏大壮观的规模、不可抵挡的群众性和参与性为北京主会场添色增彩。

2 月 12 ~ 18 日　春节黄金周深圳市共接待来深游客 305.31 万人次，比上年同期增长 5.28%，实现旅游收入 25.04 亿元，增长 8.87%。其中，海外游客 99.18 万人次，增长 4.4%，实现国际旅游收入 1 亿美元，增长 4.17%。全市旅游景点接待游客达 287.88 万人次，增长 31.75%；营业收入 1.06 亿元，增长 54.24%，创历史同期最好水平。

2 月 19 日 深圳当时规模最大、功能最完备、建筑最具特色的"孵化器"——深港产学研基地综合大楼①正式投入使用。

△ 在中国一代伟人邓小平逝世五周年的今天，故事影片《邓小平》在日本有关镜头的摄制工作经过剧组全体成员的努力圆满完成。

2 月 20 日 岭澳核电站一号机组冲转成功。

2 月 22 日 德国外交部第三政治司司长马图塞克先生来深圳访问。

2 月 25 日 广东省人民政府授予杜天宋、朱晓华、章飞云 3 位同志"特区勇士"荣誉称号。

2 月 26 日 广东省委常委、深圳市市长于幼军签署第 108 号政府令，发布《深圳市内伶仃岛－福田国家级自然保护区管理规定》，对福田红树林鸟类自然保护区实行严格保护、科学管理和合理利用，砍伐红树林要罚款。

△ 瑞典沃尔沃轿车公司总裁兼首席执行官汉斯先生一行 9 人来深访问。广东省委常委、深圳市市长于幼军会见了代表团一行。

△ 广东省委常委、深圳市市长于幼军在市政府贵宾厅会见了来访的法国驻广州总领事劳查理及其随行人员，共同探讨了双方的合作与发展空间。

△ 据海关统计，2001 年全国出口排名前 100 名的企业中有 20 个是深圳的企业，进入前 10 名的深圳企业有 4 个。这 4 个企业是宝安区外经发展总公司、龙岗区对外经济发展有限公司、鸿富锦精密工业（深圳）有限公司和长城国际信息产品（深圳）福保公司。

2 月 28 日 广东省委常委、深圳市市长于幼军会见了美国 IBM 公司存储技术部总裁格罗斯一行。

3 月 1~6 日 深圳市召开政协第三届委员会第三次会议。

3 月 2 日 中国保护消费者基金会在北京举行第十届"保护消费者杯"颁奖大会，深圳市工商局福田分局局长曾向坚获奖杯和证书。

△ 广东边防总队深圳边防分局在深圳湾以东海域查获 477 万张盗版光碟，这是全国边防部门一次缉获数量最多的盗版光盘走私案。

---

① 深港产学研基地大楼是深圳市 2001 年重大建设项目之一，由深圳市政府、北京大学、香港科技大学共同投资兴建，总投资 1.2 亿元，建筑面积 3.6 万平方米。全国人大常委会副委员长丁石孙，深圳市委副书记、常务副市长李德成，北京大学校长许智宏，香港科技大学署理校长陈玉树为大楼剪彩。北京大学党委书记王德炳及前来出席北大党政联席会议的领导等 200 多人出席了启用仪式。

3月3~7日　深圳市召开第三届人民代表大会第三次会议。

3月4日　加拿大多伦多大学管理学院行政项目负责人丹尼奥·安德洛教授一行3人抵达深圳访问。

3月7日　以韩国京畿道副知事南基明为团长的京畿道政府代表团一行25人抵达深圳访问，副市长郭荣俊在五洲宾馆会见了代表团一行。

3月8日　深圳清华大学研究生院挂牌成立"企业博士后科技工作站"。

△　联合国环境规划署宣布，中国深圳市将主办2002年6月5日"世界环境日"纪念活动。这是继1993年北京主办此项活动后，中国的城市再次获得"世界环境日"纪念活动主办权。

3月11日　深圳市副市长郭荣俊在五洲宾馆会见并设宴款待了美国前贸易副代表唐纳德·菲利浦斯二世一行。

3月13日　中共深圳市纪委第三次全体会议在深圳会堂隆重召开。

△　土耳其交通部部长奥克塔伊·乌拉尔一行17人抵达深圳访问，深圳市委常委、副市长王顺生在五洲宾馆会见奥克塔伊·乌拉尔一行，并就深圳与土耳其在电讯领域有关合作情况进行了探讨。

3月14日　深圳市委副书记、常务副市长李德成会见美国驻华使馆公使衔经济参赞詹姆斯·朱姆沃尔特一行。

3月15日　深圳市地铁公司与美国贸易发展署（TDA）在五洲宾馆举行签字仪式，TDA将捐赠74.38万美元用于深圳地铁二期工程的可行性研究。

△　由浙江省副省长叶荣宝率领的物流业考察团一行14人到深圳考察，深圳市委常委、副市长王穗明在市迎宾馆与客人进行了座谈和交流。

3月16日　深圳舜天电动车公司首次向外界展示了成功组装并以此试车成功的两台电动车样车，为深圳市实现电动车产业化展现了光明前景。

3月17日　以江苏省委副书记、常务副省长梁保华为团长的江苏省党政考察团一行42人抵深访问。广东省委常委、深圳市市长于幼军在五洲宾馆与考察团一行进行了座谈。

3月18日　深圳市政府三届三次全体（扩大）会议召开，研究部署推进行政体制创新优化投资发展环境，深圳市市长于幼军提出创新行政体制的目标：建立依法规范、高效优质、民主透明、清正廉洁行政的政府。

3月20日　马来西亚综合信兴物流有限公司、深圳市安骏达运输有限公司、香港英河运输公司，分别就两项投资过亿元的物流中心建设项目与深圳市保税区管理局签订了购地协议。

3 月 23 日　中央电视台"焦点访谈"节目主持人方宏进与中国企业界传奇人物史玉柱被聘为深圳大学管理学院客座教授。

3 月 24 日　由韩国议长李撰世率领的韩国京畿道议会代表团一行 12 人抵达深圳，对深圳市进行友好访问，深圳市人大常委会副主任刘秋容在五洲宾馆会见了代表团一行。

3 月 26 日　以香港中华总商会会长、香港银行同业会会长、亚洲金融集团董事长兼行政总裁陈有庆为团长的"香港金融界高层人士深圳考察团"一行 35 人抵达深圳。广东省委常委、深圳市市长于幼军，副市长宋海，市政协副主席、市委统战部部长廖军文在五洲宾馆与考察团一行进行了座谈。

　△　深圳市委常委、副市长王穗明，市人大常委会副主任李友烈，市政协副主席周长瑚在迎宾馆会见了由贵州省毕节地委副书记、行署专员张群山率领的党政考察团一行，并就对口帮扶、培育龙头企业、加强经贸合作等与客人进行了座谈。

　△　由海峡两岸关系研究中心举办的两岸关系论坛今天在深圳开幕。这次论坛的主题是"一国两制"的理论与实践。

3 月 27 日　深圳品牌女装在中国国际服装服饰博览会上亮相，经过为期 4 天的展示、交易、洽谈活动，被博览会组委会评为最佳参展城市组团，直接和间接成交额为 35 亿元，签订加盟合约 5500 份，创下 4 年来深圳服装进京参展最佳业绩，参展效益位居各城市组团首位。

3 月 28 日　深圳市召开全市金融工作会议，传达贯彻全国金融工作会议和全省地方金融工作会议精神，总结分析全市金融业的工作和面临的形势，研究部署下一阶段的金融工作。

　△　欧洲最大仓储式家居装饰建材连锁超市"百安居"深圳罗湖分店正式开业，这是该公司在中国的第六个连锁店，是当时全球营业面积最大的连锁店、华南地区旗舰店。

4 月 1 日　广东省委副书记、省纪委书记，省委政法委书记、省公安厅厅长梁国聚率省严打检查组到深圳市检查严打工作。深圳市委副书记、市委政法委书记庄礼祥代表市委、市政府向检查组汇报了深圳市严打整治等工作情况。

　△　深圳市与贵州省残联签订帮扶项目签字仪式上做出决定，2002 年深圳将为贵州省残联培训干部 100 名，并且培训两名残疾人熟练掌握电脑网页制作技术，帮助贵州省建设残疾人远程教育教学点，让贵州的残疾人也能同深圳的残疾人一样实现上大学的梦想。

　△　应中联部邀请，吉布提争取进步人民联盟执委会委员、全国书记艾哈迈

德·吉雷·瓦贝里一行 3 人抵深访问，深圳市人大常委会副主任刘秋容在五洲宾馆会见了吉布提客人。

4月2日 澳大利亚联邦工业、旅游和资源部部长伊恩·麦克法兰一行，在澳大利亚驻华大使艾大伟的陪同下抵达深圳访问，广东省委常委、深圳市市长于幼军在五洲宾馆会见客人。双方表示，愿意在能源、旅游等领域开展合作。

4月4日 英国最大的零售商 TESCO 香港采购中心首次在深圳五洲宾馆举行大型采购洽谈会，向深圳的 150 多个出口企业现场介绍 TESCO 采购的主要商品、采购流程及相关要求。随后，按服装、家具等几大分类，深圳企业与 TESCO 公司展开洽谈。

△ 深圳市副市长郭荣俊主持召开深圳市软件产业发展专题会，研究全市软件产业发展大计。根据制定的发展战略，到 2005 年，全市软件业产值将达到 700 亿元，软件从业人员 12 万人，产值超 10 亿元的软件企业达 10 个，深圳市将成为国内重要的软件产业基地和软件出口创汇基地。

△ 深圳公安边防分局缉私英雄"章飞云英雄事迹报告团"一行 3 人来到公安边防七支队马塘尾教导队，为 1000 多名官兵做首场报告。

△ 当日是清明节期间的入境高峰日，超过 20 万人次的旅客从罗湖口岸入境。

4月5日 在广东省科技工作会议上，深圳市荣获"全国科技进步先进城市"奖，深圳市科技局、高新区、中兴通讯股份有限公司被评为"省科技先进工作集体"。

4月6日 乌干达共和国第三副总理兼外长詹姆斯·瓦帕卡布洛来深圳访问，并欢迎深圳企业前往乌干达考察投资。

4月7日 深圳地铁香蜜湖站主体结构封顶。

4月8日 曾生产出中国第一罐百事可乐的深圳百事可乐饮料有限公司在深圳龙岗区落成。

4月9日 深圳市委常委、常务副市长李德成会见来访的美国商务部副部长阿德纳斯时表示，深圳会按照 WTO 相关规则，努力营造良好的市场法治环境，以便吸引更多的外国投资者。

4月11日 广东省委常委、深圳市市长于幼军会见到访的香港贸易发展局珠三角访问团时表示深港全面合作面临新机遇。

4月12日 厄立特里亚宏观政策和国际经济合作部部长沃尔戴·福图率团抵达深圳访问。深圳市人大常委会副主任袁汝稳在五洲宾馆会见了代表团一行。

△ 2001 年度"全国十大考古新发现"评选活动揭晓，深圳屋背岭商代遗址入

选，位列第四。

4 月 15 日 中央国家机关工委副书记臧献甫率中央国家机关部分部门党委书记到深圳考察，深圳市委副书记、市纪委书记谭国箱在市迎宾馆会见了客人。

4 月 16 日 深圳市私营企业的注册登记业务由市工商局注册分局下放到各区工商分局办理。

4 月 17 日 中国共产党深圳市代表会议在市人大会堂隆重召开，来自全市各条战线的 308 名代表参加了会议。广东省委副书记、深圳市委书记黄丽满等 31 人当选为中共广东省第九次代表大会代表。

4 月 18 日 在深圳市人民医院，全市首例对未成年人的骨髓移植手术取得成功。

4 月 19 日 广东省副省长李鸿忠和省教育厅副厅长张泰岭一行，在深圳市委常委、副市长王顺生的陪同下，到深圳大学调研。

△ 2002 年（第十六届）全国电子信息百强企业揭晓，深圳 13 家企业榜上有名，总数与上年持平。华为、中兴通讯分别以 162 亿元和 109 亿元的营业收入，列"百强"第七位和第十一位，华为以实现利润 26.5 亿元高居"百强"企业之首。

4 月 20 日 深圳市旅游局局长池雄标与乌鲁木齐市旅游局局长帕丽黛·热依木在深圳签约，两市结成旅游协作城市。

4 月 21 日 越南共产党中央政治局委员、越南国会主席阮文安夫妇一行 27 人在全国人大常委会委员、中越友好小组主席尹克升的陪同下抵深访问，广东省委副书记、深圳市委书记、市人大常委会主任黄丽满在五洲宾馆会见了越南贵宾。

△ 第二届飞利浦中国大学生足球联赛南区区域决赛当日在贵阳落幕，深圳大学队夺冠。

4 月 24 日 广东省委副书记、深圳市委书记黄丽满在市人大常委会贵宾厅会见了美中商会主席普雷斯考特·布什一行。

4 月 24 ~ 25 日 上海市委副书记、市人大常委会副主任龚学平，市委常委、宣传部部长殷一璀率领上海市考察团一行 20 人，在广东省委宣传部副部长胡国华的陪同下抵达深圳考察，广东省委副书记、深圳市委书记、市人大常委会主任黄丽满会见了考察团一行。

4 月 24 ~ 29 日 于北京举行的施坦威国际青少年钢琴比赛中国赛区总决赛上，深圳市 11 岁女孩何其真勇夺 A 组第一名，同时在 A、B、C、D 共 4 个年龄组别中得分最高，荣获特等奖。

4 月 25 日 第四届中国国际高新技术成果交易会组委会在京召开第一次会议。

会议审议了第四届"高交会"总体方案，通报了筹备工作进展情况。"高交会"主办单位代表、外经贸部副部长龙永图和科技部副部长程津培及信息产业部、国家计委、中科院有关负责人出席会议。会议由"高交会"组委会主任、广东省委常委、深圳市市长于幼军主持。

△ 第十三届中国（深圳）国际钟表珠宝礼品展在"高交会"展馆开幕，600多个厂商参展。

4月26日 中国科学院第二次高新技术产业化工作会议在深圳举行。

△ 全国第一张数字化社区"万事通"卡在深圳蛇口问世。

4月27日 广东省委副书记、深圳市委书记黄丽满出席深圳市纪念共青团建团80周年各界青年座谈会，勉励全市广大青年奋发向上，努力成为适应时代发展的高素质人才。

△ 内地与香港妇女恳谈会在深圳市举行，来自内地和香港的各界妇女欢聚一堂，就共同关心的妇女教育、就业、社会服务、家庭关系等方面的问题进行探讨和交流。

4月28日 深圳市首例原位肝移植手术获得成功，标志着深圳市器官移植医学的发展又翻开了辉煌的一页，肝移植技术已达到国内领先水平。

4月29日 深圳市总工会举行全国劳动模范荣誉津贴发放仪式，广东省委、省政府向32位深圳市全国劳动模范每人发放了一个存折，自2002年5月起，由省财政统一支付的每人每月200元荣誉津贴将通过该存折直接发放给劳模。

5月1日 广东省委副书记、省纪委书记，省政法委书记、省公安厅厅长梁国聚一行，在深圳市委副书记、市政法委书记庄礼祥，市委常委、副市长王顺生等的陪同下，亲切慰问了"五一"节日期间仍坚守岗位的深圳市公安民警和特检战士。

5月1~5日 深圳市举办了2002年深圳（春季）房地产交易会。共有43.9万人次进场参观，协议成交住房2990套，协议成交面积32.8万平方米，协议成交金额25.12亿元。

5月1~7日 "五一"黄金周期间，深圳市旅游、商业、餐饮、运输等行业均喜获丰收。全市接待游客达275万人次，旅游收入18亿元，分别比上年同期增长8.57%和9.35%，景点接待游客增两成。商业增长22%，餐饮业增长14%，运输业增长20%。

5月4日 第五届深圳世界名犬展在罗湖区黄贝岭商业城广场拉开序幕。100多只名犬向世界畜犬联盟全犬种评审员展示它们纯正的血统和美好的外观。

5月7日 深圳的友好城市——波兰波兹南市市长里斯扎德·格罗贝尼率政府

和企业代表团来深圳访问。

5 月 8 日 为了对在深圳高新技术成果产业化活动中做出突出贡献、创造巨大经济效益的科技人员进行重奖，市政府首次颁发"深圳市市长奖"，奖金额高达 50 万元。

△ 世界红十字日，同时也是深圳市无偿献血实施 9 周年的纪念日。全市无偿献血总人数已突破 42 万人次，捐血总量 8400 万毫升，由无偿献血者捐献的血液救治的患者近 16.8 万人次，平均每人用血 500 毫升。

5 月 10 日 在北京人民大会堂举行的第四届高等教育国家级教学成果奖暨第三届教育部高校青年教师奖颁奖大会上，深圳职业技术学院获得国家级教学成果奖一等奖，这是全国获得一等奖的高校中唯一的高职院校。

5 月 11 日 中国人民大学深圳研究生院在虚拟大学园正式挂牌。中国人民大学党委书记程天权、校长纪宝成和深圳市常务副市长李德成、副市长王顺生参加了挂牌仪式。

5 月 13 日 深圳市召开了中小企业工作会议，成为深圳逾 10 万个中小企业发展的新里程碑，中小企业被市政府提高到经济发展的重要位置。

5 月 14 日 深圳市副市长郭荣俊会见了亚洲最大的信用等级评估机构——印度信用评级信息服务公司董事总经理瑞维默罕，双方就如何在金融、科技、软件等重要领域进行信息技术的合作与资源共享进行了交流。

△ 天津市委副书记、市长李盛霖率天津市代表团来深圳考察，广东省委副书记、深圳市委书记黄丽满，广东省委常委、深圳市市长于幼军分别在市迎宾馆会见了李盛霖一行。

5 月 15 日 广东省委常委、深圳市市长于幼军主持召开市政府三届五十六次常务会议，讨论并原则通过《深圳市残疾人特殊困难救济补助办法》。

△ 深圳市获得团中央表彰：宝安团区委荣获"全国团建先进县（市）"称号，龙岗团镇委荣获"全国五四红旗团委标兵"称号，广深铁路股份有限公司团委荣获"全国五四红旗团委"称号，深圳机场（集团）公司团委书记孙郑岭荣获"全国优秀团干部"称号。

△ 深圳市政府召开新闻发布会，副市长卓钦锐向众多境内外媒体宣布深圳市获得 2002 年度"全球 500 佳环境奖"。

5 月 16 日 中国内地、香港与台湾文化和经济界人士在深圳翠园中学举行"书巨龙为国足壮行"活动，深圳市书法家李炎煌先生在田径场上用特制巨笔现场创作了一幅 5000 平方米的"龙"字，为中国国家足球队参加世界杯壮行。

5 月 19 日　深圳市纪念第十二次"全国助残日"暨"南粤助残工程——深圳助残行动"启动仪式在市青少年活动中心隆重举行。市委副书记庄礼祥、市政协副主席王正明和来自各区的残疾人代表共同欢庆节日。

5 月 20 日　深圳特区报在全国首次提出"终极置业"的口号,"终极置业"以及其所提倡的终极物业首次浮出水面,在业内外以及国内部分城市引起了极大反响。

5 月 23 日　美国前总统威廉·杰斐逊·克林顿应邀出席"2002(深圳·京基)WTO 与中国经济"论坛,并发表专题演讲。广东省委常委、深圳市市长于幼军、市政协主席李德成会见了克林顿先生一行。

5 月 27 日　越南国家监察总署常务副总监察长陈国丈带领越南国家监察总署代表团一行抵达深圳访问,深圳市委副书记、市政法委书记庄礼祥在五洲宾馆会见了陈国丈一行。

5 月 28 日　广东岭澳核电站 1 号机组当日正式投入商业运行。

5 月 29 日　广东省委副书记、深圳市委书记黄丽满在中共深圳市委常委(扩大)会议上提出要加强区域经济合作,特别是加强深港经济合作。

5 月 30 日　斐济共和国总理莱塞尼亚·恩加拉塞偕夫人一行在中国驻斐济大使章均赛的陪同下抵深访问,广东省委常委、深圳市市长于幼军在五洲宾馆会见了恩加拉塞总理一行。

5 月 31 日　深圳市委常委、常务副市长李德成在市政府会见了日本爱普生技术(深圳)有限公司社长中村明一行。

　△　深圳市委常委、宣传部部长白天在深圳五洲宾馆会见了新闻集团(News Corporation)① 北京代表处首席代表戴杰明先生一行。

6 月 1 日　深圳市进入为期 2 个月的伏季休渔期。

　△　深圳市各界 40 多个单位的员工在莲花山进行"美化家园、绿化鹏城"大

---

① 新闻集团(News Corporation)是全球最大的媒体企业集团之一。它主要的股东和首席执行官是基思·鲁珀特·默多克。2004 年 11 月 12 日,该公司的总部由澳大利亚的阿德莱德,搬迁到美国的特拉华州,重组成为后来的新闻集团。新闻集团是一家公开上市公司,分别在纽约证券交易所、伦敦证券交易所上市交易,现在仍然在澳大利亚证券交易所上市交易。差不多 70% 的公司销售来自美国。新闻集团是世界上规模最大、国际化程度最高的综合性传媒公司之一,净资产超过 400 亿美元。它由 40 年前澳大利亚一家小型报业机构成长壮大起来,总部设在美国纽约,报纸业仍然是新闻集团的支柱产业。作为当今世界上最大的英文报纸出版商,集团在全球范围发行 175 种不同的报纸,其中包括英国的《泰晤士报》《太阳报》,澳大利亚的《澳大利亚人报》,美国的《纽约邮报》等。新闻集团在全球拥有卫星电视网用户 8500 多万,拥有美国的福克斯电视网、英国的天空电视台、亚洲的 STAR 亚洲卫视,同时还拥有世界最大的电影公司之一的二十世纪福克斯电影公司。1999 年 3 月,新闻集团北京代表处成立;2000 年,卫星电视(STAR)在上海设立代表处,成为首家获准在沪设立代表处的境外传媒公司。2000 年新闻集团的营业收入为 141 亿美元,排在世界 500 强的第 371 位。

型环保植树活动，并立碑"2002 年全球环境 500 佳纪念林"。副市长卓钦锐参加了
植树活动。

6月2日 首位抵达深圳的联合国官员伊丽莎白女士连同"全球 500 佳"论坛
主席莫斯莉女士到龙岗区参观。伊丽莎白女士是联合国环境规划署传播与新闻司外
联与特别活动处处长，她是 4 位来深圳参加 2002 年世界环境日国际纪念大会的联合
国官员中的一位。

6月3日 深圳市两级法院开庭时正式启用法槌。

△ 广东省政府、深圳市政府在五洲宾馆举行招待酒会，欢迎来深圳参加 2002
年世界环境日国际纪念活动的领导和嘉宾。

△ 香港特别行政区行政会议议员（召集人）梁振英一行 9 人访问深圳，广东
省委常委、深圳市市长于幼军在五洲宾馆会见了梁振英一行。

△ 深圳布吉海关正式启动，成为全国海关系统首个外勤海关。

△ 广东省委常委、深圳市市长于幼军在五洲宾馆会见了来深圳参加 2002 年世
界环境日国际纪念活动的大连市市长李永金。

6月4日 2002 年世界环境日国际纪念大会暨"全球环境 500 佳"颁奖典礼在
深圳隆重举行。深圳被联合国环境规划署评为环境保护全球 500 佳，成为这项评选
活动自 1987 年开展以来全球第 7 个、中国第 2 个荣膺这一奖项的城市。①

△ 国家信息产业部排出"2002 年中国软件产业前 100 家企业"，华为技术有
限公司和深圳中兴通讯股份有限公司分获前两名，另有 10 个深圳企业榜上有名。

△ 广东省委常委、深圳市市长于幼军在五洲宾馆会见了来深圳考察的中共中
央委员、国家审计署审计长李金华一行。

6月5日 第三十个世界环境日，由联合国环境规划署、国家环保总局和深圳
市人民政府联合举办的 2002 年世界环境日国际纪念大会，上午在深圳市大剧院举
行。中共中央政治局委员、国务院副总理温家宝向大会发来贺信。深圳市副市长卓
钦锐在五洲宾馆会见前来出席世界环境日国际纪念活动的联合国环境规划署副执行
主任、联合国助理秘书长卡卡海尔。

6月7日 广东省委副书记、深圳市委书记黄丽满，广东省委常委、深圳市市
长于幼军在五洲宾馆会见了怡和集团董事、香港怡和（中国）有限公司主席高鉴泉
一行。

---

① 这是深圳市继获得联合国人居中心颁发的"人居荣誉奖"、国际建协"艾伯克隆比爵士"城市规划
奖、联合国国际公园与康乐设施管理协会"国际花园城市"等称号之后荣获的又一国际性荣誉。

△　法国标致雪铁龙集团战略与产品部中国项目经理阿兰·萨德理一行到深圳访问，考察深圳市锂离子动力电池产业化进展情况，并商谈合作事宜，广东省委常委、深圳市市长于幼军会见了客人。

6月8日　广东省经贸委、省统计局向社会公布2001年广东全行业50强企业名单。深圳17个企业入选"广东50强"，平安保险公司以2001年营业收入465.26亿元排名第二。

△　全球著名的自动化产品生产商日本欧姆龙在深圳坪山镇的电子部件（深圳）有限公司正式开业。

6月10日　美国休斯敦莱斯大学副校长尤津·莱维先生一行访深，就关于派遣深圳市高级公务人员前往该校培训一事进行了初步商谈。

6月11日　上午11点15分中科创业股价操纵案在北京第二中级人民法院公开审理。这是迄今为止全国涉案金额最大的一起"操纵证券交易价格"案，深圳市查处了我国股市第一例因市场操纵追究刑事责任的案件。（中国证券监督管理委员会深圳监管局提供）

6月12日　北京大学深圳医院发现世界首报人类染色体异常核型。这一发现填补了世界医学遗传学研究领域该项核型的空白，丰富了人类染色体异常核型项目库。

6月14日　老挝人民民主共和国总理府副部长兼总理府办公厅主任辛拉冯·库派吞先生率代表团一行抵达深圳访问，深圳市副市长郭荣俊在五洲宾馆会见了客人一行。

6月15日　以天津市委副书记、市纪委书记刘峰岩为团长的天津市考察团一行10人来深圳考察。

6月16日　"光明华侨农场"改制，实现政企彻底分开，改制后的光明集团有限公司不再承担社会管理职能。

6月17日　香港日通公司社长古内章皓一行5人到深圳访问。深圳市委常委、副市长王穗明会见了客人一行。

6月20日　广东省委常委、深圳市市长于幼军在五洲宾馆会见了英特尔全球副总裁兼亚太地区总负责人陈杰逊先生一行。

6月21日　广东省委常委、深圳市市长于幼军在五洲宾馆深圳厅会见了应邀到深圳参加庆祝活动的布里斯班市副市长迪姆·昆尼一行，纪念深圳与澳大利亚第三大城市布里斯班市结为友好城市10周年。

6月22日　香港与深圳两地将开通港币支票联合结算业务。

6月23日　广东省委常委、深圳市市长于幼军在五洲宾馆会见来深圳访问的哈萨克斯坦副总理马西莫夫先生一行。

6 月 24 ~ 26 日 深圳市召开市三届人大常委会第十六次会议，审议通过《深圳经济特区人才市场条例（草案）》等 3 项法规，听取并审议了市政府关于深圳市信用建设情况的报告等。

6 月 26 日 粤港澳 2002 年"六二六"国际禁毒日联合销毁毒品大会上午在深圳市体育馆西广场举行。

△ 深圳市人大常委会颁布《深圳经济特区锅炉压力容器压力管道质量监督与安全监察条例》，2002 年 9 月 1 日起实施。这是全国第一部承压类特种设备地方法规，在全国范围内对承压类特种设备违法行为第一次有了处罚依据。因《深圳经济特区特种设备安全条例》颁布实施，该条例于 2014 年 1 月 1 日起废止。

6 月 27 日 国家公安部部长贾春旺、副部长田期玉到深圳检查工作。

6 月 29 日 凌晨 0 时，深圳市电话号码成功由 7 位升为 8 位，成为国内第 14 个升 8 位电话的城市。0 时 2 分，广东省委常委、深圳市市长于幼军当场宣布：深圳市电话升 8 位圆满成功。

△ 台湾"中国台商发展促进协会"理事长章孝严先生率领"中国台商发展促进协会三通参访团"抵达深圳，广东省委常委、深圳市市长于幼军在五洲宾馆会见了客人。

6 月 30 日 哈尔滨工业大学深圳研究生院开学。

△ 深圳市眼科医院"中国深圳狮子会眼库"挂牌，是我国首个狮子会眼库。

6 月 共和国老将军书画专馆成立，是全国首个专门收集我军将帅书画作品的公立档案专馆。

7 月 1 日 岭澳核电站 1 号机组投产招待会在深圳麒麟山庄举行。中共中央政治局常委、全国人大常委会委员长李鹏出席招待会，并亲切会见了前来出席投产庆祝大会的嘉宾和岭澳核电站工程建设单位代表。

△ 中国科学院院士倪嘉缵受聘为深圳大学生命科学学院院长。

7 月 2 日 深圳市政府召开全市清理行政事业性收费新闻发布会，公布全市行政事业性收费项目由原来的 304 项减至 192 项，保留的收费项目不到国家和省规定项目数的一半，此项措施每年可减轻企业和社会负担 15.73 亿元。

7 月 3 日 深圳清华源兴生物医药科技有限公司利用纳米技术自主研制出了新一代抗菌产品，在深圳高新区内建成了一条年产量可达 10 吨以上的纳米银微粉生产线，可年产 700 万平方米抗菌布。专家指出，这标志着中国纳米材料在医药抗感染领域的应用已经达到世界先进水平。

7月4日　深圳市委常委、副市长王穗明在市政府会见来访的日本贸易振兴会（香港）会长木村茂一行。

△　江苏省无锡市市长王荣率无锡市党政代表团到深圳考察，并与深圳市有关部门负责人进行了座谈，广东省委常委、深圳市市长于幼军会见了王荣一行。

△　纪念深圳经济特区授权立法十周年座谈会在五洲宾馆举行。广东省委副书记、深圳市委书记、市人大常委会主任黄丽满等市领导和曾经担任过深圳市领导职务的老领导及来自北京、上海、香港的专家学者出席了座谈会。

7月7日　中国人民解放军驻港部队在深圳基地教导团举行纪念进驻香港五周年军事汇报表演。

7月8日　深圳市公安局出入境便利网（www.sz3e.com）正式开通。深圳华为技术有限公司等100家企业可在网上申请非公务往来港澳通行证资格报备，深圳市民也可通过该网页下载各类申请表格。

△　深圳首个经营全面外汇业务的港资银行——汇丰银行①深圳分行正式开业。

7月9日　经广东省政府批准、报国家教育部同意在深圳市宝安区石岩镇兴建广东建华职业学院，这所大学是由民建中央、中华职教社主办，民建深圳市委、深圳中华职教社协办，深圳市旺海怡康实业发展有限公司承办的，2002年9月面向全省招生。

7月11日　经海关总署批准，深圳保税区被列为全国保税区业务综合改革试点单位。

7月11～12日　深圳市委常委、副市长王穗明率团前往粤东重镇汕头市开展旅游同业洽谈、旅游推介活动，并进行合作项目实地考察。

7月13日　德国联邦议会议员卡尔·迪特·施普兰格尔一行到深圳访问，深圳市人大常委会副主任陈国权在五洲宾馆会见了客人。

7月15日　新出台的《深圳市科学技术奖励办法》取代《深圳市科学技术进步奖励暂行办法》，市财政每年安排800万元作为市科技奖励经费，并首次明确规定设立"深圳市市长奖"作为全市科技进步最高奖。

7月18日　深圳市市长于幼军率领的深圳市政府代表团访问埃及，埃及总统穆

---

①　汇丰银行是香港最大的商业银行，也是日本以外的亚洲最大的商业银行、世界最大的跨国银行之一。1995年该行的资产额3440亿美元，居世界大银行第31位，存款额818.37亿美元，一级资本比率9.4%，总资本比率为14.5%，职工100000人，总行设在香港。汇丰银行是为与中国贸易的公司提供融资服务于1864年在香港建立的，1865年开始营业，同年在上海设立分行，而后在天津、北京、汉口、重庆等地设立分支机构。

巴拉克在总统府会见了代表团一行。

　　△　深圳市建筑工务局（副局级）正式挂牌成立，主要负责除规划国土、交通、水务、公安、教育以外的政府投资项目的建设管理工作，内设四处一室，人员编制 65 人。

　　7 月 19 日　广东省委常委、深圳市副市长宋海在五洲宾馆会见了来访的泰国投资促进委员会秘书长宋蓬·瓦那帕。

　　△　深圳、东莞、惠州三市警方在深圳召开首届刑侦协作会议，三方决定在深圳周边地区建立刑侦协作区，建立三市刑侦协作例会制度，形成三市联动机制，共同打击跨区域犯罪。

　　7 月 19 ~ 20 日　圣卢西亚外交部部长朱利安·罗伯特·亨特访问深圳，深圳市副市长郭荣俊在五洲宾馆会见了亨特一行。

　　7 月 20 日　由深圳市总工会、市劳动局、市劳动竞赛委员会等单位主办的深圳市第四届职工运动会开幕，市人大常委会副主任、市总工会主席张宝琴出席了开幕式并观摩了比赛。首届市职工技术运动会于 1992 年举办，从 1996 年第二届开始每 3 年举办一次。

　　7 月 21 日　深圳市清华彩虹纳米材料高科技有限公司研制的"稀土自发光材料"在北京通过了专家鉴定。这是"高交会""做媒"促成的又一成果顺利走向产业化轨道，标志着深圳新材料产业获得新的突破。

　　7 月 22 日　13 名韩国大学生来到深圳职业技术学院，参加"2002 中韩大学生夏令营"，他们将在中国学习太极拳、乒乓球、汉语、中文歌曲等科目，并游览深圳的旅游名胜。

　　7 月 24 日　首届中国社会工作论坛在深圳五洲宾馆举行，来自北京、上海、江苏及香港等地的社会工作者与知名专家学者、国际社会工作联合会代表共 100 多人共同研讨中国社会工作面临的新形势和新任务，探索有中国特色的社会工作新路子。

　　7 月 25 ~ 28 日　第二届中国（深圳）国际品牌服装服饰交易会在深圳举行。来自美国、意大利、法国以及中国台湾、香港和内地的 400 多个知名服装品牌闪亮登场。

　　7 月 26 日　中国社会工作协会深圳办事处正式成立，来自北京、上海、湖北、香港等省、市和地区的各界嘉宾 100 余人出席了成立仪式。

　　7 月 28 日　深圳举行首届深、港、台布辅料展销订货会，来自深、港、台及韩、日等地区和国家的 500 多个厂商参加了此次展销订货会。订货会集中展出了几十家深、港、台印染企业生产的最新流行面料和高新技术产品面料，其中有不少是国内、国际获奖的最新产品。

△　以萧曾凤群女士为团长的香港西区妇女福利会一行 40 人访问了深圳市妇联。

7 月 30 日　深圳市委、市政府在市迎宾馆举行"八一"军政座谈会，热烈庆祝中国人民解放军建军 75 周年。

7 月 31 日　团中央授予深圳市规划与国土资源局罗湖分局业务受理中心（原称"窗口办公室"）和笋岗检验检疫局动检科 2001 年度"全国青年文明号"牌匾。

7 月　深圳市在借鉴新加坡、中国香港等国家和地区公共工程管理经验的基础上，组建了市建筑工务局，在全国率先实行政府工程集中管理体制。

7 月　深圳市审计局根据《深圳经济特区审计监督条例》，在全国率先开展政府绩效审计。

8 月 1 日　为纪念中国人民解放军建军 75 周年，深圳市主要景点世界之窗、锦绣中华、海上田园风光、水上乐园等均免费对驻深和来深圳旅游的现役军人开放，节日期间各景点共免费接待官兵 8000 多人。

△　广东省委常委、深圳市市长于幼军在五洲宾馆会见了沃尔玛百货公司执行副总裁兼国际部总裁庄孟哲先生一行。庄孟哲透露：沃尔玛公司已经把全球采办（采购中心）从香港迁到深圳。

8 月 2 日　深圳举办 2002 年华南国际物流展览会，有来自美国、日本、韩国、德国、中国港澳台地区及全国各地的 200 多个参展商参加了展览会。

△　广东省委常委、深圳市市长于幼军率团赴东莞市考察，并与东莞市市长黎桂康会谈，双方商定，在两市间建立联络协调机构，共同解决跨区域的基础设施、环境保护、城乡建设等问题。

8 月 3 日　第十三届全国青少年爱国主义读书教育活动表彰大会在深圳西丽举行，深圳市两名学生获得一等奖。

8 月 5 日　国务院侨办、深圳市政府、暨南大学就支持暨南大学中旅学院办学达成一致，三方代表在深圳签署协议。

8 月 6 日　深圳市改进机关作风提高工作效率活动检查评议会对 68 个机关单位作风状况进行集中评议。

8 月 7 日　韩国现代 MOBIS 国内公司与深圳航盛电子股份有限公司签署协议，合作生产汽车安全气囊。

8 月 11 日　太平洋岛国论坛驻华贸易代表艾伯翰一行到深圳访问，深圳市副市长郭荣俊在市政府贵宾厅会见了客人一行。

8 月 12 日 深圳开始办理"二〇〇二式"机动车号牌。

8 月 13 ~ 16 日 第十一届深圳国际家具展落下帷幕。此次国际家具展展馆面积为 5 万平方米，展位 2700 个，参展厂商 300 多个，共吸引了国内外买家近 6 万个。成交额达 22 亿元，较上届增长 5%；出口额为 1.2 亿美元，增长 24%。

8 月 16 日 国家信息产业部公布全国城市信息化基础设施、发展环境和应用水平测评结果，深圳以 14 项测试指标中 9 项排名第一、总分 179.54 分名列第一。深圳城市信息化基础设施和信息化发展环境列全国第一，在城市信息技术应用水平方面居上海之后排名第二。

8 月 19 日 日本众议员逢泽一郎一行到深圳访问，深圳市人大常委会副主任刘秋容在市人大贵宾厅会见了日本客人。

8 月 20 ~ 23 日 深圳举行三届人大常委会第十七次会议，审议《深圳经济特区职业训练条例（草案）》，听取和审议了市建设局、市水务局局长的述职报告，听取了市政府关于政府行为法定化工作情况的报告等。

8 月 21 日 深圳高新区与韩国科学技术研究院签订协议，双方将全面开展科技合作。

8 月 22 日 深圳市暂停发放"二〇〇二式"新车牌。截至 8 月 21 日，全市已有 4900 辆新车申请到了新车牌。

8 月 24 日 首届深圳特区警察文化节在深圳体育馆隆重举行开幕式。深圳市的 1.2 万余名警察用"警察文化节"这种特殊的方式，表达"警民携手，共建平安家园"的决心和愿望。

△ 由加拿大中国人协会主办，"中国深圳市政府多伦多招聘会暨项目推介会"在多伦多市中心喜来登大酒店举行。

△ 坦桑尼亚联合共和国桑给巴尔总统阿马尼·阿贝德·卡鲁梅偕夫人一行来深圳访问。

8 月 25 日 中国新时期歌词创作研讨会在深圳召开。

8 月 27 日 深圳狮子会眼库第一例眼角膜入库，捐赠者为黄卫阳。

8 月 28 日 深圳市首次统一的领导接待群众来访日，市、区、市直部门 50 多个单位的领导共接访 664 批群众 1625 人次。

8 月 29 ~ 30 日 韩国京畿道议会议长洪英基率领的京畿道议会代表团一行 15 人到深圳访问，深圳市人大常委会副主任陈国权在五洲宾馆会见客人一行。

9 月 1 日 深圳市为期 3 个月的改进机关作风、提高工作效率活动结束。全市 6 个区、69 个市直局级以上机关单位参加，其中 68 个单位接受检查评议（6 个区和市国家安全局除外）。

△　中国名牌暨质量管理先进表彰大会在人民大会堂召开，会上正式公布了21类120家企业生产的123个中国名牌产品，并在人民大会堂正式授牌，深圳共有7个品牌产品榜上有名。

△　深圳市开始实施《深圳经济特区锅炉压力容器压力管道质量监督与安全监察条例》。

9月3日　国家信息产业部发文，同意深圳市在信息工程招标方面开展试点工作，并授予深圳市国信信息工程招标咨询有限公司信息工程建设项目招标代理资格。

△　联合国环境规划署在深圳举行会议，专题研究南中国海湿地利用及保护问题。

9月4日　由联合国环境规划署、全球环境基金会主办，中山大学、深圳海上田园旅游发展有限公司承办的"南中国海湿地区域工作委员会第二次会议"在海上田园旅游区举行。来自联合国环境规划署的官员、专家以及中国、柬埔寨、泰国、越南、马来西亚、印度尼西亚、菲律宾等7个国家的代表出席了会议。

△　以德国西门子公司董事局执行委员乌何容为团长的西门子最高董事局代表团一行抵深访问，广东省委常委、深圳市市长于幼军会见了代表团一行。

△　深圳引资"全面开花"，5年来实际利用外资169.7亿美元。

△　在国家经贸委公布的2002年上半年全国前30名连锁企业经营情况排名中，深圳的华润万佳超级市场有限公司、深圳新一佳投资发展有限公司、深圳民润农产品配送连锁商业公司分列第十二、第十九和第二十八名。

9月5~9日　第四届中国国际光电博览会在深圳举行。此次博览会吸引了华为、中兴、美国朗讯、法国阿尔卡特等来自海内外的800多家著名企业及科研机构参加，参展的国际企业数量增长了近3倍，达200多个。

9月7~12日　深圳市派出所布局调整完成，全市派出所数量由原来的173个整合为102个，特区内撤并超过2/3，由原来的70个撤并为20个。特区外派出所未做大幅度调整。

9月8~13日　第三届深圳国际珠宝展开幕，国内最大的珠宝专业市场在深圳开业。来自意大利、日本、印度、泰国、以色列等十几个国家和地区的150家企业参展，展位数达200个。国内规模最大、档次最高的珠宝专业市场——中港国际珠宝交易中心在深圳华发南路正式开业。

9月9日　在第十八个教师节来临之际，深圳市委、市政府在深圳体育馆隆重举行庆祝2002年教师节表彰大会，热烈庆祝教育工作者的节日。广东省委副书记、深圳市委书记、市人大常委会主任黄丽满，广东省委常委、深圳市市长于幼军，深圳市委副书记庄礼祥，市委常委、宣传部部长白天，市委常委、市委秘书长李意珍，市人大常委会副主任袁汝稳，市政协副主席周长瑚以及全市 4000 多名师生代表参加了表彰大会。

△ 广东省委常委、深圳市市长于幼军在五洲宾馆会见了清华大学校长王大中一行。

△ 深圳市劳动局公布了 2002 年劳动力市场工资指导价位。其中特区内大型企业总经理工资指导价位为年薪 52.8 万元、月薪 4.4 万元。

9 月 10 日 广东省副省长李兰芳率检查组来深圳市龙岗区调研，重点了解深圳市保障农村妇女土地承包合法权益的情况。

△ 苏格兰地方政府企业和终生教育部部长弗利泽爵士、苏格兰工商委员会首席执行官柯洛弗博士等一行访问深圳，深圳市委常委、副市长王穗明在市政府贵宾厅会见了代表团一行。

9 月 11 日 国家建设部组织有关专家，就市政公用行业如何特许经营进行调研。深圳市拟在水务、环卫、公交、燃气、环保等 8 个行业实行特许经营，由这些行业的主管部门授权有一定资格的单位从事专营业务。

△ 深圳市委常委、副市长王穗明会见了来访的嘉柏国际集团主席詹姆斯·汤姆逊一行 9 人，并就该集团投资深圳物流业等议题进行了座谈与交流。

9 月 12 日 深圳市正式启用新版深圳经济特区暂住证，已经办理的旧式暂住证依然有效。

9 月 13 日 第三届深圳国际珠宝展开幕。

9 月 16 日 广东省政协主席郭荣昌率省政协委员考察团视察深圳市河流整治和国企改革的有关情况。

9 月 17 日 广东省委常委、深圳市市长于幼军在五洲宾馆会见英国普华永道中国合伙人吴港平一行。

△ 联合国世贸论坛秘书长、联合国世贸大学主席苏吉特·查德哈里在深考察，探讨在深圳设立世贸大学分校区的可行性。

9 月 18 日 深圳书城①被中央文明办、国务院纠风办联合授予"全国创建文明行业示范点"称号，成为深圳市在此次评选中唯一获此殊荣的单位。

△ 美国信诺保险集团②获中国保监会批准在深圳筹建合资寿险公司。信诺保

---

① 自 1998 年以来，深圳书城共荣获中央、省、市级荣誉 15 项，被深圳市民誉为城市的"文化公园"。
② 信诺保险集团是美国最大的医疗保险公司和最大的员工福利公司之一，该保险集团已于 1994 年在中国设立了首个代表机构。

险集团是美国最大的医疗保险公司和最大的员工福利公司之一，该保险集团已于1994年在中国设立了首个代表机构。信诺保险是中国加入世贸组织之后以及实行《外资保险公司管理条例》后，第一个获准在中国筹建中外合资寿险公司的外资保险公司。

9月19日　地铁一期工程项目银团贷款合同签约仪式在彭年酒店举行，公司陈玉明董事长与银团签署了"深圳地铁一期工程项目人民币银团贷款合同"。副市长梁道行，市政府副秘书长汤耀志等领导出席了签约仪式。根据该合同，在地铁一期工程建设期间，银团将陆续提供我公司35亿元人民币、期限为15年的贷款作为建设资金。

9月20日　2002年中南六省区人大常委会主任座谈会在深圳闭幕。

9月23日　深圳一41岁白血病患者移植脐血成功，为我国迄今成功接收此类手术的最大年龄患者。

9月24日　英国壳牌太阳能公司全球副总裁切特·法瑞斯一行到深圳访问。深圳市副市长刘应力在五洲宾馆会见了代表团一行。

9月25日　共青团深圳市第四次代表大会在深圳会堂隆重开幕。

9月26日　深圳信息职业技术学院开学，这是深圳市政府主办的第三所市属全日制普通高等学校。该院的办学规模为全日制在校生3000至4000人，2002年首届招生700人。

△　深圳市三大支柱产业中起步最晚的物流业发展迅速，近年来均以年均12%的增长率增长，全市资产超过1亿元的现代物流企业已超过20家。

9月27日　深圳市财政局和市人事局两单位职工工资实行由财政统一发放，标志着全市财政统一发放工资的改革正式启动。

△　由深圳市经济贸易局、市旅游局主办，市饮食服务行业协会承办的深圳首届美食节开幕。

9月29日　全球最大的医药零售特许经营药店Medicine Shoppe① 在中国的首个

---

① Medicine Shoppe成立于1970年，总公司位于密苏里州的圣路易市，为全美排位第一并被评为最佳的医药零售特许经营品牌，年销售额超过20亿美元。其母公司Cardinal Health名列2004年《财富》500强第17位，年销售额650亿美元，全美医药批发行业排位第二。Medicine Shoppe已经在全世界多个国家及地区通过加盟特许发展全球业务，其加盟药房总数超过1400家，遍布美国、加拿大、澳大利亚、墨西哥、波多黎各、中国台湾、马来西亚、印度尼西亚、印度、菲律宾等。而其中国大陆特许经营业务的启动，标志着第一个医药零售国际品牌进入中国大陆市场。Medicine Shoppe在中国的首家店铺在深圳开业，这也是在中国内地仍未开放药品分销领域的情况下，首家国外药品零售品牌以特许经营方式进入中国内地。

药店在深圳开业，这是在中国内地仍未放开药品分销领域的情况下，首个国外药品零售品牌以特许经营方式进入中国内地。深圳市委常委、副市长王穗明在五洲宾馆会见了 Medicine Shoppe 国际部副总裁布鲁斯先生一行。

△ 深圳大剧院隆重举行"庆祝国庆·迎接党的十六大音乐会"。

△ 深圳市政协副主席吴井田在五洲宾馆会见来访的加蓬人权国务部长阿贝索勒一行。

9 月 30 日 经中共深圳市委研究决定，中央和省主管部门批准，由深圳特区报业集团和深圳商报社合并组建的深圳报业集团，在深圳特区报业大厦举行了隆重的深圳报业集团成立暨挂牌仪式。

9 月 全国首个区域性《汽车售后服务规范》在深实施。

10 月 1 日 深圳市第一批"110"专业接警员在市公安局"110"指挥中心正式上岗。

△ 在建国 53 周年之际，应西藏自治区昌都地委、行署的邀请，受深圳市委、市政府的委托，以市政协副主席王正明为团长的深圳市代表团专程赴被誉为"藏东明珠"的昌都地区参加"第三届康巴文化艺术节"，同时参加由深圳市援建昌都地区的"深圳路"、地区人民医院"深圳门诊大楼"竣工仪式。深圳市卫生局负责人代表市卫生系统向昌都地区人民医院捐赠了价值 260 万元的医疗设备。

△ 深圳报业集团①挂牌成立。

10 月 1~7 日 "十一"黄金周，深圳市共接待来深圳游客 291.15 万人次，比上年同期增长 5.08%；旅游收入 21.59 亿元，增长 9.48%。其中海外游客 37 万人次，国际旅游收入 0.55 亿美元；国内游客 254.15 万人次，国内旅游收入 17.03 亿元，增长 15%。经深圳各口岸出入境人员逾 230 万人次，其中仅罗湖口岸就达 175 万人次，皇岗口岸超过 38 万人次。加上节前 3 天的出入境人数，经深圳口岸出入境总人数突破 348 万人次，较上年同期增长近两成。

△ 中共中央政治局常委、国务院总理朱镕基到深圳市视察。

10 月 7 日 深圳—澳门—台北航空货运航线正式开通，深圳市副市长刘应力出席了开航仪式。

△ 在国际交易所联会（WFE）第四十二届年会上，深圳证券交易所被接纳为

---

① 由《深圳特区报》《深圳商报》合并组建的深圳报业集团，是中国国内规模最大、实力最强、现代化程度最高的报业集团之一。集团成立后，拥有《深圳特区报》《深圳商报》《深圳晚报》《晶报》《香港商报》《深圳都市报》《深圳日报（英文）》《深圳青少年报》《深圳周刊》《焦点》《游遍天下》《汽车导报》等报刊。

该组织正式会员。深圳证券交易所副总经理宋丽萍率深交所代表团出席了在荷兰阿姆斯特丹举行的本届年会。

10月10日　继杜邦特富龙涂料深圳研发中心之后，全球第八个、在华第一个工程塑料技术中心在深圳正式启用。深圳市副市长刘应力，杜邦工程塑料部副总裁、总经理柯德礼，杜邦中国有限公司总裁查布朗等参加了开业仪式。

10月11日　法国维埃纳省将象征着友谊与和平的大型雕塑作品——《追求》赠送给深圳，雕塑的揭幕仪式将在深圳市中心公园举行。

△　在第四届中国国际高新技术成果交易会开幕前夕，中共广东省委、广东省人民政府和中共深圳市委、深圳市人民政府举行盛大酒会，热烈欢迎参加"高交会"的海内外宾朋。

△　深圳市委常委、常务副市长李德成在五洲宾馆会见了美国国际数据集团（IDG）创始人兼董事长麦戈文先生。

△　深圳市委常委、常务副市长李德成在五洲宾馆会见了前来参加第四届"高交会"的英国驻华大使韩魁发一行。

△　前来参加第四届"高交会"活动的日本北海道札幌市副市长福迫尚一郎一行7人抵深，深圳市人大常委会副主任郭荣俊在五洲宾馆会见了客人。

△　深圳市副市长刘应力在五洲宾馆会见了来深圳出席第四届"高交会"的韩国电子部产品研究院院长金春镐一行。

10月11~14日　应深圳市政府邀请，德国纽伦堡市市长乌里希·马利博士、富特市市长托马斯·于恩博士、富特县县长加布里尔·宝丽博士和工商协会副总干事长阿尔布莱希特·布赫瓦特先生率纽伦堡地区"高交会"政府访问团一行15人到深圳访问。12日，广东省委常委、深圳市市长于幼军在五洲宾馆会见了客人。

10月12日　第四届中国国际高新技术成果交易会在"高交会"展览中心隆重开幕。中共中央政治局委员、广东省委书记李长春出席开幕式，全国人大常委会副委员长周光召致开幕辞，中共中央政治局候补委员、国务委员吴仪发来贺信。

△　广东省委副书记、深圳市委书记、市人大常委会主任黄丽满在五洲宾馆会见了澳大利亚布里斯班市议长克温·比恩奇率领的政府代表团一行。

△　第四届"高交会"中国高新技术论坛在五洲宾馆开幕，国家外经贸部部长石广生出席开幕式并做了此次论坛的第一场演讲。广东省委副书记、深圳市委书记黄丽满，广东省委常委、深圳市市长于幼军，深圳市委常委、市委秘书长李意珍，深圳市副市长宋海，国家知识产权局局长王景川，意大利生产活动部副部长乌尔索出席了论坛。

　　△　深圳市副市长刘应力在五洲宾馆会见前来参加第四届"高交会"开幕式的韩国科学技术研究院院长朴虎君一行。

　　△　广东省委常委、深圳市市长于幼军在五洲宾馆会见参加第四届"高交会"的韩国三星中国本社会长李亨道一行。

　　△　广东省委常委、深圳市市长于幼军在五洲宾馆会见来深圳参加第四届"高交会"的意大利生产活动部副部长阿道夫·乌尔索一行。阿道夫·乌尔索出席了"高交会"开幕式，并在当日举行的"WTO 与知识产权保护"主题演讲会上发表了题为《意大利在保护知识产权方面的实践与经验》的演讲。

　　10 月 12~17 日　第四届中国国际高新技术成果交易会在深圳举行。

　　10 月 13 日　广东省委常委、深圳市市长于幼军在五洲宾馆会见比利时布拉班特瓦隆省省长埃玛纽埃尔·安德里一行。安德里省长已是第二次率团参加"高交会"。

　　△　广东省委常委、深圳市市长于幼军在五洲宾馆会见来深圳访问的美国国际集团董事长兼首席执行官莫里斯·格林伯格夫妇一行，副市长宋海参加了会见。

　　△　广东省委常委、深圳市市长于幼军在五洲宾馆会见美国泛亚商会西岸分会会长赵汝发一行。

　　△　深圳市委常委、常务副市长李德成在五洲宾馆会见来访的日本先锋集团株式会社社长伊藤周男一行。

　　△　英国威尔士工商发展局组团来深圳参加第四届"高交会"，该局大中国区代表马成思在香格里拉酒店召开推介会。

　　△　由综合开发研究院、深圳市企业协会联合主办的首届中国城市发展论坛召开。首届中国城市发展论坛中国城市问题研究专家及来自东营、新乡、攀枝花、芜湖、马鞍山等 10 多个城市的市长、近 100 名企业界人士共同参与探讨。深圳市副市长梁道行致开幕辞。

　　△　深圳市副市长宋海在银湖旅游中心会见前来参加第四届"高交会"的海外华人华侨科技界精英，称赞他们是深圳发展的一支重要力量，对深圳经济发展和"高交会"做出了重要贡献。前来参加第四届"高交会"的海外华人华侨科技界精英达 100 多人。

　　10 月 14 日　广东省委副书记、深圳市委书记黄丽满，广东省委常委、深圳市市长于幼军和郭荣俊、刘应力等市领导，亲切会见了北京大学党委书记闵维方等出席深圳虚拟大学园第四届联席会议的 40 余所入园重点高等院校的负责人。

　　△　广东省委常委、深圳市市长于幼军在五洲宾馆会见加拿大海洋渔业部副部

长让·克劳德·布查德一行。

△ 深圳市副市长卓钦锐在五洲宾馆会见越南河内市人民委员会副主席黎贵敦率领的河内市代表团一行。

△ 深圳市委常委、常务副市长、市人民对外友好协会会长李德成会见了法属波利尼西亚自治政府主席加斯东·弗洛斯一行。

△ 由深圳蛇口招发工程船务公司和福建省水利厅联合研制的柔性水囊，经过近3个小时行进10海里的拖带实验后，参加评审的国内专家一致认为，这条由国内首创的200吨柔性水囊试航成功。

10月15日 香港交易所、深圳市科技局、深圳市体改办共同主办"深港技术与资本联动"研讨会，会议的主题是"香港——中国本土的国际资本市场"。深圳市副市长宋海到会并致辞。

△ 深圳市委常委、常务副市长李德成在五洲宾馆会见匈牙利共和国驻华大使白明义一行。

△ 深圳市高新技术产业带重要组成部分宝安公明园区正式开园。

10月16日 国内首个大型投资企业集团——深圳市创新投资集团①正式成立。

△ 全国人大常委会广东公安队伍建设视察组对深圳市公安队伍建设情况进行了为期3天的视察，全国人大常委会委员、全国人大内务司法委员会副主任委员万绍芬，全国人大常委会委员朱育理、刘纪原，全国人大常委会委员、全国人大法律委员会委员谢安山，全国人大代表、广东省人大常委会副主任王骏等参加了此次视察。

△ 广东省委常委、深圳市市长于幼军在五洲宾馆会见了由日本富士通显示技术株式会社副总经理系贺正直率领的代表团一行。

△ 福田第二创业中心——福田创业中心软件基地、中国科大（深圳福田）产学研基地②正式揭牌运作。中国科学技术大学校长、中科院院士朱清时教授，深圳市副市长梁道行，市政协副主席陶笃纯等参加了揭牌仪式。

10月17日 广东省委常委、深圳市市长于幼军在五洲宾馆接受美国《商业周刊》驻北京分社社长罗谷的专访。

△ 第四届中国国际高新技术成果交易会历时6天，圆满完成各项预定日程，

---

① 该公司是以资本为主要联结纽带、母子公司为主体的大型投资企业集团，前身为深圳市政府于1999年8月26日发起设立的深圳市创新科技投资有限公司，注册资本16亿元人民币。当时，集团下辖全资、控股、合资的投资（基金）公司和投资管理公司13个，可投资能力超过30亿元人民币。

② 截至当日，该基地已入驻34个科技创业企业，企业总注册资本达2.5亿元。

在深圳五洲宾馆五洲厅举行闭幕式。第四届"高交会"共签订合同或协议 1581 项，成交总额达 121.6 亿美元，比上届增长 16.7%。其中，高新技术项目成交 1453 项，成交金额 112.3 亿美元，占总成交额的 92.4%。

△ 甲骨文软件公司深圳研发中心在深圳高新技术产业园区举行开业典礼。该研发中心的开业，标志着这个全球最大的企业软件供应商在亚洲设立的第一个研发中心正式开始运营。

△ 广东省委副书记、深圳市委书记黄丽满，广东省委常委、深圳市市长于幼军在五洲宾馆会见了俄罗斯总统驻中央联邦区全权代表波尔塔夫钦科一行。

△ 深港旅游合作座谈会在深圳市富临大酒店召开，此后多次座谈会晤，形成加强深港旅游合作的五条思路。

10 月 18 日 深圳市社会科学联合会第二次代表大会在市人大会堂召开。会议听取了市社科联的工作报告，通过了市社科联新的章程，选举产生了市社科联新的领导机构，圆满完成了大会既定的各项议程。

10 月 19 日 来华访问的乌干达共和国议会议长塞坎迪抵达深圳访问，深圳市人大常委会副主任郭荣俊、刘秋容在彭年酒店会见了客人一行。

△ 深圳雅昌彩色印刷有限公司印制并选送的《北京 2008 年奥运会申办报告》及《西部太阳部落——石渠》摄影画册获得第五十二届"美国印刷大奖"的"优秀产品奖"，这是国内印刷企业首次获得此项大奖。

10 月 21 日 广东省委常委、深圳市市长于幼军和市委常委、副市长王穗明率深圳市政府代表团在河源考察，与河源市党政领导商讨进一步推动两市的对口帮扶与经济合作。

10 月 22 日 第十次全国部分城市关心下一代工作研讨会在深圳召开。广东省委副书记、深圳市委书记黄丽满，市委副书记、市纪委书记谭国箱会见了与会代表。

△ 有 500 多位中外人士参加的第十三届太平洋地区核能大会上午在深圳开幕。

10 月 22~25 日 深圳市三届人大常委会第十八次会议举行，审议通过了《深圳经济特区电子商务条例（草案)》《关于综合整治公路隧道收费问题议案办理方案的报告》等 11 项议程。

10 月 23 日 深圳通用精细有机硅有限公司在坂田正式挂牌成立。这是全球知名的美国通用电气公司（GE）在深圳投资的第一个项目，深圳市人大常委会副主任郭荣俊出席挂牌仪式。深圳市委常委、常务副市长李德成在五洲宾馆会见美国通用电气公司全球副总裁、GE（中国）公司董事长兼 CEO 孙礼达先生一行。

△ 朝鲜驻华大使崔镇洙一行 8 人在中朝友好协会副会长裴家义的陪同下到深

圳访问，深圳市委常委、常务副市长李德成在五洲宾馆会见了客人一行。

10月25日 深圳市委常委、常务副市长李德成在五洲宾馆会见了法国阿尔卡特公司光纤部总裁雅克·布朗一行，双方就阿尔卡特公司在深圳的发展前景举行了友好会谈。

10月26日 广东省委常委、深圳市市长于幼军会见了来访的日本索尼株式会社社长安藤国威一行。于幼军对索尼公司将华南地区采购中心设在深圳表示欢迎。安藤国威在会谈中表示，设立索尼采购中心，深圳是最合适的选择。

△ 深圳信息职业技术学院开学。这是深圳市政府主办的第三所市属全日制普通高等学校。

10月28日 年产量1000万台的三星CDMA手机生产基地正式落户深圳，这是当时国内最大的CDMA生产基地。深圳市副市长刘应力、韩国三星电子株式会社社长李基泰出席了奠基仪式。

10月28~31日 由广东省委副书记、深圳市委书记、市人大常委会主任黄丽满，广东省委常委、深圳市市长于幼军率领的深圳市学习考察团一行39人在上海市、苏州市进行了学习考察。

10月30日 全球最大的半导体业芯片制造商英特尔宣布，在深圳建立亚太地区应用设计中心（ADC），这是英特尔在中国大陆第一个、亚洲第三个此性质的实验室。深圳市委常委、常务副市长李德成，副市长刘应力出席揭幕仪式并会见了英特尔公司副总裁兼首席技术官帕特·基辛格。

10月 深圳市政府采购办公室和深圳市政府采购中心正式成立，深圳市成为全国第一个将政府采购组织从财政部门分离、实现与政府采购监管彻底分离的城市。

11月1日 以"建设公民道德、实现文化权利"为主题的第三届深圳读书月活动正式启动。

11月3日 深圳市委召开常委（扩大）会议，要求对照上海和苏州的做法经验找差距，在高起点上实现深圳更大的发展。

11月4日 深圳市宝安区福永、石岩两镇顺利通过"国家卫生镇"检查验收，至此，宝安区10个镇（街道）中已有9个成为"国家卫生镇"。

△ 在2002年1~9月份广东省主要零售企业最新销售统计中，全省销售前7名的零售企业，深圳企业占6席，深圳零售企业在全省的领跑地位越来越明显。

△ "唱支山歌给党听——庆祝中国共产党第十六次代表大会胜利召开"大型广场歌舞晚会在龙岗区龙城广场拉开序幕。万余名干部群众参加了晚会。

11月5日 据深圳海关快报：2002年前10个月，深圳市实现外贸进出口总值

711.18 亿美元，比上年同期增长 27.51%。其中，出口总值实现 379.51 亿美元，增长 24.79%，完成年度出口目标的 97.06%，并提前 2 个月达到上年全年出口水平。

△　香港特别行政区行政长官董建华先生访问深圳，就进一步推进深港合作与深圳市主要负责人举行了会谈。

11 月 8 日　备受粤港两地关注的东深供水改造工程首台泵机——东莞莲湖泵站第一台泵机成功启动并顺利、安全运行。

△　统战部协调市交通局有关部门，推动香港上水至深圳东门巴士快线正式开通。

△　2002 年中海地产杯中国深圳国际攀岩大赛下午在深圳宝安区石岩镇羊台山溪之谷风景区落幕。

11 月 10 日　大陆首个公众高尔夫球场——深圳龙岗公众高尔夫球场开业。

11 月 11 日　深圳市 2002 年捐赠衣物对口帮扶贵州省毕节地区和黔南州活动得到广大市民的积极响应，不到 10 天就募集到 125 万件衣物和 11 万元捐款。

11 月 15 日　2002 年深圳国际电机电子采购展在"高交会"展馆闭幕。展览期间有近 5 万人次入场参观，是上年的近 5 倍。

11 月 16 日　在人民网强国论坛和新华网发展论坛出现了一篇名叫《深圳，你被谁抛弃》的文章①，在社会上引起了关于深圳前途的大讨论。

△　深圳银行在全国率先开通"银行卡 ATM 自助跨行转账业务"。

11 月 17 日　为贯彻《关于加快发展深圳物流业的若干意见》，深圳现代物流业发展工作领导小组第一次全体会议决定深圳市推出建立物流项目"绿色审批通道"等四大举措，加速推动物流业发展。

11 月 18 日　经过两天紧张而热烈的讨论，由综合开发研究院（中国·深圳）、深圳商报社等单位主办的第三届全球脑库论坛在深圳五洲宾馆落幕。中国经济体制改革研究会会长高尚全主持了闭幕式。

△　美国信诺保险集团获中国保监会批准在深圳筹建合资寿险公司，这是第一个获准在中国筹建中外合资寿险公司的外资保险公司。

△　国内第一所金融工程学院——南开大学深圳金融工程学院在深圳揭牌。广东省委常委、深圳市市长于幼军在会见出席该学院成立仪式的嘉宾时表示：希望金融工程学院成立后加快培养国际型人才，促进深圳金融业快速发展。

---

①　2003 年 8 月 22 日深圳市市长于幼军与作者当面对话，这本名为《深圳，谁抛弃了你》的专著已由江苏人民出版社出版。

11 月 19 日　广东省委副书记、深圳市委书记黄丽满主持召开市委常委（扩大）会议，传达学习党的十六大精神，要求全市各级党组织和广大党员干部认真学习、深刻领会十六大报告的精神实质，结合深圳实际，把十六大精神全面贯彻落实到深圳各项工作中去。

△　深圳地铁一期工程项目银团贷款合同签约仪式在彭年酒店举行。

△　深圳信用网获得四个"全国第一"。深圳颁布了全国第一部《企业信用征信和评估管理办法》。

11 月 21 日　深圳市委在深圳会堂召开传达学习党的十六大精神会议。广东省委副书记、深圳市委书记黄丽满在会上传达了十六大精神，并对深圳学习、贯彻、落实十六大精神做出具体部署。

△　由日立显示器株式会社、日立器件（美国）有限公司等 4 个日立属下公司与深圳赛格日立彩色显示器件有限公司合资兴建的深圳日立赛格显示器有限公司的 PRT（投影管）项目，在龙岗大工业区举行隆重的投产庆典。这是国内首条背投电视投影管生产线，总投资 2980 万美元，将实现年产 150 万只 PRT 的规模。

△　中国城市土地运营论坛在深圳市举行。

11 月 22 日　全国地方立法研讨会在深圳结束。会议期间，全国人大常委会副委员长姜春云到宝安区西乡镇考察该镇的依法治镇工作。

11 月 23 日　2002 年全国民营科技园高峰论坛暨现场交流会在深圳举行。

△　浙江省委副书记乔传秀，浙江省委常委、组织部部长来到深圳考察。

11 月 24 日　深圳市正式成立深圳市政府采购办公室与深圳市政府采购中心，实现深圳政府采购与监管彻底分离。

11 月 25 日　因涉嫌受贿人民币 78 万元、港元 17.3 万元、美元 2.3 万元及滥用职权减免包括温莎广场地价 1.2 亿多元在内的多项工程地价款，原深圳市人大常委会副主任、原副市长王炬①在广州市中级人民法院出庭受审。

11 月 26 日　中国科协首届博士生学术交流大会在深圳大学国际会议厅隆重开幕。中共中央委员、中国科协副主席、党组书记张玉台，中国科协书记处书记冯长根，深圳市委副书记庄礼祥等领导以及来自全国 63 所重点高等院校的 165 名在校博士生代表参加了大会。

11 月 27 日　深圳大鹏湾海域巴拿马籍船只起火。

---

①　经由中央纪委、广东省纪委和深圳市纪委组成的联合调查组查实，王炬自 1993 年以来，利用职权，先后涉嫌收受贿赂折合人民币共 140.6 万元，礼金人民币 10.7 万元。王炬利用职权为其女儿女婿经营的房地产开发项目办理地价减免手续，少交地价款 1.2 亿元。

11 月 28 日 《深圳市产业技术进步资金管理办法》出台。

11 月 30 日 由深圳特区报业集团和深圳商报社合并组建的深圳报业集团成立并举行挂牌仪式。

△ 来自 18 个国家和地区的 500 余名深圳、东莞籍海外乡亲共聚深圳，参加第五届世界东安乡亲恳亲大会。深圳市人大常委会副主任袁汝稳、副市长宋海、市政协副主席王正明和老领导厉有为等在五洲宾馆会见了全体恳亲团代表。

12 月 1 日 首届中国（深圳）消费品采购大会结束，此次大会共有 1005 个采购商到会采购。

12 月 3~4 日 中共中央政治局委员、广东省委书记张德江对深圳做了短暂考察。

12 月 5 日 香港特别行政区行政长官董建华先生访问深圳。广东省委副书记、深圳市委书记黄丽满，广东省委常委、深圳市市长于幼军，市委常委、常务副市长李德成与董建华先生一行举行了会谈。

12 月 6 日 深圳市进一步放开内资企业净出口经营权，外贸企业申请进出口经营权的注册资本（金）标准下调为 100 万元人民币，生产企业申请的注册资本（金）标准下调为 50 万元人民币。

△ 全国首例贞操权赔偿案尘埃落定，深圳市中级人民法院做出终审裁定，撤销一审有关赔偿受害人 8 万元的裁决，驳回上诉人要求实施强奸的罪犯给予其经济损害赔偿的起诉。

12 月 7 日 世界银行研究部宏观局局长大卫·道勒来深圳访问，与深圳市有关部门探讨共同开展深圳投资发展环境研究的有关事宜。

12 月 9 日 美国惠普公司董事长兼首席执行官卡莉·费奥瑞纳女士米深圳访问。

12 月 10 日 2002 年中国国际会展论坛在深圳麒麟山庄开幕。此次论坛是上海成功取得 2010 年世界博览会举办权后在中国举办的最大规模的国际会展论坛。

12 月 10~24 日 原中共中央政治局常委、中央军委副主席刘华清在深圳考察。

12 月 11 日 深圳市 2002 年首批 361 名新兵在 1000 多名党政军领导和群众的热烈欢送下，乘坐开往汕头方向的 K560 次列车踏上奔赴军营的征途。

△ 深圳市罗沙梧桐山盘山公路上午正式通车。

12 月 12 日 由深圳金融电子结算中心运行的深圳外币实时支付系统开通，并与港元实时支付系统联网，从而使两地的资金结算实现即时到账。

12 月 14 日 龙岗区龙岗镇在深圳市率先成立"龙东村民委员会信访办公室"，

开通了"信访直通车"。

12月15日 历时3个多月的新世纪首届全省体育盛会在深圳宝安体育馆圆满闭幕。广东省委副书记、省长卢瑞华出席闭幕式并宣布广东省十一届运动会闭幕。

12月18日 "2002年深圳港集装箱吞吐量突破700万标箱"新闻发布会宣布：深圳港集装箱吞吐量达到725.85万标准箱，首次突破700万标准箱大关，比上年净增243.58万标准箱，增幅达50%，在世界集装箱港口中的排名由上年的第八升至第六。

12月19日 招商局集团在香港会议展览中心举行盛大酒会，庆祝招商局成立130周年。

12月20日 深圳市工业经济联合会年会、首届"深圳企业新纪录"表彰大会在银湖度假中心隆重召开。55个创造深圳企业新纪录的企业分别捧走了金杯奖、银杯奖和优秀奖。

△ 1~11月，深圳市实际利用外资达40.04亿美元，比上年同期增长23.38%，已超出上年全年实际利用外资36.03亿美元的引资金额。

△ 1~11月，深圳市共批准外商投资项目1981个，合同外资38.29亿美元，比上年同期分别增长18.1%和4%。

12月22日 深圳市投资管理公司决定，在莱英达集团进行CEO（首席执行官）试点，该集团现任董事长李承友成为市属国有企业中首位CEO。

12月23日 非公有制企业华为公司召开了首次党员代表大会，正式选举产生了公司党委领导班子。

12月25日 深圳市出台《深圳市办理台湾居民来往大陆签注办法》，简化台湾居民入境手续。

12月27日 中国首台"大功率半导体激光治疗仪"在深圳亮相，由刘颂豪院士担任主任委员的科技成果评审委员会对该成果给予很高的评价，认为该产品的成功开发填补了国内激光产业在这一高科技领域的空白。

12月28日 广东省委常委、深圳市市长、市国资委主任于幼军在五洲宾馆与深业（集团）有限公司、深圳国际信托投资有限责任公司负责人签订国有资产授权经营责任合同书。

12月29日 全国第一家由国内IT企业和高校合建的联合实验室——深圳职业技术学院与联想（深圳）电子有限公司共同建立联合实验室。

12月30日 为期两天的深圳市2003年院校毕业生就业双向选择大会吸引了来自全国各地的应届毕业生，当天入场大学生达6万人次，600多个单位、企业入场招聘。

12 月 31 日　深圳市民政局、市老龄办联合组成慰问组，分两路赴特困老人较多的宝安、龙岗两区，为老人们带去党和政府的问候，并送上慰问金、毛毯和食品等新年礼物。

2002 年底　深圳市推出全国首部健康黄页。

2002 年　全国第一家基层专业职务犯罪预防网站——龙岗预防网正式开通。

2002 年　"深圳企业林"建设活动启动，是全国首个完全由企业参与建设的林区。

2002 年　全市累计完成地方财政收入 304.42 亿元，其中一般预算收入完成 265.93 亿元，完成年度预算的 101.5%，同口径比上年增长 20.48%。

2003年

1月1日 即日起,一切机动车辆进入深圳经济特区取消查验证及项目收费。

1月2日 深圳成为全国第一个有固定旅游飞行项目的城市。

1月2～3日 深圳市委三届六次全会确定深圳定位为现代化中心城市。

1月3日 深圳市副市长宋海在五洲宾馆会见来访的德国法兰克福金融论坛协会会长、著名资信评估专家艾文灵博士一行。

1月5日 深圳大学党委书记姜忠、校长谢维信一行到宝安与区领导座谈并赴公明实地考察,双方达成在宝安公明筹建深圳大学宝安城市学院的初步意向。

1月6日 据海关最新统计数字,深圳市企业经深圳口岸进出口货物总值增长显著。2002年,深圳市企业经深圳口岸进出口货物总值达844.24亿美元,比上年增加180.01亿美元,增长27.1%。其中,出口449.56亿美元,增长23.6%;进口394.68亿美元,增长31.3%,累计顺差达54.88亿美元。外贸出口连续10年居全国首位。

△ 深圳最大外资物流项目、总投资26亿元的华南国际工业原料城签约,该项目由佳宁娜集团、民生集团、力嘉国际、京晖国际及建业五金塑料厂有限公司等共同投资。

1月6～8日 中共中央政治局委员、广东省委书记张德江在深圳考察。他考察了深圳市高新技术产业园区和华为、中兴通讯、清华大学研究院等企业、研发机构以及罗湖口岸、皇岗口岸等城市基础设施和公用设施,还参观了南岭村、梅林一村小区和深圳报业集团。

1月8日 深圳康佳集团宣布:康佳集团自主研发的中国第一台42英寸液晶电

视开始投放市场。

△ 岭澳核电站 2 号机组投入商业运营，表明岭澳核电站全面竣工。

1 月 9 日 广东省委副书记、深圳市委书记黄丽满与台商代表座谈，听取意见和建议，共谋深圳发展。

1 月 10 日 中共中央政治局委员、中共广东省委书记张德江考察深圳，要求深圳建设成为国际化城市。

△ 深圳市政府首次将"深圳市市长奖"颁给 40 岁的深圳中兴通讯副总裁谢大雄，表彰并奖励他在研制并生产国产 CDMA 手机方面做出的杰出贡献。

1 月 13 日 天健集团企业博士后工作站"大轴力桩基托换技术"研究成果日前顺利通过专家评审，这一研究成果解决了"大轴力桩基托换技术"的世界性难题。

△ 全国最大人工湿地工程——石岩河人工湿地工程①正式开工。石岩河人工湿地总面积为 9 万平方米，设计总处理规模为 6 万吨/日，是当时全国处理污水的最大人工湿地工程。

1 月 14 日 深圳市委、市政府在"世界之窗"凯撒宫举行"深圳市科学技术奖颁奖暨科技界迎春大会"。中兴通讯股份有限公司副总裁谢大雄获首个"深圳市市长奖"并获 50 万元奖金。

△ 宝安区建区 10 周年②庆祝大会在宝安体育馆举行。近 8000 名各界人士欢聚一堂，回顾建区 10 周年的光辉历程，共话宝安美好明天。市委副书记、宣传部部长白天受省委副书记、市委书记黄丽满和省委常委、市长于幼军的委托，代表市委市政府向宝安区建区 10 周年表示热烈祝贺，并对宝安建区 10 年来经济、社会各方面取得的成绩给予充分肯定。

1 月 16 日 2002 年深圳市"同富裕工程"③ 工作总结表彰大会召开。

1 月 17 日 以美国资深众议员唐纳德·曼祖洛为团长的美国国会众议院美中议会交流小组代表团一行 43 人访问深圳。广东省委常委、深圳市市长于幼军在五洲宾

---

① 石岩河人工湿地工程计划总投资 3800 万元，分两期建成，第一期将于上半年建成投入使用。经过人工湿地处理后的水质可达国家地面水三类标准，污染负荷去除率达 90% 以上。

② 1993 年 1 月 1 日，宝安县正式挂牌成立，从此，宝安的发展历史掀开了崭新的一页，开启了改革开放和现代化的新时代。2002 年，全区实现国内生产总值 433 亿元，是建区前的 13.5 倍；工业总产值 920 亿元，是建区前的 34.7 倍；外贸出口 170 亿美元，是建区前的 3.2 倍；预算内地方财政收入 25.78 亿元，是建区前的 10.4 倍。10 年来，宝安国民经济持续健康发展，综合经济实力不断增强，城乡面貌日新月异，城市化水平不断提高，各项改革稳步推进，市场经济环境不断完善，社会各项事业蒸蒸日上，精神文明建设取得显著成绩，生活水平和质量不断提升。

③ 2002 年深圳市投入同富裕资金 10.64 亿元，安排建设基础项目 145 个，其中 24 个项目已竣工，加快了欠发达地区"脱贫奔康"的步伐。

馆会见了代表团一行。

△　上海航运交易所发布的数据显示，全球十大集装箱港口 2002 年座次排定，深圳港 2002 年吞吐集装箱 761 万标箱，跃居全球第六位并连续六年稳居国内集装箱港口第二位。

1 月 18 日　由阿塞拜疆国民议会经济政策委员会主席萨法罗夫率领的议会代表团到深圳访问。市人大常委会副主任袁汝稳在五洲宾馆会见了代表团一行。

△　由波兰议会波中友好小组主席、民左联党众议员嘎吉诺夫斯基率领的波兰议会代表团到深圳访问。市人大常委会副主任刘秋容在五洲宾馆会见了代表团一行。

△　东深供水改造工程①完工，开始向深港供水。

1 月 19 日　正在广州参加广东省人代会的深圳市市长于幼军来到《南方都市报》，与著名网文《深圳，你被谁抛弃》②的作者呙中校进行了长达两个半小时的对话。对话全文刊发在次日的《南方都市报》上，引起广泛关注，从而使一场自发的关于深圳未来的大讨论达到了高潮。

1 月 20 日　深圳地铁公司在特区报业大厦会堂召开 2002 年度总结表彰暨运营分公司成立大会。卓钦锐副市长、地铁公司陈玉明董事长为运营分公司揭牌。

△　印度银行设立在中国的第一家办事处在深圳宣布成立，这也是该行的第 20 家海外办事处。

1 月 21 日　深圳市罗湖区人民医院一台名叫伊索的机器人辅助主刀医生完成了一台小儿腹外疝修补术，这是我国首例在机器人辅助下实施的小儿微创手术，也是华南地区医院首次用伊索机器人当助手正式进行手术。

1 月 22 日　深圳市实行国有资产产权转让"阳光政策"后，首宗集体资产产权转让拍卖在市纪委、市监察局和市工商局的监督下在市产权交易中心举行。布吉镇永吉好建筑工程有限公司以高出评估值近 4 倍的 1400 万元成交。这是深圳市首次采

---

①　东深供水改造工程 2000 年 8 月 28 日工程正式动工。工程开工以来，各参建单位狠抓工程的规范管理、狠抓工程质量，取得了瞩目的成绩，在建设过程中，落实了"四制"，严格了质量和安全管理，建立了投资控制的管理制度；完成了当前世界上最大的现浇预应力混凝土 U 形薄壳渡槽、最大直径（4.8 米）现浇环型后张无黏结预应力混凝土地下埋管、同类型最大的液压式全调节立轴抽芯式混流泵等几个世界级的技术难题的研究论证和审定工作；招标工作得到广东省委和省政府的好评；征地移民在管理上引进征地监理，保证了施工的顺利进行；工程也实施了设计监理，提高了工程质量。

②　2002 年 11 月 25 日，《深圳，你被谁抛弃》被贴上"深圳热线"，立即引起网友们的热烈反响，短短数天，点击率就达数万。文章中提出了一些有关深圳发展的发人深省的问题，诸如深圳的五巨头华为集团、中兴通讯、招商银行、平安保险、沃尔玛是不是要迁都上海；深圳对人才的吸引力今非昔比；国有企业改革迟缓；政府部门效率低下；深圳现在已经不是向上海、北京、广州看齐，而是与苏州、青岛、大连相比较等问题，并痛切地发问："深圳，你被谁抛弃？"

取公开竞价的方式转让集体资产产权。

1 月 23 日 原深圳天健集团总经理马恭元①出庭受审，他涉嫌受贿 249 万元，另有 877 万元巨款来历不明。

△ 思科在美国德州东区地方法院起诉深圳华为公司侵犯其知识产权。

1 月 24 日 中兴通讯为印度构筑 CDMA 网。中兴通讯与印度最大的国有运营商 BSNL 签订协议，为其 CDMAWLL 全国网提供设备和整体解决方案。

1 月 25 日 深圳路隧改革暨撤并收费站工作正式启动，布龙、丹平、同乐、光明、金龟、碧岭、鹤洲 7 个非经营性收费站正式停止收费。

△ 深圳皇岗口岸旅客 24 小时通关政策从 2003 年 1 月 27 日 0 时起正式实施。

1 月 27 日 中国人民解放军南京军区副政委（原驻港部队司令员）熊自仁，驻港部队司令员王继堂、政委王玉发等领导率团来深圳，代表驻港部队全体官兵向深圳市民致以新春的问候。广东省委副书记、深圳市委书记黄丽满，省委常委、市长于幼军在市迎宾馆会见了客人一行。

△ 0 时，皇岗口岸实行了旅检通道 24 小时通关，这是皇岗口岸继 1994 年实现 24 小时货运通关的又一突破。这是深港一体化进程的重要标志，将对粤港乃至内地经济起到积极促进作用。

1 月 28 日 深圳最大市属国企能源集团以 23.9 亿元的价格向华能国际转让 25% 股权。

1 月 29～30 日 全国人大常委会副委员长邹家华视察深圳，就深圳的污水治理工作进行专题调研，并前往曾经生活过的革命老区宝安区龙华镇白石龙村向革命老区人民送去新春的问候。

△ 在全国工商部门中，原深圳市工商局首家推出网上工商登记。

2 月 1 日 广东省委副书记、省纪委书记，省政法委书记、省公安厅厅长梁国聚一行，在广东省边防总队总队长张崇德、深圳市公安局局长张永强、宝安区委书记黄志光等陪同下，先后来到同乐检查站和宝安公安分局宝民派出所看望并慰问了坚守在工作岗位上的公安民警和特检官兵。

2 月 1～2 日 中共中央政治局委员、广东省委书记张德江，省委副书记、省长黄华华等省领导分别看望了正在深圳的全国人大常委会副委员长邹家华，全国政协副主席钱伟长、毛致用，最高人民法院院长肖扬，在深圳休息的中央老同志马文瑞、

---

① 马恭元是辽宁省沈阳市人，大专文化。1993 年 5 月至 2000 年 7 月任深圳市政工程公司（天健集团）总经理、党委书记，后任深圳市地铁有限公司总经理。检察机关指控马身为国家工作人员，利用担任深圳市市政工程公司总经理、党委书记的职务之便，为他人谋利。

韩光，中央有关部门老同志吕枫以及习仲勋同志的夫人齐心等，代表广东省委、省政府和全省人民向他们恭贺新春。

2月3日 中共中央政治局常委李长春到深圳报业集团视察。

2月4日 深圳市外国语学校的姚程同学获选前往英国参加为期两周的"REAL UK"活动，并与著名理论物理学家斯蒂芬·霍金等英国名人交流。

2月10日 广东省委副书记、深圳市委书记黄丽满为10位在深圳工作的"海归"人才颁发"海外留学人才居住证"。

△ 深圳盐田港从1月至2月14日新辟了4条国际航线，4条航线中1条为亚洲航线、1条为欧洲航线、1条为中东航线、1条为亚洲/美东航线。这4条航线如满负荷运转，将每周为盐田港增加约2万标箱的吞吐量。

2月11日 深圳批出首批10张海外留学人才居住证。

2月12日 香港"陆羽茶室"凶杀案四疑凶在深圳被捕。

2月14日 全国人大常委会委员长李鹏在中共中央政治局委员、广东省委书记张德江，省委副书记、省长黄华华，省人大常委会主任卢钟鹤等的陪同下，在深圳视察了桑夏高科技股份有限公司、金蝶国际软件集团有限公司和华为技术有限公司。

△ 深圳平安保险公司更名为中国平安保险（集团）股份有限公司，控股平安人寿和平安产险两个子公司，意味着平安完成分业重组。

2月15日 深圳海关公布的数字显示：1月份深圳高新技术产品进出口总值达36.87亿美元，比上年增长66.68%。

2月17日 位于深圳市中心区的B117-0015宗酒店用地近日在土地房产交易中心挂牌交易，这是深圳市第一次以挂牌方式出让政府土地。

2月18日 筹备了两个多月的深圳政协网（www.szzx.gov.cn）开通，从深圳市政协三届四次会议开始，委员可通过自己的密码在网站提交提案。

2月19日 广东省公布的2002年度外经贸工作获奖单位中，深圳市及深圳市48个有进出口权的企业榜上有名。

△ 深圳市政府颁布新的《深圳经济特区会计管理条例》，这对深圳在中国日益融入世界经济的背景下不断提高城市综合竞争力影响深远。

2月21日 中共深圳市委召开党外人士民主协商会，就深圳市人大、市政府和市政协领导班子有关人事安排问题听取党外人士的意见。

△ 《深圳创业投资条例》正式出台。

2月23日 中共深圳市委召开党外人士民主协商会。

2月24日 由香港新地副主席、九巴控股董事郭炳联先生，香港九巴控股董事局副主席梁乃鹏先生，香港九巴控股董事长陈祖泽先生等率领的香港九巴控股有限公司代表团到深圳考察了深圳公交集团的运营、设备和设施等情况。深圳市委常委、副市长王穗明在五洲宾馆会见了郭炳联一行。

△　深圳市高新办发布的统计数字显示，深圳高新区 2002 年工业总产值首次突破了 700 亿元，达到创纪录的 719 亿元，比上年增长 14%，是全市工业总产值的两成，几乎占到广东省各高新区当年工业总产值总和的"半壁江山"。

2 月 25 日　中国人民政治协商会议广东省深圳市第三届委员会第四次会议隆重开幕。

2 月 27 日　深圳市第三届人民代表大会第五次会议召开。

2 月 28 日　2002 年度国家科技奖励大会在京举行，深圳三项目获二等奖，广东省共获四项奖。

3 月 1 日　2002 年度国家科学技术奖励大会在人民大会堂隆重举行。深圳市城市管理办公室的下坪固体废弃物填埋场"城市生活垃圾卫生填埋示范工程"、华为技术有限公司的"STM – 64 光传输系统"和中兴通讯股份有限公司的"ZXC10CDMA 数字蜂窝移动通信系统产业化"3 个项目获"国家科学技术进步奖"二等奖。

3 月 3 日　在全国政协会议上，全国政协常委、前深圳市委书记厉有为书面发言，要求撤销特区管理线。

3 月 4 日　国内第一条彩色 STN 液晶显示器生产线，在深圳天马微电子股份有限公司建成投产。

3 月 5 日　广东省委副书记、深圳市委书记、市人大常委会主任黄丽满看望了来访的法国前议长、维埃纳省议会议长勒内·莫诺里，并会见了由他带领的代表团一行。

3 月 5~8 日　深圳市副市长刘应力率市政府赴珠三角考察团考察东莞、广州、珠海、中山 4 市。

3 月 6 日　深圳市庆祝"三八"妇女节暨表彰大会在深圳会堂举行，大会对 356 个先进集体和先进个人进行了表彰。

3 月 7 日　深圳海关与中海壳牌石油化工有限公司在惠州签署了一项合作备忘录，将对该公司的进口物资实行一种更为快捷的"信任放行"的通关监管模式。

3 月 8 日　广东 LNG 项目合同在京签署，总投资 300 亿元，站线项目选择英国 BP 公司，澳大利亚 ALING 集团被确定为资源供应方。

△　深圳机场集团、盐田港集团、地铁公司获得国资授权经营。

3月9日 国家建设部公布2002年"中国人居环境奖"获奖名单，深圳市推行的物业管理项目获得"中国人居环境范例奖"。

3月11日 深圳市副市长卓钦锐到宝安调研，听取有关大铲岛港区和新中心区规划、水源保护区土地使用、采石场的规划管理等情况汇报。他强调要按照建设现代化城市的要求，充分考虑与特区、珠三角的衔接，认真搞好宝安的规划；要力争将过境通道纳入市计划项目，并得到资金上的支持；做好征地和旧城（村）的改造工作，贯彻落实市人大两个《规定》，加快历史遗留违法建筑的处理步伐，制止顶风抢建私房的行为。副区长曾汉良陪同调研。

3月12日 广东省委副书记、深圳市委书记黄丽满等市五套班子领导与市直机关、南山区机关干部和驻深部队官兵共3000多人在南山区西丽果场义务植树。

3月13日 广东省委副书记、深圳市委书记黄丽满会见了香港和记黄埔有限公司董事局主席李嘉诚先生，双方就进一步加强合作进行了亲切的交谈和充分的讨论。

3月14日 深圳市检察院针对一起走私案首次向广东省高级人民法院提出抗诉。

△ 广东省委副书记、深圳市委书记、市人大常委会主任黄丽满会见了由韩国光阳市市长李圣雄、议长李正文率领的韩国光阳市代表团一行，宾主双方就两市友好交流与合作进行了交谈。

3月16日 蛇口派出所的流动汽车办公室正式上路。这辆汽车办公室不仅参加巡逻，还提供接处警服务并现场办理各种派出所范围内的户籍业务。

3月17日 深圳市三届人大常委会第二十三次会议通过了《深圳市人大常委会2003年度立法计划》。根据该立法计划，2003年深圳市将着重抓好发展民营经济、引进留学人才、加强城市管理和实施可持续发展战略等方面的立法。

3月18日 深圳宝安大道初步设计方案通过专家评审，区领导余伟良、曾汉良参加评审会。

△ 深圳市、区环保局及区行政执法局等部门联合行动，端掉一家全市规模最大、位于宝安西部潭头石场的"黑废油加工厂"。

3月20日 埃及副总理兼农业部部长瓦利在"2003深圳－开罗投资论坛会"上表示，深圳的成功经验值得借鉴。

3月22日 广东省委副书记、深圳市委书记黄丽满主持召开中共深圳市委三届七次全体会议。

3月24日 在取消了"深圳地铁一期工程土建招标领导小组"、"深圳地铁一期工程设备采购领导小组"和"地铁建设期工程保险招标领导小组"后，根据有关规定，在深圳地铁公司内成立"深圳市地铁有限公司招标领导小组"，负责地铁工程的招标工作。

3月25日 深圳市公安局向新闻媒体宣布：从2003年4月1日起，深圳市将推行"户口挂靠"管理制度。

△ 欧洲知名模具钢生产商意大利鲁奇尼集团与深圳市兆恒抚顺特钢有限公司在深圳签署协议。根据协议，鲁奇尼将借助兆恒这一"窗口"，全力进军深圳高新技术产业发展急需的高端模具钢市场并逐渐向珠三角及整个华南地区辐射。

△ 国家环保总局在京授予全国14个乡镇"全国环境优美乡镇"称号。深圳市龙岗区的葵涌镇、龙岗镇和横岗镇榜上有名。

3月29日 深圳市首次以城市代表团名义参加第三十六届埃及开罗国际博览会，总成交金额达9163万美元；深圳市还以富有现代感的布展风格、严密有序的组织工作荣获此届博览会唯一的"最佳组织奖"。

△ 深圳全市民营经济工作会议推出《关于加快民营经济发展的意见》。

4月1日 广东省交通厅副厅长陈自昌率省交通厅公路运输处、监察室和市交通局有关领导到宝安调研。

4月1~9日 应马来西亚、文莱、新加坡三国政府的邀请，广东省委常委、深圳市市长于幼军率领政府考察团圆满完成对上述三国的友好访问。

4月4日 广东省副省长李容根率省政府副秘书长周炳南、省农业厅副厅长潘嘉念、省海洋与渔业局副局长文斌等，在深圳市副市长梁道行、市政府副秘书长刘润华及区领导黄锦奎、黎伯良陪同下，到宝安调研农业现代化示范区等规划建设情况。

4月7日 深圳首个公办教育集团蛇口育才教育集团成立。

△ 深圳市政府在五洲宾馆对地铁公司实施国有资产授权经营举行签字仪式，赋予公司重大决策权、人事管理权、资产收益权和资产处置权，并履行相应的责任和义务。深圳市副市长张思平代表市国资委与公司董事长陈玉明签订了《国有资产授权经营责任合同》。深圳市常务副市长李德成，副市长王穗明以及市体改办、投资管理公司等有关部门负责人出席签字仪式。

4月8日 深圳机场集团、盐田港集团、深圳地铁公司获得国资授权经营。

4月9日 自2003年2月8日深圳发现第一例非典型肺炎病例至2003年4月9日，深圳全市确诊病例累计达39例，在深圳死亡1例（住院时已病重），转外地治疗4例。由于预防措施到位，全市没有出现医护人员受感染的现象。

4月11日 《深圳市交通运输业投融资体制改革若干意见》出台，国际资本、国内民间投资和金融资本可进入公路、场站、物流园区、港口、机场等建设领域。

　　△　深港首次联合在美国举行投资环境推介会。

　　4月11～12日　中共中央总书记、国家主席胡锦涛专程到深圳视察。11日，胡锦涛总书记参观中兴通讯股份有限公司；12日，胡锦涛总书记来到深圳市龙岗区南岭村，参观了村史展览馆；同日，胡锦涛总书记视察了深圳仙湖植物园和深圳莲花山公园。

　　4月12日　中共中央总书记、国家主席胡锦涛在深圳会见了香港特别行政区行政长官董建华。胡锦涛表示，中央政府高度重视广大香港同胞的福祉和健康，十分关心香港非典型肺炎的防治工作，全力支持和帮助香港夺取同疫病斗争的胜利。

　　△　原深圳政华集团总裁吴志剑诈骗案①宣判，吴志剑被判入狱17年。

　　4月15日　深圳地产企业富春东方集团斥资1.6亿元竞拍得厦门远华大厦。

　　4月16日　深圳玉龙新村违法建筑开始被清理。

　　△　深圳市委副书记、市纪委书记谭国箱到宝安调研经济、区领导班子换届和建设工程无推荐招投标等工作。区领导黄锦奎、何植洪等参加调研。

　　4月17日　广东省军区副政委蔡多文少将在深圳警备区政委吕保山大校的陪同下到深圳宝安调研民兵预备役工作，区领导徐福民和区武装部部长曾庆章陪同。

　　4月18日　广东省委副书记、深圳市委书记黄丽满主持召开全市领导干部大会，传达、学习胡锦涛总书记在广东考察工作时的重要讲话并紧密结合深圳市实际，研究部署贯彻落实的意见。

　　△　"翰墨情深——何香凝、廖承志母子合作绘画作品陈列"展览在位于深圳的何香凝美术馆开幕。

　　4月21日　贴海报竞选深圳罗湖区人大代表的市人大代表肖幼美在罗湖区人大换届选举中落选。

　　△　深圳清华大学研究院研制出红外线测温仪，在罗湖口岸投入使用。

　　4月22日　一种能在1秒钟内快速检测出过境旅客体温的高科技设备红外快速体温检测仪在深圳罗湖口岸进出境通道全面启用，这是深圳运用高科技手段进一步做好非典型肺炎防治工作的一项重大举措。

---

　　①　吴志剑在1999年11月，为应付香港德勤会计师事务所的审计，指使手下准备了空白产权证及"深圳市运输局营运中心"的公章、钢印等，伪造了他属下的国润、安润、奥润等小汽车公司名下的营运牌照产权证300多份，该行为触犯刑律，构成伪造国家机关证件罪名。1999年底，吴志剑成立了一个小组，专司出租车融资业务，对公司的出租车承包合同进行修改，先后与200多名承租者签订了承包合同，骗取租金逾亿元人民币，该行为构成合同诈骗罪。政华集团公司其他成员也分别被处以刑罚。

4 月 23 日　国家质量监督检验检疫总局局长李长江专程前往深圳罗湖口岸出入境大厅，了解红外快速体温检测仪的安装和试用情况，检查、指导口岸"非典"防治工作。

　△　在经历徐刚出走等一系列内部人事动荡之后，深圳华润万佳宣布改名为华润万家。

　△　深圳市政府规划的六大物流园区之一，龙华物流园区的主体项目——华南国际物流中心①投入试运营。深圳市委常委、副市长王穗明，区委常委何学文以及市区相关部门负责人参加试业庆典仪式。

　△　深圳市副市长卓钦锐在副区长钟育新的陪同下到宝安检查防治"非典"和爱国卫生工作。

4 月 24 日　由深圳市人事局主办的深圳市留学生联谊会第五届会员大会在五洲宾馆隆重举行。800 多名在深留学生代表济济一堂，留学生们一致推举广东省委常委、深圳市市长于幼军担任新一届联谊会名誉会长，副市长刘应力担任会长。

　△　深圳市领导会见香港卫生署署长林秉思一行，表示深圳会把香港的事情当作自己的事情来办，对香港给予全力支持。

4 月 25 日　第十七届"全国电子信息百强企业"揭晓，深圳市有 13 家企业入围，总数与上年持平。华为、中兴通讯分列第七位和第十一位，营业收入分别为 172 亿元和 124.5 亿元，其中华为以纳税 28.2 亿元高居"百强企业"之首。

4 月 25 ~ 26 日　广东省非典型性肺炎防治工作督察小组对深圳市防治非典型肺炎工作进行了督察。督察组对深圳市"非典"防治工作给予充分肯定和高度评价，认为深圳市"非典"防治领导重视、工作落实、抓出了实效。

4 月 26 日　深圳知识产权网（www.szip.org.cn）开通。

4 月 27 日　由深圳金融电子结算中心负责管理运作的深圳实时支付系统今起新增美元支付业务。

4 月 28 日　全球最大的电脑主机板生产商——台湾精英电脑集团选择宝安区沙井镇为其最大的制造基地，该集团注册的鑫英科技（深圳）有限公司正式动工建设。

4 月 29 日　法国、印度尼西亚驻广州总领事、副领事，瑞典驻广州领事，美国驻广州商务领事及美国、英国、意大利、澳大利亚、丹麦和马来西亚等 13 个国家的

---

①　华南国际物流中心位于龙华镇，地处梅观高速梅林起点站东侧，距皇岗口岸仅 6 公里，距盐田港 20 公里。该工程被列为市重点建设项目，总占地 67 万平方米，总投资 9 亿元人民币，货物吞吐量设计为 100 万箱，定位为服务口岸，是连接深港并辐射珠三角和内陆地区的国际集装箱多式联运中心。

驻穗领事官开展了为期 2 天的访问深圳活动。

△ 英国最大企业之一的高士集团①拟斥资数千万美元，在深圳宝安区兴建包括制线和拉链在内的大型生产基地。广东省委常委、深圳市市长于幼军在市政府贵宾厅会见了高士集团中国区总裁龙必利先生。

△ 广东省委副书记、深圳市委书记黄丽满，广东省委常委、深圳市市长于幼军等在市政府贵宾厅亲切会见了深圳市 20 名全国、省、市劳动模范、先进生产（工作）者和先进集体代表。

5 月 1 日 广东省委副书记、深圳市委书记、市人大常委会主任黄丽满率领部分市人大常委会委员和市人大代表，代表全市人民来到市卫生局、市疾病预防控制中心和市卫生监督所，亲切慰问奋战在抗击"非典"第一线的医务人员。

△ 自当日开始，深圳市对市属国有企业经营者全面推行年薪制，这是全市深化国有企业改革、进一步搞活国有企业的重大举措。

5 月 2 日 广东省委副书记、深圳市委书记黄丽满，省委常委、市长于幼军分别率队深入南山和宝安区、罗湖和龙岗区，检查、指导社区和农村建设及基层单位非典型肺炎防治工作。

5 月 4 日 中央政治局委员、广东省委书记张德江到深圳市看望在抗击"非典"第一线的卫生部门负责人和部分医疗专家。

5 月 6 日 信息化应急指挥系统在深圳市应急指挥中心正式启用，深圳市领导可以通过该系统，对突发事件的处理进行统一指挥。

5 月 8 日 广东省省长黄华华和香港特别行政区行政长官董建华在深圳举行了工作会晤。

5 月 9 日 深圳爆出"飞越明珠歌舞团"事件。②

5 月 10 日 深圳宝安机场根据市委市政府有关防治"非典"的要求，对所有在机场降落的航班旅客及到机场接送人员测量体温。

5 月 13 日 《2003 年深圳文化蓝皮书——文化体制改革与文化产业发展》一

---

① 两百年以来，英国高士集团一直是首屈一指的缝纫线和绣花线供应商，它亦是世界上唯一的环球缝纫线生产商，总部位于英国，在全球拥有四十个生产基地，产品分销到六十多个国家和地区，全球雇用员工近 35000 人。同时，高士集团也是全球第二大的拉链制造商。

② "飞越明珠歌舞团"系河南省宝丰县人周战军组织的个体演出队伍。该团未经有关部门批准，通过经纪人与派人与有关影剧院、会堂负责人、承包人私下协商，于 2003 年 5 月 1 日至 8 日在深圳龙岗、宝安、南山三个区非法演出 7 场，观众约 800 人。5 月 9 日深圳市政府总值班室接到报告，在南山区大冲村进行非法演出的该团出现群体性发热现象，其中 11 人当时被诊断为"非典"疑似病例，深圳市立即启动应急机制，对有关人员在第一时间采取隔离诊治。后经卫生部门检验确诊，该团的发热病人为甲型流感病毒引起的流行性感冒。

书，由中国社会科学出版社出版。

5 月 14 日 深圳市政府拨出 1000 万元奖金，奖励创造了 10 个"中国名牌"的 9 家深圳企业，每个"名牌"都获得 100 万元奖金。

△ 广东省委常委、深圳市市长于幼军接受央视"面对面"专访，解读深圳为何成为"非典""特区"。

5 月 16 日 在广东省环境保护工作电视电话会议上，深圳市被授予"广东省环境保护先进城市"荣誉称号。广东省委常委、深圳市市长于幼军，分管副市长卓钦锐，市环境保护局局长范俊君等分别获得"广东省环境保护目标任期责任制考核组织奖"荣誉称号，市环境保护局获"广东省环境目标任期责任制先进集体"荣誉称号，张建安等 3 人获"广东省环境保护目标任期责任制先进工作者"荣誉称号。

5 月 17 日 由深圳市委宣传部、市文化局共同策划的大型电视专题文艺晚会"新英雄赞——深圳抗击'非典'的 100 个日日夜夜"，在深圳电视台 600 平方米的演播大厅录制。

5 月 20 日 深圳大学教师梁群登上 8848 米的珠穆朗玛峰顶峰，是中国内地首位登上世界之巅的汉族女性。

△ "非典"疫情给深圳的出租车行业带来了一定的冲击，客观上造成出租车司机实际收入减少，部分出租车司机停运，并且发生个别打砸营运车辆的违法事件，一些正常营运的出租车被砸坏，数名员工受伤。21 日下午，市政府召开专门会议，按照广东省委副书记、深圳市委书记黄丽满和广东省委常委、深圳市市长于幼军的指示精神，尽快平息此次事件，严厉打击个别打砸行为参与者和幕后策划者，并决定从 5 月 1 日至 9 月 30 日给予每辆出租车每月补贴 1800 元，帮助出租车行业渡过难关。当天，全市出租车恢复正常营业。

5 月 22 日 韩国驻广州总领事馆官员和在深韩国企业家向市红十字会捐款 8 万元人民币，表达对深圳市抗击"非典"工作的支持。

△ 52 岁的深圳万科集团公司董事长王石成为中国年龄最大的登上世界之巅的人。

5 月 23 日 深港专家联手研究发现，人类 SARS 病毒源于野生动物。

5 月 25 日 截至上午 11 时，深圳市"非典"疫情报告病例总数为 53 例。

5 月 26 日 深圳市为减轻"非典"疫情对旅游业造成的影响，将发放 1200 万元补贴给旅行社。

5 月 28 日 《深圳市境外投资审批改革试点方案》出台。

△ 国务院、中央军委批准进出深圳特区手续简化条件放宽。

5月29日 深圳市委常委、公安局局长李锋在区领导周光明、余大浩、徐福民等陪同下，到沙井人民医院看望勇追歹徒光荣负伤的民警熊木春及其家属。市、区领导带去了省委副书记、市委书记黄丽满的深情慰问，并号召全市1.3万名公安干警向熊木春同志学习，争做时代英雄。

△ 下旬，《南方都市报》大篇幅报道《传言深圳报业集团制裁南方都市报广告客户》。

△ 深圳证券交易所实施退市风险警示制度。

5月30日 深圳创维集团报检出口到西班牙的3750台彩色电视机，经检验合格后成功出口到欧盟市场，货值33万美元。这是欧盟对中国彩电企业长达15年的封锁解除后，深圳彩电首次出口欧盟，也是内地2003年首批出口欧盟市场的彩电。

6月1日 广东省委副书记、深圳市委书记黄丽满，广东省旅游局局长郑通扬等领导出席旅行社业务重启仪式暨健步走深圳活动。

6月2日 广东省委常委、深圳市市长于幼军会见英国驻广州总理事李丰先生。

△ 深圳市发展计划局公布《深圳市产业导向目录（2003—2004）》，列出365项鼓励发展类产业和项目，首次提出适度重型化战略。

6月4日 深圳机场集团与建行深圳分行联合开发出创新金融产品"集合委托贷款"。

6月5日 深圳在国内率先发布《深圳市信息化白皮书》。

6月6日 深圳市"九五"期间的重点工程建设项目盐坝高速B段通过广东省交通厅等部门的交工验收。

6月8日 深圳市委、市政府举行"深圳精神颂——深圳市抗击'非典'英模事迹电视报告会"，学习和宣传广大医务工作者恪尽职守、临危不惧、救死扶伤、无私奉献的伟大精神。

6月10日 深圳最后一名"非典"确诊患者出院。SARS期间，深圳共确诊了46名患者。

6月11日 深圳首家民办教育集团宝安崛起教育集团挂牌。

6月12日 《深圳市应对入世行动纲要》经市政府三届八十六次常务会议讨论通过并正式颁布执行。

△ 国家旅游局和国家商务部联合发布《设立外商控股、外商独资旅行社暂行规定》，据此，在中国有关加入世贸承诺规定期限之前的过渡期内，符合条件的境外投资方从7月12日起可在深圳设立控股或独资旅行社。

6月15日 由路透社、法新社、日本NHK和智利国家电视台等10个海外知名媒体 12 名记者组成的联合采访团，对深圳市抗击"非典"的经验和成就进行了为期 1 天的集中专题采访。

6 月 16 日　中共深圳市委召开领导干部会议，广东省委常委、省委组织部部长刘玉浦受省委委托，宣布中央和广东省委决定：李鸿忠任深圳市委委员、常委、市委副书记，提名为深圳市市长人选；于幼军调湖南省工作，不再担任深圳市委副书记、常委、委员职务。

6 月 17 日　荷兰华人华侨领袖毕传有先生率领 31 位德高望重的荷兰华侨领袖到深圳访问，这是"非典"疫情发生以来第一个"海外游子"代表团回家来看看。

△　深圳市三届人大常委会举行第二十五次会议，会议经过表决，决定任命李鸿忠为深圳市副市长、代市长，接受于幼军辞去深圳市市长职务的请求。

△　在五洲宾馆召开深圳市文化战略专家座谈会，来自北京、上海、广州的著名文化研究专家汇聚一堂，建言献策，从战略的高度对深圳市的文化发展提出建设性意见和建议。

△　国家商务部公布 2002 年中国出口额最大的 200 家企业和进出口额最大的 500 家企业名单，深圳 26 家企业进入全国出口 200 强，比上年增加了 2 家；14 家深圳企业跻身全国进出口 500 强前 100 名，分别占全国入选企业的 13% 和 14%，其中鸿富锦精密工业（深圳）有限公司名列全国出口 200 强首位。

△　深圳市政府决定斥资 160 亿元整治交通。

6 月 18 日　美国 3COM 公司宣布首次为深圳华为公司产品贴牌。

6 月 20 日　由广东省宗教界上层人士 90 多人组成的参观考察团到深圳访问。

△　深圳首届"购物节"在岁宝万象店正式拉开大幕。这是经历"非典"疫情考验后，深圳市恢复经贸、旅游、会展活动推出的首个大型经贸活动。

△　深圳海关统计显示，2003 年 5 月份深圳口岸进出口货物总值 109.39 亿美元，同比增长 42.8%。其中出口 59.95 亿美元，比上月高出 0.57 亿美元，再创 2003 年单月出口贸易额新高。

6 月 23 日　经过国家科技部火炬高新技术产业开发中心专家组的严格评审，深圳永兴元科技有限公司自主研发的"社会治安综合治理电子政务平台"被认定为国家级"火炬计划"项目，该公司也成为 2003 年国家级"火炬计划"重点项目的重点支持企业之一。

6 月 24 日　深圳市港务局提供的相关统计数据显示，深圳港集装箱吞吐量已首次超过 2002 年排名全球第五位的台湾高雄港。2003 年 1 ~ 5 月，深圳港的吞吐量为 372.97 万标准箱，比高雄港多出 8.38 万标箱。同期，深圳港的增长速度为 43%，比高雄港高出 32.39 个百分点。

△ 在孙志刚事件①引起中央关注并修法后，深圳市收容遣送站摘牌，改为救助站。

6月27日 107 国道维修导致车辆借道机场路，致交通堵塞 3 个小时，深圳机场 80 个航班延误。

6月28日 IBM 亚太区总裁法兰克·克恩一行访问深圳，商讨在深圳建立 IBM 亚太区呼叫中心以及在软件领域开展合作事宜，副市长刘应力会见法兰克一行。

6月29日 为促进内地和香港特别行政区经济的共同繁荣与发展，加强双方与其他国家和地区的经贸联系，内地与香港特别行政区代表自 2002 年 1 月 25 日起，经过多轮磋商，于 2003 年 6 月 29 日在香港达成《内地与香港关于建立更紧密经贸关系的安排》（英文简称"CEPA"②）。

6月30日 深圳市人大常委会副主任郭荣俊在五洲宾馆会见了瑞典斯德哥尔摩经济学院让·斯嘉逊教授一行。

△ 深圳皇岗口岸海关报关、报验车辆通道自动核放系统正式启动，这意味着深圳海关公路口岸通道自动核放系统在该口岸全面实施。在此通关的所有车辆在 5 秒钟内就能通过海关电子闸口，闸口通关速度提高了 20 倍。

7月1日 中共中央政治局常委、国务院总理温家宝在深圳视察工作，并指出深圳要增创新优势，走出新路子，实现新发展，办出新特色。

7月2日 深圳市召开宣传工作会议暨抗非工作表彰大会。

7月3日 深圳市政府做出实施"净畅宁工程"的决议，实施半年来，深圳城市面貌发生显著变化。到 11 月 30 日止，全市有 106 个"城中村"告别了脏乱差状况，52% 的交通事故多发路段完成整治，道路交通明显顺畅。

7月4日 深圳通过"国家园林城市"复查，广东省考核专家组评定为优秀。

7月5日 广州市由广之旅等 5 个旅行社组织的 460 名游客和珠海市由度假国旅等 5 个旅行社组织的 500 多名游客，于上午 10 点 30 分同时抵达深圳市华侨城景区；深圳市由鹏运国旅等 5 个旅行社组织的广州、珠海一日游旅游团也发往广州、珠海两地。这是广州、深圳、珠海三地旅游局策划的"广深珠万人游"的第一次

---

① 原籍湖北黄冈的孙志刚被广州市政府执法机关以三无人员的理由收押，拘禁期间被收容所员工殴打身亡。此事件虽经官方声称为收容所员工犯罪的个案，却引发了中国国内对收容遣送制度的大讨论。中国政府之后颁发新法规，废除了广泛被认为是有弊端漏洞并有违宪指责的收容遣送制度。

② CEPA 的主要内容包括允许众多香港产品零关税进入内地，放宽内地对香港服务业的准入领域以及贸易便利化三方面。

活动。

7 月 7 日 深圳市政府举行三届四次全体（扩大）会议，总结上半年的经济工作，部署下半年的主要工作。

△ 广东省委、省政府隆重召开广东省"严打"整治斗争总结表彰电视电话会议。在全省"综治"工作和"严打"整治斗争考核评比中，深圳市社会治安综合治理工作再获全省第一名，实现了"三连冠"，获得 2001～2002 年度"广东省维稳及综治工作优秀市"称号和"广东省严打整治先进市"称号。

7 月 8 日 深圳市委、市人大、市政府、市政协和市纪委领导班子成员集中观看了分别由广东省纪委和深圳市纪委组织拍摄的反腐倡廉专题片《忏悔与警示》和《辉煌与堕落》。

△ 深圳市以"净化城市环境，畅通城市交通，安宁社会秩序"为目标，大力开展城市环境、城市交通和社会治安综合整治工作，全面推进"净畅宁工程"。

7 月 10 日 深圳市委党校与吉安市委党校、井冈山市委党校签订了共建党性教育基地的协议。

△ 深圳东部黄金海岸系上了"金腰带"，盐坝高速公路 B 段正式通车。

△ 2003 年中国（深圳）首届精品住宅展示会（"夏交会"）在"高交会"展馆开幕，深圳市委副书记白天出席了开幕式。

△ 日本索尼公司表示将控告深圳比亚迪侵犯其知识产权。

7 月 11 日 深圳市电子商会与香港电子业商会在五洲宾馆签署合作备忘录，正式开始产品、技术、信息、人员、咨询和会展等领域的全面合作。这是《内地与香港关于建立更紧密经贸关系的安排》（CEPA）签署之后，两地中介行业首次"联姻"和进行实质性合作。

7 月 14 日 广东省委常委、深圳市代市长李鸿忠会见美国信诺保险集团国际业务部总裁特利·肯德尔一行。

7 月 15 日 在深圳体育馆西侧，深圳市举行了声势浩大的反恐怖袭击"三到位"① 大演练。

△ 深圳轨道交通规划做出重大调整，地铁 1、3 号延长线提前进行。

7 月 16 日 广东省委常委、深圳市市长李鸿忠视察深圳地铁工程建设。

7 月 19 日 来自 14 个国家驻穗（厦）领事官及其家属 108 人，应深圳市邀请参加第三届"深圳海滨日"活动，在深圳度过了快乐的周末。

---

① "三到位"指反恐成员单位、领导、反恐装备器材三到位。

△　深圳律师协会首次直选会长，原会长、深圳市司法局副局长未当选。

7月21日　为加强深港旅游合作，深圳市旅游局在香港举办港资旅行社在深设立外资旅行社政策说明会。

7月22日　南航深圳分公司与阿联酋航空公司签署了以伊斯兰堡为衔接的双方国际货物联运"特殊比例分摊协议"，从而为深圳与中东、西亚的经贸往来开辟了一条快捷空中通道。

7月23日　全球著名的工业自动化控制及电子设备制造厂商欧姆龙公司在深圳成立欧姆龙中国采购中心，这是继2002年6月欧姆龙在深圳成立其在全球投资规模最大的电子部件厂后又一重大举措。同日，深圳市委常委、副市长王穗明会见了欧姆龙专务董事立石忠雄并出席了采购中心开业及庆祝酒会。

7月24日　仲量联行公布"全球最具优势的城市研究"的最新成果，从全球500个城市中选出24个最具发展潜力的城市，深圳市入选。

7月27日　国家"十五"863计划"非典型肺炎防治关键技术及产品研制"重大项目"SARS病毒特异性免疫球蛋白"的研制在深圳市卫武光明生物制品有限公司获得成功。

7月29日　深圳市对巡警勤责机制进行重大改革，在全市范围内推广巡所联动机制，实行巡所一体联勤、联责。

△　香港中华煤气和四川新希望分别入股深圳燃气集团30%和10%股份。

△　国务院调研组到深圳调研。

7月31日　深圳出入境检验检疫局与深圳海关在五洲宾馆举行新闻发布会宣布：深圳口岸"大通关"检验检疫三大电子快速查验监管系统即日起正式全面启动。

7月底　深圳市改革国企领导人产生机制，拟首批将1/3的国企经理人委托猎头公司。

7月　深圳信息工程协会日前正式发布了全国首个信息系统工程造价指导书。

8月1日　《深圳市公路和隧道收费改革实施办法》提出，除高速公路以外，深圳将撤销全市范围内所有公路和隧道收费站，同时在深圳市与东莞市、惠州市交界处设置公路收费站，对机动车辆实行单向收费。

8月2日　深圳盐田港西港区1号2.5万吨多用泊位正式启用。

8月4日　由美国CEO俱乐部10位会员组成的代表团到深圳，参加在五洲宾馆举行的中美CEO（深圳）合作交流会。

△　深圳成立跨国采购服务中心。

8月4~6日 在香港参加第六次"粤港合作联席会议"的广东省委常委、深圳市代市长李鸿忠造访了多个香港知名企业。

8月5日 广东省副省长一行6人到深圳调研，了解深圳国有企业改革情况。

△ 深圳海关成功破获一起走私国家珍贵古生物化石的走私团伙，截获国家限制出口文物2165件。这是中华人民共和国成立以来海关系统查获的最大一宗古生物化石走私案件。

8月10日 尼日尔总理哈马·阿马杜抵达深圳，广东省委常委、深圳市代市长李鸿忠在五洲宾馆会见并宴请了哈马总理一行。

△ 由中国共青团中央主办、深圳青年学院承办的越南青年干部首期高级研修班在深圳青年学院礼堂举行隆重的开学典礼。46位越南青年干部将在深圳市进行为期20天的培训学习和参观考察。

△ 深圳地铁一号线一期工程全线贯通，全长21.8公里，总投资105亿元。

8月11日 世界500强企业之一的美国艾默生电气公司又一项目落户深圳。艾默生网络能源公司与深圳宝恒集团签署合作合同，计划在两年内由宝恒集团为其投资建设厂房及后勤服务基地。

△ 深圳市启动第三轮行政审批制度改革，审批核准事项再减三成。

8月12日 陕西省委书记、省人大常委会主任李建国率陕西省考察团抵达深圳，广东省委副书记、深圳市委书记黄丽满在麒麟山庄会见了考察团一行。

△ 深圳市启动第三轮行政审批制度改革。

△ 深圳举行旅客过境小组特别会议，专题研究应对措施，保证了口岸运作安全畅通。

8月13日 广东省委常委、深圳市代市长李鸿忠在市政府贵宾厅会见了驻穗领团团长、澳大利亚驻广州总领事寇俊升一行。

8月15日 大型锗硅芯片项目落户龙岗，首期投资2879万美元，该项目的开工，标志着我国第一条锗硅工艺集成电路生产线正式上马，填补了该领域的空白。

8月18日 深圳特区直饮水重要工程之一——笔架山水厂扩建工程开工，这标志着深圳经济特区直饮水项目正式启动。

8月19日 中共深圳市委召开党外人士民主协商会，就深圳市政府领导班子有关人事安排问题进行政治协商，听取党外人士意见。

8月20日 港澳游"自由行"在深圳启动，2万人提前领表。

8月21日 深圳金威啤酒股权转让工作顺利完成，香港慕益有限公司以1500万元的价格购得10%的股权。这标志着深圳市国企改革向纵深推进。

8月22日　广东省委常委、深圳市代市长李鸿忠在市政府贵宾厅会见了来访的西北大陆架澳大利亚液化天然气有限公司（NWSALNG）总裁约翰·拜纳一行。

8月24日　在"2003中国企业500强"名单中，平安保险、华为、建设控股和招商银行等25家深圳企业榜上有名。

8月25日　由深圳市教育局文体卫生与艺术教育处和市计划生育服务中心联合编写的《深圳市中小学性健康教育读本》将走入课堂。这是深圳市首部学生性健康教育读本。

8月27日　由深圳江辉船舶公司制造的豪华动力双体游艇在蛇口下水，它将途经中国香港、菲律宾、巴拿马运河，驶往美国迈阿密。这是第一艘由中国厂家制造的出口双体游艇。

8月28日　深圳市公安局首次启用新闻发言人制度，从2003年8月起将每月至少举行一次新闻发布会，向社会公布各类公安信息。

　　△　深港西部通道工程正式开工，这是内地与香港大型基础设施协作中开工的第一个重大项目，也是第一条通过跨海工程连接内地与香港的陆路通道。中共中央政治局委员、国务院副总理曾培炎代表中央政府出席奠基典礼。

8月29日　深圳地铁一号线一期工程竹子林车辆段至罗湖车站右线区间隧道的铺轨工程胜利完成。

8月31日　国家邮政局正式发行吴巍"马王堆书法"个性化邮票，这是深圳市个人肖像第一次登上国家邮政局发行的邮票。

8月　深圳阳光医院完成了国内首次激光治近视TOPLASIK手术网上直播。

8月　全国首个"商铺银行"——常兴时代商城开启"财富大门"。

9月1日　第三届"中国名牌产品"在北京正式"出炉"，深圳中兴通讯、达能益力、先科3家企业分别凭CDMA手机、矿泉水和激光视盘机3种产品上榜。

9月2~3日　24年来最猛烈台风"杜鹃"横扫深圳宝安全境，给深圳造成财产严重破坏和人员重大伤亡。这次台风造成深圳21人死亡。2日宝安机场82个航班取消飞行，机场也于当晚8点关闭。初步统计，全市水利、供电和园林绿化树木、附属建筑损毁损失达2亿元。

9月3日　第九届"深圳市十大杰出青年"和"深圳市优秀青年"评定。

　　△　深圳市人大常委会通过《深圳经济特区禁止食用野生动物若干规定》。

　　△　广东省委副书记欧广源在市委副书记谭国箱、区长黄锦奎、区委副书记廖建新、副区长曾汉良的陪同下，到公明医院看望"九·二"台风事故伤者。

9月4日　深圳市委常委、常务副市长李德成在五洲宾馆会见了来深圳寻求合作的德国著名跨国公司西门子公司执行副总裁古方慈一行。

9月5日 斐济共和国总统约瑟法·伊洛伊洛·乌鲁伊温达夫妇一行12人在中国驻斐济大使章均赛夫妇的陪同下抵达深圳访问。

△ 国家防汛抗旱总指挥部调查组在广东省、深圳市有关部门领导和区领导周光明、何学文、曾汉良、姚世华等的陪同下，到深圳公明镇西田村调查"九·二"事故。

9月6日 深圳市第六届运动会开幕。

9月7日 广东省委副书记、深圳市委书记黄丽满在市迎宾馆会见浙江省委副书记乔传秀率领的浙江省委人才工作考察团一行。

△ 深圳市委常委、副市长王穗明在五洲宾馆会见并宴请德国欧倍德集团总裁塞尔吉傲·吉傲迪先生。

9月8日 俄罗斯等7个国家以及中国内地、港澳地区47个媒体的记者及编导人员共70多人来深圳，参加由广州、深圳、珠海三地旅游主管部门和深圳市记协联合组织的"2003年百名记者看广、深、珠"活动，实地采访"非典"过后深圳旅游业的新情况、新变化。

9月9日 深圳市首个获准成立的中外合资寿险公司——招商信诺人寿保险有限公司①开业。

△ 加拿大环境资源部部长安德森一行访深。

△ 深圳市举行庆祝"2003年教师节暨表彰大会"，深圳市领导黄丽满、李德成、庄礼祥、陈国权、梁道行和周长瑚等出席大会并为受表彰的先进单位和个人代表颁奖。

△ 数十名深圳市民激辩特区禁摩听证会。

9月10日 深圳市委领导与市各民主党派、总商会（工商联）、无党派人士代表欢聚一堂，共迎中秋佳节。

△ 围绕珠江三角洲地区与香港的经济科技合作与交流，中国工程院院士、香港大学教授陈清泉，广东省政府发展研究中心副主任李惠武在"深港经济科教合作论坛"上，为深圳市部分高新技术企业负责人以及国内36所高校深圳研究院的代表做了精彩报告。

9月12日 首届"2003年城市四驱越野争霸战"发车仪式在深圳举行。

---

① 招商信诺人寿保险有限公司是由两家信誉卓著的百年名企共同出资创立的中美合资寿险公司。投资双方股东分别为美国信诺集团和招商局集团下属子公司。

9月14日　在全国政协副主席周铁农的率领下，全国政协专门组团到深圳调研应急机制建设情况。

△　深圳举办首届社会科学普及周。[①]

9月14~16日　中共中央政治局常委、国家副主席曾庆红在深圳视察。

9月16日　深圳集成电路先进封装与产品开发工程技术中心在市高新技术产业园区南区成立。这是 CEPA 签署以来，深港两地在科技合作方面的又一重要举措。深圳市副市长刘应力、香港中联办教科部部长初志农等为该中心剪彩。

△　"美商联众深圳代表处"在深圳世界金融中心正式开业，负责其母公司美国第四大零售商塔吉特公司在亚洲的采购事务。至此，在深圳设立区域采购中心的跨国公司及世界 500 强企业已超过 30 个。

△　第五届"全国城市运动会"南路圣火在深圳市莲花山山顶广场点燃，数百名深圳各界人士冒雨参加深圳火炬传递活动。

△　深圳大学城开学，迎来首批 800 多名研究生新生。

9月17日　香港中文大学亚太研究所所长杨汝万教授在深圳市首届社科周上做《珠三角融合的前景与挑战》报告时指出：深港合作是大珠三角融合的关键和基础，深港合作越紧密，对珠三角的贡献越大，深港也会因此获得更多的发展机会，区域竞争力会更强。

△　《人民日报》头版头条刊登了题为《情系人民映金盾——追记深圳市公安局龙岗分局李朗派出所原所长黄联明》的通讯，对黄联明的英勇事迹做了详细的报道。

9月18日　广东省委副书记、深圳市委书记黄丽满到深圳市委党校围绕"坚决贯彻'三个代表'重要思想，努力践行立党为公、执政为民"问题，为全市部分领导干部和党校学员做了学习辅导报告。

△　吉林省松原市经贸考察团抵达深圳考察，深圳市委常委、副市长王穗明在五洲宾馆会见了考察团一行。

9月19日　深圳市金融发展服务办公室（简称深圳市金融办）正式对外挂牌，行政级别定为正局级。主要任务是通过协调与服务工作，加强深港两地银行业的合作。

△　"深圳发展论坛"将集中探讨 CEPA 框架下深港金融业的合作。

---

① 由深圳市委宣传部和市社会科学联合会联合主办的深圳首届社会科学普及周活动开广东省先河，活动旨在宣传社会科学知识，推介社会科学成果，提升市民文化素质，促进城市文明建设。活动周期间，主办单位围绕"普及社科知识，促进城市文明"这一主题开展了内容丰富多彩的活动。

△ 深圳市委书记黄丽满到深圳市委党校做学习辅导报告，强调全面协调快速发展，把握 CEPA 提供的新的战略机遇，进一步推动深港合作。

9 月 20 日 为期 5 天的"2003 深圳（秋季）房地产交易会住宅建材展"在"高交会"展馆开幕。

9 月 21 日 深圳市召开紧急会议研究部署从根本上解决废弃食用油问题。

9 月 23 日 深圳海关在市体院馆举行授衔仪式，该关 3848 名关员首次佩戴海关关衔。

9 月 25 日 深圳蛇口集装箱码头吞吐量首次突破 100 万标箱。

9 月 26 日 为了迎接"十一"黄金周的到来，深圳市正式启动《旅游企业防"非典"应急预案》。

9 月 27 日 在北京举行的全国公安边防部队首届"十大边防卫士"颁奖大会上，深圳公安边防支队战士章飞云接受了公安部边防局领导的颁奖。

9 月 28 日 宝安大道南段延伸与深南大道对接工程设计方案通过专家评审，计划在 10 月底开工，2005 年年初建成通车。

△ 107 国道二期改造路段全线通车。该工程起点为深圳西乡，终点为深圳宝安机场，全长 8.06 公里，工程总投资 4 亿元人民币。

9 月 29 日 深圳市委、市政府召开全市规划工作南山现场会议，总结和反思近年来全市规划工作的经验和教训，研究如何进一步提高城市规划建设的标准和水平。

△ 深圳市投资管理公司与香港九龙巴士控股有限公司在深圳五洲宾馆签署《深圳市公共交通（集团）有限公司股权转让及增资原则性协议》。香港九巴以 35% 的股权成为深圳公交集团第二大股东。

△ 深圳百年罗湖铁路桥整体搬迁。

△ 广东省政府在广东大厦举行深圳华强集团有限公司国有股权转让协议签约仪式。深圳华强集团有限公司由省政府授权经营的国有独资公司转变为混合持股的有限责任公司。

9 月 30 日 第五届园博会主场馆在深圳奠基。

△ 香港五丰行等港资财团获得深圳市食品公司 70% 股权。

△ 深圳市委、市政府召开全市就业与再就业工作座谈会。

10 月 1 日 由来自美国、英国、俄罗斯、乌克兰、西班牙和新西兰等 12 个国家的 30 多名魔术大师与欢乐谷的魔术师共同演绎的第四届"欢乐谷国际魔术节"拉开序幕。

10 月 2 日 广东省委副书记、深圳市委书记黄丽满，省委常委、深圳市代市长李鸿忠等与万名群众一起参加首届梧桐山登高节。

10月3日 深圳龙岗公安分局荷坳园岭派出所获评全国一级派出所。

10月5日 国家科技部最新公布的《全国科技成果统计年度报告》显示，深圳市2002年度登记科技成果272项，跃居全国第四位，首次在全国计划单列市及副省级城市中名列首位。

10月8日 北京现代化进程研究课题组最新完成的一项研究报告显示，深圳超越北京、上海成为国内现代化进程最快的城市。

10月9日 中共中央政治局委员、北京市委书记刘淇率领北京市考察团抵达深圳，广东省委副书记、深圳市委书记黄丽满，省委常委、深圳市代市长李鸿忠在麒麟山庄与北京市考察团座谈。

△ 由深圳市委宣传部主创的歌曲《又见西柏坡》回响在人民大会堂的国庆晚会上。

10月10日 深圳启动"图书馆之城"建设。

10月11日 深圳市通过广东省工业污染源环保全面达标试点工作考核组的考核，成为全国首个实现工业污染源全面达标的城市。

10月12日 第五届中国国际高新技术成果交易会今天在深圳隆重开幕。中共中央政治局委员、国务院副总理吴仪出席开幕式并做重要讲话。她强调：中国政府将继续发挥高交会在促进高新技术产业出口、引进国外先进技术方面的作用，要求高交会要办出水平、办出特色、办出成效。

10月12~17日 第五届中国（深圳）国际高新技术成果交易会在深圳高交会馆举行。中共中央政治局委员、国务院副总理吴仪出席开幕式并宣布高交会开幕，高交会组委会主任、广东省委常委、深圳市代市长李鸿忠主持开幕式。此届交易会共签订合同或协议1393项，成交总额达128.38亿美元，比上届高交会增长5.57%。

10月13日 国家IC设计深圳产业化基地在深圳"高新区"举行隆重的揭牌仪式，宣布正式启动运作。

10月14日 被列为深圳市2003年重大项目之一的招商银行金融电子研发中心落户深圳市高新技术产业园区中区。

10月15日 中国银行业监督管理委员会深圳监管局①正式成立，开始全面对外履行监管职责。

△ 深圳市副市长卓钦锐被国家建设部评为"全国创建园林城市优秀市长"。

---

① 简称深圳银监局。

△ 爱尔兰总统玛丽·麦卡利斯夫人受聘为深圳大学名誉教授。

10 月 17 日 高交会组委会在深圳五洲宾馆隆重举行第五届高交会闭幕式，并为高交会的优秀成交奖和优秀布展奖颁奖。

10 月 18 日 深圳赛格集团成功债转股，华融、东方、长城等三大资产管理公司成为四大股东之三。

△ 第五届全国城市运动会在长沙贺龙体育中心贺龙体育场隆重开幕。全国人大常委会副委员长李铁映出席开幕式，国务委员陈至立宣布城运会开幕。

10 月 20 日 由《求是》杂志总编室和广东省委组织部联合主办的"非公有制经济组织党建理论与实践研讨会"在深圳举行。

10 月 21 日 深圳市翠竹小学、莲花中学等 15 所学校获全国首批"科学体验活动示范学校"。

10 月 22 日 广东省委常委、深圳市代市长李鸿忠在五洲宾馆会见了英国伦敦金融城市长高文一行。

△ 世界首个基因治疗药物"今又生"重组人 P53 腺病毒注射液在深圳诞生。

10 月 23 日 广东省委常委、深圳市代市长李鸿忠在市政府贵宾厅会见了美国圣地亚哥郡管委会委员冉·罗伯特率领的政府商务代表团。

10 月 24 日 深圳市委、市政府在深圳会堂举行庆祝广东省第十届"环卫工人节"暨表彰"鹏城市容环卫杯""鹏城优秀美容师"大会。

10 月 25 日 广东省委常委、深圳市代市长李鸿忠在五洲宾馆会见荷兰国际集团执行董事会董事兼亚太区执行委员会主席金文洛博士一行。

10 月 26 日 在德国举行的古典音乐（ECHO）颁奖大会上，李云迪的唱片《李斯特专辑》荣获"最佳独奏唱片"大奖。

10 月 29 日 深圳市工会第四次代表大会在深圳会堂召开。

10 月 30 日 全国公安一级英模黄联明事迹[①]报告团启程前往北京，巡回报告警营铁汉黄联明的先进事迹。

△ 广东省委常委、深圳市代市长李鸿忠在市政府贵宾厅会见了新任美国驻广州总领事曾国熙。

△ 深圳市委、市政府出台《关于加快宝安、龙岗两区城市化进程的意见》，两区城市化各项工作当日启动，计划 2004 年年底基本完成城市化工作。届时深圳将

---

① 黄联明同志是深圳公安的一名基层干部，从警 13 年，恪尽职守、执法为民。1999 年被确诊为直肠癌后，黄联明仍然忍受着病痛的折磨，以高度的敬业精神和强烈的责任感、使命感坚守岗位，忠实实践着"三个代表"要求，直到生命的最后一刻。

成为全国第一个没有农村的城市。

10 月 31 日　深圳市"全球通杯"第二十四届"市民长跑日"活动起跑仪式在深圳市政府主会场和中信广场分会场举行，这标志着 2003 年深圳市"全民健身活动月"活动拉开了序幕。

10 月 31 日～11 月 2 日　中共中央政治局委员、新疆维吾尔自治区党委书记王乐泉率领新疆维吾尔自治区考察团抵达深圳访问，广东省委副书记、深圳市委书记黄丽满，省委常委、深圳市代市长李鸿忠在麒麟山庄会见客人一行。

11 月 1 日　第四届深圳读书月①正式启动。

11 月 2 日　深圳市委副书记、市委组织部部长白天在五洲宾馆会见并宴请来访的越南共产党河内市委组织部部长陈文通一行。

△　中国科协党组书记、副主席张玉台到深圳天安数码城考察，广东省委副书记、深圳市委书记黄丽满在市迎宾馆会见了张玉台一行。

11 月 3 日　国家信息产业部部长王旭东一行来深圳对信息产业进行调研，要求深圳信息产业要上新台阶。

11 月 6 日　深圳市政府首次赴欧洲人才招聘团一行 53 人启程。

△　中国人民银行行长周小川抵深考察，广东省委副书记、深圳市委书记黄丽满在五洲宾馆会见了客人一行。

△　停工整整三年的著名烂尾楼"子悦台"以 4 亿元的价格拍卖给深圳市一家地产公司。

11 月 7 日　在"谭盾及国际音乐大师多媒体音乐会"的美妙旋律中，"全球通"首届深圳"中外艺术精品演出季暨第十二届大剧院艺术节"在深圳大剧院正式拉开序幕。

11 月 8 日　国务院国有资产监督管理委员会主任李荣融抵达深圳，调研大型国有企业发展情况。在深圳市副市长张思平的陪同下，李荣融一行先后考察了大亚湾核电站、三九集团南方制药厂和康佳集团股份有限公司。

△　广东省委常委、深圳市代市长李鸿忠在五洲宾馆会见了欧倍德集团亚太区总裁李凤江博士一行。

△　第二届"中国（深圳）消费商品采购大会"在深圳"高交会"展馆隆重开幕。

---

①　深圳读书月是由深圳市委市政府于 2000 年创立并举办的一项政府组织、专家指导、群众参与的大型综合性读书文化活动，时间为每年 11 月 1 日至 30 日。

△　深圳市委常委、副市长王穗明在五洲宾馆会见了德国麦德龙华南区总经理高凯凡一行，麦德龙将于 2004 年在深圳开设两个分店。

11 月 9 日　深圳市政府公开谴责深圳石化集团前董事长陈涌庆。①

11 月 10 日　深圳市政府赴欧洲招聘会开幕。

△　深圳"丰泽湖小区"业主为维权而堵塞梅林关口，造成警民冲突，警方拘 6 人。

11 月 11 日　赞比亚共和国总统利维·帕特里克·姆瓦纳瓦萨到深圳访问，深圳市副市长张思平陪同姆瓦纳瓦萨总统一行参观了中兴通讯公司、康佳集团股份有限公司。

△　广东省委常委、深圳市代市长李鸿忠在市政府贵宾厅会见了新任法国驻广州总领事卜来世一行。

△　深圳华侨城集团决定投资 30 亿元开发占地达 6.9 平方公里的盐田三洲田项目。

11 月 12 日　深圳警方破获特大儿童拐卖案，解救出 10 名儿童。

11 月 13 日　深圳华为公司希望国家批准其在深圳进行 3G 产业化实验。

11 月 14 日　全国政协在深圳召开港澳全国政协委员座谈会。

△　由中国汽车工业总公司主办的第七届"深圳国际汽车展览会"在深圳"高交会"展馆举行。展览会吸引了来自德国、美国、日本、中国及香港等 10 多个国家和地区的 200 余个厂商参展。

11 月 14 ~ 15 日　世界第一高球教练大卫·利伯特和前世界第一球手大卫·杜瓦尔相继到访深圳观澜湖高尔夫球会。

11 月 15 日　深圳市第六届"鹏城金秋"社区文化艺术节闭幕。

11 月 17 日　广东省委常委、深圳市代市长李鸿忠在五洲宾馆会见了沃尔玛百货有限公司亚洲区总裁兼首席执行官钟浩威一行。

△　首届"中国出境旅游与市场营销国际论坛"在深圳香格里拉酒店举行。

11 月 18 日　由深圳大学与清华大学合作研制的超级计算机"深超 – 21C"在北京通过科技成果鉴定，是目前我国高校中运行速度最高的计算机，在世界排名第

---

①　深圳石化集团是深圳市投资管理公司所属全资国企，曾被列为深圳重点扶持的超百亿集团。陈涌庆 1990 年任该集团总经理，1993 年起任董事长、党委书记，直至 2001 年 7 月退休。其间，陈曾获全国"五一劳动奖章"、省市优秀企业家、党的十五大代表等荣誉，被称作"社会主义企业家的榜样"。根据离任审计，到 2001 年 6 月底，石化集团累计亏损 21.6 亿元，资不抵债 15.34 亿元。结果该集团被迫整体退出，员工上访不断。

78位。

11月19日 在第六届"全国报纸总编辑新闻摄影研讨会"上，《深圳特区报》《深圳商报》等荣获新闻头版类一等奖、摄影专版类二等奖，《深圳晚报》等获新闻头版类二等奖。

11月19～20日 由四川省委常委、成都市委书记、市人大常委会主任和成都市委副书记、市长葛红林率领的成都市党政代表团在深圳考察。广东省委副书记、深圳市委书记黄丽满，省委常委、代市长李鸿忠会见了成都市党政代表团。

11月20日 广东省委常委、深圳市代市长李鸿忠在市政府贵宾厅会见了香港贸发局主席、九龙仓集团主席吴光正一行。

11月22日 世界著名华裔指挥家邵恩率重建后的澳门乐团连同著名小提琴演奏家孔朝晖、钢琴演奏家居觐和琵琶演奏家章红艳，在深圳大剧院音乐厅上演了一台中国协奏曲精品晚会。

△ 2003"中国（深圳）国际住宅与建筑科技展览会"（"住交会"）在深圳"高交会"展馆开幕。第五届"住交会"展览总面积达3.5万平方米，国际标准展位1000多个，国内30个省、市、自治区近百个特别观摩采购团以及媒体代表前来进行观摩和交流活动。

11月23日 "2003年世界杯攀岩赛"在深圳开幕。

11月23～24日 多哥国防部长吉加尼少将一行5人到深圳访问。

11月24日 中国水产协会理事长、工程院院士唐启升等12余人考察深圳华油深水网箱养殖生产基地及南澳深水抗风浪网箱养殖基地。

△ 深圳市政府常务会议通过《深圳市干线道路网规划》，将投资472亿元构筑七纵十三横干线路网。

11月25日 广东省委常委、深圳市代市长李鸿忠在市政府贵宾厅会见新任韩国驻广州总领事南相旭。

11月25～26日 来自美国、俄罗斯、英国和日本等国家的21名外国驻华记者在深圳进行为期两天的采访活动。

11月26～28日 全国人大常委会副委员长乌云其木格视察深圳。

11月28日 深圳市龙岗区坪山镇影剧院举行"东江纵队成立六十周年纪念大会"，400余名来自广东省各地的原东江纵队老战士欢聚一堂，共忆激情战斗岁月，缅怀革命先烈遗志。

11月29日 深圳前副市长王炬在广州一审被判20年有期徒刑。

11月29～30日 为期2天的"中国省部长论坛"在深圳落下帷幕。

11 月 30 日 深圳地铁一期工程实现全线电通。

11 月 30 日 中国省部长论坛在深圳举行。

12 月 1 日 由江西省委常委、赣州市委书记,市委副书记、市长王昭悠率领的赣州市党政代表团到深圳考察。广东省委常委、深圳市代市长李鸿忠在迎宾馆与代表团一行座谈。

12 月 2 日 由南粤环保世纪行组委会、广东省人大环境与资源保护委员会以及深圳、东莞、惠州和河源市人大常委会主办的,以"东江环保行"为主题的全流域、跨地区"中华环保世纪行"活动在深圳水库正式启动。

12 月 3 日 有中国"诺贝尔经济学奖"之称的第十届"孙冶方经济科学奖"颁奖大会在深圳综合开发研究院举行。这是此项颁奖大会首次在北京以外的地区举行。

12 月 4 日 深圳市委常委、副市长王穗明会见德国展览业协会首席执行官克瑞瑟博士,双方探讨了深圳与德国在会展业方面的交流与合作。

12 月 7 日 深圳市出台新的《深圳市预防和控制传染性非典型肺炎工作预案(卫生部分)》,进一步明确了有关部门的职责和应急处理程序,保证及时、迅速、高效、有序地处理疫情,保护人民身体健康。

△ 2003 年度中国基金论坛在深圳举办。

12 月 8 日 "深圳市政府第六次高级顾问会议"开幕。18 位德高望重、学识渊博的高级顾问汇聚一堂,为深圳的发展献计献策。广东省委副书记、深圳市委书记黄丽满发表了热情洋溢的欢迎辞,开幕式由广东省委常委、深圳市代市长李鸿忠主持。

12 月 9 日 深圳市委副书记庄礼祥在五洲宾馆会见了到访的几内亚比绍社会革新党代主席阿尔贝多·南贝亚一行。

12 月 10 日 由国际风筝联合会、国家体育总局体育指导中心和中央电视台等单位主办的"世界风筝小姐"大赛深圳赛区选拔赛开幕,来自广东、湖南、广西、香港等 10 多个省和地区的近百名选手参加了比赛。

△ 匈牙利驻华大使白明义一行 6 人抵达深圳访问,深圳市副市长刘应力在市政府贵宾厅会见了客人。

△ 国家水利部副部长陈雷一行考察深圳水务工作。

△ 深圳机场旅客吞吐量突破 1000 万人次。

12 月 11 日 第五届"深圳当代雕塑展"在华侨城生态广场正式开展,由国内外艺术家创作的 19 件参展作品分布在华侨城片区里。

12 月 12 日 深圳市召开大鹏半岛区域开发策略国际咨询会。

△ 深圳市政府出台《近期解决交通拥堵问题的工作方案》，决定 8 项措施解决交通难题。

12 月 14 日 2003 年深圳"侨商东海杯"全国马拉松赛拉开帷幕，云南选手柴家华、吉林女将张淑晶分别摘走专业马拉松组男女桂冠。

△ 广东省委常委、深圳市代市长李鸿忠专程到深圳火车站现场办公，检查"春运"准备工作情况，协调解决有关问题。

12 月 15 日 深圳机关单位上下班时间调整为上午 9：00 ~ 12：00 时，下午 14：00 ~ 18：00 时。

12 月 17 日 广东省委常委、深圳市代市长李鸿忠痛批"笔架山公园擅批乱建事件"。

12 月 18 日 深圳市文明委主办的首届"深圳关爱行动"正式在全市 6 个区同时启动。

12 月 21 日为止 2003 年上牌的新车超过 11 万辆，全市汽车保有量超过 60 余万辆，长期在深圳行驶的香港、澳门以及外地汽车超过 10 万辆。

12 月 22 日 广东省委常委、深圳市代市长李鸿忠在五洲宾馆会见了前来出席深圳水务集团国际招标招募签约仪式的战略合作方代表、法国威利雅公司总裁兼首席执行官安东尼·弗莱罗和首创威水投资有限公司董事长刘晓光一行。

△ 两架崭新的波音 737 - 800 飞机从美国西雅图抵达深圳宝安国际机场，这是深航从波音公司引进的第 23 和第 24 架客机。

△ 深圳市人大常委会第二十九次会议痛批"海上田园"等四项目的"败家子"行为。

12 月 23 日 广东省公安边防总队深圳经济特区检查站①建站 20 周年。

12 月 23 日 ~ 2004 年 1 月 4 日 原中共中央政治局常委、全国人大常委会委员长李鹏在深圳考察。

12 月 25 日 广东省委副书记、深圳市委书记、市人大常委会主任、市"双拥"领导小组组长黄丽满，省委常委、深圳市代市长李鸿忠率慰问团到中国人民解放军驻香港部队深圳基地慰问。双拥是指"拥政爱民，拥军优属"。

---

① 深圳特检站是全国公安边防部队唯一一个由国务院批准驻守在边境地区的正团级检查站，主要任务是依照法律、法规，对进入特区人员的证件、护照、签证实施检查，并通过检查证件、信息调研，发现和打击潜入潜出的偷渡分子及其他违法犯罪嫌疑人，维护粤港稳定和深圳特区的安宁。

12 月 26 日 原深圳能源集团董事长劳德容①一审被判无期徒刑，劳德容服判不上诉。

12 月 27 日 被誉为"世界第八大奇迹"的兵马俑及其他重要文物首次在深圳展出。

△ 国家工商总局局长王众孚带领全国工商行政管理工作会议代表到深圳考察。广东省委常委、深圳市代市长李鸿忠在五洲宾馆欢迎代表团一行，深圳市委常委、副市长王穗明陪同考察团参观了深圳市工商注册窗口和企业信用信息系统建设等方面的情况。

△ 法国法中特色友好代表团的成员来到深圳东门文化广场，与在场的近 2000 名外来工和市民一起欢聚，参加由共青团深圳市委、市文化局、市劳动局等主办的第十届"深圳是我家"大家乐舞台文艺表演和娱乐活动。

△ 国内重点能源基础设施项目、广东省十大重点工程之一的广东液化天然气（LNG）项目在深圳大鹏湾的秤头角正式开工，接收站位于深圳大鹏秤头角。

△ 深圳南坪快速路工程动工，首试"代建制"。②

12 月 28 日 截至今日，深圳港的集装箱吞吐量累计达 5007158 箱，这标志着深圳港已跻身于世界集装箱大港前十名，并继续保持了国内集装箱榜眼位置，也进一步确立了华南地区集装箱枢纽港的地位。

12 月 29 日 在深圳市大工业区赛格三星新工厂，广东省委常委、深圳市代市长李鸿忠用采自梅林工厂的火种点燃聚火台，标志着世界最大的玻壳池炉在深圳点火成功。

△ 莱英达、石化集团等 5 家深圳市属一级国企整体改制，其中莱英达和石化集团实行经营者和员工持股。

12 月 30 日 中共深圳市委三届八次全体（扩大）会议召开。

12 月 31 日 深圳市第五届大型集体婚礼"龙凤大典"在深圳锦绣中华公园隆重举行，139 对新人参加了集体婚礼。

2003 年 市文化局提出建设"图书馆之城"的思路。这是深圳市图书馆在全国

---

① 年近 60 岁的劳德容是广西壮族自治区灵山县人，大学文化，中共党员，原任深圳市能源集团有限公司董事长兼党委书记（正局级）。劳德容为国家工作人员，利用职务之便，为他人谋取利益，非法收受他人钱款，合计人民币 7781299.8 元、港币 50 万元、美元 13.9 万元。劳还利用职务之便，挪用公款港币 500 万元、人民币 800 万元进行个人营利活动。此外，她还滥用职权出借公款，给公司造成港币 2200 万元的损失，其个人财产超出合法收入，差额巨大，并且不能说明来源合法。

② 指项目业主（使用单位）通过招标的方式，选择社会专业化的项目管理单位（代建单位），负责项目的投资管理和建设组织实施工作，项目建成后交付使用单位的制度。

第一次提出建设"图书馆之城"。2004 年 3 月，市委召开实施"文化立市"战略工作会议，提出努力打造图书馆之城、钢琴之城、设计之都等目标，"图书馆之城"的建设从而上升为全市性、全局性的任务。围绕这个目标，市文化局制定了《深圳市建设"图书馆之城"（2003—2005）三年实施方案》，并于同年开始实施。

2003 年　深圳市创建了第一个省级人事部门管理的正高级会计专业技术资格评审委员会并评出我国第一批正高级会计师。

2003 年　深圳市公安局在全国首创网上办理港澳签注。

2003 年　深圳市在全国财政系统率先实施资金拨付流程电子支付无纸化方式，即预算单位从用款计划 – 支付申请 – 发送银行 – 支付全环节无纸化。

2003 年　我国第一家儿童国学教育研究实验基地"落户"深圳。

2003 年　全市完成地方财政一般预算收入 290.8 亿元，按照所得税分享比例调整后的新口径计算，比上年增收 39.6 亿元，增长 15.8%，完成年度预算的 101%。

2004 年

1月1日 备受海内外关注的《内地与香港关于建立更紧密经贸关系的安排》（CEPA）于当日零时正式实施，标志着内地与香港经贸关系进入一个崭新的阶段，是内地与香港经贸合作的新起点和里程碑，将为内地与香港的经济融合和发展提供新的动力和空间。

1月2日 深圳市宝安、龙岗两区城市化进程迈出关键性的一步，宝安区龙华街道办事处、龙岗区龙岗街道办事处、龙岗区龙城街道办事处，分别在驻地举行了街道党工委和街道办挂牌仪式。这标志着深圳全面城市化正式启动。深圳市宣告：2004，深圳要全面城市化，做全国第一个没有农村的城市！

△ 由于南方证券股份有限公司违法、违规经营，管理混乱，为保护投资者和债权人的合法权益，中国证监会和深圳市政府联合发布公告，自2004年1月2日起对南方证券实施行政接管，至1月4日，接管组完成接管工作。

1月4日 中共深圳市委三届八次全体（扩大）会议召开。

1月5日 深圳市委、市政府召开2004年首次专题调研座谈会，困难群众的生产、生活问题成为会议的主题。

△ 深圳市召开预防"非典"工作紧急会议，传达全省防"非典"工作紧急会议精神，部署全市贯彻落实措施。

1月6日 深圳市领导黄丽满、李鸿忠、李德成、庄礼祥、谭国箱、白天、许宗衡、戴北方、李锋、卓钦锐、刘应力、张思平、陈应春等率领7个慰问团，分别来到驻守在深圳的解放军、武警和公安边防部队等15个单位慰问。

1月7日 据深圳海关快报，2003年深圳市出口首次突破600亿美元，达

629.53 亿美元，比上年增长 35.22%，全年累计进出口总额为 1173.5 亿美元，增长 34.53%。其中，进口总额为 543.96 亿美元，增长 33.74%，进出口顺差 85.57 亿美元，占全国贸易顺差近 1/3。

　　△　香港制造、总价为 23.5 万港币的 31 万个"无丝印一次性空白光盘"，顺利从深圳皇岗口岸入境并被运往东莞，成为 CEPA 实施后首批享受零关税优惠政策的港货。

　　△　中国首张 Flash 大碟深圳面世。

　　1月8日　广东省委常委、深圳市代市长李鸿忠在五洲宾馆会见来访的英国贸工部大臣及妇女和平等机会部部长休伊特女士一行。

　　△　据深圳海关统计，2003 年深圳海关税收创历史新高，全年共征收税款入库 382.32 亿元，其中关税 76.74 亿元，进口环节税 305.58 亿元，同比增长 34.6%，净增 98.28 亿元。

　　1月8~9日　全国"双拥"工作会议在北京召开。深圳市连续第三次被命名为"全国双拥模范城"；民营企业广东旭飞集团有限公司荣获"全国爱国拥军模范单位"称号。

　　1月9日　黄丽满、李鸿忠等深圳市领导率慰问团专程赴广州，前往驻深部队的上级机关向广大官兵祝贺新春。

　　1月10日　由国家发展改革委员会、深圳市政府和深交所共同主办的"第二届中小企业融资论坛"在深圳举行。

　　△　朝鲜民主主义人民共和国大圣贸易总公司在深圳五洲宾馆举行"朝鲜开城高丽人参新闻发布会暨总代理授权仪式"。

　　△　深圳市第一个妇女儿童心理教育中心在市妇儿大厦挂牌。

　　1月11日　全国交通工作会议上宣布了最新统计数据：2003 年深圳港集装箱吞吐量突破 1000 万标准箱，位居世界集装箱大港第四位。

　　1月13日　国家质检总局局长李长江、国家公安部副部长赵永吉一行，在深圳市领导李德成、李锋、梁道行等陪同下检查了深圳口岸通关情况。

　　1月14日　广东省委常委、深圳市代市长李鸿忠在五洲宾馆会见来访的英国伦敦证券交易所总裁高磊雅女士一行。

　　1月15日　深圳市政府与香港地铁有限公司在五洲宾馆签署原则性协议，引进香港地铁公司参与深圳轨道交通 4 号线的投资、建设和运营。这是深港合作的一次重大突破，也是深圳轨道交通建设的里程碑。

　　1月16日　深圳市人大常委会副主任宋枝旺在五洲宾馆会见并宴请以斯里兰卡

统一国民党评论员、内阁种植园部副部长纳文·迪萨纳区克为团长的该国年轻议员代表团。

△ 新加坡航空公司一架波音 777 大型客机降落在深圳宝安国际机场，至此，首条由外国航空公司飞往深圳的国际客运定期航线正式开通。

△ 深圳轨道交通建设取得重大突破。香港地铁有限公司投资深圳轨道交通 4 号线原则性协议签署仪式在五洲宾馆举行。香港地铁有限公司将投资约 60 亿元，参与建设经营深圳轨道交通 4 号线，并将在内地首次引入轨道交通建设和房地产开发相结合的创新模式。此举突破了以政府投资为主的传统模式，将是内地轨道交通引入境外资本的首个成功范例，也将是 CEPA 之后深港签署的第一个大型基建工程合作协议。

1 月 17 日 深圳市委、市政府发布 2004 年 1 号文件《关于完善区域创新体系推动高新技术产业持续快速发展的决定》。

1 月 18 日 黄丽满、李鸿忠等深圳市领导与深圳市的老领导、老同志欢聚一堂，喜迎新春，共谋深圳未来的发展。

△ 深圳罗湖口岸人行通道桥改造工程，均采用"统一设计、统一施工、费用分担"的合作模式。

1 月 19 日 深圳市统计局公布的数据显示，2003 年深圳完成生产总值 2860.51 亿元，比上年增长 17.3%，增幅较上年高出 2.3 个百分点，创近 8 年新高。

1 月 20 日 由深圳市赛百诺基因技术有限公司研制开发和生产，并拥有自主知识产权的基因治疗药物——"重组人 p53 腺病毒注射液"，获得国家食品药品监督管理局批准的准字号生产批文，标志着我国第一个获得国家批准的基因治疗药物正式上市。

1 月 21 ~ 27 日 中共中央政治局委员、国务院副总理曾培炎考察深圳。他深入建筑工地、工厂车间，亲切看望了坚持工作在一线的建设者并对深圳坚持全面、协调、可持续发展的科学发展观，在环保、城市建设、能源发展等方面取得的成绩给予充分肯定。

1 月 23 日 最高人民法院院长肖扬在广东省委副书记、纪委书记，广东省高级人民法院院长吕伯涛，深圳市委副书记、政法委书记庄礼祥的陪同下，到深圳市中级人民法院考察。

1 月 24 日 "携手迈进2004——深港青少年营活动"在深圳举行。

1 月 26 日 国务院副总理曾培炎视察深圳地铁工程建设。

1 月 28 日 以扶助困难群体、解决群众生活问题为内容的"关爱行动"在深圳市展开，共推出 139 个项目。

1 月 30 日 TCL 集团在深圳证券交易所成功整体上市，这是国内公司股票发行上市的重大创新。

2 月 1 日 当日起，深圳市文化局将向各区文化局下放文化市场、广播电视的 4 项审批（核准）项目。

2 月 2 日 深圳市政府召开三届一一二次常务会议，讨论即将提请深圳市三届人大六次会议审议的《政府工作报告（讨论稿）》。

2 月 3 日 60 多位被中华海外联谊会聘请为名誉理事的港澳知名人士欢聚深圳五洲宾馆，从全国政协副主席、中共中央统战部部长、中华海外联谊会会长刘延东手中接过了名誉理事证书。

△ 深圳市科技和信息局的统计显示，2003 年深圳市高新技术产业发展继续保持较为强劲的增长势头，全市高新技术产品产值达 2482.79 亿元，比上年增长 45.2%；高新技术产品出口 251.55 亿美元，增长 60.35%。

2 月 4 日 国家科技部已确定新版《国家高新技术产业开发区评价指标体系（试行）》。根据新的评价指标体系，深圳高新区在技术创新能力指标方面的排名仅次于北京，位居第二。

2 月 5 日 深圳市政协举行三届常委会第十九次会议，会议通过了市政协三届五次会议的有关事项。

△ 深圳市统计局的统计显示，2003 年，深圳人仅通过邮政汇款方式向外地汇款就达 145 亿元，其中暂住人员汇款额为 75 亿元，占汇款总额的 51.7%，是历年来暂住人员汇款占总汇款比例最高的一年。

2 月 6 日 广东省委副书记、深圳市委书记黄丽满在深圳市政府贵宾厅会见来访的澳大利亚驻广州新任总领事马克文先生，双方进行了友好交谈。

△ 深圳市委、市政府召开市属国有企业改革与发展工作会议，研究部署 2004 年全市国有企业改革和发展工作。

△ 深圳市宝安区龙华街道民治、龙胜两村分别举行社区党支部、社区居委会和股份合作公司挂牌仪式。

2 月 7 日 50 多名来自香港、广州、湛江和深圳的书画家欢聚一堂，为猴年新春共绘美景。

2 月 8 日 世界"500 强"企业已有 98 家落户深圳，外商对第三产业青睐有加，使深圳市第三产业的比重不断提升。

2 月 9 日 深圳市副市长陈应春会见香港东亚银行主席兼行政总裁李国宝一行，

就香港东亚银行入股深圳市商业银行一事进行了磋商。

2 月 12 日　海关总署署长牟新生、副署长孙松璞一行来深圳海关检查工作。

△　国家 IC 设计深圳产业化基地与香港科技园公司正式签署《合作协议书》，宣布双方在引进和利用国际资源、构建 IC 工业区域支持服务体系上展开合作，推动香港与深圳两地集成电路产业的发展。

2 月 13 日　广东省十届人大二次会议秘书处举行记者招待会，邀请省委常委、代市长李鸿忠介绍深圳经济社会发展情况，并回答记者提问。在谈到深港合作时，李鸿忠说：深圳将在粤港合作的框架下，按照张德江书记提出的"前瞻、全局、务实、互利"的方针，进一步密切与香港的合作。特别是在服务业、教育、科技、城市管理等方面，深圳要主动加强合作，向香港学习。他表示：深港边境的河套地区是一块非常宝贵的土地资源，要充分利用好，具体怎么发展由两地政府协商确定，总的是要按照"一高一低"① 的原则，充分发挥香港在自由贸易港以及深圳在人力资源等方面的优势。

2 月 16 日　广东省委常委、深圳市代市长李鸿忠在威尼斯酒店会见了法国汤姆逊集团首席执行官查尔斯·达哈利一行。

△　广东省委常委、深圳市代市长李鸿忠在市政府贵宾厅会见日本 YKK 集团社长吉田忠裕一行。

2 月 17 日　广东省委常委、深圳市代市长李鸿忠在市政府贵宾厅会见挪威驻华大使赫图安一行。

2 月 17 ~ 18 日　深圳市三届人大常委会举行第三十次会议。

2 月 18 日　深圳市三届人大常委会第三十次会议审议并通过该市"十五"规划有关基本实现现代化指标体系及相关指标的调整方案，将深圳基本实现社会主义现代化的时间表由 2005 年推迟至 2010 年。

△　广东省委常委、深圳市代市长李鸿忠在市政府贵宾厅会见澳大利亚驻华大使唐茂思博士一行。

△　全球影像技术巨头企业佳能公司在深圳正式成立分公司，负责佳能在深圳、东莞、惠州等地的销售和售后服务工作。深圳市副市长陈应春会见了佳能集团中国有限公司副总裁青木正敏一行。

2 月 19 日　深圳市政府召开三届三次常务会议，研究加强市容环境综合治理、贯彻实施《中华人民共和国行政许可法》等议题。

---

① 即高附加值、低污染。

2月19~20日 中共深圳市纪委第五次全体（扩大）会议在深圳会堂召开。

△ 深圳海关启动了人民币现钞进出境调运业务，首辆满载总值9800多万元人民币的押运车上午由皇岗口岸进入香港，至23日已有3亿多元人民币现钞分3批顺利调运到香港。

2月21日 深圳市委副书记李意珍率深圳市有关新闻单位负责人赴香港考察凤凰卫视有限公司，与该公司高层进行了亲切友好的会谈。

△ 深圳社会消费品零售总额首次突破800亿元；连锁经营销售额所占比重达40%；有4个零售企业入围"2003年全国连锁企业30强"。

2月22~26日 深圳市政协三届五次会议召开。

2月23日 深圳市龙岗区龙岗街道新生等7个社区居民委员会以及龙城街道爱联等4个社区居民委员会，分别在各自驻地正式挂牌成立。

2月24~28日 深圳市第三届人民代表大会第六次会议召开。28日，李鸿忠高票当选为深圳市市长，张建国高票当选为深圳市第三届人民代表大会常务委员会副主任。

2月25日 广东省委常委、深圳市代市长李鸿忠在五洲宾馆会见日立环球存储科技公司副总裁托马斯先生一行。

2月26日 广西壮族自治区党委书记、自治区人大常委会主任曹伯纯率领的广西壮族自治区党政代表团一行，考察了深圳市高新技术产业。

2月27日 广东省委常委、深圳市代市长李鸿忠在五洲宾馆会见来深圳访问的苏里南共和国总统鲁纳多·罗纳德·费内希恩一行。

△ 国家交通部部长张春贤和广东省常务副省长汤炳权分别到深圳考察深港西部通道建设情况。

3月1日 广东省委副书记、深圳市委书记黄丽满，广东省委常委、深圳市市长李鸿忠在五洲宾馆会见了以美国沃尔玛百货有限公司董事长萨米尔·R·沃尔顿为首的董事会全体成员。

△ 广东省委常委、深圳市市长李鸿忠在市政府贵宾厅会见英国翠丰集团所属的百安居集团执行董事、国际总裁纪司福一行，宾主就百安居集团在深圳进一步扩大业务、设立亚洲采购中心等问题深入交换了意见。

3月2日 广东省委副书记、深圳市委书记黄丽满在深圳市实施"文化立市"战略工作会议上，提出了"大力实施'文化立市'战略，努力把深圳建设成为高品位文化城市"的目标。

3月4日 备受瞩目的东部华侨城（盐田）大型生态旅游项目在山清水秀的三

洲田举行了隆重的开工典礼。

3 月 5 日 深圳市委副书记庄礼祥在五洲宾馆会见以布隆迪民主阵线全国常任执行书记穆塔巴齐为团长的布隆迪民主阵线代表团。

△ 由深圳市市长李鸿忠做出的政府工作报告中提出：紧紧抓住内地与香港更紧密经贸关系安排实施的机遇，在粤港合作的框架下，进一步加强深港合作。积极推进建立双方领导人的定期磋商机制，加强深港政府间的沟通协商，鼓励和支持民间交流。密切与香港在口岸管理方面的合作，进一步整治口岸通关环境，促进通关便利化。加快推进西部通道、铜鼓航道、一线口岸改造等跨境基础设施工程，推进两地轨道交通网的接驳，实现两地城市功能的顺利对接。加大城市基础设施领域对港资开放，做好与香港地铁公司合作建设轨道交通 4 号线工作。积极吸引和承接香港服务业，组织好双向互动式的招商推介活动，拓展两地在金融、物流、商贸、会展、旅游、专业服务等领域的合作，促进深圳市现代服务业迈向更高水平。加强两地在高科技领域的合作，共同商讨河套地区的开发建设问题。

3 月 6 日 香港慈善社团西北区扶轮社向深圳儿童医院捐赠的儿童口腔治疗室举行启用仪式。

3 月 9 日 澳门航空公司第一架由台北至深圳的空中巴士降落在深圳宝安国际机场，深圳澳门台北航线由此正式开通。

△ 上午，广东省委副书记、市委书记黄丽满等市领导深入建设工地现场，检查深港西部通道等深港跨界大型基础设施项目建设情况。她强调：这些项目建设事关深港合作和百年大计，作用巨大，影响巨大，责任更重大，各有关单位和部门要树立强烈的政治责任感，高度重视，加强领导，健全工作责任制与良好的协调机制，做好与香港方面的沟通，保安全、保质量、保进度，优质高效按期完成工程建设。

3 月 12 日 广东省委副书记、深圳市委书记黄丽满等市几套班子领导与市直机关干部 500 多人来到莲花山公园义务植树。

3 月 15 日 "最具影响力的深圳知名品牌"评选揭晓，"世界之窗"等 39 个工商服务业品牌入选。

3 月 17 日 广东省委常委、深圳市市长李鸿忠在五洲宾馆会见墨西哥共和国赤瓦瓦州州长马丁内斯先生一行。

△ 深圳市政府召开市容环境综合整治"梳理行动"动员大会，向全市市容环境管理中存在的薄弱环节和市民关心的热点、难点问题"宣战"。

△ 深圳市副市长陈应春今天率领市政府一个代表团，出席香港"CEPA 商机中心"开幕仪式。陈应春表示：CEPA 实施至今反应良好，目前已有百多个香港个

体户进入深圳市场，未来深圳会寻求在其他领域进一步开放。

3月18日 深圳市关爱协会在五洲宾馆举行成立大会，首届中国反伪科学突出贡献奖获得者于光远、郭正谊等聚首大会论道。

△ 以"勿忘国耻，振兴中华"为主题的深圳市"中英街3·18警示日"鸣钟仪式在中英街举行，上午11时，18次警钟声鸣响在中英街上空。

3月19日 由深圳光汇集团投资2.5亿元建设的成品油库二期工程在深圳葵涌镇开工，工程建成将保证深圳油源供应，填补深圳无海上加油设施的空白。

3月20日 中国第一个企业家摄影学会组织——深圳企业家摄影学会成立。

3月21日 首届中国旅游工艺品学术论坛暨作品展在深圳关山月美术馆开幕。

3月22日 深圳市委、市政府召开全市深化行政管理体制改革试点工作动员大会，动员、部署市政府机构改革工作。

3月23日 应深圳市文化局邀请，韩国文化产业振兴院北京代表处首席代表权基永访问深圳。深圳市委常委、市委宣传部部长王京生在五洲宾馆会见了权基永先生。

3月25日 深圳市召开市人大议案建议、市政协提案交办会议。广东省委常委、深圳市市长李鸿忠出席会议并且郑重提出：我是政府办理议案建议和提案第一责任人，各政府部门的一把手是本部门办理工作的第一责任人。这是深圳市市长第一次出席市人大议案建议、市政协提案交办会议。

3月26日 安徽省委书记、省人大常委会主任王太华率安徽省党政考察团抵达深圳访问，广东省委副书记、深圳市委书记、市人大常委会主任黄丽满，广东省委常委、深圳市市长李鸿忠等在麒麟山庄会见了客人一行。

3月27～28日 由正在广州参加"2004年国际旅游展销会"的马来西亚、新加坡、菲律宾、印度尼西亚、日本、韩国、澳大利亚、德国、美国等国家的80多位旅行商组成的海外买家团来到深圳，在深圳进行了为期2天的参观、考察。

3月28日 凌晨，深圳海关缉私局海上缉私处经过连续10个小时的伏击跟踪，在青洲以南海域一举查获一艘装满走私光盘的木质渔船，船上载有走私盗版光盘235万张。这是深圳海关当年查获的最大一宗光盘走私案。

3月29日 香港银行界在CEPA框架下翻开新一页。坐落于深圳市世界金融中心的香港永隆银行[①]深圳分行正式开业，成为在CEPA框架下香港银行首个内地

---

① 香港永隆银行有限公司（香港联合交易所交易代码：0096）是一家在香港交易所上市的金融公司，主要业务是银行及有关财务服务。

分行。

3 月 30 日 深圳市政府召开廉政工作会议。

3 月 31 日 深圳市副市长卓钦锐在深圳会见了也门共和国总理阿卜杜勒·卡迪尔·阿卜杜 – 拉赫曼·巴杰麦勒一行。

△ 深圳市首个社区党委在罗湖区翠竹社区挂牌成立。

4 月 1 日 广东省委常委、深圳市市长李鸿忠在市政府贵宾厅会见了前来深圳市出席"2004 中国风险投资论坛"的以色列科技部部长埃里泽·桑伯格一行。

4 月 3 日 应广东省外事办邀请,由加拿大等国驻华大使夫人组成的外国驻华大使夫人团一行,在李肇星外长夫人、中国前外交官联谊会副会长秦小梅率领下抵达深圳参观访问。深圳市副市长卓钦锐在五洲宾馆会见了代表团成员。

4 月 4 日 一只体重近 100 公斤、来自四川翠峰峡大熊猫繁殖基地的,名为"一号"的国宝大熊猫乘坐客机飞抵深圳市接受游客参观。

4 月 6 日 应广东省政府的邀请,俄罗斯哈巴罗夫斯克边疆区政府副主席兼经济发展与对外联络部部长列温塔里率代表团一行 14 人抵达深圳访问。深圳市副市长陈应春在五洲宾馆会见了代表团一行。

4 月 7 日 深圳市老年人运动会门球比赛在市老干部活动中心鸣哨。

4 月 8 日 深圳市政府召开三届一一七次常务会议,审议并原则通过了《深圳市市长质量奖评定管理办法》,决定从 2004 年起设立并颁发"深圳市市长质量奖"。

4 月 10 日 深圳市副市长陈应春在五洲宾馆会见并宴请德国巴伐利亚州经济、基础设施、交通与技术部部长维斯豪耶博士率领的巴伐利亚州经贸代表团一行。

△ 深圳市第一届国际生殖医学论坛暨亚洲社区遗传学讲习班开幕。

4 月 12 日 美国福禄克、古时利、国家半导体,日本富士通、松下,广东风华高科、大唐电子等 1500 多家国内外电子企业纷纷现身深圳,参加在此举行的全国最大的电子展第六十三届全国电子产品展览会暨 2004 年中国(深圳)国际电子展。

4 月 13 日 第二届中国对外资企业政策交流会在深圳五洲宾馆举行。

4 月 15 日 成功地以国际招标招募形式实现改制的深圳市燃气集团有限公司正式挂牌成立。

△ 全国绿委会授予深圳等 9 个城市(区)首批"全国绿化模范城市(区)"称号。

4 月 16 日 深圳市三届人大常委会第三十一次会议决定任命吕锐锋、闫小培为深圳市副市长,免去李德成、王穗明的副市长职务。会议还表决通过了《深圳经济特区机动车排气污染防治条例》等法规。

　　△　深圳市统战工作会议在深圳市政协礼堂召开。

　　△　深圳市副市长陈应春在五洲宾馆会见莫斯科市副市长山采夫一行7人，双方就莫斯科与深圳的经贸合作问题进行了交流。

　　4月18日　清华大学深圳研究生院与袁隆平院士领导的国家杂交水稻工程技术研究中心正式签署了成立国家杂交水稻工程技术研究中心清华分中心的协议，在此基础上双方又与深圳龙岗区政府合作成立了国家杂交水稻工程技术研究中心清华深圳龙岗研究所作为科研的实验田基地，在深圳推动新一代杂交水稻的产业化。

　　△　为加强服务型政府的建设，增加政府工作的透明度，密切政府与人民群众的联系，便于广大市民群众了解和监督政府工作，深圳市政府决定，将市长、副市长的工作分工向社会公布。

　　4月19日　外交学院南方培训中心正式在深圳市委党校挂牌。

　　4月19~22日　广东省委副书记、深圳市委书记黄丽满率团赴贵州进行学习考察，按照中央、广东省的统一部署，进一步加强对口帮扶工作，共商黔深优势互补、共同发展的大计，把贵州和深圳的合作提高到一个新水平。

　　4月20日　袁隆平院士与清华大学深圳研究生院院长关志成、香港中文大学教授辛世文等来到龙岗区，参加在龙岗区政府迎宾馆举行的国家杂交水稻工程技术研究中心清华深圳龙岗研究所签字、揭牌仪式，国家杂交水稻试验基地正式落户龙岗。

　　4月21日　由加拿大工业部信息与通信技术司司长凯斯·帕索纳吉率领的加拿大工业部代表团，在加拿大驻广州总领事詹明辉的陪同下抵达深圳访问。深圳市副市长刘应力在市政府贵宾厅会见了加拿大客人。

　　4月21~23日　东亚研究型大学协会"首届医学中心研讨会"在深圳五洲宾馆举行。全国人大常委会副委员长、北京大学常务副校长韩启德进行了精彩的学术演讲。

　　4月22日　国家商务部副部长于广洲率领调研组一行到深圳调研。

　　△　深圳市副市长卓钦锐在五洲宾馆会见了以俄罗斯雅罗斯拉夫尔州副州长阿·尤·萨卓诺夫为团长的政府代表团一行4人。

　　△　深圳市副市长刘应力在五洲宾馆会见了到深圳访问的墨西哥前总统埃尔内斯托·塞迪略一行5人。

　　4月23日　中国首次"载人航天展"在深圳体育馆正式开展。该展展出了国内外各种航天器和人造卫星的模型及实物，其中包括"神舟"号返回舱实物。航天英雄杨利伟出席了开幕式。

　　4月24日　深圳市委副书记、政法委书记庄礼祥在市迎宾馆会见了专程来深圳参加中国首次"载人航天展"的航天英雄杨利伟。

4 月 25 日　深圳地铁首辆列车从德国漂洋过海，安全运抵深圳竹子林车辆段。

4 月 27 日　深圳市 2004 年重大发展项目、特区内唯一永久性多功能汽车交易市场"深圳汽车城"在蛇口前海湾正式动工兴建，一期工程 33 万平方米的新车交易市场将于 2005 年年底建成。

4 月 28 日　深圳地铁首辆列车抵达仪式在竹子林车辆段举行，深圳市副市长张思平出席并讲话。

4 月 30 日　中国工程院、深圳市人民政府合作委员会第五次全体会议在五洲宾馆召开。全国政协副主席、中国工程院院长徐匡迪做了题为《发挥大城市作用，加快现代化进程》的精彩报告。

5 月 1 日　全国政协副主席徐匡迪视察深圳地铁工程建设。

5 月 2 日　2004 年吉之岛（深圳）泰国食品节开幕，众多泰国官方人士来深圳向市民"推销"泰国水果、香米等。

5 月 8 日　深圳市副市长卓钦锐在深圳五洲宾馆会见来华访问的俄罗斯外交部第一副部长米特罗法诺娃夫妇一行。

△　马士基海陆船公司一艘世界上最大的集装箱船舶停靠深圳盐田港。

5 月 10 日　深圳市拟建天文台，市气象局已拟出了项目建议书。

△　《深圳蓝皮书：中国深圳发展报告（2004）》已由社会科学文献出版社出版发行，这是深圳加入国家蓝皮书系列的第二部经济社会蓝皮书。该蓝皮书认为，深圳经济高速增长的同时，没有出现贫富分化日益加剧的趋势。

5 月 11 日　新成立的深圳市港口发展委员会举行一届一次全体会议，广东省委常委、深圳市市长、深圳市港口发展委员会主任李鸿忠出席会议并讲话。

5 月 12 日　深圳市劳动和社会保障局正式挂牌。

△　深圳市纪委通报了深圳市大工业区管理委员会主任、党委书记李国栋（正局级）违规干预和插手工程招投标及擅自发包工程等严重违法违纪问题。深圳市委决定免去其党内外一切职务，市纪委研究决定对李国栋党内立案调查。

5 月 13 日　深圳机场股份有限公司与德国汉莎货运有限公司在五洲宾馆举行合资合同签字仪式，双方各出资 1600 万元组建深圳机场国际货站有限公司。

5 月 14 日　在广东省知识产权工作会议上，广东省副省长宋海向获得第八届"中国专利金奖"的中兴通讯公司颁发了 100 万元奖金，这是广东省首次重奖获得"中国专利金奖"的企业。

5 月 17 日　经国务院批准，中国证监会正式发出批复，同意深圳证券交易所在主板市场内设立中小企业板块，并核准了中小企业板块实施方案。

△　深圳市第一个港资控股的旅行社深圳顺风旅行社有限公司开张营业。

5月18日　中共深圳市委召开各民主党派、总商会（工商联）2004年换届工作协商会，邀请市各民主党派、总商会（工商联）领导班子成员就2004年换届工作进行了认真、充分的协商。

△　为纪念邓小平100周年诞辰，深圳画院精心策划和组织的"中国近现代社会的一个侧影——赵延年木刻展"在深圳画院开幕。

5月18～20日　在广东省委副书记、深圳市委书记黄丽满，广东省委常委、深圳市市长李鸿忠的陪同下，广东省委副书记、广东省省长黄华华率领省政府办公厅、省发改委、省科技厅和省民政厅等部门负责人到深圳，就如何贯彻落实科学发展观，谋求下一步的新发展、新突破等问题开展调研。

5月19日　首届深圳国际文化产业博览会香港宣传推介会在香港大会堂举行。深圳将举办国内首个国际文化博览会这一消息，在此首次正式向境外企业机构传递。

5月21日　26岁的高级电工杨广兴高采烈地拿着"户口迁移证""深圳市'农转非'人口入户指标卡"来到南园派出所办理入户手续。杨广成为深圳市首位通过"招调工"入户鹏城的农业户口高级技能人才。

5月24日　深圳市副市长陈应春会见加拿大宏富基金管理有限公司（AGF）首席执行官高白烈先生一行。

5月26日　根据2003年营业收入排定的"第十八届全国电子信息百强"揭晓，深圳有11家企业入围，其中华为和中兴通讯分别以216.7亿元和174.6亿元的营业收入跻身第七和第十位。

△　香港60多位执照医师首次组成访问团访问深圳，就深港两地如何转接病人、如何开拓两地医疗保险市场，以及香港医师如何来深圳行医与投资医疗机构等问题达成合作意向。在访问中，双方同意深港两地市民可异地享受医保服务，取得香港职业医师资格者可长期在深行医，同时对香港一些医疗机构到深圳投资也做了具体规定。

5月26日　吉尼斯世界纪录特派专员纽波特从英国总部飞抵宝安，出席观澜湖高尔夫球会荣膺世界第一大球会宣布仪式。纽波特宣布：观澜湖高尔夫球会以18洞10个球场的规模正式被确定为世界第一大球会，并向球会主席朱树豪颁发证书。国家体育总局党组书记李志坚，中国旅游局局长何光暐，广东省副省长许德立，深圳市委副书记李意珍、副市长梁道行、宝安区委书记周光明以及奥运冠军、世界冠军李宁、李小双等出席了颁证仪式。

5 月 27 日　深交所中小企业板块启动仪式在深圳举行。中国证券市场的制度创新和多层次资本市场建设翻开了具有历史意义的新篇章。

5 月 28 日　深圳卫星电视试播启动仪式在深圳电视台演播大厅举行,深圳电视台新闻综合频道成功通过卫星开播,24 小时播出。

△　深圳市副市长梁道行会见斐济群岛共和国农业部首席执行官鲁凯·拉图沃凯一行 4 人。

5 月 29 日　中国民营经济与中小企业板高层论坛在深圳市高新区虚拟大学园举行。

5 月 30 日　在商务部公布的 2003 年中国"出口 200 强"和"进出口 500 强"企业名单中,深圳有 23 家企业入选"出口 200 强",是全国大中城市中入选企业最多的城市,鸿富锦精密工业(深圳)有限公司以 64.2 亿美元的出口额名列榜首。

△　在 2003～2004 年度"中国最受尊敬企业"评选中,有 20 家企业被评为"中国最受尊敬企业",深圳企业万科地产、招商银行、平安保险榜上有名。

△　深圳市首批 4 个"模拟家庭"正式组建,这也是国内首次由政府出资组建的"模拟家庭"。

5 月 31 日　由 3 组建筑构成的深圳市市民中心当日正式启用。它标志着深圳市政府开始成为一个没有围墙的政府。

6 月 1 日　深圳市少年宫正式落成。

6 月 2 日　越南贸易部副部长陈德明先生率领由越南中央和地方有关领导及专家组成的代表团来深圳考察建立经济特区的经验。深圳市副市长陈应春在新落成的市民中心贵宾厅会见了代表团一行。

△　深圳 50 家零售企业日前通过该市零售商业协会向深圳银联和深圳银行同业公会发出警告,要求降低刷卡手续费标准,否则它们将联合起来共同拒绝刷卡消费。深圳商家与银行关于"刷卡手续费"的协调失败后,深圳 46 家商家日前紧急召开会议,决定在 6 月 2 日、3 日两天统一行动——拒绝刷卡消费。

△　深圳市政府在市民中心召开三届一二〇次常务会议,这是市政府迁入市民中心后首次召开的常务会议,它标志着在新的办公地点,市政府的工作迅速而全面地展开。

6 月 4 日　英国威尔士发展局在深圳威尼斯酒店举办投资环境推介会,力邀深圳企业赴威尔士投资创业。

△　深圳市维护稳定及社会治安综合治理工作会议在深圳会堂召开。

6 月 6 日　全国政协副主席阿不来提·阿不都热西提率全国政协社法委调研组,

在广东省政协副主席石安海的陪同下，到深圳市调研农村进城务工人员的权益保护问题。

6月7日 深圳市大族激光科技股份有限公司（00208）2700万股A股获准发行，这标志着首个深圳本地企业将登陆中小企业板块。

△ 国家科技部最近发布"2004年国家科技成果重点推广项目"，深圳市获得19项，列全国大中城市第二位。

6月9日 深圳市共有33个项目获得"广东省科学技术奖"，成为全省获奖项目数量最多的城市。

△ 深圳市委、市政府召开加强建筑市场管理大会，推出《关于进一步加强建设工程施工招标投标管理的若干规定（试行）》，出台工程甲方回避评标会、预选承包商制度等，在国有资金投资建设工程招投标领域进行了新的改革探索。

6月11日 深圳市首个"绿色行动日"。

6月12日 深圳首次由政府部门组织专家学者编制的《深圳市海洋经济发展规划（2006—2010）》①通过专家评审后完成最后公示，相关部门将根据搜集的意见对规划进行修改完善。

6月13日 由深圳市委宣传部和市社科联联合主办的"第二届社会科学普及周"活动在深圳书城广场拉开序幕。

6月14日 中国两大电信设备供应商华为和中兴分别与孟加拉国国有电信运营商签订金额为3500万美元和900万美元的合同，为孟加拉国移动通信和固定电话网络建设提供设备。

6月16~19日 应香港特别行政区行政长官董建华先生的邀请，广东省委常委、深圳市市长李鸿忠率领深圳市政府代表团到香港访问。深港两地政府官员签署了《关于加强深港合作的备忘录》，在粤港合作联席会议机制的框架下明确了深港合作的大方向、大原则，以加强今后两地在口岸、基础设施、经贸投资、专业服务、金融、旅游、物流、科技、环保、教育和文化等方面的合作。深港政府有关部门开始携手互动。

△ 深圳副市长陈应春率由中国人民银行深圳市中心支行、银监会深圳监管局、证监会深圳监管局、保监会深圳监管局、深交所和市金融办等有关方面的负责人组成的金融分团，先后访问了香港金融管理局、香港联合交易所、香港中银、JP摩

---

① 这是深圳首次对海洋经济发展进行规划，提出深圳作为一个海洋城市，应大力发展海洋产业，构建一个具有区域重心地位和全球影响力的深港湾区组合城市。

根、美国信诺保险公司香港分公司、大新银行和上海商业银行，受到热烈欢迎并进行了富有建设性的会谈和交流。

6 月 17 日 布隆迪共和国副总统阿尔方斯·马里·卡德盖携夫人抵达深圳访问，深圳市副市长张思平受广东省委常委、深圳市市长李鸿忠的委托在五洲宾馆会见了客人。

△ 宝安区 156934 名农村常住户"农转非"户籍工作全面完成。至此，宝安原村民全部变为居民，村民这一称谓在宝安成为历史。

6 月 19 日 历时 10 个月，深港双方共投资 2300 万元的新罗湖铁路桥在晨曦中胜利竣工。8 点 08 分，随着首趟 T824 次广九直通车从香港方向缓缓驶过新桥，具有百年历史的罗湖桥在更新后正式投入使用。

6 月 21 日 广东省委副书记、深圳市委书记黄丽满在五洲宾馆会见了专程来深圳签订备忘录的日立环球存储技术公司首席执行官濑淳一行。

△ 全球顶尖硬盘制造商日立环球存储技术公司召开新闻发布会，宣布计划投资 5 亿美元，在深圳出口加工区内建一个世界级的"超级硬盘制造中心"。

△ 据海关统计，2004 年 1～5 月深圳市高新技术产品出口总值 117.7 亿美元，增加 32.5 亿美元，增长 38.1%，在全市出口中所占比重升至 44.4%，比 2003 年提高近 5.6 个百分点。

6 月 22 日 深圳发行集团挂牌，标志着深圳市出版物发行事业进入一个崭新的发展阶段，深圳"文化立市"战略又迈出了坚实的一步。

6 月 23 日 在全球 1500 个主要国际机场的"大比拼"中，深圳机场跻身"百强"行列。

6 月 24 日 团中央、文化部、中华全国青联、中共广东省委、广东省人民政府和中共深圳市委、深圳市人民政府在北京联合召开"青春中华"首届中国青年文化周活动新闻发布会。这项由 7 个单位共同主办的活动将于 8 月 7 日至 11 日在深圳举行。

△ 国际机场管理协会（ACI）公布全球国际机场 2003 年生产统计数字：宝安国际机场旅客吞吐量排名第 93 位，货运量排名第 46 位，进入全球百强。宝安机场 2003 年旅客吞吐量 1084 万人次，货邮吞吐量 35.4 万吨，分别比上年增长 15.9% 和 23%，在全国 126 个民用机场中位居第四。

6 月 25 日 深圳证券交易所举行"中小企业板块上市仪式"。首批 8 只股票成功上市交易。

△ 深圳市金融发展决策咨询委员会正式成立并举行第一次会议。

6月26日 在"六·二六"国际禁毒日，深圳市各界群众10万人举行了声势浩大的禁毒游行活动。

△ 深圳市成立了全国首个青少年吸毒问题救助中心。

6月28日 深圳广播电影电视集团在新落成的深圳电视中心正式挂牌成立。

△ "深圳八景"评选结果揭晓。"大鹏所城"（大鹏所城）、"莲山春早"（莲花山）、"侨城锦绣"（华侨城）、"深南溢彩"（深南大道）、"梧桐烟云"（梧桐山）、"梅沙踏浪"（大、小梅沙）、"一街两制"（"中英街"）和"羊台叠翠"（羊台山）在31处候选景观中脱颖而出，共同组成新的"深圳八景"。

6月29日 深圳市在宝安西乡会堂隆重举行宝安、龙岗两区城市化试点工作总结暨推广动员大会。深圳市决定：2004年10月31日前，全市户籍人口将全部改为城市居民，原集体所有土地将收归国有。深圳将成为中国首个无农村、无农民的城市。

7月1日 深圳市城市规划委员会召开2004年第一次会议，强调编制工作要覆盖"城中村"、旧城区及宝安、龙岗重点发展地区，为"城中村"和旧城区的改造、城市化工作提供法定依据。

△ 深圳宝安区西乡、松岗、观澜、沙井、福永、石岩、公明7个街道举行隆重的挂牌仪式。至此，宝安区全部撤镇改街道。

7月2日 全国政协教科文卫体委员会副主任、中国电视艺术家协会主席杨伟光率领全国政协教科文卫体委员会调研组到深圳市就"广播电视走出去工程"的实施现状进行调研。

7月4日 《大鹏所城保护规划》通过专家评审，规划区占地约1平方公里。

7月5日 由中山大学博士后流动站深圳CDC基地培养的两名博士正式通过评审顺利出站，这是深圳市卫生系统自行培养的首批出站博士后。

7月6日 广东省委常委、深圳市市长李鸿忠会见了到深圳访问的丹麦驻华大使龙博深一行。

7月7日 凤凰卫视欧洲台开播"深圳故事"专栏，开启了一个方便欧洲观众了解深圳市经济社会发展情况的"窗口"。

△ 市长李鸿忠在民营企业调研时强调，抓产业的落脚点在于支持企业发展，积极主动地为企业提供优质服务，是政府转变职能的必然要求，是政府抓经济工作的精要。

7月8日 应中共中央纪律检查委员会邀请，老挝人民革命党中央纪律检查委员会主任冯佩·赛格亚宗多率领老挝人民革命党中央纪委代表团一行7人抵达深圳访问。深圳市委副书记、市纪委书记谭国箱在五洲宾馆会见了代表团一行。

7 月 9 日 深圳市政府发布《深圳市人民政府关于维护信访秩序的通告》，限定上访代表不能超过 5 人。

7 月 10 日 由《深圳特区报》等全国 35 家主流媒体参与协办的"2004 年中国城市土地运营博览会"在深圳高交会馆拉开帷幕。

7 月 11 日 应联合国教科文组织的邀请，深圳市少儿艺术团一行 26 人启程前往巴黎，代表中国参加在法国国庆期间举行的"第三十一届甘南（GANNAT）艺术节暨国际民间艺术节"30 周年庆祝活动。

△ 海南省委书记、省人大常委会主任汪啸风，海南省委副书记、省长卫留成率海南省党政代表团抵达深圳考察访问，广东省委副书记、深圳市委书记、市人大常委会主任黄丽满在麒麟山庄会见了客人一行。

7 月 12 日 深圳各区政府、市政府各直属单位新闻发言人、新闻助理开始接受为期 7 天的统一培训。

△ 新一代超级水稻种植研究水稻在深圳插入科研基地。由著名"杂交水稻之父"袁隆平院士领导的国家杂交水稻工程技术研究中心、清华大学深圳研究生院和龙岗区农业科技推广中心 3 方成立的国家超级杂交水稻科研基地在深圳碧岭生态村启动。这意味着亩产 900 公斤的第三期超级杂交稻育种目标 4 个月后将在深圳实现。

7 月 13 日 深圳市委、市政府召开全市出租屋管理改革经验交流暨出租屋清理整顿工作动员大会。

△ 广东省常务副省长汤炳权率省外贸厅、台办、国税局、海关广东分署等负责人一行来深圳调研。

7 月 14 日 香港工业总会珠三角工业协会深圳分部，在深圳香格里拉大酒店举行了开业典礼。市政协副主席、市委统战部部长廖军文，香港工业总会主席梁君彦等出席了典礼。

△ 深圳市科技·教育·人才工作会议在深圳会堂隆重召开。

△ 占地面积达 8728 平方米的中国南方航空公司深圳货站一期工程，在宝安国际机场东侧工地上举行奠基仪式，破土动工。这是这家国内最大的航空企业加速建设深圳国际货运基地的一项重要举措。

7 月 15 日 2003 年世界"500 强"企业排名第 26 位的日立制作所社长庄山悦彦访深，广东省委副书记、深圳市委书记黄丽满，广东省委常委、深圳市市长李鸿忠在五洲宾馆会见了客人一行。

7 月 16 日 广东省委常委、深圳市市长李鸿忠在五洲宾馆会见了缅甸联邦总理钦纽上将一行。

△ 深圳岭澳核电站 1 期工程通过国家竣工验收。

△ 深圳市招商引资工作会议召开，表明深圳对吸引外资现状感到忧虑。

7 月 19 日 国内当时营业面积最大的书城——深圳南山书城正式开业。

△ "深圳市第五届官产学研资介互动交流洽谈会"在深圳市高新区举行。本届互动会结合深圳创建自主创新型城市和建立深港创新圈，特别增加了校企人才互动、深港技术交流内容，旨在以技术支撑平台与人才支撑平台为基础，促进深港合作，实现校企互动。

7 月 20 日 《深圳市人民政府关于加强发展资本市场工作的意见》[①] 正式公布，表态强化深交所主板市场的融资功能，全力协助深交所办好中小企业板块，全力支持深交所发展壮大。

△ 因深圳航空公司 ZH978 次航班机械故障被延误 13 个小时的旅客获得了票面价格 100% 的现金补偿。这是深航出台《顾客服务指南》后首次对延误航班旅客进行现金补偿。

7 月 21 日 深圳市文学艺术界联合会第五次代表大会在五洲宾馆隆重开幕，全市 300 多名文艺家代表和 60 多名特邀代表聚集一堂，共谋深圳市文学艺术事业发展的大计。

7 月 22 日 深圳市气象减灾学会成立。

7 月 23 日 第四届中国（深圳）国际品牌服装服饰交易会暨深圳国际面辅料、制衣设备博览会开幕。

7 月 24 日 首届李斯特杯钢琴比赛在深圳南山剧院举行。

7 月 25 日 深圳市领导干部集中观看了党风廉政教育片《纵权之祸》和《权力与理性》。广东省委副书记、深圳市委书记黄丽满观看后做了重要讲话，并代表市委常委会郑重向社会公开做出 5 项廉政承诺。

△ 在深圳市第四届律师代表会第二次会议上，徐建的好友刘子龙律师提出了《关于罢免徐建深圳市律师协会会长职务、赵志成秘书长职务的提案》，列出 18 条理由。60 余名律师在罢免提案上签了名。7 月 26 日上午，提案因"18 条理由"事实依据不足，未列入大会表决议案，徐建被确认留任会长。

7 月 26 日 《深圳特区报》发表文章，提出"在泛广州框架下，加强深莞合作"。

7 月 27 日 广东召开全省民营经济工作会议，首度表彰百强民营企业，深圳有

---

① 简称"深七条"。

15 家企业上榜。

7 月 28 日 深圳市举行庆"八一"军政座谈会。深圳市连续 5 次荣获"广东省双拥模范城"称号。

△ 美国德州东部的马歇尔地区法院终止思科对深圳华为公司的诉讼。至此，长达 1 年多的思科诉华为知识产权案以和解告终。

7 月 29 日 深圳市政府召开三届五次全体（扩大）会议。

△ 深圳市政府国有资产监督管理委员会挂牌成立，标志着深圳市国有资产管理体制改革进入了新的历史阶段。

△ 由 TCL 集团和法国汤姆逊公司合资组建的全球最大彩电企业 TCL－汤姆逊电子有限公司（简称 TTE）在深圳高新区 TCL 工业研究院开业运营。TTE 净资产规模约 4.3 亿欧元，公司总部设在深圳，TCL 集团旗下的 TCL 国际控股和汤姆逊分别持有 67% 和 33% 的股权。

7 月 30 日 广东省委副书记、深圳市委书记黄丽满，广东省委常委、深圳市市长李鸿忠率团赴河源市进行考察，按照广东省的统一部署，进一步加强"对口帮扶"工作，共商优势互补、共同发展的大计，并向河源市无偿捐赠资金 3500 万元及物资一批。

△ 深圳市知识产权局正式揭牌。

7 月 31 日 深圳市残联与深圳市电大联合举行"首届残疾人远程教育大专班毕业典礼"，22 名残疾人成功通过毕业考试，获得由中央电大颁发的"电子商务"专业专科毕业证书。

8 月 1 日 深圳地铁首辆列车从竹子林站与罗湖站间试验起程。

8 月 2 日 应深圳市邀请，捷克共和国帕尔杜比采市儿童合唱团来深圳访问表演。

8 月 4 日 深圳市副市长刘应力会见并宴请到深圳访问的立陶宛首都维尔纽斯市市长佐卡斯一行 6 人。

8 月 5 日 深圳市副市长卓钦锐在市民中心会见来访的包括邦克鲁、马卡萨尔等市市长在内的印度尼西亚城市发展委员会代表团一行 15 人。

8 月 7 日 "青春中华首届中国青年文化周"在深圳锦绣中华、民俗文化村拉开序幕。包含的大型活动有：中华青年欢乐大汇聚、首届中国青年文化周开幕式主题晚会、中华青年民族特色精品展示会、首届中华青年民族歌舞邀请赛、"青春中华"首届广东大学生电影节、中华复兴与青年使命论坛、泛珠三角青年创业与发展论坛、中华青年民族文化之旅。

8月8日　黄金版画册《伟人邓小平》开始在深圳书城限量发行，成为深圳市纪念邓小平百年诞辰的一次重要活动。

△　深圳（香港）人才招聘和智力交流会在香港会展中心举行。此次赴港招聘，虽然企业是主力军，但最大的亮点还是政府雇员的招聘，欲招聘机关事业单位顾问和雇员219名。

△　深圳到香港聘请逾3000名专才的企业职位敲定，其中以电子信息行业最多。获聘人员待遇可观，最高年薪达50万美元（约390万港元）。这次深圳市政府在香港举办"深圳（香港）人才招聘和智力交流会"，是落实深港合作协议的第一个具体举措。

8月9日　深圳市政府在五洲宾馆举行仪式，向正在规划建设的服装、黄金珠宝、钟表、内衣、家具和模具六大产业集聚基地授牌，标志着深圳市产业集聚基地建设全面启动。

△　经过香港食物环境卫生署和深圳市水务局治河办等港深政府有关部门近一年的沟通和协商，深港两地就联合实施深圳河河道水面保洁项目达成一致意见。该项目正式启动，合同招标工作业已展开。

8月10日　深圳市文艺院团改革迈出新的一步，转企改制后成立的深圳歌舞团演艺有限公司揭牌仪式在深圳世界之窗举行。深圳歌舞团由深圳市文化局的直属单位，转制为华侨集团所属的文化企业。新华社称这"为全国文化体制改革提供了一种值得借鉴的模式"。

△　软件外包巨头印度 Zensar 公司宣布把自己最核心的软件外包管理经验和客户资源全面授权给深圳易思博公司及"深圳离岸联合体"内的12家软件企业。

△　为方便外地游客前往中英街旅游，深圳市盐田区公安分局出台一项新政策，依照该项政策的规定，内地来深圳的游客如需办理《特别通行证》，可由本人持身份证到盐田区公安分局的办证窗口直接办理，由窗口民警核对办证人员及其身份证原件，但不接受单位或个人代办证件。

8月12~13日　沙特通信与信息科技部部长穆罕默德·杰米·穆勒一行到深圳考察访问。

8月14日　深圳选手高峰在第二十八届奥运会女子柔道48公斤级的比赛中夺得一枚铜牌。

△　由科技部、深圳市政府、深圳证券交易所和国家发展改革委中小企业司联合主办的"第三届中小企业融资论坛"在深圳举行。

8月15日　第四版新的竖起来的邓小平画像及扩建的广场顺利竣工。

8月16日 由深圳市委宣传部、市文化局主办，深圳电视台承办的"春天的故事——纪念邓小平诞辰100周年文艺晚会"在新启用的深圳电视中心隆重上演。

△ 经国务院同意，批准深圳盐田港等与其邻近港区开展联动试点。试点区域统筹利用保税区和港区土地进行封闭围网，作为保税区的物流园区。

8月17日 广东省政府、省军区学习表彰深圳市民兵应急分队先进事迹大会在深圳会堂隆重举行。

8月18日 新华社播发通讯，通讯中说，深圳是邓小平理论的成功实践，"深圳速度"彰显"发展才是硬道理"。

8月19~22日 第十五届深圳国际家具展在会展中心举行。

8月20日 《小平您好》大型文献纪录影片在深圳首映。

△ 全国首个专门面向港澳的广播频道——广东电台"南粤之声"在深圳正式开播。

8月21日 邓小平诞辰100周年，深圳各界开展纪念活动。

8月22日 "小平与深圳——邓小平诞辰100周年纪念展"在关山月美术馆隆重举行。

8月23~27日 深圳市第三届人民代表大会常务委员会举行第三十三次会议。深圳市副市长卓钦锐向委员们述职，并由常委会组成人员对其履职情况进行评议和满意度测评。

8月24日 深圳市交通局举行新闻发布会，正式公布东部沿海高速公路莲塘至盐田段（深盐第二通道）的路线方案。

8月25日 在深圳市三届人大常委会第三十三次会议的第二次会议上，副市长卓钦锐接受评议，测评结果为：满意59%，基本满意41%。委员们在肯定成绩的同时，直言不讳地指出存在的问题，深圳市民主法治进程又迈出了重要的一步。

△ 深圳高中课程新学期改革，引进学分制、选修课，增设新课程。

8月26日 深圳市龙岗区布吉、横岗、平湖、坪地、坪山、坑梓、葵涌、大鹏、南澳9个街道举行隆重的挂牌仪式。此前宝安区已全部撤镇改街道。至此，镇一级建制在深圳市已经成为历史。

△ 雷地科技集团的"国家863新材料产业化基地"落户地处深圳市高新技术产业带的大工业区。

8月28日 广东省"教育强市"试点验收组召开总结大会，对深圳市创建"教育强市"工作给予了高度评价，宣布深圳市顺利通过验收，成为广东省首个"教育强市"。

8月28~29日 "中国企业家论坛"首届深圳高峰会在五洲宾馆举行。

8月30日　唱片业巨头环球音乐公司起诉深圳市新欢乐公司侵犯著作权一案，在深圳市中级人民法院开庭审理。这是继华纳公司状告"加州红"等娱乐城之后，唱片行业第二次状告深圳娱乐城。

8月31日　国家"十五"期间最大的能源项目之一——岭澳核电站二期核岛负控工程正式开工。

△　广东省委常委、深圳市市长李鸿忠走进深圳广播电台直播室，担任首期"民心桥"节目嘉宾，与市民"面对面"直接沟通对话。

9月1日　广东省委常委、深圳市市长李鸿忠在五洲宾馆会见南非驻华大使顾坦博。

△　在深圳全市范围内对"二线""插花地"的违法建筑进行全面的清理整治。

9月3日　深圳市"梳理行动"①发动"第二次战役"。

9月4日　"中华文化"首届深圳论坛在五洲宾馆举行。

9月6日　周一男②"灭门"血案在深圳市中级人民法院开庭审理。

9月6~8日　深圳市副市长梁道行率深圳市政府代表团赴西藏林芝地区考察。

9月7日　广东省委常委、深圳市市长李鸿忠在华为公司会见来访的柬埔寨王国首相洪森一行。

9月8日　CEPA出台后首批获准成立的外商独资大型综合百货超市企业——永旺（中国）商业有限公司正式落户深圳，完成注册登记。其定位是日本永旺集团在中国内地的总部和采购中心。

△　"广东省教育强市"授牌仪式暨深圳市第20个教师节表彰大会在深圳举行，深圳市成为全省第一个教育强市。黄丽满等出席大会，李鸿忠代表深圳市政府接受"广东省教育强市"奖牌，许德立代表省政府授牌。

9月9日　贵州增送深圳电力电量合同签约仪式举行，贵州省将在完成2005年的西电东送任务外，再支援深圳5亿度电量。

△　深圳罗湖区法院公开审理了卢敬德"制作、复制、传播淫秽物品牟利案"③，此为该轮互联网全国打黄行动开始后，国内判决的首宗利用互联网传播淫秽

---

① 2004年，深圳市政府为了整治城市展开了"梳理行动"——对各类乱搭建和违法建筑进行拆除。

② 周一男，男，原籍北京，遇害前50岁左右，持香港身份证，1996年作为中央电视台下属的华颖国际有限公司代表入股凤凰卫视，持股10％。周一男以出资方代表身份出任凤凰卫视董事局副主席并兼任经营总监。1999年中央电视台将在凤凰卫视的所有股份出让给中国银行，华颖国际也成为中国银行旗下全资子公司。之后，周一男离开凤凰卫视，并在深圳创立了自己的广告公司。

③ 2004年6月，卢敬德等4人在合伙开设的网站中设立了成人影片专区，提供了21部淫秽影片供下载，到7月10日网站被公安机关关闭时，这些淫秽影片的实际点击下载次数已达17242人次。同时，该网站还通过传播淫秽物品、发展付费会员的方式，牟利人民币710.5元。

物品的案件。

9 月 10 日 包括郭晶晶、田亮、胡佳、彭勃、杨景辉、吴敏霞、苏丽诗、李婷在内的"梦之队"的全体奥运冠军，以及游泳奥运冠军、百米"女蛙王"罗雪娟等一行到深圳，受到深圳市民的热情欢迎。

△ 实行雇员制管理、面向社会公开招聘的深圳南山区中小企业资讯服务中心主任邹琦上岗，这是深圳市诞生的第一名政府雇员。

9 月 11 日 考古专家以"碳 14"方式对深圳刚出土的文物进行考证。北大考古学博士、博物馆考古人员李海荣等专家据此推测出深圳有 6000～7000 年的文化历史，珠江文明的产生时间及历史不比黄河文明、长江文明晚。

9 月 13 日 一部讲述青少年时期的邓小平赴法求学故事的电影《我的法兰西岁月》在深圳会堂首映。

△ 以中国驻纳米比亚大使馆商务参赞袁再青等 25 名参赞组成的驻外商务参赞团抵达深圳考察。

△ 深圳市获得全国科技进步先进市荣誉称号。

9 月 15 日 应中国外文局的邀请，朝鲜外文出版社社长崔景国率团到深圳访问。深圳市副市长闫小培在市民中心会见了到访的客人。

△ 深圳南岭村社区居委会正式揭牌，与南岭村一同"村改社"的还有布吉、坑梓两个街道的 19 个村。至此，龙岗区全部 10 个"镇改街"中的 91 个村完成了"村改社"工作，龙岗区已无村一级建制。

9 月 16 日 美国休斯敦市"园博会"考察团一行 5 人到深圳国际园林花卉博览会参观。

9 月 17 日 深圳市民主党派换届工作拉开序幕。

△ 第四届全球脑库论坛在深圳五洲宾馆举行，外国政要、智库专家和工商人士围绕"活力中国与全球区域经济整合"主题展开对话和交流。

△ 深圳市物价局举行出租车运价调整听证会。

9 月 21 日 广东省委副书记、深圳市委书记黄丽满主持召开市委常委（扩大）会议，传达学习党的十六届四中全会精神。

△ 深圳港迎来了一艘以"深圳"命名的集装箱班轮，"以星深圳"号首次停靠蛇口集装箱码头。

9 月 22 日 中国致公党深圳市第四次代表大会召开。

9 月 23 日 中共中央政治局委员、国务院副总理曾培炎在深圳"园博园"宣布第五届中国国际园林花卉博览会开幕。

△ 应深圳市政府邀请，澳大利亚布里斯班市议长凯温·比安奇和市长首席经济顾问保顿·沙尼率企业代表团一行22人抵深访问。深圳市副市长陈应春会见了代表团一行。

△ 深圳市水务（集团）有限公司与法国威立雅水务集团合资挂牌仪式举行。

△ 深圳在全国首创信访督察专员制度，新提拔的副局级领导干部都要到信访办挂职锻炼3个月。首批信访督察专员今日到市信访办上岗。

9月24日 深圳市质量技术监督局副局长郭晓渝等3名新提拔的副局级干部，作为深圳市首批"信访督察员"到市信访办挂职锻炼。

△ 深圳盐田港三期工程4个泊位全部建成，码头总泊位数增至9个。

9月25日 中国民主同盟深圳市第四次代表大会在市政协礼堂召开。

9月27日 广东省委常委、深圳市市长李鸿忠在五洲宾馆亲切会见了南非共和国副总统雅各布·祖马一行。

△ 2004年深港高层质量论坛在深圳市民中心举行。

9月29日 "祝福祖国"——深圳市庆祝中华人民共和国成立55周年大型歌会在深圳体育馆举行。

△ 截至9月29日，宝安、龙岗转身份为居民的27万原村民中，适应条件的13.7万人全部加入城镇养老保险体系，3.7万老人已开始按月领取养老保险金，实现了城市化人员养老保险参保率和待遇发放率两个100%的目标。至此，深圳成为国内首个实现农村城市化人员与城镇居民基本养老保险一体化的城市。

9月30日 深圳市副市长吕锐锋会见到深圳访问的密克罗尼西亚联邦前总统得奥·法尔卡姆一行。

△ 2004中国物业管理高峰论坛在深圳五洲宾馆举行。

△ 深圳市委、市政府决定，对原有三家市级资产经营公司（市投资管理公司、市建设控股公司和市商贸控股公司）进行调整，组建新的"深圳市投资控股有限公司"。原由资产经营公司行使的出资人职能上收到市国资委。

10月2~10日 中共中央政治局委员、广东省委书记张德江率中国共产党代表团前往南非、埃及、阿尔及利亚三国访问，广东省委副书记、深圳市委书记黄丽满等陪同出访。

10月3~9日 以深圳市副市长闫小培为团长的市政府代表团启程，参加在埃及举行的"中华文化北非行——深圳文化周"活动。

10月4日 "中华文化北非行——深圳文化周"在埃及开罗开幕。

10月10日 广东省委常委、深圳市市长李鸿忠在五洲宾馆会见并宴请由韩国光阳市市长李圣雄、议长南基昊率领的韩国代表团一行。

10 月 11 日 广东省委常委、深圳市市长李鸿忠在五洲宾馆会见应邀参加第六届"高交会"的美国国际数据集团（IDG）董事长麦戈文一行。

△ 深圳市与韩国光阳市缔结"友好城市"签约仪式在深圳五洲宾馆举行。

10 月 12 日 第六届中国国际高新技术成果交易会在深圳隆重开幕。中共中央政治局委员、国务院副总理吴仪会见出席高交会的重要外宾，并出席开幕式、视察展馆，强调要继续办好高交会，进一步推动高新技术产业的发展。

10 月 13 日 广东省委常委、深圳市市长李鸿忠在五洲宾馆会见到深圳访问和参加第六届"高交会"的澳大利亚布里斯班市市长坎贝尔·纽曼一行。

△ 深圳市科技和信息局与泰国国家科技开发署分别代表深圳市政府和泰国科技部，正式签署了双方全面科技合作备忘录。

△ 深圳市副市长刘应力在五洲宾馆会见并宴请到深圳访问的美国加利福尼亚州代表团一行 33 人。

△ 深圳市高新技术产业园区迎来 3 件喜事：金蝶软件研发中心奠基、赛百诺基因治疗药物生产基地开工、生物孵化器启动。

10 月 14 日 国家商务部副部长魏建国，广东省委常委、深圳市市长李鸿忠，深圳市副市长刘应力出席"深圳国际科技商务平台"正式启用仪式。

△ 深圳国家软件出口基地在深圳高新区内的深圳软件园揭牌，IBM、甲骨文、微软、惠普、ZENSAR、华为、中兴、金蝶等国内外多家知名软件企业入驻。

△ 全国首个创投博士后站在深圳设立。

10 月 15 日 深圳与昆明签署海铁联运合作协议。

10 月 16 日 首届跨国电子产品（深圳）博览会开幕。

10 月 19 日 首届中国深圳廉政文化论坛正式拉开帷幕。

△ 深圳市有 5 个社区获得"第八届国际花园城市暨国际花园社区"的"国际花园社区"金奖。

△ 刘盛纲、陈俊亮、钱清泉、陈肇元 4 位院士受聘为深圳大学"双聘院士"。他们每年必须在深圳工作 3 个月时间。

10 月 21 日 广东省委常委、深圳市市长李鸿忠在威尼斯酒店会见了法国国际投资巡回大使、法国对外投资部主席盖马赫夫人一行，宾主双方就进一步推动深圳与法国在投资领域的交流与合作问题进行了亲切友好的交流。

△ 根据深圳女孩妞妞的小说《长翅膀的绵羊》改编拍摄的电影《时差 7 小

时》在深圳大学体育场举行了规模盛大的首映式，此为"妞妞事件"① 的发端。

10月22日 由国务院发展研究中心和深圳市政府共同主办的"2004深圳发展论坛"在五洲宾馆举行。

10月23日 "2004中国改革论坛"在深圳举行，集中探讨在我国经济体制改革全面深化的背景下政府管理体制及协调机制的转型与改革。

10月24日 国家劳动保障部副部长王东进一行在省劳动保障厅厅长方潮贵的陪同下到深圳宝安调研考察劳动关系状况。

10月26日 广东省委常委、深圳市市长李鸿忠代表深圳市与英国伦敦金融城市长付博德在五洲宾馆签署了两市合作备忘录。

10月27日 中共深圳市委三届九次全体（扩大）会议召开。

10月28日 深圳市召开违法建筑清查工作暨"城中村"改造动员大会，把违法建筑、违法用地清查和城中村改造工作作为贯彻四中全会精神、加强执政能力建设的重要战役进行部署。

10月29日 《深港史料丛刊》编撰成果专家评审会在宝城都之都大酒店举行。国家著名文史专家陈祖武、李致忠、许逸民，广东省方志办副主任侯月祥，深圳市文管办专家以及区委副书记邱秋华，区文化局、档案局领导参加会议。评审会对区文化局、档案局在整理、校注康熙、嘉庆两种《新安县志》所做的努力及其取得的成果给予充分肯定，会议认为区文化局、档案局对清康熙、嘉庆两种《新安县志》进行大规模的整理校注，不仅是学术领域内的重要事件，也开创了新时期方志整理之先河。

10月30日 "全国儿童文学创作会议"在深圳召开。

10月30日～11月2日 中共中央政治局常委、国务院副总理黄菊在中共中央政治局委员、广东省委书记张德江，广东省委副书记、广东省省长黄华华的陪同下，在深圳、珠海等地考察。

10月31日 广东省委常委、深圳市市长李鸿忠在五洲宾馆会见了出席第六届全国优秀儿童文学奖颁奖活动的中国作协党组书记、副主席金炳华一行。

△ 第五届"深圳读书月"启动。

△ 第六届全国优秀儿童文学奖颁奖暨第五届深圳读书月启动晚会在深圳电视台演播大厅举行。

---

① 妞妞，原名李倩妮，因出演了自己的小说改编的电影《时差七小时》一举成名。然而，因为涉嫌利用父亲职权摊派电影票、巨额财产无法澄清等，妞妞的成名备受争议。最终，媒体的刨根问底使妞妞的父亲——深圳市委副书记李意珍，不得不通过媒体公开致歉。

△　深圳成立全国首个中学生文联。

△　10 月份深圳海关彻底捣毁了"新美意"走私团伙。该团伙在两年时间里，走私进口保税皮料达 1250 多吨，涉及案值达 5.18 亿元，偷逃国家税款达 1.33 亿元。这是深圳海关历史上在加工贸易渠道案值最大的一宗走私案件。

△　深圳市政府着力搭建"走出去"服务平台，为本土企业抢滩国际市场助力。截至 10 月，深圳共有经批准设立的境外企业和机构 252 家，累计境外投资总额 8.93 亿美元。深圳境外企业和机构已遍布世界五大洲 50 多个国家和地区。

11 月 1 日　深圳市首届童话节在市少年宫正式拉开序幕。

△　深圳证监局率先实施年报审计监管，对会计师的年报审计工作实施全过程、全方位的跟踪监管，督促中介机构切实履行审计责任，实现"借力监管"。

△　全国人大常委会办公厅举办的西藏、甘肃、青海、宁夏、新疆部分十届全国人大代表培训班在深圳举行，全国人大常委会副委员长司马义·艾买提出席开班仪式并讲话。

11 月 2 日　国务院副总理黄菊在深圳考察。

△　国家发展改革委副主任张晓强考察西部通道建设工程和大铲湾集装箱码头项目。

△　深港合作情况汇报会第一次会议顺利举行，深圳市港澳事务办公室作为牵头单位，建立关于深港合作事项的详细资料库，对合作情况进行动态跟踪。

11 月 3 日　深圳市政府与国家开发银行在五洲宾馆举行仪式，共同签署《开发性金融合作框架协议》。

△　由中国孙子兵法研究会主办的"第六届孙子兵法国际研讨会"在深圳召开。

11 月 4 日　香港特别行政区行政长官董建华率领其国际"高参"，在广东省委副书记、广东省省长黄华华，广东省委常委、深圳市市长李鸿忠，深圳市副市长刘应力等陪同下考察深圳。

△　深圳市科学技术奖励暨科技专家委员会换届大会在五洲宾馆隆重举行。黄丽满、李鸿忠等市领导出席会议，为荣获 2004 年"深圳市市长奖"、"深圳市技术发明奖"和"深圳市科技进步奖"的获奖代表颁奖，并给新一届市科技专家委员会委员颁发聘书。

△　广东省委常委、深圳市市长李鸿忠在深圳五洲宾馆会见并宴请应温家宝总理邀请对中国进行正式访问的埃塞俄比亚总理梅莱斯一行，宾主双方进行了亲切、友好的交谈。

△ 深圳市政府常务会议审议并原则通过了《深圳市行业协会民间化工作实施方案》。

△ 2004年CCTV"中国最具经济活力城市"评选结果揭晓。深圳市成为"最具活力"的十大城市之一。

11月7日 深圳市副市长张思平在五洲宾馆会见来深圳访问的奥地利副总理兼联邦交通创新技术部部长戈尔巴赫一行13人。

△ 深圳交通部门决定在交通干线路网实行编号命名：横向（东西走向）为偶数编号，由南向北依次编号；纵向（南北走向）为奇数编号，由西向东依次编号。

11月8日 为期4天的第三届中国（深圳）消费商品采购大会、第六届中国连锁店展览会开幕。

11月10日 广东省委常委、深圳市市长李鸿忠在五洲宾馆会见了日本住友电工株式会社董事会长冈山纪男一行，宾主就进一步加强合作等事宜进行了亲切交谈。

△ 由德国纽伦堡地区各市、县和深圳市政府联合主办的"纽伦堡地区文化周"在深圳五洲宾馆隆重拉开序幕。

△ 由深圳市政府牵头主办的"推进厦深铁路建设沿线八市市长联席会议"在麒麟山庄召开。八市市长签署了联席会议备忘录，表示力争2006年前完成项目前期工作并开工建设，2010年建成通车。

11月11日 广东省委副书记、深圳市委书记黄丽满主持召开中共深圳市委三届十次全体会议。会议审议通过了《关于召开中国共产党深圳市第四次代表大会的决议》及相关事宜。

△ 香港东亚银行罗湖支行正式开业，成为港资银行进入深圳22年来第一家获准开设的支行。深圳银监局局长于学军认为此举标志着港资银行正式进军深圳金融零售市场。

11月12日 1000多名来自香港及珠三角地区的工业界领袖、厂商和政府官员欢聚五洲宾馆，出席粤港两地工商界一年一度的盛会"2004香港珠三角工商界联合晚会"，共谋粤港、深港经济合作发展大计。

△ 深圳市慈善会正式成立，并选出了第一届理事会。

△ 深圳市人口和计划生育专家委员会正式成立，表明市政府开始重视深圳人口问题。

11月14日 首届深圳市文博会增加国家广播电视总局、国家新闻出版总署为主办单位，主办单位变更为四家：国家文化部、国家广播电视总局、国家新闻出版总署、广东省人民政府。原来的主办单位深圳市人民政府变为现在的承办单位。

11 月 15 日 《深圳市综合交通可持续发展战略规划》最终报告正式出台，其国际研讨会在麒麟山庄举行。该课题研究历时 3 年，是国内政府机构首次使用银行贷款进行交通软课题研究。

11 月 16 日 广东省委副书记、深圳市委书记黄丽满，广东省委常委、深圳市市长李鸿忠在五洲宾馆与文化部部长孙家正进行了座谈。

△ 全国文化系统文化产业工作会议在深圳五洲宾馆开幕。这是首次召开的专题研讨文化产业发展的全国性会议。

△ 金庸先生出席深圳读书论坛，在市民中心报告厅畅谈"我的武侠世界"。

11 月 17 日 日立制作所董事会长金井务访深，深圳市市长李鸿忠会见。

△ 深圳市政府常务会议通过了《深圳市融入泛珠三角区域合作实施方案》。该方案首次全面提出了深圳融入泛珠三角区域合作的一揽子计划，构筑了深圳加快区域合作发展的新格局。

11 月 17～21 日 中共中央政治局常委、全国人大常委会委员长吴邦国和随行的中共中央政治局委员、全国人大常委会副委员长王兆国，全国人大常委会副委员长兼秘书长盛华仁，在中共中央政治局委员、广东省委书记张德江和广东省委副书记、省长黄华华，省人大常委会主任卢钟鹤等陪同下，到深圳考察，深入企业、院校和社区了解情况。

11 月 17～19 日 中共中央政治局委员、书记处书记、中宣部部长刘云山在深圳考察，对文化体制改革试点工作进行调研。

11 月 18 日 广东省委常委、深圳市市长李鸿忠在五洲宾馆亲切会见了日本前首相海部俊树及夫人一行。

11 月 18～22 日 为推动中国文化产业的发展，首届深圳国际文化产业博览会今天在深圳隆重开幕。中共中央政治局委员、中央书记处书记、中宣部部长刘云山出席开幕式。

△ 深圳广播电影电视集团与 10 大企业签下了 5 亿元的数字电视机顶盒订单，将免费给深圳市民安装。

11 月 19 日 深圳市事业单位人事制度改革动员大会举行，改革的总体目标是要在事业单位全面建立职员制。

△ "文化发展战略论坛"在深圳举行。此次论坛的主题是"文化发展战略与全面建设小康社会"，旨在深入贯彻落实十六届四中全会关于加强文化发展战略研究的要求。中共中央政治局委员、书记处书记、中宣部部长刘云山发来贺信。

11 月 21 日 中共中央政治局常委李长春在深圳考察。李长春一行考察了首届

"文博会"展馆及"文博会"大芬油画村分会场。

△ 国际狮子总会会长克里门·库西亚克访问深圳。

11月24日 深圳足球队夺得首届中超联赛冠军。

11月25日 广东省委副书记、深圳市委书记黄丽满深入盐田区调研违法建筑清查和城中村改造工程，并强调要态度坚决、方法稳妥、规划先行、务求实效。

11月26日 深圳市东部人力资源市场启用。

△ 全国人大常委会委员、全国人大农业与农村委员会副主任委员路明率调研组来深圳调研统筹城乡建设与发展情况。

11月27日 全国文化先进社区命名表彰暨经验交流会在深圳福田会堂召开，会上命名并表彰了首批"全国文化先进社区"，深圳市福田区皇岗社区、南山区北头社区榜上有名。

△ 来自亚太地区近30个国家和地区的环境记者组织代表和中国主流媒体的上百名记者、专家学者及社会各界代表齐集深圳，出席亚洲太平洋地区环境新闻工作者协会第十六次代表大会。

11月30日 在深圳市民营经济工作会议上，市政府公布《深圳市民营及中小企业发展专项资金管理暂行办法》，并表彰"民营50强"。

12月1日 深圳创维集团董事长黄宏生①接受香港廉政公署调查。

△ 深圳市科技和信息局正式退出科技成果鉴定领域，深圳市所有科技成果交由社会科技中介机构鉴定。

12月2日 "明思克航母世界"②宣布破产还债事件曝光。

12月3日 深圳市委副书记、政法委书记庄礼祥在五洲宾馆会见了以越南共产党中央委员、中央内部政治保卫部副部长阮晋权为团长的越南代表团一行。

△ 深圳市正式出台《推动保险业创新发展若干意见》，这是全国首个重点扶

---

① 黄宏生，1956年生于海南临高，1977年考入华南理工大学无线电工程系，1989年在香港注册成立遥控器厂，取名创维。经过10多年的发展，创维成为国内彩电业三强，2003年产销彩电820万台，集团销售额120亿元，出口创汇2亿多美元。黄宏生和创维数码董事局执行董事黄培升被立案起诉，两人被控一项串谋盗窃罪名，控罪指出两被告涉嫌于2000年11月至2003年4月期间，与另一名人士串谋盗窃9张从"创维"的银行户口签发的支票，涉款总额为48378169.99元。

② 明思克航母世界坐落在深圳市沙头角海滨，毗邻闻名遐迩的中英街，是中国乃至世界上唯一的一座以航空母舰为主体的军事主题公园，被授予"全国科普教育基地"及"广东军事科普教育基地"。明思克航母世界由深圳市明思克航母实业有限公司投资数亿元人民币，以苏联退役航空母舰"明斯克"号为主体兴建而成，集旅游观光、科普教育、国防教育于一体。2005年2月28日上午，深圳市中级人民法院正式宣布终审裁定结果：深圳市明思克航母世界实业有限公司破产还债，由市中级人民法院指定清算组对破产企业进行接管。

持保险业发展的指导意见，声称要用 5 年时间把深圳建成全国保险中心城市。

12 月 4 日 中国足球超级联赛在深圳进行了首个赛季的最后一轮的比赛，主场作战的深圳健力宝以 2∶2 与大连实德队战平，最终深圳队在积分榜上积 42 分成为首届中超冠军。

△ 第九届国际电机电子零部件采购展览会暨第二届中国华南电机电子零部件供应展览会在深圳召开。

12 月 5 日 在我国加入 WTO 三周年、深圳市世经贸组织事务中心成立两周年之际，深圳市世经贸组织事务中心顾问委员会 2004 年年会在深圳五洲宾馆召开，全国政协原副主席王文元出席并讲话，来自国内外数十位的专家共同探讨 WTO 事务。

12 月 6 日 有"深圳物流旗舰"之称的华南国际工业原料城，迎来了首批千余户商家进驻。

△ 两宗手机诈骗学生家长案件在深圳开庭。

12 月 7 日 中共中央政治局委员、广东省委书记张德江到深圳，看望了在深圳视察和休息的全国政协副主席李贵鲜、全国政协原副主席王文元。

12 月 9 日 2004 年中国证券投资基金国际论坛在五洲宾馆隆重举行。中国证监会主席尚福林出席开幕式，并做了题为《中国基金市场的发展与创新》的演讲。

△ 深圳市民当日起出国经商和旅游可选用一种新型信用卡——牡丹运通卡，该卡是由中国工商银行与美国运通公司合作推出的。

△ 广东省委常委、深圳市市长李鸿忠在五洲宾馆会见了在深圳调研的海关总署署长牟新生、副署长孙松璞一行。

12 月 11 日 由博鳌亚洲论坛与深圳市政府主办、深圳商报社承办的为期 2 天的"博鳌亚洲论坛 2004 深圳国际物流人会"在五洲宾馆隆重开幕。博鳌亚洲论坛理事长、菲律宾前总统拉莫斯，广东省委常委、深圳市市长李鸿忠出席开幕式并致辞。博鳌亚洲论坛秘书长龙永图主持了大会。

12 月 12 日 广东省委常委、深圳市市长李鸿忠在五洲宾馆会见了到深圳访问的英国前首相约翰·梅杰一行。

△ 全球最大的 IT 企业 IBM 公司和中国最大的 IT 出口产品制造企业中国长城计算机集团公司，在北京钓鱼台国宾馆举行签字仪式暨新闻发布会，正式宣布共同出资组建长城国际系统科技（深圳）有限公司，携手在深圳打造 IBM 全球重要的服务器生产基地。

12 月 13 日 深圳市产权交易中心出租车营运牌照交易部称：深圳市建市以来首单的士牌照转让交易，在市产权中心出租车营运牌照交易部得到确认。深圳市运用市场杠杆规范的士行业管理迈出新一步。

12 月 15 日 西门子（中国）有限公司与方圆医学发展（深圳）有限公司签订了"PET/CT 设备及回旋加速器设备合同"及"战略伙伴合作框架协议"。

12 月 16 日 "深圳—以色列高科技合作洽谈会"在深圳举行。

12 月 17 日 深圳市外商投资企业协会 2004 年会员大会暨 2003 年度全国外商投资先进企业表彰大会在五洲宾馆隆重举行。深圳共有鸿富锦精密工业（深圳）有限公司等 206 家企业在"全国外商投资双优企业""全国外商投资先进饭店"评比中获奖。

△ 深圳招商局集团宣布取得深圳南油集团 76% 的股权。

12 月 18 日 全国档案工作标准化年会在深圳举行。

△ 深圳筹建全国首个数字档案馆。

△ 由沈阳铁路分局担当的沈阳北—深圳 T188/5、T186/7 次特快列车首列运行。

12 月 19 日 深圳市音乐家协会合唱团举行庆祝建团 20 周年音乐会。

△ 深圳市气象台称，到 12 月 18 日为止，深圳全年降雨量仅为 1299 毫米，是 1963 年以来最干旱的一年。

12 月 20 日 深圳—沈阳北的 T186 次列车于当日 21 时 13 分从深圳站首发，结束了深圳到东北地区没有直达列车的历史。

△ 深圳石化集团原董事长陈永庆①案被提起公诉。

12 月 20 日 江西省委副书记、常务副省长吴新雄率领宜春市招商团到深圳福永高新技术产业园区参观，并深入多家企业，谋求优势互补、互惠互利的合作空间。

12 月 21 日 经过国家公安部和科技部专家组评选，深圳市被确定为全国首批 21 个创建"科技强警示范城市"之一。

△ 全长 56.94 公里的深惠沿海高速公路奠基。

12 月 22 日 深圳市人大代表杨剑昌②当选首届中国"十佳维权卫士"。

12 月 24 日 深圳市首个民营控股水务公司深圳市大工业区水务有限公司成立签约仪式在水源大厦举行。

△ 巫培芳等 29 位青年被授予"深圳青年创业奖"。

12 月 25 日 深圳—南昌海铁联运，开行"五定"班列。

---

① 2003 年 11 月曾受到深圳市纪委训诫和谴责的原深石化董事长陈永庆，因在工程招投标问题中触犯法律被深圳市检察机关立案侦查。

② 广东省深圳市罗湖区消费者委员会工作人员杨剑昌积极为广大消费者排忧解难。3 年多时间内，他经手查结的投诉案就有 600 多宗，其中 100 万元以上的大案 9 宗，10 万元以上的案件 32 宗，被消费者称为"护法英雄"，并荣获由中消协组织评选的"全国十佳受理投诉工作者"称号。

12 月 27 日 深圳市政协主席李德成在深圳五洲宾馆会见了埃塞俄比亚议会联邦院议长穆拉图·特肖梅一行。

12 月 28 日 深圳地铁一期工程①建成通车，仪式在罗湖站举行，中共中央政治局委员、广东省委书记张德江参加。

△ 在深圳市中心区广电大厦举行的深圳移动电视开播仪式上，深圳市委常委、宣传部部长王京生亲手启动移动电视开播闸，一个全新的数字电视媒体"深圳移动电视"宣告成功开播。

12 月 29 日 深圳市委、市政府在深圳会堂隆重召开全市社区工作会议。

12 月 30 日 深圳市纪委召开新闻发布会，通报原罗湖区公安局局长安惠君②严重违纪违法案件，安惠君受贿 200 余万元，并被传向下属索取性贿赂。

△ 广东省社会科学院召开新闻发布会，宣布 2003 年广东省 21 个地级以上市"综合竞争力"排名情况，珠三角地区深圳市为第一名，其后依次为广州、珠海、东莞、佛山、惠州、中山、江门等市。

△ 深圳市第三届人大常委会第三十五次会议通过《深圳市预防职务犯罪条例》，对"领导干部引咎辞职制""新闻媒体监督"做出明确规定。

△ 历经 4 次审议的《深圳市学校安全管理条例》获得深圳市三届人大常委会第三十五次会议通过。该法规明确规定了学校、家长与社会各有关方面的管理职责，对保障学生的人身安全，预防和处理学生安全事故具有重要意义。

12 月 31 日 广深铁路四线工程破土动工，这是中国第一条四线铁路。

△ 中粮集团与宝恒集团③股权转让协议在都之都大酒店正式签署。根据协议，中粮集团以现金收购深圳宝安区投资管理有限公司持有的深宝恒 59.63% 的股权，总价款为 7.8 亿元。转让后，中粮集团成为深宝恒第一大股东。

---

① 深圳地铁一期工程全线长 21.87 公里，地铁时速 80 公里，总投资 115.53 亿元，共有 20 个车站。深圳地铁一期工程施工共创造了 9 项中国地铁建设史上的新纪录，其中罗湖站以总建设面积达 5 万平方米居亚洲之首。深圳成为国内继北京、上海、广州、天津之后第 5 个开通地铁的城市。

② 安惠君在任深圳市罗湖公安分局局长期间，将手中的权力化成"官帽交易场"，15 名下向其行贿 180 万元后，均得以保住职位或提拔到所长、处级干部等位置。此外安惠君还利用兴建指挥中心大楼、采购汽车之机，收受商人贿赂 30 万港币。深圳市检察院将其以受贿罪提起公诉，安惠君民共收受 17 人贿赂，累计数额达 210 余万元。

③ 宝恒集团是由区投资管理有限公司控股的上市公司，总股本为 4.66 亿股，其中区投资管理有限公司持有该公司 2.78 亿国有股，占总股本的 59.63%。2003 年年底该集团总资产为 17.06 亿元，净资产为 10.82 亿元，2003 年实现净利润 8511 万元，每股收益 0.185 元。受让宝恒集团股权的中国粮油食品集团有限公司是国务院直属的大型国有独资企业，该集团连续 10 年入选美国《财富》杂志全球 500 强，2003 年入选中国企业 500 强，列第 9 位，列全国粮油食品行业第 1 位。2003 年，中粮集团总资产为 469 亿元，净资产为 140 亿元。

2005 年

1月1日　试运行第一周的深圳地铁面临元旦假期的严峻考验，14 时 30 分，深圳地铁一辆列车发生技术故障，紧急停靠在地铁岗厦站，2000 名乘客被困，全线停止运营 42 分钟后，地铁恢复正常运营。

△　深圳市民邹涛在深圳新闻网发帖，自荐直选市人大代表。

△　2004 年深圳市税收首破千亿大关，全年全口径税收达到 1183 亿元。

△　《深圳市事业单位职员管理办法（试行）》开始施行，规定事业单位将实施职员制。

1月2日　中国建筑材料工业协会公布了"中国建材 20 强企业名单（2003 年度）"，南玻集团成为深圳唯一上榜企业。

1月4日　深圳启动全国首个行政许可电子监察系统，窗口工作人员超时限将被红黄牌警告。

1月5日　深圳市港务局宣布，深圳港 2004 年集装箱吞吐量达 1365 万标准箱，仍居全球第四。

1月6日　广东省省长黄华华在深圳考察，要求深圳做大装备制造业。当晚，国务院总理温家宝出访回国，在深圳短暂停留，次日，中共中央政治局委员、广东省委书记张德江，省长黄华华及黄丽满、李鸿忠陪同考察深圳迈瑞电子、大亚湾核电站等企业。

△　深圳市少儿救助保护中心成立。

1月7日　中共深圳市委书记黄丽满、市长李鸿忠分别在深圳大学、深圳职业技术学院发表演讲。

△ 中共中央政治局常委、国务院总理温家宝在出席东盟地震和海啸灾后问题领导人特别会议后途经深圳,考察了深圳的企业,他指出:深圳特区要进一步落实科学发展观,发挥优势,加快发展,在全面建设小康社会的进程中更好地发挥示范作用。

△ 深圳市土地储备中心挂牌成立。

1月8~9日 深圳市富丽华展览有限公司承办的首届"广东省绿色商品年博会暨美食节"在深圳体育馆举行。

1月11日 辽宁省委副书记、大连市委书记孙春兰率领大连党政代表团一行抵达深圳考察。

1月12日 海关统计数据显示,2004年深圳市实现外贸进出口总额1473.1亿美元,同比增长25.5%;其中外贸出口778.6亿美元,同比增长23.7%。外贸出口连续12年居全国大中城市首位。

1月13日 中共深圳市委三届十一次全体(扩大)会议召开,黄丽满、李鸿忠讲话提出"和谐深圳""效益深圳"两个概念。

1月14日 中共中央政治局常委、国务院总理温家宝近日在考察深圳大亚湾核电站时指出,党中央、国务院高度重视核电发展,要按照国家发展能源的决策和部署,积极推进核电建设。

1月16日 深圳首次推出春运火车订票热线(95105160),首日售出1.5万多张火车票,4小时内有89万人次电话订票。

1月17日 以柬埔寨奉辛比克党秘书长、政府副首相诺罗敦·西里武亲王为团长的代表团一行14人来深圳访问。

△ 深圳航空公司开通深圳—吉隆坡国际客运航线,这是深圳本地航空公司第一条国际航线。

△ 深圳铁路公安处捣毁一个春运诈骗团伙。

1月18日 由中审会计师事务所组成的清算组进驻深圳大鹏证券。这是首家会计事务所承担证券公司清算。

△ 皇岗—香港落马洲口岸第二公路桥与沙头角口岸第二公路桥正式启动。

1月19日 深圳市政协副主席刘涛①因违纪被撤销职务。

△ 深圳巴士集团成立并投入运营,香港九巴参股。

---

① 刘涛在任深圳市委组织部副部长、市委常委、市委组织部部长和市委副书记期间,利用职务便利,向四家国有企业领导打招呼,使其子获取建设工程,从中牟利;对深圳市委组织部"经理人才大厦"工程中发生的违纪违法问题负有重要领导责任;此外,还有违反规定收受他人礼金的错误。

△ 备受深港两地关注的深港口岸三座跨境桥——皇岗—落马洲第二公路桥、沙头角口岸第二公路桥、罗湖口岸人行桥改造顺利竣工，正式开通。

1月21日 广东省委副书记、深圳市委书记黄丽满，省委常委、深圳市市长李鸿忠等率慰问团专程赴广州，先后到广州军区、广州区空军、广东省军区、省武警总队、省公安边防总队、海军广州基地等处慰问。

1月22日 正在筹建当中的新华保险控股公司在深圳举行了新华保险大厦揭牌仪式，此举标志着新华保险集团正式进军深圳市场。

1月24日 由墨西哥参议院议员、边境事务管理委员会主席杰弗里·琼斯率领的参议院代表团访问深圳。

1月25日 深圳市日本经贸代表处在东京挂牌成立。

1月26日 一对同染艾滋病的情侣在龙岗南澳街道办前讨要回家路费，得到街道办的帮助，关于艾滋病患者的管理问题受到关注。

1月27日 深圳地铁3号线正式启动。

1月28日 广东省十届人大三次会议结束，深圳市委书记黄丽满当选省人大常委会主任。

△ 4家深圳市属国有企业签订经营者和员工持股改制协议，国企改革迈出一大步。

△ 深圳市罗湖区人大常委会审议决定罢免安惠君市人大代表资格。

1月29日 深圳首个具备"车港"功能的综合交通枢纽——福田交通枢纽换乘中心破土动工，预计2007年投入使用。

△ 南光高速公路工程正式破土动工，该路是深圳规划的"一横八纵"干线路体系中的"一纵"，估算总投资28.76亿元，计划2007年建成通车。

1月31日 深圳银监局公布《2005—2009年深圳银行业发展与监督五年规划》。

△ 深圳市总商会换届，张思民当选总商会会长。

2月1日 深圳成立首所救助学校，对被救助流浪儿童进行教育。

2月2日 深圳市首届市长质量奖颁发，华为公司获得该奖项。

△ 深圳东部地区第二过境通道——东部沿海高速公路莲塘至盐田段（深盐二通道）破土动工，该工程总投资17亿元，计划2006年年底通车，建成后免费通车。

△ 广东省人大常委会主任、广东省委副书记、深圳市委书记黄丽满，省委常委、市长李鸿忠率深圳代表团访问考察上海。

2月3日 纳米比亚总检察长彭杜克尼·伊塔娜率检查代表团到深圳访问。

2月4日 深圳市举行首例以没收的行政处罚方式处理违法建筑的听证会。

2 月 5 日 统计数据显示，2004 年深圳高新区工业总产值首次突破 1000 亿元大关，达到了 1088.37 亿元。

△ 日本筑波市市长市原健一率团访问深圳。

2 月 6 日 中国人民解放军驻澳门部队司令员刘联华少将、政委杨忠民少将率团来深圳。

△ 深圳市高新办披露的统计数据显示，2004 年深圳高新区工业总产值达到 1088.37 亿元，同比增长 21.5%。深圳高新区面积仅 11.5 平方公里，创下了每平方公里土地工业总产值 94.6 亿元的成绩，单位面积产出在全国 53 个国家级高新区中首屈一指。

2 月 8 日 6 时 30 分，罗湖口岸与深圳地铁实现无缝对接。

2 月 15 日 《人民日报》头版头条报道深圳开始从"速度"转向"效益"，万元新增贷款带来 GDP 增量同比提高 4.0%，万元 GDP 能耗低于世界平均水平。

2 月 17 日 广东省委常委、深圳市委书记李鸿忠等会见日本永旺集团董事长常盘敏时一行。

2 月 18 日 深圳市政府召开东部海滨地区规划发展专题会议，表示启动大鹏湾半岛开发时机成熟。

△ 香港中旅董事长车树剑宣布将在深圳建中旅内部总部。

2 月 19 日 深圳宝安西乡一溜冰场发生大火，造成 3 死 10 伤。

2 月 20 日 友邦保险公司驻深圳分公司总经理在香港遇刺。

2 月 21 日 由深圳六人组成的中国首支私人帆船队"骑士号"起航，计划从法国横跨欧非亚三大洲回国。

2 月 23 日 英国财政大臣戈登·布朗一行访问深圳，深圳市市长李鸿忠接见。

2 月 24 日 深圳发生 1992 年以来的罕见大雾，能见度仅 200 米。

2 月 25 日 《他改变了中国：江泽民传》一书作者、美国花旗集团执行董事罗伯特·库恩到深圳宣传。

2 月 26 日 深圳平乐骨商科医院前院长郭春园去世，之后深圳媒体掀起了对他进行表扬的热潮。

△ 2004 年深圳市 IC 设计业总额突破了 25 亿元，占全国 IC 设计业总产额的 23%，居全国各大城市首位。深圳正在中国 IC 产业链的上游构筑"高地"。

2 月 27 日 美国太空探险公司和香港太空旅游公司在深圳签约，透露一深圳人报名亚轨道飞行。

2 月 28 日 深圳公布《深圳市劳务工合作医疗试点办法》，首批试点确定在布吉、龙岗、龙华和沙井四个街道办辖区企业进行。

　　△　深圳中级人民法院裁定"明思克航母世界"破产。

　　3月1日　《深圳市劳务工合作医疗试点办法》正式出台，劳务工合作医疗制度同时启动。

　　3月2日　深圳医生郭春园被追授"人民健康好卫士"称号。

　　△　深圳举行听证会，拟将最低工资标准提高。

　　3月4日　以自荐候选人身份当选福田区人大代表的深圳高级技工学校校长王亮，因涉嫌滥发钱物、购买购物卡被监察部门立案调查。

　　3月7日　广东省省长黄华华在北京全国两会[①]上透露，连接香港、深圳和广州的"广深港高速铁路"，有望2005年年底动工。

　　3月8日　深圳CBD[②]暨福田投资环境推介会在香港举行，深圳市贸工局和福田区政府隆重推出了深圳CBD、深圳会展中心、泰然工贸园区、福田保税区等重点项目，希望加强深港合作，实现两地双赢。

　　3月10日　美国联合银行[③]深圳代表处开业，这是深圳3年来开业的第一家美资银行。

　　3月11日　深圳罗湖法院首创刑案听证制度。

　　3月13日　中央纪委、中央组织部巡视组抵达深圳开展巡视工作。

　　3月16日　2005年全国十佳劳伦斯冠军颁奖典礼系列活动在深圳举行。

　　3月17日　中共广东省委组织部长胡泽君受广东省委委托宣布：黄丽满不再担任深圳市委书记，遗缺由市长李鸿忠接任。

　　3月18日　深圳首个天然气电厂在大鹏破土动工，一期工程供电可达42亿千瓦时。

　　3月19日　在深圳高交会馆举行的应届毕业生招聘会，爆发数千人游行示威封堵深南大道事件。

　　3月21～24日　首届中国国际新闻摄影比赛（华赛）在深圳举办，中国《深圳商报》记者余海波的《深圳青年的音乐冲动》等14幅作品获金奖。

　　3月22日　深圳市审计局公布2004年度8个绩效审计项目的审计结果，标志着

---

　　①　两会是全国人民代表大会和中国人民政治协商会议全国委员会的简称。

　　②　CBD是Central Business District的英文简写，意为中心商务区。

　　③　联合银行集团是美国以华人社区为主要服务对象的最大商业银行，专为各行业的中小企业和专业人士提供商业贷款服务，总资产约55亿美元。其共设有42家分行办事处，遍布各大城市，而在布鲁克林、纽约及香港则各设有一间分行。

深圳市正式实行审计结果公告制度。

3 月 23 日 英特尔公司以软件著作权遭侵犯为由，向深圳市东进通讯技术股份有限公司索要高达 796 万美元的巨额赔偿，深圳市中级人民法院对此案进行了不公开审理。此案被称为"2005 年国内 IT 界知识产权第一案"。

3 月 24 日 深圳长城盛世家园小区业主追讨公用设施专用基金终审胜诉，600 万住宅养老金归业主。

3 月 25 日 中共深圳市委工作会议举行，李鸿忠发表长篇讲话大谈改革，提出"以特别之为，立特区之位"，此被视作李鸿忠的就职演说，并且，他在演讲中透露市政府将设改革办。就此，外地媒体认为深圳提出了"新特区主义"，深圳本地则称其为"新特区意识"。

△ 应财政部金人庆部长邀请，肯尼亚财政部长穆维拉里阿率团访问深圳。

3 月 26 日 由深圳市发展和改革局编制的《深圳市 2005—2006 年产业导向目录》公布，高新技术产业、先进制造业、现代服务业和基础产业四个方面共 430 个系列项目列为政府鼓励发展项目。

△ 深圳市开通中小学生心理危机干预热线，通过媒体公布热线电话。

3 月 27 日 应外交学会邀请，美国国会议员助手代表团来深圳访问。

3 月 28 日 国家科技奖励大会举行，华为等 7 家深圳企事业单位荣获国家科技进步二等奖。

3 月 29 日 铁道部在深圳召开规划审查会，同意深圳"两线两站"近期实施。

△ 深圳的羊台山森林公园开建。

3 月 30 日 《深圳地铁 1 号线续建工程总体设计》顺利通过专家委员会评审。

3 月 31 日 新加坡内阁资政李光耀一行访问深圳，深圳市市长李鸿忠中午会见并宴请李光耀一行。

4 月 3 日 南山公安分局刑警五中队副队长刘大海等 4 名深圳民警和其他 26 名先遣队队员一起起航飞往海地，这也是深圳民警首次跨国执行联合国维和防暴任务。

△ 深圳直升机师南极凯旋。

△ 4 位香港居民在深圳首获内地法律执业资格。

4 月 4 日 我国首次由政府部门向全社会公开发布的《深圳市标准化状况》白皮书正式发布。

△ 深圳市国土与房产管理局发出《关于规范深圳房地产市场秩序严禁非法炒卖房地产的通告》，以四记重拳打击炒楼行为。四条通告环环相扣，从多个环节堵死了炒楼行为的可能性，保护广大消费者的合法权益。

4月5日 深圳市政府与中国建设银行签署《金融合作框架协议》，建行承诺在未来5年内向深圳市提供总计1000亿元人民币的信贷支持。

4月6日 深圳市政府常委会落实市委决定，布吉、龙华调整为6个街道办事处。

△ 来自佛山的角膜捐献者肖莉的骨灰，以树葬的方式安葬在专门为角膜捐献者种植的"光明树"下。她成为第一位安葬在深圳"光明树"下的外地角膜捐献者。

4月7日 第8届中国风险投资论坛在深圳举行，全国人大常委会副委员长成思危寄望深圳，在自主创新方面大胆突破、率先探索。

△ 广东省委组织部和深圳市委组织部在深圳大学召开干部会议，会议宣读了省委和市委关于深圳大学新一届领导班子成员的决定，章必功为深圳大学校长。

4月8日 深圳首届动漫嘉年华在东门亮相。

△ 由国家开发投资公司和瑞士银行合资的"国投瑞银基金管理有限公司"将落户深圳，这是中国加入世贸组织后设立的第一家外方占49%股份的中外合资基金管理公司。

△ 中国股市第一个覆盖两大市场的统一指数——沪深300指数正式发布。

4月9日 国务委员陈至立在深圳考察。

△ 中共中央政治局常委、中央政法委书记罗干考察深圳。

4月11日 出版的美国《时代》周刊评出2005年世界最具影响力100人，华为总裁任正非入选。

△ 商务部、科技部等部委和深圳市政府联合在京宣布，第七届中国国际高新技术成果交易会将于10月12日至17日在深圳举行。

4月12日 全国人大常委会副秘书长乔晓阳、全国人大常委会法工委副主任李飞、国务院港澳事务办公室副主任张晓明在深圳与香港法律界人士进行座谈，就香港特别行政区行政长官缺位后补选的新的行政长官的任期问题坦诚地交换了意见。

4月13日 从深圳市政府获悉，科技部近日正式发文，批准深圳建设"国家半导体照明工程产业化基地"，这是深圳获准建立的又一国家级高科技基地。

△ 全国首个劳动争议审判庭在深圳成立。

4月14日 华为技术有限公司与尼日利亚通信部在人民大会堂签订了《CDMA450普通服务项目合作备忘录》及华为公司在尼日利亚投资协议，同时中国开发银行作为CDMA450普通服务项目合作备忘录的第三方，签订了针对该项目的2亿美元贷款协议。

4 月 17 日 深圳爆发反日游行。

4 月 19 日 深圳市水务投资有限责任公司成立暨项目签约仪式在五洲宾馆举行。市水务（集团）有限公司与市天健（集团）股份有限公司强强联手，注册资本3 亿元，正式签署《股东协议》，共同成立公司。同时，新成立的市水务投资公司与安徽池州、安徽宣城、江苏常州、广东开平、河南安阳、河南鹤壁六城市有关供排水公司举行项目签约，迈出了进军内地水务市场的重要一步。

4 月 20 日 全国首个新车贷险在深圳推出。

4 月 21 日 深圳市财政金融服务中心与国家开发银行在五洲宾馆签署《深圳市城市化建设专项融资包销协议》。

△ 国家知识产权局向深圳市颁发"国家知识产权试点城市"牌匾，向深圳市高新区颁发"国家知识产权试点园区"牌匾。

△ 受委员长会议委托，全国人大常委会委员、副秘书长乔晓阳在深圳主持召开香港全国人大代表、全国政协委员和香港社会各界人士两场座谈会，听取对香港特别行政区行政长官缺位后补选的新的行政长官的任期问题和全国人大常委会就此进行释法的意见，并与大家进行了坦诚的交流和沟通。

4 月 22 日 市城市规划委员会召开 2005 年度第一次会议，会议审议并一致通过了《深圳精细化工园区规划选址论证》，确定选址坝光。

△ 深圳市行政许可电子监察系统项目在深圳市民中心通过国家验收。

4 月 23 ~ 24 日 全国经济体制改革工作会议在深圳召开，这是中国近年来第一次召开这样的会议。

4 月 24 日 博鳌亚洲论坛秘书长龙永图宣布：博鳌亚洲论坛和深圳市政府决定，双方建立长期战略合作关系。

4 月 26 日 深圳市检察院首次以书面形式公布了对深圳市罗湖公安分局原局长安惠君的侦查情况，明确查实安惠君共收受他人贿赂人民币 31 万元、港币 4 万元。开审后，安惠君承认大部分控罪。

4 月 27 日 盐田国际集装箱码头在香港获得"首届货运物流资讯奖 2005 最佳中国货柜码头"称号。

4 月 28 日 英国电信（BT）下一代网络（被命名为 21 世纪网络——21st Century Net-work）建设设备优先供应商名单在伦敦揭晓，深圳华为公司和思科、西门子、朗讯等 8 家电信设备制造业巨头有幸入围。华为是中国唯一入选企业。

△ 首届"深圳市民环保奖"颁奖。

△ 大亚湾核电运营管理有限公司在法国巴黎举行的法国电力公司（EDF）

2004 年度安全挑战赛上,在总共 4 项评比中,囊括核安全、辐射防护和工业安全三个项目的第一名。

4 月 29 日　深圳市体制改革办公室①挂牌设立,从总体推进和协调改革创新。

△　深圳市三届人大常委会第三十八次会议通过关于废止《深圳经济特区国有资产管理条例》的决定。至此,深圳市实施了 10 年之久的国有资产三级管理模式终结。

△　深圳市宣布在国内率先完成"城市文明指数评价指标体系"的编制,包括关爱指数、安全指数等 82 个指标。

5 月 2 日　深圳市公安局龙岗分局召开新闻发布会,通报了对龙新派出所社区民警擅自悬挂错误横幅一事②的查处情况。龙岗公安分局发言人对龙新派出所社区民警在刘屋社区悬挂带有地域歧视的横幅给河南群众造成的伤害,表示歉意。深圳市公安局和龙岗公安分局认为,这两条横幅用词不当,内容错误,严重伤害河南籍务工人员乃至河南群众的感情,也与建设和谐深圳的要求不相符。

5 月 5 日　建设部部长汪光焘考察深圳地铁。

5 月 9 日　深圳地区国家铁路建设工作领导小组会议召开,表示深圳铁路"两线两站"建设将全面铺开,广深客运专线、新深圳站、深圳集装箱中心站年底动工,厦深铁路 2006 年开始建设。

5 月 10 日　深圳福利彩票公益金使用首次依法评审。

5 月 11 日　深南大道华富路发生煤气爆炸,17 人死伤。

5 月 16 ~ 19 日　中共深圳市第四次党代会召开,提出深圳力争 2010 年左右人均 GDP 达到 12000 美元。市委新班子选出,李鸿忠当选市委书记,谭国箱、白天、李意珍当选市委副书记,全会通过了市纪委一次全会选出的领导机构,谭国箱任书记。

5 月 17 日　中国－东盟电信周大会从上海移师深圳,考察华为和中兴等深圳电信设备厂商。

---

①　简称"改革办"。

②　2005 年 3 月,深圳龙岗警方在辖区怡丰路上悬挂"坚决打击河南籍敲诈勒索团伙"和"凡举报河南籍团伙敲诈勒索犯罪、破获案件的,奖励 500 元"的大横幅。3 月 30 日,《南方都市报》以《派出所挂横幅"打击河南籍犯罪团伙"引争议》为题报道此事件后,在全国范围内引起了强烈反响,同时也引起了全国众多媒体的关注,全国各地的河南籍人更是强烈抗议。4 月 15 日,河南籍公民李东照、任诚宇认为,深圳市公安局龙岗分局的行为侵犯了二人的名誉权而将对方告上法庭,要求其在国家级媒体上公开赔礼道歉,郑州市高新区人民法院经慎重研究后,正式受理这起地域歧视案。全国首例地域歧视案就此诞生。

5 月 21 日　深圳盐田 9 个社区直选居委会主任。

5 月 22 日　深圳市委宣传部、市社科联、深圳特区报组织召开深圳市社科界专家学者座谈会，认真学习市第四次党代会精神。座谈会上，专家学者围绕着李鸿忠同志在党代会上所做的报告，建言献策，各抒己见。

△　被称为中国"第一爆"的渔农村爆破成功。

5 月 23 日　由深圳和香港两地企业共同投资建设的深圳大铲湾港区集装箱码头一期工程日前获得国家发改委正式批复，核准立项。香港航运界人士表示，这标志着深港两地港口合作继续深化。

△　深圳市劳动保障卡正式推出。

△　深圳市荣获"全国社会治安综合治理优秀城市"称号。

5 月 24 日　深圳市民李红光在《南方都市报》A37 版（深圳新闻）自掏腰包花费 1 万元做广告。该广告面向第四届深圳市人大代表、政协委员，寻找代言人，引起轰动。

△　冠丰华陈毅锋①受审。曾头顶冠丰华集团董事局主席、全国十大扶贫状元、省政协委员等光环的"黑老大"陈毅锋在受审时情绪一度严重失控，不仅拒不认罪，甚至拍案叫嚣，咆哮公堂。

△　深圳市政府首次在"两会"期间开展为政协委员提供知情问政服务活动。

5 月 26 日　深圳市发展和改革局、规划局、国土房产局等有关部门获市政府授权，与香港地铁公司签署深圳轨道交通 4 号线特许经营协议等系列协议文本及 2、3 号线合作备忘录，此举标志着香港地铁公司投资深圳轨道交通一事进入实质性操作阶段。

5 月 27 日　深圳地铁 4 号线交香港地铁公司特许经营，签署协议。

5 月 30 日　李德成连任深圳市政协主席。

5 月 31 日　"欢乐谷"成全国首个连锁景区。

△　截至 5 月底，深圳创投资本全国第一，创业资本总额达 130 多亿元，双居全国第一。

6 月 2 日　深圳 7 岁女孩郭思好和 9 岁的男孩胡淙泰出征海口，成功横渡琼州

---

①　自 1993 年以来，陈毅锋先后纠集朱业玲、梁耀榕、张伟健等人，在罗湖区一带逐步形成了以招保安员、消防员的方式扩大势力的犯罪组织。该组织以"冠丰华集团公司"为名，通过违法搭建、寻衅滋事、强占公私财物、非法经营、偷税等违法犯罪活动或其他非法手段获取经济利益，具有较强的经济实力。该组织对其成员采取集中住宿、统一训练等控制方式，并配发水管、消防斧、灭火器、东洋刀等凶器，在陈毅锋等领导下，长期在其强占、非法经营的区域内及周边采用暴力、威胁或者其他手段为非作歹，欺压群众，称霸一方。

海峡，刷新了由北京 10 岁女孩王一妍于 2003 年创下的横渡琼州海峡年龄最小者的吉尼斯纪录。

△ 深圳市四届人大一次会议闭幕，李鸿忠当选市人大常委会主任。新当选的深圳市市长率领 7 位副市长亮相新一届深圳市政府领导班子记者招待会。

△ 深圳市南山区首设人大代表社区工作站。

6 月 3 日 广东省委常委、深圳市委书记李鸿忠主持四届人大常委会第一次主任会议时，指出深圳民主法治建设要走在前列。

6 月 4 日 2004 年深圳市环境状况公报对外公布。深圳市总体空气质量处于良好水平，但酸雨发生频率上升，达到 78.9%。

6 月 5 日 总部位于德国爱尔兰根的西门子输配电集团与深圳宝昌电力有限公司签署合作协议，共同合资组建"深圳西门子中压开关有限公司"。

6 月 6 日 刘应力出任深圳常务副市长，各副市长分工明确。

△ 深圳市规定，出现严重失误的政府部门主要负责人须道歉。

6 月 7 日 深圳四区区委书记易人。

6 月 8 日 深圳市委常委会召开会议，原则通过了《深圳改革开放史》展览大纲。

6 月 9 日 《深圳经济特区物业管理条例（草案）》面向社会征集意见，部分内容引起争议。

6 月 10 日 福田区首推免费婚检。

6 月 12 日 深圳市民张梁登顶珠穆朗玛峰凯旋。

6 月 13 日 深圳龙岗龙东社区居民组长上任半月后遭枪击。

△ "国家半导体照明工程产业化基地"授牌暨世纪晶源核心项目开工典礼仪式，在宝安区光明高新产业园区举行。

△ 广东省委常委、深圳市委书记李鸿忠在五洲宾馆会见了博鳌亚洲论坛秘书长龙永图一行。

6 月 14 日 全球最大的拉链制造商 YKK 集团，将在深圳投资 1.3 亿美元兴建吉田拉链（深圳）有限公司分公司，进一步扩大生产规模。

6 月 15 日 由深圳报业集团、深圳广播电影电视集团、深圳发行集团共同投资组建的深圳国际文化产业博览会有限公司正式成立。

△ 中国第一台绿色环保柴油发电机组在深圳问世。

6 月 16 日 深圳罗湖口岸开通旅客自助查验通道，香港居民陈小平成为首个使用自助查验通道的旅客，整个通关过程大约需 8 秒钟，无须再交证验证。

6 月 17 日 深圳罗湖公安分局原局长安惠君一审被判刑 15 年。

△ 深圳本地媒体爆出哈根达斯无证经营①事件。

6 月 22 日 全球最大冰毒案在深圳宣判,香港"冰王"伏法。

△ 中共深圳市行业协会联合委员会(简称"市行业协会联合党委")成立大会在市民中心举行,134 个市级行业协会的 353 名党员有了温暖的"家"。

6 月 23 日 《2003—2004 年中国城市发展报告》今天在北京发布,报告对全国有代表性的 50 个城市一年的发展进程中各自的优势和劣势进行了科学的评价,深圳排名第三。

6 月 25 日 深圳预备役某团和海军预备役某营宣布组建,授旗仪式在深圳会堂举行。

6 月 26 日 中国作家协会第三届鲁迅文学奖颁奖典礼在深圳举行,从 823 部推荐参评作品中遴选出的 29 部作品摘取了本届鲁迅文学奖的 7 项大奖。

6 月 28 日 被称为深圳市"生态高压线"而不得逾越的"基本生态控制线"已经划定,其涵盖面积为 984.7 平方公里,占全市陆地面积的 50% 左右。

6 月 30 日 深圳成为全国首个住宅产业化试点城市。

△ 原深圳市工商局于 6 月份成立广告监测中心,成为全国首批建立的广告监测中心,在全国首创政府公共服务外包的全新模式,以政府采购公开招标的形式确定合作对象。

7 月 1 日 国内首部义工法规——《深圳市义工服务条例》正式实施。

△ 深圳市最低工资标准大幅上调,调整后的深圳特区内、外最低工资分别为690 元/月、580 元/月,深圳特区内最低工资水平在全国各省市中居第一位。

7 月 2 日 深港举行有史以来最大规模的帆船比赛收帆。

7 月 3 日 法国球星亨利对深圳进行了 5 个小时的旋风式访问。

7 月 5 日 中共深圳市委召开四届三次全会,同意鲁毅为罗湖区区长人选,刘庆生为南山区区长人选,袁宝成为盐田区区长人选,余伟良为龙岗区区长人选。

△ 深圳站新广深线候车室售票厅启用。

7 月 7 日 蚬壳星盈科技(深圳)有限公司自主研发的国内首台每秒 4 万亿次的 GT4000 超级刀片计算机顺利完成所有的测试,实现大规模商业应用。

7 月 7~8 日 李鸿忠一行在京拜访国家发展改革委、国土资源部、铁道部、交

---

① 根据群众举报,深圳市质量技术监督部门联合食品卫生监督和工商等部门进行突击检查时发现,一家无牌无证的地下作坊在加工正牌的哈根达斯冰激凌蛋糕和芝士蛋糕。

通部、海关总署、国家税务总局、国家环保总局、中国证监会等部门，分别与上述单位以及科技部、财政部、中编办的负责同志进行了座谈。

7月8日 "粤港经济技术合作交流会"开幕。预计将有超过1300位香港政界商界人士到会。

7月12日 深圳市市长李鸿忠和广东省副省长许德立在市民中心为大运会申办执委会揭牌。根据国务院办公厅的批复，深圳将代表中国申办2011年第二十六届世界大学生运动会。

7月16日 历时3年建设的清平高速公路一期工程正式全线贯通，二期工程同时开工。

7月18日 深圳市最后一批"福利房"选址及规划工作敲定，该福利房选址安托山片区，总建筑面积为90.5万平方米左右。

7月19日 大铲湾港口投资发展有限公司与香港九龙仓旗下现代货箱码头有限公司签订合资合同，共同开发建设大铲湾港区一期集装箱码头。

7月21日 越南国家主席陈德良访问深圳。

△ 深圳市政府召开清理整治无证无照非法经营行为动员大会。根据会议部署，从当月下旬开始，将开展为期3个月的打击无证无照非法经营专项行动，并将用1年左右时间，全面完成清理整治任务。

7月22日 深圳市四届人大常委会第一次会议闭幕，市人大常委会主任会议和"一府两院"提请审议的人事任免案全部获得通过，32名局级干部被任命为有关机构负责人。

△ 深圳警方22日起将开展为期3个月的网络公共信息服务场所清理整治工作，将对论坛、BBS的版主以及QQ群的创建者进行实名登记，并校验身份证号码；对现有的网络公共信息服务场所进行清查，并视情况予以重新登记或关闭。

7月23日 深圳报业集团斥资2000多万元购置的1000台自动售报机首批85台正式进驻社区使用。

△ 第46届国际奥数金牌得主康嘉引回到深圳。

7月24日 深圳市2004年度国土基金审计曝光五大问题，全市查出欠缴地价33亿元。

7月25日 铁道部发展计划司和市有关部门联合召开了国家铁路深圳新客站综合规划国际咨询发布会。深圳新客站位于宝安区龙华西南部，占地面积为2.4平方公里，将衔接国家干线铁路京广深港客运专线、杭福深客运专线及广深港高速铁路，并与地铁4、5、6号线接轨。

△ 韩国友利银行①深圳分行开业，这是深圳迎来的第一家韩国银行。

7 月 27 日 惠深沿海高速公路工程动工。惠深沿海高速公路于 2004 年 10 月经广东省发展和改革委员会核准立项，由深圳市盈泰投资有限公司与广东健力宝集团有限公司共同投资建设，全长约 50 公里，预计总投资约 35 亿元，建设期为两年半，计划于 2007 年年底前建成通车。

7 月 28 日 深圳召开经济工作会议，李鸿忠表示深圳要用"三个舍得"来推进"效益深圳"。

△ 深圳大运会申办标志出炉。

7 月 29 日 深圳市人口管理"1＋5"文件近期出台，深圳将适度增加户籍人口。

7 月 30 日 深圳出现"油荒"现象。

△ 在深圳市民中心举行的 2005 年度"知识更新论坛"上，香港科技大学雷鼎鸣教授做了《从当代经济增长理论看深圳与香港的发展方向》专题报告，畅谈如何改善深港两地合作关系。

8 月 1 日 8 月 1 日起至 12 月底，深圳市各公安局暂停受理随迁入户申请，冻结期至 2005 年年底，2006 年元旦起恢复接受申请。

△ 深圳市推出国内首份针对职业招聘的个人信用报告，用人单位可通过此途径迅速了解求职者的个人学识、职业变动等情况。

8 月 2～4 日 全国人大常委会副委员长、中国科学院院长路甬祥来深圳视察。

8 月 3 日 杨剑昌开始设立专访日接访市民，成为深圳首个自行设立接访室的市人大代表。

△ 《繁荣的边境，繁荣的香港——全方位开发港深边境地区的方案与论证》专题报告完稿。专家组指出，开发港深边境地带，由两地全方位合作效果最佳。港深边境开发将为香港带来巨大的经济效益。

△ 台湾零关税水果首次在深圳通关。

8 月 5 日 深圳各个政府部门联合召开新闻发布会，向媒体正式发布已于日前由市政府常务会议原则通过的《深圳市整体交通规划》及《深圳市公共交通规则》，酝酿"公交时代"。

△ 深圳规定，3 年纳个税 24 万元者可入深户。

---

① 韩国友利银行是韩国商业银行界的领头羊，是韩国第一家金融控股公司——友利金融集团中的佼佼者。韩国友利银行为个人、中小企业和大型企业提供多种零售、信贷服务及信托金融产品，韩国友利银行在贷款额和资产方面均是韩国银行界的第二大银行。

8月8日　深圳发现疑似猪链球菌病猪，15日排除了疑似情况。

8月10日　中央五调研组到深圳就科技自主创新进行调研，深圳获得国家认可。

8月12日　《深圳儿童发展报告》白皮书正式公布，这是深圳市建市以来第一部儿童发展状况白皮书。白皮书显示，深圳95.7万名儿童健康成长，部分指标达到发达国家水平。深圳儿童的教育经费比例高于全国平均增长水平；全市40万外来劳务工子女均能享受9年义务教育，其中50%就近在公办学校就读；5岁以下儿童死亡率和婴儿死亡率均达到发达国家水平；有9成残障儿童上学受教育。

8月13日　由招商银行主办的"2005年中国金融市场论坛"在深圳举行，主题是"宏观调控、产业运行与金融发展"。

8月15日　随着"油荒"升温，深圳市副市长张思平就此发表电视讲话。

△　深圳大学在服务地方经济社会发展的过程中，成果转化率不断提高。据统计，深圳大学科研成果转化率已超过30%，在国内高校中名列前茅。

△　深圳市劳动和社会保障局正式出台《深圳市高温天气劳动保护暂行办法》，规定日最高气温达到35摄氏度不得加班，达到40摄氏度应全天停止工作。要求用人单位应按规定发放高温保健费，将员工因高温天气作业引起的中暑视为工伤。

△　深圳出现回收猪肉事件，这是深圳从河南收购的生猪中发现疑似猪链球菌病后所采取的预防性措施，但经核实已被排除。从8月24日起，香港也恢复并受理河南和深圳生猪和猪肉的进港申请。

8月16日　公安部门接到报警，宝安区公明街道发生两少女遭绑架强奸并被刺上"妓女一号"等字样的恶性案件。

8月17日　深港西部通道口岸工程合同签约仪式在五洲宾馆举行。

△　深圳特区成立25周年之际，中央及广东省新闻媒体派出采访团到深圳，在记者见面会上，广东省委常委、深圳市委书记李鸿忠谈深圳有"四新"，概括起来如下。

一是明确特区的新内涵。深圳特区走过25年的光辉历程，现在正处于一个重要的历史关口。今天特区的基本内涵就是，经济特区是特别能改革、特别能创新和特别能开放的地区。进一步明确特区的新内涵，将有利于更好地实践中央在新的历史时期继续兴办经济特区的战略意图，更好地把握特区的历史方位和发展定位，肩负起特区的新使命；有利于更好地推进深圳自身的发展，有利于更好地高举特区的旗帜，凝聚人心，鼓舞斗志。

二是形成发展的新模式。过去25年，深圳最大的贡献和成就，不仅仅是体现在物质形态方面，更重要的是体制机制的贡献，是发展模式的贡献。要用科学发展观认真审视深圳发展道路，努力建设和谐深圳、效益深圳。要咬定青山不放松，舍得投入、舍得时间、舍得声誉，心稳神定，心无旁骛，坚持用和谐深圳、效益深圳的新模式指导、推动全市的工作。

三是拓展发展的新路径。在发展的路径选择上，要以改革创新开放为动力，以改革创新开放增强城市的竞争力，以改革创新开放提升深圳的城市价值，向改革创新开放要资源、要空间、要发展后劲。实施自主创新战略，建设自主创新型城市。要继续扩大开放，不断提升在国际竞争国内化、国内竞争国际化趋势中的整体竞争实力。

四是塑造特区干部的新风貌。新的事业需要新的精神，新的发展需要新的风貌。为此，市委要求广大党员干部做到"五个更"：一是要有更强的责任感，二是要有更务实的作风，三是要有更高效的执行力，四是要有更廉洁的风气，五是要有更团结和谐的氛围。

8 月 18 日 深圳大鹏半岛国家公园成为"准"国家地质公园。

8 月 19 日 肯尼亚共和国总统姆瓦伊·齐贝亚访问深圳。

△ 深圳报业集团在北京召开纪念深圳经济特区成立 25 周年座谈会，中央党校副校长李君如、中国经济体制改革研究会会长高尚全等为深圳的未来发展发表真知灼见。

8 月 20 日 深圳下近年罕见暴雨，日降雨量达 200 ~ 300 毫米。大雨导致 6 人身亡，20 多处坍方和山体滑坡。

8 月 21 日 跨越半个地球的深圳双体帆船"骑士号"顺利归航。

8 月 22 日 19 个深企入选"中国 500 强"。

8 月 23 日 宝安龙华街道发生一起特区成立以来最大的交通事故，导致 19 人死亡。

8 月 25 日 深圳经济特区成立 25 周年，深圳举行座谈会。

8 月 26 ~ 30 日 应中国共产党深圳市委员会的邀请，中国国民党台南市党部主委庄松旺率中国国民党台南市党部参访团访问深圳。这是中国共产党与中国国民党两党基层组织交流在深圳、台南两市之间的第一次。

△ 2005 年深圳市宝安区（香港）投资环境介绍会在香港会展中心举行，当天签订投资项目 151 宗，投资总额达到 238.32 亿港元。

△ 《深圳市公务员行为规范（试行）》公示。

8 月 27 日 "中国企业家论坛第二届深圳高峰会"在五洲宾馆开讲。

8 月 28 日　中国国民党台南市党部深圳参访团成员中国国民党台南市党部主任委员庄松晓赞叹道："深圳是一个实现梦想的城市，在基层我们得到了印证！"

△　"2005 亚洲小姐中国内地赛区总决赛"在陕西西安举行，深圳女孩王磊夺冠。

9 月 1 日　深圳市罗湖区法院对冠丰华案做出一审判决，冠丰华案定性为黑社会性质，陈毅锋 9 罪并罚获刑 20 年。

△　深圳市市场监督管理局制定了全国第一个特种设备管理方面的地方性标准《特种设备使用和管理安全要求及评价》，自 2006 年起持续推行特种设备安全指标化，探索建立特种设备安全管理新模式。

△　《深圳市海上交通安全条例》正式实施。该条例首次将载客 12 人以下并从事公众海上载客旅游、观光、娱乐等活动的船舶（简称休闲船舶），纳入监督管理范围。

9 月 2 日　深圳市召开中国人民抗日战争胜利 60 周年纪念章颁发大会。

△　原深圳宝安区委书记周光明、区长黄锦奎同时卸任，周林祥、李文龙调任主持宝安区委、区政府工作。

9 月 4 日　百名警察持枪在深圳福田突袭黑帮大宴，抓获嫌疑人 150 余名。

△　深圳隆重集会颁发抗战胜利纪念章。

9 月 5 日　深圳入围全国文明城市。

9 月 6 日　深圳女孩徐海婷成为入选世界儿童环保峰会筹委会的首位中国儿童。

9 月 7 日　深圳市政府代表团访港，与香港特别行政区政务司司长许仕仁等主要官员举行会议。双方回顾了 2004 年 6 月签署的《加强深港合作的备忘录》及其他 8 份合作协议（简称"1 + 8"协议）的进展情况，也就多个范畴的合作方向交换了意见，内容包括口岸、基建、规划、CEPA 实施、科技、环保、食物安全及教育等方面的合作。

9 月 9 日　深圳市委书记李鸿忠等市几套领导班子听取了由市规划局和中国城市规划设计研究院共同完成的《深圳 2030 城市发展策略》汇报。

△　深圳华南国际工业原料城成为深圳市正式授牌的第一家"工业旅游"旅游景点。

△　康佳集团首次召开全球经销商大会，吸引 20 个国家和地区的近千名经销商参加，当场签下 150 亿元的巨额订单。

9 月 10 日　2004 年度中国纳税百强榜正式对外公布，深圳 11 家企业跻身全国纳税 500 强。

9 月 11 日 第五届中国青年科技企业家管理论坛在深圳举行，12 位中国工程院院士与中国知名专家学者、企业家交流论道。

9 月 12 ~ 13 日 国务院总理温家宝视察深圳，并主持经济特区工作座谈会。

9 月 13 日 总投资约 71 亿元的大铲湾集装箱码头一期工程正式动工新建，至 2008 年年底，将有 3 个 10 万吨级和 2 个 7 万吨级集装箱泊位陆续建成。

△ 首份《中国城市生活质量报告》出炉，深圳市排名第一。

△ 总投资约 71 亿元的大铲湾集装箱码头二期工程正式动工新建。

9 月 15 日 深圳召开停车费调价听证会，听证会上听证代表对住宅区停车费上涨弹多赞少。

9 月 16 ~ 17 日 2005 年国际保护臭氧层日纪念大会在深圳召开。深圳获第三届保护臭氧层贡献奖特别金奖。

9 月 17 日 中国银监会主席刘明康在深圳调研，表示将积极支持深圳发展金融服务。

9 月 18 日 15 岁的深圳残疾女孩张佳欣在联合国成立 60 周年庆典上献唱《我和我的祖国》。

9 月 21 日 深圳足球队在当晚举行的亚冠联赛四分之一决赛次回合赛事当中获胜，晋级四强。

△ 深圳在全国率先获批试点新网络电话，话费较低。

9 月 22 日 深圳市四届人大常委会第二次会议召开，李鸿忠提出审计责任实行"埋单制"。

9 月 23 日 深圳有关部门首次提出拟建深圳科技大学。

9 月 25 日 华南虎"海海""倩倩"落户深圳野生动物园。

9 月 26 日 香港特别行政区立法会议员珠三角访问团一行，在特别行政区行政长官曾荫权、立法会主席范徐丽泰的率领下抵达深圳，展开对珠三角四城市为期两天的访问。

9 月 27 日 深圳将与中国海洋石油总公司在北京签署《战略合作框架协议》，中海油将把深圳作为未来投资的重点区域，保障深圳城市能源长期供应安全，并积极参与深圳精细化工产业发展。

9 月 30 日 第四届"深圳黄金海岸旅游节暨首届深圳海滩音乐节"开幕。

△ 2005 年深圳市市长质量奖颁出，招商银行股份有限公司等 3 家企业成为本届市长质量奖得主。

△ 即日起深圳单位可自主聘用台港澳居民。

10月1日　深圳楼市热销，万科"17英里"二期售楼处被砸。

10月3日　2005年舒曼杯国际青少年钢琴大赛亚太地区决赛在深圳举行。

10月4日　深圳市政府出台第101号令，首次明确城市轨道交通建设可多元化筹资。

△　2005"亚洲小姐"总决赛在香港会展中心举行，深圳赛区选手王磊夺冠。

10月8日　深圳假日办发布黄金周数据，深圳7天接待游客342万人，本地出游花费54亿元。

10月9日　深圳会展中心建成交付使用。

△　"深圳文化周"在美国休斯敦开幕。

10月12日　深圳市第七届中国国际高新技术成果交易会开幕，国务院副总理曾培炎出席开幕式。第二届"人才高交会"[①]于当日在深圳高交会展览中心举行。

10月13日　国务院副总理曾培炎在深圳考察时强调，认真学习贯彻十六届五中全会精神，履行好新形势下经济特区的历史使命。

10月14日　友好城市澳大利亚布里斯班市市长贝尔·纽曼等率领的经贸代表团一行访深。

10月15日　深圳仲裁委员会与来访的澳大利亚仲裁员与调解员协会共同签署合作备忘录。

10月16日　广交会组委会副主任、深圳市常务副市长刘应力参加高交会记者服务广场活动。在谈到深港合作问题时，刘应力指出，将加强双方优势互补，目前深港创新圈正在形成，并透露深港会展"一地两展"设想明年将有突破。

△　深圳丛飞获"全国十大社会公益之星"。

10月17日　《深圳市基本生态控制线管理规定》出台，深圳成为中国内地首个划定基本生态控制线的城市，自2005年11月1日起施行。

10月18日　全国报纸版面评选，《深圳特区报》获唯一双项金奖，《深圳商报》获头版类金奖，实现四连冠。

10月19日　世界三大男高音之一何塞·卡雷拉斯深圳演唱会在深圳体育馆举行。

10月20日　澳大利亚联邦总督迈克尔·杰弗里一行到深圳市访问，并表示深圳的非凡成就令人敬佩。

---

① 中国国际高新技术人才与智力交流会（简称人才高交会）是中国国际高新技术成果交易会（高交会）的一个组成部分，与其同时开幕，由国家多个部委和深圳市人民政府联合主办，深圳市人事局承办，从2004年起每年举办一次。

△ 中兴通讯因供应商提供的手机芯片存在质量问题，将美国飞兆半导体公司告上了法庭，索赔总计 5500 余万元，深圳市中级人民法院开庭审理了这起涉外经济纠纷案。

△ 36 岁的深圳人蒋方称以 10 万美元参加"亚轨道飞行项目"，成为"太空探险中国行"太空飞行计划的首位中国客户。

10 月 21 日 深圳市委市政府发布《关于在全市掀起"责任风暴"实施"治庸计划"加强执行力建设的决定》，一场强劲的"责任风暴"在深圳市范围内刮起。

10 月 22 日 应英国外交部邀请，深圳市委书记、市人大常委会主任李鸿忠率团前往英国访问。

10 月 23 日 新华社播发长篇通讯详细介绍深圳坚持不懈走自主创新之路的做法和经验，中央电视台新闻联播和焦点访谈等同时播出相关报道。

10 月 24 日 杭州市长孙忠焕、常务副市长盛继芳率领杭州市政府代表团来深圳考察深圳市地铁项目建设事宜。

10 月 25 日 中欧设计艺术高峰论坛暨国际品牌·设计商年展在深圳举行。

△ 荷兰高层建筑与城市自然环境协会中国考察团一行 64 人来深圳访问。

10 月 26 日 深圳入选首批全国文明城市（区）。

△ 全球物流学会经过仔细调研，评定深圳盐田国际港在港口技术、集装箱运输方面处于全球领先地位，正式授予其"2005～2006 年度全球最佳集装箱港口"称号。这是中国码头第一次获得全球性行业大奖。

10 月 29 日 深圳改革开放十大历史性建筑评选揭晓，上海宾馆、罗湖口岸联检大楼、国贸大厦、电子大厦、市委大院及孺子牛雕塑、莲花山广场邓小平雕塑、深圳博物馆、地王大厦、深圳大学主体建筑、世界之窗世界广场入选。

10 月 31 日 第五届"深圳十大杰出青年"揭晓，丛飞、李世渊、王绮红、邢锋、徐国洪、高敏、颜开、路满堂、曹艳、辛杰 10 人入选。

11 月 1 日 深圳恢复征收土地增值税，意在平抑房价。

△ 第六届"深圳读书月"暨深圳书城中心城封顶仪式在市民中心广场隆重举行。

11 月 1～4 日 深圳国际帆板公开赛在大鹏金沙湾举行。

11 月 2 日 以广东省副省长许德立为团长、深圳市副市长梁道行和中国大体协副主席、秘书长杨立国为副团长的广东省深圳市世界大运会申办团抵达总部位于比利时布鲁塞尔的国际大学生体育联合会秘书处，专程递交了申请书。深圳市对外拉开申办世界大运会的序幕。

11月3日 由中国市长学会主办、深圳市人民政府协办的"国际市长协会与地方政府组织高峰论坛"在深圳召开，十国市长携手签署《深圳共识》，共同保护文化遗产。

11月4日 由香港地铁公司以 BOT 形式投资建设的深圳地铁 4 号线二期工程试验段正式动工。这是 CEPA 正式实施以来，深港首次合作的最大的基建项目。

△ 香港财经事务及库务局局长马时亨出席深圳轨道交通 4 号线二期工程试验段开工典礼时表示：深圳轨道交通 4 号线二期项目是《内地与香港关于更紧密经贸关系的安排》（CEPA）签订后合作的一个重要项目，对促进两地合作具有重大意义。

11月5日 《中国城市金融生态环境评价》公布，深圳市获评一级城市。

11月6日 在第五届中国舞蹈"荷花奖"大赛上，由深圳市文联舞蹈协会副主席黄启成创作、盐田区文化馆艺术团演出的舞蹈节目《月下伊人》荣获民族民间舞大赛及优秀作品展金奖，青年舞蹈演员陈明获"十佳演员"殊荣。

11月7日 由公安部和中央电视台联手推出的"寻找生活英雄，评选中国骄傲"评选在北京正式揭晓，深圳市南山区南头城小学 7 岁小学生袁媛因临危不惧、冷静救双亲的动人事迹而当选。

11月8日 第四届中国（深圳）消费品采购大会开幕。

△ 深圳盐田港集团与和记黄埔有限公司的合作之路还将走得更远。双方又一次携手，共同推动盐田港区三期扩建工程，该工程设计吞吐量为每年 370 万标准箱，总投资估算为 112 亿元，预计首个泊位将于 2006 年 9 月投入运营。

11月10日 深圳公布《城中村改造总体规划纲要》，提出今后五年改造 2000余万平方米城中村。

△ 深圳召开建市以来最高规格文化产业会议，出台"1＋4"文件，促进文化产业发展。

11月11日 深圳市国土房管局发出《关于进一步规范我市商品房销售行为的通告》，开始年内对楼市的第二轮调控。

11月14日 深圳市国土资源和房产管理局正式发布《关于进一步规范我市商品房销售行为的通告》。该通告内容可归纳为禁止囤积房源、禁止"分期销售"、禁止炒卖楼花、禁止私签"认购书"四条"禁令"。近两个月来，深圳房地产市场暴涨，引起国内关注。

11月14~15日 全国人大常委会副委员长李铁映率全国人大常委会执法委员会检查组到深圳检查《中华人民共和国劳动法》执行情况。

△ 深圳前湾 LNG 电厂和深圳东部电厂项目获得国家发改委批准。

11 月 16 日 深圳首度挂牌出让工业用地，龙岗一宗面积 2.5 万多平方米的土地下月将以挂牌形式出让使用权。

△ 香港卫生福利及食物局与深圳市政府有关部门首次召开会议，就《深港双方关于食品安全突发事件资讯沟通机制》进行了有建设性的交流。

11 月 17 日 《深圳经济特区改革创新促进条例（草案）》提交深圳市四届人大常委会三次会议审议。

11 月 18 日 广东省委组织部和深圳市委组织部在深圳大学召开干部会议，会上宣读了江潭瑜同志任深圳大学党委书记的决定。

11 月 19 日 博鳌亚洲论坛企业家峰会在深圳开幕。

11 月 19~20 日 泰国总理他信·西那瓦一行访问深圳。

11 月 20 日 2005 年深圳民营经济高峰论坛在深圳市民中心 B 区一楼多功能厅隆重举行。著名经济学家、北京大学民营经济研究院院长厉以宁，中国民（私）营经济研究会会长保育钧，国务院研究室工交司司长陈全生，北京大学民营经济研究院常务副院长单忠东，深圳总商会副会长庄嘉发，宁波方太厨具集团董事长茅理翔等嘉宾到会并发表了主题演讲。

11 月 21 日 全国政协经济委员会副主任、北京大学社会科学学部主任厉以宁，全国政协经济委员会副主任、北京大学中国经济研究中心主任林毅夫，全国政协经济委员会副主任、恒和企业集团有限公司董事局主席颜延龄，共同率领由 20 多名全国政协常委、委员组成的全国政协经济委员会专题调研组，到深圳调研"珠三角地区经济协调发展"问题。全国政协港澳台侨委副主任、原深圳市委书记厉有为参加了调研活动。厉以宁在相关座谈会上表示：珠三角地区越繁荣，香港的发展机会会越多；深圳越发展，对香港越有利。

△ 全国首个"性基金"在深圳启动。

11 月 24 日 深圳召开建市以来最高规格规划工作会，会议提出对历史负责、对城市负责、对人民负责，切实做好新形势下的城市规划工作，规划成为政府工作龙头。

△ 首届全国部分城市劳动保障局长"劳动保障工作创新与发展"论坛在深圳召开。

11 月 25 日 广东省委常委、深圳市委书记李鸿忠在五洲宾馆会见了中国国民党副主席江丙坤一行。

11 月 26 日 "第二届数字中国发展高层论坛暨信息主管峰会"在深圳举行，

并首次公布"数字深圳"研究报告。

11月28日 全国法院优化行政审判司法环境经验交流会在深圳召开。

△ 世界500强外企麦德龙在深圳罗湖成立党支部。

11月29日 深圳表彰一批在各行各业做出突出贡献的享受政府特殊津贴的专家。博士后陈思平等20多名同志获"深圳市优秀博士后"称号。

11月30日 中国（华南）国际技术产权交易中心（简称华南交易中心）在深科技大厦挂牌运作。

12月1日 深圳证券交易所创办15周年，推出中小板指数。

△ 由深圳市派思数码科技有限公司历时5年研制成功、具有自主知识产权的指纹识别存储器在深圳问世。

12月2日 深圳举行2005年全市科学技术奖励大会，隆重表彰89个集体获奖项目。深圳迈瑞生物医疗电子股份有限公司董事长徐航获深圳市市长奖，华为技术有限公司"全网智能化"等17项成果获深圳市科技进步一等奖。

△ 深圳市龙岗区率先通过"全国生态示范区"考核验收。

12月3日 深圳经济特区研究会成立。

△ 深圳南坪快速一期西段通车。

12月4日 深圳市企业自主研发的首台汽车——比亚迪F3，在深圳举行盛大上市仪式。

12月5日 第十九届泰王杯帆船赛开赛，深圳"骑士号"参赛，首战入三甲。

12月6日 中国凤凰大厦封顶开盘，凤凰卫视深圳基地将进驻大厦，全力构建亚洲又一资讯中心。

12月7日 深圳公布《深圳2030城市发展策略》，提出深港共建国际大都会，建设"全球可持续发展先锋城市"的远景目标。

12月8日 深圳市决策咨询委员会成立。

△ 深圳出台《关于健全行政责任体系加强行政执行力建设的实施意见》，并配套出台6个文件，首次建立行政首长问责制，被共称为"1＋6"治庸法典。

△ 最高人民检察院检察长贾春旺在深圳会见了以总检察长若泽·莫拉为团长的葡萄牙检察代表团和以总检察长亨宁·福德为首的丹麦检察代表团。

△ 深圳检验检疫局全国首创红外热成像体温视频监测与应急指挥系统——罗湖口岸体温视频监控与应急指挥系统，建设完工。

12月9日 全国人大常委会委员长吴邦国在中共中央政治局委员、广东省委书记张德江，最高人民检察院检察长贾春旺，广东省省长黄华华等陪同下考察深圳。

△ 亚欧会议总检察长会议下午在深圳举行。正在广东考察工作的中共中央政治局常委、全国人大常委会委员长吴邦国出席会议开幕式并发表重要讲话。

△ 国内首宗盗窃 QQ 号码案在深圳开庭。2006 年 1 月 13 日，南山区法院做出一审宣判，以侵犯通信自由罪分别判处两名被告人各拘役 6 个月。

12 月 9 ~ 11 日 中国首届商标节在深圳举行，这是迄今为止中国商标界举行的一次规模最大的国际盛会。

12 月 10 日 经过国家银监会批准，有着 52 年历史的深圳农信社变身为农村商业银行并正式挂牌开业，成为继北京、上海之后中国第三家副省级以上城市成立的农村商业银行。

△ 为期 3 个月的首届"深圳城市与建筑双年展"开幕。

12 月 13 日 上海黄金交易所深圳备份交易中心正式开业，其提供的"夜市"交易，使中国的黄金市场交易时间能够与国际金市接轨，形成上海日市、深圳"夜市"的全天候交易格局。

12 月 14 日 深圳市委书记李鸿忠会见了以会长霍震寰为团长，副会长张成雄、杨钊为副团长的香港中华总商会深圳市访问团一行。

12 月 15 日 深圳维权先锋杨剑昌上书中央，建议改革消委会，由社团组织改为政府机构。

△ 深圳岭澳核电站二期开工。

12 月 18 日 广深港铁路客运专线广深段暨广珠城际轨道交通、岑溪至茂名铁路开工动员大会在深圳、珠海、茂名信宜三地同时举行。

12 月 20 日 深圳下发《深圳市委市政府关于加强出租屋管理服务的意见》，加上此前 7 个通知，凑足"八道金牌"管理出租屋。

△ 深圳首次成功挂牌出让工业用地，被誉为 1987 年"全国土地第一拍"之后又一土地出让制度重要改革措施。

△ 深圳市玉龙坑垃圾填埋场封场工程宣告竣工，该工程是国内第一次实施的大规模填埋场封场工程，是国内首个非卫生填埋场封场工程。

12 月 21 日 《深圳 2030 城市发展策略》引起香港关注，香港立法会就此要求港府专题陈述。

△ 深圳蔡屋围金融中心区改造启动。

12 月 23 日 深圳宝安区召开"八·一六"少女刺字案、"八·一三"孕妇被打流产案责任倒查处理通报大会，公安分局局长就两案件道歉。

12 月 26 日 地铁轨道交通 3 号线暨深惠路改造扩建工程正式开工。

12 月 26~30 日　由中国工艺美术学会、四川省美术家协会主办的刘克银先生个人画展在深圳博物馆举办。

12 月 28 日　中共深圳市委四届四次全会召开，审议通过《中共深圳市委关于制定深圳市国民经济和社会发展第十一个五年规划的建议》。

△　广东省委常委、深圳市委书记李鸿忠在深圳市委会议上对台下 500 名官员强调，毗邻香港的地缘优势是深圳的一个无形资源，在"十一五"期间，深圳的目标将是"依托香港的国际金融中心地位建设区域性金融中心"。

12 月 29 日　深圳年度外贸出口额超过 1000 亿美元，成为全国第一个突破这一数字的城市。

△　深圳市环保局公布了"2005 年重大环保行政处罚案件"，将涉及 21 家环境违法企业的 23 个处罚案件予以曝光，每个案件都处以 10 万元重罚，以警示企业一定要有社会环保责任感。

12 月 31 日　深圳盐田港保税物流园区顺利通过了国家联合验收小组的正式验收，这意味着中国又一个具有"自由贸易港"雏形的"区港联动"试点正式启动。

2006 年

1月1日 财税部门的盘点结果显示：2005 年，深圳市全口径财政收入达 1360 亿元。其中，地方财政一般预算收入为 412.38 亿元，同口径比上年增长 18.22%（剔除出口退税因素）；上划中央财政收入为 947.08 亿元，同口径比上年增长 19.6%。收支相抵后，深圳市连续 25 年实现财政收支平衡、略有结余。"十五"期间，考虑体制结算后，深圳市累计向中央净贡献 3076 亿元，深圳市服务全国的能力不断提高。

△ 深圳市地税局传捷报，2005 年共组织税收收入 379.3 亿元，比上年增长 14.48%，增收 47.97 亿元，日均征税额首次突破 1 亿元。

△ 2005 年深圳市金融业总量稳步增加，金融效益整体向好。截至 2005 年年末，深圳市金融业总资产约 1.2 万亿元，比上年增加 1000 多亿元；金融机构本外币存款余额 9380 亿元，贷款余额 7650 亿元，分别比年初增长 15% 和 17%，存贷款增量双双突破 1000 亿元；现金累计净投放 1135 亿元，比上年增长 18%；银行结售汇总额 590 亿美元，结售汇顺差 249 亿美元，增长 66%。预计全市金融机构累计实现利润 84 亿多元，增长 15%；深圳金融业增加值已占全市 GDP 总值的 9.5%，比上年提高了 2 个百分点。

1月3日 从厦门市发改委获悉，厦门至深圳铁路项目建议书获得国家发改委正式批复，厦深铁路预计 2010 年投入使用。

1月5日 深圳市委、市政府发布 2006 年 1 号文件《关于实施自主创新战略建设国家创新型城市的决定》，市政府还发布了《深圳市产业发展与创新人才奖暂行办法》。

△　《深圳市"阳光工程"实施意见》正式出台。

1月6日　市交通局港航分局公布的快速统计显示，2005年深圳港货物吞吐量达1.53亿吨，同比增长13.49%，其中外贸货物年吞吐量首次突破亿吨大关，达1.06亿吨，增幅达20.2%。全港集装箱年吞吐量1619.71万标箱，增长18.61%，排名居全球第四。

1月7日　深圳市在血液学研究上再次取得令国内外瞩目的成就。深圳市率先在国际上大量、系统地发现和报道了中国人群的血型等位基因序列结构，包括在中国人群中发现的10个ABO新等位基因、2个Dombrock基因、2个FUT2基因和1个FUT1新等位基因，这其中有11个等位基因在国际上是第一次发现。

1月9日　全国科学技术大会上，深圳市荣获7项国家级科技大奖。其中，深圳大学李景镇教授和他的团队共同发明的S－150型超高速等待式分幅摄影机，获得国家科学技术发明奖二等奖，这也是深圳市建市以来首次获得此项殊荣。另有6个项目获国家科学技术进步奖二等奖。

1月10日　国家兰科植物种质资源保护中心在梧桐山下的深圳梧桐山苗圃总场正式挂牌成立。

△　在北京出席全国科技大会的深圳市委书记李鸿忠一行来到中国科学院，拜会了全国人大常委会副委员长、中科院院长路甬祥。深圳市新聘陈清泰、左铁镛、马俊如、石定环、张景安5人为高级科技顾问。

1月11日　招商银行深圳管理部更名为招商银行深圳分行。

1月12日　深圳市政府出台2006年1号文件《关于加快深圳金融业改革创新发展的若干意见》。

1月13日　深圳市委书记李鸿忠主持市委常委（扩大）会议学习贯彻全国科技大会精神，强调敢于在建设创新型国家的总体战略部署中担当起一个城市的率先突破重任，为探索中国特色的自主创新之路积累经验发挥示范带动作用，敢于把深圳改革开放25年积累的财政实力大胆投入到自主创新中去，为今后更长时期的可持续发展奠定坚实的基础。

△　深圳市盐田区荣获第三届"中国地方政府创新奖"。盐田区"一会两站"的社区治理模式受到高度评价。

1月14日　6家新落户金融机构共获深圳市政府奖励金2400万元，另外13家金融机构获深圳市首届金融创新奖，共获奖金410万元。

1月15日　"2005年度影响中国旅游业十大新闻人物"在北京揭晓，深圳华侨城集团CEO兼总裁任克雷上榜。

1 月 16 日　深圳市政府向市人大常委会会议报告 2004 年度审计工作发现问题的责任处理和整改情况，说明有 16 名相关责任人受到了责任追究。其中，给予行政处分 5 人，责令做出书面检查 9 人，责令做出书面检查并停职离岗培训 2 人。对审计工作报告中反映的问题做出如此严肃认真的处理，处理面如此之大，在深圳市尚属首次。

1 月 17 日　第二届中国深圳国际文化产业博览会与其所推荐的 16 家会展服务商签订了合作协议。

1 月 19 日　深圳市政府荣膺"全国民族团结进步模范集体"称号。

△　深圳华侨城荣获"全国文明风景区旅游区"称号。

△　深圳市统计局公布了 2005 年深圳市国民经济运行的主要情况。统计数据显示，2005 年深圳市全面实现了年初确定的各项经济发展目标，超额完成"十五"计划确定的各项目标任务，全市生产总值为 4926.9 亿元，比上年增长 15%；社会消费品零售总额达 1437.67 亿元，增长 15%；外贸出口总量超 1000 亿美元，增长 24.2%。

1 月 20 日　"深港西部通道深圳湾公路大桥胜利合龙！"10 时 30 分，随着市委书记李鸿忠的朗声宣布，深圳历史上最大规模的跨海桥梁——深圳湾公路大桥全桥实现顺利合龙，这标志着深港西部通道建设进入一个崭新的阶段。

1 月 22 日　TCL、创维、康佳、长虹 4 个国内民族彩电巨头与深圳市深超科技投资公司强强联手，在五洲宾馆正式宣布成立深圳聚龙光电有限公司，共同向平板显示产业高端领域进军。

△　深圳市国土资源和房产管理局副局长郭仁忠与华侨城集团公司首席执行官任克雷在威尼斯酒店签约，华侨城集团获得深圳湾填海区面积 56 万平方米的土地；同一时刻，专门为开发建设这片土地而成立的华侨城都市娱乐投资公司正式揭牌。

1 月 24 日　大鹏证券被深圳市中级人民法院判令破产偿债，成为继大连证券、佳木斯证券之后全国第三家进入破产程序的券商。

1 月 25 日　《深圳警察通令》试行。

1 月 28 日　经国务院学位委员会第二十二次会议审议，深圳大学晋升为博士授予单位，新增 3 个博士点和 26 个硕士点，形成了从学士到硕士再到博士完整的人才培养体系，办学水平迈上了一个崭新的台阶。其中，3 个博士点为政治经济学（二级学科），学科带头人为苏东斌教授，首批博士生导师为苏东斌、陶一桃、钟坚、袁易明、曹龙骐；光学工程（一级学科），学术带头人为牛憨笨院士，首批博士生导师为牛憨笨、彭文达、阮双琛、郑瑞生、彭翔、孙秀泉、刘进元；信号与信息处理（二级学科），学科带头人为谢维信教授，首批博士生导师为谢维信、李霞、郭宝平、喻建平。

1月30日　应英国伦敦华埠商会的邀请，由深圳市文化局组派的一行23人的文化代表团赴英国伦敦，参加"2006年伦敦中国季"春节庆典活动，同时宣传第二届中国（深圳）文化产业博览交易会。

2月3日　2006世界华人艺术节总赛在深圳盐田影剧院拉开帷幕。

△　新华社播发消息高度评价深圳创投业，称深圳成全国创投业最活跃的地区。

△　2006年深圳动漫原创同人展正式开幕。

△　《解放军报》头版头条报道武警深圳市支队信息化建设经验。

2月4日　深圳创业投资同业公会的调查显示，深圳市成为全国创投业最活跃的地区。2005年深圳和外资创投机构共投资项目83个，投资额度超过40亿元，投资额度在全国城市中处于领先地位。

2月6日　中共中央政治局委员、国务院副总理曾培炎在深圳市委书记李鸿忠等领导陪同下考察了深圳湾公路大桥，并看望了工程建设者。

△　深圳市贸工局的最新调查显示，2005年工业产值超百亿元的企业共有11家，分别是鸿富锦、联想国际（深圳）、华为、中海油（深圳）、富泰宏、中兴通讯、长城、创维、康佳、恩斯迈、晶冠，其中鸿富锦以1266.4亿元排在工业"百强"首位，成为深圳市第一个产值超千亿元的企业。

2月7日　深圳市宝安区新安街道宝民、文汇、灵芝园、海乐、龙井等18个社区工作站挂牌，从此社区工作站代替社区居委会履行政府职能。

2月9日　共青团深圳市委、深圳市义工联联合发出《关于向优秀义工高正荣同志学习的决定》。

△　深圳爱心市民丛飞入选中央电视台"感动中国·2005年度人物"。

2月11日　由蒋巍、徐华创作的长篇报告文学《丛飞震撼》正式在深圳首发，并举行了研讨会。

2月14日　深圳市就全面启动重大投资项目审批制度改革进行动员和部署。

△　深圳地铁1号线续建工程启动。

2月15日　深圳市行政服务大厅开设"重大投资项目审批窗口"，市国土局、规划局、财政局等16个具有重大项目审批权限的政府部门，开始受理政府重大投资审批事项。这标志着深圳重大项目审批制度改革正式启动，重大投资项目审批时限由过去的386个工作日缩短为120个工作日。

2月16日　日立环球存储科技公司在深圳市开设的全新"超级硬盘生产中

心"——日立环球存储产品（深圳）有限公司在深圳大工业区隆重揭幕。

△ 深圳市公安局推出民警执法资格考试和认证制度。今后，民警参与执法活动须参加并通过执法资格考试和认证，未通过的不能参与执法活动。

2 月 17 日 深圳航空公司购买的两架空中客车 A319 飞机抵达深圳宝安国际机场，深航机队规模达到 35 架。

2 月 20 日 深圳市政府四届二十二次常务会议召开，研究审议未来 5 年深圳市商业网点规划等事项。《深圳市商业网点规划（2006—2010）》是深圳市建市以来第一个商业网点发展专项规划。

2 月 21 日 《FDI》杂志评出 2005～2006 年度"亚洲最佳展望城市"，深圳为中国内地唯一入选城市，获"最佳信息科技和电信奖"第二名。

2 月 23 日 中国第二批"文化（美术）产业示范基地"授牌仪式在深圳龙岗区布吉街道大芬村举行。大芬村第二次获"国家级示范基地"的殊荣。

△ 我国第一部地方性反走私法规《深圳经济特区反走私综合治理条例》出台，于 2006 年 3 月 1 日起正式实施。

2 月 24 日 200 多位香港各界知名人士济济一堂，出席由深圳市委、市政府举办的深港知名人士春茗活动。

△ 深圳市民丛飞获评"中国十杰青年志愿者"。

2 月 27 日 深圳湾口岸旅检大楼封顶。

△ 深圳市妇联等 5 个单位和 4 名个人分别荣获"全国'三八'红旗集体"和"全国'三八'红旗手"称号。

3 月 1 日 《深圳经济特区反走私综合治理条例》正式实施。

△ 深圳市委常委、统战部部长王毅在五洲宾馆会见了毛里求斯工党主席、国民议会副议长让·肖米埃尔率领的毛里求斯工党代表团一行 6 人。

3 月 2 日 深圳市被国家卫生部确定为全国唯一的医疗改革试点城市，标志着全国卫生改革正式在深圳启动。

△ 深圳市重大投资项目审批电子监管系统启动。

△ 国家重大科技攻关项目"城市社区卫生服务体系建设和重大疾病社区预防与控制适宜技术实验性研究"在深圳宝安区启动。

3 月 3 日 第十二届中国国际电子产品展览会在深圳会展中心开幕。

△ 深圳市义工联将"3·5"学雷锋纪念日设为"深圳义工节"。

3 月 4 日 深圳首届"爱心"论坛开幕。

3 月 5 日 深圳团市委、深圳特区报社和市义工联在深圳少年宫联合举办首届深圳义工节暨深圳市青少年发展基金会劝募行动启动仪式。

3月5~8日 中国国民党台南市妇女代表团参访深圳。

3月6日 伦敦金融城深圳项目筹备小组揭牌。

△ 深圳市评出首届"十大杰出女企业家"。

△ 深圳市机动车保有量突破百万大关，继北京之后，位居全国第二。

3月7日 深圳市警队在全国实现"四个率先"[①]。

3月10日 深圳市宝安区成功出让首宗工业用地。

3月11日 中国第一座主题公园——锦绣中华·民俗村，在跨越17年发展历程后，再次动土，首次"变身"。工程历时3~5年，投资5亿元。

△ 深圳市首届社区旅游节开幕。

3月12日 深圳市社会各界人士近6000人，来到中心公园、羊台山公园植树，以实际行动纪念3月12日义务植树节。

3月13日 历时3个多月的首届深圳城市与建筑双年展落下帷幕。

△ 深圳市在原有的台风、暴雨、寒冷信号和强雷电、大风、高温警告信号基础上，增加了大雾、灰霾、冰雹、干旱、火险预警信号。

3月14日 国内改革开放的试验城市深圳经济特区诞生全国首部《改革创新促进条例》，以落实科学发展观、建设资源节约型城市为立法宗旨的《循环经济促进条例》也同时出台。

3月16日 深圳市土地有形市场成立5年来，创交易额260余亿元。

3月17日 李鸿忠等深圳市领导和2000多名市直机关干部一起，来到罗湖区清水河凤仪山，参加市直机关干部植树活动。

3月18日 《深圳市文化产业发展十一五规划》通过专家评审，规划中指出到2010年深圳建成文化产业发展中心城市。

3月19日 深圳市委书记李鸿忠主持召开市委常委（扩大）会议，并强调以全面推进循环经济为突破口，实现深圳发展模式的根本改变。

3月20日 中国社会科学院发布"2006年中国城市竞争力"蓝皮书，深圳市在200个城市综合竞争力排名中位居第五。

3月20~24日 深圳市政协四届二次会议召开。

---

① "四个率先"：一是在全国率先建立了完善的正规化建设组织体系，并按照队伍动态管理的要求成立了专门的内务管理机构，并赋予了相应的职权；二是在全国率先构建了完整的正规化建设内容体系；三是在全国率先建立起以《深圳警察通令》为平台的正规化制度体系；四是在全国率先建立了以绩效管理为核心的正规化建设考核体系。

3 月 20 ~ 24 日　第二届中国国际新闻摄影比赛（简称"华赛"）在深圳举行。从 77 个国家和地区的 2.7 万多幅新闻摄影作品中挑选出的 128 幅（组）作品获奖，16 幅（组）作品获金奖。

3 月 21 日　香港科技园、深圳高新区、西安高新区在深圳市高新区签署备忘录，决定建立紧密合作关系。

3 月 22 ~ 26 日　深圳市四届人大二次会议召开。

△　深圳市市场监督管理局成立国家知识产权局专利局深圳代办处，是全国第一个在非省会城市设立的代办处。

3 月 25 日　广深第二条高速公路——广州（黄埔）至深圳（南山）高速公路举行试验段开工典礼。

3 月 26 日　深圳市第四届人民代表大会第二次会议审议批准：推动深港城市战略合作，积极主动服务香港发展，推进大通关和一地两检。经深圳市人大常委会审议通过、通过法定程序确定的《深圳 2030 城市发展策略》将指导深圳未来的发展，保持深圳继续作为中国经济社会发展的亮点。

3 月 28 日　深圳首推政府部门责任白皮书[①]。在新闻发布会上，深圳市公安局、交通局、环保局、食品药品监督管理局、城管局 5 个部门向全市市民通报了各部门的责任白皮书。

3 月 30 日　阿尔及利亚国务部兼外交部部长穆罕默德·贝贾维一行访深。

3 月 31 日　深圳盐田港保税区物流园区正式运作。

△　2006 年（银行）首席经济学家论坛在深圳举行。

4 月 2 日　深圳市福田区彩田路跨梅林路跨线桥正式通车。

△　电影《苍生大医》首映式在深圳会堂举行。

4 月 5 日　李鸿忠等深圳市领导和各界群众在深圳市革命烈士陵园祭奠革命先烈。

△　深圳市政府与中国建设银行在五洲宾馆签署《金融合作协议》，建行承诺在未来 5 年内向深圳提供总计达 1000 亿元人民币的信贷支持。

4 月 6 日　深圳市政府召开四届二十五次常务会议，研究落实市委决定，布吉、龙华两街道办事处调整分设为 6 个街道办事处。

[①]　自此，深圳市各个政府部门都要制定部门责任白皮书，并向社会公布。市民可以从白皮书上了解到该部门的主要职责、本年度的工作任务和主要目标，并参照白皮书上列出的指标，通过网上问卷等形式给政府部门"打分"。白皮书公布的内容重点，是与社会经济发展以及与市民切身利益密切相关的事项，部门内部管理事务无须公布。

4月7日 第八届"中国风险投资"论坛在深圳五洲宾馆隆重举行。

△ 深圳市文化市场管理工作会议提出打造深港娱乐经济带。

4月10日 深圳市2006年反恐演练正式启动。

4月12日 深圳市政府代表团访问香港。在香港君悦酒店,深圳市政府主办了一场高规格的"深港金融合作恳谈会",香港80多家著名金融机构高层悉数前来。

4月13日 《深圳市国民经济和社会发展第十一个五年总体规划草案》面世,规划提出将港深的协调与合作关系提高到战略合作城市的高度,共同构建"深港都市圈",积极主动服务香港发展。

△ 深圳市政府代表团前往香港特别行政区政府总部,拜会了香港特别行政区行政长官曾荫权先生。深圳将在"1+8"协议框架下,重点推进深港金融合作和深港创新圈建设,以进一步提高深港合作水平,全面提升深港的区域经济竞争力。

4月13~14日 广东省人大常委会主任黄丽满到深圳调研。

4月15日 深圳市委常委、副市长吕锐锋被评为"全国城市园林绿化优秀市长";深圳市城市管理局被评为"全国城市园林绿化先进集体"。

4月16日 深圳市委副书记李意珍在五洲宾馆会见了来深参访的中国国民党副主席江丙坤一行。

4月17日 深圳地铁3号线一期工程可行性研究报告获国家发展改革委正式批复。

△ 澳大利亚西澳洲下议院议长弗雷德里贝林一行12人访问深圳。

△ 由深圳交响乐团委托创作并主奏的首届世界佛教论坛闭幕音乐会——"神州和乐"梵呗交响诗大型音乐会在上海东方艺术中心音乐厅举行。

4月18日 深圳市全面治理商业贿赂专项工作正式启动。

△ 深圳首次公报季度环境状况。

△ 由深港企业机构共同发起的深港投资联盟在深圳五洲宾馆举行成立大会。由88家深港企业、投资机构和商协会组织发起成立的深港投资联盟,旨在进一步推动深港两地企业的交流,加强深港投融资领域的合作,促进两地资本市场的繁荣。

4月19日 2006年深圳国际海事论坛在深圳开幕。

△ 深圳首次判决破坏供电设施者。

4月20日 由深圳市、北京大学、香港科技大学三方携手打造的重量级"智囊机构"——深港发展研究院,在深港产学研基地正式挂牌。北京大学常务副书记吴志攀,深圳市委常委、常务副市长刘应力,市政协副主席廖军文,香港贸发局总裁林天福出席了成立大会。

△ 马达加斯加总统马克·拉瓦卢马纳纳在深圳进行为期 1 天的考察。

△ 深圳"爱心大使"丛飞因病医治无效去世。

4 月 21 日 深圳市委、市政府召开全市进一步加快自主创新全面推进循环经济大会,全面动员部署加快自主创新发展循环经济工作。

△ 深圳市政府主办的"2006 年深港创新圈专题研讨会"在五洲宾馆举行。国家有关部委和研究机构、广东省科技厅以及深港两地的领导、专家和产业界的代表齐集深圳,共同探讨建立深港创新圈的政策与操作问题,以及深港创新圈的定位、功能和模式等。

△ 2006 年深港创新圈专题研讨会公布。该草案提出 6 大措施助推"深港创新圈"发展,力争将其纳入国家创新发展战略,在国际上有较大影响,在国家战略中有重要地位,对区域发展有突出贡献。

4 月 22 日 中共中央政治局委员、广东省委书记张德江就学习宣传丛飞精神做出重要指示,称丛飞是践行社会主义荣辱观的杰出典范。

△ 应博鳌亚洲论坛邀请,深圳市委常委、常务副市长刘应力代表深圳市出席了博鳌亚洲论坛 2006 年年会,并会见了博鳌亚洲论坛秘书长龙永图,双方表示将加深战略合作关系,国际循环经济论坛将在深圳举行。

4 月 23 日 全国"巾帼文明岗"观摩推进会在深圳举行,全国妇联党组书记、副主席、书记处第一书记黄晴宜等领导高度评价深圳市的做法和经验。

4 月 25 日 由国务院发展研究中心党组书记、副主任张玉台率领的保税区发展转型问题课题组到深圳召开研究成果商讨会。

△ 中国企业社会责任联盟在深圳筹建,其在中国企业发展史上具有里程碑意义。

△ 塞拉利昂共和国副总统所罗门·埃库马·贝雷瓦抵达深圳访问。

4 月 27 日 深圳市庆祝"五一"国际劳动节暨劳动模范和先进集体表彰大会在深圳会堂隆重召开。

△ 深圳市福田区下沙社区被广东省政府授予首个"广东省生态环保型社区"称号。

4 月 28 日 深圳市 5 名个人、2 个单位获"全国'五一'劳动奖章""全国'五一'劳动奖状",17 名个人、7 个单位获"广东省劳动模范""广东省先进集体"称号。

4 月 29 日 深圳市龙岗区原龙华街道分设为民治、龙华、大浪 3 个街道,原布吉街道分设为布吉、坂田、南湾 3 个街道。新设的 6 个街道正式揭牌。

△ 深圳市公安局、市城市管理行政执法局、市民政局组建联合执法大队开始上路执法。

4月30日 深圳市首次编制《深圳市海洋经济发展规划（2006~2010）》。

△ 国际狮子会深圳380区在麒麟山庄召开换届大会。

5月3日 第二十六届中国深圳（春季）房地产交易会在会展中心开幕。

5月4日 深圳中学高中二年级学生郑瑜在意大利举行的由欧盟文化部主办的第十六届国际青年音乐家大赛中夺得钢琴比赛第二名。

5月5日 山西省委常委、太原市委书记，太原市市长张兵生率领太原市党政考察团到访深圳。

△ 全国最大的IT运营服务提供商中企动力科技公司在深圳宣布，收购国产办公软件先行者红旗中文2000软件公司65%的股份，拉开了对抗微软垄断办公软件市场的战幕。

5月6日 深圳艺校学生蔡琳、潘露荣获"上海之春"国际手风琴比赛少年重奏组冠军。

5月8日 深圳市委常委会决定在全市广泛开展升国旗唱国歌活动，李鸿忠等市领导参加市委机关干部升国旗唱国歌仪式。

5月9日 中国海关评出2005年度出口企业"200强"，深圳企业占据34席。

5月10日 深圳首条疏港专用通道盐排高速公路全线贯通。

5月11日 深圳市发布国内首个政府投资工程预选承包商名录，340家企业入选该名录。这标志着深圳市在国内率先推出的建设工程领域重大改革措施——政府投资工程预选承包商制度正式实施。

△ 凭借238米高度被业界誉为"深圳中心区商务地标"的新世界中心正式拉开全球发售的序幕。

5月12日 深圳市荣膺"全国普法先进城市"称号。

△ 雅佳中国总部正式落户深圳，同时全面启动中国战略，生产新一代平板彩电。

5月13日 深圳市公安局刑事科学技术研究所实验楼正式挂牌。

5月15日 深圳报业集团传媒科技园在宝安区龙华清湖工业园区破土动工。

△ 香港工商及科技局局长王永平访问深圳，他表示加强深港科技合作可令双方优势互补，从而达致双赢。双方就进一步加强深港合作进行了广泛的讨论。其中，双方就加强落实《内地与香港关于建立更紧密经贸关系的安排》（CEPA），协助深圳企业利用香港的服务业、到香港投资，以及加强港深科技合作等议题交换了意见，

并同意透过工作层面继续商讨合作事宜。

5 月 16 日 深圳市盐田、宝安、龙岗数字电视整体转换全面启动。

△ 第二届"中国茶道"论坛及"茶产业发展"论坛在深圳中国茶宫开幕。

5 月 17 日 深圳市委书记李鸿忠会见了率团来深圳参加第二届"文博会"的台湾新党主席郁慕明及夫人一行。

△ 全国有线电视数字化推进工作现场会在深圳召开，深圳市获"全国示范城市"称号。

5 月 18 日 旨在推动中国文化产品转化为生产力的第二届中国（深圳）国际文化产业博览交易会在深圳隆重开幕。本届文博会以"文化中国、创意未来"为主题，以"创意"和"科技"为核心。由文化部、广电总局、新闻出版总署、广东省人民政府和深圳市人民政府共同主办。

△ 中共中央政治局常委李长春在深圳会见了纳米比亚前总统、西南非洲人民组织主席努乔马。

△ 深圳"地铁美术馆"开放，将具有"箭头式"意味的中国当代艺术原作放入地铁公共空间，成为中国地铁史和中国公共艺术史的一个创举。

5 月 18～22 日 中共中央政治局常委李长春在中共中央政治局委员、广东省委书记张德江和省长黄华华陪同下，先后到深圳、东莞、广州等地考察。

5 月 19 日 中共中央政治局委员、广东省委书记张德江视察"文博会"各大展馆。

△ "文博会"组委会主任、广东省省长黄华华参观了"文博会"的 3 个分会场。

5 月 22 日 深圳市 2011 年第二十六届世界大学生夏季运动会申办执行委员会召开新闻发布会，正式向社会公布深圳申办 2011 年第二十六届世界大学生夏季运动会的口号——"深圳，与世界没有距离"。

5 月 23 日 应中国人民对外友好协会邀请访华的俄罗斯西伯利亚联邦区代表团抵深访问。

5 月 24 日 深圳市航空港管理委员会暨市空港办正式成立。

△ 在中国区域经济合作高层论坛上，深圳市常务副市长刘应力提请与会高层注意，在研究所有中国区域经济发展时，应对"香港要素"给予充分关注，香港作为一国两制的重要区域，将对中国未来经济发展，尤其是科技产业发展起到重大作用。

5 月 25～26 日 中国证监会国际顾问委员会第三次会议在深圳举行。

△ 深圳市政府四届三十次常务会议召开，审议并通过了《市政府常务会议工作规则》《市政府重大决策公示暂行办法》。

△ 深圳电信公司第一家品牌营业厅正式开业。

5月26日 从澳大利亚出发的满载6万吨液化天然气的"西北海鹰"号专用运输船，抵达位于深圳大鹏湾秤头角的广东LNG接收码头。这是首艘进入深圳的进口液化天然气运输船，也是国内进口的第一船液化天然气。

△ 深圳市信息管线有限公司股权转让及增资签约协议在投资大厦举行。

△ 中国平安金融培训学院在深圳正式挂牌，成为国内最大的企业培训基地之一。

5月27日 深圳市启动车行代发车牌工作。

5月27~29日 全国人大常委会副委员长蒋正华率全国人大常委会检查组到深圳检查《中华人民共和国专利法》实施情况。深圳市专利申请量跃居全国大中城市第三位。

△ 深圳雅昌集团在全国文化系统文化产业工作会议上被授予"国家文化产业示范基地"称号。

5月30日 深圳国际商会隆重成立。

△ 由深圳市总商会编写的深圳第一部民营经济蓝皮书——《深圳民营经济发展报告（2005年）》出版发行。

△ 从香港葵涌码头至深圳华南国际物流中心的深港物流"绿色通道"正式开通，实现了深港两地物流的"无缝对接"。海关手续简化为两道。华南国际物流中心的配载功能将使货柜车"重去重回"，大大降低了通关成本。

5月31日 深圳市青年工作会议在市少年宫剧场举行。此次会议是深圳经济特区成立以来，市委召开的第二次全市青年工作会议。

△ 10位环保市民获"第二届深圳市民环保奖"。

△ 深圳明思克航母世界实业有限公司经营性资产以1.283亿元成功拍卖。

△ 全国原创打工歌曲大赛颁奖晚会与第二届深圳外来青工文化节闭幕式共同举行。

6月1日 "永恒的旋律——2006年名家名歌广东演唱会"从广州移师深圳，李鸿忠、李德成等市领导会见歌唱家并与市民一起观看演出。

6月2日 深圳市政府四届三十一次常务会议召开，研究审议了市奥体新城规划建设、深圳工业布局研究与规划等事项。为适应申办大运会的需要，会议同意将"奥体中心"更名为"大运中心"。

6 月 3 日　深圳市第二届青少年环保节开幕。

△　朝鲜外相白南舜一行 12 人访问深圳。

6 月 5 日　深圳市委书记李鸿忠在五洲宾馆会见了来访的外交部驻港特派员吕新华一行。

△　深圳市委常委、常务副市长刘应力率领由政府部门、高校、科研机构、企业等 70 多人组成的代表团访港，并代表深圳市政府与香港中文大学签署了全面合作备忘录。深圳市常务副市长刘应力今天在此间表示："深港创新圈"是深圳和香港两地政府、产学研、资本、中介等相互融合、良性互动的创新圈，是在"一国两制"和粤港合作框架内，依托泛珠三角的产业基础和市场空间，充分发挥 CEPA 的作用，以共同研发和产业化互动为基本特点的经济共同体。

△　深圳市委、市政府两个机关食堂率先停止使用一次性餐具，为推进循环经济给市民做出表率。

6 月 6 日　深圳市经贸代表团在第三届"珠洽会"开幕首日收获丰厚，签下 19 宗项目共 47 亿元。

6 月 6～12 日　由深圳市委书记李鸿忠率领的深圳市学习考察团，赴天津、烟台、青岛、杭州、宁波等地考察访问。

6 月 8 日　深圳市政府常务会议决定将"深圳市市长质量奖"奖金提高到 300 万元。

6 月 9 日　莫桑比克议会代表团一行 12 人访问深圳。

△　卢旺达参议长文森特·比鲁塔一行访问深圳。

6 月 10～11 日　以"深圳社区治理体制的发展方向"为主题的第三届中国政府创新论坛在深圳举行。

6 月 11 日　在广东省"争当时代先锋"征歌活动中，深圳市获银奖，获奖歌曲占全省总数的 2/3。

6 月 11～17 日　深圳市第四届"社会科学普及周"举行。

6 月 12 日　深圳市地铁 2 号线建设正式启动。

6 月 13 日　深圳市南山区荣膺"全国残疾人工作先进区"。

6 月 14 日　韩国驻广州总领事全在万抵达深圳访问，深圳市副市长卓钦锐在市民中心会见了全在万。

6 月 15 日　应惠州市委、市政府的邀请，深圳市委副书记李意珍，市委常委、副市长吕锐锋，市总商会会长张思民率深圳市总商会赴惠州考察团一行 80 人，对惠州进行了友好访问和商务考察。

△ 深圳机场飞行区扩建工程获国家发改委批准，斥资 60 亿元建第二条跑道。

6 月 16 日 深圳市委书记李鸿忠在五洲宾馆会见了由爱国阵线副主席、副总统乔伊斯·穆菊茹率领的津巴布韦非洲民族联盟——爱国阵线代表团。

△ 全国人大常委会委员、民进中央副主席王佐书率调研组在深调研。

△ 2006 年全球幸福指数人居奖在深圳颁奖。

△ 世界品牌大会发布 2006 年"中国 500 最具价值品牌"排行榜，深圳报业集团旗下两个大报进入前"200 强"。

6 月 18 日 "最美的华人之声"大型交响音乐会在深圳体育馆举行。华人钢琴家郎朗演奏了《匈牙利狂想曲第二号》。

△ 上午，深圳市政府召开党组（扩大）会议，传达学习十六届六中全会精神和省委常委会、市委常委会关于贯彻落实全会精神的具体意见，并就政府层面如何全面、准确、深刻地领会中央决定的精神、认真执行省委和市委的贯彻落实意见做出部署和安排。会议由常务副市长刘应力主持，副市长吕锐锋在会上传达了十六届六中全会精神和省委常委会、市委常委会提出的贯彻落实十六届六中全会的具体意见。在深圳的副市长卓钦锐、张思平、陈应春、闫小培出席会议。

6 月 19 日 深圳海关、深圳出入境检验检疫局和深圳出入境边防检查总站共同签署《文明口岸共建协议》。

△ 在停发新股 377 天后，首只 IPO 新股中工国际在深圳证券交易所挂牌交易。

6 月 20 日 深圳市正式发布《关于贯彻落实国务院办公厅转发建设部等部门〈关于调整住房供应结构稳定住房价格意见的通知〉》。

6 月 20 ~ 21 日 广东省委常委、政法委书记、省公安厅厅长梁国聚到深圳调研公安工作。

6 月 21 日 深圳市委常委、副市长吕锐锋在五洲宾馆会见了由俄罗斯总统助理、总统监察署署长别格洛夫率领的俄罗斯总统监察署代表团。

6 月 22 日 深圳市政府召开全市土地管理工作会议，正式出台加强土地管理的"1 +7"文件。

6 月 23 日 深圳市科学家首次在《自然》杂志上发表论文。

△ 深圳市政府与香港贸易发展局签署深港高新科技合作备忘录。

6 月 25 日 为期 3 天的第五届中国（国际）消费商品采购大会暨 2006 深圳物流服务与技术展览会在深圳会展中心隆重开幕。

6 月 25 ~ 26 日 2006 年全国文化市场行政执法工作年会在深圳开幕。

6 月 27 日 应国务院总理温家宝邀请，澳大利亚联邦总理约翰·霍华德抵达深圳，开始对中国进行为期 3 天的工作访问。

△ 中共中央政治局委员、广东省委书记张德江在深圳市南方中集、比克电池等企业调研。

△ 深圳市非行政许可审批制度改革正式启动。

△ 深圳市龙岗区 57 个社区工作站挂牌。

6 月 28 日 国务院总理温家宝与澳大利亚总理霍华德在深圳举行会谈。温家宝和霍华德来到位于深圳大鹏湾的广东液化天然气项目第一期工程现场，两位总理在仪式上分别发表了致辞，对象征中澳两国互利合作关系的广东液化天然气项目的顺利投产表示祝贺。

△ 由中国商务部和澳大利亚外交贸易部联合主办的中澳自贸区研讨会在深圳举行。

△ 深圳市数字化城管系统投入试运行。

6 月 29 日 在 CEPA 签署 3 周年之际，又增加了补充协议，公布新增 15 项开放措施，包括开放广东给香港旅行社办出境游港团、大律师可回内地工作、增加会展服务、电视剧审批、工程造价咨询可在内地独资经营、扩大香港经营人民币业务，以及再增多 37 项货物零关税等。

△ 东江纵队北撤 60 周年座谈会在市委会议室举行。

△ 深圳市直机关庆祝建党 85 周年"七一"表彰大会暨"我们是排头兵——共产党员歌咏大赛"在市民中心礼堂隆重举行。

6 月 30 日 "净畅宁工程"核心项目南坪快速路一期全线开通。

△ 深圳市营运中巴全面退出特区。

△ 深圳市纪念中国共产党成立 85 周年暨保持共产党员先进性教育活动总结大会在深圳会堂隆重举行。广东省委副书记、深圳市委书记李鸿忠强调，把党的先进性建设贯穿于深圳特区建设发展始终。

7 月 1 日 深圳市数千名机关党员积极参与"机关服务基层，党员服务群众"的"排头兵"实践活动——"'七一'统一行动日"活动。

△ 《深圳经济特区改革创新促进条例》正式施行，明确国家机关是改革创新的主体，将改革创新作为行政机关的法定义务。

7 月 3 日 新一代出入境边防检查信息系统——"梅沙"系统在深圳各口岸全面启用，该系统实现了与网上追逃系统的无缝对接，并将陆续在全国主要出入境口岸推广。

7 月 4 日 第二届中国深圳南山国际儿童文化艺术周在深圳"世界之窗"的环

球舞台拉开大幕，它开启了各国儿童在深圳南山为期一周的文化艺术之旅，也打开了中国孩子看世界的又一扇"世界之窗"。

7月5日 深圳市邓小平理论、"三个代表"重要思想和科学发展观研究中心隆重成立。

7月6日 深圳市委书记、市人大常委会主任李鸿忠在五洲宾馆会见了菲律宾众议长、基督教穆斯林民主力量党总裁德贝内西亚。

7月7日 深圳市委、市政府召开全市事业单位改革动员大会，正式启动深圳市事业单位改革工作。

7月8日 深圳市首届学校艺术展演节暨第八届少儿花卉美术展开幕。

7月10日 哈尔滨工业大学教育部微软语言语音重点实验室在深圳建立实验室分室并正式揭牌。

7月12日 深圳图书馆新馆开门迎读者。

△ 深圳市建设系统出台全面推进循环经济发展"1+14"文件。

△ 第三届中国国际半导体照明展在深圳开幕。

7月13日 深圳地铁4号线皇岗站进入福田口岸联检大楼建设工程已完工，深港两地的地铁在此"碰头"，实现了无缝衔接。

△ 深圳市加强社会治安综合整治、深化平安建设大会在龙岗区举行。

△ 光明新城核心区域光明中心区的规划工作正式启动。

7月14日 深圳市委书记李鸿忠在五洲宾馆会见了来访的美国华盛顿州前州长、戴维斯律师事务所中国业务部联席主席骆家辉一行。

△ 深圳市成为首批"全国学习型家庭创建示范城市"。

7月15日 国家商务部副部长马秀红访深。

△ 第四届中国·深圳标准舞、拉丁舞国际公开赛绚丽开场。

△ 宝安首届"廉洁文化周"启动。

7月16日 深圳市普降大雨，出现30多处内涝，松岗片区出现50年一遇特大暴雨。

△ 深圳市人大正式审议通过的历时4年制定的《深圳2030城市发展策略》中，提出未来深圳将与香港共同建设、共同发展，成为一个国际都市。

7月18日 广东省科学技术奖励大会召开，深圳市2个项目获一等奖。

△ 深圳市网络媒体协会成立，30个会员单位共签自律公约。

7月19日 深圳市政府召开四届四次全体（扩大）会议，研究部署下半年政府工作。

△　深圳市第五届官产学研资介互动交流洽谈会①在市高新区举行。

7 月 20 日　深圳启动"慈善一日捐"活动。

7 月 21 日　中国规模最大的商业轮转印刷生产基地——中华商务轮转印刷中心在深圳顺利投产。该印刷中心在龙岗区平湖鹅公岭工业园举行了隆重的开业典礼。

△　李鸿忠等深圳市委、市人大、市政府、市政协、市纪委领导与全市广大机关干部一道，积极响应广东省委书记张德江的倡议，纷纷慷慨解囊、奉献爱心，掀起了救灾捐赠热潮。

△　深圳市龙岗区布吉街道木棉湾两栋 12 层违法建筑被成功爆破拆除。

7 月 24 日　深圳市举行大型现场募捐活动，社会各界纷纷为灾区重建出力。

△　深圳市四届人大常委会第七次会议分组审议市政府提交的《审计报告》，全市 31 万辆机动车未缴纳车船使用税，其中未纳税的个人机动车 22 万辆，税款流失严重。

7 月 25 日　深圳市委理论学习中心组举行（扩大）学习会，邀请中国经济体制改革研究会会长高尚全就加快行政管理体制改革做专题讲座。

△　深圳市向灾区捐款 1 亿元。

7 月 27 日　李鸿忠等深圳市领导和社会各界人士 1000 余人出席"慈善之夜"——为全省灾区募捐义演晚会。

7 月 28 日　深圳市委书记李鸿忠在五洲宾馆会见了正在广东考察调研的中国驻英国大使查培新夫妇一行。

△　第四届国际潮青联谊年会在深圳隆重开场。

7 月 31 日　大型话剧《好人丛飞》首次在深圳公演。

△　深圳跃居全国第二大专利城市。

8 月 1 日　首座天然气电厂——东部电厂 1 号机组正式通过了启动验收委员会的验收，进入整套启动试运行阶段。

△　深圳市版权协会成立。

8 月 2 日　深圳市委书记李鸿忠在五洲宾馆会见了日本 YKK 株式会社社长吉田忠裕一行。

△　深圳市政府新闻发布厅正式启用。

△　深圳市委常委、常务副市长刘应力下午在五洲宾馆与来访的香港生产力促

---

①　本届互动会结合深圳创建自主创新型城市和建立深港创新圈，特别增加了校企人才互动、深港技术交流内容，旨在以技术支撑平台与人才支撑平台为基础，促进深港合作。

进局主席梁君彦议员会面，双方就进一步加强工业与科技领域的实质性合作、共同推动深港创新圈建设达成多项共识。

△　粤港合作联席会议第九次会议在广州举行。粤港双方在大型基建项目、环保合作、口岸及交通、食品安全和疾病预防等重点领域达成了共识，几乎每一领域均有涉及深圳的内容，显示出深港合作在粤港合作中的重要性。

△　深圳市地铁运营一年半实现盈利。

8月3日　深圳沃尔玛建立工会组织。

△　深圳市周密部署，全力迎战狂风暴雨。

8月4日　深圳市政府新闻办举行建立"效益深圳"统计指标体系新闻发布会。

△　抗洪英雄李大为的亲属正式成为深圳人。

△　深圳市党政机关所属21个幼儿园完成划转接收。

8月5日　第三届中国报业竞争力年会落幕，深圳报业集团等18个单位首批开启数字报业大门。

△　深圳市推出10项措施解决企业欠薪问题。

8月6日　深圳市委召开常委（扩大）会议，专题研究全市经济工作。

8月7日　深圳市成为全国首个电子政务试点市。《关于加强电子政务工作的意见》及8个配套措施正式出台。

8月8日　深圳市少年宫管乐团获世界大赛金奖。

△　一架波音737－300型货机缓缓降落在深圳宝安国际机场，这标志着由民营资本投资的深圳东海航空公司将投入运营，强势介入航空货运业。

△　"深圳关爱行动"常设办公室成立。

8月10日　深圳市《关于进一步加快民营经济发展的若干措施》出台。

△　深圳市委书记、市人大常委会主任李鸿忠率深圳市代表团离深，前往古巴、阿根廷、巴西三国访问。

△　新加坡驻穗总领事访问深圳。

8月11日　中国规模最大的户外流行音乐节——第二届深圳沙滩音乐节在大梅沙开幕。

8月12日　深圳市天然气转换工程点火。

8月13日　来自埃塞俄比亚等17个非洲国家的18位政府高级新闻官员聚首深圳，共同参加由国务院新闻办举办的第三期非洲国家政府官员新闻研修班。

8月14日　中国品牌研究院首次公布省标志性品牌名单，共有275个品牌成为全国各省（市）"经济名片"，其中广东省的10个标志性品牌中，来自深圳的有海王、华为、中兴、万科 4 个。

△ 在全国第四届特奥运动会上，深圳市残疾人选手获得 6 金、9 银、6 铜的好成绩。

△ 深圳市福田区下沙社区建成广东省首个"生态示范社区"。

8 月 16 日 广东省重点工程深圳盐田港区三期工程 4 个新泊位，通过了国家交通部组织的竣工验收并投入商业运营。

△ 深圳市中级人民法院在第四审判庭公开开庭，宣告南方证券破产还债，并指定成立破产清算组对南方证券进行破产清算。这是当时中国最大的证券公司破产案。

8 月 17 日 深圳市政府召开四届四十次常务会议，《居住证办法（草案）》获原则通过。

△ 深航成立中国首个外籍飞行员分部。

8 月 18 日 中共深圳市罗湖区桂园街道地王大厦联合委员会在大厦南广场举行简短而隆重的成立大会，这是深圳市首个楼宇党组织成立。

△ 中外"500 强"CEO 大讲坛在深圳开讲。

△ 深圳市在全国首家通过"创建臭氧层友好城市"验收。9 月 15 日，深圳市荣获全国首批"保护臭氧层示范省（市）"荣誉称号。

8 月 19 日 深圳市首开劳动争议仲裁双休日庭。

8 月 21 日 深圳市委副书记李意珍在五洲宾馆会见了澳大利亚 Riviera（里维埃拉）游艇制造公司执行董事兼首席执行官威尔士·摩斯先生一行。

8 月 22 日 深圳市政府与国家铁道部在北京签署备忘录，就广深港客运专线深圳境内设站事宜达成基本共识，深圳中心区将建国内首座地下火车站。

8 月 24 日 深圳市委书记李鸿忠主持召开市委常委（扩大）会议，专题学习胡锦涛总书记在学习《江泽民文选》报告会上的重要讲话，传达贯彻《中共中央关于学习〈江泽民文选〉的决定》和《中共广东省委关于认真学习〈江泽民文选〉的通知》，讨论审定《中共深圳市委关于认真学习〈江泽民文选〉的通知》。

8 月 25 日 由全国政协副主席、全国工商联主席黄孟复率领的调研组在深圳调研民营企业自主创新情况。

△ 深圳与东莞、惠州三市公安局协商并达成共识，决定建立三市警务协作机制。

△ 深圳海关在深圳沙头角十八小区某公司单身公寓 106 房，一举捣毁一个自挖地道穿越深港边界走私电子产品的窝点。这是深圳海关查获的首例利用地道实施

走私并人赃并获的案件。

8月26日 中国企业家论坛第三届深圳高峰会在五洲宾馆举行。

8月29日 "爱心大使"丛飞先进事迹报告会在深圳市民中心礼堂隆重举行。

8月30日 应教育部副部长、中国大体协主席章新胜邀请，国际大学生体育联合会主席乔治·基里安先生到访深圳。

8月30日~9月1日 广东省省长黄华华率领省直有关部门负责人到深圳市考察调研。

8月31日 深圳市委书记李鸿忠会见了应邀来访的国际大学生体育联合会主席乔治·基里安及夫人一行。

△ 国家高新技术产业标准示范区在深圳高新园区挂牌。

9月1日 第七届广东省"鲁迅文学艺术奖"（艺术类）颁奖，深圳获奖数居全省首位。

△ 深圳市委、市政府批准莲花山顶邓小平塑像广场、罗湖桥、中英街历史博物馆、南头古城、中共宝安县委"一大"纪念馆暨宝安抗日纪念馆、横岗青少年国防教育基地6个项目为深圳市第二批爱国主义教育基地。

△ 深圳市委常委、常务副市长刘应力会见了正在深圳访问的尼泊尔副首相兼外交大臣夏尔玛·奥利一行。

△ 深圳市委理论学习中心组举办学习会，邀请中央政府驻香港联络办副主任彭清华做了题为《香港经济社会发展情况和当前形势》的专题报告，介绍香港在国家大局中的战略地位和作用、香港社会的基本特征、中央对港方针政策及香港目前经济、社会、政治情况。

9月2日 深圳市委书记李鸿忠在市委理论中心组学习会上，提出要站在全局高度积极推进深港合作，促进香港稳定。

△ 深圳市委常委、常务副市长刘应力在五洲宾馆会见了前来深圳访问的贝宁总统亚伊及其所率领的贝宁政府代表团。

△ 中国企业"500强"揭晓，平安保险、华为和中集3个深圳企业分别为第四十名、第五十七名和第九十七名。

9月5日 全国广东省推进农民工工伤保险经验交流会在深圳召开。

9月6日 国家质检总局在人民大会堂召开《质量振兴纲要》实施10周年暨质量兴市先进、中国名牌产品表彰大会，深圳17个产品被评为"中国名牌"称号（两个为复评），同时中兴通讯的程控交换机被评为"中国世界名牌产品"。至此，深圳市的中国名牌总数达到58个，位列全国大中城市首位。

9 月 8 日 深圳市委、市政府召开公安系统专业化试点改革大会，这标志着深圳市公安系统公务员专业化试点改革工作全面启动。

9 月 10 日 深圳市福田区获"全国质量兴市先进市县"称号，成为广东省 3 个受表彰的市县之一。

9 月 11 日 深圳龙岗布吉水质净化厂改造工程和横岭污水处理厂通水试运行。

9 月 12 ~ 14 日 以国家新闻出版总署副署长于永湛为组长、国家教育部思想政治工作司司长杨振斌为副组长的中央督察组一行 10 人到深圳检查指导工作。

9 月 14 日 19 时 53 分在广东省担杆海域（北纬 22.0 度、东经 114.3 度）发生 3.6 级地震，深圳市有震感，震中距深圳约 60 公里。

△ 2006 深圳国际珠宝展览会在深圳会展中心拉开帷幕。

9 月 15 日 深圳市被授予"保护臭氧层示范市"荣誉称号。

△ 深圳市建市以来的首次房地产用地招标出让会在市土地房产交易中心举行，共有 6 宗地块顺利出让。

△ 深圳市首个村改居党委——龙岗区南湾街道南岭村社区党委正式挂牌成立。

9 月 15 ~ 16 日 国家发展改革委常务副主任陈德铭在深圳考察调研能源工作。

9 月 16 日 来自全国超声业界的 100 多名专家、学者共同见证了深圳迈瑞公司研制的全数字彩超 DC - 6 隆重上市。

△ 深圳市皇岗、北环、泥岗和梅观等道路禁行大货车，货柜车穿行市区从此成为历史。

9 月 17 日 "亚洲品牌 500 强"颁奖典礼在香港隆重举行，《深圳特区报》居亚洲传媒第 11 位。

△ 深圳市宝安区被中宣部评为"全国劳务工思想道德建设"典型。

9 月 18 日 韩国驻广州总领事全在万一行访深。

△ 由深圳市委宣传部、市精神文明办、市文联联合摄制的电视纪录片《大爱无疆·歌者丛飞》荣获第二十三届中国电视"金鹰奖"优秀长篇纪录片奖和"2006 年中国纪录片十优作品奖"。

△ 深圳市政府四届四十二次常务会议召开，通报深圳市代表团不久前出访拉美和欧洲有关情况，研究审议深圳现代物流布局规划等事项。

9 月 19 日 "深圳 2030 城市发展策略"实施暨城市总体规划修编论坛上，来自北京、广州等地的著名城市规划专家认为，深圳在未来城市的规划上，应把深港合作和深港双城的构建作为逻辑起点，在"一国两制"下勇于创新，共同创建国际性的都会区。

△ "爱心中国"首场慈善晚会在深圳举行。

△ 深圳市 CBD 最大体量商业建筑隆重奠基。

△ 深圳模具产业集聚基地开园。

9 月 19~21 日 深圳市政府代表团出访韩国。

9 月 20 日 前深圳市市长郑良玉、前深圳市委常委兼宣传部部长邵汉青率领的访问团，到访香港商报，获商报副社长、总编辑陈锡添，执行总编辑陈南及多个部门主管热情接待，双方就加强深港合作的议题进行了多方面的探讨。

△ 深圳市委书记李鸿忠在市委大院办公楼贵宾厅会见了英国驻广州总领事胡克定。

△ 2006 年"中国城市生活质量排行榜"在京发布，深圳城市生活质量全国第一。

△ 中国首个自主知识产权二维码诞生。

9 月 21 日 深圳市政府与铁道部就广深港客运专线在深圳建设全国首座地下大型城际轨道交通客运站一事在北京签署备忘录。

△ 第二届香港科技经济高峰会建议在深港河套地区建设深港高新科技产业园，以促进深港两地高新科技产业的合作与发展，加强深港科技合作、推动经济繁荣。

△ 深圳"爱心大使"丛飞塑像落户大家乐舞台。

9 月 22 日 世界牙科联盟 2006 年年会在深圳会议展览中心隆重开幕。

△ 中国科学院深圳先进技术研究院在深圳西丽园区举行奠基仪式。

△ 全国人大常委会副委员长、中国科学院院长路甬祥在深圳为全国人大代表举行自主创新专题讲座。

9 月 23 日 中国改革开放 30 周年文学创作工程在深圳正式启动。

9 月 23~24 日 深圳市委常委、统战部部长王毅，副市长陈应春率领深圳民营企业家代表团访问澳门。

9 月 24 日 "中国管理创新"论坛暨首届"中国管理学院奖"颁奖典礼在深圳举行。

9 月 25 日 刘勇任深圳警备区司令员。

9 月 26 日 日本驻穗总领事吉田雅治访问深圳。

9 月 27 日 深圳市委书记李鸿忠在五洲宾馆会见了海关总署署长牟新生一行。

△ 深圳市通过国家环境保护模范城市复查组专家考核。

9 月 28 日 为期 2 天的"全国工商行政管理系统规范市场主体，提高服务水平，促进各类企业健康发展工作会议"拉开序幕。

　　△　深南路路面修缮及交通改善工程在深圳南山荔香公园北门口辅道破土开工。

9 月 29 日　全国首个预防性侵害网站在深圳开通。

9 月 29 日～10 月 3 日　中国（深圳）住宅产业国际博览会在深圳会展中心举行。

9 月 30 日　深圳市委、市政府在龙岗区召开全市"基层基础年"和"城市管理年"工作现场会，交流总结经验，对深入推进下一步全市的工作进行再动员、再部署。

　　△　深圳市政府门户网站——"深圳政府在线"升级版正式开通。

10 月 1 日　深圳市日立环球存储科技公司大中华区总裁德克·托马斯获国家友谊奖从北京载誉回到深圳。

10 月 5 日　世界上最大的集装箱船首航深圳港。

10 月 8 日　深圳市规划局直属分局成立。

　　△　全国首个中国菜肴烹饪机器人在深圳诞生。

10 月 9 日　深圳市政府在市民中心多功能厅举行会议，隆重表彰荣获 2006 年度深圳市"市长质量奖"及中国"世界名牌产品""中国名牌产品""中国驰名商标"的企业。

10 月 11 日　深圳市委常委、常务副市长刘应力在五洲宾馆会见了来访的微软全球副总裁张亚勤一行。

　　△　中国国民党台南市党部参访团一行 36 人在党部主委吴朝昱的率领下访问深圳。

　　△　香港中华总商会首次组团参加第八届中国国际高新技术成果交易会。

　　△　《深圳大学 2007 年博士研究生招生简章》正式公布，光学工程、信号与信息处理、政治经济学等 3 个博士学位授权点招收博士生，计划招生 30 名。这是深圳高校首次招收博士研究生，也标志着深圳市高等教育建成了从学士、硕士到博士完整的人才培养体系。

10 月 12 日　第八届中国国际高新技术成果交易会在深圳市开幕。中共中央政治局委员、国务院副总理吴仪出席开幕式并宣布开幕。本届展会吸引了来自 23 个国家和地区的政府及企业组团参展。第八届高交会的重头戏——"部长论坛"，分"科技贸易"和"信息技术"两个专场在会展中心同时开讲。吴仪还在深圳会见了前来出席第八届中国国际高新技术成果交易会的科摩罗副总统易地·纳华姆和芬兰等 11 个国家的部长、政府官员以及跨国公司和海外商会的代表。

△ 作为第八届高交会的一项重要活动，国家发展和改革委员会在会展中心隆重举行国家认定企业技术中心、国家工程研究中心、国家工程实验室授牌仪式。

△ IBM 公司在深圳宣布：将其全球采购总部迁往深圳，这是 IBM 公司首度将集团某一部门、机构的总部迁移到美国总部以外的其他国家和地区。

10 月 12~13 日 中共中央政治局委员、国务院副总理吴仪考察深圳。

10 月 13 日 深圳市委书记李鸿忠在五洲宾馆会见了中国国民党台南市党部主委吴朝昱率领的该党部"高交会"参访团。

△ 深圳市委书记李鸿忠在五洲宾馆会见了前来出席第八届"高交会"的古巴驻华大使卡洛斯·米·佩雷拉·埃尔南德斯一行。

△ "创新集群与国家高新区发展"论坛在深圳五洲宾馆举行。

△ 深圳市政府向入驻深圳大学城的清华大学深圳研究生院、北京大学深圳研究生院、哈尔滨工业大学深圳研究生院各资助 9000 万元，建设 9 个国家级重点实验室。

10 月 14 日 首届"中国个人技术创新与发明"论坛在深圳市科学馆开讲。

△ 深圳方正微电子公司在深圳建成国内最现代化的 6 英寸芯片生产线，并正式投产，标志着深圳集成电路前工序（芯片加工）实现了零的突破。

△ 全国首个国家级紧急救援科研基地落户龙岗全面建设产学研基地。

10 月 15 日 深圳市科技图书馆隆重落成，总建筑面积 4.6 万平方米，设计藏书量 150 万册。

△ 第 100 届中国出口商品交易会暨庆祝大会在深圳开幕。

10 月 16 日 2006 年度全球可再生能源领域最具投资价值的十大领先技术"蓝天奖"正式揭晓。

10 月 17 日 由全国政协副主席李贵鲜任团长的全国政协委员视察团一行 56 人抵达深圳考察。

△ 深圳第八届"高交会"圆满落幕。

△ 深圳市派出所全部实现信息化办公。

△ 深圳国际信托投资公司（简称深国投）股份转让及增资协议在市民中心多功能厅正式签署。根据协议，华润股份有限公司通过股权转让和单方增资获得深国投 51% 的股权。

10 月 18 日 2006 年中国深圳国际钢琴协奏曲比赛开幕式在深圳大剧院举行。这是国内首次举办以协奏曲演奏为主要内容的钢琴比赛，也是国家文化部批准的国内三大常设性国际钢琴赛事之一。

10 月 19 日 深圳市卫生系统发出医疗事业单位人事制度改革动员令,将全面推行聘任制、雇用制,变过去的固定用人为合同用人,从身份管理向职位管理转变。

△ 第二届中国城市理性发展与土地政策国际研讨会在深圳召开。

△ 深圳市福田区"公共文化服务地图"正式出炉。

10 月 20 日 深圳市数字化城管系统通过国家验收。国家建设部正式授予深圳市"数字化城市管理试点城市"牌匾。

10 月 21 日 2006 年世界米氏帆板锦标赛在深圳大鹏金沙湾举行。

△ 由南开大学、深圳市政府及深圳证券交易所共同主办的第四届中国虚拟经济研讨会在深圳开幕。

△ 深圳市宝安区石岩街道成立深圳市首支"巾帼维权法律志愿者"队伍。

10 月 23 日 深圳市社区"居家养老"服务正式启动。

△ 深圳市跻身首批"中国服务外包基地"城市。

△ 深圳市政府对尹晓华等 12 名获"鹏城优秀美容师"称号的环卫工人进行表彰。

△ 深圳市政府与中国广东核电集团有限公司签署战略合作框架协议,使双方在核电建设、科技创新及核电相关产业领域的合作又向前迈出了实质性步伐。

10 月 25 日 全球化视野下国际旅游城市建设国际研讨会在五洲宾馆开幕。

10 月 26 日 深圳市委常委、常务副市长刘应力在五洲宾馆会见了到访的美国加州圣地亚哥郡管委会副主席冉·罗伯特一行。

△ 深圳市委常委、常务副市长刘应力会见了日东电工株式会社常务执行董事兼光电显示事业部总裁安部英夫先生一行 6 人。

△ 匈牙利环境和水利部部长米克洛什率该国 10 家环保企业负责人到访深圳。

△ 为期两天的广东省应急管理工作会议在深圳闭幕。

10 月 27 日 科学发展观与社会主义和谐社会建设理论研讨会在深圳举行。

△ 应中共中央纪委邀请,越南共产党中央委员、中检委常务副主任阮氏缘率领的越共中央检查委员会代表团访问深圳。

10 月 28 日 深圳市委书记李鸿忠会见了索尼集团董事长兼首席执行官霍华德·斯金格一行。

△ 2006 年中国深圳国际钢琴协奏曲比赛圆满落幕,中国深圳选手左章和乌克兰选手金·玛莉亚并列第一名。

△ 深圳市委党校举行新校园落成典礼。

10 月 29 日 "中华之声"——2006 年名家名曲广东演唱会深圳专场开演。

△　由安哥拉共和国总理费尔南多·多斯桑托斯率领的安哥拉代表团一行42人抵达深圳访问。

10月30日　深圳市党政代表团赴贵州省学习考察。

△　第100届"广交会"深圳团成交逾20亿美元。

△　深圳市正式发布干线路网命名方案。

△　深圳市福永杂技团的"群猴争王——跳板蹬人"节目在遵义杂技赛上捧回中国文化艺术政府奖"文华奖"。

10月31日　深圳市委常委、副市长吕锐锋在市民中心会见了联合国环境规划署驻华代表邵雪民，双方就环境保护等共同关心的话题进行了坦诚交流。

△　中央政府已授权香港首次在深圳开设入境和海关口岸。此举被视为香港特别行政区和深圳经济特区关系的里程碑。

10月31日～11月2日　深圳市党政代表团在重庆市学习考察。

11月1日　第七届"深圳读书月"在深圳全市各区启动。

△　深圳市常务副市长刘应力在五洲宾馆会见了来访的布隆迪总统皮埃尔·恩库伦齐扎一行。

11月2日　2006年国际海运（中国）年会在深圳召开。

△　全国中心城市交通改革与发展研讨会第二十三次会议在深圳召开。

11月3日　深圳市首个具备车港功能的综合交通枢纽——福田交通综合枢纽换乘中心封顶。

△　位处深港西部通道深圳一侧的望海路暨滨海休闲带公园正式开工建设。

△　深圳市委常委、常务副市长刘应力在市民中心会见了到访的韩国大田市市长朴城孝一行。

11月3～4日　深圳市党政代表团对湖北省武汉市进行为期2天的学习考察。

11月4日　第二十三届全国中学生物理竞赛决赛在深圳拉开帷幕。

△　2006年中国国际眼镜产品博览会在深圳开幕。

△　中国与哈萨克斯坦合作委员会口岸和海关合作分委会第三次会议在深圳市召开。

11月6日　第七届"深圳读书月"全面启动仪式暨深圳书城中心城开业典礼隆重举行。

△　深圳市委书记李鸿忠在五洲宾馆会见了来深圳访问的纳米比亚总统希菲普涅波汉巴和夫人一行。

△　深圳市启用短信报警平台：0755110。

△ 深圳市出台《关于进一步推进深圳市义务教育均衡发展的若干意见》和系列配套政策文件。

11 月 8 日 深圳两个大型重点企业喜获银行共计 168 亿元的巨额信贷支持。

△ 赞比亚外长西卡塔纳一行 8 人访问深圳。

△ 沃尔玛中国投资有限公司总部在深圳召开机关工会成立大会。37 岁的职员王渝佳被选为首届工会主席。至此，沃尔玛在中国的 63 个营运单位都已经有了工会。

11 月 10 日 由中央党校副校长李君如研究员率领的中央党校调研组一行 12 人，到深圳围绕"和谐社会理论问题研究"课题进行调研。

△ 深圳市保税区总工会挂牌成立。

△ 国内首条海上架空输电线路 220 千伏前平线建成投产。

11 月 11 日 劳动和社会保障部部长田成平一行到深圳调研。

△ 深圳弘法寺举行方丈本焕长老百岁寿诞庆典。

△ 深圳光祖中学建校百年。

11 月 12 日 深圳市首个诉求服务中心在龙岗区布吉街道挂牌成立。

△ 中央电视台"文明中国"大型电视行动节目播放了"深圳篇"。

11 月 13 日 深圳市福田区梅林一村获授"国际最适宜人居社区"。

△ 深圳市委、市人大常委会、市政府和市政协机关响应党中央、国务院向贫困地区困难群众"送温暖、献爱心"的号召，开展捐助活动。

11 月 14 日 "全球通"2006 年第四届中外艺术精品演出节拉开大幕。

△ 深圳市第一个经常性的社区捐赠物资接收点——福田区福中社区捐赠物资接收点挂牌成立。

11 月 16 日 深圳市城管局荣获"全国城市管理先进集体标兵"称号。

11 月 17 日 哈飞汽车深圳研发生产基地在宝安区观澜正式投产。

△ 深圳市轨道交通 3 号线工程施工总承包 3102 标段合同签约仪式在深圳市地铁 3 号线公司举行。

△ 装满 13 节车厢、包括 100 万件衣被和 101 万元捐款的深圳"爱心专列"开往贵州。

11 月 18 日 2006 年建设和谐社会与企业社会责任（深圳）论坛在五洲宾馆举行。

11 月 19 日 《深圳市建立国家住宅产业化综合试点城市可行性报告》正式通过建设部组织的专家论证，深圳市被确定为首个"国家住宅产业化综合试点城市"。

△ 深圳高速公路股份有限公司荣膺香港上市公司企管"十佳"。

11月20日 深圳市委书记李鸿忠主持召开会议,提出民生净福利观的思想,要求市统计局先行提出民生净福利指标体系的框架。为了贯彻落实李鸿忠书记的指示,市统计局成立了以局长邓平为组长的"深圳市民生净福利指标体系"起草小组,迅速开展"民生净福利"指标体系的研究起草工作。

11月21日 中国海外集团有限公司第四届"中海之声"文艺会演在深圳大剧院开演。

11月23日 由博鳌亚洲论坛与深圳市政府联合主办的"循环经济国际峰会"在五洲宾馆隆重开幕。

△ 国家旅游局局长邵琪伟到深圳调研。

△ 深圳华为、中兴、康佳、创维4家高新技术企业的7项产品,获得国家质检总局颁发的"出口免验证书",从而成为国家通信、彩电领域首批获"出口免验"的企业。同日,深圳市检验检疫科学研究院暨深圳检验检疫局博士后工作站揭牌仪式在深圳检验检疫局隆重举行。

△ 深圳市统计局按照李鸿忠书记的指示精神和会议讨论意见,初步拟定《深圳市民生净福利指标体系》框架思路和初选指标。

11月24日 由博鳌亚洲论坛与深圳市政府联合主办的"循环经济国际峰会"隆重开幕。

11月25日 深圳的7位船员驾驶帆船回到青岛市奥林匹克帆船运动中心,完成了中国人首次无动力帆船环海航行顺利归航。

△ 第十二届广东省运动会落幕,深圳金牌数排第二。

11月26日 深圳中信城市广场荣获"2006年度中国购物中心最佳运营奖"。

11月28日 深圳清华大学研究院隆重举行成立10周年庆祝大会。

△ 深圳能源集团东部电厂1号机组正式投入商业运营。

11月29日 深圳市政府四届四十七次常务会议召开,研究审议循环经济"十一五"发展规划、加快服务外包产业发展等事项。

△ 深圳市人民政协理论研究会成立。

11月30日 广东省旅游文化节闭幕晚会在深圳世界之窗举行。

△ 由深圳市政府贸工局、科信局、高新办共同组织的"深圳科技日"在香港会展中心举行开幕典礼,深圳华为技术有限公司等56家企业在展区展示了其创新成果。

△ 由深圳市政府主办的深圳金融业中小企业融资洽谈会在会展中心隆重揭幕。

△ 工商银行、中国银行在深首发银联标准公务卡，深圳市在国内率先进行公务支出银行卡结算改革。

12 月 1 日 2006 年中国创意产业年度大奖在北京揭晓，深圳创意界捧回 7 项国家大奖。

△ 由国家发展改革委、科技部、深圳市政府和深圳证券交易所联合主办的第五届"中小企业融资"论坛在深圳五洲宾馆隆重举行。

△ 来自世界各地的 350 多位魔术师聚集深圳市宝安区沙井街道出席 2006 年世界魔术交流大会。

△ 深圳大亚湾核电基地工业旅游正式启动。

12 月 2 日 第五届"中国证券投资基金"国际论坛在深圳举办。

12 月 3 日 深圳市在莲花山公园举办"一二·四"法制大观园活动，开展法制宣传活动。

△ 深圳市南山区桃源、蛇口、招商和粤海 4 个街道获得第二届"全国和谐社区建设示范街道"荣誉称号。

12 月 4 日 深圳市首次颁布《深圳市人民政府关于进一步加强农民工工作的意见》。

△ 全国人大环境与资源保护工作座谈会在深圳召开。

△ 中国与哈萨克斯坦合作委员会口岸和海关合作分委会第三次会议在深圳召开。

△ 由商务部、深圳市人民政府联合主办的第三届中国产业国际竞争力研讨会在五洲宾馆拉开序幕。

12 月 5 日 深圳燃气集团获"全国国企'四好'领导班子先进集体"称号。

12 月 6 日 广东省委常委、宣传部部长林雄来深圳市调研宣传文化事业发展情况。

12 月 7 日 由建设部和深圳市政府共同主办的"生态园林城市"研讨会在深圳五洲宾馆举行。

△ 深圳市委常委、常务副市长刘应力在市民中心会见了到深圳考察访问的英国西南英格兰地区发展局亚太总裁瑞德文及英国普利茅斯海洋研究院代表团一行。

12 月 8 日 深圳市政府四届四十八次常务会议召开，研究审议深圳市工业区升级改造等事项。

△ 启笛楷书唐诗三百首碑林在深圳落成。

△ 第十八届世界模特小姐大赛国际总决赛在深圳世界之窗圆满落幕。

△　全国国际商务英语培训认证考试中心在深圳职业技术学院正式揭牌，成为国内唯一的考试中心。

△　建设部"国家生态园林城市"考评组通报对深圳市创建"国家生态园林城市"工作考评结果，认为深圳市基本达到了"国家生态园林城市"标准。

12月9日　"深圳特区精神文明好六连"获授中央军委荣誉称号10周年庆典活动在深圳举行。

12月10日　第二届深圳"金融创新奖"隆重颁奖。

△　深圳市委书记李鸿忠会见了正在深圳调研的国家开发银行党委副书记、副行长姚中民一行。

12月11~14日　由基里安主席率领的国际大体联评估组到深圳进行正式考察和评估。

△　由中国合唱协会、中共深圳市委宣传部、深圳市文化局共同主办的第八届中国（深圳）合唱节拉开帷幕。

12月12日　深圳"大运①中心"和"大运村"隆重奠基。

△　"魅力中国·激情深圳"欢迎国际大体联考察评估组专场晚会在深圳大剧院举行。

12月13~14日　广东省委常委黄龙云率省委调研组抵达深圳调研。

△　中国国际软件外包交易峰会在深圳举行。

12月15日　深圳市政府四届四十九次常务会议召开，研究审议加强环境保护建设"生态市"、大力实施"走出去"战略等议题。

△　深圳市首届客家文化节在龙岗鹤湖新居开幕。

12月16日　深圳市中汽南方集团携手世界顶级游艇品牌英国Princess和澳大利亚Rviera，在深圳举办盛大的游艇发布和鉴赏活动。

12月17日　深圳国际能源与环境技术促进中心（ITPC）指导委员会会议召开。

△　2006年中国最具影响力创新成果百强揭晓，深圳10家企业获奖。

12月18日　第二期深圳市局级干部"三纪"教育培训班开班。

△　深圳市政府与全球最大的电子和电气公司之一——西门子公司签署了战略合作协议，双方的合作进入了崭新阶段。

△　深圳市人民医院外科大楼奠基动工。

△　印尼巴淡市市长阿莫达南到深圳访问。

---

①　"大运"指世界大学生运动会。

△　深圳市第二次土地工作会议召开。

12 月 18～24 日　深圳市委副书记李意珍率深圳市经贸参访团赴台湾考察。

12 月 19 日　深圳市隆重表彰第十二届省运会凯旋健儿。

△　"全国外商投资双优企业""深圳市优秀外资企业家"表彰大会在深圳五洲宾馆隆重举行。

△　由深圳外商投资企业协会、中国国际贸易促进委员会深圳分会共同主办的"全国外商投资双优企业、深圳市优秀外资企业家表彰大会"隆重举行。

12 月 20 日　深圳市第三人民医院开工建设。

△　深圳市全面启动排水管网清源行动。

12 月 22 日　深圳市妇女工作会议召开，大会向 20 个单位授予深圳市"巾帼文明岗"标兵岗称号。

△　深圳市政府四届五十次常务会议召开，研究审议关于全面推进街道综合执法工作的决定、本市级专项资金（基金）清理整合方案等议题。

△　深圳市"双年行动"重点项目人民南路改造工程正式竣工并举行亮灯仪式。

△　深圳航空公司正式与美国最大的支线航空公司梅萨航空集团签约，组建国内首个中外航空企业合资的支线航空公司。

△　深圳大学研究生部党委副书记陈淑妮荣膺"中国十大杰出母亲"称号。

△　深圳市政府常务会议审议并原则通过《〈深圳市民生净福利指标体系〉统计监测实施意见》。

12 月 23 日　深圳市首届公园文化节同时在 11 个公园揭开大幕。

12 月 24 日　深圳潮商大会隆重召开，潮商工作委员会正式成立。

12 月 25 日　深圳市中心区诞生首个五星级影院。

12 月 26 日　台湾发生地震，深圳震感明显。

△　李鸿忠书记主持深圳市委常委会议，讨论并原则同意《〈深圳市民生净福利指标体系〉统计监测实施意见》。

△　深圳电子政务监察室正式挂牌运行，将强化对该市行政审批工作的电子监督、监管和对行政机关行政效率的电子评估，并受理有关投诉。这是国内设立的第一个对政务进行电子监察的政府管理机构。

12 月 27 日　深圳市政府四届五十一次常务会议召开，研究审议全面清理建设项目用地、促进深圳港发展等有关事项。

△　深圳市文化局正式加挂深圳市文物局的牌子。

12 月 28 日　2006 年中国城市竞争力排行榜在香港发布，深圳位列第四。

12 月 29 日　深圳市委四届五次全体（扩大）会议在深圳会堂召开。

△　国家环保总局确认深圳市通过"国家环境保护模范城市"复查，建设部正式确定深圳市为创建"国家生态园林城市"示范城市。

12 月 30 日　深圳市委四届五次全体（扩大）会议上午圆满完成各项任务，在深圳会堂闭幕。会议经表决，一致通过了《中共深圳市委关于制定〈深圳市民生净福利指标体系〉的意见》，决定交由市政府作为试行方案组织落实，并在实施中进一步完善。

12 月 31 日　深圳市 2007 年新年大型文艺晚会在市民中心广场举行。

△　深圳市举行"直通车"活动日，市、区、街道三级近 100 名领导担任嘉宾。

△　深圳西部港区疏港道路破土动工，疏港道路计划 2 年内建成主通道，3 年内全部通车，打通整个西部港区运输大动脉。

2007 年

1 月 1 日　国内首个内地旅客自助查验通道在罗湖口岸开通。

△　深圳市财政零点结算显示：2006 年深圳市地方一般预算内财政收入首次突破 500 亿元大关，达 500.88 亿元；上划中央收入首次突破千亿元，达 1180.16 亿元，实现了"十一五"的开门红。深圳市每平方公里所产生的财税收入达到 8600 万元，比上年增加 1400 万元。收支相抵后，深圳连续 26 年实现了财政收支平衡、略有盈余的目标。

△　2006 年末，深圳市金融总资产达 1.61 万亿元。

1 月 2 日　2006 年，深圳市外贸出口总额超过 1265 亿美元，比 2005 年增长三成多，外贸出口总额连续 14 年位居全国大中型城市首位。

△　深圳市首届公园文化节在莲花山会场成功举办。

1 月 4 日　深圳市政府召开四届五次全体（扩大）会议，就落实市委四届五次全体（扩大）会议精神做出部署。

△　深圳市政府发布 2007 年 1 号文件《关于加快我市高端服务业发展的若干意见》。

1 月 5 日　深圳首次制定发展生产规划。

1 月 8 日　由河北省委常委、唐山市委书记赵勇，市委副书记、代市长张国栋率领的唐山市党政代表团来深圳考察。

△　深圳市国有资产管理研究会成立。

1 月 9 日　深圳市政府公布《深圳生态市建设规划》，领导任期内两年未完成环保目标将不提拔重用。

△　2006 年深圳高新技术产品产值首破 6000 亿元。

1月10日 深圳市举行全市循环经济示范项目授牌大会。

△ 从2007年1月10日起，深圳匪警、火警、交通事故报警电话三台合一，119、110、122合并为一个特服电话110。

1月11日 深圳市申大代表团启程赴意大利都灵，开展申办第二十六届世界大学生运动会陈述活动。

△ 由江西省委常委、南昌市委书记余欣荣，市长胡宪率领的南昌市党政代表团一行在深圳市展开参观考察行程，深入高新技术企业、住宅小区和金融机构等地，了解深圳城市建设和经济建设情况，对深圳市在高新科技产业物流业以及城市建设管理方面所取得的成就表示赞赏。

△ 深圳市三部门联合发布《关于改善梅林关及周边区域交通状况工作告市民书》，对于市区内梅林关交通拥堵问题久未解决，给市民带来诸多不便一事进行道歉，引起市民热议。

△ 第十三届"深圳是我家"春节系列文化活动在市青少年活动中心拉开帷幕。

1月12日 "2007深圳工业设计周"活动隆重开幕。

△ 统计数据显示，2006年深圳港货物吞吐量达17584.02万吨，其中外贸货物吞吐量12685.88万吨，集装箱吞吐量1846.89万标箱，分别同比增长14.56%、19.25%和14.03%。至此，深圳港已经连续4年成为全球第四大集装箱港口。

△ 深圳市与都灵市在都灵会议中心举行经贸推介会。

△ 全长28.2公里的龙大（龙华—东莞大岭山）高速公路全线通车。

1月14日 重新修订的《〈深圳经济特区企业员工社会养老保险条例〉实施规定》颁布，其中最大的突破是非深户籍员工养老门槛降低，取消了非深户籍员工退休前5年连续缴费的限制。这意味着，非深户籍员工在养老的条件上和深户籍员工平起平坐，即只要累计缴费满15年，并达到法定退休年龄就可在深圳退休，按月领取养老金。新规还包括建立深户籍人员"延缴延退"制度、台港澳人员和外籍人员的参保等事项。

△ 市人大常委会副主任张建国会见了来访的乌拉圭众议长卡多索一行。双方表示，今后将进一步密切两地在通信及国际贸易领域的往来，并以此推动乌拉圭与中国之间更加广泛的经济合作。

1月15日 中华人民共和国商务部致函深圳市人民政府，同意作为中国（深圳）国际文化产业博览交易会主办单位。文博会成为第一个由国家四部委共同主办的文化产业博览交易会，文博会作为国家级文化产品和服务出口贸易平台的功能得到进一步提升和强化。

△ 全国人大常委会在深圳举行报告会，100 多名港澳代表委员莅临深圳听取报告。

△ 深圳市首份政府工程施工劳务分包合同在宝安区签订，此举标志着"包工头"这一角色开始退出深圳建筑工程"舞台"。

1 月 16 日 国际大学生体育联合会主席乔治·基里安在意大利都灵宣布：深圳市获得 2011 年第二十六届世界大学生夏季运动会主办权。这是继 2001 年的第二十一届北京大运会之后，中国再一次得到大运会的主办权。

△ 中国篮球运动员易建联与艺术体操运动员戴菲菲作为中国体育形象大使出席深圳市申办 2011 年世界大学生夏季运动会活动。

1 月 18 日 深圳市委出台 2007 年第 1 号文件《关于加强环境保护建设生态市的决定》。

△ 深圳市首个区级慈善会在宝安区成立。

1 月 19 日 深圳市举行创新型企业成长路线图计划 2007 年工作会透露，2006 年深圳市高新技术产业继续保持快速发展，含金量极高，包括全年产值、发明专利申请、高新产值占全市工业总产值、GDP 比重等 4 项重要指标，均超越全国其他大中城市，名列全国首位。

1 月 20 日 深圳市成功申办第二十六届世界大学生夏季运动会庆功大会在市民中心多功能厅隆重举行。

△ 科学发展观研究中心基地在五洲宾馆举行揭牌仪式。

1 月 21 日 "关爱精神与和谐社会建设"理论研讨会在深圳举行。

△ 深圳宝安公明一制衣厂发生火灾，7 名女工殒命，为深圳 1999 年以来死亡人数最多的事故。

1 月 22 日 《人民日报》、新华社、中央电视台、中央人民广播电台等中央新闻媒体分别以显要位置、黄金时段报道深圳市自主创新的经验和做法。

△ 第四届"深圳关爱活动"在 6 个区拉开大幕。

1 月 23 日 深圳市统计局发布 2006 年深圳国民经济主要指标初步统计结果，2006 年深圳全市生产总值首次突破 5000 亿元大关，达 5684.39 亿元，比上年增长 15%，经济总量居全国大中城市第四位。

△ 深圳市已有 373 家党政机关事业单位所属企业、转企事业单位完成划转市国资委系统，纳入市国有资产监管体系，完成了我深圳事业单位改革的关键一步。

1 月 24 日 深圳市委书记、市人大常委会主任李鸿忠会见来访的智利众议长莱亚一行。

1月25日 解放军驻香港部队司令员王继堂中将、政委张汝成中将率团访问深圳。

△ 深圳首次评出"物流业服务创新奖"。

1月26日 2007年深圳原创音乐广场启动仪式及原创音乐会在深圳大家乐舞台举行。

△ 深圳市、北京大学、香港科技大学在北大深圳医院隆重举行教学科研基地奠基仪式。

1月29日 深圳京能集团董事长朱亚萍荣膺"中国经济十大创新人物"称号。

△ 由中国商务部和美国商务部联合举办的首届"中美高技术与战略贸易"研讨会在深圳举行,中美两国商务部负责人一致认为,中美在高技术与战略贸易合作上蕴含巨大"金矿",有待挖掘。

1月30日 深圳市顺利通过"国家知识产权试点城市"验收组的验收。

△ 深圳市公安局出入境管理处"全国文明窗口"挂牌。

△ 深圳手机全面实施单向收费。

1月31日 由贵州省委副书记、省政协主席,副省长禄智明率领的贵州省党政代表团来深圳考察。

△ 深圳市委市政府下发《中共深圳市委深圳市人民政府关于制定〈深圳市民生净福利指标体系〉的意见》(深发〔2007〕2号)。

△ 盐坝高速公路大梅沙A、B两个收费匝道停止对除大货车以外的过往车辆收费。

2月1日 通天地市场党委揭牌,这是深圳市福田区首个民营企业党委。

2月2~3日 最高人民法院院长肖扬在深圳考察基层法庭建设情况。

2月4日 桃源居实业(深圳)有限公司董事长李爱君荣膺"2006年中国十大经济女性年度人物"称号。

2月5日 深圳市组织工作暨第三批干部下基层驻(挂)社区工作会议在深圳会堂召开。

2月6日 深圳首次免费包车送1347名外来劳务工返乡过年。

2月7日 在中央电视台"春暖2007"大型颁奖晚会上,深圳市当选"中国最受农民工欢迎的十大城市"之一。

2月8日 据统计,2006年深圳市每平方公里工业用地产出的工业增加值达11.2亿元,同比增长18.1个百分点;万元GDP耗能0.59吨标准煤,同比下降1.9

个百分点，低于全国平均水平的一半。

2 月 9 日 深圳市纪委第四次全体（扩大）会议在深圳会堂隆重召开。

△ 深圳市隆重举行各界人士迎春茶话会。

2 月 10 日 南坪快速路二期工程、快速公交（BRT）和丹平路一期工程先后举行隆重的开工典礼。

△ 深圳市首届邻居节正式启动。

2 月 11 日 位于深圳市龙岗区坪地街道六联社区的洋华高新科技厂发生重大火灾，致 9 人受伤、10 人死亡。

2 月 12 日 深圳市委书记李鸿忠等领导班子，分五路前往深圳市各区督察安全生产工作。

△ 总投资近 23 亿元、全长 32.8 公里的西部城市干线——深圳宝安大道正式全线建成通车。作为深圳"七横十三纵"干线性主干道之一，宝安大道建成通车将极大地改善西部交通状况、提升沿线地区城市化水平。

△ 深圳地铁 1 号线全面提速，启用新的时刻表。

2 月 13 日 深圳市党政代表团前往惠州市参观考察。

△ 深圳市政府在五洲宾馆举行部分划转事业单位（企业）委托管理签约仪式。

△ 深圳市纪委、市监察局召开新闻发布会，通报了深圳市近期查处的 3 宗诽谤和诬告案件。

2 月 14 日 商务部正式公布"最具市场竞争力品牌"名单，深圳"康佳""创维""长城"等十大品牌上榜。

2 月 15 日 30 余名政府部门领导首次在深圳新闻网上向市民拜年。

2 月 16 日 深圳市金融工作会议在五洲宾馆隆重举行。

△ 龙岗区检察院以涉嫌重大责任事故罪对龙岗区坪地街道"二一一"火灾事故 3 名责任人做出批捕决定。

2 月 23 日 全国第二届中小学生艺术展演在深圳隆重开幕。

2 月 26 日 深圳市政府常务会议审议了《深圳市民生净福利指标体系统计实施办法》，并下发了《关于做好深圳市民生净福利指标体系统计监测评估工作的通知》（深府办〔2007〕55 号）。深圳市统计局按照国家统计调查项目管理规定，向广东省统计局申报了《深圳市民生净福利指标体系》统计调查项目，获得批准。深圳市统计局已把民生净福利指标体系纳入地方统计指标体系中，成为法定的统计报表。

2 月 27 日 2006 年度国家科学技术奖励名单公布，深圳 3 项科技成果荣获"国家科技进步奖"二等奖。

△　《深圳市民生净福利指标体系》正式向社会发布。

2月28日　深圳市荣获"全国科技强警示范城市"光荣称号。

3月1日　深圳市委书记李鸿忠主持召开市委常委会议，审议并原则通过《深圳市社会主义精神文明建设"十一五"规划》《深圳市2007年依法治市工作要点》。

△　深圳市召开2007年重大项目工作会议，初步安排245个项目为2007年重大建设项目，年度投资达305亿元，其中65％以上的投资将安排在提升民生净福利水平的重大项目上。

△　深圳市街道综合执法全面铺开。

△　深圳市退役士兵职业技能培训班在深圳市技工学校举行开学仪式。

3月2日　深圳市慈善会设立全国首个"劳务工关爱基金"，专门为劳务工提供以医疗救助为主要内容的紧急救助。

3月4日　教育部部长周济、副部长陈小娅一行到深圳参加全国第二届中小学生艺术展演活动，并对深圳市教育工作进行了考察。

3月5日　深圳市第二十六届世界大学生夏季运动会筹委会成立。

△　中央政府在计划报告中首次明确提出在深圳经济特区推行综合配套改革试点，意味着深圳经济特区将与上海浦东新区、天津滨海新区一道，成为我国三大综合配套改革试点地区。

3月6日　在北京出席十届全国人大五次会议的深圳市委书记李鸿忠，在深圳广电集团设在北京的"两会"新闻中心接受了中央电视台、凤凰卫视、东方卫视、天津卫视等境内外电视媒体的联合采访。

△　2007年度南山区人民政府质量奖申报工作正式启动。根据2006年修订的《南山区人民政府质量奖评定管理办法》，从2007年起将原南山区区长质量奖更名为南山区人民政府质量奖，评定频次由每两年一次改为每年一次，奖励名额由每年不超过20家改为不超过5家，奖励金额从每家人民币5万元提升到20万元。

△　粤B车牌突破百万，深圳市车辆保有量位居全国大中城市第二，仅次于北京。

3月8日　深圳市金融业"十一五"规划正式对外公布了2006～2010年深圳金融业的发展目标。

△　全国人大代表、广东省委常委、深圳市委书记李鸿忠在接受新华社记者采访时说：在新的历史时期，一直站在中国改革开放前沿的深圳经济特区仍然可以"特"下去，要以"特别之为立特别之位"。

3 月 9 日 深圳市公布 2006 年打假十大案件。

3 月 10 日 深圳市城管局与《深圳特区报》联合推出"播绿大沙河，建设生态市"万人植树系列活动。

3 月 12 日 深圳市国土资源和房产管理局、市工商（物价）局联合召开房地产交易秩序专项整治工作会议，2007 年度深圳市房地产市场交易秩序整治工作正式拉开帷幕。

3 月 13 日 广西壮族自治区贵港市党政考察团来深推介招商，中国贸易促进委员会深圳分会、中国国际商会深圳分会负责人携同 80 多家企业代表出席推介会。

△ 福建省晋江市市长李建辉、晋江市政协主席周伯恭率领该市多个市直部门、城镇、街道办等有关负责人一行 60 余人来深圳进行考察。

△ 深圳市科技奖励实行重大改革，"科技创新奖"总额从 800 万元增至 2000 万元，"市长奖"奖金从 50 万元增至 100 万元。

3 月 14 日 深圳市全面启动"特区干部好作风"建设活动。

△ 龙岗区成立龙岗区外来劳动者劳动争议法律援助工作领导小组办公室，是深圳市首家专门为符合条件的外来劳务工免费提供劳动方面法律援助的机构。

△ 《深圳市公共基础设施建设项目房屋拆迁管理办法》开始实施。

△ 10 名保安职业技能大赛优胜者入户深圳。

3 月 15 日 由深圳市工商局、深圳市消委会联合举办的"3·15"大型直播主题晚会"走进春雨"在深圳广播电影电视集团 1800 平方米的大厅上演，晚会以"和谐消费，和谐深圳"为主题，鲜明地宣传"经营者守法、消费者知法"和"和解在先"。

△ 大连海事大学深圳研究院正式揭牌。

3 月 16 日 越南共产党中央政治局委员、书记处书记、中央组织部部长胡德越一行抵深访问。

3 月 17 日 深港澳侨界春茗会在五洲宾馆隆重举行。

△ 香港特别行政区保安局局长李少光连同 14 名立法会议员考察深圳湾口岸港方区设施和深圳湾公路大桥。

3 月 18 日 全国第一个动态监控提案办理全过程的信息管理系统在深圳投入使用，深圳市政协提案将实现全程"网上办理"。

△ 《深圳市农民工技能培训补贴暂行办法》出台。

△ 外国驻华使节代表团访问深圳。

3 月 19 日 深圳市政协四届三次会议在深圳会堂隆重召开。

△ 由北京市委常委、副市长丁向阳率领的北京市委市政府考察组一行 9 人抵达深圳，考察深圳社会建设、党的组织等管理工作的相关情况。

3 月 20 日 由国家发展改革委副主任姜伟新率队的全国房地产市场宏观调控部际联席会议检查组在深圳市进行为期 2 天的检查。

△ 深圳市公安局召开新闻发布会称，经过一年多的紧张规划建设，深圳市 20 万摄像头建设工程基本完成。其中特区外宝安、龙岗两区摄像头数量超过总数的一半。

3 月 21 日 深圳市四届人大第三次会议在市民中心举行。

△ 越南广告协会代表团在越南文化通讯部副部长、越南广告协会主席丁光语先生的带领下，来到深圳参观交流。

△ 由国际电气电子工程师学会（IEEE）、中科院深圳先进技术研究院和香港中文大学联合举办的首届"IEEE 集成技术国际学术会议"在深圳召开，这是全球有关集成技术的首次大型学术会议。

3 月 22 日 深圳市委书记李鸿忠会见美国赛伯乐资产管理公司董事长、美国前财政部部长斯诺。

△ 英国天然气国际集团有限公司（BG 集团）中国区总部在深圳蛇口开业。

△ 深圳市政协四届常委会举行第八次会议

△ 德国黑森州经济、交通、地区发展部长李路实，率该州政府、经贸、金融代表团到访深圳。

3 月 24 日 2007 年"爱鸟周"开幕式在深圳红树林公园举行。近 400 种野生鸟类在深圳栖息。

3 月 24~25 日 "中域杯"国际攀岩邀请赛在深圳举行。比赛在深圳闹市区的人工岩壁进行，岩壁高 18 米，宽 16 米，平均角度为负 30 度，难度达到国际赛事的中上水平。比赛共设男、女难度赛和速度赛。参赛选手约 39 名，中国将选派 20 名优秀选手参赛。赛事由中国登山协会主办，深圳市睿博文化发展有限公司协办，广东中域电讯连锁有限公司冠名赞助。

3 月 25 日 深圳市政府召开四届六次全体（扩大）会议。

△ 城市竞争力专家联合完成的《2007 年中国城市竞争力蓝皮书》在中国社会科学院发布。深圳市在 200 个地级以上中国城市综合竞争力排名中仅次于香港，从 2006 年的全国第五名跃居第二名。

3 月 26 日 全国人大常委会副委员长李铁映率全国人大财经委调研组来深圳市调研金融工作。

△ 深圳市委书记李鸿忠等市领导班子和3000多名市直、龙岗区直机关党员干部以及武警官兵在龙岗黄阁坑大运会主场馆背景山体参加义务植树活动。

△ 深圳港与荷兰鹿特丹港签订建立友好港关系协议，这是深圳结成的第一个国外友好港口。

3月27日 深圳市被评为"广东省2006年度人口与计划生育先进单位"。

3月28日 在京举行的第六次全国信访工作会议传出喜讯，深圳市信访工作受到大会肯定，深圳市信访工作经验作为会议的书面材料，与全国信访工作者交流，深圳市委市政府信访办还获评全国信访系统先进集体，这是深圳市信访办第二次获此荣誉。

△ 地铁2号线3号线规划进行重大调整。2号线东延至东门南，3号线西延至益田村，远期可望延伸至福田保税区。

3月29日 印度最具实力的银行——印度银行正式在深圳开设分行，全面开展外汇银行服务，这也是该银行在中国内地开设的第一家分行。

△ 人民南商业片区联合党委成立。

3月30日 广东省公安机关"三基"工程建设现场会在深圳召开，深圳市社会治安防控工作受到高度肯定。

△ 全省创建"'六好'平安和谐社区"经验交流会在深圳举行。

△ 首届"深圳企业闯天下"群英会隆重召开。

△ 深圳市科技图书馆正式开放。

△ 地铁3号线工程龙岗段正式动工。

3月31日 盐排高速与水官高速对接互通，货柜车进出盐田港区又多了一条便捷的快速通道，同时深圳东西部港区也实现了快速对接。

△ "绿色中国——环保公益日"在深圳启动。

4月1日 广西壮族自治区党委书记、区人大常委会主任刘奇葆在深圳考察工作。

4月2日 汇丰银行（中国）有限公司、渣打银行（中国）有限公司、东亚银行（中国）有限公司、花旗银行（中国）有限公司挂出新公司招牌。

4月2~3日 深圳市政府有关部门负责人专程赴京分别拜访了国家民航总局、国家信息办、北京市政府及中国航空工业第一集团公司、中国航天科技集团和中国海洋石油总公司，衷心感谢他们长期以来对深圳的大力支持，并希望在一些涉及深圳长远发展的重大工作上继续得到各方面的关心、帮助和指导。有关部门和单位负责人对深圳过去一年取得的成绩给予充分肯定，并表示愿为深圳经济社会发展多出一份力，一如既往支持深圳在科学发展道路上创造新辉煌。

4月3日　深圳市科协第五次代表大会在市政协会堂隆重召开。新一届市科协委员会领导班子选举产生，李连和再次当选为市科协主席。

4月3~4日　中国科协书记处第一书记邓楠在深圳考察。

4月4日　统计数据显示，2006年全市软件产业总收入750亿元，软件出口约29亿美元，出口值居全国首位，产业规模居国内大中城市第二位。

4月5日　首届中国（深圳）国际科学生活博览会在深圳会展中心隆重开幕。

4月6日　深圳市固体废物交换中心正式挂牌。市政府四届五十八次常务会议原则批准《深圳市闲置土地处置工作方案》，全面启动对全市闲置土地的清理处置工作。

4月7日　深圳市决策咨询委员会工作会议在五洲宾馆举行。84名离退休老领导、知名专家学者、优秀企业家获聘成为市决咨委建立委员制后的首届决咨委委员。国家体育总局与深圳市政府举行深圳国家体育产业基地授牌仪式。

4月8日　招商银行隆重举办建行20周年庆典。

△　深圳大鹏湾畔的咸头岭遗址被列入"2006年度全国十大考古新发现"。

4月9日　首届深圳珠宝节开幕。

4月10日　深圳市总工会与台南市总工会深圳参访团举行座谈会。

4月11日　深圳市政府四届五十九次常务会议做出决定，在对2003~2005年宝安、龙岗两区政府审批的369个建设项目用地进行全面清理的基础上，将其中已签订土地合同两年以上未开工的16个建设用地项目约43.7万平方米土地予以收回。

△　由西藏自治区党委副书记、自治区主席向巴平措率领的西藏自治区党政代表团一行，抵达深圳考察。

4月12日　有"中国电子第一展"美称的第69届中国电子展暨21届中国国际通信展在深圳会展中心开幕，深圳会展中心人头攒动，展会以超过60000平方米的展厅面积，吸引了1700家参展企业和6万名海内外买家参会。

4月12~13日　中国德国商会在深圳举行董事会议。

4月13日　第九届"中国风险投资"论坛在深圳市五洲宾馆举行。

△　深圳市大运中心建设全面启动。

△　深证成分指数以0.55%的升幅首次突破了万点大关，全日收报10019.92点，盘中曾高见10136.28点。

4月14日　国务院消防检查组来深圳进行实地检查。

4月15日　"深圳万人健步迎大运"活动在深圳湾畔隆重举行。两万余名市民意气风发地走上即将建成通车的深港西部通道深圳湾公路大桥,用健康运动的方式表达深圳人期盼和支持举办 2011 年世界大学生运动会的热切心情。

△　深圳市保税区片区联合党委成立。

4 月 16 日　深圳市委书记李鸿忠率深圳市党政代表团赴河源市考察。

△　自 2007 年 4 月 16 日零点起,一种相当于欧Ⅲ标准的、更清洁的"深国Ⅲ"车用燃油在深圳各大油站统一挂牌销售,深圳也由此成为继北京之后又一全面推广"国Ⅲ号"车用燃油的城市。

△　"深港创新圈"正式纳入"内地与香港科技合作框架"。

△　加拿大苏圣玛丽市市长约翰·罗思维尔访问深圳。

4 月 17 日　55 名专家获 2006 年度政府特殊津贴。

4 月 17 ~ 19 日　市委副书记白天率深圳市学习考察团赴港专题学习考察香港社会工作,特别是社工队伍建设经验。

4 月 18 日　深圳市委书记李鸿忠在五洲宾馆会见了安哥拉、毛里求斯和坦桑尼亚三国驻华大使。

△　全国铁路第六次大提速启动,广深线成为国内首条公交化城际铁路客运专线。

△　广深铁路第四线工程正式竣工投入使用,广深铁路成为国内第一条全程封闭、四线并行的铁路,实现了高速旅客列车与普通客车和货物列车的分线运输。

4 月 18 ~ 19 日　由甘肃省委书记陆浩、省长徐守盛率领的甘肃省党政代表团一行 50 人,在广东省副省长林木声陪同下在深圳考察。

△　深圳市总商会温州商会在五洲宾馆成立。

4 月 22 ~ 29 日　深圳市党政代表团赴湖南、江西、江苏、上海、北京学习考察。

4 月 23 日　深圳市人大常委会副主任张建国在五洲宾馆会见了布里斯班市议员格莱姆库克尔一行。

△　深圳市副市长李铭会见荷兰代尔夫特市副市长罗纳德·维克一行。

4 月 24 日　深港联合治理深圳河三期工程完工典礼在香港举行。深港联合治理深圳河工程于 1995 年 5 月开工,工程分三期建设,共治理河段长度约 18 公里,完成工程投资约 20 亿港元,深圳河防洪能力提高到 50 年一遇。

4 月 25 日　深圳市在五洲宾馆举行知识产权联席会议暨《深圳市知识产权发展状况》白皮书新闻发布会,并首次通报"朗科在美国诉 PNY 案件"等 2006 年度深圳市知识产权十大事件。

4月26日 深圳地铁公司推出新票种——地铁周票。

4月27日 拉美安第斯国家工会领导人考察深圳工会工作。

4月28日 13名贡献突出的深圳建设者荣获全国或广东省"五一劳动奖章"。

△ 全国首个生态型购物中心——中心城正式开业。

4月29日 2007深圳（春季）房地产交易会暨中国城市土地展开幕。

4月30日 深圳市府办公厅下发《关于成立南方科技大学筹建工作领导小组的通知》（深府办〔2007〕69号），决定成立南方科技大学筹建领导小组。许宗衡任组长，闫小培任副组长，黄国强和市教育局等9个单位领导为领导小组成员。领导小组下设筹建工作组，闫小培任组长，黄国强、张宝泉任副组长，梁北汉任执行副组长兼办公室主任。

5月1日 "中国航天搭载物品巡展"在深圳会展中心开幕。

△ 市公安局预审监管支队监管医院门诊大楼落成。

△ 《深圳市食用农产品安全条例》正式实施。

△ 深圳发展银行率先推出客户风险承受度评估系统，开国内商业银行之先河。

5月4日 深圳市原创梵呗交响合唱作品——《神州和乐》赴新加坡、马来西亚、印度尼西亚三国访问演出。这是深圳本土文艺团体首次在海外奏响深圳本土创作的大型文艺作品，也是中国佛教史上首次以西方音乐语言诠释佛教义理的音乐作品。

5月6日 辽宁省委常委、沈阳市委书记陈政高率沈阳市党政代表团到访深圳。

△ 德国纽伦堡市市长马利博士率该地区大型政府、经贸、新闻代表团抵深访问，庆祝两地结为友好城市10周年。

△ 龙岗区坂田街道第一工业区一座旧改房在拆除时发生坍塌事故造成2死5伤。

△ 深圳原创大型梵呗交响合唱作品《神州和乐》首次走出国门，在新加坡隆重上演。

5月8日 深圳市和纽伦堡市签订"欧洲能源管理师"合作协议。

5月9日 深圳南山热电股份有限公司燃机"油改气"项目举行投产启动仪式，多年来困扰南山半岛电厂的污染问题得到了实质性解决。

△ 深圳市投资控股有限公司为22所市属公办幼儿园分别配置了一辆崭新的校车。

5月10日 月封装产能将达到1000万颗的动态随机存储芯片封装测试项目，正式在沛顿科技（深圳）有限公司落成投产。

△　《深圳特区报》、市环保局、星河地产联合举办绿色环保活动。

5月11日　深圳市涉外就业管理办公室正式挂牌运作，成为全国第一个成立涉外就业管理办公室的城市。

△　深圳市首台大型原创杂技剧《梦幻西游》在大剧院首演。

5月13日　科技部副部长曹健林来深圳调研。

△　深圳市儿童托管服务站在市社会福利中心成立。

5月14日　深圳市委市政府在市民中心隆重举行深圳报业集团、深圳广电集团和深圳发行集团国有资产委托管理签约仪式。此举标志着深圳文化领域国有资产监管体制改革又迈出了重要一步。

5月15日　阿曼国民经济大臣马基和商工大臣马格布勒率领代表团到深圳考察。

5月16日　卢旺达共和国总统保罗·卡加梅及夫人一行30人抵达深圳访问。

△　深圳市委书记李鸿忠否认特区使命将结束。他强调，几年前，对于特区的作用和前途问题，社会上曾经有过一些议论，今年全国人大通过《中华人民共和国企业所得税法》，标志着经济特区企业所得税特殊优惠政策行将结束，社会上又出现了一些议论。对于这些议论，实际上，深圳通过改革开放27年来所取得的成就，已经用事实做出了很好的回答。今天，我要代表深圳广大干部群众再次郑重回答这个问题：新时期特区还要"特"，也应该"特"；特区的作用不仅不会消失，而且要得到更好的发挥；特区不仅要办下去，而且要办得更好。这是因为，具体政策虽然有所调整，但中央赋予深圳的使命没有变，全国人民对深圳的期望没有变。如果"特殊政策"没有了，特区就不用办了，只能说是对"特区"的一种表层理解。从深层次理解，全国的发展有一定的序列性，就像企业技术发展中"生产一代，研发一代，储备一代"那样，深圳的发展模式在全国整个发展格局中应当是属于"储备"的一代，就要为中国20年、30年、50年后的发展在模式创新上做出试验、先行探索，当好"窗口"、"试验田"、"排头兵"和"示范区"。因此，新时期特区的牌子不仅不能丢，而且要擦得更亮，特区这面旗帜不仅不会黯然失色，而且要更加鲜艳、更加夺目。当然，特区今日之"特"与昨日之"特"有很大不同，如果还是瞄准特殊政策，是没有生命力的，也很难再"特"下去。为此，我们从特区发展的实际出发，明确提出特区的基本内涵就是"特别能改革、特别能创新、特别能开放的地区"，要以改革创新开放为城市发展的"主动力"，以改革创新开放增强城市的竞争力，向改革创新开放要资源、要空间、要发展后劲，"以特别之为立特区之位"。

△　首届"中国杯"帆船赛落户深圳。

5月16~17日 国务委员陈至立在深圳考察。

5月17日 第三届中国（深圳）国际文化产业博览交易会在深圳会展中心开幕。

△ 第二届印刷业国际论坛在深圳隆重开幕。

△ 全球华文广播娱乐联盟在深圳宣布正式成立。

△ 首届中国文化产业人才交流会在深圳人才大市场开幕。

△ 来自牙买加金斯敦市、日本筑波市、意大利都灵市、法国维埃纳省和普瓦捷市、韩国光阳市和釜山市7个深圳友好城市的客人会聚五洲宾馆。

△ 深圳市版权协会正式揭牌运作。

△ 市委常委、常务副市长刘应力在五洲宾馆会见了来深访问的印度工商联合会商务代表团一行，他希望印度工商联合会联继续发挥桥梁和纽带作用，为推动双方经贸往来合作不断做出贡献。

5月18日 中共中央政治局常委李长春在深圳参观第三届中国（深圳）国际文化产业博览交易会。他强调：要全面深化文化体制改革，积极推进文化创新，大力发展文化产业，不断增强中国文化的整体实力和竞争力。中国（深圳）国际文化产业博览交易会是国家级、国际性、综合性的文化产业博览交易会。

△ 国家新闻出版总署署长柳斌杰在深圳考察。

△ 深圳市政府率先出台了《深圳市标准化战略实施纲要》，确定了标准化中、长期发展目标并做了战略部署。

△ 广东省委副书记、省长黄华华到深港西部通道暨深圳湾口岸工程现场检查建设及开通筹备工作。

5月19日 深圳市首次推出大型原创剧《E秀》。

5月21日 深圳市人民政府与香港特别行政区政府在香港会展中心正式签署《香港特别行政区政府、深圳市人民政府关于"深港创新圈"合作协议》，全面推进和加强科技合作，包括人才交流和资源共享，使两地形成创新资源集中、创新活跃的区域。

△ 中共中央政治局委员、广东省委书记张德江在广东省第十次党代会上做报告，提出"深圳要建成具有中国特色、中国风格、中国气派的国际化城市"。

5月22日 华侨城旅游度假区入选全国首批5A级旅游景区。

5月23日 总部设在深圳的百丽集团在香港主板市场挂牌上市。

5月24日 纪念《深圳特区报》创刊25周年座谈会隆重举行。

5月25日 2007国际消费类电子产品展览会（ICEF 2007）在深圳会展中心拉

开帷幕。

5 月 26 日 《深圳特区报》与北大深圳研究生院联合主办"北大深圳"论坛。

△ 深圳市第一所移动青工学校在福田区揭牌。

△ 《深圳市科技创新奖励办法实施细则（试行）》实施。

5 月 27 日 由深圳滨海分局委托深圳大学城市规划设计研究院编制的《深圳东部滨海地区历史价值村落保护与利用研究》提出对深圳东部地区的 25 个传统村落和 10 处传统公共设施进行保护。

5 月 28 日 以外来工为服务对象的"外来工图书馆"在西丽同富裕工业城内建成，经过一周试运行今日正式开放。

5 月 30 日 首届全国"创建平安家庭，促进平安建设，构建和谐社会"高峰论坛在深圳五洲宾馆举行。深圳市宝安区桃源居社区被授予"全国平安家庭创建活动优秀示范区"称号。

△ 深圳大学城体育中心破土动工，深圳市申办大运会成功后体育场馆建设正式拉开了序幕。

5 月 31 日 深圳市委书记李鸿忠等领导出席宝安区干部大会，宣布在光明产业园区的基础上成立光明新区，管理宝安区光明、公明 2 个街道。

△ 深圳市第五次"少代会"隆重召开。

△ 深圳建设具有"中国特色、中国风格、中国气派"的国际化城市研讨会在深圳报业大厦举行。

△ 深港西部通道顺利通过竣工验收。

6 月 1 日 深圳市政府四届六十二次常务会议召开，会议传达和部署贯彻落实温家宝总理关于深圳市城市化转地工作重要批示精神。

△ 首个总部落户深圳的改制外资法人银行——永亨银行（中国）有限公司隆重开业。

△ 深圳、惠州、汕尾、东莞四市在深圳五洲宾馆签署反走私合作协议。

6 月 2 日 第十一届深圳国际汽车展览会暨第六届深圳汽车嘉年华在会展中心开幕。

6 月 3 日 由深圳市委宣传部、市环保局等相关部门组织的"百万市民'建生态城市，圆绿色梦想'"活动在市民中心和六个区共七个主会场同时启动。

△ 福田区和龙岗区启动国库集中支付改革和"金财工程"区级系统上线。

6 月 3~18 日 深圳市副市长陈应春率深圳市经贸分团赴非洲参加广东省和摩洛哥、坦桑尼亚等举行的系列经贸活动，共签订进出口贸易、对外工程承包、投资合作项目 450 个，总金额 20.04 亿美元。

6 月 4 日 深圳"南山荔枝"获地理标志产品保护。

△ 深圳市 12 个项目列入"省级非物质文化遗产"。

6 月 6 日 最高人民法院院长肖扬在香港参加第十二届亚太地区首席大法官会议后，到深圳考察基层法庭深入开展社会主义法治理念教育活动的有关情况。

△ 国家口岸验收组与深圳市政府正式签署深圳湾口岸对外开放前准备工作的验收纪要。

△ 深圳市环境与发展综合决策委员会成立并召开第一次会议。

△ "建设世界一流高科技园区"国际论坛在深圳五洲宾馆举行。

6 月 7 日 深圳市政府四届六十三次常务会议，研究审议机动车尾气排放管理、市人大重点建议办理工作方案等事项。

△ "建设世界一流高科技园区国际论坛"在深圳五洲宾馆举行，来自法国、芬兰等国高新区代表、国内 30 多家高新区负责人和国内外专家学者，围绕建设世界一流高科技园区路径选择、集群创新等进行探讨。

6 月 8 日 深圳市政府召开政府系统廉政建设经验交流会。

△ 全国副省级城市政协提案工作研讨会第八次会议在深圳开幕，会议指出要把解决人民群众最关心最直接最现实的利益问题作为出发点和落脚点。

△ 深圳市第二个"文化遗产日"暨"深圳收藏月"系列活动在深圳博物馆开幕。

△ 深圳市在全国率先建立深圳市妇幼卫生监测预警通报制度。

6 月 9 日 俄罗斯塔斯社、国际文传电讯社等 12 家俄主流媒体和中国中央主流媒体的记者一起约 60 余人，深入采访深圳 20 多年来所取得的辉煌成就。

△ 在第四届泛珠三角区域经贸合作洽谈会上，深圳展区受到各地来宾的关注。

6 月 10 日 为纪念《公安机关督察条例》颁布施行 10 周年，公安部在深圳"世界之窗"文化广场举办"欢乐中国行·魅力督察"专题文艺晚会暨全国公安机关警务督察先进集体和个人颁奖仪式。

6 月 11～17 日 深圳市侨联主席张晓红一行应邀赴山西考察并拜访山西省侨联，为下一步带领侨商团考察山西做准备。

6 月 11 日 市委政策研究室组织编辑的《向香港学习为香港服务》一书出版。

△ 国际摩联 F1 委员会主席尼克鲁为主办城市深圳市政府授旗，深圳市副市长梁道行接旗。

△ 深圳市政府新闻办召开新闻发布会，向社会公布实施"责任风暴""治庸

计划"，贯彻落实"1 + 6"文件情况。

△ 国内首本节能黄页在深圳面世。以"节能减排，科学发展"为主题的节能宣传周活动由此拉开序幕。

6月12日 深圳市政府与中国人寿保险股份有限公司正式签署《战略合作意向书》。

△ 深圳市中考首次实行网上阅卷。

6月13日 《深圳市医疗机构不良执业行为记分管理办法》开始实施。

6月13~14日 广东省委副书记、政法委书记刘玉浦，省委常委、公安厅厅长梁伟发在深圳检查、调研政法工作。

6月14日 深圳市第五次荣膺"全国无偿献血先进城市"称号。

△ 深圳市在全国率先推出知识产权指标体系，设定22项指标，全面衡量深圳市知识产权高地建设状况。

6月15日 《〈深圳市组织部门运用经济责任审计结果暂行办法〉实施细则（试行）》颁布。

6月16日 深圳市委常委、副市长吕锐锋在五洲宾馆会见来访的蒙古国建设和城建部部长那仁察茨勒拉特一行。

△ "蓝天杯"2007全球旅游小姐国际大赛中国总决赛颁奖盛典在市民中心举行。

△ 深圳中高级人才招聘会在深圳会展中心举行。

△ 2007深圳青少年环保节拉开序幕。

6月18日 财富广场联合党委揭牌成立。

6月19日 深圳市委书记李鸿忠主持召开市委常委（扩大）会议，传达学习《中共中央纪委关于严格禁止利用职务上的便利谋取不正当利益的若干规定》和全省贯彻实施《规定》会议精神，研究部署深圳市贯彻落实的具体措施和办法。

△ 深圳市荣膺"全国婚育新风进万家活动示范市"称号。

△ 深圳市房屋公用设施专用基金专户银行服务协议签约仪式在五洲宾馆举行。

6月20日 深圳福田口岸联检大楼内的地铁皇岗站开始试运行。

△ "七彩年华"——深圳市第二届未成年人道德教育活动月重点项目之一的"安全上网、绿色培训"活动在沙河小学启动。

6月21日 深圳市委、市政府召开全市信访工作会议。

△ 横跨深圳河、连接深港两地的福田口岸联检楼正式建成。该联检楼实现了与地铁无缝接驳，启用后通关流量高峰可达25万人次。

△ 深圳市再添总部银行。中国平安保险（集团）股份有限公司宣布，旗下深圳市商业银行吸收合并平安银行并更名为深圳平安银行股份有限公司，获中国银监会批准。

6月22日 中国品牌高峰会发布 2007 年"中国 500 最具价值品牌"排行榜，《深圳特区报》《深圳商报》入围 200 强。

△ 深圳市国有独资公司董事会建设试点启动。

6月25日 大铲湾港区集装箱码头二期工程合资意向书在深圳市民中心正式签署，深圳市大铲湾港口投资发展有限公司、马士基中国有限公司旗下的 APM 码头公司与招商局集团将联手打造设计年吞吐能力达 200 万标准箱的大铲湾二期项目。

△ 深圳市成为"国家知识产权示范城市创建市"。

6月26日 《深圳市进一步完善公共文化服务体系实施方案》出台。

△ 有"中国钢琴王子"美誉的深圳青年钢琴演奏家李云迪出任第一位深圳义工形象大使。

6月27日 中央军委授予驻香港部队深圳基地汽车连荣誉称号命名大会暨部队进驻香港 10 周年庆祝大会在深圳举行，驻港部队深圳基地汽车连荣膺"忠诚使命的模范汽车连"称号。

△ 市委书记李鸿忠在五洲宾馆与苏州市委书记王荣率领的苏州市考察团座谈，交流两市经济社会发展情况，共商合作发展事宜。

6月28日 香港特别行政区政府与深圳市政府在五洲宾馆签署《关于深圳湾口岸重大事项的合作安排》等一系列文件。

△ 深圳市政府与中国航天科技集团公司签署战略合作框架协议。

△ 深圳市隆重举行庆祝中国共产党建党 86 周年专场音乐会。

6月28日 由中国广东核电集团兴建的岭澳核电站二期的"心脏"工程——核岛安装提前一个月正式开工，该工程将耗时 2 年左右。

6月28~29日 由科技部和深圳市政府联合主办的"合作·共赢科技外交官深圳行"活动在深圳举行。

6月29日 深圳海关在市民中心召开庆祝香港回归暨深圳海关更名 10 周年大会。

6月30日 澳门文员会青年访深团一行 30 多人在澳门文员会青年部部长廖丽琼的带领下到访深圳市侨联，市侨联副主席孔爱玲、秘书长古云忠在市民中心会议室亲切接待了他们，并进行座谈。

7月1日 国家主席胡锦涛出席深圳湾口岸开通仪式，并为口岸开通剪彩，深

港西部通道正式开通。深圳湾口岸是我国最大的陆路口岸，也是全国第一个实施
"一地两检"的口岸。

△　内地规模最大的纪念香港回归 10 周年庆祝活动——深港青少年万人大联欢
活动在深圳举行，5000 余名香港青少年专程来深圳，与深圳青少年代表携手同欢，
开展多种形式的互动交流和文艺活动，共同度过一个丰富而有意义的香港回归纪
念日。

△　为期 5 天的中法艺术家沿海城市巡回展深圳展在深圳龙岗文化中心举行开
幕式。本次展览是该巡回展的最后一站，由深圳市美术家协会、中国画创新研究院
承办，龙岗区委宣传部、龙岗区文化局、龙岗区文联协办。深圳市政协副主席陈思
平和龙岗区委宣传部有关领导出席了开幕式。

△　历时 9 天的 2007 年 TCL 国际男子网球巡回赛深圳站的比赛圆满结束。中国
选手丁新源获得亚军，冠军则是来自美国的选手 King Philli。

7 月 2 日　深圳世界之窗景区"阿尔卑斯冰雪世界"冰场，随着西班牙歌剧片
段《卡络索》响起，中国著名冰上情侣、世界冠军申雪、赵宏博走进冰场，激情演
绎了各种优美、高难度动作。历时 9 个月建设的阿尔卑斯冰雪世界由此正式建成
启用。

7 月 3 日　湖南省省长周强率省经贸代表团到深圳市考察。

△　深圳节能工作会议召开，联能科技（深圳）有限公司、深圳青岛啤酒朝日
有限公司、深圳中电物业管理公司等 3 家重点用能单位因为提前实现节能达标，分
别获得了 10 万元的重奖。

△　广东省科学技术协会第七次代表大会表彰了获得第九届"丁颖科技奖"的
23 位卓越科技工作者，来自中兴通讯股份有限公司的王建利名列其中，成为深圳市
科技工作者在自然科学技术领域做出突出贡献的优秀代表。

△　"中国酒店品牌建设"国际论坛在深圳华侨城洲际大酒店举行。

△　深圳市首个"共建知识产权保护示范街道"在坂田挂牌。

7 月 4 日　《深圳市人民政府部门行政首长财经责任问责暂行办法》出台。

7 月 5 日　城市规划委员会 2007 年第一次会议召开，审议并原则批准了首次编
制的《深圳市水战略》。

△　深圳市政府四届六十六次常务会议召开，研究审议城市总体规划纲要等
事项。

△　深圳西部三大电网工程架线施工。

7 月 6 日　124 名台胞在深圳首考医师资格。

7月7日 为庆祝香港回归 10 周年，纪念中国共产党成立 86 周年，由深圳企业家书画协会举办的深圳企业家书画协会作品展在深圳市民中心举行，展出作品 100 多幅。

△ 由《深圳特区报》《香港商报》主办的"深港之星"颁奖盛典在深圳大中华国际交易广场隆重举行。

△ 首次内地监理工程师与香港建筑测量师资格互认培训会开幕典礼在深圳迎宾馆举行。

7月9日 《深圳市轨道规划与轨道近期建设规划方案》向全体市民公开展示，方案中透露，深圳市将在 2030 年前建成总长 585.3 公里的 16 条市内轨道交通线以及穗深港、深莞、深惠、深江四条珠三角城际轨道线。

△ 深圳市国土资源和房产管理局、国家外汇管理局深圳市分局联合发布《关于规范境外机构和个人在我市购买商品房的通知》。

7月10日 江西省吉安市委书记黄建盛、市长周萌率领吉安市党政代表团到深圳考察。

△ 中组部人才工作局在深圳召开"加强社会工作人才队伍建设问题研究"课题地方综合调研成果交流会。

7月11日 深圳市人民政府新闻办公室举行发布会，发布"效益深圳"统计指标，人均 GDP 为每人 8800 美元。根据"效益深圳"指标体系核算，2006 年深圳市"效益深圳"综合指数为 141%，比 2005 年上升 5.7 个百分点。

△ 福田口岸联检楼由建设单位市建筑工务署正式移交给市口岸办。

△ 深圳市有 117 个"城中村"、旧村列入 2007 年改造计划。

△ 深圳出品的电影《夜·明》获各方好评。

7月12日 瓦努阿图共和国总统卡尔科特·马塔斯凯莱一行抵达深圳，开始对深圳市展开为期 2 天的友好访问。

△ 在首届"至高荣耀"维也纳国际青少年音乐节中，深圳实验学校学生交响乐团获得交响乐团组第二名，并在颁奖晚会表演中一举获得第一名。深圳实验学校学生交响乐团也成为首次在维也纳金色大厅中演出的非专业学生交响乐团。

△ 深圳市人民政府新闻办公室在五洲宾馆召开新闻发布会，通报深圳第 26 届世界大运会会徽。第 26 届世界大学生夏季运动会会徽征集工作自 2007 年 3 月启动以来，历经 3 个月，完成特别约定、团体征集、专家评审三个阶段的工作并公布专家评出的 11 件优秀作品。广大市民可通过短信、网络投票的方式，从 11 件优秀作品中评出"我心中最喜爱的大运会会徽"。

△ 广东省委研究决定，白天留任深圳市委副书记；谭国箱、李意珍留任深圳市委常委，不再担任深圳市委副书记职务。

△ 全省数字化城市管理现场会暨城建监察协会会员大会在深圳举行。

△ 第七届中国（深圳）国际品牌服装服饰交易会在会展中心开幕。

△ 我国首份平面设计合同"范本"《深圳市平面设计作品委托合同》在深圳正式发布并推广使用。

7月13日 市国土资源和房产管理局、市工商（物价）局联合发出《关于进一步规范我市商品房销售行为的通知》。

7月14日 美国百老汇亚洲娱乐公司首次在中国内地举办的音乐剧夏令营，在深圳龙岗文化中心正式开营，这同时也是深圳首次举办的百老汇音乐剧夏令营。

7月15日 深圳第26届世界大学生夏季运动会执行委员会、执行局在大中华广场正式挂牌成立，标志着大运会组织筹备工作进入了一个新的阶段。

△ 第26届世界大学生夏季运动会官方网站正式开通。

△ 第一届亚洲大学生体育联合会代表大会在深圳举行。

△ 深圳市委书记李鸿忠在市民中心会见来深圳出席亚洲大体联代表大会的国际大体联主席基里安一行。

7月16日 作为香港政府庆祝香港回归十周年的系列活动之一，"十载风云家国情，中华青年专列行"活动在深圳启动。由广东省青年联合会、粤港青年交流促进会等青年社团组织主办的"十载风云家国情，中华青年专列行"活动在深圳举行了授旗出发仪式。广东省政协副主席李统书、深圳市政协副主席廖军文、广东青联副主席曾颖如等出席了出发仪式。李统书向访问团总团长姚祖辉、活动筹委会主席兼总指挥龙子明授予了启航旗。

7月17日 中国国际航空股份有限公司分别与深圳市政府、深圳机场集团签署了战略合作意向书和战略合作框架协议。

7月17~19日 首届中国（深圳）国际物流博览会（简称物博会）在深圳会展中心举行，同时在深圳华南国际工业原料城（简称"华南城"）设立分会场。

7月18日 30名香港籍吸毒人员上午由深圳市公安局移交给香港警方，以上人员均已被处以治安拘留处罚或接受强制戒毒。

△ "深圳市气象灾害分区预警"在全国率先启动。

△ 《深圳市文化事业发展"十一五"规划》正式公布。

△ 2007深圳"十大杰出女企业家"评选揭晓，丁凯、王丽、王佳、刘伟宏、汤莉、张红梅、吴淑音、钟帆飞、萧七妹、盖若梅当选。

7月19日 身处深圳不同区域的市民，将通过电视、小区广播、短信等方式接收到不同的气象灾害预警信号。深圳从7月19日起在全国率先试行气象灾害分区预警新模式。

△ 深圳市四届人大常委会第十三次会议召开，《深圳市卫生事业"十一五"发展规划（草案）》提交审议。

7月20日 深圳市成为"全国科技保险创新发展试点城市"。

△ 深圳市第四届"小荷风采"全国少儿舞蹈展演在深圳市少年宫开幕。

7月21日 深南大道宝安大道贯通暨新城检查站开通。

△ 第二届中国（深圳）汽车文化博览会在深圳会展中心举行。

7月23～27日 应新加坡国家发展部的邀请，深圳市政府代表团前往新加坡访问。

7月24日 深圳市第七届运动会新闻发布会暨启动仪式在深圳市体育馆举行。深圳市第七届运动会从7月24日开始至9月在深圳市各大体育场馆举行，这是深圳市取得2011年世界大学生夏季运动会承办权后举行的第一次综合性体育赛事，是全市人民社会文化生活中的一件大事，是各区体育工作成果的一次大检阅。本届运动会对夯实深圳市青少年业余训练基础，实现奥运争光计划，特别是为省运会、全运会、大运会选拔、储备、培养优秀体育苗子，全面推动深圳市业余训练工作和全民健身活动的开展，具有重要意义。

△ 深圳市隆重纪念授权立法15周年。

△ 深圳市四届人大常委会第十三次会议表决通过了市政府《关于提请审议决定深圳市第二市树的议案》，决定在保留荔枝树作为市树的基础上，增加红树为深圳市市树。

7月25日 深圳市无线电管理局揭牌。

7月27日 国家旅游局局长邵琪在深圳考察。

7月28日 国内多位著名教育专家齐集五洲宾馆，对深圳市筹建南方科技大学办学方案进行专家论证。

△ 深圳东部华侨城隆重试业，体现中西文化交融并兼有"茶、禅、花、竹"等主要元素的茶溪谷、以奥林匹克军体运动和高尔夫为主的云海谷以及茵特拉根酒店、矿泉SPA、天禅晚会、首届国际山地歌会等同时精彩亮相。

△ 深圳市国防教育馆新馆启用。

7月29日 深圳市盐田区通过"国家生态区"考核验收。

△ 广东省委常委、深圳市委书记李鸿忠和省委常委、省军区司令员辛荣国率

领第八慰问团前往驻深 57212 部队慰问。

△ 地铁 2 号线初期工程获国家批准。

7 月 30 日 深圳市委、市政府在市民中心召开大会，隆重纪念中国人民解放军建军 80 周年。

7 月 31 日 2006 年度广东省科学技术奖励大会在广州珠岛宾馆隆重召开，深圳市项目"深圳市区域科技创新体系建设"获得特等奖，是唯一由政府获得的奖项。

8 月 1 日 深圳市已有 89 家企业在境内外股市上市，募集资金总计超过 2000 亿元，总市值则在近日突破 2 万亿元最高值，跃升至全国第三位。

8 月 2 日 深圳市政府四届六十七次常务会议召开，研究审议《深圳市环境保护实绩考核试行办法》等议题。

8 月 3 日 由国家新闻出版总署、深圳市政府联合主办的首届中国国际封面文化博览会在深圳会展中心隆重开幕。

△ 深圳市委书记李鸿忠在五洲宾馆会见日本 YKK 株式会社社长吉田忠裕一行。

8 月 4 日 深圳市获得 2010 年世界大学生射箭锦标赛举办权。

8 月 5 日 由广西壮族自治区党委常委、南宁市委书记马飚，市长陈向群率领的南宁市党政代表团一行抵达深圳考察。

8 月 6 日 招商银行总行私人银行中心正式在深圳成立，这是继中国银行 2007 年 4 月推出国内首家中资私人银行后，又诞生的一家中资私人银行，也成为首家落户深圳的私人银行。

△ 深圳中集牌集装箱入围"中国世界名牌产品"。

△ 深圳市旅游协会导游分会在深航锦江酒店宣告成立。

8 月 8 日 全国亿万老年人健步走向北京奥运会活动罗湖区启动仪式在深圳罗湖区黄贝街道怡景花园广场举行。共有近两万名老年人分别从辖区的 80 个社区同时出发，共同参与这一活动。

8 月 9 日 深圳市科技创新奖励大会在市民中心隆重举行。深圳市以 2000 万元重奖科技功臣。

△ 比亚迪公司自主研发生产的 F6 轿车在新落成的比亚迪汽车深圳坪山现代化生产基地闪亮下线，标志着深圳汽车产业又迈出了具有里程碑意义的一步。

△ 深圳市华亿通运输有限公司、深圳市大鹏辰物流有限公司、深圳市清泉物流有限公司等 10 家盐田港口汽车运输业的老板、司机代表们聚集一堂，投票通过了以维护工人权益、维护社会稳定、促进企业发展为宗旨的《盐田港口汽车运输业工

会联合会章程》，并选举产生了工会委员会及经费审查委员会。至此，深圳市首家港口运输业工会联合会宣告成立。

8月9~10日 中国侨联党组书记、副主席林军一行到深圳考察调研。

8月10日 深圳市政府与中国南方电网公司战略合作框架协议签约仪式在市民中心举行，南网投资200亿，满足深圳用电需求。

△ 深圳航空公司ZH9819号航班经停重庆到达拉萨贡嘎机场，完成深圳至拉萨间首航。

8月11日 华侨城获首批"国家级文化产业示范园区"称号。

8月12日 深圳市首次"心理卫生进工厂"活动在位于公明街道的信泰光学厂举行。

8月14日 第二届"港深合作论坛"在香港会展中心隆重举行。

8月15日 香港特别行政区政府和深圳市政府，共同为落马洲支线及福田口岸工程举行隆重的开通仪式。这是继深圳湾口岸开通一个半月后，内地通往香港的又一陆路口岸。同时，连接福田口岸的深圳地铁4号线皇岗站、香港九广铁路落马洲支线也正式启用。

△ 深圳市深水宝安水务有限公司、深水龙岗水务集团有限公司成立并隆重揭牌，市水务集团分别收购两区水务企业51%的股权，从而结束了两区水厂分散供水、水资源分散的历史，也标志着以市水务集团为平台的特区内外供水资源整合工作基本完成。

△ 深圳市委书记李鸿忠在五洲宾馆会见澳大利亚驻华大使芮捷锐一行。

8月16日 由天津市委书记张高丽、市长戴相龙率领的天津市党政代表团，在广东省委副书记刘玉浦的陪同下，抵达深圳展开为期2天的参观考察。

△ 大运中心场平工程全面开工。

8月17日 首届资本中国年会暨中国证券市场18年庆典拉开序幕。

△ 来自21个国家的130多名驻华大使和驻沪、穗领事及其家属应邀前来大梅沙京基喜来登酒店参加第七届"海滨日"活动，大梅沙京基喜来登度假酒店是深圳建成的首家五星级海滨度假酒店。

△ 深圳市家具行业协会和深圳8大家具企业联合发起的"深圳家具品牌联盟"成立

8月19日 光明新区正式揭牌运作。

8月20日 深圳市政府四届六十九次常务会召开，研究审议深圳市金融产业布局规划等事项。

△　深圳市迎来第一万名"海归"。

8 月 21 日　中国旅游协会旅游景区分会成立暨全国 5A 级旅游景区颁牌大会在北京举行。在新成立的中国旅游协会旅游景区分会中，华侨城集团被选举为会长单位，华侨城集团副总裁刘平春当选会长；在获授牌的全国首批 66 家 5A 级旅游景区中，华侨城旅游度假区以及华侨城集团投资管理的三峡大坝旅游区双双获此殊荣。

△　由深圳市政协主席李德成率领的深圳市政府代表团一行 20 人抵贵州考察学习，并向贵州省捐赠 2007 年市财政对口扶持资金 2500 万元，用于贫困地区 30 个项目的建设。

△　深圳市人文社会科学成就展（2000～2007）在深圳图书馆开幕。

8 月 21～24 日　深圳市委书记李鸿忠等率市有关部门负责人，专程赴京拜访国家有关部委，汇报深圳市经济社会发展情况和下一步的工作思路，衷心感谢各部委长期以来对深圳的大力支持，并希望在一些涉及深圳长远发展的重大工作上继续得到各方面的关心、帮助和指导。

8 月 22 日　第九届团中央精神文明建设"五个一工程奖"评选活动落下帷幕。深圳市龙岗区团组织的电视片《龙岗朝阳》获得电视剧类别优秀文化作品奖。

△　深圳市 6 名参赛者获第二届广东省青少年书法大赛一等奖。

8 月 24 日　苏宁斥资千万元打造的深圳最大家电旗舰卖场——苏宁电器天利中央广场店将正式亮相。新店店面面积逾 12000 平方米，代表苏宁第四代"3C＋旗舰店"，被誉为苏宁"深圳第一店"。

△　2007 年全省"百镇中小企业信息化提成工程"深圳站活动在市民中心启动。

8 月 25 日　中国企业家论坛第四届深圳高峰会在五洲宾馆开幕。

△　由深圳广电集团深广传媒有限公司立项和投资拍摄的长篇电视连续剧《亲兄热弟》获第二十六届中国电视剧"飞天奖"。

8 月 27 日　深圳出入境边防检查总站因深圳湾口岸开通和"七一"安保工作表现突出，近日被公安部批准荣记集体二等功。

8 月 27～28 日　由广东省委常委、广州市委书记朱小丹，市长张广宁率领的广州市党政代表团一行 88 人，到深圳专题考察深圳市推进自主创新、加快发展高新技术产业等方面的工作。这是继 2005 年深圳党政代表团赴广州学习考察后，穗深两市之间的又一次高规格交流活动。广东省委常委、深圳市委书记李鸿忠等陪同考察并与代表团举行了合作交流座谈。双方表示：穗、深两座兄弟城市在全省经济社会发展全局中肩负着共同的使命和责任，在全面落实科学发展观、构建和谐社会的新征程中，要进一步密切联系、加强合作，取长补短、携手并进，为广东、为全国发展做出更大贡献。

△　深圳市相关领导为首批"深圳民营企业领军标杆骨干企业"颁发牌匾和证书。

△　深圳市政府组织的9个专项考察小组129名成员，分3批赴新加坡考察城市规划建设管理经验。

△　深圳教师靳伟杰获"全国见义勇为舍己救人英雄教师"称号。

8月28日　深圳华为、中兴、金蝶等10家企业荣膺"2007中国最具影响力创新成果（企业）百强"称号。

8月29日　由湛江市委书记徐少华、市长陈耀光率领的湛江代表团一行抵深招商。上午，市委书记李鸿忠在五洲宾馆会见代表团一行，共商两市合作发展大计。双方一致希望进一步加强合作，实现优势互补，拓宽合作领域，推动两市共同发展。深圳市委常委、市委秘书长戴北方参加了会见。

△　深圳市颁布《深圳市珠宝行业技术标准体系》，这也是全国首个珠宝行业标准，标准体系将提升深圳市珠宝行业的技术及管理水平。

△　深圳市政府四届七十次常务会召开，审议并原则通过了《深圳市物流项目建设用地控制标准》，该标准规范快速发展的现代物流业的建设项目用地审批程序，提高土地集约利用水平。

△　深圳市委常委、常务副市长刘应力在市民中心会见美国康宁公司大中华区新任首席执行官孟安睿一行。

8月30日　应澳大利亚布里斯班市市长、埃及卢克索市市长和印度财政部长的邀请，深圳市政府代表团前往澳大利亚、埃及和印度三国访问。访问期间，代表团将分别在澳大利亚、埃及和印度举行系列经贸推介活动，学习考察三国城市规划建设管理、环境保护、高新技术产业发展和软件园区建设等方面的先进经验。

△　深圳大学获得批准设立深圳大学光学工程博士后科研流动站，这也是深圳市第一个博士后科研流动站。

△　"深圳·南岭文化创意园"项目在京举行签约仪式。深圳龙岗区南湾街道南岭村社区股份合作公司与中国文化报社、中国对外文化集团和中国同源有限公司3家合作单位的代表，在项目框架协议上签约，标志着这一备受多方关注的项目正式启动。

△　第三届"全球人居环境"论坛在深圳隆重举行。

△　深圳市知识产权局与香港特别行政区政府知识产权署联合主办的"孙子兵

法与企业知识产权战略"研讨会在市委党校举行,这是深港在知识产权领域合作的一项重要内容。

△ 深圳市地税局全面启用新系统,建立了以网上税务为核心的纳税人服务体系,服务质量和效率全面提升。

8 月 31 日 深圳市委书记李鸿忠会见德国汉莎航空集团总裁。

△ 深圳市第二高级中学交付使用。

△ 由深圳市高新办举办的"深港科技企业合作互动论坛"在五洲宾馆举行,深港两地 70 余家企业参加了研讨,共同探讨在深港创新圈中重点合作发展的前景、模式和途径。

9 月 1 日 深圳市盐田区开始试行居住证制度,持证人将在工作、生活、子女教育等方面享受一系列便利服务,涉及劳动社保、计生、教育、公共交通等多项政府行政管理和公共服务内容。根据规定,在试行区域内居住,年满 16 周岁未满 60 周岁的非深圳市户籍人员应申办居住证,外国人、无国籍人和港、澳、台居民除外。

△ 深圳市少儿医保制度正式实施。

△ 深圳市 17 家企业荣登"2007 中国企业 500 强"。

9 月 2 日 深圳市驻澳大利亚经贸代表处揭牌。

△ 深圳市与韩国仁川市签署友好交流合作备忘录。

9 月 3 日 深圳市政府代表团成功访问埃及。同日,在深圳—开罗经贸合作项目签约仪式上,16 家深圳企业一举拿下 1.96 亿美元的高科技项目合作大单。

9 月 4 日 由深圳招商水务有限公司承办的第七届深、港、珠、澳供水界学术交流研讨会在蛇口举行。国际水协会执行主席保罗·瑞特尔、中国城镇供水协会会长李振东,以及来自深、港、珠、澳供水行业企业的专家学者出席研讨会,就水资源管理、供水安全等问题进行为期两天的研讨。

△ 深圳市普查办公室发布消息称:为全面掌握户籍困难家庭情况,按照国家有关解决城市低收入家庭住房困难的要求,结合《深圳市住房建设规划(2006—2010)》和今年完成"十件民生实事"有关政策性住房任务的工作部署,深圳市决定于 9 月 17 日至 30 日,采取登记方式,在深圳市范围内第一次组织实施以全市户籍住房困难家庭为对象的调查,通过全面掌握住房困难家庭的居住状况和住房需求,为切实解决户籍家庭的住房问题提供翔实、可靠的数据,逐步改善住房困难群体的居住条件,全面推进深圳市住房保障工作,促进和谐社会、和谐深圳建设。

△ 深圳市政府承诺年内提供经济适用房和公共租赁房不少于 6000 套,第一批已落实 4189 套。

△　深圳市第四批"募师支教"行动面向全国招募的 40 名优秀教师启程，赴江西、四川、贵州等革命老区和贫困地区展开为期一个学期的支教活动。

9 月 5 日　做客"民心桥"的深圳大学校长章必功透露：深圳大学拟筹建医学院，正准备上报卫生部、教育部审批；该校正推动新一轮人事分配制度改革，将设立 10% 高级长聘岗位，不分国籍，全球招聘；南校区研究生楼本月开工，本校区新学生公寓下月底启用。

△　"伟大的一生、光辉的业绩——叶剑英元帅生平史迹展"在市博物馆开幕。

9 月 6 日　深圳市政府日前向东方航空发放 712.8 万元人民币的财政资助金，以鼓励该公司在深圳机场开通"深圳—阿拉木图—卢森堡—深圳"国际货运航线，东航亦成为首家领取资助金的航空公司。

△　深圳市正式对外发布《深圳劳动关系蓝皮书》，这是我国首次将劳动关系研究成果以蓝皮书的形式对外发布，并被纳入 2007 年度国家蓝皮书系列。该书还首次提出应建立深圳企业劳动关系评价指标体系。

△　深圳市政府新闻办召开新闻发布会，首次公布深圳市进出口企业"红黑"名单，首批名单涉及进出口企业共 84 家。华为、康佳、中兴通讯等信用评价进入"红名单"的 69 家 A 级企业，将在检验检疫监管方面处处享受便利待遇。而三恒照明、乐新精密模具、创亿欣电子等 15 家信用等级被列入"黑名单"的 D 级企业，将在检验检疫各环节被严格监管，陆路、海港口岸须 100% 卸货、开柜查验。

△　为期四天的第九届中国国际光电博览会（CIOE）在深圳市会展中心开幕。

9 月 7 日　中国中小企业协会珠三角地区服务中心在深圳正式挂牌成立。该服务中心是中国中小企业协会设在深圳市、面向珠三角地区的工作基地，它履行"汇集社会资源，搭建服务平台，开展有益活动，提供有效服务"的职能，通过在信息咨询、产品博览、项目对接、交流合作、法律维权、政府扶持、融资服务、人才培训、研讨论坛、诚信自律等方面的服务，为珠三角地区以及全国中小企业的合作、交流、发展构建平台，推动珠三角地区中小企业又快又好地发展。

△　全国人大华侨委副主任委员张帼英、杜铁环一行来深圳考察。

9 月 8 日　深圳市委书记李鸿忠在五洲宾馆会见了来深圳考察的广西壮族自治区党委书记刘奇葆一行。

△　深圳大学孙秀泉等 38 人获"南粤优秀教师"称号。

△　纪念中日邦交正常化 35 周年旅游交流活动在深圳举行。

△　《亲情树》等 9 部"深圳制造"作品获第十届"五个一工程"奖。

9 月 10 日 深圳市政府代表在新德里举办深港—印度经贸合作交流会。

△ 首届"中国最美丽城市"排行榜在香港发布，深圳市以"青春都市美"位列前三名。

△ 深圳市首座双边安装隔音墙跨线桥——香梅路跨北环路跨线桥开通。

△ 微软中国研发集团深圳新园区正式启用。

9 月 11 日 在中国城市论坛北京峰会上，中国城市管理进步奖评选结果揭晓。深圳市统计局组织实施的深圳民生净福利指标体系摘得 2007"中国城市管理进步奖"的桂冠，成为该奖项的唯一一个软科学类获奖项目。

△ 国家发改委公布了国家认定企业技术中心中经营规模超 100 亿元企业的名单，深圳六家企业跻身百亿元榜。

△ 四川省委书记、省人大常委会主任杜青林率领四川省经济合作代表团考察深圳。

△ 深圳 22 个产品被评为"中国名牌产品"，中集集装箱获得"中国世界名牌产品"称号。

△ 赛格电子市场高科德交易中心隆重开业。

△ 中国城市品牌价值排行榜发布，京沪深位列前三名，深圳以绝对优势获评全国最宜居城市。

9 月 12 日 深圳第二十六届世界大学生夏季运动会执行委员会第一次全体会议召开。

9 月 13 日 2007 年深圳国际珠宝展览会在会展中心盛大开幕，该项展览被誉为中国内地最具规模、最多买家群体、最具影响力、国际化程度较高的专业珠宝交易展览会。

△ 深圳市盐田区社会工作者协会、社工服务中心同时挂牌成立。这是国内第一个社工职业平台。

9 月 14 日 深圳市政府与中国出口信用保险公司在市民中心正式签署《利用政策性信用保险推进深圳外经贸发展合作备忘录》。根据该协议，中国信保将密切配合市政府实施产业导向政策，共同为企业构建海外风险保障平台和融资平台，扶持出口企业做大做强，全力支持深圳市服务外包发展和高新技术产品出口。

△ 深圳市学校新学期工作部署暨维稳工作会议召开。会上透露：南方科技大学拟选址西丽大学城地区，2007 年 9 月底，广东省政府将向教育部申报《深圳市筹建南方科技大学办学方案》。

△ 深圳市政府常务会议审议通过《深圳市政府部门责任检讨及失职道歉暂行

办法》。该办法明确规定"政府部门不履行或者不正确履行职责，造成严重后果或者严重社会影响的，应当向公众道歉"。负责起草该办法的深圳市监察局有关人士认为，这一制度"是建设责任政府的重要内容，是对行政责任体系的完善"。

9月15日 "全国科普日"活动启动。

9月16日 深圳机场股份有限公司与贵州省黔南州人民政府签订了《荔波机场股权转让意向协议书》，根据协议，深圳机场将承债式收购荔波机场100%的股权。

△ "公共交通周"及"无车日"活动启动。

9月17日 第一届泛太平洋海运（亚洲）会议在深圳华侨城洲际大酒店隆重举行，来自世界各地的海运港航巨头齐集一堂，就泛太平洋地区及中国海运物流市场的现状及未来展开深入探讨。

△ 深圳市贸工局召开《深圳市会展业"十一五"规划》新闻发布会，规划拟将深圳建设成为亚太地区有重要影响力的国际会展中心城市。

△ "粤韵悠扬"——粤曲欣赏暨募捐晚会在五洲宾馆举行。

9月18日 在首届"哈佛《商业评论》管理行动奖"评选活动中，深航罗盘管理在众多优秀企业中脱颖而出，获得金奖。

△ 深圳市第七届运动会在深圳东部华侨城举行闭幕式。

△ 深圳市召开市政府绩效评估委员会第一次全体会议，听取政府绩效评估工作进展情况，部署下阶段工作，强调政府绩效评估是政府新一轮创新的"驱动器"，关系到政府职能履行，直接触及领导干部政绩评估，影响公共资源配置，牵动城市经济社会发展全局，必须做好、做实，争取成为国内行政体制改革创新和政府绩效评估体系建设的"领头羊"。常务副市长刘应力主持了会议。

△ 深圳在全国率先开展政府绩效管理工作，并被国家选为全国开展政府绩效管理试点的8个地区之一。

△ 在青岛召开的"第三届中国总部经济高层论坛"发布"2007年全国35个城市总部经济发展能力排行榜"，深圳市保持了2006年的第四名成绩，与北京、上海、广州一起位居城市总部经济发展能力第一能级。

△ 深圳市行政电子监察评价中心揭牌。该中心整合了深圳市行政审批电子监察系统、重大投资项目审批电子监管系统、政务信息资源共享电子监督系统和政府绩效评估系统4个系统，初步建立了"四位一体"的行政指挥中心和政务督察枢纽，为政府决策与行政指挥提供了新的平台。

△ 《深圳市政府部门责任检讨及失职道歉暂行办法》经深圳市政府四届七十一次常务会议审议通过，该办法明确规定，深圳政府部门不履行或不正确履行职责、

造成严重后果或严重社会影响的，必须向公众道歉。

△ 2007 年中国安防产业百强企业排名在深圳正式揭晓，具有产业集聚优势的深圳占据了其中的 46 席。

9 月 19 日 新组建的深圳市东部公共交通有限公司、深圳市西部公共汽车有限公司在市民中心举行隆重的挂牌仪式。

△ 市委常委、常务副市长刘应力在市民中心会见了信息产业部常务副部长奚国华一行。这是奚国华今年第二次来深，他对深圳信息产业发展及取得的成就给予了充分肯定，认为成就确实令人自豪。

△ 深圳市正式拉开为期 4 个月的药品质量安全专项整治行动，药监部门联合街道综合执法等部门共出动 16 个行动组 60 余名执法人员，共检查 112 家零售药店。

△ 中华名家中国画邀请展在关山月美术馆开幕。

△ 丛飞荣获"全国道德模范"称号。

9 月 20 日 为缓解交通压力，深圳市拟对特定时段驶入特定区域的小汽车征收专门费用。深圳市副市长张思平表示：该"交通拥堵费征收方案"将进入认证阶段。

△ 由世界品牌实验室与著名财经杂志《蒙代尔》联合举办的 2007 年度"亚洲品牌 500 强"排行榜在香港揭晓，《深圳特区报》凭借较强影响力再次登榜，在总排名榜中由去年的 183 位上升至第 179 位，在亚洲入围的 42 家传媒中高居第 11 位。

△ 赵广军先进事迹报告会在深圳会堂举行。

9 月 21 日 第三届中国国际数字城市大会在深圳会展中心开幕。

△ 深圳"四大新城"分别正式命名为光明新城、龙华新城、大运新城、坪山新城。

9 月 22 日 主题为"体验数字生活、引领城市未来"的第三届中国国际数字城市建设技术研讨暨博览会在会展中心隆重开幕。

△ 深圳 22 家企业跻身"全球华裔高科技 500 强"。

△ 深圳市副市长卓钦锐在五洲宾馆会见以南亚区域合作联盟秘书处处长索纳姆·特松为团长的南亚高级外交访华团一行。

9 月 23 日 首届"亚洲青年艺术节"在深圳东部华侨城开幕。

△ 深圳市政府与中国石油天然气集团公司签署战略合作框架协议。

△ 亚洲青年艺术节由中央电视台主办，深圳东部华侨城承办。来自中国、新加坡、俄罗斯、日本、韩国等 24 个国家和地区的传媒机构组织了本国青年艺术家参

加此次亚洲青年艺术节。本届艺术节的宗旨是"沟通、和谐、发展"，主题口号是"放飞青春，点燃激情，感悟艺术，共耀亚洲"。艺术节的举办将促进亚洲青年艺术家之间的交流，促进亚太文化的融合，展示亚太青年的活力风采，彰显青年文艺力量，弘扬亚洲艺术，并利用电视艺术交流的手段促进亚太人民的和平友谊，灿烂世界文化产业。上午9时，首届亚洲青年艺术节开幕式欢迎仪式正式开始，全体演员在仪仗队的带领下秩序井然地列队入场，在东部华侨城茵特拉根小镇举行升旗仪式。

9月24日 深圳市副市长卓钦锐在五洲宾馆会见来深圳考察的14个国家的驻华使节一行22人。

9月25日 深圳市委书记李鸿忠在五洲宾馆会见了香港特别行政区政府政务司司长唐英年一行。

△ 深圳召开标准化联席会议，作为国内率先提出城市标准化战略的城市，经过近5个月的努力，深圳市标准化战略在标准化工作引导激励机制等方面取得突破性进展。

△ 深圳第四期同富裕工程启动实施。

△ 正在深圳华大基因研究院实施的"炎黄计划"进展顺利，中国人第一张基因组序列图可望今年内在深圳发布。

△ 2007年度深圳市"市长质量奖"评选揭晓，天虹商场股份有限公司和深圳航空有限责任公司分别获得市政府奖励300万元。

9月26日 深圳市首次拍卖公共用地设置户外广告使用权。

9月27日 深圳市委书记李鸿忠在市民中心会见了中国航天科技集团公司总经理马兴瑞、副总经理雷凡培一行。

△ 中央企业知识产权工作会议在深圳召开。

△ 深圳市委常委、常务副市长刘应力在市民中心会见新西兰高科技企业Rakon公司首席执行官兼执行董事布兰特·罗宾逊一行。

△ 第九届高交会筹备工作会议召开。

△ 国务院国资委在深圳召开中央企业知识产权工作会议，深入贯彻落实科学发展观，围绕建设创新型国家和增强企业自主创新能力，总结交流中央企业知识产权工作经验，研究中央企业面临的知识产权工作形势，明确工作任务，努力提高中央企业核心竞争力。国务院国资委主任李荣融对会议做出批示，国资委副主任黄淑和出席会议并讲话。

9月28日 深圳市16部作品获广东省第十届精神文明建设"五个一工程"奖。

△ 深圳市委、市政府做出决定，在全市广大干部群众中广泛、深入开展"学

楷模、讲道德"活动。

9 月 29 日　第九届高交会动员大会开幕。

△　广深沿江高速公路深圳段工程正式开工。该工程建成后，将成为连接香港、深圳、东莞、广州等珠三角东岸城市的黄金通道。

△　12 位市民喜获年度"深圳市民环保奖"。

△　2007 年中国住宅产业国际博览会暨 2007 深圳房地产交易会在会展中心隆重开幕。

9 月 30 日　第八届鹏城金秋社区文化艺术节拉开帷幕。

10 月 1 日　深圳市政府常务会议通过市劳动和社会保障局提交的《关于深圳市 2007 年度最低工资标准调整的请示》，同意提高低收入劳动者的收入水平。新的最低工资标准从 2007 年 10 月 1 日起执行。

△　深圳市政府批准的 2007 年度最低工资标准调整方案为：特区内 4.89 元/小时、850 元/月，比 2006 年度增长 4.9%；特区外宝安、龙岗两区 4.31 元/小时、750 元/月，比 2006 年度增长 7.1%。新工资标准执行时间自 2007 年 10 月 1 日至 2008 年 6 月 30 日。

△　深圳音乐厅正式开放。

10 月 2 日　北京三百书画院在深圳成立分院。

△　深圳市 33 名维和警察获殊荣。

10 月 8 日　深圳市政府四届七十五次常务会议会议原则通过了《深圳市对口合作与服务全国"十一五"规划》，这是深圳市对口合作与服务全国工作中具有开创性的首部中长期规划。该规划旨在更好地落实中央和广东省对深圳市对口合作的工作部署，充分发挥深圳自身优势，加强对口合作和服务全国工作整体的目标性和实效性，推动和形成项目带动合作、合作促进发展的良好合作机制和共同发展模式。根据该规划，深圳市"十一五"期间对口合作和服务全国工作的总体目标是：深圳对口合作与服务全国的机制将进一步完善，实现区域合作工作的规范化和管理常态化；对口合作与服务全国的领域和内容将进一步拓展，形成宽领域、多形式的合作新局面；对口合作与服务全国的水平和成效将进一步提高，促进对口合作地区经济社会的协调发展；城市集聚辐射功能进一步增强，营造与各地友好往来、互惠共赢的新格局。

10 月 9 日　《深圳市商标战略纲要（2007—2010）》通过新一期的政府公报对外公布。

10 月 10 日　香港贸易发展局总裁林天福从香港的办公室出发，率领出席第八届"香港论坛"的环球香港商业协会联盟代表团一行访深。

　　△　深圳市福田区竹子林社区成立首个邻里互助会。

　　10月11日　第九届中国国际高新技术成果交易会在深圳会展中心广场开幕。全国人大常委会副委员长蒋正华出席开幕式。本届高交会以"推进开放创新"、"保护知识产权"和"创建和谐社会"为主题。美国、英国、德国、俄罗斯等22个国家带来了交流合作项目；国内所有省（区、市）和港澳台地区的3000多家企业和26所名高校参展；中外10多位部长级官员将出席"部长论坛"。

　　△　位于光明新区的世纪晶源科技有限公司国家化合物半导体产业基地首期一厂举行投产仪式。

　　△　信息产业部电信研究院南方分院、深圳电信研究院在福田区上沙科技创新园揭牌。上沙科技创新园也同时被授予"深圳市移动终端产业园"称号。

　　△　深圳华大基因研究院等单位完成首个中国人基因组图谱绘制。

　　△　中国邮政储蓄银行深圳分行挂牌，成为该行首家分支机构，市领导为深圳分行颁发200万元落户奖励金。

　　10月12日　中国第一个专业化电子市场价格指数即华强北·中国电子市场价格指数（简称"华强北指数"）在福田区华强北商业街赛格电子世界举行了首发仪式。

　　△　科技部、广东省政府和深圳市政府在会展中心举行新闻发布会，向外发布《科技部、广东省人民政府、深圳市人民政府共建国家创新型城市框架协议》的有关内容。

　　△　深圳机器人产学研战略联盟成立。

　　△　国家发展改革委主办的国家高技术产业化示范工程及创新能力建设项目授牌大会在第九届高交会期间举行。

　　△　深圳国标地面数字电视在高交会现场试验播出，这是深圳市普及和推广地面数字电视国家标准的重要举措，标志着深圳市国家地面数字电视正式迈进试验推广阶段。

　　10月13日　由国家发展改革委主办的国家高技术产业化示范工程及创新能力建设项目授牌大会在会展中心举行，中兴通讯、深圳航盛等6家深圳企业获得授牌。

　　△　大亚湾反应堆中微子实验开工典礼在大亚湾核电基地举行。这是落户深圳的国内基础科学最大的国际合作项目。

　　△　深圳市当选"蓝天榜"十大亮点城市。

　　△　深圳市留学生创业大厦启用。

△ 深圳高新区创投服务广场揭牌。

10 月 15 日 深圳计划新建的南方科技大学已确定选址南山大学城地区，争取 2008 年上半年动工建设。南山区近日专门成立了"南方科技大学拆迁安置办公室"，配合市政府推进相关基建工作，深圳市委、市政府也明确要求市有关部门帮助深化选址片区拆迁安置方案。

△ "深港创新及科技合作督导会议（深港创新圈）第一次会议"在深圳会展中心召开。

10 月 18 日 深圳市政府四届七十六次常务会召开，研究审议《深圳经济特区欠薪保障条例》《深圳市博士后管理工作规定》的修订等事项。

△ 深圳市政府召开全市房地产秩序专项整治工作会议。

10 月 19 日 全面启动辖区"四横五纵"道路两侧建筑的"刷新"工程。

10 月 19~21 日 以"中国杯"命名的中国首届帆船赛在深圳大亚湾海域举行。来自 10 多个国家和地区的 100 多支帆船队将展开竞逐。此举也意味着中国从此有了自己的大型高端帆船赛事。此次大赛由国家体育总局水上运动管理中心和深圳市 2011 年世界大学生夏季运动会组委会筹备委员会共同主办。

10 月 20 日 2007 年 F1 摩托艇世界锦标赛中国深圳大奖赛在深圳湾内湖 F1 摩托艇赛场正式拉开战幕。

△ 中国国民党荣誉主席连战一行到深圳访问。

10 月 23 日 珠三角地区首个数字园区——"天安数码城数字园区"在深圳启动建设。

10 月 24~25 日 旨在为海内外客商搭建经贸高效平台，在更大范围内、更高水平上开展国际贸易投资合作，促进"走出去""引进来"双赢的中国（深圳）国际招商洽谈会在深圳会展中心举行。

10 月 24 日 深圳市出台《突发公共事件医疗卫生救援应急预案》。

10 月 25 日 "中华之声"——2007 年名家名曲广东演唱会在深圳举行。

10 月 26 日 深圳市庆祝广东省第十四届环卫工人节暨表彰"鹏城市容环卫杯""鹏城优秀美容师"获奖人员大会在市民中心礼堂举行。

△ 深圳市贯彻中共十七大精神召开会议，市委、市政府推出两大重要改革创新举措，即深化事业单位体制机制改革和加强社工人才队伍建设，并印发了推进社会工作人才队伍建设"1+7"文件和深化事业单位改革的 7 项实施方案。

10 月 27 日 深圳珍宝馆在福田区世纪工艺品文化广场开馆，中国工艺美术大师精品展同时揭幕。

　△　第二届深圳大梅沙国际风筝节在大梅沙海滨公园隆重开幕。

　△　世界最大集装箱船靠泊深圳市盐田港区卸货。

10月28日　第六届深圳黄金海岸旅游节暨第三届深圳（大梅沙）沙滩音乐节在中信明思克航母世界盛大开幕。

　△　由荷兰阿姆斯特丹市市长乔布·科翰率领的阿姆斯特丹地区政府和商务代表团一行抵达深圳访问。

　△　深圳市第二十届"荔枝杯"青年歌手大赛在深圳青少年活动中心"大家乐"舞台举行。

10月30日　香港第一条直达深圳机场的跨境巴士线投入服务，乘客可在香港九龙机铁站预先办理登机手续，经深圳湾口岸直达深圳机场。

　△　深圳市委书记李鸿忠在五洲宾馆会见法国标致雪铁龙集团总裁克里斯蒂安·斯特雷夫一行。

　△　深圳市第一部地方党史《中国共产党深圳历史（第1卷）》出版。

　△　2007年国际基因组学大会在深圳召开，全球基因组学和技术领域的三百余位专家学者，对基因组学和基因组技术的新进展进行深入交流，研讨基因组学的发展方向，以更好地为人类服务。

　△　深圳市总工会农民工学校挂牌成立。

10月31日　深圳市公明供水调蓄工程开工。这是深圳市建市以来首个库容超亿立方米的大型供水调蓄项目。

　△　深圳市第4批100个农产品生产基地获授牌，基地总数达290个。

　△　深圳市委、市政府出台《关于加强社会工作人才队伍建设推进社会工作发展的意见》及7个配套实行文件，建立全国首个较为系统的社工制度。

11月1日　第八届深圳读书月活动在深圳图书馆二楼隆重开幕。启动仪式上，深圳市委常委、宣传部部长、读书月组委会主任王京生同志提出了"实实在在读一本书"的观点，并指出这是一个"求实效"的创新理念和要求。

　△　首届深圳"国际友城文化艺术周"活动在深圳举行。

　△　从2007年11月1日起，深圳市开征城镇土地使用税。

11月2日　由深圳市药品检验所与香港科技大学中药研发中心共同组建的"港深药物研发检定中心"揭牌。

　△　经过近一年的紧张运行，第一份《深圳市民生净福利指标体系》统计监测结果"出炉"：深圳市2006年民生净福利总指数为107%，其中财政性文教卫体支出、公共基础设施建设支出和环保支出，已经占到整个财政支出的53.42%。深圳

市政府新闻办公室召开新闻发布会对此进行了专题公布。其中,居民可支配收入增幅、空气和水源质量等五个指标出现"下降"情况,引人关注。

11 月 3 日 第六届全国城市运动会闭幕,深圳代表团获 7 金、9 银、8 铜。

△ 深圳市福田区通过"广东省教育强区"验收。

11 月 4 日 深圳市委书记李鸿忠在五洲宾馆会见中国气象局党组书记、局长郑国光一行。

△ 深圳市委隆重举行向党龄 30 年以上、在深圳工作 20 年以上的党员代表颁发纪念勋章仪式。2.1 万名老党员获颁纪念勋章。

△ 深圳市首次评选"改革创新奖"。

11 月 5 日 深圳市防灾预警气象雷达塔在市气象局落成。

△ 全球第五大半导体制造商意法半导体(ST)在深圳市龙岗宝龙工业区举行集成电路封装测试项目奠基典礼。

11 月 6 日 来自深圳市劳动和社会保障局的信息表明:第三季度深圳市人力资源市场需求人数为 170 多万人,进入人才市场求职的人数仅为 99.8 万人,缺口达 70 多万人,缺口绝对数量较第二季度增加 47 万人。

△ 市委常委、副市长吕锐锋主持召开市第二次土地调查工作领导小组第一次工作会议。会议审议通过了《深圳市第二次土地调查实施方案》,并就下一步土地调查工作进行了部署。这标志着土地调查这项全面摸清土地家底的工作在深圳市正式全面启动。

△ 深圳市"循环经济示范项目推广月"启动。

11 月 8 日 深圳市委书记李鸿忠表示:面对发展过程中土地、资源、人口、环境的制约,深圳环保任务艰巨,必须大力推进"强势环保"。

11 月 9 日 中国 30 个省市区、41 个城市和谐发展指数正式发布。在 41 个城市中,深圳以 86.80 分位居榜首,成为全国最和谐的城市。

△ 深圳市副市长李铭在市民中心会见德国柏林市副市长哈拉德·沃尔夫一行。

△ 针对深圳华为技术有限公司近期 5100 名员工辞职再竞岗事件,广东省总工会主要负责同志约见深圳华为公司高级副总裁及该公司人力资源、外事工作有关负责人。全国总工会、广东省总工会和深圳市总工会高度关注"华为事件",认为华为公司近期 5100 名员工辞职再竞岗,在《中华人民共和国劳动合同法》实施前夕进行,引起了社会的各种猜测、议论和评价,客观上造成了一定的负面影响。

△ 深圳召开法定机构改革试点动员大会,成立法定机构推进小组,推进法定机构改革试点工作。

△　中国最大的本土合伙制创业投资企业——深圳市东方富海创业投资企业在深圳成立，注册资本为9亿元人民币。

11月10日　2007年中国创新设计"红星奖"在京揭晓，深圳市16件产品获奖。

11月11日　深圳市诞生5名奥运会火炬手。

△　民革深圳市委会举行大会，隆重纪念中国国民党革命委员会成立60周年。

11月12日　科摩罗联盟总统艾哈迈德·阿布达拉·穆罕默德·桑比一行抵达深圳访问。

△　广东省第九期市长（书记）城建研究班在深圳开学。

△　深圳市第二人民医院检验科副主任徐小平成功发现两个与细菌耐药相关的新型OXA基因，这两个基因均属世界首次发现。

11月13日　经深圳市委批准，中共深圳市委卫生工作委员会和纪律检查工作委员会正式成立。

11月14日　深圳市四届人大第四次会议在市人大会堂开幕。

△　深圳市召开建立和完善事业单位法人治理结构改革动员大会，启动建立和完善事业单位法人治理结构改革。

△　深圳市委、市人大常委会、市政府、市政协机关响应党中央、国务院和省委、省政府向贫困地区困难群众"送温暖、献爱心"的号召，开展捐助活动。

△　LG电子副董事长兼首席执行官南镛来深圳考察访问。

11月17日　深圳市光明新区首个大型工业园落成。

△　为期两天的第24届舒伯特国际合唱比赛在维也纳落下帷幕。中国深圳音乐家协会合唱团在比赛中获得混声合唱A级比赛和S组宗教歌曲合唱比赛两项金奖。

△　深港联手演练口岸反恐。

11月18日　深圳市荣膺"跨国公司最佳投资城市"称号。

△　深圳市"十一五"期间投资兴建的最大的市属医院——深圳市滨海医院奠基。

△　深圳中学60华诞庆典隆重举行。

11月19日　深圳地区各银行近日对提取现金实行限额管理，一些银行营业网点的ATM自助取款机近日也悄悄下调了每笔取款的上限额度。从银行方面获悉，"限额提现"将会在2008年元旦之前结束。深圳的现金净投放量已连续6年位居全国大中城市第一。

△　深圳市喜获9个全国"群星奖"。

△ 深圳市成为首批"建筑节能监测示范城市"。

△ 2007 年深圳先进科学技术国际论坛在深圳大学开幕，20 多位来自国内外太赫兹研究领域的顶尖科学家，纵论太赫兹科学与技术未来的科学研究方向，以及在经济社会发展中的应用前景。这是目前我国太赫兹研究水平最高的国际研讨会。

△ 深圳证券交易所营运中心、市金融产业后台服务基地、中国人民银行深圳市中心支行大厦、市金融服务技术创新基地奠基。

△ 深圳 15 个国内商业银行成功开通小额支付系统通存通兑业务。

11 月 20 日 深圳出版发行集团成立揭牌仪式在深圳书城中心城举行，国内首个整合出版发行上下游资源的企业实体在深圳诞生。

△ 2007 年深圳先进科学与技术会议在深圳大学举办。

11 月 21 日 由贵州省政府代表团举办的黔深经贸合作交流会暨重点项目签约仪式在五洲宾馆举行，会上签约 19 个项目，总投资达 360.89 亿元。

△ 欧米茄观澜湖高尔夫世界杯在观澜湖高尔夫球会拉开帷幕。从本届起该比赛将连续 12 年在观澜湖高尔夫球会举行。

△ "2007 年深圳市面向中小企业集合债券"发行仪式在五洲宾馆隆重举行。

11 月 22 日 深圳市的银行针对深圳现金投放中非正常大额提现不断增多的情况，采取了短期探索性适度限制取现的措施。

△ 被称为植物"活化石"的德保苏铁开始回归自然。在深圳召开的"德保苏铁"回归自然项目启动仪式上，国家林业局副局长印红指出，此举标志着中国珍稀濒危野生植物保护工作已经从单纯的就地保护、迁地保护阶段发展到就地保护与迁地保护相结合、以迁地保护促进就地保护的新阶段。

△ 深圳市委书记李鸿忠主持召开市委常委会议，审议并原则通过了《关于构建社会矛盾纠纷"大调解体系"的实施意见》《关于进一步促进我市住房保障工作的若干意见》。

△ 由中国纪检监察报社、深圳市纪委、市监察局和龙岗区委、区政府联合举办的"科学发展共建和谐"书画作品展在大芬油画村举行。

△ 国内第一条社工热线——深圳社工热线"83868386"正式开通。

11 月 23 日 深圳市委书记李鸿忠在五洲宾馆会见中国海洋石油总公司总经理、党组书记傅成玉。

△ 深圳市政府四届七十九次常务会议召开，研究审议四个新城建设发展实施计划、"两翼地区"建设发展实施计划等事项。

△ 招商局工业集团旗下的招商局重工（深圳）有限公司及友联船厂（蛇口）

有限公司与中海油田服务股份公司签署了总额达 7 亿元的 2 个海洋工程项目。

△　厦深铁路福建段开工。

11 月 24 日　第十二批《中国企业新纪录》在北京发布，深圳 45 家企业的 81 个创新项目通过审定，获评"中国企业新纪录"。

11 月 25 日　全国表彰"和谐邻里建设示范单位"，深圳市南山区蛇口街道雷岭、招商街道花果山两社区获奖。

△　深圳市民润慈善超市挂牌，这是全国首个社区型慈善超市。

△　深圳市人事局发布公告，公开招聘首批聘任制公务员，标志着深圳市聘任制公务员试点工作正式启动。

11 月 26 日　为动员全社会参与文化建设，满足日益增长的文化服务需求，深圳出台的《关于实施和规范文化义工服务工作的指导意见》规定，凡 14 周岁至 65 周岁自愿从事文化义工服务的市民，可通过网络或各公益文化场馆报名参加文化义工招募。

△　在中法两国领导人的见证下，赛诺菲－安万特与深圳市政府签署了在深圳生产流感疫苗的协议。这是迄今为止中国最大的外商投资生物制药项目。

△　深圳市成为第二批"国家循环经济试点城市"，深圳格林美、南山热电、东江环保和深圳报业集团四家单位被认定为国家循环经济示范项目单位。

11 月 27 日　第五十三届高尔夫世界杯赛在深圳观澜湖高尔夫球场开杆。来自 28 个国家和地区的 56 名世界顶尖高尔夫球手以组队形式参赛。参赛选手包括两届美国公开赛冠军、南非名将古森，两届美国名人赛冠军、西班牙名将奥拉沙宝，17 名本赛季的欧、亚、日巡回赛冠军选手等，东道主中国队以种子队身份自动入围，张连伟和梁文冲搭档参加角逐。

△　深圳市四届人大常委会第十六次会议召开，会议审议深圳 2007 年度审计工作报告，并首次审议加强知识产权保护工作若干规定草案和金融发展促进条例草案等法规草案。

△　中国第一份城市环境展望报告《深圳环境展望》发布。

△　国际适合人类居住社区总决赛颁奖典礼在英国伦敦皇家俱乐部举行，中国深圳桃源居社区获得了社区类和项目类各一个金奖。

△　全国政协赴广东考察慰问团抵深。

11 月 28 日　2007 年中国可再生能源产业蓝天排行榜日前在深圳会展中心公布。深圳市凭借其"可再生能源在市政上的应用"成为"中国可再生能源产业十大亮点城市"之一。

△ 全国首个电子市场价格指数在深圳正式发布。华强北·中国电子市场价格指数（"华强北指数"）是反映华强北电子元器件和电子产品交易综合变动情况的一个重要经济指标。它由五级、55 项指数构成，包括 1 个综合指数和 4 个一级指数（板块指数）。综合指数是指对电子市场所有产品交易状况的综合反映；4 个板块指数分别为：电子元器件指数、手机指数、数码产品指数和 IT 产品指数。

△ 深圳市道桥建设集团挂牌成立。

△ "亚欧环境"论坛及第五次圆桌会议在深圳开幕。

11 月 29 日 全国产品质量和食品安全专项整治第三次现场会检查组在深圳检查。

△ 深圳市首个家庭暴力庇护中心在市救助站挂牌成立，为遭遇家庭暴力而无家可归的人提供临时性的住宿、饮食、人身安全保障等庇护救助。

△ 深圳市二氧化硫排放量最大的单个污染源、深圳能源集团妈湾发电总厂 1 号机组安装脱硫系统并投入运行。

11 月 30 日 2007 年中国国际人才交流大会今天在深圳市会展中心开幕，国务委员兼国务院秘书长华建敏出席开幕式并致辞。

△ 深圳市首次推出两宗"限价房"用地。

△ 2007 年中国（深圳）国际金融博览会开幕。

12 月 1 日 深圳首次招考聘任制公务员。深圳市人事局公布，深圳市将公开招聘首批聘任制公务员，31 个职位招聘 41 名聘任制公务员。

△ 由国家发展改革委、科技部、深圳市政府与深交所联合主办的第六届"中小企业融资"论坛在深圳举行。

△ 首届深圳市义工服务市长奖颁奖典礼在深圳广电大厦演播大厅举行，高正荣、叶丽芬等九位获奖者接受了颁奖。

△ 作为十大民生实事之一，酝酿多时的深圳市公交票价全面降价。

△ 《深圳经济特区在用机动车排气污染检测与强制维护实施办法》开始实施。

12 月 3 日 中国（深圳）国际期货大会在深圳召开。

△ 第三届"创意十二月"在关山月美术馆开幕。

12 月 4 日 全国民政系统社会工作人员队伍建设座谈会在深圳召开。

△ 深圳市卫生局推出《深圳市疾病诊疗指南》。

△ 大运会场馆建设工作协调办公室成立。

12 月 5 日 在国家发改委最新编制的《综合交通网中长期发展规划》中，深圳首次被列为全国性综合交通枢纽城市，将与北京、上海、广州等41个城市一起，与"五纵五横"综合运输大通道共同构成我国综合交通网络骨架。

12月7日 博鳌亚洲论坛与深圳市政府共同举办的高端服务业国际峰会在五洲宾馆开幕，这是博鳌亚洲论坛首次举办高端服务业会议。

△ 深圳市宝安区第一个将旧工业区改造成文化创意产业园的项目——"F518时尚创意园"开园。

△ 深圳市史志办公室和市原粤赣湘边纵队战友联谊会联手隆重推出《共忆峥嵘岁月》一书。

△ 华南首家CAE技术培训中心落户深圳。

△ 中国国际室内设计文化节在深圳开幕。

12月9日 中共深圳市委召开全市领导干部会议。广东省委副书记刘玉浦在会上宣布了中央和省委有关人事任免的决定并做重要讲话。中央批准：李鸿忠同志任湖北省委委员、常委、副书记，免去广东省委常委、委员和深圳市委书记职务，不再担任深圳市人大常委会主任职务；省委批准，免去李鸿忠同志深圳市委常委、委员职务。许宗衡临时主持深圳市委工作。

△ 深圳市国土部门集中曝光8宗土地违法案件。

△ 全国人大常委会委员、财经委副主任贾志杰率调研组来深圳就"维护职工合法权益"进行专题调研。

△ 第二届中国青少年社会教育"银杏奖"评选表彰活动在北京揭晓，深圳市中小学德育基地和罗湖区青少年活动中心获得"银杏奖"优秀团队奖。

△ 《大鹏半岛建筑风貌研究》通过评审。

△ 深圳新创大型粤剧《明·土》首演。

12月10日 根据广东省水利厅总结，深圳市2005年、2006年两年供水增幅由过去的10%以上大幅度下降到3%~5%，连续两年出现供水负增长，每年增加节水规模逾亿立方米。副省长李容根要求推广深圳节水经验。

△ 深盐第二通道隧道全部贯通。

△ 《深圳特区报》被评为全国精品级印刷质量报。

12月11日 由南宁市委常委、市纪委书记秦敬德率领的纪检监察工作考察团抵深，市委常委、市纪委书记谭国箱会见秦敬德一行，并就纪检监察工作进行深入交流。

12月12日 深圳市人民政府12345统一公开服务电话正式开通启用，市民只需用电话拨打12345，就能对市政府50多个职能部门进行咨询或投诉。

△　深圳市隆重表彰获 2007 年度"中国名牌驰名商标"称号企业。

12 月 14 日　2007 年会员大会暨全国外商投资"双优"企业表彰大会在五洲宾馆举行。深圳 184 家外企荣膺"双优"称号。

△　深圳港集装箱年吞吐量突破 2000 万。从 1000 万标箱到 2000 万标箱，深圳仅用了 4 年时间。

△　深圳市举行政服务大厅电子口岸网上审批系统启用仪式。

12 月 15 日　由深圳大学经济学院、北京大学深圳研究生院商学院以及香港大学联合承办的第七届中国经济学年会在深圳大学隆重开幕。国内近 100 多所高等院校经济学的院长和系主任、著名经济学者及教师共计 400 余人参加了会议。此次会议就宏观经济、金融证券、企业管理、国际经济、农业经济以及制度经济学、卫生经济学、国防经济学等 23 个领域的中国经济热点问题进行了深入交流与讨论，并针对当下的经济难点问题和经济学研究中的理论前沿问题展开了思想交锋。

△　第二届中国城市建设开发博览会在深圳会展中心开幕。

△　2006 年度"中国新闻奖"获奖作品和"长江韬奋奖"获奖作品经验交流研讨班在深圳开幕。

△　由深圳市第二人民医院与北京大学第三医院运动医学研究所共建的运动医学科挂牌。

12 月 16 日　深圳市公布《关于进一步促进我市住房保障工作的若干意见》。深圳市国土房产局有关负责人表示：今后公共租赁房将占政策保障性住房总量的八成左右。根据该意见，公共租赁住房的主要保障对象为家庭年收入在申请前连续两年均低于市住房保障机构公布的相应的低收入线标准，在深圳市不拥有任何形式的住房或住宅建设用地，并符合市住房保障机构规定的其他申请条件的户籍居民家庭。

12 月 17 日　应香港特别行政区行政长官曾荫权的邀请，深圳市政府代表团前往香港访问。

△　中央综治委副主任、中央政法委副秘书长、中央综治办主任陈冀平在省政法委有关领导的陪同下来深圳市调研。

△　深圳市政府向新一届金融决策咨询委员会成员颁发聘书。

△　深圳市启动建设 24 小时自助图书馆系统。

△　美国《商业周刊》杂志评选出全国十大最具影响力公司，总部位于深圳的华为公司赫然在列，是中国唯一入选企业。

12 月 18 日　深港合作会议在香港会展中心举行，双方签署"1＋6"合作协议，达成五项合作共识。

△　深圳市知识界人士联谊会在五洲宾馆举行成立大会。

△　深圳市知识产权局统计数据显示，2007年1月至11月，深圳专利申请量达31010件，列全国大中城市第二位；其中发明专利申请量达16496件，首次超过申请总量的50%，继续列全国大中城市首位。

12月19日　深圳市政府在香港举行深港合作恳谈会。

△　深圳机场旅客吞吐量超过2000万，跨入世界最繁忙机场行列。

△　《深圳市文化产业发展"十一五"规划》发布。

12月20日　中国社会科学院发布《中国城市发展报告NO.1》，依据中国城市科学发展综合评价指标体系，中国地级及以上城市中，深圳名列第一。

△　第三届"深圳金融创新奖"揭晓，18个机构21个项目获奖。

△　全国公安机关推进吸毒人员动态管控工作现场会在深圳召开。

△　深圳市全面整治非法运营。

12月21日　深圳地铁5号线拉开全线建设的序幕。

△　南京审计学院福田教学科研基地揭牌，拉开了审计强区与审计名校携手培养审计队伍、提高审计人员业务水平、打造"产学研政"合作模式的大幕。

△　深圳市"一横八纵"交通路网主干线之一、首条南北走向不收费的城市快速路——福龙路建成开通。

△　深圳西部大铲湾码头一期4号、5号泊位正式投入运行。

12月23日　由深圳音乐家协会、深圳青少年活动中心等单位主办，历时1年的"深圳原创音乐广场"2007年度"十佳"原创作品评选活动颁奖晚会在深圳大家乐文化广场举行。

12月24日　第十二届环南中国海国际自行车大赛深圳龙华站圆满落幕。

△　深圳市少儿医保卡开始发放。

△　2007深圳"发展循环经济'十佳'先进企业"评选结束，深圳东部华侨城有限公司等10家企业上榜。

△　深圳市举办首届医疗卫生科技成果推介会。

12月25日　深圳市召开全市保障性住房售租工作动员大会。

△　广东省节水型社会建设暨试点工作经验交流会在深圳召开。

12月27日　深圳市政府四届八十二次常务会议召开，研究审议调降东江水源工程和龙茜供水工程宝安区域原水价格以及设立大运会文化节等事项。

△　深圳发展银行成立20周年庆典酒会在深圳市华侨城洲际酒店举行。

12月28日　中国人寿保险（海外）股份有限公司正式将总部由北京迁至深圳。

迁址典礼上，深圳市政府向该公司颁发了金融机构总部落户奖励金 2000 万元。

　　△　全省政府管理创新会议在深召开，深圳建设责任政府创新经验获肯定。

　　△　梅山苑二期等 4 处保障性住房项目同时开工。

12 月 29 日　广东省副省长宋海率省府办公厅、省教育厅等省直部门，到深圳大学调研高校毕业生就业工作。

　　△　深圳市政府公布《深圳市平面设计作品版权保护办法》，这是我国第一部专门针对平面设计作品版权保护的法规法律。

　　△　深圳市人民建议征集办公室挂牌成立。

　　△　由深圳市城管局、深圳报业集团、广电集团及龙岗区政府主办，龙岗区城市管理局承办的深圳市第二届公园文化节龙岗分会场在中心城龙潭公园隆重开幕。

　　△　深圳市数字遥测地震台网正式通过广东省地震局验收，这标志着深圳市地震分析处理能力大幅提高，地震监测中心一体化工程初步形成。

　　△　罗湖区慈善会正式成立。

　　△　中国人民银行深圳市中心支行年终决算会议披露，深圳存贷规模双双突破万亿元。证券市场股票、基金累计总成交 18.8 万亿元，同比增长 380%；黄金市场总成交量 950 吨，同比增长 370%。

12 月 31 日　据深圳市地税局统计：2007 年深圳地方税务共组织各项收入 618 亿元，增长超过三成；其中完成税收 586.6 亿元，比上年增长 30.29%，增收 136.37 亿元，收入增幅和增收额均创 10 年来新高，税收收入规模首超广州，在各大中城市中紧随北京、上海之后，跃居第三。

　　△　深圳市统计局公布的 2007 年深圳国民经济发展情况统计快报显示：深圳 2007 年人均 GDP 为 10628 美元。深圳成为我国内地首个人均 GDP 过万美元的城市。

　　△　2008 年中央电视台新年音乐会暨深圳保利剧院开幕庆典在深圳保利剧院举行。

2008年

1月1日 深圳市财政年终零点结算：2007 年来源于深圳的全口径财政收入为 2770 亿元，其中地方财政一般预算收入达 658 亿元，增量历史性突破了 100 亿元大关，增幅创 10 年来新高；上划中央收入继 2006 年首次突破 1000 亿元大关后再破 2000 亿元大关，达 2112 亿元。

△ 最高人民法院和广东省高级人民法院批准，从 2008 年 1 月 1 日起，福田区人民法院开始行使部分知识产权案件的管辖权，开始受理有关案件。

△ 深圳市金融业对经济增长贡献率等主要指标均大幅提高。截至 2007 年年末，深圳市金融总资产高达 2.8 万亿元，比 2006 年增加 1.2 万亿，增长 75%，在全国大中城市排名第三。

△ 深圳市公安局光明分局正式挂牌，深圳首支由 20 名骑巡队员和 20 匹马组成的骑巡队正式亮相光明新区。

△ 深圳在全国率先将环保实绩考核与干部选拔任用挂钩。

1月2日 深圳市召开全市领导干部大会，宣布中央和省委关于深圳市委主要领导的任命决定。中央批准，广东省委副书记刘玉浦同志任深圳市委书记。

1月3日 深圳市政府四届八十三次常务会议召开，研究审议深圳市文化产业发展规划纲要、深圳市社会医疗保险办法等事项。会议原则通过了《深圳市文化产业发展规划纲要（2007~2020）》。

△ 国务院国资委在深圳召开广东、广西、海南、云南、贵州、西藏、深圳 7 省区市国资委主要负责人座谈会。

△ 罗湖区 10 个街道综治工作中心同一时间挂牌成立，标志着罗湖辖区内

"大综治"格局的初步形成。

　　△　数据显示，2007 年深圳国税收入规模首次突破 1800 亿元大关，达到 1805 亿元，同比增长 93.4%；总量在全国大中城市国税系统中排名第三，仅次于上海、北京。

　　1 月 4 日　深圳市首次全国污染源普查工作全面铺开。

　　△　深圳再次荣膺"全国双拥模范城"光荣称号。这也是自 1997 年 1 月 15 日深圳首次捧回"全国双拥模范城"的光荣牌匾后，连续四次获评"全国双拥模范城"。龙岗区南岭村社区居委会也被评为全国双拥模范单位。

　　△　深圳市首次推出的两块限价商品房用地在市土地房产交易中心公开招标。位于宝安区龙华的地块使用权成功出让，而另一宗位于龙岗的地块则因无人参与竞投，最终流标。

　　△　深圳市第二届公益广告大赛颁奖仪式在市民中心举行。

　　1 月 4~5 日　文化部党组书记于幼军率领文化部主要司局负责人来深圳调研文化工作。

　　1 月 5 日　深圳华大基因研究院在北京宣布，继去年 10 月"高交会"上完成"炎黄 1 号"计划——成功绘制全球首张黄种人基因图谱后，专门绘制匿名志愿者的基因图谱"炎黄 99"计划正式启动。

　　△　"鹏城学者计划"特聘教授岗位申报启动。

　　△　深圳在全国率先实现"全民医保"，全市 33.4 万已参保少儿将在 3 个月内陆续领到医保卡。

　　△　《戊子年》特种邮票在深圳首发，这是我国发行的第三轮生肖系列邮票的第五套。

　　1 月 6 日　厦深铁路广州段正式开工建设，线路全长约 502 公里，预计 2011 年建成通车。

　　△　广东贵州商会成立大会在深圳举行。

　　△　新华社、中央电台、央视等播放来深圳打工的"当代孝媳"李传梅的感人事迹。

　　1 月 7 日　广东省委副书记、深圳市委书记刘玉浦主持召开市委常委会议，研究部署在全市开展进一步解放思想学习活动有关事宜。

　　△　"中国改革开放 30 年经济百人榜"在北京发布，其中深圳的马化腾、马明哲、马蔚华、王石等 8 位企业家入榜。

　　1 月 8 日　第 26 届世界大运会首届大运文化节开幕暨会徽发布晚会在深圳举

行，第 26 届世界大运会会徽"欢乐的 U"第一次在全世界精彩亮相。

△ 第五届深圳关爱行动全面启动，广东省委副书记、深圳市委书记刘玉浦等出席启动仪式。

△ 2007 年国家科学技术奖励大会在北京召开，深圳一共有 11 项获得国家科学技术进步二等奖，是历年来获奖项目最多的一次。

1 月 9 日 广东省委副书记、深圳市委书记刘玉浦等到深圳市信访办参加全市"直通车"活动，接待来访群众。

△ 在第七届中国改革人物颁奖盛典暨中国改革高层论坛上，龙岗区"大综管"新格局建设荣获"中国改革十大创新案例奖"。

△ 深圳市政府向民间社工机构购买社工服务意向签约仪式在市民中心举行。

△ 中国摄影发展中心南方基地揭牌仪式在深圳举行，该基地选址深圳宝安，成为中国摄影家协会在国内设立的第一个区域性经营活动基地。

△ 首个香港与深圳合作举办的"香港—深圳城市 - 建筑双年展"在香港举行盛大揭幕仪式，香港特别行政区行政长官曾荫权、深圳市副市长闫小培等出席揭幕仪式。

△ 市政府四届八十四次常务会议原则通过《深圳市道路交通事故社会救助暂行办法》，率先设立道路交通事故社会救助基金。

1 月 10 日 中共深圳市委四届八次会议全体（扩大）会议在深圳会堂开幕。会议强调，深圳要勇当实践科学发展观的排头兵，以新一轮思想解放推进新一轮发展跨越。

△ "2007 扶贫中国行捐赠表彰大会"在人民大会堂举行，深圳大中华国际集团荣获由中国扶贫基金会授予的"扶贫中国行年度贡献奖"及"中国扶贫公益家单位"两项荣誉称号。

△ 2007 年深圳港吞吐量再创新高，全年集装箱吞吐量 2109.91 万标箱，增长 14.24%，继续稳居全球第四。至 2007 年底，挂靠深圳港的国际集装箱周班航线达 197 条，比上年净增 29 条。

1 月 11 日 香港特别行政区政府保安局公布，决定将香港与深圳间边境禁区覆盖范围，由约 2800 公顷大幅减至约 400 公顷；沙头角边境禁区界线，也向北移至沙头角墟的入口。

△ 在"第六届中国政府网站绩效评估结果发布暨经验交流会"上，深圳市政府门户网站（深圳政府在线，www.sz.gov.cn）在全国 333 个地市级（含副省级）城市门户网站评比中名列第二，满意度指数全国最高。

△　深圳市城市规划委员会 2008 年第一次会议召开，审议通过了《深圳市城市总体规划（2007～2020）》《深圳市轨道交通规划》等规划。

△　深圳市大运文化节奥运邮票展在深圳中心书城揭幕。

1 月 12 日　由中国作协创研部、《人民文学》杂志社、深圳市委宣传部、深圳市文联主办的全国打工文学论坛在中国现代文学馆举行。

△　中山大学深圳研究院在市民中心举行揭幕仪式，标志着中山大学在深圳进行产学研合作及成果转化又有了重要的平台。

△　深圳市著名作家彭名燕、孙向学合著的长篇小说新作《岭南烟云》研讨会在中国作协举行。

1 月 14 日　深圳市 6006 套保障性住房申请工作正式开始。

1 月 15 日　深圳市政府四届八十五次会议召开，审议通过了《深圳市残疾人参加社会保险试行办法》等事项。据测算，根据此办法，全市每年补贴残疾人社保 2000 万元。

1 月 16 日　深圳市副市长闫小培接见了美国哈佛大学来深考察团。哈佛大学与深圳大学就在建的深大医学院合作事宜展开洽谈。

1 月 17 日　深圳市委常委、常务副市长刘应力会见了以色列副总理兼工业、贸易和劳动部长埃里·伊萨伊一行。

△　第 26 届世界大学生夏季运动会组委会执行局召开新闻发布会，正式启动深圳第 26 届世界大学生运动会吉祥物设计大赛。

1 月 17～19 日　中央电视台科教频道（CCTV - 10）播出系列节目《阅读与城市》，以电视专题片的形式对深圳读书月进行了详细解读。

1 月 18 日　第三届传媒创新年会在北京召开，《深圳特区报》以投票总数第一，获评"2007 中国十大领军报业"。

1 月 19 日　全国妇联副主席、书记处书记洪天慧到深圳展华实验学校看望"当代孝媳"李传梅。

△　深圳市南山区"和谐社区建设双向互动制度创新"获第四届中国地方政府创新奖优胜奖。

1 月 20 日　广东省委副书记、深圳市委书记刘玉浦等会见了南方电网公司董事长袁懋振、总经理赵建国一行。

△　国家知识产权局最新统计显示，2007 年深圳专利申请量达 35808 件，增长 20.5%，列全国大中城市第二位。其中含金量最高的发明专利申请量位居全国首位。

1 月 21 日　深圳市委副书记白天会见了以土库曼斯坦民主党第一书记穆萨耶夫

为团长的代表团一行。

1月22日 广东省委副书记、深圳市委书记刘玉浦等率团在广州慰问驻深部队上级机关。

△ 深圳市调高企业退休人员基本养老金，平均上调逾10%，月底发放到个人手中，12.75万人受惠。

△ 由中国、英国和美国的科学家组成的"国际协议组"在深圳、伦敦和华盛顿同时宣布国际"千人基因组计划"正式启动。深圳华大基因研究院为主要的发起者与参与者。

1月22~23日 由中华人民共和国监察部、香港廉政公署、澳门廉政公署联合主办的建设工程领域治理腐败研讨会在深圳举行。

1月23日 深圳市提前完成3G试验网络建设，目前可为100万用户提供第三代移动通信服务。截至2007年底，深圳电话用户数已增至2225.7万户，同比增长10.5%。

△ 深圳保税区经济连续7年保持高位运行，2007年全区实现工业增加值155.16亿元，工业总产值875.9亿元，进出口总额471.56亿美元，每平方公里实现工业总产值302.03亿元。

1月24日 深圳荣登"2007年中国港口综合竞争力指数排行榜"榜首。

△ 深圳边检总站破获一起香港货柜车司机违法载运4名偷渡人员入境的集体偷渡案，其中一个系网上通缉犯。

1月25日 国道205深圳段改建工程坪地段主体工程开工。

1月26日 广东省委副书记、深圳市委书记刘玉浦等市领导到银湖汽车站为过年返乡劳务工送行。

△ 深圳福田综合交通换乘枢纽正式开通运营，同时，深圳西部连接香港、珠三角的一条重要南北通道——南光高速公路全线通车，为深圳市"七横十三纵"干线路网体系再添"一纵"。

1月26~27日 公安部部长孟建柱在深圳市考察公安工作。

1月28日 深圳市统计局发布的经济统计数据显示，2007年深圳人均GDP为10628美元，使深圳一举成为内地首个跨越1万美元的"发达"状态标线。

1月29日 国内最大的芯片制造商——中芯国际集成电路制造有限公司在五洲宾馆召开新闻发布会，正式宣布中芯国际将在深圳设立南方总部，并投资15.8亿美元建设集成电路技术开发中心和2条集成电路芯片生产线。

1月30日 广东省委副书记、深圳市委书记刘玉浦等市领导与活跃在深圳市各行业领域的 40 多位杰出人才代表座谈。

△ 深圳建成了全国第一个电力营销指挥系统。

1 月 31 日 广东省省长黄华华前往深圳火车站看望返乡旅客，并检查春运工作。

△ 国家开发银行副行长姚中民一行访深。国家开发银行将注资 80 亿元，以控股 90% 的方式与深圳一家金融租赁公司合作组建国银金融租赁公司，并将总部设在深圳，这将是我国最大的一家金融租赁公司。

△ 深圳市四届人大常委会第十七次会议审议了《深圳市城市总体规划（2007～2020）》，该文件提出深港合作构建世界级都市区。

2 月 1 日 深圳市委市政府决定向深圳市对口扶持单位贵州省黔南州和毕节地区各捐赠 200 万元，深圳市慈善总会决定向省内受雪灾严重的韶关捐赠 400 万元。

2 月 2 日 广东省委副书记、深圳市委书记刘玉浦等市领导和机关干部带头向受灾地区捐款，在全市掀起救灾捐款热潮。

△ 深圳市罗湖区委区政府向受雪灾的贵州省长顺县捐款 50 万元，与此同时，罗湖区还向该县发去了一份凝聚着罗湖人民深情厚谊的慰问信。

2 月 3 日 深圳市政府首次颁发深圳市产业发展与创新人才奖，1773 名创新型人才获得市政府颁发的 1.08 亿元奖金。

2 月 4 日 深圳市慈善总会已收到各界为冰雪灾区的捐款 802 万元。

2 月 5 日 深圳市向湖南湖北灾区捐助的 10 万床棉被、10 万只充电手电筒、2 万件棉衣发往灾区。

2 月 6 日 首批"来深建设者关爱基金"发放。

2 月 10 日 由深圳市政府、市委宣传部、市文化局负责人率领的"深圳市政府文化代表团"抵达波兰首都华沙，拉开"深圳文化周——波兰行"序幕。

2 月 11 日 中共中央政治局委员、广东省委书记汪洋，广东省省长黄华华等在深圳看望和慰问南方电网所属深圳供电局赴贵州等地灾区抗灾救灾队员家属。

△ 深圳供电局已先后派出 6 批，近 700 人赴贵州、粤北等灾区抗灾复电一线。

△ "深圳天才少年钢琴家音乐会"在世界顶级音乐殿堂——波兰国家爱乐音乐厅成功举行。参加音乐会演奏的 5 位少年钢琴家张昊辰、潘林子、古静丹、朴星吉、徐起，均师从深圳艺术学校钢琴教育家但昭义，其中年纪最小的徐起仅有 13 岁，他们每一个人都有在国际钢琴赛事中夺魁的不凡经历。

2 月 12 日 中央综治委提出，在全国推广南山区推行的党员"亮出身份"、积极参与社区管理事务的做法。

2月13日 最新公布的"广东省食品行业自律管理企业信用等级评价结果"中，7家深圳企业荣获AAA级。

2月14日 深圳市国土资源和房产管理局发布《深圳市住房保障2008年度计划》，2008年度深圳市将投入77.94亿元建保障性住房。

△ 广东省委副书记、深圳市委书记刘玉浦主持召开市领导班子解放思想学习讨论活动专题调研座谈会，提出学习世界先进城市、大力推进深港合作。

2月15日 深圳市委常委、副市长吕锐锋率团赴法国参加首次世界商务区峰会并做主题发言。

2月16日 大连海事大学正式入驻深圳虚拟大学园，成为第49家进入虚拟大学园的高校，该校深圳研究院同时成立。

2月19日 2007年深圳贸易工业每平方公里工业用地产出的工业增加值达到11.2亿元，同比增长18.1%。

2月20日 深圳市出台《大鹏半岛保护与发展管理规定》，大鹏半岛实行严格分级分区保护。

2月21日 《深圳市社会医疗保险办法》出台，并于2008年3月1日起正式实施。

△ 比亚迪汽车深圳研发中心落成暨发动机生产线投产庆典在龙岗坪山工业园隆重举行。

2月22日 深圳市宣传思想工作暨精神文明建设表彰大会在深圳会堂举行。

△ 深圳市委常委、宣传部部长王京生在全市思想宣传工作会议上表示，深圳将建立新闻发言人问责制度。

2月23日 深圳市党政代表团赴汕尾进行考察交流。

△ "2008年深港澳侨界春茗会"在五洲宾馆举行。

2月24日 深圳市人才交流服务协会在深圳人才市场正式揭牌。

△ 国务院国资委下属两家以旅游为主业的企业集团——华侨城集团和中国国旅集团在北京人民大会堂签订了关于建立战略合作关系的框架协议。

2月26日 深圳市委市政府邀请港澳知名人士参加"2008年港澳知名人士春茗会"。

△ 韩国京畿道平泽市市长宋明镐一行访深。

△ 深圳市农民工技能培训补贴申报启动，在深圳就业的外来农民工参加技能培训可申请政府培训补贴。

2月27日 深圳市南山区内环路南方金属公司厂房一楼龙飞再生物资回收有限

公司的废品仓库发生火灾，造成 15 人死亡，3 人受伤。深圳市政府第一时间召开火灾事故现场会对全市安全隐患整治做出全面部署。

2 月 28 日　深圳眼科医院新址正式落成并交接，新院拥有病床 203 张，手术室 13 间，为全国一流的眼科医院。

2 月 29 日　深圳市政府四届八十七次常务会议召开，原则通过了《深圳生态文明建设行动纲领（2008～2010）》及 9 个配套文件和 80 个生态文明建设工程系列文件。

△　吉林省松原市委书记蓝军率经贸考察团访问深圳，市委常委、副市长吕锐锋会见了松原市经贸考察团一行。

△　根据全球最具权威的 IT 研究与顾问咨询公司美国高纳德（Gartner）公司统计，中兴通讯公司与苹果和 RIM 在 2007 年第四季度首次进入全球手机制造商 10 强行列。

△　深圳大学举行了 2008 年春季留学生开学典礼，来自 49 个国家和地区的 472 名留学生参加了开学典礼。

3 月 1 日　深圳被授予"建设综合性国家高新技术产业基地"，成为全国第 6 个被授予建设综合性国家高新技术产业基地的地区之一。国务院副总理曾培炎为基地授牌。

△　深圳市在全国率先将博物馆、关山月美术馆、深圳美术馆、深圳画院、市群艺馆、深圳图书馆、深圳市少儿图书馆七个市属公益性文化场馆向社会免费开放，此举极大提高了市民的文化福利，为全国公共文化服务体系建设做出了示范。

△　深圳大运会 11 个自选项目全部获得通过，分别是羽毛球、射击、帆船帆板、自行车、高尔夫球、国际象棋、射箭、健美操、跆拳道、沙滩排球和举重。

3 月 2 日　深圳报业集团深圳特区报社社会新闻中心副主任徐华当选"南粤巾帼十杰"。

△　第四届文博会筹备工作协调会在北京召开。中宣部副部长欧阳坚在协调会上提出，希望把本届文博会办成历届最好最有成效的展会。

3 月 3 日　华南地区第一条 5 代 TFT-LCD 面板生产线项目——深超光电 5 代 TFT-LCD 面板生产线项目主厂房在深圳宝安区封顶。

△　深圳首发具有"一卡多用"和"全国通用"等特点的社会保障卡。

△　2006 至 2007 年度城市创新综合测评结果发布，深圳位列第三。

3 月 4 日　广东省委副书记、深圳市委书记刘玉浦会见国际大体联主席基里安一行。

3月5日 由深圳市社会科学院和香港理工大学知识管理研究中心联合举办的"智力资本和知识城市发展"圆桌会议在深圳举行。

△ 第26届世界大学生运动会运动员村暨深圳信息职业技术学院新校园在龙岗中心城旁的大运村奠基。

3月6日 深圳华大基因研究院宣布"国际大熊猫基因组计划"正式启动,据专家介绍,"国际大熊猫基因组计划"所产生的大熊猫基因组信息,将会对大熊猫的生态到进化等众多科研领域产生深远的影响,对这种濒危物种的保护、疾病的监控具有重要意义。

3月7日 中共中央政治局常委、国务院总理温家宝参加十一届全国人大一次会议广东代表团审议时,表示"深圳经济特区还要办下去!这个特区办下去,不是主要在于给予多少特殊政策,而在于深圳特区是全国的一面旗帜"。

△ 深圳边检总站举行中国边检职业标志揭牌仪式,以此提升边检服务水平,便利出入境旅客。

3月8日 十一届全国人大一次会议广东代表团举行新闻发布会,广东省省长黄华华表示深圳要在粤港澳合作中走在前面,深圳最靠近香港。世界上有双城发展模式,深圳和香港将来也可以朝这个方向发展。

3月9日 十一届全国人大一次会议举行记者招待会,民政部副部长李立国在回答记者提问时表示"在我国社工制度的建设中,深圳市起了创新和带头示范作用"。

3月10日 深圳市政府与香港特别行政区政府在深圳召开港深边界区发展联合专责小组第一次会议,专责小组决定成立3个工作小组,积极推进落马洲河套区开发及莲塘/香园围口岸规划这两个专项发展方案的相关工作。

△ 经深圳市委常委会议研究,陶一桃同志由原深圳大学党委常委、经济学院党委书记,调任深圳大学党委副书记;李永华同志由原深圳大学党委组织部(统战部)部长,调任深圳大学副校长、党委常委。

△ 深圳职业技术学院因在职业技术教育领域做出突出贡献,被联合国教科文组织职业技术教育与培训中心(UNESCO UNVOC CENTRE)授予奖励证书。

3月12日 深圳市副市长卓钦锐在市民中心会见了希腊驻穗首任总领事依曼努依勒·阿普斯特拉科斯先生一行。

3月14日 深圳市公安局在广东省公安机关2007年工作暨"粤安08"工作表彰大会上荣获综合考核一等奖。

3月15日 深圳首次发现土制古铜炮。

3 月 16 日 我国第一部直接反映农民工特区生活的电影《亲爱的深圳》在深圳市宝安区开拍。

△ 深圳大学法学院首届法律硕士班开学典礼举行。

3 月 18 日 中央纪委副书记黄树贤率领调研组就如何加强反腐倡廉建设来深圳进行调研。

3 月 19 日 深圳市召开了重大项目暨政府投资项目工作会议,深圳市已初步确定安排 292 个重大项目,总投资 4881 亿元以上。

△ 《深圳市义务教育均衡发展督导方案》公布并开始试行。

3 月 20 日 国际摩联亚太总部落户深圳。

3 月 21 日 广东省水利工作会议在深圳召开,深圳荣获 2007 年度城乡水利防灾减灾工程建设先进单位一等奖。

△ 深圳南山法院对南山区建区以来首宗黑社会性质组织案件做出一审判决。

3 月 23 日 深圳市盐田区建区 10 周年庆祝大会举行。

△ 30 余名留学美国、英国、荷兰等国家的"海归"聚集莲花山顶,向邓小平像献上鲜花。

3 月 24 日 第九届华南国际塑料工业展览会在华南城国际会展中心开幕。

3 月 25 日 《深圳市教育系统治理教育乱收费责任追究办法(试行)》正式出台,此办法界定 8 类情况属教育乱收费。

△ 在第七届中国土木工程詹天佑奖颁奖会上,深圳市罗湖地铁枢纽工程、地铁一期国贸至老街区间隧道及桩基托换工程、盐田港区三期共 3 项工程获奖。

3 月 26 日 深圳市最大的"菜篮子"工程——深圳国际农产品物流园在龙岗区平湖街道隆重奠基。

△ 中国广东核电集团与中国平安集团这两家总部都在深圳的企业举行了战略合作签字仪式。

3 月 27 日 由香港贸发局组织的港欧及欧港经济合作委员代表团一行访深。

△ 深圳市副市长陈应春会见了加纳共和国副总统马哈马率领的近 40 人经贸代表团一行。

3 月 28 日 南方科技大学(筹)和深圳大学新校区正式动工建设。南方科技大学和深圳大学新校区坐落于深圳南山区大学城片区,项目总用地 3.72 平方公里。

△ 马拉维总统宾古·瓦·穆塔里卡一行访深。

△ 历时近 3 年建设的国家工商行政管理总局行政学院正式在深圳落成启用。

△ 2008 年中国城市竞争力蓝皮书发布,深圳城市综合竞争力排名第二,仅次

于香港。

3月29日 东江纵队老战士及其后代约200多人到大鹏革命烈士纪念碑及刘黑仔墓缅怀先烈，并举行了祭奠仪式。

△ 羊台山隧道深圳端贯通。羊台山隧道工程全长4772米，是广深港铁路客运专线上最长的山岭隧道，也是目前深圳市最长隧道。

△ 深圳大学82名学生突发急性肠胃炎，经证实为诺如病毒感染引起的腹泻。

3月30日 以"大运会与深圳城市文化的内涵与表达"为主题的深圳大运会开闭幕式创意研讨会在北京举行。

△ 深港针刀医学会成立，这也是深港首个联合成立的医学会。

3月30~31日 中共中央政治局委员、广东省委书记汪洋到深圳进行专题调研。汪洋强调深圳要继续发扬敢闯敢干的精神，拿出"特"的意识、"特"的思考和"特"的措施，率先探索完善中国特色社会主义的制度模式。

3月30日~4月1日 深圳市四届人大常委会第十八次会议召开。会议通过了深圳经济特区金融发展促进条例、加强知识产权保护工作若干规定等5项重要法规，并通过了多项人事任免案。会议决定接受张建国、王新建辞去市人大常委会副主任职务，接受刘应力辞去市人民政府副市长职务。

3月31日 "第四届国际智能、绿色建筑与建筑节能大会暨新技术与产品博览会"在北京国际会议中心开幕。深圳市由市委常委、副市长吕锐锋带队，40多家单位参加了本次展览。住房与城乡建设部部长姜伟新到深圳展团参观。

△ 深圳市宝安区大浪、民治两街道同时挂牌成立两个街道一级卫生监督（预防保健）所。至此，拥有逾400万劳务工和庞大户籍居民的宝安区，已实现了基层公共卫生机构全面覆盖的目标。

4月1日 深圳市四届人民代表大会常务委员会第十八次会议通过《深圳经济特区金融发展促进条例》。

△ 中信集团常务董事、副总经理兼中信国际金融控股执行总裁、中信嘉华银行董事长窦建中一行访深。中信嘉华银行将在深圳设立法人银行，开始经营全面人民币业务。

△ 微软（中国）有限公司向深圳市政府赠送写有"保护知识产权"的匾额以致谢。

△ 深圳地铁3号线横岗荷坳段工地发生一起桥墩立柱模板坍塌事故，造成施工工人3死2伤。

4月2日 中国平安集团与比利时富通集团在五洲宾馆签署建立全球资产管理

合作伙伴关系谅解备忘录，宣布以 21.5 亿欧元收购富通集团旗下富通投资管理公司 50% 的股权，并正式成立平安富通资产管理公司。

△ 《中共深圳市委深圳市人民政府关于进一步解放思想学习追赶世界先进城市的决定》出台，力争 10 年时间在优势领域向亚太地区先进城市看齐。

△ 世界银行高级副行长兼首席经济学家林毅夫在"北大深圳论坛"做演讲。

△ 深圳市首个"公推直选"的社区党总支书记在福田区沙头街道下沙社区产生，同时也拉开了深圳市社区党组织换届选举大幕。

4 月 3 日 深圳市政府四届十九次常务会议召开，研究审议关于加强宝安龙岗两区和光明新区市政设施建设管理、修订加快文化产业发展若干规定及系列政策等事项。其中《关于加强宝安龙岗两区和光明新区市政设施建设管理若干意见》提出，把龙华、大运、光明、坪山 4 大新城和宝安、龙岗 2 个中心区 6 大重点区域作为体现缩小特区内外差距实现均衡发展的示范区。

△ 福田区产业和人口结构不断优化，2007 年全区每平方公里产出 GDP 达 16.46 亿，非户籍人口减少 2.4%。广东省委调研组来深圳了解这一"双拐点"现象及成功做法。

4 月 5 日 第二届中国（深圳）国际科学生活博览会在深圳会展中心开幕。

4 月 7 日 越南 – 中国（深圳）经济贸易合作区项目在五洲宾馆举行了签约仪式，揭开了两国两地经贸合作和深圳实施"走出去"发展战略的新篇章。越南 – 中国（深圳）经济贸易合作区首个项目坐落于越南广宁省，这是深圳第一个境外贸易合作试验区，将用 3 年时间建成规划占地 160 万平方米的园区。

△ 深圳市政府发布《深圳生态文明建设行动纲领（2008~2010）》及 9 个配套文件和 80 个生态文明建设工程系列文件，简称"1980 文件"，是全国首个专题围绕生态文明城市建设而提出的地方政府文件。

△ 《深圳市残疾人参加社会保险试行办法》发布，深圳成为全国首个实现残疾人参加社会保险全覆盖的城市。

△ 由深圳研制的世界首台自助图书馆系统"城市街区 24 小时自助图书馆系统"样机问世，摆放在深圳图书馆新馆门前接受市民检阅与试用，标志着深圳图书馆之城与公共文化服务体系建设迈上新台阶。

4 月 8 日 参加全国社会治安综合治理工作会议的代表到深圳市对社会治安综合治理工作进行实地考察。

4 月 8~12 日 深圳市政协四届四次会议召开。会议接受李德成同志辞去市政协主席职务，并选举王顺生同志为市政协主席，姚欣耀为市政协副主席，汤丽霞为市政协秘书长，章必功等 9 名同志为市政协常务委员。

4 月 9 日　深圳市与重庆市在五洲宾馆举行"深圳·重庆经贸合作项目签约仪式"。双方签署了 13 项合作协议，投资总金额超过 100 亿元。

△　深圳市政府举行新闻发布会，称无论是户籍学生，还是符合就读条件的内地非深户学生，义务教育阶段不用再缴杂费和课本费；公办和民办学校将试行统一的免收书杂费财政补助标准。

4 月 10 日　全国人大原常委会副委员长成思危首次以学者身份在"北大深圳论坛"上就当前资本市场的热点问题进行演讲。

4 月 10~14 日　深圳市四届人大五次会议召开。在大会第三次全体会议上，广东省委副书记、深圳市委书记刘玉浦当选为市人大常委会主任，周光明、许德森当选为市人大常委会副主任。会议经过表决，批准了市政府工作报告、市人大常委会工作报告和市"两院"报告。

4 月 11 日　深圳市委常委、宣传部部长王京生在北京召开的全国文化体制改革工作会议上做题为"以人为本构建完善的公共文化服务体系"的发言，全面介绍了深圳的做法，与会者普遍认为深圳的公共文化服务体系建设有理论、有实践、有深度，给予一致好评。

△　云南省委副书记、省长秦光荣率云南党政代表团来深圳开展考察推介活动，并与深圳市政府正式签署共同建设昆明 – 深圳工业园合作框架协议及有关合作项目协议。

4 月 12 日　深圳市统计局抽样调查显示，深圳市公众安全感率达到 85.6%，社会治安工作满意率达到 90.2%。

4 月 14 日　李传梅等 10 位市民获深圳市"最具爱心人物"称号。

4 月 15 日　北京水晶石数字科技有限公司与深圳大运会执行局在深圳举行签约仪式，正式成为大运会"图像设计服务"类独家供应商。

△　深港携手赴法联合召开"深圳—香港：投资中国成功攻略"投资环境推介会，鼓励法国商界到深圳和香港两地投资。

4 月 16 日　广西北部湾国际港务集团与深圳市盐田港集团在五洲宾馆就广西北部湾区防城港码头项目和南宁国际综合物流园项目正式签署了合作框架协议。

△　深圳市首次机关事业单位党组织"双直选"在罗湖举行。罗湖区卫生局在党委环节选举中首次采取了这种全新的选举办法。

△　新中国成立以来首次全国船员发展会议在深圳开幕。

△　深圳市景点"深圳园"在中国国际园林花卉博览会上被此次博览会组委会

评为最高类奖项——室外展园大奖。

4 月 17 日 广东省委副书记、深圳市委书记刘玉浦会见了首次到访深圳的美国斯坦福大学校长约翰·亨尼斯博士一行，双方表示愿意建立长期合作关系。

△ 广东省人大常委会主任欧广源在深圳调研时指出，深圳要认清"特"的优势，做好"特"的文章，走出"特"的魅力，通过发挥立法权这一优势破解改革中遇到的难题和阻碍，拓展发展空间。

△ 深圳歌手姚贝娜在第十三届 CCTV 全国青年歌手电视大奖赛流行唱法决赛中夺得金奖。

△ 深圳市政府四届第九十二次常务会议决定，每年 11 月 1 日为"深圳慈善日"。

△ 深圳市公安局大力推进正规化建设提升警队战斗力，开创全国"四个第一"：全国第一批开展正规化建设的公安局、全国第一个成立正规化建设领导机构并实行正规化运作的公安局、全国第一个完全按照公安部《2004～2008 年全国公安队伍正规化建设纲要》的规定内容开展正规化建设的公安局、全国第一个出台警队管理制度大全——《深圳警察通令》的公安局。

4 月 18 日 联想控股总裁柳传志一行访深。

△ 深圳市委常委、副市长吕锐锋会见了来访的西班牙驻华大使卡洛斯·布拉斯科一行。

△ 深圳市获评"2007 年度中国会展业十佳城市奖"；深圳会展中心获评"2007 年度中国会展业展馆最佳品牌奖"。深圳市成为全国公认的最佳会展城市，其展览总面积和展览收益两项重要指标均稳居全国四强。

4 月 20 日 第八届广东新闻"金枪奖""金话筒奖"揭晓，深圳报业集团《深圳商报》记者丁时照荣获"金枪奖"。

4 月 21 日 广东省委副书记、深圳市委书记刘玉浦率深圳市党政代表团到贵州省学习考察。刘玉浦代表市委市政府向贵州捐赠 2008 年度对口扶持资金和抗灾救灾资金。贵州省委省政府与深圳市委市政府签署《贵州省—深圳市 2008 年对口合作框架协议》。

△ 深圳市委常委、市委教育工委书记李意珍到深圳大学调研，并与师生进行面对面交流。

4 月 22 日 深圳市推出首部《知识产权法律法规汇编》，填补了深圳市知识产权法律制度建设的空白。

4 月 23 日 广东省委副书记、深圳市委书记刘玉浦会见了中国中铁股份有限公司董事长、党委书记石大华一行。

　　△　比利时驻华大使裴伯宁一行访深。

　　△　由朝鲜血海歌剧团带来的朝鲜国宝级歌剧《卖花姑娘》在保利剧院上映。

　　△　2008 胡润"粤商慈善家榜"出炉，深圳五位企业家榜上有名。

　　4 月 24 日　深圳市体育局、公安局、交警局等多个部门联合举行了奥运火炬传递首次综合性预演活动。

　　△　深圳市减征"堤围费"，为企业减轻负担。

　　4 月 26 日　第三届中国中部贸易投资博览会在武汉召开。深圳市 100 多人组成的政府与经贸代表团参会。

　　△　深圳大学与深圳慈善公益网社工、义工联动站正式授牌，这是全国首个高校义工社工联动站。

　　△　第五届中国青年经济法博士论坛在深圳大学举行。

　　4 月 27 日　由江苏省委书记、省人大常委会主任梁保，省委副书记、省长罗志军率领的该省党政代表团一行约 100 人，在广东省委副书记、省长黄华华等陪同下来深圳考察。

　　△　"全国综合改革试验区国土资源管理制度配套改革座谈会"在深圳召开，来自全国 30 多个省、市的国土资源管理部门代表就各类综合改革试验区和基层创新国土资源管理的经验和做法展开了深入的讨论。

　　△　深圳市委常委李意珍、副市长卓钦锐在华侨城洲际酒店会见了来访的中国国民党副主席江丙坤一行。

　　△　深圳盐田港创建国际卫生港口顺利通过了世界卫生组织（WHO）专家评审小组的实地测评和验收，成为全国乃至全球首批国际卫生港口之一。

　　4 月 28 日　香港商报社与深圳新世界集团在香港举行签约仪式，宣布深圳新世界正式加盟香港商报社，购入香港商报社 45% 的股份，成为该报社第二大股东。

　　△　全国首家劳务工博物馆在深开馆。

　　△　南安普敦大学校长比尔·维克汉姆教授一行访深。此次，南安普敦大学与清华大学深圳研究生院将联合成立网络科学深圳实验室。

　　△　主题为"创造、创新、创想"的"2008 年新经济高峰论坛"在深圳召开，博鳌亚洲论坛秘书长龙永图出席论坛，并指出培育一批善于沟通、对话和合作的人才至关重要。

　　4 月 29 日　深圳市庆祝"五一"国际劳动节暨表彰大会在深圳会堂举行，16 名荣获全国或广东省"五一劳动奖章"的劳动模范和一大批"工人先锋号"先进集体代表接受表彰。

4 月 30 日 达拉斯市长汤姆·莱波特一行访深，达拉斯与深圳就两市缔结"姊妹"城市关系达成了共识。

△ 国家科技图书文献中心深圳服务站（NSTL）在深圳市科技图书馆（深圳大学城图书馆）正式揭牌开通。

5 月 2 日 深圳特检站军乐队在"2008 上海之春国际音乐节管乐艺术周暨中国第二届非职业优秀管乐团队展演颁奖仪式"上荣获银奖。

5 月 4 日 投资 60 亿填海造地 13.23 平方公里，深圳机场陆域形成工程快速推进。其中海堤工程已全面完工，总长 26.6 公里。填海工程完成后，将在填海区建设一条长 3600 米、宽 500 米（主跑道宽 60 米）、与现有跑道间距 1600 米的平行跑道和新候机楼、控制塔台等配套设施。

5 月 5 日 深圳市公布《2007 年度深圳市环境状况公报》，表明尾气污染占深圳市空气污染的七成。

5 月 6 日 广东省委副书记、深圳市委书记刘玉浦会见了由宁夏回族自治区党委常委、银川市委书记崔波带领的银川市考察团一行，双方就进一步推动两市合作有关事宜进行了深入交流。刘玉浦表示，深圳将更好地发挥特区服务全国的作用。

5 月 7 日 晚 11 时，北京奥运圣火抵达深圳。

5 月 7~8 日 吉林省委书记、省人大常委会主任王珉，省委副书记、省长韩长赋率领吉林省党政代表团来深圳考察并开展经贸交流活动。吉林省与深圳市两地政府签订《关于进一步加强两地经济合作的协议》，共签订了 38 个投资合同项目，总投资金额达 391 亿元。

5 月 7~9 日 应佛得角国家文化部及首都普拉亚市政府的邀请，深圳文化交流代表团赴普拉亚代表中国进行中非文化交流。

5 月 8 日 广东省委副书记、深圳市委书记刘玉浦宣布 2008 年北京奥运会火炬接力深圳站传递活动正式启动。前奥运会体操冠军肖俊峰担任深圳第一棒火炬手；火炬手还包括 2011 年世界大学生运动会执行局局长、深圳市副市长梁道行，万科股份有限公司董事长王石，政协港澳委员翁锐桂，女子国际象棋特级大师刘适兰，深圳大学校长章必功等。

5 月 9 日 深圳市政府公布深圳市违规政策性出租住房清退工作结果，共收回违规住房 1899 套，其中 590 套已被纳入 2007 年面向低收入家庭租售的 6006 套保障性住房房源之中。

5 月 10 日 由全国政协经济委员会副主任张志刚、孙晓郁、范西成率领的全国政协调研组到深圳，就"加入 WTO 新时期对外开放发展战略"进行专题调研。

5 月 11 日 深圳市龙岗区各界集会纪念建区 15 周年。

5 月 12 日 2008 年 5 月 12 日 14 时 26 分 56 秒，在四川汶川发生里氏 7.8 级地震。深圳市部分地区有震感。

△ 在四川省汶川县发生 7.8 级大地震后，深圳市委市政府得知消息后做出决定：向四川灾区捐款 200 万元，并号召深圳市社会各界群众积极行动起来，支援灾区人民渡过难关。

△ 深圳市光明新区中央公园举行奠基仪式，光明新城全面建设正式启动。

5 月 13 日 深圳市委市政府成立抗震救灾领导小组，要求把抗震救灾作为当前重要政治任务来抓，以实际行动支援灾区。

△ 深圳市第一支赶赴四川灾区的特警队伍抵达指定地点——德阳市下属的什邡市，并立即展开救灾工作。

5 月 14 日 据深圳市民政局统计，深圳市各界为汶川地震灾区捐款已达 5378.8386 万元。

△ 深圳市召开抗震救灾工作会议，深圳市已陆续派出多支特警、武警和医疗队奔赴四川地震灾区，人数 500 多人。

5 月 15 日 广东省委副书记、深圳市委书记刘玉浦主持召开市委常委会，贯彻落实党中央、国务院和胡锦涛总书记、温家宝总理的重要指示，进一步研究部署深圳市支援四川抗震救灾工作。

△ 四川省人民政府驻深圳办事处发表《致 140 万在深川籍乡友的公开信》，向在深川籍乡友表示衷心感谢。

△ 香港中信嘉华银行全资拥有的内地注册的法人银行——中信嘉华银行（中国）有限公司举行开业庆典，这是深圳 2008 年迎来的首家外资（包括港澳台资）法人银行总部。

△ 文化部文化市场司张新建副司长、中国美术家协会常务副主席吴长江以及深圳市有关领导在深圳大学"3 号艺栈"出席第四届文博会深大分会场开幕仪式。

5 月 16 日 第四届中国（深圳）国际文化产业博览交易会在深圳会展中心开幕，参加文博会的全体人员为地震灾害遇难者肃立默哀 1 分钟，并踊跃参加赈灾捐款，文博会主、分会场成功募集捐款 5141.73 万元。中共中央政治局委员、书记处书记、中宣部部长刘云山宣布文博会开幕。中共中央政治局委员、广东省委书记汪洋，全国政协副主席、中国文联主席孙家正等出席了开幕式。

△ 首届中国（深圳）国际文化产业高峰论坛在深圳举行。

△　由深圳市贸促会主办的我国第一个促进品牌工作的会员制专业社团——"深圳市品牌促进会"宣布成立，其宗旨是促进深圳本土品牌的发展。

△　一场主题为"抗震救灾深圳有爱"的大型捐款义演晚会在深圳广电集团演播大厅举行。晚会举行近 3 个小时，共为灾区募集到捐款 1.19 亿元。

5 月 17 日　广东省委副书记、深圳市委书记刘玉浦会见了前来出席第四届文博会的美国华盛顿州前州长骆家辉一行。

△　位于文博会 1 号馆的中国集邮总公司展区举行了"第 29 届奥林匹克运动会世界邮票大全"揭幕仪式。

△　深圳大型原创舞剧《大围屋》在深圳大剧院首演，为改革开放 30 周年和深圳经济特区建立 28 周年献上一份厚礼。

5 月 18 日　根据国务院公告，为表达对四川汶川大地震遇难同胞的深切哀悼，中国证监会决定深圳证券交易所、上海证券交易所、上海期货交易所、郑州商品交易所、大连商品交易所于 2008 年 5 月 19 日 14 时 38 分起，临时停市 3 分钟。中国金融期货交易所股指期货仿真交易临时停止交易 3 分钟。

5 月 19 日　14 时 28 分，深圳全城在哀悼日为四川汶川大地震遇难同胞深切哀悼，国务院于 2008 年 5 月 18 日发布公告，决定 2008 年 5 月 19 日至 21 日为全国哀悼日。

△　深圳市副市长闫小培在五洲宾馆会见了以塞拉利昂总统夫人西娅·恩亚玛·科马罗为团长的塞拉利昂妇女代表团一行。

5 月 20 日　根据全国爱卫会统一安排和部署，深圳爱卫系统派出首批由 39 人组成的病媒生物防治队前往四川平武。

△　地铁 3 号线翠竹站主体工程实施封顶，该站是地铁 3 号线的第一个封顶的车站。

△　南方电网公司董事长袁懋振、总经理赵建国率队来深圳召开现场办公会议，协调解决深圳市电力供应有关问题。

△　截至 5 月 18 日，共协调航空运力约 39 架次，运送救灾物资约 981 吨、人员约 441 人次；协调铁路运力 21 个火车皮，运送救灾物资约 110 万件。主要运送物资包括通信设备、调拨药品等紧急救灾物资。灾难发生后，深圳市共向灾区调派了总量为 609 人的一线抢险救援人员，其中公安 305 人，武警 220 人，卫生 63 人，团市委 17 人，水务集团 4 人。由 228 人组成的特警支队抢险救援队在灾难发生的第二天就到达现场，分成四个组，开展抢险救援工作。市医疗卫生系统派往灾区 63 人，分四批进入灾区。截至 5 月 20 日，已向灾区发送 4000 袋血浆。据市出租屋管理办

公室统计，全市共有川籍务工人员 121 万人，其中地震周边主要灾区人员 13.7 万人，相关部门已回访 3 万余人。市、区劳动部门，驻深工委，总工会，出租屋管理员采取设立热线电话、进厂安抚、上门慰问等多种措施，积极做好慰问安抚工作。截至 5 月 20 日，深圳市慈善和红十字会累计募集捐款人民币 3.2 亿元，募集各界捐赠的棉衣、棉被、帐篷、食品等生活物资 1373458 件（箱），募集企业捐赠的药品和医疗设备价值折合人民币约 4413 万元。市慈善会已向灾区汇出捐赠款 1.02 亿元。

5 月 21 日 从四川转移来深圳的首批 60 位地震灾区伤员抵达深圳宝安机场，伤员分送至深圳 4 家三甲医院。

△ 广东省委副书记、深圳市委书记刘玉浦会见了香港交易及结算所有限公司新任主席夏佳理一行。

△ 深圳市政府与相关各单位签订 2008 年保障性住房建设责任书，将投入 77.94 亿元建设 4.58 万套保障性住房。

△ 深圳市慈善会宣布设立汶川儿童救助专项基金，帮助在地震灾难中的儿童。

△ 全球最大的包裹递送公司 UPS 与深圳机场在市民中心举行了签字仪式，宣布将正式在深圳机场建设亚洲航空运转中心。该中心预计投资 1.8 亿美元，2010 年建成并投入使用。

△ 深圳市副市长李铭率民政局、卫生局、公安局等单位负责人组成的灾区慰问小分队赶赴四川，代表市委市政府慰问战斗在地震灾区第一线的深圳官兵和救援队伍。

△ 深圳市紧急援建灾区居民安置房工作正式启动。一支 25 人先遣队，手举"特区灾区心连心"横幅，在市民中心宣誓：一定保质保量完成援建四川灾区安置房任务。深圳市紧急援建灾区居民安置房首期任务是：在四川德阳建设 1 万套共 20 万平方米建筑面积的灾民过渡安置房，并要求在 6 月 25 日前全面完成。

△ 市文明办、市关爱办和深圳报业集团联合邀请 26 家深圳房地产企业的负责人，召开"特区灾区心连心——深圳地产界深切悼念汶川大地震遇难同胞座谈会"，并成立深圳房地产界赈灾同盟，为四川灾区重建出钱出力。现场认捐 4470 万元，全部用于四川阿坝州灾后安置房建设。

5 月 22 日 广东省委副书记、深圳市委书记刘玉浦及深圳几套班子领导分别到深圳市收治地震灾区伤员 4 家医院，看望慰问来深圳治疗的伤员。

△ 截至 22 日下午，深圳各界为地震灾区捐款已达 4.092 亿元。

△ 自 5 月 18 日中央组织部、省委组织部、市委组织部相继发出关于做好部分党员交纳"特殊党费"用于支援抗震救灾工作的通知以来，截至目前深圳市全市共

有 3.2 万名党员自愿交纳"特殊党费"达 1559.6 万元。

5 月 23 日 "百名法学家百场报告会"广东报告团在深圳会堂为深圳市干部群众做了一场精彩的法制教育报告。

△ 联想集团董事会主席杨元庆一行访深。

△ 福田区创新企业投融资联合会正式成立。

5 月 24 日 从四川转移来深圳的第二批 36 名地震灾区伤员抵达深圳,分别被送往 9 家医院。

△ 来自数十个国家的约 150 位外籍朋友出席英文深圳日报主办的"爱心无疆"赈灾活动,踊跃为四川地震灾区捐款。

5 月 25 日 深圳市首列满载援建灾区安置房建材的列车开往四川什邡火车站。深圳市启动公路铁路联运机制、大规模输送深圳市援建灾区 4 万套安置房的交通运输保障全面展开。

△ 邢锋、阮双琛等 40 位来自深圳大学、深圳清华大学研究院、北京大学深圳研究院、清华大学深圳研究生院等单位的专家入选 2008 年深圳市人才驿站——"双百计划"。

5 月 26 日 深圳市天威视讯股份有限公司在深圳证券交易所挂牌上市,这是深圳市文化产业第一家上市公司。

△ 法国维埃纳省议会议长克洛德·贝托一行访深。双方就进一步发展友好城市关系、在深圳建设未来乐园等问题进行了交流。

5 月 27 日 广东省委副书记、深圳市委书记刘玉浦主持召开市委常委会专题研究深圳市进一步做好抗震救灾工作,并到深圳高新区雅致集成房屋公司总部考察调研,确保按时保质完成中央交给深圳援建四川地震灾区 4 万套过渡性安置房的任务。

5 月 28 日 深圳市四届人大常委会第十九次会议召开,本次会议将审议在全国具有探索创新意义的深圳经济特区构建和发展和谐劳动关系若干规定草案等重要法规。

△ 由深圳华侨城集团投资建设的第一个大型高端都市生态旅游综合项目——欢乐海岸主体工程全面启动,该项目将于 2010 年 10 月试业,2011 年深圳大运会开幕前正式对外开放。

5 月 29 日 "重建家园 今晚我们的心在一起"大型公益赈灾晚会在深圳体育馆举行,晚会共募集到 3180 万元捐款。

△ 国银金融租赁公司在深揭牌。

5 月 30 日 第五届国际生物医学信息技术与应用大会暨第二届国际生物医学与

健康工程研讨会在深圳举行。

△ 由 243 名特警队员、45 辆各类车辆组成的深圳市公安局赴四川灾区维护社会治安，特警队从深圳出发，以摩托化机动方式向四川汶川开进。

△ 在深圳市土地房产交易中心成功拍卖出让深圳市首个采石矿区采矿权。

△ 深圳市四届人大常委会第十九次会议批准中华人民共和国深圳市与加拿大圣约翰市建立友好城市关系协议书。

△ 市政府四届九十六次常务会议原则通过《关于调整我市 2008 年度最低工资标准的请示》，决定从 7 月 1 日起上调特区内外最低工资标准，其中特区外最低工资标准比上年增长 20%。按照调整方案，2008 年度，深圳市特区内最低工资标准为 1000 元/月，比上年的 850 元/月增长 17.6%；特区外最低工资标准为 900 元/月，比上年的 750 元/月增长 20%。与全日制用工最低工资相对应，2008 年度非全日制用工小时最低工资也将提高，特区内提高到 8.8 元/小时，特区外提高到 8.0 元/小时。

5 月至 6 月 罗湖区在章輋、黄贝岭、向西村三个"城中村"进行出租屋统一招租集中管理的试点工作，在此基础上，罗湖区正式在辖区全面实行出租屋统一招租集中管理。

6 月 1 日 《深圳经济特区金融发展促进条例》和《深圳经济特区欠薪保障条例（修订）》即日起生效。

△ 深圳市政府四届九十六次常务会议召开，宣布调整后的市政府领导工作分工。

△ 匈牙利共和国国会主席西里一行 15 人访问深圳。

△ 全国首个企业社区委员会——深圳市宝安区龙华街道富康社区居民委员会在龙华富士康园区挂牌成立。

△ 深圳证监局起草了证监会系统内第一部信息技术治理工作指引。

6 月 2 日 "2008 年中国 500 最具价值品牌"揭晓，《深圳特区报》《深圳商报》品牌价值入围"200 强"，分别居第 147 位和第 192 位。

△ 历时 9 个月，在中国 9 个城市举办活动并写下两国交流合作与友谊的中国"匈牙利节"在深圳圆满落下帷幕。匈牙利共和国国会主席西里·卡塔林，全国人大外事委员会副主任委员南振中，市委常委、副市长陈应春参加了在凯宾斯基酒店举行的"匈牙利节"在深商务论坛和闭幕式活动。

6 月 3 日 深圳市共建文明口岸活动领导小组成立。

△ 深圳市在四川地震灾区已建成过渡安置房 2059 套，正在安装 729 套，平整

场地面积 36 万平方米。

6月4日 国家外国专家局与深圳市政府签署《2008中国国际人才交流大会合作备忘录》。

6月5日 英国商业、企业与制度改革部部长约翰·赫顿一行访深。

△ 深圳市金融发展决策咨询委员会举行2008年度第一次全体会议，研究部署下一阶段工作。

△ 受美国次贷危机、国际油价飙升、国内宏观经济政策调整等因素影响，深圳港集装箱吞吐量增幅持续放缓。美国航线一改往年的旺盛势头，多家班轮公司被迫将运力转至欧洲航线。港口企业加大开拓货源力度，纷纷将目光瞄准内贸市场。

△ 2008深圳国际汽车博览会在会展中心开幕。

6月6日 中共深圳市委四届十次全体会议召开，《中共深圳市委深圳市人民政府关于坚持改革开放推动科学发展努力建设中国特色社会主义示范市的若干意见》获得通过。

△ 广东省青光眼特色专科和广东省眼科学重点学科在深圳市眼科医院正式挂牌，市眼科医院院长黄丽娜担任学科带头人。

△ 深港联合招商的首个高新技术重大项目——杜邦薄膜太阳能电池板生产基地在光明新区举行奠基仪式。

6月7~9日 市委、市政府"特殊考察团"前往甘肃陇南灾区了解灾情及恢复重建工作。

6月8日 深圳市首批志愿者到甘肃文县献爱心。

6月9日 甘肃省委、省政府与深圳市考察慰问团在兰州举行对口支援座谈会。

△ 深圳获"全国文化信息资源共享工程示范市"称号。

6月10日 广东省委副书记、深圳市委书记刘玉浦在五洲宾馆与汕尾市委书记戎铁文、市长王蒙徽率领的汕尾市党政代表团举行座谈。

6月11日 岭澳核电站二期首台百万千瓦级核电蒸汽发生器制造完成，并向中国广东核电集团发运交付。

6月12日 蔡立当选深圳市妇联主席。

△ 深圳市共青团员缴纳"特殊团费"180万元。

△ 深圳市200所学校开展节水教育。

6月13日 深圳市遭遇百年一遇特大暴雨袭击，暴雨共造成全市300多处不同程度内涝或水浸，4人死亡。

△ 深圳在全国率先开展全市医疗保健机构助产技术竞赛活动。

△　许德森当选深圳市总工会主席。

6月14日　深圳市的两个"非遗"项目——"沙头角鱼灯舞"和"平乐郭氏正骨医术"被列入国务院公布的第二批国家级非物质文化遗产名录和第一批国家级非物质文化遗产扩展项目名录。

6月15日　广东省委副书记、深圳市委书记刘玉浦主持召开市委常委会议,传达学习中央召开的省、区、市和中央部门主要负责人会议精神,传达贯彻省委常委会议精神,研究部署深圳市贯彻落实工作。

△　台湾省全国人民代表到深圳视察台企贯彻《中华人民共和国劳动合同法》情况。

△　深圳市已向甘肃灾区拨款6200万元,运送物资价值1756万元。

△　深圳诗人集体诗集《国殇》在深圳书城首发义卖。

6月16日　深圳市政府召开专项会议,传达贯彻中央、省委和市委相关会议精神,研究全面推进对甘肃重灾区对口援建工作。

△　截至6月16日深圳全市共有15.6万名党员交纳抗震救灾"特殊党费"9500万元。

6月18日　由湖北省委副书记、省长李鸿忠率领的湖北省代表团到深圳开展招商引资、经贸洽谈活动。

△　由广西壮族自治区党委常委、南宁市委书记车荣福率领的南宁市党政代表团到深圳考察。

△　2008鄂港粤投资说明会暨重大项目签约仪式在深圳举行。

6月19日　印度驻华大使拉奥琦女士访深。

△　深圳市召开全市政府绩效评估工作会议,强调以绩效评估为平台,研究建立公务员激励机制。

△　深圳市福田区全国首个公共就业服务机构获ISO认证。

△　深圳市首个集长途客运、地铁、公交、出租车和社会车辆于一体的立体化、多功能、无缝式接驳的福田交通枢纽长途客运站正式全面运营。该枢纽站运营线路143条,其中省内73条,省际70条;每日发送班次640班,其中省内556班,省际84班。

6月20日　中央财经领导小组办公室到深圳调研。

△　深圳市环境与发展综合决策委员会第二次会议召开并签订《深圳市2008年度污染减排责任书》。

6月21日　深圳市参加中考考生人数5.07万人,创历年新高。

△ 深圳市建筑节能示范项目全国领先。

△ 中芯国际深圳 8 英寸、12 英寸集成电路制造项目在深圳大工业区举行奠基仪式。

6 月 22 日 深圳市圆满完成中央下达的援建四川灾区 1.1 万多套安置房任务。

6 月 23 日 深圳市委常委、宣传部部长王京生在五洲宾馆会见莫桑比克政府新闻办代表团一行。

△ "改革开放 30 周年文学创作工程"深圳重点题材第二批项目签约仪式暨第二届"我和深圳"网络文学拉力赛长篇小说专项颁奖典礼在市文联举行。

△ 深圳市南山区教育局举行全国首个"全国未成年人思想道德教育实验区"启动仪式。

6 月 24 日 深圳市委、市政府发布《关于坚持改革开放推动科学发展努力建设中国特色社会主义示范市的若干意见》。

△ 深圳市成为全国首个"国家创新型城市"试点。

6 月 25 日 广东省委副书记、深圳市委书记刘玉浦率领深圳市党政代表团到河源考察,出席两地对口合作暨推进"双转移"工作联席会议。深圳市委、市政府向河源市捐赠 2008 年度对口扶持资金 5750 万元,两地政府同时签署进一步推进产业和劳动力"双转移",加强对口合作的框架协议。

6 月 26 日 深圳市发布第 26 届世界大学生夏季运动会主题口号:"从这里开始(Start Here)"。大运会"城市行动计划"全面启动。

△ 第十届深圳南山荔枝文化旅游节开幕。

△ 深圳市、区两级投资 138 亿元建设"优美宝安",涉及项目 396 个,主要投向基础设施和公共服务领域。

6 月 27 日 深圳市委常委、宣传部部长王京生主持召开国有文化资产监督管理工作会议,会议原则通过国有文化资产监管暂行规定系列文件,首次明确国有文化资产的责任主体。

△ 深圳市委、市政府召开 2007 年度全市科技创新奖励大会,隆重表彰市长奖获得者,并为 81 个科技创新奖项目、15 项专利奖颁奖。金蝶软件公司董事会主席徐少春等 4 位深圳科技界精英,获得 2007 年度深圳市科技创新奖最高奖——市长奖,各获 100 万元奖金。

△ 2008 中国(深圳)国际投资贸易洽谈会在会展中心举行。

△ 深圳市召开国有文化资产监督管理工作会议,原则通过国有文化资产监管暂行规定系列文件(简称"1+7"文件),首次明确了国有文化资产的责任主体。

　　△　深圳市盐务局挂牌成立，市碘盐生产储备配送中心同日举行奠基仪式。

　　△　深圳市第一座数字化变电站——110千伏五村数字化变电站竣工典礼在南山第五工业区举行。

6月28日　"深圳制造"铁路专用手机投入使用。

　　△　罗湖区政府日前出台资金扶持总部经济发展的6条具体措施。凡符合有关条件的总部企业进驻罗湖，都将获得20万元以上的资金奖励，最高将达300万元，以此吸引和鼓励国内外企业来罗湖区设立企业总部。

6月29日　深圳市召开纪念建党87周年暨基层党建工作会议。

　　△　深圳市文明办、市交警局和《深圳特区报》联合倡议，开展"文明出行从我做起"活动。

6月30日　新华社副社长鲁炜一行到深圳调研。

　　△　深圳市国土资源和房产管理局正式发布《关于保障性住房租售终榜公布及选房有关事项的通告》，终审合格的6471户家庭6月31日起可前往户籍所在地的街道办事处签领选房通知单。

　　△　深圳将与对口支援的甘肃省"三县一区"建立劳务合作长效机制，促进灾区富余劳动力转移就业，研究制定专门针对对口支援县区的"金路工程"三年行动计划。

　　△　深圳市一批先进基层党组织和优秀共产党员、党务工作者受到广东省委表彰。

　　△　盐田港区集装箱吞吐量在国内国际单体码头名列前茅，盐田港的效率创每小时全港平均35吊次的世界纪录。

7月1日　深圳市党员干部现代远程教育系统开通。

　　△　根据《深圳经济特区机动车排气污染防治条例》，为加强机动车排气污染控制，进一步改善深圳市环境空气质量，经市人民政府同意，市交警局从7月1日至12月31日对未取得绿色环保分类标志的机动车采取第七阶段限行。

　　△　我国首座地下火车站——福田站综合交通枢纽建设工程进入施工阶段。

7月3日　深圳市残疾人联合会第五次代表大会在市政协礼堂召开。

　　△　光明新区管委会、深圳市国土房产局、深圳报业集团联合举办主题为"共建绿色新城、创业新城、和谐新城"的光明新区房地产发展论坛，光明房地产市场开发拉开帷幕。

7月4日　《市人大常委会党组关于学习贯彻市委四届十次全会精神的意见》获得通过，提出加快出台舆论监督条例；探索适当扩大基层代表选举差额比例，代表选举时允许和鼓励候选人在规定的时间、区域内进行自我宣传；支持市人大代表就重大事项或热点问题向"一府两院"提出询问和质询。

△ 福田区创建国家生态区通过省级考核。

7 月 4～5 日 中共中央政治局常委、中央书记处书记、国家副主席习近平在中共中央政治局委员、广东省委书记汪洋和省长黄华华等人陪同下，深入深圳、东莞两市乡镇、企业、社区、港口、研究机构，对进一步推进粤、港、澳合作，加强和改进党的建设等问题进行调研。

7 月 5 日 2007 年度深圳市保障性住房选房工作开始。

7 月 7 日 澳大利亚易普斯维齐市市长保罗·皮萨里一行访深。

△ 湖南省副省长甘霖率领的湖南省代表团一行访深。

△ 深圳市政府出台《关于优化政府服务促进产业发展的若干措施》。

△ 深圳市第五届居委会换届选举工作结束，全市居委会直选率达 92.8%。

7 月 8 日 深圳市委、市政府出台对口支援甘肃陇南灾区恢复重建工作方案，深圳设 12 个工作组支援甘肃灾区。

△ 深圳市闪联信息技术有限公司揭牌，闪联标准联盟在深圳落地生根。

△ 由江苏省委常委、南京市委书记朱善璐率领的南京市党政代表团到深圳考察。

7 月 9 日 深圳市委常委、常务副市长许勤在五洲宾馆会见韩国 SK 电讯投资公司高级副总裁李锡焕一行。

△ 特区外逾六成公交完成专营整合，2008 年底前确保达到"100%统一车身标识，100%线路移交"目标。

△ 深圳市启动为期 5 个月的区委书记"大接访"活动。

7 月 10 日 深圳市纪委召开常务扩大会议，启动深圳市第十八个"纪律教育学习月"活动。

△ 深圳市历年规模最大的跨省劳务合作招聘会在甘肃陇南举行。

△ 第八届中国（深圳）国际品牌服装交易会开幕。

△ 深圳市知识产权局发布《企业知识产权海外维权指引》（深知〔2008〕129号），该文件是全国第一个涉外知识产权维权援助指引文件。

7 月 10～11 日 广东省委副书记、深圳市委书记刘玉浦率团参加广东省考察慰问团，赴甘肃地震灾区看望陇南灾区群众，慰问一线援建人员，与甘肃方面共商对口支援大计。

7 月 11 日 深圳市首届青年职业见习专场推介会在市劳动就业服务中心举行，

以帮助未就业青年增强职业技能，提高就业能力。

7月12日 中国人民解放军国防大学校长王喜斌中将率领国防大学学员代表团访深。

△ 第六届中国深圳国际标准舞世界公开赛开赛。

7月13日 由全国政协副主席兼秘书长钱运录率领的全国政协考察团到深圳考察。

△ 中国人民解放军海军"深圳舰"访问深圳。

7月14日 深圳机场新航站区轨道交通枢纽工程和一跑道西区工程开工。

7月15日 深圳第26届世界大学生夏季运动会执行局与南方电网公司举行签约仪式。

△ 第二届"战舰与城市"论坛在深圳开幕。

△ 中组部和国家民政部在深圳举办加强社工人才队伍建设研究班。

7月16日 杜邦公司执行副总裁兼首席运营官顾文信一行访深。

7月17日 《轻微刑事案件快速处理办法》在全市推行。

△ 深圳市青少年芭蕾舞团在德国国际青少年舞蹈比赛中获6个金奖、5个银奖、1个铜奖。

△ 深圳市启动未成年人"知荣辱、树新风、我行动"道德实践活动。

△ 深圳市召开的市四届人大常委会第二十次会议提出首期将在甘肃省的4区县援建10个居民安置区，12个学校、医疗卫生院（所）、敬老院等公共服务设施示范项目。

7月18日 纪念改革开放30周年暨2008名家名歌广东演唱会深圳首场演出在深圳广电大厦演播厅举行。

△ "深圳专业市场推广应用银行卡启动仪式"在五洲宾馆举行，终结了深圳市个体工商户无权申请安装银行卡支付终端、接受持卡人刷卡交易的历史。首批向10个行业44个专业市场的个体工商户开放。

△ 深圳市首个科学用电、节约用电展示厅在世界金融中心揭牌。

7月19日 朝鲜平壤少年艺术团访问深圳。

7月19~20日 中共中央政治局常委、国务院总理温家宝视察深圳。

7月20日 第六届深圳社会科学普及周开幕。

△ 深圳首个民营房地产企业慈善基金会启动。

7月21日 团中央书记处第一书记陆昊到深圳调研。

△ 深圳友城澳大利亚布里斯班市市长坎贝尔·纽曼率商务代表团访问深圳并

在五洲宾馆举行深圳 – 布里斯班经贸洽谈会。

△ 包括香港《文汇报》、《大公报》、《经济日报》、亚洲电视等在内的香港传媒高层广东访问团一行 19 人访问深圳。

△ 深圳市首批 10 个"城市街区 24 小时自助图书馆"投放使用。

7 月 22 日 深圳市四届人大常委会第二十次会议全票通过市人大常委会《关于市政府支援地震灾区抗震救灾和对口支援工作情况报告的决议》。

△ 《深圳市文化产业促进条例》和《深圳经济特区科技创新促进条例》在深圳市四届人大常委会第二十次会议获得通过,前者已报省人大常委会审批,后者将于 2008 年 10 月 1 日起实施。

△ 《深圳市市、区人民代表大会常务委员会执法检查条例》出台。

7 月 23 日 华润(集团)有限公司董事长、总经理宋林一行访深。

△ 中共深圳市委召开全市"党建带工建、党工共建"联席会议暨世界 500 强在深企业座谈会,研究部署深圳市世界 500 强投资企业组建工会工作。

7 月 24 日 深圳市对口援建陇南和甘南的恢复重建项目开工 6 项,包括 3 个居民安置区、1 所中学生公寓和 2 所三孤院。

△ 第五届中国国际半导体照明展览会暨论坛在深圳会展中心 9 展馆隆重举行。该展会是目前中国规模最大、影响最广的国际半导体照明专业盛会,也是国家科技部唯一批准并重点支持的半导体照明专业展会。

△ 沃尔玛中国总部工会及深圳区 15 个营运单位的工会,与全球最大连锁零售商沃尔玛公司在深圳市总工会举行集体合同签字仪式,经过多轮协商的沃尔玛集体谈判至此取得重大突破。

△ 深圳华大基因研究院第三期高性能计算集群开发完成,该院超级计算机集群的计算峰值已达到每秒 8 万亿次,存储能力达到 670T。这是目前华南地区存储规模最大、计算速度最快的面向科研的超级计算机集群。

7 月 25 日 广东省委副书记、深圳市委书记刘玉浦会见中国进出口银行行长李若谷一行。

△ 第七届中国(深圳)国际美容秀身产业博览会暨首届深港迎奥运美容化妆节在深圳会展中心开幕。

△ 中共深圳市委召开常委(扩大)会议,就做好下半年工作提出九方面要求,提出全力推动经济又好又快发展,当好新时期改革开放排头兵。

7 月 26 日 首个"海空接驳"深圳市民赴台旅游团从蛇口客运码头出境经香港乘机前往台湾。该团在台时间为 8 天,返程仍经香港从蛇口客运码头入境。

△ 罗湖东门商业步行街再次当选全国"百城万店无假货"活动示范街。

7月27日 市交通局及3家公交特许经营企业分别在福田交通综合枢纽中心、世界之窗地铁接驳站等12个场所开展"公交咨询周"首日现场咨询活动，交通部门首次公布"快速公交—干线公交—支线公交"三层次公交网络规划。

△ 深圳巴士集团将18条公交线路的345辆公交车分别移交给东、西部公交公司，西部公交资源整合进度达到83%，东部公交资源整合进度达到67%。

△ 世纪晶源科技有限公司化合物半导体增资建设项目获国家发改委批准。世纪晶源化合物半导体项目是深圳引进的高新技术重大项目，项目选址在光明新区。

7月28日 广东省委副书记、深圳市委书记刘玉浦在五洲宾馆会见潮州市党政代表团一行。

△ 中兴通讯入选国家首批"创新型企业"。

△ 广东省表彰抗震救灾英雄，深圳市6个"先进集体"、38个"先进个人"受表彰。

△ 深圳湾滨海休闲带工程开工。

7月29日 国家统计局受中央文明办委托组织所属调查队对全国15个副省级城市公共文明情况进行测评，深圳位列第三。

△ 深圳市获"广东省双拥模范城"称号，宝安区、福田区、龙岗区、盐田区、罗湖区、南山区获"广东省双拥模范区"称号。

△ 深圳地铁最大规模银团贷款签约，地铁一号线续建工程和二号线首期工程获无抵押贷款99亿元，贷款利率较同期基准利率下浮10%。

△ IBM在深圳举行大型媒体见面活动，回顾IBM过去15年来在华南及深圳地区的发展历程。IBM决定将其全球采购以及IT服务外包业务的执行中心设在深圳。深圳已成为IBM全球整合的战略要地。

7月30日 刚果（金）总理安托瓦内·基赞加一行访深。

△ 深圳实验学校代表队在第12届Robot Cup机器人世界杯赛及学术大会上，荣获中学组机器人足球赛冠军。

△ 北京大学校长许智宏一行访深。

△ 南开大学校长饶子和一行访深。

△ 中国建设银行深圳市分行与市民营企业互保金管委会在五洲宾馆举行互保金贷款签约仪式，未来5年将提供150亿元贷款支持深圳市重点民营企业发展。

△ 深圳市召开纪检监察工作会议。

△ 深圳市举行军休干部"八一"座谈会。

7 月 31 日 深圳市委、市政府在市民中心举行纪念建军 81 周年军政座谈会。

8 月 1 日 深圳市全面推行居住证制度。全市开设 110 个居住证受理点。这是深圳市创新人口管理模式、加强流动人口管理的一项重大举措。深圳市人口规模已超过 1000 万人，其中在深居住 1 年以上的流动人口就有 500 多万人。根据规定，在深圳市居住 30 日以上年满 16 岁和未满 60 岁的非深圳户籍人员都应申办居住证，但必须符合下列条件之一：在深圳市从业；在深圳拥有所居住房屋产权；符合深圳市有关办理人才居住证、海外人才居住证条件；在深圳市创业并具备相应的技术或者资金条件或者在深圳从事文化艺术创作，或者符合政府规定的其他条件。居住证的功能包括房屋租赁、劳动社保、计划生育、教育、公共交通等政府行政管理和公共服务内容。2008 年内居住证办证量计划 500 万张，2009 年上半年实现覆盖 90% 以上的流动人口。

△ 市人大常委会于 1995 年 9 月 15 日通过的《深圳经济特区暂住人员户口管理条例》自 2008 年 8 月 1 日起废止。已经依照《深圳经济特区暂住人员户口管理条例》办理的暂住证，在有效期内仍然有效。

△ 以色列驻华大使安泰毅访深。

△ 深圳机场为旅客提供各种信息服务的新客服呼叫中心进入试运行，呼叫中心号码为 23456789。

△ 福田站综合交通枢纽工程投入大型施工机械，进入全面施工阶段。

△ 深圳市"6·13"特大暴雨抢险救灾重点工程——公明片区排涝工程正式开工。

△ 位于上沙创新科技园内的工信部电信研究院南方分院即深圳电信研究院（"南方手机检测中心"）正式运营。

△ 盐田区被国家环境保护部命名为全国第二批国家生态县（市、区），这是深圳市首家国家生态区，也是目前华南地区唯一的国家生态区。

△ 国家统计局深圳调查队成立。

8 月 2 日 深圳高新技术人才招聘会在深圳劳动就业大厦举行。

△ 兰州大学管理科学研究院（深圳）在深圳揭牌。

△ "北京奥运文化广场·深圳月"启动。

8 月 3 日 巴基斯坦青年代表团访问深圳。

8 月 4 日 瑞士洛桑市市长丹尼艾尔·卜赫来访深。

△ 深圳市开播国家标准地面数字电视。

△ 江西省吉安深圳产业园在深圳揭牌。

8月5日　国家环保部命名盐田区为"国家生态区"。

8月5~7日　原广东省委书记林若、原广东省省长朱森林等23位省级老领导到深圳考察。

8月7日　市政府召开常务会议，强调严格规范建筑市场，铁腕整治打击围标串标。

8月8日　由《瞭望》东方周刊与《深圳特区报》联合出品、全市唯一由北京奥组委授权的期刊深圳火炬接力城市专刊——《奥运2008特刊》首发式在深圳举行。

△　深圳市首创交通违法口头警告。

8月9日　深圳市机关事业单位（含驻深并委托深圳市代管工资关系的单位）的所有在编在岗技术工人技术等级培训考核启动。

8月10日　"钢铁长城——新中国国防和军队建设成就展"在深圳展开。

△　深圳市发布《深圳市扬尘污染防治管理办法》，自2008年10月1日起施行。

△　深圳市发布《深圳市地下空间开发利用暂行办法》，自2008年9月1日起施行。

8月11日　市规划局发布《深圳市西部硅谷北片区概念规划》，提出在对西丽、桃源两街道所在城区进行升级改造的基础上，将这里打造成深圳"西部硅谷"的北片区，与科技园（"西部硅谷"南片区）一道，引领深圳高科技产业的发展，构成深圳创意产业发展的重要基地。由西丽、桃源两个街道所辖区域构成的"深圳西部硅谷北片区"，规划范围面积81.37平方公里。

△　国内知名大券商国泰君安证券设立深圳总部，将其已获证监会批准的直投公司注册地选在深圳，注册资本5亿元。进入2008年，深圳新增金融机构8家，其中3家法人机构，5家分支机构，深圳市金融规模稳步扩大。截至6月末，全市有金融机构183家，法人机构数量增至70家，金融总资产达到3.16万亿元，比年初增长23.9%；实现金融业增加值417亿元，比上年同期增长27.2%，占GDP比重达到11.8%。

△　深圳市卫生监督所在深圳卫生监督网上公布深圳市上半年医疗机构不良执业行为记分情况。2008年上半年，各级卫生监督机构共对全市2448家医疗机构进行了监督检查，覆盖率为100%。其中有647家医疗机构被记分，占全市医疗机构总数的26.4%，涉及不良行为20种。其中4家医疗机构因违法违规情况特别严重，被卫生监督机构依法通报批评并予以处罚。

8月12日 深圳市委常委、常务副市长许勤在市民中心会见日立环球存储科技公司副总裁岩田真二郎一行。

△ 全国文明城市形象推广语评选揭晓,评审团从3万多条来稿中评定出132条获奖作品,河北作者崔子恒创作的作品"你文明,我文明,鹏城更闻名;你添彩,我添彩,深圳更精彩"获得特等奖。

△ 《深圳市交通局整顿和规范市场经济秩序举报奖励实施细则》经市政府同意正式实施。深圳市奖励举报非法营运拉客行为,举报"蓝牌车"拉客行为并经查证属实的,可获100元到400元奖励。

8月13日 "2008中国城市文化"论坛在深圳举行。

△ 西乡街道构建的人民调解模式"党政主导、部门联动、调防并重、专兼结合",在2006年共调解各类矛盾纠纷4032宗,成功调解3911宗,调解成功率97%,防止激化率100%,且无一宗反复,无一宗投诉,被誉为做好新时期人民调解工作的"西乡经验",引起法学界专项研究。

8月14日 国家人口计生委副主任江帆率队到深圳调研。

△ 深圳市地铁四号线皇岗站更名为福田口岸站。

△ 《深圳市行政机关公务员辞职辞退实施细则》经过修改并由新一期政府公报发布。公务员连续两年考核不称职将被辞退,辞退后五年内不准重新录用为公务员。

△ 西安市市长陈宝根一行访深。

8月15日 深圳市总工会在市委党校举行仪式,为深圳市全国工会组织"先进集体""先进个人"称号单位和个人颁奖。

△ 全市市直机关党组织换届改选,采取"公推直选"的方式。3.6万多名党员能有效行使民主权利,选出基层党组织领导班子。

△ 自港澳"个人游"开始签发至8月15日,经罗湖口岸过关的港澳"个人游"旅客突破2000万人次大关。

△ 2008年深圳市企业技术中心申报工作正式启动。《深圳市市级研究开发中心(技术中心类)管理办法》出台,加强和规范企业技术中心的建设和管理。截至8月,深圳共有经认定的企业技术中心66家,其中国家级技术中心9家,市级技术中心57家,政府给予企业技术中心建设累计支持资金20530万元。

8月16日 深圳出入境检验检疫局联合深圳市诚信联盟协会、深圳市WTO学会举行《进出口货物检验检疫直通放行管理规定》宣讲会。

△ 丹麦著名影音产品巨头B&O深圳旗舰店落户福田中心区星河·第三空间。

△　金融领域成为深港金融合作的一个重要突破口，深交所争取中国证监会准许，先行试点港股组合 ETF（交易所买卖基金），在深交所进行港股 CDR（中国预托证券）等业务，使深圳成为境内个人直接投资境外证券市场的试点城市。

8月17日　深圳大学城体育中心钢结构安装，全市 29 个大运场馆及配套工程项目建设全面展开。

△　宝安区投入 25 亿元建设公共文化服务体系和提高民生文化福利。其中高标准建设街道文化艺术中心，以实现一街道一艺术中心的目标。

8月18日　深圳市建设现代化"大粮仓"。市粮食储备库主体工程加紧推进，计划于 2008 年 11 月底前完成。整个项目预计 2009 年上半年完工。该项目建成后，将大幅提升深圳市的粮食储备能力，保障全市市民的用粮安全。计划总投资 3.5 亿元。

△　由深圳市社会科学院和市民政局联合组织编纂的《2008 年深圳蓝皮书：深圳社会发展报告》在深圳举行首发式，这是深圳第一本社会发展蓝皮书。

△　市民政系统召开抗震救灾表彰暨先进事迹报告会。三个多月来，深圳市各界共为地震灾区捐款 12.7 亿元，其中市区两级慈善会募集到的捐款就超过 10 亿元。

△　地铁 2 号线东延线开工，建成后将有效缓解深圳中心区东西向客流压力。

8月19日　市委市政府举行会议，研究部署深圳市推进建设现代产业体系有关工作。会议强调全面加强重大产业项目的规划建设和招商引资工作，提升自主创新能力和产业结构优化升级，加快深圳现代产业体系建设。

△　深圳第 26 届世界大学生夏季运动会组委会执行局举行主题口号新闻发布会，确定了第 26 届夏季大运会的主题口号为"从这里开始（Start Here）"。国际大体联主席乔治·基里安为此专门向深圳市副市长、大运会执行局局长梁道行发来贺信。

8月20日　国内第一个地下火车站——广深港客运专线福田站动工。

8月22日　深圳市召开规范建筑市场会议。将通过资格后审制度、联合执法、设计施工一体化承包、投标人资格条件的菜单化等多项措施深入推进招投标改革，解决围标串标、设计浪费、标底虚高等问题，打造"阳光工程"。

8月23日　应国家主席胡锦涛邀请，布隆迪副总统恩蒂塞泽拉纳参加北京奥运会闭幕式并取道广州顺访深圳。

△　国家发展和改革委员会主任张平、深圳市市长许宗衡、韩国 SK 集团会长崔泰源分别代表三方在韩国首尔共同签署《关于信息技术创新的谅解备忘录》。

△　《深圳经济特区建筑节能条例》发布两年，全市共有 98 个新建项目在建

筑节能专项验收中，被亮"红牌"责令整改。

8月24日 在宝安区正常运营的 68 家世界 500 强企业中，已有 59 家建立了工会组织，工会组建率超过 86%。

8月25日 深圳市委常委、副市长陈应春在五洲宾馆会见日本兴亚损害保险公司常务执行董事山田哲夫一行。

△ 市政府组织召开中小企业融资政策及产品推介会，进一步缓解部分中小企业融资难问题。全市 44 家银行 10 家担保机构到场服务，300 余家面临融资难问题的企业到会，享受面对面融资服务。

△ 深圳市政府与中国海洋石油总公司在市民中心签署《关于深圳生态精细化工园区和项目招商投资合作备忘录》，共同开发建设深圳生态精细化工园区。

8月26日 深圳市委、市政府在五洲宾馆举行纪念改革开放 30 周年暨深圳经济特区建立 28 周年创业者座谈会。

△ 国务院总理温家宝兑现 7 月 20 日在深圳康佳集团视察时与年轻的软件工程师管伟的"拉钩承诺"，寄来亲笔题词"用创新赢得尊严"。

△ "感恩与回报"深圳市纪念改革开放 30 周年摄影展在深圳市民中心展厅隆重揭幕。315 幅极具冲击力的摄影作品全景式展现了深圳改革开放走过的辉煌历程，形象地传达了感恩小平同志、感恩几代领导人、感恩全国人民、感恩千百万特区建设者的真挚情怀，是深圳纪念改革开放 30 周年，回报全国人民的一份厚礼。

8月27日 美国空气化工投资有限公司全球总裁约翰·麦克雷德一行访深。

△ 深圳市开通深港走读儿童专用通道。

8月28日 广东省省长黄华华就督办省政协提案到深进行专题调研。

△ 深圳市交通管理重点人员管理信息系统启用。

△ 在中央部署深圳援建四川灾区一万套安置房任务后，深圳用 29 天完成了 11398 套过渡安置房的建设，提前完成中央部署的安置房建设任务。德阳市抗震救灾指挥部代表德阳 380 万人民，致信深圳市委市政府，感谢深圳在德阳板房援建工作中做出的贡献。

△ 市交警局道路交通管理重点人员管理信息系统正式启用。它将成为运政部门进行四星级驾驶员考核评定工作、出租车驾驶员招录的重要依据。

△ 深圳水务集团光明水务有限公司成立。以水务集团为平台的特区内外供水资源整合工作全部完成，光明新区居民将喝上量足、质优、价平的自来水。

8月29日 深圳市首批免费发放《深圳公众应急常识》宣传册。

△ 深圳市举行重大食品安全事故（II 级）应急演练。

△ 由深圳市政府主办、市规划局承办，主题为"城市交通"的国际论坛在五洲宾馆举行。

△ "千禧之星"深圳国际结婚展暨 2008 婚庆文化节开幕。

8月30日 北京 2008 年残奥会火炬接力在深圳举行。

△ 2008 中国企业 500 强评选在银川发布，500 强总部 18 家在深圳，深圳总部数量在各大城市中排名第六。

△ 位于南山区的益田假日广场和京基百纳广场两大购物中心开业，深圳新增商业面积超过 20 万平方米。

△ 地铁 1 号线土建 3 标段深大站主体结构胜利封顶，标志深大站已转入安装装修工程施工的新阶段，为 2009 年首通段的开通奠定了基础。

△ 深圳援建陇南板房全部建成，比原定完成任务时间提前 16 天，共交付活动板房 5612 套。

8月31日 由招商局集团主办的大型图片展"春天的故事"及同名画册在招商局历史博物馆展开及发行。

△ "读环保书 做环保人"——深圳市环保读书活动在中心书城举行。

△ 市委市政府给全市包括非深户籍学生在内的 60 万名初中生和小学生送来"大礼"：在落实国家规定免缴学杂费的同时，深圳市免除了城市义务教育阶段学生课本费，并将"双免"政策惠及约 34 万名非户籍学生。

9月1日 深圳市委常委、副市长吕锐锋会见世界玫瑰协会联盟主席杰拉德·梅兰一行。

△ 全国工商"两费"今起停征。深圳市 27 万个体户不用再缴工商管理费和市场管理费，平均每一个体户每年减负 1000 多元。

△ 9 月 1 日秋季开学起，深圳市义务教育免费政策惠及所有符合条件和免费资质的内地非深户学生。市教育局出台的《关于我市义务教育免费资格审核中若干问题的解释及处理办法》规定父母一方在深就业具免费资格。

△ 广东省委副书记、深圳市委书记刘玉浦主持召开市委常委会议，研究并原则通过市委市政府《关于加快电子政务建设构建阳光政府的实施意见》。根据这一意见，深圳将全力构建和形成比较完善的网上审批、网上执法反馈、网上公共服务、网上公共资源交易和网上监督系统。

△ 国内首个以设计为主题和定位，由深圳市华侨城洲际酒店所拥有的美术馆——华·美术馆在华侨城洲际酒店开馆。

△ 深圳市各大口岸开通跨境学童通道。

9 月 2 日　市政府召开常务会议专题研究工业贸易问题，出台系列文件，包括《深圳市工业区升级改造总体规划纲要（2007～2020）》《加快推进我市工业区升级改造的工作方案》《深圳市工业楼宇转让暂行办法》《关于进一步完善我市产业用地出让工作的意见》等，解决企业用地难问题。

9 月 3 日　深圳大学 2008 年开学典礼暨建校 25 周年庆典隆重举行。深圳市相关领导以及马化腾、史玉柱、周海江等一批活跃在各行各业的优秀校友代表参加了盛典。腾讯集团董事局主席马化腾代表校友致辞，对母校与恩师致以真挚的谢意与祝福。

△　"一切为了灾区的孩子"慈善晚会在深圳大梅沙京基喜来登酒店举行，十多位文体明星和深圳市的全国、省、市政协委员及广大市民为援建甘肃灾区希望学校筹得捐款 1840 万元。

△　2008 深圳"质量月"启动。

△　深圳出台两大规划，包括《深圳市文化产业发展"十一五"规划（2006～2010）》和《深圳市文化产业发展规划纲要（2007～2020）》；四个修订政策，包括《关于加快文化产业发展若干规定》《关于建设文化产业园区（基地）的实施意见》《关于扶持动漫游戏产业发展的若干意见》《深圳市文化产业发展专项资金管理暂行办法》，大力助推文化产业发展。文化产业发展专项资金正式启动。

△　市社会保险基金管理局修订后的《深圳市调入人员缴纳超龄养老保险费的规定》公布，规定缴纳超龄养老保险费的基本起征年龄确定为 35 周岁；经市劳动、人事部门超龄调入的人员，实行统一的缴纳超龄养老保险费标准，不再区分干部和工人身份。

△　吉林省政府和深圳市政府在长春市签订产业合作示范区合作框架协议，两地共建的吉林—深圳产业合作示范区正式揭牌，示范区的化工循环经济产业园开园及项目奠基仪式随后在吉林市举行。

9 月 4 日　哈尔滨工业大学校长王树国及中山大学校长黄达人率领访问团访深。

△　深圳市"低保"标准调高至每月 415 元。

深圳市市树标识设计方案在市政府常务会议获得通过。最后选定的设计主体颜色选取的是深圳市树——荔枝树的荔枝红和深圳第二市树红树的中绿色。形态像是一把绿色的"城市生态保护伞"，同时也像是一个展开双臂拥抱自然的美丽人形，体现市民对人与自然和谐共处的美好意愿和家园意识。

△　深圳轨道交通二期工程中线路最长、投资额最大的 5 号线工程可行性研究报告正式获得国家发改委批准，5 号线建设全面启动。

9月5日 在2008年首届维也纳国际声乐大赛上,深圳选手陈梓凌获"中国唱法"一等奖和"最佳音色奖"。

△ 2008年"中国软件业务收入前百家企业"公布,深圳华为技术有限公司以2007年软件年收入416.7亿元位列榜首,中兴通讯股份有限公司软件收入110.3亿元位列第二。

△ 率广东省代表团访问印度尼西亚的中共中央政治局委员、广东省委书记汪洋视察了中兴通讯印尼分公司。汪洋充分肯定中兴通讯开拓海外市场取得的成就,寄语该企业总结经验,继续强化自主创新能力,坚持实施"走出去"战略,全力打造代表中国企业水平的"百年老店"。陪同视察的广东省委副书记、深圳市委书记刘玉浦表示,希望更多的深圳企业立足深圳,放开手脚,大胆"走出去",大力开拓国际市场,为中国民族企业争光,为广东企业争光,为深圳企业争光。

9月8日 随广东省代表团出访越南的广东省委副书记、深圳市委书记刘玉浦专程到深圳市赴东盟经贸代表团住地,与深圳市企业家代表就实施"走出去"战略进行座谈。

△ 英国渣打银行集团东北亚区行政总裁苏召明一行访深。

△ 深圳市大鹏地区发生2.3级地震。

△ 深圳市服装产业集聚基地入园企业——深圳市中惠福实业有限公司服装研发中心在大浪服装城举行奠基仪式。

△ 中兴通讯、日立环球、创维多媒体等28家进出口企业,经深圳检验检疫局审核并报国家质检总局批准,成为深圳第一批获直通放行资格的企业。今后,这些企业出口的货物,只需在产地落实了检验检疫,就可凭通关单在报关地海关直接办理手续,无须再向口岸检验检疫机构申报和实施查验。

9月9日 深圳市2008年教师节表彰大会在深圳会堂举行。

△ 深圳市人大常委会举行《深圳经济特区无线电管理条例(草案)》章法听证会,首次引入辩论机制。

9月10日 深圳-甘肃抗震救灾对口支援领导小组第一次会议在兰州举行。

9月11日 台湾中国信托金融集团控股集团董事长辜濂松一行访深。

△ 第26届世界大学生夏季运动会在形如"春茧"的深圳湾体育中心举行奠基仪式。

9月12日 深圳市首次发布《深圳市互联网络发展状况统计报告》,网民普及率达51%。

△ 住房和城乡建设部召开全国援建地震灾区活动样板房建设总结表彰电视电

话会议，国家城乡建设部部长姜伟新在总结中对深圳援建四川、甘肃过渡安置房工作给予高度赞扬。

△ 第十四届"绿色中国"论坛在深圳麒麟山庄举行。

△ 2008 中国（深圳）国际创意设计博览会在会展中心开幕。这是深圳首个大型创意设计专业博览会。

9 月 13 日 2008 深圳国际珠宝展在会展中心开幕。

△ 深圳籍残疾人运动员萧彦红在北京残奥会女子射箭个人反曲弓坐姿 1 级/坐姿 2 级的铜牌争夺战中，以 98 环比 94 环的成绩击败了日本运动员中西彩，为中国代表团赢得一枚铜牌，更为深圳赢得了第一枚残奥会奖牌。

9 月 14 日 深圳东部华侨城首届国际茶艺节开幕。

△ 深圳报业集团驻甘肃记者站成立。

9 月 15 日 深圳选手萧彦红与队友符洪芝、高芳霞夺得女子射箭团体金牌。这是深圳选手夺得的首枚残奥会金牌。

△ 由深圳市政府主办、市交通局承办的第三届深圳市"公共交通周"及"无车日"活动启动。

9 月 16 日 以色列 Pitango 风险投资基金创办人及执行总裁切米·佩雷斯一行访深。

△ 沃尔玛全球高级副总裁、中国地区总裁兼首席执行官陈耀昌一行访深。

△ 在北京举行的 2008"世界企业家高峰会"上，深圳华为、《深圳特区报》、中集、中国平安、万科、深航、中兴和海王共 8 个品牌入选"2008 亚洲品牌 500 强"。

△ 深圳市饮用水源水质 100% 达标。近年来，深圳市累计投入 50 多亿元，用于龙岗河、坪山河、观澜河流域水污染治理，三河流域污水日处理能力已达 67 万吨，2010 年前将再投 28.4 亿元，在流域内建成完整的污水收集、输送、处理系统。

9 月 17 日 华强北正式获批为"中国电子第一街"。

9 月 18 日 出席北京残奥会闭幕式的几内亚比绍共和国总统若奥·贝尔纳多·维埃拉访深。

△ 深圳地铁 5 号线全面开工。

△ 深圳出台《关于加快我市慈善事业发展的意见》，规范慈善事业的发展，从 2008 年起，每年 11 月将确定为深圳社会慈善捐赠活动月，11 月 1 日为"深圳慈善日"，开展慈善活动。

△ 市政府常务会议审议并原则通过了《深圳市促进加工贸易转型升级的若干意见》，以 19 条具体措施鼓励加工贸易企业进行升级改造，提高自主创新能力，推

进加工贸易增长方式向自有品牌型发展，向先进技术制造、高附加值制造和绿色制造转变。

△ "港深边界区发展联合专责小组"举行第二次会议，研究莲塘/香园围口岸和落马洲河套地区发展专案的前期进展情况，两地政府达成共识，将在莲塘/香园围兴建新过境口岸，预计2018年后启用。

△ 《深圳经济特区梧桐山风景名胜区条例（草案）》提交市四届人大常委会第二十二次会议审议。条例为保护深圳最高峰大梧桐划定了一条"铁线"，规定：梧桐山山体海拔800米以上的区域禁止建设任何建筑物和构筑物，护林防火设施及已经规划的景观建筑物除外。

9月19日 广东省委副书记、深圳市委书记刘玉浦在五洲宾馆会见中国银行董事长肖钢一行。

△ 荷兰代尔夫特市市长巴斯·波克科一行访深。

△ 加拿大中国总商会会长舒心一行访深。

△ 李传梅、林华隆分别当选"广东孝老爱亲模范"和"广东见义勇为模范"，承明、徐华分别获"广东省敬业奉献模范"和"广东省助人为乐模范"提名奖。

△ 广东妇女海外联谊会理事会在深圳召开。

9月20日 湘潭市委书记彭宪法、副市长廖国锋一行访深。

△ 深圳市龙岗区龙港街道龙东社区舞王俱乐部发生特大火灾事故，造成43人死亡、51人受伤。

△ 深圳市举行中高级人才招聘会。

△ 泰国–中国广东投资机遇交流会在深圳举行。

△ 深圳市举行首届社工运动会。

△ 深圳2008全国科普日活动启动。

9月21日 广东省省长黄华华赶赴深圳实地查看龙岗"九二〇"火灾事故现场，看望和慰问伤员并召开有关方面负责人会议。

△ 国家安全生产监管总局副局长赵铁锤率调查组一行抵达深圳，指导"九二〇"特大火灾事故抢救并组织事故调查工作。

△ 深圳市委、市政府在龙岗区召开全市各区、各部门主要负责人会议，通报"九二〇"特大火灾事故情况，部署全市安全整治工作。

△ 深圳市召开市委常委会议和市政府常务会议，决定对"九二〇"特大火灾事故有关责任人做出处理，龙岗区5名对此次火灾事故负有责任的人员被免职。

△ 深圳市政府发出紧急通知，在全市开展安全隐患"百日大排查"。

△ 全国副省级市政协第二十三次工作协作会在深圳召开。

9 月 21 ~23 日 由国家十三部委联合组成的工作小组来深听取深圳城市总体规划专题汇报。《深圳市城市总体规划（2007~2020）》获充分肯定。

9 月 22 日 深圳市委常委、市教育工委书记李意珍紧急组织召开全市学校安全专项工作会议。

△ 市四届人大常委会第二十二次会议分组审议市编办主任王敏受市政府委托向市人大常委会做的深圳市事业单位改革有关进展情况的报告。深圳市事业单位改革推进两年多来成效初显，改革涉及的 518 家市属事业单位中 28 家纳入行政管理序列，124 家转为企业，27 家予以撤销，339 家予以保留。深圳市对通过分类改革保留下来的 339 家事业单位，在机构重组整合的基础上，进一步推进管理体制和运行机制的创新，促进公共服务事业的发展。2007 年 10 月，正式推出七项改革，目前各项改革正在推进中。通过改革，打破"铁饭碗"和"官本位"行政化模式。

△ 深圳市公安局召开党委扩大会议，部署"九二○"特大火灾事故善后大清查、大排查和大整治工作。

△ 龙岗"九二○"火灾事故两名主要犯罪嫌疑人被抓获，一名为舞王俱乐部法人代表王静的前夫张伟，另一名为焰火节目表演者王帅文。

△ 北京银行深圳分行开业。

△ 深圳市启动在外资企业中大规模开展集体谈判工作。市总工会统一向深圳 100 家知名企业发出集体谈判要约，欲就劳动报酬、工作时间、保险福利等直接涉及职工切身利益的事项与企业方展开谈判，力争在今年底前完成在百家企业中签订集体合同，并建立"定点定时定项"集体谈判机制，为构建和谐劳资关系搭建平台。

9 月 23 日 国务院广东深圳"九二○"特大火灾事故调查组成立，事故原因调查和相关责任人认定工作全面展开。

△ 深圳市自主创新大会在市民中心礼堂举行。

△ 历时 3 天的深圳市四届人大常委会第二十二次会议闭会，在会议上《深圳经济特区和谐劳动关系促进条例》获高票通过。

△ 中组部《党建研究》工作座谈会在深圳召开。

9 月 24 日 深圳市委常委、组织部部长王穗明在五洲宾馆会见老挝人民革命党中央办公厅副主任钦格·温坎率领的高级干部考察团。

△ 共青团深圳市第五次代表大会在市少年宫召开。

9 月 25 日 全国人大常委会委员、全国人大华侨委员会副主任委员陈玉杰、黄丽满率队到深圳考察。

　△　《深圳市安全生产隐患与事故举报奖励暂行办法》公布施行。

　△　神舟七号升空。深圳选送的种子随神舟七号遨游太空，包括蝴蝶兰、瓜叶菊、球根海棠、灰毛豆、类芦和结缕草等品种。这批种子由深圳市农科集团层层筛选、严格把关后选送，它们都是应用较广且价值较高的花卉和园林品种。

　△　深圳市召开加快建设现代产业体系暨推进双转移工作会议。会议出台了《市委市政府关于加快建设现代产业体系推进产业转移和劳动力转移的若干意见》，提出实施先进制造业与现代服务业"双轮驱动"构建现代产业体系。

　△　深圳警方4天内相继抓获龙岗"九二〇"特大火灾事故23名涉案人员。

　△　深圳市开展交通安全宣传月活动。

　△　市政府召开常务会，原则通过了全国首个法治政府建设的量化指标体系《深圳市法治政府建设指标体系（试行）》以及《深圳市推进法治政府建设工作方案（2008～2010年）》。

9月26日　"2007年度广东省科学技术奖"出炉，深圳市16个项目榜上有名。

　△　《深圳老年人手册》出版，"深圳老年在线"网站开通。

　△　"神七"航天表由深圳飞亚达自主研制、设计和生产。

　△　在广州召开的广东省科技大会出台了《广东自主创新规划纲要》和《广东省建设创新型广东行动纲要》，文件明确指出，科技部、教育部和广东省共同支持广州和深圳市建设创新型城市，形成具有强大创新能力和辐射带动功能的大都市创新体系，加强粤港合作，建设深港创新圈等。

9月27日　国内经济界、科技界多位著名专家学者齐集深圳，实地体验深圳市3G发展、电子商务、通信服务和应急通信保障等移动信息化建设成果。

　△　由马来西亚中华工商联合会总会长丹斯里钟廷森率领的该会贸易与投资代表团一行36人到深圳考察访问。

　△　南山区"二二七"重大火灾事故处理结果公布。

　△　广东省公安厅召开"平安奥运"专项行动总结表彰会，深圳市公安局获特别奖。

　△　根据国家标准，深圳市重新界定旅游景区范围，确定景区（点）117处。

9月28日　"深圳市民文化大讲堂"举行300期庆典。

9月29日　第三十一届中国深圳秋季房地产交易会暨第五届中国深圳住宅产业国际博览会在会展中心举行。

　△　"股神"巴菲特斥资18亿港元入股深圳民企比亚迪。这也是巴菲特在继

大手笔投资中石油之后再次出手内地在港上市公司。

9 月 30 日 首届深圳佛教文化节在弘法寺开幕。

10 月 1 日 《人民日报》、中央电视台新闻联播报道以深圳为代表的经济特区发展历程。

△ 深圳东门步行街启用应急广播系统。

△ 总部设在深圳的招商银行斥资 193 亿港元收购香港永隆银行 53% 的股权。

10 月 2 日 深圳市中技源专利城有限公司联手国际著名芯片商以及中国香港和台湾等境内外企业，成功研制出塑料光纤网络设备，在全球率先推出商业化塑料光纤接入网集成系统。

10 月 5 日 深圳市食品药品监督管理局在全国率先实行"大市场"综合监督与生产环节专门监管相结合的监管新模式。

10 月 6 日 深圳市召开深入学习实践科学发展观活动动员大会。

△ 深圳市启动新的电脑系统，车辆上牌实现自编自选。

△ 在俄罗斯第三届大卫·奥依斯特拉赫国际小提琴比赛上，深圳艺术学校学生冯继霆获得第三名，登上国际著名小提琴大赛的领奖台，创造了深圳市在国际小提琴赛事获奖零的突破。

10 月 7 日 深圳特警队荣获"全国抗震救灾英雄集体"称号。

△ 深圳市纪念改革开放 30 周年群众文艺大会演启幕。

△ 深圳市第六届梧桐山登高节开幕。

10 月 8 日 深圳市委副书记白天，市委常委、副市长吕锐锋在五洲宾馆会见由扬州市委书记季建业、市长王燕文率领的扬州市党政代表团一行。

△ 深圳保税区再获特殊优惠政策，持福田保税区行驶标志的香港小汽车即日起实现 24 小时往返深港两地便利通关。

△ 《深圳九章》首发暨学术研讨会在深圳举行。

△ 《深圳市总部企业认定办法（试行）》和《关于加快总部经济发展的若干意见实施细则（试行）》出台。

△ 市公安局特警支队被中共中央、国务院、中央军委授予"全国抗震救灾英雄集体"荣誉称号，特警队员谢建立荣获"全国抗震救灾模范"荣誉称号。

10 月 9 日 深圳市与贵州省毕节地区签署《关于推动毕节—深圳农业产业化合作的框架协议》。

10 月 10 日 23 个单位被命名为深圳市文化产业园和文化产业基地。

△ 深圳市召开 1~9 月经济形势分析会部署下阶段经济工作，深圳市经济增速

回升亮点频出：高新技术产业快速增长，更新改造投资步伐加快，物价涨势逐月回落，财政收入保持较高增长。

10月11日 第十届中国国际高新技术成果交易会在深圳会展中心开幕。全国人大常委会副委员长桑国卫宣布开幕，全国政协副主席李金华、万钢等出席，国家商务部副部长蒋耀平致开幕词。

△ 深圳古玩城被文化部认定为"国家文化产业示范基地"。

△ 深圳市政府与中山大学在会展中心举行《市校合作框架协议》签署仪式。

△ 深圳华大基因研究院在会展中心举行新闻发布会，宣布大熊猫"晶晶"基因组框架图绘制完成。

△ 中国科学院与深圳市政府在深圳会展中心签署了新一轮全面科技合作协议，确定双方将在共建科研机构和公共技术平台、促进成果转化、加大人才培养力度、活跃学术交流等方面加强合作，为推进创新型国家的建设注入强劲动力。

△ 一架描绘西双版纳热带雨林、傣家少女等民族风情图案的深航客机由昆明飞往西双版纳。"西双版纳号"是国内首架以城市特色为主题的彩绘飞机。

10月12日 第十届"高交会"部长论坛在深圳会展中心举行。

△ 国家发展和改革委员会在深圳举行国家高新技术产业化10年成就奖颁奖大会。

△ 深圳国际元器件中心庆典暨"中国电子第一街"授牌仪式在深圳华强北电子科技大厦举行。

△ 法国赛诺菲巴斯德流感疫苗项目在龙岗大工业区隆重挂牌，这是迄今为止中国最大的外商投资生物制药项目。

△ 深圳华因康基因科技有限公司研发的超高通量基因测序仪亮相高交会，填补了我国国产化基因测序设备和配套试剂的空白，实现了国家基因测序设备和技术"零"的突破。

△ 国家发改委批准的"国家生物医药产业基地复方创新药物实验中心"落户深圳，标志新药创制平台的初步建成。

△ 闪联国家重点工程实验室落户深圳。

△ 深圳市军工科技产业基地授牌仪式在高交会深圳会展中心的会议厅举行，南山区获授"深圳市军工科技产业基地"铜质铭牌。

△ "深港创新圈"企业孵化基地授牌仪式在会展中心茉莉厅举行，深圳硅谷大学城创业园获授牌为"深港创新圈"企业孵化基地。

△ 国家信息安全工程技术研究中心——深圳产业中心成立。

△ 作为第十届高交会重量级的科技创新成果之一，深圳比亚迪公司在深圳会展中心举行 DM 双模电动车技术成果发布会，搭载这一新能源汽车领域最新技术成果的 F3DM 轿车也同时揭开了神秘面纱。F3DM 计划于今年 11 月底正式投放市场，它将由此成为世界上第一款实现商业化的双模电动车。

△ 第十届高交会中外高科技企业家交流会在花园格兰云天大酒店举行，200 多名来自美国、马来西亚、新加坡等国家以及我国港澳地区和深圳本土的企业家欢聚一堂，共商科技发展大计，分享企业发展经验。

△ 中国国际新经济论坛开讲，来自全球多个组织的高层、工商和学术界人士齐聚深圳，共同探讨全球共同关注的中国经济关键问题。

△ 中科院深圳先进技术研究院与招商局在会展中心签订战略合作框架协议，双方将在科技源头创新、新技术产业化等方面展开合作。

△ 中国科学院深圳先进技术研究院与台湾机器人产业发展协会签署《科技合作协议》，提高双方机器人产业合作研发能力。

10 月 13 日 中共中央政治局委员、广东省委书记汪洋，省长黄华华考察第十届"高交会"。

△ 第二届中国产学研合作高峰论坛在深圳会展中心举行。

△ 香港城市大学毫米波国家重点实验室等 4 个实验室宣布加盟深圳虚拟大学园重点实验室平台。

△ 深圳市软件产业基地在高新区南区举行奠基仪式。该项目占地 15 万平方米，投资总规模约 30 亿元，建成后将对深圳市软件产业发展起到助推作用。

△ 深圳虚拟大学园第十届联席会议暨大学校长论坛在五洲宾馆召开。

△ 深圳高新区国际孵化器揭牌仪式暨国际技术转移论坛在高新区隆重举行。

△ 第十届高交会"中外 CEO 论坛"在会展中心茉莉厅举行，中外名企高层纵论企业社会责任。

△ 第七届海峡两岸知识产权学术研讨会在深圳举行。

国家专利技术深圳交易中心揭牌仪式在南山区数字文化产业基地举行。同时，南山数字文化产业基地"雅图数字文化产品展示中心"和"数码影院"揭牌仪式在该基地举行。

△ 由中国工程院主办、国家发改委和深圳市人民政府等单位支持协办的本届高交会"生物产业发展论坛"在五洲宾馆举行。

△ 深港互动、产学研相结合的崭新合作模式——深港装备制造核心技术平台在深圳高新技术产业园区南区深港产学研基地正式挂牌，这是打造"深港创新圈"

的一大重要载体。

△ 深圳市少先队员张家林获"全国'十佳'少先队员"称号。张家林4岁就参加了义工，成为全国最小的义工。

△ 中国航天科技集团公司与深圳市深入合作重要举措之一——航天国际中心奠基。

△ 国际知识产权局专利局深圳代办处在深圳高新区举行选址入驻揭牌仪式。

△ 龙岗区政府发布《深圳市龙岗区高新技术产业发展状况白皮书》。

△ 高交会十年纪念画册《科技之光》在会展中心举行首发仪式。

△ "福田杯"首届中国手机设计大赛揭晓，评出最佳手机外观、功能、芯片、软件、多媒体运用5项设计奖，10项特色手机单项奖等共28个奖项。其中来自福田辖区的手机企业宇龙酷派6168手机获综合大奖金奖。

△ 高交会首届"资本市场高峰论坛"开坛；由高交会组委会、南山区科学技术局、深圳市电子商务协会联合主办的2008中国电子商务发展论坛在高交会举行。

△ 深圳台电在高交会上发布"中国会议系统第一芯"——"会芯"。该芯片是中国在国外技术封锁下自主研发的第一块会议芯片，催生全球首款数字红外会议系统，并成功应用于北京奥运会场馆会议之中。

10月14日 深圳大族激光全球生产基地开工。

△ 位于西乡街道桃花源科技创新园的宝安区公共检测中心揭牌，可为企业加强自主创新提供全方位的专业、便捷、权威的检测服务，降低企业创新成本，加快企业自主创新成果转化。

△ 深圳市人民检察院知识产权刑事法律保护研究中心成立。

△ "中国创业家"论坛在深圳会展中心举行。

△ "改革开放30周年感动广东人物和最具影响力事件"评选揭晓，深圳市的袁庚、陈观玉、丛飞榜上有名。

△ 第四届中国国际显示大会在高交会上举行，来自美国、德国、日本、英国、韩国、法国、新加坡以及中国香港、中国台湾等众多全球领先厂商与本土优秀企业竞相亮相。深圳全力打造平板显示产业链。

△ 今年8月1日深圳市全面实施就业登记制度以来，在深圳市就业登记申报系统登记的就业人数达301万人，进入信息系统的企业户数达7万多家。

10月15日 广东省委副书记、深圳市委书记刘玉浦会见中国石油天然气集团公司副总经理廖永远一行。

△ 澳大利亚亚布里斯班市副市长奎克一行访深。

△ "2008 中国城市分类优势排行榜"在香港发布，深圳居"中国十大创新城市"之首。

△ 由深圳高级中学合唱团和舞蹈团组成的深圳青少年艺术团，应朝鲜金日成社会主义青年同盟（简称朝青盟）的邀请到访平壤，展开友好访问和艺术交流活动，演出取得圆满成功。

△ 中国创业投资发展新动力高层论坛在深圳举行，政府创业投资引导基金正成为创投发展的新动力，创投资金将重点扶持初创型、创新型企业。

△ 第十届高交会"新媒体·新经济·新机遇"高峰论坛在深圳会展中心举行。在论坛上，全球首部大型跨媒体节目《情书》首次向公众发布。

△ 由深圳广播电影电视集团主办的"深圳·因您而变——30 年影响深圳人生活的功勋品牌传媒大典"在东部华侨城大剧院举行。招商银行、万科、华侨城、金威啤酒、平安保险等 17 个品牌获得殊荣。

10 月 16 日 广东省国土资源厅与深圳市政府在深圳联合举行加快现代化产业体系土地法规政策座谈会。

△ 市政府召开常务会议，研究审议《进一步鼓励外贸出口若干措施》和实施国家"863"重点项目新能源汽车示范运行项目等问题。深圳市将启动新能源汽车示范项目。

△ 市卫生局和深圳大学正式签署《深圳市学府医院建设项目移交协议书》，在建的学府医院项目正式由市卫生局移交给深圳大学。作为在建的深大医学院直属附属医院，学府医院由深圳大学接手后，将按附属医院的要求进行规划建设，将其打造为具有高医疗服务水平和学术水平的医院。

△ 深圳市交警局推出国内首创的新型实时动态智能型倒计时器，第一期工程总共 11 个路口的红绿灯倒计时器全部完成安装并启用，实现了动态优化模式下的倒计时功能，让市民充分了解剩余绿灯时间和等待时间。

△ 深圳市社会科学联合会第三次代表大会举行。

△ 深港联合发布落马洲河套地区未来土地用途公众咨询报告，公众倾向发展高等教育、高科技产业、金融业和文化创意产业，土地最终用途待两地政府 2009 年初综合研究后决定。

△ 2008 深圳国际旅游文化节开幕。

10 月 17 日 参加第十届"高交会"的青海省政府考察团与深圳市政府相关部门责任人在市民中心举行座谈会，双方就加强两地合作等问题进行了深入交流。

△ "全国 35 个主要城市总体经济发展能力评价报告（2008）"出炉，深圳市

第三次以第四名成绩与北京、上海、广州共同居城市总部经济发展能力第一能级。

10月18日 中共中央政治局委员、广东省委书记汪洋在深圳会见越南海防市市长郑光史一行。

△ 深圳前海湾保税港区获国务院批复同意设立。这是继青岛前湾保税港区以后由国务院批准的国内第9个保税港区。

△ 印顺法师任弘法寺第二代方丈升座法会及庆典大会在深圳弘法寺举行。

△ 深圳市与越南海防市签署《中国－越南（深圳－海防）经济贸易合作区谅解备忘录》。

△ 2008中国市长论坛暨中国市长协会四届二次常务会议在深圳开幕。

△ 大铲湾疏港通道工程建成，开通后珠三角货物从货源地到大铲湾港将实现全程高速。

10月18～20日 中共中央政治局常委李长春在中共中央政治局委员、广东省委书记汪洋陪同下，先后到深圳、东莞、广州等地视察。

10月19日 由北京国际城市发展研究院完成的《中国城市综合竞争力报告》显示，深圳市城市综合竞争力排在286个地级以上城市第一位。

△ 以"黄金海岸——蓝色乐章·滨海休闲"为主题，由盐田区政府、市旅游局共同主办的第七届深圳黄金海岸旅游节暨第四届沙滩音乐节在大梅沙愿望塔下启幕。

10月20日 经全国政协批准，中国人民政协理论研究会决定在深圳设立全国首个研究基地。全国政协副主席、中国人民政协理论研究会会长郑万通率队到深圳就研究基地筹建工作进行调研。

△ 广东省委副书记、深圳市委书记刘玉浦在五洲宾馆会见甘肃省陇南市委书记王义、市长郭玉虎率领的陇南市党政代表团一行。

△ 在工商部门注册登记的企业、个体工商户等各类市场主体注册登记基本信息在市工商局门户网站上向社会公开。

10月21日 深圳市盐田区荣膺"国家生态区"称号。

△ 平乐郭氏正骨法入选国家"非遗"名录，为广东省唯一入选的医疗项目。

10月22日 在中共中央政治局常委、国务院总理温家宝和越南总理阮晋勇共同见证下，深圳市市长许宗衡与越南海防市市长郑光史在人民大会堂就加强两市进一步交流合作签署合作协议。

△ 北京大学国际法学院在深圳创院；北京大学汇丰商学院在深圳揭牌。

10月23日 深圳市政协召开纪念改革开放30周年暨深圳经济特区建立28周年

座谈会。

△　深圳市委常委、副市长陈应春在五洲宾馆会见了加蓬副总理兼文化部部长阿贝索莱。

△　"2008 非洲文化聚集"大型中非文化交流活动在深圳举行。

△　全国"关爱女孩十大新闻人物"在京揭晓，深圳市委副秘书长、原深圳市妇联主席、市妇儿工委副主任胡利群，因为在关爱女孩方面所付出的爱心和推动关爱女孩行动的工作成绩，光荣当选，成为广东省唯一获此奖项的人。

10 月 24 日　"全国流行音乐盛典暨改革开放三十年 30 首流行金曲授勋晚会"在深圳体育馆隆重举行。深圳获颁"改革开放三十年中国流行音乐先锋城市勋章"。

△　UPS 深圳亚洲转运中心在深圳国际机场动工建设，占地 8.9 万平方米，将于 2010 年建成启用。

△　2008 年第二届"中国杯"帆船赛在深圳浪骑游艇协会举行开幕式。

△　中国科学院深圳先进技术研究院先进计算与数字工程研究所成立，致力打造全国最大面向高性能计算应用的国家研究所。

10 月 25 日　深圳高端服务业人才招聘会在深圳劳动就业大厦举行。

△　2008F1 摩托艇世锦赛中国深圳大奖赛在南山后海湾开幕。

10 月 28 日　三星康宁精密玻璃株式会社社长李锡宰一行访深。

△　2008 深圳珠宝节开幕。

△　全球同行业单位最大的无尘室超净芯片在深圳光明新区世纪晶源科技有限公司暨深圳化合物半导体产业基地投产。标志着我国化合物半导体产业上游核心技术的"瓶颈"被打通。

△　深圳市"十件民生实事"中三大豆制品加工生产基地之一——旭洋公司豆制品全面上市。

10 月 28 日~11 月 2 日　由深圳市委常委、常务副市长许勤率领的深圳经贸代表团一行在欧洲开展经贸交流活动。

10 月 29 日　首届深圳市慈善大会在市民中心举行。

△　应中央邀请，以联邦理事会主席弗朗西斯卡·德洛塞尔为团长的德国社会民主党青年代表团一行 6 人到深圳考察。

10 月 30 日　日本第三大环保再生利用企业 MATEC 株式会社在深圳设立代表处。

△　市政府常务会议通过深圳市首个《加快海洋产业发展若干意见》。

10 月 31 日　82 万市民参加"'全球通'杯第 29 届市民长跑日活动"，创下历年新高。

　　△　深圳市眼科医院举行新址开业庆典。

　　△　深圳市委常委、副市长陈应春在五洲宾馆会见德国纽伦堡市副市长弗莱克一行。

　　△　首部保护城市历史文化遗产的《深圳市城市紫线规划》草案公布，54 处历史文化遗产纳入保护网。

　　11 月 1 日　深圳市举办 2009 年度高校应届毕业生就业双向选择大会。

　　△　国家卫生部副部长黄洁夫一行到深圳进行学习实践科学发展观调研活动。

　　△　首个"深圳慈善日"及"深圳社会慈善捐赠活动月"启动。

　　△　第六届东西方国际疼痛会议在深圳召开，深圳建成国内最大临床疼痛诊疗中心。

　　△　《深圳经济特区和谐劳动关系促进条例》开始施行。该条例于 2008 年 9 月 23 日在深圳市第四届人民代表大会常务委员会第二十二次会议上通过。

　　11 月 2 日　深圳地铁一期工程增购车辆采购项目首列车运抵深圳。该辆列车完全由国内企业自主集成设计，具有自主知识产权，填补了国内企业整车设计制造的空白。

　　11 月 3 日　越南新任驻华大使阮文诗一行访深。

　　△　杭州市市长蔡奇率党政考察团访问深圳。

　　△　第九届"深圳读书月"活动在深圳中心书城启动。

　　11 月 4 日　海协会会长陈云林与海基会董事长江丙坤在台北签署《海峡两岸海运协议》，双方同意相互开放主要对外开放港口作为直航港口，大陆方面开放 63 个港口，包括深圳的蛇口、盐田、赤湾、妈湾 4 个港口。并签署《海峡两岸空运协议》，双方同意开通台湾海峡北线空中双向直达航路，深圳成为客运包机航点。

　　11 月 5 日　广东省委副书记、深圳市委书记刘玉浦在五洲宾馆会见了国家人力资源与社会保障部副部长兼国家公务员局党组书记、副局长杨士秋。

　　△　《深圳市单位 GDP 能耗统计指标实施方案》和《深圳市单位 GDP 能耗检测体系实施方案》公布。

　　△　经国家人力资源和社会保障部批准，深圳率先开展公务员聘任制和公务员职位分类管理改革试点。

　　11 月 6 日　中国航空工业集团公司党组书记、总经理林左鸣访深。

　　△　2008 年全球供应链（深圳）峰会暨第四届美国供应链管理专业协会亚太年会在五洲宾馆举行。

△　首届"中国城市燃气"论坛在深圳召开。

11 月 7 日　由中共中央文献研究室、中国社会科学院与深圳市委、市政府联合主办的"坚持改革开放推动科学发展——中国特色社会主义理论与实践研讨会"在深圳五洲宾馆举行。

△　2008 中国（深圳）国际物流博览会开幕。

△　深圳市政府及英国《自然》杂志共同在深圳召开新闻发布会，宣布深圳华大基因研究院研究成果——第一个亚洲人基因组图谱于 2008 年 11 月 6 日在世界权威科技杂志《自然》上作为封面故事发表。

△　深圳市新闻界在五洲宾馆庆祝第九个记者节。

△　第三届深圳国际风筝节开幕。

11 月 8 日　深圳市政府与中国海运在市民中心签署战略合作框架协议。

△　"2008 社会工作"国际论坛在深圳举行。

△　"龙园意境"——第二十届世界模特小姐大赛中国总决赛在深圳民俗文化村落幕。

△　第二届"东亚和平"论坛在深圳召开。

△　"2008 先进集成技术"院士论坛在深圳举行。

△　2008 中国国际眼镜产品博览会在深圳会展中心开幕。

△　深圳桃源居集团捐资 1 亿元发起成立中国首个社区公益基金会——桃源居公益事业发展基金会在人民大会堂北京厅揭牌成立。

△　深圳市"文明出行全城总动员"暨第二届"文明交通宣传月"启动仪式在市民中心举行。

11 月 9 日　新华社、央视《新闻联播》播发深圳市经济社会发展长篇调查《横空出世看深圳》。

△　"市民科技大讲堂"正式启动，作为每年 4 月到 10 月举办的"市民文化大讲堂"的延伸，每周六和周日在深圳图书馆公开举办，市民免费参与。

11 月 11 日　中国人民保险集团公司总裁吴焰一行访深。

11 月 12 日　广东省委副书记、深圳市委书记刘玉浦在五洲宾馆与国务院法制办主任曹康泰一行座谈。

△　从 11 月 12 日起，每周三由市领导及各区、市直部门"一把手"登上"直通车"接访群众，接访过程通过深圳新闻网进行图文直播。网友也可通过深圳明镜网进入网络直播界面。

△　深圳市与河源市签署万绿湖直饮水合作框架协议。

△ 市政府四届一百二十次常务会议，研究审议深圳市国民经济和社会发展第十一个五年总体规划中期评估报告、规范行政处罚裁量权若干规定以及即将提交市人大常委会议审议的一系列法规草案等事项。

11月13日 百度公司董事长兼首席执行官李彦宏一行访深。

△ 深港合作会议在深圳五洲宾馆举行。

△ 第三届中国（深圳）城市建设开发博览会在深圳会展中心开幕。

△ 国务院法制办和深圳市政府在深圳市民中心共同签署了《关于推进深圳市加快建设法治政府的合作协议》，这是国务院法制办在全国签署的第一份关于国家和地方共同推进法治政府建设的协议。

11月14日 中共中央政治局常委、国务院总理温家宝视察深圳。

△ 深圳大学高级研究中心成立，世界银行高级经济学家邹恒甫担任主任。

△ 2007年诺贝尔经济学奖得主埃里克·马斯金受聘深圳大学名誉教授，并做精彩演讲。

11月15日 第26届世界大学生夏季运动会倒计时1000天揭牌暨"城市行动计划"全面启动仪式在市民中心广场举行。

11月16日 深圳市荣获"中国'十佳'绿色城市"称号。

△ 改革开放以来全国首次优秀农民工表彰大会在北京举行，深圳市10名农民工获"全国优秀农民工"称号。

11月17日 中共中央政治局常委、中央纪委书记贺国强视察深圳。

△ "深圳经济特区与改革开放30周年"座谈会举行。

△ 深圳市加大力度推进原村办小学和义务教育学校危房改造，52所原村办小学动工建设。

△ 2008深圳市科协学术活动月启动。

△ 深圳经济特区与改革开放30年座谈会举行，市老领导李灏、秦文俊、李广镇、杨广慧、李连和，以及一批专家学者出席会议，提出"永葆改革锐气，推动特区发展"。

11月18日 广东省党管武装工作述职会议在深圳召开。

△ 深圳市环境科学研究院挂牌成立。

△ 中外合资的"银行系"基金公司——民生加银基金落户深圳。至此，以深圳为注册地的基金公司已达17家，深圳地区基金公司的管理资产规模占全国基金行业的半壁江山。

△ 深圳的雅昌企业（集团）荣获"2008美国第59届印制大奖"的一项金奖、

一项优异奖、六项优秀奖。

11 月 19 日　广东省经济特区工作会议在深圳召开。中共中央政治局委员、广东省委书记汪洋主持会议。

△　联合国教科文组织正式批准深圳成为全球创意城市网络成员，这是深圳建市以来首次成为联合国机构下属组织成员。

11 月 20 日　"2008 年复旦管理学"国际论坛暨"管理学杰出贡献奖"颁奖典礼在深圳举行。

△　"广东省推进教育现代化先进区"评估验收会议在南山召开。南山区率先通过广东省教育现代化先进区督导评估。

△　宁波银行在深开设分行。

△　深圳市阳光儿童乐园揭牌。

11 月 21 日　欧洲宇航防务集团全球副总裁、中国区总裁白皓博一行访深。

△　巴基斯坦旁遮普省首席部长夏巴兹一行访深。

△　市政府四届一百二十一次常务会议，研究审议深圳国家创新型城市总体规划实施方案、深圳市标准创新奖励办法以及修订支持金融业发展若干规定实施细则等事项。原则通过了深圳市管道天然气销售价格，居民生活用气将实行阶梯气价，工业气价调整后没有上涨。

△　2008 中国（深圳）国际金融博览会在会展中心举行。

11 月 22 日　深圳市举行"大运会"吉祥物发布会暨第二届"大运会"文化节开幕晚会。

△　第四届"走进东盟"轮团暨实施自由贸易区战略研讨会在深圳举行。

△　第二十届世界模特小姐国际总决赛在深圳锦绣中华·民俗文化村举行。

△　位于福田交通枢纽的深圳旅游集散中心和深圳旅游咨询中心投入使用。这是深圳市第 7 个旅游咨询中心，标志着由市政府主导，旅游部门、交通部门和旅游企业通力合作的"一站通景区"便民旅游工程正式建成并投入使用。

11 月 23 日　全国有色金属标准审定会议在深召开。由深圳市格林美高新技术股份有限公司牵头的 3 项有关废旧电池的标准通过立项，并正式开展制定工作。这是国内首次制定电池废料类国家标准。

△　市国土部门发布 2008 年 1~10 月深圳房地产市场形势分析报告，深圳房地产开发投资、商品住房建设规模、新建商品住宅销售规模均呈继续下降的走势。

11 月 24 日　深圳市中央财政金融监管工作会议在五洲宾馆举行。

11 月 25 日　广东省委副书记、深圳市委书记刘玉浦在五洲宾馆会见并宴请了香港中文大学校长刘遵义一行。

△ 中国投资有限责任公司、中央汇金投资有限责任公司监事长金立群一行访深。

△ 深圳市教育局、市公安局交通监察局联合出台《关于开展"警校携手打造学生安全保障线"行动的实施意见》。

11月26日 2008 欧米茄观澜高尔夫世界杯开幕。

△ 深圳盐田至坝岗高速公路葵涌至坝岗段开通。该路通常称为盐坝高速 C 段，将为深港提供往来粤东的第二条快速通道。

△ 深圳盐田港现代物流中心破土动工。

11月27日 澳门特别行政区行政长官何厚铧率澳门特别行政区政府代表团一行到访深圳。

△ 2008 年全国城市新闻网站联盟年会在深圳举行。

△ "创造中国第一的深圳人"传媒大典活动启动。

11月28日 由深圳市委宣传部、市广电集团和中央电视台新影制作中心共同摄制的 10 集电视纪录片《巨变》在央视一套播出。

△ 深圳市政府与澳门特别行政区政府在深圳五洲宾馆举行深澳两地高层合作会议。双方就全面加强合作达成诸多共识，并签署了教育、文化、旅游方面三项合作协议。双方将进一步推进更深层次合作，不断提升两地的整体实力和国际竞争力。

△ 2008 中国国际人才交流大会在深圳举行。

△ 杭州银行深圳分行开业。

11月29日 第二届深圳粤剧节开幕。

△ 2008 中国成长百强榜在京出炉。全球最大的下载引擎之一——深圳迅雷网络技术有限公司，从 5300 多家参评企业中脱颖而出，以 5000% 的成长速度雄居榜首。

△ 深圳市规范药店药师管理，保证用药安全，为 14409 名药师建立信誉档案。

△ 深圳市 162 位专家共同编写的《让你不生病——健康·养生·治未病》举行首发式。

11月30日 在由中国经济体制改革研究会主办，中国经济体制改革杂志社承办的"中国改革开放 30 年论坛及评选活动"上，深圳成为获奖最多的城市。深圳市老领导李灏、厉有为，蛇口工业区创始人袁庚，深圳企业家任正非、王石等在中国改革开放 30 年 30 人物相关评选中榜上有名。在 30 年 30 件创新案例、标志性事件项目评选上，深圳也获得多个奖项。

△　深圳市仙湖植物园、深圳国际园林花卉博览园、深圳市莲花山公园被列入第二批国家重点公园名单，这是深圳首次有公园上榜国家重点公园。

12 月 1 日　中国作家协会和深圳市委、市政府联合主办的"中国改革开放 30 周年文学"论坛在深圳举行。

△　深圳大学召开干部会议，广东省委及深圳市委组织部领导宣读了市委市政府的任命文件，任命杜宏彪、李凤亮为深圳大学副校长，中共深圳大学委员会委员、常委。至此，深圳大学的领导班子成员为江谭瑜、章必功、邢苗、陶世平、陶一桃、阮双琛、邢锋、李永华、杜宏彪、李凤亮。

△　第七届"中小企业融资"论坛在深圳五洲宾馆举行。

△　《深圳市住房保障 2009 年度计划》征求意见稿向社会公布。2009 年度拟安排建设保障性住房 2.57 万套，并将对 2717 户住房困难家庭进行租赁补贴，补贴总金额达到 2857 万元。

12 月 2 日　中国证监会主席尚福林一行访深。

△　深圳市政府召开全市卓越绩效推进暨 2008 年度"市长质量奖"颁奖晚会。

△　深圳 CBD 暨福田环 CBD 高端产业带国际研讨会召开。

△　深圳市最大的儿科重症监护中心（PICU）在宝安妇幼保健院投入使用。

△　改建工程总概算 6974 万元、日均可接待读者 5000 人次的市少儿图书馆竣工并举行现场交接仪式。

12 月 3 日　广东省委副书记、深圳市委书记刘玉浦会见海峡两岸关系协会会长陈云林。

△　龙岗区人大常委会财经工委召开"1 号重点建议"办理票决评价会议，实际到会的 30 名区人大代表，投下了给政府作为"打分"的一票。区人大代表通过票决方式来评价政府作为，作为区人大工作的创新举措在全市尚属首次。

△　深圳市召开建市以来首次全市海洋工作会议。

△　一架注册号为 B－6186 的空客 A318 型飞机平稳降落在深圳宝安国际机场，成为亚联公务机有限公司运营一年来引入的第 4 架公务机，也是目前国内运营的首架超大型公务机。

△　2008 第四届中国（国际）期货大会在深圳召开。

△　首届中国（深圳）国际工业设计节开幕。

△　深圳经济特区研究会会员大会在市政协礼堂举行。

12 月 4 日　深圳市盐田港集团与和记黄埔再度携手，签署《深圳盐田港区东港区一期集装箱码头工程合作框架协议》。

△ 市政府常务会议审议并原则通过《深圳市工业结构调整实施方案（2008~2010）》。

12月5日 大新银行（中国）有限公司开业庆典在华侨城洲际酒店举行，这是第四家将总部设在深圳的外资法人银行。大新银行是一家有60多年历史的香港上市公司，于20世纪90年代在深圳设立办事处，2004年在深圳开设内地首间分行。

△ 民政部公布2008年度中华慈善奖获奖名单，深圳市21个企业、个人及项目获奖，为全国获奖最多的城市。

12月6日 2008可再生能源技术与投资国际研讨会在深圳举行。

△ 全国劳模参观考察深圳。

△ 第六届全国高中信息技术与课程整合优质课大赛在深圳市福田区开赛。

△ 深圳市政府与华润集团在五洲宾馆举行合作会谈，共商发展大计。

△ 深圳市引入首部应用药品检验最新技术的"药品快检车"，25天检验周期缩为5分钟。

12月7日 深圳市被联合国教科文组织全球创意城市网络认定为"设计之都"，深圳成为我国第一个获此殊荣的城市。

△ 深圳地铁2号线首通段登良路站、后海站顺利封顶。

△ 中央新增1000亿国债第一批项目出炉，深圳成功申报9个项目，分别是节能工程、污水、垃圾处理和高技术产业化项目等。

△ 深圳市劳动保障局与四川省作家协会《星星》诗刊联合主办的"辉煌30年"首届农民工诗歌大赛评选揭晓，130人获奖，前三等奖获奖者符合条件可免试落户深圳。

12月8日 深圳市连续第六次获"全国无偿献血先进城市"称号。

△ 国内首个绿色建筑协会深圳市绿色建筑协会成立。

△ 数字城市、三维建模、模拟、可视化国际研讨会在深圳举行。

△ 清华－南安普顿网络科学实验室揭牌暨万维网与产业研讨会在清华大学深圳研究生院召开。

12月10日 满载8400标准箱、10万吨级的巴拿马籍集装箱船"MSC RANIA"（地中海兰尼亚）轮通过铜鼓航道安全靠泊赤湾集装箱码头。这是深圳市重点工程铜鼓航道开通以来首次航行通过10万吨级超大型集装船。

△ 全国无偿献血表彰大会在京召开，深圳市连续六次获得"全国无偿献血先进城市"的荣誉。全市有2002位市民荣获全国无偿献血奉献奖，其中金奖715人，银奖417人，铜奖870人，是深圳市获奖人数最多的一次。

△　由市企业联合会、市企业家协会发起组织的"中国改革开放 30 年深圳百名杰出企业家"评比活动名单出炉,深圳优秀企业家代表袁庚、任正非、马蔚华、侯为贵、马明哲等入选。

12 月 11 日　2008 首届中国深圳国际茶业茶文化贸易博览会在深圳会展中心开幕,展会为期 4 天。

12 月 12 日　"春天的庆典"——纪念改革开放 30 周年深圳交响乐团原创交响音乐会在深圳音乐厅举行。

△　深圳市人民检察院检务大厅举行启用仪式。

△　广东省委省政府发布《关于经济特区和沿海开放城市继续深化改革开放率先实现科学发展的决定》。

△　深圳湾体育中心建设项目移交签约仪式在南山区政府举行,华润集团正式接手深圳湾体育中心"春茧"的建设。

12 月 13 日　深圳机场国际候机楼启用。

△　国家教育部人文社会科学重点研究基地工作座谈会暨"2008 中国经济特区"论坛在深圳大学召开。

12 月 14 日　在纪念改革开放三十周年全国乡镇企业家代表大会上,深圳坂田实业集团总裁刘日兴被授予"全国优秀乡镇企业家终身成就奖",是广东省唯一获此殊荣的乡镇企业家。

12 月 15 日　深圳—台北直飞首航,票价优惠,往返只需人民币 1200 元(未含税)。

△　深圳市"居家养老服务补助金"不再以现金形式发放,改为发放"居家养老服务券"。

△　"2008 深圳市民环保奖"颁奖典礼在深圳广电集团演播大厅举行,10 位市民获奖。

△　全球首款双模电动车比亚迪 F3DM 在深圳上市销售,售价为 14.98 万元。

△　《福布斯》发布中国变化最大十城市最新排行榜,深圳、广州、香港居前三位。

12 月 16 日　广东省副省长李容根率省发改委、海洋、环保等部门负责人一行到深圳考察调研。

△　深圳市委召开常委会议,传达学习中央经济工作会议精神和省委常委会议精神,结合深圳实际研究部署经济工作。

△　深圳市青联召开六届四次全会,启动青年"双爱"活动。

△　"全球经济新形势下深圳高科技行业挑战与机遇"高峰论坛在深圳举行。

△　深圳高速股份有限公司连续两年荣获香港会计师公会"最佳企业管治资料披露大奖"最高奖项——钻石奖。

△　深圳大力推行使用清洁能源及节能减排，已完成"十一五"节能目标的40%。至2010年，全市单位生产总值能耗（按2005年不变价格计算）可望由2005年的0.59吨标煤/万元降到0.51吨标煤/万元。

12月17日　"向改革开放致敬"——《深圳商报》"安华杯"30年30首经典歌曲大型群众演唱会在深圳音乐厅举行。

△　"全国残疾人服务体系建设"论坛在深圳召开。

△　深圳蛇口码头迎来台湾直航深圳的首个货运班轮。

△　据统计，华侨城集团旗下已经开业的旅游景区2007年入园人数合计达到1350万人次，进入年入园人数千万人次以上的全球旅游景区集团八强，名列第七，为亚洲地区唯一进入"全球旅游景区八强"者。深圳欢乐谷单个景区以320万的年入园人数连续两年跻身亚太地区十强。

12月18日　以"感恩·分享·承担"为主题的深圳市社会福利基金会重新启动仪式暨慈善晚会在深圳大剧院举行。现场募集资金6000多万元人民币，用于定向募捐的教育及社会福利项目。

△　国家统计局深圳调查队成立国内首个统计调查专家组。

△　中国越南（深圳－海防）经济贸易合作区奠基。该合作区占地800公顷，基础设施建设投资2亿美元，入园企业投资总额达40至50亿美元。

△　总投资27亿元的孖洲岛友联修船基地建成投产，这是2004年招商局与深圳签订全面合作备忘录后，完成的第一个重大项目，也是国内最大的单体修船厂。

12月19日　深圳市表彰234个"全国外商投资'双优'企业"。

△　"全国生态文明"建设试点研讨会在深圳召开。

△　田平、卢杰等58位在各自领域取得突出业绩的深圳农民工获"广东省优秀农民工"称号。

△　深圳市公安局以实地评估全国第一、群众满意度全国第一和综合评估总分全国第一的优异成绩被国家公安部确定为"正规化建设一级示范公安局"。

△　深圳市政府四届一百二十三次常务会议，研究审议《深圳市保障性住房条例（草案）》等事项。《条例（草案）》决定一户限购限租一套保障性住房。

12月20日　"改革开放30周年中国经济百人榜"系列评选活动揭晓，深圳万科集团董事长王石、兴办蛇口工业区的袁庚获"影响中国经济30人"荣誉；深圳市的侯为贵、马蔚华、麦伯良、王传福、王仁茂、法兰克·纽曼因 6 人获"十大行业领军人物奖"或"创新人物奖"。

12 月 21 日 广东省首个由省主导的城际轨道交通建设项目——穗莞深项目在深圳宝安区举行开工仪式。

△ "中国经济 50 人"论坛（深圳）研讨会在深圳举行。

12 月 22 日 由深圳市委宣传部与深圳广播电影电视集团共同打造的电视政论片《风帆起珠江》在中央电视台一套综合频道播出。

△ 中国国际经济贸易仲裁委员会华南分会调解中心成立。

△ 第三届"客家文化节"开幕。

△ 深圳市青少年发展基金举行 20 周年表彰庆典。

12 月 23 日 全国政协原常委、香港工业总会名誉主席唐翔千访问深圳。

△ 深圳市委市政府发布《中共深圳市委深圳市人民政府关于制定和实施〈深圳市法治政府建设指标体系（试行）的决定〉》，提出力争用 3 年左右的时间在深圳市初步实现法治政府建设的主要目标。深圳是全国首个推出并实施法治政府建设指标体系的城市。

12 月 24 日 中国人民政协理论研究会深圳代表处成立。

12 月 25 日 中共中央政治局委员、国务委员刘延东视察深圳。

△ 深圳市委、市政府举行深圳博物馆新馆开馆暨《深圳改革开放史》展览开幕典礼，该新馆成为全国首座以改革开放史为核心内容的博物馆。

△ 深圳市再次推出 2726 套保障性住房。

△ 深圳市首批试点性应急避难所——莲花山公园、荔枝公园应急避难场所正式启用。

△ "创造中国第一的深圳人"传媒大典之"我们铭记——改革开放初期最具影响力的深圳十件大事评选揭晓仪式"在深圳广电集团演播厅举行。十件大事如下所述

1. 1979 年，创建大陆第一个出口加工区，蛇口炸响"中国对外开放的第一声开山炮"。

2. 1982 年，"时间就是金钱、效率就是生命"，被誉为"知名度最高，对国人最有影响的口号"。

3. 1984 年，国贸大厦"三天一层楼"，"深圳速度"作为中国改革开放的奇迹被载入史册。

4. 1982 年，深圳率先放开一切生活必需品价格，第一个取消各类票证，终结了

计划经济体制下近四十年的票证制度。

5. 1983 年，新中国股票的前身——第一张股金证发行，深圳第一家股份制企业诞生。

6. 1987 年，土地拍卖"第一槌"引发新中国土地使用制度的"第一场革命"。

7. 1980 年，"炒鱿鱼"、打破"铁饭碗"，深圳率先突破固定用工的传统体制，实行"双向选择"，确立了劳动合同制和配套制度。

8. 1978 年，深圳的"三来一补"企业，走出中国第一代"打工妹"，深圳成为最早聚集外来建设者的城市。

9. 1989 年，创立内地第一个义工团体。

10. 1992 年，邓小平视察深圳发表南方谈话，给中国带来了又一个思想解放的春天。

12 月 26 日　深圳市委常委、常务副市长许勤在五洲宾馆会见韩国 SK 电讯投资（中国）有限公司董事长李锡焕一行。

△　广东省检察长会议在深圳召开。

△　深圳市三层次公交网东部首批新线路举行开通仪式。

12 月 27 日　全国政协副主席厉无畏在深圳大学做《迈向创意城市》学术报告。

△　由深圳华强集团为主要投资方投资建设的大型文化科技主题公园——泰山方特欢乐世界，在泰山脚下的山东省泰安市正式动工。该项目总投资 20 亿元，占地 40 万平方米，预计年接待游客量 400 万人次，预计 2010 年 5 月建成营业，建成后将成为国内最大的文化科技主题公园。

△　深圳市召开纪念东江纵队成立 65 周年、粤赣湘边纵队成立 60 周年大会。

△　中国公园文化传承与发展研讨会在深圳园博园举行。

△　深圳青年创新创业周活动启动。

12 月 28 日　原中共中央政治局常委、全国人大常委会委员长李鹏在中共中央政治局委员、广东省委书记汪洋，省长黄华华，省委副书记、深圳市委书记刘玉浦等陪同下视察大亚湾核电基地。

△　"与改革开放同行"——大亚湾核电站 30 周年座谈会在深圳大亚湾核电站基地举行。

△　深圳市律师协会成立 20 周年庆祝大会在华侨城华夏艺术中心举行。截至 12 月，深圳共有 290 家律师事务所，5120 名执业律师，律师人数位居全国第四，是唯一一个非直辖市、非省会城市律师执业人数突破 5000 人的城市。依户籍人口和常住人口两个指标合数，深圳人均律师数量位居我国各城市之首。

12 月 29 日 深圳市高层次人才认定工作启动。

△ 深圳党建研究会第四次会员代表大会暨"特区党的建设与改革创新"理论研讨会在深圳市委党校召开。

△ 深圳市档案馆爱国主义教育基地挂牌。

△ 位于横岗的深圳地铁 3 号线车辆段运用库工程主体结构封顶，地铁 4 号线莲花山隧道双线顺利贯通。

12 月 30 日 中国城市竞争力研究会在香港发布第七届（2008）中国城市竞争力排行榜，深圳名列中国城市成长竞争力排行榜榜首，连续 4 年获此殊荣。

△ "改革开放三十年影响深圳三十个经济人物"及"第二届深商十大风云人物"颁奖典礼在深圳广电集团举行。袁庚、王石、王殿甫等 30 名企业家获"改革开放三十年影响深圳三十个经济人物"称号，曾南、张学斌等获"第二届深商十大风云人物"称号。

△ 深圳港蛇口港区三突堤三期光板码头功能变更工程已获得国家核准，国家同意将三突堤原 3 个 3 万吨光板码头调整为 2 个 10 万吨级集装箱泊位，码头水工结构则按靠泊 15 万吨级集装箱船舶设计，同时建设相应配套设施。整个变更计划预计增加投资 12.21 亿元，码头建成后，深圳港每年将新增吞吐能力 120 万标箱。

△ 深圳市妇女第四次代表大会在市委党校召开。市妇联新一届领导班子产生，蔡立当选市妇联主席。

△ 由深圳图书馆老馆改建而成的深圳市少年儿童图书馆正式开馆，免费向市民开放，成为深圳及港澳地区目前唯一专门为少儿、家长及教育工作者服务的文献信息中心。

△ 由深圳市国土资源和房产管理局与深圳特区报联合主办的"改革开放三十周年深圳国土房产十大事件"公众评选结果揭晓。综合公众推选和专家评比意见，1987 年深圳敲响中国土地拍卖第一槌、1988 年深圳全国率先启动房改等十大事件当选。

△ 深圳市两家三级甲等综合医院——深圳市宝荷医院和新安医院分别在龙岗和宝安奠基。

△ 深圳"设计之都"品牌运营执行机构——深圳创意文化中心揭牌仪式在深圳报业大厦举行。

△ 深超光电（深圳）有限公司投资建设的华南地区第一条第五代 TFT-LCD 面板生产线投产。

12 月 31 日 教育部副部长、联合国教科文组织中国全国委会主任、深圳"设计之都"工作领导小组组长章新胜访问深圳。

2009 年

1月1日　深圳市财政年终零点结算显示：2008 年深圳市全口径财政收入 2830 亿元，剔除证券交易印花税因素后增幅达 19.5%。其中地方财政一般预算收入首次突破 800 亿元，达到 800.36 亿元，比上年增加 142 亿元，增长 21.6%；上划中央收入达到 2029 亿元，剔除证券交易印花税因素后增幅为 17.6%。

△　2008 年深圳市国税局收入规模为 1570.5 亿元，比上年下降 13%，在全国大中城市国税系统中排在上海、北京和天津之后，列第四位。扣除证券交易印花税和海关代征收后，深圳市国税局组织收入 793 亿元，比上年增长 11.6%，出口退税 493.7 亿元，增长 31%，海关代征进口税收 452.3 亿元，增长 7.6%。

△　2008 年深圳市地税局共组织各项收入 829.58 亿元，比上年增长 31.25%，增收 197.52 亿元，收入规模首次突破 800 亿元。其中，组织税收收入 765.01 亿元，增长 30.41%，增收 178.4 亿元。每平方公里土地产出的地税收入达到 3927 万元，增加 718 万元。

△　深圳市中级人民法院依据《中华人民共和国公司法》等相关法律及司法解释的规定制定了《公司强制清算案件审理规程》，并开始实施。

△　2008 年深圳市金融总资产达到 2.5 万亿元。

△　深圳市首个为低收入家庭建设的保障性住房项目——桃源村三期经济适用房，举行竣工移交暨入住仪式。

△　以"健康、时尚、运动和休闲"为主题的首届深圳国际自行车嘉年华开幕式暨向深圳第二十六届世界大学生夏季运动会赠送自行车仪式在南山区内湾湖公园举行。

△ 深圳海关试行泛珠江三角洲地区进口货物价格预审核和公式定价合同备案业务，相关企业可向海关提出申请办理。此项业务可大幅度降低企业通关环节的时间和成本。

1月2日 深圳市学习考察团到福建省福州市学习考察福建省弘扬传承优秀民族文化，学习推动文化大发展、大繁荣的经验和做法。

△ 由深圳市建筑设计研究院提交的方案在澳大利亚布里斯班中国城改造咨询设计过程中脱颖而出，布里斯班市政府充分吸收深圳咨询成果并形成最终设计方案。

1月3日 在广州结束的"2009广州国际青少年单簧管演奏比赛"中，深圳学生邓铭楷等夺得6个一等奖。

1月4日 深圳市在国内率先启动的社区生育文化中心建设工程获得"广东省人口计生十佳创新"奖。

1月5日 《深圳特区报》摄影记者李伟文在"5·12"汶川地震期间拍摄的两幅抗震救灾摄影作品被中央档案馆收藏，这是中央档案馆1959年建馆以来首次大规模地收藏摄影作品。

△ 深圳大学新增新闻学、临床医学、微电子学3个本科专业。

△ 深圳公交专营整合全面完成，全市所有公交线路集中由巴士集团、东部公交、西部公汽三家企业经营。

1月6日 深圳市启动首期机关与街道年轻干部双向挂职，突破以往"自下而上"交流难模式，百名干部既有"上来"又有"下去"。

1月7日 广东省委副书记、深圳市委书记刘玉浦在市民中心会见来访的中央政府驻香港联络办公室主任高祀仁一行。

△ 第六届"深圳知名品牌"公布，腾讯、迈瑞、雅图、新业等48个品牌榜上有名。

△ 台湾海峡交流基金会董事长江丙坤率领的海基会台资企业考察团抵达深圳进行参访。

1月8日 《珠江三角洲地区改革发展规划纲要（2008～2020）》在北京正式公布。深圳的功能定位确定为"全国经济中心城市""国家创新型城市""中国特色社会主义示范市""国际化城市"。纲要提出：深圳市要继续发挥经济特区的窗口、试验田和示范区作用，增强科技研发、高端服务功能，强化全国经济中心城市和国家创新型城市的地位，建设中国特色社会主义示范市和国际化城市。深圳将作为"全国经济中心城市"发挥对珠三角区域的辐射带动作用。纲要正式确定深圳为国家综合配套改革试验区，要求深圳制定综合配套改革总体方案，率先探索实行大部门体制。

△ 公安部科学技术委员会主任李润森，公安部科技局局长王俭，深圳市委常委、常务副市长许勤，市政协副主席张效民，市老领导厉有为、李广镇、崔晓汉在深圳给获选的"中国安防产业 30 年 30 人"颁奖，深圳 5 人获奖。

△ 2008 年度深圳市金融创新奖颁奖典礼举行，26 个金融创新项目一共获得市政府颁发的 1230 万元的奖金。

△ 深圳市首个移动信息化社区示范点在福田云翠顶峰社区揭牌。

△ 深圳市第六届关爱行动爱心大使聘请仪式在深圳特区报业大厦举行，罗海岳担任首席爱心大使，李传梅等 10 人担任爱心大使。

△ 深圳报业集团原社长吴松营，《香港商报》总编辑、《深圳特区报》原总编辑陈锡添荣获"金长城传媒奖·改革开放 30 年中国传媒突出贡献奖"。

△ 可口可乐与深圳世界大学生运动会组委会执行局成功签约，成为第 26 届世界大学生运动会签约的首家全球合作伙伴。

1 月 9 日 深圳市政府四届一百二十五次常务会议审议并原则通过《关于加快法治政府建设的若干意见》（将作为 2009 年市政府一号文件正式出台）、《关于扶持我市中小企业改制上市的若干措施》。

△ 2008 年深圳市外贸出口额达 1797.2 亿美元，实现全国大中型城市外贸出口 16 连冠。按海关统计口径，去年深圳市出口额较上年增加 112.2 亿美元，增幅为 6.66%，实现了逆市飘红。

△ 在 2008 年度国家科学技术奖励大会上，深圳市喜捧 8 项国家科学技术奖。其中，华为参与完成的"大秦铁路重载运输技术与应用"项目获得国家科学技术进步一等奖。

△ 第二届"三个一百"原创出版工程在京举行表彰大会，深圳大学教授魏达志等著的《深港国际大都会形成机理研究——基于深港"共同市场"的特大型城市形成机理与主导路径》一书入围人文社科类获奖图书，深圳市首次获得国家新闻出版总署原创图书奖的殊荣。

△ 深圳桃源居公共管理与服务项目获"中国人居环境范例奖"。

△ 深圳市首个移动信息化社区建设示范点在福田云顶翠峰社区揭牌。

△ 历时四个多月的深圳市第六届职工技术运动会圆满落幕，数百名优胜选手将获深圳市招、调工奖励。

△ 为落实公安部在全国开展的"公安民警大走访"爱民实践活动，公安部副部长张新枫、公安部刑侦局局长杜航伟等在深圳调研。

△　"感动陇南·2008 年十大新闻人物"评选揭晓，深圳市政府副秘书长、深圳对口支援前方指挥部总指挥张文榜上有名。

1 月 10 日　"2008 年广东十大经济风云人物"揭晓，深圳雅昌董事长万捷、研祥智能董事长陈志列名列榜单。

1 月 11 日　在"第七届中国政府网站绩效评估结果发布暨经验交流会"上，深圳市政府门户网站（深圳政府在线 www. sz. gov. cn）在全国 333 个地市级（含副省级）城市门户网站评比中名列第一。

△　在由北京大学、央视国际、新浪网、凤凰卫视等联合主办的"纪念改革开放 30 周年中国创意城市文化名片荣誉盛典"中，深圳东部华侨城喜获城市文化名片之"园区名片"殊荣。

1 月 12 日　在全国新闻出版（版权）局长暨党风廉政建设工作会议上，深圳报业集团荣获抗震救灾先进集体，深圳出版发行集团海天出版社毛世屏、深圳中华商务安全印务股份有限公司陈均被授予中国出版荣誉奖章。

△　在国家教育部、财政部正式公布的 2008 年国家级精品课程名录中，深圳职业技术学院 16 门课程榜上有名。至此，该校国家精品课程数量已达 41 门，不仅在广东高校中名列第一，在全国高职院校中也遥遥领先。

△　华侨城集团旗下东部华侨城世界级度假旅游区获"纪念改革开放 30 年中国创意城市文化名片"奖之"园区名片"殊荣。

△　第六届深圳关爱行动启动，"企业爱员工，员工爱企业"首次列为关爱主题活动。

1 月 13 日　全国人大常委会在深圳举行报告会，向香港、澳门特别行政区的全国人大代表及全国政协委员通报情况。

△　全国人大常委会副委员长、秘书长李建国在深圳视察调研人大工作。

1 月 14 日　深圳市委、市政府决定在全市开展"服务年"活动。

△　深圳首趟劳务工"专列"开出。

1 月 13 ~ 14 日　中共深圳市委四届十一次全体（扩大）会议召开。2009 年深圳市经济发展主要预期目标：GDP 同比增长 10% 左右，人均 GDP 同比增长 9% 左右。其中，人均 GDP 首次进入深圳年度发展预期目标。

1 月 15 日　深圳市委、市政府召开建市 29 年来首次学前教育工作大会，出台了深圳市关于学前教育发展的首个纲领性文件和首部政府规章。

△　全国首个 3G（TD-SCDMA）公共信息服务点在深圳启用，4 台 TD-SCDMA 公共信息服务终端进驻市民中心行政服务大厅。

1月16日 深圳在河源投资建设的最大项目——河源电厂1号机组建成投产。该项目由深圳能源集团和合电投资（香港）有限公司共同投资兴建，是目前国内第一家实现废水零排放的电厂，也是华南地区首个使用超临界燃煤机组。

△ 国家发改委、深圳市政府和韩国SK电讯株式会社举行"中韩信息技术创新合作项目"启动仪式。

△ 深圳市政府下发《关于批准并公布深圳市第二批市级非物质文化遗产名录的通知》。

△ 深圳大学为参加"西部计划"抗震救灾专项行动的毕业生志愿者举行特殊的毕业典礼，胡倩文等8名2008届毕业生从校长章必功手中接过了"迟到"半年之久的毕业证书和学士学位证书。

1月17日 由深圳市教育局、民政局联合主办，深圳市希望社工服务中心策划承办的"希望风帆"大型心理健康系列活动百校（社区）行活动启动。

△ 深圳2011世界大运会海报设计大赛优秀作品展览在深圳市民中心开幕。

1月18日 广东省委副书记、深圳市委书记刘玉浦会见了甘南藏族自治州州委书记陈建华率领的甘南藏族自治州代表团一行。

1月19日 深圳市委常委、常务副市长李锋在市民中心会见日本国际贸易促进协会副会长中田庆雄一行。

△ 深圳大运中心主体育馆提前封顶。

1月20日 在全国精神文明建设工作表彰大会上，深圳再次荣获"全国文明城市"称号，同时还有13个单位和个人获表彰。

△ 2009年深圳市各界人士迎春茶话会在五洲宾馆举行。

△ 深圳2008~2009年重大建设项目之一——格兰达半导体装备产业园在市大工业区奠基。

1月21日 广东省委副书记、深圳市委书记刘玉浦在麒麟山庄会见了河源市委书记陈建华、市长刘小华一行。两地政府签署了《合作建设深圳（河源）产业转移工业园协议》。

△ 深圳市公安局举行第四届特邀监督员聘任仪式，52名社会人士获聘成为警方特邀监督员。

1月22日 海协会会长陈云林考察了位于深圳市光明新区的世纪晶源科技有限公司暨深圳市化合物半导体产业基地。

1月23日 深圳市统计部门发布最新经济数据，2008年深圳全市生产总值达7806.54亿元，比上年增长12.1%。第一次产业增加值6.66亿元，比上年下降

13.4%；第二次产业增加值 3815.78 亿元，增长 11.9%；第三次产业增加值 3984.1 亿元，增长 12.5%。三次产业结构由上年的 0.1∶50.1∶49.8 变为 0.1∶48.9∶51，第三次产业所占比重提高 1.2 个百分点。

　　△　深圳市刘玉浦、王顺生、白天等领导在市民中心会见驻港部队司令员张仕波、政委刘良凯一行。

　　1 月 25 日　广东省委副书记、深圳市委书记刘玉浦等领导到设在罗湖区爱国路的第二十八届深圳迎春花市，看望和慰问节日期间坚守工作岗位的环卫工人和公安干警，向市民朋友们拜年，并通过他们向全市人民致以诚挚的新春祝福。

　　1 月 28 日　深圳湾边检站全天通关旅客达 73394 人次，这是该口岸自开通以来出入境客流首次突破 7 万人次。

　　1 月 30 日　世界知识产权组织公布 2008 年全球专利申请排名榜，深圳华为公司凭 1737 件申请跃居世界第一。深圳 2008 年国际专利申请总量达 2709 件，同比增长 24.8%，占全国的比例从 2004 年的 19.40% 上升到 2008 年的 44.5%，自 2004 年起连续 5 年全国第一。

　　2 月 1 日　广东省委副书记、深圳市委书记刘玉浦等领导率市有关部门负责人前往广州拜会南方电网公司领导。

　　△　非深户居民赴港定点团队旅游条件放宽，深户居民父母可参团定点游港。

　　2 月 2 日　深圳市人才大市场"才市暖阳——招聘、求职公益服务周"活动启动。

　　△　深圳少儿艺术团应邀赴台展演。

　　2 月 3 日　广东省委副书记、深圳市委书记刘玉浦在五洲宾馆会见了来访的中日经济知识交流会顾问、原日本经济企划厅长官宫崎勇一行，双方就加强深圳与日本的经济合作交流交换了意见。

　　2 月 4 日　深圳友好城市——波兰波兹南市市长格罗本尼一行访问深圳。

　　△　深圳市文艺界春茗会在五洲宾馆举行。

　　△　国家商务部副部长蒋耀平率调研团来深圳调研对外贸易面临的形势和发展趋势，与深圳市 14 家企业进行座谈。

　　2 月 5 日　深圳市政府四届一百二十八次常务会议召开，研究审议并原则通过《深圳市 LED 产业发展规划（2009～2015 年）》等一系列 LED 产业发展的政策文件。

　　△　深圳市政府通过最新一期《市政府公报》正式颁布解决中小学生午餐、午休问题三大政策文件，包括两个政府规章——《深圳市中小学校外配餐管理办法》

和《深圳市校外午托机构管理办法》及一个规范性文件——《深圳市义务教育就近入学管理办法》。

△ 经国家质检总局组织专家实地考核，深圳湾和大铲湾被新增为进口水果指定入境口岸。此前，深圳已有文锦渡、皇岗等8个口岸被国家质检总局列为进口水果指定入境口岸。

△ 深圳市政府常务会议原则通过了《关于调整深圳市部分社会保险费率的请示》，将在确保参保人社会保险待遇水平不降的基础上，大幅下调工伤保险等险种的企业缴纳部分。

2月6日 广东省委副书记、深圳市委书记刘玉浦主持召开市委常务会议，传达学习广东省理论学校中心组刚刚举办的《珠江三角洲地区改革发展规划纲要》专题研讨会精神，进一步研究部署深圳市贯彻落实该纲要的各项工作。

2月6~9日 中共中央政治局常委、国务院副总理李克强在中共中央政治局委员、广东省委书记汪洋，广东省省长黄华华等陪同下，出席西气东输二线东段工程开工仪式后，先后到深圳、东莞、广州等地，就经济发展和企业运行情况进行考察。

△ 深圳市政府与中国石油天然气集团公司举行签字仪式，深圳与中石油将加强全面合作。

2月9日 深圳市委常委、副市长吕锐锋会见匈牙利共和国环境及水利部国务秘书欧拉赫·洛约什一行。

△ 深圳市委常委、市委宣传部部长王京生会见英国创意大师查尔斯·兰德得。

△ 深圳市贸易工业工作会议召开。

△ 深圳市社保局公布在校大学生参加医保的办法已获市政府常务会议通过，深圳市包括非深户籍在内的7万多在校大学生全部纳入城镇居民医疗保险范围。

△ "欢乐闹元宵"深圳市非物质文化遗产展演、展示会在深圳市群艺馆举办，深圳市10项非物质文化遗产亮相。

2月9~10日 中国地震局副局长赵和平到深圳市就防震减灾工作进行考察调研。

2月10日 中国共产党深圳市第四届纪律检查委员会第六次全体会议召开。

△ 中国航天科技集团公司总经理马兴瑞一行访问深圳。马兴瑞表示，深圳航天科技大厦正在兴建，在深圳的微小卫星产业基地也即将揭牌，预计中国航天近两年在深圳的投资将达10亿元。

△ 深圳市福永等10座污水处理厂BOT特许经营项目签约暨动工仪式在宝安区福永污水处理厂举行。

△　深圳市质监局召开新闻发布会正式宣布发布实施标准化战略三项配套政策。

2 月 11 日　深圳市轨道交通建设 2008 年工作总结暨 2009 年责任书签署大会在市民中心举行。

△　香港地铁有限公司行政总裁周松岗一行访深。

△　新华社播发深圳"绿色城市"创建经验。

△　"全面健身与奥运、大运同行"龙腾狮跃闹元宵——2009 年全国龙狮大联动（深圳市）活动在深圳体育中心广场隆重举行。

△　深圳市新一期政府公报公布《深圳市小额贷款公司试点管理暂行办法》。

2 月 12 日　深圳市政府常务会议审议通过光明新区 2008～2020 年发展总体规划，将光明新区建设成为深圳市贯彻落实科学发展观的典范城区。

△　法国前总理拉法兰、国民议会副议长拉菲纳尔率领的法中友好代表团一行访深。

△　深圳市委常委、常务副市长李锋在五洲宾馆会见美国国际数据集团（IDG）创始人、董事长麦戈文及其夫人一行。

△　深圳市召开全市国资、国企工作会议。深圳市属国有企业总资产 2008 年末达到 2404 亿元。

△　中国广东核电集团有限公司与深圳能源集团股份有限公司签署战略合作框架协议。双方将在广东省内核能领域和常规能源领域进行深度合作。

2 月 13 日　由香港中文大学和深圳南山区人民医院共同主办的显微及内窥镜技术实验室开业仪式暨两岸四地学术研讨会在深圳举行。

△　中联航运华南/台湾集装箱班轮直航快线（STD）深圳港开通仪式在深举行，深圳迎来首条华南/台湾定期班轮航线，每周三班挂靠深圳。

2 月 15 日　第四届"'两岸四地'"少年儿童数学邀请赛（冬季赛）深圳赛区的比赛揭晓，深圳 425 人榜上有名。

2 月 16 日　在 2008 年度全国气象部门首届业务技术创新工作评比中，深圳市气象局荣获"2008 年度全国气象部门首届业务技术创新工作项目"第二名。

△　全国政协原副主席、中华妈祖文化交流协会会长张克辉来到深圳市南山区赤湾天后宫和西丽天后宫调研考察。

△　由中国平安集团旗下的平安信托与全球第三大货币经纪公司利顺金融集团合资设立的平安利顺国际货币经纪有限责任公司正式宣布将其总部落户深圳并开业。深圳市政府向其颁发金融机构总部落户深圳奖励 500 万元。

△　共青团光明新区工委会成立。

2月17日　在北京举行的节能与新能源汽车示范推广试点工作会议上，国家财政部、国家科技部、国家发改委、国家工信部四部委为深圳等13个节能与新能源汽车示范推广试点城市授牌。

△　深圳前海湾保税港区建设启动。前海湾保税港区开发建设领导小组第一次会议召开，专题研究推进前海湾保税港区基础设施建设和前期准备工作。

△　深圳市认定首批53名高层次专业人才。首批高层次专业人才按照深圳市政府去年9月发布的《深圳市高层次专业人才认定办法（试行）》进行认定及审核，其可凭证书享受子女入学、学术研修津贴、购房补贴等优惠政策。高层次专业人才认定打破了"终身制"，五年为一任期。

△　深圳市慈善会·扶持中小企业共渡难关公益基金正式启动，富安娜等20家企业获得首批公益培训资助。

△　深圳市指纹锁企业普罗巴克公司正式推出第二代指纹识别芯片。该芯片是目前国内体积最小、识别率最高的指纹芯片。

△　中丹（中国－丹麦）乳腺癌研究中心在深圳华大基因研究院挂牌。

2月18日　深圳市第5期政府公报发布了《深圳国家创新型城市总体规划实施方案》，全面启动华南超级计算中心建设。

△　全长14.1公里的横坪公路主线横岗至坪山段正式建成通车。

△　国内首家新型公共政策研究咨询机构——深圳综合开发研究院（中国深圳）喜庆20周岁。

2月19日　广东省委副书记、深圳市委书记刘玉浦在五洲宾馆会见了由新加坡教育部兼新闻、通讯及艺术部高级政务部部长吕德耀，贸易及工业部政务部长李奕贤率领的新加坡商务考察团一行22人。

△　深圳市政府与潮州市政府在五洲宾馆签署共建深圳（潮州）产业转移工业园合作协议。

△　国际摩联F1委员会主席尼克鲁访深，表示将加强在F1摩托艇赛事及相关产业的合作。

△　深圳大运动执行局在大冬会向世界发出邀请——"2011我们相约鹏城"。

2月19~20日　应香港环境局邱腾华局长的邀请，深圳市委常委、副市长李锋率环保、水务、城管等部门负责人赴港考察污泥处理处置、空气监控等情况，学习和借鉴香港经验。

2月20日　深圳市政府常务会审议并原则通过《深圳市小企业金融服务体系建设工作方案》。

△ 深圳市政府与中国电子信息产业集团公司在五洲宾馆签署战略合作框架协议和备忘录，结成战略合作伙伴关系，在多领域开展多层次合作。

△ 广深铁路公司与工商银行深圳市分行联合推出"广深铁路牡丹金融 IC 卡"，首次实现金融支付与铁路乘车的无缝对接。2 月 25 日开始，旅客乘广深城际列车无须排队购票，直接刷银行卡便可进站乘车，深圳成为国内最早实现这一重要金融创新的城市。

△ 深圳首发社区"居家养老"消费券，该消费券用于居家养老补助对象向服务机构购买居家养老服务。

△ 德国欧维特物流服务公司在深圳建立现代物流配送中心。

2 月 21 日 深圳市政协第四届委员会第五次会议隆重开幕。在为期 5 天的会议中，400 多名肩负重任的政协委员将围绕国计民生的重大问题建言献策。

△ 深圳市关爱行动组委会办公室携手深圳市润鹏社会工作服务社、日月社会工作服务社两大社工机构联合打造的首个爱心活动基地，在金湖大厦正式挂牌成立。

2 月 22 日 国家发改委副主任张晓强考察比亚迪股份有限公司。

△ 深圳大剧院上演"中国京剧名家会演——2009 新春艺术关爱专场"。

2 月 23 日 深圳市第四届人民代表大会第六次会议隆重开幕。

△ 2008 年广东建设金融强省激励工作表彰大会在广州召开，深圳市荣获"金融稳定奖"。

2 月 23 ~ 27 日 深圳市四届人大六次会议召开，陈治华、及聚声当选市人大常委会副主任，唐杰当选副市长。年度人均 GDP 增长目标首次写进深圳市《政府工作报告》。

2 月 24 ~ 25 日 按国家住房和城乡建设部的统一部署，国家园林城市复查组抵深，开始对深圳进行为期 2 天的复查，深圳市最终通过考察。

2 月 25 日 深圳市委、市政府在五洲宾馆举行 2009 港澳知名人士春茗座谈会，共商深港、深澳合作发展大计。

2 月 26 日 日立环球存储科技公司新任总裁史蒂夫·密里根一行访深。

△ 深圳平安银行更名为平安银行。

2 月 26 ~ 29 日 第七届中国（深圳）国际黄金珠宝玉石展览会在深圳会展中心举行，为期 4 天。

2 月 27 日 深圳、惠州、东莞三地党政领导在深圳五洲宾馆召开首次联席会议，并签署了《推进珠江口东岸地区紧密合作框架协议》。

△ 中国（深发展）首届极地科普文化展在园博园综合展馆开幕。

△ 广东省社会科学院非物质文化遗产保护研究中心深圳研究基地挂牌仪式在香云纱博物馆筹备处举行。

2月28日 深圳市中心区第二批金融项目暨招商证券大厦和华安保险总部大厦同时举行奠基仪式。

△ 深圳市平板显示产业座谈会在市民中心举行。

△ 第四届甘肃省"万名医生下乡"表彰活动举行，深圳支援甘南灾区医疗队的10名队员获得"先进个人"荣誉。

△ 中国航天科技集团中国空间技术研究院所属专业小微卫星研制总体单位——深圳航天东方红海特卫星有限公司成立揭牌暨卫星大厦奠基仪式在深圳高新区举行，中国航天科技集团将宇航制造和航天技术应用核心业务落户深圳。

△ 深圳市中小企业信用再担保中心成立。

3月1日 深圳市出台《关于我市高级技工学校技师学院中等职业学校毕业生大专待遇问题的通知》。

△ 深圳市文明办、团市委和深圳特区报社在市少年宫广场联合举行"心相助爱同路"全市义工基层服务统一行动活动。

3月2日 深圳市政府常务会议审议并原则通过了《深圳市政府投资项目并联审批实施方案》，取消了政府投资项目的审批前置程序。

△ 深圳市政府常务会议审议并原则通过了《深圳市公共汽车运营服务管理办法》，明确公共汽车优先发展原则。

△ 由深圳市妇联主办的"共同责任、共克时艰"——市领导与女企业家庆"三八"恳谈会在五洲宾馆举行。

△ "萧晖荣艺术展"——中国画/雕塑在深圳美术馆开幕。

3月3日 深圳市工业贸易企业百人调研服务工作动员大会在市民中心举行。

3月4日 深圳通过全国档案事业发展综合评估组的评估，荣获"全国档案事业发展综合评估先进单位"称号。

△ 深圳巴士集团鹏程出租车公司"学雷锋、献爱心活动月"启动。

3月5日 深圳市副市长唐杰在五洲宾馆会见丹麦驻华大使叶普一行。

△ 深圳市出台《关于积极应对国际金融危机保持经济平稳发展的若干措施》。

△ 由深圳市慈善总会指导并负责监管的"深圳市慈善会同仁女性健康关爱基金"正式落户宝安。

△ 港深机场铁路、广深港高速铁路等深港合作重大项目被写进十一届全国人大二次会议《政府工作报告》。

△ 深圳市举行纪念"三八"妇女节暨创建文明家庭电视晚会。

△ 深圳首支消防志愿者队伍成立。

3月6日 深圳高新区南区的深港产学研基地科技企业孵化器被认定为"国家高新技术创业服务中心(科技企业孵化器)",摘得我国科技企业孵化器领域的最高荣誉。

△ 深圳市罗湖区荣获"全国东西扶贫协作先进单位"称号。

△ 深圳市龙岗区与香港中小学首次举办校长高级论坛。

3月7日 来自香港、澳门、广州、深圳、珠海5大机场的负责人在广州联合签署了《大珠三角地区五机场落实〈珠江三角洲地区改革发展规划纲要〉行动纲领》。

3月8日 新华社播发长篇通讯报道:来自深圳特区文化产业的"早春现象"。

△ 深圳市评出"十佳最美服务笑脸"和"十佳最真挚服务感言"女公务员。

3月9日 在文化部与中国进出口银行合作协议框架下,中国进出口银行与深圳华强集团有限公司在北京签订贷款额度为100亿元的《支持文化科技产业"走出去"战略合作协议》。

△ 深圳市投资推广署项目投资服务协议签约仪式在市民中心举行。

3月10日 深圳市与中国科学院在北京举行科技合作座谈会,加强院市合作推动自主创新。

△ 由湖北省委常委、宣传部部长李春明率领的湖北文化考察团一行15人,来深圳考察文化发展情况。

3月11日 第8期政府公报公布了《深圳市建筑施工企业农民工参加工伤保险试行办法》。

△ 中国工商银行深圳分行宝安支行营业部和宝安妇幼保健院新生儿科被中华全国总工会授予"全国女职工建功立业标兵岗"荣誉称号。

△ 深圳市启动"医安行动三号"专项整治行动,严查医疗机构超范围执业和出租承包。

3月12日 国家统计局深圳调查队公布深圳2月CPI数据。2月深圳居民消费价格总水平与上年同月比下降1.3%,这是自2004年以来的首度下降。

△ 吉林省委常委、省纪委书记李法泉率领的纪委考察团一行在深圳考察,交流防腐倡廉经验做法。

△ 深圳国际商会举行"一届三次理事会暨企业应对时艰交流会",共商应对危机之策。

△ 深圳市召开中小企业发展促进会会长会议。

3月13日 第四届深圳市争创"全国顾客满意服务明星"颁奖典礼举行。

△ 南山区获省政府授予的全省首个"推进教育现代化先进区"。

△ 龙岗区法院依法对"九二〇"特大火灾事故系列案做出一审宣判，多人犯玩忽职守罪被判处有期徒刑。

3月14日 广东省人民政府向深圳市南山区授予"广东省推进教育现代化先进区"牌匾，这标志着南山区成为广东省第一个也是目前唯一的"推进教育现代化先进区"。

△ 国内多个卫视上演由深圳高端文化产业公司华强文化科技集团打造的"深圳创意"卡通片《恐龙危机》。

3月15日 由深圳市工商局与消费者协会联合主办的深圳市2009年"3·15"国际消费者权益日系列活动启动仪式在市民中心广场举行。

3月16日 广东省委副书记、深圳市委书记刘玉浦会见交通银行党委书记、董事长胡怀邦，行长李军一行。

△ 深圳内地系列经贸洽谈展销会的首场活动——深圳－成都拉动内需经贸洽谈暨宝安－金牛产品展销会在成都世纪城新国际会展中心2号馆开幕，由深圳200多家企业带来的电子信息、设备制造、服装等名优产品集体亮相成都。深圳、成都两地政府签署了《关于加强深蓉经济社会领域合作与发展的框架协议》。

3月17日 深圳市政府与国家开发银行在五洲宾馆签署开发性金融合作协议。根据协议，国家开发银行将在未来3至5年提供2000亿元的融资额度，支持深圳经济创新发展。

△ 统计数据显示，截至2009年1月底，农民工参加深圳市社会医疗保险人数达到581.361万人，居全国大中城市首位。

△ 深圳市副市长张思平在市民中心会见了UPS公司国际总裁丹尼尔布鲁托一行。

△ 深圳大学城图书馆（深圳市科技图书馆）获第四批教育部部级科技查新资质，成为深圳市第一个具有教育部部级科技查新资质的单位。

△ 深圳雕塑院正式更名为深圳公共艺术中心，将承担公共空间艺术的研究、策划、推广、创作等工作。

△ 深圳市政府下发《关于做好促进就业工作的意见》。

△ 深圳市法院系统首个人民调解工作室挂牌。

3月18日 深圳市政府与香港铁路有限公司签署市轨道交通4号线特许经营协

议，引进港铁公司投资、建设、运营轨道交通 4 号线续建工程，港铁将运营 4 号线全线 30 年，以票务收入收回建设成本。

△ 深圳首家法律援助工作站——坪山法律援助工作站挂牌成立。

△ 深圳市 18 个重点考核单位"一把手"陈述环保表现。

△ 深圳最大旧改项目进入实质性阶段，大冲旧村整体改造启动集体物业拆迁。

3 月 19 日 深圳市政府与香港中文大学签署全面合作备忘录，香港中文大学深圳研究院在深圳高新技术产业园正式动工建设。

△ 深圳市及福田、罗湖、南山、盐田、宝安、龙岗六区被授予"广东省 2008 年度人口计生工作先进单位"称号。

△ 深圳市荣膺广东计生工作先进单位。

△ 深圳市第一家服务外包产业基地暨科技企业孵化器在光明新区宏发高新产业园揭牌。

△ 日本电气通信大学校长梶谷诚与深圳市高新办负责人签订了《深圳虚拟大学园入园协议书》，该校正式入驻虚拟大学园。

3 月 20 日 深圳市首次实现双拥工作"满堂红"，不仅连续第四次荣获全国"双拥模范城"称号，而且连续第六次荣获广东省"双拥模范城"称号，6 个行政区还全部被评为"双拥模范区"，在全国也是唯一获此殊荣的城市。

△ 杜邦太阳能全球薄膜光伏电研发中心在香港正式启用，这意味着"深港创新圈"建设又迈出重要一步。

△ 深圳市 300 多个中小企业与 22 个商业银行在市民中心展开实质性的无质押互助融资洽谈。

3 月 21 日 国家人力资源和社会保障部副部长杨志明率队到深圳市督察就业工作。

△ 深圳城市更新总体规划编制工作全面启动。

△ 深圳市五洲龙汽车有限公司在北京举行的"2009 中国国际节能减排和新能源科技博览会"上，其自主研发的混合动力客车获得了"中国十大科技创新新能源企业"和"中国节能减排领先产品"两项大奖。

△ 深圳市慈善会以"感谢深圳，感谢您"为主题，开展慈善暖春系列活动。"劳务工关爱基金"劳务工子女重病救助项目在深圳启动。

△ 世界郑氏宗亲联谊总会首届恳亲大会在深圳举行。

3 月 22 日 以深圳市委常委李意珍为团长、副市长卓钦锐为副团长的深圳市经贸参访团一行 13 人，搭乘深圳航空公司飞往台湾的航班飞抵台松山机场，展开经贸访问活动。

△ 全国政协副主席、中国人民政协理论研究会会长郑万通在深圳考察。

△ 深圳捐资逾 6000 万元援建陇南市文县第一人民医院、文县一中。

△ 深圳地铁 5 号线最长的区间隧道右线顺利贯通，至此，杨上区间隧道右线 2 号竖井至上水径车站提前 20 天贯通。

3 月 23 日 甘南州舟曲县委书记范武德等来到深圳对口支援工作前方指挥部，向深圳市委市政府敬赠"援建恩情时代铭记"的牌匾。

3 月 23 日 ~ 30 日 深圳市经贸参访团访台。

3 月 24 日 香港中旅（集团）有限公司董事长宋学武一行访深。

△ 深圳市召开出租车行业表彰大会，对荣获"2008 年度十佳企业、十佳车队、十佳驾驶员、百名优秀驾驶员"的先进典型进行表彰。

△ 民革广东省委会十一届三次全会在深圳召开。

△ 中国银行与深圳能源集团在深圳签署《战略合作协议》。

3 月 25 日 广东省委副书记、深圳市委书记刘玉浦在五洲宾馆会见了到访的新加坡国务资政吴作栋。

△ 广东省委副书记、深圳市委书记刘玉浦主持召开市委常委会议，要求减少会议、文件、评比表彰，下大决心解决"文山会海"。会议审议并原则通过了市委办公厅起草的《关于减少会议文件评比表彰的通知》。

△ 华南理工大学公共政策评价中心发布 2008 年度"广东省地方政府整体绩效评价报告"，深圳的政府整体绩效连续两年被评为全省第一名。

3 月 26 日 深圳市四届人大常委会举行第二十七次会议，开全国先河的《深圳市保障性住房条例（草案）》等一系列法规草案及法规修改议案提交审议。经过深圳市政府申请并经财政部批复，深圳市将由财政部代理发行 24 亿元地方债券，深圳市政府组织编制了预算调整方案，提请该次常委会会议审议。

△ 广东省委副书记、深圳市委书记刘玉浦会见了中国银行行长李礼辉一行。

△ 中国银行个人金融产品研发中心落户深圳。

△ 深圳市首个自主创业孵化示范基地在华南国际工业原料城正式揭牌。

△ 新加坡国务资政吴作栋率团访深。

△ 广东省首例引入量刑辩论机制的刑事案在深圳罗湖区法院公开庭审。

△ 中国人民大学流通研究中心和中国流通领域最大的信息和技术服务机构中商流通生产力促进中心联合在京发布了《中国城市流通竞争力报告 2008》，深圳名列城市流通竞争力综合指数前十强城市，位居第八。

3 月 27 日　深圳市南岭村社区荣获"全国文明社区"称号。

△　深圳市高级技能人才公共实训管理服务中心理事会正式宣告成立,成为深圳市首家试点法人治理结构的事业单位。

△　中科智集团与债权人代表在深圳签署债权股协议,中外方股东签署了谅解协议。至此,"中科智风波"解除了系统风险。

△　深圳市决策咨询委员会 2009 年工作会议在五洲宾馆召开。

△　深圳市物流工作会议在市民中心召开。

3 月 28 日　广东省委副书记、深圳市委书记刘玉浦会见由吉林省委常委、长春市委书记高广滨率领的长春市党政代表团一行。

△　被誉为"中国信息产业层次最高的年度盛会"2009 中国(深圳)IT 领袖峰会首度在深圳五洲宾馆举行。

△　2009 年中国数量经济学年会首次在深圳大学开幕,国内外主要大学经济学院的相关领导和众多海内外经济学专家 600 余人会聚一堂,进行经济学领域的学术讨论。

△　由招商局重工(深圳)有限公司为中海油能源发展股份有限公司建造的自升式海洋工程多功能支持平台"海洋石油 281"在深正式下水。

3 月 29 日　作为中国音乐协会和深圳市联合推出的音乐工程的首次重要主题活动"中国音乐家深圳行"活动在深圳音乐厅正式启动。

3 月 30 日　深圳音乐工程暨"中国音乐家深圳行"举行启动仪式。

△　深圳市启用 IC 卡道路运输电子证件。

△　深圳市育才中学举行"广东省国家级示范性普通高中"揭牌仪式。

3 月 31 日　证监会发布创业板上市办法,自 5 月 1 日起实施,1100 家深圳企业候选创业板"种子队",百家企业进入改制上市程序。

△　深圳市机器人产业协会在南山医疗器械产业园成立,这是国内首个机器人产业协会。

4 月 1 日　经国家公安部批准,"深圳居民扩大个人游试点工作"正式启动。深圳市近 220 万名符合条件的市民可以一次签注一年内多次往返香港,每次签注费用为 100 元。

△　深圳市消防体制做出重大变革。消防机构分设为:灭火救援机构——由现役武警组建的深圳公安消防支队负责;消防监管机构——由公安民警构建的深圳市公安局消防监督管理局负责。消防机构分设在全国尚属首次。

4 月 1~3 日　以全国人大常委、原教育部副部长吴启迪为组长的调研组,就推动深圳高等教育发展来深圳进行为期 3 天的专项调研，期间考察了深圳大学、深圳大学城，并了解了南方科技大学的筹建工作。

4 月 2 日 深圳市规划局发布公告，开始落马洲河套地区 C 区的规划招标。

△ 第二届全球航空货运中国年会在深圳召开。

4 月 3 日 广东省委副书记、深圳市委书记刘玉浦率领深圳市代表团到陕西省学习考察。

△ 35 家深圳企业入选"2008 年度广东纳税百强"。

4 月 4 日 有"中华内衣第一秀"之称的第四届深圳国际品牌内衣展举行。

4 月 5 日 "优才 2009"深圳（龙岗）百家企业先行活动在陕西省西安市西安人才市场正式开幕。

4 月 5~8 日 第 13 届中国东西部合作与投资贸易洽谈会在西安举行，深圳组织数十家企业参展。广东省委副书记、深圳市委书记刘玉浦出席开幕式，并到深圳展区调研，现场帮助企业推介产品。深圳代表团经贸洽谈成交额 145.62 亿元。

4 月 7 日 由广东省委副书记、深圳市委书记刘玉浦率领的深圳市党政代表团在甘肃省兰州市与甘肃省委书记陆浩、省长徐守盛等座谈，共商对口援建大计。

△ 第二届规划设计行业发展论坛在深圳举行。

4 月 8 日 国务院总理温家宝主持召开国务院常务会议，决定在上海市和广东省广州、深圳、珠海、东莞开展跨境贸易人民币结算试点。

△ 珠三角各市现场会第七站在深圳市召开，现场会对深圳贯彻实施《珠江三角洲地区改革发展规划纲要》、推进"三促进一保持"和"双转移"等各项工作进行了检查指导，充分肯定深圳近年改革发展成绩，要求全省特别是珠三角各市要向深圳学习，增强改革意识、提高创新能力、转变发展模式。省委书记汪洋主持会议，省长黄华华代表省委、省政府做讲话。

△ 香港国民教育中心与中英街历史博物馆正式签署"国情教育基地协议书"，并举行"香港国民教育中心国情教育基地"揭牌仪式。这是香港在内地设立的首个国情教育基地。

△ 深圳公布大运会色彩系统、体育图标、核心图案三项视觉元素。

4 月 9 日 国家工业和信息化部副部长娄勤俭和中国电子学会理事长、原信息产业部部长吴基传一行访深。

△ 2009 年中国电子技术年会在深举行，中国电子展第 73 届展会同时在会展中心开幕。

4 月 10 日 欧洲议会交通和旅游委员会成员德克·斯特克斯率欧洲议会对华关

系代表团核心小组一行抵深进行考察访问。

　△　罗湖区下岗党员再就业培训基地在桂园街道揭牌。

　△　由市贸促会和宝安区合作成立的深圳市首个企业援助中心在宝安区挂牌成立。

4 月 11 日　世界银行高级顾问、经济学家尼古拉斯·戈吉斯坦尼来深圳讲学。

　△　"全国百城（深圳）旅游宣传周"活动暨深圳市大型旅游宣传推广活动大幕拉开。

4 月 12 日　2009 义工（志愿者）发展国际论坛在深圳举行。珠三角 9 市义工（志愿者）组织共同发布了《珠江三角洲义工（志愿者）宣言》，拉开珠三角区域义工（志愿者）事业联合发展的序幕。

　△　甘肃省委省政府主办答谢深圳市委市政府和深圳人民对口支援甘肃灾后重建专场演出，有着"可移动的敦煌"之称的国家舞台艺术精品剧目《大梦敦煌》在深圳大剧院上演。

4 月 13 日　深圳市副市长卓钦锐在五洲宾馆会见马其顿驻华大使特米尔·杰拉迪尼。

4 月 14 日　《2009 年中国城市竞争力蓝皮书：中国城市竞争力报告》在京发布，深圳综合竞争力排名全国第二，仅次于香港。

4 月 15 日　新华社播发长篇通讯介绍深圳华为公司应对金融危机积极开拓市场的经验和做法。

4 月 16 日　巴布亚新几内亚总理索马雷及夫人一行访深。

　△　深圳市工会第五次代表大会开幕，提出了"争当建设中国特色社会主义工会排头兵"的奋斗目标。

　△　深圳地铁一期工程正式通过国家竣工验收。

　△　深圳湾滨海休闲带 B 段（后海填海区东侧）岸堤填筑工程完工。

4 月 17 日　国土资源部部长徐绍史到深圳市华强北、田贝村等地调研城市更新改造工作。

　△　深圳市委常委、副市长陈应春在五洲宾馆会见法国外贸事务国务秘书伊德拉克女士一行。

　△　"深港医疗管理"高层论坛在深圳召开。

　△　辽宁省人大组团来深圳考察，了解深圳应对金融危机措施。

　△　深圳市工会第五次代表大会闭幕，许德森当选市总工会主席，劳务工代表田凤双和杨诗勇当选市总工会委员，这是深圳市工会首次选举产生的劳务工委员。

4月18日 第61届中国国际医疗器械博览会在深圳开幕，20多个国家和地区的2000多家企业参展。

△ 阿尔巴尼亚共和国总理萨利·贝里沙抵深访问。

△ 由青海省委书记强卫率领的青海省党政代表团一行来深圳参观考察。

4月19日 阿尔巴尼亚共和国总理萨利贝里沙一行抵深访问。

4月19~21日 中共中央政治局常委、国务院总理温家宝到广东视察工作，深入深圳和广州部分企业进行调研。在深圳期间，专门听取了深圳市委市政府的工作汇报，就应对国际金融危机、推进改革开放和自主创新等问题做出了重要指示。

4月20日 最高人民法院党组书记、常务副院长沈德咏来深圳，就金融危机对审判工作的影响和应对情况进行调研。

△ 深圳市市长许宗衡和中国工商银行行长杨凯生分别代表深圳市政府与中国工商银行股份有限公司，签署金融合作备忘录。

△ 深圳市委常委、常务副市长许勤为新成立的深圳大学知识产权研究所揭牌。

△ 深圳市政府召开全市知识产权工作会议。2008年，全市专利申请量达到36249件，其中发明专利申请量达到18757件，位居全国第二；PCT国际专利申请量接近全国的一半，连续五年获全国第一。华为公司以1737项申请在PCT申请量这一衡量创新能力的重要指标上首次跃居全球第一。

△ 深圳市软件协会公布的数据显示，2008年深圳软件业总产值为2317亿元，较上年同期增长42%。软件出口额突破80亿美元，达到86.4亿美元，比上年增长91%，继续位居全国大中城市第一位。

4月21日 中共中央文献研究室与深圳市委市政府在深圳签署合作协议，联合启动"科学发展观在深圳"这一重大课题研究。该课题研究目的在于以深圳为样板，进一步梳理深圳近年来特别是党的十六大以来学习实践科学发展观的成就和经验，探索促进科学发展的新思路、新途径和新举措，在为深圳全面落实科学发展观提供理论支撑和智力支持的同时，把科学发展观的理论研究引向深入。

△ 法国国民议会议长阿夸耶率代表团来深圳访问，广东省委副书记、深圳市委书记刘玉浦会见客人一行。

△ "国外侨务工作经验交流会"在深圳召开。

4月22日 全国政协社会和法治委员会调研组来深圳考察。

4月23日 由中组部等八部委共同组成的院士专家咨询服务团抵深，为深圳应对国际金融危机、促进经济平衡较快发展支招。

△ 深圳市教育科学研究院揭牌。

△ 深圳市 40 个自助图书馆服务全面启动。

4 月 24 日 陕西省委书记、省人大常委会主任赵乐际率陕西省党政代表团到深圳考察。

△ 香港立法会议员来深圳考察供港蔬菜。

△ 深圳市副市长卓钦锐在五洲宾馆会见了国际译联执委主席马里昂·伯尔斯率领的国际译联执委一行。

△ 深圳华大基因研究院联合国内外多家研究机构开展的世界三极动物基因组研究项目在深圳宣布启动。

△ 深圳籍帆板运动员陈佩娜代表中国在于法国耶尔举行的"2009 年世界杯帆板锦标赛"上勇夺女子 NP 板（奥运会、全运会项目）冠军。

△ 深圳市政府常务会议审议通过《深圳市公共汽车运营服务管理办法》，并将于 2009 年 5 月 1 日起正式实施。

4 月 25 日 中兴通讯联合三大运营商等在深圳成立国内通信业界规模最大的产学研合作组织"中兴通讯产学研合作论坛"。

△ 香港旅游发展局与《深圳特区报》共同主办"香港盛大优惠欢迎深圳旅客"主题推广活动，在深发放由香港"齐抗金融海啸大联盟"商家提供的消费现金券。

△ 有"中国礼品第一展"之称的第十七届中国（深圳）国际礼品、工艺品、钟表及家庭用品展览会在会展中心举行。

4 月 26 日 在第四届中国中部投资贸易博览会上，深圳与安徽企业合作项目合作现场会签约 66 亿元，深圳在合肥成立深商（安徽）服务中心。

4 月 27 日 深圳市盐田区政府与香港周大福珠宝金行有限公司在威尼斯酒店签订了《深圳市盐田区人民政府与香港周大福珠宝金行有限公司合作备忘录》和《建设周大福集团大厦合作协议》，协议标志着周大福集团中国内地总部落户盐田。

△ 由深圳企业在合肥高新区投资兴建的"合肥深港数字化产业园"二期工程正式动工。

△ 由深圳市政协牵头，深圳市启动资源环境承载力课题调研。

4 月 27～28 日 国务院法制办公室和德国联邦司法部在深圳市联合召开中德法治国家对话第九届法律研讨会，会议的主题是完善养老保险法律制度。

4 月 28 日 CBD 国际经济论坛首场论坛在深圳召开。

△ 深圳地铁公司举行地铁集团成立暨市政设计院划转揭牌仪式，深圳地铁有限公司正式更名为深圳市地铁集团有限公司，原市政设计院划转至该集团旗下。

△ 全国第一个地方知识产权海外展会维权指引文件——《深圳企业德国参展知识产权指引》（深知〔2008〕141号）发布。

4月29日 深圳市庆祝"五一"国际劳动节暨劳动模范和先进集体表彰大会在市民中心礼堂举行。

△ 根据中央军委命令，批准深圳警备区司令员刘勇退休，任命钟志坚为深圳警备区司令员。

△ 深圳海关领导班子成员调整，李书玉任深圳海关关长。

4月30日 华侨城集团斥资35亿元兴建的中国首个"国家生态旅游示范区"——东部华侨城全面建成试业，3大生态公园、3大主题小镇、4家主题酒店全部对外开放。

△ 《深圳市公民法律读本》出版发行。

5月1日 深圳规模最大的立交桥——盐田港立交桥正式通车，该桥是深圳迄今为止规模最大、结构最复杂的立交桥。

△ 深圳市规划局启动深圳南头新安古城改造设计方案国际竞赛，南头新安古城保护改造工程正式拉开序幕。

5月1~3日 第三届深圳性文化节在会展中心6号馆举行。

5月1~5日 2009深圳春季房地产交易会暨第四届中国（深圳）城市土地展在深圳会展中心举行。本届春交会深圳市新房成交共计991套，远超去年秋交会5天317套的成交量。有关方面据此认为市场回暖趋势已经较为稳定。

△ "粤（深）港外贸内销商品展销会暨2009深圳购物节"在会展中心举行。

5月2日 深圳信用网与香港企业注册信息实现联网。

△ 深圳中小学心理辅导中心在深圳市教科院揭牌。

5月3日 深圳市首批22位局级"一把手"接受经济责任审计结果评议，16人合格、3人基本合格、3人不合格。

△ 深圳与延安两地青年纪念五四运动90周年座谈会在市民中心举行。

5月4日 深圳竹林中学被国家体育总局命名为"国家级青少年体育俱乐部"。

5月5日 大运会首批赛会骨干志愿者招募工作结束，403人入选首批骨干志愿者。

5月6日 深圳市政府与中国中化集团公司在深圳麒麟山庄签署战略合作框架协议，建立长期稳定战略合作关系。

△ 深圳市委召开常委会议，研究部署向广州学习、向全省学习，努力推动深圳实现新一轮科学发展。

△　南航深圳公司开通深圳—临沂航线。

5月7日　深圳市委市政府确定 2009 年 20 项年度重大调研课题。分别为：关于发挥我市在珠三角城市群中主力作用问题、关于我市建立金融改革创新综合试验区问题、关于我市加快建设全球性物流枢纽城市问题、关于我市争创国家教育综合改革示范区和加快深圳大学改革发展问题、关于全球金融危机形势下维护我市社会稳定问题、关于我市扩内需保增长过程中的监督机制问题、关于我市原农村股份合作公司改革发展问题、关于我市率先实现基本公共服务均等化问题、关于创新我市基层管理体制问题、关于深港合作打造全球性文化创意中心问题、关于培育发展我市民营中小银行问题、关于全球金融危机背景下扩大我市外贸出口问题、关于深化我市土地管理制度改革问题、关于我市资源环境承载力问题、关于我市高端旅游发展战略及配套政策问题、关于我市公益性社会组织发展和管理体制问题、关于政府物业资产管理体制创新问题、关于我市高科技社区规划建设和管理模式问题、关于我市前后海地区开发和管理体制问题、关于加强和改进新形势下我市党的建设问题。

△　广东省委副书记、深圳市委书记刘玉浦在五洲宾馆会见由香港恒基兆业地产有限公司副主席、香港百仁基金创会主席李家杰率领的香港青年访深团一行。

△　中国国际贸易促进委员会从第五届文博会开始，成为中国（深圳）国际文化产业博览交易会主办单位之一。

△　深圳市深入推进安全生产"三项行动"。

5月8日　深交所发布创业板的重要配套规则——《深圳证券交易所创业板股票上市规则（征求意见稿）》。

△　全国政协经济委员会就"新形势下民营经济健康发展"来深圳展开专题调研。

△　深圳市 2009 年度人才引进工作正式启动。深圳市人事部门进一步扩大了以个人身份申请接收的高校毕业生所属院校范围，由 50 所增加至 80 所。深圳市对接收市外高校非生源毕业生政策进行了调整，凡在深圳市落实了用人单位并依法建立劳动关系的普通高校专科以上毕业生，均可由用人单位申请办理接收入户手续。

△　深圳制定现代产业体系总体规划（2009~2015）。

△　深圳市城市规划委员会 2009 年第一次会议召开，原则审批通过了深圳市紫、黄、橙、蓝四线规划。

△　"深圳工会大学校富士康科技集团公司职工教育示范基地"在龙华富士康厂区内揭牌，这是深圳市工会首个基层职工教育示范基地。

△　深圳市政府与中国农业发展集团总公司签署战略合作框架协议。中农发将

在深圳设立相关产业总部，大力发展远洋渔业。

5月9日 国家电监会党组书记、主席王旭东率调研团来深圳考察电力市场情况。

△ 深圳市地铁集团与南车株洲电力机车有限公司共同签署深圳地铁5号线（环中线）150辆高端A型地铁车辆供需合同。首列车将于2010年8月底前交付。

△ 首届中国（深圳）创新创业大赛在深圳启动。

△ 深圳市启动防灾、减灾日系列活动。

5月10日 为纪念"5·12"地震一周年而创作的深圳原创歌曲《告慰》在深圳卫视、都市频道、音乐频率和互联网上正式推出。

5月11～12日 全国人大常委会副委员长、中国科学院院长路甬祥在深圳考察。

5月12日 深圳市举行"5·12"大地震周年祭诗文朗诵会。

5月13日 中国国民党副主席蒋孝严抵深参加文博会。

△ 深圳市委常委、常务副市长许勤在五洲宾馆会见英特尔公司副总裁兼中国大区总裁杨叙一行。

△ 第五届文博会唯一高校分会场——深圳大学3号艺栈艺术原创基地举行开幕仪式，深圳大学文化产业研究院在开幕式上宣告成立。

△ 《人民日报》发表长篇通讯介绍深圳"法治政府建设指标体系"。

5月14日 中共中央政治局委员、国务委员刘延东视察深圳。

△ 中国移动广东公司深圳分公司与深圳广播电影电视集团签署战略合作框架协议。

5月15日 香港立法会主席曾钰成率领的立法会经济发展与环境事务委员会议员广东访问团一行21人访问深圳。

△ 深圳发展银行正式推出国内首张环保型汽车信用卡——深发展靓车卡。

△ 邓亚萍受聘为深圳大运会执行局大运村部特聘专家。

5月15～16日 由香港立法会主席曾钰成率领的立法会经济发展与环境事务委员会议员广东访问团一行21人访深考察。

5月15～18日 第五届中国（深圳）国际文化产业博览交易会在深圳会展中心举行。中共中央政治局委员、国务委员刘延东宣布开幕，中共中央政治局委员、广东省委书记汪洋，全国政协副主席厉无畏出席开幕式。本届文博会总成交额877.62亿元，比上届增加175.3亿元，其中超亿元项目102个，呈现"文化＋科技"的鲜明特色。

5 月 16 日　深圳、东莞、惠州三市在东莞召开第二次联席会议，进一步明确三市紧密合作的组织架构、工作机制和 10 个重点领域，并就 25 项近期工作重点事项和 3 项工作计划签署协议。

△　联合国教科文组织创意联盟确定 2010 年年会——全球创意城市大会在深圳举办。

△　深圳市 2009 科技活动周启动。

5 月 17 日　联合国教科文组织创意产业发展部主任乔治·普萨访深并透露联合国教科文组织创意联盟已经确定 2010 年年会——全球创意城市大会在深圳举办。

△　新闻出版总署考察团调研梅沙原创音乐基地。

△　香港立法会广东访问团到深圳参观考察。

△　第五届中国文化产业人才交流会举行。

5 月 18 日　国家开发银行、中非发展基金、深圳华强集团、南非工业发展公司在会展中心举行签约仪式，华强集团自主设计制造的文化科技主题公园将出口南非约翰内斯堡，项目总投资达 2.5 亿美元，成为中国向非洲出口的首个大型文化产业项目。

△　第五届文博会圆满落下帷幕，总成交额为 877.62 亿元。

5 月 19 日　总建筑面积近 30 万平方米，投资总额约 28 亿元，被列入市、区两级重大投资项目的宝安海雅商业广场举行奠基仪式。

△　深圳市委、市政府隆重表彰 59 名 2008 年度享受政府特殊津贴专家。

5 月 20 日　深圳市委、市政府提出关于党政机关厉行节约的通知，提出坚决制止奢侈浪费的十四项要求。

△　5 月 20 日起，四轴（含四轴）以上运沙、石、散装货物的敞开厢式大货车在深圳全面禁行。

5 月 21 日　由深圳市采购中心组织的深圳市政府采购律师服务类项目预选供应商公开招标正式落下帷幕。广东品然律师事务所等 33 家律师所成功竞标，成为深圳市政府法律服务供应商。深圳以政府名义大规模采购法律服务，率先在全国开创了政府购买法律服务的新模式。

△　深圳市四届人大常委会第二十八次会议表决通过《深圳市人民代表大会代表建议、批评和意见办理规定》，明确承办单位答复代表建议、批评和意见的期限为三个月。

△　深圳市举行"热血·家园——5·12 地震暨深圳赴川援建周年纪念会"。

△　深圳在湖南举行投资贸易专场对接洽谈会，并签订 4 项框架协议。

△　中科院副院长施尔畏，深圳市副市长卓钦锐分别代表院、市双方，签署共建仙湖植物园合作备忘录。

△　包商银行深圳分行正式开业。

5月22日　深圳、惠州、东莞三市建设主管部门共同在深圳签署《深惠莞三市城乡建设紧密合作框架协议》，标志着珠江口东岸城乡建设一体化发展全面启动。

△　深圳高新区金蝶软件园建成启用。

△　深圳市启动人口管理整治行动。

5月23日　2009国际消费类电子产品展览会（ICEF 2009）和2009深圳光电显示周在深圳会展中心隆重开幕。

△　第四届华南锂电（国际）高层技术论坛在深圳会展中心开幕。

△　全球知名TFT薄膜设备商日本爱发科株式会社与深圳豪威公司合资成立爱发科光电薄膜科技（深圳）公司，首期计划投资1.2亿元。

△　深圳大运会首批赛会骨干志愿者（义工）培训启动。

△　深圳首个家庭教育公益系列活动"育儿讲堂"在深圳书城中心城开幕。

△　日本受发科株式会社与深圳豪威公司合资成立爱发科光电薄膜科技（深圳）公司，首期计划投资1.2亿元。

5月24日　由浙江省省长吕祖善率领的浙江省政府代表团到深参观考察。

△　深圳（湖北）投资贸易专场对接洽谈会在武汉举行。

△　《2009深圳社会蓝皮书：深圳社会发展报告》出版。

5月25日　深圳市政府与中国农业银行签署全面战略合作协议，农行承诺今后3年内对深圳提供总额2000亿元以上的意向性信用额度支持。

△　《2009深圳社会蓝皮书》出炉，受访深圳居民对幸福感的综合满意度达到68%，提高5个百分点。

△　中国农业银行与深圳市政府在深签署全面战略合作协议，农行承诺3年内对深圳提供总额2000亿元以上的意向性信用额度支持，全面拉动内需，促进深圳经济又好又快发展。

△　深圳市政府四届一百三十六次常务会议审议并原则通过了《深圳市规范公共标识设置工作方案》，决定对道路交通标志、道路及桥梁名牌、公共设施指示牌三大类公共标识牌统一采用中英文双语标识。

5月26日　国家发改委、广东省发改委、深圳市联合在深圳召开新闻发布会，正式对外发布获得国务院批准的《深圳市综合配套改革总体方案》。

5月27日　广东省全省产业转移和劳动力转移工作会议在梅州举行，深圳市政府荣获"全省农村劳动力技能培训转移就业工作先进单位"。

　　△　耶鲁大学管理学院金融经济学教授、著名金融学家陈志武到深圳大学讲学。

　　△　江苏银行深圳分行正式开业。

5 月 29 日　深圳市首次发现两例甲型 H1N1 流感确认病例，并启动三级响应二级准备应急预案。

　　△　2011 年世界大学生运动会国际广播电视新闻中心项目主体结构提前一个月正式封顶。

　　△　《深圳特区报》荣获中华印制大奖唯一金奖。

5 月 29 日~6 月 2 日　在第 45 届美国临床肿瘤协会（ASCO）年会上，深圳微芯生物科技有限公司向国际同行首次公布了微芯生物原创抗癌药"西达本胺"的 I 临床试验结果。

5 月 31 日　深圳市 16 个政府部门通过政府公报公布公共服务白皮书，对 2009 年的重点工作和任务目标做出承诺。

　　△　《深圳市人民政府公报》创刊 20 年，成为全国出版周期最短、效率最高的政府公报。

　　△　深圳市委、市政府召开全市贯彻实施《深圳市综合配套改革总体方案》工作会议。

6 月 1 日　中保集团董事长林帆、总经理宋曙光一行访深。

　　△　深圳市 2009 年"安全生产月"启动。

　　△　蒲公英劳务工子女图书馆大浪分馆开馆，它是深圳首家以劳务工子女为主要服务对象的少年儿童图书馆，由深圳市少儿图书馆与大浪街道办、元芬股份合作公司联办，本地儿童也可使用。

6 月 2 日　香港特别行政区政务司司长唐英年率百余人组成的香港政府及工商界代表团访问深圳，就《珠江三角洲地区改革发展规划纲要》和《深圳市综合配套改革总体方案》的实施与深圳方面进行沟通与磋商，共同探讨深港两地在新形势下加强合作的前景。广东省委副书记、深圳市委书记刘玉浦会见了唐英年一行。

　　△　第五次全国军转表彰大会暨 2009 年军转安置工作会议在北京召开，深圳市政府被评为全国军转安置工作先进单位。

6 月 3 日　广东省委副书记、深圳市委书记刘玉浦会见中国电信总经理王晓初。同时，中国电信成为深圳第 26 届世界大学生夏季运动会通信全业务唯一全球合作伙伴。

　　△　深圳市政府荣膺"全国军转安置工作先进单位"称号。

△　深圳市首例确诊甲型 H1N1 患者出院。

6月4日　中共中央台办、国务院台办主任王毅到深圳走访考察台商企业。

△　市政府召开新闻发布会正式发布，国家发改委、科技部、中国科学院、深圳市政府日前决定在深圳共同建设"国家超级计算深圳中心"。这是深圳建市以来最大的国家级科技基础设施项目，计算能力每秒超千万亿次，2010 年底试运行。

△　深圳市政府和思科公司在五洲宾馆签署合作谅解备忘录，联手打造世界级电子信息产业中心。

△　深圳市政府四届一百三十七次常务会议审议并原则通过了《关于加快推进特区内外市容环境建设与管理一体化工作的意见》。

6月5日　深圳、东莞、惠州三市签署《深莞惠加强金融业合作协议》。

△　"2009 年（第 11 届）中国风险投资论坛"在深圳五洲宾馆举行。

△　深圳证券交易所正式发布了《深圳证券交易所创业板股票上市规则》，并将于 2009 年 7 月 1 日起施行。

△　深圳市 9 项哲学社会科学成果获省优秀成果奖，其中深圳大学教授汪永成的《经济全球化与中国政府能力现代化》获一等奖。

△　王石、杨小毛、李讯、周立、敖建南、徐萌、覃鹏程 7 位市民喜获 2009 年"深圳市民环保奖"殊荣。

△　第十一届"深圳南山荔枝文化旅游节"开幕。

△　第五十三届威尼斯双年展开幕，深圳首次派团到国外推介双城双年展。

6月6日　盐田区"国家旅游服务标准化示范区"授牌仪式在盐田区举行。

△　深圳市政府采购律师服务预选供应商公开招标落下帷幕，深圳市 33 个律师事务所竞标成功，成为首批获准为深圳市政府提供专业法律服务的机构。

△　第二届"休渔放生节"在龙岗区南澳渔港举行。

6月8日　深圳地铁 3 号线西延段工程可行性研究报告获国家发改委批复。3 号线西延段建设范围为红岭路至益田村，长 8.7 公里，整个项目投资达 57.87 亿元。

6月9日　世界 500 强的葛兰素史克公司与位于光明高新园区的海王英特龙公司举行签约仪式，共同设立深圳葛兰素史克海王生物有限公司。葛兰素史克公司是世界第二大制药企业。

△　全省加强镇街综治信访维稳中心建设珠三角片会在深圳市龙岗区召开。会议总结推广了龙岗区"大综管"综治信访维稳中心建设的经验做法。

6月10日　广东省委副书记、深圳市委书记刘玉浦在五洲宾馆会见来访的海协会会长陈云林。

△ 第十届深圳－香港－澳门国际汽车展览会在深圳会展中心开幕。

6月11日 深圳市市长许宗衡因严重违纪，中央决定免去其领导职务。

△ "中华版权代理中心深圳工作站揭牌暨广东省版权兴业示范基地授匾仪式"在市民中心举行。

△ 东江纵队北撤纪念公园落成。该公园位于葵涌街道沙渔涌东白东吻湾海滩，由原东江纵队北撤旧址改造而成。

6月12日 中共深圳市委召开领导干部会议，省委常委、组织部部长胡君泽受省委委托，宣布中央和省委有关人事任命：经中央批准，王荣同志担任广东省委委员、常委；省委批准王荣同志任深圳市委委员、常委、市委副书记，提名为深圳市市长候选人。

△ 广东省委副书记、深圳市委书记、市人大常委会主任刘玉浦主持召开深圳市四届人大常委会第二十九次会议，会议根据表决结果，决定任命王荣同志为深圳市人民政府副市长、代理市长。

△ 深圳与贝尔格莱德建立友好交流关系。

△ "2009全球人居环境最佳范例论坛"在深圳举行。

△ 全省组织部长会议在深圳召开。

△ 深圳市举行"2009绿色行动日暨深港清洁能源汽车推广应用"活动。

△ 深圳市组织近千人代表团参加第十五届中国兰州投资贸易洽谈会。深圳市首次作为兰州洽谈会主办城市之一，组织352个企业参展。

6月13日 深圳－陇南投资采购启动暨陇南市招商引资签约仪式在兰州举行，标志着深圳对口扶持灾区全新援助模式进入实质性阶段。

△ 深圳市西部公共汽车有限公司的一辆320路空调大巴行驶中自燃。

△ "深圳市2009年'文化遗产日'系列活动"启动。14位第二批市级非物质文化遗产代表性传承人获颁证书。

6月14日 由深圳图书馆、深圳大学城图书馆、深圳大学图书馆统一服务平台联合深圳市各类图书馆共同建设而成的"深圳文献港"开通。可对6亿页、280万种中文图书进行全文检索，深圳"图书馆之城"建设迈上新台阶。

△ 首度落户深圳的中国流行音乐国家级大赛——"第七届中国音乐金钟奖流行音乐大赛"在首个分赛区——成都首次亮相。

6月15日 深圳首批赴陇南灾区医疗卫生服务队10名队员完成了为期半年的任务，将"接力棒"交到第二批参与援建的10名队员手中。

△ 深圳企业借助政府搭建的平台，在兰洽会上签约项目总数115个，成交总

额 149.21 亿元。

　　△　罗湖区荣膺"全国平安建设先进区"称号。

　　△　国家高级技能人才东部工程专项活动——公共实训基地建设座谈会在深圳举行。

　　△　深圳市荣获全省社会治安综治"长安杯"。

　　△　深圳市出台应对甲型 H1N1 流感大流行防控方案。

6 月 15 ~ 17 日　联合国教科文组织（UNESCO）全球创意城市网络内部成员会议在法国里昂举行，深圳代表团提案获得成员城市一致赞同。

6 月 16 日　第三届中国风险管理与保险国际会议论坛在深圳举行。从第三届起，深圳成为该论坛的永久会址。同时，由中国保监会主编的《中国风险管理报告 2009》发布。

　　△　在北京举行的 2009 年（第六届）世界品牌大会暨 2009 年（第六届）中国 500 最具价值品牌发布会上，世界品牌实验室（World Brand Lab）发布了 2009 年（第六届）中国 500 最具价值品牌，深圳华为、招商银行、康佳、中兴、万科、海王、深圳发展银行、中国宝安集团、金龙鱼、中海地产、中国平安、深航、创维等 30 个品牌榜上有名。

　　△　作为代表深圳未来城市形象的重要地标，市中心"水晶岛"（原名）的设计方案国际竞赛揭晓。由美国大都会建筑事务所（OMA）和深圳实践设计有限公司联合提交的"城市光环"方案获评审会的一致嘉许，以绝对优势荣膺第一名。

　　△　深圳市专业无线通讯产业联盟成立。

6 月 17 日　广东省委副书记、深圳市委书记刘玉浦，省委常委、市委副书记、代市长王荣在五洲宾馆会见了越共中央委员、越南海防市委书记、市人民议会主席阮文顺率领的海防市代表团一行。双方表示将共同努力，加强合作，积极推进中国–越南（深圳–海防）经贸合作区建设。

　　△　珠三角 9 城市广州、深圳、珠海、佛山、江门、东莞、中山、惠州、肇庆共同签署了《珠江三角洲人才工作联盟合作框架协议》。这标志着珠三角区域人才工作一体化迈出了重要一步。

6 月 18 日　《深圳市住房公积金制度改革方案》正式出台。所有深户在职人员将享有住房公积金。该改革方案规定"我市单位及本市户籍在职职工均须缴存住房公积金"。该条款为强制性要求。

　　△　广东省委常委、深圳市委副书记、代市长王荣会见来访的阿里巴巴集团董事局主席兼首席执行官马云。

6 月 19 日 500 千伏鹏城变电站 4 号主变压器扩建工程竣工投产，鹏城站主变电总量增至 400 万千伏安，成为广东电网容量最大的枢纽变电站。

△ 全国人大常委会委员、全国人大华侨委员会副主任黄丽满到深圳市光明新区调研归侨侨眷权益保护工作。

6 月 20 日 由招商局重工（深圳）有限公司为中海油能源发展股份有限公司建造的第一艘自升式海上油田多功能支持平台"海洋石油 281"在深圳市南山区招商局孖洲岛修造船基地举行交船仪式。

6 月 21 日 深圳市举办高校毕业生招聘周首场免费招聘会。

6 月 22 日 中国工程院院士、中华医学会会长、呼吸疾病国家重点实验室主任钟南山正式受聘为深圳大学医学院名誉院长。

△ 深圳前海湾保税港区通过由深圳海关牵头组织的预验收。

6 月 23 日 广东省委副书记、深圳市委书记刘玉浦到深圳大学就深入开展学习科学观活动和推进高校教育改革进行调研。

△ 广东省委常委、深圳市委副书记、代市长王荣率深圳市政府代表团访问香港，就进一步推动深港合作与香港特别行政区行政长官曾荫权、特区政府政务司司长唐英年等进行会谈、交换意见。王荣表示，深港合作理念不变、决心不变、力度不变。

△ 湖北深圳高新产业园奠基典礼在湖北孝感开发区隆重举行。

△ 深圳市组团赴港参加"2009 粤港经济技术贸易合作交流会"。

△ 南方报业传媒集团签约深圳第二十六届世界大学生夏季运动会。

6 月 24 日 广东省委副书记、深圳市委书记刘玉浦，省委常委、市委副书记、代市长王荣在五洲宾馆会见由云浮市委书记王蒙徽、市长黄强率领的云浮市党政代表团。

△ 广东省民兵预备役营、连"四个基本"建设现场观摩会在深圳举行，民兵预备役部队进行了应急演练。

△ 福田区首批 400 套人才住房出售给企业。

△ 湖北深圳高新产业园在湖北孝感开园。

△ 国内首例甲型 H1N1 流感孕妇患者在深圳第三人民医院康复出院。

6 月 25 日 深圳市禁毒教育基地在深圳市公安局强制隔离戒毒所揭牌。

△ 深圳市老干部活动中心改造工程竣工。

△ 2008 年深圳 IC 设计产业产值 61 亿元，跃居全国同行业首位。

△ 深圳市人民公园成为全国首个荣获"世界月季名园"称号的玫瑰园。

6月26～27日 由深圳市政府联合中国贸促会共同主办的"2009年中国（深圳）国际投资贸易洽谈会"在会展中心举行。各代表团及参展商达成各类意向投资项目1350多个，其中现场签约项目31个，签约协议投资金额220亿元。

6月27日 深圳大学学生创新联合会举行成立典礼，同时举行了2009年深港青年创业论坛。

6月28日 广东省委副书记、深圳市委书记刘玉浦在五洲宾馆会见了来访的土耳其共和国总统阿卜杜拉·居尔一行。

△ "2009广东省企业100强排行榜"向社会正式发布，上榜企业中有34家来自深圳。

△ 深圳代表团参观考察贝尔格莱德大运村以及开闭幕式主体育馆。

6月29日 广东省委副书记、深圳市委书记刘玉浦主持召开市委常委会议，研究审议并原则通过《深圳市综合配套改革三年（2009～2011）实施方案》。

△ 国内资本规模最大的证券公司——中信证券股份有限公司正式将总部落户深圳，并获市政府2000万元奖励。

△ 光明新区公明片区防洪排涝工程启用。

△ 深圳市高层次人才住房补贴申请工作启动。

6月30日 深圳市坪山新区在市大工业区正式挂牌成立。

△ 深圳市建立7个党员教育基地：邓小平同志塑像广场、深圳革命烈士陵园、东江纵队司令部旧址、中共宝安县第一次党代会旧址、深圳博物馆新馆、深圳市中英街历史博物馆、南岭村社区党员教育基地。

△ 有全国"技能高考"之称的2009年全国职业院校技能大赛在天津闭幕。宝安职校的蔡佳获得服装设计项目一等奖，龙岗职校的黄志辉获得汽车维修基本技能项目一等奖。

△ 喜之郎集团总部正式从广东阳江迁回深圳南山区。

7月1日 刘玉浦、王荣、王顺生、白天等市领导慰问老党员、困难党员和先进模范党员。

△ 即日起，深圳市实施流动人口信息业主（用人单位）申报制。业主必须按时、如实申报租住人员的信息。

△ 2009"北京－深圳－贝尔格莱德"大运文化骑行活动在深圳大学举行了欢迎仪式。

△ 深圳市召开治理商业贿赂专项工作会议。

△ 深圳市各高校有26个专业设置"深圳高校鹏城学者计划特聘教授"岗位，

这是鹏城学者计划推出的首批专业。

△ 深圳机场在福田交通枢纽（福田汽车站）开设的首个城市候机楼启用。

7月2日 由中国人民银行、财政部、商务部、海关总署、国家税务总局、银监会共同制定的《跨境贸易人民币结算试点管理办法》正式对外公布。此前，国务院于 2009 年 4 月 8 日决定在上海市和广东省的广州、深圳、珠海、东莞 4 城市先行开展跨境贸易人民币结算试点工作，境外地域范围暂定为港澳地区和东盟国家。

△ 广东省委副书记、市委书记刘玉浦，省委常委、市委副书记、代市长王荣会见了汕尾市委书记戎铁文、市长郑雁雄率领的汕尾市党政代表团一行。

△ 素有"中国钟表第一展"美誉的中国（深圳）国际钟表珠宝礼品展在深圳会展中心举行。

△ 全省加强司法所基础建设会议在深举行，深圳"大调解"体系建设获充分肯定。

7月3日 深圳南山区成为全国首批入选"实施国家知识产权强县工程"单位，也是深圳市唯一入选的城区。

△ 以"绿色城市光明之路"为主题的中国城市规划学会城市生态规划建设学术委员会 2009 年会在深圳召开。

7月4日 深圳市 2009 年教师海外培训计划推荐、选拔 25 名优秀教师赴英国学习。

7月5日 研祥集团投资 10 亿元建造的研祥公司全球特种计算机生产研发基地在深圳光明新区正式开工建设，将成为世界最大、最先进的特种计算机生产研发基地。

7月6日 全国政协副主席郑万通到深圳观澜版画基地等地，考察深圳文化产业发展情况。

△ 广东省委副书记、深圳市委书记刘玉浦，省委常委、市委副书记、代市长王荣会见国家人力资源和社会保障部副部长、国家外国专家局局长季允石。

△ 深圳大运会主体育场主体结构已经全面实现封顶。

7月7日 深圳全面启动跨境贸易人民币结算试点。

△ 欧洲最大的固定网络和移动通信服务商——德国电信在深圳宣布成立分公司。

△ 深圳半导体照明（LED）产业标准联盟成立。

△ 华侨城集团公司被授予"2009 年中央企业创新发展宣传报道典型"。

7月7~9日 财政部代理发行 2009 年深圳市政府债券，发行面值 24 亿元，期限 3 年，票面年利率为 1.79%。

7 月 8 日 中央批准 5 个国家海外高层次人才创新、创业基地落户广东，分别设在广州经济技术开发区、深圳高新技术产业园区、深圳华为技术有限公司、深圳中兴通讯股份有限公司和中科院深圳先进技术研究院。

△ 深圳市贯彻落实《关于农村城市化历史遗留违法建筑的处理决定》，全面启动和加快推进历史遗留违法建筑处理工作。

△ "2009 中国城市分类优势排行榜"新闻发布会在香港举行。深圳以在政治体制改革、科技创新等方面的出色表现，再次超过香港、上海等城市，位居"中国十大创新城市排行榜"榜首。

7 月 9 日 第九届中国（深圳）国际品牌服装服饰交易会，2009 深圳国际孕、婴、童产业博览会，2009 深圳国际纺织面料及辅料博览会，在深圳会展中心隆重开幕。

7 月 10 日 广东省委常委、深圳市代市长王荣率深圳市政府代表团赴塞尔维亚贝尔格莱德市出席第 25 届世界大学生运动会闭幕式，并接受世界大学生运动会会旗。

△ 2011 年深圳大学生运动会组委会在贝尔格莱德公布了这届大运会形象大使的人选，14 名参加本届贝尔格莱德大运会的中国运动员成为形象大使。

△ 由深港两家机构合资设立的深圳经纬盈富担保有限公司在深圳市举行开业庆典。

△ 因国际金融风暴的影响，按照国家和省的要求，2009 年深圳市暂缓调整最低工资标准。

△ 深圳前海湾保税港区通过国家联合验收小组的正式验收，这是全国第六个通过验收的保税港区。

△ 首届中国（深圳）皮革创意公益设计大赛颁奖典礼在深圳举行。

△ 新设立的福保街道办事处在石厦四街区计生中心综合楼挂牌成立。

7 月 10～12 日 国家发改委、国务院机关事务管理局和国务院法制办联合组成的检查组对深圳市贯彻实施《公共机构节能条例》工作情况进行了专项检查。检查组对深圳市公共机构节能工作进展情况感到满意，认为深圳的节能工作已经走在全国前列。

7 月 11 日 全国人大常务委员会副秘书长乔晓阳等领导为深圳大学港澳基本法研究中心揭牌。

△ 深圳与塞尔维亚贝尔格莱德市签署了《深圳市与贝尔格莱德市经济、科

技、教育、文化合作项目实施备忘录》。

7月12日 由深圳市纪委、市检察院、市监察局、深圳广电集团联合拍摄的廉政公益广告《正气篇》，获得由中纪委、中宣部等单位联合主办的"扬正气，促和谐"全国廉政公益广告评比特等奖。

△ 南山后海旧改启动。

7月13日 第25届大学生运动会在贝尔格莱德体育馆举行闭幕式。闭幕式上，贝尔格莱德市市长吉拉斯将大运会会旗交给了国际大体联主席基里安，再由第26届世界大学生运动会主办城市深圳市的代市长王荣从基里安手中接过大运会会旗，正式标志大运会进入"深圳时间"。

△ 第八届国际显示全息会议在深圳市宝安区举行。

△ 深圳市龙岗区召开"共迎大运旗、促进新发展"动员大会。

7月14日 深圳市在市民中心举行"大运会"会旗迎接仪式。

7月15日 广东省委副书记、深圳市委书记刘玉浦主持召开市委常委会议，研究部署深圳市2009年纪律教育学习月活动。

△ 世界第一台兆瓦级半直驱风力发电专用开关磁阻发电机在深圳市风发科技发展有限公司下线。

△ 深圳市宝安区委在松岗街道燕川社区宝安"一大"旧址举行挂牌仪式，旧址从而成为第一个挂牌的深圳市党员教育基地。

7月17日 深圳市统计局发布2009年上半年深圳经济形势分析数据，2009年上半年全市生产总值3631.69亿元，比上年同期增长8.5%，深圳经济保持回暖向好发展态势。

△ 广东省关工委常务副主任刘林松、关工委办公室主任吴雪甜、深圳市关工委常务副主任田聚等领导共同为赐昱鞋业（深圳）有限公司关心下一代工作委员会揭牌，意味着深圳市第一家企业关工委挂牌成立。

7月18日 海峡两岸关系协会与台湾海峡交流基金会在深圳共同举办台商座谈会，陈云林、江丙坤出席座谈会并讲话。

△ 广东省委副书记、深圳市委书记刘玉浦，省委常委、代市长王荣会见海协会会长陈云林和海基会董事长江丙坤。

△ 路易威登在深开设华南地区第一家旗舰店。

7月18~19日 2009WDC国际标准舞世界杯暨第七届中国·深圳国际标准舞世界公开赛在深圳体育馆举行。

7月19日 首届"两岸企业家高尔夫球邀请赛"开球仪式在观澜高尔夫球场开

杆。海峡两岸关系协会会长陈云林、海峡交流基金会董事长江丙坤出席了开球仪式。

△ 湖南省省长周强率队考察中信深圳（集团）公司。

7月20日 民政部和市政府在五洲宾馆签订推进民政事业综合配套改革合作协议。这是深圳市为落实《珠江三角洲地区改革发展规划纲要》和《深圳市综合配套改革总体方案》与国家部委正式签订的首个"部市"合作协议。

△ 国家预防腐败局已明确将制度审查、"廉政测评体系"两项试点工作赋予深圳。

△ 深圳市举行环保专项资金资助项目授牌仪式。

△ 深圳市水务集团南山污水处理厂二级生化处理工程通水。

△ 位于梅林的深圳市首个废弃电器电子产品收集点投入运行。

△ 深圳市11年来首次下调工资指导价位。

△ 深圳大学创新药物研究所成立。

7月21日 中共深圳市委四届第十二次全体会议召开。会议要求，在新形势下把深圳的改革开放和科学发展推上新的水平。

△ 深圳市政府与海航集团战略合作框架协议签约暨海南航空深圳分公司挂牌仪式在深圳举行。

△ 2009中韩（深圳）科技政策研讨及项目推介会在深圳举行，中国深与韩国正式签署《深韩科技合作备忘录》，双方将在信息通信技术、能源、环保、新材料、生物医药、科技政策及技术创新研究6个领域开展合作。

△ 深圳市人民代表大会常务委员会第三十次会议，决定废止《深圳经济特区安全管理条例》。本决定自2009年8月1日起生效。

△ 从市招考办获悉，普通高考第一批本科大学深圳市共录取4047人，比上年增加196人，创历史新高。

7月22日 深圳航空公司将丹麦籍女机长玛兰妮纳入麾下，她成为国内民航企业聘任的首位外籍女机长。

△ 我国境内发生21世纪以来最为壮观的一次日全食天象，深圳上空可见日偏食。

7月23日 作为贯彻落实省委十届五次全会精神的一项重要举措，深圳市委、市政府牵头在深召开深圳、汕尾、潮州、河源、湛江五市产业和劳动力转移暨对口扶贫工作党政主要领导联席会议。会议审议通过了深圳、汕尾、潮州三市《产业转移工业园合作共建机制》，深圳投5亿元支持建产业转移工业园。

△ 由中科院深圳先进技术研究院牵头组织，以医工所所长张元亭教授为首席

科学家的国家 973 重大基础研究计划项目"心脑血管易损斑块的高分辨成像识别与风险评估预警体系重大问题的基础研究",日前获得国家科技部批准立项。实现了落户深圳的国家重大科学基础研究项目一项历史性突破。

△ 广东省委常委、深圳市代市长王荣会见来深圳的中国人民银行行长周小川一行。

△ 深圳大运会执行局、团市委召开新闻发布会向全球公开征集深圳大运会志愿者(义工)口号。

△ 应中国预防腐败局邀请,经国务院批准,蒙古国家防治腐败局局长桑嘎拉格查一行 6 人到深访问。

△ 深圳市举行大型国防教育军事开放日活动。

7 月 24 日 国内最长近距离重叠隧道——深圳地铁 3 号线 3101 标老街站至晒布路站盾构区间全部贯通。

△ 深圳巡防员黄小华被追授"治安勇士"称号。

7 月 25 ~ 26 日 广东省委常委、深圳市代市长王荣率领深圳考察团一行 26 人赴上海考察上海文化产权交易所。

7 月 26 日 第七届深圳社会科学普及周开幕式暨"生活大百科"大型义务咨询活动在市中心书城举行。

7 月 27 日 来自美联社、路透社、法新社、共同社、美国《华尔街日报》、英国《金融时报》和新加坡《联合早报》等 19 个媒体的 41 名记者集体采访广东省委常委、深圳市代市长王荣,王荣就履新感受、深港合作、改革创新等问题回答记者提问。

△ 深圳军工产业联盟正式挂牌成立。

△ 有着近百年历史的观澜"红楼"保护性平移工程完成。这座颇具传奇色彩的"红楼"高 20 余米、重 240 吨,在 10 天内整体向左前方平移了 43 米。

△ 广东省首个涉军法律服务站——"广东际唐律师事务所驻梅林检查站涉军法律服务工作站"落户梅林检查站,将免费为基层官兵和军属提供各种法律服务和咨询。

△ 渤海银行深圳分行正式对外营业,这是宝安区迎来的首家商业银行分行。

7 月 28 日 广东省委副书记、深圳市委书记刘玉浦,省委常委、代市长王荣率团慰问广东省公安边防总队深圳特种检查站官兵。

△ 深圳市文明办、市交警局、深圳特区报社联合向全体市民发出倡议,"文明出行从我做起贵在养成",并在全市启动第二届"文明出行全城总动员"系列

活动。

△ 广东省委常委、深圳市代市长王荣在五洲宾馆会见中科院副院长施尔畏一行。

△ 俄罗斯列宾美术学院来深圳开展系列文化合作活动。

△ 总部设在深圳的国内最大互联网公司腾讯宣布，公司所获授权专利总数突破 400 项，成为全球互联网拥有专利数量最多的企业之一。

7 月 29 日 深圳第一家国家工程实验室——电子信息产品协同互联国家工程实验室（即闪联国家工程实验室）在高新园区揭牌，该实验室将以具有自主知识产权的核心技术和国际领先的闪联标准为核心，在深圳建设全球 3C（计算机、消费电子产品和通信）协同领域的研发和创新基地。

△ 深圳市举行庆祝中国人民解放军建军 82 周年军政座谈会。

7 月 30 日 广东省委副书记、深圳市委书记刘玉浦，省委常委、代市长王荣会见国家旅游局邵琪伟一行。

△ 作为深圳市科技政策与标准化政策相结合的一项重要成果，首届深圳市标准创新奖"出炉"，10 个项目获奖，最高奖金达 50 万元。

△ 深圳海关与 UPS 深圳公司——运必送物流（深圳）有限公司签署合作备忘录。

△ 2009 年全市纪律教育学习活动启动仪式暨领导干部党纪政纪法纪教育培训班在市委党校举行。

7 月 31 日 经中央编委和广东省委、省政府批准，《深圳市人民政府机构改革方案》正式对外公布，深圳市委、市政府召开动员大会，对市政府机构改革进行动员和部署。

8 月 1 日 国家旅游局与深圳市政府签署旅游合作框架协议，支持深圳试行国民旅游休闲计划。

△ 深圳市首部促进以创业带动就业的综合性、系统性、纲领性文件《关于促进以创业带动就业工作意见》正式实施，创业失败可获社保补贴。

△ 中国首个"国家生态度假旅游区"深圳东部华侨城全面开业。国务院国资委主任李荣融等参加开业庆典。

8 月 2 日 国家旅游局与深圳市政府签署旅游合作框架协议。

△ 2009 年深圳市宝安区招商推介会在五洲宾馆揭幕。

8 月 3 日 深圳市委常委、副市长陈应春会见花旗银行（中国）有限公司欧兆伦先生一行。

△ 深圳市向社会发布《关于促进以创业带动就业工作意见》，这是深圳市出台的首部促进以创业带动就业的综合性、系统性纲领性文件。

△ 深圳瑞达电源股份有限公司升级转板到纳斯达克主板全球市场新闻发布会在深圳召开。

△ 14 点 50 分，深圳电网最高负荷达 1130.6 万千瓦（不含蛇口当天 15.26 万千瓦），比 2008 年最高负荷增长 3%，创历史新高。

8 月 4 日 世界最大 LOCA 鉴定试验台（核极设备湿热试验台）在深圳中广核集团大亚湾核电站基地建成。

△ 深圳市首批全市性行业协会、商会评估总结授牌仪式在市民中心举行。

8 月 5 日 广东省委副书记，深圳市委书记、市人大常委会主任刘玉浦主持召开市四届人大常委会第三十二次会议，决定任命陈彪等 16 人为市政府机构改革后的政府组成部门的主要负责人。

△ 由深圳市委常委、副市长陈应春率领的深圳代表团一行在悉尼举行投资贸易推介会。

8 月 6 日 广东省委常委、省纪委书记朱明国到深圳听取深圳、珠海、东莞、中山等市纪委、监察局上半年反腐倡廉工作情况汇报。

△ 广东省委常委、深圳市代市长王荣在市民中心会见日立环球存储科技公司总裁斯蒂夫·密里根一行。

△ 深圳市委常委、常务副市长许勤会见了老挝计划投资部部长辛拉冯·库派吞一行。

△ 深圳市委、市政府制定的《深圳市综合配套改革三年（2009～2011 年）实施方案》正式对外公布。实施方案透露，年内将向国家申报争取将特区范围延伸至全市。

△ 深圳市召开干部大会，宣布市委、市政府对于涉及机构改革的部门正职领导干部和有关干部的任命。

△ 《深圳市企业总部用地用房配置管理办法（试行）》正式公布，明确规定总部设在深圳的企业可以通过单独建设总部大厦、联合建设总部大厦、购买或租用政府投资建设的总部大厦以及给予补贴购置商品化办公用房等方式解决总部营运场所用房需求。

8 月 7 日 深圳市委、市政府决定：刘子先任中共深圳市坪山新区（广东深圳出口加工区）工作委员会委员、书记；杨绪松任中共深圳市坪山新区工作委员会委员、副书记，深圳市坪山新区管理委员会主任。

△ 深圳首个合资社区家庭综合服务机构——民丰服务站在莲花北村开业。

△ 深圳南岭村社区对该区居民学子留洋读博奖励 20 万元。

8月7~11日 深圳首届动漫节在会展中心 8 号馆举行。

8月8日 受中共中央政治局委员、广东省委书记汪洋，省长黄华华委托，省委副书记、深圳市委书记、市人大常委会主任刘玉浦，省委常委、代市长王荣等专程赴京，代表深圳市人民沉痛悼念卓琳同志。

△ 中国海军"深圳"号导弹驱逐舰抵达科钦港，开始对印度为期 3 天的访问。

8月9日 深圳市举行 2009 年深圳市南山区"全民健身日"活动暨深圳市第十八届长跑比赛。

△ 深圳市中家职业技术培训学校举行开学典礼。这是深圳市首个家政职业技术学校。

8月10日 辽宁省省长陈政高率省政府及沈阳市、大连市经贸代表团来深圳招商。

8月11日 广东省推进自主创新工作现场会在深圳召开。广东省省长黄华华总结深圳自主创新经验为"四个突破四个一流"。

△ 深圳大学与深圳市地铁集团有限公司签署协议，启动共同组建深圳大学轨道交通学院建设工作。

△ 深圳大学杨波在德国举办的国际"绿色精英"环境科技竞赛中获得环境技术奖。

8月12日 深圳市举行大运会倒计时两周年总动员活动，省委副书记、市委书记刘玉浦宣布第 26 届世界大运会全面进入"深圳时间"，省委常委、代市长王荣代表市委、市政府发出动员。

△ 广东省委副书记、深圳市委书记刘玉浦接见由"中国青年志愿者海外服务计划"2009 深圳·多哥项目选派的 20 名深圳青年志愿者。

8月13日 深圳市人大常委会以第 110 号令颁布了全面修订的《深圳经济特区环境保护条例》，自 2010 年 1 月 1 日起施行。

8月14日 20 名深圳志愿者参加在人民大会堂举行的中国援非青年志愿者出征仪式。深圳小伙袁帅代表志愿者从温家宝总理手中接过旗帜。

△ 深圳市委常委会议审议通过市委、市政府《关于新时期我市扶贫开发规划到户责任到人工作的实施方案》，为挂点帮扶河源、湛江两市 290 个贫困村绘就"路线图"。

△ 中国音乐金钟奖流行音乐大赛总决赛在深圳市正式开场。各分赛区的 7 名选手入围总决赛。

△ 第七届全国"人民满意的公务员"和"人民满意的公务员集体"表彰大会在北京举行，深圳市行政服务大厅管理办公室荣获"人民满意的公务员集体"，皇岗边检站民警李春燕荣获"人民满意的公务员"称号。

8 月 15 日 多哥驻华大使诺拉纳·塔·阿马在使馆会见了即将赴多哥开展一年援助工作的深圳志愿者。

8 月 16 日 全国文化体制改革经验交流会在南京落下帷幕，深圳荣获"全国文化体制改革先进"称号。

△ 深圳市委、市政府向受台风"莫拉克"影响的台湾灾区捐赠 1000 套活动板房，表达对台湾同胞的深切慰问和深情厚谊。首批 100 套板房由海协会协调有关方面，从深圳盐田港起运直航台湾高雄。这也是祖国大陆援助台湾灾区的首批物资。

8 月 17 日 广东省委常委、深圳市代市长王荣会见了李大西博士率领的美国国际华人科技总商协会千人计划代表团一行。

△ 广东省委常委、深圳市代市长王荣在五洲宾馆会见新加坡星桥国际公司主席林子安。

△ 推选"深圳人引以为豪的公共文明行为"开始网上投票。

8 月 18 日 中共中央政治局委员、广东省委书记汪洋在深圳就产业结构调整和转型升级进行调研。

8 月 19 日 粤港合作联席会议第十二次会议在香港会展中心举行。双方共同签署了《关于推进前海深港现代服务业合作的意向书》等 8 个合作协议。

△ 广东省委常委、代市长王荣在五洲宾馆会见财政部原部长、综合开发研究院理事长项怀诚一行。

△ 第八届深圳"金秋助学"行动启动。

8 月 20 日 广东省委常委、深圳市代市长王荣率深圳市政府代表团赴河源学习考察，并出席深圳 – 河源"双到"（规划到户、责任到人）工作对接落实暨对口扶持联席会议。

△ 由深圳卫视等 5 家卫视联合举办的"跨越海峡的爱心"援助台湾受灾同胞赈灾晚会举行。

△ 深圳市知识界人士联谊会举行第二届大会，选举产生了新一届的理事会和领导班子。林雨纯再次当选会长。

△ 深圳市各区全面开展"迎国庆、迎大运、提升城市公共文明"活动。

8 月 21 日 民盟深圳市第五次代表大会召开，选举产生了民盟深圳市第五届委员会及领导班子，吴以环当选新一届主委。

△ 国家知识产权示范城市创建工作考核评定会议在深圳五洲宾馆召开。

△ 茂名市（深圳）投资推介会在五洲宾馆举行，签约 20 个投资项目，投资总额达 253.23 亿元。

△ 深圳第二批 200 套援台板房在盐田港启运。

8 月 22 日 第八届"海滨日"活动举办，共 15 个国家驻穗总领事馆的约 50 名领事及其家属抵深参加。

△ 深圳公明小学参加全国无线电测向锦标赛，刘映娜获 1 金、麦柔炜获 1 银。

△ 被誉为"中国现代工业设计之父"的清华大学美术学院工业设计系统设计工作室总设计师柳冠中做客深圳市民文化大讲堂。

△ 深圳 20 名青年志愿者启程赴多哥。

8 月 23 日 广东省委副书记、深圳市委书记刘玉浦率深圳市代表团到辽宁省大连市学习考察。

△ 全国"迎国庆、讲文明、树新风"礼仪知识电视竞赛深圳分区比赛在深圳广电集团演播厅举行。

△ 深圳市 2009 年 23678 名考生考上大学，比上年增加近 2000 人，本专科录取率全省第一。

8 月 24 日 深圳市政府与中国电信广东公司、中国移动广东公司、中国联通广东公司分别签署战略合作协议，与三大通信运营商建立起长期战略合作伙伴关系。

△ 中国农工民主党深圳第五次代表大会在深圳市政协常委会会议室举行，选举产生了新一届委员会，陈思平连任农工党深圳市委主委。

8 月 25 日 广东省委、省政府在广州召开广东省高新技术产业园区工作会议暨 2008 年度广东省科学技术奖励大会，深圳市 24 个项目获奖，3 个项目获一等奖。

△ 深圳"募师支教"80 名志愿者启程。

8 月 26 日 在 2009 中国国际人才交流大会组委会第一次会议上，国家外国专家局局长季允石、深圳市代市长王荣签署了中国国际人才交流大会长期落户深圳合作协议书。

△ 深圳市政府与中国移动通信集团广东有限公司签署战略合作协议，计划开展创新型城市建设、通信基础设施建设、TD-SCDMA 建设运营、电子政务提升、移动电子商务普及、企业信息化升级、数字深圳建设、深港合作、深莞惠通信一体化、服务大运会"十大工程"，全方位覆盖深圳信息化建设和信息产业自主创新发展的

方方面面。

△ 深圳市纪委、市监察局等部门组织"走进阳光政府市民开放日"活动。

8 月 27 日 由中央电视台、深圳市委宣传部主办的庆祝新中国成立 60 周年大型交响音乐会《祖国颂》在深圳音乐厅正式录制。这台音乐会是中央电视台向国庆 60 周年献礼的重要节目之一，也是深圳市迎国庆 60 周年的重点文艺活动和音乐工程重要项目，将在国庆期间向全国播出。

△ 全国人大常委会表决通过关于个别代表的代表资格报告，依照代表法的有关规定，终止许宗衡等的全国人大代表资格。

8 月 28 日 深圳华大基因研究院与西南大学合作的研究成果"40 个基因组的重测序揭示了蚕的驯化事件及驯化相关基因"在国际著名学术杂志《科学》上发表，完成世界首张桑蚕遗传变异图。

△ 地铁 3 号线横岗车辆段正式实现电通。

△ 《中国地方政府规模与结构评价蓝皮书·2008》首发式暨基层治理模式创新南岭论坛在龙岗举行。

8 月 29 日 深圳第一高楼平安国际金融中心奠基。刘玉浦、王荣出席奠基典礼，大楼高达 588 米共 115 层，将于 2014 年竣工。

△ 深圳交警在全市范围内开展声势浩大的"猎虎–08"行动。

8 月 29～31 日 哈尔滨–深圳经贸合作洽谈会暨深圳市宝安区产品展销会在哈尔滨国际会展体育中心举行。

8 月 30 日 海关总署近日公布 2008～2009 中国城市外贸竞争力 100 强城市名单，深圳居首，上海第二。

△ 中国社科院在北京发布了《中国城市教育竞争力比较》，结果显示，全国 5 个计划单列市中，深圳的教育竞争力位列首位，同时深圳的教育竞争力还位列全国 15 个副省级城市首位。

△ 位于深圳高新区深圳虚拟大学园国家大学科技园内的南京大学深圳产业化基地大厦封顶，该基地建设总投资为 8000 万元，将成为南京大学在深圳集自主项目研发、科技成果转移、校企学术交流、高层次人才培养及高科技企业拓展、项目孵化配套服务于一体的综合性基地。

8 月 31 日 受广东省委副书记、深圳市委书记刘玉浦委托，省委常委、代市长王荣率团赴长春参加第五届中国吉林东北亚投资贸易博览会。

9 月 1 日 在第五届东北亚博览会举行的深圳代表团签约仪式上，深圳市与吉林省签署《加强经济社会合作与交流框架协议》。

△　世界冠军郭跃入读深圳大学运动训练专业。

△　由长春轨道客车股份有限公司生产的深圳地铁3号线首辆列车下线。

△　深圳市违法建筑普查登记开始。

9月1~6日　深圳组织大型代表团参加在长春举行的第五届中国吉林东北亚投资贸易博览会。

9月2日　《深圳市政府绩效评估与管理暂行办法》等"1+3"文件以市政府规范性文件正式引发，相关规则将于2010年12月1日起实施。

△　日本兴亚财产保险（中国）有限责任公司正式落户深圳。这也是深圳迎来的首家外资财产保险公司总部。

9月3日　广东省委常委、深圳市代市长王荣在市民中心会见了中国中铁董事长石大华一行。

△　深圳市政府四届一百四十五次常务会议审议并原则通过了《深圳新能源产业振兴发展规划（2009~2015)》及《深圳市促进新能源产业发展的若干措施》，提出努力将深圳率先建成国家新能源产业重要基地和低碳经济先锋城市。

△　国家发改委批复深圳轨道交通2号线东延段工程可行性研究报告，同意按批准的规划组织建设。深圳轨道交通二期工程所有线路全部完成审批程序。

9月4日　深圳市已向国土资源部书面申请把深圳确定为以城市更新改造为重点的国家土地资源资产资本综合管理试点城市。《深圳市城市更新办法》已经进入审议阶段。

△　深圳市举行"庆国庆·促和谐"退休人员文艺体育展演。

△　第二届中国健康教育与健康促进大会暨深圳首届"国际养生保健文化"论坛在深圳开幕。

9月5日　在北京举行的2009中国CEO年会上，"2009最具创新力公司30强榜"公布，深圳华为技术有限公司、腾讯控股有限公司、中兴通讯股份有限公司、比亚迪股份有限公司列榜单前四名，深圳总共有6家企业上榜。

△　《深圳特区报》报道，深圳新型电池产业剑走高端，电动汽车带亮深圳电池产业新前景。目前深圳市镍镉电池产量全国第一，产量超过10亿只。2009中国企业500强"总部基地"在杭州公布，深圳有18家500强企业总部。

9月5~6日　全国党校系统纪念新中国成立60周年理论研讨会在深圳召开。

9月6~7日　甘肃省委书记陆浩、省长徐守盛率领甘肃省党政代表团在深圳考察交流。

9月6~8日　第十一届中国国际光电博览会在深圳会展中心举行。国内外2100

家光电企业参展。

9月7日 被誉为"中国创意产业之父"的全国政协副主席、民革中央常务副主席厉无畏在深圳市委理论学习中心组举行的扩大学习会上应邀做"创意城市与经济发展"专题辅导报告。省委副书记、市委书记刘玉浦主持会议,强调突出"文化＋科技"深圳特色,大力推动深圳文化创意产业发展。

9月8日 深圳市委、市政府举行政府机构改革后全市31个政府工作部门挂牌仪式,政府工作部门负责人和新部门牌匾首次集体亮相,标志着深圳新一轮政府机构改革在不到两个月的时间里已取得阶段性成果。省委副书记、市委书记刘玉浦,省委常委、代市长王荣为各部门揭牌。

△ 深圳政府机构改革"三定"(定主要职责、内设机构、人员编制)方案正式出炉。31个政府工作部门及相关部门共取消、调整、转移284项职责和行政审批事项,同时,增加直接涉及群众切身利益、关系民计民生的部门职责70多项。

△ 市政府召开新机构挂牌后首次全体会议,省委常委、代市长王荣强调确保新体制新机构新班子高效运转,全力建设现代服务型政府。

△ 中国最大的旅行社企业——中国国际旅行社总社有限公司南方总部日前在深圳投入运营。

△ 深圳市隆重举行2009年"教师节"庆祝表彰大会。

9月9日 深圳地铁1号线续建工程获重大突破,前海车辆段开始接车。

△ 深圳市2000多对新人喜领结婚证,创下历史最高。

△ 由深圳银监局与市金融办共同发起的"银行间合作高峰论坛(深圳·2009)"在深举行,全国50多家中外资银行的主要负责人出席。论坛提出了"以银行间同业合作推进深圳五大金融基地建设"的创意。

9月10日 南方科技大学全球遴选校长结果公布,省委常委、代市长王荣代表市委市政府向获聘的首任校长朱清时院士颁发聘书。

△ 全国"双百"人物评选活动揭晓,深圳丛飞当选100位新中国成立以来感动中国人物。

△ 深圳大学医学院正式揭牌,受聘为医学院名誉院长、学术委员会主任的中国工程院院士、中华医学会会长钟南山教授为医学院新生授白袍。

△ 西气东输二线深圳市天然气高压输配系统工程开工。预计2010年底整个高压输配系统主体完工,2011年6月投产送气,建成后每年可供应深圳40亿立方米的天然气。

△ 深圳市政府与连云港市政府签署合作协议,共建连云港—深圳新型产业园,

总体规划 20 平方公里，重点在产业、科技、信息、机场、港口、物流等方面合作。

　　△　招商华侨城联盟以 5.3 亿元拍得宝安尖岗山地块，楼面地价高达 18874.64 元/平方米，成为深圳"新地王"。

　　9 月 11 日　广东省委常委、深圳市代市长王荣在市民中心会见 IBM 新任大中华区董事长兼首席执行总裁钱大群一行。

　　△　深圳地铁 4 号线二期轨道工程开工，全长约 15.8 公里（双线），共设 10 个车站。

　　△　深圳成功办理首笔对俄罗斯进口贸易支付人民币业务。

　　△　2009 年全市"质量月"活动揭幕。

　　9 月 12 日　国家发改委和商务部正式批准深圳创建首个国家电子商务示范市。

　　△　上海欢乐谷正式开业，华侨城率先在全国范围内实现主题公园连锁经营。

　　9 月 13 日　中非共和国总统弗朗索瓦·博齐泽·杨古翁一行访问深圳。

　　△　深圳市出台了《深圳市失业登记管理办法》，明确失业人员从登记之日起半年内可每 3 个月获岗位推荐一次。这是深圳市首个失业登记管理办法，该办法自 2009 年 10 月 1 日施行。

　　9 月 13～14 日　中非共和国总统弗朗索瓦·博齐泽·杨古翁达一行访深。

　　9 月 13～17 日　2009 中国（深圳）国际珠宝展览会在深圳会展中心举行。

　　9 月 14 日　广东省高校设置评议委员会专家组一行 6 人来深圳对南方科技大学筹设工作进行考察评审。

　　9 月 15 日　《深圳市人民政府新闻发布工作办法》正式颁布，率先将"问责"机制引入新闻发布工作，将于 2009 年 12 月 1 日起生效实施。

　　△　深圳在深圳市第二人民医院 4 个科室试点手机预约挂号。

　　△　龙岗区迎"大运会"筹备工作领导小组执行办公室成立。

　　9 月 16 日　深圳首家移动智能社区在中海康城社区启动建设。

　　△　深圳机场新增 11 个停机位。

　　△　深圳首个电池检测认证中心在深圳科技园揭幕。

　　△　东门商业步行街开街十周年庆典暨 2009 东门旅游购物节启动仪式在东门文化广场举行。

　　9 月 17 日　中国国际人才交流大会长期落户深圳后，首次在香港亮相，大会举行的推介活动在香港引起热烈反响。

　　△　集信息化与智能化于一体的高标准的现代冷链物流仓库——保惠物流海关监管仓（冷库）项目在盐田港后方陆域奠基。该项目被列为广东省和深圳市 2009

年重大项目。

9 月 18 日 深圳市森林消防支队在园博园挂牌成立。

△ 深圳设立消防安全委员会,办公室设在市公安局。

△ 在深圳打工的"当代孝媳"李传梅获"全国道德模范提名奖"。

9 月 18～20 日 2009 年中国(深圳)国际创意·设计·品牌博览会在会展中心举行。

9 月 19 日 2009 年度国家自然科学基金项目获批结果公布,中科院深圳先进技术研究院本年度共申请 71 项国家自然科学基金,获批 20 项,资助率达 28.2%,高于全国平均 20% 的水平,包括重大研究计划项目和重点项目各 1 项。

△ 深圳市开展清理乱张贴、乱涂写、乱刻画整治。

△ 由广东省法学会、香港城市大学法律学院和澳门大学法学院联合主办的第二届粤港澳法学论坛在深圳举行。

9 月 19～20 日 以老挝中央政治局委员、书记处书记、副总理兼中纪委书记阿桑·劳里为团长的老挝人民革命党代表团一行 5 人到深圳访问。

9 月 20 日 深圳市"2009 反恐演练暨迎国庆保平安冲刺行动"誓师大会在龙岗国际自行车赛场举行。

△ 由中国文联、中国音乐家协会和深圳市委宣传部联合主办的第七届中国音乐"金钟奖"流行音乐大赛在深圳圆满落幕,此项大赛将长期落户深圳,深圳获"中国流行音乐发展杰出贡献奖"。

△ 深圳市政府与阿里巴巴集团签署战略合作协议。

△ "关爱地球,呵护家园"深圳百万市民共建宜居生态城市系列活动启动。

9 月 21 日 由深圳组织创作的原创歌曲《走向复兴》被大型音乐舞蹈史诗《复兴之路》和天安门广场国庆 60 周年大阅兵两大国家级国庆盛典选为压轴曲目,同时,将在央视国庆音乐会上唱响。

△ 中宣部第 11 届精神文明建设"五个一工程"奖揭晓,深圳文艺精品电影《夜·明》、歌曲《我生在 1978》、广播剧《拔鲁》获奖。

9 月 22 日 "祝福祖国——庆祝新中国成立 60 周年深圳各民族大联欢"活动在民俗文化村举行。省委副书记、市委书记刘玉浦,省委常委、代市长王荣与各民族同胞代表一起,挥舞着国旗,拍下 56 个民族齐聚的"全家福"。

△ 伦敦金融城公布的第六期全球金融指数显示,深圳金融中心位居第五位,领先于上海(第 10 位)和北京(第 22 位),成为我国内地城市中排名最为靠前的金融中心。

△　深圳园博园、仙湖植物园、莲花山公园三家公园获授"国家重点公园"。

△　《深圳特区报》蝉联"亚洲品牌 500 强"。

△　"全国'三八'红旗手""全国'三八'红旗集体"名单公布，深圳 9 名个人、3 个单位入选。

△　深圳市"歌唱祖国"合唱比赛落幕。

9 月 24 日　深圳市四届人大常委会第三十三次会议决定每年 12 月 7 日为"深圳创意设计日"。

△　深、莞、惠三市一体化第三次联席会议在惠州召开。

9 月 24～27 日　第三届中国（深圳）国际科学生活博览会在深圳园博园举行。

9 月 25 日　广东省政府就内伶仃岛管辖权归属问题做出批复，明确内伶仃岛归属深圳市管辖。

△　深航深圳 - 新加坡航线开航，每周三班。

△　深圳博物馆携手深圳市刚刚成立的一家私人博物馆——望野博物馆推出的"精彩·中国——公元 12～13 世纪彩瓷的辉煌"大展，在深圳博物馆老馆开幕。

△　深圳市委办公厅、市政府办公厅、市委政策研究室、市接待办等单位共同举办的"祝福祖国——庆祝中华人民共和国成立 60 周年文艺晚会"在深圳广电集团演播厅举行。省委副书记、市委书记刘玉浦，省委常委、代市长王荣，市政协主席王顺生，市委副书记白天等市领导观看演出。

9 月 26 日　深圳市组团参加第七届中国花卉博览会，深圳为计划单列市唯一获邀参展城市。

△　国家级非物质文化遗产保护项目——"平乐郭氏正骨法"深圳市保护中心牌仪式在深圳平乐骨伤科医院举行。

△　我国第一台采用中国改进型压水堆核电技术 CPR1000 的核电机组——岭澳核电站二期 1 号机组核岛冷态功能试验宣告成功，成为 2005 年国家加快核电发展步伐以来首个进入商运前全面调试阶段的核电机组。

9 月 27 日　深圳市银星高科技工业园等 5 家工业园授牌，被深圳市政府认定为特色工业园。继 2008 年首批认定特色工业园后，全市已有特色工业园 11 家。

△　深圳大学学生创业园在高新区正式开园，首批 17 个学生创业团队进驻。

△　经国家质检总局批准、市政府投资建设的重大项目——国家数字电子产品质量监督检验中心主体工程封顶。

△　深圳两景区仙湖植物园和东部华侨城入选"广东省森林生态旅游示范基地"。

9 月 28 日 深圳地铁 1 号线续建工程首通段开通试运营，这是深圳地铁二期工程全面开工以来建成开通的第一段地铁。首通段从世界之窗站至深大站，包含白石洲站、高新园站和深大站及相邻区间，正线全长 3.39 公里。

△ "优盘之父"、深圳朗科科技有限公司总裁邓国顺等 5 位在深圳创业发展的"海归"企业家和专家学者受邀参加国庆观礼，启程赴京。这是深圳留学归国人员首次受邀参加国庆观礼。

△ 全国 10 套高清电视频道落地深圳，深圳卫视（高清版）开播，深圳步入高清互动电视时代。

△ 深圳职业技术学院第 13 个二级学院——人文学院正式挂牌成立。

△ 深圳市庆祝中华人民共和国成立 60 周年大型交响合唱音乐会《歌声里的祖国》在深圳音乐厅激情上演。

△ 莞深高速三期石碣段竣工，至此莞深高速全线通车，实现深圳路网与增莞高速、广会惠高速无缝对接。

9 月 29 日 深圳市政府与上海世博会事务协调局在深签署 2010 年上海世博会城市最佳实践区参展协议。上海世博会期间，深圳将举办城市最佳实践区展示、"深圳特别活动日"、"世博与文博特别对接"等系列活动，向世界展示深圳经济特区改革开放 30 年来取得的巨大成就。

△ 大运中心主体育馆游泳馆钢结构完工。

9 月 30 日 第九届"鹏城金秋"社区文化艺术节开幕。

10 月 1 日 深圳市委隆重举行国庆升旗仪式。

△ 《深圳市失业登记管理办法》开始执行。

△ 2009 年中国（深圳）秋季房地产交易会（第 33 届）暨 2009 年中国（深圳）住宅产业国际博览会开幕。

10 月 2 日 深圳市人民政府荣膺"全国民族团结进步模范集体"称号。

△ 深圳汽车嘉年华暨秋季汽车交易会在深圳会展中心举行。

10 月 5 日 深圳福永怀德醒狮作为深圳市独具特色的非物质文化遗产表演形式，获邀赴比利时参加"欧罗巴利亚艺术节"开幕式演出。

10 月 7 日 深圳地铁获得 13 家银行联合提供的 255 亿元银团贷款，将用于地铁 2 号线东延段及 5 号线、3 号线首期段和西延段的工程建设。

10 月 8 日 粤剧成功"申遗"后，深圳市粤剧团携新版现代粤剧《风雪夜归人》在深圳大剧院公演。

10 月 9 日 全国首家区域性非公开科技企业柜台交易市场在深圳揭牌，首批 72

家企业和技术项目挂牌。

　　△　代表广东队出战的深圳女将何姿获得第十一届全运会跳水女子 1 米板金牌。

　　10 月 10 日　中国首家区域性非公开科技企业柜台交易市场——深圳科技企业柜台交易市场（深柜市场）正式运营，首批 72 家企业和技术项目挂牌交易。

　　△　深圳第 26 届世界大学生夏季运动会执委会召开第五次全体会议，审议通过了大运会执委会调整人员名单。

　　△　亚洲最大的航空公司——中国南方航空公司宣布推出国内民航第一张电子货单，标志着南航积极响应国际航协"简化商务"的要求，成为国内首家实现电子货运的航空公司。

　　△　深圳交响乐团、弘法寺合唱团与德国艺术家成功合作的《神州和乐》在德国纽伦堡民歌手音乐厅上演。

　　△　全市红色、黄色出租车起步价由 12.5 元/3 公里陆续调整为 10 元/2 公里。

　　10 月 11 日　中央决定在深圳等地办特区、邓小平两次视察深圳、国务院批准《深圳市综合配套改革总体方案》等收录进共和国大事记。

　　△　2009（深圳）国际设计论坛在深圳市博物馆开幕。

　　△　深圳在东湖公园隆重举行祭孔大典。

　　10 月 11~13 日　全国人大常委会副委员长、民进中央主席严隽琪一行对深圳市进行考察。

　　10 月 13 日　江苏省委常委、南京市委书记朱善璐，市委副书记、代市长季建业率南京市党政代表团来深圳考察。两地签署战略合作框架协议。

　　10 月 14 日　深圳市副市长张思平率深圳市代表团在巴西最大的城市圣保罗举行了深圳港国际推介会。

　　△　第六届中国国际半导体照明展览会暨论坛在深圳会展中心 9 号展馆开幕。

　　10 月 15 日　深圳 827 家企业参加在广州琶琶洲展馆举行的"第 106 届中国进出口商品交易会"。

　　△　佳兆业集团控股有限公司捐赠 200 万元，启动"白衣天使关爱工程"。

　　△　深圳市拨款 5 亿元提前更新 800 辆公交车。

　　10 月 17 日　科特迪瓦共和国总统纪尧姆·基格巴福里·索罗到深圳访问。

　　△　广东省委副书记、深圳市委书记刘玉浦，省委常委、代市长王荣率队前往内伶仃岛调研。

　　△　深、莞、惠三市运政部门首次联动执法，深圳方面 3 小时查处 10 宗道路运输违法行为。

△　由国际摩托艇联合会、深圳市政府、国家体育总局水上运动管理中心联合举办的 2009 F1 摩托艇世锦赛中国深圳大奖赛在深圳南山打响。

10 月 18 日　首船满载 21 万立方米卡塔尔液化天然气（LNG）运抵深圳大鹏港，这是 2008 年 6 月中国海洋石油总公司与卡塔尔国家石油公司签署每年 200 万吨 LNG 长期供货协议后的首船货物。

10 月 19 日　中共中央政治局常委、国务院副总理李克强参观了第六届中国—东盟博览会"中国魅力之城——深圳"展区。

△　广东省委常委、深圳市代市长王荣率深圳市政府代表团访问澳门，拜会了澳门特别行政区行政长官何厚铧。

△　中央政治局委员、广东省委书记汪洋到深圳市宝安区就基层党建工作进行专题调研。

△　首船卡塔尔液化天然气运抵深圳大鹏湾。

△　第八届"WTO 与深圳"高级论坛举行。

△　《深圳与新加坡环卫管理对比研究》成果出炉。

△　深圳珠宝节开幕。

△　园岭街道喜获"全国安全社区"称号。

10 月 20 日　广东省委副书记、深圳市委书记、市人大常委会主任刘玉浦会见了老挝中央政治局常委、国会主席通邢·塔马冯为团长的老挝人民革命党代表团一行。

△　香港特别行政区行政长官会同行政会议批准兴建广深港高速铁路香港段项目。

10 月 21 日　全国人人外事委员会副主仕委员郑斯林、卢钟鹤、齐续春率调研组到深圳调研。

△　深圳市公布首批 242 个扩大内需项目，总投资 3879 亿元。

10 月 22 日　首届中国（深圳）国际工业博览会开幕。

10 月 23 日　中国证监会在深圳五洲宾馆宣布创业板市场正式启动，首批 28 家创业板公司将集中在 10 月 30 日深交所挂牌上市。

△　广东省委副书记、深圳市委书记刘玉浦，省委常委、代市长王荣会见到深圳考察的南方电网公司董事长袁懋振一行。

△　深圳市政府表彰 2009 年度"鹏城市容环卫杯"优胜单位和 14 名"鹏城优秀美容师"。

△　深圳市整治非法营运百日行动启动。

10月24日　肯尼亚国民议会议长肯尼思·马伦德率领的肯尼亚国民议会代表团抵达深圳，开展为期3天的参观访问。

△　第七届梧桐山登高节开幕。

△　深圳籍竞走选手刘虹夺得第十一届全运会女子20公里竞走比赛冠军。

△　深圳2011年"大运会"设计展亮相北京。

△　深圳市第二批赴甘肃支教教师到岗。

10月25日　深圳捧回四块"国家海外高层次人才创新创业基地"牌匾。

△　深圳大学"'大德育'模式的创新和实践"获国家级教学研究成果，在教育界引起热烈反响。

10月26日　广东省委常委、深圳市代市长王荣率市政代表团赴甘肃参加甘深对口援建暨战略合作座谈会。同时，深圳市政府与甘肃省政府在兰州签署甘深长期战略合作框架协议。

△　深圳市民政局、市老龄办和市老年协会在莲花山公园举行2009年"老人节"庆祝大会暨第三届公园老年文化活动开幕式。

10月27日　"《谷牧回忆录》与深圳改革开放"座谈会在深圳特区报业大厦举行。

△　深圳直接援建甘南州舟曲县项目全面竣工并交付使用。

10月28日　首批甲型H1N1流感疫苗运抵深圳。

△　深圳代表中国首次组团参加第38届美国纽约安防国际博览会。

10月29日　广东省委副书记、深圳市委书记刘玉浦调研南方科技大学筹建工作，要求南方科技大学办成高水平有特色的创新性研究型大学。

△　深圳市残疾人联合会在深圳市民爱科技园举办了"深圳市首届残疾人展能节"。

10月30日　广东省委副书记、深圳市委书记刘玉浦在五洲宾馆会见到深圳考察访问的朝鲜劳动党中央政治局候补委员、中央书记崔泰福一行。

△　国家发改委、财政部在北京启动实施新兴产业创投计划，首批与北京、吉林、上海、深圳等7省市签署联合设立创业投资基金协议。深圳设立电子信息产业、生物产业2个创业投资基金。

△　创业板首批上市公司仪式在深圳五洲宾馆举行，28家创业板企业开市暴涨。

△　深圳市华测检测技术股份有限公司成功在深交所挂牌上市，成为中国检测行业首家上市公司，股票代码：300012。

△ 深圳大学与深圳市地铁集团有限公司共同组建的深大轨道交通学院在深大正式揭牌，首批 120 名学员来自在校大四学生。

△ 深圳市第三人民医院副院长杨大国成为深圳市首位甲流疫苗接种者。

△ 第三十届"市民长跑日"活动拉开"全民健身活动月"序幕。

10 月 31 日 2009 年第三届中国杯帆船赛在深圳浪骑游艇会举行开幕式。

△ 深圳市启动"清洁深圳"百日专项行动。

△ 中国第一部阅读蓝皮书在深圳首发。《中国阅读——全民阅读蓝皮书》（第一卷）由中国出版科学研究所和深圳读书月组委会办公室共同编辑出版，是我国首部以全民阅读为主题的蓝皮书，系统总结了我国全民阅读活动的发展状况与经验。

11 月 1 日 纪念"深圳读书月"创办 10 周年庆典暨第十届"深圳读书月"启动仪式在深圳博物馆举行。

△ 国家新闻出版总署副署长邬书林率队到深圳海天出版社调研。

△ 有"全球安防第一展"之称的第十二届中国国际公共安全博览会在会展中心开幕。

△ 经中国证监会批准，沪深证券交易所将于 2009 年 11 月 2 日正式发布《交易异常情况处理实施细则（试行）》。

11 月 1~2 日 由中宣部、中央文明办、新闻出版总署主办，深圳市委市政府协办的全国全民阅读活动经验交流会在深圳举行。

11 月 3 日 中共中央政治局委员、广东省委书记汪洋率领广东省代表团出席在韩国首尔举办的"2009 中国（广东）—韩国经贸合作交流会"。深圳市委常委、副市长陈应春率领深圳市经贸代表团参加了此次洽谈合作。

△ 深圳 16 部文艺作品获广东省第七届精神文明建设"五个一工程"奖，获奖数量居全省各市首位。

△ 深圳市第三届人民代表大会常务委员会副主任陈锡桃在任免通过时因病医治无效逝世。

△ 来自光明新区的本土企业——美盈森环保科技股份有限公司正式登陆深圳证券交易所中小板。

11 月 4 日 广东省委副书记、省长黄华华带领省党风廉政建设第二考核组，对深圳市落实党风廉政建设责任制情况进行考核。

△ 全国总工会书记处第一书记孙春兰到深圳调研基层工会工作。

11 月 5 日 第二届世界知识城市峰会在深圳举行，深圳荣膺"杰出的发展中的知识城市"称号。

△ "2009 深圳国际旅游文化节"在深圳世界之窗拉开帷幕。

△ 2009 年全国发展改革法规工作会议在深圳召开。

11 月 6 日 中国共产党的优秀党员,久经考验的忠诚的共产主义战士,无产阶级革命家,我国经济建设战线的杰出领导人,中国共产党第十一届、十二届中央书记处书记,原国务委员,国务院原副总理,中国人民政治协商会议第七届全国委员会副主席谷牧同志因病医治无效在北京逝世。

△ 广东省委常委、深圳市代市长王荣在市民中心会见了香港中文大学校长刘遵义一行。

△ 广东省委常委、深圳市代市长王荣会见了来访的百度公司董事长兼首席执行官李彦宏。

11 月 7 日 由国家外国专家局和深圳市政府共同主办的国家级国际性盛会——2009 中国国际人才交流大会在深圳会展中心开幕。

△ 人力资源和社会保障部副部长王晓初,广东省委常委、副省长肖志恒考察深圳技师学院。

△ 首个 LED 国际采购交易中心落户华强北。

11 月 8 日 新华社播发长篇通讯:在应对金融危机中的"改革突围"——深圳"大部制"改革样本调查。

△ 作为广东省代表团的一部分,深圳市经贸代表团参加"2009 中国(广东)—日本经济技术贸易合作交流会"。

△ 第 21 届世界模特小姐中国总决赛在深圳决出三甲,山东姑娘王珊夺冠。

11 月 9 日 深圳大运中心主体育馆钢结构工程通过了中国建筑金属结构协会的专家评定,喜获中国建筑钢结构行业工程质量最高荣誉——"金钢奖"。

△ 广东省委常委、深圳市代市长王荣在市民中心会见上海交通大学校长张杰,双方就加强高等教育及科研合作进行探讨。

11 月 10 日 深交所上市公司"华侨城 A"发布发行股票购买资产股份上市公告,华侨城集团实现整体上市。

△ 深圳市出台《深圳市高层次专业人才配偶就业促进办法》。

11 月 11 日 国家环保部副部长张力军来深圳调研河流污染治理,肯定深圳河流治污见成效。

11 月 12 日 在"亚太旅游发展高峰论坛"上,深圳东部华侨城荣获"亚太地区最佳旅游度假胜地"。

11 月 13 日 广东省委常委、深圳市代市长王荣主持召开市政府四届一百四十九次常务会议，审议并原则通过了《深圳互联网产业振兴发展规划（2009～2015）》《深圳互联网产业振兴发展政策》。

△ 深圳市设专项资金扶持互联网产业发展。

△ 中国共产党优秀党员、久经考验的忠诚的共产主义战士、政协深圳市第一届委员会主席周溪舞同志因病医治无效在深圳逝世。

11 月 14 日 由深圳企业总投资 33 亿元的粤东水产品物流中心在潮州市饶平县正式开工。

△ 武汉大学深圳产学研基地大楼正式落成使用，这是深圳虚拟大学园国家大学科技园内第一家奠基、第一家封顶、第一家投入使用的大学产学研基地大楼，预示着武汉大学与深圳的合作将更加全面深入地展开。

△ "诗歌人间"朗诵会在深圳书城举行。

11 月 15 日 中国科学院与深圳市政府在深圳会展中心签署《关于深化院市合作的协议》，以进一步拓展合作领域、深化合作层次。同时，中科院化学所与深圳 7 家企业签署项目合作意向书。

△ 国际知识产权律师联合会（FICPI）中国研讨会在深圳华侨城洲际酒店举行。深圳 PCT 国际专利申请量连续五年第一。

△ 第十五届世界电子论坛在深圳举行。

△ 深圳华大基因研究院举行新闻发布会，泌尿生殖系统肿瘤基因组计划启动。

11 月 16 日 深圳市首个以电子商务为特色的高新科技园区——"深圳市互联网产业园"在会展中心亮相，首批 21 家入驻企业签约仪式同时举行。

△ 深圳联合产权交易所和深圳文化产权交易所同时挂牌成立。

△ 广东省委副书记、深圳市委书记刘玉浦等与深圳市参加第十一届全运会的功勋运动员和教练员在市民中心举行座谈会。深圳体育健儿在此次全运会上夺得 13 枚金牌。

△ 国家发改委在深圳举行国家创新能力建设和信息化试点授牌表彰大会，深圳被授予全国首个建设国家电子商务示范城市牌匾。

△ 华中科技大学深圳产学研究基地在深圳高新区虚拟大学园科技园奠基。

△ 第十一届"高交会"举行部长论坛。

△ 深圳获授全国首个"电子商务示范城市"。

△ 深圳启动生产第 8.5 代液晶面板。

△ 国家超级计算深圳中心启动建设。

11 月 16～21 日 第十一届中国国际高新技术成果交流会在深圳会展中心举行。

11月17日 深港联合招商的首个高新技术重大项目——杜邦太阳能薄膜电池板项目在深圳光明新区生产基地正式投产。

△ 深圳波顿香精香料有限公司波顿科技园奠基典礼在深圳南山区西丽举行。

△ 在深圳可再生能源技术与投资国际研讨会上，深圳联合产权交易所、深圳能源股份有限公司和Reset香港有限公司就亚洲碳排放产权交易所签署合作备忘录，这个交易所将落户深圳。

△ 国家工信部电信研究院移动通信终端开放实验室在福田区上沙创新科技园揭牌启用，国家无线电监测中心检测中心深圳实验室签约落户于此。

△ 中检集团汽车检测股份有限公司正式签约落户福田区。

△ 深港两地展会聚集物联网。

11月18日 广东省委"坚持和完善人民代表大会制度"调研组在深圳调研，广东省委副书记、深圳市委书记、市人大常委会主任刘玉浦主持召开座谈会，听取深圳市有关方面的意见与建议。

△ 深圳市高新技术重大项目——深纺集团盛波光电TFT-LCD用偏光片项目在深圳坪山新区举行奠基典礼。

△ 广东省委常委、深圳市代市长王荣在市民中心会见了凯捷集团全球首席副执行官克拉斯·杜甫一行。

△ 深圳市国家生物产业基地龙岗海洋生物产业园揭牌暨项目签约仪式在龙岗区大鹏街道龙岗生物产业园内举行。

△ 中国地质大学产学研基地落户深圳。

11月18～19日 北京市市长郭金龙率北京市考察团对广东考察之行的第四站——深圳进行参观考察。

△ 福田创建国家生态区通过了环保部考核验收组进行的行政验收。

11月19日 深圳市委常委、副市长吕锐锋在市民中心会见了日本松下株式会社常务董事野村醇二一行。

△ 深圳市、区两级信访大厅挂牌试运行。

11月20日 中共中央政治局常委李长春在中共中央政治局委员、广东省委书记汪洋，广东省委副书记、深圳市委书记刘玉浦等陪同下视察第十一届"高交会"。

△ 公安部纪委监察局联系点第十二次工作座谈会在深圳市召开。

△ 深圳市出现首例甲流死亡病例，死者为一名20岁女青年，因甲流导致重症肺炎、呼吸衰竭死亡。

△ 来自世界各地的140位浙江台州异地商会代表汇聚深圳，组团考察"高交

会"上的科技项目。

△ 第二届深圳国际自行车嘉年华开幕。

11 月 21 日 中共中央政治局常委李长春在广东调研时专门来到华侨城,期望华侨城能够打造成中国文化领域的航空母舰。

△ 《人民日报》、新华社、中央电视台等中央媒体宣传报道第十一届"高交会"。

△ 中国人民政协理论研究会深圳基地建设工作汇报在五洲宾馆举行。

△ 北京大学城市规划与设计学院在北大深圳研究生院成立。

11 月 23 日 广东省委副书记、深圳市委书记、市人大常委会主任刘玉浦主持召开市四届人大常委会第三十四次会议第二次全体会议,会议批准了市政府提交的深圳市 2009 年本级预算调整方案,将增加 14 亿元用于民生建设领域。同时补选王荣同志为广东省第十一届人大代表,任命刘忠朴同志为市人居环境委员会主任。

△ 深圳市南岭村社区党委书记、居委会主任张育彪和广东电网公司深圳供电局局长金基民光荣当选"南粤杰出劳模"。

△ 2009 年深圳市"慈善一元捐"活动启动仪式在市民中心举行。

11 月 24 日 五家深港企业将在深圳投资运作的"华南城"的成功蓝本克隆到内地的华东国际时尚物料城项目在江苏连云港奠基。

△ 深圳盐田区荣膺"全国文化先进单位"。

△ 由江苏省国画院、深圳画院、深圳美术馆共同主办的"笔墨当随时代"江苏省国画院院藏中国画作品深圳特展开幕。

△ 香港特别行政区 19 名全国人大代表考察深圳市中级人民法院。

11 月 25 日 第三届"中国建设工程质量"论坛暨"鲁班奖"颁奖大会在深圳举行。深圳 3 个项目捧得"鲁班奖"。

△ 深圳市出台《关于加强党政正职监督的暂行规定》《深圳市党政领导干部问责暂行规定》。

△ 第 55 届欧米茄观澜高尔夫世界杯在观澜高尔夫球会举行开幕仪式。

11 月 26 日 陕西省省长袁纯清率团考察深圳华南城。

△ 受深圳大学邀请,国际著名的经济学家、1999 年诺贝尔经济学奖得主、有"欧元之父"之称的美国艺术与科学院院士罗伯特·蒙代尔(Robert Mundell)在深圳大学国际会议厅做"国际汇率制度与经济危机"的讲座,并受聘为深圳大学名誉教授。

△ 第二十一届世界模特小姐大赛国际总决赛暨颁奖晚会在深圳锦绣中华民俗文化村举行,法国小姐摘得冠军。

△　第三届"交通文明宣传月"启动。

11月27日　中国创意产业领域最具权威性奖项——"光华龙腾奖——第四届中国创意产业年度大奖"在北京揭晓，深圳13个单位获奖。其中，深圳市委宣传部夺得"2009中国创意产业推动奖"。

△　华中科技大学协和深圳医院挂牌。

11月28日　全国政协经济委员会副主任李德水率全国政协经济界委员一行来深圳开展界别活动。

△　首届"中国（深圳）金融科技与后台服务发展"论坛在深圳举行。

△　"爱我中华"——民族团结唱新歌大型晚会在锦绣中华·民俗文化村举行。

11月29日　广东省委常委、深圳市代市长王荣率深圳市代表团赴香港访问。

△　深圳荣获全国未成年人思想道德建设工作先进城市。

△　深圳马蔚华、马明哲当选"2009第一财经金融价值峰会暨金融价值榜"年度金融人物。

△　台湾佛光山开山宗长星云长老获聘深圳市社会福利基金会最高荣誉顾问。

△　深圳市举办"防艾少年行"预防艾滋病大型公益宣传活动。

11月30日　深港合作会议在香港举行。

12月1日　2009年海峡两岸应用性（技术与职业）高等教育学术研讨会在深圳召开。

△　第二届深圳国际友城文化艺术周开幕式在五洲宾馆举行。

△　广东省纪委通报10起损害群众利益案件，深圳文学会会长曾培新受到党内严重警告处分。

△　深圳市举行"优质饮用水达标小区"授牌仪式。

△　深圳市委常委、副市长陈应春在市民中心会见新西兰驻华大使伍开文一行。

12月2日　深圳市副市长闫小培会见了国际大体联第一副主席克劳德·葛里恩一行。深圳大运会执委会授权深圳大学举办FISU学术大会。

△　法国维埃纳省副议长塞内舒一行访深。深圳与法国维埃纳省签署了2010~2013年合作交流计划。

△　"2009深圳设计论坛暨深圳设计邀请展"在深圳大学国际会议厅开幕。

△　第八届"中国证券投资基金"国际论坛在深圳举行。

△　深圳市出台《深圳市自主创业补贴办法》。

12月3日　深圳大运中心主体育场钢结构封顶。

12 月 4 日　汇聚近 500 家国内外金融机构的第三届深圳"金博会"在深圳会展中心开幕。

△　招商银行行长马蔚华获评"2009 年亚洲最具创新力银行家"。

△　深圳中高级人才招聘会在深圳会展中心举行。

△　深圳市人民医院口腔医学中心揭牌。

12 月 5 日　深圳大运会志愿者（义工）标志和口号发布。

△　深圳市表彰百名优秀义工。

12 月 6 日　文化部在深圳召开"城市街道社区 24 小时自助图书馆系统"现场会，学习深圳创新思路、用现代信息技术推进"图书馆之城"建设、研发推广自助图书馆的做法。

△　2009 深圳·香港城市/建筑双城双年展在深圳市民中心广场开幕。

12 月 7 日　第三届中国文化创新高峰论坛暨第三届文化部创新奖颁奖仪式在深圳举行。深圳两项目"深圳市民文化大讲堂"和"城市街区自助图书馆"获文化部创新奖。

△　深圳市设计师大会暨第五届"创意十二月"系列活动启动。

△　深圳第一个"创意设计日"当天，深圳举行建市以来首次设计师大会，正式出台《中共深圳市委、深圳市人民政府关于促进创意设计业发展的若干意见》，作为全国首个针对城市创意设计业发展的专项政策，提出了以建设国际创意文化中心为总体目标和将创意设计业打造成为深圳市文化产业支柱行业的具体目标。

12 月 8 日　奥运冠军郭跃和范瑛、杨扬三位体育明星同学正式到深圳大学报到。同时，中国乒乓球主教练施之皓正式受聘为深圳大学客座教授。

△　由华大基因研究院领衔，华南理工大学主要参与的合作研究成果《构建人类泛基因组序列图谱》在国际著名科学期刊《自然》最新一期生物技术分刊 *Nature Biotechnology* 上发表，首次提出了"人类泛基因组"的概念。

△　中国电子深圳研究院挂牌成立。

12 月 9 日　深圳房地产企业佳兆业集团控股有限公司以每股 3.45 港元的价格正式登陆香港联合交易所挂牌交易。

△　2009 中国（深圳）国际物流与运输博览会在深圳会展中心开幕。

12 月 11 日　2009 中国智能交通年会暨第六届"国际节能与新能源汽车创新发展"论坛和展览在深圳会展中心开幕。全国政协副主席、科技部部长万钢在广东省委常委、深圳市代市长王荣等陪同下参观了展览。

△　深圳市宝安区纪检监察派驻机构揭牌。宝安试点基层纪检垂直管理重大改

革，七大派驻纪检监察组直接向区纪委监察局负责。

△ 深圳市百日专项行动指挥部组织开展全市联合整治非法营运第三次统一大行动。

12月12日 深圳市家政服务工程培训基地揭牌。

12月13日 由深圳华大基因研究院领衔，中国科学院昆虫动物研究所、中国科学院动物研究所、成都大熊猫繁育研究基地和中国保护大熊猫研究中心共同参与的大熊猫基因组测序研究项目正式完成，并绘制出大熊猫基因组精细图。这是我国科学家第一次全面系统地对大熊猫基因组进行测序研究。

△ 深圳职业技术学院成为国家示范性高职院校。

12月14日 中国与埃及合作生产的首辆轿车——比亚迪F3在开罗下线，深圳比亚迪成功迈出国际化的关键一步。

△ 深圳首批200辆试用"深圳通"的出租车安装调试完毕，市民"打的"可刷卡。

12月15日 2009潮州投资环境暨深圳（潮州）产业转移工业园招商推介会在深圳举行，深圳市政府正式向潮州市移交2亿元园区共建资金，21个产业转移与经济合作项目同时签约，总金额达34.3亿元。

△ 中国贸促会会长万季飞率团到深圳市考察。

△ 非广东籍深圳居民可办赴港个人游。

△ 深圳大学教师张立川作品《仲夏夜之梦》获第11届全国美展金奖。

12月16日 国务院副秘书长、中央联席办公室主任、国家信访局局长王学军一行在深圳进行了为期2天的信访工作调研。

△ 中央纪委常委、监察部副部长、国家预防腐败局副局长屈万祥在深圳监察因公出国（境）管理工作。

12月17日 广东省、中国科学院科技合作座谈会在深圳举行。中共中央政治局委员、广东省委书记汪洋，全国人大常委会副委员长、中国科学院院长路甬祥等出席座谈会。

△ 中国科学院深圳先进技术研究院通过中国科学院和深圳市的正式验收。

△ 由农业部与深圳合作共建的基因组学农业部重点实验室，正式落户深圳华大基因研究院。

△ 深圳市首批15辆液化天然气公交大巴在21路投入运营。

12月18日 深圳市与国家开发银行签署合作备忘录，决定将生物、新能源、互联网三大产业作为重点合作领域。

△　首届深圳学术年会开幕。

△　《深圳特区报》被评为第六届中国最有投资价值媒体（报纸类）。

12 月 19 日　由深圳大学举办的华南计算机学科发展研讨会举行，来自中国科学院、深圳中科院院士活动基地和广东省相关高校等单位的院士、专家聚集深大进行交流探讨。

△　龙岗区举行誓师大会，启动社会治安综合整治专项行动。

△　第六届沙井"金蚝节"开幕。

12 月 22 日　英国《星期日泰晤士报》发布"未来十年世界最家喻户晓十大中国人"榜单，马化腾、王传福等榜上有名。

△　深圳大学中国系统哲学研究中心揭牌。著名系统科学与系统哲学理论专家乌杰受聘为深大特约教授。

12 月 23 日　2009 年央视中国经济年度人物揭晓，深圳创新投资集团董事长靳海涛当选经济年度人物，彭年集团董事长彭年获经济年度人物社会公益奖，马化腾、马蔚华、王石、李东生获经济年度人物十年商业领袖奖。

12 月 24 日　深圳市政府与中国建筑材料集团有限公司在深圳举行《战略合作框架协议》签字仪式。

△　深圳市政府和中国南方航空集团公司签署战略合作框架协议。

12 月 25 日　深圳市副市长卓钦锐在市民中心会见了印度驻华大使杰尚卡，双方表示要进一步加强深圳与印度之间的经贸文化交流。

△　中国移动通信集团公司在深圳启动"B2B"电子商务服务。

12 月 26 日　"中医中药社区行"大型公益活动启动。

12 月 27 日　中科院深圳先进技术研究院承担的"心脑血管易损斑块的高分辨成像识别与风险评估预警体系重大问题的基础研究"项目获准立项，这是深圳首次承担国家重大基础研究项目。

△　中央电视台"电影爱深圳"新年晚会在深圳东部华侨城录制。

12 月 28 日　甘肃甘南藏族自治州党政代表团在深圳举办旅游等行业招商引资新闻发布会。

△　国内最大充电站在深圳启用。南方电网在深圳建设的首批电动汽车充电站（柱）建成投运，共启用 2 个充电站、134 个充电桩，两个充电站内设置 9 台充电柜，可同时容纳 18 台电动车驶入。

12 月 29 日　《哥伦比亚新闻评论》中文版评选的"中国标杆品牌"在北京揭晓，57 个媒体品牌脱颖而出，深圳报业集团作为唯一报业集团类标杆品牌榜上有名。

12月30日　由深圳市政府投资建造的600吨级中国海监9012船正式入列，开展南海海域海洋全巡航执法专项行动。

△　中国城市竞争力研究会在香港发布了第八届（2009）中国城市竞争力排行榜，深圳再次获得榜首殊荣。

△　深圳市文联在F518创意园举行深圳艺术家工作室成立暨挂牌仪式，首批成立7个艺术家工作室。

△　第八届"中国城市竞争力排行榜"发布，深圳成长竞争力位列第一。

2010 年

1月1日 深圳市财政年终零点结算显示：2009 年，深圳市全口径财政收入 2765 亿元，其中地方财政一般预算收入 880.8 亿元，比上年增加 80.5 亿元，增长 10.1%，在全国城市中继续保持第三位。

△ 国务院通过中国政府网发布第七批国家级风景名胜区 21 处名单，深圳的梧桐山风景区成为广东省第七批唯一在列的国家级风景名胜区。

△ 试运行 2 年多的深圳铜鼓航道将于新年第一天正式投入使用。铜鼓航道是深圳市重大工程，按 10 万吨级集装箱规范船型单向不乘潮通航设计、建设。航道起点始于深圳湾口，终点为大屿山西南部海域，工程全长 22.57 公里，有效宽度 210 米，设计底标高 -15.8 米（以当地理论最低潮面为基面），该航道北连暗士顿水道，南接大濠水道，是深圳港西部港区连通珠江口几大水道的纽带。

△ 丹平快速路一期求水岭隧道宣告完工，至此该工程六座单洞隧道全部顺利贯通，为年底通车奠定了基础。

△ 广州白云国际机场宝安客运中心候机楼正式启用，旅客只要在候机楼乘坐"空港快线"班车即可直达广州白云国际机场。

1月2日 坪山新区日前召开慈善会动员大会，与辖区各企业、单位汇聚一堂，共商善举。比亚迪公司为坪山人民全资捐建首个投资超过 4000 万元的重大慈善福利项目——比亚迪儿童福利院。

1月3日 《深圳特区报》报道，截至 2009 年 12 月 30 日，深圳金融业贡献所得税 157.52 亿元，同比增收 14.93 亿元，增幅为 10.47%。

1月4日 韩国 AMM 集团决定在深圳投入 1.5 亿美元巨资，打造一个大型水上乐园。

△ 《深圳市应急避难场所专项规划（2009~2020）（草案）》已由市规划和国土资源委员会编制完毕。该规划草案今日起公开展示，征集市民意见。规划提出，全市规划设置各类"固定避难场所"452处、"中心避难场所"14处。

1月5日 《深圳特区报》报道，深圳电网2009年全年新增变电容量达756.4万千伏安，突破了2005年创造的738万千伏安的历史纪录，创下全国地市级城市投产变电容量新高。

△ 深圳市开展"全覆盖式"房地产市场大整治。

1月6日 深圳和惠州两地民政局签订协议，启动安置流浪精神病人合作机制。这是深圳市签订《推进珠江口东岸地区民政事业发展合作备忘录》后启动的首个项目，也是整合深惠两地社会资源，开展跨市委托服务的新尝试。

△ 由国家税务总局办公厅主办、深圳市国税局纳税服务处承办的全国税务网站建设工作座谈会，日前在深圳金水湾培训中心召开。福建、山东、河南、广东、大连、深圳市（省）国税局，北京、江苏、广东、陕西、深圳市（省）地税局税务网站主管部门的负责人及有关人员出席了会议。

1月7日 广东省委副书记、深圳市委书记刘玉浦在参加省委十届六次全会分组讨论时透露，深圳今年将继续加大民生投入，重点加强保障性住房建设力度，全年计划建设保障性住房已从2.23万套增至约5万套，加快解决中低收入家庭的住房问题。省委常委、深圳市代市长王荣在讨论时表示，深圳将积极贯彻落实广东扩大内需战略，为全省实现经济发展方式转变新突破多做贡献。

△ 广东省委副书记、深圳市委书记刘玉浦今天参加省委全会分组讨论时说，深圳今年将进一步深化教育体制改革。作为高等教育体制改革的"试验田"，南方科技大学筹建工作已获得国家教育部的全面支持，省委书记汪洋日前也专门做出批示，要求省有关部门全力支持创办南科大。

△ 中共深圳市委召开常委会议，传达学习刚刚闭幕的广东省委十届六次全会精神，研究讨论了拟提请市委全会审议的相关文件和报告。省委副书记、深圳市委书记刘玉浦主持会议并讲话，省委常委、代市长王荣做了传达。

1月8日 中共深圳市委四届十三次全会将于1月8日和9日两天召开。

△ 深圳职业技术学院举行国家示范校验收通过总结表彰会，副市长闫小培出席会议。深职院建成16年来，已经成为全国高职教育一根标杆，仅去年一年就获得了国家示范性高等职业院校、全国高校毕业生就业工作先进集体、多项国家教学成果奖等多个奖项。

1月9日 广深高速和机荷高速交界的黄鹤收费站、梅观高速和莞深高速交界处的黎光收费站、龙大高速和常虎高速交界的罗田收费站深圳 3 处高速公路交界收费站撤销，市民驾车出行将更顺畅便捷。这标志着全省高速路网中的深圳区域与珠三角区域正式合并，实现联网收费。

1月11日 罗湖区顺利通过了"全国区域教育发展特色示范区"专家组的评估验收，正式被授予了"全国区域教育发展特色示范区"称号，成为广东省第二个、深圳市首个获此殊荣的城区。

△ 新一届中国城镇供排水协会科技委员会成立大会在深圳举行，深圳水务集团当选为主任单位。

△ 2009 年度"国家科学技术奖"揭晓，深圳市喜获 6 项二等奖。深圳广电集团旗下的全息跨媒体平台——"中国时刻"（www.s1979.com）挂牌运营。

△ 华视传媒集团日前宣布，该公司已完成对数码媒体集团的收购，这标志着中国最大最完善的移动电视广告联播网将正式启用。数码媒体集团是中国最大的地铁移动电视媒体运营商，华视传媒集团此次收购价格为 1.6 亿美元，包含现金和股票，将在 2 年之内分成 3 次支付给原数码媒体集团股东。

1月12日 中共广东省委副书记、深圳市委书记刘玉浦，中共广东省委常委、代市长王荣在五洲宾馆与刚刚完成换届的市各民主党派、总商会（工商联）及知识界联谊会新老负责人举行座谈会，交流思想，畅叙友情，共谋深圳市新一轮改革发展大计。中共深圳市领导白天、王穗明、戴北方、王毅参加会议。

△ 省委常委、代市长王荣在市民中心会见了中国中铁股份有限公司总裁李长进一行。李长进对深圳市给予中铁在深建设项目的大力支持表示感谢。他说，正在建设中的 5 号线共有中铁下属十个集团公司参与，中铁将全力以赴，确保明年 6 月 30 日前建成投入使用。基于深圳良好的发展环境和双方的合作基础，中铁将在深圳建设南方总部。

△ 共青团深圳市委、市青联共同举办了一场"低碳经济发展与深圳青年使命"主题活动，邀请北京大学副校长海闻、凤凰卫视首席评论员石齐平、中国社科院专家何德旭和陈洪波及建行深圳分行副行长祝九胜 5 位专家学者，围绕低碳经济做主题演讲，并与 300 多位深圳各界青年代表就青年如何投身深圳低碳经济建设进行了互动交流。市委常委、教育工委书记李意珍出席活动。

△ 深圳市召开深化医药卫生体制改革动员大会暨 2010 年卫生工作会，全面部署深化医药卫生体制改革任务和 2010 年工作任务，正式开启了新医改大幕。省委常委、代市长王荣做动员讲话，市委常委、常务副市长李锋主持会议，副市长唐杰、

市政府秘书长李平出席会议。

　　△　第七届"深圳关爱行动"在市民中心礼堂启动。

　　△　"政府网站绩效评估结果"在京发布。深圳市政府门户网站（深圳政府在线 www. sz. gov. cn）在全国 315 个地市级政府门户网站（包括计划单列市、省会城市和地级市政府网站）中名列第二，公众参与指数名列第一。

　　1 月 13 日　深圳市政府公报正式公布了《深圳互联网产业振兴发展规划（2009 ~2015 年）》和《深圳互联网产业振兴发展政策》。深圳在全国率先出台了互联网产业发展规划和政策，将互联网产业确定为深圳重点培育和发展的战略性新兴产业，连续 7 年每年安排 5 亿元的专项资金用于支持互联网产业发展，使深圳成为我国乃至东南亚地区互联网产业发展的领先城市。

　　△　《深圳特区报》报道，深圳近日被美国《纽约时报》列为 2010 年必到的 31 个旅游胜地之一，位列第 20 位。一同入选的中国城市还有上海，居第 12 位。

　　△　深圳地铁 5 号线建设获得突破，五和站、灵芝至洪浪区间两大节点工程昨天完成。至此，5 号线 27 座车站中已有 20 座完成主体结构，2009 年共投资 57.2 亿元。

　　△　宝安区今年将组织建设 800 套保障性住房。其中，西乡地块项目由政府直接投资建设，拟建套数约 390 套，计划在 2013 年 1 月底建成并交付使用。

　　1 月 14 日　深圳市轨道交通建设指挥部第十二次工作会议指出，2009 年深圳共完成轨道交通建设投资 212 亿元，为年度计划的 112%；今年计划完成投资 200 亿元。省委常委、代市长王荣强调，要把轨道交通建设作为各项重大建设安排中的中心任务，要以决战的工作姿态，坚决完成甚至超额完成今年各项建设目标。市领导许勤、吕锐锋、张思平，市政府秘书长李平等出席会议。

　　△　深圳市 306 家进出口企业获颁"AAA 诚信"牌匾。

　　△　深圳 CBD 信息化城区建设启动。

　　1 月 15 日　深圳海关昨日公布的统计数字显示，深圳去年外贸出口额达 1619.8 亿美元，实现全国大中型城市外贸出口 17 连冠，占同期全国出口总值的比重近 14%。

　　△　广东省委常委、深圳市代市长王荣主持召开市政府四届一百五十五次常务会议，研究审议并通过了深圳市行政机关公务员分类管理改革实施方案及有关配套制度，在公务员管理上去除"官本位"、打破"铁饭碗"。会议还研究审议了社会组织发展和管理若干《实施方案》等事项。

　　△　深圳市福田区政府与中国移动通信集团广东有限公司深圳分公司（以下简

称深圳移动）日前联合启动深圳 CBD 和福田环 CBD 信息化城市建设项目，双方同时签署战略合作框架协议。未来 5 年深圳移动将投入 12 亿元助力信息化示范城区建设。

△　广东省委副书记、深圳市委书记刘玉浦主持召开市委常委会议，传达学习胡锦涛总书记在十七届中央纪委五次全会上的重要讲话精神和十七届中央纪委五次全会精神，研究深圳市党风廉政建设和反腐败工作。会议还传达学习了全国、全省政法工作电视电话会议精神，研究了深圳市的贯彻意见。省委常委、市委副书记、代市长王荣等出席会议。

△　深圳高速公路股份有限公司、南海油脂工业（赤湾）有限公司获 2010 年"市长质量奖"殊荣，并分别获得市政府 300 万元奖励。

△　根据《中华人民共和国全国人民代表大会和地方各级人民代表大会选举法》第 49 条的规定，深圳市第四届人民代表大会常务委员会第三十五次会议决定：接受温思美辞去广东省第十一届人民代表大会代表职务的请求。

1 月 16 日　民盟深圳市委会举行五届一次盟员大会，回顾和总结 2009 年各项工作，并对新一年的工作进行部署。市政协副主席陈观光参加会议。

△　深圳华星光电 8.5 代液晶面板项目在光明新区高新技术产业园区破土动工。

△　深圳市政府与国家住房和城乡建设部举行合作框架协议签字仪式，共建"国家低碳生态示范市"。

1 月 17 日　第五届"中国地方政府创新奖"在北京揭晓，深圳市民间组织管理局的社会组织登记管理体制改革从全国 358 个申报项目中脱颖而出，在全国 10 个获奖项目中占有一席之地，也是广东省唯一的获奖项目。

△　中共中央对外联络部副部长刘洁一陪同巴基斯坦穆斯林联盟（谢里夫派）领袖、前总理纳瓦·谢里夫在深圳参观访问。

1 月 18 日　深圳市公立医院改革启动，首个确定改革方案的医院是深圳最大的公立医院——香港大学深圳医院（滨海医院）。该医院将按照粤港合作"先行先试"的方针政策，突破现有框架，在医院管理体制、运营机制、服务模式等方面"大动手术刀"，建成国内公立医院改革样板，带动深圳市乃至国内公立医院改革发展。

1 月 19 日　广东省委常委、深圳代市长王荣在市民中心会见了瑞士驻华大使顾博礼一行，双方表示将积极推动深圳与瑞士在环境保护、经贸往来及科教文化等领域的合作。

△　深圳市第四届人民代表大会常务委员会第三十五次会议审查了市人民政府提交的《关于深圳市 2010 年政府投资项目预安排计划的报告》。会议同意市人大计

划预算委员会的初审报告，决定批准深圳市 2010 年政府投资项目预安排计划。会议要求，市政府要加快投融资体制改革，采取切实有效的措施拉动社会投资；适度控制政府投资借贷规模，防范财政风险；加强政府投资项目的监督管理，提高财政资金使用效益，积极推进政府投资计划顺利完成。

△ 深圳市副市长卓钦锐在市民中心会见了即将离任的澳大利亚驻穗总领事柯胜利，对其为促进深圳与澳大利亚之间友好关系做出的贡献表示感谢。

△ 广东省委副书记、深圳市委书记、市人大常委会主任刘玉浦主持召开市四届人大常委会第三十五次会议第三次全体会议，会议通过了《深圳市保障性住房条例》和《深圳经济特区道路交通安全违法行为处罚条例》两个重要法规。

△ 深圳市副市长卓钦锐会见了爱尔兰驻华大使戴克澜一行。

△ 在深圳市政法工作电视电话会议上，《关于深入推进平安深圳建设实现社会治安持续好转的意见》出台，明确提出了实现我市社会治安持续好转的"三步走"工作目标和行动措施，力求短期内实现社会治安状况明显好转，并通过今后 5 年深入推进平安深圳建设的长期努力，实现"人民群众对治安状况普遍满意，安全感显著增强"的目标。

△ 《深圳市无障碍环境建设条例》通过新一期市政府公报正式公布，并将于 3 月 1 日起正式实施。该条例规定每年 12 月 3 日为深圳市"无障碍环境宣传日"。

△ 深圳市荣获"全国文明城市"称号。

△ 广东省委常委、深圳市代市长王荣在市民中心会见瑞士驻华大使顾博礼一行。

1 月 20 日 深圳市政府召开专题会议，研究部署深圳绿道网建设启动工作。据市规划国土委、人居环境委等部门提供的相关初步规划，启动建设的深圳区域绿道网主线共两条，总长度约 285 公里，支线长 18 公里，直接服务人口约 545 万人。

1 月 21 日 广东省委常委、深圳市代市长王荣主持召开市政府四届一百五十六次常务会议，听取了坪山新区、光明新区规划等情况汇报，并研究决定在光明、坪山新区组建城市建设投资公司，创新投融资体制，多渠道筹集建设资金。会议还听取了市四届人大六次会议代表建议办理情况报告，研究审议了关于启动特区外有线数字电视整体转换工作等事项。

△ 深圳市西气东输二线（西段）工程昨起全面投入运营。市西二线工程总投资约 30 亿元，该项目东起大鹏湾，西至大铲岛，行经南山、宝安、龙岗 3 个区，计划在 2011 年底前建设天然气高压管线 146.2 公里；建成后该工程还将与未来各种可能供应深圳的气源相连，满足全市天然气供应"多气源、一张网、互联互通、功能

互补"的要求。

△ 广东省委常委、深圳市代市长王荣在五洲宾馆会见了新加坡淡马锡控股（私人）有限公司中国首席代表陈庆荣先生一行。

△ 经广铁电话订票系统确定，21 日 7 时 03 分 17 秒，中国订出首张实名制火车票。呼唤多年的实名制火车票终于成为现实。首张被预订的实名制火车票订单号为 505560505，车次 K446，乘车日期为 1 月 30 日，乘车站为深圳，到站为西安，硬卧票价为 423 元。在深圳打工的 32 岁的孟军宁成为预订中国首张实名制火车票的旅客。

1 月 22 日 广东省委常委、代市长王荣在五洲宾馆会见了国务院参事室主任陈进玉，以及美国伍德罗·威尔逊国际学者中心基辛格中美关系研究所所长、前美国驻华大使芮效俭一行。市委常委、常务副市长李锋，市政府秘书长李平参加了会见。

△ 加拿大深圳代表处正式成立。深圳市副市长卓钦锐会见加拿大驻华大使马大维。

△ 深圳迄今最大的城中村改造项目——南山区大冲旧改进入关键阶段。截至下午 6 点，有 168 户大冲村民与项目合作方华润公司就物业搬迁签约。

1 月 23 日 第七届"年博会"在深圳体育馆开幕。

1 月 24 日 深圳市潮汕商会正式成立，并与建行深圳分行签订了 180 亿元授信额度的战略合作协议。中央统战部副部长、全国工商联党组书记全哲洙发来贺信。

△ 广东省委副书记、深圳市委书记刘玉浦，省委常委、代市长王荣会见了来深圳考察指导工作的国家质量监督检验检疫总局局长王勇一行。

△ 副市长卓钦锐在五洲宾馆会见了利比里亚共和国外长阿克雷尔女士一行。

△ 深圳市潮汕商会成立。

1 月 25 日 2009 年度"深圳市金融创新奖"颁奖仪式在华侨城洲际大酒店举行。

△ 深圳市副市长张思平就 2010 年交通综治工作接受媒体专访时透露，全市全年道路建设投资 458 亿元，创历史纪录。其中，政府投资 293 亿元，占全年政府民生投资的 65%。

1 月 26 日 中国共产党深圳市第四届纪律检查委员会第七次全体会议召开。

△ 广东省委常委、代市长王荣会见了中央人民政府驻香港特别行政区联络办公室副主任李刚、外交部驻港公署特派员吕新华、驻港部队司令员张仕波一行。

△ 副市长卓钦锐在五洲宾馆会见了法属波利尼西亚塔希提皮拉埃市第二副市长乔治·布松一行。法属波利尼西亚位于太平洋的东南部，由塔希提等 120 个岛屿

组成。面积为 4167 平方公里，人口 23 万人，首府帕皮提市。

△ 维泰斯、中柏电脑、波顿香料等 71 家深圳本土培育起来的品牌，因为市场占有率高、诚信度高、品牌知名度高，获得了消费者的普遍认可，经过严格评审后成为第七届"深圳知名品牌"。市政协副主席、深圳知名品牌评价委员会主任廖军文出席了评审会议。

△ 历时两年多的深圳公交专营改革基本完成。深圳市交通运输委有关负责人表示，绝大部分承包线路已完成移交，对于尚未达成最后协议的个别企业，交通部门将连夜与其谈判。如果谈判不顺利，交通部门将启用应急车辆，确保公交体制改革如期完成。

1 月 27 日 政协龙岗区三届五次会议昨日下午闭幕，会议补选赖剑秋为政协龙岗区第三届委员会主席。

△ 深圳市召开查处违法建筑和违法用地工作会议，总结部署全市"查违"工作。

1 月 28 日 深圳市委、市政府在五洲宾馆举行港澳知名人士春茗联谊会，省委副书记、市委书记刘玉浦，省委常委、代市长王荣等与 300 多名港澳各界知名人士同品春茗，畅叙情谊，共商深港澳合作发展大计。

△ 深圳市反腐倡廉建设继续出"猛招"，公款出国、公务用车纳入电子监察范围。

△ 国内首个低碳经济产品展示交易中心落户宝安区。

△ 在日前举行的低碳中国论坛首届年会"低碳城市"评选中，深圳脱颖而出，获"低碳中国贡献城市""最具竞争力的低碳产业基地城市"两项大奖。

△ 据深圳市经济运行分析会公布的数据显示：初步核算，2009 年本市生产总值为 8201.23 亿元，按可比价格计算，比上年增长 10.7%，超过年度预期目标 0.7 个百分点，分别比全国、全省增速高出 2 个和 1.2 个百分点。

△ 龙岗区四届人大六次会议闭幕。会议依法审议通过了区政府工作报告、区人大常委会工作报告、区人民法院工作报告和区人民检察院工作报告。会议选举蒋尊玉担任区人大常委会主任。

1 月 29 日 武警深圳市支队在市政协会堂召开党委扩大会议，总结去年所取得的成绩，部署今年部队建设的主要工作。市委副书记、政法委书记白天，副市长、市公安局局长李铭参加了会议。

△ 首批 10 辆大容量公交车在 M201 线路运营，此种公交车比普通公交车长近 3 米，可搭载 150 多名乘客。

1 月 30 日　民革深圳市委会成立 20 周年庆祝大会在市政协礼堂举行。广东省政协副主席、民革广东省委会主委周天鸿，市政协副主席余晖鸿，市政协副主席、民革深圳市委会主委钟晓渝，原市政协副主席、原民革市委会主委周长瑚出席了会议。市委统战部、各民主党派代表、市工商联（总商会）、市知识界人士联谊会等单位的领导到会祝贺。民革中央、民革省委会也为大会发来贺词。民革深圳市委会成立于 1989 年 7 月，经过 20 年的发展，目前拥有 4 个总支和 2 个总支筹备组，共31 个基层支部，正式关系党员 542 人。

1 月 31 日　第 31 届法国明日国际杂技节比赛在巴黎落幕，由深圳市福永杂技艺术团自主编排的杂技节目《蹬人空竹》荣获该比赛最高奖——总统奖，为中国杂技赢得了荣誉。

2 月 1 日　深圳市政府与百度控股有限公司在五洲宾馆正式签署战略合作协议。根据协议，百度将在深圳建华南总部、国际总部和研发中心，这标志着百度在深圳的投资全面启动。省委常委、代市长王荣，市委常委、常务副市长许勤，百度公司董事长兼首席执行官李彦宏出席签约仪式。

　△　深圳市人力资源和社会保障局网站通报了 25 家欠薪单位的名单，最多的一家企业欠薪达 754 万元。

2 月 2 日　从深圳市药监部门获悉，深圳市药品监督管理局龙岗分局荣获全国食品药品监督管理系统先进集体荣誉称号。

　△　万科客户俱乐部组织——深圳万客会正式成立"万科社区志愿者联盟"，是深圳首个"社区志愿者联盟"。

　△　深圳市南山建工村保障住房项目拆迁工作启动。

　△　深圳市规划国土委在官方网站上发布公告，对 4 个地铁站点进行更名：地铁蛇口线（2 号线）"东门站"更名为"湖贝站"；地铁龙岗线（3 号线）"松柏站"更名为"横岗站"；"银海站"更名为"永湖站"；地铁环中线（5 号线）"洪浪站"更名为"洪浪北站"。

　△　全市停车场车辆监管系统开工建设。

2 月 3 日　广东省委副书记、市委书记刘玉浦，省委常委、代市长王荣会见了来访的河源市委书记陈建华、市长刘小华一行，双方表示将在更紧密合作中谋求共同发展。在河源承接的产业转移中，深企占了 85％，总部及研发在深圳、生产基地在河源的格局初现。

　△　深圳市科技工贸和信息化工作会议举行，广东省委常委、代市长王荣冷静深入地分析了当前形势，要求各级、各有关部门要有紧迫感、压力感，有新思路、

新目标，始终抓住经济工作不放，保证深圳又好又快发展。

△ 第三届深圳金融风云榜暨十大标志性建筑八个奖项揭晓。

2月4日 深圳市政府与中国港中旅集团公司签署全面战略合作框架协议，双方将提升战略合作关系，重点推进大鹏半岛滨海旅游休闲度假区的开发建设，将其建设成为具有国际影响力、世界级的旅游休闲度假胜地。

△ 深圳市首家社区文化馆在南山区桃源街道龙光社区挂牌成立。文化馆由社区工作站自筹经费并引进社会资源，将原有文体娱乐综合楼升级改造成为龙光文化馆。

△ 由中国城市竞争力研究会、中华地产商总会主办的2009中国城市地产百强榜发布会在香港举行。深圳在"地产成长竞争力百强城市"和"地产价格坚挺十强城市"中均名列第二位。同时，《深圳特区报》在"十佳地产传媒服务商"的评比中位列第三。

2月5日 深圳市住房公积金归集专户银行招标工作正式开始，标志着呼唤已久的深圳住房公积金工作终于拉开序幕，意味着深圳将结束没有住房公积金的历史。

△ 在中国佛教协会第八次代表大会上，深圳弘法寺本焕长老被推选为中佛协名誉会长，方丈印顺当选中佛协副会长。

2月6日 深圳市政府与香港中文大学在市民中心举行签约仪式，共同签署《教育合作备忘录》，约定按合作办学模式建立香港中文大学深圳学院，获得教育部等有关部门批准后，招生方面将给予深圳户籍生源特别优惠政策。

△ 深圳宝运发公司正式开通两条深莞城际公交线，分别为观澜至塘厦、观澜至凤岗，全程仅需3元，助推深莞一体化发展。

△ 深圳市政府重点扶持的文化产业项目——雁盟酒店文化产业园正式开业，而中国旅游设计院等4大院校入驻雁盟酒店文化产业园将为园区文化产业发展注入动力。

2月7日 从深圳市建筑工务署获悉，松坪村三期和深康村保障性住房项目已由市住房和建设局移交给该署。这两大保障性住房项目即将开工建设，建成后可为中低收入者家庭提供6443套住房。

2月8日 深圳市政府与北京师范大学在五洲宾馆举行签约仪式，共同签署《教育合作框架协议》，约定在教育领域开展全面合作。

△ 华侨城集团总投资25亿元建设的泰州华侨城一期开业。这是华侨城继上海欢乐谷之后布局长三角的第二个大型旅游项目，也是继东部华侨城之后，第二个建成开业的生态休闲度假旅游项目。

△　世界物流巨头 UPS 一架大型货机降落深圳机场，深圳由此成为 UPS 继上海、广州、北京、青岛后在中国内地的第 5 个主要货运航点。

2 月 9 日　《深港惠金融合作备忘录》在东莞市签署。

△　深圳市第二十九届迎春花市开幕。

2 月 10 日　深圳生态养猪技术在赣实现产业化。

2 月 11 日　广东省委副书记、深圳市委书记刘玉浦，省委常委、代市长王荣代表深圳市委、市政府通过深圳新闻网向全体深圳市民及广大网民发出新春祝福信。

△　由中国深圳华大基因研究院和丹麦哥本哈根大学联合创建的中丹基因组联合中心，完成了世界首例古人类全基因组的深度序列测定和解读工作。国际顶尖科学期刊《自然》，以封面故事报道了这一历史性成果。

△　深圳市政府举行了深圳生物、新能源、互联网三大新兴产业振兴发展规划和政策新闻发布会。深圳市委常委、常务副市长许勤在发布会上表示，到 2015 年，三大产业规模将要达到 6500 亿元，成为深圳的高技术支柱产业。其中生物产业年销售收入要达到 2000 亿元，成为世界知名、国内领先的国家生物产业基地；互联网产业年销售收入达到 2000 亿元，成为我国乃至东南亚地区互联网产业发展的领先地区；新能源年总产值达到 2500 亿元，成为国家新能源重要基地和低碳经济的先锋城市。

2 月 12 日　广东省委常委、代市长王荣主持召开市政府四届一百五十八次常务会议，审议并原则通过了《深圳市政府全面试行绩效管理工作总体方案（送审稿）》及相关配套文件，决定从今年起，将政府绩效管理从过去的局部绩效评估试点转向在市政府所有工作部门和各区政府、新区管委会全面试行，进一步推进服务型政府建设。

2 月 15 日　深圳市政府与全球第五大半导体厂商——意法半导体公司（ST）签订项目合作协议书，意法半导体公司将投入 5 亿美元，在深圳龙岗宝龙工业区兴建新的芯片封装测试厂。

2 月 16 日　在西班牙巴塞罗那举行的世界移动通信大会公布了今年的"全球移动大奖"各奖项得主，中国企业深圳华为技术有限公司获得了最佳技术奖类别中的"最佳业务分发平台（SDP）奖"。

△　位于深圳市中心区的广深港客运专线福田站主体维护结构已经完成，随即进入主体施工阶段。

2 月 17 日　从广东省发展改革委获悉，继深圳之后，广州近日被国家发展改革委批准开展创建国家创新型城市试点，这标志着国家部署提出的"形成以广州－深圳－香港为主轴的区域创新布局"战略目标正逐步变为现实。

2月18日 由中铁一局承建的地铁5号线5301标四站四区间全标段洞通。在复杂地质条件下，该标段创下了深圳地铁各线单月掘进556米的最高纪录。

2月19日 深圳地铁1号线续建工程，随着130号地铁车辆结束1天的载客运营平安驶回车库，由中国南车株洲电力机车有限公司研制的我国首个自主产业化A型地铁车辆成功通过了半年大考——已经投运的5列地铁车辆迄今安全运行超过20万公里，载客超过1000万人次，这标志着我国A型地铁车辆自主产业化能力和成果得到了实践的有力验证。

△ 携程旅行网昨日发布2010年春节黄金周人气城市排行榜，前10名分别为上海、北京、广州、深圳、成都、杭州、厦门、南京、三亚、武汉。

2月20日 中国证监会有关部门负责人宣布，证监会已正式批复中国金融期货交易所沪深300股指期货合约和业务规则，至此股指期货市场的主要制度已全部发布，投资者开户启动在即。

2月21日 新闻出版总署党组副书记、副署长蒋建国一行在深考察，参观了文博会展馆、A8音乐集团和华强文化科技集团。蒋建国高度肯定了深圳文化产业取得的成绩，并鼓励深圳文化产业继续做大做强。

2月22日 由广东省委常委、深圳市代市长王荣率领的深圳市党政代表团，从今起将先后赴上海、天津、北京学习考察。此次考察，将重点学习借鉴三市在全面贯彻落实科学发展观，加快转变经济发展方式，产业发展、重大项目推进、城市规划建设管理以及重大赛事（展会）筹办等方面的先进经验。

△ 上海市委副书记、市长韩正会见了广东省委常委、深圳市委副书记、代市长王荣率领的深圳市党政代表团一行。王荣在会见中表示，此次到上海学习考察的目的是寻找差距和不足，学习经验和方法，继续推进深圳改革开放，加快转变发展方式。

△ 广东省政协主席黄龙云专程率队来深圳开展新春走访活动，考察政协工作。广东省委副书记、深圳市委书记刘玉浦与黄龙云一行进行了座谈。

2月23日 中共中央政治局委员、上海市委书记俞正声会见了广东省委常委、深圳市委副书记、代市长王荣率领的深圳市党政代表团一行。在简要介绍了即将开幕的世博会给上海城市发展带来深刻变化的同时，俞正声对深圳企业自主创新能力给予充分肯定，认为许多方面值得上海学习借鉴。

△ 卫生部等五部委23日联合发布《关于公立医院改革试点的指导意见》。根据指导意见，此次确定的16个国家试点城市分别是：东部6个，包括辽宁鞍山、上

海、江苏镇江、福建厦门、山东潍坊、广东深圳；中部 6 个，包括黑龙江七台河、安徽芜湖和马鞍山、河南洛阳、湖北鄂州、湖南株洲；西部 4 个，包括贵州遵义、云南昆明、陕西宝鸡、青海西宁。16 个国家试点城市作为国家联系指导的公立医院改革试点地区，积极稳妥推进公立医院改革试点工作。

　　△　国家教育部官方网站上公布了 2010 年关于部分高等教育本科专业调整的通知，深圳大学新增哲学、光电子技术科学、高分子材料与工程、汽车服务工程和环境工程 5 个本科专业，分别授予哲学和工学学士学位。

　　△　广东省政协主席黄龙云率队到深开展新春走访活动并考察政协工作。

2 月 24 日　广东省委常委、深圳市委副书记、代市长王荣率领的深圳市党政代表团抵达天津，中共中央政治局委员、天津市委书记张高丽，天津市委副书记、市长黄兴国等领导在代表团下榻的天津市迎宾馆亲切会见了代表团全体成员。作为深圳的老书记，张高丽一边激情介绍天津近年来发生的重大发展变化，一边深情回忆在深圳工作战斗的难忘岁月，气氛十分热烈。

　　△　深圳市公开招聘行政执法类聘任制公务员 350 人，这是深圳市启动行政机关公务员分类管理改革后首次大规模招聘聘任制公务员。

2 月 26 日　广东省委常委、深圳市委副书记、代市长王荣率领的深圳市党政代表团一行在北京进行学习考察。中共中央政治局委员、北京市委书记刘淇，北京市委副书记、市长郭金龙等领导会见了深圳市党政代表团一行。

　　△　深圳市公开招聘 350 名行政执法类聘任制公务员今起接受报名。深圳市人力资源和社会保障局有关负责人表示，此次公开招聘的聘任制公务员首次聘期为 3 年。聘任期满，若公务员表现不佳，同样面临被"炒鱿鱼"。

　　△　在南方科大（筹）举行的第一次新闻通气会上，中国科学院院士、南方科大（筹）校长朱清时表示，南方科大（筹）将坚持"小规模、高质量"的办学方针，力争 2010 年起自主招生举办教改实验班。从全国招收优秀高二学生入学。首批将招 50 名优秀高二学生入学，分成两个班，试行小班制教学。

　　△　广东省委副书记、深圳市委书记刘玉浦到坪山新区专题调研查处违法建筑工作，并考察重大项目进展情况和高新技术企业，要求新区继续加大查违力度，做到有法必依、执法必严、违法必究，坚决一查到底，绝不手软，务求实效。

　　△　深圳市梧桐山国家级风景名胜区开幕式揭牌，深圳市委常委、副市长、梧桐山风景区管理委员会主任吕锐锋，国家住房和城乡建设部、广东省住房和城乡建设厅、深圳市城管局等相关部门负责人在景区北大门为梧桐山国家级风景名胜区揭牌。

△ 央视 2010 年元宵晚会在京举行，在"我最喜爱的中央电视台春节联欢晚会节目评选"颁奖环节，《走向复兴》获得了该评选唯一特别奖，央视主持人在致颁奖辞时称，它是年度最具影响力和最广为传唱的作品。

2月28日 梧桐山国家级风景名胜区揭牌。

3月1日 《〈深圳市党校安全管理条例〉实施细则》正式施行。

△ 由华大基因主办的 2010 年 MetaHIT 国际会议在东部华侨城茵特拉根酒店举行，来自中、美、丹、法、日、西、英、芬 8 个国家的 200 多名国际顶尖科学家出席会议。

△ 美国 Power-One 集团旗下的深圳光明新区新工厂正式开业，此举标志着该集团的亚太区中心落户深圳。该集团是总部设在美国的全球领先的能源与电源产品及解决方案提供商。

3月1~5日 继深圳市党政代表团赴京津沪学习考察满载而归后，深圳市委、市政府又紧锣密鼓地在全市各区接连召开六场现场会，总结学习成果，分析查找差距，研究解决问题。广东省委常委、深圳市委书记刘玉浦和省委常委、代市长王荣出席会议并讲话。

3月2日 由中共深圳市委宣传部、深圳市文体旅游局、深圳市人民政府文化产业发展办公室主办，香港插画师协会协办的"第二届全国插画艺术展"在深圳关山月美术馆开幕，共展出 400 幅精彩的插画作品。

△ 广东省委副书记、深圳市委书记刘玉浦主持召开春节后第一次市委常委会议，听取深圳市党政代表团赴京津沪地区学习考察的情况汇报，全面总结这次学习考察取得的成果。省委常委、市委副书记、代市长王荣等领导出席会议。

△ 深圳市委宣传部召开会议，传达落实中宣部第六届文博会筹备工作会议精神，研究部署深圳经济特区建立 30 周年相关纪念活动和宣传报道工作。市委常委、宣传部部长王京生主持会议并讲话。

△ 广东省委常委、代市长王荣会见了国家统计局局长马建堂一行，他表示将加强深圳统计工作的创新力度，为政府决策和百姓衣食住行提供更加科学准确的数据信息。深圳市委常委、常务副市长许勤会参与会见。

3月3日 赞比亚总统鲁皮亚·布韦扎尼·班达一行对深圳进行友好访问，广东省委常委、深圳市代市长王荣在五洲宾馆会见了班达一行。

△ 2010 年享受政府特殊津贴人员选拔推荐工作启动。

3月4日 由国务院发展研究中心原党组书记、副主任陈清泰，国务院发展研究中心研究员、著名经济学家吴敬琏率领的国务院发展研究中心调研组一行抵达深圳进行调研，广东省委党委、深圳市代市长王荣会见了调研组成员，深圳市委常委、常务副市长许勤，市政府秘书长李平参与会见。

△ 广东省委常委、深圳市代市长王荣会见了到访的俄罗斯萨玛拉州州长阿尔季科夫一行，并出席了5家深圳企业及一家机构与萨玛拉州投资发展署合作协议的签字仪式，市人大常委会副主任及聚声、副市长卓钦锐、市政府秘书长李平等出席了签字仪式。

△ 深圳"募师支教"行动第八批35名志愿者分赴贵州遵义、江西井冈山和安义、广东湛江等地的十余所乡村学校，开展一个学期的支教活动。

3月5日 由海天出版社组织出版的深圳首部城市百科全书——《深圳百科全书》在深圳中心书城隆重首发，该书历时5年的编纂，约150万字，是献给深圳经济特区建立30周年的一份厚礼。

△ 第26届世界大学生运动会重要配套设施项目——大运会国际广播电视新闻中心正式竣工移交。中国大体协常务副主席杨立国，深圳市委常委、副市长吕锐锋，大运会执委会副主席、大运会执行局局长梁道行等领导出席了交接仪式。

△ 深圳市在五洲宾馆举行"三八"国际劳动妇女节100周年纪念大会。

3月7日 为期1周的深圳市第三届（国际）藏獒展落幕。本届藏獒展的交易量达到3000余万元人民币，比上届增加了两倍多。

3月9日 深圳市启动新的出租车油价联动机制，"红的""黄的"每次向乘客加收燃油附加费2元，"绿的"加收1元。

△ 深圳市公安局禁毒深挖犯罪专业队挂牌成立。

3月10日 经国务院批准，2011年深圳第二十六届世界大学生夏季运动会组委会成立。大运会组委会正式成立。教育部部长袁贵仁、国家体育总局局长刘鹏共同担任组委会主席，广东省省长黄华华担任大运会组委会执行主席。

△ 江苏省委常委、副省长黄莉新率团来深圳考察深圳促进城乡一体化、发展现代农业、农村土地使用制度和户籍制度改革情况等方面的经验和做法。广东省委常委、深圳市代市长王荣会见了客人，深圳市委常委、常务副市长李锋在五洲宾馆与考察团一行进行座谈。

△ 深圳市副市长卓钦锐在五洲宾馆会见布隆迪共和国第一副总统萨欣古武一行。

△ 深圳市荣获"广东省教育收费规范市"称号。

△ 深圳市2009年环保实绩考核工作启动。

△ 深圳市确定2010年25个重大调研课题。内容包括：关于总结深圳经济特

区建立 30 周年历史经验，当好推动科学发展、促进社会和谐排头兵问题；关于我市率先建设低碳城市问题；关于进一步推进深莞惠一体化拓展深圳发展空间问题；关于大力发展我市民办教育问题；关于创新维稳工作体制机制努力打造平安深圳问题；关于我市率先建立廉政指标体系问题；关于加强我市外来劳务工子女的教育管理问题；关于南方科技大学创新高等教育体制机制问题；关于积极推进学习型领导班子建设、建立健全党员干部学习长效机制问题；关于我市战略性新兴产业的规划、培育、发展问题；关于健全我市查处违法用地和违法建筑体制机制问题；关于我市产业结构调整与人口规划管理问题；关于完善我市失业保险制度问题；关于我市率先构建普惠型社会福利制度问题；关于推进文化与科技紧密结合、提升文化产业发展水平问题；关于我市城市化进程中资源环境承载力问题；关于加强我市与台湾产业合作的规划与发展问题；关于加强我市 WTO 事务工作加快开放型经济体系建设问题；关于健全我市社区物业管理纠纷调处机制问题；关于我市电子商务信用体系建设问题；关于我市海岛保护、规划与开发问题；关于我市药品应急体系建设问题；关于打造宜居深圳推进生态文明建设问题；关于光明新区建设绿色建筑示范区问题；关于加快坪山新区土地整备工作问题。

3 月 11 日　深圳市委召开市委常委会议决定，在深圳经济特区建立 30 周年之际，深圳今年将推出一批重点民生工程，让广大市民共享特区建设发展成果。广东省委副书记、深圳市委书记刘玉浦主持会议，省委常委、代市长王荣等出席。

△　深圳召开宣传思想工作暨精神文明建设成果表彰大会。广东省委副书记、深圳市委书记刘玉浦出席会议并为获奖者颁奖。

△　广东省委常委、深圳市代市长王荣在深圳大学调研时指出，希望深圳大学志存高远，继续弘扬改革创新精神，优化人才培养模式，完善大学管理体制，增强服务社会发展的能力，为我国高等教育体制机制改革做贡献。深圳市领导李意珍、李锋，市政府秘书长李平等参加调研。

3 月 12 日　深圳市委、市政府召开以"办赛事、办城市，新大运、新深圳"为主题的深圳市市容环境提升行动动员大会。

△　广州市委副书记、政法委书记张桂芳率广州市政法各单位负责人，来深圳考察社会管理创新活动。深圳市委副书记、政法委书记白天与代表团一行座谈并透露，今年 5 月，中央综治委、公安部将在深圳举行全国社会管理工作创新现场会。

△　深圳市副市长卓钦锐在市民中心会见了泰国驻广州总领事馆新任总领事平善努·素万纳琼一行。

△　英国伦敦金融城政府今天正式公布对全球 75 个金融中心进行的最新调查，

伦敦和纽约并列第一,中国香港位于第三,深圳领先于上海和北京,位于排名的第九位,上海为第十一位,北京为第十五位。

△ 福田综合交通枢纽配套工程全面开工。

△ 深圳"图书馆之城"统一服务启动。

3 月 13 日 天津滨海新区区委副书记、塘沽工委书记吕福春一行 15 人专程抵深,考察深圳在农村城市化过程中有关土地补偿、功能规划和农民安置的经验。

△ 位于深圳市南山区兴工路上的汉京峰景苑施工工地发生防护棚坍塌事故,造成 9 人死亡,1 人受伤。深圳市委常委、副市长吕锐锋,副市长李铭及南山区领导赶赴现场处理善后工作。

△ 深圳市教育局决定,从今年起定期举办以"教育智慧的源流,大家风范的殿堂"为主旨的"深圳教育论坛"。首届论坛今天在南山教育信息大厦启动,中国教育学会副会长陶西平和深圳市教育局局长郭雨蓉共同为论坛揭牌。

△ 深圳市举行高级人才招聘会。

3 月 14 日 出席十一届全国人大三次会议的深圳代表在认真履行各项职责后返回深圳,市人大常委会派专人到机场迎接。

△ 深圳市行政机关公务员分类管理改革后首次大规模公开招考笔试正式举行。本次考试共 4 万余人报名竞争 350 个行政执法类聘任制公务员职位,这是深圳有史以来报名人数最多、竞争比例最大的一次公务员录用考试。

3 月 15 日 华星光电 8.5 代液晶面板项目正式在深圳光明新区高新技术产业园区打下八根桩基,这标志着华星光电项目建设全面开工,这是深圳建市以来规模最大的投资项目。目前总投资为 245 亿元人民币,平均年产值 168.6 亿元,届时将形成一个年产值超过千亿元的显示产业,对丁完善我国液晶电视产业会起到积极作用。

△ 深圳市公共安全管理工作会议在深圳市人大会堂召开。会议传达了中央和广东省有关会议精神,总结和部署了深圳公共安全管理的各项工作。省委常委、深圳市代市长王荣到会并讲话,市委副书记、政法委书记白天主持会议。

△ 深圳驻欧办总部今天从德国的纽伦堡正式乔迁至比利时首都布鲁塞尔。深圳市委常委、副市长陈应春率由科工贸信委、罗湖区、坪山新区等单位组成的深圳经贸代表团参加了深圳市驻欧洲经贸代表处新址揭幕仪式暨深圳 – 布鲁塞尔投资推介会。

△ 深圳市沙井街道挂牌成立深圳首个治安联防大队。

△ 深圳市民政局发布《关于深化深圳市殡葬改革工作的意见(征求意见稿)》,深圳殡葬改革将免费提供基本殡葬服务。

3月16日 深圳市召开全市组织工作会议，省委副书记、深圳市委书记刘玉浦出席会议并讲话。会议由深圳市委副书记白天主持，市委常委、组织部部长王穗明做组织工作报告。

△ 广东省委常委、深圳市代市长王荣率有关部门负责人前往市规划国土委，听取深圳部分重点规划工作汇报。市委常委、常务副市长许勤，市政府秘书长李平等出席会议。

△ 深圳市检察院司法会计鉴定中心挂牌。

△ 深圳市西部公汽公司新开4条公交线路，其中3条为公交快线，为光明、石岩片区居民提供快捷的公交服务。

3月17日 深圳市召开全市第六次全国人口普查办公室主任会议，全面动员和部署深圳第六次人口普查工作。

△ 为期两天的国家"十二五"能源规划南方和西北片工作会议在深圳麒麟山庄召开。

3月18日 广东省2010年人口与计划生育工作电视电话会议召开，深圳等11个地级以上市被授予"广东省2009年度人口与计划生育先进单位"称号，深圳市福田、罗湖、南山、盐田、宝安、龙岗6区也在上年度人口计生目标管理责任制考评中全面达标，连续第二年同获这一殊荣。广东省委副书记、深圳市委书记刘玉浦，市领导邱玫、余晖鸿在深圳分会场出席会议。

△ 广东省委常委、深圳市代市长王荣在五洲宾馆会见了美国杜邦公司董事长兼首席执行官柯爱伦一行。市委常委、常务副市长许勤，市长科技顾问刘应力以及市政府秘书长李平参加了会见。

△ 广东省委副书记、市委书记刘玉浦主持召开市委常委会议，传达学习贯彻中共中央政治局常委李长春近日对深圳的重要指示精神。会议强调，深圳要学习先进，查找差距，振奋精神，坚定信心，迎头赶上，努力当好科学发展的排头兵，加快转变经济发展方式，再创特区新辉煌。省委常委、市委副书记、代市长王荣等市领导参加了会议。

△ 广东省委常委、深圳市代市长王荣在五洲宾馆会见英国驻华大使吴思田一行。

△ 美国麻省理工学院生物工程中心与总部设在深圳的创世纪转基因技术有限公司签署生物能源领域技术合作协议。

△ 深圳市人口与计划生育工作目标管理责任制管理考评达标，获评"广东省人口与计划生育工作先进单位"。

3 月 19 日 广东省委副书记、深圳市委书记刘玉浦，省委常委、代市长王荣率市有关部门负责人到莲花山公园实地调研，研究深圳经济特区纪念园筹建有关事项，要求加快完善设计方案并组织实施，确保今年 8 月前完成建设，向庆祝特区建立 30 周年献礼。市领导王京生、吕锐锋、周光明、陈思平，市政府秘书长李平参加了调研。

△ 广东省委常委、代市长王荣率队赴深圳光明新区调研重大项目和民生工程项目进展情况，市委常委、常务副市长许勤，市长科技顾问刘应力，市政府秘书长李平等参加调研。

△ 由民政部和深圳市政府共同主办的 2010 年"社会工作"国际论坛在深圳市麒麟山庄开幕。民政部副部长李立国致辞，开幕式由民政部人事司司长孙建春主持，广东省民政厅厅长刘洪，市委副书记白天，市委常委、常务副市长李锋参加论坛。

△ 正在筹建中的南方科技大学在启动校区举办了创校以来首场学术报告会。国际著名物理学家陈应天教授应邀主讲。深圳市政府党组副书记、市长科技顾问刘应力出席报告会。会后南方科大（筹）校长朱清时透露，该校计划下个月招聘教师，而陈应天教授亦将加盟南方科大。

△ 深圳公益项目大赛"十佳"颁奖晚会在麒麟山庄举行。

△ 瑞士巴塞尔世界钟表珠宝展览会开幕，深圳展团采用五星红旗为基调进行整体形象布置，展现"深圳制造"的风采。

3 月 20 日 在首届博鳌国际旅游论坛上，来自全国 49 家 5A 级旅游景区及所在的 46 个城市宣布，成立中国 5A 级旅游景区城市联盟。深圳等 8 个城市为联盟副主席城市。

△ 第四届（中国）"私募基金"高峰论坛在深圳举行。

3 月 21 日 由深圳市侨办、深圳市归国华侨联合会、深圳市侨商国际联合会、香港深圳社团总会、深圳市归侨侨眷企业家联合会联合主办的深港澳春茗会在五洲宾馆举行。600 多名深港澳及海外侨界代表欢聚一堂，共话新春，共谋发展。深圳市委常委、统战部部长王毅，深圳市人大常委会副主任许德森，市政协副主席廖军文参加活动。

△ 原深圳航空的第二大股东国航在港交所发布公告，称已于当日与全程物流、汇润签订增资合同，由国航与全程物流共同向深航注资 10.3 亿元人民币，汇润的破产管理人则代表汇润放弃认缴本次增资。至此，国航以最大股东身份实现对深航 51％ 股份的控股，正式控股深圳航空。

3月22日　广东省委副书记、市委书记刘玉浦，省委常委、代市长王荣会见了来深圳考察的南方电网公司新任董事长赵建国、总经理钟俊一行。双方表示，今后将加强在发展低碳经济、新能源汽车、节能环保等领域的紧密合作，在转变发展方式上携手并进、共同发展。南方电网公司原党组书记、董事长袁懋振参加了会见。

　　△　深圳大运会执行局局长梁道行在五洲宾馆会见到访的国际大体联技术委员会主席斯塔洛斯·多维斯一行。

　　△　深圳市开始办理男性50岁以下、女性40岁以下参保人异地养老保险转入手续，"非深户"养老保险参保人无法将养老保险转入深圳的难题得到解决。

3月23日　广东省委副书记、深圳市委书记刘玉浦和市领导戴北方、吕锐锋一道，再一次就深圳市跨界河综合治理工作进行专题调研，检查督促工作进展。刘玉浦要求市有关部门全力以赴加快推进界河和跨界河综合治理，以实际行动推动联合治污早日取得实效。

　　△　深圳市召开深圳经济特区研究会会员大会。会议透露，今年该研究会将编纂7部特区历史专著，为特区建立30周年献礼。市政协主席、深圳经济特区研究会会长王顺生主持会议。深圳市政协副主席余晖鸿出席了会议。

　　△　湛江市商业银行深圳分行正式开业，这是第十家入驻深圳市的城市商业银行，也是南山区拥有的第一家分行级金融机构。仪式上，深圳市政府、南山区政府分别向湛江市商业银行深圳分行颁发落户奖金300万元。广东省人大常委会副主任邓维龙、广东省金融办主任周高雄，深圳市委常委、副市长陈应春参加开业仪式。

　　△　深圳机场香港（上环港澳码头）城市候机楼启用。

　　△　"媒体看深圳、游客逛鹏城"活动仪式在世界之窗举行。

　　△　深圳市新增12家博士后创新实践基地。截至2009年底，全市累计招收博士后650人，在站博士后230余人，在站人数和设站单位数均居全省第一。

3月23~24日　国家教育部副部长陈小娅在深圳考察"大运会"筹备工作及大运场馆建设，并考察了深圳市基础教育办学情况。

3月24日　深圳市总工会召开新闻发布会，宣布实行《深圳市基层工会干部岗位津贴制度》，深圳市基层工会申报经核准后，可按深圳在岗职工月平均工资百分之五的标准，获得干部岗位津贴，这在我国尚属首例。市总工会副主席王同信在新闻发布会上详细介绍了津贴制度的使用范围和申报标准。

　　△　2010年深甘对口支援工作联席会议在兰州召开，受广东省委副书记、深圳市委书记刘玉浦，省委常委、代市长王荣委托，市委常委、常务副市长李锋代表深圳市委、市政府向甘肃省移交援建资金4亿元。

3 月 24～27 日 内蒙古自治区满洲里市委书记吴浩峰率党政考察团一行 33 人，在深圳市开展为期 4 天的考察活动，对深圳城市建设、产业发展、对外开放、口岸经济、民生事业等方面进行交流考察。深圳市委常委、市委秘书长戴北方，市人大常委会副主任及聚声会见了考察团一行。

3 月 25 日 连接惠州和深圳的重要高速公路惠深沿海高速公路将于 2010 年 3 月 25 日下午 4 点通车。今后，从深圳前往惠州可以通过盐坝高速 C 段进入惠深沿海高速，它的建成将使深圳、惠州、惠东、大亚湾、惠阳等主要城市及地区连成一体。

△ 广东省委副书记、深圳市委书记刘玉浦主持召开市委常委会议，研究并原则通过《深圳经济特区建立 30 周年纪念园规划设计方案》。会议确定，深圳经济特区建立 30 周年纪念园选址莲花山公园建设，将于今年 8 月 26 日前建成，为市民打造一个铭记改革开放历史、开展休闲文化生活的新场所。省委常委、市委副书记、代市长王荣等出席会议。

△ 深圳市委常委、宣传部部长王京生率队前往广州，向省委宣传部汇报第六届文博会的筹备情况和庆祝深圳经济特区建立 30 周年活动的总体情况。在听取汇报后，广东省委常委、宣传部部长林雄表示，深圳的宣传思想文化工作卓有成效，在全国和全省都处于领先地位，也支撑、推动着广东省的多项宣传文化工作走在全国前列。他寄望深圳依托大运会、文博会等活动，加强宣传推介，提升城市美誉度、国际影响力，省里将全力以赴支持深圳办好文博会。

△ 深圳市行政机关公务员分类管理改革动员大会在市民中心召开。

△ 深圳新世界集团收购洛杉矶万豪酒店，成为中国企业进军美国酒店业的最大收购案。

△ 深圳市公布的 2010 年政府公共服务白皮书目标计划将"大部制"改革后的 40 个单位全部纳入其中，公布近 500 项民生服务内容。

3 月 26 日 国家环境保护部部长周生贤应邀在深圳市民中心礼堂为全市干部和环保工作者做了一场环境形势报告会。他指出，深圳最适合成为全国生态文明建设示范区，为其他地区推进生态文明建设提供经验和借鉴。

3 月 26～28 日 深圳－郑州经贸洽谈采购会暨宝安产品展销会在郑州国际会展中心举行。为期 3 天的展会总成交额为 163.2 亿元，其中销售为 125.7 亿元，采购为 22.8 亿元，投资为 14.7 亿元。此次展会是深圳今年保增长、调结构的首场国内展会，也是深圳经济特区建立 30 年来首次赴郑州办展。

3 月 27 日 深圳互联网产业发展策略咨询会在五洲宾馆深圳厅举行，广东省委常委、深圳市代市长王荣向前来参加中国（深圳）IT 领袖峰会的深圳互联网产业高级顾问问计互联网产业发展策略。他表示，将积极研究各个顾问的建议，营造更好的创新创业环境，培育更多创新能力强企业，大力发展互联网、新能源、生物医药等新兴产业。市委常委、常务副市长许勤，市委常委、副市长陈应春，市政府秘书长李平等参加了咨询会。

△ 深圳市地铁5号线全线洞通铺轨，这标志着5号线铺轨安装工程全面启动。市政府在5号线坂田站举行了铺轨启动仪式，国家住建部副部长郭允冲，国务院国资委纪委书记贾福兴，广东省委常委、深圳市代市长王荣，中铁集团董事长石大华，深圳市副市长张思平出席了昨天的铺轨启动仪式。深圳地铁5号线是2011年世界大运会重点工程，西起前海湾，东至黄贝岭，全长40公里，共设27座车站，1个车辆段和1个停车场，工程总投资约2006亿元。是我国迄今为止一次性投资规模最大、建成里程最长的地铁轨道交通项目，也是全球投资最大的BT模式地铁轨道交通项目。

△ 深圳和顺堂仲景国药开业，这是深圳首家慈善中医诊所。

3月28日 2010中国（深圳）IT领袖峰会在深圳召开。国家工业和信息化部副部长娄勤俭，广东省委常委、深圳市代市长王荣，广东省副省长宋海出席开幕式并致辞，深圳市委常委、常务副市长许勤主持开幕式。北京航空航天大学校长、中国科学院院士怀进鹏，工业和信息化部科技司司长闻库，深圳市委常委、副市长陈应春和市政府秘书长李平等出席开幕式。来自国内电子信息业与金融投资界多位最具影响力企业家及金融机构、创业投资机构主要负责人，企业界知名人士和专家代表，新闻媒体及深圳市政府有关部门及各区负责人共计600多人参加。

△ 中国保险监督管理委员会（简称中国保监会）与深圳市政府在五洲宾馆签署《关于深圳保险创新发展试验区建设的合作备忘录》。中国保监会党委书记、主席吴定富，省委副书记、深圳市委书记刘玉浦，省委常委、代市长王荣等出席了签约仪式。签约仪式前，刘玉浦、王荣与吴定富一行座谈，代表深圳市委、市政府感谢中国保监会长期以来对深圳经济社会发展和保险创新发展的大力支持。

△ 中国电信公司在深圳启动100M（兆）光纤到户工程。

3月29日 深圳地铁2号线东延线2225标燕南站主体工程封顶。

△ 全国首款面向个人销售的新能源汽车——比亚迪F3DM低碳版双模电动车在深圳上市，定价为16.98万元。以比亚迪为龙头，深圳已形成新能源汽车的产业链，并在多个领域领跑市场。

△ 深圳市副市长卓钦锐在市民中心会见了国际抗癌联盟主席大卫·希尔博士一行，中华医学会会长钟南山、副会长郝希山参加了会见。会后宣布，由国际抗癌

联盟（UICC）主办的 2010 年世界癌症大会今年 8 月 18 日至 21 日在深圳举办。

△ 深圳市开通 5 条高峰专线，分别为 21 号线（万科第五园—福田保税区）、22 号线（万科第五园—科技园）、23 号线（潜龙花园—民田总站）、24 号线（牛栏前—八卦岭）、25 号线（德兴花园—东门）。

△ 深圳市社会组织孵化实验基地启动。

3 月 30 日 深圳市召开"打黑除恶"新闻发布会，深圳市公安局、市人民检察院、市中级人民法院在会上发出联合通告：敦促黑恶势力犯罪分子悬崖勒马，主动投案自首；呼吁广大市民群众积极提供黑恶势力犯罪线索，支持和参与到"打黑除恶"的斗争中来。

△ 全国妇联书记处书记赵东花率妇联系统第二期儿童社会工作研修班一行 150 余人来深圳考察，就社会工作在妇联儿童工作中的运用进行经验展示和交流。

3 月 31 日 广东省委副书记、深圳市委书记、市人大常委会主任刘玉浦主持召开市四届人大常委会第三十六次会议。本次会议将审议市政府提请审议的深圳市 2009 年度绩效审计发现问题整改情况的报告和关于促进深圳市中小企业发展重点建议办理情况的报告。深圳市人大常委会常务副主任李华楠，副主任邱玫、周光明、许德森、及聚声，秘书长袁庆文出席会议。深圳市委常委、常务副市长许勤，市中级人民法院副院长王勇，市人民检察院检察长白新潮等列席会议。

△ 广东省委常委、深圳市代市长王荣率队登上海监执法船，从盐田港出发，历时 2 个多小时看完东部海域、听完深圳市海洋工作汇报后表示，海洋资源是深圳未来发展的宝贵财富，要以"强化保护、科学规划、合理利用"为原则，加强对海洋资源的保护，加快建设滨海城市，科学提升海洋产业对经济的贡献率，造福深圳市民。深圳市副市长张思平、市政府秘书长李平等参加了调研活动。

△ 广东省总工会十二届二次全委（扩大）会议在深圳市委党校召开。广东省委副书记、深圳市委书记刘玉浦出席会议并代表省委讲话。会议重点考察推广深圳工会在提高工会组建率、开展职工素质教育两方面的经验做法，并总结交流全省其他有关地区工会工作经验，部署今年全省工会工作。省人大常委会副主任、省总工会主席邓维龙，深圳市领导李意珍、戴北方、许德森出席会议。

△ 总部位于深圳的华为集团发布了经审计的 2009 年业绩，实现全球销售收入达 1491 亿元，同比增长 19%。按照这一规模，华为集团已成为仅次于爱立信的全球第二大电信设备商。

△ 继研祥科技、华星光电之后，又一国家级高新技术企业落户光明新区。深圳市新纶科技股份有限公司科技产业园开工仪式在光明新区高新园区塘家片区举行。

这是首个入驻该片区的高新企业，对于完善光明新区电子信息产业链具有重要意义。新纶公司是我国防静电、洁净室行业龙头企业，也是国家级高新技术企业，目前该公司的净化工程和超净清洗的洁净等级已处于国际领先地位。新纶公司科技产业园区投资 2 亿元，预计年产值 3.7 亿元，产业园占地 1.6 万平方米，总建筑面积近 5 万平方米。

△ 龙岗区人民法院对"九二〇"特大火灾非职务犯罪案件 17 名被告人做出一审宣判。

4 月 1～4 日 深圳大学管理学院代表队在上海参加了第二届"尖峰时刻"全球商业模拟挑战赛中国赛区总决赛，分别在 MBA 组获得亚军、季军、最佳团队单项奖及优胜奖；在本科组获得亚军及最佳团队合作奖，是该赛事在中国区举办以来，获奖数最多的学校。深圳大学 Innovation 团队作为 MBA 组亚军近期将应邀赴芬兰首都赫尔辛基参与国际交流。

4 月 2 日 深圳市在深圳革命烈士陵园举行祭奠革命先烈活动。

△ 深圳市第四届人民代表大会常务委员会第三十六次会议审议了市政府关于促进深圳市中小企业发展重点建议办理情况的报告，审议了市人大常委会经济工作委员会对该项报告的初审意见。

△ 深莞惠三市签署全省首个市与市之间的老龄事业合作协议。根据协议从 2010 年 4 月 1 日起深莞惠三市的老人手持老年人优待证，可以免费游 3 地 65 处景点。

4 月 3 日 2010 深圳国际婚博会暨婚庆文化节在深圳会展中心拉开帷幕，展出面积近 1 万平方米。

4 月 6 日 深圳市三防工作会议召开。根据汛前三防安全大检查显示，深圳市仍有百多个内涝点影响人口近 80 万等三防问题和隐患。

4 月 7 日 深圳市委市政府通过市政府公报正式发布了《关于全面提升深圳文化软实力的实施意见》，提出在未来 30 年内全面提升深圳市文化软实力，将深圳建设成为具有较大国际影响的智慧之城、关爱之城、设计之都和国际文化创意中心。

4 月 8 日 深圳、东莞、惠州三市党政主要领导第四次聚首，共商合作发展大计。

△ 浙商银行深圳分行正式开业。这是浙商银行在浙江省外设立的第七家分行，也是其在华南地区的首家分行。

△ 首个港人在深开设的独资门诊部完成选址并取得广东省卫生厅的《设置医疗机构筹建批准书》。

△　深圳市佛教协会第三届代表会议在弘法寺举行，弘法寺本焕长老担任名誉会长，弘法寺方丈印顺当选为会长。

4月9日　文化部副部长杨志今来深专题调研深圳公共文化服务体系建设和公益性文化场馆免费开放情况。副市长闫小培在调研期间会见了杨志今。

△　深圳高新技术产业发展院士咨询会在市民中心举行。

△　首届中国（深圳）消费电子展暨2010中国电子技术年会和第75届中国电子展在会展中心拉开帷幕。

△　深圳市召开全市干部大会，宣布中央和省委关于深圳市委主要领导的任免决定。中央批准，王荣任深圳市委书记，免去刘玉浦的深圳市委书记职务；省委批准，免去刘玉浦的深圳市委常委职务。

4月10日　2010年总部经济、资本市场与连锁经营高峰论坛在深圳举行，出席代表认为深圳初步建立了具有较强竞争力的现代产业体系。

4月11日　位于南澳西冲的深圳市天文观测系统工程完工。

△　由深圳市委宣传部和深圳广电集团出品的30集电视连续剧《命运》在中央电视台电视剧频道首播。

4月12～16日　广东省委常委、深圳市委书记、代市长王荣率深圳市考察团到新疆喀什地区考察。

4月12日　在广东省委常委、深圳市委书记、代市长王荣的倡议下，深圳市几套班子领导和广大机关干部踊跃为青海玉树灾区捐款。

△　深圳大学师范学院艺术系2006级音乐表演专业学生——董欣欣，近日以优异成绩被美国五大音乐学院之一的纽约曼哈顿音乐学院（Manhanttan School of Music）录取为钢琴演奏专业研究生，成为深圳大学师范学院音乐专业第一个被世界顶尖音乐学院录取的学生。

4月13日　深圳大学医学院人体标本科学馆率先向中学师生开放，深大附中50名高一学生成为首批参观者。随着配套设施不断完善，标本馆将逐步向社会各界开放。

△　广东省对口支援新疆喀什地区工作座谈会在喀什召开。随后，深圳与对口支援的喀什市和塔什库尔干县进行了工作对接。省委常委、市委书记、代市长王荣要求深圳市尽快形成经济援疆、干部援疆、人才援疆、教育援疆协同推进的新局面。

4月14日　深圳市委常委、常务副市长许勤在市民中心会见了加拿大渥太华市长拉里·奥布莱恩一行。

△　广东绿色产业投资基金宣布，由该基金发起的国内首个大型EMC联盟在深

成立。

△ 《深圳市 2010 年改革计划》通过政府公报正式公布，27 项改革均列出时间表和负责牵头及协办的单位。

△ 在中国－巴西经贸及投资论坛暨企业洽谈会上，深圳永丰源集团与巴西战略合作伙伴 PRESENTS MICK 公司签署了高达三千万美元的合作协议，为中国高端陶瓷进入巴西和南美市场打造了良好的平台。

△ 深圳市龙岗区首创全国"区长公共服务质量奖"。

4 月 15 日 深圳图书馆、深圳少年儿童图书馆和福田、罗湖、南山、盐田、宝安、龙岗 6 个区图书馆均被评为一级图书馆，深圳市一级图书馆比例与建设水平居国内城市前列。

△ 深圳市首批运往青海玉树价值 240 万元的救灾物资从西丽火车站启运。

4 月 16 日 2010 低碳发展国际论坛暨 LED 高峰论坛在深圳拉开帷幕，来自北大、清华、加州大学、东京大学等高校的专家们就低碳经济发展前景和 LED 技术在全球的发展趋势及我国产业政策、最新应用等进行深入探讨。开幕式上，世界创新研究院、北大深圳研究生院与南山区科协共同发起成立一个民间组织——中美低碳发展促进会，旨在推动低碳技术在中美两国的研发、转让和产业化，以及市场开发和培育，促进会将开通一个网上交流与合作平台。与此同时，北京大学与加州大学联合成立了深圳南山清洁汽车研究中心和绿色照明系统实验室。

4 月 17 日 深圳市举行首场赈灾义演，为玉树灾区募款超过千万元。

△ 第六十三届中国国际医疗器械展览会在深圳会展中心举行，20 多个国家和地区的 2100 多家企业参展，展会面积 11 万平方米。

△ 由深圳大学计算机与软件学院院长陈国良院士主持研发的我国首台采用国产高性能通用处理器芯片"龙芯 3A"和其他国产器件、设备和技术的万亿次高性能计算机"KD－60"通过了专家鉴定，该计算机由中国科学技术大学和深圳大学联合研制。这是继 2007 年底成功研制基于"龙芯 2F"处理器的高性能计算机"KD－50－I"后，我国高性能计算机国产化的又一重要突破，向通用普及的个人高性能计算机迈出了重要一步。

4 月 18 日 深圳 2009 年度"十佳"优秀社工评选结果出炉。

4 月 19 日 深圳市卫人委召开手足口病防治会议。2010 年前 14 周，深圳疾病控制部门接到手足口病例 3292 例，比去年同期翻了一倍还多，增加 155%。

△ 上海世博会城市最佳实践区深圳案例馆举行开馆仪式。

4 月 20 日 深圳首家纳税人学校正式挂牌成立。纳税人学校将开设 8 期培训辅导班，全市将有万名纳税人免费接受税收知识培训和税收政策辅导。

4 月 22 日 集"教、学、考、管、评"于一体的"深圳干部在线学习"平台开通。

△ 深圳市国税、地税联合办理税务登记业务启动仪式在市民中心行政服务大厅举行。

△ 第七届"深圳知名品牌"颁奖典礼成功举办，深圳市已经获得的国字号名牌总数位居全国大中城市首位，深圳市大力实施名牌战略初显成效。

4 月 23 日 深圳首个股权投资基金集聚园落户南山区。

△ 北大深圳创新药物研发中心实验大楼举行奠基仪式，实验大楼项目主要用于北大深圳创新药物研究平台的建设，是该院化学基因组学重点实验室发展战略的重要支撑项目。

4 月 24 日 第二届中国（深圳）国际工业博览会在华南城开幕。

△ 深圳台商协会第 10 届会员大会在银湖会议中心举行，选举产生了以张周源为会长、陈合泰为监事长的第十一届理监事会。副市长卓钦锐参加会议。

4 月 25 日 深圳市启动 33 个帮扶项目助雷州贫困村脱困致富。

△ 第十八届中国（深圳）国际礼品、工艺品、钟表及家庭用品展览会在深圳会展中心开幕。

△ 深圳大鹏半岛国家地质公园开工建设。

4 月 26 日 深圳知识产权学院揭牌。

4 月 27 日 "深圳企业积极承担社会责任，捐款支援青海玉树灾区抗震救灾"捐赠仪式在市民政局举行。

△ 深圳市第五次归侨侨眷代表大会召开。

4 月 28 日 斯图加特广播交响乐团在世界著名指挥大师罗杰·诺林顿爵士的带领下，在深圳音乐厅以精彩的演出揭开 2010 年"文博会"艺术节大幕。

△ 2010 感动深圳——第七届"深圳关爱行动"表彰晚会在广电大厦演播厅举行。

4 月 29 日 深圳市第一家由市政府投资兴办的国际学校——深圳外国语学校国际部工程开工建设。

△ 广东省委常委、深圳市委书记、代市长王荣主持召开市委常委会议，研究并原则通过《中共深圳市委深圳市人民政府关于实施人才安居工程的决定》。

△ 第十二届高交会组委会第一次会议和第十二届高交会新闻发布会在京召开，标志着高交会各项筹备工作全面启动。

5月1日 在上海世博会正式开园之际，与上海世博会深圳馆对接互动的第六届文博会大芬油画村分会场在大芬美术馆广场开幕。

△ 深圳市成立全球首家纯电动出租公司——鹏程电动汽车出租有限公司。

5月2~3日 刚果（布）总统德尼·萨苏-恩格索一行在深访问。

5月3日 在五四青年节前夕，深圳市一大批先进团组织和团员青年获得各级团组织的表彰。其中，在团中央的表彰活动中，中国电信股份有限公司深圳分公司团委书记柳建村荣获"全国优秀共青团干部"称号，龙岗区坂田街道四季花城社区团支部荣获"全国五四红旗团委（团支部）"称号。

5月4日 哥伦比亚副总统弗朗西斯·桑托斯·卡尔德龙抵深访问。

△ 华侨城集团以1年1580万的主题公园游客量再次进入全球主题公园集团前八强，是亚洲唯一上榜的集团，并且是榜单中唯一实现游客量两位数增长的集团，显示出比肩国际主题公园集团一线品牌阵营的实力。

5月5日 美国《商业周刊》发布2010年"全球创新企业50强"排行榜。深圳比亚迪股份公司首次上榜便进入八强，成为入围前十的唯一中国企业。

△ 深圳大学定向越野队队员李季在刚结束的2010年定向越野亚锦赛上获得了女子短距离、长距离和接力三项金牌。这是目前中国定向运动员在亚锦赛上取得的最好成绩。

5月6日 深圳经济特区建立30周年纪念园开工建设。

△ 深圳市出台《深圳市贯彻落实国务院文件精神坚决遏制房价过快上涨的意见》。

5月7日 广东省委、省政府在广州召开全省科学技术奖励大会，深大医学院刘志刚教授牵头的"尘螨过敏原疫苗的基础研究及其产业化"获广东省科技进步一等奖。这是深圳大学建校以来首次获广东省科技进步一等奖。

5月8日 深圳光电显示周暨深圳（国际）彩电节在深圳会展中心举行。

5月9日 深圳市民文化大讲堂坪山分会场在坪山高级中学正式揭牌，这也是市民文化大讲堂首次在中学开讲。

5月10日 国际大体联主席基里安抵达深圳。

△ 国内第一家小额贷款行业协会在深圳成立。

5月11日 深圳市设立孤独症儿童专项基金，赞助儿童孤独症康复等项目。

△ 深圳市隆重举行了深圳市"文化+科技型示范企业""文化+旅游型示范园区（基地）"暨"深圳市第二批文化产业园区基地"授牌仪式，同时为获深圳市"文化产业教学和培训基地"称号的3所学校授牌。

5 月 12 日 深圳机场保税物流中心通过了海关总署、财政部、国家税务总局、国家外汇管理局等组成的联合验收组的验收。市委常委、副市长陈应春与国家联合验收组组长、海关总署加贸司副司长孙群共同为机场保税物流中心揭牌。

5 月 13 日 第六届文博会观澜版画原创产业基地分会场暨观澜版画艺术节隆重开幕。

△ 第六届文博会分会场之一的宝安沙井汉玉立体艺术创意园隆重开幕。主办方强力打造的全国首个石文化产业电子交易中心——汉玉立体艺术创意园电子交易平台，也正式在分会场亮相。

△ 宝安区参展今年文博会的"重头戏"——观澜版画基地分会场开幕式暨版画艺术节在观澜牛湖大水田中国版画第一村隆重举行。

△ 在文博会分会场之一的梅沙原创音乐基地，国家新闻出版总署副署长蒋建国、深圳市人大常委会副主任陈治华等为国家音乐创意产业基地（深圳园区）揭牌。

△ 第二届中国（深圳）创新创业大赛在深圳正式启动。

5 月 14 日 第六届中国（深圳）国际文化产业博览交易会在深圳会展中心开幕。

△ 2009 年中国"文化企业 30 强"在第六届文博会中公布，深圳两家企业华侨城控股股份有限公司和深圳华强文化科技集团股份有限公司榜上有名。

△ 位于光明新区的光明大道、华夏路和观光路（龙大高速光明出口至塘明路段）建成通车，这是深圳市按照绿色道路标准建成通车的首批绿色道路。

5 月 14 ~ 15 日 中共中央政治局委员、中央书记处书记、中宣部部长刘云山出席第六届"文博会"开幕式并考察深圳文化事业和文化产业发展情况。

5 月 15 ~ 16 日 中共中央政治局常委李长春在深圳考察。

5 月 16 日 深圳市对口支援新疆工作前方指挥部在喀什成立。

5 月 17 日 深圳 40 辆电动出租车投入运营，电动出租车投放深圳市场，标志着深圳成为中国首个运行电动出租车的城市。

△ 第六届文博会圆满落下帷幕。本届文博会在推动交易方面有了实质性跨越和突破：截至 17 日下午 6 时，本届文博会总成交额首超千亿达 1088.56 亿元。

△ 深圳市一批家庭和社区喜获全国表彰。邱月娥、廖伟良家庭，黄绍群、袁丽娟家庭被授予第七届"全国五好文明家庭"称号；李民绥、李萍香家庭荣膺本届"全国五好文明家庭标兵"；南山区南头街道前海社区和罗湖区翠竹街道翠竹社区被评为全国创建学习型家庭示范社区，这是对深圳市各级妇联组织立足社区、深入开

展家庭工作所取得的成绩的又一次肯定。

△ "无线城市与三网融合高峰论坛"在深举行。两院院士在会上为深圳建设无线城市、加快三网融合把脉支招。

5月18日 设于深圳机场的UPS亚太转运中心正式启用。这是UPS继上海之后,在中国内地设立的第二个转运中心。

5月19日 历时4年建设的深圳北线引水工程建成通水。①

△ 深圳市宝安区观澜街道观澜新型高科技园正式启动。

5月21日 深圳市召开深圳市流动人口信息采集大会战总结表彰会,数据显示,截至5月18日,深圳市累计登记流动人口1200.55万人,居住证办证率74%,加上现有246万常住人口,深圳目前总人数近1450万。

5月23日 中共深圳市第五次代表大会在市民中心礼堂开幕。

5月24日 深圳市第五次党代会举行了全体大会。

△ 深圳市委常委、副市长陈应春会见了以黑山共和国国防部副部长迪斯洛·若万诺维奇为团长的"发展中国家金融危机与经济复苏部级研讨班"学员深圳考察团一行16人。

5月25~26日 中共中央政治局委员、中央政法委副书记、中央综治委副主任王乐泉在深圳考察。

5月25日 中共深圳市第五次代表大会在市民中心礼堂闭幕,会议选举王荣、许勤、王穗明、戴北方、王京生、吕锐锋、王毅、陈应春、王小毛、张思平、李铭、周林祥、蒋尊玉为新一届市委常委;产生了新一届纪律检查委员会。

△ 深圳大学师范学院艺术系青年教师解楠参加2010年罗马国际声乐比赛(中国赛区),荣获第一名,将于十月代表中国前往意大利参加全球总决赛,并应邀参加罗马国际音乐节的演出。

5月26日 深圳市疾病预防控制中心重建工程竣工。

5月27日 深圳市国税局、地税局、市民间组织管理局联合签署《合作框架协议》,并宣布深圳市税务部门已受理首批345户非营利组织的免税资格申请。

5月29日 政协深圳市第五届委员会第一次会议开幕。

5月30日 中共中央政治局委员、广东省委书记汪洋到位于深圳龙华的富士康公司调研。

---

① 项目建成投产后,管线日供水能力达120万立方米,供水规模约占深圳市现有供水总量的四分之一,将从根本上解决深圳市西北部地区的平湖、观澜、龙华、光明、公明、石岩等地生产生活用水问题。

5月31日 国务院批复同意深圳经济特区范围扩大至深圳全市。

△ 深圳市第五届人大常委会第一次会议开幕。

△ 深圳市人大常委会副主任周光明在五洲宾馆会见了前来旁听市五届人大一次会议开幕式的外国驻穗领团官员。

△ 深圳市发改委与市场监管局联合在市民中心举行新闻发布会，正式公布《深圳市电动汽车充电系统技术规范》。

6月1日 深圳市政协五届一次会议主席团举行第三次会议。

6月2日 深圳市政协五届一次会议闭幕，会议选举产生市政协新一届领导班子。白天当选为市政协第五届委员会主席，黄志光、邓基联、钟晓渝、黄中伟、张效民、陈思平、姚欣耀、林洁当选为副主席。会议选举程科伟为市政协第五届委员会秘书长，选出市政协第五届委员会常务委员共87人。

△ 2010年度"最受赞赏的知识型公司明星榜TOP20"总榜单在北京揭晓，深圳企业华为、比亚迪分别夺得全明星排行榜冠亚军，百度公司获季军。

6月3日 深圳成为首批全国白内障无障碍市。

6月5日 深圳市五届人大一次会议闭幕，会议选举产生新一届市人大常委会和市政府领导班子。刘玉浦当选为市人大常委会主任，谭国箱、闫小培、周光明、及聚声、陈彪当选为副主任，张士明当选为市人大常委会秘书长，许勤当选为市政府市长，吕锐锋、陈应春、唐杰、袁宝成、张文、吴以环当选为副市长，李华楠当选为市中级人民法院院长，白新潮当选为市人民检察院检察长。

△ 集聚了香港中旅集团董事长张学武、招商银行行长马蔚华、格力电器总裁董明珠等500多位知名企业家的金蝶明珠会在深圳正式成立。全国人大常委会副委员长、民建中央主席陈昌智在活动现场颁发了金蝶明珠会名誉顾问及理事长聘书。

6月7日 广东省委常委、深圳市委书记王荣，市委副书记、市长许勤会见到深做报告的龚曲此里先进事迹报告团成员。

6月8日 深圳市民政局和市慈善会联合召开新闻发布会，宣布深圳儿童大病慈善基金正式启动。即日起，深圳户籍的低收入家庭，或者是属汶川地震灾区户籍、在深圳居住且连续工作一年以上的劳务工子女患有重大疾病的，最高可获2万元救助。

△ 中国中小企业协会电子商务信用管理中心正式落户深圳，该中心将从标准研究、技术研发、实际应用等方面构建电子商务企业信用管理系统。

△ 深圳市市长许勤主持召开市政府五届一次常务会议，审议并原则通过了《深圳市最低工资标准调整方案》《深圳市房地产市场监管办法》《深圳市绿道网规

划建设总体实施方案》等一系列事关民生热点、难点的事项。

△ 全国第一家个人律师事务所——深圳市李全禄律师事务所，通过"竞选"正式挂牌成立。

6月9日 深圳市聘任制公务员试行职业年金制度。

6月10日 深圳市电子信息制造业一季度实现工业产值2046.44亿元，同比增长18.6%，规模居全国大中城市首位。

6月11日 广东省委常委、深圳市委书记王荣，深圳市市长许勤专程来到原广东省委书记兼深圳市第一任市委书记、市长吴南生老人在广州的家中，怀着敬意探访吴老，并接受了吴老向深圳捐赠的《西丽湖图》。

6月12日 国际航协（IATA）公布了2009年世界航空运输企业客运量及排名，南航以6628万人次的客运量跃居世界第三，成为亚洲唯一进入三甲的航空公司。

6月13日 深圳第二十六届世界大学生夏季运动会组委会揭牌会议暨第一次全体会议在深圳举行。

△ 深圳市政府发展研究中心挂牌。

△ 深圳市规划国土委公布《深圳市城市更新单元规划制定计划申报指引（试行）》。该指引规定，申报城市更新单元用地为城中村、老屋村，须经占建筑物总面积2/3以上且占总人数2/3以上的权利主体同意申请拆除重建，方可申报。

6月17日 深圳市副市长袁宝成会见了来访的美国空气化工产品公司亚洲区副总裁大卫·普莱斯一行。

6月18日 广东省委常委、深圳市委书记王荣，市长许勤等参加坪山新区19个重点工程项目开工仪式暨比亚迪总部大楼奠基典礼。

△ 南方科技大学和深圳大学新校区拆迁安置区——桃源绿色生态新城在塘朗山下破土动工。

△ 深圳市宝安区新安街道上合社区劳务工服务站挂牌，这是全市首个劳务工服务站。

△ 深圳市召开药品安全专项整治动员会，这标志着为期两年的全市药品安全专项整治工作正式拉开帷幕。

6月19日 前海概念规划国际招标于今日揭晓。

6月21日 深圳市政府与中国航天科工集团公司签署战略合作协议。双方将进一步加强产业合作、共同推动深圳平安城市建设；在深圳筹建"安全感知与应急处置国家工程研究中心"；建设"经济领域系统仿真技术应用国家工程研究中心"深圳分中心；在深圳建设航天科工智能电网产业基地。

△ 中国太平保险集团在深圳举行太平金融大厦奠基开工仪式。

△ 福田区成立了深圳市首个低碳行业协会，协会将成为福田低碳发展的重要推手，成为政府和企业的桥梁和纽带，组织企业走低碳发展、转型发展之路。

6月22日 深圳市市长许勤在五洲宾馆会见到深访问的美国驻华大使洪博培一行。

△ 深圳市副市长张文在五洲宾馆会见加纳执政党全国民主大会主席夸贝纳·阿杰伊一行。

△ 《深圳市地名总体规划》、《深圳市现状道路桥梁名称梳理规划》和《大运新城及周边区域路桥名称规划》获市政府批准，深圳地名网（www.szdm.gov.cn）开通。

△ 深圳市开始对全市人才住房基本情况开展调查，标志着深圳人才安居工程拉开序幕，也意味着深圳将率先在全国将住房保障覆盖面由低收入群体扩展到各类人才以及非户籍常住人口。

6月23日 深圳市纪念深圳经济特区建立30周年筹备工作领导小组公布深圳经济特区建立30周年纪念活动标志和使用规定。

△ 深圳副市长张文在五洲宾馆会见了比利时瓦隆大区副首席大臣、经济部长让－克洛德·马尔古。

6月24日 广东省政府发出通报，表彰广东省获得第十一届中国专利奖的单位，在广东获得的4项中国专利金奖中，深圳市中兴通讯股份有限公司占了2项。

6月25日 为期两天的2010深圳自主创业项目推介会暨中国（深圳）国际品牌特许加盟洽谈会在会展中心拉开帷幕。

△ 深圳副市长张文在市民中心会见了澳大利亚西澳洲副总理基姆·汉默斯一行，双方表示要在各领域开展更广泛交流合作。

△ 深圳市档案中心工程奠基开工仪式在福田区中康片区举行。作为将来深圳市的档案集中储存基地，深圳市档案中心可为深圳市档案资料的存储、管理和利用提供统一的公共平台和对外服务窗口，便于社会各界综合查询和利用档案。

6月26~29日 全国公安机关社会管理创新工作座谈会在深圳和广州举行。期间，国务委员、国家公安部部长孟建柱考察深圳。

6月28日 世界品牌实验室发布了2010年（第七届）中国500最具价值品牌排行榜。深圳报业集团旗下两大报入围前200强，品牌价值均有所提升。其中，《深圳商报》品牌价值47.15亿元，居190位；《深圳特区报》品牌价值60.37亿元，居151位。

6月29日 深圳检察官首次集体宣誓。

△ 深圳首家社区五星级酒店——龙岗区南岭村社区求水山酒店挂牌。

6月30日 广东省委常委、省委组织部部长、省人才工作协调小组组长胡泽君到深调研。

△ 深圳市市长许勤主持召开市政府五届四次常务会议，审议并原则通过了《关于深圳经济特区规章在宝安、龙岗两区实施有关事项的决定》《关于促进股权投资基金业发展的若干规定》等事项。

△ 深圳市在市民中心举行2010年"广东扶贫济困日"活动。

7月1日 深圳经济特区范围正式扩大至全市。

△ 深圳市最低工资标准统一提高至1100元/月。

△ 纪念深圳边检60周年暨提高边检服务水平工作表彰大会隆重召开。

△ 《深圳市低收入居民社会救助暂行办法》正式实施。

7月2日 深圳诞生了全国环境教育领域的两个"第一"，南山区华侨城小学、深圳外国语学校、南油小学、梅园小学等8所学校被授予我国第一批"国际生态学校"，同时，南山区获得全国第一个"全民环境教育实验区"称号。

7月3日 国际环境教育基金会2010年年会闭幕式在深圳青青世界举行，基金会主席艾里克森先生授予深圳青青世界一把"绿钥匙"，以表彰青青世界在环境保护以及带动游客共建环保家园方面所做出的贡献。

△ "2010年全国网站站长、网商、网媒大会暨'站长动力营'发展计划启动仪式"在深圳举行，来自全国各地网站站长以及电子商务企业代表共300多人参加了此次活动。

7月4日 赴澳大利亚短期培训的深圳社康中心骨干医生学成回国，在市医学继续教育中心举办了专门的培训报告会，这也标志着深圳市全科医生海外培训计划的全面展开。

7月5日 深圳仙湖植物园与美国佛罗里达大学签订合作协议。

7月6日 澳门特别行政区行政长官崔世安到深开展为期2天的访问。

△ 深圳市启动私人购买新能源汽车补贴试点。

7月7日 国家卫生部党组书记张茅到深调研深圳新医改推进工作。

7月8日 全国政协副主席董建华考察深圳。广东省委常委、深圳市委书记王荣在五洲宾馆与董建华一行进行了简短座谈。董建华表示，深圳发展的潜力巨大，希望港深双方进一步加强合作，共建亚洲大都会城市，让发展成果惠及两地市民。市长许勤、市政协主席白天参加了座谈。

△ 第十届中国（深圳）国际品牌服装服饰交易会在深圳会展中心开幕。

7 月 9 日 深圳供电局分别与中国人民银行深圳市中心支行、市国税局、市地税局签订《深圳市单位和个人涉电违法行为纳入银行税务征信系统合作协议》。

7 月 10 日 美国《财富》杂志最新发布 2010 年全球 500 强企业，华为首次入选，以年营业收入 218 亿美元排名第 397 位，在所有入选的 IT 企业中排名第 29 位。同时，总部在深圳的中国平安，以年营业收入 223 亿美元排名第 383 位。

7 月 12 日 深圳市启动户外广告专项整治行动。

7 月 13 日 深圳光启高等理工研究院挂牌成立。

7 月 14 日 深圳市地税局税务稽查信息系统在该局稽查局及各区局共 11 个试点单位成功实现上线试运行，标志着该局税务稽查工作迈上了一个新的台阶。税务稽查信息系统的上线成功运行，将大幅提高税务稽查效率。

△ 深圳市对全市一类、二类和三类机动车维修企业开展了 2009 年度质量信誉考核工作，有 414 家企业被评为 AAA 级。

7 月 15 日 全国首座采用自主品牌核电技术建设的核电机组——中广核岭澳核电站①二期 1 号机组首次并网成功，成为全国第十二座并网发电的核电机组。

△ 广东省第十三届运动会完成了所有赛事。深圳市代表团凭借 218.8 枚金牌、437.8 枚奖牌、7496.5 分的总分（包括带牌带分），圆满完成金牌与总分"双第二"的目标，创造了深圳市参加省运会以来的史上最佳战绩。

7 月 16 日 亚洲规模最大的宝马汽车售后服务中心在深圳市罗湖区宝岗路开门迎客。深圳市委常委、副市长陈应春出席了开幕仪式并致辞。

7 月 19 日 深圳市正式下发了深圳市会展业财政资助专项资金管理办法，品牌展会和国际会议成为深圳市重点支持对象，原创展会最高资助 200 万。

7 月 20 日 全国部分省区市交警系统社会管理创新现场会在深圳召开，深圳交警的多种创新管理手段得到公安部以及 14 个省区兄弟单位的高度评价。

7 月 22 日 第六届"中国城市智能交通"论坛在深圳开幕。深圳市市长许勤会见到深调研的国家知识产权局局长田力普一行。

△ 经国家能源局审定批准，国家能源核电工程建设技术研发中心正式落户深圳中广核集团。

7 月 23 日 由深圳市科学工贸和信息化委员会、深圳市连锁经营协会主办的"2009 年深圳连锁经营 30 强企业颁牌仪式"，在市民中心举行。

---

① 岭澳核电站位于中国东南部的深圳市，毗邻中国第一座大型商用核电站大亚湾核电站。

7月24日　全球除美国杜邦以外，唯一实现芳纶复合材料工业化量产的企业——深圳市龙邦新材料有限公司生产基地在光明新区举行隆重开工仪式。

7月26日　深圳市召开"三网融合"试点工作会议，启动试点工作。李平等18名市政府组成人员获任命。

　△　深圳市政府与北京航空航天大学签订合作协议，共同组建深圳北航新兴产业技术研究院。

7月28日　2010年中国（国际）交通运输科技博览会在深圳开幕。

　△　"深圳经济特区建立30周年金银纪念币"正式上市发行，为即将到来的特区30岁华诞献礼。

7月29日　深圳市启动为期5年的干部大培训工作。

　△　深圳市委、市政府举行庆祝中国人民解放军建军83周年军政座谈会。

　△　日本大阪市代表团到深访问、考察，与深圳签署友好合作交流备忘录。

　△　在深圳市开展的公推公选8名市管正局级领导岗位活动中，深圳市无党派代表人士陈倩雯在28名人选中脱颖而出，担任市审计局局长，实现了深圳市建市以来无党派人士担任市政府部门正职"零"的突破。

7月30日　深圳市委常委会讨论通过纪念深圳经济特区建立30周年民生工程项目等事项。

　△　深圳市新能源创新产业园在南山区"大沙河创新走廊"举行奠基仪式，标志着深圳市首个新能源产业园落户南山，"大沙河创新走廊"进入实质建设阶段。

7月31日　深圳地铁5号线轨道全线贯通。

　△　由深圳5名儿童倡议成立的"捐一元"志愿者俱乐部成立。

8月1日　第二届中国（深圳）创新创业大赛暨创新南山2010"创业之星"大赛在南山数字文化产业基地拉开帷幕，313个项目获得参赛资格，企业最高可获30万元奖励。

8月2日　广东省委常委、深圳市委书记王荣，市长许勤率深圳市党政考察团赴广州、东莞学习考察两市城市规划建设和市容环境整治工作经验。

8月4日　截至2010年7月底，深圳市医保参保人数首度突破1000万人，养老、工伤、失业各险种参保人数均创历史新高，非户籍参保人数全国第一，仅养老保险一项非户籍参保人就达525万人。

8月5日　印度塔塔咨询公司宣布在深圳设立全球交付中心，这是继北京、上海、杭州和天津之后，塔塔咨询公司在中国创建的第五个大规模全球离岸交付基地。

　△　深圳市实施居住证制度常态化工作动员部署大会在市民中心召开。

8 月 6 日 深圳市成为国家低碳试点城市。

△ 深圳市交通公用设施建设中心正式揭牌。

8 月 8 日 深圳市启动"迎大运，行绿道"——万名市民体验绿道大型活动。

△ 深圳市信访局开通网上信访和手机短信信访业务。

8 月 9 日 为迎接深圳特区建立 30 周年和大运会一年倒计时，大运会宣传片——《理念篇》经过一年多的筹备与拍摄正式向全球发布。

8 月 10 日 深圳经济特区建立 30 周年纪念园竣工。

△ 应甘肃省卫生厅要求，深圳市卫生人口计生委派出首支卫生防疫救援队赶赴灾区。

8 月 11 日 深圳航空为第二十六届世界大学生夏季运动会量身打造的首架"大运号"全身彩绘飞机亮相。

8 月 12 日 深圳第二十六届世界大学生夏季运动会倒计时一周年晚会在深圳体育场举行。

△ 广东省省长黄华华考察大运村、大运中心、大运会国际广播电视新闻中心等大运场馆，充分肯定大运场馆建设及大运筹备工作。

8 月 13 日 为期三天的第七届深圳国际结婚展暨婚庆文化节在深圳会展中心拉开序幕。

8 月 15 日 深圳市人大常委会组织召开座谈会，向全国人大常委会法制工作委员会调研组汇报前海片区的建设规划，法工委副主任李飞表示，支持深圳以良好的法制推进前海片区建设。

8 月 16 日 深圳市关于贯彻《2010～2020 年深化干部人事制度改革规划纲要》实施意见经市委批准正式印发。

△ 第二届全国印刷行业职业技能大赛全国总决赛在深圳拉开帷幕，深圳市跻身全国三大印刷技术中心行列。

8 月 17 日 首届深圳合唱节启动仪式在深圳音乐厅举行。

8 月 18 日 第二十一届世界抗癌大会在深圳开幕。

8 月 19 日 经深圳市委批准同意，原中共深圳市委深圳市人民政府信访办公室正式更名为中共深圳市委深圳市人民政府信访局。

8 月 20～21 日 中共中央政治局常委、国务院总理温家宝在深圳考察工作。

8 月 21 日 中央电视台"心连心"艺术团到深慰问演出。

8 月 22 日 "改革开放总设计师邓小平"大型展览在深圳博物馆老馆开幕。

8 月 23 日 国务院原则同意修订后的《深圳市城市总体规划（2010～2020

年)》。

8月24日 中国科学院深圳现代产业技术创新和育成中心开园仪式在蛇口隆重举行。

8月25日 深圳市政府与中国航空工业集团在五洲宾馆举行"航空工业参与建设深圳特区30周年纪念活动暨战略合作"仪式。

△ 深圳经济特区五个领域六十大项目正式开工。

△ 深圳市呼叫中心行业协会正式成立。

△ 《深圳市公共场所双语标志英文翻译规则和实施指南》已正式出台。

△ "城市街区24小时自助图书馆系统"二期工程建成开通仪式在龙华利金城工业园举行。

△ 在深圳经济特区建立30周年之际,在打响特区建设"第一炮"的蛇口,省委常委、市委书记王荣朗声宣布:深圳经济特区5个领域60大项目正式开工!

△ 深圳市委常委、市委统战部部长张思平会见了正在深圳市访问的台湾著名诗人余光中先生。余老先生欣然为深圳特区30岁生日题词:"年轻都市的活力古老文化的新机。"

8月26日 深圳经济特区30华诞。

△ 国务院原则同意《前海深港现代服务业合作区总体发展规划》。

△ 深圳市市长许勤主持召开市政府五届九次常务会议,审议通过增加医疗保险参保人医疗保险补助金等惠及民生政策,受惠总人数超过1000万人。

△ 深圳市政府与长安汽车集团签署合作协议,长安标致合资项目落户深圳。

8月27日 来自亚利桑那州立大学、深圳华大基因研究院、纽约大学医学院、宾夕法尼亚大学医学院的国际研究小组,在《科学》杂志上发表了弓背蚁与印度跳蚁的基因组。

8月29日 天津金融资产交易所深圳地区总部挂牌成立,深圳金融业再添一支生力军。

8月30日 《深圳市设立海外创新创业人才引进中心管理办法(试行)》正式发布。

8月31日 深圳市召开《社会组织建设与管理工作会议》,会议透露深圳市社会组织发展迅速,过去5年社会组织以年均15%的速度增长。

△ 在刚刚结束的第十九届全国中学生生物竞赛中,深圳大学附中高二年级戴威尔同学夺得金牌。这是广东省在本届比赛中获得的唯一金牌,也是深圳市首枚生物奥赛国家级金牌。

9月1日 从今日起，深圳市少儿医保并入住院医保，同时取消原来的少儿医保。

△ 《深圳市外来务工人员积分入户试行办法》实施。

△ 《深圳市房地产市场监管办法》正式实施。

9月2日 "深圳经济特区30年30位杰出人物"评选结果揭晓，袁庚、任正非等10人当选为"杰出创业人物"，马化腾、侯为贵等10人当选为"杰出创新人物"，吴立民、丛飞等10人当选为"杰出模范人物"。

△ 中国工商银行、中国联通、中国银联、深圳市政府在深圳共同举行牡丹联通信用卡暨手机信用卡快速支付业务发布仪式，推出全国首张"手机 SIM 卡 + PBOC2.0 贷记卡"标准的手机信用卡，开展手机快速支付业务试点。

9月3日 "深圳经济特区30年100件大事"评选结果揭晓。

9月4~6日 中共中央总书记、国家主席、中央军委主席胡锦涛在深圳考察工作。

9月6日 深圳经济特区建立30周年庆祝大会在深圳大学城体育馆隆重举行，中共中央总书记、国家主席、中央军委主席胡锦涛出席庆祝大会并发表重要讲话。

△ 由深圳华大基因研究院与伦敦国王学院的知名双胞胎研究团队 Twins UK 共同发起，全球最大的表观遗传学研究项目正式启动。

△ 国内手机巨头深圳酷派宣布，与印度最大的电信运营商 TATA 正式结盟酷派手机将陆续在 TATA 旗下4000多家门店面市。这是国产手机厂商拓展海外新兴市场取得的又一重大突破。

9月7日 广东省委常委、深圳市委书记王荣主持召开市委常委（扩大）会议，专题传达和学习胡锦涛总书记在深圳经济特区建立30周年庆祝大会上的重要讲话精神。

△ 深圳市举行全市工业经济工作会议，会议透露深圳将启动超常规服务，深入企业调研、解决难题。

9月8日 深圳市政府与中国医药集团在五洲宾馆签署战略合作协议。

△ 深圳市市长许勤在五洲宾馆会见英国伦敦金融城市长安司棣一行。

△ 深圳机场首个异地国际航空货站——深圳机场东莞国际货站正式投入运营，货主和代理人在这里将可享受莞深两地国际航空货物无缝对接的便利，并可获得东莞市政府补贴。

9月10日 深圳市教育工作会议暨2010年教师节表彰大会在市民中心召开。

△ 全国第一个天文与气象相结合的由地方政府出资建设、全体市民共享的民

生工程——深圳西涌天文台正式揭牌启用。

9月11日 广东省委常委、深圳市委书记王荣率团出席海外高层次人才招聘活动，并与留学生代表座谈。

9月12日 深圳市首个海外高层次人才联络处在美国洛杉矶揭牌。

9月13日 联合国贸易及发展会议颁予深圳市政府和香港投资推广署2010年"最佳投资促进奖"。

9月15日 深圳市市长许勤在五洲宾馆会见以色列工业贸易和劳工部部长本雅明·本一埃立泽一行。

9月16日 深圳市首个区级综治信访维稳中心——宝安区综治信访维稳中心挂牌成立。

△ 应中国国际交流协会的邀请，捷克捷中协会名誉主席、欧洲议会议员米洛斯拉夫·兰斯多尔夫一行5人来深访问。

9月17~19日 2010中国（深圳）国际创意设计品牌博览会在会展中心举行。

9月18日 深圳市举行军地联合安保行动实兵演习。

△ 国土资源部和深圳市政府签署《关于共建中国珠宝业南方产学研基地的合作框架协议》。

9月19日 深圳市市长许勤与汕尾市市长郑雁雄一行在深圳就进一步推动深汕特别合作区建设等事宜举行座谈。

△ 深圳市政府与北京理工大学在五洲宾馆签署战略合作协议。

9月20日 广东省委常委、深圳市委书记王荣，市长许勤会见中国建设银行股份有限公司董事长郭树清一行。

△ 深圳市委、市政府举行老干部中秋茶话会。

△ 位于龙岗区平湖街道的深圳深联医院正式挂牌"深圳华侨医院"。这是深圳市首家由归侨侨眷创办的医院，服务辖区近200家外资、侨资企业和近300万人口。

9月22日 加纳共和国总统约翰·埃文斯·阿塔·米尔斯到深访问。

△ 深圳首个免费自行车租赁系统——蛇口公共自行车租赁系统正式投入运营。深圳市委常委、常务副市长吕锐锋出席启动仪式，倡导绿色交通出行。

9月23日 《深圳市公共卫生服务改革实施方案》、《深圳市社区健康服务改革实施方案》、《深圳市国家基本药物制度实施方案》和《深圳市药品零售监督管理办法》等四项医药卫生改革实施及管理办法对外公布。

△ 深圳市委常委、常务副市长吕锐锋在五洲宾馆会见了国际大学生体育联合

会主席乔治·基里安及国际大体联执委一行。

9 月 24 日 深圳市政府发布《深圳市设立海外创新创业人才引进中心管理办法（试行）》，深圳市将加大海外创新人才的引进力度，成功引才单位将获得政府奖励。

9 月 25 日 深圳市国民经济和社会发展战略专家委员会专家聘任仪式暨深圳市"十二五"发展规划咨询会在北京举行。

9 月 26 日 首届"生物医药及医学前沿论坛"在市药品检验所开讲，香港大学、香港科技大学、中科院深圳先进院、北京大学深圳研究生院等机构的专家分享了最新的科研成果。

△ 国家行政学院深圳教学科研基地正式挂牌。这是国家行政学院第一批挂牌的 6 个教学科研基地之一。

9 月 27 日 由世界品牌实验室和世界经理人集团共同编制和发布的 2010 年《亚洲品牌 500 强》排行榜在香港揭晓，《深圳特区报》第五次跻身亚洲品牌 500 强，并在总排行榜中由 2009 年的 172 位上升到 166 位，在亚洲传媒排行榜中居第 12 位。

9 月 28 日 广东省委常委、深圳市委书记王荣，市长许勤会见美国伯克希尔·哈撒韦公司董事长兼行政总裁沃伦·巴菲特以及微软公司非执行董事长比尔·盖茨一行。

△ 深圳市人大常委会常务副主任谭国箱主持召开市五届人大常委会第三次会议第二次全体会议，会议通过了关于深圳市 2010 年本级预算调整方案和龙岗河干流综合治理一期工程等 58 个政府投资项目投资计划的决议。

9 月 29 日 广东省委常委、深圳市委书记王荣会见沃尔玛全球高级副总裁、中国总裁兼首席执行官陈耀昌一行。

△ 深圳市政府与微软公司签署合作谅解备忘录，微软亚太研发集团南方总部宣布成立。

9 月 30 日 南方科技大学校园建设正式开工。

△ 2010 深圳国际旅游文化节开幕。

△ 深圳市启动外来工积分入户申报工作。

10 月 1 日 《深圳经济特区中小企业发展促进条例》正式实施，该条例从政策扶持、融资支持等诸多层面，全面推动中小企业的发展。

△ 为期 5 天的深圳（秋季）房地产交易会在深圳会展中心拉开序幕。

10 月 4 日 由深圳华大基因研究院与美国加州大学伯克利分校、丹麦哥本哈根大学等单位合作的研究成果——"对 200 个人类外显子的测序揭示大量低频率非同义突变的存在"，在国际著名学术杂志《自然－遗传学》上发表，这是华大基因在人类基因组研究领域取得的又一项重要成果。

10月7日 深圳排放权交易所揭牌。

10月8日 深圳市第二批援疆支教队授旗启程。

10月9日 深圳市直接援建甘肃灾区项目全部竣工暨陇南市人民医院、康县人民医院交付仪式在陇南市武都区举行。深圳市人大常委会主任刘玉浦宣布，深圳直接援建项目全部竣工，陇南市人民医院和康县人民医院正式交付使用。

△ 地铁龙岗线高架段（双龙站—草埔站）顺利通过环境保护验收，成为深圳市二期轨道交通建设中首条通过市级环境保护验收的线路。

10月10日 2010年第一批深圳市国家高新技术企业认定结果完成公示，深圳再增319家。至此，深圳市已有1363家国家高新技术企业。

10月11日 庆祝深圳经济特区建立30周年大型交响音乐会在北京音乐厅举行。

△ 深圳市市场监督管理局制定了《深圳市食品安全管理员管理办法》，并在市政府公报上予以公布，是在全国率先推出覆盖食品生产、流通和餐饮三个环节的企业食品安全管理员制度。

10月12日 深圳市委、市政府发布《关于加快转变经济发展方式的决定》。

△ 深圳医患纠纷仲裁院在深圳仲裁委员会挂牌成立。

10月13日 作为2007年同时破土动工的深圳四大金融基地之一的南山科技园金融服务技术创新基地率先正式运营。

10月14日 广东省第一批、深圳市第一个民族团结教育基地在中国民俗文化村挂牌。

10月15日 2010年中国（深圳）国际物流与运输博览会在深圳会展中心隆重开幕。

△ 深圳市委、市政府在横岗街道办召开全市社区党风廉政信息公开平台建设现场会暨开通仪式。

10月16日 首届"孔子文化节（深圳）"在东湖公园举行。深圳市委常委、统战部部长张思平及三和国际集团董事长张华为"中华圣鼎"揭幕。

△ 5年一次的"全国模范职工之家"和"全国模范职工小家"评选揭晓。深圳市共有深圳供电局等7家基层工会荣获"全国模范职工之家"称号，深圳市金鹰出租汽车公司营运部等5个工会小组荣获"全国模范职工小家"称号。

10月18日 第十六届"亚运会"火炬在深圳传递。

△ 深圳机场保税物流中心正式投入运营。

△ 由深圳市民政局、市文明办指导，市慈善会联合 19 家慈善组织和机构举办的深圳市第二届"鹏城慈善奖"评选活动正式宣布启动。

10 月 19 日 深圳市市长许勤在五洲宾馆会见英国约克公爵安德鲁王子。

△ IBM 全球副总裁范宇来到深圳大学，与该校校长章必功探讨合作事宜。

10 月 21 日 深圳市政府与中国光大（集团）总公司战略合作协议签字仪式在五洲宾馆举行。

△ 深圳市市、区两级法院启动"法官进驻社区"活动，全市 597 名法官进驻 632 个社区。

△ 深圳市综合应急救援支队暨地震灾害紧急救援队挂牌。

△ 深圳大学实施人事制度改革，349 名教授领取聘书，正式脱离干部身份。标志着酝酿多年的深圳大学人事制度改革正式实施，实行全员聘任制，逐步"去官本位"，并探索教师退出机制。

10 月 22 日 广东省委常委、市委书记王荣，市长许勤率队深入南山渔港码头、后海片区等地，对渔船回港避风、渔排人员上岸以及重点区域防洪排涝情况进行检查，部署防御台风"鲇鱼"各项工作。

10 月 24 日 南山区蛇口街道采用"公推直选"方式成立大铲社区综合党委，这是全市首个通过"公推直选"方式产生的社区综合党委。

△ 2010F1 摩托艇世锦赛深圳大奖赛在南山后海内湾公园举行。

10 月 25 日 深圳市、区两级劳动争议仲裁系统同时举行"直通车"接访活动。在市劳动仲裁院接访现场，副院长李连刚与该院法规处、信访处、劳动关系处等处室工作人员现场调解了两宗劳动争议案件。

10 月 27 日 深圳证券交易所迎来成立 20 周年和创业板启动 1 周年，市长许勤率队到深交所调研，了解深圳市资本市场发展运作情况。他表示，深交所是国家改革开放的成功范例和亮点，为深圳特区的发展做出了不可取代的贡献。

10 月 28 日 深圳市市长许勤会见在深调研的中国证监会主席尚福林。

△ 深圳市委、市政府通过深圳经济特区关于引进海外高层次人才的"孔雀计划"。

△ 深圳市委常委、宣传部长王京生会见了来深参加文化产业招商活动的江苏省委常委、宣传部长杨新力一行。

△ 由中国深圳华大基因研究院、英国桑格研究所和美国国立人类基因组研究所等共同发起并主导的"国际千人基因组计划"协作组完成了几乎覆盖全人类基因

组的遗传多态性图谱，该研究成果发表在国际顶尖杂志《自然》上，这是全球科学家在人类基因组学领域取得的又一次重大突破。

10月29日 第三届中国（深圳）国际工业博览会在深圳开幕。

△ 2010年第四届中国杯帆船赛新闻发布会在大梅沙京基海湾宴会厅隆重召开，这也意味着本届中国杯帆船赛正式拉开序幕。

△ 珠三角港企产品总经销中心在深圳华南城揭牌，珠三角大量港资企业产品有了一个集中的展示交易场所。

10月30日 中共中央政治局委员、国务院副总理张德江在深圳考察。

△ 深圳沃尔核材二期等20个重大项目动工。

△ 深圳市第五届公园文化节在园博园欢乐剧场开幕。

△ 2010第四届中国杯帆船赛在东部华侨城举行了隆重的开幕仪式，国际帆船联合会副主席特丽莎·劳拉，国家体育总局副局长肖天，深圳市市长许勤、副市长吴以环等出席了开幕仪式。

10月31日 由深圳、东莞、惠州三市规划部门共同主办的"东岸论坛2010"在深圳举行。三个城市与来自国内外的知名专家学者一起，共同探讨深入合作大计。

11月1日 深圳市人大常委会副主任周光明会见了日本大阪市议长荒木干男一行，双方就两地加强交流与合作进行了探讨。

△ 深圳市举行第三十一届"市民长跑日"活动。

△ 第十一届"深圳读书月"启动。

△ 教育部软件工程实训基地在深揭牌。

11月2日 深圳市奥萨医药有限公司等13家企事业单位获准设立博士后科研工作站。

△ 深圳市政府与中国农业科学院签署框架协议，合作共建现代农业生物育种深圳创新示范区。

△ "深圳影视产业发展研究"高端学术沙龙在深圳大学举行，著名导演谢飞以及香港青年导演张经纬与深圳本地影视业者数十人共同聚会，探讨深圳影视业的现状和出路。

11月2～8日 深圳市委常委、统战部部长、深圳市海外交流协会名誉会长张思平率团访问美国UPS公司，考察了美国UPS纽约公司和该公司位于肯塔基州路易斯维尔的全球转运中心和物流基地。

11月3日 深圳"特区一体化"建设再提速，龙岗区26个重大产业项目开工。

△ 深圳市首只中小企业集合票据成功发行。深圳市飞马国际供应链股份有限

公司、深圳市联嘉祥科技股份有限公司通过发行集合票据计划融资 1.25 亿元，已被预订一空，11 月 4 日为集合票据的登记日及起息日，11 月 5 日起集合票据开始上市流通。

11 月 4 日 广东省委常委、深圳市委书记王荣，市长许勤会见长江实业（集团）有限公司董事局主席李嘉诚一行。

△ 深圳市统计局公布的前三季度统计报告显示，前三季度，深圳工业加快增长，增速恢复到金融危机前水平。1~3 季度，全市规模以上工业增加值 2857.73 亿元，增长 13.8%，比上年同期提高 7.5 个百分点，是近 30 个月来的最快增速。

△ 在深圳举行的第 25 届世界电动车大会巡游活动上，来自 10 多个国家和地区的 60 多辆新能源汽车，组成了一支浩浩荡荡的车队，巡游全城。

△ 比亚迪纯电动大巴 K9 首次亮相鹏城。

11 月 5 日 深圳市市长许勤在市民中心会见纽约市市长迈克尔·布隆伯格。

△ 为期 5 天的第 25 届世界电动车大会正式在深圳会展中心拉开序幕。

△ 深圳社保局举行社保卡绑定银行账户试点启动仪式。

11 月 6 日 深圳创新思想库在市委党校正式建立，中央党校常务副校长李景田，省委常委、市委书记王荣参加了揭牌仪式。

11 月 7 日 经过两个多月的评选，"深圳最具影响力十大观念"最终出炉。

11 月 8 日 由美国洛杉矶市第一副市长奥斯汀·布特纳率领的代表团在五洲宾馆举行招商推介会。

△ 香港全国人大代表调研团对深圳东江水污染防治情况进行了专题调研。

△ 深圳市委出台《关于深入开展全民阅读活动加快推进学习型城市建设的若干意见》。

△ 作为深圳市"十一五"规划的重大卫生项目之一，投资近 4 亿元、占地 5 万平方米的市疾控中心新大楼启用仪式在南山区塘朗山旁举行。

△ 深圳盐田港西港区 3 号泊位迎来了我国第 27 次南极考察队暨"雪龙号"南极科考船。"雪龙"号科学考察船将于 11 月 11 日从深圳起航前往南极执行科学考察任务。这是极地科考船首次造访深圳。

11 月 9 日 深圳、汕尾两市推进深汕特别合作区建设联席会议在深圳召开。

△ 第 25 届世界纯电动车、混合动力车和燃料电池车大会暨展览会（EVS25）在深圳圆满闭幕。

△ "2010（第四届）深圳企业文化节颁奖典礼"在深圳大剧场举行，深圳市 80 家企业获"深圳企业文化建设十佳单位"等奖项。

　△　深圳市慈善会评审通过第七届"雏鹰展翅"优秀学生奖励名单，20名品学皆优的深圳市低保贫困家庭大学生每人将获得2000元奖励。

11月10日　第二届中国（深圳）创新创业大赛媒体见面会成功举行。

11月11日　"雪龙"号科学考察船从深圳起航前往南极执行科学考察任务，这是极地科考船首次造访深圳，也是南极科考船首次在母港之外的城市港口出发。

　△　国家交通运输部与深圳市政府签署合作框架协议，共建国家首个"公交都市"示范城市。

11月13日　首架庞巴迪挑战者605缓缓降落在深圳宝安国际机场，标志着东海公务机公司正式运营。这也成为深圳首家自有公务机的公务机公司。

11月14日　在张家界举办的第三届中国品牌媒体高峰论坛上，《深圳商报》与《21世纪经济报道》共同夺得"2009~2010中国品牌媒体百强——最具品牌价值财经类报纸"称号。

11月15日　深圳市副市长张文在市民中心会见韩国光阳市副市长张泰基一行。

　△　深圳市新材料行业协会成立。

11月16日　第十二届中国国际高新技术成果交易会在深圳开幕。

　△　中国创新驿站深圳站暨深港澳台技术转移联盟在深圳正式启动，这意味着更多的科技成果将在深圳转化成现实生产力。

　△　南山的四大创新孵化器同日开园，成为第十二届高交会浓墨重彩的一笔。副市长张文出席了四大园区的开园揭牌仪式。

11月16~17日　中共中央政治局委员、国务院副总理回良玉在深圳考察。

　△　深圳市首批积分入户指标下达，2545人获得确认。

11月16~18日　第五届国际基因组学大会在深圳大梅沙召开。

11月17日　位于高新区中区的深圳软件大厦启用，电子信息产品标准化国家工程实验室、数字音频编解码技术国家工程实验室、深圳光启高等理工研究院、TD-SCDMA业务开发测试验证平台等机构随即举行入驻揭牌。

　△　2010年亚洲移动互联网高峰论坛在深圳举行，产业链各环节的专家普遍认为，移动互联网将成为我国科技创新的着力点。

　△　深圳市空间信息技术产业园在中国地质大学深圳产学研基地揭牌。深圳市副市长袁宝成、中国地质大学（武汉）副校长邢相勤出席揭牌仪式。

11月18日　"高交会"2011年以色列、匈牙利分会推介会暨"高交会"成交项目转化基地签约揭牌仪式在会展中心玫瑰厅举行。

　△　深圳市高新产业重大建设项目——深圳市星源材质公司锂电池隔膜华南制

造基地成功试产。

11 月 20 日 2010 岭南经济论坛第二届深圳学术年会召开。

△ 非洲知识产权组织成员国知识产权局局长研讨会在深圳闭幕。

△ 第 22 届世界模特小姐大赛国际总决赛暨颁奖晚会在深圳锦绣中华民俗文化村举行。

11 月 21 日 深圳市"党代表进社区"活动启动,全市 464 名市党代表走进 633 个社区"亮身份、察民情、听民意",这在全国尚属首次。

△ 《深圳 30 年散文诗选》日前由云南人民出版社正式出版,该书首发式和散文诗朗诵会由深圳市作协、中外散文诗学会深圳分会、深业鹏基集团(有限)公司、香港散文诗协会联合举办。

11 月 22 日 深圳市五届人大常委会第四次会议闭幕。此次会议补选许勤为广东省第十一届人民代表大会代表,任命陈改户为深圳市副市长。

11 月 23 日 深圳、美国安防协会战略合作框架协议签字仪式在深圳举行,全球安防产业联盟总部将从华盛顿迁往深圳,美国安全工业协会也将在深设立其亚太地区中心。

△ 深圳选手刘虹在"亚运会"女子 20 公里竞走比赛中以 1 小时 30 分 06 秒的成绩夺冠。

△ 深圳市五届人大卫生代表专业小组举行座谈会,讨论通过了专业小组活动规则和重点工作。

11 月 24 日 中共深圳市委五届五次全会召开,讨论和审议《中共深圳市委关于制定深圳市国民经济和社会发展第十二个五年规划的建议》,分析当前经济工作,布局深圳"十二五"规划。

11 月 26 日 东部供水水源工程二期正式通水。

△ 深圳市罗湖区水贝黄金珠宝产业园区的 TTF 设计大厦正式揭牌。

11 月 29 日 深圳大学乒乓球高水平运动队,代表中国参加 2010 年国际乒联瑞士公开赛。来自深圳大学的学生刘子静、吴月皎分别获得并列第五名,并获得了国际乒联的 1000 欧元奖金。

11 月 30 日 《深圳市住房公积金管理暂行办法》出台。

△ 第三届中国(深圳)国际工业设计节在深圳开幕。

12 月 1 日 深圳证券市场运行 20 周年。经过 20 年风雨历程,深圳上市公司凭借特区"拓荒牛"的精神,开疆拓土、崛起壮大,从最早的"老 5 股"发展到现在 145 家上市公司,4.6 万亿元的总资产,整体规模位居全国第三。

△ 第八届"中小企业融资"论坛在深圳举行。

12月2日 广东省委常委、深圳市委书记王荣,市长许勤率深圳市党政代表团前往河源市考察扶贫开发"规划到户、责任到人"工作进展,并出席深圳、河源两市"双到"工作暨对口帮扶工作联席会议。

△ 深圳市副市长张文在五洲宾馆会见印尼驻广州总领事 Mr. Edi Yusuf 一行。

△ 西班牙驻穗总领事卡洛斯·莫拉乐斯访问深圳,致力推动深圳西班牙在经贸教育旅游等方面的交流合作。

12月3日 深圳市市卫人委与发改委、社保等部门联合召开深圳市医疗机构联网运营研讨会。

12月4日 深圳市医师多点执业终于迈出重要一步,市儿童医院原院长李成荣通过审批,成为深圳市首位获得医师多点执业资格的医师。

△ 2010年度深圳金融界最大规模的博览盛事——2010中国(深圳)国际金融博览会开幕。

△ 2010中国版权年会在深圳市民中心举行,这是中国版权协会举办的第三届年会,也是第一次在北京以外的城市举办中国版权界规模最高的年度盛会。

12月5日 深圳市政府与中国进出口银行举行战略合作协议签约仪式。

△ 第十一届深圳读书月重点主题活动——第二届"花季雨季"全国漫画大赛颁奖典礼在深圳少儿图书馆如期举行。

△ 国际志愿者日,全国百名优秀志愿者名单揭晓,来自深圳的支教志愿者孙影榜上有名。

12月6日 深圳市市长许勤在华侨城洲际酒店会见联合国教科文组织大会主席戴维森·赫本一行。

△ 在2010年深港合作会议开始前,广东省委常委、深圳市委书记王荣,深圳市市长许勤会见了率团出席会议的香港特别行政区政府政务司司长唐英年一行。

△ 深圳市"社保个人网页"正式启动,属全国首创,市民可登录"http//e-. szsi. gov. cn"进行注册。"社保个人网页"推出后,参保人不用再跑到社保部门开具社保证明,参保账户明细查询上网即可查阅。

12月7日 联合国教科文组织创意城市网络2010年深圳国际大会在深圳开幕。

△ 深圳市宝安连通南山西丽片区的重要通道、特区一体化的标志性项目——留仙大道连通留仙三路工程举行开工仪式。

12月9日 深圳市政府与联想集团签署战略合作协议。

△ 文化部第四批国家文化产业示范基地命名授牌大会在天津召开。3家深企

获得第四批国家文化产业示范基地命名。

△ 深圳年内出让的最贵用地成功拍出。万科企业股份有限公司以底价 29.63 亿元拍得该批捆绑地块，楼面地价达每平方米 8582 元。

△ 为期 4 天的联合国教科文组织创意城市网络 2010 年深圳国际大会 9 日落下帷幕。来自 17 个国家的 23 个创意城市网络代表联合发布了大会公报，将共同打造用于加强沟通和互动的联合数字平台。

12 月 10 日 深圳市成为全国中小学生"减负"试点城市。

△ 深圳市启用全省统一病历本。

△ 中国银行产品研发中心（深圳）在中行深圳市分行成立。

12 月 11 日 深圳华强北召开第二届中国电子科技街发展促进联盟全体成员工作会议。

12 月 12 日 深圳信息职业技术学院被确立为"国家示范性高等职业院校建设计划"骨干高职院校立项建设 100 所院校之一。

△ 深圳市委常委、统战部部长张思平率深圳市经贸参访团抵达台湾。

△ 深圳朗诵艺术家协会成立大会在深圳图书馆举行。市政协副主席林洁等出席了成立大会并为协会揭牌。著名朗诵表演艺术家张家声、张颂、姚锡娟等被聘为协会艺术顾问。

12 月 13 日 2010 年深澳合作会议在深圳召开，澳门特别行政区行政长官崔世安率团参会，深澳签署五方面合作协议。

12 月 14 日 深圳市召开住房保障和人才安居工作会议，出台"十百千万"人才安居工程实施方案，标志着深圳市人才安居工程正式启动。

△ 澳门特别行政区行政长官崔世安一行，在深圳市副市长陈改户的陪同下，到大芬油画村参观。

12 月 15 日 常住深圳非粤籍居民可在深圳办理赴港个人游。

△ 深圳职业技术学院获评"2010 年中国十大最具就业力高职院校"。

12 月 16 日 深圳首个港人门诊部——吴玮综合门诊部在罗湖区人民南路中旅大厦正式开业。

12 月 17 日 国内首家专业的设计图书馆——南山图书馆·设计图书馆在南山区揭牌开馆，全力打造国内最具特色、最有影响力的专业设计类图书馆。

12 月 19 日 深圳市市长许勤会见喀什市市长买买提明·白克力一行。许勤表示，深圳市将认真做好对口援疆工作，共同建设美好喀什。

12 月 20 日 深圳市住房公积金开始试运行。

△　由深圳市政府主办的"前海深港现代服务业合作区总体发展规划"说明会在香港举行。

12月21日　深圳市社会建设工作会议在市民中心礼堂召开。

△　深圳市首批K9纯电动公交大巴投入运营。

△　华南地区首个公务机基地——金鹿公务航空深圳FBO正式在宝安国际机场落成。

12月23日　深圳市人大常委会、政协深圳市委员会成立20周年庆祝大会在市民中心礼堂举行。

△　深圳市妇联、市儿童福利会在盐田工青妇活动中心为新成立的4个社区儿童德育中心、爱心图书室举行授牌仪式。至此，深圳市已建立32个社区儿童德育中心，15个爱心图书室。

12月26日　深圳市被列为国家教育部重点领域综合改革试点城市。

△　总部设在深圳的生命人寿保险股份有限公司宣布，位于深圳市龙岗区的生命人寿后援中心正式启用，标志着深圳迎来第一家全国性人寿保险后援中心。

12月27日　深圳居民健康卡在市人民医院、市第二人民医院、北大深圳医院、市中医院和南山区人民医院、福田区人民医院、罗湖区人民医院启用。健康卡与社保IC卡合二为一，综合医保居民到医院看病，只要在自助终端机一刷卡就可自助完成挂号，节省就医时间。

12月28日　国家广电总局正式批复深圳广电集团设立全国首个城市联合网络电视台。

△　地铁2号线初期工程开通试运营共开行列车103次，客流量1.7万人次。

△　深圳市小额贷款行业协会召开第一届理事会第二次全体会议，顺利通过了国内首个小额贷款行业的地方性行规行约，《深圳市小额贷款公司运营守则》将从2011年1月1日起实行。

△　深圳报业集团在华侨城洲际酒店举行新闻发布会正式宣布，深圳报业集团取得地铁1、2、5号线2011年到2017年的广告经营权，同时，深圳报业集团地铁传媒有限公司正式成立。

12月30日　深圳大运会开闭幕式场地确定的新闻发布会在深圳市大运会执行局内召开。会议正式对外公布：明年深圳大运会开幕式场馆将设在深圳湾体育中心，闭幕式场馆则选定为龙岗体育中心。

△　深圳供电局发布信息，2010年度深圳电网建设再次取得了重大突破性进展——年度电网基建投产容量达1014.9万千伏安，再次创出全国地市级城市电网年

度基建投产新纪录。

　　△　深圳第一职业教育集团在五洲宾馆举行成立大会。这是深圳市成立的第一个职业教育集团，由 14 所学校、27 个企业、8 个行业协会和科研机构组成。

　　12 月 31 日　来自广东茂名的养老护理员徐青玲将赴港工作。这是香港回归祖国后深圳市第一位赴港就业、获得两年在港工作权的家政服务员，标志着可纳十几万就业岗位的香港家政市场开始向内地打开一扇大门。

2011 年

1月1日 深圳市市场监督管理局发布公告，即日起在全市推行企业名称集中登记和电子名称证制度，全市 8 个市场监管分局不再设立专门的企业字号查询窗口和名称登记窗口。

△ 2010 年，深圳市全口径财政收入 3506.8 亿元，其中地方财政一般预算收入 880.8 亿元，比上年增长 26.8%，在全国城市中继续保持第三位。

△ 2010 年，深圳市金融业总资产 4.24 万亿元，比上年增长 28.5%，对全市税收的贡献为 315 亿元。

△ 2010 年，深圳国税总体税收收入规模 1954.6 亿元，比上年增长 24%，增收 377.95 亿元。

△ 2011 年 1 月 1 日起深圳市为 2010 年 12 月 31 日前按规定办理退休手续的企业退休人员提高基本养老金，每人每月普增 122 元。

1月4日 深圳市交通运输委发布的深圳港生产快报披露，2010 年深圳市集装箱吞吐量创下历史新高，达到 2250.97 万标准箱，完成年度目标 112.55%。深圳港航运产业已逐步走出金融危机阴影。

△ 据深圳地税局统计，2010 年该局共组织各项收入 1106.3 亿元，比上年增长 24%，增收 214 亿元。深圳成为继上海、北京之后第三个地税收入超千亿元的城市。

△ 深圳市教育局召开 2011 年工作部署会议，深圳将于年内成立国家教育体制改革试点工作领导小组，设立教改办，负责推进国家教育综合改革、中小学课程改革、改善民办教育发展环境 3 项国家改革试点项目的实施。

1月5日 深圳市电子行业协会与韩国高频产业研究会签约，由韩国政府及韩国高频产业研究会推动建设的中韩无线通讯技术交流研发中心将落户深圳。鉴于深圳手机产业雄厚，生产配套能力强，韩方希望通过这一平台将韩国的通信技术转化为生产成果。

1月7日 改革开放30年深圳市电子装备产业自主创新成果报告会在市民中心举行。据会议公告，深圳电子装备产业目前在技术上、产业规模上均领先全国，去年行业总产值超过950亿元，占全国的30%、珠三角的70%。预计2011年后，每年将以40%以上的速度递增，2011年将达1300多亿元。

1月9日 深圳市城管局召开新闻发布会宣布，经过将近一年的时间，深圳市335公里区域绿道路面已于去年底全线贯通，区域绿道"一年基本建成"的目标顺利实现。

1月10日 前海深港现代服务业合作区管理局、前海湾保税港区管理局揭牌仪式在五洲宾馆举行。许勤市长在致辞中说，开发建设前海合作区，是新时期中央和省基于全局视野、精心谋划、立足长远做出的战略决策，也是深圳市落实《珠江三角洲地区改革发展规划纲要》和《深圳市综合配套改革总体方案》，顺应区域一体化发展趋势，进一步密切深港合作，加快转变经济发展方式，推进产业转型升级发展的重要实践。省委常委、市委书记王荣，市人大常委会主任刘玉浦，市政协主席白天等出席了揭牌仪式。

1月11日 深圳壹基金公益基金会在深圳市市民中心举行启动仪式，宣布李连杰"壹基金"改名为深圳"壹基金"，从中国红十字总会下的一个公益计划，正式转变成独立的公募基金，由此成为中国首家成功转型的民间公募基金。

△ 深圳福田警方成立全国首个网络派出所，致力于打击日益泛滥的非接触性犯罪。"网警"走入现实，警用QQ号800043110将24小时接受市民报警。

1月12日 全国第一个产权明晰、责权分明的物业管理合同《深圳景洲大厦物业管理服务合同》在深试行。

1月13日 中共深圳市委五届六次全体（扩大）会议召开。会议通过差额票决的方式选拔产生5个市管正职干部，即市金融办主任、社科院院长、建筑工务署署长、投资控股董事长和出版发行集团总经理。

△ 深圳比亚迪股份有限公司董事长兼总裁王传福获首届"南粤功勋奖"。

1月14日 全国人大常委会副委员长兼秘书长李建国在深圳考察调研。

△ 深圳市规划国土委发布消息，立项5年来备受争议的深圳精细化工园区项目下马，取而代之的是环保无污染的生物高科技项目。

△ 在北京举行的国家科技奖励大会传出喜讯，深圳企业独立或参与完成的10个项目荣膺2010年度国家科学技术奖励，分别获得国家技术发明奖二等奖、国家科学技术进步奖二等奖。

1月15日 深圳市政协五届二次会议召开。

1月15~16日 中共中央政治局委员、国务委员刘延东在深圳考察。

1月16日 深圳市第五届人民代表大会第二次会议召开。会议透露，"十二五"期间，深圳将实施"人才孔雀计划"，重点引进并支持50个以上海外高层次人才团队和1000名以上海外高层次人才来深创业创新，吸引带动国内10000名以上各类人才来深工作，力争把深圳建设成为亚太地区创业创新活跃、海外高层次人才向往汇聚的城市。

1月17日 深圳海关发布消息，2010年深圳市实现进出口值3467.5亿美元，其中进口1425.7亿美元，同比增长31.77%；出口2041.8亿美元，同比增长26.01%。深圳成为全国第一个出口超2000亿美元的城市。深圳市荣获全国大中型城市外贸出口"十八连冠"。这距离2005年深圳外贸出口突破1000亿美元仅仅五年。

1月19日 中共广东省委常委、深圳市委书记王荣会见中国国民党副主席林丰正一行。

△ 工信部日前正式宣布启动TD-LTE规模技术试验，该试验于上海、深圳、广州、南京、厦门、杭州六城市进行。规模试验中，每座城市将部署100~200个基站。

1月21日 深圳大学计算机与软件学院常务副院长纪震教授登上人民大会堂，领取第十二届霍英东高等院校青年教师基金基础性研究课题资助项目及青年教师奖二等奖。据了解，这也是历届霍英东教育基金会评选中，唯一一位同一届同时获得两项大奖的青年学者。

1月24日 国家统计局深圳调查队公布最新数据显示，去年1~12月深圳居民消费价格总水平同比累计上涨3.5%。

1月25日 第六届"全国十大杰出青年法学家"颁奖仪式在人民大会堂隆重举行。当选第六届"全国十大杰出青年法学家"的深圳大学法学院应飞虎教授到会领奖，深圳大学副校长李凤亮应邀出席了颁奖大会。

1月26日 深圳市委、市政府2011年1号文件《关于加强社会建设的决定》发布。

1月30日 国家发改委批复同意深圳依托华大基因研究院组建国家基因库，这是中国首次建立国家级基因库，首期投资为 1500 万元。

2 月 9 日　深圳益田集团与国际钢琴巨星郎朗在深圳益田威斯汀酒店举行战略合作发布会暨益田罗湖木头龙项目"郎朗音乐世界"签约仪式。

2 月 14 日　深圳市政府决定 2 月 14 日至 4 月 10 日在全市范围内开展违法违规用地清查整治行动。

△　深圳市第一份免费报纸《地铁早 8 点》开始出刊。作为由深圳报业集团主管、深圳晚报社主办的新型媒体，《地铁早 8 点》首期发行 20 万份，今后在地铁 1、2、5 号线主要站点免费派发。

2 月 15 日　深圳市民政局召开新闻发布会通告，《深圳市高龄老人津贴实施方案》已获审议通过，政府为 80 周岁以上户籍老人统一发放高龄老人津贴，2 万多名老人每月可领取 200 元至 500 元不等的现金补助。深圳市民政局局长刘润华表示，此举是推动深圳市社会福利制度由补缺型向适度普惠型转变的开创性举措。

△　中国动漫集团有限公司党委书记、副董事长李扬宣布，"我们已经决定，中国动漫南方基地总部落户在深圳"。据介绍，中国动漫集团有限公司是中国动漫行业的唯一一家央企，南方基地项目建设投资将超过 200 亿元，有望在三年内建成。

2 月 16 日　中国生物产业大会组委会在京宣布，由中国生物工程学会等 18 家国家级学会、协会联合深圳市人民政府共同主办的第五届中国生物产业大会将于 2011 年 6 月 17 日至 19 日在深圳举行。深圳市委副书记、市长许勤在会上表示，生物产业将成为深圳高新技术支柱产业。

△　《〈深圳市循环经济试点实施方案（2010～2015 年）〉实施意见》发布。

2 月 17 日　深圳市出台《深圳市中医馆的基本标准》。去年 7 月，深圳实施了新医改后我国首部中医药地方性条例《深圳经济特区中医药条例》提出了一类新的医疗机构名称——中医馆，该标准对中医馆提出了具体要求。

△　深圳市委、市政府公布《关于开展向孙影同志学习活动的决定》。

2 月 18 日　香港特区政府保安局局长李少光一行专程前往深圳市公安局进行新春团拜。

2 月 22 日　深圳市政府与国家开发银行在深圳签署"十二五"开发性金融合作备忘录。

△　国家民政部在深圳举行民政工作改革创新先行先试座谈会。

△　2011 年深圳市统一战线各界知名人士春茗会在五洲宾馆举行。

2 月 24 日　深圳市区级机构改革启动，此次区级改革实行党政部门联动，大部制改革范围更广，各区机构"瘦身"幅度达 10%～19%。

△ 深圳市召开国资国企工作会议。

2月25日 深圳市卫生人口计生委发布《推进公立医院改革工作方案》，深圳市公立医院改革全面启动。

△ 深圳市调研工作会议在麒麟山庄举行。

△ 深圳经济特区研讨会在深圳举行。

2月26日 第九届深圳国际黄金珠宝玉石展览会在会展中心举行。目前我国的黄金产量和黄金消费量分居世界第一和第二，而深圳的黄金珠宝业在国内的占有率达到70%，是全国珠宝首饰生产、加工和贸易中心，已成为世界著名的黄金珠宝生产基地。

2月28日 2011中国（深圳）IT领袖峰会在深圳五洲宾馆举行。

△ 深圳市首个援疆工程——喀什市十八小学全面交付启用。

3月1日 中共中央政治局委员、广东省委书记汪洋到深圳进行专题调研，检查大运会筹备及相关工作。

△ "深圳市公安局消防局"更名为"深圳市公安局消防监督管理局"。

3月3日 由中国人事科学研究院与深圳市人力资源社会保障局合作共建的"创新创业人才研究基地""深圳人力资源发展研究中心"正式揭牌。这是国家继成都、福州、无锡之后，在国内建设的第四个人才研究基地。

△ 南山区政府与中安科技集团签订合作协议，双方将共同建设国家信息安全产品研发生产深圳基地和国家保密技术产品科研生产深圳基地，计划在5年内实现产值1500亿元。

△ 深圳市委常委、统战部部长张思平带队考察了大运前公交保障工作，在听取深圳公交都市建设情况报告时，有关部门透露连接特区内外的新彩通道及坂银通道将同步建设BRT（快速公交系统）。

3月4日 龙岗区重点规划工作汇报会透露，香港中文大学深圳学院（暂定名）已规划确定选址龙岗区龙城街道的大运新城片区。

3月10日 深圳率先在全省推出第一家"网上车管所"。即日起，深圳市民办理驾照的补证、换证等业务可以足不出户在网上完成。

△ 深圳市中级人民法院召开新闻发布会，公布《关于进一步推进司法公开工作的实施意见》和《关于为深圳加快转变经济发展方式提供司法保障和服务的工作意见》。

3月11日 广东省委常委、深圳市委书记王荣，市委副书记王穗明等市几套班子领导到深圳儿童乐园参加义务植树活动。

3 月 15 日　全国人大常委会副委员长华建敏率队就"以创新驱动实现产业升级"主题到深圳调研。

△　深圳前海规划初稿公布。根据规划初稿，前海总开发规模将达到 1851 万平方米，明年将进入正式开发阶段。

3 月 16 日　深圳地铁龙华线（4 号线）二期项目正式试运行，4 号线上梅林站、龙胜站及清湖站三站的"指挥权、使用权及管理权"已经实现从项目到运营的移交接管。今年 6 月底，4 号线将如期全线开通。

△　深圳市推出社保新政：个人账户的使用可扩大到参保人及其在深圳市参保的父母、配偶和子女。

3 月 17 日　深圳市罗湖区法院曹林荣膺"全国优秀法官"称号。

3 月 18 日　深圳市市长许勤会见德国莱比锡市市长布克哈德·勇。

△　深圳华大基因和中山大学宣布一项重大科研成果：石斑鱼全基因组序列图谱绘制完成。这是我国完成的第三个鱼类基因组测序项目和全基因组序列图谱，也是世界上首个鲈形目鮨科石斑鱼类基因组序列图谱。

△　深圳市人居环境委召开大运会生态环境保障工作动员大会，部署 10 项行动计划，高标准开展大运会生态环境保障工作。

3 月 19 日　由深圳市民政局、市民间组织管理局和市商业联合会联合主办的"迎大运、创文明，社会组织在行动"主题活动暨"深商名企梧桐登高迎大运"活动启动。

△　深圳市首辆气象应急直播车亮相。据了解，这部气象应急直播车配备了先进的自动气象站以及卫星、3G 和微波三套通信系统，可以实现对灾害性天气的初步分析、通信连线，将数据传输回市气象局本部后还可以进行气象信息会商。这也是深圳市气象系统首次引进此项设备。

3 月 20 日　南方科技大学（筹）举行 2011 年春季开学典礼，首批学生共 45 人。

3 月 21 日　深圳大学首批面向 14 个学科领域招聘高端人才（特聘教授），年薪幅度为 60 万~120 万元。同时，该校还拿出 164 个教师岗位面向全球公开招聘。

3 月 22 日　伦敦金融城发布"全球金融中心城市竞争力"排名第九期评价结果，在全球 75 个国际性金融中心城市中，深圳排名第十五位。

3 月 23 日　深圳大学牛憨笨院士、邢锋教授获"全国优秀科技工作者"称号。

△　深圳大运中心"一场两馆"通过竣工验收。

3 月 24 日　深圳市市长许勤主持召开市政府五届二十七次常务会，会议审议并原则通过了《深圳市 2011 年政府绩效管理工作实施方案》、《2011 年政府绩效评估指标体系》和《加快推进深汕（尾）特别合作区建设工作方案》。

3月26日　深圳市政府举行第三届深圳市科技专家委员会成立暨"国家创新型城市"建设专家咨询会，35 位海内外专家成为第三届深圳市科技专家委员会成员。

3月28日　深圳市交通运输委员会发布《深圳市道路网"十二五"发展规划（征求意见稿）》。"十二五"期间，深圳将投资 1311 亿至 1386 亿元进行道路建设，其中高速公路投资约 301 亿元，计划形成珠三角 2 小时交通圈，并将公交专用车道总里程提高 3 倍以上，使高峰期主干道平均车速不低于 30 公里每小时。

△　由深圳市政府与数字中国联合会共同主办的 2011 中国（深圳）IT 领袖峰会开幕。

△　广东省委常委、广州市委书记张广宁，广州市市长万庆良率广州市党政代表团到深圳考察城市建设、产业发展情况。

△　第七届国际绿色建筑与建筑节能大会暨新技术与产品博览会（"绿博会"）今天开幕。

△　全国省级方志工作机构主任会议在深圳举行。

3月30日　深圳市农作物良种引进中心发布消息，深圳市正在积极筹建热带亚热带作物分子设计育种研究院，这个投资 2 亿多元的项目建成后，将加速推进生物农业核心技术的自主创新，破解深圳市农业科技创新能力建设落后困局。

△　深圳市政府宣布取消其境内的梧桐山隧道收费站，该隧道是深圳市主城区和东部地区的交通要道。与此同时取消的还有深圳、东莞和惠州交界的 8 个普通公路收费站。

3月31日　深圳市城市发展工作会议召开，这是深圳市首次召开大规模、专题性的城市发展工作会议。

△　深圳市决策咨询委员会 2011 年工作会议召开。据会议信息，今年决咨委将完成《深圳市改革社会体制、促进公共服务发展研究》、《深圳质量型发展道路研究》和《"诚信深圳"建设研究》共 3 个重大课题的研究。

4月1日　深圳市提高全市最低工资标准。其中：全日制就业劳动者最低工资标准调整到 1320 元/月；非全日制就业劳动者小时最低工资标准调整到 11.7 元。调整后，深圳市全日制劳动者最低工资标准从数额上看仍居全国最高水平。

△　广东省委常委、深圳市委书记王荣会见沃尔玛美国总部国际业务总裁兼首席执行官董明伦、沃尔玛中国区总裁兼首席执行官陈耀昌一行。

△　首架全机身喷绘着大运元素彩色图案的"大运号"飞机着陆深圳机场。

△ 深圳市对原水价格和原特区内（市水务集团供水范围）自来水价格做出适当调整。

△ 2011 年 1 月，在香港特别行政区文化事务署、香港艺术联会举办的第五届"国际音乐艺术大赛"总决赛中，深圳大学师范学院艺术系 2007 级音乐专业学生荣获钢琴公开组"金奖""银奖"，指导教师获"优秀导师奖"。

△ 2011 年 3 月，在香港钢琴音乐协会主办的 2011 第十六届香港－亚洲钢琴公开比赛中，深圳大学学生荣获"贝多芬奏鸣曲组二等奖""中国作品高级组二等奖"，指导教师获"优秀园丁奖"。

4 月 2 日 深圳市市长许勤主持召开市政府五届二十九次常务会议，研究审议并原则通过《深圳市安居型商品房建设和管理暂行办法》、《深圳市人才安居暂行办法》以及《落实深圳市 2011 年保障性工程任务的实施方案》等事项。

△ 全国人大常委会委员、民族委员会副主任委员雷鸣球率全国人大民委调研组到深圳调研。

△ 深圳市举行祭奠革命先烈活动。

△ 深圳市 2011 年首度出让两宗安居房用地，分别位于宝安区福永街道和龙岗区南湾街道，总用地面积 6.22 万平方米。

4 月 3 日 "中国深圳山地救援培训基地"在南山区登良路揭幕，成为全国首个山地救援培训基地。

4 月 5 日 广东省高级法院传出喜讯：在 2010 年全省中级人民法院综合考核中，深圳市中级人民法院总分名列榜首。同时，由于连续 4 年获得先进单位称号，深圳市中级人民法院还荣立集体二等功。这是该院建院 29 年来首次获得这一殊荣。

4 月 6 日 广东省副省长雷于蓝率队到深圳检查药品安全专项整治工作，调研生物医药产业发展情况。

△ 深圳市政府决定开展面向国内知名民企的招商活动，引进一批在细分行业内"高、新、软、优"的知名民企和优质项目。

△ 大运会赛时运行指挥系统动员大会在市民中心举行，标志着大运会赛时运行指挥系统正式启动。

△ 深圳市开通全国首个 TD-LTE（新一代宽带移动通信技术）规模技术试验业务。

4 月 7 日 深圳前海金融资产交易所在深圳五洲宾馆正式揭牌。这是深圳前海继《前海深港现代服务业合作区总体发展规划》获批以及在金融发展领域被国务院授予计划单列市管理权限之后的又一重大举措。深圳市委常委、副市长陈应春，副市长唐杰以及相关政府部门的负责人出席了揭牌仪式。

4月8日 国内首家金融服务外包协会——深圳市金融服务外包协会在深圳揭牌成立。市委常委、副市长陈应春出席揭牌仪式。

△ 深圳云计算产业协会联合英特尔、IBM、金蝶等国内外相关企业创建的专业性技术与应用研发实验室——深圳云计算国际联合实验室揭牌。

4月9日 "感谢有您"第二届"鹏城慈善奖"暨公益项目大赛颁奖仪式在市民中心礼堂举行。

△ 由中国电子器材总公司和宜春国家锂电新能源高新技术产业化基地联合主办的"2011中国（国际）锂电新能源高峰论坛"，在深圳市的会展中心召开。

4月11日 华润股份公司总部迁至深圳。

△ 深圳援喀前方指挥部消息：由深圳市城市规划设计研究院承接的《喀什特殊经济开发区总体发展规划》，日前已完成调研进入规划编制阶段。深圳在创造立体援疆新格局中，将全力打造喀什特殊经济开发区。

△ 广东省委、省政府在广州召开全省科学技术奖励大会暨全省科技工作会议，表彰获得2010年度广东省科学技术奖的先进单位和先进个人。其中深圳华为、中兴、飞亚达荣获一等奖；由深圳有关单位独立承担或合作承担项目的二等奖8个、三等奖15个。

△ 原深圳市地铁集团有限公司和深圳市地铁三号线投资有限公司共同组建成为深圳市地铁集团有限公司。

△ 深圳市交管局交通科技处正式加挂交通监控大队牌匾，宣告本市道路交通管理中，科技民警正式由后台走向前台，走上执法前沿。

4月12日 深圳市举行全市人才工作会议。刘仲健等10人获颁首届"鹏城杰出人才奖"并每人获50万元奖励，22名"千人计划"人才以及5家省科研创新团队分别获领人才安居房钥匙和配套的1000万元及以上的资金。

△ 由市及龙岗区相关部门和中广核集团共同编制的完成深圳新能源（核电）产业基地的总体建设方案出炉。作为深圳市新能源产业发展的重要试点，该基地选址市高新区宝龙园区，规划总用地面积66.3万平方米，拟投资86.785亿元，打造"绿核之城"，未来将创造3万余个就业岗位。

4月13~14日 中共中央政治局常委、全国政协主席贾庆林在深圳视察。

4月14日 第二十六届世界大学生夏季运动会代表团团长大会在深圳召开。

4月15日 深圳首个保障房项目正式开工，这一项目将为市民提供701套售价不会超过8000元/平方米的安居房。

4 月 16 日　第六十五届中国国际医疗器械展览会在深圳会展中心开幕。

4 月 17 日　深圳宝安国际机场被世界航空货运权威杂志社 *Air Cargo News* 评为"年度最佳货运"机场。这是深圳机场首次获得此项殊荣，也是深圳机场获得的世界级荣誉中分量最重的一个。

　　△　深圳市委常委、常务副市长吕锐锋在出席市规划国土委贯彻落实全市城市发展工作会议精神的大会上表示，《深圳市土地管理制度改革总体方案》有望于近期获批，深圳新一轮土地制度改革即将全面启动。

4 月 20 日　深圳市 32 个市政府直属机关工作人员实名信息在深圳市人力资源与社会保障局网站（http：//www.szhrss.gov.cn）上公开。

4 月 21 日　深圳市市长许勤会见国家海关总署署长于广洲一行。

　　△　为表彰基里安先生在深圳市申办大运会及筹备大运会的过程中给予的大力支持和协助，深圳市五届人大常委会第八次会议审议通过了授予国际大体联主席基里安先生"深圳市荣誉市民"称号的议案。

4 月 22 日　深圳市副市长唐杰会见俄罗斯联邦总统助理奥列格马尔科夫。

　　△　深圳市民商事调解中心在笋岗路中民时代广场挂牌，市委常委、副市长陈应春在挂牌仪式上指出，希望中心建设高水平的调解队伍，为社会和企业提供便捷、低成本服务，加强联系为深圳大调解服务。据了解，全国目前只有 3 个城市成立了民商事调解中心。

　　△　募资规模高达 35 亿元的达晨恒泰基金在深圳注册成立，该基金创下了内资创投机构募集创业投资资金规模之最。

　　△　第四届中国（深圳）国际工业博览会开幕。

4 月 24 日　联合国人居署全球人居环境论坛于美国纽约召开，北京大学深圳研究生院城市与规划设计学院副院长、中国城市设计研究中心主任陈可石教授的汶川水磨镇规划被授予"全球灾后重建规划设计最佳范例奖"。

4 月 25 日　深圳第二十六届世界大学生夏季运动会火种在清华大学成功采集。

　　△　全市社区健康服务管理体制改革拉开序幕。

4 月 26 日　新疆维吾尔自治区党委副书记、自治区主席努尔·白克力率领的党政代表团抵达深圳，与广东省委常委、深圳市委书记王荣，市委副书记、市长许勤一行举行座谈。在认真听取深圳市经济社会发展和援疆工作情况介绍后，努尔·白克力代表自治区党委、政府对深圳市对口援疆工作做出的贡献表示感谢，并介绍了中央新疆工作座谈会以来，新疆在中央的关怀和对口援疆省市支持下，经济发展、民生改善、和谐稳定的大好形势。

4月27日 深圳市市直机关第一届运动会开幕式在深圳体育馆举行。

4月28日 深圳市工会工作暨庆祝"五一"国际劳动节表彰大会在市民中心礼堂举行。

△ 在2011赛扶中国创新公益大赛华南&香港分赛区的比赛中,深圳大学SIFE团队再创佳绩,获得"2011赛扶中国创新公益大赛华南&香港分赛区优胜奖""团队活跃赛扶学生70奖"两项大奖,并成功晋级将于2011年5月在上海举行的赛扶中国赛区总决赛。

4月29日 深圳市通过公开推荐方式选拔包括南方科技大学(筹)副校长在内的7名局级领导干部。

4月30日 全国文化体制改革工作会议传来喜讯,在文化体制改革中一直走在全国前列的深圳荣获"全国文化体制改革工作先进地区"称号。这是深圳在2009年率先完成改革试点任务、成为12家全国文化体制改革先进地区之后,再次获得的殊荣。

5月4日 由大运会组委会、深圳市政府和中国邮政集团公司主办,大运会组委会执行局、广东省邮政公司承办的《深圳第二十六届世界大学生夏季运动会纪念邮票》首发仪式在大中华喜来登酒店举行。

△ 深圳第26届世界大学生夏季运动会火炬点燃暨火炬传递活动启动仪式在北京举行。中共中央政治局常委、国务院副总理李克强在仪式上点燃主火炬,宣布世界大学生运动会火炬传递活动开始。

△ 深圳市举行大运会倒计时100天誓师大会。

5月5日 深圳市委、市政府召开全市改革工作会议。

△ 深圳市国内银行同业公会中小企业专业委员会在深圳成立。

△ 深圳市做出《关于开展向李罡注同志学习活动的决定》。

5月6日 中国社会科学院发布《2011年中国城市竞争力蓝皮书:中国城市竞争力报告》,对包括港澳台在内的中国294个城市2010年度综合竞争力进行排名,深圳综合竞争力比上年跃升一位,位居第4名。前三名分别为香港、上海和北京。

5月8日 国家发改委正式印发《关于深圳市城市轨道交通近期建设规划(2011~2016年)的批复》,这意味着深圳轨道交通三期规划正式通过国家审批。

5月9日 深圳市住房和建设局对"禁止农民工上访讨薪"一事做出回应,承认此前公布的文件文字表述确有错误,而且在内部行文程序和文字把关上不够严格,宣布立即撤回该文件,修改完善后重新发布。

5月10日 深圳第二十六届世界大学生夏季运动会深圳大学站火炬传递启动仪

式在深圳大学举行。

△ 深南大道绿化景观提升工程动工。

△ 清华大学深圳研究生院委托深圳排放权交易所购买自愿减排额度，以抵消其举办"中芬低碳城市论坛"产生的碳排放量，涉及 700 吨碳排放额度的相关交易昨日达成，成为深圳首宗碳排放权交易。

5 月 11 日 深圳机场飞行区扩建工程竣工并通过验收。

5 月 12 日 中共中央政治局委员、广东省委书记汪洋率队考察深圳。

△ 深圳市 2010 年第六次全国人口普查新闻通报会发布公告，深圳常住人口为 1035.79 万，与 2000 年第五次全国人口普查相比，深圳 10 年间增加常住人口 335 万人，年均人口增长 3.98%。

△ 《深圳十大观念》由深圳报业集团出版社出版发行。

5 月 12～15 日 中共中央政治局常委李长春在中共中央政治局委员、广东省委书记汪洋陪同下深入深圳企业、社区、科研院所和宣传文化单位，就加快转变经济发展方式、深化文化体制改革、推进文化事业和文化产业发展等进行调研。

5 月 13 日 第七届中国（深圳）国际文化产业博览交易会在深圳会展中心开幕，中共中央政治局委员、中央书记处书记、中宣部部长刘云山，中共中央政治局委员、广东省委书记汪洋出席开幕式。

△ 深圳发布全国首个关于版权产业发展状况的白皮书——《深圳市版权产业发展状况》白皮书。该白皮书显示，深圳核心版权产业增加值占深圳 GDP 比重为 15.39%，已经达到全国一流、世界领先的水平。

5 月 14～15 日 由建设部中国建设教育协会主办，清华斯维尔公司承办的"全国高等院校斯维尔杯 BIM 软件建模大赛总决赛"（简称全国 BIM 软件建模大赛）总决赛在广州大学举行，深圳大学土木工程学院带队的"荔园工程兵"代表队经过激烈竞争和拼搏，最终荣获高校组唯一一个全能冠军以及三项分专业（三维算量与清单计价、安装算量与清单计价及项目管理与投标工具箱）冠军。

5 月 15 日 清华大学深圳研究生院建院 10 周年庆祝大会在深圳大学城清华校区举行。

5 月 17 日 据深圳市外国专家局消息，"孔雀计划"海外高层次人才今起接受确认申报，受理部门为深圳市人力资源和社会保障局市人事人才公共服务中心，符合条件的海外人才可免费申报确认。

5 月 19 日 2011 年"中国旅游日暨深圳百万市民绿道游、红色游"启动仪式在深圳华侨城生态广场举行。

△ "绿色深圳，低碳之都"新闻发布会在市民中心举行。据发布会消息，深圳市已全面开展城市绿道和社区绿道的建设，预计到今年年底形成800公里城市绿道和社区绿道。

5月20日 深圳市执行工作领导小组暨执行联动联席会议召开。

5月21日 深（圳）汕（尾）特别合作区成立。

△ 国内首家低碳产品交易中心——光之明（国际）低碳产品交易中心在宝安区开业。

△ 在深圳市各社区党组织换届选举中，首次实现百分之百"公推直选"，进一步扩大了党内民主。

5月23日 广东省委省政府举行的"2010珠三角转变经济发展方式创新工作奖"评比结果出炉，深圳市获得综合奖一等奖，深圳市同时还获得重点创新工作单项奖——以自主创新引领经济发展方式加快转变。这是省委省政府首次举行转变经济发展方式创新工作奖评比。

△ 深圳航空公司4架"大运号"飞机全部抵深。

△ 深圳大学网站公布2011年招生简章，计划在广东省内招生5037人，其中在深圳市招生2966人。

5月24日 深圳市与"世界500强"和大型外资企业联谊会在香港举行。

5月25日 中国科学院深圳先进技术研究院与香港大学工程学院签订合作备忘录，双方将联合培养博士生。

5月26日 深圳市公安局委托市交通警察局与市交通运输委联合召开新闻发布会，发布《关于在深圳市部分区域道路禁止电动自行车及其他安装有动力装置的非机动车行驶的通告》。

△ 诺基亚全球研究网络的第13个分支机构——诺基亚深圳研究院举行开幕庆典，深圳成为继北京之后诺基亚在中国选择的第二个设立研究院的城市，深圳将成为诺基亚在南中国地区的研发中心。

5月26～27日 深圳市消防支队邀请公安部消防局专家组对本市消防灭火救援能力进行了评估。对一座城市的消防灭火救援能力进行整体评估，在国内尚属首次。

5月27日 深圳市市长许勤主持召开市政府五届三十二次常务会议，会议审议并原则通过《关于进一步加强食品安全的意见》。

△ 深圳市贵州商会成立。

5月28日 由深圳市环境科学研究院承担的国家环境保护饮用水水源地管理技术重点实验室项目，获国家环保部正式批复。这是国家环保重点实验室第一次落户市级环科院，同时也是目前深圳市环保领域最高级别的重点实验室。

　　△　深圳市第七届外来青工文体节闭幕式暨颁奖晚会在宝安区新安影剧院举行。

　　△　"2011 诗探索·中国年度诗会暨大望诗歌节"在深圳市罗湖区大望社区举行。

　　5 月 29 日　据深圳市政府法制办消息，被校长朱清时称为南科大"基本法"的《南方科技大学管理暂行办法》已获市政府常务会审议并原则通过，将于 7 月 1 日起正式实施。该办法在制定中遵循"充分放权"和"鼓励创新"的原则，对南科大性质定位、权利义务、治理架构、运行机制、人事财务管理和监督等做出了明确规定。

　　△　以"四海汇聚迎大运"为主题的深圳橡皮鸭漂流公益活动在大梅沙举行。

　　5 月 30 日　深圳原创歌曲《走向复兴》《迎风飘扬的旗》获评"唱响中国"群众最喜爱的新创作歌曲"十佳"歌曲。

　　△　深圳市交通警察局在全国率先推出驾考合格驾照立等可取新举措。

　　5 月 31 日　深圳市委组织部、市委宣传部和《深圳特区报》联合举办评选"深圳基层党建创新十大案例"活动。

　　△　深圳市第二次公立医院改革工作会议公布了《深圳市公立医院章程准则》、《深圳市公立医院理事会章程准则》及《深圳市公立医院综合目标管理责任制考核方案》三个改革方案。深圳公立医院"去行政化"改革起步。

　　6 月 1 日　《深圳市安居型商品房建设和管理暂行办法》、《深圳市人才安居暂行办法》和《深圳经济特区河道管理条例》开始施行。

　　△　《深圳市禁止传销工作考评要求》开始实施。深圳是我国首个将标准化管理手段和卓越绩效模式引入打传工作的城市。

　　△　即日起市民可刷手机乘坐全市地铁和公交车，这使深圳在全国率先实现手机卡和城市公交卡的"二合一"。

　　6 月 2 日　丹平快速公路一期工程正式通车。该道路通车后，罗湖、布吉、横岗和平湖之间将形成新的快速通道，从罗湖驱车 15 分钟可直抵深圳北端。

　　△　深圳市副市长陈改户会见英国国会议员、英国外交及联邦事务部国务大臣杰里米·布朗。

　　△　深圳在全省率先通过国家节水型城市现场考核，成为华南地区第一个国家节水型城市。

　　6 月 3 日　在 2010 年度中国高校校报好新闻和广东高校校报好新闻的评比中，《深圳大学报》共有 14 项作品获奖，其中国家级奖项 3 个，省级奖项 11 个。这是

《深圳大学报》编辑部全体成员秉持"团结、务实、创新"的精神，共同努力创造出的重要成果。

6月6日 深圳市正式实施电动车限行政策。

6月8日 深圳市市长许勤会见了中国中铁股份公司董事长李长进一行。李长进在会见时表示，中铁已在深圳成立了南方投资公司作为南方总部，并计划将包括研发、设计、检测等在内的全国城市轨道中心设在深圳。

6月9日 深圳市中级人民法院正式开始对一起走私案在深圳中院网、深圳中院微博和深圳新闻网现场直播该案的庭审情况，吸引了大批网友观看。据悉，这是深圳法院首次对案件庭审进行网络直播。

6月10日 第三批国家级非物质文化遗产名录正式公布，深圳4个非物质文化遗产项目榜上有名，包括下沙祭祖习俗、坂田永胜堂舞麒麟、大船坑舞麒麟、松岗七星狮舞。加上2009年上榜的沙头角鱼灯舞、平乐郭氏正骨医术。至此，深圳"国家级"非物质文化遗产项目已经达到6个。

6月15日 深圳地铁罗宝线（1号线）续建段全线开通试运营，深圳空港与地铁首次实现"无缝"接驳。

6月16日 "深圳市首届香云纱文化节"在罗湖区文化馆举行。同时，国内首家"香云纱"博物馆将落户深圳梧桐山，目前博物馆的各项筹备工作正在紧张进行中，预计8月中旬正式对外开放。

△ 深圳首家民营"工业设计研究院"——红冠工业设计研究院，在深圳宝安区鸿辉工业园正式成立。

△ 深圳地铁四号线龙华线，作为深圳城市轨道交通网络中南北走向的一条骨干线路，全线开通试运营。

6月17~19日 第五届中国生物产业大会在深圳召开，本次大会以"培育生物产业，发展绿色经济"为主题。

△ 深圳国家基因库暨国际科技合作基地、基因产学研资联盟和新设5个市级重点实验室、5个工程实验室揭牌仪式在会展中心举行。据悉，深圳国家基因库依托深圳华大基因研究院组建，是中国首个国家级基因库。

6月19日 全国政协副主席、国家科技部部长万钢在深圳考察大运会新能源汽车示范运行筹备进展情况。

△ 中国致公党第十三届中央常务委员会第十五次（扩大）会议在深圳召开，专题研究组织建设和参政议政工作。

6月20日 国家海关总署、中国邮政速递物流公司正式批准广东省邮政速递物流公司在深圳机场设立深圳国际航空邮件交换站，这标志着深圳机场全力争取的国际邮件通邮口岸最终落地，深圳机场货运业务平台功能进一步得到完善。

6月21日 中民慈善捐赠信息中心公布"中国50城市公益慈善排行"，深圳人均捐赠名列全国第一，城市捐赠总额位列第二。市民政局局长刘润华表示，我们所居住的城市堪称"全国最慷慨之城"。

6月22日 深圳北站开通启用。

△ 深圳首次运用BT模式建设的特大型基建项目——地铁五号线，今日正式开通。

6月23日 深圳支教先进人物孙影被列为今年全省重大典型进行集中宣传。

6月24日 "峥嵘岁月伟大贡献"——中国共产党深圳地方史（1921~1949年）展览在深圳博物馆新馆开幕。

6月25日 深圳市举行2011年保障性安居工程12个项目开工仪式，王荣、许勤等市领导出席仪式，并为设于龙岗区横岗街道中的海怡景项目地块项目奠基。据了解，此次集中开工的12个项目分别是：中海怡景项目、中海南岭项目、龙岗宝龙项目、龙岗葵涌项目、龙岗坂田项目、宝安固戍项目、宝安西乡项目、宝安石岩项目、福田平湖项目、光明高新西项目、南航明珠花园和比亚迪项目。其中，中海怡景、中海南岭、福田平湖、南航明珠花园和比亚迪项目由社会投资建设。

6月26日 2011"创新中国"高峰论坛在深圳举行。

6月27日 深圳市市长许勤率深圳市政府代表团赴新疆喀什学习考察，加快推进对口支援工作。

△ 中共深圳市委邀请市各民主党派、市总商会（工商联）负责人及无党派代表人士座谈，以"重温历史、同心同行"为主题纪念中国共产党成立90周年。

△ 深圳市五届人大常委会第九次会议在举行第二次全体会议后闭幕。会议表决通过《深圳经济特区前海深港现代服务业合作区条例》。

6月28日 中共广东省委常委、深圳市委书记王荣会见台湾海基会董事长江丙坤率领的海基会台商参访团一行。

△ 深圳2011年援疆十大重点项目开工仪式在喀什举行。深圳市委副书记、市长许勤，副市长陈改户和喀什当地领导，以及中国中铁股份有限公司、中国航空技术国际控股公司领导出席开工仪式并共同为工程奠基。

△ 深圳地铁5条线路正式形成网络化运营格局，连接起全市5个行政区，总里程增至178公里。

△ 深圳在全国范围内率先推出企业登记"即来即办"服务。从今日开始，企

业前往各区办事大厅办理登记注册业务时，从提交材料、办理登记到领取营业执照仅需 24 小时，企业注册登记的效率将居全国之首。

6 月 29 日 深圳市等 8 个地区获国务院批准开展政府绩效管理试点工作。据悉，该研发中心是中国包装联合会在全国批准设立的唯一综合性的国家级研发中心，承担着包装新材料领域国家级研发项目和标准制定的功能。

6 月 30 日 深圳市庆祝中国共产党成立 90 周年暨"创先争优"先进事迹报告会在市民中心礼堂举行。

△ 深圳市市场监督管理局制定《深圳市市场监督管理局食品许可审查员管理办法》，在全国率先实现食品生产、流通和餐饮服务三个环节的许可审查员持证上岗制度，要求审查员通过统一培训考核持证上岗，并定期接受继续教育学习培训，同时明确了食品许可审查员的行为规范和岗位要求，有利于规范审查员的审查行为，保障食品许可审查质量。

△ 深圳警察历史展览馆开馆。

△ 全国第一个和谐企业工作室落户南山区桃源街道。

7 月 1 日 深圳市宝安区新安街道驻宝民社区党委和深圳能源集团股份有限公司党委两基层党组织获"全国先进基层党组织"荣誉称号。

△ 符合条件的广东省籍非深户人员和深户人员即日起可选择向深圳市社保机构一次性趸缴养老保险费至累计缴费年限满 15 年，然后申请在深圳按月领取基本养老金。

7 月 3 日 深圳市政府研究审议了《深圳市主要污染物排污权有偿使用和交易管理办法（试行）》及试点方案。深圳计划今年虚拟试行，明年开始实际操作。这一在欧美发达国家广泛应用的制度，将引导企业主动节能减排。

△ 全国职业院校技能大赛在天津落下帷幕，深圳在这规模庞大、高手云集的全国性赛事中取得了历史性的突破，不仅以 12 项 13 人次一等奖的成绩位居全国 11 名，更有分别来自宝安职业技术学校和深圳第一职业学校的梁杰与陈宏鸿两人获得了一等奖中的第一名，成为名副其实的国家级"武状元"。

7 月 4 日 香港中文大学与深圳大学签署合作办学协议。

7 月 5 日 深圳市成为全国唯一一个在机关内全面实施"公推直选"干部的城市。

7 月 6 日 珠三角地区文化市场行政执法协作第二次联席会议暨"迎大运，保平安"文化市场保障工作协调会议在深圳召开。

△ 深圳市召开全市土地整备工作会议，正式发布《关于推进土地整备工作的

若干意见》，标志着全市土地整备工作已经进入整体推进阶段。

△ 《深圳经济特区前海深港现代服务业合作区条例》公布实施。

7 月 7 日 第十一届中国（深圳）国际品牌服装服饰交易会在深圳会展中心开幕。

7 月 9 日 深圳市"蓝马甲"（公务员志愿者）开始转入全市 70 个重要地铁站点开展志愿行动。

7 月 11 日 由国家公安部主办，广东省公安厅、深圳市公安局承办的深圳大运会安保国际合作会议在深圳召开。

△ 深圳市 2011 年人力资源市场工资指导价位出炉。深圳市人力资源和社会保障局举行新闻发布会公告，深圳市今年工资指导价的平均数为 3326 元/月，同比上涨 4%，其中金融业收入仍然是最高，平均为 8911 元/月，收入最低的是居民服务和其他服务业，平均为 2464 元/月。

7 月 12 日 《深圳市轨道交通突发事件应急预案》公布。

△ 民盟中央发出《民盟中央关于纪念中国民主同盟成立 70 周年表彰先进集体和先进个人的决定》，对在思想建设、组织建设、参政议政建设、社会服务等方面做出突出成绩的 28 个地方组织授予"先进集体"称号，1988 年成立的民盟深圳市委成为全国最年轻的受表彰地方组织。民盟深圳市委深职院支部和盟员夏炀、林良浩也分别获得"先进基层组织"和"先进个人"称号。

7 月 15 日 深圳市市长、市城市规划委员会主任委员许勤主持召开市城市规划委员会 2011 年第一次会议。会议原则通过了《深圳市雨洪利用系统布局规划》《深圳市再生水布局规划》等规划，市委常委、常务副市长吕锐锋出席会议。

△ 深圳市委统战部召开了深圳市统一战线对口援疆动员大会暨喀什投资政策环境推介会。市委统战部计划于 2011 年 9 月组织深圳市民营经济代表团赴新疆喀什进行投资考察。

△ 深圳市倡议"绿色出行，停用少用，给力大运"行动。

△ 深圳手机年产量约 4 亿部，占全国市场份额的 40%，其中 60% 出口，已成为全国手机业第一大市场。

7 月 16 日 南方科技大学（筹）第一届理事会成立。

7 月 17 日 深圳市委、市政府发布《关于建设廉洁城市的决定》。

△ 2011 哈尔滨·深圳经贸洽谈会举行，深圳市政府、企业家及各界知名人士共计 400 余位嘉宾出席洽谈会。哈尔滨正在实施的新战略吸引了众多深圳企业家的目光，包括哈尔滨天安数码城项目在内的 8 个项目现场签约，总投资额达 548.6

亿元。

7月18日 深圳超材料产业联盟挂牌成立，标志着以深圳光启高等理工研究院为技术核心、集聚大规模科技创新群体的超材料产业集群落户深圳。

7月18～19日 广东省反腐倡廉制度建设与改革创新现场经验交流会在深圳召开。

7月19日 深圳正大力推进政府部门软件正版化，将在10月底前完成市、区所有政府部门软件正版化，相关投入超过千万元。近期，将由市场监管局牵头，联合市发改委、科工贸信委、财政委、采购中心等部门与微软展开谈判。

△ 深圳市文体旅游局与华侨城集团在欢乐海岸现场举行了合作签约仪式，双方未来将携手打造的国内首个城市级旅游信息中心——"深圳市旅游信息中心"正式落户欢乐海岸。

△ 深圳市2011年住院医师规范化培训启动仪式在北京大学深圳医院举行。

7月20日 深圳市出让4宗保障性住房用地，总面积近13万平方米，总建筑面积约42万平方米，均用于安居型商品房建设。

△ 广东边防总队在深圳银湖训练基地进行大型海陆实战演练，全方位检验边防部队执行大运安保任务的能力。

△ 深圳市政府与中国南方电网有限责任公司签署"十二五"战略合作协议。

△ 广东省"纪律教育学习月"活动动员暨示范点现场会在深圳召开。

7月21日 香港理工大学深圳产学研基地启用。

7月22日 深圳市启动工会"筑基行动"。

7月23～24日 中共中央政治局委员、国务委员刘延东在深圳考察。

7月24日 深圳第二十六届世界大学生夏季运动会组委会第二次全体会议在深圳举行。

7月25日 国务委员戴秉国在深圳与美国国务卿希拉里·克林顿举行非正式会晤，双方就中美关系及共同关心的问题深入交换意见。

△ 位于深圳市坪山新区的上洋、龙田、沙田3座污水处理厂通水运营。

7月26日 由深航、南航、海航3架飞机组成的首飞队开启深圳机场第二跑道"处女航"，深圳机场正式迈入双跑道运行时代。

△ 深圳市房地产评估发展中心成立，这是深圳市实行法定机构试点改革及规划国土系统实行业务整合迈出的重要一步。

△ 深圳市举行留仙三路连通留仙大道等21条"断头路"通车仪式。

7月27日 深圳市政府与香港大学合作举办香港大学深圳医院签约暨医院揭牌

仪式在市民中心举行。

7 月 29 日 深圳市委、市政府在市民中心举行纪念中国人民解放军建军 84 周年军政座谈会。

8 月 1 日 中共中央政治局委员、广东省委书记汪洋专程到深圳就大运会食品安全检测和出入境服务效率及开、闭幕式筹备等工作进行调研。

8 月 3 日 深圳市政府正式发布了《深圳市开展国家服务业综合改革试点实施方案（2011～2015 年)》，提出用 3～5 年时间初步建成体系健全、要素集聚、效率效益高、辐射带动作用强的现代服务业产业体系。

△ 深圳市云计算产学研联盟宣布成立，推动深圳云计算发展的"鲲云计划"也正式启动。市长许勤出席启动仪式，并与副市长袁宝成和 10 家发起单位代表共同为该联盟揭牌。

△ 2011 年中国城市科学发展指数显示，深圳市城市科学发展指数综合排名居全国第一。

8 月 4 日 深圳市中心区跨红荔路高架景观人行平台如期在大运会开幕前开通。

△ 深圳首个社区股份公司协会——深圳市龙岗区股份合作公司协会成立。

8 月 5 日 深圳湾公园和全市其他 360 个新建和升级改造的公园同时开园。据市城管局局长蒙敬杭透露，目前，深圳拥有各类公园 824 个，是全国公园数量最多的城市，公园之城已初具规模。

8 月 6 日 深圳第二十六届世界大学生夏季运动会举行大运村开村仪式。

8 月 7 日 深圳第二十六届世界大学生夏季运动会火炬传递在经历了北京大学、深圳大学以及广州大学城 3 站高校传递后，开始深圳城市传递之旅。

△ 岭澳二期 2 号机组正式投入商运，首次实现了中国核电站的"自主设计、自主制造、自主建设、自主运营"。

△ 国际大体联第三次执委会会议在深圳举行。

8 月 8 日 深圳建市以来单体投资最大的工业项目——深圳华星光电 8.5 代液晶面板项目首期设备正式投产。

8 月 9 日 应中华全国青年联合会邀请，以欧洲议会议员、欧洲青年论坛副主席卡塔琳娜·妮维达洛娃为团长的欧盟青年代表团一行 100 人抵达深圳。

△ 第三十二届国际大体联（FISU）全体代表大会在深圳五洲宾馆举行。

△ 以"欢乐海岸大运礼赞"为主题的华侨城欢乐海岸一期项目试业。

8 月 11～15 日 中共中央总书记、国家主席、中央军委主席胡锦涛在出席深圳第二十六届世界大学生夏季运动会开幕式前后，由中共中央政治局委员、广东省委书记汪洋等陪同到深圳、广州等地考察。

8月12日 中午，国家主席胡锦涛在深圳洲际大酒店举行宴会，代表中国政府和人民，热烈欢迎前来出席深圳大运会开幕式和相关活动的贵宾。

胡锦涛说，今晚，第26届世界大学生运动会将在深圳隆重开幕。世界大学生运动会自1959年创办以来，秉承"发展大学生体育运动、促进国际团结合作"的宗旨，为世界各国各地区青年加深相互了解、增进友好感情架起了桥梁，有力推动了国际青年体育事业发展。

胡锦涛指出，不同国家、不同民族、不同宗教信仰的青年学子在大运会上友好交流、积极互动，多彩文化在这里交融，友谊种子在这里播撒，合作信念在这里凝聚。这是大运会的魅力和真谛所在。

胡锦涛强调，深圳是中国最年轻的大城市，这里充满生机活力，是观察当代中国的重要窗口。相信本届大运会一定能办成一届有特色、高水平的运动会，在世界大运会历史上写下精彩的一页。

欢迎宴会由深圳大运会组委会执行主席、广东省省长黄华华主持。莫桑比克总统格布扎、玻利维亚总统莫拉莱斯、斐济总统奈拉蒂考、斯里兰卡总统拉贾帕克萨、埃塞俄比亚总理梅莱斯、罗马尼亚总理博克、联合国教科文组织总干事博科娃等出席欢迎宴会。出席欢迎宴会的还有：刘云山、刘延东、汪洋、王沪宁、陈昌智、孟建柱、戴秉国、罗富和、李继耐。香港特别行政区行政长官曾荫权、澳门特别行政区行政长官崔世安出席欢迎宴会。中国国民党荣誉主席连战出席欢迎宴会。

△ 深圳第二十六届世界大学生夏季运动会在深圳湾体育中心隆重开幕。国家主席胡锦涛出席开幕式并宣布大运会开幕。国际大学生体育联合会主席乔治·基里安，国家教育部部长袁贵仁，广东省委常委、深圳市委书记王荣分别在开幕式上致辞。莫桑比克总统格布扎、玻利维亚总统莫拉莱斯、斐济总统奈拉蒂考、斯里兰卡总统拉贾帕克萨、埃塞俄比亚总理梅莱斯、罗马尼亚总理博克、联合国教科文组织总干事博科娃，刘云山、刘延东、汪洋、令计划、王沪宁、陈昌智、孟建柱、戴秉国、罗富和、李继耐，香港特别行政区行政长官曾荫权、澳门特别行政区行政长官崔世安、中国国民党荣誉主席连战等出席开幕式。

△ 中共中央政治局委员、中央书记处书记、中宣部部长刘云山考察深圳大运会新闻宣传指挥中心和文博宫文化艺术品国际交易中心。

△ 深圳检验检疫局OIE鲤春病毒血症参考实验室正式挂牌。这是全国质检系统第一个世界动物卫生组织（OIE）参考实验室，也是全国第一个鱼类疫病的OIE参考实验室。国家质检总局副局长魏传忠、世界动物卫生组织水生动物健康委员会

主席希尔教授，以及来自国家质检总局、农业部、深圳市和香港地区的相关专家出席了挂牌仪式。

8 月 13 日 广东省委常委、深圳市委书记王荣在深圳会见中国国民党荣誉主席连战一行。

△ 世界大学校长论坛在深圳开幕，国务委员刘延东出席开幕式并致辞。

△ 《联合国教科文组织与深圳红钻足球俱乐部战略合作伙伴关系框架协议》在深圳签署。

△ "深圳大运留学基金"成立，首批 11 名中外大学生获得资助。这是中国第一家专门资助留学生的公募基金会。

△ 国际大体联（FISU）最高级别的学术会议——2011 年国际大体联学术大会在深圳大学开幕。来自 42 个国家和地区的 350 名体育专家聚首南国荔园，深入探讨体育文化的发展之路。

△ 国家宗教事务局副局长张乐斌一行到深圳弘法寺考察，希望把弘法寺佛学院办成一所符合宗教规律，又符合时代需求的一流佛学院，为中国宗教教育探索出一条新路，发挥示范作用。据悉，弘法寺佛学院是经国家宗教局批准，由深圳弘法寺和北京大学共同合作办学的一所直属于中国佛教协会的全国性高等佛学院。根据办学计划，该院今年 9 月将开始 4 年制本科生的培养。

8 月 14 日 爱尔兰都柏林大学校长 Hrgh Brady 与深圳大学校长章必功在深圳大学签署谅解备忘录。

8 月 15 日 招商局投资和管理的科伦坡港南集装箱码头项目 BOT 协议在深圳签署。应邀参加深圳大运会开幕式的斯里兰卡总统拉贾帕克萨见证签字仪式。

8 月 17 日 中共中央政治局委员、广东省委书记汪洋前往大运会会展中心场馆观看柔道比赛并检查指导赛事运行组织工作。

△ 深圳大运会组委会副主席兼秘书长、深圳市市长许勤在市民中心会见国际体育记者协会主席吉安尼·梅罗一行。

△ 深圳大学教授李景镇入选中国科学院院士。

8 月 20 日 深圳选手何姿获第二十六届世界大学生夏季运动会女子 3 米板金牌。

8 月 21 日 由中国移动联合产业研发的 4G 全球首款 TD-LTE/TD-SCDMA/GSM 多模双待智能终端测试样机亮相深圳大运会，成功演示语音通话、高速上网、在线视频等业务，成为本届大运会的一大科技亮点。

8 月 23 日 第二十六届世界大学生夏季运动会闭幕式在深圳世界之窗举行。深圳第 26 届世界大学生夏季运动会组委会副主席、深圳市市长许勤在闭幕式上发表了致辞。

8 月 23～25 日 中共中央政治局委员、国务委员刘延东考察深圳科技创新工作，听取科技企业关于科技创新的意见和建议。

8 月 26 日 首届"中国城市公益慈善指数"发布，深圳市以综合评分第一、各单项指标评分均进前十的成绩，荣获中国城市公益慈善指数七星级奖。

△ 大运村闭村。

△ 大亚湾核电基地建设经验总结大会暨岭澳核电站二期 2 号机组投产仪式在深圳举行。

8 月 28 日 国家公安部边防局在深圳隆重举行全国公安边防部队大运安保总结表彰大会。

8 月 30 日 深圳移动互联网产学研资联盟正式揭牌，这是深圳市今年继基因产学研资联盟、超材料产业联盟、云计算产学研联盟成立之后的又一重大产业联盟。

△ 深圳市市长许勤在市民中心会见了国际商业机器科技有限公司（IBM）大中华区董事长及首席执行总裁钱大群一行，双方围绕进一步加强合作，推进"智慧城市"建设等内容进行了沟通和交流。

△ 深圳市五届人大常委会第十次会议通过第四批"深圳市荣誉市民"人选名单，决定授予范徐丽泰等 48 人为"深圳市荣誉市民"。

8 月 31 日 深圳移动、深圳图书馆等多家单位携手推出"手机读者证"，读者只需更换手机 SIM 卡便可获得电子借阅的便利。

9 月 1 日 深圳市上线试运行原社保存量住房公积金提取和非深户籍社保转移提取等 10 项提取业务。

△ 修改后的个税所得税法自今日起正式实施，工薪收入免征额由每月 2000 元提高到每月 3500 元，深圳将有 170 万人从此告别个人所得税。

△ 由深圳市卫生和人口计划生育委员会与该市市场监督管理局联合制定的《深圳经济特区技术规范中药饮片与中药方剂编码规则》获批发布实施。该编码对常用的饮片和中药方剂进行编码，将烦琐杂乱的中药名用简明的数字表达，实现了一物一名，一名一码，物、名、码统一，从而实现了中药数字化、信息化与标准化，方便了中药信息流通。

9 月 2 日 深圳市等 17 个城市被住房和城乡建设部和国家发改委授予"国家节水型城市"称号。

9 月 4 日 备受关注的《深圳经济特区城市管理综合执法条例（草案）》首次

提请深圳市人大审议。根据该草案，身负重荷的街道综合执法事项也将从 20 项收窄至 11 项，而针对取证难、处罚难等问题，城管今后或有权记录违法者身份或居住信息。

9 月 6 日　深圳综合开发研究院发布了第三期"中国金融中心指数"。第三期结果显示，上海、北京、深圳三个全国性金融中心的领先地位得到了进一步的巩固和提升，但深圳金融竞争力与北京、上海差距扩大。

9 月 7 日　深圳市教育部门消息，根据深圳市 2011 年市本级预算调整方案，深圳将发行 22 亿元地方债券缓解资金缺口，建设教育等民生重点项目。

△　深圳市与以色列海法市缔结友好交流城市备忘录签字仪式在海法市举行，海法市成为深圳第二十三个友好交流城市。

9 月 8 日　深圳市公安局被国家公安部授予集体一等功。

9 月 9 日　"深圳市公务员分类管理改革专题汇报会"召开，中央组织部副部长、人力资源和社会保障部部长尹蔚民在会上充分肯定了深圳开展公务员分类管理改革和聘任制公务员改革试点的成效，寄语深圳继续加强领导，勇于探索，顶层设计，稳慎推进，努力为全国公务员管理体制改革先行探索、创造经验。

△　深圳市举行 2011 年教师节表彰大会。

9 月 10 日　由中国文联、中国音乐家协会、深圳市委宣传部共同主办的第八届中国音乐"金钟奖"流行音乐大赛在深圳落幕。

9 月 14 日　深圳市政府五届三十七次常务会议审议通过《深圳前海湾保税港区管理暂行办法》，自 2011 年 10 月 8 日起施行。

△　据深圳外商投资企业协会与深圳市国际投融资商会消息，又有 4 家世界500 强企业将落户深圳，包括戴姆勒克莱斯勒、住友化学、铃谦、中国中信集团公司。

9 月 15 日　深圳"城市街区公私合作推进公共管理职能市场化"项目在北京开幕的国际城市论坛年会上荣获"中国城市管理进步奖"。

△　第九届"深圳社科普及周"开幕。

9 月 16 日　第四届中国（深圳）国际科学生活博览会在会展中心开幕。

9 月 18 日　深圳市宝安区龙华街道率先试点党务工作专职化。

9 月 19 日　"2011 中国深圳智能交通高峰论坛"举行，"十二五"期间，深圳市将逐步完善智能交通建设体系，缓解城市交通拥堵。目前，深圳道路车辆密度已达 324 辆/公里，全国居首。

△　《深圳新材料产业振兴发展规划》（2011～2015 年）和《深圳新材料产业

振兴发展政策》出台。

△ 深圳市规划城市绿地面积 1215 平方公里，占总面积的 60% 以上。

9 月 20 日 孙影荣膺第三届"全国道德模范"称号。她是继丛飞之后深圳市第二个当选"全国道德模范"的先进典型，也是广东省唯一当选的第三届"全国道德模范"。

△ 深汕特别合作区在深圳五洲宾馆举行首届招商推介会。

△ "法治·责任"——全国检察机关惩治和预防渎职侵权犯罪展览深圳巡展在市民中心开幕。

9 月 21 日 深圳市文学艺术界联合会第六次代表大会召开。

△ 深圳文学艺术中心项目启动。

9 月 22 日 第五届"深港合作"论坛在深圳举行。

△ 深圳市区级换届工作启动。

△ 香港科技大学举行深圳产学研大楼启用典礼，这为该校在深圳及内地的科研、培训提供了崭新平台。

9 月 23 日 深圳市驻欧洲海外高层次人才联络处挂牌。

△ 深圳市文化创意产业协会成立。

9 月 25 日 "了解广东 热爱广东 共建共享幸福广东——外来工广东建设成就游"活动启动仪式在深圳莲花山公园举行。

9 月 26 日 深圳市建设国家低碳生态示范市联系会议办公室发布《深圳创建国家低碳生态示范市白皮书》。

△ 深圳市区级人大换届选举工作全面启动。

△ 深圳市公推 9 名年轻干部担任区党政领导班子副职。

9 月 27 日 深圳前海深港现代服务业合作区建设部际联席会议第一次会议在北京举行。

△ 深圳第一所由市政府投资建设的国际学校——深圳外国语学校国际部举行开学典礼。

△ 深圳市 60 个项目开工仪式暨中国人寿大厦奠基典礼在福田中心区隆重举行，省委常委、市委书记王荣宣布项目开工，市长许勤出席仪式并致辞。

9 月 28 日 深圳市 2011 年 60 个重大项目之一的中国中铁国际总部（南方总部）大厦奠基仪式在深圳南山后海中心区 T102－0023 号地块举行。副市长张文出席奠基仪式。

△ 深圳土地及矿业权网上交易系统在市土地交易中心正式上线运行。

9 月 29 日 深圳市农副产品平价商店暨配送中心启动，300 辆流动售卖车和 500 个售卖点投入运营，覆盖全市 900 个社区。

△ 深圳市 2011 年保障性安居工程第二批 35 个项目开工仪式在宝安区观澜街道举行。

10 月 7 日 深圳市发布 2011 年度《深圳劳动关系发展报告》。

10 月 8 日 《深圳前海湾保税港区管理暂行办法》正式实施。

10 月 10 日 深圳最大菜篮子——海吉星国际农产品物流园正式启用。作为深圳市唯一的一级农产品市场，该物流园可满足深港 2000 多万城市居民及珠三角地区的绿色农产品消费需求。深圳市农副产品平价商店和配送中心同时正式启用。

10 月 12 日 深圳机场迎来通航二十周年纪念日。

10 月 12～14 日 由交通运输部和深圳市人民政府联合主办的 2011 年中国国际物流与交通博览会在深圳会展中心举行。

△ 第二届"外教社杯"全国大学英语教学大赛全国总决赛在上海外国语大学举行。深圳大学外国语学院王宇田老师获得总决赛视听说课组二等奖。

10 月 13 日 深圳市罗湖区在清水河国际汽车城举行 2011 年十大城市更新项目启动仪式。

△ 第八届"中国航空货运"高峰会议在深圳举行。

△ 深圳市全面推行机关基层党组织换届"公推直选"。

△ 深圳市政协举行纪念辛亥革命 100 周年座谈会。

10 月 14 日 《深圳文化创意产业振兴发展规划（2011～2015 年）》及配套政策出台。深圳站在新的历史起点上，提出将文化创意产业定位为重点和优先发展的战略性新兴产业，这在全国各大城市中是第一家。

10 月 14 日 《深圳海事局"十二五"发展规划》发布。

△ 第十届深圳黄金海岸旅游节开幕式暨大梅沙奥特莱斯购物村风尚盛典，在大梅沙拉开序幕。

10 月 15～19 日 第十二届"挑战杯"中国移动全国大学生课外学术科技作品竞赛终审决赛在大连理工大学举行，深圳大学四项作品获得一等奖 1 项、三等奖 3 项。

10 月 15 日 "汶川地震灾后恢复重建总结表彰大会"在京召开，深圳市抗震救灾对口支援工作前方指挥部、深圳市抗震救灾对口支援工作驻前方纪检监察组、深圳市第二批援甘医疗队获得"汶川地震灾后恢复重建先进集体"荣誉称号；深圳市政府办公厅调研员林居正、深圳市少年宫总工程师罗树生、深圳市住房和建设局建设工程质量检测中心部长唐振忠、深圳市监察局纠风处主任科员吴柏文、深圳市第一职业技术学校培训部主任瞿能友，获得"汶川地震灾后恢复重建先进个人"荣誉称号。

10月16日 深圳市获批成为"国家海洋经济科学发展示范市"。

10月17日 深圳市首次现场评议民主党派提案办理结果。

10月18日 暨南大学和华侨城集团共同签订了合作办学协议。根据协议，暨南大学将旅游学科专业将整体迁移至暨南大学深圳旅游学院，深圳市政府未来连续5年，每年将给予暨南大学旅游学院500万元办学补贴。

10月20日 中共中央政治局委员、国务委员刘延东专程到深圳宝安观澜版画原创产业基地考察。

△ 世界批发市场联合会（WUWM）大会在中国深圳召开，主题为"全球协作：未来的市场"。

△ 深圳市农业和渔业局确定深圳不再参加广东省农运会。农业和渔业局方面表示，自2004年"村改居"完成后，深圳已经没有农民。

△ 2011年度教育部哲学社会科学研究发展报告资助项目共立项62项，深圳大学陶一桃教授所负责的《中国经济特区发展报告》获得立项，每年资助5万元。

10月21日 深圳市市长许勤在五洲宾馆会见到访的斐济总理乔萨亚·沃伦盖·姆拜尼马拉马及夫人一行。

△ 华大基因学院揭牌成立。

10月22日 台湾民主自治同盟深圳市委员会成立。

△ 物业管理改革发展30年大会在深圳东部华侨城召开，住房和城乡建设部相关主管领导，深圳市委常委、常务副市长吕锐锋出席并讲话。

10月23日 深圳市迄今为止建设规模最大的综合保障性住房龙悦居首期项目完成封顶仪式。龙悦居保障性住房项目是深圳市2010年开工建设的"十大民生工程"之一，也是深圳市首个按绿色建筑标准建设的保障性住房住宅区。

△ 第二届"百万市民看深圳"大型系列活动启动。

10月24~25日 第十一届世界核营运者协会双年会在深圳召开。

10月24日 深圳市委常委、常务副市长吕锐锋会见到访的缅甸副总统吴丁昂敏乌一行。

△ 为了应对不断上涨的高物价，深圳市日前一揽子推出了300个流动商店（车）和50个固定平价商店，在全市社区布置900个流动售卖点，为市民提供价廉物美的农副产品。

10 月 26～27 日 由文化部主办的 2011 年中国图书馆年会暨中国图书馆学会年会在贵阳开幕。深圳大学图书馆因在 2010 年全民阅读活动中富有创意，表现突出，荣获中国图书馆学会颁发的"全民阅读"先进单位奖。

10 月 26 日 《深圳市高新区深圳湾园区城市规划检讨研究》通过初审，提出深圳湾园区以世界一流高科技园区为发展目标，将建设成为深圳市研发总部核心区。

10 月 27 日 深圳市人民政府新闻办公室对外公布，深圳市委、市政府研究决定将于近期在宝安和龙岗新增龙华新区和大鹏新区两个功能新区。

△ 广东省委常委、深圳市委书记王荣会见比利时王储菲利一行。

△ 在 10 月 27 日结束的 2011 年度美国 ATMEL（爱特梅尔）AVR 校园设计大赛决赛中，参赛的 2 支深圳大学队——"新视野队"和"探索队"取得一等奖和二等奖的优异成绩。

10 月 28 日 深圳市社会科学专家联谊会成立。

△ 中国人民政协理论研究会第三期会长培训班在深圳开班。

10 月 29～30 日 由中国电子学会主办、电子设计工程师认证项目办公室承办的"第二届全国高校电子信息实践创新作品评选活动"在北京圆满结束。深圳大学机电与控制工程学院的学生邢炜及其小组在选修本院特色课程"CDIO：机器人创新专题"的过程中完成了创新作品的构思设计和制作，参加了三个本科组别的比赛，取得一个特等奖、一个一等奖、一个三等奖和一个特别奖。其中"基于 BoeBot 平台的自平衡小车"获得本科综合组一等奖以及"教学结合最紧密特别奖"，"基于 BDM 的在线实时板球系统"获得创新组特等奖，该奖项亦为本次大赛最高组别的最高奖项。

10 月 29 日 全国政协副主席郑万通在深圳考察文化创意企业。

11 月 1 日 中央宣讲团党的十七届六中全会精神报告会在深圳市民中心举行。

11 月 2 日 清华大学深圳研究生院生命与健康学部特聘教授黄来强及其团队在抗癌药物方面的最新学术成果发表在国际知名交叉学科期刊 *Integrative Biology* 10 月刊上，成为该期封面文章。

△ 第十二届"深圳读书月"启动仪式在市民中心礼堂举行。

△ 深圳市财政委员会宣布即日起开始组建 2011 年政府债券承销团，原则上主承销商将不超过 3 家，承销团成员不超过 10 家。

△ "第七届全国大学生跆拳道锦标赛"在吉林落下帷幕。深圳大学跆拳道代表队取得了 2 金、2 银、1 铜，团体总分第二的优异成绩。深圳大学师范学院黄丹乔获女子个人套拳金牌，深圳大学管理学院陈怡彤获女子个人竞技金牌。

11月4日 第十届中国国际人才交流大会在深圳隆重开幕。中共中央政治局委员、国务院副总理张德江宣布大会开幕。

△ 第五届中华名家中国画邀请展在关山月美术馆开幕。

11月5日 由教育部人文社科研究基地——深圳大学中国经济特区研究中心主办的"2011中国经济特区论坛:'经济特区与中国道路'国际学术研讨会"在深圳大学国际会议厅召开。中央相关部门领导,教育部社科司副司长张东刚,广东省学位委员会副主任、省教育厅巡视员罗远芳,吉林大学党委副书记、副校长王胜今,深圳市副市长吴以环,深圳市委宣传部副部长、深圳市社科院院长吴忠,深圳大学校长章必功,副书记陶一桃,副校长李凤亮等出席了会议,著名学者高放、胡培兆、黄亚生、蔡继明、杨瑞龙等100多位来自美国、日本、英国、非洲、中国香港等国家和地区以高校、研究机构的专家学者以及深圳大学400多名师生参加了本次论坛的开幕式、大会主题演讲和分组研讨。

△ 第二届中国深圳国际钢琴协奏曲大赛落幕,俄罗斯选手戈琳娜·克斯提亚科娃、法国选手姆拉登·克里奇、俄罗斯选手安东·伊古诺夫分别获得前三名,中国选手李金鸿入围决赛。

11月5~6日 国家交通运输部部长李盛霖一行在深圳考察交通运输工作。

11月7日 国家首批"公共建筑节能改造重点示范城市"名单公布,深圳位列3个入选城市榜首,获国家补助资金8000万元。

11月8日 中国银行间市场交易商协会与深圳市人民政府、人行深圳市中心支行在深圳签署了《借助银行间市场推动深圳市经济发展合作备忘录》。人行深圳市中心支行行长张建军称,该备忘录的签署,为深圳中小企业利用银行间市场创新性的融资工具筹集资金提供了可能和政策保证。

△ 2011深圳国际旅游文化节在欢乐海岸拉开序幕。

11月9日 深圳市"119消防宣传月"启动。

△ 深圳市人民检察院司法鉴定中心正式通过中国合格评定国家认可委员会(简称CNAS)认可,成为广东检察机关首家、全国检察机关第三家获得这一资质的检察院。

△ 深圳市投资推广署和瑞士联邦议会瑞中委员会签署战略合作伙伴框架协议。根据协议,世界闻名的"钟表之国"瑞士将在深圳市设立技术培训机构,助力中国钟表业的发展。省委常委、市委书记王荣在签约仪式后会见了瑞士联邦议会瑞中委员会主席、瑞士中小企业及行业协会联合会主席布鲁诺·楚比格一行。

△ 深圳华强集团25亿中期票据在中国银行间市场交易商协会成功注册。据

悉，本次中票发行由招商银行股份有限公司主承销，注册金额 25 亿元，期限三年，是深圳重点文化企业与深圳金融业代表企业强强联合的典型案例。不仅给华强集团文化创意产业发展注入了新的活力，而且为深圳文化企业创新融资方式和发展模式进行了有益的探索。

△　深圳市 635 个社区已全部建立"妇女之家"。

11 月 10 日　深圳废止和修改 20 多部法规规章，给予 WTO 成员以国民待遇，不断推动深圳法规规章及政策文件与 WTO 规则接轨，履行了中国入世承诺以及地方政府在 WTO 协定下的各项义务。

△　根据中科院深圳先进技术研究院消息，又一国家级中心"中意电子政务中心"落户该院，标志着该院的科研实力在国内外得到广泛的认可。

11 月 11 日　深圳市委常委、副市长陈应春会见美国洛克菲勒财团全资子公司罗斯洛克集团董事长史蒂文·洛克菲勒二世一行。

△　深圳再获国字头文化桂冠——"全国集邮文化先进城市"。

△　深圳与广安签署国家西部承接产业转移示范区——广安（深圳）产业园区合作框架协议。

11 月 12 日　共青团云南省委驻广东（深圳）工作委员会正式挂牌成立。

△　根据深圳市交委消息，深圳将筹建大连海事大学深圳国际物流学院，为深圳市港航物流业向高端化国际化发展提供持续智力支持和人才保障。

11 月 13 日　全国部分中心城市第十七次机关事务工作改革与发展研讨会在深圳召开。

11 月 14 日　国家发展和改革委员会召开有关启动碳排放交易试点工作的会议，北京、广东、上海、天津、重庆、湖北和深圳被确定为七个首批碳排放交易试点。

△　工业和信息化部中小企业促进中心正式授权深圳市波特商业立体网络有限公司以 PT37 和 17yugo 网络平台为基础，建设运营我国首个虚实同步的国家级中小企业信息化公共服务平台电子商务子平台。

△　深圳市副市长吴以环主持召开香港大学深圳医院（深圳市滨海医院）董事会第一次会议。

11 月 15 日　中国农业科学院深圳生物育种创新研究院揭牌暨与国际水稻研究所合作签约仪式在深圳会展中心举行。全球 3000 份水稻核心种质资源重测序重大科研项目同时宣布启动，将在 2012 年完成并向全球发布，这标志着水稻全基因分子育种全面展开。

△　深圳基因产学研资联盟第一届全体成员大会在深圳会展中心举行，并选举

产生了第一届联盟理事会，这标志着深圳基因产学研资联盟正式成立。深圳市副市长唐杰出席成立大会。

11月16日 第十三届中国国际高新技术成果交易会在深圳隆重开幕，中共中央政治局委员、广东省委书记汪洋，全国人大常委会副委员长、民盟中央主席蒋树声出席开幕式。汪洋宣布大会开幕。

△ 联合国训练研究所亚太地区培训中心深圳基地暨电子商务培训项目战略合作签约仪式在福田国际电子商务产业园举行。

△ 中国水土保持学会城市水土保持生态建设专业委员会成立大会在深圳召开。国家水利部党组成员、副部长刘宁出席会议并发表讲话，深圳市委常委、常务副市长吕锐锋出席会议并致辞。会议审议通过了专委会管理办法，选举产生了专委会第一届领导机构。

△ 深圳市长江力伟股份有限公司在高交会上举行新闻发布会时透露，全球第三条硅基液晶微型虚拟显示芯片设计、制造及其液晶屏封装生产线落户深圳，并在光明新区建成投产。这标志着该公司生产出的拥有自主知识产权的硅基液晶显示芯片，结束了内地虚拟显示核心器件完全依赖进口的历史，从而跻身世界三大掌握硅基液晶显示芯片技术的公司之列。

△ 国家超级计算深圳中心（深圳云计算中心）启动运行。据了解，作为我国4家国家超级计算中心（天津、深圳、长沙和济南）之一，国家超级计算深圳中心（深圳云计算中心）是国家863计划、广东省的重大建设项目，也是《珠江三角洲改革发展规划纲要（2008~2009)》规划的深圳市重大科研基础设施。该项目总投资达12.3亿元，总建筑面积4.3万平方米，位于"深圳硅谷"——南山区西丽片区。在这里坐落有南科大、中科院深圳先进院、北大深圳研究生院、清华深圳研究生院等知名高校及科研机构，深圳云计算中心将成为服务他们的重大公共平台。

△ "新一代信息技术发展论坛"在深圳会展中心举行。

11月17日 香港中文大学深圳研究院大楼落成并举行开幕典礼。

△ 国家发改委高技术产业司司长綦成元、深圳市副市长唐杰挥锹为深圳国家工程实验室大楼培土奠基。

△ 深圳市政府与中国移动通信集团公司签订合作框架协议。

△ 全球安防产业联盟总部乔迁深圳，美国UL安全实验室华南业务中心正式揭牌。两大盛事均在深圳市福田区上沙创新科技园隆重举行。两大国际性机构入驻后，将在深圳打造全球安防产品、技术亚太数据信息中心和研发基地。同时，还标志着深圳安防形成了"一总部、二中心、三基地"为发展模式的金字塔支撑体系。

11 月 18 日 "深圳国际化城市建设"研讨会在五洲宾馆举行。

△ 联合国教科文组织创意城市网络年会在韩国首尔召开。会议成立了一个由 5 个城市代表组成的创意城市网络联盟委员会,深圳获得教科文及其他大部分代表一致推荐,代表亚洲担任委员会成员。

△ 深圳市安防产业标准联盟昨天上午在福田区成立。

△ 为了推进国家自然科学基金又好又快的发展,国家自然科学基金委员会鼓励依托单位发扬成绩,开拓进取,认真做好基金项目管理工作,每 5 年进行一次表彰。在本次表彰中,深圳大学科学技术部主任李学金获"国家自然科学基金管理先进工作者"称号。本次表彰广东省高校仅有 4 人获此荣誉。

11 月 19 日 广东客家商会在深圳成立。

11 月 20 日 长安标致雪铁龙汽车有限公司成立暨奠基仪式在深圳举行。长安标致雪铁龙是由中国长安汽车集团股份有限公司和法国标致雪铁龙集团共同发起成立的合资公司,注册资金 40 亿人民币,双方各占股本 50%。

11 月 21 日 广东省委常委、深圳市委书记王荣,市长许勤会见到深调研的中国保监会主席项俊波一行。

11 月 22 日 深圳市在五洲宾馆隆重举行第四批"深圳市荣誉市民"授荣大会。

11 月 23 日 自去年 10 月开展打击侵犯知识产权和制售伪劣商品犯罪"亮剑"专项行动以来,深圳警方共抓获犯罪嫌疑人 1066 人,缴获假冒伪劣商品 93 万件,总涉案金额近 6 亿元。日前,深圳警方集中公开销毁了一批涉案假烟和假箱包皮具。

11 月 24 日 土库曼斯坦总统别尔德穆哈梅多夫访问深圳。

△ 深圳经济特区研究会举行第二届会员大会第一次会议。

11 月 25 日 深圳 22 亿元政府债券成功招标,3 年期和 5 年期地方债中标利率分别为 3.03% 和 3.25%,分别低于招标前日同期限国债 9 个和 6 个基点,延续了此前地方债的低利率格局。

11 月 26 日 《深圳证券交易所融资融券交易实施细则》经中国证监会批准,即日起施行。

11 月 29 日 第四届中国(深圳)国际工业设计节在宝安区开幕。

△ 深圳市南山商业文化中心区、深圳湾公园、新能源公交车辆应用、盐田区海滨栈道、光明新区门户区低冲击市政道路、下坪固体废弃物填埋场、建科大楼、龙岗区福安学校共八个项目,获评"创建国家低碳生态示范市示范项目"。

△ 近日,由中国计算机学会主办的首届 CCF 青年互联网创业大赛落下帷幕。深圳大学计算机与软件学院 2008 级学生何远达组建的"八进制"团队凭借项目

"校园通——手机应用开发平台"获得大赛二等奖，获得创业基金3万元。

11月30日 深圳市"平安鹏城12"行动启动仪式暨誓师大会在市民广场举行。

12月1日 首届"深圳百名行业领军人物"评选活动，入选名单正式揭晓。马蔚华、马化腾、王传福、麦伯良等100位企业家获评首届"深圳行业领军人物"候选人，正式向社会公示。

△ 即日起，深圳海港口岸全面实施出境货物检验检疫电子闸口管理。

△ 福田口岸新信息采集中心启用，日采集量最大可达3000人次，比之前日均500人次扩容近6倍。

△ 由科技部、深圳市政府、深圳证券交易所共同主办，工业和信息化部支持的第九届中小企业融资论坛在深圳华侨城洲际酒店顺利召开。中国证监会主席郭树清，工业和信息化部党组成员、总工程师朱宏任，深圳市市长许勤等出席论坛并做主题演讲。

12月3日 南方科技大学（筹）教育基金会理事会成立。

12月3~4日 第七届中国（深圳）国际期货大会在深圳召开。大会主题是"转变·融合·创新——不确定环境下的风险管理"。

12月4日 全市建设"志愿者之城"动员大会举行。

12月5日 广东省委常委、深圳市委书记王荣会见中国进出口银行行长李若谷一行。

△ 经国家发展和改革委员会批准（发改高技〔2011〕2401号），深圳大学医学院的"深圳市医学超声关键技术工程实验室"被列入国家高技术产业发展项目，国家发展和改革委员会命名为"医学超声关键技术国家地方联合工程实验室"。

△ 在第二次全国R&D（研究与发展）资源清查工作中，深圳大学被教育部科学技术司、教育部社会科学司评为教育系统"先进集体"，这是深圳大学首次获此荣誉。因工作负责、成绩突出，深圳大学科学技术部岳洁萍同志被教育部科学技术司评为教育系统"先进个人"。

12月6日 深超光电低温多晶硅液晶面板（LTPS）项目点亮投产仪式举行，这是国内首条、全球第二条低温多晶硅5代线。

12月7日 全国旅游景区质量等级评定委员会宣布，拥有18年经营管理经验的深圳市野生动物园被评定为国家4A级旅游景区。这是深圳野生动物园继1998年荣获国务院授予的"中华之最"——中国第一家放养式野生动物园光荣称号的又一殊荣。

△ 第十届（2011）中国政府网站绩效评估结果发布暨经验交流会在北京人民大会堂召开。大会发布了《2011 年中国政府网站绩效评估总报告》，"深圳政府在线"在全国 833 个省、自治区、直辖市、省会城市、副省级城市、地级市和县（区）政府网站绩效评估中以 80.72 的总分再次排名第一，实现了连续 5 年稳居冠亚军的地位。

△ 深圳市农产品交易所获批筹建。

12 月 8 日 "2011 华鼎·凯迪拉克之夜"中国百强电视剧颁奖典礼在深圳体育馆举行。

△ 2011 深圳·香港城市建筑双城双年展在深圳市民中心拉开序幕。

12 月 9 日 第四届"深圳国际自行车嘉年华"在龙岗区体育中心举行。

12 月 10 日 我国"十二五"开工建设的首座抽水蓄能电站——深圳抽水蓄能电站开工仪式在深圳市举行。该站是南方电网首座机组全面国产化的抽水蓄能电站，建成后将进一步改善南方电网的运行条件。

△ 以"教育，因你而改变"为主题的 2011 中国教育盛典在北京盛大开启。深圳大学 MBA 教育中心同清华大学经济管理学院、北京大学光华管理学院 MBA 项目等共 13 所 MBA 院校荣获"2011 最具品牌影响力 MBA 院校"。

12 月 11 日 深圳市政府与荷兰驻广州总领事馆，荷兰经济、农业与创新事务部，荷兰基础设施与环境部举行中荷（欧）低碳城专家研讨会。通过为期 3 天的对接式探讨，落子于龙岗区坪地街道的中荷低碳城正从理论层面逐渐进展至实质性阶段。

△ 美国前总统吉米·卡特访问深圳。

12 月 12 ~ 13 日 首届全国高等职业教育文化育人高端论坛在深圳召开。

12 月 15 日 深圳市基层党建案例十大品牌评选揭晓。

△ 深圳市副市长陈改户会见了西班牙驻华大使亨尼奥·布雷戈拉特，双方表示将共同推动深圳与西班牙城市建立友好城市关系，为双边经贸往来和民间交往奠定更加坚实的基础。

△ 李云迪获聘"深圳关爱行动"形象大使。

△ 阿里巴巴集团国际运营总部和商业云计算研发中心项目奠基仪式在南山区后海片区举行。

12 月 15 ~ 19 日 第四届深圳秋季茶业博览会在深圳会展中心举行。

12 月 16 日 2011 中国（深圳）国际金融博览会在会展中心一号馆开幕。据悉本届金博会展览面积达 3 万平方米，参展金融机构数量达到 500 多家，展览规模将创历届之最，展览内容基本覆盖金融业的方方面面。

△ 深圳市 180 个选区举行新一届区人大代表投票活动。

△ 腾讯科技（深圳）有限公司深汕云计算数据中心在深圳汕尾合作区奠基。

12 月 17 日 深圳湾科技生态园项目开工。

△ 第五次潮商大会在会展中心举行。

△ 第六届深圳客家文化节开幕。

12 月 18 日 清华大学启迪创新研究院发布了我国 100 座城市（直辖市除外）的创新创业环境研究报告，综合排名深圳第一。

△ 深圳新地标京基 100 大厦启用。据介绍，深圳京基 100 大厦位于寸土寸金的罗湖蔡屋围金融中心区，高 441.8 米，是深圳第一高、华南第一高、中国内地第三高、世界第八高的国际化世界级综合建筑物，是深圳市城市更新的标杆案例，也是将"深圳质量"落到实处的民居改造实验性工程。

12 月 20 日 深圳市举行 20 个项目开工暨华润大冲村整体改造项目奠基典礼，总投资 495 亿元。

△ 深圳市前海深港现代服务业合作区获得"国家海外高层次人才创新创业基地"授牌。

△ 深圳光启高等理工研究院的"超材料电磁调制技术国家企业重点实验室"和华大基因研究院的"农业基因组学国家企业重点实验室"正式挂牌，使深圳的企业国家重点实验室增至 4 家。

△ 深圳市创新发展大会在市民中心礼堂举行。科技部副部长王志刚，省委常委、市委书记王荣出席会议并讲话。王荣在讲话中强调，当前深圳自主创新事业处在新的起点上，面临着新的形势，肩负着新的使命和任务，要率先走出一条以创新驱动发展的新路子。会议由市长许勤主持。

△ 深圳中院就全国首宗通过司法程序进行的券商破产案举行新闻发布会，该院副院长黄国新在介绍深圳《破产审判白皮书》时透露，大鹏证券破产案已审理终结。据悉，该案是广东省第一宗证券公司破产案，也是我国证券市场综合治理新模式下的第一宗证券公司破产清算案，对我国证券市场综合治理具有较大影响，其审理进程受到业界及社会的普遍关注。

△ 因"清网行动"成效显著，深圳市公安局荣获全国公安机关网上追逃专项督察"清网行动"集体一等功，受到公安部的表彰。

△ 全国爱卫会召开国家卫生城镇命名表彰电视电话会议，深圳市"国家卫生城市"已通过复审确认；宝安区、龙岗区和光明、坪山新区的 25 个街道、办事处

的"国家卫生镇"有 24 个通过复审确认，而宝安区民治街道办国家卫生镇没有通过复审，暂缓确认。

△ 中国银行深圳分行在高新区内设立了深圳首家以"科技金融"为主题的信贷中心——中国银行科技支行正式挂牌成立。

12 月 21 日 深圳工业总会 2011 年度年会暨第十届"深圳企业新纪录"颁奖典礼在深圳会展中心隆重举行。2010 年深圳共创造了 116 项企业新纪录。

△ 近日，由教育部、工业和信息化部主办的第五届"用友杯"全国大学生会计信息化技能大赛总决赛于成都举行。深圳大学经济学院组建了两支代表队共计 10 名同学参加比赛，在全国总决赛中两支代表队分获一、二等奖，取得可喜成绩。

12 月 23 日 "新型铜基化合物薄膜太阳能电池相关材料和器件的关键科学问题研究"项目启动会在中科院深圳先进技术研究院召开，这也标志着深圳市首个国家重大科学研究计划正式落户先进院。

△ 第十七届"21 世纪杯"全国英语演讲比赛广东省决赛在广州华南农业大学举行。深圳大学的两名参赛选手——外国语学院 2009 级黄益民同学和经济学院 2010 级刘晓恩同学表现优秀，分别获得一等奖的第一名和第二名。黄益民同学取得了晋级全国决赛的资格。

12 月 24 日 国家卫生部"脑卒中筛查与防治基地"在深圳市第二人民医院挂牌。

△ 《深圳证券交易所独立董事备案办法》（2011 年修订）发布。

12 月 26 日 广深港高铁广深段正式开通运营。

△ 深圳关爱行动组委会全体会议暨第九届深圳关爱行动启动仪式举行，会议回顾了前八届关爱行动工作并对第九届关爱行动工作进行动员部署。省委常委、市委书记王荣，市长许勤出席会议。

△ 深圳市连续第 7 次荣膺"广东省双拥模范城"称号。同时，深圳市 6 个区被命名为广东省双拥模范区，实现了第二次"满堂红"。获命名为"广东省双拥模范区"的深圳市 6 个区分别为：罗湖区、盐田区、福田区、宝安区、南山区、龙岗区。

12 月 27 日 深圳湾科技生态园开工建设。据悉，深圳湾科技生态园项目地处深圳湾区的核心地带，是国家赋予深圳经济特区未来创新发展的重要载体项目，是深圳市"十二五"期间战略性新兴产业基地和集聚区建设的重点工程项目，是引领高新产业园区转型升级的标杆项目，也是深圳市投融资体制改革的示范项目。

12 月 28 日 由经济日报社主办的"2011 中国自主创新年会"在北京大会堂举

行，年会表彰了 2011 年中国十大创新城市，深圳位居十大创新城市榜首。

△ 作为国内公立医院改革的样板，香港大学深圳医院开始试运行。

12 月 29 日 深圳市轨道交通三期前期工程开工。

△ 宝安区人民检察院诉"深燃石油气有限公司"环境污染责任纠纷一案，经法院庭前调解达成调解协议。这是深圳市首宗由检察机关直接起诉的环境公益诉讼案件，也是深圳市法院正式受理的首宗环境公益诉讼案件。

△ 深圳市建市以来投入最大的公共科技基础设施项目——国家超级计算深圳中心（深圳云计算中心）工程近日将完成验收，该工程建成后将成为深圳大学城的重要组成部分和地标。

12 月 30 日 深圳市龙华新区、大鹏新区挂牌。

△ 香港大学深圳研究院举行揭牌仪式，深圳市副市长陈彪、香港大学校长徐立之出席仪式。

12 月 31 日 位于宝安区的马田、水田 2 个经营性收费站，也是深圳市最后的 2 个非高速公路收费站正式抬杆，免费通行，这标志着深圳市历时十年的路隧改革取得了圆满成功，深圳境内全部普通公路实现免费。

△ 国际钢琴巨星郎朗被聘为首位"深圳国际形象大使"。

2012年

1月1日 2011年，深圳市全口径财政收入和全市地方公共财政收入分别为4056亿元和1339.6亿元，分别比上年增长15.7%和21%，地方财力规模迈上新台阶。

△ 2011年，深圳市国税部门直接征收各项税收1350亿元，比上年增长5%；市地税部门组织各项税收1288亿元，增长20.8%。

△ 2011年，深圳市金融业总资产4.3万亿元，金融机构总数254家（其中总部机构86家），机构数量和密度位居全国前列，银行业利润增长26.1%。本外币存款余额、贷款余额分别为2.5万亿元、1.93万亿元。证券业总资产、净资产、营业收入、净利润指标均保持全国第一，深交所新增上市公司243家，全市在境内外新增上市公司30家。

△ 2011年，深圳市国税局办理出口退（免）税880.91亿元，比上年增长20.1%，在全国大中城市排名第一。

1月4日 深圳市金融发展决策咨询委员会委员投票产生2011年度"深圳市金融创新奖"。深圳39个金融创新项目分别获得特别奖、一等奖、二等奖、三等奖以及优秀奖。本届金融创新奖除15个优秀奖外，其他24个奖项均获得一定奖金奖励，奖金总额1230万元。

1月6日 中国创新型先进企业研讨会暨广东省工业合作协会成立大会在深圳福田中心区大中华国际交易广场深圳喜来登酒店6楼举行，其目的是帮助企业提升创新竞争力，推广自主创新的先进经验，弘扬以改革创新为核心的时代精神，促进我国的经济发展。

△　近日，深圳市召开住房保障和人才安居工作会，深圳人才安居工程正式启动。

1月7日　深圳市政协五届三次会议开幕。

1月8日　深圳市第五届人民代表大会第三次会议开幕。深圳市市长许勤代表市人民政府向大会做《政府工作报告》。

1月9日　广东省委常委、深圳市委书记王荣会见中央人民政府驻香港特别行政区联络办公室主任彭清华、外交部驻港公署特派员吕新华、驻港部队司令员张仕波、驻港部队政委王增钵一行。双方就中联办等三家驻港单位继续全力支持深圳，支持深港合作更好更快推进取得了共识。

1月11日　2011年度"深圳市金融创新奖"颁奖仪式暨2012年度深圳金融系统新春联谊会举行。评选金融创新奖已成为深圳市政府鼓励金融创新、提高金融业竞争力和整体实力的重要举措。

△　深圳海关传来喜讯，该关统计显示，2011年深圳外贸进出口总值达4141亿美元，首次突破4000亿美元，比2010年增长19.4%，占同期全国外贸总值的11.4%。其中，出口总值2455.3亿美元，以领先上海358亿美元的优势，实现了在全国大中型城市外贸出口中自1993年以来"十九连冠"目标，增长20.2%。进口总值1685.7亿美元，增长18.2%，略低于全国进口增幅水平6.7个百分点。全年实现贸易顺差规模769.6亿美元，扩大24.9%。

1月13日　深圳市政府与中国南方电网有限责任公司签署《紧密合作协议》。协议主要就电力供应、节能降耗、粤东电力送深、深圳电网西通道建设以及智能电网建设等重要领域，商定了未来几年开展紧密合作的重点工作。

1月16日　市政府召开五届五次全体（扩大）会议，深入贯彻落实市"两会"精神，全面部署政府各项工作。

△　百度深圳国际大厦举行奠基仪式。建成后的百度国际大厦除了是百度华南总部外，还将扮演百度国际总部和深圳研发中心两个重要角色。这也是继阿里巴巴之后，又一个在深圳设立区域总部的互联网巨头，将显著提升深圳互联网产业发展水平。

1月17日　由深圳画院主办的"2011年深圳画院院展"在深圳画院美术馆开幕。这不仅是深圳画院①的首次院展，也就此拉开了改革的序幕，深圳画院稍后将推出艺委会制度、本土客座画家签约制度等系列措施，将画院改革持续引向深入。

---

①　深圳画院是深圳体制内唯一的专业艺术创作研究机构。

△　日前，随着深圳海域浮标自动监测系统项目通过专家验收并正式投入运行，标志着深圳特区海洋监测技术实现了由传统手工监测向现代化自动监测的重大转变。

1 月 19 日　广东省副省长招玉芳率队来深圳湾口岸检查口岸通关情况，并慰问了深圳海关、检验检疫、边检等口岸联检部门一线工作人员。

△　深圳市发改委公布了《深圳新一代信息技术产业振兴发展规划（2011—2015 年）》和配套《深圳新一代信息技术产业振兴发展政策》，根据要求，深圳将连续 5 年、每年集中 5 亿元设立专项资金，加大力度支持新一代信息技术产业发展。

1 月 28 ~ 29 日　全国人大常委会副委员长路甬祥在深圳考察战略性新兴产业发展情况。

2 月 1 日　经深圳市第五届人民代表大会常务委员会第十一次会议修订通过的《深圳经济特区产品质量管理条例》，2 月 1 日起开始正式施行。

△　深圳新版最低工资标准开始实施。调整后，深圳市 2012 年全日制就业劳动者最低工资由 1320 元/月上调至 1500 元/月，涨幅达 13.6%。由于上述标准在全国已公布最低工资标准调整方案的城市中位居第一，新版最低工资标准的实施引起广泛关注。

2 月 2 日　深圳市统计局召开新闻通气会。数据显示，2011 年深圳生产总值为 11502.06 亿元，比上年增长 10.0%，经济总量迈上万亿新台阶，深圳正式迈入"万亿元城市俱乐部"，增长规模远高于"十一五"期间平均增长水平，经济总量在全国内地大中城市中继续保持第四位。

2 月 3 日　深圳 28 家企业入选福布斯中国最具潜力企业。其中，13 家深企入选福布斯 100 家"中国最具潜力非上市企业"，主要集中于电子、信息技术、医疗和环保行业；15 家深圳企业列入福布斯选出的 100 家"中国最具潜力上市企业"，数量超过京沪穗入选企业。

2 月 5 日　广东省委常委、深圳市委书记王荣，市长许勤会见来深调研的海关总署署长于广洲一行。

△　深圳大学首设高级讲师岗位，并在校内公开招聘。深大数学与计算科学学院的汤跃宝老师受聘成为深大首位高级讲师。高级讲师相当于副教授，是用来鼓励和支持教学好的老师所特设的岗位。深圳大学在高校人事改革方面再次迈出创新性步伐。

2 月 6 日　深圳人的"本土文化节"——第六届社区邻里节开幕。举办社区邻里节活动带动社区居民、普通市民热情参与到深圳建设、社会建设与社区建设之中，使每一个人感受到来自社区大家庭的温暖，受到市民欢迎。

2月7日 市场监督管理工作会议发布信息,PCT 国际专利实现八连冠,深圳每万人专利拥有量全国第一,深圳专利申请和授权量再创新高,一串串数据,显示出深圳这座创新型城市的巨大活力。

△ 深圳保监局召开新闻发布会,通报了 2011 年深圳保险业运营情况。通报数据显示,2011 年,深圳全年实现保费收入达 359.9 亿元,同比增长 30%,其中,产险实现保费收入 144 亿元,同比增长 16.1%;寿险实现保费收入 215.9 亿元,同比增长 24.5%。总体增速较全国水平高 10.5 个百分点,在全国 36 个监管辖区中排名第四;寿险市场发展突出,增速较全国水平高 17.6 个百分点,在全国排名第三。

△ 据深圳海关透露,2011 年深圳海关共立案侦办走私罪案 314 宗,案值 39.4 亿元,涉税 9.2 亿元。其中,案值千万元以上的涉税走私大案 23 宗;立案调查走私行为案件 5809 宗,案值 12.8 亿元,涉税 2.9 亿元;刑事拘留犯罪嫌疑人 735 人,逮捕 491 人,缉私罚没收入 2.04 亿元。去年深圳海关查办的走私罪案、涉税罪案、走私行为案和违规案数量均位列全国海关第一。

2月8日 深圳市举行了市场监督管理局加挂市知识产权局牌子的揭牌仪式。

2月9日 深圳海事局召开 2012 年工作会议。

2月10日 深圳市经济贸易和信息化委员会、深圳市科技创新委员会挂牌成立,两个新机构进入实质性运作阶段。

2月13日 广东省统计局首次发布《2010 年建设幸福广东综合评价报告》,公布了 2010 年及相关年份建设幸福广东水平指数、发展指数和综合指数。报告显示,深圳市人均 GDP 在广东省排名第一,但其综合幸福指数却排在第四位。

2月16日 近日,华为及中建国际(深圳)设计顾问有限公司参与的项目分别问鼎 2011 年度国家技术发明及国家科技进步一等奖,这是历年来深圳参评企业获得的最高奖项。

2月17~18日 全国文化体制改革工作会议在山西太原举行,深圳第三次获得"全国文化体制改革工作先进地区"称号,荣膺全国文化体制改革"三连冠"。

2月17日 深圳市医师协会①举行成立大会。

---

① 市医师协会是由注册的执业医师和执业助理医师及合法设立的医疗机构(单位会员)自愿组成的全市性、行业性、非营利性的社会团体。通过团结和组织执业医师入会的方式,带领医师加强医德医风建设、自觉遵守执业规范,恪守以人为本、救死扶伤的职业操守,提高医疗服务质量,营造和谐的医患关系,为广大人民群众提供良好的医疗健康服务,并在约束医师执业行为的同时,行使维护医师合法权益的职能。其具体业务范围还包括协助卫生行政部门制定医师执业标准,建立医师培训、考核、考试体系,审查、认证医师执业资格,监督检查医师执业情况,推进我市专科医师培养和准入制度的建立。

△　深圳新能源汽车产业基地选址坪山。深圳市新能源汽车产业基地已初步明确了国家级新能源汽车产业示范基地、国家级动力电池技术创新平台、国家级新能源汽车研发及测试基地、国际新能源汽车关键零部件交易中心四大功能定位。

2 月 18 日　民盟深圳市委隆重举行五届三次盟员大会。

2 月 19 日　中国驻阿尔及利亚大使刘玉和率驻外使节团一行 50 余人抵深考察访问。

△　深圳市深商联合会揭牌成立。深商联合会是深圳企业界最高端的服务组织，是深圳的优秀深商代表自愿聚合在一起的社会组织，也是深商获取重要信息资源、社会资源和政府资源的平台。

△　深圳启动云计算国际联合实验室建设。深圳云计算国际联合实验室是深圳云计算产业协会联合英特尔、IBM、金蝶等国内外相关企业创建的专业性技术与应用研发实验室。

2 月 20 日　深圳市"三打两建"①　工作部署会议召开。

2 月 21 日　《深圳经济特区社会建设促进条例》经深圳市第五届人民代表大会第三次会议于 2012 年 1 月 12 日通过，自 2012 年 3 月 1 日起施行。

△　深圳市第五届人民代表大会常务委员会颁布第六十七号公告，正式宣布深圳经济特区政府采购条例于 2011 年 12 月 27 日经深圳市第五届人民代表大会常务委员会第十二次会议修订通过，自 2012 年 3 月 1 日正式施行。

2 月 22 日　从 2 月 22 日开始，广州供电局、深圳供电局正式成为南方电网公司直接管理的子公司。

△　深圳市统战工作会议召开。

2 月 23 日　中华全国总工会副主席、书记处书记陈荣书率调研组就"面对面、心贴心、实打实服务职工在基层"在深调研，调研组一行对深圳市各级工会组织在促进经济社会发展、维护社会和谐稳定中发挥的积极作用给予肯定。

△　深圳市政府和国家开发银行签署《关于设立开发性金融战略合作委员会，推动重点领域投融资合作的备忘录》。

△　深圳市荣膺"广东省人口计生工作先进单位"称号。

2 月 24 日　国际城市创新发展大会开幕式在深圳举行。本届大会以"城市的使命：以创新求发展"为主题。

---

①　全面开展以打击欺行霸市、打击制假售假、打击商业贿赂，建设社会信用体系、建设市场监管体系为主要内容，以优化市场环境为目标的"三打两建"行动。

2 月 25 日 近日，深圳率先制定并实施《深圳市知识产权与标准化战略纲要（2011—2015 年)》，成为国内首个将知识产权与标准化发展战略协同推进的城市。与此同时，完善地方知识产权指标体系，将"专利申请量增长率"指标纳入各区绩效评估指标体系，促进各区知识产权工作开展。

△ 深圳市召开打击欺行霸市专项行动动员部署会。

2 月 28 日 商务部副部长姜增伟来深调研，并参加今日在此举行的全国电子商务工作会议。

△ 深圳市深入实施"文化立市"战略建设"文化强市"工作会议举行。

△ 深圳市"三打两建"专项行动领导小组办公室挂牌成立。

△ 深圳关爱行动重点品牌项目——"募师支教"行动再次出发。面向全国招募的第十二批 200 名志愿者启程奔赴新疆喀什、江西井冈山、贵州遵义等地开展一个学期的支教活动。

△ 今日召开的全市固定资产投资会议透露，深圳去年固定资产投资规模首次突破 2000 亿元大关，达 2136.4 亿元，增长 10.1%，超额完成年初计划 9% 的增长目标。

3 月 1 日 《深圳经济特区社会建设促进条例》实施。条例共分七章，以保障民生为重点，涵盖了基本公共服务、社区建设、社会组织、社会管理创新等范围，在公共教育、社会保障、公众参与、非户籍居民平等参与等诸多方面都做出了探索性的改革。

△ 《深圳市金融业发展"十二五"规划》今日正式对外发布。规划明确深圳金融业"十二五"期间的总体目标是努力建设以金融创新、多层次资本市场、财富管理、中小企业融资为特色的全国性金融中心，并将在多方面进行金融创新和探索。

3 月 2 日 深圳市国资国企工作会议①召开。

△ 深圳大学学生创业园企业——深圳市思路飞扬有限公司的"慧眼阅读机"项目获得 GSVC 全球社会企业创业大赛中国赛区一等奖。中国今年共选拔两支优胜团队代表中国赛区参加在美国举行的 GSVC 全球总决赛。

△ 深圳大学法学院朱谢群教授荣膺"广东十大优秀中青年法学家"称号。

3 月 4 日 深圳 17 家社会团体民间组织联合发起"爱我深圳，停用少用，绿色出行"行动倡议。

---

① 会议指出 2012 年市国资委将继续高质量推进投融资体制改革，针对投控、地铁、特区建发三家公司承担各具特点的使命，研究建立一套政策与资源配置到位、项目与资金保持平衡的可持续运营机制，多渠道筹措资金，更好地发挥国资国企市场化运营优势，圆满完成投融资任务。

3 月 5 日　深圳市举行"学习雷锋精神，建设志愿者之城"主题座谈会。

3 月 7 ~ 10 日　2012（春）深圳国际家纺布艺暨家居装饰展览会于深圳会展中心举办。

3 月 7 ~ 11 日　深圳大学代表队在杭州参加了第四届"尖峰时刻"全球商业模拟挑战赛中国区总决赛，在 MBA 组获得全国一等奖；本科组获得全国一等奖、二等奖及唯一最佳团队风采奖；崔世娟、黄凯珊老师获"优秀指导教师"称号。

3 月 7 日　深圳市举行纪念"三八"国际劳动妇女节 102 周年"巾帼志愿者"誓师大会。

3 月 8 日　深圳市人居环境委员会举行新闻发布会，首次发布 PM2.5 数据。从今日起，深圳将每天 24 小时不间断地通过互联网向社会公布 PM2.5 等环境空气质量数据，市民可及时查询自己所在区域的空气质量。

3 月 12 日　广东省委常委、深圳市委书记王荣，市委副书记王穗明与市几套班子领导到在建中的南方科技大学第二校区与南方科大师生一起义务植树，正式启动深圳市生态景观林带建设工程，建设绿色生态宜居城市。

　　△　深圳市实施客座专家"智库计划"。鼓励高校、科研机构举办或承办国际性高水平学术交流活动，政府给予资助。支持杰出专家在深圳设立"院士工作室""大师工作室"等人才"工作室"。建立对深圳经济社会发展提供决策咨询的"智库"，吸引一批世界一流科学家、产业领袖、管理大师、文化艺术大师等杰出专家。

3 月 14 日　《中共深圳市委深圳市人民政府关于加快我市水务改革发展的若干意见》正式公布。这是深圳建市以来第一次以市委、市政府一号文件形式系统部署水务改革发展工作。

3 月 15 日　中国 4G 发展在深圳开启序幕。深圳再次成为各方瞩目的创新"试验田"。年内，深圳市民有望普遍体验 4G 网络服务。

　　△　深圳大学管理学院周林刚教授入选教育部"新世纪优秀人才支持计划"。

3 月 16 日　深圳首度公布居民收入中位数。2011 年，深圳市居民家庭人均可支配收入 3.65 万元，同期人均可支配收入中位数 3.33 万元。

3 月 17 ~ 18 日　深圳市民自发举办第十二届"深圳百公里"活动，参与活动的市民在 24 小时内穿越深圳市 4 个区，从深圳湾徒步走到大鹏。

3 月 20 日　深圳市委、市政府召开会议，落实广东省委、省政府要求，全面部署在全市开展"三打两建"工作，并成立深圳市"三打两建"工作办公室。

　　△　深圳市促进经贸稳定发展工作会议召开。会上，许勤与各区政府（新区管委会）签署了《2012 年外经贸主要任务目标责任书》。

△ 深圳市重点工程、"亚洲第一高住宅"东海国际中心公寓综合体主体结构封顶。该工程由两栋高308.62米、共82层的塔楼组成。

3月22日 深圳市罗湖区跨境学童服务中心挂牌。与此同时，一项旨在帮助深港两地跨境家庭的"蜕变新力量——跨境家庭共建香江"计划项目①同期启动。

3月24日 深圳市政府与海信集团签署投资合作备忘录，海信集团将投资11.7亿元在深设立南方总部②。

3月25日 2012中国（深圳）IT领袖峰会开幕。本次峰会主题定位为"转型中的谋略之道"，大会主论坛和分论坛将围绕新媒体、电子商务、移动互联与云计算、风险投资等领域进行探讨。

3月28日 深圳市政府在龙华新区观澜安居型商品房项目工地举行20个项目集中开工仪式。这批项目总投资156.12亿元，今年计划完成投资37.08亿元，主要分布在住房保障、产业发展、社会民生、城市更新四个领域。

3月30日 深圳市10家行业协会联合发出廉洁从业倡议书。倡议书号召全市各行业协会、商会和广大非公有制企业自觉做到诚信经营、廉洁从业，进一步优化营商发展环境，打造廉洁从业的城市品牌。

△ 前海人寿保险股份有限公司举行开业挂牌仪式。成为入驻前海深港现代服务业合作区的首个全国性金融机构总部。

△ 深圳大学刘志刚教授研究团队申报的项目获2011年教育部科技进步（推广类）二等奖。

△ 在第六届"国际音乐艺术大赛"③总决赛中，深圳大学师范学院艺术系2011级音乐表演钢琴专业学生江泽森、李凯迪分别荣获最高级别组——钢琴公开组"金奖""铜奖"。郑超琦、郑蚁雅芝分别获初赛"金奖""银奖"。指导教师张又丹获"优秀导师奖"。

4月1日 新的铁路运行图④启用，深圳直达长沙、武汉的高铁（简称深武高铁）首开。

△ "全警上路"巡逻模式在深圳启动。万名民警当天上路巡逻，在巡逻中防

---

① 该计划为期3年，将为跨境家庭及赴港定居不足3年的新赴港人士提供"一站式"服务。
② 南方总部将成为海信集团在中国长江以南管理、销售、研发、决策、结算的区域总部。
③ 大赛在香港举行，由香港特别行政区文化事务署、香港艺术联会等举办。
④ 按照新的铁路运行图，深圳北站从早上7点至晚上11点，每日开行列车48对，其中28对列车往返深圳北和广州南，10对列车往返深圳北和长沙南，10对往返深圳北和武汉。调图后的深圳北站每日发送列车增加12对，发车班次更密，最短发车间隔为10分钟，线路更加优化。深圳市民北上长沙最短只需2小时50分钟，至武汉最短只要4小时11分钟。

范，在巡逻中打击，在巡逻中服务。这次固化"动态警务"机制的重大改革提高了"见警率"，提升了"安全感"。

△ 《深圳市食品安全举报奖励办法》颁布实施。

△ 深圳市开始在部分道路限制电动自行车上路。

4月2日 中国佛教协会名誉会长、当代佛教界德高望重的本焕长老，于零时36分在深圳弘法寺圆寂，世寿106岁。

4月5日 深圳市企业退休人员基本养老金月人均增加260元，调整幅度10%。

△ 深圳公安微网获评"2011年度中国最具影响力政务微博"。

4月6日 中国共产党深圳代表会议召开，会议投票选举深圳市出席广东省第十一次党代表大会代表35名。

4月6~8日 中央军委委员、国务委员兼国防部长梁光烈上将来深考察广东省及深圳市海防建设和国防动员工作。

4月9日 深圳在全市范围内公开推荐选拔66名干部，此次公推选拔包括市发展改革委副主任等8名副局级干部、福田区团委书记等33名处级年轻干部和25名选派到深汕（尾）特别合作区干部。

△ 《关于加快服务外包产业发展的若干规定》① 印发并执行。

4月10日 深圳市公积金中心宝安、龙岗办事大厅投入试运行。公积金中心办事大厅主要承办一些没有授权给公积金业务银行网点的比较复杂的缴存、提取业务。

4月11日 深圳市发布大规模招考聘任制公务员公告，共有241个职位招考1097人（含参照公务员法管理事业单位工作人员）。

4月12日 深圳市政府常务会议研究通过《关于加强改善金融服务支持实体经济发展的若干意见》，以强化金融扶持功能，支持实体经济外溢发展。其中创新内容包括推进深港试点双向跨境贷款、年内推进深圳前海股权交易所建设、扩大代办股权转让系统试点、创新债券市场发展等。

4月16日 深圳市人力资源和社会保障局发布消息，今年深圳人才引进政策有多项重大调整，包括降低应届毕业生落户门槛、取消农业户籍引进限制、扩大个人身份申办范围、招工调工一律通过积分入户等。

4月18日 广东省委常委、深圳市委书记王荣，市长许勤会见中航集团总经理、国航董事长王昌顺一行。双方就进一步推进中航集团以及国航与深圳的合作、

---

① 今后，深圳市将重点发展软件研发与信息技术服务外包、云计算服务外包、电信运营服务外包、供应链管理与采购外包、金融服务外包、产品技术研发及工业设计外包、创意及动漫设计外包等相对高端的服务外包产业。

推进深圳航空事业发展交换了意见。

4月19日 前海合作区系列项目启动暨地铁11号线开工仪式在前海举行，汪洋出席仪式并为项目奠基。启动的前海系列项目是前海湾综合交通枢纽一期工程及经过前海中心区的地铁11号线，二者预计都将于2016年建成。

4月21日 深圳市首个"双限房"性质的保障性住房项目——"深圳市长城里程家园双限房"推出。

△ 深圳市文体旅游局在深圳图书馆举行2012年"四二三"世界读书日系列活动启动仪式。

4月24日 教育部同意建立南方科技大学①。

△ 华大基因宣布其成功构建一个自主开发的云计算服务产品，该产品的名称为Easy Genomics，旨在为科研人员提供快捷、准确和易于操作的新一代测序分析服务，能更好地应对及解决海量生物信息数据的存储、处理、计算和分析等问题。

△ 深圳市召开"爱我深圳、停用少用、绿色出行"行动实施方案新闻发布会。

4月25日 深圳获颁首个"国家知识产权示范城市"。

4月26日 深圳市委、市政府隆重举行庆祝"五一"国际劳动节暨劳动模范和先进集体表彰大会。

4月27日 深圳市在全市范围内开展公有社会组织党组织覆盖"百日攻坚行动"，全市召开工作会议对"百日攻坚行动"进行专门部署。

4月30日 深圳大学在2011年度广东省教学质量与教学改革工程建设项目申报中成绩喜人，获立项资金376万元。

△ 深圳大学数学与计算科学学院2008级数学与应用数学（金融数学方向）本科生凌申、经济学院2008级金融学（数理金融方向）本科生罗一洲获获美国大学生交叉学科建模竞赛（ICM）二等奖，指导老师为刘则毅教授。

5月5日 "中国创意谷"高峰论坛在深圳举行。深圳市副市长陈彪出席论坛。

5月7日 深圳市医药分开改革新闻发布会发布信息，从今年第三季度起，深圳所有公立医院将取消药品加成，由此造成的医院收入下降通过提高诊疗费弥补。新增的诊疗费，医保参保患者由医保统筹基金偿付；如果出现医保基金无法偿付的情况，将由财政兜底；但自费患者由个人承担。门诊病人可凭处方到社会药店购药。

---

① 南方科技大学是国家高等教育综合改革试验校，承载着探索中国培养创新人才模式的重任。学校以理、工学科为主，兼有部分特色文、管学科。在本科、硕士、博士多层次上办学，一步到位，按照亚洲一流标准组建专业学部和研究中心（所），建成小规模高质量的研究型大学。

5 月 9 日 深圳笋岗检验检疫局标准化建设的新报检大厅近日正式投入使用，这是深圳检验检疫局首个按照国家质检总局窗口标准化样式设计打造的检验检疫窗口。

5 月 10 日 深圳首个"双限房"项目——"长城里程家园"进行电脑抽签。本次销售的房源共计 425 套，按照销售程序，本次抽签将分两轮，产生 850 名入围者。

5 月 12 日 由 OCT 当代艺术中心主办的第七届深圳雕塑双年展在深圳南山区华侨城恩平街华侨城创意文化园拉开帷幕。

5 月 15 日 前海股权交易中心①举行揭牌签约仪式。

△ 华侨城湿地公园开园。

5 月 16 日 深圳市人口和计划生育工作会议召开。

△ 深圳迎来全民体验 4G 的科技盛宴，宣告 4G 时代开启。

5 月 17 日 全国第一家现代设计博物馆——深圳现代设计博物馆在深圳大学落户开馆。深圳现代设计博物馆记录了深圳成长为国际"设计之都"的发展历程，展示设计艺术对经济建设和社会发展所发挥的重要作用。

5 月 18 ~ 20 日 中共中央政治局常委李长春视察深圳。

5 月 18 日 第八届中国（深圳）国际文化产业博览交易会开幕。刘云山出席会议并讲话。本届文博会吸引了近 2000 家参展单位，海外采购商 15000 多名。

5 月 19 日 深圳市政府与中国工商银行签署《文化产业战略合作协议》。根据协议，工商银行将与深圳市在文化产业领域建立长期稳定的战略合作关系，全力支持深圳市文化产业的发展，重点支持符合文化产业发展方向的优质企业以及国家级文化产业示范园区、国家文化产业示范基地、文化产业集聚区和文化产业重点项目。

5 月 20 日 深圳报业集团、深圳广电集团和深圳出版发行集团与腾讯签署战略合作协议。这是迄今国内最大规模跨媒体平台合作项目。

5 月 22 ~ 23 日 "苏博特"杯第二届全国大学生混凝土材料设计大赛在东南大学举行。深圳大学土木工程学院由丁铸教授带队，龙武剑副教授和崔宏志副教授分别指导深大一队（冼向平、叶阳阳、贝伊琦）和深大二队（陈朝骏、许庆光、叶海鹏）共 6 名学生参加了此次大赛。深大一队获得团体奖第二名，深大二队获得实践技能奖。同时，深大代表队获优秀指导教师奖。

---

① 该中心主要为非上市股份公司提供股权托管、登记、交易、定向增资、清算、交割和其他金融增值服务，为挂牌企业实现转主板、中小板、创业板上市和到新三板挂牌发挥培育、辅导和促进作用。

5月22日 广东省、深圳市共建战略性新兴产业基地揭牌暨深圳超材料产业基地一期工程奠基仪式在宝安铁仔山下举行，标志着全球首条超材料生产线正式落户深圳。深圳超材料产业基地有望形成千亿元产值规模的超材料产业集群。

5月23日 深圳市青年社会组织总部、深圳市社会组织孵化基地揭牌，为全市青年社会组织提供"一站式"综合公共服务。

5月24日 《深圳特区报》创刊30周年。

5月25日 深圳市土地管理制度改革综合试点启动。国土资源部和广东省政府已经批复《深圳市土地管理制度改革总体方案》。国土资源部与广东省政府将采用部省合作方式，支持深圳开展土地管理制度综合改革试点，推进土地资源配置市场化、土地利用高效化、土地管理法治化。

6月2日 首届年度论坛"亚洲——全球对话2012"深圳分论坛举行。

6月5日 深圳市政府召开"全市质量强市工作暨2011年度深圳市市长质量奖"颁奖大会。

△ 深圳市出台《深圳市2012年建设廉洁城市暨落实党风廉政建设责任制绩效考核工作方案》。

6月8日 深圳市科技金融服务中心挂牌，将成为促进科技金融结合试点城市的支撑平台，中心将开展科技金融对接的日常工作，建立企业信息库，打造科技企业和资本对接的"舞台"，促进企业和银行、创投、引导基金对接。

6月11日 深圳文明网（gdsz. wenming. cn）[①]启幕。

6月12日 深圳市政府行政复议委员会[②]揭牌。

6月13日 深圳市开展"鹏城最美的哥的姐"评选活动。

6月15~16日 中共中央政治局委员、中央书记处书记、中央组织部部长李源潮在深圳视察。

6月21日 中英街"中国历史文化名街"揭牌。

6月26日 深圳市获2012年广东省"金融稳定奖"。2011年，深圳金融业总资产达到4.33万亿元，同比增长7.69%，占全省金融业总资产的33%；全年实现利润775.8亿元，占全省金融业利润的43%；实现增加值达1562亿元，同比增长

---

① 由深圳市文明办主办、深圳新闻网承办的网络文明传播平台，既是深圳推动宣传思想工作和精神文明建设的工作平台，又是深圳传播文明、引领风尚的重要阵地。

② 行政复议委员会主要负责审议市政府重大、疑难、复杂的行政复议案件以及涉及面广、矛盾集中、社会影响大的行政复议案件和研究本市行政复议工作中的重大问题等，以召开会议的形式开展行政复议案件的审理工作，以投票方式审议有关事项。

20.1%，居全国大中城市第三位，占全省金融业增加值的 50%；金融业增加值占全市 GDP 比重达 13.6%，创历史新高，排名位居全国大中城市第一位；实现税收收入 597.4 亿元，占全市总体税收 17.7%，税收贡献继续稳居四大支柱产业之首；全市辖区境内外上市公司 268 家，其中境内上市 172 家，约占全省 50%；分行级以上金融机构 254 家，法人机构 86 家，机构数量和密度位居全国前列。

△　深圳地铁集团举行深圳城市轨道交通 7、9、11 号线 BT 项目等 15 个合同集中签约仪式，标志着深圳地铁三期工程 BT 项目建设全面启动。

6 月 28 日　2012 年跨国公司中国峰会在深圳举行。这次峰会的主题是"中国持续性开放战略与跨国公司中国再发展"。

△　深圳市举行纪念建党 91 周年暨创先争优表彰大会。

△　深圳市五届人大常委会第 16 次会议通《深圳经济特区性别平等促进条例》，深圳在促进男女平等、保护女性权益方面再进一步。

△　《深圳市工业和商贸企业安全生产主体责任规定》发布，自 2012 年 8 月 1 日起施行。

6 月 29 日　国务院批复深圳前海实行比经济特区更加特殊的先行先试政策，政策涉及金融、财税、法制、人才、教育医疗以及电信等六个方面 22 条具体措施。

7 月 1 日　深圳市公立医院全面取消药品加成费用，成为全国第一个取消所有公立医院的所有药品加成费用的大城市。

7 月 3 日　深圳市生物医用材料创新战略联盟在深港产学研基地成立。

△　深圳首次召开全市民主党派参政议政、民主监督工作交流会。广东省委常委、深圳市委书记王荣会见国际华人科技工商协会"千人计划"代表团一行。

7 月 4 日　深圳首次召开城市绿化专题会议。会议印发了市委市政府《关于进一步加强城市绿化工作的意见》和《深圳市城市绿化发展规划纲要》。

7 月 7 日　深圳高新区获"国家高新区技术产业开发区建设二十年先进集体"称号。

7 月 8～10 日　2012 深圳国际纺织面料及辅料博览会（Intertextile Pavilion）在深圳会展中心举办。

7 月 8 日　深圳首届"公益金百万行"活动在深圳湾公园举行。

△　南方科技大学顾问委员会第一次会议召开，组成首届顾问委员会的 5 位国际著名科学家和教育家悉数出席。南科大校长朱清时向 5 位委员颁发聘书。

△　第十二届中国（深圳）国际品牌服装服饰交易会开幕。作为国内最大规模的服装交易会之一，本届展会将吸引国内外 1000 多家品牌服装企业参展。

7月9日 首届中国创新创业大赛深圳赛区启动。作为目前国内最高规格的科技创新创业赛事，大赛采用"政府引导、公益支持、市场运作"的模式。

△ 广州中医药大学深圳临床医学院在深圳市中医院揭牌成立。这意味着深圳市中医院将享有自主招收中医专业的大学生。

7月11日 7月份全市集中开工的30个项目在光明新区举行开工仪式。这些项目总投资200.9亿元，年内计划完成投资41.45亿元。主要涉及民生建设（含保障性住房）、产业升级和城市更新领域。其中，民生建设类（含保障性住房）项目13个，产业升级项目10个，城市更新项目7个。

7月12日 首届中国公益慈善项目交流展示会①在深圳开幕。

△ 深圳市关爱指数首次发布，从政策、项目、个人三个层面展示深圳的关爱状况和水平。据测评，从2005年到2009年，深圳市政策层面关爱指数年均增长率达到8.4%，项目层面关爱指数年均增长率达到221%，而个人层次的得分也处于良好水平。

7月13日 随着深圳市市长许勤宣布"深圳光启首条超材料生产线正式投产"，深圳光启高等理工研究院在研究成果产业化上又迈出坚实步伐。深圳光启超材料生产线位于龙岗区华赛工业区，是全球首条投入生产的超材料生产线。

7月16日 深圳市政府主导的"深圳前海深港现代服务业合作区政策宣讲暨招商推介会"在港举办，并拿下了2200亿元人民币的意向投资。

7月20日 深圳勇士王正坤荣获"全国见义勇为模范"称号。

△ 深圳市公立医院医药分开第二阶段的改革今天将正式启动：深圳市面向本市全部就医人群取消所有药品的加成，同时提高体现医务人员技术劳务价值的门诊和住院诊查费标准。

7月22日 广东省第十届中学生运动会开幕式在深圳湾体育中心举行。

7月24日 深圳华为、中兴、TCL等三项目获国家专利金奖，深圳获金奖的数量占了全省一半。

△ 《深圳高新区优化升级工作方案（2012—2015年）》印发执行。根据目标，至2015年，全市将培育出通信设备、互联网和软件3个超千亿元的产业集群，高新园区实现工业总产值达到6300亿元。

7月31日 深圳市举行庆祝建军85周年暨创建"全国双拥模范城"总结表彰

---

① 由民政部、国务院国资委、全国工商联、广东省政府和深圳市政府共同主办的首次国家级、综合性公益慈善项目交流展示会。

大会。

△ 深圳在内地的第一个"无水港"——长沙至深圳集装箱铁水联支示范项目启用。长沙至深圳集装箱铁水联运是湖南省和深圳市的第一个内陆港①项目。

8月1日 西气东输二线②开始向深圳供气。

8月3日 总投资28亿元的喀什深圳城项目开工。喀什深圳产业园首批入园的7家深圳企业也集中揭牌。"一园一城"是喀什经济开发区的核心启动区、产业聚集区和示范区，将引领喀什加快发展、科学发展，助推喀什腾飞，铸就中国"西部明珠"。

8月5日 深圳石油化工交易所③举行揭牌仪式暨招商推介会活动。

8月6日 深圳市药品零售企业合理布局政策出台。深圳前海深港现代服务业合作区咨询委员会成立。

△ 深圳前海深港现代服务业合作区咨询委员会成立，并召开第一次会议。前海合作区咨询委员会是为组织实施国务院批复的《前海总体发展规划》而设立的高层决策咨询、参谋机构。华建敏担任前海咨委会主任委员，刘遵义担任副主任委员。

8月8日 深圳市第八届运动会暨第一届体育大会开幕。

8月9日 深圳市政府与中国电子信息产业集团有限公司签订战略合作协议。根据该协议，中国电子将在深圳设立国际总部④。

8月10日 大鹏新区十大项目启动。当天启动的这些项目总投资达107亿元，涉及现代服务业、新兴产业、社会民生和城市更新等领域，预计两到三年内建成。

8月11日 山东大学入驻深圳虚拟大学园签约暨山东大学深圳研究院揭牌仪式在虚拟大学园举行，山东大学成为第五十四个进驻虚拟大学园的高校。

8月15日 深圳轨道交通三期建设启动。据国家批准的深圳城市轨道交通近期建设规划，2011～2016年间深圳将建设11、7、9、6号线和8号线（适时建设）共

---

① 内陆港是在内陆地区建立的具有报关、报验、签发提单等港口服务功能的物流中心，是港口功能在内陆的延伸。

② 西气东输二线是我国第一条引进境外陆上天然气的大型管道工程，是国家"十二五"规划重大能源基础设施项目，主供气源来自土库曼斯坦，输气能力300亿立方米/年，其中之一规划建设的广深支干线，每年可向深圳供应天然气40亿立方米。

③ 交易所实行现货交易，以挂牌交易和协议交易为主要交易手段，以国内、国际需求量最大的原油、成品油、燃料油、天然气和液化气及相关石油化工产品为主要交易品种。

④ 在深圳设立的中国电子国际总部由中国电子下属4家核心企业中国电子进出口总公司、中国电子器材总公司、桑达集团、爱华电子整合而成，计划在今年内实现总体管理、业务结算、研发集成、销售推广等总部职能，进一步聚焦以集成创新为依托的重大信息化工程业务、以市场能力和渠道资源为牵引的国际经营业务、以智慧型电子产品综合交易平台为载体的现代服务业务，以及以国际高端资源为核心的会展业务四大板块。

5 条线路，即轨道交通三期工程，总长约 170 公里，总投资约 1018 亿元。

8 月 17 日　《深圳市加快产业转型升级配套政策》① 印发并执行。

△　综合开发研究院（中国·深圳）发布第四期"中国金融中心指数"（CDI·CFCI 4）。指数显示，上海、北京、深圳三大全国性金融中心继续保持绝对领先地位。

8 月 19 日　深圳市汕尾商会成立。

8 月 20 日　广东省委常委、深圳市委书记王荣，市长许勤等市领导在市民中心会见参加伦敦奥运会的陈定、何姿等深圳籍运动员。

8 月 21 日　深圳国际低碳城核心区项目启动仪式在龙岗区坪地街道高桥工业园举行。低碳城启动区规划面积 55 公顷，建筑面积 180 万平方米，总投资约 103.7 亿元，建设周期为 7 年。根据规划定位，深圳国际低碳城将打造五大中心，即国际低碳技术集成应用示范中心、低碳产业与人才聚集中心、低碳技术创新研发中心、低碳技术博览交易中心、低碳发展技术和服务输出中心。

△　2012 中国绿色发展指数报告发布。深圳、海口和克拉玛依排名中国城市绿色发展指数前三甲。

8 月 23 日　深圳市人民政府发布关于进一步深化公务员分类管理改革的意见。

△　《深圳市农业转基因生物安全监督检查办法》印发并施行。根据办法，农业转基因生物是利用基因生物工程技术改变其基因组构成，用于农业生产或者农产品加工的动植物、微生物及其产品。

△　由新华社中经社控股集团联合标普道琼斯指数公司共同研发的 2012 年度"新华－道琼斯国际金融中心发展指数（简称 IFCD）"今日上午在上海发布。深圳上升 2 位跻身前 20。

8 月 31 日　《深圳市鼓励总部企业发展暂行办法》印发并实施。为促进总部经济发展，增强深圳作为全国经济中心城市的服务功能，制定本暂行办法。

9 月 1 日　深圳液化天然气项目②（迭福站址）在大鹏新区开工建设。

△　《深圳市社区卫生服务机构家庭病床管理办法（试行）》实施。

9 月 2 日　南方科技大学成立大会暨 2012 年开学典礼在南方科技大学第一校区

---

① 这是一项推动深圳产业转型升级的关键性政策，具有纲领性的指导作用。政策明确规定，深圳将推动产业布局向协调集聚转变，实现战略性新兴产业规模化、高技术产业高端化、优势传统产业品牌化。

② 该项目总投资约 80 亿元，计划 2015 年建成投产，将承担深圳天然气供应、调峰和应急储备的重要功能。预计建成后每年可接收 400 万吨天然气，主要供应深圳的城市燃气、电厂、汽车加气等，富余气源将向惠州和东莞等周边地区供应。

举行。

9 月 6 日 第十四届中国国际光电博览会在深圳开幕。本届光博会有近 3000 家企业、近十万国内外光电同人参与。

9 月 7 日 深圳澳海外高层次人才联络处在悉尼揭牌。主要目的在于进一步拓展海外人才联系和引才渠道，吸引海外高层次人才和团队来深工作创业，加强深圳市引智政策宣传，扩大城市国际影响力，畅通深圳市用人单位和海外人才之间的供需信息交流。

△ 深圳市启动优生健康惠民工程。政府每年拿出两亿元全面实施免费婚检及孕检、孕前地中海贫血干预、优生知识百场宣讲、生殖健康筛查、不孕不育诊疗、避孕节育优质服务、伤残儿家庭再生育关怀、优生重点实验室建设、优生健康爱心扶助、科学育儿指导十大项目，提高出生人口素质。

△ 深圳市举行庆祝 2012 年教师节表彰大会。

△ 深圳市国税局在其网站公布营业税改征增值税试点纳税人名单。根据名单的统计，深圳被纳入"营改增"的纳税人为 54440 家。

△ 广东省军区在广州召开 2012 年度实弹战术演习总结表彰大会，深圳警备区，深圳市盐田、罗湖、南山区人武部和驻深某预备役高炮团获 6 项殊荣。

9 月 9 日 我国第一所科学高中——深圳科学高中揭牌，坐落于坂田华为科技城，由深圳中学承办，借鉴并吸收了深圳中学的办学理念、校园文化以及课程设置。学校依托华为的强大科技实力，并将进一步加强与华为的合作。

9 月 10 日 深圳市 46 名教师荣膺 2012 年"南粤优秀教育工作者""南粤优秀教师"称号。

△ 《深圳市软件和信息技术服务业发展规划（2012—2015 年）》印发。根据规划，到 2015 年，深圳市软件和信息技术服务业产业结构更加完善，初步建成全国领先并具有较强国际竞争力的软件和信息技术服务业发展高地。

9 月 13 日 广东 LED（深圳）产业技术创新联盟日前正式揭牌，这意味着原 LED 产学研联盟现升级为省级联盟。

△ 第十三届精神文明建设"五个一工程"表彰座谈会在京召开，揭晓本届"五个一工程"评选结果。其中，深圳市报送的 5 部作品获奖（歌曲《放飞梦想》、电视剧《有你才幸福》、电影《全民目击》《熊出没之夺宝熊兵》、广播剧《疍家小渔村》）。

9 月 14 日 深圳市政府召开商事登记制度改革组织实施工作部署会议。这次会议的召开标志着我市商事登记制度改革进入深化改革实施阶段。

△ 深圳珠宝节开幕。本届展会展览面积52500平方米，展位约2700个，共有超过1200家国内外企业盛装参展，吸引全球超过73个国家和地区的逾4万名专业买家莅临参观、洽谈和交易。

△ 深圳市龙岗区廉洁办挂牌成立，这是深圳市首个区级廉洁城区和诚信建设专职机构。

9月15日 由腾讯公益慈善基金会捐赠1000万元的爱佑和康儿童康复中心项目启动。

9月16日 由万科、招商地产联袂打造的深圳首个真海城市综合体壹海城新品发布会在盐田明斯克航母甲板举行。

△ 《中国300个省市绿色经济与绿色GDP指数》报告16日在京发布。报告显示，中国经济复苏快速增长的同时，全国273个城市资源环境消耗总体水平有所降低，资源环境效率显著提高。深圳绿色经济指数居全国首位。

9月18日 《深圳经济特区政府投资项目审计监督条例》公布，为了加强对政府投资项目的审计监督，规范投资行为，提高投资效率，促进科学决策，充分发挥政府投资项目的社会效益和经济效益制定本条例。

△ 《深圳经济特区创业投资条例》公布，为鼓励和规范创业投资活动，保障创业投资当事人的合法权益，制定本条例。

△ 《深圳经济特区实施〈中华人民共和国教师法〉若干规定》公布，以保障教师合法权益，提高教师素质，促进教育事业的发展。

9月20日 缅甸联邦共和国总统吴登盛率团访问深圳。

9月21日 "2012年国际和平日纪念活动暨中国——东南亚和平发展论坛"在深圳开幕。

△ 国务院安全生产委员会副主任、国家安监总局局长杨栋梁率调研组到深圳开展安全生产工作调研。

9月22日 在世界第十三个"无车日"和深圳市首条纯电动大巴线路车辆全线投放当天，226路公交线路大巴实现全线"零排放"。

△ 深圳北京大学香港科技大学医学中心举行"北医百年深圳行"暨医学中心成立10周年庆典活动。

9月25日 深圳市委组织部发布公告，公开选拔8个副局级干部，这是今年第二次公选副局级干部。

△ 《深圳市公立医院管理体制改革方案》印发，以进一步提高深圳市公立医院管理和服务效能，促进多元化办医，加快提升深圳医疗行业发展水平。

10 月 9 日 广东省委常委、深圳市委书记王荣，市长许勤会见来深出席深港共治深圳河 30 周年纪念活动的香港特别行政区政务司司长林郑月娥一行。深港联合治理深圳河工程一至三期工程已圆满完成，共治理河段长度约 18 公里，完成工程投资约 20 亿港元，防洪标准由治理前的 5 年一遇提高到 50 年一遇，下游河段的泄洪能力由 600 立方米/秒提高到 2100 立方米/秒，航运条件和水环境得到了明显改善。

10 月 10 日 深圳市市长许勤主持召开首次全市环境形势分析会。会议全面分析研究了深圳市生态环境保护面临的形势、存在的问题，部署了下一步工作重点。

△ 《深圳市服务外包产业发展规划（2012—2015 年）》印发并实施，以提升深圳市服务业竞争力。

△ 大鹏新区与华侨城集团公司举行战略合作框架协议签约仪式，双方将在大鹏新区特定片区开发一个融合滨海度假、人文居住于一体的大型文化旅游综合性项目，打造深圳滨海城市建设"亮点"。

10 月 11 日 中共中央政治局委员、广东省委书记汪洋考察深圳。

△ 香港中文大学（深圳）① 批复筹办暨校区开工仪式在深圳龙岗区举行，筹备工作全面展开。

10 月 12 日 深圳市发行 27 亿元地方政府债券。2012 年深圳市地方政府债券资金主要用于保障性安居工程等重点公益性项目支出，包括公共租赁住房、公立医院建设、重点流域综合整治、水利基础设施等生态建设工程以及重点民生工程。

△ 南山首批"宜居出租屋"挂牌。"宜居出租屋"量化创建标准，严格奖惩办法，为破解城市人口特别是外来人口服务管理难题探索新路。

10 月 13 日 深圳华星光电宣布 8.5 代液晶面板线开始量产，意味着国内首条完全依靠自主创新、自主团队、自主建设的高世代液晶面板生产线，正式进入运营阶段。初期，华星光电将自主研发的 32 英寸液晶模组技术率先投入量产。深圳华星光电项目总投资 245 亿元，是深圳建市以来投资规模最大的工业制造项目。

△ 深圳先进高分子材料应用产业联盟正式成立。

10 月 15 ~ 17 日 国际水稻研究所在深圳举行理事会会议。此次理事会会议在深圳召开，对提升深圳农业科技研究水平、带动深圳生物技术发展具有重要意义。

---

① 香港中文大学（深圳）致力培养具有国际视野的创新型高层次人才，创建扎根深圳、立足中国、面向世界的一流研究型大学。将引入先进管理制度和教学体系，采用中英双语教学，开展多元化活动和通识教育以及体验式教学，实行书院制管理，培养学生人际关系、文化品位、自信心和责任感。采用理事会领导下校长负责制，一半师资面向全球招聘。前期开设学科将以理、工、商科为主，兼顾新兴综合性交叉性学科，逐步扩大到人文、法律、社会学等学科。校园占地约 100 万平方米，总建筑面积约 45 万平方米。

10 月 15 日 2012 年中国（深圳）国际物流与交通运输博览会①开幕。

10 月 17 日 深圳市市场监管体系建设试点展开。根据《深圳市市场监管体系建设工作方案》，深圳市将着力推动 14 项子体系②建设。结合 14 个子体系的工作任务，成立 15 个专责小组，合力推动市场监管体系建设。

△ 华南首家新韩银行落户深圳。新韩银行的引进有利于改善深圳外资银行结构，提高深圳金融服务水平。

△ 第六届泛太平洋海运（亚洲）会议在深召开。来自 25 个国家和地区的海运、港口、物流行业代表参会，就运力过剩、海铁联运等展开交流。

10 月 18 日 《深圳市电子商务可信交易环境建设促进若干规定》印发并执行，以促进深圳市电子商务可信交易环境建设。

△ 广东省重点项目领导小组表彰了 2011 年度重点项目建设工作先进集体。深圳机场集团名列其中，成为深圳市唯一获此殊荣的单位。

10 月 20 日 香港中文大学商务创新及全球化研究中心③在深圳成立。

10 月 21 日 深圳望野博物馆开馆。

10 月 22 日 深圳市成立市特色学院建设领导小组，有利于加快推进深圳市特色学院建设工作，实现高等教育开放式、跨越式，国际化、特色化发展。

10 月 23 日 深圳地铁 7 号线开工。地铁 7 号线工程总投资约 241 亿元，贯穿罗湖、福田、南山三个行政区，连接着主要居住区、就业区和商业圈。线路自罗湖区太安站至南山区丽水路，全长约 30.2 公里，均为地下线，设 28 座车站，其中有 11 座换乘站。

10 月 24 日 以高度 500 米的华润集团总部大厦"春笋"为核心的华润深圳湾综合发展项目在南山后海正式奠基，华润中国内地总部落定深圳。

△ 试业 3 个多月的香港大学深圳医院进入首期运营阶段。港大深圳医院未来还将引入香港大学在全世界属于一流水平的器官移植、心血管、生殖医学与产前诊

---

① 物博会是中国目前唯一的国家级物流与交通运输综合博览会，也是亚洲第一、世界第二大规模的国际化物流与交通运输综合博览会。展览面积约 5 万平方米，参展展位 1380 个，分为物流与供应链、航空、港航、公交客运、智能交通、新能源汽车、交通建设、物流设备与技术、轨道交通、物流人才 10 大展区。

② 即市场准入和行政审批体系、市场竞争秩序监管体系、质量监管体系、食品安全监管体系、金融市场监管体系、电子商务市场监管体系、建筑市场监管体系、行政执法体系、行业自律体系、市场监管舆论监督体系、消费维权体系、市场监管信息化体系、检测评估体系、市场监管法制体系。

③ 该研究中心设立在香港中文大学深圳研究院，将以论坛、系列讲座、小型沙龙等形式，为港中大在校学生、企业、创投公司等提供发展机遇，为珠三角地区培养创新人才，服务于中国企业及跨国公司的全球商业一体化进程。

断、肿瘤综合治疗、骨科与脊柱创伤五大专科。

10 月 25 日　由深圳市投资推广署主办的"投资深圳·共赢未来——2012 年深港投资合作交流会"在香港举行。

10 月 26～29 日　第六届"中国杯"帆船赛①在深圳大亚湾举行。

10 月 27 日　深圳市道教协会成立。

△　由深圳市委宣传部主办，深圳少儿图书馆、深圳儒家文化研究会承办，与台湾中华经典文化教育协会合作的"深圳亲子共读经典大讲堂"第一个亲子读经班"子路班"在深圳少儿图书馆启动并开班。

10 月 29 日　深圳市土地整备局挂牌成立。该局将承担统筹协调、指导全市土地整备、征（收）地和房屋征收等工作职能，这也是国内首个土地整备局。

△　广东省第八届精神文明建设"五个一工程"奖表彰大会在广州举行。电影《走路上学》等 18 部深圳文艺精品喜获广东省第八届"五个一工程"奖，获奖数量居全省各市之首。

10 月 30 日　深圳市召开全市对口支援和经济合作工作会议。

△　深圳市人大常委会正式颁布了《深圳经济特区碳排放的若干管理规定》，这是我国第一个关于碳排放的地方性法规，自 2012 年 10 月 30 日起施行。

11 月 1～5 日　由深圳大学中国经济特区研究中心，喀什经济特区工委、管委会，喀什市委、市政府及深圳市对口支援新疆工作前方指挥部联合主办，喀什深圳商会协办的 2012 中国经济特区（喀什）论坛于在新疆喀什市隆重举行。

11 月 1 日　深圳"营改增"试点工作启动。

11 月 2 日　《关于深化科技体制改革提升科技创新能力的若干措施》印发并执行，为深化深圳科技体制改革，激发全社会创新创业活力，提升科技创新能力，实现创新驱动发展，加快建设国家创新型城市，制定本措施。

△　《关于促进高技术服务业发展的若干措施》印发并执行。

△　《关于促进科技和金融结合的若干措施》印发并执行。

△　《深圳市科学技术奖励办法》印发并执行。

△　《关于促进文化与科技融合的若干措施》印发并执行。

△　《关于加快发展民生科技的若干措施》印发并执行。

△　《关于促进科技型企业孵化载体发展的若干措施》印发并执行。

---

①　"中国杯"帆船赛是经国家体育总局批准，由国家体育总局水上运动管理中心和深圳市文体旅游局共同举办的，产生于本土、立足于世界的国际品牌大帆船赛事，是唯一以"中国杯"命名的高端大帆船赛赛事。

△ 为贯彻全国科技创新大会精神，促进深圳市科研机构发展，提升科技创新能力，实现有质量的稳定增长、可持续的全面发展，加快建设国家自主创新示范区，制订《深圳市促进科研机构发展行动计划（2013—2015年)》。

11月5日 深圳市科技创新大会召开。

△ 中共深圳市委出台《关于建立深圳市党史教育基地的决定》，公布东江纵队司令部旧址等8个场馆为第一批深圳市党史教育基地。

11月8日 《权利人获取知识产权行政保护指引》印发，旨在维护知识产权权利人的合法权益，打击知识产权违法行为，切实发挥知识产权行政保护在建设创新型城市中的重要作用。

11月9日 深圳市出台《深圳经济特区碳排放管理若干规定》。这是我国首部规范碳排放权交易的地方法规。

11月12日 深圳市汕头商会成立。

11月13日 著名画家吴齐的个人画展在关山月美术馆开幕。

11月15日 深圳虚拟大学园2012联席会议在深圳举办。

11月16日 第十四届中国国际高新技术成果交易会开幕。

△ 《前海深港人才特区建设行动计划（2012—2015年)》① 印发。

11月17日 工业和信息化部授予深圳市"中国软件名城"称号。

11月18日 "2012深圳国际化城市建设研讨会"举行。本届研讨会主题为"建设法治化国际化营商环境"，会议期间还将成立"深圳市国际化城市建设顾问委员会"。

△ 深圳市经济贸易和信息化委员会等15家政府部门政务微博集体上线。

11月19日 中国电子信息产业集团有限公司宣布中电集团国际总部落户深圳福田。该总部五年内将实现营收1000亿元，利税50亿元。

△ 由深圳航天东方红海特卫星公司独立设计生产的新技术验证卫星在太原卫星发射中心成功发射升空。这是深圳海特卫星公司独立研制的第一颗整星，也是我国第一个由企业自主投资开展的航天新技术在轨验证项目。

△ 深圳第二批政务微博开通。

11月20日 经国家人力资源和社会保障部批准，深圳大学新获设立"理论经济学"和"信息与通信工程"两个一级学科博士后流动站。

---

① 本行动计划有利于贯彻落实《国务院关于前海深港现代服务业合作区总体发展规划的批复》和《国务院关于支持深圳前海深港现代服务业合作区开发开放有关政策的批复》精神，加快推进前海深港人才特区建设。

11 月 22 日　在西安举办的国际安全社区命名仪式上，深圳福田区获得由世界卫生组织颁发的"国际安全社区"牌匾、锦旗。

△　牛憨笨院士团队喜获国家重大科学仪器设备开发专项项目资助。①

11 月 24 日　以"坚持改革开放，加快转变经济发展方式"为主题的第十届中国改革论坛在深圳举行。

△　连接龙华清华路与布吉布澜路，横穿布吉、李朗、坂田、龙华多个片区的东西向交通干线坂李大道市政工程启动。

△　《深圳国际仲裁院管理规定（试行）》公布并试行，利于创新商事争议解决机制，规范深圳国际仲裁院的运作，独立、公正、高效解决境内外商事争议。

11 月 27 日　深圳市第五届人民代表大会第四次会议开幕。

△　第二十二次全国城市年鉴研讨会暨第十三届全国年鉴学术年会在深圳举行。

△　第十一届"WTO 与深圳"高级论坛在深圳举行。本届论坛主题为"深圳国际化城市建设与可持续发展——开放改革创新"，分为三个专题：国际经贸环境与多边贸易体制面临的挑战、现代服务业创新与发展、产业升级与提升国际竞争力。

11 月 28 日　香港中文大学在深圳高新区举行深圳研究院全面启动仪式。在全面启动仪式上，深圳农业生物孔雀团队项目正式启动，深圳市网络编码关键技术及应用重点实验室（筹）、深圳市卫生风险分析重点实验室（筹）、植物化学与西部植物资源可持续利用国家重点实验室（香港中文大学伙伴实验室深圳基地）、深圳蔬菜分子生物技术工程实验室（筹）先后揭牌。

△　在首届广东国际交流合作周系列活动之"第三届中国（广东）—东盟合作论坛暨中国·越南（深圳—海防）经贸合作区推介会"上，历经四年筹备的中国·越南（深圳—海防）经贸合作区正式启动运作。

11 月 29 日　全国第五大航空公司深圳航空公司加入星空联盟，这是该公司自诞生以来最具里程碑意义的事件。

12 月 2～3 日　由中国期货业协会和深圳市政府联合主办的第八届"中国国际期货大会"在深圳举行。

12 月 2 日　第十一届"中国证券投资基金国际论坛"在深圳举行。

12 月 3 日　全国统计系统首家博士后基地——深圳市统计博士后创新实践基地揭牌。

---

①　项目名称为高精度光梳相干成像分析仪的应用与工程化开发，国家支持总经费 5650 万元。其中，深圳大学承担课题名称：光梳痕量分析的器件。该课题的研究经费达 1230 万元。

△　管理资产规模超过200亿元的招商局资本在深圳揭牌。

△　《深圳市海外高层次人才评审办法（试行）》印发，有利于大力引进深圳市急需的海外高层次人才，做好深圳市海外高层次人才评审工作。

12月4日　深圳市志愿服务基金会成立。

△　第五届中国（深圳）国际工业设计节开幕。

△　在第十一届（2012）中国政府网站绩效评估结果发布暨经验交流会上，"深圳政府在线"以高分再次荣获中国政府网站绩效评估副省级城市第一名，实现三连冠。

12月6日　深圳市科技金融联盟挂牌仪式在深圳博林诺富特酒店举行，这是中国第一家科技金融联盟，目前有会员单位106家。

12月7～8日　中共中央总书记、中央军委主席习近平视察深圳。

12月7日　第四届文化部创新奖颁奖仪式暨第五届中国文化创新高峰论坛在安徽滁州举行。深圳市"政府公益文化基金管理创新"项目和全国其他3个项目获得文化部创新奖特等奖，这也是深圳市在国内文化创新领域获得的最高级别的奖项。

△　由文化部和广东省深圳市人民政府共同主办的首届中国设计大展在深圳开幕。

12月8日　首届"深圳国际时尚设计节"在盐田区大梅沙游艇会开幕。本次设计节从"时尚珠宝设计"的主题来诠释深圳"设计创意之都"的核心理念。

12月10日　第十一届中国国际人才交流大会①在深圳开幕。大会在内容设置上创下多个"首次"：首次设立高技能人才馆、首次设立全球企业商学院品牌联展、首次增加国家部委参与合作、首批外专千人计划颁奖仪式。

△　《关于加快工业设计业发展的若干措施》印发，工业设计是产业转型升级的重点和方向。该措施有利于加快深圳市工业设计业发展，推动生产性服务业成长。

12月12日　深圳中心区最后一个重要大型公共文化建筑——两馆合一的"深圳市当代艺术馆与城市规划展览馆"开工建设。

△　深圳首批世界卫生组织口岸核心能力建设达标单位揭牌仪式在深圳检验检疫局举行，罗湖、深圳湾、福田、盐田、机场、沙头角6个口岸获此殊荣。

12月13～15日　首届"深圳国际生物科技创新论坛暨展览会"召开。展区面积7500平方米，按生物科学、生物技术、生物产业、孵化与创投4大板块进行

---

① 大会预计有80多个国家和地区的专家组织、科研机构、高等院校、人才机构，2万多名来自海内外的精英代表参会。

展示。

12 月 14 日 2012 中国（深圳）国际金融博览会暨金融技术设备展览会在深圳开幕。本届金博会以"创新、服务、实效"为主题，500 家机构提供的千余种理财产品、69 场融资对接推介会、多场专业论坛都将亮相本届金博会。

12 月 16 日 2012 中国（深圳）老龄产业高峰会议在深圳召开。

12 月 18 日 第六届中国（深圳）国际工业设计周在深圳开幕。本届工业设计周以"设计·未来"为主题，为期三天。

12 月 20 日 广东省教育厅公布第九轮广东省重点学科名单。深圳大学参加第九轮广东省重点学科现场答辩的 13 个一级学科、2 个二级学科全部获批成为第九轮广东省重点学科。

△ 第五届中国（深圳）国际茶业茶文化博览会在深圳开幕。本届茶博会标准展位达 2800 个，总面积突破 60000 平方米。深圳茶博会取代连续 13 年保有"国内茶业第一展"之称的广州茶博会，成为名副其实的全球业内最大展。

△ 深圳海关和坪山新区联手打造的"深圳出口加工区保税物流管理平台"正式运行，首创海陆"无缝"通关模式。

12 月 21 日 深圳市工业设计行业协会会长、三诺集团董事长刘志雄荣获"2012 中国创意产业杰出贡献人物奖"。

△ 美国《科学》杂志公布 2012 年度十大科学突破，大亚湾中微子实验成果入选。

△ 教育部社会科学司最近对全国普通高校哲学社会科学研究管理单位进行了评选，深圳大学社会科学部被授予"高校哲学社会科学研究管理先进集体"称号。

12 月 22 日 深圳首家中学生经济社团联盟成立。

△ 深圳市首届"膏方节"启动。

12 月 23 日 第二届"中国法治政府奖"评审结果在北京新鲜出炉，深圳在 4 年前设立的"深圳市法治政府建设指标体系"高票荣膺"中国法治政府奖"。

12 月 25 ～ 26 日 中共中央政治局委员、广东省委书记胡春华在深圳调研。

12 月 25 日 深、莞、惠通信一体化启动仪式在深圳举行。标志着珠江三角洲九市三大经济圈通信一体化顺利完成，珠三角地区电话用户每年节省通信费用约 17 亿元。

△ 深圳博物馆成为广东省第四家国家一级博物馆。

12 月 26 日 我国首台微波炉大小、基于国产"龙芯 3B"八核处理器的万亿次高性能计算机"KD - 90"，由深圳大学与中国科技大学联合研制成功并通过安徽省科学技术厅鉴定。

　　△　深圳北站开出首趟进京高铁。

12 月 27 日　中国人民银行同意中国人民银行深圳市中心支行发布实施《前海跨境人民币贷款管理暂行办法》。

　　△　轨道交通三期工程中的 9、11 号线开工建设，并全面进入工程实施阶段。

　　△　深圳 4 位企业家入选"2012 十大经济风云人物"。

　　△　国内动车装备制造巨头——中国北车集团公司（简称"北车"）与深圳市宝安区政府签署了《企业总部落户框架协议书》。根据该协议，北车投资建设的实体型南方总部将正式落户深圳宝安区。

12 月 29 日　《深圳经济特区饮用水源保护条例》公布，有利于保护深圳经济特区饮用水源水质，保障人民身体健康，促进经济的持续发展。

　　△　《深圳经济特区建设项目环境保护条例》公布，有利于加强深圳建设项目环境保护，控制环境污染，保护生态环境。

2013年

1月1日　深圳市财税收入连续 32 年收支平衡、略有盈余，实现有质量的稳定增长。2012 年财政年终结算的数据显示：当年来源于深圳市的公共财政收入达到 4502 亿元，同比增长 11%；其中地方公共财政预算收入 1482 亿元，同比增长 10.6%。

△　《深圳经济特区性别平等促进条例》正式施行，这是我国内地首部性别平等地方法规。该条例规定深圳要设立内地第一个性别平等促进机构，负责条例的组织实施。

△　《深圳经济特区人口与计划生育管理条例》于今日起施行。条例首次以法规形式明确独生子女父母计划生育奖励政策，并首次以法规形式明确政府应提供查环查孕等 6 项计划生育免费技术服务。

1月2日　深圳市市长许勤在龙岗体育中心会见了李娜、晏紫、雅瓦诺夫斯基等参加国际女子网球协会（WTA）深圳（龙岗）金地公开赛的球员和教练员代表。

1月4日　国家工商总局商标局宣布认定一批"中国驰名商标"，深圳再添 10 件"中国驰名商标"。至此，深圳市累计拥有"中国驰名商标"103 件，成为全国首个"中国驰名商标"突破 100 件的副省级城市。

1月6日　腾讯公司宣布，腾讯公益迎来了一个历史性的时刻：网络捐款平台募集善款突破 1 亿元。此举标志着中国首个直接筹款过亿元的网络捐款平台的诞生，同时也标志着网民公益时代的到来。

1月7日　深圳市市长许勤主持召开的市政府五届七十六次常务会议审议并原则通过了《深圳市支持金融业发展若干规定实施细则的补充规定》，将针对银行、保险、资本市场等不同机构，率先在国内推出更具吸引力、更加定制化的专项政策。

△　中国人民银行深圳中心支行下发了《前海跨境人民币贷款管理暂行办法实施细则》。

△　澳门特别行政区行政长官崔世安在深圳市副市长张文陪同下参观了前海合作区外海堤。前海管理局局长郑宏杰向崔世安介绍了前海的政策规划、招商情况以及园区内建设情况。

1月8日　日前深圳市住房公积金管理中心发布信息，经市住房公积金管委会审议通过，深圳市于 2012 年年底实施住房公积金利息补贴政策。据了解，深圳市是率先在全国实施住房公积金缴存利息补贴政策的城市。

△　深澳合作会议在深举行。双方签署了《关于加强交流与合作的备忘录》等6 项新的合作协议，其中大多都涉及民生改善事项。

△　由光明日报与中国建设银行联合主办的 2012 年"中国文化产业年度人物"揭晓，来自深圳的雅昌集团董事长万捷、华强集团董事长梁光伟榜上有名，成为当选企业家最多的城市之一。

1月9日　《深圳市关于贯彻执行〈闲置土地处置办法〉（国土资源部令第53号）的实施意见》已获市政府常务会议审议通过，将以 2013 年市政府 1 号文配套文件的形式印发实施。

△　深圳石油化工交易所举行了首个交易日启动仪式，标志着深油所石油化工产品现货交易正式开市。

1月11日　深圳工业总会举行第十一届"深圳企业新纪录"颁奖典礼，共有136 项企业新纪录获奖。其中，13 项获循环经济贡献奖，6 项获创新项目奖。

1月11~13日　全国高等医学教育学会基础医学教育分会第九次学术大会暨全国高等医学教育学会基础医学教育分会理事会在深圳大学成功举行。

1月13~19日　深圳市政协五届四次会议召开。

1月13日　由深圳虚拟大学园发起，香港城市大学、清华大学、北京大学等十余所大学和研究机构共同组建的深圳海洋研究与技术联盟在深圳成立。首任理事长由国家海洋局第二海洋研究所苏纪兰院士担任。

1月14日　广东省科协官方网站正式公布了关于命名深圳市国家气候观象台等23 个单位为"广东省科普教育基地"的决定。

1月18日　生活·读书·新知三联书店推出的《邓小平时代》一书，在北京、深圳、成都三地联合首发，深圳的首发式上午在中心书城举行。这部由哈佛大学傅高义教授倾十年心力完成的著作，被誉为邓小平研究"纪念碑式"的图书。

△ 由深圳商业联合会、深圳商报等主办并评选出来的第五届"深商风云人物"及第三届"深圳老字号"举行隆重的颁奖仪式。

△ 《深圳市优化资源配置促进产业转型升级"1+6"文件》① 对外公布。

1 月 19~20 日 由深圳大学主办、深圳大学国学研究所承办的"儒家思想与当代中国文化建设"国际学术研讨会于今日在深圳开幕。

1 月 21 日 深圳市举行了文明城市创建工作座谈会暨第十届深圳关爱行动动员会,会上通报了深圳市第三次获得"全国文明城市"称号。

△ 广东省政府在广州召开全省外经贸工作会议。深圳揽获 2012 年度全省外经贸和口岸工作进出口综合奖、吸收外商直接投资综合奖、外经工作奖等五个特等奖。其中,深圳市口岸办获得口岸大通关建设特等奖。

△ 深圳大学与盐田区政府,深圳大学艺术设计学院与深圳市灵狮文化产业投资有限公司分别签署了合作协议,共同推动深圳第一所以工业设计为特色的学院——深圳大学(盐田)工业设计特色学院建设。

1 月 22 日 深圳前海管理局近日发布的《前海境外高端人才和紧缺人才个税补贴暂行办法》提出,经由前海管理局认定的境外高端和紧缺人才将享受 15% 个人所得税优惠,认定名额原则上不设上限。

1 月 23 日 福田国际电子商务产业园与"深商e天下"达成战略合作协议,此次成功签约标志着"深商e天下"向覆盖深圳电子商务全产业链公共服务平台,又迈出坚实一步。

1 月 24 日 中国人民银行 2013 年全国货币金银工作会议在深圳召开。

△ 光明新区国家绿色生态城区启动会召开。此前,新区因获评首批国家绿色示范城区,获国家 5000 万元绿色生态城区建设支持资金。

1 月 25 日 深圳市对高层次专业人才认定标准进行修订,拟增加用人单位综合评价为人才认定前置标准。

1 月 26 日 第五届中国广告模特(国际)风采展示大赛在深圳启动,面向全球华人征选美德女神。

1 月 28 日 中国银行(香港)有限公司、汇丰银行(香港)有限公司等 15 家香港银行,与 15 家前海注册企业,签约跨境人民币贷款项目 26 个,协议总金额约 20 亿元人民币。

---

① 文件的出台从制度和机制上保障产业用地的需求,在用地供应机制、工业楼宇转让、地价测算等方面实现重大突破。

△ "2012首届深圳创意影响力评选结果揭晓暨创意设计界新年茶话会"在深圳五洲宾馆举行。

1月29日 华强北二号路竣工开通仪式正式举行。①

△ 国家住房和城乡建设部今日公布首批90个国家智慧城市试点名单，深圳市坪山新区"榜上有名"，并且是深圳市唯一入选的试点城区。②

1月31日 深圳迄今为止最大规模的保障房分配于今日启动。③

△ 大运中心总运营商签约暨交接仪式今日在大运中心主体育场举行。大运中心"一场两馆"正式由佳兆业集团进行运营管理。

2月1日 深圳市市长许勤主持召开市政府五届七十七次常务会议。会议审议并原则通过了《关于加强财政预算绩效管理工作的意见》④。

△ 全市召开查违工作共同责任考核会。

2月2日 深圳市在市民中心举行2012年度金融创新奖的颁奖。深圳市金融行业的24个项目共获得市政府1160万元重奖。

2月3日 深圳市微纳集成电路与系统应用研究院揭牌仪式暨"市区共建新型科研院所合作框架协议书"签约仪式在深圳五洲宾馆举行。⑤

2月4日 深圳市政府印发《深圳市支持金融业发展若干规定实施细则的补充规定》，针对银行、证券、基金、期货、保险及其他创新型金融机构推出优惠政策，以吸引更多创新型功能性金融机构及总部落户。

2月5日 深圳市城市交通规划设计研究中心举行新闻发布会，透露关于深圳停车收费政策调整的最新方案。

2月6日 经深圳市政府五届七十七次常务会议审定，将深圳市2013年最低工资标准调整为：全日制就业劳动者最低工资标准1600元/月；非全日制就业劳动者小时最低工资标准14.5元/小时。新标准自3月1日起实施。深圳目前最低工资标

---

① 此举是华强北街道办为了有效缓解地铁7号线施工期间华强北西片区的交通压力、实现机动车分流、方便市民交通出行的一项便民举措，同时也是华强北街道办为保持地铁7号线施工期间华强北商圈的持续繁荣稳定而推出的一项重要举措。

② 作为全国首批国家智慧城市试点，到2015年底初步形成"智慧坪山"，实现"基于云架构的集约政府"和"基于开放数据的开放社会"。

③ 此次推出四个保障房项目，可提供房源13496套。本次分配主要面向社会群体和人才群体，绝大多数是公共租赁住房，其中9416套公租房今天开始受理网上申请，具体申请条件等也将另行公布。

④ 提出深圳市要绩效管理融入预算管理全过程，逐步建立"预算编制有目标、预算执行有监控、预算完成有评价、评价结果有反馈、反馈结果有应用"的预算绩效管理机制。

⑤ 成立于深圳的微纳研究院是国内第一个聚焦电子行业基础创新和应用孵化的专业研究院，致力于推动电子产业的源头创新。

准领跑全国。

　　△　《深圳市公共租赁住房轮候与配租办法（征求意见稿）》正式出炉。

　　2 月 7 日　广东省统计局今天公布 2011 年建设幸福广东综合评价报告：从综合指数看，深圳位列第一；从水平指数看，深圳位列第二；从发展指数看，深圳亦位列第二。

　　2 月 19 日　深圳推出《深圳市支持金融业发展若干规定实施细则补充规定》。

　　2 月 20 日　深圳市政府公布 2013 年度完成的 111 项民生实事。①

　　△　全球权威科技商业杂志——美国麻省理工《科技创业》杂志（*MIT Technology Review*）评选出 2013 年全球最具创新力技术企业。深圳华大基因以其在生物医学领域的突出贡献，成功入选 50 强。

　　2 月 21 日　国家知识产权局发布 2012 年我国发明专利授权情况，深圳继去年之后再夺国内发明专利授权量城市（不含直辖市）冠军。

　　△　国家标准化委员会在北京颁布中国标准创新贡献奖，58 个标准奖项中一等奖和二等奖均来自深圳企业。

　　2 月 22 日　总装机容量达到 2.5 兆瓦的"前海深港合作光伏示范电站"在前海湾保税港区正式竣工，这意味着全球首个"绿色保税物流园区"示范区在前海诞生。

　　2 月 23 日　"中国科学技术大学工程硕士博士培养基地"在中科院深圳先进技术研究院揭牌，双方计划 3 年内实现 500 名在读联合培养硕士和博士研究生。

　　2 月 25 日　经国际标准化组织（ISO）和国家标准委同意，"国际标准化组织发展中国家事务委员会（ISO/DEVCO）国内技术对口单位"正式落户深圳，该技术对口单位日常工作由深圳市市场监督管理局承担，极大地提升深圳市乃至我国国际标准化工作的整体能力和水平。

　　△　深圳市 LED 产业联合会会员代表大会在深圳市民中心礼堂召开。

　　2 月 26 日　省高级人民法院发布信息，深圳市福田区人民法院首开全国先河，全面实行审判长负责制②。

　　△　深圳市政府与深圳市优视集团签订商洛市文化艺术中心项目建设框架合作

---

①　这 111 项民生实事涉及教育、医疗卫生、就业、社会保障、住房保障、食品安全、药品安全、公共交通、文化、全民健身、园林绿化、环境保护、市场供应、公共安全、公共服务、基础设施、城市公共保障能力等方面内容。各项民生实事都提出了量化指标，可考核目标。

②　此举将弱化庭长、副庭长对法官的行政管理职权，赋予审判长对审判团队的管理权以及对所审理案件的裁判权。这项改革极大地提高了法官办案的积极性。

协议书，并就开展合作进行深入洽谈。

△ 第七届海峡两岸测绘发展研讨会指导委员会第一次会议在深圳大学举行。国家测绘地理信息局副局长李朋德、深圳大学校长李清泉等来自海峡两岸暨香港、澳门的30余名专家学者出席会议。

2月27日 中国移动在广州和深圳正式启动大规模 TD－LTE 体验活动，标志着广州和深圳的4G试商用正式展开。①

2月28日 深圳市坪山新区出台了《坪山新区社会工作人才扶持办法（暂行）》，这是国内首个针对社会工作人才发展的专门性扶持政策。

3月1日 即日起，深圳市全面推行新的商事登记制度。深圳商事登记改革对现行商事登记法规做了重大突破：营业执照不再记载经营范围，谁许可审批就归谁监管。

3月2日 中国社会科学院等发布的《中国城市智慧低碳发展报告》显示，在110座城市中，深圳因其经济、能源、设施、环境和社会等方面低碳的成绩，位列前三。

△ 联合国教科文组织、深圳对外文化交流协会、深圳华强集团有限公司在五洲宾馆签署《战略合作协议》，联合设立"联合国教科文组织——深圳华强基金"，其主要宗旨是通过合作来巩固创意城市网络战略框架和图书产业并鼓励市民的阅读活动。

△ 由深圳市对外文化交流协会主办、联合国教科文组织指导支持的"图书和知识产权深圳会议"顺利闭幕。促进知识产权国际合作的《图书与知识产权深圳宣言（草案）》也在闭幕式上表决通过。

3月3日 广东省统计局公布了《2011年建设幸福广东综合评价报告》。报告显示，深圳建设幸福广东评价跃居全省第一。其中民生投入的加大和特区一体化进程的加快是促使深圳幸福指数跃升的最主要原因。

3月4日 深圳石油化工交易所成功举行第二届股东大会，中国石油化工集团、中国航空油料集团、振戎国际能源公司、建银国际公司等一批世界500强级的国有企业正式投资加盟深圳石油化工交易所。

3月6日 深圳市妇女社会组织服务基地正式启用，基地成功孵化的第一个社会团体深圳市妇女社会组织促进会和第一个民非企业深圳市智音妇女儿童关爱中心揭牌。

---

① 目前广东已建成全国最大规模 TD－LTE 网络。深圳作为中国移动首批进行 TD－LTE 规模试验网建设的城市，已建成2800个 TD－LTE 基站，建成全国最大、承载业务量最多的一张 TD－LTE 网络，基本完成主城区的 TD－LTE 网络覆盖。

　△　深圳市 2013 年度特色工业园工作会议暨 2012 年度深圳市特色工业园授牌仪式举行。

　△　外商投资股权投资企业试点工作近日启动，标志着深圳股权投资行业国际化大幕开启。

3 月 7 日　全球权威科技商业杂志——麻省理工《科技创业》杂志评选出 2013 年全球最具创新力技术企业。在深圳企业中，腾讯和华大基因凭借其在各自领域的突出表现入围 50 强。

　△　能源生态产业联盟深圳委员会成立，其宗旨是积极倡导生态环境保护及低碳生活，推动生态环境及低碳生活。

3 月 12 日　《中国经济周刊》与中国社科院城市发展与环境研究所近日联合发布《中国城镇化质量报告》，在中国 286 个地级以上城市城镇化质量排名中，深圳位居第一。

　△　《深圳前海深港现代服务业合作区产业准入目录》[①] 近日由国家发改委正式印发并实施。该目录是国家鼓励前海深港合作区进一步开发开放，引导投资方向，管理投资项目，制定和实施财税、金融等优惠政策的重要依据。

3 月 14 日　由联合国工业发展组织和中国工业经济联合会指导，深圳工业总会和深圳商报联合主办的首届深圳工业大奖独立评审团评审会议召开，评审会最终产生了首届深圳工业大奖获奖企业及工业家。

　△　前海深港现代服务业合作区管理局组织驻深金融监管部门、入区企业，以及综合开发院等学术机构召开前海金融创新座谈会。[②]

3 月 18 日　2013 年深圳·中山现代服务业对接会[③]在五洲宾馆举行，两市签订了《现代服务业合作发展协议》。

　△　深圳市智慧城市研究会在深圳虚拟大学园区召开成立大会，这是国内首个由行业内多家上市公司、高校科研一线机构组建的智慧城市行业性组织。

3 月 20 日　"禁摩限电百日行动"打响首战。深圳警方在全市范围内开展"禁摩限电百日行动"第一次集中整治"涉摩涉电"各类违法行为。

3 月 21 日　国家发改委正式批复了前海管理局提出的设立股权投资母基金方

[①] 该目录涵盖了前海深港合作区金融业、现代物流业、信息服务业、科技服务业、专业服务业、公共服务业六大领域共计 112 条产业条目。

[②] 与会单位就前海金融创新方向、金融创新意义、深港金融合作措施、人民币跨境业务创新前景、金融监管创新与风险控制等热点问题展开了深入讨论。

[③] 据悉 120 余家深圳企业参与对接，投资总额超过 850 亿元，涵盖现代服务业集聚区、产业园区、文化创意和旅游项目、大型物流和专业市场、商业地产五大类，现场有 4 个重点合作项目进行签约。

案，这标志着酝酿已久的前海股权投资母基金政策正式落地。

3月21~24日　为进一步加强世界500强企业的招商工作，市投资推广署招商赴上海等地走访一批世界500强企业在华总部，同时参加上海2013国际半导体设备、材料、制造和服务展览暨研讨会。

3月23日　第五届"尖峰时刻"全球商业模拟挑战赛中国区总决赛在北京落下帷幕，深圳大学代表队荣获本科组全国冠军（特等奖）及"最佳团队合作奖"，之后冠军团队将作为唯一一支代表中国的参赛团队参加PEAKTINE全球挑战赛。

3月26日　近日，广东省深圳市政府常务会议审议并原则通过了2013版《深圳市城市规划标准与准则》。作为全国首个指令性地方规划标准，《深圳市城市规划标准与准则》在经历两次修订之后，将再次升级。

3月27日　深圳市副市长吴以环在五洲宾馆会见了埃及文化部副部长凯米莉娅女士。双方探讨了深圳文博会的举办经验以及合作举办埃及开罗国际文化产业博览会等事宜。

3月28~31日　第14届深圳国际机械制造工业展览会在深圳会展中心成功举办，是中国华南地区首家经国际展览联盟认证和推荐的展会，同时也是中国南方规模最大、最具影响力的机械展览会。

3月28日　深圳大数据产学研联盟揭牌成立。由深圳市科技创新委与南山区政府共同主办的第三届南山科技经济论坛暨中国大数据产业峰会也同期举行。

3月30~31日　由深圳市政府和数字中国联合会共同主办、深圳市科技创新委承办的2013中国（深圳）IT领袖峰会在深圳市五洲宾馆举行。

3月30日　由深圳市委政法委、市委宣传部等联合主办的"深圳2013年度十大法治事件、十大政法创新评选活动"正式揭晓。

4月2日　广东省委常委、深圳市委书记王荣会见了来访的新加坡前总理、现荣誉国务资政吴作栋。

△　为纪念本焕大师圆寂一周年，弘法寺举行了本焕塔开工典礼、《本焕长老传奇》新书发布会、2013清明报恩思亲水陆超度大法会等系列活动。市政协主席王穗明，市委常委、统战部长张思平出席活动。

4月7日　Mathworks并行计算平台日前通过验收，该平台由美国迈斯沃克公司与国家超级计算深圳中心（深圳云计算中心）①联手建成。与此同时，深圳国泰安

---

①　国家超级计算深圳中心总投资12.3亿元，2010年5月经世界超级计算机组织实测确认，运算速度达每秒1271万亿次，排名世界第二。

信息技术有限公司与深圳超算中心签订长期合作协议。

4 月 8 日　由深圳市残联、罗湖区文体局及韩国济州共同举办"2013 年残疾人即韩国济州—中国深圳国际书画交流展"。

4 月 10 日　首届中国电子信息博览会在深圳会展中心正式开幕。同时,新一代信息技术产业发展高峰论坛同期举行。

4 月 11 日　国开行深圳分行与市发改委、规划国土委、住建局,国开金融公司与前海管理局分别签署合作协议,2013 年将为深圳一系列重点领域项目提供 300 亿元融资额度,"十二五"的后 3 年提供投融资项目合作额度 1000 亿元。

△　2013 博鳌亚洲论坛期间,国家发改委国际合作中心发布《中国城市对外开放指数研究报告》。在 32 个中国城市对外开放度得分及排名中,深圳、广州和厦门评分位居榜首,获评对外开放第一梯队的金牌城市。

4 月 13 日　团中央书记处第一书记秦宜智来深,调研深圳市共青团工作创新及新媒体产业发展等情况。市委书记王荣、市长许勤会见了秦宜智一行。

4 月 15 日　"2012 魅力中国——外籍人才眼中最具吸引力的十大城市"评选揭晓,深圳获选,并从 2011 年的第四上升为 2012 年的第三位。

△　ChinaVenture 投中集团最新发布的"2012 年度中国创业投资行业榜单"显示,在全国创投十强中,深圳共占有五席,其中深创投蝉联创投榜单第一名,达晨创投位居第二。

4 月 16 日　陈彪副市长在市民中心会见了英国欧洲货币集团执行总裁尼尔·奥斯本先生。双方就我市经济发展及产业转型升级方向进行了深入交流。

4 月 18 日　广州、深圳、珠海三市的领导齐聚深圳,协商建立"轮流坐庄"的交流合作机制,加强三大平台——广州南沙、深圳前海、珠海横琴三大创新发展平台对接。

△　深圳市软件行业协会召开。据悉,2012 年深圳实现软件业务收入 2748.6 亿元,同比大增 20.2%,仅次于北京,位居全国大中城市第二位。

△　第三届中国自主创新年会在人民大会堂举行,深圳获评"中国十大创新型城市",马化腾获评"中国十大创新人物"。

4 月 19 日　深圳市委书记王荣会见尼泊尔联合尼共(毛主义中心)主席、前总理普拉昌达。双方表示,在新的时期,将进一步加强深尼两地多领域合作,努力推动深圳与加德满都结为友好城市。

4 月 22 日　由深圳市卫人委发起主办、17 家医院参与、市医学继续教育中心负责实施的深圳市中医"治未病"暨中医适宜技术千人培训活动启动仪式正式启动。

△ 深圳市交通运输委员会发布深圳一季度公共交通服务指数。发布公共交通服务指数在全国尚属首次。

4月26日 深圳市知识产权工作会议发布了深圳市2012年知识产权发展状况白皮书。据悉，截至2012年底，深圳国内有效发明专利累计达52768件，位居全国首位。

4月27日 深圳市召开固定资产投资暨重大项目建设工作会议。市长许勤强调，要牢固树立"质量第一"的理念，更加注重提高投资质量和效益、优化投资结构、激发社会投资活力。

△ 全国首个P2P网贷指数——"深圳·中国P2P网贷指数"4月27日零时对社会发布。

5月5日 深圳市人力资源和社会保障局发布2013年度公共服务白皮书，今年将引进180名"孔雀计划"海外高层次人才，继续开展机关事业单位雇员制度改革。

5月7日 深圳与广西壮族自治区签署《贯彻落实广西深圳两区市合作座谈会纪要精神推动工业和信息化发展工作备忘录》，标志着广西与深圳市在工业经济领域的合作进入一个新的阶段。

△ 深圳国家基因库日前开始筹建覆盖全国范围的大型出生缺陷联盟。

5月8日 深圳市前海深港现代服务业合作区廉政监督局正式挂牌成立。该局立足深圳实际，借鉴国际经验，在遵循现有法律基础上，突破了纪检、监察、检察、公安、审计等监督部门分别设立的格局，在全国较早地建立了"人员统一管理、职权依法行使、监督形成合力"的廉政监督体制和运行机制。

△ 深圳市投资推广署在匈牙利集中开展系列投资推广活动，成功举办了以"投资深圳，共赢未来"为主题的2013年布达佩斯深圳投资环境推介会。

5月9日 深圳市全市改革工作会议召开，公布了《深圳市全面深化改革总体方案（2013—2015年）》①。

△ 深圳市公立医院管理中心正式挂牌运作，11家市属公立医院有了新管家。设立市医管中心是深圳继率先开展医药分开改革后，在深化医药卫生体制改革方面取得的又一项突破性成果。

5月10日 第九届中国（深圳）文博会艺术节今日隆重开幕。

---

① 按照总体方案，未来三年，深圳推进加快前海体制机制创新、深化商事登记制度改革、建立健全权力运行制约和监督制度、推动收入分配制度改革和创新基层服务管理体制五项重点领域改革。

5 月 13 日 深圳市与黑河市在市民中心共同举行两市缔结友好城市签约仪式。

5 月 14 日 在被纳斯达克誉为"来自中国文化概念的一面旗帜"的华视传媒的承办下，中国唯一一家国家级新媒体广告产业园即中国（深圳）新媒体广告产业平台及广告创意聚集园落户福田。

5 月 15 日 深圳市中医药标准联盟成立大会在深圳市人民大厦隆重举行。联盟的建立将推动中医药标准化的发展和提高，促进深圳市中医药产业的标准化、专业化、规范化。

5 月 16 日 深圳市政府与北京电影学院签署战略合作框架协议，双方共同建设影视动漫教育、技术研发、产业政策研究、作品创作、产业孵化、高端人才集聚 6 大基地。

5 月 17 ~ 20 日 第九届以"文化与科技相融合，产业与市场相促进"为主题的文博会在深圳会展中心举行。

5 月 17 日 商务部投资促进事务局近日在北京与深圳市投资推广署签订投资促进战略合作协议，双方将探索新时期投资促进工作创新机制的新举措，大力推动投资促进成果向经济发展成果转化。

5 月 19 ~ 24 日 经原新闻出版总署和国家标准化管理委员会批准，世界印刷标准化领域最高级别会议 ISO/TC130 第 27 届春季工作组会议在深圳威尼斯酒店召开。

5 月 21 日 深圳三星通信研究院正式开业。该研究院是韩国三星公司全新的海外研发机构，面向全球市场研发基站设备及通信前沿技术，建立通信网络设备检测体系等。

△ 深圳市首尊孙中山先生铜像在坪山新区揭幕。这座铜像由孙中山和平教育基金会主席、孙中山先生孙女孙穗芳博士捐赠给坪山新区金龟智慧谷"孙中山庚子首义纪念馆"。

5 月 22 ~ 24 日 "2013 佳兆业"杯中国国际女子排球精英赛在大运中心体育馆精彩上演，该项赛事是大运中心 2013 年度首个国际 A 级体育赛事。

△ 市政府出台《关于支持中小微企业健康发展的若干措施》，提出设立中小企业联保平台，完善中小企业融资增信与补偿机制。此举被视为中小企业拓宽融资渠道的重大利好。

5 月 25 日 第五届深圳世界葡萄酒采购博览会暨进口食品展在位于龙岗区龙城街道的深圳葡萄酒城开幕。

5 月 26 ~ 27 日 第四届中国智能运输大会暨第二届深圳国际智能交通与卫星导航位置服务展览会在深圳举行，海峡两岸暨香港、澳门的智能交通领域的权威专家，首次汇聚一堂探讨智能交通产业发展。

5月26日 近日在荷兰鹿特丹举行的"2013年世界地理空间信息论坛"上，深圳市规划和国土资源委员会完成的"城市地理信息技术应用项目"获得了"2012年度世界地理信息杰出（应用）奖"，这是中国内地城市首次荣获这一重大国际奖项。

5月27日 深圳市规划和国土资源委员会拟定了《深圳市建筑设计管理规定》征求意见稿，建筑设计处与协会联合召集房地产开发企业对意见稿进行了第一次讨论。

5月28日 由阿里巴巴集团牵头组建的中国智能骨干网（CSN）项目在深圳正式启动。

△ 2013中国3D打印（增材制造）产业发展与应用技术高峰论坛在深圳会展中心举行。会议介绍了3D打印最新成果及深圳3D打印产业发展现状。

5月30日 深圳市市长许勤主持召开第二次全市环境形势分析会，专项研究部署深圳市以PM2.5为主的大气污染治理工作。

△ 深圳市市长许勤在市民中心会见中国港中旅集团公司董事长张学武、总经理王帅廷一行，双方就进一步加强更广领域的合作进行了沟通和交流。

6月1~2日 "复杂管理系统建模与仿真国际研讨会"在深圳大学举行。本届研讨会致力于为国内外管理系统建模与仿真领域的专业人士提供一个权威论坛。

6月1日 中共中央政治局常委、全国人大常委会委员长张德江考察深圳前海深港合作区，并表示希望充分发挥好前海区位优势，早日将其打造成为深圳、广东新的增长点。

△ 《深圳经济特区技术转移条例》今日起施行。

6月4日 深圳市市长许勤在市民中心会见了美国兆华斯坦公司总裁兼首席执行官兆来瑞一行。兆华斯坦公司表示期待参与前海开发建设，加快在前海打造世界一流商务区。

6月6日 深圳市市长许勤在五洲宾馆会见了柬埔寨前首相、柬合作与和平研究院董事会副主席翁霍一行，双方就加强深圳和柬埔寨之间的经贸往来进行了沟通和交流。

△ 龙岗区组织了20多家企业代表深圳市组团参展首届中国——南亚博览会暨第21届中国昆明进出口商品交易会。

6月7~8日 "建筑低碳生态城市"暨"低碳生态城市"大学联盟2013年工作会议在深圳大学举行。

6 月 7 日　为配合厦深铁路年底建成通车,新城站交通配套设施工程开工建设①。

　　△　深圳市港澳办、深圳市科技创新委员会、香港创新科技署在香港科学园共同举办深港青年创新创业基地推介会。

6 月 8 日　深圳市人民政府出台《关于加快发展老龄服务事业和产业的意见》,从发展目标、主要任务、政策体系、组织领导等方面,对深圳市老龄事业和产业发展进行系统性、开创性的顶层设计。

6 月 9~11 日　深圳市市长许勤率领深圳市代表团赴芬兰考察访问,出席深圳－赫尔辛基经贸合作交流会,期间双方共同签署了两市友好交流合作备忘录。

6 月 9 日　由深圳市国家气候观象台、深圳市南山区青少年活动中心以及深圳市天文爱好者联合发起筹备"深圳市天文学会"。

6 月 12~13 日　深圳市市长许勤率深圳市代表团访问丹麦,探寻"丹麦模式"的内涵要义,并开展了一系列科技创新交流活动。

6 月 12 日　深圳市公布《深圳市文化改革创新三年行动计划(2013—2015年)》,计划推出 12 项文化领域的重点改革创新项目,掀起新一轮文化体制改革热潮。

6 月 14~17 日　深圳市市长许勤率领深圳市代表团访问土耳其最重要的两座城市——首都安卡拉和伊斯坦布尔。

6 月 17~18 日　深圳国际低碳城论坛在龙岗区拉开帷幕。

6 月 17~19 日　由教育部、文化部、社会资源保障部、信息产业部等 30 多个国家部委、部门联合举办的全国职业教育职业技能大赛首届艺术类舞蹈技能比赛在六朝古都南京隆重举办,深圳艺术学校代表深圳获得了一等奖一个、二等奖二个、三等奖一个,为深圳市的文化艺术建设事业赢得了地位和荣誉。

6 月 18 日　中国首单碳排放配额交易在深圳国际低碳城会展中心举行。深圳能源集团股份有限公司作为出让方,出售 2013 年碳排放配额 2 万吨给受让方广东中石油国际事业有限公司以及汉能控股集团有限公司,成交额共计 58 万元。

6 月 20 日　中国社科院在京发布的《生态城市绿皮书:中国生态城市建设发展报告(2013)》指出,深圳、广州、上海、北京和南京等城市在环境友好型城市建设和生态建设的基本方面都表现较好,其中在评选出的 2011 年生态城市前十位城市

---

　　①　新城站综合交通枢纽站位于深汕公路东、三棵松水库南侧,处于坪山新区中心,距离龙岗中心城 10公里,包括深圳新城站综合交通枢纽工程及周边配套市政道路工程。

中，深圳位居第一，并且连续 4 年领跑全国。

6 月 18~24 日　首届中非文化产业圆桌会议在北京和深圳两地举行。

6 月 21~23 日　第七届中国（深圳）国际投资贸易洽谈会（简称"深洽会"）在深圳会展中心举行。作为中国国际贸易促进委员会和深圳市政府主办的大型投资贸易洽谈会，"深洽会"是深圳对外经贸交流合作的重要活动之一。

6 月 21 日　市长许勤和荷兰阿尔梅勒市市长安娜玛丽·姚瑞玛·莱彬珂在五洲宾馆签订友好交流合作备忘录，深圳和阿尔梅勒这两座建市仅 30 多年的年轻城市正式缔结为友好交流城市。

6 月 24 日　作为落实中央惠港政策、深化粤港深港合作的标志性成果和"深港创新圈"的重要内容，首个深港青年创新创业基地在深圳南山云谷创新产业园正式揭牌。

6 月 27 日　2013 年广东"扶贫济困日"暨深圳"慈善月"和"慈善日"活动正式启动。

　△　《前海深港现代服务业合作区综合规划》获得深圳市政府批复并正式公布。根据规划，前海将采取"三区两带"的城市规划结构，建设成为具有国际竞争力的现代服务业区域中心和现代化国际化滨海城市中心。

6 月 28 日　深圳市政府正式发布《深圳市关于支持中小微企业健康发展的若干措施》。

　△　第九届中国新疆喀什·中亚南亚商品交易会开幕，深圳市委常委、常务副市长吕锐锋率深圳经贸代表团共 54 家企业参会。同期，深圳大学、经济日报社、喀什特区联合举办了 2013 中国经济特区喀什论坛，为喀什特区发展献计献策、贡献智慧。

6 月 29 日　第 15 届中国风险投资论坛在深开幕，来自国内外的投资者、创业企业家、学者及专业人士千余人集聚深圳，深入探讨风险投资如何更加有效地推动创新发展、服务实体经济。

7 月 1 日　深圳推出了全国首张银联金融 IC 公务卡。该卡由中国银联联合工商银行、建设银行、招商银行、平安银行和中信银行 5 家商业银行分别发行，公务人员可在上述发卡行中选择一家办理实名制公务卡。

　△　市长许勤在深会见了台湾维新基金会董事长谢长廷一行。

　△　今日起深圳市国家税务局、深圳市地方税务局推行联合开具纳税证明业务。

7 月 2 日　前海临时综合办公区今日终于启用，宣告前海管理局正式搬入合作区内办公。

△　2013 年中国风险投资行业年会暨风险投资形势分析会在深圳五洲宾馆举行，作为国内风险投资领域的高端论坛，旨在为国家科技体制改革和创新型国家建设探索新路。中国科技金融促进会风险投资专业委员会深圳工作站同期启动。

7 月 3 日　科技部日前公布了全国首批 10 个创新型产业集群名单，深圳高新区下一代互联网创新型产业集群成功入选，成为全国首批试点。

7 月 5 日　深圳市市长许勤在市民中心会见了太平洋国际管理集团首席执行官斯蒂芬尼亚·瓦伦蒂一行。

7 月 11 日　由深圳市经济贸易和信息化委员会、深圳市龙华新区管理委员会、深圳市服装行业协会主办的第十三届中国（深圳）国际品牌服装服饰交易会在深圳开幕。

△　深圳司法局首创人民调解与义工志愿者的合作机制，从义工中遴选人民调解员。首批 55 名义工拟通过培训获得人民调解员工作证后，将协助各类人民调解组织化解民间纠纷，开展法制宣传等工作。

7 月 12 日　近日深圳市市卫人委透露，医疗执业责任强制保险制度（"医强险"）年内有望启动，首先将在 14 家已设医调室的医院先行试点。这也是国内首次将执业医师个人纳入了被保险人，标志着医师的执业风险有了保护屏障。

7 月 16 日　深圳市市长许勤在人民大会堂与白俄罗斯首都明斯克市执行委员会主席拉杜季科签署了《友好交流合作城市协议》，两市正式缔结为友好交流城市。

7 月 17 ~ 18 日　广东省副省长林少春与省人力资源和社会保障厅厅长林应武、省总工会副主席林锡明一行，赴深圳市专题调研劳动关系维权维稳工作情况。

7 月 17 日　《2013 年全球创新指数报告》亚洲发布会在深圳的华为基地举行，这是自报告创立以来首次在亚洲国家发布。

7 月 18 日　由深圳超多维光电子有限公司联同华星光电、清华大学深圳研究生院、深圳创新投资集团等 20 家核心单位共同发起的深圳 3D 显示产业联盟正式成立。

△　深圳市文体旅游局、深圳读书月组委会在 2013 年香港书展举行了"深圳读书月走进香港书展"系列交流活动，包括"深港设计廊"签约、深港数字出版合作共赢研讨会和深港两地阅读推广交流会等。

△　2013 年 WDC 标准舞、拉丁舞世界杯暨第十一届中国深圳标准舞、拉丁舞世界公开赛拉开帷幕[①]。

---

①　WDC 国际标准舞世界杯是由世界舞蹈总会授权中国地区举办的最高级别赛事。自 2009 年起连续十年在中国举办，是除世界三大国标舞赛事以外最具分量的国际赛事，也是深圳近年来最具影响力的大型国际舞蹈赛事之一，堪称"东方黑池"。

7月19日　深圳市市长许勤主持召开市政府常务会议，审议并原则通过了《深圳经济特区一体化建设三年实施计划（2013—2015年)》。

7月24日　深圳市经济贸易和信息化委员会与深圳海关共同召开全市保税（物流园）区"国发58号文及深圳保税区域转型升级总体方案"政策宣讲会。

7月30日　深圳市举行庆祝中国人民解放军建军86周年军政座谈会。市委书记王荣，市长、市双拥工作领导小组组长许勤等领导共庆八一建军节。

8月1日　深圳市市场监督管理局颁发了第一张全流程电子营业执照，在全国第一个利用现代电子认证技术和银行网银证书实现全流程网上注册，在全国第一个出台《深圳经济特区网上商事登记暂行办法》的规范性文件。

△　8月1日起《关于暂免征收部分小微企业增值税和营业税的通知》实行。

△　深圳市人大通过立法来保护救人义举，《深圳经济特区救助人权益保护规定》获深圳市人大常委会表决通过。救助人权益保护规定今日起实施。

8月2日　深圳市市长许勤在市民中心会见了到访的美国高盛集团副董事长兼亚太区董事长马克·史华兹一行。马克·史华兹表示非常希望参与前海的金融创新，有意在前海发展跨境交易等业务。

8月3日　深圳市首次使用物联网技术推行垃圾分类。

8月5日　基于前海设立的深圳石油化工交易所正式上线现货挂牌、现货即期和现货专场三种交易模式，此举标志着深油所现货协议、现货挂牌、现货即期和现货专场四种现货交易模式全面上线。

8月7日　深圳、东莞、惠州三市领导第七次联席会议在五洲宾馆举行，会议审议通过了《深莞惠区域协调发展总体规划（2012—2020年)》和三市近期推进的13项重点工作，并签署了共建汽车零部件产业等4项合作协议。

8月8~10日　国家审计署审计长刘家义率队来深开展党的群众路线教育实践活动并检查指导政府性债务审计等工作。

8月8日　日前《深圳市全面深化改革总体方案（2013—2015年)》和《深圳市2013年改革计划》通过政府公报正式亮相。这标志着深圳新一轮改革启动。

8月12日　《深圳保税区域转型升级总体方案》近期正式发布。

8月13日　深圳市军休服务管理中心正式受颁ISO认证机构（中鉴认证）的认证，获得GB/T 19001~2008/ISO 9001：2008标准质量管理体系认证。[①]

[①]　通过认证，深圳市军休服务管理中心把国际先进的管理理念和体系与军休服务管理的具体状况和发展需要有机结合起来，提升军休工作的整体水平。

△ 深圳首次启动台风高级别预警信号的预发布制度，即在正式发布高级别台风预警前提前 2 小时预发布相关信息，属全国首创。

8 月 14 日 深圳市委书记王荣、市长许勤会见了海关总署署长于广洲一行。

8 月 15 日 2013 年中国（深圳）国际公共交通科技博览会今日在深圳会展中心开幕。本届交博会以"绿色·智能·亲近"为核心主题，由国家科学技术部批准，中国科学技术协会和中国道路运输协会联合主办。

8 月 20 日 今日起深圳市率先以规章形式推动和促进绿色建筑发展，制定了《深圳市绿色建筑促进办法》，巩固了深圳市作为"绿色建筑之城"的地位。

8 月 21 日 深圳市市长许勤主持召开市政府常务会议，审议并原则通过了《智慧深圳建设实施方案（2013~2015 年）》①。

8 月 22 日 深圳市市长许勤在五洲宾馆会见了新加坡交通部长吕德耀一行，双方就加强合作、促进共同发展进行了交流。

8 月 23 日 深圳市市长许勤会见了在深访问的肯尼亚总统乌胡鲁·肯雅塔一行。双方表示，进一步加强交流、推动合作、增进友谊，为建立平等互信、互利共赢的中肯全面合作伙伴关系做出贡献。

△ 近日深圳市网络媒体协会和中国互联网络信息中心（CNNIC）共同发布《2012~2013 深圳市互联网发展状况研究报告》。报告显示，深圳网民总体规模已达到 819 万，网民渗透率以 78.1% 超越中国香港、新加坡，成为"最互联网"的城市。

8 月 26 日 大型合唱交响曲《人文颂》专场音乐会在深圳音乐厅奏响，献礼深圳经济特区建立 33 周年。

8 月 27 日 2013 中国（深圳）国际节能减排和新能源产业博览会（节博会）今天在深圳会展中心开幕。

8 月 28 日 2013 年深圳（潮州）产业转移工业园项目签约仪式暨招商推介会在深圳市五洲宾馆隆重举行。

8 月 29 日 《深圳社会建设统计年鉴（2013 年）》由中国统计出版社出版发行，这也是我国首部以城市社会建设为统计对象的统计年鉴。年鉴的出版是对深圳社会建设相关领域工作的客观总结，也是深圳加强社会建设的又一创新成果。

△ 深圳市法制办召开前海深港合作区借鉴香港民商事法律制度专题研讨会，

---

① 方案提出要大力推动信息技术在国民经济和社会发展各领域的应用，加快发展物联网、云计算、大数据等新一代信息技术产业，全面提升城市现代化发展水平和市民生活幸福水平。

深圳大学法学院、市中级人民法院等单位的 20 多位专家学者出席了研讨会。

8 月 31 日 深圳隆重举办"全市质量大会",接受质检总局授予的"示范城市"称号,同时回顾总结全市质量强市工作。

9 月 1 日 南方科技大学举行新校园启用仪式暨 2013 年开学典礼。新校园的正式启用,是南科大发展的里程碑,标志着南科大发展进入了一个新阶段。

△ 国家质检总局正式批准深圳罗湖区成为"黄金珠宝产业全国知名品牌创建示范区"。

9 月 2~3 日 中共中央政治局委员、国务院副总理马凯到深圳调研信息技术和产业研发生产及应用情况,肯定深圳创新发展及成就,勉励深圳信息产业抢抓机遇,努力实现跨越式发展。

9 月 3 日 深圳市 2013 年人才安居试点企业名录今起在市政府在线及市住建局网站公示,共有 2297 家企业入围。社工群体首次纳入人才安居保障范围。

9 月 4 日 深圳市市长许勤会见了来深举办"布里斯班—澳大利亚新型国际都市的商业机会"商务投资论坛等活动的澳大利亚布里斯班市市长格莱汉·库尔克一行。

9 月 9 日 国家标准化管理委员会日前批复,同意深圳市市场监管局依托深圳市标准技术研究院设立"深圳欧洲标准研究中心"。据悉,这是目前国内唯一的国家级欧洲标准研究机构。

9 月 10 日 2013 年度新华-道琼斯国际金融中心发展指数公布。深圳从去年的第 19 位攀升到第 15 位,排名连续第四年前移。

9 月 13~15 日 由中国航空学会信息融合分会主办,深圳大学承办的第五届中国信息融合大会在深圳召开,旨在促进我国信息融合技术的发展,深化信息融合理论和技术的研究与应用。

9 月 13 日 深圳大学建校 30 周年暨 2013 年开学典礼在深圳大学田径场举行。广东省委常委、深圳市委书记王荣出席典礼并致辞,希望深圳大学以建校 30 周年为新起点,为办成高水平、有特色、现代化的一流大学而努力奋斗。

9 月 15 日 "基于三维 GIS 基准房价体系构建关键技术及示范应用"等三个由深圳市房地产评估发展中心主要参与完成的项目,经过严格审查,分别荣获 2013 中国地理信息科技进步奖一等奖、三等奖,以及 2013 中国地理信息产业优秀工程金奖。

9 月 16 日 在国家中医药管理局召开的 ISO 中医药国际标准战略研讨会暨 ISO/TC249 第四次年会上公布的《深圳经济特区中医药系列标准与规范》已成为国家和

世界标准。

9 月 21 日 深圳大型交响乐《人文颂》在法国巴黎联合国教科文组织总部演出，各国常驻教科文组织使团代表、巴黎文化艺术界人士、各国媒体驻巴黎记者及当地华侨和留学生代表等约 1300 人观赏。

9 月 22 日 国家统计局中国经济景气监测中心等机构联合发布《2013 中国绿色发展指数报告》。报告公布了我国 30 个省（区、市）和 100 个城市的绿色发展指数，其中深圳位居第二。

△ 深圳市委书记王荣会见联想控股董事长、弘毅投资董事长柳传志一行。柳传志表示，弘毅投资计划在前海建设全球私募股权投资基金中心，意图将前海打造成亚洲 PE 的聚集地。

9 月 23 日 作为第二届中国公益慈善项目交流展示会的重要活动之一，"两岸四地慈善研讨会"在会展中心举行。来自海峡两岸暨香港、澳门的政、商、学各界诸多重要的慈善爱心人士围绕"慈善与中国梦"主题，共同探讨慈善事业发展的新趋势、新动向和新路径。

△ "弘毅投资 2013 全球年会"在深圳举行。淡马锡、新加坡政府投资公司（GIC）、加拿大养老集团 CPPIB、高盛、斯坦福大学捐赠基金、全国社保基金理事会、中国人寿等全球知名出资人汇聚鹏城，畅谈未来 10 年我国的投资机会与企业发展之路。

9 月 24 日 深圳市市长许勤主持召开市政府五届九十三次常务会议。会议审议并原则通过了《深圳国际生物谷总体发展规划（2013—2020 年）》①。

△ 深圳市工商联、深圳市总商会六届四次会议召开，会上签订了影响深圳市民营中小微企业商业未来发展的重要金融战略合作协议，包括建设银行在内的 5 家银行在 3 年时间内向深圳市民营企业和社会组织提供 6000 亿元的授信额度。

9 月 25 日 第二届深圳国际生物科技创新论坛暨展览会在会展中心正式开幕。本届展会为期 3 天，主题为"生物科技改变未来世界"，展会吸引了美国、德国、比利时、挪威、丹麦等 10 多个国家和地区的百余家企业参展。

9 月 27 日 深圳市市政府和中国航天员科研训练中心在会展中心签署战略合作框架协议，双方共同努力推动深圳的创新产业优势与中国航天员科研训练中心的科研实力进行有效对接，为我国航天事业发展做出新的更大贡献。

---

① 内容包括按照有质量的稳定增长和可持续的全面发展的要求，坚持"大科学引领、大数据支撑、大产业发展、大健康服务"理念，将国际生物谷打造成"国际领先的生物科技创新中心、全球知名的生物产业集聚基地"。

△ 深圳市政协召开五届三十六次主席会议，首次以主席会议的形式，就促进战略性新兴产业发展重点提案进行专题协商。

△ 近日中国科学院深圳先进技术研究院集成所光电工程技术中心研究团队与英国 Bangor 大学、西班牙 Valencia 大学联合申报的欧盟第七框架"玛丽·居里行动计划"（Marie Curie Actions）人才国际交流项目成功获批。

9 月 28 日 国内最大合资高端汽车项目——长安标致雪铁龙工厂竣工，深圳经济特区首条合资汽车生产线正式投产，汽车工业向产业链高端迈出重要一步。

9 月 30 日 深圳市规划国土委发布《继续加大房地产调控力度保障房地产市场平稳健康运行》，以此向外界释放调控楼市、稳定房价的信号。

10 月 1 日 我国首个人工角膜产品由深圳艾尼尔角膜工程有限公司与第四军医大学组织工程研发中心金岩教授的团队联合研制成功，并已完成临床试验。

10 月 6 日 最新数字显示，2013 年前 8 个月，深圳港集装箱吞吐量持续超过香港，成为全球第三大集装箱港。

10 月 8 日 深圳推出全国首个 4G 即摄即传行业应用。深圳卫视新闻直播节目利用 4G 技术实现日常新闻的无线高清直播，这意味着 4G 应用正加速走进大众生活。

10 月 9 日 最新一期"全球金融中心指数"报告日前发布的全球金融中心竞争力排行榜显示，深圳排名大幅上升，为第 27 位，上升了 11 位。

10 月 10 日 深圳市市长许勤在市民中心会见了世界银行集团国际金融公司（IFC）中蒙韩区首席代表赵炫赞一行。IFC 计划在深支持绿色建筑试点项目，推进与深圳在绿色低碳和环境保护等领域的合作。

△ 深圳市市长许勤、副市长吴以环率市有关部门负责人视察了香港中文大学（深圳）启动校区项目。

10 月 11 日 深圳市市长许勤在市民中心会见了在深调研的工业和信息化部副部长兼国防科技工业局局长马兴瑞一行。双方表示进一步加强合作，加大改革创新力度，共同为我国国防事业发展做出更大贡献。

△ 深圳市交通运输委发布全市物流业最新发展情况。据透露，今年上半年，全市物流业增加值为 536.17 亿元，占同期全市 GDP 的比重为 8.92%，物流产业规模超越北京、广州等城市，仅次于上海，稳居全国第二。

10 月 13 日 第二届全国老年人体育健身大会闭幕式暨深圳庆祝首届老年节活动在深圳湾体育中心体育馆举行。

△ 深圳市委市政府联合发布了《深圳经济特区一体化建设三年实施计划

（2013—2015 年）》。

10 月 14～16 日 2013 年中国（深圳）国际物流与交通运输博览会在深圳会展中心举行。

△ 深圳港与加拿大哈利法克斯港签署友好港关系协议。至此，深圳港已将全球 14 个重点港口纳入自己的"友好港"版图。

10 月 15 日 泛太平洋海运会议（Trans-Pacific Maritime Conference）在深圳举行。据悉，这是深圳连续第七年举办此盛会，且是美国之外数年来的唯一举办城市。

10 月 17～20 日 2013 中国（深圳）国际文化产业博览交易会精品展在澳门威尼斯人酒店开幕。澳门特区行政长官崔世安、广东省副省长招玉芳参观了展览。

10 月 21 日 联合国教科文组织授予深圳市"全球全民阅读典范城市"证书，以表彰深圳坚持不懈地推动国际化城市建设和全球文化交流合作方面为全球树立的典范，这是该组织授予全球城市关于全民阅读的最高荣誉。

10 月 22 日 中国首个《城市物流质量评价指标》于近日正式发布。深圳以微弱优势超越广州、上海，居于榜单首位。

10 月 25 日 深圳市正式对外公布《关于推进股份合作公司试点改革的指导意见》，称年内将选择 3～5 家股份合作公司作为试点，着重围绕原农村土地房屋产权、股权改革、政企分开等热点问题进行突破。

△ 中国甲醇现货交易平台近日落户前海深港现代服务业合作区并正式上线交易，这是国内首个国家级甲醇交易平台，未来有望在交易平台的基础上实现中国甲醇定价权。

10 月 27 日 由北京大学汇丰商学院主办的 2013 中国·深圳企业社会责任与商业可持续发展论坛在深举行，来自世界各地的 80 余位专家就绿色经济发展、企业的绿色转型等问题予以探讨。

10 月 29 日 深圳小额贷款公司监管信息平台正式上线，全市开业运营的 80 余家小贷公司已接入系统，顺利实现了数据报送入库、统计汇总、预警提示等功能。

△ 深圳市出台了我国第一份专门规制网络交易合同的规范性文件《深圳市网络交易合同规则》。

10 月 30 日 深圳国家基因库宣布与世界级生物技术平台 BioStorage Technologies 公司签署战略联盟协议。双方将通过合作，搭建世界性生物研究合作网络，打造"生物谷歌"。

11 月 1 日 国内首家互联网银行平台——"互联行"深圳九九加一实业有限公司诞生。

11月3~5日 由市企业联合会、市企业家协会举办的 2013 深圳市首届企业运动会在深圳体育中心隆重举行。

11月4日 深圳市市长许勤会见了世界模特小姐国际组织机构主席、世模大赛创始人苏哈·奥佩里一行。据悉，世模国际组织机构正筹划在深建设总部基地。

11月5日 深圳市社会建设领导小组会议暨"织网工程"工作会议召开。

△ 2013 中欧标准化工作组会议暨中欧标准化信息平台升级推广会在深圳召开。

△ 作为全球最具影响力的"基因组学"盛会之一，第八届国际基因组学大会日前在深圳落下帷幕。

11月6~7日 第 12 届中国国际人才交流大会正式拉开帷幕。此次大会以"国际化、高端化、精品化、专业化、市场化"为目标，突出特色，追求实效，大幅度调整会议与展览的内容，增加国际会议的比重。

11月7日 深圳市市长许勤主持召开市政府常务会议，审议并原则通过了《深圳海洋产业发展规划（2013—2020 年）》。

△ 中国保监会近日正式批复同意深圳市开展巨灾保险试点。深圳市目前已初步拟订《深圳市巨灾保险方案》。

11月8日 经深圳市政府授权，市财政委员会通过财政部国债发行招投标系统，向 13 家政府债券承销团成员成功招标发行了深圳市 2012 年政府债券，为 2013 年地方政府自行发债试点工作画上圆满句号。

△ "2013 深圳市大鹏新区投资环境推介会"在香港成功举办。推介会重点介绍了大鹏新区打造"生态岛、生物岛、生命岛"的发展规划①。

△ 全国首个电磁超材料技术及制品标准化技术委员会在深圳成立。这意味着我国在全球率先启动电磁超材料标准化工作，将有利于我国超材料产业在全球的布局和竞争。

11月9日 密克罗尼西亚联邦总统伊曼纽尔·莫里、萨摩亚独立国总理图伊拉埃帕·马利埃莱额奥伊、汤加首相图伊瓦卡诺在参加中国·太平洋岛国经济发展合作论坛暨 2013 绿色创新展期间访问深圳。

△ 深圳卫生系统有了首个院士工作站——"深圳贺林院士协同创新工作站"，该工作站落户在宝安区妇幼保健院，今日正式揭牌。

---

① 规划主要包括国际生物谷 6 平方公里规划、大鹏下沙滨海生态旅游度假区 1.5 平方公里旅游整体项目开发，以及传递深圳航海基地及运动学校运营商招标信息等。

11 月 10 日　深圳大学喜获文化部文化科技司批文,正式筹建国家文化创新研究中心,成为全国第三家获此殊荣的高校。

11 月 11 日　国内第一份民营医院排行榜日前由香港艾力彼医院管理研究中心发布,深圳共有 4 家民营医院跻身百强。

△　第十五届中国专利奖在京揭晓,深圳市 4 项专利荣获中国专利金奖,在共 20 项金奖中占据五分之一,居各城市前列。

11 月 13 日　深圳信息化建设再获国家级荣誉,成为全国首个政务信息共享国家示范市。在全市信息化工作会议上,市长许勤代表深圳接受国家发改委等五部委联合颁发的"政务信息共享国家示范市"奖牌。

11 月 15 日　广深高速鹤洲立交改造工程今日正式通车,比原定计划提前 4 个月完工,并先后 3 次顺利通过了新航站楼的转场演习测试。

11 月 16 ~ 17 日　2013 中国(深圳)第八届双钢琴四手联弹邀请赛于在深圳音乐厅隆重举行。

11 月 16 ~ 18 日　由深圳大学主办、深圳大学国学研究所承办的"儒学的当代发展与未来前瞻"——第十届当代新儒学国际学术会议召开。当代新儒学的代表人物杜维明、刘述先、成中英、蔡仁厚,以及来自世界各地 60 多所高校和研究机构的 120 多名代表出席了会议。

11 月 16 日　第 15 届中国国际高新技术成果交易会在深圳会展中心启动。中共中央政治局委员、国务院副总理汪洋在省市领导胡春华、朱小丹、王荣、许勤等陪同下考察第十五届高交会展馆。

11 月 17 日　深圳市市长许勤与斐济苏瓦市、希腊雅典市、爱尔兰科克市、保加利亚普罗夫迪夫市、吉尔吉斯斯坦比什凯克市、土耳其安卡拉市 6 个城市有关负责人签署、交换友好交流城市合作备忘录,这标志着深圳友城大家庭再添 6 名新成员,至此深圳已与全球 53 个城市结为友好城市或友好交流城市。

△　中国工程院、深圳市政府合作委员会第七次会议在深圳举行,中国工程院院长周济、深圳市市长许勤等出席会议。

11 月 18 日　深圳市签订全国首份电梯事故责任险统保保单。电梯事故责任险统保项目在深圳率先顺利落地。

△　深圳国际化城市建设研讨会举行,来自美国、匈牙利、香港等地的 20 多名海内外专家齐聚一堂,围绕"建设法治化国际化营商环境"主题建言献策。

△　深圳市市长许勤会见了美国华盛顿州州长杰·英斯利率领的商务代表团一行。许勤表示,深圳已经和全球 53 个城市缔结友城,希望这次州长率团访问深圳,

能够推动两地更紧密交流，不断加强在互联网、生命健康、绿色低碳等领域的互利合作。

11月19日 深圳市医师定期考核工作启动暨培训会议召开。这次会议标志着这项与每名医生的执业生涯密切相关、事关我市医师队伍建设的重要工作全面启动。

△ 近日深圳市推出《深圳学派建设推进方案》，随着方案的实施，"深圳学派"将走向现实。

11月21日 全国粮食行业中第一个RFID技术应用于成品粮的保管企业。

△ 深圳发布首部《深圳市公共安全白皮书》，其中提出了我市城市公共安全的中期发展目标，即到2020年深圳市将完善城市公共安全六大体系。

11月22～24日 由文化部文化科技司指导，深圳大学、南山区人民政府主办，深圳大学文化产业研究院与南山区文化产业发展办公室承办，深圳雅图文化科技集团协办的"2013文化科技创新论坛"在深圳举行。

11月25日 深圳市市长许勤率深圳市政府代表团访问香港。访港期间，许勤市长专程拜会了行政长官梁振英，双方就新时期推进深港合作进行了会谈，表示共同努力拓宽合作领域、提升合作层次，推动两地优势互补、共同繁荣。

11月26日 2013亚太地区教育信息化高层专家会议在深圳开幕，来自亚太地区27个国家和中国各省市政府部门的专家和企业代表一起交流，这是亚太地区教育信息化高层专家会议首次在中国举行。

11月27日 财政部公布首批新能源汽车推广应用城市，确认北上广深以及广东城市群等28个城市或区域成为第一批新能源汽车推广应用城市。

△ 福布斯中文网再度发布了2013年的中国最佳商业城市榜单，广州今年位居冠军，深圳名列第二。

11月28日 深圳市市长许勤在五洲宾馆会见了来自友城韩国釜山市市长许南植一行。

△ 第七届中国（深圳）国际金融博览会（简称深圳金博会）在深圳会展中心1号馆举行。作为国内最具规模和影响力的金融盛会，深圳金博会入选全国会展办"中国十大影响力品牌展会"。

△ 深圳宝安国际机场新航站楼正式启用。深圳机场由此跻身多跑道、大型航站楼运营的现代化国际空港之列。

△ 国家工商总局在深召开全国部分改革试验区企业登记管理工作座谈会时表示，深圳现有商事主体125.23万户，按总人口1500万计算，平均每千人拥有商事主体83.49户，位居全国首位。

11 月 29 日 深圳大学与北京邮电大学、南京大学、山东大学等多所高校、企业签署了合作协议。共同设立的"移动互联网安全技术国家工程实验室"正式落户深圳虚拟大学园，这是首个直接落户在深圳虚拟大学园的国家级实验室。

11 月 30 日 致力于打造引领全球设计风向标的第一届中国（深圳）国际工业设计大展在深开幕。①

△ 第六届中国（深圳）国际工业设计节在宝安拉开帷幕。此次设计节以"创新驱动·质量的铸造者"为主题，携手德国慕尼黑，主办高峰论坛、国际设计大师走进企业、设计工作坊等交流活动。

12 月 3 日 深圳市全市加快建设一流法治城市工作会议召开，会议下发了《深圳市加快建设一流法治城市工作实施方案》，决定自本月起，分三个阶段推进工作，力争到 2015 年底深圳一流法治城市建设取得阶段性成果。

△ 深圳市举行座谈会隆重纪念东江纵队成立七十周年，市委书记王荣、市长许勤参加。

12 月 4 日 深圳市在全市组织并集中开展"普法志愿者在行动"暨"法治大道"普法活动等一系列普法宣传行动，市领导带头参加主会场及各分会场活动，正式启动了深圳市建设一流法治城市工作。

△ 广东省人力资源和社会保障厅公布我省 2013 年国家百千万人才工程人选名单，全省共 8 人入选，深圳市有 3 人，分别为中国科学院深圳先进技术研究院陈宝权、深圳大学李清泉和深圳市桥博设计研究院有限公司李勇。这是深圳市历年入选人数最多的一次。

12 月 5 日 深圳市委宣传部、市文体旅游局、市文明办、深圳市"志愿者之城"建设工作领导小组办公室联合印发了《深圳市推进文化志愿服务工作方案》，提出了一系列创新举措，其中文化志愿服务将开展星级激励。

△ 深圳机场年旅客吞吐量历史性首破 3000 万人次，成为内地第五个年旅客吞吐量过 3000 万的国际化机场。

12 月 8 日 首届深圳国际马拉松赛事今日隆重举行。来自 30 个国家和地区的 10000 名专业马拉松选手、业余爱好者一同奔跑在深南大道上，共度跑友们的盛大节日。

12 月 9 日 第十二届"WTO 与深圳"高级论坛在深举行，来自商务部、中国

---

① 开幕会上，25 个国家和地区 5000 多件挑战设计理念的展品精彩亮相，4 位全球设计巨擘、全球排名前 50 位国际设计大师齐聚深圳，开展设计对话、同台竞技、产业对接等丰富的配套活动。

世界贸易组织研究会等相关领域的多位重量级嘉宾，围绕"WTO与新一轮对外开放"主题展开讨论。世界贸易组织副总干事易小准做主旨演讲，市长许勤致辞。

△ 在召开的深圳市委五届十八次全会上，市长许勤首次明确提出发展"湾区经济"，着力深圳打造更高质量的经济形态。

△ 第三届国际资源投资大会在深圳启幕，大会聚集了30余家海外优秀矿业与能源业上市公司及项目，吸引了超过300位来自海峡两岸暨香港的投资人。

△ 大亚湾核电站1号机组连续12年无非计划停机停堆，安全运行超4000天，保持并刷新国际核电单机组安全运行的最高纪录。

12月10日 为加快黄标车淘汰进度，深圳市人居环境委、财政委、经贸信息委、公安交警局昨天联合发布《深圳市黄标车提前淘汰奖励补贴办法（2013—2015年）》。补贴办法对此前已实施的补贴标准等内容进行了调整，将补贴的最高上限由原来的18000元提高到了36000元。

△ 我国首个加工贸易审批制度及业务办理无纸化改革试点正式启动。全国首票加工贸易无纸化手册备案在试点单位深圳海关隶属南头海关顺利通过，这意味着企业到海关办理加工贸易业务将全面告别有纸时代。

△ 深圳海事局与深圳市前海深港现代服务业合作区管理局，共同签署了《关于促进深圳市前海深港现代服务业合作区航运服务业发展合作备忘录》。

12月12日 中国海外利益研究中心揭牌仪式在深圳大学举行，陈毅元帅之子陈小鲁先生做首场学术报告。

△ 由深圳市宣传文化事业基金资助、深圳大学文化产业研究院主持开发的"2013中国城市创意指数排行榜"在深圳发布。排行榜显示，北京、上海、广州、深圳、杭州位居前五强。

12月17日 深圳市交通运输委员会公布了《深圳市路边临时停车收费管理方案》，明确了路边临时停车收费技术方案、试点片区的路边临时停车泊位规划建设方案、路边临时停车位使用费收费标准等，并将采用"射频+手机"收费模式。

12月18日 《深圳国际生物谷总体发展规划（2013~2020年）》公布实施。根据该规划，深圳国际生物谷发展蓝图及路线图清晰可见：深圳国际生物谷以坝光为核心启动区，地域范围覆盖东部沿海大鹏、盐田及坪山地区；到2020年，成为国际领先的生物科技创新中心、全球知名的生物产业集聚基地，生物产业增加值达800亿元。

12月19日 为表彰外资企业对深圳经济建设及社会发展所做的贡献，深圳外商投资企业协会和深圳市国际投融资商会召开"2013年会员大会暨优秀外资企业表彰大会"，372 家企业获得"优秀外资企业"称号。

12 月 20 日　在深圳市土地房产交易大楼，深圳历史上第一块原农村集体用地成功上市，这是继 1987 年深圳首创国有土地拍卖后的又一次历史性改革。①

△　生命健康产业发展规划（2013—2020 年）获市政府常务会议原则通过，该规划提出，深圳市发展生命健康产业将以生命信息、高端医疗、健康管理、照护康复、养生保健、健身休闲六大领域为重点。

12 月 22 日　2013 年度深圳金融创新奖公布，来自各驻深金融监管部门、金融机构及金融行业协会的 154 个项目参评，最后共产生了 39 个获奖项目，并获得市政府颁发的共计 1230 万元奖励。

12 月 25 日　《深圳经济特区行业协会条例》获市五届人大常委会第二十六次会议表决通过。该条例在去垄断化、去行政化、监管体制等方面的多项条款突破了国家既有规定，将于明年 4 月 1 日起正式生效。

12 月 26 日　由深商联主办的 2014 深商迎春大会暨"深商风云人物""深圳老字号"颁奖盛典在市民中心大礼堂举行。市委常委、统战部部长张思平，市老领导厉有为、郑良玉以及 1400 位深商代表出席活动。

△　中国气象局广东省区域数值天气预报重点实验室深圳研究基地及美国俄克拉荷马大学风暴分析预报中心深圳研究基地在深圳市气象局落地启用。

12 月 27 日　2013 地方高校 MOOC 发展研讨会在深圳大学举行。来自全国 27 所地方高校的主管信息教育方面的代表共同出席研讨会。

△　香港特区政府发展局与深圳市人民政府签订协议书，委托深圳市治理深圳河办公室管理和监督治理深圳河第四期工程的第二份河道工程合约。

12 月 28 日　厦深铁路正式开通运营。深圳市委书记王荣、市长许勤体验深圳北站始发的首趟动车后，来到坪山站调研，要求加快周边交通配套设施等工程建设进度，充分利用厦深铁路带来的人流、物流等优势，加速推动区域经济实现更好发展。

△　深圳市无障碍出租车投放暨出租车统一电召调度中心启用仪式在市民中心广场举行。

12 月 29 日　深圳最年轻的集装箱码头——大铲湾码头（一期）实现 2013 年吞吐量突破 100 万标箱。

---

① 这次拍卖由深圳市方格精密器件有限公司以底价 1.16 亿元竞得，土地收益的 70% 归政府，30% 归村集体凤凰社区股份有限公司所有。

12 月 31 日 为了解深圳市 2013 年度的经济运行情况，经济普查工作正式开始。调查的内容不仅有标识性内容，如单位名称、行业类别、登记注册类型、隶属关系、从业人员等；还包括企业的主要经营活动和生产能力，主要原材料和能源消耗及科技开发的投入状况、财务收支情况、资产状况等系统经济指标。

2014 年

1月1日 2013年深圳财政年终结算数据显示：来源于深圳市的财政收入达到4818亿元，同比增长7%；其中地方公共财政收入1731亿元，增长16.8%；公共财政预算支出1671亿元，增长6.5%。实现了收支平衡、有所盈余的目标，为全市实现有质量的稳定增长和可持续的全面发展，发挥了重要的作用。

△ 《深圳经济特区特种设备安全条例》① 正式实施。

1月2日 深圳市首家新居民互助服务中心②在秀新社区正式揭牌成立。

1月3日 中国轻工业联合会近日正式授予深圳市政府申报的"中国钟表之都"称号，深圳成为全国唯一获得此称号的城市。

1月5日 近日，深圳市规划国土委发布《深圳市既有住宅加装电梯的实施意见》③。

1月7日 深圳国际低碳城入选了"全国新型城镇化"十大范例，成为广东省唯一入选案例。

△ 2014年全省交通运输工作会议昨日在深圳召开。会上发布信息，去年，深

---

① 在全国首次以立法形式确立特种设备事故使用单位首负责任，累计积分和分类监管、安全标准化评价、信用监管、安全技术委员会和电梯维保单位服务明示等制度，着力落实企业责任，转变监管方式，创新社会治理。

② 该中心总面积296平方米，内设多功能区、阅读区、儿童活动区、健身室、棋牌室。服务对象"新居民"不仅包括秀新的原村民，还包括所有在附近居住的来深建设者。

③ 实施意见指出，在满足安全和城市景观的前提下，深圳已办理房产登记的既有住宅可申请加装电梯，相关费用由业主承担。已纳入市政府批准的全市城市更新单元计划和土地整备计划的住宅不得申请加装电梯。

圳现代物流业增加值超过 1400 亿；深圳港完成集装箱吞吐量 2327.8 万标准箱，超越香港，跃居全球第三。深圳物流业规模仅次于上海。

1 月 8 日 深圳市政府以 2014 年一号文件的形式发布了《深圳市人民政府关于充分发挥市场决定性作用全面深化金融改革创新的若干意见》，里面详细阐述了深圳未来几年的金改规划。其中，跨境金融、民营金融、创新金融、产业金融、民营金融被列为深圳金改重点突破的领域，探索在前海建立本外币在岸、离岸账户等具体任务安排也表述得格外细致。

△ 深圳市第五届人民代表大会常务委员会第二十六次会议 2013 年 12 月 25 日通过的《深圳经济特区行业协会条例》于今日公布，自 2014 年 4 月 1 日起施行。

△ 全省城市公共交通工作会议昨日在深圳召开。会上发布信息，2013 年深圳财政对公交行业拨付各项补贴资金达到 63 亿元，比上年增长约 28%。按计划，深圳公交站点 500 米覆盖率有望在 2017 年达到 100%。

△ 广东深圳移动联合深圳市公立医院管理中心在北京大学深圳医院举行"深圳市公立医院预约诊疗服务创新应用推广会"。该会议通过推广移动通信技术与服务嵌入传统行业服务流程，从而达到行业集团客户以及个人客户群体实施深度运营的目的。

1 月 9 日 第十一届"深圳知名品牌"评选活动昨日揭晓，卡尔丹顿、深粮集团等 55 个市场占有率高、诚信度高、知名度高的品牌当选为"深圳知名品牌"，莱恩精机等 9 个品牌当选"最具潜力的深圳品牌"。

△ 中国民营经济新年论坛在深圳拉开帷幕。该论坛旨在促使民营企业切实承担起推动经济发展的责任和使命，提高自我核心竞争力，通过创新发展、转型升级，实现企业的全面成长。

1 月 10～13 日 深圳市委书记王荣率深圳市代表团，先后访问了英属维尔京群岛（BVI）和哥伦比亚首府波哥大。4 天的紧凑行程中，代表团一行穿梭于加勒比海东岸、南岸，宣传深圳，推介前海，积极搭建跨越大洋的合作之桥、共赢之桥、友谊之桥，为推进深圳市市场化、法治化、国际化建设和前海开发开放寻新策、探新路。

1 月 10 日 市文体旅游局举行新版深圳"深度游"宣传资料首发式，内容包括明信片、地图、城市指南和城市发现手册等。据悉，首批 5 万套旅游"口袋书"已分发到深圳市 U 站供游客免费取阅。

1 月 12 日 深圳首个自然学校——华侨城湿地自然学校正式授牌。深圳市计划 2014 年还将有 3 所自然学校陆续向市民开放，并计划在"十二五"期间设立 10 所自然学校。

1 月 14 日 "中小企业创新服务平台创新创业辅导基地"分别在深圳创兆互联网产业园、百旺信科技大厦、正能量会馆正式授牌成立，意味着连锁式的专业科技服务机构在深圳初见端倪。

1 月 15 日 第 5 届深圳迎春年货博览会在深圳会展中心 6、7、9 号馆开幕，展会持续到本月 26 日，市民免费入场。

1 月 16 日 随着 L76 次列车在今晨 0：30 分缓缓驶离深圳火车站，2014 年深圳春运工作正式拉开帷幕。

1 月 17 日 深圳市首家舒缓中心"狮爱之家·舒缓中心"在市人民医院肿瘤放射科正式挂牌成立。这个设在医院内的，旨在为肿瘤患者缓解压力和进行健康宣教等活动的场所在我省也属首创。

1 月 20 日 经国家文化部批准，深圳国家对外文化贸易基地在深圳报业集团揭牌。创建深圳基地，有利于推动珠三角制造业由"中国制造"向"中国创造"升级；通过品牌、信息、展示、交易等专业服务，提高我国文化产品和文化服务的"走出去"能力。

1 月 21 日 白俄罗斯共和国总理米亚斯尼科维奇·米哈伊尔·弗拉基米罗维奇一行抵深访问，将出席今日举行的深圳－白俄罗斯经贸洽谈会，并见证深圳与白俄罗斯首都明斯克市签署《友好城市关系协议书》。

1 月 22 日 国务院于 1 月 22 日正式批复同意深圳盐田综合保税区的申报方案。由于综合保税区是目前开放层次最高、优惠政策最多、功能最齐全、手续最简化的海关特殊监管区域，这将为深圳加快保税区域转型升级、推动有质量的稳定增长注入新活力。

△ 深圳市政协五届六次会议在创新中开幕。市政协主席王穗明通过 PPT 形式做常委会工作报告，首设大会讨论环节，首次邀请海外华侨华人列席，开通微信公众平台。

△ 在白俄罗斯共和国总理米亚斯尼科维奇和广东省省长朱小丹的共同见证下，深圳市市长许勤和明斯克市市长拉杜季科签订了建立友好城市关系协议书。

1 月 23～24 日 深圳公安消防支队在坝光村举行今年首次地震演练拉动。深圳消防支队的特勤大队和大亚湾特勤大队的两支地震救援队共 60 多名搜救队员以及新组建的警犬搜救队参加演练。

1 月 27 日 市五届人大六次会议在举行完第三次全体会议后闭幕。根据代表们投票表决结果，高振怀当选为市人大常委会副主任，李建华、南岭当选为市人大常委会委员，刘庆生当选为市政府副市长。市领导王荣、许勤、白天、王穗明等出席闭幕式。

　　△　深圳市交委、龙华新区管委会与深高速、梅观高速公路有限公司签订了
《梅观高速公路调整收费补偿及资产移交协议》。协议说明，梅观高速公路（梅林至
观澜段）将于 2014 年 3 月 31 日 24 时取消收费。

　　1 月 28 日　近日深圳保监局发布信息，2013 年深圳保险市场累计实现原保险保
费收入 468.76 亿元，同比增长 16.82%。其中寿险公司保费同比增长 19.73%，增
速位居全国第三。

　　△　近日深圳市国家税务局发布信息，2013 年深交所股票市场累计成交金额同
比增长 58.85%，成交数量同比增长 55.42%；深圳国税局共组织证券交易印花税收
入 237.43 亿元，同比增长 63.34%，增收 92.07 亿元。

　　△　中共深圳市公立医院直属委员会第一次代表大会在港大深圳医院学术报告
厅举行。会上透露，公立医院系统将建立医务人员诚信服务电子档案，记载医务人
员的执业注册、专业技术、医师定期考核和医德医风考核结果，而且档案记录面向
全市公立医院系统公开。

　　1 月 31 日　根据深圳市市政府办公厅日前下发的《关于进一步做好我市普通高校
毕业生就业创业工作的通知》，中小微企业吸纳离校未就业的本市高校毕业生就业，
与其签订一年以上期限劳动合同并缴纳社会保险费的，将给予一次性补贴 1000 元，其
中属于小微企业的，按深圳市社会保险最低缴费标准对单位缴交社保给予一年期补贴。

　　2 月 1 日　根据《关于调整我市最低工资标准的通知》，自 2014 年 2 月 1 日起，
深圳最低工资标准将比现在调高 208 元，为 1808 元/月。这一标准高于北京、上海、
广州、天津目前执行的最低工资标准。

　　2 月 13 日　香港大学深圳医院院长邓惠琼率管理团队接受媒体采访，介绍今年
医院工作计划。邓惠琼透露，深圳市发改委已批准 3.1 亿元资金用于该院购买医疗
设备。同时，市财委拨付 6 亿元用于该院今年运营。这意味着，今年对该院的财政
资金投入总计 9.1 亿元。

　　2 月 14 日　广东省深圳市法学会第六次会员代表大会召开。大会审议通过了
《关于统一适用〈中国法学会章程〉终止〈深圳市法学会章程〉的决议（草案）》，
新章程要求全国各级地方法学会统一章程、统一组织、统一会员。

　　△　广东省海洋与渔业局决定在深圳湾深港跨海大桥东侧特定海域设置禁
渔区。①

---

　　①　具体范围为，深港跨海大桥以东粤港水域边界线以北至深圳陆域约 23 平方千米的海域。实施全年全
　　时段禁渔，禁渔区内禁止一切捕捞和养殖行为。自 2014 年 5 月 1 日起施行，有效期 5 年。

△ 中国电信发布了首批天翼 4G 套餐资费标准。2 月 21 日起，深圳市民即可在电信营业厅或各合作销售网点直接购买 4G 数据终端和开通 4G 上网卡套餐，体验天翼 4G 业务。

2 月 16 日 由深圳市政协主办的"委员议事厅"在深圳中心书城南区大台阶首次亮相，"雾霾治理"的话题吸引了众多市民参与。

2 月 17 日 日前，深圳市政府常务会议通过了《关于支持互联网金融创新发展的指导意见》。该指导意见对完善互联网金融信用体系建设、鼓励更多符合条件的优质互联网金融企业上市融资、建立互联网金融行业自律组织等事项提出了意见。

2 月 18 日 国务院召开全国物联网工作电视电话会议，市长许勤在深圳分会场出席会议并发言。许勤表示，深圳要抢抓物联网发展机遇，坚持创新驱动、需求牵引，加快打造具有较强竞争力的产业集群，努力使深圳成为我国重要的物联网技术研发、产业化和应用示范基地。

2 月 19 日 全球首个互联网众筹的 1 兆瓦级分布式太阳能电站项目落户深圳前海新区。该项目由招商新能源集团旗下联合光伏公司携手国家开发银行、国电光伏公司和网信金融（众筹网）等共同开发，是国内光伏电力行业与互联网金融的首次牵手，也是光伏产业发展史上的重要里程碑。

2 月 20 日 深圳市航电技术研究院成立大会在市智恒战略性新兴产业园举行，深圳市航空电子产业园同时授牌。①

2 月 24 日 2014 年春运于今日落下帷幕。春运 40 天，全市共运送旅客 1285.69 万人次，比去年增长 14.33%，春运客运量首次突破 1200 万人次大关。其中，铁路以 44.93% 的占比，首次超越公路成为春运第一主力。

2 月 25 日 深圳市委常委、副市长陈应春陪同中国证监会主席肖钢一行到前海深港现代服务业合作区调研。

△ 市交委组织人大代表、政协委员和交通专家举行交通影响评价②座谈会。

2 月 26 日 第十二届深圳国际黄金珠宝玉石展览会在深圳会展中心举行。

2 月 27 日 在召开的市委政法工作会议上，深圳法院工作人员分类管理和法官职业化改革正式启动。

---

① 航电技术研究院和航空电子产业园，是深圳构建"一核、一带、多极"航空航天产业体系的重要"一极"，是深圳实施航空电子产业倍增工程的重要抓手之一。

② 交通影响评价是指对规划和建设项目实施后可能造成的交通影响进行分析、预测和评估，提出预防或者减轻不良交通影响的交通设计、交通管理方案和措施的技术方法和制度。交通影响评价分为规划阶段的交通影响评价和项目阶段的交通影响评价。

2月28日~3月2日 为期三天的 2014 年深圳春季婚博会在会展中心举行，为新人提供高性价比的一站式结婚采购服务。本届婚礼首次开辟了海外婚礼展区。

2月28日 华强北街道文化站举行揭牌并对市民开放，至此华强北街道商圈的四大民生工程全部建成，华强北的宜居指数和幸福指数将同步提升。

△ 中国金融工会深圳工作委员会恢复建立，全市 32 家金融机构成为会员单位。市委常委、副市长陈应春代表市委市政府到会表示祝贺，寄望深圳金融工会能真正办成"职工之家"。

3月1日 《深圳经济特区控制吸烟条例》正式实施，全市 16 类公共场所全面纳入禁烟监管。市政府设立全市统一控烟投诉电话 12345，市民可拨打该热线对违法吸烟行为进行投诉。

△ 第五届深圳仲裁委员会仲裁员大会举行，500 余名仲裁员参加了大会。市委常委、副市长陈应春出席大会并讲话。

△ 从今日起，深圳市新失业保险条例施行，把异地务工人员首次纳入参保和享受待遇范围，规定用人单位的所有职工均纳入失业保险参保范围，对深圳户籍员工和异地务工人员同等对待。

3月3日 深圳市召开深圳对口帮扶汕尾工作座谈会，要求各相关部门吃透政策、狠抓落实，精心细化帮扶工作，尽快形成方案，确保工作有序进行。

3月5日 2014 年深圳市全市财政工作会议在市财政委举行，会议部署了 2014 年财政工作。

3月6日 深圳市全市关心下一代工作会议召开。会议传达了全国、全省关心下一代工作会议精神，总结了基层工作年和 2013 年工作，对 2014 年工作进行了部署，表彰基层工作年先进单位。

△ 深圳市妇联社区"妇女儿童之家"现场推进会在龙岗区南湾街道南岭村社区服务中心召开。据悉，全市目前已经建成 394 个"妇女儿童之家"，推出教育培训、婚姻调适、维权关爱等服务项目，市委副书记戴北方出席会议。

3月7日 深圳市阿波罗产业园在龙岗区举行开工仪式。该园区是深圳市第一个未来产业园，市委市政府高度重视，专门成立了工作领导小组，统筹和全面推进园区建设。

3月8日 "2014 APEC 中国年低碳城镇全球推广暨发展模式（深圳）国际研讨会"在深圳国际低碳城召开。作为 25 家首批被列入 APEC 低碳示范城镇入库项目的单位之一，深圳国际低碳城也是 APEC 低碳城镇推广的首站，专家组成员对深圳在低碳城镇的发展成果予以了高度评价。

3 月 9 日　由深圳市久久时尚童装有限公司主办、香港 IFB 国际时尚品牌发展管理中心协办的"中国童装创新模式高峰论坛"在深圳举行。

3 月 12 日　市残联第六届主席团第二次全体会议召开。会上选举深圳市政府副市长唐杰同志为市残联第六届主席团主席，市政府副秘书长朱廷峰同志为主席团副主席。

3 月 13 日　深圳市交委发布信息，市交委与前海管理局已共同研究确定了前海片区交通道路建设项目实施计划[①]。

3 月 14 日　深圳市文体旅游局与团市委联合发布《深圳市文化志愿服务促进办法》，这是深圳市就文化志愿服务出台的第一个部门规范性文件。

3 月 15 日　第 32 个"3·15 国际消费者权益日"，20 年来第一次重大修订的《中华人民共和国消费者权益保护法》正式施行。深圳市市场监管局、市消委会联合主办的深圳市"新消法"宣传活动，及 2014 年"3·15 国际消费者权益日"活动也进入高潮。市场监管局、消委会广泛发动街道、社区、行业协会、消费者权益服务站及相关社会组织，在商业旺区、居民社区、城市 U 站、学校等，围绕"新消法"亮点组织开展各种形式的"新消法"宣传咨询服务活动。

3 月 18 日　深圳市市长许勤主持召开市政府五届一百零六次常务会议。会议研究决定，自今年 1 月 1 日开始，全市居民最低生活保障标准由每人每月 560 元提高至 620 元。新标准实施后，享受低保人数约增加 1083 人。

3 月 19 日　第 29 届深圳国际家具展在深圳会展中心盛大开幕。

△　《深圳市碳排放权交易管理暂行办法》已经市政府五届一百零五次常务会议审议通过，自 2014 年 3 月 19 日起施行。

3 月 20 日　中国发展研究基金会与普华永道昨日联合发布了《机遇之城》报告。该报告对 15 个中国区域中心城市进行了多维度的观察，《机遇之城》总体排名前三位的城市是深圳、广州、南京。

3 月 21 日　教育部向广东省人民政府发出《教育部关于批准设立香港中文大学（深圳）的函》，同意正式设立香港中文大学（深圳），备受国内外关注的香港中文大学（深圳）"去筹转正"，终于画上圆满的句号。

3 月 22 日　今天是第七届深圳社工宣传周的主题活动日，深圳社工便民微信平台正式启动。由此，深圳实现了社工督导人才在全市十个区/新区的配比全覆盖，成

---

①　按照计划，月亮湾大道将实施路面修缮，桂庙路也将进行快速化改造从而最终实现客货分离等功能。而在远期，前海将在月亮湾大道至沿江高速大铲湾收费站间新建深圳市第一条海底隧道——妈湾跨海通道，与沿江高速、机荷高速形成西部港疏港路线。

为全国第一个也是唯一一个实现本土督导全配备的城市。

3月24～26日 第八届中国（深圳）私募基金高峰论坛在深圳举行。会上发布，截至2013年底，全市登记注册的股权和证券投资企业已接近6000家，私募机构所管理的私募基金产品数量约占全国的20%。

3月27日 由深圳市委政法委、市委宣传部等联合开展的2013年度深圳"十大法治事件"评选结果揭晓，《深圳经济特区中医药条例》以60余万张得票获选。

△ 广东省人大常委会审议通过了广东实施"单独两孩"政策，"单独二孩"政策正式实施，这也标志着深圳的"单独二孩"政策正式落地。

3月30日 "2014中国（深圳）IT领袖峰会"在深圳召开。

△ 作为深圳市政府批准成立的全市唯一一家专业版权交易机构、中国版权共同市场的发起单位之一，深圳市中外版权交易中心经过近6个月试运行，在南山数字文化产业基地正式开业。

3月31日 深圳市社区基金会培育发展现场会在光明新区召开，与会者共同见证了光明新区首批5家社区基金会正式登记成立，此举标志着社区基金会培育发展在深圳全市正式启动。

4月1日 今天是深圳市推行"垃圾不落地"模式的首日，全市各区以环卫执法为执法重点，出动执法人员1340人次，对14名乱扔垃圾的个人进行了处罚。

△ 《〈深圳市人民代表大会常务委员会关于农村城市化历史遗留违法建筑的处理决定〉试点实施办法》正式实施。

△ 率先在全国突破"一业一会"的《深圳经济特区行业协会条例》于4月1日正式实施。

△ 自2014年4月1日起，深圳市取消政府投资工程预选承包商制度。

4月2日 英特尔一年一度最重要的技术大会"英特尔信息技术峰会（IDF14）"在深圳揭幕，会上英特尔宣布首个英特尔智能设备创新中心落户深圳，同时还将投1亿美元用于支持平板电脑、可穿戴设备、物联网等相关设备的创新。

4月3日 北京、上海、深圳、成都、黄石、淮安6个城市被明确列为全国共有产权住房试点城市。

4月4日 日前，深圳河源两市已印发实施《深圳—河源对口帮扶工作实施方案》，对对口帮扶工作进行了详细的解读。

4月9日 "2014年中国互联网金融投资大会"在深圳召开，来自互联网金融最前沿的机构和学者聚集一堂，共话互联网金融的未来。

4月10～12日 亚洲最大的综合性电子信息博览会——第二届中国电子信息博

览会于 4 月 10 日在深圳开幕。此次展会以"促进信息消费，引领转型升级"为主题，集中展示全球新一代信息技术产业发展最新成果、加快促进信息消费、引导信息技术产业健康发展。

4 月 10 日 深圳市首次公开挂牌出让了两宗养老设施用地。据悉，两宗地规划用途均为社会福利用地，土地使用年期为 50 年。

4 月 11 日 上海市血液中心——深圳市爱康生物科技有限公司医学诊断技术实验室正式揭牌，双方将就血液制品的细菌检测中的研究和应用进行合作，也将推动深圳成为省内甚至全国一流的血液细菌检测实验基地。

△ 中国电子信息产业发展研究院在罗湖成立深圳赛迪研究院，旨在打造珠三角重要的产业研究和决策支持中心、深圳市战略性新兴产业公共服务平台、罗湖区高端产业科技服务平台。

4 月 12 日 第二届中国 ICT 科技评价促进产业发展大会暨 2014 中国电子信息技术年会机器人论坛在深圳召开。

4 月 13 日 深圳市药师协会日前制定《深圳市药品行业从业人员"黑名单"管理制度（试行）》，深圳市药监部门将探索建立药师"黑名单"制度，并定期将列入"黑名单"的人员违法违规情况在网站进行公示。

4 月 14 日 今日召开的深圳－汕尾对口帮扶工作联席会议原则通过了《关于进一步优化深汕特别合作区体制机制加快合作区建设发展的若干意见》。按照"统一规划、分步开发，产城融合、组团布局，加快启动、早见成效"的原则，该若干意见明确了合作区起步区的范围以及每个片区的发展定位。据悉，起步区范围内的经济管理和建设事务由深圳主导。

4 月 15 日 深圳市市长许勤主持召开了市政府五届一百零七次常务会议，审议并原则通过了《深圳市豆制品质量安全监督管理若干规定（修订草案）》。

4 月 17 日 第 71 届中国国际医疗器械春季（深圳）博览会在深圳会展中心召开。

△ 全国首个大知识产权社团组织——深圳市知识产权联合会宣告成立，该组织将构建作品著作权登记、知识产权纠纷调解、知识产权托管三大服务平台。

4 月 18 日 全国首家银行卡收单行业协会在深圳宣告成立。

4 月 19 日 "深圳市第十届青少年环保节"在少年宫一楼水晶石大厅拉开了序幕。

4 月 21 日 当地时间 4 月 21 日下午，由深圳市投资推广署主办的"投资深圳，共赢未来：中国（深圳）—阿根廷投资合作推介会"在阿根廷首都布宜诺斯艾利斯举行。

△ 深圳建筑业首设"首席质量官"。深圳建筑业将在全国率先推进"首席质量官"制度建设,力争3年内在100家以上勘察设计、建筑、施工、监理企业推广"首席质量官"。

4月22日 中国连锁经营协会发布"2013中国连锁百强",深圳本土连锁零售企业天虹、新一佳、人人乐和茂业等上榜,但是排名均出现不同程度下滑。

4月23日 今天是第19个"4·23"世界读书日,今年世界读书日的主题为"地球与我"。在这个特殊的日子,深圳这座以热爱阅读为荣的城市,开展了各种与阅读相关的活动,从"阅读与城市"文化沙龙到95项172场次的活动,让这一天变成阅读的节日。深圳市委常委、宣传部部长王京生,市委副秘书长胡谋出席了在中心书城举行的文化沙龙。

△ 深圳市中级人民法院召开《深圳法院知识产权保护状况(2013.5—2014.4)》白皮书新闻发布会。

△ 广东省全省节能减排工作会议在广州召开。深圳市市长许勤参加会议并代表深圳介绍了减排工作情况。

4月24日 深圳市卫计委召开全系统大会,提出要通过"社会协同,警院联手,医患互动"严打涉医违法犯罪行为。市卫计委要求6月30日前,46家二级以上医院必须设立统一标准的警务室;年底前,警务室要进驻全市所有医院。此外,医院重点区域、重点部门视频监控覆盖率要达到100%。

4月25日 广东省全省新能源汽车推广应用工作会议在广州召开。深圳市市长许勤在会上介绍了深圳新能源汽车推广应用相关情况。

4月26日 今日是世界知识产权日,在国家知识产权局最新公布的2013年发明专利授权量排行榜单上,深圳有效发明专利密度居全国之首。

4月27日 "深圳法治通城行动"启动仪式暨动员部署大会在深圳湾F1摩托赛艇停车场举行。由502名交警组成的公安交警机动大队首次亮相,未来半年将和辖区大队一起进行叠加巡逻,开展"法治通城"整治措施。

4月28日 深圳市政府已经与哈尔滨工业大学签署了《深圳市人民政府哈尔滨工业大学合作共建哈尔滨工业大学(深圳)协议书》,合作共建哈尔滨工业大学(深圳),预计2016年开招本科生。

4月29日 广东省委、省政府在广州召开广东省科学技术奖励大会暨全省科技创新大会。深圳共有39个项目获得省科技奖,占全省262个奖项的15%。其中特等奖1项,一等奖7项,二等奖11项,三等奖20项。39个获奖项目深圳企业或机构主持完成 27 项，参与 12 项。

5 月 1 日 深圳湾大桥以东特定海域正式禁渔。禁渔区①设立首日，市海监渔政部门在深圳湾公园开展宣传和执法行动，共收缴 13000 多米渔网，未发现非法捕捞人员和船只。

△ 从今日起，深圳市二级以上医院住院患者都必须与院方签订《医患双方不收和不送"红包"协议书》，协议书将作为病案资料的部分保存。为此，深圳市还设立了统一投诉电话 12345，医患双方都可通过此热线电话举报违规行为。

5 月 2 日 第十八届"中国青年五四奖章"评选正式揭晓，深圳青年刘勇和刘若鹏同时荣获第十八届"中国青年五四奖章"②。两名深圳青年同时荣获"中国青年五四奖章"，在深圳尚属首次。

5 月 6 日 全国首家"市场驱动型"发展模式信用评级公司——联洲国际信用评级有限公司，获得市市场监督管理局颁发营业执照并正式落户前海。

5 月 8 日 国内个最高能延伸至 101 米高空云梯车③在深上岗。

△ 根据教育部的正式公告，由深圳大学邢锋教授主导并作为第一完成人、深圳大学为第一完成单位的项目"高性能混凝土内禀性调控与适应性设计关键技术及应用"荣获 2013 年度教育部高等学校科学研究优秀成果奖（技术发明）一等奖。

5 月 9 日 深圳市政府与深圳市融创天下科技股份有限公司在深圳签署"微总部经济园区"项目合作框架协议。项目包含开发建设微展览、微传播、微营销、微沟通、微金融服务等平台应用系统，搭建云计算架构平台，能满足容纳 50 万家企业的移动展览、营销、推广功能。

5 月 11 日 深圳遭遇自 2008 年"6·13"强降雨以来最强一轮降雨过程。深圳市气象局根据降雨的地区差异实施暴雨分区预警，有效指导相应应急预案实施，保障全市防灾减灾工作顺利开展。

△ 《深圳市国际化城市建设重点工作计划（2014—2015 年）》日前正式通过市委市政府批复。六大领域、八十项具体工作确立了下一阶段深圳建设国际化城市的重点，一批能够体现深圳国际化水平的亮点项目也随之浮出水面。

5 月 12 日 中国首笔"碳债券"——中广核风电附加碳收益中期票据在深圳宣

---

① 禁渔区内禁止一切捕捞和养殖行为，如有人在该区域再下海捕捞，可追究其刑事责任，最高会被处于三年以下有期徒刑。根据规定，禁渔区设立后，徒手捕捞和钓鱼等均在禁止之列。

② "中国青年五四奖章"是共青团中央、全国青联授予青年的最高荣誉。

③ 该车现配备至南头消防中队，正式"服役"，一旦需要，将执行全市范围的超高层火灾灭火救援任务。该车自重 65 吨，车身长 16.7 米，车高 4 米。它通过使用专门的供水消防车供水，云梯车上的水枪可喷到近两百米高。

布成功发行，成为我国碳金融市场的破冰之举。该债券在一级市场主要由银行、券商等机构投资者认购，包括市民在内的普通投资者，有望通过银行理财等购买"碳债券"的衍生产品。

5月14日　深圳市市场和质量监督管理委员会正式挂牌成立，下设正局级行政机构深圳市市场监督管理局（市质量管理局、市知识产权局）、深圳市食品药品监督管理局、副局级行政机构深圳市市场稽查局。

5月15~19日　第十届中国（深圳）国际文化产业博览交易会（简称文博会）在深圳会展中心举行。本届文博会总成交额达2324.99亿元，比上一届增加39.64%。

5月18日　最高人民法院中国知识产权司法保护理论研究基地、深圳大学知识产权学院、深圳市标准技术研究院、深圳市公标知识产权鉴定评估中心四方战略合作①签字仪式暨首届"知识产权鉴定评估深圳高峰论坛"在深圳大学举行。

5月19~20日　2014石墨烯高峰论坛在清华深圳研究生院举办。论坛旨在为石墨烯材料、其他二维材料、碳纳米管等领域的国内外杰出科学家与企业家搭建交流与合作的平台。

5月20日　以"颠覆式产品和服务概念中的硬件创新"为主题的研讨会发布信息，谷歌眼镜成像所需的核心显示技术，全球只有3家企业掌握，其中一家位于深圳。

△　深圳市卫生计生委在推进社会办医新闻通气会上发布信息，目前深圳正在研究起草《关于进一步促进社会办医的实施意见》，近期有望出台。

5月21日　前海社会主义法治示范区研究会在前海成立，这将有助于营造前海公正、透明、诚信、廉洁的法治化国际化营销环境。

△　经国务院批准，2014年全国共有10省市试点地方政府债券自发自还，并制定下发《2014年地方政府债券自发自还试点办法》。广东、深圳均名列试点范围内。深圳市财政委目前已按照国家规定，积极落实相关政策，初步预计，深圳市今年地方债发放将赶超去年的36亿元。

5月22日　深圳市人民政府办公厅公布《关于印发加快推进公共场所无线局域网建设行动计划（2014~2016年）的通知》，3年内将投入4500万元加快完善公共场所WLAN覆盖，大力推进公共场所WLAN免费接入服务，拓展WLAN创新应用，为市民提供更多"信息福利"，打造现代化国际化先进城市。

---

① 战略合作协议就共建知识产权鉴定评估公共技术服务平台、深化技术研究和成果转化合作、共建深圳知识产权专业人才队伍、打造国内一流的知识产权鉴定评估高峰论坛等方面达成了合作意向。

5 月 23 日 深圳市改革现有的先记录后申诉模式，创新建立避让自动备案机制，在国内首推避让急救车自动备案机制，并于今日起开始实施。避让救护车违法车辆自动备案机制，在国内尚属首次。

5 月 24 日 由广东省半导体照明产业联合创新中心（GSC）主办的国内首个"北美照明市场分析及渠道战略大会"在深圳举行。

5 月 25 日 在中俄元首的见证下，一项两国战略性教育合作项目敲定——北京理工大学与莫斯科大学将在深圳合作举办"中俄大学"。这所高水平的综合性大学将落户龙岗大运新城。

5 月 26 日 深圳市市长许勤会见了英国商务、创新与技能国务大臣兼贸易委员会主席文斯·凯布尔博士一行。双方就加强在绿色建筑和城市建设可持续发展领域的合作进行了沟通和交流，并共同见证了深圳市住建局与英国建筑研究院（BRE）的合作签约仪式。

5 月 27 日 深圳市市长许勤主持召开市政府常务会议审议并原则通过了《深圳市发展快递业管理规定》，该管理规定提出了一系列支持快递业发展的举措，进一步提升深圳市快递业规范化水平。其中包括，泄露用户个人信息将受到严厉处罚等。深圳是我国首个对快递业进行立法的副省级城市。

5 月 28 日 深圳前海深港现代服务业合作区首届法律专业咨询委员会正式成立。16 名来自深港澳三地的法律专家，获聘成为前海法律咨委会的委员，并开始履行其职能。

△ 深圳市市长许勤主持召开专题会议，研究推进医疗卫生"三名工程"① 有关事项。

5 月 29 日 日前，由深圳银监局主办的第三届小微金融服务宣传月新闻发布会在深圳举行。

5 月 30 日 历经 3 次启动 4 次转折，鹿丹村将正式启动房屋拆除工作。截至 2014 年 5 月 29 日，1002 户业主签订了正式征收补偿协议，签约率达到了 96.44%；同时，943 户业主已办理房屋移交手续，搬迁率达到了 90.76%。

△ 深圳市在前海桂庙渠水廊道工程项目现场举行 5 月份 50 个项目集中开工仪式。市长许勤宣布开工。

6 月 1 日 电信业服务"营改增"在深圳正式顺利启动。

---

① 深圳官方推出以"名医（名科）、名院、名诊所"为重点的深圳医疗卫生"三名工程"，目标是到 2020 年深圳共投资 1000 亿元建设和发展医疗卫生事业。

△ 《深圳市地下管线管理暂行办法》于 6 月 1 日起施行。深圳市将建立全市地下管线综合信息管理系统，年内花 6 个月时间全面普查老旧地下管线，查找可能出现地面坍塌、管内物料泄漏事故的管网。

6 月 3 日 近日，深圳市工商联（总商会）举办了主题为"科技创新和商业模式创新"的青年企业家成长培训班。

6 月 4 日 深圳建设国家自主创新示范区已经获国务院批复。这是我国首个以城市为基本单元的国家自主创新示范区，也是我国第四个国家自主创新示范区。①

6 月 5 日 为期 3 天的"构建 21 世纪金融体系"中美研讨会在深开幕，中美两国政府、企业和学术界的代表，共同围绕"构建 21 世纪金融体系"展开研讨。

△ 深创投发起设立的红土创新基金管理有限公司取得中国证监会的核准设立批复。这为落实新基金法，拓展公募基金管理人范围，迈出了标志性的一步。

6 月 6 日 由市经济贸易和信息化委员会主办、市渔业服务与水产技术推广总站（市水生动物防疫检疫站）与市水产行业协会承办的深圳第七届"休渔放生节"在蛇口渔港南岸举行。

△ 深圳完成了首次碳配额拍卖。6 月 6 日完成首次碳配额拍卖后，深圳成为继广东、湖北之后第三个开展配额拍卖的试点。

6 月 10 日 第五届中国智能运输大会暨第三届深圳国际智能交通与卫星导航位置服务展览会在深圳会展中心九号馆开幕。会议同时揭晓了"第三届中国智能交通30 强企业"评选结果，深企占据榜单上近三分之一席位。

△ 深圳市政府与中国航天员科研训练中心共同推动建设的太空科技南方中心②在今日正式挂牌。

△ 首条贯穿深圳、惠州、东莞三地的公交线路深惠 3 线正式开通。该线路连接三地，将缓解大型企业如富士康、华为、伯恩厂的员工出行以及沿海交通压力。

△ 2014 年全国低碳日"低碳中国行"主题活动暨第二届深圳国际低碳城论坛在深圳国际低碳城开幕。

6 月 11 日 以"京畿重地、善美保定"为主题的 2014 中国·保定（深圳）招商推介会在深圳举行。

△ 深圳市经贸信息委、市住建局在达实智能大厦举行高峰论坛活动，推广深

---

① 2009～2011 年，国务院先后批复建设中关村、武汉东湖、上海张江 3 个国家自主创新示范区。
② 南方中心目标是建设成为特色鲜明的航空航天产业基地和国家著名的航空航天城。以航天员中心作为技术支持，深圳还将在国际低碳城内建设集教育、研发、交流、旅游、娱乐于一体的航天航空科普主题公园。

圳节能减排方面的最新成果，深圳本土先进节能技术及模式、深圳政企合作节能新模式得到充分肯定。

△ 2014 年度陈嘉庚科学奖、陈嘉庚青年科学奖及光华工程科技奖在北京颁发，全国共有 5 人获"陈嘉庚青年科学奖"，深圳有两位入选，分别为中国科学院深圳先进技术研究院研究员郑海荣和深圳华大基因研究院院长王俊。

6 月 12 日 深圳市委常委会议审议通过了《组建市委全面深化改革领导小组专责小组的方案》。

6 月 13 日 深圳大学和新加坡国立大学共建的"深圳大学—新加坡国立大学光电科技协同创新中心"宣告成立。深圳大学校长李清泉与新加坡国立大学常务副校长陈永财共同为协同创新中心揭牌。

6 月 14 日 "深圳中小学生学习方法大讲堂"今日启动。

6 月 15 日 深圳市重点规划片区—深圳湾超级总部基地 35.2 公顷核心区"云城市中心"（被称为"超级城市"）向全球征集的 124 份设计稿目前正在市规划大厦向公众展出，并接受评审。

6 月 17 日 当地时间 6 月 17 日下午，在李克强总理的见证下，中国招商局集团与英国国立维多利亚和艾尔伯特博物馆在伦敦就共同创办中国首个大型设计博物馆正式签署合作协议。根据双方协议，该博物馆选址深圳蛇口，由招商地产负责博物馆的开发和运营，日本著名建筑师桢文彦先生担纲负责该项目建筑设计。

△ 深圳市人力资源和社会保障局发布信息，深圳市留学回国人员引进业务可"全城通办"，同时缩短办事时限，对申报材料予以简化。

6 月 19 日 由新华网主办的"城市网络形象排行榜暨《城市网络形象报告（2013 年）》"发布会在安徽合肥举行，广东四城市分获"十佳城市奖""网络履职绩效全国十佳"等 4 项大奖。其中深圳第 3 次排名"十佳城市"第一，蝉联该项综合大奖"冠军"。

6 月 20 日 深圳市社会保险违法违规行为人监管稽核系统已正式上线运行。深圳市社保局一直积极推进建立社会保险"黑名单"管理制度，维护社保基金安全，建立健全社会保险涉嫌欺诈骗保行为的监督管理机制。

6 月 21 日 "衣衣不舍 & 旧衣回收"大型公益活动①在深圳启动。

---

① 此活动由深圳市生活垃圾分类管理事务中心、福田区城市管理局、深圳广电集团先锋 898 共同打造。活动倡导市民把家里的废旧衣物捐献出来，由专业环保公司进行收集、分拣、回收处理。一方面，品质较好的旧衣服将通过正规渠道，送到有需要的人士手中；另一方面，较为残旧的废旧纺织品将进行资源化再利用，重造价值。

6月22日 深圳举办首届电网开放日。千余名市民分赴全市21个供电营业厅及11个特色工作场所,深度"触电",详细了解电是怎么来的,还学到安全用电、节约用电及电磁辐射知识。

△ 作为深圳教育援疆的重头戏——喀什大学校区建设工作启动。喀什大学一校两区,新校区落户深圳城。

6月23日 深圳市规划与国土委员会在其官网上对外公布了深圳市最新出台的《关于加强和改进城市更新实施工作的暂行措施》。新的暂行措施是结合深圳旧改近两年来的发展需要而做的政策调整与补充,目的是为了提高深圳城市更新计划的实施率,促进产业更新升级特别是工改工、工改商的比例。

△ 深圳市人大常委会主任白天主持召开市五届人大常委会第九十四次主任会议,通过相关立法工作方案。

6月25日 深圳市人大常委会就《深圳经济特区促进全民健身条例(草案)》进行审议,草案要求学校体育设施在保障教学的同时,兼顾面向市民开放的需要。草案还尝试制定了市民激励制度,医保余额超过5000元以上的可将10%用于个人健身消费。

6月26日 中国社科院社会发展研究中心、甘肃省城市发展研究院、兰州城市学院及社会科学文献出版社共同在京发布《生态城市绿皮书:中国生态城市建设发展报告(2014)》,并公布了2012年生态城市的健康状况排名。其中,深圳市位列第一。

△ 第25届中国(深圳)国际钟表展在会展中心开幕,第4届"中国钟表文化周"同期展开。

6月27日 深圳正式开通第8000个TD-LTE基站,基本实现移动4G网络覆盖深圳全境。目前国内各地4G基站建设规模迈过这一关口的城市中,深圳的4G覆盖密度全国领先。

6月28日 日前,深圳市住房和建设局下发通知,明确了取消政府投资工程预选承包商制度后,招标投标活动的有关事项,调整了资格审查方式,促进招投标市场健康发展。

△ 深圳市中医药企业标准联盟①举行2014年会。

6月30日 深圳政法门户网站"深圳政法网"正式开通。网站的开通,将有助

---

① 该联盟旨在推动中医药标准化,争取中医药走向国际市场,去年一年已成功推动4项中医药"深圳标准"立项为国际标准,同时还有3项成为国家标准。

于向市民更加及时、准确、全面地展示全市政法系统的工作成果、特色亮点、创新做法和最新动态，切实有效地提高全市政法工作的公开性和透明度，推进一流法治城市建设、维护社会公平正义。

7月1日 深圳市市场与质量监管委全业务全流程网上商事登记系统正式启动，深圳再开全国先河，商事登记进入信息化时代，率先实现全业务全流程无纸化网上商事登记。

△ 从今日起的未来5年里，深圳将禁猎境内所有野生动物。在"禁猎令"期间，只要猎捕野生动物达到20只以上，无论种类，猎捕人都将受到刑法制裁。

△ 国家海洋局南海分局在广东省深圳市就中石油深圳LNG（液化天然气）应急调峰站项目海洋环境影响评价举行行政听证。

△ 自7月1日起，深圳实施路边停车收费，拒不缴费者将面临200元罚款。

△ 从7月1日起深圳正式启动生鲜鸡试点，作为第一阶段试点区域，深圳市福田区开始全面禁售活禽。

7月2日 深圳市市长许勤主持召开市政府五届一百一十二次常务会议。会议研究决定成立深圳市国际交流与合作基金会，推动深圳国际交流与合作，加快推进国际化城市建设。

7月3日 SK电讯生命健康研发中心暨维世达胜凯国际医疗中心正式进驻深圳软件产业基地，作为韩国SK电讯大中华区生命健康事业总部项目的一期项目。

7月4日 从今日起，深圳检验检疫局率先在前海实行出口换证货物通关新模式，变此前的人工操作通关放行为借助电子化系统智能通关放行，在全国尚属首例。

7月5日 《深圳经济特区居住证条例（草案）》近日提请广东省深圳市五届人大常委会第三十次会议审议。

7月7日 深圳市委《关于进一步发挥人大及其常委会在立法工作中主导作用的意见》正式"出炉"。通过一系列立法机制的创新，建立"人大主导，多方参与"的特区立法新机制。这是深圳市推进一流法治城市建设的一项重要举措。

7月9日 深圳市政府召开新闻发布会，宣布国内首个巨灾保险正式落定深圳。

△ 卓越团队建设标准①正式登陆深圳。为期三天的2014首届卓越团队建设标准中国区高级研修班正式开班。

7月10~12日 为期三天的第十四届中国（深圳）国际品牌服装服饰交易会

---

① 国际卓越项目团队标准（简称ITEA）是继美国波多里奇国家质量奖评价准则——卓越绩效模式后，又一推动企业质量改进和创新项目团队建设的重要抓手。

（深圳服交会）在深圳会展中心举行。

7月10日 深圳营商环境建设圆桌论坛召开。政府部门、研究学者、媒体老总和国内外企业家以"营"环境"商"未来为主题展开讨论，共同探讨深圳发展的新思路、营商环境建设的新做法以及投资推广的新理念。

7月14日 《财富》杂志发布中国企业500强排行榜，共有32家深圳企业上榜，比去年增加了5家。

△ 在深圳市跨境人民币结算开展五周年之际，全市累计跨境人民币结算量突破2.3万亿元，在全国名列前茅。

7月15日 从今日起，深圳车驾管业务将彻底告别排长龙的现象，迈入全面预约时代。①

7月16日 近日，深圳市审计局出台了《关于进一步推进审计工作全面深化改革的工作方案》，明确了深圳市审计局2014年至2015年的审计工作全面深化改革的工作任务。

7月17日 2014年深圳市高层次人才服务专员培训班暨深圳市人才发展志愿者服务队成立大会在市委党校举行。

△ 东部过境高速公路市政连接线于今日正式开工，预计2017年完工。

7月18日 2014第五届中国投资交流会在广州召开。会上发布了"2014中国最佳营商环境城市"评选结果，深圳市、上海市、天津市等10个城市上榜。

7月21日 深圳市人才服务中心将华南城分部迁址深圳北站并更名为龙华分部，今日起正式对外为各类人才提供服务。这有利于更好地吸引人才，为人才提供优质服务。

7月22日 深圳市交通运输委员会在市交委召开"深圳市交通排放监测平台建设与应用"项目专家咨询会。深圳市城市交通规划设计研究中心、德国国际合作机构（GIZ）组成的项目组在国内率先建立交通排放核算模型。

7月23日 由市规划国土委组织建筑设计方面的专家编写的《深圳市建筑设计规则》，目前已经市法制办审查通过，并在市政府公报上发布，将于8月1日正式施行，有效期三年。新出台的规则规定多类建筑禁用玻璃幕墙。

7月25~27日 由百利玛国际厨卫中心和香港国际贸易促进会共同主办的第二届深圳家博会在深圳会展中心6号馆举行。

---

① 除委托异地年审、抵押等实行网上办理的个别业务外，其他35项车驾管业务都得提前预约，包括机动车业务19项、驾驶证业务16项，这些业务市民直接到窗口将无法办理（在车管所备案的代办员除外）。

7 月 25 日　银监会正式对外披露，首批 5 家民营银行试点中的 3 家获准筹建，其中在广东省深圳市设立深圳前海微众银行（以腾讯、百业源、立业为主发起人）是获准筹建的三家银行之一。

7 月 28 日　日前，深圳市住建局发布消息，国家发改委已将深圳列为电子招标投标创新试点城市①。这也是国内获批的首个城市。

7 月 29 日　每年由中国海关总署主管的《中国海关》杂志发布的"2013 中国外贸百强城市"榜近日发布。深圳蝉联榜首，苏州和上海也维持去年名次，分列第二、第三。

7 月 30 日　深圳地铁宣布，由该公司运营的深圳地铁 2 条线路，即日起正式为市民提供免费 Wi-Fi，深圳地铁由此成全国首个提供免费 Wi-Fi 接入的地铁。

△　进出梅林关的第二条主要道路——新彩通道正式开通。深圳市交委建设中心副主任蔡鑫接受媒体采访时表示，新彩通道的开通将分流原本行驶向梅林关 1/3 的车流。

7 月 31 日　2014 英特尔产业创新峰会在深圳召开。

△　中国电子装备产业博览会在深圳会展中心开幕。

8 月 1 日　从今日起，《深圳市基本农田保护区管理办法》正式施行。

△　从今日起，中国移动、联通手机深圳通用户发送一条短信即可免费获赠一份有效期为一年的十万元意外保险。在保险期内，被保险人使用手机深圳通乘坐公交、地铁，因意外事故导致的人身伤害，最高可获得 10 万元的赔偿。

8 月 4 日　根据深圳最新的《大空港地区综合规划》，深圳新会展中心拟选址宝安大空港机场北片区。

△　深圳市规划和国土资源委员会（简称"深圳市规土委"）对外正式公布了《深圳市机构养老设施用地供应暂行办法》，并面向社会征求意见。

8 月 5 日　全国首个微信防伪综合管理平台已在深启用。消费者只需添加深圳市标准技术研究院市场监管防伪服务中心或者产品生产企业的微信公众账号为好友（该服务中心的微信公众账号为"深圳市市场监管防伪网"），在微信中发送产品包装上看到的 20 位防伪编码，就可以得到产品真伪的回复信息。

8 月 6 日　近日，首家独资民营医疗机构深圳希玛林顺潮眼科医院成为深圳市医保定点医院。

8 月 7 日　深圳市人社局召开新闻发布会，详细通报了深圳职称评审 12 年来的

---

①　明年将由国家发改委组织验收，通过后将成为首个创新示范城市。

改革进程。

△ 深圳海关举行的政策宣讲会发布消息，该关推出多项改革新措施。内容包括取消加工贸易六项行政审批项目，外发加工担保金进一步压缩减免等，改革将直接惠及深圳关区1万多家加工贸易企业。

8月8日 深圳市公安局召开会议对深化改革创新工作进行了总体部署，新一轮深化公安改革方案正式落地。此轮改革涉及深圳公安队伍建设和业务建设各个层面。

8月9日 在第十五届中国专利奖评选活动中，被国家知识产权局和世界知识产权组织分别授予中国专利金奖的广东4项发明专利，全部来自深圳企业。

8月11日 深圳市政府与莫斯科大学、北京理工大学签署合作办学协议，拟在深圳联合建立"深圳北理莫斯科大学"，目标是建立具有独特优势的世界一流综合性大学。

8月12日 深圳被财政部和商务部确定为我国公益性农产品批发市场建设的第一批试点省（市），并是获批省（市）中唯一一个副省级城市。

△ 深圳市公安局在全市范围内开展了主题为"反恐防范，全民参与"的集中宣传活动。

8月14日 深圳市政府五届一百一十四次常务会议审议通过《深圳经济特区欠薪保障条例》实施细则，自2014年10月1日起施行。

△ 深圳召开打击信息诈骗和反信息骚扰专项治理部署会，下发了《深圳市打击信息诈骗和反信息骚扰专项治理行动方案》。

△ 深圳市规土委发布《关于工业楼宇转让管理有关事宜的通知》，对工业楼宇及配套设施的受让人资格做出新规定。

△ 国内首个航空航运交易平台——前海航空航运交易中心（简称"前海航交中心"）在前海正式开业运营。

8月15日 深圳证监局召开了深圳辖区证券期货业信息技术安全案例分析及经验交流会。会议要求证券期货经营机构主动适应行业创新发展要求，发挥信息技术对业务发展的支撑作用。

△ "诚信与法治——整顿规范深圳汽修市场秩序"座谈会在深圳报业集团举行。

△ 深圳市房地产权登记中心全面开通网上申办服务，极大减轻了市民办理相关业务的来回奔波之苦。

△ 深圳市政府决定从15日起在地铁全网各线的车站启动常态化安检工作，采

取"逢包必检、逢液必检、逢疑必检"的方式，防止违禁品进入地铁。

8 月 16 日　由深圳知名电商龚文祥主办的电商论坛在深圳落下帷幕，论坛吸引了国内上千名电商从业者参加。

8 月 18 日　深圳市市长许勤和河源市委书记何忠友在河源市会议中心共同为深圳（河源）产业城的综合性投融资平台——广东深河产业投资开发有限公司揭牌。

8 月 19 日　中国保监会正式出台"支持深圳（前海）保险业改革创新"的八条具体政策，将深圳保险创新发展试验区的实践推进到一个新层面。

△　首届中国慈善论坛近日在北京召开，"中国城市慈善百强榜"同时发布，北京以总分第一排名榜首，而深圳以 0.22 分之差落后上海，排名全国第三。

△　深圳房博会在会展中心开幕。

8 月 20 日　金融创新暨金融服务实体经济政策宣讲系列活动在市民中心举行。在宣讲会上，深圳银监局表示，已获银监会原则同意 10 项支持政策。

8 月 21 日　"2013 年度深圳连锁经营 50 强企业"颁牌仪式举行。仪式上发布信息，深圳连锁经营企业于 2013 年在全国新开门店近 4000 个，全国门店总数超过 6 万家。

8 月 22 日　深圳市官方、学界、企业界和市人大代表、政协委员就《深圳经济特区质量条例（第八稿）》举行立法座谈会，这也是全国范围内"质量建设"的首个地方立法。

△　深圳市市长许勤主持召开全市 13 个重点区域开发建设总指挥部第二次会议，听取重点区域开发建设进展情况，进一步梳理细化目标任务，协调推动重点区域开发提速提效。

8 月 25 日　全国首个"4G 智慧医疗系统"现身深圳。深圳移动携手深圳市罗湖人民医院，创新利用 TD-LTE 技术提速诊疗服务三大阶段，让医护人员诊治更高效，患者足不出户也可求医问诊，有效缓解"看病难"问题，为全国医疗行业应用提速增效带来科技之光。

8 月 26 日　第五届中国（深圳）国际节能减排和新能源产业博览会（简称"节博会"）在深圳会展中心开幕。

△　今天是深圳经济特区建立 34 周年。深圳市几套班子领导、市老领导和社会各界代表到莲花山公园山顶广场，举行向邓小平同志铜像敬献花篮仪式。

8 月 27 日　深圳市正式发行加载金融功能的社会保障卡"金融社保卡"。

8 月 28 日　第五届人民代表大会常务委员会第三十一次会议通过《深圳经济特区审计监督条例》，自 2014 年 10 月 1 日起施行。

△　第五届人民代表大会常务委员会第三十一次会议通过《深圳经济特区政府投资项目管理条例》，自 2015 年 1 月 1 日起施行。

△　深圳市第五届人民代表大会常务委员会第三十一次会议通过《深圳经济特区促进全民健身条例》，自 2015 年 1 月 1 日起施行。

8 月 29 日　"首届深港并购论坛暨深圳市企业并购促进会成立大会"在五洲宾馆召开。

8 月 30 日　"中国网贷平台评级体系发布会"在深圳举行。会上，首次发布《中国网贷平台评级暂行办法》。

△　由清华大学五道口金融学院与宜信财富联合主办的"2014 中国财富管理系列论坛"第三站在深圳举办。

8 月 31 日　当地时间 8 月 30 日，由深圳市投资推广署、龙岗区政府主办，天安数码城集团承办的深圳龙岗创新创业环境推介暨天安数码城硅谷直通车交流会，在美国斯坦福大学举行。

9 月 1 日　从今日起，深圳市海外高层次人才"孔雀计划"新标准正式实施，C类人才的认定条件大幅增加至 15 项，部分认定门槛也适当降低。

△　深圳对外发布全国首创的《深圳市商事登记审批项目权责清单》及首期 6个部门发布的审批事项后续监管办法。

△　深圳开始实行非营运轿车等车辆 6 年内免检、推行机动车异地检验等便民服务措施。

△　经深圳市政府批准，从 9 月 1 日起，深圳市城镇居民参加医疗保险的财政补助标准又将提高，标准为每人每年 324 元，较去年增加了 42 元。

9 月 3 日　深圳海关正式启动了复制推广上海自贸区创新监管制度工作，首批 6项创新监管制度包括"先进区、后报关""批次进出、集中申报""简化无纸通关随附单证"等。

9 月 5 日　深圳市中级人民法院召开审判权运行机制改革启动实施大会，宣布自即日起，该院审判执行工作将按新的机制模式运作。

△　从今日起，境外投资者可参与深圳碳排放权交易。这是中国碳排放权交易市场首次引进境外投资者，而深圳的碳排放权交易所也由此成为全国首家引入境外投资者的碳排放权交易所。

△　至圣孔子基金会在深圳成立。

9 月 7 日　清华大学与伯克利加州大学在深圳签署合作协议并举行新闻发布会，共同创建清华－伯克利深圳学院。

9 月 8 日　近日，《深圳经济特区质量条例》立法研讨会在深圳市政府法制办召开。

9 月 9 日　深圳海关在前海湾保税港区举行跨境贸易电子商务进口试点启动仪式，宣告涵盖进出口的深圳市跨境贸易电子商务新型海关监管模式已完整建立。

9 月 10 ~ 12 日　2014 深圳国际 BT 领袖峰会和生物/生命健康产业展览会在深圳会展中心拉开帷幕，以"发展绿色经济，创造美好生活"为主题。

9 月 10 日　深圳代表团在新加坡举行"深圳—新加坡医疗器械产业推介会"。

9 月 11 日　国内首个整合医学专委会、深圳市医学会第 60 个专委会——市医学会首届整合医学专业委员会成立。

△　坪山新区今日将正式签约全国首个国际生命健康产业园。

9 月 12 日　深圳市委书记王荣一早在五洲宾馆会见来自 5 个国家的 17 位航天员，为第 27 届太空探索者协会年会在深圳举行的"社会活动日"活动唱响序曲。

△　深圳市太空科技南方研究院正式揭牌。

9 月 13 日　第十三届精神文明建设"五个一工程"表彰座谈会在京召开，深圳 7 部作品荣获中宣部"五个一工程"奖。

9 月 14 日　深圳市野生动植物保护管理处发布信息，深圳首次发现了刘氏掌突蟾和广东颈槽蛇 2 个陆生脊椎动物新物种。

9 月 15 日　从今日起，深圳市政府采购引入电商平台，实施战略合作。这是继今年 4 月 1 日政府采购创新推出全面实行商场供货后的又一重要举措。

9 月 16 日　中国计生协在深召开流动人口计划生育服务管理工作现场会暨项目培训班，深圳被中国计生协确定为全国 8 个流动人口计划生育服务管理试点地区之一。

△　"翠园足球俱乐部"在深圳市罗湖区翠园中学初中部揭牌，这是广东省第一家正式注册的中学足球俱乐部。

9 月 17 日　深圳市市长许勤和尼泊尔加德满都市首席行政长官丹·巴哈杜尔·斯里萨在深签订友好交流合作备忘录。

△　深圳市交委正式推出了"交通在手 4.0"版本及"交通在手"微信公众号。

△　近日，从教育部传来喜讯，深圳大学推荐的成果——《基于协同育人理念的地方大学创业教育系统构建与实践》（成果完成人：邢锋、徐晨、姚凯、陈智民、孙忠梅、王晖）荣获第七届国家级教学成果二等奖。广东省仅 18 项成果获批第七届国家级教学成果奖。

9月18日 世界首部嵌入式无绳电梯样机在深圳正式诞生，有望解决电梯冲顶、坠毁、起火无法逃生等世界难题。

9月20日 由和讯网和深圳高新盛创投电子商务有限公司共同主办的中国（深圳）产业链金融创新发展论坛在深举办。本次论坛以"新金融新方向新时代"为主题。

9月21日 深圳第十届"国际海洋清洁日"于今日举办。

9月22日 深圳市政府在北京举行深圳医疗卫生"三名工程"合作交流会，市投资推广署与国内外企业、机构和医疗团队签订合作框架协议，将引入六大医疗健康产业投资项目，协议投资总金额达到102亿元。

△ 在由全球城市联盟C40组织举办的"C40& 西门子城市气候领袖奖"评选中，深圳获"全球城市交通领袖奖"，是内地唯一获此殊荣的城市。

△ 来自中国深圳的儒家文化合唱交响曲《人文颂》，在纽约联合国总部音乐厅举行的"联合国之夜音乐会晚会暨第69届联合国大会欢迎晚宴"上奏响。

9月23日 在英国伦敦知名智库Z/Yen集团发布的最新一期"全球金融中心指数"中，深圳在全球83个金融中心中排名第25位，在亚洲及大洋洲金融中心中排名第8位，是地区乃至世界重要的金融中心之一。

9月24日 前海管理局正式启动招商合伙人制度，意在进一步打开局面，吸引更多的港企进驻前海。

△ 第28届全国中心城市防震减灾工作联席会、广东省地震局长会议在深圳召开。会议以"防震减灾工作融入城市经济与社会发展"主题。

9月26日 "深圳中山金融服务业对接会"召开。本次对接会致力于加速两地金融服务业合作，促进金融大发展。

△ 由深圳地铁集团、中信地产主办的"远见世界未来"前海发展高峰论坛暨前海时代产品发布会成功举办。

△ 深圳市工会第六次代表大会今天隆重召开。

9月28日 深圳市政府与国内最大的金融资产管理公司——中国华融签署战略合作协议，华融前海财富管理公司、华融控股（深圳）股权投资基金公司同时揭牌成立。

9月29日 深圳市政府正式发布《关于促进深圳电子商务物流业发展的若干措施》并立即实施。这是全国首个规范和促进电商物流业发展的政策性文件。

9月30日 深圳市政协召开主席班子（扩大）会议，传达学习习近平总书记在庆祝中国人民政治协商会议成立65周年大会上的重要讲话精神。

10 月 1 日 从今日起，深圳出入境办证业务全面实现网上预约。

10 月 5 日 深圳市召开绿色航运新闻发布会，发布了《深圳市港口、船舶岸电设施和船用低硫油补贴资金管理暂行办法》，计划每年财政预算投入 2 亿元人民币对使用岸电和低硫油的企业进行补贴。

10 月 6 日 由招商银行与前海管理局在前海合作设立的招银前海母基金近日在深圳举行签约仪式，这标志着《国务院关于支持深圳前海深港现代服务业合作区开发开放有关政策的批复》提出的支持设立前海股权投资母基金政策正式落地。

10 月 8 日 深圳市金融办发布信息，中国证监会发布关于支持深圳资本市场改革创新的 15 条意见，支持深圳资本市场改革创新、加快推进前海金融先行先试政策落地。

10 月 9 日 质检总局正式发布公告，深圳蛇口港、赤湾港、大铲湾港和盐田港四个口岸获得首批国家进境粮食指定口岸资质。

△ 加工贸易全程信息化启动仪式日前在深圳海关所属南头海关举行，这标志着延续了 30 多年的加工贸易将全面告别纸质时代。

10 月 10 日 在为上海自贸区保险业出台系列支持政策后，保监会日前发文《深化深圳保险创新发展试验区建设支持前海开发开放的意见》支持深圳前海保险业发展。

10 月 12 日 近日，中国第一支物流产业基金——深圳物流产业共赢基金组建成功并发布。

10 月 13 ~ 15 日 国际电信联盟（ITU）609 决议第十一次磋商会议在深圳举行。会议由工业和信息化部主办，中国卫星导航定位应用管理中心承办。

10 月 13 日 德国联邦交通与数字基础设施部国务秘书贝尔率德国物流代表团来访深圳，并与深圳市贸促委就物流行业的合作平台建设等议题做深入座谈。

△ 由中建一局承建的"深圳第一高楼"平安金融中心，完成 107 层核心筒墙体混凝土施工，成为深圳第一个超过 500 米的高楼。

10 月 14 ~ 16 日 深圳市人民政府联合主办的第九届中国（深圳）国际物流与交通运输博览会在深圳会展中心举行。

10 月 14 日 前海深港现代服务业合作区管理局与中国电信集团公司签署战略合作协议，双方将共同推动国际数据通信专用通道项目建设，促进"前海卡"年底前上市发行。

△ "网贷第一案"深圳开庭。

10 月 15 日 泛太平洋海运会议（Trans-Pacific Maritime Conference）在深圳华侨

城洲际酒店举行。

△　全新功能的公交导盲系统正式启用，深圳市将在 1000 台公交车上安装该系统。

10 月 16 日　第二届"中国城市物流质量排行榜"在深圳物博会上揭晓。深圳连续第二年位列全国大中型城市物流质量榜首，得分较上一年继续提升。

△　《2014 年深圳市城市更新单元计划第四批计划（草案）》在市规土委官网上公示。

△　中国首家二手房电商平台"安居兔"在深圳举行上线仪式。

10 月 17 日　投资 2.4 亿元的龙华新区德政路龙大高速立交及德政路东延段正式开通。

10 月 18 日　"我的社团·我的梦"深圳首届学生社团文化节在深圳市第一职业技术学校拉开帷幕。

10 月 20 日　"2015 中国企业家春节联欢晚会"通过新闻发布会正式宣布落户深圳。

10 月 21 日　深圳证监局与深圳市市场和质量监督管理委员会共同签署了《深圳证监局与深圳市市场和质量监督管理委员会关于加强监管合作与信息共享的合作备忘录》，探索进一步加强监管合作。

10 月 22 日　酒泉市丝绸之路经济带建设项目合作签约仪式在深圳举行。

10 月 23 日　由 IDG 美国国际数据集团主办的 2014 安卓全球开发者大会在深圳开幕。

△　国家发改委下发《关于深圳市开展输配电价改革试点的通知》，正式启动中国新一轮输配电价改革试点。新电价机制 2015 年 1 月 1 日起运行。

△　民生粤通卡在深圳正式上线发布，成为全国首张银行借记卡与粤通卡（储值卡）合二为一的联名卡。

10 月 24 日　深圳市委常委、政法委书记蒋尊玉因涉嫌严重违纪问题，正在接受组织调查。

10 月 25 日　深圳首个"国医大师工作室"——深圳市中医院"国医大师工作室"揭牌成立。

10 月 26～28 日　由国家税务总局、共青团中央举办的全国大学生税收辩论赛广州赛区（广东、广西、海南、深圳）在广州举行，深圳大学辩论队获广州赛区季军。

10 月 26 日　2014 年深圳市全民终身学习活动周开幕式在深圳大学继续教育学

院广场举行。今年是深圳市举办全民终身学习活动周的第十年，主题为"全民终身学习，创造出彩人生"。

△　中国版画博物馆开馆暨系列艺术展览活动在观澜版画基地举行。

△　深圳市委常委、宣传部部长王京生会见了到访深圳的美国著名导演斯通和外文出版社社长徐步一行。

△　深圳市 5923 名医生分六批，在深圳职业技术学院，进行了统一的业务水平测试。这标志着深圳执业医师定期考核全面启动。

△　由香港游泳教师总会主办的"2014 第二届香港水中健体比赛"，在香港铜锣湾维多利亚公园游泳池举行。深圳大学代表队以绝对的优势夺得本次"香港水中健体比赛"的第一名。

△　"广东省十佳校媒"评选在华南理工大学举行。来自深圳大学的深大青年杂志社以总分榜第二名的成绩荣获广东省"十佳校媒"称号。

10 月 27 ~ 31 日　由约翰·霍普金斯大学公共卫生学院及世界卫生组织（WHO）主办的"中国控烟领导力培训班及高层研讨会"在深圳举行。

10 月 27 日　从今日起，深圳交警开始实行免检机动车核发检验标志业务网上办理。

△　深圳市市长许勤和葡萄牙波尔图市市长莫雷拉在深签署友好交流合作备忘录。至此，深圳已与全球 61 个城市结为友好城市或友好交流城市。

△　深圳市市长许勤会见了法国罗纳 - 阿尔卑斯大区委员会主席盖拉纳先生一行。

△　2014 年第八届中国杯帆船赛在深圳大梅沙京基喜来登酒店举行闭幕颁奖仪式。

10 月 28 日　深圳市市长许勤在市民中心会见了荷兰阿姆斯特丹市市长范德兰一行。

△　深圳市市五届人大常委会第三十二次会议召开。

10 月 29 日　中共深圳市委五届第十九次全体会议召开。

△　深圳市委书记、市委全面深化改革领导小组组长王荣主持召开市委全面深化改革领导小组第四次会议，贯彻落实党的十八届四中全会以及中央全面深化改革领导小组第六次会议精神。

△　深圳市人大常委会副主任蒋宇扬会见瑞士国会议员托马斯·艾斯先生率领的代表团。

△　巴林王国经济发展委员会率领商务代表团在深圳举行投资推介活动，市贸

促委与巴林王国经济发展委员会签署了合作备忘录。

　　△　深圳市第五届人大常委会第三十二次会议审议通过了新修订的《深圳经济特区无偿献血条例》，并2015年1月1日实施。

　　△　《深圳经济特区居住证条例》经市人大常委会议通过，并于2015年6月1日起实施。

　　△　深圳市五届人大常委会第三十二次会议在举行第二次全体会议后闭幕。4部涉及交通违法处罚、居住证、学校安全和无偿献血与民生息息相关的法规获得通过。

　　△　深圳市委书记王荣、市长许勤昨天会见了香港总商会主席彭耀佳率队的香港总商会代表团一行。

　　△　"第四届孔雀杯全国高等艺术院校声乐大赛"中，深圳大学师范学院音乐表演专业2011级学生邹静同学荣获综合师范院校民族组三等奖。

　　10月31日　由深圳市文联主办、市作协等承办的首届深圳文学季正式启动，近20项活动将陆续在全市展开。

　　11月1日　深圳市市长许勤专门主持召开会议，研究支持机器人、可穿戴设备、智能装备产业发展的相关规划政策。

　　11月2日　中法深圳蛇口创意论坛闭幕，蛇口创意学谷也同期揭牌启动。

　　△　深圳—香港—台北—上海四城市文化交流会议2014深圳年会在深圳开幕。

　　11月3日　省政协主席朱明国带队来深圳就省政协"关于保护和科学开发利用海岸带"重点提案进行督办调研。

　　△　深圳市市长许勤主持召开专题会议，研究推进实施引进海外高层次人才"孔雀计划"。

　　△　深圳市市长许勤会见了澳大利亚电信公司首席执行官苏大为一行。

　　11月5日　深圳市副市长唐杰会见了美国科学家、2006年诺贝尔生理学及医学获奖者克雷格·梅洛教授一行，双方就在深建立国际健康医疗中心事宜进行了深入交流。

　　△　"知识产权走基层 服务经济万里行"暨国际工商知识产权峰会在深圳举行。

　　11月6~8日　中国创新论坛在深圳举办。论坛的主旨是学习贯彻落实十八届三中全会全面深化改革的决定和十八届四中全会全面推进依法治国的决定，推进国家治理体系和治理能力现代化建设。

　　△　第八届中国（深圳）国际金融博览会在会展中心举行。

11 月 6 日 深圳市人力资源和社会保障局发布消息，"广东特支计划"已于日前首次启动，深圳市将推荐选拔杰出人才、百千万工程领军人才和青年拔尖人才，入选者将分别获得省财政 100 万元、50 万元和 10 万元的支持。

△ 深圳市自然保护区管理中心发布消息，深圳市铁岗－石岩湿地、深圳市田头山两大市级自然保护区总体规划方案出炉。

11 月 8 日 即日起，深圳市公积金缴存职工可使用建行、招行、中行自助终端机办理提取、预约等业务。这一创新举措，在全国范围内属首例。

11 月 9 ~ 11 日 大学校长圆桌会（深圳）暨第五届全国中外合作办学年会在香港中文大学（深圳）举行。院士、校长以及专家学者围绕"中外合作办学与国际化人才培养"的主题展开研讨。

11 月 9 日 深圳市委书记王荣会见了国防科工局局长许达哲一行。双方表示，将在推进军民融合上进一步深化改革，不断创新体制机制，运用创新思维和理念切实做好军民融合发展这篇大文章。

11 月 16 ~ 18 日 第四届菁英杯高校高尔夫公开赛暨广东高校高尔夫球联队成立仪式在佛山银海高尔夫球俱乐部举行。深圳大学代表队发挥出色，获得了团体总杆季军、最佳着装奖；耿楠获得女子个人总杆冠军；阮彩仙老师获教师嘉宾组冠军。付凌宇、曾杰、耿楠三人入选广东省高校高尔夫球联队。

11 月 10 日 深圳国际低碳城在京获颁 2014 可持续发展规划项目奖。该奖项由美国保尔森基金会和中国国际经济交流中心合作推出。

△ 深圳首个城中村管道燃气改造项目——水围社区项目正式宣告建成。

△ 深圳市委书记王荣会见了由杭州市委副书记、市长张鸿铭率领的杭州市代表团一行。

△ 深圳市首支金融系统预备役排组建大会在建设银行深圳分行召开。

△ 2014 中国创新创业大赛互联网及移动互联网行业决赛及颁奖典礼在龙岗举行。

△ 深圳市法制办发布消息，首次举行的全省依法行政工作考评中，深圳市政府荣获优秀等次。

11 月 11 日 12 家重量级以色列生物企业携带一批生命科学技术领域项目来深圳洽谈，吸引了 80 多家深圳生物医药企业、高校、科研机构及投资机构前来洽谈合作。

11 月 12 日 深圳市外办发布消息，在中国人民对外友好协会、中国国际友好城市联合会主办的"2014 中国国际友好城市大会"国际友好城市工作评选活动中，深圳荣获"国际友好城市交流合作奖"。

11月15日 深圳建设国家自主创新示范区部际协调小组第一次会议在市民中心举行。会上，国家科技部与深圳市政府共同签订了共同建设国家技术转移南方中心合作框架协议，标志国家技术转移南方中心正式落地深圳。《深圳国家自主创新示范区发展规划纲要（2015—2020年）》和《深圳国家自主创新示范区空间布局规划（2015—2020年）》在会上正式出台实施。

△ 深圳市2014年首场博士后政策推介暨现场招聘会在北京大学英杰交流中心举行。

11月16～18日 中共中央政治局委员、国务院副总理刘延东在广东省调研。在深期间，刘延东实地考察了创梦天地、柔宇科技、高新投、超多维等企业和益田社区健康服务中心，并在深圳市高新投召开座谈会，听取高新投、创新投、担保集团情况汇报。

11月16～24日 为期6天的第16届中国国际高新技术成果交易会启动，中共中央政治局委员、国务院副总理刘延东宣布开幕。

11月17日 由龙华新区管委会和深圳市科技创新委共同主办的龙华新区创新驱动发展论坛在会展中心举行。论坛上深圳市产业技术创新联盟等4家产业联盟共同揭牌。

11月18日 第三届"中国法治政府奖"评选结果在北京新鲜出炉，"深圳市政府法律顾问制度"高票荣膺"中国法治政府奖"，这也是深圳连续两届获此奖项。

△ 深汕特别合作区管委会发布消息，近日，省政府常务会议审议并原则通过了《深汕特别合作区发展总体规划（2015—2030年）》，这标志着合作区发展的蓝图已经绘就。

△ 深圳市市长许勤、市人大常委会主任白天与韩国光阳市市长郑铉福、议长徐敬植，共同在市中心公园种下一株寓意团结友谊、繁荣昌盛的宫粉紫荆树，纪念两市缔结友好城市10周年。随后，许勤在五洲宾馆会见了光阳市客人一行。

△ 深圳市市长许勤会见了来深参加经贸活动的美国洛杉矶市市长埃里克·贾塞提一行，双方就进一步加强合作、加深友谊进行了交流。

△ 美国华美银行（East West Bank）旗下的全资子公司华美银行（中国）有限公司深圳分行正式开业。

11月19日 广东工合年度盛典暨第二届广东省全国名牌颁奖典礼在深圳保利剧院举行，63家企业获评"广东省全国名牌"。

△ 近日，深圳大学获评"2013年广东高校共青团干部到县级团委挂职工作优

秀工作单位"，肖裕佳同志被团省委授予"2013 年广东高校共青团干部到县级团委挂职工作挂职团干部标兵"称号，黄玉如同志被授予"2013 年广东高校共青团干部到县级团委挂职工作优秀挂职团干部"称号。

11 月 20 日 海关总署副署长邹志武带队与部分全国人大代表、政协委员在深圳进行专题调研并座谈，共话改革和发展。

△ 深圳大学土木工程学院研究生代表队在"重庆大学首届既有工业建筑绿色改造竞赛"获三等奖。

11 月 21～22 日 由农业部部长韩长赋率领的农业部调研组一行来深调研。市委书记王荣 21 日会见了韩长赋一行。

11 月 21 日 由教育部人文社科重点研究基地——深圳大学中国经济特区研究中心主办的"2014 中国经济特区论坛：'经济特区的比较与借鉴'国际学术研讨会"在深圳大学举行。来自俄罗斯、印度、德国、越南等国和我国深圳、珠海、汕头、海南等经济特区，深圳前海、上海自贸区、新疆喀什、图们江等新兴经济区的相关负责人、经济学专家学者共 80 多人聚集一堂，对各个类型经济特区发展进行比较，深度解析经济特区的动态演化过程和全球经验。

11 月 22 日 德国巴伐利亚州驻广东办事处落户深圳。市委书记王荣在蛇口会见了巴伐利亚州州长霍斯特·泽霍夫，并共同为办事处成立揭牌。

△ 深圳市侨商智库研究院成立，这也是我国第一家涉侨民间智库。同时，侨商智库和国际潮籍博士联合会达成了战略合作协议，将在深圳设立成果转化基地。

△ 深圳市工商联（总商会）第七次会员代表大会举行，会议选举产生了新一届工商联执委会和总商会理事会。

11 月 23 日 深圳市委统战部举行深圳市统战领导干部培训班开班动员会。动员会后，36 名深圳市统战干部前往中央统战部学习培训。

△ 2014 中国（深圳）创业大会——深圳市第二届海归项目投资融资对接会暨第三届海归创业论坛召开。

11 月 24 日 深圳市市长许勤率领的深圳市代表团结束了在新西兰克赖斯特彻奇市的访问返回深圳。

△ 深圳市副市长吴以环会见美国康奈尔大学威尔医学院副院长迈克·斯图尔特一行。美国康奈尔大学威尔医学院将为在深建立国际医疗中心全面提供技术支持。

11 月 25 日 国家技术转移南方中心在高新区虚拟大学园内正式揭牌成立。该中心由科技部和深圳市政府共同建设，是继北京、郑州之后，我国布局建设的第三个国家级技术转移中心。第三届中国创新创业大赛深圳赛区总结会同时举行。

△　深圳市发改委与淮安市发改委代表两地政府，签署《深圳市发改委与淮安市发改委区域碳交易体系建设战略合作备忘录》，深圳将与淮安在碳排放权交易上展开多项合作。

△　深圳市市人大常委会主任白天赴龙岗愉园社区人大代表联络站调研，并为市人大常委会立法联系点揭牌，愉园社区立法联系点成为深圳市首个立法联系点。

△　深圳市全市召开启动刑事案件速裁程序试点工作会议。

△　深汕对口帮扶人才合作暨深汕特别合作区博士服务站和深汕党校、卫计、教育、青年4个人才驿站签约活动在深汕特别合作区举行。

△　促进广东前海、南沙、横琴建设部际联席会议第一次会议在北京召开。

△　在北京召开的"中国教育和科研计算机网CERNET第二十一届学术年会暨纪念CERNET建设二十周年"大会上，深圳大学作为华南地区主节点，荣获"CERNET建设二十周年突出贡献先进集体奖"，信息中心主任张凡和江魁老师分别获"CERNET建设二十周年突出贡献先进个人"表彰。

11月26～27日　中国法学会在深圳召开全国地方法学会工作座谈会。

11月26日　深圳市人大、市卫计委召开《深圳经济特区医疗条例（征求意见稿）》立法情况介绍会，就征求意见稿的具体内容进行了解读。

△　深圳市市长许勤在市民中心会见了加拿大驻华大使赵朴一行。

△　深圳市副市长唐杰会见了C40城市气候领导联盟主席特别顾问罗德里格·罗萨一行。

11月27日　广东省司法体制改革试点工作动员部署会议在广州召开。会上公布，广东司法改革总体方案获国家批复，确定深圳、佛山、汕头、茂名四市为广东省司法体制改革试点市。

△　深圳市委理论学习中心组举行（扩大）学习会。

△　深圳市市长许勤在市民中心会见了台湾联发科技股份有限公司董事长蔡明介一行。

△　全国中小学责任督学挂牌督导工作现场会在深圳市南山区举行。

△　深圳市知识产权局发布消息，国家知识产权局刚刚公布的第16届中国专利奖获奖名单中，深圳揽得4项金奖。

11月28日　深圳市与包头市发改委代表两地政府，签署《深圳市、包头市碳交易体系建设战略合作备忘录》。

△　"第九届设计之都（中国·深圳）公益广告大赛"颁奖仪式在深圳音乐厅金树大厅举行。

11 月 29 日 以"筑梦美丽中国·助力改革开放"为主题的第 26 届世界模特小姐大赛国际总决赛颁奖盛典在龙岗大运体育中心落下帷幕。

11 月 29 日 ~ 12 月 2 日 全球最大规模的工业设计展——2014 第二届中国（深圳）国际工业设计大展在深圳会展中心 9 号馆举行。

11 月 30 日 第六届深圳学术年会主题学术研讨会举行，围绕"依法治国与推进国家治理现代化"主题展开交流，为正在建设一流法治城市的深圳和法治中国建设建言献策。

△ "2014 文化科技创新论坛"在深圳举行。

△ 深圳市市公安局举行第十届深圳警察开放日活动，全市开放 175 个活动点供市民近距离体验警务装备，与各警种互动。

12 月 1 日 从今日起，深圳关区在陆路口岸正式启动区域通关一体化方式通关，此前海运和空运港口通关一体化已在 9 月顺利启动，这标志着深圳关区陆路、海运和空运的广东区域通关一体化实现全面覆盖。

△ 深圳市商事制度改革再开全国先河，率先实施商事登记"四证合一"。

△ 近日，2014 全国大学生网络虚拟运营创业专项赛全国总决赛在共青科技职业学院落下帷幕。深圳大学代表队获"2014 全国大学生网络虚拟运营创业专项赛"全国总决赛三等奖。

12 月 1 ~ 2 日 中共中央政治局原委员、中国志愿服务联合会会长刘淇在深调研"志愿者之城"。

12 月 1 ~ 7 日 深圳市举办首届网络安全宣传周活动，以"共建网络安全、共享网络文明"为主题，一系列富于创新、内容丰富的宣传活动在全市深入开展。

12 月 2 日 广州市委书记任学锋、市长陈建华率广州市党政代表团来深考察，深圳市委书记王荣、市长许勤陪同考察。

△ "社会建设大家谈"社区论坛首站走进宝安，与会者各抒己见，为基层社会治理建言献策。

△ 第七届中国（深圳）国际工业设计节在深开幕。

12 月 3 日 罗湖区第三届扶贫帮困慈善表彰大会在罗湖会堂举行。

△ "亚洲最大电脑图像盛事"SIGGRAPH Asia 2014 电脑图像和互动技术展览及会议将在深圳会展中心拉开帷幕。

△ 深圳市教育局召开全市中小学综合素养培养推进会。会上下发了《深圳市中小学体育发展三年行动计划（2015—2017 年）》和《深圳市中小学艺术教育发展行动计划（2015—2017 年）》。

12 月 4 日 "以法治促文明争当文明守法好市民"暨第二届宝安文明月主题活动举行。

△ 首届中国青年志愿服务项目大赛颁奖典礼在广州举行,深圳市城市志愿服务 U 站项目和宝安"义工大学堂"项目分别获得"邻里守望"和"文化宣传"类别金奖。

△ 前海开发开放新闻发布会在京举行。会上正式发布了《前海深港现代服务业合作区促进深港合作工作方案》。

12 月 5 日 由中国期货业协会和深圳市政府联合主办的第十届中国(深圳)国际期货大会(CIDF)在深圳拉开帷幕。

△ 广东省培育和践行社会主义核心价值观示范点社区工作现场会在龙岗区坂田街道四季花城社区召开。

△ 近日,国家自然科学基金委发文通知,我校光电工程学院王义平教授申报的 2015 年国家杰出青年科学基金项目"光纤传感技术"获批准立项,资助经费 400 万元。

12 月 7 日 第十届深圳"创意十二月"在深圳报业大厦启动,由 151 项活动组成的创意盛宴将陪伴市民度过一个精彩的 12 月。

△ 深圳市中小学图书馆"常青藤"建设行动计划启动仪式在荔园小学南校区举行。

12 月 8 日 "平安深圳 15"专项行动启动仪式在市公安局指挥中心举行。

△ 在广东省第六届音乐舞蹈花会落幕上,深圳市群众艺术馆选送的 11 件作品以精彩的表现征服了现场评委,获得 5 金 5 银 1 铜的优异成绩,获奖成绩位列全省前茅,同时深圳市文体旅游局还获得组织奖。

12 月 9 日 "2014 首届前海风云榜"颁奖盛典举行。

△ 深圳市召开深化落实联动整改事项工作协调会。

△ 第二届"中国未来教育家成长论坛"在深圳宝安开幕。

△ 深圳市人力资源和社会保障局公布,《广东省职工生育保险规定》将于 2015 年 1 月 1 日起施行。

12 月 10 日 首届"中国(深圳)珠宝设计节"在深开幕。

12 月 11 日 深圳市人大常委会副主任刘恩在市民中心会见了美亚学会第 97 批美国会议员助手代表团一行。

△ 第 13 届"WTO 与深圳"高级论坛在深圳举行。

△ 由 CMMI 学院、市投资推广署、市投资控股有限公司联合主办的 CMMI 大

会在深圳召开。

△ 地铁 11 号线前海湾站至宝安站区间贯通，这是全线最长的矿山法暗挖隧道，其他区间也将在明年春节前全部实现"洞通"。

12 月 12～15 日 第十届文博会冬季工艺美术精品展暨 2014"艺术深圳"在深圳会展中心举行。

12 月 12 日 深圳市委书记王荣主持召开市委常委会议，传达学习中央经济工作会议精神，研究部署深圳市贯彻落实措施。

12 月 14 日 深圳市人民医院与中国医科大学附属一院徐克教授团队进行战略合作签约，柔性引入徐克教授团队，并挂牌介入医学深圳市工程技术研究开发中心以及纳米刀国际技术培训中心。

12 月 15 日 国务院妇儿工委办调研组来深调研妇儿发展工作。

△ 广东表彰自强模范助残先进，深圳市 6 个先进集体和个人获表彰。

△ 市政府与广州中医药大学、澳大利亚皇家墨尔本理工大学签署合作办学框架协议，三方同意依托深圳市中医院，在深合作举办独立设置、具有独立法人资格的非营利性中外合作办学高等教育机构，暂定名为深圳墨尔本生命健康工程学院。

△ 中科院深圳先进技术研究院参与主办的 2014 国际数据挖掘大会（ICDM）在深圳举行。

12 月 16 日 深圳市市长许勤主持召开市政府五届一百二十二次常务会议。会议审议并原则通过了《深圳经济特区碳排放管理若干规定（修正案）（草案）》，该修正案草案将提交市人大常委会审定。

△ 中英街管理局正式挂牌成立。

12 月 17 日 深圳市五届人大常委会第三十四次会议召开。

△ 深圳对口援疆前方指挥部、新疆喀什经济开发区招商中心与喀什发展集团共同打造的"三位一体"全国招商运营平台在深圳揭牌成立。

12 月 18 日 深圳市委书记王荣、市长许勤等市委主要领导与深圳市各民主党派、工商联新老负责人座谈，共商深圳市多党合作发展大计。

△ 深圳华大基因研究院、南方科技大学、丹麦哥本哈根大学签署框架协议，在深圳合作建设一所特色学院。

△ 全国首个特种设备决策咨询机构——深圳市特种设备安全技术委员会在深圳成立。

△ "首届深圳青年影像节暨第五届深圳 DV 大赛颁奖盛典"在深圳广电集团演播厅举行。

　　△　深圳市科学技术奖励大会召开，深圳大学第一附属医院（深圳市第二人民医院）院长蔡志明获得 2013 年度深圳科学技术奖最高奖"市长奖"。蔡志明是深圳市首个获得科学技术奖"市长奖"的杰出科技创新医务人员。

　　12 月 19 日　"中国梦——实干兴邦"第三届全国（大芬）中青年油画展在龙岗区大芬油画村美术馆开幕。

　　△　深圳市委书记王荣、市长许勤会见了以毛里求斯驻华大使钟律芳为团长的非洲国家驻华使节团。

　　△　深圳市副市长唐杰会见了世界自然基金会（WWF）中国区总干事卢思骋一行，双方就加强低碳环保等领域的交流与合作进行了探讨。

　　△　第二次前海廉政监督联席会议召开，通报前海廉政监督局成立以来相关工作，并成立了第一届前海廉政监督咨询委员会，聘请 13 位来自内地和香港的顶尖专家加盟。

　　12 月 20 日　"千人计划"专家联谊会信息科学与技术专委会、工程与材料专委会 2014 年年会暨智慧城市与智能制造研讨交流会在深圳举行。

　　12 月 21~22 日　广东省委书记胡春华前往深汕特别合作区检查项目推进情况并在陆河县调研。

　　12 月 22 日　前海管理局与下属金融控股公司在前海万科企业公馆举行 10 个重大项目集中签约与揭牌仪式。

　　△　深圳市委书记王荣会见了湖州市委书记马以、市长陈伟俊一行，市委副书记戴北方参加座谈会。

　　△　深圳市区两级检察院检察改革正式启动。

　　12 月 23 日　"2015 企业家与市领导新春晚会暨百名行业领军人物、市企联成立 30 周年庆典"晚会在深圳体育馆举行。

　　△　深圳市政府与中国科学技术协会在京签署战略合作框架协议，双方将发挥比较优势，提升合作层次，推进协同创新，共同为创新型国家建设做出新贡献。

　　12 月 24~25 日　深圳市委书记王荣、市长许勤、市委副书记戴北方分别率队深入基层一线，检查全国文明城市创建工作。

　　12 月 24 日　深圳市人力资源和社会保障局发布，深圳在全国率先"试水"聘任制公务员制度，探索打破养老保险"双轨制"。

　　12 月 25 日　深圳市首批 10 家企业科协授牌，这是贯彻落实市政府与中国科协签署的《战略合作框架协议》的最新举措，也标志着深圳市正式启动企业科协建设工作。

△　深圳市市长许勤主持召开市政府五届一百二十三次常务会议，会议审议并原则通过了《关于打造深圳标准构建质量发展新优势的指导意见》以及行动计划。

△　中共深圳市委召开中国共产党深圳市第六次代表大会代表选举工作会议。

12 月 26 日　深圳市委市政府召开全市发展湾区经济建设 21 世纪海上丝绸之路桥头堡工作会议，会上发布了《关于大力发展湾区经济建设 21 世纪海上丝绸之路桥头堡的若干意见》。

12 月 27 日　首届深圳·新媒体艺术节在蛇口价值工厂隆重开幕。这是由招商局蛇口工业区主办，南山区文产办、里外·艺文创展、招商产业联合承办，中国电信作为战略合作伙伴的中国大陆唯一一个以"新媒体艺术"为主题的城市节庆，以后将每两年举办一次。

12 月 28 日　深圳北站枢纽城市综合体项目全面开工，该项目是深圳北站商务中心区首个开工的大型商务中心项目，打响了深圳北站商务中心开发建设的第一炮。

△　2013～2014 年度国家优质工程奖获奖名单揭晓，深圳能源集团旗下能源环保公司组织建设的宝安老虎坑垃圾焚烧发电厂二期工程荣获金质奖，这是全国垃圾焚烧发电行业第一个获得国家优质工程金奖的项目。这同时也是深圳 35 年来获得的首个国家级工程最高荣誉，为深圳工程建设树立起新的标杆。

△　深圳市新的社会阶层人士联合会举行"新声论坛"、一届三次会员大会暨两周年迎新晚会。

12 月 29 日　18 时，深圳开始实施小汽车增量调控和指标管理，暂定今后 5 年内每年供应 10 万个小汽车增量指标。继上海、北京、广州等城市后，深圳成为国内第 8 个实施小汽车限购的城市。

△　深圳市委书记王荣主持召开市委常委（扩大）会议，总结回顾 2014 年工作，分析当前发展形势，研究部署 2015 年工作。市委副书记、市长许勤等出席会议。

△　根据中央批准的试点方案，最高人民法院第一巡回法庭设在广东省深圳市，第二巡回法庭设在辽宁省沈阳市，两个巡回法庭将于 2015 年年初受理、审理案件。

△　第八届中国（深圳）国际工业设计周在欢乐海岸开幕。

12 月 30 日　深圳市市长许勤主持召开全市 13 个重点区域开发建设总指挥部第五次会议，检查 2014 年全市重点区域开发建设工作进展，研究 2015 年工作计划。

△　第十届全国省际政务服务工作交流会在深召开。

△　盐田港澳流动渔民新居（海桐居）举办落成仪式暨迎新年仪式。

△　在召开的全市党校系统科研工作会议上，市委党校正式组建了首批 9 个科

研团队，以期进一步推动全校科研工作发展，打造科研精品。

△ 深圳市交通基础设施工程集中开工仪式举行。坂银通道、南坪三期、东部过境高速公路连接线、坪西公路坪山至葵涌段扩建工程，以及轨道交通三期工程6号线、10号线前期工程等多项重点工程正式开工。

△ 深圳市委书记王荣、市长许勤会见了工商银行董事长姜建清一行。双方就进一步加强合作、合力推进金融业改革创新进行了交流。

12月31日 2014年深圳金融系统年终总结会暨金融创新奖颁奖会在市民中心举行。

△ 深圳市财政年终结算传出捷报：在收入基数逐年增大、大规模结构性减税以及所有对企业优惠政策执行到位的情况下，2014年来源于深圳的一般公共预算收入增长15.4%，达到5560亿元；地方一般公共预算收入增长20.3%，突破2000亿元大关，均实现五年翻番。

△ 深圳市市长许勤率队前往市财政委，亲切慰问了市财税部门参加年终结算的财税干部，寄望全市财税系统认真贯彻落实中央和市委市政府的决策部署。

△ 深圳市委常委、副市长陈应春率人行深圳市中心支行、深圳银监局、市金融办等单位负责人，前往建行深圳市分行等6家金融机构，亲切慰问忙于年终结算的一线工作人员，给他们送去新年祝福。

2015 年

1月1日 零点零分，在全场倒数声中，深圳弘法寺祈福的钟鸣声在新年的夜空传向鹏城的千家万户。伴随着声声钟响，近3000名市民共同迎新祈福。

△ 深圳福田、罗湖、南山、盐田等原特区内的1.32万个路边泊位，1月1日起开启收费模式。

1月2日 深圳市市长许勤和市领导吕锐锋、陈应春、唐杰、陈彪、吴以环、刘庆生，分别率队分赴各区（新区）的大型节庆活动和人员密集场所、交通运输场站、旅游景点、生产企业、各类建筑工地等，对全市安全生产工作进行再部署、再检查。

1月4~6日 中共中央政治局常委、国务院总理李克强在中共中央政治局委员、广东省委书记胡春华，省长朱小丹陪同下，在广东深圳、广州考察。

1月4日 中共中央政治局常委、国务院总理李克强来到广东省深圳市，先后深入柴火创客空间、前海微众银行、华为技术有限公司考察调研。总理称赞创客充分展示大众创业、万众创新的活力，现场见证我国首家互联网银行的第一笔贷款，并考察华为公司最新技术实验室、"专利墙"及终端产品展示，强调没有制度创新，科技创新就无从依附。

△ 在深圳市国税局联合市发改委、市财委等部门召开的现场会上，垂直时尚电商——深圳优购时尚商场开出了号码为"001"号的深圳首张电子发票，深圳正式成为全国第十个开始试行"无纸化发票"的城市。

1月5日 在广东省和深圳市领导及部分老同志的陪同下，李克强总理来到深圳市莲花山公园，和自发到现场的群众一起向邓小平铜像敬献花篮，并与当年陪同小平同志南方视察的部分老同志回忆当年场景，共话改革开放。

△ 当地时间 1 月 5 日上午，深圳·旧金山开放创新交流峰会在美国旧金山市福尔逊铸造车间举行。这是"创客之城"深圳在海外的一次精彩亮相。

1 月 6 日 第八届中国（深圳）国际工业设计周日前闭幕。

△ 深圳机场首条"深圳—台湾"全货机航线将正式开通。

1 月 7 日 市委全面深化改革领导小组第五次会议召开，研究审议了《大鹏半岛生态文明体制改革"1+5"方案》。该方案获得通过标志着大鹏新区的生态文明探索即将进入全面启动的新阶段。

△ 在近日召开的广东省民族工作会议暨第六次民族团结进步表彰大会上，深圳大学统战部被授予"广东省民族团结进步模范集体"荣誉称号。

△ 在近日召开的国务院第六次全国民族工作会议上，深圳大学产业经济研究中心主任魏达志（回族）、深圳大学爆破效应研究所所长黄中伟被授予"全国民族团结进步模范个人"荣誉称号。

1 月 8 日 深圳市五届人大常委会第三十六次会议召开。市长许勤做 2014 年经济社会发展情况和 2015 年政府工作初步安排。

△ 深圳市国际交流合作基金会在深成立，这是我市目前唯一由政府主导、旨在促进国际交流合作的非公募公益基金会，市财政将安排 1000 万元作为原始基金。

1 月 9 日 深圳大学教授邢锋主持的项目"大掺量工业废渣混凝土高性能化活性激发与协同调制关键技术及应用"获国家技术发明二等奖。邢锋教授为该项目第一完成人，赴人民大会堂参加会议并领奖。邢锋教授及其团队是深圳大学建校以来第二次获得国家技术发明奖。

1 月 11 日 深圳文化志愿者"新春基层行"演出活动举行。截至目前，深圳共有文化志愿者服务团队 231 个，拥有文化志愿者 16000 余人，2014 年共开展了 25000 余次各类文化志愿活动。

1 月 12 日 深圳市政府召开五届八次全体（扩大）会议，贯彻落实习近平总书记对深圳做出的重要批示和李克强总理视察广东、深圳时的重要指示精神，以及中央经济工作会议和省、市有关会议精神，部署 2015 年市政府工作。

△ 深圳大学电子科学与技术学院李景镇教授获"全国优秀科技工作者"称号。

1 月 13 日 深圳市人大常委会党组班子召开 2014 年度民主生活会。

1 月 14 日 深圳市交委发布了《深圳市小汽车增量调控管理暂行规定（征求意见稿）》，规定单位或者个人新增、更新小汽车，应当申请小汽车指标，包括增量指标、更新指标和其他指标。

1月15日 深圳市副市长唐杰会见了瑞士驻穗总领事博智东，双方希望借拓展友城和领事馆等外事资源，推动两地在优势产业的务实合作。

△ 深圳市政协主席王穗明主持召开市政协五届四十七次主席（扩大）会议，学习贯彻习近平总书记、李克强总理对深圳工作重要批示和讲话精神。

△ 深圳金融资产及大宗商品交易中心有限责任公司（简称"深商所"）正式宣布开业。

1月16日 深圳市教育局发布《深圳市义务教育招生工作的指导意见》。意见指出，从2015年起，各区探索试行大学区招生制度，家长可自愿在学区内为孩子报读2~3所学校，按志愿次序和积分高低依次录取。

1月17日 "2015国家电子商务示范基地发展研讨会"在福田电商园召开。

1月18日 第十二届关爱行动"百点启动"暨"日行一善"亲子志愿者团成立仪式在莲花一村举行。深圳市委书记王荣、市长许勤联名发表了《共襄善举以爱筑城——致广大市民朋友的倡议书》。

1月19日 深圳市委书记王荣会见了香港大学校长马斐森及其夫人克里斯蒂娜一行。

△ 中国首届"向解放军学管理"论坛在深圳市国防教育训练基地开锣。3位少将、多名大校级军事专家及知名学者莅临深圳，讲解什么是解放军精神、中国周边安全形势、军队管理文化与产业发展等问题。

1月20日 广东省纪委十一届四次全会召开。在深圳分会场，王荣、许勤、白天、王穗明等市几套班子，市法院院长、市检察院检察长，各区区委（新区党工委）书记、区长（新区管委会主任），市纪委常委、市监察局（市预防腐败局）副局长等参加了会议。

△ 深圳市市长许勤会见了莫斯科大学副校长沙赫赖、北京理工大学副校长赵平一行，围绕加快深圳北理莫斯科大学建设等事宜进行了沟通和交流。据悉，深圳北理莫斯科大学一期项目今年有望开工。

△ 深圳市市长许勤会见了加拿大参议员、UBC中加事务委员会联合主席雅各布·奥斯丁一行，双方就不列颠哥伦比亚大学与南科大开展国际合作办学等事宜进行了深入交流。

△ 深圳市副市长唐杰在市民中心会见英国新任驻穗总领事卢墨雪，双方就进一步加强金融、绿色低碳等领域的合作进行探讨。

1月21日 深圳市委书记王荣主持召开市委常委会议，传达省委十一届四次全会精神以及全国、全省宣传部长会议精神，研究深圳市贯彻落实举措。

△　深圳市教育局召开 2014 年工作总结暨 2015 年工作部署会。

△　深圳市中小学艺术教育基地举行揭牌仪式，该基地由市政府投资 1.43 亿元，按国家乙级剧院标准建设，为深圳市教育系统普及开展艺术教育活动提供了一个重要的实践基地。

1 月 22 ~ 23 日　为期两天的市委五届二十次全会召开。会议深入贯彻落实中央、省有关精神，总结 2014 年工作，部署落实 2015 年工作，审议《深圳市委市政府贯彻落实习近平总书记重要批示精神努力在"四个全面"中创造新业绩的决定》，以及落实"四个全面"的近期重点工作方案等 4 个配套文件。

1 月 22 日　深圳市市长许勤会见了刚刚夺得 2015 年全国青少年男子 U15 足球锦标赛冠军的深圳代表队教练组和全体队员。

△　深圳市全市手机用户收到了今年第一条春运服务短信，这也标志着深圳市突发事件预警信息发布中心正式启用。

1 月 23 日　《深圳市小汽车增量调控管理暂行规定》正式发布，市民今天可通过网站提交小汽车指标申请。

△　深圳市委书记王荣、市长许勤会见了中央人民政府驻港联络办主任张晓明、驻港部队司令员谭本宏等一行。

1 月 26 日　近日省长市交委发布信息，2014 年深圳港累计完成集装箱吞吐量 2403 万标准箱，同比增长 3.26%，连续两年位居全球第三。目前，深圳港已经稳居世界级海港领先地位。

△　2015 深圳跨境电子商务高峰论坛举行。

△　作为深圳市"三名工程"的重要项目，深圳市妇科肿瘤工程技术研发中心在北京大学深圳医院挂牌。通过卵巢冷冻保护，帮助患肿瘤的育龄期妇女重建正常生育功能就是该中心将要重点研究的项目之一。

△　深圳市副市长唐杰会见德国环境、自然保护、建设与核安全部气候政策、欧洲和国际政策司司长弗兰茨约瑟夫·沙夫豪森一行，双方就进一步加强低碳、环保领域的合作进行了探讨。

1 月 27 日　在"原创新药、国家 863 及重大新药创制专项成果西达本胺"新闻发布会上，由深圳微芯生物科技研发的、针对淋巴瘤的原创新药西达本胺的面世。西达本胺目前已获得国家食品药品监督管理总局的批准，并将于 3 月初正式上市，这将填补我国在 T 细胞淋巴瘤治疗药物的空白。

1 月 28 日　近日，民政部发布《民政部关于 2015 年中央财政支持社会组织参与社会服务项目立项的通知》，深圳市 3 家社会组织的 3 个项目①入选。

△ 深圳市市长许勤会见了以色列霍巴特国际集团创始人本·哈伊姆一行，双方就发挥彼此优势，加强生物技术和生命健康产业等领域合作进行了探讨。

△ 深圳市市长许勤主持召开市政府五届一百二十五次常务会议。会议审议并原则通过了 2015 年最低工资标准调整有关方案，自今年 3 月 1 日起，深圳全日制就业劳动者月最低工资标准提高至 2030 元，非全日制就业劳动者小时最低工资标准提高至 18.5 元。

△ 最高人民法院第一巡回法庭在深挂牌成立。

1 月 29 日 市长市委书记王荣主持召开市委常委会议，审议并原则通过了进一步促进企业社会责任建设的《意见》。会议强调，政府要更好地发挥引导作用，积极鼓励企业认真履行社会责任、加强社会责任建设，增强社会发展活力，不断提升深圳的市场化水平和经济社会发展质量。

1 月 30 日 深圳市纪委五届六次全体会议召开。会议贯彻中央纪委五次全会和省纪委四次全会精神，研究部署深圳市党风廉政建设和反腐败工作。

△ 一年一度的深港合作会议在深举行。市委书记王荣、市长许勤在五洲宾馆会见了出席会议的香港特别行政区行政长官梁振英、政务司司长林郑月娥一行。双方表示，要继续深入推进深港全方位合作，不断提升合作程度，拓宽合作领域，实现深港互利共赢，共同发展。

2 月 1 日 深圳市进一步加强聘任制公务员聘任合同管理，《深圳市聘任制公务员聘任合同管理办法（试行）》②于今日起开始实施。

△ 深圳市知识产权局发布信息，2014 年，深圳 PCT 国际专利申请量达到 11646 件，同比增长 15.9%，连续 11 年居全国各大中城市之首；每万人口发明专利拥有量达到 66.7 件，居全国各大中城市首位。

2 月 2 日 深圳市"限外令"今天起正式生效，81 套车牌识别系统对外地车工作日高峰期在原特区内冲禁令进行自动抓拍处罚③。

---

① 入选的项目分别是：深圳市爱康之家大病关怀中心的癌症病人生物细胞免疫治疗推广运用补助，立项资金为 50 万元；深圳市龙岗区龙祥社工服务中心的深圳城中村流动儿童安全预防与自救项目，立项资金为 44 万元；深圳市社会组织总会的社会服务领域培训项目，立项资金为 15 万元。
② 办法进一步细化合同管理，规定用人机关与聘任制公务员要在规定时间内订立聘任合同，聘任制公务员无正当理由拒不签订聘任合同的，经督促后仍不签订的，视为其主动解除聘任关系；聘任制公务员由非领导职务转任领导职务、由下一级领导职务晋升到上一级领导职务等导致工作职责发生重大变化的，应变更聘任合同等，进一步增强了合同管理的可操作性。
③ 在交警部门的人性化执法措施中，外地车冲禁令一个工作日只做一次处罚，前两次免罚。也就是说，如果一辆外地车从今天起连续三天冲禁令，那该车将在周三被处罚 300 元，记 3 分。

　　△　深圳举行新闻发布会公布，在与北京、上海、广州、天津四大城市的比拼中，深圳脱颖而出，被"中国·时尚指数"授予"时尚商业最活跃之城"称号，为深圳"设计之都"再添华丽注脚。

　　△　深圳市委常委、宣传部部长王京生会见了来深访问的第68届联合国大会主席、全球可持续发展基金会荣誉主席约翰·阿什先生，就加大双方合作推动可持续发展进行了会谈。

　　△　深圳市委书记王荣会见了印尼力宝集团董事局主席李文正一行。双方表示，将进一步携手合作，共同推动前海金融创新。

　　2月3日　深圳市医管中心召开2015年市属公立医院运行管理会议。会上透露，今年深圳市将试点医疗联合体运行模式，推动分级医疗。

　　△　深圳市人居环境委发布信息，2014年，深圳市大气污染治理工作取得历史性突破，6项空气质量指标全面达标，空气质量综合指数在全国74个重点城市中排名第四，仅次于海口、拉萨、舟山市，也是排名前十名城市中唯一人口超千万的特大型城市；PM2.5年均浓度下降到34微克/立方米，提前3年完成了国家《大气污染防治行动计划》中的PM2.5下降目标。

　　2月4日　深圳市统计局举行新闻通报会透露，深圳突出质量引领、创新驱动，加快转型升级，经济实现有质量的稳定增长和可持续的全面发展。经广东省统计局核定，2014年，深圳GDP达16001.98亿元，按可比价计比上年增长8.8%。从总量看，经济规模持续扩大，继续居于全国大中城市第四。

　　△　深圳市举行2015年春节军政座谈会。军地双方欢聚一堂，畅叙鱼水情深，共迎羊年新春。

　　2月5日　由国家新闻出版广电总局主办，城市联合网络电视台（CUTV）和深圳广电集团联合承办的"城市联合网络电视台发展座谈会及城市台媒体融合发展培训会"在深圳举行，全国近80家城市台负责人出席了座谈会。

　　△　深圳市委副书记、市社工委主任戴北方会见了南非非洲人国民大会总书记格维德·曼塔谢一行。双方表示，今后将在基层党建交流方面寻求合作机遇，同时在重点产业加强两地企业间交往，实现互惠互利的双赢局面。

　　2月6日　深圳市市长许勤主持召开市政府五届一百二十六次常务会议。会议审议并原则通过有关调整深圳市居民最低生活保障标准的请示，决定自2015年1月1日起，深圳市最低生活保障标准调整为每人每月800元，增长29%，增幅远高于全市生产总值增速和地方公共财政收入增速。

　　2月10日　深圳市召开全国文明城市创建工作座谈会，贯彻落实全国、全省文明办主任会议和全市宣传思想工作会议精神，通报前段时间省文明办对深圳市文明创建工作进行实地考察的反馈情况，并筹划全市下一步的文明创建工作。

△ 深圳市机关事务管理局在市民中心举办市离退休老干部迎春座谈会，向老干部致以新春的祝福。

2月11日 深圳市总工会下发《深圳市总工会关于加强基层工会经费管理有关事项的通知》，对基层工会和职工群众关心的一些福利待遇问题提出具体指导意见。

△ 深圳市公安局召开"六大专项"行动总结表彰暨"3＋4"专项行动部署会。2015年，市公安局将开展"3＋4"专项打击整治行动，严打七类犯罪行为。

2月13日 深圳市市场和质量监管委的最新统计数据显示，截至2015年1月25日，深圳市累计实有商事主体176.1万户，其中企业87.1万户，个体户89万户，商事主体总量超过重庆，排名首次跃居全国大中城市（包括直辖市及副省级城市）的第一位。

△ 深圳市发改委联合市交运委正式发布《关于调整我市绿色出租小汽车燃油附加费的通知》，规定自2月15日零时起，深圳市境内运营的绿色出租小汽车收取燃油附加费1元。

△ 深圳市市长许勤与伯尔尼州经济部长安德烈亚斯·里肯巴赫共同签署《建立友好城市关系协议书》，两地将发挥各自比较优势，在精密制造、生命科学、科技教育、文化旅游等领域开展务实合作，促进共同繁荣发展，深圳国际友城由此升至64座，遍布全球42个国家（地区）。

2月16日 深圳市委书记、市委全面深化改革领导小组组长王荣主持召开市委全面深化改革领导小组第六次会议，专题学习贯彻中央和省委的部署要求，专门听取去年改革督察情况汇报，审议了深圳市2015年改革计划和深化文化体制改革实施方案。

2月19日 2015年1月份全国重点区域和74个城市空气质量状况于近日正式发布，深圳在空气质量相对较好前十位城市中排名第九。

2月22日 深圳检验检疫局发布信息，深圳检验检疫局前海办根据企业提供的第三方检测机构的检测结果，验证放行了首批产品，这标志着前海蛇口自贸区的第三方采信工作正式启动。

2月27日 近日，位于大鹏新区的中国农业科学院深圳农业基因组研究所传来喜讯，该所2名科学家完成的两项科研成果入选2014年度"中国科学十大进展"。

△ 深圳市五届人大常委会第三十七次会议开幕。会上《深圳经济特区医疗条例（草案）》首次提请审议。该条例旨在解决当前医疗领域的热点难点问题，以立

法推动和引领深圳医改，备受关注。

2月28日 在中央文明委在京召开的全国精神文明建设工作表彰暨学雷锋志愿服务大会上，深圳获得"全国文明城市"荣誉称号。这是经全市上下共同努力，从2005年获评首批全国文明城市开始，深圳市连续第四次获得"全国文明城市"荣誉称号。

3月1日 《不动产登记暂行条例》正式施行。国土资源部已确定全国15个城市（不含深圳）开展统一发证工作。目前，深圳市不动产登记机构正在筹建中。

△ 《深圳市政府投资项目验收管理暂行办法》开始实施，办法明确了各部门在政府投资项目竣工验收中的职责分工，并对验收行为予以规范，以促进建设项目及时投入运营并发挥投资效益。

3月2日 日前，深圳北站商务中心区规划建设指挥部办公室（简称"北站中心办"）举行揭牌仪式，这标志着北站商务中心区规划建设已经驶入了快车道。

△ 位于深圳的最高人民法院第一巡回法庭首次开庭。上午9点，第一巡回法庭法官敲下第一槌，首宗案件为一宗跨省买卖合同纠纷案。

3月3日 中科院昆明动物所和深圳华大基因国家基因库的研究人员成功破译了高山倭蛙基因组，这是迄今为止破译的首个现代蛙类基因组，也是目前破译的第二个两栖动物的基因组。该项成果为两栖动物进化研究提供了新线索，并在美国科学院院刊（PNAS）杂志在线发表。

3月4日 美国知名科技杂志《科学美国人》中文版《环球科学》日前发布了"2014年度创新榜"，对在华跨国公司和中国企业的研发创新能力进行了一次全面评估。在中国企业十强中，三家深圳企业华为、华大基因、中兴通讯入榜。

3月8日 中国首个女子马拉松比赛在深圳大剧院开跑，比赛吸引了来自国内外的3000名选手参加。

3月9日 国家外汇管理局深圳市分局和前海管理局共同举办了"前海外债宏观审慎管理试点启动暨政策辅导"活动①。

3月11日 即日起，深圳市卫计委将在每周三上午通过市卫生计生委、市疾控中心网站及市气象服务中心平台试行发布"流感指数"，预测未来一周深圳市发生流感的风险程度，指导市民做好自我防护，降低感染流感概率。

△ "深港资讯科技界人才交流合作和资质互认协议"日前在香港签订，该协

---

① 前海怡亚通、首创环境、五矿供应链、华讯方舟4家试点企业与工商银行、农业银行、中国银行、招商银行、中信银行合作，办理了首批外债试点业务，签约金额共1.3亿美元。

议的签订将为深港科技人才交流搭建起便捷的沟通渠道，使深港资讯科技人才交流合作机制常态化。

△ 国务院正式批准了深圳（皇岗）汽车整车进口口岸延伸至大铲湾海运港区。这标志着深圳港汽车整车进口业务由陆路运输延伸至滚装船运输，开启了海陆联运的新时代，进一步夯实深圳作为国内进出口贸易大港的地位。

3月13日 商务部正式批复同意在深圳前海开展平行进口汽车试点，深圳由此成为继上海之后全国第二个获批开展此项试点的城市。

3月15日 首届深圳创意设计七彩奖今日报名。为了体现这项本土设计大奖的权威性和国际化，组委会特别邀请到联合国教科文组织（UNESCO）文化助理总干事弗朗西斯科·班德林担任终评的评委会主席。

3月16日 从今日起，在深的港澳台人员和外国人出入境办证业务全面实现网上预约。本着预约优先的原则，通过网上预约的申请人可优先办理证件。

△ 深圳市政府和世界自然基金会（WWF）签订战略合作备忘录，双方将在环境保护、绿色发展、低碳城市建设等方面开展务实合作。市长许勤在签约仪式之前会见了WWF全球总干事马克·兰博蒂尼一行，并共同见证签约。

3月18日 深圳市市长许勤主持召开市政府五届一百二十八次常务会议，审议并原则通过了《梧桐山风景名胜区（国家级）总体规划》，通过规划编制进一步加强梧桐山风景名胜区资源保护工作，对梧桐山实施科学管理。该规划修改完善后将进一步提交市人大常委会审议。

3月19~24日 以"永不止步"为主题的深圳时装周在华侨城欢乐海岸华彩亮相。深圳全力打造的首届深圳时装周，正式进入国际时装周序列。市长许勤参加了启动仪式并会见了参加时装周的国内外嘉宾。

3月21~22日 2015中国（深圳）IT领袖峰会在深圳正式举行。以李彦宏、马化腾、杨元庆等为代表的近百IT"巨头"和业界精英再次相聚鹏城，纵论"IT重塑经济结构"，围绕相关问题进行思想碰撞、提出前瞻看法。

3月23日 今天是第55个世界气象日，中国（深圳）国际气候影视大会在深圳市正式启动，国内首部3D纪录电影《0.85℃》同时举行首映仪式。

3月24日 大鹏新区召开民宿管理办法颁布实施新闻发布会。4月1日起，《大鹏新区民宿管理办法（试行）》将正式实行，大鹏半岛800余家民宿从此纳入统一规范管理。据悉，这是广东省首个地方民宿管理办法，也是商事制度改革后，新区在全市率先实施的一项重要改革创新，对深圳乃至全省民宿管理具有指导意义。

3月25日 作为深圳市医疗卫生三名工程首批项目之一，深圳市孙逸仙心血管医院与北京安贞医院孙立忠教授团队共同创立"心脏大血管外科诊治中心"。该中心正式挂牌成立,副市长吴以环出席挂牌仪式。

3月26日 为期一天的2015中国供应链金融创新高峰论坛在深圳举行,来自制造商贸核心企业、电商、供应链、互联网金融、银行等领域近350名代表参加论坛。

△ 深圳"诚信深圳·诚信企业榜"评选启动,这是深圳市首次在全市范围举办诚信企业评选。

3月27日 深圳市市长许勤主持召开市政府五届一百二十九次常务会议。会议审议并原则通过了《深圳市治水提质总体方案(2015—2020年)》。

3月28日 "大爱筑城——深圳关爱行动理论研讨会"在五洲宾馆举行,作为关爱行动12年来的一次经验总结与理论探讨,来自北京、武汉、广州、深圳及港台的多名专家学者参与了会议讨论。

3月29日 深圳市室内建筑设计行业协会成立大会暨第一届理监事会就职典礼在南山区蛇口举行。①

△ 深圳市公立医院管理中心和德国汉诺威国际医学创新公司(IIMS)签订医疗合作框架协议,双方将在深圳共建国内一流、国际知名以神经学科为重点的国际化医疗中心。市长许勤和德国汉诺威国际神经科学研究所所长、世界神经外科联合会名誉主席玛吉德·萨米教授参加签约仪式。

3月30日 第十六届深圳国际机械制造工业展览会在会展中心揭幕,吸引了来自香港、台湾和韩国等15个国家和地区的1100多家企业参展,英国超级机器人泰坦则在机械展上进行了它在深圳的首秀,又唱又跳成为全场"人气王"。

△ 深圳首个以高铁经济为主题的大型论坛,"新枢纽·新中心——深圳高铁经济论坛"在五洲宾馆举行。

△ 国家开发银行与深圳市签署了新一轮合作协议,就2015年度深圳市重点领域及重点项目进行投融资合作,进一步深化双方的战略合作关系。

3月31日 2015深圳国际无线微波技术展览及会议(IWS)在深圳拉开帷幕。副市长陈彪会见会议主席俞捷博士并出席开幕式。

4月1日 深圳市市长许勤与新西兰克赖斯特彻奇市市长利恩·达尔齐尔在深

---

① 深圳市室内建筑设计行业协会是由市民政局批准、由深圳市从事室内建筑设计行业相关的企事业单位自愿组成的行业性、非营利性社会组织。协会以"搭建深圳设计企业首席共享平台,打造深圳设计之都品牌"为发展愿景,为会员搭建平台,达到提升行业设计水平,促进行业凝聚力等目的。目前,协会有会员单位约150家。

共同签署了友好交流合作协议，深圳与新西兰南岛东岸的"花园之城"克赖斯特彻奇结为友好交流城市。

4月3日 深圳市市长、市城市规划委员会主任委员许勤主持召开市城市规划委员会 2015 年第一次会议，会议审议并原则通过了《深圳市轨道交通规划（2012—2040 年）》[①]。

△ 中芯国际集成电路制造（深圳）有限公司日前在深圳出口加工区宣布其在深圳的 8 英寸晶圆厂正式投产，这标志着华南地区拥有了首条 8 英寸晶圆生产线，填补了深圳作为全国最大的电子信息产业基地没有 8 英寸以上晶圆生产线的空白。

4月6日 深圳市发改委日前发布信息，深圳将在海洋产业中组织开展新一轮扶持计划，旨在加快深圳海洋产业发展。重点支持领域囊括海洋产业的全产业链，涵盖海洋电子信息、海洋生物、海洋高端装备、邮轮游艇、海水淡化、天然气水合物（可燃冰）、深海矿产、海藻生物质能八大细分领域。

4月7日 深圳市金融办牵头联合深圳证监局、市发改委、经贸信息委、国资委、前海管理局、创投办等七部门发布了《关于利用资本市场促进深圳产业转型升级的指导意见》。指导意见共六个部分，重点对新兴产业企业进入资本市场、并购重组、国资国企转型升级、利用前海资源、市场机构创新、产学研对接等阐明工作思路、明确具体意见、引导市场发展。

△ 深圳市发改委正式接受深圳市机器人、可穿戴设备、智能装备等相关企业递交的书面申报。合规企业可通过贷款贴息的方式，从深圳市机器人、可穿戴设备和智能装备产业发展专项资金中获得资助。

4月8日 2014 年度"深圳学派建设丛书""深圳改革创新丛书"新闻发布会在深圳市社科院举行，由海天出版社出版发行的两套丛书共 12 部著作正式问世。

△ 深圳前海合作区人民法院正式开庭审理第一起案件。

△ 深圳市福田区近日对一个街头艺术聚集地实施"新政"，规定街头艺人从本月起必须"摇号"上场、"定点"表演，今年上半年还将凭演出许可证"持证上岗"。

△ 万国海鲜美食街、科技创新孵化基地、东海龙光电产品生产项目等 20 个项目在深汕特别合作区集中签约开工，掀起了投资深汕特别合作区新一轮热潮。

△ 2015 年信息技术峰会（IDF）在深圳召开。英特尔首席执行官科再奇

[①] 根据该规划，深圳市城市轨道网络远期共规划了 20 条线路，总里程约 748.5 公里（含弹性发展线路约 73.7 公里）；同时规划了 5 条城际线路，形成约 146.2 公里的城际线网，加上国家铁路，深圳市轨道交通总里程远景规划将达到 1080 公里，轨道规模和密度与东京等国际先进城市基本相当。

（Brian Krzanich）在开幕演讲上宣布，将持续加大在中国的投入，同时全球首个"众创空间加速器"计划在中国启动，斥资 1.2 亿元在包括深圳在内的中国 8 个城市建立联合众创空间。

△　深圳市政府发布新修订的《深圳市行政机关行政执法类公务员管理办法》和《深圳市行政机关专业技术类公务员管理办法》，在全面总结深圳市行政机关公务员分类管理改革实践经验的基础上对相关制度做了补充完善，进一步明确了深化改革的方向。①

4 月 9 日　《深圳港绿色公约》举行启动仪式，5 家深圳港口企业、7 家国家航运企业共 66 艘集装箱船舶首批加入该公约，进行了第一批低硫油转换的登记备案。这也标志着深圳港成为国内首个倡导集装箱船舶靠泊转用低硫油的沿海港口。

△　"深圳软件园龙华分园"近日迎来了首批 12 家高新科技企业，标志着深圳软件园龙华分园正式开园，将成为龙华新区转型发展的又一新引擎，也是宝能控股（中国）有限公司助力新区打造转型升级示范区的一大硕果。

△　亚洲规模最大的电子信息综合性博览会——第三届中国电子信息博览会（CITE）在深圳会展中心开幕。工业和信息化部副部长怀进鹏，广东省委副书记、深圳市委书记马兴瑞，广东省人民政府副省长刘志庚出席开幕式并致辞。

4 月 10 日　深圳福田区推出全国首个有量化指标的政府服务企业标准。福田将根据 6 个维度 100 个项目量化区内营商环境指数，未来哪些项目可以得到政府服务，哪些项目则需企业自己解决，将实现标准化。

△　深圳市委常委、宣传部部长王京生携《文化是流动的》法文版在巴黎举行了一场与法国读者的见面会，同时进行深圳读书月全民阅读的国际推广。

△　《深圳市建设信息惠民国家试点城市工作方案（2015—2016 年）》日前出台，深圳市将构建全市统一的电子公共服务体系，社保、医疗、教育、养老、就业、社区服务等民生领域信息将实现惠民应用。深圳市公共服务有望明年底前基本达到国际先进城市水平。

△　SIUF2015 中国（深圳）国际品牌内衣展览会暨中国国际内衣文化周新闻发

---

①　修订后的两个办法有两个突出特点。一是进一步强化了职位管理导向。明确提出单位需制定职位说明书，详细列举了职位说明书的内容和功能，强调公务员的招聘、转任、晋升等关键管理环节均需以职位说明书为依据，有助于促进公务员尽职尽责，从而提高行政效能。二是进一步突出了专业能力建设。要求行政执法类公务员晋升前需开展执法业务水平测试，专业技术类公务员晋升前需开展专业能力评估，业务水平测试合格者或专业能力评估结果符合要求的方有资格参加晋升，同时新增了分级分类考核和培训等内容，促进公务员队伍专业化建设和整体水平的提高。

布会在深圳市政府新闻发布厅举行。

4 月 11 日 由中国工程院主办，香港中文大学（深圳）承办的 2015 国际工程科技发展战略高端论坛——"智能系统：城市、信息与机器人"在深圳召开。

4 月 12 日 深圳市卫生计生委发布消息，作为全市十二项重大民生工程之一的"三名工程"（即名医、名院、名诊所）取得较大进展：已签约的 24 个高层次医学团队已到位开展工作。市民疑难病就诊"不出深圳"将成为现实。

4 月 13 日 公安机关今日起停止向深圳市居民签发赴香港"一签多行"签注，改为签发"一周一行"签注。

△ 深圳市五届人大常委会召开第三十八次会议，正式任命艾学峰为深圳市人民政府副市长。

△ 《深圳市 2015 年改革计划》日前出台，今年深圳市将推出经济体制、民主法治、文化体制、社会体制、生态文明体制、纪检、党建七大领域的 44 项改革，为 2010 年以来年度改革计划中项目数量最多的一年，其中以经济体制领域的 17 项改革居首。

△ 国家科技部发布了进入第 3 批企业国家重点实验室评审环节的实验室名单。在 105 家企业中，中广核工程有限公司、广东东阳光药业有限公、深圳华大基因研究 3 家深圳企业均入选。

4 月 14 日 深圳市市长许勤在深会见了以萨摩亚驻华大使塔普萨拉伊·特里·托欧玛塔为团长的太平洋岛国驻华使节团一行，并共同见证深圳市贸促委和太平洋岛国贸易与投资专员签署签订合作备忘录。

△ 深圳市企业注册局①正式挂牌，标志着深圳商事登记工作进入一个新的阶段。国家工商总局副局长刘玉亭、深圳市副市长陈彪为深圳市企业注册局揭牌。

4 月 15 日 深圳市住房公积金管理委员会发布《关于提高住房公积金资金使用效率加快发展住房公积金贷款业务的通知》，通知规定职工住房公积金贷款可贷额度由公积金账户余额的 12 倍提高至 14 倍，即日起实施。

△ 深圳市出台《关于进一步促进企业社会责任建设的意见》，以及与之配套的两个标准化技术指导文件《企业社会责任要求》和《企业社会责任评价指南》，组成了中国首个企业社会责任地方标准体系。

△ 深圳市第二人民医院利用 3D 打印技术制备出与患者肩胛骨完全匹配的钛

---

① 深圳市企业注册局是在原深圳市市场监督管理局注册分局基础上成立的，是深圳市市场和质量监督管理委员会的直属机构。

合金假体，置换掉原来肿瘤坏死的肩胛骨，打造了一个新的"肩膀"，这是深圳乃至华南地区首例肩胛骨 3D 打印钛合金假体植入术。

4 月 16 日 福田区人民政府和广东心里程电子集团有限公司合作签约仪式暨深圳红岭教育集团成立典礼在红岭中学举行。

△ 深圳市交通运输委员会近日印发实施《深圳市新能源出租车推广应用政策实施细则》，燃油出租车同产权更新置换为纯电动出租车，每辆车可获购置补贴 6 万元、使用环节补贴 2 万元、推广应用补贴 5.58 万元

4 月 17 日 第二届中国机构投资者峰会暨财富管理国际论坛在深圳举行，来自中国基金业协会、海内外投资机构的 20 多位资管界领军人物发表演讲，深入探讨新形势下资产管理机构的发展新路径、财富管理机构的竞争力再造、牛市征程与投资机会等热点话题。

4 月 18 日 第十三届中国国际人才交流大会·深圳论坛在深圳会展中心举行，中央政治局委员、国务院副总理马凯，中央政治局委员、广东省委书记胡春华出席开幕式。

△ 2015 全球总裁创新峰会在深圳举行。峰会以"新常态——全球视野下的企业创新"为主题，邀集全球 500 强企业总裁、企业商学院院长、投资机构、学者等 1000 人，共同探讨新常态、新金融、互联网背景下企业发展机遇与挑战。

△ 深圳市人力资源和社会保障局与龙岗区政府共建"中国深圳人力资源服务智慧广场"今日挂牌。

4 月 21 日 深圳市作协发布喜讯，深圳儿童文学作家郝周、陈再见、安小橙作品分别登上第二、三、四期《儿童文学》（经典版）。①

△ 深圳首创的"宜停车"路边停车智能管理系统作为智能交通、智慧城市的又一个"深圳标准"与"深圳模式"，将在国内推广。

4 月 22 日 深州市市场监管局下属市场稽查局日前在位于龙岗区平湖街道新南村新山路 1 号的深圳市嘉鸣仓储有限公司查获涉嫌走私的问题冻肉 6117 吨，货值 3.45 亿元。

△ 蚂蚁金融服务集团、阿里巴巴集团与新浪微博，共同启动"互联网＋城市服务"战略，联合各地政府，提供"智慧城市"的一站式解决方案，深圳成为首批上线的 12 个城市之一。

---

① 《儿童文学》被誉为"中国儿童文学第一刊"，叶圣陶、华君武、严文井、张天翼、袁鹰、冰心等曾担任其编委。继 2014 年陈诗哥《列国志》《我的宇宙》登上《儿童文学》（经典版）后，今年郝周《鹅蛋村的剃头匠》、陈再见《香缇湾》、安小橙《木偶人海德》陆续登场。

△ 深圳市众合联科技有限公司发布消息,该公司已成功研发一种嵌入式无纸化"DNA"技术,用手机"一刷"即可方便用户阅读产品说明书、保修卡等,该技术可节省大量纸张。

4月23日 深圳市养老工作会议日前发布消息,今年深圳市养老工程将推进16个项目,总投资 12.815 亿元。

△ 深圳市第四届自主创新百强中小企业暨十佳中小企业创业英才颁奖盛典在五洲宾馆举行。深圳市凯祥源科技有限公司董事长高亮等获颁深圳市十佳中小企业创业英才,深圳市超频三科技股份有限公司等获颁自主创新百强中小企业。市长许勤参加颁奖盛典并致辞。

△ 深圳市知识产权局发布了《深圳市 2014 年知识产权发展状况白皮书》、《深圳市 2014 年度知识产权统计分析报告》、深圳知识产权十大事件等。数据显示,深圳在专利发明方面创下多项第一,截至 2014 年底,深圳每万人有效发明专利拥有量达 65.75 件,有效发明专利密度居各大中城市首位。

4月23~25日 由中国生物医学工程学会、中国计算机学会以及中国科学院深圳先进技术研究院共同主办的"2015 可穿戴与医学变革研讨会、第五届全国可穿戴计算学术会议"在中国科学院深圳先进技术研究院举行。

4月24日 深圳市 2015 年至 2018 年高水平运动项目学校与体育传统项目学校命名大会在深圳市体工大队会议室举行。深圳市政府副市长吴以环、副秘书长黄国强、深圳市文体旅游局局长张合运、副局长韩星元、深圳市教育局副局长范坤,在授牌仪式上为 33 所高水平校、194 所传统校代表授牌。

△ 深圳知名品牌评价委员会与联合国工业发展组织中国南南工业合作中心联合发布首批 6 个"国际信誉品牌":华为、中国平安、招商银行、正威国际以及中集和迈瑞。

4月25日 国内最大的礼品类专业展会"第 23 届中国(深圳)国际礼品、工艺品、钟表及家庭用品展览会"在深圳会展中心开幕。

△ 宝安区召开科技创新大会,研究部署全区科技创新工作,并对智能穿戴专业园区、新一代信息技术专业园区、广兴源互联网创意园、宝联低碳产业园、飞扬新材料专业园区和宝安区科技创新园联盟专业园区进行了授牌;对开放制造空间2.0、优创空间、智客空间、大工坊创客实践基地、创业二路这些创客基地进行了授牌。

4月26日 深圳仲裁委员会设立的知识产权仲裁院成立,就近为企业及个人提供知识产权争议解决服务,解决深圳企业要去外地诉讼的麻烦。

4月27日 深圳前海今日举行中国（广东）自由贸易试验区深圳前海蛇口片区①挂牌仪式，标志着深圳前海蛇口自贸区正式启动运作。在揭牌仪式上，深圳市常务副市长吕锐锋与招商局集团签署了《关于深化合作加快推进中国（广东）自由贸易试验区前海蛇口片区发展建设框架协议》；前海管理局局长张备分别与深圳海关、深圳检验检疫局、深圳国税局签署了支持前海蛇口片区建设的合作备忘录；并与海航旅游集团、台湾玉山银行等10家企业签署合作备忘录。

△ 科技部近日对外公布了首批25家科技服务业区域试点名单，深圳国家自主创新示范区南山片区名列其中。

△ 深圳市盐田区联合深圳市改革办、市发改委、市人居环境委员会，共同举办了以"创新、融合、发展"为主题的盐田城市GEP②论坛会。

4月28日 中国农业科学院深圳农业基因组研究所发布了"动物药之首"梅花鹿基因组测序研究和首个亚洲棉变异图谱两项最新科研成果，并为新成立的中农常乐（深圳）生物技术有限公司进行了揭牌。

△ 作为深圳医疗卫生"三名工程"的重要组成部分，深圳－哈佛国际医学教育项目③在深正式启动。市长许勤，哈佛医学院首席信息官、技术副院长约翰·赫拉卡，全球教育副院长阿贾伊·辛格等参加启动仪式。

4月29日 市政府公报发布了《深圳市2015年改革计划》。改革计划今年共计有7大领域44个项目，为6年来最多。

△ 深圳市食品药品监管局"社区药品安全服务网建设项目"日前获中国社会工作联合会颁发的"2014年度中国社会工作贡献奖"。该项目是全国首例药品安全服务融入社会工作元素，实现了全国首个"政""社"社区药品安全跨领域专业服务示范模式。

5月1日 深圳市、区两级法院按照最高法院的统一部署，即日起全面推行立案登记制，从源头上消除"立案难"，充分保障当事人的诉讼权利。法院有案不立、拖延立案等将被追究责任。

---

① 前海蛇口片区是广东自贸试验区的重要组成部分，也是深港经济深度合作的主要板块，规划面积28.2平方公里，分为前海区块（15平方公里，含前海湾保税港区3.71平方公里）和蛇口区块（13.2平方公里，含3.8平方公里的蛇口港区与赤湾港区）。

② GEP（Gross Ecosystem Production）是生态系统生产总值的英文简称，是指生态系统的生产和服务总和，是生态系统为人类福祉提供的产品和服务的经济价值总量。相对于GDP关注的经济系统运行状况，GEP关注的是生态系统的运行状况。

③ 该项目由市卫生计生委和哈佛大学医学院合作推进，将借助哈佛医学院优质教育资源，为深圳培养一批具有国际视野、一流水平的中青年医学骨干，夯实深圳国际化医疗中心的人才基础。

5月4日　深圳市建筑工务署发布了全国首个政府公共工程 BIM① 实施纲要及标准——《深圳市建筑工务署政府公共工程 BIM 应用实施纲要》和《深圳市建筑工务署 BIM 实施管理标准》。

△　深圳市政府日前正式印发《深圳市人民政府关于加快现代保险服务业创新发展的实施意见》，提出了深圳加快发展现代保险服务业的总体要求、目标任务和政策措施，至 2020 年，深圳要实现保险深度（保费收入/地区生产总值）达到 5%，保险密度（保费收入/总人口）达到 8500 元/人，基本建成与深圳经济社会发展相适应的现代保险服务体系，构建创新引领作用突出、开放合作层次领先、辐射带动能力凸显的国际化保险创新中心。

5月6日　深圳市政府公报今日发布《深圳市养老服务设施用地供应暂行办法》《关于促进安居型商品房用地供应暂行规定》，这两文件规定，"农地"入市可建安居房、养老院，土地拍卖收益由市国土基金、原农村集体经济组织继受单位按比例分成。

△　深圳市市长许勤前往喀什深圳城、深圳产业园和喀什大学等考察深圳援建项目，实地考察了深圳对口援疆工作。

△　深圳市近日出台《深圳市新能源出租车推广应用政策实施细则》，市交通运输委员会就新能源出租车推广应用举行政策解读会。会上发布消息，今年深圳市计划新增 4000 辆纯电动出租车，实现纯电动出租车保有量达 4500 辆以上；电动出租车推广采用"企业自主"的原则，但市政府将提供优惠政策鼓励企业把燃油车置换为电动车，除了每台车给予 13.58 万元补贴外，还将给予 10% ~ 45% 的奖励指标和 10% ~ 15% 的配比增量指标。

△　国内最高等级绿色智慧建筑今日在深圳高科技产业园奠基，该建筑是国内首个按照"深圳市绿色建筑认证、中国住建部绿色建筑认证以及美国 LEED 绿色建筑认证"三大绿建认证体系设计标准和运营标准的最高等级打造的绿色智慧大厦。

△　深圳市民用无人机制造商大疆创新宣布获得硅谷顶级风险投资公司 Accel Partners7500 万美元融资。

5月7日　中国连锁经营协会日前发布了中国城市便利店指数系列之 2015 中国城市便利店服务指数。该指数以 34 个大中城市便利店所开展的各类便民服务项目为

---

① BIM 是英文 Building Information Modeling 的缩写，中文译名为"建筑信息模型"，指的是一种基于三维数字化技术的数字建筑模型，利用该模型可以对项目进行设计、建造和运营管理。若 BIM 技术推广顺利，市建筑工务署建设项目的造价成本将降低，建造工期将缩短，建筑的品质也将得到提升。同时，BIM 技术"业务全覆盖、过程全记录、结果可追溯"的优点可以实现政府公共工程投资、建设、运营信息的全记录和全透明，有效预防工程建设领域腐败。

基础数据，综合测算出 27 个省会及计划单列市的便利店服务指数排名。其中，深圳与广州并列第一。

△　SIUF2015 中国（深圳）国际品牌内衣展览会暨中国国际内衣文化周在深圳会展中心开幕。

5 月 8 日　由中国经济社会理事会主办、中国（广东）自由贸易试验区深圳前海蛇口片区管委会和亚太日报承办的"2015 年自贸区论坛"在深圳蛇口举行。

△　深圳首个社会影响力基金"创客教育影响力基金"全面启动，千万元资金培养创客人才。

5 月 10 日　省委副书记、市委书记马兴瑞会见哈尔滨工业大学党委书记王树权、校长周玉率领的代表团一行并座谈。双方表示，进一步创新思路、务实合作，合力推进哈工大（深圳）筹建工作，将哈工大（深圳）建设成为扎根深圳、服务国家、面向世界的一流大学校区。

△　首届深港青年创新创业节日前在深圳市龙岗区的青年创业大道举行。

5 月 11 日　深圳市市场和质量监管委的最新统计数据显示，截至 2015 年 4 月 30 日，深圳市累计实有商事主体 185.8 万户，商事主体总量跃居全国大中城市（包括直辖市及副省级城市）的第一位。

5 月 13 日　深汕特别合作区与深圳网商协会共建创新创业孵化基地举行签约仪式。市委常委、副市长、深圳对口帮扶汕尾指挥部总指挥、深汕特别合作区管委会主任何学文和深圳网商协会负责人、阿里巴巴"村淘"电商服务平台代表等出席了签约仪式。

△　波音最先进的 787 - 8 梦想飞机执飞的深圳—北京航线开启了首航。深圳机场由此进入了可保障全部民航商业机型时代，提升了机场大飞行区的水平。

△　2015 年第三批文化创意产业资助专项从今日正式实施，重点支持创意设计、文化软件、动漫游戏、新媒体及文化信息服务、数字出版、影视演艺、文化旅游、非物质文化遗产开发、高端印刷和高端工艺美术等领域。

△　电影智能家庭影院"同步院线"实验平台签约仪式在深圳文博会隆重举行，标志着从此观众可以在家里欣赏到高技术格式、优质画面并与院线基本同步放映的影片。

△　深圳口岸启动"绿蕾"专项行动，质检总局动植司和深圳检验检疫局主要负责人与深圳航空公司代表在福田口岸共同点亮"绿蕾"行动①启动球。

---

①　为保护国门生物安全，质检总局 2015 年在全国出入境口岸组织开展了严厉打击非法携带、邮寄植物种子种苗入境的"绿蕾"专项行动。

5 月 14 日 第十一届中国（深圳）国际文化产业博览交易会将在深圳会展中心开幕。

5 月 15 日 中国社会科学院财经战略研究院、中国城市百人论坛、社会科学文献出版社及中国社会科学院城市与竞争力研究中心发布 2015 年城市竞争力蓝皮书《中国城市竞争力报告 No. 13》。报告显示，深圳从过去两年的第二位上升至综合经济竞争力榜首位置。

△ 省委副书记、市委书记马兴瑞，市长许勤会见了来深参加"2015 丝路之友"中国－东南亚对话会的中联部副部长刘洪才一行。双方表示，将共同围绕落实国家"一带一路"倡议，进一步加强交流合作，助力深圳不断提升对外开放合作水平，努力建设成现代化国际化创新型城市。

△ 坪山新区召开创新大会，会上新区颁发了坪山新区首届科学技术奖及 2014 年度坪山新区创新创业专项资助。共 45 家企业的 174 个项目，获得坪山新区科技专项资金扶持。

△ 第四代超大型创意书城——深圳书城宝安城在深圳市宝安区沙井中心路正式开业。在书城 2.6 万平方米的经营空间里，跨界组合了书店、影院、培训、创意文化用品、画廊、多功能展览空间、银行、咖啡甜品、主题餐饮等多种业态。

5 月 16 日 千人创客大会"中国智能硬件蛋年创新大会"在福田区深圳中芬设计园举行。

5 月 18 日 广东省推进珠三角"九年大跨越"工作现场会发布消息，在 2014 年实施珠三角规划纲要考核中，深圳经过指标考核、工作测评、实地考核、项目建设考核和公众评价等层层"考验"脱颖而出，最终以 89.45 分问鼎，这是实施珠三角规划纲要考核以来深圳首次夺得第一名。

△ 第十一届中国（深圳）国际文化产业博览交易会落下帷幕。本届文博会总成交额再创新高，达到 2648.18 亿元，比上届增长 13.90%，其中合同成交额 1535.36 亿元，比上届增长 28.06%，创历届文博会之最。

5 月 19 日 首届深圳创意设计七彩奖颁奖典礼在深圳报业大厦会堂举行，市委常委、宣传部部长王京生出席了颁奖典礼。

△ 龙华新区党工委会议通过了《关于深化体制机制改革加快创新驱动发展的实施方案》，提出龙华新区将全面建成深圳北创新中心，跻身国家自主创新示范区第一方阵的目标。

5 月 20～21 日 教育部专家组一行，北京大学、北京理工大学、莫斯科大学一行分别来深，就合作办学、加快深圳高等教育事业开放发展事宜进行交流。省委副书记、市委书记马兴瑞，副省长陈云贤，市长许勤会见了教育部专家组成员车芳仁、北京大学党委书记朱善璐、北京理工大学校长胡海岩、副校长赵平和莫斯科大学副校长沙赫赖一行。

5月21日 深圳市第六次党代会今天上午在深圳会堂开幕。

△ 由中国科协和深圳市政府共同推动建设的"中国科协（深圳）海外人才离岸创新创业基地"在市民中心正式揭牌，标志着中国科协与深圳市政府的战略合作又迈出了坚实的一步。中国科协党组书记、常务副主席、书记处第一书记尚勇，广东省委副书记、深圳市委书记马兴瑞，市长许勤共同为创新创业基地揭牌。

△ 深圳市深圳户籍人口独生子女死亡、残疾的特殊家庭特别扶助金标准分别从800元、500元，提高到每人每月1000元、800元，并建立和完善多项扶助优先制度，有效促进社会和谐发展及计划生育政策的执行。

5月23日 中华全国律师协会、深圳市司法局、前海管理局、深圳市律师协会在前海蛇口自贸试验区片区联合举办"中国自贸区法律服务业的机遇与挑战"论坛。

5月24日 深圳市第六次党代会闭幕。大会选举产生新一届深圳市委委员、市委候补委员和市纪律检查委员会委员。马兴瑞任深圳市委书记，许勤、李华楠任副书记，王兴宁当选市纪委书记。

△ 第五届"长江青年投资人论坛"在深圳成功举办。

5月25日 深圳市卫计委发布消息，广东省卫计委已批复同意深圳市卫计委提出的推动医师执业区域注册、完善契约管理和诚信执业制度、加强行业自我管理的措施。从7月1日起，在全面放开医师执业地点限制和健全医师执业注册和管理新制度上，深圳将在广东省内先行先试。

5月26日 沃尔玛正式宣布在中国市场落地其全新的O2O业务——大卖场O2O服务平台"速购"①，这一业务率先在深圳试点。

5月28日 由深圳市上市公司协会、深圳市证券业协会、中欧国际工商学院资本市场学院和建行深圳分行联合举办的"中欧管理论坛"之"互联网金融的大时代"在深圳举行。

△ 最高人民法院党组副书记、常务副院长沈德咏到广东省深圳市中级人民法院及所属基层人民法院专题进行司法改革调研，重点了解深圳法院率先实行人员分

---

① 通过速购平台，消费者可实现线上购买沃尔玛实体门店内的商品，并且可以选择送货到家或到门店速购服务中心自己提货。

类管理、实行新的审判权运行机制和强化司法责任制的改革情况。广东省委副书记、深圳市委书记马兴瑞，广东省高级人民法院院长郑鄂，深圳市委副书记、政法委书记李华楠参加调研。

△ 深圳市规划国土委发布消息，《深圳市住房建设规划 2015 年度实施计划》已经市政府审议通过，并于今日印发实施。根据该计划，2015 年深圳市新增安排建设商品住房 5.67 万套、建筑面积 510 万平方米；计划新增安排保障性安居工程项 5.3 万套，建筑面积约 337 万平方米。

△ 国家知识产权局公布第 16 届中国专利奖名单，深圳共获 3 项中国专利金奖，31 项中国专利优秀奖，1 项外观设计金奖，3 项外观设计优秀奖。

5 月 29 日 深圳市交通运输委员会发布消息，过去五年，深圳物流业实现了年均 15.38% 的高速增长，物流运行效率达到中等发达国家水平。

△ 市中级人民法院联合市司法局、市律师协会召开新闻发布会，对外发布了《深圳市中级人民法院关于保障律师依法执业的若干规定》，从充分尊重律师、为律师执业提供便利等 5 个方面采取 17 项措施保障律师依法执业权利。

5 月 30 日 省委副书记、市委书记马兴瑞，市长许勤会见了中国中铁公司董事长李长进一行。双方表示，进一步解放思想、加强合作，共同推进深圳城市建设迈上新台阶。

6 月 1 日 《深圳经济特区居住证条例》正式实施，首次以地方法规形式建立申报义务人主动申报居住登记制度，凡为非深户籍人员提供居所的申报义务人（包括单位或个人），都要依法向公安机关或者公安机关委托的机构主动申报非深户籍人员居住登记信息，否则将面临处罚。

△ 坪山新区近日正式印发《坪山新区实施〈中国制造 2025〉行动计划》。行动计划中明确提出，以创新引领实现产业提质增效，将坪山新区打造成为"深圳智造"先行区、国际级先进技术转移转化基地、"互联网＋"产业升级示范基地，成为以"深圳智造"为特色的新兴产业名城。

△ 深圳市市场和质量监管委召开新闻发布会，正式宣布从 6 月 1 日起在原有的营业执照、组织机构代码证、税务登记证和刻章许可证的四证基础上，再增加社保登记证，实现"五证合一"。

6 月 3 日 深圳商报新媒体中心与深圳钟表行业协会联合主办"聚焦深圳钟表迈向时尚科技"暨新媒体应用交流圆桌会议。

△ 由深圳市民政局和市教育局统筹的深圳经济特区社会工作学院今日成立，这是全国首家社会建设人才专业学院。

6月4日 深圳市今日起启动原特区二线关口的交通改善工程，拆除原特区16个二线关口的车检通道查验设施。深圳将制定整体实施方案，改善关口及周边道路等交通设施。

△ 阿里研究院发布2014年中国"电商百佳城市"榜单，深圳名列榜首。在全国外贸网商密度排名中，深圳以绝对优势摘得第一。

6月5日 省委副书记、市委书记马兴瑞，市长许勤会见了北京大学校长林建华一行。双方表示，在新时期市校紧密携手、优势互补，探索共建高水平、有特色的大学和研究生院，合力推动深圳建设现代化国际化创新型城市，共同为更好地服务全国改革发展大局做贡献。

△ 2015年"六·五"世界环境日宣传月活动暨生态文明建设系列奖项颁授仪式在深圳中心书城举行，市委常委、常务副市长张虎出席仪式并讲话。

△ 2015年深圳市基础教育系统"年度教师"评选正式启动。

△ 25名社区驻点律师今日在深圳市宝安石岩街道25个社区和工业园正式上岗，这是我国首批正式纳入基层配置的社区驻点律师。

6月6日 "2015首届深圳（福田）创客汇暨京东·E港智能创客2025高峰会"在深圳市五洲宾馆华夏厅举行。同时举行了"京东·E港国际创客空间"启动仪式、"创客大咖秀"、"六六创客智能装备展"等活动。

6月8日 深圳市卫计委公布了深圳市新出台的《深圳市深化公立医院综合改革实施方案》，深圳市将通过进一步改革，力争到2017年，实现分级诊疗制度初步形成、公益性质全面巩固、医院运营绩效显著提升、医疗行业发展环境优化四个目标。深圳因此成为全国首个印发公立医院综合配套改革方案的试点城市。

△ 深圳市市场和质量监管委联合深圳出入境检验检疫局举办2015年世界认可日认证机构座谈会。

6月9日 深圳市计量质量检测研究院近日与中兴通讯签订了战略合作协议。①

△ 深圳市委宣传部召开"三严三实"专题教育工作会议，会议学习贯彻中央、省委和市委"三严三实"专题教育工作座谈会精神，对市委宣传部专题教育工作进行部署。

---

① 双方决定，共享检测平台和技术资源，在检测、标准、认证、计量等领域开展合作，建立有效的合作机制，解决检测技术研究和人才培训针对性不足、技术成果和行业需求不匹配等问题，为企业及其供应链提供检测、认证、咨询、培训、市场准入一体化技术服务方案，提升企业产品的国内外竞争能力，促进中国企业国际竞争能力的提升。

6 月 10 日 深圳市政府常务会议日前审议通过了《深圳市食品药品安全重大民生工程实施方案》①。

△ 由腾讯云、创客基地、互联行、智客空间以及近百名创客共同发起的深圳创客联盟正式成立。该联盟完全由创客们自发组成，提倡创客支持创客，同时为创客与孵化器之间搭建沟通桥梁。

6 月 13 日 智能硬件创新峰会暨赛格创客中心揭幕仪式在赛格广场 11 楼报告厅举行。

6 月 14 日 深圳市发改委日前对外公布了计划扶持的 2015 年第二批共 51 个战略性新兴产业项目，总投资额高达 47.8677 亿元。华大基因、华讯方舟、顺络电子、华为技术、华星光电等企业的投资建设项目悉数上榜，项目涉及生物、互联网、新材料及新一代信息技术等新兴领域。

6 月 16 日 深圳市法制办发布消息，《深圳市机关事务管理办法》已获得深圳市政府常务会议审议通过，将于 2015 年 7 月 1 日起正式施行。

△ 深圳市交委公布了 2015 年公共交通服务提升行动计划，将在轨道交通、常规公交等 8 个方面实施 95 项举措，包括力争地铁 2、3、5、9 号线延长线和龙华有轨电车全面动工。

6 月 17 日 中国首部民用无人机技术标准——《民用无人机系统通用技术标准》在深圳诞生和发布。

△ 深圳市政府与腾讯公司签署战略合作协议，双方将在营造互联网产业发展环境、推进"互联网＋"应用、建设智慧城市等方面展开紧密合作。

6 月 17 ~ 18 日 第三届深圳国际低碳城论坛在龙岗区坪地街道举办。来自近 50 个国家与地区的政府机构、国际组织、跨国公司、著名智库和科研机构的官员、专家、学者会聚深圳，以"城市绿色低碳转型"为主题，共同探讨交流城市应对气候变化、实践低碳绿色发展的有效经验。

6 月 18 日 第三届深圳国际低碳城论坛之珠三角城市群绿色低碳发展论坛在深圳举行。

△ 首届"深圳学生创客节"开幕，启动仪式上，首批 32 所中小学创客实践室挂牌。

---

① 根据方案部署，深圳市政府按照"补充不足、适度领先、夯实基础、效果可比"的原则，学习借鉴我国香港等发达地区经验做法，安排财政总投资 23.66 亿元，将食品药品安全重大民生工程按项目拆分成食品安全风险防控和监管能力提升工程、食用农产品质量和安全保障工程、社区药品安全服务网建设工程 3 项子工程，细化为 15 个子项目推进落实。

△　由科技部火炬中心、深圳证券交易所、深圳市科技创新委员会、深圳市金融工作办公室、深圳市南山区政府共同主办的"创新创业企业（深圳·南山）上市培育基地"揭牌仪式、"创新企业股权融资服务平台（深圳·南山）"启动仪式暨"中国高新科技企业投融资巡回路演·深圳站"活动在深圳市举行。

6月19日　福田社会创新领袖培养计划开学典礼在华侨城洲际酒店举行，这是深圳经济特区社会工作学院首个社会创新项目。

△　由市委宣传部、市总工会、市社科联、市文联联合主办，市工人文化宫和深圳国学院承办的"国学进企业"主题公益活动在富德生命人寿保险公司正式启动，市委宣传部副部长李瑞琦出席了启动仪式。

6月20日　深圳市政府正式出台《关于促进创客发展的若干措施（试行）》和《促进创客发展三年行动计划（2015～2017年)》，深圳市政府将设立创客专项资金、支持设立创客投资基金，建创客空间最高可获500万元资助。

6月22日　华侨城近日发布公告称，以28亿元收购深圳市恒祥基房地产开发建设有限公司，并借此获得6个旧改项目。

6月23日　《深圳市深化公立医院综合改革实施方案》近日正式出台，方案提出将"建立基层首诊、双向转诊、急慢分治、上下联动的分级诊疗模式"，解决市民看病难问题。

6月24日　深圳—汕尾2015年第二次招商推介会在深圳举行，深汕特别合作区、汕尾新区、汕尾红草高新技术园区、陆河县产业园区、红海湾经济开发区同时举行投资推介活动。

△深圳运力汇网络科技有限公司发布的全国首款货车专用导航——"沙师弟"导航问世。

6月25日　当地时间6月24日～25日，深圳市市长许勤率领的深圳代表团赴美国西雅图考察访问，密集拜会了华盛顿州、西雅图市政商界人士，应邀出席了大西雅图联盟2015年年会等活动，并正式与西雅图市签署缔结友好交流城市备忘录，考察了亚马逊、微软、波音等世界500强企业，见证了两市企业间签署多项合作协议。

△　第十一届新疆喀什·中亚南亚商品交易会召开新闻发布会，深圳援疆前方指挥部副总指挥刘仕哲表示，2015年深圳计划安排援疆资金7.6亿元，重点做好喀什深圳城、喀什产业园和喀什大学新校区建设，全年将援助建设6490套安居富民房。

△ 深圳市龙华新区召开创新大会，龙华新区创新驱动"1＋6"实施方案^①首度全面亮相；新区 7 家创新园和 4 家"创客工场"获授牌；新区首批 38 名"创新专员"和 13 名"创新创业导师"获颁证书；新区与南科大、北京化工大学签署战略合作协议，与全国智能机器人创新联盟、深圳市未来产业促进会签订战略合作协议。

△ 深圳国家自主创新示范区孵化载体联盟研讨会在深圳高新区举行，国家科技部、深圳市科创委以及创客空间、孵化器有关负责人出席会议，共同探讨新时期下的孵化器建设。

△ 市委常委、宣传部部长李小甘主持召开深圳市深化文化体制改革座谈会，重点聚焦文艺院团的新一轮改革。

△ 全球排名第三、中国排名第一的深圳国际钟表展今日在深圳会展中心开幕，以"时尚科技"为主题的第 26 届中国（深圳）国际钟表展，吸引了全球 400 多家顶级钟表企业逾 600 多个品牌携最新产品和技术集体亮相。

6 月 26 日 深圳光明—微软云暨移动应用孵化平台项目战略合作签约仪式举行，该项目落户光明新区，是微软在中国落地的第一个微软云暨移动应用孵化平台项目。

△ 由深圳创新发展研究院推出的"智库报告厅"正式开讲。该讲坛汇集了厉以宁、宋晓梧、李培林、郑新立、樊纲等多位经济学家、社会学家。

6 月 28 日 中国公众补天行动——国内首批环保低碳 R290 空调上市暨宣传活动在深圳启动。当天，国内首批政府批量采购的 R290 纯无氟空调落户深圳大学。

6 月 30 日 《深圳市经济适用住房取得完全产权和上市交易暂行办法》今日公布实施。7 月 1 日起，合同满五年，符合相关条件的经济适用房家庭可向住建部门申请，缴纳 50% 的增值收益后，取得完全产权并可以上市交易。

△2015 年广东扶贫济困日暨深圳公益慈善月活动和第四届中国慈展会筹办启动仪式在市民中心广场举行，腾讯公益慈善基金会、深圳华强集团有限公司、万科公益基金会、顺丰公益基金会、深圳市同心慈善基金会等 28 家企业和基金会现场举牌认捐，共捐赠善款 5.0326 亿元。

---

① 龙华新区的创新驱动"1＋6"方案包括：《关于深化体制机制改革加快创新驱动发展战略的实施方案》1 个总方案和《深圳国家自主创新示范区（龙华园区）建设实施方案》《龙华新区发展众创空间推进大众创新创业的实施方案》《龙华新区推进"科技孵化贷"、"科技成长贷"的实施方案》《龙华新区创业投资引导基金管理暂行办法》《"智造龙华"路线图》《龙华新区发展"互联网＋"行动计划》6 个子方案。

△深圳市国际贸易"单一窗口"① 大铲湾试点运行启动仪式在大铲湾联检大楼举办。

△2015智能汽车未来峰会在深圳举行，全球首个布局"智能汽车＋产业地产＋产业金融"的"智能汽车产业联盟"正式落户深圳。

7月1日 深圳市即日起推行公司、个人独资企业、合伙企业、各类分支机构和个体工商户"多证合一、一照一码"登记模式，只发放记载统一社会信用代码的营业执照，不再发放商事主体的组织机构代码证、税务登记证、社保登记证和刻章许可证，营业执照具有以上证照的功能。

△ 布鲁塞尔当地时间7月1日下午，一场以"深圳驱动中国未来"为主题的深圳国际形象布鲁塞尔专场推介会在欧盟议会大楼梅纽因厅举行，这是深圳首次走进欧盟总部开展国际形象推广，也是欧洲议会大楼内迎来的首场城市推介会。

△ 古巴哈瓦那当地时间6月30日至7月1日，深圳市市长许勤率领的深圳代表团访问古巴，在其首都哈瓦那紧凑会晤了当地政商界人士，积极拓展两地在经贸投资、生物技术、公共交通、城市基础设施建设等领域的深度合作。

△ 深圳市今日起正式实施《深圳市经济适用住房取得完全产权和上市交易暂行办法》（以下简称《办法》）。《办法》规定，凡是符合条件的经济适用房家庭可向住建部门申请，缴纳50%的增值收益后，取得完全产权并可以上市交易。

△ 深圳市即日起在全市范围内正式实施《在用非道路移动机械用柴油机排气烟度排放限值及测量方法》。按照方法要求，今后在深圳市的建筑工地、工厂、机场、港口码头的非道路移动机械排气的光吸收系数要小于或等于0.5～1m，超限值排放的非道路移动机械不得进入深圳的建筑工地、工厂、机场、港口码头承揽业务。否则，根据我国《大气污染防治法》的规定，将面临1万～10万元的罚款。

△ 即日起在深圳市、区卫生行政部门注册的临床、口腔、中医、公共卫生类医师（含执业助理医师，取得深圳市核发的港澳医师短期行医执业证书或台湾医师短期行医执业证书且上述证书在执业有效期内的香港、澳门特别行政区和台湾地区永久居民），可以在深圳全市所有取得医疗机构执业许可证的医疗、预防、保健机构执业，实现"统一注册，全市通用"。

△ 深圳即日起全面禁用溶剂型涂料（油漆）、胶黏剂等不合格装饰装修材料，成为在全国率先限制溶剂型涂料（油漆）销售和使用的城市。

---

① 深圳"单一窗口"建立了"一个窗口"，即深圳海关、深圳检验检疫局、深圳边检总站、深圳海事局按照"单一窗口"服务理念，向大铲湾"单一窗口"平台开放数据交换接口，实现平台与各单位业务系统互联互通，"一个窗口"对外。

7月2日 深圳市交通运输委员会发布《妈湾跨海通道交通规划设计初步方案》。该方案提出全长 7.3 公里的妈湾跨海通道建成后，将主要承担南山港区疏港货运交通，兼顾一定的客运功能，目的是逐步实现前海交通的"客货分离"。工程包括修建全市首条海底隧道，长度约为 1.1 公里。

7月3日 全球领先的锂电池及电能源解决方案供应商深圳市比克电池有限公司日前宣布，其致力打造的绿色锂电生态链中最重要的一环——"废旧新能源汽车拆解及回收再利用"项目，已入选国家发改委 2015 年节能循环经济和能源节约重大项目中央预算内投资计划，获得专项投资补助 1000 万元。

7月3~4日 "2015（第十七届）中国风险投资论坛"在深圳市举行。400 多位来自国内外的投资者，800 多位企业家，200 多位来自中央及地方的政府官员、学者及专业人士齐聚深圳，纵议业内热点，前瞻 VC/PE 未来，启迪行业思维，助力我国风险投资行业的整合发展、转型升级。

7月4日 深圳内衣区域品牌亮相法国巴黎内衣泳装及面料辅料展。这是深圳内衣区域品牌巡回展首次站上国际舞台。

7月5日 深圳品牌 LOHO 自主研发推出碳纤维眼镜"史上最轻眼镜"，重量仅为 8 克，这是碳纤维材质在消费领域的首次大规模应用。

△ 深圳首个电动汽车分时租赁项目于今日启动试运营。用户缴纳 1.2 万元成为会员后，每次用车首小时 20 元，续时 6 元/小时，可有偿送车上门。

7月6日 由深圳市人民政府主办、深圳市经贸信息委和深圳市公平贸易促进署承办的第十四届"WTO 与深圳"高级论坛在五洲宾馆举行。论坛就"深圳进一步践行国际规则的实践与创新"展开讨论，同时与会专家和学者对深圳把握后厘岛谈判创造的开放新机遇，以及推动经济质量型增长和可持续发展建言献策。

△ 《福布斯》2015 中国商界女性排行榜出炉，深圳孙亚芳、孟晚舟、周群飞、黄秀虹、林卫平、刘静瑜、翟美卿 7 位女企业家榜上有名。其中，华为公司董事长孙亚芳蝉联榜首。

△ 深圳市发改委对外发布了组织实施深圳市新能源产业发展专项资金 2015 年第 3 批扶持计划的通知，将通过股权资助、贷款贴息、直接资助等多种方式重点扶持领域包括智能电网、太阳能、核能、风能、生物质能、储能电站、新能源汽车、页岩气 8 大领域。

7月7日 深圳市发改委发布消息，深圳市新能源产业发展专项资金将启动实施 2015 年的新一批扶持计划，通过股权资助、贷款贴息、直接资助等多种方式帮扶智能电网、太阳能、核能、新能源汽车等新能源产业优质项目。

7月8日 深圳市发改委发布消息，根据市政府统一部署，2015年第四批文化创意产业资助专项正式启动实施，重点支持创意设计、文化软件、动漫游戏、数字出版等领域的核心技术研发和公共技术服务平台建设。

7月9日 "第十五届中国（深圳）国际品牌服装服饰交易会"在深圳会展中心开幕，中国纺织工业联合会会长王天凯，副会长孙瑞哲、张莉，深圳市副市长陈彪等出席开幕式。

△ 深圳警备区党委第一书记任职决定暨警备区司令员调整命令大会在警备区新营区举行。省军区党委决定省委副书记、市委书记马兴瑞任深圳警备区党委第一书记，中央军委批准深圳警备区司令员钟志坚大校退休、任命陈友清大校为深圳警备区司令员。

7月9~11日 "第十五届中国（深圳）国际品牌服装服饰交易会"在深圳市会展中心举办。

7月10日 深圳市即日起予以路边临时停车收费"打折"，即深圳路边临时停车的首3小时内收费将统一减40%，3小时后的收费维持现状不变。此外，非工作日的收费时间也由早上7时30分延后至10时。

7月11日 联合国食品法典委员会第38届会议正式通过并颁布《非发酵豆制品区域标准》，这是全世界第一个豆制品国际标准，由深圳市福荫食品集团主导制定，今后世界各国豆制品贸易将遵守这个标准。

7月13日 深圳市发改委正式组织实施深圳市机器人、可穿戴设备和智能装备产业2015年第五批扶持计划，计划采用直接资助、股权资助、贷款贴息方式，推动"机器人"这一深圳未来产业的快速发展。

7月16日 深圳供电局与蚂蚁金融服务集团、阿里云达成战略合作，三方将共同携手打造"互联网＋城市电网服务"，利用互联网、大数据应用技术开展互联网供电服务、移动支付、大数据、云计算技术等应用研究与合作，为客户提供移动缴费、能效管理、节能等一系列便利安全的智能供电服务。

△ 滴滴快的宣布，在深圳和北京同步上线定制巴士业务。

7月18日 国家旅游局今日授予深圳市"全国文明旅游志愿服务示范市"称号。这是全国首个城市获此殊荣，同时也标志着"旅游义工"工作在深圳正式开始先行先试。

7月20日 由深圳市科学技术协会主办，深圳光启高等理工研究院承办的"Hello Future"光启全球创新者大会在深圳保利剧院举行。会上，光启马丁飞行喷射包迎来了中国首发。

7 月 22 日　《深圳市生活垃圾分类和减量管理办法》正式发布，并将于 8 月 1 日起施行。这一《办法》从制度上将深圳市生活垃圾分类和减量工作予以明确和保障，落实了生活垃圾减量和分类的责任人，实行分类投放管理责任人制度。确定了个人和相关责任人的法律责任，个人未分类投放生活垃圾，将处以 50 元或 100 元罚款；物管未按规定对生活垃圾分类投放工作进行指导，处以 3000 元罚款。

7 月 23 日　"粤创粤新"广东创新驱动发展主题大型网络采风活动今日来到深圳。来自新华网、共产党员微信、人民网等 52 家中央新闻媒体、国内知名自媒体公号及广东省内主流媒体组成的百人全媒体采风团将在深圳开展采访活动。

△　中国（广东）自由贸易区深圳前海蛇口片区召开新闻发布会，正式公布了《中国（广东）自由贸易试验区深圳前海蛇口片区建设实施方案》①。

7 月 24 日　《深圳大学发展"十三五"规划》（下称《规划》）日前通过专家组论证。规划提出，通过 5～10 年建设，使深大综合实力进入全国高校前 50 位、全国地方高校前三甲。

7 月 27 日　中国首个区域性机器人行业白皮书——《2014 年度深圳机器人产业发展白皮书》今日正式发布。

△　广东省工商业联合会（总商会）第十一届常务委员会第七次会议暨广东省知名民营企业家"前海行"活动在深圳市五洲宾馆举行。广东省委常委、统战部部长林雄，深圳市委常委、统战部部长林洁，省工商联主席（会长）陈丹、秘书长李汉峰等广东省、深圳市相关领导出席。

△　第十七届全国机器人锦标赛暨第六届国际仿人机器人奥林匹克大赛在深圳开赛。这是国内规模最大、影响力最强、水平最高的一年一度全国智能机器人技术比武大赛，也是一次综合性学科的技术较量，受到科技界、企业界、军工领域高度关注。

7 月 28 日　深圳市政府与哈尔滨工业大学、苏黎世艺术大学、西班牙加泰罗尼亚高等建筑研究院签署四方合作办学协议，共同在深建设哈尔滨工业大学（深圳）国际设计学院。市长许勤参加签约仪式并会见了签约高校领导和嘉宾。

△　"中国源头创新百人会"在深圳成立。百人会由中国顶级科学家、经济学

---

①　《中国（广东）自由贸易试验区深圳前海蛇口片区建设实施方案》提到，根据产业形态，将前海蛇口自贸片区划分为三个功能区。一是前海金融商务区，主要承接服务贸易功能，重点发展金融、信息服务、科技服务和专业服务，力求打造我国金融业对外开放试验示范窗口、亚太地区重要的生产性服务业中心。二是以前海湾保税港区为核心的深圳西部港区，重点发展港口物流、国际贸易、供应链管理与高端航运服务，承接货物贸易功能，力求打造国际性枢纽港。三是蛇口商务区，重点发展网络信息、科技服务、文化创意等新兴服务业，与前海区块形成产业联动、优势互补。

家、企业家经营等组成，中国科学院院士、科技部原部长徐冠华，国务院发展研究中心原党组书记、副主任陈清泰，著名经济学家吴敬琏担任大会联合主席。

△ 国家旅游局日前授予深圳市"全国文明旅游志愿服务示范市"称号。这是全国首个城市获此殊荣。

△ 由深圳市金融办、中国人民银行深圳市中心支行、深圳银监局、深圳证监局、深圳保监局、深圳特区报联合主办的"深圳市互联网金融协会成立仪式暨互联网金融支持服务实体经济系列活动"在五洲宾馆举行。

7月29日 首届深圳国际智能装备产业博览会暨第四届深圳国际电子装备产业博览会开幕。来自全球的500多家企业带来了电子装备前沿技术和产品，机器人、可穿戴设备等智能装备亮相整个展会。

△ 中国制造2025国际高峰论坛在深圳会展中心召开，800余名来自国内外的专家学者及制造行业业内人士齐聚一堂。

7月30日 深圳首条现代有轨电车示范线今日开工。

7月31日 中国清洁空气联盟秘书处联合多位环境专家，公布了"大气国十条"发布一年后全国30个省区市的空气污染防治效果。其中，广东、海南等6省份数据达标，成绩处于全国前列。2014年，深圳市六项主要大气污染物年均浓度首次全面达标，成为全国唯一空气质量达标的超大型城市。

8月1日 即日起，深圳市生活垃圾分为可回收物、有害垃圾和其他垃圾三大类。盐田区、坪山新区全面推行家庭厨余垃圾分类，实行厨余垃圾和餐厨垃圾一体化收运处理。各区已创建的生活垃圾分类和减量示范单位（小区）继续实行四分类标准，确保严格分类收集、分类运输、分类处理。

8月2～4日 由教育部人文社会科学重点研究基地——深圳大学中国经济特区研究中心创立的"世界经济特区发展论坛"年会在虎林市举行。本次论坛由深圳大学中国经济特区研究中心、黑龙江省虎林市人民政府和俄罗斯远东联邦大学经济管理学院联合主办。来自清华大学、复旦大学、上海自贸区研究院、海南省社科院、深圳大学、深圳市社科院、柬埔寨皇家研究院、德国国际合作机构（GIZ）和俄罗斯等的知名专家学者以及深圳市委宣传部、黑龙江省丝绸之路办、鸡西市、虎林市政府官员共60余人分别参加了本次论坛。本次论坛是深圳市宣传文化基金课题"经济特区与中国道路走出去"国际系列宣传的一个重要学术活动，得到了黑龙江省政府、黑龙江省鸡西市政府和黑龙江省丝绸之路办的高度评价与肯定。

8月3日 应库克群岛文化发展部邀请，由国家文化部委派，中共深圳市委宣传部副部长刘佳晨带队的深圳艺术团一行于当地时间8月3日晚抵达库克群岛首府拉罗汤加，在美丽的南太平洋岛为当地观众献上了有浓郁中国文化特色的大型综艺晚会《欢庆太平洋》。

△ 深圳市卫计委公布了《深圳市精神卫生综合管理试点工作方案》①。

△ 深圳召开市政府六届三次常务会议，会议审议并原则通过了《深圳经济特区质量促进条例（草案）》，条例对深圳质量做出了 88 个具体细化的定义，主要涵盖经济、社会、文化、城市管理、生态环境和政府服务 6 个方面。

△ 深圳市今日起开展"千警百组"专项行动，整治行人、非机动车违法行动。

△ 投资 71 亿元，建成后产值超千亿元的国家下一代卫星通信国际科技创新产业园——中国天谷（深圳）今日破土动工。

8 月 4 日 深圳市规划国土委发布消息，《深圳市现状道路桥梁（次干路以下等级）名称梳理规划》已经市政府批准同意，8 月 3 日起正式公布实施。根据规划，深圳将新命名道路 1788 条，更名道路 788 条，重名及不规范道路名称问题将逐一得到解决。

8 月 5 日 深圳航空有限责任公司隆重举行深圳航空成功处置"7·26"机上纵火事件②表彰大会，对 7 月 26 日台州至广州 ZH9648 航班 9 名机组成员进行嘉奖。

△ 《深圳市"互联网+"行动计划》获市政府常务会议原则通过，该行动计划提出了互联网+制造等 12 项工作任务。深圳社会生产生活各领域与互联网的融合将进一步加速。

8 月 6 日 第八届"建设世界一流高科技园区国际会议"在深圳举行。会议透露，深圳高新区将配合国家"资金融通"和深圳丝路基金的运作，率先设立各种基金与投融资平台，帮助企业资本"走出去"。

△ 深圳创意设计新锐奖（学生组）深圳地区选拔赛暨华阳国际设计集团第 8

---

① 方案提出要逐步完善精神专科医院、综合医院、基层医疗机构和社区康复机构协同配合的精神卫生综合服务体系。2016 年每区至少有一家区属综合医院开设精神科或心理科门诊；到 2017 年底，二级及以上综合医院精神科及临床心理科门诊设置比例要超过一半，实现严重精神障碍患者检出率超过 4.0‰，社区管理率达 75% 以上。同时，扩大精神康复机构的覆盖面，每个区要设立 1 家区级家属资源中心，区级、街道的精神康复机构实现 10 个区的全覆盖。

② 7 月 25 日午夜，深航 ZH9648 航班从台州起飞。26 日零时 40 分，距离正常的飞机落地还有 30 分钟，乘务长周晨菲正在播放下降安检广播，突然听到尖叫声。她撩开前服务间与头等舱之间门帘，看到一名男子站在头等舱 2D 座位旁，座位附近燃有明火。她抄起前服务间的灭火器冲上去，3 号乘务员张小匆也迅速拽拉头等舱与前舱隔帘灭火。此时，两名安全员王浩鹏与杜福也从后舱扑过来，王浩鹏正面迎击，与歹徒展开肉搏。杜福接过 4 号乘务员刘莉从后舱送来的灭火器，与乘务组快速配合，将明火扑灭。由于歹徒手中有尖锐利器，为防止歹徒砍伤乘客，两名安全员与见义勇为的两位乘客一起，将歹徒控制在头等舱区域内。

届"双城四院"活动优秀作品评审会在前海深港青年梦工场拉开序幕，吸引了全国33所高校、130余位建筑学子报名参加。

8月7日 《深圳市市场和质量监督管理委员会关于贯彻落实的若干措施》近日出台。其中，从严格知识产权保护、加快促进知识产权与金融的结合、构建提升创新效率和效益的知识产权导向机制、完善知识产权服务体系、大力实施知识产权与标准战略的融合5个方面提出了17项具体措施，大力推进知识产权工作。

8月9日 "国家记忆——越众历史影像馆藏海外收集抗战影像展"在深圳市罗湖区越众产业园开幕。由深圳市越众历史影像馆从美国、日本、俄罗斯等海外收集的抗战影像首次与观众见面。

8月10日 深圳市市场和质量监管委日前公布了《深圳市团体标准管理办法》《深圳市标准自我声明公开管理办法》《深圳标准先进性评价管理办法》《深圳标准认证管理办法》《深圳标准标识管理办法》《深圳标准监督检查管理办法》6个文件征求意见稿，向社会公开征求意见，鼓励团体以国际一流、行业最高为标杆，建立行业先进标准体系，制定发布团体标准；鼓励团体积极探索标准与研发、标准与业务流程相结合的途径。

8月11日 全国首个"保险创客平台"在深圳上线。

8月12日 深圳市规土委近日发布《深圳市2014年度土地变更调查》，深圳释放1.15万亩建设用地。

8月13日 首届华人华侨产业交易会在深圳会展中心隆重开幕。来自五大洲的28个国家和地区的侨商代表出席展会，围绕"一带一路"倡议踊跃对接合作。

△ 由深圳市低碳产业投资商会、世界低碳城市联盟主办的"低碳城镇、园区发展高峰论坛"在深圳会展中心玫瑰厅举行。

8月14日 由深圳市交通运输委员会主办，深圳智能交通行业协会承办的2015年深圳智能交通大讲堂首期于今日开讲。深圳市都市交通规划设计研究院、深圳职业技术学院、滴滴巴士、小猪巴士、嗒嗒巴士等单位嘉宾出席讲堂。

8月15日 由马洪基金会主办的政府工作民间评价研讨会在深圳举行，深圳市老领导郑良玉、邵汉青以及智库百人会的专家近百人参加了研讨会，会上对2014年金秤砣奖获得单位代表福田区政府、市气象局、市地税局等进行了颁奖。

8月17日 深圳原创大型儒家文化交响曲《人文颂》登上了国家大剧院的舞台。

△ 2015年度CPA专业方向师资培训班暨项目（Train the Trainer）十周年纪念活动在深圳举办。来自全国25所高校的CPA专业方向教师，以及三家国家会计学

院和 ACCA 中国区的代表共 50 余人参加。

△ "2015 两岸四地机器人协同创新论坛"在深圳召开。论坛发布了两岸四地机器人协同路线图,宣读并签署了《发起成立两岸四地机器人协同创新中心倡议书》,希望以创新中心为机器人企业提供实质性的技术支持,促进两岸四地机器人技术及产业的产、学、研合作创新。

8 月 18 日 中国土地第一展——"2015 中国(深圳)城市土地展"在深圳会展中心开幕,共有来自环渤海、长三角、珠三角、海西等区域近 60 个城市参展。

△ 深圳 - 广安合作第二次市际联席会议在深圳召开。双方计划在此前合作的基础上,进一步推动在经贸、文化、医疗、教育、旅游等方面的交流、合作。

8 月 18 ~ 20 日 中国(深圳)国际房地产业博览会在深圳会展中心举行。

8 月 19 日 由人民日报社联合深圳市委、市政府主办的"2015 媒体融合发展论坛"在深圳举行。

△ 深圳超多维光电子公司今日宣布将携手富智康、天马微电子、梦工厂等企业,打造全球首个裸眼 3D 生态圈。

8 月 20 日 广铁集团发布消息,亚洲最大的地下火车站——福田站的主体及附属结构工程已全部完成,这标志着该站基本建成。

8 月 21 日 由国家物联网基础标准工作组与深圳市物联网产业标准联盟共同举办的"2015 深圳国际物联网标准化论坛"今日在深圳召开。会上探讨国内外物联网标准化建设的发展现状和未来布局。

△ "2015 深圳市政府智库与社会智库资源对接会暨智库人才工作座谈会"在五洲宾馆举行,会上倡议成立"深圳智库联盟",以此建立起政府智库与社会智库的对接机制,共同为市委、市政府决策提供高质量、系统化的智力支撑。

8 月 22 日 深圳信息经济发展战略研讨会今日召开,著名专家、业界领袖、行业精英等齐聚一堂,围绕信息技术研发应用、"互联网+"、智慧城市、智能制造等信息经济发展的重大问题和重点领域,进行了广泛深入的研讨,并提出相关意见和建议。

8 月 23 日 "2015 中国 500 强企业高峰论坛"今日正式对外发布"2015 中国企业 500 强"排行榜,深圳共有 18 家企业上榜。平安、华为、招商银行分别以总榜单的第 20、第 39、第 42 位,跻身"深圳军团"前三位。

△ 制造业创新体系建设座谈会今日在深圳五洲宾馆举行。工信部调研组围绕中国制造 2025、实现制造业强国这一战略目标,听取深圳市经贸信息委、发改委、科创委的汇报及华为、比亚迪、大族激光等企业的意见和建议。工信部副部长怀进

鹏、深圳市副市长陈彪出席了会议。

8月24日　深圳市日前出台《深圳市人民政府关于加强创业带动就业工作的实施意见》，加大创业扶持补贴力度，自主创业人员最高贷款额翻番到20万元，创业场租补贴适用范围从创业孵化载体内扩大到载体外，创业带动就业补贴标准也大幅提高。新政将于10月1日起实施。

8月25日　截至8月25日，深圳市累计实有商事主体2002255户，其中企业1032634户，个体户969621户。深圳商事主体总量突破200万大关，继续保持全国大中城市商事主体总量排名的首位。

△　深圳市发改委和市交通运输委近日联合下发了《关于加强新能源汽车推广应用调整电动小汽车增量指标调控政策的通知》。首次明确提出，个人第二辆车购买新能源汽车可获得增量指标。

△　深圳市召开庆祝经济特区建立三十五周年座谈会，深圳市委、市政府相关领导以及社会各界代表300余人出席。

△　国家发改委日前正式将地处龙岗区坪地街道的深圳国际低碳城列入首批国家低碳城试点。

8月26日　深圳市政府日前出台《深圳国家自主创新示范区建设实施方案》，提出了增强自主创新能力、打造创新型产业集群、优化综合创新生态体系等六大主要任务，共109条措施。

8月27日　实施了20余年的《深圳经济特区房屋租赁条例》今日提请市人大常委会议废止。

8月28日　近日，包括万科、中国平安、比亚迪、兴森科技、新宙邦在内的多家深圳上市公司先后宣布建立了信息披露委员会或类似信息披露协调机制，让公司信息披露事务管理进一步制度化，同时更加明确相关披露责任，以解决可能的信息披露延迟、不准确等问题，进一步提升信息披露质量。

8月30日　《广东省第六批省级非物质文化遗产代表性项目名录》日前公示，深圳有3个项目①榜上有名。至此，在深圳市的52项市级非物质文化遗产当中，共有31项被列入省级非物质文化遗产名录，有8项被列入国家级非物质文化遗产名录。

8月31日　中国铁建董事长孟凤朝在深圳拜会广东省委副书记、深圳市委书记

---

① 此次新入选省级非物质文化遗产名录并公示的深圳项目包括：云片糕制作技艺、平湖纸龙舞、田氏剪纸。它们分别入选"传统技艺"、"传统舞蹈"和"传统美术"类别的"非遗"名录。

马兴瑞，双方就在深圳基础设施建设领域进一步加强密切合作进行了会谈。

△住建部等三部门联合发通知，将公积金贷款最低首付款比例降至 20% 。

9 月 1 日 中国铁建董事长孟凤朝拜访了深圳地铁集团董事长林茂德。双方共同见证中土集团与深圳地铁集团在深圳地铁大厦签订《尼日利亚阿布贾城铁运营管理前期合作协议》。

△ 纪念中国人民抗日战争暨世界反法西斯战争胜利 70 周年系列档案展在新建成启用的深圳市档案中心开幕。

9 月 3 日 深圳市发改委日前正式启动了 2015 年度总部经济企业奖励与补助申报和核算工作。凡是符合《深圳市鼓励总部企业发展暂行办法》相关规定，并经市总部经济发展工作领导小组审议通过的总部经济企业，均可以向市发改委申请贡献奖、租用办公用房补贴、购置办公用房补贴奖励与补助。

9 月 6 日 深圳市举行学习贯彻习近平总书记在纪念中国人民抗日战争暨世界反法西斯战争胜利 70 周年大会上的重要讲话精神座谈会。

9 月 7 日 由深圳市发改委、科创委牵头实施的深圳市节能环保产业发展专项资金 2015 年第五批扶持计划正式启动。高效节能产业、先进环保产业、资源循环利用产业、节能环保服务业四大领域成为重点资助对象。其中由深圳机构在深圳实施的国家工程实验室和国家工程研究中心项目，可获得最高不超过 1500 万元的配套补助。

△ 深圳市税局、腾讯公司日前联合举办"微信缴税"启动仪式。这是全国税务系统首次国、地税联合利用微信平台推出移动支付缴税服务。

9 月 8 日 深圳市交委、市发改委今日联合发布《关于 2015 年度待配置电动小汽车增量指标配置有关事项的通知》等文件，出台多条鼓励电动小汽车购买的新政，包括设置汽车租赁指标 4000 个、动态调整单位和个人指标分配比例、享受路边停车首小时免费等。

△ 深圳市国税局和深圳银监局联合举行"互联网＋税银"综合服务启动仪式，并联合签署了战略框架合作协议。自此，深圳市有贷款需求的纳税人，可凭企业纳税资信实现线上一站式申办、审批，足不出户即可实现融资到账。

△ 柏林当地时间 9 月 7 日上午，柏林国际展览公司在柏林展览中心贵宾区举行新闻发布会，宣布德国柏林国际展览公司计划将世界规模和影响力最大的电子展柏林电子展移植到深圳。

9 月 9 日 内蒙古自治区包头市政府召开包头市碳排放权交易市场体系建设启动会议，落实 2014 年包头与深圳两市政府签署的碳交易区域合作战略协议，此举标志着深包两市碳交易市场区域合作建设工作正式启动，也是深圳碳市场品牌服务及管理模式的首次异地输出。

　△　深圳市卫计委发布消息，为推进"医疗卫生三名工程"建设，全面发展和提升名中医诊疗服务，深圳市将增加一种新型社会办医疗机构——名中医诊疗中心。到2020年，深圳市将建设5~8家名中医诊疗中心。

　△　全国首个保障房工业化产品1.0在第十四届中国国际住宅产业暨建筑工业化产品与设备博览会深圳展馆亮相，该产品涵盖3大系列12种标准化户型，这种将保障性住房引入产品化理念，进行标准化、定型化、迭代化的做法在国内尚属首创，标志着保障性住房建设进入标准化、产品化时代。

9月11日　第3届AOPA国际飞行培训展在深圳开幕。

9月12日　由胡润百富公司主办，深圳市投资推广署支持的"2015年胡润国际财富领袖论坛"在深圳举行。来自全球的富豪榜上榜企业家、500强公司高层、行业领军人物等约300位政商界人士出席该论坛。

　△　深圳交警近日将29586名驾驶员的道路交通违法行为信息提供给前海征信、芝麻信用两家征信公司，纳入征信系统。深圳交警与三方征信机构合作，搭建大数据交通管理征信系统，成为全国第一个将交通参与人违法纳入征信体系的城市。

9月15日　深圳市市长许勤和南非开普敦市长帕特里夏·德·莉莉签订两市友好交流合作备忘录，深圳与开普敦市正式结为友好交流城市。至此，深圳的友好城市和友好交流城市总数达到70个。

　△　深圳市政府审议修订后的《深圳市气象灾害应急预案》①日前正式印发实施。

9月16日　"2014年度深圳连锁经营50强企业"举行颁牌仪式，会上发布消息，深圳连锁经营企业2014年在全国新开门店近5000个，全国门店总数超过6万家，实现全国销售总额约4700亿元。

9月18日　第四届中国公益慈善项目交流展示会在深圳开幕。本届慈展会以"扶贫济困，大爱中国"为主题，吸引了来自全国31个省、自治区、直辖市以及港澳台和国外的2588个机构、项目参展参赛。

　△　福田区与塔县签署精准扶贫合作框架协议，在援疆资金计划外，5年内投入1亿元帮扶资金，2020年前完成1.3万贫困人口的脱贫目标。

---

① 与旧版本相比，新预案纳入的气象灾害预警联动灾种扩展至11类，特别是增加了灰霾、干旱、火险、冰雹、大风5类灾种；高级别台风、暴雨的预警信息发布"绿色通道"等内容被首次写入其中。

9 月 20 日　黑龙江省省长陆昊与深圳市市长许勤共同签署两地政府合作备忘录，未来将深化经贸、粮食供销、教育、商贸等九领域的合作共同发展。

△　深圳开拓一号卫星今日成功升空，进入预定轨道。该卫星由深圳航天东方红海特卫星有限公司全程在深圳设计总装制造，是首颗真正意义上的"深圳制造"卫星。

△　中国（深圳）国际气候影视大会（HCCFF2015）在深圳圣廷苑大酒店举行，这是国内首个绿色电影活动，深圳 2015 全国科普日活动也由此正式启动。

9 月 22 日　深圳市规划国土委发布《关于深圳市实施不动产统一登记的公告》，决定即日起实施不动产统一登记。同时，深圳市不动产籍管理和测绘局挂牌和深圳市不动产登记中心也正式挂牌。

△　由深圳市公立医院管理中心联合深圳市医学信息中心开发的深圳智慧医疗项目①正式启动。

9 月 23 日　2015 深圳国际 BT 领袖峰会和生物/生命健康产业展览会在深圳开幕。

△　"第 18 期全球金融中心指数发布会暨 2015 金融中心发展峰会"在深圳举行。全球金融中心指数（GFCI）②第 18 期榜单也在深圳向全球公开发布，其中深圳金融中心指数位居全球第 23 名，在中国内地城市中排名第二，仅次于上海。

△　UITP（国际公共交通联会）亚太年会在深圳开幕，来自 20 多个国家和地区的近 300 名专家在此探讨公共交通发展方向。

9 月 24 日　深圳市市长许勤会见古巴生物技术和医药产业集团第一副总裁爱德华多·马丁内斯·迪亚斯博士一行，并与古巴驻穗总领事伊萨贝尔·佩雷斯一起，共同见证了深圳市发改委与该集团签署谅解合作备忘录。

9 月 25 日　以"合作招商引资、共建产业园区"为主题的深圳－汕尾 2015 年第三次招商推介会在汕尾举行。现场共签约项目 58 个，投资总额 871.22 亿元。

△　深圳市市长许勤主持召开市政府常务会议，会议原则通过了《深圳市治水

---

① 智慧医疗服务项目包括深圳市公立医院综合管理平台和深圳市市民健康服务平台，由医享网、创业软件、支付宝、中信银行、腾讯等多家机构共同参与建设。深圳市市民可通过微信、支付宝或手机 APP（第三方应用程序）直接登录市民健康服务平台，自助完成预约挂号、健康档案查询、费用实时支付、检验检测结果投递等事项。

② 全球金融中心指数是全球最具权威的关于国际金融中心地位及竞争力的评价指数，现已成为深受国际金融界密切关注的金融中心发展"晴雨表"。该指数主要对全球范围内的金融中心进行评价，并在每年 3 月和 9 月定期更新，以客观显示金融中心竞争力的变化。该指数侧重关注各金融中心的市场灵活度、适应性以及发展潜力等方面，评价体系涵盖了营商环境、金融体系、基础设施、人力资本、声誉及综合因素五大指标，共计 105 项特征指标。

提质工作计划（2015—2020 年）》①。

9 月 29 日　国家发改委在官网上正式发布《国家发展改革委关于深圳市城市轨道交通第三期建设规划（2011—2020 年）调整方案的批复》（发改基础〔2015〕2147 号）②，原则同意深圳市城市轨道交通三期建设规划调整。

△　日前在杭州召开的第七届全国省级广东商会会长联席会议决定，将成立全国粤商联合会，同时在深圳前海成立粤商总部基地，筹建总部大楼。

9 月 30 日　社科院发布《中国城市发展报告 No.8》，报告显示深圳连续两年健康发展指数位居全国第一。

△　深圳市盐田区政府、深圳检验检疫局、盐田港集装箱码头有限公司三方签署《盐田·国际生态安全示范港创建合作协议》。这标志着全国首个国际生态安全示范港创建工作在深圳盐田正式启动。

10 月 9 日　深圳市反信息诈骗专项办公室隆重举行第一批反信息诈骗专家团队组建会暨反信息诈骗系列电视情景片《生活大爆诈》开机仪式。

10 月 10 日　深圳市外办主办"构建对外开放新格局"专题座谈会。

10 月 11 日　全球规模最大的电子产品采购盛会"环球资源电子展"今日在香港亚洲博览馆揭幕，来自深圳的企业占据了六成展位。

10 月 12 日　2015"科学与中国"院士专家巡讲团暨深圳首届青少年创客教育活动启动。

△　近日，《深圳经济特区质量促进条例（草案）》经深圳市政府常务会议审议通过后，即将提请该市人大常委会审议。深圳由此将成为全国首个为质量立法的城市。

10 月 13 日　第五届全国道德模范座谈会和授奖仪式在北京举行。深圳市推荐的陈如豪、吴清琴夫妇获评第五届"全国道德模范"。

△　《合珉携手、共铸"双创"普惠金融中国梦》论坛暨合拍在线与格莱珉中国战略合作举行发布会，诺贝尔和平奖得主、格莱珉银行创始人穆罕默德·尤努斯，

---

① 《深圳市治水提质工作计划（2015—2020 年）》在分析深圳市治水方面成果和突出问题的基础上，明确了"流域统筹，系统治理"等十条治水策略，提出了"织网行动""净水行动""畅通行动"等十大治水行动，提出要"让碧水和蓝天共同成为深圳亮丽的城市名片"。

② 《国家发展改革委关于深圳市城市轨道交通第三期建设规划（2011~2020 年）调整方案的批复》原则同意深圳市在城市轨道交通三期建设规划（6 号线、7 号线、8 号线、9 号线、11 号线工程）基础上，近期新增建设 2 号线三期、3 号线三期（南延、东延）、4 号线三期、5 号线二期、6 号线二期、9 号线二期工程和 10 号线工程等 8 条线路或延长段，线路总长 85.1 公里，总投资 730.6 亿元（其中资本金占 40%，计 292.24 亿元，由深圳市财政资金解决，其余资金利用国内银行贷款等融资方式解决），建设期为 2015~2020 年。

全国政协原副主席白立忱，深圳市副市长徐安良，市老领导廖军文等出席。

10 月 14 日　第十届中国（深圳）国际物流与交通运输博览会在深圳会展中心开幕。本届物博会以"智物流、兴产业、畅交通、优生活"为主题，吸引了全球 41 个国家和地区的 1510 家企业及机构参展。

△　第九届泛太平洋海运亚洲大会在深圳洲际酒店举行，共有 30 多个国家和地区的货主、贸易、航运、物流、供应链等企业高管共 600 余人参加了本届大会。

△　深圳港与印尼国家港口集团、非洲吉布提港在马哥孛罗好日子酒店举行友好港签约仪式。深圳市交通运输委员会主任熊国伟、印尼国家港口集团总裁理查德·约斯特·利诺、非洲吉布提港务局总裁萨德·奥玛·盖莱分别代表该国港口方签订友好关系。至此，深圳港建立的友好港增加到 17 个。

△　深圳市学前教育协会宣告成立。作为深圳市教育局唯一认可的幼教行业第三方组织，学前教育协会会聚了全市 160 多个会员，将在规范幼儿园办学行为、服务幼儿园发展、增进举办者和政府部门的沟通联系等方面发挥积极作用。

△　第五届公交都市发展论坛今日在深圳麒麟山庄举办，会上发布消息，深圳拟构建三级公交专用网，其中包括总长达 500 车道公里的"二横七纵"路中式快速公交走廊。

10 月 15 日　民航局局长李家祥到深圳前海自贸区，就航空经济在深圳特区经济社会发展中的作用开展专题调研。广东省委副书记、深圳市委书记马兴瑞陪同调研。

△　在广东省委副书记、深圳市委书记马兴瑞，深圳市市长许勤等领导的见证下，深圳湾滨海休闲带西段正式开工建设。

△　第十届深圳国际物流与交通运输博览会主题论坛之一——第二届中国低成本航空高峰会议今日开幕。

△　深圳保监局与深圳银监局联合向保险公司、商业银行下发了《关于加强银保业务销售行为管理的通知》。通知规定，明年 1 月 1 日开始，凡在深圳银行购买万能、分红等人身保险新型产品时，销售环节必须进行录音，实现有据可查，从源头预防销售误导，更进一步保护保险消费者利益。

10 月 16 日　全国政协经济委副主任侯建民率全国政协调研组一行，来深就"大力发展中小银行"展开专题调研。

10 月 18 日　质检总局副局长、党组副书记梅克保到深圳进行智慧口岸建设专题调研，深入罗湖口岸和文锦渡口岸考察，并听取了深圳检验检疫局工作情况汇报。

10 月 19 日　"全国大众创业万众创新活动周"深圳分会场创新创业论坛在深

圳五洲宾馆举行。作为全国七个分会场之一，深圳分会场将围绕"创业创新——汇聚发展新动能"的主题，集中展示深圳、香港、东莞、惠州、江门、河源、汕尾等地的创新、创业、创客活动成果，组织举办系列活动。

△ 全国首个众创空间知识产权服务标准指引性文件《众创空间知识产权服务标准指引（2015 版）》于今日正式发布。该指引由深圳市国新南方知识产权研究院会同全国 22 家知名众创空间、机构共同研究制定。

△ 深圳人才园今日正式投入使用，"一站式"提供就业服务、社保业务等公共服务事项。

10 月 20 日 清华—伯克利深圳学院揭牌仪式在深圳市南山区智园举行。这是清华—伯克利深圳学院（简称 TBSI）宣布成立后首次正式亮相，意味着中美在顶尖高等教育领域的合作上迈出了重要一步。

△ 深圳—双鸭山合作项目签约仪式在深圳市隆重举行。深圳市与双鸭山签署了农产品粮食仓储、稻米加工、农副产品贸易合作、互派优秀干部挂职锻炼以及文化、教育交流合作等 11 项项目。

10 月 22 日 深圳海关在前海自贸区举行"企业协调员制度"和"十、百、千、万"家企业扶持计划启动仪式。首批 26 家电商物流企业被纳入该扶持计划，成为深圳海关"协调员企业"，这些被选定的高级信用标准进出口企业，可享受海关专人联系和在全国范围内跨关区协调解决疑难问题的 VIP 服务。

△ "第四届安卓全球开发者大会暨 2015 全球移动互联网高层论坛"在深圳开幕，超过 6000 位开发者和创业者与众多优秀移动互联网产品同时登场。

△ 世邦魏理仕日前发布《中国绿色建筑新纪元》白皮书，深圳以人均绿色建筑面积 1.31 平方米名列全国第一。

10 月 22～23 日 司法部副部长郝赤勇、司法部基层司司长梁刚一行，在省司法厅厅长杨江华、市司法局局长蒋溪林等的陪同下，调研深圳市基层司法行政工作。

10 月 23 日 深圳市第十一届全民终身学习活动周开幕式在深圳少年宫广场开幕。

△ 由深圳美术馆主办的"第七届深圳美术馆论坛"在深圳市东湖宾馆举行。来自艺术理论界、艺术创作界、美术馆、艺术院校、艺术媒体等领域的专家齐聚一堂，通过嘉宾主题发言结合深入讨论的形式展开对"中国当代艺术的本土性"的探讨。

10 月 26 日 中国（广东）自贸区深圳前海蛇口片区改革创新成果发布会消息，深圳检验检疫局 9 项投资贸易便利化及粤港深度合作领域措施，被正式列入前海蛇口自贸区形成的 73 项改革创新成果。

10 月 27 日 总部位于深圳的华大基因今日宣布，合成基因组学研究的标志性国际合作项目"酿酒酵母基因组合成计划（Sc2.0 project）"取得了重大阶段性进展，进一步证明了人工合成生命体系的可行性。

10 月 28 日 深圳市市长许勤会见了德国汉诺威市市长史蒂芬·索斯托克率领的代表团一行，并签署了两市友好交流合作备忘录，深圳与会展旅游名城汉诺威市正式结为友好交流城市。至此，深圳的国际友好城市和友好交流城市总数增至 72 个。

10 月 29 日 深圳、东莞、惠州、汕尾、河源五市文化行政部门在东莞召开联席会议，签署了"2016 年深莞惠 + 汕尾、河源文化合作框架协议"①。

△ 深圳光启对外发布了"光子未来城市产品及解决方案"，通过智能光子技术与互联网结合，用一束光解决了身份识别、门禁开门和消费支付等诸多问题。

10 月 30 日 中国首个山地电影节在南山文体中心开幕。此次山地电影节与英国肯道尔市合作，首次在国内开展优秀山地电影作品评选，优秀作品可直通肯道尔国际山地电影节，助推中国山地电影大发展。

11 月 1 日 "2015 华润置地·深圳南山半程马拉松赛"在深圳湾体育中心开幕，1.5 万人参加了此次比赛。

11 月 2 日 由教育部人文社会科学重点研究基地——深圳大学中国经济特区研究中心创立的"世界经济特区发展论坛"2015 年年会在黑龙江省虎林市举行。此次论坛围绕"一带一路"与区域共同繁荣围绕"一带一路"倡议下中蒙俄合作、中蒙俄经济走廊与黑龙江陆海丝绸之路经济带建设、"二十一世纪新丝绸之路"战略下国际合作的机遇与挑战、"二十一世纪新丝绸之路"战略下的边境经济区和经济特区建设等重大问题展开研讨。

△ 国内著名民营企业红豆集团的核心子公司红豆股份与深圳清华大学研究院签署了战略合作框架协议，正式建立长期全面战略合作伙伴关系，通过以金融促科技、以科技促产业的合作共识，开展深度多元化战略合作。

11 月 3 日 中山大学与深圳市政府签署共建世界一流大学战略合作协议，市校

---

① 2016 年深莞惠 + 汕尾、河源文化合作框架协议主要内容包括五项。一是加强五市公共文化服务合作。开展五市文化志愿流动大舞台巡回展演，加强文化交流，建立文献资源共享平台，组织艺术名家交流、采风和创作，开展岭南题材美术作品联展。二是加强五市广电领域合作。推动新闻媒体互动，协调召开相关媒体协调会。三是加强五市文化市场执法联动。健全执法信息交流机制，将深、莞、惠三市动态信息共享机制、跨区域案件信息交流机制、培训交流机制延伸至汕尾、河源地区。四是加强五市文化交流学习。五是加强五市优秀文化企业交流互访。

双方将按照世界一流大学标准在深圳新建校区，共同推动中山大学建设世界一流大学，深圳市建设现代化、国际化创新型城市战略目标的实现。

11月4日　深圳市市长许勤会见了加拿大蒙特利尔市市长德尼·柯德尔率领的代表团一行，共同签署了两市友好交流合作备忘录并致辞。深圳与北美名城蒙特利尔正式缔结为友好交流城市。至此，深圳的国际友好城市和友好交流城市总数增至73个。

△　深圳地铁集团与东莞实业集团签订《深莞轨道交通建设战略合作框架协议》，明确将成立深化合作工作领导小组，全面启动两市轨道交通线路对接方案、对接项目立项审批以及东莞新线投融资模式研究工作。

△　深圳市首个石墨烯应用技术研究院、石墨烯协会揭牌成立，一批研发应用重点项目签约。市长许勤会见了国家科技体制改革研究会会长张景安等参加活动的嘉宾、专家代表。

△　由深圳读书月组委会、中国新闻出版传媒集团、中国全民阅读媒体联盟共同主办的第十六届深圳读书月分享会暨"书香中国万里行·深圳站"启动仪式在深圳中心书城举行。

11月5日　深圳市市长许勤主持召开市政府六届十四次常务会，会议审议并原则通过了《中国制造2025深圳行动计划》。

△　第九届中国（深圳）国际金融博览会在深圳会展中心开幕，千余种理财产品、300多家机构、30余场各种专业论坛及对接会集中亮相。

△　由清华大学深圳研究生院陈道毅教授研发的深海观测设备研制成功，弥补了深圳先进装备制造在深海观测仪这一领域的空白。

△　中国科学院深圳先进技术研究院发布消息，国家自然科学基金委员会日前正式批准该院主持承担的"国家重大科研仪器设备研制专项"项目[①]——"基于超声辐射力的深部脑刺激与神经调控仪器研制"，项目总投资近亿元。

△　深圳市世贸组织事务中心顾问委员会2015第二次年会暨世贸组织事务工作联席会议在深圳银湖会议中心召开。

△　由中国纺织工业联合会外事办主办的"第五届中日韩纤维产业合作会议"在深圳召开。

11月6日　由深圳市银行业协会与深圳市小额贷款行业协会联合举办的第五届

[①] "国家重大科研仪器设备研制专项"项目是2015年度国家自然科学基金委在经过多轮严格遴选后最终资助的5个国家重大科学仪器项目之一，也是广东省和深圳市首次承担的"国家重大科研仪器设备研制专项"（部委推荐类）重大项目。

银贷工作会议在深圳会展中心召开。当日，深圳市银行业协会及小额贷款行业协会负责人共同签订"银贷深化合作协议"，深圳小贷行业将与银行业加强合作共赢，共同服务深圳战略转型。

△ 深圳（北科）区域细胞制备中心与深圳市第二人民医院、罗湖医院集团、深圳市妇幼保健院、福田区人民医院、龙华新区中心医院、龙岗区中医院、宝安区妇幼保健院等 11 家深圳市属及区级医疗机构联合签署合作协议，共同构建个体化细胞治疗"创新链＋产业链"临床转化网络。

△ "国际标准化组织（ISO）水回用技术委员会（TC282）第三次全体会议"在清华大学环境学院圆满落幕。由深圳海川倡议和发起的三项国际标准提案被正式立项，成为我国水回用领域首次获得立项的 ISO 标准提案。

11 月 6~8 日 由深圳市人民政府主办的第三届深圳国际工业设计大展在深圳会展中心上演。本届大展汇聚了全球 35 个国家和地区智能硬件、可穿戴设备、机器人、无人机、智能交通、开源创客、智慧生活、众筹平台、加速器、孵化器等领域的前沿设计精品。

11 月 7 日 2015 中国（深圳）国际金融博览会首届金融管理论坛在会展中心举行。

△ "策展与机制——中国美术家协会策展委员会首届策展年会论坛"在深圳市关山月美术馆举办，这是中国美术家协会策展委员会成立以来组织与策划的首届年会论坛，论坛围绕策展的机制与文化语境展开为期一天的研讨。

△ "第十一届全国打工文学论坛暨深圳（宝安）劳动者文学全国名家推介会"今日在深圳书城宝安城举行。同时"深圳劳动者文学（宝安）创作孵化中心"正式启动。

11 月 9 日 2016 年"突破奖"颁奖仪式在美国加州圣何塞举行。中国科学家王贻芳作为大亚湾中微子项目的首席科学家获得"基础物理学突破奖"，这也是中国科学家首次获得该奖项。

11 月 11 日 深圳——河源汕尾对口帮扶工作 2015 年联席会议在深圳举行。

△ 机场口岸自今日零时起正式实施 24 小时通关，机场双跑道运行同步由"一起一降"模式优化至"两起一降"，为深圳机场国际航线拓展和深圳扩大开放、现代化国际化创新型城市建设助力。

11 月 12 日 我国首家由中美慈善家创建的国际性公益学院——深圳国际公益学院，在北京钓鱼台国宾馆揭牌成立。

11 月 13 日 深圳港与马来西亚巴生港在深签订友好港协议。深圳港的国际友好港增加到 18 个。

11 月 14 日　深圳特区成立 35 周年艺术大展暨第一届深圳当代艺术双年展在深圳大学美术馆开幕。

11 月 15 日　深圳虚拟大学园 2015 年第 17 届联席会议在深圳举行。国内外 49 所知名高校的负责人齐聚深圳，共同探讨如何在新形势下有效整合高校科研资源，为大学人才培养、科学研究、社会服务、文化传承探索新路，实现新常态下的市校共赢。

11 月 16 日　以"创新创业跨界融合"为主题的第十七届中国国际高新技术成果交易会在深圳开幕。

　△　由深圳市人民政府、商务部投资促进事务局联合举办的走出去服务中国行暨"一带一路"智慧城市高峰论坛在深圳会展中心举行。

　△　由深圳市规划设计研究院连同特发集团、腾讯、华为等 7 大机构联合发起的首个城市公共产品创新创业孵化平台"城市梦工场种子计划"今日正式发布，并向全市征集聚焦城市公共产品和公共服务的创新项目和创业团队。

　△　《深圳市人才认定标准（2015）》① 今日起实施。

11 月 17 日　由国际著名期刊《自然·遗传学》杂志、中国农业科学院、中国科学院、福建农业大学主办，中国农科院深圳农业基因组研究所、大鹏新区管委会及深圳市中农京跃生物技术有限公司共同承办的第二届国际农业基因组学大会在大鹏新区开幕。

　△　2015 亚太智慧城市发展高峰论坛今日在会展中心开幕。会上评选出亚太领军智慧城市奖项，包括深圳在内的 20 个城市最终摘得殊荣。

　△　深圳国际友好城市圆桌会议在深举行，市长许勤与前来参加高交会的 14 个友城代表团一起畅叙友情，共商合作发展大计。

　△　第十七届高交会光明新区系列科技签约仪式在深圳会展中心玫瑰 2 厅举行，深圳市副市长陈彪出席签约活动。光明新区分别与香港生产力促进局、德国史太白技术转移有限公司签订战略合作协议，并举办芬兰巧思开信息系统有限公司进驻中国市场宣讲会。

11 月 18 日　美国硅谷、深圳和江门三地在深圳共同举办了创业创新论坛。

---

① 新标准包括：增加用人主体评价作为人才认定的前置条件；新增创新创业人才的认定标准，引入风险投资机构的筛选机制认定人才；新增团队人才认定标准；新增国防、军队科技人才认定标准；加大对金融人才的支持，增加社会风险投资机构内金融人才的认定标准，并将认定标准扩展到基金、信托、金融租赁等范围；增加了 9 款医疗类人才认定标准，更注重对临床一线应用型人才的认定。

11 月 19 日 主题为"生物与生命健康产业投资发展新机遇"的深圳国际生物谷投资推介会在高交会主会场举行，华大基因、赛百诺等 12 家生物、生命健康产业著名企业签订了落户意向协议书。

11 月 20 日 "产业同城合作共赢"东莞市莞深产业合作促进会举行成立大会，标志着莞深企业合作掀开了新的一页。

△ Q 房网集团宣布与阿联酋迪拜最大的私人豪宅开发商达马克地产公司（DAMAC Properties）正式签署战略合作协议，正式宣布启动海外房产业务。这也是深圳地产中介首次走向海外市场。

△ 中华房地产投资开发商会（CREDIA）首届投资人会议在深圳举行，国内顶尖房地产开发商、服务商以及相关创新企业、券商相关领军人物 400 余人参会。

△ 诺奖得主罗伯特·格拉布斯受聘为南科大化学系学术顾问委员会主席，深圳拟建设一个"格拉布斯研究院"，推动深圳化学产业的基础研究和产业化。

△ 第二届国际生命科学健康产业高峰论坛在深圳大学国际会议厅举行。包括 2006 年诺贝尔生理及医学奖得主 Craig Mello 在内，300 多位生命健康产业领域的国内外顶尖学者和知名企业代表出席。

11 月 22 日 第二届联合国教科文组织创意城市网络深圳创意设计新锐奖，今日在深圳市蛇口工业区举行了全球终审结果发布仪式。

11 月 23 日 全国物业服务标准化技术委员会在深圳成立，标志着我国物业服务业标准相关工作步入规范有序的发展正轨，有利于全面提升物业服务行业的服务水准，有利于我国物业服务业标准与国际接轨，对我国物业服务业的发展和繁荣有着十分重要的意义。

11 月 25 日 "金鹏改革创新奖"颁奖典礼日前在深圳市举行，由深圳市市场和质量监督管理委员会申报的"率先以商事登记制度改革推进政府简政放权"项目脱颖而出，荣膺"金鹏改革创新奖政府奖金奖"。

△ 亚洲最大的地下火车站——广深港高铁深圳福田站今日开始试运行。

11 月 27 日 中国科学院深圳先进技术研究院日前发布消息，该院喻学锋研究员课题组与深圳大学张晗教授合作，由课题组成员郭志男等成功建立了一种针对新型二维材料黑磷的液相制备新方法，并揭示了黑磷独特的层数依赖拉曼特性和光学非线性。

11 月 28 日 深圳机场与阿里巴巴旗下蚂蚁金服集团以及腾讯公司分别签署战略合作框架协议。深圳机场将通过"互联网＋"为航空旅客提供全链条的场景服务，在行业内打造"互联网＋最具体验式机场"的新标杆。

△ 依托深圳光启高等理工研究院建设的超材料电磁调制技术国家重点实验室成功通过验收。这是我国第一个超材料技术国家重点实验室，也是全国177家依托企业建设的国家重点实验室之一。

11月30日 深圳全国首创"举荐制"① 选拔青年创新创业人才，为有发展潜能的优秀青年人才开辟认定通道，马蔚华、王石、徐扬生等20名企业家和学者被评为首批举荐委员。

△ 在国家能源局、国资委、深圳市市政府等官员见证下，深圳前海蛇口自贸区供电有限公司成立。蛇口供电公司将共同开发前海蛇口自贸区28.2平方公里的配售电业务。

△ 深圳市交通运输委与深圳龙大高速公路有限公司签订了《龙大高速公路调整收费经济补偿及资产移交协议》，与深圳高速公路股份有限公司签订了《南光、盐排、盐坝高速公路调整收费经济补偿及资产移交协议》。根据协议，龙大高速深圳段以及南光、盐排、盐坝高速公路将于2016年2月7日零时起免费通行。

12月2日 质检总局宣布在深圳福田保税区正式设立全国首个"国家高新技术产品入境检测维修示范区"，质检总局副局长孙大伟为示范区授牌，深圳市市长许勤接牌，副市长陈彪主持会议。

△ 由全国反侵权假冒创新战略联盟主办，广东省律师协会知识产权委员会、深圳市知识产权联合会及深圳市版权协会协办的全国反侵权假冒创新高峰论坛在深圳市举办。以"互联网＋知识产权保护"模式提供一站式打假维权服务的安盾网在论坛上正式发布上线。

12月3日 2015国际空间设计大奖——Idea-Tops艾特奖获奖榜单在龙岗区中海凯骊酒店揭晓。深圳设计师朱志康的作品《成都方所书店》获得2015艾特奖最佳商业空间设计大奖。

△ 茅洲河全流域水环境综合整治工作领导小组今日成立，并在深圳举行第一次会议，宣告深莞两市共同打响全面整治茅洲河全流域水环境攻坚战。

△ 由中期协与深圳市人民政府共同主办的第11届中国（深圳）国际期货大会今日开幕。

12月3~4日 国家统计局党组书记、局长王保安一行到深圳，就新兴产业、新型业态、新商业模式（"三新"）统计工作进行专题调研。

---

① 根据新发布的《深圳青年创新创业选拔支持实施方案》，深圳市政府从相关领域遴选和聘任举荐委员，举荐委员凭借其在相关领域的成功经验和识人用人的卓越能力，以"举荐制"的方式为深圳市发现和推荐有潜质的青年创新创业人才。

12 月 4 日　近日，中国科学院深圳先进技术研究院粟武研究员课题组成员房丽晶博士指导博士研究生姚贵阳及研究助理潘正银等，成功地实现了具有高效抗肿瘤活性的海洋天然产物 CoibamideA① 的全合成与结构修正。

　△　由诺贝尔奖获得者、中外院士、海外著名大学终身教授等 15 人组成的专攻癌症新疗法之一的"人工改造细菌治疗癌症新技术的研发创新团队"今日在中国科学院深圳先进技术研究院正式启动。

12 月 5 日　首届"深圳管理创新对话论坛"今日在深圳大学举办，论坛上发布了 2015 中国城市创意指数（CCCI2015），结果显示上海、北京、深圳、广州、杭州名列五强，而深圳指数增幅位居第一。

12 月 6 日　由深圳光启高等理工研究院研发的全球首款商业化、实用化个人立式飞行器在深圳欢乐海岸首次公开载人飞行。

12 月 7 日　中国工程院公布了 2015 年当选院士名单，深圳市建筑设计研究总院有限公司总建筑师孟建民当选中国工程院土木、水利与建筑工程学部院士，成为深圳第二位本土院士。

　△　深圳前海首个港货中心——"周大福全球商品购物中心"今日开始试营业，周大福、莎莎化妆品、美心、万海丰、余仁生等 20 家香港本土零售商进驻。

　△　深圳前海管理局与迪拜经济委员会签署合作备忘录、与中粮集团签署合作共建前海中粮集团亚太总部框架协议、与深圳华强集团签署合作共建前海华强集团海外总部的框架协议、前海金融控股公司与东亚银行签订合资证券公司合资合同等在内的多个重大项目在前海举行签约仪式。

12 月 10 日　由深圳光启高等理工研究院领衔，检测监管机构、十余家科研院所及相关产业的企业共同起草的超材料领域的国家标准《电磁超材料术语》日前正式发布，将于 2016 年 10 月 1 日起实施。

　△　深圳海关近日组织开展代号为"正义 16"的大规模查缉行动，共出动缉私人员 230 余人，分成 32 个行动组，在深圳市内 29 个行动点同步抓捕目标人物和查缉目标私货商铺仓库，共打掉走私团伙 5 个，抓获犯罪嫌疑人 24 名，涉案案值 1.5亿元，查扣涉嫌走私的美容针剂两万余盒（支），一举摧毁一个走私玻尿酸、美白针等高档美容针剂的犯罪网络。该美容产品走私大案是目前全国海关缉私部门查获

---

①　Coibamide A 是 2008 年俄勒冈州立大学的 Mc Phail 研究组从巴拿马海洋蓝藻 Leptolyngbya sp. 中分离得到的一种高度 N－甲基化的环酯肽。该化合物对肺癌、乳腺癌、中枢神经癌等多种癌细胞具有 nM 水平的抑制活性及较好的选择性。与现有的抗癌药物不同，Coibamide A 能够通过一种新的机制抑制癌细胞的增殖，是一种具有良好前景的抗癌药物先导化合物，因此，对它的合成研究具有重要的意义。

案值最大的走私美容针剂案件。

12月11日　由中国（深圳）国际文化产业博览交易会组委会办公室、中国工艺美术学会主办，深圳报业集团、深圳国际文化产业博览交易会有限公司、深圳市工艺美术行业协会承办的第十一届文博会冬季工艺美术精品展在深圳会展中心开幕，首届中国（深圳）文化科技周也同期举行。

△　第十届中国工业设计周暨第九届中国（深圳）国际工业设计周在深圳欢乐海岸创展中心开幕。深圳工业设计精品展、深圳礼物展、交互设计展、2015中国工业设计十佳获奖发布会等活动同时亮相。

12月12日　"2015年度中国政府创新最佳实践奖"今日在北京揭晓，深圳市盐田区人民政府的城市生态系统生产总值核算体系及运用被授予"中国政府创新最佳实践奖"。

△　由教育部、国家新闻出版广电总局担任指导单立，中国电影基金会和深圳市教育局共同主办，深圳市教育科学研究院承办的全国中、小学影视教育深圳实验区"青少年校园电影教育发展计划"活动在深圳举行。

12月14日　深圳市市长许勤主持召开市政府六届十九次常务会议。会议审议并原则通过了关于出站留（来）深博士后科研资助的相关政策，确定将出站留（来）深博士后科研资助标准从10万元上调为30万元。

△　中国电子科技集团与华为技术有限公司在深圳签署战略合作协议。省委副书记、市委书记马兴瑞，市长许勤，中国电科董事长熊群力、总经理樊友山，华为公司党委书记周代琪等出席签约仪式并座谈。

△　《法治政府评估报告2015》和《法治政府蓝皮书》发布会暨法治政府高峰论坛今日在北京举行，深圳在100个内地城市法治政府评分中，排名第一。

△　深圳市规划和国土资源委员会今日正式公布《2015年深圳市城市更新单元计划第四批计划》。计划拟拆除重建用地总面积约130.45万平方米，共涉及12个城市更新单元，其中南山区、龙华新区、坪山新区各3个，福田区2个，宝安区1个。

△　深圳市人民政府与微软（中国）有限公司签署了战略合作备忘录，在"互联网＋"、云计算、大数据、物联网等信息技术领域开展研发与应用，并在软硬件一体生态系统建设，支持创新企业孵化、人才培养、智慧城市建设等多个领域开展广泛合作。

△　中国智慧制造高峰论坛在深圳市软件产业基地召开。同时，总部设在深圳的中国智慧制造产业联盟宣布正式成立。

12月15日　联合国教科文组织与深圳至正艺术博物馆在深圳签署了战略合作

框架协议，以此加强和推进世界博物馆业的国际合作。深圳市委常委、宣传部部长李小甘，副市长吴以环与中国联合国教科文组织全国委员会秘书长杜越等一同见证了签约仪式。

　　△　国家知识产权局与世界知识产权组织在北京召开第十七届中国专利奖颁奖大会。深圳共有 4 项深圳专利上榜中国专利金奖，占全国发明、实用新型专利金奖奖项（共 20 项）的 20%。

12 月 16 日　深圳市首宗原农村集体教育设施用地在市土地房产交易中心成功出让，经过 52 家企业 41 轮竞价，最终由深圳市万科兴业房地产开发有限公司以 2.21 亿元竞得。该宗土地的顺利出让是深圳盘活社区存量土地、引入社会资本进民生领域的又一次先行先试。

12 月 17 日　第一太平戴维斯携手国际建筑业主与管理者协会（BOMA）在前海深港青年梦工场举办《楼宇外围设备设施维护与管理指南》和《应急预案指南》标准发布暨专业论坛。此次论坛代表着两大国际标准正式登陆华南，将提升华南区内商业地产资产管理运营能力。

12 月 18 日　"发现双创之星"大型主题活动之"众创空间"主题互动在深圳五洲宾馆召开。

12 月 18 日　深圳举办第七届学术年会。年会以"文化创新发展与现代化国际化创新型城市建设"为主旨，举办三类"1＋10"共 11 项活动，包括 1 场主题学术研讨会、4 场学科学术研讨会和 6 场高端学术沙龙。年会还通报了深圳市第七届哲学社会科学优秀成果奖，共有 73 项研究成果获奖。

12 月 19 日　由新华社《财经国家周刊》、新华社瞭望智库主办的"2015 中国制造业创新论坛"大会在龙岗区举行。

12 月 20 日　深圳光明新区渣土受纳场发生重大滑坡事故，造成 33 栋建筑物被掩埋，7 人死亡，75 人失联，90 家企业、4630 名人员受到影响。

　　△　"回顾与前瞻：深圳文学发展座谈会"今日在深圳市文联举行。来自北京等地的专家学者，与深圳本土作家、诗人和评论家共聚一堂，系统研究深圳文学 35 年来的成就和经验，总结不足和缺陷，共谋未来深圳文学发展的大计。

12 月 21 日　深圳市首次保护地下管线联席会议召开。会议由市经贸信息委、市护电办、市公安局"三电办"联合发起，市规土委、市交委、市建筑工务署、市水务局、市轨道办、深圳供电局、地铁集团、燃气集团、水务集团等 14 家地下管线管理、运营、建设等相关单位参加。会议的召开标志着深圳市局级单位层面地下管线互保机制正式建立。

△　《国家发展改革委关于广东省深圳至中山跨江通道可行性研究报告的批复》（发改基础〔2015〕3007号）今日正式发布。该批复同意建设广东省深圳至中山跨江通道。

12月22日　深圳市2015年投资推广重大项目签约大会今日在五洲宾馆华夏厅成功举办。来自金融、生命健康、互联网等多个重点产业领域的44个项目宣布落户深圳，16个重点产业园区被授牌成为深圳市投资推广国际化园区，7条全球创新创业直通车"亮相"，深圳市国际投资推广联合会亦在会上宣告成立。

△　深圳市举办2015年投资推广重大项目签约大会，来自金融、互联网、生命健康等领域的44个项目签约落户、16个重点产业园区被授牌成为深圳市投资推广国家化园区。

12月23日　国务院深圳光明新区"12·20"滑坡灾害调查组在深圳成立。国土资源部部长姜大明任组长，成员包括公安部、监察部、环保部、住建部、安监总局、全国总工会、广东省和深圳市人民政府有关负责人。

12月24日　中国铁建纪委书记李春德应邀到深圳，与深圳地铁集团党委副书记、纪委书记李笑竹代表双方签署了"共建联控"①协议。

△　"海上深圳——海洋文化与滨海城市空间开发高峰论坛"今日在深圳举行。

△　《深圳经济特区全民阅读促进条例》今日获深圳市第六届人大常委会第四次会议表决通过，将于2016年4月1日正式施行。该条例是国内阅读推广领域第一部运用特区立法权制定的法规，将深圳市传统阅读活动"深圳读书月"法定化。

12月27日　深圳机场年货邮吞吐量历史性地突破了100万吨，标志着深圳机场已正式跨入货邮百万吨级机场行列。

12月29日　深圳6条地铁新线今日同时开工，包括8号线一期，2号线东延线、地铁10号线，以及3号线、5号线、9号线延长线工程。6条新建轨道交通线路总投资610亿元，全长约66公里，共51座车站。

△　由深商总会、深圳市商业联合会主办，前海广产控股联合主办的首届中国深商大会在深圳保利剧院举行。

---

① "共建联控"专项工作，即"党建共建、联防联控"，是由深圳地铁集团发起，地铁沿线各区政府、街道办以及施工、监理、设计等工程参建单位共同参与，以"三方共管、三级协作"党建模式和"不想违、不能违、不敢违"廉洁工作体系为基础的全新工作模式。

2016 年

1月1日　由深圳宝安检验检疫局与宝安企业合作制定的深圳地方标准《电子烟雾化液产品通用技术要求》今日正式发布实施。该地方标准为全球首个经官方认可、颁发的电子烟雾化液技术标准。

△　深圳首条直飞东京成田机场航线今日成功开通。该航线的开通是深航继深圳 – 大阪航线开通后，开通日本的第二条直飞航线。

△　《深圳市标准自我声明公开管理暂行办法》《深圳市团体标准管理暂行办法》今日正式实施。深圳市搭建深圳标准自我声明和公开信息平台，推动企业和团体主动公开标准信息。1月1日起，企业产品和服务标准自我声明公开全部在深圳市标准信息平台网上办理，不再受办公时间和地点的约束。

△　即日起，深圳市暂停新增互联网金融企业名称及经营范围的商事登记注册，其中名称行业用语为"互联网金融服务"的不再核准，经营范围表述为"依托互联网等技术手段，提供金融中介服务"等也不再核准。

1月5日　国家级食品安全检测机构、深圳海吉星农产品检测科技中心（F.Q.T）进驻罗芳水产市场，为深圳最大水产品市场筑牢食品安全防线，今后罗芳水产市场的检测量将从每天 25 批次提高到每天 50 批次。

1月6日　中国社会科学院法学研究所、深圳市律师协会联合在北京举办新闻发布会，发布"国家智库报告"——《基本解决执行难评估报告——以深圳市中级人民法院为样本》。这是全国首次由法院邀请第三方对执行工作进行评估。

△　深圳市交委统计快报显示，2015 年深圳港集装箱吞吐量达到 2421 万标箱，其中重箱吞吐量 1606 万标箱，占全港吞吐量比例超过 66%。深圳港集装箱吞吐量

连续第 3 年位居全球第三。

1月8日 国家科学技术奖励大会今日在北京举行，包括华为、华大基因、普门科技等在内的 14 家深圳企业与机构为深圳捧回了 13 个奖杯。其中深圳普门科技有限公司参与申报的项目更是为我国医疗器械行业赢得了首个国家科学技术进步奖一等奖殊荣。

△ 深圳与香港基金互认服务平台在深圳证券交易所正式启动。来自两地证监会、香港金融管理局、深圳市政府、深圳证券交易所、中国证券登记结算公司以及两地基金公司的 100 多位嘉宾出席会议。

△ 由全国兰科植物种质资源保护中心、深圳市兰科植物保护研究中心刘仲健教授领导的国际科研团队成功绘制出药用兰科植物铁皮石斛高质量全基因组基因图谱，在药用开发研究方面取得重大突破。

△ 深圳市地税局的微信缴税功能即日起全面上线，微信支付覆盖地税缴纳的所有税种。这也标志着深圳地税微信缴税从之前的车船税单一税种转变为全税种覆盖。

1月8~9日 为期两天的 2016 深圳海洋发展论坛在蛇口举办。此次论坛以"建设 21 世纪海上丝绸之路与海洋合作发展"为主题，发出成立中国海洋发展联盟的"深圳倡议"。

1月9日 民革深圳市委会六届三次市委（扩大）会议今日召开。会议总结 2015 年工作，部署 2016 年工作，并对参政议政工作成绩突出的党员和集体进行了表彰。

1月10日 主题为"网聚新金融，创富新未来"的 2016 胡润新金融 50 强榜在深圳公布，9 家深企榜上有名。

△ 2016 年 CES 展于 1 月 6~9 日在美国拉斯维加斯举办，深圳企业柔宇在会展上全球首发弧形柔性汽车中控台，被路透社评选为"CES2016 最佳"。

1月11日 深圳市委六届二次全会今日闭幕，审议通过了《中共深圳市委关于制定国民经济和社会发展第十三个五年规划的建议》。建议提出，坚持"四个全面"战略布局，牢固树立创新、协调、绿色、开放、共享五大发展理念，以提高发展质量和效益为中心，加快形成引领经济发展新常态的体制机制和发展方式。

1月12日 广东省委书记胡春华第四次赶赴深圳光明新区渣土受纳场"12·20"特别重大滑坡事故现场，检查指导抢险救援处置工作，慰问仍然奋战在救援一线的抢险救援人员，并召开事故救援处置工作会议。

△ 2015 年深圳市坪山新区创新创业表彰总结会在新区举行。会上，为获得

2013~2014 年度坪山新区科学技术奖的单位和个人、获得"2015 年度坪山新区创新创业优秀企业"称号的企业颁奖。其中，科学技术奖励共 12 个项目，奖励金额共计 562.62 万元；创新创业专项资金资助项目共 210 个，资助金额合计 3197.64 万元。

1 月 14 日 深圳保宏电子商务综合服务有限公司与中国工商银行前海分行签署独家战略合作协议，共同推行全球首创、崭新的跨境 B2B 线上结算系统，并宣布旗下的前海国际线上交易平台信诺网（sinob2b.com）与极宝网（comb2b.com）正式上线，这意味着深圳进出口企业对外贸易结算将绕过各种中间环节，更为直接和便利。

1 月 15 日 深圳市近日印发《中国制造 2025》深圳行动计划，公布首批 30 个重点项目，行动计划提出聚焦数字化网络设备、新型显示、集成电路、新型元器件与零部件、机器人、精密制造装备、新型材料、新能源汽车、航空航天、海洋工程装备及基因工程装备 11 个战略重点。

△ 创新教育大会·深圳峰会今日开幕，来自美国和中国 23 个省区市的约 400 名校长、教师、专家和企业家们齐聚深圳共论创新人才培养。

△ 经过两年时间建设的深圳盐田综合保税区（一期）今日顺利通过国家验收。

1 月 16 日 由红树林基金会和世界自然基金会发起的"深港滨海湿地保育论坛"在雅昌艺术中心开幕，来自深港两地的政府部门、湿地管理者、科研专家学者、环保团体及企业家等约 120 人与会。

1 月 18 日 深圳市市长许勤和天津大学校长李家俊、美国佐治亚理工学院院长巴德·彼得森共同签署备忘录，三方将在深圳共建中外合作办学机构，暂定名为"天津大学–佐治亚理工深圳学院"。

△ 由最高检、广东省人民检察院和深圳市、区两级人民检察院 60 余名干警组成的检察调查专案组对深圳光明新区"12·20"特别重大滑坡事故所涉 12 名渎职犯罪嫌疑人立案侦查。

△ 深圳前海蛇口自贸片区管委会与深圳市市场和质量监管委签订《共同推进中国（广东）自由贸易试验区深圳前海蛇口片区建设发展合作备忘录》。

1 月 20 日 香港中文大学（深圳）机器人与智能制造研究院在龙岗区软件小镇揭牌，省委副书记、市委书记马兴瑞，市长许勤、常务副市长张虎，国家自然科学基金委员会副主任高文院士，港中大（深圳）校长徐扬生院士等参与揭牌仪式。

△ 民政部近日发布《关于表彰全国先进社会组织的决定》，深圳市关爱行动

公益基金会和深圳工业总会分别获评"全国先进社会组织"。

1月21日 深圳市宣传文化思想工作会议今日召开，会上正式印发《深圳文化创新发展2020（实施方案）》，深圳文化创新发展2020工作全面实施。

1月22日 中国软件园区"双创"发展论坛今日在深圳软件园举办。聚焦"引领创新、服务创业"这一主题，与会专家学者共同探讨和制定了软件园区未来发展的新思路、新目标。

△ 深圳召开全市治水提质攻坚战动员大会，明确未来5年治水目标，研究部署重点任务。

1月23日 深圳市水务局和中国科学院学部工作局、中国工程院二局签订合作协议，为全面破解深圳水问题，发展水生态文明，为治水提质理清思路、提供路径，三方将本着"立足长远、合作共赢"的原则，合作开展深圳水战略研究。市长许勤、中科院副院长丁仲礼、工程院副院长徐德龙以及多位两院院士参加签约仪式。

1月26日 深圳狮子会领导才能学院暨讲师团携手香港城市大学商学院、香港城市大学EMBA举办的"2016前瞻：中国经济新形势下的金融价值再造与创新"新年峰会在深圳五洲宾馆举行。

△ 深圳机场与中兴新能源汽车联合宣布建设的首批300个新能源汽车充电设施正式投入运营，这是国内首座规模最大的机场电动汽车智慧充电站，此次投入运营的300个公共充电桩，首次全方位覆盖了无线充电、有线快充和有线慢充等多种方式，每天最大服务能力可达2000车次。

1月27日 由深圳市互联网金融协会主办的"2015互联网金融行业规范化发展研讨会"在深召开。国务院参事室、深圳市金融办、中国人民银行深圳市中心支行、深圳银监局及全国各互联网金融协会代表等齐聚深圳，并发布了全国首部多地联盟的《地方互联网金融协会自律联盟（公约）》。

△ 由深圳市国际投资推广联合会主办，深圳市投资控股有限公司等机构承办的"一带一路"国家倡议与深圳企业海外投资高峰论坛在深圳投资大厦举办。

1月28日 深圳市中级人民法院召开新闻发布会，发布了《深圳法院的司法改革（1982—2015）》白皮书，这是全国法院发布的首个司法改革白皮书。

△ 由深圳市经贸信息委、住房和建设局、通信管理局联合主办，深圳电信承办的"深圳全光网城市示范小区授牌仪式"在深圳数字资源中心举行，对59个光纤用户数超过300户、光纤用户比例超过80%的小区，授予深圳"全光网城市"示范小区牌匾。

1月29日 2016年深圳市全市经济贸易和信息化工作会议今日举行，会上公布数据显示，2015 年深圳实现规模以上工业增加值 6785 亿元，同比增长 7.7%，高于全国增速 1.6 个百分点；货物贸易进出口 4425.5 亿美元，其中出口额连续 23 年居全国大中城市首位。

△ 国家电子招标投标试点经验交流会在深圳市召开，会上发布消息，深圳作为全国首个电子招标投标创新试点城市，电子化交易覆盖面已达 100%，交易金额达 1879.636 亿元。

2 月 4 日 深圳市六届人大二次会议今日闭幕。此次人大会议批准通过了《深圳市国民经济和社会发展第十三个五年规划纲要》，深圳正式开启"十三五"发展新征程。

△ 深圳市经贸信息委发布消息，深圳以海洋电子信息、海洋生物、海洋高端装备等为代表的海洋未来产业快速发展，2015 年产业增加值约为 256.1 亿元，大幅超出海洋经济同期增速，占海洋生产总值的比重达 18.3%。深圳现代海洋产业体系已经初步建立。

2 月 10 日 国务院日前印发《关于同意在天津等 12 个城市设立跨境电子商务综合试验区的批复》，同意在包括深圳市在内的 12 个城市设立跨境电子商务综合试验区。

2 月 14 日 国务院总理李克强今日主持召开国务院常务会议，决定开展服务贸易创新发展试点。广州、深圳、上海、天津等 10 个省市和 5 个国家级新区成为首批试点，将重点探索服务贸易管理体制、发展模式、便利化等 8 个方面的制度建设，有序扩大服务业开放准入。

2 月 15 日 "亚洲最长"的地铁站——深圳地铁 10 号线平湖中心站今日正式进场施工。

2 月 17 日 深圳市卫生计生委宣布，自 2 月 18 日起深圳市财政将补助新生儿遗传代谢病筛查费用。补助之前，新生儿监护人个人需负担 109 元/例，补助以后，新生儿监护人个人只需负担 20%，即 21.8 元/例。

△ 深圳市文联创研部、深圳市文艺评论家协会和深圳市作协等单位近日在深圳大学文学院举办"批评新力量——深圳新锐文学评论实践研讨会"，并围绕"文学评论发展现状与未来""深圳新锐评论家的崛起""如何重振文学评论的批评精神"等议题展开了讨论。

2 月 18 日 深莞惠经济圈（3＋2）党政主要领导联席会议今日举行，深圳与东莞、惠州、汕尾、河源四市签署了三项合作协议，包括《深圳市东莞市惠州市汕尾市河源市共建区域创新体系合作协议》《深圳市东莞市惠州市汕尾市河源市区域社会信用体系建设合作框架协议》《深圳市东莞市惠州市汕尾市海洋经济协调发展战略合作框架协议》。

△　中国铁建党委书记齐晓飞、总裁庄尚标在深圳会见了深圳市地铁集团有限公司董事长林茂德等深圳地铁集团领导，双方就进一步加强交流合作、实现互利共赢达成共识。

△　深圳市经济贸易和信息化工作会议发布消息，深圳市通过持续深化经贸信息化领域改革创新，创建新型智慧城市标杆市工作方案已通过中央网信办专家评审，基本确定成为国内首批国家新型智慧城市标杆市唯一一线试点城市。

2月21日　全国人大常委会副委员长、中国红十字会会长陈竺一行在深调研无偿献血、造血干细胞和人体器官捐献工作。省委副书记、市委书记马兴瑞，市长许勤陪同调研。

2月22日　深圳检验检疫局食品检验检疫技术中心与新西兰科学研究院合作备忘录签约仪式在深圳检验检疫局举行，深圳检验检疫局食检中心主任谢丽琪和新西兰环境科学研究院执行总裁 Keith Mc Lea 分别代表双方在合作备忘录签字并互换文本。深圳检验检疫局副局长赵新柳、新西兰驻广州总领馆总领事 Rebecca Needham 等见证了签字仪式。

△　广东省政府召开全省水利与三防工作电视电话会议。市长许勤在深圳分会场参加会议，第一时间传达贯彻全省会议精神，对做好我市水务与三防工作做出部署。

2月23日　深圳新闻界学习贯彻习近平总书记重要讲话精神座谈会在深圳报业集团举行，全市新闻工作者代表会集一堂，深入学习领会习近平总书记在党的新闻舆论工作座谈会上的重要讲话精神，提出全面贯彻落实的具体措施，推动深圳的新闻舆论工作向前发展。

△　"一带一路"国际智库合作联盟全体会议今日在深圳举行，会上发布消息，2015年深圳对"一带一路"沿线国家累计进出口4510亿元，占同期深圳外贸进出口总值的16.4%。华为、中兴等深圳龙头企业已在"一带一路"沿线的38个国家布局了137个项目，投资额达到420亿美元，主要集中在通讯、医药、能源、机械等领域。

2月24日　"深圳企业与国外智库经济文化交流会"在五洲宾馆举行，中兴通讯、招商国际、海能达、中金岭南、世界之窗等十余家深圳代表性企业参加了此次交流会。

2月25日　深圳市卫生计生委发布《深圳市医师不良执业行为记分管理办法

（试行）》，对在依法执业、医疗质量和医疗安全等方面存在问题的医师，进行不良执业行为记分，累积到一定分值时将依法对医师给予处理，如重新参加培训、暂停处方权，严重的将影响医师定期考核，由卫生行政部门注销注册、收回医师执业证书等。

△ 深圳海关日前发布消息，该关去年查办走私案件 1.5 万多宗，全年开展 18 次大规模打私专项联合行动，捣毁走私团伙 54 个，立案侦办走私犯罪案件 335 宗，排名全国海关第一。

△ 广东省旅游工作会议今日在惠州举行，"深圳文明旅游志愿服务示范工程"荣获"中国旅游业改革发展创新奖"。同时，会上发布消息，深圳市、珠海市、中山市以及江门市的开平市、台山市和惠州市的博罗县、龙门县等 7 个市县日前入选首批"国家全域旅游示范区"创建名单。

△ 深圳检验检疫科学研究院联合中山大学、哈尔滨工业大学、华南农业大学和北京蓝实通公司共同承担的"十二五"国家科技支撑计划课题"供港食品有害物质全程溯源与实时监控关键技术研究及其应用"日前顺利通过专家组验收。

2 月 26 日 同济大学、香港理工大学在深圳签署合作谅解备忘录，将发挥两校专业优势，共同建设同济大学—香港理工大学深圳高等研究院，助力深圳实施创新驱动发展战略，促进深沪港高等教育领域交流与合作。市长许勤出席了备忘录签署仪式，并会见了同济大学校长裴钢、香港理工大学校长唐伟章一行。

△ 由英国路透社、法国电视台、新加坡联合早报、新华社、中国新闻社等 20 多家中外主流媒体组成的采访团今日到访深圳，就深圳经济转型升级有关情况进行采访。

△ 深圳市今日率先启动汽车电子标识应用工作，深圳市交警局将在两个月内为公交车、泥头车、校车等 20 万辆八类重点车辆进行免费安装，这也标志着深圳市重点车辆管理正式进入电子化时代。

2 月 27 日 深圳海关联合南宁、广州海关，开展代号为"国门利剑 2016"暨"使命 01"的打击电子产品走私专项行动，成功摧毁一个走私手机主板、IC 集成电路等电子产品的走私犯罪网络，打掉走私团伙 5 个，涉案案值 43 亿元人民币。

2 月 29 日 广东省社会科学院与南方报业传媒集团共同发布《中国城市创新指数》。报告显示，在全国 60 个城市中，深圳创新指数得分最高。

△ 日前，国务院常务会议听取 2015 年大督查第三批核查问责和督查表扬情况的汇报，提出对广东省深圳市南山区等给予督查表扬。南山区是受到表扬的全国 20 个市（州）、20 个县（市、区）之一，也是广东省唯一受表扬的区。

3月1日 由中国环境科学研究院和中国－东盟环境保护合作中心举办的"中国－东盟滨海湿地生态保护与修复技术合作论坛"在深圳开幕。来自国内和东盟专注于滨海湿地的政府机构、科研院校和环保机构参与了这一论坛。

△ 2016年深圳市统一战线各界代表人士春茗会在五洲宾馆举行。省委副书记、市委书记马兴瑞，市长许勤等市领导与深圳市统一战线各领域的知名人士欢聚一堂，共谋深圳各项事业发展。

3月2日 深圳市卫生计生委发布通报，针对儿科医疗人才紧缺难题，深圳市将建立与儿科岗位管理、岗位绩效相匹配的制度，完善政府购买基本医疗服务机制，加快本土儿科医生的培养。

3月3日 经深圳市科创委评审，由深圳检验检疫局下属深圳市检验检疫科学研究院主持的"深圳智慧口岸关键技术研究与应用""微波辅助中空纤维－液相微萃取技术研究及其在深圳环境、生物PPCPs污染分析中的应用""麻痹性贝类毒素受体蛋白的研究及其快速检测方法的研制""面向乳品全检测新型荧光纳米探针－微流控平台的基础研究"4项战略新兴产业项目顺利通过验收。

3月5日 来自全国十几个省市的婚姻家庭咨询师协会或婚姻家庭咨询机构代表在深圳召开了中国婚姻家庭咨询行业联合会发起人筹备会议。会议讨论通过了申请成立中国婚姻家庭咨询行业联合会的申请书与章程。

3月6日 深圳首家职业化、专业化、透明化的业主自治社会组织——深圳市透明和谐社区促进中心在市民中心成立。同时，深圳首套业主视角、融汇各种经验与教训的业委会规范运作全流程模板宣告出炉。

△ 深圳首家经中国收藏家协会官方认定的"中国收藏文化示范基地"——深圳和畅园博物馆正式向公众免费开放。

3月11日 深圳大学汕尾市地方立法研究评估与咨询服务基地揭牌仪式今日在深圳大学行政办公楼举行。市人大常委会副主任、市人大法制委员会主任委员施胜章，深圳市政协副主席、深圳大学副校长黎军分别致辞，共同为该基地揭牌。

△ 国内首张"医生集团"① 工商营业执照诞生——"深圳博德嘉联医生集团医疗有限公司"取得营业执照。这是深圳医改一次创新的突破，标志"医生集团"作为一个新执业模式在深出现，医生有了新的执业方式。

3月13日 国内龙头房地产企业万科发布公告称已与深圳市地铁集团有限公司

---

① "医生集团"即多个医生团队组成的联盟或组织机构。广东省卫计委巡视员廖新波认为，此次"医生集团"获批准，是医改的一个新突破，将大大推动医生就业模式多元化，尤其是医生的流动将带来医生价值的提升，成为推动分级诊疗市场发展的有效途径。

（以下简称"地铁集团"）签署备忘录，计划以万科向地铁集团新发行股份的方式，收购地铁集团下属公司，并以此获得地铁集团 400 亿～600 亿元的物业资产注入。

3 月 14 日 国家自然科学基金委员会和深圳市政府联合资助机器人基础研究中心项目协议签字仪式在北京举行，国家自然科学基金委主任杨卫，省委副书记、市委书记马兴瑞见证签约并致辞，市长许勤主持签约仪式。

△ 启迪协信旗下的第二个科技园区项目启迪协信科技城近日正式落地深圳大运新城，计划投资近 130 亿元。

3 月 15 日 广东省委副书记、深圳市委书记马兴瑞在深圳会见由海南省委常委、三亚市委书记张琦率领的三亚市考察团一行，双方就高端旅游、高科技、文化等合作内容进行座谈。

3 月 15～18 日 中俄渔业合作混合委员会第 25 次会议在深圳举行，以农业部渔业渔政管理局局长赵兴武为团长的中方代表团和以俄联邦渔业署副署长里瓦西里·索科洛夫为团长的俄方代表团出席了会议。

3 月 16 日 "全球化·深圳 100"①——首创于深圳的企业全球化创新驱动项目正式启动。深圳市副市长陈彪，市经贸信息委、福田区南山区领导以及 50 余家"走出去"优秀企业代表出席了本次活动。

3 月 17 日 由深圳市贸促委承办的 2016 全国贸促系统法律工作会议在深圳银湖会议中心举行。中国贸促会副会长尹宗华、深圳副市长陈彪出席会议并致辞。

3 月 18 日 深圳市委常委会议今日审议通过了《关于促进科技创新的若干措施》、《关于支持企业提升竞争力的若干措施》和《关于促进人才优先发展的若干措施》，以三大政策创新深入推进供给侧结构性改革，更好适应和引领经济新常态。

△ 深圳市政府与中国联通广东省分公司签署战略合作框架协议，双方将整合优势资源，共同加快推进宽带互联网基础设施建设。省委副书记、市委书记马兴瑞，市长许勤等出席签约仪式。

△ 深圳市互联网金融协会向全市互联网金融企业下发《关于严禁开展"众筹炒楼"房地产金融业务，加强金融风险防控的通知》。通知要求各互联网金融企业自即日起，严禁新开展"众筹炒楼"业务。对于存量业务，立即停止募集并清理。通知指出，任何企业不得通过更改名称、转为线下筹集等方式继续开展业务。

---

① "全球化·深圳 100"项目，由《深圳 100 企业全球化成熟度研究报告》、"深圳企业全球化成熟度 100 强"榜单和"中国企业全球化高峰论坛"三大产品构成，每年实施一次，具有"国际专业公司＋政府部门＋企业"联合出品的特征，更有政策服务、咨询服务、品牌传播三重效应的集聚放大价值，意欲成为影响全球的深圳企业排名榜。

3月18~20日 "第十届私募基金高峰论坛"在深圳举行。全国基金私募企业齐聚一堂，共商私募基金行业的新变化、新发展和新机会。

3月19日 "全国碳市场能力建设深圳中心"在深圳排放权交易所揭牌。这是全国首个碳市场能力建设中心，该中心将全面服务全国碳市场建设，协助国家发改委加快推进非试点省市碳市场能力建设。

△ 首届深圳家居设计周暨31届深圳国际家具展、2016深圳时装周今日开幕。

3月19~20日 主题为"新常态、新机遇、新动力"的第三届中国职业教育创新发展大会在深圳龙岗举行，来自全国各地的领导和企业家、院校领导、专家学者出席此次大会。

3月20日 深圳碳排放权交易所发布消息，深圳能源旗下的妈湾电力有限公司和英国石油公司近日完成了国内首单跨境碳资产回购交易业务，交易标的达400万吨碳配额，这也是全国试点碳市场启动三年以来最大的单笔碳交易。

△ 深圳大学完成《深圳大学条例》的立法草案，下一步将继续修改完善。经过深圳市人大常委会立法后，它或将成为国内首部专项高校立法。

3月21日 省委副书记、市委书记马兴瑞主持召开高等教育发展座谈会，会上，20位大学校长、新型研发机构的负责人和专家就加快推进深圳高等教育改革发展展开积极讨论。

△ 中国民营企业500强深圳企业授牌仪式在深圳五洲宾馆华举行，华为等19家深企拿到了全国工商联颁发的"中国民营企业500强"的金色招牌。

△ 设立在深圳市律师协会的深圳市市人大常委会立法调研基地，今日向社会公布了《〈深圳经济特区环境保护条例〉立法后评估报告》，这是全国首次由律师参与、律师协会作为第三方独立进行的立法后评估工作。

3月22日 深圳市市场和质量监管委在光明新区行政服务大厅近日举办了食品经营许可改革试点发证仪式，发放了全市首批食品经营许可证，以此为标志，光明新区在全市乃至全省率先改革试点食品经营许可"三证合一"（食品流通许可证、餐饮服务许可证和保健食品卫生许可证）工作。

3月23日 全国政协副主席、科技部部长万钢率全国政协专题调研组，来深就"大众创业、万众创新"开展专题调研。

△ 深圳市举行2016年深圳市交通运输工作会议，宣布对深圳市出租车实行经营权无偿化。

△ 深圳市政府近日发布《关于深化医药卫生体制改革建设卫生强市的实施意见》。意见提出，到2020年，深圳市要新增执业医生1.2万名以上；按照"十三

五"期末 1480 万人口测算，千人医生数达到 2.8 名、万人全科医生数达到 3.2 名。

3 月 24 日　深圳市交委举行新闻通气会，通报出租车行业简政放权保障驾驶员合法权益 4 项措施，包括改革不适应行业发展的 6 项管理规定、"份子钱"① 由企业与驾驶员协商确定、鼓励企业建立与驾驶员利益共享风险共担的收入分配模式、督促企业依法依规处理驾驶员的合理诉求。

3 月 25 日　深圳市政府办公厅出台《关于完善住房保障体系促进房地产市场平稳健康发展的意见》。意见规定，非深圳户籍人口购房社保年限由 1 年提高到 3 年，同时，近 2 年内有住房贷款记录的或在深圳市已有一套住房但已结清相应住房贷款的，贷款首付比例由最低三成提高到四成。

△　深圳创新发展研究院"改革 30 人论坛"今日举行"深圳供给侧结构性改革的方向与重点"主题研讨会。

△　中国制造 2025 与职业教育发展论坛会在深圳大学举行，会上发布消息，深圳技术大学选址坪山，争取 2018 年投入使用独立办学。

3 月 25~26 日　主题为"IT·智能·共享"的 2016 年中国（深圳）IT 领袖峰会在深圳五洲宾馆举行。

3 月 26 日　深圳市政府与乐视控股（北京）有限公司签署战略合作框架协议，深圳市引导基金投资乐视鑫根并购基金合作协议同时签署。根据有关协议，深圳市政府和乐视公司将加强在智能终端产业、"互联网+应用"等方面的交流合作，乐视公司将在深圳设立智能终端总部。

△　"2016 深圳精准医疗峰会"今日开幕，近 500 名国内外精准医疗领域顶尖专家学者、产业投资精英及业内人士参会，就"基因测序与大数据分析""精准医疗在肿瘤等领域的进展""精准医疗与金融投资、互联网等产业的结合应用"等主题展开研讨。

△　深圳市幸福和谐继承服务中心今日揭牌，深圳遗嘱库②同时启动。

△　由 14 名青少年学生组成的蒙特梭利模拟联合国（MMUN）世界青少年峰会深圳代表团从美国纽约联合国总部载誉归来。今日召开的座谈会发布消息，南山外国语学校的孙培源、侯皓天两名同学成为本届峰会上获得投票大会发言机会的仅有

---

① 从 20 世纪 80 年代开始，深圳出租车行业实施承包制，承包出租车的驾驶员向企业缴纳一笔费用，这笔费用就是"月缴定额"，也就是俗称的"份子钱"。

② 深圳遗嘱库将通过指纹扫描、现场照相、公证或律师见证、文件存档、条码识别和密封保管等方式，充分保障当事人订立遗嘱的真实性、私密性、有效性，实现遗嘱的法律功能。市民可通过电话、微信等方式进行遗嘱咨询和预约，60 周岁以上的深圳市民将获得免费服务。

的两名中国学生；而14名成员各自代表委员会的决议草案更全部获得通过，将全部存档联合国成为正式提案。

3月28～29日 以"企业创新发展的法治保障"为主题的中国法治论坛在深圳麒麟山庄举行。同时，会上宣布中国法治论坛基地落户深圳。

3月29日 "深圳高新区交通改造工程集中开工仪式"在南山区科技园南区举行，该改造工程将实施五大工程、三十二个项目，将极大缓解高新片区的交通压力。

3月31日 2016年第63届德国iF设计大奖颁奖典礼日前在德国慕尼黑举行。在全球众多参赛城市中，深圳共获63项设计大奖，数量居全国第一。

4月1日 深圳市发改委正式启动今年对海洋以及新材料产业的第三批扶持计划，计划对深圳市产业的市级工程实验室组建和公共服务平台组建项目、高技术产业化项目进行资助，单个项目最高资助金额高达1500万元。

△ 《深圳经济特区全民阅读促进条例》正式施行。

4月5日 深圳市政府与中国移动广东有限公司签署战略合作框架协议，双方将整合优势资源，加快"十三五"信息化建设，推进"互联网＋"战略，合力打造"宽带中国"示范城市和国际一流信息港，进一步推动深圳建设现代化国际化创新型城市。马兴瑞会见简勤一行并见证签约。

4月7日 2016年度深圳市电子信息产业联合会年会在深圳五洲宾馆举行。

4月8日 2016亚洲智能机器人论坛暨亚洲智能机器人联盟成立大会在深圳会展中心举行。

△ 作为中国新一代信息技术产业的唯一国家级展示平台，亚洲规模最大的电子信息综合性博览会——第四届中国电子信息博览会（简称CITE）在深圳开幕。

4月9日 与第四届中国电子信息博览会同期举办的虚拟现实产业发展论坛在深圳举行。

△ 首届"丝绸之路经济带（新疆）信息通信产业论坛"在深圳会展中心隆重召开。

4月10日 全球首款产品化氢燃料电池多旋翼无人机在深圳发布。这款由深圳科比特航空科技有限公司自主研发的无人机续航时间长达273分钟，可以实现工业三防（防火、防雨、防尘），在雨雪天、高寒地区、高温火场等多种复杂环境下仍能正常作业。

4月11日 全国人大外事委副主任田修思带队来深调研《出境入境管理法》执行情况，并召开座谈会，听取深圳市对该法律执行问题的相关意见。深圳市人大常委会主任丘海主持座谈会。

△ 中欧知识产权保护研讨会在深圳召开。此次研讨会由深圳市知识产权局与法国驻华大使馆和法国工业产权局联合举办，围绕中欧知识产权保护的实务问题进行演讲讨论。

4 月 15 ~ 16 日 国家环境保护部部长陈吉宁在深调研，出席环保部与深圳市政府共建"一带一路"环境技术交流与转移中心（深圳）合作框架协议签约等活动。他强调，中心要充分发挥深圳改革创新的先行示范作用，带动国内外环境产业优势资源集聚，创新环境技术交流转移模式，有效服务绿色"一带一路"建设。广东省委副书记、深圳市委书记马兴瑞，副省长邓海光、袁宝成，市长许勤，中国电力建设集团公司董事长、总经理晏志勇等参加活动。

4 月 16 日 有着"中国人才第一会"美誉的第十四届国际人才交流大会在深圳会展中心拉开帷幕。

4 月 18 日 深圳市住房和建设局发布通告，经深圳市机构编制委员会批准，并根据《事业单位登记管理暂行条例》规定，深圳市住房保障署已依法登记成立。

4 月 19 日 广东省委副书记、深圳市委书记马兴瑞，深圳市委副书记、市长许勤一行前往河北保定市，与河北省相关领导共同见证深圳市政府、保定市政府战略合作协议签约仪式。

4 月 20 日 中国生态四板产权交易中心在深圳文化产权交易所正式成立，黑龙江亚布力、中国森林食品网、中国雪乡等首批生态型企业在挂牌仪式上敲响了上市的锣声。国家林业局总工程师封加平、中国林业生态发展促进会会长杨东明出席了当日的上线仪式并讲话。

4 月 23 ~ 24 日 中央电视台等 10 余家中央重点媒体及省主流媒体组成的采访团抵达深圳，开展采访活动，全面聚焦深圳在改革开放、转型升级、创新驱动发展等方面的先进经验。省委副书记、市委书记马兴瑞，市长许勤分别与采访团座谈，介绍深圳"稳增长、调结构、转方式"工作情况。

4 月 25 日 深圳市举行专题会议学习贯彻习近平总书记在网络安全和信息化工作座谈会上的重要讲话精神。

△ 《深圳市 2015 年知识产权发展状况白皮书》正式发布。2015 年深圳国内专利申请量达 105481 件，深圳市商标注册申请量为 181217 件。

△ 国务院副总理汪洋在深圳市调研外贸工作。汪洋实地调研了华为技术公司、深圳大疆创新科技公司、深圳传音控股公司等企业，详细了解企业外贸经营情况、经验做法和意见建议。他指出，我国外贸传统发展动能还有发挥作用的空间，新的发展动能加速孕育，创新驱动发展的氛围和制度条件初步形成，外贸综合竞争优势

依然存在，长期向好的发展趋势没有改变。要在巩固传统外贸竞争优势的基础上，坚定不移走创新驱动发展之路，更加注重通过供给侧结构性改革培育外贸发展新动能。

4月27日 中国（广东）自由贸易试验区深圳前海蛇口片区举行挂牌暨启动仪式。广东省委副书记、深圳市委书记马兴瑞，深圳市市长许勤，招商局集团董事长李建红，以及香港特区政府发展局、香港中联办经济部等嘉宾出席了仪式。

4月28日 作为第九届APEC中小企业技术交流暨展览会首场预热论坛，中韩APEC创新共享论坛在深圳举办。

5月3日 深圳市政府召开六届三十四次常务会议，会议审议并原则通过了新能源汽车推广应用有关工作方案。会议强调，深圳将进一步落实中央和广东省要求，今年将安排38亿元作为新能源汽车的发展资金，加快充电桩等配套设施建设，促进新能源汽车推广应用迈上新台阶。这项政策较上年增加了14亿元，力度之大，在全国各大城市中首屈一指。

5月4日 深圳检验检疫局与军事医学科学院微生物流行病研究所签署合作协议，围绕国家生物安全战略，在口岸传染病防控、打造实验室共享平台、专业人才交流合作、联合开展重大科研等方面，发挥各自优势，强化合作交流，共享科技成果，维护国家卫生安全。

5月6日 第一所中俄合作大学——深圳北理莫斯科大学（筹）正式奠基。中共中央政治局委员、国务院副总理刘延东，中共中央政治局委员、广东省委书记胡春华，全国人大常委会副委员长王晨，俄罗斯国家杜马主席纳雷什金，俄罗斯国家杜马第一副主席梅利尼科夫，俄罗斯联邦委员会副主席乌马汉诺夫共同为校园奠基石揭幕。

5月7日 第六届品牌建设国际高端论坛暨第十三届深圳知名品牌成果发布会在深圳五洲宾馆举行。

5月9日 深圳市首个英文门户网站——"www.eyeshenzhen.com"上线仪式在五洲宾馆举行。

5月11日 深圳市与美国西雅图市友好合作项目签约仪式举行。省委副书记、市委书记马兴瑞会见了西雅图市市长埃德·默里，并共同见证项目签约。

5月12日 中宣部在深圳召开以新发展理念引领文化改革发展座谈会。中共中央政治局委员、中央书记处书记、中宣部部长刘奇葆出席会议并讲话。

5月12~16日 第十二届中国（深圳）国际文化产业博览交易会在深圳举行。本届文博会海外参展单位达115个，比上届增加37%。主会场设有文化产业综合馆、影视动漫游戏馆、"一带一路"馆等 9 个展馆，此外还在深圳各区设立了 66 家分会场，比上届增加 5 家。

5 月 16 日　广东省委副书记、深圳市委书记马兴瑞调研了深圳大学城。马兴瑞强调，要比照国际一流标准，做大做强大学城，推动高等教育创新发展，为打造产业创新最强、市场环境最优、国际化程度最高的"中国硅谷"和世界级科技、产业创新中心提供强有力的人才保障和智力支撑。

5 月 17 日　《深圳市公立医院医疗服务价格结构性调整方案意见（征求意见稿）》开始面向公众公开征求意见，拟定于下半年实施公立医院第一轮医疗服务价格调整。

5 月 20 日　由深圳检验检疫局下属机构深圳市检验检疫科学研究院主持申请的项目"新型 H5 禽流感病毒（H5N6、H5N8）的综合诊断技术研究"获深圳市科技创新委员会资助立项，为深圳检验检疫局首次承担深圳市基础研究学科布局项目。

5 月 22 日　2016 年第二场委员议事厅活动在位于龙岗的深圳市信息职业技术学院举行，主题是"下一站：深圳东"。市政协主席戴北方，副市长、民盟市委主委吴以环，市政协常务副主席刘润华出席活动。

5 月 23～25 日　广东省委副书记、深圳市委书记马兴瑞率深圳代表团访问印度尼西亚，进一步加强深圳与印尼的经贸交流合作，促进双方友好关系发展，加快推动深圳企业"走出去"步伐，坚决落实习近平主席与佐科总统达成的重要共识和"21 世纪海上丝绸之路"战略部署，不断开创深圳与印尼开放合作的新局面。

5 月 25 日　第二届广东院士高峰年会在深圳开幕。70 多位中国科学院和中国工程院院士，广东省、深圳市有关领导及相关部门、科研院所负责人出席了开幕式。全国人大常委会原副委员长、两院院士路甬祥，中国工程院院士、副院长徐德龙分别在大会上做了特邀报告。

5 月 26～28 日　省委副书记、市委书记马兴瑞率深圳代表团访问马来西亚，会见马来西亚副总理兼内政部长扎希德等政要，出席中国（深圳）—马来西亚（吉隆坡）经贸合作交流会，落实中马双方领导人达成的重要共识和省委的部署要求，进一步探讨和推进深圳与马来西亚的交流合作。

5 月 27 日　省政府召开全省改善农村人居环境暨粤东西北地区新一轮生活垃圾和污水处理基础设施建设工作电视电话会议。市长许勤在深圳分会场参加会议，并对贯彻落实省政府会议精神做出部署，强调要认真落实朱小丹省长的讲话精神和省里的部署要求，按照国际一流水准，学习借鉴先进经验，高标准高质量推进全市环保基础设施建设运营，努力把城市建设得更加美好，为加快建成现代化国际化创新型城市提供保障。

△ 许勤市长与巴布亚新几内亚莫尔斯比港首都行政区省长鲍维斯·帕克普在深共同签署了友好交流合作备忘录，并见证两地签署2016～2017年度交流合作计划，两地成为友好交流城市。

5月28日 2016中国（深圳）首届农业互联网金融创新发展论坛在深圳五洲宾馆隆重举行。农资经销企业、家庭农场、农民专业合作社、农业互联网金融平台、银行、政府、投资机构等超过300人参加了会议。

5月30日 市长许勤与毛里求斯首都路易港市市长考力甘·穆罕默德·欧玛在深共同签署了友好交流合作备忘录，两地正式缔结为友好交流城市。签约仪式前，许勤会见了欧玛市长一行。

5月31日 由中国城市规划学会主办，深圳市城市规划学会和香港中文大学（深圳）承办的"2016年城市更新深圳论坛"在龙岗港中大（深圳）校区内举行。

△ 市长许勤会见了来访的阿尔梅勒市新任市长弗兰克·维温德，双方共同签署了《建立友好城市关系协议书》，两座城市正式"升格"为友好城市，自2013年结为友好交流城市以来，经过3年的增进了解、合作交流，"感情"不断升温。

6月1日 深圳市公安局全面启动治安巡逻综合防控勤务体系建设，并举行了隆重的启动仪式。仪式上，深圳市副市长、公安局局长刘庆生对全面推进治安巡逻综合防控勤务体系建设进行部署。

6月2日 省委副书记、市委书记马兴瑞主持召开人才住房建设和房地产市场专题会议，研究优化完善深圳市人才住房制度的具体举措。

△ 国家知识产权局专利检索咨询中心在深圳成立代办处，揭牌仪式在福田区大中华金融中心举行。此举意味着，珠三角地区的企业可以就近享受20多个专业界别的"国字号"知识产权服务。

6月2～3日 国家质量监督检验检疫总局局长支树平在深调研检验检疫工作。省委副书记、市委书记马兴瑞陪同有关调研。

6月12～13日 国务院医改办专职副主任、国家卫生计生委体改司司长梁万年，副司长傅卫一行来深，调研深圳深化医改工作情况。

6月15日 深圳市正式启动医疗保险移动支付试点工作，成为全国首个开展该试点的城市。首批试点包括深圳市人民医院等17家医院，市民可以通过手机完成医保的门诊挂号和缴费。

6月14日 深圳市委统战部部长林洁率队赴深圳市社会组织总会调研，了解社会组织党建和统战工作情况，交流探讨工作中的新情况、新问题。

6 月 14~15 日　省委副书记、市委书记马兴瑞，市长许勤率深圳市党政代表团在湖北省考察。

6 月 16 日　由中国保险行业协会主办的最高人民法院《关于适用〈中华人民共和国保险法〉若干问题的解释（四）（征求意见稿）》论证会在深圳举行。

6 月 17 日　第四届深圳国际低碳城论坛开幕，来自 40 多个国家和地区的近 2000 名政府官员、低碳领袖和专家学者，围绕"绿色·创新：城市转型发展新动力"的主题深入探讨，为城市绿色转型发展搭建沟通平台，为推动应对气候变化国际合作贡献思想智慧。

6 月 18 日　第十三届中国（国际）城市智能交通论坛昨天在深圳举行。

△　深圳前海管理局、招商局集团组建合资公司框架协议签约仪式举行。广东省委副书记、深圳市委书记马兴瑞，深圳市市长许勤，招商局集团董事长李建红、总经理李晓鹏等出席仪式并见证签约。

△　全国政协"劳动法律法规贯彻执行情况"委员视察团在深圳召开座谈会，就视察中发现的情况和问题与广东省相关部门交换意见。全国政协副主席齐续春出席会议并讲话。

6 月 21 日　在省委副书记、市委书记马兴瑞的见证下，市长许勤和中山大学校长罗俊签署了共建中山大学附属第七医院协议。

6 月 22 日　市六届人大常委会第八次会议闭幕。会议表决通过了《深圳经济特区绿化条例》，深圳市正式建立永久保护绿地制度，以更好保护深圳的青山绿水。

6 月 22~23 日　"2016 年中国沿海湿地保护网络年会暨湿地保护培训班"在深圳举行，培训班由国家林业局湿地保护管理中心、美国保尔森基金会、广东省林业厅联合主办。

6 月 25 日　第二届东进战略专家研讨会在深圳举行。近 20 位重量级专家，从区域协调发展切入深圳东进战略的实施，为粤东区域协调发展提出了建设性的意见和决策参考建议。

6 月 27 日　深圳检验检疫局信息中心收到由中国信息安全认证中心颁发的"业务连续性管理体系认证证书"，这标志着深圳局信息中心顺利通过 ISO22301 业务连续性管理体系认证。

6 月 28 日　国内一次建成线路最长、运营时速最快、首创超大 8 节编组的城市轨道交通项目——深圳轨道交通 11 号线正式开通试运营。这是深圳轨道交通三期工程的首条通车线路，标志着深圳轨道交通建设跃上一个新台阶。省委副书记、市委书记马兴瑞，市长许勤出席开通试运营仪式。仪式后，马兴瑞与市民代表和地铁建设者代表一道,从福田站出发试乘 11 号线。

△ 首届 I·Fly 国际航空航天产业发展大会在深圳国际车窗开幕,大会以"思想领航、放眼世界、技术聚焦、产业立城"为主题。

6 月 29 日 深圳市庆祝中国共产党成立 95 周年大会隆重召开。省委副书记、市委书记马兴瑞出席大会并讲话,市委副书记、市长许勤主持大会。

6 月 30 日 "2016 中国国际 OLED 产业大会"在深圳市前海华侨城 JW 万豪酒店开幕。此次大会由深圳市平板显示行业协会和中国 OLED 产业联盟联合主办,来自美国、韩国、日本和上海、台湾地区的科技专家以及企业家 400 余人参加了会议。

7 月 4 日 省委副书记、市委书记马兴瑞主持召开学习贯彻习近平总书记"七一"重要讲话精神座谈会。

7 月 4~6 日 深圳市市长许勤应邀赴莫斯科参加中俄人文合作委员会第十七次会议等活动。

7 月 7 日 第十六届中国(深圳)国际品牌服装服饰交易会(简称"深圳服交会")在深圳会展中心拉开帷幕,同期举办的还有 2016 深圳国际纺织面料及辅料博览会。

7 月 14 日 第九届 APEC 中小企业技术交流暨展览会开幕。这是我国大力实施"一带一路"建设、"大众创业、万众创新"和供给侧结构性改革等背景下举办的一次重要国际展会,也是 APEC 技展会首次在深圳举行。

7 月 14 日 深圳市福田区举行 2016 年产业发展专项资金政策宣讲会,正式发布了刚刚修订的产业发展专项资金政策,计划投入约 10 亿元产业资金,帮助辖区企业提升核心竞争力,鼓励引导企业做大做强做优。

7 月 17 日 市政协主办、民建深圳市委会承办的"委员议事厅"热议"助力电子商务 迎接 E+深圳"。深圳市电子商务总交易额 7 年间规模增长 11 倍,年均增幅保持在 40% 以上。

7 月 19 日 深圳技术大学筹备办公室正式揭牌,标志这所全日制应用型高校的校园建设、学科建设、申报等各项工作进入"快车道"。副市长吴以环出席揭牌仪式,要求深圳技术大学争取年底动工建设,不晚于 2018 年招收第一批学生,早日建成中国工程师的"摇篮"。

7 月 20 日 国务院召开全国安全生产电视电话会议,省政府随后召开会议贯彻国务院会议精神。市长许勤在深圳分会场参加会议,并第一时间对贯彻落实国务院、省政府会议要求,做好汛期和安全生产工作做出部署。

△ 广东省副省长何忠友率省督导组一行来深调研,并与深圳市相关部门负责

人召开 2016 年促进外贸回稳向好督导会议。副市长徐安良参加。记者从会议上获悉，上半年深圳市外贸进出口总体上呈现回稳向好、结构优化、质量提升的态势。

7 月 21 日　深圳召开全市领导干部会议，传达贯彻习近平总书记对加强安全生产和汛期安全防范工作的重要指示和李克强总理的重要批示精神。省委副书记、市委书记马兴瑞强调，全市上下要坚决贯彻落实习近平总书记和李克强总理的重要指示及批示要求，深刻反思在安全生产和城市公共安全方面存在的问题，切实落实安全生产责任制，采取有力举措，严抓落实，举一反三，以对人民群众极端负责的精神，把安全生产各项工作抓紧抓实抓具体，全面打好城市管理治理攻坚战。

7 月 23 日　深圳市政府与中国航天科技集团公司举行高通量宽带卫星项目签约暨亚太卫星宽带通信（深圳）有限公司成立仪式，标志着我国首个高通量宽带卫星通信系统启动建设。省委副书记、市委书记马兴瑞，航天科技集团董事长雷凡培见证签约，并为亚太卫星宽带通信公司揭牌。

7 月 25 日　圆满完成中国—莫桑比克和中国—塞舌尔大陆边缘海洋地球科学联合调查航次任务的"向阳红 10"船返回深圳。国家海洋局国际合作司等有关部门举行了接航仪式，并对航次调查成果进行了验收。

△　省委副书记、市委书记马兴瑞到东海航空公司调研时强调，要用战略眼光积极支持深圳民航业发展，不断提升竞争力，为加快建成现代化国际化创新型城市提供有力支撑。

△　第九届国际水文科技地下水质会议在深圳市麒麟山庄隆重召开。国际水文科协下水水质会议自 1993 年首次举办以来，已在全球范围内成功举办了八届，系国际地下水环境领域最高级别的学术研讨会。该会议首次在亚洲地区举办。本次会议历时 3 天，聚焦全球地下水质量控制、模拟和管理的成功经验与挑战，探讨地下水前沿和发展方向。

7 月 26 日　市委副书记、市政府市长许勤，深圳市政府秘书长李廷忠等领导到海东考察。一行专程来到海东工业园区青海海吉星国际农产品集配中心，对项目建设情况进行实地了解。

7 月 31 日　深圳大学"吴玉章楼"捐建仪式在广州市举行。深圳市京兰投资有限公司董事长吴小兰女士代表"吴小兰慈善基金会"，向深圳大学赠予捐建支票，并共同为"一带一路国际合作发展（深圳）研究院"揭牌。广东省省长朱小丹，省委副书记、深圳市委书记马兴瑞，副省长蓝佛安，市长许勤出席活动。

8 月 1 ~ 4 日　APEC（亚太经合组织）工商咨询理事会（简称 ABAC）第三次会议在深圳隆重举行。该会议由深圳市贸促委具体承办，约 260 名现任代表及候任代表参会，包括来自 21 个 APEC 经济体的知名企业家或具有影响力的工商界人士。

8 月 5 日 深圳首个儿童透析中心在香港大学深圳医院正式开放，肾科专家、香港大学校长马斐森教授赴深出席该中心开幕仪式。

8 月 6 日 由深圳市综研软科学发展基金会、中国（深圳）综合开发研究院发起主办的"2016 中国智库论坛暨综合开发研究院深圳年会"在深圳举行。

8 月 10 日 正在深圳举行的全球微观装配实验室（FAB）国际年会进行两大重要签约：三诺集团与微观装配实验室基金会签署《关于联合共建"创新创业生态系统"战略合作框架协议》，以及由珊瑚群创新加速器、微观装配实验室基金会、深圳市工业设计行业协会、深圳开放创新实验室四家机构共同发起签署的《FabLab 2.0 创新创业联合孵化合作框架协议》。这两项协议的签署，意味着深圳创客群体、创客生态实现了与全球顶级创客实验室的重磅对接。

△ 第 20 届中国遥感大会在深圳会展中心开幕。中国科学院院士、科技部原部长徐冠华和省委副书记、市委书记马兴瑞为中科遥感（深圳）卫星应用创新研究院揭牌。

8 月 15 日 省委副书记、市委书记马兴瑞率队到宝安区调研，出席西湾红树林公园二期开工仪式，深入企业解决发展难题，现场检查违法建筑拆除进展。

8 月 16 日 省委副书记、市委书记马兴瑞来到市政协，就市委工作和起草市委六届三次全会报告征求意见。马兴瑞强调，要充分发挥政协协商民主重要渠道作用，运用好政协委员专业优势和界别特色，围绕事关深圳改革发展的重大问题，深入调查研究，多提意见建议，加强民主监督，为特区改革发展汇聚智慧力量。市政协主席戴北方主持座谈会。

8 月 22 日 由人民日报社和深圳市委、市政府联合主办的"职责与使命——2016 媒体融合发展论坛"在深圳举行。

8 月 23 日 2016 中国深圳国际房地产业博览会在深圳会展中心开幕。今年房博会首次设立中国深圳城市更新博览会，这是深圳城市更新局自去年 9 月获批成立后，首次将深圳各区城市更新成果以及规划目标向公众展示。

8 月 25 日 省委副书记、市委书记马兴瑞主持召开座谈会，邀请专家学者和企业家代表分析当前经济形势，听取关于深化供给侧结构性改革、做好下半年经济工作的意见建议。

△ 历经四次审议，被称为深圳医疗"基本法"的《深圳经济特区医疗条例》获得通过，并将于明年的 1 月 1 日起实施。这是国内首部地方性医疗基本法规。

8 月 26 日 深圳前海深港现代服务业合作区成立 6 周年。6 年里，前海在金融创新上开展了一系列的探索，展现出了"特区中的特区"改革创新的活力。

8月28日 国家高端智库中国国际经济交流中心与市政府签署战略合作框架协议，双方将在重大战略问题研究、信息资源共享、国际交流、人才培养等领域开展深入务实合作。中国国际经济交流中心常务副理事长张晓强、深圳市市长许勤签约并致辞。

8月29日 深圳市政府与招商蛇口、华侨城投标联合体签署了深圳国际会展中心项目运营监管协议，这标志着深圳国际会展中心通过公开招标正式确定了建设运营主体。

△ 深圳市政府与北京大学在广州签署合作备忘录，决定以北大深圳研究生院为基础，深化合作，共同建设北大深圳校区。

8月25日 被誉为深圳医疗领域"基本法"的《深圳经济特区医疗条例》历经四次审议，在深圳市六届人大常委会第十次会议上表决通过，并将于2017年1月1日正式实施。

9月1日 深圳市科技创新大会暨深圳市科协第六次代表大会举行。广东省委副书记、深圳市委书记马兴瑞出席大会并讲话。深圳市市长许勤主持大会。中国科协党组成员兼学会学术部部长、企业工作部部长宋军，广东省科协党组成员、副主席吴焕泉，市委常委、市委统战部部长林洁出席大会。

9月2日 深圳首批知识产权司法鉴定机构在前海成功获准设立。副市长、市公安局局长刘庆生出席揭牌仪式。

△ 深圳市政协召开六届七次常委会议专题协商会，围绕如何更好地推进供给侧结构性改革进行协商。今年3月至8月，市政协组织90多位政协委员、200多位企业家代表以及专家学者，组成供给侧结构性改革调研组，向500多家企业发放调查问卷。

9月3日 深圳市妇幼保健院携手同济大学附属第一妇婴保健院，创建"上海——深圳母胎医学中心"，这是深圳首家母胎医学中心。

9月5日 省委副书记、市委书记马兴瑞会见了从第31届夏季奥运会上凯旋的深圳运动员和教练员一行。

△ 深圳市财政委和发改委联合公布了《深圳市2016年新能源汽车推广应用财政支持政策》的通知，对补贴对象、补贴标准、补贴方式做出了详细和明确的规定。

9月7日 省人大常委会主任黄龙云率近二十名全国、省人大代表来深圳开展农村垃圾管理工作情况交叉检查。黄龙云对深圳市垃圾减量分类的情况给予肯定，并寄望深圳认真梳理、全面总结工作经验，为全省垃圾管理工作改革提供借鉴。

△ 省委副书记、市委书记马兴瑞率队到龙华新区调研。他强调，全市上下要进一步增强责任感和紧迫感，深入推进拓展空间保障发展专项行动，坚决拔除违法建筑这个"城市毒瘤"，为深圳未来发展夯实基础，加快建设更具竞争力更可持续发展的新深圳。

9月10～12日 市长许勤率深圳代表团对德国进行友好访问。三天时间，许勤围绕德国工业4.0、职业教育、医疗、文化、会展等重点内容，先后访问了德国的汉诺威、纽伦堡和慕尼黑三座城市，进一步加强与德国城市间的交流合作。

9月12日 深圳大学中国经济特区研究中心主办的《中国经济特区研究》被评为全国优秀集刊并已列入人大复印资料转载期刊。

9月18日 省政府召开全省审计机关人财物管理改革试点工作动员部署电视电话会议。市长许勤在深圳分会场参加会议并在会后对贯彻落实会议要求、做好全市审计工作做出部署，强调要真正把握好改革实质和关键要求，结合深圳实际全力以赴抓好落实，争取改革试点工作取得更大成效。

9月20日 由中国科学技术协会和深圳市人民政府共同主办，中共深圳市委宣传部、深圳市科学技术协会等单位联合承办的首届"深圳（国际）科技影视周暨第九届中国国际科教影视制作人年会"在深圳欢乐海岸创展中心盛大开幕。

△ 由教育部人文社会科学重点研究基地——深圳大学中国经济特区研究中心、吉林省长白山保护开发区管理委员会、《经济学动态》杂志社、《深圳大学学报》（人文社会科学版）编辑部共同主办的"2016世界经济特区（长白山）发展论坛"在长白山保护开发区二道白河镇举行，本次论坛主题是"经济特区发展与一带一路倡议"。

9月21日 深圳市前海蛇口自贸投资发展有限公司在深圳前海揭牌。这是招商蛇口（001979）与前海管理局携手加快自贸片区土地整备和开发建设，创新体制机制，落实国家战略，打造"一带一路"的重要支点。

△ 国务院召开全国推行"双随机一公开"（随机抽取检查对象、随机选派执法检查人员、及时公开查处结果）监管工作电视电话会议，广东省随后召开相关会议。市长许勤在深圳分会场参加会议，在会后对贯彻落实会议精神做出部署，强调要紧紧围绕"四个坚持"的总体要求，着力转变监管方式，创新监管手段，完善监管机制，努力走在全国"双随机一公开"监管工作的前列。

9月22日 总部位于深圳的中国国家基因库正式开业。据悉，这是继美国、日本和欧盟之后，全球第四个建成的国家级基因库，也是目前世界最大的基因库。

9 月 24 日　拥有四百多年历史的世界著名学校——英国哈罗公学来深圳办学。前海管理局与亚洲国际、哈罗国际战略合作框架协议签约仪式举行。按照协议，亚洲国际、哈罗国际将在前海深港合作区建设哈罗国际学校及礼德国际学院，预计 2019 年 9 月开学招生。省委副书记、市委书记马兴瑞见证签约并在签约前会见哈罗公学校董会主席庄百庭及夫人、亚洲国际学校有限公司董事会主席邱达强一行。

△　省委副书记、市委书记马兴瑞出席南方科技大学 2016 年科研工作会议并讲话。他强调，要以更大力度推进高等教育改革发展和科技创新，积极探索科研管理新模式，下大力气引进最优秀的科学家，加快推进世界一流大学建设，为提升深圳城市竞争力提供智力支撑。

9 月 26 日　由厦航开通的厦门 - 深圳 - 西雅图航线首航，成功连接起了中国两大经济特区与美国西海岸经济重镇。这是厦门首条飞往美国的洲际航线，也是深圳第一条直飞美国的国际航线。省委副书记、市委书记马兴瑞，南航集团党组书记谭万庚等出席了在深圳机场举行的首航仪式。

9 月 27 日　在广东省委副书记、深圳市委书记马兴瑞，武汉大学党委书记韩进，北京中医药大学党委书记吴建伟等领导的共同见证下，深圳市市长许勤代表深圳市政府，分别与北京中医药大学校长徐安龙、武汉大学校长李晓红签署合作办学备忘录，这意味着两所国内知名高校将来深设立深圳校区。

9 月 28 日　深圳市政府与四川省广安市政府签署《广安 - 深圳合作共建广安（深圳）产业园协议》，探索构建高效合理的园区共建共管、利益共享机制，推动两地互动协调发展。省委副书记、市委书记马兴瑞，市长许勤，广安市委书记侯晓春、市长罗增斌等见证签约。

△　平南铁路深圳西站以南段动工开拆，省委副书记、市委书记马兴瑞，市长许勤来到前海段施工现场调研拆除工程进展，强调要在确保安全基础上提速提效，全力服务于前海蛇口自贸片区开发建设。

10 月 11 日　国家发改委主任徐绍史来深对深圳主会场筹备工作进行再检查，并指出，深圳"双创"工作成绩突出、亮点纷呈，"全国双创周"深圳主会场筹办工作充分展现了深圳的实力和水平，要踢好"临门一脚"，精益求精、全力以赴，确保活动圆满成功，推动全国"双创"活动再掀新高潮。国家发改委副主任林念修、深圳市市长许勤等参加检查。

10 月 12 日　2016 年全国大众创业万众创新活动周在广东省深圳市举行启动仪式，国家发改委主任徐绍史到会致辞，并宣布全国双创活动周启动。全国政协副主席、中国科协主席、科技部部长万钢，广东省委副书记、省长朱小丹，广东省委副书记、深圳市委书记马兴瑞，深圳市市长许勤，国家发改委副主任林念修出席启动仪式。该活动由国家部委、深圳市政府、各区政府、园区机构和企业共同参与举办。

10月12～13日 中共中央政治局常委、国务院总理李克强在中共中央政治局委员、广东省委书记胡春华，省长朱小丹，省委副书记、深圳市委书记马兴瑞，市长许勤陪同下，在深圳考察，并出席"2016年全国大众创业万众创新活动周"活动并调研大族激光。

△ 来自全国17个城市的创新创业代表在深圳湾创业广场共同点亮启动装置，2016年"全国大众创业万众创新活动周"正式拉开帷幕。下午，中共中央政治局常委、国务院总理李克强结束中葡论坛活动从澳门来到深圳参观"双创"活动。

10月13日 由深圳市人民政府主办，中国世界贸易组织研究会合办，市经贸信息委、市公平贸易促进署承办的第十五届"WTO与深圳"高级论坛在市民中心举行。

10月18日 省委副书记、市委书记马兴瑞主持召开全市维护社会稳定工作和城市公共安全形势分析会。会议强调，要认真学习贯彻习近平总书记有关重要讲话精神，切实增强抓安全、保稳定的政治意识、责任意识，突出问题导向，树立优良作风，把维护社会稳定和城市公共安全摆在更突出位置，采取有针对性措施，扎实做好社会治理工作，全面排查整治各类安全隐患，坚决维护社会大局和谐稳定，为勇当"四个全面"排头兵、加快建成现代化国际化创新型城市营造良好环境。

10月29～31日 首届中国非公立医疗事业发展大会在深圳举行。大会展示了我国非公立医疗行业的发展成果和形象，研讨在深化医改和推进健康中国建设的国家战略中，非公立医疗机构的作用、使命和发展方向。

10月31日 市长、市政府党组书记许勤主持召开市政府党组（扩大）会议、市政府常务会议，传达学习贯彻党的十八届六中全会精神。

△ 中国航天科工集团公司倾力打造的新型研究院——深圳航天工业技术研究院正式成立。这是集团公司积极推进国家"大众创业、万众创新"战略落地，贯彻落实创新驱动和军民深度融合发展战略的重要举措。

△ 可停靠22万吨豪华游轮的蛇口太子湾邮轮母港正式启用，深圳由此昂首跨入"大航海时代"。作为中国对外贸易的"海上门户"，深圳是华南地区重要的邮轮母港城市，海港建设也成为提升深圳现代化国际化滨海城市形象、联通世界的桥梁之一。

11月2日 市政协召开六届三十二次党组（扩大）会议，学习贯彻党的十八届六中全会精神。市政协主席戴北方表示，要以学习贯彻六中全会精神为动力，更加扎实地把党中央的各项决策部署落到实处，为深圳改革发展凝聚共识，增添助力。

△ 工业和信息化部与深圳市人民政府在北京召开新闻发布会，决定于 2017 年 4 月 9 日至 11 日在深圳会展中心共同举办第五届中国电子信息博览会（CITE 2017）。

11 月 3 日 深圳市委市政府召开民营企业家座谈会，为 2016 中国民营企业 500 强深圳获奖企业颁牌，了解民营企业发展中的问题和困难，倾听企业家对深圳民营经济发展的意见和建议。省委副书记、市委书记马兴瑞出席会议并讲话，强调要认真学习贯彻习近平总书记重要讲话精神和全省民营经济工作座谈会精神，毫不动摇坚持我国基本经济制度，坚持中国特色社会主义市场经济体制，清醒认识党委政府服务民营企业存在的差距，积极为民营企业创造最优发展环境，充分发挥好民营企业和企业家作用，培养造就更多民营"百年老店"，加快推进国际科技产业创新中心建设。

△ 国家发展改革委副主任连维良一行来深调研。副市长艾学峰陪同考察，先后参观了深圳市比亚迪股份有限公司、深圳鹏元征信有限公司以及深圳证券交易所，并现场与其进行了座谈。

11 月 4 日 市委召开全市党校工作会议，研究部署当前和今后一个时期深圳市党校工作。省委副书记、市委书记马兴瑞出席会议并讲话，强调要认真学习贯彻十八届六中全会精神和全国、全省党校工作会议精神，深入学习习近平总书记系列重要讲话精神，坚持党校姓党根本原则，找准定位，创新模式，强化责任，努力开创全市党校工作新局面，更好地服务深圳发展大局。市委副书记、市长许勤主持会议。

△ 第十一届国际基因组学大会（ICG – 11）在深圳国家基因库揭幕，来自世界各地的知名专家学者齐聚深圳，共同探讨科研与学术，推动基因组学发展。该活动由华大基因主办，深圳国家基因库和 GigaScience 协办，以"共为、共赢 – 全球合作"为主题。

11 月 5 日 第十届中国（深圳）国际金融博览会正式在深圳揭开帷幕。本届金博会由深圳市人民政府主办，深圳市贸促委与市金融办等单位承办。

△ 第三届中国建材投融资创新服务大会暨新材料优秀项目推介会在深圳隆重召开。会上，中国建材新兴产业投融资促进平台成立两年来的主要成果和合作伙伴精彩亮相，我国首支无机非金属矿物新材料股权投资基金宣布成立。

11 月 8 日 省委副书记、市委书记马兴瑞主持召开深圳市新型智慧城市建设领导小组第一次会议。会议指出，要切实做好顶层设计，突出市场化运作，加快建设统一的信息管理运营平台，着力推进跨部门跨行业信息共享，以信息化推动城市治理体系和治理能力现代化，努力打造国家新型智慧城市的新标杆，不断厚植深圳发展的新优势、新动能。市长许勤、中国电子科技集团总经理樊友山等出席会议。

　　△　市长许勤会见了来深访问的爱丁堡大学苏格兰再生医学中心主席伊恩·威尔默特一行，双方就规划建设深圳－苏格兰再生医学中心交换了意见。许勤欢迎伊恩·威尔默特一行来深考察访问。

　　11月11日　在省委副书记、市委书记马兴瑞，市长许勤和阿里巴巴集团董事局主席马云的共同见证下，深圳阿里中心正式启用，市政府与阿里巴巴集团、蚂蚁金服集团签署了战略合作框架协议，将建立长期战略合作关系，共同推进"互联网＋"与相关产业的融合和电子商务等发展，提升深圳经济社会各领域互联网应用水平。

　　11月12日　按照中组部安排，省委副书记、市委书记马兴瑞应邀在中国浦东干部学院"省部级干部深化改革开放专题研讨班"上做报告，就"深圳新一轮改革开放的实践与思考"这一主题与参加培训班的省部级学员们进行了探讨和交流。

　　△　为期3天的联合国教科文组织国际博物馆高级别论坛在深圳闭幕。论坛发布了《关于博物馆和藏品的深圳宣言》，对全球的博物馆从业者及相关政府部门、组织和个人发出号召，希望各国携手应对博物馆全新的挑战和机遇，让博物馆及藏品能够得到进一步的保护和推广。

　　11月12~13日　由深圳市政府和招商局集团联合主办的内地与港澳邮轮旅游合作发展大会在深圳太子湾邮轮中心举行。国家旅游局副局长李世宏、深圳市市长许勤、招商局集团董事长李建红、云顶集团主席丹斯里林国泰等出席大会开幕式并致辞。

　　11月14日　市政协举行"加快深圳文化创新发展"专题协商会，18名政协委员围绕深圳文化创新发展，打造"文化硅谷"的定位和战略、文化设施和标识建设、文化人才队伍建设等主题，积极为深圳文化创新发展建言。

　　△　中国气象局党组书记、局长郑国光在深圳会见广东省委副书记、深圳市委书记马兴瑞，深圳市委副书记、市长许勤。双方围绕"十三五"时期深圳气象事业发展进行会谈，共同启动深圳气象"十三五"规划重点项目。

　　11月15日　2016战略性新兴产业培育与发展论坛在深圳举行，并发布《中国战略性新兴产业发展报告2017》。这是2013年以来中国工程院连续第三年在深圳举办战略性新兴产业培育与发展论坛。

　　11月16日　深圳市与美国底特律市签署友好交流合作备忘录，正式缔结为友好交流城市，双方将开展多领域交流合作，优势互补，共赢发展。签约前，省委副书记、市委书记马兴瑞，市长许勤会见了密歇根州州长里克·斯奈德一行。

△ 深圳和加拿大多伦多市在深签订友好交流合作备忘录，两市缔结为友好交流城市。市长许勤会见了多伦多副市长黄旻南一行。

△ 一年一度的"科技第一展"第18届中国国际高新技术成果交易会（简称高交会）在深圳会展中心开幕。中共广东省委副书记、深圳市委书记马兴瑞表示，本届高交会共有来自海内外3000余家展商参展，参展国家和外国团组数量、全球首发的新产品数量均创历届之最。中亚硅谷海岸项目与深圳工业化与信息化融合研究院联合参展，向国内外客商展示项目产业平台和双创平台的优势。

11月16～17日 由质检总局和深圳市政府主办，深圳检验检疫局、深圳市经济贸易和信息化委员会承办的2016信息通讯产业技术性贸易措施研讨会在深圳召开。

11月17日 巴林－深圳经贸合作论坛在深圳举行。市长许勤、巴林首都省省长谢赫·赫沙姆·阿勒哈利法，巴林王国经济发展委员会首席执行官哈立德·艾勒鲁迈希出席论坛并致辞。许勤代表省委副书记、市委书记马兴瑞对各位嘉宾的到来表示欢迎。

11月18日 "中国发展论坛·2016——新常态下区域合作创新发展"在深圳市举办。全国政协副主席、科技部部长万钢出席论坛开幕式并做主旨发言。国土资源部副部长赵龙，中共广东省委副书记、深圳市委书记马兴瑞，广东省副省长袁宝成，广东省政协副主席王珣章，致公党中央副主席闫小培，深圳市市长许勤等出席了论坛。

11月19日 深圳引进国内优质教育资源共建世界一流大学再获新进展。在中国科学院副院长、中国科学院大学党委书记刘伟平，广东省常委、市委书记马兴瑞等领导的共同见证下，市长许勤与中国科学院副院长、中国科学院大学校长丁仲礼签署《深圳市人民政府中国科学院在深合作办学备忘录》，共同建设中国科学院大学深圳校区，为深圳及珠三角地区经济社会发展培养国际化、产业化、复合型的创新型领军人才，致力于建设世界一流的应用研究型大学。

11月25日 中国共产党深圳市第六届委员会第四次全体会议召开。全会由市委常委会主持。全会听取和讨论了马兴瑞同志代表市委常委会所做的工作报告。许勤同志传达了省委十一届八次全会精神。

11月27日 国务院、省政府先后召开全国、全省安全生产电视电话会议。市长许勤在深圳分会场参加会议，并就做好深圳市岁末年初的安全生产工作进行再动员再部署。

11月29日 《中国海洋生态文化》研究成果汇报会在广东省深圳市举行。全国政协副主席马培华出席会议并为《中国海洋生态文化》研究成果揭幕。

△首届国际森林城市大会在广东省深圳市开幕，本次大会的主题是森林城市与人居环境。会议围绕城市化与森林城市、城市森林与生态系统服务、森林城市规划与区域可持续发展、森林城市的文化融合与传承、森林城市发展模式与创新实践等议题展开深入研讨。

12月1日 深莞茅洲河全流域水环境综合整治工作领导小组在深圳召开第二次会议，通报茅洲河治理进展，部署下一阶段工作。省委副书记、深圳市委书记马兴瑞主持会议并强调，要从落实中央"五大发展理念"的高度出发，坚持以系统工程理念统筹推进各项工作，齐心协力打造广东乃至中国河流治理样板工程。

12月1～2日 国家工商总局局长张茅在深调研商事制度改革以及实施商标品牌战略等情况。省委副书记、市委书记马兴瑞，市长许勤参加相关活动。在深期间，张茅一行来到深圳市市场和质量监督管理委员会调研，详细了解深圳市深化商事制度改革、强化事中事后监管、实施知识产权与商标品牌战略，以及强化稽查执法、公平竞争与消费维权等有关情况，并前往华为、腾讯、雅昌等企业，与任正非、马化腾等公司主要负责人座谈，了解企业最新发展和对工商管理工作的意见建议。

12月5日 广东省委副书记、市委书记马兴瑞，市长许勤到宝安区出席"国际志愿者日"主题活动并检查安全生产工作。马兴瑞希望志愿者牢固树立服务基层、服务群众导向，找准志愿服务的着力点，在创新中不断提升志愿服务的质量和水平，进一步擦亮"志愿者之城"品牌。市委副书记、政法委书记李华楠参加主题活动。

12月6日 广东省委副书记、深圳市委书记马兴瑞主持召开深圳与广西百色、河池扶贫协作工作会议。马兴瑞强调，要聚焦两市贫困人口全面脱贫这个主攻目标，科学准确、实事求是地谋划好工作计划，坚持精准扶贫、精准脱贫，积极实施异地搬迁、劳务输出对接等有针对性的帮扶措施，真正把扶贫工作抓细抓实。

12月7日 深圳市海绵城市建设工作领导小组办公室、桃花源生态保护基金会、大自然保护协会就海绵城市建设合作的签约仪式在深圳举行。深圳市委书记马兴瑞、深圳市市长许勤、桃花源生态保护基金会董事会联席主席马化腾、大自然保护协会大中华理事会秘书长朱保国出席了签约仪式。

12月9日 广东省委副书记、深圳市委书记马兴瑞调研香港中文大学（深圳）和深圳信息职业技术学院，强调要紧密结合深圳经济社会发展需求，大力推进教育的供给侧结构性改革，落实好《关于加快高等教育发展的若干意见》，加快研究职业教育改革发展举措，大力建设一流学科、培养一流人才，为加快建设现代化国际化创新型城市提供强有力的人才和智力支撑。

△ 深圳在今年第四季度动工的第二批重大项目集中开工，总投资约 809 亿元，本年度计划完成投资 96 亿元。省委副书记、市委书记马兴瑞，市长许勤出席开工活动。

12 月 11~12 日 国家烟草专卖局局长凌成兴在深圳烟草调研。其间，凌成兴会见了广东省委副书记、深圳市委书记马兴瑞，双方就深圳烟草改革发展交换了意见。

12 月 13 日 广东省委副书记、深圳市委书记马兴瑞，市长许勤和 2014 年诺贝尔物理学奖获得者、蓝光 LED 与蓝色激光发明人中村修二，共同为深圳市中光工业技术研究院暨中村修二激光照明实验室揭牌。马兴瑞向中村修二教授颁发了研究院荣誉理事、学术委员会主任、中村修二激光照明实验室主任聘书，许勤代表市委市政府致辞。

12 月 18 日 以"创新驱动引领未来"为主题的中国沃特玛新能源汽车产业创新联盟第三届年会在国家级新能源汽车产业基地深圳坪山举行。年会上，中国沃特玛新能源汽车产业创新联盟揭牌。

12 月 21 日 《中药编码规则及编码》《中药方剂编码规则及编码》《中药在供应链管理中的编码与表示》3 项国家标准实施一周年新闻发布会在深圳召开。

△ 深汕特别合作区 2016 年第四次投资环境推介活动在深圳举行。共与 24 家企业签订了投资协议。

12 月 23 日 深圳市委举行首批法律顾问聘任仪式，标志着市委法律顾问制度正式运行。深圳将以此为突破口，以点带面，全面推行法律顾问制度和公职律师、公司律师制度。

△省委副书记、市委书记马兴瑞为中山大学公法研究中心主任刘恒，深圳大学法学院院长黄亚英，深圳市法制研究所所长王成义，深圳市律师协会副会长、广东卓建律师事务所主任张斌，国信证券合规总监兼首席风险官陈勇 5 位法律专家颁发聘书。

△ 深圳市召开全市社会治安综合治理创新工作会议。会议传达了省委副书记、市委书记马兴瑞对创新社会治理、深化平安深圳建设的指示精神。市委副书记、政法委书记、市综治委主任李华楠，副市长、市公安局局长徐文海参加会议。

12 月 24 日 高校深度参与创新驱动发展战略高峰论坛暨深圳清华大学研究院成立二十周年纪念大会在深举行。

12 月 27 日 在省委副书记、市委书记马兴瑞的见证下，深圳市市长许勤和中国人民大学校长刘伟共同签署《市政府与中国人民大学关于在深合作办学的协议》，双方将合作建设中国人民大学深圳校区。

△ 深圳召开各民主党派和无党派人士调研成果协商座谈会。广东省委副书记、深圳市委书记马兴瑞，市长许勤出席会议。

△ 国家烟草专卖局副局长杨培森在云南中烟工业有限责任公司技术中心深圳研创平台调研。其间，杨培森考察了云南中烟深圳研创平台电子烟测试实验室及电子烟小试生产线，听取了新型烟草制品产业化运作思路及研发成果汇报。

12月28日 深圳报业集团媒体融合发展亮出两大新动作。集团重点打造的国内首个以科技、财经为主要特色的平台级主流移动新闻客户端"读创"正式上线，同时，集团原技术管理中心经改造后也正式实行公司化运营，挂牌成立深圳市创意智慧港科技公司。

12月30日 国家海洋局深圳海洋综合管理示范区在深揭牌，深圳由此成为全国首个海洋综合管理示范区。地处粤港澳大湾区、21世纪海上丝绸之路重要节点的鹏城，又担负起国家赋予的新任务、新使命，海洋经济发展同时迎来重大机遇和新的平台。

2017 年

  1月5日 厦深铁路（高铁）的深圳－惠州－汕尾段正式开通。"捷运化城际列车"利用厦深铁路的富余运力开行短途班次，并推动高铁"公交化"运营，为三个城市的密集通勤提供便利。

  1月8日 中共深圳市委六届五次全会召开，会议决定，将2017年确定为"城市质量提升年"。这意味着深圳城市规划、建设和管理等各方面工作，都要围绕质量提升开展，始终坚持深圳质量、深圳标准的引领地位。这是深圳"换帅"后的第一次市委全会。

  1月9日 深圳海关与招商局集团签署战略合作备忘录。双方决定，进一步扩大和深化全面战略合作，加快推动前海蛇口自贸片区建设，提升贸易便利化，服务"一带一路"倡议，打造"关企"合作典范。

  1月12日 深圳市政协六届三次会议大会发言在深圳会堂举行。30多名政协委员代表各界对深圳政治、经济、文化、生态等领域的工作积极建言献策。委员们"抢麦"不断，亮点纷呈。市委书记、市长许勤不时回应委员的观点，与委员互动交流。

  1月17日 深圳市六届人大三次会议闭幕。今年的两会，深圳明确了城市的新定位和新使命，并确立了实现新定位和新使命的发展路径。2015年初，习近平总书记寄语深圳，在"四个全面"上创造新业绩，努力使经济特区建设不断增创新优势、迈上新台阶。

  1月20日 省委常委、市委书记、市长许勤，市人大常委会主任丘海，市委副书记、政法委书记李华楠等市几套班子领导，与深圳老领导、老同志代表欢聚一堂、通报工作、听取意见、共话发展，并向各位老领导、老同志送上新春祝福。

2月13日 省委常委、市委书记、市长许勤主持召开市政府六届六十九次常务会议，审议并原则通过了《深圳经济特区一体化建设攻坚计划（2017—2020年)》。

2月14日 深圳召开全市环境保护工作会议，贯彻落实全国生态文明建设工作推进会、全国全省环境保护工作会议精神和中央环保督察要求，部署推进深圳市生态环境领域供给侧结构性改革。

2月27日 2017年全国物品编码工作会议在深圳召开。质检总局党组成员、国家标准委主任田世宏出席并讲话，深圳市副市长、市场和质量监督管理委员会主任陈彪致辞。

3月1日 从深圳市深化商事登记制度改革座谈会了解到，深圳多项改革新举措在全国全省被复制推广，国家和省工商主管部门对深圳商事登记制度改革表示肯定。国家工商总局副局长马正其，深圳市副市长、市场和质量监管委主任陈彪出席座谈会。

3月2日 在深全国人大代表再增两人，达到13名。在深全国人大代表连续多年增员，相较于十二届全国人大一次会议时的7名代表，人数接近翻番。今年新增的两名代表都备受关注。一名是南方科技大学第二任校长陈十一，另一名是辞去济宁市长一职加入华大基因并出任深圳国家基因库主任、华大农业集团董事长的梅永红。这两名代表都是因为工作调动而与深圳结缘的。

△ 为深入贯彻落实市委市政府"城市质量提升年"战略部署，市国资委正式发布《深圳市属国资国企"城市质量提升年"十大行动计划》，涵盖科技园区、创新载体、混合所有制改革、城市公共安全等经济社会发展多个层面，覆盖海空港、水电气、米袋子、菜篮子等与市民日常生活息息相关的公共服务领域。

△ 广东省委常委、深圳市委书记、市长许勤2日下午会见中国交通建设集团有限公司总裁陈奋健一行。双方表示，将按照法治化市场化原则，进一步加强在总部经济、国企改革、基础设施建设等领域的务实合作，实现互利共赢、共同发展。市领导郭永航、刘庆生参加会见。

△ 在巴塞罗那举行的世界移动通信大会（"MWC"）上，华为、TCL等深圳企业强势亮相，携带最新通信产品抢占5G技术发言权，布局产业未来。作为全球移动通信领域最具规模和影响力的展会，MWC每年都会吸引世界各国的行业领先企业云集，展示最尖端的移动通信科技。作为全球移动终端制造商，TCL通讯展出了BlackBerry KEYone智能手机、Alcatel A5 LED手机、高清智能Alcatel A3手机、简单易用的Alcatel U5手机和Alcatel PLUS 12二合一平板电脑在内的多款产品。同时，

作为 5G 技术推动者，TCL 通讯与香港应用科技研究院共同演示了软件无线电终端与商用级 TD-LTE 小基站之间的交互操作技术，吸引了国际产业巨头的关注。

3 月 3 日　在十二届全国人大五次会议中作为来自深圳的全国人大代表，马化腾对于广东、深圳的发展格外关注。他认为，着力打造粤港澳世界级科技湾区，不仅有助于促进和维护香港、澳门长期繁荣稳定，也是落实国家创新驱动发展战略、加快建设世界科技强国的必然要求。

△　深圳市召开加强和改进高校思想政治工作座谈会，会议传达学习了中央《关于加强和改进新形势下高校思想政治工作的意见》，并研究部署进一步加强和改进深圳市高校思想政治工作。会议强调，中央和省委、市委高度重视新形势下高校思想政治工作，全市各高校要进一步增强紧迫感、责任感和使命感，坚持全员全过程全方位育人，切实抓好基础建设和基础工作，推动高校思想政治工作和党的建设强起来。市委常委、宣传部长李小甘，副市长吴以环出席了座谈会。

△　由深圳市残联主办、深圳市特殊需要儿童早期干预中心承办的主题为"防聋治聋 精准服务"——深圳市第 18 次全国"爱耳日"宣传教育活动于今天下午至晚间在深圳中心书城北广场举行。市委常委、市政府党组成员刘庆生出席活动。

△　副市长吴以环会见瑞士伯尔尼州经济部部长克里斯托夫·阿曼率领的代表团一行。双方表示，将搭建更多平台，继续深化职业教育、生物、新一代信息技术、钟表等领域的交流与合作。据了解，2015 年 2 月深圳与伯尔尼州签署《建立友好城市关系协议书》以来，双方合作日益紧密。

3 月 4 日　深圳市委常委、常务副市长张虎，市委常委、市政府党组成员刘庆生率队前往深圳大学附属医院（学府医院）、深圳大学西丽校区、大沙河中下游段综合治理工程调研时指出，各级各部门要全面落实市委市政府"城市质量提升年"工作要求，在加快建设、安全施工的同时，提高建设质量、打造精品工程。张虎、刘庆生一行首先来到深圳大学附属医院、深圳大学西丽校区施工现场，要求各部门坚定"质量第一"意识，做精设计、施工、管理等各个层面，在环境绿化、项目用材等方面中提升施工水平，避免重复建设。在大沙河中下游段综合治理工程现场，市领导一行沿河察看了大沙河景观标慢行系统、河口水闸、截污泵站、污水处理装置和景观节点，强调各相关部门应发挥各自技术优势，加强对接工作，推动防洪排涝、水质改善、生态修复、景观营造设计等工作有效开展。市人居环境委、住房建设局、水务局、城管局、工务署及南山区相关负责人陪同调研。

3 月 5 日　上午，首届深圳志愿文化峰会在市少年宫召开，分享深圳志愿精神传承创新，共议城市志愿服务发展战略，并发布三项志愿服务行动计划。市政协副主席王璞出席峰会。

　　△　由深圳市旅游协会、深圳市旅行社行业协会共同主办的东南亚专业委员会成立大会在深圳马哥孛罗好日子酒店举行。深圳市文体旅游局旅游监督管理处处长吴波、副处长周前、深圳市旅游协会副会长兼秘书长宋强出席了成立大会。会议还特别邀请了东南亚各国旅游局相关负责人参加。

　　3月6日　大鹏新区编制的深圳首张自然资源资产负债表通过专家评审验收。这标志着大鹏新区在全国率先实现了自然资源的资产化管理。

　　3月7日　记者从深圳机场获悉，日前深圳-胡志明-雅加达的货运航线正式开通。据悉，这是深圳机场今年首条新开的国际货运航线。至此，深圳已开通国际及地区全货机航线16条，国际及地区货运通航点增至16个。

　　3月9日　下午，副市长陈彪率市经信委、财政委、市场监管委、卫计委、住建局、地税局、金融办、国税局及南山区政府等有关部门负责人前往企业开展服务活动。他表示，市政府将认真研究企业存在的困难与需求，想方设法予以解决。陈彪一行先后来到深圳市锐迅供应链管理有限公司、深圳天源迪科信息技术股份有限公司调研，详细了解两家企业的生产经营状况及遇到的实际困难。其中，锐迅公司提出希望可给予更多的人才引留政策、更好的金融服务条件，并建议海关能提高税票处理速度并解决上游供应商的发票问题。天源迪科公司希望扩容办公空间，解决软件开发企业"营改增"后增值税方面的问题。

　　△　深圳市卫生计生委首次发布了医院科技影响力排行榜——深圳市"十二五"医院科技影响力排行榜，对全市52家二级以上医院进行了评估，形成综合榜单和26个学科的单项榜单，深圳市第二人民医院夺得综合排名第一位，并且在学科单项排名中夺得7个单项冠军，成为大赢家。

　　3月10日　深圳墨尔本生命健康工程学院首届联合管理委员会成立仪式在龙岗区国际低碳城交易馆举行。副市长吴以环出席仪式并表示，深圳市将全力支持学院发展，并寄语学院早日培养出高端人才。

　　△　教育部最近公布首批深化创新创业教育改革示范高校名单，包括深大在内的全国99所高校入选。

　　3月11日　下午，在十二届全国人大五次会议召开的记者会上，全国政协副主席、科技部部长万钢就"2016年创新驱动发展战略实施进展成效和2017年重点工作"回答记者提问。他频频"点赞"深圳的科技创新工作，并寄望深圳在建设创新型城市方面取得更多成绩，发挥更大的创新示范效应。

　　△　深圳市工商联（总商会）昨日举行七届二次执委（理事）会议，来自市、

区工商联和市非公党委直属基层党组织等相关机构负责人 500 多人参会，并共同见证市工商联（总商会）青年企业家工作委员会揭牌。市委常委、统战部长林洁出席会议并讲话，市领导蒋宇扬、刘润华出席会议。

3 月 12 日　经层层遴选与审慎评比，深圳市 2016 年度"十大法治事件、十佳最美干警、十优法学成果"名单于 10 日揭晓。"深圳市委带头建立党委法律顾问制度"等入选"十大法治事件"，记录与见证深圳加快一流法治城市建设步伐。深圳市委副书记、政法委书记、市法学会会长李华楠，市人大常委会副主任高振怀，副市长、市公安局局长徐文海，市政协副主席黎军出席发布仪式。同时出席发布仪式的还有市中级人民法院院长万国营、市人民检察院检察长王雁林、最高人民法院第一巡回法庭副庭长续文钢等。

3 月 13 日　深圳市委常委、统战部长林洁会见了广西崇左市委书记、市人大常委会主任刘有明率队的崇左市考察团一行。双方认为，深圳和崇左都拥有丰富的旅游资源，发展文化旅游产业潜力巨大，未来要在发掘旅游资源、优化产业管理、吸引两地居民互访等方面继续加强合作。

3 月 14 日　"启爱空间"区域性第一站启动仪式在深圳市举行。中国妇女发展基金会白衣天使基金项目办主任霍海云、深圳市妇女联合会副巡视员王晓丹、深圳市妇幼保健院副院长吴波、深圳市妇幼保健院保健部主任陈斌及惠氏营养品大中华区企业沟通副总裁曹敬衡等出席了启动仪式。

3 月 16 日　广东省委常委、深圳市委书记、市长许勤与美国北卡罗来纳州夏洛特市市长罗熙瓯在深圳签署《友好交流合作备忘录》，深圳与夏洛特正式缔结友好交流城市。至此，深圳在全球已拥有 83 座国际友城。

△　由深圳报业集团和深圳地铁集团合资组建的深圳报业地铁传媒有限公司在市民中心揭牌成立，这标志着两大集团在融合发展、转型发展、创新发展上迈出了新步伐，也是深圳国资单位合作和文化体制改革的创新成果展现。市委常委、宣传部部长李小甘，市委常委、市政府党组成员刘庆生出席了揭牌仪式。

3 月 18 日　上午，广东省委常委、深圳市委书记、市长许勤带队来到深圳大学西丽校区参加义务植树活动。

△　总部位于瑞士日内瓦的世界经济论坛公布了 2017 年"全球青年领袖"入选名单，全球 100 位入选者中有 10 名来自中国，柔宇科技创始人、董事长兼 CEO 刘自鸿博士名列其中。他是深圳首位当选"全球青年领袖"的青年。

3 月 19 日　教育部近日发布了深大的新增专业名单，包括心理学、风景园林、地理空间信息工程、电气工程及其自动化 4 个专业。至此，深大的本科专业数量达到 90 个。

3 月 20 日 下午，深圳市政府教育督导委员会成立暨市第五届督学聘任大会在市民中心举行，记者在会上获悉，市政府教育督导委员会负责统筹规划全市教育督导改革工作，督促协调市有关部门履行教育职责和落实教育工作部署。副市长吴以环出席会议并为市督学代表颁发聘书。

3 月 21 日 广东省委常委、深圳市委书记、市长许勤会见了江西省委常委、赣州市委书记李炳军率领的赣州市考察团一行。双方表示将加强对接，从经贸、文化、旅游、教育等多个方面推动两地合作，更好地服务两地发展、造福两市人民。

△ 广东省委常委、深圳市委书记、市长许勤，市人大常委会主任丘海先后会见了日本筑波市市长五十岚立青率领的代表团一行。

△ 第四十九号深圳市第六届人民代表大会常务委员会第十五次会议于 2017 年 3 月 21 日表决通过任命：杨瑞、曾迈为深圳市第六届人民代表大会法制委员会委员；王继良、王跃平、严明、李一坚、李献荣、陈佩瑜、林杰三、罗丽娟为深圳市人大常委会选举联络人事任免工作委员会委员。免去：李讯的深圳市人大常委会经济工作委员会副主任职务；王晓星、文枫、任健、刘凯章、孙红明、欧瑞志、周建明、高自民、雷卫华的深圳市人大常委会选举联络人事任免工作委员会委员职务。

3 月 22 日 广东省委常委、深圳市委书记、市长许勤会见汇丰控股有限公司集团行政总裁欧智华一行。双方表示将积极把握"一带一路"倡议实施和粤港澳大湾区建设等重大机遇，加强在金融创新、绿色发展等多方面合作，努力实现共赢发展。

3 月 23 日 深圳市委常委、常务副市长张虎出席了宝安区管道燃气入户工程 2016 年试点项目通气暨 2017 年入户工程集中开工活动，随后对宝安区安全生产进行暗查暗访。

3 月 24 日 深圳市副市长吴以环昨日会见联合国教科文组织文化助理总干事弗朗西斯科·班德林，双方就未来两年在文化领域的进一步合作进行了深入交流。

△ 深圳市政府在水源大厦召开了 2017 年深圳市三防工作会议，对全市防汛防旱防风工作进行总结和部署。市委常委、常务副市长、市三防指挥部总指挥张虎出席会议并做重要讲话，各区、新区分别设立了分会场。

3 月 25 日 深圳"一带一路"国际音乐季开幕音乐会在深圳音乐厅举行，来自"一带一路"沿线的波兰、哈萨克斯坦、斯洛伐克等 17 个国家和地区的音乐家与深圳交响乐团组成"一带一路"节日交响乐团，共谱中国人民与世界人民和谐共生、和睦共融的华章。音乐会拉开了为期 23 天音乐季的序幕，从 3 月 25 日到 4 月 16 日，来自近 30 个国家和地区 12 个艺术团体的 700 多位中外艺术家，将带来 16 场各具特色的国际精品演出。

3月26日　"白求恩·爱的支撑"骨科大型公益活动暨 2017 年深圳市骨科大师讲坛在北京大学深圳医院举行。副市长吴以环，市政协副主席、市医管中心主任王大平出席了昨天的活动。

3月27日　第 21 期"全球金融中心指数"（GFCI）报告在中国深圳和意大利米兰两个会场同时发布。伦敦、纽约、新加坡位列全球金融中心前三，深圳排名全球第 22 位。

△　广东省委常委、深圳市委书记、市长许勤会见了常州市委书记、市人大常委会主任费高云和市长丁纯率领的常州市党政代表团一行。双方表示，将加强对接交流，相互借鉴发展经验，充分发挥比较优势，促进两市务实合作，携手为全国发展大局做贡献。市领导郭永航、艾学峰，常州市领导徐光辉、蔡骏、曹佳中、周斌等参加会见。

△　广东省委常委、深圳市委书记、市长许勤会见了中国电力建设集团公司董事长晏志勇一行。双方表示，将加强多领域务实合作，高效、安全推进水环境治理、轨道交通等领域重点项目建设，努力以一流质量、一流标准打造一批具有示范意义的优质项目，更好地服务和支撑新时期深圳城市发展。市领导张虎、郭永航，中国电建集团公司相关负责人王民浩等参加会见。

△　深圳市副市长艾学峰会见了瑞士德科集团首席执行官阿兰·德阿茨一行。双方就人力资源创新合作模式等具体事宜深入交流。

3月28日　广东省委常委、深圳市委书记、市长许勤会见了清华大学副校长、中国科学院院士施一公一行。双方表示，将在国际校区、产学研等方面深化合作，进一步强化基础研究，加快成果转化，携手推动深圳建设国际科技、产业创新中心，共同为我国早日建成世界科技强国做贡献。市领导郭永航、艾学峰参加会见。

3月29日　作为全国无人机产业基地的深圳，在细分领域的自主研发取得新突破。高科新农正式发布第四代植保无人机，作业精度提升至厘米级。国家"千人计划"特聘专家兰玉彬教授、中国农业机械化协会农用航空分会主任杨林等出席。

3月30日　广东省委常委、深圳市委书记、市长许勤会见了由全国人大常委会副秘书长、外事委员会副主任、中国科学院院士郭雷率领的全国无党派人士考察团一行。许勤介绍了近年来深圳与"一带一路"沿线国家和地区经贸、产业、文化、科技等领域合作交流情况，表示将着力推动粤港澳大湾区建设，加快打造"一带一路"倡议桥头堡，努力做出特区新贡献。

3月31日　当地时间 3 月 29 日，深圳能源集团巴布亚新几内亚拉姆 II 期水电站项目启动仪式在巴新首都莫尔兹比港举行，标志着深圳能源 PNG 水电开发有限公司正式成立。该项目将纳入"一带一路"沿线国家重点建设项目，投产后将大为改善当地电力供应紧缺局面。中国驻巴新大使李瑞佑，巴新国内政要，深圳市委常委、常务副市长张虎等中外嘉宾出席了项目启动仪式。

△　深圳市副市长陈彪到光明新区开展挂点社会安全、安全生产和信访维稳工作调研，并在新区召开座谈会。他对新区近一年来的工作表示肯定，强调要进一步加大社会安全、安全生产和信访维稳工作的组织力度，围绕重点领域开展专项整治，加强专业监管，进一步健全体制机制，确保新区平安稳定发展。

3 月 27 ~ 31 日　深圳市委常委、常务副市长张虎率深圳代表团访问巴新，与巴新总理彼得·奥尼尔等中外嘉宾共同见证了深圳能源集团拉姆 II 期水电站项目启动，并调研深圳市援建学校及深企在巴新落地项目的最新进展。

4 月 1 日　深圳市第六届人民代表大会常务委员会第十二次会议审议了深圳市人民政府关于提请审议废止《深圳经济特区实施〈中华人民共和国固体废物污染环境防治法〉若干规定》等三项法规的议案，决定废止《深圳市会计条例》（2004 年 8 月 27 日深圳市第三届人民代表大会常务委员会第三十三次会议通过，2004 年 9 月 24 日广东省第十届人民代表大会常务委员会第十三次会议批准）。本决定自公布之日起生效。

4 月 2 日　深圳召开全市领导干部会议，宣布中央和省委关于深圳市委主要领导职务任免的决定。近日，中央批准，王伟中同志任广东省委委员、常委和深圳市委书记，免去许勤同志的广东省委常委、委员和深圳市委书记职务；许勤同志不再担任深圳市市长职务，按有关法律规定办理。广东省委批准，王伟中同志任深圳市委委员、常委，免去许勤同志深圳市委常委、委员职务。根据中央决定，许勤同志已担任河北省委委员、常委、副书记。

4 月 3 日　据深圳检验检疫局透露，国家质检总局发布公告，深圳迈瑞生物医疗电子股份有限公司生产的血液细胞分析仪、病人监护仪，获得生态原产地保护，标志着深圳生态原产地保护产品实现零的突破。

4 月 6 日　中国法治论坛（2017）在深圳成功举行。本次论坛由中国法学会，深圳市委、市政府和广东省法学会联合主办，主题为"统筹推进依法治国与依规治党"。中国法学会会长王乐泉出席论坛并讲话。中国法学会党组书记、常务副会长陈冀平主持论坛开幕式并做总结讲话。省委常委、市委书记王伟中，省法学会会长梁伟发出席论坛开幕式并致辞。中国法学会副会长鲍绍坤、张鸣起、张文显、王其江、江必新、徐显明、任海泉、李林，副省长、省公安厅厅长李春生，天津市法学会会长散襄军，市委副书记、政法委书记李华楠等出席论坛。

4 月 9 日 第五届中国电子信息博览会在深圳会展中心开幕，展会面积超过 10 万平方米，吸引来自全球超过 1700 家行业领军企业参展，重点发布 4000 多件新产品新技术。工信部副部长刘利华、广东省副省长袁宝成、深圳市副市长陈彪出席开幕式。

4 月 10 日 作为深圳创新"十大行动计划"的重要组成部分，由诺贝尔化学奖获得者领衔的两个实验室昨日落户香港中文大学（深圳）。两位科学家将组建世界一流团队，在深打造创新药物开发和计算生物两所实验室，加速创新成果产业化进程，为深圳创新驱动发展做出积极贡献。市委常委、常务副市长张虎，诺奖获得者阿里耶·瓦谢尔和布莱恩·科比尔卡，香港中文大学（深圳）校长徐扬生院士等中外嘉宾共同见证实验室揭牌。

△ "皇冠上的明珠：欢迎到硅洲"。最新出版的《经济学家》杂志（4 月 8 日），发表题为《深圳已成为创新温室》的万字长篇特别报道，就深圳为何成了世界创新和发明的"皇冠上的明珠"、如何改写世界创新规则、怎样培育创新型企业集群进行系统而生动的分析，并给深圳一个比硅谷更为传神的美名——"硅洲"（Silicon Delta）。

4 月 11 日 省委常委、市委书记王伟中会见来深出席"2017 深圳国际石墨烯高峰论坛"的诺贝尔物理学奖得主、石墨烯发现者、英国曼彻斯特大学教授安德烈·海姆爵士一行。中国科学院院士成会明、谢毅，市领导张虎、郭永航参加会见。

△ 广东省委常委、深圳市委书记王伟中会见了由台湾青年发展基金会董事长连胜文率领的台湾青创汇深圳交流访问团一行。省台办主任黄耿城，市领导林洁、郭永航参加会见。

4 月 12 日 深圳市太赫兹制造业创新中心成立挂牌仪式在宝安区西乡街道举行。这是国内首家将太赫兹技术与电子信息制造业相融合的创新中心，也是我市首个启动的制造业创新中心。深圳职业技术学院、华讯方舟、深圳市太赫兹研究院三方签约仪式暨客座教授受聘仪式同时举行。副市长陈彪出席仪式。

4 月 13 日 广东省委常委、深圳市委书记王伟中会见澳门特区政府经济财政司司长梁维特一行。双方表示，将在"一国两制"方针和粤澳合作框架下，抢抓粤港澳大湾区建设机遇，进一步加强两地合作，搭建多层次交流平台，促进经贸、科技、医药、教育和旅游等领域交流合作取得新进展、实现新突破。市领导郭永航、陈彪参加活动。

4 月 14 日 深圳市委常委、统战部部长林洁出席坪山区委理论学习中心组（扩大）会议，为坪山区党员干部做题为"新形势下统一战线基本理论与政策"的辅导报告。

△ "活力澳门推广周"在深圳会展中心正式开幕。澳门特别行政区经济财政司司长梁维特、深圳市副市长陈彪等出席。本次推广周将持续至16日。

4月15日 由国家外国专家局和深圳市人民政府主办的第十五届中国国际人才交流大会在深圳开幕。中共中央政治局委员、国务院副总理马凯出席开幕式并讲话，中共中央政治局委员、广东省委书记胡春华，全国政协副主席齐续春出席开幕式。

4月16日 历时23天的2017首届深圳"一带一路"国际音乐季，画下完美句号。昨晚，音乐季闭幕式音乐会在深圳保利剧院举行，在著名指挥家胡咏言的执棒下，中国国家交响乐团奏响了恢宏之音，将这一场高水准、高规格的城市艺术节庆推向最高潮。中国文联副主席、中国音协主席叶小钢，中国音协副主席关峡，深圳市委常委、宣传部部长李小甘，深圳市副市长吴以环出席了闭幕式音乐会。

△ 深圳市委常委、常务副市长张虎率队到龙岗区吉祥社区、龙华区同胜社区调研基层安全管理和消防安全工作，并召开现场办公座谈会。

4月17日 从"2016年广东省知识产权保护状况新闻发布会"获悉，2016年全省有效发明专利16.8万件，连续7年居全国首位。企业发明专利申请和授权量占全省总量比例均超70%，3家广东企业PCT国际专利申请跻身全球20强，中兴和华为分列世界第一和第二；深圳大学首次跻身全球高校PCT国际专利申请前20强。

4月18日 深外国际部接到IB组织通知，已通过并获得IB大学预科项目（DP）授权。这是学校建校5年多以来，继IB小学项目（PYP）和IB中学项目（MYP）之后获得的第三个IB课程项目授权，实现幼儿园到大学预科连贯的国际教育。到2019年，深外国际部将向世界各地的大学输送第一批12年级大学预科班毕业生。

4月19日 广东省委常委、深圳市委书记王伟中会见了招商局集团董事长李建红一行。

双方表示，将认真学习贯彻习近平总书记系列重要讲话精神和治国理政新理念新思想新战略特别是对广东工作重要批示精神，进一步加强在前海蛇口自贸片区、金融、港口等领域合作，为全国全省发展大局做出更大贡献，努力在新起点上再创新局。市领导张虎、田夫参加会见。

△ 深圳市贸促委与广西百色市对口帮扶部门签订战略合作框架协议，双方将携手进行深入的交流与合作。深圳市副市长陈彪，百色市委常委、沿边开发开放试验区党工委书记周武红出席并见证签约。

△ 中国内衣文化周暨 SIUF 中国（深圳）国际品牌内衣展在深圳会展中心开幕，800 多家品牌及企业携最新时尚内衣技术和产品亮相，吸引全球时尚界关注的目光。深圳市副市长陈彪宣布开幕。国家工信部消费品工业司司长高延敏、中国纺织工业联合会副会长徐迎新、中国商业联合会副会长王耀等出席。

4 月 20 日 广东省委常委、深圳市委书记王伟中会见了团中央书记处第一书记秦宜智。秦宜智介绍了共青团深化改革攻坚、推进从严治团、实施中长期青年发展规划等方面的情况，希望深圳大胆探索、勇于创新，为做好共青团工作创造更多可复制可推广的经验。团省委书记池志雄，市领导李华楠、林洁、郭永航参加相关活动。

△ 深圳市副市长吴以环率队前往斯达高瓷艺发展（深圳）有限公司、深圳市华阳国际工程设计股份有限公司开展对口服务企业活动，现场听取企业的诉求、意见和建议，协调相关部门落实解决方案。

4 月 21 日 由深圳市政府主办，市设计之都推广办、市对外文化交流协会承办的首届深圳设计周在蛇口价值工厂开幕。作为落实《深圳文化创新发展 2020（实施方案）》的重点项目，设计周吸引了来自美国、法国、意大利等数十个国家和地区的 200 多位设计师参展，作品总数超过 2000 件，同时设立"深圳环球设计大奖"。国际设计理事会主席大卫·格罗斯曼、世界设计组织主席路易莎·波切托、英国特许设计师协会执行官弗兰克·彼得斯、法国世界级建筑设计大师德尼斯·岚明等与深圳市委常委、宣传部部长李小甘，副市长吴以环，市政协副主席王璞出席开幕活动。

△ 广东省委常委、深圳市委书记王伟中会见了中国电子信息产业集团有限公司董事长芮晓武一行。双方表示，将充分发挥各自优势，进一步深化在基础研究、核心技术、重大项目等方面的合作，携手加快国际科技、产业创新中心建设，推动深圳在新起点上再创新局，争当"四个坚持、三个支撑、两个走在前列"的尖兵。市领导郭永航、陈彪，中国电子副总经理陈旭参加活动。

4 月 22 日 在梧桐·创新城市论坛暨金奖颁奖礼上，包括柔宇科技、华大基因以及厉伟在内的 26 家企业（单位、个人）荣获深圳知识产权梧桐金奖。广东省知识产权局副局长谢红、深圳市政协副主席王大平等出席颁奖典礼。

△ 广东省委常委、深圳市委书记王伟中会见了中国电子科技集团公司总经理刘烈宏一行。双方表示，将进一步加强在新型智慧城市建设、军民融合、技术研发、成果转化等方面合作，共同推动深圳在新起点上再创新局，勇当"四个坚持、三个支撑、两个走在前列"的尖兵。市领导张虎、郭永航、陈彪参加会见。

△ "魅力广东 邮动鹏城"第37届全国最佳邮票评选颁奖大会在深圳广电大厦举行。中华全国集邮联合会会长杨利民,国家邮政局副局长赵晓光,中国邮政集团公司副总经理李丕征,深圳市委常委、宣传部部长李小甘出席活动并进行颁奖。

4月23日 深圳市副市长艾学峰在深会见了乌兹别克斯坦地方领导人代表团一行。双方表示,在中、乌两国良好合作关系的基础之上,深圳与乌兹别克斯坦相关城市将围绕"一带一路"倡议,进一步加强在经济、社会、文化、旅游特别是经济特区建设发展等各领域的交流合作,实现共赢发展。乌兹别克斯坦撒马尔罕市市长沃希德·拉希莫夫等代表团成员参加会见。

△ 第九届深港澳台博士生南山学术论坛昨日在深圳大学城举办,吸引了香港大学、香港科技大学、澳门大学、澳门科技大学、台湾新竹清华大学等港澳台高校,以及内地近百余所知名院校的积极参与。

4月24日 广东省委常委、深圳市委书记王伟中会见了鹰潭市委书记、市长曹淑敏率领的考察团一行。双方表示,将认真贯彻落实习近平总书记系列重要讲话精神和治国理政新理念新思想新战略,加强两地在电子信息产业发展、智慧城市建设等领域合作,努力为全国发展大局做贡献。市领导艾学峰,鹰潭市领导于秀明、肖良、戴春英等参加会见。

△ 深圳市委副书记、政法委书记、光明新区党工委书记李华楠会见到访的中山大学党委书记陈春声、校长罗俊一行,双方就中山大学·深圳建设中存在的问题进行交流协商。

△ 2017年亚太国际社工大会筹备会日前在深召开。国家民政部副部长、中国社会工作联合会会长宫蒲光,国际社工联亚太区主席木村真理子一行,到龙岗区考察指导2017年亚太国际社工大会筹备情况,并举行座谈会。市民政局局长廖远飞等领导陪同考察。

4月25日 广东省委常委、深圳市委书记王伟中会见了肇庆市委书记、市人大常委会主任赖泽华,市长陈旭东率领的肇庆市党政代表团一行。双方表示,将认真学习贯彻习近平总书记对广东工作重要批示精神,进一步加强两市在产业、交通、创新等领域合作,努力为全省发展大局做出更大贡献。市领导张虎、郭永航、高振怀、刘润华,肇庆市领导孙德、郑剑戈、陈列、陈宣群、李腾飞等参加会见。

4月26日 广东省委常委、深圳市委书记王伟中会见了联想集团董事长兼首席执行官杨元庆一行。双方表示,将进一步深化在电子信息产业、人工智能、智慧城市、消费电子等方面的合作,携手加快国际科技、产业创新中心建设,推动深圳在新起点上再创新局,勇当"四个坚持、三个支撑、两个走在前列"的尖兵。市领导张虎、郭永航参加会见。

4 月 27 日　第十九届高交会组委会第一次会议在京召开，国家有关部门负责人出席会议，高交会组委会副主任兼秘书长、深圳市副市长陈彪主持会议。据悉，以"聚焦创新驱动，提升供给质量"为主题，第十九届中国国际高新技术成果交易会将于今年 11 月 16 日至 21 日在深圳举办。

4 月 28 日　深圳市委常委、常务副市长张虎会见了英国金丝雀码头集团主席兼首席执行官乔治·伊克贝斯科爵士一行。张虎代表省委常委、市委书记王伟中欢迎乔治·伊克贝斯科爵士一行再次到访深圳，他表示，深圳期待加强与金丝雀码头集团的务实合作，携手加快推动有关项目建设，更好地落实"一带一路"倡议，打造中英两国合作的样板。乔治·伊克贝斯科爵士说，每次到深圳都给他留下非常深刻的印象，金丝雀码头集团希望加快与深圳在金融业创新等领域的合作，实现共赢发展，为促进中英两国交流合作做出贡献。市政府秘书长李廷忠参加会见。

4 月 30 日　在中国博士后科学基金会日前公布的第 61 批面上项目资助名单中，深圳大学有 51 个项目入选，单位获资助项目数位居全国第 10。在去年公布的第 60 批面上项目资助名单中，深圳大学也是排在全国第 10 位。

5 月 2 日　中国共产党深圳市代表会议召开。出席本次会议的市党代表共 430 名，符合有关规定。会议选举产生了 44 名深圳市拟出席中国共产党广东省第十二次代表大会代表。省委常委、市委书记王伟中主持会议并讲话。

△　广东省委常委、深圳市委书记王伟中会见科技部副部长黄卫一行。双方表示，将深入学习贯彻习近平总书记系列重要讲话精神和治国理政新理念新思想新战略，积极推动深圳参与国家重点研发计划、重大基础研究项目等，加快打造国际科技、产业创新中心，为建设世界科技强国做出更大贡献。市领导张虎、郭永航参加会见。

5 月 3 日　广东省委常委、深圳市委书记王伟中会见了辽宁省委副书记、沈阳市委书记王蒙徽一行。双方表示，将深入贯彻习近平总书记系列重要讲话精神和治国理政新理念新思想新战略，相互学习借鉴，发挥各自比较优势，进一步加强产业、创新等领域合作，携手为全国发展大局做出更大贡献。市领导郭永航、田夫，沈阳市领导连茂君、阎秉哲参加会见。

5 月 4 日　深圳市副市长吴以环会见香港大学副校长何立仁教授一行。双方表示，将共同推进全球顶尖大学的先进教育经验和深圳创新企业家集聚的优势相结合，建设创新企业家培养培训高端平台，并进一步深化在医疗、创新等各领域合作，取得更多实质性成果，实现共赢发展。英国剑桥大学贾吉商学院有关负责人参加会见。

△ 深圳市人大常委会举行党组中心组理论学习（扩大）会议。市人大常委会副主任高振怀围绕"文学功能与文学解读"的主题，为人大机关党员干部上了一堂生动的中国文学辅导课。市人大常委会主任丘海，常务副主任罗莉，副主任蒋宇扬、刘恩、乔家华，秘书长石岗出席会议。

△ 广东省委常委、深圳市委书记王伟中会见了全国政协副主席、香港特别行政区行政长官梁振英一行。梁振英指出，港深渊源深厚，人员来往密切，各自优势的互补性很强，具有多层次、全方位合作的良好基础。香港特区政府愿在"一国两制"方针指导下和粤港合作框架下，把握粤港澳大湾区规划建设机遇，在科技创新、金融服务、教育文化、医疗卫生等领域深化与深圳的合作，促进人流、物流、资金流、信息流畅通，共同促进两地更好发展。

王伟中说，深圳正在深入学习宣传贯彻习近平总书记对广东工作的重要批示精神，努力在新起点上再创新局。希望深港进一步提升合作层次和水平，共同推动粤港澳大湾区规划建设、前海开发开放、落马洲河套开发建设等工作，携手推进两地更紧密合作，把"一国两制"成功实践推向前进，向世界展示中国特色社会主义制度的优越性。市领导郭永航、艾学峰，香港特别行政区创新及科技局局长杨伟雄等参加会见。

△ 广东省委常委、深圳市委书记王伟中会见了中国核工业集团公司总经理钱智民一行。双方表示，将进一步加强在总部经济、科技创新、军民融合等方面的合作，推动深圳在新起点上再创新局，勇当落实"四个坚持、三个支撑、两个走在前列"的尖兵。市领导郭永航、艾学峰，中核集团副总经理和自兴参加会见。

△ 第二届 CE China 中国深圳电子消费品及家电品牌展在深圳会展中心开幕。展览面积逾 15000 平方米，吸引全球超过 120 家国际品牌参展商展示最新科技和产品。深圳市副市长陈彪、柏林展览有限公司行政总裁戈克出席活动。

5 月 6 日 前海公共安全科学研究院揭牌。市委常委、前海蛇口自贸片区管委会主任田夫致辞时表示，截至 2016 年底，前海累计建成交付 89 栋建筑，建筑面积达 122 万平方米，国际金融城、自贸城、香港现代产业城和国际性枢纽港等"三城一港"拔地而起，成为 21 世纪城市建设新典范。

5 月 8 日 广东省委常委、深圳市委书记王伟中专题调研金融机构与企业。他强调，要深入学习贯彻习近平总书记系列重要讲话精神和治国理政新理念新思想新战略，认真落实习近平总书记在中共中央政治局第四十次集体学习时关于金融工作的重要指示精神，切实维护金融安全，大力推动金融业做强做优，助推深圳加快建设现代化国际化创新型城市和国际科技、产业创新中心，争当"四个坚持、三个支撑、两个走在前列"的尖兵。

△ 深圳市委常委、宣传部部长李小甘前往南山区调研了文化科技企业及文博会分会场，了解企业的最新发展情况，提出期望和建议。

5 月 10 日 广东省委常委、深圳市委书记王伟中会见了清华大学校长邱勇、图灵奖得主姚期智一行。双方表示，将发挥各自优势，坚持开放式办学，加快推进清华大学深圳国际校区、清华－伯克利深圳学院建设，助力清华大学在创建世界一流大学方面走在前列，助力深圳当好"四个坚持、三个支撑、两个走在前列"的尖兵。清华大学副校长杨斌、尤政，贺克斌院士，市领导张虎、郭永航参加会见。

△ 广东省委常委、深圳市委书记王伟中分别会见了国家开发投资公司董事长王会生、中国检验检疫学会会长魏传忠一行和三一集团董事长梁稳根一行。在会见王会生、魏传忠一行时，双方表示，将加强在检验检测认证机构改革、质量品牌电商支撑体系、艺术品鉴证质量溯源体系等方面的合作，助力战略性新兴产业和未来产业发展。市领导张虎、郭永航、陈彪，中国检验检疫学会副会长武津生，三一集团总裁唐修国等参加会见。

△ 深圳市副市长艾学峰昨日会见了前来参加第十三届文博会的曼谷市副市长尼玛诺一行。艾学峰向曼谷客人介绍了深圳经济社会发展的最新情况。他说，双方自 2015 年 7 月缔结友好交流城市以来，深圳与曼谷积极推进经贸、文化、旅游等领域的务实合作，希望两地今后在智慧城市和文化创意等重点领域继续创新合作模式。

5 月 11 日 为期 5 天的第十三届中国（深圳）国际文化产业博览交易会在深圳会展中心开幕。中共中央政治局委员、中央书记处书记、中宣部部长刘奇葆，在中共中央政治局委员、广东省委书记胡春华，省委副书记、省长马兴瑞，省委常委、深圳市委书记王伟中等陪同下，参观文博会主会场展馆并调研企业。

△ 深圳市委常委林洁会见中国国民党前副主席、嘉义市原市长黄敏惠一行。双方表示，今后要进一步加强、深化深圳市和嘉义市在经济、科技、文化、体育以及妇联、青年工作等各方面的交流合作，为两岸和平发展做出更大的贡献。中国国民党中央评议委员、云嘉南区总督导陈政宽，中台办政党局局长王育文参加活动。

△ 深圳市副市长吴以环昨日会见英国伦敦国王学院校长爱德华·伯恩一行。双方就加强高等教育、医疗以及科学研究等领域合作进行了交流。

5 月 12 日 广东省委常委、深圳市委书记王伟中会见了联合国秘书长减灾事务特别代表、联合国减灾办公室负责人罗伯特·格拉瑟等来深出席达沃斯全球风险论坛"巨灾与经济风险综合防范国际研讨会"的嘉宾。

△ 广东省委常委、深圳市委书记王伟中会见科技部党组书记、副部长王志刚

一行。双方表示，将深入贯彻习近平总书记关于创新发展的重要指示精神，全面落实创新驱动发展战略，共同推动重大科技基础设施建设、国家重点研发计划实施、国家可持续发展议程创新示范区创建等工作，加快国际科技、产业创新中心建设，为全国发展大局做出更大贡献。市领导张虎、郭永航参加会见。

5月14日 广东省委常委、深圳市委书记王伟中在北京会见了英国金丝雀码头集团主席乔治·伊克贝斯科爵士一行。双方表示，将秉承开放包容、共赢发展的理念，进一步加强交流合作，共享城市建设运营、产业转型升级和发展金融科技等方面经验，携手推进"中英金融科技城"项目，助力深圳加快建设国际科技、产业创新中心和现代化国际化创新型城市。

市领导张虎、郭永航参加会见。

△ 全球最大集成电路核心知识产权提供商 ARM 与厚安创新基金 14 日在北京签署 ARM（中国）落户深圳合作备忘录。未来，该合资公司将被建设成国内重要的由中方控股的集成电路核心知识产权（IP）开发与服务平台。全国社保基金理事会理事长楼继伟，科技部副部长李萌，国资委副主任徐福顺，省委常委、市委书记王伟中，日本软银集团董事长兼总裁孙正义，英国 ARM 公司首席执行官西蒙·赛格斯、厚朴投资董事长方风雷等出席签约仪式。

△ 2017 全国设计师大会暨第十三届文博会设计产业园分会场开幕式在南山博物馆举办。国际最新锐的设计大咖、国内最顶尖的设计大师会聚一堂，举行国际设计论坛、深港设计对话、年代设计对话等主题活动，打造了一台独具特色的"文化+创新""文化+设计"精彩盛会。中国企业联合会常务副会长兼理事长朱宏任、深圳市副市长吴以环出席开幕式。

5月15日 深圳市副市长艾学峰会见了德国纽伦堡市市长乌里希·马力一行，就进一步加强友城间合作进行了沟通和交流。双方表示，两市缔结友好城市关系20年来取得了丰硕成果，未来将继续推进产业、文化、民生，尤其是职业教育等各领域、全方位广泛合作，取得更多实质性合作成果，实现共赢发展。

5月17日 广东省委常委、深圳市委书记王伟中会见日本软银集团董事长兼首席执行官孙正义一行。双方表示，将本着优势互补、互利共赢的原则，共同推动 ARM 在深投资项目尽快落地，早日投入运营，助力深圳加快建成现代化国际化创新型城市和国际科技、产业创新中心。市领导郭永航、艾学峰，厚朴投资董事长方风雷，ARM 全球执行副总裁兼大中华区总裁吴雄昂，厚安创新基金管理合伙人、首席投资官李轩参加会见。

△ 广东省委常委、深圳市委书记王伟中会见太原市市长耿彦波率领的代表团

一行。双方表示，将深入贯彻落实习近平总书记系列重要讲话精神和治国理政新理念新思想新战略，进一步加强对接交流，相互借鉴发展经验，发挥比较优势，促进务实合作，携手为全国发展大局做贡献。市领导张虎、郭永航，太原市领导陈向阳、张建刚、王建堂参加会见。

5月18日 深圳市委常委田夫来到龙岗区园山街道安良社区开展"联街包社"调研活动。田夫首先考察了安良社区办公及服务群众场所维修情况、社区党建主题公园规划建设等情况。随后，田夫调研了阿波罗未来产业城，并在园山街道办参加工作座谈会。会上，相关部门分别汇报了2017年度软弱涣散党组织整顿和社区换届情况。据介绍，在社区"两委"换届过程中，园山街道成立了"1+7+6+29"的组织领导机构，扎实做好换届准备工作。

△ 深圳市直机关党员大讲堂第三场讲座在市委党校举行。市委党校常务副校长李永华做"学习习近平总书记对广东重要批示精神"专题讲座。李永华表示，习近平总书记在对广东的重要批示中希望广东做到"四个坚持、三个支撑、两个走在前列"，其中"四个坚持"是广东今后发展的指南、方向和原则，"三个支撑"是实现"两个走在前列"目标的路径和举措，"两个走在前列"是发展目标。

5月20日 广东省委书记胡春华、省长马兴瑞在广州会见我省参加全国公安系统英雄模范立功集体表彰大会的代表。胡春华代表省委、省政府向我省受表彰的集体和个人表示祝贺，向全省广大公安民警表示诚挚慰问，充分肯定我省公安机关和公安队伍为保障全省社会大局安全稳定所做的重要贡献。

5月21日 深圳市公安局举行简短仪式，欢迎"全国公安系统英雄模范立功集体表彰大会"参会代表返深。副市长、市公安局局长徐文海，市公安局领导及获奖代表所在单位负责人参加了仪式。徐文海号召全警向模范看齐，争当"老黄牛""小蜜蜂"，贯彻落实中央表彰大会精神，勇当"四个坚持、三个支撑、两个走在前列"尖兵。

5月25日 23日至25日，河北省张家口市委书记回建、市长武卫东率党政代表团在深考察。在深期间，回建、武卫东一行先后考察了国家基因库、研祥智能科技股份有限公司、深圳天健集团、特发集团、地铁集团等企业，并见证张家口市政府与深圳市创新投资集团有限公司、张家口建发集团签订战略合作协议书。

5月26日 第四届深港澳血管论坛暨第二届亚太血管学术联盟深圳会议于昨日举行，来自三地的血管疾病专家会聚罗湖，就当前学科领域最为关注的老年血管疾病等议题进行研讨。副市长吴以环出席论坛开幕式。

△ 深圳大学特聘教授诺贝尔奖获得者巴里·马歇尔（Barry Marshall）聘任仪

式在深大国际报告厅举行，深大校长李清泉向马歇尔教授颁发了特聘教授证书，并寄望马歇尔为深大医学部的发展积极贡献才智。

5月27日　广东省委常委、深圳市委书记王伟中会见深圳市全国公安系统英模代表。王伟中代表市委、市政府向英模们表示祝贺，要求全市公安机关深入学习贯彻习近平总书记系列重要讲话精神和治国理政新理念新思想新战略，把习近平总书记对广东、深圳工作重要批示指示精神，与省第十二次党代会精神，一体学习，一体落实，牢固树立"四个意识"，坚持党对公安工作的领导，坚持人民公安为人民，大力弘扬英模精神，全面加强正规化、专业化、职业化建设，做到对党忠诚、服务人民、执法公正、纪律严明，为深圳勇当"四个坚持、三个支撑、两个走在前列"的尖兵再立新功，以优异成绩迎接党的十九大胜利召开。各级党委和政府要关心关爱公安民警，落实从优待警措施，在全社会营造遵法守法用法、尊重公安民警的良好环境。市领导李华楠、张虎、李小甘、郭永航、徐文海参加会见。

5月31日　为期一天的第五届深圳儿童国际论坛在深圳商报二楼国际会议厅举行。市委副书记、政法委书记李华楠出席论坛，并为儿童代表赠送《草木深圳》《深圳日历》等书籍作为节日礼物。

△　深圳首个以诺贝尔奖得主命名的研究院——深圳格拉布斯研究院正式进驻南方科技大学。深圳格拉布斯研究院院长罗伯特·格拉布斯出席了进驻仪式。

6月1日　广东省委常委、深圳市委书记王伟中会见了国家卫生计生委副主任王培安一行。双方表示，将深入贯彻落实习近平总书记在全国卫生与健康大会上的重要讲话精神，扎实推进基层医疗集团建设等改革项目，大力提升临床医学和科研水平，努力全方位、全周期保障人民健康，为加快全面建成小康社会做出更大贡献。市领导张虎、郭永航、吴以环参加会见。

△　深圳市副市长艾学峰昨日会见了英国皇家工程院院士、牛津大学计算机系原主任比尔·罗斯科教授。艾学峰表示，希望罗斯科教授团队落户深圳罗湖后，充分利用深圳市创新环境，扎实、高效推进合作，并发挥罗斯科教授团队在英国和欧洲的影响力，吸引更多顶尖科学家来深发展，积极推动深圳市十大海外创新中心建设工作，助力深圳金融科技产业发展。

6月2日　由广东省委宣传部、省文明办、省妇联联合举办的2017广东十大"最美家庭"揭晓仪式在广州举行，深圳市郑罡家庭等荣获2017广东十大"最美家庭"荣誉称号。省委常委、宣传部部长慎海雄等出席活动并为获奖家庭颁奖。

△　深圳大学科技创新大会暨国家级科研平台启动大会昨天举行，现场揭牌并启动了两个国家级科研实验室——大数据系统计算技术国家工程实验室和二维材料

光电科技教育部国际合作联合实验室。国家发改委、广东省科学技术协会、深圳市政府和相关部门负责人出席了启动仪式。

6月3日 世界主题乐园权威研究机构美国主题娱乐协会与美国 AECOM 集团联合发布了《2016 年全球主题乐园调查报告》，报告显示，2016 年深圳华强方特主题乐园接待游客量以 37% 的增长率领跑全球主题乐园品牌，攀升至全球第五位。

6月5日 从深圳市海洋局获悉，在刚刚结束的"国家海洋经济创新发展示范城市"评选中，深圳获批成为国家"十三五"海洋经济创新发展示范城市，这是继去年 12 月国家海洋局批复深圳为首个"海洋综合管理示范区"后，国家赋予深圳在海洋发展方面的又一重大使命和殊荣。

△ 广东省第十二次党代表大会选举产生的 70 名出席党的十九大代表名单近日公布，其中来自深圳的十九大代表共 3 人，他们是省委常委、市委书记王伟中，深圳华大基因研究院党委书记杜玉涛，深圳市宝安区社会福利中心保育部副部长费英英。

△ 广东省委常委、深圳市委书记王伟中会见香港中联办副主任仇鸿率领的驻港中资企业负责人粤港澳大湾区调研团一行。双方表示，将深入学习贯彻习近平总书记系列重要讲话精神和治国理政新理念新思想新战略，携手共建粤港澳大湾区，深化经济贸易、科技创新、金融服务、文化教育、医疗卫生等领域合作，使合作成果更多惠及两地民众，为香港长期繁荣稳定做贡献。市领导张虎、郭永航、艾学峰参加会见。

6月6日 首届粤港澳高校联盟年会暨校长论坛 6 日在香港中文大学深圳研究院举行。来自粤港澳三地的高校校长和专家学者以"把握国家与区域发展机遇——粤港澳高校联盟于大湾区建设的角色"为主题展开研讨。市领导郭永航、吴以环参加活动。

△ 广东省委常委、深圳市委书记王伟中会见江西省委副书记、省长刘奇率领的代表团一行。双方表示，将深入贯彻落实习近平总书记系列重要讲话精神和治国理政新理念新思想新战略，认真践行新发展理念，相互借鉴改革开放创新等发展经验，充分发挥两地比较优势，在旅游、文化及先进制造等方面加强交流合作，共同为全国发展大局做贡献。江西省领导胡幼桃，市领导张虎、郭永航参加会见。

△ 广东省委常委、深圳市委书记王伟中会见四川省甘孜州州委书记刘成鸣率领的党政代表团一行。双方表示，将深入贯彻习近平总书记系列重要讲话精神和治国理政新理念新思想新战略，尤其是关于精准扶贫精准脱贫的重要讲话精神，积极对接两地优势资源，进一步加强农产品、旅游等领域合作，共同促进甘孜经济社会

发展，携手为全面建成小康社会做贡献。市领导郭永航、陈彪，甘孜州领导李兴文等参加会见。

6月7日 广东省政协主席王荣带领省政协调研组来深就地铁运营服务情况及设立女性优先车厢开展专题调研。记者获悉，6月份，深圳将在两三条最拥挤的地铁线路上试点设置"女性优先车厢"。省政协副主席林木声、市政协主席戴北方陪同调研。

6月8日 广东省委常委、深圳市委书记王伟中8日下午会见美国国家工程院院士、中国科学院外籍院士张翔一行。双方表示将进一步加强沟通交流，借鉴先进地区成功经验，积极创新科研体制机制，集聚国际顶尖人才和团队，携手推动世界一流新型研发机构在深建设，助力深圳加快打造更具全球竞争力、影响力的"创新之都"。市领导郭永航，中科院院士祝世宁等参加会见。

6月9日 深圳市在市委党校举行学习贯彻省第十二次党代会精神专题报告会，省委党校常务副校长杨汉卿做"凝心聚力绘蓝图 砥砺奋进开新局"的专题报告。杨汉卿表示，省第十二次党代会是一次在广东改革发展进入关键阶段召开的十分重要的大会，是一次深入贯彻落实习近平总书记治国理政新理念新思想新战略和对广东工作重要批示精神的大会，是一次高举旗帜、继往开来、团结奋进的大会。

6月11日 第四届深圳国际钢琴协奏曲音乐周开幕式在深圳音乐厅举行，正式拉开了这场盛夏音乐盛会的帷幕。深圳市委常委、宣传部部长李小甘，副市长吴以环出席开幕活动。音乐周专家委员会执行主席吴迎、艺术总监但昭义等众多国内外钢琴名家悉数到场。

6月12日 广东省委常委、深圳市委书记王伟中12日下午与上海市委常委、浦东新区区委书记、上海自贸区管委会主任翁祖亮率领的浦东新区党政代表团一行进行会谈。双方表示，将共同贯彻落实习近平总书记系列重要讲话精神和治国理政新理念新思想新战略，在改革、开放、创新等方面互相学习、互相启迪、互相促进，携手为全国发展大局做出新的更大贡献，更好展示改革开放成果和中国特色社会主义优越性。市领导郭永航、刘庆生参加会谈。

△ 深圳市委常委、常务副市长张虎会见了美国国家科学院、艺术与科学院院士杰夫·伯克一行。双方表示，将依托深圳创新环境优越、市场体制机制完善等方面优势，共同努力推进合成生物学前沿技术加快研发和产业化进程，为国际科技、产业创新中心建设做出积极贡献。市政府秘书长李廷忠参加会见。

△ 深圳市副市长艾学峰会见了捷克工业与贸易部副部长爱德瓦尔德·穆日茨基一行。

艾学峰表示，深圳与捷克多个城市往来密切，希望深圳市与布拉格市建立友好关系，推动双方更加务实合作。他说，欢迎更多捷克企业来深参加高交会，充分展示捷克最新的前沿科技成果。同时，双方合力共同推进直航等国际航线开拓工作。

6 月 13 日　深圳市于 5 月 27 日出台《深圳市全面推行河长制实施方案》，并于 5 月 31 日向社会公布了第一批 148 条（160 段）河流的河长名单。深圳市水务局负责人透露，6 月底前，深圳将实现全市河长制全覆盖。

6 月 16 日　"广东省普通本科高校在线教育研讨会"在深圳大学召开。会上，广东省教育厅高教处处长郑文就广东省在线教育发展做了专题报告，鼓励高校间协同创新共建多元化的在线开放课程或课程群。

6 月 19 日　"努力做好电影发展，是所有电影人的使命。"昨天上午，深圳市影院联合会（以下简称"联合会"）在深圳君悦酒店召开成立大会，正式揭牌成立。导演刘伟强，影视演员马天宇、刘昊然等人也以 VCR 形式送上祝福。联合会会长黄志强在致辞中提到，成立联合会是深圳市影视行业的一大盛事。本次活动也邀请到了多位行业知名人士，共同探讨电影行业的机遇和挑战。

6 月 20 日　在被誉为世界三大发明展之一的美国匹兹堡国际发明展第 32 届展会上，中国发明与创新代表团携带 90 余项作品亮相，来自龙岗区龙城天成学校张显隆、廖济元同学所发明的"新型汽车安防系统"项目荣获金奖。

6 月 21 日　深圳市民政局局长廖远飞到深圳福彩中心调研，视察了深圳福彩中心服务大厅、开票仓库，并听取福彩中心工作人员对深圳福彩中心的工作汇报。

6 月 22 日　由中国摄影家协会和深圳市文学艺术界联合会联合举办的首届"深圳国际摄影大展"在深圳会展中心 6 号馆开幕。本届摄影大展以"城市姿态"为主题，展览将持续至 25 日，市民可免费入场参观。据悉，本届大展还在福田、罗湖、南山、宝安、龙岗等区分设了 10 个分会场 13 个平行展。

△　第十九届中国国际高新技术成果交易会（以下简称"高交会"）将于 11 月 16~21 日在深圳会展中心举行。作为高交会国内组团工作全面展开的标志性会议，第十九届高交会国内组团工作会议于 6 月 22 日在深圳召开。

6 月 23 日　深圳市副市长、市公安局长徐文海率队到宝安调研。他充分肯定了宝安在基层综合治理、治安管控等方面的改革创新机制，为全市提供了宝安经验。

6 月 23~25 日　深圳大学举行了深大 2017 年优秀毕业生表彰大会以及毕业典礼。深圳大学党委书记刘洪一、校长李清泉、副书记陶一桃等校领导出席表彰大会。

6 月 24 日　第二届全国中医馆发展论坛及中医药开放生态大会在深顺利举行。1000 余名来自全国各地的名中医馆、中药材供应商、中医药投资者、中医互联网，以及保险、IT 等中医药生态领域的代表参与此次论坛，聚焦在当前我国中医药事业迅速发展的大背景下，中医药行业生态建设等热点议题。

6月26日 中国社会科学院与《经济日报》在北京发布《中国城市竞争力报告》第15次年度报告。报告显示，综合经济竞争力指数十强依次为：深圳、香港、上海、台北、广州、天津、北京、澳门、苏州、武汉。在可持续竞争力指数上，香港、北京、上海、深圳、广州、杭州、南京、澳门、青岛、大连排名前十。

△ 香港中文大学（深圳）与美国明尼苏达大学举行战略合作协议签约仪式，未来港中大将与对方在理工科领域开展包括"3＋2"本硕连读、师资交流等方面的深度合作。师资交流方面，美国明尼苏达大学理工学院每年将选派十名理工科教授到港中大担任至少一年的全职教职，任期内的科研成果为两校共有。

6月27日 2017年美国E3（电子娱乐展览会）在洛杉矶会展中心开幕。继去年成功参加E3及"中美游戏产业论坛"后，深圳国际电玩节再次组织豪华阵容"走出去"，亮相本届E3游戏展。

6月28日 恒大农牧集团与深圳国际控股有限公司战略合作签约仪式在深圳市建会议厅隆重举行。恒大农牧执行董事高占民与深国际副总裁赵俊荣分别代表双方签署战略协议。

7月2日 深圳市人工智能行业协会成立大会暨AI高端领袖会顺利召开。会上，协会会长、中兴通讯副总裁董振江先生与协会秘书长共同携手举行揭牌仪式。会长表示，协会在成立之期积极筹建专家委员会，希望能充分发挥社会组织具有人才、知识、资源等集中优势；加快人工智能行业发展；搭建及完善人工智能技术服务平台，提高人工智能领域科学水平。到目前为止，协会已得到中科院、北大、哈工大等人工智能领域专家学者的加入，共同推动中国人工智能产业的创新创业。

7月3日 深圳技师学院方悦芝、胡凡、郑宗林三名同学将于10月正式出征阿联酋阿布扎比，代表中国参加第44届世界技能大赛。

7月7日 深圳大学中国经济特区研究中心与哈尔滨市发改委签署战略合作框架协议，贯彻落实国务院发布的《东北地区与东部地区部分省市对口合作工作方案》精神，正式开启深圳与哈尔滨两地智库领域的交流与合作。

7月8日 "不可思议之夜"暨第二届亚洲新媒体电影节开幕酒会在深圳晚装酒吧成功落幕，本次活动由澳门电影协会、上海电影艺术学院主办，将从8日持续至11日，在深圳、澳门两地举办，除此次在福田举办的"不可思议之夜"暨第二届亚洲新媒体开幕酒会之外，后续还将有精彩纷呈的新媒体影视峰会和金海鸥颁奖典礼，令人目不暇接。

7月10日　2017年深圳—湛江航线暨湛江旅游推介会在深圳举行。深圳市委常委、宣传部部长李小甘，湛江市委副书记、市长姜建军，副市长欧先伟及两地商务机构、企业代表逾250人参加推介会。据悉，由南航运营的深圳—湛江航班将于7月12日正式通航。

7月12日　由深圳市律师协会主办的《深圳市网络借贷信息中介机构备案登记管理办法（征求意见稿）》研讨会在市律协多功能厅举行。市司法局局长蒋溪林，市律协会长林昌炽，广东省律协、市金融办、市互联网金融协会、部分网贷平台等部门负责人，以及深圳律师代表等出席。

△　深圳大学饶宗颐文化研究院揭牌仪式在深圳大学科技楼二号报告厅举行，百岁高龄的国学大师饶宗颐先生亲临见证。中国文联副主席潘鲁生，深圳市委常委、宣传部部长李小甘，深圳市副市长吴以环等出席揭牌仪式。

7月16日　宝安滨海文化公园凭借其独特设计魅力摘下"美国最高级别的风景园林奖项"。消息一出，宝安市民赞不绝口且对家门口的这一公园文化项目愈加充满期待。

7月17日　深圳市委常委、常务副市长张虎率队到前海调研检查新城建设、景观环境"双提升"工程和安全生产等情况。张虎强调，前海要始终牢记使命，以高度政治自觉深入贯彻习近平总书记的重要指示批示精神，认真落实中央、省和市委的决策部署，按照省委常委、市委书记王伟中的要求，对标国际一流，加快打造高水平对外开放的门户枢纽、粤港澳深度合作示范区和城市新中心，为维护香港长期繁荣稳定、推动粤港澳大湾区建设发挥更大作用。

△　盛世墨香——深圳市老领导老党员"喜迎十九大、汇聚正能量"书画摄影展在市民中心西展厅开展。深圳市委常委、市政府党组成员杨洪，市老领导王众孚、郑良玉、方苞、秦文俊、邹尔康、李海东、李广镇、李统书等参加开幕式。

7月18日　广东省委常委、深圳市委书记王伟中主持召开市委常委会议，传达学习习近平总书记在中央财经领导小组第十六次会议上的重要讲话精神。会议强调，全市各级各部门要认真学习、深刻领会习近平总书记的重要讲话精神，切实把思想和行动统一到会议部署要求上来，拿出扎实举措、深化改革创新，努力在营商环境改革和开放型经济新体制建设上走在前列，为全国全省发展大局做出新的更大贡献。

△　广东省委常委、深圳市委书记王伟中会见黑龙江省委常委、哈尔滨市委书记王兆力率领的哈尔滨市考察团一行。双方表示，将深入学习贯彻习近平总书记系列重要讲话精神和治国理政新理念新思想新战略，践行新发展理念，按照中央决策部署，在两省商定的对口合作框架下，加强工作对接，务实推进科技创新、干部交

流、产业园区建设等方面合作，努力实现优势互补、互利共赢，携手为全国发展大局做贡献。市领导张虎，哈尔滨市领导高大伟、王文力参加会见。

△ 广东省委常委、深圳市委书记王伟中会见了由河源市委书记丁红都、市长叶梅芬率领的河源市党政代表团一行。双方表示，将以习近平总书记对广东工作重要批示精神为统领，认真落实省第十二次党代会部署，抢抓粤港澳大湾区城市群规划建设机遇，在产业共建、基础设施建设等方面加大工作力度，合力打赢脱贫攻坚战，努力为全省高质量全面建成小康社会、加快建设社会主义现代化做贡献。深圳市领导张虎，河源市领导龚国平、黎意勇参加会见。

7月19日 深圳市建筑科学研究院股份有限公司在深圳证券交易所举行创业板首次公开发行上市仪式。至此，深圳市属国有控股上市公司增至23家。市委常委、常务副市长张虎出席活动并致辞。

△ 广东省委常委、深圳市委书记王伟中会见了国土资源部党组书记、副部长孙绍骋一行。副省长许瑞生参加会见。双方表示，将以习近平总书记系列重要讲话精神和治国理政新理念新思想新战略为统领，进一步解放思想、改革创新，共同推动深圳在土地管理制度改革、土地集约利用、科学用海等方面先行先试，为全国探索更多可复制可推广的经验，以优异成绩迎接党的十九大胜利召开。市领导杨洪陪同会见。

7月20日 深圳市六届人大常委会举行第十八次会议，决定任命陈如桂为深圳市副市长、代理市长。市人大常委会主任丘海主持会议。市人大常委会常务副主任罗莉，副主任蒋宇扬、高振怀、乔家华，市人大常委会秘书长石岗出席会议；市委常委、常务副市长张虎，市政府秘书长李廷忠，市中级人民法院、市人民检察院负责人列席会议。

△ 广东省委常委、深圳市委书记王伟中会见了农业部党组成员、中国农科院院长、中国工程院院士唐华俊和中国农科院党组书记陈萌山一行。双方表示，将以习近平总书记系列重要讲话精神和治国理政新理念新思想新战略为指引，认真践行新发展理念，共同推进科技创新、人才培养、成果转化、科研平台建设等工作，打造国际一流基因组学研究机构，促进生物产业集聚发展，助力深圳勇当"四个坚持、三个支撑、两个走在前列"尖兵，率先建设社会主义现代化先行区。市领导张虎参加会见。

7月22日 拜仁全球第一所全日制国际化足球学校昨日正式登陆深圳。市委常委、常务副市长张虎与德国拜仁慕尼黑足球俱乐部董事会主席鲁梅尼格共同为拜仁（深圳）足球学校揭幕。揭幕仪式前，双方就足球产业合作等话题进行了深入交流。

7 月 24 日 以"绿色创造未来"为主题的第十九届国际植物学大会在深圳开幕。国家主席习近平向大会发来贺信，国务院总理李克强做出批示。在开幕式上，省委副书记、省长马兴瑞宣读了习近平主席的贺信，中国科协党组成员、书记处书记束为宣读了李克强总理的批示。中国植物学会理事长、九三学社中央副主席、中科院院士武维华，广东省委常委、深圳市委书记王伟中致辞。市委副书记、代市长陈如桂主持了开幕式。

△ 深圳市委常委林洁会见了第十八届国际潮团总会主席、加拿大潮商会会长林少毅和"中华"台湾潮汕同乡总会会长李南贤率领的"中华"台湾潮汕同乡总会寻根文化参访团一行。双方表示，两岸一家亲，希望今后进一步加强深台经贸、文化、体育以及创新创业交流，为两岸和平发展做出更大贡献。

7 月 25 日 广东省委常委、深圳市委书记王伟中主持召开市委常委会议，传达贯彻全国金融工作会议精神，强调要坚持学深学透习近平总书记重要讲话精神，切实把思想和行动统一到中央决策部署上来，以勇当"四个坚持、三个支撑、两个走在前列"尖兵的政治自觉和责任担当，不折不扣贯彻全国金融工作会议精神，全力以赴做好深圳金融发展稳定工作。

△ 中国国家植物博物馆项目推介会及中国国家植物博物馆国际专家咨询会在深圳五洲宾馆举行。会议由中共昆明市委、昆明市人民政府主办，旨在借助第 19 届国际植物学大会平台，汇聚各方智慧，将中国国家植物博物馆建设成为国际顶尖、世界一流的大型植物博物馆。中共云南省委常委、昆明市委书记、滇中新区党工委书记程连元出席会议并致辞。

△ 深圳市机构编制委员会办公室发出《关于设立深圳技术大学（筹）的通知》，这意味着深圳技术大学（筹）正式成立。

7 月 28 日 深圳市代市长陈如桂在深会见了巴西圣保罗市市长若昂·多利亚一行。双方表示，两市将进一步夯实友好合作基础，加强在科技、金融、文化创意、投资贸易、教育医疗、城市规划建设等多领域全方位的深入合作，实现互利共赢发展，为两市市民增进更多福祉，为促进中巴两国交流做出积极贡献。巴西驻广州总领事乔西·维森特·雷萨、副市长艾学峰、市政府秘书长李廷忠参加会见。

△ 深圳市副市长陈彪昨日会见了越南计划投资部常务副部长阮文忠一行。陈彪表示，深圳近年来的成功得益于开拓创新精神以及政府支持创新的各项政策，并在经济发展的同时注重生态环境建设。阮文忠表示，此行主要是考察经济特区在全球化互联网时代下的发展新模式，希望借鉴深圳在发展新兴产业与绿色低碳增长模式的成功经验。

△　深圳市副市长吴以环昨日会见美国麻省理工学院副教务长理查德·莱斯特一行。

吴以环表示，欢迎麻省理工与深圳高校合作，引进全球优质教育资源，开发更多科研与教育、联合培养等合作项目。莱斯特表示，麻省理工学院非常关注深圳的转型发展，希望通过与深圳前沿企业开展联合研发项目，为双方创新创业提供更多机遇。

8月1日　广东省委常委、深圳市委书记王伟中检查茅洲河水污染治理情况。他强调，全市各级河长、各级相关部门要深入学习贯彻习近平总书记关于生态文明建设的重要指示精神，切实抓好中央环保督察组反馈意见整改，不折不扣贯彻落实《水污染防治行动计划》，坚决完成深圳市治水提质的硬任务。

8月3日　广东省委常委、深圳市委书记王伟中，市委副书记、代市长陈如桂会见美国密歇根州州长里克·斯奈德率领的代表团一行。

△　深圳市副市长陈彪昨日会见以尼日尔总统府特别顾问库土蒂·伊迪马马为团长的非洲法语国家官员代表团一行。陈彪向非洲客人重点介绍了深圳作为中国首个经济特区的改革开放和创新发展经验，尤其是近年来深圳企业在非洲开拓市场的最新情况。

8月8日　南山区召开干部大会宣布有关党政正职调整。省委批准，王强任南山区委书记。

8月11日　2017年"创响中国深圳站"全球创客可持续发展论坛在深举行，来自美国、英国、新西兰、日本、印度、比利时、法国、中国等地的创客领袖共同探讨国内外创客发展现状，加快推进创客创新。

8月12日　以"粤港澳大湾区建设与侨商发展"为主题的第四届侨商峰会在深圳会展中心举行。来自海内外的专家学者，纵论全球侨商如何抢抓粤港澳大湾区建设和"一带一路"建设机遇，实现共赢发展。中国侨联副主席李卓彬、广东省侨办主任李心、广东省侨联主席程学源、深圳市政协副主席王大平、深圳市侨联主席马勇智出席峰会。

8月13日　第三届华人华侨产业交易会在深圳会展中心开幕，来自27个国家和地区的615家参展商参展。中国侨联副主席李卓彬，广东省侨联主席程学源，深圳市委常委、统战部部长林洁等出席开幕式并巡馆。

8月14日　广东省委常委、深圳市委书记王伟中会见了中国科学院副院长张亚平一行。双方表示，将深入学习贯彻习近平总书记系列重要讲话精神和治国理政新理念新思想新战略，加强在脑解析与脑模拟、类脑产业发展、生物制药等领域的研究合作，共同推进相关重大科技设施、研究机构建设，吸引更多海内外高层次人才来深开展前沿研究，不断提升基础研究能力，扩大创新的源头活水，助力深圳加快建设国际科技、产业创新中心，为把我国建设成为世界科技强国做贡献。

8月15日　在广东省第十届精神文明建设"五个一工程"评选工作中，深圳独占鳌头，获奖数在全省各地市中遥遥领先。深圳市委宣传部还获"组织工作奖"。

△　广东省委常委、深圳市委书记王伟中会见了中信集团董事长常振明一行。双方表示，将深入学习贯彻习近平总书记系列重要讲话精神和治国理政新理念新思想新战略，全面落实全国金融工作会议精神，在城市更新改造、基础设施建设、天使投资等领域进一步加强合作，为推动金融更好地服务实体经济发展做出新的更大贡献。市领导郭永航、艾学峰，中信集团有关负责人张佑君、严宁、孙德顺等参加会见。

8月17日　广东省委常委、深圳市委书记王伟中会见了由珠海市委书记、市人大常委会主任郭元强，市长李泽中率领的珠海市党政代表团一行。

8月22日　深圳市第六届人民代表大会第四次会议召开，选举陈如桂为深圳市人民政府市长。当选后，在大会主席团和400多名市人大代表的见证下，陈如桂郑重向宪法宣誓。

8月24日　广东省委常委、深圳市委书记王伟中，市长陈如桂会见新加坡教育部（高等教育和技能）部长兼国防部第二部长、新加坡—广东合作理事会新方联合主席王乙康一行。

8月25日　为期3天的第二届深圳国际老龄博览会在深圳会展中心9号馆开幕，开幕式上还举行了"第一届深圳国际服务机器人展"启动仪式。深圳市副市长、宝安区委书记黄敏出席开幕式并讲话。

8月26日　2017设计商学院开学典礼暨企业领袖跨界营商之旅系列活动启动仪式在深圳雅昌艺术中心举行。市委常委、秘书长郭永航，中国工业设计协会战略咨询委员会主任朱焘，深圳市设计与艺术联盟主席、设计联合会会长任克雷出席活动。

8月27日　广东省委常委、深圳市委书记王伟中，市长陈如桂与中山大学党委书记陈春声、校长罗俊一行举行座谈。双方表示，将认真学习贯彻习近平总书记"7·26"重要讲话和对广东工作重要批示精神，按照省第十二次党代会部署要求，围绕建设世界一流大学和一流学科的目标，进一步深化校地务实合作，注重体制机制创新，不断优化规划方案，坚持开放式办学，加快推进中山大学·深圳校区建设，为推动深圳勇当尖兵、再创新局，携手推动粤港澳大湾区建设做出新的更大贡献。市领导郭永航、高自民，中山大学领导孙冬柏、杨清华等参加活动。

8月28日　深圳市委常委、统战部部长林洁会见了美国加州大学伯克利分校劳伦斯伯克利国家实验室教授任罡一行。林洁向任罡一行介绍了深圳经济社会发展情况。她说，深圳既是大企业的乐园也是创新创业的天堂。生物医药是深圳大力发展的战略性新兴产业，欢迎大家来深创业发展。

8月29日　广东省委常委、深圳市委书记王伟中会见了外交部驻香港特派员公署特派员谢锋一行。双方表示，将深入学习贯彻习近平总书记"7·26"重要讲话精神和视察香港"七一"重要讲话精神，发挥各自优势，加快前海深港合作区、落马洲河套地区开发开放，携手推进粤港澳大湾区和"一带一路"建设，尤其在促进科技创新、承办国际会议、引进国际组织等方面加强合作，使合作成果更多惠及两地民众，为全面准确贯彻"一国两制"方针、保持香港长期繁荣稳定做贡献。

8月30日　广东省委常委、深圳市委书记王伟中会见日本软银集团董事长兼首席执行官孙正义一行。双方表示，将加快推动建设国际一流的集成电路核心知识产权开发与服务平台，助力深圳打造具有全球竞争力和影响力的创新先行区。市领导艾学峰、厚朴投资董事长方风雷等参加会见。

△　广东省委常委、深圳市委书记王伟中会见了德勤中国首席执行官曾顺福一行。双方表示，将进一步加强在财务审计、科技创新、政策咨询、金融风险防控、支持企业走出去等方面的交流合作，助力深圳在新的起点上勇当尖兵、再创新局。市领导林洁参加会见。

8月31日　广东省委常委、深圳市委书记王伟中会见了国家卫生计生委主任李斌一行。双方表示，将深入学习贯彻习近平总书记系列重要讲话精神和党中央治国理政新理念新思想新战略，以习近平总书记"7·26"重要讲话精神和关于卫生与健康工作的重要指示精神为统领，充分发挥深圳在科技、产业等方面优势，大力推进公立医院改革、医联体建设等工作，不断提升医疗服务水平，补齐医疗卫生事业短板，更好满足人民群众医疗健康需求，为健康中国建设做出更大贡献。副省长邓海光，市领导郭永航、吴以环等参加会见。

△　广东省委常委、深圳市委书记王伟中会见了由浙江省委常委、杭州市委书记赵一德，杭州市人大常委会主任于跃敏率领的杭州市党政代表团一行。

9月1日　国家卫生计生委、国务院医改办在深圳市召开全国医联体建设现场推进会，深入贯彻党中央、国务院的决策部署，落实《关于推进医疗联合体建设和发展的指导意见》要求，总结全国医联体建设工作取得的进展和成效，学习推广深圳罗湖等地的有效做法和典型经验，进一步推动医联体建设工作。

△　近日，中国科学院深圳先进技术研究院集成所先进材料中心汪正平院士和

孙蓉研究员领导的广东省先进电子封装材料创新科研团队有关"聚合物热界面材料"研究论文入选 ESI 高被引论文（SCI 引用前 1%）。

△ 中共深圳市委党校、深圳行政学院、深圳社会主义学院在深圳市委党校礼堂举行 2017 年秋季学期开学典礼，局级干部任职培训班等 10 个班次 516 名学员参加开学典礼。

9 月 2 日 福田区华富村东、西区改造正式启动签约，该项目是福田区首个按照全新模式实施的旧改项目，全程由政府主导国企实施，改造后的新华富村将被打造成"深圳中心未来家园城市新标杆"。

△ 深圳市财政委员会、深圳市发展改革委近日出台了《深圳市 2017 年新能源汽车推广应用财政支持政策》，对深圳辖区范围内今年上牌照的新能源车辆和完工验收充电基础设施给予购置补贴、充电设施建设补贴和动力电池回收补贴，根据"地方各级财政补贴总和不得超过中央财政单车补贴额的 50%"的要求，明确了补贴方式、补贴对象、补贴标准和补贴审批考核，继续扶持新能源汽车发展。

△ 由深圳市卫生和计划生育委员会主办、北京大学深圳医院承办的"深圳市第三届医学学科建设研讨会"在西丽紫荆山庄学术报告厅举行。

9 月 3 日 深圳市地铁集团发布消息，由深圳地铁集团、中国土木工程集团与以色列艾格德公司组成的联合体，成功中标以色列特拉维夫红线轻轨运营维护项目。这是国内轨道交通企业首次进入发达国家，也是深圳地铁集团落地的第三个海外项目。

9 月 5 日 深圳市政府公报发布了《深圳市人才住房和保障性住房配建管理办法》。办法规定，配建的人才住房和保障性住房交付使用后，开发建设单位不得在人才住房和保障性住房与商品住房之间设置围墙等物理隔离，也不得有其他类似的歧视性措施。

△ 深圳检验检疫局、广东大鹏液化天然气有限公司、中海石油深圳天然气有限公司和深圳市燃气集团股份有限公司 4 家单位签署了《共建深圳进口液化天然气（LNG）智慧检验监管示范区合作备忘录》，标志着国内首个 LNG 智慧检验监管示范区进入实质性建设阶段，深圳检验检疫部门对进口 LNG 的智慧监管也将迈入"标准化＋智能化"全新时代。

△ "壶蕴芳华——鲍志强师生紫砂艺术作品展"在深圳关山月美术馆开幕。

△ 首届深圳当代陶艺大展于今日起在深圳画院举行。此次展览共展出逾百件当代陶艺作品，全面深入地呈现当代陶艺的发展现状。深圳美术家协会陶艺艺委会也于当天成立。

9月6日　坪山区人民政府与郑州市人民政府在深圳五洲宾馆举行了"深圳平乐骨伤科医院整体移交（接收）协议签订仪式"。这是国内首例公立医院跨省无偿移交，填补了坪山区区属三甲医院为零的空白。

9月7日　第五届深圳国际低碳城论坛在深圳国际低碳城会展中心开幕。国家发改委副主任张勇，省委常委、市委书记王伟中，省委常委、常务副省长林少春等出席主论坛开幕式并致辞。

9月8日　2017二十国集团（G20）智慧创新论坛暨全球创新者大会（GIC）今日在深圳开幕。来自15个国家和地区约800位代表出席本次会议。

9月9~10日　2017世界经济特区（哈尔滨）发展论坛在黑龙江省哈尔滨市召开，论坛主题为"一带一路"背景下的自贸区建设与深哈合作。此次论坛由教育部人文社会科学重点研究基地——深圳大学中国经济特区研究中心、哈尔滨发展和改革委员会、深圳市经济贸易与信息化委员会和深圳市前海深港现代服务业合作区管理局联合举办，深圳前海创新研究院、新加坡南洋理工大学南洋公共管理研究生院共同协办。来自俄罗斯科学院、新加坡南洋理工大学、日本东京大学和中国社科院、广东省社会科学院、海南省社会科学院、深圳市社会科学院、北京大学、清华大学、南开大学、复旦大学、中山大学、吉林大学、哈尔滨工业大学、上海外国语大学、中国传媒大学、深圳大学等国内外40多所知名智库、高校、科研机构的专家学者200余位嘉宾出席了本次论坛。

9月10日　《公共安全蓝皮书：中国城市公共安全发展报告（2016~2017）》今日发布。报告显示，在对35个城市采集数据进行城市公共安全指数的分析中，深圳在社会安全项目排名中居第一。

9月11日　第22期"全球金融中心指数"（GFCI22）今日发布。深圳排名升至全球第20位。

△　中国智利双边植物检疫会谈在深圳召开，双方就完善交流合作机制及共同关心的植物检疫问题进行了探讨。

9月12日　深圳知识产权城①揭牌仪式在特区报业大厦一楼举行，标志着深圳知识产权城正式落地。

9月13日　第一所中俄合作大学——深圳北理莫斯科大学今日举行开学典礼，迎来首届新同学。国家主席习近平同俄罗斯总统普京分别向开学典礼致贺词。

---

① 深圳知识产权城是深圳报业集团与深圳中一专利商标事务所联合打造，尝试利用深圳成熟的市场条件、产业集聚、专业水平、金融资本等优势，合作建设全板块、全链条、高品质的全国第一个知识产权服务综合体。

△ 深圳市政府公报今日发布了《深圳市公共信用信息管理办法》，宣布将建立失信联合惩戒机制。10 月 1 日起，拒不拆除或者逾期不拆除违建的行为将被实施失信联合惩戒，失信人将受到限制出境和限制购买不动产、乘坐飞机、乘坐高等级列车和席次、入住星级以上宾馆等惩戒。

9 月 13 ~ 24 日 "其命惟新——广东美术百年大展"在深圳关山月美术馆展出。

9 月 14 日 "深圳拟兰基因组与兰花的进化"重大科研成果新闻发布会在市民中心举行，由国家兰科中心刘仲健教授领衔的国际科研团队，以"深圳拟兰"为突破口，成功解开了困扰人类一百多年的兰花进化之谜，研究成果以《拟兰基因组与兰花进化》（The Apostasia Genome and the Evolution of Orchids）为题，于 9 月 13 日登上了世界顶级科技期刊《自然》。

△ 国家知识产权局与深圳市政府今日在京签署《共创知识产权强国建设高地合作框架协议》。

9 月 15 日 2017 全国双创周深圳活动暨第三届深圳国际创客周在深圳开幕。来自美国、英国、澳大利亚等 15 个国家和地区的 39 个国际创客团队聚集深圳。

△ 深圳市《关于规范管理事业单位、社会团体及企业等组织利用国有资产举办事业单位的意见》近日正式印发实施，标志着深圳市在全国率先出台意见，加强对其他组织利用国有资产举办事业单位的规范管理。意见创新性提出建立退出机制，明确此类事业单位公益性不足时，应及时予以撤销或转为企业。

9 月 15 ~ 18 日 "2017 艺术深圳"在深圳会展中心举办，本次展览展出了 60 家专业画廊的上千件当代艺术精品。

9 月 16 日 由深圳华大北斗科技有限公司研发的全球首个支持新一代北斗二号信号体制的高精度导航定位芯片今日正式发布，这是一款拥有完全自主知识产权的国产基带和射频一体化芯片。

9 月 17 日 "华南法治云端峰会"在深圳举行启动仪式。中国法学会党组成员、副会长兼秘书长鲍绍坤，深圳市委副书记、政法委书记、深圳市法学会会长李华楠出席仪式并致辞。

△ "第二届深圳（国际）科技影视周"在深圳当代艺术与城市规划展览馆开幕。

9 月 18 日 深圳市 3D 打印制造业创新中心合作协议签约仪式在坪山区举行，这标志着深圳市 3D 打印制造业创新中心正式落户坪山区。

9 月 19 日 深圳召开全市建设工程落实安全生产企业主体责任百日大整治"亮

剑"行动动员会，部署下一步建筑施工安全生产工作。会上，市住建局发布《关于严厉惩处建设工程安全生产违法违规行为的若干措施》（简称"铁十条"）①。市委常委、市政府党组成员杨洪出席会议并讲话。

9月19~21日 2017深圳国际工业自动化及机器人展览会在深圳会展中心举行。

9月20日 深圳"大众创业、万众创新"研究（2017）成果发布暨专家研讨会日前在深圳举行。在会上，深圳发布了2017年度双创研究报告。报告显示，深圳双创综合指数位列全国首位。

△ 海南航空深圳—布里斯班航线今日开启首航。这是深圳至悉尼、奥克兰、墨尔本航线开通后，深圳机场开通的第4条直飞大洋洲的洲际客运航线，也是深圳机场开通的第9条远程洲际航线。

9月21日 由深圳市人民政府主办的"2017深圳国际BT领袖峰会"在深圳会展中心举行。诺贝尔生理学或医学奖获得者巴里·马歇尔（Barry Marshall）等中外科学院院士和世界知名生物企业CEO在内的近90位嘉宾应邀出席。

△ 粤港澳大湾区研究院在深圳举行挂牌仪式，宣告落户深圳市罗湖区。

9月22日 "投资深圳·共赢未来"深圳市生物和生命健康产业暨国际生物谷创新与发展论坛在深圳会展中心举行，9个重大项目在现场集中签约落户深圳，投资总额约65亿元。

9月24日 我国首个新型智慧城市运营管理中心可视化集成平台在深圳通过专家评审并正式上线。社会关注的环境、安全、交通、人员管理等问题，政府管理部门只要点开平台，就能看到经过整合的各种关联性信息。

9月25~26日 由投中信息和投中资本主办的第11届中国投资年会有限合伙人峰会暨2017中国核心竞争力产业峰会在深圳举行，上千位知名投资机构、高新技术企业、上市公司及财富管理机构的代表，为新经济下有限合伙人（LP）、普通合伙人（GP）进行投资运作、资产配置提供建议。

9月26~29日 第24届（2017）亚太地区社会工作区域联合会议在深圳举行。大会以"挑战与责任：创新社会工作与可持续发展"为主题，来自20多个亚太国家和地区的近400位社会工作领域专家、学者以及社工机构代表齐聚深圳，交流分享社会工作实践经验和理念，探讨推动社会工作的创新与可持续发展。

---

① "铁十条"综合了法律、行政、经济和市场等多种手段，对违法违规行为惩处力度空前。具体包括停标、停工、扣证、追缴违约金等措施，直接与企业生产经营活动和经济效益挂钩。惩治对象涵盖企业和个人，一旦发生安全事故导致人员死亡，对责任单位予以红色警示；同时对应的有关项目负责人、项目经理、项目总监等人员也将被红色警示。

9 月 27 日 由国际合成生物学产业化先驱——美国工程院院士杰·基斯林（Jay D. Keasling）领衔的杰·基斯林实验室在中国科学院深圳先进技术研究院成立。该实验室的建立，将促进中药资源的合成生物学创新开发与商业化。

△ 首届粤港澳大湾区质量高峰论坛在深圳召开，其以"质量引领融合发展"为主题，会聚了来自广东省及香港、澳门特别行政区的政府领导、质量专家、工业领袖、商界精英 300 余人，共议粤港澳大湾区时代背景下的质量发展战略。

9 月 28 日 《深圳市住房公积金贷款管理规定》今日正式发布并实施。新规明确将人才住房纳入公积金贷款支持范围、子女公积金可为父母贷款购房或偿还贷款、强化违规贷款申请监管、明确信用记录标准等内容，并增加贷款业务委托办理等便民举措。

△ 深圳福田区在下沙文化广场举办代建项目集中启动仪式，本次共集中启动 19 个代建项目，总投资 75.9 亿元。其中，约 31 亿元打造精品特色学校，约 20 亿元美化城区生态环境，约 11 亿元丰富公共文体服务，约 10 亿元保障城区公共安全，约 4 亿元营造城区宜居环境。

9 月 29 日 广铁首趟"复兴号"动车组 G9731 次由广州南出发，驶向深圳北站，由此拉开"复兴号"动车组在广深港高铁开跑的序幕。

△ 深圳市互联网金融协会下发了《深圳市网络借贷信息中介机构业务退出指引（征求意见稿）》，这是全国首个有关 P2P 平台退出指引规范。

9 月 29 日~10 月 3 日 由市委宣传部、市外办主办，深圳市国际交流合作基金会协办的"深圳国际文化周暨深圳国际形象推介会北美专场"相继在多伦多和纽约精彩呈现。

10 月 1 日 即日起，深圳在原有"多证合一"的基础上，再整合外商投资企业设立备案、对外贸易经营者备案登记、国际货运代理企业备案、检验检疫报检企业备案、原产地证申领企业备案登记，使深圳市"多证合一"的范围拓展到 11 证。

10 月 3 日 由深圳市委宣传部和深圳市外办主办，深圳市国际交流合作基金会、郎朗国际音乐基金会协办的深圳文化周暨"聆听深圳–郎朗和他的城市"海外形象推介纽约专场，来自中美科技、教育、艺术等领域近 200 位嘉宾参与活动。

10 月 9 日 深圳供电局发布消息，500 千伏现祯甲乙线（深圳段）[①] 投产送电。

---

① 500 千伏现祯甲乙线是目前深圳电网最长、杆塔最多的输电线路，全线共建 140 座基塔，长度达 58.72 千米。该线路是广东省重点工程，也是国家重点工程正负 800 千伏滇西北输变电工程的配套项目。滇西北工程投产后，每年可为深圳输送约 200 亿度清洁电力，约占深圳全年用电量的四分之一，还可为深圳节约燃烧标准煤 520 万吨。

10月10日 中集集团发布公告称,全资子公司南方中集与深圳市规划和国土资源委员会、前海管理局就位于深圳前海的3宗地的土地整备问题签署了框架协议书,明确了整备范围、整备原则,并在土地价值评估差异处理、土地增值收益分享等问题上达成了共识。

10月10~11日 由中国保险行业协会、前海管理局联合主办的"2017中国寿险业十月前海峰会"在深圳召开。市长陈如桂会见了来深出席峰会的中国保监会副主席黄洪一行。

10月11日 深圳市参评中宣部、广东省"五个一工程"获奖作品表彰座谈会召开。3部中宣部第十四届精神文明建设"五个一工程"获奖作品,14部广东省第十届精神文明建设"五个一工程"获奖作品,以及一批优秀组织工作单位获表彰。

△ 深圳市土地房产交易中心发布公告,公开挂牌出让龙华A811-0323宗地。该宗地土地面积为20042平方米,采用限成交地价、竞成交地价、竞人才住房面积的方式出让。这是深圳首次采用住房全年期只租不售的办法以挂牌方式出让居住用地。

10月12日 哈尔滨与深圳对口合作框架协议签订仪式在深圳举行。两市根据国务院和国家发改委部署,按照黑龙江省和广东省要求,认真对接,商议合作领域,共同拟定并签订了《哈尔滨市与深圳市对口合作框架协议》,提出了重点深化合作的领域。

△ 由深圳市人民政府、香港特别行政区政府律政司和深圳国际仲裁院共同举办,"深圳市人民政府与香港特别行政区政府律政司《法律合作安排》续签仪式暨深圳国际仲裁院新仲裁规则研讨会"在香港律政中心举行。香港特别行政区政府律政司司长袁国强、深圳市副市长高自民出席活动并致辞。

△ 深圳市举行2017年世界标准日纪念大会暨标准国际化创新型城市示范创建推进大会。

△ 第七届公交都市发展论坛在深圳五洲宾馆开幕,交通运输部党组成员、副部长刘小明,广东省交通运输厅党组书记、厅长李静,深圳市委常委、市政府党组成员刘庆生等出席开幕式。

10月12~13日 由世界贸易组织(WTO)、深圳市人民政府、商务部国际贸易经济合作研究院(CAITEC)主办的2017全球价值链创新发展峰会在深圳举行。来自全球的商业领袖、专家学者,围绕"全球经济、全球化和全球价值链新趋势""全球价值链治理""技术创新如何助力全球价值链升级"等主题展开探讨。

10月12~14日 第十二届深圳国际物流与交通运输博览会在会展中心举行。

为期三天的物博会，吸引了全球 50 多个国家和地区的 1900 多家企业和机构参展，展会规模稳居"亚洲第一，世界第二"。

10 月 13 日　深圳市人才安居集团与万科签署战略合作框架协议，双方将以万科泊寓平台为合作起点，在人才安居房和社会租赁住房的开发建设、房屋租购、装饰装修、物业管理等方面展开合作。

△　深圳推出今年第一块宅地，首次试水"只租不售"，凸显政府发展租赁的决心。

10 月 15 日　由深圳市政协主办的 2017 年第八期委员议事厅在中心书城举行，市政协委员们围绕"打造一流营商环境，深圳能做什么"的主题建言献策。市政协主席戴北方、副主席张晓莉出席活动。

10 月 16 日　深圳"客家凉帽"歌曲征集大赛在龙岗区吉华街道正式启动，大赛以"把濒临失传的传统手艺写进你的歌里"为主旨，面向全国征集"客家凉帽"主题原创音乐作品。

△　深圳市人大常委会主任丘海主持召开市六届人大常委会第二十次会议，《深圳经济特区国家自主创新示范区条例（草案修改一稿）》等四项法规提请审议。

10 月 17 日　深圳出台了《深圳市人民政府办公厅关于加快培育和发展住房租赁市场的实施意见》，大力支持发展租赁市场。意见提出，允许城中村综合整治并改造成租赁住房。这将成为发展租赁市场多渠道、多主体供应的重要来源。

△　深圳市人民政府办公厅发布《深圳市人民政府办公厅关于加快培育和发展住房租赁市场的实施意见》称，要引导城中村通过综合整治开展规模化租赁，通过综合整治提升城中村品质。

10 月 18 日　深圳市综合交通设计研究院有限公司在福田区投资大厦举办引进战略投资者签约仪式，成功引进深圳市天健（集团）股份有限公司、深圳市创新投资集团有限公司 2 家战略投资者和员工持股平台企业深圳市综合交通投资股份公司，此举标志综交院已顺利完成混合所有制改革，深圳国资国企改革又迈出重要一步。

△　深圳市首批督学工作室①授牌颁证仪式暨工作会议在市民中心举行。

10 月 20 日　华为今日正式发布 Mate10 手机，这是全球第一款人工智能手机，采用世界首个 AI 移动计算平台麒麟 970 芯片，拥有自主知识产权，领先于苹果、高通、三星等巨头。

---

①　督学工作室集科研、培训、督导评估功能于一体，督学工作室的成立是深圳教育督导的又一个创新举措，在全省乃至全国属于首创，为培养本土骨干督学、深化督导评估专业化研究，提供了新的平台和载体。

10月24日　深圳检验检疫局与深圳市司法局签署《关于加强工作联合深化法治建设工作备忘录》，并成立司法鉴定机构——广东国检司法鉴定所。

△　深圳市政府残疾人工作委员会全体会议在市民中心举行。会上对《深圳市人民政府残疾人工作委员会成员单位职责分工》《深圳市"十三五"无障碍环境建设工作方案》分别进行说明和讨论。深圳市副市长黄敏出席会议并讲话。

10月25日　何梁何利基金2017年度颁奖大会在北京举行，中国科学院深圳先进技术研究院副院长郑海荣获得何梁何利"科学与技术创新奖"，深圳大学校长李清泉获得"科学与技术进步奖"。这是有"院士风向标"之称的何梁何利奖自1994年设立以来，深圳科研人员首次获奖。

10月26日　第十五届"2017年中国（深圳）商业街区行业年会暨全国商业街区创新转型发展经验交流会"在深圳福田会堂召开。来自全国50多个城市的300多名代表齐聚华强北，探讨商业街区创新转型发展经验。

△　深汕特别合作区第一座集总部办公和商业商务配套为一体的超高层综合体——特区建发·东部大厦，在合作区鹅埠片区动工建设。

10月28日　首家深港合作的公立医院改革试点——香港大学深圳医院通过三甲现场评审。

10月30日　深圳市市长陈如桂今日会见了国际女子职业网联（WTA）首席执行官斯蒂夫·西蒙一行，双方就深圳申办WTA年终总决赛及共同推广网球运动事宜进行了深入交流。

△　第四届深圳文学季在深圳市文联召开启动大会，宣布正式开幕。会上，颁发了第九届深圳青年文学奖、第六届深圳网络文学拉力赛、第五届深圳睦邻文学奖的奖项，同时进行了第五批深圳重点作品扶持项目的签约。

△　"中荷创新科技项目路演暨合作洽谈会"在深圳举行。

11月1日　深圳迎来首个法定人才日，新建成的深圳人才公园开园。同日，《深圳经济特区人才工作条例》正式施行。

△　《深圳市诊所设置标准（试行）》即日起实施，在全国首次突破诊所只能由医生本人申办的规定，明确公民、法人或者其他组织均可申办诊所，为社会资源参与举办诊所提供了政策支持。

△　《深圳市诊所设置标准（试行）》①今日正式实施。

---

① 该标准最大的亮点是有两大突破：一是在全国首次突破诊所只能由医生本人申办的规定，不是医生也可办诊所；二是在诊疗科目上，也在全国首次突破诊所只能设置一个诊疗科目的规定，诊所诊疗科目可设置1～4个。

11 月 2 日　世界经济论坛 2017 年中国商业圆桌会在深圳举行，来自中国的新兴行业代表、跨国企业在华高管、政府代表、国际知名学者等百余位嘉宾围绕如何抓住第四次工业革命的机遇展开探讨。

11 月 3 日　第六届世界海洋大会在深圳开幕。本届大会以"共同的海洋，共同的未来"为主题，旨在响应建设海洋强国的国家战略，在"一带一路"倡议和打造粤港澳大湾区背景下，共议深圳建设全球海洋中心城市。来自 35 个国家和地区的近 500 位嘉宾参会。

△　建行深圳分行今日与招商、华润、万科、恒大、中海、碧桂园、星河等 11 家房地产公司，以及比亚迪、方大集团、研祥智能、兆驰等 11 家企事业单位举行住房租赁战略合作签约仪式，推出 5481 套包括"CCB 建融家园"在内的长租房源。建行还发布首款个人住房租赁贷款产品，标志着国有大型商业银行正式进军深圳住房租赁市场。

△　首届"WBIM 国际数字化大奖"深圳站路演暨 BIM 实践与应用研讨会在深圳举行。国内外重量级机构和专家及来自政府相关部门、房地产企业、设计院、施工企业、造价咨询及工程监理企业等业内 500 多人与会。

△　中国邮政国际小包运营服务中心在深圳揭牌。该中心落地深圳，标志着中国邮政将以深圳这一城市为依托，深入挖掘客户需求，推动跨境电商服务再升级，为各电商平台提供更加切实细致的专业化服务，全面提升中国邮政跨境电商服务水平。

11 月 4 日　2017 中国童话节暨第十四届深圳童话节开幕式在深圳欢乐海岸水秀剧场举行，中国儿童文学研究会、深圳市委宣传部等主办单位相关人士、艺术家与近 1000 个家庭共同见证了开幕式。

11 月 5 日　由深圳市政府主办，深圳市工业设计行业协会承办，商务部外贸发展事务局、中国工业设计协会、中国机械工程学会工业设计分会协办的第五届深圳国际工业设计大展在会展中心开幕。

11 月 6 日　中建三局二公司承建的深圳当代艺术馆与城市规划展览馆项目荣获中国建筑行业工程质量最高荣誉奖——鲁班奖。

11 月 7 日　首届纳电子产业标准化国际论坛在深圳召开。此次论坛由中国科学院纳米标准与检测重点实验室和深圳市标准技术研究院联合发起并主办，来自中国、日本、德国、韩国、加拿大等多个国家纳电子领域的高级专家，以及 120 位来自我国纳电子基础研究机构、计量机构、标准化组织和企业界的专家学者参加了论坛。

11 月 8～11 日　"第 23 届中国纪录片学术盛典暨第 4 届深圳青年影像节"在

深圳举行。众多国内外专家、导演齐聚深圳，就中国纪录片发展现状、中国纪录片如何走出去等话题进行探讨。

11月9日 由深圳市政府主办，中国世界贸易组织研究会合办，深圳市经济贸易和信息化委员会、深圳市公平贸易促进署承办的第十六届"WTO与深圳"高级论坛在五洲宾馆举行。国家商务部、广东省商务厅以及深圳市各级政府、企事业单位、高校科研机构的280名代表参加了此次论坛。

△ 由深圳机场集团轮值主办的2017年大珠三角五大机场主席会议在深圳召开。来自香港、澳门、广州、深圳、珠海五大机场的代表及民航界嘉宾，围绕"加强合作，共建粤港澳大湾区世界级机场群"的会议主题进行了深入交流。

△ 深圳市宝安区人民医院整体改造工程（二期）项目工地举行2017年第四季度新开工项目集中启动活动。本次集中新开工项目共计138个，总投资约1645.4亿元，其中政府投资项目103个、社会投资项目35个。省委常委、市委书记王伟中，市长陈如桂等见证开工。

11月10日 以"智能制造引领提升工业发展质量"为主题的第6届五洲工业发展论坛，在深圳举行。国家相关部委领导、两院院士、著名学者、知名企业领袖及媒体记者等400余人出席系列活动。

△ 由中国世界贸易组织研究会、商务部投资促进事务局和中国国际商会主办，深圳市经信委、深圳市贸促委、潮汕联合控股有限公司承办的2017"一带一路"海内外企业合作洽谈会在深圳举行。

△ 在最高人民法院、司法部、中国法学会等单位的支持下，由中国港澳台和外国法律查明研究中心、深圳市中级人民法院、深圳市前海深港现代服务业合作区管理局和深圳市法学会联合主办，前海合作区人民法院、深圳市蓝海现代法律服务发展中心和国际商会共同承办的第二届"前海法智论坛"在深圳召开。

△ 深圳市深化国有文艺院团改革动员会举行，正式吹响深圳市新一轮国有文艺院团改革的号角。深圳市委常委、宣传部部长李小甘，副市长吴以环出席会议。

11月11日 "中医中药中国行——深圳中医药健康文化推进行动"在深圳中心书城北广场正式启动，副市长吴以环出席了启动仪式。

11月12日 深圳市第九届职工技术创新运动会暨2017年深圳技能大赛——服装职业技能决赛在深圳龙华大浪时尚小镇举行。

11月14日 深圳市住房公积金管委会今日正式对外发布《深圳市住房公积金管理委员会关于调整深圳市住房公积金提取额度有关问题的通知》。即日起，职工提取住房公积金用于支付房租的，每月可提取的公积金由申请当月公积金应缴存额的 50% 上调为 65%；提取公积金用于物业费、装修费等其他住房消费的，职工每月可提取额由申请当月公积金应缴存额的 30% 上调为 40%。

△ 深圳国际仲裁院（又称"华南国际经济贸易仲裁委员会"）日前在美国洛杉矶设立了中国国际仲裁机构第一个海外庭审中心——深圳国际仲裁院北美庭审中心，北美地区相关国际商事仲裁案件今后可就近开庭审理。

△ 住建部公布第一批装配式建筑示范城市和产业基地，深圳市荣获"国家装配式建筑示范城市"；万科、中建国际投资、中建钢构、华阳国际、筑博设计、嘉达高科、鹏城建筑、华森设计八家深圳企业荣获"国家装配式建筑产业基地"。

△ 第五届全国文明城市名单今日正式公布。在"复查确认继续保留荣誉称号的往届全国文明城市名单"中，深圳再度上榜，连续五次荣膺"全国文明城市"称号。

11 月 15 日 深圳虚拟大学园 2017 年联席会议在深圳紫荆山庄举行，清华大学、中国科学院、中国工程院、西北工业大学、西南交通大学、同济大学、香港科技大学、上海交通大学等数十所知名高校的代表齐聚深圳，通过深化市校合作，共同推进深圳国家自主创新示范区和国家创新型城市建设。

11 月 16 日 第十九届中国国际高新技术成果交易会人才与智力交流会在深圳人才园开幕，同期举行了深圳人才园人力资源服务产业园开园仪式。

△ 星河控股与中国建设银行深圳市分行创新长租模式发布，正式推出"CCB 建融家园·星河荣御"长租社区项目，涉及 10 种户型、2600 余套房源，这也是深圳首个整租社区。

△ 全球著名航空航天技术公司空中客车公司和深圳市投资推广署在市民中心签署合作备忘录，空中客车（中国）创新中心正式落户深圳，这是空客公司在亚太地区唯一一家创新中心。

11 月 16~21 日 第十九届中国国际高新技术成果交易会在深圳举行。

11 月 17 日 哈尔滨、深圳、俄罗斯文化企业及文化项目对接签约会在道里松雷国际商厦举行。深圳国际文化产业博览交易会有限公司、深圳市字在文化传播有限公司、俄罗斯符拉迪沃斯托克市希尔盖蜡染印花创意工作室等文创企业就入驻松雷国际商厦项目、文化演艺合作项目、工艺美术合作项目等 8 个合作项目现场签约。

△ 国家卫星应用产品质量监督检验中心战略合作签约仪式在深圳举行。福田区政府、航天五院 514 所、北斗卫星信息服务有限公司签署了持续支持国家卫星应用产品质量监督检验中心建设合作协议；航天五院 514 所、中检南方签署了共建北斗应用质量认证体系合作协议。市长陈如桂，中国科学院院士、"两弹一星"元勋、

2009年度国家最高科学技术奖获得者孙家栋等见证签约。

△ 由深圳市科技创新委（深圳高新区管委会）主办的"建设世界一流高科技园区国际会议"在深圳举行，国家科技部火炬中心有关负责人、全国高新区和企业代表、"一带一路"沿线国家官员和专家近200人集聚一堂，围绕"一带一路"与创新进行交流和探讨。

11月18日 国家女子冰球队宣布正式落户深圳龙岗。其中，国家女队所在的俱乐部主场设在大运中心，训练和备战基地也均在龙岗。

11月18~19日 由中国红楼梦学会主办，红楼梦学刊杂志社、深圳韩江文化研究会联合承办的2017全国《红楼梦》学术研讨会在深圳银湖会议中心举行。来自北京、上海、天津、香港、澳门等全国各地的120余位红学研究者齐聚一堂，围绕"《红楼梦》的当代传播与影响"主题，展开持续两天的探讨。

11月20日 国家重点研发计划重大科学仪器设备开发重点专项——"多维快速超分辨成像仪"项目启动会在深圳航天工业技术研究院召开。

△ 由深圳广电集团主办的"2017深圳创新榜榜单发布盛典暨创新深圳论坛"在龙岗区中海信创新产业城多功能厅举行。

11月21日 由深圳市贸促委主办、深圳市中东欧经济文化促进会承办的第二届深圳—中东欧经贸科技文化洽谈会在圣廷苑酒店召开。来自中东欧12个国家的逾70位嘉宾及近百家深圳优秀企业代表参加会议。

△ 2017年全国风险投资行业年会在深圳坪山召开。本次年会由中国科技金融促进会风险投资专业委员会和中共深圳市坪山区委员会、坪山区人民政府联合主办，深圳市科技金融服务中心、坪山区经济和科技促进局、区科技创新服务署承办，坪山区产业投资服务有限公司协办。

11月22日 深圳市社会保险基金管理局召开新闻发布会，宣布深圳医保异地就医现金报销省外受理业务正式启动，北京、上海、成都等10个城市的39个商业保险机构网点提供异地就医现金报销受理服务，参保人应该在医疗费用发生之日（住院从出院日）起12个月内均可办理，逾期将不予受理。

11月24日~12月1日 "2017年医学科学前沿论坛（中国工程科技论坛）"在深圳举行，中国工程院院士付小兵、顾晓松、张兴栋，以及国内再生医学及生物材料领域30多位名家名医应邀进行讲演。

11月22日 深圳市民政局与日本微风介护管理系统株式会社签署战略合作协议。深圳正式引进日本先进的标准化养老服务管理模式，完善深圳市养老服务质量标准和评价体系。

11 月 23 日　深圳第五届自主创新百强中小企业暨十佳中小企业创业英才颁奖盛典在五洲宾馆举行。会上发布消息，深圳经认定的国家级高新技术企业总数首次突破了 1 万家。

11 月 24 日　由工信部赛迪研究院、国研经济研究院、华制智能、达晨创投共同主办的"第三届工业 4.0 与中国制造 2025 全球年会"在深圳举办。会上，全球智能制造产业联盟（硅谷）宣布正式落地深圳。

△　深圳市近日推出了《深圳市道德模范礼遇和帮扶制度》实施细则，进一步明确道德模范礼遇帮扶工作的具体措施和操作细则，让道德模范得到全社会的广泛尊重，推动形成崇德向善、见贤思齐的浓厚社会氛围。

△　深圳市副市长高自民会见奥地利凯恩滕州议会议长莱哈特·罗尔率队的电子和微电子行业商务代表团一行。代表团此访旨在加强中奥在经济、政治尤其是创新驱动技术方面的联系与交流。

11 月 25 日　以"融合梦想，共赢未来"为主题的第三届两岸青年和平发展论坛暨"两岸青年创新大联盟"2017 年会在深圳举行。全国政协常委、民革中央副主席郑建邦，深圳市政协副主席、民革深圳市委主委黎军出席活动。

△　广东省委常委、深圳市委书记王伟中会见吉布提共和国总统盖莱一行。王伟中表示深圳将认真落实两国元首达成的重要共识，抓住"一带一路"建设机遇，进一步深化双方在经济技术、港口贸易等多领域务实合作，支持更多深圳企业赴吉投资兴业、创新发展，实现互利共赢，以实际行动为落实中非合作论坛约翰内斯堡峰会成果、促进两国战略伙伴关系做贡献。

11 月 26 日　以"构建命运共同体、迈向南海新时代"为主题的 2017 南海佛教深圳圆桌会 26 日在深圳举行，中国、泰国、柬埔寨等 10 个国家的高僧大德及友好协会人士进行了发言交流。圆桌会签署《南海佛教深圳圆桌会备忘录》，就共建南海丝路基金、成立南海文化研究院、建立南海佛教深圳圆桌会常设机构等多项议题达成共识。国家宗教事务局局长王作安，深圳市政协主席戴北方，市委常委、统战部部长林洁出席圆桌会。

11 月 27～28 日　中国工程院和中国科学院先后公布了 2017 年度院士增选结果，深圳市地铁集团有限公司总工程师陈湘生、南方科技大学副校长汤涛教授先后分别当选为中国工程院院士、中国科学院院士，香港中文大学（深圳）理工学院史提芬·博伊德教授入选中国工程院外籍院士。

11 月 29 日　《深圳市鼓励总部企业发展实施办法》今日正式发布，《实施办法》从落户奖、贡献奖、租购房补助等多方面，对总部企业发展予以支持。

12月1日 经国务院台湾事务办公室批准，由深圳市人民政府、海峡两岸棒球交流合作委员会主办的第一届海峡两岸学生棒球联赛总决赛今日在深圳开幕。

△ "深圳报告"——迎庆改革开放40周年主题创作活动在深圳启动。来自全国的知名作家聚焦深圳，用报告文学的形式反映改革开放以来深圳所取得的巨大成就和感人事迹。中国作协党组成员、副主席、书记处书记阎晶明，深圳市委常委、宣传部部长李小甘等出席启动仪式。

△ 国内首部地方性辅警条例——《深圳经济特区警务辅助人员条例》[①]今起正式实施，我市近4万人的辅警队伍的管理从此有法可依。

12月2日 中科院深圳先进院合成生物学研究所今日正式揭牌。中国科学院院长、党组书记白春礼，深圳市副市长艾学峰，广东省科技厅厅长王瑞军，美国工程院院士杰·基斯林等出席仪式。

△ "阿尔法巴智能驾驶公交系统"今日在深圳试运行，这是全球首次在开放道路上进行的智能驾驶公交试运行。

12月3日 深圳市人民政府与中国科学院签订《共同推进建设深圳国际科技产业创新中心合作协议书》。省委常委、市委书记王伟中，市长陈如桂会见中国科学院院长白春礼一行，并共同见证签约。

12月4日 深圳市市长陈如桂和石墨烯发现者、2010年诺贝尔物理学奖得主安德烈·盖姆等，今日共同为深圳盖姆石墨烯研究中心揭牌，该研究中心将依托清华－伯克利深圳学院和清华大学深圳研究生院建设国际顶尖的石墨烯科研平台。

△ 深圳市人民政府与中国邮政储蓄银行签订战略合作协议。广东省委常委、深圳市委书记王伟中，市长陈如桂，中国邮政集团公司总经理、中国邮政储蓄银行董事长李国华共同见证签约。

12月5日 由中国机械工程学会工业设计分会、全国工业设计产业创新联盟、深圳市宝安区政府主办的2017第十届中国（深圳）国际工业设计节开幕。本届设计节以"设计智造·共创未来"为主题，包括宝安杯智能硬件创新设计大赛项目路演、2017中国国际工业设计高峰论坛、创意工作坊、宝安杯智能硬件创新设计大赛等系列活动。

12月6日 中国首届数字银行高峰论坛今日在深圳举行，中小银行互联网金融（深圳）联盟在论坛上正式宣布成立。

---

① 条例最大的突破点是赋予辅警一定的执法权限，解决我市当前警力不足的问题。在部分行政执法领域，如对犯罪嫌疑人的传唤抓捕等，一名民警带领一名辅警即可执法。

△ 深圳龙城医院正式获批准成为广东省首家三甲康复医院。

12 月 8 日 以"蓝色伙伴·合作共赢"为主题的首届中欧蓝色产业合作论坛在深圳召开。欧盟委员会环境、海洋事务和渔业委员卡尔梅努·韦拉，国家海洋局局长王宏，广东省委常委、深圳市委书记王伟中，广东省副省长邓海光，深圳市市长陈如桂，国家海洋局副局长林山青等出席开幕式。共有来自 10 余个国家的近 300 名企业家代表和专家学者参加了本次论坛。

△ 深圳市 2017 年投资推广重大项目签约大会在市民中心举行。来自互联网、新一代信息技术、新材料、生物和生命健康、航空航天、先进制造、金融及科技服务产业等领域的 36 个重大项目集中签约，3 家产业园区被授牌成为产业链专业园区、国际化重点园区，为 10 家优秀落户企业及 10 家投资推广优秀合作机构集中颁奖。

12 月 9 日 第四届"深圳年度十大佳著"评选结果今日揭晓。杨黎光的《大国商帮——承载近代中国转型之重的粤商群体》、梁二平的《海上丝绸之路 2000 年》、廖虹雷的《深圳风物志·风土人情卷》、杨争光的《杨争光：文字岁月》、涂俏的《袁庚传》、刘元举的《北人南相》、唐诗的《清秋笔记》、孙重人的《荒野行吟：美国自然文学之旅》、楼乘震的《铁骨柔情——当代文化人素描》、王振文的《岁月深处》十部非虚构文学类作品获评第四届"深圳年度十大佳著"。

△ 首届中国城市轨道交通文化博览会今日在深圳开幕。

△ 以"数智金融——大数据的创新与应用"为主题的第二届中欧大数据金融论坛在深圳大学举行。来自法国、新加坡、英国的多位专家学者，以及金融大数据相关行业协会与企业、人才组织、科研院所、创投机构代表会聚深圳，围绕智能认知改造传统金融服务、智能投顾在金融科技时代的典型应用、量化交易中人工智能如何赋能等核心议题展开深度讨论。

12 月 13 日 第十九届中国专利奖在北京揭晓，深圳企业再获丰收。全国共有 25 项金奖，深圳获得其中 5 项，占五分之一，金奖数量居全国各大城市之首。

△ 深圳港与韩国仁川港建立友好港关系签约仪式在深圳市交通运输委员会隆重举行，双方代表在建立友好港关系协议上签字，仁川港口正式成为深圳港第 23 个国际友好港口。

△ 哈尔滨市平房区（哈经开区）、深圳市罗湖区、哈尔滨工业大学三方在深圳举行了建立全面区校战略合作伙伴关系、平房区（哈经开区）与罗湖区签订缔结友好城区协议仪式，同时举行了哈经开区（平房区）产业项目招商签约仪式。

△ 2016~2017 年度国家优质工程奖总结表彰大会在北京人民大会堂举行，由

深圳地铁集团建设、中国电建承建的深圳市城市轨道交通 7 号线 BT 项目荣获国家优质工程金质奖，成为广东省首个、全国第二个获此殊荣的地铁项目。

12 月 14 日 以"智慧安防人工智能应用"为主题的"第五届中国深圳智慧城市建设高峰论坛"在深圳大中华喜来登酒店开幕。800 余名政企领袖、行业大咖、权威专家共聚一堂，探讨安防人工智能现状，共寻合作商机。

12 月 14~18 日 第 15 届中国（深圳）国际茶产业博览会在深圳会展中心举行。本次展会展览面积达 82000 平方米，设国际标准展位 3800 个，吸引国内外 1525 家品牌茶企参展。

12 月 15 日 "阿娜尔"计划——深圳产业园企业社工服务项目①启动仪式暨小花帽艺术团进企业送温暖活动今日在深圳产业园举行。

△ 第七届深港城市/建筑双城双年展（深圳）今日在主展场深圳南头古城开幕。本届双年展以"城市共生"为主题，来自 25 个国家的 200 多位参展人将透过融合建筑、艺术和设计的作品，探讨和反思中国在全球化背景下的城市发展模式，并尝试描绘未来城市的愿景。

△ 由深圳市委宣传部、深圳市社会科学联合会、深圳报业集团共同主办，深圳大学文化产业研究院、国家文化创新研究中心、深圳学术年会（2017）承办的"文化发展不平衡不充分的问题与对策"学术研讨会在深圳大学文化产业研究院举行。

12 月 16 日 "中国广东自由贸易试验区粤港澳游艇自由行深圳首航"仪式在深圳湾游艇会隆重举行。同日，"国家指定的粤港澳游艇自由行停泊港""广东省游艇旅游示范港""游艇保税港""粤港澳大湾区游艇行业联合会深圳办事处"揭牌。

12 月 17 日 深圳市政府法制办与长沙市政府法制办就推进改革创新、促进城市国际化、推动政府治理体系和治理能力现代化、加快建设法治政府等工作深化交流和合作，签署了战略合作协议。

12 月 18 日 广东省委、省政府近日正式印发《广深科技创新走廊规划》。广东将集中力量推进广深科技创新走廊②建设，发挥好广州、深圳龙头带动作用，沿广深轴线形成高度发达的创新经济带，辐射带动全省创新发展。

---

① "阿娜尔"计划——深圳产业园企业社工服务项目作为深圳援疆项目之一，是深圳社会工作援疆的重要创举，是喀什市首个企业社工服务项目。
② 广深科技创新走廊坐落于粤港澳大湾区东侧，北起广佛交界处，经广州主城区、东莞松山湖、深圳主城区，南至深圳大鹏新区，依托约 180 公里的高速、城轨等复合型交通要道，总覆盖面积达 11836 平方公里。

△　由深圳市注册会计师协会主办的"《深圳市注册会计师行业自律守则》签署仪式暨新闻发布会"在深圳五洲宾馆召开，262 家会计师事务所代表共同签署了"注册会计师'廉洁自律诚实守信'承诺书"和《深圳市注册会计师行业自律守则》。

△　由阿拉善生态基金会主办的 2017 年第六届"生态文明·阿拉善对话（深圳）"活动今日在深圳举办。本次会议的主题为"责任投资与绿色发展"，阿拉善生态基金会与深圳福田区政府、深圳经济特区金融学会绿色金融专业委员会在本次活动上共同签署《推动绿色投资·社会责任南北联手生态文明建设战略框架合作协议》。

12 月 19 日　腾讯与深圳市金融办签署战略合作协议，双方将联合开发基于深圳地区的金融安全大数据监管平台，通过金融风险的识别和监测预警，助力地方金融监管，保障金融业务安全，防控金融风险。

12 月 21 日　广东省社会科学院发布《2017 年度广东各市开办企业便利度评估报告》。今年的评估报告显示，广东省各市开办企业便利度，深圳排名第一。

12 月 22 日　深圳建行联合深圳市福田区引导基金共同设立的"福田区城市更新基金"正式启动，总规模 100 亿元。该基金是全国第一只百亿元级规模的城市更新基金，也是深圳市福田区建立透明规范的城市建设投融资机制的一次重大创新。

12 月 23 日　2017"质量之光"年度质量盛典在人民大会堂隆重举行，"国内首部全面推进质量发展的地方法规在深圳诞生"入选"年度质量事件"。

12 月 25 日　2017 年"中国图书对外推广计划"和"中国文化著作翻译出版工程"立项名单公布，由深圳大学陶一桃教授、鲁志国教授合著的《经济特区与中国道路》一书成功入选，将以阿拉伯语形式由埃及斯福萨法出版社出版发行，这是继两位作者合著的《中国经济特区史论》2011 年由英国帕斯国际出版公司出版发行、《经济特区与中国道路》入选 2016 年德国法兰克福书展后获得的又一项"学术走出去"国际化殊荣。

△　住建局建设工程交易中心的"基于 BIM 的电子招标投标系统建设与应用"项目，近日正式通过国家住建部验收。这是全国首个应用 BIM① 技术的电子招标投标系统。

---

①　BIM（Building Information Modeling）是一种应用于工程设计建造管理的数据化工具。通过整合相关信息，在项目策划、运行和维护的全生命周期过程中，进行共享和传递，使工程技术人员对各种建筑信息，做出正确理解和高效应对，为设计团队以及包括建筑运营单位在内的各方建设主体，提供协同工作的基础，在提高效率、提升质量、节约成本和缩短工期方面发挥重要作用。

12月26日　经最高人民法院批准，深圳知识产权法庭、深圳金融法庭今起正式办公，最高人民法院院长周强考察法庭并召开座谈会听取工作汇报，提出工作要求。

△　2017中国深商大会暨全球龙商大会高峰论坛在深圳保利剧院举行。广东省委常委、副省长贾玉梅，省政协副主席杜吉明，广东省委常委、深圳市委书记王伟中，市长陈如桂出席开幕式。

12月28日　教育部学位与研究生教育发展中心公布全国第四轮学科评估结果。深圳大学理论经济学学科作为一级学科参评，在参评本学科的90所高校中，深圳大学理论经济学科位列全国第19名，广东省内位列中山大学之后排名第2。

△　罗湖"二线插花地"① 棚户区改造项目开工仪式在布心片区罗湖棚改服务中心举行，这标志着"二线插花地"棚户区这一危及9.3万多名群众生命财产安全的重大安全隐患被彻底摘除。

12月29日　深圳市交通运输委员会日前发布消息，深圳市已有纯电动公交车16359辆，并已率先实现全市专营公交车辆全部纯电动化。深圳由此成为全国乃至全球特大型城市中，首个实现公交全面纯电动化的城市。

△　"守护天使"——喀什困境儿童帮扶项目今起正式启动。

△　由深圳画院主办的"同舟行——2017深圳画院院展"今日在深圳画院开幕。中国画学会副会长、深圳市文联名誉主席董小明，市文体旅游局副局长钱强，艺术家代表邹明先后致辞。深圳市政府、市文体旅游局有关领导，以及市美术家协会主席团成员、深圳画院驻院及签约艺术家等150余人出席。

12月29日　深圳海关把分散的快件和邮件监管业务进行整合，新设立"深圳国际快件邮件监管中心"，启动快邮件7×24小时全天候通关模式。国际快件和邮件在夜间也无须等待，可不间断流转，通关速度压缩三分之一以上。

△　深圳首家本地高校直属附属医院——深圳大学总医院正式进入试运行阶段，该院将于2018年3月正式试业。

△　深圳105家政企新媒体集体入驻"南方号"启动仪式在深圳市政协大楼举行，标志着深圳与南方报业传媒集团在"互联网＋政务"领域的合作进入深度融合阶段。

---

①　罗湖"二线插花地"位于罗湖区和龙岗区的交界处，是特区管理线与行政区划线不一致形成的管理"真空地带"，占地面积约62万平方米，共有楼栋1347栋，其中历史遗留违法建筑占比超过95%，居住9.3万余人，涉及当事人8310户。这里是地质灾害"多发区"、安全隐患"高危区"与旧城改造"难点区"。

12 月 30 日 由越众历史影像馆、深圳美术馆、艺象满京华美术馆主办的"叩响——首届深圳城市国际影像展"今日在越众历史影像馆开幕。

△ 深圳南山医院将近三年的十五万份病案的多达 4000 万条的数据传送至广东省 C-DRG① 数据中心。这标志着深圳 DRG 试点正式启动。

---

① DRG 目前已经在全球 40 多个国家广泛应用于医疗质量控制和医保付费领域，是目前国际公认的最先进的支付方式。实行的是总额包干、超支不补、结余留用的方式，在这种打包收付费方式下病人使用的药品、医用耗材和检查检验都成为诊疗服务的成本，而不是医院获得收益的手段。这就会改变医院和医务人员的医疗行为，促使医院因病施治，控制过度用药、过度检查等，规范医疗服务，优化费用结构，降低服务成本，从而实现控制不合理费用增长的目标。

2018 年

1月1日 国内首个家庭医生服务管理的地方政府规范性文件《深圳市家庭医生服务管理办法（试行）》即日起施行。该办法明确了家庭医生服务的概念、内容、方式、费用，开展服务的机构，家庭医生服务团队组成和资质要求，以及监督管理等。

△ 深圳市文明办、市关爱办联合深圳晚报社等单位，在福田区香蜜公园举办"步步行善"新年公益网络行动，并以此为标志，在全市范围启动2018新春关爱行动。

1月3日 南方电网调峰调频发电公司负责建设的深圳抽水蓄能电站首台机组近日正式投产发电。该项目位于深圳市城区，是由南方电网公司投资建设的首个机组设备国产化项目，也是我国首个城市内大型抽水蓄能项目。

1月4日 深圳市人力资源和社会保障局发布消息，近日，深圳市43家企事业单位获批成为深圳博士后创新实践基地，成为培养和发展博士后这一高端人才的主力军。

1月7日 深圳前海合作区人民法院"一带一路"国际商事诉调对接中心①揭牌仪式、"一带一路"法律公共服务平台启动仪式、第二届前海涉外涉港澳台商事调解论坛今日在深圳前海国际会议中心举行。

---

① 前海"一带一路"国际商事诉调对接中心是前海合作区人民法院专门负责国际商事纠纷解决相关工作的机构，与深圳国际仲裁院、前海"一带一路"法律服务联合会等多家境内外调解机构建立合作关系，为域内外商事主体提供便捷高效权威的纠纷化解服务，建设国际化、专业化、市场化、信息化的多元衔接国际商事争议解决平台。

△ 由全国政协书画室、中国文学艺术界联合会、深圳市委宣传部和深圳大学联合主办的"丹青华章筑国梦——刘宇一画展"今日在深圳大学美术馆举行。此次展览共展出刘宇一的 132 幅作品。与此同时，"深圳大学刘宇一艺术院"也同期揭牌。

1 月 7 ~ 8 日 中国第十届律师论坛在深圳蛇口举办。以"律师法修改与深化律师制度改革"为主题的论坛吸引了来自法学理论界和司法实务界的领导及嘉宾、律师近 900 人参会。

1 月 8 日 国家科学技术奖励大会今日在北京隆重举行，2017 年度国家科学技术奖结果出炉。由 19 家深圳高校、科研机构及企业主持或参与完成的 15 个项目获奖，其中，技术发明奖以 7 项获奖数刷新历史纪录，本土医疗卫生机构首度获奖。

△ 深圳国际仲裁院（深圳仲裁委员会）发布公告："华南国际经济贸易仲裁委员会（深圳国际仲裁院）与深圳仲裁委员会于 2017 年 12 月 25 日起合并为深圳国际仲裁院（深圳仲裁委员会）。"这是我国仲裁史上首例仲裁机构的合并，今后将实现优势资源的整合互补和深度融合，进一步提升其国际影响力，为我国仲裁制度改革和创新提供经验。

1 月 9 日 深圳政府公报公布，《深圳市绿色低碳港口建设补贴金管理暂行办法》即日起实施。办法规定，船舶安装使用尾气净化设施，新增天然气、电力等清洁能源动力船舶可获补贴。其中，新增天然气或电力等清洁能源动力的深圳籍船舶，按船舶发动机成本的 30% 予以补贴，每艘船最高补贴额度不超过 1500 万元。

1 月 10 日 深圳城市轨道交通四期工程①正式开工建设，广东省委常委、深圳市委书记王伟中，市长陈如桂，中国铁建总裁庄尚标等出席开工仪式。

1 月 11 日 华为诉三星专利侵权案一审在深圳知识产权法庭落槌，华为胜诉。这是国内首例无线通信国际标准必要专利侵权纠纷案，也是深圳知识产权法庭在 2017 年 12 月 26 日揭牌办公后，首次宣判的具有重大国际影响的案件，敲响了该法庭审理知识产权案件第一槌。

1 月 12 日 深圳市知识产权局发布消息，国家知识产权局批复同意深圳市建设中国（南方）知识产权运营中心②。

---

① 此次开工的线路包括深圳地铁 12 号、13 号、14 号、16 号线以及 6 号线支线，5 条线全长 148.9 公里、总投资 1345 亿元，是深圳地铁建设史上投资规模最大、启动项目最多的一次。该工程的建设，对进一步优化深圳城市空间布局，构建更加紧密完善的轨道交通网络，打造更加便捷高效的城市轨道交通生活圈，推动现代化国际化创新型城市的创建具有重大意义。

② 中国（南方）知识产权运营中心承担国家知识产权运营公共服务平台金融创新试点平台建设任务；承担知识产权强企建设任务，建立跟踪服务、共生发展机制；承担高价值专利培育运营任务，促进高质量知识产权创造。

△　近日，中国科学院深圳先进技术研究院吕建成研究员、喻学锋研究员与英国班戈大学陈险峰教授等合作，成功研制出首个基于黑磷的光纤化学传感器，实现对重金属离子的超灵敏检测。

△　由商务部市场运行和消费促进司、国务院发展研究中心市场经济研究所指导，深圳市人民政府主办，深圳市经济贸易和信息化委员会、深圳市罗湖区人民政府联合承办，深圳市零售商业行业协会协办的深圳市消费创新发展大会在罗湖区举行。

△　深圳工业创新成果发布会今日在深圳举办。发布会举行了第三届深圳工业大奖、第十六届深圳企业创新纪录以及第二届"深圳百优工匠"暨"深圳工匠培育示范单位"发布仪式，并表彰了一批履行社会责任的优秀企业。

△　日前，由深圳大学二维材料光电科技国际联合实验室率领的国际研究团队，成功制备出新型抗癌药物新载体——智能黑磷水凝胶，其可充分利用优越的激光响应优势，携带抗癌药物，实现精准治疗。

1月13日　深圳垃圾强制分类即日起正式开罚。按规定，个人或单位未按规定分类投放生活垃圾的，个人处50元~100元罚款，情节严重的单位处1万元罚款。

1月13~15日　"2018未来产业深圳峰会"在深圳成功举行，出席本次论坛的嘉宾主要有工业和信息化部相关司局领导、部分地方工信部门的负责同志、海内外院士及知名专家、新兴产业新锐企业、智库组织、行业协会、金融机构、媒体代表等，共计300余人。

1月15日　国务院发布《关于同意撤销深圳经济特区管理线的批复》称，为促进深圳经济特区一体化发展，结合特区建设发展面临的新形势新使命新任务，同意撤销深圳经济特区管理线。

△　由中央网信办主办，广东省委网信办承办的2018年网络媒体"走转改"暨"新时代、新梦想"新春走基层活动启动仪式在深圳举行，来自全国各地的40余家网络媒体采编人员齐聚莲花山。

1月16日　深圳市首家矛盾纠纷多元化解综合法律服务中心在宝安区人民法院揭牌成立。深圳市中级人民法院、深圳市司法局、宝安区委、宝安区人大常委会、宝安区委政法委相关负责人共同为该中心揭牌。

△　位于深圳坪山区的国家新型工业化产业示范基地①近日成功被国家工业和

---

①　国家新型工业化产业示范基地位于深圳高新区坪山园区的聚龙山片区，总面积674.33公顷，是"深圳市十大未来产业集聚区"之一。

信息化部批准设立。

△ 由广东省文明办担任指导单位，由深圳市文明办、深圳市网信办、深圳市科技创新委主办，深圳报业集团深圳晚报社、腾讯研究院联合承办的"新时代：互联网赋能新文明"——2018 年互联网 + 文明推动者大会在深圳 EPC 艺术中心举行。

△ 由深圳市经济贸易和信息化委员会指导、中国科学院深圳先进技术研究院主办的"2018 深圳机器人创新与发展论坛"在深圳举行。本次论坛上举行了 2017 深圳机器人年度评选颁奖盛典。

1 月 17 日 "一带一路"倡议下的城市与产业国际合作论坛今日在深圳举行，来自 23 个沿线国家和地区的近 300 位政界、学界、智库界和企业界重量级嘉宾出席。

△ 由深圳市跨境电子商务协会和百佬汇跨境电商联盟联合主办的"2018 大融合：新升级中国（深圳）跨境电商年度盛典"在深圳市会展中心开幕，跨境电商节也正式启动。

1 月 19 日 深圳市委政法委和深圳市市场和质量监管委联合召开了《社会管理要素统一地址规范》①深圳标准应用试点启动部署会，深圳市委副书记、政法委书记李华楠，深圳市副市长黄敏等领导出席会议。

△ 以"时尚深圳，全球共享"为主题的第三届中国（深圳）国际时装节在大浪时尚小镇圆满落幕，来自法国、意大利、美国、英国、俄罗斯、韩国等知名设计师、行业嘉宾 600 多人出席了闭幕式。

1 月 19 日 深圳网络空间科学与技术广东省实验室筹备工作会议在五洲宾馆举行，国内相关领域的权威专家院士参会研究实验室建设方案并成立顾问组，就实验室研究方向、人才引进、人事管理、评估管理、资源配置等进行深入探讨。

1 月 21 日 第十四期钱学森论坛在深圳举行。论坛围绕技术创新、产业创新等领域共探时代新机遇、共商发展新方向、共话融合新路径，助力创新型国家建设，为抢抓新一轮科技和产业变革战略机遇提供智力支持和决策参考。

1 月 22 日 据深圳海关统计，2017 年深圳市累计进出口 2.8 万亿元。其中，出口值 1.65 万亿元，增长 5.5%，占同期全国出口总值的 10.8%，继续位列内地大中城市首位，实现 25 连冠。

---

① 《社会管理要素统一地址规范》深圳标准由深圳市委政法委及市场和质量监管委牵头，联合市经贸信息委、市规划国土委、市公安局、市住建局、中国电子科技集团等相关单位共同起草。通过整合规划国土、公安、住建、民政等地址管理部门的行业标准，以网格化管理基础，按照最大公约数原则，建立的融合空间地理和社会治理的最广泛、最基础的地址标准。

△　香港卫生署一行到访深圳检验检疫局，双方就在深港口岸推广深圳智慧卫生检疫系统、细化落实深港出境旅客卫生检疫"一检双放"工作模式、加强西九龙"一地两检"口岸建设合作、健全联防联控机制和重大疫情期间深港旅客检疫结果互认等10个方面达成了共识。

1月23日　由深圳市质量强市促进会举办，以"新时代、新使命、新作为"为主题的2018年深圳市质量强市促进大会暨质量强市建设年度盛典在五洲宾馆举行。副市长黄敏、市政协副主席徐友军、市质量强市促进会会长马蔚华等出席大会。

1月23日　全国中小企业股份转让系统有限责任公司与深圳证券期货业纠纷调解中心在深圳签署战略合作备忘录。未来，全国中小企业股份转让系统的市场参与者可以更高效、低成本地解决相关经济纠纷。根据合作备忘录，全国股转公司将及时将适宜调解的各类纠纷引导至深圳证券调解中心解决。

1月24日　深圳市龙岗区人民检察院与上海市普陀区人民检察院近日共同签订对涉罪未成年人的异地帮教协议。这是该院首个附条件不起诉异地监督帮教案例。

1月26日　深圳市政府日前印发《深圳市非深户籍人员子女接受义务教育管理办法》，将于2018年2月1日起施行。管理办法不再将符合计划生育政策作为申请入学的必备条件，而是将其作为积分入学项目。同时，对居住证、社保等条件做了更明确的规定。

1月2日　应中国共产党邀请，越南中央政治局委员、中央书记处书记、中央组织部部长、越南国家特区委员会副主任范明政带领的越南共产党代表团一行12人来访深圳大学，与深圳大学中国经济特区研究中心就经济特区发展建设情况与经验进行座谈。

1月30日　2017年度深圳市高技能人才认定暨技能大赛总结大会在深圳人才园举行，大会对第44届世界技能大赛深圳市3名获奖选手及其专家团队，2017年度新评选认定的9名"鹏城工匠"和30名"技能菁英"，以及在全市技能大赛中脱颖而出的2名"工匠之星"、251名"技术能手"进行表扬，颁发荣誉证书和奖金。

△　国家林业局日前发函深圳市政府，同意与深圳市共建全国第一家红树林博物馆——中国红树林博物馆。

△　广东省深圳市公安局召开2017年度工作总结表彰大会，为2017年公安工作中涌现出的立功集体和个人代表、"每日警星"优秀代表、十佳警嫂、十大"马天民式"民警等先进模范颁奖。

1月31日　深圳市南山博物馆今日起正式面向市民开放，该馆总建筑面积为3.6万平方米，展厅总面积7000多平方米，是一所区级综合性现代化博物馆，也是全国现有规模最大的区县级博物馆之一。

△　深圳首家专业类海洋高等教育科研机构——广东海洋大学深圳研究院（简称"海大深研院"）召开新闻通气会，在深圳建设"全球海洋中心城市"战略定位的引领下，该院 2018 年将重点打造 10 个涉海领域高水平科研团队，并将以百万年薪和千万补贴面向全球招聘 10 个团队的领军人才。

2月1日　《深圳市特困人员供养实施办法》① 今日起正式实施，有效期 5 年。

△　深圳市统计局发布，深圳 2017 全年生产总值 22438.39 亿元，同比增长 8.8%，GDP 总量一举超过广州，仅次于北京、上海位居全国第三位；人均 GDP 达 2.71 万美元，位居全国第一。

△　由中国国家画院都市水墨研究所、深圳画院共同主办的"风景这边独好——首届都市水墨学术邀请展"在深圳画院美术馆开幕。

2月1~2日　深圳国际文化产业博览交易会有限公司应邀参加了由文化部部长雒树刚率领的中国文化代表团，访问加拿大渥太华，参加了中加文化联委会、中加文化产业首次对话会等活动。

2月2日　深圳海梁科技有限公司宣布与瑞典巴士制造厂商斯堪尼亚签署战略合作协议。双方计划联合深圳巴士集团推动全球商用车智能驾驶创新中心落地深圳。

△　2017 军工榜暨军工风云人物及军民两用领军企业颁奖典礼在深圳五洲宾馆举行，10 多位军地领导、300 多位院士专家以及 200 多家各类机构参会。

△　由深圳市虚拟现实产业联合会组织相关专家、企业和科研机构联合编纂的《2017 深圳 VR 产业蓝皮书》② 在深圳虚拟大学园发布。来自国内 VR 行业以及政府相关部门、相关行业协会代表及知名专家二百余人出席了发布会现场。

2月6日　以"城市与研究型大学—共建亚洲，繁荣世界"为主题的 2018 年泰晤士高等教育亚洲大学峰会在南方科技大学开幕。市委书记王伟中、国家自然科学基金委员会主任杨卫、《泰晤士高等教育》全球排名主任编辑费尔·巴蒂等出席开幕式。

△　第 24 届"深圳是我家"新春系列文化活动在市青少年活动中心举行。市委书记王伟中、市长陈如桂来到活动现场，与 200 多名各界青年代表欢聚一堂，看

---

①　办法规定，特困人员救助的供养对象为具有本市户籍的"三类"人群（即城乡老年人、残疾人以及未满 16 周岁的未成年人）同时具备"三无"条件（即无劳动能力、无生活来源、无法定赡养抚养扶养义务人或者其法定义务人无履行义务能力）的人员。供养内容包括为特困人员提供基本生活、照料服务、疾病治疗、住房救助、教育救助、殡葬服务等方面的保障。

②　蓝皮书对深圳包括国内 VR（虚拟现实）行业的发展现状进行了全面的分析总结，对未来的发展前景进行了严谨的分析，是目前国内最为系统完整的 VR 产业专项研究报告。

演出、包饺子，共迎狗年新春、共话发展。

△ 深圳市市长陈如桂会见了北京大学校长林建华一行，共同商讨市校共建北京大学深圳校区事宜。

△ 第三届联合国教科文组织创意城市网络深圳设计新锐奖今日举行颁奖典礼和展览开幕式。12个国家21个城市的数百位设计师参与了这一盛事。

2月7日 深圳举行2018年春节军政座谈会。市委书记王伟中、市长陈如桂、市人大常委会主任丘海等市领导，深圳警备区司令员武启龙、政委李建华等驻深部队领导出席座谈会。

2月8日 深圳今日发布一项重大科研攻关项目成果：买麻藤类植物基因组计划取得重要突破性进展。仙湖植物园经过多年努力，领衔国际科研团队以"买麻藤"为突破口，为号称植物学界"百年之争"的买麻藤系统进化问题提供了新的视角和重要数据资源。研究成果于1月30日刊登于国际顶级科学杂志 *Nature Plants*（《自然－植物》），向全世界公开同步发表。

△ 深圳市发改委近日正式批复同意由深圳市海云天科技股份有限公司建设深圳教育大数据应用技术工程实验室。该实验室将依托海云天科技海量教育数据获取、处理、监测分析和应用服务能力，建设国内领先的教育大数据应用技术创新平台。

2月9日 深圳市今日发布《家庭医生服务规范》，将于3月1日起实施。为国内首部地方性家庭医生服务规范，签约居民可第一时间找家庭医生解决健康问题。

△ 我国首个空间科学探测商业卫星项目——"龙虾眼X射线轨道天文台"近日在龙华区硅谷大院启动，国内5家一流科研院所将合力向暗物质探索发起冲锋。

2月10日 深圳市急救中心在深圳火车站首次投放的20台自动体外除颤仪（AED）顺利安装完成，投入使用。

2月11日 深圳市规划国土委发布消息，《深圳市拆除重建类城市更新单元旧屋村范围认定办法》经市政府同意，正式印发实施。根据认定办法，旧屋村范围认定从原来仅限于原特区外，扩大范围至全市10个区（新区），从而扩大了政策适用范围，进一步推动城市更新项目的实施。

2月12日 深圳市日前印发《关于加大营商环境改革力度的若干措施》，推出20项改革措施126个政策点，努力营造服务效率高、管理规范、市场最具活力、综合成本最佳的国际一流营商环境。

△ 深圳召开全市扫黑除恶专项斗争暨政法工作会议。广东省委常委、深圳市委书记王伟中出席会议并讲话。市长陈如桂主持会议。

2月22日 《2017—2018年度国家文化出口重点企业公示名单》及《2017—

2018 年度国家文化出口重点项目公示名单》日前发布，雅昌文化（集团）有限公司、深圳华强方特文化科技集团股份有限公司等 15 家深圳文化企业上榜。

2 月 24 日 中国政府网发布《国务院关于同意深圳市建设国家可持续发展议程创新示范区的批复》，同意深圳市以创新引领超大型城市可持续发展为主题，建设国家可持续发展议程创新示范区。

2 月 25 日 深圳市马洪经济研究发展基金会联合中国（深圳）综合开发研究院、深圳市迪博企业风险管理技术有限公司今日在京发布"2017 中国政府（民生支出）信息公开金秤砣奖"。在对 32 个中心城市的 2016 年中国政府民生支出绩效分析排名中，深圳位居第三。

2 月 26 日 第十四届深圳文博会协调领导小组会议今日在北京召开。会议由中宣部副部长孙志军主持，文化部副部长张旭和文博会主办单位文化部、国家新闻出版广电总局、商务部、中国贸促会以及广东省、深圳市相关负责人出席了会议。

2 月 28 日 2019 年深圳市孔雀团队申请工作即日起正式接受网络申报，这标志着深圳正式启动了新一轮面向海内外高层次人才的揽才计划。

△ 深圳市广深沿江高速公路投资有限公司与深圳市交通运输委员会今日签订了《广深沿江高速公路深圳段货运补偿协议》。根据协议内容，自 2018 年 3 月 1 日起至 2020 年 12 月 31 日止，期间货车通行沿江高速深圳段将按照正常收费标准的 50% 收取通行费。市交委为此给予沿江公司约人民币 3 亿元的现金补偿。

2 月 29 日 "海洋信息获取与安全工信部重点实验室学委会暨首届深圳海洋信息技术与装备高峰论坛"今日在深圳市五洲宾馆举行。

3 月 1 日 2018 意大利全球设计日·深圳站金展珠宝广场沙龙分享活动在深圳市金展珠宝广场举办。

△ 深圳市政府组织召开了市食品药品安全委员会 2018 年第一次全体会议。市食品药品安全委员会主任、副市长黄敏出席会议并讲话，黄敏代表市政府与各区政府（新区管委会）签订了食品安全目标责任书。

△ 《深圳经济特区国家自主创新示范区条例》和《深圳经济特区沙头角边境特别管理区管理条例》今日起正式实施。

△ 深圳发布的全国首个低挥发性涂料地方标准《低挥发性有机物含量涂料技术规范》即日起全面实施。

3 月 7 日 中共中央总书记、国家主席、中央军委主席习近平参加十三届全国人大一次会议广东代表团的审议。来自深圳的全国人大代表、腾讯计算机系统有限公司董事会主席兼首席执行官马化腾和深圳光启高等理工研究院院长、光启科学有限公司董事会主席刘若鹏先后做了发言，与总书记面对面谈创新、话发展。

3月8日 深圳市交警局正式启动"深圳智慧交通一期"工程，打造智慧城市的"智慧交通"。智慧交通项目建设点位覆盖全市17条高快速路及宝安、龙华、光明等辖区。

3月10日 广东省委办公厅、省政府办公厅近日印发《关于深化职称制度改革的实施意见》。实施意见提出向广州、深圳依法下放正高级职称评审权，向符合条件的地级市、县（市、区）分别依法下放副高级、中级职称评审权。

3月12日 深圳市交通运输委员会发布《深圳市机械式立体停车设施建设运营管理实施细则（试行）（征求意见稿）》，对全市立体停车库的申报建设程序及运营管理做出详细规定。

3月13日 深圳市福田区首批金融科技青年人才培训①基地名单发布，包括平安、博时基金、深圳证券信息公司、全景网、华锐金融、价值在线等在内的25家企业获得授牌。

3月15日 "品质珠宝·美好罗湖"——深圳市罗湖区2018年"3·15国际消费者权益日"主题活动在罗湖举办。罗湖区人民政府副区长左金平、罗湖区经济促进局局长周建军、深圳市消委会秘书长冯念文等嘉宾出席这次活动。

△ 广东省副省长黄宁生率省科技厅、知识产权局等部门负责人，到深圳市调研科技创新工作，深入了解新型研发机构发展情况。深圳市副市长高自民参加调研活动。

3月16日 乐土沃森生命科技中心（国际生命科技中心）启动仪式今日在深圳举行。"DNA之父"、1962年诺贝尔奖得主詹姆斯·杜威·沃森与深圳市副市长艾学峰，大鹏新区党工委书记王京东，新区党工委副书记、管委会主任李勇等领导和嘉宾一道，为乐土沃森生命科技中心举行奠基仪式。

3月18日 由深圳市创建国家森林城市工作领导小组办公室、深圳市城市管理局（林业局）主办的创建国家森林城市系列主题活动——"森林·湿地·鸟"深圳市第三十七届"爱鸟周"宣传活动启动仪式在深圳湾公园举行，并首次发布"深圳十佳观鸟地点"。

3月19日 由深圳市经济贸易和信息化委员会主办，深圳市家具行业协会和深圳时尚创意产业联盟协会、深圳市德赛展览公司承办的2018深圳时尚家居设计周暨

---

① 金融科技青年人才培训计划依托福田区政府的金融科技专项扶持政策，每年将安排800万元补贴金融科技青年人才培训，支持约1000个实习培训岗位。培训计划个人补贴标准为大专生每月900元，本科生每月1200元，硕士研究生每月2250元，博士研究生每月3750元。此外，计划还要求最终择优聘用优秀实习生的比例不低于20%。

第 33 届深圳国际家具展在深圳会展中心开幕。

3 月 20 日 深圳市市场和质量监督管理委员会标准处发布消息，2017 年深圳共研制国际标准 271 项、累计 1655 项，研制国家和行业标准 374 项、累计 3758 项，组织制定并发布了《反贿赂管理体系》《城市可持续发展评价指标体系》等 68 项地方标准。

3 月 22 日 由 2004 年诺贝尔化学奖得主阿龙·切哈诺沃教授领衔的香港中文大学（深圳）切哈诺沃精准和再生医学研究院①今日正式成立。

3 月 22 日 2017 年全球专利申请量榜单今日发布。榜单显示，来自深圳的华为、中兴成为 2017 年全球 PCT 申请量最多的两家公司，这是深企连续第三年在全球 PCT 申请量中包揽前二。

3 月 23 日 深圳市医师协会举办推动实施医师执业责任保险②工作会议，标志着医师执业责任保险进入实操阶段。未来，伴随着医师执业责任保险的推广，当发生医患纠纷时，购买医师责任险所应承担的责任损害赔偿将由第三方保险公司负责赔偿事宜。

△ 2018 深圳智造粤港澳大湾区论坛今日在深圳举行，500 多名专家学者、上市公司与大型企业负责人、商协会代表齐聚一堂，共同探讨新兴技术驱动下深圳智能制造的发展趋势及物联网技术的应用创新与落地推进。

△ 2018 深圳智造粤港澳大湾区论坛暨"2017 年度深圳物联人物"及"2017 年度深圳物联十大应用创新企业"颁奖盛典，今日在深圳凯宾斯基酒店举办。

3 月 24 日 "2018 第七届中国手机产业年会"在深圳会展中心举行。此届手机产业年会主题为"共赢未来，5G 已来"，来自全国各地的 1200 余家手机生产企业参加此次盛会。

△ 2018 深圳"一带一路"国际音乐季延伸活动——"一带一路"当代音乐研讨会在深圳图书馆举行。

3 月 25 日 2018 中国（深圳）IT 领袖峰会今日开幕。省委常委、市委书记王伟中，副省长陈良贤，数字中国联合会主席吴鹰在开幕式上致辞，市长陈如桂主持开幕式。

---

① 切哈诺沃精准和再生医学研究院主要关注癌症和传染性疾病诊治的精准医疗，以及干细胞疗法治疗中风、帕金森、阿茨海默症、糖尿病等疾病的再生医学。

② 医师执业责任险分为四档，累计赔偿限额分别为 400 万元、200 万元、100 万元和 30 万元，其对应的单笔事故赔偿限额分别为 120 万元、80 万元、50 万元和 10 万元，而在医师购买费用上，基准保费则分别为 2700 元、2250 元、1800 元和 720 元，医生可根据个人情况自愿、自费购买。

　　3月26日　深圳市2018年第一季度新开工项目集中启动暨世茂深港国际中心项目开工活动在龙岗区举行。本次集中开工的122个项目包括基础设施、产业发展、城市更新三大类项目，总投资约1233.4亿元。全国政协副主席董建华，深圳市委书记王伟中、市长陈如桂、市政协主席戴北方等出席活动。

　　△　由英国智库Z/Yen集团与中国（深圳）综合开发研究院共同编制的第23期"全球金融中心指数"（GFCI23）报告今日发布。深圳排名全球18名，比上期前进了两名。

　　△　由深圳市南方海洋科技有限公司和中国科学院院士桂建芳共同建立的深圳首个海洋渔业领域院士工作站在大鹏新区深圳国际生物谷海洋生物产业园举行揭牌仪式。成为深圳市在建的第43个院士工作站。

　　△　深圳日前正式设立天使投资引导基金，基金首期规模为50亿元人民币，将引导社会资本投向天使类项目，满足深圳市企业早期融资。

　　3月28日　中国人民银行深圳市中心支行、深圳银监局、深圳市规划国土委今天联合发布《关于建立信息互通查询机制规范购房融资的通知》。根据通知要求，商业银行办理房屋贷款业务要以房地产信息系统中查询到的网签合同和住房套数查询结果作为审核依据，并以网签备案合同价款和房屋评估价的最低值作为计算基数确定贷款额度，这标志着"三价合一"政策在深圳正式实施。

　　△　"感动深圳——2018深圳关爱行动表彰晚会"今日举行，年度"十佳爱心人物""十佳爱心企业""十大关爱事件""十佳创意项目"等名单一一揭晓。市委书记王伟中，市老领导李统书和社会各界爱心人士、市民代表等800余人出席晚会。

　　△　中国红色文化研究会"庆祝改革开放40周年学术研讨会"新闻发布会暨深圳工作委员会挂牌仪式在深圳举行。

　　△　国家标准化管理委员会在深圳召开发布会，发布《国际生态安全港建设通则》和《国际生态安全港生态安全风险因子识别、分类与控制》两项生态安全港国家标准。这是国内首套生态安全港国家标准。

　　3月30日　深圳中院与深圳市司法局签署《关于开展律师调解工作的实施方案》①。深圳中院院长万国营，市司法局局长蒋溪林，市律师协会会长林昌炽出席了会签仪式，并为深圳市律师协会律师调解中心暨调解中心驻深圳中院调解室揭牌。

---

　　①　实施方案明确了以下方面的工作：建立市级律师调解人员库，吸纳律师加入人民法院特邀调解员名册；探索建立律师调解工作室，鼓励律师参与纠纷解决；支持律师加入各类调解组织担任调解员；建立律师调解工作模式，创新律师调解方式方法，推动建立律师接受委托代理时告知当事人选择非诉讼方式解决纠纷的机制等。

后 记

　　作为国家社会科学基金重大项目"中国经济特区发展史（1978—2018）"（16ZDA003）阶段性成果，《深圳经济特区年谱》第四版第三次修订本终于与读者见面了。《年谱》第一版出版至今 10 年来，深圳大学理论经济学学科团队的老师和一届又一届的硕士研究生和博士研究生们，以改革的热情和学术的严谨参与了《年谱》的撰写和修订。他们伴随着特区的发展而一同成长，伴随着改革的深化而一同思考，伴随着新时代的到来而一同奋发。他们在书写着自己所生活、工作着的这座城市的历史，这座城市也留下了他们前行的足迹和思想的声音。这对于《年谱》的撰写、修订者们来说，尤其是那些年轻的学子来说，不啻一种荣耀，一种幸运，更是值得终身铭记的经历。因为，没有什么比时代赋予我们机会，而我们又有幸亲自书写、记录时代的光阴与脚步更让人欣慰的了。

　　为了便于《年谱》的修订，团队分为修订组和增补组两个专项小组。修订组负责人是教育部人文社科重点基地——中国经济特区研究中心的王保卫老师。我的经济思想史专业的硕士研究生宁义成同学，负责《年谱》修订组的组织工作和《年谱》的整体校稿工作，并与会计学专业 2016 级硕士研究生刘露露共同负责 1978 年3 月 1 日至 2015 年 3 月 31 日《年谱》的修订工作。

　　《年谱》增补组也是由王保卫老师组织协调，深圳大学理论经济学的博士生潘凤负责技术方面的协助工作，她是《年谱》第三版的主要参与人员之一。潘凤曾是我的硕士生，后考入深圳大学继续深造获取了博士学位，现在已经被山西财经大学作为副教授引进，已经成为能够独当一面的科研骨干。我的博士研究生马忠新承担了《年谱》2016 年 4 月至 2017 年 2 月 28 日的编辑工作；区域经济学硕士研究生郑凯鑫承担了《年谱》2015年4月1日至2016年3月31日、2017年9月1日至2018年3月31日和2018年9月1日至2018年3月31日的编辑工作；会计学硕士研究生刘露露负责《年谱》2017年3月1日至2017年8月31日的编辑工作。

相对于修订组而言，增补组的工作主要是编撰2015年4月1日至2018年3月31日以来的新增内容。为了更广泛、全面、准确地获得信息，团队成员们可谓在信息的汪洋大海中找寻等待扬起的浪花。他们首先进入CNKI"中国重要报纸全文数据库"，在检索里面输入"深圳"字样和要编辑时间的当月日期，例如：从2017年1月1日到2017年1月31日。数据库会显示出所有报纸里面有"深圳"字眼的新闻标题。一般来说，一个月就会有250~300条新闻。然后团队成员们要一个标题一个标题地阅读，再挑出符合《年谱》内容的新闻标题。由于大多新闻只显示标题，无法直接显示新闻内容，于是，还要继续把那些符合要求的新闻标题内容的PDF文档一个一个下载下来，逐个打开阅读。他们把不符合《年谱》规范的删除，符合《年谱》规范的新闻或条目还要再进一步通过深圳官方的文献及报纸或深圳史志办存档文案加以佐证核实后，才能最终写进《年谱》之中。这一浪里淘金的过程，是阅读历史的体验，更是学术品格的磨炼。我们收获的不仅仅是知识的财富，还有团队精神和为学术而坚持的毅力与勇气。

在这里，特别感激踏实内敛的王保卫老师。他承担了《年谱》编订过程中的许多具体而繁杂的工作，但每一件小事在他那里都会一丝不苟地完成。当然还要感谢团队中的各位同学们，伴随着《年谱》的第二、第三次修订，淳朴要强的潘凤从一个硕士研究生成长为博士，成为副教授；充满钻研热情的马忠新从一位硕士研究生走上了博士研究的学术之路；沉稳阳光的宁义成也即将完成硕士学业走向他早已期待的工作岗位。相信对于刘露露和郑凯鑫同学来说，这种多少有些跨专业的研究经历，会给他们带来不一样的，并一定会有价值与意义的收获。

在这里，还要特别感激社会科学文献出版社社长谢寿光先生、周丽副主编和《年谱》的责任编辑高雁女士。他们的远见卓识和令人敬佩的职业人精神，不仅给了这本《年谱》一个完美的规划，而且还使它得以在最有纪念意义的时刻展现自身的价值与魅力！

"忽如一夜春风来，千树万树梨花开。"《年谱》将以春天的故事，给予我们万紫千红的明天。

陶一桃

2018年5月4日于深圳·荔园

图书在版编目（CIP）数据

深圳经济特区年谱：1978－2018：全2册／陶一桃
主编.-- 北京：社会科学文献出版社，2018.5
ISBN 978－7－5201－2741－7

Ⅰ.①深… Ⅱ.①陶… Ⅲ.①经济特区－经济发展－
深圳－1978－2018－年谱 Ⅳ.①F127.653

中国版本图书馆 CIP 数据核字（2018）第 097715 号

深圳经济特区年谱（1978～2018）（上下册）

主　　编／陶一桃
副 主 编／王保卫

出 版 人／谢寿光
项目统筹／周　丽　高　雁
责任编辑／高　雁　韩欣楠

出　　版／社会科学文献出版社·经济与管理分社（010）59367226
　　　　　　地址：北京市北三环中路甲 29 号院华龙大厦　邮编：100029
　　　　　　网址：www. ssap. com. cn
发　　行／市场营销中心（010）59367081　　59367018
印　　装／三河市东方印刷有限公司

规　　格／开本：787mm×1092mm　1/16
　　　　　　印　张：83.75　字　数：1591 千字
版　　次／2018 年 5 月第 1 版　2018 年 5 月第 1 次印刷
书　　号／ISBN 978－7－5201－2741－7
定　　价／298.00 元（上下册）